J. von Staudingers
Kommentar zum Bürgerlichen Gesetzbuch
mit Einführungsgesetz und Nebengesetzen
EGBGB
Art 1, 2, 50–218 EGBGB
(Inkrafttreten, Verhältnis zu anderen Vorschriften,
Übergangsvorschriften)

Kommentatorinnen und Kommentatoren

Dr. Karl-Dieter Albrecht
Vorsitzender Richter am Bayerischen
Verwaltungsgerichtshof, München

Dr. Hermann Amann
Notar in Berchtesgaden

Dr. Georg Annuß
Rechtsanwalt in München, Privatdozent
an der Universität Regensburg

Dr. Christian Armbrüster
Professor an der Freien Universität Berlin

Dr. Martin Avenarius
Professor an der Universität zu Köln

Dr. Wolfgang Baumann
Notar in Wuppertal

Dr. Roland Michael Beckmann
Professor an der Universität des
Saarlandes, Saarbrücken

Dr. Detlev W. Belling, M.C.L.
Professor an der Universität Potsdam

Dr. Andreas Bergmann
Wiss. Assistent an der Universität des
Saarlandes, Saarbrücken

Dr. Werner Bienwald
Professor an der Evangelischen
Fachhochschule Hannover

Dr. Claudia Bittner, LL.M.
Privatdozentin an der Universität
Freiburg i. Br.

Dr. Dieter Blumenwitz †
Professor an der Universität Würzburg

Dr. Reinhard Bork
Professor an der Universität Hamburg

Dr. Wolf-Rüdiger Bub
Rechtsanwalt in München, Professor an
der Universität Potsdam

Dr. Elmar Bund
Professor an der Universität
Freiburg i. Br.

Dr. Jan Busche
Professor an der Universität Düsseldorf

Dr. Michael Coester, LL.M.
Professor an der Universität München

Dr. Dagmar Coester-Waltjen, LL.M.
Professorin an der Universität München

Dr. Heinrich Dörner
Professor an der Universität Münster

Dr. Christina Eberl-Borges
Professorin an der Universität Siegen

Dr. Werner F. Ebke, LL.M.
Professor an der Universität Heidelberg

Dr. Jörn Eckert
Professor an der Universität zu Kiel,
Richter am Schleswig-Holsteinischen
Oberlandesgericht in Schleswig

Dr. Volker Emmerich
Professor an der Universität Bayreuth,
Richter am Oberlandesgericht
Nürnberg a. D.

Dipl.-Kfm. Dr. Norbert Engel
Ministerialdirigent im Thüringer Landtag,
Erfurt

Dr. Helmut Engler
Professor an der Universität
Freiburg i. Br., Minister in
Baden-Württemberg a. D.

Dr. Karl-Heinz Fezer
Professor an der Universität Konstanz,
Honorarprofessor an der Universität
Leipzig, Richter am Oberlandesgericht
Stuttgart

Dr. Johann Frank
Notar in Amberg

Dr. Rainer Frank
Professor an der Universität
Freiburg i. Br.

Dr. Bernhard Großfeld, LL.M.
Professor an der Universität Münster

Dr. Beate Gsell
Professorin an der Universität Augsburg

Dr. Karl-Heinz Gursky
Professor an der Universität Osnabrück

Dr. Ulrich Haas
Professor an der Universität Mainz

Norbert Habermann
Richter am Amtsgericht Offenbach

Dr. Stefan Habermeier
Professor an der Universität Greifswald

Dr. Johannes Hager
Professor an der Universität München

Dr. Rainer Hausmann
Professor an der Universität Konstanz

Dr. Dr. h. c. mult. Dieter Henrich
Professor an der Universität Regensburg

Dr. Reinhard Hepting
Professor an der Universität Mainz

Dr. Elke Herrmann
Professorin an der Universität Siegen

Christian Hertel, LL.M.
Notar a. D., Geschäftsführer des
Deutschen Notarinstituts, Würzburg

Joseph Hönle
Notar in Tittmoning

J. von Staudingers
Kommentar zum Bürgerlichen Gesetzbuch mit Einführungsgesetz und Nebengesetzen

Einführungsgesetz zum
Bürgerlichen Gesetzbuche
Art 1, 2, 50–218 EGBGB
(Inkrafttreten, Verhältnis zu anderen Vorschriften,
Übergangsvorschriften)

Neubearbeitung 2005
von
Karl-Dieter Albrecht
Joseph Hönle
Jörg Mayer
Detlef Merten

Redaktor
Peter Rawert

Sellier – de Gruyter · Berlin

Die Kommentatorinnen und Kommentatoren

Neubearbeitung 2005
Art 62 f, 73, 83, 96, 99, 124: KARL-DIETER ALBRECHT
Art 65–68, 75 f, 89–95, 105–107, 110, 112,
114–116, 121, 126–131, 142 f, 168 f, Vorbem
Art 170–179, Art 170–173, 179, Vorbem Art 180–197,
Art 180–182, 184–191, Vorbem Art 192–195,
Art 192–196: JOSEPH HÖNLE
Art 57–61, 64, 69–72, 82, 85, 97 f, 100–102,
113, 117–120, 122 f, 134–141, 144–152,
Vorbem Art 163–167, Art 163–167, 174–178,
183, 197, Vorbem Art 198–212, Art 198–212,
Vorbem Art 213–217, Art 213–217: JÖRG MAYER
Einl Art 1 ff, Vorbem Art 1 f, Art 1 f,
Vorbem Art 50–53 a, Art 50–54, Vorbem Art 55–152,
Art 55 f, 74, 77–81, 84, 86–88, 103 f, 108 f, 111, 125,
132 f, Einl Art 153–218, Vorbem Art 153–169,
Art 153–162, 218: DETLEF MERTEN

Dreizehnte Bearbeitung 1999
Art 62 f, 73, 83, 96, 99, 124: KARL-DIETER ALBRECHT
Art 65–68, 75 f, 89–95, 105–107, 110, 112,
114–116, 121, 126–131, 142 f, 168 f, Vorbem
Art 170–179, Art 170–173, 179, Vorbem Art 180–197,
Art 180–182, 184–191, Vorbem Art 192–195,
Art 192–196: JOSEPH HÖNLE
Art 57–61, 64, 69–72, 82, 85, 97 f, 100–102,
113, 117–120, 122 f, 134–141, 144–152,
Vorbem Art 163–167, Art 163–167, 174–178,
183, 197, Vorbem Art 198–212, Art 198–212,
Vorbem Art 213–217, Art 213–217: JÖRG MAYER
Einl Art 1 ff, Vorbem Art 1 f, Art 1 f,
Vorbem Art 50–53 a, Art 50–54, Vorbem Art 55–152,
Art 55 f, 74, 77–81, 84, 86–88, 103 f, 108 f, 111, 125,
132 f, Einl Art 153–218, Vorbem Art 153–169,
Art 153–162, 218: DETLEF MERTEN

12. Auflage
Einl, Vorbem zu Art 1–6, Art 1–5, Vorbem zu
Art 32–54, Art 32, 41, 43, 48 f, 51–54, Vorbem zu
Art 55–152, Art 55 f, 74, 77–81, 84, 86–88, 103 f, 108 f,
111, 125, 132 f, Einl zu Art 153–218, Vorbem zu
Art 153–169, Art 153–162, 218: Professor Dr. Dr.
DETLEF MERTEN und FERDINAND KIRCHHOF (1984)
Art 6, 33–38, 40, 44–46, 82, 85, 134–136, 138–141,
144–152, Vorbem zu Art 163–167, Art 163, 165 f,

Vorbem zu Art 198–212, Art 198–212, Vorbem zu
Art 213–217, Art 213–217: Notar Dr. KARL WINKLER
(1984)
Art 39, 42, 65–68, 75 f, 89–95, 105–107, 110,
112, 114–116, 121, 126–131, 142 f, 168 f,
Vorbem zu Art 170–179, Art 170–173, 179,
Vorbem zu Art 180–197, Art 180–182, 184–191,
Vorbem zu Art 192–195, Art 192–196:
Notar Dr. RAINER KANZLEITER und Notar JOSEPH
HÖNLE (1984)
Art 47, 50, 57–61, 64, 69–72, 97 f, 100–102, 113,
117–120, 122 f, 137, 164, 167, 174–178, 183, 197: Notar
Dr. GÜNTER PROMBERGER und Notar ECKARD
SCHREIBER (1982)
Art 62 f, 73, 83, 96, 99, 124: Richter am BayVGH
Dr. GÜNTER KRIEGBAUM (1984)

Sachregister

Rechtsanwalt Dr. Dr. VOLKER KLUGE, Berlin

Zitierweise

STAUDINGER/MERTEN (2005) Einl 1 zu Art 1 ff
EGBGB
STAUDINGER/MERTEN (2005) Vorbem 1 zu Art 1 f
EGBGB
STAUDINGER/MAYER (2005) Art 57 Rn 1

Zitiert wird nur nach Paragraph bzw Artikel und
Randnummer.

Hinweise

Das Vorläufige Abkürzungsverzeichnis 1993 für das
„Gesamtwerk STAUDINGER" befindet sich in
einer Broschüre, die den Abonnenten zusammen mit
dem Band §§ 985–1011 (1993) bzw seit 2000 gesondert
mitgeliefert wird. Eine aktualisierte Neubearbeitung
befindet sich in Vorbereitung und wird den Abonnenten wiederum kostenlos geliefert werden.

Der Stand der Bearbeitung ist jeweils mit Monat und
Jahr auf den linken Seiten unten angegeben.

Am Ende eines jeden Bandes befindet sich
eine Übersicht über den aktuellen Stand des
„Gesamtwerk STAUDINGER".

Die Deutsche Bibliothek verzeichnet diese Publikation in der Deutschen Nationalbibliografie;
detaillierte bibliografische Daten sind im Internet über http://dnb.ddb.de abrufbar.

ISBN-13: 978-3-8059-1017-0
ISBN-10: 3-8059-1017-7

© Copyright 2005 by Dr. Arthur L. Sellier &
Co. – Walter de Gruyter GmbH & Co. KG,
Berlin. – Printed in Germany.

Satz: fidus Publikations-Service, Augsburg.

Druck: H. Heenemann GmbH & Co., Berlin.

Bindearbeiten: Lüderitz und Bauer classic
GmbH, Berlin.

Umschlaggestaltung: Bib Wies, München.

⊗ Gedruckt auf säurefreiem Papier, das
die DIN ISO 9706 über Haltbarkeit
erfüllt.

Inhaltsübersicht

---

[*] Zitiert wird nicht nach Seiten, sondern nach
Paragraph bzw Artikel und Randnummer; siehe
dazu auch S VI.

Allgemeines Schrifttum

Das Sonderschrifttum ist zu Beginn der einzelnen Kommentierungen bzw in Fußnoten innerhalb der Kommentierung aufgeführt.

ACHILLES/GREIFF, Bürgerliches Gesetzbuch unter Einarbeitung des Gleichberechtigungsgesetzes nebst Einführungsgesetz usw mit Erläuterungen (21. Aufl mit Nachtrag, 1958/1963)

AFFOLTER, System des deutschen bürgerlichen Übergangsrechts (1903)

ANSCHÜTZ, Die Verfassung des Deutschen Reiches vom 11. 8. 1919 (14. Aufl 1933)

BAUER/vOFELE, Grundbuchordnung (1999)

BECHER, Die Ausführungsgesetze zum Bürgerlichen Gesetzbuch (1900/1901)

BECHER, Erg-Bd 1, 2, Die Ausführungsgesetze zum Bürgerlichen Gesetzbuch (1911) 3 Bde

BUCHKA, Landesprivatrecht der Großherzogtümer Mecklenburg-Schwerin und Mecklenburg-Strelitz (1905)

BGB-RGRK, Das Bürgerliche Gesetzbuch mit besonderer Berücksichtigung der Rechtsprechung des Reichsgerichts und des Bundesgerichtshofs (12. Aufl 1974–2000)

COSACK/MITTEIS, Lehrbuch des Bürgerlichen Rechts, Bd 1 (8. Aufl 1927); Bd 2 (7./8. Aufl 1924)

CROME, System des deutschen bürgerlichen Rechts, Bd 1–5 (1900–1912)

Das fortgeltende Recht der DDR (1991 ff)

DEMHARDER, Grundbuchordnung (25. Aufl 2005)

DERNBURG, Das Bürgerliche Recht des Deutschen Reiches und Preußens, Bd 1–6, Erg-Bd 1–9 (1.–4. Aufl 1903–1912)

DORNER, Badisches Landesprivatrecht (1906)

DRIEHAUS, Verfassungs- und Verwaltungsgesetze Berlins (1996)

DÜRIG, Gesetze des Landes Baden-Württemberg, Loseblattausgabe (93. Ergänzungslieferung 02/2005)

ENDEMANN, Lehrbuch des Bürgerlichen Rechts (8./9. Aufl 1919/1920)

ENNECERUS/NIPPERDEY, Lehrbuch des Bürgerlichen Rechts, Bd 1 Teil 1 und 2, Allgemeiner Teil (15. Aufl 1959/1960)

ERMAN, Handkommentar zum Bürgerlichen Gesetzbuch (11. Aufl 2004)

FISCHER/HENLE, Bürgerliches Gesetzbuch (14. Aufl 1932)

FIRSCHING/GRAF, Nachlaßrecht (8. Aufl 2000)

FUHR/PFEIL, Hessische Verfassungs- und Verwaltungsgesetze, Loseblattausgabe (77. Ergänzungslieferung 03/2005)

Gesetze des Landes Brandenburg, Loseblattausgabe (38. Ergänzungslieferung 05/2005)

Gesetze und Verordnungen der Freien und Hansestadt Hamburg Loseblattausgabe (11. Ergänzungslieferung 10/2004)

Gesetze des Landes Mecklenburg-Vorpommern, Loseblattausgabe (38. Ergänzungslieferung 2005)

Gesetze des Freistaates Sachsen, Loseblattausgabe (37. Ergänzungslieferung 12/2004)

Gesetze des Landes Sachsen-Anhalt, Loseblattausgabe (39. Ergänzungslieferung 12/2004)

Gesetze des Freistaates Thüringen, Loseblattausgabe (16. Ergänzungslieferung 2005)

GIERKE, Deutsches Privatrecht Bd 1 (1895), Bd 2 (1905), Bd 3 (1917)

GROPENGETER/BECKER/MASCHEK, Hamburgisches Landesrecht (1964)

GÜTHE/TRIEBEL, Grundbuchordnung für das Deutsche Reich und die preußischen Ausführungsbestimmungen (6. Aufl 1936/1937)

HABERSTUMPF/BARTHELMESS/SCHÄLER/FIRSCHING, Das Bayerische Nachlaßwesen (4. Aufl 1952)

HABICHT, Die Einwirkung des BGB auf zuvor entstandene Rechtsverhältnisse (3. Aufl 1901)

SCHÖNER/STÖBER, Grundbuchrecht (13. Aufl 2004)

HENLE/SCHNEIDER/MANGELKAMMER, Das Bayerische Ausführungsgesetz zum BGB (3. Aufl 1931)

HIPPEL/REHBORN, Gesetze des Landes Nord-rhein-Westfalen, Loseblattausgabe (92. Ergänzungslieferung 01/2005)

HÜBNER, Grundzüge des deutschen Privatrechts (5. Aufl 1930)

HUE DE GRAIS, Handbuch der Verfassung und Verwaltung in Preußen und dem Deutschen Reiche (25. Aufl 1930)

HÜMMERICH/KOPP, Saarländische Gesetze, Loseblattausgabe (32. Ergänzungslieferung 03/2005)

ISENSEE/KIRCHHOF, Handbuch des Staatsrechts der Bundesrepublik Deutschland, 10 Bde (1994–2004)

JAKUBEZKY, Bemerkungen zu dem Entwurfe eines BGB für das Deutsche Reich (1892)

JAECKEL/GÜTHE, Zwangsversteigerungsgesetz (7. Aufl 1937)

JAEGER, Reichszivilgesetze (9. Aufl 1942)

JAKOBS/SCHUBERT, Die Beratungen des Bürgerlichen Gesetzbuchs, Einführungsgesetz zum Bürgerlichen Gesetzbuch und Nebengesetze, 2 Teilbde (1990)

JARASS/PIEROTH, Grundgesetz (7. Aufl 2004)

JAUERNIG, Bürgerliches Gesetzbuch (11. Aufl 2004)

KISCH, Elsaß-Lothringisches Landesprivatrecht (1905)

KLOSS/MÜLLER, Sächsisches Landesprivatrecht (3. Aufl 1927)

KÜBLER, Wegweiser durch das Landesrecht Baden-Württemberg (4. Aufl 1971)

LANGE/KUCHINKE, Lehrbuch des Erbrechts (5. Aufl 2001)

MAUNZ/DÜRIG, Grundgesetz der Bundesrepublik Deutschland, Kommentar, Stand Februar 2005

MÄRZ, Niedersächsische Gesetze, Loseblattausgabe, 72. Ergänzungslieferung 01/2005

MERTEN/PAPIER (Hrsg), Handbuch der Grundrechte in Deutschland und Europa, Bd II, (2005)

MÖLLER, Sammlung von Gesetzen und Verordnungen der Freien Stadt Bremen (1927)

MEIKEL, Grundbuchrecht (9. Aufl 2003)

Münchener Kommentar zum Bürgerlichen Gesetzbuch Bd 9 – Erbrecht (4. Aufl 2004)

Münchener Kommentar zum Bürgerlichen Gesetzbuch Bd 10 – Einführungsgesetz. Internationales Privatrecht (3. Aufl 1999)

vMUTIUS, Verfassungs- und Verwaltungsrecht in Schleswig-Holstein (15. Aufl 2004)

NIEDNER, Das Einführungsgesetz (2. Aufl 1901)

ODERSKY, Nichtehelichen-Gesetz (4. Aufl 1978)

OERTMANN, Bayerisches Landesprivatrecht (1903)

OSTLER, Bayerische Justizgesetze (4. Aufl 1986)

PALANDT, Bürgerliches Gesetzbuch (64. Aufl 2005)

PAPPERMANN, Rechtsvorschriften in Nordrhein-Westfalen, Loseblattausgabe (55. Ergänzungslieferung 2005)

PLANCK, Bürgerliches Gesetzbuch nebst Einführungsgesetz, Bd 4/2. 6 (Einführungsgesetz) (3. Aufl) Bd 1, 2, 4/1, 5 (4. Aufl); Bd 3 (5. Aufl 1905/1906; 1913–1930; 1933–1938)

ROTH/BECKER, Bayerisches Zivilrecht (2. und 3. Teil in 2. Aufl 1897/1898)

RUMETSCH, Landesrecht in Rheinland-Pfalz, Loseblatt (1994 ff)

SCHEFOLD, Sammlung des Bremischen Rechts (11. Aufl 2004)

SCHLEGELBERGER, Das Recht der Gegenwart, Loseblatt (31. Ergänzungslieferung 2005)

SCHLEGELBERGER/VOGELS, Erläuterungswerk zum BGB (1939 ff)

SCHUBERT, Die Vorlagen der Redaktoren für die Erste Kommission zur Ausarbeitung des Entwurfs eines Bürgerlichen Gesetzbuches. Einführungsgesetz zum Bürgerlichen Gesetzbuch (1986)

SOERGEL, Bürgerliches Gesetzbuch (12./13. Aufl 1987/–2003)

SPRAU, Justizgesetze in Bayern (1988)

STOBBE, Handbuch des Deutschen Privatrechts (3. Aufl 1897)

TOEPFFER, Sammlung des Hamburgischen Rechts (1948)

WEBER, Verwaltungsgesetze für das ehemals preußische Gebiet mit dem ergänzenden Recht der neuen Länder (1951)

WINDSCHEID/KIPP, Lehrbuch des Pandektenrechts (9. Aufl 1906)

WÖHRMANN/STÖCKER, Das Landwirtschaftserbrecht (8. Aufl 2004)

ZIEGLER/TREMEL, Verwaltungsgesetze des Freistaates Bayern, Loseblattausgabe (89. Ergänzungslieferung 04/2005)

ZÜRLIK, Oldenburgische Gesetze (2. Aufl 1978)

Landesrecht im Internet

Baden-Württemberg	www.vd-bw.de
	www.rechtliches.de/BaWue/
Bayern	http://rechtliches.de/bayern
	www.bayern-recht.de
Berlin	www.berlin.de/senjust/service/service.html
Brandenburg	www.mdj.brandenburg.de
Bremen	www.bremen.de
Hamburg	http://hh.juris.de/start.htm
Hessen	www.hessenrecht.hessen.de/gvbl/start.htm
Mecklenburg-Vorpommern	www.mv-regierung.de/laris/
Niedersachsen	www.lexonline.info/lexonline2/live/voris/index_0.php
Nordrhein-Westfalen	www.justiz.nrw.de/RB/gesetze/index.html
Rheinland-Pfalz	http://cms.justiz.rlp.de/justiz
Saarland	www.justiz-soziales.saarland.de/justiz/677.htm
Sachsen	www.sachsen.de/de/bf/rs/index.html
Sachsen-Anhalt	www.rechtliches.de/LSA/
	www.justizministerium.sachsen-anhalt.de
Schleswig-Holstein	www.landesregierung-sh.de/shr/lrecht.asp
Thüringen	www.parldok.thueringen.de/parldok

Einführungsgesetz zum Bürgerlichen Gesetzbuche

Vom 18. August 1896 (RGBl 604/BGBl III 400-1) in der ab 1. Oktober 1994 geltenden Neufassung vom 21. September 1994 (BGBl I 2494, ber 1997 I 1061), geändert durch das Gesetz zur Reform des Kindschaftsrechts vom 16. 12. 1997 (BGBl I 2942) sowie das Gesetz zur erbrechtlichen Gleichstellung nichtehelicher Kinder vom 16. 12. 1997 (BGBl I 2968) und durch Art 15 d G vom 4. 5. 1998 (BGBl I 883), zuletzt geändert durch Art 2 iVm Art 4 Abs 2 des G v 6. 2. 2005 (BGBl I 203).

Einleitung zu Artikel 1 ff EGBGB

I. Inhalt

Das EG will in erster Linie den Geltungsbereich des BGB unter räumlichen, zeit- **1** lichen, sachlichen und personellen Gesichtspunkten abgrenzen. Daneben enthält es allgemeine Ausführungsbestimmungen und Novellierungen von Reichsgesetzen, die bei Inkrafttreten des BGB bestanden hatten. Nach der Wiedervereinigung Deutschlands sind Vorschriften zur Überleitung des westdeutschen bürgerlichen Rechts auf das „Beitrittsgebiet", die ehemalige DDR, hinzugetreten.

1. a) Im *ersten Teil* (Art 1–38) finden sich in den Art 1 und 2 allgemeine Vorschrif- **2** ten. Sie regeln den Zeitpunkt des Inkrafttretens des BGB und etlicher Nebengesetze und definieren insbesondere den Begriff „Gesetz".

b) Art 3–38 enthalten die Vorschriften über das internationale Privatrecht. **3**

2. Der *zweite Teil* (Art 50–54) regelt das Verhältnis des BGB zu den bei Inkraft- **4** treten des BGB bestehenden Reichsgesetzen teils allgemein, teils durch Erläuterung oder Abänderung einzelner Vorschriften. Inzwischen bestimmt sich deren Fortgeltung nicht mehr allein nach dem (einfachen) Gesetzesrecht, sondern auch nach Art 178 Abs 2 S 1 Weimarer Reichsverfassung vom 11. 8. 1919 (vgl dazu ANSCHÜTZ Art 7 Anm 5) und Art 123 ff GG.

3. Der *dritte Teil* (Art 55–152) befaßt sich mit dem Verhältnis des BGB zu den **5** Landesgesetzen und statuiert für diese zahlreiche Vorbehalte; weitere Vorbehalte für das Landesrecht finden sich im BGB selbst (zB §§ 85, 907, 919, 1807 Abs 2, 1888).

a) Der Umfang, in dem landesgesetzliches Privatrecht nach den Vorbehalten des **6** EG zunächst weiterbestand, geändert oder neu erlassen werden konnte, ist nicht unverändert geblieben. Da das Reich seit der Novellierung des Art 4 Nr 13 Reichsverfassung durch G vom 20. 12. 1873 (RGBl 379) gem Art 2 iVm 4 Nr 3 Reichsverfassung die konkurrierende Gesetzgebungskompetenz über das „gesamte bürgerliche Recht" besaß, konnte jedes spätere Reichsgesetz die Vorbehalte für Landeszivilrecht weiter verengen oder aufheben. Das ist in der Folgezeit auch häufig geschehen. So wurde zB Art 76 durch das Reichsgesetz vom 19. 6. 1901 über das Verlagsrecht (RGBl 217) größtenteils gegenstandslos. Ferner hat der Vorbehalt des Art 75 EG durch das RG vom 30. 5. 1908 über den Versicherungsvertrag (RGBl 263) wesentlich an Bedeutung verloren.

b) Die Weimarer Reichsverfassung behielt die konkurrierende Gesetzgebungs- **7** zuständigkeit für das Reich bei, indem sie ihm in den Art 7 Nr 1 iVm 12 Abs 2 die Kompetenz für das „bürgerliche Recht" zusprach (zur Kongruenz mit Art 4 der Reichsverfassung von 1871/73 vgl ANSCHÜTZ Art 7 Anm 3).

Auch während der Geltung der Weimarer Reichsverfassung sind die Landesvorbe- **8** halte des EG weiter verringert worden. Dies geschah teilweise durch die Verfassung

Detlef Merten

selbst (s Art 137 Abs 4 WRV, der die durch Art 84 EG zugelassenen Landesgesetze aufhob, nach denen Religionsgesellschaften Rechtsfähigkeit nur im Wege der Gesetzgebung erhalten konnten; vgl ANSCHÜTZ Art 137 Anm 7), vor allem aber durch einfaches Reichsrecht (zB Aufhebung des Art 134 EG durch § 8 des G vom 15.7.1921, RGBl 939, und der Art 135 f durch §§ 48 und 64 des G vom 9.7.1922, RGBl I 633).

9 c) Das Gesetz über den Neuaufbau des Reichs vom 30.1.1934 (RGBl I 75) schuf einen deutschen Einheitsstaat. Die Hoheitsrechte der Länder gingen gem Art 2 des Gesetzes auf das Reich über; spätestens damit hatten die Länder ihre Eigenstaatlichkeit verloren und waren einfache Gebietskörperschaften und Verwaltungseinheiten geworden (KOELLREUTTER, Deutsches Verfassungsrecht [3. Aufl 1938] 115 und 123). Für eine Landesgesetzgebung im materiellen Sinne war kein Raum mehr. Die nach §§ 1 und 3 der 1. VO über den Neuaufbau des Reichs vom 2.2.1934 (RGBl I 81) mit Zustimmung des zuständigen Reichsministers erlassenen Gesetze waren Reichsgesetze mit räumlich beschränktem Geltungsbereich. Diese partielle Reichsgesetzgebung fand ihre Grenze an den allgemeinen Reichsgesetzen.

10 Die partielle Reichsgesetzgebung der Länder wurde auf dem Gebiete des bürgerlichen Rechts weiterhin durch das BGB sowie durch eine Reihe von reichsrechtlichen Sondergesetzen ausgeschlossen. Die Vorbehalte des EG wurden weiter eingeschränkt (zB Art 69, 70–72 durch § 71 Abs 2 Nr 2 ReichsjagdG vom 3.7.1934, RGBl I 549, und Art 144–146 durch § 38 Abs 2 HinterlegungsO vom 10.3.1937, RGBl I 285).

11 d) Nach 1945 begann die staatliche Konsolidierung zunächst auf Gemeinde- und Landesebene, so daß die Landesgesetzgebung neben dem Besatzungsrecht und der Gesetzgebung der Zonen und Zonenzusammenschlüsse wieder bedeutsam wurde. Die zwischen 1945 und dem ersten Zusammentritt des Bundestages (7.9.1949) erlassenen Landesgesetze mit privatrechtlichem Inhalt bleiben zwar gültig, sind aber gem Art 125 Nr 2 GG innerhalb ihres Geltungsbereiches (partielles) Bundesrecht geworden. Umgekehrt gelten viele frühere Reichsgesetze nunmehr als Landesrecht weiter. Diese Rangänderung tritt ein, wenn ein Reichsgesetz einen Gegenstand behandelt, für den dem Bund eine Gesetzgebungszuständigkeit fehlt, so daß das Reichsgesetz nicht gem Art 124 oder 125 GG in Bundesrecht transformiert werden kann. Deshalb gewinnen manche Vorbehalte wieder an Bedeutung, zB Art 108 für das Tumultschädenrecht. Die am 1.1.1933 geltenden landesrechtlichen Vorschriften über die Vererbung von Liegenschaften, die durch das RErbhofG mit NebenG und AusführungsVO aufgehoben worden waren, wurden durch Art II Kontrollratsgesetz Nr 45 vom 20.2.1947 (Amtsblatt des Kontrollrats 256) ausdrücklich wieder in Kraft gesetzt, womit der Vorbehalt des Art 64 seine ursprüngliche Bedeutung wiedererlangte.

12 Das GG hat die überkommene Verteilung der Gesetzgebungskompetenzen für das bürgerliche Recht wiederhergestellt, indem es dem Bund in Art 74 Abs 1 Nr 1 GG die konkurriende Gesetzgebungszuständigkeit eingeräumt hat. Damit haben die Vorbehalte ihre alte Funktion der Aufrechterhaltung landesrechtlicher Rechtssetzungsreservate zurückerhalten. Der Erosionsprozeß der Landeszuständigkeiten schritt jedoch dessen ungeachtet weiter fort. So wurde dem Bundesgesetzgeber durch das Gesetz zur Änderung des Grundgesetzes vom 27.10.1994 (BGBl I 3146) in Art 74 Abs 1 Nr 25 GG die konkurrierende Gesetzgebungskompetenz für das Staatshaftungsrecht zuerkannt. Er besitzt nunmehr die Möglichkeit, Art 77 und 78 EG im Rahmen einer Neuregelung der Staatshaftung aufzuheben, so wie es das vom BVerfG in E 61, 149 für nichtig erklärte Staatshaftungsgesetz vom 26. 6. 1981 (BGBl I 553) ursprünglich vorgesehen hatte. Dazu näher Art 77 Rn 6, 8.

4. Der *vierte Teil* (Art 163–218) enthält Übergangsvorschriften (Zwischenzeit- **13** recht oder intertemporales Privatrecht). Das EG regelt hier die Überleitung entweder selbst oder ermächtigt die Länder, Anpassungsvorschriften zu erlassen.

5. Der *fünfte Teil* (Art 219–225) beinhaltet eine Zusammenfassung verschiedener **14** neuerer Übergangsvorschriften, die durch Änderungen des BGB und des EG veranlaßt worden sind. Es handelt sich hierbei um das Gesetz zur Neuordnung des landwirtschaftlichen Pachtrechts vom 8. 11. 1985 (BGBl I 2065), das Gesetz zur Neuordnung des Internationalen Privatrechts vom 25. 7. 1986 (BGBl I 1142), das Gesetz zur Änderung des Arbeitsgerichtsgesetzes und anderer arbeitsrechtlicher Vorschriften vom 26. 6. 1990 (BGBl I 1206), das Kündigungsfristengesetz v 7. 10. 1993 (BGBl I 1668), das Gesetz zur Absicherung der Wohnraummodernisierung und einiger Fälle der Restitution vom 17. 7. 1997 (BGBl I 1823), das Gesetz zur Abschaffung der gesetzlichen Amtspflegschaft und Neuordnung des Rechts der Beistandschaft vom 4. 12. 1997 (BGBl I 2846), das Gesetz zur Reform des Kindschaftsrechts vom 16. 12. 1997 (BGBl I 2942) und das Gesetz zur erbrechtlichen Gleichstellung nichtehelicher Kinder vom 16. 12. 1997 (BGBl I 2968).

6. Der *sechste Teil* (Art 230–237) wurde anläßlich der deutschen Wiedervereini- **15** gung durch den Einigungsvertrag (Art 1 des Gesetzes zu dem Vertrag vom 31. August 1990 zwischen der Bundesrepublik Deutschland und der Deutschen Demokratischen Republik über die Herstellung der Einheit Deutschlands – Einigungsvertragsgesetz – und der Vereinbarung vom 18. September 1990 vom 23. 9. 1990 [BGBl II 885] in Verbindung mit Anlage I Kapitel III Sachgebiet B Abschnitt II Nr 1 des Einigungsvertrages vom 31. 8. 1990 [BGBl II 889, 941] und Art 5 Nr 1 der Vereinbarung vom 18. 9. 1990 [BGBl II 1239, 1244]) in das EG eingefügt und seitdem mehrfach verändert und ergänzt. Er regelt die Überleitung des bürgerlichen Rechts der Bundesrepublik auf das Beitrittsgebiet der ehemaligen Deutschen Demokratischen Republik, indem er **sachlich** für das Beitrittsgebiet Modifikationen am übergeleiteten Recht vornimmt sowie **intertemporal** für spezifische Fallgestaltungen (sog „Altfälle" vor dem 3. 10. 1990) die Anwendung von vormaligem DDR-Zivilrecht anordnet.

II. Redaktionelles*

Vom Entwurf der I. Komm weicht das Einführungsgesetz nicht unerheblich ab. **16**

---

* **Schrifttum**: JAKOBS/SCHUBERT (Hrsg), Die Beratung des Bürgerlichen Gesetzbuchs: in systematischer Zusammenstellung der unveröffentlichten Quellen; Einführungsgesetz zum Bürgerlichen Gesetzbuch und Nebengesetze, 2. Teilbd (1990); SCHUBERT (Hrsg), Die Vorlagen der Redaktoren für die erste Kommission zur Ausarbeitung des Entwurfs eines Bürgerlichen Gesetzbuchs, Einführungsgesetz zum Bürgerlichen Gesetzbuch (1986).

Detlef Merten

Obwohl die ziemlich umfangreichen Art 11–15 des ersten Entwurfs, die das Verhältnis des BGB zur ZPO, zur KO und zu deren Einführungsgesetzen regeln sollten, aus dem EG herausgenommen und besonderen Gesetzen (vgl die Gesetze vom 17.5.1898 über die Änderungen der ZPO und über die Änderungen der KO mit den Einführungsgesetzen hierzu vom selben Tage) zugewiesen wurden, umfaßte das endgültige EG 218 Art, während der EG I nur 129 enthalten hatte. An der Änderung und Erweiterung des I. Entwurfs haben die II. Komm, welche das Gesetz einer zweimaligen Lesung unterzog, die Justizkommissionen des Bundesrats und des Reichstags sowie das Plenum des Reichstags mitgewirkt.

Am umfangreichsten wurde der E I vom Bundesrat erweitert, der Vorschriften über das internationale Privatrecht (Art 7–31) einfügte, die im gedruckten I. Entwurf nicht enthalten waren.

Erster Teil
Allgemeine Vorschriften
Erstes Kapitel
Inkrafttreten. Vorbehalt für Landesrecht. Gesetzesbegriff

Vorbemerkungen zu Artikel 1 f

I.   Inhalt des ersten Kapitels

Die Art 1 und 2 regeln keinen zusammenhängenden Rechtsstoff.   **1**

Art 1 Abs 1 (Art 1 aF EGBGB, umbenannt durch das Gesetz zur Neuregelung des Internationalen Privatrechts vom 25. 7. 1986 [BGBl I 1142]) setzt den Zeitpunkt des Inkrafttretens des BGB und verschiedener Nebengesetze auf den 1. 1. 1900 fest.

Art 1 Abs 2 (Art 3 EGBGB aF, umbenannt durch das Gesetz zur Neuregelung des **2** Internationalen Privatrechts vom 25. 7. 1986 [BGBl I 1142]) bestimmt, daß, soweit Vorbehalte zugunsten des Landesrechts bestehen, die entsprechenden landesgesetzlichen Vorschriften in Kraft bleiben und neue landesgesetzliche Vorschriften erlassen werden können.

Art 2 erläutert den Begriff „Gesetz" und gibt Veranlassung zu Erörterungen über die **3** im Zivilrecht verbindlichen Rechtsnormen.

Art 4 aF EGBGB regelte vormalig die Ersetzung derjenigen reichs- und landesrecht **4** lichen Vorschriften, auf die in anderen Reichs- und Landesgesetzen verwiesen ist, die aber durch das BGB oder durch dieses EG beseitigt sind, durch die Verweisungen auf die entsprechenden Vorschriften des BGB und dieses EG. Durch das Gesetz zur Neuregelung des Internationalen Privatrechts vom 25. 7. 1986 (BGBl I 1142) wurde Art 4 aF EG **gestrichen**. Verweisungsvorschriften enthält das EG nunmehr allein im internationalen Privatrecht (Art 3, 4 nF EG).

Art 5 aF EGBGB erklärte das Reichsland Elsaß-Lothringen als einen Bundesstaat **5** im Sinne des BGB sowie des EG. Der Artikel ist gegenstandslos und im Wege der Bereinigung des Bundesrechts **aufgehoben** worden (vgl die Kommentierung von STAUDINGER/MERTEN/KIRCHHOF[12]).

Der vormalige, erst im Plenum des Reichstags beschlossene **Art 6** entzog dem **Baye-** **6** **rischen Obersten Landesgericht** einen Teil seiner auf dem § 8 des EGGVG beruhenden bisherigen Zuständigkeit; in bürgerlichen Rechtsstreitigkeiten, in denen durch Klage oder Widerklage ein Anspruch aufgrund des BGB geltend gemacht wurde, war die Verhandlung und Entscheidung letzter Instanz dem Reichsgericht zugewiesen. Nachdem das Bayerische Oberste Landesgericht durch VO vom 19. 3. 1935 (RGBl I 383) aufgehoben worden war, hatte Art 6 seine Bedeutung verloren. Durch G vom 11. 5. 1948 (GVBl 83) in der Fassung der Bekanntmachung vom 15. 11. 1950 (BGBl 216) ist das Bayerische Oberste Landesgericht wieder errichtet worden. Die Wiedererrichtung fand ihre bundesgesetzliche Grundlage in Art 8 EGBGB idF des

G vom 12. 9. 1950 (BGBl 455, 468). Die Zuständigkeit des Gerichts in bürgerlichen Rechtsstreitigkeiten wird durch Art 8 EGGVG iVm Art 21 BayAGGVG vom 17. 11. 1956 (BayBS III 3) bestimmt. Art 6 aF EG wurde ebenfalls **aufgehoben**.

Durch das Gesetz zur Auflösung des Bayerischen Obersten Landesgerichts (Gerichtsauflösungsgesetz – BayObLGAuflG) vom 25. 10. 2004 (GVBl 400) ist das Gericht aufgelöst worden (siehe in diesem Zusammenhang zu Fragen der Zuständigkeit die Verordnung über gerichtliche Zuständigkeiten im Bereich des Staatsministeriums der Justiz, GZVJu v. 16. 11. 2004, (GVBl 471) und Art 55 Abs 6 bis 9 AGGVG idF des BayObLGAuflG sowie § 46 Abs 2 GZVJu.

II.   Weitergehender Inhalt des Entwurfs zum EG

7   Im Entwurf zum EG waren unter den allgemeinen Vorschriften als Art 6–8 noch folgende Vorschriften enthalten:

In **Art 6** war bestimmt, daß eine Ehefrau den Wohnsitz des Ehemannes nicht teilt, wenn auf beständige Trennung von Tisch und Bett erkannt ist. Die Vorschrift wurde in der II. Komm gestrichen; es wurde erwogen: Beständige Trennung von Tisch und Bett könne zwar unter der Herrschaft des BGB noch in mehrfacher Weise in Betracht kommen; allein die Fälle gehörten teils dem internationalen Privatrecht an, und es sei dann nach dem für die Verhältnisse der Ehegatten überhaupt maßgebenden Recht auch über den Wohnsitz der Frau zu entscheiden; soweit aber nach dem bisherigen deutschen Recht auf die Trennung erkannt sei, handle es sich um eine Übergangsvorschrift, die, wenn sie überhaupt erforderlich wäre, an anderer Stelle gebracht werden müsse (Prot VI 363 f).

8   Die Bestimmung des **Art 7**, daß die Vorschriften des BGB über die Wirkungen eines gerichtlichen Veräußerungsverbotes auf ein Veräußerungsverbot, das von einer anderen Behörde als einem Gericht innerhalb der Grenzen ihrer Zuständigkeit erlassen ist, entsprechende Anwendung finden, ist jetzt in § 136 BGB aufgenommen.

9   Endlich hatte **Art 8** bestimmt, daß die Vorschriften der §§ 692–700 BGB (nun §§ 793–808 BGB) auf Aktien, welche auf Inhaber lauten, entsprechende Anwendung finden. Diese Vorschrift wurde gestrichen, weil sie im EG nicht am Platze sei, vielmehr bei einer Revision des HGB Berücksichtigung finden müsse (Prot VI 364 f). Die Vorschriften waren dann in den §§ 66–69 des Aktiengesetzes vom 30. 1. 1937 (RGBl I 107) enthalten, denen nun die §§ 72 ff AktienG vom 6. 9. 1965 (BGBl I 1089), zul geänd d G vom 15. 12. 2004 (BGBl I 3408) entsprechen.

Artikel 1

(1) Das Bürgerliche Gesetzbuch tritt am 1. Januar 1900 gleichzeitig mit einem Gesetz, betreffend Änderungen des Gerichtsverfassungsgesetzes, der Zivilprozeßordnung und der Konkursordnung, einem Gesetz über die Zwangsversteigerung und die Zwangsverwaltung, einer Grundbuchordnung und einem Gesetz über die Angelegenheiten der freiwilligen Gerichtsbarkeit in Kraft.

(2) Soweit in dem Bürgerlichen Gesetzbuch oder in diesem Gesetz die Regelung den Landesgesetzen vorbehalten oder bestimmt ist, daß landesgesetzliche Vorschriften unberührt bleiben oder erlassen werden können, bleiben die bestehenden landesgesetzlichen Vorschriften in Kraft und können neue landesgesetzliche Vorschriften erlassen werden.

Materialien: Abs 1: E I Art 1; II Art 1; III Art 1,
EGBGB aF Art 1; Abs 2: E I Art 3; II Art 3; III
Art 3, EGBGB aF Art 3.

Systematische Übersicht

Detlef Merten

Alphabetische Übersicht

A.　Art 1 Abs 1

I.　Entstehung

1 Art 1 Abs 1 (Art 1 aF EGBGB) erhielt seine jetzige Textfassung von der Reichstagskommission, die das Inkrafttreten des BGB auf den 1. 1. 1900 festsetzte (RTK 1), während E I das Datum offengelassen und E II das Inkrafttreten „an einem durch Kaiserliche Verordnung mit Zustimmung des Bundesrates festzusetzenden Tage, spätestens am …" vorgesehen hatte. Seine erste Erweiterung hatte der Art im E II erfahren, in welchem die Worte „gleichzeitig mit" bis „Gerichtsbarkeit" eingefügt wurden.

II. Der Begriff des Bürgerlichen Rechts

Der Ausdruck **„Bürgerliches Gesetzbuch"** ist mehrfach beanstandet worden; so war **2** seine Ersetzung durch die Worte **„Reichsgesetzbuch", „Reichs-Zivilgesetzbuch"** oder **„Privatrechtliches Gesetzbuch"** mit der Begründung angeregt worden, daß der Ausdruck „Bürgerliches Gesetzbuch" nur eine Übersetzung von „code civil" darstelle und auch stilistisch nicht einwandfrei sei. Die II. Komm war jedoch der Ansicht, daß eine Aufgabe des Begriffs zum Abschluß des Gesetzgebungsverfahrens zu auffällig sei, daß der Ausdruck „Zivilrecht" im Sinne von „Privatrecht" im Gegensatz zum Öffentlichen Recht längst eingebürgert und gebräuchlich sei und sich das deutsche Volk mit der Übersetzung „Bürgerliches Recht" wie mit dem Namen „Bürgerliches Gesetzbuch" befreunden werde (Prot VI 358 f). Das „Bürgerliche Recht" ist in den Mot I 1 als der Inbegriff derjenigen Normen bezeichnet, „welche die den Personen als Privatpersonen zukommende rechtliche Stellung und die Verhältnisse regeln, in welchen die Personen als Privatpersonen untereinander stehen".

Wegen der Schwierigkeiten einer **Abgrenzung** des bürgerlichen Rechtes **vom öffent- 3 lichen Recht** hat das BGB von einer Begriffsbestimmung abgesehen. Es bestand hierfür auch kein hinreichender Anlaß, da die Unterscheidung zwischen öffentlichem und bürgerlichem Recht vor allem bei der Verteilung von Gesetzgebungskompetenzen (Art 74 Abs 1 Nr 1 GG), bei der Abgrenzung der einzelnen Gerichtszweige (§§ 13 GVG, 2 Abs 1 Nr 1-9 ArbGG, 40 Abs 1 und 2 VwGO, 51 Abs 1 SGG, 33 Abs 1 FGO) und im Verfahrensrecht der Exekutive (zB §§ 1 Abs 1, 35, 54 ff BundesVwVfG und 1 Abs 1 und 2 Bundesverwaltungsvollstreckungsgesetz) von praktischer Bedeutung ist. Dagegen werden die Begriffe des bürgerlichen und öffentlichen Rechts als Tatbestandsmerkmale im Bereich des materiellen Rechts seltener gebraucht (**aM** wohl PALANDT/HEINRICHS 1. Buch Einl Anm 2).

Unstreitig ist, daß die Normen des BGB als Gesamtheit Bestandteil des Zivilrechts **4** sind. Die aus historischen Gründen entstandene materielle Unterteilung in die zwei Gebiete des öffentlichen und des privaten Rechts wird von etlichen, in Literatur und Rechtsprechung entwickelten abstrakten Differenzierungsmerkmalen im Sinne einer Unterscheidungsregel untermauert. Sie vermögen jedoch nicht die historisch gewachsene und in der Gerichtsorganisation verfestigte Unterscheidung abschließend zu erfassen, sondern sind nur Versuche, die vorgefundene Dichotomie in ihren Schwerpunkten zu klären. Insbesondere im Arbeits-, Kartell-, Wirtschafts- und auch im Sozialrecht verschwimmen die Grenzen beider Rechtskreise, so daß die abstrakt entwickelten **Zuweisungs„theorien"** (zB Interessen-, Subordinations-, [modifizierte] Subjektstheorie) *nur als Faustregeln* dienen können (vgl zur Begriffsbestimmung: BETTERMANN DVBl 1971, 112; ders NJW 1977, 513; BULLINGER, Öffentliches Recht und Privatrecht [1968]; dens, Öffentliches Recht und Privatrecht in Geschichte und Gegenwart, in: FS Rittner [1991] 69; ERICHSEN/EHLERS, Allgemeines Verwaltungsrecht [12. Aufl 2002] 35; MAURER, Allgemeines

Verwaltungsrecht [15. Aufl 2004] 47; MENGER, in: FS H J Wolff [1973] 149; PESTALOZZA DÖV 1974, 188; H J WOLFF AöR 1950/51, 205; WOLFF/BACHOF/STOBER, Verwaltungsrecht, Bd 1 [11. Aufl 1999] 250 ff, insb 256 ff; BVerwG DÖV 1971, 137; BGHZ 14, 222; 27, 283; 33, 230; 67, 81, 86; Berl OVG OVGE 15, 120, 123 f).

III. Zeitpunkt des Inkrafttretens

5 1. Das BGB ist mit Beginn des **1.1.1900** in Kraft getreten. Auch für die seinerzeitigen **Konsulargerichtsbezirke** und die damaligen **Schutzgebiete** sowie für die im Ausland lebenden Deutschen, soweit für ihre Rechtsbeziehungen nach dem internationalen Privatrecht deutsches Recht maßgebend war, ist das BGB mit dem Zeitpunkt in Kraft getreten, in dem nach der durch Reichsgesetz vom 12.3.1893 (RGBl 93) eingeführten mitteleuropäischen Zeit der 1.1.1900 begonnen hat (HABICHT, Die Einwirkungen des BGB auf zuvor entstandene Rechtsverhältnisse [3. Aufl 1901] 36 f).

6 2. Der Zeitpunkt des *Inkrafttretens des EG* ist nicht besonders bestimmt. Der frühere Streit, ob das EG gemäß Art 2 Reichsverfassung nach Ablauf des 14. Tages seit seiner Verkündung im Reichsgesetzblatt, also am 7.9.1896, oder erst gleichzeitig mit dem BGB in Kraft getreten ist, hat heute nur noch geringe Bedeutung. Obwohl die meisten Vorschriften des EG erst mit dem Inkrafttreten des BGB sachliche Bedeutung erlangt haben, besteht kein Grund, von Art 2 Reichsverfassung abzugehen. Daher ist die erstere Auffassung zutreffend (PLANCK Erl 1 zu Art 1; NIEDNER Art 1 Anm 3; HÜBNER SeuffBl 64, 238; MEYER SeuffBl 64, 240; JACUBEZKY, Verh der bayer K der Abg, Bd 20 von 1899 Abt II, 568; OLG München SeuffBl 64, 239; BayObLG SeuffBl 64, 520; 65, 129 und BayObLGZ 1, 142, 173; **aA** STAUDINGER/KUHLENBECK[7/8] Art 1 Anm 2; HABICHT 35 f und BOURIER SeuffBl 64, 358 ff).

IV. Gleichzeitig in Kraft getretene Gesetze

7 Die im Text bezeichneten weiteren Gesetze, welche gleichzeitig mit dem BGB in Kraft traten, sind:

(1) das Gesetz betr Änderungen des **GVG** und der **StPO** vom 17.5.1898 (RGBl 252),

(2) das Gesetz betr Änderungen der **ZPO** vom 17.5.1898 (RGBl 256), mit EG vom selben Tage (RGBl 332),

(3) das Gesetz betr Änderungen der **KO** vom 17.5.1898 (RGBl 230), mit EG vom selben Tage (RGBl 248),

(4) das **ZVG** vom 24.3.1897 (RGBl 97), mit EG vom selben Tage (RGBl 135),

(5) die **GBO** vom 24.3.1897 (RGBl 139); siehe aber § 82 aF (jetzt § 135 Abs 1) der GBO, wo bestimmt ist, daß die GBO nur soweit sie die Anlegung des Grundbuchs betrifft, vom 1.1.1900 an, im übrigen für jeden Grundbuchbezirk mit dem Zeitpunkt in Kraft tritt, in welchem (gemäß Art 186 dieses EG nach landesherrlicher Verordnung) das Grundbuch als angelegt anzusehen ist (vgl zu [4] und [5] auch GRUCHOT 43, 163),

(6) das **FGG** vom 17.5.1898 (RGBl 189).

Auf Grund des Gesetzes betr die Ermächtigung des Reichskanzlers zur Bekanntma- **8** chung der Texte verschiedener Reichsgesetze vom 17. 5. 1898 (RGBl 342) wurden durch Bekanntmachung vom 20. 5. 1898 (RGBl 369) die Texte folgender Gesetze in der nach den erfolgten Änderungen geltenden Fassung bekanntgemacht: das GVG, die ZPO, die KO, das GKG, die damalige GebO für Gerichtsvollzieher, die damalige GebO für Zeugen und Sachverständige, das AnfG, das ZVG, die GBO und das FGG.

Gleichzeitig mit dem BGB ist nach Art 1 Abs 1 EGHGB vom 10. 5. 1897 (RGBl 437) **9** auch das HGB vom 10. 5. 1897 (RGBl 219) in Kraft und an die Stelle des alten „Allgemeinen deutschen HGB" getreten. Nach Art 2 Abs 2 EGHGB ist der 6. Abschnitt des 1. Buches des HGB – die Vorschriften über Handlungsgehilfen und Handlungslehrlinge – mit Ausnahme des § 65 schon am 1. 1. 1898 in Kraft gesetzt worden. Der Streit, ob die Vorschriften des BGB, auf welche die früher in Kraft getretenen Vorschriften des HGB Bezug genommen haben, schon vor dem 1. 1. 1900 in Kraft getreten sind, hat jetzt seine Bedeutung verloren.

V.   Umfang der zeitlichen Geltung des BGB

Aus Art 1 folgt nicht, daß seit dem 1. 1. 1900 **alle** im BGB geregelten Rechtsver- **10** hältnisse nach dessen Vorschriften zu beurteilen waren (MünchKomm/SÄCKER Art 1 Rn 1).

1.   Nach den Übergangsvorschriften des EG (4. Abschnitt Art 153 ff) (Art 153–156 **11** sind inzwischen gegenstandslos geworden) waren noch vielfach für Rechtsverhältnisse über den 1. 1. 1900 hinaus die Vorschriften des bisherigen Rechtes maßgebend. Teils sind für bestimmte Rechtsverhältnisse, welche zur Zeit des Inkrafttretens des BGB bestanden, für die Dauer ihres Fortbestehens die bisherigen Vorschriften anwendbar geblieben (vgl zB Art 164–168), teils erfolgte die rechtliche Behandlung eines bestehenden Rechtsverhältnisses erst von einem im EG geregelten Zeitpunkt ab nach dem Recht des BGB (s zB Art 171).

2.   Im **Sachenrecht** setzte die Anwendung des BGB gemäß Art 189 und 191 die **12** Anlegung des Grundbuchs voraus. Bis dahin richteten sich auch nach dem Inkrafttreten des BGB nach bisherigem Recht

(a) der Erwerb und Verlust des Eigentums sowie die Begründung, Übertragung, **13** Belastung und Aufhebung eines anderen Rechts an einem Grundstück oder eines Rechts an einem solchen Recht (Art 189 Abs 1 und 3);

(b) der Schutz im Besitz einer Grunddienstbarkeit oder einer beschränkten persönlichen Dienstbarkeit (Art 191).

3.   Bei der Wiedereinführung des Bürgerlichen Gesetzbuches in der ehemaligen **14** DDR folgt der Gesetzgeber in den Art 230 ff EGBGB demselben Regelungsprinzip wie seinerzeit bei Einführung des Bürgerlichen Gesetzbuches. Trotz Übernahme des BGB im allgemeinen sehen einzelne Bestimmungen die – teilweise zeitlich befristete – Fortgeltung des Rechts der DDR vor. Vgl dazu im einzelnen Rn 22 ff.

                                         Detlef Merten

VI. Räumlicher Geltungsbereich vom Inkrafttreten des BGB bis zum Vertrag von Versailles (vom 28. 6. 1919)

1. Fehlen einer ausdrücklichen Regelung

15 Über den räumlichen Geltungsbereich des BGB hat das EG keine Regelung getroffen, während zB in den §§ 1 EGZPO, EGGVG, EGKG, EGStGB und EGStPO bestimmt ist, daß die jeweiligen Gesetze im ganzen Reich in Kraft treten.

16 Der Zusatz „im Umfang des Reichs" erschien entbehrlich. Aus den Grundsätzen der Gebietshoheit ergab sich, daß der räumliche Geltungsbereich des BGB das Deutsche Reich war, soweit nicht besondere Schranken gezogen wurden. Der Zusatz wäre aber auch deshalb bedenklich gewesen, weil sich der räumliche Geltungsbereich des BGB mit dem internationalen Anwendungsbereich seiner Vorschriften nicht deckt (s hierüber Art 3–38), der Herrschaftskreis dieser Vorschriften vielmehr über das Gebiet des Reichs hinausreicht und das BGB auch insoweit mit dem 1. 1. 1900 in Kraft zu treten hatte (Mot 63).

2. Territorium des Deutschen Reichs

17 Das räumliche **Gebiet des Deutschen Reichs** war durch Art 1 der Reichsverfassung vom 16. 4. 1871 und die sie ergänzenden Gesetze geregelt (vgl Art 5 ReichsG vom 9. 6. 1871 betr die Vereinigung von **Elsaß-Lothringen** mit dem Reiche, ReichsG vom 16. 12. 1890 betr die Vereinigung von **Helgoland** mit dem Deutschen Reich, Vereinbarung zwischen dem Deutschen Reich und der Schweiz wegen Regulierung der Grenze bei Konstanz vom 24. 6. 1879 [RGBl 30], Staatsvertrag zwischen Baden und der Schweiz vom 21. 12. 1906 über die Verlegung der Landesgrenze bei Leopoldshöhe [RGBl 1908, 495], Reichsgesetz über Verlegung der deutsch-österreichischen Grenze längs des Przemsa-Flusses vom 22. 1. 1902 [RGBl 31], dazu Bek vom 7. 6. 1902 [RGBl 228], preuß Ges vom 16. 5. 1902 [preuß GS 163]; ReichsG über die Verlegung der deutsch-dänischen Grenze an der Norderau und der Kjärmühlenau vom 22. 1. 1902 [RGBl 32], dazu Bek vom 23. 2. 1902 [RGBl 49], preuß Ges vom 9. 2. 1902 [preuß GS 17]; Vertrag mit Schweden über Stadt und Herrschaft Wismar usw vom 20. 6. 1903 [RGBl 1904, 295]; Vertrag zwischen Mecklenburg-Schwerin und Schweden vom 20. 6. 1903 [RGBl 1904, 297]).

18 Über Neutral Moresnet vgl RG in JW 1906, 298; MÜLLER, Das neutrale Gebiet von Moresnet im Archiv für Landeskunde der Preuß Monarchie 5, 319; ferner SCHROEDER, Das grenzstreitige Gebiet von Moresnet (Materialien und Rechtsgutachten) (Aachen 1902); SPANDAU, Zur Geschichte von Neutral-Moresnet (1904).

3. Konsulargerichtsbezirke

19 Mit dem 1. 1. 1900 trat das BGB auch in den **Konsulargerichtsbezirken** für die der Konsulargerichtsbarkeit unterworfenen Personen in Kraft. Nach § 47 des G über die Konsulargerichtsbarkeit vom 10. 7. 1879 (RGBl 197) erlangten zwar neue Gesetze in den Konsulargerichtsbezirken nach Ablauf von vier Monaten von dem Tage ab, an dem das betreffende Gesetzblatt in Berlin ausgegeben worden war, verbindliche Kraft, aber nur, sofern nicht reichsgesetzlich etwas anderes bestimmt war. Eine

solche Sondervorschrift stellte für das BGB allgemein – und ohne Beschränkung auf
das Reichsgebiet – Art 1 Abs 1 (Art 1 aF EGBGB) dar. An Stelle des Gesetzes vom
10. 7. 1879 war am 1. 1. 1901 (Art 6 der VO vom 25. 10. 1900 [RGBl 999]) das gleich-
namige Gesetz vom 7. 4. 1900 (RGBl 213) getreten (abgeändert durch G vom
23. 12. 1911 [RGBl 1135]). Dieses Gesetz enthielt für die Konsulargerichtsbezirke
einige Abweichungen von den Vorschriften des BGB, so in § 31 für Vereine, in
§ 32 für Gesellschaften, in § 33 hinsichtlich der gesetzlichen Zinsen, in § 34 in bezug
auf Inhaberpapiere der in § 795 Abs 1 BGB bezeichneten Art, in § 35 für Fund, in
§ 36 hinsichtlich der Form der Eheschließung, in § 37 hinsichtlich der Anlegung von
Mündelgeld (§ 1807 BGB), in § 38 für das Nottestament (§§ 2249, 2250 BGB).

VII. Veränderungen des Geltungsbereichs bis zum Ende des Zweiten Weltkriegs

Teile des Reichsgebiets mußten auf Grund des Friedensvertrages zwischen Deutsch- **20**
land und den alliierten und assoziierten Mächten vom 28. 6. 1919 (s Reichsgesetz
über den Friedensschluß vom 16. 7. 1919 [RGBl 687]) aufgegeben werden. S über die
abgeänderten Grenzen Deutschlands grundsätzlich die Art 27–30 des Friedensvertrages und über die Gebietsabtretungen insbesondere die folgenden Bestimmungen
des Friedensvertrages:

Art 32–35: Abtretung von Moresnet, Eupen und Malmedy an Belgien;

Art 51: Abtretung von Elsaß-Lothringen an Frankreich;

Art 83: Gebietsabtretungen an die tschechoslowakische Republik, nämlich das sog
Hultschiner Ländchen, Teile der Kreise Ratibor und Leobschütz; über Gebietsaus-
tausch mit der Tschechoslowakei die Verträge vom 31. 1. 1930 und 27. 9. 1935 (RGBl
II 1934, 5; 1936, 45);

Art 87, 88: Gebietsabtretungen an Polen; abgetreten wurden Teile Westpreußens
nach der am 11. 7. 1920 erfolgten Abstimmung am 20. 3. 1921, nämlich die Kreise
Pleß und Rybnik, sowie Königshütte, Kattowitz und Tarnowitz;

Art 99: Abtretung des Memelgaues; er fiel Litauen zu;

Art 100: Verzicht auf Danzig, das zum Freistaat wurde;

Art 109: Gebietsabtretungen an Dänemark, nämlich Teile von Nordschleswig mit
den Städten Haderslehen, Sonderburg und Tondern;

Art 119 ff: Verzicht auf die Kolonien.

Nach Art 2 WRV bestand das **Reichsgebiet** aus den Gebieten der deutschen Länder.
Mit der Ausdehnung des Territoriums in der Zeit von 1938 bis 1942 („Großdeutsches
Reich") erstreckte sich die Geltung des BGB in verschiedenem Umfang auf Eupen-
Malmedy-Moresnet, Elsaß, Lothringen, Luxemburg und den Bezirk Bialystok, nicht
aber auf Österreich, Sudetenland und das Protektorat Böhmen und Mähren. Im
Memelgebiet und der Freien Stadt Danzig hatte trotz der Abtrennung 1919 das BGB

weitergegolten, ebenso mit gewissen Einschränkungen in den bis 1911 deutschen Teilen der übrigen „eingegliederten Ostgebiete".

VIII. Veränderungen des Geltungsbereichs bis zum Entstehen der Bundesrepublik Deutschland

21 Zu den Veränderungen des Geltungsbereichs im Gefolge des Zweiten Weltkriegs vgl STAUDINGER/LEISS[10/11] Vorbem 77 ff zu Art 55 ff.

IX. Veränderungen des Geltungsbereichs des BGB im Zuge der deutschen Wiedervereinigung*

1. Der Verlust der Rechtseinheit durch die Zivilgesetzgebung der DDR

22 Das Besatzungsregime nach Ende des Zweiten Weltkrieges ließ die zivilrechtliche Rechtseinheit in Deutschland zunächst bestehen. Auch nach Konstituierung der Bundesrepublik und der DDR 1949 galt das BGB in beiden deutschen Staaten weiter. Es wurde ferner nicht von der Aufhebung „verfassungswidrigen" Rechts in Art 144 Abs 1 Satz 2 der ersten Verfassung der DDR vom 7. 10. 1949 (GBl 5) erfaßt. Allerdings wurden die Regelungen des BGB im Bereich der DDR im Sinne der sog **sozialistischen Gesetzlichkeit** materiell mit zunehmend sozialistischen Inhalten – den gesellschaftlichen Wertmaßstäben der DDR entsprechend – aufgeladen (vgl BVerfGE 37, 57 [64 f]; zum Begriff der „sozialistischen Gesetzlichkeit" BRUNNER, Einführung in das Recht der DDR [2. Aufl 1979] 5; LIESER/TRIEBNIGG, Recht in der DDR [1985] 10 f; zur Funktion des Zivilrechts in der DDR vgl STERN, Wiederherstellung der deutschen Einheit, in: ders, Der Staat des Grundgesetzes 181 f; WESTEN, Zivilrecht, in: DDR-Handbuch Bd II [3. Aufl 1985] 1553 f). Es

---

* **Schrifttum:** BADURA, Die innerdeutschen Verträge, insbesondere der Einigungsvertrag, in: ISENSEE/KIRCHHOF (Hrsg), Handbuch des Staatsrechts für die Bundesrepublik Deutschland, Bd VIII (1995) § 189 S 171 ff; BRUNNER, Einführung in das Recht der DDR (2. Aufl 1979); DIESTELKAMP, Zur Rolle der Rechtswissenschaft in der Sowjetisch Besetzten Zone Deutschlands und der früheren Deutschen Demokratischen Republik, ZNR 1996, 86 ff; DROBNIG, Überlegungen zur innerdeutschen Rechtsangleichung, DtZ 1990, 116 ff; GÖHRING/ DOST, Zivilrecht, in: HEUER (Hrsg), Die Rechtsordnung der DDR (1995) 475 ff; GRAWERT, Rechtseinheit in Deutschland, Der Staat 30 (1991) 209 ff; HANNEMANN, DDR-Gesetzgebung vom Inkrafttreten des ersten Staatsvertrages bis zum Einigungsvertrag, DtZ 1990, 333 ff; HORN, Das Zivil- und Wirtschaftsrecht im neuen Bundesgebiet (2. Aufl 1993); ders, Die Rolle des Zivilrechts im Prozeß der Wiedervereinigung Deutschlands, AcP 194 (1994) 177 ff; JAYME/FURTAK (Hrsg), Der Weg zur deutschen Rechtseinheit (1991); LEUTHEUSSER-SCHNARRENBERGER, Zur Struktur der Rechtsangleichung im vereinten Deutschland, NJW 1993, 2465 ff; MAGNUS, Deutsche Rechtseinheit im Zivilrecht – die Übergangsregelungen, JuS 1992, 456 ff; MANSEL, Zum Anwendungsbereich der Art 230 bis 235 EGBGB, DtZ 1991, 124 ff; NISSEL, Fortgeltendes DDR-Recht nach dem Einigungsvertrag, DtZ 1990, 330 ff; SCHNAPAUFF, Der Einigungsvertrag – Überleitungsgesetzgebung in Vertragsform –, DVBl 1990, 1249 ff; STERN, Die Wiederherstellung der deutschen Einheit – Grundkonzeption und Entwicklungslinie auf dem Weg zur Rechtseinheit, in: ders, Der Staat des Grundgesetzes (1992) 172 ff; WESTEN (Hrsg), Das neue Zivilrecht der DDR (1977). Vgl auch die Textsammlung: *Das fortgeltende Recht der DDR*, Systematische Sammlung der Gesetze und Verordnungen mit Erläuterungen (Loseblatt, Stand: 14. Lieferung Januar 1993).

entstand so ein „**Sonderprivatrecht im Mantel des BGB-Rechtes**" (DIESTELKAMP ZNR 1996, 95; vgl auch BRUNNER, Zivilrecht der DDR [1977] 10: „Formalität ohne Inhalt"). Auf diese Auseinanderentwicklung des Zivilrechts bei formaler Fortgeltung des BGB (vgl dazu MAGNUS JuS 1992, 456 f) folgte mit der Zivilgesetzgebung der DDR die ausdrückliche Aufgabe der bestehenden Rechtseinheit (zur Entwicklung des Zivilrechts vgl GÖHRING/ DOSTE, Zivilrecht, in: HEUER [Hrsg], Die Rechtsordnung der DDR 476 ff). Beginnend mit dem Gesetzbuch der Arbeit vom 12. 4. 1961 (GBl I 27), gefolgt vom Vertragsgesetz vom 25. 2. 1965 (GBl I 107), dem Familiengesetzbuch vom 20. 12. 1965 (GBl I 1966, 19) und dem Zivilgesetzbuch (ZGB) vom 19. 6. 1975 (GBl I 465), in Kraft getreten am 1. 1. 1976, wurde das BGB in der DDR schrittweise außer Kraft gesetzt und schließlich mit Art 15 Abs 2 I Nr 1 EGZGB (vom 19. 6. 1975 [GBl I 517]) formell aufgehoben (zum Überblick über die Rechtsentwicklung vgl WESTEN 1554; zum Charakter des DDR-Zivilrechts vgl HORN AcP 194 [1994] 184 ff).

2.   Die Rechtsangleichung im Bürgerlichen Recht im Verlauf der Wiedervereinigung

Mit der deutschen **Wiedervereinigung** stellte sich nach der Zivilrechtskodifikation **23** durch das BGB im Jahr 1900 **erneut** die Aufgabe der **Rechtsvereinheitlichung** (zur Parallele vgl DROBNIG DtZ 1990, 116; zur vergleichbaren Situation nach dem Beitritt des Saarlandes zur Bundesrepublik 1956 SCHNAPAUFF DVBl 1990, 1253; auch STERN, Die Wiederherstellung der deutschen Einheit, in: ders, Der Staat des Grundgesetzes 174 f; WAHL, Die deutsche Einigung im Spiegel historischer Parallelen, Der Staat 30 [1991] 181 ff; zu den unterschiedlichen Lösungsmöglichkeiten vgl LEUTHEUSSER-SCHNARRENBERGER, NJW 1993, 2465; MAGNUS JuS 1992, 456; auch DROBNIG DtZ 1990, 116 f; HORN AcP 194 [1994] 189 f). Wie im 19. Jahrhundert mußte der Staatseinheit die Rechtseinheit folgen. Den ersten Schritt stellte der Vertrag über die Schaffung einer Währungs-, Wirtschafts- und Sozialunion zwischen der Bundesrepublik Deutschland und der Deutschen Demokratischen Republik vom 18. 5. 1990 (BGBl II 537) – **Staatsvertrag** – dar (zu seiner zivilrechtlichen Bedeutung vgl HORN, Zivil- und Wirtschaftsrecht [2. Aufl 1994] 17 ff).

In seinem Gefolge wurden in der ersten Phase der Rechtsangleichung Rechtsvor- **24** schriften der Bundesrepublik im Wege eines sog **Mantelgesetzes** – Gesetz über die Inkraftsetzung von Rechtsvorschriften der Bundesrepublik in der DDR vom 21. 6. 1990 (GBl I Nr 34 S 357) – von der DDR übernommen, darunter aus dem BGB das Recht der Gesellschaft (§§ 705 ff), sowie in der Folge zahlreiche gesetzliche Bestimmungen der DDR modifiziert (vgl dazu HANNEMANN DtZ 1990, 333 ff; HORN AcP 194 [1994] 181 f). Daneben wurden Gesetze im Wege der Parallelgesetzgebung gleichzeitig in der Bundesrepublik und in der DDR erlassen (zur Gesetzgebung der DDR infolge des Staatsvertrages vgl HORN, Zivil- und Wirtschaftsrecht [2. Aufl 1994] 54 ff). Grundlage für die Rechtsangleichung war Art 4 des Staatsvertrages iVm den entsprechenden Anlagen. Ein wesentliches Element bildeten dabei „**Grundsätze**" für die Anwendung von DDR-Recht, die sozialistische Prinzipien durch demokratische und marktwirtschaftliche ersetzen sollten.

Der **Einigungsvertrag** (hierzu BADURA, Handbuch des Staatsrechts, Bd VIII [1995] § 189, 171 ff; **25** HORN, Zivil- und Wirtschaftsrecht [2. Aufl 1994] 71 ff; SCHNAPAUFF DVBl 1990, 1249 ff) hat in der Folge den Geltungsbereich des BGB grundsätzlich auch auf die neuen Bundesländer unter Einschluß Ost-Berlins (vgl Art 8 iVm Art 3 des Einigungsvertrages vom

31. 8. 1990, BGBl II 889) erstreckt und gleichzeitig entgegenstehendes DDR-Recht
außer Kraft gesetzt (zur *Erstreckung* als logischer Folge des *Beitritts* vgl Stern, Wiederherstellung der deutschen Einheit, in: ders, Der Staat des Grundgesetzes 182). Obwohl der Vertrag in
seinen Anlagen den Grundsatz der Rechtserstreckung durch viele Ausnahmen
durchbrach, kam es zur *„nahezu vollständigen Inkraftsetzung des BGB"* (Wasmuth
DtZ 1990, 297; ähnlich Coester-Waltjen Jura 1991, 516; *„geringes Rechtsreservat der neuen Bundesländer"* Stoll, in: FS Lorenz [1991] 577; *„prinzipielle Wiederherstellung der Rechtseinheit"* Horn
AcP 194 [1994] 189). Durch die Ausnahmeregelungen gilt allerdings DDR-Recht in
nicht unbeträchtlichem Umfang auch nach der Wiedervereinigung fort (dazu und zum
folgenden Dörner, in: FS Lorenz [1991] 321 ff). Art 8 des Einigungsvertrages sieht zunächst
die Übernahme des gesamten Bundesrechts durch die DDR vor. Daß BGB und
EGBGB hiervon erfaßt sind, stellte der neu eingefügte Art 230 Abs 2 EGBGB
ausdrücklich klar (vgl Horn, Zivil- und Wirtschaftsrecht [2. Aufl 1994] 121 f; Staudinger/Rau-
scher [2003] Art 230 EGBGB Rn 4). Gem Art 230 Abs 1 EGBGB wurden die §§ 616
Abs 2, 3, 622, 1706 ff BGB von der Überleitung auf die neuen Bundesländer ausgenommen. Davon war zuletzt lediglich die Ausnahme hinsichtlich der Amtspflegschaft (§§ 1706 ff BGB) von Bedeutung (vgl dazu Staudinger/Rauscher [2003] Art 230
Rn 9 ff). Die Regelungen betreffend die Lohnfortzahlung im Krankheitsfall und die
Kündigungsfrist, die auf Grund der Ungleichbehandlung von Arbeitern und Angestellten für verfassungswidrig angesehen und deshalb von der Überleitung ausgenommen wurden, sind inzwischen anderweitig bundeseinheitlich getroffen worden
(vgl dazu Staudinger/Rauscher [2003] Art 230 15 ff). Auf Grund des Gesetzes zur Abschaffung der gesetzlichen Amtspflegschaft und Neuordnung des Rechts der Beistandschaft vom 4. 12. 1997 (BGBl I 2846) entfällt nunmehr auch die Ausnahme bezüglich der §§ 1706 ff BGB; gleichzeitig wurde Art 230 neu gefaßt. Die Übernahme
von DDR-Recht in den Art 231 ff EGBGB erfolgte aufgrund der besonderen sozialen, strukturellen und wirtschaftlichen Bedingungen im Beitrittsgebiet (so beispielsweise Schnapauff DVBl 1990, 1253) mit entsprechenden Modifikationen, die in
Anlage I des Einigungsvertrages zusammengefaßt waren. In den dort erfaßten
Rechtsbereichen wurde die Geltung von Bundesrecht für das Beitrittsgebiet befristet
eingeschränkt (vgl Nissel DtZ 1990, 330, 332). In der Regelung der Art 231 ff liegt das
„Muster eines klassischen [intertemporalen] Überleitungsfalles" (Staudinger/Rau-
scher [2003] Art 230 Rn 38) vor.

26 Daneben treffen die Art 231–237 eine **intertemporale** Regelung für sog „Altfälle",
dh für bestimmte, vor dem Beitritt am 3. 10. 1990 begründete Rechtsverhältnisse, auf
die grundsätzlich DDR-Recht anzuwenden ist. Mithin wird durch diese Normen das
Problem der zeitlichen Rechtsverschiedenheit, das sich infolge des Beitritts ergeben
hat, gelöst (vgl Dörner/Meyer-Sparenberg DtZ 1991, 2). Dies hat zur Konsequenz, daß
nunmehr für bestimmte Rechtsmaterien in Deutschland ein interregional wie intertemporal gespaltenes Zivilrecht besteht (vgl Coester-Waltjen Jura 1991, 516) und DDR-
Recht als **partikulares Bundesrecht** gilt (vgl Mansel DtZ 1991, 125).

27 Mit Art 9 des Einigungsvertrages in Verbindung mit Anlage II wurde des weiteren
bestehendes DDR-Recht aufrechterhalten. Es gilt als **Landesrecht** weiter, soweit die
Regelungsmaterie nach dem Grundgesetz dem Landesgesetzgeber zugewiesen ist
und es im übrigen mit deutschem Verfassungsrecht und mit unmittelbar geltendem
Recht der Europäischen Union übereinstimmt. Dieses auf der Grundlage von Art 9
Abs 1 Einigungsvertrag als Landesrecht fortgeltende DDR-Recht wurde vom Eini-

gungsvertrag nicht enumerativ erfaßt. Daneben ordnet Art 9 Abs 2 Einigungsvertrag in Verbindung mit Anlage II ausdrücklich die Fortgeltung bestimmten DDR-Rechts an. Art 9 Abs 3 des Einigungsvertrages läßt schließlich nach Unterzeichnung des Vertrages erlassenes DDR-Recht bestehen, soweit dies ausdrücklich vertraglich vereinbart wird. Als Ausnahme zu Art 8 Einigungsvertrag entstand somit neben partikularem Bundesrecht auch Landesrecht (vgl NISSEL DtZ 1990, 330). Dieser Umstand ist für das EGBGB insofern relevant, als die Art 55 ff EG gerade landesrechtliche Regelungen bestimmter Privatrechtsmaterien zulassen. Schließlich schuf auch der Einigungsvertrag selbst neues Recht. Zu nennen sind hier das Gesetz zur Regelung offener Vermögensfragen, das auf Art 9 Abs 2 des Einigungsvertrages iVm Anlage II Sachbereich B Abschnitt I Nr 5 beruht, und die Sonderregelung für das Recht zur Kündigung der Arbeitsverhältnisse im öffentlichen Dienst.

Keine Regelung fand das sog **interlokale Privatrecht** durch den Einigungsvertrag. **28** Zwar erkannte der Gesetzgeber die Problematik der nach wie vor zumindest in Teilbereichen bestehengebliebenen Rechtsspaltung mit dem Folgeproblem der im Einzelfall jeweils anwendbaren Rechtsordnung, überließ dessen Lösung jedoch der Rechtswissenschaft und der Rechtsprechung (vgl Erläuterungen zum Einigungsvertrag, Anl I Kap III Sachgebiet B Abschnitt II Nr 1 zu Art 230 [BT-Drucks 11/7817, 37]).

3.   Die Problematik des interlokalen Kollisionsrechts*

Das sog **interlokale Privat-** oder **Kollisionsrecht** entscheidet darüber, welche deutsche **29** „Teilrechtsordnung" bei Fällen mit Bezügen sowohl zum Recht des Beitrittsgebiets als auch zum bisherigen Bundesgebiet anzuwenden ist. Diese Frage ist für den Zeitraum vor wie insbesondere auch nach dem 3. 10. 1990 von Bedeutung, da für die neuen Bundesländer im Bereich des Zivilrechts eine **partikulare Rechtsspaltung** besteht und DDR-Recht fortgilt, so daß es einer Entscheidung über die anzuwendenden Rechtsnormen bedarf (vgl dazu näher MANSEL DtZ 1991, 125 ff; MÖRSDORF-SCHULTE/ OTTE ZIP 1993, 18; STOLL, in: FS Lorenz [1991] 577 f). Insgesamt gestaltet sich die Rechtslage, insb im Falle des Hinzutretens einer Auslandsberührung, außerordentlich **un-**

---

* **Schrifttum**: COESTER-WALTJEN, Ausgewählte zivilrechtliche Fragen im Einigungsvertrag: Interlokale und intertemporale Probleme, Ehegüterrecht und nachehelicher Unterhalt, Jura 1991, 516 ff; DÖRNER, Das deutsche Interlokale Privatrecht nach dem Einigungsvertrag, in: FS Werner Lorenz (1991) 321 ff; ders, Interlokales Erb- und Erbscheinsrecht nach dem Einigungsvertrag, IPRax 1991, 392 ff; DÖRNER/ MEYER-SPARENBERG, Rechtsanwendungsprobleme im Privatrecht des vereinten Deutschlands, DtZ 1991, 1 ff; DROBNIG, Innerdeutsches und interlokales Kollisionsrecht nach der Einigung Deutschlands, RabelsZ 55 (1991) 268 ff; vHOFFMANN, Internationales Privatrecht im Einigungsvertrag, IPRax 1991, 1 ff; MANSEL, Perspektiven eines deutschen interlokalen Privat- und Verfahrensrechts nach der Wiedervereinigung, IPRax 1990, 283 ff; ders, Innerdeutsche Rechtsanwendung: (Noch) geltendes Kollisionsrecht, DtZ 1990, 225 ff; MÖRSDORF-SCHULTE/OTTE, Deutsch-deutsche und internationale Altfälle nach dem Einigungsvertrag, ZIP 1993, 15 ff; PIRRUNG, Einigungsvertrag und Kollisionsrecht, RabelsZ 55 (1991) 211 ff; SCHURIG, Ein Kollisionsrecht für das Kollisionsrecht im vereinigten Deutschland, in: FS Werner Lorenz (1991) 513 ff; STOLL, Kollisionsprivatrechtliche Aspekte des Vertrages über die deutsche Einigung, in: FS Werner Lorenz (1991) 577 ff.

übersichtlich (vgl Dörner/Meyer-Sparenberg DtZ 1991, 1; Horn, Zivil- und Wirtschaftsrecht [2. Aufl 1994] V).

30 Vor dem 3. 10. 1990 wendete die Bundesrepublik im **interlokalen Privatrecht** auf deutsch-deutsche Fälle die Regeln des Internationalen Privatrechts – Art 3 ff EGBGB – nicht direkt, sondern analog an, um die DDR nicht als Ausland anzusehen. Ebenso wurde der Anknüpfungspunkt der Staatsangehörigkeit durch den des gewöhnlichen Aufenthalts ersetzt (vgl Dörner/Meyer-Sparenberg DtZ 1991, 2; Mansel DtZ 1990, 225 ff; Staudinger/Rauscher [2003] Art 230 Rn 45 f). Die DDR löste das Problem durch das sog Rechtsanwendungsgesetz (RAG) vom 5. 12. 1975 (GBl I 517), wobei sie die Bundesrepublik als Ausland betrachtete (vgl Dörner/Meyer-Sparenberg DtZ 1991, 2; auch Mansel IPRax 1991, 283 ff, der vor dem Einigungsvertrag für ein eigenes Gesetz zur Regelung des interlokalen Kollisionsrechts plädierte). Zur Rechtslage vor dem 3. 10. 1990 näher die Kommentierung von Staudinger/Merten/Kirchhof[12].

31 Seit dem 3. 10. 1990 gilt für das IPR Art 236 § 1 EGBGB, wonach auf **„abgeschlossene Vorgänge“** (zu diesem Begriff Dörner/Meyer-Sparenberg DtZ 1991, 5 f) das bisherige Internationale Privatrecht anzuwenden ist. Diese Vorschrift wird **analog** auch für die Fälle des interlokalen Privatrechts herangezogen. Diesem Analogieschluß steht nicht entgegen, daß dem Gesetzgeber des Einigungvertrages die Problematik des interlokalen Privatrechts bekannt gewesen ist, er jedoch keine ausdrücklichen Regelungen getroffen hat. Denn er hat die Frage bewußt Rechtsprechung und Lehre überlassen (vgl Drobnig RabelsZ 55 [1991] 276 f; Mörsdorf-Schulte/Otte ZIP 1993, 16; ausführlich zur Entstehung der kollisionsrechtlichen Regelungen Pirrung RabelsZ 55 [1991] 215 ff). Zur Klärung der anwendbaren „Teilrechtsordnung“ muß zunächst zwischen Neu- und Altfällen unterschieden werden, je nachdem, ob der zeitliche Bezugspunkt der zu entscheidenden Rechtsfrage vor oder nach dem 3. 10. 1990 liegt. Für sog **Altfälle** gilt: Der analog anzuwendende Art 236 § 1 EGBGB verweist auf das bisherige interlokale Privatrecht, so daß bei einem entsprechenden Bezug zum Beitrittsgebiet das RAG über die anzuwendende Rechtsordnung entscheidet. Bei einem Bezug zum alten Bundesgebiet gelten dessen Regelungen des interlokalen Privatrechts, wie sie oben Rn 30 dargestellt sind. Um den Bezug zum jeweiligen Gebiet herzustellen, ist im Wege einer sog Vorschaltprüfung zu klären, welches interlokale Kollisionsrecht Anwendung findet (zu den – beachtlichen – Unterschieden zwischen RAG und dem bundesdeutschen IPR vgl Stoll, in: FS Lorenz [1991] 579 f). Nach welchen Kriterien diese erfolgen soll, ist strittig (vgl die Darstellung bei Staudinger/Rauscher [2003] Art 230 Rn 47 ff mwN zum Streitstand). Sinnvoll erweisen sich für die Vorschaltprüfung die Grundsätze des bundesdeutschen interlokalen Privatrechts, was zwar im Fall des räumlichen Bezugs zum alten Bundesgebiet zu einer doppelten Anwendung des bundesdeutschen interlokalen Privatrechts führt, jedoch die Nachteile von Mischmodellen vermeidet (so auch im Ergebnis Staudinger/Rauscher [2003] Art 230 Rn 74 ff). Mit überzeugenden Gründen wird überwiegend ein Lex-fori-System abgelehnt, das das anzuwendende Kollisionsrecht nach dem Sitz des angegangenen Gerichts bestimmt (so zB Schurig, in: FS Lorenz [1991] 516 f). Für **Neufälle** nach dem 3. 10. 1990 gilt das bundesdeutsche interlokale Privatrecht mangels einer andersartigen Regelung in Art 236 § 1 EGBGB. Danach ist wiederum das bundesdeutsche IPR analog anzuwenden (Einzelheiten bei Dörner/Meyer-Sparenberg DtZ 1991, 3 ff mit entsprechenden Schemata). Zu den Einzelheiten vgl Staudinger/Dörner (1996) Art 236 § 1 EGBGB.

4.   Die Anwendung des fortgeltenden DDR-Rechts*

Da, wie dargelegt, zum gegenwärtigen Zeitpunkt in nicht unerheblichem Umfang **32**
DDR-Recht fortgilt – entweder weil Art 9 des Einigungsvertrages dies bestimmt
oder weil aufgrund der durch Art 8 des Einigungsvertrages eingeführten intertemporalen Regelung in Art 230 ff EGBGB auf einen konkreten Sachverhalt (nicht
fortbestehendes) DDR-Recht anzuwenden ist (so zB nach Art 232 § 1 EGBGB für
das Schuldrecht oder Art 232 § 10 für das Deliktsrecht) – und damit von den Gerichten als unmittelbar geltendes Recht (zutreffend OETKER JZ 1992, 608) anzuwenden
ist, stellt sich die Frage nach den für das vormalige DDR-Recht geltenden Auslegungsgrundsätzen. Weiter ist zu prüfen, ob das fortgeltende Recht in vollem
Umfang weiterbesteht oder ob gewisse Bestimmungen von der Weitergeltung ausgenommen werden müssen. Es stellt sich mithin das Problem der Integration des
fortgeltenden DDR-Rechts in die Gesamtrechtsordnung unter Vermeidung von
Wertungswidersprüchen (vgl OETKER JZ 92, 608).

Hierbei gilt es zwischen denjenigen Rechtsvorschriften, deren Fortgeltung durch **33**
Art 9 des Einigungsvertrages angeordnet worden ist, und denjenigen, die aufgrund
intertemporaler Kollisionsregelung in Art 230 ff EGBGB zur Anwendung gelangen,
zu differenzieren (vgl DROBNIG DtZ 1994, 86 f; OETKER JZ 1992, 609).

Erstere sind durch den Einigungsvertrag in den Willen des gesamtdeutschen Gesetzgebers aufgenommen worden (OETKER JZ 1992, 609). Für sie gelten daher die
herkömmlichen Auslegungsprinzipien. In deren Rahmen ist jedoch der spezifische
Zusammenhang zur vormaligen Rechtsordnung der DDR, etwa im Rahmen der
systematischen oder teleologischen Auslegung zu beachten (vgl dazu DROBNIG DtZ 1994,
88 f; OETKER JZ 1992, 610 f). Weiter ist die Übertragung der bundesdeutschen Ausle-
gungsmaximen auf die DDR-Rechtsordnung durch den **Staatsvertrag** vom 18. 5. 1990
zur Währungs-, Wirtschafts- und Sozialunion (BGBl II S 537) zu berücksichtigen. Der
Staatsvertrag bestimmte nicht nur die partielle Übernahme westdeutschen Rechts in
der DDR (vgl oben Rn 24), sondern stellte darüber hinaus auch Grundsätze für die
zukünftige Anwendung von DDR-Recht auf. In Art 2 Abs 1 Staatsvertrag bekennen
sich die vertragschließenden Parteien zur „freiheitlichen, föderativen, rechtsstaatlichen und sozialen Grundordnung". Weiter wird auf die Gewährleistung der Ver-
trags-, Gewerbe-, Niederlassungs- und Berufsfreiheit Bezug genommen. Außerdem
formuliert ein Gemeinsames Protokoll in Gestalt von Leitsätzen weitere verbindliche Maximen für die Rechtsanwendung in der DDR. Diese sowie die oben genannten Prinzipien bilden gem Art 4 Abs 1 Satz 1 2. Halbsatz die verbindliche
Grundlage für die Auslegung und Anwendung fortbestehenden Rechts (zur Bedeu-

---

* **Schrifttum**: DROBNIG, Anwendung und Auslegung von DDR-Recht heute, DtZ 1994, 86 ff;
HORN, Die heutige Auslegung des DDR-Rechts
und die Anwendung des § 242 BGB auf DDR-
Altverträge, DWiR 1992, 45 ff; ders, Das Zivil-
und Wirtschaftsrecht im neuen Bundesgebiet
(2. Aufl 1993); ders, Die Rolle des Zivilrechts im
Prozeß der Wiedervereinigung Deutschlands,
AcP 194 (1994) 177 ff, insb 194 ff; JANKE, Die

Anwendung des Zivilgesetzbuchs der DDR in
der Rechtsprechung seit der deutschen Einheit,
NJ 1994, 390 ff, 437 ff; 1996, 281 ff, 343 ff;
MÄRKER, Unrechtsbereinigung auf dem Zivilrechtsweg?, DtZ 1995, 37 ff; OETKER, Rechtsvorschriften der ehem DDR als Problem me-
thodengerechter Gesetzesanwendung, JZ 1992,
608 ff.

Detlef Merten

tung des Staatsvertrages vgl OETKER JZ 1992, 611, der die Grundsätze jedoch nur im Rahmen der historischen Auslegung berücksichtigt). Art 1 Abs 2 des Gesetzes über Verfassungsgrundsätze vom 17. 6. 1990 (GBl I 299) hat dieser Generalklausel in der DDR Verfassungskraft verliehen. Damit wurde die „Umwertung der Grundwerte des Rechtes der DDR" (DROBNIG DtZ 1994, 88) abgeschlossen. Da in der Folge die DDR-Rechtsnormen nur so fortgelten können, wie sie zum Zeitpunkt des Einigungsvertrages bestanden haben (so ausdrücklich DROBNIG DtZ 1994, 88; OETKER JZ 1992, 612), sind die oben dargestellten Grundsätze des Staatsvertrages auf die Gesamtheit der fortgeltenden Normen des DDR-Rechts anzuwenden und von der Rechtsprechung zur Auslegung heranzuziehen (vgl dazu die Bsp bei DROBNIG DtZ 1994, 87 f).

34 Problematisch gestaltet sich die Auslegung von DDR-Recht, das aufgrund intertemporaler Kollisionsregeln anzuwenden ist. Hiervon sind in erster Linie sog „Altfälle" betroffen, dh solche Fälle mit zeitlichem Bezugspunkt vor dem 3. 10. 1990. Insb HORN (Zivil- und Wirtschaftsrecht [2. Aufl 1994] 8 ff, 124 ff) hat hierfür ein Konzept entwickelt, dem der Bundesgerichtshof grundsätzlich folgt. Ausgehend von einer historischen Auslegung des DDR-Rechts (OETKER JZ 1992, 612 „Rechtsnormen eines untergegangenen Staates") wird zunächst die Verfassungskonformität analog Art 9 I 1, II Einigungsvertrag geprüft, des weiteren gilt ein ordre-public-Vorbehalt analog Art 6 EGBGB; schließlich soll in einem dritten Schritt dem Wertewandel in der DDR Rechnung getragen werden (so insbesondere auch OETKER JZ 1992, 612; dagegen MASKOW WR 1992, 171, insb Fn 5; teilweise auch DROBNIG DtZ 1994, 90 f). Diesem Schema wird der Gedanke des Vertrauensschutzes hinsichtlich der DDR-Rechtsordnung entgegengehalten. Zur Frage der Auslegung des DDR-Rechts im einzelnen vgl die Kommentierung zu den Vorschriften der Art 230 ff EGBGB.

X. Der räumliche Geltungsbereich des BGB heute*

1. Bestimmungskriterien

35 Der räumliche Geltungsbereich eines Gesetzes ist anhand zweier Kriterien zu bestimmen. Zunächst muß das Gesetz innerhalb eines bestimmten Gebietes überhaupt als Regel – wie häufig auch immer – beachtet und befolgt werden. Gesetzesgeltung setzt also **Gesetzesanwendung** voraus.

36 Die Gesetzesanwendung reicht jedoch allein noch nicht aus. Das zeigt gerade das Zivilrecht, bei dem man andernfalls zu befremdlichen Ergebnissen käme. Wenn im Rahmen des IPR der beiden betroffenen Staaten das jeweils fremde Recht anzu-

---

* **Schrifttum:** BADURA, Der räumliche Geltungsbereich der Grundrechte, in: MERTEN/ PAPIER (Hrsg), Handbuch der Grundrechte in Deutschland und Europa, Bd II (2005), § 45; BLECKMANN, Grundgesetz und Völkerrecht (1975); HABSCHEID/RUDOLF, Territoriale Grenzen der staatlichen Rechtssetzung (1973); K IPSEN, Völkerrecht (5. Aufl 2004); MERTEN, Räumlicher Geltungsbereich von Grundrechtsbestimmungen, in: FS Hartmut Schiedermair (2001) 331 ff; SCHWEITZER, Staatsrecht III, Staatsrecht, Völkerrecht, Europarecht (7. Aufl 2000); SEIDL-HOHENVELDERN, Völkerrecht (10. Aufl 2000); VERDROSS/SIMMA, Universelles Völkerrecht (3. Aufl 1984); GRAF VITZTHUM, Art Staatsgebiet, in: ISENSEE/KIRCHHOF (Hrsg), Handbuch des Staatsrechts der Bundesrepublik Deutschland, Bd I (2. unveränd Aufl 1995) 709 ff.

wenden wäre, würde sich der territoriale Geltungsbereich des eigenen Rechts jeweils auch auf das Gebiet des fremden Staates erstrecken und das fremde Recht im eigenen Staate seinen räumlichen Geltungsbereich haben. Bezüglich des eigenen Zivilrechts käme man auf diese Weise sehr schnell zu einer weltweiten Geltung; damit wäre für die räumliche Abgrenzung nationaler Rechtsordnungen außer der Erkenntnis internationaler Verflechtung nationaler Rechtsordnungen nichts gewonnen.

Für Rechtskreise nationaler Rechtsordnungen, die sowohl in Rechtssysteme anderer **37** Staaten ausstrahlen können als auch die Anwendung fremder Regeln zulassen, muß also ein zusätzliches Kriterium zur Begrenzung des räumlichen Geltungsbereichs gefunden werden. Da die Kollisionsnormen des IPR in Sachverhalten mit Auslandsbezug – sei es, daß dessen rechtlich erhebliche Tatumstände sich in einem fremden Staate abspielten, sei es, daß über Anknüpfungen an die beteiligten Rechtssubjekte ein solcher Bezug sich ergäbe – fremdes Recht in unserem Rechtssystem anwendbar machen, muß das weitere Unterscheidungsmerkmal eine eindeutige und sichere Abgrenzung dieser Kollisionsfälle ermöglichen. Unproblematisch sind dabei jene IPR-Fälle, in denen die Kollisionsnorm auf das eigene Recht zurückverweist, da im Ergebnis dann kein fremdes Recht angewendet wird, sondern nur die eigene Zivilrechtsnorm und die – ebenfalls eigene – Umschaltnorm des IPR. Abgrenzungsschwierigkeiten entstehen nur dort, wo die Kollisionsnormen beider Staaten die Anwendung jeweils fremden Rechts vorschreiben. Das kommt – aus der Sicht der Bundesrepublik Deutschland betrachtet – in zwei Fallgruppen vor: In Deutschland wird fremdes Recht oder im fremden Staat deutsches Recht angewendet. Beide Fälle müssen nach ihrem Geltungsbereich eindeutig zugeordnet werden können.

Eine Norm hat dort ihren räumlichen Geltungsbereich, wo sie nicht nur angewendet **38** wird, sondern gerade der Normsetzer sie auch tatsächlich in der Mehrzahl der Fälle selbst durchsetzen kann. Entscheidet ein anderer letztverbindlich über die Anwendung für ihn fremder Normen, haben diese innerhalb solcher Gebiete nicht mehr ihren (regelmäßigen) Geltungsbereich; vielmehr bestimmen Dritte die (fallweise) Anwendung. Zweites Kriterium ist demnach die **Durchsetzbarkeit** der Vorschriften gerade **durch den Normsetzer** (oder dessen nationale Organe); wo die Anwendung einer Norm in der Regel vom Normsetzer erzwungen werden kann, besteht deren regelmäßiger räumlicher Geltungsbereich. Damit wird die Rechtsdurchsetzung zu einem Merkmal der Rechtsgeltung. Nur über dieses Erfordernis einer Identität von Normsetzer und -vollstrecker können Rechtsordnungen in ihrer räumlichen Geltung voneinander auch dann geschieden werden, wenn sie grundsätzlich das Eindringen fremden Rechts in Fällen mit Auslandsbezug gestatten (vgl zum Umfang der Rechtsmacht eines Staates auf seinem Staatsgebiet K IPSEN 276 ff, insb 311 f; SEIDL-HOHENVELDERN 206, 248 f; GRAF VITZTHUM, Staatsgebiet, HdbStR II [3. Aufl 2004] 167).

Anhand dieses Merkmals können auch die oben genannten Fälle zugeordnet werden. Wird deutsches Zivilrecht im Ausland angewandt, so fehlt es an der Durchsetzbarkeit durch den deutschen Normgeber; letztverbindlich entscheidet hier eine auswärtige Macht über die Durchsetzung einer Rechtsregel. Damit scheiden alle Fälle der Anwendung oder Durchsetzung von BGB-Normen durch ausländische Stellen für eine Erweiterung des räumlichen Geltungsbereiches aus, weil nicht der deutsche Normsetzer, sondern ein Dritter über den Rechtsvollzug bestimmt. Glei-

Detlef Merten

ches gilt für den umgekehrten Fall: Urteilt zB ein deutsches Gericht nach fremdem Zivilrecht und wird ein solches Urteil vollstreckt, so wird der räumliche Geltungsbereich des zugrundeliegenden fremden Rechts dadurch nicht erweitert. Erlaß und Durchsetzung der Rechtsnorm werden von verschiedenen Hoheitsträgern vorgenommen, der fremde Rechtssetzer ist nicht mit dem deutschen Durchsetzungsorgan national identisch. In diesen Fällen ist lediglich der deutsche Geltungsbefehl für das fremde Recht (die Kollisionsnorm) gleicher Herkunft wie die vollstreckende staatliche Stelle; deren Geltungsbereich liegt zweifelsohne auf deutschem Gebiet, der des fremden Rechts aber nicht.

2.   Geltungsbereich und Gebietshoheit

39 Die Art der Bestimmung des räumlichen Geltungsbereichs erweist sich nicht nur als begrifflich tauglich, weil sie für das Zivilrecht – insbesondere das IPR – eindeutige und dem Sinn dieser Vorschriften adäquate Ergebnisse liefert; sie entspricht auch den völkerrechtlichen Vorstellungen von der **Souveränität** der Staaten. Diese sind im Außenverhältnis, gegenüber anderen Gebietsverbänden, unabhängige Gebilde und müssen im Innenbereich zumindest die **Gebietshoheit** besitzen (vgl RANDELZHOFER, Staatsgewalt und Souveränität, HdbStR II [3. Aufl 2004] 143 ff; QUARITSCH, Staat und Souveränität [1970] insbes 255 ff; ders, Souveränität [1986]). Im Völkerrecht wird für den Innenbereich der Staaten der Begriff der „Souveränität" zugunsten der „Gebietshoheit" aufgegeben, weil die Souveränität nicht nur die Rechtsmacht *im* Staat, sondern auch die Befugnis zu Gebietsveränderungen enthält (so vor allem VERDROSS/SIMMA 655; vgl auch GRAF VITZTHUM, Staatsgebiet, HdbStR II [3. Aufl 2004] 166 f); die Gebietshoheit umfaßt neben der Rechtsmacht der Normierung, die die eigenständig-unabhängige Position eines Staates im Innenbereich dokumentiert, auch die der Rechtsdurchsetzung. Solchen Erfordernissen wird durch eine Bestimmung des räumlichen Geltungsbereichs anhand der beiden Merkmale Rechnung getragen. Völkerrechtlich ausgedrückt bedeutet eine solche Definition nichts anderes, als daß der Geltungsbereich sich auf die Fläche erstreckt, für die ein Staat die Gebietshoheit besitzt. Der Geltungsbereich ist deshalb oft mit dem Staatsgebiet identisch (BLECKMANN 126 f; Ausnahmen sind zB durch Staatsservitute möglich).

3.   Geltungsbereich und Gesetzgeberwille

40 Schließlich hängt der Umfang des räumlichen Geltungsbereichs innerstaatlich noch vom **Willen des Gesetzgebers** ab; er muß also nicht zwingend stets das gesamte Bundesgebiet umfassen (RUMPF, Der Staat [1970] 289, 293; GRAF VITZTHUM, Staatsgebiet, HdbStR II [3. Aufl 2004] 172 f). Das BGB sollte aber eine reichs-(bundes-)einheitliche Rechtsordnung bilden, partielles Reichs-(Bundes-)Recht von ihr nicht gesetzt werden. Deshalb ist im folgenden von der Geltung des BGB im **gesamten** Bereich der Gebietshoheit des Bundes auszugehen. Geht der Wille des Gesetzgebers, wie im Zuge der deutschen Wiedervereinigung, dahin, partikulare Besonderheiten zu berücksichtigen, so entsteht, wie insb Art 230 ff EGBGB zeigen, partikulares Bundesrecht. Vgl dazu im einzelnen Rn 22 ff.

4.   Räumlicher Geltungsbereich

41 Die Gebietshoheit der Bundesrepublik Deutschland erstreckt sich auf:

a) das **Landgebiet** (zB K Ipsen 280 f 310 f; Graf Vitzthum, Staatsgebiet, HdbStR II [3. Aufl 2004] 176). Dieses besteht aus gegenwärtig 16 Ländern (vgl zu Neugliederungsvorstellungen Rutz, Die Gliederung der Bundesrepublik Deutschland in Länder [1995]). Mit der staatlichen Wiedervereinigung sind die Berlin-Vorbehalte der Alliierten (zu diesen vgl BVerfGE 36, 1, 17; zur vormaligen Rechtslage Berlins Bleckmann 99 ff; Scholz, Der Status Berlins, HdbStR I (1987) 351 ff) entfallen. Das Landgebiet umfaßt dabei die gesamte **Erdoberfläche** des Gebiets der Länder (im einzelnen mwN gebietlicher Änderungen Bleckmann 116 ff, 131). Der **Boden unter der Erdoberfläche** fällt unter die Gebietshoheit, soweit er technisch nutzbar ist (Bleckmann 131; K Ipsen 278). Die Grundstücke der **ausländischen Missionen** befinden sich ebenfalls im räumlichen Geltungsbereich des BGB, weil sie auf dem Landgebiet der Bundesrepublik liegen. Wegen ihrer Unverletzlichkeit findet die Durchsetzung deutscher Staatsgewalt zwar dort eine Grenze (Seidl-Hohenveldern 188 f; Graf Vitzthum, Staatsgebiet, HdbStR II [3. Aufl 2004] 171). Sie bleiben aber Bestandteil des deutschen Staatsgebiets (Seidl-Hohenveldern aaO), denn völkerrechtliche Exterritorialität besteht nur, soweit sie für den diplomatischen und konsularischen Verkehr erforderlich ist (BVerfGE 15, 25, 34 ff; RGSt 69, 54, 55 f). Ferner ist das BGB anzuwenden und durchzusetzen, wenn der fremde Staat auf die Exterritorialität (teilweise oder im Einzelfall) verzichtet hat. Umgekehrt gehören die deutschen Missionen im Ausland zum fremden Staatsgebiet, also nicht zum räumlichen Geltungsbereich des BGB (allgemein zur Immunität und Exterritorialität Bleckmann 128 f; K Ipsen 572 ff; Verdross/Simma 570 ff, 640 ff).

b) die **Eigengewässer** (zB K Ipsen 825 ff). Dazu zählen alle **Binnengewässer** sowie **42** die **maritimen Wasserflächen** bis zum gewöhnlichen Stand der Ebbe (K Ipsen 826 f). Bei **schiffbaren Flüssen**, die an fremdes Staatsgebiet grenzen, verläuft die Grenze auf dem **Talweg** (das ist die tiefste zusammenhängende Rinne des Flußbetts), bei nichtschiffbaren Flüssen auf der **Mittellinie** zwischen beiden Ufern (RGSt 9, 370, 372 ff; Seidl-Hohenveldern 217 f; K Ipsen 283 ff; Verdross/Simma 669). Oft ist aber vertraglich eine andere Grenze vereinbart. Bei **Binnenseen** mit mehreren Anliegerstaaten wird deren Fläche völkerrechtlich real geteilt (Seidl-Hohenveldern 218). Die Rechtslage des **Bodensees** ist ungeklärt (zB Graf/Schelling, Die Hoheitsverhältnisse am Bodensee [Diss Zürich 1978]; Kübler DÖV 1976, 184; Bleckmann 136 f). Mit Ausnahme der vertraglichen Aufteilung einer Teilfläche zwischen der Schweiz und der Bundesrepublik Deutschland soll der See nach wohl h, aber nicht unbestrittener M unter dem Kondominium der drei Anliegerstaaten stehen (vgl dazu K Ipsen 284; Schweitzer 213 f; Verdross/Simma 669 mwN; Graf Vitzthum, Staatsgebiet, HdbStR II [3. Aufl 2004], 180), obwohl die Praxis anders verfährt, ohne bisher auf nennenswerte politische Schwierigkeiten oder rechtliche Bedenken gestoßen zu sein (vgl dazu Seidl-Hohenveldern aaO).

Zu den Eigengewässern zählen auch der jeweils darunter befindliche **Grund** sowie der darüber stehende **Luftraum**, soweit beide Teile auch über Land dem Bereich der Gebietshoheit zugerechnet werden.

c) die **Küstengewässer** (zB Bleckmann 134; K Ipsen 830 ff; Seidl-Hohenveldern 221 ff; **43** Verdross/Simma 680 ff). Herkömmlich betrachtete man als Küstengewässer den Streifen der offenen See entlang den maritimen Eigengewässern, den ein Staat (vom Land aus) noch tatsächlich beherrschen konnte. Das war militärisch innerhalb der Kanonenschußweite möglich, so daß die Staaten früher diesen Abstand (**drei Seemeilen** = 5556 m) als Küstengewässer ansahen. Mit dem Aufkommen neuer Techniken ist die Beherrschbarkeit zur Festlegung der Küstengewässer nicht mehr brauchbar. Viele Staaten haben – nach dem Scheitern einiger Versuche zur Neufestsetzung der Grenze durch völkerrechtliche Vereinbarungen – in nationaler Rechtssetzung die offene See in weiterem Umfang zu Küstengewässern erklärt. Die meisten Küstenstaaten erheben heute Anspruch auf Küstengewässer in einer Breite von **zwölf** (vgl die Aufstellung bei K Ipsen 833; Seidl-Hohenveldern 221 ff), andere sogar auf eine von **200 Seemeilen**; wenige Staaten haben es bei der alten Grenze von 3 Seemeilen belassen (K Ipsen aaO). Die Bundesrepublik hat in einigen Teilen der Nordsee zur Bekämpfung eventuell auftretender Ölunfälle ihr Küstenmeer auf eine Breite zwischen 12 und 16 Seemeilen ausgedehnt (BGBl 1984 I 1366), es ansonsten aber bei 3 Seemeilen belassen (K Ipsen 834) Im einzelnen ist hier noch vieles streitig (Doehring, Staatsrecht der Bundesrepublik Deutschland [3. Aufl 1984] 102 f; Verdross/Simma 682 f).

44 Die Gebietshoheit in den Küstengewässern erstreckt sich auch auf den **Meeresboden** und den **Luftraum** (Seidl-Hohenveldern 221; K Ipsen 831); im Wasser sind einige völkerrechtliche Beschränkungen zu beachten.

45 d)   den **Festlandsockel** (Kontinentalschelf). Der Meeresboden jenseits der Küstengewässer in Richtung auf die hohe See hin bildet den Festlandsockel, solange er in einer **Tiefe von 200 m** unter dem Meer **flach** verläuft, bevor er dann letztlich steil in größere Tiefen abfällt (ausführlich K Ipsen 860 ff; vgl auch Verdross/Simma 713). Er besteht aus der Oberfläche des Meeresbodens und dessen gesamtem Untergrund; das darüber befindliche Wasser gehört nicht dazu (Seidl-Hohenveldern 224 f; K Ipsen 866). Rechtliche Probleme der Gebietshoheit warf der Festlandsockel erst auf, nachdem man in ihm Bodenschätze entdeckt hatte, deren Ausbeutung die modernen Fördertechniken erlaubten. Der Festlandsockel gehört nicht zum Staatsgebiet (K Ipsen 866); er ist nur bezüglich der Ausbeutungs- und Aneignungsrechte von nationalem Interesse. Die **Gebietshoheit** ist deshalb im gleichen Maße sachlich **beschränkt**.

46 Internationale Vereinbarungen und Seerechtskonferenzen führten weder zu einer eindeutigen Festlegung des Umfangs des Festlandsockels noch zur Bestimmung einheitlicher Rechte zu dessen Ausbeutung (ausführlich dazu Klemm, Die seewärtige Grenze des Festlandsockels [1977]; Rüster, Die Rechtsordnung des Festlandsockels [1976]; K Ipsen 860 ff), das **Genfer Übereinkommen** über den Festlandsockel **vom 29. 4. 1958** hatte ihn sogar noch über die Grenze von 200 m Tiefe hinaus auf die Gebiete erweitert, in denen die Tiefe eine technische Ausbeutung faktisch zuließ (Seidl-Hohenveldern 225 f; K Ipsen 861 f; Verdross/Simma 717), und damit seine Grenze je nach dem Fortschritt der Fördertechniken gleiten lassen. Die UN-Seerechtskonvention von 1982 ging sogar über das Kriterium der Ausbeutbarkeit bis zu einer Wassertiefe von 200 m hinaus und gewährte dem Küstenstaat Rechte am Festlandsockel für die ganze Weite seiner natürlichen Ausdehnung bis zum Steilabfall des Sockels bis zum Grund der Tiefsee, jedoch höchstens bis zu einer Weite von 350 Seemeilen (K Ipsen 865; Seidl-Hohenveldern 224 f; Verdross/Simma 717 f). Die Folge fehlender internationaler Bindung auch durch die genannten Konventionen war, daß die Staaten zunehmend die Rechte am Festlandsockel und dessen Ausmaß in **bilateralen Verträgen** und durch **nationale Hoheitsakte** bestimmten (vgl Menzel/K Ipsen, Völkerrecht [2. Aufl 1979] 412 f). Für die Bundesrepublik ist nach einer Proklamation der Bundesregierung vom 20. 1. 1964 (BGBl II 104) das **Gesetz zur vorläufigen Regelung der Rechte am Festland-**

sockel vom 24. 7. 1964 (BGBl I 497) ergangen. Nachdem sich die Bundesrepublik Deutschland mit den Niederlanden und Dänemark im Vertrag vom 28. 1. 1971 (BGBl 1972 II 88, 889) über die gegenseitigen Grenzen ihrer Festlandsockel geeinigt hatte (dazu SEIDL-HOHENVELDERN 226), wurde die Vorschrift durch Gesetz vom 2. 9. 1974 (BGBl I 2149) geändert.

e)   den **Luftraum**. Die über dem Staatsgebiet (nicht über dem Festlandsockel) **47** liegende **Luftsäule** unterliegt ebenfalls der Gebietshoheit eines Staates (SEIDL-HO-HENVELDERN 230; BLECKMANN 132; K IPSEN 278 f; GRAF VITZTHUM, Staatsgebiet, HdbStR II [3. Aufl 2004] 178 f). Verstand man darunter herkömmlich den gesamten Raum über dem Staatsgebiet (DOEHRING 103), so ist man sich heute darüber einig, daß der **Weltraum** mit allen Himmelskörpern nicht nationaler Gebietshoheit zuzuordnen, sondern gemeinschaftlich ist; andernfalls wäre auch jegliche Raumfahrt – vor allem in Kreisbahnen um die Erde – ohne Rechtsverstoß unmöglich. Mit den Fortschritten der Raumfahrt wurde eine Grenzziehung zwischen Luft- und Weltraum immer drängender; dennoch ist sie noch nicht zufriedenstellend gelöst (SEIDL-HOHENVELDERN 230 f; BLECKMANN aaO). Als Abgrenzungsmerkmal soll nach einer Ansicht, die unter Luftraum primär die reale Luftsäule über einem Territorium versteht, die **Lufthülle** der Erde dienen; sie ist jedoch allein physikalisch ohne weitere normative Zusätze nicht feststellbar, weil sie nicht an einer exakten Linie endet, sondern die Atmosphäre sich langsam verdünnt und Luftmoleküle in geringerer Anzahl auch noch dort nachzuweisen sind, wo heute (unstreitig) Raumfahrt im allen Staaten gleichermaßen offenen Weltraum ausgeübt wird. Versuche einer Unterscheidung nach den Möglichkeiten der **Beherrschbarkeit** vom Landgebiet eines Staates aus oder der **verkehrstechnischen Nutzung** sind angesichts des technischen Wandels ebensowenig zur definitiven Grenzziehung geeignet. In der rechtlichen Diskussion wird heute vor allem das Kriterium der **Tragfähigkeit der Luft** für Luftfahrzeuge favorisiert (zB SEIDL-HOHENVELDERN 231; K IPSEN 939 ff): wo die Luftmassen durch ihre Dichte Luftfahrzeuge noch tragen können, soll sich der unter staatlicher Gebietshoheit stehende Luftraum befinden, darüber erstreckt sich nach dieser häufig vertretenen Auffassung der Weltraum. Andere grenzen in ähnlicher, allerdings ungenauerer Methode nach physikalischen Maßstäben ab. Sie lassen den Weltraum dort beginnen, wo ein künstlicher Himmelskörper sich von der **Erdgravitation** und den bremsenden Luftmassen so weit entfernt hat, daß er von allein nicht mehr zur Erde zurückkehren würde. Auch dieser Abgrenzungsversuch gelingt nicht einwandfrei; vor allem dehnt er den Luftraum gegenüber bisherigen Vorstellungen bedenklich aus (ausführlich und mwN zu den Abgrenzungsversuchen SONTAG, Der Weltraum in der Raumordnung des Völkerrechts [1966] 186 ff; K IPSEN 939 ff).

Der „Äther" als Medium elektromagnetischer Wellen steht unter keiner Gebiets- **48** hoheit (SEIDL-HOHENVELDERN 229 f; SONTAG 26; K IPSEN 930 ff; VERDROSS/SIMMA 665 ff), weil er nicht (im Sinne einer souveränen Ausschließlichkeit) beherrscht werden kann. Für ihn bestehen jedoch ausgedehnte vertragliche Regelungen.

5.   Grenzen des Geltungsbereichs

Nicht unter der Gebietshoheit der Bundesrepublik stehen   **49**

a)   der **Weltraum** über dem Staatsgebiet (SEIDL-HOHENVELDERN 230 f; BLECKMANN 132;

K IPSEN 939; vgl zur Grenzziehung gegenüber dem Luftraum oben Rn 47). Der Weltraum steht nach dem **Weltraumvertrag** vom 27. 1. 1967 (BGBl 1969 II 1967) nicht unter nationaler Gebietshoheit, sondern ist gemeinschaftlich. Jeder kann ihn benutzen, ohne einer fremden staatlichen Rechtsordnung zu unterstehen; eine völkerrechtliche Aneignung von Sachen im Weltraum ist ausdrücklich vom Vertrag untersagt (Art II Weltraumvertrag; vgl K IPSEN 939 f).

50 b)   die **offene See**; vgl zur Abgrenzung von Küstengewässern und Festlandsockel die Rn 43 ff. Sie steht allen „offen", kein Staat darf für sie eine Gebietshoheit beanspruchen. Die Frage, ob und durch wen die im Meeresboden unter der hohen See vorhandenen Bodenschätze ausgebeutet werden dürfen, hat durch die UN-Seerechtskonvention eine Regelung erfahren. Danach wird der sog Tiefseebergbau einem im wesentlichen internationalen Regime unterstellt. Ob jedoch die diesbezüglichen Regelungen der Konvention völkerrechtliche Geltung erlangen werden, ist aufgrund von Vorbehalten der Industriestaaten derzeit völlig ungewiß (vgl zum Ganzen K IPSEN 889 ff, insb 890 ff zum Tiefseebergbauregime der UN-Seerechtskonvention).

51 c)   das ehemals unter der Gebietshoheit des **Deutschen Reiches** stehende Landgebiet und die dazugehörige Gewässerfläche **östlich der Oder-Neiße-Grenze**. Hatte noch das Potsdamer Abkommen die Regelung der polnischen Westgrenze einem Friedensvertrag vorbehalten, so gingen bereits im Görlitzer Vertrag zwischen der DDR und Polen vom 6. 7. 1950 (DDR-GBl 1950, 1205 ff) die vertragschließenden Parteien von der Souveränität Polens über die Gebiete östlich der Oder-Neiße-Linie aus (zum Görlitzer Vertrag vgl PAPENFUSS, Die Behandlung der völkerrechtlichen Verträge der DDR im Zuge der Herstellung der Einheit Deutschlands [1997] 146 ff). Die faktisch bestehende polnische und russische Gebietshoheit wurde von der Bundesrepublik im Wege des Gewalt-, nicht des Gebietsverzichts durch den Moskauer Vertrag vom 12. 8. 1970 (BGBl II 1972, 354 Art 3) und den Warschauer Vertrag vom 7. 12. 1970 (BGBl II 1972, 362 Art 1) nicht in Frage gestellt. Der räumliche Geltungsbereich des BGB erstreckte sich bereits damals nicht mehr auf diese Gebiete. Eine völkerrechtliche Regelung hat die Grenzfrage erst im Rahmen der Wiedervereinigung gefunden. Der Vertrag über die abschließende Regelung in bezug auf Deutschland – sog „Zwei-plus-Vier-Vertrag" – vom 12. 9. 1990 (BGBl II 1318 ff) bestätigt in Art 1 Abs 2 die Oder-Neiße-Grenze, überläßt jedoch eine endgültige Grenzregelung dem vereinigten Gesamtdeutschland und Polen. Diese erfolgte daraufhin im sog Grenzvertrag v 14. 11. 1990 (BGBl II 1328 ff). Mit der vom „Zwei-plus-Vier-Vertrag", Art 1 Abs 4 S 2, vorgegebenen Streichung des Art 23 aF GG im Einigungsvertrag unterstreicht die Bundesrepublik, daß sie keine Gebietsansprüche mehr geltend macht. Somit ist auch die räumliche Geltung des BGB endgültig festgelegt. Vgl dazu ausführlich, insb hinsichtlich der völkerrechtlichen Qualifikation der Grenzregelung BETHGE, Das Staatsgebiet des wiedervereinigten Deutschlands, HdbStR VIII 603 ff mwN; GRAF VITZTHUM, Staatsgebiet, HdbStR II (3. Aufl 2004) 163 ff; KEMPEN, Die deutschpolnische Grenze nach der Friedensregelung des Zwei-plus-Vier-Vertrages (1997).

B. Art 1 Abs 2

I. Inhalt der Vorschrift

Die Vorschrift dieses Artikels hat (nach Mot zu EG) den Zweck, die Bedeutung der **52** Ausdrücke außer Zweifel zu stellen, welche in dem BGB und in dem EG bei Aufstellung der Vorbehalte zugunsten der Landesgesetze angewendet worden sind. Es sind dies namentlich die Formulierungen: „Unberührt bleiben" (vgl Art 56 ff) und „In Kraft bleiben" (vgl Art 157 ff). Die Veranlassung zu der Vorschrift waren die Mißverständnisse, welche sich aus dem Gebrauch ähnlicher Ausdrücke in früheren Gesetzen ergeben hatten (vgl RGZ 7, 348, 399 ff).

Die Ausdrücke **53**

(a) „die Regelung eines Gegenstandes ist der Landesgesetzgebung vorbehalten",

(b) „landesgesetzliche Vorschriften bleiben unberührt",

(c) „landesgesetzliche Vorschriften können erlassen werden"

sind sprachlich nicht gleichbedeutend; so sagt der zu b eigentlich nur, daß bestehende Vorschriften in Geltung bleiben, der zu c nur, daß künftig Vorschriften der Länder zulässig sein sollen. Nach der ausdrücklichen Vorschrift des Art 1 Abs 2 sollen sie aber für die Anwendung der Gesetze eindeutig sein und jeder derselben soll dahin verstanden werden: Sofern der betreffende Gegenstand landesgesetzlich schon geregelt ist, bleiben diese landesgesetzlichen Vorschriften in Kraft, sie können durch andere neue ersetzt werden und, wenn der Gegenstand landesgesetzlich noch nicht geregelt ist, kann dies künftig geschehen. So auch BVerfGE 7, 120, 124 f.

Eine Ausnahme machte Art 56, der die Aufrechterhaltung von Staatsverträgen der **54** Bundesstaaten mit ausländischen Staaten zum Gegenstand hatte; dort hatte der Ausdruck „Unberührt bleiben" die engere Bedeutung, die ihm sprachlich zukommt; nur bereits geschlossene Staatsverträge blieben in Kraft, neue konnten grundsätzlich von den Ländern nicht mehr geschlossen werden (Art 56 Rn 4).

Auch das GG hat das bürgerliche Recht der konkurrierenden Gesetzgebungsbefug- **55** nis des Bundes unterstellt (Art 74 Abs 1 Nr 1 GG), so daß sich die Vorschriften des EG im Einklang mit der Verfassungslage befinden. Art 1 Abs 2 stellt heute fest, daß trotz des kodifikatorischen Charakters des BGB die Länder im Rahmen der konkurrierenden Gesetzgebung und spezieller Landesvorbehalte Zivilrechtsnormen erlassen können (vgl zur Regelungsweite des Art 3 aF, jetzt Art 1 Abs 2, BVerfGE 7, 342, 354 f). Die Vorbehalte könnten durch einfache Bundesgesetze zugunsten oder zuungunsten der Länder abgeändert werden.

II. Die einzelnen Landesvorbehalte

Vorbehalte zugunsten der Landesgesetze ergeben sich aus etlichen Vorschriften des **56** BGB; s zB die §§ 85, 907, 919, 1807 Abs 2, 1888. Hier ist meist, anders als in Art 1 Abs 2 vorgesehen, auf Landesrecht verwiesen.

Detlef Merten

57 Das EG enthält Vorbehalte namentlich im 3. Abschnitt (Art 55–152); gewöhnlich sind die Ausdrücke „unberührt bleiben die landesgesetzlichen Vorschriften" oder „werden nicht berührt" gebraucht. In einzelnen Artikeln findet sich die Wendung „die Landesgesetze können bestimmen"; s zB Art 148; auch diese Anwendung ist im Sinne des Art 1 Abs 2 auszulegen.

58 Im 4. Abschnitt des EG ist wiederholt bestimmt, daß „die Landesgesetze in Kraft bleiben", so zB in Art 164, 165, 166, 167. Dieser Ausdruck bezieht sich nur auf bestehende Gesetze; es bestimmt aber Art 218 hierzu, daß landesgesetzliche Vorschriften, die nach Bestimmungen des 4. Abschnittes maßgebend bleiben, nach dem Inkrafttreten des BGB durch Landesgesetz auch geändert werden können.

III. Weitergehender Entwurf

59 Im Entwurf enthielt der Art 3 aF, nunmehr Art 1 Abs 2, noch den Schlußsatz: „Ein neben dem BGB und diesem Gesetze in Kraft bleibendes Reichsgesetz kann jedoch durch Landesgesetz nicht aufgehoben oder geändert werden."

60 Es sollte damit jeder Zweifel beseitigt werden, daß die in dem BGB und EG ausgesprochenen Vorbehalte nur das Verhältnis des BGB und des EG zu den Landesgesetzen betreffen, daß sie aber zur Durchbrechung anderer reichsgesetzlicher Vorschriften nicht ermächtigen (Mot 64). Der Halbsatz wurde später als entbehrlich gestrichen, weil das Mißverständnis, dem er nach den Mot begegnen sollte, bei richtiger Auffassung des ersten Halbsatzes des Entwurfes nicht möglich sei (Prot VI 362). Für die Auslegung des Art 1 Abs 2 ist der Halbsatz trotz der Streichung von Bedeutung; er betonte, was Art 1 Abs 2 an sich deutlich genug ergibt. Die Vorbehalte begründen nicht ein Reservatrecht des betr Landes; sie können durch neue BundesG aufgehoben oder verändert werden.

IV. Anwendung auf andere Bundes- und Reichsgesetze

61 Soweit in bisherigen Gesetzen landesgesetzliche Vorschriften vorbehalten sind, ist Art 1 Abs 2 nicht anwendbar. Aus den Motiven zu Art 27 des Entwurfs (Art 45 EG) ergibt sich aber, daß durch den Art 1 Abs 2 „ein reichsgesetzlicher Sprachgebrauch sanktioniert" werden sollte und daß sich an denselben auch die Auslegung bisheriger Gesetze anlehnen dürfe (BVerfGE 7, 120, 124).

V. Vorübergehendes Außerkrafttreten von 1934 bis 1949

62 Außer Kraft war Art 3 aF in der Zeit von 1934–1949. Auf Grund des durch Gesetz vom 30. 1. 1934 (RGBl I 75) erfolgten Übergangs der Landeshoheit auf das Reich schufen „Landesgesetze" örtlich begrenztes Reichsrecht. Sie waren örtlich begrenzte Reichsgesetze (st Rspr, zul BGHZ 18, 122; 19, 24) und konnten auf ihre Vereinbarkeit mit dem allgemeinen Reichsrecht nicht überprüft werden (streitig). Nach dem Zusammenbruch des Deutschen Reichs war umgekehrt das bisherige Reichsrecht Landesrecht geworden und dadurch der Veränderung oder Aufhebung durch den Landesgesetzgeber zugänglich. Eine Einschränkung brachte zunächst die Militärregierungsproklamation 7 in der amerikanischen und die Ordonanz 126 in der britischen Zone, wonach Gesetze des Wirtschaftsrats den Ländergesetzen vorgingen. Mit dem Inkrafttreten des Grundgesetzes (24. 5. 1949) hat Art 3 aF, nunmehr Art 1 Abs 2, wieder seine alte Bedeutung erhalten.

VI. Landesvorbehalte nach der Rechtsangleichung im Zuge der Wiedervereinigung*

Die Wiederherstellung der Rechtseinheit im Bürgerlichen Recht im Zuge der deut- **63** schen Wiedervereinigung hat für die Vorbehalte des EGBGB zugunsten der Landesgesetzgebung – insbesondere im Bereich des Nachbarrechts – neue Probleme gebracht. Art 1 Abs 2 EGBGB (DEHNER wie auch BAUER/HÜLBUSCH/ROTTMÜLLER, Thüringer Nachbarrecht [4. Aufl 2002] Einl 3a, lokalisieren das Problem der Fortgeltung alten Landesrechts fälschlich in Art 218 EGBGB; richtig hingegen bereits JANKE DtZ 1992, 311 ff) eröffnete der Partikulargesetzgebung einen Freiraum, der entweder dadurch ausgefüllt wurde, daß bereits bestehendes Partikularrecht fortgalt, neues Partikularrecht erlassen wurde oder zukünftig neues Partikularrecht erlassen werden konnte.

In den neuen Ländern galt vor 1945 in verschiedenen Bereichen des Bürgerlichen **64** Rechts partikulares Landesrecht entweder in Form von Ausführungsgesetzen zum BGB (vgl dazu die Auflistung bei PALANDT/EDENHOFER Vorbem zu Art 64 Rn 2 f; für das Nachbarrecht DEHNER DtZ 1991, 110 f) oder aber in Form fortgeltender älterer Kodifikationen, wie beispielsweise des Allgemeinen Landrechts für die preußischen Staaten von 1794. Dieses Partikularrecht wurde durch das Besatzungsregime zwischen 1945 und 1949 nicht aufgehoben (vgl JANKE DtZ 1992, 311).

Nicht geklärt ist bislang, in welchem Umfang die Zivilgesetzgebung der DDR ab **65** 1949 das zum damaligen Zeitpunkt bestehende zivilrechtliche Landesrecht aufgehoben hat (zur Fortwirkung dieser Ungewißheit bis hin zum heutigen Rechtszustand vgl WILKE DtZ 1996, 295).

Die erste Verfassung der Deutschen Demokratischen Republik vom 7. 10. 1949 (GBl 5) bestimmte in Art 144 Abs 1 Satz 2, daß alle ihr entgegenstehenden gesetzlichen Bestimmungen außer Kraft traten. Welche dies im einzelnen waren, wurde nicht, zB durch Herausgabe einer bereinigten Rechtssammlung, dokumentiert (JANKE DtZ 1992, 312). Die Rechtsprechung der Zivilgerichte der DDR ging nach 1949 zunächst von der Anwendbarkeit fortbestehenden Partikularrechts, beispielsweise im Bereich des Nachbarrechts, aus (vgl mit instruktiven Beispielen für die Fortgeltung des preußischen ALR anhand von Fällen des Bezirksgerichts Cottbus BERNSTEIN Neue Justiz 1957, 140; für das Nachbarrecht BAUER/HÜLBUSCH/ROTTMÜLLER 7 [4. Aufl 2002] Einl 3d; DEHNER DtZ 1991, 108). Freilich galt es, dabei den „veränderten gesellschaftlichen Inhalt" (BERNSTEIN aaO) der Vorschriften zu beachten. In späteren Gerichtsentscheidungen wurde jedoch ohne nähere Begründung die Anwendung beispielsweise des Zaunrechts des

---

* **Schrifttum**: BAUER/HÜLBUSCH/ROTTMÜLLER, Thüringer Nachbarrecht (4. Aufl 2002); BERNSTEIN, Fragen des Nachbarrechts, Neue Justiz 1957, 140 ff; DEHNER, Nachbarrecht in den neuen Bundesländern, DtZ 1991, 108 ff; JANKE, Rechtsprechung bei Nachbarstreitigkeiten, Neue Justiz 1983, 17 ff; 55 ff; ders, Die

Entwicklung des Nachbarrechts in den Ländern der früheren DDR seit 1945, DtZ 1992, 311 ff; LÜBCHEN/ESPIG, Notwendige Regelungen für das Inkrafttreten des ZGB, Neue Justiz 1975, 710 ff; WESTEN (Hrsg), Das neue Zivilrecht der DDR (1977); WILKE, Welches Nachbarrecht gilt in den neuen Ländern?, DtZ 1996, 294 ff.

Detlef Merten

preußischen ALR als gegenüber der Deutschen Bauordnung, einer öffentlich-rechtlichen Norm, subsidiär abgelehnt (StadtG Berlin, NJ 1973, 298; vgl dazu Janke DtZ 1992, 312; auch Bauer/Hülbusch/Rottmüller 7 [4. Aufl 2002] Einl 3d gehen von einer partiellen Verdrängung durch die DBO aus, ohne jedoch den Umfang der Verdrängung darzulegen).

66 Erst mit Einführung des Zivilgesetzbuches der Deutschen Demokratischen Republik vom 19. 6. 1975 (GBl I 1975 Nr 27 S 465) – ZGB – am 1. 1. 1976 erfolgte eine Rechtsbereinigung. Art 15 Abs 2 I Nr 1 EGZGB (Einführungsgesetz zum Zivilgesetzbuch der Deutschen Demokratischen Republik vom 19. 6. 1975 [GBl I 1975 Nr 27 S 517]) bestimmte zunächst, daß die landesrechtlichen Ausführungsgesetze zum BGB aufgehoben werden. Ferner wurde durch Art 15 Abs 2 I Nr 2 EGZGB auch das EGBGB, das zu diesem Zeitpunkt in der DDR noch galt, außer Kraft gesetzt.

67 Diese Regelungssystematik führt in der Literatur vereinzelt zu dem Schluß, daß vor 1896 bestehendes Partikularrecht außerhalb der Ausführungsgesetze zum BGB – also zB fortgeltende Teile des preußischen ALR von 1794 – formell durch das EGZGB nicht aufgehoben wurde, es jedoch durch die Außerkraftsetzung des EGBGB mangels eines entsprechenden Vorbehaltes für die Landesgesetzgebung keine Anwendung mehr finden konnte (so Janke Neue Justiz 1983, 56; ders DtZ 1992, 312, 314). Mit der erneuten Inkraftsetzung des EGBGB inklusive der Partikularrechtsvorbehalte soll dieses Landesrecht nunmehr wiederaufleben (Wilke DtZ 1996, 294 spricht zutreffend von einer „Wiederauferstehung" des alten Rechts wie „Phönix aus der Asche"). Dies hätte zur Konsequenz, daß beispielsweise im Bereich des Landesnachbarrechts in ehemals preußischen Gebieten erneut die entsprechenden Bestimmungen des ALR zur Anwendung kämen (vgl Postier, Nachbarrecht in Brandenburg [1997] 213 f [3. Aufl 2001] 228 f).

68 Diese rein formale Argumentation trifft jedoch nicht die materielle Intention des Art 15 Abs 2 EGZGB. Im Rahmen der Zivilrechtsreform wollte der damalige DDR-Gesetzgeber eine **umfassende Rechtsbereinigung** des Zivilrechts durchführen, die überkommenen landesrechtlichen Bestimmungen beseitigen und durch ein neues, einheitliches „sozialistisches" Zivilrecht ersetzen (vgl dazu die halbamtliche Kommentierung des ZGB und des EGZGB: Baatz ua [Autorenkollektiv], Zivilrecht-Kommentar [1983]; Art 15 EGZGB Rn 2; Lübchen/Espig Neue Justiz 1975, 713; ohne nähere Begründung für den Bereich des Nachbarrechts Bauer/Hülbusch/Rottmüller 8 [4. Aufl 2002] Einl 3d; Dehner DtZ 1991, 108 f). Daß die Formulierung in Art 15 Abs 2 I Nr 1 EGZGB nicht sämtliches bestehendes Partikularrecht erfaßte, kann als eine rein gesetzestechnische Unzulänglichkeit begriffen werden. Darauf deutet auch die Formulierung in der Literatur hin, Rechtsvorschriften, die man als gegenstandslos angesehen habe, hätten keiner ausdrücklichen Aufhebung bedurft und seien daher in die Auflistung bei § 15 EGZGB bereits aus diesem Grund nicht eingegangen (so Baatz ua [Autorenkollektiv], Zivilrecht-Kommentar [1983] Art 15 EGZGB Rn 2; Lübchen/Espig Neue Justiz 1975, 713). In der Folge bestand im Zeitpunkt der Wiedervereinigung (und Neuinkraftsetzung des EGBGB) kein Partikularrecht mehr, das hätte wieder aufleben können (widersprüchlich die Kommentierung Palandt: Palandt/Heinrichs Vorb Art 55 EG, bejaht die Fortgeltung alten Partikularrechts; Palandt/Edenhofer Art 64 Rn 7 bejaht dagegen bezüglich des Anerbenrechtes die Aufhebung, Palandt/Bassenge Art 124 EG Rn 2 verweist pauschal auf das Schrifttum). Von dieser Rechtslage gehen derzeit auch die Justizministerien der neuen Länder aus, wenngleich in den Nachbargesetzen etwa fortbestehendes altes Landesrecht vorsorglich aufgehoben wurde. Neues Partikularrecht zur Ausfüllung der Freiräume im Bereich der Vorbehalte der Art 55 ff EGBGB ist bislang in einigen Fällen erlassen worden, so beispielsweise durch den Freistaat Thüringen im Bereich des Nachbarrechts (Thüringer Nachbarrechtsgesetz vom 22.12.1992, GVBl 599; Brandenburgisches Nachbarrechtsgesetz vom 28.6.1996, GVBl I 226).

Neben der eventuellen Fortgeltung von partikularem Landesrecht aus der Zeit vor **69** 1949 kann auch DDR-Zivilrecht, soweit es Materien zum Gegenstand hat, die den Vorbehalten der Art 55 ff EGBGB unterfallen, als Landesrecht fortgelten. Art 9 Abs 1 Satz 2 Einigungsvertrag bestimmt, daß DDR-Recht, das einen Bereich betrifft, für den eine Bundeskompetenz besteht, das aber nicht bundeseinheitlich geregelt ist, als Landesrecht fortgilt (vgl WILKE DtZ 1996, 296). Diskutiert wird diese Fortgeltung von DDR-Recht ebenfalls auf dem Gebiet des Landesnachbarrechts. So könnten Vorschriften des DDR-ZGB, soweit sie einen Gegenstand betreffen, der den Partikularvorbehalten des EGBGB, insb Art 124 EGBGB unterliegt, als Landesrecht weitergelten (vgl DEHNER DtZ 1991, 109). Infolge des generalklauselartigen Charakters vieler Normen des ZGB (vgl BRUNNER, Einführung in das Recht der DDR [2. Aufl 1979] 3), die noch dazu im Zuge der sozialistischen Gesetzlichkeit nach den „gesellschaftlichen Interessen" auszulegen waren, ergeben sich jedoch große Schwierigkeiten, präzise Regelungen zu finden, die die Partikularvorbehalte ausfüllen könnten (vgl dazu DEHNER DtZ 1991, 109, insb Fn 4). Für den Bereich des Nachbarrechts wird die Fortgeltung des ZGB, insb § 316 ZGB, als Landesrecht überwiegend und zu Recht abgelehnt (unentschieden wohl in diesem Zusammenhang der Thüringer Landtag, der bei Verabschiedung des Nachbarrechtsgesetzes von einer Regelungslücke **oder** aber der Weitergeltung der §§ 316 ff ZGB ausging, vgl den Redebeitrag des Abgeordneten BÜCHNER, Berichterstatter des Innenausschusses, Thüringer Landtag, 1. WP 70. Sitzung, 22.12.1992, Plenarprotokoll 5043).

Besteht danach kein fortgeltendes DDR-Recht als Landesrecht, sind weiter auch **70** keine älteren Landesnormen anzuwenden, so eröffnet sich den neuen Bundesländern ein Freiraum, der ggf durch neue Kodifikationen ausgefüllt werden kann (insoweit nicht durchgreifend sind die Bedenken von DEHNER DtZ 1991, 110, daß hier ein planwidriges „Regelungsdefizit" vorliege, ebenso auch, daß die Übernahme des EGBGB durch den Einigungsvertrag sonst leerliefe; vgl zu dieser Ansicht WILKE DtZ 1996, 296 ff). Neben dem thüringischen Gesetzgeber (vgl WILKE DtZ 1996, 294; **aA** BAUER/HÜLBUSCH/ROTTMÜLLER, Thüringer Nachbarrechtsgesetz [2. Aufl 1995] Einl 8 Einl 3e) bleibt auch der brandenburgische unentschieden, was die Frage der Fortgeltung des ZGB oder des preußischen ALR anlangt (vgl POSTIER NJ 1996, 516). Andere Bundesländer haben eigene Nachbargesetze erlassen oder heben nach den einschlägigen Entwürfen jedoch teilweise altes Nachbarrecht auf, was wiederum den Schluß nahelegt, daß von einer Fortgeltung desselben ausgegangen wird (so zB § 33 SächsNRG v 11.11.1997 [GVBl 582]; § 44 Nachbarrechtsgesetz Sachsen-Anhalt v. 13.11.1997 [GVBl 958], geänd d G vom 7.12.2001 [GVBl 540]; vgl dazu WILKE DtZ 1996, 294 mwN). Eingedenk der obigen Erwägungen ist jedoch daran festzuhalten, daß nach Aufhebung durch das EGZGB kein Partikularrecht fortgilt, es mithin auch keiner Aufhebung bedarf.

Zu den Einzelheiten des Nachbarrechts vgl die Kommentierung zu Art 124 EGBGB.

Artikel 2

Gesetz im Sinne des Bürgerlichen Gesetzbuchs und dieses Gesetzes ist jede Rechtsnorm.

Materialien: E I Art 2; II Art 2; III Art 2.

Schrifttum

ADOMEIT, Rechtsquellenfragen im Arbeitsrecht (1969)
BERTRAMS, Das vor dem Bundesverwaltungsgericht revisible Recht, DÖV 1992, 97
BETTERMANN, Rechtssetzungsakt, Rechtssatz und Verwaltungsakt, in: FS Nipperdey II (1965) 723
ders, Rechtsschutz im Sozialrecht (1965) 47
BÖCKENFÖRDE, Gesetz und gesetzgebende Gewalt (2. Aufl 1981)
BÜLOW, Gesetzgebung, in: BENDA/MAIHOFER/VOGEL (Hrsg), Handbuch des Verfassungsrechts der Bundesrepublik Deutschland (2. Aufl 1995) § 30 1459
BURCKHARDT, Methode und System des Rechts (1936)
ders, Die Organisation der Rechtsgemeinschaft (2. Aufl 1944)
ENNECCERUS/NIPPERDEY, Lehrbuch des Bürgerlichen Rechts, 1. Halbbd (15. Aufl 1959)
ERICHSEN/OSSENBÜHL, Allgemeines Verwaltungsrecht I (12. Aufl 2002) 133
FORSTHOFF, Lehrbuch des Verwaltungsrechts (10. Aufl 1973) 123
JELLINEK, Allgemeine Staatslehre (3. Aufl 1914)

P KIRCHHOF, Rechtsquellen und GG, in: FS Bundesverfassungsgericht II (1976) 50
MAIHOFER (Hrsg), Begriff und Wesen des Rechts (1973)
MAURER, Allgemeines Verwaltungsrecht; (15. Aufl 2004) 63
MERTEN, Das System der Rechtsquellen, Jura 1981, 169 ff, 236
MEYER-CORDING, Die Rechtsnormen (1971)
vOLSHAUSEN, Die (Rechts-) Quellen des Verwaltungsrechts, JA 1983, 177
OSSENBÜHL, Art Gesetz und Recht – Die Rechtsquellen im demokratischen Rechtsstaat, in: ISENSEE/KIRCHHOF (Hrsg), Handbuch des Staatsrechts Bd III (2. Auflage 1996) § 61, 281
PALANDT/HEINRICHS; Einleitung zum Ersten Buch Rn 19 ff
H SCHNEIDER, Gesetzgebung (3. Aufl 2002)
SOERGEL/HARTMANN Erl zu Art 2 EG
STARCK, Der Gesetzesbegriff des Grundgesetzes (1970)
K STERN, Das Staatsrecht der Bundesrepublik Deutschland Bd II (1980) 557
WOLFF/BACHOF/STOBER, Verwaltungsrecht I (11. Aufl 1999) 335.

Systematische Übersicht

Alphabetische Übersicht

I. Der Begriff des Gesetzes

Art 2 greift mit den Begriffen „Gesetz" und „Rechtsnorm" ein altes definitorisches **1** Problem auf: die Doppeldeutigkeit des Gesetzesbegriffs, der sowohl im formellen als auch im materiellen Sinn verwendet wird.

Formelles Gesetz ist jede Rechtsvorschrift, die von den verfassungsrechtlich damit **2** betrauten Staatsorganen in einem förmlichen Gesetzgebungsverfahren (für Bundesgesetze in der Regel im Verfahren gemäß Art 76 ff GG) erlassen wird. Unberücksichtigt bleiben dabei Inhalt und Wirkung, weshalb zB der Haushaltsplan (Art 110 Abs 2 GG) Gesetz im formellen Sinn ist. **Materielles Gesetz** ist jede Rechtsregel (nicht unbedingt jeder Paragraph uä) mit Außenwirkung (ohne Rücksicht auf Erzeugungsverfahren oder Form), die verbindliche Vorschriften für das Verhalten der Menschen aufstellt. Die Unterscheidung von formellem und materiellem Gesetz hat historische Ursachen (Preußischer Budgetkonflikt von 1866). Sie war ein Versuch der konstitutionellen Monarchie, die Kompetenzen zwischen Parlament und Exekutive zu verteilen (vgl zur historischen Entwicklung der Differenzierung BÖCKENFÖRDE, Gesetz und gesetzgebende Gewalt [2. Aufl 1981] 226 ff). Diese Funktion kann der Gesetzesbegriff im heutigen Verfassungsstaat nicht mehr erfüllen, ohne daß sich deshalb das Problem des schillernden, weil ambivalenten Begriffs gelöst hat (zum dualistischen Gesetzesbegriff vgl KOLLMANN, Begriffs- und Problemgeschichte des Verhältnisses von formellem und materiellem Recht [1996]; ERICHSEN/OSSENBÜHL I 141 ff; OSSENBÜHL, HbStR III (2. Aufl 1996) § 61, 284 ff; STERN, StR II 561 ff, mwN zu dessen historischer Funktion).

Art 2 will mit der verbindlichen Definition des Gesetzes als Rechtsnorm festlegen, **3** daß als „Gesetz" stets das materielle Gesetz zu verstehen ist, denn „Rechtsnorm" meint seit jeher jede Rechtsregel normativen Charakters ohne Rücksicht darauf, ob sie in einem förmlichen Verfahren oder ohne dieses zustande gekommen ist und ob sie vom Staat oder von autonomen Verbänden erlassen wurde.

II. Art 2 als terminologische Klarstellung

Art 2 dient der terminologischen Klarstellung. Er legt fest, daß BGB und EG unter **4** dem Begriff „Gesetz" – auch in Wortverbindungen (Reichsgesetz, Landesgesetz) oder als Adjektiv (gesetzlich) – die autoritativ-verbindliche Rechtsvorschrift im materiellen Sinne verstehen. Art 2 vermeidet damit zwar historisch verursachte Mißverständnisse, kann aber die Frage, was unter „Gesetz" positiv zu verstehen ist, allein durch seinen Wortlaut nicht abschließend beantworten, weil der Begriff „Rechtsnorm" seinerseits weder eindeutig noch abschließend definiert ist. Er darf nicht in seiner gesamten möglichen Bedeutungsbreite, sondern kann nur aus dem Sinn und Zweck des Art 2 heraus verstanden werden. Parallele Vorschriften zu Art 2 EGBGB mit der gleichen definitorischen Zielrichtung finden sich in §§ 12 EGZPO, 7 EGStPO; auf Art 2 EGBGB verweisen §§ 185 Abs 2 FGG, 135 Abs 2 GBO, 1 Abs 2 EGZVG; vgl auch § 155 Abs 1 GewO; danach werden zu Landesgesetzen auch „die verfassungs- oder gesetzmäßig erlassenen Rechtsverordnungen" gerechnet.

III. Der Begriff der Rechtsnorm

1. Spezieller Rechtsnormbegriff des Art 2

5 Ein für alle Rechtsvorschriften einheitlicher Oberbegriff „Rechtsnorm" existiert nicht, weil die Rechtsregeln wegen unterschiedlicher Herkunft, differierender Rechtserzeugungsverfahren und verschiedener Geltungsbereiche und -intensitäten nicht stets dieselben konstituierenden Merkmale besitzen (ERICHSEN/OSSENBÜHL 136 ff; OSSENBÜHL, Verwaltungsvorschriften und GG [1968] 154; ders, in: HbStR III (2. Aufl 1996) § 61, 283 ff; HART, Der Begriff des Rechts [1973] 29 f; COING, Grundzüge der Rechtsphilosophie [5. Aufl 1993] 134 f, 229; SCHNEIDER, Gesetzgebung [3. Aufl 2002] 10 ff. Das übersieht das BSG in E 8, 11, 14; 7, 51, 53 und DVBl 1963, 249, 250; vgl dazu die Kritik BETTERMANNS, Rechtsschutz im Sozialrecht 47, 58 ff). So kann der soziologische Rechtsnormbegriff einen anderen Inhalt aufweisen als der rechtsdogmatische, können sich die Normbegriffe differierender Rechtserzeugungssysteme voneinander unterscheiden.

6 Der Rechtsnormbegriff des Art 2 ist deshalb nur aus dem Sinn und Zweck der beiden in der Vorschrift genannten Gesetze zu ermitteln. Ein Rückgriff auf rechtstheoretische Definitionen hilft allein nicht weiter. Aus dem Vorverständnis des Begriffs „Rechtsnorm" läßt sich nur die Vorstellung übernehmen, daß Rechtsnormen materielle Verhaltensregeln bestimmter Qualität sind.

2. Tatsächliche und normative Geltung

7 Um *Rechts*norm zu sein, muß eine Regel normative *und* tatsächliche Geltung besitzen. Sie darf also nicht nur aus ethischen oder psychischen Gründen befolgt werden (= Anerkennung, tatsächliche Geltung), ihre Verbindlichkeit muß vielmehr von souveräner staatlicher Autorität gewollt und ihre Durchsetzung von dieser zumindest in der Mehrzahl der Anwendungsfälle gewährleistet sein (JELLINEK 333 f; normative Geltung).

8 Indiz für die normative Geltung ist die staatliche Erzwingung oder Sanktion. Diese ist nicht schon begriffsnotwendig jeder Rechtsnorm eigen, wohl aber für die Rechtsordnung insgesamt konstituierend (MERTEN, Rechtsstaat und Gewaltmonopol [1975] 31). Daraus folgt **kein staatliches Rechtserzeugungsmonopol** (vgl ERICHSEN/OSSENBÜHL, VerwR I [12. Aufl 2002] 138 f). Recht können auch nichtstaatliche Verbände oder Organisationen (zB Tarifparteien, supranationale Organisationen) setzen, solange und soweit der Staat diese Rechtssetzung gestattet oder hinnimmt. Zur Geltung derartiger Rechtsregeln muß der Staat als Souverän ihre Anwendung auf seinem Territorium grundsätzlich garantieren.

3. Außenwirkung

a) Potentielle Bindung jedes Rechtssubjekts

9 Rechtsnorm iSd Art 2 ist nur die verbindliche Regel mit Außenwirkung, die – je nach Tatbestandserfüllung – jeden Bürger berechtigen oder verpflichten kann; das Binnenrecht der staatlichen Verwaltung und anderer öffentlich-rechtlicher Organisationen (zB Kommunen) sowie das zwischenstaatliche Völkerrecht scheiden aus. Das Merkmal der Außenwirkung ist zwar im öffentlichen Recht wegen des Einschlusses auch interner Rechtsbeziehungen der Verwaltung (Verwaltungsorganisation, Verwaltungsverfahren) als begriffsverengend zu Recht bekämpft worden. Es ist jedoch in der Definition der Rechtsnorm iSd Art 2 am Platze, weil das BGB nicht öffentlich-rechtliche Innenbeziehungen, sondern die Rechtsverhältnisse der Bürger untereinander und im Staat regeln will. Dafür kommen nur Vorschriften in Betracht, deren Geltungsbereich zumindest bei einem beteiligten Rechtssubjekt über die staatliche (Innen-)Sphäre hinausreicht und auch den einzelnen Bürger betreffen kann. Die historische Auslegung bekräftigt diesen Schluß. Die Außenwirkung war wesentliches Kennzeichen des materiellen Gesetzes; erst die neuere Verwaltungsrechtslehre hat sich davon gelöst.

Wegen des Merkmals der Außenwirkung ist nicht jeder nur formelle (und nicht **10** zugleich auch materielle) Rechtssatz als Rechtsnorm iSd Art 2 anzusehen. Den nur formellen Rechtsregeln wird damit allerdings nicht jegliche Rechtsnormqualität abgesprochen, sondern nur die Eigenschaft einer solchen iSd Art 2. Ihre Berechtigung findet diese Verengung des Rechtsnormbegriffs darin, daß Art 2 einen seinem Zweck entsprechenden Normbegriff erfordert, auch wenn dadurch Regeln nicht als Rechtsregeln gewertet werden, die es sonst üblicherweise sind. Art 2 soll Regeln normativen *und* anderen Charakters (Binnenrecht, Konventionalregeln, Sittengesetze) scharf abgrenzen und ausscheiden, soweit sie für das Zivilrecht nicht von Bedeutung sind.

b) Innerstaatlich geltendes Recht

Das Erfordernis der Außenwirkung begrenzt den Begriff der Rechtsnorm iSd Art 2 **11** ferner auf das innerstaatlich allgemein geltende Recht. Zwischenstaatliche Rechtsregeln sind nur dann Rechtsnormen im genannten Sinn, wenn sie über eine Bindung der Völkerrechtssubjekte hinaus Individuen unmittelbar verpflichten oder berechtigen können. Diese Einschränkung des Rechtsnormbegriffes gründet sich ebenfalls auf das Ziel des BGB, die rechtlichen Beziehungen der Bürger *im* Staat zu ordnen. Regeln für zwischenstaatliche Beziehungen berühren diesen Rechtskreis grundsätzlich nicht und sind demnach keine Rechtsnormen iSd Art 2. Betreffen jedoch Rechtsvorschriften des Europäischen Gemeinschaftsrechts zB über den zwischenstaatlichen Verkehr und die Wareneinfuhr aus einem anderen Mitgliedsstaat auch Bürger im Inland, so sind auch sie Rechtsnormen iSd Art 2 (zu den Rechtsnormen des Europäischen Gemeinschaftsrechts vgl Rn 69 ff).

4. Drittbindung

Rechtsnorm iSd Art 2 ist nur eine Regelung, die (zumindest auch) rechtlich an ihrem **12** Zustandekommen unbeteiligte Dritte bindet. Konsensualregelungen fallen unter das Rechtsinstitut Vertrag und werden nach der Vorstellung des BGB im Rahmen gesetzlicher Vorschriften getroffen, weshalb sie nicht zugleich Rechtsnormen sein können (vgl dazu auch MERTEN Jura 1981, 169, 237, 244 f).

5. Generalität

Zur Qualifizierung von Regeln als Rechtsnormen bedarf es eines weiteren Merk- **13** mals, das sich aus den ungeschriebenen Grundlagen des BGB ergibt. Eine Regel als Richtschnur menschlichen Verhaltens muß generellen Charakter haben, dh sich an

Detlef Merten

eine unbestimmte Vielzahl von Menschen richten (Jellinek VVDStRL 4 [1928] 136, 188 f; Scheuner VVDStRL 15 [1957] 70; **aM** Kelsen, in: FS Nipperdey [1965] 57, 67). Liegt bei Erlaß rechtswirksamer Verhaltensanordnungen die Anzahl der rechtlich Betroffenen unverrückbar fest, so handelt es sich um einzelne (eventuell gebündelte) Befehle, die individuelle Rechtsverhältnisse erfassen. Das vierte Merkmal der Rechtsnorm iSd Art 2 ist deshalb deren Generalität, welche die Rechtsnormen (unabhängig von Erscheinungsform, Rechtssetzungsorgan oder Geltungsbereich) von Einzelakten der Rechtsanwendung trennt. Außerhalb dieses auf das bürgerliche Recht bezogenen Begriffsmerkmals „Generalität" sind sog Einzelfall- oder Maßnahmegesetze verfassungsrechtlich zulässig und in der Rechtspraxis gebräuchlich (vgl BVerfGE 95, 1, 17; 85, 360, 374; 25, 371, 398; allg Forsthoff, Über Maßnahmegesetze, in: Jellinek-GS [1955] 221 ff).

14 Anhand der vier Merkmale: tatsächliche und normative Geltung, Außenwirkung, Drittbindung und Generalität kann die Qualität jeder Regel für das menschliche Verhalten als Rechtsnorm – allerdings nur iSd BGB und EG – bestimmt werden. Sie passen nicht auf jeden Rechtsnormbegriff, sondern ergeben sich allein aus der nach der ratio legis des BGB und EG eingeschränkten Definition des im deutschen Rechtssystem üblichen, juristisch-dogmatischen Rechtsnormbegriffes, an den Art 2 nach seiner historischen Ausgangslage und seiner objektiven Regelungsfunktion anknüpfen wollte.

IV. Die einzelnen Rechtsnormarten

1. Gliederungsprobleme

15 Ein Rechtssystem ist nicht das Ergebnis einer kontinuierlichen Tätigkeit eines einzigen Rechtssetzungsorgans. Im deutschen Bundesstaat mit Gewaltenteilung werden unterschiedliche staatliche Normsetzer tätig. Daneben erkennt der Staat über- oder nebenstaatliche Rechtserzeugungsquellen an. Überdies unterscheiden sich die Rechtsnormtypen nach Form, Erzeugungsverfahren und Geltungsbereich. Die Systematisierung der bestehenden Rechtserkenntnisquellen kann deshalb nicht jede Rechtsnormart nach einheitlichen Kriterien untergliedern. Anzuknüpfen ist vielmehr an unterschiedliche Kriterien, um alle für das Zivilrecht bedeutungsvollen Rechtsnormen zu erfassen, auch wenn sie zuweilen kein einheitlich-geschlossenes System bilden, sondern von historischen Zufälligkeiten bestimmt sind.

2. Ausschließlich vom Staat gesetztes Recht

a) Verfassungsgesetz

16 Rechtsnorm iSd Art 2 ist zunächst die Verfassung im formellen Sinn, soweit sie Außenwirkung hat und auf zivilrechtliche Rechtsverhältnisse einwirken kann. Hierher zählen zB Art 34 (Staatshaftung), 48 (Urlaubsanspruch der Wahlbewerber, Kündigungsschutz) oder 14 Abs 3 GG (Entschädigung), nicht aber zB Regeln zur Organisation der Verfassungsorgane.

Für die Verfassung im formellen Sinne ist entscheidend, daß eine Norm ausdrücklich in den Verfassungstext aufgenommen wurde. Unberücksichtigt bleibt, ob sie sich auch inhaltlich mit der Grundorganisation, den Funktionen des Staates oder seinen fundamentalen Rechtsbeziehungen zum Staatsvolk befaßt (Verfassung im materiellen Sinne). Weiteres formelles Verfassungsrecht kann sich außerhalb des geschlossenen Verfassungstextes auf Bundesebene wegen des Inkorporationsprinzips (Art 79 Abs 1 Satz 1 GG) nicht bilden.

Verfassungen haben im Bundesstaat sowohl der Bund als auch die Länder. Für den **17** Bund gilt das Grundgesetz vom 23. 5. 1949 (BGBl I 1, zuletzt geändert durch Art 1 des G vom 26. 7. 2002, BGBl I 2863). Die Länder haben folgende Verfassungen erlassen:

aa) **Baden-Württemberg**: Verfassung des Landes Baden-Württemberg vom 11. 11. 1953, GBl 173, zul geänd durch G vom 23. 5. 2000 (GBl 449);

bb) **Bayern**: Verfassung des Freistaates Bayern vom 2. 12. 1946 (Bay BS I 3), zul geänd durch G. vom 10. 11. 2003 (GVBl 816 f);

cc) **Berlin**: Verfassung von Berlin vom 23. 11. 1995 (GVBl 779), zul geänd durch G vom 2. 4. 1998 (GVBl 82 ff);

dd) **Brandenburg**: Verfassung des Landes Brandenburg vom 20. 8. 1992 (GVBl I 298), zul geänd durch G vom 7. 4. 1999 (GVBl I 98);

ee) **Bremen**: Landesverfassung der Freien Hansestadt Bremen vom 21. 10. 1947 (GBl 251), zul geänd durch G vom 8. 4. 2003 (GBl 167);

ff) **Hamburg**: Verfassung der Freien und Hansestadt Hamburg vom 6. 6. 1952 (GVOBl I 117), zul geänd durch G vom 16. 5. 2001 (GVBl 106);

gg) **Hessen**: Verfassung des Landes Hessen vom 1. 12. 1946 (GVBl 229), zul geänd durch G vom 18. 10. 2002 (GVBl I 628);

hh) **Mecklenburg-Vorpommern**: Verfassung des Landes Mecklenburg-Vorpommern vom 23. 5. 1993 (GVOBl 371), zul geänd durch G vom 4. 4. 2000 (GVOBl M-V 158);

ii) **Niedersachsen**: Niedersächsische Verfassung vom 19. 5. 1993 (GVBl 107), zul geänd durch G vom 21. 11. 1997 (GVBl 480);

kk) **Nordrhein-Westfalen**: Verfassung für das Land Nordrhein-Westfalen vom 28. 6. 1950 (GVOBl 127), zul geänd durch G vom 5. 3. 2002 (GVNRW 108);

ll) **Rheinland-Pfalz**: Verfassung für das Land Rheinland-Pfalz vom 18. 5. 1947 (VOBl 209), zul geänd durch G vom 23. 11. 2000 (GVBl 501);

mm) **Saarland**: Verfassung des Saarlandes vom 15. 12. 1947 (ABl 1077), zul geänd durch G vom 5. 9. 2001 (ABl 1630);

nn) **Sachsen**: Verfassung des Freistaates Sachsen vom 27. 5. 1992 (GVBl 243);

oo) **Sachsen-Anhalt**: Verfassung des Landes Sachsen-Anhalt vom 16. 7. 1992 (GVBl 600), zul geänd durch G vom 22. 10. 1996 (GVBl 332);

Detlef Merten

pp) **Schleswig-Holstein**: Verfassung des Landes Schleswig-Holstein vom
13. 12. 1949 (GVOBl 1950, 3), zul geänd durch G vom 14. 2. 2004 (GVOBl 54);

qq) **Thüringen**: Verfassung des Freistaates Thüringen vom 25. 10. 1993 (GVBl 625)
zul geänd durch G vom 12. 12. 1997 (GVBl 525).

18 Das Problem der Geltung des Grundgesetzes in Berlin angesichts alliierter Vorbehaltsrechte (vgl das Genehmigungsschreiben der Militärgouverneure zum Grundgesetz v 12. 5. 1949 [VOBlBZ 416], wonach Berlin nicht vom Bund regiert – **„governed"**
– werden dürfe) ist mit Inkrafttreten des „Zwei-plus-Vier-Vertrages" – Vertrag über
die abschließende Regelung in bezug auf Deutschland v 12. 9. 1990 (BGBl II 1318) –
am 15. 3. 1991 (vgl die Bekanntmachung über die Hinterlegung der Ratifikations-
urkunden v 15. 3. 1991, BGBl II 587) entfallen. Nach Art 7 Abs 1 des Vertrages „beenden" die Alliierten ihre Rechte und Verantwortlichkeiten in Bezug auf Berlin und
Deutschland als Ganzes. „Als Ergebnis werden die entsprechenden, damit zusammenhängenden vierseitigen Vereinbarungen, Beschlüsse und Praktiken beendet und
alle entsprechenden Einrichtungen der vier Mächte aufgelöst." Damit hat die Bundesrepublik zu diesem Zeitpunkt die volle innere und äußere Souveränität erlangt.
Bereits zuvor hatten angesichts der deutschen Wiedervereinigung am 3. 10. 1990 die
Alliierten die Vier-Mächte-Rechte und -Verantwortlichkeiten durch eine gemeinsame Erklärung „ausgesetzt" (vgl die Bekanntmachung der Suspendierungserklärung v 2. 10. 1990, BGBl II 1331). Damit entstand bis zum Inkrafttreten des „Zwei-
plus-Vier-Vertrages" rechtlich ein „eigenartiger Schwebezustand" (FROWEIN, in: BEN-
DA/MAIHOFER/VOGEL [Hrsg], Handbuch des Verfassungsrechts der Bundesrepublik Deutschland
[2. Aufl 1994] § 2 Rn 25). Seit dem 15. 3. 1991 gilt das Grundgesetz in Berlin uneingeschränkt. (Zur Rechtslage vor der Wiedervereinigung vgl STAUDINGER/MERTEN/KIRCHHOF[12] Art 2
Rn 18.)

b) **Einfaches Gesetz**

19 Rechtsnorm ist ferner das einfache Gesetz im formellen Sinn (dh jeder im verfassungsrechtlich geordneten Verfahren der Gesetzgebung hervorgebrachte Rechtssatz, der nicht den Text der Verfassung ändert), wenn es Außenwirkung im oben
beschriebenen Sinne hat. Im Bund entsteht ein Gesetz im formellen Sinn in der
Regel im Verfahren nach den Art 76–78 und 82 GG. In besonderen Fällen kann ein
Bundesgesetz auch gem Art 81 (Gesetzgebungsnotstand unter weitgehender Aus-
schaltung des Bundestages), 115d–f GG und G über vereinfachte Verkündungen
und Bekanntgaben vom 18. 7. 1975 (BGBl I 1919, geändert durch Art 6 Zehntes G zur
Änd d LuftverkehrsG v 23. 7. 1992, BGBl I 1370; Gesetzgebung im Verteidigungsfall;
Vereinfachung des Verfahrens, Gesetzgebung durch den Gemeinsamen Ausschuß)
oder 29 GG (durch Volksentscheid bestätigtes oder durch Volksbefragung legitimiertes Bundesgesetz über die Neugliederung des Bundesgebietes) zustandekommen.

20 Das Gesetzgebungsverfahren ist in den Ländern unterschiedlich ausgestaltet. Landesgesetze werden von nur einer Kammer beschlossen. Die frühere Beteiligung
eines Senats in Bayern ist nach dessen Auflösung entfallen (vgl G v 20. 2. 1998, GVBl
42). Die unmittelbare Volksbeteiligung (**Volksbegehren**, -entscheid, -befragung) wird
in den Ländern inzwischen vielfach zugelassen. Vgl dazu im einzelnen Art 58 ff bad-
württ, 70 ff bay (inzwischen auch auf kommunaler Ebene Art 7 II, 12 III BV, ein-

gefügt durch das Gesetz zur Einführung des kommunalen Bürgerentscheides v
27. 10. 1995, GVBl 730), 45 ff berl, 75 ff brandb, 122 ff brem, 48 ff hamb, 116 ff hess,
55 ff mecklv, 41 ff nieders, 65 ff nordrh-westf, 107 ff rheinland-pfälz, 98 ff saarl, 70 ff
sächs, 77 ff sachs-anh, 37 ff schleswig-holst und 81 ff thür Landesverfassung.

Die Geltung von Bundesrecht in Berlin war vor der deutschen Wiedervereinigung **21**
angesichts der alliierten Vorbehaltsrechte (vgl Rn 18) kompliziert geregelt. Bundesgesetze galten in Westberlin nicht unmittelbar, sondern mußten vom Berliner Ab-
geordnetenhaus in einem parlamentarischen Gesetzgebungsakt übernommen werden. Dies geschah gemäß den Vorschriften des Gesetzes über die Stellung des
Landes Berlin im Finanzsystem des Bundes (sog Drittes ÜberleitungsG) v
4. 1. 1952 (BGBl I 1, zuletzt geändert durch G v 30. 8. 1971, BGBl I 1426) in der Regel
durch ein Mantelgesetz Berlins, das den in ihm aufgeführten Bundesgesetzen insgesamt zustimmte und sie als Anlage zum Mantelgesetz erneut verkündete (dazu
ausführlich PFENNIG/NEUMANN, Verfassung von Berlin [2. Aufl 1987] Erl 61 ff zu Art 1, zur heutigen
Rechtslage PFENNIG/NEUMANN [3. Aufl 2000] Art 1 Rn 4). Voraussetzung war, daß der Bundesgesetzgeber die Übernahme des Gesetzes durch Aufnahme der Berlin-Klausel
aufgab. Diese Anweisung erfolgte allerdings nicht durchgängig, fehlte etwa bei den
Gesetzen über die Wehrverfassung, die deshalb in Berlin nicht galten. Die Übernahme von Bundesgesetzen mit Berlin-Klausel war für Berlin verfassungsrechtliche
Pflicht (BVerfGE 19, 388). Umstritten war bei von Berlin übernommenem Bundesrecht
die Rechtsqualität. Das Bundesverfassungsgericht (BVerfGE aaO) und die hM im
Schrifttum bejahten den Bundesrechtscharakter zu Recht. Dem wurde entgegengehalten, der Rang transformierten Rechts richte sich nach dem Transformations-
organ und der Berliner Gesetzgeber sei nicht in der Lage, Bundesrecht zu setzen
(zum vormaligen Streitstand vgl PFENNIG/NEUMANN, Verfassung von Berlin [2. Aufl 1987] Erl 67 ff
zu Art 1 mwN).

Der Prozeß der deutschen Wiedervereinigung veränderte den Geltungsgrund von
Bundesrecht in Berlin grundlegend. Durch das Gesetz zur Überleitung von Bundesrecht nach Berlin (West) (Sechstes Überleitungsgesetz v 25. 9. 1990 [BGBl I 2106])
wurde in § 4 Berliner Sonderrecht, darunter auch in Abs 1 Nr 2 das Dritte Überleitungsgesetz, außer Kraft gesetzt. Gleichzeitig bestimmte § 1, daß das bislang aufgrund alliierter Vorbehalte nicht oder nicht in vollem Umfang geltende Bundesrecht
mit gewissen Modifikationen (vgl §§ 2, 3) zum 3. 10. 1990 (vgl § 5) in Berlin (West)
uneingeschränkt in Kraft gesetzt wird. Für die Ost-Bezirke von Berlin entsprach die
Inkraftsetzung von Bundesrecht derjenigen im sonstigen Beitrittsgebiet. Das gesamte Bundesrecht wurde daher hauptsächlich aufgrund von Art 8 iVm Art 3 des Einigungsvertrages v 31. 8. 1990 (BGBl II 889) in Kraft gesetzt. Die dergestalt hergestellte Geltung von Bundesrecht in Berlin ab dem 3. 10. 1990, dem Tag der Wiedervereinigung, beruht auch auf der sog Suspendierungserklärung der Alliierten vom
2. 10. 1990 (vgl die Bekanntmachung der Suspendierungserklärung v 2. 10. 1990,
BGBl II 1331), wonach diese ihre Vorbehaltsrechte hinsichtlich Berlins „ausgesetzt"
haben. Damit waren die Voraussetzungen von Art 87 Abs 1 aF der Verfassung von
Berlin erfüllt, der seinerseits Art 1 Abs 2, 3 Verfassung von Berlin in Kraft setzte.
Art 1 Abs 3 Verfassung von Berlin bestimmt – aufgrund von Art 1 Abs 3 und Art 20
Abs 3 GG lediglich deklaratorisch (vgl DRIEHAUS, Die neue Verfassung von Berlin im Spiegel
der Rechtsprechung des Verfassungsgerichtshofs [1996] 5) –, daß Grundgesetz und Bundesgesetze für Berlin bindend seien. Bestand infolge bloßer „Aussetzung" der Vorbe-

haltsrechte mit dem 3. 10. 1990 noch ein rechtlicher Schwebezustand (vgl Rn 18), der den Gesetzgeber in Einzelfällen noch zum Mittel der Berlin-Klausel greifen ließ (vgl Zivier, Verfassung und Verwaltung von Berlin [3. Aufl 1998] 66 f), so gilt mit dem endgültigen Erlöschen der Vorbehaltsrechte am 15. 3. 1991 das in der Folge in Kraft tretende Bundesrecht in Berlin uneingeschränkt und ohne weiteren Transformationsakt. Art 87 aF der Verfassung von Berlin wurde demzufolge bei der Neufassung der Berliner Verfassung (Verfassung von Berlin vom 23. 11. 1995 [GVBl 779]) ersatzlos gestrichen.

Neben der Erstreckung des gesamten Bundesrechts auf (Gesamt-)Berlin stellte sich mit der Wiedervereinigung auch die Aufgabe einer Vereinheitlichung des Landesrechts, da nach Art 9 Abs 1 des Einigungsvertrags das Recht der ehemaligen DDR als Landesrecht bestehen blieb. Nachdem bereits mit Inkrafttreten der Verfassung von Berlin (Ost) am 25. 7. 1990 Gesetze über die (West-)Berliner Verwaltung auf den Ostsektor erstreckt worden, in anderen Fällen (Westberliner) Gesetze im Wege der Parallelgesetzgebung von Ostberlin übernommen worden waren, erfolgte die eigentliche Rechtsangleichung durch drei Gesetze über die Vereinheitlichung Berliner Landesrechts (Erstes, Zweites und Drittes Gesetz über die Vereinheitlichung des Berliner Landesrechts v 28./29. 9. 1990, GVBl 2119, GV Amtsblatt 240, v 10./ 11. 12. 1990, GVBl 2289, GV Amtsblatt 534, und vom 19. 12. 1991, GVBl 294). Durch diese wird Westberliner Landesrecht auf Ostberlin erstreckt. Im Zuge dieser Überleitung erfolgten zum einen Modifikationen bezüglich des übergeleiteten Landesrechts; gleichzeitig blieben als Ausnahmebestimmungen Ostberliner Landesgesetze teilweise in Kraft. Damit folgt Berlin dem Verfahren der Überleitung von Bundesrecht auf das Beitrittsgebiet, wie es der Einigungsvertrag vorgezeichnet hat. Nunmehr gilt in Berlin ein weitgehend einheitliches Landesrecht. Zum Ganzen vgl Zivier (3. Aufl 1998) 68 f; Pfennig/Neumann, Verfassung von Berlin (3. Aufl 2000) Art 1 Rn 4.

c)   Rechtsverordnung*

22 Rechtsverordnungen fallen wie Gesetze unter den Rechtsnormbegriff des Art 2. Sie sind Rechtssetzungsakte der Exekutive aus parlamentarisch delegierter Rechtssetzungsgewalt und müssen sich demzufolge im Rahmen der gesetzlichen Ermächtigung halten. Rechtsverordnungen haben erhebliche Bedeutung als schnell zu erlassendes, flexibles Recht für (oft kurzfristige) Detailregelungen vor allem im Finanz-, Wirtschafts- und Sozialrecht erlangt (vgl Erichsen/Ossenbühl, AllgVerwR [12. Aufl 2002]

---

* **Schrifttum:** Achterberg, Allg VwR (3. Aufl 1988) 397 ff; vDanwitz, Die Gestaltungsfreiheit des Verordnungsgebers (1989); P Kirchhof, Rechtsquellen und Grundgesetz, in: Bundesverfassungsgericht und Grundgesetz, Bd II (1976) 50 ff; Lepa, Verfassungsrechtliche Probleme der Rechtssetzung durch Rechtsverordnungen, AöR 105 (1980) 337 ff; Maurer, Allgemeines Verwaltungsrecht (15. Aufl 2004) 69 ff; Merten, Gesetzgebung im demokratischen Rechtsstaat – Rechtsstaatliche Dominanz und Rationalität, in: Holoubek (Hrsg), Di-

mensionen des modernen Verfassungsstaates: Symposion zum 60. Geburtstag von Karl Korinek (2002) S 53 ff; Erichsen/Ossenbühl, Allg VerwR (12. Aufl 2002) 146 ff; Ossenbühl, in: Isensee/Kirchhof, HbStR III (2. Aufl 1996) 387 ff; Peine, Gesetz und Verordnung, ZG 1988, 121 ff; H Schneider, Gesetzgebung (3. Aufl 2002) 161 ff; K Stern, StR II (1980) 646 ff; Wilke, Bundesverfassungsgericht und Rechtsverordnungen, AöR 98 (1973) 196 ff; Wolff/ Bachof/Stober, VerwR I (11. Aufl 1999) 351 ff; jeweils mit weiteren Nachweisen.

146; OSSENBÜHL, in: ISENSEE/KIRCHHOF [Hrsg], HbStR III [2. Aufl 1996] § 64 S 387 f; P KIRCHHOF, in: Bundesverfassungsgericht und Grundgesetz Bd II [1976] 82); im Zivilrecht kommen sie seltener vor.

Auf Bundesebene sind Rechtsverordnungen stets von der Exekutive aufgrund einer **23** Ermächtigung nach Art 80 Abs 1 GG erlassene Rechtsvorschriften, die in Ausmaß, Zweck und Inhalt gesetzlich gebunden sind; sie müssen stets ihre Rechtsgrundlage angeben. Das Parlament kann nur die Bundesregierung, einzelne Bundesminister oder die Landesregierungen zum Erlaß von Rechtsverordnungen ermächtigen.

Diese dürfen ihrerseits, wenn die gesetzliche Ermächtigung eine Befugnis zur Subdelegation enthält, diese Rechtssetzungsbefugnis einer in der Hierarchie unter ihnen stehenden Verwaltungsstelle weiter übertragen (vgl für die Ermächtigung der obersten Landesbehörden ferner das Gesetz über Ermächtigungen zum Erlaß von Rechtsverordnungen v 3. 7. 1961 [BGBl I 856]); dem Bundesgesetzgeber selbst ist aber eine unmittelbare Ermächtigung anderer Exekutivorgane – zB eines Landesministers – untersagt, damit sich die Gewaltenteilung im Verhältnis Legislative – Exekutive nicht zu Lasten der eigenständigen Organisationsgewalt verschiebt (OSSEN-BÜHL, in: ISENSEE/KIRCHHOF [Hrsg], HbStR III [2. Aufl 1996] 400; WERTENBRUCH DÖV 1960, 857; ZIPPELIUS BayVBl 1960, 311; KIENZEL NJW 61, 298; MAUNZ/DÜRIG Art 80 Rn 41 ff; BVerfGE 8, 163 ff; 15, 268 ff).

Das Verfahren des Erlasses von Rechtsverordnungen ist im GG nicht allgemein **24** geregelt. Art 82 GG schreibt lediglich eine Ausfertigung und Verkündung vor. Das Verfahren ergibt sich für Rechtsverordnungen, die von obersten Bundesbehörden erlassen werden, meist aus den §§ 15 ff Geschäftsordnung der Bundesregierung vom 11. 5. 1951 (GMBl 137, zul geänd lt Bekm vom 21. 11. 2002, GMBl 848) oder den §§ 62 ff der gemeinsamen Geschäftsordnung der Bundesministerien, Besonderer Teil (GGO II, idF der Bekm vom 15. 10. 1976 [GMBl 550, GMBl 471, berichtigt 652], zul geänd durch Beschl vom 26. 6. 2000 [GMBl 526]), sonst aus den verschiedensten bundesrechtlichen Bestimmungen (dazu ausführlich OSSENBÜHL, in: ISENSEE/KIRCHHOF [Hrsg], HbStR III [2. Aufl 1996] 416 ff). Art 80 Abs 3 GG (eingefügt durch G v 30. 8. 1994 [BGBl I 2245]) gewährt nunmehr dem Bundesrat ein Initiativrecht für Rechtsverordnungen, die seiner Zustimmung bedürfen.

Teilweise bedürfen Rechtsverordnungen einer Zustimmung des Bundesrates (siehe **25** dazu MERTEN, Gesetzgebung im demokratischen Rechtsstaat, in: HOLOUBEK [Hrsg], Dimensionen des modernen Verfassungsstaates: Symposion zum 60. Geburtstag von Karl Korinek [2002] 53 ff). Trotz der Beteiligung der gesetzgebenden Körperschaft am Zustandekommen der Rechtsnorm behält diese den Charakter der Rechtsverordnung (BVerfGE 8, 322), weil die Befugnis zum Erlaß und das Recht zur Ausgestaltung des Inhalts bei der Exekutive verbleiben. Nicht im Grundgesetz vorgesehen, aber in der Staatspraxis anerkannt, sind Rechtsverordnungen, die eine Zustimmung des Bundestages benötigen. Dies wird für zulässig erachtet, weil der parlamentarische Zustimmungsvorbehalt gegenüber der vollständigen Delegation der Rechtssetzung an die Exekutive ein Minus darstellt (BVerfGE 8, 274, 321; BayVGHE 36, 70 ff; GRUPP DVBl 1974, 177; ACHTERBERG, Allg VerwR [2. Aufl 1986] 401 ff). Der Vorteil einer Rechtsverordnung mit Parlamentsvorbehalt liegt darin, daß die Flexibilität des Instruments „Rechtsverordnung" mit der politischen Verantwortung des Parlaments in Einklang gebracht wird (ERICHSEN/

OSSENBÜHL 151 f; OSSENBÜHL, in: ISENSEE/KIRCHHOF [Hrsg], HbStR III [2. Aufl 1996] § 64 S 405). Ein Zustimmungvorbehalt zugunsten von Parlamentsausschüssen ist strittig (vgl ERICHSEN/OSSENBÜHL 152 mwN zum Streitstand).

26 Der durch Gesetz v 27. 10. 1994 (BGBl I 3146) neu eingefügte Art 80 Abs 4 GG gibt den Ländern das Recht zu einer gesetzlichen Regelung, soweit die Landesregierungen zum Erlaß von Rechtsverordnungen durch Gesetz oder auf Grund eines Gesetzes ermächtigt worden sind. Der Vorschlag geht auf eine Empfehlung der Enquetekommisson Verfassungsreform des Deutschen Bundestages aus dem Jahr 1976 zurück (vgl BT-Drucks 12/6000, 38). Die Länder können von der Ermächtigung der Landesregierung in Form eines förmlichen, verordnungsvertretenden Gesetzes Gebrauch machen. Die Befugnis des Landesparlamentes, eine gesetzliche Regelung zu treffen, verdrängt in diesen Fällen die Regelungsbefugnis der Landesregierung durch Rechtsverordnung (siehe dazu LÜCKE, in: SACHS, GG [3. Auflage 2003] Art 80 Rn 48 ff). Die Regelungsbefugnis sollte die Handlungsmöglichkeiten der Länderparlamente erweitern und stärken (siehe dazu die Begründung zu Art 80 Abs 4, BT-Drucks 12/6633, 11). Die ersten Erfahrungen in der Praxis sind jedoch nicht durchwegs positiv (WAGNER/BROCKER NVwZ 1997, 759 [760]), weil die Länder vielfach nur noch als Ausführungsorgane des Bundes tätig werden (BAUER, in: DREIER, GG Bd 2 [1998] Art 80 Rn 49) oder von der Möglichkeit keinen Gebrauch machen.

27 Rechtsverordnungen werden gemäß den Vorschriften des G über die Verkündung von Rechtsverordnungen vom 30. 1. 1950 (BGBl I 23, geänd d G v 28. 6. 1990, BGBl I 1221) in der Regel im Bundesgesetzblatt oder Bundesanzeiger verkündet. Tarifordnungen werden oft nur in Ministerialblättern publiziert. Im Spannungs- oder Verteidigungsfall kann eine Rechtsverordnung im Wege der vorläufigen Notverkündung gem §§ 1 ff G über vereinfachte Verkündungen und Bekanntgaben vom 18. 7. 1975 (BGBl I 1919, zul geänd d VO v. 29. 10. 2001, BGBl I 2785) veröffentlicht werden; die Publikation in der ansonsten vorgeschriebenen Form ist aber schnellstmöglich nachzuholen.

28 Rechtsverordnungen des Bundes galten vor der deutschen Wiedervereinigung ohne Übernahme in Berlin, wenn ihre gesetzliche Ermächtigungsgrundlage übernommen worden war, mußten jedoch in Berlin erneut publiziert werden (§ 14 Drittes ÜberleitungsG, vgl zur damaligen Rechtslage PFENNIG/NEUMANN, Verfassung von Berlin [2. Aufl 1987] Erl 64 zu Art 1 zur heutigen Rechtslage siehe [3. Aufl 2000] Art 1 Rn 4). Mit der Aufhebung des Dritten ÜberleitungsG durch § 4 I Nr 2 des Gesetzes zur Überleitung von Bundesrecht nach Berlin (West) (Sechstes Überleitungsgesetz) v 25. 9. 1990 (BGBl I 2106) ist das Erfordernis der erneuten Publikation entfallen. Rechtsverordnungen des Bundes, die nach dem 3. 10. 1990 in Kraft getreten sind, gelten in Berlin unmittelbar.

29 Rechtsverordnungen sind dem Landesrecht zuzurechnen, wenn sie von der Landesexekutive erlaßen werden. Dies gilt auch, sofern die Ermächtigung zur administrativen Rechtssetzung auf bundesgesetzlicher Grundlage beruht (BVerfGE 18, 407; BayVerfGHE 15, 104 ff; HessStGH ESVGH 20, 217; vgl dazu ferner HAAS DVBl 1954, 254; ZIPPELIUS NJW 1958, 445 mwN; FORSTHOFF 131, **aA** WILKE, in: vMANGOLDT/KLEIN, GG Bd III Art 80 Anm V 4 c, S 1928 ff [Auffassung wie hM: BRENNER, in: vMANGOLDT/KLEIN, GG Bd III Art 80 Anm IV 2a cc, Rn 52]; MENGER/ERICHSEN, VerwArch 57 [1966] 64 ff). Die Ermächtigungsgrundlagen für

Landesrechtsverordnungen bestimmen sich im Bereich der Bundesgesetzgebung nach Art 80 GG, im übrigen nach der jeweiligen Landesverfassung (Art 61 bad-württ, 55 bay, 64 berl, 80 brandb, 124 brem, 53 hamb, 118 hess, 57 mecklv, 43 nieders, 70 nordrhein-westf, 110 rheinlandpfälz, 104 saarl, 75 sächs, 79 sachs-anh, 38 schleswig-holst und 84 thür Landesverfassung). Aus rechtsstaatlichen Gründen müssen die Rechtsverordnungen der Länder denselben Bindungsanforderungen genügen, wie sie Art 80 GG für Bundesrechtsverordnungen aufstellt (BVerfGE 55, 207; 41, 266; 34, 58). Das Verfahren des Erlasses landesrechtlicher Rechtsverordnungen ist uneinheitlich und in verschiedenen Vorschriften geregelt. Sie werden meist im Gesetz- und Verordnungsblatt oder einem Amtsblatt des Landes verkündet.

Rechtsverordnungen als abgeleitetes Recht stehen im Rang grundsätzlich unter dem **30** Gesetz (zu den seltenen Ausnahmen vgl WOLFF/BACHOF/STOBER 355 ff).

d) Öffentlich-rechtliche Satzung*

Satzungen sind Rechtsvorschriften einer dem Staat eingeordneten, körperschaftlich **31** organisierten juristischen Person des öffentlichen Rechts zur Normierung von Einzelfragen ihres eigenen Wirkungskreises. Sie sind Rechtsnormen iSd Art 2, weil sie gegenüber jedermann wirken, der in den Gestaltungsbereich dieser juristischen Personen gerät, und sich ihre Rechtswirkungen nicht bloß auf die Mitglieder der juristischen Person beschränken (vgl dazu P KIRCHHOF 86 f; für Satzungen berufsständischer öffentlich-rechtlicher Körperschaften TAUPITZ, Berufsständische Satzungen als Verbotsgesetze im Sinne des § 134 BGB, JZ 1994, 222 ff mwN). Im Gegensatz zur Rechtsverordnung beruhen sie nicht auf (meist spezialgesetzlicher) Delegation an sich der Legislative zustehender, staatlicher Rechtssetzungsbefugnis, sondern sind Ergebnis einer eigenständigen, nichtstaatlichen Regelungsgewalt, die diesen juristischen Personen ohne nähere Bindung iSd Art 80 GG zur selbständigen Regelung ihres Wirkungskreises vom Staat übertragen worden ist (H SCHNEIDER, in: FS Möhring [1965] 521, 523 f). Satzungen rangieren in der Rechtsnormhierarchie unter dem Gesetz und der Rechtsverordnung, weil sie auf staatlicher Ermächtigung beruhen, selbst aber nicht staatliches Recht sind (vgl ERICHSEN/OSSENBÜHL 189 Rn 8; WOLFF/BACHOF/STOBER 371).

e) Sonderverordnung**

Sonderverordnungen sind generelle Regelungen staatlicher oder kommunaler Be- **32** hörden für nichtkörperschaftliche, verwaltungsrechtliche Sonderverhältnisse (beson-

---

* **Schrifttum**: MAURER, Allg VerwR (15. Aufl 2004) 68 ff; ERICHSEN/OSSENBÜHL, Allg VerwR (12. Aufl 2002) 165 ff; OSSENBÜHL, in: ISENSEE/ KIRCHHOF (Hrsg), HdbStR III (2. Aufl 1996) 463 ff; H SCHNEIDER, Gesetzgebung (3. Aufl 2002) 190 ff; ders, Autonome Satzung und Rechtsverordnung, in: FS Möhring (1965) 521 ff; WOLFF/BACHOF/STOBER, VerwR I (10. Aufl 1994) (11. Aufl 1999) 359 ff.

** **Schrifttum**: BÖCKENFÖRDE/GRAWERT, Sonderverordnungen zur Regelung besonderer Gewaltverhältnisse, AöR 95 (1970) 1 ff;

ERICHSEN, Besonderes Gewaltverhältnis und Sonderverordnung, in: FS HJ Wolff (1973) 219 ff; GROSS, Die Rechtsqualität der Sonderverordnungen für besondere Gewaltverhältnisse und der Organisationsbestimmungen, NJW 1969, 2186 ff; MAURER, Allg VerwR (15. Aufl 2004) 181 f; ERICHSEN/OSSENBÜHL, Allg VerwR (12. Aufl 2002) 164 f; OSSENBÜHL, in: ISENSEE/KIRCHHOF (Hrsg), HdbStR III (2. Aufl 1996) 428 f; WOLFF/BACHOF/STOBER, VerwR I (11. Aufl 1999) 357 ff.

Detlef Merten

dere Gewaltverhältnisse; zum Begriff vgl Wolff/Bachof/Stober 357 ff; Merten Jura 1981, 239; Erichsen/Ossenbühl 164 f). Sie treten oft unter der Bezeichnung Anstalts-, Dienst-, Benutzungs- oder Hausordnung auf. Sie sind nicht abgeleitete Quellen objektiven Rechts, sondern stehen – wie Satzungen – der Behörde als Rechtssetzungsform zur eigenständigen Gestaltung des besonderen Gewaltverhältnisses zur Verfügung. Als Rechtsquelle werden die Sonderverordnungen in der Literatur inzwischen zunehmend anerkannt. Sie sind Rechtsnormen iSd Art 2, weil sie Außenwirkung entfalten (auch wenn sie im Verwaltungsverfahren nach der Legaldefinition des § 35 S 2 VwVfG begrifflich oft dem Verwaltungsakt zugeordnet werden können). In der Gestalt von Anstaltsbenutzungsordnungen regeln sie das Benutzungsverhältnis zwischen Anstalt und Bürger auch dann rechtsverbindlich mit Außenwirkung, wenn sich der benutzende Bürger (zB als Schüler) langfristig in einem besonderen Gewaltverhältnis befindet und damit schon teilweise in die Verwaltung eingegliedert ist, sobald das Grundverhältnis (und nicht das Betriebsverhältnis) von der Sonderverordnung betroffen ist (vgl Ule VVDStRL 15, 133, 151 ff; Schmidt-Assmann, Die kommunale Rechtssetzung im Gefüge der administrativen Handlungsformen und Rechtsquellen [1981] 42 ff).

33 Ungeklärt ist die Frage, worauf sich die Rechtssetzungsbefugnis im Einzelfall stützen kann. Da oft keine ausdrückliche gesetzliche Ermächtigung vorhanden ist, beruft man sich auf die verschiedensten Rechtsgrundlagen (Gewohnheitsrecht, Anstalts-[polizei-]gewalt, Hausrecht u ä). Die für die Verwirklichung von Grundrechten wesentlichen Bereiche dürfen wegen des rechtsstaatlichen Vorbehalts des Gesetzes durch Sonderverordnung nur geregelt werden, wenn ein förmliches Gesetz dies gestattet (vgl Merten Jura 1981, 239). Da Sonderverordnungen allein der Normierung des besonderen Gewaltverhältnisses dienen dürfen, wird die Befugnis der Behörden zum Erlaß von Sonderverordnungen inhaltlich vom Zweck des Sonderverhältnisses begrenzt (Wolff/Bachof/Stober 358 f).

f)   Verwaltungsvorschriften*

34 Verwaltungsvorschrift ist ein Sammelbegriff für innerstaatliche Anweisungen unterschiedlicher Erscheinungsform (Erlaß, Verfügung, Dienstanweisung, Technische Anweisung, Richtlinie, Anordnung, Befehl, Verwaltungsordnung). Der Begriff erfaßt

---

* **Schrifttum:** Bönker, Umweltstandards in Verwaltungsvorschriften (1992); Brohm, Verwaltungsvorschriften als administrative Rechtsquelle – ein ungelöstes Problem des Innenrechts, in: ders (Hrsg) Drittes deutsch-polnisches Verwaltungssymposium (1983) 11 ff; Hill (Hrsg), Verwaltungsvorschriften. Dogmatik und Praxis (1991); ders, Normkonkretisierende Verwaltungsvorschriften, NVwZ 1989, 401 ff; Juchum, Verwaltungsvorschriften im Einkommensteuerrecht, ZG 1991, 56 ff; H Klein, Rechtsqualität und Rechtswirkung von Verwaltungsnormen, in: FG Ernst Forsthoff (1967) 163 ff; Krebs, Zur Rechtsetzung der Exekutive durch Verwaltungsvorschriften, VerwArch 70 (1979) 259 ff; Maurer, Allgemeines Verwaltungsrecht

(14. Aufl 2002) 624 ff; Menger, Verwaltungsrichtlinien – autonome Rechtsetzung durch die Exekutive?, in: Demokratie und Verwaltung, Schriftenreihe der Hochschule Speyer (1972) 299 ff; Erichsen/Ossenbühl, Allg VerwR (12. Aufl 2002) 136 ff; Ossenbühl, Autonome Rechtssetzung der Verwaltung, in: Isensee/Kirchhof (Hrsg), HdbStR III (2. Aufl 1996) 425 ff; ders, Zur Außenwirkung von Verwaltungsvorschriften, in: FG aus Anlaß des 25-jährigen Bestehens des Bundesverwaltungsgerichts (1978) 433 ff; ders, Verwaltungsvorschriften und Grundgesetz (1968); Papier, Bedeutung der Verwaltungsvorschriften im Recht der Technik, in: FS Lukes (1990) 159 ff; Rupp, Die „Verwaltungsvorschriften" im grundgesetz-

alle Regelungen, die innerhalb der Verwaltungsorganisation von übergeordneten Instanzen oder Vorgesetzten an nachgeordnete Behörden oder Bedienstete ergehen und die Organisation und/oder das Handeln der Verwaltung näher bestimmen (MAURER 623 f; OSSENBÜHL, HdbStR III (2. Aufl 1996) § 65 Rn 4; zur Typisierung ebd Rn 14 ff; vgl auch SCHRÖDER, Stand der Dogmatik der Verwaltungsvorschriften, in: HILL [Hrsg], Verwaltungsvorschriften [1991] 4 f). In der Praxis kommt ihnen erhebliche Bedeutung zu.

Da Verwaltungsvorschriften im Regelfall nur die Verwaltung, nicht aber Dritte **35** binden (Verwaltungsinnenrecht; str, vgl dazu im einzelnen BETTERMANN, Rechtsschutz im Sozialrecht 47, 58 ff; MERTEN Jura 1981, 239 f; OSSENBÜHL, HdbStR III (2. Aufl 1996) § 65, Rn 5, 32; SCHRÖDER 13 ff; STERN, Das Staatsrecht der Bundesrepublik Deutschland Bd II [1980] 654; BVerfGE 78, 214, 227; 80, 257, 265; BVerwGE 34, 278, 282 f; 44, 136, 138; 58, 45, 49; BGHZ 46, 354, 361), dh keine Außenwirkung entfalten, sind sie grundsätzlich keine Rechtsnormen iSd Art 2 (BSGE 46, 61, 66). Gleichwohl können sie aus rechtstheoretischer oder verwaltungswissenschaftlicher Sicht Rechtsnormen sein, weil dort auch die Binnenorganisation Gegenstand des wissenschaftlichen Interesses ist und deshalb für den Rechtsnormbegriff auf das Kriterium der Außenwirkung verzichtet werden kann (vgl OSSENBÜHL, HdbStR III [2. Aufl 1996] § 65 Rn 30 ff).

Eine normähnliche Wirkung entfalten Verwaltungsvorschriften, wenn sie in regel- **36** mäßige Verwaltungspraxis umgesetzt worden sind und sich die Behörden so wegen des verfassungsrechtlichen Gleichbehandlungsgrundsatzes (Art 3 GG) selbst binden (vgl mwN STERN 655). Auch in diesem Falle wird die Verwaltungsvorschrift aber nicht zu einer nach außen wirkenden Rechtsquelle. Vielmehr begründet **Art 3 GG** wegen der Verwaltungsübung einen rechtlichen Anspruch des Bürgers auf ein bestimmtes Behördenhandeln (BVerwG NJW 1972, 1483). Allerdings bleibt die Bindung der Behörde elastisch. Art 3 GG gestattet als bloßes Willkürverbot ein Abgehen von der Verwaltungspraxis in begründeten Einzelfällen oder die grundsätzliche Änderung eines bisherigen Verwaltungsbrauchs wegen neuer rechtlicher Erkenntnisse oder veränderter Umstände in der Zukunft (vgl BVerwGE 92, 153; insgesamt zur Außenwirkung kraft Selbstbindung OSSENBÜHL, HdbStR III [2. Aufl 1996] § 65 Rn 44 ff, 52 mwN).

Als Rechtsnorm – auch im Sinne des Art 2 – sind Verwaltungsvorschriften dagegen **37** ausnahmsweise dann zu qualifizieren, wenn sie Bindungswirkung für außenstehende Dritte über die Selbstbindung der Verwaltung hinaus erlangen. Dies ist zum einen dann der Fall, wenn Staatshaftungsregeln (§ 839 BGB) an durch Verwaltungsvorschriften geregelte Amtspflichten anknüpfen (vgl bereits RG in JW 1906, 745, STERN 655). Dergestalt werden sie indirekt „über das Medium eines klassischen Rechtssatzes in den Außenbereich extravertiert" (OSSENBÜHL, HdbStR III [2. Aufl 1996] § 65 Rn 37). Zum anderen kommt eine, wenn auch abgeschwächte (ERICHSEN/OSSENBÜHL 164 f) unmittelbare Außenwirkung, insb eine Bindung der Rspr (und damit Rechtsnormqualität nach Art 2) in den folgenden Fällen in Betracht:

---

lichen Normensystem, JuS 1975, 609 ff;
K SCHRÖDER, Verwaltungsvorschriften in der gerichtlichen Kontrolle (1987); SELMER, Rechtsverordnung und Verwaltungsvorschrift, VerwArch 59 (1968) 114 ff; STERN, Das Staatsrecht der Bundesrepublik Deutschland, Bd II

(1980) 654 ff; WALLERATH, Normkonkretisierende Verwaltungsvorschriften, NWVBl 1989, 153 ff; WEYREUTHER, Über die Rechtsnatur und Rechtswirkung von Verwaltungsvorschriften, DVBl 1976, 853 ff.

– **gesetzesergänzende** Verwaltungsvorschriften: Weist ein Gesetz bei Zuständigkeits- und Verfahrensregelungen Lücken auf, so können diese durch Verwaltungsvorschriften geschlossen werden, die insoweit unmittelbare Außenwirkung und damit Rechtsnormcharakter besitzen. Nach der Rspr des BVerfG (E 40, 237, 248 ff, zuvor bereits E 8, 155, 165 ff) dürfen die entsprechenden Regelungen nicht dem Gesetzesvorbehalt unterfallen, was nur bei „untergeordneter Bedeutung" der Verfahrensvorschrift gegeben ist (demgegenüber BVerwGE 51, 235 für eine Fallgestaltung, in der der Gesetzesvorbehalt eingreift; vgl auch STERN 658).

– Verwaltungsvorschriften im **Umwelt- und Technikrecht**: Im Bereich des Umwelt- und Technikrechts verwendet der Gesetzgeber unbestimmte Rechtsbegriffe wie „schädliche Umwelteinwirkungen" oder „jeweiliger Stand von Wissenschaft und Technik", die durch sog „Technische Anleitungen" der Verwaltung ausgefüllt und substantiiert werden (zB TA-Luft, TA-Lärm, TA-Siedlungsabfall; vgl dazu OSSEN-BÜHL, HdbStR III [2. Aufl 1996] § 65 Rn 8 ff). Von der (unrichtigen) ursprünglichen Qualifikation dieser Regeln als „antizipierte Sachverständigengutachten" (vgl BVerwGE 55, 250, 255 ff) ausgehend, sieht die Rspr darin nunmehr auch gerichts- und infolgedessen außenverbindliche Normen (vgl BVerwGE 72, 300, 320; OVG Lüneburg OVGE 38, 407; OVG Münster NVwZ 1988, 173). Damit gewinnt der Typus der **normkonkretisierenden** Verwaltungsvorschrift Rechtsqualität iSv Art 2 (vgl dazu HILL NVwZ 1989, 406). Die Rspr des EuGH spricht dagegen trotz der dargestellten Drittbindung den Technischen Anleitungen die Eignung als Instrument zur Ausfüllung von Richtlinien der EG ab (EuGH, Rs C-361/88, Slg 1991, I-2567; Rs C-59/89, Slg 1991, I-2607, dazu WOLFF/BACHOF/STOBER 333).

38 – Verwaltungsvorschriften im Bereich der **Leistungsverwaltung**: Regelt der Gesetzgeber die Voraussetzungen für die Vergabe einer Leistung nicht selbst, überläßt er dies vielmehr der Verwaltung wie typischerweise bei Subventionen, so besitzen die dann **gesetzesvertretenden** Verwaltungsvorschriften (**Subventionsrichtlinien**, vgl dazu MAURER 628 f; OSSENBÜHL, HdbStR III (2. Aufl 1996) § 65 Rn 27 f, ERICHSEN/OSSENBÜHL 154 f, WOLFF/BACHOF/STOBER 323 ff) ebenfalls unmittelbare Außenwirkung (vgl BVerwGE 45, 8, 10; BVerwG NJW 1979, 280). Ihnen kommt damit ebenfalls Rechtsnormcharakter iSv Art 2 zu.

Für den Normalfall fehlender rechtlicher Außenwirkung bedürfen Verwaltungsvorschriften keiner besonderen Ermächtigung, soweit sie nicht über den nachgeordneten Bereich der erlassenden Stelle hinausgehen (vgl OSSENBÜHL, HdbStR III [2. Aufl 1996] § 65 Rn 64 f). Soweit den Verwaltungsvorschriften Außenwirkung zukommt, wird regelmäßig neben einer gesetzlichen Grundlage (zB § 48 BImSchG; dazu WOLFF/BACHOF/STOBER 325) eine geeignete Veröffentlichung verlangt (BVerfGE 40, 237, 253; vgl MAURER 643 f; ERICHSEN/OSSENBÜHL 164; STERN 661).

g)   Richterrecht*
39 Ein Richten nach Präzedenzfällen, ein case-law im anglo-amerikanischen Sinne ist dem kontinental-europäischen Denken fremd (zur Bewertung des case-law vgl EGMR

---

* **Schrifttum**: BYDLINSKI, Hauptpositionen zum Richterrecht, JZ 1985, 149 ff; FS der Juristischen Fakultät der Universität Heidelberg, Richterli- che Rechtsfortbildung (1986); GUSY, Richterrecht und Grundgesetz, DÖV 1992, 461 ff; J IPSEN, Richterrecht und Verfassung (1975);

JuS 1980, 523 f). Dagegen ist die Möglichkeit einer Fortbildung des Rechts durch Rechtsprechung und Wissenschaft privatrechtlich seit langem anerkannt (vgl auch § 49 Einl Preuß ALR; RGZ 142, 36, 40 f). Dieses Richterrecht ist jedoch keine eigene Rechtsquelle, sondern ein Unterfall des Gewohnheitsrechts und daher von dessen Voraussetzungen abhängig. Angesichts der beträchtlichen Zahl von Rechtsinstituten, die erst nach dem Inkrafttreten des BGB entwickelt wurden (Allgemeines Persönlichkeitsrecht, culpa in contrahendo, schadensgeneigte Tätigkeit, enteignungsgleicher Eingriff uam; vgl Larenz NJW 1965, 7) hat das Richterrecht in der Praxis erhebliche Bedeutung erlangt. Gleichwohl ist bei der Beantwortung der Frage, ob Richterrecht die Qualität einer Rechtsnorm iSd Art 2 besitzt, zu differenzieren.

Gerichtserkenntnisse sind ohne Rücksicht auf ihre Erscheinungsform grundsätzlich **40** keine Rechtsnormen iSd Art 2, sondern nur **rechtsnormähnlicher Gerichtsgebrauch** (Enneccerus/Nipperdey 274 f; Wolff/Bachof/Stober 349; **aM** H W Kruse, Das Richterrecht als Rechtsquelle des innerstaatlichen Rechts [1971]). Zwar sind die Gerichte zur Rechtsfortbildung (BGHZ 44, 346, 354) bei Gesetzeslücken oder Untätigkeit des Gesetzgebers (vor allem im Arbeitskampfrecht, BAGE 23, 292) intra legem (Merten DVBl 1975, 677, 681 f) befugt (vgl BVerfGE 34, 269, 284 ff; 65, 182, 190), die gerichtliche Entscheidung entfaltet jedoch nur eine faktische Breitenwirkung (Palandt/Heinrichs 1. Buch Einl Rn 32; BSGE 41, 70, 77 mwN). Zur Qualifizierung als Rechtsnorm iSd Art 2 fehlt es ihr an der verbindlichen, generellen Wirkung auf eine unbestimmte Vielzahl von Personen (aA Erichsen/Ossenbühl 176 Rn 80). Sie erfährt zwar zweifelsohne – vor allem als „höchstrichterliche Rechtsprechung" – eine erhebliche Beachtung in der Rechtspraxis. Zu dieser tatsächlichen Wirkung gesellt sich aber nur eine **konkrete Bindungswirkung** normativer Art, grundsätzlich gegenüber den Prozeßparteien und den beteiligten Gerichten (vgl zur Beschränkung der Ermächtigung zur Rechtsfortbildung auf den Einzelfall Merten DVBl 1975, 677, 682 f), soweit nicht **gesetzliche** Vorschriften die Rechtskraft ausnahmsweise erweitern (vgl § 640h ZPO). In anderen Prozessen oder Rechtsfällen sind weder der rechtsanwendende Staat noch der Bürger verpflichtet, einem Präjudiz zu folgen (vgl BVerfGE 84, 212, 227; BSGE 40, 292, 295 f). Man wird es lediglich meistens tun, weil in Zukunft gleichartige Gerichtsentscheidungen erwartet werden. Das kann uU für eine begrenzte Übergangzeit zwar aus Gründen des Vertrauensschutzes und der Rechtssicherheit zum Festhalten an einer bestehenden Rechtsauffassung der Gerichte führen (BGHZ 85, 64, 66; 52, 365, 369 f; BSGE 40, 292, 295 f; 41, 70, 77; BAGE 27, 246, 255; 26, 333, 337), gibt aber keinem Gericht die Befugnis, sich ohne besondere Gestattung rechtsetzende Gewalt zuzumessen oder gar seine Gesetzesbindung zu lockern.

Entscheidungen des Bundesverfassungsgerichts und der Oberverwaltungsgerichte **41** im Normenkontrollverfahren gem § 47 VwGO haben mitunter Bindungswirkung,

P Kirchhof, Richterliche Rechtsbildung, gebunden an „Gesetz und Recht", NJW 1986, 2275 ff; Kruse, Das Richterrecht als Rechtsquelle des innerstaatlichen Rechts (1971); Langenbucher, Die Entwicklung und Auslegung von Richterrecht (1996); F Müller, „Richterrecht" (1986); Erichsen/Ossenbühl, Allg VerwR (12. Aufl 2002) 173 ff; Ossenbühl, Richterrecht im demokratischen Rechtsstaat (1988); Roellecke (Hrsg), Zur Problematik der höchstrichterlichen Entscheidung (1982); H-P Schneider, Richterrecht, Gesetzesrecht und Verfassungsrecht (1969); Wolff/Bachof/Stober, VerwR I (11. Aufl 1999) § 25 Rn 21 oder 346 ff.

die durch besondere gesetzliche Anordnungen begründet wird. Derartige Entscheidungen bilden deshalb einen besonderen, atypischen Aspekt des Problems des Richterrechts.

42 Die Entscheidungen des Bundesverfassungsgerichts gem **§ 31 Abs 2 BVerfGG** und die entsprechenden Erkenntnisse der Verfassungs- und Staatsgerichtshöfe haben nach hM Rechtsnormqualität (vgl dazu BENDA/KLEIN, Lehrbuch des Verfassungsprozeßrechts [2. Aufl 2001] Rn 1289 ff; MAUNZ/SCHMIDT-BLEIBTREU/KLEIN/ULSAMER, Bundesverfassungsgerichtsgesetz, § 31 Rn 28 ff; PESTALOZZA, Verfassungsprozeßrecht [3. Aufl 1991] 328 ff mit Hinweisen auf die entsprechenden landesrechtlichen Normierungen). Die Gesetzeskraft ergibt sich bei der **Ungültigkeitserklärung** von Normen daraus, daß jedes bloß partielle Außerkraftsetzen oder Nichtigerklären zu erheblichen Rechtssicherheitsproblemen führen würde und deshalb für die geprüfte Rechtsnorm nur einheitlich gelöst werden kann. Die Gesetzeskraft der **Gültigkeitserklärung** hingegen beruht allein auf der Anordnung des § 31 Abs 2 BVerfGG. Eine für alle Rechtsunterworfenen gleiche Entscheidung wäre hier nicht notwendig, weil die geprüfte Rechtsnorm in ihrer generellen Wirkung bloß bestätigt wird. Derartige Entscheidungen der Verfassungsgerichte sind Rechtsnormen iSd Art 2, soweit die gerichtlich geprüften Rechtsvorschriften diese Qualität besitzen.

43 Gleiches gilt für endgültige Normenkontrollentscheidungen der Oberverwaltungsgerichte und Verwaltungsgerichtshöfe der Länder im Verfahren gem **§ 47 VwGO**, wenn die untergesetzliche Landesvorschrift für **ungültig** erklärt wird. Kraft positiver Anordnung in § 47 Abs 5 S 2 VwGO teilt der Gerichtsentscheid die Wirkung der Rechtsnorm. Wird im Normenkontrollverfahren die **Gültigkeit** einer Landesnorm bestätigt, so hat die Entscheidung dagegen mangels besonderer gesetzlicher Normierung keine Gesetzeskraft; sie ist damit auch keine Rechtsquelle (vgl WOLFF/BACHOF/STOBER 345 f).

44 Zu berücksichtigen ist in jedem Fall gesetzeskräftiger gerichtlicher Entscheidung, daß nur der Tenor, nicht aber der sog **„Amtliche Leitsatz"** Gesetzeskraft entfaltet (vgl LECHNER/ZUCK, Bundesverfassungsgerichtsgesetz [4. Aufl 1996] § 31 Rn 37 für § 31 Abs 2 BVerfGG). Letzterer ist nur eine zusammenfassende, zur Publikation vorgesehene Kurzdarstellung der Entscheidung des Gerichts (vgl dazu HERSCHEL, in: FS für das BAG 201, 204 f und 211; zur blamablen Leitsatzkorrektur beim „Kruzifix-Beschluß" des BVerfG FLUME NJW 1995, 2904 f), der allerdings Hinweise auf den „Kern" der Entscheidung geben kann (BVerwG NJW 1982, 780, 781).

h)   Rechtsnormen früherer Rechtssetzungsorgane

45 Das staatliche Rechtssetzungssystem hat sich mit Erlaß des Grundgesetzes grundlegend geändert. Vor allem wurden Kompetenzen neu verteilt, das Rechtssetzungsverfahren anders (in erster Linie rechtsstaatlicher) geordnet und der Vorrang des Parlamentsgesetzes gefestigt. Alte Rechtsnormen sind im Laufe der Zeit aufgehoben oder gegenstandslos geworden. Dennoch bleibt ein „Rest"-Recht aus früherer Zeit, das bis heute Rechtsnormqualität besitzt. Dieses hat eine nicht unerhebliche Ausweitung nach 1990 durch die Wiedervereinigung erfahren, da der Einigungsvertrag vielfach die Fortgeltung vormaligen DDR-Rechts angeordnet hat (vgl Art 1 Rn 23 ff).

aa) Grundsätze der Weitergeltung alten Rechts aus der Zeit vor 1949

Nach der Grundentscheidung des Art 123 Abs 1 GG gilt Recht aus der Zeit vor dem **46** Zusammentritt des Bundestags (7. 9. 1949) fort, soweit es dem GG nicht widerspricht. Diese Regel betrifft alles Recht mit Ausnahme des Besatzungsrechts (BVerfGE 3, 374; MAUNZ/DÜRIG Art 123 Rn 4 und 6), das zu diesem Zeitpunkt noch in Kraft war, ohne Rücksicht auf Entstehungsquelle oder -verfahren. Altes Recht auf dem Gebiete der (heutigen) ausschließlichen Gesetzgebung wird Bundesrecht (Art 124 GG), Recht im Bereich der konkurrierenden Gesetzgebung dann Bundesrecht, wenn es mindestens innerhalb einer Besatzungszone einheitlich galt oder wenn es nach dem 8. 5. 1945 früheres Reichsrecht abänderte (Art 125 GG). Die Frage, ob altes Recht als Bundesrecht (nicht Landesrecht; vgl BVerfGE 1, 165; 4, 360) fortgilt, entscheidet das BVerfG.

bb) Preußische Kabinettsordre

Da alte Regeln in ihrer Rechtsnormqualität nach den Vorstellungen der Zeit ihres **47** Erlasses betrachtet werden müssen (BVerfGE 10, 360), ist eine preuß Kabinettsordre Rechtsnorm iSd Art 2, soweit sie generelle Anordnungen mit Außenwirkung treffen wollte (SOERGEL/HARTMANN Art 2 EGBGB Anm 6d; RGZ 111, 211). Sie gilt auch ohne amtliche Publikation im Gesetz- oder Amtsblatt, wenn sie nur den Betroffenen bekanntgegeben wurde (HARTMANN aaO; RGZ 111, 211, 218 ff), weil nach früherer Vorstellung jede „gehörige" Bekanntmachung ausreichte.

cc) Recht des „Dritten Reichs"

Recht aus der Zeit des „Dritten Reichs" gilt nach der oben geschilderten Regel **48** grundsätzlich fort (BVerfGE 6, 389, 418). Es handelt sich um Rechtsnormen iSd Art 2, wenn sie drittbindende, generelle Außenwirkung hatten. Grund der normativen Verbindlichkeit des Rechts aus dieser Zeit soll nach der Rechtsprechung eine „soziologische" Geltungskraft (BVerfGE 6, 132, 198 f; 3, 58, 118 f), die internationale Anerkennung der rechtsetzenden Organe (BVerfGE 6, 331) und die Ordnungs- und Rechtssicherheitsfunktion des Rechts (BVerfGE 6, 132, 198 f; 3, 58, 118 f) sein. Voraussetzung einer Weitergeltung ist jedoch stets die Publikation. Geheimgesetze gelten deshalb nicht mehr (vgl SOERGEL/HARTMANN Art 2 Anm 6e).

Der Grundsatz der Weitergeltung findet ferner dort seine Grenze, wo das alte Recht **49** dem GG widerspricht. Hiermit ist nicht ein Gegensatz zu Einzelnormen untergeordneter Bedeutung oder gar Organisations- und Verfahrensregelungen des (später erlassenen) Grundgesetzes, sondern nur ein **evidenter Widerspruch** zur Gerechtigkeit oder zur rechtsstaatlichen Ordnung gemeint. Die Umschreibungen der Rechtsprechung für diesen Widerspruch zum GG wechseln (offenbares Unrecht, BGHZ 38, 228, 229; Widerspruch zu Naturrecht, Völkerrecht, unerträglicher Widerspruch zur Gerechtigkeit, keine Rechtsnatur, BGHZ 3, 94, 106 f; evidenter Widerspruch zu fundamentalen Prinzipien der Gerechtigkeit, BVerfGE 23, 98, 106; 3, 58, 118 f; Widerspruch zu den Grunderfordernissen jeder rechtsstaatlichen Ordnung, BGHZ 16, 350, 354; Verstoß gegen Wesen und möglichen Inhalt des Rechts, BVerfGE 6, 309, 331 f). Insbesondere hat das BVerfG entschieden, daß ohne Parlamentsbeteiligung erlassene Regierungs-Ge (BVerfGE 28, 139; 21, 235; 10, 361; 7, 37) und das Ermächtigungsgesetz vom 24. 3. 1933 (RGBl I 141) weitergelten; dahingestellt blieb, ob nach dem 10. 5. 1943 ergangene „Führererlasse" noch gültig blieben (BVerfGE 6, 309, 336).

dd) Besatzungsrecht

50 Besatzungsrecht sind die von den Besatzungsmächten erlassenen Regelungen. Sie gingen von unterschiedlichen Rechtssetzungsorganen (Kontrollrat, Alliierte Militärregierung, Alliierte Hohe Kommission) aus und wurden in vielfältigen Formen (zB als Proklamationen, Gesetze, Verordnungen, Direktiven, Entscheidungen, Anordnungen) erlassen. Sie sind Rechtsnormen iSd Art 2, wenn sie im Einzelfall ihre Geltung von den Besatzungsmächten ableiten und die in den Rn 7 ff aufgeführten Elemente einer Rechtsnorm aufweisen.

51 Besatzungsrechtliche Rechtsregeln gelten **bis zum 5. 5. 1955** mit Vorrang vor deutschem Recht. Das Fehlen einer amtlichen Verlautbarung war unschädlich, wenn die Betroffenen die Möglichkeit der Kenntnisnahme hatten (BVerfGE 8, 197, 204 f). Der Überleitungsvertrag vom 30. 3. 1955 (BGBl II 405) stellte das Besatzungsrecht auf eine neue Rechtsgrundlage (BVerfGE 12, 281, 289; vgl dazu P Kirchhof 97). Es blieb zwar – sofern es amtlich veröffentlicht war (vgl Hedwig Maier JZ 56, 396) – in Kraft, der deutsche Gesetzgeber konnte es aber (Kontrollratsrecht nach vorheriger Konsultation mit den Besatzungsmächten) in der Regel ändern (BVerwGE 2, 319; vgl dazu auch die Übersicht über die deutschen Gesetze zur Änderung des Besatzungsrechts bei Hedwig Maier JZ 55, 408 und JZ 56, 396).

52 Verfassungsrechtlich war der deutsche Gesetzgeber zur Anpassung des Besatzungsrechts für die Zukunft (nicht für die Vergangenheit: BVerfGE 35, 324, 337; 27, 253, 287) an das GG nicht nur berechtigt, sondern sogar verpflichtet (BVerfGE 15, 337, 349 ff; 36, 146, 171; 62, 169, 181 ff). Nur ein geringer, im Überleitungsvertrag ausdrücklich vorbehaltener Teil des Besatzungsrechts blieb der Disposition deutscher Gesetzgebung entzogen („versteinertes Besatzungsrecht"). Sein Umfang wurde bei Einfügung des Notstandsrechts in das GG durch Erklärung der westlichen Alliierten vom 27. 9. 1968 weiter erheblich verringert (vgl dazu Merten Jura 1981, 236, 247); als Besatzungsrecht von größerer binnenstaatlicher Bedeutung war lediglich der Berlin-Vorbehalt geblieben (vgl dazu BVerfGE 37, 57, 60 f; 20, 257, 266; 7, 1, 8). Mit Inkrafttreten des „Zweiplus-Vier-Vertrages"-Vertrag über die abschließende Regelung in bezug auf Deutschland v 12. 9. 1990 (BGBl II 1318) am 15. 3. 1991 (vgl Art 1 Rn 18) ist auch dieser entfallen, nachdem die alliierten Vorbehaltsrechte bereits seit dem 2. 10. 1990 suspendiert worden waren (Suspendierungserklärung v 2. 10. 1990, BGBl II 1331).

53 Nicht zum formellen (nach seinem verfahrensmäßigen Ursprung definierten) Besatzungsrecht gehört dasjenige von **deutschen** Stellen erlassene Recht, welches auf Drängen der Besatzungsmächte erging oder von diesen inhaltlich beeinflußt wurde (vgl Maunz/Dürig Art 123 Rn 5). Wurde dieses Recht lediglich auf Wunsch oder Anregung der Besatzungsmächte erlassen, so muß es in seinem vollen Inhalt dem GG genügen (BVerfGE 2, 272). Beruhte es dagegen auf bindender Anordnung der Alliierten, ist es nicht an den Regeln des GG zu messen (weisungsgebundenes Recht; BVerfGE 2, 199).

ee) Recht der Verwaltung des Vereinigten Wirtschaftsgebietes

54 Neben dem Reichsrecht, dem Recht der Länder und dem Besatzungsrecht existierten am Stichtag des 7. 9. 1949 auch Rechtssätze der Organe des Vereinigten Wirtschaftsgebietes (Wirtschaftsrat, Exekutivrat, Direktoren). Sie enthielten materielle

Rechtsnormen iSd Art 2, wenn sie die oben genannten vier Merkmale einer Rechtsnorm aufwiesen. Dieses Recht blieb nach den Art 123 ff GG in Kraft.

Da im Vereinigten Wirtschaftsgebiet Vorarbeiten für den bundeseinheitlichen Zu- **55**
sammenschluß gemacht worden waren, das Gebiet sich aber nur auf die amerikanische und britische Besatzungszone (Bizone) erstreckte, erschien eine Ausweitung
des Geltungsbereichs der Rechtsvorschriften auf die französische Zone angebracht.
Unbeschadet einer möglichen bundesgesetzlichen Anordnung ermächtigte Art 127
GG die **Bundesregierung** bis zum 23. 5. 1950 mit Zustimmung der beteiligten Landesregierungen die Geltung dieses Rechts ohne **Rangveränderung** (vgl SCHMIDT-BLEIB-
TREU/KLEIN, GG [9. Aufl 1999] Erl 1 zu Art 127; MAUNZ/DÜRIG Art 127 Rn 3) auf die französische Zone oder Teile davon zu erstrecken.

Da Art 127 GG ersichtlich eine Übernahme des Rechts auf die **gesamte** französische **56**
Besatzungszone ermöglichen sollte, wendete man ihn entgegen seines insoweit un-
vollständigen Wortlauts (er nennt nicht Bayern) auch auf das der französischen
Besatzungszone angehörende, aber bayerische *Lindau* (mit Zustimmung des dortigen Kreispräsidenten) an (vgl MAUNZ/DÜRIG Art 127 Rn 16).

Für *Berlin* ist von Art 127 GG wegen des Berlin-Vorbehalts der Alliierten (vgl Rn 18) **57**
niemals Gebrauch gemacht worden (MAUNZ/DÜRIG Art 127 Rn 17).

Die nach Art 127 GG in Geltung gesetzten Rechtsvorschriften sind in einer ab- **58**
schließenden Gesamtübersicht (BGBl I 1950, 332 ff) zusammengestellt worden.

ff)   Saarländisches Recht vor 1957
Rechtsnormen des Saarlandes aus der Zeit vor 1957 gelten gemäß § 3 des Gesetzes **59**
über die Eingliederung des Saarlandes vom 23. 12. 1956 (BGBl I 1011) fort, soweit sie
nicht dem GG widersprechen (vgl dazu im einzelnen WIDHOFER, Die Eingliederung des
Saarlandes in die Bundesrepublik Deutschland [1960] 110 ff mwN).

gg)   Recht der DDR vor 1990
Mit dem Einigungsvertrag vom 31. 8. 1990 wird in unterschiedlicher Art und Weise **60**
die Fortgeltung von im Zeitpunkt des Vertragsschlusses geltenden DDR-Rechts
geregelt. Während Art 8 und Art 9 Abs 2 EinigungsV auf konkrete, in den Anlagen
I und II enumerativ aufgeführte Normen verweisen, bestimmt Art 9 Abs 1 S 1 die
Fortgeltung des „Recht(s) der Deutschen Demokratischen Republik", soweit dieses
nach der Kompetenzordnung des GG zum Landesrecht zählt. Welche Arten von
Normativakten diese Fortgeltungsanordnung erfaßt, bestimmt weder der Einigungsvertrag noch die diesem beigegebene Begründung (vgl dazu die Denkschrift zum Einigungsvertrag, BT-Drucks 11/7760, 355 ff, abgedruckt bei STERN/SCHMIDT-BLEIBTREU [Hrsg], Eini-
gungsvertrag und Wahlvertrag [1990]), ist also mit Blick auf Art 2 EG an den Kriterien der
Allgemeingültigkeit einer Regelung sowie deren tatsächlicher Durchsetzbarkeit zu
messen. Schwierigkeiten bereitet hierbei der Umstand, daß der Rechtsordnung der
DDR eine klare Systematik und Geltungsordnung mangelte. Neben dem förmlichen
Gesetz und der Rechtsverordnung bestanden weitere Rechtsquellen, die sich nicht
eindeutig mit Hilfe des Art 2 einordnen lassen (Beschlüsse des Staatsrats, normative
Beschlüsse des Ministerrats, Anordnungen der Minister und anderer leitender
Staatsorgane, Richtlinien und Beschlüsse der obersten Gerichte; vgl dazu aus der

DDR-Literatur: Autorenkollektiv, Marxistisch-leninistische Staats- und Rechtstheorie [3. Aufl 1980] 508 ff, 532 f; Autorenkollektiv, Staatsrecht der DDR [2. Aufl 1984] 384 ff; Autorenkollektiv, Verfassung der Deutschen Demokratischen Republik. Dokumente, Kommentar, Bd 2 [1969] 421 ff; aus der sonstigen Literatur: BRUNNER, Einführung in das Recht der DDR [1979] 8 ff; ders, Bedeutung und Verfahren der Rechtsetzung im politischen System der DDR, in: FS Küchenhoff [1972] 433 ff; einen neueren Ansatz zur quellenmäßigen Aufarbeitung liefert RÖSSLER, Kommentierte Bibliographie von Gesetzessammlungen, in: MOHNHAUPT/SCHÖNFELDT, Normdurchsetzung, Band 1 [1997] 469 ff). Hier ist im Einzelfall eine Untersuchung der entsprechenden Rechtsquelle anhand der obigen Gesichtspunkte vorzunehmen. Das Problem der Fortgeltung einer nicht eindeutig klassifizierbaren Rechtsquelle ist jedoch bislang nicht praktisch geworden.

3. Von Dritten oder unter Mitwirkung Dritter gesetztes Recht

a) Staatsvertrag, Verwaltungsabkommen

61 Ein Staatsvertrag bindet nur die vertragschließenden Parteien; damit hat er nur individuelle Wirkung und ist keine Rechtsnorm iSd Art 2. Eine Außenwirkung genereller Natur erhält er erst durch ein TransformationsG (im Bund Art 59 Abs 2 GG; vgl BVerfGE 1, 396, 410 f), welches die vertraglichen Regeln zu innerstaatlichem, für alle verbindlichem Recht macht. Staatsverträge können als völkerrechtliche Pakte mit auswärtigen Staaten, Staatenverbindungen, zwischenstaatlichen Organisationen oder diesen gleichzustellenden Völkerrechtssubjekten geschlossen werden (BVerfGE 2, 347, 374; 1, 351, 366 ff).

62 Im Binnenbereich der Bundesrepublik sind gliedstaatliche Staatsverträge zwischen den Ländern möglich; sie bedürfen stets, auch wenn sie vor Geltung des GG und der Landesverfassungen geschlossen wurden, nach gemeindeutschem Verfassungsrecht (vgl BVerfGE 4, 250, 274 f) der Zustimmung der Parlamente der Vertragsparteien (ausführlich zu den Staatsverträgen der Länder VEDDER, Intraföderale Staatsverträge: Instrumente der Rechtssetzung im Bundesstaat [1996]).

63 Die Transformation eines Staatsvertrags erforderte im „Dritten Reich" kein Gesetz, es genügte vielmehr die einfache Bekanntmachung im GBl (BVerfGE 6, 309, 332).

64 Ein Staatsvertrag, der von der Bundesrepublik bereits transformiert, von einem fremden Land als Vertragspartner aber noch nicht förmlich ratifiziert wurde, kann demnach Außenwirkung zugunsten des einzelnen Bürgers entfalten, wenn er von beiden Parteien bereits gegenseitig angewendet wird (**stillschweigende Ratifikation**; BGHZ 76, 358, 369 f); insoweit ist er dann auch Rechtsnorm iSd Art 2.

65 Unter **Verwaltungsabkommen** (Regierungsabkommen, Ressortabkommen) versteht man Vereinbarungen eines Staates mit einem anderen Staat, die – wenn sie innerstaatliche Regelungen wären – nicht dem Vorbehalt des Gesetzes unterfielen (MERTEN Jura 1981, 236, 242; vgl auch SCHWEITZER, Staatsrecht, Völkerrecht, Europarecht [8. Aufl 2004] Rn 189 ff). Sie sind mangels Außenwirkung nicht Rechtsnormen iSd Art 2.

b) Völkerrecht

66 Das Völkerrecht regelt die Rechtsbeziehungen zwischen den Staaten. Es stellt einen grundsätzlich vom innerstaatlichen Recht getrennten Rechtskreis dar (MAUNZ/DÜRIG Art 25 Rn 4 f; WENGLER, Völkerrecht [1964] 75 ff; WOLFF/BACHOF/STOBER 345 f), dessen Normadressaten in der Regel allein die Staaten als Völkerrechtssubjekte, nicht aber Rechtspersonen *im* Staate sind (ERICHSEN/OSSENBÜHL 185 f; BVerfGE 41, 126, 169; 40, 141, 164 f; 29, 348, 360). Da es keine innerstaatliche Geltung hat, handelt es sich beim Völkerrecht nicht um Rechtsnormen iSd Art 2.

Die zwischenstaatlich wirkenden Normen des Völkerrechts können innerstaatliche **67** Geltung durch einen Akt des Gesetzgebers erlangen. Das ist im Geltungsbereich des Grundgesetzes für einen Teil des Völkerrechts durch Art 25 GG geschehen und des weiteren durch einzelne Transformationsgesetze (Art 59 Abs 2 GG) möglich.

Nach Art 25 GG sind die **allgemeinen Regeln des Völkerrechts** unmittelbar die **68** innerstaatlichen Rechtssubjekte verpflichtendes Recht. Allgemeine Regeln des Völkerrechts können sowohl Rechtsregeln des Völkergewohnheitsrechts, allgemein anerkannte Vertragsregeln sowie allgemeine Rechtsgrundsätze sein (vgl dazu SCHWEITZER, Staatsrecht III, Völkerrecht, Europarecht [8. Aufl 2004] Rn 99 ff; SEIDL-HOHENVELDERN, Völkerrecht [10. Aufl 2000] 148 ff; allgemein STEINBERGER, Allgemeine Regeln des Völkerrechts, HdbStR VII § 173 525 ff). Sie haben dann Außenwirkung und sind, soweit sie generelle Regelungen treffen, Rechtsnormen iSd Art 2. Die Wirkung dieser allgemeinen Regeln auf das Zivilrecht ist aber sehr gering, weil sie in ihrem Tatbestand meist nur staatsgerichtet, nicht aber auf Einzelpersonen bezogen sind und deshalb auch als Regeln iSd Art 25 GG nur selten generelle Vorschriften aufstellen, die potentiell jeden Bürger erfassen könnten.

Völkerrechtsregeln gelten dann als allgemein anerkannt, wenn sie von der über- **69** wiegenden und maßgeblichen Mehrheit der Staaten anerkannt sind (SCHWEITZER Rn 474 f; BVerfGE 15, 25, 34; 16, 27, 33; 66, 39, 64 f); ohne Relevanz für Art 25 GG ist, ob sich auch die Bundesrepublik Deutschland unter den Anerkennenden befindet (K IPSEN/GLORIA aaO; BVerfG aaO; differenzierend SCHWEITZER aaO). Die Anerkennung iSd Art 25 GG gibt derartigen Regeln die Rechtsqualität von Bundesrecht mit Vorrang vor einfachen Gesetzen (vgl SOERGEL/HARTMANN Art 2 Rn 11; WOLFF/BACHOF/STOBER 367; BVerfGE 6, 303, 363; 37, 271, 279; MAUNZ/DÜRIG Art 25 Rn 42 f; SCHWEITZER Rn 479 ff; SEIDL-HOHENVELDERN 149).

Sonstiges Völkerrecht kann nur durch ein besonderes Transformationsgesetz im **70** Einzelfall innerstaatliche Geltung erlangen (Art 59 Abs 2 GG). Rang und Geltungsumfang hängen von dem jeweiligen Transformationsakt ab (vgl WOLFF/BACHOF/STOBER aaO; SEIDL-HOHENVELDERN 150 f, 68 ff; P KIRCHHOF 95).

c)   Europäisches Gemeinschaftsrecht*
Das **Europäische Gemeinschaftsrecht** besteht aus den Verträgen zwischen den Mit- **71** gliedsstaaten zur Gründung und weiteren Organisation der drei europäischen Ge-

---

* **Schrifttum**: BEUTLER/BIEBER/PIPKORN/ STREIL, Die Europäische Union – Rechtsordnung und Politik (5. Aufl 2001); BLECKMANN, Europarecht – Das Recht der Europäischen Gemeinschaft (6. Aufl 1997); ders, Die Rechtsquellen des Europäischen Gemeinschaftsrechts, NVwZ 1993, 824 ff; HERDEGEN, Europarecht

(6. Aufl 2004) 138 ff; H P IPSEN, Europäisches Gemeinschaftsrecht (1972); ders, Die Bundesrepublik Deutschland in den Europäischen Gemeinschaften, in: ISENSEE/KIRCHHOF (Hrsg), HdbStR VII 767 ff; JARASS, Grundfragen der innerstaatlichen Bedeutung des EG-Rechts (1994); P KIRCHHOF, Der deutsche Staat im

meinschaften (**Europäische Gemeinschaft** [früher Europäische Wirtschaftsgemeinschaft] – EG –, Vertrag zur Gründung der Europäischen Wirtschaftsgemeinschaft vom 25. 3. 1957, BGBl II 766 – EWGV, zul geänd durch den Vertrag über die Europäische Union vom 7. 2. 1992, BGBl II 1253 – EU-Vertrag; **Europäische Atomgemeinschaft** – Euratom –, Vertrag zur Gründung der Europäischen Atomgemeinschaft vom 25. 3. 1957, BGBl II 1014 – EAGV – und **Europäische Gemeinschaft für Kohle und Stahl** – EGKS) und der **Europäischen Union** (Vertrag über die Europäische Union v 7. 2. 1992, BGBl II 1253 zul geänd d die Akte z Beitrittsvertrag v 16. 4. 2003 (BGBl II 1410)) sowie aus dem von deren Organen erlassenen Recht (vgl SCHWEITZER/HUMMER Rn 13 ff). Der Vertrag über die Gründung der Europäischen Gemeinschaft für Kohle und Stahl vom 18. 4. 1951 (BGBl [1952] II 447 – EGKSV) war als einziger zeitlich befristet und endete am 23. 7. 2002.

72 Die Verträge über die Bildung und über den weiteren Ausbau der Europäischen Gemeinschaften und der Europäischen Union (**primäres Gemeinschaftsrecht**) sind gem Art 59 Abs 2 GG in innerstaatliches Recht transformiert worden und gelten deswegen (so BVerfGE 45, 142, 169; BLECKMANN, Europarecht [6. Aufl 1997] Rn 1051 f; P KIRCHHOF, Rechtsschutz durch Bundesverfassungsgericht und Europäischen Gerichtshof, in: MERTEN [Hrsg], Föderalismus und Europäische Gemeinschaften [2. Aufl 1993] 112; aM H P IPSEN, Europäisches Gemeinschaftsrecht [1972] 103, 262, 285) unmittelbar im Bundesgebiet (zur unmittelbaren Geltung des primären Gemeinschaftsrechts grundlegend EuGH Rs 26/62, Slg 1963, 5); soweit sie von ihrem Inhalt her Rechtswirkungen auf Dritte entfalten können, sind sie Rechtsnormen iSd Art 2 (vgl HERDEGEN, Europarecht [6. Aufl 2004] 142 ff; SCHWEITZER/HUMMER Rn 846). Zivilrechtlich von Bedeutung sind hierbei insbesondere die Art 188 EAGV und 288 EGV, welche die außervertragliche Haftung der Gemeinschaften für die amtliche Tätigkeit ihrer Organe und Bediensteten regeln (vgl dazu H P IPSEN 112 ff; SCHWEITZER/HUMMER Rn 15, 586 ff).

73 Das von den Organen der Europäischen Gemeinschaften (Rat und Kommission, je nach Rechtssetzungsverfahren unter Beteiligung des Europäischen Parlaments) nach Maßgabe der Gründungsverträge erlassene Recht (**sekundäres Gemeinschaftsrecht**) bildet eine weder vom nationalen Recht abgeleitete, noch von ihm abhängige, sondern eine originäre Rechtsordnung (vgl H P IPSEN 261; P KIRCHHOF, Rechtsquellen und GG, 93; SCHWEITZER/HUMMER Rn 849; EuGH Rs 6/64 [Costa/ENEL] Slg 1964, 1251 ff, 1269 ff, st Rspr), deren Vorschriften wegen der Übertragung der Hoheitsrechte früher gem Art 24 GG, nunmehr auf Grund des Gesetzes zur Änderung des Grundgesetzes v 21. 12. 1992 (BGBl I 2086) gem Art 23 Abs 1 GG **unmittelbar** im innerstaatlichen Bereich gelten. Dies gilt jedoch für solche Rechtsakte des sekundären Gemeinschaftsrechts nicht, für die es den Gemeinschaften an der notwendigen Kompetenzgrundlage fehlt (BVerfGE 89, 155, 210; vgl dazu P KIRCHHOF, Deutschland in der Europäischen Union, Bitburger Gespräche, Jahrbuch 1994, 1 ff, insb 6 ff; T STEIN, Europäische Integration und

---

Prozeß der europäischen Integration, in: ISENSEE/KIRCHHOF (Hrsg), HdbStR VII 855 ff; C O LENZ, Entwicklung und unmittelbare Geltung des Gemeinschaftsrechts, DVBl 1990, 903 ff; OPPERMANN, Europarecht (2. Aufl 1999); SCHOLLMEIER, Die Rechtsquellen der Euro-

päischen Gemeinschaft, JA 1990, 375 ff; SCHWEITZER, Staatsrecht, Europarecht, Völkerrecht (8. Aufl 2004); SCHWEITZER/HUMMER, Europarecht (5. Aufl 1996); STREINZ, Europarecht (6. Aufl 2003).

nationale Reservate, in: MERTEN [Hrsg], Föderalismus und Europäische Gemeinschaften [2. Aufl 1993] 91 ff).

Das sekundäre Gemeinschaftsrecht hat grundsätzlich Vorrang vor dem nationalen **74** Recht der Mitgliedsstaaten (EuGH Rs 6/64 [Costa/ENEL] Slg 1964, 1251 ff, st Rspr; vgl auch H P IPSEN 267 ff, 282, 457). Ob dies auch für nationales Verfassungsrecht, insbesondere nationale Grundrechte gilt, ist noch nicht hinreichend geklärt. Zwar geht der EuGH in st Rspr von einem Vorrang des Europäischen Gemeinschaftsrechts auch gegenüber nationalem Verfassungsrecht aus (EuGH aaO) und betrachtet die Grundrechte als allgemeine Rechtsgrundsätze auch des Gemeinschaftsrechts, die er ebenfalls zu wahren hat (EuGH Rs 11/70 [Internationale Handelsgesellschaft] Slg 1970, 1125 ff; st Rspr; vgl nunmehr auch Art F Abs 2 EUV). Demgegenüber ist das BVerfG grundsätzlich anderer Auffassung. Es hatte zunächst einen Vorrang der Grundrechte des GG gegenüber dem Gemeinschaftsrecht bejaht, solange letzterem ein eigener, dem GG entsprechender Grundrechtskatalog fehlt (BVerfGE 37, 271, 277 ff, 285 – „**Solange**"-**Beschluß** –). Mit dem „**Solange II**"-**Beschluß** (BVerfGE 73, 339 ff) erkannte das BVerfG dann einen ausreichenden Grundrechtsschutz auf Gemeinschaftsebene an und nahm gleichzeitig seine Gerichtsbarkeit gegenüber sekundärem Gemeinschaftsrecht zurück. Im „**Maastricht**"-**Urteil** (BVerfGE 89, 155 ff) hat das BVerfG diese Position relativiert. Es behält sich eine *„generelle Gewährleistung des unabdingbaren Grundrechtsstandards"* vor, wird aber den Grundrechtsschutz zukünftig in einem *„Kooperationsverhältnis"* mit dem EuGH ausüben (BVerfGE 89, 155, 174 f; vgl dazu G HIRSCH, Europäischer Gerichtshof und Bundesverfassungsgericht – Kooperation oder Konfrontation?, NJW 1996, 2457 ff; P KIRCHHOF, Rechtsschutz durch Bundesverfassungsgericht und Europäischen Gerichtshof, in: MERTEN [Hrsg], Föderalismus und Europäische Gemeinschaften [2. Aufl 1993] 109 ff). Hierzu und allg zur Vorrangfrage vgl BLECKMANN Rn 1086 ff, 1107 ff; HERDEGEN 192 ff, 202 ff; SCHWEITZER/HUMMER Rn 852 ff; jeweils mwN.

Entscheidend für die Qualifizierung sekundären Gemeinschaftsrechts ist der jeweil- **75** ige Inhalt der Rechtsvorschriften; hat er unmittelbare und generelle Außenwirkung für den Bürger, so handelt es sich um eine Rechtsnorm iSd Art 2. Das ist bei **Verordnungen** (Art 249 S 2 EGV, 161 Abs 2 EAGV) stets der Fall (vgl dazu BVerfGE 45, 142, 169; H P IPSEN 122 f und 280 f; BLECKMANN, Europarecht [6. Aufl 1997] Rn 400 ff; HERDEGEN 153; SCHWEITZER/HUMMER Rn 347 ff), bei **Entscheidungen** nur, sofern sie über den Einzelfall hinausgehend generelle Regelungen treffen (Art 249 S 4 EGV, 161 Abs 4 EAGV; vgl EuGH Rs 9/70, Slg 1970, 825 ff – „Leberpfennig"; H P IPSEN 122 f und 280 f; SCHWEITZER/HUMMER Rn 373 ff, insb 378 f). **Richtlinien** (Art 249 S 4 EGV, 161 Abs 3 EAGV; allg zu Richtlinien SCHWEITZER/HUMMER Rn 356 ff) sind in erster Linie allein an die Mitgliedsstaaten adressiert, sie müssen deren verbindlich gesetzte Ziele erst in nationaler Rechtssetzung innerstaatlich realisieren. Nach der Rspr des EuGH können nunmehr auch ausnahmsweise den einzelnen begünstigende Richtlinienbestimmungen **unmittelbare Wirkung** entfalten. Voraussetzung dafür ist, daß die jeweilige Richtlinie trotz Fristablaufs vom Mitgliedstaat nicht in innerstaatliches Recht umgesetzt worden ist, des weiteren, daß die Richtlinie inhaltlich unbedingt und hinreichend bestimmt ausgestaltet ist, um im Einzelfall Anwendung finden zu können (EuGH Rs 41/74, Slg 1974, 1337 ff; Rs 8/81, Slg 1982, 53 ff, st Rspr; vgl dazu auch BVerfGE 75, 223, 241 ff); solche **Durchgriffsnormen** (zum Begriff H P IPSEN 120 f) sind dann auch Rechtsnormen iSd Art 2. **Stellungnahmen** (Art 249 S 5 EGV, 161 Abs 5 EAGV) und sonstige **Empfehlungen** (Art 249 S 5 EGV, 161 Abs 5 EAGV) sind unverbindlich (BLECKMANN Rn 465 ff;

SCHWEITZER/HUMMER Rn 380 ff) und deshalb kein geltendes Recht iSd Art 2. Zur Rangordnung der verschiedenen Rechtsformen des Europäischen Gemeinschaftsrechts vgl OPPERMANN, Europarecht (2. Aufl 1999) Rn 474, 510 ff.

Anstelle der oben genannten Rechtsakte sind im Verfassungsvertrag folgende Rechtsakte vorgesehen: das Europäische Gesetz (Art I-33 Abs 1 S 2), das Europäische Rahmengesetz (Art I-33, Abs 1 S 3), die Europäische Verordnung (Art I-33 Abs 1 S 4), der Europäische Beschluß (Art I-33 Abs 1 S 5), die Empfehlung (Art I-33 Abs 1 S 6) und die Stellungnahme (Art I-33 Abs 1 S 6).

d) Kirchenrecht*

76 Den Kirchen wird – unabhängig davon, ob sie als Körperschaften des öffentlichen Rechts oder als privatrechtliche Vereinigungen organisiert sind – durch Art 140 GG iVm Art 137 Abs 3 WRV eine Rechtssetzungsgewalt für ihre eigenen Angelegenheiten gewährleistet, die originär (vCAMPENHAUSEN 108 f; K HESSE, Das Selbstbestimmungsrecht der Kirchen, HdbStKirchR I [2. Aufl 1994] 535 f; H WEBER 120; BVerfGE 70, 138, 165; 66, 1, 19; 53, 366, 387; 42, 312, 321 f und 332; 18, 385, 386; 8, 385, 386 f; H KRÜGER, Allgemeine Staatslehre [2. Aufl 1966] 865) und von jeglicher staatlichen Ingerenz frei (vgl BVerwG, BUCHHOLZ 408.3 Nr 3) ist. Die daraus entspringenden Vorschriften binden nur Kirchenmitglieder. Deshalb fehlt nach hM die Außenwirkung, es handelt sich nur um Binnenrecht der Kirche ohne Relevanz für den staatlichen Bereich. Diese Normen des Kirchenrechts sind keine Rechtsnormen iSd Art 2; insoweit bestehen wie im Verhältnis von innerstaatlichem Recht – Völkerrecht nur zwei getrennte Rechtsordnungen, die einander berühren.

77 Anders verhält es sich bei denjenigen Vorschriften des Kirchenrechts, die in den staatlich-weltlichen Bereich hineinragen. Hier ist zur Rechtssetzung durch die Kirchen eine staatliche Ermächtigung notwendig (H WEBER 122; BVerfGE 8, 385, 387 f; 19, 206, 217 f); die Kirchen besitzen dann nur eine abgeleitete Autonomie in Bindung an das – vorrangige – staatliche Recht (H WEBER 138 f). Soweit derartige Regelungen sich nicht an den Staat, sondern an Einzelpersonen wenden, haben sie auch normative Außenwirkung und damit die Qualität von Rechtsnormen iSd Art 2. Das kommt vor allem auf dem Gebiet des Kirchensteuerrechts (ERLER, Kirchenrecht [5. Aufl 1983] 111; MARRÉ, Das kirchliche Besteuerungsrecht, HdbStKirchR I [2. Aufl 1994] 1109 ff) und im Schulrecht vor, hat aber auch im Zivil- und Arbeitsrecht Bedeutung (vgl dazu H WEBER 123 f

---

* **Schrifttum:** vCAMPENHAUSEN, Staatskirchenrecht (3. Aufl 1996); JÜRGENS, Die normative Tragweite des kirchlichen Selbstbestimmungsrechts für die Regelungen des Dritten Weges im Bereich der kirchlichen Wohlfahrtspflege (Diakonie) (1991); JURINA, Das Dienst- und Arbeitsrecht im Bereich der Kirchen in der Bundesrepublik Deutschland (1979); KESSLER, Die Kirchen und das Arbeitsrecht (1986) 315 ff; PAHLKE, Kirche und Koalitionsrecht. Zur Problematik des kirchlichen Arbeitsrechtsregelungsverfahrens insbesondere des sogenannten Dritten Weges (1983); RICHARDI, Arbeitsrecht in der Kirche (4. Aufl 2003); ders, Das kollektive kirchliche Arbeits- und Dienstrecht, HdbStKirchR II (2. Aufl 1995) 927 ff; SCHILBERG, Rechtsschutz und Arbeitsrecht in der evangelischen Kirche (1992); ders, Die Rechtsnormqualität kirchlicher Arbeitsrechtsregelungen im Rahmen des Dritten Weges, ZfevKR 41 (1996) 40 ff; H WEBER, Die Religionsgemeinschaften als Körperschaften des öffentlichen Rechts im System des Grundgesetzes (1966).

mwN in Fn 62; zur Berücksichtigung der kirchlichen Rechtsordnung durch die staatliche Gerichtsbarkeit im arbeitsrechtlichen Bereich vgl BVerfGE 70, 138, 168). Ferner kann Kirchenrecht als Vertragsrecht zwischen Kirche und Staat durch staatliche Transformationsakte innerstaatlich verbindlich werden (ERLER 119; zum erheblichen Ausmaß dieser Rechtsbeziehungen vgl W WEBER, Staat und Kirche in der Gegenwart [1978] 352 f; eine Übersicht über die bestehenden Verträge bieten LISTL, Die Konkordate und Kirchenverträge in der Bundesrepublik Deutschland 2 Bde [1987]; MAUNZ/DÜRIG Art 140 Rn 22 ff); wenn solche Verträge – wie das im Völkerrecht von Fall zu Fall möglich ist – generelle Außenwirkung für den Bürger entfalten, sind sie ebenfalls Rechtsnormen iSd Art 2.

Größere praktische Relevanz gewinnt die Frage der Qualifikation kirchlicher **78** Rechtssätze als Rechtsnormen iSd Art 2 bislang einzig im arbeitsrechtlichen Bereich (vgl dazu die Entscheidung des BAG zu den „Richtlinien für Arbeitsverträge in den Einrichtungen des Deutschen Caritasverbandes [AVR]" KirchE 25, 346). Gegenüber der zunächst einseitigen Formulierung allgemeiner Vertragsbedingungen bzw einer Dienstvertragsordnung durch einen kirchlichen Arbeitgeber und abgesehen von dem Ausnahmefall des Abschlusses eines Tarifvertrages werden gegenwärtig Inhalt, Abschluß und Beendigung eines kirchlichen Arbeitsverhältnisses (eines Laien als Angestellten) durch Regelwerke gestaltet, die im Rahmen des sog „Dritten Weges" zustandegekommen sind, dh die kirchenspezifisch, aber ähnlich einem Tarifvertrag von paritätisch besetzten Kommissionen erarbeitet worden sind (vgl vCAMPENHAUSEN 205 ff; PAHLKE NJW 1986, 350 ff; RICHARDI, HdbStKirchR II [2. Aufl 1995] 936 ff; ders, Arbeitsrecht in der Kirche [4. Aufl 2003] 159 ff; SCHILBERG 40). Aus dieser Ähnlichkeit im Entstehungsprozeß, ferner aus der Ermächtigung zur selbständigen Ordnung der eigenen Angelegenheiten gem Art 140 GG iVm Art 137 III WRV sowie allgemein aus einer „Schutzbedürftigkeit" des kirchlichen Arbeitnehmers, die eine „Benachteiligung" gegenüber nichtkirchlichen Arbeitnehmern verbietet, schließt ein Teil des Schrifttums auf die normative Verbindlichkeit der kirchlichen Regelwerke auch im staatlichen Bereich (vgl JÜRGENS 95 ff; JURINA 67 f; PAHLKE NJW 1986, 354 ff; RICHARDI, HdbStKirchR II [2. Aufl 1995] 944 ff; ders, Arbeitsrecht in der Kirche [4. Aufl 2003] 178 ff; SCHILBERG 43 ff, jeweils mit weiteren Nachweisen). Demgegenüber qualifiziert sie das BAG in ständiger Rspr (BAG AP § 7 AVR Caritasverband Nr 1; BAGE 14, 61, 63; 28, 14, 17, 21) als „Allgemeine Arbeitsbedingungen", denen es trotz Ähnlichkeit zu Tarifverträgen (vgl BAGE 54, 308, 310; angeknüpft wird insoweit an die Fähigkeit zur Modifikation tarifdispositiven Rechts, vgl LAG Berlin AP Art 140 GG Nr 19) an der Qualität als Rechtsnormen iSv Art 2 EGBGB mangelt und die lediglich kraft einzelvertraglicher Einbeziehung Bestandteil des Arbeitsverhältnisses werden (vgl DÜTZ Anm zu EzA § 125 BGB Nr 10; HEIMERL/PREE, Handbuch des Vermögensrechts der katholischen Kirche [1993] 851 f). Es verweist dabei zu Recht darauf, daß für kirchliche Regelwerke eine Vorschrift wie § 4 I TVG oder § 77 IV 1 BetrVG fehle (BAG AP § 7 AVR Caritasverband Nr 1 Bl 1399). Die Kritik an der Rspr des BAG verkennt, daß kirchliche Normierungen mit Wirkung für den staatlich-weltlichen Bereich einer entsprechenden Ermächtigung durch den staatlichen Gesetzgeber bedürfen. Denn kirchliche „Autonomie" als selbständige Ordnung der eigenen Angelegenheiten erfaßt ausschließlich den internen kirchlichen Bereich (vgl GRETHLEIN/BÖTTCHER/HOFMANN/HÜBNER, Evangelisches Kirchenrecht in Bayern [1994] 103 f; K HESSE, HdbStKirchR I [2. Aufl 1994] 521 Fn 1, 536; ISENSEE, in: FS Obermayer 207). De lege lata ist daher der Rspr des BAG zuzustimmen.

e)   Rechtsnormvereinbarung

79 Wenn Vereinbarungen generelle Regelungen treffen, die auch für rechtlich Unbeteiligte normative Geltung haben, handelt es sich um Rechtsnormen iSd Art 2 (vgl F KIRCHHOF, Private Rechtsetzung [1987] 471 f). Derartige Rechtsnormvereinbarungen sind vor allem in Tarifverträgen, Betriebsvereinbarungen und Dienstvereinbarungen üblich.

aa)   Tarifvertrag*

80 Die Tarifverträge der Koalitionen des Arbeitsrechts enthalten in ihrem normativen Teil materielle Rechtsregeln (BVerfGE 55, 7, 8; 44, 322, 341; 34, 307, 314; 18, 18, 26; HANAU/ ADOMEIT 58; GERHARD MÜLLER, in: FS Nipperdey II [1965] 444 f; SCHAUB [10. Aufl 2002] 2040 f, 2083 ff; SÖLLNER 119 ff 129 ff; ZÖLLNER/LORITZ 373 ff), die zwingend auch für tarifgebundene, nicht als Vertragspartner am Aushandeln des Vertrags Beteiligte gelten und auf die einzelnen Arbeitsverhältnisse (nicht auf öffentl-rechtl Gewaltverhältnisse; BAGE 26, 198, 204) mit gesetzesgleicher Wirkung Einfluß nehmen (zur Wirkung vgl BAGE 20, 175, 187 ff; ADOMEIT, Rechtsquellenfragen 140; SCHAUB 2105 ff; SÖLLNER 136 ff 150 ff; ZÖLLNER/LORITZ 394 ff). Sie sind deshalb unstreitig Rechtsnormen iSd Art 2 (BAGE 46, 206; 29, 182, 186; 27, 22, 27; SOERGEL/HARTMANN Art 2 Rn 10; STERN, Staatsrecht II 587); der Umfang der Rechtssetzungsbefugnis der Koalitionspartner ergibt sich aus den §§ 1–4 TarifvertragsG idF vom 25.8. 1969 (BGBl I 1323, zul geänd d den Einigungsvertrag v 31.8. 1990, BGBl II 889; vgl dazu im einzelnen: HUECK/NIPPERDEY, Lehrbuch des Arbeitsrechts Band II/1 [7. Aufl 1967] 233 ff).

81 Gem § 5 TVG kann der Geltungsbereich eines Tarifvertrags durch Allgemeinverbindlicherklärung des Bundesministers für Wirtschaft und Arbeit auf nicht tarifgebundene Arbeitgeber und Arbeitnehmer derselben Branche, für die er von den Tarifpartnern vereinbart wurde, ausgedehnt werden. Ist auch die Rechtsnatur dieser Geltungserweiterung noch ungeklärt (zB BVerfGE 55, 7, 20; 44, 322; ZÖLLNER/LORITZ 418 f: Normsetzungsakt eigener Art; BVerwG AP 6, 7 zu § 5 TVG; SOERGEL/HARTMANN aaO; FLEINER, Institutionen des deutschen Verwaltungsrechts [8. Aufl 1960] 70 f Fn 10: RechtsVO; NIKISCH, Arbeitsrecht Bd 2 [1959] 493 und HUBER, Wirtschaftsverwaltungsrecht Bd 2 450 ff: Verwaltungsakt; HANAU/ADOMEIT 58: Doppelnatur, Verwaltungsakt und Rechtsetzungsakt; zusammenfassend F KIRCHHOF, Private Rechtsetzung 208 ff; SCHAUB [10. Aufl 2002] 2148 f mwN), so handelt es sich dennoch unstreitig um einen staatlichen Normsetzungsakt (vgl BAG NZA 1994, 323; BETTERMANN 734), der an das nichtstaatlich geschaffene Recht anknüpft (zu den Rechtswirkungen SCHAUB 2150) und für die bisher nicht Tarifgebundenen Rechtsnormen iSd Art 2 schafft.

82 In der Rangordnung steht der *Tarifvertrag* unterhalb des Gesetzes (HANAU/ADOMEIT 60; ZÖLLNER/LORITZ 68), geht aber der Betriebsvereinbarung vor (FITTING/AUFFAHRT/ KAISER/HEITHER, BetrVG [18. Aufl 1996] § 77 Rn 61 ff; HANAU/ADOMEIT 119 f).

---

* Schrifttum: HANAU/ADOMEIT, Arbeitsrecht (12. Aufl 2000); HÖPFNER, Die normativen Wirkungen kollektivvertraglicher Inhaltsnormen (1995); F KIRCHHOF, Private Rechtsetzung (1987) 181 ff; LÖWISCH, Arbeitsrecht (6. Aufl 2002); SCHAUB, Arbeitsrechts-Handbuch (10. Aufl 2002); SÖLLNER/WALTERMANN, Grundriß des Arbeitsrechts (13. Aufl 2003); STEIN, Tarifvertragsrecht (1997); WALTERMANN, Rechtsetzung durch Betriebsvereinbarung zwischen Privatautonomie und Tarifautonomie (1996); ZÖLLNER/LORITZ, Arbeitsrecht (5. Aufl 1998).

bb) Mindestarbeitsbedingung, bindende Festsetzung

Wenn in bestimmten Arbeitsbereichen oder für Gruppen von Arbeitsverhältnissen **83** der Abschluß von *Tarifverträgen* – vor allem wegen mangelnder Organisation der Arbeitnehmer – regelmäßig nicht zu erwarten ist, stellt der Staat Ersatzformen arbeitsrechtlicher Rechtssetzung zur Verfügung (MAUS/K SCHMIDT, Heimarbeitergesetz [3. Aufl 1976] § 19 Anm 8 u § 22 Anm 5), die gleichfalls Rechtsnormen iSd Art 2 sind. Er kopiert dann bei der Bildung der Rechtssetzungsorgane und im Verfahren der Vorschriftengebung weitgehend das Vorgehen der arbeitsrechtlichen Koalitionen beim *Tarifvertragsabschluß*.

Nach dem Gesetz über die Festsetzung von Mindestarbeitsbedingungen vom **84** 11. 1. 1952 (BGBl I 17), zul geänd d G vom 25. 11. 2003 (BGBl I 2304), können **Mindestarbeitsbedingungen** inhaltlich von Ausschüssen festgelegt werden, die aus Arbeitgeber- und Arbeitnehmervertretern in gleicher Zahl sowie dem Bundesminister für Wirtschaft und Arbeit oder einer von diesem beauftragten Person als Vorsitzendem zusammengesetzt sind; finden deren Beschlüsse die Zustimmung des Bundesministers für Wirtschaft und Arbeit, so erläßt er die Mindestarbeitsbedingungen als Rechtsverordnung (zum Verfahren im einzelnen vgl NIKISCH, Arbeitsrecht Bd 2 519 ff). Sie sind somit stets Rechtsnormen iSd Art 2. Bisher sind in der Bundesrepublik Deutschland noch keine derartigen Mindestarbeitsbedingungen festgelegt worden (vgl SCHAUB [10. Aufl 2002] 1704 f).

Ähnliche Regelungen trifft das HeimarbeitsG idF vom 29. 10. 1974 (BGBl I 2879, ber **85** BGBl 1975 I 1010, zuletzt geänd durch G v 23. 12. 2003, BGBl I 2848), das die **bindende Festsetzung** von Entgelten und sonstigen Vertragsbedingungen für Heimarbeiter (§ 19) und von **Mindestarbeitsbedingungen** für deren fremde Hilfskräfte (§ 22; das sind keine Minimalregelungen wie die Mindestarbeitsbedingungen des G über die Festsetzung von Mindestarbeitsbedingungen, sondern trotz identischer Bezeichnung Vollregelungen; vgl MAUS/SCHMIDT § 22 Anm 5) durch entsprechende Ausschüsse vorsieht. Bei Zustimmung der zuständigen Arbeitsbehörde treten diese Regelungen nach Veröffentlichung ohne weiteren Rechtssetzungsakt in Kraft. Da sie die Wirkung eines allgemeinverbindlichen *Tarifvertrages* entfalten (§§ 19 Abs 3, 22 Abs 2; vgl F KIRCHHOF, Private Rechtsetzung 204 ff; MAUS/SCHMIDT § 19 Anm 9, mwN und § 22 Anm 8; SCHAUB 1705 ff), sind sie ebenfalls Rechtsnormen iSd Art 2.

cc) Betriebsvereinbarung, Dienstvereinbarung, betriebliche Regelungsabrede, Betriebsabsprache

Betriebsvereinbarungen sind Regelungen der betrieblichen Ordnung und der Rechts- **86** verhältnisse im Betrieb durch Betriebsrat und Arbeitgeber (§ 77 BetriebsverfassungsG vom 15. 1. 1972 [BGBl I 13], idF d Bekm v 23. 12. 1988 [BGBl 1989 I 1, 902] zul geänd d G v 18. 5. 2004 [BGBl I, 974]; zur Definition vgl BAGE 3, 1, 3; HUECK/NIPPERDEY, Lehrbuch des Arbeitsrechts, Bd II/2 [7. Aufl 1970] 1256; SCHAUB [10. Aufl 2002] 2334 f mwN). Soweit sie generelle Bestimmungen treffen (hierzu BAGE 3, 1, 3), sind sie Rechtsnormen iSd Art 2 (BAGE 23, 257, 263 f; 3, 1, 3 f mwN; FITTING/AUFFAHRT/KAISER/HEITHER, BetrVG [21. Aufl 2002] § 77 Rn 12 „Gesetz des Betriebes"; F KIRCHHOF, Private Rechtsetzung 212 ff; SCHAUB [10. Aufl 2002] 2344; eingehend WALTERMANN, Rechtssetzung durch Betriebsvereinbarung zwischen Privatautonomie und Tarifautonomie [1996]; aA HANAU, Rechtswirkungen der Betriebsvereinbarung, RdA 1989, 207 ff; LÖWISCH, Betriebsverfassungsgesetz [5. Aufl 2002] § 77 Rn 17: Normen, aber keine Rechtsnormen), denn sie wirken zwingend (ZÖLLNER/LORITZ

535; Hanau/Adomeit 119 f) und unmittelbar (Schaub aaO) für Arbeitgeber und Aktiv-belegschaft (§ 77 Abs 4 BetrVG; Fitting/Auffahrt/Kaiser/Heither § 77 Rn 109 ff; Hueck/Nipperdey 1270).

87 Keine normative Wirkung haben die sonstigen Vereinbarungen zwischen Arbeit-geber und Betriebsrat (sog **betriebliche Regelungsabreden** oder **Betriebsabsprachen**; Fitting/Auffahrt/Kaiser/Heither § 77 Rn 182 ff; Hueck/Nipperdey 1302; Nikisch, Arbeits-recht 3. Bd [2. Aufl 1966] 306), die auch formlos geschlossen werden können.

88 Der Betriebsvereinbarung entsprechen im Recht des öffentlichen Dienstes die öf-fentlich-rechtlichen **Dienstvereinbarungen** zwischen Dienststelle und Personalrat (Hanau/Adomeit 149; Hueck/Nipperdey 1243; Söllner 235). Sie haben wie Betriebsver-einbarungen infolge ihrer normativen Geltung Rechtsnormqualität iSd Art 2 (vgl Battis, Arbeiter und Angestellte im öffentlichen Dienst, in: Achterberg/Püttner [Hrsg], Beson-deres Verwaltungsrecht I [1990] Rn 206 f). Der Normsetzungsbereich ist jedoch geringer, weil Dienstvereinbarungen nur bei ausdrücklicher Zulassung im Gesetz gestattet sind (vgl § 73 Abs 1 S 1 BundespersonalvertretungsG vom 15. 3. 1974, BGBl I 699, zul geänd d Art 17 d G vom 23. 12. 2003, BGBl I 2848).

dd) Zivilrechtlicher Vertrag

89 Keine Rechtsnorm iSd Art 2 sind die allgemeinen **Verträge** des Zivilrechts (aM Meyer-Cording 15, 28 f; Adomeit, Rechtsquellenfragen 77 f). BGB und EG betrachten sie vielmehr als getrenntes Rechtsinstitut. Begrifflich trennen die individuelle Wirkung, die rechtliche Geltung nur aufgrund einverständlichen Parteiwillens statt aus nor-mativ-autoritativer Setzung und die fehlende Bindung nicht am Vertragsabschluß beteiligter Dritter den Vertrag von der Rechtsnorm.

f) Allgemeine Geschäftsbedingungen, Technische Norm, Berufsregel, Vereinsbeschluß

90 **Allgemeine Geschäftsbedingungen** oder **Formularverträge** sind keine Rechtsnormen iSd Art 2 (Palandt/Heinrichs § 305 Rn 2; Ulmer/Brandner/Hensen, AGBG [9. Aufl 2001] Einl 22 ff, § 1 Rn 9 und 73; Soergel/Hartmann Art 2 Rn 10; **aM** H Krüger, Allgemeine Staats-lehre 485; E Schmidt JZ 1987, 994; vermittelnd Meyer-Cording 95). Durch das Schuldrechts-modernisierungsG vom 26. 11. 2001 (BGBl I 3137) wurden die Regelungen des AGBG ohne wesentliche Änderungen in das BGB integriert (vgl jetzt § 305 ff BGB). Durch Art 6 des SchuldrechtsmodernisierungsG wurde das AGBG selbst aufgehoben. Auf Schuldverhältnisse, die vor dem 1. 1. 2002 entstanden sind, findet Art 229 § 6 EGBGB Anwendung (siehe dazu Palandt/Heinrichs, Überbl v § 305). Die Allgemeinen Geschäftsbedingungen erlangen im konkreten Fall erst durch Einbeziehung in eine Vertragsabrede zwischen den Parteien Geltung (Merten Jura 1981, 236, 244; Palandt/Heinrichs § 305 Rn 2). Etwas anderes gilt, wenn Allgemeine Geschäftsbedingungen ausnahmsweise in staatlichen Rechtssetzungsformen (zB als RechtsVO, SonderVO) vorkommen, weil sie dann bereits ohne vertragliche Vereinbarung gelten (vgl das Beispiel in BGHZ 69, 171, 175).

91 **Technische Normen** (zB DIN-Normen, VDE-Regeln) und **Berufsregeln** (zB Regeln der ärztlichen Kunst) haben aus sich heraus mangels normativer Geltung keine Rechtsnormqualität iSd Art 2 (Palandt/Heinrichs 1. Buch Einl Rn 34; Soergel/Hartmann Art 2 Rn 9; für VDE-Regeln Lipps NJW 68, 279, 280), sondern sind bloße Empfehlungen

und Erfahrungssätze. Sie entfalten aber schon durch ihre Existenz rechtliche Relevanz für die Beurteilung von Sorgfaltspflichten, bei der Ermittlung der Beweislast, in
Haftungstatbeständen und bei Mängelfeststellungen (vgl dazu BVerwG DVBl 1997, 303 f;
Brennecke, Normsetzung durch private Verbände [1996]; P Marburger, Die Regeln der Technik
im Recht [1979] 279 ff und 429 ff).

Vereinssatzungen, Vereinsordnungen oder **Vereinsbeschlüsse** entbehren nach der hM **92**
ebenfalls der Rechtsnormqualität, weil sie nur für Mitglieder nach deren Eintritt
verbindlich sind (Mangel der normativen Außenwirkung; hM, statt aller Enneccerus/
Nipperdey 280 f; vgl auch Vieweg, Normsetzung und -anwendung deutscher und internationaler
Verbände [1990] 318 ff); gegen eine Rechtsnormqualität iSd Art 2 bei Beschlüssen einer
Mitgliederversammlung spricht nach hM ferner, daß jeder Betroffene bei der Be-
schlußfassung mitgewirkt hat oder hätte mitwirken können (Nähe zur vertraglichen
Konsensregelung). Gleichwohl wird man ihnen – insbesondere bei großen Vereinen
oder Berufsverbänden (dazu besonders Taupitz, Die Standesordnungen der freien Berufe
[1991] 549 ff) – eine rechtsnormgleiche Wirkung nicht absprechen können, wenn auch
zu deren genereller Geltung erst eine Willenserklärung des jeweils betroffenen
Mitglieds als Unterwerfung erforderlich ist, weil sie **im Einzelfall** auch gegen den
Willen eines Betroffenen wirken (Bierling, Juristische Prinzipienlehre 5. Bd [Nachdruck
1961] 185 f Anm 6; G Jellinek, Allgemeine Staatslehre [3. Aufl 1914] 370 f; vStein, Die Verwal-
tungslehre 1. Teil 3. Abteilung [2. Aufl 1869] 259). Rechtsnormcharakter iSd Art 2 haben sie
aber nach hM dennoch nicht.

4.   Ungesetztes positives Recht

a)   Gewohnheitsrecht*
Gewohnheitsrecht liegt dann vor, wenn eine Regel in dauernder Übung (longa **93**
consuetudo) befolgt wird, als Rechtssatz formulierbar und von der gemeinsamen
Rechtsüberzeugung der Rechtsgenossen (communis opinio iuris) getragen ist (vgl
dazu Enneccerus/Nipperdey 208; Forsthoff 146 f; Erichsen/Ossenbühl 170 ff; Wolff/
Bachof/Stober 324 f; BGH NJW 1958, 709; BGHZ 22, 317, 328; 23, 107, 119; 37, 219, 226; BVerfGE
61, 149, 203; 34, 293, 303; 28, 21, 30; 22, 114, 121; 15, 226, 232; 9, 103, 117; BVerwG, Buchholz 11,
Art 140 GG Nr 24, 6). **Gerichtsgebrauch** oder **Amtsüblichkeit** allein können die Rechtsüberzeugung nicht ersetzen (Wolff/Bachof/Stober 342 f; BGH NJW 1967, 2114; 1958, 709;
BGHZ 46, 354, 363; BSGE 24, 118, 120 mwN), wohl aber die Existenz von Gewohnheitsrecht indizieren (OLG Düsseldorf DNotZ 1969, 47, 48; BGHZ 37, 219, 227); im Bereich
gerichtlich anerkannten Gewohnheitsrechts ist die Abgrenzung zum Richterrecht
bisweilen problematisch (vgl dazu Larenz, Methodenlehre der Rechtswissenschaft [6. Aufl

---

* **Schrifttum**: Esser, Richterrecht, Gerichtsgebrauch und Gewohnheitsrecht, in: FS Hippel
(1967) 65 ff; Flume, Gewohnheitsrecht und rö-
misches Recht (1975); Freitag, Gewohnheitsrecht und Rechtssystem (1976); Gröpper, Gewohnheitsrecht, Observanz, Herkommen und
Unvordenkliche Verjährung, DVBl 1969, 945 ff;
Erichsen/Ossenbühl, Allg VerwR (12. Aufl

2002) 170 ff; Ostertun, Gewohnheitsrecht in
der Europäischen Union (1996); Puchta, Das
Gewohnheitsrecht (1828, 1837 Nachdruck 1965);
Schulze-Fielitz, Gewohnheitsrecht, Observanz, in: Schneider/Zeh (Hrsg), Parlaments-
recht und Parlamentspraxis (1989) 198 ff;
Wolff/Bachof/Stober, VerwR I (11. Aufl
1999) 342 ff.

1991] 433; ERICHSEN/OSSENBÜHL 171). Soweit eine Regel des Gewohnheitsrechts nachgewiesen werden kann, hat sie normative (auch die Gerichte gem Art 20 Abs 3 GG bindende; vgl dazu MAUNZ/DÜRIG Art 20 Abs 3 Rn 52; BSGE 24, 118, 121) Kraft und ist somit Rechtsnorm iSd Art 2 (ENNECCERUS/NIPPERDEY 262 f; BGH NJW 1958, 709; BETTERMANN, Rechtsschutz im Sozialrecht 47, 55; RÜMLIN, Die bindende Kraft des Gewohnheitsrechts und ihre Begründung [1929]; PUCHTA, Das Gewohnheitsrecht, 2 Bde [1828 und 1837]).

94 Meinungsverschiedenheit herrscht über den Einfluß eines Irrtums (Rechtsirrtums) bei der Übung auf die Bildung von Gewohnheitsrecht. Nach früher herrschender Auffassung konnte sich Gewohnheitsrecht nicht bilden, wenn die Übung in der irrtümlichen Annahme erfolgt, der geübte Satz sei durch Gesetz oder Gewohnheit vorgeschrieben (vgl RGZ 1, 313; 2, 185, 211 ff; 6, 225 ff; 7, 235; 12, 293; 26, 323; 31, 272; RG in SeuffA 31 Nr 120; 47 Nr 120; Gruchot 31, 893 f; JW 1902, 94). Dagegen sollte es der Bildung von Gewohnheitsrecht nicht ohne weiteres entgegenstehen, daß die Übung in einem Mißverständnis eines bestehenden Rechtssatzes ihren Ursprung hatte, sofern die Übung schließlich nicht mehr aus dem irrigen Grunde, sondern in der Überzeugung von ihrer Rechtmäßigkeit fortgesetzt wird (RG in SeuffA 80 Nr 159; RGZ 113, 359; 116, 247). Der namentlich von ZITELMANN (Gewohnheitsrecht und Irrthum, AcP 66 [1883] 323 ff) vertretenen gegenteiligen Auffassung, daß der Rechtsirrtum der Bildung des Gewohnheitsrechts nicht entgegensteht, ist jedoch der Vorzug zu geben (vgl über das Schrifttum bei ZITELMANN aaO und WENDT JherJb 22, 324).

95 Am Anfang der Ausarbeitung des EG stand man dem Gewohnheitsrecht eher abwehrend gegenüber, hat sich aber im Laufe der Beratungen mit dessen Existenz abgefunden und es grundsätzlich anerkannt. Zunächst war eine gesetzliche Regelung des Verhältnisses des Gewohnheitsrechts zum geschriebenen Recht in Aussicht genommen. Der E I des BGB hatte in § 2 die Bestimmung vorgeschlagen:

„Gewohnheitliche Rechtsnormen gelten nur insoweit, als das Gesetz auf Gewohnheitsrecht verweist." In der II. Komm wurde anfänglich (Prot I 3) teils eine Streichung dieses § 2, teils folgende Fassung beantragt:

„Das Gewohnheitsrecht gilt als ergänzende Rechtsquelle. Im übrigen gilt die Gewohnheit als Rechtsquelle nur insoweit, als das Gesetz auf Gewohnheitsrecht verweist." Ein dritter Vorschlag ging dahin, § 2 zu streichen, in das Einführungsgesetz jedoch folgenden Art 2a aufzunehmen:

„Die Übung erzeugt keine Rechtsnorm, welche die privatrechtlichen Vorschriften der Reichsgesetze aufzuheben, zu ändern oder zu ergänzen vermag", eventuell: „Die Übung erzeugt eine Rechtsnorm, welche die privatrechtlichen Vorschriften der Reichsgesetze aufzuheben, zu ändern oder zu ergänzen vermag, nur dann, wenn sie gemeines Gewohnheitsrecht begründet."

Es wurde zunächst nur § 2 des E I gestrichen und das weitere dem EG vorbehalten.

Bei der Beratung des EG wurde in der II. Komm (Prot VI 359 und 360) die Einschaltung eines Art 2a in fünf verschiedenen Fassungen beantragt:

(a) in der Fassung des Art 2 des E I.

(b) „Durch Gewohnheitsrecht können die privatrechtlichen Bestimmungen der Reichsgesetze weder aufgehoben noch geändert oder ergänzt werden, es sei denn, daß eine gewohnheitsrechtliche Norm gemeines Recht begründet."

(c) „Die privatrechtlichen Bestimmungen der Reichsgesetze können durch gemeines Gewohnheitsrecht aufgehoben oder ergänzt werden."

(d) „Durch Gewohnheitsrecht können die Vorschriften des BGB und dieses Gesetzes weder aufgehoben, noch geändert oder ergänzt werden, es sei denn, daß die gewohnheitsrechtliche Norm Reichsrecht begründet."

(e) „Die Vorschriften des BGB und dieses Gesetzes können nicht durch Landesgewohnheitsrecht ergänzt werden", eventuell: „… geändert oder ergänzt werden."

Sämtliche Anträge wurden schließlich abgelehnt. Es wurde beschlossen, die Frage des Gewohnheitsrechts auch im Einführungsgesetz mit Stillschweigen zu übergehen. Dabei waren folgende Erwägungen maßgebend (Prot VI 360 f):

„Bei der Beantwortung der Frage, ob cs ciner gesetzlichen Bestimmung über das Verhältnis des Gewohnheitsrechts zu dem geschriebenen Reichsrecht bedürfe, sei zwischen gemeinem und partikularem Gewohnheitsrecht zu scheiden. Hinsichtlich des letzteren sei an sich eine Vorschrift geboten, es erscheine aber nicht erforderlich, dieselbe in das BGB aufzunehmen, weil sie nach richtiger Auffassung bereits im Art 2 RV (von 1871) bestehe. Es sei bezweifelt worden, ob diese Bestimmung, nach der die ‚Reichsgesetze' den ‚Landesgesetzen' vorgehen, sich überhaupt auf das Gewohnheitsrecht erstrecke, die Absicht des Art 2 aber führe gewiß dahin, daß auch hier, wie das in späteren Reichsgesetzen ausdrücklich gesagt sei, unter Gesetz jede Rechtsnorm verstanden werden müsse. Es sei daher unzulässig und trotz der in der Literatur aufgetauchten abweichenden Meinung geboten, über das Verhältnis des in den einzelnen Gebietsteilen des Reichs sich bildenden Gewohnheitsrechts zu den Vorschriften des BGB sich einer ausdrücklichen Vorschrift zu enthalten, um nicht der richtigen Auslegung des Art 2 RV ein Hindernis zu bereiten. Das gleiche Verfahren erscheine aber auch dem gemeinen Gewohnheitsrecht gegenüber als das richtige. Bei der Größe des künftigen deutschen Reichsgebiets und bei der Verschiedenartigkeit der darin bestehenden Verhältnisse, Anschauungen und Gewohnheiten sei die Bildung gewohnheitsrechtlicher Normen für das ganze Reichsgebiet nur in geringem Maße zu erwarten. Immerhin werde sich auf manchen Gebieten, namentlich durch die einheitliche Rechtsprechung und die dadurch beeinflußte Anschauung der beteiligten Berufskreise, einheitliches Gewohnheitsrecht bilden. Rechtssätze, die sich in der Rechtsprechung unter dem Namen der Analogie, der einschränkenden oder ausdehnenden Auslegung, der feststehenden Praxis usw herausbildeten, seien in Wahrheit nichts anderes als Gewohnheitsrecht und dieses mit Fug und Recht ein Produkt der fortbildenden Tätigkeit des Richters. Daß solches Recht auf demselben Wege, auf dem es entstanden, auch wieder beseitigt werden könne, tue seinem Charakter als Recht keinen Abbruch. Wie es sich aber, solange es bestehe, zu dem geschriebenen Gesetzesrecht verhalte, sei eine Frage, die der Macht des Gesetzgebers entrückt sei und nur von der Theorie nach Maßgabe der jeweils im öffentlichen Leben herrschenden Anschauungen beantwortet werden könne. Ein Gesetzbuch tue daher besser, sich in diesem Punkte jeder Andeutung zu enthalten, zumal es für den Gesetzgeber wenig angemessen und für die praktische Rechts-anwendung nicht unbedenklich erscheine, im Gesetz darauf hinzuweisen, daß dessen Vorschriften unter Umständen keine Verbindlichkeit zukomme. Bei der Art, wie sich eine gemeine deutsche Rechtsnorm auf dem Wege des Gewohnheitsrechts überhaupt zu bilden vermöge, seien praktische Mißstände vom Schweigen des Gesetzes nicht zu befürchten."

96 Auf dem Gebiete des bürgerlichen Rechts wird aber seit dem Inkrafttreten des BGB und des EG zwischen Reichs- (nun Bundes-)Gewohnheitsrecht und partikulärem Gewohnheitsrecht unterschieden. Bundesgewohnheitsrecht (früher Reichsgewohnheitsrecht) ist Gewohnheitsrecht, das nach seinem Inhalt für das ganze Bundesgebiet Bedeutung hat, wenn es auch nur für bestimmte Berufsstände, zB Kaufleute, oder bestimmte Angelegenheiten, zB Schiffahrt, gilt. Es kann sich uneingeschränkt auch unter der Herrschaft des BGB bilden.

97 Es kann sich auch – wie alles Gewohnheitsrecht – contra legem entwickeln, wenn förmlich gesetztes Recht langdauernd nicht angewendet wird (consuetudo abrogatoria) und unter den Rechtsgenossen die Überzeugung besteht, daß dies rechtens sei (FORSTHOFF 147; ERICHSEN/OSSENBÜHL 170; WOLFF/BACHOF/STOBER 372; OLG Düsseldorf DNotZ 1969, 46 und 47, 48; BVerfGE 9, 213, 221; BVerwGE 8, 317, 321). Auch die Vorschriften des BGB unterliegen solcher Einwirkung von Gewohnheitsrecht.

98 Streitig ist, ob und inwieweit die Kompetenzverteilung der Art 70 ff GG auch für das Gewohnheitsrecht Geltung beanspruchen kann. Nach HAAS (DVBl 1957, 373) soll sich auf Gebieten, auf denen dem Bund keine Gesetzgebungsbefugnis zusteht, auch kein Bundesgewohnheitsrecht bilden können; nach anderer Auffassung soll im ganzen Bundesgebiet geltendes Gewohnheitsrecht teils Bundesrechts-, teils Landesrechtsqualität besitzen, je nach der Art des Rechtes, das es ergänzt (BVerwGE 2, 22; BACHOF DÖV 1958, 27). FORSTHOFF (148) meint, daß einheitliche Rechtsübungen außerhalb der Gesetzgebungskompetenz des Bundes nur ein Gewohnheitsrecht im Sinne eines gemeinen Landrechts, nicht aber Bundesgewohnheitsrecht hervorbringen könnten. GEBHARD (Kommentar zur WRV Art 13, Anm 3a, 126) bezeichnet es als zweifelhaft, ob die Verfassung als gesetztes Recht in der Lage ist, Rangordnungen von Gewohnheitsrecht vorzuschreiben (zustimmend vMANGOLDT/KLEIN, Das Bonner Grundgesetz II [2. Aufl 1966] Art 31 Anm IV 2).

99 Das **Bundesverfassungsgericht** ordnet Gewohnheitsrecht demjenigen Bereich der Gesetzgebungskompetenz zu, den es durch seine Übung aktualisiert (BVerfGE 61, 149, 203), weil andernfalls „Regelungsbereiche in die Gesetzgebungsbefugnisse" des jeweils anderen Kompetenzträgers „hinüberwanderten, die ihm vorher verschlossen waren" (BVerfG aaO). Damit werden Rangfrage und Derogationszuständigkeit zwar im Einzelfall rechtssicher und leicht zu klären sein, es bleibt aber rechtsdogmatisch ungeklärt, warum Kompetenzregeln des GG, die das im förmlichen Verfahren hervorgebrachte (Gesetzes-)Recht bestimmen sollen, für ungeschriebenes, in seiner Entstehung nicht formalisiertes (Gewohnheits-)Recht Geltung erlangen.

100 Partikuläres (Landes-)Gewohnheitsrecht auf dem Gebiete des Privatrechts ist grundsätzlich durch Art 55 EG beseitigt, da nach dieser Vorschrift alle privatrechtlichen Vorschriften der Landesgesetze, das sind alle landesrechtlichen Rechtsnor-

men, außer Kraft treten, soweit nicht in dem BGB oder dem EG ein anderes
bestimmt ist.

In Kraft bleibt es aber auf den im 3. Abschnitt des EG oder im BGB der Landes- **101**
gesetzgebung vorbehaltenen Gebieten des bürgerlichen Rechts und unter örtlicher
Beschränkung seiner Wirksamkeit auf das Gebiet des betreffenden deutschen Landes. Über die Geltung des Gewohnheitsrechts auf den vorbehaltenen Rechtsgebieten entscheidet das Landesrecht. Abgelehnt wurde von der II. Komm der Gedanke,
gewohnheitsrechtliche Normen, welche eine Landesgesetzgebung aufgehoben hatte,
wieder in das Leben zu rufen.

Das bis zum 1. 1. 1933 geltende Gewohnheitsrecht auf dem Gebiet der Vererbung **102**
von landwirtschaftlichen Liegenschaften ist mit der Aufhebung des Reichserbhofrechts durch das KRG 45 zusammen mit dem früher geltenden geschriebenen Recht
wieder in Kraft gesetzt worden; es wird ausdrücklich daran festgehalten (BGHZ 22,
317, 328 f). Die Außerkraftsetzung des KRG 45 durch das GrdstVG v 28. 7. 1961
(BGBl 1091) hat die (Wieder-)Inkraftsetzung des vor 1933 geltenden Rechts nicht
berührt (PALANDT/EDENHOFER Art 64 EG Rn 4 f).

Die Neubildung von Landesgewohnheitsrecht im Bereich des BGB und EG ist **103**
wegen Art 31 GG intra legem nur im Rahmen der landesrechtlichen Rechtssetzungs-
vorbehalte nach den Art 55 ff möglich (so auch PALANDT/HEINRICHS 1. Buch Einl Rn 32;
SOERGEL/HARTMANN Art 2 Rn 12; BETTERMANN, Rechtsschutz im Sozialrecht 58; BSGE 4, 108,
111). Der Rang des einzelnen Gewohnheitsrechtssatzes entspricht nach hM der
Hierarchiestufe, auf der die Norm als gesetztes Recht stünde (WOLFF/BACHOF/STOBER
343 f).

b)   Tatsächliche Übung: Verkehrssitte, Handelsbrauch, Gerichts- und
**   Verwaltungsgebrauch, betriebliche Übung**
Die **tatsächliche Übung** ohne gleichzeitige Überzeugung von ihrer Rechtsnormqua- **104**
lität stellt keine Rechtsnorm iSd Art 2 dar (so auch PALANDT/HEINRICHS 1. Buch Einl Rn 33;
SOERGEL/HARTMANN Art 2 Rn 12; ENNECCERUS/NIPPERDEY 273), wie lange sie auch schon
vorherrschen mag; es handelt sich vielmehr lediglich um eine Erfahrungsregel, die
durch ihre Faktizität lebt, sich als nützlich oder ökonomisch wertvoll erwiesen hat
und aus diesem Grund tatsächlich befolgt wird. Ihr fehlt aber die normative Geltung.
Rechtlich erheblich wird sie erst, wenn das gesetzte Recht auf sie in einem Tatbestandsmerkmal verweist (zB §§ 157, 242 BGB, 346 HGB). Derartige tatsächliche
Übungen tauchen im Zivilrecht vor allem unter der Bezeichnung „**Verkehrssitte**"
oder „**Handelsbrauch**" auf (vgl dazu die ausführlichen Anmerkungen in den Kommentaren zu
§§ 157, 242 BGB und 346 HGB), sie finden sich aber ebenso in anderen Rechtsbereichen
(zB öffentliche Ordnung iSd polizeirechtlichen Generalklausel; vgl dazu DREWS/
WACKE/VOGEL/MARTENS, Gefahrenabwehr [9. Aufl 1986] 248 ff).

Tatsächliche Übung ohne besondere gesetzliche Benennungen stellt der **Gerichts-** **105**
und Verwaltungsgebrauch dar (vgl Rn 35 u 39). Ihm fehlt die normative Geltung, weil
entweder eine Rechtsüberzeugung überhaupt oder zumindest eine von der Gesamtheit der Rechtsgenossen getragene Überzeugung mangelt; eine Ausnahme bilden
allein Entscheidungen in Normenkontrollverfahren (§§ 31 Abs 2 BVerfGG, 47
VwGO; vgl dazu Rn 40 ff). Eine bestehende Verwaltungspraxis kann allerdings über

Art 3 GG eine – wenig intensive, in Einzelfällen elastische – Selbstbindung der Verwaltung bewirken (vgl Rn 35).

106 Rechtssystematische Probleme birgt allerdings die **betriebliche Übung** des Arbeitsrechts: Ihr kann es für die Annahme von Gewohnheitsrecht an der langdauernden Übung und wird es idR an der Rechtsüberzeugung fehlen (vgl dazu ADOMEIT, Rechtsquellenfragen 59 ff; BAG AP § 242 Betriebl Übung Nr 11 und 10); deshalb ist sich die hL darüber einig, daß sie keine normative, unmittelbare Wirkung entfaltet (ADOMEIT, Rechtsquellenfragen 59; HUECK/FASTRICH, AR-Blattei [D] Betriebsübung I, A II 1; SCHAUB, Arbeitsrechts-Handbuch [10. Aufl 2002] 1196 ff; SÖLLNER, Arbeitsrecht [13. Aufl 2003] 228 f; BAG AP § 242 Betriebliche Übung Nr 11 und Nr 10) und nicht Rechtsnorm iSd Art 2 ist. Dennoch wirkt sie auf bestehende Arbeitsverhältnisse ein (SCHAUB aaO). Die Lösung für die rechtssystematische Einordnung der betrieblichen Übung wird meist darin gefunden, daß man eine besondere Umsetzungsnorm bei jedem Arbeitsverhältnis für die betriebliche Übung sucht und so nicht der betrieblichen Übung selbst, sondern dieser Transformationsregel die normative Wirkung einräumt (BAG, AP aaO Nr 11 und 10; SÖLLNER 228 f); meist wird dabei von einer konkludenten Änderung des jeweiligen Arbeitsvertrags ausgegangen (BAG aaO; PAULY MDR 1997, 213 ff; SCHAUB 1196 ff).

5.   Verweisung einer Rechtsnorm auf nichtnormative Regelungen*

107 Probleme bei der Normqualifikation bereiten diejenigen Fälle, in denen der Gesetzgeber in einer Norm (iSd Art 2) auf eine Regelung verweist, die ihrerseits nicht als Rechtsnorm iSd Art 2 eingeordnet werden kann (also beispielsweise auf DIN-Normen, Beihilfevorschriften, etc). Handelt es sich hierbei um eine **statische Verweisung**, dh wiederholt der Normgeber lediglich einen anderweitig niedergelegten Norminhalt, so inkorporiert er diesen in seine Norm und verleiht ihm Rechtsnormqualität iSv Art 2. Bei der **dynamischen Verweisung** hingegen bezieht sich der Normgeber nicht auf einen bestimmten Inhalt, sondern auf eine Regelung als solche. Diese Regelungstechnik macht die Norm, auf die verwiesen wird, nicht zu einer Rechtsnorm iSv Art 2 EG (so unlängst der BayVerfGH, VerfGHE 48, 149 ff für die Verweisung von Art 11 Abs 1 BayBesG auf die Beihilfevorschriften des Bundes). Zur Verweisung einer Rechtsnorm auf eine andere Rechtsnorm vgl BVerfGE 67, 348, 363; 47, 285, 309 f, 313; BayVerfGHE 46, 14, 18; 42, 1, 6; zur Verweisung auf einen Tarifvertrag BAG NJW 1985, 1238 f; insgesamt zur Verweisungsproblematik SOERGEL/HARTMANN Art 2 Rn 3 sowie die Kommentierung von STAUDINGER/MERTEN/KIRCHHOF[12] zu Art 4 aF EG.

---

* **Schrifttum**: BACKHERMS, Unzulässige Verweisung auf DIN-Normen, ZRP 1978, 261 ff; BADEN, Dynamische Verweisungen und Verweisungen auf Nichtnormen, NJW 1979, 623 ff; HÖMIG, Zur Zulässigkeit statischer Verweisungen des Bundesrechts auf nichtnormative Regelungen, DVBl 1979, 307 ff; KARPEN, Die Verweisung als Mittel der Gesetzgebungstechnik (1970); STAATS, Zur Problematik bundesrechtlicher Verweisungen auf Regelungen privatrechtlicher Verbände, ZRP 1978, 59 ff; vgl ferner allg zur Verweisung die Literaturangaben von STAUDINGER/MERTEN/KIRCHHOF[12] zu Art 4 aF EG.

6. Vorstaatliches Recht: Naturrecht

Dem Begriff „Naturrecht" ordnet man alles Recht zu, das überpositiv, vorstaatlich **108**
gilt und deshalb auch den Verfassungsgesetzgeber selbst bindet (vgl WOLFF/BACHOF/
STOBER 319 f); nicht dazu gehören ungeschriebene Rechtsnormen, die im Wege der
Rechtsanalogie aus der Verfassung oder anderen Normtexten gewonnen werden
können. Das GG enthält in den Art 1 Abs 1 S 1, Abs 2 und 20 Abs 3 Hinweise auf
die Anerkennung solchen Naturrechts (vgl MAUNZ/DÜRIG Art 20 VII Rn 14). Das Bundesverfassungsgericht geht ebenfalls von dessen Existenz aus (BVerfGE 23, 98 und 106;
6, 198; 3, 58, 118; 1, 14, 61; ebenso der BGH, BGHZ 3, 94, 106 f und das BVerwG DÖV 1973, 784; vgl
weiter aus jüngster Zeit die Rspr von BGH und BVerfG zu den sog Mauerschützen BGHSt 39, 1,
15 ff; 39, 168, 183 f; 40, 218, 232; 40, 241, 244 und BVerfG E 95, 96, 133 ff; vgl ferner FALLER,
Wiederkehr des Naturrechts?, JöR 43 [1995] 1 ff; WEINKAUFF NJW 1960, 1689; LANGNER, Der
Gedanke des Naturrechts seit Weimar und in der Rechtsprechung der Bundesrepublik [1959]),
beschränkt sich dabei aber auf die Anerkennung fundamentaler Rechtsprinzipien,
weil in Einzelfragen die Naturrechtslehren inhaltlich sehr auseinanderfallen (BVerf-
GE 10, 59, 81; eine Übersicht über die Naturrechtslehren bietet EVERS JZ 61, 241 ff). In der
übrigen Rechtsprechung (BGHZ 3, 94, 107; bay VerfGH VwRspr 23, 902, 907; BVerwG DÖV
1973, 784, 785) und Literatur (WOLFF/BACHOF/STOBER 336 f) werden diese überpositiven
Regeln (unter der Bezeichnung „Allgemeine Rechtsgrundsätze", vgl WOLFF/BACHOF/STOBER aaO)
auch als unmittelbar aus dem Prinzip der Gerechtigkeit mit objektiver Erkenntnis-
gewißheit ableitbar betrachtet. Der Einbruch des sittlichen Empfindens einzelner in
die Rechtsordnung über dieses so verstandene Naturrecht wird dann aber verhindert, indem man ihnen nur subsidiäre Geltung zuschreibt (WOLFF/BACHOF/STOBER 339).

Dennoch ist bei der Anerkennung von Naturrecht große Behutsamkeit geboten **109**
(ebenso SOERGEL/HARTMANN Art 2 Rn 15). Zum einen lassen sich derartige Normen –
selbst wenn sie existieren – nur schwer eindeutig und mit präzisen Rechtsfolgen
feststellen. Zum anderen dienen sie – wie die Geschichte ihrer Anwendung lehrt –
nur bei Brüchen im gesamten Rechtssystem, in älteren, nicht geschlossen durchnormierten Rechtsordnungen, bei offensichtlichen, materiellen Ungerechtigkeiten
förmlichen Rechts (OBERMAYER NJW 66, 1892) als Widerstandsrecht (STERN, Staatsrecht II
[1980] 1494 ff) oder in Fällen evidenter Rechtsnot zur rechtlichen Legitimation formell
sonst rechtswidriger oder zumindest positiv-rechtlich nicht vorgesehener Handlungen. Das Naturrecht ist deshalb nur in Ausnahmesituationen als Rechtstitel notwendig; im Rahmen der heutigen, weitgehend durchnormierten, in sich stabilen und
rechtsstaatlich-demokratisch geformten Rechtsordnung, welche die meisten der als
naturrechtlich postulierten Rechtsnormen in positives Recht gefaßt (was ihnen nach der
Rspr des BVerfG und des BGH nicht den Vorrang vor der Verfassung nimmt; BVerfGE 3, 225, 233;
4, 236; BGHZ 16, 350, 354; vgl jetzt auch mit Blick auf Art 103 Abs 2 GG BVerfGE 95, 96, 132 f)
und die Übergangsprobleme des Rechts vor 1945 gelöst hat (zB Art 123 GG),
verliert es zusehends an Bedeutung. Eine Wiederbelebung hat der Naturrechtsge-
danke jedoch im Zuge der Bewältigung des DDR-Unrechts erfahren (vgl oben die
zitierte Rspr zu den Mauerschützen-Fällen).

Insbesondere im BGB ist wegen dessen ausgefeilter Kodifikation und des Einflusses **110**
der grundgesetzlichen Leitentscheidungen (insbesondere der Grundrechte) auf das
Zivilrecht das Naturrecht ohne Belang. Inhaltlich gleiche Rechtsregeln können –
eventuell im Wege der Rechtsanalogie – präziser und objektiver aus dem positiven

Recht gewonnen werden; das bringt für Rechtssicherheit und Rechtsbindung mehr Gewinn als die Argumentation mit diffusen, meist weltanschaulich vorgeprägten und wenig greifbaren Naturrechtspostulaten. Diese Gefahr wird von den das Naturrecht anerkennenden Gerichten und Autoren durchaus gesehen (vgl zB BGHZ 23, 175, 180 f; Wolff, in: GS W Jellinek [1955] 33, 38). Naturrecht kann daher nicht als Rechtsnorm iSd Art 2 angesehen werden (so auch Soergel/Hartmann Art 2 Rn 15).

7. Allgemeine Rechtsgrundsätze

111 Unter diesem Begriff werden sehr heterogene Inhalte zusammengefaßt: Zum Teil werden dort alle Fälle nicht exakt formulierten und geschriebenen Rechts verortet, wie Gewohnheitsrecht oder Richterrecht; nach einer anderen Vorstellung ist damit das Naturrecht als Postulat materieller Gerechtigkeit gemeint. Für diese Interpretationen wird auf die entsprechenden Stichworte verwiesen.

112 Eigenständige Bedeutung haben die Allgemeinen Rechtsgrundsätze nur, wenn man unter diesem Begriff allgemein anerkannte, in den Grundstrukturen einer oder mehrerer Rechtsordnungen vorgezeichnete Rechtsregeln versteht, die sich im Wege der Rechtsanalogie aus dem positiven Recht zuverlässig und als Rechtssatz formulierbar entwickeln lassen (ähnlich Maunz/Dürig Art 25, Rn 35; Wolff bezeichnet sie dann als [wandelbare] „Besondere Rechtsgrundsätze", in: GS W Jellinek [1955] 39, 40 ff mit einer Aufzählung der einzelnen Grundsätze; vgl auch Wolff/Bachof/Stober 337 f).

113 Derartige Allgemeine Rechtsgrundsätze finden sich in fast allen Rechtsbereichen; als Rechtserkenntnisquellen umfangreicher Art sind besonders zu nennen die Allgemeinen Rechtsgrundsätze des Verwaltungsrechts (statt vieler: BSGE 18, 22, 27 ff; vgl auch Bertrams, Das vor dem Bundesverwaltungsgericht revisible Recht, DÖV 1992, 98 ff), des Europarechts (= die den Rechtsordnungen der Mitgliedsstaaten gemeinsam sind, Bleckmann, Europarecht [6. Aufl 1997] 213 ff; Herdegen, Europarecht [6. Aufl 2004] 144 ff; H P Ipsen, Europäisches Gemeinschaftsrecht 112 ff; Schweitzer/Hummer, Europarecht [5. Aufl 1996] Rn 15 f; Art 215 EGV, 188 EAGV) und des Völkerrechts (= die von den Kulturvölkern anerkannten Prinzipien, die allen oder den meisten nationalen Rechtssystemen gemeinsam sind; K Ipsen/vHeinegg, Völkerrecht [5. Aufl 2004] 230 ff; Art 25 GG). Soweit die Allgemeinen Rechtsgrundsätze generelle Außenwirkung haben, sind sie Rechtsnormen iSd Art 2. Zur Rechtslage in Österreich vgl § 7 S 2 ABGB, in der Schweiz Art 1 Abs 2 ZGB (s auch Schambeck, Die natürlichen Rechtsgrundsätze des § 7 ABGB, in: FS Verosta [1980] 479 ff).

Zweites Kapitel
Internationales Privatrecht

Die Erläuterungen der Artikel 3–46 EGBGB erscheinen in gesonderten Bänden.

Zweiter Teil
Verhältnis des Bürgerlichen Gesetzbuchs zu den Reichsgesetzen

Vorbemerkungen zu Artikel 50–53a

I. Grundsatz der Fortgeltung alten Reichsrechts

Für das Verhältnis des BGB zu den Reichsgesetzen stellt Art 50 den Grundsatz auf: **1** Das auf bisherigen Reichsgesetzen beruhende Privatrecht wird aufrechterhalten, soweit sich nicht aus dem BGB und aus diesem Gesetz Ausnahmen ergeben. Die bisherigen reichsgesetzlichen Vorschriften werden also (wie auch schon der Grundsatz lex posterior generalis non derogat priori speciali ergäbe) nicht aufgehoben, sondern sie bleiben auch fernerhin in Kraft, soweit nicht in diesem Gesetze oder im BGB entweder ausdrücklich etwas anderes bestimmt oder aus diesen beiden Gesetzen der Aufhebungswille durch Auslegung zu entnehmen ist. Das BGB tritt also den älteren Reichsgesetzen gegenüber nicht als eine Kodifikation mit ausschließendem Charakter auf.

Daß das BGB und das EG an die Stelle jener allgemeinen Vorschriften der Reichs- **2** und Landesgesetze treten, welche durch das BGB und dieses Gesetz außer Kraft gesetzt werden, wurde auch durch Art 4 aF EGBGB bestimmt.

II. Einzelvorschriften für bestimmte Reichsgesetze

Außerdem enthält der zweite Abschnitt eine Reihe von Vorschriften, durch welche **3** der Inhalt bestimmter Reichsgesetze mit den Vorschriften des BGB in Einklang gebracht werden soll (vgl auch BGHZ 2, 355, 357). Diese Reichsgesetze haben zum Teil später vielfache Änderungen erfahren, die bei Behandlung der einzelnen Bestimmungen aufgeführt werden.

III. Vorrang späteren Reichsrechts

Hinsichtlich späterer Gesetze privatrechtlichen Inhalts ist das Verhältnis zum BGB **4** und zu diesem Gesetz nicht geregelt. Es ist jeweils den neuen Gesetzen zu entnehmen. Dabei ist grundsätzlich davon auszugehen, daß das spätere Gesetz, wenn es Abweichungen vom BGB und von diesem Gesetz enthält, vorgeht.

Artikel 50

Die Vorschriften der Reichsgesetze bleiben in Kraft. Sie treten jedoch insoweit außer Kraft, als sich aus dem Bürgerlichen Gesetzbuch oder aus diesem Gesetz die Aufhebung ergibt.

Detlef Merten

Materialien: E I 9; II 6; III 31; EGBGB aF
Art 32.

I.   Entstehung

1 Art 1 Nr 6 des Gesetzes zur Neuregelung des Internationalen Privatrechts vom
25. 7. 1986 (BGBl I 1142) hat Art 32 aF EG in Art 50 umnumeriert, ohne ihn inhaltlich
zu ändern. Art 32 aF stimmte mit Art 9 des E I überein. Mehrere in der II. Komm
gestellte Abänderungsanträge wurden abgelehnt. Vgl hierüber EM 67 ff und Prot VI
560–563.

II.   Allgemeines

2 **1.**   Art 50 Satz 1 stellt die Regel auf, daß die bisherigen Reichsgesetze in Kraft
bleiben. Sie werden also grundsätzlich durch das BGB und dieses EG nicht aufgehoben.

3 Eine weitreichende Ausnahme von dieser Regel enthält Satz 2: Danach treten
frühere Reichsgesetze insoweit außer Kraft, als sich eine derartige Aufhebung aus
dem BGB oder diesem EG ergibt, abgesehen von Abänderungen einzelner Reichsgesetze, wie sie in Art 51 ff gesondert angeordnet werden.

4 **2.**   Eine **Totalaufhebung** der bisherigen Reichsgesetze hätte die ausdrückliche
Aufnahme aufrechtzuerhaltender Normen in das BGB erforderlich gemacht. Darüber hinaus wird die **Ablehnung** einer Totalaufhebung in den Motiven (67) insbesondere damit begründet, daß

– die Ausscheidung privatrechtlicher Bestimmungen aus den Sondergesetzen in
  manchen Fällen nicht nur das Verständnis der übrigbleibenden Teile des Einzel-
  gesetzes erschwert, sondern auch die Bedeutung der aus ihrem Zusammenhang
  gelösten Normen verdunkelt hätte,

– der Vorteil, das gesamte Reichsprivatrecht mit Ausnahme der ausgeschiedenen
  Materien in einem Gesetze zu vereinigen, nur vorübergehend gewesen wäre, da
  der weitere Ausbau des Reichsrechts auch neue privatrechtliche Normen erfordere,

– die dem Grundsatz der Kodifikation entsprechende Vollständigkeit und Geschlossenheit sachlich schon dadurch erzielt werde, daß die privatrechtlichen Bestimmungen der Reichsgesetze im Wege einer besonderen Vorschrift, vorbehaltlich
  der zu machenden Ausnahmen, in Kraft erhalten und damit der Kodifikation
  gleichsam einverleibt würden.

III.   Die Regel des Satzes 1

5 Satz 1 stellt klar, daß BGB und EG nicht als das gegenüber dem bisherigen Reichsrecht jüngere Recht vorgehen sollen. Es bestätigt ausdrücklich die Fortgeltung
früheren Reichsrechts, weswegen jedoch letztlich die Kodifikationsidee im Reichs-

recht **formell** nicht rein durchgehalten wird. Denn das Bürgerliche Recht wird nicht in **einem** Normenkomplex zusammengefaßt. Der **materiellen Kodifikation** tut das freilich keinen Abbruch. Vor allem gilt der Allgemeine Teil des BGB auch für fortbestehende reichsrechtliche Sondervorschriften, sofern nicht im Einzelfall deren Normziel entgegensteht. BGB, EG und diese Reichsgesetze sind deshalb als **inhaltliche Einheit** zu werten und auszulegen (BGHZ 2, 355, 357; RGZ 53, 75, 78).

Die Fortgeltung wird sowohl für reichsrechtliches **Privatrecht** als auch für Reichs- **6** gesetze anderen Inhalts, zB **Verfahrensgesetze**, angeordnet; ebenso werden grundsätzlich **Staatsverträge** (RGZ 71, 293, 295 f) und **Gewohnheitsrecht** erfaßt.

IV. Die Ausnahme des Satzes 2

Der zweite Satz des Artikels enthält eine Ausnahme von der Regel des ersten Satzes; **7** die Vorschriften der bisherigen Reichsgesetze treten insoweit außer Kraft, als sich aus dem BGB oder dem EG der Aufhebungswille ergibt.

Für einzelne Vorschriften bestimmter Reichsgesetze wird dieser Aufhebungswille in **8** den nachfolgenden **Artikeln 51–54** zum Ausdruck gebracht.

Der Wortlaut des Art 50 S 2 ergibt aber, daß eine Aufhebung nicht nur bei aus- **9** drücklicher Anordnung im Normtext des BGB oder des EG, sondern auch dann erfolgt, wenn es der **Zweck** der jeweiligen Norm erfordert oder deren Tatbestand eine Aufhebung **stillschweigend** voraussetzt. Ob Vorschriften der bisherigen Reichsgesetze durch das BGB aufgehoben oder inhaltlich geändert sind, wird damit zu einem Auslegungsproblem, dessen Lösung der Rechtsprechung und der Wissenschaft überlassen bleibt (vgl Prot VI 561).

Das führte früher zu Schwierigkeiten in Einzelfragen (vgl dazu STAUDINGER/LEISS[10/11] **10** Rn 11 ff). Sie sind jedoch zum größten Teil gelöst oder durch die fortschreitende Gesetzgebung inzwischen beseitigt.

V. Analoge Anwendung

Art 50 ist auf das Verhältnis des **FGG**, der **GBO** und des **ZVG** zu den früheren **11** Reichsgesetzen entsprechend anzuwenden (§§ 185 FGG, 116 GBO, 1 EG ZVG).

VI. BGB und HGB

Das Verhältnis zwischen BGB und HGB ist in **Art 2 EGHGB** besonders geregelt. **12**

Artikel 51

Soweit in dem Gerichtsverfassungsgesetz, der Zivilprozeßordnung, der Strafprozeßordnung, der Insolvenzordnung und in dem Anfechtungsgesetz an die Verwandtschaft oder die Schwägerschaft rechtliche Folgen geknüpft sind, finden die Vorschriften des Bürgerlichen Gesetzbuchs über Verwandtschaft oder Schwägerschaft Anwendung.

Materialien: E I Art 10; II Art 7; III Art 32;
EGBGB aF Art 33.

I.   Entstehungsgeschichte

1 Art 1 Nr 6 des Gesetzes zur Neuregelung des Internationalen Privatrechts vom 25. 7. 1986 (BGBl I 1142) hat Art 33 aF EG in Art 51 umnumeriert, ohne ihn inhaltlich zu ändern. Art 33 aF entsprach im wesentlichen Art 10 E I (EM 69 ff; Prot IV 464 ff).

II.   Allgemeines

2 Art 51 (Art 33 aF) änderte die zum Zeitpunkt des Inkrafttretens des BGB am 1. 1. 1900 bereits geltenden „Reichsjustizgesetze" GVG, ZPO, StPO, KO und das AnfG (vgl SOERGEL/HARTMANN Art 51 Rn 2). Die durch die Anknüpfung an das BGB bewirkte Anpassung war jedoch in zweierlei Hinsicht begrenzt. Zum einen bezog sie sich ausschließlich auf die in Art 51 abschließend aufgezählten Rechtsnormen, was bereits der systematische Zusammenhang mit den weiteren Änderungsvorschriften der Art 34 ff aF EG zeigt. Zum anderen war die Modifikation materiell auf die Rechtsverhältnisse „Verwandtschaft" und „Schwägerschaft" beschränkt, betraf mithin das Familienrecht des BGB nicht schlechthin.

III.   Maßgebliche Vorschriften des BGB

3 Verwandtschaft und Schwägerschaft, wie sie nach Art 51 auf die Justizgesetze Anwendung finden sollen, werden im BGB an folgenden Stellen geregelt: §§ 1589f als Grundregel, darüber hinaus für Kinder aus nichtigen Ehen §§ 1591 Abs 1, für an Kindes Statt angenommene Kinder §§ 1754 ff, 1767 Abs 2, 1770. Die durch die (durch das Gesetz über die rechtliche Stellung des nichtehelichen Kindes v 19. 8. 1969 [BGBl I 1243] aufgehobene) Bestimmung des § 1589 Abs 2 aF BGB, wonach der Vater eines nichtehelichen Kindes als mit diesem nicht verwandt galt, hervorgerufenen Friktionen (vgl GAUL FamRZ 1961, 503), zB beim strafprozessualen Zeugnisverweigerungsrecht (vgl BGH NJW 1956, 1286 f), bestehen seit der Reform des Nichtehelichenrechts nicht mehr.

4 Aufgrund der materiellen Beschränkung des Art 51 finden die Vorschriften des BGB über das Verlöbnis (§§ 1297 ff), durch das weder Verwandtschaft noch Schwägerschaft begründet werden, keinen Eingang in die StPO. Das Zeugnisverweigerungsrecht der Verlobten gem § 52 Abs 1 Nr 1 StPO setzt demzufolge kein zivilrechtlich wirksames Verlöbnis voraus (vgl SOERGEL/HARTMANN Art 51 Rn 4; LÖWE/ROSENBERGER/ DAHS, StPO [25. Aufl 1999] § 52 Rn 4).

IV.   Keine Geltung für das Strafrecht

5 Hinsichtlich der durch die Einführung des BGB erforderlichen Änderungen des StGB traf Art 34 aF EG eine eigene Regelung (vgl dazu die Kommentierung von Art 34 bei STAUDINGER/KEIDEL[10/11]). Hieraus und aus dem abschließenden Charakter der Aufzählung in Art 51 ergibt sich, daß das StGB die Rechtsverhältnisse der Verwandtschaft und Schwägerschaft selbst bestimmt und daß das BGB hierfür nicht maßgeblich ist

(vgl BGHSt 7, 245, 246). § 11 Abs 1 Nr 1 StGB, der den Begriff des „Angehörigen"
definiert, baut zwar auf der Grundregel des § 1589 BGB auf, enthält jedoch Abweichungen gegenüber dem Zivilrecht (vgl LeipzigerKomm/GRIBBOHM [11. Aufl 1997] § 11
Rn 3 ff).

V. Geltung für nach dem BGB in Kraft getretene Gesetze

Nach seinem Regelungsgegenstand betrifft Art 51 (Art 33 aF) lediglich die am **6**
1. 1. 1900 bestehenden Rechtsnormen. Für danach in Kraft getretene Gesetze kommen daher die allgemeinen Derogationsregeln, insbesondere die Grundsätze der lex
posterior und der lex specialis, zur Anwendung. Demzufolge sind auch bei nach dem
Inkrafttreten des BGB erlassenen Gesetzen die Regelungen des BGB über Verwandtschaft und Schwägerschaft zugrunde zu legen, sofern die Gesetze keine Sondervorschriften enthalten. Die Rspr nimmt eine stillschweigende „Verweisung" auf
die BGB-Vorschriften an, solange und soweit keine Sonderregelungen getroffen
werden (vgl BayObLG MDR 1958, 929, 930; BSGE 12, 147, 148; BVerwG DÖV 1959, 830 f).
Im Rahmen ihrer Gesetzgebungskompetenzen können sowohl Bund als auch Länder eigenständige Bestimmungen über Verwandtschaft und Schwägerschaft erlassen.
Zu Einzelfällen vgl die Kommentierung von STAUDINGER/WINKLER[12] Rn 25.

VI. Änderung durch das EGInsO

Das Einführungsgesetz zur Insolvenzordnung v 5. 10. 1994 (BGBl I 2911) hat in Art 32 **7**
Nr 1 den Art 51 EG mit Wirkung zum 1. 1. 1999 dergestalt geändert, daß an die
Stelle der „Konkursordnung" die „Insolvenzordnung" getreten ist; gleichzeitig wurde das „Gesetz, betreffend die Anfechtung von Rechtshandlungen eines Schuldners
außerhalb des Konkursverfahrens, vom 21. Juli 1879 (Reichsgesetzbl S 277)" durch
den Begriff „Anfechtungsgesetz" ersetzt.

Artikel 52

**Ist auf Grund eines Reichsgesetzes dem Eigentümer einer Sache wegen der im
öffentlichen Interesse erfolgenden Entziehung, Beschädigung oder Benutzung der
Sache oder wegen Beschränkung des Eigentums eine Entschädigung zu gewähren
und steht einem Dritten ein Recht an der Sache zu, für welches nicht eine besondere
Entschädigung gewährt wird, so hat der Dritte, soweit sein Recht beeinträchtigt
wird, an dem Entschädigungsanspruch dieselben Rechte, die ihm im Falle des Erlöschens seines Rechts durch Zwangsversteigerung an dem Erlös zustehen.**

Materialien: E I Art 31 Abs 1 und 2; II Art 26;
III Art 50.

Systematische Übersicht

I. Entstehungsgeschichte

1 Der Art 31 des E I ist in der II. Komm in die nunmehrigen Art 52, 53 und 54 umgearbeitet worden; dabei wurden nicht bloß redaktionelle, sondern auch in ihren Wirkungen nicht unerheblich vom ersten Entwurf abweichende Änderungen vorgenommen (Mot z EG 143 ff; Prot VI 598, 599).

II. Fortgeltung alter Enteignungsregeln

2 Nach Art 50 bleiben die reichsgesetzlichen Vorschriften über die Enteignung unberührt. Das gleiche gilt nach Art 109 S 1 für die Vorschriften der Landesgesetze. Die landesgesetzlichen Vorschriften über das Verfahren bei Streitigkeiten, welche die Zwangsenteignung und die Entschädigung wegen derselben betreffen, hat § 15 Nr 2 EGZPO vom 30.1.1877 (RGBl 244), jetzt idF vom 17.5.1898 (RGBl 332) unberührt gelassen.

III. Regelungsziel

3 Art 52 regelt die Rechte eines Dritten an einer Sache, die im Eigentum eines anderen steht und enteignet wird, wenn die (Reichs-), jetzt Bundesgesetze keine besondere Entschädigung für den Dritten vorsehen. Der Dritte erhält dann ersatzweise diejenigen Rechte am Entschädigungsanspruch des Eigentümers, die er bei Untergang seiner Rechte in der Zwangsversteigerung an deren Erlös bekäme. Statt eines Entschädigungsanspruchs gegen den Staat erhält er damit ein **Surrogat** für sein bisheriges Recht in Gestalt eines Rechts gegen den entschädigten Eigentümer.

IV. Abnehmende Bedeutung der Vorschrift

4 Die Vorschrift hat unter der Geltung des Art 14 GG (und auch des Art 153 Abs 2 WRV) mit seinem weiten Eigentumsbegriff erheblich an Bedeutung verloren (MünchKomm/Säcker Art 52), weil dort die Bestimmung einer Entschädigung im enteignenden Gesetz zwingend vorgeschrieben ist (Junktimklausel). Sie war zum Zeitpunkt des Inkrafttretens des BGB als Ergänzung der Reichsgesetze erforderlich, da damals eine derartige Verfassungsregel nicht bestand, die bis dahin vorhandenen einfachgesetzlichen Regeln für diese Fälle aber mit Einführung des BGB gerade durch das EG oftmals aufgehoben worden waren (vgl SOERGEL/HARTMANN Art 52 Rn 1).

Weil heute bereits das entschädigungslos enteignende Gesetz verfassungswidrig ist, **5** sieht der Gesetzgeber in der Regel in seinen Normen eine Entschädigung auch für **dinglich-berechtigte** Dritte ohne Eigentümerstellung vor. Art 52 ist deshalb bei Enteignungsfällen in erster Linie relevant, wenn ein einfaches Gesetz auf ihn Bezug nimmt. Er greift ferner in den Fällen ein, in denen Dritte bundesgesetzlich ohne ausdrücklichen Hinweis auf Art 52 auf die Entschädigung des Eigentümers verwiesen werden (SOERGEL/HARTMANN Art 52 Rn 1).

Wird dem Eigentümer eine **Entschädigung über** die Verpflichtung aus **Art 14 Abs 3** **6** **GG hinaus** gewährt, muß Art 52 auf den Dritten ebenfalls angewendet werden (vgl Rn 13).

V.   Tatbestandsvoraussetzungen der Vorschrift

Zum Eintritt der Rechtsfolgen des Art 52 müssen folgende Voraussetzungen gege- **7** ben sein:

1.   Entziehung, Beschädigung, Benutzung oder Eigentumsbeschränkung einer Sache

Art 52 ist zwar eine typische Annexregelung für Enteignungen und ähnliche Fälle; dennoch darf zur Subsumtion unter dieses Tatbestandsmerkmal nicht ohne weiteres auf die Rechtsprechung zur Enteignung iSd Art 14 GG zurückgegriffen werden; es ergeben sich vielmehr **zwischen Art 14 GG und Art 52 erhebliche Differenzen** in Wortlaut und Normzweck.

a)   Sachen, nicht Vermögensrechte
Zum einen ist der Tatbestand des Art 52 enger als der des Art 14 GG, weil die EG- **8** Vorschrift **nur Beschränkungen** an beweglichen oder unbeweglichen **Sachen** iSd BGB erfaßt, wohingegen Art 14 GG unter Eigentum jedes subjektive, vermögenswerte Recht versteht, auch wenn es keinen dinglichen Charakter hat. Bei Beeinträchtigung nicht-dinglicher subjektiver Rechte darf deshalb Art 52 nicht angewendet werden, auch wenn Art 14 GG hier tatbestandlich vorläge.

b)   Eigentum und dingliche Rechte
Nach dem Gesetzeswortlaut greift Art 52 nur ein, wenn das **Eigentum** enteignet **9** wurde. Das würde bei buchstabengetreuer Anwendung zu systemwidrigen Ergebnissen führen, weil bei einer mit Rechten Dritter belasteten Enteignung des **Eigentums** ein Surrogat gewährt würde, bei Enteignung einer mit Rechten Dritter belasteten **dinglichen Berechtigung** an einer Sache aber nicht. Die in den Begriffen „Eigentum" und „Eigentümer" zu eng gefaßte Vorschrift ist deshalb analog so auszulegen, daß sie bei jeder Enteignung eines **dinglichen Rechts** an einer Sache, dh auch bei Beeinträchtigung eines absoluten Teilrechts, nicht nur des Vollrechts, die Anwendung der Zwangsversteigerungsregeln zugunsten des Drittberechtigten anordnet.

Detlef Merten

c)   Belastung – Enteignung

10 In der Bestimmung der Beeinträchtigungsmodalitäten geht Art 52 weiter als der **Enteignungsbegriff** des Art 14 GG. Erfaßt letzterer nicht jede tatsächliche oder rechtliche Belastung des Eigentums, sondern – nach näherer Maßgabe durch die von der Rechtsprechung entwickelten verschiedenen Enteignungstheorien – nur Belastungen ab einer bestimmten Eingriffsschwelle, so lassen die entsprechenden Tatbestandsmerkmale des Art 52 eine derartige Beschränkung nicht erkennen. Nach ihrem Wortlaut ergreifen sie über die klassische Enteignung („Entziehung der Sache") hinaus jegliche rechtliche (= „Beschädigung oder Benutzung der Sache") Belastung des Sacheigentums, ohne sie von einer besonderen Beeinträchtigungsintensität abhängig zu machen. Bei Art 52 genügt also an sich **jede Belastung des Sacheigentums**, für die der Eigentümer entschädigt wird, auch wenn sie sich noch nicht im Bereich der verfassungsrechtlichen Enteignung bewegt.

2.   Aufgrund eines Reichsgesetzes

11 Bei Enteignungen durch Landesgesetze ist Art 52 nicht unmittelbar anzuwenden (RGZ 94, 20), es sei denn, daß auf ihn im Einzelfall verwiesen wird. Hier hilft **Art 109** dem Drittberechtigten. Anstelle des Reichsgesetzes ist jetzt das Bundesgesetz getreten; damit ist – vgl Art 2 – jede Rechtsnorm gemeint, die ein Bundesorgan erlassen hat.

3.   Im öffentlichen Interesse

12 Dessen Definition kann der Enteignungsrechtsprechung entnommen werden (vgl BVerfGE 56, 266, 274 ff und 284 ff; 52, 1, 37; 50, 290, 340; 38, 175, 180; allgemein zu diesem Begriff HÄBERLE, Öffentliches Interesse als juristisches Problem [1970]; vBRÜNNECK, Das Wohl der Allgemeinheit als Voraussetzung der Enteignung, NVwZ 1986, 425 ff; MARTENS, Öffentlich als Rechtsbegriff [1969] insb 186 ff; SCHULTE, Eigentum und öffentliches Interesse [1970]).

4.   Gewährung einer Entschädigung an den Eigentümer

13 Da bei Art 52 jede rechtliche Belastung oder tatsächliche Beeinträchtigung des Sacheigentums genügt, ist es ohne Belang, ob die Entschädigung gewährt wird, weil der Gesetzgeber eine **Enteignung** annahm und sich durch Art 14 Abs 3 GG zur Entschädigungsleistung verpflichtet fühlte, oder ob sie nur wegen einer **Sozialbindung**, aus Gründen des Vertrauensschutzes oder der Billigkeit geleistet werden soll; entscheidend ist allein, daß ein **Bundesgesetz** dem Eigentümer eine Entschädigung für die in Art 52 genannten Fälle gewährt; die **verfassungsrechtliche** Lage des Falles bleibt unberücksichtigt.

5.   Recht eines Dritten an der Sache

14 Darunter ist jedes dingliche Recht zu verstehen.

VI.   Rechtsfolgen

15 Wenn die oben in Rn 7 ff genannten Tatbestandsmerkmale erfüllt sind, erhält der Dritte Rechte am Entschädigungsanspruch des Eigentümers nach den Grundsätzen des Zwangsversteigerungsrechts. Ein **allgemeiner Rechtssatz**, daß an die Stelle der enteigneten Sache der Entschädigungsanspruch tritt, besteht im Zwangsversteigerungsrecht **nicht** (RGZ 94, 21 ff; MünchKomm/Säcker Art 52; Soergel/Hartmann Art 52 Rn 3); die Rechtslage ist je nach der Art des Enteignungsobjektes und des Rechts des Dritten am Enteignungsobjekt verschieden. Da jede Enteignung eines dinglichen (Voll- oder Teil-)Rechts an einer Sache die Rechtsfolgen des Art 52 auslöst (vgl Rn 9), ist zwischen der Zwangsvollstreckung in das bewegliche und in das unbewegliche Vermögen zu trennen.

1.   Immobiliarzwangsvollstreckung

Bei Enteignung von   **16**

(a) Grundstücken (§ 864 Abs 1 ZPO),

(b) Berechtigungen, für welche die sich auf Grundstücke beziehenden Vorschriften gelten (§ 864 Abs 1 ZPO); zB Erbbaurecht, § 11 ErbbauRVO; Wohnungs- und Teileigentum, § 1 Abs 2 und 3 WEG; Wohnungs- und Teilerbbaurecht, § 30 WEG; ferner die landesrechtlichen Bestimmungen im Rahmen der Vorbehalte der Art 67, 68, 69, 112, 196),

(c) ins Schiffsregister eingetragenen Schiffen (§ 864 Abs 1 ZPO),

(d) Schiffsbauwerken, die im Schiffsbauregister eingetragen sind oder eingetragen werden können (§ 864 Abs 1 ZPO),

(e) in die Luftfahrzeugrolle eingetragenen Luftfahrzeugen (§ 171a ff ZVG),

(f) Bruchteilen der in (a) bis (e) genannten Rechte in (teilweise analoger) Anwendung des § 864 Abs 2 ZPO

im gegenständlich erweiterten Umfang des § 865 Abs 1 ZPO gelten die Vorschriften des ZVG.

Dann kommen folgende Surrogatrechte für den Dritten in Betracht:

(a) Ist das beeinträchtigte Recht des Dritten auf Zahlung eines Kapitals gerichtet **17** (Hypothek, Grundschuld, Ablösungssumme für eine Rentenschuld oder eine Reallast), so tritt an die Stelle des Rechts der Anspruch auf Zahlung des entsprechenden Betrages aus der Entschädigungssumme (§§ 10, 117 ZVG; vgl RG in JW 1908, 736).

(b) Ist das Recht nicht auf Zahlung eines Kapitals gerichtet (Grunddienstbarkeiten, **18** §§ 1018 ff, Reallasten, §§ 1105 ff, dingliche Vorkaufsrechte, die nicht auf den Fall des Verkaufs durch den Besteller beschränkt sind, § 1097 HS 2 BGB), so tritt an die Stelle des Rechts der Anspruch auf Ersatz des Wertes aus der Entschädigungssumme (§ 92 Abs 1 ZVG).

(c) Ist das beeinträchtigte Recht ein Nießbrauch (§§ 1030 ff), eine beschränkte **19** persönliche Dienstbarkeit (§§ 1090 ff) oder eine Reallast von unbestimmter Dauer

(§§ 1105 ff; zB Altenteils-, Austragsrecht), so ist der Wertersatz aus der Entschädigungssumme durch Zahlung einer Geldrente zu leisten, die dem Jahreswert des Rechtes gleichkommt; die Rente ist für drei Monate vorauszuzahlen; der Anspruch auf eine fällig gewordene Zahlung verbleibt dem Berechtigten auch dann, wenn das Recht auf die Rente vor dem Ablauf der drei Monate erlischt (§ 92 Abs 2 ZVG).

20   (d) Ist das beeinträchtigte Recht ablösbar (Rentenschuld, §§ 1199 ff BGB, Reallast, Art 114, 116), so bestimmt sich der Betrag der Ersatzleistung aus der Entschädigungssumme durch die Ablösungssumme (§ 92 Abs 3 ZVG).

Vgl dazu im einzelnen ausführlich BÖTTCHER, ZVG (3. Aufl 2000) REINHARD/ SCHIFFHAUER/GERHARDT, ZVG (12. Aufl 1991) und ZELLER/STÖBER, ZVG (17. Aufl 2002).

2.   Mobiliarzwangsvollstreckung

21   Bei Enteignung beweglicher Sachen tritt gemäß § 1247 S 2 BGB die Entschädigungssumme an die Stelle der Sache (Surrogationsprinzip).

Artikel 53

(1) Ist in einem Falle des Artikels 52 die Entschädigung dem Eigentümer eines Grundstücks zu gewähren, so finden auf den Entschädigungsanspruch die Vorschriften des § 1128 des Bürgerlichen Gesetzbuchs entsprechende Anwendung. Erhebt ein Berechtigter innerhalb der im § 1128 bestimmten Frist Widerspruch gegen die Zahlung der Entschädigung an den Eigentümer, so kann der Eigentümer und jeder Berechtigte die Eröffnung eines Verteilungsverfahrens nach den für die Verteilung des Erlöses im Falle der Zwangsversteigerung geltenden Vorschriften beantragen. Die Zahlung hat in diesem Fall an das für das Verteilungsverfahren zuständige Gericht zu erfolgen.

(2) Ist das Recht des Dritten eine Reallast, eine Hypothek, eine Grundschuld oder eine Rentenschuld, so erlischt die Haftung des Entschädigungsanspruchs, wenn der beschädigte Gegenstand wiederhergestellt oder für die entzogene bewegliche Sache Ersatz beschafft ist. Ist die Entschädigung wegen Benutzung des Grundstücks oder wegen Entziehung oder Beschädigung von Früchten oder von Zubehörstücken zu gewähren, so finden die Vorschriften des § 1123 Abs. 2 Satz 1 und des § 1124 Abs. 1 und 3 des Bürgerlichen Gesetzbuchs entsprechende Anwendung.

Materialien: E I Art 31 Abs 1 und 2; II Art 27; III Art 51.

I.   Verhältnis zu Art 52, Bedeutung

1   Art 53 ist eine **Sonderregelung**, die auf dem Tatbestand des Art 52 aufbaut. Er kann deshalb nur angewendet werden, wenn die Voraussetzungen des Art 52 vorliegen

(vgl dazu die Erl zu Art 52 und Prot VI 464–469, 586). Die Sondervorschrift des Art 53 greift ein, wenn ein **Grundstück** oder eine bewegliche Sache, auf die sich die Haftung des Grundstücks gegenüber dem Realberechtigten erstreckt, enteignet wird. Trifft ein Enteignungsgesetz für seinen Anwendungsbereich besondere Vorschriften für solche Fälle, geht es als das speziellere vor. Da das Schicksal der Nebenrechte zunehmend in den Enteignungsbestimmungen spezieller Gesetze berücksichtigt wird (zB §§ 97 ff BauGB, 72 FlurbereinigungsG; Beispiele für Gesetze **ohne** Regelung für Nebenrechte s MünchKomm/Papier Art 53 Rn 2), geht die **Bedeutung** des Art 53 **stetig zurück**.

In einigen – auch neueren – Gesetzen wird allerdings auf Art 53 **verwiesen** (zB § 117 **2** Abs 3 BundesbergG vom 13. 8. 1980, BGBl I 1310, zul geänd durch Art 123 V v 25. 11. 2003, BGBl I 2304); er bildet dann jeweils einen inkorporierten Bestandteil des Gesetzes und gilt unabhängig vom EG als Sonderrecht.

II. Rechtsfolgen der Vorschrift

1. Bei Entziehung, Beschädigung oder Eigentumsbeschränkung eines Grundstücks

Ist die Entschädigung für die Entziehung oder Beschädigung des Grundstücks oder **3** die Beschränkung des Eigentums daran zu gewähren, so finden auf das Verhältnis der Beteiligten (Entschädigungspflichtiger, Eigentümer, Realberechtigter) hinsichtlich der Entschädigungssumme die **Vorschriften** des § 1128 (über die Haftung der Gebäude-Versicherungssumme) entsprechende Anwendung, ergänzt durch die Vorschriften des Art 53 Abs 1 S 2 und 3 über die Wirkungen eines Widerspruches des Realberechtigten gegen die Auszahlung der Entschädigungssumme an den Eigentümer. Hiernach gilt folgendes:

a) Für die Haftung der Entschädigungssumme und ihre Auszahlung gelten im **4** allgemeinen die Vorschriften der §§ 1279–1290 BGB (§ 1128 Abs 3 HS 1). Der Realberechtigte hat ohne weiteres ein gesetzliches Pfandrecht an der Forderung auf Zahlung der Entschädigung, die Ausübung seiner Rechte richtet sich nach den Vorschriften über das Forderungspfandrecht; s über die sich im einzelnen hieraus ergebenden Folgerungen § 1128. Der Entschädigungspflichtige kann sich nicht darauf berufen, daß er ein aus dem Grundbuch ersichtliches Recht eines Dritten nicht gekannt habe (§ 1128 Abs 3 HS 2).

b) Nach § 1281 BGB kann der Entschädigungspflichtige grundsätzlich nur an die **5** Realberechtigten und den Grundstückseigentümer gemeinsam leisten; zur Auszahlung der Entschädigung an den Eigentümer allein muß die Zustimmung aller Realberechtigten beigebracht werden. Der Entschädigungspflichtige kann die Entschädigung hinterlegen und es den Beteiligten überlassen, ihre Rechte an dieser im Rechtsstreit gegeneinander geltend zu machen. Es ist jedoch in entsprechender Anwendung des § 1128 Abs 1 ein Weg eröffnet, unter bestimmten Voraussetzungen die Auszahlung der Entschädigungssumme an den Grundstückseigentümer allein zu ermöglichen. Diese Voraussetzungen sind:

– Der Entschädigungspflichtige oder der Grundstückseigentümer muß von dem Eintritt des Entschädigungsfalles Anzeige an den Realberechtigten machen, so-

Detlef Merten

fern sie nicht untunlich ist (zB nur nach den Vorschriften über die öffentliche Zustellung ausführbar wäre);

– Seit dem Empfang der Anzeige und, wenn die Anzeige untunlich war, seit der Fälligkeit der Entschädigungssumme (die sich aus den Vorschriften der einzelnen einschlägigen Gesetze, sonst aus der allgemeinen Vorschrift des § 271 BGB ergibt) muß ein Monat abgelaufen sein, ohne daß der Realberechtigte Widerspruch gegenüber dem Entschädigungspflichtigen gegen die Zahlung der Entschädigung erhoben hat.

6 Beim Vorliegen dieser Voraussetzungen wird die stillschweigende Zustimmung des benachrichtigten (oder für die Anzeige nicht erreichbaren) Realberechtigten zur Auszahlung der Entschädigung an den Grundstückseigentümer allein angenommen; der Schuldner wird durch die Leistung an ihn von der Haftung gegenüber dem Dritten frei.

7 c) Ist rechtzeitig Widerspruch erhoben, so wird damit die Auszahlung der Entschädigung verhindert. Einer Einigung des Grundstückseigentümers mit dem Realberechtigten über die Verteilung der Entschädigung steht an sich nichts im Wege (vgl den nach § 1128 Abs 3 anwendbaren § 1284 BGB). Um aber beim Vorhandensein mehrerer Realberechtigter die Feststellung der Anteile der einzelnen Berechtigten und die Verteilung zu erleichtern, kann der Grundstückseigentümer und jeder Realberechtigte die Einleitung eines Verteilungsverfahrens beantragen (Art 53 Abs 1 S 2). Der Antrag ist an keine Frist gebunden und auch noch während eines Rechtsstreites der Beteiligten zulässig. Zuständig ist das Amtsgericht, in dessen Bezirk das von der Eintragung betroffene Grundstück liegt (§ 1 ZVG). Für das Verfahren sind die Vorschriften der §§ 105 ff ZVG maßgebend. Sobald der Antrag gestellt ist, kann sich der Entschädigungspflichtige nicht mehr durch Hinterlegung bei der ordentlichen Hinterlegungsstelle befreien (§ 1281 BGB), sondern muß die Entschädigungssumme an das für das Verteilungsverfahren zuständige Gericht zahlen (Art 53 Abs 1 S 3).

2. Bei Grundstücksbenutzung, Beeinträchtigungen von Früchten oder haftendem Zubehör

8 Ist die Entschädigung nur wegen Benutzung des Grundstücks oder wegen Entziehung oder Beschädigung von Früchten oder von Zubehörstücken des Grundstückes, auf welche sich die Haftung des Grundstücks erstreckt (§§ 1120, 1192 Abs 1 BGB), zu gewähren, so finden die Vorschriften des § 1123 Abs 2 S 1 und des § 1124 Abs 1 und 3 BGB (über die Haftung von Miet- und Pachtzinsen des Hypothekengegenstandes) entsprechende Anwendung (Art 53 Abs 2 S 2). Das bedeutet:

9 a) Der Entschädigungspflichtige kann grundsätzlich die Entschädigung ohne Haftung gegenüber den Realberechtigten auszahlen und zwar sowohl an den Grundstückseigentümer selbst als auch an einen Dritten, dem er die Forderung abgetreten oder verpfändet hat; der Realberechtigte geht dem Pfandgläubiger der Forderung im Range nach (§ 1124 Abs 1).

10 Der Übertragung der Entschädigungsforderung auf einen Dritten steht es gleich, wenn das Grundstück, das oder dessen Früchte oder Zubehörstücke von der Enteignungsmaßnahme im Sinne des Art 53 Abs 2 S 2 betroffen sind, veräußert wird, ohne daß zugleich die Forderung auf Entschädigung auf den Erwerber übertragen wird (§ 1124 Abs 3). In diesem Falle hört die Verbindung zwischen Grundstück und Forderung auf.

b) Die Auszahlung der Entschädigung an den Eigentümer kann der Realberech- **11** tigte nur durch rechtzeitige Beschlagnahme der Forderung verhindern, nämlich durch Pfändung des Entschädigungsanspruchs, Pfändungsbenachrichtigung oder einstweilige Verfügung (§§ 828 ff, 845, 935 ff ZPO).

Das Recht des Realberechtigten zur Beschlagnahme des Entschädigungsanspruchs **12** mit dieser Wirkung besteht nicht mehr bzw erlischt,

– wenn der Grundstückseigentümer die Forderung schon abgetreten oder verpfändet hat (§ 1124 Abs 1 S 2),

– wenn das Grundstück ohne die Forderung veräußert ist (§ 1124 Abs 3) und außerdem

– wenn seit dem Eintritt der Fälligkeit des Entschädigungsanspruchs ein Jahr verstrichen ist (§ 1123 Abs 2 S 1).

3. Erlöschen der Haftung

Nach Art 53 Abs 2 S 1 erlischt die Haftung des Entschädigungsanspruchs, wenn das **13** dingliche Recht des Dritten auf Zahlung eines Geldbetrages gerichtet ist (Hypothek, Grundschuld, Rentenschuld, Reallast), in folgenden beiden Fällen:

(a) wenn für die dem Eigentümer entzogene bewegliche Sache, auf welche sich die Haftung des Grundstücks erstreckte (§§ 1120, 1192 Abs 1 BGB), Ersatz in Natur beschafft ist,

(b) wenn die – unbewegliche oder bewegliche – Sache dem Eigentümer nicht entzogen, sondern nur beschädigt war und wiederhergestellt ist.

An den wiederbeschafften oder wiederhergestellten Gegenständen bestehen ohne **14** weiteres wieder die Rechte des Dritten, wie sie an den entzogenen oder beschädigten Gegenständen bestanden hatten.

Die Entschädigungsforderung wird auch frei von der Haftung durch ein nach Lan- **15** desrecht erteiltes Unschädlichkeitszeugnis (Art 120 Abs 2 Nr 3).

III. Landesrecht, Sonderfälle

Wegen der landesrechtlichen Enteignungsfälle s Art 109 S 2, wegen Anwendung des **16** Art 53 auf die Entschädigung wegen Beschädigung durch Bergbau die Bemerkungen zu Art 67 Abs 2.

Artikel 53a

(1) Ist in einem Falle des Artikels 52 die Entschädigung dem Eigentümer eines eingetragenen Schiffs oder Schiffsbauwerks zu gewähren, so sind auf den Entschädigungsanspruch die Vorschriften der §§ 32 und 33 des Gesetzes über Rechte an eingetragenen Schiffen und Schiffsbauwerken vom 15. November 1940 (Reichsgesetzbl. I S. 1499) entsprechend anzuwenden.

(2) Artikel 53 Abs. 1 Satz 2 und 3 gilt entsprechend.

1.   Entstehung, Fortgeltung

1   Art 3 der Verordnung zur Durchführung des Gesetzes über Rechte an eingetragenen Schiffen und Schiffsbauwerken vom 21. 12. 1940 (RGBl I 1609) fügte den Art 53a mit Wirkung vom 1. 1. 1941 in das EG ein; diese Verordnung beruht auf § 83 des Gesetzes über Rechte an eingetragenen Schiffen und Schiffsbauwerken vom 15. 11. 1940 (RGBl I 1499). Die Durchführungsverordnung ist in das BGBl III aufgenommen worden (Gliederungsnummer 403-4-1); sie gilt heute noch.

II.   Sonderregelung

2   Art 53a setzt den Tatbestand des Art 52 voraus und greift ein, wenn Enteignungsobjekt ein im Schiffsregister eingetragenes Schiff oder Schiffsbauwerk ist. Mit der Verweisung auf die §§ 32, 33 und Art 53 Abs 1 S 2, 3 wird eine dem Art 53 ähnliche **Sonderregelung** getroffen; vgl deshalb die dort gemachten Bemerkungen.

3   § 32 Abs 2 des Gesetzes über Rechte an eingetragenen Schiffen und Schiffsbauwerken **verkürzt** jedoch die **Widerspruchsfrist** des Realberechtigten auf zwei Wochen; zu beachten ist ferner, daß § 33 die Rechtswirksamkeit der Entschädigungszahlung an den Eigentümer gegenüber dem Realberechtigten anordnet, wenn sie zum Zwecke der Wiederherstellung des Schiffes geleistet wurde und dessen Wiederherstellung gesichert ist oder wenn sie zum Zwecke der Befriedigung vorrangiger Rechte bewirkt wurde.

Artikel 54

Die Vorschrift des § 36 Abs. 4 des Gesetzes, betreffend die Beschränkungen des Grundeigentums in der Umgebung von Festungen, vom 21. Dezember 1871 (Reichs-Gesetzbl. S. 459) wird durch die Vorschriften der Art. 52, 53 nicht berührt. Findet nach diesen Vorschriften ein Verteilungsverfahren statt, so ist die Entschädigung auf Ersuchen des für das Verfahren zuständigen Gerichts an dieses zu leisten, soweit sie zur Zeit der Stellung des Ersuchens noch aussteht.

Die Vorschrift des § 37 desselben Gesetzes wird dahin geändert: Ist das Grundstück mit einem Rechte belastet, welches durch die Beschränkung des Eigentums beeinträchtigt wird, so kann der Berechtigte bis zum Ablauf eines Monats, nachdem ihm der

Eigentümer die Beschränkung des Eigentums mitgeteilt hat, die Eröffnung des Verteilungsverfahrens beantragen.

Materialien: E I Art 31 Abs 3; II Art 28; III
Art 52.

Art 54 wird in der Neubekanntmachung des EG vom 21. 9. 1994 (BGBl I 2494) als **1**
gegenstandslos bezeichnet. Von der Kommentierung wurde abgesehen. Es wird auf
die Erläuterungen von STAUDINGER/MERTEN/KIRCHHOF[12] verwiesen.

Dritter Teil
Verhältnis des Bürgerlichen Gesetzbuchs zu den Landesgesetzen

Vorbemerkungen zu Artikel 55–152

Systematische Übersicht

Alphabetische Übersicht

Detlef Merten

I. Grundsatz

1 Der Dritte Teil stellt für das Verhältnis des BGB zu den Landesgesetzen mit Art 55 den Grundsatz an die Spitze, daß das BGB das Landesprivatrecht in seiner Gesamtheit aufhebt, soweit BGB und EG im Einzelfall nicht etwas anderes bestimmen. Damit gilt für die Landesgesetze das umgekehrte Prinzip wie für die Reichsgesetze. Diese bleiben gemäß Art 50 in Kraft, es sei denn, daß BGB oder EG ihre (totale oder partielle) Aufhebung anordnen.

II. Derogationsweite

1. Derogation, nicht Abrogation

2 Nach Art 55 treten die Landesgesetze nicht schlechthin, sondern nur insoweit außer Kraft, als sie privatrechtliche Vorschriften enthalten. Art 55 statuiert also grundsätzlich eine Derogation, keine Abrogation, wenn auch die Aufhebung bei einzelnen Gesetzen eine totale sein kann.

2. Umfassende Derogation

3 Die Derogation erfaßt inhaltlich **widersprechendes** wie **inhaltsgleiches** oder **-ergänzendes** Landesprivatrecht (vgl Mot zum EG S 146). Daher treten die privatrechtlichen Vorschriften der Landesgesetze ohne Rücksicht darauf außer Kraft, ob ihr Gegenstand im BGB geregelt ist oder nicht (vgl PLANCK Art 55 Anm 1).

III. Kodifikationsprinzip

1. Ziel der Kodifikation

4 Art 55, der insoweit durch Art 1 Abs 2 (Art 3 aF EGBGB) und Art 218 ergänzt wird, ist Ausweis des dem BGB zugrundeliegenden Kodifikationsprinzips. Dieses drückt die grundsätzliche Absicht des Gesetzes aus, das Bürgerliche Recht einheitlich, widerspruchsfrei, erschöpfend, abschließend und systematisierend reichsgesetzlich zu regeln (zur Kodifikation vgl WIEACKER, Aufstieg, Blüte und Krisis der Kodifikationsidee, in:

FS Gustav Boehmer [1954] 34 ff; dens, Privatrechtsgeschichte der Neuzeit [2. Aufl 1967, 2. unveränd Nachdruck 1996] § 19, 322 ff; Dölemeyer, Kodifikationsbewegung, in: Coing [Hrsg], Handbuch der Quellen und Literatur der neueren europäischen Privatrechtsgeschichte Bd III/2 [1982] 1421 ff; Herzog, Art Kodifikation, Ev Staatslexikon [2. Aufl 1975] Sp 1316 f; Merten/Schreckenberger [Hrsg], Kodifikation gestern und heute [1995]; Starck, Art Kodifikation, Staatslexikon [7. Aufl 1987] Bd 3 Sp 563 f). Der Kodifikationsidee mit ihrem Streben nach Vollständigkeit entspricht es, daß etwaige Lücken mit Hilfe der Grundsätze und Generalklauseln des Gesetzbuchs, nicht aber durch Rückgriff auf früheres Landesrecht geschlossen werden sollen (vgl hierzu auch BVerfGE 7, 342, 348, 355 mwN).

Die Kodifikationsidee diente zugleich der Durchsetzung und Stärkung der **Rechts-** 5
einheitlichkeit und **Reichseinheitlichkeit**.

2.   Durchbrechungen des Kodifikationsprinzips

Als Privatrechtskodifikation enthielt das BGB von vornherein mehrere Durchbre- 6
chungen.

a)   Privatrechtliche Nebengebiete
Bestimmte privatrechtliche Materien, insbesondere das Handelsrecht, das Versicherungs- und das Verlagsrecht, sollten von vornherein nicht in das BGB integriert werden (vgl Staudinger/Coing [1995] Einl 75).

b)   Durchbrechung durch allgemeines Zivilrecht
Aber auch auf dem Gebiet des **Bürgerlichen Rechts** enthält das BGB insoweit keine 7
einheitliche und abschließende Regelung, als gemäß Art 50 (Art 32 aF EGBGB) die **Reichsgesetze** grundsätzlich in Kraft bleiben und zugunsten der Landesgesetze im Art 56 ff zahlreiche Vorbehalte aufgestellt werden. Soweit diese sich auch im BGB selbst finden, ist der kodifikatorische Charakter wenigstens im formellen Sinn gewahrt, vgl in diesem Zusammenhang § 233 aF (geänd d Art 1 Nr 6 des G zur Wiederherstellung der Gesetzeseinheit auf dem Gebiete des bürgerlichen Rechts v 5. 3. 1953; BGBl I 33), 907, 919 Abs 2, 1315 aF (aufgehoben d § 84 EheG v 6. 7. 1938; RGBl I 807), 1784, 1807 Abs 2, 1808 aF (aufgehoben d das BetreuungsG v 12. 9. 1990; BGBl I 2002), 1888, 2249 Abs 1 aF.

c)   Durchbrechung durch Zivilrecht der Länder
Die Durchbrechung des Kodifikationsprinzips zugunsten des Landesrechts hat **un-** 8
terschiedliche Gründe. Teilweise sollten die besonderen Verhältnisse einzelner Bundesstaaten berücksichtigt oder Regelungen entsprechend den örtlichen Verhältnissen ermöglicht werden (vgl Mot zum EG S 148). Andere Vorbehalte betreffen Materien, die künftig in anderen Reichsgesetzen geregelt werden sollten (Art 75, 76). Schließlich sind einige Vorbehalte aufgenommen worden, bei denen es zweifelhaft war, ob ihr Gegenstand dem Privatrecht oder dem öffentlichen Recht angehörte. Soweit die Vorbehalte nur salvatorischen Charakter haben und wegen Art 50 (arg „privatrechtliche Vorschriften der Landesgesetze") an sich nicht erforderlich sind, handelt es sich nur um scheinbare oder *unechte* Durchbrechungen des Kodifikationsprinzips.

Detlef Merten

d)   Verlustliste der deutschen Rechtseinheit

9 Angesichts der vielen und umfangreichen Vorbehalte zugunsten des Landesrechts ist
es gerechtfertigt, von einer *„Verlustliste der deutschen Rechtseinheit"* zu sprechen.
Die **Kodifikation** war bei ihrem Inkrafttreten **unvollständig**, wobei es unbeachtlich
war, daß der Reichsgesetzgeber auf Grund seiner Gesetzgebungskompetenz damals
oder später das Landesrecht hätte ausschließen können (s aber ENNECCERUS/NIPPERDEY,
Allgemeiner Teil des Bürgerlichen Rechts 1. Halbbd § 14 II S 67).

3.   Wirkungen des Kodifikationsprinzips

10 Die Wirkungen des Kodifikationsprinzips werden vielfach ungenau gesehen.

a)   Rechtsgrund der Derogation

Das Kodifikationsprinzip **als solches** kann weder früheres Recht aufheben noch dem
Erlaß späteren Rechts entgegenstehen. Aber auch Art 55 (iVm Art 1 Abs 2 und
Art 218) vermag **aus eigener Kraft** keine Derogationswirkung zu entfalten. Keine
Norm kann sich autonom eine Aufhebungswirkung für die Vergangenheit und/oder
eine Sperrwirkung für die Zukunft beilegen, wobei der Sonderfall des Art 79 Abs 3
GG unberücksichtigt bleibt. Denn bei der Aufhebung älteren Rechts durch jüngeres
Recht und der Brechung des Landesrechts durch Bundesrecht handelt es sich nicht
um apriorische Derogationsformeln. Sie gelten vielmehr nur, wenn sie (ausdrücklich
oder stillschweigend) aus höherrangigem Recht folgen. Andernfalls hätte in einigen
Epochen der Rechtsgeschichte nicht der umgekehrte Rechtszustand gelten und
älteres Recht dem jüngeren vorgehen oder Landesrecht Reichsrecht brechen können.

b)   Heteronome Derogationsmacht

11 Die Derogationsmacht des Art 55 ist eine **heteronome**. Nur weil nach (dem höher-
rangigen) Art 2 S 1 der Reichsverfassung von 1871 „Reichsgesetze den Landesgesetzen vorgehen" sollten und das Reich durch eine Änderung des Art 4 Nr 13 RV die
„gemeinsame Gesetzgebung über das gesamte bürgerliche Recht" erlangt hatte (vgl
STAUDINGER/COING [1995] Einl 22), konnte Art 55 in wirksamer Weise die grundsätzliche
Aufhebung der Landesgesetze privatrechtlichen Inhalts anordnen.

c)   Überwiegend deklaratorische Derogation

12 Die Derogationswirkung des Art 55 war zum überwiegenden Teil **deklaratorisch** und
nicht konstitutiv. Denn das dem BGB **widersprechende** wie das **entsprechende** (bestr)
Landesprivatrecht trat konstitutiv bereits wegen Art 2 RV **von Verfassungs wegen**
außer Kraft.

13 Nur für die Fortgeltung **ergänzenden** Landesprivatrechts war es entscheidend, ob das
BGB als Reichsgesetz den Landesgesetzen auch insoweit vorgehen oder ob es sie
bestehen lassen wollte. Für die Beantwortung dieser Frage kommt es auf den Inhalt
des Reichsgesetzes an und ist das Kodifikationsprinzip von Bedeutung, weil es als
zusammenfassendes Schlagwort zum Ausdruck bringt, daß der Reichsgesetzgeber
mit dem BGB eine abschließende, damit aber auch ergänzendes Landesrecht aus-
schließende Regelung beabsichtigt hat (vgl Rn 4). Für den **Umfang** der Derogationswirkung, insbesondere hinsichtlich des ergänzenden und lückenfüllenden Landesprivatrechts, hat Art 55 daher eine **konstitutive** Wirkung, weil es die von Verfassungs

wegen angeordnete Aufhebungswirkung in Teilbereichen konkretisiert und präzisiert.

d) Aufhebungs-, nicht Sperrwirkung

Die (deklaratorische und konstitutive) Derogation des Art 55 bezieht sich zunächst **14** nur auf die **Vergangenheit**, hat also **Aufhebungswirkung**, nicht auch Sperrwirkung. Art 55 hebt früheres Landesprivatrecht auf, verhindert aber nicht autonom, daß der Kodifikationscharakter des BGB durch spätere Landesgesetze beeinträchtigt wird. Andernfalls würde das einfach-gesetzliche bürgerliche Recht einen Vorrang auch gegenüber späterem Verfassungsrecht beanspruchen.

Eine **Sperrwirkung** setzt vielmehr voraus, daß dem Reich (Bund) die Gesetzgebungs- **15** kompetenz für das bürgerliche Recht verbleibt oder der Derogationsgrundsatz des Vorrangs des **Reichs-(Bundes-)rechts** besteht, der „nach rückwärts als Aufhebung, nach vorwärts als Sperre wirkt" (so ANSCHÜTZ [14. Aufl 1933] Art 13 Anm 3 S 103). Die Richtigkeit dieser Annahme zeigt sich in der reichsverfassungslosen Epoche zwischen 1945 und 1949. Obwohl das BGB in dieser Zeit als Kodifikation fortgalt, wurde es in zulässiger Weise durch Landesrecht abgeändert (arg Art 125 2. Alt GG; vgl auch ENNECCERUS/NIPPERDEY, Allgemeiner Teil des Bürgerlichen Rechts, 1. Halbbd [15. Aufl 1959] § 14 I 6 S 65 f; MAUNZ/DÜRIG, GG Art 125 Rn 8; BVerfGE 2, 237, 252 f). Eine Sperre haben erst die Kompetenzvorschriften der Art 74 Abs 1 Nr 1, 72 Abs 1 GG bewirkt. Nur für die Frage, **wieweit** der Bund von seinem Gesetzgebungsrecht Gebrauch gemacht hat (vgl Art 72 Abs 1 GG) und ob ergänzendes Landesprivatrecht erlassen werden kann, ist das Kodifikationsprinzip von Bedeutung (vgl auch BVerfGE 45, 297, 341).

4. Umfang des Kodifikationsprinzips

Auch für den Umfang des Kodifikationsprinzips ist zwischen der Aufhebungswir- **16** kung für die Vergangenheit und der Sperrwirkung für die Zukunft zu unterscheiden.

a) Bei Aufhebung

Für die Aufhebung des Landesprivatrechts in der Vergangenheit kommt es darauf **17** an, welche Gebiete nach der zum Zeitpunkt des Inkrafttretens des BGB herrschenden Anschauung zum bürgerlichen Recht gehörten und damit dem Kodifikationsprinzip unterfielen. Soweit sie durch Art 55 außer Kraft gesetzt wurden, konnten sie auch dann nicht wieder wirksam werden, wenn die entsprechende Materie später nicht mehr dem bürgerlichen Recht zugerechnet wurde.

b) Bei Sperre
aa) Zeitpunkt der Zuordnung

Für die Sperre gegenüber neuem Landesrecht in der Zukunft ist entscheidend, **18** welche Gebiete im **Kollisionsfall** dem bürgerlichen Recht **(noch)** zugerechnet werden. Das Kodifikationsprinzip ist nichts Starres und kann insbesondere nicht vor Änderungen durch Reichs-(Bundes-)Gesetze oder gar Reichs-(Bundes-)Verfassungsrecht schützen. Zu Recht betont daher das *Bundesverfassungsgericht*, daß das Kodifikationsprinzip nur für die Rechtsgebiete gilt, „die **jeweils** noch als bürgerlichrechtlich anerkannt sind" (BVerfGE 7, 342, 351).

Detlef Merten

bb) Änderung der Zuordnung nach 1900

19 Änderungen haben sich seit Inkrafttreten des BGB vor allem bei der Grenzziehung zwischen bürgerlichem (privatem) und öffentlichem Recht und bei der Verselbständigung einzelner Rechtsgebiete (insbesondere des Arbeitsrechts) ergeben.

20 Zur **Abgrenzung** des öffentlichen Rechts vom privaten Recht vgl im einzelnen ACHTERBERG, Allgemeines Verwaltungsrecht (2. Aufl 1986) 8 ff; BULLINGER, Öffentliches Recht und Privatrecht (1968); ders, Öffentliches Recht und Privatrecht in Geschichte und Gegenwart, in: FS Rittner (1991) 69 ff; BYDLINSKI, Kriterien und Sinn der Unterscheidung von Privatrecht und öffentlichem Recht, AcP 194 (1994) 319 ff; EHLERS, in: ERICHSEN (Hrsg), Allgemeines Verwaltungsrecht (12. Aufl 2002) 35 ff; ders, Die Unterscheidung von privatem und öffentlichem Recht, Die Verwaltung 1987, 373 ff; GERN, Neuansatz der Unterscheidung des öffentlichen Rechts vom Privatrecht, ZRP 1985, 56 ff; MAURER, Allgemeines Verwaltungsrecht (15. Aufl 2004) 47 ff; MENGER, Zum Stand der Meinungen über die Unterscheidung von öffentlichem und privatem Recht, in: FS H J Wolff (1973) 149 ff; PESTALOZZA, Kollisionsrechtliche Aspekte der Unterscheidung von öffentlichem Recht und Privatrecht, DÖV 1974, 188 ff; RILL, Zur Abgrenzung des öffentlichen vom privaten Recht, ÖZÖR 11 (1961) 457 ff; SCHMIDT, Die Unterscheidung von privatem und öffentlichem Recht (1985); WOLFF/BACHOF/STOBER, Verwaltungsrecht I (11. Aufl 1999) 256 ff. Soweit Landesgesetze rein öffentlich-rechtliche Regelungen enthalten, steht das Kodifikationsprinzip nicht entgegen (vgl BVerfGE 24, 367, 386; 42, 20, 30 f). Das gilt auch für die Begründung öffentlichen Eigentums, wobei im Falle des Hamb Deichordnungsgesetzes v 29. 4. 1964 (GVBl I 79) die Gesetzgebungskompetenz zusätzlich auf Art 66 gestützt werden konnte (vgl BVerfG aaO).

21 Das **Arbeitsrecht** hat sich im Laufe der letzten Jahrzehnte einschließlich seiner privatrechtlichen Normen zu einem eigenständigen Rechtsgebiet entwickelt, das nicht länger Teilgebiet des bürgerlichen Rechts ist, sondern eigenständig neben diesem steht. Das zeigt nicht nur der Erlaß zahlreicher Reichs- und Bundesgesetze im Bereich des Arbeitsrechts, sondern auch die Tatsache, daß sowohl die Weimarer Reichsverfassung (Art 7 Nr 9, vgl auch Art 157 Abs 2) als auch das Grundgesetz (Art 74 Nr 12) das „Arbeitsrecht" jeweils als selbständiges und vom „bürgerlichen Recht" auch systematisch deutlich **getrenntes Rechtsgebiet** ausweisen. Art 72 Abs 1 GG iVm dem Kodifikationsprinzip steht daher heutzutage dem Erlaß landesrechtlicher Arbeitsgesetze nicht mehr entgegen (wie hier BVerfGE 7, 342; BAGE 59, 93 ff; SOERGEL/HARTMANN Art 55 Rn 1; vgl auch WIEACKER, Privatrechtsgeschichte der Neuzeit [2. Aufl 1967, 2. unveränderter Nachdruck 1996] 549 f; aA NIPPERDEY, Bundesprivatrecht und Landesprivatrecht, NJW 1951, 897 ff; NIKISCH, Arbeitsrecht Bd I [3. Aufl 1961] 59 f).

22 Die Zuordnung einer Rechtsnorm zum öffentlichen Recht oder zum Privatrecht ist wegen der Sperrwirkung des Kodifikationsprinzips gegenwärtig für die folgenden Fallgestaltungen bedeutsam:

Rechtsvorschriften kommunaler Außenvertretung: Die Gemeindeordnungen der Länder bestimmen in der Regel, daß rechtswirksame Verpflichtungserklärungen der Gemeindeorgane im Privatrechtsverkehr, soweit sie über Angelegenheiten der laufenden Verwaltung hinausgehen, bestimmten Wirksamkeitsvoraussetzungen genügen müssen. Hierzu zählen die Schriftform der Erklärung oder die in elektronischer

Form mit einer dauerhaft überprüfbaren qualifizierten elektronischen Signatur versehene Erklärung (vgl zB Art 38 Abs 2 S 1 HS 1 bayGO, § 54 Abs 1 S 1 bw GemO, § 64 Abs 1 S 1 GO NW), die eigenhändige Unterzeichnung durch den Vertretungsberechtigten (Art 38 Abs 2 S 2 bayGO, § 54 Abs 1 S 2 bw GemO, § 64 Abs 1 S 2 GO NW, § 63 Abs 2 S 2 ns GO) und ggf weitere Dritte (§ 54 Abs 2 bw GemO, § 64 Abs 1 S 2 GO NW, § 63 Abs 1 S 1 ns GO) oder die gerichtliche oder notarielle Beurkundung(§ 63 Abs 2 S 2 ns GO). Vgl dazu im einzelnen die Aufstellung bei FRITZ, Vertrauensschutz im Privatrechtsverkehr mit Gemeinden (1983) 118 ff; GÜNNIKER, Rechtliche Probleme der Formvorschriften kommunaler Außenvertretung (1984) 74 ff. Aus zivilrechtlicher Perspektive stellen diese landesrechtlichen Bestimmungen Formvorschriften dar, die an sich der Sperrwirkung des Kodifikationsprinzips unterfallen würden (anders für die bundesrechtliche revDGO BGHZ 21, 59, 64). Rechtsprechung und Schrifttum stufen diese Formvorschriften demgegenüber als **landesrechtliche Regelungen der Vertretungsmacht** der jeweiligen kommunalen Gebietskörperschaft ein, so daß ein Konflikt mit Art 55 vermieden wird (so dezidiert BGH NJW 1994, 1528; vgl auch BGHZ 32, 380; BAGE 59, 93; MünchKomm/FÖRSCHLER § 125 Rn 28; PALANDT/HEINRICHS § 125 Rn 3; BGB-RGRK/KRÜGER/NIELAND [12. Aufl 1982] § 125 Rn 24; **aA** STAUDINGER/DILCHER[12] § 125 BGB Rn 55 f, der die Bestimmungen als eigenständige öffentlich-rechtliche Formvorschriften qualifiziert.). Demzufolge richtet sich bei Nichtbeachtung der genannten Vorschriften die Rechtsfolge nach §§ 177 ff BGB (schwebende Unwirksamkeit), nicht hingegen nach § 125 BGB (Nichtigkeit). Die Vorschriften beziehen sich des weiteren lediglich auf die Verpflichtungserklärung des Kommunalorgans, nicht hingegen auf diejenige des Vertragspartners, es sei denn, die Formbedürftigkeit ergibt sich aus anderen zivilrechtlichen Vorschriften (vgl dazu MASSON/SAMPER, Bayerische Kommunalgesetze Art 38 GO Rn 2).

Andere öffentlich-rechtliche Körperschaften, Kirchen: Dieselbe Problematik der **23** „Formbedürftigkeit" der Außenvertretung stellt sich bei sonstigen öffentlich-rechtlichen Körperschaften und bei als öffentlich-rechtliche Körperschaften verfaßten Kirchen und deren Untergliederungen (Kirchenstiftungen, Gemeinden etc). Hier kann auf die unter Rn 22 dargestellten Grundsätze verwiesen werden (vgl auch OLG Hamm NJW-RR 92, 1402; OLG Köln NJW-RR 1994, 211; ausführlich ZILLES/KÄMPFER, Kirchengemeinden als Körperschaften im Rechtsverkehr, NVwZ 1994, 109 ff). Lediglich die öffentlich-rechtlich verfaßten **Sparkassen** nehmen eine **Sonderstellung** ein. Hier greift der Vorbehalt des Art 99 EG mit der Folge, daß landesrechtliche Formvorschriften nicht gegen die Sperrwirkung des Kodifikationsprinzips verstoßen (vgl BGH NJW 1958, 866; PALANDT/HEINRICHS § 125 Rn 4a).

Öffentlich-rechtliche Eigentumsbeschränkungen: Die nachbarrechtlichen Vorschrif- **24** ten des BGB bilden lediglich eine privatrechtlich abschließende, Art 55 unterliegende Kodifikation (vgl außerdem Art 124). Öffentlich-rechtliche Eigentumsbeschränkungen – etwa Duldungspflichten im Rahmen einer kommunalen Baumschutzsatzung – werden dadurch nicht berührt (vgl OLG Düsseldorf NJW 1989, 1807 f).

IV. Durchbrechungen in Art 56 bis 152 EG und ihre Wirkungen

1. Vorbehaltsgebiete

25 Die Durchbrechungen des Kodifikationsprinzips finden sich außer im BGB selbst
(vgl oben Rn 7) in den Art 56 bis 152 dieses Abschnitts.

a) Allgemeine und besondere Vorbehalte

26 Die Vorbehalte sind teils allgemeine, teils besondere. Die allgemeinen Vorbehalte
überweisen ganze Rechtsgebiete dem Landesrecht; die besonderen Vorbehalte betreffen einzelne Rechtsverhältnisse (vgl Art 77–152). Ist dem Landesrecht ein
Rechtsgebiet allgemein zugewiesen, so werden durch den Vorbehalt alle Vorschriften getroffen, welche die Regelung des Rechtsgebiets zum Gegenstand haben.
Daher sind auf dem vorbehaltenen Gebiete Abweichungen auch von den allgemeinen Vorschriften des BGB statthaft; es steht zB nichts entgegen, daß die Landesgesetzgebung auf einem ihr vorbehaltenen Gebiete Sonderbestimmungen über die
Formerfordernisse eines Rechtsgeschäfts, über Statthaftigkeit oder Unstatthaftigkeit
von Bedingungen oder Zeitbestimmungen, über die Verjährung, über die Wirksamkeit des rechtskräftigen Urteils gegen Dritte usw trifft. Ebenso schließt die Beseitigung der Rechtseinrichtungen der unvordenklichen Verjährung und der Wiedereinsetzung in den vorigen Stand durch das BGB nicht aus, daß landesgesetzliche
Vorschriften über unvordenkliche Verjährung und Wiedereinsetzung in den vorigen
Stand für eine vorbehaltene Materie getroffen werden, bzw daß bereits getroffene
derartige Vorschriften ihre Kraft behalten. In Kraft bleiben ebenfalls diejenigen
Vorschriften, welche zwar inhaltlich von dem bisherigen gemeinen Privatrecht nicht
abweichen, nach der Absicht des betr Gesetzes aber nicht lediglich die Bedeutung
einer erläuternden Wiederholung des gemeinen Rechtes haben, sondern einen Bestandteil des Sonderrechts bilden sollen (Mot z EG 149). Ob und inwieweit im
einzelnen Fall auf Grund eines allgemeinen Vorbehalts an Stelle der allgemeinen
Vorschriften des BGB diejenigen des Landesrechts Anwendung finden sollen, ist
Auslegungsfrage.

b) Zusammenstellung der allgemeinen Vorbehalte

27 Durch allgemeine Vorbehalte werden oder wurden aufrecht erhalten: in Art 56 die
vor dem 1.1. 1900 abgeschlossenen Staatsverträge einzelner Bundesstaaten mit ausländischen Staaten. Art 57 und 58 sind nach der Neubekanntmachung des EG (Gesetz vom 21. 9. 1994, BGBl I 2494) gegenstandslos. Art 57 hatte die Sonderrechte der
Landesherren, der landesherrlichen Familien sowie die der ihnen gleichgestellten
Häuser, Art 58 die Sonderrechte der ehemals reichsständischen Häuser zum Gegenstand; s dazu die Erläuterungen von STAUDINGER/MERTEN/KIRCHHOF[12].

28 Weitere allgemeine Vorbehalte betreffen die Landesgesetze:

in Art 59 über Lehen, Familienfideikommisse und Stammgüter,

in Art 60 über die Revenuen-Hypothek,

in Art 62 über die Rentengüter,

in Art 63 über die Erbpacht, das Häusler- und Büdnerrecht,

in Art 64 über das Anerbenrecht (dieser Vorbehalt wurde nahezu restlos durch § 60 des Reichserbhofgesetzes vom 29. 9. 1933 [RGBl I 685] beseitigt, hatte aber durch Art II KRG Nr 45 v 20. 2. 1947 [KRABl S 256] seine ursprüngliche Bedeutung zurückgewonnen; das Kontrollratsgesetz selbst hat durch § 39 Abs 3 des GrdstVG v 28. 7. 1961 [BGBl I 1091] seine Wirksamkeit verloren; die Fortgeltung der durch Art II KRG Nr 45 wieder in Kraft gesetzten Vorschriften blieb dadurch unberührt, § 39 Abs 3 S 2 GrdstVG),

in Art 65 über das Wasserrecht,

in Art 66 über das Deich- und Sielrecht,

in Art 67 über das Bergrecht (nach dem Gesetz zur Überleitung des Bergwesens auf das Reich vom 28. 2. 1935 [RGBl I 315] war das Bergwesen Reichsangelegenheit geworden, jedoch blieben die materiellen Landesges in Kraft; vgl auch Art 74 Abs 1 Nr 11 GG),

in Art 68 über die Gewinnung eines nicht bergrechtlichen Minerals,

in Art 69 über Jagd und Fischerei (seinerzeit aufgehoben durch § 71 Abs 2 Nr 2 des Reichsjagdgesetzes); das Bundesjagdgesetz vom 29. 9. 1976 (BGBl I 2849) hat Art 69, soweit er sich auf die Jagd bezieht, für das Bundesgebiet aufgehoben,

in Art 73 über Regalien,

in Art 74 über Zwangs- und Bannrechte und Realgewerbeberechtigungen,

in Art 75 über das Versicherungsrecht (im wesentlichen verdrängt durch reichsgesetzliche Regelung: Versicherungsvertragsgesetz vom 30. 5. 1908 [RGBl 263], Versicherungsaufsichtsgesetz vom 12. 5. 1901, ersetzt durch das Ges vom 6. 6. 1931 [RGBl I 315]) – nach der Neubekanntmachung des EGBGB (Gesetz vom 21. 9. 1994 [BGBl I 2494]) ebenfalls gegenstandslos – und in Art 76 über das Verlagsrecht (bedeutungslos geworden hinsichtlich der Werke der Literatur und Tonkunst durch das Gesetz über das Verlagsrecht vom 19. 6. 1901 [RGBl 217 = BGBl III 441–1]).

c)   Zusammenstellung der besonderen Vorbehalte

Die besonderen Vorbehalte betreffen oder betrafen: **29**

Art 77 die Haftung des Staates für Beamte,

Art 78 die Haftung des Staates für Stellvertreter und Gehilfen,

Art 79 die Haftung von amtlich bestellten Sachverständigen (Schätzern) zur Feststellung des Wertes von Grundstücken,

Art 80 und 81 vermögensrechtliche Ansprüche und Verbindlichkeiten von Beamten, Geistlichen usw,

Detlef Merten

Art 82 konzessionierte Vereine,

Art 83 Waldgenossenschaften,

Art 84 die Rechtsfähigkeit von Religions- und geistlichen Gesellschaften (beseitigt durch Art 137 Abs 4 WeimRV – gegenstandslos nach der Neufassung des EG [G vom 21. 9. 1994, BGBl I 2494]),

Art 85 den Anfall eines Vermögens eines aufgelösten Vereins,

Art 86 die Erwerbsbeschränkungen für ausländische juristische Personen, Ordensangehörige und Ausländer,

Art 89 die Privatpfändung,

Art 90 die Sicherheitsleistung von Beamten und Gewerbetreibenden und

Art 91 den gesetzlichen Hypothekentitel des Fiskus und anderer juristischer Personen des öffentlichen Rechts,

Art 92 Zahlungen aus öffentlichen Kassen – die Vorschrift ist mit der Neubekanntmachung des EG (G vom 21. 9. 1994 [BGBl I 2494]) weggefallen –,

Art 93 Fristen für Räumung gemieteter Wohnungen,

Art 94 das Pfandleihgewerbe,

Art 95 das Gesinderecht – gegenstandslos nach der Neufassung des EG (G vom 21. 9. 1994 [BGBl I 2494]),

Art 96 Leibgedingverträge,

Art 97 das Staatschuldbuch,

Art 98 die Rückzahlung und Umwandlung von Staatsschulden,

Art 99 öffentliche Sparkassen,

Art 100 und 101 Staats- und Kommunalschuldverschreibungen auf den Inhaber,

Art 102 die Kraftloserklärung und Zahlungssperre von Legitimationspapieren,

Art 103 Ersatzansprüche für Armenunterstützung – gegenstandslos nach der Neufassung des EG (G vom 21. 9. 1994 [BGBl I 2494]),

Art 104 die Rückerstattung öffentlicher Abgaben,

Art 105 und 106 die Haftung von Betriebsunternehmern,

Art 107 den Ersatz für Schäden an Grundstücken,

Art 108 den Ersatz eines durch Aufruhr verursachten Schadens, verdrängt durch das Tumultschädengesetz vom 12. 5. 1920, das nunmehr als Landesrecht weitergilt,

Art 109 den Rechtsverlust durch Eingriff von Hoher Hand,

Art 110 die Rechte an den bei Wiederherstellung zerstörter Gebäude in anderer Lage beteiligten Grundstücken,

Art 111 Eigentumsbeschränkungen im öffentlichen Interesse,

Art 112 die Bahneinheit,

Art 113 Grundstückszusammenlegung, Gemeinheitsteilung, Ordnung gutsherrlich-bäuerlicher Verhältnisse, Wegeregulierung, Ablösung, Umwandlung und Einschränkung von Grunddienstbarkeiten und Reallasten,

Art 114 die Befreiung der Ablösungsrenten von der Eintragung im Grundbuch,

Art 115 Beschränkungen der Belastung des Grundstückseigentums,

Art 117 Verschuldungsgrenzen für Grundstücke,

Art 118 Vorzugsrechte für Meliorationsdarlehen,

Art 119 die Beschränkung von Grundstücksveräußerungen, -teilungen und -vereinigungen,

Art 120 das Unschädlichkeitszeugnis,

Art 121 die Teilung ablösungsrentenpflichtiger Grundstücke,

Art 122 Eigentumsbeschränkungen zum Schutze der Obstbäume,

Art 123 den Notweg zu Wasserstraßen und Eisenbahnen,

Art 124 das Nachbarrecht,

Art 125 die Ausdehnung des § 26 der Gewerbeordnung auf Verkehrsunternehmungen,

Art 126 die Übertragung von Grundstückseigentum zwischen dem Staate und Kommunalverbänden und den letzteren unter sich,

Art 127 die Übertragung des Eigentums an buchungsfreien Grundstücken,

Art 128 die Begründung und Aufhebung von Dienstbarkeiten an buchungsfreien Grundstücken,

Detlef Merten

Art 129 die Aneignung herrenloser Grundstücke,

Art 130 die Aneignung von Lauben,

Art 131 das Stockwerkseigentum,

Art 132 die Kirchen- und Schulbaulast,

Art 133 das Recht auf Kirchenstühle und Begräbnisplätze,

Art 134 die religiöse Erziehung der Kinder, in Art 135 die öffentliche Zwangserziehung Minderjähriger und in Art 136 den Anstaltsvormund – alle drei Vorschriften sind mit der Neufassung des EG weggefallen –,

Art 137 die Feststellung des Ertragswerts eines Landguts,

Art 138 das Recht auf eine erblose Erbschaft,

Art 139 die Rechte an dem Nachlasse von Personen, welche von juristischen Personen verpflegt oder unterstützt wurden,

Art 140 die Sicherung des Nachlasses.

d)   Vorbehalte in Art 61 und 116

30 Die Art 61 und 116 enthalten reichsgesetzliche Ausnahmevorschriften in bezug auf die betreffenden vorausgegangenen Vorbehalte, und zwar der – nunmehr gegenstandslose – Art 61 in bezug auf die Art 57–59 (betr Unzulässigkeit der Veräußerung oder Belastung eines Gegenstandes bei Gütern des hohen Adels, Lehen, Fideikommissen und Stammgütern), Art 116 in bezug auf Art 113–115 (betr Agrarrecht, Ablösungsrenten, Belastung mit gewissen Grunddienstbarkeiten und Reallasten).

e)   Vorbehalte für formelles Landesrecht

31 Die Art 141–152 enthalten Vorbehalte zugunsten landesgesetzlicher Zuständigkeits- und Verfahrensvorschriften, aber auch einiger allgemeiner landesgesetzlicher Vorschriften des materiellen Rechts.

f)   Geltungserweiterung des dritten Teils

32 Soweit im 3. Teil Vorbehalte zugunsten der Landesgesetzgebung gemacht sind, gelten sie auch für die Vorschriften der Landesgesetze:

(a) über das Grundbuchwesen (§ 136 GBO),

(b) über die Zwangsversteigerung und die Zwangsverwaltung (§ 2 Abs 1 EGZVG),

(c) über die Angelegenheiten der freiwilligen Gerichtsbarkeit (§ 189 FGG).

Der in diesen drei reichsgesetzlichen Vorschriften ehedem enthaltene Zusatz, daß den Landesgesetzen nach Maßgabe der Art 57, 58 die Hausverfassungen gleichstehen, wurde bei der textlichen Neufassung beseitigt, da diese bereits auf Grund des

Art 109 Abs 3 WeimRV aufgehoben wurden; s STAUDINGER/MERTEN/KIRCHHOF[12]
Art 57.

g)   Ausschluß von Übergangsbestimmungen
Soweit die Vorbehalte des 3. Teils Platz greifen, ist für die Übergangsbestimmungen **33**
im 4. Teil kein Raum (RGZ 81, 245; s auch die Erl zu Art 163).

2.   Ausführungsgesetze der Länder

Die Vorbehalte haben eine zweifache Bedeutung. Soweit sie reichen, blieb das **34**
bisherige Landesrecht unberührt und konnten neue landesgesetzliche Vorschriften
erlassen werden.

Eine Neuregelung des aufrechterhaltenen Landesprivatrechts ist in sehr umfassen-
der Weise durch die Ausführungsgesetze der einzelnen Länder erfolgt, durch die
auch die zunächst unberührt gebliebenen landesrechtlichen Rechtsstoffe in den
meisten Ländern eine weitgreifende Neuordnung erfahren haben. Diese Ausführungsgesetze wurden hauptsächlich aus Gründen der Klarstellung und wegen der
Verweisungsregelung des Art 4 aF EGBGB notwendig.

a)   Aufhebungsvorschriften
Bei der historisch bedingten Abgrenzung zwischen dem Begriff des öffentlichen und **35**
privaten Rechts (s Erläuterungen zu Art 55) wäre es häufig zweifelhaft gewesen, ob eine
landesgesetzliche Vorschrift dem öffentlichen Recht angehörte, also – ohne unter
einen der besonderen Vorbehalte zu fallen – trotz der Vorschrift des Art 55 bestehen
bleiben sollte. Die Ausführungsgesetze beseitigen vielfach diesen Zweifel, indem sie
eine große Zahl von Landesgesetzen, auch soweit sie schon durch das BGB ihre
Geltung verloren haben, ausdrücklich aufheben (vgl zB preuß AGBGB Art 89;
preuß FGG Art 144).

b)   Verweisungsmodernisierungen
Nach Art 4 aF EGBGB traten, soweit in Reichs-, nun Bundesgesetzen, oder Landes- **36**
gesetzen auf Vorschriften verwiesen ist, welche durch das BGB oder durch dieses
Gesetz außer Kraft gesetzt wurden, an deren Stelle die entsprechenden Vorschriften
des BGB oder dieses Gesetzes.

Die Ausführungsgesetze der einzelnen Länder haben sich vielfach der Aufgabe
unterzogen, dem Richter die oft schwierige Substitution der entsprechenden Vorschriften des BGB zu ersparen oder zu erleichtern, haben das ältere Landesrecht
also vielfach „modernisiert". Vgl hierzu die Aufstellung bei SOERGEL/HARTMANN
Vor Art 55 Rn 3 ff

Artikel 55

**Die privatrechtlichen Vorschriften der Landesgesetze treten außer Kraft, soweit
nicht in dem Bürgerlichen Gesetzbuch oder in diesem Gesetz ein anderes bestimmt
ist.**

Detlef Merten

Materialien: E I Art 32; II Art 29; III Art 53.

I. Entstehungsgeschichte

1 Der gegenwärtige Artikel stimmt mit dem Art 32 des E I weitgehend überein. Allerdings lauteten die Schlußworte früher „… bestimmt ist, daß sie in Kraft bleiben sollen". Dafür sind schon vom Bundesrat die Worte eingesetzt worden: „ein anderes bestimmt ist". Diese Änderung sollte offenbar nur klarstellen, daß die Form, in welcher im BGB oder in diesem Gesetz der Wille des Reichsgesetzes ausgedrückt wurde, die Landesgesetze in Kraft zu lassen, nicht maßgebend ist.

II. Verweisungen auf Landesrecht im BGB

2 Zu den Verweisungen des BGB auf Landesgesetze vgl Vorbem 7 zu Art 55.

III. Unmittelbare Außerkraftsetzung

3 Die privatrechtlichen Vorschriften der Landesgesetze, für die nichts anderes bestimmt ist, treten außer Kraft, ohne daß es hierfür einer besonderen Aufhebung durch Landesgesetze bedarf. Soweit die meisten Länder zur Beseitigung von Zweifeln in ihren Ausführungsgesetzen eine Reihe der nach Art 55 außer Kraft getretenen Landesgesetze ausdrücklich aufgehoben haben, hat dies bloß deklaratorische Bedeutung.

Die Derogation erfolgt in den meisten Fällen schon wegen Art 2 der Reichsverfassung von 1871 (vgl dazu Vorbem 12 f zu Art 55).

IV. Wirkungsumfang

1. Verweisungen auf Landesrecht durch altes Reichsrecht

4 Von der Außerkraftsetzung werden auch diejenigen landesgesetzlichen Bestimmungen betroffen, auf die sich vor dem 1. 1. 1900 erlassene Reichsgesetze bezogen haben, sofern sie sie nicht inkorporiert und damit in reichsgesetzlichen Rang erhoben haben (vgl Mot zum EG S 147).

2. Privatrechtliche Vorschriften

5 Der Begriff der „privatrechtlichen Vorschriften" wird weder vom EG noch vom BGB definiert. Er ist gleichbedeutend mit „bürgerlich-rechtlichen Vorschriften" (ebenso PLANCK, Bürgerliches Gesetzbuch [3. Aufl 1905] Art 55 Anm 2 S 155). Art 55 betrifft nicht (lediglich) privatrechtliche Landesgesetze, sondern alle „privatrechtlichen Vorschriften der Landesgesetze". Somit erfaßt er auch das Privatrecht solcher Landesgesetze, die ihren Schwerpunkt im öffentlichen Recht haben. Der bloße Annexcharakter solcher privatrechtlicher Bestimmungen kann nicht vom Kodifikationsprinzip befreien, wie die Entstehungsgeschichte eindeutig belegt (Mot z EG 146 ff; s auch BETTERMANN, Die Auswirkungen der Gebietsreform auf die Verträge der Kommunen mit Energieversorgungsunternehmen [1977] 25 ff).

3. Privates – öffentliches Recht

„Privatrecht" ist wesentlich als Gegensatz zum **„öffentlichen Recht"** zu verstehen. **6**
Art 55 wollte die öffentlich-rechtlichen Vorschriften der Landesgesetze nicht berühren. Dabei kommt es für die **Aufhebungswirkung** auf die **damalige**, nicht auf die
heutige Grenzziehung zwischen den beiden Rechtsgebieten an (vgl Vorbem 17 f zu
Art 55). Wegen der früheren Unklarheiten und auch der unterschiedlichen Beurtei-
lungen (vgl Mot zum EG S 147) ist das Rechtsgebiet nicht leicht einzugrenzen.
Daher hat das EG vielfach auch Vorbehalte aufgenommen, deren Materie schon
zur Zeit des Erlasses des Gesetzes nicht als (rein) privatrechtlich aufgefaßt wurde
(vgl Vorbem 8 zu Art 55). Insoweit haben die Vorbehalte lediglich Klarstellungsfunktion
(vgl hierzu auch BVerfGE 61, 149, 186).

4. Materielles Privatrecht

„Privatrecht" ist das **materielle** Privatrecht, nicht das (öffentlich-rechtliche) Verfah- **7**
rensrecht in bürgerlichen Streitigkeiten. Das zeigt auch § 189 FGG, wonach die
Vorbehalte des EG noch zugunsten landesrechtlicher Vorschriften über die im FGG
geregelten Gegenstände gelten. Art 55 unterscheidet sich daher zum Teil von den
Kompetenzvorschriften (zB Art 74 Abs 1 Nr 1 GG), bei denen „Bürgerliches Recht"
zB auch das gerichtliche Beurkundungswesen (BVerfGE 11, 192, 199) und privatrechtliche Nebengesetze (s Rn 8) erfaßt (BVerfGE 42, 20, 31).

5. Kodifiziertes Privatrecht, keine Nebengesetze

„Privatrecht" meint nur das von der Kodifikation erfaßte bürgerliche Recht, nicht **8**
aber Rechtsmaterien, die von vornherein nicht im BGB geregelt werden sollten (zB
Handelsrecht, Versicherungsrecht, Verlagsrecht, vgl Vorbem 6 zu Art 55). Aus Art 75
und 76 läßt sich kein Umkehrschluß ziehen, da die Vorbehalte in vielen Fällen aus
salvatorischen Gründen eingeführt wurden (vgl Vorbem 8 zu Art 55).

Innerhalb der sachlichen Reichweite des BGB treten wegen des Kodifikationsprin- **9**
zips auch landesrechtliche Bestimmungen außer Kraft, die Gegenstände oder Institute regeln, die als solche nicht mehr in das BGB aufgenommen wurden.

6. Landesgesetz als Landesrecht

Der Begriff „Landesgesetz" ist im **materiellen** Sinne gemeint und steht im Gegensatz **10**
zum Reichsrecht. Landesgesetz im Sinne dieser Bestimmung ist daher **jede landesrechtliche Rechtsnorm**, insbesondere auch die Rechtsverordnung und die Satzung; zu
den einzelnen Erscheinungsformen des materiellen Gesetzes vgl Art 2 Rn 15 ff.

Artikel 56

**Unberührt bleiben die Bestimmungen der Staatsverträge, die ein Bundesstaat mit
einem ausländischen Staat vor dem Inkrafttreten des Bürgerlichen Gesetzbuchs
geschlossen hat.**

Detlef Merten

Materialien: E II Art 30; III Art 54.

I.   Entstehungsgeschichte

1 Art 56 wurde erst in der II. Komm aufgestellt. Im I. Entw wollte man ursprünglich
eine ähnliche Bestimmung aufnehmen, hatte dann aber darauf verzichtet, weil das
BGB nicht das internationale Privatrecht regeln sollte.

II.   Normzweck

2 Art 56 bringt die Rechtskreise des **Völkervertragsrechts** mit der **binnenstaatlich wirkenden Rechtsordnung** in Einklang. Staatsverträge gelten an sich nur zwischen den
vertragsschließenden Völkerrechtssubjekten, entfalten aber keine innerstaatlichen
Wirkungen auf die Bewohner des vertragsschließenden Staates. Zur Herstellung
binnenstaatlicher Geltung bedarf es vielmehr eines Transformationsgesetzes, das als
binnenstaatlicher Geltungsbefehl dem Staatsvertrag unmittelbare Rechtsgeltung im
Inland verleiht.

3 Die vor Übertragung der Gesetzgebungskompetenz an das Reich oder vor Inkrafttreten des BGB noch von den Ländern mit ausländischen Staaten abgeschlossenen
Staatsverträge über Privatrechtsmaterien waren von diesen Ländern durch Gesetz
zum Binnenrecht transformiert worden. Da innerstaatlich die Rangstufe des **Trans-
formationsakts** die Stellung eines Staatsvertrags in der Normenhierarchie bestimmt,
hatten derartige Staatsverträge die Rechtsqualität von Landesgesetzen. Die Grundregel des Art 55 (Derogation des Landesrechts) hätte deren binnenstaatliche Geltung beseitigt; Art 56 vermeidet dies mit seiner **Ausnahmeregelung**, daß diese Staatsverträge trotz ihrer Zugehörigkeit zum Landesrecht weitergelten. Damit wollte man
eine Belastung der Beziehungen zu ausländischen Staaten vermeiden (Prot VI 365).
Die Ausnahmeregel erwies sich als problemlos, weil nur wenige dieser Staatsverträge
existierten, der Verlust an Rechtseinheit insoweit also recht gering war (Prot VI
366).

III.   Inhalt der Vorschrift

1.   Nur alte Verträge

4 Nach Art 56 bleiben nur diejenigen Staatsverträge in Kraft, die von Ländern vor
dem 1. 1. 1900 abgeschlossen wurden. Später abgeschlossene Verträge erfaßt Art 56
nicht mehr, denn die Vorschrift sollte allein **Übergangsbestimmung zur Konservierung**
des bereits vorhandenen Bestandes sein. **Art 1 Abs 2** (Art 3 aF EGBGB) ist deshalb
nicht anwendbar, obwohl Art 56 den Terminus „unberührt" verwendet.

5 Der Charakter einer Übergangsbestimmung führte ferner dazu, daß ein Land sein
Transformationsgesetz aufheben muß, wenn der ihm zugrundeliegende Staatsvertrag
seine (Völker-)Rechtswirkung verliert, denn das Binnengesetz ist nur wegen des
völkerrechtlichen Zustandekommens seines Normtextes von der Derogation des
Landesrechts in Art 55 ausgenommen worden.

2. Nur Verträge mit dem Ausland

Art 56 erfaßt nur Verträge zwischen einem Reichsland und einem **ausländischen** 6 **Staat** (SOERGEL/HARTMANN Art 56 Rn 1), er gilt **nicht** für Verträge unter den **Reichsländern**, weil sein Normzweck – Vermeidung von Belastungen auswärtiger Beziehungen – für Rechtsverhältnisse zwischen Ländern desselben Bundesstaates nicht zutrifft. Solche Verträge sind nach Art 55 außer Kraft getreten.

3. Nur Verträge über Privatrecht

Art 56 erfaßt nur Verträge, die sich – und soweit sie sich – inhaltlich mit dem 7 Bürgerlichen Recht befassen.

4. Partielles Bundesrecht

Die Regeln bestehenbleibender Staatsverträge gelten in ihrem alten räumlichen 8 Geltungsbereich fort, dh es entstand partielles Reichsrecht.

IV. Bedeutung des Art 56

Die Vorschrift ist nicht gegenstandslos geworden. 9

1. Einwirkung des Gesetzes über den Neuaufbau des Reiches vom 30. 1. 1934 (RGBl I 75)

Das Neuaufbaugesetz hatte die Volksvertretungen der Länder aufgelöst (Art 1), die 10 Länderhoheitsrechte auf das Reich übertragen (Art 2 Abs 1), die Landesregierungen der Reichsregierung unterstellt (Art 2 Abs 2) und die Reichsregierung zum Erlaß neuen Verfassungsrechts (Art 4) ermächtigt. Damit war die Völkerrechtssubjektsqualität der Länder aufgehoben. Daraus wurde früher geschlossen, daß infolge Wegfalls eines Vertragspartners auch die von den Ländern abgeschlossenen Staatsverträge ungültig geworden waren (RGSt 70, 286; ebenso noch STAUDINGER/LEISS/BOLCK[10/11] Rn 2).

Diese Ansicht ist jedoch irrig (im Ergebnis ebenso SOERGEL/HARTMANN Art 56 Rn 3). Das 11 Gesetz vom 30. 1. 1934 löste die Länder nicht in der Weise auf, daß ein Kontrahent ersatzlos unterging, sondern **wandelte** einen Bundesstaat dergestalt in einen Einheitsstaat **um**, daß letzterer die Rechte und Pflichten der ehemaligen Bundesstaaten übernahm. Das geht insbesondere aus Art 2 Abs 1 des Neuaufbaugesetzes hervor; wer die Länderrechte aus einem Vertrag übernimmt, muß auch die darin enthaltenen Pflichten mitübernehmen, will man nicht eine Vertragsspaltung annehmen (SCHEUNER, in: FS Nawiasky [1956] 35 f). Der Vertragspartner der Staatsverträge ist demnach nicht ersatzlos weggefallen, sondern auf deutscher Seite nur ausgewechselt worden, die **Verträge blieben** erhalten. Zudem hat das Reich nicht erklärt, es betrachte sich infolge des Neuaufbaugesetzes nicht mehr an die Verträge gebunden, obwohl der Vertragspartner das hätte erwarten dürfen, nachdem das Reich in Art 56 grundsätzlich den Bestand alter Staatsverträge anerkannt hatte (SOERGEL/HARTMANN Art 56 Rn 3).

2.   Möglichkeiten neuer Länderstaatsverträge unter dem GG

12 Da Art 56 nur alte Verträge aufrechterhält, können die Länder neue Staatsverträge nur abschließen, wenn das GG als höherrangiges und neueres Gesetz es gestattet.

13 Das GG trifft bezüglich der Vertragsbefugnis der Länder in seinem Art 32 eine zumindest in ihren Auswirkungen ähnliche Regelung wie Art 56. Im Bereich der konkurrierenden Gesetzgebung des Bundes, zu dem das Bürgerliche Recht gem Art 74 Abs 1 GG gehört, besteht das Vertragsabschlußrecht der Länder, „solange und soweit der Bund von seiner Gesetzgebungszuständigkeit nicht durch Gesetz Gebrauch gemacht hat" (Art 72 Abs 1 iVm Art 32 Abs 3 GG).

14 Nach Art 1 Abs 2 und 55 ff EG können die Länder neue Staatsverträge nur noch im Bereich der **Landesvorbehalte** des EG schließen, denn das EG gilt nach Art 123 Abs 1 u 125 GG als Bundesrecht fort.

15 Erfährt die betreffende Materie später eine Regelung auf Bundesebene, so erlischt die Vertragsabschlußkompetenz der Länder ex nunc; die einmal gültig abgeschlossenen Länderverträge bleiben in Kraft. Hinsichtlich der Fortgeltung der innerstaatlichen Transformationsgesetze der Länder kommt es auf den Willen des Bundesgesetzgebers an.

Artikel 57

In Ansehung der Landesherren und der Mitglieder der landesherrlichen Familien sowie der Mitglieder der Fürstlichen Familie Hohenzollern finden die Vorschriften des Bürgerlichen Gesetzbuchs nur insoweit Anwendung, als nicht besondere Vorschriften der Hausverfassungen oder der Landesgesetze abweichende Bestimmungen enthalten.

Das gleiche gilt in Ansehung der Mitglieder des vormaligen Hannoverschen Königshauses, des vormaligen Kurhessischen und des vormaligen Herzoglich Nassauischen Fürstenhauses.

Materialien: E I Art 33; II Art 31; III Art 55;
Mot z EG 154; Prot VI 367, 369, 743; Mat I 10 f;
StenB 3025.

Artikel 58

In Ansehung der Familienverhältnisse und der Güter derjenigen Häuser, welche vormals reichsständisch gewesen und seit 1806 mittelbar geworden sind, oder welche diesen Häusern bezüglich der Familienverhältnisse und der Güter durch Beschluß der vormaligen deutschen Bundesversammlung oder vor dem Inkrafttreten des Bürgerlichen Gesetzbuchs durch Landesgesetz gleichgestellt worden sind, bleiben die Vor-

schriften der Landesgesetze und nach Maßgabe der Landesgesetze die Vorschriften der Hausverfassungen unberührt.

Das gleiche gilt zugunsten des vormaligen Reichsadels und derjenigen Familien des landsässigen Adels, welche vor dem Inkrafttreten des Bürgerlichen Gesetzbuchs dem vormaligen Reichsadel durch Landesgesetz gleichgestellt worden sind.

Materialien: E I Art 34; II Art 32; III Art 56;
Mot z EG 155 ff; Prot VI 367 ff, 605 f, 743; Mat I
11 ff; RTK 440d S 8; StenB 3025.

Art 57 und 58 werden in der Bekanntmachung der Neufassung des Einführungsge- **1** setzes zum Bürgerlichen Gesetzbuche vom 21. 9. 1994 (BGBl I 2494) als gegenstandslos bezeichnet. Von der Kommentierung wurde abgesehen. Es wird auf die Erläuterungen von STAUDINGER/PROMBERGER[10/11] verwiesen.

Artikel 59

Unberührt bleiben die landesgesetzlichen Vorschriften über Familienfideikommisse und Lehen, mit Einschluß der allodifizierten Lehen, sowie über Stammgüter.

Materialien: E I Art 35; II Art 33; III Art 57.

Schrifttum

S auch die ausführlichen Nachweise bei
STAUDINGER/PROMBERGER/SCHREIBER[12].

I. Zum früheren Fideikommissrecht

1. Nicht auf ein bestimmtes Gebiet bezogene Darstellungen
BEYERLE, Ein Beitrag zum deutschen Familienfideikommissrecht, JherJb 58, 1
BREUER, Rechtsformen für gebundenen Grundbesitz, HessRspr 25, Jg Nr 12
JÖRN ECKERT, Der Kampf um die Familienfideikommisse in Deutschland (1992)
ERLER, in: HRG I 1071 ff (1971)
FABRICIUS, De fideicommissorum familiae natura (Diss inaug Gottingae 1844)
Die Fideikommissgesetzgebung in den deutschen Bundesstaaten (1904 = Verhandlungen der 32. Plenarsitzung des Deutschen Landwirtschaftsrats)

FROMMHOLD, Die Familienstiftung, AcP 117, 87
vGERBER, Die Familienstiftung in der Function des Familienfideikommisses, JherJb 2 (1858) 351
GIERKE, Der Verzicht des Fideikommißbesitzers, JherJb 49, 187
HAGER, Familienfideikommisse (1897)
KRAUSE, Familienfideikommisse vom wirtschaftlichen, legislatorischen, geschichtlichen und politischen Gesichtspunkte (1910)
KROESCHELL, Artikel „Familienfideikommiß", in: HAR Bd I Sp 577
LEWIS, Das Recht des Familienfideikommisses (1868 Nachdruck 1969)
NEUBAUER, Zusammenstellung des in Deutschland geltenden Rechts betreffend Stammgüter, Familienfideikommisse usw (1879)
PFAFF/HOFFMANN, Zur Geschichte der Fideikommisse (1884)
SEELMANN/KLÄSSEL, Das Recht der Familienfideikommisse (1920)

SÖLLNER, Zur Rechtsgeschichte des Familienfideikommisses, in: FS Max Kaser (1976) 657
VERDELOT, Du bien de famille en Allemagne et de la possibilité de son institution en France (Paris 1899)
WOLFF/RAISER, Sachenrecht (10. Aufl 1957) § 94.
Schrifttumsnachweise zur *Familienstiftung*, zT mit Bezug zum Fideikommissrecht, s STAUDINGER/RAWERT (1995) Vorbem 122 Fn * zu §§ 80 ff BGB.

2. Preußen
DÖHLE, Die gegenwärtige Bedeutung lehensrechtlicher Eintragungen in den Grundbüchern der alten preußischen Landesteile, JW 1927, 2493
KRAUS SchlHA 1917, 1, 33 (Über das Recht der Familienfideikommisse und Familienstiftungen in Schleswig-Holstein)
RAMDOHR, Das Familienfideikommiß im Gebiet des Allgemeinen Landrechts (1909).

3. Baden
BECKER, Die allodifizierten Lehen des Badischen Rechts, BadNotZ III S 26.

4. Bayern
DISPECKER, Die Erbfolge in Familienfideikommisse, BayZ 1906, 397
GEBHART, Über Pflichtteilsrechte bei Fideikommißanfällen, BayZ 1924, 302
vGRAFENSTEIN, Die Fideikommiß-Errichtung nach Bayerischem Recht unter besonderer Berücksichtigung der Pflichtteilsberechtigten (1912)
HEITZER, Familienfideikommisse und Komplexlasten, BayZ 1920, 291
HOFFMANN, Das Recht des Adels und der Fideikommisse in Bayern (1896)
KOLLMANN, Die Rechtsverhältnisse des Adels in Bayern (Diss Erlangen 1907)
LEBRECHT, Die Rechtsverhältnisse des niederen Adels in Bayern (Diss Erlangen 1905)
LINCK, Ein Beitrag zur Auslegung des bayerischen Fideikommiß-Edikts, BayZ 1914, 395
OERTMANN, Bayerisches Landesprivatrecht, § 103, S 442–461
vSCHIRNDING, Die rechtliche Stellung der

Fideikommiß-Anwärter nach bayerischem und österreichischem Recht (1911)
SCHMITT, Der Familienwechsel nach bayerischem Fideikommißrecht (1907 = AnnDR [HirthsAnn] 1907, 641)
STOIS, Das bayerische Fideikommißrecht (Diss Würzburg 1909).

5. Württemberg
MEYER, Über Familienfideikommisse nach württembergischem Recht, WürttZ 1918, 101
SCHÄFER, Über die adeligen Fideikommisse und die damit verbundenen Vorrechte, ihre Geschichte und rechtliche Entwicklung, WürttNotV 1925, 148.

6. Thüringen
BRANDNER, Die Auflösung der Familienfideikommisse in Thüringen (Diss Jena 2000) s auch die 9. und 10. Aufl dieses Kommentars.

7. Weitere Gebiete
Zu *Sachsen, Mecklenburg* und besondere *preußische Gebiete* s die 9. und 10. Aufl dieses Kommentars.

II. Zum Fideikomiss-Auflösungsrecht der deutschen Länder

1. Preußen
vARNIM, Die Familienfideikommisse in Preußen, ihre Rechtsstellung, politische, wirtschaftliche und soziale Bedeutung, sowie die Wirkung ihrer Auflösung (1921)
BRAUER, Zum neuesten Fideikommißrecht, JW 1919, 927
EICHHOFF, Umgestaltung des preußischen Auflösungsrechts der Familiengüter (Fideikommisse), DJZ 1930, 463
ERMEL, Das neue preußische Auflösungsrecht für Familiengüter (Fideikommisse), LZ 1930, 822
ESCHENBACH, Das neue Fideikommißgesetz, JW 1919, 478
FRIEDRICHS, Auflösung der Familiengüter, Gesetz und Recht 1921, 321
HOLSTEIN, Fideikommiß-Auflösungen und Reichsverfassung (1930)
KLÄSSEL, Die „Bindungen" von Grundbesitzern

bei der Auflösung von Familienfideikommissen, AcP 128, 88

KLÄSSEL/KÖHLER, Die Zwangsauflösung der Familienfideikommisse und sonstigen Familiengüter sowie der Hausvermögen in Preußen (1932)

KÜBLER/BEUTNER, Die Auflösung der Familiengüter in Preußen (1927)

LÜDERS, Neues Fideikommißrecht, SchlHA 1921, 105

SEELMANN, Das neue Fideikommißgesetz, JW 1919, 476, 927

SEELMANN/EGGEBERT, Familiengüterrecht (1931)

SEELMANN/KLÄSSEL, Das Recht der Familienfideikommisse und anderer Familiengüter, insbesondere ihre Aufhebung, und das Recht der Familienstiftungen in Preußen (1920)

SPARR, Die Auflösung der Familiengüter in Preußen (1921)

STAHL, Die Auflösung der Familiengüter, JW 1921, 193

ZELTNER, Auflösung der Fideikommisse, JW 1919, 670.

2. Baden

SCHMITT, Das Badische Stammgüterauflösungsgesetz (1923).

3. Bayern

BECHER, Das Gesetz vom 9. 5. 1918, Die Familienfideikommisse betreffend, BayZ 1918, 207

KARCH, Die Rechtssprechung in Fideikommißsachen seit Aufhebung der Fideikommisse in Bayern, BayZ 1934, 185, 217, 233

LINDL, Die Aufhebung der Familienfideikommisse in Bayern, HessRspr 1921, 13

SPANGENBERGER, Die Aufhebung der Familienfideikommisse in Bayern, DJZ 1919, 919

vUNZNER, Die Aufhebung der Familienfideikommisse in Bayern, BayZ 1919, 367, 399, 431; 1920, 12, 40, 60.

4. Württemberg

GÖZ, Die Württembergische Fideikommißgesetzgebung, WürttZ 73 (1931) 121

KUCHTNER WürttZ 73 (1931) 291

KÜSTNER, Die Auflösung der Fideikommisse in

Württemberg, WürttZ 72 (1930) 89, 125, 153, 177.

5. Wegen **weiterer deutscher Gebiete** s die 9. und 10. Aufl dieses Kommentars.

III. Zum Fideikommiss-Auflösungsrecht seit der Vereinheitlichung durch die Reichsgesetzgebung

vBAR/STRIEWE, Die Auflösung der Familienfideikommisse im Deutschen Reich und in Preußen im 20. Jahrhundert, Zeitschrift für Neuere Rechtsgeschichte (ZNR) 1981, 184

DÄUBLER, Zur aktuellen Bedeutung des Fideikommißverbots, JZ 1969, 499

DRESSEL, Zur Beerbung des letzten Fideikommiß-Besitzers, der nach dem 1. 1. 1939 verstorben ist, RdL 1965, 331

GROSSE/WENTRUP, Hat Art III KRG Nr 45 die Schutzforste beseitigt?, RdL 1956, 154

HAEGELE, Die Beschränkungen im Grundstücksverkehr (3. Aufl 1970) Rn 285 ff (171 ff): Fideikommißrecht

KLÄSSEL/KÖHLER, Die Zwangsauflösung der Familienfideikommisse I (1932)

KOEHLER/HEINEMANN, Das Erlöschen der Familienfideikommisse und sonstiger gebundener Vermögen (1940)

KRESS, Fideikommißmatrikel und Grundbuch, BayNotZ 1951, 322

LÜTGE, Fideikommiß, HDSW 3 (1961) 522

MARTIN, Sicherungsmaßnahmen nach dem Recht zur Auflösung der Familienfideikommisse, in: Erlanger FS Schwab (1990) 59

MEIKEL/IMHOF/RIEDEL, Grundbuchordnung (6. Aufl) § 117 GBO Rn 3

WEBER, Verfügungsbeschränkungen beim fideikommissarisch gebundenen Grundbesitz, DNotZ 1943, 92

IV. Fideikommissähnliche Gestaltungen, neuere Veröffentlichungen

EDENFELD, Lebenslange Bindung im Erbrecht?, DNotZ 2003, 4

SASSE, Grenzen der Vermögensperpetuierung bei Verfügungen durch den Erblasser (1997)

vTROTT ZU SOLZ, Erbrechtslose Sondervermögen. Über die Möglichkeiten fideikommissähn-

licher Vermögensbindungen (Diss Potsdam
1998).

Systematische Übersicht

Alphabetische Übersicht

I. Entstehung und Fortgelten des Art 59 EGBGB

1.   Bereits STAUDINGER/PROMBERGER/SCHREIBER[12] (Rn 1) vertraten die Auffas- **1**
sung, Art 59 EGBGB sei förmlich durch das Gesetz vom 28. 12. 1968 (BGBl I
1451) iVm dem Gesetz vom 10. 7. 1958 (BGBl I 437) aufgehoben worden, da die
Bestimmung nicht als geltende in das BGBl III aufgenommen worden sei. Allerdings wurde Art 59 in der Neubekanntmachung des EGBGB vom 28. 9. 1994 (BGBl
I 2495) wieder im vollen Umfang abgedruckt. Dies führt aber nicht dazu, dass bereits aufgehobenes Recht neu in Kraft tritt (zust MünchKomm/SÄCKER Rn 1). Denn
die Ermächtigung zur Neubekanntmachung eines Gesetzes verleiht keine Gesetzgebungskompetenz, sondern nur die Befugnis, einen vom Gesetzgeber geänderten
Gesetzestext redaktionell zu bearbeiten und neu bekannt zu machen (BVerfGE 14,
245, 250 f; 17, 364, 368 f). Heute besteht daher nur noch ein **Fideikommissauflösungs-**
recht, dessen praktische Bedeutung äußerst gering ist (zu Einzelfällen s Rn 66 ff).

2.   Die **Geschichte** *der Entstehung des Vorbehalts* (dazu J ECKERT, Der Kampf um die **2**
Fideikommisse in Deutschland 565 ff) *und seines Fortgeltens* spiegelt die gewandelte Einstellung der Rechtspolitik gegenüber der Institution eines gebundenen Familienver-

Jörg Mayer

mögens wider, das im Erbgang und bei Verfügungen unter Lebenden erheblichen Verfügungsbeschränkungen unterliegt:

3 a) Der Art 59 EGBGB war wörtlich schon im *Ersten Entwurf* des EGBGB als Art 35 enthalten. Er war schon während der Gesetzgebungsarbeiten *umstritten*; jedoch hatte ein in der Reichstagskommission und im Plenum des Reichstags gestellter Antrag, ihn zu streichen, so wenig Erfolg wie ein Antrag in der Zweiten Kommission, wenigstens neue Familienfideikommisse nicht mehr zuzulassen (Mot zum EGBGB 157 ff; Prot VI 369–371, 606, 743; Mat 8 RTK 440b; StenB 3025).

4 b) Das Gebot des *Art 155 Abs 2 S 2 Weimarer Verfassung: „die Familienfideikommisse sind aufzulösen"*, änderte an der Geltung des Art 59 EGBGB selbst nichts. Dieses Gebot richtete sich an die Landesgesetzgeber; auch die privatrechtlichen Bestimmungen des Landesauflösungsrechts beruhten auf dem Vorbehalt des Art 59 EGBGB (RGZ 136, 211, 219 = JW 1932, 2396). Außerdem deckte Art 59 EGBGB das frühere Fideikommissrecht, soweit es bis zur Auflösung oder für fortwirkende Rechtsbeziehungen nach der Auflösung nach Maßgabe der Landesauflösungsgesetze noch anzuwenden war.

5 c) Mit der *Vereinheitlichung des formellen Auflösungsrechts* durch das Reichsgesetz vom 24. 8. 1935 (RGBl I 1103) *und des materiellen Auflösungsrechts* durch das Reichsgesetz vom 6. 7. 1938 (RGBl I 825), je mit ergänzenden Verordnungen (darüber Rn 25) wurde Art 59 EGBGB, obwohl nicht förmlich aufgehoben, *gegenstandslos*: Die bisher ergangenen Fideikommiss-Auflösungsgesetze der Länder und das bis zur Auflösung und darüber hinaus noch anzuwendende Fideikommissrecht traten zwar mit dieser Gesetzgebung nicht völlig außer Kraft; diese Gesetze waren aber nunmehr in den Regelungsbereich der Reichsgesetze eingegliedert und galten nur noch nach deren Maßgabe (zB § 11 Abs 2 FidErlG: Anordnung, dass sich während der „Sperrfrist" bis zur Erteilung des Fideikommiss-Auflösungsscheins Verfügung und Verwaltung in Ansehung des Fideikommissvermögens nach den bisher geltenden Vorschriften richteten). Eines eigenen Vorbehalts gegenüber dem Bürgerlichen Gesetzbuch bedurfte es daher nicht mehr.

6 d) Ob dann Art X Abs 2 KRG Nr 45 vom 20. 2. 1947 (KRABl 256) Art 59 EGBGB teilweise aufhob, ist zweifelhaft (dafür wohl SOERGEL/HARTMANN Rn 1): Die *Aufhebung* war dort angeordnet, *„soweit diese Bestimmung im Widerspruch zu Art III [des KRG Nr 45] stand"*, in Art III Abs 2 war ausgesprochen, *„daß … land- und forstwirtschaftliche Grundstücke, die bisher in der Rechtsform einer besonderen Güterart besessen wurden, wie … Fideikommisse und ähnliche gebundene Vermögen, … freies, den allgemeinen Gesetzen unterworfenes Grundeigentum [wurden]"*. Ob Art III Abs 2 KRG Nr 45 nur als Anweisung an die zuständigen Gesetzgeber, oder aber als unmittelbar wirkende Norm zu verstehen und deshalb Art 59 EGBGB insoweit als aufgehoben anzusehen war, war streitig (vgl Nw bei STAUDINGER/MÜLLER[11] Art 62 EGBGB Rn 5–5b; zur Entstehungsgeschichte s J ECKERT 764 ff). Der Streit hatte im Geltungsbereich des Art 59 EGBGB wegen der Überlagerung des Vorbehalts durch das vereinheitlichende Reichsrecht (welches für die Übergangszeit auch noch die Anwendung der fideikommissrechtlichen Bindungen anordnen konnte) keine praktische Bedeutung (vgl vorstehend Rn 5).

II. Zur ursprünglichen Tragweite des Vorbehalts

1. Bedeutung gegenüber dem BGB

Die Einrichtung eines nur innerhalb der Familie ungeteilt vererbten und zugunsten der **7**
Erhaltung für die Familie *unveräußerlichen* **Familienguts ist dem BGB fremd.** Rechtsinstitute, die zu einer solchen Vermögensbindung herangezogen werden könnten,
wie ein vom Erblasser angeordnetes Teilungsverbot, die Aufeinanderfolge von Vor-
und Nacherben, aufgeschobene Vermächtnisse und Dauertestamentsvollstreckung,
sind vom Gesetzgeber absichtlich mit einer zeitlichen Beschränkung versehen
(§ 2044 Abs 2, §§ 2109, 2162, 2210 BGB); zu den trotzdem verbleibenden Gestaltungsmöglichkeiten in diesem Kontext Rn 37 ff.

Das **Einführungsgesetz** erlaubte demgegenüber durch verschiedene seiner Vorbehalte auf Sondergebieten (vgl Art 57, 58 – Hausgüter des hohen Adels – Art 64 –
bäuerliches Hoferbrecht –, sowie der hier in Frage stehende Art 59) die Begründung
derartiger gebundener Vermögen. Art 59 EGBGB betraf jene Formen von Vermögensbindungen, die *traditionell dem Schutz des Vermögens adeliger Familien* gedient
hatten, obwohl sie nach dem Vorbehalt und auch nach verschiedenen Landesgesetzen nicht für den Adel reserviert waren.

2. Geschichtliche Entwicklung, Begriffe

a) Unter dem **Familienfideikommiss** wird eine auf rechtsgeschäftlicher Stiftung **8**
beruhende **Bindung des Familienvermögens** verstanden (eingehender Rn 9). Im Laufe
der **geschichtlichen Entwicklung** (hierzu etwa ERLER HRG I 1071 f; WOLFF/RAISER § 94 I)
gingen die älteren *germanistischen Formen* des gebundenen Familienvermögens
allmählich weitgehend verloren. Demgegenüber hat der Adel das Prinzip des gebundenen Hausguts erhalten. Der *„hohe Adel"* konnte dieses Ziel durch *„autonome
Satzungen"* erreichen. Demgegenüber besaß der einfachere Adel keine Satzungsge-
walt und musste diese Zielsetzung durch rechtsgeschäftliche Verfügungen erreichen,
wobei derartige Stiftungen in *England* bereits seit dem 8. Jahrhundert, in *Deutschland* seit dem 11. Jahrhundert belegt sind. Nach der Rezeption des *römischen Rechts*
in Deutschland ließen sich diese Stiftungsformen nur dadurch aufrechterhalten, dass
man sie einer der Rechtsformen des römischen Rechts unterstellte. Hierfür verwandte man das an sich völlige anders geartete römische *„fidei commissum quod
familiae relinquintur".* Dies wurde mit einigen Vorstellungen des „Lehensrechts"
verbunden. Maßgeblich für die Prägung des gesamten Rechtsinstituts war hier insbes
PHILIPP KNIPSCHILDS „De fideicommissis familiarum nobilium" (1654), dessen
Lehren auch in das ALR übernommen wurden (II 4 §§ 47–226). Aus politischen
und wirtschaftlichen Gründen wurde das Familienfideikommissrecht insbes seit der
Französischen Revolution bekämpft (eingehend JÖRN ECKERT 163 ff) und durch den
Code Civile auch in den deutschen Gebieten links des Rheins aufgehoben (JÖRN
ECKERT 195 ff, 238 ff). Gleiches erfolgte zunächst für das übrige *Preußen* durch die
Verfassung von 1850 (Art 40), jedoch wurde dies 1852 wieder rückgängig gemacht.
Auch der Verfassungsentwurf der *Paulskirche* sah eine Aufhebung der Familien-
fideikommisse vor (§ 170f FRV), die nicht wirksam wurde (dazu KÜHNE NJW 1998, 1513,
1516; ders, Die Reichsverfassung der Paulskirche [2. Aufl 1998] 278 ff; sehr ausführlich JÖRN ECKERT
448 ff). Trotzdem war die *wirtschaftliche Bedeutung* dieser Institution in der *ständisch*

gegliederten Gesellschaft ganz erheblich. Um 1913 machte der Fideikommisswald etwa ein Zehntel der gesamten Waldfläche Deutschlands aus (JÖRN ECKERT 111 mwNw). Noch im Jahre *1919* bestanden im *Deutschen Reich* 1.432 Familienfideikommisse mit einem Flächenumfang von 3.206.035 ha, von denen 1.381.079 ha Wald waren (s KOEHLER/HEINEMANN, Das Erlöschen der Familienfideikommisse und sonstiger gebundener Vermögen [1940] 67; zahlreiche Daten auch bei JÖRN ECKERT 111 ff), in dem Gebiet, das heute den neuen Bundesländern entspricht, betrug 1914 die Durchschnittsgröße 873,67 ha (dazu KÜHNE VIZ 2000, 446, 449, Fn 24). Zur Entwicklung unter der *Weimarer Verfassung* s ausführlich Rn 23 ff.

In **erbrechtlicher Hinsicht** handelte es sich um **Sondererbfolgen**, wobei das dem Fideikommiss unterliegende Vermögen geschlossen auf den entsprechenden Fideikommissnachfolger überging, auf dessen Bestimmung aber idR der bisherige Inhaber keinen Einfluss hatte. Maßgebend für die Nachfolge war vielmehr im allgemeinen das oftmals seit vielen Generationen schon vorhandene Errichtungsstatut, während sich im *Übergangsmodus* und der Einheitlichkeit von Übergangscausa und Übergangszeitpunkt gegenüber der Gesamtrechtsnachfolge nach § 1922 BGB kein Unterschied ergab (MUSCHELER, Universalsukzession und Vonselbsterwerb [2002] 16).

9 **b)**   Art 59 EGBGB nennt **Familienfideikommisse, Lehen** (einschließlich der **allodifizierten Lehen) und Stammgüter**.

aa)   Familienfideikommisse iS des Art 59 EGBGB waren zu einer rechtlichen Einheit verbundene *Sondervermögen*, die darauf beruhten, dass aufgrund gesetzlicher Ermächtigung durch die Willenskraft des *Stifters* ein Vermögen zu dem Zweck, es der Familie dauernd zu erhalten, ausgesondert wurde. Dabei kam der *unmittelbare Nutzen* dieses Vermögens *immer nur einem oder mehreren Mitgliedern in bestimmter Folgeordnung* zu (SEELMANN/KLÄSSEL, Familienfideikommisse [1920] 35). Dabei konnte die Fideikommissfolge ohne zeitliche Beschränkung angeordnet sein. Zur Bewahrung des Vermögens für die Familie war der Fideikommissbesitzer regelmäßig *in der Veräußerung und Belastung beschränkt.*

10 Diese Begriffsbestimmung kennzeichnet das **deutschrechtliche Fideikommiss**. Nur auf dieses bezog sich Art 59 EGBGB (Mot zum EG 158; PLANCK Art 59 EGBGB Anm 2). Das *gemeine Recht* kannte neben diesem deutschrechtlichen noch das **römischrechtliche Fideikommiss**, das nicht notwendig an eine Familie gebunden war, und das nur eine Bindung auf längstens vier Generationen erlaubte. Römischrechtliche Fideikommisse konnten seit Inkrafttreten des BGB nicht mehr errichtet werden; bis dahin errichtete sind jedoch für ihre volle Dauer wirksam geblieben (Art 213 EGBGB; PLANCK Art 59 EGBGB Anm 2, Art 213 EGBGB Anm 2c; STAUDINGER/GRAMM[10] Art 213 EGBGB Rn 7).

11 Auf die **Art des Vermögens** kam es **nach** dem Vorbehalt des Art 59 EGBGB **nicht** an. Neben den wirtschaftlich besonders bedeutsamen Fideikommissen mit land- und forstwirtschaftlichem *Grundbesitz* gab es auch reine *Geld-Fideikommisse*.

12 Gegenstück zum Fideikommissvermögen war das freie persönliche Vermögen des Fideikommissbesitzers, das **Allod**, über das er frei verfügen konnte und das nach den allgemeinen Gesetzen vererbt wurde. Da Fideikommiss- und Allodvermögen selbstständige Vermögensmassen sind, bedarf es zu einem Austausch zwischen ihnen eines gesonderten Rechtsgeschäfts (RGZ 132, 355; SOERGEL/HARTMANN Rn 8); zu diesbezüglichen Abgrenzungsfragen bezüglich der Bestandteile s RGZ 97, 102; SOERGEL/HARTMANN Rn 5.

bb) Unter **Lehen** verstand man ein Rechtsverhältnis, vermöge dessen durch *Verleihung* von seiten des *Lehensherrn ein erbliches Nutzungsrecht* an einer lehensfähigen Sache oder einem derartigen Recht unter Verpflichtung zur Lehenstreue und zu rittermäßigen Diensten begründet wurde (ROTH/BECHER, Bayer Zivilrecht [2. Aufl 1897/98] II Teil III, 4). Schon bei Inkrafttreten des BGB und EGBGB waren die lehensmäßigen Bindungen in verschiedenen Ländern aufgehoben oder ihre Neubegründung untersagt. Diese Einschränkung des Lehensrechts war aber gleichzeitig Grund für die Vermehrung der Fideikommisse gewesen. **13**

Wie bei einem Fideikommiss bildete den Gegensatz zum Lehen das **Allod**, das freie Eigentum des Lehensmannes. **Allodifizierte Lehen** waren daher vormalige Lehen, die durch Gesetz oder Vertrag in das freie Eigentum eines Lehensmannes übergegangen waren (ROTH/BECHER 459). Diese allodifizierten Lehen wurden dem Vorbehalt des Art 59 EGBGB unterstellt, weil für sie vielfach noch für eine gewisse Zeit besondere Vorschriften galten, zB, dass das allodifizierte Lehen noch einmal nach Lehensrecht vererbt wurde, oder dass der Besitzer ein Wahlrecht hatte, das allodifizierte Lehen zu einem Fideikommiss oder zu freiem Eigentum zu machen. War das Lehen *endgültig freies Allod* geworden, fiel es *nicht mehr unter Art 59* EGBGB (PLANCK Anm 3). **14**

cc) **Stammgüter** sind Vermögensmassen, die dazu bestimmt sind, bei der betreffenden Familie erhalten zu bleiben. Bei diesen *Familienstammgütern* ist zu unterscheiden (dazu etwa ERLER HRG I 1073): **(1)** *Stammgüter* (bona aviatica, stemmatica) sind Güter des Hochadels, bei denen das gebundene Vermögen auf Grund der Hausgesetze oder des Herkommens (Observanz) nur auf die sog *Agnaten* übergeht. Auf Grund seiner Autonomie entwickelte der hohe Adel ein von einheitlichen Regeln bestimmtes, allgemein gültiges Sonderrecht der Vermögensnachfolge. Das so gebundene Vermögen (im Gegensatz zum freien „allodialen Vermögen") ist unveräußerlich, vererbt sich ungeteilt nach den Regeln der Primogenitur und Verfügungen über die Substanz und Änderungen der Nachfolgeordnung bedürfen der Zustimmung sämtlicher Agnaten (ERLER aaO; vgl PLANCK Anm 4). **(2)** Demgegenüber beruht die Bindung des Vermögens in der Familie beim *Fideikommiss* auf einer besonderen rechtsgeschäftlichen Verfügung (Stiftung, s Rn 8 f). **(3)** Dagegen sind bloße *Erbgüter* solche, bei denen die Veräußerung im Interesse der gesetzlichen Erben untersagt oder erschwert war (vgl auch die Institute des *Erbenlaub* und des *Erbenwartrechts*, dazu OGRIS HRG I 956 ff). **15**

dd) Von den Familienfideikommissen und den anderen in Art 59 EGBGB genannten Arten gebundener Familiengüter, die alle nur **Sondervermögen** ohne eigene Rechtspersönlichkeit waren, waren und sind auch heute die **Familienstiftungen** zu unterscheiden. Diese haben *eigene Rechtspersönlichkeit* (§ 80 BGB), und eigene Organe, ihr Vermögen kann veräußert und gepfändet werden (vgl STAUDINGER/RAWERT [1995] Vorbem 122 ff zu §§ 80 ff BGB zu Familienstiftungen sowie das dort angegebene Schrifttum; SCHINDLER, Familienstiftungen [1975]; *zum Unterschied von den Familiengütern iS des Art 59* **16**

EGBGB: Mot zum EG 128; RGZ 61, 28; RG Recht 1912 Nr 269; BayObLGZ 22 A, 208; OLG Hamburg HansRGZ 1914, A 17). Obwohl sie teilweise demselben Zweck wie Fideikommisse oder andere gebundene Familienvermögen dienen können (dazu DÄUBLER JZ 1969, 499, 501), unterfielen sie sowohl dem Art 59 EGBGB wie auch dem *Fideikommissverbot nicht* (s dazu Rn 45 ff). Sie wurden aber zT Gegenstand der Fideikommiss-Auflösungsgesetzgebung, vgl unten Rn 35.

3. Art 59 EGBGB als allgemeiner Vorbehalt, Internationales Privatrecht

17 Art 59 EGBGB enthält einen **allgemeinen Vorbehalt** hinsichtlich aller dort genannten Formen von gebundenen Vermögen. Die Landesgesetzgebung hatte daher ursprünglich *volle Freiheit* für die umfassende Gestaltung des Familienfideikommiss-, Lehen- und Stammgüterrechts; sie konnte diese Vermögen zu ihrer *Erhaltung und Ordnung*, aber auch zu ihrer *Beseitigung und Aufhebung* regeln (RGZ 136, 211 = JW 1932, 2396). Der Vorbehalt bezog sich daher nicht nur auf Bestimmungen über die Rechtsnatur der Familienfideikommisse und anderer Arten von Familienvermögen, deren Errichtung, Vererbung, Nutznießung, Verwaltung, Veräußerung und Belastung; der Landesgesetzgeber konnte vielmehr mit Beziehung auf Familienfideikommisse usw *von allen Bestimmungen des BGB* abweichen (STAUDINGER/GRAMM[10] Rn 2 f; PLANCK Art 113 EGBGB Anm 1), zB durch besondere Bestimmungen über die Mitwirkung eines Vormunds (hierüber KG KGJ 25, A 214), über Ehelichkeit, Legitimation und Kindesannahme (Prot VI 371, 606), über die Sicherung von Inhaberpapieren durch Umschreibung auf das Fideikommiss (Prot VI 742), über die Abgrenzung von Grundstücksbestandteilen und Zubehör (RG LZ 1919, 857), so dass das Recht des *BGB* in derartigen Fragen zwar nicht grundsätzlich ausgeschlossen war, aber nur *subsidiär* gegenüber einer besonderen Bestimmung des Fideikommissrechts galt (zB RG aaO; RGZ 97, 102; SOERGEL/HARTMANN Rn 5).

18 Zu dem durch Art 59 EGBGB vorbehaltenen Landesrecht gehörten nicht nur die ausdrücklichen Gesetze zu den von Art 59 EGBGB angeführten Gegenständen, sondern auch das *gemeine Fideikommissrecht* (RG LZ 1926, 1340 = HRR 1926 Nr 2026) und das *gemeine Lehensrecht*.

19 Der Vorbehalt erstreckte sich auch auf das *internationale und interlokale* **Privatrecht** hinsichtlich der *inländischen*, nach *Landesrecht* bestehenden, Fideikommisse (SOERGEL/KEGEL Art 28 EGBGB Rn 7); die Rechtslage war insofern dieselbe wie bei einer Vererbung von Anerbengütern, vgl Art 64 Rn 143 ff. Für *ausländische Fideikommisse* und ähnliche gebundene Vermögen ergibt sich aus Art 3 Abs 3 EGBGB der Vorrang der *lex rei sitae* gegenüber dem allgemeinen Grundsatz der Erbfolge nach dem Heimatrecht des Erblassers gemäß Art 25 EGBGB (vgl auch STAUDINGER/HAUSMANN [2003] Art 3 EGBGB Rn 85; MünchKomm/SONNENBERGER Art 3 EGBGB Rn 31; SOERGEL/SCHURIG Art 25 EGBGB Rn 89 mwNw; s auch vBAR/STRIEWE ZNR 1981, 184).

4. Ergänzungen und Beschränkungen zu Art 59 EGBGB

20 Art 59 EGBGB wurde **ergänzt** durch Art 60 EGBGB *(Revenuenhypothek)* und **beschränkt** durch Art 61 EGBGB *(Schutz gutgläubiger Dritter)*.

5.   Hinweise zum Länderfideikommissrecht

Zum Fideikommiss-, Lehens- und Stammgüterrecht der einzelnen Länder vgl STAU- **21**
DINGER/GRAMM[10] Rn 6–18; NIEDNER Anm 6.

**III.   Die Auflösung der Familienfideikommisse und ähnlicher gebundener
        Vermögen**

1.   Zeitabschnitte

Die Gesetzgebung zur Auflösung der Familienfideikommisse und ähnlicher gebun- **22**
dener Vermögen vollzog sich seit dem Ende des Ersten Weltkriegs in **drei zeitlichen
Abschnitten** (zum Folgenden auch J ECKERT, Der Kampf um die Familienfideikommisse [1992]
697 ff, 741 ff): *Im ersten* wurde die Auflösung *aufgrund Landesrechts* durch die von den
Landesgesetzgebern geschaffenen Behörden durchgeführt; *im zweiten vereinheitlich-
te der Rechtsgesetzgeber* die Fideikommiss-Auflösung formell- und materiellrechtlich
durch Reichsgesetze, welche die Auflösungsrechte der einzelnen Länder abänderten
und ersetzten; *im dritten Abschnitt*, dem Zeitraum seit Ende des Zweiten Weltkriegs,
wurde in *Ausführung des Art III Abs 2 KRG Nr 45* die Fideikommiss-Auflösung
beschleunigt fortgesetzt, und zwar zum großen Teil unter Anwendung der schon
vorhandenen Gesetze, jedoch mit gebietsweisen Unterschieden entsprechend der
Aufgliederung der Gesetzgebungszuständigkeit.

a)   Die *Länder* waren bei der Auflösung der Fideikommisse in Ausführung des **23**
Art 155 WeimVerf *verschiedene Wege* gegangen. Einige hatten das *sofortige Erlöschen* der Fideikommisse angeordnet (zB *Baden, Bayern)*, die meisten dagegen nur
ein *schrittweises, allmähliches Erlöschen* unter Fortbestand des Fideikommisses in
der Hand des gegenwärtigen Besitzers bis zu einem für das Erlöschen gesetzten
spätesten Zeitpunkt (so zB *Preußen, Württemberg)*. Verschiedene Länder sahen
dabei wieder vor, dass auch nach Erlöschen des Fideikommisses der *letzte Besitzer*
nur die *Stellung eines Vorerben*, der nach der Fideikommisssatzung *nächstberufene
Fideikommissfolger* die eines *Nacherben* erhalten sollte. Zu diesen Bestimmungen
über die auslaufende Dauer der Fideikommisse traten *Regelungen über Rechtsverhältnisse*, die schon im Zusammenhang mit dem Fideikommiss bestanden hatten, wie
Versorgungsberechtigungen, und solche, die sich bei der Auflösung ergaben, wie die
Sicherstellung von Gläubigern, Schuldenabwicklung und *Abfindungsansprüche*. Auch
diese Regelungen waren von Land zu Land unterschiedlich.

Wegen der Landesgesetze zur Auflösung der Familienfideikommisse und ähnlichen **24**
gebundenen Vermögen vgl die Zusammenstellungen bei STAUDINGER/GRAMM[10]
Rn 23 ff.

b)   Die *Vereinheitlichung* durch die Reichsgesetzgebung bezog sich *zunächst* auf **25**
das *formelle Auflösungsrecht*: Das Gesetz zur Vereinheitlichung der Fideikommissauflösung (FVG) vom 26. 6. 1935 (RGBl I 785) samt DVO vom 24. 8. 1935 (RGBl I 1103)
schuf einheitliche Fideikommissauflösungsbehörden – die Oberlandesgerichte (dort
zuständig die Fideikommisssenate) als Behörden erster Instanz, das Oberste Fideikommissgericht beim Reichsjustizminister als Rechtsmittelinstanz –, sowie eine Zu-
ständigkeits- und Verfahrensregelung für diese. Auf *materiellem Gebiet* folgte, nach-

dem vorbereitend die VO vom 28. 6. 1938 die Fristen der Landesgesetze für das
Erlöschen der Fideikommisse aufgeschoben hatte, das *Gesetz über das Erlöschen der
Familienfideikommisse* und sonstiger gebundener Vermögen *(FidErlG)* vom
6. 7. 1938 (RGBl I 825) mit der DVO vom 20. 3. 1939 (RGBl I 509) und den weiteren,
unten (Rn 49) aufgeführten ergänzenden Verordnungen. Zur materiellen Vereinheitlichung ordnete § 1 FidErlG das **Erlöschen aller noch bestehenden Familienfideikommisse zum 1. 1. 1939** an; zur Durchführung der Auflösung bestimmte aber § 11
FidErlG, dass für Verwaltung, Bewirtschaftung, Ertragsverwendung, Schuldenhaftung und für *Verfügungen* das **bisherige Recht** maßgebend blieb, bis über das Erlöschen der **Fideikommiss-Auflösungsschein erteilt** wurde. Über weitere Einzelheiten
der Fideikommissauflösung s Rn 27 ff.

26 c) In der Zeit *nach dem Zweiten Weltkrieg* blieb dieses reichsrechtliche Fideikommissauflösungsrecht als **Bundesrecht** (Art 125 Nr 1 GG, vgl J ECKERT 764 ff; vBAR/STRIE-
WE ZNR 1981, 195 ff), teilweise (zB in Fragen des Stiftungsrechts) auch als Landesrecht
im Wesentlichen in Kraft. Lediglich einzelne Bestimmungen sind in einzelnen Zonen
oder Ländern in der Nachkriegszeit durch Bestimmungen zur Ausführung des KRG
Nr 45 abgeändert oder ergänzt worden. Solche Bestimmungen sind nach Art 125
Nr 2 GG *partielles Bundesrecht* (J ECKERT 765 f; vBAR/STRIEWE ZNR 1981, 197). Weitere
Änderungen brachte das Bundesgesetz vom 28. 12. 1950 (BGBl 820); dasselbe ermächtigte in Einzelfragen auch die Landesgesetzgeber, auf den Gebieten des Rechts
der Familienstiftungen (insbes § 18 FidErlG mit der Pflicht zur Veräußerung von
Grundstücken der Familienstiftungen) und des Waldschutzes abweichendes Landes-
recht zu erlassen (darüber unten Rn 59 ff). Ja, nach § 4 sind die Länder sogar befugt, die
Änderung, Ergänzung oder Aufhebung reichsrechtlicher Fideikommissauflösungs-
vorschriften vorzunehmen.

2. Zum geltenden Fideikommissauflösungsrecht

27 a) Das **formelle Fideikommissauflösungsrecht** ist *noch im FVG und in der DVO
dazu* enthalten. Danach sind die *Oberlandesgerichte als Fideikommissauflösungsbehörden* zuständig; sie entscheiden durch Fideikommisssenate. Ein Oberstes Fideikommissgericht gibt es mittlerweile in keinem der Bundesländer mehr. Dementsprechend sind die Entscheidung der einfachen Fideikommissgerichte nach den
ergangenen Landesgesetzen unanfechtbar. Das früher für Bayern bestehende Oberste Fideikommissgericht als Fideikommisssenat beim BayObLG nach § 2 Abs 2
FidZustVfG (BayRS 315-2-J) war in *Bayern* bis zum 31. 12. 2004 für Entscheidungen
über sofortige Beschwerden gegen Beschlüsse der Fideikommisssenate der Oberlandesgerichte zuständig. Mit der *Auflösung des BayObLG* wurde auch in Bayern
das Oberste Fideikommissgericht abgeschafft; gegen die Entscheidungen der einfachen Fideikommissgerichte beim OLG ist daher seit dem 1. 1. 2005 auch in Bayern
kein Rechtsmittel mehr gegeben (§ 4 Abs 1 Nr 1 Gerichtsauflösungsgesetz –
BayObLGAuflG – vom 25. 10. 2004 [BayGVBl 400] mit Übergangsregelung für die
noch anhängigen Verfahren in Abs 2 Nr 2 u 3). Bei Streit über die örtliche
Zuständigkeit eines Fideikommissgerichts entscheidet nach § 3 Abs 1 des G vom
28. 12. 1950 (BGBl 820 = BGBl III 7811-4) der BGH; diese Regelung gilt nach § 3 Abs 2
aaO entsprechend bei Beschwerden wegen verweigerter Rechtshilfe.

28 b) Das **materielle Auflösungsrecht** für die Fideikommisse ist durch das FidErlG, die DVO dazu und verschiedene ergänzende Verordnungen, insbesondere die *SchutzforstVO* und die *VO über Familienstiftungen*, geregelt – je unter Berücksichtigung der Abänderung dieser Vorschriften in Einzelheiten durch die partikuläre Nachkriegsgesetzgebung. Es bezieht sich außer auf *Familienfideikommisse* auch auf *Lehen, Stammgüter und ähnliche gebundene Vermögen*, und zwar gleichgültig, ob diese aufgrund des Fideikommissrechts der Länder nach Art 59 EGBGB oder aufgrund des in den Art 57 und 58 EGBGB vorbehaltenen Rechts des hohen Adels geschaffen worden waren, also auch auf die gebundenen sog *Hausvermögen. Nicht erfasst von der gesamten Auflösungsgesetzgebung seit Art 155 WeimVerf sind die etwa noch fortbestehenden römisch-rechtlichen Fideikommisse* (vgl Rn 10; Rechtsentscheid des Landesamts für Familiengüter JW 1922, 410).

aa)   Mit dem *Erlöschen* der Fideikommisse uä gebundenen Vermögen am 1. 1. 1939 **29** gem § 1 FidErlG ist das Fideikommissvermögen **freies Eigentum** des „letzten", dh des in diesem Zeitpunkt vorhandenen Fideikommissbesitzers geworden (§ 2 FidErlG). Dieser wurde insbesondere von diesem Zeitpunkt an *nach dem allgemeinen Erbrecht* auch hinsichtlich dieses Vermögens *beerbt* (KÖHLER/HEINEMANN § 11 FidErlG Anm 4; KÖHLER, in: PFUNDTNER/NEUBERT, Das Neue Deutsche Reichsrecht 42 II b, § 11 FidErlG Anm 2; DRESSEL RdL 1965, 331). Gegebenenfalls wurde aus dem Fideikommissvermögen auch ein Erbhof gebildet, der dann nach dem für einen solchen maßgebenden Anerbenrecht vererbt wurde (§ 60 Abs 2 Reichserbhofgesetz, § 44 ErbhofrechtsVO; allgemein dazu bei Art 64 EGBGB Rn 67 ff, 75). **Bis zur Erteilung des Fideikommiss-Auflösungsscheines** war und ist aber **noch** nach § 11 FidErlG in dem dort beschriebenen Umfang, dh namentlich *für Verfügungen, das bisherige Fideikommissrecht* (also die Familiensatzung, auf der das Fideikommiss beruhte, subsidiär das Landesrecht) *anzuwenden* (BGH DNotZ 1980, 40). Zur Erteilung des Fideikommiss-Auflösungsscheins ist es aber teilweise bis heute nicht gekommen (BÖHRINGER Rpfleger 1995, 51, 56). Die Fideikommisseigenschaft darf im Grundbuch nur auf Ersuchen des Fideikommissgerichts (beim Oberlandesgericht) oder seines Vorsitzenden gelöscht werden (BÖHRINGER aaO; ders BWNotZ 2002, 49, 54). Gleiches gilt auch für die Löschung des Rechts des Nacherben, das auf Grund fideikommissrechtlicher Bestimmungen oder Anordnung eingetragen ist (§ 38 DVO-FidErlG; BÖHRINGER BWNotZ 2002, 49, 54). Für eine Verfügung, die nach dem Fideikommissrecht nicht gestattet wäre, kann das Fideikommissgericht aber Befreiung oder nachträgliche Genehmigung erteilen (§ 24 FidErlG). Besonderheiten der Auflösung von *Samtfideikommissen* (Fideikommisse in der Hand mehrerer Fideikommissbesitzer) regeln die §§ 1, 2 DVO FidErlG. „*Beständige Renten*", dh Renten, die dem jeweiligen Fideikommissbesitzer zugunsten einer Seitenlinie der Familie auferlegt waren und in dieser gleichfalls nach Fideikommiss-Grundsätzen vererbt wurden, waren nach Maßgabe des § 3 DVO FidErlG abzulösen. Die nach Fideikommissrecht bestehenden *Anfalls- und sonstigen Anwartschaftsrechte* erloschen mit dem Fideikommiss (dh am 1. 1. 1939), und zwar grundsätzlich ersatzlos; jedoch konnte das Fideikommissgericht auf fristgebundenen Antrag zur Vermeidung unbilliger Härten eine Entschädigung aus dem Fideikommissvermögen zusprechen (§ 3 FidErlG). Die aus dem Fideikommissrecht selbst stammenden *Versorgungs- und Abfindungsansprüche*, die schon vor dem Erlöschen des Fideikommisses entstanden waren, blieben – mit der Möglichkeit einer anderweitigen Festsetzung durch das Fideikommissgericht (§ 6 DVO FidErlG) – *bestehen* (§ 4 FidErlG, §§ 4, 5 DVO FidErlG). Dauerrenten *(Apanagen)* sind auch nicht ohne weiteres infolge der Rechtsentwicklung wegen Wegfalls der Geschäftsgrundlage untergegangen (BGH LM Nr 5 [L] zu § 242 BGB [Bb]); sie sind in der Währungsreform im Verhältnis 1:1 umgestellt worden (BGH aaO).

30 bb) *Neben* diesen Bestimmungen, die *unmittelbar die Auflösung der einzelnen Fideikommisse* und ähnlicher gebundener Vermögen *und die Auswirkung auf einzelne mit dem Fideikommiss verbundene Rechtsverhältnisse* zum Gegenstand hatten, hatte sich die Auflösungsgesetzgebung auch mit *Maßnahmen, die infolge des Wegfalls der bisherigen Vermögensbindung* mit Rücksicht auf verschiedene Interessen zu treffen waren, zu befassen:

31 α) Verschiedene Vermögensmassen bedurften auch nach dem Wegfall der fideikommissarischen Bindung eines *Schutzes vor unwirtschaftlicher Zersplitterung oder sonstiger Gefährdung.*

32 *Bis zur Entscheidung des Fideikommissgerichts* über die bei Aufhebung des Fideikommisses zum Schutz von Forstbesitz und Bauwerken von kulturellem Wert zu treffenden Anordnungen bedurften Verfügungen des noch (vgl zB § 11 FidErlG) fideikommissarisch gebundenen Besitzers der **Genehmigung durch das Fideikommissgericht** (§ 24 Abs 3 FidErlG).

33 Größere Forstgebiete wurden als „**Schutzforsten**" vor Zersplitterung zusammengehalten (§§ 5, 16, 17 FidErlG, § 9 DVO FidErlG, SchutzForstVO vom 21. 12. 1939 [RGBl I 2459]). In der Nachkriegszeit wurde in verschiedenen Bestimmungen (Angaben unten Rn 59 ff) die Bildung neuer Schutzforsten untersagt (nach OLG Celle MDR 1947, 198 = NdsRpfl 1947, 38 sei sie durch Art 3 Abs 2 KRG Nr 45 überhaupt verboten worden, was zweifelhaft ist, vgl oben Rn 6). Früher gebildete Schutzforsten haben diese Eigenschaft jedenfalls behalten (zutreffend GROSSE/WENTRUP RdL 1956, 154; **aA** OLG Celle aaO). Die Aufhebung dieser Eigenschaft unterliegt einer Verfügungsbeschränkung, bis der **Schutzforstvermerk** (§ 2 SchutzForstVO) im Grundbuch gelöscht ist. Die Schutzforsteigenschaft kann nur von der Forstaufsichtsbehörde aufgehoben werden. Gleiches gilt für Vermerke über Wald-, Deich-, Wein- und Landgüter (§ 9 DVO-FidErlG). Für die Löschung des Vermerks kann in den neuen Bundesländern § 105 Abs 1 Nr 6 S 3 GBV herangezogen werden (BÖHRINGER Rpfleger 1995, 51, 57; ders BWNotZ 2002, 49, 54).

34 Auch *andere Vermögensmassen, Sachgesamtheiten oder Einzelgegenstände* bedurften nach Auflösung der fideikommissarischen Bindung besonderer **Schutz- und Erhaltungsmaßnahmen** zur **Sicherstellung** und Erfüllung fortbestehender Verbindlichkeiten (zB Kassen für Versorgungsansprüche von Familienangehörigen und Dritten, wie Fideikommissangestellten) oder wegen ihres *kulturellen* (künstlerischen, wissenschaftlichen, historischen, heimatlichen) *Wertes.* Nach § 6 FidErlG, §§ 7, 8 DVO FidErlG hatten die Fideikommissgerichte geeignete Anordnungen zu treffen; sie konnten *Verfügungen* über Bauwerke mit einem derartigen Wert *von einer behördlichen Genehmigung abhängig machen* (§ 6 Abs 2 FidErlG, § 7 Abs 1–3 DVO FidErlG; eingehend dazu MARTIN, in: Erlanger FS Schwab [1990] 57 ff; zur Rspr hierzu s auch Rn 67); solche Verfügungsbeschränkungen stellen keinen Rechts-, sondern ggf einen Sachmangel dar (BGH WM 1979, 949). Als Mittel zur Sicherung kam insbesondere die Errichtung von *Stiftungen* durch Anordnungen des Fideikommissgerichts in Betracht (§ 7 FidErlG; §§ 10 ff DVO FidErlG; s dazu auch Rn 35). – Über die Bedeutung von Sicherungsverträgen aus Anlass der Auflösung BAG NJW 1973, 969.

β) Als *Ersatz* für aufgelöste Fideikommisse oder ähnliche gebundene Vermögen **35**
wurden vor und nach der Reichsgesetzgebung häufig **Familienstiftungen**, Familien-
vereine, Genossenschaften oder ähnliche juristische Personen oder Personenverbän-
de errichtet: Hinsichtlich solcher **Fideikommissauflösungsstiftungen**, die von den
Fideikommissgerichten bei der Auflösung der Fideikommisse errichtet wurden, ordnet § 18 FidErlG an, dass *land- und forstwirtschaftlicher Grundbesitz*, der durch die
Übertragung auf solche Einrichtungen entgegen dem Ziel der Fideikommissauflösung wieder „an die tote Hand" gebunden war, innerhalb einer bestimmten Frist zu
veräußern ist. Jedoch wurde zuletzt durch das Gesetz vom 28. 12. 1950 (BGBl 820)
diese Frist „bis auf weiteres" verlängert, ja teilweise wurde diese Verpflichtung sogar
in mehreren Ländern (s u Rn 49) aufgehoben (vgl dazu auch STAUDINGER/RAWERT [1995]
Vorbem 126 zu § 80; BAMBERGER/ROTH/SCHWARZ Vor § 80 Rn 14; PALANDT/HEINRICHS § 80 Rn 8;
SOERGEL/NEUHOFF Vor § 80 Rn 58a). Andererseits bedarf die *Veräußerung* von Grundbesitz durch solche Eigentümer der Genehmigung (bis 50ha durch das Fideikommissgericht, darüber hinaus durch den zuständigen Landesjustizminister). Die *VO
über Familienstiftungen* vom 17. 5. 1940 (RGBl I 806) dehnte diese Vorschriften *auch
auf solche Familienstiftungen aus, die nicht im Zuge der Fideikommissauflösung
errichtet waren* (dazu KOEHLER DJ 1940, 809). § 18 FidErlG ist jedoch heute in verschiedenen Ländern aufgehoben (vgl die Angaben in Rn 49).

3. Rechtslage nach Durchführung der Fideikommissauflösung

a) Gesetzliche Regelung
Das alte Fideikommissrecht ist nur noch in dem durch die Auflösungsgesetzgebung **36**
vorgesehenen Umfang anzuwenden. Im Übrigen besteht kein Fideikommissrecht im
eigentlichen Sinn mehr.

b) Rechtsgeschäftliche Regelungen
Die überlieferten Sukzessionsvorstellungen der Adelsfamilien können jedoch in sehr **37**
weitreichendem Umfang durch rechtsgeschäftliche Regelungen verwirklicht werden
(vgl DÄUBLER JZ 1969, 499 und nunmehr ausführlich KUCHINKE, in: BRIESKORN, MIKAT ua, Vom
mittelalterlichen Recht zur neuzeitlichen Rechtswissenschaft [1994] 417 ff; EDENFELD DNotZ 2003,
4; vTROTT ZU SOLZ, Erbrechtslose Sondervermögen. Über die Möglichkeiten fideikommissähnlicher
Vermögensbindungen [Diss Potsdam 1998]; bezüglich der Bindung im Bereich von Unternehmen
und Gesellschaften JÖRN ECKERT 778 ff). Als Gestaltungsmöglichkeiten zur Verwirklichung fideikommissarischer und hauspolitischer Zwecke bieten sich an (vgl
KUCHINKE aaO):

aa) Regelungen aufgrund Verfügungen von Todes wegen
α) Grundsätzliches
Die Regelung der in den Adelsfamilien überkommenen *Primogeniturordnung* wie **38**
auch die weitgehende Bindung des Familienvermögens durch Verfügungsbeschrän-
kungen lässt sich durch die Anordnung von (uU mehrfach gestuften) Vor- und
Nacherbfolgen erreichen (dazu in diesem Kontext auch DILLMANN RNotZ 2002, 2; EDENFELD
DNotZ 2003, 4; *Muster* hierfür bei NIEDER, Münchener Vertragshandbuch, Bd 6, Bürgerliches Recht
II [5. Aufl 2003] Form XVI 13; zu Möglichkeiten einer gegenständlichen Beschränkung einer zeitlichen Sukzession ROSSAK ZEV 2005, 14). Dabei gilt es jedoch die Bestimmung des § 2109
BGB zu beachten, die der gewillkürten herrschaftlichen Erbfolge **zeitliche Grenzen**
setzt; wird jedoch eine mehrfache Nacherbfolge angeordnet und tritt der Nacherbfall

jeweils beim Tod des entsprechenden Vorerben ein, so greift anstelle der 30-jährigen Regelfrist des § 2109 Abs 1 S 1 BGB die Ausnahme des § 2109 Abs 1 S 2 Nr 1 BGB ein, so dass sich uU die mehrfache Nacherbfolge auf über 100 Jahre hinweg erstrecken kann (NIEDER aaO; EDENFELD DNotZ 2003, 4, 10 f; LANGE/KUCHINKE § 28 I 3c α je mit Berechnungsbeispiel; zum Ganzen auch STAUDINGER/AVENARIUS [2003] § 2109 Rn 7 ff). Um den herrschaftlichen Besitz nicht zu einer „res extra commercium" zu machen, sollte jedoch immer nur eine *befreite Vorerbschaft* angeordnet werden. Pflichtteilsverzichte der zurückgesetzten Familienangehörigen müssen diese Regelung ergänzen, um zum gewünschten Erfolg zu führen.

ß) Zur Zulässigkeit von Ebenbürtigkeits- und Heiratsklauseln

39 In der Nachfolge der früheren *„Hausverfassungen"* des hohen Adels (vgl dazu auch die Vorbehalte von Art 57, 58 EGBGB) wurde vielfach bei den „erbrechtlichen Ersatzlösungen" die Erbeinsetzung an die Tatbestandsvoraussetzung der „standesgemäßen Verehelichung" des Vorerben oder seine Zugehörigkeit zu einem bestimmten Bekenntnis geknüpft. In der Literatur wurden zunächst derartige Bestimmungen nicht als sittenwidrig iSv § 138 BGB angesehen (KUCHINKE 418 ff; zust Voraufl Rn 38). In der **„Hohenzollern-Entscheidung"** des BVerfG vom 22. 3. 2004 (NJW 2004, 2088 = FamRZ 2004, 765 m Anm A STAUDINGER = ZEV 2004, 241) hatte sich jedoch das Verfassungsgericht mit der **Eheschließungsfreiheit** und ihrer Einschränkung durch eine sog *„Ebenbürtigkeitsklausel"* auseinander zu setzen. Dabei ging es um die verfassungsrechtlichen Anforderungen an eine umfassende Abwägung der Testierfähigkeit einerseits und der Eheschließungsfreiheit andererseits unter Berücksichtigung der besonderen Umstände des Einzelfalls. Die Verfassungsbeschwerde betraf die Erbfolge nach dem im Jahre 1951 verstorbenen ehemaligen *Kronprinzen Wilhelm von Preußen*, dem ältesten Sohn des 1941 verstorbenen ehemaligen *Kaisers Wilhelm II*. Der Kronprinz hatte dabei in einem Erbvertrag aus dem Jahre 1938 seinen zweiten Sohn zum Vorerben eingesetzt. Nacherben nach ihm sollten die in § 2 des Erbvertrags genannten weiteren Abkömmlinge im Mannesstamme des Kronprinzen sein. Weiter wurde bestimmt, dass Erbe nicht sein kann („erbunfähig ist"), „wer nach den Feststellungen des Schiedsgerichts (§ 10) nicht aus einer den Grundsätzen der alten Hausverfassung des Brandenburg-Preußischen Hauses entsprechenden Ehe stammt oder in einer nicht hausverfassungsmäßigen Ehe lebt."

40 Der **BGH** hatte noch in seiner mit der Verfassungsbeschwerde angegriffen Entscheidung (BGHZ 140, 118 = NJW 1999, 566 = LM BGB § 138 [Cd] Nr 30 [LEIPOLD]; dazu MUSCHELER ZEV 1999, 151; SCHMOECKEL JZ 1999, 517) die Wirksamkeit dieser Klausel, insbes ihre Verfassungsmäßigkeit, bejaht. Nach Ansicht des BGH konnte kein „schwerer Verstoß gegen Art 6 Abs 1 GG festgestellt werden, da kaum bestimmbar sei, welches Gewicht dem Eingriff zukomme und welche Bedeutung die durch die Erbenbürtigkeitsklausel bedingte Einflussnahme des Erblassers auf die betroffenen Abkömmlinge habe. „Es liegt jedenfalls nicht auf der Hand, dass einer von ihnen bei der Wahl seiner Ehefrau gewissermaßen mit Hilfe der Erbunfähigkeitsklausel zu ‚kaufen' sein könnte" (BGHZ 140, 131). Auch ein Verstoß gegen das **Differenzierungsverbot** des Art 3 Abs 3 GG wurde entgegen der Vorinstanz, dem OLG Stuttgart (FamRZ 1998, 260), verneint, wenngleich dem BGH dieser Einwand in Hinblick darauf, dass die Abstammung aus einer nicht hausverfassungsmäßigen Ehe zur Erbunfähigkeit führen sollte, problematisch erschien. Letztlich ließ es der BGH aber genügen, wenn vom Erblasser mit der Verfügung von Todes wegen andere, von der Testierfreiheit, und damit auch durch Art 14 Abs 1 GG geschützte, Ziele verfolgt werden, wie insbes die aus Anlass des Erbfalles erforderlich werdende Regelung seiner Vermögensverhältnisse und damit sachlich zusammenhängende Fragen. Die Entscheidung des BGH ist teilweise auf heftige Kritik gestoßen (LEIPOLD, in: 50 Jahre Bundesgerichtshof, Festgabe der Wissenschaft [2000] I S 1011, 1039 ff; ders, Erbrecht [15. Auf 2004] Rn 257; A STAU-DINGER Jura 2000, 467; PROBST JR 1999, 508; sowie auch das LG Hechingen FamRZ 2001, 721, 724 als Vorinstanz, das aber an die revisionsrechtliche Auffassung des BGH gebunden war; krit HK-BGB/DÖRNER [3. Aufl 2003] § 138 Rn 3; zurückhaltend auch HOHLOCH JuS 1999, 606). Insbesondere kritisiert LEIPOLD zu Recht, dass allein der Hinweis, dass der Erblasserwille auf die sinnvolle Regelung des Nachlasses gerichtet sei, nicht ausreichend ist, um einen Verstoß gegen Art 3 Abs 3 GG zu entkräften. Denn letztlich liegt eine solch weit verstandene Regelungsabsicht bei fast jeder Verfügung von Todes wegen vor. Die überwiegenden Stellungnahmen in der Lit sind jedoch dem BGH gefolgt (AnwK-BGB/BECK [2004] § 2074 Rn 21; PALANDT/HEINRICHS § 138 Rn 49; PALANDT/EDENHOFER § 1937 Rn 20; BAMBERGER/ROTH/WENDTLAND § 138 Rn 75; STAUDINGER/SACK [2003] § 138 Rn 437), wenn auch vereinzelt nur im Ergebnis (STAUDINGER/OTTE [2003] § 2074 Rn 45c: „die Entscheidung mag im Ergebnis richtig sein“).

Das **BVerfG** hat die Entscheidung des BGH **aufgehoben**. Denn der BGH habe den **41** Bedeutungsgehalt des Grundrechts auf Eheschließungsfreiheit aus Art 6 Abs 1 GG verkannt. Er habe nicht alle in Betracht kommenden Umstände des vorliegenden Einzelfalls gewürdigt, die auf die Freiheit des Beschwerdeführers, die Ehe mit einer selbst gewählten Partnerin einzugehen, einwirken konnten. Denn der Testierfähigkeit des Erblassers, die die Verfügungsbefugnis des Eigentums über den Tod hinaus schützt (BVerfGE 91, 346, 358), stehe das Grundrecht aus Art 6 Abs 1 GG gegenüber (BVerfGE 31, 58, 67). Die in dem Erbvertrag enthaltene Ebenbürtigkeitsklausel sei aber geeignet, die Eheschließungsfreiheit des als Nacherben eingesetzten Abkömmlings des Erblassers mittelbar zu beeinflussen. Im vorliegenden Fall wäre nicht hinreichend geprüft worden, ob die Ebenbürtigkeitsklausel geeignet war, auf den Beschwerdeführer einen für diesen unzumutbaren Druck bei der Eingehung einer Ehe zu erzeugen. Weiter könnte der Wert des Nachlasses geeignet sein, unter Berücksichtigung der Lebensführung und der sonstigen Vermögensverhältnisse des Beschwerdeführers dessen Entschließungsfreiheit bei Eingehung der Ehe nachhaltig zu beeinflussen. Vor dem Hintergrund der **veränderten staatsrechtlichen Verhältnisse** wäre es zudem von Verfassungs wegen geboten gewesen, dass sich der BGH im Rahmen der Abwägung mit der Frage auseinander setzt, ob eine mit der Wahrung des Ebenbürtigkeitsprinzips verknüpfte Erbeinsetzung noch Eingriffe in die Eheschließungsfreiheit eines Erben zu rechtfertigen vermag.

Dabei bleibt jedoch festzuhalten, dass das BVerfG **nicht die Verfassungswidrigkeit der Ebenbürtigkeitsklausel** festgestellt hat. Das Gericht rügt vielmehr nur, dass der BGH in seiner Entscheidung den Bedeutungsgehalt des Grundrechts des Beschwerdeführers auf Eheschließungsfreiheit (Art 6 Abs 1 GG) verkannt hat (zutr betont dies OTTE ZEV 2004, 393, 394). Denn dem BGH wird nur vorgeworfen, die von diesem vorgenommene Abwägung genüge nicht den **verfassungsrechtlichen Anforderungen** an eine **umfassende Abwägung** unter Berücksichtigung der besonderen Umstände des Einzelfalls. Insbes sei nicht hinreichend geprüft worden, ob die Ebenbürtigkeitsklausel geeignet war, auf den Beschwerdeführer einen für diesen **unzumutbaren Druck** bei der Eingehung einer Ehe zu bewirken.

Jörg Mayer

42 Dabei hat das BVerfG ausdrücklich dieselben Grundsätze angewandt, wie bei der Entscheidung der 1. Kammer seines Ersten Senats zum „**Fall Leiningen**" (NJW 2000, 2495 = FamRZ 2000, 945). Dort hatte aber die Entscheidung des Bayerischen Obersten Landesgerichts (BayObLGR 1999, 76 = FamRZ 2000, 380; dazu bereits BayObLGZ 1996, 204 = FamRZ 1997, 705 = ZEV 1997, 119 m Anm OTTE; zu dieser Entscheidung GOEBEL FamRZ 1997, 656) der verfassungsgerichtlichen Überprüfung standgehalten. Allerdings ging es dort um eine sog „Heiratsklausel" bei einer mehrfach hintereinander geschalteten Vor- und Nacherbschaft. In den Erbvertrag einbezogen waren die Bestimmungen eines früher erlassenen Hausgesetzes, wonach sich die Familienmitglieder nur mit Einwilligung des jeweiligen Fürsten vermählen können und die Eingehung einer nicht konsentierten Ehe den Verlust des Sukzessionsrechts zur Folge hatte. Eine von dem Fürsten verweigerte Einwilligung konnte nach dem Hausgesetz durch ein Schiedsgericht ersetzt werden. Das **Bundesverfassungsgericht** hatte seinerzeit die gegen die Entscheidung des Bayerischen Obersten Landesgerichts eingelegte Verfassungsbeschwerde nicht zur Entscheidung angenommen. Das BayObLG habe sich bei der Beurteilung der erbvertraglichen Heiratsklausel und der Nichtkonsentierung der zweiten Ehe des Beschwerdeführers durch den dazu berufenen Fürsten eingehend mit den Generalklauseln der §§ 138 und 242 BGB befasst. Es habe dabei insbesondere die widerstreitenden grundrechtlich geschützten Positionen erkannt und gegeneinander abgewogen. Seine Lösung anhand des konkreten Sachverhalts liege daher in den Grenzen des verfassungsrechtlich Zulässigen. In seinem genannten Beschluss vom 22. 3. 2004 sah das BVerfG den Unterschied der Ebenbürtigkeitsklausel gegenüber der **Heiratsklausel** darin, dass es bei Letzterer auf die individuelle Entscheidung eines Dritten ankam, die auf ihre Vereinbarkeit mit den guten Sitten zu überprüfen war. **Maßstab** für die Entscheidung über die Erteilung der Einwilligung war aber damals, anders als gerade bei der Ebenbürtigkeitsklausel, **nicht die Abstammung und Herkunft** der zukünftigen Ehefrau, sondern „**Ehre, Ansehen, Ordnung und Wohlfahrt des fürstlichen Hauses**".

43 Die Entscheidung des BVerfG ist ganz überwiegend auf Ablehnung gestoßen (A STAUDINGER FamRZ 768; GUTMANN NJW 2004, 2347; OTTE ZEV 2004, 393; ISENSEE DNotZ 2004, 754), bis hin zu solch verbalen Entgleisungen, dass sich „der Hüter der Verfassung als Beckmesser" aufführe (ISENSEE 766), wobei die Kritik sehr stark auf dem Vorverständnis der Kritiker beruht. Die Entscheidung führt jedoch zu ganz grundsätzlichen Fragestellungen, die über den eigentlichen, doch sehr singulären Anlassfall weit hinausgehen: **(1)** Zum einen stellt sich damit in besonderer Schärfe die Frage nach den **Grenzen von Potestativbedingungen**, wenn durch die bedingte Zuwendung ein bestimmtes Verhalten des unter dieser Bedingung Bedachten herbeiführt werden soll (dazu ausführlich STAUDINGER/OTTE [2002] § 2074 Rn 30 ff; ders ZEV 2004, 393; MünchKomm/ LEIPOLD § 2074 Rn 18 ff; SOERGEL/LORITZ § 2074 Rn 18 ff). **(2)** Zudem ist zu klären, auf welchen **Zeitpunkt** es **für die Beurteilung der Sittenwidrigkeit** ankommt. Die ganz hL stellt bei Verfügungen von Todes wegen auf den Zeitpunkt des Erbfalls ab, weil die Annahme der Sittenwidrigkeit weniger auf eine Gesinnungsprüfung, sondern mehr auf den Inhalt und Wirkung der Verfügung gestützt wird (BROX, Erbrecht [20. Aufl 2003] Rn 263; LEIPOLD, Erbrecht Rn 249 f; ECKERT AcP 199 [1999] 337, 355 f; für Abstellen auf den Zeitpunkt der gerichtlichen Beurteilung sogar LANGE/KUCHINKE § 35 IV 9b). Das BVerfG wendet nun dagegen auf den Erbvertrag aus dem Jahre 1938 die Werteordnung des Grundgesetzes an, was insbes im vorliegenden Fall zum Problem der „**rückwirkenden Sittenwidrigkeit**" führt. Anders als der „*Anerbensitte*" der bäuerlichen Kreise (dazu

Art 64 EGBGB Rn 139) misst das BVerfG also den tradierten Sukzessionsvorstellungen des hohen Adels keine verfassungsrechtlich legitimierende Kraft bei. Alles in allem zeigt sich aber, dass die von den landesrechtlichen Vorbehalten erfassten Themen immer wieder Anlass zu ganz aktuellen Fragestellungen bieten, die sogar für die künftige Rechtswicklung maßgebend sein können.

bb) Regelungen durch Rechtsgeschäfte unter Lebenden

Noch besser lassen sich die fideikommissähnlichen Zwecke durch rechtsgeschäft- **44** liche Regelungen unter Lebenden verwirklichen:

α)   Die Errichtung einer **Familienstiftung** zur Bindung des Familienvermögens war **45** zwar schon in früher Zeit ein beliebtes Mittel zur langfristigen Sicherung der Versorgung der Familienangehörigen (zum Begriff, der auch in den einzelnen Landesstiftungsgesetzen nicht einheitlich definiert ist, s C G Schwarz BB 2001, 2381, 2387 f; Seifart/vCampenhausen/Pöllath, Handbuch des Stiftungsrechts [2. Aufl 1999] § 14 Rn 3), und wurde insbes nach der Auflösung der Fideikommisse als Ersatzlösung häufig benutzt (s Rn 35; kurzer Überblick über die dadurch geschaffenen Möglichkeiten bei Schiffer/Kotz ZErb 2004, 115; bei Unternehmensbezug Nietzer/Stadie NJW 2000, 3457). Und war der Familienfideikommiss ein Rechtsinstitut zur Bindung des agrarischen Vermögens, so befriedigte die Familienstiftung ähnliche Bedürfnisse des aufstrebenden Bürgertums, weshalb auch vom *„industriellen Fideikommiss"* gesprochen wird (Soergel/Neuhoff Vor § 80 Rn 59). Nachteilig sind jedoch die starre Bindung an den Stifterwillen über uU Generationen hinaus und die strengen Bestimmungen der Stiftungsgesetze der Länder, die Errichtung wie Verwaltung nicht unerheblich erschweren. Dazu tritt erschwerend die nachteilige erbschaftsteuerliche Behandlung, wonach Familienstiftungen in Zeitabständen von je 30 Jahren einer *Ersatzerbschaftsteuer* unterliegen (§ 9 Abs 1 Nr 4 ErbStG; dazu etwa Kapp/Ebeling [2004] § 9 ErbStG Rn 95 ff iVm § 1 Rn 46 ff; zur Verfassungsmäßigkeit der Regelung BVerfGE 63, 312 = NJW 1983, 1841), weshalb auch von einem „Versuch der Liquidierung über das Steuerrecht gesprochen wird (Soergel/Neuhoff Vor § 80 Rn 59). Zur Auswirkung einer Stiftungserrichtung auf **Pflichtteilsergänzungsansprüche** nach § 2325 BGB vgl LG Baden-Baden ZEV 1999, 153 m Anm Rawert; Rawert/Katschinski ZEV 1996, 161; J Mayer, in: Mayer/Süss/Tanck/Bittler/Wälzholz, Handbuch Pflichtteilsrecht (2003) § 8 Rn 69 f; vgl auch zum Kausalverhältnis zwischen Stifter, Stiftung, Destinatären und Anfallsberechtigten Muscheler AcP 203 (2003) 469; dazu, dass auch Zuwendungen in Form von *Zustiftungen* oder freien oder gebundenen *Spenden* pflichtteilsergänzungspflichtige Schenkungen iS der §§ 2325, 2329 BGB sind, s jetzt BGHZ 157, 178 = ZEV 2004, 115 m Anm Kollhosser (hierzu auch Schiffer NJW 2004, 1565; Otte JZ 2004, 973; Hartmann ZErb 2004, 179; s auch Rawert NJW 2002, 3151 [zur abweichenden Entscheidung der Vorinstanz]).

Derartige **Familienstiftungen** wurden bereits früher von der hM als **zulässig** ange- **46** sehen (Bamberger/Roth/Schwarz Vor § 80 Rn 15; Palandt/Heinrichs Vorbem 9 zu § 80 BGB; Erman/Westermann Vorbem 6 zu § 80 BGB; Ebersbach, Handbuch des Deutschen Stiftungsrechts [1972] S 152 ff; Flume, Die jur Person, Bd I/2 [1983] § 4 V Fn 145; Edenfeld DNotZ 2003, 4, 9; Kronke, Stiftungstypus und Unternehmensträgerstiftung [1988] 59 ff; Seifart/vCampenhausen/Pöllath Handbuch § 14 Rn 29), während dagegen vereinzelt Bedenken erhoben worden, da dadurch quasi über die Hintertür wieder der Familienfideikommiss eingeführt und damit das *Fideikommissverbot unzulässigerweise unterlaufen* werden könne. ZT wird die Unzulässigkeit der Gestaltung auch mit einer analogen Anwendung des § 22

BGB begründet. Demnach sollen solche **Stiftungen**, zumindest wenn sie rein privatnützig ausgestaltet sind, **nicht anerkennungsfähig** sein (so DÄUBLER JZ 1969, 500; Münch-
Komm/REUTER Vor § 80 Rn 35 ff [durch analoge Anwendung von § 22 BGB]; ders, Privatrechtliche
Schranken der Perpetuierung von Unternehmen [1973] 103 ff; STAUDINGER/RAWERT [1995] Vorbem
127 ff, 132 ff zu §§ 80 ff BGB mwNw zum Meinungsstand [Verbot der reinen Unterhaltsstiftung,
vielmehr sei wenigstens „mittelbarer Gemeinwohlbezug" notwendig]; RAWERT, Die Genehmigungsfähigkeit der unternehmensverbundenen Stiftung (1990) 158 ff; zust SASSE 43 f; ebenso SOERGEL/
NEUHOFF Vor § 80 Rn 57 ff; krit auch K SCHMIDT GesellschaftsR [4. Aufl 2002] § 7 II S 175 f; für
Unwirksamkeit nach Ablauf von 30 Jahren: DUDEN JZ 1968, 2, 4, ebenso STAUDINGER/AVENARIUS
[2003] § 2109 Rn 12). In der Voraufl (Rn 42 ff) wurde bereits ausführlich dargestellt, dass
diese Auffassung nicht zutreffend ist (gute Darstellung der Argumentationslinien bei BAM-
BERGER/ROTH/SCHWARZ Vor § 80 Rn 15).

47 Seit der *Reform des Stiftungsrechts* durch das G zur Modernisierung des Stiftungsrechts vom 15.7. 2002 (BGBl I 2634) lässt sich noch weniger vertreten, dass Familienstiftungen unzulässig sind: Nach dem neu gefassten § 80 Abs 2 BGB ist nunmehr eine
Stiftung als rechtsfähig anzuerkennen, wenn das Stiftungsgeschäft den Anforderungen des § 81 Abs 1 genügt, die dauernde und nachhaltige Erfüllung des Stiftungs-
zwecks gesichert erscheint und der Stiftungszweck das Gemeinwohl nicht gefährdet.
Mit dieser Entscheidung des Gesetzgebers zu Gunsten der Negativvoraussetzung der
Gemeinwohlgefährdung hat er sich aber zugleich für die **Zulässigkeit der Familienstiftung** ausgesprochen (G C SCHWARZ ZEV 2003, 306, 307 f; ANDRICK/SUERBAUM NJW 2002,
2905, 2907 f; MUSCHELER NJW 2003, 3161; PALANDT/HEINRICHS § 80 BGB Rn 8; ERMAN/WESTER-
MANN Vorbem 6 zu § 80 BGB; dazu auch Bericht der Bund-Länder-Arbeitsgruppe Stiftungsrecht [zit
nach MünchKomm/REUTER §§ 80, 81 Rn 17] unter H II 3 u H III 1, 2; **aA** auch nach der Änderung
des Stiftungsrechts, wenn auch ohne wesentlich neue Argumente, SCHÖNING, Privatnützige Stiftungen im deutschen und spanischen Zivilrecht [2004] S 139 ff und MünchKomm/REUTER Bd 1a [Er-
gänzungsband 2003] §§ 80, 81 Rn 17, der seine bisherige Auffassung aufrecht erhält, aber eingesteht,
dass diese gerade im Gesetzgebungsverfahren ausdrücklich abgelehnt wurde), zumal jetzt sogar
eine „Allzweckstiftung" zulässig ist (ANDRICK/SUERBAUM NJW 2002, 2905, 2908). Gegen-
teilige Bestrebungen (so der Gesetzentwurf der Fraktion Bündnis 90/Die Grünen, BT-Drucks 13/
9320, S 3; ähnlich der Vorschlag der Bundesnotarkammer, DNotI-Report 16/2000, 5) konnten sich
im Gesetzgebungsverfahren gerade nicht durchsetzen. Soweit *landesrechtliche Vorschriften* die Gründung von Familienstiftungen ausschließen (so *Brandenburg*, § 6
Abs 2 Buchst b Bbg StiftG) oder einschränken *(Nordrhein-Westfalen, Mecklenburg-
Vorpommern)*, sind diese wegen des Verstoßes gegen das abweichende Bundesrecht
unwirksam (Art 31 GG; G C SCHWARZ ZEV 2003, 306, 308; PALANDT/HEINRICHS § 80 BGB
Rn 8; zu den Reaktionsmöglichkeiten s MUSCHELER NJW 2004, 713, 714 f; ders ZSt 2004, 3; zu einem
Modellentwurf eines Landesstiftungsgesetzes s HÜTTEMANN/RAWERT ZIP 2002, 2019).

48 β)   Optimale Gestaltungsmöglichkeiten bietet das Gesellschaftsrecht durch Gründung einer **Gesellschaft bürgerlichen Rechts** bzw einer *offenen Handelsgesellschaft*
oder einer *Kommanditgesellschaft* (BAUR, in: FS Vischer 523 ff; J ECKERT 780 f; für die
Stiftung & Co KG NIETZER/STADIE NJW 2000, 3457): Die Vermögensbindung ergibt sich
aus der gesamthänderischen Bindung des § 719 BGB, wonach der Gesellschaftsanteil
nur entsprechend der Satzung oder bei Zustimmung aller Gesellschafter übertragen
werden kann. Hier ist viel Raum für *Vinkulierungsbeschränkungen*. Die Sicherung
der familiär tradierten Sukzession übernimmt eine gesellschaftsrechtliche Nachfol-
geklausel für den Todesfall, die den Anteil nur unter bestimmten Bedingungen

vererblich stellt. Die Verfügungsbefugnis des Familienoberhauptes gewährleistet die Einräumung der Stellung des allein geschäftsführenden und verfügungsberechtigten Gesellschafters, §§ 713, 714 BGB. Vertraglich vereinbarte *Einziehungsmöglichkeiten* führen zu einer gewissen Familiendisziplinierung, die Haftung kann bei der KG auf das Gesellschaftsvermögen reduziert werden. Gesellschaftsvertragliche Regelungen der *Abfindungshöhe* vermeiden bei Auflösung der Gesellschaft oder Ausscheiden eines Gesellschafters einen zu hohen Kapitalabfluss; ihre pflichtteilsreduzierende Auswirkung ist jedoch noch nicht abschließend geklärt (J MAYER ZEV 1994, 331, 336; eingehend dazu ders, in: MAYER/SÜSS/TANCK/BITTLER/WÄLZHOLZ, Handbuch des Pflichtteilsrechts [2003] § 5 Rn 118 ff; BOUJONG, in: FS ULMER [2003] 41; U MAYER ZEV 2003, 355; M SCHMITT, Gesellschaftsvertrag und Pflichtteilsrecht [1994]). Überhaupt übernimmt die *Gesellschaftssatzung* die *Rolle der alten Hausgesetze* der Adelsfamilie und bildet die Brücke zwischen der alten und neuen Rechtsordnung.

4.   Überblick über das geltende Fideikommissauflösungsrecht

a)   Allgemeine Gesetzgebung zur Fideikommissauflösung
aa)   Einheitlich erlassenes (ehemaliges Reichs- und) Bundesrecht
Gesetz zur Vereinheitlichung der Fideikommissauflösung vom 26. 6. 1935 (RGBl I 785 **49** = BGBl III 7811-1), geändert durch Gesetz vom 28. 12. 1950 (BGBl 820);

VO zur Durchführung des Gesetzes zur Vereinheitlichung der Fideikommissauflösung vom 24. 8. 1935 (RGBl I 1103 = BGBl III 7811-1-1), geändert durch G vom 28. 12. 1950 (BGBl I 820);

Gesetz über das Erlöschen der Familienfideikommisse und sonstiger gebundener Vermögen vom 6. 7. 1938 (RGBl I 825 = BGBl III 7811-2), geändert durch VO vom 4. 12. 1942 (RGBl I 675), KRG Nr 45 vom 20. 2. 1947 (KRABl 256) und Gesetz vom 28. 12. 1950 (BGBl 820); nebst verschiedenen Vorschriften des Reichs- (zuletzt VO vom 4. 12. 1942 [RGBl I 675]), des Bundes- (vgl nachstehend) und Landesrechts (vgl Rn 48 ff), *zur Verlängerung* der in dem Gesetz und in der DVO gesetzten Fristen; dabei

- § 18 (Stiftungen) *aufgehoben* in (Nord-)Württemberg-(Nord-)Baden (VO vom 8. 1. 1948 [WüBa RegBl 12]), (Süd-)Württemberg-Hohenzollern (VO vom 26. 2. 1952 [WüHoRegBl 11]), Baden-Württemberg (§ 45 des G vom 4. 10. 1977 [Bad-WürttGBl 408]), Bayern (StiG vom 26. 11. 1954 [BayGVBl 301 = BayRS 282-1-1-K]), Hessen (StiG vom 4. 4. 1966 [GVBl I 77 = GVBl II 232–7]), Niedersachsen (StiG vom 24. 7. 1968 [GVBl 119]), Schleswig-Holstein (§ 23 Abs 3 Nr 2 StiG vom 13. 7. 1972 [GVBl 123], geändert durch G vom 20. 12. 1985 [GVBl 609]);

- §§ 5, 15 Abs 3, 16, 17 aufgehoben in Nordrhein-Westfalen durch G vom 11. 3. 1980 (GVBl 214);

VO zur Durchführung und Ergänzung des Gesetzes über das Erlöschen der Familienfideikommisse und sonstiger gebundener Vermögen, vom 20. 3. 1939 (RGBl I 509 = BGBl III 7811-2-1), geändert durch KRG Nr 45 vom 20. 2. 1947 (KRABl 256) und Gesetz vom 28. 12. 1950 (BGBl 820); davon *aufgehoben* (als Bestimmungen stiftungsrechtlichen Inhalts) §§ 15–26 in (Süd-)Württemberg-Hohenzollern (VO vom 26. 2. 1952 [WüHo RegBl 11]), Bayern (StiG vom 26. 11. 1954 aaO), Hessen (StiG vom 4. 4. 1966 aaO); nur § 15 in (Nord-)Württemberg-(Nord-)Baden (VO vom 3. 9. 1948 [BaWü RegBl 171]); §§ 11, 13 und 15 bis 26 in Niedersachsen (StiG vom 24. 7. 1968 aaO) und Schleswig-Holstein (StiG vom 13. 7. 1972 aaO); §§ 11–13, 14 Abs 2-4, 15–26 in Baden-Württemberg (StiG vom 4. 10. 1977 [GBl 408]);

Gesetz zur Änderung von Vorschriften des Fideikommiss- und Stiftungsrechts vom 28. 12. 1950 (BGBl 820 = BGBl III 7811-4); in Berlin übernommen durch G vom 12. 11. 1953 (BerlGVBl 1399); im Saarland eingeführt durch § 1 Nr 8 VO vom 26. 8. 1957 (BGBl I 1255), geändert durch G vom 3. 8. 1967 (BGBl I 839);

§ 17 RSiedlG vom 11. 8. 1918 (RGBl 1429 = BGBl III 2331-1) Gegenstand: kein Widerspruchsrecht von Fideikommissanwärtern gegen Übertragung des Gutes an den Landlieferungsverband (zu § 61 Abs 1 Nr 5 BeurkG s STAUDINGER/PROMBERGER/SCHREIBER[12] Rn 37).

bb) Partielles Bundesrecht und Landesrecht

50 Baden-Württemberg: Das bisherige Fideikommissauflösungsrecht ist jetzt durch G zur *Aufhebung des Fideikommissauflösungsrechts ua Vorschriften* vom 21. 11. 1983 (GBl 693) vollständig aufgehoben worden. Dies gilt sowohl für landes- wie auch bundesrechtliche Vorschriften; § 32 BaWüStiftG bleibt davon jedoch unberührt. In den Grundbüchern noch eingetragene Fideikomissvermerke sind jetzt von Amts wegen zu löschen. Der Vorlage eines Fideikomissauflösungsscheins bedarf es hierzu nicht mehr (Art 4 § 2 Abs 3 des Ges; dazu DNotI-Report vom 16. 4. 2002, gs-r M/II/3 – § 22 GBO – 32326 – Faxpool). Früher galten hier die in STAUDINGER/PROMBERGER/SCHREIBER[12] Rn 38 genannten Bestimmungen.

51 Bayern: G über die Zuständigkeit und das Verfahren in Fideikommiss- und Stiftungssachen vom 22. 10. 1948 (BayGVBl 241 = BayRS 315-2-J), zuletzt geändert durch G vom 25. 10. 2004 (BayGVBl 400, vgl dazu Rn 27);

VO, Ausführungsvorschriften zu dem Gesetz über die Aufhebung der Fideikommisse betreffend, vom 26. 9. 1919 (BayGVBl 647, 698 = BayBS III 118 – BayRS 403-5-J), geändert durch G vom 25. 10. 2004, wie vor. Diese VO gilt nicht für das Gebiet des ehemaligen Freistaats Coburg (Art 7 BayRS);

Lehensauflösungsgesetz vom 30. 8. 1920 (Bay GVBl 417 = BayBS III 553);

Erste VO zur Ausführung des G zur Beschaffung von Siedlungsland und zur Bodenreform (GSB) vom 26. 2. 1947 (GVBl 92 = BayBS IV 338);

Bek über die beschleunigte Abwicklung der Familienfideikommisse und sonstiger gebundener Vermögen vom 9. 2. 1949 (BayStAnz 9 = BayBSVJu III 282);

Bek des StMdJust vom 24. 4. 1947 betreffend Erläuterungs- und Durchführungsbestimmungen zu den §§ 47 und 48 der 1. VO zur Ausführung des GSB (BayStAnz 1947 Nr 19 = BayBSVJu II 281);

§ 4 der VO Nr 124 zur Durchführung des KRG Nr 45, vom 22. 5. 1947 (BayGVBl 180, 248 = BayBS IV 351);

Allgemeine Verfügung über die geschäftliche Behandlung der am Obersten Fideikommissgericht und den Fideikommisssenaten der Oberlandesgerichte übertragenen Angelegenheiten vom 24. 8. 1935 (BayBSVJu III 280);

Rundverfügung betreffend Fideikommissregister und Fideikommissstatistik vom
24. 7. 1939 (BayBSVJu III 283).

Bremen, Hamburg, Nordrhein-Westfalen, Schleswig-Holstein (ehem britische Zone): 52
VO zur Regelung von Fragen des Fideikommiss- und Stiftungsrechts vom
25. 11. 1946 (VOBlBrZ 7 = BGBl III 7811-3-a = Brem GBl 122);

Hessen: Erste VO zur Abwicklung der Fideikommisse und der sonstigen gebunde- 53
nen Vermögen vom 22. 7. 1947 (Hess GVBl 66 = Hess GVBl II 232-3 = BGBl III 7811-3-d);

Niedersachsen: Durch Art 26 des Rechtsvereinfachungsgesetzes vom 19. 9. 1989 54
(GVBl 345) wurde das dort bisher (s STAUDINGER/PROMBERGER[12] Rn 43) geltende Fideikommissauflösungsrecht, einschließlich dem Bundesrecht, aufgehoben.

Rheinland-Pfalz: VO über die Zuständigkeit und das Verfahren der Auflösungsbe- 55
hörden in Fideikommisssachen vom 30. 12. 1948 (RhPf GVBl 1949, 6 = BS RhPf 301–10 =
BGBl III 7811-3-c); s auch § 1 Abs 2 G vom 15. 6. 1949 (RhPf GVBl 225: Zuständigkeit
des OLG Koblenz als Fideikommissgericht für ganz Rheinland-Pfalz);

Ehemaliges Preußen: Art 16, 17 Abs 1 AGGBO (RhPfGVBl 1968 Sondernummer Koblenz-
Trier-Montabaur 3212-2), gem § 23 Abs 2 LFGG vom 12. 10. 1995 (GVBl 421 = BS 3212-2)
für noch aufzulösende Familiengüter nach wie vor anwendbar;

Schleswig-Holstein (ehemalig preußisches Recht): G über die Änderung der zur 56
Auflösung der Familiengüter und der Hausvermögen ergangenen Gesetze und Verordnungen vom 22. 4. 1930 (GS 51 = GS SchlH 78111-1);

Familiengütergesetz vom 22. 4. 1930 (Pr GS 125 GS = GS SchlH 78111-2);

VO zur Ausführung des Familiengüter- und Zwangsauflösungsgesetzes vom
30. 12. 1930 (Pr GS 323 = GS SchlH 78111-2-1);

Zwangsauflösungsgesetz vom 22. 4. 1930 (Pr GS 136 = GS SchlH 78111-3);

VO über die Eintragung des Rechts des Nacherben im Sinne des Familiengüter- und
des Zwangsauflösungsgesetzes vom 22. 4. 1930 (Pr GS 125) in das Grundbuch vom
31. 12. 1930 (Pr GS 333 = GS SchlH 78111-0-1).

**b)   Besondere Gegenstände des Fideikommiss- und Fideikommiss-
        auflösungsrechts**
aa)   Versorgungsansprüche
α)   Bundesrecht
Gesetz über die anderweitige Festsetzung von Geldbezügen aus Altenteilsverträgen 57
vom 18. 8. 1923 (RGBl I 815 = BGBl III 7811-5);

Jörg Mayer

§ 4 FidErlG (oben Rn 49);

§§ 4–8 DVO FidErlG (oben Rn 49).

β)   Landesrecht
58 Bayern: Die VO über die anderweitige Festsetzung von Geldbezügen aus Altenteilsverträgen und von Versorgungsansprüchen aus gebundenen Familiengütern vom
14. 12. 1923 (BayGVBl 390) wurde aufgehoben durch VO vom 4. 2. 1982 (BayGVBl 152).

bb)   Schutzforsten
α)   Einheitlich erlassenes Recht
59 VO über den Waldschutz bei der Fideikommissauflösung (SchutzforstVO) vom
21. 12. 1939 (RGBl I 2459 = BGBl III 7811-2-2); *aufgehoben* in Nordrhein-Westfalen
durch G vom 11. 3. 1980 (NWGVBl 214) und in Niedersachsen durch G vom
21. 6. 1972 (NdsGVBl 309) und in Bayern durch Art 6 § 2 des Verwaltungsreformge-
setzes vom 26. 7. 1997 (GVBl 311);

§ 5 FidErlG (oben Rn 49) – aufgehoben in Nordrhein-Westfalen durch G vom
11. 3. 1980 (NRWGVBl 214);

§ 9 DVO FidErlG (oben Rn 47).

β)   Partielles Bundesrecht und Landesrecht
60 Bayern: Abschn V der Bek des StMdJust vom 24. 4. 1947 (BayStAnz Nr 19 = BayBSVJu
III 283): Ausschluss der Bildung neuer Schutzforsten; s auch Rn 57);

61 Hessen: § 47 ForstG idF vom 10. 9. 2002 (GVBl I 582 = GVBl II 86-7), zuletzt geändert
durch G vom 27. 10. 2003 (GVBl I 278): Schutzforste, die aufgrund der Schutzforstver-
ordnung vom 21. Dezember 1939 (RGBl I S 2459) gebildet wurden, sind aufgehoben.

62 Länder der früheren Britischen Besatzungs-Zone: § 61 LVO vom 2. 12. 1947 (VBlBZ
167): Unzulässigkeit der Neubildung von Schutzforsten.

cc)   Familienstiftungen
α)   Reichs- und Bundesrecht
63 VO über Familienstiftungen vom 17. 5. 1940 (RGBl I 806 = BGBl III 7811-2-3); aufgehoben in (Süd-)Baden (G vom 29. 8. 1951 [BadGVBl 135]), (Süd-)Württemberg-Hohen-
zollern (G vom 26. 2. 1952 [WüHo RegBl 11]), Baden-Württemberg (StiG vom
4. 10. 1977 aaO), Bayern (StiG vom 26. 11. 1954 aaO), Berlin (1. G zur Änderung der
Berliner StiG vom 5. 10. 1976 [BerlGVBl 2340], im Dritten Rechtsbereinigungsgesetz
vom 12. 10. 1976 [BerlGVBl 2452] offenbar versehentlich in die Anlage der gültigen
Vorschriften aufgenommen, wodurch die VO aber nicht wieder gültig wurde, s § 1
Abs 4 des Dritten Rechtsbereinigungsgesetzes), Hamburg (G vom 18. 3. 1956
[HambGVBl 67]), Hessen (StiG vom 4. 4. 1966 aaO), Niedersachsen (§ 23 Abs 3 Nr 3
StiG vom 24. 7. 1968 aaO), Schleswig-Holstein (StiG vom 13. 7. 1972 aaO);

§ 7 FidErlG (oben Rn 49);

§§ 10–26 DVO zum FidErlG (oben Rn 49);

§§ 2, 4 G vom 28. 12. 1950 (BGBl I 820, s oben Rn 49).

β) Nordrhein-Westfalen

§ 28 Stiftungsgesetz für das Land Nordrhein-Westfalen (StiftG NW) vom 21. 6. 1977 **64**
(GVBl 274 = SGV NRW 40).

IV. Rechtsprechungshinweise

Aus der neueren Rechtsprechung zum Fideikommissrecht sei hingewiesen auf Hans- **65**
OLG HambJVBl 1970, 47; 1971, 50 (zum Begriff des Fideikommisses); BayObLGZ
1972, 226 (*Fideikommissmatrikel* und Gutglaubensschutz); BAG NJW 1973, 963
(Sicherungsverträge anlässlich der Fideikommissauflösung); BGH WM 1979, 949
(Verfügungsbeschränkung nach § 6 FidErlG kein Rechts-, sondern Sachmangel);
OLG Zweibrücken OLGZ 1981, 139 (Sicherungsanordnung und Gutglaubens-
schutz).

V. Aktuelle Probleme des Fideikommissrechts

Fragen des Fideikommissrechts spielen in der Praxis heute keine größere Rolle **66**
mehr. Von praktischer Bedeutung sind heute insbes noch folgende Fragen:

1. Denkmalschützerische und sonstige Sicherungsmaßnahmen

Eine vom Fideikommissgericht nach § 6 Abs 2 FidErlG getroffene Anordnung **67**
(s Rn 34), durch die eine Reallast zugunsten des Staates zur Sicherung etwaiger aus
der Instandsetzung und Instandhaltung eines Baudenkmals entstehenden Ersatzansprüche begründet wurde, kann im Hinblick auf Art 4 Bayerisches Denkmalschutzgesetz durch Anordnung des Fideikommisssenats des OLG aufgehoben werden
(BayObLGZ 1989, 22). Zur Zulässigkeit der Änderung bereits getroffener Schutz- und
Sicherungsmaßnahmen BayObLGZ 1996, 382, 384 (Bibliotheksbestand). Umgekehrt wird die Wirksamkeit einer Sicherungsanordnung des Fideikommissgerichts
durch die Erteilung des Fideikommissauflösungsscheins nicht berührt (OLG Zweibrücken OLGZ 1981, 139).

2. Abtretung von Anteilen

Steht ehemaliges Fideikommissvermögen seit der Aufhebung des Fideikommisses **68**
mehreren Personen als „Mitbesitzern" zu, so sind sie in *Bayern* nach § 40 Abs 1 S 2
der VO, Ausführungsvorschriften zu dem Gesetz über die Aufhebung der Fideikommisse betreffend, vom 26. 9. 1919 (GVBl 647, s o Rn 51) berechtigt, über ihre Anteile an
diesem Sondervermögen unter Lebenden und von Todes wegen frei zu verfügen.
Nach § 40 Abs 2 S 1 der VO finden auf das Rechtsverhältnis der Mitbesitzer untereinander die Vorschriften des BGB über die Erbengemeinschaft, und zwar §§ 2032
bis 2044, 2046 bis 2048 BGB, Anwendung (BayObLGZ 1991, 146, 148 = MittBayNot 1991,
173 – zur Frage der Anwachsung der erworbenen Anteile).

3. Aufhebung und Löschung von Versorgungsreallasten

Zur Sicherung der Gehalts- und Versorgungsansprüche der zur Verwaltung der **69**

Fideikommissgüter angestellten Beamten und Angestellten wurden im Grundbuch entsprechende Reallasten eingetragen (teilweise auf Anordnung der Fideikommiss-behörden [s oben Rn 29], so etwa nach der og Bayerischen AusführungsVO vom 26. 9. 1919). Obgleich die Berechtigten mittlerweile größtenteils verstorben sind, kann eine *Löschung* dieser Rechte im Grundbuch nicht durch einfachen Todesnach-weis nach § 22 GBO erfolgen, da die für den ursprünglich berechtigten Rentenin-haber bestellten Rechte *vererblich* sein können. Auf Antrag ist jedoch das Fideikom-missgericht nach § 6 Abs 4 S 1 und Abs 8 S 1 FidErlG iVm § 8 Abs 1 S 1 der bundes-rechtlichen DVFidErlG berechtigt, diese früheren Schutz- und Sicherungsmaßnah-men abzuändern oder aufzuheben, also auch die Aufhebung und Löschung der Reallasten zu verfügen. Dies kann allerdings nur dann geschehen, wenn ein Siche-rungsbedürfnis nicht mehr besteht, also insbes die Versorgungsberechtigten und deren Hinterbliebene inzwischen verstorben sind oder dies aufgrund des langen Zeitablaufs seit Eintragung der Rechte als wahrscheinlich anzunehmen ist, bes wenn der Berechtigte nunmehr über 110 Jahre alt sein müsste (vgl OLG Bamberg Beschluss vom 26. 7. 1993, AZ FS I 4).

4. Fideikommiss-Folgezeugnis, Erbschein

70 Auch wenn spätestens seit dem 1. 1. 1939 alle Familienfideikommisse, Lehen, Stammgüter und sonstige gebundene Vermögen (§§ 1 Abs 1, 30 Abs 1 FidErlG) er-loschen sind (Rn 29), so besteht doch noch die Notwendigkeit der Erteilung eines amtlichen Zeugnisses über die Fortwirkung des Fideikommissrechts. Zwar wurde das Fideikommissvermögen freies Eigentum des „letzten", dh des in diesem Zeit-punkt vorhandenen Fideikommissbesitzers (§ 2 FidErlG). Bis zur Erteilung des Fi-deikommiss-Auflösungsscheins war und ist aber nach § 11 FidErlG in dem dort ge-nannten Umfang das bisherige Fideikommissrecht anzuwenden (dazu Rn 29). Dazu bescheinigt das Fideikommissgericht (s Rn 27) die „Folge nach Fideikommissrecht" gem § 39 DVO zum FidErlG vom 20. 3. 1939 (s dazu Rn 49). Dieses **Folgezeugnis** be-zeugt zwar keine Erbfolge, aber eine Gesamtrechtsnachfolge und steht daher in der Wirkung einem Erbschein gleich (FIRSCHING/GRAF Nachlassrecht Rn 4.420; MEIKEL/ H. ROTH § 35 GBO Rn 186; STAUDINGER/SCHILKEN [1997] Vorbem 5 zu §§ 2353 ff mwNw; MünchKomm/J MAYER § 2353 Rn 162; **aA** wohl SOERGEL/DAMRAU Vorbem 9 zu §§ 2353 ff). Im Einzelfall kann sich weiter das Problem stellen, ob trotz eines noch im Grundbuch eingetragenen **Fideikommissvermerks** ein allgemeiner Erbschein oder bei Vorliegen eines Hofes iS der HöfeO ein Hoffolgezeugnis erteilt werden kann. Hierzu wird die Auffassung vertreten, dass durch einen solchen Fideikommissvermerk die Er-teilung eines **Hoffolgezeugnisses** nach § 18 Abs 2 HöfeO nicht ausgeschlossen ist, weil die Löschung des Vermerks im Grundbuch nämlich nur deklaratorischen Cha-rakter hat (AG Plön ESLR 1, ZR 1).

Artikel 60

Unberührt bleiben die landesgesetzlichen Vorschriften, welche die Bestellung einer Hypothek, Grundschuld oder Rentenschuld an einem Grundstück, dessen Belastung nach den in den Artikeln 57 bis 59 bezeichneten Vorschriften nur beschränkt zulässig ist, dahin gestatten, daß der Gläubiger Befriedigung aus dem Grundstück lediglich im Wege der Zwangsverwaltung suchen kann.

Materialien: E I Art 36; II Art 34; III Art 58;
Mot z EG 159; Prot VI 369, 606; Mat S 11 zu
Nr 87a.

1. Geltung

Art 60 EGBGB wurde spätestens mit § 3 Abs 1 S 2 des Gesetzes vom 10. 7. 1958 **1**
(BGBl I 437) iVm §§ 2, 3 des Gesetzes vom 28. 12. 1968 (BGBl I 1451) förmlich aufgehoben (STAUDINGER/PROMBERGER[12] Rn 1; für Aufhebung bereits durch Art X Abs 2 KRG Nr 45
vom 20. 2. 1947, KRABl 256 MünchKomm/SÄCKER Rn 1). In der Neubekanntmachung des
EGBGB vom 28. 9. 1994 (BGBl I 2495) wurde diese Vorschrift zwar ohne jede Einschränkung wieder aufgenommen, was aber nicht dazu führt, dass das bereits aufgehobene Recht neu in Kraft tritt (MünchKomm/SÄCKER Rn 1; abw Voraufl Rn 1). Denn
die Ermächtigung zur Neubekanntmachung eines Gesetzes verleiht keine Gesetzgebungsbefugnis, sondern nur das Recht, einen vom Gesetzgeber geänderten Gesetzestext redaktionell zu bearbeiten und neu bekannt zu machen (BVerfGE 14, 245,
250; 17, 364, 368 f).

2. Inhalt

Während das BGB nur die *Substanzgrundpfandrechte* (Stammhypothek oder -grund- **2**
schuld) kennt (§§ 1113, 1118, 1147; §§ 1192, 1199) und die Befriedigung des Gläubigers aus dem Grundstück und den Gegenständen, auf welche sich die Hypothek
erstreckt, im Wege der Zwangsvollstreckung, also auch der *Zwangsversteigerung*
(ZPO §§ 803 ff, 866 ff) anordnet, gestattete Art 60 EGBGB der Landesgesetzgebung, die **Revenuenhypothek** (Fruchthypothek) für solche Fälle zuzulassen, in denen
das mit einer Hypothek, Grundschuld (BGB §§ 1191 ff) oder Rentenschuld (BGB
§§ 1199 ff) belastete Grundstück Gegenstand eines *Familienfideikommisses, Lehens
oder Stammguts* nach Maßgabe der Art 57–59 dieses Gesetzes ist. Die Landesgesetzgebung konnte also anordnen, dass der Hypotheken-, Grundschuld- oder Rentenschuldgläubiger Befriedigung *nur aus den Nutzungen* eines Familienfideikommisses, Lehens oder Stammguts, also nur im Wege der Zwangsverwaltung (ZVG
§§ 146 ff) suchen könne. S auch Art 192 Abs 2 EGBGB.

3. Eine Ausnahmebestimmung enthielt Art 61 EGBGB. **3**

4. Gem § 12 Abs 1 FidErlG haftet für Fideikommissverbindlichkeiten, für die **4**
bisher nur die Früchte des Fideikommissvermögens hafteten, nach der Erteilung des
Fideikommissauflösungsscheins auch der Stamm des Fideikommissvermögens. Diese
Regelung gilt für jene Fideikommisse (und entsprechend für sonstige gebundene
Vermögen), die gemäß dem FidErlG (dh am 1. 1. 1939) erloschen. Für Vermögen,
die schon vor dem 1. 1. 1939 frei geworden waren, sahen die bis dahin geltenden
Landes-Auflösungsgesetze gleichfalls durchwegs die Überleitung der Fruchtschul-
den auf Stammschulden vor (vgl die Nachweise bei KOEHLER/HEINEMANN, Das Erlöschen der
Fideikommisse § 12 FidErlG Anm 1).

5. Gesetze

a) Bundesrecht

5 § 12 FidErlG vom 6. 7. 1938 (RGBl I 825 = BGBl III 7811-2).

b) Ehem Preußen

ALR I 18 §§ 323 ff, II 4 §§ 80 ff.

Art 13 PrAGZVG enthält lediglich Regelungen über die Verteilung des Versteigerungserlöses, wenn Befriedigung aus dem Grundstück lediglich im Wege der Zwangsverwaltung zulässig ist. Er gilt zT in einigen Bundesländern: *Berlin* (BerGVBl Sb I 3210-2); *Niedersachsen* (NdsGVBl Sb III 3210, zuletzt geändert durch Art 4 Abs 1 S Nr 7 Buchst a des G vom 1. 2. 1979 [BGBl I 127]); *Schleswig-Holstein* (idF der Bek vom 31. 12. 1971 [GVOBl 1971 S 182 = GS SchlH 310–2]); aber nicht mehr in *Rheinland-Pfalz*: Art 1 Abs 2 Nr 5 des 8. RBerG vom 12. 10. 1995 (GVBl 421). § 136 Zwangsauflösungsgesetz vom 22. 4. 1930 (Pr GS 136) gilt noch in *Niedersachsen* (NdsGVBl Sb III 7811); *Schleswig-Holstein* (GS SchlH 78111-3).

c) Hessen

Art 8 AGZPOuZVG vom 20. 12. 1960 (HessGVBl 238 = HessGVBl II 210-15) entspricht vom Regelungsinhalt Art 13 PrAGZVG.

Artikel 61

Ist die Veräußerung oder Belastung eines Gegenstandes nach den in den Artikeln 57 bis 59 bezeichneten Vorschriften unzulässig oder nur beschränkt zulässig, so finden auf einen Erwerb, dem diese Vorschriften entgegenstehen, die Vorschriften des Bürgerlichen Gesetzbuchs zugunsten derjenigen, welche Rechte von einem Nichtberechtigten herleiten, entsprechende Anwendung.

Materialien: E I Art 37; II Art 35; III Art 59;
Mot z EG 160; Prot VI 371, 607; Mat S 11.

1 1. Durch § 3 Abs 1 S 2 des Gesetzes vom 10. 7. 1958 (BGBl I 437) iVm §§ 2, 3 des Gesetzes vom 28. 12. 1968 (BGBl I 1451) wurde an sich die Bestimmung förmlich aufgehoben (STAUDINGER/PROMBERGER/SCHREIBER[12] Rn 1). Jedoch wurde Art 61 EGBGB in die Neubekanntmachung des EGBGB vom 28. 9. 1994 (BGBl I 2495) unverändert übernommen. Dies führt aber nicht dazu, dass das bereits aufgehobene Recht wieder neu in Kraft tritt (zutr MünchKomm/SÄCKER Rn 1; abw Voraufl Rn 1). Denn die Ermächtigung zur Neubekanntmachung eines Gesetzes verleiht keine Gesetzgebungskompetenz, sondern nur die Befugnis, einen vom Gesetzgeber geänderten Gesetzestext redaktionell zu bearbeiten und neu bekannt zu machen (BVerfGE 14, 245, 250; 17, 364, 368 f).

2 2. Art 61 EGBGB enthält eine *Beschränkung* der Vorbehalte der Art 57–59 EGBGB und *zugleich* eine reichsrechtliche *Ergänzung* zu dem vorbehaltenen Landes- oder autonomen Recht: Soweit eine Veräußerung oder Belastung entgegen den für die verschiedenen gebundenen Vermögen bestehenden Verfügungsbeschränkungen vorgenommen wurde, gelten – auf Grund des Art 61 EGBGB – zugunsten desjenigen, der ohne Kenntnis der Verfügungsbeschränkung vom Gutsinhaber ein Recht erwarb, die Vorschriften der §§ 892, 893, 932–936, 1032, 1138, 1140, 1148, 1192, 1199, 1207, 1208, 1244–1246 BGB über den *gutgläubigen Erwerb vom Nichtberechtigten*. Daraus ergibt sich insbes die Notwendigkeit, die Eigenschaft eines Grundstücks als Teil eines gebundenen Besitzes zur Wirksamkeit gegenüber dem öffentlichen Glauben des Grundbuchs in das Grundbuch einzutragen (KG OLGE 5, 314); dies geschieht wiederum nach Maßgabe der Landesgesetze (vgl § 136 GBO; sowie die Angaben STAUDINGER/PROMBERGER[10/11] Rn 3).

3. Auch nach dem Erlöschen der Fideikommisse und sonstigen gebundenen **3** Vermögen sind für eine Übergangszeit die Verfügungsbeschränkungen aus dem früheren Recht nicht sofort entfallen, sondern nach § 11 FidErlG bis *zur Erteilung des Fideikommissauflösungsscheines* anwendbar geblieben (s Art 59 Rn 29).

Da gutgläubige Dritte daher nach wie vor schutzbedürftig sind, wäre es an sich notwendig, dass Art 61 EGBGB auch so lange noch gilt. Jedoch hat der Gesetzgeber diesen Zusammenhang offenbar übersehen und 1968 Art 61 EG bereits aufgehoben (s Rn 1).

4. Bezüglich der nach § 6 FidErlG von dem Fideikommissgericht bewirkten *Ver-* **4** *fügungsbeschränkungen* finden gem § 7 Abs 3 S 1 DVOFidErlG die Vorschriften über den gutgläubigen Erwerb Anwendung, nicht aber hinsichtlich etwaiger *Nutzungsbeschränkungen* (BGH WM 1979, 949).

Artikel 62

Unberührt bleiben die landesgesetzlichen Vorschriften über Rentengüter.

Materialien: E II Art 36; III Art 60.

Schrifttum

I. Älteres Schrifttum
Vgl STAUDINGER/MÜLLER[10/11].

II. Neueres Schrifttum
BOTHE, Landeskultur und Verbesserung der Agrarstruktur in der Gesetzgebung der Bundesrepublik (3. Aufl 1970) 74
ders, Ländliches Siedlungs-, Flurbereinigungs- und Agrarrecht in Rheinland-Pfalz, in: Schriften der Gesellschaft zur Förderung der inneren Kolonisation eV, Heft 2, S 38
EHRENFORTH, Reichssiedlungsgesetz und Grundstücksverkehrsrecht (1965) Einl IV 1 S 67; § 20 RSG Anm 12
ders, Siedlung und Siedlungsrecht der Gegenwart RdL 1967, 169
ders, Innere Kolonisation 1962, 166
[ENNECERUS/KIPP/]WOLFF/RAISER, Sachenrecht (10. Aufl 1957) § 128 I 3
HECKENBACH, Zur Geschichte der siedlungsrechtlichen Eigentumsbildung, Zeitschrift für das gesamte Siedlungswesen (1955) 121
KROESCHELL, Landwirtschaftsrecht (2. Aufl 1966) S 37 Rn 135

Jörg Mayer
Karl-Dieter Albrecht

MEIKEL, Grundbuchrecht (6. Aufl 1970) § 117
GBO (aF) Rn 10
PANNWITZ, Das Recht der ländlichen Siedlung
und deren Finanzierung in Niedersachsen, in:
Schriften der Gesellschaft zur Förderung der
inneren Kolonisation eV, Heft 7, S 12
vPLOTHO/BOTHE, Das Verfahren der ländlichen
Siedlung in den Ländern der Bundesrepublik,

in: Schriften der Gesellschaft zur Förderung der
inneren Kolonisation eV, Heft 1, S 100
POSER, in: Staatslexikon (zuletzt 6. Aufl 1962)
Bd 7, 68 sv „Siedlungspolitik" 3: Geschichte
SERAPHIM, in: Handwörterbuch der Sozialwissenschaften, Bd 9 (1956) sv Siedlung (I) Länd-
liche Siedlung II: Geschichte 3: insbes 19. Jahrhundert bis zum Ersten Weltkrieg.

Systematische Übersicht

Alphabetische Übersicht

I. Entstehung

1 Art 62 wurde erst in der II. Kommission aufgenommen und erhielt nach mehrfachen
Änderungen bei der II. Lesung im Reichstag die schon von der II. Kommission in der
II. Lesung beschlossene Fassung (Prot III 766, 767 und VI 472–474, Mat 12, RTK 440a
Nr 10 S 6 und 440d S 8, StB 3026, 3096).

II. Weitergeltung

2 Fraglich ist die Weitergeltung des Art 62.

1. Durch die Gesetzgebung über das Erlöschen der Fideikommisse und sonstiger
gebundener Vermögen wurde diese Bestimmung mit Gesetz vom 6. 7. 1938 (RGBl I

825) aufgehoben. Zum Teil wird in der Literatur diese Aufhebung als noch heute gültig angesehen (MünchKomm/Säcker[3] BGB Art 62 EGBGB Rn 1, der deshalb von einer Kommentierung absieht). Andererseits wurde diese Gesetzgebung durch **Kontrollratsgesetz Nr 45** vom 20. 2. 1947 (KRABl 256; RdL 1949, 49) selbst wieder aufgehoben und in Art III Nr 2 – in Kraft getreten nach Art XII Abs 1 am 24. 4. 1947 – bestimmt: „Alle anderen land- und forstwirtschaftlichen Grundstücke, die bisher in der Rechtsform einer besonderen Güterart besessen wurden, wie beispielsweise – ohne daß diese Aufstellung erschöpfend sein soll – Familienfideikommisse und ähnliche gebundene Vermögen, Erbpachtgüter, Lehnbauerngüter, Renten- und Ansiedlungsgüter, werden freies, den allgemeinen Gesetzen unterworfenes Grundeigentum" (engl: „… shall become ordinary real estate, subject to the general laws"). In Art X Nr 1 KRG Nr 45 heißt es dementsprechend: „… Bestimmungen aller Gesetze oder anderer Vorschriften, die in Widerspruch zu diesem Gesetz stehen, treten außer Kraft", wobei Nr 2 präzisiert: „Insbesondere treten außer Kraft Art 59, 60, 62 und 63 des Einführungsgesetzes zum Bürgerlichen Gesetzbuch, soweit diese Bestimmungen im Widerspruch zu Art III dieses Gesetzes stehen" (engl: „… article 59, 60, 62 and 63 … are deprived of legal effect …").

2. Wie weit diese erneute Aufhebung durch das Kontrollratsgesetz Nr 45 geht, ist allerdings fraglich. Zunächst ging man im **Schrifttum** wegen der Formulierung im englischen Text davon aus, das KRG Nr 45 bezeichne für die Rentengüter nur das Ziel der Außerkraftsetzung, überlasse die Durchführung aber den erst noch zu treffenden Vorschriften, habe also keine unmittelbare Wirkung. Später schloß man sich der in der deutschen Übersetzung zum Ausdruck kommenden Ansicht an, das **KRG Nr 45** habe **unmittelbare Wirkung** (BGB-RGRK/DENECKE[10] Vorbem zu § 1105; ERMANN[4] BGB Anm zu Art 59–63; MEIKEL/IMHOF/RIEDEL, Grundbuchrecht[6] § 117 GBO [aF] Rn 10, 11; PALANDT/DEGENHART[34] BGB Überbl vor § 1105 Anm 1aE).

3. Die **spätere Rechtsprechung** entnahm fast einhellig dem Zweck der Vorschrift und der Systematik des Gesetzes, daß **Art III KRG Nr 45 unmittelbar gilt** (OLG Hamm RdL 1951, 271; 1955, 132; OLG Schleswig SchlHAnz 1959, 170 = RdL 1958, 330 mit Anm von STIEBENS; BVerwG Urt vom 16. 1. 1962 – I C 238.58, zit von EHRENFORTH, HECKENBACH und SEEHUSEN an den im folgenden genannten Stellen).

4. Man untersuchte nun aber genauer, inwieweit die mißbilligten Vorschriften **aufgehoben** worden waren. Das trifft nach überzeugender Ansicht **nur** zu, **soweit** es sich um Rechtsinstitute handelt, die ausschließlich in der Rentengutsgesetzgebung enthalten sind und die die rentengutsrechtlichen Bindungen bewirken: das **dingliche Wiederkaufsrecht**, die Vereinbarung einer **„ewigen" Rente, die** vertragliche **Beschränkung des Eigentums**, die **vom allgemeinen Recht abweichen**. Unberührt geblieben sind dagegen Beschränkungen und Belastungen, die die allgemeinen Gesetze an landwirtschaftlichen Grundstücken zulassen. **Nur mit dieser Einschränkung** war **Art 62** durch Art X Abs 2 KRG Nr 45 **außer Kraft** gesetzt worden (BOTHE, Verbesserung der Agrarstruktur 74; EHRENFORTH Innere Kolonisation 1962, 166; ders, RSG und GrdstVG Teil B IV 2: Rentengutsverfahren 68 f; § 20 RSG Anm 12b; HECKENBACH Siedlungswesen 1955, 121 ff, 126, 127; SEEHUSEN RdL 1968, 116; SOERGEL/HARTMANN[12] BGB Art 62 Rn 1).

5. Trotz der Außervollzugsetzung des Kontrollratsgesetzes Nr 45 durch § 39 **3** Abs 3 GrdstVG vom 28. 7. 1961 (BGBl I 1091), zuletzt geändert durch Ges vom

8. 12. 1986 (BGBl I 2191), ist **von dieser teilweisen Außerkraftsetzung des Art 62 weiterhin auszugehen**. Denn grundsätzlich führt die Aufhebung einer Norm, die ihrerseits eine andere Norm aufgehoben hat, nicht zum automatischen Wiederinkrafttreten der ursprünglich geltenden Norm (BayObLGZ 1961, 344, 347 = NJW 1962, 206; SIEGFRIED JZ 1957, 744). Deshalb führte das **BGBl III** Art 62 durch Kursivdruck als nach Meinung der Sammlungskommission **nicht mehr geltende Vorschrift** an. Er wäre damit nach § 3 Abs 1 S 2 des Ges vom 10. 7. 1958 (BGBl I 437) iVm §§ 2, 3 des Ges vom 28. 12. 1968 (BGBl I 1451) auch **als förmlich aufgehoben** anzusehen.

6.   In der auf Grund des Art 2 § 10 des Sachenrechtsänderungsgesetzes vom 21. 9. 1994 (BGBl I 2457) erfolgten **Bekanntmachung der Neufassung des Einführungsgesetzes zum Bürgerlichen Gesetzbuch** vom 21. 9. 1994 (BGBl I 2494) wird Art 62 aber uneingeschränkt **als geltendes Recht** aufgenommen. Es fragt sich daher, ob er damit erneut in vollem Umfang in Kraft gesetzt wurde. Nach allgemeiner Meinung gibt eine Ermächtigung zur Neufassung und deren Bekanntmachung aber keine Gesetzgebungsbefugnis. Der zuständige Minister darf nur deklaratorisch den vom Gesetzgeber geänderten Gesetzestext zur Klarstellung redaktionell überarbeiten und dann neu bekanntmachen (BVerfGE 14, 250; 17, 368 f; LEIBHOLZ/RINCK/HESSELBERGER, GG [7. Aufl] Art 82 Rn 96; BK-MAURER, GG [Zweitbearbeitung 1988] Art 82 Rn 113). Nachdem allerdings der Umfang der Aufhebung des Art 62 unklar war und durch die Kursivaufnahme im BGBl III auch dessen Außerkrafttreten nicht vom Gesetzgeber selbst klar bestimmt war, ist die uneingeschränkte **Neuaufnahme** in die Bekanntmachung vom 21. 9. 1994 als **deklaratorische Klarstellung** dahingehend zu verstehen, daß **Art 62 zumindest in den vom Kontrollratsgesetz Nr 45 unberührt gelassenen Teilen weiterhin geltendes Recht** ist. Wie hier auch STAUDINGER/MAYER Art 119 EGBGB Rn 5 (aA weiterhin MünchKomm/SÄCKER aaO).

III.   Begriff

4 Der Begriff **Rentengut** wird von Art 62 als bekannt vorausgesetzt, da die Vorschrift im wesentlichen der Aufrechterhaltung der dazu bestehenden preußischen Landesgesetzgebung diente. Das preußische Recht umschreibt ein Rentengut als **ein Grundstück, das gegen Übernahme einer festen Geldrente** (ausnahmsweise: Körnerrente) **zu Eigentum übertragen ist** (§ 1 Pr Ges über Rentengüter vom 27. 6. 1890, PrGS 209 idF des Pr Ges zur Abänderung des Pr Landesrentenbankgesetzes vom 31. 7. 1931, PrGS 148; Art 12, 29 PrAGBGB vom 20. 9. 1899, PrGS 177); der Betrag der Geldrente kann gering sein (§ 1 Abs 1 S 2 Pr Ges über Rentengüter); sie muß auch nicht die einzige Gegenleistung sein. Der Kaufpreis muß aber insgesamt bestimmbar sein. Die vom Käufer bestellte **Rente** (Rentengutsrente, Kaufrente) hat die Eigenschaft einer **Reallast** (RGZ 121, 190); sie bedarf der Eintragung ins Grundbuch (§ 1 Abs 2 Pr Ges über Rentengüter). Wird allerdings das Rentengut über die Staatliche Rentenbank ausgegeben, ist die Rente eine öffentliche Last, die nicht der Eintragung ins Grundbuch bedarf, jedoch eintragungsfähig ist (OLG 46, 68). Schuldrechtlich geht der Übereignung ein **Rentengutsvertrag** voraus (vgl zum Begriff RGZ 129, 357), der bei vom Staat zur Verfügung gestellten Rentengütern nur der Schriftform bedarf (Art 12 § 1 Abs 1 PrAGBGB). Wurde nach diesen Vorschriften Grundbesitz zur Vergrößerung einer „Stammstelle" erworben, so handelt es sich beim Gesamtbesitz um ein „Zukaufsrentengut" (KGJ 43, 191). Charakteristisch für das Rentengut ist ferner die mit beidseitiger Zustimmung bestehende Möglichkeit der **Ablösung der Rente** gegen einen festen, vorher bestimmten Ablösebetrag nach einer Kündigung, deren Frist vertraglich vereinbart wird; auch dies muß ins Grundbuch eingetragen werden (§ 1 Abs 1–3 Pr Ges über Rentengüter).

Von der Erbpacht unterscheidet sich das Rentengut dadurch, daß hier Eigentum **5** erworben wird, während jene trotz Veräußerlichkeit und Vererblichkeit ein Recht an fremder Sache ist (OLG Schleswig RdL 1958, 330 = SchlHAnz 1959, 170).

IV. Wiederkaufsrecht

Als Besonderheit umfaßte das Rentengutsrecht ein **dingliches Wiederkaufsrecht** für **6** den Verkäufer (Art 29 PrAGBGB). Der Vorbehalt in Art 62 sicherte dieses vom BGB abgelehnte zusätzliche Sachenrecht (Mot III 451; STAUDINGER/MADER [1995] Vorbem 8 zu §§ 497 ff; RGZ 84, 100/104; 45, 220; 42, 206 unter Wiedergabe der Motive des preuß Rechts). Zur Form der Begründung des Wiederkaufsrechts vgl RGZ 110, 328.

Außerdem ermöglichte § 4 Pr Ges über Rentengüter, dem Erwerber des Rentenguts vertraglich noch **weitere, sein Eigentumsrecht beschränkende Verpflichtungen mit dinglicher Wirkung** aufzuerlegen: Erhaltung des baulichen Zustands, eines bestimmten Inventars und andere Leistungen (Prot VI 472; KGJ 45, 220).

All diese Bestimmungen sind mit dem Kontrollratsgesetz Nr 45 nicht vereinbar und **gelten nicht weiter** (s aber Rn 14). Art 62 umfaßt insoweit keine Ermächtigung zu landesgesetzlichen Regelungen mehr.

V. „Ewige Rente"

Durch die Abhängigkeit der Ablösbarkeit der Rente von der Zustimmung des **7** Rentengutsausgebers neben der des Erwerbers konnte die Rente faktisch zu einer „ewigen Rente" werden. Auch dies widerspricht den allgemeinen Gesetzen über Beschränkungen an landwirtschaftlichen Grundstücken, selbst wenn die Renten auf Antrag des Rentenberechtigten durch die Preuß Landesrentenbank abgelöst und damit auf den Staat übergegangen waren (§ 16 Pr Landesrentenbankgesetz idF vom 1. 8. 1931, PrGS 154). Eine solche Rente hat sich durch das KRG Nr 45 dahingehend **verwandelt**, daß sie mindestens nach 30 Jahren **ablösbar** ist (Art 30 Abs 2, 3 PrAGBGB, § 1202 Abs 2 BGB; vgl ferner § 462 BGB, HECKENBACH 126). Ob auch die Verfügungsbeschränkung des § 32 Pr Landesrentenbankgesetz auf Grund des KRG Nr 45 unwirksam geworden war (verneinend HECKENBACH 126), bedarf keiner weiteren Erörterung; die Vorschrift ist durch § 39 Abs 2 Nr 8 GrdstVG mit Wirkung vom 1. 1. 1962 außer Kraft gesetzt.

VI. Weiter außer Kraft getretenes Recht

1. Das Preuß Gesetz, betr das Anerbenrecht bei Renten- und Ansiedlungsgütern **8** vom 8. 6. 1896 (PrGS 124), geändert durch Art II des Ges vom 31. 7. 1931 (PrGS 148), war zwar durch das Preuß Erbhofrecht vom 15. 5. 1933 (PrGS 165) unberührt geblieben (§ 58) und nach § 46 Abs 1 ErbhofrechtsVO vom 21. 12. 1936 (RGBl I 1069) für Rentengüter von nicht mehr als 125 ha, soweit sie nicht Erbhof geworden waren, in Kraft geblieben. Es beschränkte Verfügungen unter Lebenden und von Todes wegen mit Genehmigungsmöglichkeit durch den Oberpräsidenten. Die davon betroffenen Güter wurden aber durch das KRG 45 **freies Eigentum**, für die kein Anerbenrecht mehr besteht (HECKENBACH 125). Näheres Eingehen erübrigt sich dadurch, daß **Hessen** dieses Gesetz schon durch § 1 Abs 1 Buchst c der HessAusfVO zum KRG Nr 45 vom 11. 6. 1947 (HessGVBl 44) aufgehoben hat und daß auch die **übrigen westdeutschen Bundesländer** mit Gebieten, in denen früher preuß Recht galt, bei der Rechtsbereinigung dieses Gesetz nicht aufrechterhalten haben. Auch in den neuen Bundesländern, die Teil Preußens waren, spielt das Gesetz durch die kommunistische Umgestaltung der landwirtschaftlichen Verhältnisse keine Rolle mehr. Vgl dazu auch STAUDINGER/MAYER Art 64 EGBGB Rn 121 sowie für einen Sonderfall noch BGHZ 39, 278.

2. Das Preuß Gesetz, betr die Beförderung der Errichtung von Rentengütern vom 7. 7. 1891 (PrGS 279) war durch § 35 Abs 1 Pr Landesrentenbankgesetz aufgehoben worden; jedoch galten seine Vorschriften für Rentengüter, die auf Grund dieses Gesetzes mit Rentenbankrenten belastet waren, weiter (Abs 2).

VII. Verhältnis zum Reichssiedlungsgesetz

9 Die Rentengutsgesetzgebung hat ihre praktische Bedeutung nicht etwa durch §§ 27, 28 **Reichssiedlungsgesetz (RSG)** vom 11. 8. 1919 (RGBl 1429) idF vom 8. 7. 1926 (RGBl I 398), ergänzt durch das Ges vom 4. 1. 1935 (RGBl I 1), beide Gesetze idF des GrdstVG vom 28. 7. 1961 (BGBl I 1091), beide zuletzt geändert durch Ges vom 19. 6. 2001 (BGBl I 1149), verloren. Diese neuen Gesetze bezweckten, die Beschaffung von Siedlungsland zu erleichtern; nur soweit die Rentengutsgesetzgebung denselben Zweck hatte, war sie überholt. Sie behielt jedoch für die Ausgabe von Siedlungsstellen insbesondere im Geltungsbereich des preuß Rechts ihre Bedeutung, weil sie gestattete, daß bei der Ausgabe der Stelle die Landeskulturbehörden mitwirkten, die Kulturämter die Vermessung durchführten, der Erwerber durch den Eintrag eines Rentengutsperrvermerks geschützt wurde, bei großflächigen Siedlungen Grundstücke ausgetauscht sowie gemeinschaftliche Gräben und Wege festgelegt wurden und schließlich die Vereinbarungen aller Beteiligten in einem „Rezeß" zusammengefaßt wurden, in den auch die Eintragungsanträge aufgenommen wurden (BOTHE, Verbesserung der Agrarstruktur 121; vPLOTHO/BOTHE; PANNWITZ, je aaO; EHRENFORTH RSG u GrdstVG 68; SEEHUSEN RdL 1968, 116/118; ebenso Begründung zu § 10 des Nds Ges zur Bereinigung von Vorschriften des Forst- und Agrarrechts [Reallastengesetz] vom 17. 5. 1967, Nds GVBl 129, in Nds LT-Drucks V/109; vgl allgemein zur Ausgabe von Siedlerstellen im Rentengutsverfahren: KROESCHELL Landwirtschaftsrecht Rn 135).

VIII. Landesgesetze

10 **1.** Der Vorbehalt des Art 62 gestattete zwar auch anderen Ländern als Preußen, vom BGB abweichende privatrechtliche Bestimmungen über Rentengüter zu treffen (RGZ 84, 100/104). Davon hatten aber nur wenige Länder Gebrauch gemacht (vgl die Auflistung in STAUDINGER/GRAMM[10] Rn 7). Im wesentlichen blieb das Rentengutsrecht eine Besonderheit des preußischen Rechts und hat daher auch heute nur in den **westdeutschen Bundesländern** noch eine Bedeutung, die ganz oder teilweise **ehedem Teil Preußens** waren. Die Bedeutung ist aber generell heute auch hier nur sehr gering.

Auf Grund der kommunistischen Umgestaltung der landwirtschaftlichen Verhältnisse in den **neuen Bundesländern** spielte dort das Rentengutsrecht **keine Rolle mehr.** Ob Rentengüter in Zukunft dort wieder bestellt werden, erscheint zweifelhaft. Denn mit dem Wiederinkraftsetzen des BGB und des EGBGB traten nach überwiegender ostdeutscher Meinung die alten Länder-AGBGB's nicht wieder automatisch in Kraft (vgl dazu oben STAUDINGER/MERTEN Art 1 EGBGB Rn 63 ff), so daß vorläufig keine Rechtsgrundlage für Rentengüter besteht.

2. Weiterhin für die Rentengüter maßgebliche Vorschriften

a) Preuß Gesetz über Rentengüter

Das **Pr Gesetz über Rentengüter** vom 27. 6. 1890 (PrGS 209) idF der Ges vom **11** 15. 12. 1919 (PrGS 1920, 31) und vom 31. 7. 1931 (PrGS 148) gilt grundsätzlich unverändert weiter in den Ländern:

Niedersachsen: Nds GVBl Sb III 248 Nr 403. Aufgehoben sind aber die Vorschriften über die Erteilung von Unschädlichkeitszeugnissen (§ 1 Abs 5) durch Nds Ges vom 4. 7. 1961 (Nds GVBl 159).

Nordrhein-Westfalen: SGV NW Nr 40 mit Änderung durch NW Ges vom 29. 3. 1966 (GV NW 136).

Saarland: durch § 10 Abs 1 Nr 3 des Saarl Ges Nr 842 vom 25. 1. 1967 (ABl Saar 206) wurde nur § 1 Abs 5 Pr Rentengutsgesetz aufgehoben, so daß das Gesetz als solches als fortgeltend angesehen wurde.

Schleswig-Holstein: idF vom 31. 12. 1971 (GS SchlH Nr 7816-5), geändert durch Ges vom 19. 5. 1953 (GVOBl SchlH 59). Aufgehoben ist § 1 Abs 5 durch § 25 AGBGB SchlH vom 27. 9. 1974 (GVOBl SchlH 357 = SaBl 2434).

In **Baden-Württemberg**, wo es zunächst für den ehedem preuß Landesteil Hohenzollern weitergalt, wurde es durch § 51 Nr 12 Baden-Württembergisches Ausführungsgesetz zum Bürgerlichen Gesetzbuch vom 26. 11. 1974 (GBl BW 498) aufgehoben.

b) Preuß Landesrentenbankgesetz

Das **Pr Landesrentenbankgesetz** vom 29. 12. 1927 (PrGS 283) idF d Bek vom 1. 8. 1931 **12** (PrGS 154), geändert durch die Pr Gesetze vom 23. 6. 1933 (PrGS 222) und vom 9. 8. 1935 (PrGS 111), das für die Ablösung der Renten durch Übernahme auf den Staat für den Rentengutsberechtigten eine wesentliche Rolle spielt, wurde bis auf §§ 10 bis 18, 21 bis 31, 33 und 39 durch das **Ges über die Deutsche Landesrentenbank** vom 7. 12. 1939 (RGBl I 2405 = BGBl III 7625-2), geändert durch die Ges vom 15. 5. 1953 (BGBl I 224), 14. 7. 1953 (BGBl I 551/581) und § 30 GrdStVG vom 28. 7. 1961 (BGBl I 1091), aufgehoben, aber durch gleichlautende Bestimmungen ersetzt. Das Ges über die Deutsche Landesrentenbank wurde zwar seinerseits durch Ges vom 27. 8. 1965 (BGBl I 1001) aufgehoben, die Aufhebung des Pr Landesrentenbankgesetzes – mit Ausnahme der genannten Bestimmungen – wurde aber ausdrücklich hierbei aufrechterhalten. § 39 Pr Landesrentenbankgesetz wurde durch Ges vom 22. 8. 1980 (BGBl I 1558) aufgehoben. Die restlichen Bestimmungen des Pr Landesrentenbankgesetzes gelten weiter in folgenden Ländern, wobei besonders wichtig der **Renten-gutssperrvermerk** des § 23 Abs 5 ist:

Niedersachsen: Nds GVBl Sb 734 Nr 760. Die danach anwendbaren Vorschriften über Gemeinheitsteilungen sind aber nach § 10 Nds Ges zur Bereinigung von Vorschriften des Forst- und Agrarrechts (Reallastengesetz) vom 17. 5. 1967 (Nds GVBl 129), insoweit in Kraft getreten am 1. 7. 1967, ersetzt worden durch die Vorschriften des Flurbereinigungsgesetzes 14. 7. 1953 (BGBl I 591 = BGBl III 7815-1), mit Ausnahme der Vorschriften über das Rechtsmittelverfahren. Ferner gelten Sonderbestimmungen neben § 22 Abs 5 Pr Landesrentenbankgesetz.

Nordrhein-Westfalen: SGV NW Nr 760. Die Vorschriften über Gemeinheitsteilungen des Pr Landesrentenbankgesetzes wurden aber geändert durch § 16 des NW Ges über Gemeinheitsteilung und Reallastablösung (Gemeinheitsteilungsgesetz) vom 28. 11. 1961 (GV NW 319 = SGV Nr 7815 = SaBl 1962, 331), in Kraft getreten am 1. 1. 1962.

Schleswig-Holstein: idF vom 31. 12. 1971 (BS SchlH Nr 762-2), zuletzt geändert durch Ges vom 16. 9. 2003 (GVOBl SchlH 503).

c)   Preuß AGBGB

13   Das **PrAGBGB** vom 20. 9. 1899 (PrGS 177) enthält Sondervorschriften für Rentengüter, so in Art 12 über die Beurkundung von Grundstücksveräußerungen: nach Art 12 § 1 Abs 1 genügt für den Rentengutsvertrag, der durch die Vermittlung staatlicher Behörden (jetzt Landeskulturbehörden gemäß dem Pr Ges vom 3. 6. 1919, PrGS 780; in Nordrhein-Westfalen: „Landesämter für Flurbereinigung und Siedlung") oder an einem vom Staat ausgegebenen Rentengut begründet wird, die **schriftliche Form**. Art 29 §§ 1–11 regelten das dingliche Wiederkaufsrecht bei Rentengütern (vgl dazu oben Rn 6).

Das PrAGBGB **gilt** insoweit **weiter** in **Nordrhein-Westfalen** (SGV NW Nr 40, zuletzt geändert durch Ges vom 16. 3. 2004, GVNW 135).

Die zunächst bestehende Weitergeltung wurde inzwischen **aufgehoben** in:

Niedersachsen: § 29 Nr 8 NdsAGBGB vom 4. 3. 1971 (Nds GVBl 73 = SaBl 602), zuletzt geändert durch Ges vom 16. 12. 2004 (Nds GVBl 609). In § 23 NdsAGBGB wird allerdings eine mit Art 12 PrAGBGB **identische Bestimmung** getroffen.

Saarland: Art 2 Abs 16 Nr 10 Saarl Ges Nr 1383 zur Vereinheitlichung und Bereinigung landesrechtlicher Vorschriften v 5. 2. 1997 (ABl Saar 258).

Schleswig-Holstein: § 25 Abs 1 Nr 6 AGBGB SchlH vom 27. 9. 1974 (GVOBl SchlH 357 = SaBl 2434).

IX.   Neuere Rechtsprechung

1.   Zur Weitergeltungsfrage

14   BVerwG Urt v 16. 1. 1962 – BVerwG I C 238. 58: Die Vorschriften des Pr Landesrentenbankgesetzes und die danach ergänzend heranzuziehenden Vorschriften über Gemeinheitsteilungen sind durch das KRG Nr 45 nicht außer Kraft gesetzt worden.

LG Bonn, RdL 1961, 104: Das Wiederkaufsrecht nach Art 29 PrAGBGB ist durch die Erbhofgesetzgebung erloschen, da das Rentengut Erbhof geworden war.

2. Entstehung des Rentenguts

BGH LM Preuß RentengutsG Nr 1 [= RdL 1951, 244]: Vererbung eines obligatorischen Anspruchs auf Eigentumsübertragung bei Tod des Erwerbers eines Rentenguts vor Grundbucheintragung.

3. Wiederkaufsrecht

OLG Hamm RdL 1955, 132 (= RPfleger 1955, 72): Nebeneinanderbestehen des Wiederkaufsrechts nach § 20 Abs 3 S 2 RSG und Art 29 § 5 PrAGBGB (vgl auch KG JFG 1, 424); ähnlich OLG Stuttgart RdL 1954, 125.

OLG Naumburg vom 25.1.2001, Az: 11 Wx 18/00 und 19/00 juris: Weiterbestehen eines 1924 im Grundbuch eingetragenen unbefristeten Wiederkaufsrechts trotz möglicher Außerkraftsetzung von Art 29 PrAGBGB.

4. Rentengutsperrvermerk

OLG Schleswig RdL 1958, 330 (= SchlAnz 1959, 170): Eintragung eines Rentengutssperrvermerks auf Ersuchen des Kulturamtsvorstehers zulässig; zust Anm von STIEBENS, der die Ansichten der Siedlungsbehörden von Rheinland-Pfalz und Hessen über den Geltungsbereich des Art X KRG Nr 45 wiedergibt.

LG Osnabrück RdL 1964, 22.

OLG Hamm RdL 1965, 199: grundbuchmäßige Behandlung der Verfügungsbeschränkung nach § 4 des Pr Ges vom 7.7.1891 (PrGS 279), aufgehoben durch das BereinigungsG NW vom 7.11.1961 (vgl auch § 35 Pr LandesrentenbankG).

5. Veräußerung

BGHZ 39, 275/278 (= LM § 419 BGB Nr 17 = NJW 1963, 1616 = MDR 1963, 667 = RdL 1963, 179) Einwerfen des sog Voraus bei einer nachträglichen Veräußerung des Anerbenguts nach §§ 18, 26 des Pr Ges betr das Anerbenrecht bei Renten- und Ansiedlungsgütern.

Artikel 63

Unberührt bleiben die landesgesetzlichen Vorschriften über das Erbpachtrecht, mit Einschluß des Büdnerrechts und des Häuslerrechts, in denjenigen Bundesstaaten, in welchen solche Rechte bestehen. Die Vorschriften des § 1017 des Bürgerlichen Gesetzbuchs finden auf diese Rechte entsprechend Anwendung.

Materialien: E II Art 37; III Art 61.

Schrifttum

Vgl Staudinger/Müller[10/11]
Creifelds, Rechtswörterbuch (18. Aufl 2004) sv
Roth/Schmitz, Beseitigung von „Altlasten" im
Grundbuch – zur Frage der Löschung von Eintragungen, die im Rahmen eines Erbpachtverhältnisses in Preußen vor 1850 begründet wurden, DNotZ 2002, 839.

I. Entstehung

1 Das BGB hat die **Emphyteuse**, das **Erbzinsrecht** und das **Erbpachtrecht** nicht geregelt. Bei der Erstellung des I. Entwurfs wurde auch ein Bedürfnis für die künftige Zulassung dieser Rechtsinstitute unter Hinweis auf die Vorschriften des BGB über das dingliche Vorkaufsrecht an Grundstücken und über die Reallasten nicht gesehen. Durch die II. Kommission wurde dennoch die vorliegende Regelung aufgenommen, um die eigentümlichen Verhältnisse in Mecklenburg-Schwerin und -Strelitz aufrechterhalten zu können (Prot VI 475–479, 485, 486, 607, 608, 651: Mat zu 87a S 12. Vgl auch Mat zu EG 277).

II. Weitergeltung

2 Die **Weitergeltung** des Art 63 ist in gleicher Weise wie die des Art 62 im Hinblick auf die Gesetzgebung über das Erlöschen der Fideikommisse und sonstiger gebundener Vermögen (Ges vom 6. 7. 1938, RGBl I 825) und das Kontrollratsgesetz Nr 45 zweifelhaft. Während auch hier ein Teil der Literatur von einer noch heute wirksamen Aufhebung ausgeht (MünchKomm/Säcker[3] Art 63 EGBGB Rn 1) und auch im BGBl III Art 63 durch Kursivdruck als außer Kraft getreten gekennzeichnet wurde, ist generell aus den oben zu Art 62 dargestellten Gründen (Rn 2, 3) davon auszugehen, daß **Art 63 in eingeschränkter Form** weiterhin **geltendes Recht** ist. Nach Sinn und Zweck des KRG Nr 45 sollten dadurch nur die landwirtschaftlichen Grundstücke freies, den allgemeinen Gesetzen unterworfenes Eigentum werden, die für die Ernährung der Bevölkerung von Bedeutung waren. Art X Nr 1 und 2 KRG Nr 45 bezieht sich daher nur auf die Güter, die nach § 45 ErbhofrechtsVO vom 21. 12. 1936 (RGBl I 1069) „Erbpachtgüter" sein sollten. **Häuslerstellen** und **Büdnereien** kleineren Ausmaßes werden daher **nicht erfaßt**, so daß für sie das Erbpachtrecht weiterhin gültig sein kann. Dasselbe gilt für städtische Grundstücke (BayObLGZ 1966, 129/141 f). In diesem Umfang ist daher auch die deklaratorische Klarstellung der Weitergeltung durch die Bekanntmachung der Neufassung des EGBGB vom 21. 9. 1994 (BGBl I 2494) zu verstehen.

III. Bundesstaaten mit Erbpachtrecht

3 Neben den beiden **mecklenburgischen Fürstentümern** bestand das Erbpachtrecht bei Inkrafttreten des EGBGB nur noch in den meisten später zu Thüringen zusammengefaßten **sächsischen Kleinstaaten**. Die großen Bundesstaaten dagegen hatten das Erbpachtrecht schon im Lauf des 19. Jhdts beseitigt oder für ablösbar und nicht neu begründbar erklärt (vgl zB § 91 des Pr Ges betr die Ablösung der Reallasten und die

Regulierung der gutsherrlichen und bäuerlichen Verhältnisse vom 2. 3. 1850, PrGS 77). Nach 1945 spielte dementsprechend das Erbpachtrecht kaum noch eine Rolle.

Für die ehemaligen **mecklenburgischen Teile**, die durch das Groß-Hamburg-Gesetz vom 26. 1. 1937 (RGBl I 91) auf das Land Preußen übergegangen waren und heute zu **Schleswig-Holstein** gehören und in denen nach § 2 Nr 11 der Pr Rechtseinführungs-VO vom 18. 3. 1938 (PrGS 40) die mecklenburgischen Rechtsvorschriften über die Erbpacht aufrechterhalten worden waren, wurden diese Bestimmungen im Zuge der Rechtsbereinigung in Schleswig-Holstein aufgehoben (Ges über die Sammlung des schleswig-holsteinischen Landesrechts vom 4. 4. 1961, GVOBl SchlH 47; Anlage zu § 1 des Ges über den Abschluß der Sammlung des schleswig-holsteinischen Landes-rechts vom 5. 10. 1963, GVOBl SchlH 117 = GS SchlH Bd I S 1).

In den mit **Bayern** vereinigten vormals **coburgischen Landesteilen** galt die Vorschrift des Art 26 AGBGB für Sachsen-Coburg-Gotha vom 20. 11. 1899 (GSlg Nr 1302 = BayBS III 215) zunächst weiter. Sie wurde jedoch durch Art 80 Abs 2 Nr 14 Buchst a BayAGBGB vom 20. 9. 1982 (BayRS 400-1-J) mit Wirkung ab 1. 1. 1983 aufgehoben.

Damit bestehen gegenwärtig **in keinem Bundesland** mehr **Vorschriften über das Erb-pachtrecht**. Auch Wiederbelebungsversuche während der Phase des Umbruchs von der ehemaligen DDR zu den neuen Bundesländern (vgl dazu Voss DtZ 1992, 6 ff) scheiterten daran, daß den als Verpächter auftretenden DDR-Ministerien die Ver-fügungsbefugnis über die Grundstücke fehlte (KG DtZ 1992, 243). Ebenso ist wegen der noch weiterwirkenden kommunistischen Umgestaltung der landwirtschaftlichen Verhältnisse in den neuen Bundesländern nicht damit zu rechnen, daß für eine Neubegründung ein Bedürfnis besteht. Zudem sind nach der herrschenden ostdeut-schen Meinung dort die Landes-AGBGB mit dem Wiederinkraftsetzen des BGB nicht ebenfalls wieder in Kraft getreten (vgl dazu oben STAUDINGER/MERTEN Art 1 EGBGB Rn 63 ff).

Einzelne Bundesländer **verbieten** sogar ausdrücklich die Wiederbegründung von Erb-pachtrechten (so ausdrücklich **Hessen**: § 25 Abs 5 HessAGBGB vom 18. 12. 1984, HessGVBl I 344 = SaBl 1985, 268, zuletzt geändert durch Ges vom 22. 9. 2004, HessGVBl I 278).

Zu ähnlichen bäuerlichen Nutzungsrechten vgl auch Art 197 EGBGB.

IV.   Inhalt des Vorbehalts

Trotzdem soll im folgenden wenigstens kurz auf das Wesen des Erbpachtrechts eingegangen werden.

1.   Begriffe

Das **Erbpachtrecht**, das **Büdnerrecht** und das **Häuslerrecht** waren drei Formen des **4** dinglichen Nutzeigentums an kleineren, vorwiegend ländlichen Grundstücken.

Das **Erbpachtrecht** ist ein **dingliches**, frei veräußerliches, belastbares und vererbliches

Nutzungsrecht an einem fremden Grundstück, durch das der Erbpächter eine dem Eigentümer ähnliche Rechtsstellung erhält, das sog Nutzeigentum, während dem Grundeigentümer das sog Obereigentum verbleibt (RGZ 18, 252/254; 98, 215/217). Es kann als Normalfall an landwirtschaftlichen Grundstücken bestehen, war dabei aber nach mecklenburgischem Recht im agrarpolitischen Interesse durch verschiedene Verpflichtungen beschränkt (vgl dazu vBUCHKA, Landesprivatrecht der Großherzogtümer Mecklenburg [1905] 137 ff). Es kann jedoch auch an städtischen Grundstücken begründet werden (BayObLGZ 1966, 129/141 f). Es bedarf der Eintragung im Grundbuch. Zum damit verbundenen „Rückfallrecht" und dessen Weiterbestehen auch nach Aufhebung der Erbpachtrechte bei weiterbestehender Eintragung im Grundbuch vgl ROTH/SCHMITZ DNotZ 2002, 839.

Das **Büdnerrecht** ist ein dingliches, vererbliches und veräußerliches Recht an einem kleinen bäuerlichen Grundstück, wobei die Abgrenzung früher danach vorgenommen wurde, ob für die Bewirtschaftung Gespannkraft notwendig war (dann Erbpacht) oder nicht (BESELER, System des gem dtsch Privatrechts [1885] 746). Es ist im Grundbuch einzutragen.

Das **Häuslerrecht** ist ein dingliches, vererbliches und veräußerliches Recht an einer kleinen Hofstelle mit Gartenland, die zur Ansässigmachung der ländlichen Arbeiterbevölkerung diente (Prot VI 486). Es ist im Grundbuch einzutragen.

2.   Art 63 S 2

5 Nach **Art 63 S 2** sollen auf die Erbpacht-, Büdner- und Häuslerrechte die Vorschriften des § 1017 BGB entsprechende Anwendung finden, nämlich die für Grundstücke, den Eigentumserwerb daran und die Ansprüche aus dem Eigentum geltenden Vorschriften. Mit Aufhebung der Vorschriften über das Erbbaurecht im BGB durch die VO über das Erbbaurecht vom 15. 1. 1919 (RGBl 72) tritt nach § 36 ErbbauVO die entsprechende Verweisung auf diese Vorschriften in § 11 ErbbauVO an Stelle des § 1017 BGB.

3.   Rechtsprechung

a)   Abgrenzung Erbpacht zur Zeitpacht
6 LVG Schleswig-Holstein RdL 1950, 319; LG Ingolstadt MittBayNot 1992, 56.

b)   Verlust des Obereigentums
VG Berlin RAnB 1995, 296 (Vereinigung von Ober- und Nutzeigentum beim Nutzeigentümer).

c)   Sonstiges
OLG Hamburg OLG-Rp Hamburg 2000, 231/233 (zur Frage, ob ein Erbpachtberechtigter ein Notwegrecht haben kann).

Artikel 64

(1) Unberührt bleiben die landesgesetzlichen Vorschriften über das Anerbenrecht in Ansehung landwirtschaftlicher und forstwirtschaftlicher Grundstücke nebst deren Zubehör.

(2) Die Landesgesetze können das Recht des Erblassers, über das dem Anerbenrecht unterliegende Grundstück von Todes wegen zu verfügen, nicht beschränken.

Materialien: E I Art 83–87; II Art 108; III
Art 62; Mot zum EG 205 ff; Prot V 847 ff; VI
509 ff.

Schrifttum

I. Allgemeines Schrifttum zum Anerbenrecht

1. Geschichte des Anerbenrechts
BUNGENSTOCK, in: HRG Bd I (1971), Stichwort
„Anerbenrecht" mwN
vDULTZIG, Das deutsche Grunderbrecht in
Vergangenheit, Gegenwart und Zukunft, GU
58, 1899
KROESCHELL, Geschichtliche Grundlagen des
Anerbenrechts, AgrarR 1978, 147
MAYER-EDENHAUSER, Untersuchungen über
Anerbenrecht und Güterschluss in Kurhessen,
in Quellen und Forschungen aus dem Gebiet der
Geschichte, hg von der historischen Kommission
der deutschen Geschichte der Wissenschaft und
Künste in Prag (1942)
sowie die Nachw in STAUDINGER/PROMBERGER/
SCHREIBER[12].

2. Gesamtdarstellungen
BOTHE, Die Verbesserung der Agrarstruktur in
der Gesetzgebung (2. Aufl 1965)
DEHNE, Vom Hof zum Betrieb, Strukturwandel
des landwirtschaftlichen Erbrechts (1966) =
Schriftenreihe des Instituts für Landwirtschaftsrecht der Universität Göttingen Bd 4
HAEGELE, Hofübergabe und Hofvererbung in
den Westzonen (1949)
HÜBINGER, Die Entwicklung des Anerbenrechts
im Gebiet der Bundesrepublik Deutschland von
1900–1950 (Diss Erlangen 1950)
KAHLKE, Die Entwicklung des landwirtschaft-

lichen Sonderrechts in Westeuropa, RdL
1964, 141
KAHLKE/STERN, Der Hof in der Erbfolge (1961)
KIPP/COING, Erbrecht (14. Aufl 1990) § 131
BGB-RGRK/KREGEL Einl § 1922 Rn 6
KREUZER, Artikel „Anerbenrecht" in: HAR
Bd 1 Sp 259
ders, Grundlinien des landwirtschaftlichen
Sonderrechts in der Bundesrepublik
Deutschland, AgrarR 1990, Beil II, 12
KROESCHELL, Landwirtschaftsrecht (2. Aufl
1966)
KÜHLWETTER, Anerbenrecht in der Bundes-
republik Deutschland (1967)
LANGE/KUCHINKE, Lehrbuch des Erbrechts
(5. Aufl [2001]) § 53
MünchKomm/LEIPOLD Einl zum V. Buch BGB
Rn 108 ff
NETZ, Das landwirtschaftliche Erbrecht in
Deutschland, RdL 2004, 1
PIKALO, Land- und forstwirtschaftliches
Grundstücksverkehrs- und Erbrecht im west-
lichen Europa (1961)
SCHAPP, Boden- und Höferecht (1948)
SCHAPP, Der Schutz des Unternehmens in der
Vererbung im Landwirtschaftsrecht und im
Personengesellschaftsrecht (1975) 29
SCHEYHING, Nahtstellen und Spannungen zwi-
schen dem Bürgerlichen Recht und dem Land-
wirtschaftsrecht, SchlHA 1963, 153
ders, Die Sondererbrechtsordnung des Höfe-
rechts in ihrem Verhältnis zum Allgemeinen
Erbrecht, JZ 1961, 729

SCHULTE, Wann vererbt sich der Hof nach Allgemeinem Erbrecht?, DNotZ 1964, 601
SOERGEL/STEIN § 1922 Rn 76 ff (12. Aufl 1992)
vSPRECKELSEN, Zur neueren Entwicklung der Anerbengesetzgebung, JJb 5 (1964/65) 133
STAUDINGER/MAROTZKE (2000) § 1922 Rn 224
STEFFEN, Anerbenrecht in der Bundesrepublik, RdL 1979, 309.

3. Anerbenrecht und Verfassungsrecht

BARNSTEDT, Das Höferecht und die Erbrechtsgarantie des Art 14 des Grundgesetzes, DNotZ 1969, 14
ders, Das Höferecht und die Eigentumsgarantie des Art 14 des Grundgesetzes, in: Grundeigentum – Inhalt und Schranken (1971) 7
BENDEL, Höferechtliche Erbabfindung verfassungswidrig?, Landwirtschaftliche Zeitschrift für die Nord-Rheinprovinz 1965, 3045
BERGMANN, Gleichheitssatz und bäuerliche Vererbung, FamRZ 1959, 87
BOEHMER, Erbrecht, in: NEUMANN/NIPPERDEY/SCHEUNER, Grundrechte Bd II 401 (1954)
GADE, Die gesetzliche Bestimmung des Hoferben als verfassungsrechtliches und dogmatisches Problem (Diss Göttingen 1971)
KAHLKE, Ist die ganze Höfeordnung mit dem Grundgesetz vereinbar?, SchlHA 1964, 247
KATERBERG, Die Schranken der geltenden Rechtsordnung für ein bäuerliches Sondererbrecht (Diss Marburg 1960)
KÜHLWETTER, Anerbenrecht in der Bundesrepublik Deutschland und seine Stellung zur Verfassung unter besonderer Berücksichtigung der Rechtsprechung des Bundesverfassungsgerichtes (Diss Köln 1967)
PIKALO, Anerbenrecht und Verfassungsrecht, NJW 1959, 1609
ders, Die Norddeutsche Höfeordnung im Spiegel der Verfassung, IKO 1971, 2
RÖTELMANN, Erbrechtsgarantie und Höferecht, DNotZ 1969, 415
SCHARDEY, Gleichberechtigungsgrundsatz und Vorrang des männlichen Geschlechts bei der Hofeserbfolge (Diss Bonn 1961)
STÖCKER, Ungelöste Fragen des Höferechts im Anschluss an die Entscheidung des BVerfG zu § 1374 Abs 4 BGB, AgrarR 1986, 65
WOLFGANG WINKLER, Landwirtschaftliches

Erbrecht und Verfassungsrecht, AgrarR 2002, 209.

4. Zur Rechtslage in den neuen Bundesländern

ADLERSTEIN/DESCH, Das Erbrecht in den neuen Bundesländern, DtZ 1991, 193
BENDEL, Landwirtschaftliches Sondererbrecht in den fünf neuen Bundesländern, AgrarR 1991, 1
ders, Höferecht für das Amt Neuhaus?, AgrarR 1993, 243
JANKE, Zur Geltung von Anerbenrecht im Gebiet der DDR, NJ 2001, 117
STEFFEN, Landwirtschaftliches Erbrecht in der früheren DDR, RdL 1991, 141.

5. Sonstige Einzelfragen zum Anerbenrecht und zur HöfeO

ALBERTY, Zur Erbhoffolge in den Ehegattenhof gemäß § 8 der Höfeordnung, RdL 1964, 261
BAADE, Anerbenrecht und Ausländererbfolge, SchlHA 1959, 33
BARNSTEDT, Hofvermerk und Hofeigenschaft, RdL 1969, 117
BENDEL, Das Problem der weichenden Erben im Anerbenrecht (Diss Köln 1959)
ders, Das neue Nichtehelichen-Recht im Verhältnis zum landwirtschaftlichen Sondererbrecht, RdL 1970, 29
ders, Höferecht für das Amt Neuhaus, AgrarR 1993, 243
ders, Die wirtschaftliche Auswirkung des Meinungsstreits zur Kapitalberechnung nach § 14 Abs 2 HöfeO, AgrarR 1997, 342
ders, Verlust der Hofeigenschaft durch Erbfall, AgrarR 2003, 325
BERGMANN, Die Bestimmung des Hoferben durch den kinderlosen Bauern, SchlHA 1948, 233
ders, Agrarrecht und Agrargesellschaftsrecht, SchlHA 1967, 202
ders, Das neue Nichtehelichen-Recht im Verhältnis zum landwirtschaftlichen Sondererbrecht, RdL 1970, 29
BEWER, Bewertungsfragen bei Lösung der Hofnachfolgeprobleme, AgrarR 1976, 273
BITTING, Aufhebung der Hofeigenschaft in Westfalen-Lippe (1977)

BONSE, Der überlebende Ehegatte als Hofvorerbe, RdL 1957, 61

BRAMMER, Begriff und Rechtsnatur des Übergabevertrags nach der Höfeordnung vom 24. 4. 1947 (Diss Kiel 1950)

BREMER/REESE, Genehmigungsfähigkeit von Hofübergabeverträgen – Wann liegt ein grobes Missverhältnis im Sinne des § 9 Grundstücksverkehrsgesetz vor?, RdL 2003, 141

DEHNE, Zum Spannungsverhältnis zwischen Höferecht und Einkommensteuer, AgrarR 1997, 352

DIECKHOFF, Die Grenzen der Testierfreiheit des Hofeigentümers in der britischen Besatzungszone, NJW 1948, 330

DRESSEL, Die Ausgleichungspflicht im Höferecht bei besonderer Mitarbeit oder Pflegetätigkeit eines Abkömmlings (§ 2057a BGB), RdL 1970, 146

ders, Unterschied zwischen Betriebsmitteln und hoffreiem Vermögen nach der HöfeO und die Beteiligung des Hoferben hieran, Inf 1971, 10

ders, Wirtschaftsfähigkeit und mangelnde Altersreife, AgrarR 1972, 269

ders, Die Bedeutung des Einheitswertes und dessen rückwirkende Festsetzung für die Hofeigenschaft und § 13 HöfeO, AgrarR 1972, 405

ders, Löschung des Hofvermerks bei niemals bestehender Hofeigenschaft, Inf 1973, 573

ders, Keine neuen Höfe iS der HöfeO durch Erhöhung der Einheitswerte auf 10 000 DM und mehr mit Wirkung vom 1. 1. 1974, AgrarR 1974, 162

ders, Die Beteiligung des Hoferben am hoffreien Vermögen, AgrarR 1974, 187

ders, Erlangung der Hofeigenschaft durch Zuerwerb, AgrarR 1974, 220

DRESSLER, Vor- und Nacherbschaft im Höferecht, AgrarR 2001, 265

FASSBENDER, Erlangen Besitzungen im Vorerbschaftseigentum die Hofeigenschaft?, NJW 1966, 1062

ders, Steuern und Kosten bei Höfen, AgrarR 1976, 247

ders, Der neue Ehegattenhof kraft Gesetzes, DNotZ 1977, 388

ders, Einzelfragen zum Höferecht, DNotZ 1978, 707

ders, Artikel „Hoferklärung" in HAR, Bd I Sp 888

ders, Stellung der weichenden Erben im Genehmigungsverfahren, RdL 1980, 85

ders, Vorwegnahme der Erbfolge und fingierter Erbfall, AgrarR 1982, 313

ders, Unwirksame Hofaufhebung?, AgrarR 1985, 224

ders, Zur vertragsbrechenden Hoferklärung, AgrarR 1987, 295 und AgrarR 1988, 125

ders, „Weiterführende Bahnen" nach der Zulassung vertragsbrechender Hoferklärungen, AgrarR 1991, 5

ders, Zur Hoffähigkeit einer aus Volleigentum und Vorerbschaftseigentum zusammengesetzten Besitzung, AgrarR 1992, 190

FLEER, Die Nachabfindung im Höferecht, AgrarR 1973, 377

FRÜHBUSS, Die Rechtsstellung des überlebenden Ehegatten nach der Höfeordnung (Diss Kiel 1950)

GRZIWOTZ, Der Ehegatte als weichender Hoferbe, DB 1991, 2259

HAGEN, Löschung der Hofeigenschaft und ihre Rechtsfolgen, AgrarR 1989, 229

ders, Aus der Rechtsprechung des V. Zivilsenats und des Landwirtschaftssenats, DRiZ 1990, 388

HARTWIG, Die Beteiligung des Hoferben am hoffreien Nachlass, AgrarR 1997, 363

ders, Richterliche Rechtsfortbildung zum Hofeswert, AgrarR 2002, 169

HASSELHOFF, Neugestaltung der Hoferbfolgebestimmungen in der Bundesrepublik Deutschland, RdL 1993, 225

HERMINGHAUSEN, Vor- und Nacherbschaft im Landwirtschaftsrecht, RdL 1950, 190, 218, 248, 272

ders, Pflichtteil bei späterer Veräußerung von Hofesgrundstücken, NJW 1962, 1380

ders, Ergänzungsabfindung nach Veräußerung einzelner Hofgrundstücke, RdL 1976, 85

ders, Testierfreiheit für hoffreies Vermögen, RdL 1979, 57, 113

ders, Zur Vererblichkeit des Hofnacherbenrechts und zur Rechtsstellung des Hofvorerben, AgrarR 1979, 275

HESSLER, Praxis der Hofübergabe in Niedersachsen, AgrarR 1981, 301

HÖTZEL, Nachabfindung für Milchaufgabevergütung, AgrarR 1993, 144

HUMBERT, Artikel „Formlose Hofübergabe und Hoferbenbestimmung", in: HAR, Bd I Sp 639

ders, Fragen zur formlosen Hoferbenbestimmung, AgrarR 1981, 1

JONAS, Der Auskunftsanspruch der weichenden Erben nach § 13 Abs 10 HöfeO, AgrarR 1981, 189

KAHLKE, Zum Nießbrauchsvorbehalt im Übergabevertrag, SchlHA 1955, 178

KEGEL, Zum Pflichtteil vom Großgrundbesitz, in: Liber amicorum Ernst J Cohn (1975) 85

KLUNZINGER, Anerbenrecht und gewillkürte Erbfolge (Diss Tübingen 1966)

ders, Die Übergehung von Abkömmlingen als Hoferben, DNotZ 1969, 262

KNÜFER, Fakultatives Höferecht in Nordrhein-Westfalen, AgrarR 1972, 101

KÖHNE, Das landwirtschaftliche Sondererbrecht im Lichte des agrarstrukturellen Wandels, AgrarR 1995, 321

ders, Neuordnung des landwirtschaftlichen Erbrechts, AUR 2003, Beil II * 2

KREUZER, Das gesetzliche Anerbenrecht Südwestdeutschlands und der nordwestdeutschen Höfeordnung – eine vergleichende Untersuchung, AgrarR 1977, Beilage I

KROESCHELL, Rechtsprobleme einer bäuerlichen Hofübergabe, in: FS f das OLG Celle (1961) 99

ders, Die Stellung des nichtehelichen Kindes im landwirtschaftlichen Erbrecht, AgrarR 1971, 3

KROESCHELL ua, Zur Dauerwirkung der Hoferklärungen nach § 1 Abs 4 HöfeO, AgrarR 1982, 226

LEHMANN, Unterbewertete Sondererbfolge und Abfindungsergänzungsansprüche des Miterben nach der HöfeO aus betriebswirtschaftlicher Sicht, AgrarR 1990, 301

LÜDTKE-HANDJERY, Zur Vererbung des Ehegattenhofs, DNotZ 1978, 27

ders, Beteiligung der Miterben beim Übergabe- und Erbvertrag, AgrarR 1982, 7

ders, Zur Hoferbfolge insbesondere nach § 6, § 7 sowie § 8 Abs 2 HöfeO, AgrarR 1981, 149

ders, Hofübergabe als vertragliche und erbrechtliche Nachfolge, DNotZ 1985, 333

LÜDTKE/PIKALO, Vererbung beim Ehegattenhof, AgrarR 1982, 92

vLÜPKE, Zweifelsfragen zum Recht der Nachabfindung im Höferecht, AgrarR 1974, 8

ders, Zum Verzicht auf Abfindungsergänzungsansprüche nach § 13 HöfeO, AgrarR 1974, 272

ders, Die Vererbung beim Ehegattenhof ..., AgrarR 1982, 92

MAHN, Die Rechtsnatur der höferechtlichen Eintragungs- und Löschungsanträge (1970)

MEDOW, Der Ehegattenhof unter besonderer Darstellung der Rechtsstellung beider Ehegatten (Diss Kiel 1950)

MILLICH, Anerbenrecht in der Bundesrepublik Deutschland, RdL 1986, 199

MEIER, Erbauseinandersetzung im Betriebsvermögen unter besonderer Berücksichtigung der HöfeO, AgrarR 1991, 181

MOLL/PETER, Die Beteiligung weichender Erben am Hofübergabevertrag, AgrarR 1980, 321

ders, Fragen zum Ehegattenhof, AgrarR 1987, 320

ders, Bemerkungen zum Landwirtschaftserbrecht, AgrarR 1989, 95

MOOG, Übergabegewohnheiten in Hessen, AgrarR 1980, 158

MÜLLER, Die Rechtsstellung des überlebenden Ehegatten im deutschen Anerbenrecht (Diss Köln 1961)

D MÜLLERWILM, Der Rechtscharakter der Hoferbfolge und sein Einfluss auf die Regelung der Nachlaßverbindlichkeiten (Diss Kiel 1951)

NIES, Boden- und Erbrecht in der Landwirtschaft, Grundstücksverkehrsgesetz, Landpachtverkehrsgesetz, HöfeO (1991)

NIEWERTH, Anderweitige Regelungen für die Abfindung der Miterben nach § 12 HöfeO durch Übergabevertrag, AgrarR 1981, 162; dazu Stellungnahme STÖCKER AgrarR 1981, 163

ders, Nachabfindung der Miterben für empfangene Agrarsubventionen. Ein Sonderweg für die Milchaufgabevergütung, AgrarR 1994, 47

ders, Zum Verlust der Hofeigenschaft nach der nordwestdeutschen Höfeordnung wegen Auflösung der wirtschaftlichen Betriebseinheit, AgrarR 1999, 201

ders, Anforderungen an den Verlust der Hofeigenschaft, AgrarR 2002, 43

NORDALM, Der Ausgleichsanspruch nach § 13 HöfeO nF, AgrarR 1977, 161

ders, Berechnung des Anspruches auf höferechtliche Ergänzungsabfindung, RdL 1979, 227

VOLSHAUSEN, Probleme des Zugewinnausgleichs nach der neuen Höfeordnung, FamRZ 1977, 361

ders, Zur Vererbung von Ehegattenhöfen nach dem 2. Gesetz zur Änderung der Höfeordnung, AgrarR 1977, 135

OTTE, Die Aufhebung der Hofeigenschaft trotz bindender Bestimmung eines Hofnachfolgers, NJW 1988, 672

ders, Höferecht und eheliches Güterrecht, AgrarR 1989, 232

PIKALO, Hofvererbung und Hofübergabe an ein Ehepaar im Höferecht der britischen Zone, RdL 1953, 94

ders, Die Zulässigkeit von Geldvermächtnissen im Höferecht der britischen Zone, DNotZ 1956, 376

ders, Der Einfluss des Güterstandes der Zugewinngemeinschaft auf das Höferecht, RdL 1959, 1

ders, Zur Problematik des Ehegattenhofes im Anerbenrecht, DNotZ 1965, 649 und 709

ders, Die gleitende Hofübergabe, DNotZ 1968, 69

ders, Zur Kritik des Landwirtschaftsrechts, AgrarR 1974, 57

ders, Ein Beitrag zur umstrittenen Zuziehung und Information weichender Erben im landwirtschaftsgerichtlichen Verfahren über die Genehmigung eines Hofübergabevertrags, DNotZ 1981, 473

ders, Die Vererbung beim Ehegattenhof ..., AgrarR 1982, 93

ders, Problematik und Probleme der formlosen Hoferbenbestimmung, AgrarR 1986, 339

PRANGE, Die Testierfreiheit nach der Höfeordnung unter besonderer Berücksichtigung der Beschränkung des Hoferben (Diss Münster 1949)

PRITSCH, Genehmigung und Zustimmung im Höferecht, DNotZ 1951, 297

RINCK, Die Abfindung der weichenden Erben gem § 12 HöfeO nach dem Einheitswert, AgrarR 1997, 399

ROEMER, Zur formlosen Hoferbenbestimmung

in der Rechtsprechung des BGH, DNotZ 1957, 283

RÖTELMANN, Der Abfindungsergänzungsanspruch, DNotZ 1951, 532

ders, Vorerbschaft und Höferecht, NJW 1969, 1945

ders, Fehllösungen im Landwirtschaftserbrecht, RdL 1971, 225

SACHS, Die bindende formlose Hoferbenbestimmung (1991)

SAMRAUS, Erbfolge kraft Höferechts und freie Bestimmung des Hoferben, SchlHA 1947, 281

ders, die offenkundige Wirtschaftsfähigkeit des Hoferben, SchlHA 1974, 105

SCHEYHING, Die Sonderrechtsordnung des Höferechts in ihrem Verhältnis zum allgemeinen Erbrecht, JZ 1961, 729

ders, Nahtstellen und Spannungen zwischen dem bürgerlichen Recht und dem Landwirtschaftsrecht, SchlHA 1963, 153

SCHMIDT, Löschung des Hofvermerks bei Nichtbestehen oder nach Wegfall der Hofeigenschaft, AgrarR 1973, 41

SCHNEBLE, Von den Grenzen der Testierfreiheit nach der Höfeordnung (Diss Kiel 1950)

SCHULTE, Formlose Hoferbenbestimmung, RdL 1970, 202

ders, Zum Ehegattenhof: Alleineigentum eines jeden Ehegatten am Grundbesitz des Hofes, RdL 1969, 142

SCHRIMPF, Die Höfeerfassungsaktion in Nordrhein-Westfalen, AgrarR 1984, 85

SCHWARZ, Das Verhältnis zwischen dem Landwirtschaftserbrecht und dem allgemeinen Erbrecht des BGB (Diss Marburg 1988)

STEFFEN, Einheitswert und Hofeigenschaft, RdL 1976, 116

ders, Genehmigung von Übergabeverträgen nach Änderung der Höfeordnung, RdL 1976, 200

ders, Löschung des Hofvermerks bei „Gilt-Höfen", RdL 1977, 89

ders, Erteilung von Hoffolgeerzeugnissen, RdL 1977, 113

ders, 30 Jahre Höfeordnung, RdL 1977, 117

ders, Überleitung altrechtlicher Ehegattenhöfe, RdL 1977, 281

ders, Die Feststellung des Wirtschafts- und

Jörg Mayer

Einheitswertes nach dem Recht der nordwestdeutschen Höfeordnung, AgrarR 1977, 313

ders, Hoferbenbestimmung beim Ehegattenhof,
RdL 1978, 116

ders, Was dient dem Hof, RdL 1978, 285 (zur
Frage der Hof-Bestandteile)

ders, Anerbenrecht in der Bundesrepublik, RdL
1979, 309

ders, Hofübergabevertrag und weichende Erben, RdL 1980, 29, 89; RdL 1981, 256; AgrarR
1980, 156; 1981, 97

ders, Vor- und Nacherbschaft bei Änderungen
der Höfeordnung, RdL 1980, 255

ders, Erbbrauch und seine Feststellung, RdL
1981, 5

ders, Vor- und Nacherbschaft im Höferecht,
RdL 1981, 116

ders, Erbscheine über hoffreien Nachlass, RdL
1982, 144

ders, Verlust der Hofeigenschaft, RdL 1982, 312

ders, Betreuungsgesetz und landwirtschaftliches
Sondererbrecht, AgrarR 1993, 129

ders, Vorschläge zur Änderung des § 1 HöfeO,
AgrarR 1987, 124

ders, Zur Feststellung der Hofeigenschaft,
AgrarR 1988, 305

ders, Anfang und Ende der Fristen des § 13
HöfeO, AgrarR 1991, 154

ders, „Ungeregelte Nachlässe" im Sinne von
Art XII Abs 2 KRG Nr 45, AgrarR 1995, 129

ders, Wer ist „Miterbe" nach §§ 4, 12, 13 HöfeO,
AgrarR 1995, 198

ders, Aufhebung des württembergischen Anerbenrechts, RdL 1997, 144

ders, Die Auswahl des gesetzlichen Hofnach-
erben, AgrarR 2002, 12

STÖCKER, Neues Höferecht – Modell eines ver-
fassungskonformen Landwirtschaftserbrechts,
Inf 1976, 519

ders, Rechtseinheit im Landwirtschaftserbrecht,
AgrarR 1977, 73, 245; 1978, 1

ders, Testierfreiheit beim Ehegattenhof heute,
DNotZ 1979, 82

ders, Miterbenrechte bei Betriebsaufgabe im
Licht der Entstehungsgeschichte des § 13
HöfeO neuer Fassung, MDR 1979, 6

ders, Weichende Erben im Genehmigungsverfahren der Hofübergabe, RdL 1980, 281

ders, Die Neuordnung des Internationalprivat-
rechts und das Höferecht, WM 1980, 1134

ders, Sippebindung des Hofes – rechts- und
entstehungsgeschichtliche Perspektiven der
Auslegung des § 8 HöfeO nF, Inf 1980, 412

ders, Erbenschutz zu Lebzeiten des Erblassers
bei der Betriebsnachfolge in Familienunterneh-
men und Höfe, WM 1980, 482

ders, Ist ein nach früherem Recht erworbenes
Hofnacherbenrecht vor Eintritt des Nacherb-
falls vererblich?, AgrarR 1980, 70

ders, Nochmals: Die Beteiligung weichender
Erben am Hofübergabevertrag, AgrarR 1981,
100

ders, Die sogenannte formlose Hoferbenbestimmung – Zwischenbilanz eines umstrittenen
Rechtsinstituts, AgrarR 1981, 240

ders, Abschaffung oder Ausbau des Rechtsinstituts der „vorweggenommenen Erbfolge"?
AgrarR 1982, 169

ders, Der Ausgang des Rechtsfalls Inze und die
Zurücksetzung nichtehelicher Abkömmlinge in
der gesetzlichen Erbfolge, AgrarR 1992, 65

ders, Wer ist als „Miterbe" nach den §§ 12, 13
HöfeO berechtigt, AgrarR 1993, 211

STORM, Agrarhandelsrecht und Höferecht,
AgrarR 1977, 79

STURM, Eine verkannte badische Perle,
BWNotZ 1974, 125

THOLE, Hofübergabevertragsverhältnis auf
nichtrechtsgeschäftlicher Grundlage (Diss
Münster 1960)

TYKWER, Hofnachfolge in Westfalen/Lippe.
Eine rechtsvergleichende und rechtstatsächliche
Darstellung der Erbgewohnheiten in der west-
fälischen Landwirtschaft (1997)

VIDAL, Die Praxis der Hofnachfolge im altbayerischen Raum, AgrarR 1980, 93

WAGNER, Die Rechte der weichenden Erben bei
Veräußerung des Hofes (Diss Kiel 1958)

WEHNER, Übergabegewohnheiten in Schleswig-
Holstein, AgrarR 1981, 218

WEHNER/JOHANNSON, Hofübergabe (7. Aufl
2000)

WENDERS, Die Bestimmung des Erben durch
Dritte unter besonderer Berücksichtigung des
Landwirtschaftsrechts (Diss Köln 1964)

vWENDORFF, Das neue Nichtehelichen-Recht

und die Bestimmungen der §§ 13 und 17 HöfeO,
RdL 1970, 197

WENZEL, Rechtsfragen zum Grundstücksverkehrs-, Höfe- und Landpachtrecht, AgrarR
1995, 37

WESTERHOFF, Methodische Wertung im Recht.
Dargestellt am Beispiel der formlosen Hoferbenbestimmung (1974 = Schriften zur Rechtstheorie Nr 37)

WIEACKER, Stillschweigende Hoferbenbestimmung?, DNotZ 1956, 115

WÖHRMANN, Die Bestimmung des Hoferben
durch den kinderlosen Bauern, SchlHA 1949,
112

ders, Verlust der Hofeigenschaft und Hofvermerk, RdL 1969, 144

ders, Das Surrogationsprinzip im Höferecht, Inf
1970, 21

WÖHRMANN, H, Nachabfindung gemäß § 13
HöfeO: Konkurrierender Gesetzgeberwille,
RdL 2003, 284

ders, Muss der Notar über die Nachabfindung
nach § 13 HöfeO belehren?, RdL 2004, 3

ZIMMERMANN, Die Ausgleichsansprüche der
weichenden Erben nach § 13 der Höfeordnung,
MittRhNotK 1975, 533.

II. Schrifttum zu den Anerbengesetzen

1. Zu Art 64 EGBGB

Insbes Erläuterungen bei PLANCK, BGB, 6. Bd
EGBGB (3. Aufl 1905)

F KEIDEL bzw GRAMM, in der 9. und 10. Aufl
dieses Kommentars (1929; 1939)

PALANDT/EDENHOFER, BGB (57. Aufl 1998)

SOERGEL/HARTMANN.

2. Zu den einzelnen Anerben- und verwandten Gesetzen

a) Zur Höfeordnung

aa) Monographien, Lehrbücher, Kommentare

FASSBENDER/HÖTZEL/vJEINSEN, Höfeordnung,
Höfeverfahrensordnung und Überleitungsvorschriften (3. Aufl 1994)

LANGE/WULFF/LÜDTKE-HANDJERY, Höfeordnung (10. Aufl 2001)

NIEMEYER, Die Sondererbfolge in der Höfeordnung der ehemals Britischen Zone und der

Vergleich mit anderen Fällen des Sondererbrechts (Diss Mainz 1961)

SCHEYHING, Höfeordnung (1967)

STEFFEN, Höfeordnung und Höfeverfahrensordnung (1977)

ders, Nachtrag hierzu (1987)

HEINZ WÖHRMANN, Das Landwirtschaftserbrecht, Kommentar zur Höfeordnung und zum
BGB-Landguterbrecht (8. Aufl 2004).

bb) Schrifttum zum 2. ÄndG-HöfeO (1976)

FASSBENDER/PIKALO, Dreieinhalb Jahre praktische Erfahrung mit der neuen Höfeordnung,
DNotZ 1980, 67

s auch die Nachw bei WÖHRMANN/STÖCKER,
Das Landwirtschaftsrecht 44

s auch STAUDINGER/PROMBERGER/SCHREIBER[12]
Art 64 Rn 97 Fn *.

b) Baden-Württemberg

BREITMEIER, Praktikabilität und agrarpolitische
Bedeutung der gesetzlichen Ausgleichsvorschriften bei Veräußerungsgewinnen des Anerben in Baden-Württemberg (Diss Hohenheim
1970)

BRÜNNER, Der Wandel der Agrarstruktur und
seine Einflüsse auf das Agrarrecht, dargestellt
insbes an den Gegebenheiten des Landes
Baden-Württemberg, AgrarR 1973, 245

HORNSTEIN, Stand und Entwicklung der Hofnachfolge in Baden-Württemberg (Diss Konstanz 1986)

KEHRER, Das Württembergische Anerbenrecht,
BWNotZ 1955, 89

KOEBEL, Die Berufung des Anerben im Württembergischen Anerbengesetz, RdL 1952, 119

KREUZER/HORNSTEIN, Vererbung landwirtschaftlicher Betriebe in Baden-Württemberg –
eine rechtstatsächliche Untersuchung (1985)

LIESENBORGHS, Das Höferecht in Baden-Württemberg, AgrarR 1974, 310

PELKA, Das Anerbenrecht in Württemberg-Baden und Württemberg-Hohenzollern (1950)

RÖHM, Die Vererbung des landwirtschaftlichen
Grundeigentums in Baden-Württemberg (1957).

c) Bremen

J C JACOBS, Das Bremische Höfegesetz (1992).

d) Hessen

GEROLD, Vererbung landwirtschaftlicher Betriebe in Hessen (1989)

LANGE/WULFF, Hessisches Landwirtschaftsrecht (1950)

MOOG, Übergabegewohnheiten in Hessen,
AgrarR 1980, 158

SAURE, Das Landwirtschaftsrecht in Hessen
(1950)

STARK, Die hessische Landgüterordnung (1995)

WEIMANN, Die Hessische Landgüterordnung,
AgrarR 1978, 188.

e) Rheinland-Pfalz

FREY, Zur Praxis des Hofübergangs in Rheinland-Pfalz, AgrarR 1989, 322

FRITZEN, Zur Höfeordnung in Rheinland-Pfalz,
RdL 1954, 93

R HARTMANN, Landesgesetz über die Einführung einer Höfeordnung in Rheinland-Pfalz
(1954)

ders, Die neue Höfeordnung von Rheinland-
Pfalz, RdL 1953, 291

PAGENSTECHER, Rheinland-pfälzische Höfeordnung novelliert, RdL 1967, 148

PRITSCH, Höferecht in Rheinland-Pfalz, DNotZ
1953, 618

WÖHRMANN, Höfeordnung für Rheinland-Pfalz,
RdL 1953, 8.

f) Nordrhein-Westfalen

BENDEL/HÖTZEL, Landwirtschaftliches Boden-
und Erbrecht in Nordrhein-Westfalen (7. Aufl
1990).

III. Zum Landgüterrecht des BGB

HAUSMANN, Die Vererbung von Landgütern
nach dem BGB – De lege lata und de ferenda
(2000).

Systematische Übersicht

Alphabetische Übersicht

Jörg Mayer

I. Geschichte, Bedeutung, Fortgelten von Artikel 64

1. Die Zwecke des Anerbenrechts

Die *gesetzliche Erbfolge des BGB* begünstigt *den Zerfall einer Wirtschaftseinheit*, da **1**
bei einer Erbengemeinschaft jederzeit die Auseinandersetzung verlangt werden
kann, § 2042 Abs 1 BGB, was zur Realteilung führt. Und selbst der Erblasser kann
durch Verfügung von Todes wegen die Auseinandersetzung nur in engen Grenzen
ausschließen (Lange/Kuchinke § 53 I 1a). Das *Anerbenrecht* will die Nachteile vermeiden, die sich aus der *Mehrheit von Erben* ergeben, und schränkt daher für landwirtschaftliche Betriebe die allgemeine erbrechtliche Erbteilung ein, in dem je nach Art
des betroffenen Anerbengesetzes der Hof unmittelbar im Wege einer *Sondererbfolge* einem der Miterben zufällt oder der Hof zwar zunächst in den allgemeinen
Nachlass fällt, dem Anerben aber das Recht zur *alleinigen Übernahme* des Anwesens
eingeräumt wird.

Die Anerbengesetze bezwecken dies zum einen aus der **agrarpolitischen Zielsetzung** **2**
heraus, lebensfähige landwirtschaftliche Betriebe geschlossen zu erhalten und deren
im öffentlichen Interesse nicht gewünschte Aufteilung zu verhindern (vgl etwa BVerf-
GE 91, 346 = DNotZ 1995, 692, 693; MünchKomm/Leipold Einl zum Erbrecht Rn 67). Zum
anderen liegt dem aber auch – was häufig übersehen wird – das letztlich nur privatnützige Interesse der **Erhaltung des Hofes** als wirtschaftliche Einheit **im Familienbesitz** zugrunde (so aber deutlich BVerfGE 91, 346 = DNotZ 1995, 692, 696 f), was früher, heute
aber kaum noch (G Schmitt AgrarR 1996, 184, 187), auch dem Ziel der Sicherung der
Versorgung des Altenteilers und der auf dem Hof lebenden weichenden Geschwister
dient.

2. Geschichtliche Entwicklung

Für die Vererbung landwirtschaftlicher Besitzungen hatten sich in *Deutschland* keine **3**
einheitlichen Regeln herausgebildet (Überblick bei Bungenstock, HRG I 163 ff – auch zum
Folgenden; zur Entwicklung in *Österreich* Norer AgrarR 2004, 204, 205 f). Das sog „*ältere
Anerbenrecht*" (bis etwa 1800) war zwingendes Recht und schloss abweichende
Verfügungen von Todes wegen aus. Seine Herkunft ist umstritten. Teilweise wird
es aus dem Einfluss der Grundherrschaft und ihres Bestrebens nach einer möglichst
großen Ertragsfähigkeit der Höfe hergeleitet, so insbes aus dem grundherrlichen
Leiherecht, das die Unteilbarkeit fordert (für *Hessen* Mayer-Edenhauser). Andere
sehen den Grund hierfür aus einem schon den *Germanen* oder zumindest einzelner

ihrer Stämme bekannten Prinzip der Unteilbarkeit des Grundeigentums (DULTZIG, HUPPERTZ). In einigen Gebieten, insbesondere in *Franken* und in *Südwestdeutschland* (jedoch nicht im Hochschwarzwald), herrschte seit dem 15. Jahrhundert die *Realteilung* vor. In anderen Gebieten hatte sich demgegenüber seit dem späten Mittelalter die *Anerbensitte* entwickelt (KROESCHELL AgrarR 1978, 150), auf deren Grundlage lokales Gewohnheitsrecht entstand, das oft in Dorfordnungen, Hofrechten und Weistümern seinen Niederschlag fand und durch die gutsherrschaftlichen Verhältnisse begünstigt wurde, denn diese wünschten klare Besitzverhältnisse und die Erhaltung größerer Wirtschaftseinheiten. Daher breitete sich die Anerbensitte auch bei den *freien Bauern* unter dem Einfluss der an der Wirtschaftlichkeit der Höfe interessierten Landesherrschaft in *Nord- und Nordwestdeutschland* bis zum 18. Jahrhundert aus und erstarkte zum Anerbenrecht (BUNGENSTOCK 165).

Die geschichtliche Entwicklung des 19. Jahrhunderts war für das Anerbenrecht zunächst nicht günstig. Die *Bauernbefreiung* bewirkte die völlige Auflösung der alten Agrarverfassung, was teilweise zur Beseitigung der anerbenrechtlichen Regelungen führte, teilweise (wie in *Baden*) aber gerade auch zur Schaffung von neuem Anerbenrecht und anderen Vorschriften zum Schutze der Landwirtschaft (KROESCHELL AgrarR 1979, 241). Der anschließende *Liberalismus* sah im Anerbenrecht eine Einschränkung der Testierfreiheit und einen Verstoß gegen die Rechtsgleichheit (LANGE/ KUCHINKE § 53 I 2b; MERTENS, Die Entstehung der Vorschriften des BGB über das Pflichtteilsrecht [1970] 113), beides Argumente, die uns noch heute bei der verfassungsrechtlichen Diskussion des landwirtschaftlichen Sondererbrechts beschäftigen (s Rn 131 ff). Als die Auswirkungen der *industriellen Revolution* auf die Agrarstruktur Maßnahmen zur Erhaltung der bäuerlichen Betriebe erforderlich machten, insbesondere auch durch Beschränkung der Abfindungsansprüche der weichenden Geschwister angesichts des stark gestiegenen Bodenpreises, geschah dies zunächst nur durch Schaffung von *regionalen Anerbenrechten*, etwa in *Bayern* 1855 und *Hessen-Darmstadt*, die versuchten, das Institut der *Familienfideikommisse* des niederen Adels auf die bäuerlichen Anwesen zu übertragen. In der 2. Hälfte des 19. Jahrhunderts folgte dann eine ganze Reihe von weiteren Anerbengesetzen der verschiedenen Deutschen Staaten (so für *Preußen* in den Provinzen *Hannover* und *Westfalen*; sog *neuere Anerbengesetzgebung*; vgl zum Vorstehenden LANGE/KUCHINKE § 53 I 2b), wobei das *hannoversche Höfegesetz* von 1909 sogar noch das *Reichserbhofgesetz* beeinflusste.

4 Der Gesetzgeber des Bürgerlichen Gesetzbuchs fand somit *kein einheitliches bäuerliches Hoferbrecht* vor (vgl hierüber BESELER, Deutsches Privatrecht § 187 S 767 ff; STOBBE, Deutsches Privatrecht Bd V § 232 S 375 ff). Die einheitliche Grundidee der ungeteilten Hoferbfolge war auf verschiedene Weise verwirklicht, etwa durch eine *unmittelbare Rechtsnachfolge* in den Hof oder aber durch Einräumung eines *Übernahmerechts* für den Anerben gegenüber den anderen Miterben. Dazu traten im Einzelnen sehr unterschiedliche Regelungen, die den wirtschaftlichen Erfolg des Anerbenrechts *sichern und es ergänzen* sollten, insbesondere über die Abfindung der weichenden Erben und die Rechtsstellung des überlebenden Ehegatten, etwa durch Einräumung eines sog Zwischenwirtschaftsrechts bis zur Übernahme der Wirtschaft durch den Anerben. Andere Länder hatten demgegenüber kein Anerbenrecht und lehnten dies auch ab.

5 Vor diesem Hintergrund verwundert es nicht, dass der Erbrechtsredaktor des BGB,

SCHMITT, versuchte, das Anerbenrecht aus dem BGB auszuklammern und diese Sondermaterie dem *Landesgesetzgeber vorzubehalten* (MERTENS 118; WÖHRMANN, Landwirtschaftserbrecht Einl Rn 7). Während die erste Kommission sich ebenfalls gegen die Aufnahme anerbenrechtlicher Bestimmungen in das BGB aussprach, verlief die Diskussion in der zweiten Kommission zwar kontrovers, jedoch konnten sich die Befürworter des Anerbenrechts nicht durchsetzen (zur Diskussion vgl MUGDAN I 53 ff; 189 ff). Das Anerbenrecht blieb *Landesrecht*. Als gewisser Teilerfolg konnten die Anhänger des Anerbenrechts allerdings die Aufnahme der Bestimmungen über das *Landgüterrecht in das BGB* verbuchen, §§ 1515 Abs 2, 2049, 2312 BGB iVm Art 137 EGBGB, wobei besonders das Ertragswertprivileg für die Bewertung des Pflichtteilsanspruchs hervorzuheben ist.

Art 64 erhielt seine **geltende Fassung** in der II. Kommission. Während die erste **6** Kommission das Anerbrecht im Interesse einer Wahrung der Systemkonformität mit dem Erbrecht des BGB nur unter Beachtung bestimmter juristischer Konstruktionen für zulässig erklären wollte, ließ die zweite Kommission diese Beschränkungen aus praktischen Bedürfnissen entfallen, führte demgegenüber aber den Abs 2 über die Beachtung der Testierfreiheit ein (PLANCK Anm 2; vgl auch Rn 38 ff).

3. Zweck des Vorbehalts

Durch diese Kompromisslösung sollte somit dem **historisch gewachsenem bäuerlichen** **7** **Sondererbrecht** Rechnung getragen und sein Fortbestand gesichert wie aber auch seine Fortentwicklung ermöglicht werden (PLANCK Anm 3; Mot z EG 206 f).

4. Art 64 EGBGB als geltendes Recht

Art 64 EGBGB enthält geltendes Recht (MünchKomm/SÄCKER Rn 1; PALANDT/EDENHOFER **8** Art 64 Rn 3 ff [auch zur Rechtsentwicklung]; SOERGEL/HARTMANN Art 64 Rn 1; GREIFF bei ACHILLES/GREIFF, Art 64 Anm 1; STAUDINGER/BOEHMER[11] Einl zum V. Buch § 19 Rn 13; LANGE/ KUCHINKE § 53 I 3; KROESCHELL, Landwirtschaftsrecht [2. Aufl 1966] § 11 Rn 305–308, S 75; **aA**: KLUNZINGER, Anerbenrecht und gewillkürte Erbfolge; wohl auch BERGMANN SchlHA 1948, 233, 236 und 238; **aA** hins Abs 2: KÜHLWETTER, Anerbenrecht in der Bundesrepublik und seine Stellung zur Verfassung [Diss Köln 1967] 98 ff).

Art 64 EGBGB war nicht durch das **Reichserbhofgesetz (REG)** oder eine der dieses **9** ergänzenden Vorschriften aufgehoben worden; das REG sowie die ErbhofrechtsVO (EHRV) ließen vielmehr einen, wenn auch geringen Anwendungsspielraum für Art 64 EGBGB übrig: Der Artikel enthielt daher auch während der Herrschaft des Reichserbhofrechts geltendes Recht (übereinstimmend – aus der Geltungszeit des Reichserbhofrechts –: STAUDINGER/GRAMM[10] Rn 2; PALANDT/RADTKE [6. Aufl 1944] Art 64 Anm 1; GREIFF bei ACHILLES/GREIFF [18. Aufl 1944] Art 64 Anm 1; **aA**: KLUNZINGER aaO; KÜHLWETTER aaO; BERGMANN aaO). Art 64 EGBGB brauchte daher auch nicht bei Aufhebung des Reichserbhofrechts durch das KRG Nr 45 vom 20. 7. 1947 (KRABl 256) wieder in Kraft gesetzt zu werden; mit der durch Art 11 KRG Nr 45 wiederbelebten landesrechtlichen Anerbengesetzgebung erweiterte sich lediglich *wieder der Anwendungsspielraum* des fortbestehenden Vorbehalts (insoweit nicht ausreichend differenzierend MünchKomm/SÄCKER Rn 1).

10 Umgekehrt setzte das KRG Nr 45 seinerseits den Art 64 weder ganz noch teilweise außer Kraft. Das kann auch nicht für seinen zweiten Absatz wegen der darin enthaltenen Garantie der Testierfreiheit angenommen werden (so aber Kühlwetter 100; Klunzinger, mit einer Hilfserwägung 183; Bergmann SchlHA 1948, 233, 238). Denn hätte der Kontrollrat die Testierfreiheit gegenüber dem Anerbenrecht unterdrücken wollen, dann hätte er auch die den Art 64 Abs 2 noch aus der Zeit vor 1933 her berücksichtigenden Landesgesetze nicht gemäß Art 11 KRG Nr 45 wieder aufleben lassen dürfen.

5. Beschränkter Anwendungsbereich des Art 64

11 Der Anwendungsbereich des Artikels als eines Vorbehalts für das *landesrechtliche Anerbenrecht* ist naturgemäß auch heute in dem Umfang beschränkt, in dem das Anerbenrecht nicht mehr in Landes-, sondern *in Bundesgesetzen geregelt* ist. Eine solche Einschränkung ergibt sich zum einen aus den Bestimmungen des *Grundstücksverkehrsgesetzes* vom 28. 7. 1961 (BGBl I 1091 = BGBl III 7810-1) über die *Zuweisung* eines landwirtschaftlichen Betriebs an einen Miterben (§§ 13 ff; hierüber unten Rn 122), aber auch aus der *Höfeordnung* im Gebiet der ehemals britischen Besatzungszone, die heute partielles Bundesrecht ist und daher nicht dem Vorbehalt des Art 64 unterliegt (hierüber unten Rn 86 ff). Aber auch neben der Höfeordnung sind ergänzende landesrechtliche Anerbengesetze nicht völlig ausgeschlossen (über einen Anwendungsfall s unten Rn 102, 150), so dass sich Art 64 nicht etwa in seiner Fortgeltung auf die Gebiete außerhalb der ehemals britischen Zone beschränkt.

6. System des Landwirtschaftserbrechts in Deutschland

12 Das **Landwirtschaftserbrecht** in Deutschland ist uneinheitlich und besteht aus einer Gemengelage von landesrechtlichen Vorschriften, überall geltendem Bundesrecht und partiell gültigem Bundesrecht (Wöhrmann, Landwirtschaftserbrecht Einl 22). *Bundeseinheitlich* gilt das *Landguterbrecht des BGB*, §§ 2049, 2312 BGB (ergänzt durch den bewertungsrechtlichen Vorbehalt des Art 137 EGBGB), sowie das *Zuweisungsverfahren nach den §§ 13 ff GrdstVG*. Daneben besteht mit der *Höfeordnung* partikulares Bundesrecht in Hamburg, Niedersachsen, Nordrhein-Westfalen und Schleswig-Holstein. In einigen Bundesländern gelten demgegenüber noch *landesrechtliche Anerbengesetze* (s Rn 103 ff), wobei die Rechtslage teilweise früher noch dadurch verkompliziert wurde, dass zT in einem Bundesland verschiedene Anerbengesetze galten, so früher in *Baden-Württemberg* (Rn 110 ff).

7. Praktische Bedeutung der Landesanerbengesetze

13 Die praktische Bedeutung der landesrechtlichen Anerbengesetze ist gering. Dies beruht nicht zuletzt darauf, dass mit Ausnahme des *Badischen Hofgütergesetzes* für die sog „Schwarzwaldhöfe" das Anerbenrecht *fakultativ* ist, also es dem Betriebsinhaber frei gestellt ist, ob er seinen Besitz der Geltung des Anerbengesetzes unterstellt. Im Einzelnen ergibt sich folgendes Bild (die folgenden Zahlen nach Wöhrmann/ Stöcker, Landwirtschaftsrecht[6] 653 ff): *badisches Hofgütergesetz*: 4409 Betriebe im Jahre 1983; *württembergisches Anerbengesetz*: 7346 Betriebe im Jahre 1983; *Bremen*: 159 in die Höferolle eingetragene Betriebe (von 499 bestehenden); *Hessen*: 155 eingetragene Höfe im Jahre 1981 (von 45 627); *Rheinland-Pfalz*: 6681 eingetragene Höfe im

Jahre 1993 (von 47 893). Die Landesanerbengesetze sind weitgehend „totes Recht"
(NETZ RdL 2004, 1, 3; vgl auch die dort noch angegebenen Zahlen).

Diese **geringe praktische Bedeutung** der landesrechtlichen Anerbengesetze hat ihre **14**
Ursache nicht nur in dem **tiefgreifenden Strukturwandel**, den die deutsche Landwirtschaft in den letzten Jahren durchmachen musste, und der zur Aufgabe zahlreicher
landwirtschaftlicher Betriebe führte und noch führen wird. So sank im früheren
Bundesgebiet die Zahl der landwirtschaftlichen Betriebe mit einer Fläche ab zwei
Hektar von 1,341 Mio im Jahr 1949 auf 360.500 im Jahre 2000, wobei aber immerhin
noch 50% Haupterwerbsbetriebe sind (vgl BENDEL AgrarR 2003, 325, 326); allein in
Nordrhein-Westfalen gab es 41 500 Betriebsaufgaben von Höfen unter 30 ha in den
letzten zwei Jahrzehnten (vgl BÜSSIS AgrarR 1996, 180). Die geringe Relevanz der
Anerbengesetze hat ihre Ursache auch darin, dass der Mangel des Landgutrechts
des BGB – dass bei der gesetzlichen Erbfolge kein Ausschluss einer Erbengemeinschaft bei mehreren Erben und keine Bevorzugung eines geeigneten Betriebsnach-
folgers erfolgt – dadurch kompensiert wird, dass sich in allen Regionen eine aus-
geprägte *Übergabegewohnheit* entwickelt hat (dazu für *Bayern* ECKARDT AgrarR 1975, 136
und VIDAL AgrarR 1980, 93; für *Niedersachsen* HESSLER AgrarR 1981, 301; für *Nordrhein-Westfalen*
MÖLLER AgrarR 1985, Bel I, 1). Diese macht es entbehrlich, das umständliche Verfahren
der Unterstellung des landwirtschaftlichen Betriebs unter das Anerbenrecht durch
Eintragung in die Höferolle uä zu beschreiten. Wie auch sonst bei der Nachfolge-
planung für Wirtschaftseinheiten und Betriebe zeigt sich, dass die *vorweggenommene Erbfolge* nicht zuletzt wegen der höheren Lebenserwartung des Betriebsinhabers
einerseits und dem Interesse des Übernehmers an der Erlangung einer Existenzgrundlage andererseits immer größere Bedeutung erlangt und im Begriffe ist, der
klassischen Erbfolge den Rang abzulaufen (J MAYER DNotZ 1996, 604, 608 ff). Demgegenüber vermeidet das Ertragswertprivileg der Landwirtschaft eine zu große Belastung des Übernehmers durch *Abfindungszahlungen* an die weichenden Erben, unter
der gerade das Handwerk und die mittelständische Industrie sonst sehr zu leiden
haben.

8.   Berechtigung der Anerbenrechte

Die Legitimation des Landwirtschaftserbrechts wird üblicher Weise mit dem *agrar-* **15**
politischen öffentlichen Interesse an der *Erhaltung leistungsfähiger Höfe* (BVerfGE 15,
337, 342 = NJW 1963, 947; BVerfGE 67, 348, 367 = NJW 1985, 1329; 91, 346, 356 = NJW 1995, 2977),
dem öffentlichen Interesse an der *Sicherstellung der Volksernährung* (BVerfGE 15, 337,
342 = NJW 1963, 947; BGHZ 118, 361, 365 f = RdL 1992, 217) und dem familienerbrechtlichen
Ziel, landwirtschaftliche Betriebe in *bäuerlichen Familien zu erhalten* (BVerfGE 15,
337, 342 = NJW 1963, 947; BVerfGE 67, 348, 367 = NJW 1985, 1329), zu rechtfertigen versucht.
Sehr überzeugend erscheinen diese Argumente in der heutigen Zeit zumindest aus
rechtspolitischer Sicht nicht mehr (zutr MUSCHELER, Universalsukzession und Vonselbsterwerb [2002] 108 f mit eingehenden Gegenargumenten dagegen; s auch unten Rn 134 ff). Auch
ausgehend von der geringen praktischen Relevanz der landesrechtlichen Anerbengesetze und der verfassungsrechtlichen Bedenken, die diese ausgesetzt sind
(s Rn 128 ff), wird daher zunehmend die Forderung nach der Aufhebung des landesgesetzlichen Sondererbrechts gestellt (aus der jüngsten Diskussion hierzu etwa WITT auf dem
Goslarer Agrarrechtsseminar 2003, dazu Tagungsbericht AUR 2004, 49; KÖHNE AUR 2003, Beil II;
bes krit MUSCHELER 108 ff; zu Reformvorschlägen bezüglich des Landguterbrechts des BGB

s HAUSMANN Landgüter 288 ff; für „sorgfältige" Überprüfung durch den Gesetzgeber MünchKomm/
LEIPOLD Erbrecht, Einl Rn 108). Das Meinungsspektrum reicht dabei von einer *bundes-
weiten Ausdehnung der Höfeordnung* (STÖCKER AgrarR 1973, 73, 245; 1978, 1) bzw Schaf-
fung eines neuen bundesweit geltenden Anerbenrechts (vgl etwa den Entwurf eines
Landguterbrechts von STÖCKER, in: WÖHRMANN/STÖCKER, Landwirtschaftserbrecht [6. Aufl] Teil
E S 699 ff) bis zur *ersatzlosen Aufhebung* des gesamten Anerbenrechts, jedoch unter
Beibehaltung eines bundeseinheitlichen landwirtschaftlichen Sondererbrechts im
BGB mit einer Erweiterung der §§ 2049, 2312 BGB (KÖHNE AUR 2003, Beil II *2,
*7 f), oder wenigstens unter Beibehaltung des Zuweisungsverfahrens nach den
§§ 13 ff GrdstVG (MUSCHELER 108 ff, 112; WINDEL, Über die Modi der Nachfolge in das Vermögen einer natürlichen Person beim Todesfall [1998] 315–323; NETZ RdL 2004, 1, 3, in modifizierter Form) bis hin zu einer Abschaffung auch des Landgutrechts des BGB (HASSEL-
HOF RdL 1993, 225, 227; in diese Richtung G SCHMITT AgrarR 1996, 184). Dies entspricht dem
allgemeinen *historischen Befund*, dass generell bei den echten Sondererbfolgen die
früher damit verfolgten Regelungszwecke immer mehr an ihrer Überzeugungskraft
verloren haben (MUSCHELER 131).

Aktuell wurde die Frage nach der Berechtigung des Landwirtschaftserbrechts deshalb, weil in den **neuen Bundesländern**, in denen bislang kein Anerbenrecht besteht,
zT die Einführung eines solchen erwogen wurde (dazu AgrarR 1996, 179; RINCK AgrarR
1998, 7), aber mittlerweile offenbar nicht mehr weiterverfolgt wird. Die verfassungsrechtlichen Fragen werden nachstehend eingehend erörtert (Rn 128 ff). Die offenbar
geringe Akzeptanz der Betroffenen zur Unterstellung ihres landwirtschaftlichen
Betriebs unter das Anerbenrecht (WÖHRMANN, Landwirtschaftserbrecht Einl Rn 8) und die
geringe Zahl von Betrieben in den klassischen Gebieten des Anerbenrechts, die
dieser Regelung noch unterfallen, sprechen zumindest schon aus praktischen Gesichtspunkten dagegen, eine rechts- und verwaltungstechnisch so komplizierte Regelung weiterhin aufrechtzuerhalten oder gar auszubauen (ebenso NETZ RdL 2004, 1, 3).
Hinzu kommt, dass die Anerbengesetze letztlich von einem *Menschenbild* ausgehen,
das eigentlich nicht mehr in unsere Zeit passt: Dem Bauern, der aus Unkenntnis
oder mangelnder Entschlusskraft zu keiner eigenständigen Planung der Vermögensnachfolge gekommen ist. Eine Vorstellung, die nicht mit dem modernen Anforde-
rungsprofil für einen Inhaber eines heutigen landwirtschaftlichen Betriebs übereinstimmt. Die bessere Lösung *gegenüber der Ausweitung des Anerbenrechts* dürfte eine
sachgerechte, an den modernen Gegebenheiten orientierte **Neuregelung des Pflichtteilsrechts** sein, die insbesondere bei der Bewertung landwirtschaftlicher, aber auch
sonstiger Betriebe einen angemessenen Ausgleich zwischen dem Fortführungsinter-
esse des Betriebserben und dem Abfindungsinteresse der weichenden Erben und
Pflichtteilsberechtigten findet (für eine maßvolle Korrektur des Pflichtteilsrechts gegenüber
dem *„Erbhofdenken"* auch OTTE ZEV 1994, 193, 197).

II.   Tragweite des Vorbehalts

1.   Begriff und System des Anerbenrechts

a)   Begriff des Anerbenrechts iS des Vorbehalts
16   Daraus, dass der Reichsgesetzgeber mit Art 64 Fortbestand und Weiterentwicklung
der verschiedenen vorhandenen bäuerlichen Anerbensysteme ermöglichen wollte,
ergibt sich, dass der für die Bestimmung der Tragweite des Vorbehalts wesentliche

Begriff des Anerbenrechts im Sinne des Art 64 unter Berücksichtigung der bis dahin verlaufenen *Rechtsentwicklung* und jedenfalls im Umfang aller damals schon *vorliegender Gestaltungen* in einem umfassenden Sinn verstanden werden muss. Das „Anerbenrecht" des Vorbehalts kann deshalb nicht mit dem verschiedentlich außerhalb des Einführungsgesetzes gebrauchten Begriff „Anerbenrecht" gleichgesetzt werden, soweit dieser Begriff dort ein besonderes System der bäuerlichen Hoferbfolge bezeichnet (darüber nachstehend unter Rn 20 ff; missverständlich daher STAUDINGER/ GRAMM[10] Rn 3).

Schon der Zusatz „in Ansehung *land- und forstwirtschaftlicher* Grundstücke" im **17** Gesetzestext ergibt, dass Art 64 das bäuerliche Sondererbrecht als solches, dieses aber in seinem gesamten Umfang erfassen wollte. Vor allem folgt dies aber aus den *gesetzgeberischen Vorarbeiten.* Die Motive zum Ersten Entwurf nehmen ausführlich auf die Entwicklung des bäuerlichen Erbrechts Bezug (Mot z EG 206 f); jedoch sollte nach dem Ersten Entwurf (Art 83 Abs 1 E I) noch ein bestimmtes System der Hoferbfolge herausgegriffen, als „Anerbenrecht" gesetzlich definiert und der Vorbehalt auf dieses beschränkt werden: Unter „Anerbenrecht" wären danach jene Vorschriften zu verstehen gewesen, „nach welchen, wenn zum Nachlasse ein zum Betrieb der Landwirtschaft oder Forstwirtschaft bestimmtes Grundstück gehört und mehrere Erben vorhanden sind, einer der Erben (Anerbe) von den übrigen Miterben verlangen kann, dass ihm bei der Auseinandersetzung das Grundstück mit Zubehör (Anerbengut) gegen Ersatz eines gewissen Wertes überlassen werde (Anerbenrecht)". Diese genaue, auf eine bestimmte Verwirklichung des Anerbenrechts gerichtete Definition wurde in der Beratung des Zweiten Entwurfs aufgegeben; mit der dabei erarbeiteten endgültigen Fassung der Gesetzesstelle sollten auch andere Gestaltungen des Höfeerbrechts (namentlich auch eine unmittelbare Sondererbfolge in den Hof) zugelassen werden (Prot VI 514 f). Weiter ergaben die Beratungen, dass mit dem so verstandenen Begriff des Anerbenrechts auch noch weitere, im E I (Art 84–87) zum Teil noch besonders aufgeführte Bestimmungen erfasst sein sollten, mit denen die Landesgesetzgebung zur zweckmäßigen Durchführung des Anerbenrechts vom Erb- und Güterrecht des BGB abwich oder Verfügungsbeschränkungen unter Lebenden aufstellte (Prot VI 515, 624 f).

Unter dem komplexen Begriff *Anerbenrecht* (in Ansehung land- und forstwirtschaft- **18** licher Grundstücke nebst deren Zubehör) *iS des Art 64* ist daher die Gesamtheit all jener Bestimmungen zu verstehen, die bezwecken, in Abkehr vom allgemein geltenden Erbrecht land- oder forstwirtschaftlichen Grundbesitz einschließlich des Zubehörs unter Vermeidung der erbengemeinschaftlichen Beteiligung mehrerer und unter Vermeidung oder Minderung von Abfindungsbelastungen als Ganzes einem Einzelnen zukommen zu lassen. Dies beinhaltet auch Bestimmungen, die diese Hoferbfolge unterstützen oder ergänzen (übereinstimmend: OLG Braunschweig RJA 5 [1905] 264, 267 = KG Recht 1905 Nr 1879 = OLGE 16 [1905] 274; PLANCK Anm 3b; ACHILLES/ GREIFF Anm 2; SOERGEL/HARTMANN Rn 1, 3). Dazu gehören zB auch *Verfügungsbeschränkungen* unter Lebenden (FISCHER/HENLE/TITZE Anm 5; BGB-RGRK/KREGEL Einl § 1922 Rn 6; vgl Prot VI 514), *Bewertungsregeln* für die Abfindung und Bestimmungen über eine Nachabfindung, wenn der Anerbe den Hof veräußern sollte und Bestimmungen über die *Verteilung der Nachlassverbindlichkeiten* (PLANCK Anm 3b). Dazu gehört schließlich sogar die Anordnung eines Vorzugsrechts auf Übernahme eines Anerbenguts bei der Auseinandersetzung einer Gütergemeinschaft nebst den ergänzen-

den Regelungen, bei denen zwar kein Erbfall vorliegt, aber derselbe Zweck wie bei
der Behandlung eines Anerbenguts in einem Nachlass verfolgt wird (Art 64 E I; Prot
VI 511).

19 Selbstverständlich bedeutet der Umstand, dass die Arbeit des Gesetzgebers an den
damals vorhandenen Anerbenrechten orientiert war, nicht, dass der im Einführungsgesetz verwendete Begriff des Anerbenrechts nur damals vorhandene Lösungen
erfasst. Da auch *Weiterentwicklungen* auf dem umschriebenen Gebiet vom Vorbehalt
umfasst sein sollten (Mot z EG 206 f), ist dieser Begriff *dynamisch* und nicht statisch
zu verstehen. Art 64 deckt schließlich auch Teillösungen, wenn sie dem mit dem
Begriff des Anerbenrechts bezeichneten Ziel dienen.

b)   Systeme des Anerbenrechts

20 Innerhalb des weiten Bereichs des Anerbenrechts iS von Art 64 EGBGB werden
verschiedene Systeme des Anerbenrechts unterschieden, wobei die Bezeichnungen
uneinheitlich, teils sogar entgegengesetzt verwendet werden:

aa)   Sonderrechtsnachfolge, gesetzliche Teilungsanordnung oder Übernahmerecht

21 Das Anerbenrecht wird entweder durch *Sonderrechtsnachfolge des Anerben in den
Hof* oder durch eine *gesetzliche Teilungsanordnung* oder ein *bloßes Übernahmerecht
des Anerben* hinsichtlich des Hofs gegenüber den übrigen Miterben verwirklicht (vgl
zB Planck Anm 3b; Kipp/Coing, Erbrecht § 131 C I; Lange/Kuchinke § 53 I 1; Bungenstock
164): **(1)** Nach der ersten Form fällt der Hof dem Anerben durch **Spezial-Sukzession**
unmittelbar zu, besonderer dinglicher Übertragungsakte für den Eigentumswechsel
bedarf es nicht (vgl etwa § 4 S 1 HöfeO; dazu etwa Wöhrmann § 4 HöfeO Rn 7 f; allgemein
zur Sondererbfolge Staudinger/Marotzke [2000] § 1922 Rn 62). Es handelt sich um eine
Ausnahme vom sonst geltenden erbrechtlichen Prinzip der Universalsukzession
(Muscheler, Universalsukzession und Vonselbsterwerb [2002] 52 ff; vgl auch Windel, Über die
Modi der Nachfolge in das Vermögen einer natürlichen Person beim Todesfall [1998] 269 f). *Es tritt
eine Nachlassspaltung* ein (Wöhrmann § 4 HöfeO Rn 9): Mit eventuellen weiteren
Miterben besteht eine echte Erbengemeinschaft nur hinsichtlich des sonstigen, „hoffreien" Nachlasses des Erblassers, während hinsichtlich des Hofes nur eine schuldrechtliche Abfindungsverpflichtung, meist zu einem niedrigen Wertansatz, zu Gunsten der „weichenden Erben" besteht. Dieses System wird allgemein als *„Höferecht"*
bezeichnet. **(2)** Demgegenüber fällt bei der zweiten Lösung, dem sog *„Anerbenrecht" im eigentlichen Sinne*, der Hof zunächst in den gemeinschaftlichen Nachlass
der Erbengemeinschaft; jedoch kann der Anerbe die Übertragung des Hofes als
Wirtschaftseinheit auf sich allein verlangen kann (Art 83 des E I wollte nur dieses
zweite System als Anerbenrecht zulassen) oder es besteht sogar eine gesetzliche
Teilungsanordnung.

bb)   Registrierungspflicht (mittelbares bzw unmittelbares Anerbenrecht)

22 Je nachdem, ob die Wirkungen des Anerbenrechts *ohne weiteres* eintreten *oder*
davon abhängig sind, dass der Hof in ein dafür vorgesehenes *öffentliches Verzeichnis*
(Grundbuch, Höfe-, Landgüterrolle) eingetragen ist, unterscheidet man *unmittelbares* und *mittelbares Anerbenrecht*, doch sind die Bezeichnungen wiederum uneinheitlich (wie hier zB Klunzinger 65 ff; Schapp, Boden- und Höferecht [1948] 137). Soweit
auch im erstgenannten Fall die Registrierung der Hofeigenschaft vorgeschrieben ist,
wirkt sie nur *deklaratorisch*.

cc) obligatorisches/fakultatives Anerbenrecht

Das Anerbenrecht kann zwingend vorgesehen sein *(obligatorisches)*, oder es kann in **23** das Ermessen des Hofeigentümers gestellt sein, ob er den Hof dem Anerbenrecht unterstellen will (*fakultatives Anerbenrecht*; vgl Klunzinger 67 ff; Kühlwetter, 58). Da idR im letzteren Fall hierzu die auf Antrag erfolgende Hofeintragung dient, andererseits die obligatorische Eintragung meistens das schon kraft Gesetzes bestehende Anerbenrecht nur verlautbart, fallen fakultatives und mittelbares bzw obligatorisches und unmittelbares Anerbenrecht im Ergebnis und meistens auch in der begrifflichen Bezeichnung praktisch zusammen.

2. Beschränkungen des Landesgesetzgebers

Selbst bei dem weit verstandenen Begriff „Anerbenrecht" im Sinn des Art 64 be- **24** stehen immer noch verschiedene Beschränkungen für den Landesgesetzgeber:

a) Beschränkung auf den bäuerlichen Grundbesitz samt Zubehör

Die erste Beschränkung ergibt sich daraus, dass mit der Bezeichnung „Anerbenrecht **25** in Ansehung land- und forstwirtschaftlicher Grundstücke nebst deren Zubehör" nicht nur das bäuerliche Erbrecht umschrieben, sondern der Landesgesetzgeber auch auf den bäuerlichen Grundbesitz beschränkt ist. Lediglich durch den Zusatz „Zubehör" ist dieser Anwendungsbereich etwas erweitert.

aa) Allgemein ergibt sich die Regel, dass nur das in *Beziehung zu einem land- und* **26** *forstwirtschaftlichen Grundbesitz* stehende Vermögen der Landesgesetzgebung auf dem Gebiet des Anerbenrechts unterliegt (dazu Planck Anm 3b). Das übrige Vermögen des bäuerlichen Erblassers (sog *hoffreies Vermögen*) kann keinem Anerbenrecht unterstellt werden: zB einwandfrei städtischer und in keiner Beziehung zu einem landwirtschaftlichen Betrieb stehender Grundbesitz, wie etwa ein Mietshaus (Planck Anm 3a), sowie bewegliche Sachen und Forderungen, es sei denn sie seien „Zubehör".

bb) In verschiedener Hinsicht können *Zweifel auftauchen*, welches Vermögen nach **27** Art 64 EGBGB vom Landesgesetzgeber dem Anerbenrecht unterstellt werden kann; bei ihrer Beantwortung ist die *Tendenz* des Gesetzes, dem Landesgesetzgeber den Schutz und die *Erhaltung geschlossener bäuerlicher Wirtschaftseinheiten* zu ermöglichen, ein Anhaltspunkt. Dieses Ziel erlaubt keine kleinliche Abgrenzung hinsichtlich der einzelnen Vermögensgegenstände; vielmehr ist von der Einheit des jeweiligen landwirtschaftlichen, auf Grundbesitz gestützten Betriebs auszugehen und für die Abgrenzung eine funktionelle Betrachtungsweise vorzunehmen (Grundsatz der *einheitlichen Betriebsvererbung*).

Um *Land- oder Forstwirtschaft* handelt es sich, wenn aus dem Boden pflanzliche **28** Erzeugnisse gewonnen werden, sei es, um sie als solche abzusetzen, sei es, um sie – zB in einem Viehzuchtbetrieb – weiter zu veredeln (vgl auch die Legaldefinitionen in §§ 201 BauGB, 585 Abs 1 S 2 BGB, 1 Abs 2 GrdstVG). Entsprechendes gilt für die Nutzung von Gewässern: zB leben auch die gewonnenen Fische auf der Grundlage der im Wasser gebildeten organischen Stoffe. Immer gehört zur Landwirtschaft, dass der *Grund und Boden* selbst Ausgang der Produktion ist; ist das der Fall, schadet es nicht, dass hinzuerworbene Produktions- oder Futterstoffe mitverarbeitet werden (vgl auch die Kommentierungen zur HöfeO, etwa WÖHRMANN § 1 HöfeO Rn 11 ff). Dagegen wäre ein reiner Zuchtbetrieb, der nur mit eingekauftem Futter arbeitet, von sich aus nicht landwirtschaftlich, sondern gewerblich und könnte angesichts des Art 64 als solcher nicht einem landesgesetzlichen Anerbenrecht unterstellt werden. Ebenso ist eine Anlage, die unmittelbar Bodenbestandteile abbaut und verwertet, zB eine Kiesgrube, von sich aus nicht landwirtschaftlich. Der Vorbehalt schließt jedoch nicht aus, dass auch *reine Forstgüter* dem Anerbenrecht unterstellt werden können. Während § 1 Abs 2 S 3 BremHöfeG und wohl auch § 2 Abs 1 RhPfHöfeO reine Forstgüter von ihrem Anwendungsbereich ausschließen (WÖHRMANN § 1 HöfeO Rn 19) gilt hierfür die HessLandgüterO wie auch die HöfeO (so jetzt auch WÖHRMANN § 1 HöfeO Rn 19; **aA** noch WÖHRMANN/STÖCKER[6] § 1 HöfeO Rn 26).

29 Da aber mit Art 64 der Schutz der land- und forstwirtschaftlichen Betriebseinheiten ermöglicht werden sollte, ist die Zugehörigkeit zur Land- und Forstwirtschaft in einem weiteren Sinn zu verstehen: Sie umfasst auch *Hilfsanlagen und landwirtschaftliche Nebenbetriebe*. Zum einen sind deshalb – selbstverständlich – auch die Grundstücke, auf denen der Hof als Betriebsstätte steht, „landwirtschaftlich"; sie dienen der Landwirtschaft, auch wenn aus ihnen keine Erzeugnisse gewonnen werden. Zum anderen kann ein Hof als *Nebenbetrieb* auch Anlagen umfassen, die von sich aus nach der zuvor gegebenen Darstellung nicht land- oder forstwirtschaftlich sind, wenn sie unmittelbar dem land- und forstwirtschaftlichen Hauptbetrieb dienen und diesem untergeordnet sind, zB die vorerwähnte Kiesgrube, wenn sie ein derartiger Nebenbetrieb ist, oder, unter der gleichen Voraussetzung, auch eine nicht mit am Hof gewonnenen Erzeugnissen arbeitende Viehzuchtanlage. Davon sind jedoch zu unterscheiden die sog *Doppelbetriebe*, die erbrechtlich jeweils selbständig behandelt werden und bei denen nur eine lose Verbindung der Betriebseinheiten vorliegt, und die *gemischten Betriebe*. Letztere sind so eng miteinander verflochten, dass eine Trennung angesichts der räumlichen und wirtschaftlichen Gegebenheiten ohne Nachteile, auch steuerlicher Art, nicht möglich wäre. Daher ist hier nur eine einheitliche Vererbung möglich, die danach bestimmt wird, welcher Betrieb überwiegt (eingehend zu diesen Fragen WÖHRMANN § 1 HöfeO Rn 20 ff). Handelt es sich um steuerlich einheitlich zu behandelndes Betriebsvermögen und tritt wegen der Unterscheidung hoffreies Vermögen (Erbfolge nach BGB) und Hofesvermögen (Höferecht) eine unterschiedliche Erbfolge ein, so kann dies zu ganz erheblichen Einkommensteuerproblemen führen (DEHNE AgrarR 1997, 352).

30 Alle Grundstücke, die in diesem Sinn der land- oder forstwirtschaftlichen Betriebseinheit dienen, sind „land- oder forstwirtschaftlich" iS des Vorbehalts. Wird ein Grundstück *teils landwirtschaftlich und teils nichtlandwirtschaftlich genutzt*, so unterliegt es dem Anerbenrecht, wenn die landwirtschaftliche Nutzung *überwiegt*. Eine Trennung der rechtlichen Behandlung hinsichtlich eines Grundstücks im Rechtssinne ist wegen der damit dann verbundenen Nachlassspaltung nicht sinnvoll (so zum *Höferecht* WÖHRMANN § 2 HöfeO Rn 12; FASSBENDER/HÖTZEL/VJEINSEN/PIKALO § 2 HöfeO Rn 38; **aA** etwa NORDALM AgrarR 1977, 110).

31 Wenn das Gesetz von „Grundstücken nebst deren Zubehör" spricht, so ist damit gleichfalls an die an Grund und Boden gebundene land- oder forstwirtschaftliche Betriebseinheit gedacht. Der Landesgesetzgeber ist daher mit seiner Regelung *nicht*

auf Grundstücke im bürgerlichen Sinn und an die Bestimmungen des BGB über Grundstücksbestandteile und -zubehör beschränkt.

Zu den Grundstücken iS des Vorbehalts zählen daher auch diesen im Rechtsverkehr **32** *gleichgestellte Rechte*, soweit sie sich ihrerseits auf Liegenschaften beziehen: zB also Erbbaurechte, mit einem Miteigentumsanteil am Grundstück verbundene Raumeigentumsrecht nach dem Wohnungseigentumsgesetz und grundstücksgleiche Rechte nach Landesrecht, wie *Fischereirechte* und verschiedene *altrechtliche Nutzungsrechte*, insbesondere sog Gemeinderechte, die im allgemeinen Grundstücksrecht wie Grundstücke behandelt werden (vgl auch § 2 Buchst b HöfeO). Danach könnte auch der auf einem Erbbaurecht errichtete Bauernhof samt diesem einem Anerbenrecht unterstellt werden; und genauso kann ein Teileigentum nach WEG vom Landesgesetzgeber als zum Hofbesitz gehörig erklärt werden, etwa wenn es dem Hof selbst (zB als Garage) oder einem Nebenbetrieb des Hofes dient. Abweichend von § 96 BGB wird man aber nicht nur die subjektiv-dinglichen Nutzungsrechte als zum Hof gehörend ansehen dürfen, sondern entsprechend § 2 Buchst b) HöfeO auch solche Nutzungsrechte, die dem Eigentümer *persönlich zustehen*, wenn sie nur dem Hofe tatsächlich dienen (funktionale Betrachtungsweise).

Der Landesgesetzgeber kann auch abweichend von den Bestimmungen des BGB **33** über Grundstücksbestandteile (§§ 93–96) oder über das Zubehör (§§ 97, 98) für die Zwecke seines Anerbenrechts Vermögensgegenstände zu *Grundstücks- oder Hofbestandteilen* oder zu *Zubehör* erklären, wenn sie für Zwecke des Anerbenrechts als zur Wirtschaftseinheit des Hofes gehörig angesehen werden können (vgl etwa §§ 2, 3 HöfeO). Das war für das Zubehör schon bei der Beratung des Zweiten Entwurfs (vgl Prot VI 624) und ist seither anerkannt (zB Planck Anm 3a; Fischer/Henle/Titze Anm 3; Achilles/Greiff Anm 2); an eine bestimmte gesetzestechnische Formulierung ist der Landesgesetzgeber dabei nicht gebunden. Von einer derartigen Regelung können bewegliche Sachen, aber auch Forderungen, dingliche und sonstige Rechte erfasst werden, wenn sie zur Wirtschaftseinheit des Hofes als „Bestandteil" oder „Zubehör" im vorerwähnten Sinn gehören, zB Pachtrechte, Lieferantenforderungen, Ansprüche auf Versicherungsgelder uä.

Der Vorbehalt des Art 64 EGBGB bezieht sich in erster Linie auf die Vererbung des **34** *Eigentums* an land- und forstwirtschaftlichem *Grund und Boden* einschließlich grundstücksgleicher Rechte, wie sich aus der Formulierung des Abs 2 („Verfügung über das dem Anerbenrecht unterliegende Grundstück") ergibt. *Sonstige dingliche Rechte* an Grundstücken oder *schuldrechtliche Rechtsstellungen* im Hinblick auf Grundstücke (Miete, Pacht) können dagegen von sich aus nicht in gleicher Weise dem Anerbenrecht iSd Vorbehalts unterstellt werden, mit der Wirkung, dass ein auf ihnen gegründeter Betrieb als Hof vererbt wird; *anders* natürlich, wenn sie nach dem Vorstehenden wegen ihrer wirtschaftlichen Verbindung mit dem vorhandenen Grundbesitz *Hofbestandteil oder Hofzubehör* sind.

Eine andere Betrachtungsweise ist aber bei *schuldrechtlichen Ansprüchen auf Ei-* **35** *gentumsübertragung* an Grundstücken zumindest ab erfolgtem Besitzübergang angebracht und zwar unabhängig davon, ob dem Erwerber nach allgemeinen sachenrechtlichen Grundsätzen (s hierzu etwa Staudinger/Gursky [2000] § 873 Rn 180 f) bereits ein *Anwartschaftsrecht* hieran zusteht (auf das Anwartschaftsrecht stellt allerdings allein

WÖHRMANN § 2 HöfeO Rn 12 für den Bereich des *Höferechts* ab, verwendet aber dies in einem umfassenderen Sinn, da selbst bei Fehlen der GrdstVG-Genehmigung eine Zurechnung der Erwerbsflächen erfolgen soll). Wirtschaftlich (gegen diesen Aspekt OLG Köln RdL 1983, 76) ist für den Land- oder Forstwirt häufig mit solchen Ansprüchen schon dieselbe Stellung wie die eines Eigentümers verbunden; es hängt oft nur von Zufälligkeiten ab, wann das Eigentum aufgrund eines solchen Anspruchs umgeschrieben wird. Das gilt insbesondere für Ansprüche hinsichtlich des ganzen Hofes aus Übergabeverträgen. *Überlassungsansprüche* auf land- oder forstwirtschaftlichen Grundbesitz iS der vorher gegebenen Umschreibung zählen daher selbst mit zum „Grundbesitz" im Sinn des Vorbehalts, so dass auch ein solcher dem Erblasser erst wirtschaftlich zustehender Grundbesitz einem Anerbenrecht unterworfen werden kann.

36 Dem Vorbehalt unterfallen auch Grundstücke usw, die dem Erblasser zwar noch als Eigentum gehören, die er aber mit schuldrechtlicher Wirkung schon verkauft oder aus einem sonstigen Rechtsgrund *übertragen* hat.

37 Selbstverständlich ist mit den vorstehend (Rn 28 ff) dargestellten Kriterien nicht gesagt dass alle hier angesprochenen Rechts- und Wirtschaftsgüter *tatsächlich auch von den einzelnen Anerbengesetzen erfasst werden*: Hier geht es nur um den Umfang des Vorbehalts; es obliegt dem Landesgesetzgeber, festzulegen, welchen Anwendungsbereich er seinem Anerbenrecht innerhalb dieser Regelungsbefugnis geben will.

b) Gewährleistung der Testierfreiheit
38 Erheblich eingeschränkt wird der Vorbehalt des Art 64 Abs 1 EGBGB durch die Gewährleistung der Testierfreiheit gemäß Abs 2.

39 Art 64 Abs 2 EGBGB enthält geltendes Recht, vgl oben Rn 8. Nach dieser Bestimmung wird dem Erblasser die Testierfreiheit im vollen Umfang gegenüber dem landesrechtlichen Anerbenrecht erhalten, dh nicht nur die Freiheit, den Anerben abweichend von der landesgesetzlichen Regelung zu bestimmen, sondern auch die *Freiheit, das Anerbenrecht insgesamt auszuschließen* (wie hier: PALANDT/EDENHOFER Rn 2; SOERGEL/HARTMANN Rn 3; PLANCK Anm 4; FISCHER/HENLE/TITZE Anm 5; KROESCHELL § 11 Rn 305 ff S 75; PIKALO NJW 1959, 1609, 1610; BARNSTEDT DNotZ 1969, 22 Fn 33; SCHAPP 136 f).

40 Demgegenüber sieht eine verbreitete Meinung die Testierfreiheit nach Art 64 Abs 2 schon dann als beachtet an, wenn dem Erblasser die freie Erbenbestimmung *innerhalb des als Ganzes für ihn aber verbindlichen Anerbenrechts gestattet ist* (so zB STAUDINGER/BOEHMER[11] Einl zum V. Buch § 19 Rn 13; BGB-RGRK/KREGEL Einl § 1922 Rn 6; wohl auch FERID/FIRSCHING, Int Erbrecht, Deutschland-Bundesrepublik Grdz Rn 124; s auch KIPP/ COING, Erbrecht § 131c IV). Jedoch erscheint ein **obligatorisches Anerbenrecht**, das der Erblasser in keiner Weise, und sei es auch nur durch die Aufhebung der Hofeigenschaft, beseitigen kann, *verfassungsrechtlich* äußerst bedenklich (ebenso STÖCKER AgrarR 1977, 76; WÖHRMANN, Landwirtschaftserbrecht Ein Rn 16; RAUSCHER, Reformfragen des gesetzlichen Erb- und Pflichtteilsrechts [1993] I 153 ff; HAUSMANN, Die Vererbung von Landgütern, 61 Fn 237; s auch unten Rn 132). Zudem spricht schon die Entstehungsgeschichte – und wohl auch der Wortlaut des Abs 2 – gegen eine die gewährleistete Testierfreiheit einengende Auslegung: Der Gesetzgeber des EGBGB gab der Testierfreiheit des Erblassers den Vorrang vor dem landesgesetzlichen Anerbenrecht, weil er von der

Überlegung ausging, dass der Hofeigentümer die Verhältnisse selbst am besten beurteilen könne und dass auf diesem Weg die befürchteten Gefahren eines strengen Anerbenrechts vermieden werden könnten (Prot VI 515; Niedner Anm 6). Damit wurde bewusst das gesamte landesrechtliche Anerbenrecht in die Rolle eines *hilfsweise geltenden gesetzlichen Erbrechts* gedrängt: Es kann nur dazu dienen, das in diesen Fällen meistens unpassende gesetzliche Erbrecht des BGB zu vermeiden, wenn keine Verfügungen von Todes wegen oder entsprechende, schon zu Lebzeiten getroffene Gestaltungen (zB Übergabeverträge usw) vorliegen. Weiter soll das Anerbenrecht dem Hofeigentümer bei einer Verfügung von Todes wegen Rechtsinstitute zur Verfügung stellen, die er im allgemeinen Erbrecht nicht vorfinden würde. Er soll seine Hinterlassenschaft aber auch auf der Grundlage des allgemeinen bürgerlichen Erbrechts ordnen können.

Auch durch Art X Abs (1), (2) des KRG Nr 45 (darüber unten Rn 80 ff) ist diese **41** Wirkung des Art 64 Abs 2 EGBGB nicht modifiziert worden, denn diese Bestimmung gilt uneingeschränkt fort (s Rn 8 ff; eingehend hierzu Staudinger/Promberger/ Schreiber[12] Rn 36).

Der Streit hatte früher Bedeutung für die Rechtslage im ehemaligen Land *Württem-* **42** *berg-Hohenzollern*, wo in Widerspruch zu Art 64 Abs 2 EGBGB das Anerbenrecht durch Verfügung von Todes wegen nicht ausgeschlossen werden konnte. Durch eine Gesetzesänderung von Art 6 Abs 2 des früher dort geltenden Anerbengesetzes (vgl hierzu unten Rn 113) wurde dann allerdings auch hier dem Erblasser ausdrücklich der Ausschluss des Anerbenrechts insgesamt oder abweichende Bestimmungen im Einzelfall gestattet (zum Streitstand zur alten Rechtslage dort vgl 12. Aufl Rn 38). Demgegenüber bestimmt *§ 16 Abs 1 HöfeO für die ehemals britische Zone* auch jetzt noch, dass der Eigentümer die Erbfolge kraft Höferechts (§ 4 HöfeO) durch Verfügung von Todes wegen nicht ausschließen, sondern lediglich beschränken kann (zu den danach zulässigen Gestaltungen vgl etwa Wöhrmann § 16 HöfeO Rn 12 ff; Lange/Kuchinke § 53 III 2). Als partielles Bundesrecht ist die HöfeO allerdings nicht an die Beschränkungen des Art 64 Abs 2 gebunden. Die *verfassungsrechtlich garantierte Testierfreiheit* ist im übrigen durch die Neufassung der HöfeO seit 1976 auch *nicht verletzt*: Durch die Einführung des *fakultativen Höferechts* nach § 1 Abs 4 HöfeO steht es dem Hofeigentümer nunmehr jederzeit frei, seinen Hof der Geltung der HöfeO zu entziehen und damit völlige Testierfreiheit nach dem Erbrechtssystem des BGB zu erlangen. Dass die Erlangung der Testierfreiheit nicht durch eine Verfügung von Todes wegen sondern durch die Abgabe einer sog negativen Hoferklärung bewirkt wird, ist dabei unerheblich (so Wöhrmann § 1 HöfeO Rn 4, § 16 HöfeO Rn 3; aA Kroeschell AgrarR 1974, 85 f; ders AgrarR 1978, 154 Fn 71). Und wenn zur Erreichung der Testierfreiheit nach dem BGB auch auf die günstigen Abfindungsregelungen des § 12 HöfeO verzichtet werden muss, ist dies nur konsequent und richtig: Der Erblasser kann sich nicht einfach die ihm jeweils genehmen Regelungen dieser grundsätzlich selbständigen und in sich je ausgewogenen Erbrechtssysteme herauspicken.

Nach Art 64 Abs 2 kann der Erblasser somit *jede nach allgemeinem Erbrecht zuläs-* **43** *sige Verfügung von Todes wegen* treffen – zusätzlich zu den Abänderungen des gesetzlichen Anerbenrechts, die ausdrücklich in dem jeweiligen Anerbengesetz vorgesehen sind. Im Einzelnen kommt in Frage:

44 Er kann das *Anerbenrecht einfach ausschließen, ohne sonstige Verfügungen* zu treffen. Dann tritt auch in Ansehung des an sich dem Anerbenrecht unterworfenen Vermögens das allgemeine Erbrecht hinsichtlich Erbfolge, Pflichtteilsrecht, Bewertung desselben usw ein (PLANCK Anm 3).

45 Er kann das *Anerbenrecht ausschließen und letztwillige Verfügungen* auf der Grundlage des allgemeinen Erbrechts *treffen* (PLANCK aaO; NIEDNER Anm 6).

46 Der Erblasser kann schließlich regelmäßig auch von seiner Testierfreiheit in dem Sinn Gebrauch machen, dass er anstelle der vom Landesgesetzgeber vorgesehenen Anerbfolge *abweichende Verfügungen auf der Grundlage des Landesanerbenrechts trifft* (systemimmanente Verfügungen). Hauptanwendungsfall ist die Bestimmung eines von der gesetzlichen Regelung abweichenden Anerben. Jedoch beruht dieses Recht nicht auf Art 64 Abs 2 EGBGB; diese Bestimmung verpflichtet den Landesgesetzgeber nicht, dem Erblasser zusätzliche Rechtsinstitute zu denen des allgemeinen Erbrechts wahlweise zur Verfügung zu stellen (ebenso PLANCK Anm 3). In der Regel kann aber davon ausgegangen werden, dass die vom Landesgesetzgeber geschaffenen Rechtseinrichtungen des Anerbenrechtes auch für die Gestaltung letztwilliger Verfügungen des Erblassers verfügbar sein sollen (vgl Prot VI 515).

47 Eine *Mischung beider Erbrechtssysteme* (BGB und landesrechtliches Anerbenrecht) ist jedoch grundsätzlich *nicht zulässig* **(Dualismus beider Erbrechtssysteme),** denn beide enthalten für sich getrennte, vom Gesetzgeber jeweils für sich als gerecht und ausgewogen angesehene Regelungen (s Rn 43).

3. Überblick über Einzelheiten eines nach Landesrecht zulässigen Anerbenrechts

48 Von den vorstehenden Beschränkungen abgesehen, lässt Art 64 EGBGB dem Landesgesetzgeber bei der Gestaltung des Anerbenrechts freie Hand. Als Inhalt eines solchen Landesrechts kommen dabei zB in Betracht:

a) Die Bestimmung des Geltungsbereiches des Anerbenrechts

49 Zum Gegenstand gehört die Festlegung, *welcher Besitz* dem Anerbenrecht unterliegt (PLANCK Anm 3a; NIEDNER Anm 4b; Überblick über die derzeit geltenden Anforderungen für ein Anerbengut bei MILLICH RdL 1986, 199). Das Anerbenrecht kann auf landwirtschaftliche oder auch auf forstwirtschaftliche Grundstücke, auf geschlossene oder auch auf zerstreut liegenden Grundbesitz, auf Betriebe über oder unter einer bestimmten Größe erstreckt oder beschränkt werden (STAUDINGER/GRAMM[10] Rn 7). Im Hinblick auf die mit dem Anerbenrecht verbundene Privilegierung des Hoferben hinsichtlich der Geschwisterabfindung und der alleinigen Betriebsfortführung wird man diese verfassungsrechtlich erst ab einer bestimmten *Betriebsgröße* als zulässig ansehen können (s Rn 140). Daher verlangt Art 1 Abs 2 WürttAnerbenG für die (konstitutive) Eintragung in die Höferolle, dass die Besitzung zur selbständigen Nahrungsstelle geeignet ist und einheitlich bewirtschaftet werden kann. § 1 Abs 2 S 1 BremHöfeG fordert demgegenüber nur eine Mindestgröße von 2,5 ha mit geeigneter Hofstelle (verfassungsrechtlich bedenklich). § 1 Abs 2 HessLandGüterO stellt dagegen strengere Anforderungen und verlangt neben der Eignung zur Land- und Forstwirtschaft, dass die Größe einer *Ackernahrung* vorliegt (vgl hierzu § 1 Abs 3 des Gesetzes). Auch § 2 Abs 2 RhPfHöfeO verlangt das Vorliegen einer Ackernahrung. Abweichend von den relativ unscharfen Legaldefinitionen dieser Gesetze knüpft die HöfeO in § 1 an die steuerliche Bewertung nach dem *Bewertungsgesetz* an (die allerdings typisierend erfolgt): Betriebe mit einem Wirtschaftswert von 20 000 DM und mehr sind automatisch ein Hof im Sinne der HöfeO, solche darunter, aber mit einem Wirtschaftswert von wenigstens 10 000 DM, sind sog Antragshöfe, die der HöfeO erst unterliegen, wenn der Eigentümer dies ausdrücklich beantragt und ein Hofvermerk im Grundbuch eingetragen ist (zu Einzelheiten der *Hofqualität* s etwa LÜDTKE-HANDJERY DNotZ 1985, 332, 345). Die *badische Hofgüterordnung* stellt demgegenüber allein auf die im Jahre 1888 erfolgte Registrierung ab (verfassungsrechtlich ebenfalls bedenklich).

Zur Bestimmung des Gegenstandes gehört weiter, welches Vermögen als *Grundbe-* **50** *sitz* (zB nur Grundstücke oder auch Auflassungsansprüche; ferner gewisse grundstücksgleiche Rechte) oder als *Zubehör* dem Anerbenrecht unterliegt (NIEDNER Anm 4b). Das Zubehör kann dabei in Übereinstimmung mit dem BGB oder abweichend von diesem bestimmt werden (dazu s oben Rn 31 und §§ 2f HöfeO; Art 1 Abs 2 S 2 WürttAnerbenG; § 7 BremHöfeG; § 12 HessLandgüterO).

Die Landesgesetzgebung kann bestimmen, dass ein Anerbengut diese Eigenschaft **51** auch in der *Zwangsversteigerung* behält (KG KGJ 42 [1912] 202; FISCHER/HENLE/TITZE Anm 1).

Das Anerbenrecht kann nach seinem *örtlichen Geltungsbereich* für das ganze Bun- **52** desland oder, zB entsprechend der Rechtsentwicklung oder einer bisherigen Anerbensitte, nach Landesteilen verschieden gelten (STAUDINGER/GRAMM[10] Rn 7). Für die HöfeO gilt aufgrund Art 3 § 8 des 2. ÄG-HöfeO die sog *Belegenheitsklausel*, wonach das Gesetz nur für die Hofbesitzungen gilt, die am 1. 7. 1976 zu den Bundesländern Hamburg, Niedersachsen, Nordrhein-Westfalen und Schleswig-Holstein gehörten. Spätere Gebietserweiterungen, wie die des Landes Niedersachsen auf das sog Amt Neuhaus durch den Staatsvertrag von 1993, führen zu keiner Geltung der HöfeO auf die Höfe dieses Gebiets (BENDEL AgrarR 1993, 243).

b)   Die Bestimmung des Systems des Anerbenrechts
Der Landesgesetzgeber hat festzulegen, ob das Anerbenrecht als unmittelbare *Son-* **53** *derrechtsnachfolge* in das Anerbengut (so § 4 HöfeO; § 9 Abs 1 BremHöfeG; § 14 RhPfHöfeO; früher Art 9 Abs 1 WürttAnerbenG) oder als *Übernahmerecht* des Anerben in Ansehung des Anerbengutes bei der Teilung des Gesamtnachlasses (so § 10 Abs 1 BadHofgüterO; § 11 Abs 1 HessLandgüterO) ausgestaltet werden soll (PLANCK Anm 3b).

Der Landesgesetzgeber kann bestimmen, ob das Anerbenrecht unmittelbar gelten **54** soll (so immer bei der badischen Hofgüterordnung, bei der HöfeO nur bei Höfen mit einem Wirtschaftswert von 10 000 Euro und mehr) oder die Wirkung des Anerbenrechts von der Eintragung in eine Höferolle oä abhängig ist *(unmittelbares oder mittelbares Anerbenrecht)*; er kann auch der Eintragung nur deklaratorischen Charakter beilegen (s auch STAUDINGER/GRAMM[10] Rn 7; PLANCK Anm 3a).

Der Landesgesetzgeber kann die Wirkungen des Anerbenrechts beim Vorliegen **55** objektiver Voraussetzungen eintreten lassen *(obligatorisches Anerbenrecht)* oder es in das Ermessen des Eigentümers stellen, ob Anerbenrecht gelten soll *(fakultatives Anerbenrecht)*. Fakultatives Anerbenrecht gilt nach § 1 Abs 4 HöfeO jetzt für alle diesem Gesetz unterfallenden Höfe. Die badische Hofgüterordnung sieht ebenfalls die Möglichkeit der Aufhebung der Hofeigenschaft vor, die aber der Zustimmung der Verwaltungsbehörde bedarf.

c) Festlegung des begünstigten Personenkreises

56 Der Landesgesetzgeber kann den begünstigten Personenkreis bestimmen durch Festlegung

- *welche Personen* Anerben werden können, zB Abkömmlinge, Geschwister, entferntere Verwandte, Ehegatten (PLANCK Anm 3b); so geschehen in § 5 HöfeO, § 7 BadHofgüterG, § 9 Abs 2 BremHöfeG, § 11 HessLandgüterO, § 16 RhPfHöfeO, früher Art 8 WürttAnerbenG;

- ob der Hoferbe besondere *Qualifikationen* aufweisen müsse, so eine besondere *Wirtschaftsfähigkeit* (§ 6 Abs 6 und 7 HöfeO) haben oder zumindest Landwirt sein muss (§ 11 Abs 2 BremHöfeG);

- der *Reihenfolge* der Begünstigung durch Aufstellung einer *„Anerbenordnung"*, etwa durch Festlegung, ob *Ältesten- oder Jüngstenrecht* (Majorat oder Minorat) gilt uä (PLANCK aaO; NIEDNER Anm 4c; STAUDINGER/GRAMM[10] Rn 7); vgl § 6 HöfeO, § 7 BadHofGüterG, § 11 BremHöfeG, § 15 HessLandgüterO, § 17 RhPfHöfeO, früher Art 8 WürttAnerbenG;

- ob und unter welchen Voraussetzungen der Erblasser statt des gesetzlich vorgesehenen Anerben eine andere Person innerhalb des Systems der Anerbenordnung oder überhaupt eine demgegenüber außenstehende Person zum Anerben berufen kann – *systemimmanente Auswahlmöglichkeit* (PLANCK aaO; s hierzu auch oben Rn 46); ferner, ob der Erblasser diese Anordnung in einer vom BGB für letztwillige Verfügungen vorgeschriebenen oder in anderer Form treffen kann (PLANCK aaO), vgl hierzu etwa die sog *formlose Hoferbenbestimmung* des § 7 Abs 2 HöfeO, § 7a BadHofgüterO.

d) Vermögens- und Haftungsverteilung bei Eintritt der Anerbfolge

57 Der Vorbehalt gestattet Bestimmungen über die Vermögens- und Haftungsverteilung aus Anlass des Eintritts des Anerbfalles zwischen dem Anerben und den übrigen Erben oder nahen Angehörigen (zum Folgenden vgl auch STAUDINGER/GRAMM[10] Rn 7). So ermöglicht der Vorbehalt eigenständige Regelungen über

- die *Wertermittlung* des Anerbenguts (vgl BGB § 2049; FISCHER/HENLE/TITZE Anm 1); so § 12 Abs 2 HöfeO (Hofeswert als $1^1/_2$ Einheitswert), § 10 BadHofGüterG (Ertragswert als Übernahmewert, evtl reduziert), §§ 14 ff BremHöfeG (25facher Jahresreinertrag, näher definiert als sog Hofeswert, Ausnahme § 16), § 16 HessLandgüterO (25facher, näher festgelegter Jahresreinertrag), § 21 RhPfHöfeO (Hofeswert als 25facher Jahresreinertrag), früher Art 4 WürttAnerbenG (20facher Jahresreinertrag als Gutswert);

– einen aus dem Gutswert dem Anerben zu gewährenden „*Voraus*" (NIEDNER Anm 4d);

– über Betrag (Berechnungsgrundlage) und Form der *Abfindung* der „weichenden Erben" und des überlebenden Ehegatten, ergänzt durch Vorschriften über Fälligkeit, Verzinslichkeit, Verjährung oder Erlöschen, Sicherstellung und die Übertragbarkeit der Abfindungsforderungen (PLANCK Anm 3b β; NIEDNER Anm 4d); so in §§ 12, 13 HöfeO, §§ 10–12, 23 f BadHofGüterG, §§ 14–17, §§ 24, 29 BremHöfeG, §§ 16–19 HessLandgüterO, §§ 21–24 RhPfHöfeO, früher Art 11–15 WürttAnerbenG;

– den *Schutz der Auseinandersetzung* zwischen dem Anerben und weiteren Erben; insbesondere kann bestimmt werden, dass soweit zunächst Miterben am Anerbengut beteiligt sind, *Verfügungen* über deren Anteil *beschränkt* werden;

– einen Ausschluss oder eine gegenüber dem BGB abweichende Gestaltung des *Pflichtteilsrechts* (OLG Braunschweig RJA 5 [1905] 264 = KGJ 29 [1905] A 274 = Recht 1905 Nr 1879 = OLGE 16 [1905] 274; SOERGEL/BAUER Rn 1). So § 12 Abs 10 HöfeO; § 10 Abs 2 u 3, §§ 18, 26 BadHofgüterG; § 24 BremHöfeG; § 26 HessLandgüterO; §§ 20 Abs 1 S 2, 23 RhPfHöfeO; früher Art 15 WürttAnerbenG;

– die *Tragung der Nachlassverbindlichkeiten* im Verhältnis mehrerer Anerben untereinander oder im Verhältnis des Anerben zu den sonstigen allgemeinen Erben (Prot VI 622 ff; PLANCK Anm 3b); so § 15 HöfeO; §§ 15 Abs 2; 14 Abs 3 BremHöfeG; § 17 HessLandgüterO; § 25 RhPfHöfeO; früher Art 5 WürttAnerbenG.

e) Verfügungsbeschränkungen unter Lebenden
Vom Vorbehalt gedeckt werden auch Vorschriften, die das Recht des Eigentümers, **58** über das Anerbengut *unter Lebenden frei zu verfügen* oder dieses zu belasten, *beschränken oder ausschließen* (ebenso Prot VI 514 f; dort s auch den Hinweis auf Art 62 EGBGB, welcher landesgesetzliche Beschränkungen des Verfügungsrechts unter Lebenden und von Todes wegen zulässt, während Art 64 Abs 2 ausdrücklich nur die Letzteren ausschließt, also einen Hinweis im Gesetz dafür ergibt, dass Erstere zulässig sind; übereinstimmend zB PLANCK Anm 2; FISCHER/HENLE/TITZE Anm 5; NIEDNER Anm 6). Hierzu gehören auch Bestimmungen, dass ein Anerbe über seinen Anspruch auf Zuweisung des Anerbenguts in der Auseinandersetzung nicht oder nur beschränkt verfügen kann.

Aus der Befugnis des Landesgesetzgebers, Verfügungsbeschränkungen unter Leben- **59** den aufzustellen, ergibt sich auch dessen Ermächtigung, anzuordnen, dass alle oder bestimmte *Belastungen* des Anerbenguts dem *Anerben* gegenüber unwirksam sind; die Belastung durch den Erblasser erweist sich, wenn eine solche Konstruktion gewählt wird, als durch den Eintritt des Anerbfalls auflösend bedingt (PLANCK Anm 3b). Ebenso kann das Landesrecht dem Anerben die Übernahme nur bestimmter Verbindlichkeiten, der „Hofesschulden" auferlegen und entsprechend die Aufteilung zwischen dem Hoferben und den übrigen Erben regeln (vgl auch oben Rn 18).

f) Ergänzende Regelungen
Der Landesgesetzgeber ist schließlich befugt, auch neben der eigentlichen Regelung **60**

der Erbfolge, der Rechtsstellung des Anerben in dieser Eigenschaft und des Verhältnisses des Anerben zu weiteren Erben durch ergänzende Bestimmungen eine für alle Familienangehörigen gerechte und wirtschaftlich sinnvolle Regelung zu treffen. Zulässig sind daher auch Bestimmungen über:

– die *Abfindung* der Geschwister und des überlebenden Ehegatten und sonstige Leistungen an diese, etwa Austrags-(Alteneils-, Leibzuchts-)rechte, Unterhaltsleistungen, Leistungen zur Berufsausbildung, Versorgung und Unterkunft auf dem Hof (PLANCK Anm 3b β; STAUDINGER/GRAMM[10] Rn 7), zB die Einräumung einer bevorzugten Rechtsstellung an den auf den Hof „aufgeheirateten" Ehegatten (OLG Braunschweig KGJ 29 [1905] A 274 = OLGE 16 [1905] 274). So werden besondere Versorgungsrechte für Geschwister begründet in § 19 HessLandgüterO; § 24 RhPfHöfeO; früher Art 12 WürttAnerbenG; vgl auch § 12 Abs 6 S 2 HöfeO (Verpflichtung zur Tragung der Kosten des angemessenen Lebensbedarfs uä; zu Einzelheiten MILLICH RdL 1986, 201).

– ein Recht zur Fortführung der Hofbewirtschaftung durch andere Personen als den Anerben, insbesondere durch den überlebenden Ehegatten, für eine bestimmte Zeit (sog *Zwischen- oder Interimswirtschaft*; PLANCK Anm 3b β; FISCHER/HENLE/TITZE Anm 1; NIEDNER Anm 4e). So geschehen in § 14 Abs 1 HöfeO; § 25 BremHöfeG (nur Regelung, dass entsprechende ausdrücklich getroffene Verfügungen des Erblassers nicht pflichtteilsbeschränkend sind); § 21 HessLandgüterO (nur bei Ehegattenmiteigentum); § 23 Abs 1 RhPfHöfeO; früher Art 13 WürttAnerbenG, zT nur befristet (vgl den Überblick bei MILLICH RdL 1986, 201). Daneben können besondere Regelungen für den *Ehegattenhof* getroffen werden, wie in § 8 HöfeO; § 18 RhPfHöfeO (vgl hierzu MILLICH 200). Auch für den Fall, dass der Hof zum ehelichen Gesamtgut einer *Gütergemeinschaft* gehörte, können dem überlebenden Ehegatten Übernahmerechte eingeräumt oder andere besondere Bestimmungen getroffen werden (vgl §§ 19–21 BadHofGüterG; §§ 20–22 BremHöfeG; früher Art 17–20 WürttAnerbenG; vgl MILLICH aaO);

– eine Einräumung eines *Vorzugsrechts*, nach welchem bei der *Auseinandersetzung einer Gütergemeinschaft* einer der Beteiligten ein zum Gesamtgut gehörendes Anerbengut übernehmen kann. Hier liegt zwar überhaupt kein Erbfall vor, aber doch „Anerbenrecht" im oben (Rn 18) dargestellten, geschichtlich entstandenen und aus dem Zweck der Regelung zu interpretierenden Sinn. Der Landesgesetzgeber kann danach den überlebenden Ehegatten oder einen der Abkömmlinge zum Anerben machen und hinsichtlich ihrer Auseinandersetzung oder Abfindung Bestimmungen treffen, wie wenn das Anerbengut zu einem Nachlass gehörte (dazu s oben Rn 57 ff sowie Prot VI 511; PLANCK Anm 3d; NIEDNER Anm 5).

III. Übersicht über die Entwicklung des Anerbenrechts seit Inkrafttreten des EGBGB

1. Allgemeines

61 Das Anerbenrecht hat sich seit Inkrafttreten des EGBGB nach Zeitabschnitten und Gebieten unterschiedlich entwickelt. Es ist teilweise Gegenstand des Reichs-, Besatzungs- und Bundesrechts geworden. Entsprechend hat die Bedeutung des Vorbehalts für das Landesrecht in Art 64 EGBGB gewechselt; doch war dieser, wie dargestellt (Rn 8 ff), zu keiner Zeit gegenstandslos oder sogar außer Kraft gesetzt. Die Entwicklung des Anerbenrechts hat *drei Abschnitte* durchlaufen:

Im *ersten*, der Zeit bis 1933, war das Anerbenrecht ausschließlich in Landesgesetzen, **62** die zum Teil noch vor dem Inkrafttreten des BGB ergangen waren, enthalten. Ihre Fortgeltung oder ihr Erlass unter der Geltung des BGB beruhten auf dem Vorbehalt des Art 64 EGBGB.

Im *zweiten* Abschnitt war das bäuerliche Anerbenrecht nahezu abschließend in der **63** Reichserbhofgesetzgebung von 1933 und der folgenden Jahre niedergelegt. Im Rahmen der Geltung dieses Reichsrechts war Art 64 EGBGB ohne Bedeutung.

Der **letzte Abschnitt** der Entwicklung begann mit der grundsätzlichen Beseitigung **64** des Reichserbhofrechts durch das KRG Nr 45 und der Wieder-Inkraftsetzung der vor 1933 geltenden Anerbenrechte: Da das KRG Nr 45 zugleich eine zoneneinheitliche neue Anerbengesetzgebung ermöglichte, ist dieser letzte Abschnitt in der Entwicklung des Anerbenrechts vor allem durch die **Vielfalt der Natur der anzutreffenden Regelungen** gekennzeichnet: Gebietsweise gilt seitdem das ursprünglich (besatzungs-)zoneneinheitliche Anerbenrecht (so die Höfeordnung in der ehemals britischen Zone), in anderen Gebieten gelten wieder die *alten* Anerbenrechte aus der Zeit vor 1933 bzw entsprechend dem damaligen Zustand besteht überhaupt *kein* Anerbenrecht und schließlich sind *einzelne Länder* und auch der Bund inzwischen neu auf dem Gebiet des Anerbenrechts gesetzgeberisch tätig geworden. In dem Maß, in welchem damit wieder ein Landes-Anerbenrecht besteht, hat auch die *Bedeutung* des Vorbehalts in Art 64 EGBGB wieder *zugenommen*.

2. Anerbengesetzgebung bis 1933

Wegen der in Deutschland vor dem Reichserbhofgesetz geltenden Anerbengesetze **65** siehe die Zusammenstellungen zB bei STAUDINGER/KEIDEL[9] Anm IV; VOGELS, Reichserbhofgesetz (4. Aufl 1937) § 60 Rn 9 ff (m Schrifttumsangaben S 15); sowie in Anlage A zu MRVO Nr 84 für die britische Zone.

In *Preußen* hatte das „Bäuerliche Erbhofrecht" vom 15. 5. 1933 (GS 165) die bis dahin **66** geltenden partikulären Vorschriften außer Kraft gesetzt, ausgenommen jedoch das „Gesetz, betreffend das Anerbenrecht bei Renten- und Ansiedlungsgütern" vom 8. 6. 1896 (GS 124) und das Zwangsauflösungsgesetz vom 22. 4. 1930 (GS 125).

3. Das Reichserbhofrecht

a) Überblick über das Reichserbhofrecht

Das Reichserbhofrecht – dh das Reichserbhofgesetz und die mit diesem zusammen- **67** hängenden, in der Folgezeit ergangenen Vorschriften – schufen für das bäuerliche Anerbenrecht eine im ganzen Reichsgebiet einheitlich geltende Grundlage und führten dieses auch in jenen Gebieten ein, die ein Anerbenrecht bisher gar nicht oder nur beschränkt gekannt hatten. Neben hergebrachten Traditionen fanden auch „Neuerungen" iS der nationalsozialistischen Weltanschauung im Reichserbhofrecht Eingang. Nicht zuletzt diese Neuerungen trafen auch in bäuerlichen Kreisen auf

Widerstand und zwangen den Gesetzgeber zu mehrfachen Modifikationen (zu Schrifttumsnachweisen vgl STAUDINGER/PROMBERGER/SCHREIBER[12] Rn 73 Fn ***).

68 Im Einzelnen ergingen insbesondere:

– das Reichserbhofgesetz (REG) vom 29. 9. 1933 (RGBl I 685);

– die Erbhofrechtsverordnung (EHRV) vom 21. 12. 1936 (RGBl I 1069); sie hob die drei ersten Durchführungsverordnungen zum REG (s STAUDINGER/PROMBERGER/SCHREIBER[12] Rn 74) auf;

– die Erbhofverfahrensordnung (EHVFO) vom 21. 12. 1936 (RGBl I 1082);

– die gemeinschaftliche Bekanntmachung des Reichsjustizministers und des Reichsministers für Ernährung und Landwirtschaft vom 28. 9. 1940 (Geschäftszeichen 8330/9 – II a 8 1830), DJ 1940, 1109;

– die Verordnung zur Fortbildung des Erbhofrechts (Erbhoffortbildungsverordnung = EFVO) vom 30. 9. 1943 (RGBl I 549).

69 Das Reichserbhofgesetz *enthielt* die grundsätzlichen Bestimmungen des Erbhofrechts, die jedoch durch die Erbhoffortbildungsverordnung zT erheblich abgeändert wurden. Abschnitt 1 des REG regelte Voraussetzungen und Umfang, innerhalb derer landwirtschaftlicher Besitz einen Erbhof bildete (§§ 1–10 REG), Abschnitt 2 dagegen mit der „Bauernfähigkeit" die persönlichen Voraussetzungen (§§ 11–18 REG). Der dritte Abschnitt handelte von der „Erbfolge kraft Anerbenrechts" (§§ 19–36 REG): Er enthielt die Grundregel, dass der Erbhof als besonderer Teil der Erbschaft ungeteilt auf den Anerben überging (§ 19 REG), bestimmte die „Anerbenordnung" (§§ 20, 21 REG) und den Umfang, in welchem der Erblasser die Wirkungen dieser Anerbenordnung ändern konnte (§§ 24, 25, 26 REG), sowie die Rechte der Abkömmlinge, des überlebenden Ehegatten des Erblassers und weiterer Angehöriger. Abschnitt 4 entzog – zum Schutz und zur Ergänzung des Hoferbrechts – den Hof weitgehend der Veräußerungs-, Belastungs- und Zwangsvollstreckungsmöglichkeit (§§ 37–39 REG). Die EFVO erweiterte insbesondere die Rechtsstellung und den Schutz des überlebenden Ehegatten und bezog in diesen auch noch einen neuen Ehegatten des Überlebenden ein. Außerdem vergrößerte sie den Spielraum, in dem der Eigentümer auf die Anerbenfolge einwirken konnte, insbesondere durch die Möglichkeit, zunächst den Ehegatten des bisherigen Eigentümers als vorläufigen Anerben einzusetzen.

70 Über die Geltungsdauer des Reichserbhofrechts hinaus sind jene Bestimmungen *von Bedeutung geblieben*, welche gemäß den Überleitungsvorschriften der nachfolgenden Gesetzgebung (dazu VO Nr 127 zur Durchführung des KRG Nr 45 vom 20. 2. 1947 über die Aufhebung der Erbhofgesetze und Einführung neuer Bestimmungen über land- und forstwirtschaftliche Grundstücke vom 22. 5. 1947, für Bayern etwa BayBS IV 351 = BayRS 7811-1-E; s auch unten Rn 81 ff) *fortbestehende Rechtsverhältnisse* erzeugt haben (s STEFFEN RdL 1980, 57). Es handelt sich in der Hauptsache um die Rechtsverhältnisse solcher *Personen*, denen nach Reichserbhofrecht gegenüber dem Anerben eine eigene *Rechtsstellung eingeräumt* worden war und die darin einen Ausgleich für dessen Bevorzugung durch die

Hoferbfolge erhielten oder denen gegenüber vorübergehend die Rechtsstellung des Anerben eingeschränkt wurde. Diese Rechtsverhältnisse wurden nach Aufhebung des Reichserbhofrechts gemäß den Ausführungsbestimmungen zum Kontrollratsgesetz Nr 45 der Sache nach beibehalten.

Dabei handelt es sich vor allem um folgende: **71**

– *Verwaltungs- und Nutznießungsrecht* des einheiratenden Ehemannes am Erbhof seiner Frau (gemäß §§ 4, 26 EFVO), des überlebenden *Ehegatten* (gemäß § 26 REG aufgrund Anordnung des Erblassers, gemäß § 7 EFVO kraft Gesetzes) und (gemäß § 9 EFVO) auch des einheiratenden neuen Ehegatten des überlebenden Teiles;

– Unterhalts-, Versorgungs- und *Ausstattungsrecht* uä: gemäß § 30 REG für miterbende oder pflichtteilsberechtigte Abkömmlinge, als „Heimatzufluchtrecht" auch für die Eltern des Erblassers; gemäß §§ 9, 10, 14, 26 EFVO auch für die Kinder aus einer neuen Ehe des überlebenden Ehegatten des Erblassers und für den überlebenden Ehegatten selbst, wenn seine Stellung als vorläufiger Anerbe weggefallen war;

– *Altenteilsrechte*: schon gemäß § 31 REG für den überlebenden Ehegatten des Erblassers; gemäß §§ 9, 10, 14, 26 EFVO auch für den einheiratenden neuen Ehegatten des Überlebenden, sich nochmals verheiratenden Teils bzw für den überlebenden Ehegatten nach Ablauf einer vorläufigen Anerbenstellung;

– Rechte aus einem (in § 11 EFVO vorgesehenen) *„Zwischenwirtschaftsvertrag"* (betreffend Verwaltungs- und Nutznießungsrechte, Unterhalt und Erziehung des Anerben, Versorgung der Geschwister, Altenteilsansprüche des überlebenden Teils und seines neuen Ehegatten und Versorgung der Kinder aus einer neuen Ehe);

– Rechtsstellung von „vorläufigem" und *„weiterem" Anerben* (gemäß §§ 12, 24 EFVO).

Das Reichserbhofgesetz und die Erbhoffortbildungsverordnung wurden ua ergänzt **72** durch die *Erbhofrechtsverordnung* und die *Erbhofverfahrensordnung*, von denen die erste ergänzende Bestimmungen sachlichrechtlichen Inhalts, Letztere verfahrensrechtlicher Natur von großem Gewicht enthielten.

Für die Bestimmung, wer innerhalb der zum Zuge kommenden einzelnen Anerben- **73** ordnung Anerbe wurde, namentlich, ob der Älteste oder der Jüngste berufen war, hatte schließlich die *gemeinsame Bekanntmachung vom 28. 9. 1940* über den in den einzelnen Gebieten geltenden Erbbrauch verbindliche Wirkung.

b)   Fortgeltendes, unter Anwendung des Art 64 EGBGB erlassenes Anerbenrecht
Die *landesrechtlichen Anerbengesetze* wurden durch dieses neue Reichsrecht *fast* **74**
völlig verdrängt, damit aber auch der Vorbehalt des Art 64 EGBGB, auf dem diese beruhten. Zudem hob § 60 Abs 1 REG – dem Grundsatz nach – alle landesrechtlichen Vorschriften über das Anerbenrecht vom Zeitpunkt des Inkrafttretens des

REG an auf. Von diesem Grundsatz bestanden aber gewisse *Ausnahmen* und für diese und für die fortgeltenden Landesgesetze behielt auch Art 64 EGBGB weiterhin seine Bedeutung (dazu Staudinger/Gramm[10] Rn 2, 7):

75 Gemäß § 60 Abs 2 REG blieben „die landesgesetzlichen Vorschriften über das Anerbenrecht bei den aufgrund der Gesetze über *Auflösung der Fideikommisse gebildeten Gütern* (insbesondere Wald- und Deichgütern), soweit sie nicht Erbhof wurden, sowie bei den Erbpachtgütern (unberührt)": Damit blieb die Rechtslage bei den nach dem preußischen Zwangsauflösungsgesetz vom 22.4.1930 (GS 125) in staatlich überwachte Wald-, Deich-, Wein- und Landgüter überführten ehemaligen Fideikommissen, welche sich nach Anerbenrecht vererbten (§ 175 ZwAuflG) unverändert erhalten, wenn diese Güter nicht Erbhof wurden. Das war namentlich dann nicht der Fall, wenn sie nach den Bestimmungen über Erbhöfe zu groß waren.

76 Auch *Erbpachtgüter* konnten entgegen der ursprünglichen Regelung des REG (§ 1 Abs 1 Nr 2: Erfordernis des Alleineigentums) gemäß § 27 der II. DVO zum REG (ersetzt durch § 45 Abs 1 EHRV) mit Wirkung vom 21.12.1933 Erbhöfe werden, wenn sie im Übrigen die Voraussetzungen dafür erfüllten; dann entfiel das entsprechende landesrechtliche Anerbenrecht – entgegen der Formulierung in § 60 Abs 2 REG – auch in Ansehung des Erbpachtgutes aufgrund des § 60 Abs 1 REG und gemäß dem Grundsatz „Reichsrecht bricht Landesrecht" (übereinstimmend Vogels REG § 60 Rn 1). Traf das aber nicht zu, unterstanden sie weiterhin dem jeweiligen Landesanerbenrecht.

77 In Erweiterung des durch § 60 Abs 2 REG gezogenen Rahmens und entgegen der zunächst mit § 60 Abs 1 REG ausgesprochenen Aufhebung blieb schließlich auch bei *Rentengütern* (in Preußen oder anderen Ländern, ob so bezeichnet oder nicht) und bei den *preußischen „Ansiedlungsgütern"*, unter der Voraussetzung, dass sie kleiner als 125 ha waren und aus irgendeinem Grund nicht Erbhof wurden, das *landesrechtliche Anerbenrecht* gemäß § 26 der II. DVO zum REG (ersetzt durch § 46 EHRV) erhalten. Das war insbesondere in *Preußen* im Hinblick auf das „Gesetz, betreffend das Anerbenrecht bei Renten- und Ansiedlungsgütern" vom 8.6.1896 (GS 124), welches auch schon vom preußischen Bäuerlichen Erbhofrecht vom 15.5.1933 unberührt geblieben war, der Fall. Anerbenrechte für Rentengüter bestanden aber auch in anderen Ländern und blieben dann unter den gleichen Voraussetzungen in Kraft.

78 Schließlich galt das Landesanerbenrecht für eine Übergangszeit noch bei *Besitzungen über 125 ha* fort: Solche Besitzungen waren nach § 3 Abs 1 REG für einen Erbhof zu groß, konnten aber gemäß § 5 REG durch besondere Zulassung des Reichsernährungsministers die Erbhofeigenschaft erlangen. Bis zur Entscheidung über diese Zulassung, längstens jedoch bis zum Ablauf des 31.12.1936 blieben die landesgesetzlichen Vorschriften über das Anerbenrecht erhalten (§ 28 der II. DVO zum REG in der Fassung der VO vom 26.7.1935 [RGBl I 1060]; – die Frist war vorher mehrmals verlängert worden).

79 Die *Fortgeltung der Anerbengesetze*, die das Reichserbhofrecht in Kraft gelassen hatte, *in der Nachkriegszeit* ist ungeklärt. Auch im Gebiet der ehemals britischen Zone trat mit der Höfeordnung vom 24.4.1947 nur das durch das KRG Nr 45 wieder in Kraft gesetzte Anerbenrecht aus der Zeit vor 1933 erneut außer Kraft, also gerade nicht die Gesetze, die auch während des Reichserbhofrechts fortgegolten hatten. In allen Bundesländern, die nicht inzwischen ihr Recht bereinigt haben, ist daher noch heute zu prüfen, ob nicht noch derartiges Anerbenrecht fortgilt. Dieser *Vorbehalt* gilt auch für die nachstehende Übersicht des geltenden Anerbenrechts.

4. Das heute geltende Anerbenrecht; seine Entwicklung seit dem Kontrollratsgesetz Nr 45

a) Aufhebung des Reichserbhofrechts, Rechtsüberleitung

Das *Gesetz* Nr 45 – Aufhebung der Erbhofgesetze und Einführung neuer Bestim- **80** mungen über land- und forstwirtschaftliche Grundstücke – des *Alliierten Kontrollrats* (KRG Nr 45 vom 20. 2. 1947 [KRABl S 256], am 24. 4. 1947 in Kraft getreten [str hinsichtlich der französischen Besatzungszone: nach **aA** dort am 5. 5. 1947 in Kraft getreten]), hob in seinem Artikel I mit sofortiger Wirkung ausdrücklich das REG, die EHRV, die EHVfO und die EFVO, sowie allgemein alle zusätzlichen, zu dieser Materie gehörende Gesetze usw, also das *gesamte Reichserbhofrecht* auf. Wegen des Schrifttums vgl die Nw bei STAUDINGER/PROMBERGER/SCHREIBER[12] Rn 91 Fn *.

Für die *Übergangsregelung* ist zu beachten, dass sich grundsätzlich die Erbfälle vor **81** dem 24. 4. 1947 noch nach dem *Reichserbhofrecht* richteten. Jedoch bestimmte das KRG Nr 45 in seinem Art XII Abs 2 S 1, dass sein Recht auf **Nachlässe, die bei Inkrafttreten dieses Gesetzes „noch nicht geregelt** sind, Anwendung" fand (PALANDT/ EDENHOFER Rn 2). Wann davon auszugehen ist, dass ein Nachlass in diesem Sinne „geregelt ist", bestimmte das Gesetz zum einen in Satz 2, wonach *rechtskräftige Urteile* oder Beschlüsse und vor Inkrafttreten dieses Gesetzes getroffene rechtsgültige Vereinbarungen in Kraft blieben. Zum anderen galt nach S 3 ein Nachlass iS dieser Bestimmung als geregelt, wenn gegen eine Person, die das Grundstück als Erbe in Besitz genommen hatte, kein die *Erbfolge in Frage stellender Anspruch im Klagewege* innerhalb dreier Jahre, vom Tod des Eigentümers an gerechnet, geltend gemacht wurde. Die §§ 233–238 der Deutschen Zivilprozessordnung fanden Anwendung.

Zur Inbesitznahme eines Grundstücks als Erbe in diesem Sinne ist unmittelbarer oder mittelbarer Besitz notwendig (zu diesbezüglichen Streitfragen s etwa STEFFEN AgrarR 1995, 129, 131). Der nur auf § 857 BGB gestützte Besitz als Erbe reicht nicht aus (BGHZ 10, 115, 120; OLG Brandenburg FamRZ 1998, 1619, 1622). Zu den rechtskräftigen Urteilen und Beschlüssen iS von Abs 2 S 2 zählten nur die der *materiellen Rechtskraft* fähigen Entscheidungen. Die Erteilung von Erbscheinen oder Hoffolgezeugnissen oder die Eintragung des Anerben in das Grundbuch fielen nicht hierunter (BGHZ 10, 115, 117; OLG Kiel RdL 1949, 16; OLG Celle RdL 1949, 39; OLG Freiburg RdL 1951, 26; LANGE/WULFF, Höfeordnung [3. Aufl] Nr 272, S 317; STEFFEN AgrarR 1995, 129, 131; großzügiger unter bestimmten Voraussetzungen WÖHRMANN AcP 151, 53 ff). Unter *„rechtsgültigen Vereinbarungen"* wurden dabei nicht nur Vergleiche über den Nachlass oder die Abgabe rechtserheblicher Erklärungen verstanden, sondern dies wurde bereits dann angenommen, wenn die Beteiligten den nach dem Erbhofrecht berufenen Anerben irgendwie anerkannt hatten, wobei hierzu aber unterschiedliche Auffassung bestanden (vgl etwa BayObLG RdL 1949, 119, 121 [Einverständnis sämtlicher nach den bürgerlichrechtlichen Bestimmungen berufener Personen]; OLG Stuttgart RdL 1949, 126, 129 [Einverständnis sämtlicher an der Sache beteiligter oder interessierter Personen]; OLG für Hessen NJW 1950, 433 [stillschweigende Vereinbarung möglich]; WÖHRMANN AcP 1951, 43, 49 [nur auf andere potenzielle Anerben abzustellen]).

Daneben war nach hM Meinung möglich, dass auch in **anderen** als den in Absatz 2 ausdrücklich genannten **Fällen** davon ausgegangen werden konnte, dass die Erbfolge in diesem Sinne als „geregelt" anzusehen ist. Allerdings fanden sich hierzu im Einzelnen zwei unterschiedliche Auffassungen:

(1) Nach der vor allem in der *britischen Besatzungszone* herrschenden **„objektiven Auffassung"** war ein Erbfall am 24. 4. 1947 geregelt, wenn die Rechtslage zu diesem Zeitpunkt objektiv klar war, wobei es auf eine etwaige abweichende Beurteilung der objektiv zweifelsfreien Anerbenfolge durch die Beteiligten, deren Rechtsberater oder bestimmte Behörden nicht ankommt; solche subjektiven Unklarheiten können nicht zu dem Schluss führen, dass der Erbe bei Inkrafttreten der Höfeordnung noch nicht endgültig festgestanden hat (BGH RdL 1951, 179 = NJW 1951, 523 [zu der für die Britische Zone maßgebenden Vorschrift des § 58 Abs 2 Buchst a LVO]; RdL 1952, 174 ff; BGHZ 7, 329, 330 [obiter dictum]; OGH RdL 1950, 81 = DNotZ 1951, 81; OGH RdL 1951, 38 = NJW 1951, 155 [zur ehem britischen Zone]; RÖTELMANN MDR 1948, 197; 1951, 326; NJW 1950, 746, 747; WULFF-LANGE, Bayerisches Landwirtschaftsrecht 58, 59; PRITSCH, Das gerichtliche Verfahren in Landwirtschaftssachen [1955] § 1 Anm K I a, S 95; STEFFEN AgrarR 1995, 129, 135).

(2) Die in der *amerikanischen* und *französischen Zone* herrschende **„subjektive Auffassung"** verlangte dagegen außer der objektiven Klarheit der Rechtslage noch ein Verhalten der Beteiligten, das ein ausdrückliches oder stillschweigendes Anerkenntnis der Rechtsstellung des Anerben enthält. Nach ihr ist ein Nachlass dann geregelt, wenn aus dem Verhalten der Beteiligten geschlossen werden kann, dass sie die Rechtsnachfolge in den Erbhof als geklärt angesehen und sich mit ihr abgefunden haben. Umgekehrt wird eine Nichtregelung dann angenommen, wenn entweder die Rechtsnachfolge in den Erbhof ungewiss oder wenn sie zwar objektiv klar ist, unter den Beteiligten jedoch Unsicherheit oder Uneinigkeit besteht. Als Beteiligte, auf deren Verhalten es dabei ankommt, werden die Personen angesehen, die nach dem Bürgerlichen Gesetzbuch erbberechtigt sind (WÖHRMANN AcP 151, 43 ff, 47 und RdL 1951, 253, 234; BAUR AcP 150, 343; BayObLGZ 1950–51, 185 ff = DNotZ 1951, 73; OLG Freiburg RdL 1951, 25; 1952, 39, 40; OLG Frankfurt/M RdL 1953, 253; OLG Stuttgart RdL 1949, 126, 129 und jetzt erst OLG Rostock AgrarR 1993, 254). Der Theorienstreit hat aber wohl weniger seinen Grund in der unterschiedlichen Interpretation des Art XII Abs 2, sondern darin, dass für die Behandlung der gleichen Rechtsfrage zwei verschiedene gesetzliche Grundlagen anzuwenden waren. Denn in der *britischen Zone* galt insoweit der *§ 58 LVO*. Danach unterlagen die Erbfälle der neu eingeführten Höfeordnung, wenn der Anerbe bei Inkrafttreten der Höfeordnung noch nicht endgültig feststand (§ 58 Abs 2 Buchst a LVO). Und ob eine Erbfolge feststeht, kann nur von der *objektiven Rechtslage* abhängen (STEFFEN AgrarR 1995, 129, 133). Dementsprechend führte der BGH aus, dass in der *britischen Zone* „eine Umformung" der aus einem anderen Rechtsdenken geborenen gesetzlichen Regelung des Art XII KRG Nr 45 auf das deutsche Rechtssystem erfolgt ist, die zu einer eigenständigen, von Art XII KRG abweichenden Anwendung des § 58 LVO führt (BGHZ 7, 339, 345 = NJW 1953, 23, unter Ablehnung einer Divergenzvorlage nach § 28 Abs 2 FGG). In zwei Entscheidungen zu Fällen aus *Bayern* hat denn auch der BGH die Rechtslage ausgehend vom Ansatz der *subjektiven Auffassung* beurteilt (BGH RdL 1953, 127, 296; zur Einschätzung der Entscheidungen: WÖHRMANN RdL 1953, 299 [Anerkennung der subjektiven Theorie für *amerikanische und französische Zone*]; PRITSCH aaO, § 1 Rn Fn 104, S 96 [Theorienstreit nicht entschieden]). Letztlich steht hinter dem Theorienstreit die Frage, ob Art XII Abs 2 KRG Nr 45 eng ausgelegt wird und damit eine möglichst geringe Rückwirkung hat (dafür etwa OLG Karlsruhe RdL 1949, 116, 118; NATTER DRZ 1948, 235, 238; PRITSCH aaO, § 1 Anm K I a, S 95; RADEMACHER NJ 1948, 103, 104), oder aber als *Ausnahme* zu *Art 213 EGBGB* weit und damit eine weitreichende Rückwirkung erfolgt, um die Anwendung der erbhofrechtlichen Vorschriften so weit wie möglich zu beseitigen (so etwa BAUR AcP 150, 339, 342; OLG Rostock AgrarR 1993, 254, 255). Dabei darf aber nicht übersehen werden, dass die Anwendung der besonders diskriminierenden §§ 12, 13 REG bereits durch Art II KRG Nr 1 vom 20. 9. 1945 ausgeschlossen war (zutr STEFFEN AgrarR 1995, 129, 134), wonach niemand auf Grund seiner Rasse, Staatsangehörigkeit, seines Glaubens oder seiner Opposition gegen die NSDAP mehr Nachteile erleiden durfte.

Die Auslegung der Überleitungsbestimmungen hat durch den *Beitritt* der *neuen Bundesländer* und die dort oftmals noch nicht geklärte Erbnachfolge in landwirtschaftliche Besitzungen eine unerwartete *Renaissance* erfahren (vgl hierzu BezG Potsdam AgrarR 1993, 254; OLG Rostock AgrarR 1993, 254 [für rückwirkungsfreundliche Gesetzesauslegung des KRG Art 45]; OLG Brandenburg FamRZ 1998, 1619, 1622; eingehend STEFFEN AgrarR 1995, 129). Ein ungeregelter Nachlass liegt aber nicht allein deswegen vor, weil einzelne Grundstücke versehentlich in dem Hoffolgezeugnis und bei der Grundbuchberichtigung „vergessen" wurden (eingehend DNotI-Gutachten vom 6. 4. 2004, ev-ra M/ I/6 – Allg – 48808).

Weiter trug das KRG Nr 45 dem Bedürfnis nach einer Überleitung dadurch Rech- **82** nung, dass es die Zonenbefehlshaber und in Berlin die Alliierte Kommandantura *ermächtigte*, „für ihre betreffende Zonen im Rahmen dieses Gesetzes und zur *Durchführung* seiner Bestimmungen *Verordnungen zu erlassen*" (Art XI Abs 1 und 2). Die in den einzelnen Gebietsteilen erlassenen Übergangsregelungen (allgemein hierzu WÖHRMANN, Das Erbhofrecht und seine Überleitung [1958]; ders, Landwirtschaftsrecht der britischen Zone [1951] 371) stimmen weitgehend darin überein, dass die oben (Rn 71) beschriebenen *Altenteils-, Verwaltungs- und Unterhaltsrechte*, sowie die Stellung von vorläufigen und weiteren Anerben teilweise unter Anpassung an verwandte Rechtsinstitute des Bürgerlichen Rechts *erhalten blieben*. Vgl dazu etwa die VO Nr 127 zur Durchführung des KRG Nr 45 vom 20. 2. 1947 über die Aufhebung der Erbhofgesetze und Einführung neuer Bestimmungen über land- und forstwirtschaftliche Grundstücke vom 22. 5. 1947 (für *Bayern* etwa BayBS IV 351 = BayRS 7811-1-E).

Anstelle einer eigenständigen Neuregelung setzte Art II KRG Nr 45 die am 1. 1. 1933 **83** – also vor dem Reichserbhofgesetz und dem Preußischen Bäuerlichen Erbhofrecht vom 15. 5. 1933 (GS 165) – in Kraft gewesen „Gesetze über Vererbung von Liegenschaften durch gesetzliche Erbfolge oder Verfügung von Todes wegen, die durch das Reichserbhofgesetz oder eines der zusätzlichen Gesetze … aufgehoben oder zeitweilig außer Kraft gesetzt worden sind, *wieder in Kraft* …".

Darüber hinaus ermächtigte das KRG Nr 45 aber die Militärregierungen der ein- **84** zelnen Zonen, außer den schon erwähnten Durchführungsbestimmungen auch, „in ihren Zonen gesetzliche Bestimmungen zur Aufhebung oder Änderung irgendwelcher, durch dieses Gesetz wiederhergestellter oder anderweitig in Kraft gesetzter Gesetzgebung zu erlassen" (Art XI Abs 1): Damit war nicht nur das alte Anerbenrecht auf Landesebene wieder in Kraft gesetzt und seine Fortentwicklung dem Landesgesetzgeber anvertraut, sondern auch schon unter dem Besatzungsregime die *Möglichkeit* einer *einheitlichen Gestaltung und Neuregelung* des Anerbenrechts in einem größerem Gebiet als dem des jeweiligen Landes eröffnet.

85 Das KRG Nr 45 hat mit *Ausnahme der Überleitungsvorschriften* in Art XII Abs 2 seit dem Inkrafttreten des Grundstücksverkehrsgesetzes am 1.1. 1962 *seine Wirkung verloren*; die Fortgeltung der Vorschriften, die Art II KRG Nr 45 wieder in Kraft gesetzt hatte, blieb unberührt (§ 39 Abs 3 S 1 und 2 GrdstVG vom 28. 6. 1961 [BGBl I 1091]; für Berlin gleichlautende Anordnung der Alliierten Kommandatura vom 18. 10. 1961 [Berl GVBl 1787]).

b)   Die HöfeO (Höferecht der ehemals britischen Zone)
aa)   Entstehung
86 Von der in Art XI KRG Nr 45 erteilten *Ermächtigung* zum Erlass von Durchführungsbestimmungen und zur Änderung und Aufhebung des wieder in Kraft getretenen Anerbenrechts machte die *britische Militärregierung einheitlich für ihre Besatzungszone Gebrauch* durch Erlass der VO Nr 84 – Erbhöfe – mit Anlagen – A Verzeichnis der durch das Kontrollratsgesetz Nr 45, Art II wieder in Kraft gesetzten landesrechtlichen Gesetze und Verordnungen über Vererbung von Liegenschaften durch gesetzliche Erbfolge oder Verfügung von Todes wegen –, B – Höfeordnung vom 24. 4. 1947 – und C – Landbewirtschaftungsordnung – (ABl brit MilReg 500 = VOBlBZ 25; gemäß Art IX „gleichzeitig mit dem KRG Nr 45 in Kraft getreten", dh, wie auch die amtliche Überschrift der Anlage B ausweist, am 24. 4. 1947).

87 Die Art III bis VI VO Nr 84 und die Anlage C – Landbewirtschaftungsordnung sind spätestens durch § 39 Abs 2 Nr 1 GrdstVG vom 28. 7. 1961 aufgehoben worden, doch waren sie schon vorher durch verschiedene Gesetze teilweise außer Kraft gesetzt (vgl Angaben bei WÖHRMANN, Landwirtschaftsrecht [2. Aufl 1966] 641 f). Dagegen blieben die auf das Anerbenrecht bezogenen Bestimmungen aufrechterhalten; sie wurden allerdings ihrerseits teilweise durch die Gesetzgebung nach dem Erlass der VO Nr 84 abgeändert.

88 Von besonderer Bedeutung war Art I Abs 1 S 1 VO Nr 84: Er bestimmte, dass die gemäß Art II KRG Nr 45 „wieder in Kraft gesetzten landesrechtlichen Vorschriften über Vererbung von Liegenschaften durch gesetzliche Erbfolge oder Verfügung von Todes wegen, insbesondere die in Anlage A aufgeführten Gesetze und Verordnungen" (also das gesamte land- und forstwirtschaftliche Anerbenrecht, das aufgrund des KRG Nr 45 in der britischen Zone wieder eingeführt worden wäre) „durch die Bestimmungen der aus der Anlage B ersichtlichen Höfeordnung abgeändert, im übrigen aufgehoben" wurden. Da die VO Nr 84 gleichzeitig mit dem KRG Nr 45 in Kraft getreten ist, ist daher das *vom Kontrollrat wieder eingeführte Anerbenrecht sofort* durch die *Höfeordnung beseitigt* worden und in keinem Augenblick mehr zur Geltung gelangt.

89 Die als „Anlage B" zur VO Nr 84 erlassene **„Höfeordnung vom 24. 4. 1947"** (ABl brit MilReg 505 = VOBl BZ 33) wurde noch ausdrücklich durch Art I Abs 1 S 2 VO Nr 84 für das gesamte Gebiet der *britischen Besatzungszone* (heutige Bundesländer *Niedersachsen, Nordrhein-Westfalen, Hamburg, Schleswig-Holstein*) in Kraft gesetzt. Sie wurde *mehrfach geändert* (vgl dazu Staudinger/Promberger/Schreiber[12] Rn 100), und zwar umfassend durch das Zweite Gesetz zur Änderung der Höfeordnung vom 29.3.1976 (BGBl I 881, ber BGBl 1977 I 288). Die Neufassung wurde am 26.7.1976 bekannt gemacht (BGBl I 1933), zuletzt geändert durch G vom 27.6.2000 (BGBl I 897,1139). Sie gilt nach Art 3 § 8 HöfeOÄndG in den vier vorstehend genannten Bundesländern.

Die Höfeordnung ist **partielles Bundesrecht**. Nach den umfassenden Änderungen **90** durch das 2. HöfeOÄndG kann sie auch in den nicht unmittelbar betroffenen Teilen nicht mehr als Besatzungsrecht angesehen werden (so auch Lange/Wulff/Lüdtke-Handjery § 16 HöfeO Rn 2). Zu den sich aus dem früheren Charakter der HöfeO als Besatzungsrecht ergebenden Fragen s Staudinger/Promberger[11] Rn 106 f, 155. Nach der *Wiedervereinigung* wurde bezüglich der HöfeO keine besondere Regelung in den Einigungsvertrag aufgenommen. Als lediglich partielles Bundesrecht ist sie daher im Gebiet der ehem DDR nicht in Kraft getreten (vgl Art 8 des *Einigungsvertrags*, BGBl 1990 II 889), vielmehr gilt dort seit dem 3.10.1990 das allgemeine Erbrecht des BGB (Adlerstein/Desch DtZ 1991, 200; MünchKomm/Leipold Einl Rn 116; Schäfer NotBZ 1998, 139; Böhringer DNotZ 2004, 703). Zur Geltung der HöfeO in sog *„Ausmärkergrundstücken"*, die in der ehem DDR belegen sind, s Rn 150, zur Fortgeltung von früherem Anerbenrecht in den neuen Bundesländern s ausführlich Rn 121.

bb) Inhaltsübersicht, aktuelle Einzelprobleme
Die *Höfeordnung* regelt im Wesentlichen nur die Erbfolge oder solche Rechtsge- **91** schäfte, die die Erbfolge vorwegnehmen (*„Übergabe"*, dazu §§ 7, 17 HöfeO) oder sich auf diese beziehen, dagegen im Unterschied zum Reichserbhofgesetz nicht den Grundstücksverkehr (Veräußerung, Verpachtung, Belastung) in Ansehung des dem Anerbenrecht unterliegenden Hofes (ausführliche Übersicht zur HöfeO bei Soergel/Stein § 1922 Rn 87 ff).

„Höfe" sind gemäß § 1 HöfeO land- und forstwirtschaftliche Besitzungen mit einer **92** Hofstelle, die im Alleineigentum einer natürlichen Person oder im gemeinschaftlichen Eigentum von Ehegatten stehen oder zum Gesamtgut einer fortgesetzten Gütergemeinschaft gehören. **Kraft Gesetzes** unterliegen dem Höferecht Höfe mit einem *Wirtschaftswert* iS des § 46 steuerlichen Bewertungsgesetzes (§ 1 Abs 1 S 2) von mindestens 10.000 €, also ohne den Wohnungswert nach § 47 BewG (Wöhrmann § 1 HöfeO Rn 40); der *„Hofvermerk"* im Grundbuch wirkt bei diesen nur *deklaratorisch*. Höfe mit einem Wirtschaftswert unter 10.000 €, mindestens jedoch von 5.000 €, unterfallen dem Höferecht nur, wenn der Eigentümer eine dahingehende Erklärung abgibt und der Hofvermerk im Grundbuch eingetragen wird (§ 1 Abs 1 S 3 HöfeO). In beiden Fällen kann die Hofeigenschaft durch entsprechende Erklärung des Eigentümers und Grundbucheintragung aufgehoben, aber auch wieder neu begründet werden (*fakultatives Höferecht*, § 1 Abs 4). Eine *partielle Hoferklärung*, dass bestimmte Grundstücke von der Hoferbfolge ausgenommen sein sollen, ist nicht möglich (BGHZ 106, 245 = NJW 1989, 1222). Eine *negative Hoferklärung* wirkt auch für alle Rechtsnachfolger weiter (BGH FamRZ 2000, 224 = NJW-RR 1999, 945; **aA** Fassbender AgrarR 1993, 10). Im Bereich der HöfeO begründet der als Aufschrift des Grundbuchs eingetragene Hofvermerk die Vermutung, dass der Grundbesitz die durch den Vermerk ausgewiesene Eigenschaft noch hat (OLG Köln MittRhNotK 1999, 282 = AgrarR 2000, 122). Auch ist der erwerbsgärtnerische Anbau von *Blumen und Zierpflanzen* Landwirtschaft iS der HöfeO, auch wenn er überwiegend in Gewächshäusern und in Behältern betrieben wird (BGHZ 134, 146 = NJW 1997, 664).

Die **Besitzung verliert** die **Hofeigenschaft**, wenn keine der in § 1 Abs 1 genannten Eigentumsformen mehr besteht oder eine der übrigen Voraussetzungen auf Dauer wegfällt; sinkt jedoch nur der Wirtschaftswert unter 5.000 € oder besteht keine zur Bewirtschaftung geeignete Hofstelle mehr, so bedarf es der (konstitutiven) *Löschung des Hoferbenvermerks* im Grundbuch (§ 1 Abs 3 HöfeO; zum Verlust der Hofeigenschaft näher NIEWERTH AgrarR 1999, 201). Die Hofeigenschaft entfällt jedoch **unabhängig von der Löschung** des Hofvermerks, wenn keine landwirtschaftliche Besitzung iS einer **wirtschaftlichen Betriebseinheit** mehr vorhanden ist (HöfeO § 1 Abs 3 S 1 iVm HöfeO § 1 Abs 1; BGHZ 84, 78 = NJW 1982, 2665; BGH ZEV 1996, 74, 75 = NJW-RR 1995, 1155; NJW-RR 2000, 292 = FamRZ 2000, 422; MünchKomm/LEIPOLD Einl Erbrechts Rn 121; wohl auch – wenn unklar – WÖHRMANN, Landwirtschaftserbrecht § 1 HöfeO Rn 123 f, ohne die einschlägige BGH-Rspr zu zitieren).

93 Nach der Regelung des sachlichen Anwendungsbereichs der HöfeO (§§ 1 bis 3) folgt die der Hoferbfolge (§§ 4 bis 10), darunter insbesondere das Prinzip des ungeteilten und unmittelbaren Anfalls des Hofes an einen Hoferben (§ 4) und die Bestimmung des Kreises der Hoferben sowie der unter ihnen bestehenden Ordnung (§§ 5, 6). Der (gesetzliche wie gewillkürte) Hoferbe muss *wirtschaftsfähig* iS von § 6 Abs 7 HöfeO sein (§§ 6 Abs 6, 7 Abs 1 S 2 HöfeO). Auch wenn die Höfeordnung in ihrer heute geltenden Fassung, anders als die bis zum 30. 6. 1976 geltende (hier §§ 6 Abs 2 und 8 Abs 1 aF) keinen Hinweis auf die Zulässigkeit einer **Vor- und Nacherbfolge** mehr enthält, kann hieraus nicht geschlossen werden, dass eine solche Anordnung heute nicht mehr zulässig ist. Doch wirft diese eine Vielzahl von Schwierigkeiten auf, da die allgemeinen erbrechtlichen Bestimmungen mit den speziellen höferechtlichen Erfordernissen, etwa der Wirtschaftsfähigkeit von Vor- und Nacherbe, in Einklang gebracht werden müssen (eingehend dazu DRESSLER AgrarR 2001, 265 mit Anm STEFFEN AgrarR 2002, 12; vor der Vor- und Nacherbfolge warnend STEFFEN RdL 1998, 197). Der Vorzug des männlichen Geschlechts innerhalb der gleichen Hoferbenordnung ist durch das Änderungsgesetz vom 24. 8. 1964 (BGBl I 693) als mit Art 3 GG unvereinbar (so BVerfGE 15, 339) beseitigt.

Auch wenn in Folge des *„Einerbenprinzips"* des § 4 S 1 HöfeO eine Sondererbfolge (s bereits Rn 21), nach weiter gehender Ansicht sogar eine **höferechtliche Nachlassspaltung** eintritt (WÖHRMANN, Landwirtschaftserbrecht § 4 HöfeO Rn 9 f), so ist der Hof doch „Teil der Erbschaft", wie sich aus dem Wortlaut der Norm ergibt. Dass eine *„gewisse Einheitlichkeit* des gesamten Nachlasses" besteht, wird aber auch an einigen sachlichen Regelungen des Gesetzes deutlich (dazu MUSCHELER, Universalsukzession und Vonselbsterwerb [2002] 55; keinen besonderen Erkenntniswert misst solchen Überlegungen WÖHRMANN, Landwirtschaftserbrecht § 15 HöfeO Rn 16 bei): Zum einen haften der Hoferbe und die sonstigen Erben für alle Nachlassverbindlichkeiten gesamtschuldnerisch (§ 15 Abs 1 HöfeO). Zum anderen besteht zwischen ihnen eine „Abrechnungsgemeinschaft" nach § 15 Abs 4 HöfeO; dadurch soll verhindert werden, dass Ausgleichsansprüche der weichenden Erben und die Überschussverteilung bezüglich des übrigen Vermögens unverbunden neben einander bestehen. Und dann wird grundsätzlich auch ein *einheitlicher Erbschein* ausgestellt, der sowohl die Erbfolge in den Hof, aber auch in den hofesfreien Nachlass bezeugt (§ 18 Abs 2 HöfeO). Wegen dieser Zusammenhänge wird daher teilweise davon gesprochen, dass die höferechtliche Erbfolge „keine rein und konsequent durchgeführte Sondererbfolge" sei, ja in ihrer Konzeption eher eine vom Gesetz selbst vollzogene und festgelegte **„Teilungsanordnung"** (MUSCHELER 55 f; vJEINSEN, in: FASSBENDER/HÖTZEL/vJEINSEN § 4 HöfeO Rn 5; LANGE/WULFF/LÜDTKE-HANDJERY § 4 HöfeO Rn 8; BENDEL AgrarR 1976, 121; **aA** WÖHRMANN, Landwirtschaftserbrecht § 4 HöfeO Rn 9 f: höferechtliche Nachlassspaltung) oder eine „beschränkte Gesamterbfolge" (MUSCHELER 56 unter Bezug auf PIKALO, in: FASSBENDER/HÖTZEL/PIKALO, HöfeO [1. Aufl 1978] § 4 Rn 3), was aber angesichts des Umstands, dass es eben doch noch einen anderen, selbstständig und nach eigenen Regeln vererbten Nachlassteil gibt, doch zur zutreffenden Annahme einer Nachlassspaltung führt.

Durch das *2. HöfeOÄndG* haben die von der *Rechtsprechung* entwickelten **Grundsätze zur sog formlosen Hoferbenbestimmung** Eingang in das Gesetz gefunden (§ 6 Abs 1 Nr 1 und 2, § 7 Abs 2 HöfeO) und damit praktisch an Bedeutung verloren. Auf diese Grundsätze kann aber nach hM nach wie vor noch zurückgegriffen werden, soweit der Schutz des § 7 Abs 2 HöfeO im Einzelfall versagt (BGHZ 73, 324, 329 = NJW 1979, 1453; BGHZ 87, 273 = NJW 1983, 2504; WÖHRMANN § 7 HöfeO Rn 38 f). Damit aber wird nicht nur das Höferecht zu einem bloßem Instrument des Vertrauensschutzes des formlos bestimmten Hoferben und löst sich somit von seiner *agrarpolitischen Zielsetzung* (s Rn 15), obwohl nicht die Erbfolge, sondern die §§ 611, 1967, 2057a BGB und das landwirtschaftliche Sozialversicherungsrecht die richtigen Mittel wären, die unzureichend entlohnte Arbeitsleistung abzugelten (MUSCHELER 110; SACHS, Die bindende formlose Hoferbenbestimmung [1991] 93 ff; WINDEL, Über die Modi der Nachfolge in das Vermögen einer natürlichen Person beim Todesfall [1998] 318). Sondern dies ist auch *verfassungsrechtlich* wegen des Gleichheitsgrundsatzes des Art 3 Abs 1 GG höchst bedenklich, weil hier für einen *räumlich und sachlichen Sonderbereich* sowohl die Formenstrenge des Erbrechts verlassen, als auch eine weitreichende Bindung – ebenfalls unter Missachtung der allgemein hierfür geltenden erbrechtlichen Form, nämlich des Erbvertrags – begründet wird (zutr STAUDINGER/OTTE [2000] Einl 82 zu §§ 1922 ff). Worin soll aber der sachliche Grund dafür liegen, dass etwa in *Bayern* ein „enttäuschter", formlos bestimmter Hoferbe die fehlende Form des § 311b Abs 1 S 1 BGB nicht überwinden kann, wohl aber der in Niedersachsen?

Es folgen Bestimmungen über die Rechte der Miterben (§§ 12, 13) und des über- **94** lebenden Ehegatten (§ 14): Danach haben die Miterben gegenüber dem Hoferben nur einen **Abfindungsanspruch** auf einen bestimmten Geldbetrag, der sich unter Zugrundelegung des eineinhalbfachen steuerlichen Einheitswerts iS des § 48 BewG mit Zuschlägen oder Abschlägen im Einzelfall, abzüglich der Nachlassverbindlichkeiten, die im Verhältnis der Miterben den Hof treffen und von dem Hoferben allein zu tragen sind, berechnet. § 12 Abs 3 S 2 und Abs 9 dienen der Sicherung einer Mindestabfindung. Nach Ansicht des BGH hat das Unterlassen der nach § 21 Abs 1 BewG in regelmäßigen Zeitabständen von sechs Jahren vorzunehmenden **Hauptfeststellung des Einheitswertes** seit dem Inkrafttreten der Neufassung der HöfeO im Jahre 1976 zur Folge, dass die an die Einheitswertfestsetzung geknüpfte Abfindungsregelung des § 12 HöfeO lückenhaft geworden ist, soweit sich die seinerzeit zugrunde gelegte Wertrelation zwischen Einheitswert und Ertragswert des Hofes infolge der Entwicklung der allgemeinen wirtschaftlichen Verhältnisse erheblich ver-

schoben hat. Diese Lücke ist durch eine entsprechende Anwendung des § 12 Abs 2
Satz 3 HöfeO zu schließen (BGHZ 146, 74 = NJW 2001, 1726; für verfassungsgemäß hält die
niedrige Abfindung im Grundsatz noch STAUDINGER/OTTE [2000] Einl 83 zu §§ 1922 ff). Diese im
Kern zutr Entscheidung hat eine lebhafte Diskussion über die sachgerechte Bemessung der Abfindung ausgelöst (vgl etwa RINCK AgrarR 2001, 111; KÖHNE AgrarR 2001, 165;
GLUTH JR 2002, 21; HOLL AgrarR 2002, 13; WENZEL AgrarR 2002, 373; MünchKomm/LEIPOLD Einl
Erbrecht Rn 124; SOERGEL/STEIN § 1922 Rn 97). Veräußert der Hoferbe den Hof, uU auch
einzelne Grundstücke oder Zubehör, innerhalb von zwanzig Jahren nach dem Erbfall, oder nutzt er den Hof oder Teile davon unter Erzielung erheblicher Gewinne
anders als land- oder forstwirtschaftlich, so haben die abfindungsberechtigten *weichenden Erben* einen **Nachabfindungsanspruch** auf den anteiligen Erlös nach näherer
Maßgabe des § 13 HöfeO. Auch wenn der Hoferbe ein zum Hofvermögen gehörendes *Milchkontingent* veräußert, so wird er mit dem dafür erhaltenen Erlös grundsätzlich nachabfindungspflichtig (BGHZ 135, 292 = ZEV 1997, 342). Ebenso kann die
Belastung eines Hofes mit *Grundpfandrechten* außerhalb einer ordnungsgemäßen
Bewirtschaftung des Hofes einen Abfindungsergänzungsanspruch nach § 13 HöfeO
zur Folge haben (BGHZ 146, 94 = NJW 2001, 1728). Der im Falle einer *nichtlandwirt-
schaftlichen Nutzung* des Hofes oder von Teilen hiervon erzielte Gewinn, etwa der
Umbau eines Schweinestalls zu Mietwohnungen, kann nicht auf der Grundlage des
Verkehrswerts der zweckwidrig genutzten (ausgegliederten) Fläche berechnet wer-
den (BGH NJW-RR 2000, 1601 = AgrarR 2000, 298).

95 Der **überlebende Ehegatte** hat, falls der Hoferbe ein Abkömmling des Erblassers ist,
grundsätzlich das Recht zur Verwaltung und Nutznießung am Hof, bis der Hoferbe
25 Jahre alt wird. Steht ihm die Verwaltung und Nutznießung nicht (mehr) zu, kann
er uU den üblichen Altenteil verlangen. Er kann ferner, wenn ihm dieses Recht vom
Erblasser verliehen ist, unter dessen Abkömmlingen nach Maßgabe des § 14 Abs 3
den Hoferben bestimmen.

96 Was die **Testierfreiheit des Hofeigentümers** betrifft, so kann dieser, abgesehen von
seinem Recht, den Hoferben zu bestimmen oder diesem auch den Hof schon durch
Übergabevertrag unter Lebenden zuzuweisen (§ 7), das Hoferbrecht durch Verfügung von Todes wegen in Einzelheiten beschränken (§ 16), nicht aber ausschließen.
Seit der Einführung des *fakultativen Höferechts* nach § 1 Abs 4 HöfeO ist durch die
Möglichkeit, die Anwendung der HöfeO durch entsprechende Erklärung des Hofeigentümers auszuschließen (sog *negative Hoferklärung*), die Testierfreiheit voll gewährleistet (WÖHRMANN § 7 HöfeO Rn 5; vgl oben Rn 42; krit aus rechtspolitischer Sicht nicht zu
Unrecht MUSCHELER 109 f; aA STAUDINGER/PROMBERGER/SCHREIBER[12] Rn 106). Eine solche
negative Hoferklärung, die auch gegen alle Rechtsnachfolger wirkt (BGHZ 118, 356)
und keine Verfügung von Todes wegen ist (BGH NJW 1976, 1635; LANGE/KUCHINKE § 53
III 3; vgl auch Rn 100), mit anschließender Löschung des Hoferbenvermerks beseitigt
die Sondererbfolge der HöfeO auch dann, wenn der Hofeigentümer zuvor einen
Hoferben bindend bestimmt hat (BGHZ 101, 57 = NJW 1988, 710 m Anm OTTE 672 = JR 1989,
415 m Anm KROESCHELL). Welche Rechte sich dann für den enttäuschten Erbprä-
tendenten ergeben, bestimmt sich allein nach den allgemeinen Rechtsvorschriften und
den insoweit eingegangenen Bindungen, etwa ob ein Übergabevertrag oder Vor-
vertrag hierzu oder ein bindender Erbvertrag vorlag (BGH aaO; abl hierzu etwa WÖHR-
MANN § 7 HöfeO Rn 58 ff; für Lösung primär über § 2057a BGB LANGE/WULFF/LÜDTKE-HANDJERY
§ 6 HöfeO Rn 14).

cc) Ergänzende Rechtsvorschriften

Die Höfeordnung wird durch verschiedene Vorschriften *ergänzt*: **97**

Hinsichtlich des *Erbbrauchs* (also der Frage, ob Ältesten- oder Jüngstenrecht gilt) wurde gem Art 3, § 6 S 1 des 2. HöfeOÄndG für *Nordrhein-Westfalen* die VO zur Feststellung des Erbbrauchs vom 7. 12. 1976 (NWGVBl 426) erlassen und für *Niedersachsen* die VO vom 12. 12. 1995 (NdsGVBl 485).

In den *übrigen Ländern* im Geltungsbereich der HöfeO, das sind, soweit ersichtlich, Hamburg und Schleswig-Holstein, finden gem Art 3, § 6 des 2. HöfeOÄndG die „bisher geltenden Vorschriften" Anwendung (vgl WÖHRMANN § 6 HöfeO Rn 38 iVm S 218), also die Gemeinschaftliche Bekanntmachung des Reichsjustizministers und des Reichsministers für Ernährung und Landwirtschaft vom 28. 9. 1940 (DJ S 1109) sowie die zwischenzeitlich getroffenen abweichenden Feststellungen (in Nordrhein-Westfalen aufgehoben durch AV vom 14. 2. 1977, JMBlNRW 1977, 61, in Niedersachsen s § 2 der og VO vom 12. 12. 1995; zum übrigen Geltungsbereich der HöfeO STEFFEN RdL 1981, 5).

Für das höferechtliche Verfahren gilt die mit Art 2 des 2. HöfeOÄndG erlassene **98** *Verfahrensordnung für Höfesachen* (HöfeVfO) vom 29. 3. 1976 (BGBl I 885) zuletzt geändert durch G vom 27. 6. 2000 (BGBl I 897). Die Verfahrensordnung für Landwirtschaftssachen vom 2. 12. 1947 (s dazu STAUDINGER/PROMBERGER/SCHREIBER[12] Rn 110) ist gem Art 2 § 26 des 2. HöfeOÄndG aufgehoben. Die HöfeVfO bestimmt die (grundsätzliche) Anwendung des LwVG in Höfesachen (§ 1 Abs 1); sie regelt ferner vor allem die Eintragung und Löschung des Hofvermerks (§§ 2 ff), das Verfahren zur gerichtlichen Feststellung höferechtlicher Rechtsverhältnisse (zB der Hofeigenschaft, der Wirtschaftsfähigkeit), §§ 11 f, und das Verfahren über die Zustimmung zu Verfügungen von Todes wegen und Übergabeverträgen (§§ 13 ff).

Da seit Inkrafttreten des 2. HöfeOÄndG im Bereich der HöfeO allgemein **fakulta- 99 tives Anerbenrecht** gilt (§§ 1 Abs 4, 5 HöfeO) und § 19 HöfeO aF aufgehoben ist, wurde auch die nordrhein-westfälische VO über die Aufhebung der Hofeigenschaft vom 4. 3. 1949 aufgehoben (VO vom 21. 6. 1976 [NWGVBl 239]).

Hinzuweisen ist jedoch auf eine Entscheidung des BGH zu dieser VO, die auch unter **100** dem neuen Recht von Bedeutung bleibt: Danach soll trotz vorliegender erbvertraglicher Bestimmung des Hoferben die Erklärung des Eigentümers, die Hofeigenschaft aufzuheben – ohne Zustimmung des eingesetzten Hoferben – wirksam sein, da dies keine Verfügung von Todes wegen ist (BGH NJW 1976, 1635 = DNotZ 1976, 750 = Mitt-RhNotK 1976, 450 m Anm PIKALO. Kritisch hierzu PIKALO AgrarR 1976 342; FASSBENDER AgrarR 1977, 194; DNotZ 1978, 305, 307. Zum neuen Recht OLG Köln DNotZ 1979, 114; BGH DNotZ 1979, 564 m Anm FASSBENDER; vgl auch oben Rn 96).

Überleitungsvorschriften zur HöfeO nF enthält Art 3 des 2. HöfeOÄndG. **101**

dd) Verbleibende Bedeutung des Vorbehalts des Art 64

Art 64 EGBGB ist, ungeachtet der als Bundesrecht bestehenden Höfeordnung, auch **102** in der *ehemals britischen Zone* nicht außer Kraft gesetzt und *nicht ohne jede Bedeutung*. Der Bereich des Vorbehalts in Art 64 EGBGB ist weiter als der durch die

Höfeordnung tatsächlich geregelte Bereich, und die Höfeordnung kann auch nicht als eine nach der Absicht des Gesetzgebers abschließende Regelung des gesamten Anerbenrechts angesehen werden. Das ergibt sich schon daraus, dass es auch während der Geltung des Reichserbhofrechts noch weiteres auf Art 64 EGBGB beruhendes Anerbenrecht gegeben hatte und dass die Höfeordnung in Verbindung mit der Kontrollratsgesetzgebung nur dieses Reichserbhofrecht ablösen sollte. Ein Anwendungsfall für Landesrecht aufgrund des Vorbehalts in Art 64 EGBGB im Bereich der ehemals britischen Zone ist das interlokale Anerbenrecht; hierüber unten Rn 150.

c)   Rheinland-Pfalz

103 Das *rheinland-pfälzische Landesgesetz über die Höfeordnung* vom 7. 10. 1953 (GVBl 101) idF der Bek vom 18. 4. 1967 (RhPfGVBl 138 = BS 7811-1), geändert durch G vom 18. 12. 1981 (GVBl 331) stellt das einzige in der Nachkriegszeit von einem Landesgesetzgeber erlassene in sich geschlossene Anerbengesetz dar.

Nach diesem Gesetz gilt nur *fakultatives* und nur mittelbares *Anerbenrecht*: Die konstitutiv wirkende Eintragung in die *Höferolle* erfordert den Antrag des Eigentümers (§ 5). Der Hof geht unmittelbar durch *Sondererbfolge* (§ 14) auf den vom Hofeigentümer bestimmten, hilfsweise den nach der gesetzlichen Hoferbenordnung berufenen Hoferben über (§§ 15, 16). Abgesehen von den ausdrücklich im Gesetz genannten Verfügungen von Todes wegen über das Verhältnis des Hoferben zu den sonstigen Erben und den überlebenden Ehegatten (§§ 20 ff) lässt das Gesetz dem Eigentümer auch die Freiheit, von der Sondererbfolge in den Hof überhaupt abzugehen (§ 14); die *Testierfreiheit* des Art 64 Abs 2 EGBGB ist daher beachtet. Zur Erteilung des Hoffolgezeugnisses ist das Landwirtschaftsgericht zuständig (BGH NJW-RR 1995, 197).

104 *Ergänzende Bestimmungen* enthalten:

Die §§ 59 bis 63 der LandesVO über Grundstücksverkehr, Landbewirtschaftung und Aufhebung der Erbhöfe vom 11. 12. 1948 (RhPfGVBl 447 = BS 7810-2), in § 39 Abs 2 Nr 45 des GrdstVG vom 28. 7. 1961 (BGBl I 1091) von der dort im Übrigen ausgesprochenen Aufhebung dieser VO ausgenommen. Inhalt: Regelung der Überleitung von Rechtsverhältnissen aus der Zeit des Reichserbhofrechts;

die *Landesverordnung zur Durchführung* der Höfeordnung vom 14. 12. 1953 (GVBl 140) idF vom 27. 4. 1967 (GVBl 147 = BS 7811-1-1) geändert durch VO vom 26. 3. 1974 (RhPfGVBl 155);

die *Landesverordnung über die Höferolle* vom 15. 1. 1954 (GVBl 3) idF vom 14. 3. 1967 (RhPfGVBl 143 = 7811-1-2), zuletzt geändert durch G vom 28. 8. 2001 (GVBl 210); hierzu AV des RhPf JustMin über die Höferolle in Karteiform vom 29. 11. 1969 (RhPfJMBl 258).

d)   Hessen

105 Es gilt die *Hessische Landgüterordnung* idF der Bek vom 13. 8. 1970 (HessGVBl 548; als Neubekanntmachung der Landgüterordnung vom 1. 12. 1947 [HessGVBl 1948, 12 = GVBl II 81-5], die durch G vom 15. 5. 1958 [HessGVBl 601] und vom 6. 2. 1962 [HessGVBl

21, 651] geändert worden war). – Sie ist lediglich eine Neufassung der „Landgüter-ordnung für den Regierungsbezirk Cassel" vom 1. 7. 1887, welche aufgrund des KRG Nr 45 wieder in Kraft getreten und gemäß § 1 Abs 1 und 2 der DVO zum KRG Nr 45 vom 11. 7. 1947 (HessGVBl 44) unter gleichzeitiger Aufhebung aller übrigen im Lande Hessen durch das KRG Nr 45 wieder aufgelebten Anerbengesetze auf das ganze Land Hessen erstreckt worden ist.

Es gilt nur *fakultatives* und mittelbares *Anerbenrecht* (§ 4); das auf Antrag in die **106** *Landgüterrolle* eingetragene Landgut kann bei einer Mehrheit von Erben durch einen der Miterben ungeteilt übernommen werden (§§ 11 ff; reines Übernahme-recht), welcher durch letztwillige Verfügung, Einigung unter den Miterben oder in einem besonderen Verfahren durch Entscheidung des Landwirtschaftsgerichts zu bestimmen ist (im letztgenannten Fall handelt es sich lediglich um ein Zuweisungs-verfahren, MILLICH RdL 1986, 200). Der Eigentümer ist in seiner Testierfreiheit nicht beschränkt; er kann die Zuweisung an einen Miterben regeln, ergänzende Anord-nungen treffen oder das Anerbenrecht auch überhaupt ausschließen (§§ 24, 25). Der Pflichtteil hinsichtlich des Landguts ist gem § 26 nach dem nach den §§ 14–17 fest-zulegenden besonderen Wert zu bestimmen, der sich grundsätzlich nach dem 25fa-chen Ertragswert richtet.

Die §§ 1 bis 5 und 39 der – im Übrigen durch § 39 Abs 2 Nr 15 GrdstVG aufgeho- **107** benen – DVO zum KRG Nr 45 vom 11. 7. 1947 (HessGVBl 44 = GVBl II Nr 81-3) regeln die Überleitung von Rechtsverhältnissen aus der Zeit des Reichserbhofrechts.

e) Bremen

Als Neufassung des durch das KRG Nr 45 wieder in Kraft gesetzten Bremischen **108** Höfegesetzes vom 18. 7. 1899 (BremGBl 327) aufgrund der Durchführungsverordnung zum Kontrollratsgesetz Nr 45 vom 19. 7. 1948 (BremGBl 119 = SaBR 7811-a-1) gilt im Ganzen bremischen Landesgebiet das *Bremische Höfegesetz* vom 19. 7. 1948 (BremGBl 124 = SaBR 7811-a-2), idF des G vom 19. 10. 1965 (BremGBl 134) zuletzt geändert durch G vom 23. 2. 1971 (BremGBl 14).

Das darin vorgesehene Anerbenrecht gilt dem Grundsatz nach nur mittelbar und *fakultativ* (§§ 1 bis 3). Seine Wirkungen sind von der auf Antrag erfolgenden Ein-tragung in die Höferolle abhängig. Der Hof fällt dem Anerben kraft Sonderrechts-nachfolge zu (§ 9), wobei nachfolgeberechtigt nur die Abkömmlinge oder der Ehe-gatte (§ 20) sind. Dem Eigentümer ist die Freiheit, über den Hof von Todes wegen zu verfügen, ohne Einschränkung gewährleistet (§ 8).

Ergänzende Bestimmungen enthalten: **109**

Die Durchführungsverordnung zum Kontrollratsgesetz Nr 45 vom 19. 7. 1948 (BremGBl 119 = SaBR 7811-a-1), mit Bestimmungen zur Überleitung von Rechtsver-hältnissen aus der Geltungszeit des Reichserbhofrechts;

VO, betreffend die Anlegung und Führung der Höferolle und die grundbuchliche Behandlung der Höfe vom 19. 7. 1948 (BremGBl 128 = SaBR 7811-a-3).

f)   Baden-Württemberg

110 Die Rechtslage war hier bis vor kurzem sehr unübersichtlich, insbesondere wegen der häufigen Änderungsgesetze, aber auch, weil für das ehemalige *(Nord-)Württemberg-Baden* und das ehemalige *Württemberg-Hohenzollern* bis zum Ablauf des 31. 12. 2000 das württembergische Gesetz über das Anerbenrecht vom 14. 2. 1930 mit zahlreichen ergänzenden Bestimmungen galt (dazu Rn 113 ff). Zur zu beachtenden Prüfungsreihenfolge bei Rechtsfällen in Baden-Württemberg vgl Sick ZEV 1994, 242.

aa)   Gebietsteil (Süd-)Baden

111 Aufgrund des KRG Nr 45 gilt wieder das *„Gesetz, die geschlossenen Hofgüter betreffend"* vom 20. 8. 1898 (BadGVBl 405), jedoch mit Änderungen und Ausnahmen gemäß G vom 12. 7. 1949 (BadGVBl 288), welches die Wiedereinführung regelte, und mit weiteren Änderungen durch § 39 Abs 2 Nr 24 GrdstVG, durch Gesetz vom 7. 12. 1965 (BadWürttGBl 301) und durch Gesetz vom 30. 6. 1970 (BadWürttGBl 289), zuletzt geändert durch G vom 19. 11. 1991 (GVBl 681). Während das *Dritte Rechtsbereinigungsgesetz* vom 18. 12. 1995 (GBl 1996, 29) das württembergische Anerbengesetz aufhob, bleibt die Geltung dieses Gesetzes davon unberührt (Steffen RdL 1997, 144, 146; Lange/Kuchinke § 53 I Fn 30; MünchKomm/Leipold Einl Rn 128; Soergel/Stein § 1922 Rn 106; Wöhrmann, Landwirtschaftserbrecht Einl Rn 25; offenbar übersehen von Kraiss BWNotZ 2003, 45). Das davon erfasste Gebiet entspricht heute im Wesentlichen dem Regierungsbezirk Freiburg.

Nur für einen bestimmten Kreis von Hofgütern (§ 1), die sog *„Schwarzwald-Höfe"*, gilt *obligatorisches* und unmittelbares, dh von keiner besonderen Eintragung und keinem darauf gerichteten Antrag abhängiges Anerbenrecht (§§ 2–3). Betroffen sind davon ca 4.400 Höfe (Wöhrmann, Landwirtschaftserbrecht Einl Rn 25). Der Anerbe hat das Recht zur Übernahme des Hofguts zum Ertragswert in der Auseinandersetzung (§ 10). Die Testierfreiheit des Erblassers hat den Vorrang vor dem Anerbenrecht (aA Kühlwetter, Anerbenrecht in der Bundesrepublik usw [Diss Köln 1967] 99, unter Berufung auf Heinzmann, Das badische Anerbenrecht [Diss Heidelberg 1933] 63 f); denn gemäß § 6 tritt das Anerbenrecht nur in Ermangelung einer letztwilligen Verfügung ein.

112 *Ergänzende Bestimmungen* enthalten:

die Badische Verordnung des großherzoglichen Ministeriums des Innern, die geschlossenen Hofgüter betreffend, vom 5. 6. 1900 (BadGVBl 791);

– die badische Verordnung des großherzoglichen Ministeriums des Innern, die geschlossenen Hofgüter betreffend, vom 5. 6. 1900 (BadGVBl 790);

– die Badische Verordnung des großherzoglichen Ministeriums der Justiz, des Kultus und Unterrichts, die Zuständigkeit zur Führung des Grundbuchs für geschlossene Hofgüter betreffend, vom 22. 2. 1906 (BadGVBl 75);

– der Staatsvertrag zwischen den Ländern Baden und Württemberg-Hohenzollern über die Behandlung land- und forstwirtschaftlicher Grundstücke vom 27. 6. 1951 (BadGVBl 99; WürttHoRegBl 75): Gem Art I gilt auch für im ehemaligen Baden gelegenen Grundstücke, die zu einem Hof im ehemaligen Württemberg-Hohenzollern gehören, das in Württemberg-Hohenzollern geltende Anerbenrecht;

– die §§ 58 bis 62 der, im übrigen durch § 39 Abs 2 Nr 23 GrdstVG aufgehobenen, Landesverordnung der Landesregierung über Grundstücksverkehr, Landbewirtschaftung und Aufhebung der Erbhöfe (DVO zum KRG Nr 45) vom 11. 12. 1948 (BadGVBl 217), sowie die Landesverordnung der Landesregierung zur Ergänzung der vorstehenden LandesVO vom 16. 9. 1949 (GVBl 447). Sie regeln die Überleitung vom Reichserbhofrecht her.

bb) Gebietsteil (Süd-)Württemberg-Hohenzollern

Hier galt das *württembergische Gesetz über das Anerbenrecht* vom 14. 2. 1930 (Württ- **113** RegBl 5) nach dem 2. Ausführungsgesetz zum Kontrollratsgesetz Nr 45 vom 13. 6. 1950 (WürttHoRegBl 249) mit Wirkung zum 24. 4. 1947 grundsätzlich wieder, und zwar auch in den ehemals hohenzollerischen Kreisen *Hechingen* und *Sigmaringen*, jedoch nach näherer Maßgabe und mit Änderungen durch dieses Gesetz idF der Bekanntmachung vom 8. 12. 1950 (WürttHoRegBl 279), insbesondere ohne den Art 6 (Testierfreiheit). Weitere Änderungen erfolgten mit Gesetz vom 30. 1. 1956 (BaWüGBl 6) vom 7. 12. 1965 (BaWü/GBl 301) und vom 30. 6. 1970 (BaWüGBl 289) und vom 25. 11. 1985 (BaWüGBl 385). Dieses Gebiet entsprach heute dem Regierungsbezirk Tübingen.

Aufgrund Art 1 iVm 29 S 2 des 3. Rechtsbereinigungsgesetzes vom 18. 12. 1995 (GBl **114** 1996, 29) trat mit Ablauf des 31. 12. 2000 das gesamte württembergische Anerbengesetz und das württembergische Recht zur Überleitung von erbhofrechtlichen Vorschriften außer Kraft (eingehend dazu STEFFEN RdL 1997, 144 ff). Art 28 des RBerG enthält die Übergangsregelungen. Zu den anderen früher geltenden Bestimmungen des württembergischen Anerbenrechts s ausführlich Rn 113 ff der Voraufl.

cc) Gebietsteil (Nord-)Württemberg-(Nord-)Baden

Das *württembergische Gesetz über das Anerbenrecht* vom 14. 2. 1930 (WürttRegBl 5) **115** trat nicht nur auf Grund des KRG Nr 45 im ehemals württembergischen Landesteil wieder in Kraft, sondern auch für den ehemals (nord-)badischen Landesteil. Die entsprechenden Bestimmungen über das Wiederinkrafttreten (mit Wirkung vom 24. 4. 1947), bzw die Ausdehnung auf Nordbaden (mit Wirkung vom 1. 8. 1948) enthielt die VO Nr 166, zuletzt idF vom 13. 1. 1950 (WürttBadRegBl 3). Die *Neubekanntmachung* des Anerbenrechtsgesetzes idF des G vom 30. 7. 1948 enthielt WürttBadRegBl 1948, 165, 169; diese Fassung wurde wieder geändert durch G vom 7. 12. 1965 (BaWüGBl 301), sowie G vom 30. 6. 1970 (BaWüGBl 289). Dieses Gebiet entsprach im wesentlichen den Regierungsbezirken Stuttgart und Karlsruhe.

Auch in diesem Gebietsteil trat das württembergische Anerbenrecht mit Ablauf des **116** 31. 12. 2000 außer Kraft (s Rn 114). Zu den anderen früher in diesem Landesteil geltenden Bestimmungen des Anerbenrechts s ausführlich Rn 115 f der Voraufl.

g) Bayern

In Bayern gilt, wie schon vor dem Reichserbhofgesetz, kein Anerbenrecht, nachdem **117** das G vom 22. 2. 1855 über landwirtschaftliche Erbgüter (BayGBl 49) durch § 2 des G vom 28. 3. 1919 (BayGVBl 114) aufgehoben worden war (dazu OLG München Rpfleger 1981, 103 m Anm STEFFEN; LANGE/KUCHINKE § 53 I 3 Fn 34). Die notarielle Vertragspraxis leistet hier das, was sonst vom Gesetz her vorgeschrieben werden muss (zur Entwicklung der Hofübergabe in Bayern und zur Gestaltung der Hofübergabeverträge: VIDAL, Unternehmensnachfolge in der Landwirtschaft – Möglichkeiten ihrer rechtlichen Ausgestaltung und deren Verbreitung im altbayerischen Raum [Diss Freiburg 1980]; ders AgrarR 1980, 93; ECKHARDT AgrarR 1975, 136; J MAYER, in: DEURINGER/FISCHER/FAUCK, Verträge in der Landwirtschaft [1999] S 66 ff).

118 Die §§ 1 bis 4 der – im Übrigen durch § 39 Abs 2 Nr 10 GrdstVG aufgehobenen – VO Nr 127 (DVO zum KRG Nr 45) vom 22. 5. 1947 (BayGVBl 180 = BayBS IV 351) regeln ua die Überleitung vom Reichserbhofrecht her. Im ehemaligen Kreis Lindau gelten diese Bestimmungen gleichfalls (Art 3 G über den Bayerischen Kreis Lindau vom 23. 7. 1955 [BayGVBl 153 = BayBS I 46]).

h) Saarland

119 Kein Anerbenrecht gilt im Saarland; das KRG Nr 45, das auch im Saarland Geltung hatte, hat damit den Rechtszustand aus der Zeit vor 1933 wieder eingeführt (PALANDT/EDENHOFER Rn 7).

i) Berlin

120 Westberlin kennt kein geltendes Anerbenrecht (PALANDT/EDENHOFER Rn 8; WÖHRMANN, Landwirtschaftserbrecht Einl Rn 27): Nach der Aufhebung des Reichserbhofrechts durch das KRG Nr 45 erging kein neues Anerbengesetz (aA, aber unrichtig, KÜHLWETTER 28 für den britischen Sektor unter Berufung auf § 2 des 1. ÄndG zur HöfeO vom 24. 8. 1964 [BGBl I 683], welcher den Geltungsbereich der HöfeO auf den britischen Sektor Berlins erstreckt habe); diese übliche Berlinklausel dient nur dazu, dass das 1. ÄndG zur HöfeO als Bundesgesetz für einen Teil des Bundesgebiets auch in Berlin beachtet wird (wie hier ausführlich: WÖHRMANN, Landwirtschaftsrecht [2. Aufl 1966] 10). Wegen evtl durch das KRG Nr 45 wieder in Kraft gesetzten Anerbenrechts aus der Zeit vor 1933 vgl § 1 Abs 1 des RechtsberG vom 24. 11. 1961 (BerlGVBl 1647): Danach ist ein solches Recht durch Nichtaufnahme in die Bereinigte Sammlung des Berliner Landesrechts bis 1945 jedenfalls außer Kraft getreten.

k) Neue Bundesländer

121 Hier gelten derzeit grundsätzlich *keine Anerbengesetze* (vgl etwa SOERGEL/STEIN § 1922 Rn 106; MünchKomm/LEIPOLD Einl Erbrecht Rn 116 ff; JANKE NJ 2001, 117). Zwar bestanden in den dortigen Ländern vor Inkrafttreten des Reichserbhofgesetzes ebenfalls Anerbengesetze (eingehend hierzu STEFFEN RdL 1991, 141; BENDEL AgrarR 1991, 1). Und KRG Nr 45 hat mit der Aufhebung des Reichserbhofgesetzes auch in der sowjetischen Besatzungszone zunächst den alten Rechtszustand wieder hergestellt. Die Sowjetische Militärverwaltung traf auch keine abweichenden Regelungen. Jedoch betrachtete bereits die Verfassung der DDR vom 7. 10. 1949 die Anerbenrechte der Länder als gegenstandslos (ADLERSTEIN/DESCH DtZ 1991, 193, 200; MünchKomm/SÄCKER Rn 4 [einschränkend aber für Brandenburg und die schlesischen Teile von Sachsen]; dem zuneigend OLG Celle VIZ 1996, 52, 53; Thür OLG AgrarR 1997, 319, 320 = VIZ 1997, 493; MünchKomm/LEIPOLD Einl Erbrecht Rn 117; aA STAUDINGER/WERNER [1999] Vor § 1924 Rn 4; LANGE/WULFF/LÜDTKE-HANDJERY Einl Rn 12; FASSBENDER/HÖTZEL/VON JEINSEN/PIKALO Einl Rn 25). Teilweise wurde durch Einzelgesetze das landesrechtliche Anerbenrecht ausdrücklich beseitigt, so für *Mecklenburg-Strelitz* und *Mecklenburg-Schwerin* durch AufhebungsG vom 24.8.1951 (RegBl 1951, 84, vgl dazu OLG Rostock AgrarR 1993, 254, 257 = NJ 1993, 563 [auch zur Frage der Rückwirkung der Aufhebung]; AG Pinneberg DtZ 1992, 300, 3001 [zur Rechtslage in Mecklenburg-Vorpommern; dazu auch JANKE NJ 2001, 117]; unzutreffend LG Zweibrücken Rpfleger 1992, 107 für *Mecklenburg-Schwerin*). Zweifelhaft kann daher allenfalls die Geltung der nicht ausdrücklich aufgehobenen Anerbengesetze sein, so in *Brandenburg* und früher *schlesischen Teilen von Sachsen* (Lange/Wulff/Lüdtke-Handjery 590; MünchKomm/Säcker Rn 4). Doch ist auch dies abzulehnen. ZT wird dies mit Sinn und Zweck der gesellschaftlich motivierten Gesetzgebung der DDR begründet, denn die Wiederanwendung der alten Landesanerbenrechte hätte gegen tragende Grundsätze der Gesellschaftsordnung der DDR verstoßen, die gerade die Beseitigung von Privateigentum an Produktionsmitteln forderte (Wöhrmann, Landwirtschaftserbrecht Einl Rn 41 f; dem zuneigend MünchKomm/Leipold Einl Erbrecht Rn 117; soweit erkennbar, dürfte dies auch der Rechtsauffassung in der damaligen DDR entsprochen haben, vgl Daube NJ 1952, 611; aA Janke NJ 2001, 117, 119). Deshalb sei spätestens mit der Einführung der sozialistischen Bodenreformgesetze das alte Anerbenrecht *obsolet* geworden (Lange/Kuchinke § 53 I 3a). Auch ist das KRG Nr 45 für das Gebiet der DDR durch Regierungserklärung der UdSSR am 20. 9. 1955 außer Kraft getreten, was dafür spricht, dass damit auch etwa noch fortgeltendes Anerbenrecht beseitigt wurde (Thür OLG aaO). Auf alle Fälle aber galt mit der Einführung des DDR-ZGB am **1. 1. 1976** auch für die landwirtschaftlichen Höfe nur noch das **Erbrecht des ZGB**, da § 15 Abs 2 Nr 1 EG-ZGB der DDR sowohl das BGB wie das EGBGB und die aufgrund dessen ergangenen landesrechtlichen Ausführungsbestimmungen, und damit letztlich die auf Art 64 EG beruhenden landesrechtlichen Anerbengesetze, ausdrücklich beseitigt hat (Thür OLG AgrarR 1997, 319, 320; OLG Celle aaO; KrG Chemnitz AgrarR 1993, 312; Staudinger/Werner [1999] Vor § 1924 Rn 4; Bendel 4; Fassbender/Hötzel/vJeinsen/Pikalo Einl Rn 28; MünchKomm/Leipold Einl Erbrecht Rn 116; Lange/Wulff/Lüdtke-Handjery Einl Rn 12; Schäfer NotBZ 1998, 139; iE ebenso Böhringer DNotZ 2004, 694, 703, der dies zumindest auf § 13 Abs 2 EGZGB stützt, wonach dem ZGB widersprechende Regelungen verdrängt werden; zweifelnd offenbar Palandt/Edenhofer Rn 8). Genossenschaftlich genutzter landwirtschaftlicher Grundbesitz wurde dabei ebenfalls nach den allgemeinen erbrechtlichen Bestimmungen vererbt (Bendel aaO). Auch durch die Bestimmungen des *Einigungsvertrags*, der hierüber keine ausdrückliche Regelung enthält, ist das alte Landesanerbenrecht nicht wieder aufgelebt, so dass hier die Rechtslage der allgemeinen zur Fortgeltung der landesrechtlichen Ausführungsgesetze zum BGB entspricht (s Art 1 Rn 63 ff). Eine *Neueinführung* eines Anerbenrechts in den neuen Bundesländern wurde allerdings zeitweilig diskutiert, bisher aber noch nicht umgesetzt (dazu AgrarR 1996, 179).

l)   Bundesrechtliche Regelungen außer der HöfeO
aa) Gerichtliches Zuweisungsverfahren nach GrdstVG
Das Anerbenrecht wird durch die Vorschriften des *Grundstücksverkehrsgesetzes* **122** vom 28. 7. 1961 (BGBl I 1091, ber 1652, 2000 = BGBl III 7810-1; zuletzt geändert durch G vom 8. 12. 1986 [BGBl I 2191]; in *Berlin* eingeführt durch G vom 21. 12. 1961 [BerlGVBl 1753]) über die *gerichtliche Zuweisung eines landwirtschaftlichen Betriebes** ergänzt (2. Abschnitt, §§ 13 bis 17 GrdstVG):

---

* **Schrifttum**: Drummen, Die gerichtliche Zuweisung eines Betriebs nach den Bestimmungen des Grundstücksverkehrsgesetzes, MittRhNotK 1961, 851; Herminghausen, Beiträge zum Grundstücksverkehrsgesetz (1963); Netz RdL 2004, 31; ders, Grundstücksverkehrsgesetz – Praxiskommentar (2002); Rötelmann, Die Zuweisung landwirtschaftlicher Besitzungen im geltenden und kommenden Recht, DNotZ 1961, 185; ders, Die Zuweisung, DNotZ 1964, 82; Treutlein/Crusius, Kommentar zum Grundstücksverkehrsgesetz (1963); Vorwerck/ vSpreckelsen, Grundstücksverkehrsgesetz (1963); Wöhrmann, Das Grundstücksverkehrsgesetz (1963).

123 Danach kann, wenn ein landwirtschaftlicher Betrieb einer durch gesetzliche Erbfolge entstandenen Erbengemeinschaft gehört, das Gericht auf Antrag eines Miterben den gesamten Betrieb einem Miterben ungeteilt zuweisen, oder auch, wenn der Betrieb in mehrere Betriebe geteilt werden kann, diesen geteilt einzelnen Miterben zuweisen (§ 13 Abs 1 GrdstVG). Mit der Rechtskraft der gerichtlichen Entscheidung oder mit einem in dieser bestimmten späteren Zeitpunkt gehen die zu dem Betrieb gehörenden Eigentums- und sonstigen Rechte kraft Gesetzes auf den Miterben über (§ 13 Abs 2). Die Zuweisung ist nur zulässig, wenn die Erträgnisse des Betriebs zum Unterhalt einer bäuerlichen Familie ausreichen (§ 14 GrdstVG). Auszuwählen ist der Miterbe, dem der Betrieb nach dem wirklichen oder mutmaßlichen Willen des Erblassers zugedacht war (§ 15 GrdstVG).

124 Diese Regelung über Voraussetzungen und Durchführung der Zuweisung selbst wird ergänzt durch die Regelung der Rechte der übrigen Miterben (§§ 16, 17 GrdstVG): Die übrigen Miterben sind grundsätzlich mit einem am Ertragswert des Betriebs zu bemessenden, unter Umständen auch entsprechend der Leistungskraft des Hofes zu stundenden Geldbetrag, im Einzelfall jedoch auch mit Grundstücken oder dinglichen Rechten abzufinden. Erzielt der Erwerber binnen 15 Jahren nach dem Erwerb auf Grund der Zuweisung erhebliche Gewinne durch Veräußerung oder auf „andere, den Zwecken der Zuweisung fremde Weise", so können die Miterben nach Billigkeitsgesichtspunkten Ergänzung ihrer Abfindung unter Einrechnung des erzielten Gewinnes beanspruchen. Das gerichtliche Zuweisungsverfahren nach dem GrdstVG ist subsidiär gegenüber einer durchführbaren Einigung der Miterben oder einer Anordnung des Erblassers über die Auseinandersetzung (§ 14 Abs 2 und 3 GrdstVG). Dieses Verfahren ist *verfassungsgemäß* (BVerfGE 91, 346 = DNotZ 1995, 692 = AgrarR 1995, 52; ausführlich dazu s Rn 137 ff). Ein *testamentarischer Miterbe* hat jedoch keinen Zuweisungsanspruch nach § 13 GrdstVG, auch wenn die gewillkürte Erbfolge mit der gesetzlichen übereinstimmt (BGH NJW 1963, 2170; OLG Karlsruhe AgrarR 1995, 217).

125 Diese bundesgesetzliche Regelung erstreckt sich an sich auf einen Bereich, den Art 64 EGBGB eigentlich der *Landesgesetzgebung* vorbehalten hat. Soweit die landesrechtlichen Anerbengesetze eine unmittelbar wirkende Sondererbfolge in den landwirtschaftlichen Hof vorsehen, besteht aber schon deshalb kein Konkurrenzverhältnis, weil dieser Hof dann eben gar nicht in den Nachlass fällt und keine Erbengemeinschaft hieran entsteht. Aber auch soweit das Anerbenrecht lediglich ein Übernahmerecht des Miterben vorsieht, geht dieses als spezielleres Recht dem Zuweisungsverfahren nach dem GrdstVG vor (eingehend hierzu Staudinger/Promberger/Schreiber[12] Rn 149 f auch für den Fall, dass landesrechtlich nur Teilregelungen bestehen).

bb)   Verfahrensrecht nach dem LandwirtschaftsverfahrensG

126 Das *Gesetz über das gerichtliche Verfahren in Landwirtschaftssachen** vom 21. 7. 1953 (BGBl I 667 = BGBl III 317-1; zuletzt geändert durch G vom 10. 10. 1994 [BGBl I 2954]; in

---

* **Schrifttum:** Barnstedt/Steffen, Gesetz über das gerichtliche Verfahren in Landwirtschaftssachen (5. Aufl 1993); Lange/Wulff, Das Gesetz über das gerichtliche Verfahren in Landwirtschaftssachen (1954) mit Nachtrag (1963);

Pritsch, Das gerichtliche Verfahren in Landwirtschaftssachen (1955); Steffen, Formularbuch der landwirtschaftlichen Praxis (1980); ders, Landwirtschaftliches Verfahrensrecht, in: HAR Bd II Sp 340; Wöhrmann/Herming-

Berlin eingeführt durch Gesetz vom 18. 9. 1953 [BerlGVBl 1112]) ergänzt ua auch das Anerbenrecht auf verfahrensrechtlichem Gebiet:

Nach § 1 Nr 5 LwVG gelten seine Bestimmungen in Verfahren aufgrund der Vor-   **127**
schriften über „das Anerbenrecht einschließlich der Versorgungsansprüche bei Höfen, Hofgütern, Landgütern und Anerbengütern", allerdings nur, „soweit die beim
Inkrafttreten dieses Gesetzes für diese geltenden oder die künftig erlassenen Vorschriften die Zuständigkeit von Gerichten mit landwirtschaftlichen Beisitzern vorsehen." Das Gesetz gilt ferner bei Verfahren aufgrund der Vorschriften über die
gerichtliche Zuweisung eines Betriebs nach dem Grundstücksverkehrsgesetz (§ 1
Nr 2 LwVG).

IV.   Allgemeines zu den bestehenden Anerbengesetzen

1.   Anerbengesetze und Verfassungsrecht

Aus den Eigenheiten des Anerbenrechts gegenüber dem gemeinen Erbrecht – vom   **128**
gewöhnlichen Erbrecht abweichende Nachlassverteilung, Vorzugsstellung des Anerben gegenüber den sonst miterbenden Personen, Auswahl des Anerben nach
besonderen, vom Zweck des Hoferbrechts bestimmten Regeln, Beschränkung der
Testierfreiheit des Erblassers, soweit nicht Art 64 Abs 2 EGBGB eingreift – ist es
verständlich, dass die Frage nach der Verfassungsmäßigkeit anerbenrechtlicher
Rechtssätze immer wieder erhoben werden wird:

a)   Unterschiede nach den Rechtsquellen
Für eine solche Überprüfung des Anerbenrechts ergeben sich **Unterschiede je nach**   **129**
der Rechtsquelle der einzelnen Bestimmung:

aa)   Die landesrechtlichen Anerbengesetze unterliegen neben dem Grundgesetz
auch der einzelnen *Landesverfassung.*

bb)   Nur das *Grundgesetz* ist maßgeblich für die HöfeO seit dem 2. HöfeOÄndG
vom 29. 3. 1976 sowie für die anerbenrechtlichen Teilregelungen in Bundesgesetzen
(GrdstVG, LwVG).

b)   Gleichberechtigung und Vorrecht des männlichen Geschlechts
Den zunächst in allen Anerbengesetzen mit unterschiedlicher Gestaltung veranker-   **130**
ten **Vorrang des männlichen Geschlechts** hat das BVerfG für die Höfeordnung der
ehemals britischen Besatzungszone für verfassungswidrig erklärt (BVerfGE 15, 339 =
RdL 1963, 94 m Anm Wöhrmann = NJW 1963, 947 m Anm Rötelmann NJW 1963, 1347), wobei
es sich wegen der Natur der fraglichen Regelung als Besatzungsrecht darauf beschränken musste, die Verpflichtung des Bundesgesetzgebers zu einer verfassungs-
konformen Novellierung der Höfeordnung auszusprechen (zur inhaltsgleichen Bestimmung des württembergischen Anerbenrechts s Rn 113). Dieser Entscheidung des BVerfG
sind die Höfeordnung vom 24. 4. 1947 und die übrigen landesrechtlichen Anerbengesetze durch die oben genannten Änderungsgesetze angepasst worden.

Hausen, Das Gesetz über das gerichtliche Verfahren in Landwirtschaftssachen (1954).

Jörg Mayer

c) Andere Verfassungsfragen

131 Aber auch im Hinblick auf **andere Grundrechtsbestimmungen** wird die Frage nach der Verfassungsmäßigkeit des Anerbenrechts erhoben (vgl auch den Überblick bei Wöhrmann, Landwirtschaftserbrecht Einl Rn 15 ff; W Winkler AgrarR 2002, 209; zur ähnlichen Problematik beim Landgütererbrecht des BGB sehr ausführlich Hausmann, Die Vererbung von Landgütern nach dem BGB, 34 ff mit ausführlicher Darstellung der einschlägigen Verfassungsgerichtsentscheidungen):

aa) Testierfreiheit (Art 14 Abs 1 GG)

132 Das gilt vor allem für die *allgemeine Erbrechtsgarantie* in Art 14 Abs 1 GG: Die *Testierfreiheit* gehört zum verfassungsrechtlich geschützten „Wesensgehalt" des Erbrechts (BVerfGE 58, 377, 398 = NJW 1982, 565; BVerfGE 67, 329, 341 NJW 1985, 1455; BVerfGE 99, 341, 350 = NJW 1999, 1853; BGHZ 111, 36, 39 = NJW 1990, 2055; BGHZ 123, 377 = NJW 1994, 248, 249; Papier, in: Maunz/Dürig, GG [2002] Art 14 Rn 297 f, 303 f mwNw; vMünch/Bryde, GG, Bd I [5. Aufl 2000] Art 14 Rn 47; Jarass/Pieroth GG Art 14 Rn 68; Staudinger/Otte [2000] Einl 60 ff zu §§ 1922 ff; vgl auch MünchKomm/Leipold Erbrecht Einl Rn 25; Lange/Kuchinke § 2 IV 2 c; Soergel/Stein Einl Erbrecht Rn 5 ff) und ist ein bestimmendes Element der Erbrechtsgarantie des Art 14 Abs 1 S 1 GG, wie das Bundesverfassungsgericht gerade auch zum Landwirtschaftserbrecht ausdrücklich betonte (BVerfGE 91, 346, 358 = NJW 1995, 2977). Dabei zählt zur Testierfreiheit des Erblassers als **Individualgrundrecht** nicht nur das Recht, den Vermögensnachfolger auszuwählen, sondern auch das Erbgut rechtlich und wirtschaftlich *zu teilen* (Papier aaO, Rn 303; Leisner, Verfassungsrechtliche Grenzen der Erbschaftsbesteuerung [1970] 50). Demgegenüber zielt das *Anerbenrecht* gerade auf eine *geschlossene Vererbung* der landwirtschaftlichen Höfe. Trotzdem wird dieses – und damit auch Art 64 EGBGB – als zulässige Inhalts- und Schrankenbestimmung und damit mit der Verfassung vereinbar angesehen (vgl etwa Boehmer, in: Neumann/Nipperdey/Scheuner, Die Grundrechte [1954] Bd II 401, 408 ff; s auch Staudinger/Otte [2000] Einl 67 zu §§ 1922 ff; das BVerfG AgrarR 1980, 162 hat die Fragen zur Erbrechtsgarantie ausdrücklich offen gelassen). Dies gilt umso mehr, als auch das Verwandtenerbrecht, in dem insbes die *Familiengebundenheit* des Vermögens deutlich wird, auch von Art 14 Abs 1 S 1 GG gewährleistet wird (Papier aaO, Rn 301; Leipold aaO Rn 28; Staudinger/Otte [2002] Einl 68 zu §§ 1922 ff mwNw zum Streitstand) oder zumindest aus Art 6 Abs 1 GG herzuleiten ist (so etwa Lange/Kuchinke § 2 IV 2 b; Soergel/Stein Einl Erbrecht Rn 7). Jedoch muss man im Hinblick auf die verfassungsrechtlich gewährleistete Testierfreiheit fordern, dass das Höfe- und Anerbenrecht nicht zwangsweise und unabhängig von einer Einflussnahme des Erblassers, sondern *lediglich fakultativ* (zu den Begriffen s Rn 23) ausgestaltet ist (Stöcker AgrarR 1977, 76; Wöhrmann, Landwirtschaftserbrecht Einl Rn 16; Rauscher, Reformfragen des gesetzlichen Erb- und Pflichtteilsrechts [1993] I 153 ff; Hausmann, Die Vererbung von Landgütern 61 Fn 237; Staudinger/Otte Einl 67 zu §§ 1922 ff, s bereits Rn 40), wobei genügt, wenn der Erblasser zu seinen Lebzeiten durch Abgabe einer sog „negativen Hoferklärung" (so nach § 1 Abs 4 HöfeO) die Geltung des Anerben- oder Höfelrechts ausschließen kann (Wöhrmann, Landwirtschaftserbrecht Einl Rn 16; **aA** Kroeschell AgrarR 1978, 154 Fn 71; s dazu bereits oben Rn 40 ff). Die landesrechtlichen Anerbengesetze, jetzt aber auch die HöfeO, tragen dieser verfassungsrechtlichen Vorgabe weitgehend Rechnung (s Rn 42). Als Maxime wird man dabei festhalten können, dass dem Erblasser die Wahl zwischen dem unterschiedlichen Erbrechtssystem des BGB und des Anerbenrechts offen stehen muss; eine Mischung dieser dualistischen Systeme muss jedoch nicht ermöglicht werden. Einer Beschränkung der Testierfreiheit durch die landesrechtlichen Anerbengesetze steht ohnehin

bereits die bundesrechtliche Vorschrift des Art 64 Abs 2 EGBGB entgegen (zutr
STAUDINGER/OTTE Einl 67 zu §§ 1922 ff).

Das derzeit geltende Höfe- und Anerbenrecht ist auch mit der ebenfalls von Art 14　**133**
Abs 1 S 1 GG gewährleisteten **Institutsgarantie des Erbrechts** (zu dieser etwa PAPIER, in:
MAUNZ/DÜRIG, GG [2002] Art 14 Rn 295; STAUDINGER/OTTE Einl 60 zu §§ 1922 ff) vereinbar.
Zwar hat im Rahmen dieser Institutsgarantie die das Erbrecht regelnde Gesetzge-
bung den „Wesensgehalt" des Erbrechts zu wahren (vgl auch Art 19 Abs 2 GG).
Dieser wird durch die im bürgerlich-rechtlichen Erbrecht wurzelnden essentiellen
Ordnungsprinzipien und Grundstrukturen geprägt. Diese werden aber im Wesentlichen durch die traditionellen Kernelemente des deutschen Erbrechts bestimmt,
denen ein „Prinzipiengehalt" zukommt (PAPIER, in: MAUNZ/DÜRIG, GG Art 14 Rn 299;
LEISNER 45). Im Rahmen dieser sehr stark an der historischen Entwicklung orientierten Betrachtung kommt dem geltenden Höfe- und Anerbenrecht aber zu Gute, dass
dieses gerade Ausfluss eines langen geschichtlichen Prozesses unter Bildung einer
entsprechenden *Anerbensitte* entsprechend einem vermuteten verständigen Willen
des Erblassers ist, was das BVerfG gerade im Rahmen seiner verfassungsrechtlichen
Überprüfung zum Zuweisungsverfahren nach dem GrdstVG besonders gewichtet
hat (s dazu Rn 137). Für die Beurteilung dessen, was zu den Grundregeln des heutigen
Erbrechts gehört, ist im Übrigen der enge Wertekontext des Erbrechtsinstituts
einerseits mit der grundgesetzlichen Gewährleistung anderer Privatrechtsinstitute
zu betrachtet. Dies ergibt, dass im Wesentlichen die *Testierfreiheit* des Erblassers und
das *Verwandtenerbrecht* zu den prägenden Teilen des deutschen Erbrechts gehören,
die nicht mehr zur Disposition des einfachen Gesetzgebers stehen (PAPIER, in: MAUNZ/
DÜRIG, GG Art 14 Rn 300; LEISNER, aaO, 47 ff; zur Testierfreiheit ausdrücklich BVerfGE 67, 67,
329, 340 f; 91, 346, 360). Unter Beachtung dieser Vorgaben wird man zu keiner anderen
Beurteilung als der kommen, die sich bereits aus der verfassungsrechtlichen Prüfung
unter dem Gesichtspunkt des *subjektiven Grundrechtsschutzes* ergeben hat (s Rn 132).
Dies gilt umso mehr, als der Gesetzgeber in Verfolgung eines verfassungsrechtlich
legitimen Zwecks unter Wahrung des Verhältnismäßigkeitsgrundsatzes gehandelt
hat (dazu eingehend für das Landwirtschaftserbrecht HAUSMANN, Landgüter 57 ff, 59 f).

Mit Beschluss vom 19. 4. 2005 hat das BVerfG nunmehr entschieden, dass die
grundsätzlich unentziehbare und bedarfsunabhängige wirtschaftliche Mindestbetei-
lung der Kinder des Erblassers an dessen Nachlass durch die Erbrechtsgarantie des
Art 14 Abs 1 iVm Art 6 Abs 1 GG gewährleistet wird. Die Normen über das Pflichtteilsrecht der Kinder (§ 2303 Abs 1 BGB), über die Pflichtteilsentziehungsgründe
des § 2333 Nr 1 und 2 BGB und über den Pflichtteilsunwürdigkeitsgrund der §§ 2345
Abs 2, 2339 Abs 1 Nr 1 BGB sind demnach mit dem Grundgesetz vereinbar (BVerfG
NJW 2005, 1561; dazu etwa LANGE ZErb 2005, 205; KLEENSANG DNotZ 2005, 509; ders ZEV 2005,
277; STÜBER NJW 2005, 2122). Zur Frage, ob die Verfassung eine bestimmte Werter-
mittlungsmethode vorschreibt und daher eine zwingende Untergrenze für Bemessung von Abfindungsansprüchen von weichenden Hoferben besteht, macht die Entscheidung aber keine Aussage.

bb)　Niedrige Bemessung von Abfindungsansprüchen
Zunehmend in den Brennpunkt der Kritik gelangt die zT exorbitant *niedrige Be-*　**134**
wertung von Pflichtteils- und sonstigen Abfindungsansprüchen der weichenden Erben nach den besonders niedrigen Abfindungsbestimmungen der Höfe- oder Aner-

bengesetze. So wird etwa der *Pflichtteil* im Landgütererbrecht des BGB gem § 2312 BGB nach dem Ertragswert (s dazu Art 137 EGBGB m Erl) berechnet, der gerade in der Landwirtschaft wesentlich niedriger als der Verkehrswert ist (s dazu Art 137 EGBGB Rn 3 mit Zahlenangaben). Im *Höherecht* bestimmt er sich nur nach dem sog Hofeswert des § 12 HöfeO, der sich nach dem 1¹/₂fachen Einheitswert bemisst, was zu einer Abfindung von weniger als 10% des Wertes führt, der nach dem allgemeinen BGB-Erbrecht zu leisten wäre (HASSELHOFF RdL 1993, 266; für eine Berechnung der Abfindungsansprüche „de lege ferenda" nach den neuen Bewertungsvorschriften der §§ 140 ff BewG aus verfassungsrechtlichen Gründen RINCK AgrarR 1997, 399). Darin könnte ein **Verstoß gegen den Gleichheitssatz des Art 3 Abs 1 GG** liegen, da sonst die Pflichtteilsansprüche nach dem allgemeinen Erbrecht mit dem Verkehrswert zu bestimmen sind (eingehend zum Folgenden auch HAUSMANN, Landgüter 62 ff). Bei gewerblichen Betrieben wird dieser zwar auch grundsätzlich nach dem Ertragswert bestimmt, dessen Untergrenze bildet aber – anders als im Landwirtschaftserbrecht – der Liquidationswert (vgl J MAYER ZEV 1994, 331, 335 sowie ausführlicher Art 137 EGBGB Rn 4). So hat das Bundesverfassungsgericht den § 23 SchlH AGBGB, der den Ertragswert eines Landgutes iSv § 2049 BGB, Art 137 EGBGB allein nach dem steuerlichen Einheitswert bestimmte, als nicht verfassungsgemäß angesehen (BVerfGE 78, 132 = NJW 1988m 2723; vgl Erl zu Art 137 Rn 13 ff; eingehend dazu HAUSMANN 46 f). **Prüfungsmaßstab** im Rahmen der Anwendung des Art 3 Abs 1 GG ist dabei nicht nur die sog „*Willkürformel*", wonach der Gleichheitssatz erst dann verletzt ist, „wenn sich ein vernünftiger, sich aus der Natur der Sache ergebender oder sonst wie sachlich einleuchtender Grund für die gesetzliche Differenzierung oder Gleichbehandlung nicht finden lässt (so etwa BVerfGE 1, 14, 52; 25, 101, 105; auch später noch, vgl BVerfGE 89, 132, 141; eingehend dazu DÜRIG, in: MAUNZ/DÜRIG Art 3 GG Rn 305 ff, 395 ff). Vielmehr wurde diese mittlerweile ergänzt. Danach ist das Gleichheitsgrundrecht „vor allem dann verletzt, wenn eine Gruppe von Normadressaten im Vergleich zu anderen Normadressaten anders behandelt wird, obwohl zwischen beiden Gruppen keine Unterschiede von solcher Art und von solchem Gewicht bestehen, dass sie die ungleiche Behandlung rechtfertigen könnten" (so grundlegend BVerfGE 55, 72, 88 = NJW 1981, 271; BVerfGE 84, 133, 157; 88, 5, 12; dazu auch SACHS/OSTERLOH, Kommentar zum GG [2. Aufl 1998] Art 3 Rn 13 ff; im Zusammenhang mit dem Landwirtschaftserbrecht s HAUSMANN, Landgüter 63 f). Voraussetzung für diesen strengen Prüfungsmaßstab ist allerdings, dass die Differenzierung des Gesetzgebers an Hand von personenbezogenen Merkmalen erfolgt oder sich auf die Wahrnehmung von Grundrechtspositionen nachteilig auswirkt (BVerfGE 91, 346, 362 f).

135 Für die verfassungsrechtliche Beurteilung sind in diesem Zusammenhang einige bereits ergangenen **Entscheidungen** besonders bedeutsam: Bei BVerfGE 67, 329 = AgrarR 1985, 14 ging es um die Verfassungsmäßigkeit der *Nachabfindungsregelung* des § 13 HöfeO aF. Strittig war die entsprechende Anwendung der Nachabfindungsregelung, weil der Hofeigentümer das Anwesen langfristig an vier verschiedene Landwirte verpachtet hatte, dieser Fall aber – anders als bei einer Veräußerung – nach der gesetzlichen Regelung keine Nachabfindung auslöste. Da nach Auffassung des Bundesverfassungsgerichts sich der Eigentümer hier aber nicht der Möglichkeit begeben hatte, selbst den Hof wieder zu bewirtschaften oder wenigstens seinen Abkömmlingen zu erhalten, sah das Gericht keine Veranlassung, die Angemessenheit der gesetzlichen Regelung in Frage zu stellen.

Die Gegner einer niedrigen Bewertung der Abfindungsansprüche können sich auch auf den Beschluss des Bundesverfassungsgerichts vom 16. 10. 1984 (BVerfGE 67, 348 = AgrarR 1985, 12 = NJW 1985, 1329;) über die Berechnung des **Zugewinnausgleichs** im Scheidungsfall nach § 1376 Abs 4 BGB berufen. Das Gericht hatte dabei ausgeführt, dass der niedrige Bewertungsmaßstab des Ertragswerts nicht wegen des *privatwirtschaftlichen Interesses des Betriebsinhabers* an einer möglichst geringen Zugewinnausgleichszahlung vom Gesetzgeber angeordnet worden sei. Vielmehr diene die Regelung dem *öffentlichen Interesse an der Erhaltung leistungsfähiger Höfe in bäuerlichen Familien.* Die Privilegierung sei dort nicht mehr gerechtfertigt, wo bei realistischer Betrachtungsweise keine Anhaltspunkte dafür gegeben sind, dass der Eigentümer oder seine Abkömmlinge den Hof in Zukunft wieder bewirtschaften werden (BVerfGE 67, 348, 368; ebenso BVerfGE 80, 170 zum gleichen Problemkreis; dem BVerfG zustimmend Köhne AgrarR 1986, 41; ders AgrarR 1995, 321, 323; Stöcker AgrarR 1986, 65; Steffen AgrarR 1985, 99; kritischer Hahndorf AgrarR 1987, 33, 35). Angesichts des starken *Strukturwandels in der Landwirtschaft* und den ständig sinkenden Realeinkommen würde dies bedeuten, dass in einer Vielzahl von Einzelfällen die niedrige Bewertung der erbrechtlichen Abfindungsansprüche nicht mehr verfassungsgemäß ist, weshalb bereits die Forderung nach der Abschaffung des gesamten *Landwirtschaftserbrechts* gestellt wurde (G Schmitt AgrarR 1996, 184, 187).

Allerdings kann der Gedanke des „nicht mehr schutzwürdigen Betriebs", wie ihn das **136** Bundesverfassungsgericht im genannten Beschluss vom 16. 10. 1984 herausgestellt hat, *nicht ohne weiteres auf das Landwirtschaftserbrecht übertragen* werden, da § 1376 BGB und diese erbrechtlichen Abfindungsbestimmungen **unterschiedliche Normzwecke** haben (in diesem Sinne der Nichtannahmebeschluss des BVerfG AgrarR 1987, 222; der hiesigen Auffassung ausdrücklich zust Hausmann Landgüter 72 f; Staudinger/Otte [2000] Einl 85 zu §§ 1922 ff). Demgegenüber wird vielfach eine einschränkende Auslegung des Landwirtschaftserbrechts iS der Privilegierung nur der leistungsfähigen Betriebe unter Übernahme dieser vom BVerfG zum Zugewinnausgleich entwickelten Kriterien befürwortet (so Wöhrmann, Landwirtschaftserbrecht Einl Rn 18; Stöcker AgrarR 1986, 65, 66; Kreuzer AgrarR 1990, Beil II 18; Fassbender AgrarR 1990, 243, 244; Zechiel, Die „Ertragswertklausel" in der bayerischen Notariatspraxis ... [Diss Würzburg 1993] 159; und bei § 2312 BGB BGHZ 98, 375, 378 = FamRZ 1987, 378).

In dem *Zuweisungsverfahren nach den §§ 13 ff GrdstVG* (s Rn 122) sah das Bundes- **137** verfassungsgericht in seiner jüngsten Entscheidung zum Landwirtschaftserbrecht weder einen verfassungswidrigen Verstoß gegen die Erbrechtsgewährleistung des Art 14 Abs 1 S 1 GG noch einen solchen gegen den Gleichheitssatz des Art 3 Abs 1 GG, auch wenn dadurch die übrigen Miterben zurückgesetzt und nur mit dem Ertragswert des Betriebs abzufinden sind (BVerfGE 91, 346 = NJW 1995, 2977 = FamRZ 1995, 405 m Anm Bosch; vgl dazu auch die Anm von Krenz FamRZ 1995, 534; Köhne AgrarR 1995, 321; Kirchhoff, in: FS zum 30-jährigen Bestehen der Münchener Juristischen Gesellschaft [1996] 243). Aus dieser Entscheidung lassen sich aber auch allgemeine Rückschlüsse für die Frage einer teleologischen Reduktion der erbrechtlichen Abfindungsbestimmungen ziehen. Zwar betont das Verfassungsgericht zunächst den *Zweck* des Landwirtschaftserbrechts, der darin besteht, *lebensfähige landwirtschaftliche Betriebe* geschlossen zu erhalten und deren agrarpolitisch unerwünschte Aufteilung zu verhindern. Sodann stellt das Gericht jedoch heraus, dass trotz der grundrechtlich geschützten Erbrechtsgarantie der Gesetzgeber bei der Ausgestaltung des Erbrechts einen erheblichen *Wertungs- und Gestaltungsspielraum* hat, der hier auch bei der Prüfung an Hand des Art 3 Abs 1 GG besteht. Im Rahmen einer *historischen Interpretation* der grundgesetzlich geschützten Erbrechtsgarantie (Art 14 Abs 1 S GG) betont dabei das Gericht auch die in weiten Teilen des Bundesgebiets gewachsene *Anerbensitte*, die nicht nur durch hoheitliche Rechtssetzung mittels der Anerbengesetze begründet wurde, sondern auch – gerade etwa in *Bayern* – ihren Ausdruck durch privatautonome Gestaltungen, etwa durch Hofübergaben im Wege der vorweggenommenen Erbfolge gefunden hat. Rechtfertigung dieser Anerbensitte ist aber nicht nur die Schaffung einer Existenzgrundlage für den bedachten Abkömmling, was die ungleiche Verteilung allein nicht rechtfertigen würde. In erster Linie soll damit der *überkommene Familienbesitz* erhalten bleiben und einem Nachfolger geschlossen übertragen werden. Dieses gesetzliche Regelungsmodell sei „nicht zu beanstanden" und entspreche gerade dem *Willen eines verständigen Erblassers.* Dieses Ziel sei aber nicht zu erreichen, wenn die weichenden Erben hinsichtlich des Hofes mit dem Verkehrswert abzufinden seien, denn die damit verbundene Belastung zwinge sonst zur Veräußerung und Zerschlagung des Hofes. Ausdrücklich *grenzt* das Gericht die neue Entscheidung zu seinen früheren über das Ertragswertprivileg beim *Zugewinnausgleich* ab: Der Zugewinnausgleich sei durch die berechtigten Interessen des Ehegatten bestimmt, an den während der Ehe „erarbeiteten wirtschaftlichen Werten" beteiligt zu werden. Er ist Ausfluss des Prinzips, dass zum Wesen der Ehe iS des Art 6 Abs 1 GG die Gleichberechtigung der Ehegatten gehört, die nach der Beendigung der Ehe auch in der Aufteilung des erfolgten Vermögenszuwachses besteht. Auf einen vergleichbar schutzwürdigen Belang könnten sich aber die weichenden Erben nicht berufen, sie würden bei der gesetzlichen Erbfolge in einem landwirtschaftlichen Betrieb mit der Zuweisungsregelung nach §§ 13 ff GrdstVG nur in einer rechtlichen oder tatsächlichen ungesicherten Erbchance betroffen; auch durch eine Verfügung von Todes wegen hätte der Erblasser im Ergebnis für sie die gleiche Lage herbeiführen können (BVerfGE 91, 346, 364 f).

138 Sichtet man die **Argumente des Bundesverfassungsgerichts**, so ergibt sich:

(1) Das *Bundesverfassungsgericht* rechtfertigt ausdrücklich **nicht** die niedrige Erbabfindung der weichenden Geschwister im Zuweisungsverfahren des GrdstVG mit dem **agrarpolitischen oder gar volkswirtschaftlichen Gesichtspunkt** der „*Erhaltung leistungsfähiger Betriebe".* Zu Recht stellt das Gericht nicht auf diesen letztlich konturlosen Begriff (zu Interpretationsversuchen an Hand des Agrarberichts der Bundesregierung vgl etwa HASELHOFF RdL 1993, 225) ab, der auch eine völlig konträre Interpretation zulässt. Das hat gerade die jüngste Diskussion gezeigt, wo etwa KÖHNE AgrarR 1995, 321 völlig entgegen der bisherigen Argumentationsmuster meinte, dass die breite Anwendung des Sondererbrechts gerade die notwendige Entwicklung zu größeren und damit förderungswürdigen Agrarstrukturen behindere, weil wegen der niedrigen Abfindungsansprüche, vor allem bei kleinen Anwesen, kein Zwang zum Verkauf erfolge, und damit die Grundstückspreise auf relativ konstantem Niveau gehalten würden (die These von der strukturkonservierenden Wirkung des Anerbenrechts entspricht im Übrigen nicht den tatsächlichen Gegebenheiten [G SCHMITT AgrarR 1996, 184]). Hinzu kommt, dass die Frage, welche landwirtschaftlichen Betriebe erhaltungswürdig, weil leistungsfähig sind, in den Zeiten *des Agrarmarkts der Europäischen Union* vom Bundesgesetzgeber nur noch beschränkt bestimmt werden kann (zust HAUSMANN Landgüter 75).

(2) Stattdessen knüpft das *Bundesverfassungsgericht* bei der Prüfung, ob die Erb- **139**
rechtsgarantie des Art 14 Abs 1 S 1 GG verletzt ist, an das – weitgehend bereits
vorkonstitionell vorhandene – System des Landwirtschaftserbrechts an und hält den
überkommenen, letztlich privatnützigen Gesichtspunkt der *Bewahrung des Familienbesitzes* für maßgeblich, was trotz der typisierenden, generalisierenden Regelung
gerade dem verständigen Erblasserwillen entspreche. Dieser maßgebliche Begrün-
dungsansatz wird jedoch in vielen Stellungnahmen zu dieser Entscheidung noch
nicht deutlich genug erkannt wird (so erst jüngst wieder W WINKLER AgrarR 2002, 209; wie
hier und ausdrücklich zust aber HAUSMANN, Landgüter 75; STAUDINGER/OTTE Einl 86 zu §§ 1922 ff).
Durch die niedrigen erbrechtlichen Abfindungsansprüche wird somit der landwirtschaftliche Betrieb als **Institution des Familienbesitzes** und nicht in seiner volkswirtschaftlichen Funktion geschützt (zust HAUSMANN, Landgüter aaO). Dagegen wird allerdings eingewandt, dass auch bei *gewerblichen Familienbetrieben* dieser Gesichtspunkt der Bewahrung des Familienbesitzes weit verbreitet sei und daher keine
Rechtfertigung im Hinblick auf Art 3 Abs 1 GG darstelle (so KRENZ FamRZ 1995,
534, 535; HAUSMANN, Landgüter 75 unter unzutr Bezug auf HAAS ZEV 2000, 249, 255 f, der aber
die Privilegierung landwirtschaftlicher Betriebe gerade als Modell ansehen und die gewerblichen iS
dieser Vergünstigen gleichstellen will). Dabei wird jedoch der vom BVerfG bei Art 3 GG
angewandte *Prüfungsmaßstab* (dazu bereits Rn 134) *verkannt*: Bei einer ungleichen
Behandlung von *Personengruppen* oder wenn sich die Regelung auf die Wahrnehmung von Grundrechten nachteilig auswirkt prüft das Gericht im Einzelnen nach, ob
für die vorgesehene Differenzierung Gründe von solcher Art und solchen Gewicht
bestehen, dass sie ungleiche Rechtsfolgen zu rechtfertigen vermag. Ansonsten kann
ein Verstoß gegen Art 3 GG iS der *„strengeren Willkürformel"* nur festgestellt
werden, wenn die Unsachlichkeit der Differenzierung evident ist (BVerfGE 91, 346,
363 gerade für das Zuweisungsverfahren). Die Regelungen des Anerbenrechts differenzieren jedoch gerade nicht ausschließlich personenbezogen, sondern stellen allein
auf die besondere Art des von der Vererbung betroffenen Objekts ab (iE ebenso
HAUSMANN, Landgüterrecht 79 f, wenn auch vom Gedanken der „besonderen Wirtschaftsweise" in
der Landwirtschaft aus), so dass es bei der Anwendung der bloßen Willkürformel
verbleibt. Gleiches gilt auch und gerade für das Zuweisungsverfahren nach §§ 13 ff
GrdstVG, von dem das BVerfG ausdrücklich sagt, es verfolge die gleiche Zielsetzung. Ob die Bewahrung des landwirtschaftlichen Besitzes im bäuerlichen Familienbesitz heute noch *rechtspolitisch* sinnvoll ist (verneinend MUSCHELER, Universalsukzession
und Vonselbsterwerb [2002] 108 f), ist aber angesichts des dem Gesetzgeber insoweit
zukommenden weiten Gestaltungsspielraums verfassungsrechtlich unerheblich.

(3) Im Zusammenhang mit der Prüfung des Art 3 Abs 1 GG wird vom BVerfG
allerdings die Privilegierung des landwirtschaftlichen Betriebs mit den **Besonderheiten** der dortigen **Wirtschaftsweise** gegenüber der sonstigen in der gewerblichen
Wirtschaft begründet. Denn in der Landwirtschaft sei der *Grund und Boden* nicht
nur Standort, sondern auch Produktionsfaktor (so jetzt abermals zum Landwirtschaftspri-
vileg des § 19 Abs 4 KostO BVerfG DNotZ 1996, 471, 473; ebenso bei § 1376 Abs 4 BGB bereits
BVerfGE 67, 348, 367 [„Betriebsrisiko eigener Art"]; dem iE zust HAUSMANN, Landgüter 76).
Demgegenüber ist auch die Vererbung gewerblicher Betriebe dadurch gekennzeich-
net, dass die liquide finanzielle Leistungsfähigkeit des Erben seinem durch den
Erbfall erworbenen Vermögenszuwachs nicht voll entspricht, weil auch dort die
Verfügbarkeit der einem Betrieb zugehörigen Wirtschaftsgüter beschränkter ist als
diejenige von betrieblich ungebundenem Vermögen (HAAS ZEV 2000, 249, 256; zur

Pflichtteilsbelastung bei der Unternehmensvererbung s auch Strätz FamRZ 1998, 1553, 1566; vgl
auch J Mayer, in: Mayer/Süss/Tanck/Bittler/Wälzholz, Handbuch Pflichtteilsrecht [2003] § 1
Rn 18; gegen die Ausdehnung der Privilegierung des § 2312 BGB aber offenbar Dauner-Lieb
DNotZ 2001, 460, 465). Wird der Erbe daher wegen der zu zahlenden hohen Erbabfindung zum Verkauf von Teilen seiner Produktionsmittel gezwungen, kann dies
auch im gewerblichen Betriebsbereich existenzgefährdend sein. Die Argumentation
von den Besonderheiten der Wirtschaftsweise in der Landwirtschaft bedarf daher
eingehender, rechtstatsächlicher Untersuchungen. Allerdings wird vereinzelt darauf
hingewiesen, dass bei Agrarbetrieben der aus Grund und Boden sowie Gebäuden
bestehende Anteil am Anlagevermögen mit 75% der Bilanzsumme wesentlich über
dem liegt, was bei Gewerbebetrieben üblich ist (Hötzel/Huppertz AgrarR 1983, 119,
120). Daher wird ein verfassungsrechtlich zulässiges Differenzierungskriterium in der
*bei Gewerbebetrieben wesentlich geringeren Abweichung von Ertrags- zum Verkehrs-
wert* gesehen (so etwa Hausmann, Landgüter 76). – Erst recht bedarf die These der
„natürlichen Produktionsbenachteiligung" der Land- und Forstwirtschaft im Vergleich
zur gewerblichen Wirtschaft" (so MünchKomm/Heldrich § 2049 Rn 2) gerade angesichts
der schwierigen Lage vieler Branchen der gewerblichen Wirtschaft in den Zeiten der
Globalisierung, die etwa im Bereich der Textil- und Porzellanindustrie zu fast einem
völligen Verschwinden derartiger Gewerbebetriebe geführt hat, der rechtstatsächlichen Verifizierung.

(4) Ob der weiter vom BVerfG angeführte Gesichtspunkt der **inneren Bindung** der
meisten Landwirte an den Grund und Boden deren besondere Bevorzugung durch
eine eklatant niedrige Erbabfindung gegenüber den weichenden Geschwistern zu
rechtfertigen vermag erscheint fraglich (abl Hausmann Landgüter 74).

140 Festzuhalten bleibt, dass die Entscheidung BVerfGE 91, 346 sich nicht ausdrücklich
mit der Frage beschäftigt hat, ob es eine **Untergrenze** für den auch **verfassungsrechtlich privilegierten landwirtschaftlichen Betrieb** gibt. Nimmt man die *historische Betrachtungsweise* des Verfassungsgerichts wieder auf und sieht den bäuerlichen Familienbesitz nicht nur als Institution, sondern auch in seiner *Funktion für die Familie*, so
muss man erkennen, dass die verfassungsrechtliche Privilegierung nur dort gerechtfertigt ist, wo der Betrieb seine letztlich geschichtlich tradierte Aufgabe auch heute
noch erfüllt. Das ist zum einen die *Versorgung der Altenteiler und weichenden
Geschwister*, die gerade auch durch die Anerbengesetze mit sichergestellt werden
soll (s Rn 2, zu den gesetzlichen Regelungen Rn 60). Dies spielt allerdings heute nur noch
eine untergeordnete Rolle. Durch die Einführung des *landwirtschaftlichen Alters-
gelds* sind insbesondere die Altenteiler heute wenigstens teilweise rechtlich wesentlich besser abgesichert als die Übergebergeneration bei Inkrafttreten des BGB. Auch
die tatsächliche wirtschaftliche Situation derselben ist aufgrund eines mittlerweile
vorhandenen, erheblichen Geldvermögens wesentlich günstiger (so 1993 durch-
schnittlich 160.100 DM für den landwirtschaftlichen Haupterwerbsbetrieb [G Schmitt
AgrarR 1996, 187]). Andererseits vermögen angesichts des immer rasanter verlaufen-
den Strukturwandels in der Agrarwirtschaft immer weniger landwirtschaftliche Betriebe ihrer ursprünglichen Hauptaufgabe gerecht zu werden, die in der wenigstens
teilweisen Existenzsicherung des Betriebsinhabers und seiner bäuerlichen Familie
besteht. Dies legt auch bei einer geschichtlich orientierten Betrachtung, wie sie das
Bundesverfassungsgericht annimmt, eine **Beschränkung** auf heute noch *leistungsfähige Betriebe* nahe, die wenigstens **teilweise zum Lebensunterhalt des Hofinhabers**

beitragen (so letztlich auch HAUSMANN, Landgüter 125; iE ebenso, wenn auch von einem anderen Ansatz her BGHZ 98, 373, 378 zum Landgutrecht; eingehender dazu Art 137 EGBGB Rn 34 ff mit Darstellung der Abgrenzungsversuche). Zu diesem Ergebnis wird man zumindest dann kommen müssen, wenn durch die den Hofübernehmer privilegierenden Bestimmungen **Pflichtteilsberechtigte** benachteiligt werden (so HAUSMANN, Landgüter 82 f; das BVerfG brauchte im Fall von BVerfGE 91, 346 nicht darauf einzugehen, da der dortige Streit über die Zuweisung nach §§ 13 ff GrdstVG nur Miterben betraf, die nicht pflichtteilsberechtigt waren). Denn diese werden – wie der Ausgleichsberechtigte im Zugewinnausgleichsverfahren (dazu Rn 135 f) – in einem Belang betroffen, dessen Schutz von der Verfassung zwar wohl nicht zwingend gefordert wird, aber doch verfassungsrechtlichen Zielvorstellungen entspricht. Zwar geht es bei der durch das Pflichtteilsrecht vermittelten Beteiligung am Nachlass nicht wie beim Zugewinnausgleich um den Ausgleich „erarbeiteter wirtschaftlicher Werte", das Wesen der Ehe oder die Gleichberechtigung der Ehepartner. Aber die Berechtigung des Pflichtteilsrechts beruht gerade auch auf dem Gedanken der Familiengebundenheit des Vermögens (eingehend dazu STAUDINGER/ OTTE Einl 68 f zu §§ 1922 ff) und entspricht insoweit wiederum dem tradierten Verständnis der landwirtschaftlichen Sukzessionsfolge. Ist Ansatzpunkt für die sich aus den Anerbengesetzen, den §§ 13 ff GrdstVG und den §§ 2049, 2312 BGB ergebende Privilegierung gerade der Gesichtspunkt der Erhaltung der bäuerlichen Anwesen im Familienbesitz, so begrenzt dieser auch den Schutzumfang. Die *„Opfergrenze"* ist dann überschritten, wenn ein schutzwürdiger landwirtschaftlicher Betrieb nicht mehr vorhanden ist und auch eine Wiederaufnahme nicht zu erwarten ist.

Damit taucht allerdings sofort wieder die Frage auf, wie die so **privilegierten Betriebe zu bestimmen** sind. Denn gerade in der Landwirtschaft hängt die Rentierlichkeit des Betriebs auch und gerade von der Leistungsbereitschaft und dem Geschick des Betriebsinhabers ab (zu diesen Faktoren auch aus betriebswirtschaftlicher Sicht G SCHMITT AgrarR 1996, 186). Auf alle Fälle muss man dem Gesetzgeber bei der Beantwortung der Frage, welche landwirtschaftlichen Betriebe in diesem Sinn letztlich dem Anerbenrecht unterstellt werden dürfen, einen *weiten Gestaltungsspielraum* zugestehen. Soweit die landesrechtlichen Anerbenrechte daher daran anknüpfen, dass der Hof zur Erzielung einer selbständigen Nahrungsgrundlage geeignet ist (s Rn 49 mwNw) wird man trotz der diesen Rechtsbegriffen innewohnenden Unbestimmtheit dies für zulässig erachten. Gleiches gilt für die HöfeO der ehemals britischen Zone. Auch wenn dort zunächst an den lediglich steuerlich und somit typisiert gewonnenen Wirtschaftswert angeknüpft wird, so werden dadurch letztlich nur größere und in diesem Sinn leistungsfähige Betriebe erfasst (so entsprach dies etwa 1973 in *Niedersachsen* einer Eigentumsfläche von 15,5 ha [WÖHRMANN/STÖCKER[6] § 1 HöfeO Rn 13]). Lediglich das *badische Hofgütergesetz* und das *Bremer Höfegesetz* begegnen insoweit *Bedenken*, da sie auf alle Leistungskriterien für die Einstufung der Höfe in das Anerbenrecht verzichten. Allein die Mittelgebirgslage vermag im *Schwarzwald* die verfassungsrechtliche Privilegierung sicherlich nicht zu rechtfertigen (so aber NÖDL AgrarR 1996, 182). Und 2,5 ha sind auch im Stadtstaat *Bremen* heute – vom Anbau von Sonderkulturen abgesehen – zu wenig, um einen rentierlichen Betrieb zu führen.

Bei der Schaffung eines **neuen Anerbenrechts** in den *neuen Bundesländern* ist zu **141** beachten, dass sich dieses dort wohl nur noch schwerlich auf den vom Bundesverfassungsgericht hervorgehobenen Gesichtspunkt der Bewahrung der bäuerlichen Familienbetriebe berufen kann, da solche dort während der Zeit der DDR praktisch kaum mehr bestanden. Nur der öffentlich-rechtliche Gesichtspunkt der *Erhaltung leistungsfähiger Betriebe* vermag die Schaffung der mit dem Anerbenrecht verbundenen Privilegien zu rechtfertigen. Ob solche Gesetze erforderlich iS des verfassungsrechtlichen *Verhältnismäßigkeitsgrundsatzes* sind, mag mehr als *bezweifelt* werden, wie ein Blick auf die leistungsfähigen landwirtschaftlichen Betriebe in *Bayern* zeigt, die allein mit dem Landgutrecht des BGB auskommen. Andererseits zeigen die vorstehenden Überlegungen, dass die neuere Rspr des BGH mit einer **Anpassung des Abfindungsanspruchs nach § 12 HöfeO** (s oben Rn 94) auch verfassungsrechtlich geboten ist.

cc) Verletzung der Eigentumsgarantie (Art 14 Abs 1 GG)

142 Inbes von KRONTHALER (Landgut, Ertragswert und Bewertung im Bürgerlichen Recht [1991] 36 ff) wurde problematisiert, ob nicht sowohl in dem *Zuweisungsverfahren* nach den §§ 13 ff GrdstVG als auch in § 2049 BGB wegen der daraus jeweils resultierenden starken Abfindungsbeschränkung eine **unzulässige** (Administrativ- oder Legal-)**Enteignung** der **weichenden Erben** liegt. Denn in diesen Fällen werden diese immerhin mit dem Erbfall, wenn auch nicht auf Dauer, Eigentümer des landwirtschaftlichen Betriebes. Ähnlich ließe sich bei den landesrechtlichen Anerbenbestimmungen argumentieren, die dem Anerben nur ein Übernahmerecht einräumen (s oben Rn 21, so in *Hessen* und *Baden*). Das BVerfG hat aber diese Überlegungen, ohne auf KRONTHALER ausdrücklich einzugehen, verworfen. Zwar werde die Alleinberechtigung des Anerben an dem landwirtschaftlichen Betrieb erst nachträglich begründet. Dass die weichenden Miterben aber zunächst auch an dem landwirtschaftlichen Betrieb eine gesamthänderisch gebundene Miterbenstellung erlangen, habe aber nur rechtstechnische Gründe. Es werde dadurch ermöglicht, den Übernehmer des landwirtschaftlichen Betriebs erst nach dem Eintritt des Erbfalls unter Berücksichtigung der dann gegebenen Umstände zu bestimmen, die bei einer Festlegung des Nachfolgers im vorhinein nicht vorhersehbar sind und deshalb auch nicht zugrunde gelegt werden können. Aber auch bei diesem Regelungssystem stehe jedoch von vornherein fest, dass der Betrieb nach Maßgabe der Auseinandersetzungsregelung einem der Miterben übertragen werde oder jedenfalls übertragen werden kann. Die Beeinträchtigung, die die weichenden Miterben insoweit hinnehmen müssen, ist schon beim Erwerb ihrer Miterbenstellung vorgegeben und ihre Rechtsposition somit mit dieser Auseinandersetzungsmöglichkeit von Anfang an belastet. Der Gesetzgeber verfolge auch bei dieser Lösung die gleichen legitimen Ziele wie bei den höfe- und anerbenrechtlichen Bestimmungen, bei denen mit dem Erbfall auf Grund einer Sonderrechtsnachfolge der Hof unmittelbar auf den Anerben übergeht (s dazu Rn 21 und etwa § 4 HöfeO), wenn auch auf einem rechtstechnisch anderen Weg. Dort ist aber selbst bei formaler Betrachtung für eine Verletzung der Eigentumsgarantie der weichenden Hoferben kein Raum (BVerfGE 91, 346, 357 f = NJW 1995, 2977; zust HAUSMANN, Landgüter 65 f). Dies erscheint zutreffend, da wertungsmäßig insoweit die beiden Systeme der anerbenrechtlichen Sukzessionsfolge gleich zu behandeln sind. Ausdrücklich stellt das BVerfG in der genannten Entscheidung auch klar, dass auch die Erbrechtsgarantie des Art 14 Abs 1 S 1 GG den Gesetzgeber nicht verpflichte, *über* die bereits bestehenden Vorschriften des *Pflichtteilsrechts hinaus* den Familienangehörigen einen unentziehbaren Anteil am Nachlass zu sichern (BVerfGE 91, 346, 359 f = NJW 1995, 2977; BVerfGE 67, 329, 342).

2. Anerbenrecht und internationales bzw interlokales Privatrecht

a) Hoferbfolge bei Ausländern

Hinterlässt ein Ausländer bei seinem Tod ein in *Deutschland belegenes Anerbengut,* **143** so erhebt sich die Frage, ob abweichend von seinem allgemeinen Erbstatut für die Hoferbfolge das **lex rei sitae** gilt.

Für die Erbfolge nach der **Höfeordnung** wird dies zumindest für den Fall bejaht, dass **144** es sich um *zwingende Erbbestimmungen* handelt. Das bundesrechtliche Sondererbrecht setzt sich somit nach dem Grundsatz, dass das Einzelstatut Vorrang vor dem Gesamtstatut hat, gegenüber dem ausländischen, allgemeinen Erbstatut durch (Staudinger/Dörner [2000] Art 25 EGBGB Rn 547 iVm Rn 545; MünchKomm/Sonnenberger Art 3 EGBGB Rn 32 ff; Staudinger/Hausmann [2003] Art 3 EGBGB Rn 81 mwN; Palandt/Heldrich Art 3 EGBGB Rn 17; BGH LM Nr 1 zu Art 28 EGBGB aF; Wöhrmann § 1 HöfeO Rn 50; vBar I Rn 534; Erman/Hohloch Art 3 EGBGB Rn 16; vgl auch Staudinger/Promberger/Schreiber[12] Rn 159 mwNw). Dies wird entweder mit der gesetzlichen Regelung des Art 3 Abs 3 EGBGB (früher Art 28) begründet, wonach Verweisungen im 3. und 4. Abschnitt des EGBGB, die zur Anwendbarkeit ausländischen Rechts führen, sich nicht auf Gegenstände beziehen, die nach dem Recht des Belegenheitsstatuts besonderen Vorschriften unterliegen (Zur Anwendung im interlokalen Erbrecht zur ehem DDR Thür OLG AgrarR 1997, 319 f). Und die *Bundesregierung* hatte die Beibehaltung dieser Kollisionsnorm bei der Neuregelung des Internationalen Privatrechts gerade mit der sonst gefährdeten Durchsetzbarkeit des Höferechts begründet (BT-Drucks 10/504, S 37; vgl auch Stöcker WM 1980, 1134; kritisch zu dieser Argumentation Kegel/Schurig, Internationales Privatrecht [8. Aufl 2000] § 12 II 2b aa; Soergel/Schurig Art 25 EGBGB Rn 89, die Art 3 Abs 3 EGBGB auf die in Deutschland gelegenen Grundstücke überhaupt nicht anwenden wollen). Teilweise wird das gleiche Ergebnis auch aus der Geltung einer ungeschriebenen einseitigen Kollisionsnorm hergeleitet (Schurig aaO).

Allerdings will eine neuere Auffassung (MünchKomm/Sonnenberger Art 3 EGBGB Rn 33; **145** Staudinger/Dörner [2000] Art 25 EGBGB Rn 547 f; Staudinger/Hausmann [2003] Art 3 EGBGB Rn 82 f) dem lediglich **fakultativen Höferecht** kraft Gesetzes keinen Vorrang mehr vor dem ausländischen Erbrecht beimessen. Weil der Gesetzgeber die Geltung des Sondererbrechts in das Belieben und die Privatdisposition der Beteiligten gestellt habe, habe er damit zum Ausdruck gebracht, dass er insoweit nicht mehr an seiner Ausgangsprämisse festhalte, die zum Vorrang des deutschen Sondererbstatuts führen würde, nämlich die Erhaltung leistungsfähiger landwirtschaftlicher Betriebe aus land- und gesellschaftspolitischen Interessen durch Geltung des Sondererbrechts durchzusetzen. Dem kann so nicht gefolgt werden. Diese neuere Auffassung verkennt insoweit das Regel-/Ausnahmeverhältnis des landwirtschaftlichen Sondererbrechts. Zwar findet der *Vorrang des Rechts des Sondervermögens* nach Art 3 Abs 3 EGBGB seine Rechtfertigung in der Durchsetzung besonderer *politischer und wirtschaftspolitischer Zwecke.* Demnach wird es auch kollisionsrechtlich nur dort angewandt, wenn es selbst uneingeschränkte Geltung beansprucht, sich selbst gleichsam „ganz treu bleibt" (Kegel/Schurig, Internationales Privatrecht § 12 II 2b aa). Beansprucht es nur eingeschränkte Geltung, so wird es auch kollisionsrechtlich nicht beachtet. So liegt es aber gerade im Bereich der *Höfeordnung* nicht. Gilt die HöfeO kraft Gesetzes oder bei den sog Antragshöfen nach Eintragung des Hofvermerks im Grundbuch, so gilt die Höfeordnung so lange, bis kraft Gesetzes oder aufgrund einer

Jörg Mayer

entsprechenden Erklärung des Eigentümers nach § 1 Abs 4 HöfeO die Hofeigenschaft wegfällt. Insoweit beansprucht in diesem Zeitraum das landwirtschaftliche Sondererbrecht gerade auch aus agrarpolitischem, öffentlichem Interesse unmittelbare Geltung, dem auch kollisionsrechtlich Rechnung zu tragen ist. Dieser Zusammenhang wird noch deutlicher, wenn man das fakultative Höferecht als Ausfluss der grundgesetzlich garantierten Testierfreiheit sieht (zu diesem Zusammenhang s Rn 42; Wöhrmann § 1 HöfeO Rn 4). Macht der Erblasser von seiner ihm zustehenden Testierfreiheit zu Lasten des sonst bestehenden landwirtschaftlichen Sondererbrechts keinen Gebrauch, so besteht dieses uneingeschränkt fort und beansprucht seine Geltung auch aufgrund eines entsprechenden (so lange unwiderleglich) vermuteten Willens des Erblassers (dazu Wöhrmann § 1 HöfeO Rn 88 f), das sich auch wegen der öffentlichen, damit verfolgten Interessen gegenüber dem allgemeinen Erbrechtsstatut seines Heimatlandes durchsetzen muss. Demgegenüber verkennt die neuere Gegenmeinung zT Begriff und Wesen des fakultativen Höferechts und muss zur (gekünstelten) Konstruktion einer „konkludenten Rechtswahl" Zuflucht nehmen, die darin zu sehen sei, dass der ausländische Erblasser die Eintragung in die Höferolle veranlasst (Staudinger/Dörner aaO; Staudinger/Hausmann aaO).

146 Für die **landesrechtlichen Anerbengesetze** gilt im wesentlichen das gleiche, wobei jedoch der Vorrang des landesrechtlichen, zwingenden Anerbenrechts nicht unmittelbar auf die Kollisionsnorm des Art 3 Abs 3 EGBGB gestützt werden kann, die unmittelbar nur für das Bundesrecht gilt. Jedoch nimmt man hier überwiegend eine ungeschriebene, einfach gesetzliche Anknüpfungsnorm iS der *lex-rei-sitae-Regel* an, die in den deutschen Anerbengesetzen mitenthalten ist (Staudinger/Dörner [2000] Art 25 EGBGB Rn 548; MünchKomm/Sonnenberger Art 3 EGBGB Rn 32: „landesrechtliche Rezeption" des Art 3 Abs 3; Staudinger/Hausmann [2003] Art 3 EGBGB Rn 82). Auch hier kann der neueren restriktiven Auffassung, wonach bei fakultativem Anerbenrecht jedoch das ausländische Erbstatut Vorrang haben soll (Staudinger/Dörner Art 25 Rn 548; Staudinger/Hausmann [2003] Art 3 EGBGB Rn 83; MünchKomm/Sonnenberger Art 3 EGBGB Rn 32), aus den dargelegten Gründen nicht gefolgt werden.

b) Erbfolge bei Ausmärkergrundstücken

147 Liegen einzelne Teile des Hofbesitzes in einem *Bundesland*, in dem ein anderes Höferecht als für den Stammbesitz gilt (sog *Ausmärkergrundstücke*), so liegt für den Fall, dass der eigentliche Hof der *Höfeordnung* unterliegt, eigentlich *kein kollisionsrechtliches Problem* des interlokalen Privatrechts vor, denn es ist zu berücksichtigen, dass die Höfeordnung wegen der Regelung über Ersatzbetriebe nach § 13 Abs 2 HöfeO auch einen in die anderen Bundesländer ausstrahlenden Anwendungs- und Geltungsbereich hat (Wöhrmann § 1 HöfeO Rn 49). Es geht hier vielmehr um das reine Problem des Sachrechts, wie die *Belegenheitsklausel* des § 1 Abs 1 S 1 HöfeO auszulegen ist. Soweit die **Hofstelle selbst im Geltungsbereich der Höfeordnung** (Hamburg, Niedersachsen, Nordrhein-Westfalen oder Schleswig-Holstein) liegt, unterliegen aber nach zutreffender Ansicht auch die *Ausmärkergrundstücke* dem Sondererbrecht der Höfeordnung, weil durch die Zuständigkeit des Landwirtschaftsgerichts die Höfeordnung auch auf diese angewandt und durchgesetzt werden kann (Wöhrmann aaO). Dies hat auch der BGH (BGHZ 22, 327, 328 = NJW 1957, 259 = JZ 1957, 345 m zust Anm Pritsch) durch Annahme eines entsprechenden, in ganz Nordwestdeutschland geltenden Gewohnheitsrechtssatzes bejaht.

Soweit es um die Geltung der **anderen landesrechtlichen Anerbengesetze** bei anderen **148**
bundesdeutschen Ausmärkergrundstücken geht, liegt allerdings ein *interlokales Kolli-*
sionsproblem vor. Aber auch in diesen Fällen wird man grundsätzlich die Geltung
eines entsprechenden gewohnheitsrechtlichen Kollisionsrechts annehmen müssen,
das der BGH (aaO) für den nordwestdeutschen Raum bejaht hat. Diese Regel kehrt
auch in verschiedenen positiv-rechtlichen Bestimmungen wieder (zB § 1 Abs 2
BremDVO zum KRG Nr 45 vom 19. 7. 1948 [BremGBl 119 = SaBR 7811-a-11]; Staatsvertrag zwischen den Ländern [Süd-]Baden und Württemberg-Hohenzollern vom
27. 6. 1951 [BadGVBl 99; WürttHoRegBl 75]; dazu Steffen RdL 1997, 146). Dagegen ist es
fraglich und letztlich zu verneinen, dass ein Gebiet, das selbst *kein Anerbenrecht hat*
(so *Bayern, Berlin, Saarland*), eine Regel entwickelt habe, wonach die in seinem
Gebiet liegenden Ausmärkergrundstücke dem Anerbenrecht des Nachbarlandes, in
welchem der Hof liegt, unterstellt sind (vgl hierzu auch Pritsch JZ 1957, 347, insbes Fn 3).
Denn es bedarf zur Geltung des Anerbenrechts des anderen Bundeslandes streng
genommen noch einer annehmenden Kollisionsregel des Landes des betreffenden
Ausmärkergrundstücks, was aber deshalb zu verneinen ist, weil dieses ja für seine
eigenen geschlossenen Höfe gerade kein Anerbenrecht kennt.

Liegen die **Ausmärkergrundstücke im benachbarten Ausland**, so gelten hierfür die **149**
Regeln des internationalen Privatrechts. Zwar wird für den Bereich des Anerbenrechts grundsätzlich das allgemeine Erbstatut des Art 25 Abs 1 EGBGB im Hinblick auf die besondere agrarstrukturelle Zielsetzung des Anerbenrechts nach
Art 3 Abs 3 EGBGB durch das *Belegenheitsstatut* durchbrochen (s Rn 144 f). Für die
außerhalb des Bundesgebiets liegenden Ausmärkergrundstücke führt dies aber bei
ausländischen Erblassern (wenn keine Rechtswahl nach Art 25 Abs 2 EGBGB vorliegt) zwingend zur Anwendung des ausländischen Erbstatuts, was eine *Nachlass-*
spaltung zur Folge hat: Die Hofstelle in der Bundesrepublik Deutschland vererbt
sich nach dem dortigen Anerbenrecht, die im Ausland belegenen Ausmärkergrundstücke nach dem Heimatrecht des Erblassers (Wöhrmann § 1 HöfeO Rn 50; Kegel/
Schurig, Internationales Privatrecht [9. Aufl 2004] § 12 II 2b aa, S 428). Zur Anwendung von
Art 3 Abs 3 EGBGB auf *ausländische Sondervermögen* (etwa österreichische oder
norwegische Erbhöfe) s eingehend Kegel/Schurig, Internationales Privatrecht
§ 12 II b aa.

Für die landwirtschaftlichen Höfe in der ehem DDR gilt die HöfeO nicht (s eingehend **150**
Rn 90). Unklar ist die Behandlung der **in der ehem DDR belegenen Ausmärkergrund-**
stücke. Das für die Behandlung solcher Grundstücke in ganz Norddeutschland geltende gewohnheitsrechtliche Kollisionsrecht (s Rn 147 f) wurde bis zur Wiedervereinigung dadurch faktisch außer Kraft gesetzt, dass deren Bewirtschaftung von der in
den alten Bundesländern liegenden Hofstelle aus nicht möglich war. Das OLG Celle
hat dementsprechend für Erbfälle in der Zeit zwischen dem In-Kraft-Treten des
DDR-ZGB und dem 3. 10. 1990 hinsichtlich solcher Ausmärkergrundstücke in der
ehem DDR entschieden, dass sich die Erbfall allein nach dem DDR-ZGB und dem
DDR-RAG bestimmt (VIZ 1996, 52, 53; aM LG Magdeburg Beschluss v 2. 2. 2004, zit nach
Böhringer DNotZ 2004, 694, 704; ders dort auch eingehender zu dieser Problematik). Für die
Erbfälle nach der Wiedervereinigung gelten aber auch diesbezüglich die oben dar-
gestellten Grundsätze (s Rn 147).

c)   landesrechtliche oder bundesrechtliche Kollisionsregeln

151 Die interlokalen oder internationalen Kollisionsregeln über die Geltung des *landes-rechtlichen Anerbenrechts* gehören grundsätzlich dem betreffenden Landesrecht an und stützen sich daher auf **Art 64 EGBGB** (Kegel aaO). Im *Gebiet der Höfeordnung* dürfte der vom BGH angenommene Gewohnheitsrechtssatz, dass sich die Höfeordnung auf die Ausmärkergrundstücke außerhalb ihres unmittelbaren Geltungsbereichs erstreckt, als Ergänzung der Höfeordnung wie diese dem bundesrechtlichen Höferecht zugehören. Dagegen hat der korrespondierende Gewohnheitsrechtssatz, nach dem Ausmärkergrundstücke im Gebiet der Höfeordnung sich nach dem gebietsfremden Anerbenrecht, zB Hessens oder Bremens, vererben, mit der Höfeordnung nichts zu tun; dann handelt es sich aber insoweit um einen auch in diesem Gebiet gemäß Art 64 EGBGB landesrechtlich geltenden Grundsatz.

Artikel 65

Unberührt bleiben die landesgesetzlichen Vorschriften, welche dem Wasserrecht angehören, mit Einschluß des Mühlenrechts und des Flötzrechts sowie der Vorschriften zur Beförderung der Bewässerung und Entwässerung der Grundstücke und der Vorschriften über Anlandungen, entstehende Inseln und verlassene Flußbetten.

Materialien: E I Art 39; II Art 38; III Art 63;
Mot III 5; Prot VI 372.

Schrifttum

Barocka, Vereinbarungen und Verträge im Wasserrecht, VerwArch 51, 1
Boehme, Wasserrecht und Grundbuch, BWNotZ 1961, 78
ders, Eigentum und Eigentumsgrenzen an Gewässern nach den landesrechtlichen Wassergesetzen (1963)
ders, Die Eigentumsverhältnisse der Gewässer, BWVBl 1960, 97
Breuer, Öffentliches und privates Wasserrecht (3. Aufl 2004)
Czychowski, Wasserrecht im geeinten Deutschland, Landes- und Kommunalvorschau 1991, 220
Czychowski/Reinhardt, Wasserhaushaltsgesetz (8. Aufl 2003)
Dellian, Gewässereigentum und Gewässerbenutzung, NJW 1967, 520
ders, Zum Recht der Grundwasserbenutzung in Bayern, RdL 1967, 57
Gieseke, Eigentum und Grundwasser (1959)

Gieseke/Wiedemann/Czychowski, WHG (6. Aufl 1992), nun Czychowski/Reinhardt
Gröpper, Die Rechtsverhältnisse des Meeresstrandes und der Territorialgewässer, SchlHAnz 1966, 49
Hofacker, Das Eigentum an Wasserläufen, VerwArch 30, 161
Hundertmark, Zum Schutz öffentlicher Wasserbenutzungsrechte durch zivilrechtlichen Unterlassungsanspruch, ZfWas 1968, 228
vKeitz/Schmalholz (Hrsg), Handbuch der EU-Wasserrahmenrichtlinie (2002)
Kenupf/vLersner/Roth, Handbuch des deutschen Wasserrechts, (ab 1977 Losebl, neu ab 1989)
Koehn, Öffentliches und Privatrecht im Straßen- u Wasserrecht (Diss Freiburg 1971)
Kotulla, Wasserhaushaltsgesetz (2003)
Kowallik, Die Eigentumsverhältnisse von Anlandungsflächen an Bundeswasserstraßen, DVBl 1986, 1088

Külz, Das Wohl der Allgemeinheit im WHG,
in: FS für Gieseke (1958) 187
ders, Zu Fragen des Eigentums und der Enteignung im neuen Wasserrecht, in: Jubi-
läumsschr 10 Jahre BVerwG (1963) Bd II S 293
Kupisch, Eine Moselinsel, Kaiser Napoleon
und das römische Recht, JZ 1987, 1017, zugleich
zu BGHZ 92, 326
Landen, Das Wassernutzungsentgelt in der
ehemaligen DDR, DtZ 1995, 192
Larenz, Die Schadenshaftung nach dem Wasserhaushaltsgesetz im System der zivilrechtlichen Haftungsgründe, VersR 1963, 593
Linckelmann, Untersuchungen zum Wasser-
und Bodenverbandsrecht (1954)
Lübbe-Wolff, Wasserrecht und Wasserwirt-
schaft in der DDR, DVBl 1990, 855
Mankewski, Haftung nach dem Wasserhaus-
haltsgesetz und Haftpflichtversicherung (1964)
Matthes, Das Wasser- und Uferrecht in seiner
Bedeutung für das Vermessungs- und Liegen-
schaftswesen, Kataster und Grundbuch (1956)
Reinhardt, Die landesrechtliche Fortgeltung
des WassG DDR in den neuen Bundesländern,
DVBl 1991, 1058
Reiss, Nachbarschutz im Wasserrecht (Diss
Würzburg 1970)
Roth, WHG (3. Aufl 1992)
Schlegelberger, Über Rechtsverhältnisse und
Benutzung natürlicher Wasserläufe, ZAkDR 35,
338

Schröder, Die wasserrechtliche Gefährdungs-
haftung nach § 22 WHG in ihren bürgerlich-
rechtlichen Bezügen, BB 1976, 63
Siedler/Zeitler/Dahme, Wasserrecht (Losebl,
Stand 2004)
Sievers, Wasserrecht (1964)
ders, Der natürliche Wasserlauf im Recht,
VerwA 51, 187
ders, Zum WHG der Bundesrepublik, in:
FS Gieseke (1958) 259
Soergel/Hartmann Art 65 EGBGB
Völsch, Entschädigungs- u Ausgleichsrecht in
den Wassergesetzen (1993)
Wüsthoff/Kumpf/vLersner, Handbuch des
deutschen Wasserrechts (Losebl, Stand 2004)
Zanker, Stellung des Eigentümers im Wasser-
benutzungsrecht, BayVBl 1968, 1424
ders, Zur Stellung des Grundeigentümers beim
Ausbau von Gewässern, ZfWas 1971, 65.

Aufgeführt wurde nur das Schrifttum, in dem –
auch – privatrechtliche Fragen erörtert sind;
weiteres Schrifttum, auch zum internationalen
Wasserrecht s in der 10./11. Auflage und bei
Soergel/Hartmann. Zu allen wasserrechtlichen Fragen s außerdem die Kommentare zum
Wasserhaushaltsgesetz – soweit nicht oben aufgeführt –, zum Bundeswasserstraßengesetz und
zu den Wassergesetzen der Bundesländer.

I.   Landesrechtlicher Vorbehalt für das private Wasserrecht

1.   Nach Art 65 ist das private Wasserrecht der Landesgesetzgebung überlassen. **1**
Unter Wasserrecht versteht man den Inbegriff der Vorschriften, die die Rechtsverhältnisse des natürlichen Wassers und der Wasserläufe betreffen (Mot EG 162). Ob
das Deich- und Sielrecht unter den Begriff des Wasserrechts fällt, kann dahinstehen,
weil dafür Art 66 einen eigenen Vorbehalt enthält. Nicht zum Wasserrecht gehört
das Fischereirecht, dessen Regelung aber durch Art 69 ebenfalls der Landesgesetzgebung überlassen wurde, das Seerecht, einschließlich des Seehandelsrechts
(s §§ 474 ff HGB) und das Recht der Binnenschiffahrt. Durch G zur Änderung der
Haftungsbeschränkung in der Binnenschiffahrt vom 25. 8. 1998 (BGBl S 2489) wurde
der Vorbehalt hinsichtlich des Flößereirechts aufgehoben und Art 65 insoweit geändert. Das Flößereigesetz wurde durch Art 13 des G vom 25. 8. 1998 aufgehoben.

2.   Art 65 unterscheidet nicht zwischen öffentlichen und privaten, zwischen flie- **2**
ßenden und geschlossenen, zwischen natürlichen und künstlichen Gewässern, so daß

Joseph Hönle

der Landesgesetzgeber die privatrechtlichen Verhältnisse all dieser Gewässerarten regeln kann.

3 3. Der Vorbehalt bedeutet, daß die Bundesländer befugt sind, alle privatrechtlichen Beziehungen zu den Gewässern zu regeln, und im Rahmen des Vorbehalts auch neue privatrechtliche Bestimmungen zu erlassen (Art 1 Abs 2; nicht bestr von NIPPERDEY NJW 1951, 897). Daß die Länder grundsätzlich (dh vorbehaltlich bundesgesetzlicher Regelung) auch berechtigt sind, die öffentlich-rechtlichen Verhältnisse der Gewässer zu regeln, folgt nicht aus Art 65, sondern aus Art 70 GG.

II. Das private Wasserrecht, Überblick über seinen Gegenstand

4 1. Zur Geschichte des privaten Wasserrechts s STAUDINGER/DITTMANN[10/11] Rn 1 ff.

5 2. Gegenstand des privaten Wasserrechts ist zunächst die Frage, wem das **Eigentum an Gewässern** zusteht, welche **Rechte** sich aus dem Eigentum ergeben und welchen privatrechtlichen **Einschränkungen** es unterliegt.

Eigentümer der Bundeswasserstraßen ist der Bund (BGHZ 28, 37 für den Rhein; BGHZ 49, 68 für die Trave; BGHZ 67, 152; 69, 284 für die Weser; BGH NJW 1987, 496; BGHZ 102 I Schlei; BGHZ 110, 148 Trave; VG Oldenburg NJW 1989, 248: Zum Begriff der Bundeswasserstraße). Das Jagdausübungsrecht auf den Bundeswasserstraßen steht deshalb dem Bund zu (BGH MDR 1982, 827 = JZ 1982, 809; BGH NJW 1983, 994, abl WICHMANN JZ 1982, 793).

Dasselbe gilt für Seewasserstraßen (BGHZ 47, 117 für die Schlei; BGH NJW 1988, 1318; BGH NJW 1989, 2464; BGHZ 108, 110). Zum Eigentum am Meeresstrand s BGHZ 44, 27; LG Kiel SchlHAnz 1975, 84; SOERGEL/HARTMANN Art 65 Rn 13; am Küstenmeer s OLG Schleswig SchlHAnz 1980, 147; BGHZ 108, 110 und am Hafenbecken s OLG Schleswig SchlHAnz 1980, 148; BGHZ 93, 113; SchlHAnz 1986, 138. Zu den Eigentumsverhältnissen bei Anlandungen s RGZ 131, 60; BGHZ 27, 291; BayObLGZ 1980, 141; KOWALLIK DVBl 1986, 1088 SOERGEL/HARTMANN aaO Art 65 Rn 11, 12; OLG Hamm Rpfl 1985, 396: Gewässerbett bei Verlandung; BGHZ 92, 326 für die Mosel; BGHZ 107, 342, Ostsee; BGHZ 110, 148 = NJW 1990, 3263: Werden Landflächen an einer Bundeswasserstraße für dauernd erweitert, so wächst das Eigentum der Erweiterung dem Bund auch dann zu, wenn die Überflutung vor dem Inkrafttreten des Bundeswasserstraßengesetzes (10. 4. 1968) eingetreten ist.

Die Eigentumsverhältnisse an anderen Binnengewässern als Bundeswasserstraßen richten sich nach Landesrecht (vgl BayObLGZ 1980, 141: kein Eigentumszuwachs nach Art 7 Abs 1, 2 BayWG an Ufergrundstücken, die bereits vor dem 1.1. 1963 dauernd künstlich überflutet waren). Im Bodensee gelegene Grundstücke können jedenfalls insoweit Gegenstand bürgerlich-rechtlichen Eigentums sein, als sie im ufernahen Bereich flachen Wassers (sogen Halde) liegen. Im Bereich des bay Anteils am Bodensee ist hier, soweit solche Grundstücke im Grundbuch nicht gebucht sind, der Freistaat Bayern Eigentümer (BayObLG NJW 1989, 2475). Grundsätzlich ist dieses Eigentum normales privatrechtliches Eigentum, für das die §§ 903 ff BGB gelten, wenn es auch weitgehenden öffentlich-rechtlichen Beschränkungen unterliegt (eine Ausnahme gilt in Baden-Württemberg, wo die öffentlichen Gewässer nach §§ 2, 4 und 5 BadWürttWG in einem besonderen öffentlichen Eigentum des Landes oder der Gemeinde stehen). Nachbarrecht und Wasserrecht überschneiden sich bei den Rechtsfragen, die sich aus dem Übertritt von Wasser von einem Grundstück auf ein anderes ergeben (vgl zB BGH MDR 1982, 827; Schmid VersR 1995, 1269: Haftung für Überschwemmungsschäden; Burgi ZfW 1990, 245: Zur Einschränkung des privatrechtlichen Nachbarschutzes durch Anspruch auf ermessensfehlerfreie Interessenabwägung; BGH MDR 1988, 124).

3.   Gegenstand des privaten Wasserrechts sind weiter die privatrechtlichen **Nut- 6 zungsverhältnisse** an Gewässern. Da dem Landesgesetzgeber nach Art 65 die umfassende Regelungsbefugnis für das Wasserrecht zusteht, kann er auch eigenständige wasserrechtliche Nutzungsrechte aufrechterhalten oder sogar neu schaffen. Vor Inkrafttreten des BGB bestanden zahlreiche eigenständige wasserrechtliche Nutzungsrechte (zu deren Weiterbestehen s BGH LM Nr 20 PrWasserG = MDR 1977, 124; zur Fortgeltung eines nach den Bestimmungen des ALR ersessenen Staurechts für eine Wassermühle: BGH LM Nr 5 zu § 15 WHG = ZfW 1979, 159; zur Frage, ob eine aufgrund alter Wasserrechte bestehende Befugnis, Wasser aus einem Gewässer abzuleiten und in einem Stauteich zu sammeln, sich auf das Wasser eines anderen Gewässers erstreckt VGH Baden-Württemberg AgrarR 1980, 189). Zum Inhalt und Umfang der Verpflichtung des Unternehmers einer Stauanlage, die festgesetzten Wasserhöhen einzuhalten vgl BayObLGZ 1980, 65. Zum Recht des Unterliegers auf Wasserzufluß OVG Münster DVBl 1977, 930. Der Ausschluß von Ansprüchen nach § 11 Abs 1 WHG gilt auch für die vom Wasserhaushaltsgesetz (§ 15 Abs 1 Nr 1) iVm den Landeswassergesetzen (hier § 32 Abs 1 Nr 3 Nieders Wassergesetz) aufrechterhaltenen alten Wasserrechte, wie nach gemeinem Recht und nach preußischem Wasserrecht verliehene Staurechte (BGH LM Nr 2 § 11 WHG = VersR 2002, 770). Die Änderung des Zwecks einer Gewässerbenutzung (hier: Umwandlung einer früheren Wassermühle in ein Kleinstwasserkraftwerk) kann von einem nach dem Preußischen Wassergesetz verliehenen oder aufrechterhaltenen Staurecht gedeckt sein. Dies ist jedoch dann nicht mehr der Fall, wenn die wasserwirtschaftlichen Verhältnisse oder Belange Dritter dadurch in wesentlichem Umfang nachteilig beeinflußt werden (BGH aaO).

Wer fremdes Wasser nutzen möchte, bedarf dazu nicht nur der erforderlichen öffentlich-rechtlichen Erlaubnis, sondern auch einer privatrechtlichen Befugnis zur Nutzung. Aus der öffentlich-rechtlichen Genehmigung folgt nicht ohne weiteres auch ein privatrechtliches Nutzungsrecht, selbst wenn sich die Genehmigung auf eine Anlage in einer Bundeswasserstraße (im Eigentum des Bundes) bezieht (OLG Bremen VerkBl 1973, 115: der Bund kann von dem Nutzer einer Bundeswasserstraße die Unterlassung der Nutzung nach § 1004 BGB verlangen, wenn dieser den Abschluß eines privatrechtlichen Nutzungsvertrages verweigert).

4.   Gegenstand des privaten Wasserrechts ist schließlich auch die privatrechtliche 7 **Haftung** des Gewässereigentümers und dessen, der ein Gewässer nutzt, für Schäden, die Dritte erleiden, und die privatrechtliche Haftung für Schäden an Gewässern (etwa durch die Einleitung von Schadstoffen). Anspruchsgrundlage ist insbesondere § 823 Abs 2 BGB iVm den öffentlich-rechtlichen wasserrechtlichen Vorschriften, soweit diese Schutzgesetze iS von § 823 Abs 2 BGB sind (im einzelnen zur Haftung Rest VersR 1987, 6: Chemieunfälle und Rheinverseuchung; OLG Celle NJW 1995, 3197: Zum Umfang der Sorgfaltspflicht beim Lagern von Heizöl im Keller; OLG Frankfurt ZfW 1987, 195: Zur Haftung, wenn Heizöl in Gewässer eindringt; BGH NJW 1988, 1593 = MDR 1988, 476: Zur Frage, inwiefern der Betreiber eines Wasserwerkes von einem Unternehmen der chemischen Industrie, das Schadstoffe eingeführt hat, die Kosten der Untersuchung von Wasserprüfungen ersetzt verlangen kann. BGH VersR 1997, 109: Zur Haftung für Wasserschäden aufgrund Versickerung von Wasser aus einem Straßengraben. Keine Wirkungshaftung für ungefaßtes Wasser, BGH NuR 1995, 492).

III. Überragende Bedeutung des öffentlichen Wasserrechts

8 1.   Wegen der Bedeutung, die die Versorgung mit Wasser für das Leben der Bevölkerung hat, ist das öffentliche Wasserrecht inzwischen von weitaus größerer Bedeutung als das private Wasserrecht. Bei allen Wassergesetzen, sowohl dem Wasserhaushaltsgesetz des Bundes als auch den Wassergesetzen der Länder, stehen die öffentlich-rechtlichen Normen im Mittelpunkt, während die privatrechtlichen Fragen nur soz am Rande mitgeregelt sind (zur Verfassungsmäßigkeit wichtiger Bestimmungen des Wasserhaushaltsgesetzes s die grundlegende Entscheidung des BVerfGE 58, 300 = JuS 1982, 852. Zur Haftung gem § 22 WHG s zB Janke-Weddige, Zur Einleiterhaftung des § 22 Abs 1 WHG, ZfW 1988, 281; Schacht VersR 1986, 1149; BGH MDR 1984, 823 zu den sonstigen Einwirkungen auf das Gewässer iS v § 22 WHG. BGH VersR 2000, 1286: Zum Umfang der Schadensersatzpflicht des Inhabers einer gefährlichen Anlage nach § 22 Abs 2 WHG und zum weiteren Schutzbereich dieser Norm. Zur Haftung bei einem Wechsel des Inhabers der gefährlichen Anlage im Sinne des § 22 Abs 2 WHG, BGH VersR 2001, 67).

9 2.   Zum Verhältnis der bundes- und landesrechtlichen wasserrechtlichen Vorschriften und zu den privatrechtlichen Auswirkungen der Wassergesetze, insbes des Wasserhaushaltsgesetzes, s die Erl von Staudinger/Dittmann[10/11], vor allem Rn 9 ff; Greinert ZfW 1992, 329: Landesrechtliche Anforderungen an Anlagen zum Herstellen, Behandeln und Verwenden wassergefährdender Stoffe nach § 19g Abs 1 WHG; Soergel/Hartmann Art 65 Rn 2.

10 3.   Neuerdings hat das umzusetzende **Europarecht** erhebliche Änderungen der Wassergesetze und des Wasserrechts bewirkt, s insbesondere die Richtlinie 2000/60/ EG des Europäischen Parlaments und des Rates vom 23.10.2000 zur Schaffung eines Ordnungsrahmens für Maßnahmen der Gemeinschaft im Bereich der Wasserpolitik (ABl EG Nr L 327 S 1).

IV. Bundesrechtliche Vorschriften*

11 Gesetz zur Ordnung des Wasserhaushalts (Wasserhaushaltsgesetz – WHG) vom

---

* **Allgemeines Schrifttum**: S zunächst das im Eingang zu Art 65 vor Rn 1 zitierte Schrifttum, ferner: Aurand ua (Hrsg), TrinkwasserVO (2. Aufl 1987); Berendes/Winters, Das Abwasserabgabengesetz (3. Aufl 1995); Dilly/ Welsch, Trinkwasser VO (3. Aufl 2003); Friesecke, Bundeswasserstraßengesetz (3. Aufl 1994); Gässler, Wasserhaushaltsgesetz (1977); Kloepfer, Belastungskumulationen durch Normenüberlagerungen im Wasserrecht, VerwA 74 (1983) 201 ff; Lersner-Roth, Handbuch des deutschen Wasserrechts; Ludwig/Odenthal, WassersicherstellungsG (1966); Mintzel, BundeswasserstraßenG (1969); Nisipeanu, Abwasserrecht (1991); Roth/Dickenbrok, WassersicherstellungsG (1967/1972); Salzwedel, Neuere Tendenzen des Wasserrechts, NVwZ 1982, 596; Schmitt, Binnenschiffahrts- und Wasserstraßengesetze des Bundes (1986); Zimniok, WHG mit BundeswasserstraßenG und WassersicherstellungsG (1971, Nachtrag 1976).

27. 7. 1957 (BGBl I 1110) idF der Bek vom 19. 8. 2002 (BGBl I 3245), geändert durch G vom 6. 1. 2004 (BGBl I 2).

Bundesgesetz über die vermögensrechtlichen Verhältnisse der Bundeswasserstraßen vom 21. 5. 1951 (BGBl I 352 = BGBl III 940-4).

Bundeswasserstraßengesetz (WaStrG) idF der Bek vom 4. 11. 1998 (BGBl I 3294), zuletzt geändert durch G vom 27. 7. 2001 (BGBl I 1950).

Gesetz über die Sicherstellung von Leistungen auf dem Gebiete der Wasserwirtschaft für Zwecke der Verteidigung – Wassersicherstellungsgesetz – vom 24. 8. 1965 (BGBl I 1225), zuletzt geändert durch G vom 3. 5. 2000 (BGBl I 632); 1. WassersicherstellungsVO vom 31. 3. 1970 (BGBl I 357); 2. WassersicherstellungsVO vom 11. 9. 1973 (BGBl I 1313), ÄndVO vom 25. 4. 1978 (BGBl I 583).

2. Gesetz über den rechtlichen Status der Main-Donau-Wasserstraße vom 19. 6. 1986 (BGBl I 913).

Gesetz über Wasser- und Bodenverbände (WasserverbandsG) vom 12. 2. 1991 (BGBl I 405), zuletzt geändert durch G vom 15. 5. 2002 (BGBl I 1578).

TrinkwasserVO idF vom 5. 12. 1990 (BGBl I 2613), ber vom 23. 1. 1991 (BGBl I 227), zuletzt geändert durch VO zur Änderung der Mineral- und Tafelwasser – VO vom 14. 12. 2000 (BGBl I 1728).

Gesetz über Abgaben für das Einleiten von Abwasser in Gewässer (Abwasserabgabengesetz) idF vom 3. 11. 1994 (BGBl I 3370); zuletzt geändert durch G vom 9. 9. 2001 (BGBl I 2331); VO über die Herkunftsbereiche von Abwasser (AbwHerk-VO) vom 3. 7. 1987 (BGBl I 1578).

VO über Anforderungen an das Einleiten von Abwasser in Gewässer (Abwasserverordnung) vom 21. 3. 1997 (BGBl I 566) idF der Bek vom 20. 9. 2001 (BGBl I 2440).

V. Die Wassergesetze der Länder*

1. Baden-Württemberg

Wassergesetz für Baden-Württemberg idF der Bek vom 1. 1. 1999 (GBl 1), zuletzt **12** geändert durch G vom 1. 7. 2004 (GBl 469) (ECKHARDT/KIBELE, Wassergesetz für Baden-Württemberg [Losebl Stand 2003]; EMMELMANN/FUCHS, Wasserrecht [4. Aufl 1965]; HABEL/KUKKUCK, Wassergesetz für Baden-Württemberg [1982]; SAUTTER/BAUMGÄRTNER, Abwasserabgabenrecht in Baden-Württemberg [1984]; ZIEGLER, Kommentar zum WasserG für Baden-Württemberg [Losebl]);

---

* Vgl LINCKELMANN, Zu den kommenden
Landeswassergesetzen, DÖV 1960, 521.

2.   Bayern

Bayerisches Wassergesetz vom 26. 7. 1962 (GVBl 143) idF der Bek vom 19. 7. 1994 (GVBl 822, BayRS 753-1-U), zuletzt geändert durch G vom 24. 7. 2003 (GVBl 482) (DAH-ME/SCHRÖDER, BayerWasserG [4. Aufl 1988]; DROST, Das Wasserrecht in Bayern [Losebl Stand 2004]; FRITZSCHE/KNOPP/MAURER, Das Wasserecht in Bayern [Losebl]; KÖNIG, Bayerisches Wasser-recht [1988]; SALZER, Zum bayerischen Stau- und Triebwerksrecht nach dem Inkrafttreten des WHG, DÖV 1961, 928; SAMPER, Das neue bayerische WG, BayVBl 1962, 239; SCHMITT, Die wasser-rechtliche Behandlung des Brückenbaus, BayVBl 1961, 174; SCHRÖDER, Abwasserabgabe in Bayern [1982]; SIEDER/ZEITLER/DAHME, Bayerisches Wassergesetz [1983 ff, Losebl]; STERN, Fortbestand alter Wassernutzungsrechte, BayVBl 1958, 71; ZIMNIOK, Bayerisches Wasserrecht [2. Aufl 1971, Nachtrag 1974]);

3.   Berlin

Berliner Wassergesetz vom 23. 2. 1960 (GVBl 133) idF der Bek vom 3. 3. 1989 (GVBl 605), zuletzt geändert durch G vom 24. 6. 2004 (GVBl 250) (BEHRENDT, Stand des Wasser-rechts in Berlin-West, ZfWassR 1971, 75; GRIMME, Die neue Wassergesetzgebung im Lande Berlin, JR 1960, 201);

4.   Brandenburg

Brandenburgisches Wassergesetz vom 13. 7. 1994 (GVBl 302), zuletzt geändert durch G vom 29. 6. 2004 (GVBl 301);

5.   Bremen

Bremisches Wassergesetz vom 13. 3. 1962 (GBl 59), idF der Bek vom 2. 7. 2002 (GBl 245, ber. 508);

6.   Hamburg

Hamburgisches Wassergesetz vom 20. 6. 1960 (GVBl 335), zuletzt geändert durch G vom 4. 2. 2004 (GVBl 53) (MATTHES, Das Wasser- und Uferrecht [1956]);

7.   Hessen

Hessisches Wassergesetz vom 6. 7. 1960 idF der Bek vom 18. 12. 2002 (GVBl 2003, 10); das Gesetz tritt mit Ablauf des 31. 12. 2007 außer Kraft vgl § 130 S 2 (BICKEL, Kom-mentar zum Hessischen Wassergesetz [1987]; BICKEL/RINCKE/SCHÄFER, Hessisches Abwasserabga-benrecht [1983]; DUDA, Abwasserabgabe in Hessen [1982]; FELDT/BECKER, Hessisches Wassergesetz [3. Aufl 1997, Nachtrag 1999]; GESSNER, Das Wasserrecht im Lande Hessen [1961]; HEINZ, Wasser-recht in Hessen [3. Aufl 1991]; ROTH, Hessisches Wasserrecht [1960]; SCHNEIDER, Wasserrecht in Hessen, [1991]);

8.   Mecklenburg-Vorpommern

Wassergesetz des Landes Mecklenburg-Vorpommern vom 30. 11. 1992 (GVBl 669), zuletzt geändert durch G vom 17. 12. 2003 (GVBl 2004, 2);

9. Niedersachsen

Niedersächsisches Wassergesetz idF der Bek vom 25. 3. 1998 (GVBl 347), zuletzt geändert durch G vom 10. 6. 2004 (GVBl 171) (FINKLER, Niedersächsisches Wasserrecht [1961]; HAUPT/REFFKEN/RHODE, Niedersächsisches Wassergesetz [Losebl Stand 2003]; HULSCH, Abwasserabgabe in Niedersachsen [1982]; REHDER, Niedersächsisches Wassergesetz Kommentar [4. Aufl 1971]; SANDER/DIETZSCH, Wasserrecht in Niedersachsen [3. Aufl 1999]; WAHRENHOLZ, Stand des Wasserrechts in Niedersachsen, ZfWassR 1972, 133);

10. Nordrhein-Westfalen

Wassergesetz für das Land Nordrhein-Westfalen vom 9. 6. 1989 (GV 384), idF der Bek vom 25. 6. 1995 (GV 926), zuletzt geändert durch G vom 4. 5. 2004 (GV 259) (BURG-HARTZ, Wasserhaushaltsgesetz und Wassergesetz für das Land Nordrhein-Westfalen [2. Aufl 1974]; CZYCHOWSKI/PRÜMM, Wasserrecht in Nordrhein-Westfalen [11. Aufl 2004]; DOPHEIDE, Recht und Planungsinstrumente der Wasserwirtschaft unter Berücksichtigung von Eigentums-, Entschädigungs- und Haftungsfragen in der Bundesrepublik Deutschland und im Land Nordrhein-Westfalen [2. Aufl 1990]; FRITSCH, Die Neuregelungen des Wasserrechts in Nordrhein-Westfalen, DVBl 1989, 908; HONERT/RÜTTGERS/SANDEN, Landeswassergesetz Nordrhein-Westfalen [4. Aufl 1996]; LINDEMANN, Neufassung des Landeswassergesetzes Nordrhein-Westfalen [4. Aufl 1996]; LINDEMANN, Neufassung des Landeswassergesetzes NRW, NVwZ 1990, 243);

11. Rheinland-Pfalz

Wassergesetz für das Land Rheinland-Pfalz idF der Bek vom 22. 1. 2004 (GVBl 54) (BEILE, Wassergesetz für das Land Rheinland-Pfalz [1987 Losebl Stand 2002]; HARTMANN/KRAFFT, Kommentar [2. Aufl 1969]; HIMMEL, Kommentar zum Landeswassergesetz und zum WHG [Losebl 2003]; KIRDORF, Wasserrecht in Rheinland-Pfalz [1961]; STEENBLOCK, Abwasserabgabe in Rheinland-Pfalz [1984]);

12. Saarland

Saarländisches Wassergesetz idF vom 28. 6. 1960 (Abl 511), idF der Bek vom 30. 7. 2004 (ABl 1994) (WEICH, Stand des Wasserrechts im Saarland, ZfWassR 1971, 27);

13. Sachsen

Sächsisches Wassergesetz idF der Bek vom 21. 7. 1998 (GVBl 393), zuletzt geändert durch G vom 1. 9. 2003 (GVBl 418);

14. Sachsen-Anhalt

Wassergesetz für das Land Sachsen-Anhalt idF der Bek vom 21. 4. 1998 (GVBl 186), zuletzt geändert durch G vom 16. 7. 2003 (GVBl 158);

15. Schleswig-Holstein

Wassergesetz des Landes Schleswig-Holstein idF der Bek vom 6. 1. 2004 (GVBl 8, ber 189) (BEHRENS, Stand des Wasserrechts in Schleswig-Holstein ZfWassR 1972, 197; BONING, Das

Wasserrecht in Schleswig-Holstein, SchlHA 1960, 301; KOLLMANN, Wassergesetz des Landes Schleswig-Holstein [Losebl 1997]; THIEM, Wasserrecht in Schleswig-Holstein [6. Aufl 2004]);

16. Thüringen

Thüringer Wassergesetz vom 10. 5. 1994 (GVBl 445) idF der Bek vom 4. 2. 1999 (GVBl 114), zuletzt geändert durch G vom 24. 11. 2003 (GVBl 495) (Institut für gewerbliche Wasserwirtschaft und Luftreinhaltung, Köln, Wasserrecht in Thüringen [1992]).

Artikel 66

Unberührt bleiben die landesgesetzlichen Vorschriften, welche dem Deich- und Sielrecht angehören.

Materialien: E I Art 40; II Art 39; III Art 64.

I. Inhalt des Deich- und Sielrechts

1 Das Deich- und Sielrecht umfaßt die Vorschriften, welche die zum Schutz gegen Hochwasser und Überschwemmungen errichteten Deiche (künstliche Dämme) und die zur Entwässerung angelegten Siele (Abzugskanäle) betreffen. Es ist sonach ein Teil des Wasserrechts und weitgehend in den Wassergesetzen der Länder geregelt.

Deiche sind künstliche Bodenerhöhungen zum Schutz gegen Überschwemmungen. Die Landesgesetze, zB § 69 Wassergesetz für Baden-Württemberg unterscheiden zum Teil zwischen Leitdämmen und Schutzdämmen und regeln die Unterhaltungs- und Ausbaulast teilweise unterschiedlich zwischen diesen beiden Dammarten. Siele sind die Abzüge zur Ableitung des hinter den Deichen sich sammelnden Wassers.

Der Vorbehalt bezieht sich auf Meeresdeiche und Flußdeiche. Die deichrechtlichen Vorschriften befassen sich im wesentlichen mit der Regelung der Deichlast, also der Verpflichtung zur Herstellung und Erhaltung von Deichen und Sielen. Das gemeinsame Interesse am Wasserschutz führte schon vor Jahrhunderten zur Bildung von Deichverbänden, die im neueren Recht zu rechtsfähigen Körperschaften des öffentlichen Rechts unter Staatsaufsicht ausgebildet sind. Dem Deichverband steht gewöhnlich das Eigentum an dem Deich und seinem Zubehör zu. In den süddeutschen Ländern haben sich größere Deichverbände nicht gebildet; hier war das Deichrecht im allgemeinen Uferschutzrecht enthalten, die Fürsorge oblag im wesentlichen den Gemeinden und dem Staat.

II. Geltendes Recht

1. Bundesrecht

2 Die Rahmenvorschrift des § 31 WHG über den Ausbau eines Gewässers oder seiner Ufer gilt auch für Deiche. Das Recht der Deich- und Sielverbände ist durch das

Gesetz über Wasser- und Bodenverbände und die WasserverbandsVO geregelt.

Zur Frage der Erstattung von Vorsorgeaufwendungen, um ein ungeschütztes Wohnhaus im Vordeichgelände in einen flutsicheren Zustand zu versetzen BGH NVwZ 1987, 628.

2. Landesrecht

Mit dem Deich- und Sielrecht befassen sich die Wassergesetze der Bundesländer und **3** verschiedene Spezialvorschriften.

a) Baden-Württemberg: §§ 69 ff WG für Baden-Württemberg idF der Bek vom 1. 1. 1999 (GBl 1), zuletzt geändert durch G vom 1. 7. 2004 (GBl 469);

b) Bayern: Art 54 ff BayWG vom 26. 7. 1962 (GVBl 143) idF der Bek vom 19. 7. 1994 (GVBl 822, BayRS 753-1-U), zuletzt geändert durch G vom 24. 7. 2003 (GVBl 482); Gewässerausbau; keine spezielle Regelung über Dämme;

c) Berlin: §§ 57 ff Berliner WG idF vom 3. 3. 1989 (GVBl 605), zuletzt geändert durch G vom 24. 6. 2004 (GVBl 250);

d) Brandenburg: §§ 88 ff, 95 ff, § 112 Brandenburgisches Wassergesetz vom 13. 7. 1994 (GVBl 302), zuletzt geändert durch G vom 29. 6. 2004 (GVBl 301);

e) Bremen: §§ 106 ff Bremisches WG vom 13. 3. 1962 (GBl 59), idF der Bek vom 2. 7. 2002 (GBl 245, ber 508); VO vom 15. 7. 1939 (GBl 158), zuletzt geändert am 24. 3. 1970 (GBl 37); VO vom 26. 4. 1941 (GBl 38); VO vom 3. 3. 1949 (GBl 44);

f) Hamburg: §§ 55 ff Hamburgisches Wassergesetz idF vom 20. 6. 1960 (GVBl 335), zuletzt geändert durch G vom 4. 2. 2004 (GVBl 53);

g) Hessen: §§ 64 ff Hessisches WG idF vom 6. 7. 1960, idF der Bek vom 18. 12. 2002 (GVBl 2003, 10); Art 281 AGBGB;

h) Mecklenburg-Vorpommern: §§ 71 ff Wassergesetz des Landes Mecklenburg-Vorpommern vom 30. 11. 1992 (GVBl 669), zuletzt geändert durch G vom 17. 12. 2003 (GVBl 2004, 2);

i) Niedersachsen: Niedersächsisches DeichG vom 1. 3. 1963 (GVBl 81), idF der Bek vom 23. 2. 2004 (GVBl 83); durch dieses Gesetz sind die alten Deich- und Sielordnungen, unter anderem die für Ostfriesland vom 12. 6. 1853 und die für das Herzogtum Oldenburg vom 8. 6. 1855, aufgehoben worden;

k) Nordrhein-Westfalen: §§ 107 ff Wassergesetz für das Land Nordrhein-Westfalen vom 9. 6. 1989 ((GV 384), idF der Bek vom 25. 6. 1995 (GV 926), zuletzt geändert durch G vom 4. 5. 2004 (GV 259);

l) Rheinland-Pfalz: §§ 83 ff Wassergesetz für das Land Rheinland-Pfalz idF der Bek vom 22. 1. 2004 (GVBl 54);

m) Saarland: §§ 73 ff Saarländisches Wassergesetz vom 28. 6. 1960 (ABl 511), idF der Bek vom 30. 7. 2004 (ABl 1994);

n) Sachsen: §§ 38 ff Sächsisches Wassergesetz idF der Bek vom 21. 7. 1998 (GVBl 393), zuletzt geändert durch G vom 1. 9. 2003 (GVBl 418);

o) Sachsen-Anhalt: §§ 131 ff Wassergesetz für das Land Sachsen-Anhalt idF der Bek vom 21. 4. 1998 (GVBl 186), zuletzt geändert durch G vom 16. 7. 2003 (GVBl 158);

p) Schleswig-Holstein: §§ 62 ff Wassergesetz des Landes Schleswig-Holstein idF der Bek vom 6. 1. 2004 (GVBl 8, ber 189);

q) Thüringen: §§ 74 ff Thüringer Wassergesetz vom 10. 5. 1994 (GVBl 445) idF der Bek vom 4. 2. 1999 (GVBl 114), zuletzt geändert durch G vom 24. 11. 2003 (GVBl 495).

Im ehemals preußischen Gebiet gelten, soweit nicht die neuen Wasser- und Deichgesetze das preußische Recht außer Kraft gesetzt haben, §§ 284 ff des PreußWG vom 7. 4. 1913 (GS 53).

Artikel 67

(1) Unberührt bleiben die landesgesetzlichen Vorschriften, welche dem Bergrecht angehören.

(2) Ist nach landesgesetzlicher Vorschrift wegen Beschädigung eines Grundstücks durch Bergbau eine Entschädigung zu gewähren, so finden die Vorschriften der Artikel 52, 53 Anwendung, soweit nicht die Landesgesetze ein anderes bestimmen.

Materialien: E I Art 38; II Art 40; III Art 65;
Mot EG 161; Prot VI 371 f, 469 f.

I. Bundesberggesetz

1 Das Bergrecht ist nunmehr durch das Bundesberggesetz vom 13. 8. 1980 (BGBl I 1310) – zuletzt geändert durch G vom 26. 1. 1998 (BGBl I 164) – das am 1. 1. 1982 in Kraft getreten ist, bundesrechtlich geregelt. Das Bundesberggesetz enthält in den §§ 114 ff auch eine Regelung des Bergschadensrechts, so daß sowohl Art 67 Abs 1, als auch Abs 2 gegenstandslos sind. Die landesrechtlichen Vorschriften wurden durch § 176 Abs 1 BBergG aufgehoben (s den Katalog des § 176 Abs 1 BBergG im einzelnen). Nach § 176 Abs 2 BBergG blieben die landesrechtlichen Vorschriften über die grundbuchmäßige Behandlung von Bergbauberechtigungen in Kraft.

Neben den hier zu behandelnden Privatrechtsnormen bestehen viele öffentlich-rechtliche Regelungen, s insbesondere neben dem vorerwähnten BundesbergG das Lagerstättengesetz vom 4. 12. 1934 (BGBl III 751-1); geändert durch G vom 2. 3. 1974 (BGBl I 469); G zur vorläufigen Regelung des Tiefseebergbaus vom 16. 8. 1980 (BGBl I

1457), geändert durch G vom 12. 2. 1982 (BGBl I 136), aufgehoben durch Meeres-
bodenbergbaugesetz vom 6. 6. 1995 (BGBl I 778); VO über bergbaul. Unterlagen,
Einwirkungsbereiche u die Bergbauversuchsstrecke v 11. 11. 1982 (BGBl I 1553);
Festlandsockel-BergVO vom 21. 3. 1989 (BGBl I 554), zuletzt geändert durch VO vom
10. 8. 1998 (BGBl I 2093); G über den Abbau von Salzen im Grenzgebiet an der Werra v
3. 12. 1984 (BGBl I 1430); BergVO zum gesundheitlichen Schutz der Beschäftigten vom
31. 7. 1991 (BGBl I 1751), zuletzt geändert durch VO vom 18. 10. 1999 (BGBl I 2059).

Gemäß Einigungsvertrag Anlage II Kap V Sachgebiet D Abschnitt III gelten gewisse   **2**
bergrechtliche Vorschriften der früheren Deutschen Demokratischen Republik nach
bestimmten Maßgaben weiter. Die Maßgaben sind jedoch nicht mehr anzuwenden
gemäß § 1 G vom 15. 4. 1996 (BGBl I 602). Zur zeitlichen Geltung des früheren DDR-
Bergrechts für Bergschäden s BGH VersR 2001, 113 und BGH NJW 2001, 3049.

II.   Früheres Recht

S ausführlich STAUDINGER/DITTMANN[10/11].   **3**

Artikel 68

**Unberührt bleiben die landesgesetzlichen Vorschriften, welche die Belastung eines
Grundstücks mit dem vererblichen und veräußerlichen Rechte zur Gewinnung eines
den bergrechtlichen Vorschriften nicht unterliegenden Minerals gestatten und den
Inhalt dieses Rechtes näher bestimmen. Die Vorschriften der §§ 874, 875, 876, 1015,
1017 des Bürgerlichen Gesetzbuchs finden entsprechende Anwendung.**

Materialien: E I Art 71; II Art 41; III Art 66;
Mot EG 195; Prot VI 344 ff.

I.   Regelung durch das Bundesberggesetz

Das Bundesberggesetz vom 13. 8. 1980 (BGBl I 1310), zuletzt geändert durch G vom   **1**
26. 1. 1998 (BGBl I 164) regelt das Recht zur Mineraliengewinnung nunmehr abschließend; sein Gewinnungsrecht nach §§ 39 ff gilt für alle Mineralien (vgl § 3 Abs 1–3
BBergG). Art 68 ist dadurch gegenstandslos geworden.

II.   Bedeutung für Altrechte

Art 68 hat jedoch weiterhin Bedeutung für solche bereits früher begründete Nut-   **2**
zungsrechte, die auch durch das BBergG aufrechterhalten worden sind: Nach § 149
Abs 1 Nr 5 BBergG blieben bereits begründete dingliche Gewinnungsrechte bestehen, besondere Rechte der Grundstückseigentümer und selbständige, vom Grundeigentümer bestellte dingliche Gerechtigkeiten zur Aufsuchung oder Gewinnung der
in § 3 Abs 3 S 1 oder 2 Nr 2 genannten Bodenschätze mit Ausnahme der Rechte nach
Nummer 7.

3 **1.**   Soweit nach früherem Recht die Gewinnung von Mineralien nicht dem Bergrecht unterlag, sondern in das Verfügungsrecht des Grundstückseigentümers fiel, konnte die Landesgesetzgebung nach Art 68 Rechte Dritter zur Gewinnung von Mineralien schaffen und näher ausgestalten. Es handelt sich um **beschränkte** Nutzungsrechte privatrechtlicher Art, die dem Erbbaurecht ähnlich sind und daher auch vom Gesetz ähnlich behandelt werden.

4 **2.**   Art 68 bezieht sich nur auf Nutzungsrechte, die eine Belastung eines Grundstücks darstellen, also dinglicher Natur sind, die aber trotzdem vererblich und veräußerlich sind. Nach dem BGB (§§ 1059, 1061, 1090 Abs 2, 1092) wären solche Rechte nicht zulässig. Nach Art 68 konnte die Landesgesetzgebung solche Rechte trotzdem aufrechterhalten und ihren Inhalt regeln.

5 **3.**   Der Vorbehalt des Art 68 ist dadurch eingeschränkt, daß der Artikel selbst in Satz 2 die entsprechende Anwendung bestimmter Vorschriften des BGB anordnet. An die Stelle der §§ 1015, 1017 BGB ist § 11 ErbbauVO getreten (§ 36 ErbbauVO). Hiernach finden die Vorschriften über Grundstücke, insbesondere die §§ 873 ff BGB sowie die Vorschriften über Ansprüche aus dem Eigentum (§§ 985 ff BGB) mit gewissen Ausnahmen entsprechende Anwendung. Zur grundbuchmäßigen Behandlung der Nutzungsrechte s §§ 136, 137 GBO.

6 **4.**   Die wichtigsten dieser vom Bundesberggesetz aufrechterhaltenen Altrechte sind die selbständigen Gerechtigkeiten aufgrund Art 40 PrAGBGB (aufrechterhalten in den vormals preußischen Gebieten Hessens, HessGVBl II Nr 230-2 und in Nordrhein-Westfalen, SGV NW Nr 40; s die Regelungen in Niedersachsen GVBl Sb III 400; in Rheinland-Pfalz GVBl 1967 Nr 1a 75/13 und Schleswig-Holstein GS 400; in Berlin war Art 40 PrAGBGB aufgehoben, s SaBerl R Nr 400/1). Vgl außerdem das preußische Gesetz über die Bestellung von Salzabbaugerechtigkeiten in der Provinz Hannover vom 4. 8. 1904 (GS 235).

Salzabbaugerechtigkeiten nach niedersächsischem Landesrecht sind durch Inkrafttreten des BundesbergG nicht berührt (AG Lüneburg Rechtspfl 1983, 396).

In Bayern bestanden keine gesetzlichen Vorschriften. Das BayObLG hatte aber ausgesprochen, daß im Anwendungsbereich des gemeinen Rechts und des Bayerischen Landrechts Rechte, die die Ausbeutung der nicht unter das BergG fallenden Bodenbestandteile zum Gegenstand haben, als veräußerliche und vererbliche Personalservituten begründet werden konnten (BayObLGZ 13, 732). S auch Art 4 Abs 4 GraphitG vom 12. 11. 1937 (BayBS IV, 164).

7 **5.**   Zur Auslegung des Begriffs „Marmor" in der kurkölnischen Bergordnung von 1669 (im Anschluß an RGZ 147, 161) und zum Zusammentreffen von Grundeigentümer-Abbau und Bergbau bei verliehenem Mineral s BGHZ 145, 316 (= NJW-RR 2001, 447). Voraussetzung für die zulässige Mitgewinnung eines anderen Bodenschatzes durch den Bergwerkseigentümer ist ein ernsthaft auf die Förderung des verliehenen Minerals gerichteter Betrieb. Bergbau, der unter dem Deckmantel des Abbaus regaler Mineralien ausschließlich darauf gerichtet wird, Grundeigentümer-Bodenschätze zu gewinnen, ist unzulässige Rechtsausübung (BGH aaO).

Artikel 69

Unberührt bleiben die landesgesetzlichen Vorschriften über Jagd und Fischerei, unbeschadet der Vorschrift des § 958 Abs. 2 des Bürgerlichen Gesetzbuchs *und der Vorschriften des Bürgerlichen Gesetzbuchs über den Ersatz des Wildschadens.*

Materialien: E I Art 43; II Art 42; III Art 67;
Mot III, 5; Mot z EG 164; Prot II 806 ff, 820 ff;
III 250 ff; VI 377 ff; 743; Mat 27.

Schrifttum

I. Jagdrecht

1. Zum Jagdrecht vor und unter dem Reichs-jagdgesetz
Hierzu s STAUDINGER/PROMBERGER/
SCHREIBER[12].

2. Zum Jagdrecht unter dem Bundesjagdgesetz
a) Bundesjagdrecht – Allgemeine Darstellungen
ECKERT, Landesjagdgesetz Baden-Württemberg
(2. Aufl 1970 auch Darstellung des BJagdG)
GÜNDER/OLEARIUS, Das Jagdrecht in Bayern
(2. Aufl 1969, Darstellung auch des BJagdG)
HAMMER, die Prüfungspflicht für den Falkner-
Jagdschein, NuR 1979, 139
JANETZKE/HALLENSLEBEN, Der Jagdschutz in
der Praxis (2. Aufl 1971)
LEONHARDT, Jagdrecht (Loseblatt Stand 1995,
Erl v Bundesjagd- und Bayer LandesjagdG)
LINNENKOHL, Bundesjagdgesetz (12. Aufl 1998)
LORZ, Bundesjagdgesetz (2. Aufl 1991)
ders, Naturschutz-, Tierschutz- und Jagdrecht,
Fischerei- und Kulturpflanzenschutz 291 ff (1967
mit Nachtrag 1969)
ders/METZGER/STÖCKEL, Jagdrecht, Fischerei-
recht (3. Aufl 1998)
ders, in: ERBS/KOHLHAAS, Strafrechtliche Ne-
bengesetze (Loseblatt Stand 2004) Abschn J 12
und J 12 a
MANTEL, Artikel „Jagdrecht", in: HAR
(Handwörterbuch des Agrarrechts) Bd I Sp 962
MITSCHKE/SCHÄFER, Kommentar zum Bundesjagdgesetz (4. Aufl 1982)
NONHOFF/VORWERK: Das deutsche Bundesrecht

(Loseblatt-Ausgabe), Abschn IV C 20: Bundes-
jagdgesetz
PRÜTZEL, Änderungen im Bundesjagdrecht,
RdL 1978, 309
ders, Beiträge zum Jagdrecht (1978)
PRÜTZEL/EISENFÜHR, Das Jagdrecht in der
Bundesrepublik Deutschland (Loseblatt 1979)
RECKEN, Jagdrecht – Recht zur Ausübung des
Jagdrechts – Zugleich ein Beitrag zur rechtssy-
stematischen Einordnung der Pflicht zur Wild-
hege, AgrarR 1977, 250
RÜHLING/SELLE, das Bundesjagdgesetz (2. Aufl
1971 Loseblatt)
TESMER, Zum System des Jagdrechts, AgrarR
1972, 199
VOLLBACH/LINNENKOHL, Bundesjagdgesetz
(1971)
WOLFF/RAISER, Sachenrecht (10. Aufl 1957)
§ 80.

b) Jagdrecht der Länder
aa) Baden-Württemberg
ECKERT, Landesjagdgesetz Baden-Württemberg
(2. Aufl 1970)
KATZENMEIER, Das Jagdrecht im Land Baden-
Württemberg (2. Aufl 1970)
KOSCHELLA, Das neue Jagdrecht in Baden-
Württemberg, BWVBL 1970, 2
KRAFT, Jagdrecht für Baden-Württemberg
(20. Aufl 2003)
KÜMMERLE/NAGEL, Jagdrecht in Baden-Würt-
temberg (9. Aufl 2003)
REINHARDT/G MÜLLER, Das Jagdrecht in Ba-
den-Württemberg (2. Aufl 1993).

bb) Bayern
vBARY, Das Jagdrecht im Lande Bayern (2. Aufl
1972)

BEHR, Gesetz über das Verfahren in Wild- und Jagdschadenssachen (1953)

GÜNDER/OLEARIUS, Das Jagdrecht in Bayern (2. Aufl 1969)

KAESTL/KRINNER, Bayerisches Jagdrecht (3. Aufl 2004)

LEONHARDT, Jagdrecht (Loseblatt, 19. Lieferung Stand 1995)

NICK/FRANK, Das Jagdrecht in Bayern (Loseblatt Stand 2001).

cc) Brandenburg

FITZNER/GANSER/OESER, Jagdrecht Brandenburg (1995).

dd) Bremen

RÜHLING, Das Jagdrecht in den Ländern Niedersachsen und Bremen (2. Aufl 1971)

TELLMANN, Das Jagdrecht in den Ländern Niedersachsen und Bremen (1953).

ee) Hamburg

RÜHLING, Das Jagdrecht in den Ländern Schleswig-Holstein und Hamburg (2. Aufl 1972).

ff) Hessen

DUNZE/LINNENKOHL, Rechtsgrundlagen der Jägerpraxis in Hessen (Loseblatt Stand 1988)

HILD, Das Jagdrecht im Lande Hessen (5. Aufl 1970 = Kommunale Schriften für Hessen Nr 3)

KOPP, Das Jagdrecht im Lande Hessen (8. Aufl 2000)

MEIXNER, Das Jagdrecht in Hessen (Loseblatt, Stand 2004)

MITSCHKE, Das Jagdrecht im Lande Hessen (3. Aufl 1963)

PFNORR, Das Jagdrecht im Lande Hessen (4. Aufl 1970).

gg) Mecklenburg-Vorpommern

SIEFKE/VOTH/SPINDLER, Jagdrecht Mecklenburg-Vorpommern (2. Aufl 2004)

H SCHULZ, Das Jagdrecht in Mecklenburg-Vorpommern (Loseblatt, Stand 2002).

hh) Niedersachsen

HEINICHEN, Das Jagdrecht in Niedersachsen (2. Aufl 1981)

NACHTWEY, Niedersächsisches Jagdrecht (1970)

PARDEY, Das Jagdrecht in Niedersachsen (Loseblatt, Stand 2003)

ROSE, Jagdrecht in Niedersachsen (28. Aufl 2004)

RÜHLING, Das Jagdrecht in den Ländern Niedersachsen und Bremen (2. Aufl 1971)

TELLMANN, Das Jagdrecht in den Ländern Niedersachsen und Bremen (1953).

ii) Nordrhein-Westfalen

BELGARD, Änderungen des Landesjagdgesetzes Nordrhein-Westfalen, RdL 1975, 309

ders, Ahndung unbefugter Vogelberingung, RdL 2003, 228

DREES, Jagdrechtliche Vorschriften Nordrhein-Westfalen (7. Aufl 2003, Textslg m Erl)

HENCKE, Jagdrecht Nordrhein-Westfalen = Kommunale Schriften für Nordrhein-Westfalen (4. Aufl 1991).

JAHR, Der bestätigte Jagdaufseher in Nordrhein-Westfalen (2. Aufl 1982)

MÜLLER-SCHALLENBERG/KNEMEYER, Jagdrecht in Nordrhein-Westfalen (2003)

ROSE, Jagdrecht in Nordrhein-Westfalen (2004)

SCHANDAU/DREES, Das Jagdrecht in Nordrhein-Westfalen (Loseblatt Stand 2002)

THIES, Jagdrecht für die Praxis Nordrhein-Westfalen (2003).

kk) Rheinland-Pfalz

BOGNER/WAGNER, Jagdrecht Rheinland-Pfalz (9. Aufl 2000)

CONRAD, Das Jagdrecht im Lande Rheinland-Pfalz (2. Aufl 1974)

GOEPEL, Das Jagdrecht im Lande Rheinland-Pfalz (1956)

LEHMANN, Das Jagdrecht in Rheinland-Pfalz (1991)

LINGENS, Das Jagdrecht in Rheinland-Pfalz, in „Praxis der Gemeindeverwaltung", – Rheinland-Pfalz, D 7 RhPf – (Loseblatt)

SCHROEDER/GEHENDGES, Das Jagdrecht in Rheinland-Pfalz (Loseblatt Stand 2003)

STICH, Naturschutz-, Forst- und Jagdrecht, in Staats- und VerwRecht in RhPf 1969, 670.

ll) Saarland

KLEIN, Das Jagdrecht im Saarland (2. Aufl 1972).

mm) Sachsen

SCHNEIDER/RIEDEL, Das Jagdrecht im Freistaat Sachsen (2004).

nn) Schleswig-Holstein

GLUSZEWSKI, Jagdrecht Schleswig-Holstein (1970 = Kommunale Schriften für Schleswig-Holstein Nr 7)

RÜHLING, Das Jagdrecht in den Ländern Schleswig-Holstein und Hamburg (2. Aufl 1972)

H Schulz, Das Jagdrecht in Schleswig-Holstein (Loseblatt Stand 2003)

Thurow, Jagdrecht Schleswig-Holstein (9. Aufl 2003).

oo) Thüringen

Müller/Kemkes, Das Jagdrecht in Thüringen (2. Aufl 2004).

c) Abhandlungen über Einzelfragen

Thomas Bauer, Das Verfahren in Wild- und Jagdschadenssachen, BayVBl 1987, 267

Belgard, Wildschadenersatz in befriedeten Bezirken, RdL 1974, 225

ders, Rechtliche Aspekte der II. Novelle zum Bundesjagdgesetz, AgrarR 1977, 185

ders, Freilandbrut von Hybridfalken, AgrarR 2002, 144

ders, Verbleib verletzter Greifvögel, RdL 2003, 144

ders, Jagdrecht im Einigungsvertrag, RdL 2004, 59

ders, Kennzeichnung von Federwild, AgrarR 2004, 317

Bendel, Zum Ersatz von Wildschäden an Industriegemüse, AgrarR 1975, 273

Blocher, Jagdrecht, gemeinschaftlicher Jagdbezirk und Gemeindereform, AgrarR 1975, 90

Braun, Anfechtungsmöglichkeiten bei bayerischen Jagdverpachtungen, BayVBl 1963, 201

Brütt, Das Schätzen von Wildschäden (1976)

Conrad, Zur Ausfüllung des BJagdG durch Landesrecht, NuR 1980, 155

Degener, Das Recht auf ungestörte Jagdausübung, AgrarR 1978, 328

Dietlein, Von den „revolutionären" Wurzeln des modernen Jagdrechts, AgrarR 1999, 105

Dörnberger, Die richterliche Kontrolldichte im Prüfungsrecht – Dargestellt am Beispiel der Jägerprüfung, NuR 1989, 422

Drees, Wild- und Jagdschaden (7. Aufl 1993)

Ebersbach, Tieraussetzung im Naturschutz-, Jagd- und Fischereirecht, NuR 1981, 195

Emonds, Geltung des Jagdrechts für nicht heimische Tierarten?, NuR 1981, 126

Englaender, Fragen der Wildschadensregulierung, AgrarR 1976, 40

Freudling, Die Beanstandung von Jagdpachtverträgen, BayVBl 1978, 663

Gaisbauer, Zum Verbot des Erlegens von Schalenwild in Notzeiten, AgrarR 1972, 413

ders, Wildschäden an Baumschulen in rechtlicher Sicht, AgrarR 1974, 89

Gluszewski, Wann bildet ein Ehegattenhof einen Eigenjagdbezirk?, RdL 1971, 6

ders, Wechsel des Grundeigentümers in einem gemeinschaftlichen Jagdbezirk, RdL 1971, 230

Günther, Jagdrechtliche Auswirkungen von Gemeindebestandsänderungen in Bayern, BayVBl 1972, 401

Hammer, Nochmals: Geltung des Jagdrechts für nicht heimische Tierarten, NuR 1982, 100

ders, Jagd ist out?, AgrarR 1992, 40

Heermann, Die Stimme der Gemeinde in der Jagdgenossenschaft, BayVBl 1983, 748

Hehn, Anleinen von Hunden im Jagdrevier und Jagdhundprüfung an Enten, RdL 1997, 60

Heidenreich, Artenschutz und Jagdrecht, AgrarR 1975, 167

Heider, Der Jagdschutz unter besonderer Berücksichtigung der polizei- und ordnungsrechtlichen Befugnisse (Diss Köln 1987)

Heymann, Staatsaufsicht über die Jagdgenossenschaften, BayVBl 1962, 169

Klein-Leidel, Die Jagdgenossenschaften in der Bundesrepublik und ihre steuerliche Behandlung, ZgesGenW 12 (1962) 1

Krämer/Bea Bauer, Rückübertragung von Grundflächen in den neuen Bundesländern, die Neuordnung von Jagdbezirken und das Schicksal des Jagdpachtvertrages, AgrarR 2004, 352

Krömer, Die Jagdverpachtung durch Versteigerung an die Meistbietenden, RdL 1959, 147

Künkele, Zum Rechtsschutz der Greifvögel, NuR 1982, 101

Laabs, Zur Einordnung des Schadensbegriffes aus § 34 Satz 1 BJagdG, AgrarR 1992, 354

Laiblin, Jagdgenossenschaften in eingemeindeten Gemarkungen, RdL 180, 116

ders, AgrarR 1980, 157

Lauven, Vertretung der Jagdgenossen in der Genossenschaftsversammlung, AgrarR 1993, 173

ders, Das Wild- und Jagdschadensverfahren (in den neuen Bundesländern), AgrarR 1998, 401

Leisner, Jagdrecht und Eigentum. Unter besonderer Berücksichtigung des Jagdrechts der Länder, NuR 1981, 11

Lesmeister, Das Recht auf ungestörte Jagdausübung (Diss Würzburg 1969)

Jörg Mayer

LORZ, Das Tierschutzrecht und die Ausbildung des Jagdhundes an der lebenden Ente, NuR 1991, 207

ders, Jagd und Aneignung, NuR 1980, 112

ders, Die Rechtsordnung und die Tötung von Tieren, NuR 1992, 401

MARTINI, Erlöschen des Jagdpachtvertrages, RdL 1969, 61

MEYER-RAVENSTEIN, Die Jagdberechtigung (Diss Göttingen 1986)

ders, Beanstandung eines Jagdpachtvertrages, AgrarR 1993, 212

ders, Zur Wirkung der jagdrechtlichen Erklärung zu einem befriedeten Bezirk, NuR 1994, 78

ders, Rabenvögel als landesrechtliches Wild, AgrarR 1995, 197

ders, Reduzierung der Schwanenbestände, AgrarR 1995, 232

ders, Die Stellung des Seehundes im Jagdrecht, AgrarR 1997, 141

ders, Die landesrechtliche Kompetenz, die Tierarten zu „Wild" zu erklären und die Bedeutung der Unberührtheitsklausel des § 20 Abs 2 des Bundesnaturschutzgesetzes, AgrarR 2000, 277

ders, Sind Mitgliederversammlungen einer Jagdgenossenschaft öffentlich?, AgrarR 2001, 208

ders, Klagebefugnis eines Jagdpächters bei Abtrennung von Flächen aus der Pachtjagd, AgrarR 2003, 202

ders, Die „ähnliche Fläche" – ein Dauerproblem bei der Gestaltung von Jagdbezirken, AgrarR 20004, 37

MÜLLER, Darf der Jagdberechtigte über Wild verfügen, das mit der Jagd zu verschonen ist?, NuR 1979, 137; dazu GAUL/HAMMER NuR 1980, 110 nebst Erwiderung MÜLLER

NÖSEKABEL, Fragen des Jagdrechts, insbesondere der Jagdverpachtung, RdL 1960, 414

PASTERNAK, Entschädigung für die Durchschneidung einer Genossenschaftsjagd, BayVBl 1997, 520

PETZKE, Jagdscheinversagung oder Jagdscheinsperrfrist, BayVBl 1976, 101

vPÜCKLER, Deutsches Jagdrecht und Europäische Menschenrechtskonvention, AgrarR 2001, 72

RIENHARDT, Jagdverpachtung und Gemeindereform, Die Gemeinde (BadWürtt) 1982, 183

SCHOLZ, Jagdgenossenschaft und Jagdrecht ... (1996)

SCHANDAU, Auswirkungen der Gebietsreform auf Jagdbezirke und Jagdpachtverträge, RdL 1979, 197

SCHAPP, Jagdverpachtung und Jagdausübungsrecht des Pächters, eine Studie zur Erlangung absoluter Rechte, MDR 1968, 808

SCHULTE, Die Beanstandung von Jagdpachtverträgen, RdL 1966, 144

SOJKA, Bricht Kauf Jagdpacht?, RdL 1976, 281

ders, Anrechnung von Knopfböcken auf den Rehwildabschuss, RdL 1978, 144

ders, Jagd und Tierschutz, RdL 1981, 253

ders, Sind Jagdgenossenschaften als Zwangsvereinigungen rechtens?, AgrarR 2000, 75

TESMER, Jagdgenossenschaften und Gemeindezusammenschlüsse, AgrarR 1973, 359

THIES, Neuere Entwicklungstendenzen bei der Beurteilung von durchschneidungsbedingten Jagdwertminderungen, AgrarR 2002, 309

WACHSMUTH, Abrundung von Jagdbezirken, BayVBl 1966, 52

WEBER, Das Jagdpachtrecht, NJW 1957, 1508

WEBER, Das Beanstandungsverfahren in Jagdpachtsachen nach bayerischem Recht, BayVBl 1960, 14

WEYER, Wildäcker und Wildschadensersatz, RdL 1965, 314

WICHMANN, Das Jagdausübungsrecht auf den natürlichen und künstlichen Bundeswasserstraßen, JZ 1982, 793.

II. Fischereirecht

1. Allgemeine Darstellungen

ANDERS, Deutsches Fischereirecht (5. Aufl 1966 = Polizeibücherei, 8/9)

BERGMANN, Fischereirecht (1966)

BESTEHORN, Die fischereigeschichtliche Forschung in ihrer Beziehung zur modernen Rechtsprechung, Archiv für Fischereigeschichte 3 (1941) 1

CAHN, Das Recht der Binnenfischerei im deutschen Kulturgebiet von den Anfängen bis zum Anfang des 18. Jahrhunderts (1956)

DREES, Fischereirecht (I) Nationales Fischerei-
recht, in: HAR Bd I Sp 611
HAGEN, See- und Binnenfischerei, PRVBl 1920, 2
ders, Staat und Binnenfischerei, PRVBl 1941, 2
LORZ, Naturschutz-, Tierschutz- und Jagdrecht,
Fischerei- und Kulturpflanzenschutz (2. Aufl
1967 mit Nachtrag 1969)
ders, in: ERBS, Strafrechtliche Nebengesetze,
Abschn F 83, F 84, R 142 (Loseblatt-Ausgabe)
MITZSCHKE, Forst-, Jagd-, Fischerei-Recht,
Naturschutz und Tierschutz (1937)
SCHIEMENZ, Vergleichendes Fischereirecht
(1953)
ders, Das Fischereirecht in Mitteleuropa (1962)
WOLFF/RAISER, Sachenrecht (10. Aufl 1957)
§ 81.

2. Einzelfragen

ARLINGHAUS, Argumente für eine sachlichere
Diskussion um „Catch & Release" bei der An-
gelfischerei in Deutschland – eine Erwiderung
auf Drossé im AgrarR 2002, 111, AgrarR 2003,
367
BILESKI, Verkehr, Uferanlagen und Fischerei-
privilegien, Jahrbuch des deutschen Rechts
(1929) 374
BOBBERT, Auswirkungen der Gemeindereform
auf die gemeinschaftlichen Fischereibezirke und
Fischereigenossenschaften in Nordrhein-West-
falen, AgrarR 1976, 190
BOGENSCHÜTZ, Das Eigentum am Bett von
Gewässern nach dem hohenzollerischen Wasserrecht, BWNotZ 2003, 103
BÖHRINGER, Amtsermittlungspflicht und Ein-
buchungsverfahren bei Fischereirechten,
BWNotZ 1986, 126
MANFRED BRAUN, Rechtliche Einordnung des
Fischartenschutzes, AgrarR 2000, 109
DEHMS, Wassergrundstück und Fischereirecht
(1912)
DROSSÉ/WILSMANN, Zur Verfassungsmäßigkeit
tierschützerischer Bestimmungen im Landes-
fischereirecht, AgrarR 1994, 323
DROSSÉ, Die Sportfischerei und das Natur-
schutzrecht, NuR 1987, 200
ders, Zur Verfassungsmäßigkeit „tierschützerischer Bestimmungen" im Landesfischereirecht,
AgrarR 1994, 323

ders, Zur rechtlichen Bewertung von „Fisch-
frevel", AgrarR 1999, 82
ders, Tierquälerei beim Angeln, AgrarR 2001,
354
ders, Catch & Release – eine angelfischereiliche
Tierquälerei, AgrarR 2002, 111
EBERSBACH, Tieraussetzung im Naturschutz-,
Jagd- und Fischereirecht, NuR 1981, 195
EGGERT, Die Fischereirechte und die Anlagen
der Wasseranlieger in Wasserläufen 1. Ordnung
(Diss Breslau 1933)
ENDRES, Betretungsrecht und Grundeigentum,
Das Uferbetretungs- und Benützungsrecht in
Art 70 BayFiG … (Diss Erlangen-Nürnberg
1975)
FREUDLING, Das Fischereirecht bei Änderung
des Fischgewässers, BayVBl 1973, 316; 1979, 716
FRIEDRICHS, Der Fischereipachtvertrag (1911)
HALLER, Über das Fischereirecht in Werk-
kanälen, WürttZ 1922, 65
J HÜBNER, Unberechtigtes Fischen (Diss
Würzburg 1926)
JACOB, Private Fischereiberechtigungen und ihre
Beseitigung, BadVerwZ 1916, 161
JOSEF, Das Fischereirecht „zu Tisches Notdurft"
nach § 5 Fischerei-Gesetz, PosMSchr 1917, 48
ders, Überschreitung der Grenzen der Fischerei
zu Tisches Notdurft, Jahrbuch des deutschen
Rechts 20 (1921) 230
KARREMANN, Das Fischereirecht in Deutschland
sowie einige die Fischerei berührende Rechts-
gebiete, AgrarR 1986, 157
KLEIN-BERLIN, Die Fischereigenossenschaften
in der Bundesrepublik Deutschland und ihre
steuerliche Behandlung, ZgesGenW 13 (1963)
197
KULLAK, Die Beschreibung der Fischereirechte
im Grundbuch und im Verzeichnis der Fischereirechte, BWNotZ 1995, 163
KUPFER, Die selbständigen Fischereirechte,
BayNotV 1910, 405 ff
A LAIBLIN, Fischereivorkaufsrecht in Baden-
Württemberg, AgrarR 1980, 185
R LAIBLIN, Zur Zulässigkeit bzw Tierschutz-
widrigkeit des Angelns, AgrarR 1994, 325
ders, Zum Begriff der Lachsforelle, AgrarR
1995, 201
ders, Fischereirecht und Grundbuch in Württemberg, BWNotZ 1986, 135

LEONHARD, Ist das Erlöschen von Fischereirechten an überstauten Gewässern nach Art 5a
des (sc: bay) Fischereigesetzes verfassungskonform?, AgrarR 1975, 145
LEONHARDT/LOHNER, Konkurrenzprobleme des
neuen Artenschutzrechts mit dem Jagd- und
Fischereirecht, AgrarR 1987, 205
LORZ, Fischerei und Naturschutz – eine rechtliche Betrachtung, NuR 1982, 4
ders, Handlung und Gegenstand der Fischerei,
RdL 1980, 199
ders, Fischereischeinrecht heute, RdL 1982, 29,
60
ders, Naturschutz im Fischereirecht der Gegenwart, NuR 1994, 63
J MAYER, Die Veräußerung nicht gebuchter
selbständiger Fischereirechte, MittBayNot 1992,
248
ders, Das Fischereirecht im Fluss, MittBayNot
1994, 295
ders, Wer fischt zu Recht? Zum Rangverhältnis
selbständiger Fischereirechte, MittBayNot 1995,
128
ders, Verlust von Fischereirechten durch Öko-
gewässerausbau?, MittBayNot 1999, 242
ders, Zur Entstehung unzulässiger Koppelfischereirechte bei der Veräußerung von Fischereirechten, MittBayNot 2001, 268
MEYER-RAVENSTEIN, Abfischen von „Weißfi-
schen" unter Wettbewerbsbedingungen, NuR
1993, 152
HANS MÜLLER, Die Koppelfischerei und die
Beseitigung der durch sie erzeugten Missstände
in der Provinz Hannover und dem RegBez
Cassel (1910)
PAUL, Fischereirechte in neu errichteten Stau-
seen, BayBgm 1973, 119
QUIEL, Über den Begriff des Fischereirechts
und der geschlossenen Gewässer, ZAgrR 15
(1931) 1
ders, Die Fischerei und die Anlagen im Wasserlauf, ZAgrR 27 (1942/43) 337
REIMANN, Die selbständigen Fischereirechte
nach dem bayerischen Fischereigesetz, Mitt-
BayNot 1971, 4
ders, Kann ein Fischereirecht durch eine
Dienstbarkeit begründet werden?, MittBayNot
1977, 179

RÖTHER, Richterliche Enteignung, BWNotZ
1998, 167
ders, Öffentliches Gewässer – Kriterium für Fischereirechte des Landes und der Gemeinden,
BWNotZ 1988, 120
RUDOLPH, Fischereigenossenschaft und Fischereirecht, ZAgrR 13 (1930) 193
RÜHLE, Die rechtliche Natur des Fischereirechts (Diss Göttingen 1920)
PAUL SCHMID, Fischereirecht und Grundbuch-
amt, BWNotZ 1986, 117
J SCHRÖDER, Die Fischereirechte des Staates in
Württemberg, BWNotZ 1994, 97
SCHUB, Erlischt das selbständige bayerische Fischereirecht in der Zwangsversteigerung, BayZ
1930, 387
ders, Kann ein Fischereirecht ohne Eintragung
im Grundbuch entstehen?, BayZ 1931, 85
SEITTER, Fischereirecht und Enteignung, die
verfassungsrechtliche Problematik von § 64
Abs 5 WG, BadWürtt VerwBl 1965, 4
STRIPPEL, Das beschränkte selbständige
Fischereirecht im Prozess, insbesondere die
Fischereirechte der kurhessischen Müller in
ihren Mühlengräben, JW 1925, 2195
ULSHÖFER, Öffentliches Gewässer – Kriterium
für Fischereirechte des Landes und der Gemeinden, BWNotZ 1990, 13
VIERHEILIG, Der Fischereipachtvertrag nach
bayerischem Recht (Diss Würzburg 1913)
WIEDMANN, Das Fischereirecht bei Gewässerveränderungen (unter besonderer Berücksichtigung der baden-württembergischen Verhältnisse (Diss Tübingen 1967)
WÜSTHOFF, Fischereiprivilegien, Wasserwirtschaft (1941) H 5.

3. Fischereirecht besonderer Geltungsbereiche

a) Internationales Fischereirecht, Hochsee- und Küstenfischerei

S STAUDINGER/PROMBERGER/SCHREIBER[12].

c) Bundesfischereigesetze

LORZ, in: ERBS, Strafrechtliche Nebengesetze,
F 83: Gesetz über den Fischereischein
ders, Bundesjagdgesetz mit Landesrecht und
Fischereischeingesetz (1980)
PAPE/PRAUSE, Bundesfischereirecht (Loseblatt)
SCHÄFER, in: DALCKE/FUHRMANN, Strafrecht

und Strafverfahren (37. Aufl 1961) Abschn B IX 4: Gesetz über den Fischereischein.

d) Ehemaliges Preußen

S STAUDINGER/PROMBERGER/SCHREIBER[12].

e) Baden/Württemberg

BUCHENBERGER, Fischereirecht und Fischereipflege im Großherzogtum Baden (2. Aufl 1903)

CRONMÜLLER, Das Fischereirecht in Württemberg und den angrenzenden Ländern (Diss Heidelberg 1914)

GEISSLER, Das Fischereirecht in Baden-Württemberg (3. Aufl 1970)

HÖLDER, Grundlagen und Entwicklung des württembergischen Fischereirechts (Diss Tübingen 1923)

KARREMANN, Neuordnung des Fischereirechts in Baden-Württemberg, BWVPr 1980, 74

KARREMANN/LAIBLIN, Das Fischereirecht in Baden-Württemberg (3. Aufl 2004)

KULLALK, Die Beschreibung der Fischereirechte im Grundbuch und im Verzeichnis der Fischereirechte, BWNotZ 1995, 163

LAIBLIN, Neues Fischereirecht in Baden-Württemberg, RdL 1979, 312

ders, Fischereirechte in Baden-Württemberg, RdL 1985, 117 (zur Eintragungsbedürftigkeit)

RAMPACHER, Die im Königreich Württemberg geltenden Vorschriften über ... 5. Die Fischerei (1900)

RIENHARDT, Neues Fischereirecht in Baden-Württemberg, Die Gemeinde (BadWürtt) 1981, 128

RÖTHER, Das „Kommunfischrecht" und die Rechtsprechung, BWNotZ 1988, 120

E SCHINDLER, Das Fischereirecht am Neckar (Diss Heidelberg 1927)

PAUL SCHMID, Das im Land Baden-Württemberg geltende Fischereirecht und die beabsichtigte Neuregelung, BWNotZ 1978, 21

ders, Neues Fischereirecht und Grundbuchamt, BWNotZ 1981, 73

ders, Fischereirecht und Grundbuchamt, BWNotZ 1986, 117

STAUDENMAIER, Rückhaltebecken, Grundbuch und Fischereirecht, BWNotZ 1963, 11

WARNKÖNIG, Die großherzoglich-badischen Gesetze über die Ausübung der Jagd und Fischerei (1878).

f) Bayern

BRAUN/KEIZ, Bayerisches Fischereirecht (Loseblatt Stand 2005)

BLEYER, Das Bayerische Fischereigesetz (3. Aufl 1925)

BRENDEL, Die Entwicklung der Mainfischereirechte (Diss Würzburg 1926)

ENDRES/HEROLD, Fischereigesetz für Bayern (Loseblattkommentar Stand 2004)

A ERNST, Die Fischerei im bayerischen Wassergesetz vom 23. 3. 1907 (Diss Erlangen 1928)

LEHMANN, Die Bayerische Landesfischereiverordnung in ihrer Bedeutung für die Polizei, Die neue Polizei 1966, 105, 129

ders, Der rechtliche Schutz der Perlfischerei in Bayern, Die neue Polizei 1967, 127

LUGINGER, Das Fischereirecht in Bayern (1955 = Heft 8. 90 der Vorschriftensammlung für die Bayerische Gemeindeverwaltung)

vMALSEN-WALDKIRCH/HOFER, Das bayerische Fischereirecht (1910)

R RACKL, Das Bayerische Fischereirecht unter besonderer Berücksichtigung seiner zivilrechtlichen Vorschriften (Diss München 1949)

SCHIEDERMAIR, Die strafrechtlichen Nebengesetze Bayerns (1912) Nr 16 (151): Das Fischereigesetz für das Königreich Bayern

H O SCHMITT, Das Fischereigesetz für das Königreich Bayern vom 15. 8. 1908 (1909)

SCHWAIGER, Das bayerische Fischereirecht (1931)

WEISS, Das Fischereigesetz für das Königreich Bayern (1909).

g) Brandenburg

MATTHIES, Fischereirecht Brandenburg (Loseblatt Stand 1994).

h) Bremen

DANNENBRINK, Das geltende Fischereirecht in Bremen und seine geschichtliche Entwicklung (Diss Kiel 1952).

i) Hamburg

LASSALLY, Das Recht der Fischerei auf den hamburgischen öffentlichen Gewässern, HansRGZ 1931, A, 402.

k) Hessen

G HASS, Fischereirecht in Hessen, Loseblattausgabe 1976

HILD, Das Jagd- und Fischereirecht im Land Hessen (2. Aufl 1955)

MAU/D MÜLLER, Hessisches Fischereigesetz (1996)

vSTARK, Die Fischereigesetzgebung in Hessen (1905).

l) Niedersachsen

KONKEN, Das oldenburgische Fischereigesetz nebst Ausführungsbestimmungen vom 26.2. 1929 (1929)

TESMER/MESSAL, Das Niedersächsische Fischereigesetz (3. Aufl 2003)

TESMER, Das Niedersächsische Fischereigesetz vom 1.2. 1978, AgrarR 1978, 300.

m) Nordrhein-Westfalen

BOBBERT, Ist das Landesfischereigesetz Nordrhein-Westfalen verfassungsgemäß?, RdL 1976, 172

DREES, Zur Fortentwicklung des Fischereirechts in Nordrhein-Westfalen, AgrarR 1973, 210

vSCHALBURG, Die Sozialbindung des Grundeigentums – dargestellt am Beispiel des Nordrhein-Westfälischen Fischereigesetzes, AgrarR 1974, 1

SCHEUER, Fischereigesetz für das Land Nordrhein-Westfalen (1979)

THRAMS/NILGEN, Fischereirecht in Nordrhein-Westfalen (Loseblatt, Stand 2002).

n) Rheinland-Pfalz

JENS, Fischereirecht in Rheinland-Pfalz (3. Aufl 2004)

SCHRÖDER, Das Fischereirecht in Rheinland-Pfalz, AgrarR 1977, 19

SCHWENG, Das Fischereischeingesetz Rheinland-Pfalz (1962).

o) Sachsen-Anhalt

MEYER-RAVENSTEIN, Fischereirecht in Sachsen-Anhalt (1994)

ders, Fischereirechtsvorschriften in Sachsen-Anhalt, RdL 1995, 115.

p) Schleswig-Holstein

FRANZ/SCHWABE, Das Fischereirecht in Schleswig-Holstein (1999)

HOFFMEISTER, Fischereirecht Schleswig-Holstein (3. Aufl 1990)

PAPE/PRAUSE, Fischereirecht in Schleswig-Holstein (Loseblattausgabe)

PRAUSE, Grundbuch, Wasserbuch und Fischereirecht in Schleswig-Holstein, SchlHA 1961, 285.

Systematische Übersicht

Alphabetische Übersicht

Jörg Mayer

I.   Zweck des Vorbehalts, praktische Bedeutung

1.   Zweck des Vorbehalts

1 Der Gesetzgeber fand bei der Schaffung des BGB eine vielfältige Ausgestaltung des Jagd- und des Fischereirechts in Deutschland vor, das zunächst so aufrechterhalten bleiben sollte (PLANCK Anm 1). Es handelt sich um einen ursprünglich *allgemeinen Vorbehalt* für den Landesgesetzgeber, der allerdings bereits durch das BGB durch die Vorschrift des § 958 Abs 2 BGB beschränkt wurde (s Rn 44 f).

2. Praktische Bedeutung

Der Vorbehalt des Art 69 EGBGB ist hinsichtlich des *Jagdrechts* durch den Ge- **2**
setzgeber völlig außer Kraft gesetzt worden (s Rn 4) Im Bereich der *Fischerei* hat
sich durch die Veränderung der tatsächlichen Verhältnisse ein erheblicher Wandel
ergeben. Die Berufsfischerei hat gegenüber der Zeit bei Inkrafttreten des BGB
ganz erheblich an Bedeutung verloren und ermöglicht mittlerweile – bedingt durch
Gewässerverschmutzung und Gewässerverbauung – nur noch ganz wenigen Fischereiberechtigten eine Existenzgrundlage. Demgegenüber hat die Sportfischerei für
weite Kreise der Bevölkerung als sinnvolle Freizeitbeschäftigung eine ganz erhebliche soziale Bedeutung erlangt, die auch das *Bundesverfassungsgericht* für die Beurteilung der Verfassungsmäßigkeit der ausübungsbeschränkenden Landesfischereigesetze herangezogen hat (BVerfG BayVBl 1986, 204, 208). Angesichts des zuneh-
menden Befischungsdrucks auf die natürlichen und nicht beliebig vermehrbaren
Fischbestände treten die Hegeverpflichtung und die daraus abzuleitenden Fische-
reiausübungsbeschränkungen immer mehr in den Vordergrund. Manche zivilrechtlichen Entscheidungen zur Zulässigkeit der Begründung von neuen Fischereirechten oder Handangelberechtigungen werden dieser öffentlich-rechtlichen Kompo-
nente nicht immer gerecht (s Rn 81, 86).

II. Entstehung und Fortgelten des Artikels

1. Der Art 43 des Ersten Entwurfs lautete: „Unberührt bleiben die Vorschriften **3**
der Landesgesetze über Jagd und Fischerei mit Einschluß der Vorschriften über den
Ersatz des Wildschadens." Art 69 EGBGB erhielt dann die oben wiedergegebene
Fassung in der II. Kommission infolge der Veränderung des § 958 Abs 2 und des
§ 835 BGB.

2. Art 69 EGBGB ist, soweit er die **Jagd** betrifft, **außer Kraft** gesetzt: Er war **4**
zunächst *einheitlich* für das ganze Reichsgebiet durch § 71 Abs 2 Nr 2 des *Reichsjagdgesetzes* (RJG) vom 3. 7. 1934 (RGBl I 549) *aufgehoben* worden. In der früheren
amerikanischen Besatzungszone hob jedoch das Gesetz Nr 13 der Militärregierung
vom 15. 11. 1948 (zB BayGVBl 1948, 267) das RJG auf und setzte dafür wieder den
Rechtszustand, der am 31. 1. 1933 gegolten hatte, damit also auch die Regelung des
Art 69 EGBGB über das Jagdrecht mit Wirkung vom 1. 2. 1949 in Kraft (zur geschichtlichen Entwicklung s auch WOLFF/RAISER § 80 I; DIETLEIN AgrarR 1999, 105, 106 f). Dagegen
verblieb es bei der Aufhebung von Art 69 EGBGB in dieser Beziehung in den
übrigen Teilen des späteren Bundesgebiets, einschließlich Westberlins und des Saarlands: In der früheren *britischen Zone* blieb das RJG bis zur Neuregelung unter dem
Bundesjagdgesetz (BJagdG) aufrechterhalten. In den Ländern der früheren *französischen Zone* und im Saarland wurde zwar das RJG außer Kraft, nicht aber das
frühere Recht und damit auch nicht die jagdrechtliche Regelung des Art 69 EGBGB
wieder in Kraft gesetzt. Nur in Bayern, Bremen, Hessen und im ehemaligen (Nord-)
Württemberg-(Nord-)Baden, als den Ländern der ehemals amerikanischen Zone,
musste daher § 46 Abs 2 Nr 1 BJagdG vom 29. 11. 1952 (BGBl I 780, 843) den Art 69
EGBGB, soweit er das Jagdrecht betrifft, *erneut außer Kraft* setzen. An dieser
Aufhebung hat auch die Neubekanntmachung des EGBGB 1994 nichts geändert,
die keine gesetzesbegründende Wirkung hat.

III. Jagd

5 **1.** Die **Zuständigkeit von Bund und Ländern zur Gesetzgebung** auf dem Gebiet des Jagdwesens richtet sich nach Art 75 Abs 1 Nr 3 GG. Danach hat der Bund unter den Voraussetzungen des Art 72 GG das Recht zur **Rahmengesetzgebung**, während zur Ausfüllung dieses Rahmens die Länder zuständig sind.

6 Auch die Frage nach der Zulässigkeit einer **Ländergesetzgebung** auf dem Gebiet des **Jagd-Zivilrechts** ist nach dem Wegfall des besonderen Vorbehalts in Art 69 EGBGB mit Rücksicht auf diese Zuständigkeitsaufteilung zu beantworten. Grundsätzlich unterfällt das Zivilrecht der *konkurrierenden Gesetzgebung* des Bundes (Art 74 Nr 1 GG). Demnach dürfen die Länder für den betreffenden Sachbereich nur Gesetze erlassen, soweit der Bundesgesetzgeber diesen noch nicht abschließend geregelt hat, also insbes hierfür „Lücken" für die Landesgesetzgebung ließ (MAUNZ, in: MAUNZ/ DÜRIG Art 72 GG Rn 5). Eine solche wäre vor allem ein landesrechtlicher Vorbehalt iS von Art 69 EGBGB, jedoch wurde dieser bezüglich der Jagd gerade aufgehoben (s Rn 4). Von diesen bei der konkurrierenden Gesetzgebung geltenden Grundsätzen schafft aber Art 75 Abs 1 Nr 3 GG eine Ausnahme: Zu den Vorschriften über das Jagdwesen gehören alle Regelungen über die im Zusammenhang mit der Jagd stehenden Fragen (MAUNZ in MAUNZ/DÜRIG Art 75 GG Rn 118; JARASS/PIEROTH Art 75 GG Rn 8), also neben solchen des *öffentlichen (Jagdverwaltungs-)Rechts* auch solche des *Privatrechts*, zB die Ausgestaltung und Zuordnung der Jagdberechtigung (subjektives Jagdrecht), die Regelung der Jagdpacht und der Rechtsverhältnisse der Jagdgenossenschaften, die Festlegung der Grundsätze des Eigentums an den jagdbaren Tieren, sowie Vorschriften über Wild- und Jagdschaden; viele Vorschriften wirken sich sowohl verwaltungsrechtlich und privatrechtlich aus. Da sich Art 75 Abs 1 Nr 3 GG auf diesen ganzen Komplex der Vorschriften über das Jagdwesen erstreckt, gewährt er neben der Rahmenkompetenz des Bundes den Ländern eine eigene Zuständigkeit zur *„Rahmenausfüllung"*. Diese geht der allgemeinen Zuständigkeit des Bundes zur Zivilgesetzgebung, die eine umfassende, detailgenaue Regelung aller Fragen ermöglichen würde, vor (ebenso vMANGOLDT/KLEIN, GG Art 70 Vorbem III 7e [2], Art 75 Anm VII 3; MAUNZ, in: MAUNZ/DÜRIG Art 75 GG Rn 120; JARASS/PIEROTH Art 75 Rn 8: Bundeskompetenz bei Art 75 bezüglich bürgerlicher Rechtsverhältnisse eng auszulegen). Es ist nicht etwa so, dass die den Ländern gewährleistete Zuständigkeit nur noch Regelungen öffentlich-rechtlicher Art betrifft (so aber zu Unrecht die *Bundesregierung* bei den Vorarbeiten zum BJagdG, BT-Drucks 1 Nr 1813 21 Anlage 2; MITZSCHKE/SCHÄFER, BJagdG § 46 Rn 3 halten nunmehr auch ergänzende landesrechtliche Vorschriften für zulässig). Die einheitlich in Art 75 Abs 1 Nr 3 GG angesprochene Materie *„Jagdwesen"* lässt eine solche Beschränkung nicht zu.

7 In verschiedener Hinsicht sind die Länder im *Bundesjagdgesetz* zum Erlass von Bestimmungen auch **privatrechtlicher Art ausdrücklich ermächtigt** (zB § 7 Abs 1 S 2 und 4; § 8 Abs 4; § 11 Abs 2 S 2, Abs 3 S 4; § 29 Abs 4; § 32 Abs 2 BJagdG). Hier steht die Zulässigkeit von Landesrecht ohnedies außer Zweifel. Aber auch dort, wo die Länder privatrechtliche Regelungen auf dem Gebiet des Jagdwesens ohne eine solche ausdrückliche Ermächtigung erlassen haben, sind diese gültig, wenn es sich um eine „Rahmenausfüllung" im Sinne von Art 75 GG handelt. Das vom Bundesgesetzgeber kodifikatorisch geregelte allgemeine Zivilrecht greift gegenüber einem solchen Landesrecht erst dort wieder ein, wo es sich nicht mehr um die

Regelung des Jagdwesens, sondern um *zivilrechtliche Vorgänge allgemeiner Art* handelt (übereinstimmend: vMANGOLDT/KLEIN, GG Art 70 Vorbem III 7e [2]).

2.   Der **Bund** hat von seiner Gesetzgebungszuständigkeit nach Art 75 Abs 1 Nr 3 **8**
GG durch das *Bundesjagdgesetz* (BJagdG) vom 29.11.1952 (BGBl I 780, 843; im
Saarland eingeführt durch G vom 30.6.1959 [BGBl I 313]), gültig idF der Bek vom
29.9.1976 (BGBl I 2849 = BGBl III 792-1), zuletzt geändert durch G vom 24.8.2004
(BGBl I 2198), Gebrauch gemacht. § 15 Abs 7 S 1 iVm Abs 5 S 1 aF BJagdG wurde
vom BVerfG für nichtig erklärt, soweit für die erste Erteilung eines Falknerjagdscheins eine Schießprüfung etc gefordert wird (BVerfG vom 2.1.1981, BGBl I 41).
Das Bundesjagdgesetz gilt nunmehr auch in *Berlin* auf Grund des Einigungsvertrags.
Das damit geltende Jagdsystem mit der Trennung von Jagdrecht und Jagdausübungsrecht (vgl § 3 BJagdG) und der damit verbundenen Übertragung der Jagdbefugnis
auf die Jagdgenossenschaft ist eine zulässige Bestimmung des Inhalts des Eigentums
im Sinne von Art 14 Abs 1 S 1 GG. Dies gilt auch dann, wenn ein Eigenjagdbezirk
wegen eines Unterschreitens der Mindestgröße erlischt und seine Flächen automatisch Bestandteil eines gemeinschaftlichen Jagdbezirks werden (s BVerwG, Beschl
vom 14.2.1996–3 B 63.95; MAUNZ/DÜRIG Art 14 GG Rn 202; zur Vereinbarkeit mit der europäischen Menschenrechtskonvention s vPÜCKLER AgrarR 2001, 72; SOJKA AgrarR 2001, 73 [bejahend]).

Aufgrund von § 22 Abs 1 S 1 BJagdG erging die VO über die Jagdzeiten vom **9**
2.4.1977 (BGBl I 531 = BGBl III 792-1-3), die ebenfalls nur eine rahmenrechtliche
Regelung ist und von der die Länder abweichen können, sowie die *Verordnung über
den Schutz von Wild*, vom 25.10.1985 (BGBl I 2040, geändert durch Verordnung vom
14.10.1999, BGBl I 1955).

3.   Mit dem Inkrafttreten des BJagdG traten nach dessen § 46 Abs 1 alle ihm **10**
widersprechenden jagd- und fischereirechtlichen **Vorschriften** außer Kraft. Ausdrücklich nannte § 46 in den Ländern Bayern, Bremen, Hessen, (Nord-)Württemberg und
(Nord-)Baden ua die dort wieder in Geltung gesetzten Art 70–72 EGBGB und
Art 69 EGBGB, soweit er die *Jagd* betraf, ferner in den Ländern Hamburg, Niedersachsen, Nordrhein-Westfalen und Schleswig-Holstein das Reichsjagdgesetz (RJG)
vom 3.7.1935 idF des G vom 28.4.1938 (RGBl I 410) und der VO vom 30.3.1940
(RGBl I 566). Die in der *Nachkriegszeit* ergangenen *Jagdgesetze* in den Ländern der
früheren amerikanischen und französischen Zone blieben entsprechend dem Charakter des BJagdG als Rahmengesetz zunächst insoweit in Kraft, als sie diesem nicht
widersprachen. Sie sind sämtlich durch die im Rahmen des BJagdG neu erlassenen
Jagdgesetze der Länder aufgehoben worden.

Zur Überleitung des BJagdG auf die **neuen Bundesländer** auf Grund des Einigungsvertrags s Anlage I zum Ratifizierungsgesetz vom 23.9.1990 (BGBl II 885, 1017, Kapitel
VI Sachgebiet F Abschn II Nr 1 u III Nr 1) sowie BELGARD RdL 2004, 59. Mittlerweile
bestehen Tendenzen zur umfassenden Neuregelung des Bundesjagdgesetzes (zu
einem Entwurf des *Ökologischen Jagdverbandes* eingehend DIETLEIN AUR 2003 Beil III * 1 ff).

4.   Jagdgesetze der Länder

Die Jagdgesetze der Länder füllen den durch die Bundesjagdgesetzgebung gezoge- **11** nen Rahmen aus. Soweit sie nicht auf ausdrücklicher Zulassung im BJagdG beruhen, ergibt sich ihre Zulässigkeit entsprechend der Kompetenzverteilung zwischen Bund und Ländern (wie oben, Rn 5, 6, dargestellt). Im Einzelnen **gelten** (Naturschutzbestimmungen für örtlich begrenzte Gebiete, die die Jagd beschränken, sind nicht aufgeführt, ebenso wenig Bestimmungen, die ausschließlich Jagdabgaberecht betreffen):

a)   Baden-Württemberg

12 Landesjagdgesetz idF vom 1. 6. 1996 (GBl 369, ber 723), zuletzt geändert durch G vom 1. 7. 2004 (GBl 469);

DurchführungsVO des Ministeriums für Ernährung und Ländlichen Raum zum Landesjagdgesetz (LJagdGDVO) vom 5. 9. 1996 (GBl 601), zuletzt geändert durch G vom 1. 7. 2004 (GBl 469);

VO des Ministeriums für Ernährung und Ländlichen Raum über die Jägerprüfung (JPrO – Jägerprüfungsordnung) vom 6. 3. 1990 (GBl 95), geändert am 7. 7. 2003 (GBl 375);

VO des Ministeriums Ländlicher Raum über die Jagdzeiten vom 12. 4. 1989 (GBl 126, ber 1990, 104), geändert durch Verordnung vom 14. 10. 1992 (GBl 688);

Verordnung des Ministeriums Ländlicher Raum über die Fütterung und Kirrung von Wild vom 2. 1. 2001 (GBl 11);

VO über die Aufhebung der gemeinschaftlichen Wasserjagd auf dem Untersee und Rhein vom 22. 7. 1985 (GBl 253).

b)   Bayern

13 Bayerisches Jagdgesetz (BayJG) vom 13. 10. 1978 (GVBl 678 = BayRS 792-1-L), zuletzt geändert durch G vom 24. 7. 2003 (GVBl 470);

VO zur Ausführung des BayJG (AVBayJG) vom 1. 3. 1983 (BayGVBl 51 = BayRS 792-2-L), zuletzt geändert durch G vom 23. 3. 2004 (GVBl 108);

VO über die Jäger- und Falknerprüfung (Jäger- und Falknerprüfungsordnung JFPO) vom 28. 11. 2000 (GVBl 802 = BayRS 792-7-E).

c)   Berlin

14 G über den Schutz, die Hege und Jagd wildlebender Tiere im Land Berlin (Landesjagdgesetz Berlin – LJagdG) vom 3. 5. 1995 (GVBl 282), zuletzt geändert durch G vom 16. 4. 2003 (GVBl 167);

VO über die Jäger- und Falknerprüfung (Jäger- und Falknerprüfungsordnung) vom 5. 3. 2002 (GVBl 100);

VO über jagdbare Tierarten und Jagdzeiten vom 20. 11. 1995 (GVBl 759).

d)   Brandenburg

Jagdgesetz für das Land Brandenburg (BbgJagdG) vom 9. 10. 2003 (GVBl I 250 = GS   **15**
Nr 792-1);

Verordnung über die Jägerprüfung (JPO) vom 26. 09. 2000 (GVBl 358 = GS Nr 792-2);

VO über jagdbare Tierarten und über Jagdzeiten vom 14. 08. 1997 (GVBl II 739 = GS
Nr 792-3);

VO über die Falknerprüfung vom 27. 3. 1992 (GVBl II 115 = GS Nr 792-4);

VO zur Durchführung von Brauchbarkeitsprüfungen für Jagdhunde vom 27. 3. 1992
(GVBl II 118 = GS Nr 792-5);

VO zur Durchführung des Brandenburgischen Landesjagdgesetzes vom 27. 3. 1992
(GVBl II 121= GS Nr 792-6), geändert durch VO vom 1. 4. 1994 (GVBl II 322) zuletzt
geändert durch VO vom 10. 02. 1998 (GVBl II 222);

VO über die Prüfung von Jagdaufsehern des Landes Brandenburg (PO Jagdaufseher) vom 15. 3. 1995 (GVBl II 396 = GS Nr 792-7);

VO zur Überwachung und Kontrolle des Wildhandels (Wildhandelsüberwachungs-
verordnung) vom 25. 3. 1996 (GVBl II 250 = GS Nr 792-8);

VO über die Bewirtschaftungsbezirke für Schalenwild (Bewbe-V) vom 10. 2. 1998
(GVBl II 222).

e)   Bremen

Bremisches Landesjagdgesetz (LJagdG) vom 26. 10. 1981 (GBl 171, ber 1992, 103 = SaBR   **16**
792-a-1), zuletzt geändert durch G vom 4. 12. 2001 (GBl 393);

VO über die Änderung der Jagdzeiten vom 30. 9. 1977 (GBl 315 = SaBR 792-a-8),
geändert durch VO vom 20. 12. 1988 (GBl 339 = SaBR 792-a-8);

Bremische Verordnung über die Jäger- und Falknerprüfung (JuFPrüfV) vom
13. 10. 1998 (GBl 271, 288 = SaBR 792-a-2).

f)   Hamburg

Hamburgisches Jagdgesetz vom 22. 5. 1978 (GVBl 162 = SGV Hamb 792-11), zuletzt   **17**
geändert durch G vom 18. 7. 2001 (GVBl 251);

VO über die Jägerprüfung vom 13. 11. 1979 (GVBl 327), zuletzt geändert durch VO
vom 17. 2. 2004 (GVBl 66);

VO über das Feststellungsverfahren in Wild- und Jagdschadenssachen vom 2. 3. 1971
(GVBl 40 = SGV Hamb 792-1-2);

VO über jagdrechtliche Regelungen vom 11. 5. 1993 (GVBl 96), geändert durch VO
vom 17. 9. 2002 (GVBl 255).

g)   Hessen

18 Hessisches Jagdgesetz (HJagdG) vom 12. 10. 1994 (GVBl I 606 = HessGVBl II 87-32), idF
der Bek vom 5. 6. 2001 (GVBl I 271), zuletzt geändert durch G vom 31. 10. 2001
(GVBl I 434);

VO über die Fangjagd nach § 19 Abs 1 und 2 des Hessischen Jagdgesetzes vom
19. 6. 1996 (GVBl I 304), zuletzt geändert durch VO vom 13. 4. 2000 (GVBl I 271);

VO über die Abschussplanung und zur Übertragung von Aufgaben der unteren
Jagdbehörde auf die Forstbehörden vom 19. 9. 1996 (GVBl I 460);

VO zur Übertragung von Aufgaben des Jagdwesens nach § 41 Abs 2 Satz 2 HJagdG
und über die Zusammensetzung der Jagdbeiräte vom 24. 6. 1997 (GVBl I 253);

Jägerprüfungsordnung vom 17. 1. 1994 (GVBl I 65 = GVBl II 87-31), geändert durch VO
vom 11. 9. 2001 (GVBl I 382);

VO über die Bestimmung weiterer Tierarten, die dem Jagdrecht unterliegen, und
über die Änderung der Jagdzeiten vom 4. 3. 1988 (GVBl I 97 – GVBl II 87-25), zuletzt
geändert durch VO vom 14. 11. 1991 (GVBl I 358);

VO über die Bildung von Hegegemeinschaften (HegegemeinschaftsV) vom 18. März
1999 (GVBl I 288 = GVBl II 87–39 = GVBl II 87-39), geändert am 13. 4. 2000 (GVBl I 271);

Verordnung über die Wildfütterung (WildfüttV) vom 13. 4. 2000 (GVBl I 270 = GVBl II
87-40);

Verordnung über die Übertragung von Aufgaben des Jagdwesens nach § 41 Abs 2
Satz 2 des Hessischen Jagdgesetzes und über die Zusammensetzung der Jagdbeiräte
vom 24. 6. 1997 (GVBl I 253 = GVBl II 87-36), geändert am 13. 4. 2000 (GVBl I 271).

h)   Mecklenburg-Vorpommern

19 Jagdgesetz des Landes Mecklenburg-Vorpommern vom 22. 3. 2000 (GVOBl 126 = GS
M-V Nr 792-2), geändert durch G vom 22. 11. 2001 (GVOBl 438);

Wahlordnung für die Wahl des Kreisjägermeisters und seines Stellvertreters vom
3. 4. 1992 (GVBl 277 = Gl Nr 792-1-2);

Verordnung über die Prüfung der Brauchbarkeit von Jagdhunden in Mecklenburg-
Vorpommern (Jagdhundebrauchbarkeitsverordnung – JagdHBVO M-V) vom
14. 1. 1999 (GVOBl 221 = GS Gl Nr 792-1-12), geändert durch Verordnung vom
13. 12. 2001 (GVOBl 641);

Verordnung über die Prüfung zur Erlangung des ersten Jagdscheines des Landes
Mecklenburg-Vorpommern (Jägerprüfungsverordnung – JägerPVO M-V) vom
14. 2. 2002 (GVOBl 122 = GS Gl Nr 792-2-7);

Verordnung über die Prüfung zur Erlangung des ersten Falknerjagdscheines des

Landes Mecklenburg-Vorpommern (Falknerprüfungsverordnung – FalknerPVO M-V) vom 14. 2. 2002 (GVOBl 128 = GS Gl Nr 792-2-8);

Verordnung über das Feststellungsverfahren in Wild- und Jagdschadenssachen (Wild- und Jagdschadensverordnung – Wild- und JagdSVO M-V) vom 2. 1. 2001 (GVOBl M-V S 5 = Gl Nr 792-2-3), geändert durch Verordnung vom 5. 1. 2002 (GVOBl 49);

Verordnung über die Mustersatzung für Jagdgenossenschaften (Jagdgenossenschaftssatzungsverordnung – JagdgenVO M-V) vom 13. 2. 2001 (GVOBl M-V S 69 = GS Meckl-Vorp Gl. Nr 792-2-4);

Gebührenordnung für Amtshandlungen im Bereich des Jagdwesens (Jagdgebührenverordnung – JagdgebührenVO M-V) vom 31. 1. 2002 (GVOBl M-V S 101 = GS Meckl-Vorp Gl Nr 2013-1-79);

Verordnung zur Änderung der Jagdzeiten, zur Aufhebung von Schonzeiten und zum Erlass sachlicher Verbote (Jagdzeitenverordnung – JagdZVO M-V) vom 29. 10. 2004 (GVOBl 512 = GS Gl Nr 792-2-10) – befristet bis 31. 12. 2009.

i) Niedersachsen

Niedersächsisches Jagdgesetz vom 16. 3. 2001 (GVBl 100); **20**

VO über das Vorverfahren in Wild- und Jagdschadensachen vom 16. 3. 1999 (GVBl 98), geändert durch VO vom 12. 12. 2001 (GVBl 786);

VO über die Jäger- und Falknerprüfung vom 24. 6. 1994 (GVBl 285), zuletzt geändert durch Verordnung vom 30. 8. 2001 (GVBl 601);

Niedersächsische Verordnung über Jagdzeiten (NJagdzeitVO) vom 6. 8. 2001 (GVBl 593).

k) Nordrhein-Westfalen

Landesjagdgesetz Nordrhein-Westfalen (LJG-NRW) idF der Bek vom 7. 12. 1994 **21** (GVBl 1995, 2 = SGV NRW 792, ber GVBl 1997, 56), zuletzt geändert durch G vom 17. 12. 2003 (GVBl 808);

DurchführungsVO zum Landesjagdgesetz Nordrhein-Westfalen (DVO-LJG-NRW) vom 8. 2. 1985 (GVBl 170 = SGV NRW 792), zuletzt geändert durch G vom 25. 9. 2001 (GVBl 708);

VO über die Jägerprüfung (Jägerprüfungsordnung) vom 12. 4. 1995 (GVBl 482);

VO über die Jagdzeiten vom 9. 9. 2002 (GVBl 447 = SGV NRW 792);

VO über die Falknerprüfung (Falknerprüfungsordnung) vom 11. 7. 1978 (GVBl 315);

VO über die Zulassung von Ausnahmen von den Schutzvorschriften für besonders geschützte Tierarten vom 25. 10. 1994 (GVBl 964);

VO über die Klasseneinteilung und den Abschuss von männlichem Schalenwild (außer Schwarzwild) vom 6. 11. 1993 (GVBl 914);

VO über die Verwendung von Fanggeräten und die Voraussetzungen und Methoden der Fallenjagd (FalljagdVO) vom 5. 7. 1995 (GVBl 918);

VO über Bewirtschaftungsbezirke für Rotwild, Sikawild, Damwild und Muffelwild vom 28. 9. 1994 (GVBl 858);

VO über die Beschränkung der Verwendung von Bleischroten bei der Jagdausübung vom 9. 9. 2002 (GVBl 448).

l)   Rheinland-Pfalz
22 Landesjagdgesetz (LJG) vom 5. 2. 1979 (GVBl 23 = BS 792-1), zuletzt geändert durch G vom 16. 12. 2002 (GVBl 481, 494);

LandesVO zur Durchführung des LandesjagdG (LJGDVO) vom 25. 2. 1981 (GVBl 27 BS 792-1-1), zuletzt geändert durch VO vom 28. 8. 2001 (GVBl 210);

LandesVO über die Änderung der Jagdzeiten und über die Erklärung zum jagdbaren Tier vom 9. 8. 1993 (GVBl 442 = BS 792-1-2), zuletzt geändert durch VO vom 29. 3. 2000 (GVBl 199);

VO über Bewirtschaftungsbezirke für Rot-, Dam- und Muffelwild vom 7. 4. 1989 (GVBl 111 = BS 792-1-3), zuletzt geändert durch VO vom 1. 2. 2001 (GVBl 45).

m)   Saarland
23 Saarländisches Jagdgesetz (SJG) vom 27. 5. 1998 (ABl 638), zuletzt geändert durch G vom 7. 11. 2001 (ABl 2158);

VO zur Durchführung des Saarländischen Jagdgesetzes (DV-SJG) vom 27. 1. 2000 (ABl 268), zuletzt geändert durch die VO vom 11. 9. 2003 (ABl 2315).

n)   Sachsen
24 Sächsisches LandesjagdG vom 8. 5. 1991 (GVBl 67), zuletzt geändert durch G vom 11. 12. 2002 (GVBl 312);

Verordnung des Sächsischen Staatsministeriums für Landwirtschaft, Ernährung und Forsten über die Jägerprüfung (Jägerprüfungsordnung – JPrO) vom 1. 10. 1997 (GVBl 589), geändert am 5. 12. 2001 (GVBl 734);

VO über die Jagd- und Schonzeiten (JaSchoVO) vom 28. 8. 1992 (GVBl 419), geändert am 18. 7. 2002 (GVBl 253);

VO über die Vereinigung der Jäger (JaVeVo) vom 28. 1. 1993 (GVBl 184);

VO über die Brauchbarkeit von Jagdhunden (JagdhundeVO) vom 3. 6. 1993 (GVBl 522), zuletzt geändert durch VO vom 19. 4. 1996 (GVBl 202);

VO über die Jagdbeiräte (JagdbeiräteVO) vom 28. 3. 1994 (GVBl 867), geändert durch VO vom 15. 10. 2003 (GVBl 652);

VO über die Mindestanforderungen an die Jagdgenossenschaftssatzung (JagdgSVO) vom 10. 6. 1994 (GVBl 1243), geändert am 29. 11. 2001 (GVBl 2002, 189);

VO über die Dienstabzeichen für bestätigte Jagdaufseher (JagdDienstabzVO) vom 28. 11. 1994 (GVBl 1655);

Verordnung des Sächsischen Staatsministeriums für Umwelt und Landwirtschaft über die Jagdabgabe (JagdabgabeVO) vom 22. 8. 2001 (GVBl 675).

o)   Sachsen-Anhalt
Landesjagdgesetz für Sachsen-Anhalt (LandesjagdG) vom 23. 7. 1991 (GVBl 186),   **25** zuletzt geändert durch G vom 23. 7. 2004 (GVBl 454);

VO zur Durchführung des Landesjagdgesetzes (DVO LJagdG) vom 10. 9. 1991 (GVBl 326, ber GVBl 418), zuletzt geändert am 7. 12. 2001 (GVBl 540);

Jäger- und Falknerprüfungs-VO vom 9. 9. 1999 (GVBl 284), zuletzt geändert am 19. 3. 2002 (GVBl 130);

VO über Sonderbestimmungen für die Jagdzeiten vom 10. 9. 1991 (GVBl 337), zuletzt geändert am 29. 7. 2002 (GVBl 333);

VO zur Aufhebung der Schonzeiten beim Schwarzwild vom 6. 3. 1992 (GVBl 147);

VO über Jagdschadenssachen und die Durchführung des Vorverfahrens vom 16. 9. 1991 (GVBl 338), geändert am 19. 3. 2002 (GVBl 130).

p)   Schleswig-Holstein
Jagdgesetz des Landes Schleswig-Holstein (Landesjagdgesetz-LJagdG) idF der Bek   **26** vom 13. 10. 1999 (GVBl 300 = GS 792-1);

Wahlordnung für die Wahl der Kreisjägermeister vom 28. 9. 1953 (GVBl 131 = GS SchlH 792-1-1), zuletzt geändert durch VO vom 16. 9. 2003 (GVOBl S 503);

VO über die Verfahren in Wild- und Jagdschadenssachen vom 22. 6. 1954 (GVOBl 105 = GS SchlH 792-1-4), geändert durch VO vom 19. 11. 2001 (GVOBl 235);

LandesVO über die Anerkennung von Jagdhunden vom 23. 6. 1983 (GVBl 208, ber 356 = GS SchlH 792-1-10);

LandesVO über die Prüfung zur Erlangung des ersten Jagdscheines (Prüfungsordnung) vom 4. 4. 1991 (GVBl 241 = GS SchlH 792-1-11), zuletzt geändert durch VO vom 10. 3. 1994 (GVBl 164);

LandesVO über den Betrieb der Vogelkojen auf Föhr vom 23. 12. 1994 (GVOBl 1995, 20 = GS SchlH B 792-1-13);

LandesVO über die Fangjagd (Fangjagdverordnung) vom 30. 4. 2002 (GVOBl 76);

LandesVO über die Fütterung und Kirrung von Wild vom 1. 12. 2000 (GVOBl 607 = GS SchlH B 792-1-15), geändert durch VO vom 16. 9. 2003 (GVOBl 503);

LandesVO über jagdbare Tierarten und über die Jagdzeiten vom 1. 7. 2002 (GVOBl 171), geändert durch VO vom 16. 9. 2003 (GVOBl 503);

LandesVO über die Festsetzung einer Jagdzeit für Graureiher vom 1. 9. 1978 (GVBl 299 = GS SchlH B 792-1-16), zuletzt geändert durch VO vom 20. 3. 1991 (GVBl 241);

LandesVO über die Falknerprüfung (Falknerprüfungsordnung) vom 13. 6. 1979 (GVBl 406 = GS SchlH B 792-1-17);

LandesVO zur Aufhebung der LandesVO über die Festsetzung einer Jagdzeit für Habichte vom 8. 8. 1994 (GVBl 437 = GS SchlH B 792-1-25).

q)   Thüringen
27 Thüringer Jagdgesetz (ThJG) idF der Bek vom 26. 2. 2004 (GVBl 298);

Verordnung zur Durchführung des Thüringer Jagdgesetzes (DVOThJG) vom 7. 12. 1992 (GVBl 1993, 3), zuletzt geändert durch VO vom 18. 2. 2003 (GVBl 109);

Thüringische VO über den Umfang der Jagdhaftpflichtversicherung und Jagdschein-gebühr vom 28. 4. 1992 (GVBl 241), geändert durch Verordnung vom 27. 11. 2001 (GVBl 448);

Thüringer Verordnung über die Bestimmung weiterer Tierarten, die dem Jagdrecht unterliegen, und über die Jagdzeiten (Thüringer Jagdzeitenverordnung – ThürJagd-ZVO) vom 8. 6. 1999 (GVBl 381), zuletzt geändert durch Verordnung vom 25. 8. 2003 (GVBl 438);

Thüringer Jäger- und Falknerprüfungsordnung (ThürJFPO) vom 19. 6. 1992 (GVBl 530), zuletzt geändert am 18. 2. 2003 (GVBl 109);

Thüringer Ausbildungs- und Prüfungsordnung für Jagdaufseher vom 7. 8. 1992 (GVBl 539), zuletzt geändert durch VO vom 18. 2. 2003 (GVBl 109);

Thüringer Prüfungsordnung zur Durchführung von Brauchbarkeitsprüfungen für Jagdhunde vom 17. 8. 1992 (GVBl 483);

Thüringische Verordnung Festlegung der Einstandsgebiete für das Rot-, Dam- und Muffelwild vom 26. 10. 1994 (GVBl 1198), zuletzt geändert am 17. 6. 1996 (GVBl 113);

Thüringische Verordnung zur Gestaltung der Jagdbezirke von 24. 11. 1994 (GVBl 1231).

IV. Fischerei

1. Art 69 EGBGB ist, soweit er die Fischerei betrifft, in Kraft geblieben. Die **28** Bedeutung dieses Vorbehalts wird durch die Aufteilung der **Gesetzgebungszuständigkeit auf dem Gebiet des Fischereiwesens** zwischen Bund und Ländern bestimmt.

Für die **Binnenfischerei** besteht zwar *keine Rahmengesetzgebungsbefugnis* wie im **29** vergleichbaren Falle der Jagd auf Grund der ausdrücklichen Regelung des Art 75 Nr 3 GG (Maunz, in: Maunz/Dürig Art 75 GG Rn 188; Lorz NuR 1982, 5). Jedoch gehört sie zur Ernährungssicherung und Agrarwirtschaft und unterfällt damit nach Art 74 Nr 17 GG der konkurrierenden Gesetzgebung (Maunz, in: Maunz/Dürig Art 74 GG Rn 196; Jarass/Pieroth Art 74 GG 36; aA Voraufl Rn 29); soweit zudem die Fischerei privatrechtlich geregelt ist, kann auch die Zuständigkeit des Bundes zur Gesetzgebung im Zivilrecht (Art 74 Nr 1 GG) eingreifen. Angesichts der großen Regelungsdichte der bundesrechtlicher Vorschriften auf dem Gebiet des Zivilrechts, insbes durch das BGB, kommt aber dem Vorbehalt des Art 69 EGBGB diesbezüglich eine besondere Bedeutung zu, weil er klarstellt, dass der Bundesgesetzgeber sogar nach seinem Selbstverständnis diese Materie noch nicht abschließend geregelt hat. Dies schließt allerdings nicht aus, dass auch zu Ungunsten der Länder die Reichweite des Vorbehalts durch Bundesgesetz eingeschränkt werden kann, wenn die Voraussetzungen des Art 72 Abs 2 GG vorliegen (Maunz, in: Maunz/Dürig Art 74 GG Rn 55, Art 72 Rn 5, 11 f). Solange dies aber nicht geschehen ist, besteht eine *umfassende Möglichkeit zur landesrechtlichen Regelung* der *Binnenfischerei* in Fragen des Privatrechts wie des öffentlichen Rechts.

Für die **Küsten- und Hochseefischerei** hat, soweit es sich nicht überhaupt um Fragen **30** des Völkerrechts handelt, der **Bund** (neben der auch hier bestehenden Kompetenz zur Regelung des Zivilrechts nach Art 74 Nr 1 GG) die ihm eigens verliehene konkurrierende Gesetzgebungszuständigkeit gemäß Art 74 Nr 17 GG. Er hat von dieser *nicht abschließend Gebrauch* gemacht, insbesondere auch nicht in privatrechtlichen Fragen. Auch in diesem Bereich der konkurrierenden Gesetzgebung sind daher die Länder nicht ausgeschlossen, solange und soweit der Bund nicht gesetzgeberisch tätig geworden ist (Art 72 Abs 1 GG); das gilt auch für privatrechtliche Regelungen. Art 69 EGBGB ist weder nach seinem Wortlaut noch nach seiner Entstehungsgeschichte auf die Binnenfischerei beschränkt. Er deckt daher auch das Landesprivatrecht im Zusammenhang mit der Küsten- und Hochseefischerei (übereinstimmend wohl auch Staudinger/Keidel[9] Anm 5 zur entsprechenden Rechtslage unter der WeimRVerf).

2. Tragweite des Vorbehalts

a) Allgemeiner Vorbehalt

Für den Landesgesetzgeber ergibt Art 69 EGBGB einen allgemeinen Vorbehalt für **31** „Vorschriften über (die) Fischerei" (Planck Anm 2).

Zwar vermied der Gesetzgeber den Ausdruck „Fischereirecht" (sc im objektiven Sinn), in der Annahme, es gebe keinen vergleichbaren Begriff des Fischereirechts wie etwa den des „Wasser-" oder „Bergrechts" (Mot z EGBGB 164). Für den Umfang des Vorbehalts hat aber dies keine Bedeutung: Die Landesgesetzgebung ist aufgrund dieses Vorbehalts berechtigt, umfassend die *privatrechtlichen Verhält-*

nisse der Fischerei zu regeln. Für die öffentlich-rechtlichen Vorschriften in der Binnenfischerei und, soweit entsprechend Art 72 Abs 1 GG die Länder zuständig geblieben sind, in der Küsten- und Hochseefischerei bedurfte es keines Vorbehalts. Es ist dabei Sache des Landesgesetzgebers, den Anwendungsbereich seiner Fischereigesetze nach Gegenstand und nach dem Inhalt der als Fischerei erfassten Tätigkeit festzulegen und in diesem Bereich alle mit der Fischerei verbundenen Beziehungen rechtlich zu ordnen.

b)   Anwendungsbereich des Vorbehalts und der einzelnen Landesfischereigesetze
32 Der Anwendungsbereich des einzelnen Landesfischereigesetzes steht nicht von vornherein fest. Er ist erst vom Gesetzgeber festzulegen. Aber auch der Bereich, innerhalb dessen der Landesgesetzgeber überhaupt tätig werden kann – also der Umfang des Vorbehalts-, ist nur teilweise begrifflich oder durch Herkommen von voneherein festgelegt.

33 **aa)** Die *Fischerei* beschränkt sich nicht auf den Fang von Fischen, sondern erfasst herkömmlich ihrem Gegenstand nach auch andere Wassertiere (dh im oder am Wasser lebende Tiere) verschiedener Art, insbesondere die Fischnährtiere, daneben auch tierische Produkte und sogar Wasserpflanzen (hierüber BERGMANN, Fischereirecht Nr 4. 2. 4, 94; LORZ, Naturschutz-, Tierschutz- und Jagdrecht …, Fischerei- und Kulturpflanzenschutz, … 411 f; ders, in: ERBS, Strafrechtliche Nebengesetze F 83, § 1 FischereischeinG Anm 1; ders RdL 1980, 199). Da zu den Wassertieren auch warmblütige Tiere gehören, kann gegenüber der *Jagd* die Fischerei weder begrifflich noch nach Tradition, sondern nur durch die jeweilige *positive gesetzliche Regelung* endgültig abgegrenzt werden (allerdings kommen kaltblütige Tiere nach Herkommen ausschließlich für die Fischerei, nicht für die Jagd in Frage [LORZ, Naturschutzrecht 410, bzw in: ERBS, Strafrechtliche Nebengesetze F 83 Vorbem]). Die positive Abgrenzung dessen, was Fischerei ist, ergibt sich deshalb zT aus dem Jagdrecht, zum Teil aus den Fischereigesetzen. Dabei gehen die jeweiligen *Jagdgesetze vor* und ergeben so eine Grenze gegenüber dem Vorbehalt für die Fischereigesetzgebung der Länder nach Art 69 EGBGB.

34 Eine gegenständliche Begrenzung anderer Art ergibt sich dadurch, dass einen wesentlichen Inhalt jedes Fischereirechts das **Aneignungsrecht** ausmacht, so dass als *Gegenstand* der Fischereigesetzgebung, soweit sie ein solches subjektives Fischereirecht voraussetzt, nur *wildlebende Wassertiere* in Betracht kommen (PLANCK Anm 2).

35 Die bestehenden Fischereigesetze unterstellen als **Gegenstand des Fischereirechts** in teilweise untereinander abweichenden Regelungen dem Fischereirecht Fische aller Art, Krebse, Fischnährtiere, Frösche, Schildkröten, Muscheln (teilweise unter Einschluss der Austern oder unter Ausschluss der Perlmuscheln), tierische Produkte (zB Fischlaich) und Wasserpflanzen (zB Seemoos; vgl hierzu LORZ, Naturschutzrecht aaO; ders, in: ERBS, Strafrechtliche Nebengesetze F 83, § 1 FischereischeinG Anm 1 A; BERGMANN Nr 4. 2. 4., 94).

36 **bb)** Zur Festlegung des Anwendungsbereichs des einzelnen Fischereigesetzes oder des ganzen landesrechtlichen Fischereirechts gehört weiter die Bestimmung, **welche Tätigkeiten** als „Fischerei" anzusehen sind.

Allgemein ist unter Fischerei das *gesamte Unternehmen* des Zugriffs auf nutzbare

Wassertiere und solche anderen Gegenstände, die dem jeweiligen Fischereirecht unterliegen, zu verstehen (vgl Lorz, Naturschutzrecht 407; ders, in: Erbs, Strafrechtliche Nebengesetze F 83 Vorbem; ders RdL 1980, 199; vgl auch Leipziger Komm/Schäfer § 293 StGB Rn 6 [10. Aufl 1988]). In den überkommenen Darstellungen steht meistens die Ausgestaltung des dem einzelnen verliehenen Fischereirechts als *Aneignungsrecht* und damit die Aneignung der Fischbeute im Vordergrund. Immer mehr spielen neben diesem einzelwirtschaftlichen Gesichtspunkt aber auch für das Fischereirecht *gesamtwirtschaftliche Überlegungen* (Erhaltung des Fischbestandes und Fischhege, Wasserhaushalt, Umweltschutz) und ideelle Gesichtspunkte (Natur-, insbesondere Artenschutz [umfassend zur Einordnung des Fischartenschutzes Braun AgrarR 2000, 109]), Ökologie, Erholung, Sport) eine Rolle (vgl zB Lorz, Naturschutzrecht 410), aber auch der Tierschutz (für Catch & Release als verbotene anglerische Tierquälerei Drossé AgrarR 2002, 111, 113, dagegen krit Arlinghaus AgrarR 2003, 367; zur Verwendung eines Setzkeschers Drossé AgrarR 2001, 354). Es liegt am zuständigen Gesetzgeber, ob er schon bei der Bestimmung der als Fischerei geregelten Tätigkeit diese mitberücksichtigt: Allgemein wird in den neueren Gesetzen als Teil der Fischereiausübung deshalb auch die *Fischhege* angeführt. Dazu kommen solche *Hilfstätigkeiten*, die der Ausübung des Fischfangs, der Fischhege usw dienen, sie ermöglichen oder ergänzen, zB das Begehen fremder Grundstücke („Uferbetretungsrecht"), das Anbringen von Vorrichtungen und die sogenannte „Fischnacheile" (vgl hierzu Bergmann Nr 4.2.5., 94 ff).

c)   Innerhalb des Fischereirechts zu regelnde Rechtsverhältnisse

Gestützt auf die Ermächtigung durch Art 69 EGBGB kann der Landesgesetzgeber **37** in dem so (vgl oben Rn 33 ff) festgelegten Bereich alle Rechtsverhältnisse im Zusammenhang mit der Fischerei ordnen. Auf dem Gebiet des Privatrechts *kommen* dabei insbesondere *in Betracht*:

aa)   Inhaber der Fischereiberechtigung

An Regelungen über den **Inhaber der Fischereiberechtigung** (vgl hierzu die Zusammen- **38** stellung bei Bergmann Nr 4.4., 114 ff und unten Rn 74 ff) lassen sich unterscheiden:

– das *Eigentümerfischereirecht*, bei dem das Fischereirecht mit dem Grundeigentum am Gewässer verbunden ist. Dies ist der gesetzliche Regelfall der Fischereiberechtigung, für den im Zweifel eine Vermutung spricht (vgl etwa Art 3 BayFiG; siehe hierzu auch – zur Überleitung der Rechtsverhältnisse bei Inkrafttreten des preußischen Fischereigesetzes – BGH, LM Nr 3 zum pr FiG),

– das *selbständige Fischereirecht*, bei dem das Fischereirecht einem *Dritten* als subjektiv dingliches Recht zusteht.

Beim selbständigen Fischereirecht gibt es wiederum verschiedene Ausgestaltungen. Es kann sich handeln um

– ein *subjektiv-dingliches* Fischereirecht, dh es ist mit dem Eigentum an einem anderen (herrschenden) Grundstück wie eine Grunddienstbarkeit verbunden (zur Kennzeichnung vgl BayObLGZ 1971, 351 = BayVBl 1972, 588: der im Bestandsverzeichnis des Grundbuchs gemeinschaftlich mit dem Anwesen erfolgte Vortrag kennzeichnet dies als subjektiv-dinglich und lässt die Rechtsvermutung des § 891 BGB entstehen; vgl dazu auch DNotI-Gutachten vom 29. 4. 2003, AZ re-fi M/I/1 – § 925 BGB – 40853, S 4);

– ein *subjektiv-persönliches* Fischereirecht, das nur einer bestimmten (natürlichen oder juristischen) Person zusteht und nicht übertragbar ist;

– ein *selbständig übertragbares und vererbliches Fischereirecht* (Regelform des selbständigen bayerischen Fischereirechts, von dem solange auszugehen ist, bis nichts anderes bestimmt ist, BayObLGZ 31, 320, 322).

Die *Übertragung* ist nur bei der letztgenannten Form bedeutsam und in den Landesfischereigesetzen gesondert geregelt (Überblick: J Mayer MittBayNot 1992, 248 und unten Rn 83 ff) und erfolgt bei den grundstücksgleichen Fischereirechten in gleicher Weise, wie die Übereignung des Grundeigentums.

Aus der Rechtsprechung: BGH MDR 1969, 916 über subjektiv-dingliche Fischereirechte nach dem prFiG; OLG Kiel SchlHA 1964, 125; KG OLGZ 1975, 138 – für selbständige Fischereirechte kann in (West-)Berlin kein eigenes Grundbuchblatt (mehr) angelegt werden.

Eine **Umwandlung** von einer Form des selbständigen Fischereirechts in eine andere ist grundsätzlich *möglich*. Da jedoch der Berechtigte des Rechts grundlegend geändert wird, weil etwa statt dem jeweiligen Eigentümer eines bestimmten Grundstücks nun eine bestimmte Person der Fischereiberechtigte ist, ist dies nach den zur Umwandlung einer beschränkten persönlichen *Dienstbarkeit* in eine Grunddienstbarkeit entwickelten Grundsätzen (dazu OLG Hamm Rpfleger 1989, 488; OLG Zweibrücken Rpfleger 1975, 248; Soergel/Stürner § 1018 Rn 44; Staudinger/J Mayer [2002] § 1018 Rn 165) nur möglich, wenn das alte Fischereirecht aufgehoben und ein entsprechendes neues begründet wird (Bergmann Nr 4. 4. 8. 7; anders aber Braun/Keiz Art 9 BayFiG Rn 6; Voraufl 38: bloße Inhaltsänderung). Das setzt aber nicht nur die Wahrung der für die Neubestellung erforderlichen Formen voraus (etwa in *Bayern* nach Art 13 BayFiG), sondern ist dann kein gangbarer Weg, wenn dadurch ein nach neuem Recht unzulässiges Koppelfischereirecht entsteht (so in *Bayern* nach Art 25 BayFiG; übersehen bei DNotI-Gutachten vom 29. 4. 2003, aaO, S 5).

bb) Grund der Fischereiberechtigung

39 Das Fischereirecht kann ausnahmsweise auch solchen Personen zustehen, die bestimmte örtliche Voraussetzungen erfüllen, zB Uferanwohnern oder den Bürgern von Ufergemeinden; mitunter kann es auch Gegenstand eines Gemeinderechts sein (Geiger BayVBl 1995, 76). Das Fischereirecht kann ein vom Staat vorbehaltenes, hoheitlich begründetes Nutzungsrecht (Regal) sein (dazu zB OLG Kassel SeuffA 67 Nr 154) oder diesem aufgrund seines Eigentums an bestimmten öffentlichen Gewässern zustehen. Es kann dann aber wiederum einer Privatperson als *Privileg* vom Staat verliehen sein (vgl RG Recht 1912, 209; WarnR 1916 Nr 302; JW 1918, 47). Als *Erwerbsgrund* für Private kommen noch in Betracht: Rechtsgeschäft unter Lebenden (Vertrag, unter Beachtung der besonderen fischereirechtlichen Bestellungsvorschriften, zB Art 13 BayFiG, wozu Grundbucheintragung erforderlich ist, BayObLGZ 1995, 13), Verfügung von Todes wegen, Ersitzung nach den früheren landesrechtlichen Vorschriften (Bergmann Nr 4. 4. 8. 5. III), unvordenkliche Verjährung (Bergmann Nr 4. 4. 8. 5. IV; LG Heilbronn BWNotZ 1982, 8 m Anm Staudenmaier und Anm Schmid; LG Ellwangen BWNotZ 1983, 71; BGH AgrarR 1980, 103, für Bayern vgl Braun/Keiz Art 9 BayFiG Rn 10; zum Nachweis des hiervon abgeleiteten Erwerbs OLG Stuttgart Justiz 1983, 14; 1984, 205) und Gerichtsurteil. Nur ganz ausnahmsweise besteht, zB in der Küstenfischerei unter bestimmten Voraussetzungen, der *„freie Fischfang"*: Dieser stellt jedoch kein privates Vermögensrecht, sondern eine dem Gemeingebrauch ähnliche Befugnis zur Ausübung des Fischfangs dar.

cc) Überlassung der Fischereiausübung

Vorschriften über die *Beteiligung* anderer Personen als des Fischereiberechtigten an **40** der *Ausübung des Fischereirechts* (vgl dazu BGH LM Nr 2 zum Pr FiG = NJW 1960, 1453 – Überlassung einer beschränkten Ausübung des Fischereirechts unter preußischem Fischereirecht), die durch Pachtvertrag oder Fischereierlaubnisvertrag erfolgen kann. Es handelt sich um abgeleitete (derivative) Fischereiausübungsrechte.

In diesem Zusammenhang gehören auch die Regelung der *Fischereipacht* (vgl dazu auch Rn 98; ferner OLG Nürnberg RdL 1966, 271: Aufhebung eines Fischereipachtvertrags) und das Recht der *Fischereigenossenschaften*, auf die zur Hebung der Fischbestände das *Fischereiausübungsrecht* kraft Gesetzes oder durch Verwaltungsakt übertragen werden kann (s Rn 101).

dd) Vorschriften über das *Verhältnis* des Fischerei-, bzw Fischereiausübungsbe- **41** rechtigten *zu Dritten*, zB zu den Eigentümern der Gewässer- oder Anliegergrundstücke (Uferbetretungsrechte, s Rn 94) oder zu den Inhabern wasserrechtlicher Benützungsrechte.

ee) Bestimmungen über die *Ausübung* des Fischereirechts. Darunter fallen, neben **42** der Festlegung besonderer Befugnisse des Fischereiausübungsberechtigten (vgl oben Rn 36), vor allem die Überwachung und der Schutz der Fischerei, etwa durch Bestimmungen über Schonzeiten, Ruhebezirke und Mindestmaße, sowie Regelung der Fangmethoden und -geräte. Diese letztgenannten Regelungen gehören meistens dem **öffentlichen Recht** an. Hauptsächlich durch sie können die durch die Fischerei berührten Interessen anderer Fischereiberechtigter oder der Allgemeinheit zu einem angemessenen Ausgleich gebracht werden: Sie bezeichnen daher oft zugleich eine inhaltliche Schranke der dem Einzelnen als Vermögensrecht verliehenen Fischereiberechtigung (vgl oben Rn 36).

ff) Von der nach Landesrecht dem Fischereiberechtigten gewährten inhaltlichen **43** Ausgestaltung des Fischereirechts hängt es schließlich ab, inwieweit diesem bei Veränderungen des Gewässers durch *Ausbaumaßnahmen Entschädigungsansprüche* zustehen und inwieweit bei Gewässerveränderungen (Aufstau, Ausleitung) sich das Fischereirecht mitverändert (s Rn 93). Zur Behandlung von Fischereirechten in Flurbereinigungsverfahren: BVerwG RdL 1981, 11; RdL 1986, 69; BayVGH BayVBl 1975, 47 (Neubeschreibung); VGH Mannheim NJW-RR 1992, 345 (keine Planänderung mehr nach Ausführung des Verfahrens und gutgläubigem Erwerb).

Zur Frage des Bestehens von Entschädigungsansprüchen: RG Recht 1914, 568 bei Veränderungen, die die Fischerei aufheben; BGH NJW 1968, 1284: kein Recht auf Aufrechterhaltung der Strömungsgeschwindigkeit; HansOLG Hamburg VkBl 1979, 280: Fischereirechte an einem öffentlichen Strom stehen unter dem Vorbehalt der Erhaltung des Stroms als schiffbare Wasserstraße; entsprechende Unterhaltungs-

und Ausbaumaßnahmen sind entschädigungslos zu dulden, auch wenn sie der Fischerei abträglich sind; allgemein SOERGEL/HARTMANN Art 69 EGBGB Rn 5).

44 **d)**   Der **Vorbehalt** des Art 69 EGBGB ist jedoch dahin **eingeschränkt**, dass für die Frage des Eigentumserwerbs an Gegenständen des Fischereirechts die Vorschrift des **§ 958 Abs 2 BGB maßgebend** bleibt:

Nach § 958 Abs 1 BGB erwirbt regelmäßig, wer eine herrenlose Sache in Eigenbesitz nimmt, das Eigentum an der Sache. Nach Abs 2 verschafft aber ausnahmsweise die Besitzergreifung in zwei Fällen kein Eigentum, wenn nämlich die Aneignung gesetzlich verboten ist oder wenn durch die Besitzergreifung das Aneignungsrecht eines anderen verletzt wird; es dauert also in diesen Fällen die bisherige *Herrenlosigkeit* der Sache fort (PLANCK Anm 4; STAUDINGER/GURSKY [2004] § 958 Rn 9). Das Verbot für die Landesgesetzgebung, von dem Grundsatz des § 958 Abs 2 abzuweichen, bezweckt, die einheitliche Entscheidung der Eigentumsfrage im Fischereirecht in bürgerlichrechtlicher und strafrechtlicher Beziehung sicherzustellen (s hierzu STAUDINGER/GURSKY § 958 Rn 14).

45   Hiernach können die Landesgesetze *nicht* bestimmen:

aa)   dass die verbotene Aneignung von Fischen (und anderen dem Fischereirecht unterliegenden Tieren oder Gegenständen) Eigentum verschafft. Keine Aneignungsverbote in diesem Sinn sind aber Vorschriften, die den Fang nicht absolut verbieten, sondern nur in bestimmter Beziehung einschränken, zB zeitlich durch Schonzeiten oder hinsichtlich bestimmter Fangmethoden (str, wie hier etwa LORZ NuR 1980, 112; STAUDINGER/GURSKY [2004] § 958 Rn 10 mwNw; **aA** etwa WOLFF/RAISER § 78 Fn 23; MÜLLER NuR 1979, 137, 139; noch anders MEYER-RAVENSTEIN AgrarR 1984, 223);

bb)   dass der Fischereiberechtigte durch die Aneignung unmittelbar Eigentum erwirbt. Der Fischdieb erlangt an gefangenen Fischen Besitz, der Fischereiberechtigte, mangels eines der in § 868 BGB angeführten Besitzmittlungsverhältnisse, aber keinen mittelbaren Besitz. Die Fische bleiben einstweilen herrenlos, bis entweder der Fischereiberechtigte davon Besitz ergreift oder ein gutgläubiger Dritter sie erwirbt. § 935 Abs 1 BGB steht dem nicht entgegen, da die Fische dem Fischereiberechtigten nicht abhanden gekommen sind (BAMBERGER/ROTH/KINDL § 958 Rn 9; PALANDT/BASSENGE § 958 Rn 4; WOLFF/RAISER § 78 III 2; ausführlich hierzu STAUDINGER/GURSKY [2004] § 958 Rn 14 mwNw zum Streitstand; vgl auch die strafrechtliche Literatur hierzu; zum gutgläubigen Erwerb s auch PLANCK aaO; aA etwa BAUR/STÜRNER § 53 Rn 72). Anders liegt es, wenn diese aus der Reuse entwendet werden, denn dann hat der Fischereiberechtigte bereits mit dem Fang Eigentum erworben. Gegen den, der sie sich unberechtigt angeeignet hat, besteht nur ein Anspruch auf Herausgabe auf Grund des Aneignungsrechts und auch nach § 812 BGB und ein Anspruch auf Schadensersatz nach § 823 Abs 1 BGB.

Das fischereirechtliche Aneignungsrecht kann auch durch *Ersitzung* enden (STAUDINGER/GURSKY [2004] § 958 Rn 16; hierzu auch WOLFF/RAISER § 71 Fn 2); da es hierzu nach § 937 Abs 1 BGB einer Ersitzungszeit von zehn Jahren bedarf, dürfte diese Frage nur an bereits präparierten Fischen praktische Bedeutung haben.

Erlaubt der Fischereiausübungsberechtigte einem Fischereigast oder Inhaber einer Fischereierlaubnis die Aneignung der gefangenen Fische, so fehlt es bereits tatbestandlich an der Verletzung des Aneignungsrechts und der Fischereigast erlangt unmittelbar nach § 958 Abs 1 BGB das Eigentum (Staudinger/Gursky [2004] § 958 Rn 17; Meyer-Ravenstein, Jagdrecht in Niedersachsen § 11 BJagdG Rn 143).

3. Fischereirecht und Landwirtschaftsrecht

Mit dem Landwirtschaftsrecht besitzt das Fischereirecht Berührungspunkte insbe- **46** sondere in der Frage des *Pachtschutzes* und des *landwirtschaftlichen Bodenverkehrs.*

a) Landpachtrecht

§ 11 *Landpachtverkehrsgesetz* v 8. 11. 1985 (BGBl I 2075), geändert durch G vom **47** 29. 7. 1994 (BGBl I 1890) erstreckt den Anwendungsbereich dieses Gesetzes auch auf Verträge, durch die Betriebe oder Grundstücke überwiegend zur Fischerei verpachtet werden. Der Anzeigepflicht und dem Beanstandungsverfahren nach diesem G unterliegt ein Fischereipachtvertrag daher nur, wenn er nicht nur zur Ausübung der Fischerei *(Rechtspacht)* berechtigt, sondern auch zu Besitz und Nutzung am Grundstück *(Grundstückspacht)* und auf die (haupt- oder nebenberufliche) *erwerbsmäßige Fischerei* gerichtet ist (Braun/Keiz Art 33 BayFiG Rn 8). Die Möglichkeit zum Erlass abweichender landesrechtlicher Vorschriften besteht. Die materiell-rechtlichen Vorschriften des Landpachtrechts nach den §§ 585 ff BGB können ebenfalls im Einzelfall auf einen Grundstückspachtvertrag über eine fischereiliche Nutzung Anwendung finden, wenn die Legaldefinition des Landpachtvertrags nach § 585 Abs 1 BGB erfüllt ist, etwa bei Verpachtung eines Landguts mit Teichwirtschaft zu Erwerbszwecken.

b) Für die Anwendung des **Grundstücksverkehrsgesetzes** vom 28. 7. 1961 (BGBl I **48**
1091, ber 1652, 2000 = BGBl III 7810-1) auf die Veräußerung eines „Fischwassers" ist nach der Rechtsnatur des Veräußerungsobjekts zu unterscheiden:

aa) In § 1 Abs 2 GrdstVG ist die Binnenfischerei ausdrücklich zur Landwirtschaft **49** gerechnet. Damit ist festgelegt, dass das *Gewässergrundstück*, auf dem die Binnenfischerei betrieben wird, ein landwirtschaftliches Grundstück ist und den Bestimmungen des GrdstVG in vollem Umfang unterliegt.

bb) *„Selbständige"* *Fischereirechte* unterliegen dem Grundstücksverkehrsgesetz **50** von sich aus nicht; gemäß § 2 Abs 3 Nr 1 GrdstVG sind aber die Länder ermächtigt, die Vorschriften dieses Gesetzes auf die Veräußerung von selbständigen Fischereirechten auszudehnen. Von dieser Ermächtigung hat *Rheinland-Pfalz* durch § 1 des AGGrdstVG vom 2. 2. 1993 (GVBl 105 = BS RhPf 7810-3) Gebrauch gemacht. Im *Saarland* ist die Ermächtigung des GrdstVG durch § 1 Nr 1 des AGGrdstVG (G Nr 769) vom 11. 7. 1962 (ABl 504) an die Landesregierung weitergegeben; diese hat eine entsprechende Verordnung bis jetzt jedoch nicht erlassen. *Nordrhein-Westfalen* hat von der Ermächtigung des § 2 Abs 3 Nr 1 GrdstVG für die an dieser Stelle des GrdstVG neben den Fischereirechten genannten „grundstücksgleichen Rechte, die die land- oder forstwirtschaftliche Nutzung zum Gegenstand haben" grundsätzlich Gebrauch gemacht (§ 1 AGGrdstVG vom 14. 7. 1981 [GVBl 403 = SGV NW 7810]); aus

dem Vergleich mit der Ermächtigungsnorm ergibt sich jedoch, dass diese landesrechtliche Regelung Fischereirechte nicht einschließt, obwohl man sie auch als
„grundstücksgleich" und ihren Gegenstand als „landwirtschaftliche Nutzung" bezeichnen könnte; denn wenn der Bundesgesetzgeber die Fischereirechte eigens anführt, wäre dies auch bei der Ausführungsnorm des Landesgesetzgebers zu erwarten
gewesen (übereinstimmend BERGMANN, Fischereirecht Nr 3. 2. 8., 80 zur insoweit gleichen Rechtslage nach dem AGGrdstVG vom 13. 2. 1962).

4.   Geltende Fischereigesetze

a)   Vorbemerkung

51 Das Fischereirecht ist in der Bundesrepublik aufgrund der Kompetenzverteilung
zwischen Bund und Ländern, der gebietsweise unterschiedlichen Fortgeltung älterer
Fischereigesetze und den geregelten Gegenständen sehr *zersplittert*. Die neuen Bundesländer haben bereits alle eigene Rechtsvorschriften erlassen.

52 *Bundesgesetze* bestehen nur auf den der Bundesgesetzgebung in engem Rahmen
überlassenen Gebieten; eine Sonderstellung nehmen darunter die Bestimmungen
der Bundesrepublik zum Völkerrecht auf dem Gebiet der Hochseefischerei ein.

53 Im Übrigen gilt *Landesrecht*, wobei heute jedes Bundesland ein eigenes Fischereigesetz hat.

Das Reichsgesetz über den Fischereischein vom 19. 4. 1939 (RGBl I 795 = BGBl III 793-
1) sowie die Erste VO zur Durchführung und Ergänzung dieses Gesetzes vom
21. 4. 1939 (RGBl I 816 = BGBl III 793-1-1) wurden aufgehoben durch G vom
30. 7. 1981 (BGBl I 778).

54 Eine Besonderheit bilden die Bestimmungen über die Fischerei in solchen *Binnen-*
gewässern, welche die Hoheitsgebiete mehrerer Staaten oder Länder berühren,
namentlich den *Grenzgewässern*: Dem Bedürfnis nach einheitlicher Fischereiausübung über die Hoheitsgrenzen an solchen Gewässern hinweg dienen *völkerrecht-*
liche Abkommen der Bundesländer mit fremden Staaten und *Staatsverträge* zwischen
deutschen Ländern; die wichtigsten derartigen Bestimmungen sind bei den einzelnen
Ländergesetzen in der folgenden Aufstellung mit angegeben.

b)   Bundesrecht

55 Von der Aufführung der Bestimmungen über die Hochsee- und Küstenfischerei und
der völkerrechtlichen Übereinkommen (zur neueren Entwicklung etwa BORCHMANN NJW
1995, 2956, 2957; 2002, 338, 343) wurde abgesehen. Hingewiesen sei nur auf folgende
Rechtsvorschriften:

Seefischereigesetz idF der Bek vom 6. 7. 1998 (BGBl I 1791), zuletzt geändert durch G
vom 24. 8. 2004 (BGBl I 2198);

Seefischereiverordnung (SeeFiV) vom 18. 7. 1989 (BGBl I 1485 = BGBl III 793–12-3),
zuletzt geändert durch VO vom 29. 10. 2001 (BGBl I 2785);

VO zur Durchsetzung des gemeinschaftlichen Fischereirechts vom 18. 4. 1994

(BGBl I 831 = BGBl III 793–12-4), zuletzt geändert durch VO vom 18. 8. 1995 (BGBl I 1059).

c) Ehemaliges Preußen

Hierzu s Rn 49 der STAUDINGER/PROMBERGER/SCHREIBER[12]. **56**

d) Baden-Württemberg

Fischereigesetz für Baden-Württemberg (FischG) vom 14. 11. 1979 (GBl 466, ber GBl **57**
1980, 136) zuletzt geändert durch G vom 1. 7. 2004 (GBl 469);

VO des Ministeriums Ländlicher Raum zur Durchführung des Fischereigesetzes für Baden-Württemberg (Landesfischereiverordnung – LFischVO) vom 3. 4. 1998 (GBl 252), geändert durch G vom 1. 7. 2004 (GBl 469);

Bodenseefischereiordnung vom 13. 11. 1984 (GBl 630), zuletzt geändert durch VO vom 6. 7. 1994 (GBl 359);

Verordnung des Ministeriums für Ernährung, Landwirtschaft, Umwelt und Forsten über die Ausübung der Fischerei in den Stauhaltungen des Rheins beim Kraftwerk Rheinau (Rheinaufischereiordnung) vom 5. 7. 1983 (GBl 441);

G zu dem Vertrag zwischen dem Land Baden-Württemberg und der Schweizerischen Eidgenossenschaft über die Fischerei im Untersee und Seerhein (Unterseefischereiordnung) idF vom 24. 11. 1992 (GBl 1993, 27), geändert durch Vereinbarung vom 10. 10. 2003 (GBl 2004 203);

VO über die Inkraftsetzung der Vereinbarung zwischen dem Land Baden-Württemberg und der Schweizerischen Eidgenossenschaft zur Änderung des Vertrags über die Fischerei im Untersee und Seerhein (Unterseefischereiordnung) vom 22. 6. 1983 und 11. 7. 1983 (GBl 426);

VO über die Inkraftsetzung der Vereinbarung vom 13. 11. 1986 zwischen dem Land Baden-Württemberg und der Schweizer Eidgenossenschaft zur Änderung des Vertrags über die Fischerei im Untersee und Seerhein (Unterseefischereiordnung) vom 3. 12. 1986 (GBl 453);

VO über die Aufzeichnung der Fänge der Berufsfischer im Bereich der Unterseefischereiordnung vom 26. 8. 1992 (GBl 623);

Verordnung des Ministeriums für Umwelt und Verkehr über die Qualität von Fischgewässern vom 28. 7. 1997 (GBl 340).

e) Bayern

Fischereigesetz für Bayern vom 15. 8. 1908 (BayRS 793-1-E), zuletzt geändert durch G **58**
vom 23. 11. 2001 (GVBl 734);

VO über den Vollzug des Fischereigesetzes für Bayern, vom 18. 3. 1909 (BayRS 793-2-E), geändert durch G vom 9. 7. 2003 (GVBl 416);

VO zur Ausführung des Fischereigesetzes für Bayern (AVFiG) in der Fassung der Bek vom 10. 5. 2004 (GVBl 177, ber 270 = BayRS 793-3-L);

Bek, betreffend die Abmarkung der Fischereirechte, vom 19. 3. 1909 (BayGVBl 249 = BayRS 219-3-F);

VO über die Ausübung der Fischerei im Bodensee (Bodenseefischereiverordnung – BoFiV) vom 1. 12. 1995 (GVBl 825 = BayRS 793-7-L), zuletzt geändert durch VO vom 19. 11. 2004 (GVBl 104);

VO über die grundbuchmäßige Behandlung von Bergwerkseigentum und von Fischereirechten vom 7. 10. 1982 (GVBl 892).

f)   Berlin
59 Berliner Landesfischereigesetz vom 19. 6. 1995 (GVBl 358), zuletzt geändert durch G vom 17. 12. 2003 (GVBl 617);

Gesetz über den Fischereischein (Landesfischereischeingesetz) idF der Bek vom 15. 9. 2000 (GVBl 464), geändert am 16. 7. 2001 (GVBl 260);

Verordnung über die Durchführung des Landesfischereischeingesetzes (DVO – LFischScheinG) vom 25. 9. 1997 (GVBl 491).

g)   Brandenburg
60 Fischereigesetz für das Land Brandenburg (BbgFischG) vom 13. 5. 1993 (GVBl I 178 = GS Nr 793-3), zuletzt geändert am 5. 6. 2001 (GVBl I 93);

Fischereiordnung des Landes Brandenburg (BbgFischO) vom 14. 11. 1997 (GVBl II 867), zuletzt geändert durch VO vom 16. 7. 2003 (GVBl II 650);

Verordnung über Sonderlehrgänge zum Erwerb des Fischereischeines (SoLFischV) vom 1. 12. 1999 (GVBl II 670), geändert durch Änderungsverordnung vom 27. 8. 2001 (GVBl II 550);

VO über die Anglerprüfung vom 30. 6. 1994 (GVBl II 664 = GS Nr 793-4), geändert durch 2. Änderungsverordnung vom 25. 7. 2001 (GVBl II 291);

VO über Fischereibeiräte vom 14. 7. 1994 (GVBl II 666 = GS Nr 793-5);

VO über die amtlich verpflichteten Fischereiaufseher vom 8. 9. 1994 (GVBl II 772 = GS Nr 793-6);

Verordnung über die Höhe der Fischereiabgabe vom 13. 12. 1994 (GVBl II 1015 = GS Nr 793-7), zuletzt geändert durch 2. Änderungsverordnung vom 19. 9. 2001 (GVBl II 553);

Verordnung über die Verwendung von künstlichem Licht und Elektrizität in Gewässern zu fischwirtschaftlichen und wissenschaftlichen Zwecken (Elektrofischereiverordnung – EFischV) vom 13. 9. 1996 (GVBl II 747 = GS Nr 793-9);

Verordnung über die Einrichtung und Führung des Fischereibuches (Fischereibuch-
verordnung – FischBuV) vom 23. 9. 1996 (GVBl II 755 = GS Nr 793-10);

Verordnung über die Mustersatzung für Fischereigenossenschaften vom 26. 5. 1997
(GVBl II 428 = GS Nr 793-10).

h) Bremen
Bremisches Fischereigesetz vom 17. 9. 1991 (GBl 309 = SaBR 793-a-1), zuletzt geändert **61**
am 21. 11. 2000 (GBl 437);

Bremische Fischereiprüfungsordnung vom 16. 1. 1992 (GBl 15 = SaBR 793-a-2);

VO über ein Schongebiet am Weserwehr Bremen-Hastedt vom 19. 2. 1992 (GBl 49 =
SaBR 793-a-3);

Bremische Binnenfischereiverordnung vom 10. 3. 1992 (GBl 51 = SaBR 793-a-5).

i) Hamburg
Hamburgisches Fischereigesetz vom 22. 5. 1986 (GVBl 95 = SGV Hamb 793-1), zuletzt **62**
geändert durch Artikel 63 des Gesetzes vom 18. 7. 2001 (GVBl 251);

Durchführungsverordnung zum Hamburgischen Fischereigesetz vom 3. 6. 1986
(GVBl 112= SGV Hamb 793-1-1), geändert durch VO vom 11. 9. 2001 (GVBl 337).

k) Hessen
Fischereigesetz für das Land Hessen vom 19. 12. 1990 (GVBl I 776 = HessGVBl II 87-26), **63**
zuletzt geändert durch G vom 1. 10. 2002 (GVBl I 614);

Landesfischereiverordnung (LFO) vom 27. 10. 1992 (GVBl I 612 = GVBl II 87-30);

VO über gemeinschaftliches Fischen vom 5. 11. 1991 (GVBl I 346 = GVBl II 87-27);

VO über Fischereibeiräte vom 17. 12. 1991 (GVBl I 429 = GVBl 87-28);

VO über die Fischereiaufsicht vom 18. 4. 1996 (GVBl I 173 = GVBl II 87-33);

VO über die Fischereiprüfung und über die Fischereiabgabe vom 19. 12. 1991 (GVBl
1992 I 12 = GVBl II 87-29), geändert am 17. 12. 1998 (GVBl I 562, 580).

l) Mecklenburg-Vorpommern
Fischereigesetz für das Land Mecklenburg-Vorpommern (FischG M-V) vom **64**
13. 4. 2005 (GVBl 153 = GS M-V 793-3), geändert am 22. 11. 2001 (GVOBl 438);

VO zur Ausübung der Fischerei in den Binnengewässern (Binnenfischereiordnung –
BiFO) vom 5. 10. 1994 (GVBl 923 = GS M-V 793-2-1), geändert durch VO vom
30. 1. 1995 (GVBl 93); aufgehoben ab 1. 9. 2005;

Verordnung zur Ausübung der Fischerei in den Küstengewässern (Küstenfischerei-
verordnung – KüFVO M-V) vom 31. 1. 2003 (GVOBl 134 = GS Gl Nr 793-2-6).

m) Niedersachsen

65 Niedersächsisches Fischereigesetz (NdsFischG) vom 1. 2. 1978 (GVBl 81, ber GVBl 1978, 375), zuletzt geändert durch Gesetz vom 20. 11. 2001 (GVBl 701);

VO über die Fischerei in Binnengewässern (Binnenfischereiordnung) vom 6. 7. 1989 (GVBl 289), geändert durch VO vom 31. 10. 2001 (GVBl 697);

Niedersächsische Küstenfischereiordnung (Nds KüFischO) vom 1. 12. 1992 (GVBl 321).

n) Nordrhein-Westfalen

66 Fischereigesetz für das Land Nordrhein-Westfalen (Landesfischereigesetz) idF vom 22. 6. 1994 (GVBl 516, ber 864 = SGV NW 793), zuletzt geändert durch G vom 16. 12. 2003 (GVBl 766);

Ordnungsbehördliche VO zum Landesfischereigesetz (Landesfischereiordnung – LFischO) vom 6. 6. 1993 (GVBl 347, ber GVBl 737= SGV NW 793);

VO über die Fischerprüfung vom 19. 2. 1973 (GVBl 160 = SGV NW 793), geändert durch VO vom 13. 2. 1986 (GVBl 187);

(Preußisches) G über den Erwerb von Fischereiberechtigungen durch den Staat usw vom 2. 9. 1911 (SGV NW 793), zuletzt geändert durch BeurkG vom 28. 8. 1969 (BGBl I 1513).

o) Rheinland-Pfalz

67 Landesfischereigesetz (LFischLG) vom 9. 12. 1974 (GVBl 601 = BS 793-1) zuletzt geändert durch § 5 des Gesetzes vom 2. 3. 2004 (GVBl 198);

Landesverordnung zur Durchführung des Landesfischereigesetzes (LFischereiO) vom 14. 10. 1985 (GVBl 241 = BS 793-1-1), zuletzt geändert durch VO vom 1. 3. 2001 (GVBl 65);

Landesgesetz zu dem Vertrag zwischen dem Großherzogtum Luxemburg und den Ländern Rheinland-Pfalz und Saarland der Bundesrepublik Deutschland zur Neuregelung der Fischereiverhältnisse in den unter gemeinschaftlicher Hoheit dieser Staaten stehenden Grenzgewässern vom 21. 7. 1976 (GVBl 199 = BS RhPf Anhang I 69);

Landesverordnung über die Fischerei in den Grenzgewässern Mosel, Sauer und Our vom 18. 11. 1986 (GVBl 359 = BS 793-2), zuletzt geändert durch VO vom 10. 12. 2001 (GVBl 299);

Landesverordnung über die Gebühren der Fischereiverwaltung (Besonderes Gebührenverzeichnis) und über die Fischereiabgabe vom 8. 6. 2002 (GVBl 313).

p) Saarland

68 Saarländisches Fischereigesetz (SaarlFischG) idF der Bek vom 16. Juli 1999 (ABl 1282), geändert durch Gesetz vom 7. 11. 2001 (ABl 2158);

Verordnung zur Durchführung des Saarländischen Fischereigesetzes (Landesfischereiordnung – LFO) vom 2. 8. 1999 (ABl 1462), geändert durch Gesetz vom 7. 11. 2001 (ABl 2158);

Landesverordnung über die Fischerei in den Grenzgewässern Mosel, Sauer und Our vom 11. 2. 1987 (ABl 147), geändert durch VO vom 19. 5. 1992 (ABl 562);

G Nr 1043 über die Zustimmung zu dem Vertrag zwischen den Ländern Rheinland-Pfalz und Saarland der Bundesrepublik Deutschland und dem Großherzogtum Luxemburg zur Neuregelung der Fischereiverhältnisse in den unter gemeinschaftlicher Hoheit dieser Staaten stehenden Grenzgewässern vom 24. 11. 1975 (vom 6. 4. 1976; ABl 394 = BS Saar Anhang 39), geändert durch Artikel 4 des Gesetzes vom 5. 2. 2003 (ABl 490).

q) Sachsen
Fischereigesetz für den Freistaat Sachsen (Sächsisches Fischereigesetz – Sächs- **69** FischG) vom 1. 2. 1993 (GVBl 109), zuletzt geändert am 19. 3. 2002 (GVBl 130);

Erste VO zur Durchführung des Fischereigesetzes für den Freistaat Sachsen vom 1. 4. 1993 (GVBl 329), geändert durch VO vom 5. 12. 2001 (GVBl 734);

Zweite VO zur Durchführung des Fischereigesetzes für den Freistaat Sachsen (FischereiverzeichnisVO) vom 13. 9. 1993 (GVBl 996);

Dritte VO zur Durchführung des Fischereigesetzes für den Freistaat Sachsen (LandesfischereibeiratsVO) vom 17. 1. 1994 (GVBl 226);

Vierte Verordnung zur Durchführung des Fischereigesetzes für den Freistaat Sachsen (Fischereiverordnung) vom 25. 9. 1995 (GVBl 339), geändert durch VO vom 21. 5. 1999 (GVBl 341);

Fünfte Verordnung zur Durchführung des Fischereigesetzes für den Freistaat Sachsen (Fischereiaufsichtsverordnung) vom 26. 6. 1996 (GVBl 263); geändert durch VO vom 29. 11. 2001 (GVBl 2002 189).

r) Sachsen-Anhalt
Fischereigesetz von Sachsen-Anhalt (FischG LSA) vom 31. 8. 1993 (GVBl 464), zu- **70** letzt geändert durch G 23. 7. 2004 (GVBl 454);

Verordnung zur Durchführung des Fischereigesetzes (DVO-FischG) vom 11. 1. 1994 (GVBl 8), zuletzt geändert am 7. 12. 2001 (GVBl 540);

Fischereiordnung des Landes Sachsen-Anhalt (FischO LSA) vom 11. 1. 1994 (GVBl 16), zuletzt geändert am 14. 1. 2002 (GVBl 25);

Fischerprüfungsordnung (FischPrüfO) vom 14. 11. 1994 (GVBl 998), geändert am 7. 12. 2001 (GVBl 540);

Verordnung über die Qualität von schutz- oder verbesserungsbedürftigtem Süßwasser zur Erhaltung des Lebens von Fischen (Fischgewässerqualitätsverordnung-FischVO) vom 26. 9. 1997 (GVBl 860), geändert am 5. 12. 2001 (GVBl 536).

s) Schleswig-Holstein

71 Fischereigesetz für das Land Schleswig-Holstein (Landesfischereigesetz) vom 10. 2. 1996 (GVOBl 211), zuletzt geändert durch VO vom 16. 9. 2003 (GVOBl 503);

Landesverordnung zur Durchführung des Fischereigesetzes für das Land Schleswig-Holstein (LFischG-DVO) vom 6. 11. 2002 (GVOBl 220);

Landesverordnung zur Durchführung des G über den Fischereischein (DVO-FSG) vom 22. 2. 1983 (GVOBl 128 = GS SchlH 793-1-2), zuletzt geändert durch VO vom 7. 11. 2001 (GVBl 223);

VO über die gemeinsame Fischerei in der Flensburger Innenförde vom 15. 2. 1960 (GVOBl 28 = GS SchlH B 793-7-1);

Landesverordnung über die Ausübung der Fischerei in den Küstengewässern (KüstenfischereiO – KüFO) vom 23. 6. 1999 (GVOBl 206 = GS SchlH B 793-2-11);

Landesverordnung über die Ausübung der Fischerei in den Binnengewässern (BinnenfischereiO – BiFO) vom 25. 9. 2001 (GVOBl 167 = GS SchlH B 793-4-1), geändert durch VO vom 16. 9. 2003 (GVOBl 503).

t) Thüringen

72 Thüringer Fischereigesetz (ThürFischG) idF der Bek vom 26. 2. 2004 (GVBl 315);

Thüringer Fischereiverordnung (ThürFischVO) vom 11. 10. 1994 (GVBl 1173), zuletzt geändert durch VO vom 18. 2. 2003 (GVBl 109);

Thüringer Verordnung über die Fischerprüfung (ThürFischPVO) vom 12. 7. 1993 (GVBl 427), zuletzt geändert durch VO vom 18. 2. 2003 (GVBl 109);

Thüringer VO über die Fischereibeiräte und Fischereiberater (ThürFBrVO) Vom 22. 7. 1998 (GVBl 281), zuletzt geändert durch VO vom 18. 2. 2003 (GVBl 109);

Thüringer VO über die Fischereiaufsicht (ThürVOFAS) vom 10. 1. 1995 (GVBl 69), geändert durch VO vom 18. 2. 2003 (GVBl 109).

5. Überblick über den privatrechtlichen Inhalt der Landesfischereigesetze

73 Im Folgenden soll ein kurzer Überblick über die wichtigsten privatrechtlichen Bestimmungen der Landesfischereigesetze gegeben werden (zu den Fischereigesetzen der alten Bundesländer vgl auch KARREMANN AgrarR 1986, 157).

a)   Inhaber des Fischereirechts
aa)   Eigentümerfischereirecht

Fischereiberechtigt ist, wem das *dingliche* (also gegen alle wirkende) subjektive **74**
Rechte zur fischereilichen Nutzung (einschließlich dem Recht und der Pflicht zur
Fischhege) eines Gewässers oder Gewässerabschnitts zusteht (Braun/Keiz Art 3 Bay-
FiG Rn 1; vMalsen-Waldkirch/Hofer Art 3 BayFiG Anm 2). Grundsätzlich steht das Fi-
schereirecht dem Eigentümer des Gewässers zu, man spricht von einem Eigentümerfischereirecht. Es ist kein Recht, das ein Bestandteil eines Grundstücks iS von § 96
BGB ist, sondern unmittelbarer Ausfluss des Eigentums am Gewässergrundstück
(ebenso Bleyer, Fischereigesetz für das Königreich Bayern, Art 3 BayFiG Anm 1; H O Schmitt,
Fischereigesetz für das Königreich Bayern, Art 3 BayFiG Anm VII 1; Staudinger/Jickeli/Stieper
[2004] § 96 Rn 6). Deshalb folgt es hinsichtlich Begründung, Übertragung, Aufhebung
und Ausdehnung grundsätzlich dem Gewässereigentum, endet also nicht notwendig
an der Grundstücksgrenze (BayObLG BayVBl 1973, 326).

bb)   Selbständiges Fischereirecht

Anders als das *Jagdrecht*, das untrennbar mit Grund und Boden verbunden ist (§ 3 **75**
Abs 1 S 2 BJagdG), kann das Fischereirecht aber auch einem anderen zustehen, man
spricht hier von einem **selbständigen Fischereirecht**. Ein solches kennen alle Länderfischereigesetze (Art 9 Abs 1 *Bay*; § 6 Abs 3 *BaWü*; § 4 Abs 2 *Bbg*; § 4 *Berl*; § 3
Brem; § 2 Abs 4 *Hbg*; § 4 Abs 1 *Hess*; § 4 Abs 1 *MV*; §§ 5, 6 Abs 1 *NRW*; § 2 Abs 1
Nds; § 6 Abs 1 *RhPf*; § 6 *Saarl*; § 5 Abs 2 *Sächs*; § 18 *SchlH*; § 4 Abs 2 *Thür*).
Selbständige Fischereirechte sind beschränkt dingliche Rechte, die das Gewässereigentum belasten (§ 4 Abs 2 *Bbg*; § 4 S 1 *Brem*; § 6 Abs 1 *NRW*; § 6 Abs 4 *Saarl*;
§ 18 S 1 *SchlH*; § 4 Abs 2 *Thür*). Jedoch ist das *Eigentümerfischereirecht* der *gesetz-*
liche Regelfall der Fischereiberechtigung, der im Zweifelsfall auch vermutet wird
(Art 3 *Bay*; § 5 *RhPf*; § 4 *NRW*). Etwas anders liegt die Rechtslage in *Baden-Würt-*
temberg: bei Gewässer 1. Ordnung ist das Land grundsätzlich fischereiberechtigt, bei
Gewässer 2. Ordnung innerhalb des Gemeindegebiets die Gemeinde, vgl § 4 BW;
jedoch gilt dies *erst für die seit In-Kraft-Treten des Gesetzes* entstandenen Gewässer
oder wenn zu diesem Zeitpunkt niemand hieran ein Fischereirecht zustand oder ein
Recht zum freien Fischfang bestand. Denn nach § 6 Abs 1 blieben die bei In-Kraft-
Treten des Gesetzes bereits bestehenden Fischereirechte aufrechterhalten (vgl OLG
Stuttgart BWNotZ 1988, 22, 23; Karremann/Laiblin, Das Fischereirecht in Baden-Württemberg
§ 4 Rn 1; Ulshöfer BWNotZ 1990, 13, 15 ff; eingehend aus rechtshistorischer Sicht zur Rechtslage
in Württemberg J Schröder BWNotZ 1994, 97, 116 ff, der sich insbes für den Bereich der Gewässer
2. Ordnung gegen die hM wendet, wonach auch die aus der alten generellen Rechtsvermutung
folgenden Rechte bestehen blieben). Für *altrechtliche Fischereirechte* in *Württemberg* gilt
aber der ungeschriebene Gewohnheitsrechtssatz, dass das Fischereirecht an fließenden öffentlichen Gewässern grundsätzlich dem Staat zusteht (OLG Stuttgart Die Justiz
1969, 136; BWNotZ 1988, 22). Dies gilt auch für Fischereirechte des Landes an fließenden
öffentlichen Gewässern der *„neu-württembergischen Gebiete"* (OLG Stuttgart BWNotZ
1988, 22, 23; Die Justiz 1969, 136; ferner Schmid BWNotZ 1981, 73, Karremann, Baden-Württembergische Verwaltungspraxis [1984] 146, 147 f; aA nur OLG Stuttgart [4. Senat] Justiz 1978, 166,
jedoch mehr auf den Umfang des Fischereirechts bezogen) und wird nicht dadurch widerlegt,
dass die frühere Rechtsinhaberin eine „freie Reichsstadt" war (OLG Stuttgart BWNotZ
1988, 22, 23). Im *preußischen Recht* wurde umgekehrt das selbständige Fischereirecht
vermutet (vgl BGH AgrarR 1980, 103).

76 Teilweise erklären die Landesfischereigesetze die Fischereirechte zu *grundstücks-gleichen Rechten*, für die die Bestimmungen des (materiellen und formellen) Liegen-schaftsrechts der Grundstücke entsprechend gelten (so Art 9 *Bay*; § 6 Abs 3 *BaWü* für die bei Inkrafttreten des Gesetzes bereits bestehenden, grundstücksgleichen Fischereirecht; dazu KARREMANN/LAIBLIN § 6 BaWü Rn 3 f). Auch ein nach preußischem Landesrecht entstandenes selbständiges Fischereirecht im engeren Sinne ist ein grundstücksgleiches Recht, für das nach Art 22, 27 PrAGGBO ein Grundbuchblatt angelegt werden kann (KG OLGZ 1975, 138). Diese Vorschriften gelten in Nordrhein-Westfalen fort. Dabei haben die §§ 5 und 6 NWFischG den materiell-rechtlichen Inhalt aufrechterhaltener selbstständiger Fischereirechte nicht verändert (OLG Hamm NJW-RR 2000, 1328, 1329 f). Zur **Anlegung eines Grundbuchs** für das Fischerei-recht s MEIKEL/BÖHRINGER § 136 Rn 34, bes Fn 2; MEIKEL/EBELING § 7 GBV Rn 4 sowie P SCHMID BWNotZ 1986, 117; BÖHRINGER BWNotZ 1986, 126; ULSHÖFER BWNotZ 1990, 13; zum dort erforderlichen Beschrieb des Fischereirechts KULLAK BWNotZ 1995, 163.

77 In *Bayern* wird dabei das selbständige Fischereirecht oftmals mit dem Erbbaurecht verglichen (etwa BRAUN/KEIZ Art 9 Rn 3, vMALSEN-WALDKIRCH/HOFER Art 14, Allgemeines). Wie beim Erbbaurecht wird hier grundsätzlich das selbstständige Fischereirecht einmal als Belastung des Gewässergrundstücks eingetragen *(Gewässergrundbuch)*; für das Fischereirecht wird zudem ein *Fischereigrundbuchblatt* angelegt, das primär den Inhaber des Rechts und etwaige Belastungen verlautbart (BRAUN/KEIZ Art 14 BayFiG Rn 6). Für Bestand, Inhalt und Umfang des Fischereirechts ist dabei grund-sätzlich die Eintragung im Gewässergrundbuch maßgebend. Soweit jedoch ein sol-ches nicht besteht (bei sog *Anliegergewässern* ist eine Anlegung eines Gewässer-grundbuchs gar nicht zulässig [BayObLG BayVBl 1984 188; BRAUN/KEIZ Art 14 Rn 18]) tritt jedoch das Fischereigrundbuch im Wege der Funktionenvertretung (SCHUB BayZ 1931, 85, 88) auch insoweit an dessen Stelle (BayObLGZ 1990, 226, 231).

78 Die selbständigen Fischereirechte können *subjektiv persönlich, subjektiv-dinglich* oder *freivererblich und übertragbar* sein (s Rn 38). In den ersten beiden Fällen haben sie dienstbarkeitsähnlichen Charakter, so dass teilweise die Vorschriften über Dienstbarkeiten für anwendbar erklärt werden (§ 4 S 2 *Brem*; § 2 Abs 1 *Nds*). An-ders aber *Bayern*, wo Art 15 BayFiG die Neubestellung (altrechtliche sind möglich) von Fischereirechten als Dienstbarkeit verbietet (zu Sonderfragen hierzu REIMANN Mitt-BayNot 1977, 179), andererseits Art 10 FiG aber ausdrücklich die Bestellung subjektiv-dinglicher und subjektiv-persönlicher Fischereirechte erlaubt, die eben die Rechts-natur grundstücksgleicher Rechte mit eigenem Rechtstypus haben. Jedoch ist hier das frei vererbliche und veräußerliche selbständige Fischereirecht die Regelform (BRAUN/KEIZ Art 10 BayFiG Rn 1, Art 9 BayFiG Rn 2).

79 *Selbständige Fischereirechte* dürfen nach den meisten Landesgesetzen *nicht mehr* oder nur noch in Ausnahmefällen (zT nur mit behördlicher Genehmigung) *neu begründet* werden (generelles Verbot etwa § 4 Abs 3 *Bbg*; § 4 Abs 2 S 4 *Berl*; § 6 Abs 1 S 2 *SachsAnh*; § 17 *SchlH*; andere Länder sprechen davon, dass das Fischerei-recht untrennbarer Bestandteil des Gewässergrundstücks ist und nur die bestehen-den altrechtlich selbständigen Fischereirechte aufrechterhalten bleiben, zB §§ 2 Abs 1 S 2, 4 S 1 *Brem*; §§ 3 S 2, 4 Abs 1 u 3 *Hess*).

In *Bayern* dürfen sie nach Art 13 aber noch ohne besondere Beschränkungen neu **80** bestellt werden, sofern dadurch nicht *Koppelfischereirechte* oder lediglich *beschränkte Fischereirechte* entstehen (zur Bestellung bedarf es wie bei § 873 BGB der Einigung [vor einem *bayerischen Notar*] und der Eintragung im Grundbuch, vgl hierzu BayObLGZ 1995, 13). In Mecklenburg-Vorpommern können selbständige Fischereirechte mit Zustimmung der oberen Fischereibehörde neu begründet werden, wenn dies ihrer Zusammenfassung dient, § 5 Abs 4 (logisch unklar: wie soll etwas zusammengefasst [und damit also begrifflich vorausgesetzt werden], was erst geschaffen wird).

cc) Beschränkte Fischereirechte

Während das Eigentümerfischereirecht grundsätzlich die Befugnis zur unum- **81** schränkten Fischereiausübung (von öffentlich-rechtlichen Beschränkungen abgesehen) gibt, können selbständige Fischereirechte auch lediglich sog *beschränkte Fischereirechte* sein. Hier ist das subjektive Aneignungsrecht beschränkt und zwar entweder sachlich auf bestimmte Aneignungsobjekte (bestimmte Fischarten, etwa nur Aalfang) oder auf die Benützung bestimmter Aneignungsmethoden (bestimmte Fangmittel oder bestimmte ständige Fangvorrichtungen [etwa Reusen, Aalkörbe]); die Beschränkung kann aber auch zeitlich oder nach dem Verwendungszweck (Küchenfischereirecht, § 8 Abs 3 *Berl*; § 5 *SchlH*) erfolgen. Die beschränkten Fischereirechte führen zu einer Vermehrung der Fischereiberechtigungen und damit Erhöhung des Befischungsdrucks. Auch diejenigen Landesfischereigesetze, die überhaupt noch die Neubestellung von selbständigen Fischereirechten zulassen, verbieten daher die Einräumung lediglich beschränkter Fischereirechte (§ 6 Abs 1 S 2 *BaWü*; Art 11 S 1 *Bay*). Dabei handelt es sich um eine Verbotsnorm iS des § 134 BGB (BGHZ 122, 93 = NVwZ-RR 1994, 1). Nach Auffassung des BGH verbieten diese Normen aber nur die Schaffung neuer selbständiger beschränkter und damit zusätzlicher Fischereirechte durch Begründung eines solchen Rechts am Gewässer selbst. Nicht verboten wird nach Meinung des Gerichts die Belastung eines bereits bestehenden selbständigen Fischereirechts mit einem dinglichen Nutzungsrecht, selbst wenn dieses wiederum fischereirechtliche Tätigkeiten gestattet (etwa eine *Handangelberechtigung*). Dabei wird aber übersehen, dass auch ein solches abgeleitetes dingliches Nutzungsrecht dieselben Berechtigungen einräumen kann wie ein selbständiges Fischereirecht selbst. Dies wollen aber die Verbotsnormen gerade im Interesse einer ordnungsgemäßen fischereilichen Bewirtschaftung verhindern. Eine am Zweck dieser Verbotsnormen orientierte Auslegung muss daher auch die Bestellung neuer beschränkter Fischereiberechtigungen in der Form von dinglichen Belastungen bereits bestehender Fischereirechte als unzulässige Umgehung verbieten (Braun/Keiz Art 11 BayFiG Rn 7; J Mayer MittBayNot 1994, 298 ff).

dd) Freiangelei

Die aus der germanischen Allmende überkommene Freiangelei aller Gemeinde- **82** angehörigen besteht praktisch nicht mehr (ausdrücklich aufgehoben etwa in *Bayern* Art 7 f; anders noch § 9 *Brem* [Stockangelrecht] und § 6 Abs 1 *SchlH* für Handangelfischerei in Küstengewässern).

b) Übertragung von Fischereirechten

Das **Eigentümerfischereirecht** wird zugleich mit dem Eigentum an dem Gewässer- **83** grundstück und nach den dafür geltenden Formen (§§ 873, 925 BGB) übertragen

(§ 10 Abs 2 S 1 *Sachs* hat insoweit nur klarstellende Bedeutung). Soweit eine Neubestellung von selbständigen Fischereirechten gesetzlich ausgeschlossen ist (s Rn 79),
ist das Fischereirecht ein wesentlicher und damit sonderrechtsunfähiger Grund-
stücksbestandteil iS von § 96 BGB.

84 Bei **selbständigen Fischereirechten** ist zu differenzieren: Die *subjektiv-persönlichen*
Fischereirechte sind grundsätzlich nicht übertragbar (wenn nicht bei juristischen
Personen ausnahmsweise § 1059a BGB analog angewandt werden kann, BRAUN/KEIZ
Art 10 BayFiG Rn 7). Die *subjektiv-dinglichen Fischereirechte* sind (unwesentlicher)
Bestandteil des herrschenden Grundstücks iS von § 96 BGB (BGH RdL 1970, 13,
14), die Übertragung des herrschenden Grundstücks erfasst daher automatisch auch
das Fischereirecht (BLEYER, Das Bayerische Fischereirecht [3. Aufl 1925] Art 10 Anm 1). Beide
Rechtsformen sind daher erst nach einer entsprechenden *Umwandlung* selbständig
übertragbar (s Rn 38); zT enthalten die Landesgesetze entsprechende Regelungen
(§ 19 Abs 2 *SchlH*).

85 Bei den frei *vererblichen und übertragbaren* selbständigen *Fischereirechten* richtet
sich die Übertragung nach den entsprechenden Bestimmungen der Landesfischereigesetze. Teilweise bedarf es dafür *nur der notariellen Beurkundung* des (dinglichen
und meist auch schuldrechtlichen) Rechtsgeschäfts und nicht der Grundbucheintragung (so § 7 Abs 1 S 3 *Berl*; § 6 Abs 1 S 3 *Bbg*; § 6 Abs 1 S 2 *Hess*; § 8 Abs 1 S 2
NRW; § 9 Abs 1 S 2 *RhPf*; § 11 S 4 *Sachs*; § 8 Abs 1 S 2 *SachsAnh*; § 19 Abs 1 S 2
SchlH; § 7 Abs 1 S 2 *Thür*); teilweise wird die Beurkundungspflicht dabei auch
ausdrücklich für das schuldrechtliche Verpflichtungsgeschäft angeordnet (§ 6 Abs 1
S 3 *Hess*). Andere Fischereigesetze erklären ausdrücklich für den Erwerb der selbständigen Fischereirechte die *allgemeinen Bestimmungen des BGB* für anwendbar,
so dass auch Grundbucheintragung erforderlich ist (so § 7 Abs 4 *Saarl*; Art 9 *Bay*;
[zur Frage, ob auch altrechtliche, im Grundbuch nicht eingetragene Fischereirechte bei der Übertragung der Grundbucheintragung bedürfen: bejahend falls nicht beim Erwerber Buchungsfreiheit
nach § 3 Abs 2a GBO besteht BayObLGZ 1991, 291 1995, 13; **aA** J MAYER MittBayNot 1992, 248
unter Anwendung des Art 55 BayAGBGB]). In *Baden-Württemberg* bedürfen die bei
Inkrafttreten des Fischereigesetzes grundstücksgleichen Fischereirechte im württembergischen, badischen und hessischen Rechtsgebiet ebenfalls der Grundbucheintragung, wie sich aus § 6 Abs 3 ergibt (KARREMANN/LAIBLIN § 6 Rn 3); für die anderen
Fischereirechte bedarf es nur der Schriftform, § 8 Abs 4 *BaWü*. Andere landesrechtliche Regelungen unterstellen die selbständigen Fischereirechte dem allgemeinen
Grundstücksrecht und damit den Formvorschriften der §§ 873, 925 BGB erst, wenn
für sie ein *selbständiges Grundbuchblatt angelegt* ist (so im früheren preußischen
Rechtsgebiet [BERGMANN 134] heute wohl noch in *Niedersachsen*, OLG Oldenburg AgrarR
1981, 109 f und *Schleswig-Holstein*). Einige Gesetze enthalten hierfür überhaupt keine
Regelung, die Übertragung ist demnach formfrei zulässig, da auch keine allgemeine
Gleichstellung mit den Grundstücken erfolgt ist (Hbg; MV). Zum gutgläubigen
Erwerb der im Grundbuch gebuchten Fischereirechte BayObLGZ 1990, 226;
1994, 66; OLG Stuttgart BWNotZ 1978, 124 (bei Doppelbuchung).

86 Des Weiteren enthalten die meisten Landesgesetze bei den selbständigen Fischereirechten *Übertragungsbeschränkungen*, so dass diese *nicht geteilt* veräußert werden
dürfen (§ 8 Abs 1, § 9 S 1 *BaWü*; § 7 Abs 1 S 1 *Berl*; § 6 Abs 1 S 1 *Bbg*; § 8 Abs 1 S 1,
§ 9 *NRW*; § 9 Abs 1 S 1, § 10 *RhPf*; § 7 Abs 1 [mit Ausnahmen] und Abs 2 *Saarl*; § 10

Abs 1 S 1 *Sachs*; § 8 Abs 1 S 1 *SachsAnh*; § 7 Abs 1 S 1, § 8 *Thür*) oder nur an bestimmte Personen übertragen werden dürfen (dies gilt meist bei den sog *beschränkten Fischereirechten*, die idR nur an den Inhaber des Eigentümerfischereirechts oder des selbständigen Fischereirechts der Gewässerstrecke zulässig ist [§ 7 Abs 1 S 2 *Brem*; § 20 *SchlH* und die og, jeweils an zweiter Stelle aufgeführten Bestimmungen]; Gleiches gilt in Hessen bei Koppelfischereirechten, § 6 Abs 2).

Teilweise werden zur Erschwerung der Veräußerung auch **Vorkaufsrechte** begründet **87** (so generell § 8 Abs 3 *BaWü* für das Land oder die Gemeinde je nach Gewässerart; § 6 Abs 3 *Bbg* [für den Gewässereigentümer, bei staatlichen Gewässern ein vorrangiges des Landes]). Andere Länder sehen diese nur für den Fall vor, dass mehrere Fischereirechte an derselben Gewässerstrecke bestehen *(Koppelfischereirechte)*, so § 7 Abs 4 *Berl*; Art 26 *Bay*. In *Brandenburg* besteht sogar eine **Genehmigungspflicht** (§ 6 Abs 2 u 3).

c) Mehrere Berechtigte, Koppelfischereirechte

Das Fischereirecht kann mehreren Personen in Bruchteils- oder Gesamthandseigen- **88** tum zustehen oder aber es können mehrere an sich selbständige Fischereirechte an einer Gewässerstrecke bestehen (man spricht in beiden Fällen von *Koppelfischerei* BERGMANN, Fischereirecht Nr 4. 4. 8. 9. 3, 147). Nach dem BayObLG (BayObLGZ 1995, 13, 16 = NJW-RR 1995, 1044) soll eine Koppelfischerei aber dann nicht vorliegen, wenn zwar an derselben Gewässerstrecke mehrere unter sich aber grundbuchrechtlich nachrangige Fischereirechte bestehen, weil dann der besserrangige Rechtsinhaber den anderen von der Fischereiausübung ausschließen kann und deshalb kein Nebeneinander von Rechtsinhabern bestehe, wie dies bei der Koppelfischerei typisch sei. Das rein grundbuchrechtliche Rangverhältnis bietet aber keine Gewähr dafür, dass das fischereischädliche Nebeneinander der tatsächlichen Ausübung von Fischereirechten verhindert wird und erschwert für die Fischereibehörde nur die Erfüllung der fischereirechtlichen Pflichten im öffentlichen Interesse durchzusetzen, weshalb die einschränkende Auslegung des BayObLG abzulehnen ist (BRAUN/KEIZ Art 24 Rn 6a; J MAYER MittBayNot 1995, 128 ff).

Soweit das Fischereirecht mehreren zusteht, kann dies zum einen zu Schwierigkeiten **89** bei der Ausübung der Fischerei und Hege untereinander führen, ist aber auch im öffentlichen Interesse wegen des erhöhten Befischungsdrucks nicht gewünscht. Soweit daher noch die rechtsgeschäftliche Neubestellung von selbständigen Fischereirechten möglich ist, wird die Schaffung von Koppelfischereirechten ausdrücklich verboten (Art 25 *Bay*; Achtung: solche entstehen auch bei *Erwerb* eines Fischereirechts durch Rechtsgeschäft unter Lebenden durch mehrere Personen, es sei denn es handelt sich um Ehegatten in Gütergemeinschaft oder der Erwerb bezieht sich auf ein subjektiv-dingliches Fischereirecht [Art 24 Abs 2, Art 25 Abs 2 BayFiG; eingehend dazu J Mayer MittBayNot 2001, 268; s auch BRAUN/KEIZ Art 25 BayFiG Rn 2]. Keine Genehmigungs- und damit Heilungsmöglichkeit mehr!). § 8 Abs 2 BaWü sieht eine Veräußerungsbeschränkung dahin vor, dass der Erwerber des Fischereirechts oder des Anteils an einem solchen Recht zu den anderen Berechtigten gehören muss, es sei denn, die Veräußerung erfolgt an den Inhaber eines angrenzenden unbeschränkten Fischereirechts oder bei einer Gesamthandsgemeinschaft an einen Gesamthänder. Diese Verfügungsbeschränkung soll mit Art 14 GG vereinbar sein (KARREMANN/ LAIBLIN BaWü § 8 Rn 2), gilt aber nicht für sog „Altrechte", die bereits vor In-Kraft-

Treten des FischereiG am 1.1.1981 bestanden (OLG Stuttgart AgrarR 2002, 372 = BWNotZ 2002, 60).

Daneben finden sich zT Regelungen über die Ausübung der Koppelfischerei, die uU dahin gehen können, dass die Fischerei nicht mehr durch den Berechtigten selbst, sondern nur durch Verpachtung oder einen dafür bestellten Vertreter ausgeübt werden kann (Art 25 f *Bay*; § 7 Abs 6 *Berl*; § 9 Abs 2 u 3 *Bbg*). Vgl hierzu auch BayVGH BayVBl 1992, 175; BayObLGZ 1995, 174.

d)   Besitzschutz-, Unterlassungs- und Abwehrrechte
90   Soweit es sich um *Eigentümerfischereirechte* handelt, ergeben sich diese für den Gewässereigentümer auch hinsichtlich seines Fischereirechts direkt aus dem BGB.

91   Bei *selbständigen Fischereirechten* bedarf es hierfür einer ausdrücklichen Verweisungsnorm, soweit diese Rechte nicht bereits allgemein den Grundstücken im Landesfischereirecht gleichgestellt sind (so Art 9 *Bay*; § 2 Abs 1 S 2 *Nds* iVm § 1029 BGB). Die Anwendung des § 1004 BGB wird ausdrücklich bestimmt in § 3 Abs 4 *BaWü*; § 4 Abs 2 S 1 *Berl*; § 6 Abs 2 *NRW*; § 6 Abs 4 *RhPf*; § 6 Abs 5 *Saarl*; § 18 S 2 *SchlH*. *Bayern* erklärt ausdrücklich die für den Besitzschutz geltenden Vorschriften des BGB für anwendbar, Art 16 BayFiG (zur str Frage, ob der Inhaber des selbständigen Fischereirechts Besitzer ist: BRAUN/KEIZ Art 16 BayFiG Rn 1). Des Weiteren ist das selbständige Fischereirecht ein *absolutes, sonstiges Recht* iS von § 823 Abs 1 BGB (BRAUN/KEIZ Art 9 BayFiG Rn 15), so dass sich aus seiner Verletzung Schadensersatzansprüche ergeben können, aber auch aus diesem Gesichtspunkt die Möglichkeit einer *vorbeugenden Unterlassungsklage* in analoger Anwendung des § 1004 BGB iVm § 823 Abs 1 BGB (vgl auch BayObLG RdL 1995, 288, 289).

e)   Räumliche Ausdehnung
92   Die Fischereigesetze regeln auch die räumliche Ausdehnung der Rechte, insbesondere auf Abzweigungen (so § 4 Abs 2 u 4 *BaWü*; Art 4 *Bay*; § 7 *Sachs*) oder besondere Ausübungsmodalitäten für dort (etwa §§ 19, 20 *RhPf*; § 18 *NRW*; §§ 15, 16 *Saarl*. Zum Begriff der Abzweigung s BayVGH RdL 1977, 261; BayObLGZ 1994, 66, 70: Doppelte Verbindung mit dem Hauptgewässer erforderlich).

93   Fast alle Landesfischereigesetze enthalten mittlerweile Bestimmungen über den *Fortbestand der selbständigen Fischereirechte* bei der **Veränderung der fließenden Gewässer**, insbesondere bei einem **Aufstau** (§ 5 Abs 3 *BaWü*; Art 5 und 5a *Bay*; § 6 *Berl*; § 5 *Bbg*; § 5 Abs 1 *Hess*; § 6 *Nds*; § 7 *NRW*; § 8 Abs 1 *RhPf*; § 6 Abs 3 *Saarl*; § 6 *Sachs*; § 7 *SachsAnh*; § 6 *Thür*). Hier kommt es zu einem Konkurrenzverhältnis des (bisherigen) Inhabers des selbständigen Fischereirechts, der durch die Gewässerveränderung Gefahr läuft, sein Recht zu verlieren, und dem Eigentümer des Grunds, der überflutet wird und dem an sich als Regelfischereiberechtigten das Fischereirecht an der neu überstauten Fläche zustehen müsste. Das *preußische Recht* (vgl RGZ 90, 426) und auch das ältere *bayerische* ließ das selbständige Fischereirecht dem neuen Bett folgen. So auch im Grundsatz die sog *Ausdehnungstheorie* (s Rn 43 und eingehend mit Länderüberblick J MAYER MittBayNot 1994, 296 f. Zur früheren Rechtslage in Baden BGHZ 122, 93; zur Rechtslage in Bayern BRAUN/KEIZ Art 5 BayFiG Rn 4 ff). Zur Geltung der Ausdehnungstheorie bei *Ausbaggerung von Altwässern* mit Gewässerverbindungen s BayVerfGH BayVBl 1984, 655, 658 (die vorbehaltlose

Geltung der Ausdehnungstheorie verletzt hier das verfassungsrechtlich geschützte Eigentumsrecht des Gewässereigentümers, vgl auch BayObLGZ 1982, 438, 444; 1992, 308, 312; BayVBl 1973, 326; BayVerfGHE 32, 72 = BayVBl 1979, 496 zu Art 5a Bay FiG aF). Anders als das allgemeine Liegenschaftsrecht ist das selbständige Fischereirecht relativ dynamisch und folgt somit den tatsächlichen Gewässerveränderungen, was auch seinem Rechtscharakter als Belastung des Gewässereigentums entspricht (J Mayer MittBayNot 1994, 297, 301). Dies führt zu **Konkurrenzproblemen**, wenn ein Baggersee im Wege eines **Gewässerökoausbaus** an einen Fluss angeschlossen wird. Entsteht eine doppelte Verbindung, so wird zumindest für das Bayerische Fischereirecht teilweise die Auffassung vertreten, dass das Eigentümerfischereirecht (Art 3 Bay-FiG) im See untergeht. Der Gewässereigentümer kann sich gegen einen solchen Rechtsverlust dadurch schützen, dass er vor der Gewässeranbindung für sich selbst ein selbständiges Fischereirecht (Art 13 BayFiG) begründet, dass dann auch bei der doppelten Verbindung mit dem Fließwasser nicht untergeht (eingehend dazu J Mayer MittBayNot 1999, 242 mit Hinw zur praktischen Verfahrensweise). Die dauernde Gewässeraustrocknung führt aber zum Erlöschen des Fischereirechts und Unrichtigkeit des Grundbuchs, ein Berichtigungsanspruch ergibt sich dann aus § 894 BGB (Braun/Keiz Art 5 BayFiG Rn 6).

f) Uferbetretungsrechte

Die meisten Fischereigesetze gewähren dem Fischereiberechtigten ein ausdrückli- **94** ches Uferbetretungsrecht, zumindest an den nicht eingefriedeten Grundstücken, wobei aber entstehende Schäden von ihm zu entschädigen sind (§ 16 *BaWü*; Art 70 *Bay*; § 17 *Berl*; § 16 *Bbg*; § 8 *Brem*; § 4 *Hbg*; § 15 *Hess*; § 16 *MV*; § 10 *Nds*; § 20 *NRW*; § 23 *RhPf*; § 19 *Saarl*; § 17 *Sachs*; § 13–15 *SchlH*; § 16 *Thür*).

g) Fischnacheile

Die Länderfischereigesetze sehen des Weiteren meist ausdrücklich die Befugnis des **95** Berechtigten vor, die Fischerei auf Grundstücken, die durch das Fischereigewässer vorübergehend überflutet werden, zumindest während der Überflutung auszuüben (sog *Fischnacheile*, vgl § 15 *BaWü*; Art 6 *Bay*; § 16 *Berl*; § 15 *Bbg*; § 2 Abs 2 *Brem*; § 14 *Hess*; § 17 *MV*; § 1 Abs 3 *Nds*; § 19 *NRW*; § 22 *RhPf*; § 18 *Saarl*; § 16 *Sachs*; § 12 *SchlH*; § 15 *Thür*).

h) Registrierungs- und Eintragungspflichten, Grundbuchbereinigung

Zur Bereinigung der oft unübersichtlichen altrechtlichen selbständigen Fischerei- **96** rechte schreiben ein Teil der Landesgesetze eine Eintragung der Rechte in das Grundbuch oder ein sonstiges Register (Fischereirechtsverzeichnis der Verwaltungsbehörde) innerhalb einer Ausschlussfrist vor, anderenfalls diese Rechte ersatzlos erlöschen. So § 6 Abs 6 *BaWü* (Ausschlussfrist bereits am 31.12.1988 abgelaufen) (obgleich durch G vom 25.11.1985 [GBl 1985, 385] um drei Jahre gegenüber der ursprünglichen Laufzeit verlängert, dazu Linde BWNotZ 1986, 133, 134), wobei zur Fristwahrung genügte, wenn entsprechender Eintragungsantrag gestellt war oder entsprechende Feststellungsklage erhoben wurde, vgl hierzu Laiblin AgrarR 1985, 257; P Schmid BWNotZ 1986, 117; Ulshöfer BWNotZ 1990, 13); § 3 Abs 4 *Nds* (Eintragung ins *Wasserbuch*, Frist ebenfalls abgelaufen); § 5 Abs 2 *NRW*; § 7 Abs 2 *RhPf* (wahlweise Eintragung im Grundbuch oder Wasserbuch; Frist für altrechtliche Berechtigungen bereits abgelaufen); § 6 Abs 7 *Saarl* (Eintragung im Grundbuch oder Wasserbuch, Frist bereits abgelaufen); § 11 Abs 2 *SchlH* (Frist 1927 abgelaufen). Auch die Fischereigesetze in

Berlin und den neuen Bundesländern sehen zT dies vor: § 4 Abs 2 S 3 *Berl* (Antragstellung bis 31.12. 2000 erforderlich); § 8 Abs 3 *Sachs* (Eintragung des selbständigen FiRe war bis 31.12. 1995 im Verzeichnis der Fischereirechte, § 9, erforderlich); § 55 *SachsAnh* (Anmeldung war bis zum 31.12. 1995 erforderlich, bei Versäumnis der Anmeldung erlöschen selbst im Grundbuch oder Wasserbuch bislang eingetragene Rechte [MEYER-RAVENSTEIN RdL 1995, 115]); § 5 Abs 2 *Thür* (Eintragung grundsätzlich bis zum 22.10. 2002 erforderlich).

97 Kein Eintragungszwang besteht in *Bayern* (vgl auch Art 14 Abs 5 BayFiG; zum Fortbestand altrechtlicher Rechte aus öffentlich-rechtlicher Sicht BayVGH RdL 1985, 6). Ein Erlöschen der bisher nicht im Grundbuch eingetragenen Fischereirechte lässt sich auch nicht mit der bundesrechtlichen Regelung des § 8 *Grundbuchbereinigungsgesetz* vom 20.12. 1993 (BGBl I 2182, 2182), zuletzt geändert durch G vom 25.11. 2003 (BGBl I 2304) begründen, weil diese Vorschrift auf Rechte dieser Art gar nicht anwendbar ist (s BAUER/vOEFELE/MAASS § 8 GBBerG Rn 6 bis 16; vgl zur Nichtanwendbarkeit dieser Vorschrift auch J MAYER MittBayNot 1995, 131).

i) Pachtverträge
98 Neben der Erteilung einer Fischereierlaubnis ist der *Fischereipachtvertrag* die weitere Möglichkeit, die Fischereiausübung rechtsgeschäftlich einem anderen zu übertragen.

Die Landesgesetze enthalten hierüber ausführliche Regelungen (§§ 17 ff *BaWü*; Art 31–34, 36 *Bay*; §§ 11–13 *Berl*; §§ 11, 12 *Bbg*; §§ 12 ff *Brem*; § 3 *Hbg*; § 12 *Hess*; § 5 *MV*; §§ 11, 12, 21, 22, 24 Abs 2, 25 Abs 3 *Nds* [zu den Kündigungsmöglichkeiten im Rahmen der Überleitung auf die neuen Gesetzesbestimmungen BVerfG RdL 1986, 269]; §§ 12 ff *NRW*; §§ 14 ff, 33, 41, 62, 65 *RhPf*; §§ 10 ff *Saarl*; §§ 18 ff *Sachs*; §§ 20 ff *SachsAnh*; §§ 13, 15, 28 ff, 61–65 *SchlH*; §§ 12, 13 *Thür*).

99 Dabei ist durchwegs *Schriftform* vorgeschrieben. Des Weiteren ist eine zulässige *Höchstzahl von Pächtern* (3 in *Bayern*, 6 in *Baden-Württemberg*), die *Pachtfähigkeit* (Besitz eines gültigen Fischereischeins, bei juristischen Personen weitere Voraussetzungen) sowie *Mindestdauer* zu beachten (keine in *Hamburg*, sonst von zwölf Jahren, *Bayern* zehn). Die Verpachtung des Fischereirechts ist grundsätzlich nur dem ganzen Inhalt nach zulässig. Da es sich um zwingende Vorschriften im Interesse der Hebung und Erhaltung artenreicher und gesunder Fischbestände handelt, führt ein Verstoß hiergegen zur Nichtigkeit des Pachtvertrages, soweit nicht eine behördliche Ausnahmegenehmigung erteilt wird. Zur Einhaltung dieser Bestimmungen sehen die Gesetze eine Anzeigepflicht des Abschlusses des Pachtvertrages an die Fischereibehörde mit einem anschließenden *Beanstandungsverfahren* (etwa § 19 Abs 2 *BaWü*; § 13 Abs 2 *Berl*; § 21 *SachsAnh*; in *Bayern* nur in den Verwaltungsvorschriften geregelt) oder gar *Genehmigungsverfahren* vor (etwa § 12 *Bbg*; § 21f *Nds*; § 13 Abs 4 *Thür*; zur Genehmigungsversagung aus Gründen des Natur- und Landschaftsschutzes OVG Lüneburg AgrarR 1988, 24). Teilweise wird auch die Aufstellung von **Bewirtschaftungsplänen** vorgeschrieben, die von der Fischereibehörde zu genehmigen sind (§ 30 *BaWü*). *Brandenburg* hat als besondere Eingriffsmöglichkeit eine *Pachtzinskontrolle* mit Beanstandungsmöglichkeit geschaffen, insbesondere wenn der geforderte Pachtzins in starkem Missverhältnis zum Ertragswert des Fischereirechts steht. Angesichts dessen, dass sich der Pachtzins heute aufgrund des gewandelten Verhältnisses zur Fischereiausübung (s Rn 2) überwiegend an einem *Liebha-berwert* orientiert, dürfte ein solch dirigistisch anmutender Eingriff in die durch Art 2 Abs 1 GG grundsätzlich gewährleistete Vertragsfreiheit wegen eines Verstoßes gegen das *Übermaßgebot* verfassungsrechtlich bedenklich sein.

k) Räumliche Fischereiausübungsbeschränkungen

Von der dinglichen Fischereiberechtigung zu unterscheiden ist das schuldrechtliche **100** (obligatorische) *Fischereiausübungsrecht.* Der Inhaber des dinglichen Fischerei-rechts muss nicht zugleich der Fischereiausübungsberechtigte sein. So ist er dies regelmäßig nicht bei der Verpachtung (BRAUN/KEIZ Art 3 BayFiG Rn 1). Im Interesse der Wahrung und Hebung der Fischereibestände sehen die meisten (nicht Bremen) Fischereigesetze (ebenso wie das Jagdrecht) eine Mindestgröße für die Ausübung des Fischereirechts vor. Nur bei Wahrung einer entsprechenden Größe ist der Fi-schereiberechtigte überhaupt selbst zur eigenen Fischereiausübung berechtigt, sog *Eigenfischereibezirk* (oder in *Bayern* selbständiger Fischereibetrieb). Wird die Min-destgröße durch das subjektive Fischereirecht nicht erreicht, sehen die Landesfi-schereigesetze Zwangszusammenschlüsse vor, denn es werden dann *gemeinschaft-liche Fischereibezirke* (auch gemeinschaftliche Fischereibetriebe) gebildet. Die Fi-schereiberechtigten eines solchen Bezirks (meist auf Gemeindeebene) bilden eine *Fischereigenossenschaft* (idR Körperschaft öffentlichen Rechts), die ihrerseits die Fischereiausübung nur in bestimmter Weise, insbesondere durch Verpachtung aus-üben darf. Eine Abrundung der Fischereibezirke durch Verfügung der Fischereibe-hörde ist meist vorgesehen (dazu OVG Münster AgrarR 1980, 112).

Entsprechende Regelung enthalten die Gesetze in folgenden Bestimmungen: **101**

Mit *gesetzlicher Festlegung der Mindestgröße* für den Eigenfischereibezirk: Art 18–23, über die Genossenschaften Art 37–63, *Bay* (Mindestlänge bei fließenden Gewässern zusammenhängend und beidufrig 2 km, vgl hierzu auch BayVGH BayVBl 1989, 112: dingliche Fischereiberechtigung erforderlich, nicht Pacht); §§ 16–24 *Hess* (2 km Mindest-länge an Fließgewässern); §§ 25 ff *RhPf* (Mindestlänge an Fließgewässern grund-sätzlich beidufrig 2 km, Ausnahmen an bestimmten Gewässern); §§ 21 ff *Saarl* (in Fließgewässern mindestens 2 km oder 0,5 ha Mindestfläche); §§ 17 ff *Thür* (bei Fließgewässern II. Ordnung mindestens ununterbrochen 2 km);

Bildung der Fischereibezirke *durch die Fischereibehörde*, keine gesetzliche Festle-gung konkreter Längen und Flächen sehen vor: §§ 22 ff *BaWü*; § 23 *Bbg*; §§ 23–28 *Sachs*; § 18 *SachsAnh.*

§§ 18 ff *Nds*: Bildung von Fischereibezirken durch das Gesetz selbst (Anlage 2; wenig zeitgemäß iS der Hegeverpflichtung ist die Regelung des § 25 Abs 1 S 2, wonach jeder Fischereigenosse verlangen kann, dass ihm der Fischfang mit der Handangel in dem Gewässerabschnitt gestattet wird, in dem er das Fischereirecht besitzt).

Lediglich die *Bildung von Hegegemeinschaften* ohne völligen Ausschluss der Fische-reiausübungsberechtigung sehen vor: § 15 *MV*; §§ 18 ff *Berl.*

Am weitreichendsten ist, wenn die Ausübung (Nutzung) des Fischereirechts *aus-* **102** *schließlich durch Abschluss von Pacht oder Fischereierlaubnisverträgen zugelassen* wird (so § 13 *NRW*). Damit verbleibt dem Rechtsinhaber nur noch die Verfügungs- aber nicht mehr die unmittelbare Nutzungsbefugnis iS einer eigenhändigen Fische- reiausübung. Das *nordrhein-westfälische Fischereigesetz* sieht zudem noch vor, dass in einer Gemeinde alle Fischereirechte an fließenden Gewässern gemeinschaftliche Fischereibezirke sind und damit eine Fischereigenossenschaft bilden, die das Fische- reirecht nur durch Verpachtung oder Erlaubnisverträge nutzen darf, §§ 21 ff. Das *Bundesverfassungsgericht* (DVBl 1986, 94 = BayVBl 1986, 205 Anm BRAUN) hat die Vor- schriften über die Bildung gemeinschaftlicher Fischereibezirke und Fischereigenos- senschaften sowie die Wahrnehmung der Fischereirechte durch diese als zulässige Inhalts- und Schrankenbestimmung des Eigentums des Fischereiberechtigten ange- sehen und für verfassungsgemäß gehalten. Zum Nachweis der Mitgliedschaft auf- grund altrechtlichen Fischereirechts und zur Ermessensentscheidung beim Zusam- menschluss von Fischereibezirken OVG Münster ZfW Sonderheft 1987, 51.

Artikel 70

Unberührt bleiben die landesgesetzlichen Vorschriften über die Grundsätze, nach welchen der Wildschaden festzustellen ist, sowie die landesgesetzlichen Vorschriften, nach welchen der Anspruch auf Ersatz des Wildschadens innerhalb einer bestimmten Frist bei der zuständigen Behörde geltend gemacht werden muss.

Materialien: E I Art 43; II Art 43; III Art 68;
Mot z EG 164; Prot II 806–811, 820–828; VI
378.

1 Die Art 70–72 EGBGB sind durch § 71 Abs 2 Nr 2 des Reichsjagdgesetzes vom 3. 7. 1934 (RGBl I 549) bzw nach Wiederinkraftsetzung in der amerikanischen Besat- zungszone durch § 46 Abs 2 Nr 1 des Bundesjagdgesetzes vom 29. 11. 1952 (BGBl I 780, 843) außer Kraft gesetzt worden (vgl hierüber – entsprechend zu Art 69 EGBGB – Rn 4 zu Art 69). Über Wildschadensersatz, seine Geltendmachung und das Verfahren in Wildschadenssachen vgl nunmehr §§ 29–32, 34 f BJagdG sowie die ergänzend er- lassenen landesgesetzlichen Vorschriften (hierzu s bei Art 69 Rn 12 ff; zur Rechtslage in den neuen Bundesländern s LAUVEN AgrarR 1998, 401).

Artikel 71

Unberührt bleiben die landesgesetzlichen Vorschriften, nach welchen

1. *die Verpflichtung zum Ersatze des Wildschadens auch dann eintritt, wenn der Schaden durch jagdbare Tiere anderer als der im § 835 des Bürgerlichen Gesetz- buchs bezeichneten Gattungen angerichtet wird;*

2. *für den Wildschaden, der durch ein aus einem Gehege ausgetretenes jagdbares Tier angerichtet wird, der Eigentümer oder der Besitzer des Geheges verantwortlich ist,*

3. *der Eigentümer eines Grundstücks, wenn das Jagdrecht auf einem anderen Grundstück nur gemeinschaftlich mit dem Jagdrecht auf seinem Grundstück ausgeübt werden darf, für den auf dem anderen Grundstück angerichteten Wildschaden auch dann haftet, wenn er die ihm angebotene Pachtung der Jagd abgelehnt hat;*

4. *der Wildschaden, der an Gärten, Obstgärten, Weinbergen, Baumschulen und einzelstehenden Bäumen angerichtet wird, dann nicht zu ersetzen ist, wenn die Herstellung von Schutzvorrichtungen unterblieben ist, die unter gewöhnlichen Umständen zur Abwendung des Schadens ausreichen;*

5. *die Verpflichtung zum Schadensersatz im Falle des § 835 Abs. 3 des Bürgerlichen Gesetzbuchs abweichend bestimmt wird,*

6. *die Gemeinde an Stelle der Eigentümer der zu einem Jagdbezirke vereinigten Grundstücke zum Ersatz des Wildschadens verpflichtet und zum Rückgriff auf die Eigentümer berechtigt ist oder an Stelle der Eigentümer oder des Verbandes der Eigentümer oder der Gemeinde oder neben ihnen der Jagdpächter zum Ersatze des Schadens verpflichtet ist;*

7. *der zum Ersatze des Wildschadens Verpflichtete Erstattung des geleisteten Ersatzes von demjenigen verlangen kann, welcher in einem anderen Bezirke zur Ausübung der Jagd berechtigt ist.*

Materialien: E II Art 44, III Art 69; Prot II
806–811, 820–828, VI 378.
Vgl Erl zu Art 70.

Artikel 72

Besteht in Ansehung eines Grundstücks ein zeitlich nicht begrenztes Nutzungsrecht, so finden die Vorschriften des § 835 des Bürgerlichen Gesetzbuchs über die Verpflichtung zum Ersatze des Wildschadens mit der Maßgabe Anwendung, dass an die Stelle des Eigentümers der Nutzungsberechtigte tritt.

Materialien: E II Art 45; III Art 70; Prot II
820–826, 830–833, 840–842; VI 377.
Vgl Erl zu Art 70.

Artikel 73

Unberührt bleiben die landesgesetzlichen Vorschriften über Regalien.

Materialien: E I Art 45; II Art 46; III Art 71.

Schrifttum

I. Älteres Schrifttum

Vgl STAUDINGER/KRIEGBAUM[10/11].

II. Neueres Schrifttum

1. Allgemein

BADURA, Das Verwaltungsmonopol (1963) § 25

BESELER, System des gemeinen Deutschen Privatrechts (1885) § 92

CONRAD, Deutsche Rechtsgeschichte, Bd I Frühzeit und Mittelalter (1954) 248, 365

CREIFELDS, Rechtswörterbuch (18. Aufl 2004) sv

GEMEINER, Beitrag zur Lehre von den Regalien (1842)

GIERKE, Deutsches Privatrecht (1895) Bd II § 124, S 396

GRIMM, Rechtsaltertümer (1899) I 344

HEUSLER, Institutionen des Deutschen Privatrechts (1885/86) I 368

HOKE, Österreichische und deutsche Rechtsgeschichte (2. Aufl 1996) Teil 2 Kap 6

HÜLLMANN, Geschichte des Ursprungs der Regalien in Deutschland (1806)

JARGOW, Von den Regalien (1757)

LEISNER, Regalien und Sozialbindung des Eigentums, DVBl 1984, 697, auch in: Eigentum – Schriften zu Eigentumsgrundrecht und Wirtschaftsverfassung 1970–1996 (1996, Schriften zum öffentlichen Recht 712)

MITTEIS/LIEBERICH, Deutsche Rechtsgeschichte (19. Aufl 1992) 24 VI 4

MITTERMAIER, Deutsches Privatrecht (1847) I § 200

NEUMARK, in: Handwörterbuch der Staatswissenschaften (4. Auflage) Bd 6, 1208 sv (dort auch Übersicht über das ältere Schrifttum)

SCHRÖDER, Lehrbuch der deutschen Rechtsgeschichte (7. Aufl 1932) 584

STRAUCH, Über Ursprung und Natur der Regalien (1865)

TILCH (Hrsg), Deutsches Rechtslexikon (2. Aufl 1992) sv

VORTMANN, Salzabbaugerechtigkeiten (1989)

ZACHARIAE Ztschr f deutsches Recht XIII 319.

2. Zum Schatzregal

DÖRR, Rechtsprechungsübersicht – Verfassungsrechtliche Zulässigkeit eines Schatzregals, JuS 1989, 490

FISCHER ZU CRAMBURG, Das Schatzregal – der obrigkeitliche Anspruch auf das Eigentum an Schatzfunden in den deutschen Rechten, Veröffentlichungen der Gesellschaft für Historische Hilfswissenschaften, Bd 6 (2001 = Diss Trier 2001)

HÖNES, Das Schatzregal, DÖV 1992, 425

ders, Das Schatzregal im Dienste des Denkmalschutzes, NuR 1994, 419

SCHROEDER, Grundgesetz und Schatzregal – zu BVerfG v 18. 5. 1988, JZ 1989, 676.

Systematische Übersicht

Alphabetische Übersicht

I. Entstehung

1 Art 73 entspricht fast wörtlich dem Art 45 des E I (Mot z EG 105; Prot VI, 378; Mat 87a S 30).

II. Inhalt des Vorbehalts

1. Geschichte, Begriff und Arten der Regalien

2 Bei den im **frühen Mittelalter** erstmals erwähnten **Regalien** handelte es sich um **Vorrechte des Königs**, die dieser Fürsten oder Adligen, aber auch juristischen Personen im modernen Sinn (zB Städten, Gemeinden, Zünften u dergl) zur Nutzung gegen Entgelt überlassen konnte. Die auf dem Reichstag von Roncaglia unter FRIEDRICH BARBAROSSA im Jahre 1158 erlassene „**Constitutio de regalibus**" enthielt einen Katalog dieser Vorrechte, die zunächst nur für Italien gelten sollten, aber in zunehmendem Maße auch in Deutschland Eingang fanden. Im Unterschied zu den **eigentlichen Hoheitsrechten** des Königs **(iura regalia maiora – höhere Regalien)**, die Herrschaftsrechte über die Städte, Herzogtümer, Markgrafschaften, Grafschaften, Reichsvogteien, Zentgerichte, Reichshöfe und königlichen Burgen, das Recht zum Heeresaufgebot und die Münz-, Zoll- und Marktrechte umfaßten, bildeten die sog **niederen Regalien (iura regalia minora)** die **eigentlichen Nutzungsrechte**, aus denen dem König und damit dem Reich Einnahmen zuflossen (vgl BUSCHMANN, Der Mainzer Reichslandfriede von 1235 – Anfänge einer geschriebenen Verfassung im Heiligen Römischen Reich, JuS 1991, 453/455 f; CONRAD 248, 365 ff, insbes 369–376; MITTEIS/LIEBERICH 24 VI 4).

3 Bei den **niederen Regalien** handelte es sich vor allem um das Jagd-, Fischerei-, Wald- oder Forst-, Strom-, Straßen-, Berg-, Salz-, Schatz-, Boden- und Strandregal. Diese Rechte wurden – ebenso wie das Münz-, Zoll- und Marktregal, ferner das Geleits- und Judenschutzrecht – im Wege der **Verleihung** oder **Belehnung** an die oben erwähnten natürlichen oder juristischen Personen vergeben, die es danach ausüben mußten und einen bestimmten Teil der Erlöse an den König abzuführen hatten. Die Regalien waren zT übertragbar, in jedem Fall **vererblich**, sie konnten jedoch vom König bei Mißbrauch wieder eingezogen werden und erloschen bei längerer Nichtausübung durch den Inhaber. Die Regalien niederer Art wurden dem Wesen des mittelalterlichen Rechts entsprechend als **Privatrechte des Königs** und der beliehenen Personen aufgefaßt.

Im Lauf der geschichtlichen Entwicklung bis zur Gegenwart ist ein immer stärkerer **Abbau der Regalrechte**, die ja Vorrechte oder Privilegien einzelner Begünstigter im Vergleich zu den übrigen Rechtsgenossen darstellten, eingetreten, so daß Regalien heute nur noch in geringem Umfang und mit der Tendenz, aufgehoben zu werden oder bei Nichtausübung zu erlöschen, fortbestehen.

4 Die **jetzt** noch existierenden **Regalien** kann man als an sich wesensmäßig öffentlichrechtliche, dh dem Staat oder einer juristischen Person des öffentlichen Rechts entweder in ihrer Eigenschaft als Hoheitsträger oder als Träger der heute sog Daseinsvorsorge vorbehaltene, **Aneignungs- und Nutzungsrechte besonderer Art** kennzeichnen, die ihren historisch bedingten **privatrechtlichen Charakter** einschließlich **Veräußerbarkeit** und **Vererbbarkeit** beibehalten haben, wobei es ohne Bedeutung ist, ob der Staat oder eine sonstige juristische Person des öffentlichen Rechts oder eine natürliche oder juristische Person des Privatrechts Inhaber des Regalrechts durch Verleihung oder Übertragung ist (BGH Warn 1972 Nr 122).

Ein wesentlicher Teil der Regalien besteht in **Aneignungsrechten**, dh Rechten, sich **5** bestimmte Sachen unter Ausschluß dritter Personen anzueignen und darüber zu verfügen (vgl WESTERMANN, Sachenrecht I [6. Aufl 1990] 282 hinsichtlich der landesrechtlichen Regalien und der Bergregalien), so daß diese einem **dinglichen Recht nahe**stehen und zT als solches bezeichnet werden (RAAPE JherJb 74, 184 ff), da der Aneignungsberechtigte ein absolut wirkendes Recht besitzt, alle Dritten von der Sache auszuschließen (ähnlich BayObLGZ 1962, 421/425).

Diese Regalien verleihen dem Inhaber einen nach dem BGB nicht zulässigen **Rechtsbesitz**, dessen Regelung im einzelnen jedoch nicht festgelegt ist (HABICHT, Die Einwirkung des Bürgerlichen Gesetzbuches auf zuvor entstandene Rechtsverhältnisse [3. Aufl 1901] 361; WOLFF/RAISER, Sachenrecht [10. Aufl 1957] 79), so daß zur Ergänzung die Grundgedanken des bürgerlich-rechtlichen Besitzrechts entsprechend herangezogen werden können.

Soweit Regalrechte nicht ein Aneignungs-, sondern ein **Nutzungsrecht** zum Inhalt **6** haben (wie zB beim Fährregal), wird die Ausübung entsprechend ähnlichen Nutzungsrechten im bürgerlichen Recht (Pacht, Nießbrauch) zu beurteilen sein (HABICHT [oben Rn 5] 285). Eine Feststellung des genauen Inhalts des Rechts im Einzelfall ist unerläßlich, dürfte sich jedoch vielfach als schwierig erweisen, da bei lange zurückreichenden Regalien schriftliche Unterlagen (über die Verleihung, Belehnung, Übertragung des Rechts) weitgehend fehlen und sich der Umfang des Rechts nur aus der Überlieferung und Ausübung durch den Berechtigten bestimmen läßt.

Weiter ist zu unterscheiden zwischen grundherrschaftlichen und gewerblichen Regalien: **7**

a) Als grundherrschaftliche Regalien kommen oder kamen vor: Bergregale, Salzregale, Fischereiregale, Bernsteinregale, Flößereiregale, Fährregale, Mühlenregale und Schatzregale. Teilweise ist der Vorbehalt bezüglich dieser Regalien schon durch die Art 65 und 67 EGBGB abgedeckt.

b) Als gewerbliche Regalien waren früher zu nennen: das Post- und Telegraphenregal als reichs- bzw bundesrechtliche Regalien; in früheren Landesrechten kamen noch das Regal das Salzhandels und des Handels mit Spielkarten sowie einzelne Fabrikmonopole, das Tabakregal und das Branntweinregal vor (vgl GIERKE II 401).

2. Tragweite des Vorbehalts

Der Vorbehalt des Art 73 bezieht sich nach den Motiven (165) nur auf die sog **8 niederen Regalien**. Die von Art 73 vorbehaltenen Vorschriften privatrechtlicher Natur seien seit langem nur noch in Ansehung der sog niederen oder nutzbaren Regalien vorhanden: denn nur diese würden in der neueren Zeit Regalien genannt.

Auch bezüglich dieser Regalien sind heute aber vielfach Vorschriften des **öffent**-

Karl-Dieter Albrecht

lichen Rechts einschlägig, die vom EGBGB nicht berührt werden. Durch den uneingeschränkten Vorbehalt des Art 73 ist die Landesgesetzgebung ermächtigt, nur die **privatrechtliche Seite** der Regalien in vollem Umfang **zu regeln**; die Regelung der öffentlich-rechtlichen Seite unterliegt den dafür bestehenden Kompetenzvorschriften. Art 73 ermächtigt insbesondere dazu, für den Bereich, der nach dem Herkommen dem traditionellen Regalbegriff zuzuordnen ist, Regalien neu zu begründen (Art 1 Abs 2 EGBGB; vgl BVerfGE 11, 192/200; 65, 359/375; 78, 205/210), Vorschriften über ihre Entstehung, Übertragung und Beendigung zu erlassen, den Erwerb durch Ersitzung (wegen der Möglichkeit der Vollendung der Ersitzung noch nach dem 1.1.1900 s RG SeuffA 79 Nr 115) oder unvordenkliche Verjährung zuzulassen und die Rechtsstellung des Erwerbers, Nutznießers oder Pächters eines Regals zu bestimmen (vgl auch BayObLGZ 1962, 421).

3. Zur Einwirkung des Grundgesetzes im Bereich des Vorbehalts

9 a) Auf dem Gebiet der Regalien sind kompetenzrechtlich nach dem Grundgesetz als betroffene Rechtsgebiete sowohl das Bürgerliche Recht (Art 74 Nr 1 GG), das Recht der Wirtschaft unter Einschluß des Rechts des Bergbaus (Art 74 Nr 11 GG), das Recht der Binnenschiffahrt und der dem allgemeinen Verkehr dienenden Binnenwasserstraßen (Art 74 Nr 21 GG) sowie das vor allem für die etwaige Aufhebung von Regalien bedeutsame Recht der Enteignung, soweit diese auf den Sachgebieten der Art 73 u 74 GG in Betracht kommt (Art 74 Nr 14 GG), Gegenstand der **konkurrierenden Gesetzgebung** des Bundes und der Länder. Nach Art 75 Nr 4 GG steht dem Bund außerdem das Recht zum Erlaß von **Rahmenvorschriften** ua auf dem Gebiet des Wasserhaushalts zu. Von dieser letzteren Befugnis hat der Bund durch Erlaß des Wasserhaushaltsgesetzes (WHG) vom 27.7.1957 (BGBl I 1110), zur Zeit idF d Bek v 19.8.2002 (BGBl I 3245), zuletzt geändert durch Ges vom 6.1.2004 (BGBl I 2), Gebrauch gemacht, das gerade für die sog alten Rechte und Befugnisse, zu denen auch Regalien zählen können, von großer Bedeutung ist.

10 b) Die **Neubegründung** von Regalien wird außerhalb des Bereichs, der nach dem Herkommen dem traditionellen Regalbegriff zuzuordnen ist, also für **völlig neuartige, bisher unbekannte Regalien**, im Hinblick auf den Eigentumsschutz des Art 14 Abs 1 S 1 GG als **nicht** mehr **zulässig** zu erachten sein (offengelassen in BVerfGE 78, 210). **Dasselbe** gilt für die **inhaltliche Erstreckung** eines bestehenden Regals auf Bereiche, die darin bisher traditionell nicht enthalten waren. Denn der Gegenstand der Ermächtigung ist durch die Grenzen des traditionellen Regalbegriffs begrenzt; daher kann das Schatzregal nicht auf Fossilienfunde erstreckt werden (BVerwGE 102, 260 [= DokBer A 1997, 97 = NJW 1997, 1171 = DÖV 1997, 417 = DVBl 1997, 435] entgegen OVG Koblenz, BauR 1994, 217 [= BRS 55 Nr 134]). Damit würde nämlich zugleich ein bisher dem uneingeschränkten privatrechtlichen Eigentumsbereich zugänglicher Rechtsbereich diesem auf Dauer entzogen und in den staatlicher Verleihung unterworfenen Bereich übergeführt. Dies beinhaltet eine Enteignung kraft Gesetzes, für die im Regelfall die besonderen Voraussetzungen des Art 14 Abs 3 S 1 GG nicht vorliegen werden, da eine Beschränkung der Nutzungsmöglichkeiten durch öffentlich-rechtliche Vorschriften, die die Eigentumslage unberührt läßt, dem Gebot der Verhältnismäßigkeit in der Regel ebenso wirksam genügen wird wie der Eigentumsentzug durch Schaffung eines neuen Regals (ebenso MünchKomm/Säcker³ Art 73 EGBGB Rn 2). Auch für die **Neuverleihung** eines Regalrechts genügt nicht ein Einzel- oder sog

Maßnahmegesetz zugunsten einzelner Personen. Solche grundsätzlich dem Staat vorbehaltenen, ihrer eigentlichen Natur nach öffentlich-rechtlichen Rechte können nur auf Grund eines **allgemeinen,** für alle Staatsbürger und sonst vom Gesetz betroffene Personen gleichermaßen geltenden **Gesetzes** neu verliehen werden. Denn es wird dadurch nicht ein öffentlich-rechtliches Recht einer Privatperson zur persönlichen Nutzung überlassen, sondern ein veräußerliches und vererbliches Privatrecht begründet, was ohne ausdrückliche gesetzliche Ermächtigung zu einer verfassungsrechtlich nicht zulässigen Ungleichbehandlung führen würde. Eine zu beachtende gleichmäßige Verwaltungsübung könnte sich wegen des Einzelfallcharakters der Verleihung, die nicht wiederholbar ist, nicht herausbilden, so daß Art 3 GG verletzt wäre.

Das **Fortbestehen** und herkömmliche **Erlöschen** alter Regalien ist andererseits im Hinblick auf die Eigentumsgewährleistung des Art 14 Abs 1 S 1 GG und die entsprechenden Bestimmungen der Länderverfassungen nicht zu beanstanden. Insoweit ist auch ein **Neuerwerb nach Gewohnheitsrecht,** insbesondere auf Grund der sog unvordenklichen Verjährung weiterhin möglich, wenn der Rechtserwerb vor dem 1. 1. 1900, dem Zeitpunkt des Inkrafttretens des BGB und des EGBGB, schon begonnen hatte, aber noch nicht eingetreten war, nunmehr aber abgeschlossen werden könnte (vgl RG SeuffA 79 Nr 115; HABICHT [oben Rn 5] 446). Entsprechend dem Herkommen kann die **Nichtausübung** während eines längeren Zeitraums ebenso zum **Erlöschen** führen wie ein ausdrücklicher Verzicht oder eine Aufgabe des Rechts. Wie jedes andere Privatrecht kann ein Regalrecht auch auf Grund eines Gesetzes, das den Anforderungen des Art 14 Abs 3 S 1, 2 GG entspricht, enteignet werden.

III. Zum Recht verschiedener Regalien

1. Bergrechtliche Regalien

a) Allgemeines
Ein großer Teil der Regalien betraf bzw betrifft den Bergbau und bergbauähnliche **11** Rechte.

Aus dem **königlichen Bergbann** hatte sich die Regalität des Bergbaus im 12. Jahrhundert entwickelt; in der Goldenen Bulle von 1365 erkannte der Kaiser die Berg- und Salzregalrechte der Kurfürsten an. Später bildete sich das Recht der **Bergbaufreiheit** aus, das unter gewissen Voraussetzungen einen Anspruch auf Belehnung mit dem Bergregal gab. Im Zuge der fortschreitenden Entwicklung entstand aus dem Bergregal die **staatliche Berghoheit** (hierzu und zum [echten und unechten] Staatsvorbehalt vgl BERGMANN Anm zum Urt d AG Celle v 14.8.1963 RdL 1964, 325).

Zum **Bergregal** im einzelnen vgl WOLFF/RAISER, Sachenrecht (10. Aufl 1957) 995 ff; BGHZ 53, 226/230.

Der sog **Staatsvorbehalt** hinsichtlich der Aufsuchung und Gewinnung von bestimm- **12** ten **Mineralien** ist nicht zu den Regalien zu rechnen (**aA** SOERGEL/HARTMANN[12] Art 73 EGBGB Rn 2); die an Dritte erteile Erlaubnis (Konzession) zur Aufsuchung und Gewinnung derselben ist eine öffentlich-rechtliche, höchstpersönliche und nicht an andere Personen veräußerliche oder übertragbare oder vererbliche Rechtsbefugnis.

Die Konzessionsabgaben (Anerkennungsgebühren, Wartegelder, Förderzinsen) sind privatrechtliche Entgelte, die nicht dem öffentlich-rechtlichen Gebührenrecht unterliegen (vgl MIESBACH/ENGELHARDT, Bergrecht [1962] Art 1 BayBergG/§ 1 PrABG Anm 4, 5; Art 2 BayBergG/§ 2 PrABG Anm 9a, b; vgl auch Art 68 EGBGB mit Erläuterungen STAUDINGER/HÖNLE). Zum **Staatsvorbehalt** bei **Erdöl** vgl BGHZ 19, 209.

b) Reichs- und landesrechtliche Vorschriften für Bergregalien
aa) Rechtszustand vor der WeimVerf

13 Das für den Bergbau in Deutschland wichtigste Gesetz der neueren Zeit, das **Allgemeine Berggesetz für die preußischen Staaten** (PrABG) vom 24. 6. 1865 (PrGS 705), das mit seinen Änderungen und Ergänzungen in modifizierter Form in vielen deutschen Ländern übernommen wurde, enthielt in § 250 Abs 1 eine Bestimmung über das **Fortgelten privater Bergregale**. Abs 2 dieser Vorschrift bestimmte, daß der Bergbau im Regalbezirk den Bestimmungen des PrABG unterlag (vgl MÜLLER/ERZBACH, Das Bergbaurecht Preußens und des weiteren Deutschlands [1917]: zum Ursprung und zur Entwicklung des Bergregals 38–95; zum privaten Bergregal 555–560).

Weder das **Württembergische Berggesetz** vom 7. 10. 1874 (WüRegBl 265), zuletzt idF d Ges v 27. 9. 1965 (GBl BW 251), noch das **Badische Berggesetz** vom 22. 6. 1890, zuletzt idF d Ges v 27. 9. 1965 (GBl BW 251), oder das **Bayer Berggesetz** vom 13. 8. 1865 (BayBS IV 136), zuletzt idF vom 10. 1. 1967 (BayGVBl 185), enthielten ausdrückliche Bestimmungen über das Bergregal, jedoch wurden bestehende Bergbaurechte altrechtlicher Art ähnlich wie nach § 250 PrABG aufrechterhalten.

bb) Rechtszustand unter der WeimVerf

14 **Art 155 Abs 4 S 2** der Verfassung des deutschen Reichs vom 11. 8. 1919 (RGBl 1383) sah vor, daß **private Regale** im Wege der Gesetzgebung auf den **Staat zu überführen** waren, bezog sich aber entgegen dem weitergehenden Wortlaut **nur** auf die **privaten Bergregale** (vgl ANSCHÜTZ, Die Verfassung des deutschen Reichs [3. Aufl 1930] Art 155 Anm, S 623). In Erfüllung dieser Verfassungsbestimmung ergingen das preuß Gesetz vom 17. 12. 1919 (PrGS 1920, 42) zur Sicherung der Überführung der privaten Bergregale an den Staat und das preuß Gesetz vom 19. 10. 1920 (PrGS 441) zur Überführung der standesherrlichen Bergregale an den Staat. Erst durch das preuß Gesetz vom 29. 12. 1942 (PrGS 1943, 1) zur Überführung der privaten Bergregale und Regalitätsrechte an den Staat wurden die privaten Bergregale und Regalitätsrechte aufgehoben (§ 1) und ebenso wie das Recht der Regalabgaben vom preuß Staat übernommen (§ 2). Dabei wurde der Staat aber ermächtigt, die Erhebung von Regalabgaben durch Vereinbarung mit den Zahlungspflichtigen abzulösen oder darauf zu verzichten (§ 4). Zugleich wurde § 250 PrABG aufgehoben (§ 8).

cc) Rechtszustand seit dem Grundgesetz

15 Art 155 Abs 4 WeimVerf gilt spätestens seit Inkrafttreten des Grundgesetzes nicht mehr, wenn man nicht schon für die vorhergehende Zeit seit 1933 ein Außerkrafttreten der Reichsverfassung infolge Nichtanwendung annehmen will (so zB MAUNZ/ZIPPELIUS, Deutsches Staatsrecht [bis zur 28. Aufl 1991] § 5 IV 1). Das Pr Gesetz vom 29. 12. 1942 gilt ausdrücklich nur noch im Lande **Hessen** als Gesetz zur Überführung der privaten Bergregale und Regalitätsrechte an den Staat (HessGVBl II 46-1). Soweit **heute** in den westlichen Ländern der Bundesrepublik Deutschland private **Bergregalien** noch bestehen, unterliegen diese den **allgemeinen Vorschriften über das Berg-**

werkseigentum (vgl MIESBACH/ENGELHARDT 497 ff, 544). Durch das seit 1. 1. 1982 geltende **Bundesberggesetz** (BBergG) vom 13. 8. 1980 (BGBl I 1310), zuletzt geändert durch Ges vom 1. 6. 2005 (BGBl I 1818), wurden die Landesberggesetze einschließlich des zT fortgeltenden PrABG aufgehoben (§ 176), soweit sie Vorschriften treffen, die jetzt im BBergG enthalten sind, jedoch werden **alte Rechte** und Verträge **aufrechterhalten** mit der Maßgabe, daß sie bei der zuständigen Behörde **angezeigt** werden und von dieser ihre **Aufrechterhaltung bestätigt** wird (§ 149 Abs 1). Wurde die fristgerechte Anzeige versäumt, sind die Bergregale erloschen (§ 149 Abs 5).

Vgl zum Bundesberggesetz im einzelnen SCHULTE, Das Bundesberggesetz, NJW 1981, 88; NORDALM, Das neue Bundesberggesetz, AgrarR 1981, 209 – jeweils mit weiteren Schrifttumshinweisen. PIENS/SCHULTE/GRAF VITZTHUM, Kommentar zum Bundesberggesetz (1983); DAPPRICH/RÖMERMANN, Kommentar zum Bundesberggesetz (1984); BOLDT/WELLER, Kommentar zum Bundesberggesetz (1984 mit Ergänzungsband 1992); ZYDECK/KULLMANN/HELLER, Deutsches Bergrecht (Loseblatt).

Zum Umfang eines alten Bergrechts und zur Konkurrenz mit dem Recht des Grundeigentümers auf Gesteinsabbau vgl BGHZ 145, 316 (= LM BBergG Nr 4 = NJW-RR 2001, 447 = DVBl 2001, 361).

In den **neuen Bundesländern** bestehen keine privaten Bergregalien mehr, nachdem alle Bodenschätze, alle wirtschaftlich nutzbaren Naturkräfte sowie die zu ihrer Nutzbarmachung bestimmten Betriebe des Bergbaus zunächst nach Art 25 der Verfassung der DDR vom 7. 10. 1949 (GBl DDR 4) in Volkseigentum überführt worden waren und durch das Berggesetz der DDR vom 12. 5. 1969 (GBl DDR I 29) alle früheren, private Bergrechte noch enthaltenden Bestimmungen der aufgelösten Länder aufgehoben worden waren. Eine Wiederbegründung solcher bergrechtlicher Regalrechte hat, soweit ersichtlich, seit der Neubegründung der östlichen Bundesländer bisher nicht stattgefunden.

2. Mit dem Wasserrecht zusammenhängende Regalien

a) Allgemeines, Überleitungsrecht

Einen Komplex mit einer gewissen auch heute noch fortbestehenden Bedeutung **16** bilden die von dem früheren **Strom-** oder **Wasserregal** abgeleiteten Regalrechte. Hier kommen insbesondere die als Nutzungsrechte an Grundstücken aufzufassenden **Fähr-** und **Schiffsmühlengerechtigkeiten** (vgl dazu HABICHT [oben Rn 5] 437 f), ferner sonstige **Nutzungsrechte** an den in Flußgrundstücken befindlichen **Materialien** (zB **Sand-** und **Wasserableitungsrechte**) in Betracht.

Regelungsgegenstand sind dabei nur die **privatrechtlichen Berechtigungen zur Ge- 17 wässerbenutzung**, die heute bestehenden **öffentlich-rechtlichen Regelungen** bleiben davon **unberührt** und müssen gegebenenfalls zusätzlich beachtet werden (vgl §§ 15, 17 WHG; über das Verhältnis zwischen Strom-[Wasser-]regal und Stromhoheit ausführlich HEDEMANN, Sachenrecht des BGB [3. Aufl 1960] 231; WOLFF/RAISER, Sachenrecht [10. Aufl 1957] 403; BayObLGZ 1962, 421/427 ff), wobei § 15 Abs 1 WHG aber für alte Rechte und alte Befugnisse weitgehend Genehmigungsfreiheit vorsieht. Umgekehrt gibt auch eine öffentlich-rechtliche Genehmigung nicht ohne weiteres ein privatrechtliches Nut-

zungsrecht, dies muß vielmehr gegebenenfalls zusätzlich bestehen oder erworben
werden (OLG Bremen VerkBl 1973, 115). **Entstehung, Inhalt und Umfang** der vor Inkrafttreten des Wasserhaushaltsgesetzes vom 27. 7. 1957 (BGBl I 1110), heute idF d
Bek vom 19. 8. 2002 (BGBl I 3245), zuletzt geändert durch Ges vom 6. 1. 2004 (BGBl I
2), bestehenden wasserrechtlichen Befugnisse bestimmen sich weiterhin nach dem
früheren Landesrecht (BVerwG, Buchholz 445. 4 § 15 WHG Nr 4; BGHZ 124, 394/400 [= LM
§ 22 WHG Nr 28 = NJW 1994, 1006]; BGHZ 147, 125 [= LM § 11 WHG Nr 2 = NVwZ 2002, 245/246
= RdL 2001, 250 = AgrarR 2001, 383]). Dies bestimmt auch, ob eine wesentliche, das
Gewässer stärker als ursprünglich beanspruchende abgewandelte Nutzung (hier:
statt alter Mühle Einsatz einer Wasserturbine zur Stromerzeugung) noch ohne neue
Genehmigung zulässig ist (vgl auch im einzelnen: Zur tatsächlichen Vermutung des Bestehens
alter Wasserrechte: BGH MDR 1979, 210 [= RdL 1979, 53 = AgrarR 1979, 106]; Zur Entstehung
eines fortbestehenden Stau- und Wasserableitungsrechts nach gemeinem Recht: BGHZ 16, 234/237;
BGH LM PrWasserG Nr 20 [= MDR 1977, 124]; Zu einem altrechtlichen, mit einer radizierten
Mühlengerechtigkeit verbundenen Wasserbenutzungsrecht nach bayer Recht: BayObLGZ 1971, 247;
Zu einem durch landesherrliche, regale Verleihung begründeten Recht zur Nutzung eines Wasserlaufs für den Betrieb einer Mühle: OVG Münster OVGE 32, 237 [= RdL 1978, 49 = DÖV 1978, 149
LS]; Zur Frage der Entschädigungspflicht bei möglicherweise rechtswidriger Versagung der Erlaubnis zur Naßauskiesung im Grundwasserbereich, insbesondere zum Verhältnis von Grundeigentum
zum Grundwasser und zum Fortbestand „alter Benutzungen" nach Inkrafttreten des WHG vgl
grundlegend BVerfGE 58, 300 [= NJW 1982, 745 = DÖV 1982, 543]; Zu den Voraussetzungen für
die Genehmigungsfreiheit – insbesondere bei nicht „titulierten" alten Rechten, zB solchen kraft
unvordenklicher Verjährung –: BVerwGE 37, 103/105 ff [= BayVBl 1972, 243]; BayVBl 1975, 707;
BayVGH BayVBl 2002, 703; BayVGH nF 56, 197 [= BayVBl 2004, 82 = NVwZ 2004, 368]: öffentlich-
rechtliche Überprüfung der Benutzung in wasserrechtlicher Hinsicht bei der Erteilung; Dies erscheint im Hinblick auf die früheren wasserrechtlichen Gegebenheiten allerdings fraglich, offengelassen daher in BGHZ 69, 1/5 [= LM § 823 BGB Nr 9 = NJW 1977, 1170]; NVwZ 2002, 245/246;
Zur auf einem alten Wasserrecht beruhenden Gewässerunterhaltungspflicht: VG Lüneburg NdsVBl
1995, 282. Dazu, dass wegen nachteiliger Wirkungen für Dritte, die erst später entstehen und bei der
Verleihung nicht voraussehbar sind, auch bei Fortbestehen des alten Rechts kein Unterlassungsanspruch, sondern allenfalls ein Anspruch auf Schutzauflagen oder Entschädigung geltend gemacht
werden kann: BGHZ 147, 125; zu in das Altrecht eingreifenden Auflagen bei einer Erweiterungs-
bewilligung: BayVGH BayVBl 2005, 339).

Vgl insgesamt auch STERN, Fortbestand alter Wassernutzungsrechte, BayVBl 1958,
71; NIEDERMAYER, Alte Rechte und Befugnisse nach dem Wasserhaushaltsgesetz
und die alten Landeswassergesetze, BayVBl 1972, 227.

18 Die **öffentlich-rechtlichen Bestimmungen** des Wasserrechts wirken allerdings insoweit
auf die bestehenden privaten wasserrechtlichen Regale ein, als sie Bestimmungen
über deren **Fortbestand** enthalten. Diese Regelungen auf Grund des Wasserrechts
gehen den durch Art 73 EGBGB unberührt bleibenden privatrechtlichen landesgesetzlichen Regelungen vor.

Nach **§ 16 Abs 1 WHG** in Verbindung mit den entsprechenden landesrechtlichen
Ausfüllungsvorschriften werden den Behörden bekannte alte Rechte und Befugnisse
zwar von Amts wegen in das Wasserbuch eingetragen und damit aufrechterhalten.
Nicht bekannte Rechte müssen aber **angemeldet werden**, sonst erlöschen sie, sofern
sie nicht der Behörde vorher bekannt geworden sind (§ 16 Abs 2 WHG).

Maßgeblich für die auf Grund des WHG in die **Landeswassergesetze** aufgenommene **19**
Anmeldungspflicht und die zu § 16 Abs 2 WHG ergangenen Aufforderungen zur
Anmeldung alter Rechte und alter Befugnisse, die jeweils eine 3-Jahresfrist für die
Anmeldung ab Inkrafttreten der Aufforderung bzw deren Bekanntmachung vorsa-
hen, sind folgende landesrechtliche Bestimmungen:

Wassergesetz für Baden-Württemberg idF d Bek vom 1. 7. 1988 (GBl BW 269), jetzt idF
d Bek vom 20. 1. 2005 (GBl BW 219), §§ 122–125.

Bayerisches Wassergesetz vom 26. 7. 1962 (BayGVBl 143), jetzt idF d Bek vom
19. 7. 1994 (BayGVBl 822), zuletzt geändert durch Art 24 des Ges vom 26. 7. 2005
(BayGVBl 287), Art 96–99. Öffentliche Aufforderung zur Anmeldung alter Rechte
und alter Befugnisse nach § 16 Abs 2 WHG vom 6. 12. 1963 (BayStAnz Nr 51/52 vom
20. 12. 1963).

Berliner Wassergesetz vom 23. 2. 1960 (GVBl Berlin 133), jetzt idF vom 17. 5. 1999
(GVBl Berlin 183), zuletzt geändert durch Ges vom 17. 2. 2005 (GVBl Berlin 106)
§§ 105–107; Öffentliche Aufforderung gem § 16 Abs 2 WHG zur Anmeldung alter
Gewässerbenutzungsrechte und -befugnisse vom 18. 12. 1963 (ABl Berlin 1964, 5).

Bremisches Wassergesetz vom 13. 3./2. 5. 1962 (Brem GBl 59; 127 = SaBR 2180-a-1), jetzt
idF d Bek vom 24. 2. 2004 (Brem GBl 45), zuletzt geändert durch Ges vom 14. 12. 2004
(BremGBl 595), §§ 32–37, 143 Abs 4; Aufforderung zur Anmeldung alter Rechte und
alter Befugnisse vom 3. 3. 1964 (Weserkurier Nr 55/1964, 23).

Hamburgisches Wassergesetz vom 20. 6. 1960 (HambGVBl 335 = HambBS 232-a = SaBl
1301), jetzt idF vom 29. 3. 2004 (HambGVBl 97), §§ 111–113.

Hessisches Wassergesetz vom 6. 7. 1960 (HessGVBl I 69 = HessGVBl II 85-7), jetzt idF v
6. 5. 2005 (HessGVBl I 305), § 87 nF; öffentliche Aufforderung gem § 16 Abs 2 WHG
vom 5. 7. 1961 (HessStAnz 863).

Niedersächsisches Wassergesetz vom 7. 7. 1960 (Nds GVBl 105), jetzt idF d Bek vom
10. 6. 2004 (Nds GVBl 171 = SaBl 1185), §§ 32–37, 193 Abs 3.

Wassergesetz für das Land Nordrhein-Westfalen vom 22. 5. 1962 (GV NW 77), jetzt idF
d Bek vom 25. 6. 1995 (GV NW 926 = SaBl 1645), zuletzt geändert durch Ges vom
3. 5. 2005 (GV NW 463), §§ 126–129 aF, vgl jetzt § 164 nF; öffentliche Aufforderung
nach § 16 Abs 2 WHG vom 30. 7. 1963 (GV NW 265; vgl auch BURGHARTZ, Wasserhaushaltsgesetz und Wassergesetz für das Land Nordrhein-Westfalen [2. Aufl 1974] Anm zu §§ 15 ff
WHG und zu §§ 126 ff LWG NW).

Wassergesetz für das Land Rheinland-Pfalz vom 1. 8. 1960 (GVBl Rh-Pf 153 = BS Rh-Pf
237-1), jetzt idF d Bek vom 22. 1. 2004 (GVBl Rh-Pf 54 = SaBl 557), §§ 136–138 aF, jetzt
vgl § 126 Abs 3 nF; Wiederholung der öffentlichen Aufforderung gem § 16 Abs 2
WHG vom 4. 3. 1983 (GVBl Rh-Pf 31 = SaBl 741; vgl auch ZILIEN, Wassergesetz des Landes
Rheinland-Pfalz, RdL 1983, 113, 143).

Saarländisches Wassergesetz vom 28. 6. 1960 (ABl Saar 511), jetzt idF der Bek vom

30. 7. 2004 (ABl Saar 1994 = SaBl 1933), §§ 142–145; Bek betreffend Aufforderung des Ministers für öffentliche Arbeiten und Wohnungsbau (Oberste Wasserbehörde) zur Anmeldung alter Wasserrechte und Wasserbefugnisse vom 1. 2. 1963 (ABl Saar 78).

Wassergesetz des Landes Schleswig-Holstein von 1960, jetzt idF vom 6. 1. 2004 (GVOBl SchlH 8), §§ 145–148; öffentliche Aufforderung gem § 16 Abs 2 WHG vom 12. 10. 1963 (ABl SchlH 495).

In den **Wassergesetzen der neuen Bundesländer** spielt die Problematik der Anmeldung alter privater wasserrechtlicher Regalrechte nur eine geringe Rolle, da diese während des Bestehens der früheren DDR weitgehend enteignet wurden (vgl § 9 VO vom 28. 8. 1952, GBl DDR 792). Eine generelle Wiederbegründung solcher Regalien hat, soweit ersichtlich, seit Wiederbegründung der östlichen Bundesländer nicht stattgefunden. Immerhin bestimmen die neuen Wassergesetze dieser Länder die Möglichkeit der erneuten Anmeldung und dann legalen erlaubnisfreien Ausnützung solcher alten Wasserrechte (vgl § 147 ff Brandenburgisches Wassergesetz vom 13. 7. 1994 (GVBl I 302), jetzt idF d Bek vom 8. 12. 2004 (GVBl I 2005, 50), § 135 Wassergesetz des Landes Mecklenburg-Vorpommern vom 30. 11. 1992 (GVOBl M-V 669), zuletzt geändert durch Ges vom 17. 12. 2003 (GVOBl M-V 2004, 2), §§ 22a, 105a Sächsisches Wassergesetz vom 12. 3. 1993 (SächsGVBl 201), idF der Bek vom 21. 7. 1998 (SächsGVBl 393), zuletzt geändert durch Ges vom 9. 8. 2004 (SächsGVBl 374), § 32 Wassergesetz für das Land Sachsen-Anhalt vom 31. 8. 1993 (GVBl LSA 477), jetzt idF der Bek vom 21. 4. 1998 (GVBl LSA 186), zuletzt geändert durch Ges vom 15. 4. 2005 (GVBl LSA 208), § 129 Abs 2 Thüringisches Wassergesetz vom 10. 5. 1994 (Thür GVBl 445), jetzt idF der Bek vom 23. 2. 2004 (Thür GVBl 244 = SaBl 724)) für alte Rechte, die auf besonderen Titeln beruhen. Es wird also davon ausgegangen, daß alte Rechte noch weiter existieren. Dass dies von großer praktischer Bedeutung ist, ist aber nicht ersichtlich. Denn Voraussetzung dafür ist, dass diese Rechte in Verfahren nach den Wassergesetzen der früheren DDR von 1963 bzw 1982 aufrechterhalten worden waren (vgl OVG Magdeburg NJ 2003, 557 [LS]) oder dem Berechtigten ein gleichwertiges Recht nunmehr neu bewilligt wird (vgl BVerwG vom 14. 4. 2005, Az: 7 C 16.04 juris). Etwas anderes kann gelten, wenn die früheren nicht enteigneten Rechte nicht mehr ausgeübt wurden, die zur Ausübung notwendigen Anlagen aber noch vorhanden sind und mit geringem Aufwand wieder instandgesetzt werden können und werden (vgl SächsOVG, SächsVBl 2003, 195 [noch auf der Grundlage von § 15 Abs 1 WHG]).

20 Wird ein **bestehendes Regalrecht** nach § 16 Abs 2 WHG innerhalb der 3-Jahresfrist des Abs 2 S 1 zur Eintragung in das Wasserbuch **weder bekanntgemacht noch angemeldet**, so **erlischt** es 10 Jahre nach der öffentlichen Aufforderung, soweit es nicht bereits vor Ablauf dieser Frist aus anderen Rechtsgründen erloschen ist (vgl dazu im einzelnen: SIEVERS, Wasserrecht, in: vBRAUCHITSCH, Verwaltungsgesetze des Bundes und der Länder [1964] Bd VI Halbbd 1, § 16 WHG Anm 2; CZYCHOWSKI/REINHARDT, WHG [8. Aufl 2003] § 15 Anm 3–6; ROTH, in: WÜSTHOFF/KUMPF/vLERSNER/ROTH, Handbuch des deutschen Wasserrechts [Loseblatt] § 16 WHG Anm 3 ff; SIEDER/ZEITLER/DAHME/KNOPP, WHG [Loseblatt] § 16 Anm).

Zu den gesetzlichen Anforderungen hinsichtlich des Wasserbuches vgl § 37 WHG und die einschlägigen landesrechtlichen Vorschriften. Nach § 37 Abs 2 Nr 1 WHG sind in das Wasserbuch ua zwingend einzutragen alte Rechte und alte Befugnisse gem § 16 WHG (vgl dazu Sievers § 37 Anm 1 u 2; Czychowski/Reinhardt, WHG [8. Aufl 2003] § 37 Anm 4). Zu den Anforderungen an die Eintragung in das Wasserbuch vgl BGHZ 16, 234 (= NJW 1955, 587).

Zu den Voraussetzungen, unter denen ein altes Recht der Behörde bekannt und daher ohne Anmeldung einzutragen ist, vgl BayVGHE nF 56, 197.

Nach **§ 15 Abs 4 S 2 WHG** in Verbindung mit den jeweiligen landesrechtlichen Aus- **21** füllungsvorschriften können alte Rechte entschädigungslos widerrufen werden, wenn sie ua mindestens drei Jahre nicht mehr ausgeübt werden; auf Verschulden des Rechtsinhabers kommt es dabei nicht an (vgl dazu BGHZ 117, 236; BVerwG AgrarR 1996, 63; LG Braunschweig, NuR 2000, 118). Hierneben können noch weitere landesrechtliche Regelungen über das Erlöschen alter Rechte und Befugnisse treten (BVerwG, NVwZ-RR 1991, 236 [= BayVBl 1991, 376]. Vgl hierzu zB BGH LM PrWasserG Nr 20 [= MDR 1977, 124]; VGH BW RdL 1984, 306; OVG Koblenz NVwZ-RR 1988, 545; OVG Münster NWVBl 1994, 21; VG Lüneburg NdsVBl 1995, 282).

Vgl insgesamt auch Roth in: Wüsthoff/Kumpf/vLersner/Roth, Handbuch des Deutschen Wasserrechts Bd 1 Abschn C 10 T sowie Drost, Das Wasserrecht in Bayern (Loseblatt) Anm zu §§ 15–17 WHG und Art 96–99 BayWG.

b)   Einzelne wasserrechtliche Regalien
aa)   Das Fährregal
α)   Inhalt
Ein **Fährregalrecht** (Fährgerechtigkeit, Fährgerechtsame) beinhaltet das ausschließ- **22** liche private Recht, ständig auf einer Fähre oder einem sonstigen Wasserfahrzeug Personen oder Gegenstände über ein fließendes Gewässer – zumeist einen öffentlichen Fluß – zu einem annähernd gegenüberliegenden Ort gegen Entgelt zu befördern. Das Vorhandensein bestimmter technischer Einrichtungen und fester Anlagen baulicher oder sonstiger Art (zB ein Fährseil) ist nicht Voraussetzung für einen Fährbetrieb (vgl Burghartz, Wasserhaushaltsgesetz und Wassergesetz für das Land Nordrhein-Westfalen [2. Aufl 1974] § 35 LWG NW Anm 1 unter Hinweis auf PrOVG 63, 340; 89, 266). Das Fährregal gibt keinen Anspruch auf Unterlassung oder Entschädigung wegen des Baus einer Brücke, durch die infolge Zurückgang des Betriebs dem Fährberechtigten Schaden entsteht (vgl BGHZ 94, 373).

Das **Fährregal** als Recht, Fähren und Pranen zur Übersetzung **gegen Geld** zu halten, gehörte nach § 51 II 15 des Allgemeinen Landrechts für die Preußischen Staaten (PrALR) vom 1.6.1794 im Gegensatz zu dem Recht, Fähren und Pranen zum eigenen Gebrauch zu halten, das jedem Anwohner eines schiffbaren Flusses zustand (§ 50 II 15 PrALR), zu den in §§ 24 ff II 14 PrALR näher geregelten **niederen Regalien** des Staates. § 382 des Preuß Wassergesetzes vom 25.3.1913 (PrGS 53) hielt – ebenso wie etwa Art 207 des Bayer Wassergesetzes vom 25.3.1907 (BayGVBl 157) – derartige private Nutzungsrechte aufrecht.

§ 1 Abs 1 S 3 des Gesetzes über den **Staatsvertrag** betreffend den **Übergang der Wasserstraßen von den Ländern auf das Reich** vom 29.7.1921 (RGBl 961), mit Nachträgen vom 18.2.1922 (RGBl 222) und vom 22.12.1928 (RGBl 1929 II 1), **schloß** Brükken und Fähren an den natürlichen Wasserstraßen und das **Fährregal von dem Über-**

gang auf das Reich **aus**. Nach § 1 S 4 des auf der Grundlage der Art 89 Abs 1 bzw 134 GG ergangenen **Gesetzes über die vermögensrechtlichen Verhältnisse der Bundeswasserstraßen** vom 22. 5. 1951 (BGBl I 352), zuletzt geändert durch Ges vom 29. 10. 2001 (BGBl I 2785), gilt die in dem vorerwähnten Vertrag getroffene Regelung sinngemäß weiter mit der Folge, daß insbesondere **Fährregalrechte** den jeweils **Berechtigten verblieben** (vgl zu letzterem Gesetz BVerfGE 21, 322; FRIESECKE, Bundeswasserstraßengesetz [3. Aufl 1994] Einl Rn 28). Zur Investitionszulage für einen Fährbetrieb vgl BVerwGE 54, 305 (= MDR 1978, 340). Auch nach den **heutigen Wassergesetzen** der Länder bestehen teilweise private **Fährregale** noch **weiter**.

Die Existenz privatrechtlicher Fährregale wird auch nicht durch die **bundesrechtlichen Bestimmungen über Fähren an Bundeswasserstraßen** berührt. Weder das Bundeswasserstraßengesetz vom 2. 4. 1968 (BGBl I 173), jetzt idF d Bek vom 14. 11. 1998 (BGBl I 3294), zuletzt geändert durch Ges vom 22. 4. 2005 (BGBl I 1128), noch die VO über den Betrieb der Fähren auf Bundeswasserstraßen vom 24. 5. 1995 (BGBl I 752) enthalten Vorschriften über das Fährregal. Zum Fährrecht über den Rhein vgl OLG Köln RheinArch NF 7, 153.

23 **Strittig** ist, ob es sich bei dem Fährregal um ein dem **Privatrecht** zugehöriges Recht oder um **öffentlich-rechtliche**, möglicherweise sogar um Hoheitsbefugnisse des Staats oder ihm gleichgestellter Rechtsträger handelt. Nach der überwiegenden Meinung sowohl der **Rechtsprechung** (vgl allgemein zu den [wasserrechtlichen] Regalien RGZ 32, 238; 64, 137; 80 19/23; BGHZ 16, 234/237; BayObLGZ [aF] 17, 197; 54, 303; PrOVG 57, 383; BayVGH [aF] 13, 65; 49, 163; speziell zum Fährregal RGZ 72, 52/55, wonach die Benutzung einer vom [ehemaligen Preuß] Staat betriebenen Fähre nicht als Inanspruchnahme einer öffentlich-rechtlichen Anstalt unter Entrichtung einer Verkehrsabgabe anzusehen ist, sondern auf Grund eines privatrechtlichen Beförderungsvertrags gegen ein privatrechtliches Entgelt erfolgt; PrOVG 86, 347) wie auch des **Schrifttums** (vgl HOLTZ/KREUTZ/SCHLEGELBERGER, Das Preuß Wassergesetz [Nachdruck 1955] 680 ff; SOERGEL/HARTMANN[12] Art 73 EGBGB Rn 4) ist davon auszugehen, daß das Fährregal ein durch einen öffentlich-rechtlichen Akt, nämlich die Verleihung, Belehnung oder dgl, entstandenes **Privatrecht** ist. Soweit WOLFF/RAISER (Sachenrecht [10. Aufl 1957] 401/405) an Stelle des früheren Stromregals nur noch eine staatliche Stromhoheit anerkennen und wegen der den Gemeingebrauch übersteigenden Nutzungen als Ersatz für die auf Grund des früheren Stromregals bestehenden fiskalischen Nutzungsrechte am Wasser lediglich ein öffentlich-rechtliches Verleihungsrecht des Staates gelten lassen, ist dies für die neugegründeten Benutzungsrechte an Gewässern durchaus zutreffend. Diese moderne Zuordnung solcher Rechte beseitigt aber nicht die privatrechtliche Natur der früher als Regalien verliehenen und kraft ausdrücklicher gesetzlicher Vorschriften fortbestehenden alten Nutzungsrechte.

β)   Landesrechtliche Vorschriften über das Fährregal
24 Nach § 176 S 2 des **Bremischen Wassergesetzes** vom 13. 3./2. 5. 1962 (BremGBl 59; 127), jetzt idF d Bek vom 24. 2. 2004 (Brem GBl 45), zuletzt geändert durch Ges vom 14. 12. 2004 (Brem GBl 595), bleiben die **Befugnisse** der für die Schiffahrts-, Hafen-, Fähr- und Tarifangelegenheiten zuständigen Behörden zur **Verleihung der Ausübung des Fährregals** unberührt.

Nach § 128 Abs 1 des **Hessischen Wassergesetzes** vom 6. 7. 1960 (HessGVBl I 69) konn-

ten Fährregale nicht mehr neu begründet werden. **Bestehende Fährregalien endeten**
am 31. 12. 1990.

Nach § 194 S 2 des **Niedersächsischen Wassergesetzes** vom 7. 7. 1960 (Nds GVBl 105),
jetzt idF der Bek vom 10. 6. 2004 (Nds GVBl 171 = SaBl 1185), bleiben die **Befugnisse** der
für die Schiffahrts-, Hafen-, Fähr- und Tarifangelegenheiten zuständigen Behörden
zur **Verleihung der Ausübung des Fährregals** unberührt.

Nach § 39 Abs 2 u 4 des **Wassergesetzes für das Land Nordrhein-Westfalen** vom
22. 5. 1962 (GV NW 77), jetzt idF Bek vom 25. 6. 1995 (GV NW 926 = SaBl 1645), zuletzt
geändert durch Ges vom 3. 5. 2005 (GV NW 463), sind die **Fährrechte des Landes**
aufgehoben; auf Grund staatlicher oder sonstiger Fährrechte (**Fährregal**, Fährgerechtigkeit, Fährgerechtsame) rechtmäßig betriebene Fähren bedürfen **keiner** (neuen)
Genehmigung.

Zur Vereinbarkeit des Fährregals des Landes Nordrhein-Westfalen am Niederrhein
mit Art 12 GG vgl BGH LM Art 73 EGBGB Nr 1 (= MDR 1972, 862 = DVBl 1973, 213 =
DÖV 1972, 647).

Zur Entschädigungspflicht bei Beeinträchtigung eines Fährbetriebs durch eine 3km
entfernte, dem überörtlichen Verkehr dienende neugebaute Brücke (verneint) vgl
BGHZ 94, 373 (= LM Art 14 [Bb] GG Nr 46 = NJW 1986, 991 = MDR 1986, 476 = DVBl 1985,
1377 = BayVBl 1986, 91).

Nach § 41 Abs 2 des **Wassergesetzes für das Land Rheinland-Pfalz** idF vom 22. 1. 2004
(GVBl Rh-Pf 54) bedarf eines **keiner** (neuen) **Bewilligung** oder Erlaubnis für die bei
Inkrafttreten dieses Gesetzes **rechtmäßig betriebenen Fähren**.

Bei den in den Wassergesetzen der **anderen Bundesländer** zum Teil enthaltenen
Vorschriften über Fähren (vgl zB Art 59 Abs 1 Bayer Wassergesetz; § 48 Abs 1 Nr 2,
Abs 2 Brandenburgisches Wassergesetz; § 28 Saarländisches Wassergesetz) handelt
es sich nicht um ein Regalrecht betreffende Regelungen, sondern um normale
öffentlich-rechtliche Genehmigungen für diese Tätigkeit; vgl zum Genehmigungsverfahren insoweit jetzt BVerwG DVBl 2004, 1561 (= NVwZ 2005, 84 = DÖV 2085, 159).

bb) Andere mit dem Wasserrecht zusammenhängende Regalien

α) Das in Art 23 S 1 des Bayer Wassergesetzes (BayWG) vom 26. 7. 1962 **25**
(BayGVBl 143) bis zur Fassung d Bek vom 18. 9. 1981 (BayGVBl 425) früher geregelte
Staatsregal der **Perlfischerei** wurde durch Gesetz vom 29. 7. 1986 (BayGVBl 200) in
Art 108 Abs 1 des **Fischereigesetzes für Bayern** vom 15. 8. 1908 (BayRS 793-1-E), zu-
letzt geändert durch Ges vom 23. 11. 2001 (BayGVBl 734), übernommen. Bestehende
Rechte gelten als beschränkte Fischereirechte fort. S dazu auch §§ 20 bis 22 der
Verordnung zur Ausführung des Fischereigesetzes für Bayern in der Fassung der
Bek. vom 10. 5. 2004 (BayGVBl 178).

β) Im **bayer Teil des Mains besteht** ohne gesetzliche Grundlage als Regalrecht ein
Sandschöpfrecht (vgl dazu BayObLGZ 1962, 421). Das BayObLG erörtert hierbei ausführlich die Entstehung, den Inhalt und die Anpassung solcher gesetzlich nicht
geregelter Regalrechte an die heutige rechtliche und wirtschaftliche Lage.

Karl-Dieter Albrecht

γ)   Bezüglich eines in **Nordrhein-Westfalen** bestehenden, vor Inkrafttreten des Preuß Wassergesetzes durch landesherrliche Verleihung entstandenen **Mühlenregals** zur Nutzung eines Wasserlaufs vgl OVG Münster OVGE 32, 237 (= RdL 1978, 49).

δ)   Das **Flößereiregal** hat durch die wirtschaftliche Entwicklung seine praktische Bedeutung weitgehend eingebüßt oder ist ganz gegenstandslos geworden (vgl zum Privileg der Tölzer Flößermeister zum ausschließlichen Floßverkehr auf der Isar aber VG München vom 8. 3. 1966 – 2140/65; vgl zusätzlich Art 65 EGBGB mit Erläuterung STAUDINGER/HÖNLE Art 65 EGBGB Rn 1).

ε)   Auch die **Fischereiregalien**, die im Rahmen der geltenden Fischereigesetze und der hiernach bestehenden Fischereirechte noch weiter aufrechterhalten sind, besitzen nur noch geringe Bedeutung.

Nach § 32 Abs 3 des BaWü AGBGB vom 26. 11. 1974 (GBl BW 498) bzw nach dessen Aufhebung durch Ges vom 13. 12. 1977 (GBl BW 760) jetzt nach § 6 des **Fischereigesetzes für Baden-Württemberg** vom 14. 11. 1979 (GBl BW 466), zuletzt geändert durch Ges vom 13. 2. 1989 (GBl BW 101), wurden die bis zum 1. 1. 1981 bestehenden **Fischerei**rechte und **-gerechtigkeiten aufrechterhalten**, insbesondere wenn sie im Grundbuch eingetragen waren. Nach ungeschriebenem Gewohnheitsrecht stehen sie dem Staat zu, wenn kein anderer den Erwerb dieses Rechts kraft Verleihung oder unvordenklicher Verjährung nachweisen kann (vgl hierzu im einzelnen OLG Stuttgart Justiz 1978, 166; LG Ravensburg BWNotZ 1991, 121; LG Ellwangen AgrarR 1992, 178; BGHZ 122, 93 = LM BadWürttFischG Nr 1 = NVwZ-RR 1994, 1 = RdL 1993, 189 = BWNotZ 1994, 37; LG Hechingen BWNotZ 1995, 149).

Über eine Fischereiberechtigung nach **bayerischem Recht** nicht als Regalrecht, sondern mit servitutähnlichem Charakter vgl BayObLGZ 1958, 119.

Vgl zum ganzen auch Art 69 EGBGB mit Erläuterung STAUDINGER/MAYER Art 69 EGBGB Rn 39, 96 f.

ζ)   Es spricht manches dafür, daß ähnlich wie diese Rechte auf dem Gebiet des Wasserrechts auch **sonst noch verschiedene Regalrechte** bestehen, bei denen es an jeglicher Gesetzesregelung fehlt.

26 Das gemeine „**Eigentum**" des Staates am **Meeresstrand** wird man nicht als Regalrecht (so aber SOERGEL/HARTMANN[12] Art 73 EGBGB Rn 5), und auch nicht nur als fiskalisches Eigentum, sondern als ein echtes **Hoheitsrecht des Staates** aufzufassen haben (vgl BGHZ 44, 27 [= NJW 1965, 1712 = MDR 1965, 819]; sowie insgesamt MATTHES, Das Wasser- und Uferrecht [1956] 299 f; PETERSEN, Deutsches Küstenrecht [1989]). Auch Anlandungen fallen in dieses Hoheitsrecht (vgl BGH NJW 1989, 2467). Ein durch Abbruch eines Steilküstenstücks oder Überspülung einer bisherigen Düne neu entstandener Meeresstrand verbleibt aber im früheren Privateigentum (OLG Schleswig, OLG-Rp Schleswig 2001, 239 [= NJW 2001, 1073]; OLG-Rp Schleswig 2003, 331 [= NJW-RR 2003, 1170 = AUR 2004, 134]). Das gleiche gilt innerhalb von Seewasserstraßen (vgl BGH NJW 1989, 2464; aA STEGEMANN, Privatrechtliches Eigentum des Bundes an deutschen Meeresgewässern, SchlHAnz 1965, 97/100, der für ein den Ländern als Regal vorbehaltenes Landgewinnungsrecht eintritt).

Für den Meeresstrand ist dabei der Gemeingebrauch eröffnet, Sonderrechte müssen vom Staat verliehen werden (vgl bezüglich Strand- und Badekonzessionen BGHZ 44, 27; VG Schleswig vom 18. 12. 1953, Az: I 535/50 [LS in juris]; OVG Lüneburg RdL 1975, 333; bezüglich des Abbaus von Sand und Kies im Bereich der Küstengewässer vgl BVerwGE 85, 223 [= Buchholz 445. 5 § 1 WaStrG Nr 3 = DVBl 1990, 1172 = NVwZ-RR 1991, 13]).

Bezüglich der Eigentumsverhältnisse am **Festlandsockel** (vgl zum Begriff Art 76 Seerechtsübereinkommen der Vereinten Nationen vom 10. 12. 1982, ratifiziert durch Ges vom 2. 9. 1994 [BGBl II 1798] sowie oben Staudinger/Merten Art 1 EGBGB Rn 45 f) siehe im einzelnen das Bundesberggesetz vom 13. 8. 1980 (BGBl I 1310), zuletzt geändert durch Ges vom 1. 6. 2005 (BGBl I 1818), das diesen in seinen Geltungsbereich einbezogen und in §§ 132 ff dazu einige Sonderbestimmungen getroffen hat. Von Regalien im herkömmlichen Sinn kann bei dieser Ausdehnung der staatlichen Hoheitsgewalt auf bisher hoheitsfreie Gebiete nicht die Rede sein (vgl dazu Rüster, Die Rechtsordnung des Festlandsockels [1977]; Wengler, Abgrenzung des Festlandsockels zwischen benachbarten Staaten, NJW 1969, 965; Menzel, Nationalisierung oder Internationalisierung der Ozeane, NJW 1969, 2071).

3.   Sonstige Regalrechte

a)   Gewerbliche Regalien

Bei den früher (so noch die 10. Auflage) als gewerbliche reichsrechtliche Regalien **27** eingestuften **Post- und Telegraphenmonopolen** handelte es sich nach heutiger Auffassung um echte **Hoheitsrechte** des Staates. Gem Art 73 Nr 7 GG liegt dabei die ausschließliche Gesetzgebungskompetenz auf dem Gebiet des Post- und Fernmeldewesens beim Bund. Diese früher das gesamte Post- und Fernmeldewesen umfassenden Hoheitsrechte hat dieser aber inzwischen allein auf die Regulierung der Telekommunikation und des Postwesens zurückgenommen (§ 1 Gesetz über die Regulierung der Telekommunikation und des Postwesens vom 14. 9. 1994, BGBl I 2325, zuletzt geändert durch Ges vom 25. 7. 1996, BGBl I 1120) und das heute Telekommunikation genannte Fernmeldewesen mit dem Telekommunikationsgesetz vom 25. 7. 1996 (BGBl I 1120), seit Juli 2004 mit dem Telekommunikationsgesetz vom 22. 6. 2004 (BGBl I 1190), voll, das Postwesen durch §§ 1, 51 des Postgesetzes vom 22. 12. 1997 (BGBl I 3294), zuletzt geändert durch VO vom 25. 11. 2003 (BGBl I 2304), mit Ausnahme der entgeltlichen Beförderung von Briefsendungen mit einem Einzelgewicht bis 100 Gramm **privaten Wettbewerbern geöffnet**. Das restlich bestehende **Postmonopol für die Briefbeförderung** zu Gunsten der Deutschen Post AG **endet** dabei teilweise am 31. 12. **2005**, für Briefsendungen bis 50 Gramm am 31. 12. **2007** (§ 51 Abs 1 S 1 PostG idF durch Ges vom 16. 8. 2002, BGBl I 3218). Ob es nochmals verlängert wird, was erörtert wird, ist noch nicht abzusehen. Verfassungsrechtliche oder europarechtliche Bedenken gegen diese vorübergehende Aufrechterhaltung des Postmonopols bestehen nicht (vgl BVerfGE 108, 370 [= NVwZ 2004, 329]). Solange es besteht, ist ein Verlust einer davon erfaßten Postsendung als rechtlich unvorhersehbar und ungewöhnlich anzusehen (vgl BVerwG NVwZ 2004, 995/996).

Auch die früheren, in der 10. Auflage erwähnten gewerblichen landesrechtlichen Regalien des **Salzhandels, Handels mit Spielkarten**, der **Tabak- und Branntweinregalrechte** sowie einzelne **Fabrikmonopole** sind heute durch die in Art 12 Abs 1 GG, § 1 GewO ausgesprochene Gewerbefreiheit nicht mehr von Bedeutung.

Soweit gewisse Gewerberechte in den in Art 74 EGBGB erwähnten Formen eines **Zwangs-** oder **Bannrechtes** oder in Gestalt von **Realgewerbeberechtigungen** fortbestehen vgl dazu unten die Erläuterungen bei STAUDINGER/MERTEN zu Art 74. Die hierunter fallenden **Kaminkehrerrealrechte** sind durch § 39a GewO aufgehoben (BVerwGE 38, 244; BayVGH vom 30.7.1984, DÖV 1985, 987 [LS]; aA BayObLGZ 1973, 276).

b)   Staatliche Aneignungsrechte an Stelle früherer Regalrechte
aa)   Aneignungsrecht an Grundstücken

28   Zum staatlichen **Aneignungsrecht an derelinquierten Grundstücken** wird auf § 928 BGB und die Anmerkungen dazu sowie auf diejenigen zu Art 129, 190 EGBGB verwiesen.

bb)   Das Schatzregal

29   Eine diesem Aneignungsrecht des Staates verwandte Stellung nahm früher das staatliche **Schatzregal** ein, das sich auf den **Fund herrenloser Wertgegenstände in Grund und Boden** erstreckte und sich heute noch zB in Art 724 Schweizer ZGB und entsprechenden Grundsätzen des englischen Rechts findet (vgl hierzu WOLFF/RAISER, Sachenrecht [10. Aufl 1957] 316; WESTERMANN, Sachenrecht I [6. Aufl 1990] 292; BAUR/STÜRNER, Lehrbuch des Sachenrechts [16. Aufl 1992] 525). An die Stelle des Schatzregals ist im BGB für den Regelfall die Vorschrift des **§ 984 BGB** getreten, auf deren Erläuterung verwiesen wird. Das Gesetz zur Berücksichtigung des Denkmalschutzes im Bundesrecht vom 1.6.1980 (BGBl I 649) enthält ebenfalls keine Aneignungs- oder Ablieferungsrechte für Schatzfunde (vgl dazu auch MOENCH, Denkmalschutz im Bundesrecht, NJW 1980, 2343). Ebensowenig verlangt das (Europäische) Übereinkommen von Malta zum Schutz des archäologischen Erbes vom 16.1.1992, ratifiziert durch Ges vom 9.10.2002 (BGBl II 2079), die Schaffung eines staatlichen Schatzregals (vgl dazu MARTIN, Das Übereinkommen von Malta und die Denkmalschutzgesetze, BayVBl 2003, 715/718 mit Fn 23). Soweit **landesrechtlich** jedoch ein Schatzregal besteht, bleibt es auf Grund Art 73 EGBGB **aufrechterhalten**. Es kann nach Art 1 Abs 2 EGBGB auch in den Ländern, die es bisher nicht eingeführt hatten, neu begründet werden; darin liegt kein Verstoß gegen Art 14 Abs 1 GG oder andere verfassungsrechtliche Bestimmungen (BVerfGE 78, 205/210 [= NJW 1988, 2593 = MDR 1988, 830 = DVBl 1988, 839 = BayVBl 1988, 561]; aA FISCHER ZU CRAMBURG, Das Schatzregal [Diss Trier 2000]). Es umfaßt aber nur den traditionellen Bereich des Schatzfundes, nicht auch Fossilienfunde (BVerwGE 102, 260 [= DokBer A 1997, 97 = NJW 1997, 1171 = DÖV 1997, 417 = DVBl 1997, 435 = RdL 1997, 39]; diese können aber auf Grund denkmalschutzrechtlicher Vorschriften in das Eigentum des betreffenden Landes fallen.)

Vgl eingehend zum Schatzregal neben der oben schon genannten Literatur OEBBEKE, Das Recht der Bodendenkmalpflege in der Bundesrepublik Deutschland, DVBl 1983, 384/391; HÖNES, Die Fortgeltung früherer bayerischer Denkmalpflegebestimmungen in anderen Bundesländern, BayVBl 1975, 584.

Anerkannt wird auch ein im Ausland bestehendes Schatzregal, dessen Objekte widerrechtlich nach Deutschland verbracht wurden (OLG Schleswig, NJW 1989, 3105).

Vorschriften über ein (staatliches) **Schatzregal** enthalten folgende Ländergesetze, wobei die Voraussetzungen des Eingreifens des Schatzregals zum Teil voneinander abweichen:

Baden-Württemberg: § 23 Gesetz zum Schutz der Kulturdenkmale (Denkmalschutzgesetz) vom 25. 4. 1971 (GBl BW 209), jetzt idF vom 6. 12. 1983 (GBl BW 797), zuletzt geändert durch Ges vom 14. 3. 2001 (GBl BW 189 = SaBl 637; zum DenkmalschutzG BW vgl auch BGH, NJW 1979, 210; STROBL, DenkmalschutzG BW zu § 23);

Berlin: § 3 Abs 2 Gesetz zum Schutz von Denkmalen in Berlin (Denkmalschutzgesetz Berlin) vom 24. 4. 1995 (GVBl Berlin 274 = SaBl 1057), zuletzt geändert durch Ges vom 16. 7. 2001 (GVBl Berlin 260);

Brandenburg: § 12 Gesetz zur Neuregelung des Denkmalschutzrechts im Lande Brandenburg vom 24. 5. 2004 (GVBl Bbg I 215 = SaBl 1138);

Bremen: § 19 Denkmalschutzgesetz vom 27. 5. 1975 (BremGBl 265), zuletzt geändert durch Ges vom 4. 12. 2001 (BremGBl 397);

Hamburg: § 18 Abs 2 Denkmalschutzgesetz vom 3. 12. 1973 (Hamb GVBl 466 = Hamb GVBl II 224-1), zuletzt geändert durch Ges vom 18. 7. 2001 (Hamb GVBl 251);

Mecklenburg-Vorpommern: § 13 Denkmalschutzgesetz vom 30. 11. 1993 (GVOBl MV 975), jetzt idF vom 6. 1. 1998 (GVOBl MV 13 = SaBl 571), zuletzt geändert durch Ges vom 22. 11. 2001 (GVOBl MV 438);

Niedersachsen: § 18 Niedersächsisches Denkmalschutzgesetz vom 30. 5. 1978 (Nds GVBl 517 = SaBl 1294), zuletzt geändert durch Ges vom 20. 11. 2001 (Nds GVBl 701; zum Nds DenkmalschutzG vgl auch SCHMALZ/WIECHERT, Niedersächsisches DenkmalschutzG [1. Aufl 1998]);

Rheinland-Pfalz: in das Denkmalschutz- und -pflegegesetz vom 23. 3. 1978 (GVBl RhPf 159 = SaBl 976), zuletzt geändert durch Ges vom 16. 12. 2002 (GVBl Rh-Pf 481), wurde durch das Erste Änderungsgesetz vom 27. 10. 1986 (GVBl Rh-Pf 291) ein § 19a über das Schatzregal eingefügt;

Saarland: § 23 Gesetz Nr 1067 zum Schutz und zur Pflege der Kulturdenkmäler im Saarland (Saarländisches Denkmalschutzgesetz) vom 12. 10. 1977 (ABl Saar 993 = SaBl 1978, 571), jetzt idF durch das Neuordnungs-Ges vom 19. 5. 2004 (ABl Saar 1498; vgl zum Umfang des Schatzregals VG Saarlouis vom 27. 12. 2000, Az: 5 K 186/99 juris);

Sachsen: § 25 Gesetz zum Schutz und zur Pflege der Kulturdenkmale im Freistaat Sachsen (Sächsisches Denkmalschutzgesetz) vom 3. 3. 1993 (Sächs GVBl 229 = SaBl 1187), zuletzt geändert durch Ges vom 5. 5. 2004 (Sächs GVBl 148);

Sachsen-Anhalt: § 12 Denkmalschutzgesetz des Landes Sachsen-Anhalt vom 21. 10. 1991 (GVBl LSA 368 = SaBl 2750), zuletzt geändert durch Ges vom 26. 3. 2004 (GVBl LSA 234);

Schleswig-Holstein: § 21 Gesetz zum Schutz der Kulturdenkmale (Denkmalschutzgesetz) idF vom 21. 11. 1996 (GVOBl SchlH 677 = SaBl 2664), zuletzt geändert durch Ges vom 16. 12. 2002 (GVOBl SchlH 264). Vgl zum Eigentumserwerb an einem Münzschatz nach dem bis 1996 geltenden Recht auch BGH NJW 1988, 1204;

Thüringen: § 17 Gesetz zur Pflege und zum Schutz der Kulturdenkmale im Land Thüringen (Thüringer Denkmalschutzgesetz) vom 7. 1. 1992 (Thür GVBl 17 = SaBl 516), jetzt idF der Bek v 14. 4. 2004 (Thür GVBl 465 = SaBl 947).

30 Soweit einzelne Bundesländer **kein Schatzregal** eingeführt haben, legen sie regelmäßig dem Bodeneigentümer oder Finder in Anlehnung an das Preuß Ausgrabungsgesetz vom 26. 3. 1914 (PrGS 41) eine **Ablieferungspflicht** auf mit dem Recht des Staates, den **Schatzfund gegen Entschädigung zu enteignen**; wird eine Ablieferung nicht verlangt, so kommt das allgemeine Schatzrecht des BGB zu Anwendung. Verfassungsrechtliche Bedenken gegen diese Enteignung bestehen nicht (vgl BVerwG, BUCHHOLZ 11 Art 14 GG Nr 65 [= NJW 1965, 1932 = MDR 1965, 770]).

Vgl allgemein zum Denkmalrecht der Länder ERBGUTH/PASSLICK, Das Denkmalrecht der Länder, DVBl 1984, 603; STICH/BURHENNE, Denkmalrecht der Länder und des Bundes (Loseblatt).

Solche Ablieferungspflichten bestehen in:

Hessen: § 24 Gesetz zum Schutz der Kulturdenkmäler (Denkmalschutzgesetz) idF der Bek vom 5. 9. 1986 (HessGVBl I 269), zuletzt geändert durch Ges vom 31. 10. 2001 (HessGVBl I 434; vgl zum HessDenkmalschutzG auch DÖRFFELDT/VIEBROCK, Hessisches DenkmalschutzG [2. Aufl 1991]; SEEHAUSEN, Denkmalschutz in Hessen [2. Aufl 1997]);

Nordrhein-Westfalen: §§ 17, 18, 34 Gesetz zum Schutz und zur Pflege der Denkmäler im Lande Nordrhein-Westfalen (Denkmalschutzgesetz) vom 11. 3. 1980 (GV NW 226 = SaBl 741), zuletzt geändert durch Ges vom 25. 9. 2001 (GV NW 708); vgl zu den Voraussetzungen einer Enteignung OVG Münster, OVGE 44, 194 (= NWVBl 1995, 213 = BRS 56 Nr 224); vgl weiter auch ROTHE, Denkmalschutzgesetz Nordrhein-Westfalen (1981); MEMMESHEIMER/UPMEIER/SCHÖNSTEIN, Denkmalrecht Nordrhein-Westfalen (2. Aufl 1989).

31 Etwas anders regelt das **bayerische Recht** den Schatzfund. Nach Art 8 Gesetz zum Schutz und zur Pflege der Denkmäler (Denkmalschutzgesetz) vom 25. 6. 1973 (BayRS 2242-1-WFK), zuletzt geändert durch Ges vom 24. 7. 2003 (BayGVBl 475), sind die Finder von Bodendenkmälern, wozu nach Art 1 Abs 4 auch bewegliche Gegenstände aus vor- oder frühgeschichtlicher Zeit rechnen (vgl dazu OLG Nürnberg NJW-RR 2003, 933), nur zur **Anzeige** des Fundes bei den Denkmalschutzbehörden verpflichtet. Außerdem kann ihnen die Pflicht auferlegt werden, bewegliche Bodendenkmäler dem Bayer Landesamt für Denkmalpflege **befristet zur wissenschaftlichen Auswertung und Dokumentation zu überlassen** (Art 9). Beides dient auch dem Ziel, dem Bayer Landesamt für Denkmalpflege den privatrechtlichen Erwerb des Fundes zu ermöglichen. Eine Enteignung ist nach Art 18 Abs 2 nur zulässig, wenn an der Erhaltung des Fundes ein besonderes öffentliches Interesse besteht (vgl zur Findereigenschaft auch OLG Nürnberg OLG-Rp Nürnberg 1999, 325).

32 Ein dem Schatzregal ähnliches staatliches Vorrecht war das **Strandregal**, das ursprünglich dem Reich das Recht gab, ein **schiffbrüchig gewordenes Schiff und die darin befindlichen Güter** sowie die schiffbrüchigen Personen mit Leib und Gut **für sich in Anspruch zu nehmen** (vgl CONRAD, Deutsche Rechtsgeschichte I [1954] 376). Ein solches Regal besteht **heute nicht mehr**. Die noch fortgeltende **Strandungsordnung** vom 17. 5. 1874 (RGBl 73 = BGBl III 9516-1), geändert durch das Seerechts-ÄnderungsG vom 21. 6. 1972 (BGBl I 966), sieht in erster Linie die Bergung von Schiff und Ladung vor (§§ 12 ff), sodann ein Aufgebotsverfahren zur Ermittlung des Eigentümers (§§ 27 ff) und nur für bei Seenot vom Strand aus geborgene Gegenstände sowie für Seeauswurf und strandtriftige Güter bei Erfolglosigkeit des Aufgebotsverfahrens die Überweisung an den Landesfiskus (§ 35 Abs 1) sowie für versunkene und seetriftige Gegenstände an den Berger (§ 35 Abs 2). Vgl hierzu BVerwG Buchholz 445. 5 § 24 StrandungsO Nr 1 (= RdL 1977, 112).

Artikel 74

**Unberührt bleiben die landesrechtlichen Vorschriften über Zwangsrechte, Bann-
rechte und Realgewerbeberechtigungen.**

Materialien: E I Art 44; II Art 47; III Art 72.

Schrifttum

LANDMANN/ROHMER, Gewerbeordnung und
ergänzende Vorschriften, Bd 1 Gewerbeordnung (13. Aufl 1977 ff, Stand Februar 2004)
FRIAUF (Hrsg), Kommentar zur Gewerbeordnung – GewO – Gewerberechtlicher Teil (Stand
August 2004)
FRÖHLER/KORMANN, GewO (1978)
SIEG/LEIFERMANN/TETTINGER, GewO (6. Aufl
1999)

MICHEL/KIENZLE, Das Gaststättengesetz
(14. Aufl 2003)
METZNER, Gaststättengesetz (6. Aufl 2002) Erl
zu § 24
SEITTER, Gaststättenrecht (5. Aufl 2003).

Zur älteren Literatur vgl die Hinweise in
STAUDINGER/LEISS[10/11].

I. Entstehungsgeschichte

Art 74 entspricht fast wörtlich dem Art 44 des E I (Mot z EG 165, Prot VI, 378; Mat **1**
87a, 30; RTK 440 d, 10).

II. Zwangs- und Bannrechte

1. Verbietungsrechte

Zwangs- und Bannrechte sind Rechte, aufgrund deren der Berechtigte bestimmten **2**
Personen, den Besitzern gewisser Grundstücke, den Bewohnern eines Bezirkes oder
bestimmten Personengruppen dieses Bezirks verbieten darf, gewisse wirtschaftliche
Bedürfnisse bei anderen Personen zu befriedigen, zB Mahlzwang, Bierzwang,
Fleischzwang, Schmiedezwang (vgl SCHÖNLEITER, in: LANDMANN/ROHMER, Gewerbeordnung
und ergänzende Vorschriften § 7 Rn 2, 10 ff). Nach den Motiven sind damit **nur Verbie-
tungsrechte, nicht** aber diejenigen Berechtigungen gemeint, die einen **positiven Ab-
nahmezwang** gegenüber Dritten begründen. Schon begrifflich sind ferner alle Ver-

botsrechte ausgeschlossen, die **vertraglich vereinbart** wurden, auch wenn sie – im Rahmen des sachenrechtlich Zulässigen – dinglich abgesichert sind (vgl SCHÖNLEITER § 10 Rn 9; FRÖHLER/KORMANN § 7 Rn 2).

2. Abnehmende Bedeutung nach §§ 7–10 GewO

3 Die Zwangs- und Bannrechte sind im Laufe der Zeit immer mehr zurückgedrängt worden. Diese Entwicklung setzte bereits im 19. Jahrhundert in den einzelnen deutschen Ländern ein (vgl die weiterführenden Hinweise im Schrifttumsnachweis in STAUDINGER/ LEISS[10/11]). Die weitgehende, reichseinheitliche Beseitigung der Zwangs- und Bannrechte veranlaßten dann die §§ 7–10 Gewerbeordnung. Da Zwangs- und Bannrechte der in § 1 GewO statuierten Gewerbefreiheit widersprechen, hebt § 7 Abs 1 Nr 2–4 GewO viele dieser Rechte (entschädigungslos) auf, und legt § 8 Abs 1 Nr 1 GewO den Ländern die (grundsätzlich zur Entschädigung verpflichtende) Ablösung (zum Begriff SCHÖNLEITER § 8 Rn 2) solcher Rechte nahe. § 10 Abs 1 GewO verbietet schließlich für die Zukunft die Neubegründung oder Erweiterung der in den §§ 7 und 8 GewO genannten Rechte (vgl SCHÖNLEITER § 10 Rn 2 ff; FRÖHLER/KORMANN § 10 Rn 1). Wegen dieser reichsgesetzlichen Bestimmungen existieren Zwangs- und Bannrechte heute nur noch vereinzelt.

3. Abnehmende Bedeutung wegen Kompetenzübergangs

4 Die Bedeutung des landesrechtlichen Vorbehalts in Art 74 ist aber nicht nur deshalb gering, weil die Zahl der bestehenden Zwangs- und Bannrechte stark zurückging, sondern auch weil die GewO als vorrangiges **Reichs-(Bundes-)Recht** die Gesetzgebungskompetenz der Länder beschnitten hat. Landesgesetzliche Regelungen über Zwangs- und Bannrechte sind nur noch **außerhalb** des Anwendungsbereichs **der GewO** (§ 6 GewO; vgl SCHÖNLEITER § 7 Rn 6), **zur Ausgestaltung der Ablösung** im einzelnen (§ 8 II GewO, 109 EG; SCHÖNLEITER § 8 Rn 6), **über** die **Entschädigung** für die Aufhebung (§ 7 II GewO, 109 EG; SCHÖNLEITER § 7 Rn 22) und über das Schicksal noch nicht beseitigter alter Rechte (zum Inhalt der Befugnisse ausschließlich deren Erweiterung, zur Übertragung, zur Sicherung uä) gestattet. Vgl zB Art 77 Abs 1 bayer AGBGB vom 20. 9. 1982 (GVBl 803) zul geänd d G vom 7. 8. 2003 (GVBl 497).

III. Realgewerbeberechtigungen

1. Dingliche Ausübungsrechte

5 Realgewerbeberechtigungen (Realrechte) sind vererbliche und übertragbare Befugnisse zur Ausübung eines Gewerbes, die wie dingliche Rechte behandelt werden (vgl dazu SCHÖNLEITER § 10 Rn 15; METZNER, Gaststättengesetz § 24 Rn 1). Sie sind häufig an ein Grundstück gebunden (**„radizierte" Realgewerbeberechtigungen**); es gibt jedoch auch (**„einfache"**) Realrechte ohne diese Verknüpfung (SCHÖNLEITER aaO; METZNER § 24 Rn 3 f).

2. Abnehmende Bedeutung nach § 10 GewO

6 Art 74 stellt klar, daß BGB und EG die landesrechtlich begründeten Befugnisse unberührt lassen. Sie sind jedoch – ähnlich wie Zwangs- und Bannrechte – durch Reichs- und Bundesrecht mittlerweile erheblich beschränkt worden.

Zum einen hat die GewO veranlaßt, daß sich die Zahl der Realgewerbeberechti- **7** gungen verminderte. § 10 GewO verbietet eine Neubegründung dieser Rechte, die inhaltliche oder räumliche Erweiterung sowie die durch Grundstücksteilung sonst mögliche Vermehrung, nicht aber die Weiterübertragung bestehender Rechte (dazu SCHÖNLEITER § 10 Rn 19 ff; FRÖHLER/KORMANN § 10 Rn 2; METZNER § 24 Rn 9). Mit dem Verbot des § 10 Abs 2 werden zwar zugleich die schon vorhandenen Realrechte **anerkannt** (zu § 10 Abs 2 GewO s METZNER § 24 Rn 9 ff; vgl auch §§ 48 GewO und 24 GaststättenG; dazu ders § 24 Rn 9), der **vorgegebene Bestand** wird aber **eingefroren**.

Die Wirkung des § 10 beschränkt sich jedoch auf den Anwendungsbereich der **8** GewO; insbesondere blieben die Apothekenrealrechte gem § 6 GewO von ihm unberührt. Die Schornsteinfegerrealrechte wurden durch § 39a S 1 GewO unmittelbar aufgehoben (BVerwGE 38, 244; SCHÖNLEITER § 39a Rn 2; unklar FRÖHLER/KORMANN § 39a). § 39a GewO wurde seinerseits durch G v 24. 8. 2002 (BGBl I 3412) mit Wirkung vom 1. 1. 2003 aufgehoben.

3. Abnehmende Bedeutung wegen Art 12 GG

Zum anderen hat Art 12 GG den Bestand an Realgewerbeberechtigungen – auch im **9** Apothekenrecht – (vgl STAUDINGER/LEISS[10/11] Art 74 Rn 4; SCHÖNLEITER § 7 Rn 6) drastisch verringert. Die in Art 12 GG gewährleistete Niederlassungsfreiheit verbietet zwar nicht schlechthin Realrechte, nimmt ihnen aber die **wirtschaftliche Grundlage**. Realgewerbeberechtigungen sind erst wirtschaftlich von Interesse, wenn sie über die bloße Befugnis zur Gewerbeausübung hinaus auch das Recht enthalten, anderen (auf einem bestimmten Gebiet) dessen Ausübung zu verbieten. Solche Exklusivrechte verbietet Art 12 GG aber grundsätzlich (BVerfGE 7, 377; BGH DVBl 1966, 746); er läßt Realrechte nur zu, wenn sie keine Beschränkung der Berufsfreiheit verursachen. Deshalb sind diese **Rechte mit Exklusivwirkung** untergegangen (vgl MünchKomm/ SÄCKER, Art 74 Rn 2); Realrechte anderer Art könnten zwar fortgelten, es fehlt aber meist jedes Interesse an ihrem Bestand.

4. Verbleibende Regelungen über Realrechte

Da über das Rechtsinstitut „Realrecht" heute kein rechtliches Monopol mehr ge- **10** schaffen werden kann und sie grundsätzlich nicht von gewerberechtlichen Erfordernissen befreien (SEITTER, Gaststättenrecht [5. Aufl 2003] § 24 Rn 1), sind diese Rechte **weitgehend** aus dem Rechtsleben **verschwunden**. Bundesrechtliche Regelungen für sie finden sich zB noch in §§ 48 GewO, 24 GaststättenG, 26 und 27 ApothekG (zu dem verbliebenen Bestand an Realgewerbeberechtigungen vgl SCHÖNLEITER § 10 Rn 10; METZNER [6. Aufl 2002] § 24 Rn 8 ff; SCHIEDERMAIR/BLANKE, Apothekengesetz [1960] 28 ff; MünchKomm/ SÄCKER Art 74 Rn 5 f).

Artikel 75

Unberührt bleiben die landesgesetzlichen Vorschriften, welche dem Versicherungs-recht angehören, soweit nicht in dem Bürgerlichen Gesetzbuche besondere Bestim-mungen getroffen sind.

Materialien: E II Art 49; III Art 74.

I. Außerkrafttreten

1 Art 75 ist nicht in die Sammlung des Bundesrechts aufgenommen worden und daher am 31. 12. 1968 außer Kraft getreten (§ 3 Abs 1 S 2 des Gesetzes vom 10. 7. 1958, BGBl I 437, mit § 3 des Gesetzes vom 28. 12. 1968, BGBl I 1451). In der Wiedergabe des EGBGB in BGBl III Nr 400-1 fehlt Art 75; in einer Fußnote wird bemerkt: „Über-holt durch das Gesetz über den Versicherungsvertrag vom 30. 5. 1968 und dessen Einführungsgesetz." In der Bekanntmachung der Neufassung des Einführungsge-setzes zum Bürgerlichen Gesetzbuche vom 21. 9. 1994 (BGBl I 2454) wird die Norm als „gegenstandslos" bezeichnet.

II. Verweisung auf die Vorauflagen

2 Zum Inhalt und zu den erlassenen landesrechtlichen Vorschriften s STAUDINGER/ HÖNLE (1998) sowie die Vorauflagen.

Artikel 76

Unberührt bleiben die landesgesetzlichen Vorschriften, welche dem Verlagsrecht angehören.

Materialien: E II Art 49; III Art 74.

1. Bundesrechtliche Regelung des Verlagsrechts

1 Der Vorbehalt des Art 76 ist durch das Reichsgesetz betr das Verlagsrecht vom 19. 6. 1901 (RGBl 217, BGBl III 441-1) geändert durch Urheberrechtsgesetz vom 9. 9. 1965 (BGBl I 1273) gegenstandslos geworden.

2. Fehlen landesrechtlicher Vorschriften

2 Das Verlagsgesetz gilt ausdrücklich nur für das Verlagsrecht an Werken der Literatur und der Tonkunst. Aber auch für das sonstige Verlagsrecht (außerhalb der Literatur und der Tonkunst), insbesondere für das Verlagsrecht hinsichlich der Werke der bildenden Künste und der Fotografie fehlen landesrechtliche Vorschriften. Die verlagsrechtliche Praxis hilft sich durch die Anwendung üblicher Vereinbarungen als Verkehrssitte und die entsprechende Anwendung des Verlagsgesetzes.

Zum Verlagsrecht allgemein und zur Entwicklung des Verlagsrechts s SCHRICKER, Verlagsrecht (3. Aufl 2001) Einl Rn 5, 8.

Artikel 77

Unberührt bleiben die landesgesetzlichen Vorschriften über die Haftung des Staates, der Gemeinden und anderer Kommunalverbände (Provinzial-, Kreis-, Amtsverbände) für den von ihren Beamten in Ausübung der diesen anvertrauten öffentlichen Gewalt zugefügten Schaden sowie die landesgesetzlichen Vorschriften, welche das Recht des Beschädigten, von dem Beamten den Ersatz eines solchen Schadens zu verlangen, insoweit ausschließen, als der Staat oder der Kommunalverband haftet.

Materialien: E I Art 56; II Art 50; III Art 75.

Schrifttum

CHRISTOPH, Die Staatshaftung im beigetretenen Gebiet, NVwZ 1991, 536

GALKE, Die Beschränkung der Staatshaftung nach Art 34 GG in der Rechtsprechung des Bundesgerichtshofs, DÖV 1992, 53

LÜHMANN, Die Regelung der Amtshaftung in den neuen Bundesländern, LKV 1991, 359

ders, Neuordnung des Amtshaftungsrechts im vereinigten deutschen Staat – Zurück zur Rechtswidrigkeit? (4. Aufl 1995)

OSSENBÜHL, Staatshaftungsrecht (5. Aufl 1998)

ders, Das Staatshaftungsrecht in den neuen Bundesländern, NJW 1991, 1201

PAPIER, Staatshaftungsrecht, HdbStR VI, § 157, 1353

PFAB, Staatshaftung in Deutschland (1997)

BGB-RGRK/KREFT (12. Aufl 1989) § 839 Rn 17

RÜFNER, Das Recht der öffentlich-rechtlichen Schadensersatz- und Entschädigungsleistungen, in: ERICHSEN (Hrsg), Allgemeines Verwaltungsrecht (12. Aufl 2002) 687

SCHÄFER/BONK, Staatshaftungsgesetz (1982)

STEINBERG/LUBBERGER, Aufopferung – Enteignung und Staatshaftung (1991).

I.   Entstehungsgeschichte

Der Artikel hat seine Endfassung erst in der 2. Lesung der II. Komm erhalten. **1** Art 56 E I erstreckte sich nur auf den ersten Teil des Art und wich auch insoweit vom jetzigen Wortlaut ab, als statt der Worte „in Ausübung der diesen anvertrauten öffentlichen Gewalt" die Formulierung, „unbeschadet der Vorschriften der §§ 46, 63 BGB" verwendet wurde (welchen nun die §§ 31, 89 BGB entsprechen; Mat 42; Prot I 609–611; II 670, 671; VI 410, 411).

II.   Inhalt

Art 77 betrifft nur die Schäden, die Beamte in Ausübung **öffentlicher Gewalt** verur- **2** sachen; die durch privatrechtliches Handeln herbeigeführten sollen nicht erfaßt

Joseph Hönle
Detlef Merten

werden (vgl BGH NJW 1963, 1782; MEISTER NJW 1964, 1702; SOERGEL/HARTMANN Art 77 Rn 2).
Die Vorschrift gestattet sowohl eine landesrechtliche Regelung der Haftung des
Staates, der Gemeinden und anderer Kommunalverbände als auch den landesrecht-
lichen Ausschluß der unmittelbaren Beamtenhaftung in den Fällen, in denen der
Staat oder der Kommunalverband selbst haftet.

III. Geringe Bedeutung

3 Die Bedeutung des Landesvorbehalts in Art 77 verringerte sich erheblich, als sich
die Rechtsauffassung durchsetzte, daß **Art 131 Weimarer Reichsverfassung** – der
grundsätzlich die Amtshaftung anstelle der Beamtenhaftung vorsah – unmittelbar
anwendbares Recht und nicht nur ein Gesetzgebungsprogramm darstellte (vgl dazu
STAUDINGER/LEISS[10/11] Art 77 Rn 6 f; KRAUSE/SCHMITZ NVwZ 1982, 281, 283 f).

4 Mit dem Zusammenbruch verlor Art 131 WRV als Reichsgesetz seine Wirkung,
blieb aber als Landesgesetz in Geltung. Diese Fortgeltung endete in den Ländern,
in denen die Verfassung eine mit Art 131 WRV wörtlich oder sinngemäß übereinstimmende Bestimmung enthielt, mit dem Inkrafttreten der *Landesverfassung*, also

(1) in den Vorgängerstaaten von Baden-Württemberg, nämlich Baden am 22. 5. 1947
(GVBl 129), Württemberg-Baden am 28. 11. 1946 (RegBl 277) und Württemberg-Hohenzollern am 18. 5. 1947 (RegBl 1);

(2) Bayern am 2. 12. 1946 (BayBS I 3);

(3) Hessen am 11. 12. 1946 (GVBl 229);

(4) Rheinland-Pfalz am 18. 5. 1947 (GVBl 209).

5 In jedem Land endete die Fortgeltung des Art 131 Weimarer *Reichsverfassung* mit
dem Inkrafttreten des GG am 23. 5. 1949. Ab diesem Zeitpunkt wird die Rechtslage
von **Art 34 GG** bestimmt (vgl zum damit eingetretenen Rechtszustand STAUDINGER/LEISS[10/11]
Art 77 Rn 8); auch er schließt landesrechtliche Regelungen nur **grundsätzlich**, also
nicht in jedem Fall aus (vgl zB BVerfGE 61, 149, 150; BGH BayVBl 1980, 622; VersR 1961, 857;
BGHZ 13, 241; SCHÄFER/BONK, Staatshaftungsgesetz [1982] § 34 StHG Rn 5). Somit besteht
auch unter der Geltung des Grundgesetzes ein – wenn auch eingeschränkter –
Freiraum für landesgesetzliche Regelungen. Dieser kann, wie dies auch bundesgesetzlich geschehen ist (so vor der Postreform insbesondere im Bereich der Deutschen Bundespost, daneben bei den sog Gebührenbeamten sowie im Auswärtigen
Dienst; außerdem gem § 7 RBHG gegenüber Ausländern; vgl dazu GALKE DÖV 1992,
53 ff; BGB-RGRK/KREFT § 839 Rn 24 ff; RÜFNER 759 ff; OSSENBÜHL, Staatshaftungsrecht [5. Aufl
1998] 96 ff), zur Einschränkung der Amtshaftung genutzt werden. In einem solchen
Fall tritt an die Stelle der Staatshaftung diejenige des Amtswalters (vgl BGB-RGRK/
KREFT Rn 26). Landesrechtlich wird etwa durch § 7 des preußischen Staatshaftungsgesetzes von 1. 8. 1909 (GS 691) die Amtshaftung gegenüber Ausländern von der
Verbürgung der Gegenseitigkeit abhängig gemacht (zu ähnlichen landesrechtlichen Regelungen vgl FROWEIN JZ 1964, 358 ff). Diese vom Schrifttum (vgl die Nachweise bei OSSEN-
BÜHL 99, insb Fn 125) kritisierte Abweichung von Art 34 GG wird von den Oberge-
richten und dem BVerfG gebilligt (vgl grundsätzlich zu Haftungseinschränkungen BVerfGE

61, 149, 199; zur Ausländerdiskriminierung bei der Staatshaftung BVerfG NJW 1983, 1259; NVwZ 1991, 661 f; BGHZ 76, 375; 99, 62, 64). Hessen hat nunmehr im AGBGB von 18. 12. 1984 (GVBl I 344), zul geänd d G vom 17. 12. 1998 (GVBl I 562) die Ausländerdiskriminierung beseitigt, Nordrhein-Westfalen hat durch Gesetz vom 10. 3. 1987 (GV 136) § 7 prStHG aufgehoben. Bayern hat in das neugefaßte AGBGB vom 20. 9. 1982 (BayRS 400-1-J) zul geänd d G vom 7. 8. 2003 (GVBl 497) keine Staatshaftungsregelungen mehr übernommen.

Durch § 34 Abs 1 S 2 Nr 2 **Staatshaftungsgesetz** vom 26. 6. 1981 (BGBl I 553) sollte **6** Art 77 aufgehoben werden. Er wäre durch die ausführlichen neuen Regelungen zur unmittelbaren, bundeseinheitlichen Staatshaftung gegenstandslos geworden, weil es dann keine entsprechenden landesgesetzlichen Staatshaftungsansprüche mehr gegeben hätte (vgl SCHÄFER/BONK aaO; dazu: Reform des Staatshaftungsrechts, Kommissionsbericht, hrsg von den Bundesministern der Justiz und des Inneren [1973] 146). Das Staatshaftungsgesetz ist jedoch vom Bundesverfassungsgericht in seiner Gesamtheit für **nichtig** erklärt worden (E 61, 149). Art 77 und die vom Grundsatz des Art 34 GG abweichenden Landesnormen gelten somit weiter.

Im Zuge der deutschen **Wiedervereinigung** hat die Bedeutung von Art 77 EG zuge- **7** nommen. So bestimmt der Einigungsvertrag vom 31. 8. 1990 (BGBl II 889) in Art 9 Abs 1 S 1, Abs 2 iVm Anlage II, Kapitel III, Sachgebiet B: Bürgerliches Recht, Abschnitt III Nr 1, daß das Staatshaftungsgesetz der DDR vom 12. 5. 1969 (GBl I Nr 5 S 34), geändert durch das Gesetz zur Anpassung von Regelungen über Rechtsmittel der Bürger und zur Festlegung der gerichtlichen Zuständigkeit für die Nachprüfung von Verwaltungsentscheidungen vom 14. 12. 1988 (GBl I Nr 28 S 329), in den neuen Ländern sowie im Ostteil Berlins als Landesrecht in einer durch den Einigungsvertrag selbst modifizierten Fassung fortgilt (für die Notwendigkeit einer zusätzlichen Transformation des StaatshaftungsG durch ein Landesgesetz plädiert aufgrund der gewichtigen Änderungen durch den Einigungsvertrag OSSENBÜHL, Staatshaftungsrecht [5. Aufl 1998] 472). Für den Ostteil Berlins ist das Staatshaftungsgesetz der DDR inzwischen durch das Gesetz zur Aufhebung des Gesetzes zur Regelung der Staatshaftung in der Deutschen Demokratischen Republik vom 21. 9. 1995 (GVBl 607) aufgehoben worden. In den übrigen Ländern des Beitrittsgebiets besteht es als Landesrecht fort (siehe zu den Neuregelungen in den Ländern HERBST/LÜHMANN, Die Staatshaftungsgesetze der neuen Länder [1997] 118 ff). Das StaatshaftungsG der DDR statuiert eine vom Amtswalterverschulden unabhängige Staatshaftung und ist seiner Struktur nach dem StaatshaftungsG von 1981 angenähert (OSSENBÜHL, Staatshaftungsrecht [5. Aufl 1998] 475; zum Inhalt vgl LÜHMANN, Neuordnung des Amtshaftungsrechts [4. Aufl 1995]; RÜFNER 777 ff; OSSENBÜHL, Staatshaftungsrecht [5. Aufl 1998] 394 ff).

Durch die Verfassungsreform im Zuge der Wiedervereinigung ist durch das Gesetz **8** zur Änderung des Grundgesetzes vom 27. 10. 1994 (BGBl I 3146) eine konkurrierende Gesetzgebungskompetenz des Bundes für das Staatshaftungsrecht als Art 74 Abs 1 Nr 25 begründet worden. Damit ist eine bundeseinheitliche Regelung des Staatshaftungsrechts möglich, die landesrechtliche Regelungen sowie Art 77 EG ersetzen könnte (vgl zur Reform der Staatshaftung PFAB, Staatshaftung in Deutschland [1997]).

IV. Landesrechtliche Vorschriften

9 Landesrechtliche Vorschriften zur Beamtenhaftung enthalten neben dem Staatshaftungsgesetz der DDR gegenwärtig

- braunschweig Gesetz über die Haftung des Staates und anderer Verbände für Amtspflichtverletzungen von Beamten bei Ausübung der öffentlichen Gewalt vom 28. 7. 1910 (braunschweig Gesetz- und Verordnungssammlung 305),

- brem Gesetz betreffend die Haftung des Staates und der Gemeinden für Amtspflichtverletzungen von Beamten bei Ausübung der öffentlichen Gewalt vom 19. 3. 1921 (GBl 101),

- §§ 20 f hess AGBGB vom 18. 12. 1984 (GBl I 344), zul geänd d G vom 17. 12. 1998 (GVBl I 562),

- lippisches Gesetz vom 28. November 1922 über die Haftung des Staates und anderer öffentlich-rechtlicher Körperschaften für die Beamten (Lippische Gesetzessammlung 910),

- Gesetz für das Großherzogtum Oldenburg, betreffend die Haftung des Staates und anderer Verbände für Amtspflichtverletzungen von Beamten bei Ausübung der öffentlichen Gewalt vom 22. 12. 1908 (GBl 1907/08, 1110) und

- preuß Gesetz über die Haftung des Staates und anderer Verbände für Amtspflichtverletzungen von Beamten bei Ausübung der öffentlichen Gewalt vom 1. 8. 1909 (GS 691).

Vgl auch § 34 Abs 1 Nr 9 ff des für nichtig erklärten StaatshaftungsG v 26. 6. 1981 (BGBl I 553) sowie die Aufstellungen bei BGB-RGRK/KREFT[12] § 839 Rn 18; SOERGEL/HARTMANN Art 77 Rn 7.

Weitere Bestimmungen finden sich in den **Polizeigesetzen** und in den Vorschriften über die **Beschlagnahme von Presseerzeugnissen.**

Artikel 78

Unberührt bleiben die landesgesetzlichen Vorschriften, nach welchen die Beamten für die von ihnen angenommenen Stellvertreter und Gehilfen in weiterem Umfang als nach dem Bürgerlichen Gesetzbuch haften.

Materialien: E II Art 51; III Art 76.

I. Entstehungsgeschichte

1 Dieser Artikel ist von der II. Komm auf Wunsch der bayerischen Regierung aufge-

nommen worden, hat aber seine jetzige Fassung erst in der RTK erhalten (Prot II
670, 671; VI 409, 410, 611; RTK 440d II. Vgl Jacubezky, Bemerkungen zu dem Entwurf eines
Bürgerlichen Gesetzbuches [1892] 176).

II. Inhalt

Art 78 gestattet eine landesrechtliche **Ausdehnung, nicht** aber die **Verringerung** oder **2**
gar den **Ausschluß** der Haftung für fremdes Verschulden. Er regelt nur die Verantwortlichkeit gegenüber den geschädigten Dritten, beschäftigt sich nicht mit der
Haftung des Beamten gegenüber dem Staat (Planck Art 78 Anm 1); seine Geltung
bleibt deshalb durch die zahlreichen beamtenrechtlichen Vorschriften über die Verantwortlichkeit der Beamten gegenüber ihrem Dienstherrn unangetastet. Art 78
greift nur ein, wenn ein Beamter selbst Stellvertreter oder Gehilfen angenommen
hat, **nicht** aber **bei** deren **amtlicher Bestellung** oder Beiordnung durch Vorgesetzte
oder andere Dienstbehörden (vgl Planck aaO; Soergel/Hartmann Art 78 Rn 1; Palandt/
Thomas Art 78 Anm 1).

Die Annahme von Hilfspersonen durch Beamte kam hauptsächlich bei Notaren und **3**
Gerichtsvollziehern vor; sie ist im Laufe der Zeit **fast bedeutungslos** geworden
(Schäfer/Bonk, Staatshaftungsgesetz [1982] § 36 StHG Rn 5). Zu den landesrechtlichen
Regelungen im Rahmen des Vorbehalts des Art 78 vgl Staudinger/Leiss[10/11]
Art 78 Rn 3.

III. Fortgeltung

Durch § 34 Abs 1 S 2 Nr 2 **Staatshaftungsgesetz** vom 26. 6. 1981 (BGBl I 553) sollte **4**
Art 78 ausdrücklich aufgehoben werden. Das Staatshaftungsgesetz ist jedoch vom
Bundesverfassungsgericht in seiner Gesamtheit für **nichtig** erklärt worden (E 61,
149), so daß Art 78 und die landesrechtlichen Regelungen über diese Haftungser-
weiterungen (vgl Staudinger/Leiss[10/11] Rn 3) weitergelten.

Artikel 79

**Unberührt bleiben die landesgesetzlichen Vorschriften, nach welchen die zur amt-
lichen Feststellung des Wertes von Grundstücken bestellten Sachverständigen für
den aus einer Verletzung ihrer Berufspflicht entstandenen Schaden in weiterem
Umfang als nach dem Bürgerlichen Gesetzbuch haften.**

Materialien: E II Art 52; III Art 77.

I. Entstehungsgeschichte

Dieser Artikel ist erst auf Anregung der bayerischen Regierung (Mot zu Art 79 und **1**
78 des Entw des bayerAG, 47) von der II. Komm aufgestellt (Prot II 670, 671; VI 410,
611; Mat 32) und in der RTK redaktionell geändert worden (RTK 440d II; vgl auch
Jacubezky, Bemerkungen zu dem Entwurf eines Bürgerlichen Gesetzbuches [1892] 176).

II.   Inhalt

2 Die Vorschrift gilt für Sachverständige, die **amtlich bestellt wurden, nicht** aber für **beamtete** Schätzer (ebenso SOERGEL/HARTMANN Art 79 Rn 1), wie sie vor allem im Baurecht zunehmend verwendet werden (vgl §§ 192 ff BauGB – Gutachterausschuß).

3 Da das BGB keine Sonderbestimmungen über die Haftung amtlich bestellter Schätzer wegen Verletzung ihrer Berufspflichten enthält, haften sie bundesgesetzlich nur nach dem Recht der unerlaubten Handlungen (§§ 823, 826 BGB) oder nach Vertragsrecht, soweit sie eine Pflichtverletzung gegenüber Vertragspartnern oder vom Vertrag geschützten Dritten begangen haben. Das trägt dem **Vertrauen anderer Dritter** (vor allem dinglich Berechtigter) auf die Richtigkeit der Schätzung nicht Rechnung. Art 79 gestattet deshalb dem Landesgesetzgeber, die Haftung gegenüber Dritten auszudehnen.

4 Ebenso ist eine **Erweiterung** des Umfangs bereits bestehender Haftungsansprüche möglich; die **Einschränkung** der Sachverständigenhaftung ist dem Landesgesetzgeber jedoch **nicht** gestattet.

III.   Landesrechtliche Vorschriften

5 **Bayern** hatte von dem Vorbehalt Gebrauch gemacht; nach Art 88 AGBGB (BayBS III 89) hafteten die zur amtlichen Feststellung des Wertes von Grundstücken mit Rücksicht auf die Sicherheit von Hypotheken, Grundschulden oder Rentenschulden bestellten Schätzer für vorsätzliche oder fahrlässige Verletzung der Berufspflicht den Hypotheken-, Grundschuld- oder Rentenschuldgläubigern für den diesen entstandenen Schaden. Diese Vorschrift wurde jedoch durch G vom 24. 3. 1969 (GVBl 65) aufgehoben. Art 76 hess AGBGB vom 17. 7. 1899 (hess RBl 133) enthielt eine gleichartige Regelung. Das Hessische AGBGB vom 18. 12. 1984 (GVBl I 344), in Kraft seit 1. 1. 1985, zul geänd d G vom 17. 12. 1998 (GVBl I 562) kennt eine entsprechende Bestimmung ebenfalls nicht mehr.

In **Rheinland-Pfalz** gelten Art 88 BayAGBGB idF vom 5. 1. 1966 (GVBl 1966, Sondernr Pfalz 37) für die Pfalz und Art 76 HessAGBGB vom 17. 7. 1899 (GVBl 1970, Sondernr Rheinhessen, 70, zul geänd d G vom 14. 12. 1977, GVBl 433) für Rheinhessen weiter. Sie sind durch das rheinland-pf AGBGB vom 18. 11. 1976 (GVBl 259), zul geänd d G vom 6. 2. 2001 (GVBl 39) ausdrücklich **nicht** aufgehoben worden (vgl § 27 Abs 1 Nr 1 lit b und Nr 2 lit a).

Artikel 80

(1) Unberührt bleiben, soweit nicht in dem Bürgerlichen Gesetzbuch eine besondere Bestimmung getroffen ist, die landesgesetzlichen Vorschriften über die vermögensrechtlichen Ansprüche und Verbindlichkeiten der Beamten, der Geistlichen und der Lehrer an öffentlichen Unterrichtsanstalten aus dem Amts- oder Dienstverhältnis mit Einschluß der Ansprüche der Hinterbliebenen.

(2) Unberührt bleiben die landesgesetzlichen Vorschriften über das Pfründenrecht.

Materialien: E I Art 54; II Art 53; III Art 78.

Systematische Übersicht

Alphabetische Übersicht

I.   Entstehungsgeschichte

Die Art 80 und 81 haben ihre Fassung erst in der II. Komm erhalten; an ihrer Stelle **1**
war im I. Entw ein Art 54 folgenden Wortlauts vorgesehen: „Unberührt bleiben,
soweit nicht durch das BGB eine besondere Bestimmung getroffen ist, die Vorschriften der Landesgesetze über die vermögensrechtlichen Ansprüche und Verbindlichkeiten der Beamten aus dem Amtsverhältnisse mit Einschluß der Ansprüche der
Hinterbliebenen" (Prot VI 408, 409, 433, 434, 611).

Die ausdrückliche Hervorhebung der „Lehrer an öffentlichen Unterrichtsanstalten" **2**
hat **allein historische Ursachen** und erfolgte wegen der früheren Unsicherheit ihrer
Qualifizierung als unmittelbare oder mittelbare Staatsbeamte, Staatsbeamte ieS
oder Gemeindebeamte. Vgl auch Art 23 Abs 2 preuß Verf von 1850, Art 143 Abs 3
WRV (hierzu ANSCHÜTZ [14. Aufl 1933] Art 143 Anm 4 S 669 f).

II. Bedeutung des Art 80

1. Art 80 Abs 1

3 Art 80 Abs 1 ist **gegenstandslos** geworden (vgl SOERGEL/HARTMANN Art 80 Rn 1). Nach der Verteilung der Gesetzgebungskompetenzen durch das Grundgesetz steht dem Bund neben der ausschließlichen Gesetzgebung für die Rechtsverhältnisse der unmittelbaren und mittelbaren Bundesbeamten (Art 73 Nr 8 GG) die konkurrierende Gesetzgebungskompetenz hinsichtlich der Besoldung und Versorgung aller **Beamten** (Art 74a GG) und im übrigen eine Rahmenkompetenz (Art 75 Abs 1 Nr 1) zu. Da das Beamtenrecht Teil des öffentlichen Rechts ist, fällt es nicht unter das Kodifikationsprinzip (vgl Vorbem 15 ff zu Art 55). Ob die Länder beamtenrechtliche Regelungen treffen dürfen, richtet sich nach den ihnen von Verfassungs oder Gesetzes wegen zustehenden Kompetenzen auf dem Gebiet des **Beamtenrechts** (vgl zB §§ 1 Abs 4, 42 Abs 5, 51 Bundesbesoldungsgesetz [BBesG], idF der Bekanntmachung v 6. 8. 2002 [BGBl I 3020]), nicht des bürgerlichen Rechts (Art 74 Abs 1 Nr 1 GG).

4 Dasselbe gilt hinsichtlich der **Geistlichen und Lehrer an öffentlichen Unterrichtsanstalten**, die Staatsbeamte sind. Die Rechtsverhältnisse nicht beamteter Lehrer an öffentlichen Unterrichtsanstalten rechnen zum Arbeitsrecht und werden ebenfalls vom Kodifikationsprinzip nicht erfaßt (vgl Vorbem 15 ff zu Art 55).

5 Die Rechtsverhältnisse der Geistlichen werden von der Garantie des **Selbstbestimmungsrechts der Religionsgesellschaften** erfaßt. Soweit sie Staatsbeamte sind, gilt Beamtenrecht. Im übrigen ordnen und verwalten die Religionsgemeinschaften gem Art 140 GG iVm Art 137 Abs 3 S 1 WRV ihre Angelegenheiten innerhalb der Schranken des für alle geltenden Gesetzes selbständig. Zu diesem Selbstbestimmungsrecht gehören insbesondere auch die Rechtsverhältnisse der Geistlichen oder anderer kirchlicher Amtsträger. Deshalb gelten die Beamtengesetze nicht für die (öffentlich-rechtlichen) Religionsgemeinschaften und ihre Verbände, die aber die Rechtsverhältnisse ihrer Beamten und Seelsorger dem Gesetz entsprechend regeln dürfen (§§ 135 Beamtenrechtsrahmengesetz [BRRG], idF der Bekanntmachung v 31. 3. 1999 [BGBl I 654], 1 Abs 5 BBesG). Die Landesgesetzgebung kann zwar durchführende, nicht aber beschränkende Gesetze erlassen (vgl Art 137 Abs 8 WRV; ANSCHÜTZ Art 137 Anm 4 S 635).

6 Nur soweit die Wahrung dieser Rechtsverhältnisse **unmittelbare** Wirkung auf **außenstehende** Dritte hat, sind (landes-)gesetzliche Regelungen möglich, zB hinsichtlich der Übertragung (Abtretung und Verpfändung) von Dienst- und Versorgungsbezügen, vgl Art 81, § 400 BGB.

2. Art 80 Abs 2

7 Der Vorbehalt in Art 80 Abs 2 bezüglich der landesgesetzlichen Vorschriften über das **Pfründenrecht** ist dagegen weiterhin von Bedeutung.

III. Art 80 Abs 1

1. Personenkreis

a) **Beamter** ist, wer zu seinem Dienstherrn in einem öffentlich-rechtlichen Dienst- **8** und Treueverhältnis (Beamtenverhältnis) steht (vgl §§ 2 Abs 1 BRRG; 2 Abs 1 Bundesbeamtengesetz [BBG], idF der Bekm v 31. 3. 1999 [BGBl I 675], zuletzt geänd d G vom 21. 8. 2002 [BGBl I 3322]). **Arbeiter** und **Angestellte** des öffentlichen Dienstes sind keine Beamten iS dieser Vorschrift.

b) **Geistliche** können (zB als Professoren, Lehrer, Anstaltspfarrer) Beamte sein, im **9** übrigen können sie als Geistliche öffentlich-rechtlicher Religionsgemeinschaften und ihrer Verbände von diesen den staatlichen Beamten gleichgestellt werden (vgl § 135 BRRG). Streitigkeiten über vermögensrechtliche Ansprüche ihrer Amtsträger können die Religionsgesellschaften entweder durch eigene Gerichte oder kraft ausdrücklicher (kirchen-)gesetzlicher Zuweisung durch staatliche (Verwaltungs-)Gerichte entscheiden lassen (vgl § 135 BRRG; zur Frage des Rechtswegs BGHZ 46, 86, 99; BVerwGE 66, 240; BVerwG DVBl 1983, 507; BVerfG NJW 1983, 2569 f; zu der Problematik PETER-MANN DÖV 1991, 16 ff; SACHS DVBl 1989, 487 ff; STEINER NVwZ 1989, 410 ff; WEBER NVwZ 1986, 363 ff; ders, in: FS Sendler [1991] 553 ff; vgl auch die Nachweise bei SOERGEL/HARTMANN Art 80 Rn 3).

c) Für beamtete **Lehrer** an öffentlichen Unterrichtsanstalten (vgl oben Rn 3) gelten **10** die landesrechtlichen Regelungen, für die übrigen gilt grundsätzlich der Bundes-Angestellten-Tarifvertrag (BAT). Auch letztere werden von Art 81 erfaßt, da sich dieser sowohl auf Amts- als auch auf Dienstverhältnisse der genannten Personen bezieht.

2. Regelungsgegenstand

Art 80 erstreckt sich sowohl auf vermögensrechtliche Ansprüche als auch auf Ver- **11** bindlichkeiten aus dem jeweiligen Amts- oder Dienstverhältnis.

a) Vermögensrechtliche Ansprüche einschließlich der (vermögensrechtlichen) **12** Ansprüche der Hinterbliebenen sind Besoldungsansprüche im weiteren Sinne einschließlich von Zuschüssen zum Grundgehalt, Ortszuschlag, Zulagen, Vergütungen, Auslandsdienstbezügen, Anwärterbezügen, jährlichen Sonderzuwendungen, vermögenswirksamen Leistungen, Urlaubsgeld (vgl § 1 Abs 2 und 3 BBesG); aber auch Reise- und Umzugskosten, Beihilfe sowie Versorgungsansprüche (vgl § 2 Beamtenversorgungsgesetz [BeamtVG], idF der Bekm vom 16. 3. 1999 [BGBl I 322, ber 847, 2033], zul geänd d G v 10. 9. 2003 [BGBl I 1798]).

Zu den beamtenrechtlichen **Regelungen des Bundes** vgl Bundesbeamtengesetz **13** (BBG) idF vom 31. 3. 1999 (BGBl I 675), zul geänd d G vom 21. 8. 2002 (BGBl I 3322); Beamtenrechtsrahmengesetz (BRRG) idF vom 31. 3. 1999 (BGBl I 654), zul geänd d G vom 21. 8. 2002 (BGBl I 3322); Bundesbesoldungsgesetz (BBesG) idF vom 16. 5. 1997 (BGBl I 3020), zul geänd d G vom 23. 12. 2003 (BGBl I 2848); DRiG idF vom 19. 4. 1972 (BGBl I 713), zul geänd d G vom 11. 7. 2002 (BGBl I 2592); Beamtenversorgungsgesetz (BeamtVG) vom 16. 3. 1999 (BGBl I 322, ber 847, 2033), zul geänd d G vom 10. 9. 2003 (BGBl I 1798).

Nebengesetze: BReisekostenG vom 13. 11. 1973 (BGBl I 1621), zul geänd d G vom 21. 8. 2002 (BGBl I 3322); BUKG idF der Bek vom 11. 12. 1990 (BGBl I 2682), zul geänd d G vom 15. 12. 2004 (BGBl I 3396).

14 Zu den beamtenrechtlichen **Regelungen der Länder**:

aa) **Baden-Württemberg**: BeamtenG vom 19. 3. 1996 (GBl 285), zul geänd d G vom 17. 2. 2004 (GBl 66); RichterG idF vom 22. 5. 2000 (GBl 504), zul geänd d G v 1. 7. 2004 (GBl 469)

bb) **Bayern**: BeamtenG idF v 22. 5. 2000 (GVBl 702), zul geänd d G vom 7. 8. 2003 (GVBl 497, ber 673 u. GVBl 503); RichterG vom 11. 1. 1977 (GVBl 27), zul geänd d G vom 25. 6. 2003 (GVBl 374).

cc) **Berlin**: BeamtenG vom 20. 2. 1979 (GVBl 368), idF v 19. 5. 2003 (GVBl 203), geänd d G vom 2. 10. 2003 (GVBl 486); RichterG vom 27. 4. 1970 (GVBl 642), zul geänd d G vom 10. 2. 2003 (GVBl 62).

dd) **Brandenburg**: BeamtenG vom 24. 12. 1992 (GVBl I 506), idF d Bekm vom 8. 10. 1999 (GVBl I 446), zul geänd d G vom 4. 6. 2003 (GVBl I 172); RichterG vom 22. 11. 1996 (GVBl I 322), geänd d G vom 18. 12. 2001 (GVBl I 254).

ee) **Bremen**: BeamtenG vom 15. 9. 1995 (GBl 387), zul geänd d G vom 8. 4. 2003 (GBl 147); RichterG vom 15. 12. 1964 (GBl 187), zul geänd d G vom 18. 12. 03 (GBl 413).

ff) **Hamburg**: BeamtenG vom 29. 11. 1977 (GVBl 367), zul geänd d G vom 18. 2. 2004 (GVBl 69); RichterG vom 2. 5. 1991 (GVBl 169), zul geänd d G vom 18. 2. 2004 (GVBl 69).

gg) **Hessen**: BeamtenG vom 11. 1. 1989 (GVBl I 26), zul geänd d G vom 18. 12. 2003 (GVBl I 496); RichterG vom 11. 3. 1991 (GVBl I 53), zul geänd d G vom 27. 11. 2002 (GVBl I 698).

hh) **Mecklenburg-Vorpommern**: BeamtenG idF der Bekm vom 12. 7. 1998 (GVOBl I 708, ber in GVOBl 910), zul geänd d G vom 2. 7. 2003 (GVOBl 355); RichterG vom 7. 6. 1991 (GVBl 159), zul geänd d G vom 10. 7. 2001 (GVOBl 256).

ii) **Niedersachsen**: BeamtenG idF vom 19. 2. 2001 (GVBl 33), zul geänd d G vom 31. 10. 2003 (GVBl 372); RichterG vom 14. 12. 1962 (GVBl 265), zul geänd d G vom 31. 10. 2003 (GVBl 372).

kk) **Nordrhein-Westfalen**: BeamtenG vom 1. 5. 1981 (GVNW 234), zul geänd d G vom 21. 7. 2003 (GVNW 55); RichterG vom 29. 3. 1966 (GVNW 217), zul geänd d G vom 20. 4. 1999 (GVNW 148).

ll) **Rheinland-Pfalz**: BeamtenG vom 14. 7. 1970 (GVBl 242), zul geänd d G vom

21. 7. 2003 (GVBl 55); RichterG vom 16. 3. 1975 (GVBl 117), zul geänd d G vom 16. 12. 2002 (GVBl 481).

mm) Saarland: BeamtenG idF der Bekm vom 27. 12. 1996 (ABl 1997, 301), zul geänd d G vom 11. 12. 2003 (ABl 2004, 2); RichterG vom 18. 4. 1975 (Abl 566), zul geänd d G vom 27. 2. 2002 (ABl 930).

nn) Sachsen: BeamtenG idF d Bekm vom 14. 6. 1999 (GVBl 370), geänd d G vom 12. 3. 2002 (GVBl 108); RichterG idF d Bekm vom 13. 2. 1997 (GVBl 117), zul geänd d G vom 13. 2. 2002 (GVBl 108).

oo) Sachsen-Anhalt: BeamtenG idF vom 9. 2. 1998 (GVBl 49), zul geänd d G vom 17. 12. 2003 (GVBl 352); RichterG vom 1. 4. 1993 (GVBl 170), zul geänd d G vom 25. 3. 2003 (GVBl 60).

pp) Schleswig-Holstein: BeamtenG idF vom 3. 3. 2000 (GVOBl 218), zul geänd d G vom 12. 12. 2003 (GVOBl 668); RichterG vom 23. 1. 1992 (GVBl 46), zul geänd d G vom 15. 6. 2004 (GVOBl 153).

qq) Thüringen: BeamtenG idF der Bekm vom 8. 9. 1999 (GVBl 525), zul geänd d G vom 21. 6. 2002 (GVBl 257); RichterG vom 17. 5. 1994 (GVBl 485).

b) Zu den „**vermögensrechtlichen Verbindlichkeiten**" gehören hauptsächlich die **15** Ansprüche, welche dem Staate oder einem Dritten aus dem **Mißbrauch der Dienstgewalt** oder aus einer **Vernachlässigung der Dienstpflichten** erwachsen (vgl hierzu Art 77). Insbesondere zählen hierzu Rückgriffsrechte. Auch insoweit besteht nun aufgrund der §§ 78 BBG, 46 BRRG iVm den unter Rn 14 f aufgeführten Gesetzen eine einheitliche Regelung. Verletzt ein Beamter in Ausübung eines ihm anvertrauten öffentlichen Amtes seine Amtspflicht, so hat der Beamte dem Dienstherrn den Schaden nur insoweit zu ersetzen, als ihm Vorsatz oder grobe Fahrlässigkeit zur Last fällt. Das gilt auch dann, wenn der Dienstherr Schadensersatz geleistet hatte, weil eine Person, die nicht Beamter im staatsrechtlichen Sinne ist, in Ausübung der ihr anvertrauten öffentlichen Gewalt ihre Amtspflicht verletzt hatte.

3. Regelungsinhalt

a) Der Vorbehalt für landesgesetzliche Vorschriften besteht nur insoweit, als das **16** Bürgerliche Gesetzbuch nicht durch unmittelbare oder mittelbare Bezugnahme auf Regelungen anderer Gesetze besondere Bestimmungen getroffen hat. Mitunter besteht jedoch auch für solche besonderen Bestimmungen wiederum ein Vorbehalt für die Landesgesetzgebung (vgl Art 81).

b) Im einzelnen wird der Vorbehalt des Art 80 Abs 1 durch folgende Regelungen **17** des BGB betroffen: § 394 (Ausschließung der Aufrechnung gegen unpfändbare Forderungen; über die Bedeutung der Vorschrift für Beamte vgl PALANDT/HEINRICHS § 394 BGB Rn 2), § 400 (Ausschließung der Abtretung unpfändbarer Forderungen; s hierzu auch Art 91), § 411 (Schutz des Fiskus als Gehaltsschuldner), § 1274 (Bestellung des Pfandrechts an Rechten).

18 Wegen §§ 400, 1274 BGB sind ferner folgende Bestimmungen der ZPO von Bedeutung: § 811 Nr 7 (Unpfändbarkeit der zur Ausübung des Berufs erforderlichen Gegenstände einschließlich angemessener Kleidung des Beamten); § 850 (Pfändbarkeit
der Dienst- und Versorgungsbezüge der Beamten, vgl dazu BAUMBACH/LAUTERBACH/AL
BERS/HARTMANN, ZPO [62. Aufl 2004] § 850 Anm 2 B, Rn 4); § 850a Nr 2 (Unpfändbarkeit
von üblichen Urlaubs- und Treuegeldern) und Nr 3 (Unpfändbarkeit von Aufwandsentschädigungen, zu denen Reise- und Umzugskosten, Tagegelder und reine Aufwandsentschädigungen, aber auch Gefahren-, Schmutz- und Erschwerniszulagen
zählen; vgl dazu BAUMBACH/LAUTERBACH/ALBERS/HARTMANN, ZPO § 850a Anm 5, Rn 6 ff);
§ 850a Nr 4 (Unpfändbarkeit von Weihnachtsvergütungen bis zur Hälfte des monatlichen Einkommens, höchstens aber bis zum Betrag von 500 Euro) und § 850a Nr 5
und 6 (gewisse Arten von Beihilfen).

IV. Art 80 Abs 2*

19 **Pfründevermögen** (bona beneficii) ist der Inbegriff derjenigen Sachen (Gebäude,
Grundstücke, bewegliche Sachen, Kapitalien, Wertpapiere usw) und Rechte (Nutzungen, Forderungen, Abgaben), die mit einem bestimmten Kirchenamt bleibend
verbunden sind und aus deren Ertrag der jeweilige Inhaber des Amtes seinen
Unterhalt zieht. **Pfründenrecht** ist die Summe der Vorschriften, die die Erhaltung,
Verwaltung und namentlich die Nutzung des Pfründenvermögens durch den Inhaber
der Pfründe regeln. Inhaber einer Pfründe können nicht bloß Geistliche, sondern
auch andere Diener (Beamte, Angestellte) der Kirche sein. Pfründen sind der
katholischen wie der evangelischen Kirche eigen.

20 Das Pfründenrecht (als **subjektives Recht**) ist seiner Entstehung, seiner geschichtlichen Entwicklung und seiner heutigen Gestalt nach privatrechtlicher Natur und ist
ein Nutzungsrecht (KIPP, Sachenrecht § 2 III 1, § 114 III 2). Es wurde für unzulässig
erachtet, das Pfründenrecht den für den Nießbrauch des bürgerlichen Rechts geltenden Grundsätzen zu unterwerfen, da die Gründe für die besondere Ausgestaltung
des Pfründenrechts in seinem Zusammenhang mit dem kirchlichen Ämterwesen
liegen. Deshalb wurde die Regelung des Pfründenrechts in seinem ganzen Umfange
der Landesgesetzgebung überlassen. Das Wort „Pfründe" ist dabei im weitesten
Sinne zu verstehen, so daß das Pfründenrecht nicht bloß das Nutzungsrecht der
Pfarrer (Geistlichen), sondern auch das entsprechende Recht anderer kirchlicher
Stelleninhaber umfaßt (Prot VI 436).

21 Nach bayer Recht sind Pfründen öffentliche Stiftungen, die Geistlichen haben Nießbrauch daran, Verwaltung und gesetzliche Vertretung (RG BayB 1922, 99; ähnlich OLG
Zweibrücken MDR 1966, 672). Bezüglich des Pfründenrechts in den einzelnen Ländern
vgl SOERGEL/HARTMANN Art 80 Rn 5.

---

* **Schrifttum:** BUSCH, Vermögensverwaltung in
der katholischen Kirche, HdbStKirchR I (2. Aufl
1994) § 34 S 947 ff; GRETHLEIN/BÖTTCHER/
HOFMANN/HÜBNER, Evangelisches Kirchenrecht in Bayern (1994) 494 ff; HEIMERL/PREE,
Handbuch des Vermögensrechts der katholischen Kirche (1993) 425 ff; MÖRSDORF, Kirchenrecht (11. Aufl 1967) §§ 194 ff; FRIEDRICH,
Einführung in das Kirchenrecht (2. Aufl 1978)
513 f; zum älteren Schrifttum vgl die Hinw bei
STAUDINGER/LEISS[10/11] Art 80 Rn 7.

Für das Pfründenrecht gilt **Landesrecht** (PALANDT/THOMAS Art 80 Anm 2). Zur Geltung **22** der Vorschriften des BGB über den Nießbrauch als subsidiäre Rechtsquelle für die rechtliche Beurteilung des Nutzungsrechts des Pfründebesitzers s BayVGH SeuffBl 77, 526.

Über die **Beseitigung der Pfründebaulast** an Pfründewohngebäuden durch Art 49 **23** Abs 2 Nr 2 der Satzung für die Kirchenverwaltungen und kirchlichen Steuervertretungen in den bayer Diözesen vom 9. 1. 1922 (Beil z Würzburger Diözesanbl 1922 Nr 11) s HOFMANN BayGemVerwB 1923, 206; ebenso BayVerwGH 48, 13, 18. Vgl im übrigen zu dem bayer Recht HENLE/SCHNEIDER/MANGLKAMMER, Die bayerischen Ausführungsgesetze zum AGBGB (1931) 5 und ROEDEL, Das Bayerische Kirchenrecht (1930), Ergänzungsbd (1934) sowie Art 77 Abs 1 bayer AGBGB vom 30. 9. 1982 (GVBl 803).

V. Patronatsrecht*

1. Inhalt

Über das Patronatsrecht wurde keine gesetzliche Bestimmung getroffen, weil die **24** II. Komm einstimmig feststellte, daß es dem **öffentlichen Rechte** angehöre. Das Patronatsrecht ist im allgemeinen ein aus der Stiftung von Kirchen oder Pfründen entspringendes Rechtsverhältnis, ein Inbegriff von Rechten und Verbindlichkeiten. Ein Patronat kann als sog gemischtes auch einem Laien zustehen und mit dem Besitz einer Sache, insbesondere eines Grundstücks, so verknüpft sein, daß es dem jeweiligen Besitzer zusteht **(dingliches Patronatsrecht)**. Das Patronatsrecht an sich darf nicht Gegenstand eines Kaufgeschäfts sein **(Simonie)**. Häufiger, aber nicht wesentlicher Inhalt eines Patronatsrechts ist das sog Repräsentationsrecht, das Recht, für das erledigte Pfarramt (beneficium) einen Nachfolger zu präsentieren. Als weitere Rechte kommen die Aufsicht über die kirchliche Vermögensverwaltung, gewisse Ehrenrechte und der Anspruch auf notdürftigen Unterhalt aus dem Kirchenvermögen bei schuldloser Verarmung in Betracht. Die Pflichten des Patrons bestehen hauptsächlich in der **Kirchenbaulast**; sie besteht meist nur dann, wenn das Patronat dem Inhaber auch Nutzungsrechte gewährt. Vgl ferner zum Patronat Art 132 Rn 10 f.

2. Beseitigungsversuche

Besondere Ausprägung des kirchlichen Selbstbestimmungsrechts gemäß **Art 140 GG, 25 137 Abs 3 WRV** ist der Grundsatz der autonomen Ämterbesetzung. Nach Art 137 Abs 3 S 2 WRV verleiht die Religionsgemeinschaft ihre Ämter ohne Mitwirkung des Staates oder der bürgerlichen Gemeinde. Nicht betroffen ist hiervon das Recht des

---

* **Schrifttum**: ALBRECHT, Patronatswesen, HdbStKirchR II (2. Aufl 1995) § 40 S 47 ff; MÖRSDORF, Kirchenrecht (11. Aufl 1967) § 198; FRIEDRICH, Einführung in das Kirchenrecht (2. Aufl 1978) 362 ff; HARDER, Die katholischen und evangelischen Staatspatronate in Deutschland, Arch für Kath KirchenR 127 (1955) 6 ff, 313 ff; HEIMERL/PREE, Handbuch des Vermögensrechts der katholischen Kirche (1993) 465 ff; VOLL, Handbuch des Bayerischen Staatskirchenrechts (1985) 213 ff; zum älteren Schrifttum vgl STAUDINGER/LEISS[10/11] Art 80 Rn 7 Fn 1.

Detlef Merten

Patrons, für die Besetzung einer kirchlichen Stelle eine geeignete Person vorzuschlagen. Denn diese Befugnis ist **nicht staatskirchenrechtlicher, sondern innerkirchlicher Natur** (vgl ANSCHÜTZ Art 137 Anm 6; MAUNZ/DÜRIG Art 137 WRV Rn 25; SCHÖN VerwArch 29, 10). Das Patronatsrecht ist deshalb durch die Vorschrift in Art 137 Abs 3 S 2 WRV, auch soweit es sich um staatliches oder kommunales Patronat handelt, nicht berührt worden, ebensowenig durch Art 138 (KÖNIGER/GIESE, Grundzüge des katholischen Kirchenrechts [1924] 225). Die Patronate bestehen vorerst noch im bisherigen Umfange weiter; s auch Art 19 Abs 1 des pr Staatsgesetzes vom 8. 4. 1924 (GS 221), wonach die Rechtsverhältnisse des Patrons, soweit staatliche Vorschriften in Frage kommen, unberührt bleiben. Kirchlicherseits besteht das Bestreben, die Patronate als eine die kirchliche Gewalt beschränkende Einrichtung abzubauen. Bereits nach dem Codex iuris canonici vom 27. 5. 1917 wurden keine neuen Patronate mehr zugelassen; den vorhandenen Patronen soll der Verzicht auf das Patronat gegen gewisse Vorteile nahegelegt werden; s auch hinsichtlich des Staatspatronats Art 11 des pr Konkordats vom 14. 6. 1929 (GS 152). Auch in der evangelischen Kirche wurde auf Beseitigung der Patronate hingearbeitet, vgl etwa Art 65 Abs 2 der Verfassung der Evangel-luth Kirche in Bayern idF des KirchenG vom 13. 3. 1968 (KABl 46), nunmehr Art 25 der Verfassung der Evangel-luth Kirche in Bayern idF des KirchenG vom 20. 1. 1971 (KABl 287) iVm dem Kirchengesetz über das Verfahren bei der Besetzung von Pfarrstellen (Pfarrstellenbesetzungsordnung) idF vom 28. 5. 1980, geänd durch Kirchengesetz vom 29. 3. 1984 (KABl 102, dazu vAMMON/RUSAM, Verfassung der Evangelisch-Lutherischen Kirche in Bayern [2. Aufl 1985] Art 25). In der württembergischen evangelischen Kirche sind die kirchlichen Patronatsrechte aufgehoben worden durch § 5 des PfarrbesetzungsG vom 24. 6. 1924 (EvABl 19, 209).

3. Zulässigkeit des Rechtswegs

26 Über Zulässigkeit des Rechtswegs für den Streit über Bestehen eines kirchlichen Patronats nach Inkrafttreten des pr StaatsG vom 8. 4. 1924 betr die Kirchenverfassung der evangel Kirche s RGZ 111, 161 ff; 153, 333 ff (anders bei Streit über Patronatsbaulast in Preußen; s RGZ 110, 160 ff und RG JW 1927, 785 und STÜBER AöR 49, 213; nun BGH in LM Nr 2 zu Kirchenrecht-Allg; s auch RG in DRZ 1927, Nr 890). Die Rechtsverhältnisse des Patronats werden, soweit staatliche Vorschriften in Betracht kommen, durch die Kirchenverfassungen nicht berührt.

Artikel 81

Unberührt bleiben die landesgesetzlichen Vorschriften, welche die Übertragbarkeit der Ansprüche der in Artikel 80 Abs 1 bezeichneten Personen auf Besoldung, Wartegeld, Ruhegehalt, Witwen- und Waisengeld beschränken, sowie die landesgesetzlichen Vorschriften, welche die Aufrechnung gegen solche Ansprüche abweichend von der Vorschrift des § 394 des Bürgerlichen Gesetzbuchs zulassen.

Materialien: E I Art 54; II Art 54; III Art 79.

I.   Entstehungsgeschichte

Vgl Art 80 Rn 1. Art 81 ist in der II. Komm auf Anregung von Bayern, Sachsen und **1**
Württemberg aufgenommen worden, da diese in der Aufrechnung von Ansprüchen
aus dienstlichem Verschulden der Landesbeamten gegen deren Gehalts- und Pen-
sionsansprüche freie Hand behalten wollten. Insbesondere wollte die bayer Eisen-
bahnverwaltung die Aufrechnungsbefugnis nicht aufgeben, um das Personal an
schonende Behandlung des Materials zu gewöhnen (Prot I 374, 375, 385; VI 409;
Mat 38).

II.   Abnehmende Bedeutung

Der Vorbehalt hatte schon durch das **Deutsche Beamtengesetz** vom 26. 1. 1937 **2**
(RGBl I 39, bereinigt 186) an Bedeutung verloren. §§ 39, 126 Abs 3 DBG regelten die
Verpfändung und Abtretung von Dienst- und Versorgungsbezügen sowie das Auf-
rechnungs- oder Zurückbehaltungsrecht gegen diese reichseinheitlich für die unmittelbaren und mittelbaren (Beamten der Länder, Gemeinden, Kreise, sonstiger öffentlicher Korporationen) Reichsbeamten. Die Vorschriften beseitigten insbesondere die Unterschiede zwischen dem Reichs- und dem preußischen Beamtenrecht (vgl
A Brand, Das Deutsche Beamtengesetz [1937] § 39 Anm 1). Nach **Art 74a GG** hat nunmehr
der Bund die konkurrierende Gesetzgebungskompetenz für die Besoldung und
Versorgung im öffentlichen Dienst, soweit sie ihm nicht schon (für die Bundesbeamten) als ausschließliche Kompetenz gemäß **Art 73 Nr 8 GG** zusteht.

III. Inhalt

Art 81 gestattete es der Landesgesetzgebung, die Übertragung der Besoldungs- und **3**
Versorgungsansprüche der Beamten, Geistlichen und Lehrer an öffentlichen Unterrichtsanstalten zu beschränken sowie abweichend von § 394 BGB die Aufrechnung
gegen solche Ansprüche zuzulassen.

Art 81 ist nunmehr weitgehend gegenstandslos geworden und kann **allenfalls** noch **4**
für Geistliche von Bedeutung sein. Das Besoldungs- und Versorgungsrecht als Teil
des Beamtenrechts gehört dem öffentlichen Recht an. Das gilt sowohl hinsichtlich
des Innenverhältnisses des Dienstherrn zum Beamten (Aufrechnung gegen Besol-
dungs- und Versorgungsansprüche) als auch für Rechte des Beamten gegenüber
Dritten im Außenverhältnis (Übertragung von Ansprüchen gegen den Dienstherrn).
Daher kann insoweit das Kodifikationsprinzip nicht mehr eingreifen (vgl Vorbem 16 ff
zu § 55 EG).

1. Beamte

a) Übertragung

Wie § 400 BGB für das bürgerliche Recht, so bestimmt auch das Besoldungs- und **5**
Versorgungsrecht, daß – soweit bundesgesetzlich nichts anderes bestimmt ist – Ansprüche auf Dienst- oder Versorgungsbezüge nur insoweit abgetreten oder verpfändet werden können, als sie der **Pfändung** (vgl §§ 850 ff ZPO) unterliegen (§§ 84
Abs 1 BBG; 51 Abs 1 BRRG; 11 Abs 1 BBesG; 51 Abs 1 BeamtVG sowie die
entsprechenden Vorschriften der **Landesbeamtengesetze**).

b) Aufrechnung

6 Ein Aufrechnungs- oder Zurückbehaltungsrecht gegen Ansprüche auf **Dienst-** oder **Versorgungsbezüge** kann der Dienstherr nur insoweit geltend machen, als diese **pfändbar** sind. Diese Einschränkung gilt jedoch nicht, wenn gegen den Empfänger ein Anspruch auf Schadensersatz wegen vorsätzlicher unerlaubter Handlung besteht (vgl §§ 84 Abs 2 BBG; 51 Abs 2 BRRG; 11 Abs 2 BBesG; 51 Abs 2 BeamtVG und die entsprechenden Vorschriften der Landesbeamtengesetze). **Sonderregelungen** bestehen hinsichtlich der Ansprüche auf Sterbegeld, auf Erstattung der Kosten des Heilverfahrens und der Pflege, auf Unfallausgleich sowie auf eine einmalige Unfallentschädigung (vgl § 51 Abs 3 BeamtVG).

2. Geistliche

7 Zur Bedeutung des Art 81 für Geistliche vgl Art 80 Rn 4.

3. Lehrer (zum Begriff vgl Art 80 Rn 3 u 10)

8 Entgegen der Auffassung von PALANDT/THOMAS (zuletzt [57. Aufl 1998] Art 81 Rn 1) hat Art 81 **für nichtbeamtete Lehrer** an öffentlichen Unterrichtsanstalten grundsätzlich **keine Bedeutung**, da diesen die in der Vorschrift im einzelnen bezeichneten beamtenrechtlichen Besoldungs- und Versorgungsansprüche mangels einer Beamteneigenschaft nicht zustehen können. Darüber hinaus würde für die Dienstverhältnisse nichtbeamteter Lehrer das Kodifikationsprinzip (vgl Vorbem 20 f zu Art 55) nicht eingreifen, da es sich nicht auf das Arbeitsrecht erstreckt (vgl Art 80 Rn 4). Lediglich als Ermächtigung für Abweichungen von § 394 BGB ist Art 81 in diesem Falle bedeutsam (zutreffend MünchKomm/SÄCKER/PAPIER Art 81 Rn 2).

IV. Landesrecht

1. Preußen

9 Nach preußischem Beamtenrecht konnten bis zum Erlaß des DBG die Dienstbezüge der Beamten überhaupt nicht abgetreten oder verpfändet werden (vgl A BRAND, Das Deutsche Beamtengesetz [1937] § 39 Anm 1). Vorschriften, die die Aufrechnung abweichend von § 394 BGB zuließen, waren nicht ergangen (RGZ 55, 1, 2).

2. Bayern

Bis 1. 1. 1983 galt Art 12 AGBGB (BayBS III 89); mit Ansprüchen aus dem Dienstverhältnis sowie den von dem Gehalt oder der Pension zu entrichtenden Steuern konnte gegen Gehalts- oder Versorgungsansprüche der öffentlichen Diener und Geistlichen unbeschränkt aufgerechnet werden. Ab diesem Zeitpunkt wurde es durch das bay AGBGB vom 20. 9. 1982 (GVBl 803), zul geänd d G vom 7. 8. 2003 (GVBl 497) ersetzt (Art 80 Abs 2 Nr 1 AGBGB). Inzwischen wurde Art 80 Abs 2 für gegenstandlos erklärt. Soweit keine innerkirchlichen Regelungen bestanden, blieb jedoch Art 12 S 1 des AGBGB von 1899 bei Ansprüchen der Geistlichen auf Gehalt oder Pension bis 31. 12. 1985 anwendbar (Art 77 Abs 7 AGBGB von 1982). Inzwischen sind die genannten Vorschriften gegenstandslos.

3.   Hessen

Art 35 AGBGB (GVBl II 230-1) aufgehoben, siehe § 33 Abs 1 Nr 2 bis 5 (GVBl II 230-5 Anlage 2); gegen Ansprüche der Lehrer an öffentlichen Unterrichtsanstalten und der Geistlichen aus dem Dienstverhältnis konnte mit Ansprüchen aus einer vorsätzlichen Verletzung der Amtspflicht aufgerechnet werden.

4.   Rheinland-Pfalz

Die einschlägigen Vorschriften des bayerischen und des hessischen AGBGB sind durch § 27 Abs 1 AGBGB vom 18. 11. 1976 (GVBl 259), zul geänd d G vom 6. 2. 2001 (GVBl 539) aufgehoben worden.

5.   Saarland

Der für die ehemals bayerischen Gebiete des Saarlands einschlägige Art 12 bay-AGBGB wird in der saarl BS 400-2 als überholt bezeichnet.

Artikel 82

Unberührt bleiben die Vorschriften der Landesgesetze über die Verfassung solcher Vereine, deren Rechtsfähigkeit auf staatlicher Verleihung beruht.

Materialien: E II Art 57; III Art 81.

I.   Allgemeines

1.   Entstehung

Dieser Artikel wurde erst in der II. Komm aufgestellt (Prot VI 399, 400; Mat 87a S 40; **1** RTK 440 S 28).

2.   Regelung des Privatrechts der konzessionierten Vereine

Art 82 betrifft nur die Verfassung im Sinne der Binnenregelung des Vereins und **2** somit das *Privatrecht* der konzessionierten Vereine. Das *öffentliche Recht* der Vereine ist nunmehr im Wesentlichen durch das Gesetz zur Regelung des öffentlichen Vereinsrechts *(Vereinsgesetz)* vom 5. 8. 1964 (BGBl 583), zuletzt geändert durch G vom 22. 8. 2002 (BGBl I 3390) festgelegt. Für die politischen Parteien gilt jedoch in erster Linie das *Parteiengesetz* idF vom 31. 1. 1994 (BGBl I 149).

Für die *privaten Rechtsverhältnisse* der Vereine gelten im Allgemeinen die §§ 21–79 **3** BGB, mit den durch § 24 der VereinsG erfolgten Änderungen. Art 10 EGBGB aF, der die Anerkennung der einem fremden Staat angehörigen rechtsfähigen Vereine im Inland geregelt hat, ist durch § 30 Abs 1 Nr 4 VereinsG aufgehoben. Die verfassungsrechtliche Grundlage für die Vereinsfreiheit und ihre zulässigen Beschränkungen bildet Art 9 GG (s STAUDINGER/WEICK [1995] Vorbem 1 ff zu §§ 21 ff BGB; MERTEN, HbStR VI 776 ff).

II. Inhalt des Vorbehalts

1. Vom Vorbehalt erfasste Vereine

4 Der Vorbehalt des Art 82 betrifft die Vereine, deren Rechtsfähigkeit auf staatlicher Verleihung beruht. Das sind nach § 22 BGB solche Vereine, deren Zweck auf einen *wirtschaftlichen Geschäftsbetrieb* gerichtet ist und die die Rechtsfähigkeit nicht auf einem anderen Weg erlangen können (s BGHZ 22, 240 = LM Nr 12 zu § 105 HGB mit Anm FISCHER), nämlich weder aufgrund der Vorschriften in Bundesgesetzen (s zB AktG, GmbHG, GenG, auch § 23 BGB) noch aufgrund von Landesgesetzen, die auf anderweitigen Vorbehalten beruhen (s zB Art 67, 83 EGBGB).

Über den Begriff der wirtschaftlichen Vereine s STAUDINGER/WEICK (1995) § 21 BGB Rn 5 ff; MünchKomm/REUTER § 21 BGB Rn 4 ff. Aus der Rechtsprechung: RGZ 154, 353; BGHZ 45, 395 = NJW 1966, 2007; BayObLGZ 1953, 309; über die Bedeutung des § 22 BGB im Übrigen s SOERGEL/HADDING §§ 21, 22 BGB Rn 19 und GOEBEL, Der wirtschaftliche Verein, Betrieb 1964, 137; SCHWIERKUS, Der rechtsfähige ideelle und wirtschaftliche Verein (§§ 21, 22 BGB) (Diss Berlin 1981).

5 Da die Rechtsverhältnisse einer großen Anzahl wirtschaftlicher Vereine anderweitig, teils bundesgesetzlich, teils aufgrund der erwähnten Vorbehalte landesgesetzlich geregelt sind, kommt die *staatliche Verleihung* der Rechtsfähigkeit nur in verhältnismäßig wenigen Fällen tatsächlich in Betracht. Der Vorbehalt des Art 82 EG hat daher *keine* erhebliche *praktische Bedeutung.*

6 Der Vorbehalt bezieht sich auf Vereine, deren Rechtsfähigkeit auf staatliche Verleihung beruht, gleichviel ob sie beim Inkrafttreten des BGB schon bestanden haben oder nicht. Er gilt deshalb auch für Vereine mit nicht wirtschaftlichen Zwecken, wenn sie die Rechtsfähigkeit durch *staatliche Verleihung* vor dem 1.1.1900 erlangt haben, zB die privilegierten Schützengesellschaften in Bayern (vgl RGZ 103, 265: geselligen Zwecken dienender Kasinoverein; RG HRR 1936 Nr 1100 = DJZ 1936, 1043: Freimaurerloge; aM SOERGEL/HARTMANN Rn 1; OLG Nürnberg BayZ 1914, 410; s insbes über die privilegierten Schützengesellschaften in Bayern Art 163 EG Rn 39 f). Über das Verhältnis des Art 82 zu Art 163 EG s unten Rn 17.

2. Sachlicher Geltungsbereich

7 Art 82 enthält hinsichtlich der wirtschaftlichen Vereine, deren Rechtsfähigkeit auf staatlicher Verleihung beruht, einen echten *Vorbehalt* hinsichtlich der Bestimmungen über die *Verfassung des Vereins.* Bereits bestehende diesbezügliche Sondervorschriften blieben somit auch nach Inkrafttreten des BGB bestehen, es konnten und können aber auch *neue geschaffen* werden.

8 a) An *älteren Vorschriften* sind nur solche aufrechterhalten, welche Sonderrecht für *konzessionierte Vereine* darstellen, also Vorschriften, die von den *allgemeinen älteren Vorschriften* für rechtsfähige Vereine *abweichen.* Dagegen sind *nicht* aufrechterhalten Bestimmungen, die allgemein für rechtsfähige Vereine gelten. Wenn also in einem Rechtsgebiet ein Verein Rechtsfähigkeit überhaupt nur durch staatliche Konzession erlangen konnte, so sind die für diese Vereine geltenden Vorschriften kein Sonderrecht, sondern eben die allgemeinen landesgesetzlichen Vorschriften für rechtsfähige Vereine. Dieses allgemeine landesgesetzliche private Vereinsrecht ist aber durch Art 55 EG beseitigt und durch die bundesrechtlichen Vorschriften des BGB ersetzt (ebenso mit eingehender Begründung und unter Hinweis auf die Entstehungsgeschichte des Art 82 HABICHT 113 f; NIEDNER Anm 3, dem sich auch das Reichsgericht angeschlossen hat, RGZ 81, 244, 246 ff; JW 1925, 49; SOERGEL/HARTMANN Rn 1; **aM** PLANCK Anm 3b).

Da in einem großen Teil Deutschlands die Erlangung der Rechtsfähigkeit durch **9** staatliche Verleihung die gesetzliche Regel bildete, hat der Vorbehalt für die Aufrechterhaltung älterer Vorschriften nur eine beschränkte Bedeutung (NIEDNER aaO).

Dagegen eröffnet der Vorbehalt des Art 82 der Landesgesetzgebung die Möglichkeit, *neue Vorschriften* für die jetzt noch ausnahmsweise zur Erlangung der Rechtsfähigkeit staatlicher Verleihung bedürftigen Vereine über die Verfassung zu erlassen und dabei von den Vorschriften des BGB abzuweichen.

b) *Vorschriften über die Verfassung* sind diejenigen, durch die die das Vereins- **10** leben bestimmenden *Grundlagenentscheidungen* geregelt werden, so insbes Zweck und Mittel des Vereins, die Voraussetzungen und Folgen der Mitgliedschaft, die Strafgewalt des Vereins, Zusammensetzung, Organe, insbes deren Bildung, Bestellung und Wirkungskreis, Sitz und Name des Vereins (STAUDINGER/WEICK [1995] § 25 BGB Rn 3 ff; vgl auch NIEDNER Anm 4). Dies sind also jedenfalls die Vorschriften der §§ 26–40 BGB, mit Ausnahme des die Haftung des Vereins regelnden § 31 BGB. Soweit hier nicht landesrechtliche Sondervorschriften bestehen, gelten auch die Vorschriften des FGG über Vereinssachen (§§ 159, 160 FGG; siehe KEIDEL/KUNTZE/WINKLER[15] § 159 FGG Rn 2/3, § 160 Rn 3; JANSEN § 159 FGG Rn 3; s auch STAUDINGER/WEICK [1995] § 22 Rn 7; **aM** SCHLEGELBERGER § 159 FGG Anm 2).

Zu den Vorschriften über die Verfassung, die also der Abänderung durch die Lan- **11** desgesetzgebung unterliegen, zählen aber auch die Bestimmungen, die die *Auflösung* des Vereins und das nach der Auflösung eintretende Rechtsverhältnis betreffen, also die §§ 45–53 BGB; denn auch durch diese Vorschriften werden noch die Verhältnisse des Vereins und seiner Mitglieder nach innen und außen iS einer *Grundlagenentscheidung* geordnet, was insbes für die Bestimmung des Anfallsberechtigten nach § 45 BGB aber auch die Durchführung der Liquidation gilt und gerade beim wirtschaftlichen Verein jedem Mitglied eine angemessene Beteiligung an dem oft nicht unerheblichen Vereinsvermögen sichern soll (ebenso im Ergebnis BGHZ 19, 51, 59 = NJW 1956, 138; PLANCK Anm 3a; **aM** NIEDNER Anm 4; HABICHT 113 f Fn 3 hinsichtlich der §§ 47 ff BGB über die Liquidation; gegen die hier vertretene Auffassung auch RG HRR 1936 Nr 1100 = DJZ 1936, 1043; SOERGEL/HARTMANN Rn 2; ENNECCERUS/NIPPERDEY AT § 120 I 3). Die Vorschriften der §§ 42–44 BGB über den *Verlust* und die *Entziehung der Rechtsfähigkeit* gehören aber ebenso wenig hierher wie diejenigen über ihren Erwerb.

Art 82 ermöglicht somit auch, die Binnenstruktur des wirtschaftlichen Vereins den **12** zwingenden Schutzvorschriften des Kapitalgesellschaftsrechts anzunähern und so für die wünschenswerte Harmonisierung zu sorgen (MünchKomm/Säcker Art 82) Im Rahmen des Vorbehalts können auch *zwingende Vorschriften* des BGB durch die Landesgesetzgebung geändert werden (s Staudinger/Weick [1995] § 40 BGB Rn 2). Das Landesrecht kann Vorschriften über die Verfassung erlassen, es kann aber *nicht jede Verfassung ausschließen* (Staudinger/Weick [1995] § 22 BGB Rn 7).

13 Soweit die Landesgesetzgebung die *Verfassung* der konzessionierten Vereine nicht regelt, verbleibt es bei den Vorschriften des BGB (s Staudinger/Coing[12] § 2 BGB Rn 7; Soergel/Hartmann Rn 3; auch Göbel Betrieb 1964, 137, 139).

III. Landesgesetze

14 Das gemeine Recht enthielt keine Sondervorschriften für konzessionierte Vereine. Für *Preußen* s Staudinger/Winkler[12] Rn 13.

Wegen der jetzt *zur Verleihung der Rechtsfähigkeit zuständigen Landesbehörden* s Staudinger/Weick (1995) § 22 BGB Rn 8 (einschließlich neue Bundesländer); Soergel/Hadding §§ 21, 22 Rn 48.

15 Von dem *Vorbehalt* ist, soweit ersichtlich, von *keinem Land Gebrauch gemacht* worden.

16 Für Vereine überhaupt siehe folgende *Ausführungsvorschriften* der Länder (ohne reine Zuständigkeitsregelungen in Ausführungsverordnungen; s auch Soergel/Hadding §§ 21, 22 Rn 48):

Baden-Württemberg: AGBGB vom 26. 11. 1974 (GVBl 498), zuletzt geändert durch G vom 28. 6. 2000 (GBl 470): § 1 Zuständigkeit für die Verleihung der Rechtsfähigkeit, § 49: Altvereine haben sich eine dem BGB entsprechende Satzung zu geben. **Bayern**: AGBGB vom 20. 9. 1982 (GVBl 803 = BayRS 400-1-J): Art 2 Zuständigkeit, Art 3 altrechtlich anerkannte Vereine, Art 5 sonstige altrechtliche Vereine. **Brandenburg**: AGBGB vom 28. 7. 2000 (GVBl I 114 = GS Nr 400-14), geändert durch G vom 18. 12. 2001 (GVBl I 2001, 282, 284): §§ 1 ff, mit Zuständigkeitsregelung mit Vereinsverzeichnis für die Vereine, deren Rechtsfähigkeit auf staatlicher Verleihung beruht. Regelung bezüglich altrechtlicher Vereine in § 12. **Berlin**: Art 5 PrAGBGB (BerlSa 400-1), bes § 2 über Eintragung altrechtlicher Vereine, die nicht auf wirtschaftlichen Geschäftsbetrieb gerichtet sind. **Bremen** AGBGB § 2 (GBl 1899, 61 = SaBremR Nr 400-a-1): nur Zuständigkeitsregelung. **Hamburg**: § 1 AGBGB ist in der Neufassung des AGBGB vom 1. 7. 1958 (GVBl 159 = HambGuV Nr 40e) weggefallen, § 5 regelt die Rechtsfähigkeit der vor dem BGB entstandenen Vereine. **Hessen** AGBGB vom 18. 12. 84 (GVBl 344 = GVBl II 230-5) § 1 f. **Mecklenburg-Vorpommern**: LVO zur Bestimmung der zuständigen Behörden auf dem Gebiet des bürgerlichen Vereinsrechts vom 26. 4. 1991 (GVOBl 148, Gl N. B 2180-0-1), zuletzt geändert durch VO vom 23. 8. 1994 (GVOBl 848): § 1. **Nordrhein-Westfalen**: Lippe AGBGB § 3 (LVO XXII 489). **Niedersachsen**: AGBGB vom 4. 3. 1971 (GVBl 73): §§ 1, 2. **Rheinland-Pfalz**: AGBGB vom 18. 11. 1976 (GVBl 259): § 25 Überleitung altrechtlicher Vereine mit Erlöschungswirkung bei nicht rechtzeitiger Eintragung als eingetragener Verein. **Saarland**: G zur Ausführung bundesrechtlicher Justizgesetze vom 5. 2. 1997 (ABl 258, BS-Nr 114-5) § 1. **Sachsen**: Sächsisches Justizgesetz vom 24. 11. 2000 (GVBl 482, ber GVBl 2001, 704) § 55 mit Zuständigkeit zur

Verleihung der Rechtsfähigkeit. **Thüringen**: Thüringer Zivilrechtsausführungsgesetz vom 3. 12. 2002 (GVBl 424) § 1 Zuständige Behörde für Verleihung der Rechtsfähigkeit an Vereine, § 2 zur Entziehung der Rechtsfähigkeit.

IV. Verhältnis zu Art 163 EG

Über das Verhältnis des Art 82 zu Art 163 EG s RGZ 81, 244, 246 ff; RG HRR 1936 **17** Nr 1100 = DJZ 1936, 1043 und in diesem Komm Art 163 EG Rn 15. Dem Art 82 kommt im Verhältnis zu Art 163 der Vorrang zu, er ist *lex specialis* (ebenso Münch-Komm/SÄCKER Rn 1; SOERGEL/HARTMANN Rn 1; PALANDT/HEINRICHS[53] Rn 1, je zu Art 82 EGBGB; GOEBEL Betrieb 1964, 137, 139; OVG Berlin 1967, 155, 156).

V. Verhältnis zum Verfassungsrecht

Durch Art 124 WeimVerf war Art 82 EG nicht berührt worden. Das Gleiche gilt für **18** das Verhältnis des Art 82 zu Art 9 Abs 1 GG.

Artikel 83

Unberührt bleiben die landesgesetzlichen Vorschriften über Waldgenossenschaften.

Materialien: E II Art 57; III Art 81.

Schrifttum

I. Älteres Schrifttum
Vgl STAUDINGER/MÜLLER/KRIEGBAUM[10/11].

II. Neueres Schrifttum
S auch Schrifttum zu Art 164 EGBGB.

1. Allgemein
EBERTS, Forstrecht, in: MÜLLER (Hrsg), Grundlagen der Forstwirtschaft (1959)
HASEL, Gedanken zum Bundeswaldgesetz, RdL 1975, 197
HODAPP, Rechtsformen und Besteuerung forstwirtschaftlicher Zusammenschlüsse des privaten Rechts (1969)
KIMMINICH, Die Forstwirtschaftlichen Zusammenschlüsse – verfassungsrechtliche und verfassungspolitische Bedeutung, AgrarR 1977, 343
KLEIN/SCHREDER, Die Waldgenossenschaften, in: MANTEL, Handwörterbuch der Sozialwissenschaften, Bd 4, 82: Forstwirtschaft (II): Forstpolitik
KLOSE/ORF, Forstrecht (Kommentar zum

Waldrecht des Bundes und der Länder), (2. Aufl 1998)
LAIBLIN, Altrechtliche Waldnutzungsrechte als Gesamthandrecht oder Einzelrecht, AgrarR 1981, 74
MANTEL, Forstliche Rechtslehre (1964)
ders, Entwicklung und Probleme der deutschen Forstgesetzgebung, Forst- und Holzwirt 1967, 309
PANNWITZ, Das Recht der Interessentenschaften, in: Schriften der Gesellschaft zur Förderung der inneren Kolonisation eV, Heft 10
SCHULTE, Selbständige Gerechtigkeiten und Verfügungsbeschränkungen nach dem KRG Nr 45, RdL 1953, 204
SEMMLER, Waldgenossenschaften und Forstbetriebsgemeinschaften im Ertragssteuerrecht, BuW 2001, 537
STEFFEN, Ist § 2 HöfeO änderungsbedürftig?, RdL 1974, 197/200
WÖHRMANN, Das Landwirtschaftserbrecht –

Jörg Mayer
Karl-Dieter Albrecht

Kommentar zur Höfeordnung und zum BGB-
Landguterbrecht (8. Aufl 2004)
WÖHRMANN, RdL 1964, 162
WÖRLEN, Waldgemeinschaften in: HAR Bd II
Sp 1016.

2. Landesrecht
a) Baden-Württemberg
DIPPER/OTT/SCHLESSMANN/SCHRÖDER/
SCHUHMACHER, Das Waldgesetz für Baden-
Württemberg (Loseblatt)
HASEL, Landeswaldgesetz Baden-Württemberg,
RdL 1976, 141
JANES, Die Fortgeltung alten Rechts – dargestellt an Beispielen aus dem Badischen Landrecht von 1810, AgrarR 1985, 5/7
LAIBLIN, Waldnutzungsrechte und Gesetz über
das Gemeindegliedervermögen, AgrarR 1975,
225 = BWVPr 1975, 235
ders, Altrechtliche Waldnutzungsrechte als Ge-
samthandsrecht oder Einzelrecht, AgrarR 1981,
74.

b) Bayern
HEIN, Das Waldgesetz für Bayern, BayVBl
1976, 129
NEIDLINGER, Handbuch des Forstrechts in
Bayern (1967)
ZERLE/HEIN/BRINKMANN/FOERST/STÖCKEL,
Forstrecht in Bayern (2. Aufl, Loseblatt).

c) Hessen
WESTERNACHER, Hessisches Forstgesetz (1995
Loseblatt).

d) Niedersachsen
FIGGE, Die Hannoverschen Realgemeinden,
RdL 1960, 85
ders, Das Recht der Braunschweigischen Realgenossenschaften, RdL 1964, 259
FLÖTE, Das Niedersächsische Realverbandsgesetz in der Praxis, AgrarR 1975, 345
HEISING, Die Hannoverschen Realgemeinden
(1954)
KEDING/HENNIG, Niedersächsisches Gesetz
über den Wald und die Landschaftsordnung
(Loseblatt)
SEEHUSEN, Das Niedersächsische Gesetz über
den Körperschafts- und Genossenschaftswald,
RdL 1961, 169
ders, Zum Recht der Teilungs- und Verkoppe-
lungsinteressentenschaften, RdL 1962, 305

ders, Zum niedersächsischen Realverbandsgesetz, RdL 1970, 225, 309; 1971, 61, 114, 142
TESMER, Staatsaufsicht über nichtstaatliche
Waldungen in Niedersachsen, RdL 1958, 115
ders, Die niedersächsischen Realverbände und
das Realverbandsgesetz, RdL 1969, 309
ders, Von der Lüneburgischen Gemeinheitsteilungsordnung zum Niedersächsischen Realverbandsgesetz, AgrarR 1975, 339
TESMER/THOMAS, Das Niedersächsische Realverbandsgesetz (5. Aufl 2004)
THOMAS, Bedeutung des niedersächsischen
Realverbandsgesetzes, RdL 2000, 31
ders, Einzelfragen zum niedersächsischen Realverbandsgesetz, RdL 2000, 59
ders, Realverbandsrecht und niedersächsisches
Recht der freien Flur, RdL 2002, 281.

e) Nordrhein-Westfalen
DREES, Zum Gesetz über den Gemeinschafts-
wald in Nordrhein-Westfalen, AgrarR 1976, 63
HOLTMEIER, Die forstlichen Zusammenschlüsse
des nordrhein-westfälischen Waldschutzgesetzes
(Diss Köln 1965)
LORSBACH, Das Haubergwesen im Landge-
richtsbezirk Siegen, in: Rechtspflege zwischen
Rhein und Weser (1970) 303
PIELOW/DREES/HOCHHÄUSER, Forstrecht in
Nordrhein-Westfalen (2. Aufl 1982).

f) Rheinland-Pfalz
HERRMANN, Die Gehöferschaften im Bezirk
Trier (1989 = Diss Trier)
KROESCHELL/WÖRLEN, Waldgemeinschaften
mit körperschaftlicher Verfassung in Rheinland-
Pfalz, AgrarR 1981, 325
WÖRLEN, Waldeigentümergemeinschaften mit
körperschaftlicher Verfassung in Rheinland-
Pfalz – Geschichte und Rechtsnatur der Hek-
kengesellschaften im Landkreis Birkenfeld
(1981).

g) Saarland
KLEIN, Neues Forstrecht im Saarland, RdL
1978, 85.

h) Thüringen
KOTHE, Waldgenossenschaften in Thüringen:
Altrecht oder Altlast, VIZ 2002, 69.

i) Neue Bundesländer
SCHWEIZER, Gesetz zur Änderung des Landwirtschaftsanpassungsgesetzes und anderer Gesetze, DtZ 1991, 279/285.

Alphabetische Übersicht

I.   Entstehung

Der Artikel wurde erst in der II. Kommission aufgestellt (Prot VI 491, 494; Mat 87a, **1**
41; RTK 440, 28).

II.   Grund des Vorbehalts

Mit dem Inkrafttreten des BGB wären auch alle privatrechtlichen Vorschriften der **2**
Landesgesetze, die sich mit der Waldbewirtschaftung befaßten, beseitigt worden.
Eine vorteilhafte Waldbewirtschaftung ist aber regelmäßig nur auf einem größeren
Waldkomplex möglich. Deshalb ist vielfach auch weiterhin die Zusammenfassung
mehrerer, verschiedenen Eigentümern gehöriger Waldgrundstücke zum gemeinsamen Betriebe und damit im Zusammenhang stehend eine Einschränkung der nach
dem BGB aus dem Eigentum fließenden Rechte an den Waldgrundstücken der
einzelnen Eigentümer notwendig. **Art 83 EGBGB** will eine solche Zusammenfassung
angesichts der volkswirtschaftlichen Bedeutung des Waldes und des öffentlichen
Interesses an der Erhaltung und ertragreichen Bewirtschaftung des Waldes erleichtern und die Länder **von den Schranken, die sich aus den Vorschriften über das
Eigentum und des Vereins- und Gesellschaftsrechts** ergeben würden, **befreien.** Insbesondere die Vorschriften über die Auflösung der Vereine (§§ 41 ff BGB) und über
die Freiheit des Austritts der Mitglieder (§ 39 BGB) wären mit den Zwecken der
Waldgenossenschaften nicht in Einklang zu bringen gewesen. Andernfalls wäre die
Landesgesetzgebung gezwungen worden, um die Anwendung nicht passender Vorschriften des BGB zu umgehen, Vorschriften und Einrichtungen für die Waldbewirtschaftung als öffentlich-rechtlich zu kennzeichnen, obwohl sie in Wahrheit dem
Privatrecht angehören (Prot VI 496). Aus demselben Grund finden sich im EGBGB
noch weitere Vorbehalte, die sich auf Waldgrundstücke beziehen. Art 89 betrifft das
Privatpfändungsrecht, Art 107 die Schadensersatzpflicht bei Zuwiderhandlungen
gegen Strafvorschriften zum Schutze von Grundstücken, Art 109 und 111 Enteignungen und Eigentumsbeschränkungen (heute als öffentlich-rechtlich eingestuft),
Art 114 die Ablösung von Forst- und Waldberechtigungen, Art 124 nachbarrechtliche Eigentumsbeschränkungen und Art 164 Übergangsvorschriften für Realgemeinden und ähnliche Verbände; letztere Vorschrift, die auch auf entsprechende
Waldgenossenschaften zur Anwendung kommt, betrifft jedoch nur die zur Zeit des

Inkrafttretens des BGB schon bestehenden Verbände (vgl unten STAUDINGER/MAYER Art 164 EGBGB Rn 13, 26). Bezüglich dieser ergänzenden Vorschriften wird auf die dort dazu gegebenen Erläuterungen Bezug genommen.

Allerdings sind **häufig öffentlich-rechtliche und privatrechtliche Vorschriften** für die Waldbewirtschaftung fast **unlösbar miteinander verbunden**, da die Landesgesetzgebung im Rahmen der den Ländern auch ohne den Vorbehalt möglichen und im Vordergrund stehenden öffentlich-rechtlichen Regelungen über die Waldgenossenschaften vielfach auch privatrechtliche Fragen mitberücksichtigt (vgl allgemein HOLTMEIER, Die forstlichen Zusammenschlüsse des nordrhein-westfälischen Waldschutzgesetzes [Diss Köln 1965] 65 f).

III. Begriff der Waldgenossenschaften

3 **Waldgenossenschaften** sind **forstwirtschaftliche Vereinigungen** mit dem Zweck, die Landeskultur durch **Pflege und Erhaltung der vorhandenen Waldungen** sowie durch Aufforsten von Ödländereien zu fördern und ihren **Mitgliedern die Nutzungen** der gemeinschaftlichen Waldungen zu gewähren. Solche Waldgenossenschaften können nach der geschichtlichen Entwicklung die **Gemeinden als solche** darstellen, sei es, daß sich die Zugehörigkeit des einzelnen ohne weiteres an die Gemeindebürgerschaft knüpft, sei es, daß sie von weiteren Voraussetzungen abhängig ist (zB Grundbesitz, gewisse Leistungen; vgl GIERKE, Deutsches Privatrecht I [1895] 606 f). Weiter gehören hierzu **Verbände**, die sich **unabhängig vom Gemeindeverband** entwickelt haben und sich auch über das Gebiet mehrerer Gemeinden erstrecken können (sog **Markgenossenschaften, Agrargenossenschaften, Hauberggenossenschaften, Holzgemeinden** u ähnl; vgl GIERKE I 612 ff). Insbesondere gehörten hierzu auch die **Waldzwangsgenossenschaften** nach §§ 23–46 des Preuß Gesetzes betr Schutzwaldungen und Waldgenossenschaften vom 6. 7. 1875 (Pr GS 416).

IV. Rechtsnatur der Waldgenossenschaften

4 Das **Forst-** und **Waldrecht** gehört heute im wesentlichen dem **öffentlichen Recht** an. In der Hauptsache sind für die Waldgenossenschaften daher Bestimmungen des öffentlichen Rechts maßgeblich.

Von den **altrechtlichen Waldgenossenschaften** werden **nicht wenige** als **Körperschaften des öffentlichen Rechts** aufgefaßt, so zB die noch in **Nordrhein-Westfalen** im Kreise Siegen nach der Pr Haubergsordnung für den Kreis Siegen vom 17. 3. 1879 (Pr GS 228) und in **Rheinland-Pfalz** nach den Pr Haubergsordnungen für den Oberwesterwaldkreis vom 4. 6. 1887 (Pr GS 289) sowie für den Kreis Altenkirchen vom 9. 4. 1890 (Pr GS 55) bestehenden **Hauberggenossenschaften** (aA STAUDINGER/MAYER Art 164 EGBGB Rn 38 f mwN) und in **Niedersachsen** die **hannoverschen Realgemeinden** mit neugeregelter Verfassung nach dem Pr Gesetz betr die Verfassung der Realgemeinden in der Provinz Hannover vom 5. 6. 1888 (Pr GS 233; insoweit daher nur deklaratorisch jetzt § 2 Niedersächs RealverbandsG vom 4. 11. 1969, Nds GVBl 187 = SaBl 1970, 560, jetzt idF vom 3. 6. 1982, Nds GVBl 157, zuletzt geändert durch Ges vom 21. 3. 2002, Nds GVBl 112. Vgl dazu insgesamt BGHZ 6, 55 [= RdL 1952, 219 mit Anm SCHULTE, RdL 1953, 204]; BGHZ 23, 241 [= LM MRVO [BrZ] 84 Art III Nr 13 = NJW 1957, 790 [LS] = RdL 1957, 155]; BGHZ 36, 283 [= NJW 1962, 804 = MDR 1962, 694 = RdL 1962, 75]; OLG Hamm KGJ 47 A Anhang 272; VerfGH

Rheinland-Pfalz VerwRspr Bd 3 Nr 35; OVG Lüneburg NdsRpfl 1961, 217; RdL 1967, 24; GIERKE, Deutsches Privatrecht I [1895] 616; MANTEL, Forstrechtslehre 227; ders, Inhalt und rechtliche Form der forstlichen Zusammenschlüsse, Forst- und Holzwirt 1955, 10; KLEIN/SCHREDER ZGenW 1967, 241/253; WOLFF/BACHOF/STOBER, Verwaltungsrecht II [6. Aufl 2000] § 97 II 2–4, Rn 8–11).

Die **früheren Gesetze** bevorzugten – vor allem dann, wenn die öffentliche Hand (Staat, Gemeinden oder andere Körperschaften) beteiligt ist – ebenfalls eine **öffentlich-rechtliche Organisationsform** der Waldgenossenschaften, ließen aber meist bei einem solchen Zusammenschluß das private Einzeleigentum an den erfaßten Waldgrundstücken unberührt. Dies gilt vor allem für die meisten Waldgenossenschaften nach dem Preuß Gesetz betr Schutzwaldungen und Waldgenossenschaften vom 6. 7. 1875 (Pr GS 416).

Es existierten jedoch auch rein **privatrechtliche forstliche Zusammenschlüsse** der **5** einzelnen Waldeigentümer. Die Bezeichnung einer solchen Vereinigung (zB als Waldgenossenschaft) allein gibt über ihre Rechtsnatur allerdings selten sicheren Aufschluß; um sie zu erkennen, bedarf es der Prüfung der Entstehung und der Verfassung eines solchen Gebildes im einzelnen. An **altrechtlichen Personenmehrheiten** mit Eigentum an Wald oder mit der Berechtigung zur Nutzung von Wald, wenn auch **ohne eigene Rechtspersönlichkeit**, gehören hierher Gemeinschaften im Geltungsbereich des ehemaligen preußischen Landrechts, in Württemberg und in Baden. Das gilt zB für die in **Nordrhein-Westfalen** bestehenden **Hintermarks-, Waldjahn-** und **Illquadenhochwaldgenossenschaften** im Kreise Siegen, deren Mitglieder im Grundbuch als Eigentümer der mit Hochwald bestandenen Grundstücke eingetragen sind (vgl BGH LM MRVO [BrZ] 84 Art III Nr 17 [= RdL 1957, 207]; OLG Hamm RdL 1956, 332; vgl auch SCHULTE RdL 1953, 205). Ebenso haben keine eigene Rechtspersönlichkeit die privatrechtlichen **Waldjahngenossenschaften** nach dem Pr Gesetz betr die Regelungen für das ehem Justizamt Olpe im Kreis Olpe, RegBez Arnsberg (sog Olper Forstgesetz) vom 3. 8. 1897 (Pr GS 285): Die Jahngenossenschafter sind Miteigentümer des Jahnschaftsvermögens, wobei die Jahnschaftsanteile formell und materiell wie Grundstücke zu behandeln sind (BGH LM ForstG f d Kreis Olpe Nr 1 [= RdL 1957, 159]).

Vgl zum ganzen auch WÖHRMANN, Landwirtschaftserbrecht (8. Aufl 2004) § 2 HöfeO Anm 29, 31, 34, 36; zum Verkauf einer Gemeindegerechtsame WÖHRMANN RdL 1964, 162. Vgl zur Verfassung der altrechtlichen Waldgenossenschaften ausführlich auch STAUDINGER/MAYER Art 164 EGBGB Rn 18, 40 ff.

Privatrechtlich organisiert sind nach der heutigen Rechtslage vor allem die **forstwirtschaftlichen Zusammenschlüsse** einzelner privater Waldeigentümer, die sich **nach** den Vorschriften des **Bundeswaldgesetzes** (BWaldG) vom 2. 5. 1975 (BGBl I 1037), zuletzt geändert durch Ges vom 7. 7. 2005 (BGBl I 1954), und den entsprechenden **Länderforst-** bzw **-waldgesetzen** (vgl dazu unten Rn 9) gebildet haben.

V. Inhalt des Vorbehalts

Der Vorbehalt für die Landesgesetzgebung bezieht sich **nicht nur auf** die bei In- **6** krafttreten des BGB **bestehenden Waldgenossenschaften**. Für diese bleibt das bisherige Recht, soweit es auf Gesetz, Gewohnheit oder Herkommen beruht, schon nach der Übergangsvorschrift des Art 164 EGBGB in Geltung. Art 83 EGBGB erlaubt vielmehr auch die **Neubildung** solcher Genossenschaften und die Regelung ihrer Rechtsverhältnisse durch den Landesgesetzgeber, soweit nicht heute außerhalb des BGB stehendes Bundesrecht eingreift. **Keine Rolle** spielt dabei, **ob** die eine Waldgenossenschaft bildende Vereinigung als **juristische Person** errichtet wird und ob die Mitgliedschaft an Grundbesitz des Mitglieds geknüpft wird. **Wesentliches Merkmal** ist allein, daß die **Mitglieder** als solche **zu den Nutzungen** der zusammengezogenen Waldgrundstücke **befugt** sind. Art 83 ermächtigt aber nur zu **Vorschriften des Privatrechts**, da den Ländern für öffentlich-rechtliche Vorschriften im EGBGB keine Ermächtigung erteilt werden kann. Angesichts der insoweit zwingenden Vorschriften in §§ 15 ff BWaldG (vgl dazu gleich) spielt der Vorbehalt in Art 83 EGBGB daher **nur noch eine geringe Rolle.**

VI. Bundesrechtliche Vorgaben

7 Nach dem Grundgesetz ist das Forstrecht zwar Gegenstand der Landesgesetzgebung. Der **Bund** hat aber in Teilbereichen die **konkurrierende Gesetzgebungsbefugnis**, nämlich auf dem Gebiet der Förderung der land- und forstwirtschaftlichen Erzeugung und der Ein- und Ausfuhr land- und forstwirtschaftlicher Erzeugnisse **(Art 74 Abs 1 Nr 17 GG)**, für den Grundstücksverkehr, das Bodenrecht und das landwirtschaftliche – zu ergänzen ist: das forstwirtschaftliche – Pachtwesen **(Art 74 Abs 1 Nr 18 GG)** sowie für den Schutz beim Verkehr mit land- und forstwirtschaftlichem Saat- und Pflanzengut **(Art 74 Abs 1 Nr 20 GG)**. Außerdem steht ihm die **Rahmengesetzgebung** für ua den Naturschutz und die Landschaftspflege **(Art 75 Abs 1 S 1 Nr 3 GG)** zu.

Auf Grund dieser Kompetenzvorschriften hatte der Bund bereits 1969 das Gesetz über forstwirtschaftliche Zusammenschlüsse vom 1. 9. 1969 (BGBl I 1543) erlassen. Es ist jetzt ersetzt durch das **Gesetz zur Erhaltung des Waldes und zur Förderung der Forstwirtschaft (Bundeswaldgesetz – BWaldG)** vom 2. 5. 1975 (BGBl I 1037), zuletzt geändert durch Ges vom 7. 7. 2005 (BGBl I 1954).

8 Nach den insoweit **zwingenden Vorschriften** des § 39 BWaldG **stehen** bisher bestehende **öffentlich-rechtliche Waldgenossenschaften** (Forstverbände), die den Vorschriften der Verordnung über die Bildung wirtschaftlicher Zusammenschlüsse in der Forstwirtschaft vom 7. 5. 1943 (RGBl I 298) entsprachen, den **öffentlich-rechtlichen Forstbetriebsverbänden gleich**. Sofern sie ihre Satzung noch nicht den Vorschriften des Gesetzes über forstwirtschaftliche Zusammenschlüsse vom 1. 9. 1969 (BGBl I 1543), zuletzt geändert durch Ges vom 2. 3. 1974 (BGBl I 469), angepaßt hatten, erhalten sie von den zuständigen Landesbehörden eine § 25 BWaldG entsprechende Satzung (§ 39 Abs 1, 2 BWaldG).

Nach Landesrecht bisher anerkannte **privatrechtliche Waldgenossenschaften** (forstwirtschaftliche Zusammenschlüsse) sowie nicht förmlich anerkannte privatrechtliche Zusammenschlüsse, die gewisse, in § 39 Abs 3 S 2 BWaldG im einzelnen genannte Voraussetzungen erfüllen, **stehen privatrechtlichen Forstbetriebsgemeinschaften gleich**, sofern sie innerhalb von 4 Jahren nach Inkrafttreten des BWaldG nach § 18 BWaldG **ausdrücklich (erneut) anerkannt werden** (§ 39 Abs 3 BWaldG).

Landesrechtliche Vorschriften über Zusammenschlüsse in der Forstwirtschaft bleiben im übrigen unberührt (§ 39 Abs 4 BWaldG), so daß auch andere Waldgenossenschaften danach aufrecht erhalten bleiben können. Hier liegt für sonstige privatrechtliche Vorschriften der heutige Hauptanwendungsbereich des Art 83 EGBGB.

Neu gebildet werden können nach §§ 16, 22 BWaldG **in erster Linie** nur noch **privatrechtlich organisierte Forstbetriebsgemeinschaften**, die der **Anerkennung** durch die zuständige Landesbehörde **bedürfen** (§ 18 BWaldG). Sie müssen **juristische Personen des Privatrechts** sein (§ 18 Abs 1 Nr 1 BWaldG). **Öffentlich-rechtliche Forstbetriebsverbände** dürfen nur noch für forstwirtschaftlich besonders ungünstig strukturierte Gebiete gebildet werden (§ 22 Abs 1 BWaldG).

Grundsätzlich läßt jede Art der forstwirtschaftlichen Zusammenschlüsse das **Eigentum** und sonstige Rechte der Verbandsmitglieder an den ihnen gehörenden Waldgrundstücken **unberührt**. Das BWaldG enthält zwar nicht mehr eine solche klarstellende Vorschrift wie noch § 6 der aufgehobenen VO über forstwirtschaftliche Zusammenschlüsse vom 7. 5. 1943 (RGBl I 298). Einige Landesforst- bzw -waldgesetze stellen dies aber klar (vgl § 52 HessForstG; § 38 Abs 3 ThürWaldG).

VII. Landesrechtliche Regelungen

Die Länder haben ihre Forst- bzw Waldgesetze diesen Vorgaben des BWaldG inzwischen angepaßt. Es gelten daher folgende **landesrechtliche Regelungen über Waldgenossenschaften**: **9**

Baden-Württemberg: Nach § 56 Abs 1 **Waldgesetz für Baden-Württemberg** (LWaldG) vom 12. 2. 1976 (GBl BW 99 = SaBl 1391), jetzt idF der Bek vom 31. 8. 1995 (GBl BW 685 = SaBl 1821), zuletzt geändert durch Ges vom 1. 7. 2004 (GBl BW 469), ist der Wald von Realgemeinden, Realgenossenschaften und anderen deutschrechtlichen Gemeinschaften, an dem das Eigentum mehreren Personen gemeinschaftlich zusteht (Gemeinschaftswald) Privatwald. Es **besteht** dafür ein **privatrechtlicher forstwirtschaftlicher Zusammenschluß** im Sinne des § 16 BWaldG, für dessen Rechtsverhältnisse § 57 LWaldG Regelungen trifft. Die Forstbehörde hat auch bei noch nicht zusammengeschlossenen Waldgrundstücken die Bildung eines forstwirtschaftlichen Zusammenschlusses zu fördern, wenn dies nach Größe, Lage und Zusammenhang von Waldgrundstücken erforderlich erscheint (§ 61 Abs 1 LWaldG). Die Realteilung eines Gemeinschaftswaldes ist nicht zulässig (§ 56 Abs 2 S 1 LWaldG). Für die Teilung der Anteile am Gemeinschaftswald und für die Auflösung der Gemeinschaft bestehen Sondervorschriften (§ 56 Abs 2 S 2, Abs 3 LWaldG).

Nach § 58 LWaldG können **weiterbestehende öffentlich-rechtliche Waldgenossenschaften badischen Rechts** aufgefordert werden, sich in privatrechtliche Forstbetriebsgemeinschaften nach § 18 BWaldG umzuwandeln. Bis dahin bleiben sie als öffentlich-rechtliche Körperschaften bestehen (vgl VGH BW AgrarR 1988, 360).

Alle früheren badischen, württembergischen, preußischen und württembergisch-hohenzollernschen Vorschriften, die auch den Gemeinschaftswald betrafen, werden aufgehoben (§ 90 LWaldG).

Vgl zum ganzen: HASEL, Landeswaldgesetz Baden-Württemberg, RdL 1976, 141; JANES, Die Fortgeltung alten Rechts – dargestellt an Beispielen aus dem Badischen Landrecht von 1810, AgrarR 1985, 5/7; DIPPER/OTT/SCHLESSMANN/SCHRÖDER/ SCHUHMACHER, Das Waldgesetz für Baden-Württemberg (Loseblatt); (zu den noch bestehenden **öffentlich-rechtlichen** Waldgenossenschaften vgl auch: VGH BW AgrarR 1983, 70 (Verzicht auf Erwerb der Mitgliedschaft, selbst wenn Genossenschaftsanteil untrennbar mit dem Eigentum an bestimmten Hofgütern verbunden ist); VGH BW AgrarR 1988, 360 (Keine Einstimmigkeit für Regelung des Holzbezugs).

Bayern: Das **Waldgesetz für Bayern** (BayWaldG) vom 22. 10. 1974 (BayGVBl 551), jetzt idF der Bek vom 25. 8. 1982 (BayRS 7902-1-E), zuletzt geändert durch Ges vom 9. 5. 2005 (BayGVBl 146), trifft so gut wie **keine eigenen Bestimmungen über privatrechtliche Waldgenossenschaften**. Aus der Zuständigkeitsregelung in Art 40 Abs 1 Nr 1 BayWaldG ergibt sich, daß dafür §§ 16 ff BWaldG direkt gelten. Auch die bisher zur Förderung von Waldkörperschaften privaten Rechts, die vor dem 1. 1. 1900 entstanden sind, bestehende Verweisung auf einige Bestimmungen über den (öffentlich-rechtlich geregelten) Körperschaftswald (Art 19 Abs 8 BayWaldG aF) ist seit 1. 7. 2005 aufgehoben. Der Staatsforstverwaltung obliegt aber nach § 3 Abs 1, 2 S 2 der Verordnung über die Förderung der privaten und körperschaftlichen Waldwirtschaft vom 14. 11. 1972 (BayRS 7904-1-E), zuletzt geändert durch VO vom 28. 5. 2004 (BayGVBl 251), die Förderung der Bildung forstwirtschaftlicher Zusammenschlüsse.

Auch zu den altrechtlichen öffentlich-rechtlichen Waldgenossenschaften, die bisher insgesamt nach Art 3 Abs 2 BayWaldG aF den Regelungen des (öffentlich-rechtlich geregelten) **Körperschaftswalds** unterlagen, enthält das BayWaldG seit 1. 7. 2005 nach Art 3 Abs 1 Nr 2 nF nur noch für den weiter zum Körperschaftswald zählenden **Wald der Waldgenossenschaften nach Art 82 Gemeindeordnung** für den Freistaat Bayern idF der Bek vom 22. 8. 1998 (BayGVBl 796), zuletzt geändert durch Ges vom 7. 8. 2003 (BayGVBl 497), iVm der VO über Waldgenossenschaften vom 14. 11. 1996 (BayGVBl 454), zuletzt geändert durch VO vom 28. 3. 2000 (BayGVBl 136), Regelungen; vgl BayVGH BayVBl 1972, 184 (zum früheren, insoweit nicht geänderten Recht).

Vgl zum ganzen ZERLE/HEIN/BRINKMANN/FOERST/STÖCKEL, Forstrecht in Bayern (2. Aufl, Loseblatt) Art 3 BayWaldG; Art 19 BayWaldG; STAUDINGER/MAYER Art 164 EGBGB Rn 40 ff.

Zu **privatrechtlichen** weiterbestehenden **altrechtlichen Waldgenossenschaften** vgl: Bayer Gerichtshof für Kompetenzkonflikte BayVGHE nF 19 IV 1 (Waldkorporation nicht Körperschaft des öffentlichen Rechts); BayObLGZ 1971, 125 (Gesamthandseigentum nach PrALR am Korporationswald); OLG Bamberg OLGZ 1976, 461 (Übertragung von Nutzungsanteilen an altrechtlichen Körperschaftswaldungen); BayObLG RdL 1981, 209 [= AgrarR 1981, 104] (Übertragbarkeit alter radizierter Wald-[Holz-]Nutzungsrechte bei der Stiftungswaldgemeinde, die ein privatrechtlicher Verband im Sinne des Art 164 EGBGB ist).

Zu den bestehenden **öffentlich-rechtlichen Waldgenossenschaften** vgl: BayVGH VGHE nF 24, 140 (Verfassungsmäßigkeit von §§ 1, 2, 6 und 8 NRAV); BayVGH VGHE nF 40, 12 (= BayVBl 1987, 273) (Keine Bußgeldverhängung durch Waldgenossenschaft); BayVGH VGHE nF 43, 18 (= BayVBl 1990, 662 = RdL 1990, 91 = AgrarR 1991, 110): Keine Entlassung aus einer Waldgenossenschaft,

wenn dies zu einer unwirtschaftlichen erheblichen Vergrößerung eines inmitten des Genossen-
schaftswaldes liegenden privaten Waldgrundstücks führt, das Genossenschaftswald gleichsam in zwei
getrennte Hälften teilt; BayVGH VGHE nF 45, 42 (= RdL 1992, 268 = AgrarR 1993, 361), bestätigt
durch BVerwG, Buchholz 11, Art 14 GG Nr 273: keine Entlassung eines einzelnen Mitglieds mit
unausgeschiedenem Miteigentumsanteil an Genossenschaftswaldgrundstücken; vgl weiter zur Bewirtschaftung: Körperschaftswaldverordnung vom 17.3.1976 (BayRS 7902-3-E), zuletzt geändert
durch VO vom 28.5.2004 (BayGVBl 251).

Hessen: Nach § 3 Abs 2 des **Hessischen Forstgesetzes** vom 10. 11. 1954 (HessGVBl 211),
jetzt idF der Bek vom 10. 9. 2002 (HessGVBl I 582 = SaBl 2091), zuletzt geändert durch
Ges vom 18. 12. 2003 (HessGVBl I 513), werden Privatwaldungen, an denen das Eigentum einer (privatrechtlichen) Gemeinschaft oder mehreren Personen gemeinschaftlich zusteht, dann private **Gemeinschaftswaldungen**, wenn sie nach bisherigem
Recht der Forstaufsicht des Staates wie Gemeindewald unterlagen; für das **Ausscheiden** eines Grundstücks aus dem Gemeinschaftswald bedarf es der **Genehmigung**
der oberen Forstbehörde, die nur bei Vorliegen eines wichtigen Grundes erteilt
werden darf (§ 39 Abs 2 ForstG). Nach § 43 Abs 1 S 1 ForstG sollen sich Waldbesitzer, deren Forstbetriebe zu selbständiger ordnungsgemäßer Forstwirtschaft nicht
geeignet sind, zu (privatrechtlichen) **Forstbetriebsvereinigungen** zusammenschließen,
deren Rechtsform frei vereinbart werden kann (§ 43 Abs 2 ForstG), also nicht
§§ 16 ff BWaldG entsprechen muß. Auch sie bedürfen aber der staatlichen Anerkennung (§ 43 Abs 4 ForstG).

Altrechtliche private Waldgenossenschaften im Sinne des Pr Gesetzes betr Schutzwaldungen und Waldgenossenschaften vom 6. 7. 1875 (PrGS 416) und des Gesetzes
über die Forstverwaltung im Volksstaat Hessen vom 16. 11. 1923 (Hess RegBl 491)
werden nach § 46 ForstG den Forstbetriebsvereinigungen gleichgestellt, wenn sie
nach § 43 Abs 4 ForstG anerkannt sind. Alle älteren Vorschriften über Waldgenossenschaften waren bereits durch § 71 Hess ForstG vom 10. 11. 1954 (HessGVBl 211)
außer Kraft gesetzt worden, insbesondere die meisten Vorschriften des Pr Gesetzes
betr Schutzwaldungen und Waldgenossenschaften sowie §§ 11, 13, 23 und 24 der
sonst weitergeltenden Pr Haubergsordnung für den Dillkreis und den Oberwesterwaldkreis vom 4. 6. 1887 (PrGS 289). Weiter gilt dagegen das Pr Gesetz über gemeinschaftliche Holzungen vom 14. 3. 1881 (HessGVBl II 86-3).

Vgl im einzelnen auch: HessVGH RdL 1992, 203 (Bauplanungsrechtliche Zulässigkeit eines Au-
ßenbereichsvorhabens für forstwirtschaftlichen Nebenerwerbsbetrieb [Haubergbewirtschaftung]).
OLG Frankfurt/Main NJW-RR 2000, 538 (Bezüglich einer ins Grundbuch eingetragenen altrechtlichen Markgenossenschaft als Eigentümer von Waldgrundstücken wird deren Eigenschaft als
Rechtssubjekt auch dann anerkannt, wenn unsicher ist, ob sie nach damaligen Rechtsvorstellungen
formwirksam als juristische Person begründet wurde).

Niedersachsen: Über **Privatwald** (§ 3 Abs 4 und 5) und dafür bestehende privatrecht-
liche Waldgenossenschaften trifft das **Niedersächsische Gesetz über den Wald und die
Landschaftsordnung** (Nds WaldLG) vom 21. 3. 2002 (Nds GVBl 112 = SaBl 963), zuletzt
geändert durch Ges vom 12. 12. 2003 (Nds GVBl 446), mit Ausnahme der Pflicht von
Betreuungsmaßnahmen durch die Landwirtschaftskammer zur Unterstützung der
Ausrichtung forstlicher Maßnahmen an den Anforderungen der ordnungsgemäßen

Forstwirtschaft nach § 11 des Gesetzes **keine eigenen Bestimmungen**. Es gelten also die Bestimmungen des BWaldG direkt.

Ausführlich sind dagegen die **öffentlich-rechtlichen Waldgenossenschaften** geregelt:

Nach § 1 Nds Realverbandsgesetz vom 4. 11. 1969 (Nds GVBl 187 = SaBl 1970, 560), jetzt idF vom 3. 6. 1982 (Nds GVBl 157), zuletzt geändert durch Ges vom 21. 3. 2002 (Nds GVBl 112), fallen sie unter die Realverbände und werden dort aufgezählt. Es sind dies die für Waldungen bestehenden altrechtlichen Interessentenschaften nach dem Pr Gesetz vom 2. 4. 1887 (Nds GVBl Sb III 245), die Realgemeinden nach dem Pr Gesetz betr die Verfassung der Realgemeinden in der Provinz Hannover vom 5. 6. 1888 (Pr GS 233 = Nds GVBl Sb III 246), die Forstgenossenschaften nach dem Pr Gesetz betr die ungeteilten Genossenschaftsforsten vom 19. 5. 1890 (Nds GVBl Sb III 575), die Realgenossenschaften nach dem Gesetz betr die Realgenossenschaften in Braunschweig (Nds GVBl Sb III 248), die Holzungsgenossenschaften mit einem Statut nach dem Pr Gesetz über gemeinschaftliche Holzungen vom 14. 3. 1881 (Pr GS 261) sowie die Realgemeinden und Holzungsgenossenschaften ohne Statut im Gebiet des früheren Landes Hannover und die Markgenossenschaften im Gebiet des früheren Landes Oldenburg. Diese Realverbände sind nach § 2 Abs 2 S 1 Nds RealverbandsG Körperschaften des öffentlichen Rechts. Bei dem von ihnen bewirtschafteten Wald handelt es sich nach § 3 Abs 5 Nds WaldLG um Genossenschaftswald. Für dessen Bewirtschaftung gelten die Sonderregelungen in §§ 15 und 16 Nds WaldLG. Das früher insoweit bestehende Nds Gesetz über den Körperschafts- und Genossenschaftswald vom 4. 3. 1961 (Nds GVBl 99) wurde aufgehoben.

Nach § 44 Abs 3 Nds WaldLG iVm dem danach weitergeltenden § 46 Abs 3 Nds Landeswaldgesetz idF vom 19. 7. 1978 (Nds GVBl 595 = SaBl 1798), zuletzt geändert durch Ges vom 22. 3. 1990 (Nds GVBl 101), sind auf die nach § 23 des aufgehobenen Pr Gesetzes betr Schutzwaldungen und Waldgenossenschaften bestehenden altrechtlichen (öffentlich-rechtlichen) Waldgenossenschaften nunmehr §§ 26–36 BWaldG sowie §§ 40 und 41 des Nds Realverbandsgesetzes entsprechend anzuwenden. Nach dem Pr Gesetz über gemeinschaftliche Holzungen vom 14. 3. 1881 (Pr GS 261) bedurfte die Teilung von Anteilen an einer Holzungsgenossenschaft ebenso einer Genehmigung (§ 6) wie die Bildung von Teilstücken der Waldung (§ 8). Dies wurde bereits durch § 39 Abs 2 Nr 3 GrdstVG vom 28. 7. 1961 (BGBl I 1091) aufgehoben, so daß nur noch die Bestimmungen des Realverbandsgesetzes gelten (vgl VORWERK/ vSPRECKELSEN, GrdstVG [1963] § 39 Rn 20; HERMINGHAUSEN RdL 1960, 138).

Vgl zum ganzen auch weiter SCHULTE RdL 1953, 204/205; SEEHUSEN RdL 1962, 305; FIGGE RdL 1960, 85; ders RdL 1964, 249; PANNWITZ, Das Recht der Interessentenschaften; ders RdL 1968, 231; KEDING/HENNIG, Niedersächsiches Gesetz über den Wald und die Landschaftsordnung (Loseblatt); TESMER/THOMAS, Realverbandsgesetz (5. Aufl 2004); ABELMANN-BROCKMANN, Nutzvermögen der Realverbände bei Veräußerung unselbständiger Anteile, RdL 1990, 3.

Zu den noch bestehenden altrechtlichen, zumeist **öffentlich-rechtlichen Waldgenossenschaften** vgl auch: STAUDINGER/MAYER Art 164 EGBGB Rn 35 ff; zur rechtlichen Behandlung des Nutzungsrechts s § 18 Nds AGBGB vom 4. 3. 1971 (Nds GVBl 73), zuletzt geändert durch Ges vom 16. 12. 2004 (Nds GVBl 609).

Vgl zu Einzelheiten auch: OVG Lüneburg NdsRpfl 1961, 217; OVG Lüneburg OVGE 19, 492 [= RdL 1964, 192] (an der Kostentragung beteiligte Grundstücke iS des § 26 Nr 2 Pr Gesetz über Schutzwaldungen); OVG Lüneburg RdL 1967, 24; OLG Braunschweig RdL 1990, 207 (Übergang eines mit einem Hof verbundenen Realverbandsanteils auf Erwerber der Hofstelle); BGH RdL 1998, 299 (Bei Teilung einer Hofstelle folgt Realverbandsanteil im Regelfall dem mit dem Wohnhaus bebauten Teilgrundstück); OLG Celle NdsRpfl 1954, 180 (Interessentenschaften waren nicht rechtsfähige Gesamthandsgemeinschaften); OLG Celle RdL 1959, 45 (Veräußerung eines Kötnerei-Forstanteils); OLG Celle RdL 1964, 157 (Unterschied zwischen Realgemeinde und Interessentenschaft); LVG Hannover RdL 1961, 110 (Unterschied zwischen einer „Markengemeinde" in Borken-Meppen und einer Realgemeinde; Markengemeinden waren nie selbständige Rechtspersönlichkeiten, sondern Miteigentumsgemeinschaften zur gesamten Hand); VG Braunschweig (I. Kammer Lüneburg) RdL 1968, 133 (Fortbestand einer Realgemeinde trotz Gemeinheitsteilungsverfahrens); VG Göttingen RdL 1995, 17 (Regelung einer Realverbandssatzung, daß Verbandsanteile nur an Verbandsmitglieder veräußert werden können, verstößt gegen § 12 Realverbandsgesetz und ist unwirksam).

Nordrhein-Westfalen: Das **Landesforstgesetz für das Land Nordrhein-Westfalen** (LFoG) idF der Bek vom 24. 4. 1980 (GV NW 546 = SaBl 944), zuletzt geändert durch Ges vom 4. 5. 2004 (GV NW 259), enthält **keine eigenständigen Vorschriften für den Privatwald**. Für private forstwirtschaftliche Zusammenschlüsse von Waldbesitzern, auf deren Bildung die Forstbehörden hinzuwirken haben, wenn die Waldflächen der einzelnen Waldbesitzer nach Größe, Lage oder Zusammenhang für eine Bewirtschaftung nach neuzeitlichen forstwirtschaftlichen Gesichtspunkten nicht geeignet sind, wird in erster Linie auf die Bestimmungen des BWaldG verwiesen (§ 13 Abs 1, 4 LFoG). Zusätzlich wird Waldbesitzern in §§ 14 ff LFoG die Möglichkeit eingeräumt, eine **öffentlich-rechtliche Waldwirtschaftsgenossenschaft** zu bilden, wenn dies eine erhebliche Verbesserung der Bewirtschaftung verspricht.

Bestehende **altrechtliche Waldgenossenschaften** werden durch das **Gemeinschaftswaldgesetz** vom 8. 4. 1975 (GV NW 304 = SGV NW 790), zuletzt geändert durch Ges vom 2. 5. 1995 (GV NW 382), geregelt, das ihre bisherige privat- oder öffentlichrechtliche Rechtsform unberührt läßt. Auch die hierfür geltenden Rechtsvorschriften gelten insoweit weiter, aufgehoben ist durch § 76 Nr 4 LFoG nur das Pr Gesetz über Schutzwaldungen und Waldgenossenschaften vom 6. 7. 1875 (Pr GS 416) und die dazu erlassene Verfahrensordnung für die Bildung von Waldgenossenschaften vom 19. 7. 1951 (GS NW 790). Für die rechtliche Behandlung des Nutzungsrechts gilt für die früher preuß Landesteile Art 40 PrAGBGB vom 20. 9. 1899 (PrGS 177 = GS NW 105), zuletzt geändert durch Ges vom 16. 3. 2004 (GV NW 135).

Vgl bezüglich der weiterbestehenden **privatrechtlichen** Hintermarks-, Illquadenhochwald- und **Waldjahngenossenschaften** im Kreise Siegen, die keine eigene Rechtspersönlichkeit haben BGH LM MRVO (BrZ) 84 Art III Nr 17 (= RdL 1957, 207); OLG Hamm RdL 1965, 332; aA SCHULTE RdL 1953, 205, der bei den Waldjahngenossenschaften eine eigene Rechtspersönlichkeit annimmt. Für die privatrechtlichen Waldjahngenossenschaften nach dem Pr Gesetz betr die Regelung der Forstverhältnisse für das ehem Justizamt Olpe im Kreis Olpe, RegBez Arnsberg (sog Olper Forstgesetz) vom 3. 8. 1897 (Pr GS 285) BGH LM ForstG f d Kreis Olpe Nr 1 [= RdL 1957, 159] (die Jahnschaftsanteile sind formell und materiell als Grundstücke zu behandeln).

Öffentlich-rechtliche Körperschaften sind dagegen die **Haubergsgenossenschaften** im

Kreise Siegen nach der Pr Haubergsordnung für den Kreis Siegen vom 17. 3. 1879 (Pr GS 228): vgl BGHZ 6, 35; 23, 241 (= LM MRVO [BrZ] 84 Art III Nr 13 = NJW 1957, 790 [LS] = RdL 1957, 155); OLG Hamm, KGJ 47 A Anhang 272; vgl auch SCHULTE RdL 1953, 204. Vgl weiter OLG Hamm RdL 1962, 155 (Übertragung eines Anteils an dem Olsberg-Gierskopper Interessentenvermögen, der Teileigentum an dem gemeinschaftlichen Wald darstellt); OLG Hamm AgrarR 1977, 370 (Erwerb eines Hauberganteils durch Landwirt förderungswürdig); OLG Hamm OLG-Rp Hamm 2002, 52 (Kein Recht des Mitglieds einer Haubergsgenossenschaft auf ausschließliche Nutzung einer Gemeinschaftsfläche unter Ausschluß der übrigen Mitglieder; überlassene Nutzung erfolgt nur auf Grund eines stillschweigend geschlossenen gesonderten Vertrages). OVG Münster vom 11. 9. 2000, Az: 11 D 122/98. AK juris (Eigentumsschutz für eine Waldgenossenschaft als öffentlich-rechtliche Körperschaft gegen Inanspruchnahme von Waldgrund zum Straßenbau).

Rheinland-Pfalz: Für den **Privatwald** trifft das **Landeswaldgesetz** (LWaldG) vom 30. 11. 2000 (GVBl Rh-Pf 504 = SaBl 2222), zuletzt geändert durch Ges vom 2. 3. 2004 (GVBl Rh-Pf 202), in § 31 LWaldG nur eine Regelung über die Beratung, Unterstützung und Förderung durch die (staatlichen) Forstämter. Für die forstwirtschaftlichen Zusammenschlüsse gilt daher das BWaldG direkt.

Altrechtliche Waldgenossenschaften (Hauberggenossenschaften, Markgenossenschaften, Gehöferschaften) erfahren im LWaldG keine eigene Regelung mehr, der von ihnen bewirtschaftete Wald rechnet insbesondere entgegen der Regelung in § 29 Abs 2 des früheren Landesforstgesetzes für Rheinland-Pfalz (LFG) idF vom 2. 2. 1977 (GVBl Rh-Pf 21) nicht mehr zum öffentlich-rechtlich geregelten Körperschaftswald (§ 2 Nr 3 iVm Nr 2 HalbS 2 LWaldG), sondern jetzt zum Privatwald. Trotz Aufhebung auch von § 64 Abs 2 LFG, der die Weitergeltung alten Rechts bestimmte, gilt für die öffentlich-rechtlich organisierten Hauberggenossenschaften aber das bisherige Recht weiter, wie sich schon daraus ergibt, dass der Gesetzgeber dieses mit Ges vom 6. 2. 2001 (GVBl Rh-Pf 29) geändert hat: Haubergordnung für den Oberwesterwaldkreis vom 4. 6. 1887 (Pr GS 289 = GVBl Rh-Pf 1968, SonderNr für die Reg-Bez Koblenz, Trier und Montabaur Nr 790-4), zuletzt geändert durch Art 74 des Ges vom 6. 2. 2001 (GVBl Rh-Pf 29); Haubergordnung für den Landkreis Altenkirchen vom 9. 4. 1890 (Pr GS 55 = GVBl Rh-Pf 1968, SonderNr für die Reg-Bez Koblenz, Trier und Montabaur Nr 790-5), zuletzt geändert durch Art 75 des Ges vom 6. 2. 2001 (GVBl Rh-Pf 29). Weiter gilt auch noch das Pr Gesetz über gemeinschaftliche Holzungen vom 14. 3. 1881 (PrGS 261 = GVBl Rh-Pf 1968 SonderNr für die Reg-Bez Koblenz, Trier und Montabaur Nr 790-3), geändert durch Ges vom 7. 2. 1983 (GVBl Rh-Pf 17). Vgl zum ganzen weiterhin KROESCHELL/WÖRLEN, Waldgenossenschaften mit körperschaftlicher Verfassung in Rheinland-Pfalz, AgrarR 1981, 325, 329; WÖRLEN, Waldeigentümergemeinschaften mit körperschaftlicher Verfassung in Rheinland-Pfalz – Geschichte und Rechtsnatur der Heckengesellschaften im Landkreis Birkenfeld (1981) mit Rez durch ORF, AgrarR 1982, 342; STAUDINGER/MAYER Art 164 EGBGB Rn 39. Vgl zur Anfechtung der Wahl des Haubergvorstands nach der Haubergordnung Altenkirchen OVG Koblenz RdL 1992, 106.

Saarland: Nach § 3 Abs 2 des Gesetzes Nr 1069 **Waldgesetz für das Saarland** (LWaldG) vom 26. 10. 1977 (ABl Saar 1009 = SaBl 2372), zuletzt geändert durch Ges vom 9. 7. 2003 (ABl Saar 2130 = SaBl 1480), zählt der Wald von **altrechtlichen Gehöferschaften** und ähnlichen Gemeinschaften nicht zum Körperschaftswald, sondern ist **Privatwald** (§ 3 Abs 3 LWaldG). Hierfür gilt das **Gesetz betr die Waldgehöferschaften**

und gleichartige Waldgemeinschaften zur gesamten Hand vom 29. 11. 1956 (BS Saar 790-7).

Für den Privatwald enthalten §§ 40 ff LWaldG zwar Sonderbestimmungen, für die forstwirtschaftlichen Zusammenschlüsse, auf deren Bildung die Forstbehörden für Forstbetriebe, die sich nach Größe, Lage und Zusammenhang nicht für eine Bewirtschaftung als Einzelbetrieb eignen, hinwirken sollen, wird aber nur auf die Bestimmungen des BWaldG verwiesen (§ 42 Abs 1, 2 LWaldG). Gleichzeitig wird das Pr Gesetz über Schutzwaldungen und Waldgenossenschaften vom 6. 7. 1875 (Pr GS 416) aufgehoben (§ 54 Abs 1 Nr 4 LWaldG aF), so daß für öffentlich-rechtliche Waldgenossenschaften keine Rechtsgrundlage außer nach dem BWaldG mehr besteht (vgl zum ganzen auch KLEIN, Neues Forstrecht im Saarland, RdL 1978, 85).

Schleswig-Holstein: Das **Waldgesetz für das Land Schleswig-Holstein** jetzt idF vom 5. 12. 2004 (GVOBl SchlH 461) enthält keine eigenen Bestimmungen über Waldgenossenschaften, so daß insoweit ergänzend das BWaldG gilt. Die für **altrechtliche Waldgenossenschaften** geltenden Vorschriften des Pr Gesetzes über Schutzwaldungen und Waldgenossenschaften vom 6. 7. 1875 (Pr GS 416), zuletzt geändert durch Ges vom 24. 3. 1970 (GVOBl SchlH 66), und des Pr Gesetzes über gemeinschaftliche Holzungen vom 14. 3. 1881 (Pr GS 261) wurden schon durch § 49 LWaldG idF vom 11. 8. 1994 (GVOBl SchlH 438) aufgehoben.

Thüringen: Anders als in den übrigen aufgelösten Ländern der ehem DDR konnten in Thüringen die Inhaber von **Waldgerechtigkeiten**, dh von Nutzungsrechten an gemeindlichen oder staatlichen Forstgrundstücken, ihre **Nutzungen weiter ausüben**, sofern sie nicht die Liquidation solcher uneigentlicher Waldgenossenschaften durchführen wollten (vgl ARLT-ROHDE, Bodenrecht [Ost-Berlin 1967] 249). Das Gesetz zur Erhaltung, zum Schutz und zur Bewirtschaftung des Waldes und zur Förderung der Forstwirtschaft (**Thüringer Waldgesetz** – ThürWaldG) vom 6. 8. 1993 (Thür GVBl 470 = SaBl 2799), jetzt idF d Bek vom 26. 2. 2004 (Thür GVBl 282), sieht daher in § 37 Abs 1 ThürWaldG ausdrücklich vor, daß diese **altrechtlichen (privatrechtlichen) Gemeinschaften** wie Laubgenossenschaften, Gerechtigkeitswaldungen, Interessentenwaldungen und Altwaldgenossenschaften **zu erhalten** und zu unterstützen sind. Die Einzelheiten regelt ergänzend das **Thüringer Waldgenossenschaftsgesetz** vom 16. 4. 1999 (Thür GVBl 247), geändert durch Ges vom 18. 12. 2002 (Thür GVBl 480), das auch altrechtliche Waldgenossenschaften mitbetrifft. Das Ausscheiden eines Grundstücks aus einem Gemeinschaftswald bedarf deshalb der Genehmigung der oberen Forstbehörde, die nur bei Vorliegen eines wichtigen Grundes erteilt werden darf (§ 37 Abs 2 ThürWaldG).

Für die **Neubildung von Waldgenossenschaften**, die die Forstbehörden zu fördern haben, soweit dies nach Größe, Lage und Zusammenhang von Waldgrundstücken erforderlich erscheint, wird auf die Bestimmungen des BWaldG verwiesen (§ 38 Abs 2, 5 ThürWaldG); daneben gilt auch hier das Thüringer WaldgenossenschaftsG.

Die Landeswaldgesetze der Länder **Berlin** (Berliner Waldgesetz idF vom 16. 9. 2004 **10** [GVBl Berl 391]), **Bremen** (Bremisches Waldgesetz vom 21. 4. 1983 [Brem GBl 307], zuletzt geändert durch Ges. vom 31. 3. 1987 [Brem GBl 145]) und **Hamburg** (Hamburgisches Landeswaldgesetz vom 13. 3. 1978 [Hamb GVBl 74 = SaBl 834], zuletzt geändert durch Ges vom 17. 12. 2002 [Hamb GVBl 347]) enthalten keine Vorschriften über Waldgenossenschaften.

11 In den **neuen Bundesländern** (mit Ausnahme Thüringens, vgl oben Rn 9) bestehen **altrechtliche Waldgenossenschaften nicht mehr**, da die Waldgrundstücke mit der Errichtung der Landwirtschaftlichen Produktionsgenossenschaften (LPG) mit ihren verschiedenen Typen in diese einbezogen und die Waldgenossenschaften aufgelöst wurden (vgl Die Rechtsentwicklung in der DDR, Recht in Ost und West 1982, 259). Die nach der Wiedervereinigung erlassenen Waldgesetze (**Brandenburg**: Landeswaldgesetz für Brandenburg vom 17. 6. 1991 [GVBl Bbg I 213], jetzt idF v 20. 4. 2004 [GVBl Bbg I 137 = SaBl 935]; **Mecklenburg-Vorpommern**: Landeswaldgesetz für Mecklenburg-Vorpommern vom 8. 2. 1993 [GVOBl M-V 90], zuletzt geändert durch Ges vom 18. 1. 2005 [GVOBl M-V 34]; **Sachsen**: Waldgesetz für den Freistaat Sachsen vom 10. 4. 1992 [SächsGVBl 137 = SaBl 1488], zuletzt geändert durch Ges vom 5. 5. 2004 [SächsGVBl 148]; und **Sachsen-Anhalt**: Landeswaldgesetz für Sachsen-Anhalt vom 13. 4. 1994 [GVBl LSA 520], zuletzt geändert durch Ges vom 27. 8. 2002 [GVBl LSA 372]) enthalten nur Bestimmungen über die Neugründung von Waldgenossenschaften unter Verweis auf das BWaldG.

Artikel 84

Unberührt bleiben die landesgesetzlichen Vorschriften, nach welchen eine Religions-gemeinschaft oder eine geistliche Gesellschaft Rechtsfähigkeit nur im Wege der Gesetzgebung erlangen kann.

Materialien: E II Art 58; III Art 83.

1 Artikel 84 wird in der Bekanntmachung der Neufassung des Einführungsgesetzes zum Bürgerlichen Gesetzbuch vom 21. 9. 1994 (BGBl I 2494) als gegenstandslos bezeichnet. Von der Kommentierung wurde abgesehen. Es wird auf die Erläuterungen von STAUDINGER/MERTEN/KIRCHHOF[12] verwiesen.

Artikel 85

Unberührt bleiben die landesgesetzlichen Vorschriften, nach welchen im Falle des § 45 Abs. 3 des Bürgerlichen Gesetzbuchs das Vermögen des aufgelösten Vereins an Stelle des Fiskus einer Körperschaft, Stiftung oder Anstalt des öffentlichen Rechtes anfällt.

Materialien: E II Art 59; III Art 84.

I.   Entstehung

Zur Entstehungsgeschichte vgl STAUDINGER/WINKLER[12] Rn 1 und Prot I 539 ff; VI **1**
407, 448; Mat 87a, S 42.

II.   Inhalt

1.   Allgemeines

Nach § 45 Abs 3 BGB fällt das Vermögen eines aufgelösten Vereins, der nach der **2**
Satzung nicht ausschließlich den Interessen seiner Mitglieder diente, an den Fiskus
des Landes, in dessen Gebiet der Verein seinen Sitz hat, wenn die Satzung keine
andere Bestimmung trifft. Es tritt bei Anfall an den Fiskus eine unmittelbare *Ge-*
samtrechtsnachfolge ein (STAUDINGER/WEICK [1995] § 45 BGB Rn 6; SOERGEL/HADDING § 45
BGB Rn 3; SAUTER/SCHWEYER/WALDNER, Der eingetragene Verein [17. Aufl 2001] Rn 407). Falls
das Vermögen an eine andere satzungsmäßig bestimmte Person fällt oder an die
Vereinsmitglieder selbst, nimmt die heute hM demgegenüber keine Gesamtrechtsnachfolge mehr an, sondern gibt mangels einer gesetzlichen Regelung hierfür lediglich einen schuldrechtlichen Übertragungsanspruch gegen den Liquidationsverein
(SOERGEL/HADDING aaO; WALDNER aaO Rn 406 u Rn 408 ff zu den Einzelheiten der Liquidation).

Der Art 85 ermöglicht der Landesgesetzgebung (ähnlich wie die Art 129 und 138 **3**
dieses Gesetzes) Bestimmungen dahin zu treffen, dass der Anfall des Vermögens
anstelle des Fiskus an eine **andere juristische Person des öffentlichen Rechts** erfolgt,
nämlich an eine Körperschaft, Stiftung oder Anstalt des öffentlichen Rechtes. Der
Fiskus wird also als gesetzlicher Anfallsberechtigter *substituiert.*

2.   Anfallberechtigte juristische Personen

a)   Über die Begriffe *Körperschaft, Stiftung, Anstalt des öffentlichen Rechts* siehe **4**
STAUDINGER/WEICK (1995) Einl 19 f zu §§ 21 ff BGB; zur Stiftung STAUDINGER/
RAWERT (1995) Vorbem 10 ff zu §§ 80 ff BGB; SOERGEL/HADDING vor §§ 21f BGB
Rn 14 f; WOLFF/BACHOF/STOBER, Verwaltungsrecht II (5. Aufl 1987) § 84, § 98, § 102
sowie unten Vorbem 7 zu Art 163–167. Die Entscheidung, welche Personen, Verbände, Stiftungen oder Anstalten als öffentlichrechtlich anzusehen sind, ist dem
öffentlichen Recht des Landes zu entnehmen, in dem sie bestehen (Prot I 498, 607 ff,
330; s auch Art 138 EG Rn 3; ENNECCERUS/NIPPERDEY AT § 119 A).

b)   Eine *Stiftung des öffentlichen Rechts* liegt jedenfalls vor, wenn diese auf einem **5**
Entstehungstatbestand des öffentlichen Rechts beruht, zB auf einem Gesetzge-
bungsakt (STAUDINGER/RAWERT [1995] Vorbem 12, 183 mwNw zu § 80 ff BGB; ENNECCERUS/
NIPPERDEY § 119 B III). Durch Privatrechtsgeschäfte begründete Stiftungen können zu
öffentlich-rechtlichen werden, wenn sie öffentlichen Zwecken dienen und ihre Ver-
waltung durch Organe der öffentlichen Hand sichergestellt ist; zT ist auch eine
Umwandlung nach den landesrechtlichen Stiftungsgesetzen möglich (STAUDINGER/RA-
WERT [1995] Vorbem 184 zu §§ 80 ff BGB). Die Begriffe „Stiftung des öffentlichen Rechts"
und „öffentliche Stiftung" decken sich nicht vollkommen (s hierüber STAUDINGER/RA-
WERT [1995] Vorbem 12 zu §§ 80 ff BGB mwNw; SOERGEL/NEUHOFF vor § 80 BGB Rn 54).

6 c)   Art 85 enthält grundsätzlich eine *abschließende Bestimmung* des ersatzweise zur Berufung zugelassenen gesetzlichen Anfallsberechtigten, welcher nur eine Körperschaft, Stiftung oder Anstalt des öffentlichen Rechts sein kann, *nicht andere Rechtssubjekte.* Dagegen kann das Anfallsrecht bei den *Vereinen, deren Rechtsfähigkeit auf staatlicher Verleihung beruht,* aufgrund des Vorbehalts des Art 82 in der *Verfassung,* über welche die Landesgesetze bestimmen können, für den Fall der Auflösung des Vereins beliebig geregelt werden.

III. Landesgesetze

7 Der Vorbehalt ist in keinem Bundesland mehr ausgenutzt (PALANDT/HEINRICHS[53] Anm zu Art 85). Auch die früher in *Hessen* geltende Sonderregelung (vgl STAUDINGER/WINKLER[12] Rn 5) ist mit Einführung des neuen AGBGB vom 18.12.1984 (GVBl 344) außer Kraft getreten, § 33 Abs 1 Nr 2, und gilt auch nicht mehr in *Rheinland-Pfalz.*

IV. Anfall des Vermögens erloschener Stiftungen

8 Art 85 EG bezieht sich nur auf den Anfall des Vermögens eines aufgelösten Vereins und ist auf Stiftungen weder direkt noch analog anwendbar. Über den Anfall des Vermögens einer erloschenen Stiftung kann das Landesrecht zu §§ 85, 88 BGB aber eigene Bestimmungen treffen, sofern das Stiftungsgeschäft keinen Anfallsberechtigten bestimmt (s den durch das G zur Modernisierung des Stiftungsrechts vom 15.7.2002 in § 88 BGB neu eingefügten S 2; zur früheren Rechtslage STAUDINGER/RAWERT [1995] § 88 BGB Rn 6). Meist ist der Fiskus als gesetzlich Anfallberechtigter, bei kommunalen Stiftungen die betroffene Gemeinde, bei kirchlichen die *Kirche* bezeichnet (zur autonomen Rechtssetzungskompetenz im Bereich der katholischen Kirche in *Bayern* BayObLGZ 1994, 33, 37; zu Einzelheiten des stiftungsrechtlichen Landesrechts s STAUDINGER/RAWERT aaO).

Artikel 86

Vorschriften, die den Erwerb von Rechten durch Ausländer oder durch juristische Personen, die ihren satzungsmäßigen Sitz, ihre Hauptverwaltung oder ihre Hauptniederlassung nicht im Bundesgebiet haben (ausländische juristische Personen), beschränken oder von einer Genehmigung abhängig machen, finden vom 30. Juli 1998 [an] keine Anwendung mehr. Die Bundesregierung wird ermächtigt, durch Rechtsverordnung mit Zustimmung des Bundesrates den Erwerb von Rechten durch Ausländer oder ausländische juristische Personen zu beschränken und von der Erteilung einer Genehmigung abhängig [zu] machen, wenn Deutsche und inländische juristische Personen in dem betreffenden Staat in dem Erwerb von Rechten eingeschränkt werden und außenpolitische Gründe, insbesondere das Retorsionsrecht, dies erfordern. Satz 2 gilt nicht für Ausländer und ausländische juristische Personen aus den Mitgliedstaaten der Europäischen Union.

Materialien: BT-Drucks 13/10534; BT-Drucks 13/10966; Protokoll der 122. Sitzung des Rechtsausschusses vom 27.5.1998, S 55 f; Plenarprotokoll 13/241, S 22314 f; Parlamentsarchiv Gesetzesdokumentation, Signatur XIII/473.

Schrifttum

Zum älteren Schrifttum vgl die Nachw bei
STAUDINGER/LEISS[10/11] und STAUDINGER/MER-
TEN (1998).

Systematische Übersicht

Alphabetische Übersicht

Detlef Merten

I.   Früherer Rechtszustand (Art 86 EGBGB aF)

1 Art 86 in seiner jetzigen Fassung wurde eingeführt durch Art 1 Nr 1 des Gesetzes zur Beseitigung von Erwerbsbeschränkungen für ausländische Investoren und Staaten vom 23. 7. 1998 (BGBl I 1886). Er trat gemäß Art 3 des Gesetzes am Tage nach dessen Verkündung, also am 30. 7. 1998, in Kraft.

2 Durch die Novellierung wurde Art 86 EGBGB in der Fassung der Bekanntmachung vom 21. 9. 1994 (BGBl I 2494) geändert. Art 86 EGBGB aF hatte folgenden Wortlaut: „Unberührt bleiben die landesgesetzlichen Vorschriften, welche den Erwerb von Rechten durch juristische Personen beschränken oder von staatlicher Genehmigung abhängig machen, soweit diese Vorschriften Gegenstände im Werte von mehr als fünftausend Deutsche Mark betreffen. Wird die nach dem Landesgesetz zu einem Erwerb von Todes wegen erforderliche Genehmigung erteilt, so gilt sie als vor dem Erbfall erteilt; wird sie verweigert, so gilt die juristische Person in Ansehung des Anfalls als nicht vorhanden; die Vorschrift des § 2043 des Bürgerlichen Gesetzbuchs findet entsprechende Anwendung."

3 Art 86 EGBGB aF bezweckte die Aufrechterhaltung landesgesetzlicher Vorschriften, welche den Erwerb von Rechten durch juristische Personen beschränkten oder von staatlicher Genehmigung abhängig machten, soweit diese Vorschriften Gegenstände im Wert von mehr als fünftausend DM betrafen und sich nicht auf den in

Art 88 EGBGB aF geregelten Erwerb von Grundstücken durch Ausländer bezogen.

Die Reichweite des Art 86 EGBGB aF war bereits durch Teil II Art 2 Abs 1 des **4** Gesetzes zur Wiederherstellung der Gesetzeseinheit auf dem Gebiete des Bürgerlichen Rechts vom 5. 3. 1953 (BGBl I 33) erheblich beschränkt worden, weil der Erwerb von Rechten durch juristische Personen mit Sitz im Inland nicht mehr von einer staatlichen Genehmigung abhängig gemacht werden durfte. Später schloß § 1 Abs 1 des Gesetzes zur Aufhebung von Erwerbsbeschränkungen für Staatsangehörige und Gesellschaften der Mitgliedstaaten der Europäischen Wirtschaftsgemeinschaft vom 2. 4. 1964 (BGBl I 248 = BGBl III 403-20) die Anwendung der Art 86 und 88 auf den Erwerb von Grundstücken durch Staatsangehörige der Mitgliedstaaten der Europäischen Wirtschaftsgemeinschaft sowie auf den Erwerb von Rechten durch Gesellschaften, die nach den Rechtsvorschriften eines Mitgliedstaates der Europäischen Wirtschaftsgemeinschaft gegründet wurden und ihren satzungsmäßigen Sitz, ihre Hauptverwaltung oder ihre Hauptniederlassung innerhalb der Gemeinschaft hatten, aus. Beide Gesetze sind durch Art 2 des Gesetzes zur Beseitigung von Erwerbsbeschränkungen für ausländische Investoren und Staaten vom 23. 7. 1998 (BGBl I 1886) aufgehoben worden.

Weitere Ausnahmen hatten von Landesgesetzes wegen bestanden. So waren in **5** Bayern aufgrund des Bayerischen Konkordats alle katholischen Orden, religiösen Kongregationen und geistliche Gesellschaften ohne Unterschied ihres Sitzes von den landesrechtlichen Erwerbsbeschränkungen befreit (vgl HEIMERL/PREE, Handbuch des Vermögensrechts der katholischen Kirche [1993] 132). Wegen weiterer Einzelheiten s STAUDINGER/MERTEN (1998).

II. Entstehungsgeschichte des Art 86 EGBGB nF

1. Ursprünglicher Gesetzentwurf

Art 86 in seiner jetzigen Fassung geht zurück auf einen Gesetzentwurf der Fraktio- **6** nen der CDU/CSU und FDP „zur Beseitigung von Erwerbsbeschränkungen für ausländische Investoren und Staaten" vom 28. 4. 1998 (BT-Drucks 13/10534). Dieser Entwurf enthielt in seinem Art 1 Nr 1 im wesentlichen den Wortlaut des jetzigen Art 86 S 1. Art 1 Nr 2 und Art 2 und 3 des Gesetzentwurfs stimmen fast wörtlich mit dem später verkündeten Gesetz zur Beseitigung von Erwerbsbeschränkungen für ausländische Investoren und Staaten vom 23. 7. 1998 (BGBl I 1886) überein.

Mit dem Gesetzentwurf sollte „eine zeitgemäße Regelung, die von der Erwerbsfrei- **7** heit ausgeht", eingeführt werden. Zur Begründung wurde angeführt, daß die bisherigen Gesetzesbestimmungen den Umzug der Botschaften nach Berlin behinderten und es erschwerten, bei anderen Staaten die Beseitigung von Hindernissen zu erreichen, auf die deutsche Unternehmen bei dem Erwerb von Grundeigentum im Ausland stoßen (BT-Drucks 13/10534 vom 28. 4. 1998, S 1).

2. Beratungen im Rechtsausschuß und Gesetzesbeschluß

Der Gesetzentwurf wurde in der 122. Sitzung des Rechtsausschusses am 27. 5. 1998 **8** erörtert (Protokolle S 55 f). Auf der Grundlage einer Formulierungshilfe des Bundesministeriums der Justiz vom 26.5.1998 wurden in Art 1 Nr 1 die Sätze 2 und 3 angefügt. Mit ihnen sollte der Durchsetzung des deutschen Interesses an ungehindertem Grundstückserwerb im Ausland der gebotene Nachdruck verliehen werden können. Mit Art 86 S 3 sollte die geltende Rechtslage nur nachgezeichnet werden, da Art 86 und 88 EGBGB seit 1964 generell nicht mehr für Personen aus Mitgliedstaaten der Europäischen Union gälten. Beschlußempfehlung und Bericht des Rechtsausschusses (6. Ausschusses) vom 16.6.1998 (BT-Drucks 13/10966) wurden dem Bundestag zugeleitet. Dieser nahm den Entwurf eines Gesetzes zur Beseitigung von Erwerbsbeschränkungen für ausländische Investoren und Staaten durch Beschluß am 18.6.1998 an (Plenarprotokoll 13/241, S 22314 f).

III. Überblick

1. Gesetzesfassung

a) Gesetzeswortlaut

9 Art 86 zeugt infolge einer Fülle von Fehlern und Ungenauigkeiten von einem Tiefstand der Gesetzgebungskunst. Zunächst muß es in Satz 1 richtigerweise heißen, daß die im einzelnen näher umschriebenen Vorschriften vom 30. Juli „an" keine Anwendung mehr finden. In Satz 2 ist zu ergänzen, daß die Bundesregierung ermächtigt wird, den Erwerb von Rechten von der Erteilung einer Genehmigung abhängig „zu" machen. In Art 86 S 2 ist bei der Formulierung „Deutsche und inländische juristische Personen" die Konjunktion „und" durch „oder" zu ersetzen (vgl Rn 45).

b) Gesetzesüberschrift

10 Zwischen der Überschrift des Gesetzes und dem übrigen Gesetzesinhalt besteht eine deutliche Diskrepanz. Die Gesetzesartikel handeln an keiner Stelle von „ausländische(n) Staaten", die in dem Gesetzestitel angesprochen werden. Auch der in dem Gesetzestitel hergestellte Zusammenhang zwischen der „Beseitigung von Erwerbsbeschränkungen" und „ausländische(n) Investoren" findet in den Einzelbestimmungen keine Entsprechung. Die vom Gesetz angeordnete Unanwendbarkeit bisheriger Erwerbsbeschränkungen kommt allen ausländischen (natürlichen und juristischen) Personen ohne Rücksicht auf die mit dem Rechtserwerb verfolgten Zwecke zugute. Begünstigt werden daher auch ausländische Personen, die erworbene Rechte oder deren wirtschaftlichen Gegenwert ins Ausland transferieren, ohne in irgendeiner Weise im Inland zu investieren. Hieraus folgt, daß der gewählte Gesetzestitel weder kennzeichnend noch aussagekräftig ist, sondern gleichsam als Werbeträger in euphemistischer Weise eine Aktivität des Gesetzgebers zur Erleichterung und Förderung ausländischer Investitionen suggerieren soll, für die das Gesetz als solches keinen hinreichenden Anhaltspunkt gibt (vgl HANS SCHNEIDER, Gesetzgebung [3. Aufl 2002]; MERTEN, Gesetzeswahrheit und Titelklarheit, in: RÜTHERS/STERN [Hrsg], Freiheit und Verantwortung im Verfassungsstaat, in: Festgabe zum zehnjährigen Jubiläum der Gesellschaft für Rechtspolitik [1984] 295 ff).

c) Begriffe

11 Die in Art 86 verwendeten Begriffe sind vielfach unpräzise und mißverständlich. So kann die in Art 86 S 1 angeordnete Rechtsfolge der Unanwendbarkeit („finden … keine Anwendung mehr") die mit dem Gesetz bezweckte Derogation entgegenstehenden Rechts nicht bewirken, da sie in legistisch unnötiger Weise eine bloße

Suspension anordnet (vgl Rn 30 f). Das Retorsionsrecht in Art 86 S 2 wird in falschem Zusammenhang angeführt (vgl Rn 52). In Art 86 S 3 ist der Begriff „Ausländer ... aus Mitgliedstaaten der Europäischen Union" ungebräuchlich. Er meint in Wirklichkeit Staatsangehörige der Mitgliedstaaten der Europäischen Union (siehe Rn 58).

2. Inhaltsübersicht

Art 86 S 1 statuiert die Befreiung von Erwerbsbeschränkungen für ausländische **12** (natürliche und juristische) Personen. Satz 2 enthält die Ermächtigung für die Bundesregierung, durch Rechtsverordnung mit Zustimmung des Bundesrates abweichend von Satz 1 den Erwerb von Rechten durch Ausländer oder ausländische juristische Personen unter bestimmten Voraussetzungen zu beschränken oder von einer Genehmigung abhängig zu machen. Satz 3 limitiert die Beschränkungsermächtigung gleichsam als „Schrankenschranke", indem er „Ausländer und ausländische juristische Personen aus Mitgliedstaaten der Europäischen Union" von der Beschränkbarkeit ausnimmt.

IV. Art 86 Satz 1

1. Erwerb von Rechten

a) Umfang

Art 86 S 1 befreit ausländische (natürliche und juristische) Personen von Beschrän- **13** kungen bei dem Erwerb von Rechten. Die Bestimmung meint jeglichen Rechtserwerb, soweit er sich nicht auf dem Privatrechtsverkehr entzogene Sachen oder Rechte bezieht, so daß sog res extra commercium ausgenommen sind (hierzu STAU-DINGER/DILCHER [1995] Vorbem zu §§ 90 ff BGB Rn 27 ff).

Art 86 S 1 schließt den Erwerb von Grundstücken ein. Hierfür hatte Art 88 EGBGB **14** aF vorgesehen, daß landesgesetzliche Vorschriften, welche den Erwerb von Grundstücken durch Ausländer von staatlicher Genehmigung abhängig machten, unberührt blieben, so daß diese Spezialvorschrift Art 86 aF EGBGB vorging (vgl STAU-DINGER/MERTEN [1998] Art 86 EGBGB Rn 7). Da Art 88 EGBGB durch Art 1 Nr 2 des Gesetzes zur Beseitigung von Erwerbsbeschränkungen für ausländische Investoren und Staaten vom 23. 7. 1998 (BGBl I 1886) aufgehoben wurde, erstreckt sich die nunmehr in Art 86 S 1 geregelte Erwerbsfreiheit auch auf den Grundstückserwerb. Die „Beschränkungen beim Grunderwerb" waren sogar als Grund für die Änderung der Art 86 und 88 EGBGB angegeben worden (vgl Entwurf eines Gesetzes zur Beseitigung von Erwerbsbeschränkungen für ausländische Investoren und Staaten vom 28. 4. 1998, BT-Drucks 13/10534, 3).

Art 86 S 1 bezieht sich nur auf ausländerspezifische Beschränkungen beim Erwerb **15** von Rechten. Vorschriften, die den Rechtserwerb aus anderen Gründen an Voraussetzungen knüpfen und für Inländer und Ausländer in gleicher Weise anwendbar sind (zB Erfordernis des Wohnsitzes oder des gewöhnlichen Aufenthalts in der Gemeinde für den Grundstückserwerb), werden von Art 86 S 1 nicht berührt.

Art 86 S 1 regelt nur den „Erwerb von Rechten" als solchen, schließt daher deren **16** wirtschaftliche Verwertbarkeit nicht ein, so daß Beschränkungen hinsichtlich der

Detlef Merten

Nutzung von Sachen oder Rechten durch die Regelung unberührt bleiben. Das gilt insbesondere für das Gesetz zum Schutze deutschen Kulturgutes gegen Abwanderung vom 6. 8. 1955 idF d Bekm vom 8. 7. 1999 (BGBl I 1754), geänd durch Art 71 der 7. Zuständigkeitsanpassungs-Verordnung vom 29. 10. 2001 (BGBl I 2785).

b)   Keine Verknüpfung mit Investitionen im Inland

17 Der Erwerb von Rechten ist nicht mit Investitionen im Inland verknüpft, wie der Gesetzestitel suggeriert (Gesetz zur Beseitigung von Erwerbsbeschränkungen für „ausländische Investoren"). Die von Art 86 S 1 angeordnete Unanwendbarkeit beschränkender Landesgesetze bezieht sich infolgedessen nicht nur auf Investitionshemmnisse, sondern auf alle Arten von Beschränkungen. Art 86 S 1 begünstigt Investoren wie Nicht-Investoren in gleicher Weise (s Rn 10).

2.   Begünstigter Personenkreis

18 Art 86 S 1 begünstigt Ausländer und ausländische juristische Personen.

a)   Ausländer

19 Ausländer ist, wer nicht Deutscher im Sinne des Art 116 Abs 1 GG ist (§ 2 Abs 1 Aufenthaltsgesetz vom 30. 7. 2004 [BGBl I 1950]; ähnlich § 2 Abs 1a SGB IV, hierzu MERTEN, in: GLEITZE/KRAUSE/V MAYDELL/MERTEN, Gemeinschaftskommentar SGB IV [2. Aufl 1992] § 2 Rn 101 ff). Ausländer sind Angehörige eines fremden Staates oder Staatenlose. Keine Ausländer sind deutsche Staatsangehörige, die zusätzlich eine andere Staatsangehörigkeit besitzen.

b)   Ausländische juristische Personen
aa)   Legaldefinition

20 Art 86 S 1 EG umschreibt den Begriff „ausländische juristische Personen" als Legaldefinition in Form einer Klammerdefinition (hierzu H SCHNEIDER, Gesetzgebung [3. Aufl 2002] Rn 356 ff), indem er seine Textaussage zu einem juristischen Begriff verdichtet. Ausländische juristische Personen sind juristische Personen, die ihren satzungsmäßigen Sitz, ihre Hauptverwaltung oder ihre Hauptniederlassung nicht im Bundesgebiet haben. Die Begriffsmerkmale „satzungsmäßiger Sitz", „Hauptverwaltung" und „Hauptniederlassung" finden sich auch in Art 48 Abs 1 EGV (früher: Art 58 EWGV) und wurden in ähnlicher Weise in § 1 Abs 1 des (inzwischen aufgehobenen) Gesetzes zur Aufhebung von Erwerbsbeschränkungen für Staatsangehörige und Gesellschaften der Mitgliedstaaten der Europäischen Wirtschaftsgemeinschaft vom 2. 4. 1964 (BGBl I 248) zur Charakterisierung der Gesellschaften der Mitgliedstaaten verwandt.

bb)   Juristische Personen des Privatrechts

21 Der Begriff „juristische Personen" wird von Art 86 Satz 1 nicht näher umschrieben, so daß der Wortlaut offenläßt, ob er sich außer auf juristische Personen des Privatrechts auch auf juristische Personen des öffentlichen Rechts bezieht. Die in Art 86 S 1 genannten Merkmale „satzungsmäßiger Sitz", „Hauptverwaltung" und „Hauptniederlassung" sind für juristische Personen des Privatrechts charakteristisch. Vergleichbare Regelungen bestehen für Aktiengesellschaften und für Gesellschaften mit beschränkter Haftung (§§ 5 AktG, 4a GmbHG).

cc) Juristische Personen des öffentlichen Rechts

Der Wortlaut des Art 86 S 1 ist unmittelbar auf juristische Personen des öffentlichen **22**
Rechts, insbesondere Staaten und andere Gebietskörperschaften nicht anwendbar.
Gebietskörperschaften als solche haben keinen „Sitz", über den nur ihre Organe
verfügen (vgl für Deutschland §§ 2, 3 des Gesetzes zur Umsetzung des Beschlusses
des Deutschen Bundestages vom 20. 6. 1991 zur Vollendung der Einheit Deutschlands [Berlin/Bonn-Gesetz] vom 26. 4. 1994 [BGBl I 918]). Auch mangelt ihnen eine
„Hauptverwaltung" oder „Hauptniederlassung". Diese Textungenauigkeit ist er-
staunlich, weil sich der Titel des Gesetzes, durch das Art 86 geändert wurde (Rn 6)
ausdrücklich auf „Staaten" bezieht. Da die Erleichterung deren Grundstückserwerbs
in der Bundeshauptstadt Berlin ausweislich der Gesetzesbegründung Anlaß für die
Gesetzesänderung war und dieser Zweck auch in der (amtlichen) Gesetzesüber-
schrift als einem Teil des Gesetzes zum Ausdruck kommt, ist Art 86 S 1 in entsprechender Weise auf juristische Personen des öffentlichen Rechts anzuwenden.
Dies bestätigt auch die teleologische Auslegung, da durch die Gesetzesänderung
frühere landesgesetzliche Beschränkungen beim Erwerb von Rechten, die insbesondere auch für ausländische juristische Personen des öffentlichen Rechts bestanden,
unanwendbar werden sollten.

Nach allem erfaßt Art 86 S 1 alle juristischen Personen sowohl des Privatrechts als **23**
auch des öffentlichen Rechts, wobei unerheblich ist, worauf ihre Rechtsfähigkeit
beruht, welchen Zweck sie verfolgen und in welchen Bereichen sie sich betätigen.

dd) Sitz, Hauptverwaltung, Hauptniederlassung

Nach Wortlaut sowie Sinn und Zweck der Vorschrift müssen die drei Merkmale **24**
„satzungsmäßiger Sitz", „Hauptverwaltung" und „Hauptniederlassung" nicht kumulativ vorliegen. Es genügt, daß die juristische Person ihren satzungsmäßigen Sitz
oder ihre Hauptverwaltung oder ihre Hauptniederlassung nicht im Bundesgebiet hat
(sogenannte Alternativität). In diesem Sinne werden auch Art 48 Abs 1 EGV und
seine Vorgängervorschrift ausgelegt (GEIGER, EUV/EGV [4. Aufl 2004] Art 48 EGV Rn 6;
RANDELZHOFER, in: GRABITZ, Kommentar zum EWG-Vertrag [2. Aufl 1989] Art 58 Rn 11).

Satzungsmäßiger Sitz ist der durch die Satzung der juristischen Person bestimmte, **25**
dem Wohnsitz natürlicher Personen entsprechende Ort der Niederlassung.

Die Hauptverwaltung der juristischen Person befindet sich an dem Ort, an dem die **26**
leitenden Organe ihren Tätigkeitsschwerpunkt haben und an dem die Willensbil-
dung und die eigentliche unternehmerische Leitung erfolgt (vgl GEIGER, EUV/EGV
[4. Aufl 2004] Art 48 EGV Rn 8; TROBERG/TIEDJE, in: VON DER GROEBEN/SCHWARZE [Hrsg], Kommentar zum Vertrag über die Europäische Union und zur Gründung der Europäischen Gemeinschaft
[6. Aufl 2003] Art 48 EG Rn 9).

Die Hauptniederlassung hat eine juristische Person an dem Ort, an dem sich die **27**
personellen und sachlichen Mittel konzentrieren, zB an dem Ort einer zentralen
Produktionsstätte (GEIGER aaO Rn 8; TROBERG/TIEDJE aaO Rn 10).

ee) Bundesgebiet

Bundesgebiet meint das Staatsgebiet der Bundesrepublik Deutschland, das das **28**
Gebiet der sechzehn in der Präambel des Grundgesetzes angeführten Länder umfaßt

(vgl JARASS/PIEROTH, Grundgesetz für die Bundesrepublik Deutschland [7. Aufl 2004] Präambel Rn 10).

3. Entgegenstehendes Recht

a) Gesetzeswortlaut

29 Art 1 Nr 1 des Gesetzes zur Beseitigung von Erwerbsbeschränkungen für ausländische Investoren und Staaten vom 23. 7. 1998 (BGBl I 1886), der Art 86 EGBGB aF ändert, bestimmt, daß Vorschriften, die den Erwerb von Rechten beschränken, „vom 30. Juli 1998 [an] keine Anwendung mehr" finden. Die Wortwahl ist nicht zufällig, weil Art 1 Nr 2 sowie Art 2 desselben Gesetzes statuieren, daß bestimmte Gesetzesvorschriften bzw Gesetze „aufgehoben" werden.

b) Derogation oder Suspension?

30 Mit der Aufhebung (Derogation) verliert ein Gesetz seine Gesetzeskraft, seine Wirkung oder „Wirksamkeit" (so Art 2 Nr 1 FamRÄndG vom 11. 8. 1961 [BGBl I 1221]). Indem das Gesetz nunmehr außer Kraft tritt, ist es beseitigt und kann aus dem Normenbestand getilgt werden.

31 Demgegenüber bezwecken Formulierungen wie „finden ... keine Anwendung mehr", „sind nicht mehr anzuwenden" eine Lähmung der Gesetzeskraft (Suspension). Das Gesetz bleibt in Kraft, ist aber zB auf bestimmte Sachverhalte oder für einen bestimmten Zeitraum nicht anwendbar. Wird das suspendierende Gesetz seinerseits aufgehoben, tritt das suspendierte Gesetz wieder in Kraft, wird also erneut wirksam, so daß es keines neuen Gesetzgebungsaktes bedarf. Wegen der unterschiedlichen Rechtsfolgen von Derogation und Suspension ist die Unterscheidung keineswegs eine bloße Formalie.

32 Wegen der Eindeutigkeit des Gesetzestextes und wegen der Gesetzessystematik, die zwischen Aufhebung und Nichtanwendung gesetzlicher Vorschriften unterscheidet, enthält Art 86 S 1 lediglich eine **Suspension** derjenigen Vorschriften, die den Erwerb von Rechten durch Ausländer beschränken. Die Begriffswahl des Gesetzgebers erklärt sich wohl aus dem Text des von ihm aufgehobenen „Gesetz[es] zur Aufhebung von Erwerbsbeschränkungen für Staatsangehörige und Gesellschaften der Mitgliedstaaten der Europäischen Wirtschaftsgemeinschaft" vom 2. 4. 1964 (BGBl I 248). Dieses Gesetz statuierte in seinem § 1 Abs 1 ebenfalls, daß bestimmte Vorschriften, die den Erwerb von Rechten für Ausländer beschränkten, auf Staatsangehörige und Gesellschaften der Mitgliedstaaten der EWG „nicht anzuwenden" waren. Allerdings machte die Suspension an dieser Stelle Sinn, weil die gesetzlichen Bestimmungen für Ausländer und ausländische Gesellschaften außerhalb der EWG anwendbar blieben und daher nicht vollständig außer Kraft gesetzt werden konnten.

c) Unschlüssigkeit der Gesetzesbegründung

33 Die Begründung des Gesetzes zur Beseitigung von Erwerbsbeschränkungen für ausländische Investoren und Staaten geht davon aus, daß durch die Neufassung des Art 86 entgegenstehende „Vorschriften des Landesrechts nichtig [werden], weil sie gegen Bundesrecht verstoßen (Art 31 des Grundgesetzes)" (BT-Drucks 13/10534 vom 28. 4. 1998, 3; BT-Drucks 13/10966 vom 16. 6. 1998, 5, sub II). Diese These ist jedoch unschlüssig, weil die Derogationsfolge des Art 31 GG nur eintritt, wenn Bundesrecht Landes-

recht „brechen" will, Art 86 S 1 aber entgegenstehendes Recht nicht „brechen", sondern nur unanwendbar machen will. „Brechen" kann je nach dem Zusammenhang „etwas Verschiedenes bedeuten" (so BVerfGE 36, 342, 365).

d) Legistik

Legistisch gesehen ist die bloße Suspension untunlich, da für sie kein Grund ersicht- **34** lich ist. Während im Falle einer Aufhebung entgegenstehendes Recht aus dem Normenbestand getilgt worden wäre, bleibt es nunmehr ungeachtet seiner Unanwendbarkeit in Kraft und vergrößert die Gesetzesflut.

V. Art 86 Satz 2 EGBGB

1. Allgemeines

Art 86 S 2 enthält die Ermächtigung an die Bundesregierung, durch Rechtsverord- **35** nung mit Zustimmung des Bundesrates den Erwerb von Rechten durch Ausländer oder ausländische juristische Personen unter bestimmten Voraussetzungen „zu beschränken und von der Erteilung einer Genehmigung abhängig zu machen". Die in Art 86 S 2 vorgesehenen Rechtsfolgen dürfen nur angeordnet werden, wenn „Deutsche und inländische juristische Personen in dem betreffenden Staat in dem Erwerb von Rechten eingeschränkt werden" und wenn „außenpolitische Gründe, insbesondere das Retorsionsrecht, dies erfordern".

Während Art 86 den freien Erwerb von Rechten durch Ausländer oder ausländische **36** Personen regelt, statuiert Art 86 S 2 EG die Voraussetzungen einer Beschränkbarkeit (im weiteren Sinne) dieses freien Erwerbs. Damit soll die von Art 86 S 1 generell angeordnete Unanwendbarkeit von Beschränkungen des Rechtserwerbs durch Ausländer und ausländische juristische Personen partiell unter bestimmten Voraussetzungen wieder eingeführt werden können.

2. Verfassungsmäßigkeit der Verordnungsermächtigung

Im Unterschied zu Art 86 EGBGB aF, der landesgesetzliche Vorschriften unberührt **37** ließ und damit parlamentarischer Gesetzgebung Raum gab, sieht Art 86 S 2 eine exekutive Rechtssetzung vor. Für diese ist gemäß Art 80 Abs 1 S 2 GG erforderlich, daß das ermächtigende Gesetz Inhalt, Zweck und Ausmaß der Ermächtigung bestimmt. Damit sollen Pauschalermächtigungen der Exekutive ausgeschlossen werden (vgl Brenner, in: v Mangoldt/Klein/Starck, Das Bonner Grundgesetz, Bd III [4. Aufl 2001] Art 80 Rn 38; Lücke, in: Sachs, Grundgesetz [3. Aufl 2003] Art 80 Rn 3). Der Gesetzgeber darf sich seiner Verantwortung nicht dadurch entziehen, daß er Kompetenzen überträgt, ohne gleichzeitig Grenzen zu bestimmen (BVerfGE 34, 52, 59 f). Daher hat er selbst zu entscheiden, was geregelt werden soll, und muß unter Angabe des Ziels die Grenzen festlegen (BVerfGE 2, 307, 334; 23, 62, 72; 80, 1, 21). Aus dem Gesetz selbst muß ersichtlich sein, welches vom Gesetzgeber gesetzte „Programm" durch die Verordnung verwirklicht oder erreicht werden soll (BVerfGE 5, 71, 77; 8, 274, 307; 58, 257, 277; 80, 1, 20). Eine Ermächtigung verstößt dann gegen Art 80 Abs 1 Satz 2 GG, wenn sie so unbestimmt ist, daß nicht vorhersehbar erscheint, in welchen Fällen und mit welcher Tendenz von ihr Gebrauch gemacht wird und welchen Inhalt die Verordnung haben könnte (BVerfGE 1, 14, 60; 19, 354, 361; 42, 191, 200). Allerdings müssen Inhalt, Zweck und

Ausmaß der Ermächtigung nicht ausdrücklich in dem ermächtigenden Gesetz bestimmt sein. Nach der Rechtsprechung des Bundesverfassungsgerichts reicht es aus,
wenn diese nach allgemeinen Auslegungsgrundsätzen aus dem Gesetz zu ermitteln
sind (BVerfGE 8, 274, 307; 80, 1, 20 f; vgl auch 91, 148, 163 f; B WOLFF, Die Ermächtigung zum
Erlaß von Rechtsverordnungen, AöR 78 [1952/53] 194, 199).

38 Somit ist die Beschränkungsermächtigung in Art 86 Satz 2 verfassungskonform, auch
wenn sie den Ermächtigungszweck nicht ausdrücklich anführt. Er läßt sich jedoch
aus dem Zusammenhang des Gesetzestextes ermitteln. Art 86 Satz 2 soll es ermöglichen, den Erwerb von Rechten durch Deutsche oder inländische juristische Personen im Ausland dadurch zu erleichtern, daß gegebenenfalls als Retorsionsmaßnah-
me Ausländer oder ausländische juristische Personen in dem Erwerb von Rechten
im Inland beschränkt werden. Zwar wird auch das Ermächtigungsausmaß in Art 86
Satz 2 nicht exakt, sondern nur in einem groben Umfang beschrieben, indem die
Rechtsverordnung den Erwerb von Rechten durch ausländische natürliche oder
juristische Personen „beschränken und von der Erteilung einer Genehmigung abhängig machen" darf. Da aber die vorgesehene Rechtsverordnung nur Antwort auf
eine vorherige Beschränkung der Erwerbsfreiheit für Deutsche oder inländische
juristische Personen sein soll und außerdem außenpolitische Gründe eine Reaktion
erforderlich machen müssen, ist das Normprogramm hinreichend deutlich umschrieben.

3.   Beschränkbarkeit des Erwerbs von Rechten

a)   Umfang

39 Die Begriffe „Erwerb von Rechten", „Ausländer" und „ausländische juristische
Personen" werden in demselben Sinne wie in Art 86 Satz 1 gebraucht, so daß auf
die dortigen Anmerkungen verwiesen werden kann.

40 Eine Beschränkung des Erwerbs von Rechten auf der Grundlage von Art 86 Satz 2
durch Rechtsverordnung kann nur für einzelne Staaten oder Staatenzusammen-
schlüsse erfolgen. Denn die gesetzliche Ermächtigung ist ausdrücklich daran geknüpft, daß „außenpolitische Gründe, insbesondere das Retorsionsrecht" die Beschränkung erfordern, und gebietet demzufolge eine staatenspezifische Prüfung im
Einzelfall. Damit ist eine generell-abstrakte Regelung des Inhalts ausgeschlossen,
daß immer dann, wenn deutsche oder inländische juristische Personen in dem Erwerb von Rechten eingeschränkt werden, dasselbe für die entsprechenden Ausländer und ausländischen juristischen Personen gilt. Diese Regelung hätte im übrigen
Art 86 Satz 2 selbst treffen können.

b)   Beschränkungsmodalitäten

41 Nach dem Wortlaut des Art 86 S 2 kann eine Rechtsverordnung den Erwerb von
Rechten „beschränken und von der Erteilung einer Genehmigung abhängig machen". Die Gesetzesfassung ist zum einen unnötig umständlich, da Gesetze grundsätzlich eine Rechtsfolge nur von „einer Genehmigung" (nicht aber: der „Erteilung
einer Genehmigung") abhängig machen oder das Erfordernis „einer Genehmigung"
(nicht aber: der „Erteilung einer Genehmigung") statuieren (vgl nur Art 26 Abs 2
GG; §§ 109, 114 BauGB; § 4 BImSchG; HANSWERNER MÜLLER, Handbuch der Gesetzgebungstechnik [1963],80). Zum anderen bestimmt die Gesetzesfassung nicht präzise, ob

der Verordnungsgeber die Rechtsfolgen kumulativ (sowohl „beschränken" als auch „von einer Genehmigung abhängig machen") anordnen oder auch alternativ (entweder „beschränken" oder „von der Erteilung einer Genehmigung abhängig machen") vorsehen kann. Beschränkt der Verordnungsgeber den Erwerb von Rechten (in bestimmten Bereichen oder oberhalb bestimmter Wertgrenzen), dann erübrigt sich im allgemeinen eine zusätzliche Genehmigung. Macht der Verordnungsgeber umgekehrt den Erwerb von Rechten von einer Genehmigung abhängig, besteht grundsätzlich kein Bedürfnis, den Rechtserwerb zusätzlich zu beschränken. Diese Überlegung spricht für eine Alternativität, wie sie auch in Art 86 S 1 vorgesehen ist und in Art 86 S 1 EGBGB aF enthalten war. Allerdings könnte der Verordnungsgeber den Erwerb von Rechten (zB oberhalb bestimmter Wertgrenzen) beschränken und den Erwerb im übrigen von einer Genehmigung abhängig machen, was zu einer Kumulation führte. Richtigerweise ist davon auszugehen, daß Art 86 S 2 dem Verordnungsgeber, der durch die Voraussetzungen für den Erlaß einer Rechtsverordnung ohnehin eingeengt ist, Gestaltungsfreiheit einräumen will, so daß die Konjunktion in Wirklichkeit als „und/oder" zu lesen ist, zumal das Erfordernis einer Genehmigung nur ein Unterfall der Beschränkung ist.

c) Voraussetzungen einer Rechtsverordnung
aa) Kumulation zweier Voraussetzungen

Voraussetzung für den Erlaß einer Rechtsverordnung ist einerseits, daß „Deutsche **42** und inländische juristische Personen in dem betreffenden Staat in dem Erwerb von Rechten eingeschränkt werden". Andererseits müssen zusätzlich „außenpolitische Gründe, insbesondere das Retorsionsrecht", eine Beschränkung „erfordern". Beide Voraussetzungen müssen kumulativ vorliegen, wobei das Erfordernis „außenpolitische(r) Gründe" ersichtlich die Rechtssetzungsbefugnis des Verordnungsgebers zusätzlich beschränken will.

bb) Eingeschränkter Erwerb von Rechten im Ausland

Der Begriff „Erwerb von Rechten" in Art 86 S 2 im Zusammenhang mit einer **43** Einschränkung für Deutsche oder inländische juristische Personen ist in demselben Sinne zu verstehen wie in Art 86 S 1. Er meint jeglichen Rechtserwerb (s Rn 13 f).

Durch das Begriffsmerkmal „in dem betreffenden Staat" macht Art 86 S 2 deutlich, **44** daß der Erlaß einer beschränkenden Rechtsverordnung einen konkreten, spezifisch staatlichen Bezug erfordert. Art 86 Satz 2 meint „Staaten" als Völkerrechtssubjekte (hierzu IPSEN, Völkerrecht [5. Aufl 2004] § 5, S 59 ff), nicht Staaten im Sinne des Staatsrechts (zB Länder), was auch der Zusammenhang mit den „außenpolitische(n) Gründe(n)", die für eine Beschränkung des Erwerbs von Rechten erforderlich sind, deutlich macht.

cc) Betroffener Personenkreis

Die Einschränkung im Erwerb von Rechten in bestimmten Staaten muß „Deutsche **45** und inländische juristische Personen" treffen. Dabei ist der Gesetzeswortlaut an dieser Stelle wiederum unpräzise. Nach dem Sinn und Zweck des Art 86 S 2 müssen nicht sowohl „Deutsche" als auch „inländische juristische Personen" in dem Erwerb von Rechten im Ausland beschränkt werden, sondern es muß genügen, daß entweder deutsche natürliche Personen oder inländische juristische Personen betroffen werden. Diese teleologische Interpretation wird dadurch bekräftigt, daß Art 86 S 2

Detlef Merten

als Rechtsfolge eine Beschränkung des Erwerbs von Rechten durch Rechtsverordnung für „Ausländer **oder** ausländische juristische Personen" vorsieht. Kann das
Retorsionsmittel sich alternativ entweder gegen ausländische natürliche oder ausländische juristische Personen richten, so spricht viel dafür, daß es auch für den
Retorsionsanlaß genügen muß, wenn entweder „Deutsche" oder „inländische juristische Personen" (alternativ) betroffen sind.

46   Der Begriff „Deutsche" meint mangels anderer Anhaltspunkte Deutsche im Sinne
des Art 116 Abs 1 GG, so daß nicht nur deutsche Staatsangehörige, sondern auch
sogenannte Status-Deutsche erfaßt werden (hierzu Maunz, in: Maunz/Dürig, Grundgesetz Art 116).

47   Als „juristische Personen" sind in Übereinstimmung mit Art 86 S 1 und Art 86 S 2
HS 1 sowohl juristische Personen des Privatrechts als auch solche des öffentlichen
Rechts (vgl Rn 21 f) zu verstehen. Da der Titel des Gesetzes, mit dem Art 86 EG in
seiner jetzigen Fassung eingefügt wurde, ausdrücklich „Staaten" aufführt, muß auch
die Bundesrepublik Deutschland im Wege systematischer Auslegung zu den „inlän-
dische(n) juristische(n) Personen" gerechnet werden, obwohl der Gesetzeswortlaut
nicht unmittelbar auf sie paßt. Es wäre auch unter teleologischen Gesichtspunkten
kaum verständlich, daß die Beschränkung des Rechtserwerbs für deutsche Gebietskörperschaften (Gemeinden, Länder), nicht aber für den gesamten Staat als solchen
zu einer beschränkenden Rechtsverordnung führen dürfte.

48   „Inland" ist mit dem „Bundesgebiet" im Sinne des Art 86 S 1 identisch und meint
das Staatsgebiet der Bundesrepublik Deutschland, das das Gebiet der sechzehn in
der Präambel des Grundgesetzes angeführten Länder umfaßt (vgl Rn 28).

Für die maßgebliche Anknüpfung der Zuordnung einer juristischen Person zum
Inland ist nicht die Nationalität der Mitglieder (zB in einer Kapitalgesellschaft),
sondern allein das Rechtsverhältnis der juristischen Person selbst ausschlaggebend.
Die räumliche Zuordnung einer juristischen Person erfolgt nicht nach dem Ort der
Gründung, sondern auf Grund der maßgeblichen sogenannten Sitztheorie nach dem
Sitz der juristischen Person. Entscheidend ist der effektive Verwaltungssitz als der
Handlungsort, der für die Organe der juristischen Person maßgeblich ist, nicht
hingegen lediglich der formal in der Satzung festgelegte Sitz (vgl BVerfGE 21, 207
[209]; BGHZ 76, 387 [395 f]; BFH NJW 2001, S 2199; Dürig, in: Maunz/Dürig, Grundgesetz Art 19
Abs 3 Rn 31 mit Nachweisen; Tettinger, Juristische Personen des Privatrechts als Grundrechts-
träger, in: Merten/Papier [Hrsg], Handbuch der Grundrechte in Deutschland und Europa, Bd II
[2005] § 51 Rn 42; Kotzur, Der Begriff der inländischen juristischen Personen nach Art 19 Abs 3
GG im Kontext der EU, DÖV 2001, 192 ff).

dd)   Außenpolitische Gründe, insbesondere das Retorsionsrecht

49   Im Falle einer Beschränkung des Rechtserwerbs deutscher natürlicher und juristischer Personen im Ausland kann der Erwerb von Rechten durch Ausländer oder
ausländische juristische Personen durch Rechtsverordnung nur beschränkt werden,
wenn „außenpolitische Gründe, insbesondere das Retorsionsrecht", dies erfordern.

50   Außenpolitik ist die Politik, mit der Staaten ihre Interessen gegenüber anderen
Staaten durchsetzen (Seidelmann, Außenpolitik, in: Nohlen/Schultze, Lexikon der Politik-

wissenschaft, Bd I [2. Aufl 2004] S 43). Die Gründe für den Erlaß einer beschränkenden Rechtsverordnung müssen also in diesen internationalen Beziehungen liegen. Innenpolitische Gründe, zB Proteste wegen einer Diskriminierung Deutscher im Ausland, reichen nicht.

In der Formulierung des Art 86 S 2 „außenpolitische Gründe, insbesondere das **51** Retorsionsrecht …“ stellt das Retorsionsrecht eine nicht abschließende Erläuterung des Vorhergesagten, gleichsam einen Haupt-Beispielsfall dar (vgl BERNHARDT DÖV 1961, 247; MÜLLER, Handbuch der Gesetzgebungstechnik [1963] 202).

Im Textzusammenhang wird die Retorsion (nicht: das Retorsionsrecht) in unge- **52** wöhnlicher Weise gebraucht und erscheint wie eine unnötige Lesefrucht des Gesetzgebers. Zunächst ist „Retorsion“ kein Begriff der Außenpolitik, sondern des Völker(gewohnheits-)Rechts. Im Gegensatz zur Repressalie bezeichnet sie eine nicht völkerrechtswidrige Maßnahme eines Staates, um seinen (rechtlichen oder politischen) Interessen Nachdruck zu verleihen. Sie erfolgt vielfach als Antwort auf eine unfreundliche Handlung eines anderen Staates und bezweckt, diesen zur Beendigung eines unfreundlichen oder gar völkerrechtswidrigen Aktes zu bewegen (vgl DOEHRING, Völkerrecht [2. Aufl 2004] Rn 1025 ff; VERDROSS/SIMMA, Universelles Völkerrecht [3. Aufl 1984]; IPSEN, Völkerrecht [5. Aufl 2004] § 59 Rn 44; TOMUSCHAT, Repressalie und Retorsion. Zu einigen Aspekten ihrer internationalen Durchführung, ZaöRV 33 [1979] 179 ff; HAHN, in: SEIDL-HOHENVELDERN [Hrsg], Völkerrecht, Lexikon des Rechts [3. Aufl 2001] 339; PARTSCH, Retorsion, in: Encyclopedia of Public International Law, Bd 9 [1986] 335 ff). Als völkerrechtskonforme Handlungsbefugnis eines Staates kann die Retorsion nichts „erfordern“. Juristisch korrekt hätte die Formulierung in Art 86 S 2 daher lauten sollen: „Wenn … außenpolitische Gründe eine Retorsion erfordern“, wobei der Begriff „Retorsion“ in diesem Zusammenhang auch hätte entfallen können.

ee) Erfordernis einer Beschränkung
Als letzte Voraussetzung für den Erlaß einer Rechtsverordnung sieht Art 86 S 2 vor, **53** daß außenpolitische Gründe, insbesondere das Retorsionsrecht, „dies erfordern“. Bei diesem Tatbestandsmerkmal handelt es sich um einen unbestimmten Gesetzesbegriff, der der gerichtlichen Kontrolle unterliegt, wobei diese sich nicht auf eine Vertretbarkeitskontrolle beschränkt (vgl BVerfGE 106, 62, 148; dazu ULE/LAUBINGER, Verwaltungsverfahrensrecht [4. Aufl 1995] Rn 8 ff; DEGENHART, in: SACHS, GG [3. Aufl 2003] Art 72, Rn 13 f). Dem Verordnungsgeber steht weder ein Ermessens- noch ein Beurteilungsspielraum zu (vgl BVerfGE 106, 62, 135 ff). Da außenpolitische Überlegungen eine Rolle spielen, wird ihm aber ein Einschätzungs- und Prognosespielraum einzuräumen sein (vgl BVerfGE 106, 62, 152 f).

d) Zustimmung des Bundesrates
Der Erlaß einer Rechtsverordnung setzt die Zustimmung des Bundesrates voraus. **54** Damit trägt Art 86 S 2 wohl dem Umstand Rechnung, daß Art 86 EGBGB aF für die Länder eine Gesetzgebungskompetenz aufrechterhalten hatte, den Erwerb von Rechten durch juristische Personen zu beschränken oder von einer staatlichen Genehmigung abhängig zu machen. Soweit einzelne Länder bestimmte juristische Personen (zB in einem Konkordat) von Erwerbsbeschränkungen befreit hatten (vgl Rn 5), können sie nunmehr über den Bundesrat auf die Konformität beschränkenden Bundesrechts Einfluß nehmen.

55 Legistisch gesehen ist eine derartige Verschränkung von exekutiver und parlamentarischer Rechtssetzung bedenklich (vgl MERTEN, Gesetzgebung im demokratischen Rechtsstaat, in: Dimensionen des modernen Verfassungsstaates, Symposion zum 60. Geburtstag von Karl Korinek [2002] 53, 65 ff). Zum einen werden die Vorteile exekutiver Rechtssetzung wie Schnelligkeit, Flexibilität, Sachkompetenz und Verwaltungserfahrung (vgl auch BVerwG DVBl 1998, 969, 970) beeinträchtigt. Zum anderen wird die exakte Zurechenbarkeit und demzufolge auch die demokratische Rückverantwortung verdunkelt, weil infolge einer Gemengelage nicht mehr erkennbar ist, wer wofür einzustehen hat.

VI. Art 86 Satz 3 EGBGB

1. Zweck der Regelung

56 Art 86 S 3 schränkt Art 86 S 2 ein, indem er von der Ermächtigung, durch Rechtsverordnung den Erwerb von Rechten durch Ausländer oder ausländische juristische Personen unter bestimmten Voraussetzungen zu beschränken, „Ausländer und ausländische juristische Personen aus Mitgliedstaaten der Europäischen Union" ausnimmt. Zweck der Vorschrift ist es, durch eine Beschränkung des Adressatenkreises des Art 86 S 2 eine EG-Ausländer-Diskriminierung und eine Kollision mit vorrangigem Europäischen Gemeinschaftsrecht von vornherein zu vermeiden, da insbesondere durch die Errichtung eines Binnenmarktes Hindernisse für den freien Waren-, Personen-, Dienstleistungs- und Kapitalverkehr zwischen den Mitgliedstaaten gemäß Art 3 Abs 1 lit c, Art 14 Abs 2 EG zu beseitigen sind (vgl STREINZ, Europarecht [6. Aufl 2003] Rn 652).

2. Geschützter Personenkreis

57 Durch Art 86 S 3 werden einerseits Ausländer aus Mitgliedstaaten der Europäischen Union und andererseits ausländische juristische Personen aus Mitgliedstaaten der Europäischen Union vor einer Beschränkung des Erwerbs von Rechten geschützt.

a) Ausländer aus Mitgliedstaaten der Europäischen Union

58 Art 86 S 3 erfaßt den Kreis der von ihm begünstigten natürlichen Personen begrifflich sehr ungenau. Gemeint ist offensichtlich, daß Staatsangehörige der Mitgliedstaaten der Europäischen Union nicht in dem Erwerb von Rechten beschränkt werden dürfen. Für diesen Personenkreis hatte schon das Gesetz zur Aufhebung von Erwerbsbeschränkungen für Staatsangehörige und Gesellschaften der Mitgliedstaaten der Europäischen Wirtschaftsgemeinschaft vom 2. 4. 1964 (BGBl I 248) in seinem § 1 Abs 1 die Anwendbarkeit der Art 86 und 88 EGBGB ausgeschlossen (vgl oben Rn 4).

59 Auch das Europarecht spricht von „Angehörigen" oder „Staatsangehörigen" der Mitgliedstaaten (vgl Art 2, 2. Spiegelstrich EU; Art 294 EG) oder von „Unionsbürgern", die in Art 17 EG ebenfalls als Staatsangehörige eines Mitgliedstaates umschrieben werden (vgl STREINZ, Europarecht [6. Aufl 2003] Rn 52). Demgegenüber ist der vom Gesetz gewählte Begriff „Ausländer aus Mitgliedstaaten der Europäischen Union" juristisch ungenau, weil er kraft seines Wortlauts auch Staatsangehörige von Drittstaaten erfaßt, die sich in einem Mitgliedstaat der Europäischen Union aufhalten oder aus diesem nach Deutschland lediglich einreisen (vgl auch Art 16a Abs 2 GG). Bei dieser weiten Interpretation würden Beschränkungen auf Grund von Art 86 S 2 zumindest für natürliche Personen leerlaufen, da alle Ausländer nur über einen Mitgliedstaat der Europäischen Union nach Deutschland einreisen müßten, um sich auf die Ausnahmevorschrift des Art 86 S 3 berufen zu können.

In Übereinstimmung mit der bisherigen Rechtsentwicklung, insbesondere dem Ge- **60** setz zur Aufhebung von Erwerbsbeschränkungen für Staatsangehörige und Gesellschaften der Mitgliedstaaten der Europäischen Wirtschaftsgemeinschaft von 1964 ist daher der Begriff „Ausländer aus Mitgliedstaaten der Europäischen Union" restriktiv als „Staatsangehörige der Mitgliedstaaten der Europäischen Union" zu interpretieren.

b) Ausländische juristische Personen aus Mitgliedstaaten der Europäischen Union

Den Begriff „ausländische juristische Personen" umschreibt Art 86 S 1 im Wege **61** einer Legaldefinition in Form einer Klammerdefinition als „juristische Personen, die ihren satzungsmäßigen Sitz, ihre Hauptverwaltung oder ihre Hauptniederlassung nicht im Bundesgebiet haben" (vgl Rn 20). Überträgt man diese Definition auf Art 86 S 3, so sind als ausländische juristische Personen aus Mitgliedstaaten der Europäischen Union solche juristischen Personen anzusehen, die ihren satzungsmäßigen Sitz oder ihre Hauptverwaltung oder ihre Hauptniederlassung nicht im Bundesgebiet, sondern in einem Mitgliedstaat der Europäischen Union haben. In ähnlicher Weise hatte § 1 Abs 1 des Gesetzes zur Aufhebung von Erwerbsbeschränkungen für Staatsangehörige und Gesellschaften der Mitgliedstaaten der Europäischen Wirtschaftsgemeinschaft vom 2. 4. 1964 Gesellschaften begünstigt, „die nach den Rechtsvorschriften eines Mitgliedstaates der Europäischen Wirtschaftsgemeinschaft gegründet wurden und ihren satzungsmäßigen Sitz, ihre Hauptverwaltung oder ihre Hauptniederlassung innerhalb der Gemeinschaft haben".

Wegen der Voraussetzungen im einzelnen wird auf die Anmerkungen zu Art 86 S 1 **62** verwiesen.

Artikel 87

Unberührt bleiben die landesgesetzlichen Vorschriften, welche die Wirksamkeit von Schenkungen an Mitglieder religiöser Orden oder ordensähnlicher Kongregationen von staatlicher Genehmigung abhängig machen.

Unberührt bleiben die landesgesetzlichen Vorschriften, nach welchen Mitglieder religiöser Orden oder ordensähnlicher Kongregationen nur mit staatlicher Genehmigung von Todes wegen erwerben können. Die Vorschriften des Art. 86 S 2 finden entsprechende Anwendung.

Mitglieder solcher religiöser Orden oder ordensähnlicher Kongregationen, bei denen Gelübde auf Lebenszeit oder auf unbestimmte Zeit nicht abgelegt werden, unterliegen nicht den in den Abs. 1 und 2 bezeichneten Vorschriften.

Detlef Merten

Materialien: E I Art 48; II Art 62; III Art 87.

1 Art 87 ist in der Bekanntmachung der Neufassung des Einführungsgesetzes zum Bürgerlichen Gesetzbuch vom 21. 9. 1994 (BGBl I 2494) als „weggefallen" bezeichnet. Von einer Kommentierung wurde daher abgesehen. Es wird auf die Erläuterungen von STAUDINGER/MERTEN/KIRCHHOF[12] verwiesen.

Artikel 88

Unberührt bleiben die landesgesetzlichen Vorschriften, welche den Erwerb von Grundstücken durch Ausländer von staatlicher Genehmigung abhängig machen.

Materialien: E III Art 88.

1 Art 88 wurde durch Art 1 des Gesetzes zur Beseitigung von Erwerbsbeschränkungen für ausländische Investoren und Staaten vom 23. 7. 1998 (BGBl I 1886) aufgehoben. Von einer Kommentierung wurde daher abgesehen. Es wird auf die Erläuterungen von STAUDINGER/MERTEN (1998) verwiesen.

Artikel 89

Unberührt bleiben die landesgesetzlichen Vorschriften über die zum Schutze der Grundstücke und der Erzeugnisse von Grundstücken gestattete Pfändung von Sachen, mit Einschluß der Vorschriften über die Entrichtung von Pfandgeld oder Ersatzgeld.

Materialien: E I Art 62; II Art 63; III Art 89;
Mot EG 187 ff; Prot VI 431 ff, 616 ff.

Schrifttum

GIERKE, Deutsches Privatrecht (1895) I Kap 3, § 39 II S 338
NAEGELI, Germanisches Selbstpfändungsrecht (1876)

STOBBE, Deutsches Privatrecht (1893) I § 70 S 661.

I.   Begriff und Inhalt der Privatpfändung

1 **1.**   Die Voraussetzungen, unter denen Selbsthilfe geübt werden darf, sind hauptsächlich in §§ 229–231 und §§ 859 ff BGB geregelt. Art 89 behält der Landesgesetzgebung vor, Vorschriften zu erlassen oder die bestehenden Vorschriften aufrechtzuerhalten.

(a) über die Privatpfändung von Sachen zum Schutze der Grundstücke und ihrer Erzeugnisse, sowie

(b) über die damit zusammenhängende Entrichtung von Pfandgeld oder Ersatzgeld.

Solche Vorschriften bezwecken, den Beweis widerrechtlicher Einwirkung auf Grundstücke und Grundstückserzeugnisse und ihrer Beschädigung zu sichern und die Erlangung des Schadensersatzes sicherzustellen und zu erleichtern.

2.   Die Privatpfändung ist eine **Art der erlaubten Selbsthilfe.** Das Privatpfändungs-   **2**
rechts iS von Art 89 ist die dem Eigentümer oder Nutzungsberechtigten eines Grundstücks zustehende Befugnis, Personen oder Tiere, welche auf dem Grundstück angetroffen werden, in der Weise zu pfänden, daß der Berechtigte, notfalls unter
Anwendung von Gewalt, den fremden Personen Sachen abnehmen und Tiere in
seinen Gewahrsam bringen darf (vgl Mot I 353; ROTH, Bayerisches Zivilrecht [2. Aufl] § 64
S 376). In Norddeutschland wird dieses Recht auch als „Schütten" oder „Schüttung"
bezeichnet. In der alten Markgenossenschaft konnten die Markgenossen das Vieh
der Ausmärker, die in ihrer Mark mit keiner Weidetrift berechtigt waren, schütten
oder pfänden.

3.   Das Privatpfändungsrecht betrifft nicht jene Fälle, in denen es sich um erlaubte   **3**
Selbsthilfe iS der §§ 229 ff BGB oder um den Schutz des Besitzes gegen verbotene
Eigenmacht iS der §§ 859 ff BGB handelt. Insoweit sind die landesgesetzlichen
Bestimmungen durch das BGB ersetzt. Der Vorbehalt ermöglicht vielmehr die
Gewährung weiterer und weitergehender Rechte.

4.   Die Landesgesetzgebung ist nicht befugt, die Festnahme einer Person zuzu-   **4**
lassen; diese darf vielmehr nur nach den strafprozessualen Vorschriften oder dann
erfolgen, wenn die Voraussetzungen der §§ 229, 230 Abs 3 BGB vorliegen (Mot EG
189).

5.   Die Privatpfändung wird hauptsächlich bei Feld- und Waldgrundstücken in   **5**
Betracht kommen; sie ist aber nicht auf solche Grundstücke beschränkt (Mot EG
189; Prot VI 431).

Der Vorbehalt betrifft nicht eine Pfändung zum Schutze des Jagdrechtes (RGSt 34,
154, 156; 46, 348).

6.   Die Pfändung setzt eine mindestens objektiv rechtswidrige Einwirkung auf   **6**
Grundstücke oder Grundstückserzeugnisse voraus, nicht aber, daß der Verantwort-
liche eine strafbare Handlung begangen oder dem Grundstück bzw den Grund-
stückserzeugnissen bereits Schaden zugefügt hat.

7.   Die Landesgesetze können bestimmen, wer zur Ausübung des Pfändungsrechts   **7**
berechtigt ist (außer dem Eigentümer etwa der dinglich Nutzungsberechtigte oder
der Pächter), auf welche Sachen es etwa beschränkt sein soll, und schließlich,
welches Recht der Verletzte durch die Pfändung erlangt (Pfandrecht oder Zurückbehaltungsrecht; vgl Mot EG 189).

8 8.   In der II. Kommission wurde beantragt, die Anwendbarkeit des § 231 BGB anzuordnen, wenn das Privatpfändungsrecht in der irrigen Annahme ausgeübt wird, daß seine Voraussetzungen vorlägen. Dieser Antrag wurde aber abgelehnt. Daher kommen in einem solchen Fall die Vorschriften über unerlaubte Handlungen zur Anwendung, sofern nicht das Landesgesetz eine dem § 231 BGB entsprechende Vorschrift enthält.

9.   Pfandgeld und Ersatzgeld

9   Das Privatpfändungsrecht begründet in der Regel auch die Befugnis, anstelle des Schadensersatzes einen bestimmten Geldbetrag – Pfandgeld – zu fordern, ohne einen bestimmten Schaden nachweisen zu müssen. Einige Rechte haben dem Berechtigten den Anspruch auf das Pfandgeld sogar dann zugebilligt, wenn gar keine Pfändung geschehen ist. Sie haben damit das Pfandgeld aus dem Rahmen des Pfändungsinstituts herausgehoben. In anderen Gesetzen ist die Loslösung des Pfandgeldes von dem Pfändungsinstitut dadurch zum Ausdruck gebracht worden, daß es als „Ersatzgeld" bezeichnet wurde. Aber auch in diesen Fällen hängt das Ersatzgeld mit dem Pfändungsinstitut so eng zusammen, daß es von diesem nicht getrennt werden kann (Mot EG 190).

II.   Landesrecht

1.   Ehem Land Preußen

10   §§ 63 ff des Feld- und Forstpolizeigesetzes vom 1. 4. 1880 (GS 230) idF vom 21. 1. 1926 (GS 83) sahen bei Weidefrevel und Feldschaden Privatpfändung vor.

Diese Bestimmungen sind nun im gesamten ehem Geltungsbereich aufgehoben (s u folgende Rn).

Die Vorschriften des gemeinen Rechts über die Privatpfändung sind durch Art 89 Nr 3 PrAGBGB aufgehoben worden.

2.   Ehem Land Baden

11   Keine einschlägigen Landesgesetze.

3.   Bayern

12 a)   Alte Vorschriften über das Privatpfändungsrecht sind beseitigt durch Art 20 Abs 2 des Feldschadengesetzes vom 6. 3. 1902 (BayBS IV, 432).

b)   Das soeben angeführte FeldschadenG vom 6. 3. 1902 ist seinerseits aufgehoben durch § 1 Nr 13 des Gesetzes zur Aufhebung von Rechtsvorschriften vom 6. 4. 1981 (GVBl 85). Die Vorschriften über die Verfolgung von Ersatzansprüchen aus Feldpolizeiübertretungen im Wege des sog Adhäsionsprozesses waren bereits durch Art 75 Abs 1 Nr 3 des Landesstraf- und Verordnungsgesetzes vom 3. 1. 1967 (GVBl 243) außer Kraft gesetzt worden.

c) Das ForstG vom 9. 7. 1965 (GVBl 113) sah kein Privatpfändungsrecht vor; das Gesetz wurde aufgehoben durch Art 45 Nr 1 des Bayer Waldgesetzes vom 22. 10. 1974 (GVBl 551); auch das BayWaldG, nunmehr idF vom 25. 8. 1982 (GVBl 824), zuletzt geändert durch G vom 24. 3. 2004 (GVBl 84), sieht ein Privatpfändungsrecht nicht vor.

Das ForststrafG vom 14. 9. 1970 (GVBl 460) sah in Art 22 das Recht des durch einen Forstfrevel Verletzten vor, in gewissem Umfang seinen Schadensersatzanspruch im Strafverfahren geltend zu machen (sog Adhäsionsverfahren). Durch § 2 Abs 2 des G zur Änderung des BayWaldG vom 19. 8. 1982 (GVBl 692) ist das ForststrafG aufgehoben; Art 22 ForststrafG ist nicht in das BayWaldG idF vom 25. 8. 1982 (GVBl 824) übernommen; Art 45 BayWaldG sieht nunmehr aber in Abs 1 S 3 eine Stellungnahme der unteren Forstbehörde zur Schadenshöhe vor.

d) Art 87 des Bayer Fischereigesetzes vom 15. 8. 1908 (BayRS 793-1-E) sieht in der geänderten Fassung durch G vom 7. 9. 1982 (GVBl 722), zuletzt geändert durch G vom 23. 11. 2001 (GVBl 734) keine Privatpfändung mehr vor.

4. Berlin

§§ 63 ff des PrFeld- und Forstpolizeigesetzes vom 1. 4. 1880 idF vom 21. 1. 1926 **13** (GS 83) ist aufgehoben durch § 3 Nr 2 FeldschutzG vom 6. 3. 1970 idF des G vom 22. 2. 1979 (GVBl 418). Landeswaldgesetz vom 30. 1. 1979 (GVBl 177), zuletzt geändert durch G vom 17. 12. 2003 (GVBl 617) enthält in § 17 eine Regelung zum Forstschutz.

5. Bremen

§§ 9 ff des Feldordnungsgesetzes vom 13. 4. 1965 (GVBl 71, SaBremR Nr 45-b-1) regeln **14** die Pfändung übergetretenen Viehs durch den Geschädigten oder seine Angehörigen.

6. Hamburg

Das Gesetz zum Schutze von Flur und Forst vom 3. 1. 1961 (GVBl 313, Hamb GuV **15** Nr 45-a) enthält keine einschlägigen Vorschriften.

7. Hessen

§ 40 Nr 2 Feld- und ForststrafG vom 30. 3. 1954 (GVBl 39) hat das Pr Feld- und **16** Forstpolizeigesetz idF vom 21. 1. 1926 (GS 83) aufgehoben. Das Hess Feld- und ForststrafG sieht eine Privatpfändung nicht vor (vgl RHIEL/SCHLEMPP, Hessisches Forstgesetz [1964]).

8. Niedersachsen

Pfändung übergetretenen Viehs durch Geschädigte, Angehörige usw: §§ 15 ff des **17** Feld- und Forstordnungsgesetzes vom 23. 12. 1958 (GVBl Sb I Nr 452 S 498), idF vom 30. 8. 1984 (GVBl 216. Vgl SCHEER, Niedersächsisches Feld- und Forstrecht [1960]).

9.   Nordrhein-Westfalen

18 Das Feld- und Forstschutzgesetz für Nordrhein-Westfalen vom 25. 6. 1962 (SGV NW
Nr 45 S 357. Vgl Hencke, Feld- und Forstschutzgesetz für Nordrhein-Westfalen [1963]; LÖNS [1964]),
idF vom 14. 1. 1975 (GV 175) enthielt keine Bestimmungen über Privatpfändung. Es
hebt für seinen Geltungsbereich auf (a) das Pr Feld- und Forstpolizeigesetz vom
1. 4. 1880/21. 1. 1926 (GS 1926, 83); (b) das PrG betr den Forstdiebstahl vom 15. 4. 1878
(GS 222).

10.   Rheinland-Pfalz

19 Das Landesforstgesetz für **Rheinland-Pfalz** vom 16. 11. 1950 (GVBl 299), BS RhPf
Nr 790-1) (vgl BRAUNMÜHL/RITTEL [1952]), enthält keine einschlägigen Bestimmungen,
ebensowenig das Feld- und Forststrafgesetz vom 5. 3. 1970 (GVBl 96); zuletzt geändert durch G vom 5. 11. 1974 (GVBl 469). Dieses Gesetz hebt das Bayerische Forststrafgesetz für die Pfalz vom 2. 10. 1879 und das Bayerische Feldschadengesetz vom
6. 3. 1902 auf (§ 32).

11.   Saarland

20 §§ 63 ff Pr Feld- und Forstpolizeigesetz vom 1. 4. 1880 idF vom 21. 1. 1926 (GS 83)
sind aufgehoben durch Art 53 Nr 9 des G vom 13. 11. 1974 (ABl 1011). BayAGBGB
und PreußAGBGB sind aufgehoben durch G vom 5. 2. 1997, Art 2 Abs 16 Nrn 9 und
10 (ABl 258).

12.   Schleswig-Holstein

21 §§ 63 ff des Pr Feld- und Forstpolizeigesetzes vom 1. 4. 1880 idF vom 21. 1. 1926
(GS 83) sind aufgehoben durch § 78 Nr 4 Schlw-Holst Landschaftspflegegesetz vom
16. 4. 1973 (GVBl 122).

13.   Ehem Land Württemberg

22 § 90 Nr 21 des LandesWaldG vom 10. 2. 1976 (GBl 99); geändert durch G vom
6. 4. 1982 (GBl 97), hat das Pr Feld- und Forstpolizeigesetz aufgehoben.

Artikel 90

**Unberührt bleiben die landesgesetzlichen Vorschriften über die Rechtsverhältnisse,
welche sich aus einer auf Grund des öffentlichen Rechtes wegen der Führung eines
Amtes oder wegen eines Gewerbebetriebs erfolgten Sicherheitsleistung ergeben.**

Materialien: E I Art 53; II Art 64; III Art 90;
Mot EG 179; Prot VI 408, 616.

I.   Privatrechtliche Rechtsbeziehungen aufgrund öffentlich-rechtlicher Kautionen

Die Verpflichtung zur Sicherheitsleistung selbst gehört dem öffentlichen Recht an. **1** Die einschlägigen Vorschriften können aber auch privatrechtliche Bestimmungen enthalten (zB über die Haftung einer der öffentlichen Hand geleisteten Sicherheit zugunsten dritter Personen). Insoweit hält Art 90 landesrechtliche Vorschriften aufrecht. Er beschränkt sich auf Rechtsverhältnisse, welche sich aus einer Sicherheitsleistung aufgrund des öffentlichen Rechts ergeben und zwar

a)   entweder wegen der Führung eines Amtes, also bei Sicherheitsleistung für oder von einem Beamten des Staates, einer Gemeinde oder einer sonstigen öffentlichen Körperschaft;

b)   oder wegen eines Gewerbebetriebs, also bei Sicherheitsleistung für den oder von dem Gewerbetreibenden.

Die Wirkungen der Sicherheitsleistung bestimmen §§ 232–240 BGB. Art 90 überläßt es jedoch der Landesgesetzgebung, ergänzende Regelungen zu treffen.

II.   Landesrecht

Soweit ersichtlich bestanden nur noch in Alt-Hessen (Art 23–31 AGBGB vom **2** 17. 7. 1899, GVBl II 230-1) Vorschriften über die Sicherheitsleistung wegen der Führung eines Amtes oder wegen eines Gewerbebetriebes. Die Vorschriften sind aufgehoben durch Art 33 HessAGBGB vom 18. 12. 1984 (GVBl II 230-1). Art 5 Badisches AGBGB ist aufgehoben durch § 51 Abs 1 AGBGB für Baden-Württemberg vom 26. 11. 1974 (GBl 498).

III.   Im übrigen wird auf die Erläuterungen von STAUDINGER/DITTMANN[10/11] ver- **3** wiesen.

Artikel 91

Unberührt bleiben die landesgesetzlichen Vorschriften, nach welchen der Fiskus, eine Körperschaft, Stiftung oder Anstalt des öffentlichen Rechtes oder eine unter der Verwaltung einer öffentlichen Behörde stehende Stiftung berechtigt ist, zur Sicherung gewisser Forderungen die Eintragung einer Hypothek an Grundstücken des Schuldners zu verlangen, und nach welchen die Eintragung der Hypothek auf Ersuchen einer bestimmten Behörde zu erfolgen hat. Die Hypothek kann nur als Sicherungshypothek eingetragen werden; sie entsteht mit der Eintragung.

Materialien: E I Art 74; Mot EG 199; Prot VI
437 f.

I.   Inhalt des Rechts auf Sicherungshypothek für öffentlich-rechtliche Körperschaften

1 1.   Das BGB kennt im Grundsatz keine gesetzlichen Hypotheken oder „Hypothekentitel" iS des früheren Rechts. Art 91 gibt der Landesgesetzgebung die Möglichkeit, öffentlichen Körperschaften statt dessen das Recht auf Eintragung einer Sicherungshypothek am Grundstück ihres Schuldners einzuräumen.

2 2.   Bundesrechtlich gab § 54 FGG ein solches Recht, die Eintragung einer Sicherungshypothek zu verlangen. Diese Vorschrift und die zu ihr entwickelten Rechtsgrundsätze können deshalb zur Anwendung landesrechtlicher Vorschriften herangezogen werden, die aufgrund des Vorbehalts in Art 91 erlassen wurden. § 54 FGG ist nunmehr aufgehoben durch Art 5 BtG vom 12. 9. 1990 (BGBl I 2002).

3 3.   Die Landesgesetzgebung kann auch anordnen, daß die berechtigte Behörde das Grundbuchamt um Eintragung der Hypothek ersuchen kann. Es gelten die Rechtsgrundsätze, die zu § 38 GBO entwickelt wurden. Das Ersuchen ersetzt also den Eintragungsantrag (§ 13 GBO), die Eintragungsbewilligung (§ 19 GBO), die etwa notwendige Zustimmung Dritter (§ 22 Abs 2 § 27 GBO), nicht aber die Voreintragung (§ 39 GBO) usw. Das Grundbuchamt hat zu prüfen, ob die ersuchende Behörde zu einem Ersuchen dieser Art abstrakt befugt ist und ob das Ersuchen nach Form und Inhalt den gesetzlichen Vorschriften entspricht. Das Ersuchen muß also unterschrieben und mit dem Siegel versehen sein (§ 29 Abs 3 GBO). Es muß das Grundstück, das belastet werden soll, so bezeichnen, wie es im Grundbuch bezeichnet ist (§ 28 GBO). Das Ersuchen muß die Angaben enthalten, die nach § 1115 BGB zur Eintragung einer Hypothek erforderlich sind.

4 4.   Der Landesgesetzgeber kann nur das Verlangen einer Sicherungshypothek gestatten (vgl §§ 1184 ff BGB). Die Hypothek ist also stets Buchhypothek (§ 1185 BGB). Sie kann auch als Höchstbetragshypothek bestellt werden (§ 1190 BGB) und das wird häufig zweckmäßig sein, da die Höhe des geschuldeten Betrages zunächst noch nicht bestimmt sein wird. Regelmäßig ist es nicht geboten (häufig auch nicht angezeigt), den Schuldner vor der Eintragung zu hören (vgl BVerfGE 8, 89/98; vgl auch § 834 ZPO).

5 5.   Die Hypothek entsteht – wie die Mündelhypothek nach § 54 FGG (nun aufgehoben durch Art 5 BetreuungsG vom 12. 9. 1990 [BGBl I 2002]) und die Zwangshypothek nach § 867 ZPO – mit der Eintragung (S 2 HS 2); der Einigung der Beteiligten bedarf es also hier selbstverständlich nicht.

6 6.   Das Recht auf Eintragung einer Sicherungshypothek hat den Rechtscharakter einer unmittelbaren Vollstreckungsmaßnahme nach Art einer Zwangshypothek (§ 866 ZPO). Wie diese erfordert sie keinerlei Mitwirkung des Schuldners. Es handelt sich also nicht um einen schuldrechtlichen Anspruch, der grundsätzlich nur durch eine Leistung des Schuldners oder mit Hilfe einer gerichtlichen Entscheidung verwirklicht werden kann. Daher konnte aufgrund des im Rahmen des Vorbehalts von Art 91 erlassenen Art 123 BayAGBGB nicht die Eintragung einer Vormerkung zur Sicherung des Anspruchs auf Einräumung einer Sicherungshypothek verlangt werden; die Eintragung einer Vormerkung wäre unzulässig (BayObLGZ 1921, A 274).

7.   Soweit das Landesrecht früher die Eintragung einer Sicherungshypothek zur   **7**
Sicherung von Ansprüchen einer juristischen Person des öffentlichen Rechts gegen
einen Beamten, Angestellten oder Arbeiter wegen eines Kassenfehlbestandes iS von
§ 1 des Erstattungsgesetzes vom 18. 4. 1937 (RGBl I 461) vorgesehen hatte, sind diese
Vorschriften durch § 17 des Erstattungsgesetzes aufgehoben worden. Das Erstat-
tungsgesetz gilt als Landesrecht weiter. Die im BGBl 1951 I 109 abgedruckte Neufassung gilt nur für Bedienstete des Bundes und bundesunmittelbarer juristischer
Personen des öffentlichen Rechts.

8.   Wenn ein Land von dem Vorbehalt des Art 91 Gebrauch macht, so wirkt die   **8**
erlassene Vorschrift auch in den übrigen Bundesländern und auch für die in anderen
Ländern gelegenen Grundstücke. Denn das Eintragungsersuchen aufgrund eines im
Rahmen des Vorbehalts des Art 91 erlassenen Gesetzes ist grundsätzlich für jedes
deutsche Grundbuchamt bindend.

II.   Landesgesetze

1.   Das ehem Land **Preußen** hatte von dem Vorbehalt keinen Gebrauch gemacht.   **9**
Die Vorschrift in der Anlage zu § 11 des PrG vom 6. 3. 1879 (GS 109) – Ausführungsgesetz zur Konkursordnung –, deren Geltung ohnehin zweifelhaft war, wird in der
SGV NW III Nr 321 als gegenstandslos bezeichnet. Ähnlich NdsGVBl Sb III 189, wo
die §§ 1–11 PrAGKO gestrichen sind.

2.   **Baden**: Art 5 BadAGBGB idF vom 13. 10. 1925 (GVBl 281) ist aufgehoben   **10**
durch § 51 Abs 1 BadWürttAGBGB vom 26. 11. 1974 (GBl 498).

3.   **Bayern** hatte aufgrund der Ermächtigung des Art 91 mehrere Vorschriften   **11**
erlassen:

a)   Art 89 AGBGB (BayBS III, 89) verlieh in seiner ursprünglichen Fassung den
Gemeinden, den anderen Kommunalverbänden, den Stiftungen des öffentlichen
Rechts und den unter der Verwaltung einer öffentlichen Behörde stehenden Stif-
tungen das Recht zu verlangen, daß für ihre Forderungen gegen den Verwalter aus
der Verwaltung ihres Vermögens eine Sicherungshypothek an Grundstücken des
Verwalters in das Grundbuch eingetragen werde.

Die Ausübung dieses Rechtes setzte aber voraus, daß der Verwalter – gemäß öffentlich-rechtlichen Vorschriften, insbesondere des Gemeinderechts und des Stiftungsrechts – Sicherheit zu leisten hatte (vgl HENLE/SCHNEIDER/MANGELKAMMER [3. Aufl] Art 89
Anm 3).

Da entsprechend den Erläuterungen zu Art 90 die Kautionspflicht der Beamten
durchweg beseitigt ist, war Art 89 für die Gemeinden und anderen Kommunalverbände nicht mehr anwendbar.

In der Neufassung des AGBGB vom 20. 9. 1982 (GVBl 803) ist Art 89 nicht mehr
enthalten.

Das Bay **Stiftungsgesetz** vom 26. 11. 1954 (BayBS II, 661); idF der Bek vom 19. 12. 2001

(GVBl 2002, 10; BayRS 282-1-1-uk) sieht keine Sicherheitsleistung der Stiftungsorgane
und Stiftungsbeamten vor (vgl Art 14, 23); auch Art 9 sieht eine solche Sicherheitsleistung in der Satzung nicht mehr vor.

b) Art 123 AGBGB, welcher der **Staatskasse** das Recht einräumte, für ihre Ansprüche wegen fälliger öffentlicher Abgaben und Kosten des Verfahrens die Eintragung einer Sicherungshypothek an den Grundstücken des Schuldners zu verlangen, ist in die Neufassung des AGBGB vom 20. 9. 1982 (GVBl 803) nicht übernommen.

Die Vorschrift war bereits vorher im Bereich bundesrechtlicher Sonderregelungen,
wie der Justizbeitreibungsordnung vom 11. 3. 1937 (RGBl I 298) und der §§ 73 ff der
Justizkassenordnung vom 30. 1. 1937 (in Bayern idF der JMinBek vom 19. 11. 1956 BayBSVJu
VI, 40), nicht mehr anwendbar (vgl BayObLGZ 1953, 157, 163). Die Vollstreckung erfolgt
im übrigen nach dem Verwaltungszustellungs- und Vollstreckungsgesetz idF vom
11. 11. 1970 (GVBl 1971, 1); zuletzt geändert durch G vom 24. 12. 2002 (GVBl 962);
s hierzu Kommentar von SCHMITT/LERMANN (1961).

12 4. **Rheinland-Pfalz**: Durch AGBGB vom 18. 11. 1976 (GVBl 259) – § 27 Abs 1
Nr 1b und c – sind das AGBGB für den Regierungsbezirk Pfalz vom 9. 6. 1899 (GVBl
1966 Sondernr Pfalz S 37) und das ÜbergangsG vom 9. 6. 1899 (GVBl 1966 Sondernr Pfalz
S 46) aufgehoben.

Artikel 92

*Unberührt bleiben die landesgesetzlichen Vorschriften, nach welchen Zahlungen aus
öffentlichen Kassen an der Kasse in Empfang zu nehmen sind.*

Materialien: E II Art 66; III Art 92.

1 Art 92 wurde aufgehoben durch § 3 des Reichsgesetzes vom 21. 12. 1938 (RGBl I
1899). Nach § 1 dieses Gesetzes hatten die öffentlichen Kassen, wenn sie eine Zahlung zu leisten haben, das Geld in der Regel auf ihre Kosten und Gefahr dem
Empfangsberechtigten an seinen Wohnsitz oder den Ort seiner gewerblichen Niederlassung zu übermitteln oder auf sein Postscheckkonto oder Bankkonto zu überweisen; nur Löhne, Gehälter und andere Dienstbezüge waren nach § 2 des Gesetzes
noch an der Arbeits- oder Dienststelle in Empfang zu nehmen, sofern der Emp-
fangsberechtigte nicht Überweisung auf sein Konto beantragt hatte.

Artikel 93

**Unberührt bleiben die landesgesetzlichen Vorschriften über die Fristen, bis zu deren
Ablaufe gemietete Räume bei Beendigung des Mietverhältnisses zu räumen sind.**

Materialien: E I Art 58; Mot EG 186; Prot VI
417.

I. Räumungsfristen für Mieter

1.   Nach § 546 BGB hat der Mieter die gemietete Sache nach der Beendigung des **1**
Mietverhältnisses zurückzugeben. Die Befolgung dieser Vorschrift stößt oft auf
persönliche oder sachliche Schwierigkeiten, besonders bei der Miete von Räumen
(Erkrankung des Mieters, Fehlen eines Ersatzraumes). Neben den bundesrechtli-
chen allgemeinen Grundsätzen läßt Art 93 die Gewährung von Räumungsfristen
durch die Landesgesetzgebung zu. Das Landesgesetz kann entweder selbst eine
Räumungsfrist festsetzen oder den Gerichten die Möglichkeit zur Bewilligung von
Räumungsfristen einräumen.

Die Ermächtigung des Art 93 hat ihren Grund darin, daß die rechtzeitige Räumung **2**
nicht nur privatrechtliche Bedeutung hat, daß sie vielmehr uU auch die öffentliche
Ordnung berühren kann und das Polizeirecht grundsätzlich Sache der Länder ist.
Die landesrechtlichen Räumungsfristen werden daher auch als „polizeiliche" Räumungsfristen bezeichnet. Unabhängig von dieser Bezeichnung haben sie aber zivilrechtliche Wirkungen; eine innerhalb der landesgesetzlichen Räumungsfrist durchgeführte Räumung ist rechtzeitig.

2.   Da Art 93 nicht zwischen Wohnräumen und anderen Räumen unterscheidet, **3**
ist die Vorschrift auch auf Geschäftsräume anwendbar (**aM** Staudinger[9]; Mot EG 186;
wie hier MünchKomm/Säcker Art 93). Auch Räume in beweglichen Sachen (zB Wohn-
wagen) dürften nach dem Wortlaut und Zweck des Gesetzes hierher gehören (**aM**
Staudinger[9]; **aM** auch Soergel/Hartmann Rn 1; Mittelstein SeuffBl 72, 361, 364). Andererseits beschränkt sich die Vorschrift auf Räume; sie gilt also nicht bei der Räumung
unbebauter Grundstücke oder bei der Zurückgabe gemieteter beweglicher Sachen.

Zweifelhaft ist, ob der Vorbehalt des Art 93 auch auf gepachtete Räume anzuwen- **4**
den ist. Dagegen spricht die technische Sprache des Gesetzes, dafür aber § 581 Abs 2
BGB und die Vergleichbarkeit der Rechtslage bei der Beendigung des Pachtver-
hältnisses mit der eines Mietverhältnisses, wohl auch der Zweck des Gesetzes. Die
Frage ist daher zu bejahen.

II. Landesrecht

1.   Ehem Land Preußen

Das Ges vom 20. 3. 1934 über die Fristen bei der Räumung gemieteter Räume **5**
(GS 161) ordnete an, daß durch PolizeiVO Fristen bestimmt werden können, bis zu
deren Ablauf gemietete Räume bei Beendigung des Mietverhältnisses zu räumen
sind (vgl dazu KG JW 1934, 46; Dahlmann DWohnA 34, 194).

Dieses Gesetz ist nun auch in Niedersachsen aufgehoben durch § 29 Abs 1 Nr 8 Nds
AGBGB vom 4. 3. 1971 (GVBl 73).

2. Bayern

6 Keine einschlägige Vorschrift. Art 38 PStGB, der keine Räumungsfrist iS des Art 93 vorsah, sondern nur die Polizeibehörden ermächtigte, bei unstreitiger Verpflichtung zur Räumung nähere Anordnungen über diese zu treffen, ist in das Landesstraf- und Verordnungsgesetz vom 17. 11. 1956 (BayBS I 327), nunmehr idF der Bek vom 13. 12. 1982 (GVBl 1098), zuletzt geändert durch G vom 24. 4. 2001 (GVBl 140), nicht aufgenommen worden.

3. Bremen

7 § 13 AGBGB (SaBremR Nr 400-a-1), geändert durch G vom 16. 8. 1988 (GBl 223); VO über die Verlängerung der Räumungsfrist bei Wohnungsmieten in den Städten Bremen und Vegesack vom 10. 3. 1938 (Sa BremR Nr 402-a-2); geändert durch VO vom 25. 3. 1938 (GBl 60).

4. Hamburg

8 § 25 AGBGB (Hamb GuV Nr 40-e) idF vom 1. 7. 1958 (ebenda), zuletzt geändert durch G vom 16. 1. 1989 (GVBl 5).

5. Niedersachsen

9 Das im ehem preußischen Gebiet von Niedersachsen geltende (Pr)Ges vom 20. 3. 1934 ist aufgehoben durch § 29 Abs 1 Nr 8 NdsAGBGB vom 4. 3. 1971 (GVBl 73, s oben Rn 5).

III. Bundesrechtliche Räumungsfristen

10 **1.** § 721 ZPO (nach der Neufassung durch G vom 14. 7. 1964, BGBl I 457, geändert durch Vereinfachungsnovelle vom 3. 12. 1976 (BGBl I 3281) und durch G vom 20. 12. 1982 (BGBl I 1912) neugefaßt durch Art 4 G vom 17. 12. 1990 (BGBl I 2847); durch das ÄnderungsG vom 20. 12. 1982 (BGBl I 1912) wurde der Vorschrift ein Abs 7 angefügt, neugefaßt durch MietRRG vom 19. 6. 2001 (BGBl I 1149); danach entfällt der Räumungsschutz, wenn gem § 549 Abs 2 Nr 3 kein besonderer Kündigungs-schutz besteht oder wenn gem § 575 Abs 2 BGB die Fortsetzung eines befristeten Mietverhältnisses nicht verlangt werden kann.

Danach entfällt der Räumungsschutz unter bestimmten Voraussetzungen, wenn gem § 549 Abs 2 Nr 3 eine juristische Person des öffentlichen Rechts oder ein anerkann-ter privater Träger der Wohlfahrtspflege die Wohnung angemietet hat und bei einem Zeitmietvertrag gem § 575 BGB.

Bei Räumungsvergleichen gilt § 794a ZPO.

11 **2.** § 765a ZPO – die sog Generalklausel des Vollstreckungsschutzes. Für Räu-mungssachen s § 765a Abs 3 ZPO. Dem Schutz des Mieters dienen auch die Vor-schriften der §§ 574 ff BGB. Hierbei handelt es sich aber nicht um Räumungsschutz-, sondern um Kündigungsschutzvorschriften.

Artikel 94

**(1) Unberührt bleiben die landesgesetzlichen Vorschriften, welche den Geschäfts-
betrieb der gewerblichen Pfandleiher und der Pfandleihanstalten betreffen.**

**(2) Unberührt bleiben die landesgesetzlichen Vorschriften, nach welchen öffent-
lichen Pfandleihanstalten das Recht zusteht, die ihnen verpfändeten Sachen dem
Berechtigten nur gegen Bezahlung des auf die Sache gewährten Darlehens heraus-
zugeben.**

Materialien: E I Art 47; II Art 68; III Art 94;
Mot III 369 f, 417 ff; VI 380 f; EG 167; Prot III
369 f.

I.   Nur noch teilweise Geltung

1.   Der Geschäftsbetrieb der gewerblichen Pfandleiher und der Pfandleihanstal- **1**
ten ist in erster Linie im öffentlichen Recht, und zwar in § 34 GewO, geregelt. Nach
§ 34 Abs 1 GewO bedarf, wer das Geschäft eines Pfandleihers oder Pfandvermittlers
betreiben will, der Erlaubnis. § 34 Abs 2 GewO ermächtigt den Bundesminister für
Wirtschaft und Arbeit, durch Rechtsverordnung mit Zustimmung des Bundesrates
zum Schutze der Allgemeinheit und der Verpfänder Vorschriften über den Umfang
der Befugnisse und Verpflichtungen der Pfandleiher und Pfandvermittler zu erlassen. Von dieser Ermächtigung hat der Bundeswirtschaftsminister durch die VO über
den Geschäftsbetrieb der gewerblichen Pfandleiher vom 1. 2. 1961 (BGBl I 58; nunmehr
idF vom 1. 6. 1976, BGBl I 1334; zuletzt geändert durch VO vom 14. 11. 2001, BGBl I 3073)
Gebrauch gemacht. Nach § 13 Abs 2 Nr 2 der VO ist Art 94 Abs 1 nicht mehr
anzuwenden, soweit er den Geschäftsbetrieb der gewerblichen Pfandleiher betrifft.
Die Vorschrift hat also nur noch für den Geschäftsbetrieb der Pfandleihanstalten
Bedeutung.

Damit wird der Unterschied zwischen dem Begriff des gewerblichen Pfandleihers **2**
und der Pfandleihanstalt erheblich. Da Abs 2 ausdrücklich von „öffentlichen"
Pfandleihanstalten spricht, während Abs 1 diese einschränkende Formulierung nicht
enthält, kann der Unterschied nicht darin liegen, daß die Pfandleihanstalten öffentlichen oder öffentlich-rechtlichen Charakter hätten. Entscheidendes Merkmal ist
vielmehr, daß die Pfandleihanstalt nicht-gewerblich tätig wird, als Pfandleihanstalt
also insbesondere ein gemeinnütziges Unternehmen anzusehen ist.

2.   Im Gewerberecht wird die Auffassung vertreten, die teilweise Verdrängung **3**
des Art 94 Abs 1 durch die VO beziehe sich nur auf die öffentlich-rechtlichen
Bestimmungen zur Regelung des Geschäftsbetriebs der gewerblichen Pfandleiher,
nicht aber auf die privat-rechtlichen; solche könnten die Länder auch weiterhin
erlassen. Dieser Auffassung kann jedoch nicht gefolgt werden: Wenn in § 13 Abs 2
Nr 2 der VO Art 94 Abs 1 hinsichtlich der gewerblichen Pfandleiher für nicht mehr
anwendbar erklärt ist, so konnte sich das überhaupt nur auf den Vorbehalt privatrechtlicher Bestimmungen beziehen, denn nur solche wurden durch Art 94 Abs 1

betroffen, irgendwelche öffentlich-rechtliche Vorschriften sind und waren niemals sein Gegenstand. Rechtlich konnte die Verordnung den Geltungsbereich des Art 94 Abs 1 einschränken; denn wenn die Gewerbeordnung als Bundesgesetz den Verordnungsgeber ermächtigt, Vorschriften über den Umfang der Befugnisse und Verpflichtungen der Pfandleiher und Pfandvermittler zu erlassen, gab sie ihm auch das Recht, insoweit einschlägige landesrechtliche Vorschriften aufzuheben und so den Anwendungsbereich des Art 94 Abs 1 einzuschränken.

4 3. Soweit der Vorbehalt noch wirksam ist, ist die Landesgesetzgebung befugt, auch vom BGB abweichende Vorschriften zu erlassen, etwa über die Zinsen und die Fälligkeit des Darlehens sowie über den Pfandverkauf.

II.   Regelung des Geschäftsbetriebs der gewerblichen Pfandleiher

5 1. Der Geschäftsbetrieb der gewerblichen Pfandleiher ist jetzt durch die Verordnung vom 1. 2. 1961 (BGBl I 58; jetzt idF vom 1. 6. 1976, BGBl I 1334, geändert durch VO vom 14. 11. 2001, BGBl I 3073) geregelt. Zu den zivilrechtlichen Auswirkungen dieser VO im Rahmen des § 134 BGB s STAUDINGER/SACK (1996). Zur VO selbst s das gewerberechtliche Schrifttum.

6 2. Der gewerbsmäßige Ankauf beweglicher Sachen mit Gewährung des Rückkaufsrechts – wirtschaftlich eine Art des Pfandleihgeschäfts – ist nach § 34 Abs 4 GewO im Gegensatz zu früher verboten.

III.   Der Lösungsanspruch

7 1. Nach §§ 1207, 932 BGB erwirbt der Pfandgläubiger bei der Verpfändung einer beweglichen Sache das Pfandrecht grundsätzlich auch dann, wenn die verpfändete Sache nicht dem Verpfänder gehört; der Erwerb des Pfandrechts tritt nur dann nicht ein, wenn der Pfandgläubiger nicht in gutem Glauben ist. Ebenso geht das Pfandrecht nach § 1208 BGB dem Recht eines Dritten, mit dem die Sache bei der Verpfändung belastet war, vor, es sei denn, daß der Pfandgläubiger zur Zeit des Erwerbs des Pfandrechts nicht gutgläubig war. Ist aber die verpfändete Sache dem Eigentümer oder dem unmittelbaren Besitzer gestohlen worden, verloren gegangen oder sonst abhanden gekommen, so erwirbt auch der gutgläubige Pfandgläubiger kein Pfandrecht (ausgenommen, wenn es sich um Geld oder Inhaberpapiere handelt). Er hat auch keinen Lösungsanspruch, dh keinen Anspruch auf Ersatz dessen, wofür ihm das Pfandrecht bestellt worden war (§§ 1207, 1208, 935 BGB; s aber § 367 HGB).

8 Im E II (§§ 939, 940) war zwar ein solcher Lösungsanspruch vorgesehen, dieser ist aber nicht Gesetz geworden. Somit kann nach dem BGB auch der gutgläubige Pfandgläubiger eine abhanden gekommene Sache dem Berechtigten nicht mit dem Verlangen vorenthalten, daß der Berechtigte das auf die Sache gewährte Darlehen bezahlen müsse. Bei Schaffung des BGB stand nach landesgesetzlichen Bestimmungen den öffentlichen Pfandleihanstalten ein solcher Lösungsanspruch vielfach zu. Der Grund für diese Begünstigung der öffentlichen Leihanstalten war einmal der, daß diese hauptsächlich im Interesse der minderbemittelten Bevölkerungskreise gegründet worden waren; außerdem besteht bei öffentlichen Pfandleihanstalten nicht die Befürchtung einer gewerbsmäßigen Begünstigung oder Hehlerei. Daher hält Art 94 Abs 2 solche landesgesetzlichen Vorschriften aufrecht und gestattet dem Landesgesetzgeber, den öffentlichen, dh den von Bund oder Land, von Gemeinden oder sonstigen öffentlich-rechtlichen Körperschaften errichteten Pfandleihanstalten auch neu einen solchen Lösungsanspruch einzuräumen. (Zum Begriff der öffentlichen Pfandleihanstalt s STAUDINGER/DITTMANN[10/11] Rn 8.) Der Vorbehalt gilt auch für Pfandleihanstalten, die von Körperschaften, Anstalten oder Stiftungen des öffentlichen Rechts betrieben werden. Ein Bedürfnis, den Vorbehalt auch auf private Pfandleihanstalten auszudehnen, ist von der II. Kommission ausdrücklich verneint worden.

2.   Der Lösungsanspruch gewährt der Pfandleihanstalt gegenüber dem Eigentü-   **9** mer ein Zurückbehaltungsrecht hinsichtlich der verpfändeten Sache wegen des von ihr gewährten Darlehens (§§ 273, 274 BGB). Darüber hinaus gibt Art 66 BayAG-BGB, indem er auf § 1003 BGB verweist, ein besonderes Verwertungsrecht. Demgemäß kann die Pfandleihanstalt dem Eigentümer eine angemessene Frist zur Zahlung des Darlehensbetrages setzen und sich nach fruchtlosem Ablauf der Frist wie ein Pfandgläubiger aus der Sache befriedigen (vgl BGH LM Nr 4 zu Art 91 BayAGBGB). Es ist zwar zweifelhaft, ob diese Regelung noch durch den Vorbehalt des Art 94 gedeckt ist, sie dürfte aber als nähere Ausgestaltung des Lösungsanspruchs wirksam sein und ist auch vom BGH in der angeführten Entscheidung als wirksam behandelt worden.

3.   Der BGH hat in dieser Entscheidung (LM Nr 4 zu Art 91 BayAGBGB = MDR 1964,   **10** 486 = BB 1964, 454 = Spark 1964, 157 mit Anm von KRIEG = WM 1964, 449) festgestellt, daß Art 91 BayAGBGB (an dessen Stelle ist inzwischen Art 66 getreten) weder gegen den Gleichheitssatz des Art 3 GG verstößt noch mit der Eigentumsgarantie des Art 14 GG in Widerspruch steht.

4.   Das Zurückbehaltungsrecht der Pfandleihanstalt erstreckt sich auch auf die   **11** Zinsen für das von ihr gewährte Darlehen, denn es ist anzunehmen, daß es denselben Umfang haben soll wie das Pfandrecht, das bestehen würde, wenn es sich nicht um eine abhanden gekommene Sache handeln würde (Mot zu Art 91 BayAGBGB).

IV. Landesrecht

1. Baden-Württemberg

VO vom 25. 10. 1952 (GBl 48) idF der VO vom 1. 8. 1956 (GBl 144).   **12**

Art 35 BadAGBGB idF vom 13. 10. 1925 (GVBl 281) ist aufgehoben durch § 51 Bad-WürttAGBGB vom 26. 11. 1974 (GBl 498).

2. Bayern

Art 66 AGBGB idF vom 20. 9. 1982 (GVBl 803), früher Art 91. In den vormals co-   **13** burgischen Landesteilen in Geltung seit 1. 4. 1922 lt Bek vom 30. 1. 1922 (BayBS III 26).

3. Berlin

§ 5 Abs 2 des Gesetzes über die Pfandkreditanstalt Berlin vom 17. 10. 1957 (GVBl   **14**

1636, Sammlung KUHLE-STEUERWALD Nr 144) gewährt dieser Anstalt einen Lösungsanspruch. Das Gesetz wird ergänzt durch die Geschäftsordnung der Pfandkreditanstalt Berlin vom 12. 5. 1958 (GVBl 169, Sammlung Nr 144a).

4. Hamburg

15 Das Leihanstaltgesetz vom 21. 10. 1927 (GVBl 475, HambGuV Nr 7118-b) sieht keinen Lösungsanspruch vor.

5. Hessen – ehem preußische Landesteile

16 §§ 20, 21 Abs 2 PrG betr das Pfandleihgewerbe vom 17. 3. 1881 (GS 265, HessGVBl II Nr 512-7).

6. Niedersachsen

17 Braunschweigisch-Lüneburgische Bek über den Geschäftsbetrieb der Pfandleiher und Trödler vom 9. 3. 1911 (NdsGVBl Sb II, 155) diese Bek dürfte durch das 3. Ges zur Bereinigung des NdsRechts vom 17. 5. 1967 (GVBl 135) aufgehoben sein. VO über Zinsen und sonstige Vergütungen im Pfandleihgewerbe vom 23. 2. 1953 (GVBl 14).

7. Nordrhein-Westfalen

18 §§ 20, 21 Abs 2 PrG betr das Pfandleihgewerbe vom 17. 3. 1881 (GS 265; SGV NW Nr 7103).

8. Rheinland-Pfalz

19 Art 91 BayAGBGB (BS RhPf, Sondernr 1 a/1966, Nr 400-1) ist aufgehoben durch § 27 Abs 1 Nr 1b AGBGB für Rheinland-Pfalz vom 8. 11. 1976 (GVBl 259).

9. Schleswig-Holstein

20 Keine einschlägige Bestimmung.

Artikel 95

Unberührt bleiben die landesgesetzlichen Vorschriften, welche dem Gesinderecht angehören. Dies gilt insbesondere auch von den Vorschriften über die Schadensersatzpflicht desjenigen, welcher Gesinde zum widerrechtlichen Verlassen des Dienstes verleitet oder in Kenntnis eines noch bestehenden Gesindeverhältnisses in Dienst nimmt oder ein unrichtiges Dienstzeugnis erteilt.

Die Vorschriften der §§ 104 bis 115, 131, 278, 617 bis 619, 624, 831, des § 840 Abs. 2 und des § 1358 des Bürgerlichen Gesetzbuchs finden Anwendung, die Vorschriften des § 617 jedoch nur insoweit, als die Landesgesetze dem Gesinde nicht weitergehende Ansprüche gewähren.

Ein Züchtigungsrecht steht dem Dienstberechtigten dem Gesinde gegenüber nicht zu.

Materialien: E I Art 46; II Art 60; III Art 95;
Mot EG 166; Prot II 284 ff; VI 379 f; RTK
Nr 440 S 90.

Art 95 ist nicht in die Sammlung des Bundesrechts aufgenommen worden und daher **1**
am 31. 12. 1968 außer Kraft getreten (§ 3 Abs 1 S 2 des Gesetzes vom 10. 7. 1958
[BGBl I 437], iVm § 3 des Gesetzes vom 28. 12. 1968 [BGBl I 1451]). Für das Dienstverhältnis der Hausangestellten gelten die allgemeinen Vorschriften der §§ 611 ff
BGB und des Arbeitsrechts. Von der Kommentierung wird abgesehen. Es wird auf
die Erläuterungen von STAUDINGER/DITTMANN[10/11] verwiesen.

Artikel 96

**Unberührt bleiben die landesgesetzlichen Vorschriften über einen mit der Überlas-
sung eines Grundstücks in Verbindung stehenden Leibgedings-, Leibzuchts-, Alten-
teils- oder Auszugsvertrag, soweit sie das sich aus dem Vertrag ergebende Schuldverhältnis für den Fall regeln, daß nicht besondere Vereinbarungen getroffen werden.**

Materialien: E I Art 59; II Art 70; III Art 96.

Schrifttum

I. Älteres Schrifttum
Vgl STAUDINGER/MÜLLER[10/11].

II. Neueres Schrifttum
1. Allgemein
AMANN, Die Anpassung von Reallastleistungen
gemäß § 323 ZPO, MittBayNot 1979, 219
BENGEL, Das Leibgeding in der Zwangsver-
steigerung, MittBayNot 1970, 133
BÖHRINGER, Die Wohnungsgewährung als
Leibgeding, BWNotZ 1987, 129
ders, Das Altenteil in der notariellen Praxis,
MittBayNot 1988, 103
DAMMERTZ, Wohnungsrecht und Dauerwohn-
recht (1970) 22 (Wohnungsrecht und Altenteil)
DEMHARTER, Eintragung eines Altenteils – Zur
Auslegung von § 49 GBO und Art 96 EGBGB,
EWiR 1994, 357
DRESSEL, Begründung und Abänderung von
Altenteilleistungen, RdL 1970, 58; 85
DRISCHLER, Die Zwangsversteigerung zum

Zwecke der Aufhebung der Gemeinschaft, Jur-
Büro 1981, 1602; 1607 (Stellung des Altenteilers
in der Bruchteilsversteigerung)
ders, Das Altenteil in der Zwangsversteigerung,
Rpfleger 1983, 229
ders, Das Altenteil in der Immobiliarvoll-
streckung, RpflegerJb 1991, 196
DÜSTER, Entwicklung, Formen und Bedeutung
des bäuerlichen Altenteils in der westdeutschen
Landwirtschaft, RdL 1987, 422
ERBARTH, Die Benutzungsvergütung des die
Ehewohnung verlassenden Ehegatten bei Be-
stehen eines dinglichen Wohnrechts, NJW 1997,
974
FASSBENDER, Zur Hofübergabe, DNotZ 1986,
67
FELDMANN, Zur Eintragung eines Altenteils auf
mehreren Grundstücken, insbesondere eines
Wohnungsrechts, JurBüro 1973, 179
FISCHER, Das Altenteil bei Ehescheidung,
AgrarR 1997, 354

Joseph Hönle
Karl-Dieter Albrecht

FUCHS, Zum Begriff des Altenteils sowie zu seinem Schutz in und außerhalb der Zwangsvollstreckung durch landesrechtliche Ausführungsbestimmungen zum BGB und ZVG, Rpfleger 1987, 76

GITTER, Der Einfluß des Sozialrechts auf die Vertragsgestaltung, DNotZ 1984, 595

GROHMANN, Der Altenteilsbegriff im Sinne des § 9 EGZVG, JurBüro 1970, 461

[HAEGELE/]SCHÖNER/STÖBER, Grundbuchrecht (13. Aufl 2004) Rn 400 (Übergabevertrag), Rn 574 (Leibgeding)

HAEGELE, Wohnungsrecht, Leibgeding und ähnliche Rechte in Zwangsvollstreckung, Konkurs und Vergleich, DNotZ 1976, 5/13

ders, Einzelfragen zum Liegenschaftsrecht, Rpfleger 1975, 153 (155: Wohnungsrecht und Leibgeding)

HAGENA, Probleme des Doppelausgebots nach § 9 Abs 2 EGZVG, Rpfleger 1975, 73 (I Leibgedingsrechte in der Zwangsversteigerung)

ders, Das Leibgeding und sein Schutz in der Zwangsversteigerung, BWNotZ 1975, 73

HARTUNG, Einzelfragen zum im Altenteil enthaltenen Wohnrecht, Rpfleger 1978, 48

HESSLER, Übergabe und Vererbung von Landgütern, RdL 1980, 309 (311 zum Altenteil)

HILLER/WEBER, Gestaltungsmöglichkeiten bei Hofübergabeverträgen, Information StW 1997, 680

HINTZEN, Zu den Voraussetzungen der Eintragung eines Altenteils, Rpfleger 1991, 106

HOFFMANN, Wertsicherungsklauseln im Bereich des Landwirtschaftsrechts, RdL 1966, 309

JANES, Die Fortgeltung alten Rechts – dargestellt an Beispielen aus dem Badischen Landrecht von 1810, AgrarR 1985, 5 (6: Hofübergabeverträge)

vJEINSEN/SCHERRER, Altenteil und Sozialrecht, Vertragsgestaltung bei der Hofübergabe, AgrarR 2001, 369

KAHLKE, Erlöschen des Altenteils in der Zwangsversteigerung? – Interessenabwägung des Versteigerungsgerichts bei Anträgen nach § 9 Abs 2 EGZVG, Rpfleger 1990, 233

KROESCHELL, Landwirtschaftsrecht (2. Aufl 1966) § 9 Hofübergabeverträge

LIESENBORGHS, Testament, Erbvertrag und Übergabevertrag in der Landwirtschaft, AgrarR 1977, Anh 23/28 f

LÜDTKE-HANDJERY, Hofübergabe als vertragliche und erbrechtliche Nachfolge, DNotZ 1985, 332

J MAYER, Leibgedingsrechte und Leistungsstörung – zugleich Anmerkungen zum Urteil des BayObLG vom 29. 12. 1989, MittBayNot 1990, 149

ders, Die Pflicht zur Pflege, ZEV 1995, 269

ders, Vertragliche Pflegeverpflichtung contra Pflegeversicherung?, DNotZ 1995, 571

ders, Die Rückforderung der vorweggenommenen Erbfolge, DNotZ 1996, 604, 620

ders, Pflegepflichten: Zwei Jahre Pflegeversicherungsgesetz und dessen Auswirkung auf die notarielle Vertragsgestaltung, ZEV 1997, 176

ders, Der Übergabevertrag in der anwaltlichen und notariellen Praxis (2. Aufl 2001)

U MAYER, Abschied vom Altenteil?, Rpfleger 1993, 320

MARX, Altenteilsrecht und Zwangsvollstreckung, RdL 1993, 144

MEDER, Mehrere Begünstigte bei Leibgedingsrechten, BWNotZ 1982, 36

B MEYER, Die Hofübergabe in heutiger Zeit, BWNotZ 1997, 114

MILLICH, Der Pflegefall des Altenteilers unter besonderer Berücksichtigung des Sozialrechts (1989 = Diss Tübingen)

NEUMANN, Gesellschaftsverträge zwischen dem Bauern und seinem Sohn (1965)

NIEDER, Die dingliche Sicherung von Leibgedingen (Altenteilen), BWNotZ 1975, 3

NIEWERTH, Hofübergabe und Nießbrauchsvorbehalt, AgrarR 1979, 215

ders, Das Altenteilerwohnhaus als notwendiger Bestandteil eines landwirtschaftlichen Betriebs – Privilegierung nur auf Grund eines konkret absehbaren Bedarfs?, AgrarR 1996, 359

OLZEN, Die vorweggenommene Erbfolge, Rechts- und Staatswissenschaftliche Veröffentlichungen der Görres-Gesellschaft nF 41 (1984)

PIKALO, Die gleitende Hofübergabe, DNotZ 1968, 69

ders, Moderne Probleme des Hofübergabevertrags, RdL 1969, 1

RIGGERS, Probleme des Altenteils (Grundbuchpraxis), JurBüro 1965, 961 ders, Aktuelles Grundbuchrecht (gemeinschaftliches Altenteil), JurBüro 1974, 955

SCHEYHING, Altenteilsverträge in der Immobiliarzwangsvollstreckung, SchlHAnz 1965, 122

SCHIFFAUER, Soziale Aspekte im Zwangsversteigerungsverfahren (III 1 Der Altenteil), Rpfleger 1978, 397/399

SCHULTE, Zum Begriff des Hofübergabevertrags, RdL 1967, 175

SCHWARZ, Privatrechtliche Versorgungsansprüche und sozialhilferechtliches Subsidiaritätsprinzip, ZEV 1997, 309

SPIEGELBERGER, Die Rückabwicklung der vorweggenommenen Erbfolge, MittBayNot 2000, 1

STEFFEN Altenteilsverträge, RdL 1980, 87

STEPPUHN, Übergabevertrag oder Erbvertrag?, RdL 1960, 229

TASCHE, Wege zur Sicherung der Hofnachfolge für den Hoferben (gleitender Hofübergang), RdL 1967, 225

WALDNER, Die vorweggenommene Erbfolge für die notarielle und anwaltliche Praxis (2004)

WALDNER/OTT, Altenteilverträge, Kost und Pflege, MittBayNot 1996, 177

WEBER, Einzelfragen zur Hofübergabe, BWNotZ 1987, 1

WEYLAND, Pflegeverpflichtung in Übergabeverträgen, MittRhNotK 1997, 55

WINKLER, Randfragen zum Übergabevertrag, AgrarR 1979, 237 (240: zur Gestaltung des Austrags) = MittBayNot 1979, 53

WÖHRMANN, Das Landwirtschaftserbrecht – Kommentar zur Höfeordnung und zum BGB-Landguterbrecht (8. Aufl 2004)

WOLF, Das Leibgeding – ein alter Zopf? – Zugleich eine Besprechung der Entscheidungen des OLG Köln vom 1. 4. 1992, des LG Bamberg vom 15. 4. 1992, des LG Bamberg vom 15. 4. 1993 (MittBayNot 1993, 154), des BayObLG vom 26. 4. 1993 (BayObLGZ 1993, Nr 46 = MittBayNot 1993, 208) und des Pfälzischen OLG Zweibrücken vom 26. 10. 1993, in: MittBayNot 1994, 117

(ohne Verfasserangabe) Eintragung einer Vormerkung zur Sicherung des Anspruchs auf Anpassung einer im Rahmen eines Hofübergabevertrags mit Altenteilsbestellung versprochenen Rente?, Rpfleger 1988, 58.

2. Zum gesetzlichen Altenteil nach Höferecht

BARNSTEDT/BECKER/BENDEL, Das nordwestdeutsche Höferecht nach der Novelle v 29. 3. 1976 (1976)

dies, Zur Änderung der nordwestdeutschen Höfeordnung und zur neuen Verfahrensordnung für Höfesachen, AgrarR 1976, 85, 117

DRISCHLER, Die Rechte des überlebenden Ehegatten gemäß § 14 HöfeO in der Zwangsversteigerung und Zwangsverwaltung, RdL 1958, 90

FASSBENDER/HÖTZEL/vJEINSEN/PIKALO, HöfeO (3. Aufl 1994)

HESSLER, Wertsicherung im Agrarbereich, AgrarR 1976, 1 (4 Wertsicherung im Bereich des Höferechts)

LANGE/WULFF/LÜDTKE-HANDJERY, HöfeO (10. Aufl 2001) § 14 Rn 48 ff; § 17 Rn 47 ff

SCHEYHING, HöfeO (1967) Anm zu § 17 HöfeO

SCHULTE, Der Übergabevertrag im neuen Höferecht, AgrarR 1977, 54

SCHWEDE, Liberalisierung des Höferechts, RdL 1972, 116 (118 Übergabeverträge)

STEFFEN, HöfeO mit HöfeverfahrensO (1977)

ders, Neues Höferecht, RdL 1976, 57

ders, Genehmigung von Übergabeverträgen nach Änderung der HöfeO, RdL 1976, 200

ders, Erbhofrechtliche Überleitungsvorschriften (ua zu § 31 REG: Altenteilsrechte des überlebenden Ehegatten), RdL 1980, 57

ders, Rechtsfragen zum gesetzlichen Altenteil, RdL 1985, 1

ders, Tod eines Vertragspartners beim Hofübergabevertrag, RdL 1999, 169

WÖHRMANN, Das Landwirtschaftserbrecht, Kommentar zur Höfeordnung und zum BGB-Landguterbrecht (8. Aufl 2004).

3. Zu landesrechtlichen Regelungen
a) Baden-Württemberg

RICHTER, Rechtsbereinigung in Baden-Württemberg (§§ 6–17 BadWürtt AGBGB), Rpfleger 1975, 417.

b) Bayern

ECKHARDT, Ein bayerisches „Höferecht" – zur Gestaltung der Hofübergabeverträge, AgrarR 1975, 136

SPRAU/OTT, Justizgesetze in Bayern (1988), Anm zu Art 7 ff BayAGBGB

VIDAL, Unternehmensnachfolge in der Landwirtschaft – Möglichkeiten ihrer rechtlichen
Ausgestaltung und deren Verbreitung im altbayerischen Raum (Diss Freiburg 1980).

c) Bremen

JACOBS, Das Bremische Höfegesetz (1992).

d) Niedersachsen

DRESSEL, Neuregelung von Altenteilsleistungen
in Niedersachsen, AgrarR 1972, 239

RIGGERS, Neue Altenteilsvorschriften nach
Niedersächsischem Landesrecht, JurBüro 1971,
815.

e) Nordrhein-Westfalen

BENDEL/HÖTZEL, Landwirtschaftliches Boden-
und Erbrecht in Nordrhein-Westfalen (7. Aufl
1990).

f) Schleswig-Holstein

BILLIAN, Hofüberlassungsverträge und Alten-
teilsvereinbarung (unter besonderer Berücksichtigung der Rechtsprechung des OLG
Schleswig), AgrarR 1974, 124

SCHWEDE, Bereinigung des schleswig-holsteinischen Landesprivatrechts, RdL 1974, 169
(Altenteilsvertrag).

Systematische Übersicht

Alphabetische Übersicht

Karl-Dieter Albrecht

I. Entstehung

1 Der Artikel 96 entspricht im wesentlichen dem Artikel 59 Entw I. Abgesehen von redaktionellen Änderungen ist in der II. Kommission nur statt „Überlassung eines Guts" die jetzigen Formulierung „Überlassung eines Grundstücks" eingesetzt worden, um nicht durch das Wort „Gut" in Verbindung mit einer Bemerkung in den Mot (S 187) das Mißverständnis aufkommen zu lassen, daß darunter, wenn auch nicht nur ein geschlossenes Hofgut oder Landgut, so doch nur ein größerer, den Unterhalt der Familie sichernder und zusammenhängender Komplex von landwirtschaftlichen Grundstücken zu verstehen sei (Prot VI 419; Mat 58).

II. Begriff des Leibgedings

1. Gesetzliche Definition

2 Weder Art 96 EGBGB noch andere den Begriff erwähnende (reichs-)gesetzliche (§ 9 Abs 1 EGZVG; § 49 GBO; § 23 Nr 2 Buchst b GVG) oder bundesrechtliche Bestimmungen (§ 850b Abs 1 Nr 3 ZPO), aber auch nicht die unberührt bleibenden landesrechtlichen Vorschriften geben eine Begriffsbestimmung der in diesen Gesetzen in gleicher Weise bezeichneten Verträge; der **Begriff** wird vielmehr **als bekannt vorausgesetzt**, da er bereits in den früheren Landesrechten verwendet wurde (vgl zB für Auszug oder Altenteil die Umschreibung in PrALR I 11 § 602; vgl dazu KOCH/ DALCKE, ALR [6. Aufl 1874] I 11 § 602 Anm 39 – Leibgeding hat im PrALR eine völlig andere Bedeutung; vgl PrALR II 1 § 457; für Austrag [Auszug] OERTMANN, Bayer Landesprivatrecht [1903] § 119 II 2 [S 513]; ROTH/BECHER, Bayer Zivilrecht [1899] 189), ohne aber auch dort eine abschließende Definition erfahren zu haben (vgl Mot II 636).

2. Umschreibung

3 Rechtsprechung und Literatur haben sich daher bemüht, diese in ihrem Wesen gleichen, nur landesrechtlich unterschiedlich bezeichneten Verträge unter Berücksichtigung ihrer Zielsetzung zu umschreiben. Eine **endgültige Definition** konnte angesichts der Weite der durch die Zielsetzung umfaßten vertraglichen Ausgestaltungen bisher aber **nicht gewonnen** werden; viele, zum Teil auch bedeutsame Einzelheiten, die den Begriff prägen könnten, sind weiter offen und zum Teil auch strittig.

Ausgangspunkt des Verständnisses dieser Verträge muß ihre **Zielsetzung** sein, die in einer wertenden Beurteilung zu erfassen ist (vgl BayObLGZ 1993, 192/194; 1994, 12/19).

a)   Historische Entwicklung

Mit Hilfe eines Leibgedingsvertrages sollte entsprechend der **historischen Entwick-**   **4** **lung aus der Landwirtschaft** dem Landwirt die Möglichkeit gegeben werden, sich von der aktiven Hofbewirtschaftung zu Gunsten eines Hofnachfolgers **durch Hofübergabe unter Lebenden** zurückzuziehen, aber für sich, seinen Ehegatten und eventuell noch unversorgte Angehörige in der Regel jeweils **auf Lebenszeit** und unabhängig voneinander in regelmäßiger Wiederkehr **Versorgungsleistungen aus dem bisherigen Hofvermögen** zu erhalten. Hierzu gehörte in erster Linie ein **Wohnrecht** an einem bestimmten Teil des veräußerten Gebäudes oder in einem kleineren, zusätzlich vorhandenen Haus (Austragshaus, Leibzuchtskate) und (zumeist Natural-)**Leistungen zur Bestreitung des Lebensunterhalts**. Typisch waren etwa die Lieferung von Lebensmitteln, Brennmaterial, Bekleidungsstücken, das Recht, eine bestimmte Art und Anzahl von (Klein-)Vieh auf dem Bauerngut zu halten, und der Nießbrauch an bestimmten Äckern und Wiesen. Auch Geldzahlungen wurden meist vereinbart. Als Grundlage dafür sollte die Weiterbewirtschaftung des Hofes durch jüngere, arbeitsfähigere Kräfte sichergestellt werden, um die ausbedungenen Leistungen erwirtschaften zu können (vgl RGZ 152, 104; BayObLGZ 1957, 40; OLG Celle, RdL 1958, 75; OLG Nürnberg RdL 1967, 183; Kroeschell, Landwirtschaftsgesetze [1984] I Nr 11 [Mustervertrag]; Kersten/Bühling, Formularbuch und Praxis der Freiwilligen Gerichtsbarkeit [21. Aufl 2001/ 2004] § 66: Mustervertrag; Hoffmann/Becking/Rawert, Beck'sches Formularbuch zum Bürgerlichen, Handels- und Wirtschaftsrecht [8. Aufl 2003] Formulare III E. 11; IV. 17; Münchner Vertragshandbuch [4. Aufl 1998] Bd 4/2, Formular VII. 4).

Der Leibgedingsvertrag stellte sich danach also ursprünglich im wesentlichen als eine im landwirtschaftlichen Bereich verbreitete **Zusammenfassung verschiedener,** rechtlich sonst unterschiedlich einzuordnender **vertraglicher Verpflichtungen zu einer rechtlichen Einheit** dar. Charakteristisch für ihn ist dabei einerseits die Verknüpfung mit einer Veräußerung von Grundvermögen des Berechtigten an den Verpflichteten, andererseits der Versorungszweck der ausbedungenen Leistungen für den Berechtigten.

b)   Heutiger Umfang

Wenn auch selbst heute noch das Hauptanwendungsgebiet von Leibgedingsverträ-   **5** gen im landwirtschaftlichen Bereich liegt – daran hat die Einrichtung einer beitragspflichtigen Alterskasse für Landwirte durch das Gesetz über eine Altershilfe für Landwirte vom 27. 7. 1967 (BGBl I 1063), jetzt Gesetz über die Alterssicherung der Landwirte vom 29. 7. 1994 (BGBl I 1890), zuletzt geändert durch Ges vom 16. 12. 1997 (BGBl I 2998), nichts geändert – hat sich das Leibgedingsrecht auch **auf andere wirtschaftliche Lebensbereiche erweitert**, so daß die Veräußerung eines landwirtschaftlich genutzten Grundstücks nicht mehr zwingende Voraussetzung für die Bestellung eines Leibgedings ist. Auch die Überlassung **gewerblich genutzter oder** auch **städtischer Grundstücke** kann Anknüpfungspunkt für einen Leibgedingsvertrag sein (vgl RGZ 152, 104/107; BGH LM Art 96 EGBGB Nr 1 [= NJW 1962, 2249 = MDR 1963, 38 = RdL 1962, 321/322]; BGH LM Art 15 PrAGBGB Nr 6 [= MDR 1964, 741 = RdL 1964, 299]; BayObLGZ 1964, 344; einschränkend BGH LM Art 15 PrAGBGB Nr 8 [= NJW 1981, 2568]). Grundsätzlich ist aber Voraussetzung, daß dem Erwerber durch die Überlassung des Grundstücks ermöglicht wird, kraft dessen Nutzung sich eine eigene Lebensgrundlage zu schaffen und gleichzeitig den dem Berechtigten geschuldeten Unterhalt – zumindest teilweise – zu erwirtschaften (vgl BGHZ 53, 41/43; BGH LM Art 15 PrAGBGB Nr 8; BGH NJW-RR 1989, 451 [= MittBayNot 1989, 81]; NJW-RR 1995, 77 [= DNotZ 1996, 636]); vgl näher Rn 9 f.

c) Übliche Umschreibung

6 Als **übliche Umschreibung** sprechen Rechtsprechung und Literatur daher heute dann von einem Leibgedingsvertrag, wenn in einem Vertrag im Zusammenhang mit der Übertragung eines Grundstücks dem **Veräußerer** ein **Inbegriff von Rechten verschiedener Art zugewendet wird, die durch die gemeinsame Zweckbestimmung, ihm ganz (oder zumindest teilweise) für eine bestimmte Zeit (oder dauernd) eine Versorgung zu gewähren, zu einer rechtlichen Einheit verbunden sind.** Notwendigerweise **geprägt** wird diese Zuwendung dabei auch davon, daß die – im Regelfall – gleichzeitige Grundstücksüberlassung den **Nachrückenden** (in der Regel im Generationenwechsel) unter Abwägung der Interessen des abziehenden Altenteilers und des nachrückenden Angehörigen **in eine die Existenz – wenigstens teilweise – begründende Wirtschaftseinheit einrücken läßt,** die ihm auch – wenigstens teilweise – die Erbringung der Versorgungsleistungen ermöglicht, **ohne** daß **beiderseits gleichwertige Leistungen** im Vordergrund stehen (vgl RGZ 118, 17/20; 162, 52/57; BGH RdL 1953, 10; BGH LM Art 96 EGBGB Nr 1 [= NJW 1962, 2249 = MDR 1963, 38 = RdL 1962, 321]; BGH LM Art 15 PrAGBGB Nr 6 [= MDR 1964, 741 = RdL 1964, 299]; BGH LM Art 15 PrAGBGB Nr 8 [= NJW 1981, 2568 = MDR 1981, 835 = RdL 1981, 163]; BGH NJW-RR 1989, 451 [= MittBayNot 1989, 81]; BGHZ 125, 69 [= NJW 1994, 1158]; BayObLGZ 1964, 344 [= RdL 1965, 51 = MittBayNot 1965, 303]; BayObLGZ 1972, 232 [= RdL 1972, 288]; BayObLGZ 1993, 192 [= NJW-RR 1993, 984 = DNotZ 1993, 603 = AgrarR 1995, 63]; OLG Hamm OLG-Rp Hamm 1996, 102 [= NJW-RR 1996, 1360 = MDR 1996, 1040 = MittRhNotK 1997, 79]). Das BayObLG spricht daher auch von einem **„sozial motivierten Versorgungsvertrag"** (BayObLGZ 1975, 132/135 [= MDR 1975, 941 = DNotZ 1975, 622 = MittBayNot 1975, 170 = RdL 1975, 216 = Rpfleger 1975, 314]).

Vgl zum ganzen auch: FUCHS Rpfleger 1987, 76; DÜSTER RdL 1987, 422; BÖHRINGER MittBayNot 1988, 103; DEMHARTER EWiR 1994, 357; WOLF MittBayNot 1994, 117; MAYER DNotZ 1996, 621 ff; STAUDINGER/AMANN (2002) Einl 32 ff zu §§ 1105–1112 BGB; MünchKomm/PECHER³ Art 96 EGBGB Rn 3 ff; MünchKomm/JOOST⁴ § 1105 Rn 21 ff; PALANDT/BASSENGE⁶⁴ Art 96 EGBGB Rn 1 ff; SPRAU/OTT, Justizgesetze in Bayern (1988) Art 7 BayAGBGB Rn 9; SCHÖNER/STÖBER, Grundbuchrecht (13. Aufl 2004) Rn 400, 574 ff, 934.

3. Abgrenzung zu anderen Vertragsarten

7 Ob nach dieser Umschreibung im jeweiligen Einzelfall ein Leibgedingsvertrag vorliegt, ist das Ergebnis einer durch Auslegung zu ermittelnden **wertenden Beurteilung der konkreten Vereinbarung,** wobei nicht der Wortgebrauch maßgeblich ist, sondern der tatsächlich vereinbarte Rechtsinhalt (vgl BayObLGZ 1975, 132/134; 1993, 192). Zur

Unterscheidung von anderen Vertragsarten kommen als **Abgrenzungskriterien**, die als den Leibgedingsvertrag prägend immer vorliegen müssen, in Betracht:

a) Kein gegenseitiger Vertrag

Die durch den Leibgedingsvertrag entstehende Beziehung zwischen den Vertrags- **8** parteien darf nicht nur eine normale schuldrechtliche vertragliche Bindung sein, sondern muß entsprechend dem versorgungsrechtlichen Nachfolgecharakter eine darüber hinausgehende **persönliche wechselseitige Gebundenheit** der Beteiligten begründen, die zu einer gewissen **Verknüpfung der beiderseitigen Lebensverhältnisse** führt (vgl insbes BayObLGZ 1993, 192). Steht demgegenüber nach dem Willen der Vertragsparteien der Charakter eines gegenseitigen schuldrechtlichen Vertrages mit beiderseits als gleichwertig eingeschätzten Leistungen im Vordergrund, so stellt die Vereinbarung auch dann keinen Leibgedingsvertrag dar, wenn sie versorgungsrechtliche Elemente (zB Wohnrechtsgewährung mit Pflege- und Versorgungsverpflichtung) enthält (vgl BGHZ 53, 41/43; DNotZ 1982, 697/698; WM 1989, 70; DNotZ 1996, 636/638; vgl auch BGH NJW-RR 1990, 1283/1284).

Nicht notwendig ist dabei allerdings, daß zwischen den so persönlich gebundenen Vertragsparteien ein **verwandschaftliches Verhältnis** besteht; auch Dritte können in eine solche persönliche Gebundenheit einbezogen werden (RG JW 1924, 813; BGH LM Art IV KRG Nr 45 Nr 16 [= NJW 1957, 259 = RdL 1957, 40]; BGH NJW 1962, 2249; BayObLGZ 1975, 132/136; 1993, 192; OLG Hamm RdL 1958, 130). Ebensowenig muß zwischen den Beteiligten die an sich typische Generationennachfolge stattfinden, so daß es auf das Alter des Verpflichteten und Berechtigten nicht ankommt (vgl BGH NJW 1981, 2568; OLG Nürnberg RdL 1967, 193; OLG Hamm DNotZ 1970, 39; OLG Köln DNotZ 1990, 513).

b) Versorgungscharakter

Entsprechend dem Versorgungscharakter des Leibgedingsvertrages müssen – zu- **9** mindest teilweise – **Versorgungsleistungen** des Verpflichteten zu Gunsten des Berechtigten ausbedungen sein (zweifelhaft daher LG Köln NJW-RR 1997, 594 [= FamRZ 1997, 937]). Diese Versorgungsleistungen müssen dabei aber **nicht notwendig den gesamten Bedarf** des Berechtigten bezüglich seines Unterhalts und seiner Versorgung abdekken; mit dem Versorgungscharakter des Leibgedings ist vereinbar, wenn der Berechtigte zusätzlich eigene Mittel (zB Renten, Versicherungsansprüche) zu seiner Versorgung aufwenden muss (vgl RGZ 152, 104; BGH LM Art 96 EGBGB Nr 1 [= NJW 1962, 2249 = RdL 1962, 321]; BayObLGZ 1964, 344). **Typisch** ist insoweit die Vereinbarung von „**Wohnung, Wart und Pflege**" (BayObLGZ 1993, 192). Die bloße Vereinbarung einer Geldrente, auch wenn sie Unterhaltszwecken dienen soll und vom Ertrag des überlassenen Grundstücks abhängen soll, stellt noch keinen Leibgedingsvertrag dar (vgl zur Abgrenzung vom Leibrentenvertrag nach § 759 BGB auch STAUDINGER/AMANN [2002] Vorbem 10 zu §§ 759 ff BGB). Auch ein zusätzliches, durch Nießbrauch gesichertes Wohnrecht neben einer Geldrente führt nicht zu einem Leibgedingsvertrag (BGH LM Art 15 PrAGBGB Nr 8; OLG Frankfurt OLGZ 1972, 175; LG Kassel WM 1975, 77 [= ZMR 1977, 274 LS]). Noch viel weniger genügt der bloße Vorbehalt eines der Versorgung dienenden Nießbrauchs am gesamten überlassenen Grundbesitz auf Lebenszeit (BGH DNotZ 1982, 697; BayObLGZ 1975, 132/134). Auch die „Einsitzrechte" nach Art 38 Abs 2 HessAGBGB vom 17. 7. 1899 (HessGVBl II 230-1) allein waren als reine Wohnungsrechte kein Leibgeding (OLG Frankfurt DNotZ 1972, 354 [= Rpfleger 1972, 20]).

Unerheblich ist demgegenüber, ob das Leibgeding zu einer lebenslänglichen Versorgung des Berechtigten führen soll oder unter bestimmten, von den Parteien vereinbarten Bedingungen auch vorher ganz oder teilweise **enden kann**, zB bei (Wieder-) Verheiratung des Berechtigten (vgl BGH NJW 1962, 2249; BayObLGZ 1975, 132/134) oder bei seinem freiwilligem Wegzug vom überlassenen Grundstück (OLG Hamm RdL 1959, 300; OLG Celle AgrarR 1971/72, 472; BayObLGZ 1997, 246 [= BayObLG-Rp 1998, 17 = NJW-RR 1998, 85 = DNotZ 1998, 299]; vgl zum Nichtbestehen eines Ausgleichsanspruchs auch BGH, LM § 428 BGB Nr 23 [= EBE/BGH 1996, 213 = NJW 1996, 2153]; OLG Hamm FamRZ 1995, 806).

Nicht Voraussetzung ist auch, daß die Versorgungsleistungen allein oder zumindest auch dem Vertragspartner zugute kommen sollen. Es können auch **Versorgungsleistungen zu Gunsten Dritter** ausbedungen werden, zB für Geschwister des Übernehmers (BGH LM Art 96 EGBGB Nr 1 [= NJW 1962, 2249/2250]; RdL 1965, 179; OLG Hamm Rpfleger 1959, 381).

Ohne Bedeutung muß schließlich sein, ob die ausbedungenen Versorgungsleistungen zu einer dem Wert des überlassenen Grundstücks entsprechenden oder ihm auch nur angemessenen und für die Bedürfnisse des Berechtigten ausreichenden Versorgung führen oder, sei es sogar auch deutlich, dahinter zurückbleiben. Eine **wertmäßige Verknüpfung** der beiderseitigen Vertragsleistungen ist dem **Leibgedingsvertrag** vielmehr gerade **fremd** (vgl BGH LM Art 15 PrAGBGB Nr 8; BayObLG BayObLG-Rp 1994, 32 [= DNotZ 1994, 869 = MittBayNot 1994, 225]), ohne dass deshalb aber die Zuwendung eines Leibgedings auch den Regeln des Schenkungsrechts unterfällt (vgl auch BGH LM § 516 BGB Nr 25 [= NJW 1995, 1349 = MDR 1995, 500]; vgl weiter unten Rn 43). Deshalb steht einem Leibgedingsvertrag auch nicht entgegen, wenn der Berechtigte im Haushalt des Verpflichteten mitarbeiten soll (vgl BGH NJW 1962, 2249 [= MDR 1963, 38]).

Aus demselben Grund spielt auch **keine Rolle**, inwieweit und ob regelmäßig die ausbedungenen **Versorgungsleistungen aus den Erträgen** des übernommenen Vermögens – sei es auch nur teilweise – **erwirtschaftet** werden können (BGH WM 1964, 614/616; BayObLGZ 1993, 192). Dies darf nur nicht völlig ausgeschlossen sein (vgl BFH NJW 1988, 775/776), auch nicht durch besondere Vereinbarung (vgl BGH WM 1995, 1076/1077; OLG Düsseldorf OLG-Rp Düsseldorf 2001, 313 [= MDR 2001, 21 = MittBayNot 2001, 70]). Deshalb genügt auch die Übernahme eines nur noch im Nebenerwerb bewirtschaftbaren landwirtschaftlichen Betriebs (vgl BFH BFH-Rp 2004, 1303 [= BFH/NV 2005, 201 = MittBayNot 2005, 342]). Der Verpflichtete kann sich daher gegenüber den zu gewährenden Altenteilsleistungen auch nicht auf mangelnde Leistungsfähigkeit berufen, wenn bereits bei der Übergabe des Hofes ein dauerhaft negatives Geschäftsergebnis bestand und die Parteien bei Vertragsschluß (auch stillschweigend) davon ausgingen, die Erfüllung der Altenteilsleistungen werde auf Dauer gesehen zum Verbrauch der Substanz des Hofes führen (OLG Celle OLG-Rp Celle 2002, 44 [= AgrarR 2002, 268 = RdL 2002, 103 = NdsRPfl 2002, 118]).

Ebensowenig ist erforderlich, daß zur **Absicherung der Versorgungsleistungen** für den Berechtigten ein dingliches Recht an dem überlassenen Grundstück, zB ein Nießbrauch oder eine Reallast, im Grundbuch eingetragen wird, wenn dies auch weitgehend üblich ist (vgl RGZ 152, 107; BGHZ 53, 42; BayObLGZ 1975, 132/134). Nach den vorbehaltenen landesrechtlichen Vorschriften kann der Berechtigte dies in der Regel auch verlangen (vgl zB für den ehemals preuß Rechtsbereich, dessen Regelungen insoweit in die heutigen neuen Vorschriften über Leibgedinge der westdeutschen „Nachfolgestaaten" übernommen wurden, Art 15 § 1 PrAGBGB vom 20. 9. 1899 [PrGS 177]; für Bayern Art 16 BayAGBGB vom 20. 9. 1982 [BayRS 400-1-J], zuletzt geändert durch Ges vom 7. 8. 2003 [BayGVBl 497]).

c) Grundstücksüberlassung

Wesentlich ist die **Verknüpfung** dieses Leibgedingsvertrags mit der – im Regelfall **10** gleichzeitig erfolgenden (vgl auch Rn 33) – **Überlassung eines Grundstücks**, gerade durch dessen Übernahme dem Verpflichteten ermöglicht werden soll, wenigstens teilweise, sich eine **eigenständige Existenz aufzubauen** (vgl BGH NJW 1962, 2249; BGH LM Art 15 PrAGBGB Nr 6 [= MDR 1964, 741]; BGHZ 53, 41/43 [= NJW 1970, 282/283 = DNotZ 1970, 249]; BGH NJW 1981, 2568; DNotZ 1982, 697/698; NJW-RR 1989, 451; BGHZ 125, 69 [= NJW 1994, 1158]; NJW-RR 1995, 77 [= DNotZ 1996, 636]; MittBayNot 2000, 223 [= WM 2000, 586]; OLG Hamm MDR 1979, 401; NJW-RR 1993, 1299 [= Rpfleger 1993, 488]; NJW-RR 1996, 1360/1361; OLG Köln Rpfleger 1992, 431/432 [= MittBayNot 1994, 134]; OLG Zweibrücken MittBayNot 1994, 136; 209; OLG Celle OLG-Rp Celle 2000, 63; aA BayObLGZ 1964, 344/347; 1993, 192; 1994, 12; 1996, 20/26; vgl dazu MAYER DNotZ 1996, 623 ff). Notwendig ist, dass das Fundament für die Exixtenzgrundlage bereits vom Überlassenden geschaffen ist und übernommen werden kann, die bloße Möglichkeit, das übernommene Grundstück zum Aufbau einer völlig neuen Existenzgrundlage zu nützen, genügt nicht (vgl BGH BGH-Rp 2003, 306 [= NJW 2003, 1325 = MDR 2003, 348]). Der **Umfang** der Begünstigung des Verpflichteten durch die Grundstücksüberlassung spielt **keine Rolle**, sofern die Verbesserung seiner Existenzgrundlage nur nicht völlig ausgeschlossen erscheint. Letzteres ist zB der Fall, wenn der Berechtigte nur das bäuerliche Hausgrundstück, zudem noch belastet mit einem Wohn- und Mitbenutzungsrecht, nicht aber auch die zum Hof gehörenden landwirtschaftlichen Flächen überlassen hat (vgl OLG Zweibrücken NJW-RR 1994, 209 [= MDR 1994, 104]).

Auch die Überlassung eines **städtischen Grundstücks** kann Anknüpfungspunkt für **11** einen Leibgedingsvertrag sein, da regelmäßig anzunehmen ist, daß auch dadurch zumindest teilweise eine Existenzgrundlage vermittelt wird (vgl BGH LM Art 96 EGBGB Nr 1 [= NJW 1962, 2249 = MDR 1963, 38]; BayObLGZ 1964, 344 [= RdL 1965, 51 = MittBayNot 1965, 303]; OLG Köln Rpfleger 1992, 431; LG Bamberg MittBayNot 1992, 144; LG Köln NJW-RR 1997, 594). **Etwas anderes gilt**, wenn ein mit einem Einfamilienhaus bebautes Grundstück unter dem Vorbehalt eines Wohnrechts für den Berechtigten überlassen wird; hier ist die Möglichkeit der Begründung einer Existenzgrundlage erkennbar nicht gegeben (vgl BGH NJW 1989, 451/452; BGH-Rp 2003, 306 [= NJW 2003, 1325 = MDR 2003, 348]; BGH-Rp 2003, 407 [= NJW 2003, 1126 = MDR 2003, 477]; OLG Hamm NJW-RR 1996, 1360/1361 [= MDR 1996, 1040]; OLG Köln FamRZ 1998, 431; LG Duisburg MittRhNotK 1989, 194; aA LG Frankenthal Rpfleger 1989, 324).

Die Überlassung eines reinen **Wohngrundstücks mit einem Zweifamilienhaus** als Grundlage für einen Leibgedingsvertrag ist dagegen **strittig**: während zum Teil die Geeignetheit abgelehnt wird, wenn der Berechtigte sich ein Wohnrecht in einer der beiden Wohnungen vorbehalten hat, da der Verpflichtete, selbst bei Einzug in die andere Wohnung, keine wirtschaftliche Existenzgrundlage finde, um die Leibgedingsleistungen erbringen zu können (vgl OLG Köln Rpfleger 1992, 431/432 [= MittBayNot 1994, 134]; OLG Düsseldorf OLG-Rp Düsseldorf 2001, 523 [= MDR 2001, 1287 = RPfleger 2001, 542]), verweist die Gegenmeinung überzeugend darauf, dass allein maßgeblich ist, ob

Karl-Dieter Albrecht

der Verpflichtete im weitesten Sinn durch die Grundstücksüberlassung einen – wenn auch geringen – Teil seiner Existenzgrundlage finde (hier: mietfreies Wohnen im eigenen Haus), auch wenn er im übrigen seinen Lebensunterhalt und die Aufwendungen für den Berechtigten durch eine erwerbswirtschaftliche Tätigkeit außerhalb des übernommenen Grundstücks decken müsse (vgl OLG Hamm NJW-RR 1993, 1299 [= Rpfleger 1993, 488]; BayObLGZ 1993, 192/194 [= NJW-RR 1993, 984 = DNotZ 1993, 603]; OLG Zweibrücken DNotZ 1997, 327[= MittBayNot 1996, 211]). Der BGH hat die Frage bisher offen gelassen (vgl BGH LM PrAGBGB Art 15 Nr 8 [= NJW 1981, 2568 = DNotZ 1982, 45]; NJW-RR 1995, 77 [= DNotZ 1996, 636]; BGHZ 125, 68 [= NJW 1994, 1158]).

Wegen der mangelnden wertmäßigen Verknüpfung von Grundstück und den ausbedungenen Leibgedingsleistungen kann grundsätzlich auch die Überlassung solcher Grundstücke Anknüpfungspunkt für einen Leibgedingsvertrag sein, die nur geringwertig oder durch die zu übernehmenden Belastungen in ihrem Wert noch lange beeinträchtigt sind (vgl OLG Düsseldorf JMBl NRW 1961, 237).

12 Keine für einen Leibgedingsvertrag geeignete Grundstücksüberlassung liegt aber vor, wenn der Berechtigte von vorneherein nicht beabsichtigt, auf dem überlassenen Grundstück weiterhin zu wohnen, da es vereinbarungsgemäß vom Verpflichteten weiterveräußert werden soll (vgl BayObLGZ 1994, 12). Denn die **örtliche Bindung des Berechtigten zum überlassenen Grundbesitz** stellt ein **wesentliches Element** eines Leibgedingsvertrags dar (RGZ 162, 52/57; BGH RdL 1964, 299/300; BayObLGZ 1975, 132/136). Die notwendige Verknüpfung wird andererseits nicht dadurch gelöst, dass der Verpflichtete mit Zustimmung des Berechtigten das überlassene Grundstück später veräußert und das dinglich gesicherte Wohnrecht aufgegeben wird, wenn statt dessen dem Berechtigten ein schuldrechtliches Wohnrecht an einer anderen Wohnung eingeräumt wird (vgl OLG Frankfurt/Main OLG-Rp Frankfurt 1998, 348 [= NZM 1998, 927 = NJW-RR 1998, 1544]).

Nur wenn bei der wertenden Betrachtung der zwischen den Beteiligten getroffenen Vereinbarung alle genannten Elemente gemeinsam als vereinbart festgestellt werden können, ist von einem Leibgedingsvertrag auszugehen. Ansonsten liegt ein anderer, unter die Vertragstypen des BGB – gegebenenfalls auch als gemischter Vertrag – einzuordnender Vertrag vor (zweifelhaft deshalb LG Köln NJW-RR 1997, 594).

Vgl zu anderen Arten von insbesondere der vorweggenommenen Erbfolge dienenden Übergabeverträgen allgemein OLZEN, Die vorweggenommene Erbfolge (1984) 21 ff; KOLLHOSSER, Aktuelle Fragen der vorweggenommenen Erbfolge, AcP 194 (1994) 231 ff. Vgl weiter zur Abgrenzung von ähnlichen „modernen" Formen der Vermögensübergabe, bei denen dieser Versorgungscharakter nicht so deutlich hervortritt, auch MünchKomm/PECHER[3] Art 96 EGBGB Rn 10.

III. Begründung und Inhalt des Leibgedingsvertrages

13 Ebensowenig wie über den Begriff treffen die für den Leibgedingsvertrag zur Anwendung kommenden bundes- und landesrechtlichen Gesetze ausdrückliche Bestimmungen über das rechtliche Zustandekommen und den zulässigen Inhalt dieses Vertrages. Insbesondere gibt es **im BGB keinen einheitlichen Vertragstyp des Leib-**

gedingsvertrages. Das BGB regelt in §§ 759 ff nur den Leibrentenvertrag, der allenfalls ein Teilbereich des Leibgedingsvertrages sein kann.

1. Begründung

Es handelt sich beim Leibgedingsvertrag um einen **schuldrechtlichen Vertrag** zwischen den Beteiligten, der grundsätzlich den **allgemeinen Regelungen des BGB** über Verträge unterliegt. **14**

Selbstverständlich ist, daß beide Vertragsparteien geschäftsfähig sein müssen (vgl BGH NJW 1994, 1470) und daß gegebenenfalls bei mangelnder oder beschränkter Geschäftsfähigkeit eine vormundschaftsgerichtliche Genehmigung nach §§ 1821, 1822 und 1829 BGB oder eine Einwilligung des Betreuers bei Betreuungsvorbehalt nach § 1903 BGB erforderlich ist (vgl BayObLG FamRZ 1991, 1076 [= Rpfleger 1991, 457]). Bei Betreuung des Veräußerers ist der Leibgedingsvertrag im allgemeinen auch nach § 1908 BGB genehmigungsfähig (vgl OLG Stuttgart OLG-Rp Stuttgart 2005, 14 [= FamRZ 2005, 62 = Rpfleger 2004, 695 = MittBayNot 2005, 229]).

Die Formvorschrift des **§ 761 BGB** kommt **nicht** zur Anwendung, da sie nach hM eng auszulegen ist und die im Leibgedingsvertrag vereinbarten Geld- oder sonstigen Leistungen nicht als Leibrente im eigentlichen Sinn zu werten sind (RGZ 104, 272; aA STAUDINGER/KRIEGBAUM[12] Rn 2).

Da aber **regelmäßig** mit dem Leibgedingsvertrag die Verpflichtung zur Übereignung des seine Grundlage bildenden Grundstücks verknüpft ist, bedarf er der Form der **notariellen Beurkundung nach § 311b Abs 1 S 1 BGB** (idF der Bek vom 2.1.2002, BGBl I 42). Dies gilt auch für nachträgliche Abänderungen des Vertrags (vgl unter Anwendung des früheren § 313 S 1 BGB [idF des Ges v 30.5.1973, BGBl I 501] BGH NJW 1974, 271; 1982, 434; 1988, 1734 [= NJW-RR 1988, 185 = DNotZ 1988, 548]). Wird der Leibgedingsvertrag dagegen **vor oder nach dem Grundstücksüberlassungsvertrag** geschlossen, mit dem er in innerem Zusammenhang steht, bedarf er selbst **keiner Form**.

Im übrigen sind die Parteien nach dem Grundsatz der Vertragsfreiheit frei, welche Versorgungsleistungen sie vereinbaren und wie sie diese im einzelnen ausgestalten wollen. Sie sind insbesondere nicht wegen der rechtlich gemischten Natur der Versorgungsleistungen gehalten, sich etwa an die insoweit einschlägigen Vorschriften der Leihe und des Dienstvertrags anzulehnen. Der Leibgedingsvertrag ist vielmehr als Vertrag besonderer Art zu betrachten. Dementsprechend enthalten die in Art 96 EGBGB vorbehaltenen landesrechtlichen Bestimmungen auch regelmäßig eigene Regelungen über Vertragsstörungen bei einem Leibgedingsvertrag, um die nur schwer passenden Regelungen in den in ihm enthaltenen Vertragstypen des BGB durch geeignetere Spezialregelungen zu ersetzen (vgl dazu unten Rn 40 ff).

Auch auf Grund **erbrechtlicher Bestimmungen** kann ein Leibgeding begründet werden, so durch Testament (vgl RGZ 162, 52/55; OLG Oldenburg RdL 1968, 236; OLG Celle AgrarR 1971/72, 471; 1988, 77) und auch durch Erbvertrag (BayObLG Rpfleger 1976, 290); es kann auch in der Form eines Leibgedingvermächtnisses angeordnet werden (vgl OLG Oldenburg OLG-Rp Oldenburg 1998, 197 [= FamRZ 1998, 1120]). **15**

2.   Inhalt

a)   Bestimmtheitsanforderungen

16 Im Hinblick darauf, daß der Leibgedingsvertrag eine eigenständige schuldrechtliche
Anspruchsgrundlage auf Erfüllung der darin abgesprochenen Leistungen darstellt,
müssen an die **Bestimmtheit** der Umschreibung **der gewollten Leistungen** zwar nicht
übertrieben strenge, aber doch **nicht nur geringe Anforderungen** gestellt werden, um
die Leistungen mit den jeweils erwünschten Besonderheiten klar erkennen zu lassen
(**aA** BGHZ 3, 206/207 mit Zustimmung MünchKomm/PECHER[3] Art 96 EGBGB Rn 13). Insbesondere müssen die **Hauptverpflichtungen in hinreichender Weise** so **klar und mit den
wesentlichen Einzelheiten** umschrieben werden, daß der Wille der Parteien dann
durch Auslegung des Niedergelegten ermittelbar ist. Das Gewollte muß also zumindest erkennbar in seinen Grundzügen angedeutet sein, um im Streitfall auf Grund
objektiver, nachprüfbarer Umstände, die dann auch außerhalb der Urkunde liegen
können, ermittelt werden zu können. Dabei genügt aber, wenn der Umfang der
vereinbarten Leistungen allgemein durch einen Hinweis auf deren Zumutbarkeit für
den Verpflichteten begrenzt wird (vgl BGHZ 130, 342 [= NJW 1995, 2780 = MDR 1996, 253 =
MittBayNot 1995, 456]; **aA** BayObLG AgrarR 1994, 211 [= DNotZ 1994, 180 = MittBayNot 1993,
370]). Eine gewisse Erleichterung geben insoweit die vorbehaltenen **landesrechtlichen**
Regelungen, die in der Regel für häufig vorkommende Versorgungsleistungen **Aus-
legungsbestimmungen** enthalten. Soll davon **abweichend** der Inhalt einer Leistung
anders bestimmt werden, so bedarf es eines **ausdrücklichen Hinweises** im Vertrag (vgl
zur Abweichung von Art 15 § 1 PrAGBGB: BGH LM Art 15 PrAGBGB Nr 1 [= NJW 1952, 1109 =
MDR 1952, 157]; OLG Celle RdL 1956, 118 [LS]. Vgl zur Bestimmbarkeit der vereinbarten Leistungen auch noch LG Braunschweig NdsRpfl 1971, 233; OLG Celle AgrarR 1973, 299; LG Würzburg MittBayNot 1975, 99).

Diese Bestimmtheitsanforderungen sind auch deshalb erforderlich, da für die nor-
malerweise vereinbarte Eintragung von dinglichen Absicherungen der einzelnen
Versorgungsleistungen ins Grundbuch (vgl dazu unten Rn 23 ff) spätestens in der Eintragungsbewilligung diese Grundzüge der vereinbarten, abzusichernden Versorgungsleistungen enthalten sein müssen (vgl BGHZ 35, 22/26 f; 130, 342). Um sie hier
umschreiben zu können, müssen sie logischerweise aber zunächst im schuldrechtlichen Vertrag selbst vereinbart und dann auch notariell beurkundet sein. Dort
Wesentliches noch offenzulassen und auf die heilende Wirkung des § 311b Abs 1
S 2 BGB abzustellen, erscheint wenig überzeugend (wie hier: OLG München DNotZ 1954,
102; SPRAU/OTT, Justizgesetze in Bayern, Art 7 BayAGBGB Rn 15; **aA** OLG Celle RdL 1985, 11).

Hinzu kommt, dass für die steuerrechtliche Berücksichtigung der Leibgedingsleistungen erforderlich ist, dass deren wesentlicher Inhalt, Umfang und deren Höhe
ausdrücklich vereinbart werden (vgl BFH/NV 1996, 469; 1998, 1467; vgl zu den Pflichten des
beurkundenden Notars insoweit auch BGH NJW-RR 2003, 1498 [= DNotZ 2003, 845 = RdL 2003,
296 = AUR 2004, 55]).

b)   Üblicher Inhalt

17 Üblicher Inhalt von Leibgedingen sind heute – vor allem außerhalb landwirtschaftlicher Verhältnisse – in der Regel zumindest folgende Leistungen:

Regelmäßig die Einräumung eines **Wohnrechts** auf dem überlassenen Grundstück (vgl RGZ 152, 104/109; 162, 52/57; BGH NJW 1962, 2249/2250; RdL 1964, 299/300; BayObLGZ 1975, 132/136; 1993, 192).

Ein solches Wohnrecht erlischt erst mit der vollständigen Zerstörung des Gebäudes (OLG München BayJMBl 1953, 221 [= DNotZ 1954, 102]; OLG Karlsruhe BWNotZ 1990, 171). Sucht der Berechtigte die Wohnung nur vorübergehend auf, während er sich sonst freiwillig anderwärts aufhält, will er aber die Wohnung grundsätzlich innebehalten, bleibt das Wohnrecht bestehen (vgl AG Peine WuM 1992, 622).

Ein Anspruch auf eine Geldentschädigung für ein *freiwillig* nicht ausgenütztes Wohnrecht besteht grundsätzlich nicht (OLG Schleswig AgrarR 1974, 140); hierdurch kann sogar – je nach Vereinbarung – das Wohnrecht erlöschen (vgl BayObLGZ 1997, 246 [= BayObLG-Rp 1997, 17 = NJW-RR 1998, 85 = DNotZ 1998, 299]; zum *unfreiwilligen* endgültigen Auszug vgl unten Rn 49).

Zulässige Nebenvereinbarung kann sein, daß der Verpflichtete die Kosten für Heizung und Müllabfuhr zu tragen hat (vgl BayObLG DNotZ 1981, 124 [= BayMittNot 1980, 154]). Dasselbe gilt für notwendig werdende Reparaturen, aber auch für sog Schönheitsreparaturen. Schon aus steuerlichen Gründen ist hier eine Klarstellung über den Umfang sinnvoll (vgl BFH/NV 1996, 469; 1998, 1467). Modernisierungsmaßnahmen gehören dagegen ohne besondere Vereinbarung nicht zum regelmäßigen Inhalt eines durch Leibgeding eingeräumten Wohnrechts (vgl BFHE 190, 302 [= NJW 2000, 975 = NZM 2000, 248 = MittBayNot 2000, 147]).

18 Zum Teil die Gewährung von **Verpflegung**, sei es bei Tisch des Verpflichteten, sei es durch Zurverfügungstellung der notwendigen Lebensmittel zur Selbstverpflegung oder von bereits zubereiteten Speisen.

Ein solcher Anspruch verwandelt sich bei längerer oder kürzerer *freiwilliger* Abwesenheit des Berechtigten nicht in einen Anspruch auf Geldentschädigung (vgl OLG Nürnberg RdL 1967, 330); anders bei *unfreiwilliger* endgültiger Abwesenheit (vgl unten Rn 49).

19 Regelmäßig die Gewährung von **persönlicher Wart und Pflege** (vgl OLG Celle RdL 1970, 96; LG Bonn MittRhNotK 1976, 573; BayObLGZ 1993, 192/194; zu den sich insoweit aus den sozialrechtlichen Vorschriften ergebenden Problemen vgl WEYLAND, Pflegeverpflichtung in Übergabeverträgen, MittRhNotK 1997, 55/61 ff; MAYER, Pflegepflichten: Zwei Jahre Pflegeversicherungsgesetz und dessen Auswirkungen auf die notarielle Vertragsgestaltung, ZEV 1997, 176; SCHWARZ, Privatrechtliche Versorgungsansprüche und sozialhilferechtliches Subsidiaritätsprinzip, ZEV 1997, 309). Der Verpflichtete ist dabei daran gebunden, diese persönlichen Leistungen bis zur Grenze der Unzumutbarkeit zu erbringen, sofern nicht ausdrücklich etwas anderes vereinbart ist (vgl BGHZ 130, 342 [= NJW 1995, 2780]). Die Verpflichtung zu Pflegeleistungen tritt dabei aber, sofern nichts anderes vereinbart ist, erst ein, wenn die verlangte Hilfeleistung unter Berücksichtigung der auftretenden Beeinträchtigungen des Berechtigten und seiner Möglichkeit, sich selbst zu versorgen, als notwendig oder zumindest als angemessen und dem Verpflichteten zumutbar erscheint; der bloße Wunsch des Berechtigten nach Pflegeleistungen genügt nicht (vgl OLG Köln ZMR 2001, 274). Es ist auch möglich, zu vereinbaren, dass die Versorgung durch Dritte, zB professionelle Institutionen, auf Kosten des Verpflichteten gewährt wer-

Karl-Dieter Albrecht

den kann (vgl LG Kleve, FamRZ 1997, 398). Ansonsten entfällt die persönliche Verpflichtung erst bei eigener Existenzgefährdung des Verpflichteten (vgl OLG Köln
AgrarR 1978, 343). Ist die Pflege wegen erforderlicher ambulanter ärztlicher Behand-
lung nur teilweise nötig, so tritt neben sie, bei Unmöglichkeit der Pflege wegen eines
notwendigen Krankenhausaufenthalts des Berechtigten tritt an deren Stelle die
Verpflichtung zur **Übernahme der durch die Krankheit verursachten Kosten** (vgl OLG
Celle RdL 1960, 43; 1962, 160; 1963, 99; NdsRPfl 1996, 240; dies gilt auch für die Kosten eines
Heilpraktikers [OLG Celle RdL 2000, 128]; zur Frage der zu bezahlenden Krankenhausklasse vgl
OLG Schleswig SchlHAnz 1956, 334), ggf nur in Ergänzung zu dem Berechtigten zustehenden Versicherungsleistungen. Etwas anderes gilt, wenn im Übergabevertrag eine
andere Regelung getroffen wurde (hier: Übernahme nur für den Fall der Mittellosigkeit des
Berechtigten, der sich ein Waldgrundstück vorbehalten hatte, OLG Nürnberg RdL 1969, 48). Trägt
der Berechtigte die Krankenhauskosten selbst, so kann er für die Dauer der Abwesenheit einen Ablösungsbetrag verlangen (OLG Celle NdsRpfl 1966, 240). Zur Übernahme auch der Kosten für ein Pflegeheim s unten Rn 49.

20 Regelmäßig auch **Geldleistungen** zur freien Verfügung, sei es in Gestalt von **ein-
maligen Zahlungen**, zB eines „Übergabeschillings" (Gutabstandsgeldes; vgl OLG
Schleswig RdL 1963, 154; OLG Celle RdL 1968, 74; BayObLGZ 1970, 100 [= DNotZ 1970, 415
= Rpfleger 1970, 202]), sei es in Gestalt von **laufenden Geldzahlungen** (vgl RGZ 128, 198/
203; 140, 60/63). Diesbezüglich kann nachträglich auch eine Anpassung an die Steigerung der Lebenshaltungskosten verlangt werden (vgl BGH LM BSHG Nr 31 [= NJW 1995,
2790 = MDR 1996, 213 = DNotZ 1996, 645]).

Für diese Geldleistungen können auch **Wertanpassungsklauseln** vereinbart werden.
Deren Eintragung ins Grundbuch setzt allerdings voraus, daß sie genügend bestimmt
sind, insbesondere die für die Anpassung maßgeblichen Gesichtspunkte genau bezeichnen (BGH NJW-RR 1989, 1098; NJW 1995, 2790; OLG Hamm AgrarR 1988, 79; LG
Memmingen MDR 1981, 766).

21 Schließlich regelmäßig die **Beerdigungskosten** für den Berechtigten und die **Kosten
der Grabpflege** (vgl BayObLGZ 1983, 113 [= RdL 1983, 236 = AgrarR 1984, 82]; BayObLG NJW-
RR 1988, 464 [= AgrarR 1988, 122 = Rpfleger 1988, 98]; OLG Hamm NJW-RR 1988, 1101). Ist
dafür eine Reallast eingetragen, so kann sie nicht auf Grund des Todes des Berechtigten im Grundbuch gelöscht werden (BayObLG NJW-RR 1988, 122). Eine bewilligte
Löschungserleichterungsklausel kann grundsätzlich auch nicht in eine Vollmacht des
Berechtigten über den Tod hinaus, den Teil der Reallast, der sich auf Leistungen
nach dem Tod des Berechtigten bezieht, löschen zu lassen, umgedeutet werden
(BayObLGZ 1997, 121 [= NJW-RR 1997, 1237 = Rpfleger 1997, 373]).

22 Nicht erforderlich ist, daß in einem Leibgedingsvertrag sämtliche der oben aufgezählten Versorgungsleistungen insgesamt vereinbart werden. Auch bei **Vereinbarung
nur eines Teils dieser Leistungen** kann ein Leibgedingsvertrag vorliegen, **sofern** nur
die **charakteristische persönliche Bindung** zwischen den Beteiligten **begründet** wird,
also ein über einen reinen schuldrechtlichen Austauschvertrag hinausgehendes, nicht
auf der gedachten Gleichwertigkeit der vereinbarten Leistungen aufbauendes Ver-
tragsverhältnis zur Versorgung des Berechtigten gewollt ist (vgl RGZ 128, 198/203; 140,
60/63; 152, 104/109; BGH LM Art 96 EGBGB Nr 1 [= NJW 1962, 2249/2250]; LM Art 15 PrAGBGB

Nr 6 [= RdL 1964, 299]; Nr 8: unterstellte Verpflichtung zur Versorgung und Pflege! [= NJW 1981, 2568 = MDR 1981, 835]; zweifelhaft LG Köln NJW-RR 1997, 594).

IV. Dingliche Absicherung

1. Grundsätzlich schuldrechtliche Wirkung

Der Leibgedingsvertrag als solcher ist ein schuldrechtlicher Vertrag. Die in ihm **23** ausbedungenen Rechte geben daher nur einen schuldrechtlichen persönlichen Anspruch gegen den Erwerber des Grundstücks auf Erfüllung, so daß für den Berechtigten keine Möglichkeit besteht, seine Rechte auch gegen einen eventuellen Zweiterwerber durchzusetzen. Es besteht daher im Hinblick auf den sonst gefährdeten Versorgungszweck ein erhebliches Bedürfnis nach einer dinglichen Absicherung der versprochenen Leistungen. Die in Art 96 EGBGB vorbehaltenen **Landesgesetze** geben dem Berechtigten daher regelmäßig einen **Anspruch auf eine solche dingliche Absicherung** (vgl zB Art 15 § 1 des auch in den westdeutschen „Nachfolgestaaten" vorbildhaft wirkenden preuß AGBGB vom 20. 9. 1899 [PrGS 177]; Art 16 BayAG-BGB vom 20. 9. 1982 [BayRS 400-1-J], zuletzt geändert durch Ges vom 7. 8. 2003 [BayGVBl 497]). Es ist auch regelmäßig davon auszugehen, daß bei einem Hofübergabevertrag nach dem Willen des Übergebers die Eintragung der Auflassung im Grundbuch nur vollzogen werden darf, wenn gleichzeitig die zur Sicherung seiner Ansprüche vom Übernehmer bewilligten dinglichen Absicherungen im Grundbuch eingetragen werden (vgl BayObLGZ 1975, 1 [= DNotZ 1976, 103 = MittBayNot 1975, 104 = Rpfleger 1975, 74]).

2. Möglichkeiten der dinglichen Absicherung

Für die dingliche Absicherung dieser zu Gunsten des Berechtigten vereinbarten **24** Versorgungsleistungen stellt das BGB allerdings **kein einheitliches dingliches Leibgedingsrecht** am übernommenen Grundstück zur Verfügung (vgl OLG Düsseldorf MittRhNotK 1990, 167; OLG Köln Rpfleger 1992, 431). Die einzelnen vereinbarten Versorgungsleistungen müssen vielmehr den im BGB **vorhandenen dinglichen Rechten zugeordnet** werden, es muss diesbezüglich eine wirksame Einigung nach § 873 Abs 1 BGB über die Rechtsänderungen vorliegen und sie müssen als solche im Grundbuch eingetragen werden (vgl dazu auch SCHMIDT BayNotZ 15, 260; NIEDER BWNotZ 1975, 3). Als solche dingliche Rechte kommen hauptsächlich in Betracht:

Soweit ein eigenständiges Altenteilerhaus **(Austragshaus)** dem Berechtigten zur alleinigen Benutzung überlassen wird, kann dieses Benutzungsrecht mit einem **Nießbrauch** (§ 1030 Abs 1 BGB) gesichert werden. Dasselbe gilt auch für ein Nutzungsrecht an einem Garten (BayObLGZ 1975, 132);

Die Einräumung eines **Wohn- und Mitbenutzungsrechts** am bisherigen Wohnhaus kann entweder durch eine **beschränkte persönliche Dienstbarkeit** (§ 1090 Abs 1 BGB) oder auch eine **Reallast** (§ 1105 BGB) gesichert werden. Die Parteien müssen insoweit in der Einigung und Eintragungsbewilligung klarstellen, welchen Inhalt sie dem Wohnrecht geben wollen (OLG Oldenburg RdL 1978, 265 [= Rpfleger 1978, 411]); auch **andere** vorbehaltene Nutzungsrechte am überlassenen Grundstück sind durch eine **beschränkte persönliche Dienstbarkeit** absicherbar.

Karl-Dieter Albrecht

Für die ausbedungenen **wiederkehrenden Leistungen**, sei es in Naturalien, in Gestalt persönlicher Versorgungsleistungen oder auch in Geld, steht die **Reallast** als Absicherungsmittel zur Verfügung (vgl OLG Frankfurt OLGZ 1972, 175; OLG Hamm OLGZ 1975, 422 [= RdL 1975, 263 = AgrarR 1975, 296 = DNotZ 1976, 229]; NJW 1988, 1101; BayObLGZ 1970, 100 [= DNotZ 1970, 415]; MDR 1981, 759 [= MittBayNot 1981, 186]; BayObLGZ 1983, 113 [= RdL 1983, 236 = AgrarR 1984, 82]; NJW-RR 1988, 464 [= AgrarR 1988, 122 = Rpfleger 1988, 98]); diese kann sich auch, wenn dies vereinbart wird, auf eine künftig geschuldete Geldrente wegen unfreiwilliger Aufgabe des Wohnrechts erstrecken (vgl OLG Karlsruhe, OLG-Rp Karlsruhe 1999, 41).

Für **einmalige Geldabfindungen** kann dagegen nur eine **Hypothek oder Grundschuld** bestellt werden (KGJ 53, 166; BayObLGZ 1970, 100/103 [= DNotZ 1970, 415]). Diese steht dabei außerhalb der eigentlichen Leibgedingsvereinbarung und unterfällt nicht der grundbuchrechtlichen Erleichterung.

3.   Grundbuchrechtliche Erleichterung (§ 49 GBO)

25 Wegen der Vielgestaltigkeit dieser dinglichen Absicherungsmittel und ihres sehr häufigen Zusammentreffens bei der Ausgestaltung der Leibgedingsverträge stellt neben § 874 BGB bezüglich des Inhalts der dinglichen Einigung **§ 49 GBO** (jetzt idF der Bek vom 26. 5. 1994, BGBl I 1114, zuletzt geändert durch Ges vom 26. 10. 2001, BGBl I 2710) eine **grundbuchrechtliche Erleichterung** zur Verfügung. Danach müssen nicht all die genannten dinglichen Rechte, sofern sie von den Beteiligten durch Einigung gewollt sind, einzeln auf dem Grundbuchblatt des belasteten Grundstücks eingetragen werden, sondern es kann statt dessen das Bestehen eines **Leibgedings als Sammelbezeichnung** für solche darin üblicherweise enthaltene dingliche Belastungen in Abteilung II **eingetragen** werden; bezüglich der Einzelheiten über die Art und den näheren Inhalt der gewollten dinglichen Rechte wird auf die **Eintragungsbewilligung verwiesen** (vgl BGH NJW 1979, 421; dazu auch Riggers JurBüro 1965, 961; Böhringer BWNotZ 1987, 129/132 f; Schmitz, Wegweiser durch das Grundbuchverfahren, JuS 1994, 1054/1058 f; Staudinger/Amann [2002] Einl 37 zu §§ 1105–1112 BGB; Demharter, GBO[25] § 49 Rn 8 ff). Derjenige, der in das Grundbuch Einsicht nehme, werde durch diesen Text der Grundbucheintragung hinreichend darauf hingewiesen, daß er zur vollständigen Information über den Grundbuchinhalt auch den Text der Eintragungsbewilligung zur Kenntnis nehmen müsse. Dies gelte auch bezüglich der Frage, ob überhaupt ein dinglich absicherbares Leibgeding wirksam zustande gekommen sei (BGHZ 125, 68 [= LM § 49 GBO Nr 3 = NJW 1994, 1158 = MDR 1994, 478 = DNotZ 1994, 881 = MittBayNot 1994, 217]). Vgl dazu auch unten Rn 31.

Diese Erleichterung wird in der Rechtsprechung sehr großzügig gehandhabt. Nach gefestigter höchstrichterlicher Rechtsprechung soll nicht einmal der Begriff „Leibgeding" oder einer der anderen in Art 96 EGBGB synonym genannten Begriffe im Grundbuch verlautet werden müssen; es genüge, wenn sich aus der gewählten Bezeichnung hinreichend deutlich der Charakter des gemeinten Rechts als Altenteilsrecht ergebe (vgl RGZ 152, 104/109 f; BGHZ 125, 68).

4.   Inhalt der Eintragungsbewilligung

26 In der **Eintragungsbewilligung** muß dann aber im einzelnen klargestellt sein, welche

Arten von dinglichen Rechten die Beteiligten zur Absicherung der Versorgungsleistungen aus dem Leibgedingsvertrag vereinbart haben und welchen **genauen Inhalt** diese Rechte haben sollen (BGH NJW 1979, 421; OLG Oldenburg Rpfleger 1978, 411; OLG Hamm MDR 1976, 46 [= DNotZ 1976, 226 = AgrarR 1975, 296]; DNotZ 1973, 376 8 [= MittBayNot 1973, 18]). Die **Anforderungen** an die **genaue Bestimmbarkeit** der vereinbarten dinglichen Rechte – und damit aber auch der ihnen zugrundeliegenden dinglichen Einigungen und schuldrechtlichen Verpflichtungen – werden in der Rechtsprechung aber zum Teil sehr unterschiedlich gehandhabt.

Prinzipiell wird mit Rücksicht auf den vom Grundbuch gewährleisteten Verkehrs- **27** schutz ein **strenger Maßstab** angelegt.

Die vom Leibgedingsvertrag **umfaßten dinglichen Rechte** insgesamt müssen mit **hinreichender Bestimmtheit** bezeichnet sein (OLG Zweibrücken MittBayNot 1996, 211); aus welchen dinglichen Rechten sich das Altenteil zusammensetzt und auf welchen Grundstücken diese Einzelrechte lasten sollen, muß deutlich ersichtlich gemacht sein (OLG Celle RdL 1975, 263 [= JurBüro 1975, 1391]; OLG Hamm DNotZ 1976, 226; 1973, 376). Dabei wird allerdings nicht zwingend vorausgesetzt, daß diese dinglichen Rechte unter ausdrücklicher Verwendung der Begriffe des BGB beschrieben werden; es genügt, wenn sich durch Auslegung der abgegebenen Erklärungen zweifelsfrei feststellen läßt, aus welchen einzelnen dinglichen Rechten sich der eingetragene Altenteil zusammensetzen soll (OLG Zweibrücken aaO). Zu einem vereinbarten „Wohn- und Unterhaltsrecht" vgl BGHZ 125, 68 (= LM § 49 GBO Nr 3 = NJW 1994, 1158 = MDR 1994, 478 = DNotZ 1994, 881 = MittBayNot 1994, 217).

Auch der **nähere Inhalt** der beabsichtigten dinglichen Rechte ist deutlich zu beschreiben. Soll zB durch eine Reallast der angemessene Unterhalt und seine Anpassung an die sich verändernden Verhältnisse abgesichert werden, muß als Mindestvoraussetzung für die Bestimmbarkeit der künftigen Leistungen festgelegt werden, welchen Betrag die Beteiligten derzeit als angemessenen Unterhalt ansehen. Weiter ist anzugeben, durch welche Einkünfte dieser Betrag zur Zeit im einzelnen aufgebracht wird (vgl BayObLGZ 1993, 228 [= NJW-RR 1993, 1171 = DNotZ 1993, 743 = MittBayNot 1993, 290]; OLG Oldenburg NJW-RR 1990, 1174).

Dabei will die Rechtsprechung es aber auch genügen lassen, wenn der Umfang der tatsächlichen Belastung in einem bestimmten Zeitpunkt aus der Eintragungsbewilligung nicht ohne weiteres ersichtlich ist. Es genüge, wenn Art, Gegenstand und Umfang der Leistungen auf Grund objektiver Umstände bestimmbar seien, die auch außerhalb der Eintragungsbewilligung liegen können, sofern sie nachprüfbar und zumindest in der Eintragungsbewilligung angedeutet seien (vgl BGHZ 35, 22/26; BGHR § 1108 Abs 1 BGB Altenteil 2 [= NJW-RR 1989, 1098]; BGHZ 130, 342 [= LM § 1105 BGB Nr 4 = NJW 1995, 2780 = MDR 1996, 253 = DNotZ 1996, 93 = MittBayNot 1995, 456]).

Zur danach bestehenden genügenden Bestimmbarkeit einer als Reallast vereinbarten Pflegeverpflichtung nach Maßgabe der Zumutbarkeit vgl BGHZ 130, 342; bezüglich der Vereinbarung der Übernahme der Kosten eines Alten- und Pflegeheims vgl LG München II MittBayNot 1990, 244.

Soll sich die **dingliche Belastung auf mehrere Grundstücke erstrecken**, so ist in der **28**

Eintragungsbewilligung immer genau anzugeben, welche Grundstücke mit welchem Recht belastet sind (vgl BGHZ 58, 57 [= NJW 1972, 540 = DNotZ 1972, 487]; OLG Celle RdL 1975, 263 [= JurBüro 1975, 1391]; OLG Hamm DNotZ 1976, 229).

Dabei ist die Eintragung eines dinglichen Wohnungsrechts nebst Mitbenützungsrecht am Garten nur an dem Hausgrundstück selbst zulässig, nicht an den (rechtlich selbständigen) Grundstücken, auf die sich der Garten zusätzlich erstreckt (BayObLG MittBayNot 1975, 260). Ebenso darf eine im Altenteilsrecht enthaltene Dienstbarkeit nicht auf den Grundstücken eingetragen werden, auf denen sich keine für die Benutzung in Frage kommenden Einrichtungen befinden (OLG Hamm DNotZ 1976, 229).

29 Sollen **mehrere Personen** durch Leistungen aus dem Leibgeding **begünstigt** werden, so ist für die dingliche Absicherung dieser Leistungen immer in der Eintragungsbewilligung anzugeben, in welchem Gemeinschaftsverhältnis sie stehen (vgl BGHZ 73, 211 [= NJW 1979, 421 = MDR 1979, 300 = DNotZ 1979, 499 = MittBayNot 1979, 14]; OLG Frankfurt Rpfleger 1976, 417; LG Osnabrück NdsRpfl 1974, 82 [= MittBayNot 1974, 267 = Rpfleger 1974, 263 mit zust Anm v Haegele]).

Das Gemeinschaftsverhältnis ist dabei rechtlich zutreffend zu kennzeichnen. In Betracht kommt eine Bruchteilsgemeinschaft, aber auch eine Gesamtgläubigerschaft nach § 428 BGB (vgl BayObLGZ 1975, 191 [= RdL 1975, 319 = DNotZ 1975, 619 = MittBayNot 1975, 167]; vgl dazu auch BGH LM § 428 BGB Nr 23 [= NJW 1996, 2153]). Leben berechtigte Ehegatten in Gütergemeinschaft, so fällt auch das Leibgeding in das Gesamtgut, so daß dieses Gemeinschaftsverhältnis anzugeben ist (vgl BayObLGZ 1967, 480 [= DNotZ 1968, 493]; OLG Frankfurt Rpfleger 1973, 394).

30 Andererseits soll die **Zuordnung** der vereinbarten dinglichen Sicherungsrechte **zu den sachenrechtlich möglichen Rechten** in der Eintragungsbewilligung auch **offengelassen** werden können, um bei einer Änderung der Verhältnisse den Austausch eines zunächst geplanten Einzelrechts gegen ein anderes ohne Rangverlust zu ermöglichen. Ein solcher Austausch stelle dann nur eine zulässige **Inhaltsänderung** dar (vgl KG JW 1934, 2998; OLG Schleswig MDR 1966, 1002; BayObLGZ 1975, 134; LG Traunstein MittBayNot 1980, 65). **Ohne Erwähnung** in der Eintragungsbewilligung soll sich diese sogar auf die in Art 15 PrAGBGB gewährten Ansprüche erstrecken (OLG Schleswig SchlHAnz 1961, 194 [= RdL 1961, 186]).

5. Überprüfungspflicht des Grundbuchamts

31 Fraglich ist, ob dem **Grundbuchamt** bei der beantragten Eintragung eines Leibgedings zur dinglichen Absicherung der damit vereinbarungsgemäß verbundenen Einzelrechte gemäß Eintragungsbewilligung eine **Überprüfungspflicht** oder zumindest ein **Überprüfungsrecht** insoweit zusteht, ob das vereinbarte Leibgeding tatsächlich die Rechtsvoraussetzungen eines solchen erfüllt, so daß die Eintragungserleichterung des § 49 GBO in Anspruch genommen werden kann, damit das Grundbuch nicht falsch wird.

Die **bisherige Rechtsprechung** ging von einer solchen Prüfungspflicht aus, da andernfalls das Privileg des § 49 GBO zur erweiterten Bezugnahme auf die Eintragungsbewilligung mißbraucht werden könnte (vgl BayObLGZ 1975, 132 [= DNotZ 1975, 622 =

MittBayNot 1975, 170]; OLG Zweibrücken MDR 1994, 104 [= NJW-RR 1994, 209 = DNotZ 1994, 893 = MittBayNot 1994, 136]; MittBayNot 1996, 211 [= DNotZ 1997, 327]; OLG Köln OLG-Rp Köln 1992, 301 [= MittBayNot 1994, 134 = Rpfleger 1992, 431]; OLG Hamm NJW-RR 1993, 1299; LG Aachen Rpfleger 1991, 106. Ebenso MünchKomm/PECHER[3] Art 96 EGBGB Rn 23).

Dem ist inzwischen der **BGH entgegengetreten**. Er ist der Auffassung, daß der Entlastungs- und Vereinfachungseffekt des § 49 GBO zu teuer erkauft werde, wenn das Grundbuchamt jeweils umständliche Ermittlungen und Wertungen darüber anstellen müßte, ob die Gesamtheit der Vereinbarung tatsächlich einen Leibgedingsvertrag darstelle oder ob sie etwa den Charakter eines Austauschvertrages trage, und ob das zu belastende Grundstück, wenn es gleichzeitig dem Schuldner der Versorgungsleistungen überlassen werde, diesem mindestens teilweise die wirtschaftliche Existenz sichern solle und könne. Derartige Ermittlungen belasteten das Grundbuchamt mit Aufgaben, die dem formellen Grundbuchrecht fremd seien und zu einer vermeidbaren Verzögerung und Verteuerung des Verfahrens führten. Das Grundbuchamt könne und dürfe daher auch **ohne weitere Überprüfung Eintragungsanträgen** auf Eintragung eines Leibgedings unter Anwendung der Erleichterung des § 49 GBO **stattgeben** (vgl BGHZ 125, 68 [= LM § 49 GBO Nr 3 = NJW 1994, 1158 = MDR 1994, 478 = DNotZ 1994, 881 = MittBayNot 1994, 217]; dem folgend jetzt OLG Zweibrücken MittBayNot 1994, 334).

Hintergrund dieser zu billigenden Entscheidung des BGH ist wohl auch die Überlegung, daß die Eintragung eines Leibgedings im Grundbuch weder konstitutiv wirkt noch dadurch ein Gutglaubensschutz zu Gunsten des Berechtigten entsteht (vgl BGH NJW 1962, 2249; OLG Nürnberg RdL 1967, 183; OLG Schleswig RdL 1960, 128; **aA**, aber vereinzelt geblieben BGH LM § 1105 BGB Nr 1 [= MDR 1965, 564]). Im Streitfall wird vielmehr der Rechtscharakter des als Leibgeding eingetragenen Rechts unabhängig von der Auffassung des Grundbuchamts durch das Prozeßgericht geklärt und gegebenenfalls auch verneint. Insbesondere ist der Erwerber des belasteten Grundstücks an die unter der Sammelbezeichnung Altenteil eingetragene Belastung nicht gebunden (vgl BGH NJW-RR 1989, 1098).

Allerdings wird man dem Grundbuchamt ein Prüfungsrecht nicht vollständig absprechen können. Erkennt es aus der Eintragungsbewilligung, daß ganz offensichtlich trotz der entsprechenden Bezeichnung durch die Parteien ein Leibgedingsvertrag nicht vorliegt, so kann es ihm nicht verwehrt werden, die Parteien auf die rechtlichen Bedenken hinzuweisen und gegebenenfalls den Eintragungsantrag auch abzulehnen (§ 18 Abs 1 GBO).

V.   Inhalt des Vorbehalts des Art 96

1.   Alle Leibgedingsverträge erfaßt

Der Vorbehalt umfaßt **alle Fälle** der Ausbedingung von Leibgedingen und der an- **32** deren genannten Verträge. Er bezieht sich insbesondere auch auf die Fälle, in denen die Vereinbarung solcher Rechte nicht aus Anlaß der Übergabe eines ganzen Guts, sondern nur einzelner Grundstücke erfolgt, sofern diese bereits dem Übernehmer eine Existenzgrundlage geben können (BayObLG 1964, 344 [= RdL 1965, 51]).

2.   Beschränkungen für landesrechtliche Vorschriften

33 Art 96 läßt die landesgesetzlichen Vorschriften über einen **mit der Überlassung eines Grundstücks in Verbindung stehenden** Leibgedings-, Leibzuchts-, Altenteils- oder Auszugsvertrags unberührt, soweit sie das **Schuldverhältnis** für den Fall regeln, daß **nicht besondere Vereinbarungen getroffen** werden. Daraus ergeben sich für die Landesgesetzgebung folgende Beschränkungen:

a)   Zusammenhang mit Grundstücksüberlassung
Landesgesetzliche Vorschriften sind nur zulässig für Verträge, die **mit der Überlassung eines Grundstücks** (Guts oder Einzelgrundstücks) **in Verbindung** stehen. Erforderlich und auch genügend ist ein **innerer** (rechtlicher oder wirtschaftlicher) **Zusammenhang** der Vereinbarung des Versorgungsrechts mit einem Guts- oder Grundstücksübergabevertrag; das Recht auf Versorgung muß also aus Anlaß der Übereignung und mit Rücksicht darauf begründet werden (BGH LM Art 96 EGBGB Nr 1). Beide Rechtsgeschäfte werden zwar in der Regel in einem einzigen Vertrag begründet werden, dies ist aber nicht zwingend. Es genügt auch, wenn sie nicht äußerlich in demselben Vertragswerk und in unmittelbarem zeitlichen Zusammenhang damit abgeschlossen werden, sofern nur der innere Zusammenhang noch gewahrt ist. Daher kann auch eine der **Grundstücksüberlassung zeitlich nachfolgende Versorgungsvereinbarung** genügen, wenn sie an die Grundstücksüberlassung erkennbar anknüpft und gerade wegen derselben dem Berechtigten die Versorgungsleistungen nachträglich zuwenden will. Deshalb ist der Zusammenhang auch dann noch gewahrt, wenn der Berechtigte dem Verpflichteten zunächst ein Grundstück unter Vorbehalt eines Nießbrauchs daran übertragen hat, später aber in Abänderung dazu auf den Nießbrauch verzichtet und statt dessen sich einen Altenteil einräumen läßt (vgl OLG Hamm OLGZ 1969, 380/383 f [= DNotZ 1970, 37]).

b)   Nur schuldrechtliche Vorschriften
34 Die Landesgesetzgebung kann nur das **vertragsmäßige Schuldverhältnis** regeln, also die schuldrechtliche Seite des Rechtsverhältnisses (RGZ 162, 52/59). Soweit eine **dingliche Absicherung** der ausbedungenen Leistungen und Nutzungen gewollt ist, sind grundsätzlich die Vorschriften des BGB maßgebend, die Landesgesetzgebung kann Vorschriften über die Begründung und den Inhalt solcher dinglicher Rechte auf Grund des Vorbehalts des Art 96 nicht erlassen. Solche Bestimmungen können nur im Rahmen des sehr begrenzten Vorbehalts nach Art 115 EGBGB getroffen werden.

Nur der **Inhalt** des Schuldverhältnisses kann landesgesetzlich näher geregelt werden, nicht auch die **Form** des Vertrages; dafür sind ausschließlich die bundesgesetzlichen Vorschriften maßgebend. Soweit der Versorgungsvertrag also mit dem Grundstücksüberlassungsvertrag auch äußerlich durch Beurkundung in derselben Urkunde verbunden wird, bedarf er der notariellen Beurkundung nach § 311b Abs 1 S 1 BGB (idF der Bek vom 2. 1. 2002, BGBl I 42).

Auch über die **Abtretung, Verpfändung** und **Pfändung** der Versorgungsleistungen kann die Landesgesetzgebung keine Vorschriften erlassen. Maßgebend sind auch hier die bundesrechtlichen Bestimmungen (s unten Rn 52).

c) Keine Beschränkung der Vertragsfreiheit

Auch in Bezug auf den Inhalt des Schuldverhältnisses kann die Landesgesetzgebung, **35** wie Art 96 selbst betont, die **Vertragsfreiheit nicht beschränken**; sie kann daher grundsätzlich nur **dispositive, nicht zwingende** Vorschriften und **Auslegungsvorschriften** erlassen. Zwingende Vorschriften des BGB können selbst dann nicht geändert werden, wenn dies wegen der Besonderheiten des Leibgedingsvertrages sinnvoll wäre.

d) Wesentliche landesrechtliche Vorschriften

Im wesentlichen haben die **Landesgesetzgeber** in Anlehnung an die schon vor dem **36** BGB geltenden, in Art 15 PrAGBGB vom 20. 9. 1899 (PrGS 177) vorbildhaft zusammengefaßten Regelungen mit nur unbedeutenden Abweichungen folgende **ergänzende schuldrechtliche Bestimmungen** über den Leibgedingsvertrag getroffen:

- Auslegungsvorschriften über Art, Maß und Umfang der versprochenen Versorgungsleistungen (vgl zB Art 15 §§ 3–6 PrAGBGB; Art 9–15 BayAGBGB vom 20. 9. 1982, BayRS 400-1-J, zuletzt geändert durch Ges vom 7. 8. 2003, BayGVBl 497).

- Anspruch auf dingliche Absicherung der Versorgungsleistungen (Art 15 § 1 PrAGBGB; Art 16 BayAGBGB; vgl unten Rn 47).

- Folgen von Verzug und Vertragsverletzung (Art 15 §§ 7–9 PrAGBGB; Art 17, 19 u 20 BayAGBGB; vgl unten Rn 40 ff).

- Umwandlung der Naturalleistungen in eine Geldrente bei (unverschuldetem) Verlassen des Grundstücks durch den Berechtigten (Art 15 § 9 Abs 3 PrAGBGB; Art 18 BayAGBGB; vgl unten Rn 48 f).

- Regelungen über den Einfluß des Todes bei mehreren Berechtigten (Art 15 § 10 PrAGBGB; Art 22 BayAGBGB; vgl unten Rn 46).

VI. Landesgesetze auf Grund des Vorbehalts

1. Alte Bundesländer und Thüringen

Auf Grund des Vorbehalts in Art 96 haben die Länder folgende gesetzliche Bestim- **37** mungen erlassen, in denen Regelungen über Leibgedingsverträge getroffen sind:

Baden-Württemberg: §§ 9–17 **Baden-Württembergisches Ausführungsgesetz zum Bürgerlichen Gesetzbuch** (BaWüAGBGB) vom 26. 11. 1974 (GBl BW 498), zuletzt geändert durch Ges vom 28. 6. 2000 (GBl BW 470).

Bayern: Art 7–23 **Gesetz zur Ausführung des Bürgerlichen Gesetzbuches und anderer Gesetze** (BayAGBGB) vom 20. 9. 1982 (BayRS 400-1-J), zuletzt geändert durch Ges vom 7. 8. 2003 (BayGVBl 497; vgl dazu SPRAU/OTT, Justizgesetze in Bayern [1988]).

Berlin: Art 15 §§ 1–10 **(Preuß) Ausführungsgesetz zum Bürgerlichen Gesetzbuch** (AGBGB) vom 20. 9. 1899 (GVBl Berlin Sb I 400-1), zuletzt geändert durch Ges vom 3. 7. 2003 (GVBl Berlin 253).

Karl-Dieter Albrecht

Bremen: §§ 26f **Bremisches Ausführungsgesetz zum Bürgerlichen Gesetzbuch** vom 18. 7. 1899 (SaBremR 400-a-1), zuletzt geändert durch Gesetz von 2001 (Brem GBl 398); zusätzlich zu beachten: **Brem HöfeG** idF vom 19. 10. 1965 (Brem GBl 134), zuletzt geändert durch Ges von 2001 (Brem GBl 407).

Hessen: §§ 4–19 **Hessisches Ausführungsgesetz zum Bürgerlichen Gesetzbuch** (Hess-AGBGB) vom 18. 12. 1984 (HessGVBl I 344 = SaBl 1985, 268), zuletzt geändert durch Ges vom 22. 9. 2004 (HessGVBl I 278).

Niedersachsen: §§ 5–17 **Niedersächsisches Ausführungsgesetz zum Bürgerlichen Gesetzbuch** (NdsAGBGB) vom 4. 3. 1971 (Nds GVBl 73 = SaBl 602), zuletzt geändert durch Ges vom 16. 12. 2004 (Nds GVBl 609; vgl dazu Dressel AgrarR 1971/72, 239; Riggers JurBüro 1971, 815).

Nordrhein-Westfalen: für die ehemals preußischen Landesteile Art 15 §§ 1–10 **(Preuß) Ausführungsgesetz zum Bürgerlichen Gesetzbuch** vom 20. 9. 1899 (PrGS 177 = GS NW 105), zuletzt geändert durch Ges vom 16. 3. 2004 (GV NW 135); für die ehemals lippischen Landesteile § 23 **Lippisches Ausführungsgesetz zum Bürgerlichen Gesetzbuch** idF vom 12. 8. 1933 (LippG 159).

Rheinland-Pfalz: §§ 2–18 **Landesgesetz zur Ausführung des Bürgerlichen Gesetzbuches** (AGBGB Rh-Pf) vom 18. 11. 1976 (GVBl Rh-Pf 259), zuletzt geändert durch Ges vom 6. 2. 2001 (GVBl Rh-Pf 39).

Zusätzlich ist § 23 Abs 2 u 3 der **Höfeordnung Rheinland-Pfalz** vom 18. 4. 1967 (GVBl Rh-Pf 138), zuletzt geändert durch Ges vom 26. 9. 2000 (GVBl Rh-Pf 397), zu beachten, der dem überlebenden Ehegatten eines Erblassers mit landwirtschaftlichem Besitz einen Anspruch auf Einräumung eines Altenteils gibt.

Saarland: §§ 6–22 **Gesetz zur Ausführung bundesrechtlicher Justizgesetze** (AGJusG Saar) vom 5. 2. 1997 (ABl Saar 258), zuletzt geändert durch Ges vom 7. 11. 2001 (ABl Saar 2158).

Schleswig-Holstein: §§ 1–12 **Ausführungsgesetz zum Bürgerlichen Gesetzbuch für das Land Schleswig-Holstein** (AGBGB SchlH) vom 27. 9. 1974 (GVOBl SchlH 357 = SaBl 2434), zuletzt geändert durch Art 67 LandesVO vom 24. 10. 1996 (GVOBl SchlH 652; vgl dazu Schwede RdL 1974, 169).

Thüringen: §§ 4–22 **Thüringer Gesetz zur Ausführung des Bürgerlichen Gesetzbuchs** (ThürAGBGB = Art 1 des Thüringer Zivilrechtsausführungsgesetzes) vom 3. 12. 2002 (Thür GVBl 424).

Hamburg kennt keine eigenen Vorschriften zum Leibgedingsvertrag.

2. Neue Bundesländer

38 In den **neuen Bundesländern** waren mit dem Inkrafttreten des Zivilgesetzbuchs der DDR vom 19. 6. 1975 (GBl DDR 465) nicht nur das EGBGB, sondern auch die bis dahin noch bestehenden **AGBGB der früheren Länder außer Kraft** gesetzt worden

(§ 15 Einführungsgesetz zum Zivilgesetzbuch vom 19. 6. 1975, GBl DDR 517). Nach der hM in den ostdeutschen Ländern sind diese mit der Wiederinkraftsetzung des BGB **nicht** zugleich auch **wieder in Kraft** getreten (vgl oben STAUDINGER/MERTEN Art 1 EGBGB Rn 63 ff; MünchKomm/SÄCKER³ Art 55 EGBGB Rn 5; OLG Brandenburg OLG-NL 1999, 278). Da bisher – mit Ausnahme von Thüringen (s. oben Rn 37) – auch keine neuen Vorschriften zum Leibgedingsrecht erlassen worden sind – das neue Ausführungsgesetz zum Bürgerlichen Gesetzbuch von Brandenburg vom 28. 7. 2000 (GVBl Bbg I 114), zuletzt geändert durch Ges vom 24. 12. 2002 (GVBl Bbg I 975), enthält darüber keine Vorschriften – , besteht insoweit eine **Regelungslücke**, die wohl angesichts der noch nicht überwundenen kommunistischen Umgestaltung der Landwirtschaft nicht als sehr schmerzhaft empfunden wird. Auch die Begründung von Leibgedingsrechten in Zusammenhang mit der Überlassung von städtischen Grundstücken spielt im praktischen Leben keine besonders große Rolle. Zudem ist denjenigen, die einen Leibgedingsvertrag abschließen wollen, angesichts der Vertragsfreiheit unbenommen, dies nicht nur zu tun, sondern **in den Vertrag** auch eine **Verweisung**, sei es **auf** die Bestimmungen des früher in seinem Bundesland geltenden **AGBGB**, sei es auf diejenigen eines beliebigen anderen Bundeslandes aufzunehmen, um diese Regelungslücke zu füllen. Zur Rechtslage, wenn dies nicht geschieht, die Parteien aber dennoch von einem „Altenteilsrecht" sprechen, vgl BGH NJ 2000, 598.

3. Höferecht

Neben diesen landesrechtlichen Bestimmungen gilt zusätzlich in den Ländern **Ham-** **39** **burg, Niedersachsen, Nordrhein-Westfalen** und **Schleswig-Holstein** die als Bundesrecht weitergeltende **Höfeordnung**, jetzt idF vom 26. 7. 1976 (BGBl I 1933), zuletzt geändert durch Ges vom 27. 6. 2000 (BGBl I 897). Nach deren § 14 Abs 2 hat der überlebende Ehegatte eines Erblassers mit landwirtschaftlichem Besitz gegen den Hoferben einen gesetzlichen **Anspruch** darauf, daß ihm auf Lebenszeit der in solchen Verhältnissen **übliche Altenteil eingeräumt wird**, und werden dafür einige Sonderbestimmungen getroffen. Soweit diese nicht einschlägig sind, gelten daneben die landesrechtlichen Bestimmungen des jeweiligen Bundeslandes entsprechend (vgl OLG Hamm RdL 1965, 72).

Vgl aus der Rechtsprechung dazu: Die Hofübergabe unter Nießbrauchsvorbehalt und der Gewährung des Altenteilsrechts für die Zeit, in der die Eltern auf die Ausübung des Nießbrauchs verzichten, ist nach § 17 HöfeO höferechtlich zu genehmigen, wenn sie die ordnungsgemäße Bewirtschaftung des Hofs voraussichtlich nicht gefährden wird (OLG Hamm AgrarR 1982, 164).

Zum Sonderfall der Einsetzung des Hofnachfolgers erst als Nacherbe vgl BGH LM § 14 HöfeO Nr 6/7/8 (= MDR 1986, 141).

Wird das Altenteilsrecht nach § 14 Abs 2 HöfeO nicht im Grundbuch eingetragen, ist es nicht dinglich abgesichert und daher nicht in der Zwangsvollstreckung nach § 9 EGZVG iVm den landesrechtlichen Vorschriften wie ein eingetragenes Recht zu behandeln (vgl OLG Celle, NJW 1968, 896 mit krit Anm v DRISCHLER [= MDR 1968, 417 = Rpfleger 1968, 92]).

Das höferechtliche gesetzliche Altenteil nach § 14 Abs 2 HöfeO erlischt nicht bei
Verlust der Höfeeigenschaft, wenn es im Grundbuch eingetragen ist (OLG Oldenburg
NdsRpfl 1973, 234 [= AgrarR 1973, 370]).

VII. Hauptpunkte der landesgesetzlichen Regelungen (mit Rechtsprechung)

1.   Leistungsstörungen

40 Tritt für die dem Berechtigten zu erbringenden Versorgungsleistungen eine **Leistungsstörung durch den Verpflichteten** dadurch ein, dass dieser eine **fällige Leistung
nicht oder nicht vertragsgemäß oder nicht rechtzeitig erbringt**, insbesondere auch
infolge Unmöglichkeit oder bei Verzug, so könnte der Berechtigte, ohne dass es
zumeist auf ein Vertreten-Müssen durch den Verpflichteten ankommt, nach den
allgemeinen Bestimmungen des BGB sich – zum Teil nach vergeblicher Fristsetzung
– dadurch mangels weiteren Vertrauens zum Verpflichteten vom Vertrag lösen, daß
er **zurücktritt** (§§ 323, 324, 326 Abs 5 BGB idF der Bek vom 2. 1. 2002 [BGBl I 42]) und
damit sein überlassenes Grundstück wiedererlangt (§ 346 Abs 1 BGB idF der Bek
vom 2. 1. 2002 [BGBl I 42]). Dies kollidiert aber mit dem Zweck der Grundstücksüberlassung, dem Übernehmer eine Existenzgrundlage zu verschaffen. Dieser soll
nicht unter dem dauernden Druck zum Wohlverhalten gegenüber dem Berechtigten
stehen. Deshalb war schon für die **vor dem BGB** geltenden landesrechtlichen Bestimmungen der **Grundsatz** herrschend, daß die **Hofübergabe endgültig** und nicht
wieder rückgängig zu machen ist, der Berechtigte sich vielmehr mit Erfüllungs- und
Schadensersatzansprüchen zufriedengeben muß (vgl Koch/Dalcke PrALR [6. Aufl 1874] I
11 § 602 Anm 39o, w; generell zur Problematik der Rückabwicklung bei der vorweggenommenen
Erbfolge dienenden Übergabeverträgen vgl auch Olzen, Die vorweggenommene Erbfolge [1984]
246 ff; Kollhosser AcP 194 [1994] 231/236 ff; Mayer DNotZ 1996, 605 ff).

a)   Kein Rücktrittsrecht des Berechtigten

41 Die meisten **landesrechtlichen Bestimmungen schließen** daher ausdrücklich – wenn
von den Beteiligten nichts anderes vereinbart ist (vgl OLG Hamm RdL 1965, 271 f; vgl zur
Auslegung einer solchen Vereinbarung aber BayObLGZ 1993, 192/197) – das **gesetzliche Rücktrittsrecht** nach §§ 325 Abs 1 S 1, 326 Abs 1 S 2 BGB (idF vom 18. 8. 1896, RGBl 195) bzw
seit 1. 1. 2002 nach §§ 323, 324, 326 Abs 5 BGB (idF der Bek vom 2. 1. 2002 [BGBl I
42]) **aus** (vgl § 13 Abs 1 *BaWüAGBGB*); das Rücktrittsrecht steht aber dann zu,
wenn der Verpflichtete nach einer ersten rechtskräftigen Verurteilung zur Erbringung der geschuldeten Leistung erneut die Vertragspflichten schuldhaft verletzt, § 13
Abs 2; Art 17 *BayAGBGB* (vgl auch BayObLGZ 1994, 12; BayObLGZ 1993, 192 [= BayObLG-
Rp 1993, 62 = NJW-RR 1993, 984 = DNotZ 1993, 603]; BayObLGZ 1989, 674; RdL 1988, 314
[= AgrarR 1989, 132]; BayObLGZ 1964, 344 [= RdL 1965, 51]); für *Berlin* Art 15 § 7
PrAGBGB; § 9 *NdsAGBGB* (vgl aber auch OLG Hamm MDR 1979, 401); für *Nordrhein-Westfalen* (ehem preuß Landesteile) Art 15 § 7 PrAGBGB (vgl auch BGHZ 3,
206 [= LM Art 15 § 7 PrAGBGB Nr 1 = NJW 1952, 20 = RdL 1952, 11]; BGH LM Art 15 § 7
PrAGBGB Nr 3 [= MDR 1960, 915; Nr 6 = MDR 1964, 741]); *§ 5 AGBGB SchlH* (vgl auch OLG
Schleswig SchlHAnz 1971, 85; LG Kiel SchlHAnz 1986, 87). Soweit die genannten landesrechtlichen Vorschriften noch nicht an die Neufassung des BGB ab 1. 1. 2002 angepaßt sind, wird man auch bei ausdrücklicher Zitierung der §§ 325, 326 BGB aF
davon auszugehen haben, dass nunmehr das Rücktrittsrecht in den an deren Stelle
getretenen §§ 323, 324 und 326 Abs 5 BGB nF als ausgeschlossen gelten soll, da

jeweils inhaltlich auf das für Leistungsstörungen geltende gesetzliche Rücktrittsrecht Bezug genommen wird.

Eingeschränkt lassen demgegenüber die Landesrechte von *Hessen* (§ 16 Abs 1 Hess-AGBGB), *Rheinland-Pfalz* (§ 13 Abs 1 AGBGB Rh-Pf), dem *Saarland* (§ 17 Abs 1 AGJusG Saar) und von *Thüringen* (§ 13 Abs 1 ThürAGBGB) ein Rücktrittsrecht zu, nämlich nur für den Fall, wenn die Leistungen, zu denen der Verpflichtete rechtskräftig verurteilt oder mit denen er in Verzug ist, von verhältnismäßiger Erheblichkeit sind und auch für die Zukunft keine Gewähr für die gehörige Erfüllung der Leistungen besteht.

b) Keine sonstige Rückabwicklung

Diesen **Ausschluß** bzw diese Beschränkung des Rücktrittsrechts hat die Rechtspre- **42** chung bereits bisher auch **auf andere Rechtsinstitute ausgedehnt**, nach denen eine Rückabwicklung der Grundstücksübereignung erfolgen könnte, so auf die **positive Forderungsverletzung** (vgl RG LZ 1924, 825; BGHZ 3, 206/209 f; BGH LM Art 15 PrAGBGB Nr 8 [= NJW 1981, 2568 = MDR 1981, 835] [NRW]; BGH DNotZ 1982, 697 [Rh-Pf]; BayObLGZ 1995, 186 [=BayObLG-Rp 1995, 71 = RdL 1995, 319]). Das hierbei gegebene Rücktrittsrecht wird jetzt von § 324 BGB (idF der Bek vom 2. 1. 2002 [BGBl I 42]) erfaßt. Dies ist daher durch die landesrechtlichen Bestimmungen ausdrücklich ausgeschlossen. Die ergänzende Ausdehnung gilt dagegen weiter für den **Wegfall der Geschäftsgrundlage** (vgl BayObLGZ 1989, 479 [= MittBayNot 1990, 168 = AgrarR 1990, 325]), der nach § 313 Abs 3 BGB (idF der Bek vom 2. 1. 2002 [BGBl I 42]) jetzt ausdrücklich einen Rücktritt oder wenigstens eine Kündigung erlauben würde (vgl dazu auch OLG Frankfurt NJWE-FER 1997, 201; zum Ausnahmefall, dass der Leibgedingsverpflichtete nach der Auflassung, aber vor der Grundbucheintragung plötzlich stirbt, vgl AG Hildesheim RdL 1999, 184, mit Zustimmung durch OLG Celle RdL 1999, 185), sowie die **Kündigung aus wichtigem Grund** entsprechend § 626 Abs 1 BGB (BayObLGZ 1993, 192 [= BayObLG-Rp 1993, 62 = NJW-RR 1993, 984 = DNotZ 1993, 603 = MittBayNot 1993, 208]). Auch eine **Nichtigkeit** des Vertrags wegen auffälligen Mißverhältnisses zwischen Leistung und Gegenleistung **nach § 138 Abs 2 BGB** kommt nicht in Betracht, da der Leibgedingsvertrag eine wirtschaftliche Ausgewogenheit von Leistung und Gegenleistung nicht voraussetzt (BayObLG-Rp 1994, 332 [= DNotZ 1994, 869 = MittBayNot 1994, 225]).

Wegen des Streits, ob im Leibegedingsvertrag nicht eine gemischte Schenkung unter der Auflage der Erbringung der Versorgungsleistungen liegt (vgl unten Rn 43), schließen einige Landesrechte auch vorsorglich ausdrücklich den **Anspruch auf Herausgabe** des Grundstücks wegen Nichtvollziehung der Auflage **nach § 527 Abs 1 BGB** aus (so zB *Art 17 BayAGBGB*) oder geben auch dann nur ein eingeschränktes Rücktrittsrecht (so zB *§ 13 Abs 3 ThürAGBGB*).

c) Keine gemischte Schenkung

Fraglich ist dagegen, ob diese Beschränkungen dadurch umgangen werden können, **43** daß man in der Grundstücksüberlassung eine **gemischte Schenkung** unter der Auflage der Erbringung der Versorgungsleistungen sieht und diese nach § 530 BGB **wegen groben Undanks widerruft**. Daß dieses Widerrufsrecht durch die landesrechtlichen Bestimmungen nicht eingeschränkt werden kann, ist unproblematisch (vgl RGZ 54, 107; BGHZ 3, 206/213 [= LM Art 15 PrAGBGB Nr 1a = NJW 1952, 20 = RdL 1952, 11]; BGHZ 30, 120 [= LM § 530 BGB Nr 2 = NJW 1959, 1363 = MDR 1959, 649 = RdL 1959, 188]). Problematisch ist jedoch, ob das Leibgeding rechtlich als gemischte Schenkung eingeordnet werden kann:

Der BGH und ihm folgend die obergerichtliche Rechtsprechung waren **früher** der Auffassung, daß auch bei einem Leibgedingsvertrag eine gemischte Schenkung vorliegen könne, wenn die gegenseitigen Verpflichtungen wertmäßig in einem auffälligen Mißverhältnis stehen und daher auch unter Berücksichtigung des gewollten Vertragszwecks von einer erkennbaren Unentgeltlichkeit ausgegangen werden müsse (vgl BGH LM § 986 BGB Nr 1 [= RdL 1951, 294]; BGHZ 30, 120 [= LM § 530 BGB Nr 2 = NJW 1959, 1363 = MDR 1959, 649 = RdL 1959, 188]; NJW 1989, 2122; BayObLGZ 1964, 344 [= RdL 1965, 51]; RdL 1988, 314/315; vgl auch LG Passau RdL 1975, 70).

Heute vertritt die Rechtsprechung dagegen überwiegend und überzeugend die Auffassung, daß die in einem Übergabevertrag vereinbarten **Leistungen des Übernehmers** zur Versorgung des scheidenden Übergebers (Leibgedinge und Wohnrecht) bei gleichzeitigem Einrücken des Übernehmers in die Existenzgrundlage des Übergebers in der Regel zwar nicht eine Gegenleistung im eigentlichen Sinne für die Übertragung des Grundbesitzes, sondern nur eine aus dem zugewendeten Vermögen zu leistende **Auflage** darstellen, die Grundstücksübereignung aber dennoch **generell nicht als zumindest teilweise unentgeltlich** angesehen werden könne, sondern die gegenseitige Belastung im allgemeinen dem Rechtscharakter als gemischte Schenkung entgegenstehe (BGHZ 3, 206/211; 107, 156 [= LM § 530 BGB Nr 11 = NJW 1989, 2122 = MDR 1989, 803 = DNotZ 1989, 775 = MittBayNot 1989, 206]). Nur in besonderen Ausnahmefällen, wenn der unentgeltliche Charakter des Geschäfts überwiege, da kaum nennenswerte Versorgungsleistungen übernommen werden oder wegen der besonderen Höhe des übergebenen Vermögens ein grobes Mißverhältnis beider Leistungen bestehe, könne von einer gemischten Schenkung ausgegangen werden und der Widerruf nach § 530 BGB zum Zuge kommen (BGH NJW-RR 1995, 77 [= DNotZ 1996, 636 = MittRhNotK 1995, 170]). Das Überwiegen des unentgeltlichen Charakters müsse dabei unter Berücksichtigung des von den Parteien gewollten Vertragszweckes durch einen Vergleich des Wertes des übergebenen Anwesens mit dem Wert der Gegenleistungen festgestellt werden, wobei die Bewertungen durch die Parteien maßgeblich seien (BayObLGZ 1995, 186 [= BayObLG-Rp 1995, 71 = RdL 1995, 319]; 1996, 20 [= AgrarR 1996, 402 = DNotZ 1996, 647]; OLG München OLG-Rp München 1999, 274; vgl auch BGH NJ 2000, 598; zur Beweislast vgl BGH DNotZ 1996, 640/641).

Man wird daher davon auszugehen haben, daß wegen des Sondercharakters des Leibgedingsvertrages eine Zuordnung zum Rechtsinstitut der gemischten Schenkung in aller Regel ausscheidet, da das Wertverhältnis der gegenseitig gewährten Leistungen gerade keine Rolle spielt, sondern der mit der Grundstücksüberlassung auch verfolgte Existenzsicherungszweck beider Vertragsteile sogar unabhängig davon, ob die Versorgungsleistungen immer vertragsgemäß erbracht werden und deshalb dadurch der Wert des überlassenen Grundstücks, sei es auch nur annähernd, ausgeglichen werden kann, prägend im Vordergrund steht. Etwas anderes kann dann gelten, wenn der Berechtigte in nur äußerlichem Zusammenhang mit dem Leibgedingsvertrag zusätzliche Vermögenswerte an den Verpflichteten übertragen hat, um ihm – etwa zur Ermunterung für eine beanstandungslose Vertragserfüllung – zusätzlich etwas zukommen zu lassen; dann kann dieser Teil nach § 530 BGB widerrufen werden (vgl auch MünchKomm/PECHER[3] Art 96 EGBGB Rn 30).

d) Ausgleich durch Geldleistung

Zum Ausgleich für diese Beschränkungen geben die landesgesetzlichen Regelungen **44** (mit Ausnahme des AGBGB *SchlH*) dem Berechtigten – neben den allgemeinen Rechten auf Schadensersatz – schon dann, wenn durch das schuldhafte Verhalten des Verpflichteten ein weiteres Inanspruchnehmen des ausbedungenen Wohnungsrechts nicht mehr zumutbar ist, einen **Anspruch auf Geldleistungen für die Beschaffung einer anderweitigen Wohnung** und die zusätzlich entstehenden Nachteile aus dem Auszug (vgl § 15 *BaWüAGBGB*; Art 20 *BayAGBGB*; vgl BayObLGZ 1972, 232 [= RdL 1972, 288]; BayObLGZ 1974, 386 [= MittBayNot 1975, 24 = RdL 1975, 5]; BayObLGZ 1989, 479 [= MittBayNot 1990, 168 = AgrarR 1990, 325]; für *Berlin* Art 15 § 8 PrAGBGB; § 12 *HessAGBGB*; § 14 *NdsAGBGB* vgl OLG Oldenburg RdL 1968, 236; nach *Höferecht*: OLG Celle AgrarR 1983, 306; für *Nordrhein-Westfalen [ehem preuß Landesteile]* Art 15 § 8 PrAGBGB; vgl OLG Hamm MDR 1983, 756 [= MittBayNot 1983, 228; RdL 1960, 98]; § 16 *AGBGB Rh-Pf*; § 20 Abs 1 *AGJusG Saar*; § 18 *ThürAGBGB*). Ein Rückkehrrecht unter Wiederinanspruchnahme des Wohnungsrechts besteht solchenfalls nur, wenn eine wesentliche Änderung der Grundlage der Entscheidung zum Verlassen der Wohnung eintritt; dazu genügt nicht der bloße subjektiv begründete Rückkehrwunsch des Berechtigten, zumal wenn ihm anderweit weiterhin ein eigenes Haus zur Verfügung steht (OLG Oldenburg OLG-Rp Oldenburg 2004, 187 [= RdL 2004, 130 = NdsRPfl 2004, 123 = AUR 2004, 157]).

Dasselbe gilt, wenn die Inanspruchnahme der **Versorgungsdienstleistungen** für den Berechtigten **nicht mehr zumutbar** ist (BGHZ 25, 293/300 [= NJW 1957, 1798/1799 = RdL 1957, 297]).

e) Veräußerung; sonstige Leistungsstörungen

Weiter in den Landesgesetzen geregelt sind zumeist die Fälle der Leistungsstörung **45** durch **Veräußerung des Grundstücks** seitens des Übernehmers (vgl § 15 Abs 2 *BaWüAGBGB* und dazu OLG Stuttgart AgrarR 1975, 25; Art 21 *BayAGBGB*; § 15 *HessAGBGB*; § 19 *ThürAGBGB*), die insbesondere bei fehlender dinglicher Absicherung zu einer Umwandlung der entfallenden Wohnungsmöglichkeit in einen Geldersatz führt, und der **Leistungsstörung durch den Berechtigten**, die die weitere Gewährung des Wohnrechts dem Verpflichteten unzumutbar macht und zwar zur **Kündigung** berechtigt, dem Berechtigten aber dennoch eine Geldrente wegen Entzugs des Wohnungsrechts beläßt (vgl § 16 *BaWüAGBGB*; Art 19 *BayAGBGB*, dazu BayObLGZ 1972, 232 [= RdL 1972, 288]; OLG München, OLG-Rp München 1998, 229; für *Berlin* Art 15 § 9 PrAGBGB; § 13 *HessAGBGB*; § 15 *NdsAGBGB*; für *Nordrhein-Westfalen [ehem preuß Landesteile]* Art 15 § 9 PrAGBGB, dazu OLG Hamm MDR 1993, 756 [= MittBayNot 1993, 228]; § 15 *AGBGB Rh-Pf*; § 19 *AGJusG Saar*; § 11 *AGBGB SchlH*; § 17 *ThürAGBGB*).

f) Tod eines von mehreren Berechtigten

Schließlich finden sich Regelungen für den Fall, daß **bei mehreren Berechtigten einer** **46** **stirbt** (§ 17 *BaWüAGBGB*; Art 22 *BayAGBGB*; für *Berlin* Art 15 § 10 PrAGBGB; § 18 *HessAGBGB*; § 17 *NdsAGBGB*; für *Nordrhein-Westfalen [ehem preuß Landesteile]* Art 15 § 10 PrAGBGB, § 17 *AGBGB Rh-Pf*; § 21 *AGJusG Saar*; § 12 *AGBGB SchlH*), und in einigen Landesrechten auch über die Tragung der **Beerdigungskosten** (Art 15 *BayAGBGB*; § 12 *AGBGB Rh-Pf*; § 16 *AGJusG Saar*; § 12 *ThürAGBGB*). Vgl ebenso für das **Höferecht** AG Brake AgrarR 1987, 76.

2.   Recht auf dingliche Absicherung

47 Auch das Recht, für die vereinbarten Versorgungsleistungen eine **dingliche Absiche-rung** verlangen zu können, wird geregelt (vgl § 7 *BaWüAGBGB*; Art 16 *BayAG-BGB*; für *Berlin* Art 15 § 1 PrAGBGB; § 17 *HessAGBGB*; § 6 *NdsAGBGB* [vgl dazu OLG Oldenburg AgrarR 1973, 370]; für *Nordrhein-Westfalen [ehem preuß Landesteile]* Art 15 § 1 PrAGBGB [vgl dazu OLG Hamm Rpfleger 1959, 381]; § 18 *AGBGB Rh-Pf*; § 22 *AGJusG Saar*; § 2 *AGBGB SchlH*; § 22 *ThürAGBGB*).

3.   Anpassung an veränderte Verhältnisse

48 Da es sich bei den durch Leibgedingsvertrag vereinbarten Versorgungsleistungen um **langfristig angelegte Verpflichtungen** bzw Berechtigungen handelt, ist besonders wichtig, daß diese möglichst unkompliziert an die sich während der Laufzeit **wan-delnden** tatsächlichen **Verhältnisse** der Beteiligten **angepaßt** werden können.

a)   Verhinderung des Berechtigten auf Dauer
49 Die **landesrechtlichen Regelungen** berücksichtigen diese Veränderungen dann, wenn der Berechtigte das **Grundstück auf Dauer** außer im Fall der Leistungsstörungen verläßt oder **verlassen muß** und daher weder sein Wohnrecht noch die sonstigen Naturalversorgungsleistungen mehr in Anspruch nehmen kann, die Parteien dafür aber **keine ausdrücklichen Vereinbarungen** getroffen haben.

Für die Befreiung des Verpflichteten, weiter diese Versorgungsleistungen gewähren zu müssen, hat dieser dem Berechtigten teilweise **ohne Rücksicht auf dessen Ver-schulden** eine Geldrente zu zahlen, wobei deren Höhe nach billigem Ermessen am Wert der Befreiung zu bemessen ist und auch eine Erhöhung wegen gestiegener Lebenshaltungskosten verlangt werden kann. Hierunter fällt vor allem der in der Rechtsprechung sehr häufig behandelte Fall des Umzugs in ein Altersheim oder die Unterbringung in einem Alten- und Pflegeheim (vgl § 14 *BaWüAGBGB*; § 16 *NdsAGBGB*, dazu zB OLG Celle NdsRpfl 1966, 240; NdsRpfl 1972, 214 [= AgrarR 1972, 471, 472]; RdL 1985, 11; LG Göttingen NJW-RR 1988, 327; LG Hannover AgrarR 1987, 20; ZfF 1994, 272; LG Osnabrück NJW-RR 1992, 453 [= RdL 1991, 270]; AG Hildesheim RdL 1984, 234; 1987, 126; AG Springe AgrarR 1987, 20; zum *Höferecht*: AG Hildesheim RdL 1984, 234; AgrarR 1989, 17; § 14 *AGBGB Rh-Pf*; § 18 *AGJusG Saar*; § 10 *AGBGB SchlH*, BGH LM BSHG Nr 31 [= NJW 1995, 2790 = MDR 1996, 213 = DNotZ 1996, 645]; OLG Schleswig SchlHAnz 1961, 194 [= RdL 1961, 186]; AgrarR 1974, 140; SchlHAnz 1998, 48; § 16 *Thür- AGBGB*).

Das in *Berlin und Nordrhein-Westfalen* weitergeltende **preußische Recht** verlangt dagegen zusätzlich, daß der Berechtigte **ohne eigenes Verschulden** zum Verlassen des Grundstücks genötigt ist (Art 15 § 9 Abs 3 PrAGBGB, zu Nordrhein-Westfalen: OLG Düsseldorf NJW-RR 1988, 326; NJW-RR 1994, 201; OLG Hamm RdL 1961, 133; 1965, 208; Mitt-BayNot 1983, 228; OLG Köln AgrarR 1978, 343; NJW-RR 1989, 138 [= DNotZ 1989, 674]; OLG-Rp Köln 1993, 107 [= MittRhNotK 1993, 162]; LG Duisburg DAVorm 1984, 922/928; NJW-RR 1987, 1349; AG Duisburg-Ruhrort DAVorm 1983, 530). Diese Anforderung hat § 14 *HessAGBGB* übernommen (vgl dazu OLG Frankfurt OLG-Rp Frankfurt 1992, 192).

Das *bayerische Recht* verlangt demgegenüber, daß der Berechtigte das Grundstück

aus besonderen Gründen verlassen muß (Art 18 BayAGBGB [vgl BayObLGZ 1974, 386; OLG Nürnberg RdL 1967, 183/186; 330; AG Amberg FamRZ 1992, 1286]).

Bei einer Heimunterbringung des Berechtigten umfaßt die Geldrente im Zweifel nicht deren volle Kosten, sondern nur den Anteil der Kosten, der der Höhe der ersparten Aufwendungen entspricht; der Rest muß durch eigene Aufwendungen des Berechtigten, insbesondere dessen Versicherungsansprüche, oder durch die Sozialhilfe gedeckt werden (vgl BGH BGH-Rp 2002, 214 [= LM § 157 [GK] BGB Nr 4 = NJW 2002, 440 = MDR 2002, 271 = DNotZ 2002, 702 mit Anm KRAUSS; vgl dazu auch MAYER MittBayNot 2002, 152; vJEINSEN AgrarR 2002, 368]; BGH BGH-Rp 2004, 716 [= NJW-RR 2003, 577 = MittBayNot 2004, 180 mit Anm MAYER]; OLG Hamm OLG-Rp Hamm 1999, 113 [= DNotZ 1999, 719]; OLG Schleswig OLG-Rp Schleswig 1997, 357). Ob eine Vereinbarung, dass bei einer Heimunterbringung die Verpflichtung zur Versorgung vollständig erlischt, dann sittenwidrig und nichtig ist, wenn deshalb der Träger der Sozialhilfe in vollem Umfang einspringen muß, ist umstritten (dafür BGH BGH-Rp 2002, 214; OLG Schleswig OLG-Rp Schleswig 1997, 357; offen BGH BGH-Rp 2004, 716).

Die Verpflichtung zur Zahlung einer solchen Geldrente richtet sich nur gegen die aus dem Leibgedingvertrag persönlich Verpflichteten, nicht gegen einen späteren Erwerber des Grundstücks, sofern sie nicht durch eine eingetragene Reallast dinglich abgesichert ist (vgl OLG Karlsruhe OLG-Rp Karlsruhe 1999, 41).

b) Störung der Geschäftsgrundlage

Aber auch über diesen engen Bereich hinaus ließ die Rechtsprechung schon bisher **50** eine **Anpassung** der Versorgungsleistungen an veränderte Verhältnisse nach den **Grundsätzen des Wegfalls der Geschäftsgrundlage** und der deshalb notwendigen Vertragsanpassung zu, da die Vereinbarung unter dem Grundsatz von Treu und Glauben steht (vgl BGHZ 40, 337; NJW 1957, 1798; BGH NJW 1971, 152; NJW-RR 1989, 451/452 [= MittBayNot 1989, 81/82]; BayObLGZ 1970, 100 [= DNotZ 1970, 416]; *anders,* aber wenig überzeugend dagegen BayObLGZ 1989, 479 [=MittBayNot 1990, 168 = AgrarR 1990, 325]; OLG Frankfurt OLG-Rp Frankfurt 1992, 192; OLG Celle OLG-Rp Celle 1996, 14; RdL 1985, 11; AgrarR 1971/72, 471; RdL 1950, 305; OLG Hamm RdL 1951, 106; OLG Köln NJW-RR 1994, 201). Dabei kann auch der Inhalt der dinglichen Rechte abgeändert werden (BayObLGZ 1975, 134; OLG Schleswig MDR 1966, 1002; LG Traunstein MittBayNot 1980, 65). Eine Vertragsanpassung schied dabei aber aus, wenn die wesentliche Änderung der Verhältnisse vom Berechtigten selbst verschuldet ist (vgl OLG Celle RdL 1958, 183). Seit 1. 1. 2002 gilt insoweit die **Regelung in § 313 Abs 1 und 2 BGB** (idF der Bek vom 2. 1. 2002, BGBl I 42), ohne dass sich dadurch etwas Wesentliches geändert hätte.

Solche **Anpassungen** sind dabei nicht nur zu Gunsten des Berechtigten, sondern auch **zu Gunsten des Verpflichteten** möglich, wenn etwa durch eine schlechte Ertragslage die zugesagten Versorgungsleistungen im vollem Umfang nicht mehr erbracht werden können (vgl RGZ 147, 94/99 f; OLG Celle RdL 1950, 305; NdsRpfl 1965, 221; OLG Hamm RdL 1965, 322; OLG Schleswig RdL 1961, 318). Dabei kann sich der Verpflichtete aber nicht auf selbst verschuldete schlechte Wirtschaftsführung berufen (OLG Celle RdL 1958, 305).

Solche Anpassungen sind im übrigen auch für **testamentarisch** angeordnete Altenteile möglich (OLG Oldenburg RdL 1968, 236; OLG Celle AgrarR 1971/72, 471; RdL 1985, 11).

Zu **Anpassungen unter mehreren Berechtigten**, wenn einer davon, zB wegen Scheidung, das Grundstück verläßt, vgl BGH LM § 428 BGB Nr 23 (= EBE/BGH 1996, 213 =
NJW 1996, 2153); OLG Hamm FamRZ 1995, 806; LG Flensburg AgrarR 1980, 316.

c) Anpassung laufender Geldleistungen

51 Von Bedeutung ist auch die **Anpassung** der Versorgungsleistungen, insbesondere
laufend zu zahlender Geldleistungen, **an die allgemeine Teuerung** bzw Geldentwer-
tung und die gestiegenen Lebensverhältnisse. Auch dies läßt die Rechtsprechung zu,
selbst wenn die Parteien keine entsprechende Wertsicherungsklausel vereinbart
haben. Zu beachten ist dabei aber, daß dem Hofübernehmer nicht höhere Lasten
auferlegt werden, als er aus der übernommenen Hofstelle nach billigem Ermessen
erwirtschaften kann (vgl BGH LM BSHG Nr 31 [= NJW 1995, 2790 = MDR 1995, 213 = RdL
1995, 203 = AgrarR 1995, 410 = DNotZ 1996, 645]; OLG Stuttgart RdL 1993, 130; OLG Celle RdL
1950, 305; 1958, 75 f; zur *HöfeO* BGHZ 40, 334 [= LM § 12 HöfeO Nr 11 = NJW 1964, 861 = MDR
1964, 311]. Bezüglich der Probleme der Anpassung an die Inflation 1923 und die dazu ergangene
Gesetzgebung und Rechtsprechung vgl ausführlich STAUDINGER/KRIEGBAUM[12] Art 96 EGBGB
Rn 6–11).

VIII. Bundesrechtliche Vorschriften zum Leibgedingsvertrag

1. Schuldrechtliche Besonderheiten

52 Für die **Abtretung** gelten bezüglich der schuldrechtlichen Verpflichtungen aus dem
Leibgeding §§ 399 und 400 BGB. Soweit eine Übertragung der im Leibgeding
enthaltenen **Rechte auf Naturalversorgungsleistungen** beabsichtigt ist, steht dem
§ 399 BGB entgegen. Denn diese Rechte sind durch den Leibgedingsvertrag mit
den übrigen Rechten zu einer als untrennbar gedachten Einheit verknüpft, so daß
ihre Übertragung zu einer Inhaltsänderung führen würde (RGZ 140, 60; BGHZ 25, 293/
299 [= NJW 1957, 1798/1799 = RdL 1957, 297]). Soweit andererseits **Ansprüche auf laufende
Geldleistungen** im Leibgeding enthalten sind, können diese nach § 400 BGB unab-
tretbar sein. § 850b Abs 1 Nr 3 ZPO schließt deren **Pfändbarkeit** in der Regel aus,
wenn nicht die Ausnahmen des § 850b Abs 2 ZPO vorliegen, was hier selten der Fall
sein wird, da die Billigkeit wegen der engen Verknüpfung aller Leibgedingsbestand-
teile im Zweifel gegen eine Pfändung spricht (vgl BGHZ 53, 41 [= NJW 1970, 282/283 =
DNotZ 1970, 249]; OLG Hamm Rpfleger 1969, 396; OLG Celle RdL 1956, 13). Etwas anderes
soll nach hM für die in der laufenden Geldleistung enthaltene sog „Kaufpreisrente"
gelten (vgl OLG Hamm OLGZ 1970, 49 [= DNotZ 1970, 659]; OLG Düsseldorf JMBl NRW 1961,
237). Die Übertragbarkeit der jeweiligen dinglichen Absicherung abtretbarer schuldrechtlicher Ansprüche aus dem Leibgeding richtet sich nach den jeweiligen sachenrechtlichen Vorschriften. Danach sind ein bestellter Nießbrauch nach § 1059 S 1
BGB und bestellte persönliche Dienstbarkeiten nach § 1092 Abs 1 S 1 BGB nicht
übertragbar.

Die **Aufrechnung** ist nach § 394 S 1 BGB ebenso wie das **Zurückbehaltungsrecht**
gegenüber allen Ansprüchen aus dem Leibgedingsrecht, insbesondere gegenüber
den Ansprüchen auf Gewährung von Wohnung, Kost und Taschengeld, ausgeschlossen (RG Recht 1905 Nr 1773; SeuffA 66 Nr 37; OLG Celle AgrarR 1983, 306). Dasselbe gilt
gegenüber einer Schadensersatzforderung, die aus der Nichtgewährung eines Natu-
ralaltenteils hergeleitet wird (OLG Celle RdL 1978, 319 [= AgrarR 1979, 61]). Das Auf-

rechnungsverbot greift aber nicht ein, wenn Treu und Glauben dies erfordern, insbesondere hinsichtlich Schadensersatzforderungen aus vorsätzlichen unerlaubten und vertragswidrigen Handlungen, die aus demselben Lebensverhältnis entstammen (OLG Celle AgrarR 1983, 306).

Mangels Übertragbarkeit ist nach § 1274 Abs 2 BGB auch die **Verpfändung** von Rechten aus dem Leibgedingsvertrag ausgeschlossen.

Für den Fall der schuldhaften Tötung des Verpflichteten aus einem dinglich abgesicherten Leibgedingsvertrag besteht für den Berechtigten gegen den Schädiger kein Schadensersatzanspruch wegen Verletzung eines sonstigen Rechts nach § 823 Abs 1 BGB, da kein grundstücksbezogener Eingriff vorliegt (BGH BGH-Rp 2001, 123 [= LM § 823 BGB [Ad] Nr 13 = NJW 2001, 971 = MDR 2001, 389]).

2. Familienrechtliche Besonderheiten

Für die Berücksichtigung des mit dem Leibgeding belasteten Grundstücks beim **53** **Zugewinnausgleich** im Falle der **Scheidung der Ehe des Übernehmers** ist § 1374 Abs 2 BGB maßgeblich. Der Vermögenserwerb bleibt danach dem auszugleichenden Zugewinn entzogen, wenn das Vermögen mit Rücksicht auf ein künftiges Erbrecht übergeben und erworben wird. Dies ist im Regelfall dann der Fall, wenn einem Abkömmling ein Grundstück, ein landwirtschaftliches Anwesen oder ein Unternehmen von seinen Eltern oder einem Elternteil unter Lebenden übergeben wird und dem Übergeber ein Leibgeding (Altenteil) eingeräumt wird, mit dem diesem insbesondere der Wohn- und Pflegebedarf und damit ein wichtiger Teil der Lebensbedürfnisse dieses zumeist betagten Vertragspartners für dessen Lebensabend gesichert wird, und etwa zusätzlich auch noch die Beerdigungskosten und die Grabpflege übernommen werden. Ein solches Gefüge von Abreden ist geradezu typisch für eine vorweggenommene Erbfolge (BGH LM § 1374 BGB Nr 15 [= NJW-RR 1990, 1283 = MDR 1990, 1005 = FamRZ 1990, 1083 = MittBayNot 1990, 358]).

Strittig ist dagegen, ob die Wertsteigerung des Vermögens, die mit der fortschreitenden Wertminderung des Leibgedings und dessen Erlöschen beim Tode des Berechtigten verbunden ist, ebenfalls nicht dem Zugewinnausgleich unterliegt. Während der BGH (LM § 1374 BGB Nr 14 [= NJW 1990, 3018 = MDR 1990, 1005 = FamRZ 1990, 1217 = MittBayNot 1990, 356]) überzeugend hiervon ausgeht (ebenso OLG Schleswig FamRZ 1991, 943), will ein Teil der Rechtsprechung im Hinblick auf § 1376 Abs 1 BGB dem „allmählichen, gleitenden Vermögenserwerb" im Wege einer Schätzung Rechnung tragen und dann den Wert dieses Zugewinnteils berücksichtigen (vgl OLG Bremen NJW-RR 1995, 258 [= EzFamR aktuell 1994, 400]; OLG Bamberg FamRZ 1995, 607).

Wird die Ehe eines **leibgedingsberechtigten Ehepaares geschieden**, so fallen die einem oder beiden Teilen zustehenden Leistungen aus dem Leibgeding insoweit nicht in den **Versorgungsausgleich** als es sich um Anrechte auf Sachleistungen sowie um Wohnrechte handelt (BGH LM § 1587 BGB Nr 68 [= NJW-RR 1993, 682 = MDR 1993, 768 = FamRZ 1993, 682 = MittBayNot 1993, 196] – unter Aufgabe der früheren Rechtsprechung, vgl BGH NJW 1982, 2557 [= FamRZ 1982, 909]).

3. Erbrechtliche Besonderheiten

a) Zum Erbverzicht

54 Die in Vertragsurkunden erklärte Absicht, durch die Übernahme eines mit einem Leibgeding belasteten Grundstücks auf ein bestehendes Erbrecht verzichten zu wollen, ist grundsätzlich eingeschränkt auszulegen. Deshalb enthält ein Vertrag, durch den die Eltern ihr Anwesen unter Vereinbarung eines Leibgedings und eines Wohnrechts einem ihrer Kinder übergeben, wohingegen dieses sich „hinsichtlich seiner elterlichen Erbteilsansprüche und Pflichtteilsansprüche als abgefunden erklärt", nicht notwendig einen Erbverzicht (BayObLGZ 1981, 30 [= MDR 1981, 673 = FamRZ 1981, 711 = MittBayNot 1981, 142]; BayObLG MDR 1984, 403 [= FamRZ 1984, 1274 = AgrarR 1984, 278]).

Dasselbe gilt für einen Vertrag, durch den eine Mutter ihr Anwesen unter Vereinbarung eines Leibgedings und eines Wohnrechts für eine unverheiratete Tochter einer anderen Tochter übergibt, die sich mit allen Ansprüchen, die ihr nach dem Tode des vorverstorbenen Vaters zustehen, sowie mit „all ihren Muttergutsansprüchen" für abgefunden erklärt (BayObLG RdL 1983, 149).

b) Zum Pflichtteil

55 Strittig ist, ob die Überlassung eines Grundstücks gegen Einräumung eines Leibgedings wenigstens hinsichtlich der Pflichtteilsrechte der von der Übernahme ausgeschlossenen Pflichtteilsberechtigten eine Schenkung im Sinne des § 2325 Abs 1 BGB darstellt und daher einen Pflichtteilsergänzungsanspruch auslösen kann. Während dies konsequent im Anschluß an die oben (Rn 43) aufgeführte Rechtsprechung zum Versuch, den Leibgedingsvertrag als gemischte Schenkung einzuordnen und ihn über einen Widerruf wegen groben Undanks auflösen zu können, von einem Teil der obergerichtlichen Rechtsprechung verneint wird und ausnahmsweise nur dann angenommen wird, wenn Leistung und Gegenleistung aus dem Leibgeding ganz unangemessen, also willkürlich verknüpft erscheinen (vgl OLG Oldenburg NJW-RR 1992, 778 [= FamRZ 1992, 1226]), scheint der BGH insoweit unverändert ohne weiteres von einer Schenkung auszugehen und entscheidet nur über die richtige Berechnung des Wertes des geschenkten Grundstücks entsprechend § 2325 Abs 2 BGB (vgl NJW 1992, 2888). Diese inkonsequente Behandlung der Leibgedingsvereinbarung ist nicht überzeugend.

4. Zwangsvollstreckungsrechtliche Besonderheiten

56 a) Nach § 850b Abs 1 Nr 3 ZPO sind **fortlaufende Einkünfte**, die ein Schuldner ua **auf Grund eines Altenteils** oder Auszugsvertrages bezieht, in der Regel **unpfändbar**, außer eine Vollstreckung in das sonstige Vermögen des Schuldners hat nicht zu einer vollständigen Befriedigung des Gläubigers geführt und die Pfändung entspricht nach den Umständen des Falls, insbesondere nach der Art des beizutreibenden Anspruchs und der Höhe der Bezüge der Billigkeit (§ 850b Abs 2 ZPO); dies wird nur sehr selten der Fall sein (vgl BGHZ 53, 41 [= NJW 1970, 282/283 = DNotZ 1970, 249]; OLG Hamm Rpfleger 1969, 396).

b) § 9 EGZVG

57 Einen besonderen Schutz läßt § 9 **Abs 1 EGZVG** idF der Bek vom 20. 5. 1898 (BGBl

III 310-13), zuletzt geändert durch Ges vom 20.12. 1999 (BGBl I 2493), dem Leibgedingsberechtigten im Fall der **gegen den Übernehmer betriebenen Zwangsversteigerung des überlassenen Grundstücks** zuteil werden. Die Länder werden hierdurch ermächtigt, zu bestimmen, daß auch gegenüber dem betreibenden Recht **nachrangige Altenteilsrechte**, die mit Sicherungsrechten im Grundbuch eingetragen worden sind, bei der Zwangsversteigerung des Grundstücks grundsätzlich **unberührt bleiben**, auch wenn sie bei der Feststellung des geringsten Gebots nicht berücksichtigt worden sind. Im Interesse der weiteren Versorgung des Leibgedingsberechtigten soll also der Ersteigerer dessen Rechte übernehmen und auch weiterhin erfüllen (vgl OLG Hamm RdL 1954, 75; Rpfleger 1986, 270; LG Flensburg SchlHAnz 1965, 147 mit Anm SCHEYHING SchlHAnz 1965, 122; zum Ausgleichsanspruch zwischen Ersteigerer und persönlichem Schuldner aus dem Leibgedingsvertrag vgl OLG Karlsruhe OLG-Rp Karlsruhe 2001, 264 [= FamRZ 2001, 1455]).

Nicht erforderlich ist für die Geltung dieses Privilegs, daß der Leibgedingsvertrag im Grundbuch wörtlich als solcher (oder Altenteil) bezeichnet ist. Es reicht aus, wenn sich der Charakter des Altenteilsrechts hinreichend deutlich aus der in Bezug genommenen Eintragungsbewilligung ergibt, wobei zur Auslegung auf den das Recht begründenden und die Eintragungsbewilligung enthaltenden Vertrag abzustellen ist (RGZ 162, 62; OLG Hamm DNotZ 1970, 37; Rpfleger 1986, 270; LG Frankenthal Rpfleger 1989, 324).

Wegen der belastenden Wirkung dieses Bestehenbleibens des Leibgedings besteht allerdings für das Vollstreckungsgericht die Amtspflicht gegenüber den beteiligten Gläubigern und den Bietern, darauf hinzuweisen, daß das Altenteilsrecht nur dann erlischt, wenn dies ausdrücklich in den Versteigerungsbedingungen und dem Zuschlagsbeschluß festgehalten ist; andernfalls ergibt sich ein Amtshaftungsanspruch gegen das betreffende Land (BGH LM Art 34 GG Nr 171 [= NJW 1991, 2759 = MDR 1991, 1171 = FamRZ 1991, 929]).

Von dieser Ermächtigung haben fast alle Leibgedingsregelungen kennenden Länder **58** Gebrauch gemacht:

Baden-Württemberg: § 33 AGGVG BW vom 16.12. 1975 (GesBl BW 868 = SaBl 1976, 178), zuletzt geändert durch Ges vom 12.12. 2002 (GBl BW 477).

Bayern: Art 30 Abs 1 BayAGGVG vom 23.6. 1981 (BayRS 300-1-1-J), zuletzt geändert durch Ges vom 25.10. 2004 (BayGVBl 400).

Berlin: Art 6 Abs 2 PrAGZVG vom 23.9. 1899 (SaBerlR Nr 3210-2), zuletzt geändert durch BundesGes vom 1.2. 1979 (BGBl I 127).

Hessen: Art 4 Abs 2 HessAGZPO/ZVG vom 20.12. 1960 (HessGVBl I 238 = HessGVBl II Nr 210-15), zuletzt geändert durch Ges vom 27.2. 1998 (HessGVBl I 34).

Niedersachsen: für die ehem preuß Landesteile: Art 6 Abs 2 PrAGZVG vom 23.9. 1899 (NdsGVBl Sb III Nr 3210); für die ehem oldenburgischen Landesteile: § 18 OldenbAGZPO/ZVG idF vom 29.5. 1933 (NdsGVBl Sb III Nr 3211); für die ehem braunschweigischen Landesteile: § 3 BraunschweigAGZVG vom 12.6. 1899

(NdsGVBl Sb III Nr 3212) – alle drei Gesetze geändert durch BundesGes vom 1. 2. 1979 (BGBl I 127).

Nordrhein-Westfalen: für die ehem preuß Landesteile: Art 6 Abs 2 PrAGZVG vom 23. 9. 1899 (SGV NW Nr 321), zuletzt geändert durch Ges vom 18. 12. 1984 (GV NW 807); für die ehem lippischen Landesteile: § 2 LippAGZVG idF vom 2. 11. 1933 (LippGSlg 199).

Rheinland-Pfalz: § 5 Abs 2 AGZPO/ZVG/KO Rh-Pf vom 30. 8. 1974 (GVBl Rh-Pf 371 = BS Nr 3210-2), geändert durch Ges vom 27. 6. 2002 (GVBl Rh-Pf 304).

Saarland: § 43 Abs 2 AGJusG Saar vom 5. 2. 1997 (ABl Saar 258).

Schleswig-Holstein: Art 6 Abs 2 PrAGZVG vom 23. 9. 1899 (GS SchlH II Nr 310-2) idF vom 31. 12. 1971 (GVOBl SchlH 182, Anlage), zuletzt geändert durch Ges vom 13. 2. 2001 (GVBl SchlH 34).

Thüringen: § 3 Abs 2 ThürAGZVG (= Art 2 Thüringer Zivilrechtsausführungsgesetz) vom 3. 12. 2002 (Thür GVBl 424).

59 **§ 9 Abs 2 EGZVG** macht allerdings von dieser Begünstigung des Leibgedingsberechtigten zum Schutz der Gläubiger eine wichtige Ausnahme: das Erlöschen des Leibgedings muß in den Versteigerungsbedingungen bestimmt werden, wenn mindestens ein Beteiligter dies deshalb beantragt, da sein vor- oder gleichrangiges Recht durch das Bestehenbleiben des Leibgedings beeinträchtigt werden könnte. In diesem Fall muß ein **Doppelausgebot** nach § 59 ZVG erfolgen: es ist sowohl entsprechend § 9 Abs 1 EGZVG iVm der zur Anwendung kommenden landesrechtlichen Norm auszubieten, also unter Bestehenbleiben des Leibgedings, wie auch zusätzlich unter der Voraussetzung, daß das Leibgeding erlöschen würde. Es ist dann dem Gebot der Zuschlag zu erteilen, auf Grund dessen die Rechte des antragstellenden vor- oder gleichrangigen Gläubigers die bessere Befriedigung erlangen. Da dies meist das Gebot unter der Bedingung des Erlöschens des Leibgedings ist, kommt dem Leibgedingsberechtigten der Vorteil des § 9 Abs 1 EGZVG nur dann zu Gute, wenn auch unter der Versteigerungsbedingung des Fortbestehens des Leibgedings ein Gebot abgegeben wird, das die Ansprüche des vor- oder gleichrangigen Gläubigers voll abdeckt (vgl RGZ 152, 104; 162, 52; BGH NJW 1991, 2759). Der Leibgedingsberechtigte kann in einem solchen Fall das Grundstück auch selbst ersteigern. Er verstößt nicht gegen Treu und Glauben, wenn er das Grundstück dabei, da keine anderen Gebote vorliegen, zum geringsten Gebot ersteigert und es dann sogleich lastenfrei zu einem höheren Preis weiterveräußert, sofern die Erträge des Grundstücks nicht ausreichen, um seine Leibgedingsforderungen zu erfüllen und er keine Aussicht hat, diese in absehbarer Zeit gegen den persönlichen Schuldner durchzusetzen (BGH LM EGZVG Nr 1 [= MDR 1984, 1021 = Rpfleger 1984, 364]).

Vgl zum ganzen auch STÖBER, ZVG[17] § 9 EGZVG Rn 3, 4.

IX. Anhang: Öffentlich-rechtliche Bestimmungen zum Leibgeding

1. Baurecht

Baurechtlich entstehen Probleme, wenn für ein bereits im bauplanungsrechtlichen **60** Außenbereich gelegenes landwirtschaftliches Anwesen zusätzlich ein gesondertes Wohngebäude als Altenteilerhaus errichtet werden soll. **§ 35 Abs 1 Nr 1 BauGB** idF der Bek vom 23. 9. 2004 (BGBl I 2414) enthält zwar eine **Privilegierung**, die auch für Altenteilergebäude eingreift, Voraussetzung ist jedoch, daß das Altenteilerhaus dem landwirtschaftlichen Betrieb **dient**. Wann dies der Fall ist, wird von der Rechtsprechung – zum gleichlautenden § 35 Abs 1 Nr 1 BBauG/BauGB aF – sehr häufig erörtert:

Grundsätzlich muß es sich bei dem landwirtschaftlichen Betrieb, für den das Altenteilerhaus bestimmt ist, um einen **Vollerwerbsbetrieb** handeln; bei landwirtschaftlichen Nebenerwerbsbetrieben liegt in der Regel kein „dienen" vor (BVerwG Buchholz 406. 11 § 35 BBauG Nr 171 [= DÖV 1981, 184 = RdL 1980, 315 = AgrarR 1981, 47 = NuR 1981, 104]; OVG Lüneburg AgrarR 1979, 200).

„Dienen" liegt bei einem Gartenbaubetrieb nicht vor, wenn dieser – verglichen mit herkömmlichen landwirtschaftlichen Betrieben – auf einer **verhältnismäßig kleinen Betriebsfläche** (ca 6200qm) überwiegend unter Glas gartenbauliche Produkte anbaut (BVerwG NVwZ 1985, 183 [= DÖV 1984, 848 = RdL 1984, 90]) oder bei gartenbaulicher Erzeugung von Pflanzen in Containern (OVG Münster AUR 2004, 289).

Ein Altenteilerhaus ist auch unzulässig, wenn auf der Hofstelle **mehrere Wohnungen vorhanden** sind und eine für den Altenteilsberechtigten zur Verfügung gestellt werden kann (OVG Münster AgrarR 1976, 23).

Notwendig ist weiterhin, daß der **Altenteiler** die Bewirtschaftung des landwirtschaftlichen Anwesens der jüngeren Generation tatsächlich übergeben und das **Altenteilerhaus beziehen will** (OVG Münster RdL 1967, 81; 1970, 52). Die Privilegierung entfällt allerdings nicht schon dann, wenn der Altenteiler zunächst noch auf der Hofstelle wohnen und erst später in das Altenteilerhaus ziehen will (BVerwG Buchholz 406. 11 § 35 BBauG Nr 6 [= BRS 23 Nr 58 = RdL 1971, 287]).

Die Privilegierung greift nur dann ein, wenn durch eine Baulast oder auf ähnliche Weise die **freie Veräußerlichkeit** des Altenteilerhauses **ausgeschlossen** wird (BVerwG BayVBl 1972, 76 [= BRS 23 Nr 57 = MittBayNot 1971, 386 = RdL 1971, 232 = AgrarR 1971, 29]; BayVGH AgrarR 1973, 162). Eine spätere Abtrennung des Altenteilerhauses vom Hofgrundstück ist auch sonst grundsätzlich unzulässig (OVG Lüneburg BRS 44 Nr 77 [= RdL 1985, 148]). Etwas anderes gilt, wenn das öffentliche Interesse am Fortbestand der Baulast fehlt, da der landwirtschaftliche Betrieb nicht mehr besteht (OVG Lüneburg RdL 1983, 314).

Der bloße **Pächter** eines landwirtschaftlichen Betriebs kann nicht auf eigenem Grund im Außenbereich ein Altenteilerhaus unter der Privilegierung des § 35 Abs 1 Nr 1 BBauG errichten (OVG Lüneburg AgrarR 1976, 238).

Karl-Dieter Albrecht

Nicht privilegiert ist auch, wenn der als Hoferbe vorgesehene **Sohn** eines Voller-werbslandwirts sich neben dem Wohngebäude und dem Altenteilerhaus ein **moderneres zusätzliches Wohngebäude** errichten will (BayVGH BayVBl 1994, 370).

Erforderlich ist schließlich grundsätzlich, daß das Altenteilerhaus in **Hofnähe** errichtet wird. Wann das gegeben ist, ist durch die Rechtsprechung bisher nicht abschließend geklärt. Gefordert wird eine im Hinblick auf die Betreuungs- und Pflegeverpflichtung des Altenteilsrechts bestehende unmittelbare Nähe oder Rufnähe zum Hof. Als **zu weit entfernt** und damit nicht mehr privilegiert wurden angesehen: 800 m Luftlinie (BayVGH BayVBl 1980, 144); 500 m (OVG Münster AgrarR 1975, 212); 200 m Luftlinie und 300 m Wegstrecke (OVG Lüneburg RdL 1982, 230 [= AgrarR 1982, 334 = NuR 1984, 107]); 180 m (VGH BW RdL 1994, 90 [= AgrarR 1995, 318 = NuR 1994, 194]). Keine Bedenken bestehen dagegen, wenn die Entfernung nur 50 m zur Hofstelle beträgt (OVG Münster RdL 1978, 8 [= AgrarR 1978, 141]; RdL 1978, 289 [= AgrarR 1978, 171]).

Vgl zum ganzen auch ERNST/ZINKAHN/BIELENBERG/KRAUTZBERGER, BauGB (Loseblatt) § 35 Rn 41 ff; SCHLICHTER/STICH/DRIEHAUS/PAETOW, Berliner Kommentar zum BauGB (3. Aufl [Loseblatt]) § 35 Rn 21 ff; BATTIS/KRAUTZBERGER/LÖHR, BauGB (9. Aufl 2005) § 35 Rn 24 f; 44 sv.

Entsprechend diesen engen Zulässigkeitsvoraussetzungen konnte eine **Grundstücksteilung** eines mit einem Altenteilerhaus bebauten Grundstücks nicht nach §§ 19 Abs 1 Nr 3, 20 Abs 1 Nr 3 BBauG/BauGB aF genehmigt werden, wenn nach Aufgabe der landwirtschaftlichen Nutzung des Betriebs und dem dadurch bewirkten Fortfall der Privilegierung die Fortführung der Wohnnutzung des abgetrennten Altenteilerhauses einem Bebauungsplan widerspricht (BVerwG NJW 1989, 729 [= RdL 1989, 34]; BayVGH BayVBl 1973, 44; AgrarR 1978, 46). Nach § 19 Abs 2 BauGB in der jetzt geltenden Fassung vom 23. 9. 2004 (BGBl I 2414) ist eine solche Grundstücksteilung überhaupt nicht mehr zulässig.

2.   Sozialhilferecht

61 Durch die Gewährung von Pflege auf Grund eines Übergabevertrages wird die Bewilligung von **Pflegegeld** nach den bisher geltenden Vorschriften der §§ 69a ff BSHG (zuletzt idF der Bek vom 23. 3. 1994, BGBl I 646), jetzt §§ 64 ff Zwölftes Buch SGB vom 27. 12. 2003 (BGBl I 3022), zuletzt geändert durch Art 10 Nr 10a des Gesetzes vom 30. 7. 2004 (BGBl I 1950), nicht ausgeschlossen, soweit nicht vorrangig Leistungen nach dem Elften Buch SGB vom 26. 5. 1994 (BGBl I S 1014), zuletzt geändert durch Ges vom 27. 12. 2003 (BGBl I 3022), zu gewähren sind (§§ 13 Abs 3 Nr 1 SGB XI; § 69c Abs 1 BSHG/§ 66 Abs 1 SBG XII; vgl BVerwGE 29, 108 [= BayVBl 1968, 204 mit zust Anm SCHMITT zur weitgehend gleichgebliebenen Rechtslage nach § 69 Abs 3 BSHG aF]; ausführlich dazu WEYLAND, Pflegeverpflichtung in Übergabeverträgen, MittRhNotK 1997, 55/ 59 ff). Das Pflegegeld kann aber, auch wenn das Einkommen unter der Einkommensgrenze liegt, bis zur Hälfte gekürzt werden, wenn der Hilfesuchende Inhaber eines Altenteils ist und daraus Wartung und Pflege beanspruchen kann (OVG Münster FamRZ 1994, 1212 [= RdL 1993, 327 = ZfS 1994, 23 = FEVS 45, 13]).

Geldrenten, die nach den landesrechtlichen Bestimmungen an die Stelle der ursprünglich vereinbarten Naturalleistungen aus einem Altenteilsvertrag deshalb treten, weil der Berechtigte das Grundstück dauernd wegen Pflegebedürftigkeit verlassen mußte, fallen sozialhilferechtlich unter § 90 Abs 1 BSHG/§ 93 Abs 1 SGB XII und können in fehlerfreier Ausübung des Überleitungsermessens auf den für die Pflegekosten eingesprungenen Träger der Sozialhilfe **übergeleitet werden** (vgl auch BGH LM BSHG Nr 31 [= NJW 1995, 2790]). Sie fallen als vertragliche Unterhaltspflichten, die nicht nur von einer symbolischen Gegenleistung abhängig, sondern Gegenstand eines wirtschaftlichen Austauschvertrages sind, nicht unter die Privilegierung des § 91 Abs 1 S 1 BSHG bzw § 94 Abs 1 S 1 SGB XII (BVerwGE 92, 281 [= Buchholz 436.0 § 90 BSHG Nr 22 = NJW 1994, 64 = NVwZ 1994, 173 = DVBl 1993, 1269 = FEVS 44, 229]; OVG Münster FEVS 37, 158; vgl zur Höhe der überleitbaren Geldrente: Gutachten des Deutschen Vereins für öffentlich und privat Fürsorge NDV 1997, 365).

3. Steuerrecht

Auch steuerrechtlich wird eine Grundstücksübergabe mit einem vereinbarten Leib- **62** geding für die Beteiligten nicht als ein einheitliches entgeltliches Veräußerungsgeschäft aufgefaßt. Man trägt vielmehr der dargestellten Versorgungsfunktion Rechnung und unterwirft den gegenseitigen Vermögenserwerb günstigeren **Sonderregelungen:**

Auf seiten des **Grundstücksübernehmers** stellen die vereinbarten Leibgedingsleistungen **keine** steuerlich berücksichtigungsfähigen **Anschaffungskosten** für den Erwerb des Grundstücks dar, da ein unentgeltliches Geschäft vorliegt, so daß eine Absetzung nach § 7 EStG (jetzt in der – insoweit unverändert gebliebenen – Fassung der Bek vom 19. 10. 2002, BGBl I 4210, zuletzt geändert durch Ges vom 21. 6. 2005, BGBl I 1818) ausscheidet (BFHE [GS] 161, 317/328 [= NJW 1991, 254]; BFHE 164, 354). Der Übernehmer kann dafür abweichend von § 12 Nr 2 EStG die ausbedungenen Versorgungsleistungen – auf jeden Fall, wenn aus dem übertragenen Vermögen so hohe Erträge erwirtschaftet werden können, daß im Regelfall die wiederkehrenden Versorgungsleistungen daraus bestritten werden können – **als Sonderausgaben nach § 10 Abs 1 Nr 1a S 1 EStG abziehen**, da der Versorgungsempfänger für deren Erhalt einen eigenen Vermögenswert aufgewendet hat, ohne dass dadurch aber eine, sei es auch nur teilweise, Entgeltlichkeit der Versorgungsleistungen bewirkt wurde (BFHE [GS] aaO; BFH/NV 1991, 678; BFHE 189, 497; 193, 121; für die testamentarische Leibgedingseinräumung an den überlebenden Ehegatten BFHE 167, 381; NJW 2004, 2549/2550). Die vereinbarten Naturalleistungen stellen dabei „dauernde Lasten" dar, die in vollem Umfang abgezogen werden können. Ihr Wert ist ohne Anrechnung der erhaltenen Gegenleistung zu schätzen (BFHE 119, 54). Steuerlich erforderlich ist dabei aber, daß die Versorgungsleistungen mit ihrem wesentlichen Inhalt und auch ihrer Höhe ausdrücklich vereinbart worden sind (BFH/NV 1996, 469; 1998, 1467) und dass alle geschuldeten Versorgungsleistung tatsächlich wie vereinbart erbracht werden (BFH NJW 2005, 1743). Bezüglich der zu zahlenden Geldleistungen ist zu unterscheiden: sind gleichbleibende Leistungen ohne Abänderbarkeit ausbedungen, handelt es sich um „Leibrenten" im Sinne des § 10 Abs 1 Nr 1a S 2 EStG, die nur mit dem gesetzlich umschriebenen Ertragsanteil abziehbar sind (BFHE [GS] 165, 225 [= NJW 1992, 710]). Unterliegen die Renten dagegen ausdrücklich oder auch nur einer durch entsprechende Vertragsauslegung zu ermittelnden Abänderbarkeit, insbesondere zur Anpassung an die wirtschaftliche Entwicklung, sind sie in vollem Umfang abziehbare „dauernde Lasten" (BFHE [GS] aaO; BFHE 160, 33). Dies kann auch nachträglich vereinbart werden

(BFH NJW 2004, 3655). Dies gilt auch für Versorgungszahlungen, bei deren Bemessung
neben einem vereinbarten Mindestbetrag der Gewinn oder ein Gewinnanteil des
Verpflichteten aus dem übernommenen Vermögen maßgeblich ist (BFHE 130, 524 =
NJW 1980, 2488 [LS]). Eine abweichende zivilrechtliche Beurteilung spielt in diesem
Zusammenhang keine Rolle (BFHE 83, 568). Zu den „dauernden Lasten" zählen auch
Geldaufwendungen, die notwendig werden, um die versprochenen Naturalleistungen
ordnungsgemäß erbringen zu können (zB Instandhaltungskosten für Altenteiler-
wohnung [BFH NJW 1993, 1031], nicht jedoch Kosten für größere Instandhaltungen
am Gebäude selbst, sofern dies nicht ausdrücklich vereinbart wurde [BFH/NV 1998,
1467]; ebensowenig Kosten für nicht vereinbarte Modernisierungsmaßnahmen [BFHE
190, 302 [= NJW 2000, 975 = NZM 2000, 248 = MittBayNot 2000, 147]; BFH/NV 2000, 1089).

Auf seiten des **Leibgedingsberechtigten** sind die ihm zufließenden Versorgungsleistungen, soweit diese vom Übernehmer als Sonderausgaben abgezogen werden
konnten, **als sonstige Einkünfte** in vollem Umfang **nach § 22 Nr 1 S 1 EStG zu ver-
steuern**. § 22 Nr 1 S 2 EStG greift hierfür nicht ein. Nur Leibrenten, die beim Verpflichteten nur mit dem gesetzlich festgelegten Ertragsanteil abziehbar sind, sind
auch beim Berechtigten nach § 22 Nr 1 S 3 Buchst a EStG nur mit diesem zu ver-
steuern (BFHE 165, 225 [= NJW 1992, 710]).

Eine gewisse **Grenze** für diese Sonderbehandlung der Verpflichtungen aus einem
Grundstücksüberlassungsvertrag mit Leibgedingsvereinbarung ist nach der Rechtsprechung des BVerfG verfassungsrechtlich allerdings insoweit geboten, als sie im
Hinblick auf den allgemeinen Gleichbehandlungsgrundsatz und den daraus folgenden
Grundsatz der Besteuerung nach der wirtschaftlichen Leistungsfähigkeit nur dann zum
Zuge kommen kann, wenn die Beteiligten bei der Vereinbarung davon ausgegangen
sind, daß entsprechend dem typischen Fall eines Leibgedingsvertrages der Verpflichtete die **Versorgungsleistungen aus dem Ertrag, den die überlassene Erwerbsgrundlage
abwirft, erbringen können soll und kann** (BVerfG NJW 1993, 2093). Mit der von vorneherein
vorausgesetzten Zahlung von Versorgungsleistungen auf ein Leibgeding, die nicht
mehr aus den Erträgen der überlassenen Erwerbsgrundlage bestritten werden können,
findet kein verfassungsrechtlich unbedenklicher Transfer wirtschaftlicher Leistungsfähigkeit statt, der diese steuerliche Sonderbehandlung erlaubte. Derartige Unter-
haltszahlungen von Kindern an ihre Eltern können daher unter Beachtung des
verfassungsrechtlichen Gebots der steuerrechtlichen Gleichbehandlung nicht entgegen § 12 Nr 2 EStG nur deshalb als Sonderausgaben abgezogen werden, weil die Eltern
in der Lage waren, den Kindern ein – wenn auch nicht genügend ertragsfähiges –
Vermögen zu übertragen (BFHE 172, 324; 202, 464; 202, 477). Eine erkennbar nur
vorübergehende Unmöglichkeit, die vereinbarten Versorgungsleistungen aus dem
Ertrag des übertragenen Vermögens zu bestreiten, ist dagegen unbeachtlich (vgl BFH/
NV 2000, 12). Des weiteren erkennt der BFH bezüglich Geschwistern des Vermögens-
übernehmers als Leibgedingsberechtigte im Regelfall die steuerliche Bevorzugung
nicht an (vgl BFHE 190, 365), ebenso nicht bezüglich weiterer, nicht pflichtteils-
berechtigter Verwandter oder Dritten (vgl BFHE 204, 192; aA BFHE 185, 208; 189, 497).

Vgl zum ganzen ausführlich SCHMIDT/WACKER, EStG (24. Aufl 2005) § 22 Rn 78 ff;
allgemein auch WEIMER, Einkommensteuerrechtliche Fragen der vorweggenommenen Erbfolge und der Erbauseinandersetzung, MittRhNotK 1997, 164; VORWOLD,
Vermögensübergabe gegen Versorgungsleistungen, DStR 1998, 585; SEITZ/FRANZ,

Die Vermögensübergabe gegen Versorgungsleistungen im Umbruch, DStR 2002,
1745.

Artikel 97

**(1) Unberührt bleiben die landesgesetzlichen Vorschriften, welche die Eintragung
von Gläubigern des *Bundesstaats* in ein Staatsschuldbuch und die aus der Eintragung
sich ergebenden Rechtsverhältnisse, insbesondere die Übertragung und Belastung
einer Buchforderung, regeln.**

**(2) Soweit nach diesen Vorschriften eine *Ehefrau* berechtigt ist, selbständig Anträge
zu stellen, ist dieses Recht ausgeschlossen, wenn ein Vermerk zugunsten des *Ehemanns* im Schuldbuch eingetragen ist. Ein solcher Vermerk ist einzutragen, wenn die
Ehefrau oder mit ihrer Zustimmung der *Ehemann* die Eintragung beantragt. Die
Ehefrau ist dem *Ehemann* gegenüber zur Erteilung der Zustimmung verpflichtet,
wenn sie nach dem unter ihnen bestehenden Güterstand über die Buchforderung nur
mit Zustimmung des *Ehemanns* verfügen kann.**

Materialien: E I Art 57; II Art 71; III Art 97;
Mot zum EG 185; Prot VI 411 bis 414, 604, 612;
Mat 87a S 59.

Schrifttum

CANARIS, Bankvertragsrecht (3. Aufl 1988)
Rn 2052
EBERT, Staatsschuldbuch, in: Handwörterbuch
der Sozialwissenschaften, Bd 9 (1954)
GÖRG, Staatsvermögen – Staatsschulden, in:
Evangelisches Staatslexikon (1966)
KARL, 150 Jahre Staatsschuldenverwaltung
(1970)
MEDER/ERNST, Schuldbuchrecht des Bundes
und der Länder (1950)

STAUDINGER/MARBURGER (2002) Vorbem 34 ff
zu §§ 793 ff
MÜNCKS, Die Bundesanleihe als Wertrecht –
das Bundesschuldbuch, ZfKrW 1971, 944
SCHMÖLDERS, Staatsschulden, in: Enzyklopädi-
sches Lexikon für das Geld-, Bank- und Bör-
senwesen Bd II (3. Aufl 1967)
SCHULTZENSTEIN, Staatsschuldbuch, in:
Rechtsvergleichendes Handwörterbuch
VI. Band (1937).

I. Inhalt des Vorbehalts

Im deutschen Reich (ReichsschuldbuchG vom 31. 5. 1891) und in einigen Ländern **1**
bestand schon *vor dem Jahre 1900* die Einrichtung des Schuldbuches (Reichsschuld-
buch, Staatsschuldbuch). Durch Eintragung in das Schuldbuch konnten auf den
Inhaber lautende Schuldverschreibungen auf Antrag des Inhabers in auf den Namen
eines bestimmten Gläubigers lautende Schulden des Reiches oder Landes umgewandelt werden.

Der Vorbehalt des Art 97 *ermöglicht* es der Landesgesetzgebung, die Einrichtung **2**
des Staatsschuldbuches beizubehalten oder neu zu schaffen und dabei, soweit privat-

Karl-Dieter Albrecht
Jörg Mayer

rechtliche Beziehungen in Frage kommen, im Umfang der Absätze 1 und 2 von den Vorschriften des BGB abzuweichen. Das *Reichsschuldbuchgesetz* ist zwar grundsätzlich mit Wirkung zum 1. 1. 2002 aufgehoben worden, soweit jedoch die Landesgesetze noch hierauf verweisen, gilt es bis zu einer Neuregelung durch die Länder als fortbestehend (s dazu Rn 17; STAUDINGER/MARBURGER [2002] Vorbem 35 zu §§ 793 ff).

3 1.   Abs 1 **lässt** landesgesetzliche Vorschriften zu:

4 a)   über die *Eintragung* von Gläubigern des Landes in das Staatsschuldbuch, also zB über die Voraussetzungen der Eintragung, die Prüfung der Legitimation des Antragstellers, insbesondere auch eines Ehegatten im Hinblick auf sich aus dem ehelichen Güterstand ergebende Verfügungsbeschränkungen, die Form des Antrages und der Eintragung usw;

5 b)   über die aus der Eintragung *sich ergebenden Rechtsverhältnisse*, also zB über die Pflichten des Staates aus der Eintragung, über die Rechte des Eingetragenen, über die Art der Ausübung des Verfügungsrechts des Käufers über die Buchforderung und über die Übertragung und Belastung der Buchforderung, das sind die förmlichen Voraussetzungen, unter welchen ein Dritter gegenüber dem Staate Rechte an der Buchforderung erwerben kann, sowie über den Inhalt dieser Rechte.

6 aa)   Nach den Motiven und nach dem auf diese gestützten Schrifttum (STAUDINGER/ GRAMM[10] Rn 3; PLANCK Anm 1; SOERGEL/HARTMANN Rn 1) sollte für die Bestimmung des Vorbehalts zwischen dem **Rechtsverhältnis zwischen dem Staat und dem Gläubiger** und dem **Rechtsverhältnis zwischen dem Gläubiger und einem Dritten** unterschieden werden. Nur das erstere Verhältnis sei einer Gestaltung durch den Landesgesetzgeber zugänglich. Vom BGB abweichende Bestimmungen über das letztere Verhältnis seien dagegen unzulässig: Vorschriften über die sachliche Berechtigung des Gläubigers zur Übertragung oder Belastung der Buchforderung wie über das Verfügungsrecht eines Ehegatten im Hinblick auf den Güterstand fielen danach nicht in den Rahmen des Vorbehalts.

7   Danach würden *Bedenken* gegen die zB in *Berlin, Hamburg, Niedersachsen* und *Rheinland-Pfalz* angeordnete Anwendung der §§ 11a bis c RSchBG (über den öffentlichen Glauben des Schuldbuches für Erwerb und Pfandrechtsbestellung) auf die Schuldbuchforderungen gegen diese Länder bestehen, soweit diese Gesetze nicht vor dem Zusammentreten des ersten Bundestags (7. 9. 1949) erlassen worden sind und deshalb auf jeden Fall fortbestehen (Art 123 Abs 2, Art 125 N 2 GG, SO MEDER WM 1961, 1234, 1239). Gleiches würde für § 6 Abs 2 des LSO des *Saarlandes* gelten, der einen eigenständigen, abgeleiteten gutgläubigen Erwerb der Forderung ermöglicht.

8 bb)   Indessen sollte diese *traditionelle Abgrenzung* mit der Differenzierung zwischen dem *originären* und dem *abgeleiteten Erwerb* der Schuldbuchforderung **neu überdacht** werden. Man wird schwerlich in dem bisher angenommenen Sinn zwischen den beiden Rechtsverhältnissen, dem des Gläubigers zum Schuldner-Staat und dem des Gläubigers zu einem Dritten, trennen können. Denn der Dritte soll ja aufgrund des Schuldbuchrechts seinerseits zum Staat in eine Gläubigerstellung und damit wiederum in den auch nach der herkömmlichen Lehre für den Landesgesetzgeber regelbaren Bereich eintreten. Lässt man danach eine landesrechtliche Regelung mit dem Inhalt eines zugunsten des Dritten wirkenden öffentlichen Glaubens des Schuldbuchs bei der Verfügung eines Nichtberechtigten zu, so führt das dazu, dass der wahre ursprünglich Berechtigte seine Ausgleichsansprüche nach § 816 Abs 1 BGB geltend machen muss, bei entgeltlichen Verfügungen also nur gegenüber dem Verfügenden (§ 816 Abs 1 S 1 BGB).

Folgte man dagegen der traditionellen, beschränkenden Auslegung des Art 97 **9** EGBGB, so wäre ein Rechtserwerb des Dritten dem wahren Berechtigten gegenüber ausgeschlossen, der Staat aber hätte befreiend an den Dritten geleistet, und nun müsste der Dritte die vom Staat befreiend an ihn erbrachte Zahlung nach § 816 Abs 2 BGB dem Gläubiger herausgeben. Der Dritte könnte sich nur an den nicht-berechtigt Verfügenden halten; seine vermeintliche, auf das Staatsschuldbuch gestützte Rechtsstellung wäre nichts wert gewesen: Die herkömmliche Auslegung widerspricht damit auch im Ergebnis dem Zweck des Art 97 EGBGB, dem einzelnen Land die Regelung seines Verhältnisses als Schuldner zu seinen Gläubigern, dh doch auch, zu einem derartigen Dritten als neuen Gläubiger, zu regeln.

Bedenken gegen eine Neuinterpretation des Art 97 EGBGB – die auch die Anord- **10** nung eines Rechtserwerbs des Dritten kraft öffentlichen Glaubens des Staatsschuldbuchs erlaubt – bestehen um so weniger, als sie mit dem heute geltenden Bundesschuldbuchrecht übereinstimmt, welches seinerseits ja den Rechtserwerb durch den Dritten kraft des öffentlichen Glaubens des Schuldbuchs zulässt: eine Gestaltung, die im Reichsrecht zZ des Erlasses des EGBGB und in der ersten Zeit danach noch nicht bestand, so dass die traditionelle Lehre aus dem seinerzeit bestehenden Reichsrecht verständlich ist (vgl hierzu PLANCK Anm 1 Abs 2), heute aber vom Bedürfnis einer Anpassung des Landesrechts an das Bundesrecht nicht mehr gefordert wird.

2. Die Bestimmungen des **Abs 2 entsprechen** denjenigen des § 9 (heute § **14**) des **11** ReichsschuldbuchG in der Fassung, welche diese Vorschrift durch **Art 50 aF EGBGB** erhalten hat (vgl deshalb STAUDINGER/PROMBERGER/SCHREIBER[12] Art 50 EGBGB Rn 4 ff).

Art 97 ist nur noch unter der Berücksichtigung des **Gleichberechtigungsgesetzes** und **12** des heute geltenden ehelichen Güterstandes anwendbar (PALANDT/THOMAS[53] Rn 1; MünchKomm/SÄCKER Rn 1). Vgl dazu im Einzelnen STAUDINGER/PROMBERGER/SCHREIBER[12] aaO; was dort über die Anwendung des § 14 (früher § 9) Abs 2 RSchBG unter der Einwirkung des Gleichberechtigungsgrundsatzes gesagt ist, gilt hier entsprechend.

Zu den Fällen, in denen nach dem Ehegüterrecht ein Ehegatte der **Zustimmung des 13 anderen Ehegatten** zu einer Verfügung über die Schuldbuchforderung bedarf, s auch bei STAUDINGER/PROMBERGER/SCHREIBER[12] Art 50 Rn 5.

II. Landesgesetze

1. Wegen der Vorschriften über die Landesschuldbücher aus der Zeit *vor 1945* **14** wird auf STAUDINGER/GRAMM[10] verwiesen (dort Art 97 EGBGB Rn 5).

2. In neuerer Zeit haben alle alten Bundesländer von dem Vorbehalt wieder **15** Gebrauch gemacht, um ihre Schuldbücher den Erfordernissen des Rechtsverkehrs anzupassen; das geschah vor allem wegen der Notwendigkeit, Kreditinstituten, Versicherungsunternehmen und Bausparkassen nach der Gesetzgebung über die Währungsumstellung Ausgleichsforderungen zu gewähren.

16 Nunmehr gelten folgende Landesgesetze:

Baden-Württemberg: Gesetz über die Errichtung eines Landesschuldbuches für Baden-Württemberg vom 11. 5. 1953 (GBl 65, ber 82), geändert durch G vom 7. 2. 1994 (GBl 73); DVO vom 13. 6. 1953 (GBl 86);

Bayern: Gesetz über das Staatsschuldbuch des Freistaats Bayern (Staatsschuldbuchgesetz) idF der Bek vom 30. 3. 2003 (BayRS 650-4-F);

Berlin: Schuldbuch-Gesetz für das Land Berlin idF vom 20. 11. 1995 (GVBl 822, ber GVBl 1996, 480); dazu DVO vom 21. 7. 1953 (GVBl 721), geändert durch die VO vom 3. 5. 1963 (GVBl 477);

Bremen: Bremisches Schuldbuchgesetz vom 17. 12. 2002 (GBl 593 = SaBR 63-b-1);

Hamburg: Gesetz über das Schuldbuch der Freien und Hansestadt Hamburg (Schuldbuchgesetz) vom 29. 3. 1957 (GVBl 212 = SGV Hamb 651-1 = BS 650-a), zuletzt geändert am 5. 3. 1986 (GVBl 37);

Hessen: Gesetz über Aufnahme und Verwaltung von Schulden des Landes Hessen vom 4. 7. 1949 (HessGVBl I 93 = HessGVBl II 45-1);

Niedersachsen: Gesetz über das Schuldenwesen des Landes Niedersachsen vom 12. 12. 2003 (GVBl 446);

Nordrhein-Westfalen: Gesetz über die Errichtung eines Landesschuldbuchs für Nordrhein-Westfalen vom 5. 11. 1948 (GVBl 301 = SGV NRW 65); DVO hierzu vom 19. 3. 1949 (GVBl 81 = SGV NRW 65);

Rheinland-Pfalz: Landesgesetz über das Landesschuldbuch für Rheinland-Pfalz vom 20. 11. 1978 (GVBl 709 = BS 65-1);

Saarland: Gesetz über die Schuldenordnung des Saarlandes (Landesschuldenordnung – LSO) vom 12. 12. 2002 (ABl 2003, 2);

Sachsen: Gesetz über das Staatsschuldbuch des Freistaates Sachsen (Staatsschuldbuchgesetz) vom 24. 5. 1994 (GVBl 1015);

Sachsen-Anhalt: Schuldenordnung für das Land Sachsen-Anhalt (LSO) vom 21. 12. 1992 (GVBl 870), hier § 3;

Schleswig-Holstein: Landesschuldbuchordnung vom 4. 7. 1949 (GVBl 165 = GS SchlH Nr 650-1), zuletzt geändert durch VO vom 16. 9. 2003 (GVOBl 503); nebst DVO vom 27. 9. 1949 (GVBl 195 = GS SchlH Nr 650-1-1), zuletzt geändert durch VO vom 16. 9. 2003 (GVOBl 503).

Statt einer eigenen Regelung erklären die meisten älteren Landesschuldbuchgesetze **17**
– anders aber jetzt die neueren Regelungen in *Sachsen-Anhalt* und *Saarland* – das
Reichsschuldbuchgesetz für sinngemäß anwendbar; lediglich die neueren Gesetze
über das Schuldenwesen der Länder *Bayern* (Art 3), *Bremen* und *Niedersachsen*
verweisen bereits auf das neue Bundeswertpapierverwaltungsgesetz. Das *Reichsschuldbuchgesetz* ist zwar an sich durch das **Bundeswertpapierverwaltungsgesetz**
(BWpVerwG) vom 11. 12. 2001 (BGBl I 3519) mit Wirkung zum 1. 1. 2002 aufgehoben
worden (§ 15 Nr 6 BWpVerwG), jedoch gilt das *Reichsschuldbuchgesetz*, soweit in
den Landesgesetzen hierauf verwiesen wird, bis zu einer Neuregelung durch die
Länder fort (§ 17 Abs 1 BWpVerwG; STAUDINGER/MARBURGER [2002] Vorbem 35 zu
§§ 793 ff).

Artikel 98

**Unberührt bleiben die landesgesetzlichen Vorschriften über die Rückzahlung oder
Umwandlung verzinslicher Staatsschulden, für die Inhaberpapiere ausgegeben oder
die im Staatsschuldbuch eingetragen sind.**

Materialien: RTK 440, d, S 11 (als Art 97 a).

Schrifttum

TIMM, Konversionen, in: Handwörterbuch der
Sozialwissenschaften, Bd 6 (1959) 175 ff.

1.   Entstehung

Der erst in der Reichstagskommission aufgestellte Artikel wurde durch die Rege- **1**
lung über die Anregung zur Konvertierung der auf Grund des preuß G vom
4. 5. 1885 ausgegebenen konsolidierten 4$^{1}/_{2}$%igen Staatsanleihen veranlasst.

Die dort in § 2 enthaltene Bestimmung stand, soweit sie die Wirkung der nicht oder
nicht rechtzeitig erklärten Annahme des Vertragsantrags betraf, mit den §§ 145 ff
BGB nicht in Einklang; sie wäre deshalb ohne den Vorbehalt des gegenwärtigen
Artikels mit Inkrafttreten des BGB aufgehoben worden. Der Vorbehalt schien daher
im finanziellen Interesse des Staates geboten (NIEDNER Anm 1).

2.   Inhalt

Der Vorbehalt ermöglichte nun nicht bloß die Aufrechterhaltung der vorerwähnten **2**
preußischen Vorschrift, sondern ermächtigt nach seiner allgemeinen Fassung die
Landesgesetzgebung allgemein, über die **Rückzahlung** und über die **Umwandlung**
verzinslicher Staatsschulden, für welche **Inhaberpapiere** ausgegeben oder welche im
Staatsschuldbuch eingetragen sind, Vorschriften zu erlassen, welche von den Bestimmungen des BGB abweichen. Gewöhnlich handelt es sich bei Konversionen um
Herabsetzung des Zinsfußes.

Dabei betrifft der Vorbehalt *nur* den Fall, dass eine Bestimmung in seinem Sinne *unmittelbar im entsprechenden Landesgesetz* enthalten ist. Ist dagegen eine solche Bestimmung schon in der Schuldverschreibung als deren Inhalt enthalten oder wird sie etwa bei der Eintragung in das Schuldbuch vertragsmäßig getroffen, so ist sie schon nach allgemeinem Vertrags- bzw Schuldrecht wirksam (ebenso PLANCK Anm 1).

3. Landesgesetze

3 Allgemeine Vorschriften haben nur wenige Länder erlassen; s für die Zeit vor 1945 STAUDINGER/GRAMM[10] Art 98 Rn 3.

Artikel 99

Unberührt bleiben die landesgesetzlichen Vorschriften über die öffentlichen Sparkassen, unbeschadet der Vorschriften des § 808 des Bürgerlichen Gesetzbuchs und der Vorschriften des Bürgerlichen Gesetzbuchs über die Anlegung von Mündelgeld.

Materialien: E II Art 72; III Art 98.

Schrifttum

I. Älteres Schrifttum
Vgl STAUDINGER/KRIEGBAUM[10/11]
STAUDINGER/ALBRECHT (1998).

II. Neueres Schrifttum
1. Allgemeines zum Sparkassenrecht
ALBER, Finanzdienstleistungen der öffentlichen Hand in der nationalen und europäischen Wettbewerbsordnung, Bitburger Gespräche, Jahrbuch 2002 (2003)
BERG, Zur Kündigung der Mitgliedschaft in einem Sparkassenzweckverband, BayVBl 2003, 289
BEYER, Gewährträgerhaftung ohne Gewähr?, NVwZ 1999, 1085
BLUME, Sparkassen im Spannungsfeld zwischen öffentlichem Auftrag und kreditwirtschaftlichem Wettbewerb (2000)
vDANWITZ, Dienste von allgemeinem wirtschaftlichen Interesse in der europäischen Wettbewerbsordnung, Bitburger Gespräche, Jahrbuch 2002 (2003)
DERLEDER, Der Minderleister als Bankkunde, ZRP 1999, 139
DIETEL, Die Träger kommunaler Sparkassen

und ihr Aktionskreis, Bittburger Gespräche, Jahrbuch 2002 (2003)
EBBINGHAUS, Die kommunalen Sparkassen der Bundesrepublik Deutschland zwischen öffentlichem Auftrag und veränderten Marktgegebenheiten (Diss Innsbruck 1972)
EIZENGA/PFISTERER, Konsequenzen der EG für die Sparkassen, Spark 1980, 23
FAISST, Sparkassenrecht im Wandel, Die Gemeinde (Bad-Württ) 1992, 198
FRICKE, Sparkassenstrategien unter Kostendruck: Wettbewerb oder Kooperation, Bitburger Gespräche, Jahrbuch 2002 (2003)
HAFKE, „Freie" und öffentlich-rechtliche Sparkassen, Zs f d ges Kreditwesen 1988, 174
HEINRICHS, Grundprinzipien des Sparkassenrechts sind unverzichtbar, Städte- und Gemeinderat 1989, 1
HENNEKE, Weiterentwicklung des kommunalen Wirtschafts- und Sparkassenrechts im Lichte des EG-Vertrags, in: FS H Maurer (2001) 1137
ders, Verantwortung kommunaler Sparkassenträger im Spannungsverhältnis von modifizierter Haftung und gesichertem Einfluss, NWVBl 2002, 249

IPSEN (Hrsg), Sparkassen im Wandel, 3. Bad Iburger Gespräche am 21. Okt 1992 (1993) ders, Zukunft der Sparkassen – Sparkasse der Zukunft, 14. Bad Iburger Gespräche (2004)
KEMMLER, Wegfall der Anstaltslast für Sparkassen: ein untauglicher Versuch, Der Landkreis 2002, 595
dies, Keine Anstalt ohne Anstaltslast – Zur Abschaffung der Anstaltslast für Landesbanken und Sparkassen, DVBl 2003, 100
KESSLER, Die Zukunft der Sparkassen – Neuer Wettbewerb, Europäische Herausforderung, Fortentwicklung des Sparkassengeschäftsrechts, Regionalprinzip, Städte- und Gemeindebund 1988, 583
ders, Künftige Aufgaben der Sparkassen – Stärkung lokaler und regionaler Wirtschaftskreisläufe, Städte- und Gemeinderat 1994, 35
KINZL, Anstaltslast und Gewährträgerhaftung (2000)
KIRCHHOFF/HENNEKE, Entwicklungsperspektiven kommunaler Sparkassen in Deutschland (2000)
KOCH-WESER, Kompetenz der Mitgliedsstaaten bleibt: Auswirkungen der EU-Verständigung über Anstaltslast und Gewährträgerhaftung auf die öffentlich-rechtliche Daseinsvorsorge, Der Landkreis 2002, 547
KÖHLER, Zur Zukunft der deutschen Sparkassen, Stadt und Gemeinde 1994, 51
KLUTH, Anstaltslast und Gewährträgerhaftung öffentlich-rechtlicher Finanzinstitute angesichts des gemeinschaftsrechtlichen Beihilfeverbots, Bitburger Gespräche, Jahrbuch 2002 (2003)
KRUSE, Kommunale Sparkassen im Blickfeld des europäischen Beihilferechts – Beihilferechtliche Erwägungen im Anschluss an die gegenwärtig geführte Diskussion zu den Landesbanken, NVwZ 2000, 721
LEISTER, Aufgaben für einen öffentlichen Bankensektor in Europa – Das Beispiel der Investitions-Bank NRW, NWVBl 1996, 161
LÜTZENKIRCHEN, Unterschiede zwischen öffentlich-rechtlichen und freien Sparkassen vor dem Hintergrund des Frankfurter Zusammenschlusses, Zs f öffentl u gemeinwirtschaftl Unternehmen 1989, 222
MARTIN-EHLERS, Anstaltslast und Gewährträ-

gerhaftung – Much ado about nothing, EWS 2001, 263
MEYER, Der Einfluss der Kommunen auf ihre Sparkassen: Rechtsformwahl und Perspektiven der Aufgabenerledigung, Der Landkreis 2002, 564
ders, Stralsund und das Sparkassenrecht, NJW 2004, 1700
MEYER-HORN, EG-Binnenmarkt 1992: Auswirkungen auf die Kommunen und ihre Sparkassen, Städte- und Gemeindebund 1988, 58
MITTLER, Bewährung und Zukunftsaussichten der Landesbanken und kommunalen Sparkassen, Bitburger Gespräche, Jahrbuch 2002 (2003); vgl dazu LOHMILLER NVwZ 2000, 774; HÖRSTER DVBl 2000, 1044; LÜTTMANN DÖV 2000, 638
NIEMYER, Anstaltslast und Gewährträgerhaftung bei Sparkassen und die Zwischenstaatlichkeitsklausel in Art 87 EGV, EuZW 2000, 364
OEBBECKE/BAUER/PÜNDER (Hrsg), Perspektiven der kommunalen Sparkassen, Schriftenreihe des Freiherr-vom-Stein-Instituts an der Universität Münster Bd 32 (2000)
OEBBECKE, Das Europarecht als Katalysator der Sparkassenpolitik, VerwA 93 (2002) 278
OSSENBÜHL, Grundfragen zum Rechtsstatus der Freien Sparkassen (1979)
PÜTTNER, Das Sparkassenrecht in Deutschland – Entwicklung und Tendenzen, Zs f d ges Kreditwesen 1994, 840
QUARDT, Zur Abschaffung der Anstaltslast und Gewährträgerhaftung, EWR 2002, 424
SCHLIERBACH/PÜTTNER, Das Sparkassenrecht in der Bundesrepublik Deutschland und in West-Berlin (3. Aufl 1994)
SCHMID/VOLLMÖLLER, Öffentlich-rechtliche Kreditinstitute und EU-Beihilferecht, NJW 1998, 716
SCHMIDT, Der öffentliche Auftrag der Sparkassen, Zs f d ges Kreditwesen 1968, 1024
SCHMITT/WEIGAND, Sparkassen in der Bewährung – Wettbewerbsveränderungen und Europäischer Binnenmarkt, Städte- und Gemeindebund 1988, 579
SCHMITT/WELLBROCK, Freie Sparkassen und Regionalprinzip (1979)
SCHMUTZLER, Die freien öffentlichen Sparkassen im Wettbewerb, ihre Entwicklung sowie ein rechtlicher und rechtstatsächlicher Vergleich zu

Karl-Dieter Albrecht

den öffentlich-rechtlichen Sparkassen und privaten Großbanken des örtlichen Wettbewerbs (Diss Kiel 1981)

STREINZ, Die kommunalen Sparkassen in der Rechtspolitik, Bitburger Gespräche, Jahrbuch 2002 (2003)

TIEDEKEN, Öffentlicher Auftrag kommunaler Sparkassen, Der Landkreis 1989, 323

THODE/PERES, Anstalten des öffentlichen Rechts im Spannungsfeld zwischen deutschem und europäischem Recht – Anstaltslast und Gewährträgerhaftung bei kommunalen Sparkassen und Landesbanken, VerwA 89 (1998) 439

WAGNER, Grenzen unbeschränkter Haftung, Zs f d ges Kreditwesen 1978, 62

WEBER, Die kommunalen Sparkassen, Bitburger Gespräche, Jahrbuch 2002 (2003)

WEIDES/BOSSE, Rechtsprechung zum Sparkassenrecht (1981); 2. Folge (1984); vgl dazu auch HEINEVETTER DÖV 1985, 1032; 3. Folge (1991) dazu KÖSTER DVBl 1993, 1107; PÜTTNER/BRÜHL DÖV 1993, 264

WIESEL, Sparkassen und Landesbanken auf dem Prüfstand des europäischen Wettbewerbsrechts, ZBB 2002, 288

ZIEGLER, Die Sparkassen und ihre Zukunft: Rolle und Merkmale der Sparkassenorganisation in Deutschland, Der Bürger im Staat 1997, 27

ZOTZ, Keine Geltung des öffentlichen Sparkassenrechts für freie Sparkassen, EWiR 1989, 1215

ZÜGEL, Sparkassenrecht im Wandel, WM IV 1992, 1934.

2. Zum Gesetz über das Kreditwesen

BECK, Gesetz über das Kreditwesen (Loseblatt)

BOOS/FISCHER/SCHULTE-MATTLER, Kreditwesengesetz (2. Aufl 2004)

CONSBRUCH/MÖLLER/BÄHRE/SCHNEIDER, Kreditwesengesetz, Kommentar (Loseblatt)

HALLER, Entwicklung und Wesen der Staatsaufsicht über die kommunalen Sparkassen unter besonderer Berücksichtigung der verfassungsrechtlichen Grenzen der Bundesaufsicht (Diss Würzburg 1970)

IGELSPACHER, Die Bundeszuständigkeit im kommunalen Sparkassenwesen (Diss München 1971)

IMPELMANN, Abgrenzung der Gesetzgebungskompetenzen zwischen Bund und Ländern auf dem Gebiet des Kredit- und Sparkassenwesens unter bes Berücksichtigung der Eigenkapitalbildung (Diss Köln 1990)

JAKOB, Die Sparkassen und der Einfluß des Bundesgesetzgebers insbes auf Vorstandsbesetzungen (1990)

KÖNDGEN, Die Entwicklung des privaten Bankrechts in den Jahren 1999–2003, NJW 2004, 1288

LEHNHOFF, Kreditwesengesetz (4. Aufl Loseblatt)

NIRK, Kreditwesengesetz (10. Aufl 1996)

REISCHAUER/KLEINHANS, Kreditwesengesetz (Loseblatt)

SCHMIDT, Gesetzgebungskompetenz des Bundes für das Sparkassenrecht, in: FS Bärmann (1975) 837

SCHORK, Gesetz über das Kreditwesen (19. Aufl 1995)

SZAGUNN/HAUG/ERGENZINGER, Gesetz über das Kreditwesen (6. Aufl 1997).

3. Zum zivilrechtlichen Geschäftsbetrieb der Sparkassen

Vgl dazu die Literaturangaben in STAUDINGER/MARBURGER (2002) zu § 808 BGB sowie zur älteren Literatur STAUDINGER/KRIEGBAUM[12] zu Art 99 EGBGB.

4. Zur öffentlich-rechtlichen Organisation der Sparkassen

ASCHAUER, Von der Ersparungscasse zur Sparkassenfinanzgruppe: Die deutsche Sparkassenorganisation in Geschichte und Gegenwart (1991)

FREIHERR VON BABO, Sparkassen und Steuerprivilegien – Die Abschaffung der Steuerprivilegien der öffentlich-rechtlichen Sparkassen unter Berücksichtigung ihrer Stellung als kommunale Einrichtungen (1991); dazu KÖSTER DVBl 1993, 571 und DÜLP BayVBl 1993, 222

BALES, Allgemein- und sparkassenrechtliche Aspekte bei Sparkassenfusionen, Spark 1993, 285

ders, Rechtliche Aspekte bei der Fusion von Sparkassen, Zs f d ges Kreditwesen 1993, 520

BÖHM, Umfang und Grenzen der Satzungsbefugnis von Sparkassenverbänden, DÖV 2004, 650

CLAUSSEN, Teilprivatisierung kommunaler Sparkassen? – Ökonomische und rechtliche Rahmenbedingungen für eine Beteiligung Privater an den kommunalen Kreditinstituten (1990); dazu PÜTTNER DVBl 1993, 171

ENGELSING, Zahlungsunfähigkeit von Kommunen und anderen juristischen Personen des öffentlichen Rechts (1999); dazu WEHR BayVBl 2000, 575

FAISST, Sparkasseneinheit durch organisierten Sparkassenverbund, Spark 1980, 424

FISCHER, Die Geschäftsbeschränkungen der Sparkassen, Spark 1976, 142

FISCHER, R, Sparkassenstruktur und Privatisierung, Spark 1992, 567

GRAMLICH, Stellung und Aufgaben öffentlicher Banken am Beispiel der Sächsischen Landesbank, SächsVBl 1993, 241; 271

GUNDLACH, Die Insolvenzfähigkeit juristischer Personen und Vermögen des öffentlichen Rechts, DÖV 1999, 815

HAUSCHKA, Die Dienstrechtsstellung der Vorstandsmitglieder der öffentlich-rechtlichen Sparkassen (1981)

HORBACH, Recht und Praxis der Bestellung und Abberufung von Vorstandsmitgliedern bei Sparkassen, Spark 1980, 75

JOOSS, Rechtliche Beurteilung der gemeinsamen Grundstücksverkehrsgesellschaften von Gebietskörperschaften und örtlichen Sparkassen (S-Grundverkehrsgesellschaften), BayVBl 1994, 193

KÖHLER, Kommunale Bindung – ein Eckpfeiler der Sparkassenidee, Der Landkreis 1993, 537

KOENIG, Die unfreiwillige Mehrbelastung von Pflichtmitgliedern in öffentlich-rechtlichen Zwangskörperschaften, GewA 1995, 353

KOCH, Kommunale Finanzkrise und Verkauf kommunaler Sparkassen, NVwZ 2004, 578

KRAUJUTTIS, Ist die Genehmigung eines Sparkassenzusammenschlusses durch die Sparkassenaufsichtsbehörde rückwirkend möglich?, NdsVBl 2001, 161

LÖWER, Privatisierung von Sparkassen – kritische Anmerkungen zu den Vorschlägen der Monopolkommission, Zs f Bankrecht 1993, 108

LUTTER, Pflichten und Haftung von Sparkassenorganen (1991)

MÖSCHEL, Privatisierung der Sparkassen – zu den jüngsten Vorschlägen der Monopolkommission, WM 1993, 93

NIERHAUS, Zur kommunalen Bindung und Aufgabenstellung der Sparkassen, DÖV 1984, 662

NIERHAUS/STERN, Regionalprinzip und Sparkassenhoheit im europäischen Bankenbinnenmarkt (1992)

OEBBECKE, Rechtsfragen der Eigenkapitalausstattung der kommunalen Sparkassen (1980); dazu ROST-HAIGIS BayVBl 1982, 416

PICOZZI, Rechtsschutz juristischer Personen des öffentlichen Rechts gegen Organisationsakte des Staates, Teil II: für kommunale Sparkassen, MDR 1981, 7

PÜTTNER, Zur Eigenkapitalausstattung der Sparkassen – insbesondere zur Verfassungsmäßigkeit der Nichtanerkennung der Gewährträgerhaftung als Eigenkapital-Surrogat (1983); dazu OEBBECKE DVBl 1983, 250

REHM, Öffentlich-rechtliche Sparkassen: Privatisierung, weil erfolgreich im Wettbewerb?, WM 1993, 113

ders, Diskussion über Sparkassenprivatisierung – eine Herausforderung, Spark 1993, 173

SCHEIKE, Rechtliche Voraussetzungen für die materielle Privatisierung kommunaler Sparkassen – Eine Untersuchung unter Berücksichtigung der Rechtsform der eingetragenen Genossenschaft (2004)

SCHMIDT, Die Sicherungsfonds der Sparkassenorganisation, Spark 1976, 86

G A SCHMIDT, Sparkassenverbände im intermediären Raum zwischen Ökonomie und Politik (1990 = Diss Köln)

J SCHMIDT, Zur Privatisierungsdiskussion in der Sparkassenorganisation, BWVPr 1993, 198

SIEBELT, Der Zugang der Sparkassen zum Verfassungsgericht, BayVBl 1989, 521

STERN/DIETLEIN, Zur Problematik vertraglicher Regelungen über die Besetzung der Verwaltungsratsmandate einer kommunalen Sparkasse, NWVBl 1995, 361

STERN/NIERHAUS, Das Regionalprinzip im öffentlich-rechtlichen Sparkassenwesen (1991); dazu STOBER DÖV 1993, 540; DVBl 1993, 907

Karl-Dieter Albrecht

TERPITZ, Die Zuordnung der öffentlich-rechtlichen Sparkassen zur hoheitlichen öffentlichen Verwaltung, DÖV 1969, 740

ders, Sind Sparkassen Teile von Kommunalkonzernen?, Spark 1979, 257

VÖLTER, Aufgaben und Pflichten von Verwaltungsräten (1993)

VONDERHEID, Grenzen der Privatisierung von Sparkassen, Zs f öffentl u gemeinwirtschaftl Unternehmen 1991, 269

WEIDES, Zur Eigenständigkeit des Sparkassenrechts gegenüber dem Kommunalrecht, DÖV 1984, 41

WOLFF, Wieviel Freiheit vom Staat? – Sparkassenorgane zwischen Managerhaftung und öffentlichem Dienstrecht, WM 1992, 36.

5. Zu den Landessparkassengesetzen
a) Baden-Württemberg

Bad Sparkassen- u Giroverband, Württ Sparkassen- u Giroverband (Hrsg), Sparkassenrecht Baden-Württemberg (Loseblatt)

DÜRR, Die fachliche Eignung des Verhinderungsvertreters im Sparkassenrecht Baden-Württembergs, Spark 1993, 336

GABERDIEL, Das neue Sparkassenrecht in Baden-Württemberg, Die Gemeinde (Bad-Württ) 1992, 201

KLÜPFEL/GABERDIEL, Das Sparkassenrecht in Baden-Württemberg (6. Aufl 2001)

KLÜPFEL, Handbuch des Sparkassenrechts in Baden-Württemberg (Loseblatt)

MÜNSCH, Sparkassenrecht im Lande Baden-Württemberg

(ohne Verfasser), Die badische Sparkassenorganisation, Die Gemeinde (Bad-Württ) 1992, 322.

b) Bayern

BERG, Zur Haftung von Vorstandsmitgliedern der Sparkassen in Bayern, BayVBl 2000, 385

ders, Zur Kündigung der Mitgliedschaft in einem Sparkassenzweckverband, BayVBl 2003, 289

DÜLP, Bayerisches Sparkassenrecht (Loseblatt)

HEUSER/GEIGER, Das Recht der bayerischen Sparkassen (6. Aufl 1980)

HOFMANN, Kommunale Neugliederung in Bayern und Sparkassenorganisation, BayVBl 1990, 641

SCHWINDEL/SCHOBER, Die Sparkassen in Bayern, Praxis der Kommunalverwaltung, Teil Bayern L 17 Bay (Loseblatt)

SPIETHOFF, Ungewollt zur Größe – Geschichte der bayerischen Sparkassen (1968)

SPRAU/PAPISTELLA, Justizgesetze in Bayern (1988) Anm zu Art 31 ff BayAGBGB.

c) Bremen

HENZE, Das bremische Sparkassenrecht für Bremerhaven, Spark 1959, 66.

d) Hamburg

AHRENS, Eine Bank ohne Eigentümer: Die Hamburger Sparkasse, in: ASCHE/GÜNDISCH/SEELER/THIEME, Recht und Juristen in Hamburg (1994) 185

DROESE, Verschmelzung von zwei Sparkassen („Hamburger Sparkasse von 1827" und „Neue Sparkasse von 1864 in Hamburg" zur „Hamburger Sparkasse"), MDR 1973, 25.

e) Hessen

SCHLIERBACH, Hessisches Sparkassengesetz (5. Aufl 1981)

ders, Hessische Mustersatzungen A und B für kommunale Sparkassen (1963)

ders, Änderungen der Mustersatzungen A und B und der Beleihungsgrundsätze für Sparkassen in Hessen, Spark 1963, 41

ders, Die dritten Änderungen der Mustersatzungen A und B für Sparkassen in Hessen, Spark 1964, 22

WAHL/APPEL, Hessisches Sparkassenrecht (1984).

f) Niedersachsen

BERGER, Sparkassengesetz für das Land Niedersachsen (2000)

GERNER/GIESING, Sparkassenrecht in Niedersachsen (3. Aufl 1969).

g) Nordrhein-Westfalen

HEINEVETTER/ENGAU/MENKING, Sparkassengesetz Nordrhein-Westfalen (3. Aufl Loseblatt)

KIRCHHOF, Die Rechtspflicht zur Übertragung von Zweigstellen nach einer kommunalen Neugliederung, Voraussetzungen und Inhalt der Übertragungspflicht, dargestellt am Beispiel des Sparkassengesetzes Nordrhein-Westfalen (1984); dazu HEINEVETTER DÖV 1985, 887

OECKINGHAUS/WOLF/HENKE, Sparkassenrecht im Land Nordrhein-Westfalen

ROTHE, Sparkassengesetz für das Land Nordrhein-Westfalen (3. Aufl 1976)

WEBER, Die Begründung und Beendigung der Rechtsverhältnisse zwischen Sparkassen bzw der Landesbank und ihren Vorstandsmitgliedern in Nordrhein-Westfalen (Diss Bielefeld 1988).

h) Rheinland-Pfalz

HÄUSER, Das sparkassenrechtliche Regionalprinzip in der jüngeren Rechtsprechung des OVG Rheinland-Pfalz, in: FS Gitter zum 65. Geb (1995) 331

OCHMANN/DIETRICH, Sparkassengesetz Rheinland-Pfalz (5. Aufl 1994)

ZUBER, Das Sparkassenrecht in Rheinland-Pfalz, Praxis der Kommunalverwaltung, Teil Rheinland-Pfalz L 17 Rh-Pf (Loseblatt).

i) Saarland

BURMEISTER/BODENHEIM, Die Organisation des Sparkassenwesens im Stadtverband Saarbrücken (1981)

KRIECHBAUM, Neues saarländisches Sparkassenrecht, Spark 1975, 179

WEIDES, Zur Gemengelage zwischen Kreis- und Stadtsparkassen, Spark 1987, 215.

k) Sachsen

RADAU/WITTLINGER, Das Sparkassengesetz des Freistaates Sachsen, FiWi 1994, 115

GRAMLICH, Stellung und Aufgaben öffentlicher Banken am Beispiel der Sächsischen Landesbank, SächsVBl 1993, 241; 271.

l) Schleswig-Holstein

KRÜGER, Sparkassengesetz für das Land Schleswig-Holstein (2000).

6. Zum Bausparkassenrecht

FÖRGER, Teilrechtsfähigkeit rechtlich unselbständiger Anstalten des öffentlichen Rechts (Landesbausparkassen als unselbständige Anstalten der Girozentralen), BayVBl 1972, 10

LAUX, Novelliertes Bausparkassenrecht – erweitertes Geschäftsfeld, Die Bank 1991, 564

LEHMANN/SCHÄFER/CZIRPKA, Bausparkassengesetz und Bausparkassenverordnung (4. Aufl 1992)

SCHIEBEL, Bausparen – Hilfe zur Selbsthilfe (3. Aufl 1997)

TÖRNER, Die Landesbausparkassen – Öffentliche Bausparkassen im Verband der Sparkassen, Spark 1979, 319.

7. Zur steuerrechtlichen Förderung des Sparens

GERARD/KUNZE/SCHÄFER, Sparprämiengesetz (3. Aufl 1964)

GIESE, Das Sparprämiengesetz – Ziel und Wirkungen – eine Bestandsaufnahme, Spark 1980, 367

STÄUBER/WALTER, Wohnungsbauprämiengesetz und steuerliche Bausparförderung (12. Aufl 1997).

Systematische Übersicht

Karl-Dieter Albrecht

Alphabetische Übersicht

I. Entstehung

Dieser Artikel wurde in der II. Komm aufgestellt. Veranlassung hierzu gab der § 12 **1**
des elsaß-lothringischen Gesetzes vom 14. 7. 1895, welcher die Sparkassen ermächtigte, an Ehefrauen und Minderjährige die von ihnen gemachten Einlagen bei Sparkassen auch ohne Zustimmung des Ehemannes oder gesetzlichen Vertreters zurück-
zuzahlen. Es bestand der Wunsch, einen Vorbehalt für die Landesgesetzgebung zur
Ermöglichung der Aufrechterhaltung dieses Gesetzes zu machen. Mit Rücksicht auf
die sozialpolitische Bedeutung des Sparkassenwesens und im Hinblick darauf, daß
auch Preußen und Hessen damals Gesetze über die Sparkassen vorbereiteten, er-
achtete die Kommission es für zweckmäßiger, den Vorbehalt allgemeiner zu fassen
und die Regelung des Sparkassenwesens, soweit es sich um privatrechtliche Normen
handelte, vollständig und nur mit den beiden in diesem Artikel selbst gemachten
Ausnahmen der Landesgesetzgebung zu überlassen (Prot VI 618–620; Mat 60).

II. Begriff der „öffentlichen" Sparkasse

Art 99 erlaubt landesgesetzliche Vorschriften über die öffentlichen Sparkassen. Was **2**
unter **„öffentlichen Sparkassen"** zu verstehen ist, hat der Gesetzgeber nicht geregelt,
sondern setzt dies als bekannt voraus.

1. Sparkasse

Unter einer **Sparkasse** wurde nach der historischen Entwicklung eine Institution
verstanden, die das Ziel verfolgt, auch minderbemittelten Bevölkerungsschichten
Gelegenheit zur sicheren und verzinslichen Anlegung von Ersparnissen zu geben
und dem Kreditbedürfnis gerade dieser Bevölkerungsschichten zu dienen (vgl BVerf-
GE 75, 192/198 f [= DVBl 1987, 844/845 = DÖV 1987, 819/820 = NVwZ 1987, 879/880 = BayVBl
1987, 590/591 = MDR 1987, 813/814]; SächsVerfGH DVBl 2001, 293 mit Anm v Hennecke 301
[= LKV 2001, 216 mit Anm v Becker 201]; Siebelt, Der Zugang der Sparkassen zum Verfassungsgericht, BayVBl 1989, 521/522; vgl heute auch zB die Definition in Art 2 Abs 1 S 1 des Bayer
Sparkassengesetzes idF der Bek vom 1. 10. 1956, BayRS 2025-1-I, zuletzt geändert durch Ges vom
24. 12. 2002, BayGVBl 962). Die Sparkasse war also die **„Bank des kleinen Mannes"**, für
den die bestehenden Privatbanken damals kein Interesse zeigten. Sie war – und ist
dies auch heute noch – eine soziale Einrichtung der Daseinsvorsorge, um jedermann
auch in kleinem Umfang Bankgeschäfte zu ermöglichen (BVerfG aaO).

Auf Grund der nach dem 2. Weltkrieg eingetretenen wirtschaftlichen Entwicklung
haben sich zwar die Geschäftsbereiche der Sparkassen und der Privatbanken weitgehend angeglichen, so daß diese **Daseinsvorsorgefunktion** heute nur noch eine
geringere Rolle spielt; sie **prägt** aber **immer noch den Charakter der Sparkassen**, bei
denen weiter der entscheidende Akzent der Geschäftstätigkeit in der Unterordnung
des Gewinnstrebens unter diese Zielsetzung liegt und denen daher verboten ist,
Gewinnerzielung und -maximierung zum hauptsächlichen Ziel der Geschäftspolitik

Karl-Dieter Albrecht

zu machen (BVerfGE aaO 199 f; BayVerfGHE 38, 118 [= DVBl 1986, 39/41]; NRWVerfGH, NJW 1980, 2699; SächsVerfGH DVBl 2001, 293). Sie haben sich vielmehr vom **Gemeinnützigkeitsprinzip** leiten zu lassen (BVerwG WM 1967, 1203; Dülp, Bayer Sparkassenrecht, Einleitung B II).

Von daher begegnet die von der Monopolkommission angestoßene Diskussion über eine vollständige **Privatisierung der Sparkassen**, die diese Aufgabe gefährden würde, erheblichen Bedenken (vgl dazu insbes Möschel WM 1993, 93; Rehm WM 1993, 11; Derleder ZRP 1999, 139; Koch NVwZ 2004, 578). Insbesondere ist zu bedenken, daß sich heute bereits zahlreiche Kreditinstitute – sogar Sparkassen! – weigern, für besonders sozial schwache Personen, vor allem Sozialhilfeempfänger und Obdachlose, Konten zu führen, andererseits die Sozialverwaltungen kein Bargeld mehr auszahlen, sondern auf einer Überweisungsmöglichkeit bestehen. Gerade für diesen Personenkreis ist die Erhaltung der Daseinsvorsorgefunktion der nicht privatrechtlich organisierten Sparkassen sehr wichtig und kann auf einfache Weise aufrechterhalten werden, während entsprechende einschränkende gesetzliche Bestimmungen gegenüber privatrechtlich organisierten Sparkassen auf verfassungsrechtliche Schwierigkeiten stoßen könnten (vgl zu ähnlichen Versuchen, mißliebigen politischen Organisationen die weitere Kontenführung zu verweigern BGH NJW 2003, 1658 [= DVBl 2003, 942]; DÖV 2004, 439; zum richtigen Rechtsweg für solche Streitigkeiten vgl OVG Münster NWVBl 2004, 479; OVG Berlin NJW 2004, 3585). Dies gilt auch für die neuerdings wegen der Finanznot der kommunalen Träger ins Auge gefaßte Veräußerung von Sparkassen an private Kreditinstitute, die zu einer indirekten Privatisierung der Sparkassen führen und den gleichen sozialpolitisch nicht hinnehmbaren Effekt auslösen würde. Dem kann aber mit der insoweit bestehenden Genehmigungspflicht entgegengesteuert werden.

Dementsprechend kann sich auch nicht jedes Kreditinstitut „Sparkasse" nennen. Nach **§ 40 Abs 1 Nr 1 und 2** des **Gesetzes über das Kreditwesen (KWG)**, jetzt idF der Bek vom 9.9. 1998 (BGBl I 2776), zuletzt geändert durch Ges vom 5.4. 2004 (BGBl I 502), dürfen nur öffentlich-rechtliche Sparkassen, die eine Erlaubnis nach § 32 KWG besitzen, und Unternehmen, die bei Inkrafttreten dieses Gesetzes eine solche Bezeichnung nach den bisherigen Vorschriften befugt geführt haben, die **Bezeichnung „Sparkasse" führen**.

2. Entwicklung des Begriffs „öffentlich"

3 Art 99 bezieht seine Ermächtigung zu landesrechtlichen Vorschriften nun aber nicht auf alle Sparkassen, sondern nur auf **„öffentliche"**. Wie der Wortlaut dieser Einschränkung bereits nahelegt, können damit **nicht allein die öffentlich-rechtlich organisierten Sparkassen** gemeint sein, sondern darüber hinaus auch ein Teil der anderen Unternehmen, die die Eigenschaft einer „öffentlichen" Sparkasse besitzen. Auch dies geht auf die historische Entwicklung des Sparkassenrechts zurück.

Am Anfang der **Entwicklung des Sparkassenwesens** in Deutschland stand eine private Initiative, die aus sozialer Gesinnung die „Ersparniskasse" innerhalb der bereits 1778 errichteten „Allgemeinen Versorgungsanstalt" in Hamburg gründete und damit den Gedanken der Sparkasse erstmals in die Tat umsetzte. Ihr folgten alsbald mehrere ebenfalls **privat getragene** weitere **Sparkassen** in anderen deutschen Staaten nach. Seit 1801 nahmen sich dann die Kommunen dieses Gedankens an und schufen nach und nach als **unselbständige soziale Einrichtungen der Gemeinden** Sparkassen mit dem Rechtscharakter eines von der Gemeinde gesondert behandelten **Sondervermögens.** Die heute übliche rechtliche Verselbständigung der kommunalen Sparkassen wurde erst durch die Dritte Notverordnung des Reichspräsidenten vom 6. 10. 1931 (RGBl I 537) eingeführt (vgl BVerfGE aaO 198; SIEBELT 552; MURA, Zur Geschichte des deutschen Sparkassenrechts von den Anfängen bis 1945, Spark 1983, 69 ff; ASCHAUER, Von der Ersparungscasse zur Sparkassenfinanzgruppe: die deutsche Sparkassenorganisation in Geschichte und Gegenwart [1991]).

Der Gesetzgeber fand also bei der Schaffung des Art 99 zweierlei rechtlich unterschiedlich verfaßte Arten von Sparkassen vor, für die er den Ländern insgesamt privat-rechtliche Gesetzgebungsrechte vorbehalten wollte. Allerdings sollten **nur besonders leistungsfähige und sichere Sparkassen** landesgesetzlicher Regelung geöffnet werden, was mit deren Einstufung als **„öffentlich"** gemeint ist. Dabei ist es der Ländergesetzgebung überlassen, festzulegen, welche Sparkassen als „öffentlich" anzusehen sind (§ 10 Abs 2a S 1 Nr 4 KWG; vgl schon RGZ 117, 261 [= JW 1927, 2623]).

3. Heutiges Verständnis

Unter **„öffentlichen" Sparkassen** sind daher **heute** zu verstehen: **4**

a)   Die **öffentlich-rechtlich organisierten Sparkassen** im Sinne des § 40 Abs 1 Nr 1 KWG und der einzelnen Ländersparkassengesetze. Es handelt sich dabei auf Grund der insoweit übereinstimmenden Landesgesetze um **selbständige rechtsfähige Anstalten des öffentlichen Rechts**, die errichtet und weiter unterstützt werden von Gemeinden, Gemeindeverbänden oder kommunalen Zweckverbänden (Träger), unter entsprechender öffentlich-rechtlicher Aufsicht sowohl nach dem KWG wie zusätzlich nach den Sparkassengesetzen (§ 52 KWG) stehen und wegen ihrer Daseinsvorsorgefunktion über die im KWG für alle Kreditinstitute festgelegten Beschränkungen hinaus nach Maßgabe der Sparkassengesetze weiteren besonderen Beschränkungen unterliegen. Davon abgesehen sind sie aber befugt, das gesamte Bankgeschäft zu betreiben, also nicht nur das ursprüngliche kleine Spar- und Kreditgeschäft, sondern auch das sonstige Einlagengeschäft, sowie das allgemeine Kredit-, Darlehens- und Verwahrungsgeschäft und den bargeldlosen Zahlungsverkehr (Spar-Giro-Verkehr) über Spitzeninstitute, nämlich die regionalen Girozentralen (Landesbanken) und die Deutsche Girozentrale, zu pflegen. Die bis zum 18. 7. 2005 die öffentlich-rechtlichen Sparkassen prägende und sie von privaten Kreditinstituten unterscheidende unbeschränkte **Gewährhaftung** der kommunalen Träger für alle ihre Verbindlichkeiten wurde allerdings auf Druck der Europäischen Kommission, veranlaßt aber auch vom privaten Kreditgewerbe, wegen angeblich wettbewerbsverfälschender und damit EGV-widriger staatlicher Beihilfen **ab 19. 7. 2005 aufgegeben**. Seitdem haften auch die Sparkassen nur noch selbst mit ihrem gesamten Vermögen für ihre Verbindlichkeiten. Zum Teil wird deshalb heute versucht, durch einen Haftungszusammenschluß mit den Landesbanken sich der bisherigen Einlagensicherheit wieder anzunähern (vgl zu dessen verfassungsrechtlicher Zulässigkeit, unabhängig von Freiwilligkeit, auch SächsVerfGH DVBl 2001, 293 [= LKV 2001, 216]). Im übrigen werden auch die Sparkassen gezwungen sein, vereinnahmte Kundengelder über eine Sicherungseinrichtung (§ 23a Abs 1 S 1 KWG) abzusichern, um die erforderliche Sicherheit aufrechterhalten zu können.

5 b)   Die sog **freie Sparkassen** oder **Sparkassen des Privatrechts**, die bereits **vor Inkrafttreten des KWG** (in der ursprünglichen Fassung am 1.1.1962, § 65 KWG) **bestanden**, die Bezeichnung Sparkasse führen durften (§ 40 Abs 1 Nr 2 KWG) oder durch Umwandlung aus solchen Sparkassen neu gegründet werden (§ 40 Abs 1 Nr 3 KWG) **und als öffentliche Sparkassen anerkannt sind** (§ 10 Abs 2a S 1 Nr 4 KWG). Ausdrückliche Regelungen über öffentliche Sparkassen des Privatrechts enthält dabei – soweit ersichtlich – nur das Sparkassengesetz des Landes Schleswig-Holstein. Notwendig für die Anerkennung ist danach, daß die **Sparkasse von einer Stiftung, einem rechtsfähigen Verein oder einer Aktiengesellschaft betrieben wird** (vgl § 33 Abs 1 S 1 Sparkassengesetz für das Land Schleswig-Holstein idF vom 9.2.2005, GVOBl SchlH 111). Sie müssen ebenso wie die öffentlich-rechtlich organisierten Sparkassen **offen für einen unbeschränkten Einlegerkreis** und **gemeinnützig** sein und unterliegen in gleicher Weise **staatlicher Aufsicht** (vgl dazu auch OVG Lüneburg Spark 1969, 94). Anders als die öffentlich-rechtlichen Sparkassen hatten sie aber von jeher keinen Gewährträger. Während § 33 Abs 1 S 1 SparkG SchlH diesen Voraussetzungen entsprechenden Sparkassen kraft Gesetzes die Eigenschaft von „öffentlichen" Sparkassen verleiht, bedürfen die in den anderen Bundesländern bestehenden privaten Sparkassen einer ausdrücklichen staatlichen Anerkennung durch behördliche Einzelentscheidung, um die Eigenschaft „öffentlich" zu erlangen. Möglich ist aber auch eine Rechtsverordnung (so für die Vorgängerin der jetzigen Hamburger Sparkasse AG VO des Senats der Freien und Hansestadt Hamburg vom 1.12.1899; vgl dazu RGZ 117, 261; BVerwGE 69, 11 [= Buchholz 451.61 KWG Nr 14 = DVBl 1984, 789 = NVwZ 1987, 221]).

Insgesamt existieren zur Zeit im Bundesgebiet noch 15 öffentliche Sparkassen des Privatrechts, zB in Bremen, Frankfurt/Main (sie soll aber von der [öffentlich-rechtlichen] Hessischen Landesbank übernommen werden), Hamburg und Lübeck, von denen 13 im Verband der Deutschen Freien Öffentlichen Sparkassen eV zusammengeschlossen sind.

Vgl zum ganzen auch SICHTERMANN, Das Recht der Mündelsicherheit (3. Aufl 1980) 41 ff; STOLZENBURG, Die rechtliche Sonderstellung der Freien Sparkassen im deutschen Sparkassenwesen (1956); Bericht der Bundesregierung über die Untersuchung der Wettbewerbsverschiebungen im Kreditgewerbe und über eine Einlagensicherung (sog Bankenenquete) vom 18.11.1968, BT-Drucks V/3500.

4.   Keine „öffentlichen" Sparkassen

6 **Nicht** zu den **öffentlichen Sparkassen** zählen dagegen:

a)   die privaten und öffentlich-rechtlich organisierten **Bausparkassen**. Dabei handelt es sich um Unternehmen des privaten oder des öffentlichen Rechts, deren Geschäftsbetrieb auf die zweckgerichtete Ansammlung von Sparkapital der durch einen Bausparvertrag mit ihnen in Vertragsbeziehungen stehenden Bausparer einerseits und die mittelfristige Darlehensgewährung für Bauzwecke durch die Bausparkasse andererseits gerichtet ist, ferner auf alle mit dem Erwerb und der Errichtung von Gebäuden zusammenhängenden Rechtsgeschäfte. Im Gegensatz zu den öffentlichen Sparkassen nehmen die Bausparkassen nicht am allgemeinen Spar- und sonstigen Bankenverkehr teil. Zu den öffentlich-rechtlichen Bausparkassen zählen auch die bei Girozentralen (Landesbanken) oder anderen öffentlichen Trägerinstituten

des Sparkassenwesens eingerichteten, rechtlich unselbständigen Abteilungen derselben, vor allem die Landesbausparkassen.

Rechtsgrundlage für die Bausparkassen ist das Gesetz über Bausparkassen idF der
Bek vom 15. 2. 1991 (BGBl I 454), zuletzt geändert durch Ges vom 5. 4. 2004 (BGBl I
502).

b)   die **Spar- und Darlehenskassen**, die nach § 40 Abs 2 KWG diese Bezeichnung
führen dürfen. Es handelt sich dabei um privatrechtliche (Raiffeisen-)Kreditgenos-
senschaften im Sinne des § 1 Abs 1 Nr 1 des Genossenschaftsgesetzes, jetzt idF der
Bek vom 19. 8. 1994 (BGBl I 2203), zuletzt geändert durch Ges vom 10. 12. 2001 (BGBl
I 3414), die ebenso wie die **Eisenbahn-Spar- und Darlehenskassen** (Sparda) und die
Post-Spar- und Darlehenskassen oder Unternehmen mit ähnlichen Bezeichnungen
Genossenschaften, dh privatrechtliche Personenzusammenschlüsse in der Form
einer juristischen Person des Privatrechts zum Zweck der Selbsthilfe, darstellen und
nur ihren Mitgliedern offenstehen (vgl dazu PAULICK, Das Recht der eingetragenen Genossenschaften [1956] 68, 70; FAUST, Genossenschaftswesen [1969] 105, 121; LANG/WEIDMÜLLER, Ge-
nossenschaftsgesetz [29. Aufl 1971] § 1 Anm 1 und 5).

c)   die privaten **Spar- und/oder Darlehensvereine** in der Form rechtsfähiger oder
nichtrechtsfähiger Vereine des BGB.

d)   der von dem Nachfolgeunternehmen der Deutschen Bundespost POSTBANK,
der jetzigen Deutschen Postbank AG, nach der Postsparkassenordnung betriebene
Postsparkassendienst. Seit der Privatisierung dieses Nachfolgeunternehmens der
Deutschen Bundespost POSTBANK betreibt dieses zwar auf privatrechtlicher
Grundlage Bankgeschäfte und gilt auch nach § 64 S 1 KWG als erlaubt im Sinne
des § 32 KWG. Die Sparkassengeschäfte stellen aber, wie bei den privatrechtlichen
Banken auch, nur einen unselbständigen Teil der Bankgeschäfte dar.

III.   Inhalt des Vorbehalts

1.   Privatrechtliche Vorschriften

Durch den Vorbehalt des Art 99 soll den Ländern die Möglichkeit eingeräumt **7**
werden, im Bereich dieses „öffentlichen" Sparkassenwesens **privatrechtliche Vorschriften ergänzend zu, aber auch abweichend von den Vorschriften des BGB** zu erlassen. Nachdem herkömmlicherweise auf dem Gebiet des Sparkassenwesens unterschieden wird zwischen dem Sparkassenverfassungs- und -organisationsrecht als
formellen Sparkassenrecht und dem die Geschäftspolitik und Geschäftsführung
betreffenden materiellen Sparkassenrecht (BVerwG BayVBl 1987, 630/631), kommen
die **vorbehaltenen privatrechtlichen Regelungen** dabei bezüglich der **privatrechtlich
verfaßten „öffentlichen" Sparkassen** sowohl hinsichtlich deren **Organisation** wie auch
für den **Geschäftsbetrieb** in Betracht. Bei den **öffentlich-rechtlich organisierten Sparkassen** kann die Ermächtigung dagegen lediglich Regelungen des auch bei ihnen
privatrechtlich erfolgenden Geschäftsbetriebes betreffen. Eines Vorbehalts für die
öffentlich-rechtliche Organisationsform zu Gunsten der Länder bedurfte es nicht;
dies war auch nicht beabsichtigt. Für diese Sparkassenform ist der Wortlaut daher zu
weit und muß einschränkend interpretiert werden. Dies ergibt sich auch aus den in

Art 99 enthaltenen Einschränkungen für die landesrechtlichen Regelungen. Denn diese beziehen sich allein auf Materien des privatrechtlichen Geschäftsbetriebs.

2. Einschränkungen im Vorbehalt

8 Der **Vorbehalt** für landesrechtliche Regelungen wird in Art 99 allerdings **in zweifacher Beziehung** für Regelungen über den Geschäftsbetrieb **eingeschränkt**.

a) Keine Einschränkung des § 808 BGB

Die Vorschriften des **§ 808 BGB** können **nicht** durch landesgesetzliche Regelungen **ausgeschaltet oder eingeschränkt** werden. Der (jetzt: Bundes-)Gesetzgeber ordnet die von den öffentlichen Sparkassen seit jeher über die Spareinlagen ausgestellten Spar(kassen)bücher unter die in § 808 BGB geregelten „Wertpapiere" ein und bestimmt abschließend deren Rechswirkung. **Sparbücher** sind danach nach hM **sog qualifizierte Legitimationspapiere** (vgl BGHZ 28, 368/370; 46, 198/202; STAUDINGER/MARBURGER (2002) § 808 BGB Rn 49; **aA** MünchKomm/HÜFFER[4] § 808 BGB Rn 23 f) mit folgenden zwingenden Rechtswirkungen:

aa) Wird die Urkunde (das Sparbuch), die den Inhaber benennt, (wie üblich) mit der Bestimmung ausgestellt, daß die in der Urkunde versprochene Leistung an jeden Inhaber der Urkunde bewirkt werden kann, so wird der Schuldner (hier: die Sparkasse) **durch die Leistung an jeden** ihr die Urkunde (das Sparbuch) präsentierenden **Inhaber** derselben **befreit**, ohne zur Prüfung dessen Legitimation verpflichtet zu sein (§ 808 Abs 1 S 1 BGB).

bb) Der Inhaber der Urkunde (des Sparbuchs) kann die **Leistung** aber **nicht** ohne Nachweis seiner Berechtigung **allein auf Grund der Inhaberschaft** des Sparbuchs verlangen (§ 808 Abs 1 S 2 BGB); der Schuldner (die Sparkasse) ist daher zur Prüfung der Legitimation des Urkundeninhabers berechtigt.

cc) Der Schuldner (die Sparkasse) ist nur gegen **Aushändigung der Urkunde** (des Sparbuchs) zur Leistung verpflichtet (§ 808 Abs 2 S 1 BGB).

dd) Ist die **Urkunde** (das Sparbuch) dem Inhaber **abhanden gekommen**, so kann sie im Wege des **Aufgebotsverfahrens** für **kraftlos erklärt** werden (§ 808 Abs 2 S 2 BGB). In einem solchen Fall kann auch sofort eine vorläufige Zahlungssperre entsprechend § 802 S 1, 2 BGB durch das für das Aufgebotsverfahren zuständige Gericht angeordnet werden (§ 808 Abs 2 S 3 BGB). Diese Regelung ist allerdings nicht zwingend, sie kann vom Urkundenaussteller durch vorherige ausdrückliche Vereinbarung ausgeschlossen werden (§ 808 Abs 2 S 2 BGB). Außerdem erlaubt **Art 102 Abs 2 EGBGB** den Ländern, für die Kraftloserklärung der in § 808 BGB bezeichneten Urkunden ein **anderes Verfahren** als das Aufgebotsverfahren zu bestimmen, wovon die meisten Länder für Sparbücher Gebrauch gemacht haben (vgl unten STAUDINGER/MAYER Art 102 Abs 2 EGBGB Rn 11; REISS, Welchen Nutzen hat das Aufgebot eines Sparbuchs?, Zs f d ges Kreditwesen 1963, 191).

Vgl zu den Einzelheiten der Regelungen in § 808 BGB STAUDINGER/MARBURGER (2002) § 808 BGB Rn 42 ff und MünchKomm/HÜFFER[4] § 808 BGB Rn 22 ff.

Durch **Vertrag** oder Statut (Satzung) kann die Sparkasse allerdings allgemein oder
für bestimmte Fälle bestimmen, daß die **Einlage nur an den** im Sparbuch bezeichneten **Einleger selbst** (zB an den Vormund mit Genehmigung des Vormundschaftsgerichts) **zurückgezahlt** werden darf. In diesem Fall verliert das Sparbuch seine
Eigenschaft als qualifiziertes Legitimationspapier, die Vorschriften des § 808 BGB
kommen nicht mehr zur Anwendung, so daß diese **landesrechtlichen Regelungen
möglich** werden.

b)   Anlegung von Mündelgeld
Weiter können landesrechtlich die **Vorschriften über die Anlegung von Mündelgeld**
nicht abgeändert werden. Gemeint ist damit, daß die sparkassenrechtlichen Länder-
vorschriften die öffentlichen Sparkassen insbesondere nicht ohne Rücksicht auf
deren Sicherheit für Geldanlagen von der vom Bundesrecht vorgesehenen Eignungs-
überprüfung generell freistellen können. In erster Linie hiervon betroffen waren
bisher die sog freien Sparkassen, da ihnen ein für die Sicherheit der Einlagen
haftender Gewährträger fehlte. Ab 19. 7. 2005 wird dies für alle öffentlichen Sparkassen relevant.

Vorschriften über die Anlegung von Mündelgeld bei öffentlichen Sparkassen treffen
§§ 1807 Abs 1 Nr 5, 1809, 1908i und 1915 BGB.

Ob eine öffentliche Sparkasse zur Anlegung von Mündelgeld geeignet ist, bestimmen die zuständigen Landesbehörden auf Grund Landesrechts, zu dessen Erlaß
§ 1807 Abs 1 Nr 5 BGB direkt ermächtigt, so daß Art 99 EGBGB hierfür nicht
eingreift (vgl zu den einschlägigen Vorschriften der alten Bundesländer weiterhin die Angaben bei
MünchKomm/Schwab³ § 1807 BGB Rn 13; vgl dazu auch Sichtermann, Das Recht der Mündelsicherheit [3. Aufl 1980] 42 ff).

IV.   Bundesrechtliche Beschränkungen für die vorbehaltenen Landesgesetze

1.   Art 74 Abs 1 Nr 11 GG/Kreditwesengesetz

Nachdem bereits durch späteres Reichsrecht die Gesetzgebungsmöglichkeiten der **9**
Länder nach Art 99 stark eingeschränkt worden waren (vgl dazu Staudinger/Krieg-
baum¹⁰/¹¹ Art 99 EGBGB Rn 5), weist **Art 74 Abs 1 Nr 11 GG** als Teil des Rechts der
Wirtschaft auch das **Bankwesen** der **konkurrierenden Gesetzgebungskompetenz des
Bundes** zu. Unter „Bankwesen" wird dabei auch das **Sparkassenwesen** verstanden
(BVerwGE 69, 11 [= Buchholz 451.61 KWG Nr 14 = DVBl 1984, 789 = NVwZ 1987, 221]). Von
dieser Gesetzgebungskompetenz hat der Bundesgesetzgeber für das gesamte Bankwesen in Ablösung des Reichsgesetzes über das Kreditwesen durch das **Gesetz über
das Kreditwesen** (KWG) vom 10. 7. 1961 (BGBl I 881), jetzt idF der Bek vom 9. 9. 1998
(BGBl I 2776), zuletzt geändert durch Ges vom 5. 4. 2004 (BGBl I 502), Gebrauch
gemacht. Dieses unterwirft **auch die Sparkassen seinen allgemeinen Vorschriften**, da
es sich um nicht in § 2 KWG ausgenommene Kreditinstitute im Sinne des § 1 Abs 1
S 1 KWG handelt (vgl § 10 Abs 2a S 1 Nr 4 KWG, der die öffentlichen Sparkassen
ausdrücklich anspricht) und enthält zusätzlich einige Sonderbestimmungen für
öffentliche Sparkassen (vgl §§ 10 Abs 2a S 1 Nr 4, 20 Abs 3 S 2 Nr 2, 40 Abs 1, 52
KWG). Nach § 62 Abs 1 S 1 KWG bleiben danach auf dem Gebiet des Kreditwesens
bestehende – auch landesrechtliche – Bestimmungen nur in Kraft, soweit sie diesem

Gesetz nicht widersprechen. Neue abweichende landesrechtliche Regelungen auf Grund des Art 99 EGBGB dürfen nach Art 72 Abs 1 GG nicht mehr erlassen werden.

2. Umfang der landesrechtlichen Gesetzgebungsmöglichkeit

Auch wenn das Kreditwesengesetz in seiner Gesamtheit mit dem Grundgesetz vereinbar ist (vgl BVerfGE 14, 197), ist der **Umfang der den Ländern hiernach noch offenstehenden Gesetzgebungsrechte** nicht unzweifelhaft:

a) Für privatrechtliche freie Sparkassen

10 Soweit es sich um das **Organisationsrecht für freie privatrechtliche öffentliche Sparkassen** handelt, hat der Bundesgesetzgeber, soweit er im KWG dazu Regelungen getroffen hat, von seiner Gesetzgebungskompetenz abschließend Gebrauch gemacht. Raum für zusätzliche oder abweichende landesrechtliche Regelungen besteht insoweit nicht (vgl BVerwGE 69, 11 [= BUCHHOLZ 451. 61 KWG Nr 14 = DVBl 1984, 789 = NVwZ 1987, 221] zur nicht zulässigen landesrechtlichen Genehmigungspflicht zur Errichtung von Zweigstellen freier Sparkassen im Gebiet einer öffentlich-rechtlichen Sparkasse eines anderen Bundeslandes; erneut BVerwG, BUCHHOLZ 451. 67 Sparkassenrecht Nr 6; ebenso OVG Lüneburg EWiR 1985, 211 [= WM IV 1986, 524], bestätigt durch BVerwG vom 28. 6. 1985 – Nr 1 B 48. 85, nv). Dementsprechend war § 1 Abs 3 HessSparkG vom 10. 11. 1954 (HessGVBl 197) auf öffentlich-rechtliche Sparkassen zu beschränken (HessVGH EWiR 1989, 1215 [= WM IV 1989, 1463]).

b) Für das materielle Sparkassenrecht

11 Während das Kreditwesengesetz bis zum Änderungsgesetz vom 21. 12. 1992 (BGBl I 2211) in den §§ 21 und 22 aF auch Regelungen über das privatrechtliche materielle Sparkassenrecht, zum Teil in Überschneidung mit § 808 BGB, enthielt, sind diese durch das genannte Änderungsgesetz ersatzlos aufgehoben worden. Damit ist der **Bereich des materiellen Sparkassenrechts** den **Ländern** wieder zur ergänzenden Gesetzgebung **eröffnet** worden. Soweit ersichtlich wurde hiervon aber kein Gebrauch gemacht.

c) Für die öffentlich-rechtliche Organisation der Sparkassen

12 Strittig ist dagegen, inwieweit auch das **Organisationsrecht** der Länder **bezüglich der öffentlich-rechtlichen Sparkassen** eingeschränkt wird. Dieses Organisationsrecht ist nämlich entsprechend der historischen Entwicklung der öffentlich-rechtlichen Sparkassen als unselbständiges Sondervermögen der Gemeinden und Gemeindeverbände zur Daseinsvorsorge **Teil des Kommunalrechts**, für das die Länder die alleinige Gesetzgebungskompetenz besitzen (BVerfGE 75, 192/198 [= DVBl 1987, 844/845 = DÖV 1987, 819/820 = NVwZ 1987, 879/881 = BayVBl 1987, 590/591 = MDR 1987, 813/814]; BayVerfGHE 38, 118 [= DVBl 1986, 39/41 = BayVBl 1986, 461/463]; VerfGH NW DVBl 1980, 216 [= DÖV 1980, 691 = NJW 1980, 2699]; SächsVerfGH DVBl 2001, 293 [= LKV 2001, 216]).

Mit dieser durch die Sparkassengesetze der meisten Bundesländer ausgefüllten kommunalrechtlichen Regelung des Sparkassenrechts für die öffentlich-rechtlichen Sparkassen, die sowohl eine Genehmigung für die Errichtung solcher Anstalten des öffentlichen Rechts wie eine Staatsaufsicht hinsichtlich der Geschäftsführung vorsieht, **überschneiden sich** die entsprechenden **Vorschriften des Kredit-**

wesengesetzes, die zusätzlich für den Betrieb einer Sparkasse eine **bundesrechtliche Erlaubnis** durch die Bundesanstalt für Finanzdienstleistungsaufsicht verlangen (§ 32 Abs 1 KWG) und neben der landesrechtlichen Staatsaufsicht auch noch die **Aufsicht durch die Bundesanstalt** festlegen (§ 52 KWG), die auch zum Verlangen der Abberufung des Geschäftsleiters und zur Untersagung der weiteren Ausübung seiner Tätigkeit befugt (§ 36 Abs 1 S 1 KWG). Damit wird aber die Erfüllung kommunaler Aufgaben von der Genehmigung einer Bundesbehörde abhängig gemacht und nachfolgend der Aufsicht einer solchen Bundesbehörde unterstellt. Der Bundesanstalt wird zugleich auch das Recht eingeräumt, unmittelbaren Einfluß auf die Personal- und Organverantwortung der kommunalen Sparkassen zu nehmen. Angesichts der hier der Bundesanstalt eingeräumten sehr weitgehenden Prüfungs- und Überwachungsrechte bestehen **erhebliche Zweifel an der Verfassungsmäßigkeit** dieser Regelungen des Kreditwesengesetzes. Solche Regelungen können nicht mehr als mit der **kommunalen bzw sparkasseneigenen Selbstverwaltungsgarantie** und Personalhoheit vereinbar angesehen werden (vgl HALLER, Entwicklung und Wesen der Staatsaufsicht über die kommunalen Sparkassen unter besonderer Berücksichtigung der verfassungsrechtlichen Grenzen der Bundesaufsicht [Diss Würzburg 1970]). Zumindest muß eine **verfassungskonforme Auslegung** dieser Vorschriften des Kreditwesengesetzes dahingehend erfolgen, daß sie dem Bund keine organisationsrechtliche Zuständigkeit gegenüber öffentlich-rechtlichen Sparkassen geben und diese auch nicht der bankenaufsichtlichen Tätigkeit der Bundesanstalt unterwerfen (vgl IGELSPACHER, Die Bundeszuständigkeit im kommunalen Sparkassenwesen [Diss München 1971]; wohl ebenso MünchKomm/SÄCKER³ Art 99 EGBGB Rn 1 mit FN 1*).

In der Praxis ist es trotz dieser verfassungsrechtlichen Bedenken bisher – soweit ersichtlich – zu keinen Kollisionen auf diesen Rechtsgebieten gekommen. Dazu trägt auch bei, daß nach § 61 S 1 KWG die Erlaubnis für schon bei Inkrafttreten des KWG bestehende Kreditinstitute als erteilt gilt. Künftige Kollisionen sind aber trotz der vom Bundesverfassungsgericht generell bestätigten Verfassungskonformität des Kreditwesengesetzes nicht auszuschließen (vgl zum ganzen auch noch KALKBRENNER JZ 1963, 213; WEBER Spark 1964, 272, 278; SCHMIDT, Die Gesetzgebungskompetenz des Bundes für das Sparkassenrecht, in: FS Bärmann [1975] 837; DÜLP, Bayer Sparkassenrecht, Einleitung D und Art 13 BaySparkG, Anm I 3; BGHZ 90, 161 [= LM § 247 BGB Nr 9 = NJW 1984, 1681]; MAUNZ, in: MAUNZ/DÜRIG/HERZOG/SCHOLZ, GG Art 74 Rn 145 f; vMANGOLDT/KLEIN/PESTALOZZA, GG [4. Aufl 2000] Art 74 Rn 607 mit Fn 1138; KUNIG, in: vMÜNCH/KUNIG, GG [4. Aufl 2003] Art 74 Rn 52; PIEROTH, in: JARASS/PIEROTH, GG [4. Aufl 2004] Art 74 Rn 25; offengelassen bei BK/RENGELING [Zweitbearbeitung] Art 74 Rn 76, wie die hM dagegen RENGELING, in: Handbuch des Staatsrechts, hrsg v ISENSEE und KIRCHHOF, Bd IV [1990] § 100 Rn 177).

V.   Landesrechtliche Vorschriften auf Grund des Vorbehalts

1.   Zum Sparkassenorganisationsrecht

In **fast allen Bundesländern** sind die **Sparkassen** als rechtsfähige **Anstalten des öffent-** **13** **lichen Rechts** festgelegt (s die unten Rn 14 genannten Sparkassengesetze der einzelnen Bundesländer). Bezüglich des **Sparkassenorganisationsrechts** finden sich dort daher **keine** auf Art 99 beruhenden **privatrechtlichen Vorschriften**.

Nur in **Schleswig-Holstein** sind **bezüglich freier privatrechtlicher Sparkassen** Regelungen erlassen worden (vgl oben Rn 5). Bezüglich der teilweise privatrechtlich organisierten Sparkassen in Hessen, für die das Hessische Sparkassengesetz früher Regelungen enthielt (zB § 1 Abs 2 S 1 HS 2 HessSparkG idF v 24. 2. 1991 [HessGVBl I 78]), wurden diese aufgehoben, für die privatrechtlichen Sparkassen in **Bremen** und **Hamburg** fehlen seit jeher gesetzliche Regelungen. Das Sparkassengesetz von Bremen bezieht sich nur auf die öffentlich-rechtlich organisierte Städtische Sparkasse Bremerhaven. Hamburg hat kein Sparkassengesetz.

2.   Zum materiellen Sparkassenrecht

Bezüglich des **materiellen Sparkassenrechts**, das nach Aufhebung der §§ 21, 22 KWG aF für das Landesrecht wieder eröffnet ist, finden sich auch kaum privatrechtliche landesrechtliche Vorschriften auf Grund des Art 99. Soweit ersichtlich hat nur **Bayern** in Art 31 und 32 des (Bayer) Gesetzes zur Ausführung des Bürgerlichen Gesetzbuches und anderer Gesetze vom 20. 9. 1982 (BayRS 400-1-J), zuletzt geändert durch Ges vom 7. 8. 2003 (BayGVBl 497), derartige Vorschriften erlassen (Art 31: Spareinlagen durch Minderjährige und andere in der Geschäftsfähigkeit beschränkte Personen ohne Einwilligung des gesetzlichen Vertreters; Art 32: Inhaber einer Sparurkunde ist, sofern nichts anderes vereinbart ist, im Zweifel berechtigt, das Guthaben rechtswirksam zu kündigen und einzuziehen).

Vielfach enthalten aber die SparkassenVOen oder die zumeist von den Trägern erlassenen **Satzungen** der Sparkassen **das BGB ausfüllende privatrechtliche Vorschriften** über den Sparverkehr, die neben die gemeinsamen Allgemeinen Geschäftsbedingungen der Sparkassen treten.

VI.   Landesrechtliche Vorschriften über die öffentlich-rechtlichen Sparkassen

14 Die Bundesländer haben über die **Organisation** der zumeist allein bestehenden **öffentlich-rechtlichen Sparkassen** folgende **Sparkassengesetze** erlassen (hier idF ab 19. 7. 2005):

Baden-Württemberg: Sparkassengesetz für Baden-Württemberg idF vom 1. 4. 2003 (GBl BW 215) in Verbindung mit den am 19. 7. 2005 in Kraft tretenden Änderungen durch Art 4 Abs 4 des Gesetzes zur Änderung sparkassenrechtlicher Vorschriften vom 22. 10. 2002 (GBl BW 386 = SaBl 2436), zuletzt geändert durch Ges vom 14. 12. 2004 (GBl BW 883). Nach §§ 1, 2 Abs 1 sind die nur von Gemeinden, Landkreisen und Zweckverbänden aus solchen errichtbaren Sparkassen rechtsfähige Anstalten des öffentlichen Rechts.

Sparkassen-Anlage-VO vom 29. 7. 1983 (GBl BW 446), zuletzt geändert durch VO vom 29. 1. 1988 (GBl BW 92).

Sparkassen-Geschäfts-VO vom 12. 2. 1992 (GBl BW 155).

Vgl KLÜPFEL/GABERDIEL, Das Sparkassenrecht in Baden-Württemberg (6. Aufl 2001).

Bayern: Gesetz über die öffentlichen Sparkassen idF der Bek vom 1. 10. 1956 (BayRS 2025-1-I), zuletzt geändert durch Ges vom 24. 12. 2002 (BayGVBl 962), in Verbindung mit den am 19. 7. 2005 in Kraft tretenden Änderungen durch das Gesetz zur Änderung des Sparkassengesetzes vom 25. 7. 2002 (BayGVBl 324). Nach Art 1 Abs 1, Art 3 können Sparkassen nur von Gemeinden, Landkreisen und Zweckverbänden nach dem (Bayer) Gesetz über die kommunale Zusammenarbeit gegründet werden und sind rechtsfähige Anstalten des öffentlichen Rechts.

Verordnung über die Organisation und den Geschäftsbetrieb der Sparkassen vom 1. 12. 1997 (BayGVBl 816), zuletzt geändert durch VO vom 24. 9. 2003 (BayGVBl 789).

Vgl Dülp, Bayerisches Sparkassenrecht (Loseblatt).

Vgl zusätzlich Art 31, 32 des Gesetzes zur Ausführung des Bürgerlichen Gesetzbuches und anderer Gesetze vom 20. 9. 1992 (BayRS 400-1-J), zuletzt geändert durch Ges vom 7. 8. 2003 (BayGVBl 497; vgl dazu Ostler, Bayer Justizgesetze [4. Aufl 1986]; Sprau/Paptistella, Justizgesetze in Bayern [1988]).

Berlin: Die Berliner Sparkasse ist nur noch eine Abteilung der Landesbank Berlin, ihre Rechtsverhältnisse regelt das Gesetz über die Landesbank Berlin idF vom 3. 12. 1993 (GVBl Berl 625), zuletzt geändert durch Ges vom 2. 12. 2004 (GVBl Berl 494), in Verbindung mit den am 19. 7. 2005 in Kraft tretenden Änderungen durch Ges vom 19. 9. 2002 (GVBl Berl 285).

Brandenburg: Sparkassengesetz vom 26. 6. 1996 (GVBl Brbg I 210) in Verbindung mit den am 19. 7. 2005 in Kraft tretenden Änderungen durch Ges vom 10. 7. 2002 (GVBl Brbg I 57).

Bremen: Sparkassengesetz vom 27. 4. 1994 (Brem GBl 253) in Verbindung mit den am 19. 7. 2005 in Kraft tretenden Änderungen durch Ges vom 8. 4. 2003 (Brem GBl 168). Es betrifft nur die Städtische Sparkasse Bremerhaven, die eine rechtsfähige Anstalt des öffentlichen Rechts ist.

Die „Sparkasse in Bremen" dagegen ist eine öffentliche Sparkasse des Privatrechts.

Satzung für die Sparkasse der Stadt Bremerhaven von 1996 (Brem GBl 103).

Hessen: Hessisches Sparkassengesetz idF vom 24. 2. 1991 (HessGVBl I 78), zuletzt geändert durch Ges vom 13. 12. 2002 (HessGVBl I 752), in Verbindung mit den am 19. 7. 2005 in Kraft tretenden Änderungen durch Ges vom 18. 6. 2002 (HessGVBl I 260). Nach § 1 Abs 1 sind Sparkassen, deren Träger eine Gemeinde, ein Gemeindeverband, eine Gemeinschaft von einer Gemeinde und einem Gemeindeverband oder ein kommunaler Zweckverband ist, rechtsfähige Anstalten des öffentlichen Rechts. Daneben bestand bisher als öffentliche Sparkasse des Privatrechts die Frankfurter Sparkasse von 1822, die aber von der (öffentlich-rechtlichen) Hessischen Landesbank übernommen werden soll.

Mecklenburg-Vorpommern: Sparkassengesetz vom 26. 7. 1994 (GVOBl M-V 761), zuletzt geändert durch Ges vom 4. 3. 2004 (GVOBl M-V 98), in Verbindung mit den am 19. 7. 2005 in Kraft tretenden Änderungen durch Ges vom 30. 4. 2002 (GVOBl M-V 182).

SparkassenVO vom 1. 3. 2001 (GVOBl M-V 72).

Niedersachsen: Niedersächsisches Sparkassengesetz vom 16. 12. 2004 (NdsGVBl 609). Nach §§ 1, 3 sind Sparkassen, die nur von Gemeinden, Landkreisen und Zweckverbänden errichtet werden können, rechtsfähige Anstalten des öffentlichen Rechts.

VO über die Mustersatzung für die Sparkassen in Niedersachsen vom 18. 6. 1990 (NdsGVBl 197), zuletzt geändert durch VO vom 19. 4. 1994 (NdsGVBl 226).

Verordnung über Sparkassenzweckverbände vom 8. 10. 1962 (NdsGVBl 203), zuletzt geändert durch Art 6 des Ges vom 21. 11. 2002 (NdsGVBl 730 = SaBl 2535).

Vgl GERNER/GIESING, Sparkassenrecht in Niedersachsen (3. Aufl 1969); BERGER, Sparkassengesetz für das Land Niedersachsen (2000).

Nordrhein-Westfalen: Gesetz über die Sparkassen sowie über die Girozentralen und die Sparkassen- und Giroverbände (Sparkassengesetz) idF vom 10. 9. 2004 (GV NW 521) in Verbindung mit der am 19. 7. 2005 in Kraft tretenden Änderung durch § 44 Abs 2. Nach § 1 Abs 1 S 1 haben nur Gemeinden und Gemeindeverbände das Recht, Sparkassen zu errichten, die rechtsfähige Anstalten des öffentlichen Rechts sind (§ 2).

VO über den Betrieb und die Geschäfte der Sparkassen idF vom 15. 12. 1995 (GV NW 1255), zuletzt geändert durch VO vom 21. 6. 1999 (GV NW 411).

Vgl HEINEVETTER/ENGAU/MENKING, Sparkassengesetz Nordrhein-Westfalen (3. Aufl Loseblatt); ROTHE, Sparkassenrecht für das Land Nordrhein-Westfalen (3. Aufl 1976).

Rheinland-Pfalz: Sparkassengesetz vom 1. 4. 1982 (GVBl Rh-Pf 113), zuletzt geändert durch Ges vom 22. 12. 2004 (GVBl Rh-Pf 545), in Verbindung mit den am 19. 7. 2005 in Kraft tretenden Änderungen durch Art 2 des Ges vom 27. 6. 2002 (GVBl Rh-Pf 304). Nach § 1 Abs 1, 2 sind die nur von kommunalen Gebietskörperschaften und von Zweckverbänden errichtbaren Sparkassen rechtsfähige Anstalten des öffentlichen Rechts.

SparkassenVO vom 15. 12. 1993 (GVBl Rh-Pf 622), zuletzt geändert durch VO vom 16. 12. 1996 (GVBl Rh-Pf 1997, 24).

Saarland: Saarländisches Sparkassengesetz idF vom 1. 4. 1993 (ABl Saar 360), zuletzt geändert durch Art 1 des Ges vom 27. 11. 2002 (ABl 2502), in Verbindung mit den am 19. 7. 2005 in Kraft tretenden Änderungen durch Art 2 des Ges vom 27. 11. 2002 (ABl 2502). Nach § 1 Abs 1 sind Sparkassen, deren Träger eine kommunale Gebietskörperschaft oder ein Zweckverband von nur kommunalen Gebietskörperschaften ist, rechtsfähige Anstalten des öffentlichen Rechts.

Mustersatzung für die saarländischen Sparkassen vom 22. 4. 1965 (ABl Saar 329), geändert durch Satzung vom 24. 9. 1975 (ABl Saar 1133).

Sachsen: Sparkassengesetz des Freistaates Sachsen idF vom 3. 5. 1999 (SächsGVBl 190) in Verbindung mit den am 19. 7. 2005 in Kraft tretenden Änderungen durch Ges vom 6. 2. 2002 (SächsGVBl 70).

SparkassenVO vom 11. 1. 2002 (SächsGVBl 52).

Sachsen-Anhalt: Sparkassengesetz vom 13. 7. 1994 (GVBl LSA 823) in Verbindung mit den am 19. 7. 2005 in Kraft tretenden Änderungen durch Art 1 des Ges vom 18. 12. 2002 (GVBl LSA 447).

SparkassenVO vom 21. 5. 2003 (GVBl LSA 116).

Schleswig-Holstein: Sparkassengesetz für das Land Schleswig-Holstein idF vom 9. 2. 2005 (GVOBl SchlH 111). Nach § 1 Abs 1 sind Sparkassen, deren Träger eine Gemeinde, ein Amt, ein Kreis oder ein Zweckverband ist, rechtsfähige Anstalten des öffentlichen Rechts. Errichten können Sparkassen aber nicht nur Gemeinden, Kreise und Zweckverbände (§ 1 Abs 2), sondern nach § 33 Abs 1 auch Stiftungen und rechtsfähige Vereine und Aktiengesellschaften als Sparkassen des Privatrechts.

Thüringen: Thüringer Sparkassengesetz vom 19. 7. 1994 (ThürGVBl 911) in Verbindung mit den am 19. 7. 2005 in Kraft tretenden Änderungen durch Ges vom 3. 12. 2002 (ThürGVBl 416).

SparkassenVO vom 1. 7. 1999 (ThürGVBl 438).

Hamburg hat kein Sparkassengesetz. Die 1972 durch Verschmelzung der „Hamburger Sparcasse von 1827" und der „Neuen Sparcasse von 1864" entstandene „Hamburger Sparkasse" (jetzt: Hamburger Sparkasse AG) ist eine öffentliche Sparkasse des Privatrechts (vgl BVerwGE 69, 11).

VII. Besonderheiten der öffentlich-rechtlichen Sparkassen

1. Behördeneigenschaft

Den öffentlich-rechtlichen Sparkassen kommt **Behördeneigenschaft** zu (vgl BGHZ 3, **15** 110 [= NJW 1951, 799]; NJW 1963, 1630; MDR 1983, 593/594; BayObLG RPfleger 1975, 315; DNotZ 1997, 337; BVerwGE 41, 195/196 ff). Als solchen steht den Sparkassen das **Recht** zu, **eigene Willenserklärungen** – zB Eintragungs- und Löschungsbewilligungen, Pfandfreigabe-, Abtretungs- und Rangänderungserklärungen bezüglich der den Sparkassen zustehenden Grundpfandrechte – **in Form öffentlicher Urkunden** (§ 417 ZPO, § 29 Abs 3 GBO) abzugeben (vgl zur Überprüfung der Vertretungsbefugnis der unterzeichnenden Vorstandsmitglieder OLG Zweibrücken OLG-Rp Zweibrücken 2001, 169

[= RPfleger 2001, 71]). Sie können auch **öffentliche Beglaubigungen** von Unterschriften unter Urkunden und von Urkundenabschriften erstellen (§ 65 Beurkundungsgesetz vom 28. 8. 1969 [BGBl I 1513], zuletzt geändert durch Ges vom 22. 3. 2005 [BGBl I 837]; §§ 33, 34 Verwaltungsverfahrensgesetz [VwVfG]) idF der Bek vom 23. 1. 2003 [BGBl I 102], zuletzt geändert durch Ges vom 5. 5. 2004 [BGBl I 718], bzw den entsprechenden Bestimmungen der Verwaltungsverfahrensgesetze der Länder).

Gemäß § 27 VwVfG bzw den entsprechenden Bestimmungen der Verwaltungsverfahrensgesetze der Länder sind die Sparkassen auch befugt, **Versicherungen an Eides statt abzunehmen** (OLG Düsseldorf NVwZ 1982, 463 [= NStZ 1982, 290]; MDR 1991, 272 [= NVwZ-RR 1991, 281 = NStZ 1991, 38]).

Die früher § **43 Abs 1 Grundbuchverfügung** vom 8. 8. 1935 (RMBl 637), jetzt idF vom 24. 1. 1995 (BGBl I 114), zuletzt geändert durch VO vom 18. 3. 1999 (BGBl I 497), gegebene Auslegung, wonach unter die dort genannten öffentlichen Behörden, die ohne Darlegung eines berechtigten Interesses das **Grundbuch einsehen** und Abschriften daraus verlangen können, auch die öffentlich-rechtlichen Sparkassen zu rechnen seien (vgl zB BayObLG Rpfleger 1979, 424), ist dagegen **mit dem Gleichheitssatz des GG nicht vereinbar**, da sie die Sparkassen im Wettbewerb mit den privaten Banken ohne rechtfertigenden Grund bevorzugt (BVerfGE 64, 229 [= NJW 1983, 2811 = WM 1983, 905]).

Nach § **80 Abs 1 S 3 GBO**, jetzt idF der Bek vom 24. 5. 1994 (BGBl I 1114), zuletzt geändert durch Ges vom 26. 10. 2001 (BGBl I 2710), sind die öffentlich-rechtlichen Sparkassen als Behörden aber weiterhin davon befreit, einen Schriftsatz zur Einlegung einer weiteren Beschwerde in Grundbuchsachen von einem Rechtsanwalt unterzeichnen lassen zu müssen.

Eine entsprechende Sondervorschrift findet sich auch in § **29 Abs 1 S 3 FGG** idF der Bek vom 20. 5. 1898 (BGBl III 315-1), zuletzt geändert durch Ges vom 21. 4. 2005 (BGBl I 1073).

2. Im Zwangsvollstreckungsrecht

16 Besonderheiten gelten auch für das **Zwangsvollstreckungsrecht**:

a) Gemäß § **17 Verwaltungsvollstreckungsgesetz** vom 27. 4. 1953 (BGBl I 157), zuletzt geändert durch Ges vom 17. 12. 1997 (BGBl I 3039), und den entsprechenden Bestimmungen der Länderverwaltungsvollstreckungsgesetze sind zur Erzwingung von verwaltungsrechtlichen Handlungen, Duldungen und Unterlassungen gegen Juristische Personen des öffentlichen Rechts, damit auch die öffentlich-rechtlichen Sparkassen, Zwangsmittel in der Regel unzulässig.

b) Andererseits unterliegt die Zwangsvollstreckung wegen zivilrechtlicher Forderungen gegen öffentlich-rechtliche Sparkassen nicht den in § 882a Abs 1 und 2 ZPO vorgesehenen Beschränkungen (§ **882a Abs 3 S 2 ZPO**).

c) Während früher strittig war, ob über das Vermögen der Sparkassen als Anstalten des öffentlichen Rechts ein Konkursverfahren stattfinden kann (vgl dazu ausführlich STAUDINGER/ALBRECHT [1998] Art 99 EGBGB Rn 16), ist dies seit Inkrafttreten der Insolvenzordnung (InsO) vom 5.10.1994 (BGBl I 2866), zuletzt geändert durch Ges vom 22.3.2005 (BGBl I 837), am 1.1.1999 (Art 110 Abs 1 Einführungsgesetz zur Insolvenzordnung vom 5.10.1994 [BGBl I 2911]) geklärt. Nach § 12 Abs 1 Nr 2 InsO ist ein **Insolvenzverfahren** über das Vermögen einer juristischen Person des öffentlichen Rechts, die der Aufsicht eines Landes untersteht, nur dann unzulässig, wenn das Landesrecht dies bestimmt. Zu diesen juristischen Personen des öffentlichen Rechts gehören auch die Sparkassen (vgl Heidelberger Kommentar zur InsO/KIRCHHOF [2. Aufl 2001] § 12 Rn 5; Frankfurter Kommentar zur InsO/SCHMERBACH [3. Aufl 2002] § 12 Rn 2b). Entgegen der bisherigen Rechtslage, nach der von den meisten Ländern die Insolvenzunfähigkeit aller juristischen Personen des öffentlichen Rechts (einschließlich der Sparkassen) ausdrücklich gesetzlich festgelegt wurde (vgl STAUDINGER/ALBRECHT aaO),

– wird mit dem Wegfall der Gewährträgerhaftung für die Schulden der Sparkassen ab 19.7.2005 auch die Insolvenzunfähigkeit der Sparkassen entweder ausdrücklich aufgehoben: vgl zB

Baden-Württemberg: § 45 S 2 Gesetz zur Ausführung des Gerichtsverfassungsgesetzes und von Verfahrensgesetzen der ordentlichen Gerichtsbarkeit vom 16.12.1975 (GBl 868), geändert durch Art 2 des Ges vom 22.9.2002 (GBl 384);

Bayern: Art 25 Abs 2 Gesetz zur Ausführung des Gerichtsverfassungsgesetzes und von Verfahrensgesetzen des Bundes vom 23.6.1981 (BayRS 300-1-1-J), geändert durch Ges vom 25.10.2004 (BayGVBl 400);

Niedersachsen: § 1 Abs 2 des Niedersächsischen Gesetzes über die Insolvenzunfähigkeit juristischer Personen des öffentlichen Rechts vom 27.3.1987 (Nds GVBl 67), geändert durch Art 3 des Sparkassenneuordnungsgesetzes vom 21.11.2002 (Nds GVBl 730 = SaBl 2535);

Rheinland-Pfalz: § 8a Abs 2 des Gesetzes zur Ausführung der Zivilprozeßordnung, des Gesetzes über die Zwangsversteigerung und die Zwangsverwaltung und der Insolvenzordnung vom 30.8.1974 (GVBl Rh-Pf 371), geändert durch Art 3 des Ges vom 27.6.2002 (GVBl Rh-Pf 304);

Sachsen-Anhalt: § 1 Abs 2 Gesetz über die Insolvenzunfähigkeit juristischer Personen des öffentlichen Rechts vom 18.12.1992 (GVBl LSA 869), geändert durch Art 2 des Ges vom 18.12.2002 (GVBl LSA 447);

– oder entfällt diese von selbst, da sie schon bisher davon abhängig war, dass für die juristische Person eine unbeschränkte Haftung einer Gebietskörperschaft als Gewährträger bestand, was jetzt nicht mehr der Fall ist, vgl zB

Berlin: § 1 Gesetz über die Konkursunfähigkeit juristischer Personen des öffentlichen Rechts vom 27.3.1990 (GVBl Berlin 682 = SaBl 1098);

Karl-Dieter Albrecht

Bremen: Art 1 Gesetz über die Konkursunfähigkeit juristischer Personen des öffentlichen Rechts vom 15. 12. 1987 (Brem GBl 293 = SaBl 1988, 255);

Thüringen: § 2 Abs 1 Thüringer Gesetz über die Gesamtvollstreckung in das Vermögen juristischer Personen des öffentlichen Rechts und zur Änderung weiterer Gesetze im Bereich der Justiz vom 10. 11. 1995 (ThürGVBl 341);

Auch die öffentlich-rechtlich organisierten **Sparkassen** sind daher nach der neuen Rechtslage **insolvenzfähig**.

3.   Grundrechtsfähigkeit der öffentlich-rechtlichen Sparkassen

17   Nachdem die Sparkassen zwar öffentlich-rechtlich organisiert sind, aber im Geschäftsbetrieb wie private Banken handeln, erhob sich die Frage, ob sie deshalb im Sinne des Art 19 Abs 3 GG ihrem Wesen nach **grundrechtsfähig** sind. Das Bundesverfassungsgericht hat diese Frage **verneint**. Die öffentlich-rechtlichen Sparkassen blieben trotz ihrer geschäftlichen Annäherung an die privaten Kreditinstitute immer eine kommunale Daseinsvorsorgeeinrichtung und könnten sich daher ebensowenig wie die hinter ihnen stehenden Gebietskörperschaften allein wegen ihrer wirtschaftlichen Betätigung auf dem Gebiet des Privatrechts auf den Schutz der Grundrechte berufen (BVerfGE 75, 192 [= DVBl 1987, 844 = DÖV 1987, 819 = NVwZ 1987, 879 = BayVBl 1987, 590 = MDR 1987, 813]; erneut NJW 1995, 582 [= NVwZ 1995, 371]). Vgl auch Siebelt (BayVBl 1989, 521), wonach konsequenterweise den Sparkassen die Kommunalverfassungsbeschwerde nach Art 93 Abs 1 Nr 4b GG zusteht, gestützt auf eine Verletzung im auch ihnen zustehenden Selbstverwaltungsrecht des Art 28 Abs 2 GG und des allgemeinen Gleichheitsgrundsatzes.

4.   Kaufmannseigenschaft der öffentlich-rechtlichen Sparkassen

18   Da der Geschäftsbetrieb der öffentlich-rechtlichen Sparkassen in gleicher Weise wie derjenige von privaten Kreditinstituten abläuft, besitzen auch die öffentlich-rechtlichen Sparkassen die Kaufmannseigenschaft nach § 1 Abs 1, 2 HGB (BGH BB 1952, 480; vgl auch Dülp, Bayer Sparkassenrecht, Einleitung C II 1). Seit Aufhebung des § 36 HGB durch das Handelsrechtsreformgesetz vom 22. 6. 1998 (BGBl I 1474) sind die Sparkassen auch nach § 33 Abs 1 HGB ins Handelsregister einzutragen (vgl dazu auch BayObLGZ 2000, 210 [= NJW-RR 2001, 28]; 2001, 69 [= NJW-RR 2001, 1688]; vgl zur Übergangsfrist Art 38 Abs 3 EGHBG).

VIII. Hauptprobleme des Organisationsrechts von öffentlich-rechtlichen Sparkassen

1.   Probleme durch die Gebietsreform in den Ländern

19   Organisationsrechtliche **Probleme** entstanden im Sparkassenrecht **mit der Gebietsreform** in den einzelnen Bundesländern.

a)   Zwangszusammenschluß zu einem Zweckverband
Wurden Gemeinden oder Landkreise, die bisher **Gewährträger** einer eigenen Sparkasse gewesen waren, **aufgelöst** und zu einer neuen Gebietskörperschaft zusammengeschlossen, fragte sich, ob auch die bisherigen **Sparkassen** gegen den Willen ihrer

Organe **in einem Zweckverband zusammengeschlossen** werden konnten. Die Rechtsprechung hat die Frage, ob die dies festsetzenden Vorschriften im Hinblick auf das Selbstverwaltungsrecht als verfassungsrechtlich unbedenklich anzusehen seien, unterschiedlich beurteilt:

Zu **Art 17 Abs 3 S 1 BaySparkG**, der die Regierung ermächtigt, den Zusammenschluß solcher Sparkassen zu einem Zweckverband zu bewirken, hat der Bayer Verwaltungsgerichtshof entschieden, daß dies verfassungsrechtlich unbedenklich sei (BayVGHE nF 32, 123 [= BayVBl 1980, 22]).

Zu **§ 26 Brandenburgisches Kreisneugliederungsgesetz** vom 24.12.1992, der eine zwangsweise Vereinigung früher selbständiger Sparkassen aufgelöster Kreise vorsieht, hat das Verfassungsgericht des Landes Brandenburg dagegen entschieden, daß dies gegen das Selbstverwaltungsrecht nach Art 97 Landesverfassung von Brandenburg verstoße (DVBl 1994, 857 [= DÖV 1994, 955]).

Zu einer entsprechenden **nordrhein-westfälischen VO vom 22.3.1979** hat der Verfassungsgerichtshof für Nordrhein-Westfalen eine vermittelnde Rechtsposition eingenommen: Erst wenn durch die Übertragung von Haupt- oder Zweigstellen leistungsfähige Sparkassen nicht erhalten oder gebildet werden können, dürfen durch VO Zweckverbände angeordnet werden (VerfGH NW NJW 1980, 2699 [= DVBl 1980, 216 = DÖV 1980, 691 mit Anm Blümel 693 = Spark 1980, 271 mit Anm Heinevetter 307]; ähnlich Urteil vom 15.8.1980, nv, zitiert bei Fischer Spark 1980, 307).

b) Zweigstellen im Gebiet eines anderen Gewährträgers
Wurden Gebietskörperschaften nicht voll zusammengeschlossen, sondern nur Teile **20** von ihnen einer anderen Gebietskörperschaft zugeschlagen, so gerieten dadurch **Zweigstellen** der bestehen bleibenden Sparkassen in den Geschäftsbereich der Sparkassen der aufnehmenden Gebietskörperschaften. Es fragte sich, ob diese weiter von der bisherigen Sparkasse betrieben werden können oder der in diesem Gebiet **zuständigen Sparkasse zugeordnet** werden. Dasselbe Problem stellt sich für die Absicht von Sparkassen, auf dem Gebiet einer Sparkasse eines anderen Gewährträgers Zweigstellen zu errichten, so vor allem von Kreissparkassen auf dem Gebiet von Gemeindesparkassen, wenn das Gemeindegebiet innerhalb des Kreisgebiets liegt. Dieser Möglichkeit könnte das im Sparkassenorganisationsrecht als Grundsatz geltende **Regionalprinzip** entgegenstehen, wonach auf dem Gebiet eines Gewährträgers auch nur eine von ihm getragene Sparkasse tätig sein soll. Die Landesrechte treffen dazu unterschiedliche Regelungen:

Art 20 Abs 1 Nr 1 BaySparkG iVm § 2 Abs 4 S 1, Abs 2 BaySparkO gestattet den Sparkassen, für die ein gemeinsamer Geschäftsbezirk besteht, **Zweigstellen weiterzubetreiben**, die innerhalb des gemeinsamen Geschäftsbezirks infolge von kommunalen Gebietsänderungen in das Gebiet des Gewährträgers einer anderen Sparkasse gelangen. Diese Regelung verletze nicht den Kernbereich und Wesensgehalt des Selbstverwaltungsrechts der Gemeinden, da es kein verfassungsrechtliches Gebot gebe, daß eine kommunale Sparkassen-Zweigstelle immer nur im Bereich der Gebietskörperschaft betrieben werden dürfe, die der Gewährträger der Sparkasse sei (BayVerfGH DÖV 1986, 348; BayVGHE nF 34, 23 [= BayVBl 1981, 53 = DVBl 1982, 500]). Zur

Genehmigung der späteren Errichtung von Zweigstellen, zur Bedeutung des Regional- und Prioritätsgrundsatzes dabei und zur Abgrenzung der Geschäftsbezirke vgl auch BayVGHE nF 22, 98.

Die meisten **anderen Landesrechte** geben dagegen dem **Subsidiaritäts- und Regionalprinzip den Vorrang**:

– Zur Kommunalbindung der Sparkassen und dem **Regionalprinzip** bei der Errichtung von Sparkassennebenstellen in **Hessen**: HessVGH VerwRspr Bd 18 Nr 54 (S 213).

– Nach **niedersächsischem Sparkassenrecht** begründet das Subsidiaritätsprinzip einen **Zuständigkeitsvorrang der Gemeinden** vor den Gemeindeverbänden. Die Aufrechterhaltung bzw Errichtung einer Kreissparkassen-Zweigstelle in der Kreisstadt mit eigener Sparkasse ist daher nur ausnahmsweise zulässig, wenn die gemeindliche Sparkasse ihre Aufgabe nicht oder nicht ausreichend wahrnimmt (OVG Lüneburg NVwZ-RR 1989, 11). Diese Auslegung des Subsidiaritätsprinzips ist mit dem Selbstverwaltungsrecht nach Art 28 GG vereinbar (BVerwG NVwZ-RR 1989, 10).

– Nach **nordrhein-westfälischem Sparkassenrecht** wurden in Vollzug der oben (Rn 19) genannten Verfassungsgerichtshofentscheidung durch Verordnungen die in den Gebietsbereich einer anderen Sparkasse geratenen **Zweigstellen** gegen Entschädigung auf diese **zwangsweise übertragen**. Klagen hiergegen blieben erfolglos, sofern eine solche Maßnahme der Erhaltung und Schaffung leistungsfähiger Sparkassen diente (OVG Münster OVGE 39, 151 [= DÖV 1988, 477 = NWVBl 1987, 85]; vgl auch schon Spark 1966, 148; ebenso VG Arnsberg DVBl 1984, 793). Entsprechend dem zu beachtenden Regionalprinzip kann auch eine Gemeinde mit eigener Sparkasse als Rechtsnachfolgerin in eine Verbandsmitgliedschaft nicht an einem Sparkassenzweckverband beteiligt bleiben, wenn die Beteiligung zu einem Verstoß gegen das aus dem kommunalrechtlichen Verbot der Doppelverwaltung folgende Verbot der Mehrfachträgerschaft führen würde (OVG Münster OVGE 36, 61 [= DVBl 1982, 504], bestätigt durch BVerwG DÖV 1982, 73 m Anm Bosse).

– Nach **§ 23 Abs 2 S 1 SparkG Rh-Pf** sind **Zweigstellen** von Sparkassen, soweit sie infolge einer gebietlichen Neugliederung innerhalb des Gebiets eines anderen Gewährträgers liegen, gegen angemessene Entschädigung **zu übertragen**. Bedenken bestehen hiergegen nicht (OVG Koblenz AS 18, 22 [= NVwZ 1983, 562]). Auch die **spätere Errichtung einer Zweigstelle** im Gebiet eines anderen Gewährträgers ist nach § 1 Abs 3 SparkG Rh-Pf **nur aus besonderen öffentlichen Belangen** zulässig, da im Ausgangspunkt von einer strikten Zuständigkeitsabgrenzung auszugehen ist (OVG Koblenz AS 23, 187 [= DÖV 1991, 1030 = NVwZ-RR 1992, 240]; WM IV 1993, 58). Zur Zulässigkeit von Werbung einer eine Zweigstelle im Gebiet eines anderen Gewährträgers befugt betreibenden Sparkasse OVG Koblenz AS 23, 104 (= NVwZ-RR 1992, 241).

– Im **Saarland** wurde die durch die Gebietsreform entstandene „Gemengelage" des Betreibens von Zweigstellen mehrerer Sparkassen auf dem Gebiet eines Gewährträgers zwar für den Bereich der Stadt Saarbrücken durch das Erste Sparkassenänderungsgesetz von 1975 durch Zwangsvereinigung der betroffenen Sparkassen zu einer Zweckverbandssparkasse beseitigt, ob diese auch im übrigen Gebiet zu beseitigen ist, hat der Verfassungsgerichtshof des Saarlandes aber offen gelassen (AS des OVG Saarland 21, 117 [= DÖV 1987, 345]). Vgl zum Zweigstellenrecht auch OVG Saarland, DÖV 1970, 610.

– Nach **§ 42 Abs 2 S 2 Buchst a SparkG SchlH aF** dürfen Zweigstellen – sei es im Gebiet eines anderen Gewährträgers oder im Gebiet einer freien Sparkasse – nur mit Genehmigung der Aufsichtsbehörde errichtet werden. Diese handelt nicht ermessensfehlerhaft, wenn sie nach dem **Subsidiaritätsprinzip** auch einer freien, im strittigen Gebiet bereits tätigen Sparkasse den Vorrang gibt, solange diese den sparkassenmäßigen Belangen der Bevölkerung gerecht zu werden vermag (OVG Lüneburg OVGE 24, 387).

2. Befugnisse des Verwaltungsrats und der Staatsaufsicht

Probleme machen auch die **Befugnisse des Verwaltungsrats** und der **Staatsaufsicht** **21** über die Sparkassen. Hierzu ist **beispielhaft** auf folgende **Rechtsprechung** hinzuweisen:

Baden-Württemberg

Zum Verhältnis des Bürgermeisters zu dem Verwaltungsrat einer Sparkasse und zur Vergütung der Verwaltungsratsmitglieder: VGH BW ESVGH 15, 6 (= BWVBl 1965, 59).

Zur Befugnis des Verwaltungsrats einer Sparkasse, frei von Weisungen durch das Hauptorgan des Gewährträgers oder durch die Gewährträgerversammlung Mitglieder des Sparkassenvorstands zu entlassen – kein Verstoß gegen Art 28 Abs 2 GG: VGH BW DÖV 1990, 623 (= NVwZ-RR 1990, 320 = VBlBW 1990, 20 = BWVPr 1990, 115) – bestätigt durch BVerwG, Buchholz 11 Art 28 GG Nr 77 (= DÖV 1990, 1029 = NWVBl 1991, 155).

Kein Auskunftsanspruch eines Gemeinderatsmitglieds über Sparkassenangelegenheiten gegenüber dem Bürgermeister, der Mitglied des Verwaltungsrats der Sparkasse ist: VGH BW ESVGH 51, 158 (= VBlBW 2001, 361)

Bayern

Zur Wahl der weiteren Mitglieder des Verwaltungsrats: BayVGH BayVBl 1959, 353 (= Spark 1959, 340).

Zur Unvereinbarkeit der Wahrnehmung von Aufgaben eines ehrenamtlichen Mitglieds des Verwaltungsrats einer Sparkasse als Nebentätigkeit mit der Tätigkeit eines Richters: BVerwGE 41, 195 (= BayVBl 1973, 246).

Zur fristlosen Kündigung eines Vorstandsmitglieds wegen nicht genehmigter Kreditvergabe durch den vom Gewährträger allgemein bevollmächtigten Verwaltungsrat: BayObLGZ 1998, 261 (= BayObLG-Rp 1999, 21).

Karl-Dieter Albrecht

Zur wirksamen Vertretung des Verwaltungsrats bei einer fristlosen Kündigung eines Sparkassen-
angestellten durch zwei in den Zeichnungsaushang aufgenommene Vorstandsmitglieder nach Art 5
Abs 7 BaySparkG: BAG vom 21.1.1999, Az.: 2 AZR 132/98 juris; EzA § 4 nF KSchG Nr 63.

Zur Ermächtigung, in der SparkO dem Gewährträger ein Einspruchsrecht gegen den Investitions-
plan der Sparkasse einzuräumen, nicht aber auch ein Mitwirkungsrecht bei den Bankgeschäften
insgesamt: BayVGHE nF 26, 177 (= BayVBl 1974, 16).

Hessen

Zur Beanstandung eines die Vergütungserhöhung eines Vorstandsmitglieds betreffenden Verwal-
tungsratsbeschlusses wegen Verstoßes gegen ministerielle Vergütungsrichtlinien, wenn dieser durch
privatrechtlichen Vertrag mit dem Vorstandsmitglied bereits vollzogen ist: HessVGH WM IV 1986,
1048.

Niedersachsen

Zur Abberufung des Verwaltungsratsvorsitzenden einer Sparkasse vor Ablauf der Wahlperiode der
Vertretung des Gewährträgers durch diese auch ohne wichtigen Grund: OVG Lüneburg OVGE 29,
386.

Nordrhein-Westfalen

Zur Stellung der Mitglieder des Sparkassenvorstandes: OVG Münster DÖD 1964, 137.

Zum Nichtbestehen der Befugnis des Gemeinderats, während seiner Wahlzeit die Mitgliederzahl des
Vewaltungsrats einer Sparkasse zu ändern: OVG Münster NJW 1979, 1726.

Zur Zulässigkeit der Gewährung von Tantiemen an Vorstandsmitglieder einer Sparkasse – kein
Widerspruch zur durch das SparkG NW festgelegten besonderen Aufgabenstellung kommunaler
Sparkassen: OVG Münster DVBl 1980, 70 m Anm Bosse DVBl 1981, 224.

Zur verfassungsrechtlichen Unzulässigkeit der Wahl derjenigen Sparkassenbediensteten, die dem
Verwaltungsrat angehören, durch eine Bedienstetenvertretung oder eine Personalversammlung an-
statt durch die Vertretung des Gewährträgers im Hinblick auf das auch für die Sparkasse geltende
Demokratieprinzip und die deshalb notwendige demokratische Legitimation dieser Amtsträger:
VerfGH NW DVBl 1986, 1196 (= DÖV 1987, 108 = NVwZ 1987, 211).

Zum Anspruch des Verwaltungsrats einer Sparkasse als Organ gegenüber deren Vorstand, ihm die
zur Wahrnehmung seiner Aufgaben erforderlichen Akten vorzulegen und Auskünfte zu erteilen:
OVG Münster NVwZ-RR 1990, 101 (= NWVBl 1990, 124).

Sachsen

Zur Vertretung der Sparkasse bei einem Rechtsstreit mit einem (auch früheren) Vorstandsmitglied
durch den Verwaltungsrat (§ 8 Abs 6 SächsSparkG): BGH LM § 549 ZPO Nr 120 [= WM 1997, 1657
= DB 1997, 1916]; ähnlich für Brandenburg BAG vom 20.8.1998, Az: 2 AZR 12/98 juris.

Öffentlich-rechtlicher Erstattungsanspruch gegen Verwaltungsratsmitglieder, die für sich rechtswidrig zu hohe Aufwandsentschädigungen festgelegt und diese bezogen haben: SächsOVG SächsVBl 2002, 91.

Sachsen-Anhalt

Keine Anfechtung der Abberufung als Vorstandsmitglied unter Weiterzahlung des bisherigen Gehalts durch den Betroffenen, selbst wenn für sie kein wichtiger Grund vorliegt: OLG Naumburg NZG 2001, 901.

Thüringen

Anforderungen an eine wirksame Ladung des Verwaltungsrats (hinreichend bestimmte Mitteilung des Tagesordnungspunkts) zur fristlosen Kündigung eines Vorstandsmitglieds; Nichtigkeit des Beschlusses bei Verstoß: BGH NJW-RR 2000, 1278 (= MDR 2000, 1141 = DB 2000, 1959).

Kein Mitwirkungsrecht des Gewährträgers bei Abberufung eines Vorstandsmitglieds durch den Verwaltungsrat im Hinblick auf das Vorschlagsrecht des Gewährträgers nach § 16 Abs 4 Thür-SparkG: ThürOVG ThürVGRspr 1998, 3.

IX. Hauptprobleme des zivilrechtlichen Geschäftsbetriebs der Sparkassen

Bezüglich der Hauptprobleme des zivilrechtlichen Geschäftsbetriebs der Sparkassen **22** vgl ausführlich STAUDINGER/MARBURGER (2002) § 808 BGB Rn 42 ff.

Artikel 100

Unberührt bleiben die landesgesetzlichen Vorschriften, nach welchen bei Schuldverschreibungen auf den Inhaber, die der *Bundesstaat* oder eine ihm angehörende Körperschaft, Stiftung oder Anstalt des öffentlichen Rechts ausstellt:

1. **die Gültigkeit der Unterzeichnung von der Beobachtung einer besonderen Form abhängt, auch wenn eine solche Bestimmung in die Urkunde nicht aufgenommen ist;**

2. **der im § 804 Abs. 1 des Bürgerlichen Gesetzbuchs bezeichnete Anspruch ausgeschlossen ist, auch wenn die Ausschließung in dem Zins- oder Rentenschein nicht bestimmt ist.**

Materialien: E I Art 60; II Art 73; III Art 99.

1.   Entstehung

Hierzu s STAUDINGER/PROMBERGER/SCHREIBER[12] Rn 1.   **1**

Karl-Dieter Albrecht
Jörg Mayer

2. Inhalt

2 Art 100 enthält einen Vorbehalt für die Landesgesetzgebung hinsichtlich der **Inhaberpapiere** (BGB § 793), welche von dem betr **Lande** selbst oder den **ihm angehörenden** *juristischen Personen des öffentlichen Rechts* (vgl hierüber STAUDINGER/WEICK [1995] Einl 19 zu §§ 21 ff) ausgestellt sind; die Landesgesetzgebung wird, um für die genannten Schuldverschreibungen die erwünschten *Erleichterungen im Geschäftsverkehr* zu schaffen, zu folgenden Ausnahmebestimmungen von den Vorschriften des BGB ermächtigt:

3 a) Während nach § 793 Abs 2 S 1 BGB die Gültigkeit der Unterzeichnung einer Inhaberschuldverschreibung nur durch eine in die Urkunde selbst aufgenommene Bestimmung von der **Beobachtung** einer besonderen **Form** abhängig gemacht werden darf, kann für die Unterschrift der in Art 100 bezeichneten Schuldverschreibungen eine solche Formvorschrift getroffen werden, ohne dass die Bestimmung in die Urkunde aufgenommen werden muss. Verfassungsrechtliche Bedenken im Hinblick auf Art 3 GG gegen diese Privilegierung sind unbegründet, weil der Rechtsverkehr bei Schuldverschreibungen öffentlich-rechtlicher Körperschaften nicht besonders schutzwürdig erscheint, und hierin ein sachlicher Differenzierungsgrund liegt (**aM** MünchKomm/SÄCKER Rn 1; ohne verfassungsrechtliche Bedenken auch STAUDINGER/MARBURGER [2002] § 793 Rn 4; MünchKomm/HÜFFER § 793 Rn 6).

4 b) Da abhanden gekommene Zins-, Renten- oder Gewinnanteilscheine (zu den Begriffen STAUDINGER/MARBURGER § 803 Rn 1 ff, 11, 12) nicht für kraftlos erklärt werden können, gibt § 804 Abs 1 BGB dem bisherigen Inhaber unter bestimmten Voraussetzungen die Möglichkeit, seine Rechte durch rechtzeitige Verlustanzeige gegenüber dem Aussteller zu wahren (STAUDINGER/MARBURGER § 804 Rn 1). Nach § 804 Abs 2 BGB kann dieser sich aus Abs 1 der Vorschrift ergebende Anspruch durch ausdrückliche Bestimmung **in der Urkunde** ausgeschlossen werden. Abweichend hiervon kann die **Landesgesetzgebung** für die *Zins- und Rentenscheine* der in Art 100 bezeichneten Schuldverschreibungen bestimmen, dass beim Verlust oder bei der Vernichtung derselben der Anspruch nach § 804 Abs 1 BGB ausgeschlossen ist, ohne dass die Ausschließung in dem Zins- oder Rentenscheine selbst bestimmt wird.

Auf *Gewinnanteilscheine* wurde die Vorschrift nicht erweitert, weil das BGB diese bei dem von den Inhaberpapieren handelnden Titeln nur dann aufführt, wenn sie als selbständige Inhaberpapiere in Betracht kommen können und dies bei den im Eingang zu Art 100 EGBGB aufgeführten Inhaberschuldverschreibungen nicht der Fall ist (vgl einerseits §§ 799, 801, 804, andererseits § 805 BGB, Prot VI 617).

3. Landesgesetze

5 Für das ehemalige *Preußen* s AGBGB Art 17 §§ 1 und 2 in der Fassung des G vom 5. 12. 1923 (Pr GS 547; zur heutigen Fortgeltung s Rn 7, 9); von dem Vorbehalt ist nach beiden Richtungen Gebrauch gemacht.

6 Bayern: G über Ausschließung des Anspruchs aus § 804 Abs 1 BGB bei den Schuldverschreibungen der Bayer Staatsanleihen vom 18. 8. 1923 (GVBl 289 = BayRS 650-3-F).

In **Berlin** gilt Art 17 PrAGBGB vom 20. 9. 1899 (GVBl SB I 400-1), zuletzt geändert **7**
durch G vom 3. 7. 2003 (GVBl 253).

Das für das ehemalige **Hessen-Darmstadt** geltende G vom 14. 1. 1905 betr die Aus- **8**
fertigung von Schuldverschreibungen des Staats und der Kommunalverbände (Hess
RegBl 19) wurde durch § 33 Abs 1 Nr 11 HessAGBGB vom 18. 12. 1984 (GVBl I 344)
aufgehoben.

Für **Nordrhein-Westfalen** s Art 17 PrAGBGB vom 20. 9. 1899, SGV NW 40, zuletzt **9**
geändert durch G vom 3. 4. 1992 (GVBl 124).

In **Rheinland-Pfalz** sind die einschlägigen Vorschriften des preußischen und hessi- **10**
schen Rechts aufgehoben durch AGBGB vom 18. 11. 1976 (GVBl 259 = BS RhPf 400-1);
von dem Vorbehalt ist nicht mehr Gebrauch gemacht.

Für das **Saarland** s G Nr 716 vom 28. 6. 1960 (ABl 531 = BS Saar 650-1), als Anwen- **11**
dungsfall von Ziff 1. Art 17 § 1 u 2 PrAGBGB ist aufgehoben durch das 5. RBerG
vom 5. 2. 1997 (ABl 258), Art 2 Abs 16 Nr 10.

In **Schleswig-Holstein** ist das (Pr) AGBGB aufgehoben durch AGBGB SchlH vom **12**
27. 9. 1974 (GVBl 357 = GS SchlH 400-3); es gilt jetzt § 13 SchlHAGBGB vom 27. 9. 1974
(GVBl 357), zuletzt geändert durch G vom 23. 7. 1998 (BGBl I 1886).

Artikel 101

**Unberührt bleiben die landesgesetzlichen Vorschriften, welche den *Bundesstaat* oder
ihm angehörende Körperschaften, Stiftungen und Anstalten des öffentlichen Rechts
abweichend von der Vorschrift des § 806 Satz 2 des Bürgerlichen Gesetzbuchs verpflichten, die von ihnen ausgestellten, auf den Inhaber lautenden Schuldverschreibungen auf den Namen eines bestimmten Berechtigten umzuschreiben, sowie die
landesgesetzlichen Vorschriften, welche die sich aus der Umschreibung einer solchen
Schuldverschreibung ergebenden Rechtsverhältnisse, mit Einschluß der Kraftloserklärung, regeln.**

Materialien: E I Art 57; II Art 74; III Art 100.

I. Entstehung

S hierzu STAUDINGER/PROMBERGER/SCHREIBER[12] Rn 1. **1**

II. Inhalt

Nach § 806 S 1 BGB kann die Umwandlung eines Inhaberpapiers (§ 793 BGB) in ein **2**
Rektapapier nur durch den Aussteller erfolgen. Jedoch ist nach S 2 der Vorschrift der
Aussteller hierzu nicht verpflichtet. Vgl zu intertemporalen Problemen in diesem
Zusammenhang Art 174 und Art 176 mit Erl.

Jörg Mayer

Der Vorbehalt des Art 101 ermächtigt die Landesgesetzgebung:

3 **1.** *zur Aufrechterhaltung sowie zum Erlass einer dem § 806 S 2 BGB entgegen-stehenden Bestimmung, also dahin, dass der* **Aussteller zur Umschreibung verpflichtet ist.** Der Vorbehalt gilt jedoch nur hinsichtlich der auf den Inhaber lautenden Schuld-verschreibungen, welche vom betreffenden Land oder einer **ihm angehörenden Kör-perschaft**, Stiftung oder Anstalt des öffentlichen Rechts (zum Begriff vgl STAUDINGER/ WEICK [1995] Einl 19 ff zu §§ 21–89 BGB; STAUDINGER/RAWERT [1995] § 89 Rn 11 ff) ausgestellt sind. Eine Verpflichtung zur Umschreibung auf den Namen des Berechtigten hin-sichtlich der von anderen als von dem betreffenden Lande oder von den ihm ange-hörenden juristischen Personen des öffentlichen Rechts ausgestellten Inhaberpapie-re kann landesgesetzlich nicht verfügt werden;

4 **2.** *zur Regelung der sich aus der Umschreibung einer solchen Schuldverschreibung ergebenden Rechtsverhältnisse* mit Einschluss der Kraftloserklärung. Der letztere Vorbehalt trifft nicht bloß jene Fälle, in denen aufgrund des gegenwärtigen Artikels ein Zwang zur Namensumschreibung landesgesetzlich ausgesprochen ist, sondern auch jene, in denen die Umschreibung stattfindet, ohne dass eine Verpflichtung hierzu besteht (Prot VI 652, 653), und ermächtigt die Landesgesetzgebung, Bestim-mungen darüber zu treffen,

a) welche *Rechte und Pflichten* dem Aussteller und dem Gläubiger aus einer solchen Umschreibung erwachsen;

b) unter welchen *Voraussetzungen* und in welcher *Form* über die Schuldverschrei-bung und die sich hieraus ergebende Forderung vom Gläubiger oder einem Dritten *verfügt*, wie sie übertragen, wie sie belastet werden kann;

c) ob die *Zahlung* auch nach der Umschreibung – abweichend von § 371 S 2 BGB – nur gegen Rückgabe der Schuldverschreibung zu erfolgen braucht, selbst wenn der Gläubiger zur Rückgabe außerstande zu sein behauptet, und in der Folge insbeson-dere auch darüber, ob eine umgeschriebene Staatsschuldverschreibung für kraftlos erklärt werden kann, unter welchen Voraussetzungen die Kraftloserklärung zulässig ist, welche Wirkungen sie hat; über die Kraftloserklärung im Wege des Aufgebots-verfahrens s Rn 5.

III. Ausschluss des Aufgebotsverfahrens

5 Vgl auch § 11 EGZPO. Danach können die Landesgesetze bei Aufgeboten, deren Zulässigkeit auf landesrechtlichen Vorschriften beruht, die Anwendung der Bestim-mungen der ZPO über das Angebotsverfahren (§ 1003 ff) ausschließen oder diese Bestimmungen durch andere Vorschriften ersetzen.

IV. Landesgesetze

6 Für das ehemalige **Preußen** gilt teilweise noch Art 18 PrAGBGB, so noch in **Berlin** und **Nordrhein-Westfalen** (BerlGVBl Sb I 400-1; BS Saar 400-1; SGV NW 400). In **Schleswig-Holstein** ist das PrAGBGB aufgehoben durch AGBGB SchlH vom 27. 9. 1974 (GVBl

357 = GS SchlH 400-3); von der Ermächtigung des Art 101 ist nicht Gebrauch gemacht worden.

Für **Bayern** Art 24–28 AGBGB vom 20. 9. 1982 (GVBl 803 = BayRS 400-1-J). Dort wird kein Anspruch auf Umschreibung begründet, sondern es wird nur die sich aus der Umschreibung auf den Namen des Gläubigers ergebende Ausgestaltung des Rechtsverhältnisses geregelt (SPRAU/PAPTISTELLA, Justizgesetze in Bayern [1988] Vorbem 2 zu Art 24 ff), also nur eine Regelung nach Art 101, 2. Alt getroffen. Vgl hierzu die Erl bei SPRAU/PAPTISTELLA aaO Art 24–28 AGBGB.

Die für das ehemalige **Hessen-Darmstadt** geltenden Art 68–70 des alten AGBGB wurden durch das HessAGBGB vom 18. 12. 1984 (GVBl I 344) *aufgehoben.*

Für **Hamburg** s § 7 ZPOAG vom 22. 12. 1899 (Slg I 3210-b; geändert am 1. 7. 1993 [GVBl 149]; vgl auch BECHER VII, 8 S 51).

Für das **ehemalige Oldenburg** G, betr die Staatliche Kreditanstalt (Staatsbank) vom 22. 9. 1933 und Ziffer 9 der AusfVO vom gleichen Tage (OldGBl 525, 536 = NdsGVBl Sb II 760).

In **Rheinland-Pfalz** sind die einschlägigen Vorschriften des preußischen und hessischen Rechts aufgehoben durch AGBGB vom 18. 11. 1976 (RhPfGVBl 259 = BSRhPf 400-1); von dem Vorbehalt ist nicht mehr Gebrauch gemacht.

Saarland: Nach § 5 Abs 1 der Landesschuldenordnung (LSO) vom 12. 12. 2002 (ABl 2003, 2) können einzelne natürliche oder juristische Personen oder Vermögensmassen, deren Verwaltung gesetzlich geregelt ist oder deren Verwalter ihre Verfügungsbefugnis durch eine gerichtliche oder notarielle Urkunde nachweisen, während der Laufzeit einer Sammelschuldbuchforderung verlangen, dass ihr Anteil daran durch Eintragung in das Einzelschuldbuch in eine auf ihren Namen lautende Buchforderung (Einzelschuldbuchforderung) umgewandelt wird, soweit dies nicht durch die Emissionsbedingungen ausgeschlossen ist.

Nach § **8 Abs 4 BWpVerwG** kann eine Wertpapiersammelbank ihr zur Sammelverwahrung anvertraute verbriefte Schuldverschreibungen des Bundes und seiner Sondervermögen jederzeit in eine **Sammelschuldbuchforderung** umwandeln lassen, sofern die Emissionsbedingungen dies nicht ausdrücklich ausschließen (s dazu auch STAUDINGER/MARBURGER [2002] § 806 BGB Rn 8). Diese Bestimmung erklären die meisten neueren Landesgesetze über die Landesschuldbücher für entsprechend anwendbar, so **Bayern** (Art 3 StSchBG), **Bremen** § 3 SBG und **Niedersachsen** § 2 SchuldenG (zu den Fundstellen für diese Gesetze s Art 97 Rn 16).

Artikel 102

(1) Unberührt bleiben die landesgesetzlichen Vorschriften über die Kraftloserklärung und die Zahlungssperre in Ansehung der im § 807 des Bürgerlichen Gesetzbuchs bezeichneten Urkunden.

**(2) Unberührt bleiben die landesgesetzlichen Vorschriften, welche für die Kraftlos-
erklärung der im § 808 des Bürgerlichen Gesetzbuchs bezeichneten Urkunden ein
anderes Verfahren als das Aufgebotsverfahren bestimmen.**

Materialien: E I Art 61; II Art 75; III Art 101.

1. Entstehung

1 Eingehend zur Entstehungsgeschichte STAUDINGER/PROMBERGER/SCHREIBER[12] Rn 1.

2. „Kleine Inhaberpapiere" (Abs 1)

2 Der Abs 1 betrifft die sog **„kleinen"** oder „unvollkommenen **Inhaberpapiere"**, auch
Inhaberverpflichtungsmarken **des § 807 BGB**. Das sind „Karten, Marken oder ähnliche Urkunden", zB Eisenbahnfahrkarten, Eintrittskarten, Essens- und Biermar-
ken, Gutscheine u dergl, in denen ein Gläubiger nicht bezeichnet ist, hinsichtlich
deren aber aus den Umständen zu folgern ist, dass der Aussteller zu der in der
Urkunde zugesicherten Leistung jedem Inhaber verpflichtet sein will (STAUDINGER/
MARBURGER [2002] § 807 BGB Rn 1, 5).

3 *Bundesgesetzlich* gibt es für diese einfache Art von Legitimationspapieren *kein
Aufgebot* und *keine Zahlungssperre*. Während auf diese Urkunden nach § 807 BGB
verschiedene der für Schuldverschreibungen auf den Inhaber geltenden Vorschriften
Anwendung finden, sind die §§ 799, 800 bzw 802 BGB über die Kraftloserklärung
und die Zahlungssperre nicht für anwendbar erklärt.

4 Der Abs 1 überlässt es dagegen der **Landesgesetzgebung**, zu bestimmen, ob für
solche Urkunden überhaupt ein Amortisationsverfahren (Kraftloserklärung mit
Zahlungssperre) zugelassen werden soll oder nicht. Im ersteren Falle ist es der
Landesgesetzgebung auch überlassen, die Voraussetzungen und die Wirkungen der
Kraftloserklärung und Zahlungssperre sowie das Verfahren zu bestimmen. Nach
§ 11 EGZPO kann die Landesgesetzgebung, soweit sie die Kraftloserklärung der in
§ 807 BGB bezeichneten Urkunden zulässt, die Anwendung der Bestimmungen der
ZPO ausschließen oder diese Bestimmungen durch andere Vorschriften ersetzen.

5 Die allgemeine Zulassung der Amortisation (im BGB) wurde bei diesen Urkunden
in der II. Komm deshalb für unmöglich erklärt, weil ihnen oft ausreichende Kennzeichen fehlten, um sie von anderen Urkunden derselben Art zu unterscheiden.
Auch wurde bemerkt, dass die Kraftloserklärung in diesen Fällen ohne praktische
Bedeutung sein werde (Prot II 562).

3. Namenspapiere mit Inhaberklausel (Abs 2)

6 Der Abs 2 betrifft die **Kraftloserklärung** der sog „hinkenden Inhaberpapiere" oder
„qualifizierten Legitimationspapiere" des § 808 BGB. In Betracht kommen namentlich Sparkassenbücher, Leihhausscheine, Versicherungspolicen, Depotscheine und
ähnliche Urkunden (Prot II 564; vgl STAUDINGER/MARBURGER [2002] § 808 BGB Rn 4).

Bezüglich dieser Urkunden bestimmt § 808 Abs 2 S 2 BGB, dass sie, wenn sie ab- **7** handen *gekommen* oder vernichtet sind, im Wege des Aufgebotsverfahrens für kraftlos erklärt werden können, „wenn nicht ein anderes bestimmt ist". Durch diese Einschränkung ist der Landesgesetzgebung freie Hand gegeben, die Kraftloserklärung der qualifizierten Legitimationspapiere auszuschließen (STAUDINGER/MARBURGER [2002] § 808 BGB Rn 35; MünchKomm/HÜFFER § 808 BGB Rn 20). Sofern die Kraftloserklärung nicht ausgeschlossen ist, ermächtigt schon § 1023 S 2 ZPO die *Landesgesetzgebung* zu einer *Modifizierung* (SOERGEL/HARTMANN Rn 2) und damit Vereinfachung des in Satz 1 dort bundesrechtlich geregelten *Aufgebotsverfahrens*: die Landesgesetze können über die Veröffentlichung des Aufgebots und der im § 1017 Abs 2 und 3 und in den §§ 1019, 1020, 1022 ZPO vorgeschriebenen Bekanntmachungen sowie über die Aufgebotsfrist abweichende Vorschriften erlassen.

Noch weiter geht in der Zulassung der Vereinfachung des Verfahrens zum Zwecke **8** der Kraftloserklärung von qualifizierten Legitimationspapieren der Art 102 Abs 2 EG. Denn danach bleiben unberührt und können neu erlassen werden landesgesetzliche Vorschriften, welche für die Kraftloserklärung dieser Papiere überhaupt ein **anderes Verfahren als das gerichtliche Aufgebotsverfahren** bestimmen. So kann zB für *Sparkassenbücher* bestimmt werden, dass die Sparkasse selbst die Aufforderung zur Anmeldung erlässt und nach Ablauf einer bestimmten Frist die Kraftloserklärung ausspricht (PLANCK Anm 2). In der II. Komm (Prot II 565) war hervorgehoben worden, dass für die qualifizierten Legitimationspapiere das Aufgebot in *Bayern*, *Baden*, *Hessen* und *Anhalt* bestehe, ohne dass sich dort Übelstände ergeben hätten; einer missbräuchlichen Anwendung setzten schon die nicht unerheblichen Kosten des Aufgebotsverfahrens einen wirksamen Riegel entgegen.

4.   Urkundsarten

Sowohl Abs 1 als Abs 2 beziehen sich nicht bloß auf Urkunden, welche von Körper- **9** schaften, Stiftungen oder Anstalten des öffentlichen Rechts ausgestellt werden, sondern *auch* auf die *von Privatpersonen ausgestellten Urkunden* (Mot z EG 187).

5.   Landesgesetze

a)   Von dem **Vorbehalt des Abs 1** hat, soweit ersichtlich, kein Land Gebrauch **10** gemacht (MünchKomm/SÄCKER Rn 1).

b)   Hinsichtlich des **Abs 2** des Art 102 EG und des § 1023 ZPO ist auf folgende **11** *allgemeine landesgesetzliche Vorschriften* hinzuweisen:

Ehemaliges **Preußen** AGZPO § 7 vom 24. 3. 1879 für **Berlin** (BerlGVBl Sb I 3210-1); **Schleswig-Holstein** (GS SchlH 310-1, zuletzt geändert durch G vom 17. 12. 1991, GVBl 693); **Nordrhein-Westfalen** (SGV NW 321);

Baden-Württemberg § 26 iVm § 30 AGGVG vom 16. 12. 1975 (GBl 868), zuletzt geändert durch Gesetz vom 12. 12. 2002 (GBl 477);

Bayern Art 27 AGGVG vom 23. 6. 1981 (BayRS 300-1-J), zuletzt geändert durch Gesetz vom 25. 10. 2004 (GVBl 400), in Ausführung von § 1023 S 2 ZPO; s hierzu auch die Erl bei SPRAU/PAPTISTELLA, Justizgesetze in Bayern (1988) Art 27 AGGVG;

Bremen § 2 AG zur Zivilprozessordnung, Insolvenzordnung und des Zwangsversteigerungsgesetzes vom 19. 3. 1963 (GBl 51 = SaBremR 310-a-1), zuletzt geändert durch G vom 28. 5. 2002 (GBl 131);

Hamburg AG ZPO§ 4 vom 22. 12. 1899 (Slg I 3210b = SV 3101-1), geändert am 1. 7. 1993 (GVBl 149);

Niedersachsen § 2 G vom 18. 12. 1959 (GBl 149), geändert durch Gesetz vom 17. 12. 1991 (GVBl 367), in Ausführung von § 1023 S 2 ZPO;

Rheinland-Pfalz § 2 AGZPO – ZVG vom 30. 8. 1974 (RhPfGVBl 371 = BS RhPf 3210-2), zuletzt geändert durch G vom 20. 7. 1998 (GVBl 217);

Saarland § 38 G zur Ausführung bundesrechtlicher Justizgesetze (AGJusG) vom 5. 2. 1997 (ABl 258).

12 **c)**   Für die Kraftloserklärung von *Sparkassenbüchern* im Besonderen (s auch die Fundstellennachweise bei Art 99 Rn 14):

Baden-Württemberg § 33 SparkassenG vom 1. 4. 2003 (GBl 215);

Bayern Art 33–42 AGBGB vom 20. 9. 1982 (BayRS 400-1-J), zuletzt geändert durch G vom 7. 8. 2003 (GVBl 497);

Brandenburg § 2 Verordnung über die Geschäfte und die Verwaltung der Sparkassen (Sparkassenverordnung – SpkV) vom 26. 9. 1997 (GVBl II 814 = GS Nr 762-1);

Hessen § 13 Hessisches SparkassenG idF vom 24. 2. 1991 (GVBl I 78 = HessGVBl II 54-9), zuletzt geändert durch Gesetz vom 20. 6. 2002 (GVBl I 342);

Niedersachsen § 7 Abs 2 u 3 der Sparkassenverordnung vom 18. 6. 1990 (GVBl 197), zuletzt geändert durch G vom 21. 11. 2002 (NdsGVBl 730 – SaBl 2535): Entbehrlichkeit eines förmlichen Aufgebotsverfahrens in besonderen Fällen;

Nordrhein-Westfalen § 16 VO zur Regelung des Geschäftsrechts und des Betriebes der Sparkassen in Nordrhein-Westfalen (SparkassenVO) vom 15. 12. 1995 (GVBl 1255), geändert durch VO vom 21. 6. 1999 (GVBl 411);

Saarland § 22 G Saarländisches Sparkassengesetz (SSpG) idF der Bek vom 1. 4. 1993 (ABl 360 = BS Saar 762-1), zuletzt geändert durch G vom 27. 11. 2002 (ABl 2502)

Schleswig-Holstein § 24 SparkassenG idF vom 3. 5. 1994 (GVBl 231).

Thüringen § 13 Sparkassenverordnung (ThürSpkVO) vom 1. 7. 1999 (GVBl 438), geändert durch VO vom 13. 12. 2002 (GVBl 498);

Nach diesen Bestimmungen können Sparbücher idR vom Vorstand der Sparkasse für kraftlos erklärt werden (vgl dazu auch LANG Spark 1966, 176; REISS ZfKrW 1963, 191). Ein Teil der neueren Rechtsvorschriften sehen ein ausdrückliches Wahlrecht vor, dass auf das gerichtliche Aufgebotsverfahren verwiesen werden kann. Für das Aufgebotsverfahren von *Postsparbüchern* gelten Sondervorschriften (vgl Erl zu § 808 BGB).

Artikel 103

Unberührt bleiben die landesgesetzlichen Vorschriften, nach welchen der Staat sowie Verbände und Anstalten, die auf Grund des öffentlichen Rechtes zur Gewährung von Unterhalt verpflichtet sind, Ersatz der für den Unterhalt gemachten Aufwendungen von der Person, welcher sie den Unterhalt gewährt haben, sowie von denjenigen verlangen können, welche nach den Vorschriften des Bürgerlichen Gesetzbuchs unterhaltspflichtig waren.

Materialien: E II Art 76; III Art 102.

Art 103 wird in der Bekanntmachung der Neufassung des Einführungsgesetzes zum **1** Bürgerlichen Gesetzbuche vom 21. September 1994 (BGBl I 2494) als „gegenstandslos" bezeichnet. Von der Kommentierung wurde abgesehen. Es wird auf die Erläuterungen von STAUDINGER/MERTEN/KIRCHHOF[12] verwiesen.

Artikel 104

Unberührt bleiben die landesgesetzlichen Vorschriften über den Anspruch auf Rückerstattung mit Unrecht erhobener öffentlicher Abgaben oder Kosten eines Verfahrens.

Materialien: E I Art 65; II Art 77; III Art 103.

I.   Entstehungsgeschichte

Der gegenwärtige Artikel entspricht dem Art 65 des I. Entw fast wörtlich; dieser **1** enthielt lediglich statt der Worte: „mit Unrecht erhobener" einen Relativsatz, welcher lautete: „zu deren Entrichtung eine Verpflichtung nicht bestanden hat". Der Artikel war in der II. Komm umstritten; teilweise wurde gefordert, daß für die Rückforderungsansprüche dieses Artikels der Rechtsweg offenbleiben müßte. Ein anderer Antragsteller verlangte die völlige Streichung des Artikels, weil er sich zum Teil von selbst verstehe und zum Teil kein Anlaß zu landesrechtlichen Ausnahmebestimmungen vorliege.

Die Kommission entschied sich für die unveränderte Annahme des Artikels, hauptsächlich um sowohl eine Unklarheit darüber zu vermeiden, welche Vorschriften als öffentlich-rechtliche bestehen blieben, als auch, weil es sich um eine praktisch höchst wichtige Materie handelte. Gegenüber dem ersterwähnten Antrag wurde insbesondere hervorgehoben: Es wäre ein schwerwiegender Eingriff in das Verwaltungsrecht der einzelnen Bundesstaaten, wenn das Reichsrecht vorschriebe, daß alle Verfügungen der Verwaltungsbehörden über die Erhebung von Abgaben der Nachprüfung durch die ordentlichen Gerichte unterliegen sollten. Es seien durchwegs kurze Verjährungsfristen für die Ansprüche auf Rückerstattung von Abgaben eingeführt; beseitige man diese, so unterlägen derartige Ansprüche nach dem BGB einer 30-jährigen Verjährungsfrist, was die Behörden zwänge, Akten und Belege über Gebühr lange aufzubewahren und sich noch nach Jahren in gerichtliche Erörterungen darüber einzulassen, ob eine Abgabe zu Unrecht erhoben sei (Mot z EG 191; Prot VI 422–424; Mat 62).

II. Funktionen und Bedeutung

2 Art 104 **erfüllte** damit **zwei Funktionen**: zum einen die **Klarstellung**, daß die öffentlich-rechtlichen Rückforderungsansprüche in jeder Hinsicht in der Gesetzgebungskompetenz der Länder verblieben, zum anderen die **konstitutive Errichtung** eines Landesvorbehalts für Forderungen solchen Inhalts, die als privatrechtliche Ansprüche zu klassifizieren waren. Die Zuordnung der Rückerstattungsforderung zum öffentlichen oder privaten Recht war damals ungeklärt.

3 Durch die systematische Durchbildung des öffentlichen Abgaben- und Haftungsrechts ist das Problem der Zuordnung mittlerweile **weitgehend beseitigt**; auch wenn keine besonderen Vorschriften über Rückerstattungen im Einzelfall vorgegeben sind, sondern die Rechtslage von ungeschriebenen Rechtsinstituten des Allgemeinen Verwaltungsrechts bestimmt wird, muß nach hM der Rückforderungsanspruch demselben Rechtsgebiet wie das Leistungsverhältnis zugeordnet werden. Auch hat sich der allgemeine (ungeschriebene) **öffentlich-rechtliche Erstattungsanspruch** zu einem eigenständigen, von den §§ 812 ff BGB gelösten Institut des öffentlichen Rechts entwickelt (vgl ERICHSEN, in: ders [Hrsg], Allg Verwaltungsrecht [12. Aufl 2002] 450 ff), so daß die Rückerstattung von Abgaben und Kosten jetzt durchwegs dem öffentlichen Recht angehört, sofern nicht spezialgesetzlich das Gegenteil bestimmt ist. Für die ins öffentliche Recht „abgewanderten" Ansprüche gilt der Vorbehalt nicht mehr, weil vorrangiges Verfassungsrecht den Ländern bereits die Normierung erlaubt. Vgl dazu Vorbem 18 ff zu Art 55–152.

III. Inhalt der Vorschrift

1. Weite des Landesvorbehalts

4 Obwohl nunmehr die Rechtslage klarer geworden ist, bleibt grundsätzlich der Vorbehalt des Art 104 mit seinem damaligen Regelungszweck bestehen, soweit für ausnahmsweise privatrechtlich ausgestaltete Ansprüche noch ein Regelungsbedürfnis besteht. Er gestattet nicht nur die Regelung des Rückerstattungsanspruchs nach Grund und Umfang durch die Länder, sondern auch die Rechtssetzung über formelle Fragen wie Verjährung uä. Der früher durch Art 104 möglichen Rechtswegausgestaltung durch Landesrecht sind allerdings in den Art 19 Abs 4 und 74 Abs 1

Nr 1 GG iVm den aufgrund dieser Kompetenz erlassenen Prozeßgesetzen engste Grenzen gesetzt (zur Rechtslage vor dem Inkrafttreten des GG vgl RGZ 75, 40).

2. Begriffe

a) Öffentliche Abgaben

Welche Abgaben im Sinne des Art 104 als öffentliche Abgaben anzusehen sind, **5** bestimmt sich nach Landesrecht. Mangels besonderer Vorschriften werden darunter Abgaben jeder Art verstanden, die an Staatskassen, Gemeinden oder sonstige Kommunalverbände, an Kirchen, öffentliche Religionsgemeinschaften usw zu entrichten sind (Mot z EG 191). Darunter fallen also nicht nur die klassischen drei Abgabearten: **Steuern, Beiträge** und **Gebühren,** sondern zB auch **Sonderabgaben, Umlagen** oder Forderungen für die Erstellung von Versorgungsanschlüssen auf Grundstücken im Privateigentum.

b) Verfahrenskosten

Als Kosten eines Verfahrens kommen nur solche in Betracht, die für die **Verwal-** **6** **tungstätigkeit** der staatlichen oder gemeindlichen Organe **unmittelbar** an den Staat oder die Gemeinde zu entrichten sind, nicht aber solche Kosten, die dem Staate oder der Gemeinde infolge Unterliegens in einem Zivilprozeß oder Verwaltungsstreit zu ersetzen sind.

IV. Abweichen des Reichs- und Bundesrechts

Neuere bundes- oder reichsrechtliche Regelungen haben Art 104 **zum Teil** ausdrück- **7** lich in bestimmten Bereichen **aufgehoben, zum Teil** als vorrangiges (weil jüngeres) Recht **überlagert.**

Bereits 1919 setzte **§ 449 S 2 Reichsabgabenordnung** vom 13. 12. 1919 (RGBl 1993) **8** Art 104 für den Geltungsbereich der RAO außer Kraft. Jetzt gelten für den Anwendungsbereich der Abgabenordnung idF d Bekm vom 1. 10. 2002 (BGBl I 3866), zul geänd d G vom 24. 8. 2004 (BGBl I 2198) vor allem die §§ **37 Abs 2, 218 ff AO**; nach § 33 FGO idF d Bekm vom 28. 3. 2001 (BGBl I 442, 2262), zul geänd durch G v 24. 8. 2004 (BGBl I 2198) ist für diesen Erstattungsanspruch der Rechtsweg zu den Finanzgerichten eröffnet. Für andere Abgaben siehe auch § **21 Verwaltungskostengesetz** des Bundes vom 23. 6. 1970 (BGBl I 821, zul geänd d G vom 5. 10. 1994, BGBl I 2911).

Weitere besondere Bundesvorschriften über die Rückerstattung finden sich **im Be- 9** **reich der Justiz** vor allem in den §§ 9, 17 Abs 2 Kostenordnung, § 5 Abs 2 Gerichtskostengesetz v 5. 5. 2004 (BGBl I 718), § 8 Abs 2 und 4 Gesetz über Kosten der Gerichtsvollzieher vom 1. 5. 2001 (BGBl I 634), zul geänd d G vom 30. 7. 2004 (BGBl I 2014) und § 14 Verordnung über Kosten im Bereich der Justizverwaltung vom 15. 12. 2001, zul geänd durch G vom 21. 7. 2004 (BGBl I 1748).

V. Landesrechtliche Regelungen

Der Vorbehalt für das Landesrecht ist früher von den Ländern in den AGBGB für **10** die Regelung der Verjährung ausgenutzt worden; vgl dazu die Aufzählung STAU-DINGER/LEISS[10/11] Art 104 Rn 3 und SOERGEL/HARTMANN Art 104 Rn 1. Inzwischen

haben die Länder dieses öffentliche Abgabenrecht in eigenen **Verwaltungskosten-,
Gebühren- oder Kommunalabgabengesetzen** geregelt; dort finden sich auch – oft in
Form einer Verweisung auf die Abgabenordnung des Bundes – Regelungen über den
Rückerstattungsanspruch. Eine Auflistung dieser Abgabengesetze der Länder gibt F
KIRCHHOF, Die Höhe der Gebühr (1981) 13, Fn 2 und 3. In Bayern findet sich eine
Sondervorschrift in Art 71 Abs 3 und 4 bayer AGBGB vom 20. 9. 1982 (GVBl 803) zul
geänd d G vom 7. 8. 2003 (GVBl 497).

Artikel 105

Unberührt bleiben die landesgesetzlichen Vorschriften, nach welchen der Unternehmer eines Eisenbahnbetriebs oder eines anderen mit gemeiner Gefahr verbundenen Betriebs für den aus dem Betrieb entstehenden Schaden in weiterem Umfang als nach den Vorschriften des Bürgerlichen Gesetzbuchs verantwortlich ist.

Materialien: E II Art 78; III Art 104.

I.   Teilweises Außerkrafttreten, teilweise Gegenstandslosigkeit

1 **1.**   Art 105 wollte landesrechtliche Haftungstatbestände im Bereich gefährlicher
Betriebe, die über die Verschuldenshaftung des BGB hinausgehen, so lange aufrechterhalten, bis die Reichsgesetzgebung eingreife (Prot II 604 f; VI 421). Da das
Reichshaftpflichtgesetz vom 7. 6. 1871 (RGBl 207; aufrechterhalten und geändert
durch Art 42 EGBGB der ursprünglichen Fassung; nun neugefaßt mit der Bezeichnung „Haftpflichtgesetz" in der Bek vom 4. 1. 1978, BGBl I 145, geändert durch G
vom 19. 7. 2002, BGBl I 2674), die Haftung solcher gefährlicher Betriebe für Personenschäden bereits regelte, hatte der Vorbehalt des Art 105 von vorneherein nur für die
Regelung der Haftung für Sachschäden Bedeutung.

2 **2.**   Inzwischen bestehen auch für Sachschäden bundesrechtliche Regelungen: Hinsichtlich der Eisenbahnen und Straßenbahnen brachte diese Regelungen das Reichsgesetz über die Haftpflicht der Eisenbahnen und Straßenbahnen für Sachschäden
vom 29. 4. 1940 (RGBl I 691), das in § 12 Abs 2 den Art 105 hinsichtlich der Eisenbahnen ausdrücklich außer Kraft setzte.

Für die Haftung der Gas- und Elektrizitätswerke fügte das Reichsgesetz zur Änderung des Reichshaftpflichtgesetzes vom 15. 8. 1943 (RGBl I 489) als § 1a eine neue
Vorschrift in das RHG ein, die von vorneherein die Haftung für Sachschäden einschloß. Auch neuere bundesrechtliche Vorschriften über die Gefährdungshaftung
(Kraftfahrzeuge, Luftfahrzeuge, Unternehmen der Atomenergie usw) regeln stets
nicht nur die Haftung für Personen- sondern auch für durch die gefährlichen Betriebe oder Einrichtungen verursachte Sachschäden.

Das G zur Änderung schadensersatzrechtlicher Vorschriften vom 16. 8. 1977 (BGBl I
1577) hat allerdings Art 105 unberührt gelassen.

II. Landesrecht

1.   Außerhalb des Bereichs der bundesrechtlich geregelten Gefährdungshaftung **3**
besteht der Vorbehalt des Art 105 an sich weiter. Für gefährliche Betriebe könnten
die Länder weiterhin Haftungsbestimmungen erlassen, soweit keine bundesrechtlichen Regelungen bestehen. Sie könnten den Kreis der gefährlichen Betriebe auch
weiter fassen als § 2 des Haftpflichtgesetzes. Der Vorbehalt des Art 105 würde dabei
nur eine Abweichung vom BGB, nicht von anderen bundesrechtlichen Vorschriften
ermöglichen (RGZ 57, 57).

2.   Da umfassende bundesrechtliche Regelungen für die Haftung aller Betriebe **4**
und Einrichtungen bestehen, die der Bundesgesetzgeber für „gefährlich" und bei
denen er eine Gefährdungshaftung für gerechtfertigt hält, bestehen aufgrund des
Vorbehalts keine landesrechtlichen Vorschriften. Soweit die Länder überhaupt von
dem Vorbehalt des Art 105 Gebrauch gemacht hatten, hatten sie sich auf eine
Regelung der Haftung der Eisenbahn-Unternehmer für Sachschäden beschränkt.
Diese Bestimmungen sind aber durch § 12 Abs 2 des Reichsgesetzes über die Haftpflicht der Eisenbahnen und Straßenbahnen für Sachschäden vom 29. 4. 1940 (RGBl I
691) aufgehoben worden. Dies gilt insbesondere für § 25 des preußischen Eisenbahngesetzes vom 3. 11. 1838 (GS 505), soweit diese Vorschrift in den Nachfolgeländern
nicht schon vorher außer Kraft getreten war. Nach § 25 des PrEisenbahnG schloß
jedes eigene Verschulden des Geschädigten (aber nicht seiner Gehilfen) den Ersatzanspruch vollständig aus, es galt also nicht § 254 BGB (RGZ 142, 359; **aM** KG Recht 1938,
4655).

Mit Rücksicht darauf, daß von dem Vorbehalt in keinem Land Gebrauch gemacht **5**
worden ist, wird von einer weiteren Kommentierung abgesehen. Es wird auf die
Erläuterungen von STAUDINGER/DITTMANN[10/11] verwiesen.

Artikel 106

**Unberührt bleiben die landesgesetzlichen Vorschriften, nach welchen, wenn ein dem
öffentlichen Gebrauche dienendes Grundstück zu einer Anlage oder zu einem Betriebe benutzt werden darf, der Unternehmer der Anlage oder des Betriebs für den
Schaden verantwortlich ist, der bei dem öffentlichen Gebrauche des Grundstücks
durch die Anlage oder den Betrieb verursacht wird.**

Materialien: E II Art 79; III Art 105; Prot II
605; VI 421 f.

I. Die Haftung für Betriebe auf öffentlichen Grundstücken

1.   Nach §§ 823, 831 BGB haftet der Unternehmer eines Betriebes oder einer **1**
Anlage für den Schaden, der Dritten durch den Betrieb oder die Anlage entsteht,
grundsätzlich nur dann, wenn ihn oder seine Verrichtungsgehilfen ein Verschulden
trifft. Art 106 ermächtigt die Landesgesetzgebung zu einer abweichenden – stren-

Joseph Hönle

geren – Regelung der Haftpflicht; der Sache nach zur Einführung einer Gefährdungshaftung.

2 2. Der Vorbehalt bezieht sich auf Anlagen und Betriebe jeder Art, auch wenn sie
nicht, wie Art 105 fordert, mit gemeiner Gefahr verbunden sind, sofern zu ihnen ein
öffentliches Grundstück – zB eine Straße, ein Weg oder ein Platz – benutzt wird. Als
Anlagen solcher Art kommen beispielsweise in Betracht: An öffentlichen Straßen
oder Plätzen aufgestellte Baugerüste, Tribünen oder fliegende Bauwerke, ferner
Verkehrsmittel, die nicht an Schienen gebunden sind, Aufzüge und dgl. Daß die
Anlage gewerblichen Zwecken dient oder daß es sich um einen Gewerbebetrieb
handelt, ist nicht erforderlich. Dem Wortlaut nach fallen auch Eisenbahnen unter
den Vorbehalt; die Haftung bei ihrem Betrieb ist aber seit langem bundes-(reichs-)
rechtlich geregelt.

3 3. Die Benutzung des öffentlichen Grundstücks muß erlaubt sein („darf"), sie
darf also nicht verboten und muß gegebenenfalls behördlich genehmigt sein. Ist die
Benutzung widerrechtlich, so wird dadurch eine Haftung nur nach § 823 BGB begründet, die landesrechtlich nicht geändert werden kann, soweit nicht ein anderer
Vorbehalt des EGBGB, insbes Art 105 eingreift. Dies könnte (theoretisch) zu dem
seltsamen Ergebnis führen, daß die Haftung aus der zulässigen Benutzung eines
öffentlichen Grundstücks strenger sein kann als die Haftung aus einer unzulässigen
Nutzung.

4 4. Wie nach Art 105 kann auch nach Art 106 nur die Verantwortlichkeit des
Unternehmers landesrechtlich abweichend geregelt werden, nicht die anderer mit
der Herstellung, Erhaltung, Benutzung oder Bedienung der Anlage betrauter oder
bei dem Betrieb beschäftigter Personen.

5 5. Der gesetzgeberische Grund für den Vorbehalt war, daß der Landesgesetzgeber die Möglichkeit haben sollte, demjenigen, dem die Benutzung eines öffentlichen Grundstücks für eine Anlage oder einen Betrieb gestattet ist, die Gefahr eines
dadurch entstehenden Schadens aufzuerlegen. Dem Sinne nach deckt der Vorbehalt
danach nur eine Verschärfung der Haftung des Unternehmers gegenüber den allgemeinen Vorschriften des BGB. Die verschärfte Haftung kann aber landesrechtlich
nur für den Schaden begründet werden, der bei der Benutzung des dem öffentlichen
Gebrauch dienenden Grundstücks verursacht wird, nicht auch für den Schaden, der
auch sonst durch die Anlage oder durch den Betrieb an anderem Ort entstanden
wäre; insoweit greift bei „gefährlichen" Anlagen aber der Vorbehalt des Art 105 ein.

6 6. Der Vorbehalt umfaßt Personen- und Sachschäden.

II. Teilweise Gegenstandslosigkeit

7 Der Vorbehalt des Art 106 ist insoweit gegenstandslos, als bundesrechtliche Regelungen bestehen. Soweit die Haftung für gefährliche Betriebe bundesrechtlich geregelt ist (s Erl zu Art 105), kann auch von dem Vorbehalt des Art 106 kein Gebrauch
mehr gemacht werden: Soweit diese bundesrechtlichen Regelungen bestehen, haben
sie nach dem Willen des Bundesgesetzgebers abschließenden Charakter, so daß für
eine landesrechtliche Regelung insoweit kein Raum mehr bleibt.

III. Landesrecht

Nach den Darlegungen unter Rn 7 verwundert es nicht, daß auch aufgrund des **8** Vorbehalts in Art 106 praktisch keine landesrechtlichen Vorschriften mehr bestehen:

1. Bayern

Art 59 AGBGB (BayBS III, 89) ist in die Neufassung dieses Gesetzes vom 20. 9. 1982 **9** (GVBl 803) nicht übernommen.

Für Betriebe und Anlagen, die öffentliche Gewässer benutzen, war die Vorschrift bereits durch Art 102 Abs 2 Nr 5 des Bayerischen Wassergesetzes vom 26. 7. 1962 (GVBl 143) – nunmehr idF der Bek vom 19. 7. 1994 (GVBl 822) – aufgehoben worden.

Art 17 § 3 AGBGB für Sachsen-Coburg-Gotha (GS 1899, 199; BayBek vom 30. 1. 1922, BayBS III, 216, B II a) ist aufgehoben durch Art 80 Abs 2 Nr 14a des AGBGB vom 20. 9. 1982 (GVBl 803).

Für Eisenbahn-, Dampfschiffahrts- und ähnliche Unternehmen, die dem öffentlichen Verkehr dienen, verweist nunmehr Art 54 AGBGB vom 20. 9. 1982 (GVBl 803) auf § 14 BundesimmissionsschutzG vom 15. 3. 1974 (BGBl I 721), idF der Bek vom 26. 9. 2002 (BGBl I 3830), zuletzt geändert durch G vom 8. 7. 2004 (BGBl I 1578). Danach sind zur Abwehr benachteiligender Einwirkungen von einem Grundstück auf ein anderes Grundstück die privatrechtlichen Abwehransprüche (§§ 903 ff, 1004 BGB) ausgeschlossen; jedoch können schützende Vorkehrungen und Schadensersatz verlangt werden.

2. Alt-Hessen

Art 75 HessAGBGB (HessGVBl II Nr 320-1). Auch diese Bestimmung ist im Bereich **10** des HaftpflichtG vom 4. 1. 1978 (BGBl I 145) nicht mehr anwendbar.

3. Braunschweig

§§ 29–31 AGBGB (NdsGVBl SB III Nr 400 S 130) sind aufgehoben durch § 29 Abs 1 **11** Nr 1 NdsAGBGB vom 4. 3. 1971 (GVBl 73).

4. Rheinland-Pfalz

Art 59 BayAGBGB, der in der Pfalz galt, ist aufgehoben durch § 27 Abs 1 Nr 1b **12** AGBGB vom 18. 11. 1976 (GVBl 259); ebenso ist das AGBGB für Rheinhessen vom 17. 7. 1899 aufgehoben durch § 27 Abs 1 Nr 2a AGBGB für Rheinland-Pfalz.

Artikel 107

Unberührt bleiben die landesgesetzlichen Vorschriften über die Verpflichtung zum Ersatze des Schadens, der durch das Zuwiderhandeln gegen ein zum Schutze von Grundstücken erlassenes Strafgesetz verursacht wird.

Materialien: E I Art 63; II Art 80; III Art 160;
Mot EG 190; Prot VI 422.

I. Verpflichtung zum Schadensersatz bei Zuwiderhandlungen gegen Strafgesetze zum Schutz von Grundstücken

1 1.   Für den Schaden, der durch strafbare Handlungen verursacht wird, haftet der Täter grundsätzlich nach § 823 Abs 2 BGB. Art 107 gestattet der Landesgesetzgebung, die Ersatzpflicht in solchen Fällen abweichend vom BGB zu regeln, insbesondere zu erweitern.

2 2.   Da es keinen Verstoß gegen ein Strafgesetz ohne Verschulden gibt und da nach den allgemeinen Grundsätzen zu § 823 Abs 2 BGB (s BGHZ 46, 21) die Schadensersatzpflicht bei Zuwiderhandlungen gegen Schutzgesetze mindestens dieselbe Verschuldensstufe voraussetzt, die das Schutzgesetz selbst voraussetzt, kann die Landesgesetzgebung aufgrund Art 107 keine Haftung ohne Verschulden anordnen. Sie kann nähere Bestimmungen über die Person des Ersatzpflichtigen treffen. Das Landesrecht kann auch die Berechnung und Festsetzung des Schadens, sowie die Verjährung des Ersatzanspruchs näher regeln.

3 3.   Das Strafgesetz kann ein Bundesgesetz sein oder ein Landesgesetz. Meist handelt es sich um Feld- und Forststrafgesetze. Nicht notwendig ist es, daß die Vorschriften über den Schadensersatz in dem Strafgesetz selbst enthalten sind.

Das BundesnaturschutzG vom 25. 3. 2002 (BGBl I 1193) enthält in § 66 Strafvorschriften.

4 4.   Als geschützte Grundstücke kommen hauptsächlich Feld- und Forstgrundstücke in Betracht. Art 107 gestattet aber auch, dem Eigentümer anderer Grundstücke oder Gebäude unter erleichterten Bedingungen Schadensersatz zu verschaffen (Mot EG 190). Soweit es sich um Zuwiderhandlungen gegen Bestimmungen auf dem Gebiet des Wasser- oder Fischereirechts handelt (zB Beschädigung von Teichen oder Wasserläufen), gelten auch die Vorbehalte der Art 65, 69; der Vorbehalt des Art 107 ist insofern enger, als er Zuwiderhandlung gegen ein Strafgesetz voraussetzt.

II. Landesrecht

1. Früheres Land Preußen

5 §§ 65 ff des Feld- und Forstpolizeigesetzes vom 1. 4. 1880 (GS 230) idF vom 21. 1. 1926 (GS 83) sahen bei Weidefrevel und Feldschaden einen Anspruch auf Ersatzgeld vor.

2. Baden-Württemberg

6 Durch § 90 LandesWaldG vom 10. 2. 1976 (GBl 99) idF vom 31. 8. 1995 (GBl 685) sind ua außer Kraft gesetzt

a)   Badisches ForststrafG vom 25. 2. 1879 (GVBl 161) idF vom 28. 8. 1924 (GVBl 251),

b)   WüForststrafG vom 2. 9. 1879 (RegBl 277) idF vom 19. 2. 1902 (RegBl 37), zuletzt geändert durch G vom 7. 4. 1970 (GBl 124),

c)   PrFeld- und Forstpolizeigesetz vom 1. 4. 1880 (GS 230) idF vom 21. 1. 1926 (GS 83).

3.   Bayern

S Art 89 Rn 12; Art 5, 22 ForststrafG vom 9. 7. 1965 (GVBl 117) idF der Bek vom   **7** 14. 9. 1970 (GVBl 460) sind aufgehoben durch § 2 Abs 2 G zur Änderung des Bay-WaldG vom 10. 8. 1982 (GVBl 692).

Das ForststrafG ist nunmehr in die Neufassung des BayWaldG vom 25. 8. 1982 (GVBl 824 = BayRS 7902-1-L), zuletzt geändert durch G vom 24. 3. 2004 (GVBl 84), eingearbeitet, wobei die Art 5 und 22 ForststrafG (Schadensersatz in Geld und Geltendmachung im sog Adhäsionsverfahren) nicht übernommen worden sind. In Art 45 Abs 1 S 3 BayWaldG ist, unter bestimmten Voraussetzungen, eine Stellungnahme der unteren Forstbehörde zur Schadenshöhe vorgesehen.

Das BayForstG vom 9. 7. 1965 (GVBl 113) ist aufgehoben durch Art 45 Nr 1 des BayWaldG vom 22. 10. 1974 (GVBl 551; Neufassung vom 25. 8. 1978, GVBl 824). Das FeldschadenG vom 6. 3. 1902 (BayBS IV 432) ist aufgehoben durch § 1 Nr 13 des Gesetzes zur Aufhebung von Rechtsvorschriften vom 6. 4. 1981 (GVBl 85).

Der Schutz von Feld und Flur ist geregelt in Art 39 ff Landesstraf- und Verordnungsgesetz idF vom 13. 12. 1982 (GVBl 1098), zuletzt geändert durch G vom 24. 4. 2001 (GVBl 140). Eine Schadensersatzregelung ist dort jedoch nicht enthalten; außerdem liegt bei einem Verstoß nur eine Ordnungswidrigkeit vor.

4.   Berlin

§§ 65 ff PrFeld- und ForstpolizeiG (s oben) sind aufgehoben und ersetzt durch das   **8** Feld- und ForstschutzG vom 6. 3. 1970 (GVBl 474) idF vom 22. 2. 1979 (GVBl 418). Eine Schadensersatzregelung enthält dieses Gesetz nicht.

5.   Bremen

Das Feldordnungsgesetz vom 13. 4. 1965 (GBl 71, SaBremR Nr 45-b-1) sieht kein Er-   **9** satzgeld vor, bestimmt aber in § 10, daß das privat gepfändete Vieh für den entstandenen Schaden und für alle Kosten der Pfändung und Schadensfeststellung einschließlich der Bergungs- und Verwahrungskosten haftet.

6.   Hamburg

Gesetz zum Schutz von Flur und Forst vom 3. 10. 1961 (GVBl 313, HambGuV Nr 45-a),   **10** zuletzt geändert durch G vom 5. 12. 1985 (GVBl 62).

7. Hessen

11 §§ 5 ff Feld- und ForstschutzG vom 13. 3. 1975 (GVBl I 53), zuletzt geändert durch G vom 31. 10. 2001 (GVBl 434). Dort sind allerdings nur Ordnungswidrigkeiten geregelt.

8. Niedersachsen

12 Feld- und Forstordnungsgesetz idF vom 19. 7. 1978 (GVBl 604) zuletzt geändert durch Gesetz vom 17. 11. 1981 (GVBl 347) ist aufgehoben durch § 50 Abs 2 Nr 3 NiedersG über den Wald und die Landschaftsordnung vom 21. 3. 2002 (GVBl 112).

9. Nordrhein-Westfalen

13 Feld- und ForstschutzG vom 25. 6. 1962 (GVBl 357) idF vom 14. 1. 1975 (GV 125) sieht keine Privatpfändung oder Schadensersatzregelung vor.

Soweit das Feld- und ForstschutzG den Wald betrifft, ist es aufgehoben durch Art III Nr 2 G vom 11. 3. 1980 (GVBl 214).

10. Rheinland-Pfalz

14 Feld- und ForstschutzG vom 2. 2. 1977 (GVBl 221), zuletzt geändert durch G vom 7. 2. 1983 (GVBl 17).

11. Schleswig-Holstein

15 §§ 63 ff Pr Feld- und Forstpolizeigesetz vom 1. 4. 1880 idF vom 21. 1. 1926 (GS 83) sind aufgehoben durch § 78 Nr 4 SchlHolst Landschaftspflegegesetz vom 16. 4. 1973 (GVBl 122).

12. Neue Bundesländer

16 Die in den Ländern Brandenburg, Mecklenburg-Vorpommern, Sachsen, Sachsen-Anhalt und Thüringen nach dem Beitritt und Errichtung der Länder erlassenen neuen Landeswaldgesetze, s Art 83 Rn 11, sehen keine Vorschriften über die Verpflichtung zum Ersatz des Schadens, der durch das Zuwiderhandeln gegen ein Strafgesetz im Sinne des Art 107 entstanden ist, vor.

Artikel 108

Unberührt bleiben die landesgesetzlichen Vorschriften über die Verpflichtung zum Ersatz des Schadens, der bei einer Zusammenrottung, einem Auflauf oder einem Aufruhr entsteht.

Materialien: E I Art 61; II Art 81; III Art 107.

1.   Entstehung

Art 108 stimmt mit Art 64 des I. Entw wörtlich überein (Mot z EG 191; Prot II 422; **1**
Mat 87 a, 64).

II.   Weitgehende Gegenstandslosigkeit wegen besonderen Reichsrechts

1.   Ursprüngliches Normziel

Der Vorbehalt betraf die sog **Aufruhrgesetze** der Länder, welche über den Ersatz des **2**
Schadens, der bei einer Zusammenrottung, einem Auflauf oder einem Aufruhr
entsteht, Bestimmungen trafen, die von den allgemeinen Grundsätzen über Schadensersatz erheblich abwichen. Wegen der Zugehörigkeit dieser Materie zum öffentlichen Recht und der Verschiedenheit der öffentlich-rechtlichen Einrichtungen
in den einzelnen Ländern erschien die an sich wünschenswerte reichsrechtliche
Regelung nicht angebracht (Mot z EG 191).

2.   Tumultschadensrecht der Länder

Der Vorbehalt des Art 108 wurde durch besondere Reichsgesetze schon bald **weit-** **3**
gehend gegenstandslos, ohne daß er ausdrücklich aufgehoben wurde.

Bereits 1920 erging das Gesetz über die durch innere Unruhen verursachten Schäden **4**
(„**Tumultschädengesetz**" vom 12. 5. 1920, RGBl 941), das für Schäden an Leib und
Leben sowie an beweglichem und unbeweglichem Eigentum von Privatpersonen
einen Anspruch auf **Billigkeitsentschädigung** gegen das Reich vorsah, soweit ohne
Entschädigung „das Fortkommen des Betroffenen unbillig erschwert würde". Bei
der Billigkeitsentscheidung waren die gesamten Vermögens- und Erwerbsverhält-
nisse des Geschädigten zu berücksichtigen. Das **Personenschädengesetz** (vom
15. 7. 1922, RGBl I 620) übernahm mit Wirkung vom 1. April 1920 die Regulierung
der Tumultschäden an Leib und Leben (§ 18), so daß das Tumultschädengesetz nur
noch die Sachschäden erfaßte. Nach der ÄnderungsVO (vom 8. 1. 1924, RGBl I 23)
wurde die Entschädigung für Schäden an Sachen nach dem Tumultschädengesetz nur
noch gewährt, „wenn und soweit ohne solche das wirtschaftliche Bestehen des
Betroffenen gefährdet würde". Die Entschädigung durfte nicht höher sein als $^3/_4$
des Schadens.

Tumultschädengesetz und Personenschädengesetz erfuhren im Jahr 1924 noch eine **5**
wesentliche Änderung: Die **VO zur Überleitung der Tumultschädenregelung** auf die
Länder (vom 29. 3. 1924, RGBl I 381) machte die **Länder statt** des Reichs zu **Schuld-**
nern der Tumultentschädigung. Die Länder erhielten jedoch die Befugnis, durch
Gesetz den Gemeinden oder Gemeindeverbänden, in deren Bezirk der Schaden
entstanden war, die Entschädigungspflicht aufzuerlegen.

Bis 1945 galten das Tumultschädengesetz vom 12. 5. 1920 (mit der letzten Änderung **6**
durch die VO vom 29. 3. 1924) und das Personenschädengesetz (als „**Kriegsperso-**
nenschädengesetz" idF d Bekm vom 22. 12. 1927, RGBl I 515, 533; zul geänd d G vom
27. 2. 1934, RGBl I 135) als Reichsrecht.

7 Das **Verfahren der Entschädigung** wurde in den Gesetzen selbst und in Ausführungsverordnungen geregelt (VO vom 19. 5. 1920, RGBl 987; VO vom 15. 9. 1920, RGBl 1647, zul geänd d VO vom 29. 3. 1924, RGBl I 381, für das Tumultschädengesetz; das Kriegspersonenschädengesetz lehnte sich insoweit an die Durchführungsregeln des Reichsversorgungsgesetzes an).

Zum Schrifttum über die frühere Rechtslage siehe die Nachweise bei STAUDINGER/LEISS[10/11] Art 108.

III. Übergang der Gesetzgebungskompetenz auf die Länder

8 Seit Inkrafttreten des **Grundgesetzes** liegt die Gesetzgebungskompetenz für das Tumultschädenrecht bei den Ländern, weil die Materie **nicht Schadensersatz, sondern Entschädigungsrecht** wegen faktisch unzureichenden Polizeischutzes ist (vgl dazu HENRICHS NJW 1968, 973, 974; MünchKomm/SÄCKER Art 108 Rn 1). Nach den Regeln der Art 123 ff GG wurde das bisherige Reichsrecht zu Landesrecht. Ob die alten Regelungen heute weitergelten, ist jedoch **umstritten**. Der Bund konnte das alte Reichsrecht schon mangels Kompetenz nicht mehr völlig aufheben; § 82 Abs 1 Nr 1 **Bundesversorgungsgesetz** idF der Bekm vom 22. 1. 1982 (BGBl I 21), zul geänd d G vom 21. 7. 2004 (BGBl I 1791) setzt deshalb das Kriegspersonenschädengesetz nur für Kriegsopfer – also auf dem Gebiet der Sozialversorgung –, nicht aber bezüglich der Tumultschäden außer Kraft (vgl HENRICHS NJW 1968, 2230). Einige Länder haben es in die Positivliste der fortgeltenden Gesetze bei der **Rechtsbereinigung** aufgenommen. Andererseits **erkennt** die Hälfte der Bundesländer diese Gesetze **nicht mehr** als Anspruchsgrundlage **an** (so: Reform des Staatshaftungsrechts – Referentenentwürfe, hrsg von den Bundesministerien der Justiz und des Inneren [1976] 59; Begründung des Regierungsentwurfs zum StHG, BT-Drucks 8/2079, 20. Zur Geltung in den Bundesländern vgl im einzelnen BRINTZINGER DÖV 1972, 227). Dementsprechend fehlt es auch an den gesetzlich vorgesehenen Ausschüssen für die Entscheidung über Entschädigungsanträge.

9 Außer auf einigen besonderen Gebieten haben die Länder bisher keine neuen Vorschriften über die Tumultschäden erlassen, weil der **Regierungsentwurf des Staatshaftungsgesetzes** des Bundes im 3. Abschnitt eine bundeseinheitliche Tumultschädenregelung vorsah, eine Grundgesetzänderung plante, nach der in einem Art 74 Nr 1 a GG der Bund die Gesetzgebungszuständigkeit für das Tumultschädenrecht erhalten sollte und Art 108 außer Kraft setzen wollte (Reform des Staatshaftungsrechts-Referentenentwurf 49). Dieser Teil des Regierungsentwurfs wurde aber nicht Gesetz. Im übrigen war das StaatshaftungsG mit Art 70 GG unvereinbar und daher nichtig (BVerfGE 61, 149).

Artikel 109

Unberührt bleiben die landesgesetzlichen Vorschriften über die im öffentlichen Interesse erfolgende Entziehung, Beschädigung oder Benutzung einer Sache, Beschränkung des Eigentums und Entziehung oder Beschränkung von Rechten. Auf die nach landesgesetzlicher Vorschrift wegen eines solchen Eingriffs zu gewährende Entschädigung finden die Vorschriften der Artikel 52 und 53 Anwendung, soweit nicht die Landesgesetze ein anderes bestimmen. Die landesgesetzlichen Vorschriften

können nicht bestimmen, daß für ein Rechtsgeschäft, für das notarielle Beurkundung vorgesehen ist, eine andere Form genügt.

Materialien: E I Art 42; II Art 82; III Art 108.

Schrifttum

AUST/JACOBS, Die Enteignungsentschädigung (5. Aufl 2002)

BÜCHS, Handbuch des Eigentums- und Entschädigungsrechts (3. Aufl 1996)

BENDER, Staatshaftungsrecht (3. Aufl 1981) 12

DETTERBECK/WINDHORST/SPROLL, Staatshaftungsrecht (2000)

KROHN/LÖWISCH, Enteignung, Entschädigung, Staatshaftung (3. Aufl 1993)

MAURER, Allgemeines Verwaltungsrecht (15. Aufl 2004) 697

NÜSSGENS/BOUJONG, Eigentum, Sozialbindung, Enteignung (1987)

OSSENBÜHL, Staatshaftungsrecht (5. Aufl 1998)

PAPIER, Staatshaftungsrecht, HdbStR VI § 157, 1353

BGB-RGRK/KREFT (12. Aufl 1989) Vorb § 839 Rn 1

RÜFNER, Öffentlich-rechtliche Schadensersatz- und Entschädigungsleistungen, in: ERICHSEN (Hrsg), Allgemeines Verwaltungsrecht (12. Aufl 2002) 687

SCHÄFER/BONK, Staatshaftungsgesetz (1982)

STEINBERG/LUBBERGER, Aufopferung – Enteignung und Staatshaftung (1991)

WINDHORST/SPROLL, Staatshaftungsrecht (1994)

WOLFF/BACHOF/STOBER, Verwaltungsrecht, Bd , (6. Aufl 2000) §§ 66.

Systematische Übersicht

Alphabetische Übersicht

Detlef Merten

I. Entstehungsgeschichte

1 Der Wortlaut des Artikels weicht von Art 42 des Entwurfs ab, deckt sich aber inhaltlich mit ihm (Mot z EG 162 ff; Prot VI 470 f, 610; Mat 65). Satz 3 wurde durch § 57 Abs 4 Nr 1 des Beurkundungsgesetzes vom 28. 8. 1969 (BGBl I 1513) hinzugefügt.

II. Inhalt des Satzes 1

2 Art 109 S 1 gibt **keine Begriffsbestimmung** der Enteignung oder ähnlicher hoheitlicher Eingriffe in private Rechte. Er erfaßt derartige Eingriffe vielmehr mit eigenen Tatbestandsmerkmalen in drei Gruppen, die sich in das heutige, verfassungsrechtlich vorgeprägte Begriffsschema für solche Fälle nicht mehr lückenlos einfügen.

1. Entziehung, Beschädigung oder Benutzung einer Sache

3 Die erste Gruppe erfaßt alle beweglichen und unbeweglichen Sachen.

4 **a)** Unter **Entziehung** ist jeder staatliche Zugriff zu verstehen, der die tatsächliche oder rechtliche Verfügungsgewalt über eine Sache oder ihre Brauchbarkeit völlig beseitigt; es kann sich dabei um eine Benutzung bis zur Unbrauchbarkeit handeln.

5 **b)** Die **Beschädigung** ist – wie die Verwendung der Begriffe „beschädigt" und „zerstört" in den §§ 228f BGB und § 303 StGB belegen – eine nicht ganz unerhebliche Verletzung der Sachsubstanz oder eine sonstige körperliche Einwirkung auf sie, die ihre bestimmungsgemäße Brauchbarkeit nicht nur geringfügig beeinträchtigt (vgl dazu STREE, in: SCHÖNKE/SCHRÖDER, StGB [26. Aufl 2001] § 303 StGB Rn 8 ff); sobald die Brauchbarkeit der Sache gänzlich ausgeschlossen ist, liegt eine Entziehung durch Zerstörung vor.

6 **c)** Die **Benutzung** einer beweglichen oder unbeweglichen Sache ist jeder mit unmittelbaren oder mittelbaren Vorteilen verbundene **tatsächliche Gebrauch** (RGZ 130, 350, 355), mag er einmalig, vorübergehend oder wiederkehrend sein, dauernd dagegen nur, wenn er nicht zur Entziehung der Sache führt. Von der Beschädigung unterscheidet sich die Benutzung dadurch, daß die Sache bestimmungsgemäß verwendet wird; das gilt auch, wenn ihre Brauchbarkeit durch die Benutzung gemindert, dh wenn sie „verbraucht" wird.

2. Beschränkung des Eigentums

Das ist **jede Begrenzung der** rechtlichen oder tatsächlichen **Verfügungsgewalt** oder **7** sonstiger Rechte aus dem Eigentum an einer körperlichen Sache, soweit sie nicht schon der ersten Fallgruppe zuzuordnen ist.

3. Entziehung oder Beschränkung von Rechten

Entziehung ist der dauernde und vollständige, **Beschränkung** der vorübergehende **8** oder teilweise Zugriff auf Rechte und Berechtigungen aller Art einschließlich der Forderungen und Persönlichkeitsrechte sowie sonstiger subjektiver vermögenswerter Rechte, auch wenn sie öffentlich-rechtlicher Natur sind.

4. Öffentliches Interesse

Der Zugriff muß im öffentlichen Interesse erfolgt sein (zu diesem Begriff vgl Art 52 EG **9** Rn 12 und Wolff/Bachof/Stober, Verwaltungsrecht Bd 2 [6. Aufl 2000] 605).

5. Enteignungsterminologie

Die drei Gruppen entsprechen nicht der heute im Entschädigungs- und Ausgleichs- **10** recht vorherrschenden Terminologie; ihre Einordnung kann deshalb Schwierigkeiten bereiten. Heute unterscheidet man Zugriffe hoheitlicher Art nach dem **Zugriffsobjekt**: Wird in vermögenswerte Güter oder Rechte **unmittelbar** eingegriffen, so spricht man von **Enteignung**, die unmittelbare Beschränkung nichtvermögenswerter Güter oder Rechte wird als **Aufopferung** bezeichnet (zur historischen Entwicklung vgl Bender 12 ff; BGB-RGRK/Kreft Vorbem 2 ff zu § 839; Ossenbühl 124 ff; Rüfner 719 ff; Schäfer/Bonk Einf Rn 57 ff).

a) Enteignung ieS
Nur die formell und materiell einwandfreie, hoheitliche Beeinträchtigung vermö- **11** genswerter Rechtsgüter stellt eine Enteignung ieS dar (vgl dazu alle zur historischen Entwicklung angegebenen Fundstellen). Ihre verfassungsrechtlich von Art 14 GG vorgeprägte Unterscheidung zur Ausgestaltung oder Sozialbindung des Rechtsinstituts „Eigentum" wird mit Hilfe verschiedener Theorien getroffen (vgl dazu Staudinger/ Leiss[10/11] Art 109 Rn 17 ff; Bender 17 ff; Maurer 741 ff; Ossenbühl 169 ff; BGB-RGRK/Kreft Vorbem 39 ff zu § 839; Rüfner 737 ff); von ihnen konnte sich aber keine allein und unangefochten durchsetzen, sie müssen vielmehr im Einzelfall zur Erzielung eines gerechten Ergebnisses miteinander kombiniert werden (so zB Kreft, Aufopferung und Enteignung [1968] 22).

b) Enteignungsgleicher Eingriff
Sobald der **Eingriff** unmittelbar (Bender 22; Rüfner 742) wie eine Enteignung wirkt, **12** aber **rechtswidrig** ist, liegt ein enteignungsgleicher Eingriff vor (zum Begriff vgl zB

BGHZ 6, 270, 290; 32, 208, 210 f; Bender 23 ff; Ossenbühl 213 ff; Rüfner 742 ff; etwas anders BGB-RGRK/Kreft Vorbem 33 ff zu § 839; zur Frage, ob BVerfGE 52, 1 und 58, 300 das Rechtsinstitut überflüssig machen vgl Ossenbühl 220 ff). Er hat – mit Ausnahme der Rechtswidrigkeit – dieselben Voraussetzungen und Rechtsfolgen wie die Enteignung; vor allem wegen seiner Ausdehnung auch auf schuldhaftes Handeln (zB Bender 23 ff; Ossenbühl 214 f) rückt er in die Nähe der **Amts- und Staatshaftungsansprüche** und überschneidet sich oft mit diesen.

c) Enteignender Eingriff

13 Ein Gesetz mit Enteignungsfolge ist wegen der **Junktimklausel** des Art 14 Abs 3 S 2 GG stets rechtswidrig, wenn es nicht zusammen mit dem Eingriff eine angemessene Entschädigung vorsieht. Bei schematischer Anwendung der oben erwähnten Grundsätze würde das zu Schwierigkeiten führen, wenn ein Gesetz in der Regel nicht enteignend wirkt, aber als **atypische Nebenfolge** zu einer ungewollten Enteignung führen kann.

14 Hier müßte eigentlich mangels Entschädigungsregelung der gesamte Vorgang als rechtswidrig betrachtet werden; das wäre jedoch unsinnig, weil das in der hauptsächlichen Rechtsfolge gewollte, insoweit gesetzlich gedeckte staatliche Handeln und die zugrundeliegende Rechtsvorschrift nur wegen eines atypischen „Ausreißers" insgesamt rechtswidrig würde, falls die gesetzliche Ermächtigung nicht prophylaktisch eine Entschädigung vorsähe. Die Gerichte haben in solchen Fällen deshalb einen anderen Weg beschritten. Sie beurteilen Staatshandeln und gesetzliche Ermächtigung nur nach der gewollten Folge und damit als rechtmäßig; den unbeabsichtigten Nebeneffekt bezeichnen sie als „enteignenden Eingriff" (vgl dazu zB Bender 20 ff; Ossenbühl 226 ff 269 ff; Rüfner 752 ff) und gewähren für ihn eine Entschädigung analog den Enteignungsregeln.

d) Aufopferung

15 Unter „Aufopferung" versteht man hoheitliche, unmittelbare Eingriffe in **nichtvermögenswerte Rechtsgüter**, wie Gesundheit, Freiheit uä (vgl zB Bender 15 f; Maurer 773 ff; Ossenbühl 131 ff; BGB-RGRK/Kreft Vorbem 22 und 148 ff zu § 839; Rüfner 755 ff; grundlegend BGHZ 9, 83; ferner zB 13, 88, 90 f; 23, 157, 161; 28, 297, 301; 45, 58, 76 f; 66, 118 f). Voraussetzungen und Rechtsfolgen eines Aufopferungsanspruchs sind mittlerweile im Grundsätzlichen geklärt. Sie unterscheiden sich von der Enteignung im wesentlichen nur noch im Zugriffsobjekt.

16 **Streitig** ist nur noch die **Rechtsgrundlage**: Der allgemeine Aufopferungsanspruch wird teilweise auf §§ 74 f **Einl ALR** als Gewohnheitsrecht mit Verfassungsrang (BGB-RGRK/Kreft Vorbem 148 zu § 839; Wolff/Bachof/Stober, Verwaltungsrecht, Bd 2 [6. Aufl 2000] 636 ff) aber auch auf **Art 2 Abs 2 und 20 Abs 1 GG** gestützt (Bender 15 f), es sei denn, er wäre im Einzelfall **spezialgesetzlich** geregelt, wie zB in § 60 IfSG (zusammenfassend Ossenbühl 130 f).

17 Dieser durch hoheitlichen Eingriff verursachte **öffentlich-rechtliche Aufopferungsanspruch** ist von dem **zivilrechtlichen**, durch privatrechtliche Einwirkung hervorgerufenen Aufopferungsanspruch zu trennen (vgl dazu BGB-RGRK/Kreft Vorbem 37 zu § 839; Wolff/Bachof, Verwaltungsrecht Bd 2, [9. Aufl 1974] 535; BGHZ 16, 366, 369, 374; NJW 1967, 1857; 1968, 47).

e) Aufopferungsgleicher Eingriff

Als aufopferungsgleicher Eingriff sind alle Beschränkungen immaterieller Art an- **18** zusehen, die rechtswidrig sind. Von der Rechtsprechung wird die Differenzierung zum Aufopferungsanspruch nicht durchgeführt (vgl Ossenbühl 133 f; BGB-RGRK/Kreft Vorbem 148 zu § 839; Rüfner 648).

Einen **aufopfernden Eingriff** gibt es nicht, weil Art 2 Abs 2 GG eine dem Art 14 **19** Abs 3 GG entsprechende Junktimklausel fehlt und deshalb atypische, ungezielte Eingriffe keine besonderen Rechtmäßigkeitsprobleme aufwerfen.

f) Einordnung des Tatbestands des Art 109 Satz 1

Die **ersten beiden Fallgruppen** des Art 109 EG betreffen Enteignungen, weil nur von **20** Eingriffen in Sacheigentum die Rede ist; eine **dritte Gruppe** kann dagegen im Einzelfall sowohl der Enteignung als auch der Aufopferung zuzuordnen sein, je nachdem, ob sich das staatliche Handeln auf vermögenswerte oder immaterielle Rechtsgüter richtet.

Enteignende, enteignungs- oder aufopferungsgleiche Eingriffe fallen **nicht** unter **21** Art 109, weil er nur Regelungen über die gesetzlich erlaubte Beeinträchtigung von Rechten, nicht aber über die Folgen zufälliger, rechtswidriger oder gar schuldhafter Eingriffe erfassen will.

6. Reichweite des Vorbehalts

Die Reichweite des Vorbehalts für die Landesgesetzgebung ergibt sich nur, wenn **22** man ihn im Zusammenhang mit Vorschriften über die **Gesetzgebungskompetenzen** betrachtet, die **vorrangig** sind und die Vorbehaltsregeln weiter einengen können (vgl Vorbem 15 ff zu Art 55–152).

a) Unter der Weimarer Reichsverfassung

Bereits nach Art 7 Nr 12 WRV hatte das **Reich** die (konkurrierende) Gesetzgebung **23** für das Enteignungsrecht. Die Länder behielten aber das Recht der Gesetzgebung, solange und soweit das Reich von seinem Gesetzgebungsrecht keinen Gebrauch machte (Art 12 Abs 1 S 1 WRV). Der Vorbehalt des Art 109 war daher, da auch nach der staatsrechtlichen Neugestaltung das Reich das Enteignungsrecht nicht erschöpfend geregelt hatte, **nicht gegenstandslos** (offengelassen in BVerfGE 45, 297, 342); die aufgrund desselben erlassenen Landesgesetze blieben unberührt, soweit sie mit dem Reichsrecht nicht in Widerspruch standen.

b) Unter dem Grundgesetz

Mit dem GG hat sich diese Rechtslage geändert. Nach Art 30 und 70 GG ist die **24** Gesetzgebung grundsätzlich Sache der Länder, wenn nicht das GG eine Materie ausdrücklich dem Bund zuweist. Das ist für die Enteignung in **Art 74 Abs 1 Nr 14 GG** zum Teil geschehen; der Bund hat die **konkurrierende Gesetzgebungskompetenz** für das **Enteignungsrecht** auf allen den Sachgebieten, die ihm in Art 73 f GG zur Rechtssetzung zugewiesen sind. In den übrigen Bereichen müssen sie dann aber – auch wenn diese dem Bund in anderen Verfassungsbestimmungen zur Regelung überlassen sind – den Ländern zustehen. Soweit die Kompetenz dem Bund überlassen ist, **bleibt** der Vorbehalt des **Art 109 von Bedeutung**; er stellt klar, daß das BGB das

Enteignungsrecht nicht antasten wollte und daß im Rahmen der konkurrierenden Gesetzgebung für Landesrecht auch dort noch Raum bleibt, solange und soweit der Bundesgesetzgeber nicht in anderen, neueren Gesetzen diese Materie ausfüllt.

25 Die **Aufopferung** ist im GG nicht erwähnt. Deren Regelung steht daher den Ländern zu, sofern sie nicht im Einzelfall kraft ungeschriebener Kompetenz dem Bund zuzuordnen oder ausnahmsweise Bestandteil eines der diesem ausdrücklich zugewiesenen Sachgebiete ist (vgl dazu STAUDINGER/LEISS[10/11] Rn 10; BGH MDR 1959, 192).

26 Die im Zusammenhang mit dem Staatshaftungsgesetz aufgetretene Rechtsfrage, ob Haftungsregeln zum **enteignenden, enteignungsgleichen oder aufopferungsgleichen Eingriff** vom Bund erlassen werden dürfen, ist nicht von Belang, weil Art **109 nur** die **rechtmäßigen Eingriffe erfaßt** (vgl zur Kompetenzfrage SCHÄFER/BONK Einf Rn 238 ff; BONK DVBl 1981, 801, 804 ff; PAPIER NJW 1981, 2321, 2323; BADURA NJW 1981, 1337, 1341; JACOBS 24 f; allg zu Art 74 Nr 1 GG: BVerfGE 11, 192, 199; 42, 20, 28 f; 45, 297, 345; 78, 205, 209 f).

c) Inhalt

27 Der Vorbehalt gestattet den Ländern grundsätzlich nicht nur die Regelung **materiellen Rechts**, sondern auch alle damit zusammenhängenden **prozessualen** oder **formellrechtlichen** Fragen. Art 109 gestattet aber keine Änderung des materiellen **Sachenrechts** durch die Länder (BVerfGE 45, 297, 342).

7. Sonderregelungen im Bundesrecht

28 Vor allem zum Enteignungsrecht finden sich zahlreiche Bundesvorschriften in **Spezialgesetzen**, wie zB im Baugesetzbuch. Sie schließen insoweit landesrechtliche Bestimmungen aus. Das (für nichtig erklärte) **Staatshaftungsgesetz** hatte die rechtmäßige Aufopferung und Enteignung ausdrücklich nicht geregelt, es befaßte sich nur mit den Folgen staatlich verursachten **Unrechts** (§ 14 Abs 1 StHG; vgl SCHÄFER/BONK, StHG § 14 Rn 16); von ihm wurde also der Vorbehalt des Art 109 nicht berührt.

8. Sonderregelungen im Landesrecht

29 In den Ländern existieren zahlreiche Enteignungs- und Aufopferungsvorschriften in Spezialgesetzen. Als besondere **Enteignungsgesetze** wurden folgende Vorschriften erlassen:

a) **Baden-Württemberg**: Landesenteignungsgesetz vom 6. 4. 1982 (GBl 97, zul geänd d G vom 7. 2. 1994, GBl 73);

b) **Bayern**: Bayerisches Gesetz über die entschädigungspflichtige Enteignung idF der Bekm vom 25. 7. 1978 (GVOBl 625, zul geänd d G vom 24. 12. 2002 GVBl 962);

c) **Berlin**: Berliner Enteignungsgesetz vom 14. 7. 1964 (GVBl 737, zul geänd d G vom 30. 11. 1984, GVBl 1664);

d) **Brandenburg**: Enteignungsgesetz des Landes Brandenburg vom 19. 10. 1992, (GBl I 430, zul geänd d G vom 7. 7. 1997, GVBl I 72);

e)   Bremen: Enteignungsgesetz für die Freie Hansestadt Bremen vom 5. 10. 1965
(GBl 129, zul geänd d G vom 12. 6. 1973, GBl 127);

f)   Hamburg: Hamburgisches Enteignungsgesetz idF der Bekm vom 11. 11. 1980,
(GVBl 305, geänd d G vom 1. 7. 1993, GVBl 149, zul geänd d G vom 18. 2. 2004, GVBl 107);

g)   Hessen: Hessisches Enteignungsgesetz vom 4. 4. 1973 (GVBl I 107);

h)   Mecklenburg-Vorpommern: Enteignungsgesetz für das Land Mecklenburg-Vorpommern vom 2. 3. 1993 (GVOBl 178, zul geänd d G vom 22. 11. 2001, GVBl 107);

i)   Niedersachsen: Niedersächsisches Enteignungsgesetz idF der Bekm vom
6. 4. 1981 (GVBl 83, zul geänd d G vom 19. 9. 1989, GVBl 345);

k)   Nordrhein-Westfalen: Landesenteignungs- und -entschädigungsgesetz vom
20. 6. 1989 (GVNW 366);

l)   Rheinland-Pfalz: Landesenteignungsgesetz vom 22. 4. 1966 (GVBl 103, zul geänd d
G vom 2. 3. 2004, GVBl 198);

m)   Saarland: Gesetz über die Enteignung von Grundeigentum vom 11. 6. 1874
(PrGS 221, BS 214-2, geänd d G vom 17. 12. 1964, ABl 1965, 117 und Gesetz über ein vereinfachtes
Enteignungsverfahren vom 26. 7. 1922, PrGS 211, BS 2143, zul geänd d G vom 7. 11. 2001, ABl 2158);

n)   Sachsen: Sächsisches Enteignungs- und Entschädigungsgesetz vom 18. 7. 2001
(GVBl 453);

o)   Sachsen-Anhalt: Enteignungsgesetz vom 13. 4. 1994 (GVBl 509, zuletzt geänd d G
vom 24. 3. 1999, GVBl 108);

p)   Schleswig-Holstein: Gesetz über die Enteignung von Grundeigentum vom
11. 6. 1874 (PrGS 221, GesSchl-H II, 214-1, zul geänd d G vom 8. 2. 1994, GVOBl 124 und durch
LVO v 16. 6. 1998, GVOBl 210), und Gesetz über ein vereinfachtes **Enteignungsverfahren**
vom 26. 7. 1922 (PrGS 211, GesSchl-H II 214-2, zul geänd d LVO v 24. 10. 1996, GVOBl 652);

q)   Thüringen: Thüringer Enteignungsgesetz vom 23. 3. 1994 (GVBl 329, zul geänd d G
vom 15. 12. 1998, GVBl 427).

Zur **früheren Gesetzeslage** vgl Staudinger/Leiss[10/11] Art 109, Rn 58 ff.   **30**

III.   Inhalt des Satzes 2

Lediglich für den Fall, daß die Landesgesetzgebung nicht schon Bestimmungen über **31**
das Verhältnis mehrerer Entschädigungsberechtigter zueinander und über die Sicherung der Rechte Dritter am Entschädigungsansprüche getroffen hat, verfügt Satz 2
des Art 109 die Anwendung der für reichs- bzw bundesrechtliche Enteignungsfälle
geltenden Vorschriften der Art 52, 53. Die Landesgesetzgebung kann also die Anwendung dieser Vorschriften durch abweichende Regelungen ganz oder teilweise
ausschließen. Sofern landesgesetzliche Vorschriften fehlen, gilt folgendes:

1. Entschädigung Dritter

32 Wird das **Recht eines Dritten** an dem enteigneten Gegenstand durch die Enteignung beeinträchtigt und erhält der Dritte hierfür nach den maßgebenden Vorschriften keine besondere Entschädigung, so stehen ihm an dem Entschädigungsanspruch des Enteigneten dieselben Rechte zu, die ihm im Falle des Erlöschens seines Rechtes durch Zwangsversteigerung an dem Erlöse zuständen. Vgl im einzelnen, besonders auch darüber, daß die **Art 52, 53** nur Platz greifen, wenn der Enteignete einen Rechtsanspruch auf die Entschädigung hat, Art 52 Rn 13.

2. Sonderregelung bei Grundstücken

33 Ist ein Grundstück enteignet und ist deshalb für dieses oder eine von der Enteignung mitbetroffene, bewegliche Sache, auf welche sich die Haftung gegenüber den Realgläubigern erstreckt, eine Entschädigung zu gewähren, so finden auf das Verhältnis der Beteiligten (Entschädigungspflichtiger, Eigentümer, Realberechtigter) die Vorschriften des § **1128 BGB** über die Haftung der Brandversicherungssumme entsprechende Anwendung, ergänzt durch die Vorschriften in **Art 53 Abs 1 S 2** und **3**.

34 Nach **Art 53 Abs 2** erlischt die Haftung des Entschädigungsanspruchs gegenüber einem Reallastberechtigten, Hypotheken-, Grundschuld- oder Rentenschuldgläubiger, wenn der beschädigte Gegenstand wiederhergestellt oder für die entzogene bewegliche Sache Ersatz beschafft wird. Außerdem sieht Art 53 Abs 2 S 2 iVm §§ 1123 Abs 2 S 1 und 1124 Abs 1 und 3 BGB das Erlöschen der Haftung aus formalen Gründen vor.

IV. Inhalt des Satzes 3

35 Satz 3 der Vorschrift ist im Wortlaut **zu weit** gefaßt. Er hindert den Landesgesetzgeber nur daran, qualitätsmäßig **mindere Beurkundungsformen** genügen zu lassen; schärfere Anforderungen an die Form, die in gleicher oder besserer Weise die Warnfunktion der notariellen Beurkundung erfüllen, sind im Landesrecht weiterhin gestattet (OVG Lüneburg OVGE 32, 349, 353).

Artikel 110

Unberührt bleiben die landesgesetzlichen Vorschriften, welche für den Fall, daß zerstörte Gebäude in anderer Lage wieder hergestellt werden, die Rechte an den beteiligten Grundstücken regeln.

Materialien: E I Art 77; II Art 83; III Art 109;
Mot EG 202; Prot VI 440.

I.   Regelung der Rechtsverhältnisse bei Wiederaufbau eines zerstörten Gebäudes an anderer Stelle

1.   Einzelne Landesgesetze – sog Retablissementsgesetze – haben vorgeschrieben, **1** daß beim Wiederaufbau eines zerstörten Gebäudes an anderer Stelle – etwa aufgrund einer baurechtlichen Anordnung – die dinglichen Rechte, die auf dem zerstörten Gebäude lasteten, auf die neue Baustelle übertragen werden und dingliche Rechte an der neuen Baustelle im Range hinter die früheren Rechte am zerstörten Gebäude zurücktreten. Dadurch soll verhindert werden, daß die Grundpfandgläubiger sich an die Versicherungssumme oder – bei Enteignung – an die Entschädigungssumme halten und daß dadurch der Wiederaufbau erschwert wird (vgl § 1127 BGB, Art 109 S 2). Außerdem soll durch solche Vorschriften vermieden werden, daß ein Realgläubiger bei Neubegründung seines Rechts an der neuen Baustelle seinen bisherigen Rang verliert. Vorschriften dieser Art sind durch Art 110 aufrechterhalten, neue können erlassen werden.

2.   Der Vorbehalt bezieht sich auf jeden Fall des Wiederaufbaus eines zerstörten **2** Gebäudes an anderer Stelle, unabhängig davon, aus welchem Grunde das Gebäude zerstört wurde. Er gilt also sowohl bei Zerstörung durch Krieg, durch Brand, durch Explosion, durch Hochwasser oder sonstige Naturgewalten als auch, wenn das Gebäude im öffentlichen Interesse abgerissen werden muß. Der Vorbehalt beschränkt sich auch nicht auf den Fall, daß der Wiederaufbau an anderer Stelle auf behördlicher Anordnung beruht, er umfaßt vielmehr auch den Fall, daß der Eigentümer freiwillig (aus Zweckmäßigkeitsgründen oder wegen Naturnotwendigkeiten) an anderer Stelle aufbaut.

3.   Nach den Versicherungsbedingungen der Feuerversicherungsanstalten und **3** -gesellschaften muß ein abgebranntes Gebäude im allgemeinen wieder an der früheren Stelle errichtet werden (sog Wiederaufbauklausel, vgl §§ 97, 193 VVG und § 17 Abs 3 der Allgemeinen Feuerversicherungsbedingungen). Durch die §§ 97, 193 VVG wird der Vorbehalt des Art 110 nicht berührt. Der Vorbehalt gilt sogar für Fälle, in denen im Widerspruch zu den Feuerversicherungsbedingungen an anderer Stelle aufgebaut wurde.

4.   Soweit sich der Vorbehalt des Art 110 mit den Vorbehalten der Art 109 oder **4** 113 überschneidet, gilt jeweils der weitestgehende.

II.   Landesgesetze

1.   Früheres Land Baden

§§ 50 ff Gebäudeversicherungsgesetz vom 29. 3. 1852 (RegBl 85) idF der Bek vom **5** 30. 1. 1934 (GVBl 95); zuletzt geändert durch G vom 26. 11. 1974 (GBl 508). Gesetz über die Versicherung der Gebäude gegen Unwetter- und andere Elementarschäden vom 7. 3. 1960 (GBl 70); zuletzt geändert durch G vom 19. 3. 1985 (GBl 71).

2.   Bayern

Nach § 69 Abs 5 der Satzung der Bayerischen Landesbrandversicherungsanstalt vom **6**

15. 12. 1956 (BayBS I 249) idF der Bek vom 1. 2. 1971 (GVBl 111), zuletzt geändert durch Bek vom 20. 12. 1994 (BayStaatsAnz Nr 52) kann die Anstalt aus wichtigen Gründen die Verwendung der Entschädigung zur Wiederherstellung an anderer Stelle oder zu anderen Zwecken gestatten, aber nur mit Zustimmung der Grundstücksgläubiger.

Das Gesetz über das öffentliche Versicherungswesen (VersG) vom 7. 12. 1933 (BayBS I 242) ist außer Kraft aufgrund Art 29 Abs 1 des G zur Neuordnung der Rechtsverhältnisse der öffentl-rechtl Versicherungsanstalten des Freistaates Bayern vom 23. 7. 1994 (GVBl 603). Gemäß Art 1 des Neuordnungsgesetzes wird ua die Bayerische Landesbrandversicherungsanstalt als Anstalt des öffentlichen Rechts vom Staatsministerium des Innern im Einvernehmen mit dem Staatsministerium der Finanzen in eine Aktiengesellschaft umgewandelt; die Satzung wird vom Staatsministerium des Innern im Einvernehmen mit dem Staatsministerium der Finanzen durch Verwaltungsakt festgestellt.

3. Alt-Hessen

7 Art 27 Abs 6 des Gesetzes, die Brandversicherungsanstalt für Gebäude betreffend, vom 28. 9. 1890 (RegBl 197) idF der Bek vom 30. 9. 1899 (RegBl 677, 699; s GVBl II Bd III Nr 55-7).

4. Niedersachsen

8 Oldenburg: § 53 Gesetz betreffend die Oldenburgische Landesbrandkasse vom 28. 4. 1910 (GVBl SB III Nr 76 S 377), aufgehoben durch § 16 Nr 5 G über die öffentlich-rechtlichen Versicherungsunternehmen in Niedersachsen vom 10. 1. 1994 (GVBl 5).

5. Früheres Land Württemberg

9 Art 35 GebäudebrandversicherungsG vom 14. 3. 1853 idF vom 28. 1. 1943 (RegBl 1), geändert durch Elementarschadenversicherungsgesetz vom 7. 3. 1960 (GBl 70), zuletzt geändert durch G vom 19. 3. 1985 (GBl 71). S auch Anlage 213 zu § 1 Rechtsbereinigungsgesetz vom 12. 2. 1980 (GBl 98).

6. Versicherungs-Monopole

10 In acht der sog alten Bundesländer konnten bisher Gebäude gegen das Feuerrisiko nur bei öffentl-rechtl Monopolanstalten versichert werden. Diese Bindungen sind seit dem 1. 7. 1994 entfallen (vgl Soergel/Hartmann Art 110 Rn 2).

7. EU-Richtlinien

11 Der jeweilige Gesetzgeber war verpflichtet, die Richtlinie 92/49 EWG des Rates vom 18. 6. 1992 zur Koordinierung der Rechts- und Verwaltungsvorschriften für die Direktversicherung (mit Ausnahme der Lebensversicherung) sowie zur Änderung der Richtlinien 73/239 EWG und 88/357 EWG – Dritte Richtlinie Schadenversicherung – (ABl EG Nr L 228 S 1) umzusetzen.

Artikel 111

Unberührt bleiben die landesgesetzlichen Vorschriften, welche im öffentlichen Interesse das Eigentum in Ansehung tatsächlicher Verfügungen beschränken.

Materialien: E I Art 66; II Art 84; III Art 10.

I. Entstehung

Art 111 entspricht mit einer kleinen redaktionellen Änderung Art 66 des I. Entw **1**
(Mot z EG 192; Prot VI 428; Mat 87 a, 67).

II. Öffentliches und privates Recht

Die Motive (192) lassen es dahingestellt, ob der Vorbehalt entbehrlich ist, da die **2**
Wahrung öffentlicher Interessen ohnehin in die Zuständigkeit der Landesgesetzgebung fällt. Jedenfalls macht der Vorbehalt die Prüfung der Frage überflüssig, ob eine
im öffentlichen Interesse erfolgte Beschränkung des Eigentums dem Gebiete des
öffentlichen Rechts oder des Privatrechts angehört. Der Vorbehalt hat weitgehend
nur **deklaratorische Bedeutung**, nur wenn **Zivilrechtsvorschriften** ausnahmsweise das
öffentliche Interesse verfolgen, ist er **konstitutiv.**

III. Rechtliche und tatsächliche Gewalt, privates und öffentliches Interesse

§ 903 BGB und Art 14 Abs 1 GG gewährleisten die Freiheit des Eigentums inner- **3**
halb der Schranken des Gesetzes. Die gesetzlichen Eigentumsbeschränkungen betreffen teils die **rechtliche Verfügungsgewalt** – Recht zur Veräußerung, Teilung,
Belastung der Sache –; auf diese beziehen sich die Vorbehalte der Art 113, 115
117, 119 EG. Teils richten sie sich aber auch gegen die **tatsächliche Verfügung** über
die Sache und gehen auf ein Dulden und Unterlassen.

Diese Beschränkungen können im **Interesse des privaten** Rechtslebens, insbesondere **4**
der Nachbarn, erfolgen; sie sind den Vorschriften der §§ 904–924 BGB zu entnehmen; weitere Beschränkungen aufzustellen, ist in Art 124 den Ländern überlassen
und von diesen vor allem in den Nachbarrechtsgesetzen geregelt worden. Beschränkungen der tatsächlichen Verfügungsgewalt können aber auch im **öffentlichen Interesse** erfolgen; für Begrenzungen mit dieser Zielrichtung berechtigt der Vorbehalt des
Art 111 die Länder.

IV. Unmittelbare Inhaltsbeschränkung

Der Vorbehalt bezieht sich sowohl auf **bewegliche** wie auch auf **unbewegliche Sachen**. **5**
Er regelt nur Inhaltsbeschränkungen, die **unmittelbar** das Eigentum begrifflich oder
inhaltlich begrenzen, nicht solche, die erst aufgrund eines Gesetzes noch (zB durch
Verwaltungsakt) vollzogen werden müssen (RGZ 116, 268, 273). Die wichtigsten Beschränkungen der **tatsächlichen** Verfügung finden sich bei Grundstücken und Gebäuden. Art 111 stellt jedoch keine Ermächtigung dar, den rechtlichen Inhalt des

Detlef Merten

Eigentums zu beschränken oder den numerus clausus der beschränkt dinglichen Sachenrechte abzuändern (BVerfGE 45, 297, 343).

V. Landesrecht

6 Landesrechtliche Beschränkungen der tatsächlichen Verfügungsmacht finden sich vor allem im **Bauordnungs-, Naturschutz-, Denkmalschutz-** und **Forstrecht**; Art 141 Abs 3 **bayer Verfassung** bringt sogar eine Beschränkung der tatsächlichen Verfügungsgewalt mit Verfassungsrang (vgl dazu bay VerfGHE nF 4, 206, 209; 19, 35; 19, 97 sowie aus neuerer Zeit E 43, 67; 44, 41; 47, 54; VG München BayVBl 1992, 506). Für bewegliche Sachen finden sich einzelne Bestimmungen im **Ordnungs-** und (vor allem **Gewerbe-**) **Sicherheitsrecht** (Zur früheren Rechtslage vgl STAUDINGER/LEISS[10/11] Rn 5 und SOERGEL/HARTMANN Art 111 Rn 4).

7 Die wesentlichen Gesetze für **Grundstücke** sind:

1. Baden-Württemberg

DenkmalschutzG vom 6. 12. 1983 (GBl 797), zul geänd d G vom 14. 3. 2001 (GBl 189); NaturschutzG vom 29. 3. 1995 (GBl 385), zul geänd d G vom 19. 11. 2002 (GBl 428), WaldG vom 31. 8. 1995 (GBl 685), zul geänd d G vom 19. 11. 2002 (GBl 428, ber 531); Landesbauordnung vom 8. 8. 1995 (GBl 617), zul geänd d G vom 29. 10. 2003 (GBl 695);

2. Bayern

DenkmalschutzG vom 25. 6. 1973 (GVBl 328), zul geänd d G vom 23. 7. 1994 (GVBl 475); NaturschutzG; idF der Bekm v 18. 8. 1998 (GVBl 593), zul geänd d G vom 24. 12. 2002 (GVBl 975); WaldG vom 25. 8. 1982 (GVBl 824), zul geänd d G vom 25. 5. 2003 (GVBl 325); Bauordnung idF der Bekm v 4. 8. 1997 (GVBl 433, ber 1999, S 270);

3. Berlin

DenkmalschutzG vom 24. 4. 1995 (GVBl 274), zul geänd d G vom 16. 7. 2001 (GVBl 260); NaturschutzG idF vom 28. 10. 2003 (GVBl 554), geänd d G vom 17. 12. 2003 (GVBl 617); WaldG vom 30. 1. 1979 (GVBl 177), zul geänd d G vom 17. 12. 2003 (GVBl 617); Bauordnung idF vom 3. 9. 1997 (GVBl 422), zul geänd d G vom 16. 7. 2001 (GVBl 260);

4. Brandenburg

DenkmalschutzG vom 22. 7. 1991 (GVBl 311), zul geänd d G vom 18. 12. 1997 (GVBl I 124); NaturschutzG vom 25. 6. 1992 (GVBl I 208), zul geänd d G vom 10. 7. 2002 (GVBl I 62); WaldG vom 17. 6. 1991 (GVBl 213), zul geänd d G vom 10. 7. 2002 (GVBl I 62); Bauordnung vom 16. 7. 2003 (GVBl I 210), geänd d G vom 9. 10. 2003 (GVBl I 273);

5.   Bremen

DenkmalschutzG vom 27. 5. 1975 (GBl 265), zul geänd d G vom 17. 12. 2002 (GBl 605);
NaturschutzG vom 17. 9. 1979 (GBl 345), zul geänd d G vom 28. 5. 2003 (GBl 103);
Landesbauordnung vom 27. 3. 1995 (GBl 211), geänd d G vom 8. 4. 2003 (GBl 159);

6.   Hamburg

DenkmalschutzG vom 3. 12. 1973 (GVBl 466), zul geänd d G vom 18. 7. 2001 (GVBl
251); NaturschutzG vom 7. 8. 2001 (GVBl 281), zul geänd d G vom 17. 12. 2002 (GVBl
347); WaldG vom 13. 3. 1978 (GVBl 74), zul geänd d G vom 17. 12. 2002 (GVBl 347);
Bauordnung vom 1. 7. 1986 (GVBl 183), zul geänd d G vom 17. 12. 2002 (GVBl 347);

7.   Hessen

DenkmalschutzG vom 5. 9. 1986 (GVBl I 269) zul geänd d G vom 31. 10. 2001 (GVBl I
434); NaturschutzG vom 16. 4. 1996 (GVBl I 145), zul geänd d G vom 1. 10. 2002 (GVBl
I 614); Bauordnung vom 20. 12. 1993 (GVBl I 655), zul geänd d G vom 18. 6. 2002 (GVBl
I 274);

8.   Mecklenburg-Vorpommern

DenkmalschutzG idF d Bekm vom 6. 1. 1998 (GVOBl 12, ber in GVOBl 247), zul geänd d
G vom 22. 11. 2001 (GVOBl 438); NaturschutzG idF vom 22. 10. 2002 (GVOBl 2003, 1),
zul geänd d G vom 18. 12. 1995 (GVOBl 659); WaldG vom 8. 2. 1993 (GVOBl 90), zul
geänd d G vom 22. 11. 2001 (GVOBl 438); Bauordnung idF vom 6. 5. 1998 (GVOBl 468,
ber in GVOBL 612), zul geänd d G vom 16. 12. 2003 (GVOBl 690);

9.   Niedersachsen

DenkmalschutzG vom 30. 5. 1978 (GVBl 517), zu geänd d G vom 20. 11. 2001 (GVBl
701); NaturschutzG idF vom 11. 4. 1994 (GVBl 155, ber GVBl 267), zul geänd d G vom
19. 2. 2004 (GVBl 75); WaldG vom 21. 3. 2002 (GVBl 112), geänd d G vom 12. 12. 2003
(GVBl 446); Bauordnung idF vom 10. 2. 2003 (GVBl 89);

10.   Nordrhein-Westfalen

DenkmalschutzG vom 11. 3. 1980 (GVNW 226), zul geänd d G vom 25. 9. 2001 (GVNW
708); NaturschutzG vom 16. 12. 1969 (GVNW 1970, 22); Landesbauordnung idF der
Bekm v 1. 3. 2000 (GVNW 255), zul geänd d G vom 5. 12. 2003 (GVNW 766);

11.   Rheinland-Pfalz

DenkmalschutzG vom 23. 3. 1978 (GVBl 159), zul geänd d G vom 16. 12. 2002 (GVBl
481); LandespflegeG idF vom 5. 2. 1979 (GVBl 36), zul geänd d G vom 12. 5. 2004
(GVBl 275); Landesbauordnung vom 24. 11. 1998 (GVBl 365), zul geänd d G vom
22. 12. 2003 (GVBl 396);

12. Saarland

DenkmalschutzG vom 12. 10. 1977 (ABl 993), zul geänd d G vom 12. 6. 2002 (ABl 1506) NaturschutzG vom 19. 3. 1993 (ABl 346), zul geänd d G vom 12. 6. 2002 (ABl 1506); WaldG vom 26. 10. 1977 (ABl 1009), zul geänd d G vom 9. 7. 2003 (ABl 2130); Landesbauordnung vom 27. 3. 1996 (ABl 477), zul geänd durch G vom 7. 11. 2001 (ABl 2158);

13. Sachsen

DenkmalschutzG vom 3. 3. 1993 (GVBl 229), zul geänd d G vom 14. 11. 2002 (GVBl 307); WaldG vom 10. 4. 1992 (GVBl 137), zul geänd d G vom 11. 12. 2002 (GVBl 312); Bauordnung vom 10. 3. 1999 (GVBl 86), zul geänd d G vom 14. 12. 2001 (GVBl 716);

14. Sachsen-Anhalt

DenkmalschutzG vom 21. 10. 1991 (GVBl 368), zul 17. 12. 2003 (GVBl 352); NaturschutzG vom 23. 7. 2004 (GVBl 454); WaldG vom 13. 4. 1994 (GVBl 520), zul geänd d G vom 27. 8. 2002 (GVBl 372); Bauordnung vom 9. 2. 2001 (GVBl 50), zul geänd d G vom 16. 7. 2003 (GVBl 158);

15. Schleswig-Holstein

DenkmalschutzG vom 21. 11. 1996 (GVOBl 676); NaturschutzG vom 16. 4. 1973, idF d Bekm vom 18. 7. 2003 (GVOBl 339); WaldG vom 11. 8. 1994 (GVOBl 438), zul geänd d G vom 24. 10. 1996 (GVOBl 652); Landesbauordnung idF vom 10. 1. 2000 (GVOBl 47, ber 213), geänd d G vom 16. 12. 2002 (GVBl 264);

16. Thüringen

DenkmalschutzG vom 7. 1. 1992 (GVBl 17), zul geänd d G vom 24. 10. 2001 (GVBl 265); NaturschutzG idF vom 19. 4. 1999 (GVBl 298), zul geänd d G vom 15. 7. 2003 (GVBl 393); WaldG idF vom 25. 8. 1999 (GVBl 485), zul geänd d G vom 6. 1. 2003 (GVBl 19); Bauordnung vom 3. 6. 1994 (GVBl 553), zul geänd d G vom 24. 10. 2001 (GVBl 265).

Artikel 112

Unberührt bleiben die landesgesetzlichen Vorschriften über die Behandlung der einem Eisenbahn- oder Kleinbahnunternehmen gewidmeten Grundstücke und sonstiger Vermögensgegenstände als Einheit (Bahneinheit), über die Veräußerung und Belastung einer solchen Bahneinheit oder ihrer Bestandteile, insbesondere die Belastung im Falle der Ausstellung von Teilschuldverschreibungen auf den Inhaber, und die sich dabei ergebenden Rechtsverhältnisse sowie über die Liquidation zum Zwecke der Befriedigung der Gläubiger, denen ein Recht auf abgesonderte Befriedigung aus den Bestandteilen der Bahneinheit zusteht.

Materialien: E II Art 112; III Art 111; Prot VI
552 f, 611 f.

I.   Zusammenfassung der einem Eisenbahnunternehmen dienenden Gegenstände für den Rechtsverkehr als „Bahneinheit"

1.   Der Vorbehalt gestattet der Landesgesetzgebung, alle einem Eisenbahnunter- **1** nehmen gewidmeten Vermögenswerte für den Rechtsverkehr zu einem einheitlichen Gegenstand, der sog „Bahneinheit" zusammenzufassen, ohne daß die Voraussetzungen der §§ 93 ff BGB vorzuliegen brauchen. Diese Bahneinheit kann alle dem Betrieb dienenden Grundstücke, unabhängig davon, ob sie räumlich zusammenhängen oder nicht, und alle sonstigen Vermögensbestandteile des Unternehmens umfassen, also bewegliche Sachen, Forderungen und sonstige Rechte aller Art.

Das Landesrecht kann näher regeln, wie die Bahneinheit entsteht, etwa mit der **2** Genehmigung des Betriebs (vgl § 3 des preußischen Gesetzes über die Bahneinheiten vom 8. 7. 1902, GS 237).

2.   Die Landesgesetzgebung kann auch Vorschriften über die Veräußerung und **3** Belastung von Bahneinheiten oder ihrer einzelnen Bestandteile erlassen. So kann sie anordnen, daß die Veräußerung der Einheit als solcher der notariellen Beurkundung bedarf, also auch hinsichtlich der Bestandteile, die sonst formfrei veräußert werden könnten. Sie kann auch die Vorschriften über die Veräußerung und den Eigentumsübergang von Grundstücken für maßgebend erklären, für den Eigentumsübergang also Auflassung und Eintragung in das Grundbuch (Bahngrundbuch) verlangen (vgl § 16 des PrBEG). Das Landesrecht kann weiter die Veräußerung oder Belastung einzelner zur Bahneinheit gehörender Gegenstände, namentlich einzelner Grundstücke, an bestimmte Voraussetzungen knüpfen oder von behördlichen Genehmigungen abhängig machen (vgl §§ 5, 7 PrBEG).

3.   Bei der Ausstellung von Teilschuldverschreibungen auf den Inhaber (Obliga- **4** tionen) kann die Landesgesetzgebung die Belastung der Bahneinheit abweichend von den Vorschriften der §§ 1187 ff BGB regeln.

4.   Schließlich sind landesgesetzliche Vorschriften über die Liquidation der Bahn- **5** einheit zum Zwecke der Befriedigung absonderungsberechtigter Gläubiger (§§ 49 ff InsO) vorbehalten. So könnte bestimmt werden, daß beim Erlöschen der Genehmigung für das Eisenbahnunternehmen die Absonderungsrechte erlöschen, wenn sie nicht innerhalb einer bestimmten Frist angemeldet werden.

II.   Geltungsbereich des Vorbehaltes

1.   Der Vorbehalt gilt nicht für die Bundesbahn. Nach Art 73 Nr 6 GG unter- **6** stehen die Bundeseisenbahnen der ausschließlichen Gesetzgebung des Bundes. Nach dem Gesetz über die vermögensrechtlichen Verhältnisse der Deutschen Bundesbahn vom 2. 3. 1951 (BGBl I 155) sind das Eigentum und die sonstigen Vermögensrechte des Deutschen Reichs, die zum früheren Vermögen der Deutschen Reichsbahn gehörten, mit Wirkung vom 24. 5. 1949 an als Sondervermögen der Deutschen Bundesbahn Vermögen des Bundes geworden. Das Nähere ist in dem Bundesbahngesetz vom 13. 12. 1951 (BGBl I 955) geregelt.

Das **Allgemeine Eisenbahngesetz** vom 29. 3. 1951 (BGBl I 225) ist aufgehoben durch G zur Neuordnung des Eisenbahnwesens vom 27. 12. 1993 (BGBl I 2378; BGBl 1994 I 2439). Art 5 dieses Neuordnungsgesetzes enthält nunmehr das Allgemeine Eisenbahngesetz, zuletzt geändert durch G vom 12. 12. 2003 (BGBl I 2518); dieses ist hauptsächlich für die Bahnen bedeutsam, die nicht dem Bund gehören, also für Privatbahnen und Kleinbahnen. Es enthält aber keine abschließende Regelung für diese Bahnen; der Bund hat vielmehr die Ordnung der Privatbahnen und Kleinbahnen weitgehend den Ländern überlassen. Diese haben zum Teil neue Eisenbahngesetze erlassen, so **Baden-Württemberg** das Landeseisenbahngesetz vom 8. 6. 1995 (GBl 421), **Bayern** Gesetz über die Rechtsverhältnisse der nicht zum Netz der Deutschen Bundesbahn gehörenden Eisenbahnen und der Bergbahnen in Bayern (Bayer Eisenbahn- und Bergbahngesetz) vom 17. 11. 1966 (GVBl 429) idF der Bek vom 9. 8. 2003 (GVBl 598); 3. VO zur Durchführung des Bayer. Eisenbahn- und Seilbahngesetzes vom 24. 11. 2003 (GVBl 886); **Hessen** G über Eisenbahnen und Bergbahnen (EBG) vom 7. 7. 1967 (GVBl 127 – HessGVBl II Nr 62-6), zuletzt geändert durch G vom 17. 12. 1998 (GVBl I 562); **Nordrhein-Westfalen** Landeseisenbahngesetz vom 5. 2. 1957 (GV NW 11) – SGV NW Nr 93; **Rheinland-Pfalz** Landesgesetz über Eisenbahnen, Bergbahnen und Seilschwebebahnen vom 13. 3. 1961 (GVBl 87 – BS Nr 93-3), idF vom 23. 3. 1975 (GVBl 142).

7 2. Der Vorbehalt des Art 112 hat eine Einschränkung erfahren durch das Reichsgesetz betreffend die Anwendung landesgesetzlicher Vorschriften über Bahneinheiten vom 26. 9. 1934 (RGBl II 811), geändert durch § 9 Abs 5 des Allgemeinen Eisenbahngesetzes). Erstreckt sich ein Bahnunternehmen des öffentlichen Verkehrs über die Gebiete mehrerer Länder und unterliegt es in mindestens einem dieser Länder Vorschriften über die Bahneinheit, so kann der Bundesverkehrsminister bestimmen, daß die Vorschriften eines Landes für das ganze Unternehmen gelten. Ist ein solches Unternehmen nicht in allen berührten Ländern Vorschriften über Bahneinheiten unterworfen, so kann der Bundesverkehrsminister bestimmen, daß das ganze Unternehmen Vorschriften über Bahneinheiten nicht unterliegt. Aufgrund dieses Reichsgesetzes wurde ua

a) bestimmt, daß auf die württembergischen Teile der Albtalbahn und der Bahn von Pforzheim nach Ittersbach, das WürttembG betr die Bahneinheiten vom 23. 3. 1906 (s Rn 15) keine Anwendung findet (VO vom 1. 11. 1934, RGBl II 849);

b) die Braunschweigische Landes-Eisenbahn-Gesellschaft dem PrG über die Bahneinheiten vom 8. 7. 1902 (GS 237) unterstellt (VO vom 7. 1. 1935, RGBl II 5);

(c) die Extertalbahn dem lippischen G über die Bahneinheiten vom 11. 4. 1929 (GS 29) unterstellt (VO vom 29. 5. 1935, RGBl II 438);

c) die Wittlager Kreisbahn-AG dem erwähnten PrG unterstellt (VO vom 11. 1. 1936, RGBl II 25).

III. Verwandte Vorbehalte

1. Der Vorbehalt des Art 112 gilt auch gegenüber der ZPO, namentlich hinsicht- **8** lich der Zwangsvollstreckung. Außerdem läßt § 871 ZPO die landesgesetzlichen Vorschriften unberührt, nach denen das Benutzungsrecht an einer Eisenbahn oder Kleinbahn, die einem Dritten gehört, sowie gewisse, dem Betrieb gewidmete Gegenstände hinsichtlich der Zwangsvollstreckung zum unbeweglichen Vermögen zu rechnen sind und nach denen die Zwangsvollstreckung abweichend vom Bundesrecht geregelt ist (vgl §§ 20 ff PrBEG).

2. § 2 EGZVG erstreckt den Vorbehalt auf die Vorschriften über die Zwangs- **9** versteigerung und Zwangsverwaltung. Über die Aufrechterhaltung der landesgesetzlichen Vorschriften über die Zwangsvollstreckung in unbewegliche Gegenstände s § 3 Abs 4 des Reichsgesetzes vom 7. 3. 1934 (RGBl II 91).

3. Nach § 136 GBO können die Länder für die Bahneinheiten Sondervorschriften **10** über das Grundbuchwesen schaffen, insbesondere können sie ein Bahngrundbuch einrichten und die Eintragungen in dieses Bahngrundbuch regeln. Das PrBEG enthält in §§ 8 ff eingehende Vorschriften über das Bahngrundbuch. Vgl hierzu Meikel/ Böhringer § 136 Rn 35 und die Kommentare zu § 136 GBO.

4. Das Reichsgesetz betreffend die gemeinsamen Rechte der Besitzer von **11** Schuldverschreibungen vom 4. 12. 1899 (RGBl 691) idF des Reichsgesetzes vom 14. 5. 1914 (RGBl 121), der VO vom 24. 9. 1932 (RGBl I 1447) und des Reichsgesetzes vom 20. 7. 1933 (RGBl I 523), sowie der Bundesgesetze vom 25. 6. 1969 (BGBl I 645) und vom 28. 8. 1969 (BGBl I 1513) läßt die landesgesetzlichen Vorschriften über die Versammlung und Vertretung der Pfandgläubiger einer Eisenbahn oder Kleinbahn in dem zur abgesonderten Befriedigung dieser Gläubiger aus den Bestandteilen der Bahneinheit bestimmten Verfahren unberührt (§ 25).

IV. Landesrecht

1. Früheres Land Preußen

PrG über die Bahneinheiten vom 19. 8. 1895 (GVBl 499) idF vom 8. 7. 1902 (GS 237). **12**

2. Baden-Württemberg

§ 35 Abs 2, 3 LFGG vom 12. 2. 1975 (GBl 116), zuletzt geändert durch G vom **13** 18. 12. 1995 (GBl 29); § 9 GBVO vom 21. 5. 1975 (GBl 211) und VO vom 7. 9. 1981 (GBl 505). Für jedes Bahnunternehmen wird nur ein Grundbuch geführt, in dem alle in demselben Rechtsgebiet gelegenen Grundstücke eingetragen werden.

3. Berlin

PrG über die Bahneinheiten vom 19. 8. 1895/8. 7. 1902 (= PrBEG), abgedruckt in der **14** SaBerlR unter Nr 930-3.

4. Hessen

15 Ehem preuß Landesteile: PrBEG, geändert durch G vom 7. 7. 1967 (GVBl 127; abgedruckt in HessGVBl II Nr 62-6).

5. Niedersachsen

16 PrBEG vom 19. 8. 1895/8. 7. 1902 ist aufgehoben durch Art 2 Nr 7 des Gesetzes vom 1. 6. 1982 (GVBl 137).

6. Nordrhein-Westfalen

17 PrBEG, geändert durch § 43 Abs 1 des Landeseisenbahngesetzes vom 5. 2. 1957 (GV NW 11) und G vom 14. 7. 1964 (GV NW 248), abgedruckt SGV NW Nr 93. Nach § 43 Abs 2 des Landeseisenbahngesetzes gilt das PrBEG auch in dem früheren Land Lippe.

7. Schleswig-Holstein

18 PrBEG, SchlHABl Sonderbeil II, Nr 930, geändert durch G vom 8. 12. 1956 (GVBl 193 = Sb Nr 932).

8. Rheinland-Pfalz

19 § 47 Abs 2 Landeseisenbahngesetz vom 23. 3. 1975 (GVBl 142); PrBEG vom 19. 8. 1895/8. 7. 1902 ist aufgehoben durch das Landeseisenbahngesetz in der ursprünglichen Fassung vom 13. 3. 1961 (GVBl 87), § 51 Abs 2.

9. Saarland

20 PrBEG aufgehoben durch § 49 Abs 2 G vom 26. 4. 1967 (ABl 402).

Artikel 113

Unberührt bleiben die landesgesetzlichen Vorschriften über die Zusammenlegung von Grundstücken, über die Gemeinheitsteilung, die Regulierung der Wege, die Ordnung der gutsherrlich-bäuerlichen Verhältnisse sowie über die Ablösung, Umwandlung oder Einschränkung von Dienstbarkeiten und Reallasten. Dies gilt insbesondere auch von den Vorschriften, welche die durch ein Verfahren dieser Art begründeten gemeinschaftlichen Angelegenheiten zum Gegenstand haben oder welche sich auf den Erwerb des Eigentums, auf die Begründung, Änderung und Aufhebung von anderen Rechten an Grundstücken und auf die Berichtigung des Grundbuchs beziehen.

Materialien: E I Art 41 Abs 1; II Art 86; III
Art 112; Mot zum EG 162; Prot VI 372 ff, 581
(Anmerkung), 743; Mat S 68.

Schrifttum

I. Reichs- und Bundesrecht zur Flurbereinigung

1. Reichsumlegungsordnung
S hierzu STAUDINGER/PROMBERGER/
SCHREIBER[12].

2. Flurbereinigungsgesetz
a) Allgemeine Darstellungen
BERKENBUSCH, Die Rechtsgeschichte der Flurbereinigung in Deutschland (Diss Göttingen 1972)
Das neue Flurbereinigungsgesetz, 1976 (= Sonderheft der Schriftenreihe für Flurbereinigung)
DE LEEUW, Flurbereinigung und Landentwicklung (rechtsvergleichend), AgrarR 1992, 318
ERTL, Die Flurbereinigung im deutschen Raum (1953)
DIPPOLD, Flurneuordnungsverfahren in den neuen Bundesländern, RdL 1992, 59
ders, Vorläufige Besitzregelung in der Flurneuordnung, RdL 1992, 171
ders, Dorferneuerung in den neuen Bundesländern, RdL 1993, 87
ders, Verkehrswerte von Grundstücken in der Flurbereinigung, RdL 1997, 253
GAISBAUER, Die Rechtsprechung zum Flurbereinigungsgesetz 1968–1972, in: Berichte über Landwirtschaft (1974) 558
GAMPERL, Die Flurbereinigung in Westeuropa (1955)
HECKENBACH, Das Flurbereinigungsgesetz, Ztschr für das gesamte Siedlungswesen 1953, 143
HEGELE/SCHOOF/SCHWANTAG, Flurbereinigungsgesetz, Kommentar (6. Aufl 1992)
HELBING, Aufbaugesetz und Flurbereinigung, Ztschr für das gesamte Siedlungswesen 1955, 158
HOECHT, Zweck der Flurbereinigung, RdL 1990, 253
ders, Zur Eigentumsgewährung in der Flurbereinigung. AgrarR 1985, 273
ders, Rechtmäßigkeit der Abfindung und ihrer Änderung, RdL 1991, 197
ders, Landentwicklung als Flurbereinigungsziel, RdL 1994, 169

ders, Unerfüllte Teilnehmeransprüche im Flurbereinigungsverfahren, RdL 1994, 171
ders, Vierzig Jahre Flurbereinigungsgesetz, AgrarR 1993, 265
ders, Abfindungsorientierte Wertermittlung, RdL 1996, 113
ders, Flurbereinigungsziel und Grundstücksbewertung, RdL 1996, 309
KAISER, Das Bayerische Flurbereinigungsrecht, in: Praxis der Gemeindeverwaltung, Landesausgabe Bayern (1978)
LURZ, Flurbereinigungsrecht (1955)
MOLFENTER/DIEM, Das Flurbereinigungsrecht (7. Aufl 1995)
QUADFLIEG, Grundlegende Änderung des Flurbereinigungsgesetzes, Inf 1976, 475
ders, Recht der Flurbereinigung (Loseblatt, Stand 1989)
ders, Artikel „Flurbereinigungsrecht", in: HAR Bd I Sp 631
SCHMITT, Die Flurbereinigungsbehörde als Amt für Raumordnung und Städtebauförderung, DVBl 1973, 429
SCHÖNER/STÖBER, Grundbuchrecht (13. Aufl 2004) Rn 4030
SCHWEDE, Neue Legaldefinition der Flurbereinigung, RdL 1976, 253, 282
SEEHUSEN/SCHWEDE, Flurbereinigungsgesetz (6. Aufl 1992)
SEEHUSEN, Die Flurbereinigung in der höchstrichterlichen Rechtsprechung, RdL 1962, 141; 1972, 57; 1974, 1; 1975, 29; 1976, 1; 1977, 197
ders, Zum Wesen der modernen Flurbereinigung, RdL 1966, 141
SIEBELS, Die Flurbereinigung, MittRhNotK 1967, 481
STAHLKOPF, Kommentar zum Flurbereinigungsgesetz (1954)
vSPRECKELSEN, Erläuterungen zum Flurbereinigungsgesetz, in: Das Deutsche Bundesrecht IV B S 41
STEUER, Flurbereinigungsgesetz (2. Aufl 1967)
ders, Flurbereinigung, HDSW Bd 3 (1961)
STIEBENS, Neuere Ergebnisse aus der Rechtsprechung der Flurbereinigungsgerichte, RdL 1970, 171

ders, Die Flurbereinigungsgerichtsbarkeit, RdL 1972, 29

WEISS, E, Quellen zur Entstehungsgeschichte des Flurbereinigungsgesetzes der Bundesrepublik Deutschland von 1953 (2000)

ZILLIEN, Abfindungsprobleme bei Bodenneuordnungsverfahren in den neuen Bundesländern, RdL 1993, 87.

b) Einzelprobleme, insbesondere privatrechtliche Wirkungen des Flurbereinigungsverfahrens

BERG, Zum Einfluss des öffentlichen Rechts auf das Privatrecht – Möglichkeiten und Grenzen staatlicher Einwirkungen auf den Grundstücksverkehr unter besonderer Berücksichtigung des Rechts der Flurbereinigung, MittBayNot 1988, 197

BERROTH, Dingliche Belastungen im Flurbereinigungsverfahren, BWNotZ 1967, 182

BOTHE, Die Behandlung der Allmende und anderer Agrargemeinschaften im Flurbereinigungsverfahren, Innere Kolonisation 1960, 3

BOLENIUS, Die Rechtsstellung des Pächters in der Flurbereinigung, RdL 1955, 68

ders, Die Begründung öffentlicher Wege im Verfahren der Flurbereinigung, RdL 1956, 181

CZYCHOWSKI, Satzungsrecht der Flurbereinigungsbehörde, DVBl 1962, 778

EBELING, Verfügungsverbot bei Flurbereinigung und Zwangsversteigerung, Rpfleger 1987, 232

FINK, Rechtsnatur von Vorschussleistungen, RdL 1974, 309

FLIK, Buchung eines „Flurbereinigungsvermerkes?", BWNotZ 1987, 88

GRONEMEYER, Das Grundstück in der Flurbereinigung als Vertragsobjekt, in: Deutsches Anwaltsinstitut – Fachinstitut für Notare (Hrsg), Probleme des öffentlichen Rechts in der Notarpraxis (1987) 250

HASELHOFF, Windenergieanlagen in Flurbereinigungsverfahren, RdL 2003, 29

HECKENBACH, Die Zuständigkeit des Flurbereinigungsgerichts, RdL 1955, 100

ders, Flurbereinigung und Pacht, RdL 1956, 121

HELBING, Zur Frage der Staatsaufsicht der Flurbereinigungsbehörde über die Teilnehmergemeinschaft im Flurbereinigungsverfahren, Innere Kolonisation 1956, 149

ders, Über die Dauer der zeitweiligen Beschränkungen im Flurbereinigungsverfahren, RdL 1960, 309

HERFS, Verfügungen über Grundstücke während der landwirtschaftlichen Flurbereinigung und der städtischen Umlegung, MittRhNotK 1958, 230

HIDDEMANN, Die Planfeststellung im Flurbereinigungsverfahren (1970)

ders, Die Planfeststellung in der Flurbereinigung, AgrarR 1971, 14, 45, 77

KAISER, Die Neubegründung dinglicher Rechte durch den Flurbereinigungsplan, RdL 1965, 140

ders, Rechtliche Probleme bei der Dorferneuerung nach dem FlurbG, AgrarR 1978, 62 mit Erwiderung QUADFLIEG AgrarR 1978, 122

KRAFT, System der Klassifizierung eigentumsrelevanter Regelungen – Flurbereinigung und gesetzliche Leitungsrechte: Inhaltsbestimmung oder Enteignung?, BayVBl 1994, 97

KRIEGEL, Der Flurbereinigungsplan als amtliches Verzeichnis der Grundstücke, Ztschr für Vermessungswesen 1963, 50

LURZ, Die Flurbereinigung und die private Rechtssphäre, NJW 1955, 1780

ders, Die wertgleiche Abfindung in der Flurbereinigung, NJW 1956, 1865

MANNEL, Notar und Flurbereinigung, MittBayNot 2004, 397

CHR MAYR, Nachträgliche Änderungen des Flurbereinigungsplanes nach § 64 FlurbG, AgrarR 2001, 201

RÖLL, Die Verfügung über Grundbesitz während des Flurbereinigungsverfahrens, DNotZ 1960, 648

SEEHUSEN, Das Rechtsmittelverfahren nach dem Flurbereinigungsgesetz, RdL 1953, 317

ders, Die Flurbereinigung in ihrer Bedeutung für private Rechtsverhältnisse, RdL 1954, 205, 233

ders, Flurbereinigung und Grundstücksverkehr, RdL 1955, 317

ders, Besitzstreitigkeiten nach der vorläufigen Besitzeinweisung, RdL 1961, 327

ders, Voraussetzungen des besonderen Flurbereinigungsverfahrens, RdL 1974, 90

SUSSET, Der Surrogationsgedanke im Flurbereinigungsrecht (Diss Tübingen 1968)

THOMAS, Landabfindungsverzicht außerhalb des
Flurbereinigungsverfahrens, RdL 1994, 199
ders, Grundlagen der Selbstverwaltung der
Teilnehmergemeinschaft, RdL 1997, 253
TÖNNIES, Grundstücksverkehr während der
Flurbereinigung, MittRhNotK 1987, 93, 117
Völkel, Das Wertermittlungsverfahren in der
Flurneuordnung, RdL 2001, 225
ders, Wertermittlungsrahmen in der Flurneu-
ordnung, RdL 2001, 255
WACHENDORF, Der Rechtsschutz im Flurberei-
nigungsverfahren, RdL 1954, 318
WEHR, Die Unternehmensflurbereinigung in
ihrem Verfahrensablauf, BayVBl 1987, 356
WEISS, E, Zur Rechtsnatur der Bodenord-
nungsmaßnahmen nach dem FlurbG, RdL 2003,
85
ZILLIEN, Pächter im Flurbereinigungsverfahren,
RdL 1981, 113.

II. Umlegung, einschließlich vereinfachter Umlegung (früher Grenzregelung) unter dem BauGB

1. Schrifttum zum Bundesbaugesetz

S STAUDINGER/PROMBERGER/SCHREIBER[12].

2. Schrifttum zum BauGB und Nebengesetzen
a) Kommentare, Allgemeine Darstellungen

BATTIS/KRAUTZBERGER/LÖHR, Baugesetzbuch,
Komm (9. Aufl 2005)
BENKERT, Baugesetzbuch und BauGB-Maß-
nahmengesetz (1994)
BIELENBERG/KRAUTZBERGER/SÖFKER, Bauge-
setzbuch mit BauNVO, Komm (6. Aufl 2001)
dies, Baunutzungsverordnung und Planzeichen-
verordnung (1995)
BLEICHER/BUNZEL/ENGEL, Baurecht (Lose-
blatt, Stand 2004)
BIRK, Bauplanungsrecht in der Praxis (4. Aufl
1998)
BOEDIDINGHAUS/DIECKMANN, Baunutzungs-
verordnung, Komm (3. Aufl 1994)
BRÖLL/JÄDE, Das neue Baugesetzbuch im Bild
(Loseblatt, Stand 2004)
BRÜGELMANN, Baugesetzbuch, Komm (Loseblatt, Stand 2004)
BUSSE/DIRNBERGER/PRÖBSTL, Die neue Um-
weltprüfung in der Bauleitplanung (2004)

CHOLEWA, Baugesetzbuch (3. Aufl 1993)
DIETERICH, Baulandumlegung (4. Aufl 2000)
ERBGUTH, Bauplanungsrecht (1989)
ERNST/HOPPE, Das öffentliche Bau- und Bo-
denrecht, Raumordnungsrecht (2. Aufl 1981)
ERNST/ZINKAHN/BIELENBERG, Baugesetzbuch,
Komm (Loseblatt, Stand 2004)
FERNER/KRÖNINGER, Baugesetzbuch (2004)
FICKERT/FIESELER, Baunutzungsverordnung
(6. Aufl 1990)
FINKELNBURG/ORTLOFF, Öffentliches Baurecht
Bd 1 u 2 (2. Aufl 1990)
GAENTZSCH, Baugesetzbuch, Komm (1991)
ders, Baurecht 1993 (BauGB und BauGB-
Maßnahmegesetz, 1994)
GELZER/UPMEIER, Baugesetzbuch (5. Aufl
1998)
GRONEMEYER, Baugesetzbuch Praxiskommen-
tar (2. Aufl 2005)
HANGARTNER, Bauleitplanung (5. Aufl 2004)
HEINTZ/LENZ/LÜTTGAU, Investitionserleichte-
rungsgesetz und Wohnbaulandgesetz (1993)
HOPPE/SCHLARMANN, Die planerische Vorha-
bensgenehmigung (2000)
JÄDE/DIRNBERGER/WEISS, Baugesetzbuch –
Baunnutzungsverordnung (4. Aufl 2005)
KLATT, Der Bebauungsplan in der kommunalen
Praxis (2002)
KOCH/HOSCH, Baurecht, Raumordnungs- und
Landesplanungsrecht (1988)
KRAUTZBERGER/SÖFKER, Baugesetzbuch mit
BauNVO (7. Aufl 2004)
MAINCZYK, Baugesetzbuch, Taschenkomm
(2. Aufl 1994)
MITSCHANG, Steuerung der städtebaulichen
Entwicklung durch Bauleitplanung (2003)
vNICOLAI/WAGNER/WECKER, Verträge des
Baugesetzbuchs (1999)
OTTO, Das Baugesetzbuch (4. Aufl 1993)
ROTHE, Bauleitplanung und ihre Sicherung nach
dem Baugesetzbuch (1987)
ders/K MÜLLER, Das Verfahren bei der Auf-
stellung von Bauleitplänen (3. Aufl 2000)
RUNKEL, Baugesetzbuch 2004 (8. Aufl 2004)
SCHAETZELL, Baugesetzbuch (Loseblatt, Stand
2003)
SCHIWY/HARMONY/DECKER, Baugesetzbuch,
Komm (Loseblatt, Stand 2004)
SCHLEZ, BauGB, Komm (4. Aufl 1984)

Jörg Mayer

Schlichter/Stich/Driehaus, Berliner Kommentar zum Baugesetzbuch (Loseblatt, Stand 2004)

Schöner/Stöber, Grundbuchrecht (13. Aufl 2004) Rn 3856

Schrödter, Baugesetzbuch (6. Aufl 1998)

Schwier, Handbuch der Bebauungsplan-Festsetzungen (2002)

Spannowsky/Mitschang, Umweltprüfungen bei städtebaulichen Planungen und Projekten (2002)

Stüer/Probstfeld, Die Planfeststellung (2003)

Stüer, Der Bebauungsplan (2. Aufl 2001)

Upmeier/Brandenburg, Neues Baugesetzbuch 2004 (2004)

Voss/Buntenbroich, Das neue Baurecht in der Praxis (2. Aufl 2004)

vWietersheim/Troa-Korbion, Das neue BauGB (2004)

P Zimmermann, Das neue BauGB (2004).

b) Besonderes Städtebaurecht

Bielenberg/Koopmann/Krautzberger, Städtebauförderungsrecht (Loseblatt, Stand 2004)

Birk, Städtebauliche Verträge (4. Aufl 2002)

Fieseler, Städtebauliche Sanierungsmaßnahme (2000)

Kremer, Städtebaurecht für Architekten und Stadtplaner (1999)

Molodovsky/Richter, Städtebauförderung in Bayern (Loseblatt, Stand 1989)

Müller/Collinet, Handbuch der Städtebauförderung in Nordrhein-Westfalen (Loseblatt, Stand 2000)

Schmidt-Eichstaedt, Städtebaurecht (4. Aufl 2003).

c) Aufsätze zum BauGB mit Bezug zum allgemeinen Grundstücksverkehr und zur Umlegung

Battis/Krautzberger/Löhr, Die Änderungen des Baugesetzbuchs, NJW 2004, 2553

Dolde/Menke, Das Recht der Bauleitplanung, NJW 1996, 2616

Dümig, Die für das Grundbuchverfahren relevanten Änderungen des Baugesetzbuches zum 20. Juli 2004, Rpfleger 2004, 461

Grziwotz, Erschließung und städtebauliche Verträge, in: Reithmann/Meichssner/vHeymann, Kauf vom Bauträger (6. Aufl 1992)

ders, Das Investitionserleichterungs- und Wohnbaulandgesetz in der notariellen Praxis, DNotZ 1993, 488

ders, Handbuch der Baulanderschließung (1993)

ders, Städtebauliche Verträge zu Lasten Dritter? – Probleme und Risiken kooperativer Entwicklung von Baugebieten, NJW 1995, 1927

ders, Änderungen des Baugesetzbuchs und Vertragsgestaltung, DNotZ 1997, 916

ders, Der Vorhaben- und Erschließungsplan – Zulässigkeitsvoraussetzungen, Inhalt und Vertragsgestaltung, MittBayNot 1996, 412

ders, Sicherungsprobleme für Investoren bei städtebaulichen Verträgen, VIZ 1997, 197

ders, Neuerungen des EAG Bau, städtebauliche Verträge und Grundstücksverkehr, DNotZ 2004, 674

ders, in: Koeble, Rechtshandbuch Immobilien (2004) Teil 9

Heinzmann, Die städtebauliche Entwicklungsmaßnahme nach den §§ 165–171 Baugesetzbuch unter Berücksichtigung ihrer besonderen Bedeutung für den Notar und das Grundbuchamt, BWNotZ 2000, 25

Kirchberg, Aktuelle Probleme der städtebaulichen Planverwirklichung durch Umlegung und Enteignung, VBlBW 1986, 401

Krautzberger/Löhr, Das neue Baugesetzbuch – Entstehung und Grundzüge der Neuregelung, NVwZ 1987, 177

Langenfeld, Öffentlich-rechtliche Verträge in der notariellen Praxis, BWNotZ 1997, 73

Mainczyk, Umlegung und Grenzregelung im BauGB, DÖV 1986, 995

Manstein, Der öffentlich-rechtliche Vertrag in der Praxis des Notars, MittRhNotK 1995, 1

Michalski, Die Funktion des Grundbuchs im System öffentlich-rechtlicher Beschränkungen, MittBayNot 1988, 204

Mössle, Die Verfassungsmäßigkeit von Vorkaufsrecht und Umlegung als Instrumente kommunaler Bodenpolitik, MittBayNot 1988, 213

Numberger, Rechtsprobleme der Baulandumlegung, BayVBl 1988, 737

Otte, Umlegungsrecht und Grenzregelungsrecht im Baugesetzbuch, ZfBR 1987, 263

Schelter, Das neue Baugesetzbuch in der notariellen Praxis, DNotZ 1987, 330

F Schwarz, Steuerbegünstigter Wohnungsbau

beim Erwerb von Grundstücken in der Baulandumlegung, MittBayNot 1972, 51
WEIDEMANN/DEUTSCH, Der Vorhaben- und Erschließungsplan, NVwZ 1991, 956
N ZIMMERMANN, Grundstücksverkehr in Umlegungs- und Sanierungsgebieten sowie städtebaulichen Entwicklungsbereichen, MittRhNotK 1990, 185.

3. (Frühere) Landesgesetze zur Grundstücksumlegung

a) Landwirtschaftliche Grundstücksumlegung

GEMERSHAUSEN/SEYDEL, Wegerecht und Wegeverwaltung in Preußen Bd I (4. Aufl 1932, Nachdruck 1953)
HOLZAPFEL, Die Gesetzgebung über die Güterkonsolidation im Regierungsbezirk Wiesbaden (2. Aufl 1912)
ders, Die Gesetzgebung über Gemeinheitsteilung und Zusammenlegung in der Rheinprovinz mit Ausschluß der vormals landrechtlichen Kreise (1914)
ders, Die Umlegungsordnung (1921)
JUNKER, über die Behandlung des Eigentums an den Wasserläufen in den Auseinandersetzungs- und Umlegungsverfahren, ZfAgruWR Bd 7, 106
KÖNIG, Über die Behandlung des Eigentums an den Wasserläufen in den Auseinandersetzungs- und Umlegungsverfahren, ZfAgruWR Bd 16, 97
NOLDA, Das Preußische Gesetz zur Beschleunigung der Umlegung, ZfAgruWR Bd 23, 289
PELTZER, Gesetz über die Umlegung von Grundstücken (Umlegungsordnung) (1921)
SEUBELT, Das bayer Flurbereinigungsgesetz (2. Aufl 1934)
SPIESS, Die Grundstückszusammenlegung in Preußen, ZBlFG Bd 3 S 9, 111, 171, 480, 523, 609; Bd 4, S 655, 739, 816.

b) Grundstücksumlegung im Städtebau

ERNST/FRIEDE, Kommentar zum Aufbaugesetz von Nordrhein-Westfalen (4. Aufl 1958)
HELBING, Aufbaugesetz und Flurbereinigung, Ztschr für das ges Siedlungswesen 1955, 158
HERFS, Verfügungen über Grundstücke während der landwirtschaftlichen Flurbereinigung und der städtischen Umlegung, MittRhNotK 1958, 230.

4. Gemeinheitsteilung

BÜCHER, Artikel „Allmende", im Handwörterbuch der Staatswissenschaften (4. Aufl) Bd I S 242
ELSTER, Artikel „Allmende", im Handwörterbuch der Rechtswissenschaften Bd 1 S 103
FIGGE, Die Hannoverschen Realgemeinden, RdL 1960, 85
FRITZSCH, Grundbuchrechtliche Besonderheiten bei altrechtlichen Personenzusammenschlüssen, Rpfleger 2003, 555
HEISING, Die Hannoverschen Realgemeinden, insbesondere ihre Stellung im öffentlichen Recht (1954)
SCHMIDT, Artikel „Gemeinheitsteilungen", in: Handwörterbuch des deutschen Staats- und Verwaltungsrechts Bd 2 S 159
SCHNEIDER, Altrechtliche Personenzusammenschlüsse (2002)
SCHNOOR, Die nordwestdeutschen waldwirtschaftlichen Zusammenschlüsse in der staatlichen Verwaltungsorganisation (Diss Göttingen 1959)
TESMER, Die niedersächsischen Realverbände und das Realverbandsgesetz, RdL 1969, 309
ders, Von der Lüneburgischen Gemeinheitsteilungsordnung zum Niedersächsischen Realverbandsgesetz, AgrarR 1975, 339.
S auch die Angaben bei STAUDINGER/PROMBERGER/SCHREIBER[12].

5. Dienstbarkeiten und Reallasten und deren Ablösung

KOCH, Ablösung von Nutzungsrechten an Gemeindewaldungen und anderen Grundstücken in Nordrhein-Westfalen, RdL 1963, 87
KROESCHELL, Ablösungsgesetze, in: HAR Bd I Sp 11
ders, Weiderechte, in: HAR Bd II Sp 1054
KROTH, Forstnutzungsrechte, in: HAR Bd I Sp 650
RIPFEL, Die Reallast in Baden und Württemberg in den badischen und württembergischen Rechtsgebieten, Justiz 1961, 131
ROTH, Abschied von den „Ehehaftsverhältnissen" – Ein Nachruf, BayVBl 1982, 557
SCHMIDT, Ablösung von Reallasten, in: Handwörterbuch des deutschen Staats- und Verwaltungsrechts Bd 1 S 26

SEEHUSEN, Zum niedersächsischen Reallasten-
gesetz, RdL 1968, 116; 1971, 309
STATTMANN, Waldweiderechte in Oberbayern,
RdL 1982, 4
WESTERMANN, Die Forstnutzungsrechte (1942).

6. „Gemeinschaftliche Angelegenheiten"
S gleicher Abschnitt bei STAUDINGER/
PROMBERGER/SCHREIBER[12].

**7. Bodenneuordnung in den neuen Bundes-
ländern**

BÖHRINGER, Vermögensrechtliche Aufgaben
der Kommunen im Grundstücksverkehr in den
neuen Bundesländern, VIZ 2003, 553

ders, Das Verkehrsflächenbereinigungsgesetz
aus grundbuchrechtlicher Schau, VIZ 2002, 193
DIPPOLD, Neuere Rechtsprechung zu Bodenneuordnungsverfahren in den neuen Bundesländern, RdL 2001, 29
KUCHS, Das Landwirtschaftsanpassungsgesetz
und seine Folgen, RdL 2003, 88
SPIESS, Grundstücksneuordnung nach dem
Bodensonderungsgesetz, NJW 1998, 2553
ders, Die Teilung von Gebäudeeigentum, DtZ
1996, 290
TRIMBACH/MATTHIESSEN, Das Grundstücks-
rechtsbereinigungsgesetz, VIZ 2002, 1.

Systematische Übersicht

Alphabetische Übersicht

I. Die heutige Bedeutung des Vorbehalts

Art 113 enthält mehrere **landesrechtliche Vorbehalte**, die wesentliche Teile des sog **1** *Agrarrechts* aus dem Regelungsbereich des BGB herausnahmen (PLANCK Anm 1). Der landesrechtliche Vorbehalt hinsichtlich der **Zusammenlegung von Grundstücken** ist heute praktisch gegenstandslos (MünchKomm/PAPIER Rn 1), da diese Materie bundesrechtlich geregelt ist und zwar für die *ländlichen Grundstücke* durch das *Flurbereinigungsgesetz* (s Rn 15) und für die *städtischen Grundstücke* durch die Regelungen des *Baugesetzbuchs* über die Umlegung und die vereinfachte Umlegung (früher Grenzregelung), §§ 45 ff, 80 ff (s Rn 38 ff). Diesen bundesrechtlich geregelten Bodenordnungsverfahren kommt dagegen eine erhebliche praktische Bedeutung zu. So wurden 1995 in *Bayern* durchgeführt: 1781 Flurbereinigungsverfahren mit einer Fläche von insgesamt 1.005.362 ha, 202 erledigte Baulandumlegungsverfahren mit 1263 ha und 8456 neu zugeteilten Grundstücken sowie 842 Grenzregelungsverfahren mit 9047 betroffenen Flurstücken.

Jörg Mayer

2 Der **Gemeinheitsteilung**, als Aufteilung von gemeinschaftlich genutzten Grundstücken oder gemeinschaftlich ausgeübten Dienstbarkeiten unter den Berechtigten (s Rn 88, 91) kommt außerhalb eines Flurbereinigungs- oder Umlegungsverfahrens aufgrund landesrechtlicher Bestimmungen ebenfalls kaum mehr eine größere praktische Bedeutung zu, sieht man von der Ablösung von Forst- und Weiderechten an Staatswaldungen ab. Gleiches gilt für die **Ordnung der gutsherrlich-bäuerlichen Verhältnisse**, die sich auf die Rechtsverhältnisse der früher ständischen Verfassungen bezieht, die bei Inkrafttreten des BGB bereits weitgehend geregelt waren (Niedner Anm 1a mit Beispielen; MünchKomm/Papier Rn 4).

3 Die Bestimmung über die **Regulierung der Wege** in Art 113 enthält keinen allgemeinen Vorbehalt für das gesamte Wegerecht (vgl RGZ 53, 384), sondern ist nur eine Klarstellung, dass die Zusammenlegung von Grundstücken und die Gemeinheitsteilung auch dies miterfasst (s Rn 92 f).

4 Der Vorbehalt über die **Ablösung, Umwandlung oder Einschränkung von Dienstbarkeiten und Reallasten** eröffnet ebenfalls keinen eigenständigen Regelungsbereich für den Landesgesetzgeber, sondern bezieht sich nur auf die Rechtsgebiete, die im Zusammenhang mit den anderen in Art 113 geregelten Materien stehen (vgl eingehend Rn 91; aA MünchKomm/Papier Rn 5). Erfolgen solche Regelungen bei einem bundesrechtlich geregelten Flurbereinigungs- oder Umlegungsverfahren, gelten die einschlägigen bundesrechtlichen Vorschriften, so dass der eigentliche landesrechtliche Anwendungsbereich auch hier gering ist.

II.   Entstehung der Vorschrift, Rechtsentwicklung auf dem Gebiet des Vorbehalts

1.   Entstehungsgeschichte

5 Art 113 EGBGB gibt *im Wesentlichen den Art 41 Abs 1 des Ersten Entwurfs* wieder. Von jener ersten Fassung unterscheidet er sich, von redaktionellen Änderungen abgesehen, nur dadurch, dass einzelne, zunächst nicht ausdrücklich erwähnte Gegenstände wörtlich aufgenommen wurden.

6 Die **Entstehungsgeschichte** des Artikels ist insofern für seine Anwendung aufschlussreich geblieben als sie einerseits ergibt, dass der Artikel „auch auf Grundstücke Anwendung (finden sollte), die in Städten und Dörfern gelegen sind, ... mithin auch die Baufluchtregulierung (umfasst)" (Prot VI 743). Andererseits zeigt sich, dass der Vorbehalt auch nicht, trotz seiner zum Teil weitergehenden Formulierung, über die in ihm angesprochenen Maßnahmen des Agrarrechts und der Bodenordnung in Siedlungsgebieten (als der Landeskultur im weitesten Sinne) hinausreicht (vgl dazu Prot VI 373 ff; sowie eingehend Staudinger/Gramm[10] Art 113 EGBGB Rn 7).

7 Diese an sich *merkwürdige Verbindung* des Rechts der städtischen Bodenordnung mit dem Agrarrecht in Art 113 EGBGB ist historisch begründet. Als mit dem Wachstum der Städte und der Industrialisierung das Bedürfnis nach einer Grundstücksumlegung für einen planmäßigen Städtebau auftauchte, mussten die älteren Einrichtungen der agrarischen Landumlegung zum Vorbild dienen, teilweise sogar die dafür bestehenden Bestimmungen unmittelbar die Rechtsgrundlage abgeben.

2.   Zur Rechtsentwicklung

Der Vorbehalt des **Art 113 EGBGB** hat in dem Maß an **Bedeutung verloren**, in dem **8**
die von ihm der Landesgesetzgebung vorbehaltenen Maßnahmen durch die *Reichs-
und Bundesgesetzgebung einheitlich geregelt* wurden:

a)   Die **Agrargesetzgebung** ist in den in Art 113 EGBGB genannten Bereichen **9**
nach dem Stande dargestellt, den sie bei Inkrafttreten des Vorbehalts erreicht hatte.
Ziel der *älteren Agrargesetzgebung*, die teilweise schon über das 19. Jahrhundert
hinaus zurückreichte, war es gewesen, leistungsfähige landwirtschaftliche Wirtschaftseinheiten auf der Grundlage gesonderter Rechtsverhältnisse zu schaffen.
Dem diente die Aufteilung der aus den deutschrechtlichen Markgenossenschaften
herrührenden, im gemeinschaftlichen Eigentum stehenden oder wenigstens gemeinschaftlich genutzten Besitzungen *(Allmenden)* durch die sogenannten *Gemeinheitsteilungen* und durch die *Ablösung oder Änderung (Fixierung) von Rechten* an fremdem Grund und Boden (zur Entwicklung s auch SCHNEIDER, Altrechtliche Personenzusammenschlüsse [2002] 88; DNotI-Gutachten vom 23. 5. 2003, Az: te-fi M/II 3 – § 47 GBO – 41152, S 3; für
Sachsen s FRITSCH Rpfleger 2003, 555). Seit der Bauernbefreiung waren daneben in allen
deutschen Staaten die Rechtsverhältnisse aus der ehemaligen *ständischen Verfassung*
mehr oder weniger umfassend *umgestaltet* worden: Sie betrafen die unterschiedliche
rechtliche Ausstattung des bäuerlichen Grundbesitzes einerseits, der Güter mit gutsherrlichen Rechten (Rittergüter, Adelsgüter) andererseits und deren Beziehungen
zueinander. Diese Gegenstände der „älteren Agrargesetzgebung" unterliegen auch
heute noch dem Vorbehalt des Art 113 EGBGB; ihre Bedeutung ist in dem Maß
geschwunden, in dem die auf sie gerichteten gesetzgeberischen Maßnahmen durchgeführt sind. Das noch geltende Landesrecht auf diesem Gebiet ist, entsprechend der
Vielfalt der herkömmlichen Rechtsverhältnisse, stark *zersplittert*.

Teilweise im Zusammenhang mit den Gemeinheitsteilungen, teilweise selbständig **10**
neben diesen wurde die *Zusammenlegung und Umlegung von landwirtschaftlichen
Grundstücken* zur wirtschaftlich besseren Gestaltung der ländlichen Betriebe durchgeführt. Sie ist der Hauptgegenstand der *„neueren" Agrargesetzgebung*. Ein *historischer Zusammenhang* bestand darin, dass die Gemeinheitsteilungen wie die Zusammenlegung demselben Ziel einer Agrarreform dienten, und dass die *Zusammenlegung häufig als Nebenerscheinung bei einer Gemeinheitsteilung* durchzuführen war.
Die Rechtsentwicklung hat nach dem Inkrafttreten des EGBGB diese beiden Gegenstände des Agrarrechts getrennt. Die Zusammenlegung und Umlegung des ländlichen Grundbesitzes wurde erstmals im *Umlegungsgesetz* vom 26. Juni 1936 (RGBl I
518) und in der *Reichsumlegungsordnung* vom 16. Juni 1937 (RGBl I 629) *reichsrecht-
lich geregelt*, die bis dahin geltenden Landesgesetze wurden aufgehoben. In der
Nachkriegszeit setzte Bayern zunächst sein altes Flurbereinigungsgesetz vom
11. 2. 1932 (BayGVBl 73) durch Gesetz vom 15. Juni 1946 (BayGVBl 185) wieder in
Kraft. Dieses und das im übrigen Bundesgebiet noch geltende Reichs-Umlegungs-
recht wurden durch das **Flurbereinigungsgesetz** des Bundes vom 14. 7. 1953 (BGBl I
591), jetzt gültig idF der Bek vom 16. 3. 1976 (BGBl I 546), zuletzt geändert durch G
vom 20. 12. 2001 (BGBl I 3987), abgelöst (§ 155 FlurbG). Auch soweit zu dessen
Ausführung Ländergesetze ergangen oder vorher bestehende Ländergesetze aufrechterhalten sind, beruht deren Geltung allein auf den besonderen Vorbehalten des
Flurbereinigungsgesetzes. Art 113 EGBGB hat für diese keine Bedeutung.

Jörg Mayer

11 b) Auf dem gleichfalls von Art 113 EGBGB erfassten (vgl Rn 6 f) Gebiet der **städtebaulichen Umlegung** blieb der Vorbehalt länger anwendbar als auf dem der landwirtschaftlichen Umlegung.

12 Erst durch das *Bundesbaugesetz* wurde die städtebauliche Umlegung abschließend und einheitlich in einem Bundesgesetz geregelt; vorher galt grundsätzlich Landesrecht (s STAUDINGER/PROMBERGER/SCHREIBER[12] Rn 8). Daneben erlangte aber auch das *einheitliche Reichsrecht* des *Umlegungsgesetzes* vom 26. 6. 1936 und der *Reichsumlegungsordnung* vom 16. 6. 1937 für die städtebauliche Umlegung Bedeutung (vgl hierzu STAUDINGER/GRAMM[10] Rn 3). Die *VO über Neuordnungsmaßnahmen zur Beseitigung von Kriegsfolgen* vom 2. 12. 1940 (RGBl I 1575, geändert durch VO vom 14. 7. 1942 [RGBl I 462]) erklärte dann in ihrem Anwendungsbereich die Reichsumlegungsordnung auch auf Städtebaumaßnahmen anwendbar.

13 Das gesamte Landesrecht zur städtebaulichen Umlegung wurde jedoch erst durch den **Vierten Teil des BBauG** vom 23. 6. 1960 (BGBl I 341), über die **„Bodenordnung"** abgelöst. Seitdem besteht auf diesem Gebiet nur noch einheitlich geltendes Bundesrecht. Das Bundesbaugesetz wurde für „förmlich festgelegte Sanierungsgebiete" bzw „städtebauliche Entwicklungsbereiche" wiederum durch das **Städtebauförderungsgesetz** vom 27. 7. 1971 (BGBl I 1125) ergänzt. Das **Baugesetzbuch** (BauGB) vom 8. 12. 1986 (BGBl I 2253 = BGBl III 213-1), in der Bek der Neufassung vom 23. 9. 2004 (BGBl I 2414), hat die städtebaulichen Regelungen des BBauG und des Städtebauförderungsgesetzes zusammengefasst; dabei wurden die Bestimmungen des Städtebauförderungsgesetzes, die inhaltlich vergleichbare Regelungen im BBauG enthielten, mit den allgemeinen Regelungen des neuen Gesetzes verschmolzen (KRAUTZBERGER/LÖHR NVwZ 1987, 177, 182; zur Entwicklung des besonderen Städtebaurechts ausführlich KRAUTZBERGER NVwZ 1987, 647). Durch das Gesetz zur Anpassung des Baugesetzbuches an EU-Richtlinien *(Europarechtsanpassungsgesetz Bau – EAG Bau)* vom 24. 6. 2004 (BGBl I 1359) wurde an Stelle des Grenzregelungsverfahrens ein vereinfachtes Umlegungsverfahren eingeführt (siehe dazu Rn 68 ff). Als Teil des besonderen Städtebaurechts wurden die Verfahren des **„Stadtumbaus"** (§§ 171a–171d BauGB) und der **„Sozialen Stadt"** (§ 171e BauGB) eingeführt (eingehender dazu Rn 85; allgemein zum *EAG Bau* s etwa BATTIS AnwBl 2004, 42; GRZIWOTZ ZfIR 2003, 929; ders DNotZ 2004, 674; KRAUTZBERGER UPR 2004, 41; KRAUTZBERGER/STÜER BauR 2003, 1301; SCHLIEPKORTE ZfBR 2004, 128; SCHOLZ BTR 2004, 119; zur grundbuchrechtlichen Seite DÜMIG Rpfleger 2004, 461).

14 Das **Raumordnungsgesetz des Bundes** vom 18. 8. 1997 (BGBl I 2081, 2102 = BGBl III 2301-1), zuletzt geändert durch G vom 24. 6. 2004 (BGBl I 1359), und die Ländergesetze über Landesplanung und Raumordnung ergänzen diese Gesetzgebung, indem sie Grundsätze für die Raumordnung schaffen. Die ursprünglich von Art 113 EGBGB geregelten Rechtsinstitute betreffen jene Gesetze jedoch nicht mehr unmittelbar.

III. Flurbereinigung und städtebauliche Bodenordnung (Geltungsbereich der bundeseinheitlichen Gesetzgebung)

1. Die Flurbereinigung

a) Die Flurbereinigung als das Verfahren, bei dem „zur Verbesserung der Pro- **15** duktions- und Arbeitsbedingungen in der Land- und Forstwirtschaft sowie zur Förderung der allgemeinen Landeskultur und der Landentwicklung … ländlicher Grundbesitz … neugeordnet werden (kann)" (§ 1 FlurbG) ist grundsätzlich im **Flurbereinigungsgesetz** (FlurbG) vom 14. 7. 1953 idF der Bek vom 16. 3. 1976 (BGBl I 546), zuletzt geändert durch Ges vom 20. 12. 2001 (BGBl I 3987), einheitlich für das Bundesgebiet geregelt. Die Länder haben zur Ausführung und aufgrund der in dem Gesetz enthaltenen Ermächtigungen, teilweise auch zum Zweck einer abweichenden Gestaltung, *Ausführungsgesetze* erlassen. Daneben ist aufgrund des Vorbehalts in § 103 FlurbG die Agrarreformverordnung des ehemaligen Landes Württemberg-Hohenzollern vom 16. 12. 1949 (WüHoRegBl 1950, 7) in Kraft geblieben; diese sieht ebenfalls eine „Zusammenlegung" bzw einen „Landtausch" ländlicher Grundstücke zur wirtschaftlichen Verbesserung vor.

b) Das **Wesen** der Flurbereinigung besteht in einem *privatnützigem Landtausch* **16** *mit der Zielsetzung einer wirtschaftlicheren Gestaltung*, der von weiteren Maßnahmen begleitet sein kann (vgl § 1 FlurbG). Die Bereitstellung von Ersatzland ändert nichts am möglichen Enteignungscharakter des Verfahrens, weshalb die Flurbereinigung allein im *Drittinteresse*, etwa zur Landbeschaffung für ein bestimmtes Projekt im Rahmen einer **Unternehmensflurbereinigung**, eine Enteignung darstellt (BVerfGE 74, 264, 283 = NJW 1987, 1251 [Boxberg]; Jarass NJW 2000, 2841, 2843; zur Verfassungsmäßigkeit des FlurbG s auch Hoecht AgrarR 1985, 273). Für die **Regelflurbereinigung** spricht jedoch viel dafür, dass diese wegen der damit verfolgten öffentlichen Interessen keine Enteignung, sondern eine zulässige Inhalts- und Schrankenbestimmung des Art 14 GG ist (so mit ausführlicher, auch historischer Begründung W Weiss RdL 2003, 85, 88; von BVerfG NVwZ 1999, 62 noch nicht geklärt). Das Verfahren wird behördlich für ein bestimmtes Gebiet angeordnet und unter Mitwirkung der betroffenen Grundeigentümer, der Träger öffentlicher Belange und der landwirtschaftlichen Berufsvertretung durchgeführt (vgl § 2 FlurbG). Die Durchführung der Flurbereinigung ist Aufgabe der Länder. Die Flurbereinigung ist trotz Erweiterung ihrer Aufgabenstellung immer noch zu einem wesentlichen Teil Instrument der landwirtschaftlichen Bodenordnung (BVerfG RzF 1992, 77). Sie versteht sich jetzt aber als „Bodenmanagement" zur Entwicklung des ländlichen Raums (dazu etwa Härtel AgrarR 1999, Beil II *15 als Zusammenfassung der Frühjahrstagung der DGAR 1999)

c) Der **Ablauf** eines **Flurbereinigungsverfahrens** (hierzu Steding LKV 1992, 350) be- **17** ginnt mit der *Anordnung* durch die „Obere Flurbereinigungsbehörde" im *„Flurbereinigungsbeschluss"* (§§ 4, 6 FlurbG), dem eine Feststellung der Erforderlichkeit (§§ 4, 1 FlurbG) und eine *Anhörung* verschiedener öffentlich-rechtlicher Körperschaften und Behörden und eine *Aufklärung* der beteiligten Grundstückseigentümer vorauszugehen hat (§ 5 FlurbG). Das FlurbG regelt den Kreis der Beteiligten und ihre Rechte, insbesondere fasst es zum Zwecke ihrer Mitwirkung am Verfahren die betroffenen Grundeigentümer und Erbbauberechtigten zu einer *„Teilnehmergemeinschaft"* als Körperschaft des öffentlichen Rechts zusammen (§ 16 FlurbG). Als

Grundlage für eine gleichwertige Abfindung aus der Flurbereinigung ist der alte Grundbesitz in einem *Bewertungsverfahren* zu schätzen (§§ 27 bis 33 FlurbG). Hauptinhalt des Flurbereinigungsverfahrens ist die *Neugestaltung des Flurbereinigungsgebiets* (§ 37 FlurbG) durch tatsächliche Maßnahmen (Schaffung gemeinschaftlicher Anlagen, Maßnahmen zur Verbesserung der Bewirtschaftung, uU auch der Dorferneuerung) und durch die Neueinteilung der Feldmark, bei der zersplitterter Grundbesitz wirtschaftlich zweckmäßig zusammenzulegen ist. Aus dem so gestalteten Flurbereinigungsgebiet ist den Teilnehmern entsprechend dem Wert ihrer alten Grundstücke Land zuzuteilen (*Landabfindung*, §§ 44 ff FlurbG). Gemeinschaftliches, auf altem Herkommen beruhendes Eigentum kann aufgeteilt und getrennt abgefunden werden. Für Dienstbarkeiten, Reallasten, Nutzungs- und andere Rechte kann, soweit sie nicht entbehrlich werden, Abfindung geleistet werden, wobei diese Rechte dann aufgehoben werden (§ 49 FlurbG). In Ergänzung zur Landabfindung oder bei Zustimmung an deren Stelle kann auch eine *Geldabfindung* treten (§§ 51 ff FlurbG). Die Ergebnisse des Flurbereinigungsverfahrens ergeben den *Flurbereinigungsplan* (§ 58 FlurbG). Mit dessen Rechtskraft können die Ergebnisse der Flurbereinigung tatsächlich und rechtlich verwirklicht werden: Die *Ausführungsanordnung* der Flurbereinigungsbehörde (§ 61 FlurbG) regelt deshalb den Zeitpunkt, in dem der *neue Rechtszustand* nach dem Plan in Kraft *tritt*. Erst nach Eintritt des neuen Rechtszustandes sind die öffentlichen Bücher, insbesondere das Grundbuch, auf Ersuchen der Flurbereinigungsbehörde zu berichtigen (§§ 79 ff FlurbG).

Ferner trifft die Flurbereinigungsbehörde Bestimmungen über die tatsächliche Überleitung in den neuen Zustand; jedoch wird regelmäßig die tatsächliche Ausführung schon in der *„vorläufigen Besitzeinweisung"* (§§ 65–67 FlurbG) vor Eintritt des neuen Rechtszustandes vorweggenommen.

18 d)   Das FlurbG sieht noch andere **besondere Verfahren** vor:

– für die Einbeziehung von Waldgrundstücken (§§ 84 f);

– als *„vereinfachtes Flurbereinigungsverfahren"* (§ 86 FlurbG) für Maßnahmen der Landesentwicklung, zur Beseitigung von Nachteilen für die Landeskultur, zur Durchführung eines Siedlungsverfahrens, der Dorferneuerung, von städtebaulichen oder anderen Maßnahmen ua;

– als die im öffentlichen Interesse stehende *Unternehmensflurbereinigung* (§§ 87 ff FlurbG) bei der Enteignung von Land in größerem Umfang, wenn der Landverlust auf einen größeren Kreis von Eigentümern verteilt oder Nachteile für die allgemeine Landeskultur vermieden werden sollen (hierzu etwa Wehr BayVBl 1987, 356);

– für das *„beschleunigte Zusammenlegungsverfahren"*, wenn im Zusammenhang mit der Flurbereinigung die Anlage eines neuen Wegenetzes oder größere wasserwirtschaftliche Maßnahmen nicht erforderlich sind (§§ 91 ff).

19 Auf Antrag der Tauschpartner kann zur Zusammenlegung ländlicher Grundstücke ein **freiwilliger Landtausch** durchgeführt werden (§§ 103a ff, eingefügt durch G zur

Änderung des FlurbG vom 15. 3. 1976, BGBl I 533). Dieses Verfahren nimmt in der Praxis an Bedeutung immer mehr zu (in *Bayern* 1995: 114 Verfahren), zumal für die eigentliche Flurbereinigung kein so großes Bedürfnis mehr besteht, weil in den letzten Jahrzehnten bereits große Flächen durch diese Verfahren bereinigt wurden und zudem die lange Verfahrensdauer des eigentlichen Flurbereinigungsverfahrens von vielen Betroffenen zunehmend als Nachteil empfunden wird (hierzu etwa EILFORT, in: BLÜMEL [Hrsg], Planfeststellung und Flurbereinigung, Umweltverträglichkeitsprüfung [1987] 15).

Ein Flurbereinigungsverfahren kann ganz oder teilweise als beschleunigtes Zusam- **20** menlegungsverfahren oder freiwilliger Landtausch, ein beschleunigtes Zusammenlegungsverfahren als freiwilliger Landtausch fortgeführt werden (§§ 103 ff FlurbG).

e) **Die rechtlichen Wirkungen** des Flurbereinigungsverfahrens werden in gegen- **21** ständlicher Hinsicht durch das **Surrogationsprinzip**, in persönlicher Hinsicht durch das **Prinzip des Eintritts von Rechtsnachfolgern in die Wirkungen des Verfahrens** (§ 15 FlurbG) beherrscht. Das Surrogationsprinzip ist die *Folge des Charakters der Flurbereinigung als Landtauschverfahren*: Die jedem Teilnehmer zugewiesene *Abfindung in Land* (oder uU in Geld) *tritt an die Stelle der eingelegten Grundstücke* (zum Surrogationsprinzip allgemein: TÖNNIES MittRhNotK 1987, 93, 94 f; SEEHUSEN RdL 1954, 207 f mwN; SUSSET 33 ff). Die Rechtsprechung bezeichnet diese dingliche Surrogation als ungebrochene Fortsetzung des Eigentums an dem „verwandelten" Grundstück (BGHZ 86, 226, 230 = NJW 1983, 1661; vgl auch BVerwGE 12, 1, 5; BayObLGZ 1985, 372 = BayObLG DNotZ 1986, 354 f; BayObLGZ 1972, 242, 243 f = MittBayNot 1986, 20). Es tritt also kein Wechsel des Eigentums, sondern nur ein Wechsel des Eigentumsobjekts ein (BVerwGE 9, 288 = RdL 1959, 330; SEEHUSEN/SCHWEDE § 68 FlurbG Rn 3). Die Durchführung dieses Verfahrensgrundsatzes erfordert in persönlicher Hinsicht, dass der *Erwerber eines von der Flurbereinigung erfassten Grundstücks* oder Rechts daran (und zwar vor allem auch der rechtsgeschäftliche Erwerber) das bis zur Eintragung oder Anmeldung seines Erwerbs *durchgeführte Verfahren gegen sich gelten* lassen muss.

aa) Die **Einleitung des Flurbereinigungsverfahrens bewirkt** grundsätzlich **kein Ver- 22 fügungsverbot und keine Grundbuchsperre** (BayObLG MittBayNot 1983, 64, 65; BAUER/ VOEFELE/WALDNER, GBO AT VIII Rn 91 f), weshalb auch kein *„Flurbereinigungsvermerk"* eingetragen werden kann (BÖHRINGER BWNotZ 2002, 49, 50; dafür aber de lege ferenda FLIK BWNotZ 1987, 88), sondern nur eine tatsächliche Veränderungssperre (§ 34 FlurbG); denn die geschilderten Grundsätze gewährleisten, dass das Objekt der Verfügung in Gestalt des ursprünglichen Grundstücks oder Rechts daran immer vorhanden ist, und dass der rechtsgeschäftliche Erwerber alle schon eingetretenen Wirkungen des Verfahrens übernehmen muss.

Eine **Ausnahme** von dieser Verfügungsfreiheit besteht jedoch dann, wenn ein Teil- **23** nehmer mit seiner Zustimmung für sein Abfindungsgrundstück ganz oder teilweise **in Geld** von der **Teilnehmergemeinschaft abgefunden** wird: Hier wäre, wenn die Abfindung schon vor Ausführung des Flurbereinigungsplans ausgezahlt wird, bei fortbestehender Verfügungsfreiheit nicht mehr gewährleistet, dass bis zum Eintritt der neuen Eigentumsverhältnisse das betreffende Grundstück für die Neuzuteilung tatsächlich zur Verfügung steht, da es solange ja noch dem alten Eigentümer gehört. **§ 52 Abs 3 S 1** FlurbG bestimmt daher, dass ein Teilnehmer, der seiner Abfindung in Geld unwiderruflich zugestimmt hat, über das betreffende Grundstück nicht mehr verfügen darf. Das *Verfügungsverbot* ist auf Ersuchen der Flurbereinigungsbehörde im Grundbuch einzutragen (§ 52 Abs 3 S 2 FlurbG), und zwar für die Teilnehmergemeinschaft als Körperschaft des öffentlichen Rechts als Verbotsgeschützte (Böhringer BWNotZ 2002, 49, 50). Sobald dies erfolgt ist, kann die Abfindung schon vor Ausführung des Flurbereinigungsplans ausgezahlt werden (§ 53 Abs 1 S 1 FlurbG). Ohne einen solchen Eintrag wäre ein gutgläubiger Erwerber nach §§ 135 Abs 2, 892 BGB jedoch nur hinsichtlich seines Erwerbs geschützt und deshalb dehnt § 52 Abs 3 S 3 FlurbG diesen Schutz (als Ausnahme von § 15 FlurbG!) auch *auf die Wirkung der Auszahlung der Abfindung* gegenüber dem Erwerber aus; ohne eine solche Eintragung hat somit ein Erwerber die tatsächliche Auszahlung der Abfindung daher nur dann gegen sich gelten zu lassen, wenn ihm das Verfügungsverbot bekannt war.

24 Der **Verzicht auf Landabfindung** kann auch **zugunsten eines Dritten** erklärt werden (§ 52 Abs 3 S 2 FlurbG; VGH Baden-Württemberg AgrarR 1990, 229; BFH ZfIR 2000, 727; für derartige Zulässigkeit vor Einführung dieser gesetzlichen Regelung im Jahre 1976 bereits VGH Kassel RdL 1960, 133; Steuer § 52 FlurbG Anm 4). Diese gesetzliche Möglichkeit hat mitunter zu einer extensiven Handhabung der Flurbereinigungsbehörden geführt, die einen Grundstücksverkehr zwischen den Betroffenen durch **Abfindungsvereinbarung vor der Flurbereinigungsbehörde** ohne notarielle Beurkundung und Beachtung der Schutzzwecke des § 311b Abs 1 S 1 BGB ermöglicht. Dabei wird aufgrund einer vor der Flurbereinigungsbehörde getroffenen Vereinbarung ein Verzicht auf Landabfindung zugunsten eines anderen erklärt, während sich dieser Erwerber verpflichtet, die hierfür anfallende Geldabfindung direkt an den abgebenden Eigentümer zu zahlen (*„Geldausgleichsvereinbarungen"* – zu diesen Praktiken Tönnies MittRhNotK 1987, 117 ff). Dadurch werden eine Reihe von Zweifelsfragen aufgeworfen (dazu DNotI- Gutachten vom 22.1. 2003, AZ re-sc M/I/1 – § 311b BGB – 38508 [Faxpool] und vom 7. 3. 2003, AZ iv-je M/I/6 – § 1 HöfeO):

25 **(1)** Zum einen stellt sich die Frage, ob derartige Vereinbarungen nicht nach § 311b Abs 1 S 1 BGB (vor dem SchModG § 313 S 1 BGB aF) **beurkundungsbedürftig** sind, weil ansonsten die von dieser Norm verfolgten weitreichenden Schutzzwecke (dazu Staudinger/Wufka [2001] § 313 Rn 3 ff) unterlaufen werden könnten. Dementsprechend wird in dem notarrechtlich geprägtem Schrifttum die Auffassung vertreten, dass eine solche Erklärung über den Landverzicht jedenfalls dann nach § 311b Abs 1 S 1 BGB beurkundet werden muss, wenn die Geldabfindung iS des § 52 FlurbG von einem Dritten geleistet wird, zu dessen Gunsten die Abfindungserklärung abgegeben wird (Tönnies MittRhNotK 1987, 117, 118 f; für die vergleichbare Situation im Umlegungsverfahren Grziwotz MittBayNot 1996, 454 [Urteilsanmerkung]; Seikel NotBZ 1997, 189, 191 f; ähnlich wohl Staudinger/Wufka § 313 Rn 50 f, für freiwillige Verpflichtungen zu Grundstücksveräußerungen in Enteignungs- und Umlegungsverfahren). Im Ergebnis ähnlich argumentiert Berg: Nach seiner Meinung sind solche Ausgleichsvereinbarungen zwischen dem Verzichtenden und dem Begünstigten im Gesetz nicht vorgesehen und daher als Verstoß gegen §§ 311b Abs 1 S 1, 125 BGB zumindest dann nichtig, wenn sie zu anderen als den Zwecken des Flurbereinigungsverfahrens erfolgen (Berg MittBayNot 1988, 197, 201 ff aus der Sicht der öffentlich-rechtlichen Aufgabenverteilung). Gegen diese den Schutzbereich des § 311b Abs 1 S 1 BGB betonende Auffassung spricht allerdings, dass § 52 Abs 2 S 1 FlurbG ausdrücklich bestimmt, dass die Zustimmung zur Verzichtserklärung nur der Schriftform bedarf, wobei nicht differenziert wird, ob die Verzichtserklärung zu Gunsten der Teilnehmergemeinschaft oder aber eines Dritten erklärt wird.

(2)   Aber selbst wenn man mit der Praxis der Flurbereinigungsbehörden die An- **26** wendbarkeit des § 311b Abs 1 S 1 BGB verneint, muss doch weiter beachtet werden, dass derartige Vereinbarungen mit einem Verzicht zu Gunsten Dritter immer noch an den in *§ 54 Abs 2 FlurbG* genannten **Verfahrenszwecken** gemessen werden müssen (SEEHUSEN/SCHWEDE § 52 FlurbG Rn 3; STEUER § 52 FlurbG Anm 4; TÖNNIES aaO, 121; HASEL-HOFF RdL 1999, 1; BERG MittBayNot 1988, 197, 203; DNotI-Gutachten vom 7. 3. 2003, aaO, S 3 f; zu den Zwecken des Flurbereinigungsverfahrens s auch BFH BStBl 1972, 317 [auch Erwerb von „Austauschgrundstücken"]). **Rechtswidrig** ist daher ein Landverzicht, der nicht zum Zwecke der Flurbereinigung oder für Siedlungszwecke erfolgt, sondern etwa zum Vollzug von Erbauseinandersetzungen, Hofübergaben (SEEHUSEN/SCHWEDE § 52 FlurbG Rn 3; DNotI aaO, wobei hier auch noch öffentlich-rechtliche Genehmigungspflichten, etwa nach § 17 Abs 3 HöfeO umgangen werden) oder zum Bauplatzerwerb durch Nichtlandwirte (TÖN-NIES 122). Solche Verstöße führen aber nur dann zur Unwirksamkeit des darauf aufbauenden Flurbereinigungsplans (§ 59 FlurbG) und seiner *Ausführungsanordnung* (§ 61 FlurbG), die ihrer Rechtsnatur nach ein Verwaltungsakt in Gestalt einer Allgemeinverfügung sind (SEEHUSEN/SCHWEDE § 61 FlurbG Rn 2), wenn ein Fall der Nichtigkeit nach § 44 BVwVfG (bzw nach den entsprechenden, inhaltsgleichen Länderverwaltungsverfahrensgesetzen) vorliegt. Dies wird aber die Ausnahme sein (TÖNNIES 125; vgl auch GRONEMEYER 274; ebenso wohl DNotI-Gutachten vom 7. 3. 2003, aaO). Zudem dürften solche Auswüchse wohl der Vergangenheit angehören, zumal hieraus Amtshaftungsansprüche entstehen können (TÖNNIES 126).

(3)   Problematisch ist auch, wenn ein solcher Landabfindungsverzicht von der Rspr **27** bereits dann als wirksam und unwiderruflich angesehen wird, wenn er **vor der Einbeziehung des Grundstücks zum Flurbereinigungsverfahren erfolgt,** auch wenn das Verfügungsverbot selbst erst mit der Zuziehung des Grundstücks in das Verfahren wirksam wird (BVerwG AgrarR 1995, 71 = RdL 1994, 94 m abl Anm THOMAS RdL 1995, 199). Dies führt letztlich zur Möglichkeit des formwirksamen Abschlusses von Immobiliengeschäften ohne Beachtung der notariellen Beurkundungspflicht des § 311b Abs 1 S 1 BGB *außerhalb des Flurbereinigungsverfahrens,* wenn der Grundbesitz nur nachträglich irgendwann einmal zum Verfahren zugezogen wird, und zwar unabhängig davon, in welchem zeitlichen Abstand dies geschieht. Weder der Wortlaut noch die Entstehungsgeschichte noch die systematische Einordnung des § 52 FlurbG decken diese Rechtsauffassung, die letztlich eine analoge Anwendung der Norm ist, für die aber keine Veranlassung besteht, da ohne Probleme über § 8 FlurbG kurzfristig vor der Abgabe der Landverzichtserklärung eine Einbeziehung des Grundstücks möglich ist. Da aber öffentlich-rechtliche Formvorschriften außerhalb ihres eigentlichen Anwendungsbereichs die allgemeine Beurkundungspflicht des § 311b Abs 1 S 1 BGB nicht verdrängen können (MünchKomm/KANZLEITER § 313 Rn 1; zum öffentlich-rechtlichen Vertrag s STAUDINGER/WUFKA § 313 Rn 72; STAUDINGER/HERTEL [2004] Vorbem 119 zu §§ 127a, 128 [BeurkG]) ist eine solche entsprechende Anwendung nicht möglich und der darauf fußende Verwaltungsakt ist nichtig (KLAUS THOMAS RdL 1994, 199, 200 f).

(4)   Zu beachten ist auch die **schwache Rechtsposition des Dritten,** der das Entgelt **28** für den Verzicht auf die Landabfindung aufbringt. Zwar erwirbt dieser mit der Wirksamkeit der Vereinbarung nach § 52 FlurbG den Abfindungsanspruch (§ 44 FlurbG) des Verzichtenden (SEEHUSEN/SCHWEDE § 52 FlurbG Rn 3; VGH Baden-Württemberg AgrarR 1990, 229; BFH ZfIR 2000, 727). Dies führt aber nur dann zu einem Eigentumserwerb durch ihn (§ 61 FlurbG; vgl auch SEEHUSEN/SCHWEDE § 61 FlurbG Rn 3), wenn

das Flurbereinigungsverfahren auch dementsprechend durchgeführt wird und der
neue Rechtszustand auch so eintritt. Kommt es jedoch nicht zur Durchführung des
Flurbereinigungsverfahrens, so ist der die Geldleistung erbringende Dritte allein auf
bereicherungsrechtliche Ausgleichsansprüche nach § 812 BGB angewiesen (DNotI-
Gutachten vom 22.1.2003, aaO). Dabei ist zu beachten, dass nach ganz hM kein Anspruch auf hoheitliches Handeln und damit auch nicht auf Durchführung des Flurbereinigungsverfahrens in einem bestimmten Sinn besteht (vgl für den Parallelfall
der Umlegung § 46 Abs 3 BauGB). Deshalb ist streitig, ob der Dritte durch eine
solche Vereinbarung auch ein **Anwartschaftsrecht** auf die Leistung der Abfindung an
ihn erwirbt (so ausdrücklich SEEHUSEN/SCHWEDE § 52 FlurbG Rn 4; VGH Baden-Württemberg
AgrarR 1990, 229, 230) oder lediglich eine sonstige Rechtsposition im Range „unterhalb" eines Anwartschaftsrechts (BFH aaO). Zur Klärung dieser Frage bedarf es der
Besinnung auf den Begriff des Anwartschaftsrechts. Dieses wird grundsätzlich dadurch gekennzeichnet, dass es **übertragbar** und **schutzfähig** ist (STAUDINGER/BORK [2003]
Vorbem 68 ZU §§ 158–163 mwNw). Hinsichtlich der *Übertragbarkeit* wird man dabei
annehmen können, dass diese dann möglich ist, wenn der Abtretungsempfänger
(Zessionar) seinerseits bereits anderweitig Teilnehmer am Flurbereinigungsverfahren war (STEUER § 52 FlurbG Anm 4; ohne diese Einschränkung SEEHUSEN/SCHWEDE § 52 FlurbG
Rn 3) und die Abtretung den Zwecken der Flurbereinigung dient. Hinsichtlich der
Schutzmöglichkeiten muss man feststellen, dass der bisherige Eigentümer die
Rechtsstellung des durch den Verzicht auf die Landabfindung Begünstigen nicht
mehr zerstören kann, sondern dies nur durch den abweichenden öffentlich-rechtlichen Verfahrensablauf möglich ist. Es ist daher zwar die Stellung desjenigen, der aus
dem Verzicht auf die Landabfindung begünstigt wird, nicht mit der desjenigen vergleichbar, der aus einem bedingten Recht erwirbt, was allerdings für die Begründung
der Lehre zum Anwartschaftsrecht wesentlich war (STAUDINGER/BORK [2003] Vorbem 55
ZU §§ 158–163). Jedoch wird man iE hier ein Anwartschaftsrecht bejahen können,
insbes, weil man dem Begünstigten die Besitzschutzrechte zubilligen muss (**aA** DNotI-
Gutachten vom 22.1.2003, aaO, jedoch zu unreflektiert, weil auf den Anwartschaftsbegriff nicht
eingehend).

29 **Vor Eintritt des neuen Rechtszustandes** (darüber Rn 30 ff) wird **durch Verfügungen noch
das Eigentum an den früheren Grundstücken** veräußert und belastet und dies entsprechend im Grundbuch eingetragen; der Erwerber muss sich jedoch darauf ein-
stellen (und gegebenenfalls durch Erkundigungen vorher in Erfahrung bringen),
dass seine Rechte nach der Flurbereinigung nur am *Surrogat* bestehen werden. Bei
einem Erwerb, bei dem es auf die örtliche Lage ankommt (zB Erwerb eines Bau-
platzes), muss der Erwerber also den Eigentümer ermitteln, der nach der Flurbereinigung das örtlich gewünschte Grundstück erhalten wird; die Verfügung ist über
dessen entsprechenden früheren (Einlage-)Grundbesitz zu erklären und im Grundbuch einzutragen. Zu dem Problem des *Erwerbs einer Teilfläche* in einem solchen
Fall vgl LURZ NJW 1955, 1780, 1781; RÖLL DNotZ 1960, 648, 650: Die Teilung und
Vermessung werden tatsächlich schon im Hinblick auf den künftigen Besitzstand
ausgeführt; zur Abwicklung in der gegenwärtig noch geltenden Rechtslage wird
unter Abstimmung mit der Flurbereinigungsbehörde aber ein bisheriges Einzel-
grundstück oder ein Bruchteil eines alten Grundstücks übertragen, für das die
künftig gewünschte Teilfläche das Surrogat darstellen wird (katastermäßig als Vollzug eines sogenannten *„ideellen Veränderungsnachweises"* bezeichnet).

Nach Eintritt des neuen Rechtszustandes, aber vor der entsprechenden Grundbuch- **30** berichtigung, können nicht etwa die zum Eintritt der Rechtsänderung erforderlichen Eintragungen an den alten unrichtig gewordenen Grundbuchblättern vollzogen werden, denn das Grundbuchamt darf nicht bewusst eine unrichtige Eintragung in eine neue übernehmen und damit weiterhin verlautbaren (BayObLGZ 1982, 455, 459 = MittBayNot 1983, 64 m abl Anm HAIDUK; BayObLG MittBayNot 1993, 287; OLG Frankfurt/M NJW-RR 1996, 974 = MittRhNotK 1996, 226; SEEHUSEN RdL 1955, 317 f; MEIKEL/BÖTTCHER § 20 GBO Rn 154 mwN; anders TÖNNIES 99; anders auch für den Sonderfall des Zwangsversteigerungsvermerks LG Ellwangen BWNotZ 1989, 91, 92). Abhilfe ist nur durch die vorzeitige Teilberichtigung des Grundbuchs nach § 82 FlurbG möglich (sog *vorzeitige Ausführungsanordnung*). – Tritt nach Auflassung, aber noch vor deren grundbuchamtlichem Vollzug an *die Stelle des aufgelassenen Einlagegrundstücks ein Ersatzgrundstück*, so bedarf es nach der überwiegenden Meinung weder einer erneuten Auflassung noch einer Berichtigung der Bezeichnung des aufgelassenen Grundstücks: Aufgelassen ist das Ersatzgrundstück (SCHÖNER/STÖBER Rn 4033; BayObLGZ 1972, 242 = MittBayNot 1972, 293 m Anm PROMBERGER = NJW 1972, 2132; BayObLGZ 1985, 372, 376 = Rpfleger 1986, 129; OLG Frankfurt/M aaO; LG Wiesbaden Rpfleger 1971, 216 m zust Anm HAEGELE; DEMHARTER § 20 GBO Rn 34; KUNTZE/ERTL/HERRMANN/EICKMANN § 20 GBO Rn 108; MEIKEL/BÖTTCHER § 20 GBO Rn 154; BAUER/vOEFELE/KÖSSINGER § 20 GBO Rn 106 f; SEEHUSEN/SCHWEDE § 15 FlurbG Rn 4; s auch LG Aschaffenburg MittBayNot 1980, 159 m Anm REHLE), wobei die hM die Auflassung des Einlagegrundstücks aufgrund des Grundsatzes der Surrogation immer auf das Ersatzgrundstück bezieht (REHLE 161: „ipso lege“), eine einschränkende Auffassung zu Recht aber allein auf das Ergebnis der Auslegung der Erklärung der Vertragsteile abstellt (TÖNNIES 97 f mit Nw des Streitstandes; krit auch HASELHOFF RdL 1999, 1, 3), was dann zu anderen Ergebnissen führt, wenn die Zuteilung ein aliud darstellt, etwa bei völlig anderer Lage (auch BayObLG RdL 1984, 179 lässt die dingliche Surrogation nur bei der Land-, nicht bei der Geldabfindung zu), oder dem Erwerber das Flurbereinigungsverfahren gar nicht bekannt war (LG Bad Kreuznach Rpfleger 1995, 407).

Auf alle Fälle ist aber Voraussetzung für die Annahme einer solchen Surrogation, dass als Ersatz für das aufgelassene alte Einlagegrundstück ein *bestimmtes Zuteilungsgrundstück* vorhanden ist. Ist dies nicht der Fall, was in der Praxis häufig ist, weil § 44 Abs 3 FlurbG eine „großzügige Zusammenlegung“ fordert, so kann die Auflassung des Einlagegrundstücks zu keinem Eigentumserwerb führen (BayObLGZ 1985, 372, 376; BayObLG Rpfleger 1984, 142; vgl auch unten Rn 33; **aA** MANNEL MittBayNot 2004, 397, 400 f, der jedoch den allgemein für das Privatrecht geltenden Bestimmtheitsgrundsatz des Sachen- und Grundbuchrechts verkennt und allein auf das öffentlich-rechtliche Surrogationsprinzip abstellt, der zwar einen schuldrechtlichen Anspruch auf „Wiederholung“ der richtigen Auflassung gibt, aber den § 28 GBO nicht derogieren kann). Aus dem gleichen Grund ist die Belastung des Einlagegrundstücks mit **Dienstbarkeiten** nach Eintritt des neuen Rechtszustandes unzulässig, wenn es an der Ausweisung eines besonderen Ersatzgrundstücks für das dienende Grundstück fehlt (BayObLGZ 1993, 52, 57). Eine dennoch erfolgte Eintragung ist nach §§ 84 ff GBO wegen rechtlicher Gegenstandslosigkeit zu löschen (OLG Frankfurt Rpfleger 2002, 73 [Nießbrauch]). Demgegenüber kann die noch für das Einlagegrundstück, aber bereits nach Eintritt des neuen Rechtszustands bewilligte *Grundschuld* grundsätzlich am neuen Ersatzgrundstück ohne weitere Bezeichnung oder Berichtigungsbewilligung eingetragen werden, denn hier setzt sich das Surrogationsprinzip uneingeschränkt durch (LG Schweinfurt Rpfleger 1975, 312 m Anm BENGEL MittBayNot 1975, 244).

Jörg Mayer

31 Häufig wird in der Praxis die sog „**vorläufige Besitzeinweisung**" angewandt, die nach § 65 FlurbG zulässig ist, „wenn die Grenzen der neuen Grundstücke in die Örtlichkeit übertragen sind und endgültige Nachweise für Fläche und Wert der neuen Grundstücke vorliegen sowie das Verhältnis der Abfindung zu dem von jedem Beteiligten Eingebrachten feststeht". Sie schafft hinsichtlich *der an den Besitz geknüpften Verhältnisse eine neue Rechtslage*: Besitz, Verwaltung und Nutzung gehen auf den eingewiesenen künftigen Eigentümer über. Soweit Erzeugnisse und Bestandteile Gegenstand besonderer Rechtsverhältnisse sein können, gilt der in den Besitz Eingewiesene als Eigentümer des Grundstücks; er erwirbt daher insbesondere das Eigentum daran mit der Trennung (§ 943 BGB). Bestehende *Nießbrauchs- und Pachtverhältnisse* erfassen die neuen Grundstücke (§ 66 Abs 2 FlurbG); neue derartige Rechtsverhältnisse sind mit Wirkung für das zum Besitz zugewiesene Grundstück zu vereinbaren. Die Pachtzinsen (nach § 99 Abs 3 BGB Früchte, aber nicht Erzeugnisse des Grundstücks), die der in den Besitz eingewiesene künftige Eigentümer erhält, gelten dagegen als Früchte des in seinem Eigentum, aber nicht mehr in seinem Besitz verbliebenen bisherigen Grundstücks (vgl § 66 Abs 1 S 3 FlurbG).

32 bb) Die Veränderung der rechtlichen Verhältnisse als Ergebnis der Flurbereinigung (der sog **neue Rechtszustand**) tritt mit der Rechtskraft des Flurbereinigungsplanes zu dem in der Ausführungsanordnung bestimmten Zeitpunkt **ipso jure ein** (§ 61 S 2 FlurbG); es bedarf also keiner Rechtsgeschäfte zur Übertragung des Eigentums. Die öffentlichen Bücher, insbesondere das Grundbuch, werden auf Ersuchen der Flurbereinigungsbehörde nur *berichtigt* (§§ 79 ff FlurbG). Zur *Prüfungskompetenz* des Grundbuchamts s BayObLGZ 1985, 372, 374; MEIKEL/H ROTH § 38 GBO Rn 59 (zum Parallelfall der Umlegung ausführlich Rn 59). Weiß das Grundbuchamt positiv, dass durch die beantragte Eintragung das Grundbuch unrichtig würde, darf es eine solche Eintragung nicht vornehmen. Die Eintragung wirkt nur rechtsbezeugend, *nicht rechtsbegründend* (BayObLG MittBayNot 1993, 287; SEEHUSEN/SCHWEDE § 79 FlurbG Rn 7); Voreintragung des wahren Berechtigten ist hierbei nicht erforderlich (OLG Zweibrücken OLGZ 1978, 167). Da die Ausführungsanordnung des Flurbereinigungsplanes als Umsetzung des Surrogationsprinzips (s Rn 21) lediglich eine Änderung im Gegenstand des Eigentumsrechts bewirkt, nicht aber eine Änderung in der Person des Eigentümers, verbleibt dem wirklich Berechtigten sein Recht auch dann, wenn ein nicht Berechtigter wegen unrichtiger Grundbucheintragung zum Verfahren zugezogen war (Gutachten DNotI-Report 2003, 36).

33 Im Vermögen des Teilnehmers tritt die **Abfindung** entsprechend dem **Surrogationsprinzip** an die Stelle des eingelegten Grundbesitzes. Damit gehen die alten (eingeworfenen) Grundstücke als Gegenstand des Eigentums (Sachverhältnis) unter; an ihre Stelle treten im Wege der Surrogation die als Ersatz ausgewiesenen Grundstücke (§ 68 Abs 1 S 1 FlurbG; BayObLGZ 1972, 242 = NJW 1972, 2132; BayObLGZ 1982, 455 = Rpfleger 1983, 145; BayObLGZ 1985, 372, 374 = DNotZ 1986, 354; OLG Frankfurt/M NJW-RR 1996, 974; SEEHUSEN/SCHWEDE § 15 FlurbG Rn 4 u § 61 FlurbG Rn 3). Die *Rechtsverhältnisse* am eingelegten Grundbesitz *setzen sich daher* dem Grundsatz nach an der *Landabfindung fort*, bzw sie sind bei einer Abfindung in Geld zu berücksichtigen: *Rechte Dritter* (dingliche Belastungen und schuldrechtliche, auf das Grundstück bezogene Berechtigungen) *erfassen das Ersatzgrundstück* (§ 68 Abs 1 S 1 FlurbG); doch bestehen von diesem Grundsatz Ausnahmen (vgl dazu eingehend BERROTH BWNotZ 1967, 182, 184): *Örtlich gebundene öffentliche Lasten* gehen auf die in der alten örtlichen Lage ausgewiesenen neuen Grundstücke über (§ 68 Abs 1 S 2 FlurbG); *nicht dagegen örtlich gebundene private Lasten*. Diese erfassen das Ersatzgrundstück (BayObLGZ 1969, 263, 268), wenn sie nicht im Flurbereinigungsplan mit Wirkung für das alte und damit auch für das Ersatzgrundstück aufgehoben und gegebenenfalls nach Bedarf an dem in der alten örtlichen Lage befindlichen Grundstück neu begründet werden (§ 49 Abs 1 FlurbG). Zur daraus resultierenden Schwierigkeit der Belastung mit *Dienstbarkeiten* vor Eintritt des neuen Rechtszustandes vgl etwa Tönnies 104 und Schöner/Stöber Rn 4035: Es muss das örtlich tatsächlich betroffene Grundstück belastet werden und so dann im Flurbereinigungsplan auf das an seine Stelle tretende Ersatzgrundstück übernommen werden. Auch von diesem Anwendungsfall abgesehen, können im Flurbereinigungsplan nach § 49 Abs 1 FlurbG *Dienstbarkeiten, Reallasten* und *Erwerbsrechte* aufgehoben werden gegen Abfindung durch Neubegründung, in Geld oder durch Land, oder, wenn sie durch die Flurbereinigung entbehrlich werden, ohne Abfindung. Grundpfandrechte können dagegen im Flurbereinigungsverfahren nicht aufgehoben werden, da sie in § 49 FlurbG nicht genannt sind (Tönnies 103), bei Pfandfreigaben wird in der Praxis aber anders verfahren.

Die Landabfindung kann an die Stelle mehrerer Grundstücke oder in Land abge- **34** fundener Berechtigungen treten, an denen unterschiedliche Belastungen oder Rechtsverhältnisse bestehen. Die Flurbereinigungsbehörde muss hier Bruchteile des oder der neuen Grundstücke bestimmen, die für die Belastungen und Rechtsverhältnisse an Stelle der alten Grundstücke treten (§ 68 Abs 2, 2. Alt FlurbG: **ideelle Subrepartition**; bei Grundpfandrechten als Ausnahme von § 1114 BGB, Berroth 187); sie kann, bzw auf Antrag oder bei Erfordernis muss, besondere Grundstücke ausweisen (§ 68 Abs 2 1. Alt und Abs 3 FlurbG, **„reale Subrepartition" oder Sonderung**. Zum Problem einer nachträglichen Subrepartition für im Flurbereinigungsverfahren nicht angemeldete Rechte vgl BayObLGZ 1969, 263, 268).

Wird ein Teilnehmer nur *in Geld abgefunden*, so sind die Gläubiger von Grund- **35** pfandrechten, Reallasten und öffentlichen Lasten auf die an Stelle des Grundstücks tretende Abfindung angewiesen (§§ 72, 74, 75 FlurbG: Auszahlung oder Verteilungsverfahren); dagegen werden *Altenteilsberechtigte, Erwerbsberechtigte oder Inhaber von Rechten*, die zum Besitz oder *zur Nutzung des Grundstücks berechtigten, gesondert abgefunden* (§ 73 FlurbG). Auch eine neben der Landabfindung zusätzlich gewährte Geldabfindung kann für die am alten Grundstück Berechtigten herangezogen werden (§ 76 FlurbG). Für Inhaber von Rechten an solchen Rechten, die in Geld abgefunden werden oder deren Inhaber sich an die Abfindung für ein Grundstück in Geld halten müssen, gelten diese Regelungen entsprechend (§ 77 FlurbG).

f)   Der **Grundstücksverkehr während der Flurbereinigung** hat die flurbereinigungs- **36** rechtlichen Verfahrensvorgaben zu beachten (dazu auch Schöner/Stöber Rn 4033; Mannel MittBayNot 2004, 397). Dabei ist hinsichtlich des Verfahrensstandes zu unterscheiden zwischen **(1)** der Zeit *vor der vorläufigen Besitzeinweisung* (hier ist idR das Ersatzgrundstück noch nicht bekannt), **(2)** der Zeit danach *bis zum Eintritt des neuen Rechtszustands* und **(3)** der Zeit ab Eintritt des neuen Rechtszustandes *bis zur erfolgten Grundbuchberichtigung*, die in der Praxis sehr lange dauern kann (Formulierungsvorschläge zu derartigen Grundstücksgeschäften finden sich bei Tönnies 102; Münchener

Vertragshandbuch/LANGENFELD Bd 5, 1. Halbbd [4. Aufl 2003] Form I 11 und 12 [wobei im letzten Fall im Formular versehentlich das noch nicht existente Ersatzgrundstück aufgelassen wird]). Zur Frage, inwieweit für das verkaufte Ersatzgrundstück vor Eintritt des neuen Rechtszustandes eine Auflassungsvormerkung eingetragen werden kann s Rn 66. Da die Beitrags- und Vorschusspflicht als öffentliche Last auf dem Grundbesitz ruht (§§ 19, 20, 105 FlurbG) und der Erwerber für die nach seinem Rechtserwerb fällig werdenden Kosten sogar persönlich haftet (SEEHUSEN/SCHWEDE § 19 FlurbG Rn 13), ist die Lastentragung im Erwerbsvertrag für das Innenverhältnis der Vertragsteile mit entsprechender Sicherung bei *Freistellungsvereinbarungen* zu regeln, zumal die Abrechnung oft erst lange nach dem grundbuchamtlichen Vollzug der Ausführungsanordnung erfolgt.

37 **g)** Durch die **Verteilung eines nach altem Herkommen gemeinschaftlichen Eigentums** und durch die Aufhebung von Dienstbarkeiten und anderen Rechten unter Abfindung in Land, Geld oder Neubegründung (§§ 48, 49 Abs 1 und 2 FlurbG; vgl Rn 33) können im Flurbereinigungsverfahren *Aufgaben miterledigt* werden, die sonst zu den in Art 113 EGBGB vorgesehenen und heute noch landesrechtlich geregelten Verfahren (Gemeinheitsteilung, Ablösung von Rechten usw) gehören würden. Während ursprünglich die Flurbereinigung häufig Nebenerscheinung zu diesen Verfahren war, ist so das Verhältnis heute umgekehrt (vgl SEEHUSEN/SCHWEDE/NEBE, FlurbG Einl II).

2. Die Umlegung, vereinfachte Umlegung (früher Grenzregelung) nach dem BauGB

a) Überblick über beide Verfahrensarten
38 Auch die städtebauliche Umlegung ist heute durch Bundesrecht, und zwar im Ersten Kapitel Vierter Teil des **BauGB** – „Bodenordnung" –, einheitlich geregelt (die früheren Sonderregelungen des StBauFG wurde mit dem Inkrafttreten des BauGB aufgehoben). Sie dient als *Instrument der Planverwirklichung* der praktischen Umsetzung der Bauleitplanung. Dabei unterscheidet das Gesetz **zwei Verfahren**, und zwar die (normale) **„Umlegung"** (§§ 45–79 BauGB) und die **„Vereinfachte Umlegung"** (§§ 80–84 BauGB), die an Stelle des früheren Grenzregelungsverfahrens getreten ist (eingehender s Rn 41, 68 ff). In beiden, behördlich geleiteten, Verfahren werden Grundstücke in ihrem flächenmäßigen Bestand zur zweckmäßigeren Gestaltung des Baugebietes verändert. Wie das BVerfG mit Beschluss vom 22. 5. 2001 (NVwZ 2001, 1023) entschieden hat, ist die Baulandumlegung nach den §§ 45 ff. BauGB eine verfassungsrechtlich zulässige Inhalts- und Schrankenbestimmung des Eigentums iS des Art 14 Abs 1 S 2 GG und *keine Enteignung* (dazu etwa SEELE FuB 2001, 281; UECHTRITZ ZfIR 2001, 722; E HAAS NVwZ 2002, 272; CHRIST DVBl 2002, 1519). Daneben können die betroffenen Eigentümer mit der Gemeinde auch eine **„freiwillige Umlegung"** vereinbaren (s Rn 43).

39 Die **(normale) Umlegung** nach den §§ 45 ff BauGB stellt die umfassendere Maßnahme dar. Dabei können zur Erschließung oder Neugestaltung bestimmter Gebiete bebaute und unbebaute Grundstücke durch die Umlegung in der Weise neugeordnet werden, dass nach Lage, Form und Größe für die bauliche oder sonstige Nutzung zweckmäßig gestaltete Grundstücke entstehen (§ 45 S 1 BauGB nF). Nach der Neufassung des § 45 BauGB durch das EAG Bau kann das Umlegungsverfahren nicht nur im Geltungsbereich eines qualifizierten Bebauungsplans iS von § 30 BauGB, sondern auch innerhalb eines im Zusammenhang bebauten Ortsteils iS von § 34 BauGB durchgeführt werden, wenn sich dort aus der Eigenart der näheren Umgebung oder einem einfachen Bebauungsplan iS von § 30 Abs 3 BauGB hinreichende Kriterien für die Neuordnung der Grundstücke ergeben.

Die **normale Umlegung** nach den §§ 45 ff BauGB kennt zwei **Unterarten: (1)** Die **40** *Erschließungsumlegung* dient der Baureifmachung bisher unbebauter Grundstücke, während die **(2)** *Neuordnungsumlegung* bereits bebaute Grundstücke erfasst, etwa im Rahmen förmlicher Sanierungsmaßnahmen oder durch Veränderung kleinteiliger Grundstückszuschnitte hin zu besser bebaubaren (Battis/Krautzberger/Löhr, BauGB § 45 Rn 7 f). Das Hauptziel der Umlegung muss aber immer sein, Grundstücke für eine planentsprechende Nutzung zu gestalten. Eine *reine Rechtsumlegung*, bei der es allein um die Neuordnung der Grundstücksrechte geht, ist daher ebenso unzulässig, wie wenn es allein darum geht, unentgeltlich Verkehrs- und sonstige öffentliche Bedarfsflächen zu erhalten (sog *Wertumlegung*, BGH BBauBl 1967, 352; Bielenberg DÖV 1973, 833; Battis/Krautzberger/Löhr, BauGB § 45 Rn 10). Die Umlegung stellt dabei einen Landtausch dar, bei dem die alten Grundstücke in ihrem Bestand durch neugebildete Grundstücke ersetzt werden.

Demgegenüber ist das durch das EAG Bau eingeführte Verfahren der **vereinfachten 41 Umlegung** (früher *Grenzregelung*) *im Umfang der Veränderung und in den Voraussetzungen beschränkt* (s auch Rn 68 ff). Ausgetauscht werden dürfen nur unmittelbar aneinandergrenzende oder in enger Nachbarschaft liegende Grundstücke oder Teile derselben (§ 80 Abs 1 S 1 Nr 1 BauGB nF), eine einseitige Zuteilung von Grundstücken ist zwar unabhängig davon zulässig, jedoch muss dies im öffentlichen Interesse geboten sein (§ 80 Abs 1 S 3 BauGB nF). Des Weiteren dürfen die betroffenen Grundstücke oder Teile hiervon nicht selbständig bebaubar (§ 80 Abs 1 S 2 BauGB nF) und die durch das Verfahren bewirkte *Wertminderung* darf nur unerheblich sein (§ 80 Abs 3 S 2 BauGB nF), wenn die Eigentümer nicht ausdrücklich mit einer abweichenden Regelung einverstanden sind (§ 80 Abs 1 S 3 BauGB nF), wobei etwa für die Unerheblichkeit eine Wertgrenze von 5 bis 10% anzunehmen sein dürfte (so für dass Grenzregelungsverfahren als Vorgängermodell Schriever, in: Brügelmann § 80 Rn 38).

Die **Umlegung** ist *nicht erforderlich* (§ 46 Abs 1 BauGB) und damit nicht zulässig, **42** wenn eine – sachgerechte – privatrechtliche Einigung möglich ist (BGH NJW 1981, 2124). Dies gilt auch für das vereinfachte Umlegungsverfahren nach § 80 BauGB.

Zu privatrechtlichen freiwilligen Vereinbarungen, insbes zur **freiwilligen Umlegung, 43** s Baur, Private Baulandumlegung, in: FS Otto Mühl (1981) 71; Battis/Krautzberger/Löhr § 46 BauGB Rn 5 f; N Zimmermann MittRhNotK 1990, 185, 195; Grziwotz, Baulanderschließung 222 ff; eingehend Dietrich Rn 465 ff; Schrödter/Breuer § 45 BauGB Rn 43 ff; Bunzel/Coulmas/Metscher/Schmidt-Eichstaedt, Städtebauliche Verträge (2. Aufl 1999) 51 ff (m Muster); *Vertragsmuster* bei Langenfeld, Münchener Vertragshandbuch, Bd 5, Bürgerliches Recht I (5. Aufl 2003) Form I 16; zu den Grenzen BVerwG NVwZ 2002, 473 = MittBayNot 2001, 584. Die freiwillige Umlegung ist jedenfalls bei aktiver Beteiligung der Gemeinde ein öffentlich-rechtlicher Vertrag (BGH NJW 1985, 989; dazu Otte ZfBR 1984, 211; VGH Mannheim NVwZ 2000, 694), und muss auch gewährleisten, dass die erforderlichen öffent-

lichen Verkehrs- und Grünflächen iSd § 55 Abs 2 BauGB zur Verfügung gestellt
werden. Es gilt hier die Beurkundungspflicht des § 311b Abs 1 S 1 BGB.

b)   Das Umlegungsverfahren
aa)   Es vollzieht sich in folgenden Abschnitten
44 (1)   *Anordnung der Umlegung* (§ 46 Abs 1 BauGB). Es handelt sich um einen
Beschluss der Gemeinde (idR Gemeinderat), ohne weitere Außenwirkung, der nur
mit dem Umlegungsbeschluss nach § 47 BauGB angefochten werden kann (BGH
NJW 1981, 2114; BATTIS/KRAUTZBERGER/LÖHR, BauGB § 46 Rn 11; ERNST/OTTE, in: ERNST/ZIN-
KAHN/BIELENBERG, BauGB § 46 Rn 13). Auf die Anordnung wie auf die tatsächliche
Durchführung des Verfahrens besteht kein Rechtsanspruch des einzelnen Bürgers
(§ 46 Abs 3 BauGB). Das anschließende Umlegungsverfahren wird von der *Gemein-*
de als der dafür zuständigen „Umlegungsstelle" (§ 46 Abs 1 BauGB) und möglicherweise durch einen von ihr gebildeten Umlegungsausschuss (§ 46 Abs 2 Nr 1, 2
BauGB) oder auf ihren Antrag von der Flurbereinigungsbehörde oder einer anderen
geeigneten Behörde (§ 46 Abs 4 BauGB) durchgeführt.

45 (2)   *Umlegungsbeschluss* (§ 47 BauGB): Dadurch wird das förmliche Umlegungsverfahren eingeleitet (zur Ermessensausübung bei Feststellung des Umlegungsgebiets BGH
NVwZ 2001, 233 = LM § 52 BauGB Nr 1 m Anm BATTIS = NJW 2001, 1138 [LS]). In ihm werden
das *Umlegungsgebiet* und die davon betroffenen Grundstücke genau bezeichnet
(§ 47 BauGB).

46 Mit seiner förmlichen Bekanntmachung treten folgende Rechtsfolgen ein:

– Eine *Verfügungs- und Veränderungssperre* (§ 51 BauGB) für alle betroffenen
  Grundstücke (Unterschied zur Flurbereinigung!). Bis zur Bekanntmachung des
  unanfechtbaren Umlegungsplans (§ 71 BauGB) entsteht eine **Genehmigungs-**
  pflicht (präventives Verbot mit Erlaubnisvorbehalt, Näheres s Rn 56).

– Eintragung eines **Umlegungsvermerks** (§ 54 BauGB) in Abteilung II des Grundbuchs auf Mitteilung der Umlegungsstelle (s dazu BayObLGZ 1970, 182). Die Wirkung
  des Verfügungsverbots ist aber *nicht* von dessen Eintragung *abhängig*. Der Umlegungsvermerk hat lediglich nachrichtliche, aber keine rechtsbegründende Funktion und keinen Rang (LG Frankenthal Rpfleger 2000, 63). Ein *gutgläubiger Erwerber*
  ist nicht nach § 892 BGB geschützt; die Verfügungssperre wirkt – anders als § 53
  Abs 2 FlurbG – im Falle der Versagung der Genehmigung *absolut* (§ 134 BGB).
  Bei Eintragung einer Verfügung ohne Genehmigung wird das Grundbuch daher
  auch bei fehlendem Umlegungsvermerk unrichtig, aber mit Heilungsmöglichkeit
  durch nachträgliche Genehmigung. Bis dahin ist ein Amtswiderspruch nach § 53
  Abs 1 S 1 GBO auf Ersuchen der Umlegungsstelle einzutragen (SCHÖNER/STÖBER
  Rn 3870). Zugleich tritt nach dem durch das EAG Bau neu eingefügten § 54 Abs 2
  S 2 BauGB iVm § 22 Abs 6 BauGB eine **Grundbuchsperre** ein. Sachlich ändert
  sich durch die Neuregelung nur etwas in den Fällen, in denen eine Grundbucheintragung nicht zu den von § 51 Abs 1 Nr 1 BauGB erfassten Rechtsgeschäft
  gehört, so etwa bei einer Vormerkung, weil diese bislang ohne weiteres eingetragen werden konnten (verkannt von DÜMIG Rpfleger 2004, 461, 463, der jede sachliche
  Neuerung verneint; zu Einzelheiten s Rn 56). Allerdings ist die pauschale Verweisung
  auf § 22 Abs 6 BauGB missglückt, da diese Bestimmung ihrerseits hinsichtlich

ihrer Tatbestandsvoraussetzungen auf andere Teile des § 22 BauGB verweist und daher für sich allein genommen ein Torso ist.

– Entstehung eines besonderen gemeindlichen **Vorkaufsrechts** nach § 24 Abs 1 Nr 2 BauGB.

– Der Umlegungsbeschluss begründet den **Bezugszeitpunkt** für die **Wertermittlung** der Einlagegrundstücke (§ 57 Satz 2 BauGB) und dient als Anknüpfungspunkt für die Bemessung von Geldbeträgen und *Ausgleichsleistungen* (§ 58 Abs 3 BauGB).

(3)   **Erörterungstermin** (§ 66 Abs 1 S 1 BauGB): Die Umlegungsstelle hat möglichst   **47** frühzeitig, auf alle Fälle aber vor der Aufstellung des Umlegungsplans diesen mit den Verfahrensbeteiligten, insbesondere mit den betroffenen Eigentümern zu erörtern. Hierbei genügt jedoch, dass Gelegenheit zur Äußerung gegeben wird, ob sie genutzt wird, ist für die Rechtmäßigkeit des Verfahrens unerheblich (Battis/Krautz-berger/Löhr, BauGB § 66 Rn 18). Eine Zustimmung der Betroffenen zum Umlegungsplan ist grundsätzlich nicht erforderlich (Ausnahme bei nachträglichen Änderungen, § 73 BauGB). Dies wird mitunter gerade von den Eigentümern als zu weitreichend empfunden.

(4)   **Aufstellung des Umlegungsplans** (§ 66 BauGB). Der als Ergebnis der Umle-   **48** gung „in Aussicht genommene Neuzustand" ergibt mit allen tatsächlichen und rechtlichen Änderungen den *Umlegungsplan* (Verwaltungsakt iSv § 35 VwVfG, s Rn 60), der aus Umlegungskarte und Umlegungsverzeichnis besteht (§ 66–68 BauGB). Er wird durch die Umlegungsstelle durch *Beschluss aufgestellt* (§ 66 Abs 1 BauGB). Im Umlegungsverzeichnis werden die alten und neuen Grundstücke, die alten und neuen Rechte, die Grundstückslasten, die Ausgleichs- und Abfindungszahlungen, die Verkehrs- und sonstigen Flächen aufgeführt. Auch ein Teilumlegungsplan ist möglich. Der Umlegungsplan selbst schafft noch nicht den neuen Rechtszustand, auch nicht, wenn er unanfechtbar geworden ist.

(5)   **Öffentliche Bekanntmachung der Unanfechtbarkeit des Umlegungsplans** (§§ 71,   **49** 72 BauGB): Erst sie setzt den Umlegungsplan mit der Wirkung in Kraft, dass der *vorgesehene neue Rechtszustand kraft Gesetzes eintritt* (§§ 71, 72 BauGB).

Rechtsgeschäftliche Regelungen, die auf die Umlegung aufbauen, müssen also an   **50** diesen Zeitpunkt anknüpfen. Diese Bekanntmachung schließt auch die **Besitzeinweisung** ein (§ 72 Abs 1 Satz 2 BauGB), soweit nicht bereits vorher eine vorzeitige Besitzeinweisung nach § 77 BauGB erfolgt ist. Die tatsächliche Verwirklichung des Umlegungsplans ist jedoch gegebenenfalls noch durch die Gemeinde zu erzwingen (§ 72 Abs 2 BauGB); die Umlegungsstelle hat auch die *Berichtigung* der öffentlichen Bücher, insbesondere des *Grundbuchs*, zu veranlassen (§ 74 BauGB).

Eine **nachträgliche Änderung des Umlegungsplans** nach seiner Unanfechtbarkeit ist   **51** nur unter den Voraussetzungen des § 73 BauGB zulässig, insbesondere bei Änderung des Bebauungsplans oder soweit durch gerichtliche Entscheidung erforderlich. Die §§ 48 f BVwVfG gelten wegen der privatrechtsgestaltenden Wirkung nicht (BGH NVwZ 1987, 532 mwNw). Umgekehrt können bereits vor Aufstellung des Umlegungsplans sog **Vorwegentscheidungen** getroffen werden (§ 76 BauGB), wobei mit Bekanntmachung ihrer Unanfechtbarkeit diesbezüglich bereits der neue Rechtszustand eintritt (BGH NVwZ 1991, 99).

52 bb) Zur **Durchführung des Umlegungsverfahrens** (eingehend s DIETERICH Rn 174 ff) sind eine Bestandskarte und ein Bestandsverzeichnis anzufertigen, in denen die bisherige Lage, Form, Größe und Nutzung der Grundstücke und die Rechtsverhältnisse daran und andere für die Umlegung relevante Umstände festzuhalten sind (§ 53 BauGB). Die eigentliche Umlegung geschieht dann in der Weise, dass aus der Gesamtheit der Grundstücke des Umlegungsgebiets *("Umlegungsmasse")* vorweg die im Bebauungsplan festgesetzten *Verkehrs- und Grünflächen*, uU gegen Einbringung von Ersatzland, auch sonstige Flächen, die nach dem Bebauungsplan einer Nutzung für öffentliche Zwecke dienen sollen, *ausgeschieden werden.* Die verbleibenden Flächen einschließlich derartigen Ersatzlandes stehen als *"Verteilungsmasse"* zur Verfügung (§ 55 BauGB).

53 Die Verteilungsmasse bestimmt den *Zuteilungsanspruch* des beteiligten Eigentümers. Aus dieser Verteilungsmasse sind den Eigentümern *grundsätzlich Grundstücke* zuzuteilen (**Grundsatz der wertgleichen Landabfindung**, § 59 Abs 1 BauGB). Jedoch besteht kein Anspruch auf lagegleiche Zuteilung (BATTIS/KRAUTZBERGER/LÖHR, BauGB § 59 Rn 6; BGHZ 66, 322, 332). Der Verteilung ist ein sachgerechter Maßstab für das Verhältnis zu den alten Grundstücken zugrunde zu legen; das BauGB selbst sieht Verteilung nach dem Verhältnis der Flächen oder der Werte der früheren Grundstücke zueinander vor der Umlegung vor (§§ 56–58 BauGB). Die Zuteilung von Land ist uU durch einen *Geldausgleich zu ergänzen* oder durch eine Geldabfindung zu ersetzen und kann mit Einverständnis der Betroffenen auch durch eine andere Abfindung ersetzt werden (§ 59 Abs 2 bis 6 BauGB). Ein Wertausgleich in Geld kommt erst in Betracht, wenn dem Eigentümer ein völlig wertgleiches Grundstück nicht zugeteilt werden kann (BGH NJW 1977, 2362). *Einrichtungen*, mit denen die Grundstücke versehen sind, sind *in Geld abzufinden*, bzw bei Zuteilung auszugleichen (§ 60 BauBG).

54 Besonderheiten gelten bei einer **Umlegung im förmlich festgelegten Sanierungsgebiet** iSd § 142 BauGB (vgl DIETRICH Rn 326 ff; s auch Rn 73 f). Sie ist als Wertumlegung durchzuführen, bei der alle sanierungsbedingten Vorteile abzuschöpfen sind (§ 153 BauGB). Die Genehmigung nach § 51 BauGB ist hier nur notwendig, wenn keine Genehmigungspflicht nach § 144 BauGB wegen eines vereinfachten Verfahrens besteht (s Rn 77).

55 cc) **Die Wirkungen** eines Umlegungsverfahrens **auf die privaten Rechtsverhältnisse** sind zum großen Teil, aber nicht völlig in Anlehnung an die Wirkungen eines Flurbereinigungsverfahrens (vgl Rn 17 ff) gestaltet. Auch im Umlegungsverfahren gilt das **Surrogationsprinzip** (§ 63 BauGB), das seinen Ausdruck in dem Gedanken der ungebrochenen Fortsetzung des Eigentums an einem verwandelten Grundstück findet (BGHZ 51, 341, 344). Weiter gilt auch hier der Grundsatz, dass **Rechtsnachfolger** eines Beteiligten, insbesondere auch solche aus einer rechtsgeschäftlichen Verfügung, **in das Verfahren** in dem Zustand **eintreten**, in dem es sich beim Übergang des Rechts befindet (§ 49 BauGB).

56 α) Anders als das Flurbereinigungsverfahren bewirkt die Umlegung von der Be-

kanntmachung des Umlegungsbeschlusses nach § 47 BauGB bis zur Bekanntmachung der Unanfechtbarkeit der Umlegung nach § 71 BauGB neben einer Veränderungs- auch eine **Verfügungssperre**: Nach § 51 BauGB dürfen während dieses Zeitraums Grundstücksteilungen, Verfügungen aller Art iS des Zivilrechts über Grundstücke und Rechte daran und jede Vereinbarung, durch die einem anderen ein Recht zum Erwerb, zur Nutzung oder Bebauung eines Grundstücks oder Grundstücksteiles eingeräumt wird, nur mit schriftlicher Genehmigung der Umlegungsstelle vorgenommen werden, was bei einer Grundbucheintragung auch vom Grundbuchamt zu prüfen ist (BayObLGZ 1964, 170; ERNST/OTTE, in: ERNST/ZINKAHN/BIELENBERG, BauGB § 51 Rn 4 a ff mwN; PALANDT/BASSENGE Überbl v § 873 BGB Rn 19; DEMHARTER, GBO [24. Aufl] § 19 Rn 127; MEIKEL/GRZIWOTZ, Grundbuchrecht [9. Aufl 2003] Einl J Rn 45 f; SCHÖNER/STÖBER Rn 3865. Nach OLG Hamm OLGZ 1980, 267 und OLG Düsseldorf MittRhNotK 1978, 189 ist auch die Löschung eines Grundpfandrechts genehmigungsbedürftig).
Keine genehmigungsbedürftige Verfügung ist nach ganz überkommener Auffassung die Bewilligung einer *Eigentums- oder sonstigen Vormerkung* (BayObLGZ 1969, 303; LG Aschaffenburg MittBayNot 1979, 43; LG Nürnberg-Fürth MittBayNot 1979, 93; DEMHARTER aaO; PALANDT/BASSENGE aaO) oder die *Eintragung eines Verpfändungsvermerks* bei einer Auflassungsvormerkung (LG Nürnberg-Fürth MittBayNot 1980, 129), auch der Vollzug der vor Wirksamwerden des Umlegungsbeschlusses erklärten Auflassung (KG DNotI-Report 1997, 70 = FGPrax 1996, 213), die *Eintragung einer Zwangssicherungshypothek* ist genehmigungsfrei (AG Eschweiler Rpfleger 1978, 187) und die *Verfügung über einen Anteil an einer Gesamthandsgemeinschaft* (BATTIS/KRAUTZBERGER/LÖHR, § 51 BauGB Rn 17 für die Erbteilsübertragung; es wird nicht über das hierzu gehörende Grundstück unmittelbar verfügt).

Eine **Zusammenstellung weiterer Fallgruppen** findet sich bei N ZIMMERMANN Mitt- **57** RhNotK 1990, 187 f. Jedoch besteht auf Grund des mit dem EAG Bau neu eingefügten § 54 Abs 2 S 2 BauGB im Umlegungsverfahren nunmehr eine **Grundbuchsperre** entsprechend § 22 Abs 6 BauGB (s dazu Rn 46), so dass die Unterscheidung zwischen genehmigungsbedürftigen Verfügungen und sonstigen Eintragungen für das Grundbuchverfahren auf den ersten Blick erheblich an praktischer Bedeutung verloren zu haben scheint. Jedoch hat die Gesetzesänderung genau betrachtet geradezu paradoxere Auswirkungen: Auf Grund des entsprechend anwendbaren § 22 Abs 6 BauGB darf eine Eintragung nur vorgenommen werden, wenn der entsprechende Genehmigungsbescheid vorliegt oder eine Zeugnis, dass in Folge Fristablaufs die Genehmigung als erteilt gilt. Nicht genehmigungsbedürftige Eintragungen könnten dann aber – genau genommen – auf Grund der Grundbuchsperre nicht mehr eingetragen werden.

Zur Grundbucheintragung einer *Auflassungsvormerkung* bei Veräußerung eines in das Umlegungsverfahren einbezogenen Grundstücks s Rn 64. Genehmigungsbedürftige Verfügungen sind bis zur behördlichen Entscheidung schwebend unwirksam; wird die Genehmigung versagt, ist die Verfügung von Anfang an als unwirksam anzusehen. Die Genehmigungsentscheidung ist daher ein privatrechtsgestaltender Verwaltungsakt (BATTIS/KRAUTZBERGER/LÖHR, BauGB § 51 Rn 4). Auf die Erteilung der Genehmigung hat der Betroffene einen Rechtsanspruch (gebundene Entscheidung, kein behördliches Ermessen BGH NVwZ 1981, 148), wenn die Umlegung durch das Vorhaben oder den Rechtsvorgang nicht unmöglich gemacht oder wesentlich erschwert wird (§ 51 Abs 3 BauGB). Die Genehmigungspflicht entfällt im förmlich festgelegten

Sanierungsgebiet, wenn für dieses Verfahren eine Genehmigungspflicht nach § 144 BauGB besteht.

58 Im **förmlich festgelegten Sanierungsgebiet** besteht eine ähnliche *Genehmigungspflicht* nach § 144 BauGB (Überblick hierzu etwa bei N ZIMMERMANN MittRhNotK 1990, 190; s auch Rn 75).

59 **β)**   Der in Kraft gesetzte Umlegungsplan schafft den in ihm vorgesehenen **neuen Rechtszustand ipso iure**; zur Überleitung vom alten auf den neuen Rechtszustand bedarf es, wie im Fall der Flurbereinigung, keiner Rechtsgeschäfte, das **Grundbuch** wird nur **berichtigt** (§§ 72, 74 BauGB, BGH NVwZ 1991, 99, 100; OLG Hamm FGPrax 1996, 89, 90 = MittBayNot 1996, 452, 453; OLG Zweibrücken Rpfleger 2003, 122 = DNotZ 2003, 279; ERNST/OTTE, in: ERNST/ZINKAHN/BIELENBERG, BauGB § 72 BauGB Rn 5 f; BATTIS/KRAUTZBERGER/LÖHR § 72 BauGB Rn 2 f; BAUER, in: BAUER/VOEFELE § 38 GBO Rn 98). Es handelt sich um eine Berichtigung des Grundbuchs auf Grund eines Ersuchens einer Behörde nach § 38 GBO. Dabei hat das **Grundbuchamt** lediglich zu prüfen, ob das Ersuchen von der dazu befugten Stelle ergangen ist, ob die Formvoraussetzungen erfüllt sind und die erforderlichen Unterlagen oder sonstigen Eintragungsvoraussetzungen vorliegen. Seiner **Prüfungspflicht** unterliegt auch, ob die vorgesehenen Eintragungen nach dem materiellen Recht und nach der Grundbuchordnung zulässig sind (DIETERICH, Baulandumlegung Rn 378; SCHÖNER/STÖBER Grundbuchrecht Rn 3875 iVm 219; MEIKEL/ROTH § 38 GBO Rn 13 ff iVm 72 ff), so bedarf es der Vorlage der Grundpfandrechtsbriefe nach §§ 42 f GBO, wenn eine Eintragung bei einem Grundpfandrechtsbrief zu erfolgen hat (OLG Düsseldorf NJW-RR 1997, 1375; MEIKEL/ROTH § 38 GBO Rn 74) und der Voreintragung des Betroffenen nach § 39 GBO (LG Regensburg NJW-RR 1987, 1044). **Nicht zu prüfen** hat das Grundbuchamt dagegen grundsätzlich, ob die Voraussetzungen für das Umlegungsverfahren vorgelegen haben, die Durchführung des Umlegungsverfahrens korrekt war und die sonstigen Rechtsmäßigkeitsvoraussetzungen des Umlegungsplanes vorlagen (BayObLGZ 1981, 8, 11; BATTIS/KRAUTZBERGER/LÖHR § 74 BauGB Rn 5; KERN ZfV 1976, 246; GRZIWOTZ MittBayNot 1996, 454; STICH, in: Berliner Komm zum BauGB § 74 Rn 2 aE; ERNST/OTTE, in: ERNST/ZINKAHN/BIELENBERG § 74 BauGB Rn 8 u § 54 Rn 4; SCHRÖDTER/SCHRÖDTER § 74 BauGB Rn 2; DEMHARTER § GBO 38 Rn 73 f). Eine Ausnahme ist nach der hM dann zu machen, wenn der Umlegungsplan nichtig oder die Fehlerhaftigkeit dem Grundbuchamt sicher bekannt ist, weil es nicht wissentlich zur Unrichtigkeit des Grundbuchs beitragen darf (OLG Hamm Rpfleger 1996, 338 f = MittRhNotK 1996, 228 = MittBayNot 1996, 452; BayObLGZ 1970, 182, 185 f; 1985, 372, 374 = Rpfleger 1986, 129 [je zur Flurbereinigung]; BAUER, in: BAUER/VOEFELE § 38 GBO Rn 98; ERNST/OTTE § 74 Rn 9 u § 54 Rn 4; MEIKEL/ROTH § 38 GBO Rn 13 f [jedoch unklar in Rn 73, wo die Bestandskraft des Umlegungsplans als Verwaltungsakt verkannt wird]; für das Verhältnis des Grundbuchamts zum Vollstreckungsgericht BGHZ 19, 355, 358). Dies wird aber wegen der komplizierten tatsächlichen und rechtlichen Verhältnisse bei der Umlegung kaum der Fall sein (BATTIS/KRAUTZBERGER/LÖHR § 24 BauGB Rn 5; zust GRZIWOTZ aaO; ebenso SCHÖNER/STÖBER, Grundbuchrecht Rn 3875, jedoch m Beisp für Nichtigkeit in Rn 3872b bei sog „Drittzuteilung" an nicht am Verfahren Beteiligte, dazu nachstehende Rn 60). Und zudem kann auch die Kenntnis einer Unrichtigkeit des Umlegungsplans nicht über dessen eingetretene Bestandskraft hinweghelfen (s auch Rn 60).

60 War am Einlagegrundstück ein **Nichtberechtigter als Bucheigentümer** eingetragen, so ändert dessen Eintragung als Eigentümer des Zuteilungsgrundstücks nichts am

Eigentum des wahren Berechtigten, sondern der wahre Berechtigte ist nunmehr Eigentümer des Zuteilungsgrundstücks geworden (Gutachten DNotI-Report 2003, 36; vgl auch oben Rn 32 zur Flurbereinigung). Streitig ist jedoch, ob der wahre Berechtigte seine Rechte im Zivilprozessverfahren geltend machen muss (so BVerwG RdL 1962, 1190; BATTIS/KRAUTZBERGER/LÖHR § 48 BauGB Rn 4, 19; DIETERICH Rn 116; OLG Düsseldorf Baurecht 1973, 377; SEEHUSEN RdL 1954, 205, 208) oder im Umlegungsverfahren selbst geltend machen kann (so ERNST/OTTE, in ERNST/ZINKAHN/BIELENBERG § 48 BauGB Rn 10; SCHRÖDTER/ STANG § 48 BauGB Rn 4 u. § 72 BauGB Rn 2). Gegen die erfolgte Grundbuchberichtigung ist der Unrichtigkeitsnachweis nach § 22 GBO möglich (OLG Hamm Rpfleger 1993, 486), bezüglich des untergegangenen Grundstücks ist aber kein Amtswiderspruch mehr zulässig (BayObLG, MittBayNot 1993, 287 = BayVBl 1994, 29). Nur ausnahmsweise ist der Umlegungsplan, der als *privatrechtsgestaltender Verwaltungsakt* ergeht (vgl DIETERICH Baulandumlegung Rn 343: Bündel von Verwaltungsakten), **nichtig**, wenn er an einem besonders schwerwiegenden Verfahrensfehler leidet (§ 44 Abs 1 VwVfG; OLG Hamm Rpfleger 1996, 338 f = MittRhNotK 1996, 228 = MittBayNot 1996, 452 m Anm GRZIWOTZ), *nicht aber* bei Unwirksamkeit des der Umlegung zugrundeliegenden Bebauungsplans (OLG Hamm aaO; Rpfleger 1993, 486, 488; ERNST/OTTE, in: ERNST/ZINKAHN/BIELENBERG § 72 BauGB Rn 6 a iVm § 55 Rn 5a; BATTIS/KRAUTZBERGER/LÖHR § 45 BauGB Rn 6: nur anfechtbar) oder wenn die Abfindungsgrundstücke auf Wunsch des einwerfenden Eigentümers seinen Söhnen zuteilt werden (so OLG Hamm MittRhNotK 1996, 228, 229; BAUER, in: BAUER/ vOEFELE § 38 GBO Rn 98; BATTIS/KRAUTZBERGER/LÖHR § 59 BauGB Rn 5; aA GRZIWOTZ DNotZ 2003, 281, 284; zust SCHÖNER/STÖBER Grundbuchrecht Rn 3872 b: absolute sachliche Unzuständigkeit für solche „Drittzuweisung" führe zur Nichtigkeit). Auflassungserklärungen, die nach Inkraftsetzung des Umlegungsplans noch das Einlagegrundstück bezeichnen, können im Wege der Auslegung auf das Ersatzgrundstück bezogen werden (BayObLGZ 1980, 108 = MittBayNot 1980, 67; LG Darmstadt Rpfleger 1976, 61; LG Aschaffenburg MittBayNot 1980, 159 m Anm REHLE; SCHÖNER/STÖBER Grundbuchrecht Rn 3872; dies gilt nicht, wenn das aufgelassene Grundstück einem anderen, und dem bisherigen Eigentümer kein Ersatzgrundstück zugewiesen wird, s SCHÖNER/STÖBER Grundbuchrecht Rn 3872 Fn 30 mwNw; vgl auch zur Flurbereinigung Rn 30).

Auch im Umlegungsverfahren gilt das **Surrogationsprinzip**. Daher geht das Eigentum **61** an dem eingeworfenen Grundstück nicht unter und es entsteht nicht neues Eigentum an dem zugeteilten Grundstück. Vielmehr bedeutet die Umlegung ihrem Wesen nach eine ungebrochene Fortsetzung des Eigentums an einem verwandelten Grundstück. Die Rechtsänderung tritt nicht in der Person des Eigentümers, sondern im Gegenstand des Eigentumsrechts ein (BGHZ 51, 341, 344; 93, 103, 109; 111, 52, 56; 117, 287, 291 [zur Reichsumlegungsordnung]; BATTIS/KRAUTZBERGER/LÖHR § 63 BauGB Rn 1; OTTE, in: ERNST/ZINKAHN/BIELENBERG, BauGB § 63 Rn 1; KRÖNER ZfBR 1979, 1, 2). Daher treten entsprechend diesem Grundsatz die im Umlegungsverfahren zugeteilten Grundstücke hinsichtlich der Rechte an den alten Grundstücken und der diese betreffenden Rechtsverhältnisse an deren Stelle, sofern diese Rechte nicht nach § 61 oder § 62 BauGB in besonderer Weise geregelt oder aufgehoben wurden (§ 63 Abs 1 S 1 BauGB; BATTIS/KRAUTZBERGER/LÖHR § 63 BauGB Rn 3). Die so kraft Gesetzes übergehenden Rechte brauchen daher im *Umlegungsverzeichnis nicht* aufgeführt sein, sondern dies ist nur eine rein nachrichtliche Verlautbarung. Jedoch ist diese zweckmäßig, damit keine Rechte beim Grundbuchvollzug der Umlegung übersehen werden (BATTIS/KRAUTZBERGER/LÖHR § 68 BauGB Rn 7; SCHRIEVER, in: Kohlhammer-Komm § 68 BauGB Rn 10), was zu einem späterem lastenfreien Erwerb (§ 892 BGB) führen kann.

62 Die **örtlich gebundenen öffentlichen Grundstückslasten** gehen jedoch wieder, wie nach der Flurbereinigung (vgl Rn 33), auf die neuen Grundstücke mit derselben örtlichen Lage über (§ 63 Abs 1 S 2 BauGB). Es können aber auch (private) *grundstücksgleiche Rechte, dingliche Belastungen* und obligatorische Rechte, desgleichen (öffentlich-rechtliche) Baulasten, *aufgehoben, geändert oder neubegründet* werden (§ 61 BauGB): Das kann dazu dienen, die Rechtsverhältnisse entsprechend der Grundstücksneuordnung durch die Umlegung gleichfalls neu zu ordnen (zB an Gemeinschaftsflächen), aber auch dazu, örtlich gebundene private Rechte nicht an dem vielleicht in neuer örtlicher Lage zugeteilten Ersatzgrundstück fortbestehen zu lassen, sondern an dem einem anderen Eigentümer zugewiesenen Grundstück der alten örtlichen Lage neu zu begründen (eingehend DIETERICH Rn 279 ff). In der Praxis stellt die *Regelung der Belastungsverhältnisse* eine besonders schwierige und vor allem auch haftungsrelevante Verfahrensaufgabe dar, deren Schwierigkeiten bisweilen von den Umlegungsstellen unterschätzt werden. Wird eine *Geldabfindung* neben oder statt des alten Grundstücks gewährt, so sind die Inhaber dinglicher Rechte auf den Geldanspruch des Eigentümers „angewiesen" (§ 63 Abs 2 BauGB; zur Durchführung vgl § 59 Abs 5 S 2, § 60 S 2, § 61 Abs 2 S 2 je iVm § 93 ff BauGB). Hat ein Eigentümer mehrere, unterschiedlichen Rechtsverhältnissen unterliegende Grundstücke oder in Land abzufindende Berechtigungen eingeworfen, so sind, entsprechend der auch im Flurbereinigungsgesetz vorgesehenen ideellen oder realen **Subrepartition** (vgl Rn 34) Bruchteile oder besondere Grundstücke als Surrogat entsprechend den unterschiedlichen Rechtsverhältnissen auszuweisen (§ 62 Abs 2 BauGB). Wird gemeinschaftliches Eigentum geteilt oder erhält ein Eigentümer für ein eingeworfenes Grundstück mehrere Ersatzgrundstücke, so kann die Umlegungsstelle Grundpfandrechte und Reallasten auf die Einzelgrundstücke verteilen (§ 62 Abs 3 BauGB).

63 **dd)** Der **Grundstücksverkehr während der Umlegung** hat die Verfahrensbesonderheiten und den erreichten Verfahrensstand besonders zu beachten (eingehend hierzu SCHÖNER/STÖBER Rn 3872 ff; GRZIWOTZ, Baulanderschließung 69 ff; N ZIMMERMANN MittRhNotK 1990, 192; Vertragsformular mit Erl bei Münchener Vertragshandbuch/LANGENFELD Bd 5 Bürgerliches Recht, 1. Halbbd [4. Aufl 2003] Form I 8 bezügl Verkauf eines Zuteilungsgrundstücks; vgl auch F SCHWARZ MittBayNot 1972, 51). Genau zu beachten ist daher, ob das *Einlagegrundstück* oder das *Ersatzgrundstück* veräußert werden soll.

(1) Bei einer Veräußerung des **Einlagegrundstücks** tritt der Erwerber nach Erteilung der Genehmigung nach § 51 BauGB in das Verfahren ein, in dem es sich dann gerade befindet (§ 49 BauGB), was weitreichende Folgen und unliebsame Überraschungen haben kann; daher ist bei der Vertragsgestaltung eine enge Abstimmung mit der Umlegungsstelle erforderlich. Gegenleistungen des Erwerbers dürfen erst nach Vorliegen der Genehmigung nach § 51 BauGB fällig gestellt werden. Da kein Anspruch auf eine Zuteilung in einer bestimmten Lage besteht, erlangen Rücktrittsrechte für den Erwerber bei anderweitig als erhoffter Zuteilung besondere Bedeutung.

64 Wird eine *Teilfläche* oder ein Miteigentumsanteil am Einlagegrundstück veräußert und tritt der Erwerber als Beteiligter nach Erteilung der gem § 51 BauGB erforderlichen Genehmigung in das Umlegungsverfahren ein (§ 48 Abs 2 iVm §§ 48 Abs 1 Nr 3, 49 BauGB), so bedarf es nach einer allerdings sehr umstrittenen Ent-

scheidung des OLG Zweibrücken (Rpfleger 2003, 122= DNotZ 2003, 279 m Anm GRZI-
WOTZ; aA MAASS ZNotP 2003, 362; SCHÖNER/STÖBER Grundbuchrecht Rn 3872a [m unzutr Argu-
ment, dass damit die üblichen Vertragsklauseln zur Verknüpfung von Eigentumswechsel und Kauf-
preiszahlung gegenstandslos würden – dies ist für das öffentlich-rechtliche Umlegungsverfahren ir-
relevant]) für den Eigentumserwerb keiner Auflassung und Grundbucheintragung
mehr, sondern dieser vollzieht sich kraft Gesetzes bereits mit der ortsüblichen Bekanntmachung der Unanfechtbarkeit des Umlegungsplans (§ 72 Abs 1 iVm § 71
Abs 1 BauGB). Dieser Entscheidung ist jedoch zuzustimmen (iE insoweit auch zustimmend GRZIWOTZ aaO): Nach § 59 Abs 1 BauGB sind den Eigentümern entsprechend
dem Umlegungszweck und nach den bestehenden Möglichkeiten Grundstücke in
gleicher oder gleichwertiger Lage wie die eingeworfenen zuzuteilen. Dadurch wird
nochmals der Grundsatz der Umlegung als Grundstückstauschverfahren betont.
Damit wird jedem Eigentümer grds ein Rechtsanspruch auf Landzuteilung eingeräumt (BATTIS/KRAUTZBERGER/LÖHR § 59 BauGB Rn 2). Wenn er sich dessen jedoch
durch die entsprechende Veräußerung entäußert hat, ist es sogar geboten, dem Erwerber des entsprechenden Anspruchs auch das Eigentumsrecht direkt zuzuteilen.
Den Belangen der Beteiligten wird im Übrigen durch die *erforderliche Anhörung*
(§ 28 VwVfG) genügt.

(2) Wird das **Ersatzgrundstück veräußert**, so kann der Vertrag erst dann abge- **65**
wickelt und grundbuchamtlich vollzogen werden, wenn die Bekanntmachung der
Unanfechtbarkeit des Umlegungsplans eingetreten und die Grundbuchberichtigung
entsprechend der Ausführungsanordnung erfolgt ist (OLG Zweibrücken Rpfleger 2003,
122 = DNotZ 2003, 279; MEIKEL/BÖTTCHER § 20 GBO Rn 154; KUNTZE/ERTL/HERRMANN/EICK-
MANN/MUNZIG § 20 GBO Rn 108; SCHÖNER/STÖBER Rn 3873). Der ganze Vertrag baut also
erst auf den Vollzug der Umlegung auf. Daher sollte gerade auch im Hinblick auf die
durch die Umlegung zeitweilig eintretende Beschränkung des Eigentumsrechts des
Veräußerers (Art 14 GG) von der Möglichkeit des *teilweisen In-Kraft-Setzens des*
Umlegungsplans großzügiger Gebrauch gemacht werden (BAUER, in: BAUER/VOEFELE
§ 38 GBO Rn 98 Fn 468). Da der Erwerber des bloßen Zuteilungsgrundstücks auch
nicht Beteiligter des Umlegungsverfahrens, ist auch eine Genehmigung nach § 51
BauGB nicht erforderlich (SCHÖNER/STÖBER Rn 3865; aA NUMBERGER BayVBl 1987, 737,
739). Das *Zuteilungsgrundstück* ist sodann grundbuchmäßig, insbesondere durch
Beifügung der Umlegungskarte, ausreichend zu bezeichnen. Soll auch zugleich die
Auflassung hinsichtlich des Ersatzgrundstücks erklärt werden, so muss dieses mit der
für das Grundbuchverfahren erforderlichen Bestimmtheit bezeichnet werden (SCHÖ-
NER/STÖBER Rn 3873). Dies setzt idR voraus, dass wenigstens der Umlegungsplan aufgestellt ist (§ 66 BauGB). Die Auflassung steht allerdings unter der Rechtsbedin-
gung, des In-Kraft-Tretens des zu Grunde gelegten Umlegungsplans (zu weitreichend
aber SCHÖNER/STÖBER Rn 3873, wonach auch der schuldrechtliche Veräußerungsvertrag entsprechend bedingt ist, denn dann gäbe es bei später abweichender Zuteilung keine Haftung des Verkäufers wegen eines Rechtsmangels, so aber etwa OLG Düsseldorf NJW-RR 1996, 82).

Ein *Absicherungsproblem* besteht für den Erwerber beim Verkauf des Ersatzgrund- **66**
stücks, weil umstritten ist, ob eine **Vormerkung** zulässig ist, die den Anspruch auf
Eigentumsverschaffung *an dem Ersatzgrundstück* vor Eintritt des neuen Rechtszustands sichern soll. Das LG Wiesbaden hat die Möglichkeit der Eintragung einer
solchen Vormerkung am Einlagegrundstück bejaht, weil ein zu sichernder schuldrechtlicher Anspruch bestehe (Rpfleger 1972, 307). Das LG Bonn ließ eine Auflas-

sungsvormerkung sogar für einen Anspruch auf Übertragung einer bestimmten Teilfläche des künftigen Abfindungsgrundstücks zu (NJW 1964, 870 f; zust, jedoch ohne auf die Besonderheiten dieser Falllage einzugehen, MünchKomm/WACKE § 883 Rn 31; zu großzügig GRZIWOTZ, Baulanderschließung 69 ff). Die Gegenmeinung vertritt zu Recht die Auffassung, dass in solchen Fällen die Eintragung der Auflassungsvormerkung nur möglich ist, wenn zum Gegenstand des Veräußerungsvertrages nicht das noch nicht existierende Abfindungsgrundstück gemacht wird, sondern – wenigstens im Wege einer auflösend bedingten Veräußerung – das rechtlich bereits existente Einlagegrundstück oder ein ideeller Miteigentumsanteil hieran (GBA Neuenburg a Rh BWNotZ 1993, 125; STAUDINGER/GURSKY [2002] § 883 Rn 95; RÖLL DNotZ 1961, 635, 640 f; SANDWEG BWNotZ 1994, 5, 16 f; SCHÖNER/STÖBER Rn 3873; ohne Problemerörterung SEIKEL NotBZ 1998, 189). Teilweise wird dann weiter gefolgert, dass angesichts der rechtlichen Identität von Einlage- und Ersatzgrundstück keine Zweifel daran bestehen könnten, dass Gegenstand des Übereignungsanspruchs nicht das mit der Vormerkung belastete Einlagegrundstück, sondern das zukünftige Ersatzgrundstück ist (STAUDINGER/GURSKY aaO). Dabei wird aber das Interesse des Erwerbers übersehen: Das Abfindungsgrundstück kann örtlich ganz wo anders liegen als das Einlagegrundstück, aber auch dann geht der Erwerbsanspruch samt sichernder Vormerkung auf dieses über (arg e contrario aus § 63 Abs 1 S 2 BauGB, wo anderes nur für die örtlich gebundenen öffentlichen Lasten angeordnet ist), auch wenn dem Erwerber an diesem Erwerb gar nichts gelegen ist. Anders liegt es nur, wenn Einlage- und Ersatzgrundstück lage- und flächenmäßig weitgehend identisch sind, insbes das neue Grundstück als Teil des alten Einlagegrundstücks aus diesem hervorgeht. Ansonsten behilft man sich in der Praxis durch eine zusätzliche, *auflösend bedingte Veräußerung* des Einlagegrundstücks oder eines wertentsprechenden Miteigentumsanteils an demselben, da daran die Eigentumsvormerkung unstreitig eingetragen werden kann (SCHÖNER/STÖBER Rn 3873; vgl auch F SCHWARZ MittBayNot 1972, 52; vgl zur Parallelproblematik bei der Flurbereinigung auch Rn 29).

67 Zu beachten ist auch bei der **Veräußerung des Ersatzgrundstücks**, dass der zugrunde gelegte **Umlegungsplan** wider Erwarten **nicht unanfechtbar werden** und bis zum Abschluss der Umlegung noch Belastungen begründet werden können (§§ 61, 63 BauGB). Auch hier sind Rücktrittsrechte unter Ausschluss einer Rechtsmängelhaftung als Absicherung für den Erwerber zu vereinbaren; Kaufpreiszahlungen vor Bekanntmachung der Unanfechtbarkeit des zugrundegelegten Umlegungsplans sind risikobehaftet. Die vom Eigentümer aufgrund des Umlegungsverfahrens zu erbringenden Geldleistungen, insbesondere der Wertausgleich, ruhen als *öffentliche Last* auf dem Grundstück (§ 64 Abs 3 BauGB), so dass uU auch der Erwerber mit einer Inanspruchnahme rechnen muss, wenn der an sich verpflichtete Veräußerer nicht zahlt. Während die Belastung mit *Grundpfandrechten* wegen des Surrogationsprinzips sich am Zuteilungsgrundstück fortsetzt, bereitet die Bestellung von *Dienstbarkeiten und Erbbaurechten* Schwierigkeiten, weil das örtlich tatsächlich betroffene Grundstück belastet werden muss (SCHÖNER/STÖBER Rn 3874 und oben Rn 33 für die Flurbereinigung).

c)   Die vereinfachte Umlegung

68 Das bisherige *Grenzregelungsverfahren* (s etwa STAUDINGER/MAYER [1998] Art 113 Rn 47 ff) wurde durch das EAG Bau mit Wirkung zum 20.7.2004 durch ein „vereinfachtes Umlegungsverfahren" ersetzt (s auch bereits Rn 38, 41). Hierauf sind die Vorschriften

des allgemeinen Umlegungsverfahrens (§§ 45 ff BauGB) allerdings nur dann anzuwenden, wenn dies ausdrücklich im Gesetz angeordnet ist (§ 80 Abs 2 S 1 BauGB
nF). Jedoch ergeben sich aus der grundsätzlichen Qualifizierung als Umlegungsverfahren bezüglich der *Grunderwerbsteuer* (s Rn 71) und des *Vorkaufsrechts* (s Rn 72)
daraus Nebenfolgen, die vom Gesetzgeber offenbar nicht bedacht waren und über
die frühere Behandlung als Grenzregelungsverfahren hinausgehen. In *sachlicher
Hinsicht* wurde die Anwendungsbereich *erweitert*, denn es können nunmehr nicht
nur unmittelbar aneinander grenzende Grundstücke ausgetauscht werden (§ 80
Abs 1 Nr 1 BauGB aF), sondern auch „*in enger Nachbarschaft liegende*" Grundstücke oder Teile hiervon (§ 80 Abs 1 S 1 Nr 1 BauGB nF). Auch muss dieser Austausch nicht mehr dem „überwiegenden öffentlichen Interesse dienen", sondern das
Verfahren ist von der Umlegungsstelle bereits dann anzuordnen und durchzuführen,
wenn und sobald dies zur Verwirklichung eines Bebauungsplans erforderlich ist (§ 80
Abs 1 S 1 Nr 1 BauGB nF iVm § 46 Abs 1 BauGB). Geblieben ist, dass die aus-
zutauschenden oder einseitig zuzuteilenden Grundstücke *nicht selbstständig bebaubar* sein dürfen (§ 80 Abs 1 S 2 BauGB). Hinsichtlich der Zuteilung gilt, dass das
vereinfachte Verfahren grds so durchzuführen ist, dass jeder Eigentümer nach dem
Verhältnis des Wertes seines früheren Grundstücks zum Wert der übrigen Grundstücke möglichst ein Grundstück in gleicher oder gleichwertiger Lage erhält; zudem
darf eine verfahrensbedingte Wertminderung nur unerheblich sein (§ 80 Abs 3 S 1 u
2 BauGB). Jedoch können mit **Zustimmung der Eigentümer** hiervon **abweichende
Regelungen** getroffen werden (§ 80 Abs 3 S 3 BauGB). Hieraus wird teilweise die
Befürchtung hergeleitet, dass das vereinfachte Umlegungsverfahren als „Grunder-
werbsteuersparmodell" genutzt und zweckentfremdet wird (GRZIWOTZ DNotZ 2004,
674, 683). *Amtshaftungsansprüche* gegen die Umlegungsstellen dürften sich aber
primär nur aus der in der Praxis immer wieder vorkommenden unzureichenden
Regelung der Belastungsverhältnisse ergeben und weniger aus einer Verletzung von
Belehrungspflichten. Insbes trifft die Umlegungsstelle nicht die speziell dem Notar
in § 17 Abs 2 a BeurkG auferlegte Pflicht zur sachgerechten Gestaltung des Beur-
kundungsverfahrens (**aA** – aber nicht überzeugend GRZIWOTZ 684).

Auch zur Durchführung des vereinfachten Umlegungsverfahrens ist die **Gemeinde 69
zuständig** (§ 80 Abs 1 S 1 BauGB mit Übertragungsmöglichkeit nach § 80 Abs 5
BauGB nF). Das Verfahren ist vereinfacht (krit im Hinblick auf den verminderten Rechtsschutz der Betroffenen: bereits WAIBEL Rpfleger 1976, 347 zum Grenzregelungsverfahren). Einer
förmlichen *Anordnung* des Verfahrens, etwa wie durch den Umlegungsbeschluss,
bedarf es nicht (§ 80 Abs 2 S 2 BauGB nF); der Beschluss über die vereinfachte
Umlegung entspricht bereits dem Umlegungsplan (§ 82 BauGB; zu Einzelheiten des
Verfahrens – jedoch noch vor der Neuregelung durch das EAG Bau – s DIETERICH Rn 535 ff;
SCHÖNER/STÖBER Rn 3879 ff). In dem Beschluss sind die neuen Grenzen und die etwaigen Ausgleichsleistungen festzusetzen, wobei Letztere als öffentliche Last auf dem
Grundstück ruht (§§ 81 Abs 2 S 4, 64 Abs 3 BauGB). Dienstbarkeiten, Baulasten
und Grundpfandrechte (Letztere nur mit Zustimmung der Beteiligten) können neu
geordnet werden (§ 82 Abs 1 BauGB; krit hierzu SCHELTER DNotZ 1987, 330, 348), was
auch hier eine schwierige Aufgabe ist (SCHELTER aaO; s auch oben Rn 62). Den Beteiligten, deren Rechte ohne Zustimmung durch den Beschluss betroffen werden, ist
vorher Gelegenheit zur Äußerung zu geben. Ist der Beschluss erlassen und unanfechtbar geworden, so ist er entsprechend dem Umlegungsplan durch Bekanntgabe
seiner Unanfechtbarkeit in Kraft zu setzen (§ 83 BauGB). Eine dingliche Surroga-

tion tritt beim vereinfachten Umlegungsverfahren nicht ein; vielmehr behalten die
bisherigen Eigentümer das Eigentum an den jeweiligen Stammgrundstücken; nur
das Eigentum an den ausgetauschten oder zugewiesenen Grundstücksteilen geht auf
den neuen Eigentümer über (§ 83 Abs 3 BauGB; zur Grenzregelung LG Regensburg NJW-
RR 1987, 1044 = BWNotZ 1988, 42; ERNST/OTTE, in: ERNST/ZINKAHN/BIELENBERG, BauGB § 83
BauGB Rn 5).

70 Hinsichtlich der **Belastungsverhältnisse** gilt: Sofern Grundstücksteile oder Grundstücke einem Grundstück zugeteilt werden, werden sie *Bestandteil* dieses Grundstücks. *Belastungen* dieses Grundstücks *erstrecken* sich kraft Gesetzes auch auf sie;
dagegen werden sie von den Belastungen des alten Grundstücks frei, es sei denn, im
Zusammenhang mit einer Neuordnung von Dienstbarkeiten ist etwas anderes angeordnet worden (§ 83 Abs 3 S 2–4 BauGB). Wegen dieser automatischen Lastenfreistellung besteht im besonderen Maß die Gefahr, dass für den Betroffenen wichtige Nutzungsrechte (etwa Wegerechte) plötzlich untergehen, weil sie im vereinfachten Umlegungsverfahren einfach übersehen und entgegen den praktischen Notwen-
digkeiten nicht neu begründet wurden.

71 Soweit ein **Wertausgleich** in Geld stattfindet, sind dinglich Berechtigte, die durch die
vereinfachte Umlegung beeinträchtigt werden, auf diesen angewiesen (§ 81 Abs 3
BauGB). *Vorteile*, die durch die vereinfachte Umlegung bewirkt werden, sind von
den Eigentümern in Geld auszugleichen (§ 81 Abs 1 S 1 BauGB nF), wobei Gläubiger und Schuldner der Geldleistung die Gemeinde ist (§ 81 Abs 2 S 1). Jedoch
können die Beteiligten zum Wertausgleich mit Zustimmung der Gemeinde andere
Vereinbarungen treffen (§ 81 Abs 2 S 2 BauGB), etwa den direkten Geldausgleich
zwischen den betroffenen Eigentümern oder den Verzicht auf Geldleistungen. Wie
bei der normalen Umlegung tritt für die Belastungen die Abfindung in Form der
neuen Teilfläche oder eines Geldanspruchs an die Stelle der alten Fläche. Alle diese
Rechtsänderungen, wie Eigentumswechsel, Bestandteilszuschreibung und Lastenfreistellung, treten mit dem in Kraft gesetzten Umlegungsbeschluss **ipso iure** ohne
rechtsgeschäftliche Mitwirkung ein. Das *Grundbuch* ist *unrichtig geworden* und muss
auf ein entsprechendes Ersuchen der zuständigen Behörde berichtigt werden (§ 84
BauGB; vgl BayObLGZ 1981, 10). Eines *Unschädlichkeitszeugnisses* iS von Art 120
EGBGB (als Ersatz einer solchen Mitwirkung bei der Lastenfreistellung, vgl Art 120
Rn 5) bedarf es daher nicht (§ 83 Abs 3 S 1, 2. HS BauGB). Der Übergang des
Eigentums im vereinfachten Umlegungsverfahren ist nach § 1 Abs 1 Nr 3 b GrEStG
von der **Grunderwerbsteuer befreit** (so auch GRZIWOTZ DNotZ 2004, 674, 683), während
dies für das Grenzregelungsverfahren nicht galt (BFHE 152, 272 = BStBl II 1988, 457;
BORUTTA/FISCHER, Grunderwerbsteuer [14. Aufl] § 1 Rn 649; zur damals daher vorzulegenden Un-
bedenklichkeitsbescheinigung s BÖHRINGER Rpfleger 2000, 99, 101; BAUER, in: BAUER/VOEFELE § 38
BauGB Rn 100). Zur **Prüfungsbefugnis des Grundbuchamts** bezüglich des früheren
Grenzregelungsverfahrens s OLG Frankfurt Rpfleger 1976, 313; WAIBEL aaO; SCHÖ-
NER/STÖBER Rn 3883; LG Regensburg aaO.

72 Eine **Verfügungssperre** vor dem Inkrafttreten des Grenzregelungsbeschlusses analog
zum Umlegungsverfahren besteht nicht, denn auf § 51 BauGB wird in den §§ 80–84
BauGB nicht verwiesen (vgl § 80 Abs 2 S 1 BauGB; zur Grenzregelung ebenso etwa
SCHÖNER/STÖBER Rn 3882), wohl aber ein besonderes **Vorkaufsrecht** der Gemeinde nach
§ 24 Abs 1 Nr 2 BauGB, weil diese Bestimmungen allein darauf abstellt, dass das

Grundstück in einem Umlegungsgebiet liegt. Dies ist insofern aus Gründen der Rechtssicherheit problematisch, als beim vereinfachten Umlegungsverfahren kein klarstellender Aufstellungsbeschluss zur exakten Festlegung des Umlegungsgebiets erforderlich ist (s Rn 68).

3. Weitere Instrumentarien und Kooperationsformen des Städtebaurechts

a) Städtebauliche Sanierungsmaßnahmen

Die Probleme, die für die städtebauliche Entwicklung bei der Sanierung überalterter **73** Baugebiete entstehen, können allein durch die Mittel der Bodenordnung (Umlegung, Grenzregelung) nicht gelöst werden. Der Gesetzgeber hat daher in den §§ 136–191 BauGB (Zweites Kapitel: „Besonderes Städtebaurecht") besondere Vorschriften zur Verfügung gestellt. Hier kommt insbesondere die *städtebauliche Sanierungsmaßnahme* (§§ 136–164b BauGB) in Betracht (vgl hierzu etwa die Übersichten bei N ZIMMERMANN MittRhNotK 1990, 189 f; GRZIWOTZ, Baulanderschließung 383 ff; zur Verfassungsmäßigkeit BVerwG NJW 1996, 2807).

Durchgeführt wird die Sanierung durch Ordnungs- und Baumaßnahmen (§§ 146, **74** 147, 148 BauGB). Die Ersteren obliegen grundsätzlich der Gemeinde; hierzu gehören insbesondere die Bodenordnung, die Freilegung von Grundstücken und die Erschließung. Zur Durchführung der Sanierung kann sich die Gemeinde eines sog **Sanierungsträgers** bedienen, §§ 157 ff BauGB, der für die Durchführung bestimmter Aufgaben einer amtlichen Bestätigung bedarf (§ 158 BauGB). In einem **Sanierungsvertrag** sind die Aufgaben, die Rechtsstellung des Sanierungsträgers, die Vergütung und die Weisungsbefugnisse der Gemeinde zu regeln. Dieser Vertrag bedarf nach der ausdrücklichen Regelung des § 159 Abs 2 S 2 BauGB in keinem Fall der Form des § 311b Abs 1 S 1 BGB. Als *Ausnahmebestimmung* zur allgemeinen Beurkundungspflicht kann diese Formerleichterung jedoch nicht auf andere Geschäftsbesorgungsverträge zwischen Gemeinden und Sanierungsträgern außerhalb eines förmlichen Sanierungsgebiets angewandt werden, mag die tatsächliche Ausgestaltung der Vertragsbeziehungen auch ähnlich sein.

Im förmlich festgelegten Sanierungsgebiet besteht eine **Genehmigungspflicht** für die **75** in § 144 BauGB genannten Vorhaben und Rechtsvorgänge. Insbesondere bedürfen sowohl der Grundstückskaufvertrag als auch die Auflassung der schriftlichen Genehmigung der Gemeinde (§ 144 Abs 2 Nr 3 und Nr 1 BauGB). Nach § 145 Abs 2 BauGB darf aber die Genehmigung nur versagt werden, wenn Grund zur Annahme besteht, dass der Rechtsvorgang die *Durchführung der Sanierung* unmöglich machen oder *wesentlich erschweren* oder den Zielen und Zwecken der Sanierung zuwiderlaufen würde. Dabei liegt nach § 153 Abs 2 BauGB bei der rechtsgeschäftlichen Veräußerung eines Grundstücks eine wesentliche Erschwerung der Sanierung auch dann vor, wenn der vereinbarte Kaufpreis über dem nach § 153 Abs 1 BauGB zu ermittelnden Verkehrswert ohne sanierungsbedingte Werterhöhung liegt. Es erfolgt also eine **Preisprüfung** (s dazu Gutachten DNotI-Report 1997, 144). Dadurch soll verhindert werden, dass durch überhöhte Grundstückspreise die Preisstabilität im Sanierungsgebiet beeinträchtigt wird. Die Vorwegnahme der sanierungsbedingten Bodenwerterhöhung bei der Kaufpreisbemessung würde bedeuten, dass sich der Veräußerer der Abschöpfung sanierungsbedingter Werterhöhungen durch Verlangen eines entsprechend hohen Kaufpreises entzieht. Zum anderen würde der Erwerber doppelt belastet, wenn er die sanierungsbedingte Bodenwerterhöhung zunächst als Teil des Kaufpreises an den Verkäufer entrichtete und dann nochmals von der Gemeinde mit einem Ausgleichsbetrag nach § 154 Abs 1 BauGB für die durch die Sanierung bedingte Erhöhung des Bodenwertes herangezogen werden würde (BATTIS/KRAUTZ-BERGER/LÖHR § 153 BauGB Rn 11; SCHRÖDTER/KÖHLER § 153 BauGB Rn 25; DNotI Gutachten aaO). Bei bebauten Grundstücken bezieht sich die Preisprüfung auf den für das Grundstück, einschließlich einer vorhandenen Bebauung, vereinbarten Gegenwert und beschränkt sich nicht allein auf den Grund und Boden.

76 Die sanierungsbedingten Bodenwertsteigerungen werden nach §§ 154 ff. BauGB durch einen **Ausgleichsbetrag** abgeschöpft. Dadurch soll verhindert werden, dass dem einzelnen Grundstückseigentümer Vorteile aus der von der Gemeinde durchgeführten Sanierung des Gebietes erwachsen. Der Ausgleichsbetrag ist nach § 154 Abs 3 S 1 BauGB nach Abschluss der Sanierung (§§ 162 und 163 BauGB) zu entrichten. Er ruht aber – anders als der Erschließungsbeitrag – *nicht* als *öffentliche Last* auf dem Grundstück (§ 154 Abs 4 S 3 BauGB). Wie der Erschließungsbeitrag kann aber auch der Ausgleichsbetrag vor Abschluss der Sanierung durch entsprechende Vereinbarung **abgelöst** werden (§ 154 Abs 3 S 2 BauGB). Ebenfalls abweichend vom Recht der Erschließungsbeiträge ist hierfür jedoch nicht Voraussetzung, dass die Gemeinde zuvor besondere *Bestimmungen über die Ablösung* getroffen hat. Im Übrigen aber sind die Grundsätze der Ablösung von Erschließungsbeiträgen auch hier sinngemäß anzuwenden (BATTIS/KRAUTZBERGER/LÖHR § 154 BauGB Rn 16). Zur Frage, ob eine Preisprüfung auch nach Ablösung des Ausgleichsbetrags stattfindet und zur zweckmäßigen Ausgestaltung eines Grundstückskaufvertrags im Sanierungsgebiet s Gutachten DNotI-Report 2003, 147.

77 Die Durchführung der Sanierungsmaßnahme kann im förmlich festgelegten Sanierungsgebiet im sog *besonderen Verfahren* erfolgen, dann finden die §§ 152–156a BauGB Anwendung. Es kann aber auch das *vereinfachte Verfahren* gewählt werden, in dem diese Bestimmungen nicht gelten. Wählt die Gemeinde das vereinfachte Verfahren, so kann sie die sonst nach § 144 BauGB geltende **Verfügungs- und Veränderungssperre** insgesamt **ausschließen**, sie kann aber auch nur die Verfügungssperre des § 144 Abs 2 BauGB ausschließen (in beiden Fällen unterbleibt die Eintragung des auch hier nur deklaratorisch wirkenden *Sanierungsvermerks* nach § 143 Abs 4 BauGB) oder umgekehrt die Genehmigungspflicht für Verfügungen beibehalten und für die Maßnahmen nach § 144 Abs 1 (Veränderungssperre, Teilung, Genehmigungspflicht für langfristige Nutzungsverträge) ausschließen (§ 142 Abs 4 BauGB). Auch innerhalb des förmlich festgelegten Sanierungsgebiets kann eine *Umlegung* durchgeführt werden, um auf anderem Wege als durch eine Enteignung eine Neuordnung der Grundstücke zu erreichen. Die Genehmigungspflicht nach § 51 BauGB ist hier nur dann notwendig, wenn eine solche nach § 144 BauGB im vereinfachten Verfahren, bei der Wahl der entsprechenden Ausgestaltung, ausgeschlossen wäre. Auch bei einer städtebaulichen Sanierungsmaßnahme besteht auf Grund des durch das EAG Bau neu gefassten § 145 Abs 6 S 1 BauGB durch die Verweisung auf § 22 Abs 6 BauGB eine **Grundbuchsperre** (vgl dazu bereits zur Umlegung Rn 46). Allerdings kann nach § 144 Abs 6 S 2 BauGB hier die Gemeinde auf Antrag wenigstens ein Negativzeugnis über die Genehmigungsfreiheit oder eine Bescheinigung erteilen, dass die Genehmigung allgemein nach § 144 Abs 4 BauGB erteilt ist.

b)   Die städtebauliche Entwicklungsmaßnahme

Die städtebauliche Entwicklungsmaßnahme nach den §§ 165 ff BauGB (neu einge- **78**
führt dort durch das Investitionserleichterungs- und Wohnbaulandgesetz vom
22. 4. 1993) ist ein neuer Typ einer städtebaulichen Entwicklungsmaßnahme (Überblick etwa bei Grziwotz, Baulanderschließung 407 ff; Heinzmann BWNotZ 2000, 25). Durch die
Entwicklungsmaßnahme erhält ein Gebiet weitgehend neue Bausubstanz, eine neue
Infrastruktur – v a eine neue Erschließung und neue öffentliche Einrichtungen –,
neue Eigentumsverhältnisse und neue Nutzungen auf den einzelnen Grundstücken.
Sie bietet zudem die Möglichkeit der *Abschöpfung* planungsbedingter *Wertsteigerungen*, wobei diese Gewinne aber wiederum ausschließlich der Finanzierung der
Entwicklungsmaßnahme zur Verfügung gestellt werden müssen. Gegenstand des
Verfahrens muss nicht ein städtebauliches Gesamtvorhaben sein, sondern es können
auch nur einzelne Ortsteile oder Teile des Gemeindegebiets neu entwickelt werden.
Eine besondere Bedeutung für die örtliche städtebauliche Entwicklung und Ordnung reicht dabei aus. Das *Entwicklungsgebiet* wird ebenfalls wieder *satzungsmäßig
festgelegt* (§ 165 Abs 6 BauGB). Das Instrumentarium der Entwicklungsmaßnahme
entspricht dann im Wesentlichen dem Sanierungsrecht (Grziwotz, Baulanderschließung
413; Heinzmann BWNotZ 2000, 25, 28 ff).

Als **rechtliche Folgen** der Festlegung des Entwicklungsgebiets seien hervorgehoben: **79**

– das Entstehen eines *besonderen Vorkaufsrechts* nach § 24 Abs 1 Nr 3 BauGB;

– die Begründung eines *Genehmigungsvorbehalts* nach § 169 Abs 1 Nr 3 iVm §§ 144,
  145 BauGB, insbes für Veräußerung von Grundbesitz (dabei findet eine Preiskontrolle statt, §§ 153 Abs 2, 169 Abs 1 Nr 6 BauGB). Diese Genehmigungsvorschriften können hier nicht eingeschränkt werden (Battis/Kreutzberger/Löhr § 169
  Rn 2);

– dadurch entsteht eine *Grundbuchsperre* (§ 169 Abs 1 Nr 3 iVm § 145 Abs 6
  BauGB idF des EAG Bau; zutr Dümig Rpfleger 2004, 461, 463);

– *Nichtberücksichtigung* maßnahmebedingter *Wertsteigerungen* (§ 169 Abs 1 Nr 7,
  § 169 Abs 8 BauGB);

– *Enteignungsmöglichkeit* zugunsten der Gemeinde zur Erfüllung ihrer (städtebaulichen) Aufgaben auch ohne Bebauungsplan (§ 169 Abs 3 BGB) und auch sonst
  erleichtert gegenüber der allgemeinen städtebaulichen Enteignung (§ 85 BauGB);
  dies ist verfassungsrechtlich, insbesondere im Hinblick auf Art 14 Abs 3 S 1 und 2
  GG, unbedenklich (BVerwG NJW 1999, 2202);

– *Pflicht* der Gemeinde *zum Erwerb* grundsätzlich aller Grundstücke im Entwicklungsgebiet, § 166 Abs 3 BauGB, mit einer höhenmäßigen Begrenzung des Kaufpreises nach § 153 Abs 1, 3 iVm § 169 Abs 1 Nr 6 BauGB, einem korrespondierenden Übernahmerecht des Eigentümers nach § 168 BauGB, aber auch mit
  einem Abwendungsrecht des Eigentümers nach § 166 Abs 3 S 3 Nr 2 BauGB (dazu
  Lemmen, Bauland durch städtebauliche Entwicklungsmaßnahmen [1993] S 90).

c) **Städtebaulicher Vertrag**

80 Nach § 11 BauGB (früher § 6 BauGB-MaßnG) kann die Gemeinde städtebauliche
Verträge schließen, besonders zur Vorbereitung oder Durchführung städtebaulicher
Maßnahmen, einschließlich der Neuordnung der Grundstücksverhältnisse und der
Bodensanierung. Die Aufzählung in § 11 Abs 1 S 2 BauGB ist nicht abschließend
(„*insbesondere*"). Trotz des geänderten Wortlauts war keine grundsätzliche sachliche
Neuregelung bezweckt (BT-Drucks 13/6392, 50), jedoch werden jetzt naturschutzrechtliche Ausgleichsmaßnahmen als Vertragsgegenstand ausdrücklich erwähnt. Die **Fol-
gekostenverträge** (dazu MANSTEIN MittRhNotK 1995, 18 ff) sind ausdrücklich in § 11 Abs 1
S 2 Nr 3 BauGB genannt. Ein städtebaulicher Vertrag kann je nach den Umständen
des Einzelfalls sowohl **zivilrechtlicher** wie auch **öffentlich-rechtlicher Natur** sein (hM,
vgl etwa ERNST/ZINKAHN/BIELENBERG/KRAUTZBERGER § 11 BauGB Rn 186; **aA** BROHM JZ 2000,
321: angesichts des neu geschaffenen § 11 BauGB spreche vieles für öffentlich-rechtlichen Charakter),
wobei für die Einordnung als **öffentlich-rechtlicher oder privatrechtlicher Vertrag** der
Vertragsgegenstand maßgebend ist (GemS-OGB, BGHZ 97, 312, 314; BGH DNotZ 2003,
341, 342 = ZfIR 2003, 205; BONK, in: STELKENS/BONK/SACHS, VwVfG [6. Aufl] § 54 Rn 77; PALANDT/
HEINRICHS Überbl 38 vor § 311; GRZIWOTZ NJW 1997, 237; ders, in: KOEBELE, Rechtshandbuch
Immobilien IX Rn 39 ff; bei Teilbarkeit der Vertragsabreden ist auch die getrennte Annahme von
öffentlich-rechtlichen und privatrechtlichen Beziehungen möglich). Nach § 11 Abs 3 BauGB
bedürfen solche Vereinbarungen grundsätzlich der Schriftform, soweit nicht durch
andere Vorschriften eine andere **Form** vorgeschrieben ist. Dies bedeutet, dass die
Beurkundungspflicht des § 311b Abs 1 S 1 BGB hier bei Verträgen mit Grundstücks-
bezug uneingeschränkt gilt, und zwar auch dann, wenn es sich um einen öffentlich-
rechtlichen Vertrag handelt (BGHZ 58, 394; BVerwG DVBl 1985, 297; 1996, 1057, 1060;
STAUDINGER/WUFKA [2001] § 313 Rn 72 mwN; STAUDINGER/HERTEL [2004] Vorbem 119 zu
§§ 127a, 128 [BeurkG]; BIRK, Städtebauliche Verträge [12. Aufl 2002] Rn 131; ERNST/ZINKAHN/
BIELENBERG/KRAUTZBERGER § 11 BauGB Rn 26; zum *Erschließungsvertrag* BVerwGE 70, 247, 254 f
= NVwZ 1985, 346; BVerwGE 101, 12 = MittBayNot 1996, 387 m Anm GRZIWOTZ; BATTIS/KRAUTZ-
BERGER/LÖHR § 124 BauGB Rn 15). Die Beurkundungspflicht erfasst regelmäßig den
gesamten Erschließungsvertrag, da dieser regelmäßig von der Gemeinde nur abge-
schlossen wird, wenn diese auch den benötigten Grundbesitz erhält (GRZIWOTZ, in:
KOEBELE IX Rn 70 f).

81 Die **inhaltlichen Anforderungen** an städtebauliche Verträge sind nun in § 11 Abs 2
BauGB geregelt. Danach müssen insbes die vereinbarten Leistungen den gesamten
Umständen nach **angemessen sein** (§ 11 Abs 2 S 1 BauGB). Dies gilt für alle städtebaulichen Verträge unabhängig davon, ob sie als privatrechtlich oder als öffentlich-
rechtlich zu qualifizieren sind (SCHRÖDTER/QUAAS § 11 BauGB Rn 8; GRZIWOTZ DVBl 1994,
1048, 1050; BROHM JZ 2000, 321, 331; vgl auch KRAUTZBERGER, in: ERNST/ZINKAHN/BIELENBERG
§ 11 BauGB Rn 170; BATTIS/KRAUTZBERGER/LÖHR § 11 BauGB Rn 21 iVm Rn 1). Daneben stellt
sich die Frage, ob auch die zivilrechtlichen Bestimmungen über die **Inhaltskontrolle
von Allgemeinen Geschäftsbedingungen** gelten, weil idR die Vertragsbestimmungen
für eine Vielzahl von Verträgen vorformuliert und verwendet werden, insbes beim
Verkauf von gemeindlichen Grundstücken im Rahmen sog „*Einheimischenmodelle*".
Hierzu entschied der BGH zur *früheren Rechtslage*, dass § 11 Abs 2 S 1 BauGB für
städtebauliche Verträge eine erschöpfende Regelung enthalte, neben der die ver-
braucherschützenden Vorschriften des Rechts der Allgemeinen Geschäftsbedingungen, insbes die Inhaltskontrolle nach den früheren §§ 9 bis 11 AGBGB, zumindest
dann keine Anwendung finden, wenn der Vertragsabschluss **vor Ablauf der Umset-**

zungsfrist der EG-Richtlinie vom 5. 4. 1993 über missbräuchliche Klauseln in Verbraucherverträgen am **31. 12. 1994** erfolgte, auch wenn es sich um Vereinbarungen in der Form Allgemeiner Geschäftsbedingungen handelte (BGH NJW 2003, 888 = DNotZ 2003, 341, 343 ff = ZfIR 2003, 205; BATTIS/KRAUTZBERGER/LÖHR § 11 BauGB Rn 14; GRZIWOTZ NJW 1997, 237; BROHM JZ 2000, 321, 331; KAHL DÖV 2000, 793, 795; KAHL/RÖDER JuS 2001, 24, 27; **aA** OLG Karlsruhe NJW-RR 1992, 18; OLG München MittBayNot 1994, 541; OLG Koblenz MDR 1995, 1110; DNotI-Report 1998, 25; OLG Hamm NJW 1996, 2104; OLG Celle DNotI-Report 1999, 70; OLGR 1999, 113; OLG Oldenburg OLGR 2001, 34; LG Ravensburg BWNotZ 1998, 44; LG Karlsruhe DNotZ 1998, 483 m abl Anm BUSSE; LG Traunstein NotBZ 1998, 198; MittRhNotK 1998, 420; NJW-RR 1999, 891; SCHLICHTER/STICH, Berliner Schwerpunkte-Kommentar zum BauGB, § 11 Rn 21; ALBRECHT DNotZ 1996, 546, 547; GASSNER BayVBl 1997, 538; RASTÄTTER DNotZ 2000, 17, 24; HOFSTETTER BWNotZ 2000, 5, 6; offen gelassen von VGH München NVwZ 1999, 1008, 1010).

Für Vertragsabschlüsse **danach** ist aber im Hinblick auf eine **Inhaltskontrolle** nach **82** den gesetzlichen Regelung über die Allgemeinen Geschäftsbedingung (nunmehr §§ 305 ff BGB) zu beachten, dass in Folge der genannten EG-Richtlinie der Zweck des Rechts der Allgemeinen Geschäftsbedingung um den Verbraucherschutz erweitert wurde (vgl HEINRICHS NJW 1996, 2190, 2194). Es gilt nunmehr ein weiter Unternehmerbegriff (§ 14 BGB), so dass auch **juristische Personen des öffentlichen Rechts** hierunter fallen können (vgl etwa STAUDINGER/HABERMANN [2004] § 14 Rn 52; MünchKomm/ MICKLITZ § 14 Rn 7; BAMBERGER/ROTH/SCHMIDT-RÄNTSCH § 14 Rn 3; vgl auch ULMER in ULMER/ BRANDNER/HENSEN § 24a Rn 18; WOLF, in: WOLF/HORN/LINDACHER, AGB-Gesetz[4] Art 2 RiLi Rn 12). Daher wurde die Auffassung vertreten, dass das Recht der Allgemeinen Geschäftsbedingungen auch für – zumindest *privatrechtliche* – städtebauliche Verträge Geltung beansprucht (vgl GRZIWOTZ BauR 2001, 1839, 1841; ders NVwZ 2002, 391, 394; dem zuneigend BGH aaO). Die Unterscheidung zwischen öffentlichem und privatem Recht entspricht der auch sonst im Rahmen der Auslegung des § 14 BGB vertretenen These, dass juristische Personen des öffentlichen Rechts nur dann als Unternehmer zu qualifizieren sind, wenn sie „planvoll" am Markt als Anbieter tätig werden und die **Leistungsbeziehungen privatrechtlich** und nicht öffentlich-rechtlich **ausgestaltet** sind (so etwa SOERGEL/PFEIFFER § 14 Rn 18; ähnlich auch BAMBERGER/ROTH/ SCHMIDT-RÄNTSCH § 14 Rn 7, der auf das „privatrechtliche Handeln" abstellt; darauf, ob die Leistungsbeziehung ausschließlich öffentlich-rechtlich organisiert ist stellten ab: PALANDT/HEINRICHS § 14 Rn 2; AnwKommBGB/RING, Schuldrecht [2002] § 14 Rn 26).

Dies würde jedoch wieder zu der im Einzelfall uU sehr strittigen Frage führen, wann ein derartiger Vertrag als privatrechtlich anzusehen ist. Jedoch kann es auf diese Differenzierung entsprechend dem *umfassenden Schutzzweck des Verbraucherrechts* nicht ankommen: Entscheidend für die Frage, ob ein Verbrauchervertrag iS § 310 Abs 3 BGB mit der dadurch eröffneten umfassenden Inhaltskontrolle vorliegt, ist allein, ob die öffentliche Hand bei Abschluss des Rechtsgeschäfts in Ausübung einer gewerblichen oder selbstständigen beruflichen Tätigkeit handelt (§ 14 Abs 1 BGB). Dabei bildet die **Entgeltlichkeit** der Tätigkeit den entscheidenden Anknüpfungspunkt für die Frage, ob eine Verbrauchervertrag zu bejahen ist (MünchKomm/MICKLITZ § 14 Rn 17; ebenso STAUDINGER/HABERMANN [2004] § 14 Rn 34 ff; ERMAN/SAENGER[11] § 14 Rn 12; BAUER/KOCK DB 2002, 42, 43). Daher führt der weite Unternehmerbegriff dazu, dass auch öffentliche und gemeinnützige Unternehmen, die ihre Leistungen für den Bürger entgeltlich anbieten, unabhängig von einer Gewinnerzielungsabsicht unter diesen Unternehmerbegriff fallen und gewerblich iS dieser Bestimmung tätig werden, wenn nicht ausnahmsweise eine abweichende Sondervorschrift eingreift (Münch-Komm/MICKLITZ § 14 Rn 19 [auf Grund „gemeinschaftskonformer Auslegung"]; für Bejahung der Unternehmereigenschaft beim gemeindlichen Bauplatzverkauf im Rahmen der „Einheimischenmodelle" wohl auch STAUDINGER/HABERMANN [2004] § 14 Rn 34, im Übrigen in Rn 48 ff offen lassend; ähnlich wie hier wohl auch PALANDT/HEINRICHS § 14 Rn 2 mit Einschränkung bei ausschließlich öffentlich-rechtlicher Organisation der Leistungsbeziehung). Dies muss im Hinblick auf den weitreichenden Schutzzweck der Verbraucherschutznormen der §§ 305 ff BGB auch dann gelten, wenn der **Vertrag** im Einzelfall als **öffentlich-rechtlicher** einzuordnen wäre, denn anderenfalls droht eine „Flucht" in das öffentliche Recht zu Lasten des Verbraucherschutzes (iE ebenso unter Betonung des Schutzzwecks ERMAN/SAENGER § 14 Rn 6; GRZIWOTZ, in: KOEBELE, Rechtshandbuch Immobilien IX Rn 66 a; **aA** etwa KNACK/HENNEKE, VwVfG [8. Aufl 2004] § 62 Rn 23, weil die §§ 305 ff wegen der anders gelagerten Interessenlage auf den öffentlich-rechtlichen Vertrag nicht anwendbar seien). Und eine solch am Schutzzweck orientierte, extensive Auslegung des Unternehmerbegriffs ist bei der verfahrensrechtlichen Verbraucherschutzvorschrift des § 17 Abs 2a BeurkG heute ganz hM (dazu etwa SOERGEL/J MAYER § 17 BeurkG Rn 39; SORGE DNotZ 2002, 593, 599; abweichend aber RIEGER MittBayNot 2002, 325, 327).

83 Da diese Form **verwaltungskonsensualen Handelns** durch vertragliche Vereinbarung mit dem Bürger immer mehr an Bedeutung gewinnt (GRZIWOTZ, Baulanderschließung 157 ff mit Mustern), stellt sich in der Praxis immer mehr der **Zielkonflikt** nach einer sachgerechten Sicherung der verfolgten städtebaulichen Zwecke einerseits und den Grenzen der vertraglichen Ausgestaltungsmöglichkeiten (s Rn 81 f) andererseits. Dies gilt namentlich bei der Vergabe gemeindlicher Bauplätze zu günstigen Konditionen an bauwillige Bürger mit geringerem Einkommen im Rahmen eines sog „*Einheimischenmodells*" (dazu JAHN BayVBl 1991, 33; GRZIWOTZ, Baulanderschließung 198 ff; und eingehend JACHMANN MittBayNot 1994, 93), was letztlich eine idR rechtlich mögliche Subvention darstellt (zu diesbezüglichen europarechtlichen Vorgaben s Art 119 Rn 52). Die Zulässigkeit eines Bauzwangs, dessen Einhaltung durch ein Wiederkaufsrecht gesichert wird, wird hier teilweise in Zweifel gezogen (vgl etwa die weitgehende Entscheidung des OLG Hamm NJW 1996, 2104 = DNotZ 1996, 541 m Anm ALBRECHT; krit hierzu etwa GRZIWOTZ NJW 1997, 237; ders DNotZ 1997, 928), während ein Wiederkaufsrecht mit Zustimmungserfordernis bei Weiterverkauf für die Dauer von 20 Jahren grundsätzlich zulässig sein soll (VGH München NVwZ 1999, 1008, 1011; OLG München GuG 1999, 125 f; BATTIS/KRAUTZBERGER/LÖHR § 11 BauGB Rn 21; anders, wenn Ausübung im Einzelfall grob unbillig ist, OLG München NVwZ 1999, 1025 f). Im Hinblick auf die nunmehr gegebene Anwendung der strengen Verbrauchschutzvorschriften der §§ 305 ff BGB (s Rn 81 f), die – anders als der „Angemessenheitsmaßstab" des § 11 Abs 2 S 1 BauGB – keine weitreichende Kompensation der einschneidenden Eingriffe bei dem Privaten durch legitime öffentliche Interessen zulassen – wird die Entwicklung wohl dahin gehen, dass allenfalls eine Abschöpfung des bei ihm eingetretenen ungerechtfertigten Vermögensvorteils zulässig ist, aber keine langfristige Einschränkung seiner Verfügungsfreiheit.

d) Vorhaben- und Erschließungsplan

84 Der zunächst in § 7 BauGB-MaßnG bundesweit eingeführte **Vorhaben- und Erschließungsplan** (dazu etwa GRZIWOTZ MittBayNot 1996, 412) wurde nunmehr aufgrund der Gesetzesänderung vom 18. 8. 1997 in das BauGB übernommen (§ 12) und ist jetzt als sog „vorhabenbezogener Bebauungsplan" ausgestaltet (dazu etwa FINKELNBURG NJW

1998, 1, 4). Er hat bereits in den letzten Jahren zunehmend an Bedeutung gewonnen. Er besteht aus drei Teilen: dem Vorhaben- und Erschließungsplan des Investors, der gemeindlichen Satzung, jetzt als Bebauungsplan mit zwingend vorgeschriebener vorgezogener Bürgerbeteiligung, und dem zwischen der Gemeinde und dem Vorhabensträger abzuschließenden **Durchführungsvertrag**, der bereits vor dem Beschluss über den Bebauungsplan nach § 10 Abs 1 BauGB abgeschlossen sein muss (§ 12 Abs 1 S 2 BauGB), und durch den sich der Vorhabensträger zur Durchführung der Maßnahme auf seine Kosten verpflichtet. Auch im Rahmen dieser vertraglichen Vereinbarung kann sich die Gemeinde ebenso wenig wie sonst bei der Bauleitplanung verpflichten, den Bebauungsplan entsprechend dem vorgelegten Erschließungsplan aufzustellen (§ 2 Abs 3 BauGB, für die frühere Regelung so ausdrücklich § 7 Abs 3 S 1 BauGB-MaßnG, hierzu auch WEIDEMANN/DEUTSCH NVwZ 1991, 956, 957). Der Durchführungsvertrag bedarf als öffentlich-rechtlicher Vertrag nach § 57 VwVfG mindestens der Schriftform; da er regelmäßig die Verpflichtung des Investors zur Übereignung der Erschließungsstraßen an die Gemeinde vorsieht, ist er in diesen Fällen voll beurkundungspflichtig, § 311b Abs 1 BGB (BATTIS/KRAUTZBERGER/ LÖHR § 12 BauGB Rn 15; GRZIWOTZ, Baulanderschließung 119; eingehend mit Differenzierungen hinsichtlich des Verknüpfungswillens STAUDINGER/WUFKA [2001] § 313 Rn 73). Zu Einzelheiten vgl BUSSE BayVBl 1993, 231; BUSSE/GRZIWOTZ, VEP – Der Vorhaben- und Erschließungsplan (1998); GRZIWOTZ, Baulanderschließung 113; LANGENFELD BWNotZ 1997, 73, 78; REIDT BauR 1998, 909; SCHLIEPKORTE, Der Vorhaben- und Erschließungsplan (2. Aufl 1998).

e) Besonderes Städtebaurecht: Stadtumbau und Soziale Stadt

Durch das EAG Bau wurden mit Wirkung zum 20. 7. 2004 als Teil des besonderen **85** Städtebaurechts die Verfahren des „**Stadtumbaus**" (§§ 171a–171d BauGB) und der „**Sozialen Stadt**" (§ 171e BauGB) eingeführt. Damit wird beabsichtigt, den Gemeinden die rechtlichen Grundlagen für die Durchführung von Stadtumbaumaßnahmen neben oder zusätzlich zu städtebaulichen Sanierungsmaßnahmen zu geben, wenn es des Einsatzes dieser städtebaurechtlichen Instrumente nicht oder nicht flächendeckend bedarf, und der Stadtumbau insbesondere auf Grund von konsensualen Regelungen durchgeführt werden kann (BATTIS/KRAUTZBERGER/LÖHR NJW 2004, 2553, 2558). Hierzu sieht § 171c BauGB sogar ausdrücklich die Möglichkeit eines sog **Stadtumbauvertrags** vor, der ein städtebaulicher Vertrag iS von § 11 BauGB ist. Nach § 171d BauGB kann durch städtebauliche Satzung der Rückbau und Stadtumbau vor gegenläufigen Entwicklungen gesichert werden; dadurch kommt es zu einer *Veränderungssperre* bezüglich der im § 14 Abs 1 BauGB bezeichneten Vorhaben.

4. Bodenneuordnung in den neuen Bundesländern

Neben den im ganzen Bundesgebiet möglichen Bodenneuordnungsverfahren der **86** Flurbereinigung und nach dem BauGB gibt es in den neuen Bundesländern spezialgesetzliche Regelungen zur Neuordnung der Rechtsverhältnisse an Grundstücken und Gebäuden, und zwar

– im Gesetz über die Sonderung unvermessener und überbauter Grundstücke nach der Karte (**Bodensonderungsgesetz** – BoSoG) vom 20. 12. 1993 (BGBl I 2215 = BGBl III 403-22), zuletzt geändert durch Gesetz vom 21. 8. 2002 (BGBl I 3322). Dadurch wird zum einen die Reichweite des Eigentums an sog ungetrennten Hofräumen und der Umfang unvermessener Nutzungsrechte geregelt, zum anderen die Feststellung der Rechtsverhältnisse an mit fremden Gebäuden überbauten Grundstücken (vgl BT-Drucks 12/5553, S 135 ff). Nach § 6 Abs 4 BoSoG kann die Sonderungsbehörde anordnen, dass Verfügungen über dingliche Rechte an Grundstücken und grundstücksgleichen Rechten unter ihrem Genehmigungsvorbehalt stehen. Der Zustimmungsvorbehalt ist nur wirksam, wenn er auf Ersuchen der Sonderungsbehörde in das Grundbuch eingetragen wird (zu diesem Ges s etwa Böhringer VIZ 2003, 553, 557 f; Bauer/vOefele/Cremer, GBO, E III Rn 107 ff; Spiess NJW 1998, 2553);

– im Gesetz zur Bereinigung der Rechtsverhältnisse an Verkehrsflächen und anderen öffentlich genutzten privaten Grundstücken (**Verkehrsflächenbereinigungsgesetz** – VerkFlBerG) vom 26. 10. 2001 (BGBl I 2716 = BGBl III 403-27). Dadurch erhält der öffentliche Nutzer (Fiskus, Kommune u a) ein Erwerbsrecht für privaten Grund und Boden, wenn er diesen noch heute für öffentliche Zwecke nutzt, oder eine entsprechende Dienstbarkeit. Der öffentliche Nutzer hat dabei bis zum 30. 6. 2007 die Möglichkeit, seine Rechte gegenüber dem Grundstückseigentümer geltend zu machen. Danach kann der Grundstückseigentümer unbefristet den Ankauf durch die öffentliche Hand verlangen (dazu Böhringer VIZ 2003, 553, 558; Stavorinus VIZ 2001, 349; Hirschinger NJ 2001, 570; Böhringer VIZ 2002, 193; Trimbach/ Matthiessen VIZ 2002, 1; Purps ZfIR 2001, 593);

– in der Verordnung über die grundbuchmäßige Behandlung von Anteilen an ungetrennten Hofräumen (**Hofraumverordnung** – HofV) vom 24. 9. 1993 (BGBl I 1658 = BGBl III 315-11-11. Dazu Böhringer VIZ 2003, 553, 558);

– das **Landwirtschaftsanpassungsgesetz** (s dazu Rn 145).

87 Ein „dingliches" Nutzungsrecht an volkseigenen Grundstücken und das daraus folgende selbständige Gebäudeeigentum im Gebiet der ehemaligen DDR kann durch eine **Sachenrechtsbereinigung** nach Art 1 **SachenRÄndG** über die Ankaufs- oder Erbbaurechtslösung in eine dauerhafte Rechtsform überführt werden (§ 9 I Nrn 1 und 3, § 15 SachenRBerG; dazu etwa Böhringer DtZ 1996, 290; Schnabel DtZ 1995, 258 [zu den „Datschen"]; zum Ankaufsrecht etwa Vossius DtZ 1995, 154).

IV. Eigentlicher, noch bestehender Anwendungsbereich des Vorbehalts in Art 113 EGBGB

1. Verbliebene Bedeutung

88 Neben diesem Bundesrecht zur ländlichen und städtebaulichen Bodenordnung hat der Vorbehalt des Art 113 EGBGB im Wesentlichen nur noch für die *Gemeinheitsteilung*, für die *Regulierung von Belastungen* und für etwa noch *verbliebene gutsherrlich-bäuerliche Verhältnisse Bedeutung*. Darüber, dass auch insoweit im Rahmen eines Flurbereinigungsverfahrens Bundesrecht zur Anwendung kommen kann, vgl Rn 37. Der ehemals geltende weitere Anwendungsbereich ist jedoch noch insofern zu beachten, als in ihm früher getroffene Rechtsgestaltungen fortwirken können und Art 113 EGBGB ausdrücklich auch zur Regelung von Rechtsverhältnissen ermächtigt, die aus solchen früheren Verfahren herrühren.

In dem verbliebenen Anwendungsbereich hat Art 113 EGBGB immer noch den **89** Charakter eines **allgemeinen Vorbehalts** (zum Begriff im allgemeinen s STAUDINGER/MERTEN Vorbem 26 zu Art 55–152 EGBGB); dh, der Gesetzgeber ist zur umfassenden Regelung der Rechtsverhältnisse in dem vom Vorbehalt noch erfassten Gebiet berechtigt (PLANCK Anm 4; vgl auch S 2 des Art 113 EGBGB; aA STAUDINGER/MERTEN Vorbem 29 zu Art 55–152 EGBGB für Art 113). Dies gilt insbes hinsichtlich der *Regulierung der Wege* als einen der wichtigsten Anwendungsfälle (KLUCKHUHN, Das Recht der Wirtschaftswege und sonstiger Zweckgrundstücke sowie das Gesetz vom 2.4.1887 [1904] § 33). Soweit auf Grund des Art 113 EGBGB altrechtliche Personenzusammenschlüsse in Folge der Gemeinheitsteilungssachen entstanden waren, inbes sog Interessentenschaften (s Rn 91 ff), bestanden diese auch im Bereich der früheren **DDR** fort, und zwar auch für die Zeit nach dem In-Kraft-Treten des DDR-ZGB. Dies ergibt sich aus § 2 Abs 2 S 2 DDR-EGZGB, auch wenn Art 113 EGBGB durch § 15 Abs 2 I Nr 2 EGZGB am 1.1.1976 außer Kraft trat (vgl BÖHRINGER NJ 2000, 120, 121).

2. Einzelne Gegenstände des Vorbehalts

a) „Zusammenlegung von Grundstücken"

Darunter erfasste der Vorbehalt die bei seinem Inkrafttreten und später in den **90** Landesgesetzen als „Separation", „Konsolidation", „Verkoppelung", „Feld-" oder „Flurbereinigung", „Umlegung", „Grenztausch" usw geregelten Verfahren, die auf eine bessere Bewirtschaftung oder Erschließung von Grundstücken durch Grenzänderung, Verlegung oder völlige Neuaufteilung abzielten, und zwar in gleicher Weise für landwirtschaftlich genutzten wie städtischen Grundbesitz (vgl Prot VI 581 und 743). Mit der Aufhebung dieser Gesetze im ländlichen Bereich zunächst durch die Reichsumlegungsordnung, jetzt durch das *Flurbereinigungsgesetz* bzw im städtebaulichen Bereich durch das BauGB (hierüber oben Rn 8 ff), hat dieser Teil des Vorbehalts keine aktuelle Geltung mehr. Doch sind die auf Grund dieses Vorbehalts ehemals geltenden Gesetze noch für die unter Rn 97 behandelten Gegenstände von Bedeutung.

b) „Gemeinheitsteilung"

Unter Gemeinheitsteilung ist die Teilung von bisher gemeinschaftlich genutzten **91** Grundstücken, namentlich Forst- und Weidegrundstücken, zu verstehen. Für die Anwendbarkeit des Vorbehalts unter diesem Begriff ist auf Grund einer *funktionalen Interpretation* die **gemeinschaftliche Nutzung** und das Ziel der Aufteilung **maßgeblich**, nicht wie die Eigentumsverhältnisse bis zur Aufteilung gestaltet sind. Das Eigentum an der aufzuteilenden Fläche kann mehreren Berechtigten gemeinschaftlich oder einem besonderen Rechtsträger, verbunden mit Nutzungsrechten einer Gemeinschaft, zustehen. Es kommen etwa Grundstücke im Eigentum der politischen Gemeinde, einer sog *Realgemeinde* (s auch Art 164 EGBGB mit Erl dort), einer *altrechtlichen Genossenschaft*, einer durch die Nutzungsberechtigten nach dem Landesrecht gebildeten *öffentlich-rechtlichen Körperschaft*, aber auch Grundstücke im sog **Interessenteneigentum** (s auch Rn 93, 97) oder im *Bruchteilseigentum* der Berechtigten in Frage. Der Vorbehalt gilt sogar dann, wenn das Nutzungsrecht als Servitut am Grundstück eines anderen besteht und es statt zu dessen Ablösung zu einer Aufteilung des Grundstücks unter Einbeziehung der Nutzungsberechtigten kommt (**aA** MünchKomm/PAPIER Rn 2 in Fn 6, aber offenbar wiederum einschränkend, wonach die Gemeinheitsteilungsordnungen mitunter die Ablösung von Dienstbarkeiten regeln). Die nach der Gemeinheitsteilung oder Ablösung von Reallasten eintretende endgültige Neuregelung wurde in einem sog *„Rezess"* niedergelegt, wobei dieser nach seinem Vollzug nach *preußischem Recht* die Wirkung einer gerichtlich bestätigten Urkunde hatte, und heute in *Nordrhein-Westfalen* nach § 2 S 1 des G über die durch ein Auseinandersetzungsverfahren begründeten gemeinschaftlichen Angelegenheiten (dazu Rn 141) sogar die Wirkung einer Gemeindesatzung. Die *„Zweckgrundstücke"*, die weiterhin von einer Mehrheit von Eigentümern benutzt werden sollten, wie etwa die Wege, Gräben, teilweise aber auch Lehm- und Sandgruben, wurden aber von dieser Aufteilung an einzelne Eigentümer ausgenommen und blieben Gemeinschaftsgrundstücke (s BÖHRINGER NJ 2000, 120, 121).

Über die *Einbeziehung* einer Gemeinheitsteilung in diesem Sinne in das *Flurbereinigungsverfahren* s oben Rn 37.

c) „Regulierung der Wege"

92 Die Regulierung, dh Neuanlegung oder Änderung von Wegen, verbunden mit den notwendigen Veränderungen des Grundeigentums und der Rechte daran, ist schon in den Gegenständen „Zusammenlegung von Grundstücken" und „Gemeinheitsteilung" mitenthalten. Die ausdrückliche Nennung dient nur zur redaktionellen Verdeutlichung (Prot VI 373); der Artikel enthält *nicht* etwa einen *allgemeinen Vorbehalt* für das gesamte Wegerecht (übereinstimmend PLANCK Anm 2c; vgl RGZ 53, 384).

93 Entsprechend dem Zusammenhang mit den Gegenständen „Zusammenlegung von Grundstücken" und „Gemeinheitsteilung" kommt ein Landesrecht über die Bildung von Wegen auf Grund dieses Vorbehalts *nur noch bei Gemeinheitsteilungen* in Betracht. Ohne Zusammenhang mit einem solchen Verfahren gehören Grundstücksveränderungen zur Bildung von Wegen zur – heute bundesrechtlich geregelten – landwirtschaftlichen oder städtebaulichen Bodenordnung (vgl §§ 39 ff FlurbG, §§ 45 ff BauGB) oder zum sonstigen öffentlichen Recht (vgl zB das hessische G über die vereinfachte Bereinigung der Rechts- und Grenzverhältnisse bei Baumaßnahmen für öffentliche Straßen [GrenzbereinigungsG] vom 13. 6. 1979 [HessGVBl 108 = HessGVBl II 231–45]).

Zur Grundbucheintragung einer *„Interessentengesamtheit"* als Eigentümerin von durch Gemeinheitsteilung entstandenen Interessentenwegen s OLG Hamm RdL 1974, 73.

d) „Ordnung der gutsherrlich-bäuerlichen Verhältnisse"

94 Die gutsherrlich-bäuerlichen Verhältnisse sind jene Rechtsverhältnisse, die noch aus der *früheren ständischen Verfassung* oder aus deren Auflösung herrühren: In den früheren Jahrhunderten hatte sich die Einrichtung des *Ritterguts* oder adeligen Guts gebildet als eines Objekts, mit dem bestimmte, dem anderen Grundbesitz nicht zukommende Vorrechte verbunden waren, zB gutsherrliche Gewalt, befreiter Gerichtsstand, Ausübung der Patrimonialgerichtsbarkeit und gewisser Regalien, Recht der Fischerei, Jagd-, Forst- und Bergrecht. Den Gegensatz zu einem solchen Gut mit gutsherrlichen Rechten bildete der *bäuerliche Besitz* in seinen verschiedenen Abstufungen *(„Leibrecht", „Neustift", „Freistift", „Erbrecht")*. Diese Verhältnisse waren zum großen Teil schon durch die Gesetzgebung des 19. Jahrhunderts völlig umgestaltet worden; die weitere Gesetzgebung musste wegen der unterschiedlichen Verhältnisse in den einzelnen Ländern und wegen des Zusammenhangs mit dem sonstigen Agrarrecht der Landesgesetzgebung überlassen werden. Heute wird dem Vorbehalt nur noch ausnahmsweise Bedeutung zukommen.

e) „Ablösung, Umwandlung oder Einschränkung von Dienstbarkeiten und Reallasten"

Im Gesetz ist der Vorbehalt hinsichtlich dieses Gegenstandes *nicht deutlich* abge- **95** grenzt. Art 113 EGBGB sollte, wie die Entstehungsgeschichte ergibt (vgl Rn 1 f), nicht jedes Landesrecht über Dienstbarkeiten und Reallasten ermöglichen (Prot VI 373 ff (eingehend hierzu STAUDINGER/GRAMM[10] Rn 7). Der Vorbehalt ist vielmehr *auf den Bereich beschränkt*, der sich *aus dem Zusammenhang* mit den anderen, in Art 113 EGBGB geregelten Gegenständen einer Landeskultur im weitesten Sinne ergibt. Die Gegenauffassung, die dem Art 113 eine Regelungsbefugnis zur Veränderung aller Dienstbarkeiten und Reallasten entnimmt ist, auch aus Gründen der systematischen Interpretation abzulehnen: Art 115 hinsichtlich der Untersagung oder Beschränkung mit Reallasten und auch Art 184 sind je eindeutig „lex specialis" (**aA** ohne Begr MünchKomm/PAPIER Rn 5, uU NIEDNER Anm 1b, der von einer Ergänzung spricht; im Zusammenhang mit der städtebaulichen Bodenordnung auch bei Grundstücken in Baugebieten PLANCK Anm 2e, f).

Der Vorbehalt hat besondere Bedeutung für die *Forst- und Weiderechte.* Zur „Ab- **96** lösung" gehören auch Bestimmungen über etwaige, *infolge der Ablösung begründete Rechte*, zB über ein diesen zukommendes Vorzugsrecht und über die Verteilung des ursprünglichen Rechts oder einer Ablösungsrente im Fall der Aufteilung des belasteten Grundbesitzes. Zur „Einschränkung" gehört auch die völlige Aufhebung. Werden Maßnahmen der in diesem Teil des Vorbehalts genannten Art im Zusammenhang mit einer Flurbereinigung oder städtebaulichen Umlegung nach dem BauGB durchgeführt, gilt nicht Landesrecht, sondern die entsprechenden bundesrechtlichen Vorschriften (§§ 48, 49 FlurbG; § 61 BauBG).

f) „Die durch ein Verfahren dieser Art begründeten gemeinschaftlichen Angelegenheiten"

Unter den *„gemeinschaftlichen Angelegenheiten"* sind nach dem Sprachgebrauch der **97** älteren Agrargesetze die aus einem Grundstücksverkoppelungs-, einem Teilungs- oder einem der sonstigen unter Buchstabe a–e behandelten Verfahren der **Neuordnung** des landwirtschaftlichen Grundbesitzes hervorgegangenen *gemeinschaftlichen Anlagen und Einrichtungen* (zB ungeteilte Grundstücke, Verkehrseinrichtungen usw) und die *Verteilung* von *Rechten und Pflichten* zwischen den Interessenten zu verstehen (s dazu bereits Rn 91). „Gemeinschaftliche Angelegenheiten" sind zB die als Körperschaften des öffentlichen Rechts gebildeten **„Interessentenschaften"** oder ähnliche Verbände (dazu etwa SCHNEIDER 91 ff; BÖHRINGER NJ 2000, 121; TRÖSTER Rpfleger 1960, 85, 88): Sie können in dieser Eigenschaft **Rechtsträger** von gemeinschaftlichen Grundstücken sein und hoheitlich die Benutzung und die Unterhaltungslasten an diesen Grundstücken regeln. Diese „gemeinschaftlichen Angelegenheiten" können noch aus einem Verkoppelungs- oder ähnlichen Verfahren stammen, das seinerzeit unter dem Landesrecht durchgeführt wurde, während heute dafür nach dem Flurbereinigungsgesetz Bundesrecht anzuwenden wäre. Die Regelung eines solchen

Überrests aus dem landesrechtlichen Umlegungsrecht verblieb dem Landesgesetzgeber.

Die **Abgrenzung** zwischen einer Interessenschaft an Zweckgrundstücken und
einer Realgemeinde iS von Art 164 EGBGB war äußerst streitig (s dazu DNotI-Gutachten vom 23.5.2003, Az: te-fi M/II/3 – § 47 GBO – 41152 S 3 f). Teile der juristischen
Literatur zählten zu den Interessenschaften nur die Rechtsträger der in den
entsprechenden Rezessen (s Rn 91) ausgewiesenen Zweckgrundstücke und Einrichtungen, die in wirtschaftlichem Zusammenhang und Unterordnung zu anderen
Grundstücken stehen (MOLSEN, Die politische und die Realgemeinde in den hannoverschen
Teilungs- und Verkoppelungsrezessen und die Reiheberechtigungen in Hannover [1928] 38; KIRCH-
HOFF, Gemeindeberechtigungen im Hannoverschen von einem älteren Juristen [1900] 22). Demgegenüber stellte die Rspr darauf ab, ob die im Rezess ausgewiesenen gemeinschaftlichen Grundstücke einem Kreis von Beteiligten zustehen sollten, der durch das
Verfahren erst neu begründet wurde (dann Interessenschaft), oder ob die gemeinschaftlichen Grundstücke schon vor dem Verfahren gemeinschaftlich waren,
was zu Art 164 EGBGB führt (Pr OVG OVGE 65, 124 ff; Oberlandeskulturgericht Zeitschrift
für die Landeskulturgesetzgebung [1914] Bd 39, 324 ff; dem zust DNotI-Gutachten aaO). Hinsichtlich vieler Einzelfragen zur grundbuchmäßigen Behandlung der Interessentenschaften, insbes bezüglich der Grundbucheintragung und der heutigen Vertretungs-
regelung s BÖHRINGER NJ 2000, 120.

g)   **„Vorschriften, welche sich auf den Erwerb des Eigentums, auf die Begründung,
        Änderung und Aufhebung von anderen Rechten an Grundstücken und
        auf die Berichtigung des Grundbuchs beziehen"**

98 Selbstverständlich (arg: „Dies gilt insbesondere auch") deckt der Vorbehalt derartige Vorschriften nur, wenn sie im Zusammenhang mit einem Verfahren im Sinne
der Buchstaben **a–e** stehen (dann auch nach Buchstabe f stehen [STAUDINGER/GRAMM[10] Rn 9;
vgl oben Rn 5 f]). Der Landesgesetzgeber kann insbesondere vorsehen, dass im Zug
eines der von Art 113 EGBGB vorbehaltenen Verfahren das Grundeigentum ohne
Auflassung (sowie heute auch bundesgesetzlich bei der Flurbereinigung und Umlegung im Städtebau vorgesehen, Rn 32, 59) übergeht, dingliche Rechte an Grundstücken oder an solchen Rechten ohne die sonst nach den §§ 873–877 BGB erforderliche rechtsgeschäftliche Mitwirkung aufgehoben oder verändert werden. Die Änderung der dinglichen Rechtslage kann mit einem Verwaltungsakt der durchführen-
den Behörde verbunden werden (zur Grundbuchberichtigung vgl Rn 100).

99 3.   Eine **Ausnahme** vom Vorbehalt des Art 113 enthält **Art 116 EGBGB**: Hinsichtlich der im BGB aufgeführten *Reallasten*, nämlich der Geldrente für den Überbau
(§§ 912, 916) und für den Notweg (§ 917), sowie der mit Grunddienstbarkeiten
verbundenen Unterhaltungspflichten, auf welche nach § 1021 Abs 2, § 1022 BGB
die Vorschriften über Reallasten entsprechend Anwendung finden, verbleibt es bei
der durch das BGB getroffenen Regelung; abweichende oder ergänzende Vorschriften der Landesgesetzgebung sind ausgeschlossen.

100 4.   Der **Vorbehalt des Art 113 EGBGB** wird auf dem Gebiet des **Verfahrensrechts**
ergänzt:

a)   Für das **Grundbuchverfahren** durch die allgemeine Ermächtigung des § 136

GBO: Der Landesgesetzgeber kann die für das Grundbuchverfahren erforderlichen Vorschriften zum Vollzug der nach Art 113 landesrechtlich geregelten Vorgänge im Grundbuch erlassen (zu den Möglichkeiten im Allgemeinen vgl etwa BAUER/VOEFELE/MEINCKE § 136 GBO Rn 2 f), zB kann er die Berichtigung des Grundbuchs auf Ersuchen der mit der Durchführung eines Verfahrens im Rahmen des Art 113 EGBGB beauftragten Stelle entsprechend den durch das Verfahren bewirkten Rechtsänderungen vorsehen.

b) Für das **Zwangsversteigerungsverfahren** durch die allgemeine Ermächtigung **101** des § 2 EGZVG, der die im EGBGB zugunsten der Landesgesetzgebung gemachten Vorbehalte auf Landesgesetze über die Zwangsversteigerung und Zwangsverwaltung ausdehnt.

Eine Beschränkung enthält jedoch § 3 EGZVG in Verbindung mit § 2 Abs 2 EGZVG.

V. Gesetzesübersicht

1. Flurbereinigung

a) Bundesrecht
Flurbereinigungsgesetz vom 14.7.1953 (BGBl I 591), jetzt gültig idF der Bek vom **102** 16.3.1976 (BGBl I 546 = BGBl III 7815-1), zuletzt geändert durch G 20.12.2001 (BGBl I 3987), in Berlin übernommen durch Gesetz vom 21.7.1953 (Berl GVBl 681), im Saarland eingeführt durch § 1 Nr 19 des Saarl G vom 17.7.1958 (Saarl ABl 1171).

b) Länderausführungsgesetze zum FlurbG
aa) Baden-Württemberg
AusfG zum FlurbG vom 26.4.1954 (GBl 55), mehrfach geändert, zuletzt geändert **103** durch Artikel 95 des Gesetzes vom 1.7.2004 (GBl 469);

VO zur Durchführung des FlurbG (Flurbereinigungs-DVO) vom 12.2.1954 (GBl 56), zuletzt geändert durch Artikel 95 des Gesetzes vom 1.7.2004 (GBl 469).

bb) Bayern
AusfG zum FlurbG (AGFlurbG) idF der Bek vom 8.2.1994 (GVBl 127 = BayRS 7815-1- **104** L), zuletzt geändert durch G vom 7.8.2003 (GVBl 497);

VO über die Organisation der Bayerischen Flurbereinigungsverwaltung vom 10.11.1981 (GVBl 505);

Gemeinsame Bek über Flurbereinigung und Grundbuchverfahren vom 23.6.2003 (AllMBl 255 = GNr 7815-L).

cc) Brandenburg
AusfG zum FlurbG (AGFlurbG) idF der Bek vom 1.7.1994 (GVBl 378). **105**

dd) Bremen

106 AusfG zum FlurbG vom 22. 9. 1959 (GBl 135, 141 = SaBR 7815-a-1), zuletzt geändert durch Bek vom 22. 6. 2004 (GBl 313).

ee) Hamburg

107 G über das FlurbGericht vom 17. 9. 1954 (GVBl I 89 = HambBS 301-a);

AO zur Durchführung des FlurbG vom 14. 12. 1954 (Hamb Amtl Anz 1071), zuletzt geändert durch AO vom 15. 12. 1992 (GBl 607).

ff) Hessen

108 HessAusfG zum FlurbG vom 1. 4. 1977 (GVBl I 151 = GVBl II 81-26), geändert durch G vom 17. 12. 1982 (BGBl I 1777);

VO über die Bestimmung der oberen Flurbereinigungsbehörde, der Flurbereinigungsbehörden und deren Dienstbezirke vom 16. 1. 2001 (GVBl I 95), geändert durch VO vom 14. 10. 2003 (GVBl I 300).

gg) Mecklenburg-Vorpommern

109 AusfG (AGFlurbG) vom 17. 5. 1993 (GVBl 509);

VO über die zuständigen Behörden nach dem Flurbereinigungsgesetz (ZuständigkeitsVO Flurbereinigung) vom 9. 3. 1995 (GVBl 211 = GS GlNr 7815-1-1).

hh) Niedersachsen

110 AusfG zum FlurbG vom 20. 12. 1954 (GVBl 179 = GVBl Sb I 642), zuletzt geändert durch G vom 17. 12. 1982 (BGBl I 1777).

ii) Nordrhein-Westfalen

111 AusfG zum FlurbG vom 8. 12. 1953 (GVBl 411 = SGV NRW 7815), zuletzt geändert durch G vom 18. 5. 2004 (GVBl 248);

G über Kosten- und Abgabenfreiheit für Flurbereinigungsverfahren vom 15. 3. 1955 (GVBl 740 = SGV NW 7815) idF des RBG vom 18. 12. 1984 (GVBl 806), geändert durch G vom 18. 5. 2004 (GVBl 248).

kk) Rheinland-Pfalz

112 Ausführungsgesetz zum Flurbereinigungsgesetz (AG-FlurbG) vom 18. 5. 1978 (GVBl 271 = BS 7815-1), zuletzt geändert durch G vom 16. 10. 2003 (GVBl 293);

LandesVO über die örtliche Zuständigkeit der Kulturämter vom 11. 3. 1987 (GVBl 51 = BS 7815-1-1);

LandesVO über die Zuständigkeit der Forstbehörden nach § 85 des Flurbereinigungsgesetzes vom 19. 11. 1979 (GVBl 340 = BS 7815-1-2);

LandesVO zur Übertragung von Befugnissen nach dem Flurbereinigungsgesetz vom 20. 12. 1994 (GVBl 485 = BS 7815-2);

Landesgesetz über den Abschluss eines Staatsvertrags zwischen dem Land Rheinland-Pfalz und dem Saarland über die Errichtung eines gemeinschaftlichen Flurbereinigungsgerichts vom 7. 12. 1960 (GVBl 265 = BS Anhang I 15).

ll) Sachsen
AusfG zum Flurbereinigungsgesetz vom 15. 7. 1994 (GVBl 1429), geändert durch G **113**
vom 28. 6. 2001 (GVBl 426);

mm) Saarland
AusfG zum FlurbG vom 17. 7. 1959 (ABl 1255 = BS Saar 7815-1), zuletzt geändert durch **114**
G vom 3. 2. 1999 (ABl 838);

G Nr 731 über die Zustimmung zum … Staatsvertrag zwischen dem Land Rheinland-Pfalz und dem Saarland über die Errichtung eines gemeinschaftlichen Flurbereinigungsgerichts vom 21. 11. 1960 (ABl 956).

nn) Sachsen-Anhalt
AusfG zum FlurbG vom 13. 6. 1995 (GVBl I 175). **115**

oo) Schleswig-Holstein
AusfG zum FlurbG vom 8. 5. 1954 (GVBl 93), zuletzt geändert durch Verordnung **116**
vom 16. 9. 2003 (GVOBl 503).

pp) Thüringen
AusfG (ThürAGFlurbG) vom 30. 6. 1992 (GVBl 304). **117**

2. Umlegung im Städtebau

a) Bundesrecht
Baugesetzbuch idF der Bek vom 23. 9. 2004 (BGBl I 2414, FNA 213-1): Darin Erstes **118**
Kapitel Vierter Teil „Bodenordnung", Erster Abschnitt „Umlegung" (§§ 45–79),
Zweiter Abschnitt „Vereinfachte Umlegung" (§§ 80–84).

b) Landesausführungsbestimmungen zum BauBG, die dessen 1. Kapitel, Teil IV
   (Bodenordnung) betreffen
aa) Baden-Württemberg
Ausführungsgesetz zum Baugesetzbuch (AGBauGB) vom 12. 4. 1999 (GBl 148). **119**

bb) Bayern
VO über die Umlegungsausschüsse und das Vorverfahren in Umlegungs- und Grenz- **120**
regelungsangelegenheiten vom 18. 1. 1961 (BayGVBl 27 = BayRS 2130-1-I), zuletzt geändert durch VO vom 11. 1. 1993 (BayGVBl 3).

cc) Brandenburg
2. VO zur Durchführung des BauGB (UmlegungsausschussVO) vom 11. 10. 1994 **121**
(GVBl II 901), zuletzt geändert durch Änderungsverordnung vom 20. 9. 2001 (GVBl/01
S 572).

dd) Berlin

122 AGBauGB idF der Bek vom 7.11.1999 (GVBl 578);

VO zur Durchführung des BauGB vom 22.9.1989 (GVBl 1738), zuletzt geändert durch G vom 6.4.1993 (GVBl 140).

ee) Hamburg

123 G über die Kommission für Bodenordnung vom 29.4.1997 (GVBl 131 = SGV Hamb 2130-2), zuletzt geändert durch G vom 5.4.2004 (GVBl 197);

ff) Hessen

124 VO zur Durchführung des Baugesetzbuchs vom 21.2.1990 (GVBl 49), zuletzt geändert durch VO vom 17.12.1998 (GVBl I 562, 576).

gg) Mecklenburg-Vorpommern

125 Gesetz des Landes Mecklenburg-Vorpommern zur Ausführung des Baugesetzbuches (Baugesetzbuchausführungsgesetz – AG-BauGB M-V) vom 30.1.1998 (GVOBl M-V S 110 = Gl Nr 2130-4);

VO zur Durchführung des Enteignungsverfahrens nach dem BauGB vom 4.5.1993 (GVBl 515);

VO über die Bildung von Umlegungsausschüssen und das Vorverfahren in Umlegungs- und Grenzregelungsangelegenheiten vom 30.6.1993 (GVBl 693).

hh) Niedersachsen

126 VO zur Durchführung des Baugesetzbuchs (DVBauGB) vom 22.4.1997 (GVBl 112).

ii) Nordrhein-Westfalen

127 DurchführungsVO zum BauGB vom 7.7.1987 (GVBl 220), zuletzt geändert durch VO vom 12.11.2002 (GVBl 566).

kk) Rheinland-Pfalz

128 LandesVO über die Umlegungsausschüsse vom 26.3.1981 (GVBl 78).

ll) Saarland

129 Erste VO zur Durchführung des BBauG über die Bildung von Umlegungsausschüssen und eines Oberen Umlegungsausschusses sowie über das Verfahren in Umlegungs- und Grenzregelungsangelegenheiten vom 28.2.1961 (ABl 149 = BS Saar 2130-2), zuletzt geändert durch G vom 26.1.1994 (ABl 509).

mm) Sachsen

130 VO der sächs Staatsregierung über die Umlegungsausschüsse und das Vorverfahren bei Umlegungen und Grenzregelungen nach dem BauGB (UmlegungsausschussVO) vom 6.4.1993 (GVBl 281).

nn) Sachsen-Anhalt

131 VO über die Bodenordnung nach dem BauGB vom 31.10.1991 (GVBl 430), zuletzt geändert durch VO vom 8.9.1998 (GVBl 374).

oo) Schleswig-Holstein
Gesetz zur Ausführung des Baugesetzbuchs (Baugesetzbuch-Ausführungsgesetz – **132**
AGBauGB) vom 21. 10. 1998 (GVOBl 303).

pp) Thüringen
Thüringische UmlegungsausschussVO vom 6. 8. 1991 (GVBl 341), geändert durch VO **133**
vom 28. 9. 1995 (GVBl 316).

3. Landesrecht auf Grund des Vorbehalts in Art 113 EGBGB

a) Baden-Württemberg
aa) Einheitlich geltendes Landesrecht
§ 26 LandeswaldG idF der Bek vom 31. 8. 1995 (GBl 685), geändert durch Gesetz vom **134**
1. 7. 2004 (GBl 469): *Forstnutzungsrechte*;

bb) Landesteil Baden
G, die gemeinen Schafweiden betreffend, vom 17. 4. 1884 (BadGVBl 128), geänd durch
G vom 24. 9. 1934 (BadGVBl 299);

cc) Landesteil Württemberg
G über die Ausübung und Ablösung der Weiderechte auf landwirtschaftlichen
Grundstücken … vom 26. 3. 1873 (WürttRegBl 63, 366), zuletzt geändert durch G vom
10. 2. 1976 (GBl 99).

b) Bayern
aa) Gesetz über die Ausübung und Ablösung des *Weiderechtes* auf fremdem **135**
Grund und Boden vom 28. 5. 1852 (BayGBl 601 = BayRS 7817-1-E), zuletzt geändert
durch G vom 24. 4. 2001 (BayGVBl 140);

bb) VO über Waldgenossenschaften (WGV) vom 14. 11. 1996 (BayGVBl 454 = BayRS
2020-1-1-1-I);

cc) Gesetz über die Forstrechte (FoRG) vom 3. 4. 1958 (BayGVBl 43, ber 68 = BayRS
7902-7-E), zuletzt geändert durch G vom 24. 4. 2001 (BayGVBl 140), mit VO zur Durchführung des Gesetzes über die Forstrechte (FRGDV) vom 29. 1. 1959 (BayGVBl 103,
ber 122 und 142 = BayRS 7902-8-E), geändert durch VO vom 3. 4. 2001 (BayGVBl 177; hierzu
vgl BEICHELE/FOAG, Forstrechtegesetz, Komm [1960]; zur Zulässigkeit der zwangsweisen Ablösung
ruhender Forstrechte gegen Entschädigung nach diesem Gesetz s BVerwG, BayVBl 1986, 759);

dd) Gesetz über die Teil- und Zinswaldungen in den Forstamtsbezirken Benedikt-
beuern, Fall, Jachenau und Walchensee (TZiWG) vom 27. 11. 1964 (BayGVBl 205 =
BayRS 7902-9-E), zuletzt geändert durch G vom 10. 8. 1982 (BayGVBl 682);

ee) G über den Schutz der Almen und die Förderung der Almwirtschaft (Almgesetz) vom 28. 4. 1932 (BayRS 7817-2-E), geändert durch G vom 24. 4. 2001 (BayGVBl
140): Art 4 mit Anordnung der Schaffung einer Verwaltungs- und Nutzungsordnung.

c) Berlin

136 aa) Gesetz, betreffend die durch ein Auseinandersetzungsverfahren begründeten gemeinschaftlichen Angelegenheiten, vom 2. 4. 1887 (Pr GS 105 = BerlGVBl Sb I 7816-1);

bb) Gesetz über die Änderung der Gesetze betreffend die Ablösung von Reallasten, vom 9. 1. 1922 (Pr GS 7 = BerlGVBl Sb I 7816-2);

cc) Art 31 PrAGBGB (BerlGVBl Sb I 400-1) – Verteilung von Reallasten bei Grundstücksteilungen.

d) Bremen

137 aa) G, betr die Verwaltung und die Veräußerung der Gemeinheiten, vom 28.5.1886 (GBl 135 = SaBR 402-b-1), s hierzu VO vom 27. 6. 1942 (GBl 21 = SaBR 402-b-2);

bb) § 25 Brem AGBGB vom 18. 7. 1899 (SaBR 400-a-1).

e) Hamburg

138 G über die Bereinigung von Grundstücksgrenzen, vom 17. 9. 1954 (GVBl 87 = Hamb BS 3212-h) gehört streng genommen zur Flurbereinigung (MünchKomm/PAPIER Rn 7).

f) Hessen
aa) Einheitlich geltendes Landesrecht

139 G zur Bereinigung der Rechtsvorschriften über die Nutzungsrechte der Ortsbürger vom 19. 10. 1962 (GVBl 467 = II 331-9). Dieses Gesetz verdrängt in seinem Umfang die nachstehend aufgeführten Vorschriften, § 7. § 1 hebt weiter eine Reihe von Gesetzen ausdrücklich auf.

bb) Ehemaliges Preußen

Art 31 Pr AGBGB (HessGVBl II 230-2), aufgehoben durch § 33 Abs 1 Nr 3 AGBGB vom 18. 4. 1984 (GVBl 344);

G betr die Ablösung der Reallasten und die Regulierung der gutsherrlichen und bäuerlichen Verhältnisse, vom 2. 3. 1850 (Pr GS 77 = HessGVBl II 231-18), bezüglich § 91 Abs 2 und 3 aufgehoben durch § 33 Abs 1 Nr 6 AGBGB vom 18. 4. 1984;

Gemeinheitstheilungs-Ordnung für die Rheinprovinz usw, vom 19. 5. 1851 (Pr GS 371 = HessGVBl II 231-19) (für Wetzlar);

VO, betreffend die Ablösung der Servituten, die Theilung der Gemeinschaften und die Zusammenlegung der Grundstücke für das vormalige Kurfürstenthum Hessen, vom 13. 5. 1867 (Pr GS 716 = HessGVBl II 231-20); dazu VO vom 2. 9. 1867 (Pr GS 1463 = HessGVBl II 231-21) sowie ÄnderungsG vom 25. 7. 1876 (Pr GS 366 = HessGVBl II 231-25);

Gemeinheitsteilungs-Ordnung für den Regierungsbezirk Wiesbaden mit Ausnahme des Kreises Biedenkopf, vom 5. 4. 1869 (Pr GS 526 = HessGVBl II 231-22);

Gesetz, betreffend die Ablösung der Reallasten im Gebiet des Regierungsbezirks Wiesbaden und in den zum Regierungsbezirke Kassel gehörenden vormals Großherzoglich Hessischen Gebietstheilen, vom 15. 2. 1872 (Pr GS 165 = HessGVBl II 231-23);

§ 13 Abs 2 und 3 Satz 1 und 2 hiervon aufgehoben durch § 33 Abs 1 Nr 7 Hess-AGBGB vom 18.12. 1984; hierzu G über die Änderung der Gesetze, betreffend die Ablösung von Reallasten vom 16.6. 1876 (Pr GS 369 = HessGVBl II 231-26) und vom 9.1. 1922 (Pr GS 7 = HessGVBl II 231-28);

Gesetz, betreffend die Ablösung der Reallasten im Gebiete des Regierungsbezirks Kassel, ausschließlich der zu demselben gehörenden vormals Großherzoglich Hessischen Gebietstheile, vom 23.7. 1876 (Pr GS 357 = HessGVBl II 231-24); § 25 Abs 1 hiervon aufgehoben durch § 33 Abs 1 Nr 8 AGBGB vom 18.12. 1984;

Zweites G über die Änderung der Gesetze betreffend die Ablösung der auf Dienstbarkeiten ruhenden Berechtigungen vom 31.12. 1927 (Pr GS 293 = HessGVBl II 231-29);

ALR Teil I Titel 22 §§ 80–82 (HessGVBl II 231-17) betr die Ausübung einer Hütungsgerechtigkeit.

cc) Ehemaliges Hessen-Darmstadt
Gesetz, die Umwandlung und Ablösung von Reallasten und Dienstbarkeiten betreffend, vom 24.7. 1899 (HessRegBl 379 = HessGVBl II 231-9); VO zur Ausführung dieses Gesetzes vom 25.8. 1900 (HessRegBl 495 = HessGVBl II 231-11).

g) Niedersachsen
aa) Einheitlich geltendes Landesrecht
Gesetz, zur Bereinigung der Vorschriften des Forst- und Agrarrechts (Reallasten- **140** gesetz) vom 17.5. 1967 (GVBl 129 = Nachtrag zu NdsGVBl Sb I, II, III Nr 403), zuletzt geändert durch G vom 14.7. 1972 (GVBl 387);

Realverbandsgesetz vom 4.11. 1969 (GVBl 187; dazu etwa TESMER RdL 1969, 309; SEEHUSEN RdL 1970, 225, 309; ders RdL 1971, 61, 114, 142).

bb) Ehem Braunschweig
Gesetz, die Ablösung der den Berechtigten im Bezirke des Herzoglichen Amtsgerichts Seesen in den vormaligen Communion-Harzforsten zustehenden Holzberechtigungen betreffend, vom 3.7. 1851 (BraunschwGVS 115), mehrfach geändert (NdsGVBl Sb III 790 S 572);

Gesetz (wie vor, betreffend die AG-Bezirke Harzburg und Lutter a Bbge) vom 7.2. 1857 (BraunschwGVS 21 = NdsGVBl Sb III 790 S 574);

Gesetz über die Umwandlung und Ablösung von Brennholzberechtigungen, vom 22.6. 1923 (BraunschwGVS 237 = NdsGVBl Sb II 790), geändert durch G vom 17.5. 1967 (GVBl 129).

h) Nordrhein-Westfalen
aa) Einheitlich geltendes Landesrecht
G über Gemeinheitsteilung und Reallastenablösung (Gemeinheitsteilungsgesetz – **141** GtG) vom 28.11. 1961 (GVBl 319 = SGV NW 7815), zuletzt geändert durch G vom 8.4. 1975 (GVBl 304); (vgl hierzu auch KOCH RdL 1963, 88);

G über die durch ein Auseinandersetzungsverfahren begründeten gemeinschaftlichen Angelegenheiten, vom 9. 4. 1956 (GVBl 134 = SGV NW 7815).

bb) Ehemaliges Preußen
Art 31 PrAGBGB (SGV NW 40): Teilung eines mit einer Reallast belasteten Grundstücks.

i) Rheinland-Pfalz
aa) Einheitlich geltendes Landesrecht
142 § 22 AGBGB vom 18. 11. 1976 (GVBl 259 = BS RhPf 400-1), zuletzt geändert durch G vom 12. 10. 1995 (GVBl 421).

bb) Ehemaliges Preußen
Gemeinheitsteilungs-Ordnung für die Rheinprovinz vom 19. 5. 1851 (Pr GS 371 = GVBl 1968 SoNr Koblenz-Trier-Montabaur, BS Anh 7817-2); gem RechtsbereinigungsG vom 12. 10. 1995 (GVBl 421) zum *1. 1. 1996 aufgehoben*, bleibt jedoch gem Art 9 Abs 2 für anhängige oder bis zum 31. 12. 1997 gestellte Teilungs- und Auflösungsanträge noch in Kraft;

k) Saarland
143 Die bei STAUDINGER/PROMBERGER/SCHREIBER[12] Rn 80 genannten preußischen, bayerischen und oldenburgischen Rechtsvorschriften wurden durch das 5. RBerG vom 5. 2. 1997 (ABl 258), Art 2 Abs 16 Nr 10, 24 und Art 7 Abs 12 Nr 1 aufgehoben.

l) Schleswig-Holstein
144 aa) Gesetz über die Ablösung der Reallasten in der Provinz Schleswig-Holstein vom 3. 1. 1873 (PrGS 3 = GS SchlH 7816-1);

bb) Gesetz über die Ablösung der Servituten, die Teilung der Gemeinheiten und die Zusammenlegung der Grundstücke für die Provinz Schleswig-Holstein vom 17. 8. 1876 (PrGS 377 = GS SchlH 7816-2);

cc) Gesetz über das Verfahren in Auseinandersetzungsangelegenheiten vom 18. 2. 1880 (PrGS 59 = GS SchlH 7816-3) idF der Bek vom 10. 10. 1899 (GS 403);

dd) Gesetz über die durch ein Auseinandersetzungsverfahren begründeten gemeinschaftlichen Angelegenheiten vom 2. 4. 1887 (PrGS 105 = GS SchlH 7816-4);

ee) G über die Rentengüter vom 27. 6. 1890 (GS 209 = GS SchlH 7816-5), § 1 Abs 5 aufgehoben durch G vom 27. 9. 1974 (GVBl 357);

ff) Gesetz wegen Ausdehnung des Gesetzes über die Ablösung der Reallasten in der Provinz Schleswig-Holstein vom 3. 1. 1873 (GS 3) auf den Kreis Herzogtum Lauenburg vom 29. 5. 1903 (PrGS 189 = GS SchlH 7816-6);

gg) Gesetz über die Änderung der Gesetze über die Ablösung von Reallasten vom 9. 1. 1922 (PrGS 7 = GS SchlH 7816-7);

hh) Zweites Gesetz über die Änderung der Gesetze über die Ablösung der auf

Dienstbarkeit beruhenden Berechtigungen vom 13. 12. 1927 (PrGS 293 = GS SchlH 7816-8).

4. Flurneuordnung nach dem LwAnpG

Die Auflösung und Umwandlung der ehemals bestehenden landwirtschaftlichen **145** Produktionsgemeinschaften (LPGs) in den neuen Bundesländern erforderten nach der Wiedervereinigung eine unverzügliche Neuregelung der Eigentums- und Besitzverhältnisse. Die spezialgesetzliche Regelung hierfür findet sich im *Landwirtschaftsanpassungsgesetz* (LwAnpG idF der Bek vom 3. 7. 1991 [BGBl I 1418]). Dessen 8. Abschnitt enthält das Verfahren zur Feststellung und Neuordnung der Eigentumsverhältnisse (vgl hierzu DIPPOLD RdL 1992, 59 ff, 171 ff; zur Zielsetzung auch BVerwG VIZ 1999, 94) mit einer eigenständigen Regelung des Besitzeinweisungsverfahrens nach § 61a (OVG Magdeburg VIZ 2003, 348). § 58 Abs 2 des LwAnpG sieht ebenfalls einen Landabfindungsverzicht gegen Geld vor (dazu BVerwG VIZ 1999, 545; zur späteren Grundstücksabfindung OVG Greifswald VIZ 1996, 675), so dass es hier zu ähnlichen Problemen wie oben für die Flurbereinigung dargestellt kommen kann (Rn 24; s hierzu KLAUS THOMAS RdL 1994, 199, 200). Auch hier entsteht eine *Teilnehmergemeinschaft* als Körperschaft des öffentlichen Rechts (§ 63 Abs 2 LwAnpG iVm §§ 16 FlurbG ff; OVG Frankfurt VIZ 2003, 144).

Artikel 114

Unberührt bleiben die landesgesetzlichen Vorschriften, nach welchen die dem Staate oder einer öffentlichen Anstalt infolge der Ordnung der gutsherrlich-bäuerlichen Verhältnisse oder der Ablösung von Dienstbarkeiten, Reallasten oder der Oberlehnsherrlichkeit zustehenden Ablösungsrenten und sonstigen Reallasten zu ihrer Begründung und zur Wirksamkeit gegenüber dem öffentlichen Glauben des Grundbuchs nicht der Eintragung bedürfen.

Materialien: E II Art 87; III Art 113; Mot EG
193; Prot VI 372 ff.

I. Befreiung öffentlicher Ablösungsrenten und sonstiger öffentlicher Reallasten von der Eintragung in das Grundbuch

1. Bei Ablösungsrenten und sog „Allodifikationsgeldern", die aufgrund der Ab- **1** lösung von Grundlasten öffentlichen Rechts und wegen der Ablösung der staatlichen Oberlehnsherrlichkeit an den Fiskus oder gewisse Institute (Rentenbanken) usw zu entrichten sind, war zweifelhaft, ob sie dem öffentlichen oder dem privaten Recht angehören (s dazu näher die Erl von STAUDINGER/DITTMANN[10/11]). Art 114 räumt der Landesgesetzgebung die Befugnis ein, solche Rechte auch dann von der Pflicht zur Eintragung in das Grundbuch auszunehmen, wenn sie privatrechtlichen Charakter haben.

2. Der Vorbehalt betrifft die dem Staate oder einer öffentlichen Anstalt (etwa **2**

einer Rentenbank, s zum Begriff der „öffentlichen Anstalten" näher die Erl bei Staudinger/ Dittmann[10/11] unter Rn 3) zustehenden Ablösungsrenten und sonstigen Reallasten, die bei der Ordnung der gutsherrlich-bäuerlichen Verhältnisse oder der Ablösung von Dienstbarkeiten (bzw Reallasten) oder der Oberlehnsherrlichkeit begründet worden sind.

3 3. Einen parallelen Vorbehalt enthält § 136 GBO für das Grundbuchrecht, § 2 EGZVG für das Zwangsversteigerungsverfahren, § 61 Abs 1 Nr 9 Beurkundungsgesetz für Beurkundungen.

II. Geringe Bedeutung des Vorbehalts

4 Der Vorbehalt hat aus verschiedenen Gründen nur außerordentlich geringe Bedeutung: zum einen haben die meisten betroffenen Rechte richtigerweise öffentlich-rechtlichen Charakter, zum zweiten wären die aufgrund des Vorbehalts möglichen landesrechtlichen Vorschriften schon durch den Vorbehalt des Art 113 gedeckt, zum dritten enthält Art 116 eine Ausnahme von Art 114, die die Renten nach §§ 912, 916 BGB (Überbau), nach § 917 BGB (Notweg) und nach §§ 1021, 1022 BGB (bauliche Anlagen bei Grunddienstbarkeiten) von dem Vorbehalt ausnimmt.

III. Landesrecht

1. Früheres Land Preußen

5 Art 22 Nr 3 AGBGB; Art 12 AGGBO; Art 3, 6 AGZVG (Art 3 idF des G vom 9.8.1935, GS 111); §§ 6, 91 ff AblösungsG vom 2.3.1850 (GS 77).

2. Bayern

6 Art 128 AGBGB war bereits in der Fassung gemäß BayBS III, 89, 98 gestrichen wegen Aufhebung durch § 7 Abs 3 VO vom 5.8.1935 (RGBl I 1065).

In der Neufassung des BayAGBGB vom 20.9.1982 (GVBl 803) ist keine Regelung enthalten.

3. Berlin

7 Art 22 PrAGBGB ist aufgehoben.

4. Hessen

8 Der frühere Art 11 AGGBO ist in der Neufassung des Ges vom 9.2.1960 (GVBl 1) – Sammlung Nr 251-1 – nicht mehr enthalten. Wohl aber gilt in Alt-Hessen noch Art 17 AblösungsG vom 24.7.1899 (RegBl 379) – HessGVBl II, Nr 231-9 und in den ehemals preußischen Gebieten Art 22 Nr 3 PrAGBGB (GVBl II Nr 230-2).

5. Niedersachsen

9 § 22 AGBGB vom 4.3.1971 (GVBl 73).

Art 22 PrAGBGB ist aufgehoben durch § 29 Abs 1 Nr 8 NdsAGBGB vom 4. 3. 1971 (GVBl 73), § 38 Abs 4 BraunschwAGBGB ist aufgehoben durch § 29 Abs 1 Nr 1 NdsAGBGB.

6. Nordrhein-Westfalen

Art 22 Nr 3 PrAGBGB, zuletzt geändert durch G vom 18. 12. 1984 (GVBl 807), SGV **10** NW III Nr 40, allerdings in einer Fußnote als gegenstandslos bezeichnet; Art 3, 6 PrAGZVG (SGV NW Nr 321). Das PrAblösungsG vom 2. 3. 1850 (GS 77) ist aufgehoben durch das Gemeinheitsteilungsgesetz vom 28. 11. 1961 (SGV NW Nr 7815, § 22).

7. Rheinland-Pfalz

§ 22 AGBGB vom 18. 11. 1976 (GVBl 259), zuletzt geändert durch G vom 12. 10. 1995 **11** (GVBl 421).

Art 22 Nr 2 PrAGBGB ist aufgehoben durch § 27 Nr 3 f AGBGB.

Art 17 HessAblösungsG vom 24. 7. 1899 (GVBl RhPf, Sondernr 1a 1970, Nr 231-9).

8. Saarland

Für die ehem preuß Landesteile galt Art 22 Nr 3 PrAGBGB vom 20. 9. 1899 **12** (GS 177). Das preuß AGBGB ist aufgehoben durch G vom 5. 2. 1997, Art 2 Abs 16 Nr 10 (ABl 258).

9. Schleswig-Holstein

Gem § 25 Abs 1 Nr 6 AGBGB vom 27. 9. 1974 (GVBl 357) ist PrAGBGB aufgehoben. **13**

10. Neue Bundesländer

In den Ländern Brandenburg, Mecklenburg-Vorpommern, Sachsen, Sachsen-Anhalt **14** u Thüringen gelten die früheren AGBGB nicht fort (vgl STAUDINGER/MERTEN Art 1 Rn 63 ff).

Artikel 115

Unberührt bleiben die landesgesetzlichen Vorschriften, welche die Belastung eines Grundstücks mit gewissen Grunddienstbarkeiten oder beschränkten persönlichen Dienstbarkeiten oder mit Reallasten untersagen oder beschränken, sowie die landesgesetzlichen Vorschriften, welche den Inhalt und das Maß solcher Rechte näher bestimmen.

Materialien: E I Art 70 Abs 1 Nr 2; II Art 88;
III Art 114; Mot EG 194; III 480 f, 579; Prot VI
433 f, 582, 608 f.

Joseph Hönle

I. Untersagung oder Beschränkung von Dienstbarkeiten und Reallasten

1 1. Das Agrarrecht sollte nach Auffassung des Gesetzgebers des BGB im wesentlichen der Landesgesetzgebung vorbehalten bleiben (vgl Art 61, 72, 83, 113 f, 117–119). Auch die Frage, inwieweit Dienstbarkeiten und Reallasten zugelassen werden sollten und wie ihr Inhalt im einzelnen bestimmt werden solle, wurde als Frage des Agrarrechts angesehen. Der Gesetzgeber ging davon aus, daß die wirtschaftlichen Bedürfnisse die Zurückdrängung gewisser Servituten und Reallasten (zB der Wald- und Weiderechtservituten) oder die zeitliche oder räumliche Einschränkung ihres Inhalts erfordern könnten. Diese wirtschaftlichen Bedürfnisse könnten aber in den verschiedenen Gebieten unterschiedlich sein, so daß es zweckmäßig sei, die Regelung dieser Rechtsverhältnisse der Landesgesetzgebung zu überlassen. Außerdem könnte die Aufhebung der einschlägigen früheren Vorschriften zu Verwirrung führen.

2 2. Art 115 gibt der Landesgesetzgebung die Befugnis, die Begründung gewisser Rechte an Grundstücken zu untersagen oder zu beschränken und so auch den rechtlichen Inhalt des Eigentums einzuschränken. Ferner wird die Landesgesetzgebung ermächtigt, Inhalt und Maß dieser Rechte näher zu bestimmen. Der Vorbehalt bezieht sich auf Grunddienstbarkeiten (§§ 1018 ff BGB), beschränkte persönliche Dienstbarkeiten (§§ 1090 ff BGB) und Reallasten (§§ 1105 ff BGB). Damit hat das BGB für diese Rechte nur Grundregeln aufgestellt und die nähere Ausgestaltung der Landesgesetzgebung überlassen.

3 3. Im einzelnen eröffnet Art 115 der Landesgesetzgebung folgende Möglichkeiten:

a) Die Begründung von Reallasten kann die Landesgesetzgebung überhaupt verbieten oder wenigstens allgemein einschränken durch Vorschriften, die für alle Arten von Reallasten gelten. Zulässig sind aber nur sachliche Einschränkungen; die Vorschriften des BGB über die Bestellung von Reallasten (§ 873 BGB) können durch Landesgesetz nicht geändert werden.

In Nordrhein-Westfalen kann eine Reallast nur als Geldrentenversicherung bestellt werden. Zur Entstehung des Rechts mit der Eintragung im Grundbuch bedarf es deshalb weder einer näheren Beschreibung des Inhalts noch des Umfangs dieser Reallast (vgl OLG Düsseldorf MittRhNotK 1986, 119; hierzu Custodis RPfleger 1987, 233).

Weniger weit geht die Befugnis der Landesgesetzgebung hinsichtlich der Dienstbarkeiten: Ein allgemeines Verbot der Begründung von Dienstbarkeiten oder eine allgemeine Beschränkung für alle Arten von Dienstbarkeiten ist ausgeschlossen (zu schließen aus dem Wort „gewisser"). Die Landesgesetzgebung kann nur die Begründung gewisser Arten von Grunddienstbarkeiten oder beschränkten persönlichen Dienstbarkeiten untersagen oder einschränken. Diese Befugnis genügt, um Dienstbarkeiten, die sich als schädlich erweisen, zu beseitigen.

4 b) Die Landesgesetzgebung kann außerdem Inhalt und Maß der Dienstbarkeiten und Reallasten näher bestimmen. Damit ist zum Ausdruck gebracht, daß bei der landesgesetzlichen Regelung die vom BGB aufgestellten Grundsätze zu beachten sind und daß von diesen nicht abgewichen werden darf. Die Landesgesetzgebung kann nur neben den Vorschriften des BGB zu ihrer Ergänzung weitere Grundsätze über Art und Maß der bezeichneten Rechte festlegen (und dabei die örtlichen Bedürfnisse berücksichtigen). Sie kann Vorschriften erlassen, die für alle Dienstbarkeiten und Reallasten gelten, aber auch solche, die nur auf einzelne Arten dieser Rechte anzuwenden sind.

aa) Das Landesrecht kann für die einzelnen Arten der Dienstbarkeiten (zB Forst-, **5** Weide- oder Wegerechte) besondere Vorschriften über ihren Inhalt erlassen. Es kann auch für die Reallasten den möglichen Leistungsinhalt bestimmen (Geld, Bodenerzeugnisse, elektrische Arbeit).

bb) Für das Maß einer Grunddienstbarkeit stellt § 1019 S 2 BGB den Grundsatz **6** auf, daß die Belastung des dienenden Grundstücks nicht über den Vorteil des herrschenden Grundstücks hinaus erstreckt werden darf. § 1020 BGB legt dem Berechtigten die Pflicht zur schonenden Ausübung auf. Diese Vorschrift gilt auch für die beschränkten persönlichen Dienstbarkeiten (§ 1090 S 2 BGB). Die Landesgesetzgebung kann ua zum Schutz des belasteten Grundstücks die Grenzen des Rechts genauer bestimmen.

4. a) Der Vorbehalt des Art 115 überschneidet sich mit verschiedenen anderen **7** Vorbehalten: Zu Vorschriften über die Einschränkung von Dienstbarkeiten und Reallasten ermächtigt auch Art 113; für dessen Vorbehalte gelten die Schranken des Art 115 nicht. Allgemeine Vorbehalte für die Landesgesetzgebung- zB für das Wasserrecht, Bergrecht oder Fischereirecht in Art 65, 67 und 69 – geben der Landesgesetzgebung auch die Möglichkeit, auf diesen Gebieten das Recht der Dienstbarkeiten und Reallasten zu regeln.

b) Eine Ausnahme von Art 115 enthält Art 116 für die im BGB selbst entwickel- **8** ten Reallasten, die Überbaurente und Notwegrente nach den §§ 912, 916 und 917 BGB sowie für die den Reallasten gleichstehenden Unterhaltungspflichten bei Grunddienstbarkeiten (§§ 1021, 1022 BGB).

5. Die sog HolznutzungsVO vom 30. 7. 1937 (RGBl I 876) hat die Neubestellung **9** und Erweiterung von Holznutzungsrechten untersagt (§ 9); für bestehende Rechte hat sie Verwirkung, Umwandlung und Ablösung vorgesehen (§§ 10 ff). Die VO ist zum Teil vom Bayerischen Verfassungsgerichtshof in der Entscheidung vom 14. 7. 1951 (GVBl 155) für verfassungswidrig und nichtig erklärt worden. Für Bayern ist sie hinsichtlich der Holznutzungsrechte durch Art 48 Abs 1b des Gesetzes über die Forstrechte vom 3. 4. 1958 (GVBl 43), zuletzt geändert durch G vom 9. 8. 1983 (GVBl 546) aufgehoben worden.

Durch die gesetzliche Regelung des Art 115 ist den Ländern die gesetzliche Regelung der privatrechtlichen dinglichen Forstrechte vorbehalten; die zwangsweise Ablösung ruhender Forstrechte gegen Entschädung nach dem vorgenannten Forstrechtegesetz ist eine gesetzliche Bestimmung des Inhalts des Eigentums und keine Enteignung (vgl BVerwG NVwz 1986, 1012 = DVBl 1987, 490).

II. Landesrecht*

1. Früheres Land Preußen

10 Art 30, 31 AGBGB über Beschränkung und Verteilung von Reallasten; ALR Teil I
Titel 8 § 146, Tit 9 §§ 118–120, 126, Tit 22 §§ 55–132, 146, 149–158, 161–179,
188–196, 201–219, 221, 224–242; aufrechterhalten durch Art 89 Nr 1b AGBGB;
Teil II Tit 7 §§ 136–138, 143–146, 308–399, 404–459, 462–471, 473–483, 486–490,
492, 494 (vgl Art 89 Nr 1c AGBGB); G vom 2. 3. 1850 (GS 77) §§ 6, 91; FischG § 17.
Über die früheren Rechte, namentlich für einzelne Landesteile vgl STAUDINGER/
DITTMANN[10/11] Rn 12.

2. Baden-Württemberg

11 § 33 AGBGB vom 26. 11. 1974 (GBl 498), zuletzt geändert durch G vom 28. 6. 2000
(GBl 470):

Die Begründung von Reallasten über die Lebenszeit des Berechtigten hinaus ist nur
zulässig, wenn sie auf die Unterhaltung einer Anlage, die Leistung von elektrischer
Kraft, von Heizungswärme, von Warmwasser, von Bodenbestandteilen des belasteten Grundstücks oder von Geld gerichtet ist. Andere Reallasten können über die
Lebenszeit des Berechtigten hinaus nur bei einem erheblichen wirtschaftlichen Bedürfnis begründet werden; ferner ist die Genehmigung des OLG-Präsidenten erforderlich.

§ 33 AGGVG vom 16. 12. 1975 (GBl 868); zuletzt geändert durch G vom 3. 7. 1995
(GBl 510): Altenteile bleiben von der Zwangsversteigerung unberührt. §§ 6 ff Fischereigesetz vom 14. 11. 1979 (GBl 466), zuletzt geändert durch G vom 25. 11. 1985 (GBl
385) und Art 19 der 3. AnpassungsVO vom 13. 2. 1989 (GBl 101):

Beschränkte Fischereirechte können nicht neu begründet werden. Aufrechterhaltene Fischereirechte erlöschen, wenn sie nicht binnen fünf Jahren seit Inkrafttreten des
Gesetzes (1. 1. 1981) in das Grundbuch bzw im Verzeichnis der Fischereirechte
eingetragen werden.

Zum früheren Recht, Art 25 BadAGBGB, 85 BadAGZVG und Art 170, 243 Württ-
AGBGB, s Vorauflagen.

3. Bayern

12 a) Art 85 AGBGB (BayBS III 89/95) ist aufgehoben durch Art 80 Abs 2 Nr 1
AGBGB vom 20. 9. 1982 (GVBl 803); die VO zum Vollzug des Gesetzes über die
weitere Änderung des Art 85 AGBGB vom 17. 4. 1923 (BayBS III 130) ist gemäß
Art 80 Abs 2 Nr 4 AGBGB aufgehoben. In Art 63 und Art 64 AGBGB sind jetzt
Regelungen über die Ablösung von Reallasten und von subjektiv-dinglichen Rech-
ten enthalten.

---

* S auch Art 113 Rn 88 ff, 102 ff.

b)   Art 86 AGBGB untersagte die Begründung neuer Forstberechtigungen, Jagd-berechtigungen und Weiderechte. Die Vorschrift ist durch Wegfall ihres Anwen-dungsbereiches gegenstandslos geworden (BayBS III 95) und in der Neufassung des AGBGB vom 20. 9. 1982 (GVBl 803) nicht enthalten.

An der grundsätzlichen Unzulässigkeit der Neubestellung (oder Erweiterung) von Forstrechten hält auch Art 2 des G über die Forstrechte (FRG) vom 3. 4. 1958 (GVBl 43 = BayRS 7902-7-E), zuletzt geändert durch G vom 9. 8. 1993 (GVBl 546), fest. Aller-dings läßt Art 3 Ausnahmen zu bei Übertragung eines Forstrechts von dem bisher herrschenden auf den jeweiligen Eigentümer eines anderen Grundstücks („Forst-rechtsübertragung") oder bei einer Auswechslung des belasteten Grundstücks („Forstrechtsverlegung"). Über eine weitere Ausnahme s Art 14 Abs 4 (Anpassung gemessener Almweiderechte an die Leistungsfähigkeit der Almlichte).

Über die Unzulässigkeit der Neubestellung privatrechtlicher Jagdberechtigungen s STAUDINGER/DITTMANN[10/11] Vorbem 5 zu § 1105 BGB.

Die Unzulässigkeit der Bestellung neuer Weiderechte ist schon in Art 43, 45 des G über die Ausübung und Ablösung des Weiderechts auf fremdem Grund und Boden (Weidegesetz) vom 28. 5. 1852 (BayBS IV 354), geändert durch G vom 10. 8. 1982 (GVBl 682) bestimmt worden. Die Ablösung von Weiderechten nach dem Bayeri-schen ForstrechteG verstößt nicht gegen Art 14 Abs 3 S 1 GG (BVerfG BayVerwBl 1970, 28).

Das FRG bringt in Art 4 ff auch eingehende Bestimmungen über die Ausübung der Forstrechte, in Art 9 solche über die Ausübung der Weiderechte (soweit sie vom FRG erfaßt werden), in Art 15 Vorschriften über die Einschränkung von Holznut-zungsrechten. Über Quellableitung s BayObLG DNotZ 1960, 308. Über Ablösung s BayObLGZ 1970, 45.

c)   Das ÜbergangsG vom 9. 6. 1899 (BayBS III 101), welches Vorschriften für Real-lasten enthalten hatte, ist aufgehoben durch Art 80 Abs 2 Nr 2 AGBGB vom 20. 9. 1982 (GVBl 803).

d)   Art 15 Fischereigesetz vom 15. 8. 1908 (BayBS IV 453); zuletzt geändert durch G vom 29. 7. 1986 (GVBl 200; s auch OERTMANN, Bayerisches Landesprivatrecht 466 ff [Dienstbar-keiten] 488 ff [Reallasten]; zT überholt).

e)   Art 1 Abs 1 Nr 2 Almgesetz vom 28. 4. 1932 (BayBS IV 359); zuletzt geändert durch G vom 7. 9. 1982 (GVBl 722). Bestellung und Veräußerung von dinglichen Almnutzungsrechten sind genehmigungsbedürftig.

4.   Berlin

Art 89 Pr AGBGB ist in der Bereinigten Sammlung des Berliner Landesrechts **13** (Nr 400-1) gestrichen. Art 30 AGBGB ist gleichfalls gestrichen, dagegen ist Art 31 noch in Kraft.

§ 17 FischereiG vom 11. 5. 1916 (GVBl Sb I 793-1); zuletzt geändert durch G vom 26. 11. 1974 (GVBl 2746).

5. Bremen

14 § 26 AGBGB idF der Gesetze vom 29. 11. 1903, 29. 12. 1917, 23. 10. 1927 (GVBl 123, 349, 291) – SaBremR Nr 400-a-1.

6. Hessen

15 a)   Althessen: Art 93 HessAGBGB – HessGVBl II Nr 230-1; Art 280 ist gestrichen. G, die Umwandlung und Ablösung von Reallasten und Dienstbarkeiten betr, vom 24. 7. 1899 (HessRegBl 379) – HessGVBl II Nr 231-9.

b)   Vormals preußische Landesteile: PrG betr die Ablösung der Reallasten und die Regulierung der gutsherrlichen und bäuerlichen Verhältnisse vom 2. 3. 1850 (GS 77) HessGVBl II, Nr 231-8, bes §§ 6, 91 ff Art 30 PrAGBGB und Art 89 gestrichen; Art 31 aufgehoben durch § 33 Abs 1 Nr 3 AGBGB vom 18. 4. 1984 (GVBl 344).

§ 15 Fischereigesetz vom 11. 11. 1950 (GVBl 255); zuletzt geändert durch G vom 4. 11. 1987 (GVBl I 193).

7. Niedersachsen

16 Art 31 PrAGBGB ist aufgehoben durch § 29 Abs 1 Nr 8 NdsAGBGB vom 4. 3. 1971 (GVBl 73).

§ 1 Abs 2 Fischereigesetz vom 1. 2. 1978 (GVBl 81). Gesetz zur Bereinigung des Forst- und Agrarrechts vom 17. 5. 1967 (GVBl 129; s dazu SEEHUSEN RdL 1971, 309; s zu den niedersächsischen Rechtsänderungen DRESSEL AgrarR 1972, 239).

8. Nordrhein-Westfalen

17 Art 30, 31 PrAGBGB (SGV NWNr 40) gelten im ganzen Land: G vom 28. 11. 1961 (SGV NW Nr 7815); Art 89 ist gestrichen.

Die Eintragung einer lebenslänglichen Pflege- und Betreuungsverpflichtung ist durch Art 30 Abs 1 PrAGBGB nicht ausgeschlossen, da diese Vorschrift nur besagt, daß „beständige“ Abgaben und Leistungen mit Ausnahmen fester Geldrenten einem Grundstück als Reallast nicht auferlegt werden dürfen. Hierunter sind nur Abgaben und Leistungen ohne zeitliche Beschränkungen zu verstehen (vgl LG Köln MittRhNotK 1987, 105).

S auch GemeinheitsteilungsG vom 28. 11. 1961 (SGV NW Nr 7815).

§ 4 Fischereigesetz vom 11. 7. 1972 (GV NW 226), idF der Bek vom 22. 6. 1994 (GV NW 516).

9. Rheinland-Pfalz

§ 22 AGBGB vom 18. 11. 1976 (GVBl 259). Art 86 BayAGBGB vom 9. 6. 1899 idF **18**
vom 5. 1. 1966 (GVBl 1966 Sondernr Pfalz S 37) ist aufrechterhalten durch § 27 Abs 1
Nr 1b AGBGB.

§ 6 Fischereigesetz vom 9. 12. 1974 (GVBl 601), zuletzt geändert durch G vom
7. 8. 1983 (GVBl 17).

Art 93 Abs 1 und 4 AGBGB vom 17. 7. 1899 (GVBl 1970, Sondernr Rheinhessen S 70) ist
aufrechterhalten in § 27 Abs 1 Nr 2a AGBGB vom 18. 11. 1976 (GVBl 259).

10. Schleswig-Holstein

Art 30, 31 PrAGBGB vom 20. 9. 1899 (SchlHABl Sonderbeil Nr 400), sind aufgehoben **19**
durch § 25 Abs 1 Nr 6a AGBGB vom 27. 9. 1974 (GVBl 357), zuletzt geändert durch
Entscheidung des Bundesverfassungsgerichtes vom 26. 4. 1988 (BGBl I 1040).

§ 17 Fischereigesetz vom 11. 5. 1916 (GS SchlH II 793); zuletzt geändert durch G vom
22. 12. 1982 (GVBl 308).

11. Neue Bundesländer

In den Ländern Brandenburg, Mecklenburg-Vorpommern, Sachsen, Sachsen-Anhalt **20**
u Thüringen gelten die früheren AGBGB nicht fort, vgl STAUDINGER/MERTEN Art 1
Rn 63 ff.

Artikel 116

**Die in den Artikeln 113 bis 115 bezeichneten landesgesetzlichen Vorschriften finden
keine Anwendung auf die nach den §§ 912, 916 und 917 des Bürgerlichen Gesetzbuches zu entrichtenden Geldrenten und auf die in den §§ 1021 und 1022 des
Bürgerlichen Gesetzbuchs bestimmten Unterhaltungspflichten.**

Materialien: E I Art 41 Abs 2, 70 Abs 2; II
Art 87; III Art 115; Mot EG 162, 195; Prot VI
372, 433 f, 582, 608.

Einschränkung von Vorbehalten für Überbau- und Notwegrenten
sowie für die Unterhaltungspflicht bei Grunddienstbarkeiten

Art 116 nimmt gewisse Leistungen von den Vorbehalten der Art 113–115 aus: Der **1**
Gesetzgeber war der Auffassung, daß diese Leistungen im BGB bundesgesetzlich
ausreichend und abschließend geregelt sind und deshalb kein Bedürfnis für den
Vorbehalt landesrechtlicher Regelungen besteht.

2 1.   Hinsichtlich der im BGB begründeten Geldrenten für einen Überbau (§§ 912, 916 BGB) und für einen Notweg (§ 917 BGB) kann die Landesgesetzgebung keine Vorschriften erlassen, welche die des BGB durchbrechen oder auch nur ergänzen, zB keine Vorschriften über die Ablösung dieser Renten.

3 2.   Gehört zur Ausübung einer Grunddienstbarkeit eine Anlage auf dem dienenden Grundstück (zB ein Bauwerk), so kann bestimmt werden, daß der Eigentümer des dienenden Grundstücks die Anlage zu unterhalten hat, soweit das Interesse des Berechtigten es erfordert (§ 1021 Abs 1 S 1 BGB). Besteht die Grunddienstbarkeit in dem Recht, auf einer baulichen Anlage des dienenden Grundstücks (etwa auf einem befestigten Hof) eine bauliche Anlage (etwa eine Garage) zu halten, so hat, wenn nicht etwas anderes bestimmt ist, der Eigentümer des dienenden Grundstücks seine Anlage zu unterhalten, soweit das Interesse des Berechtigten es erfordert (§ 1022 S 1 BGB). In beiden Fällen wird die Unterhaltungspflicht wie eine Reallast behandelt (§ 1021 Abs 2, § 1022 Abs 2 BGB). Die Landesgesetzgebung kann keine Bestimmungen treffen, die hinsichtlich dieser Unterhaltungspflichten von denen des BGB über die Reallasten (§§ 1105 ff BGB) abweichen, insbesondere kann es keine Bestimmungen über die Ablösung, Umwandlung oder Einschränkung von Rechten der betroffenen Art erlassen. Sie kann auch Inhalt und Maß solcher Rechte nicht näher bestimmen. Daher kann das Landesrecht auch den Umfang einer Unterhaltungspflicht iS der §§ 1021, 1022 BGB – etwa bei Waldservituten – nicht näher regeln.

4 3.   Überbau- und Notwegrenten sind nicht in das Grundbuch einzutragen (§ 914 Abs 2, § 917 Abs 2 BGB); einzutragen ist dagegen die Unterhaltungspflicht nach § 1021 BGB, wenn sie dinglich wirken soll, und die nach § 1022 BGB, wenn sie auf Vereinbarung beruht. Auch an dieser Rechtslage kann das Landesrecht nichts ändern.

Artikel 117

(1) Unberührt bleiben die landesgesetzlichen Vorschriften, welche die Belastung eines Grundstücks über eine bestimmte Wertgrenze hinaus untersagen.

(2) Unberührt bleiben die landesgesetzlichen Vorschriften, welche die Belastung eines Grundstücks mit einer unkündbaren Hypothek oder Grundschuld untersagen oder die Ausschließung des Kündigungsrechts des Eigentümers bei Hypothekenforderungen und Grundschulden zeitlich beschränken und bei Rentenschulden nur für eine kürzere als die in § 1202 Abs 2 des Bürgerlichen Gesetzbuchs bestimmte Zeit zulassen.

Materialien: E I Art 70 Abs 1 Nr 3; II Art 90;
III Art 116; Mot z EG 194; Prot VI 433, 434;
Mat 87a S 82.

1. Inhalt des Vorbehalts

Art 117 lässt landesgesetzliche **Beschränkungen** der rechtlichen **Verfügungsmacht** des **1**
Eigentümers hinsichtlich der **Belastung von Grundstücken** zu:

a)   Die Landesgesetzgebung kann verbieten, dass ein Grundstück über eine be- **2**
stimmte **Wertgrenze** (zB über die Hälfte des Wertes) hinaus belastet wird – Abs 1 –,
und zwar hinsichtlich aller oder nur hinsichtlich bestimmter Grundstücke. Der Vorbehalt hat nur für die Belastung mit *Hypotheken, Grundschulden und Rentenschulden* Bedeutung, da die Einführung einer Belastungsgrenze für Grunddienstbarkeiten, beschränkte persönliche Dienstbarkeiten und Reallasten schon auf Grund des
Vorbehaltes des Art 115 zulässig ist; während sie für den Nießbrauch und das
dingliche Vorkaufsrecht nach dem Inhalt dieser Rechte nicht in Betracht kommt
(PLANCK Anm 1).

Die Landesgesetzgebung kann die *Wirkung einer Zuwiderhandlung* gegen eine an- **3**
geordnete Belastungsbeschränkung iS des Abs 1 regeln; mangels einer landesgesetzlichen Bestimmung ist die Bestellung der Hypothek, Grundschuld oder Rentenschuld, *soweit* sie die *Wertgrenze überschreitet* (ebenso PLANCK Anm 3), nach § 134 BGB
nichtig (s auch KG KGJ 46 [1914] A, 217, 220).

b)   Auf Grund des Vorbehalts des **Abs 2** kann die Landesgesetzgebung **4**

– überhaupt **untersagen**, dass Grundstücke (bestimmter Art) mit einer **unkündbaren
Hypothek oder Grundschuld** belastet werden, und außerdem verbieten, dass das
Kündigungsrecht des Eigentümers hinsichtlich Hypothekenforderungen und
Grundschulden über eine **bestimmte Zeit** hinaus **ausgeschlossen** wird.

Völlig untersagt werden kann also der vertragsmäßige *Ausschluss des Kündigungs-* **5**
rechts von Gläubiger und Schuldner, dagegen darf sich die *zeitliche Beschränkung*
nur auf den Ausschluss des Kündigungsrechts des *Eigentümers* beziehen, nicht auch
des Gläubigers. Wenn schließlich Eigentümer und Schuldner der hypothekarisch
gesicherten Forderung nicht personengleich sind, ist – entsprechend dem Zweck des
Vorbehalts, einen Schutz lediglich des Grundeigentums zu ermöglichen – die Vertragsfreiheit hinsichtlich des Kündigungsrechts des persönlichen Schuldners nicht
beschränkt (ebenso PLANCK Anm 2a). Wenn es aber zu der vom Landesgesetzgeber
gewährleisteten vorzeitigen Kündigung durch den Eigentümer kommt, dann *wirkt
die Kündigung auch für die persönliche Forderung* (OLG Königsberg OLGE 26 [1913] 200;
SOERGEL/HARTMANN Rn 2).

– bei **Rentenschulden**, bei welchen nach § 1202 Abs 2 BGB bundesrechtlich eine **6**
Beschränkung, des Kündigungsrechts nur insoweit zulässig ist, dass der Eigentümer nach dreißig Jahren unter Einhaltung einer sechsmonatigen Frist kündigen
kann, den Ausschluss des **Kündigungsrechts des Eigentümers nur für eine kürzere
Zeit** als diese dreißig Jahre zulassen.

Ein **Verstoß** einer vertragsmäßigen Vereinbarung gegen eine Vorschrift im Sinne des **7**
Abs 2 bewirkt mangels einer anderweitigen Bestimmung des Landesgesetzes nicht
Nichtigkeit der Bestellung des betreffenden Rechts überhaupt, sondern nur **Unwirk-**

samkeit der hinsichtlich der **Kündbarkeit** getroffenen Vereinbarung, *soweit* sie die Kündigung weiter beschränkt als es das Landesgesetz zulässt. Die Hypothek, Grundschuld oder Rentenschuld ist also für den Eigentümer *frei kündbar, sobald* die Zeit abgelaufen ist, für welche das Landesgesetz den Ausschluss der Kündigung durch ihn höchstens zulässt (übereinstimmend: PLANCK Anm 3; MünchKomm/SÄCKER Rn 3; PALANDT/ BASSENGE[53] Rn 1; KG OLGE 4 [1902] 315).

2. Landesgesetze

8 a) Zu **Abs 1** besteht zZ *kein Anwendungsfall* im Landesrecht. – Das *preußische Gesetz* über die Zulassung einer Verschuldungsgrenze für land- und forstwirtschaftlich genutzte Grundstücke vom 20. 8. 1906 (Pr GS 389; s STAUDINGER/PROMBERGER[10/11] Rn 4) ist durch § 39 Abs 2 Nr 5 GrdstVG ab 1. 1. 1962 *aufgehoben*.

Vorgesehen war die Eintragung einer Verschuldungsgrenze in **§ 18 RHeimstG** idF vom 25. 11. 1937 (RGBl I 1291, BGBl III 2332-1); diese Vorschrift wurde jedoch durch G vom 17. 6. 1993 (BGBl I 912) mit Wirkung zum 1. 10. 1993 aufgehoben.

b) Zu Abs 2
aa) Ehemaliges Preußen
9 Art 32 § 1 PrAGBGB (gilt in *Berlin* [Berl GVBl Sb I 400-1], zuletzt geändert durch Artikel II des G vom 3. 7. 2003 [GVBl 253], *Nordrhein-Westfalen* [SGV NW 40]; nicht mehr in *Baden-Württemberg* [vgl Rn 10], *Niedersachsen* [vgl Rn 12], *Rheinland-Pfalz* [vgl Rn 13] und *Schleswig-Holstein* [vgl Rn 15]). Die Zeitgrenze für die Unkündbarkeit von Hypotheken, Grundschulden und Rentenschulden ist auf höchstens 20 Jahre festgesetzt; diese Beschränkung bedarf weder der Aufnahme in die Bestellungsurkunde noch des Eintrags ins Grundbuch (SchlHOLG SchlHA 1960, 57).

bb) Baden-Württemberg
10 § 34 AGBGB vom 26. 11. 1974 (GBl 498), zuletzt geändert durch G vom 28. 6. 2000 (GBl 470): Ausschluss der Kündigung durch den Eigentümer nur bis zum Ablauf von 20 Jahren ab Grundbucheintragung.

cc) Hessen
11 §§ 26, 27 HessAGBGB vom 18. 12. 1984 (GVBl 344): Ausschluss auf 30 Jahre.

dd) Niedersachsen
12 § 21 NdsAGBGB vom 4. 3. 1971 (GVBl 73), zuletzt geändert durch G vom 17. 12. 1991 (GVBl 367): Ausschluss der Kündigung durch den Eigentümer höchstens auf 20 Jahre.

ee) Rheinland-Pfalz
13 § 23 AGBGB vom 18. 11. 1976 (GVBl 259 = BS RhPf 400-1), zuletzt geändert durch G vom 6. 2. 2001 (GVBl 39): Ausschluss des Kündigungsrechts nur bis zum Ablauf von 30 Jahren ab Grundbucheintragung; Kündigungsfrist höchstens 6 Monate.

ff) Saarland
14 § 27 AGJusG vom 5. 2. 1997 (ABl 258), zuletzt geändert durch G vom 7. 11. 2001 (ABl 2158): Ausschluss des Kündigungsrechts für höchstens 30 Jahre, Kündigungsfrist höchstens 6 Monate.

gg) Schleswig-Holstein

§ 22 AGBGB SchlH vom 27. 9. 1974 (GVOBl 357 = GS SchlH 400-3), zuletzt geändert am **15**
24. 10. 1996 (GVOBl 652): Ausschluss des Kündigungsrechts nur soweit, dass der
Eigentümer nach 20 Jahren mit einer Frist von 6 Monaten kündigen darf.

hh) Thüringen

§ 24 ThürAGBGB vom 3. 12. 2002 (GVBl 424): Ausschluss des Kündigungsrechts **16**
höchstens bis zum Ablauf von 30 Jahren ab der Eintragung im Grundbuch, die
Kündigungsfrist beträgt höchstens sechs Monate.

ii) **Bayern**, die anderen neuen Bundesländer, außer *Thüringen*, und die **Hanse- 17
städte** haben, soweit ersichtlich, von dem Vorbehalt keinen Gebrauch gemacht.

Artikel 118

**Unberührt bleiben die landesgesetzlichen Vorschriften, welche einer Geldrente,
Hypothek, Grundschuld oder Rentenschuld, die dem Staat oder einer öffentlichen
Anstalt wegen eines zur Verbesserung des belasteten Grundstücks gewährten Darle-
hens zusteht, den Vorrang vor anderen Belastungen des Grundstücks einräumen.
Zugunsten eines Dritten finden die Vorschriften der §§ 892 und 893 des Bürgerlichen
Gesetzbuchs Anwendung.**

Materialien: E I Art 75; II Art 91; III Art 117;
Mot z EG 190 ff; Prot VI 439, 609, Mat 87a S 72.

1. Inhalt

Der Vorbehalt des Art 118 gibt der Landesgesetzgebung die Möglichkeit, die zum **1**
Zwecke der Melioration von Grundstücken vom Staat oder von öffentlichen Kreditanstalten gewährten Darlehen in der Weise zu begünstigen, dass ihnen der Vorrang
vor allen anderen Belastungen des Grundstücks eingeräumt wird. Der Vorbehalt
ermöglicht also eine Durchbrechung der für die Rangverhältnisse und Rangänderung sonst geltenden allgemeinen Vorschriften der §§ 879, 880 BGB. Nicht hierunter
fallen *öffentlich-rechtliche Bestimmungen*, die öffentlich-rechtliche Darlehen als vorrangige *öffentliche Last* ausgestalten (so Art 21 Bay G über die Landesbodenkredit-
anstalt vom 19. 4. 1949 [BayBS III 564]; vgl hierzu MünchKomm/Säcker Rn 1).

a) Nur einem vom *Staat* oder einer *öffentlichen Kreditanstalt* gegebenen Darlehen **2**
kann der Vorrang eingeräumt werden. Einem in der II. Komm gestellten Antrage,
das Wort „öffentlich" zu streichen, wurde nicht stattgegeben. Öffentlichen Verbänden, zB Gemeindeverbänden, kann für von ihnen gewährte Darlehen der Vorrang
nicht eingeräumt werden; deshalb trifft der Vorbehalt nur auf Kreditanstalten solcher Verbände zu, wenn diese selbständige juristische Persönlichkeit besitzen, nicht
wenn der Verband selbst nur durch Vermittlung der Anstalt der Darlehensgeber ist
(Planck Anm 1; Fischer/Henle Anm 1).

3 b) Als *Meliorationsdarlehen* gelten nur Darlehen, die zum Zwecke der Verbesserung eines Grundstücks aufgenommen werden, zB zur Verbesserung von Wiesen, Weiden, Feldern, von Ödland, nicht Darlehen zu sonstigen Werterhöhungen, zB zur Bebauung eines Grundstücks mit einem Gebäude.

4 c) Der Vorrang kann nur dinglichen Rechten eingeräumt werden, die *an dem zu verbessernden Grundstücke* bestellt werden (PLANCK Anm 1). Diese Objektbezogenheit der Vorrangseinräumung beruht auf dem in den Motiven zum Ausdruck gebrachten Gedanken, dass die im Range zurückgesetzten Berechtigten für die formelle Minderung der Sicherheit ihrer Rechte eine Kompensation durch die Verbesserung des Grundstücks erhalten sollen.

5 d) Der *Vorrang* kann einer Geldrente (Reallast), Hypothek, Grundschuld oder Rentenschuld des Staats oder der öffentlichen Kreditanstalt derart eingeräumt werden, dass diese Rechte mit dem Zeitpunkt ihrer Entstehung (Eintragung, § 873 BGB) – abweichend von den Grundsätzen der §§ 879, 880 BGB – kraft Gesetzes und ohne die Bewilligung ja selbst ohne Kenntnis der bisher dinglich Berechtigten Rang vor den übrigen Belastungen des Grundstücks erlangen; die Eintragung des Vorrangs ist nicht erforderlich und wirkt *nicht konstitutiv* (KÖNIGSDÖRFFER SächsArch 13 [1903] 24, 169, 175; PLANCK Anm 1).

6 e) Der *Eintragung des Vorranges* bedarf es deshalb auch *nicht* zur Erlangung des Vorranges vor denjenigen dinglichen Rechten, mit denen das Grundstück im Zeitpunkt der Eintragung des für das Meliorationsdarlehen bestellten dinglichen Rechtes schon belastet ist. Jedoch finden nach S 2 hinsichtlich der anderen Rechte die Vorschriften der §§ 892, 893 BGB über den gutgläubigen Erwerb auch in Ansehung des Rangs des dinglichen Rechts zur Sicherung des Meliorationsdarlehens Anwendung, so dass die Eintragung zur Vermeidung des Rangverlustes durch gutgläubigen Erwerb empfehlenswert ist.

Erwirbt daher jemand nach der Eintragung des dinglichen Rechts für das Meliorationsdarlehen ein Recht, das vorher eingetragen war, oder ein Recht an einem solchen Recht, so wirkt der Vorrang gegen diesen Erwerber nach S 2 daher nur, wenn er in das Grundbuch eingetragen oder dem Erwerber bekannt war (NIEDNER Anm 4).

Nachträglich, dh nach früher erfolgter Eintragung des dinglichen Rechts, kann der Vorrang für dasselbe also nur mit Wirkung gegenüber denjenigen dinglichen Rechten eingetragen werden, welche zur Zeit der Eintragung des bevorrechtigten Rechtes schon im Grundbuch eingetragen waren und in der Zwischenzeit ihren Inhaber nicht gewechselt haben, und mit Wirkung gegenüber denjenigen nach der Eintragung des an sich bevorrechtigten Rechtes erworbenen (vor dem bevorrechtigten Recht eingetragenen) dinglichen Rechten, deren Erwerber den Vorrang kannten.

2. Grundbuchverfahren

7 Nach § 136 GBO erstreckt sich der Vorbehalt auch auf das **Grundbuchwesen**. Die Landesgesetzgebung ist also auch in der Lage, die Eintragung des Vorranges grundbuchrechtlich zu erleichtern, insbesondere auch Ausnahmebestimmungen von den Vorschriften der §§ 41–43 GBO zu treffen und anzuordnen, dass die Eintragung des Vorranges von der Briefvorlage abhängig gemacht werden darf.

3. Landesgesetze

Von dem Vorbehalt hat die Landesgesetzgebung gegenwärtig keinen Gebrauch ge- **8** macht (wegen der früher geltenden Gesetze s STAUDINGER/GRAMM[10] Anm 4; NIEDNER Anm 6, 7).

Artikel 119

Unberührt bleiben die landesgesetzlichen Vorschriften, welche

1. die Veräußerung eines Grundstücks beschränken;

2. die Teilung eines Grundstücks oder die getrennte Veräußerung von Grundstücken, die bisher zusammen bewirtschaftet worden sind, untersagen oder beschränken;

3. die nach § 890 Abs. 1 des Bürgerlichen Gesetzbuchs zulässige Vereinigung mehrerer Grundstücke oder die nach § 890 Abs. 2 des Bürgerlichen Gesetzbuchs zulässige Zuschreibung eines Grundstücks zu einem anderen Grundstück untersagen oder beschränken.

Materialien: E I Art 70 Abs 1 Nr 1; II Art 92;
III Art 118; Mot z EG 194; Prot VI 433, 434,
479–481; Mat 87a S 74.

Schrifttum

1. Allgemein
GRAUEL, Landesrechtliche Vorkaufsrechte,
RNotZ 2002, 210 (mit Wiedergabe der Gesetzestexte)
HAEGELE, Die Beschränkungen im Grundstücksverkehr (3. Aufl 1970)
NETZ, Die Voraussetzungen des siedlungsrechtlichen Vorkaufsrechts, AUR 2003, 298
SCHÖNER/STÖBER, Grundbuchrecht (13. Aufl 2004) Rn 3800.

2. Zum früher geltenden Landesrecht
Vgl Schrifttumsangaben in der 9. und 10. Aufl dieses Kommentars.

3. Zum Bundesrecht
Kommentare und Abhandlungen zum GrdstVG,
RSG, BauGB, s Schrifttum zu Art 113 unter II 2.

4. Baurecht
ECKERT/HÖFINGHOFF, Wegfall der Teilungsgenehmigung und notarielle Praxis, NotBZ 2004, 405
GRZIWOTZ, BauGB-Teilungsgenehmigung und Grundbuchverfahren, ZNotP 1999, 221
FINKELNBURG, Bauleitplanung, Teilungsgenehmigung, Vorkaufsrechte und Zulässigkeit von Vorhaben – Anmerkungen zur Neufassung des Baugesetzbuchs, NJW 1998, 1
GROSCHUPF, Beschränkungen im Grundstücksverkehr nach der Novelle zum Baugesetzbuch (BauROG 1998) – Grundstücksteilungen, Vor-

Jörg Mayer

kaufsrechte, Aufteilung in Wohnungseigentum, NJW 1998, 418

Langhein, Das neue Umwandlungsverbot, ZNotP 1998, 346

Mayer, K, Rechtsprobleme des auf eine Teilfläche beschränkten Vorkaufsrechts nach §§ 24 ff BBauG, NJW 1984, 100

Schmidt-Eichstaedt/Reitzig, Teilungsgenehmigung und Grundbuchsperre – Wird durch § 20 II BauGB eine flächendeckende Grundbuchsperre für alle Grundstücksteilungen in der Bundesrepublik Deutschland ausgelöst?, NJW 1999, 385.

5. Zu den neuen Bundesländern

Böhringer, Probleme des Notars mit unsichtbaren Grundbuchbelastungen und Verfügungsbeeinträchtigungen im Osten und Westen, BWNotZ 1992, 3

ders, Genehmigungen, Erlaubnisse und Vorkaufsrechte im ostdeutschen Grundstücksverkehr, BWNotZ 1996, 49

Eickmann, Grundstücksrecht in den neuen Bundesländern (2. Aufl 1992).

6. Naturschutz

Battefeld/Bornemann/Stecher-Löbig, Hessisches Naturschutzrecht (Loseblatt, Stand 2003)

Blum/Agena/Franke, Niedersächsisches Naturschutzgesetz (Loseblatt, Stand 2002)

Carlsen/Vogel/Brodersen, Schleswig-Holsteinisches Naturschutzgesetz (Loseblatt, Stand 2004)

Engelhardt/Brenner/Fischer-Hüftle, Naturschutzrecht in Bayern (Loseblatt, Stand 2004)

Fischer-Hüftle, Naturschutz (Loseblatt, Stand 2003)

Gassner/Bendomir-Kahlo/Schmidt-Räntsch, Bundesnaturschutzgesetz (2. Aufl 2003)

Göttlicher, Sächsisches Naturschutzgesetz (Loseblatt, Stand 2003)

Hübler/Cassens, Naturschutz in den neuen Bundesländern (1993)

Kluge/Werk, Naturschutz in Hessen (2. Aufl 1997)

Köck/Unnerstall, Naturschutzrecht (2005)

Kolodziejcok/Recken, Naturschutz und Landschaftspflege und einschlägige Regelungen des Jagd- und Forstrechts (Loseblatt, Stand 2003)

Künkele/Heiderich, Naturschutzgesetz für Baden-Württemberg (Loseblatt, Stand 1993)

Lorz/Müller/Stöckel, Naturschutzrecht (2. Aufl 2003)

Marzik/Wilrich, Bundesnaturschutzgesetz (2004)

Messerschmidt, Bundesnaturschutzgesetz – Entscheidungssammlung (Loseblatt, Stand 2004)

Sauthoff/Bugiel/Göbel, Landesnaturschutzgesetz Mecklenburg-Vorpommern (Loseblatt, Stand 2003)

Schumacher/Fischer-Hüftle, Bundesnaturschutzgesetz, Kommentar (2003)

Stich/Mitschang, Naturschutz- und Landschaftspflegerecht in Reinland-Pfalz (Loseblatt, Stand 2002)

Stollmann, Landschaftsgesetz Nordrhein-Westfalen (Loseblatt, Stand 2003).

7. Waldgesetze

Dipper/Ott/Schlessmann, Das Waldgesetz für Baden-Württemberg mit den wichtigsten Nebenvorschriften (Loseblatt, Stand 2003)

Keding/Henning, Niedersächsisches Gesetz über den Wald und die Landschaftsordnung (Loseblatt, Stand 2003)

Klose/Orf, Forstrecht (2. Aufl 1998)

Schaefer/Vanvolxem, Landeswaldgesetz Reinland-Pfalz (Loseblatt, Stand 2003)

Westernacher, Hessisches Forstgesetz (Loseblatt, Stand 2003)

Zerle/Hein/Brinkmann, Forstrecht in Bayern (Loseblatt, Stand 2003).

Systematische Übersicht

Alphabetische Übersicht

I. Inhalt des Vorbehalts

1.   Art 119 EGBGB hatte in der Vergangenheit weittragende **Bedeutung**, da er **1**
der Landesgesetzgebung erlaubte, Vorschriften gegen die sog *„Güterzertrümme-
rung"* zu erlassen und – insbesondere nach dem 1. Weltkrieg – Auswüchsen des
Grundstücksverkehrs entgegenzutreten. Er hat diese *Bedeutung* in dem Maße verloren, in dem sich der Reichs-, Besatzungs- und *Bundesgesetzgeber* dieser Aufgaben angenommen haben (dazu Rn 19 ff). Für den neben den heute geltenden Bundesgesetzen verbliebenen engen Anwendungsbereich enthält Art 119 EGBGB,
wie auch die Art 115–117 EGBGB, Vorbehalte, die den Landesgesetzgeber ermächtigen, dem Grundstückseigentümer abweichend von § 903 BGB Beschränkungen in seiner Verfügungsmacht aufzuerlegen. Derartige Verfügungsbeschränkungen sind auch ohne Eintragung im Grundbuch wirksam, wenn nicht der Landesgesetzgeber etwas anderes anordnet. Sie stellen für den ordnungsgemäßen
Grundstücksverkehr eine erhebliche Gefahrenquelle dar, so dass es aus verfassungsrechtlichen Gründen geboten erscheint, ihre Wirksamkeit grundsätzlich von
der konstitutiven Eintragung im Grundbuch abhängig zu machen (eingehend hierzu
Michalski MittBayNot 1988, 204, 206).

2.   Einzelne Vorbehalte

a)   Veräußerungsbeschränkungen

Der Vorbehalt ist ganz allgemein und erstreckt sich auf Veräußerungsbeschränkun- **2**
gen *aller Art* und ohne Rücksicht auf den damit verfolgten Zweck (Planck Anm 1);
die Gründe für die Beschränkung müssen nicht in der Beschaffenheit des Grundstücks liegen (RG RGZ 112, 72); so können wirtschaftspolitische Interessen (Landeskultur, Realkredit) oder ordnungsrechtliche Gründe oder sonstige öffentliche Interessen maßgebend sein. Der Vorbehalt betrifft deshalb nicht bloß Beschränkungen,
die auf der sachlichen Beschaffenheit des Grundstücks, etwa seiner Bewirtschaftung
oder Lage, beruhen. Es können vielmehr auch sonstige Umstände Anlass für die
Veräußerungsbeschränkungen sein. Bei Verfügungsbeschränkungen im Hinblick auf
die Beteiligten gilt dies jedoch nur mit Einschränkungen:

Verfügungsbeschränkungen iS des Art 119 EGBGB, die ihren Grund ausschließ- **3**
lich in der *Person des Veräußerers* haben, sind zwar nicht schlechthin ausgeschlossen. In der Regel werden sie aber dem *Familienrecht* (zB Eigenschaft des Beteiligten als Ehegatte, minderjähriges Kind oder Mündel) oder dem *Personenrecht*
privat- oder öffentlichrechtlicher juristischer Personen (Vertretung bzw Handlungsfähigkeit ihrer Organe) angehören. Gehört aber die Verfügungsbeschränkung
in den Zusammenhang eines solchen Rechtsgebiets, so bestimmt sich die Zulässigkeit einer Veräußerungsbeschränkung ausschließlich hiernach und überlagert
Art 119 EGBGB. Es sind keine landesrechtlichen Veräußerungsverbote hinsichtlich von Grundstücken in Ergänzung zum Familienrecht des BGB oder zum
Recht der bundesgesetzlich geregelten juristischen Personen zulässig. Andererseits
bedarf es des Art 119 EGBGB dort nicht, wo der Landesgesetzgeber berufen ist,
das Handeln einer juristischen Person des privaten oder öffentlichen Rechts (zB
einer Stiftung des öffentlichen oder privaten Rechts und insbesondere der Gemeinden oder der sonstigen Gebietskörperschaften) zu regeln. Die allgemeine
Zuständigkeit auf diesem Gebiet schließt die Befugnis ein, für bestimmte Rechts-

geschäfte, zB Grundstücksveräußerungen, Genehmigungsvorbehalte oä Beschränkungen zu erlassen (so zB für Gemeinden, RGZ 64, 408; 162, 129; GÖNNENWEIN, Gemeinderecht [1963] 199 ff mwN).

4 Verfügungsbeschränkungen, die ihren Grund nur in der *Person des Erwerbers* haben, sind als solche nicht anzuerkennen; sie sind in Wahrheit Erwerbsbeschränkungen und werden daher von Art 119 EGBGB nicht erfasst (str, übereinstimmend SOERGEL/ HARTMANN Rn 1 mwNw; STAUDINGER/GRAMM[10] Rn 8 mwNw aus dem älteren Schrifttum). Sie sind für die Landesgesetzgebung daher nur zulässig, wenn sie durch einen anderen Vorbehalt gedeckt sind (zB durch Art 86 EGBGB gegenüber ausländischen juristischen Personen; Art 88 EGBGB gegenüber Ausländern) oder hierfür eine allgemeine Gesetzgebungskompetenz besteht (s Rn 3).

5 Vorschriften, welche die Veräußerlichkeit von *Rentengütern* und *Erbpachtgütern* beschränken, sind schon durch die insoweit fortwirkenden Vorbehalte der Art 62 und 63 EGBGB gedeckt, die Veräußerungsbeschränkungen in Ansehung von Bestandteilen von Familienfideikommissen, Lehen und Stammgütern, soweit sie noch gelten, durch Art 59 EGBGB (bzw das Bundesrecht zur Fideikommissauflösung, vgl Art 59 Rn 5).

6 aa) Zulässig sind auf Grund dieses Vorbehalts nur Beschränkungen der *Veräußerung*, nicht solche der Belastung (STILLSCHWEIG JW 1923, 731; TRIEBEL Recht 1923, 173). Zu dem Begriff der „Veräußerung" s PALANDT/HEINRICHS Überbl v § 104 Rn 16. Veräußerung im Sinne des Art 119 Nr 1 ist nicht bloß die rechtsgeschäftliche (aufgrund Kauf, Tausch, Schenkung usw), sondern auch die kraft Hoheitsakt, insbes die *Zwangsversteigerung* (so ausf PLANCK Anm 1). Verfügungen von Todes wegen gehören nicht hierher.

7 bb) Unter Veräußerung kann nur eine solche zum Zwecke der *Eigentumsübertragung* verstanden werden, also nicht der bloße schuldrechtliche Vertrag, der zur Übertragung des Eigentums verpflichtet. Deshalb können sich die gesetzlichen Maßnahmen nur gegen den Erfolg der Eigentumsübertragung richten. – Anders heute idR die Bundesgesetze (vgl Rn 19 ff).

8 cc) Die Landesgesetzgebung kann die Veräußerung nur *beschränken*, also an bestimmte Bedingungen oder Voraussetzungen knüpfen, aber *nicht völlig untersagen*. Dass durch die Voraussetzungen, an welche die Veräußerung gesetzlich geknüpft ist, im Einzelfall die Veräußerung *tatsächlich* unmöglich gemacht wird, steht der Rechtswirksamkeit der Vorschrift nicht entgegen (PLANCK Anm 1; zu weitgehend im Hinblick auf die verfassungsrechtlich geschützte Vertragsfreiheit aber, wenn die Veräußerung vom freien Ermessen der Behörde abhängig sein soll).

9 dd) In der *Art der Beschränkung* und in der Bestimmung der Tatbestandsvoraussetzungen, die zur Erreichung des mit der Veräußerungsbeschränkung verfolgten Zweckes als erforderlich angesehen werden, hat die Landesgesetzgebung aufgrund des Vorbehalts grundsätzlich freie Hand, muss jedoch die *verfassungsrechtlichen Vorgaben* beachten. Sie kann insbesondere die Veräußerung, also die dingliche Übereignung, von der Genehmigung einer Behörde abhängig machen oder sonst die Voraussetzungen für die Erteilung regeln (ebenso PLANCK Anm 1, dagegen besonders

SMOSCHEVER Gruchot Bd 67, 17, 54); es ist zulässig, die Genehmigung an Auflagen zu knüpfen (RG DRZ 1926 Nr 269).

ee) Auch die landesgesetzliche Einführung eines *Vorkaufsrechts* (zB für die Ge- **10** meinde, einen Verband) ist gegen die Zweifel im älteren Schrifttum (FUCHS JW 1914, 621; STILLSCHWEIG JW 1926, 167 Anm und besonders SMOSCHEVER Gruchot Bd 67, 56 ff) mit dem *Reichsgericht* (RGZ 112, 72) und dem *Bundesgerichtshof* (WM 1969, 1039) grundsätzlich zulässig (SOERGEL/HARTMANN Rn 1).

ff) Jedoch müssen dabei die *verfassungsrechtlichen Vorgaben* beachtet werden, **11** denn gesetzliche Vorkaufsrechte greifen in die Eigentumsgarantie und die Vertragsfreiheit ein. Die im Rahmen der allgemeinen Handlungsfreiheit des Art 2 Abs 1 GG mitgewährleistete **Vertragsfreiheit** kann allerdings durch ein formell und materiell der Verfassung entsprechendes Gesetz eingeschränkt werden. Dabei kommt insbesondere dem *Grundsatz der Verhältnismäßigkeit* sowie der *Gemeinwohlorientierung* des Gesetzes besondere Bedeutung zu (vgl für die Vorkaufsrechte nach dem BauGB MÖSSLE MittBayNot 1988, 213, 215 mwNw; ROOS, in: BRÜGGELMANN § 24, BauGB Rn 41). Bei einem rein privatnützigen gesetzlichen Vorkaufsrecht, etwa das der Waldnachbarn nach dem Thüringer Waldgesetz (s Rn 100) sind daher erhebliche verfassungsrechtliche Zweifel angebracht. Vor allem aber bewirken gesetzliche Vorkaufsrechte einen Eingriff in die **Eigentumsgarantie** des Art 14 Abs 1 GG, auf die sich aber nur der Verkäufer berufen kann (so etwa MÖSSLE aaO; eingehend dazu STOCK, in: ERNST/ZINKAHN/BIELENBERG § 24 BauGB Rn 83 f mwNw für das BauGB). Diese stellen aber im Allgemeinen keine Enteignung dar, sondern lediglich eine Inhalts- und Schrankenbestimmung nach Art 14 GG (BGH NJW 1989, 37; BVerwG NVwZ-RR 1996, 500; STOCK aaO Rn 84; zum besonders problematischen preislimitierten Vorkaufsrecht BGHZ 98, 188 = NJW 1987, 494). Der darin liegende Eingriff in die Verfügungsbefugnis ist durch das Erfordernis der Wahrung des *„Wohls der Allgemeinheit"* gerechtfertigt, aber zugleich auch begrenzt. Ein Vorkaufsrecht kann daher nur insoweit angeordnet wie auch ausgeübt werden, als es durch das Wohl der Allgemeinheit gedeckt ist (MÖSSLE 216; verfassungsrechtliche Bedenken erhebt auch LABBÈ AnwBl 1989, 530, 534 gegen das Vorkaufsrecht nach dem BauGB). Einen besonders starken Eingriff und daher eine besondere Rechtfertigung bedürfen die preislimitierten Vorkaufsrechte, die aber sicherlich zur Durchführung solcher Maßnahmen zulässig sind, die eine Enteignung rechtfertigen würden (vgl § 28 Abs 4 BauGB). Ungeachtet der verfassungsrechtlichen Problematik haben die gesetzlichen Vorkaufsrechte die letzten Jahre geradezu eine *Renaissance* erlebt, weil eine Vielzahl neu geschaffen wurde. Der Gesetzgeber scheint dabei aber die *praktische* Bedeutung und *Brauchbarkeit* dieser Vorkaufsrechte wesentlich zu überschätzen (so wurde etwa das gemeindliche Vorkaufsrecht nach dem alten BBauG in nur 0,9% der Fälle ausgeübt [ROOS, in: BRÜGGELMANN vor § 24 BauGB Rn 2]; noch niedrigere Zahlen nennt GRZIWOTZ DNotZ 1997, 919). Von den mit einem Vorkaufsrecht verwirklichbaren Zwecken des *Abwehrinteresses* und des *Erwerbsinteresses* (vgl dazu etwa STAUDINGER/MADER [2004] Vorbem 2 zu §§ 463 ff; SCHURIG, Das Vorkaufsrecht im Privatrecht [1975]), wirkt die Abschreckungsfunktion gegenüber den öffentlichen Steuerungsinteressen meist eher contraproduktiv. Das Erwerbsinteresse der öffentlichen Hand kann ebenfalls nur teilweise durch die gesetzlichen Vorkaufsrechte befriedigt werden, da kein Eigentümer eines für die öffentlichen Zwecke benötigten Grundstücks gezwungen werden kann, einen Kaufvertrag als Ausübungsgrundlage für das Vorkaufsrecht abzuschließen. Umgekehrt belastet die Schaffung gesetzlicher Vorkaufsrechte den

Rechtsverkehr ganz erheblich und verursacht – wenn etwa noch grundbuchsperren-
de Maßnahmen zur Sicherung der Durchsetzbarkeit der Vorkaufsrechte angeordnet
werden – auch erhebliche Verfahrens- und Personalkosten.

b)   Teilungsbeschränkungen (Nr 2)

12 Der Vorbehalt des Art 119 EGBGB geht weiter; er ermächtigt die Landesgesetzgebung nicht bloß zur Beschränkung, sondern auch zur *vollständigen Untersagung*
der Teilung von Grundstücken und der *getrennten Veräußerung* bisher *zusammen*
bewirtschafteter Grundstücke. Zu solchen gesetzgeberischen Maßnahmen ermächtigten schon für besondere Güterarten oder besondere Zwecke die Art 59, 62, 63,
113 EGBGB. Dagegen bezieht sich der Vorbehalt des Art 119 Nr 2 *allgemein* auf alle
Arten von Grundstücken und schränkt auch die Landesgesetzgebung hinsichtlich
des zu verfolgenden Zweckes nicht ein; hauptsächlich kommen Belange der Landeskultur in Frage.

13 aa)   *Teilung* bedeutet hier die Abschreibung einer Teilfläche von einer im Grundbuch (Flurbuch, Kataster) als Ganzes eingetragenen Grundfläche und deren *Bu-*
chung als selbständiges Grundstück im Rechtsinne. Demgegenüber ist der Begriff der
Teilung iS von § 19 Abs 1 BauGB aF (zur Aufhebung der Vorschrift s Rn 26) weiter, weil
er auch die Fälle der Vereinigung der abgetrennten Teilfläche mit anderen Grundstücken erfasst (s etwa BATTIS/KRAUTZBERGER/LÖHR § 19 BauGB Rn 4), jedoch werden diese
Vereinigungsfälle von Art 119 Nr 3 erfasst. Verboten und beschränkt werden kann
die Teilung sowohl, wenn die geteilten Grundstücke zunächst in der Hand des
bisherigen Eigentümers verbleiben (im sog Eigenbesitz), als auch wenn die Teilung
zum Zwecke der Wegveräußerung eines Teiles an einen Dritten oder zur getrennten
Veräußerung der Teile an verschiedene Personen erfolgen soll.

Die *Beschränkung der Teilung* kann namentlich darin bestehen, dass für Grundstücke bestimmter Art und wirtschaftlicher Zweckbestimmung ein Mindestflächen-
maß vorgeschrieben ist, welche durch Teilung nicht unterschritten werden darf, oder
dass die Teilung gewisser Grundstücke von behördlicher Genehmigung abhängig
gemacht wird.

14 bb)   Die Landesgesetzgebung kann die *Wegveräußerung von Grundstücken* außerdem beschränken oder untersagen, die schon bisher rechtlich (buchmäßig) einen
selbständigen Gegenstand bildeten, aber mit anderen Grundstücken eine *wirtschaft-*
liche Einheit bildeten *(„Dismembrations-", Zerteilungsverbote).* Es kommt hier nicht
auf die Einheit der Kulturart (Wald, Ackerland), sondern der Wirtschaft an (einheitliches, von einer Stelle aus geleitetes Gut). Mit dem Ausdruck „zusammen bewirtschaftet" sollten aber nicht bloß die Fälle unter den Vorbehalt gebracht werden,
in denen die sämtlichen Grundstücke nach einem gemeinschaftlichen Wirtschafts-
plan bewirtschaftet werden, sondern auch die Fälle, in denen einzelne wieder aus
mehreren selbständigen Grundstücken bestehende Teile eines größeren Gutes (sog
Vorwerke) ganz selbständig bewirtschaftet werden (aA NIEDNER Anm 2b); die Einheit
der Bewirtschaftung besteht in letzterem Falle in der gemeinsamen Oberleitung.

Dass die einheitliche Bewirtschaftung schon in der Hand von Vorbesitzern durchgeführt war, wird in Art 119 Nr 2 nicht gefordert (Prot II 8978); das Verbot oder die
Beschränkung der Wegveräußerung kann sich auch gegen denjenigen Eigentümer

richten, der die Grundstücke erst in die gemeinsame Bewirtschaftung im angegebenen Sinne einbezogen hat.

cc) Der Landesgesetzgebung steht es frei, die bürgerlich-rechtlichen *Folgen* der **15** Übertretung der erlassenen Vorschriften zu bestimmen. Mangels einer solchen Bestimmung ist die unzulässige Verfügung gemäß § 134 BGB nichtig.

c) Beschränkung und Vereinigung der Zuschreibung

§ 890 BGB lässt in Abs 1 die Vereinigung mehrerer Grundstücke dadurch zu, dass **16** der Eigentümer sie als ein Grundstück in das Grundbuch eintragen lässt, um so die Möglichkeit einheitlicher Belastung und Übertragung zu schaffen. Nach Abs 2 kann ein Grundstück dadurch zum *Bestandteil* eines anderen Grundstücks gemacht werden, dass der Eigentümer es diesem im Grundbuche zuschreiben lässt. §§ 5, 6 GBO (durch das Registerverfahrensbeschleunigungsgesetz [RegVBG] vom 20. 12. 1993 [BGBl I 2182] geändert) geben hierzu die *Ordnungsvorschrift*, dass ein Grundstück nur dann einem anderen Grundstück als Bestandteil zugeschrieben oder mit ihm vereinigt werden soll, wenn hiervon Verwirrung nicht zu besorgen ist, die beteiligten Grundstücke unmittelbar aneinandergrenzen (durch amtliche Flurkarte nachzuweisen) und im Bezirk desselben Grundbuchamts liegen (vom letztgenannten Erfordernis kann bei einem erheblichen Bedürfnis abgewichen werden, § 5 Abs 2 GBO).

Die **Landesgesetzgebung** kann die bundesrechtlich zugelassenen Maßnahmen der **17** Vereinigung und Zuschreibung **ganz untersagen** oder dadurch **beschränken**, dass sie die Zulassung an bestimmte Bedingungen oder Voraussetzungen knüpft (Bauer/vOefele/Waldner §§ 5, 6 GBO Rn 7; zu den einzelnen gesetzlichen Bestimmungen s Rn 54 ff). Der Zweck dieser Regelungen wird regelmäßig der Schutz der Realgläubiger sein; weniger kommen hier Rücksichten auf die Landeskultur in Frage (Niedner Anm 3), die eher die Förderung der Zusammenlegung von Grundstücken verlangen (s Art 113 EGBGB). Der **Verstoß** gegen diese landesrechtlichen Vorschriften führt jedoch im Zweifel zur Unwirksamkeit der Vereinigung, während die Grundbucheintragung unter Nichtbeachtung der §§ 5, 6 GBO trotzdem wirksam ist, da es sich bei diesen Bestimmungen der GBO nur um Ordnungsvorschriften handelt (Bauer/vOefele/Waldner §§ 5, 6 GBO Rn 55; Meikel/Böttcher § 5 GBO Rn 92).

II. Grundbuchverfahren

Für das Gebiet des Grundbuchrechts gibt § 136 GBO der Landesgesetzgebung die **18** Möglichkeit zu Vorschriften, die von denen der GBO abweichen. Im Einzelfall kann die Abgrenzung schwierig sein, ob die landesgesetzliche Regelung auf Art 119 Nr 3 EGBGB oder auf § 136 GBO gestützt werden kann, jedoch dürfte diese Unterscheidung idR nur akademische Bedeutung besitzen (Bauer/vOefele/Waldner §§ 5, 6 GBO Rn 7)

III. Zum Bundesrecht auf dem Gebiete des Vorbehalts

Das von dem Vorbehalt ermöglichte Landesrecht ist zum großen Teil schon durch **19** Reichs- (bzw Besatzungs-)recht und nunmehr *Bundesrecht* abgelöst und vereinheitlicht worden. Einen umfassenden Überblick geben SCHÖNER/STÖBER, Grundbuch-recht Rn 3800 ff. Als wichtigste derartige Bestimmungen sind zu nennen:

1. Grundstücksverkehr, gesetzliches Vorkaufsrecht und Bodenordnung in der Landwirtschaft

20 **a)** Verkehrsbeschränkungen nach dem **Grundstücksverkehrsgesetz** (GrdstVG) – Gesetz über Maßnahmen zur Verbesserung der Agrarstruktur und zur Sicherung land- und forstwirtschaftlicher Betriebe – vom 28. Juli 1961 (BGBl I 1091, ber 1652 und 2000; in Berlin übernommen durch G vom 21. 12. 1961 [BerlGVBl 1757]; – BGBl III 7810-1), zuletzt geändert durch Gesetz vom 1. Juli 1987 (BGBl I 2191). Zu dessen Vorgän-gern s 12. Aufl Rn 20, zur rechtspolitischen Diskussion HÖTZEL AgrarR 2000, 1.

21 Nach dem Ersten Abschnitt des GrdstVG bedürfen grundsätzlich (Ausnahmen: § 4 GrdstVG) die **Veräußerung eines land- und forstwirtschaftlichen Grundstücks** sowie der schuldrechtliche Vertrag hierzu der **Genehmigung**; jene für den schuldrechtlichen Vertrag gilt auch für die Veräußerung (§ 2 Abs 1 S 2 GrdstVG). Der Veräußerung stehen gleich die Einräumung und Veräußerung eines Miteigentumsanteils, die Be-stellung eines Nießbrauchs sowie die Veräußerung eines Erbanteils an einen anderen als einen Miterben, wenn der Nachlass im Wesentlichen aus einem land- oder forst-wirtschaftlichen Betrieb besteht (§ 2 Abs 2 GrdstVG). Die Länder sind ermächtigt, einerseits die Vorschriften des Ersten Abschnitts des GrdstVG auf grundstücksglei-che Rechte, die die land- und forstwirtschaftliche Nutzung eines Grundstücks zum Gegenstand haben, auszudehnen, andererseits das Genehmigungserfordernis für Grundstücke bis zu einer **bestimmten Größe aufzuheben** (§ 2 Abs 3 GrdstVG). Die Genehmigung darf aber **nur versagt** oder durch Auflagen (§ 10 GrdstVG) oder Bedingungen (§ 11 GrdstVG) eingeschränkt werden, wenn Tatsachen vorliegen, aus denen sich Versagungsgründe nach § 9 Abs 1 ergeben, insbes wenn die Veräußerung eine ungesunde Verteilung des Grund und Bodens bedeutet (dazu etwa BGH AgrarR 1998, 272, 274; BENDEL AgrarR 1998, 267). Das Interesse der Teilnehmergemeinschaft an einer Flurbereinigung kann dem Kaufinteresse eines hauptberuflichen Landwirts gleichgestellt werden (OLG Karlsruhe AgrarR 1974, 324). Die Übergabe verpachteter landwirtschaftlicher Grundstücke von der Mutter auf 3 Kinder zu Miteigentum je zu einem Drittel stellt keine unwirtschaftliche Verkleinerung oder Aufteilung dar, insbes dann, wenn der Anspruch auf Aufhebung der Gemeinschaft ausgeschlossen ist und gegenseitige dingliche Vorkaufsrechte eingeräumt werden (AG Neresheim BWNotZ 1995, 68). Zum Begriff des landwirtschaftlichen Betriebs iS von § 9 Abs 5 GrdstVG beim Betrieb einer Pferdekoppel s BGH NJW-RR 1996, 528 = MittBayNot 1996, 188.

22 Zur Durchführung des GrdstVG und teilweise in Ausführung der Ermächtigungen in dessen § 2 Abs 3 sind ua ergangen:

aa) Baden-Württemberg
Ausführungsgesetz zum GrdstVG (AGGrdstVG) vom 8. 5. 1989 (GVBl 143), zuletzt geändert durch G vom 1. 7. 2004 (GBl 469): *Genehmigungsfrei* ist die Veräußerung eines Grundstücks, das weder selbst noch zusammen mit anderen Grundstücken des Veräußerers, mit denen es eine zusammenhängende Einheit bildet, folgende Größen nicht übersteigt: bei Veräußerung an eine Gemeinde, in deren Gebiet das Grund-

stück liegt, bis zu 1 ha, bei sonstigen Veräußerungen (abgesehen von einem Sonderfall bei Veräußerung an Träger der Wasserversorgung) bis zu 30 Ar.

bb) Bayern

AusfG zum Grundstücksverkehrsgesetz und des Landpachtverkehrsgesetzes (AGGrdstLPachtVG) vom 21. 12. 1961 (GVBl 259 = BayRS 7810-1-E; [dazu s DENGLER, Zur Problematik der Freigrenze nach Art 2 BayAGGrdstVG, RdL 1971, 4, 35]), geändert durch G vom 28. 3. 2000 (GVBl S 136). Genehmigungsfrei sind Veräußerungen von Grundstücken bis zu 2 ha, wobei die während der letzten drei Jahre schon genehmigungsfrei (dazu OLG München RdL 1963, 63) erfolgten Veräußerungen mit einzurechnen sind; bei landwirtschaftlichen Betrieben über 2 ha Größe können mit Gebäuden der Hofstelle besetzte Grundstücke nur mit Genehmigung veräußert werden (Art 2 des G). Dagegen ist bei Kleinbetrieben unter 2 ha Größe auch die Veräußerung der Hofstelle genehmigungsfrei (BayObLG Rpfleger 1962, 23 zur früher geltenden 1 Hektar-Grenze). Dabei kann das Grundbuch die Eintragung nur dann verweigern, wenn berechtigte Zweifel an der Genehmigungsfreiheit der Auflassung bestehen, wobei auf Grund bestimmter Tatsachen konkrete Anhaltspunkte für die Genehmigungspflicht vorliegen müssen (BayObLG AgrarR 2001, 326).

cc) Brandenburg

Ausführungsgesetz zum Grundstücksverkehrsgesetz vom 18. 3. 1994 (GVBl 81): Genehmigungsfrei ist die Veräußerung von Grundstücken unter 1 ha.

dd) Bremen

G über die Freigrenze im land- und forstwirtschaftlichen sowie gärtnerischen Grundstücksverkehr vom 24. 2. 1970 (GBl 29 = SaBR 7810-b-1), geändert durch G vom 26. 9. 1972 (GBl 193): Grundstücke können genehmigungsfrei veräußert werden, wenn sie nicht größer als $2500\,m^2$ sind.

ee) Hamburg

G über die Freigrenze im land- und forstwirtschaftlichen Grundstücksverkehr vom 21. 6. 1971 (GVBl 111). Genehmigungsfrei ist die Veräußerung von Grundstücken bis zu einer Größe von 1 ha.

ff) Hessen

G über die Genehmigungsfreiheit im Verkehr mit land- und forstwirtschaftlichen Grundstücken vom 17. 4. 1962 (GVBl I 263 = HessGVBl II 81-11), geändert durch G vom 18. 12. 1989 (GVBl 497). *Genehmigungsfrei* ist die Veräußerung eines Grundstücks, das kleiner als 0,25 ha und nicht bebaut ist.

gg) Niedersachsen

NdsAusfG zum GrdstVG vom 11. 2. 1970 (GVBl 30). Genehmigungsfrei ist die Veräußerung von Grundstücken, die kleiner als 0,25 ha sind.

hh) Nordrhein-Westfalen

AusfG zum GrdstVG vom 14. 7. 1981 (GVBl 403): Genehmigungsfrei ist die Veräußerung von Grundstücken bis zu einer Größe von 1 ha.

ii)   Rheinland-Pfalz

AusfG zum GrdstVG vom 2.2.1993 (GVBl 105 = BS RhPf 7810-3): Der 1. Abschn des GrdstVG ist für die *Veräußerung von grundstücksgleichen Rechten*, welche die land- oder forstwirtschaftliche Nutzung zum Gegenstand haben, und von *selbständigen Fischereirechten*, die nicht dem Eigentümer eines Gewässers zustehen, für anwendbar erklärt.

Genehmigungsfrei ist demgegenüber die Veräußerung von Grundstücken, die nicht größer als 50 Ar sind, es sei denn, das Grundstück wird weinbaulich genutzt und ist größer als 10 Ar oder auf dem Grundstück befindet sich die Wirtschaftsstelle eines land- oder forstwirtschaftlichen Betriebs.

kk)   Saarland

G Nr 769 zur Ausführung des GrdstVG und des LandpachtG vom 11.7.1962 (ABl 504 = BS Saar 7810-1): Die Landesregierung ist durch § 1 Nr 1 ermächtigt, die in § 2 Abs 3 Nr 1 GrdstVG vorgesehenen *Berechtigungen dem Genehmigungserfordernis zu unterstellen*; davon ist ersichtlich bis jetzt nicht Gebrauch gemacht. – DVO zum GrdstVG und ReichssiedlungsG vom 3.7.1969 (ABl 408 = BS Saar 7810-2): Die Veräußerung einzelner oder mehrerer zusammenhängender Grundstücke, die eine Wirtschaftseinheit bilden und insgesamt 15 Ar nicht übersteigen, ist genehmigungsfrei.

ll)   Sachsen

§ 54 des G über die Justiz im Freistaat Sachsen (Sächsisches Justizgesetz – SächsJG) vom 24.11.2000 (GVBl 482, ber GVBl 2001, 704): Für die Genehmigungsfreiheit wird – wie in Baden-Württemberg – auf die zusammenhängende Fläche abgestellt, die bei Veräußerung an eine Gemeinde/Gemeindeverband nicht über 1 ha sein darf, sonst nicht größer als 0,5 ha (Abs 1). Genehmigungsbedürftig ist immer die Veräußerung eines Grundstücks, auf dem sich eine Hofstelle befindet oder das dem Weinbau, dem Erwerbsgartenbau oder der Teichwirtschaft dient (§ 54 Abs 2).

mm)   Sachsen-Anhalt

AusfG zum GrdstVG vom 25.10.1995 (GVBl 302): *Genehmigungsfrei* ist die Veräußerung von unbebauten Grundstücken von weniger als 2 ha sowie die Veräußerung eines zwar mit einem Wirtschaftsgebäude bebauten Grundstücks, wenn dieses nach der Bauleitplanung verbindlich als Fläche der Land- und Forstwirtschaft dargestellt oder festgesetzt ist und das Grundstück kleiner als 0,25 ha ist.

nn)   Schleswig-Holstein

G zur Durchführung des Grundstücksverkehrsgesetzes vom 8.12.1961 (GVBl 1962, 1 = GS SchlH 7810-1), zuletzt geändert durch G 21.2.1996 (GVOBl S 231) samt DVO vom 20.12.1961 (GVBl 1962, 80). Die Veräußerung von Grundstücken, die nicht größer als 2 ha sind, ist genehmigungsfrei.

23   b)   Siedlungsrechtliches gesetzliches Vorkaufsrecht nach dem **Reichssiedlungsgesetz** vom 11.8.1919 (RGBl 1429 = BGBl III 2-2331/1 = BayRS 2331-1-F), idF mehrfacher Änderungen, insbes des GrdstVG (BGBl III 2331-1), dem ErgänzungsG zum RSG vom 4.1.1935 (RGBl I 1), gleichfalls geändert durch das GrdstVG (BGBl III 2331-2), und nach den §§ 12, 21 GrdstVG (in *Rheinland-Pfalz* aufgehoben mit Wirkung zum 1.1.1996 durch Art 1 Abs 4 des 8. RechtsbereinigungsG vom 12.10.1995 [GVBl

421]; ebenso im *Saarland* durch das 5. RBerG vom 5. 2. 1997 [ABl 258] Art 7 Abs 12 Nr 2).

Das gesetzliche Vorkaufsrecht der gemeinnützigen Siedlungsunternehmungen zum Zweck der Landreform – iS des Art 119 EGBGB eine zunächst der Landesgesetzgebung eingeräumte Art der Veräußerungsbeschränkung – ist seit Inkrafttreten des RSG reichs- bzw bundeseinheitlich geregelt. Das Vorkaufsrecht besteht an landwirtschaftlichen Grundstücken, Moor- und Ödland von 2 ha aufwärts an, nach landesrechtlicher Abweichung auch bei weniger oder mehr als 2 ha (§ 4 Abs 1 und 4 RSG; dazu SCHÖNER/STÖBER Grundbuchrecht Rn 4142; für *Sachsen* s § 2 FreigrV vom 17. 3. 1994 [GVBl 689]: 50 Ar Mindestgröße). Seit dem Erlass des GrdstVG ist dieses Vorkaufsrecht in seinen Voraussetzungen und seiner Abwicklung mit dem Genehmigungsverfahren nach dem GrdstVG verbunden: Das Vorkaufsrecht besteht nur, wenn die Verkauf (hierzu NETZ AUR 2003, 298, 302) einer Genehmigung nach dem GrdstVG bedarf (also zB nicht, wenn die landesrechtlich vorgesehene Freigrenze nicht überschritten ist, HAEGELE, Grundstücksverkehrsbeschränkungen Rn 346), und wenn diese unter den Kaufvertragsparteien zu versagen wäre (§ 4 Abs 1 RSG; SCHÖNER/STÖBER Grundbuchrecht Rn 4138, NETZ AUR 2003, 298); an die Stelle der Mitteilung des Vorkaufsverpflichteten nach § 469 (früher § 510) BGB tritt die Vorlage des Kaufvertrags durch die Genehmigungsbehörde beim Vorkaufsberechtigten (etwa dem Siedlungsunternehmen oä), nachdem jene zu der Auffassung gelangt ist, dass sie die Genehmigung versagen müsste (§ 12 GrdstVG). Das Vorkaufsrecht wird ausgeübt, indem die Genehmigungsbehörde die Ausübungserklärung dem Verpflichteten mitteilt, und damit gilt dann auch die Genehmigung nach dem GrdstVG im Verhältnis Verkäufer (= Vorkaufsverpflichteter) und dem Vorkaufsberechtigten als erteilt (§ 6 RSG). Bei einem *überwiegend landwirtschaftlich genutzten Grundstück* kann auch der forstwirtschaftliche Teil dem Vorkaufsrecht unterfallen, wenn das Gesamtgrundstück eine wirtschaftliche Einheit bildet und beide Flächen sinnvoller Weise nicht voneinander getrennt werden können; insoweit gilt hier ein wirtschaftlicher Grundstücksbegriff (BGHZ 134, 166 = NJW 1997, 1073, 1074; eingehender NETZ AUR 2003, 298, 300).

Zu den Voraussetzungen des siedlungsrechtlichen Vorkaufsrechts s NETZ AUR 2003, 298; zu verfahrensrechtlichen Fragen s STEFFEN RdL 1979, 199; HERMINGHAUSEN AgrarR 1980, 300; s auch FEUCHTHOFEN BayVBl 1985, 394.

c) Im **Flurbereinigungsverfahren** nach dem Flurbereinigungsgesetz idF der Bek **24** vom 16. 3. 1976 (BGBl I 546 = BGBl III 7815-1), zuletzt geändert durch G vom 20. Dezember 2001 (BGBl I 3987) besteht für die erfassten Grundstücke grundsätzlich kein Veräußerungsverbot; über die einzige Ausnahme im Sonderfall des § 52 Abs 3 FlurbG s schon oben bei Art 113 Rn 23.

2. Bodenverkehr, gesetzliches Vorkaufsrecht und Bodenordnung im Städtebau

a) Die bodenverkehrsrechtlichen Regelungen im **Baugesetzbuch** wurde durch das **25** Gesetz zur Anpassung des Baugesetzbuchs an EU-Richtlinien (**Europarechtsanpassungsgesetz Bau** – EAG Bau) vom 24. 6. 2004 (BGBl I 1359) erheblich geändert (zu Literatur s bereits oben Art 113 Rn 13):

aa) Das Erfordernis einer Genehmigung für die **Grundstücksteilung** nach § 19 **26**

BauGB, das auf Grund des Gesetzesänderung durch das BauROG 1998 zum 1.1.1998 nur teilweise entfallen war (s Voraufl Rn 25), ist mit Wirkung zum 20.7.2004 ersatzlos aufgehoben werden. Die nach dem bisherigen Recht zur Begründung der Teilungsgenehmigung erlassenen Satzungen der Gemeinden sind diesbezüglich nicht mehr anzuwenden und zu bereinigen (§ 244 Abs 5 BauGB), die Grundbuchsperre nach § 20 Abs 2 S 2 BauGB ist entfallen (zur Neuregelung etwa Grziwotz DNotZ 2004, 674, 680; Battis/Krautzberger/Löhr NJW 2004, 2553, 2558; Dümig Rpfleger 2004, 461). Zu Recht betont dabei der Gesetzgeber, dass dadurch der Verwaltungsaufwand bei den Gemeinden und Grundbuchämtern verringert werden soll (BT-Drucks 15/2250, S 32, 52). Der Nachteil dieser Liberalisierung und damit ein Verlust an Rechtssicherheit ist, dass damit durch eine Grundstücksteilung *bauplanungswidrige Zustände* entstehen können (insoweit unzutr die amtl Begründung, aaO, wo von der Beseitigung von Rechtsunsicherheit durch die Neuregelung gesprochen wird). § 19 Abs 2 BauGB bestimmt deshalb auch ausdrücklich, dass durch die Grundstücksteilung im Geltungsbereich eines Bebauungsplans keine Verhältnisse geschaffen werden dürfen, die den Festsetzungen desselben widersprechen. Jedoch betrifft dies nicht die zivilrechtliche Wirksamkeit der grundbuchamtlich vollzogenen Teilung, weil es sich nicht um ein Verbotsgesetz iS von § 134 BGB handelt (vgl dazu die Stellungnahme des Bundesrates im Gesetzgebungsverfahren, BR-Drucks 756/03; LG Traunstein MittBayNot 2005, 229; Dümig Rpfleger 2004, 461, 462; Grziwotz DNotZ 2004, 674, 681; Voss/Steinkemper ZfIR 2004, 797, 799; ausführlich Eckert/Höfinghoff NotZB 2004, 405, 407 f). Daher darf das Grundbuchamt die Eintragung der Grundstücksteilung nicht ablehnen, selbst wenn es weiß, dass dadurch baurechtswidrige Zustände eintreten.

27 Daneben kann die Teilung nicht nur dem Bauplanungsrecht zuwiderlaufen, sondern auch zu einem Verstoß gegen das landesrechtliche **Bauordnungsrecht** führen (Grziwotz aaO), wobei für jedes Teilstück gesondert beurteilt wird, ob dieses durch die Teilung baurechtswidrig wird (Gutachten DNotI-Report 2004, 175). Ob die Baubehörde gegen so entstandene baurechtswidrige Zustände einschreiten kann, hängt von den Befugnisnormen des jeweiligen Landesbaurechts ab (vgl dazu Gutachten DNotI-Report 2004, 175; Eckert/Höfinghoff NotZB 2004, 405, 409; eine solche kennt etwa Berlin [§ 7 BauO]). Auf alle Fälle kann die baurechtswidrige Teilung dazu führen, dass eine Baugenehmigung wegen einer bauplanungs- oder bauordnungsrechtlichen Unzulässigkeit des Vorhabens nicht erteilt wird (Eckert/Höfinghoff aaO). Daneben können sich auch zivilrechtlich nachteilige Rechtsfolgen ergeben, etwa die Pflicht zur Zahlung einer Überbaurente, wenn die gesetzlichen Abstandsflächen nicht eingehalten werden (Grziwotz aaO; Staudinger/H Roth [2002] § 912 Rn 59; AnwKommBGB/Ring § 912 Rn 83). Eine *Belehrungspflicht* hinsichtlich dieser Bauplanungswidrigkeit der Teilung besteht für den Notar zwar nicht nach § 17 BeurkG, kann sich aber im Einzelfall auf Grund der sog *erweiterten Schutz- und Warnpflicht* (entsprechend § 14 Abs 1 S 2 BNotO) dann ergeben, wenn sich die Baurechtswidrigkeit ihm gleichsam aufdrängen muss, etwa wenn ein Gebäude durch die neue Grenzziehung durchteilt wird (Grziwotz aaO; Eckert/Höfinghoff 412; Gutachten DNotI-Report 2004, 176; zum früheren Recht ebenso Schöner/Stöber Grundbuchrecht Rn 3843; weitergehend Voss/Steinkemper ZfIR 2004, 797, 804; für weit reichende Belehrungspflicht Groth/Schmitz GE [Das Grundeigentum] 1998, 22 ff). Zu den sich aus der gesetzlichen Neuregelung ergebenden Auswirkungen auf die *Vertragsgestaltung* s ausführlich Eckert/Höfinghoff NotZB 2004, 405, 412 ff.

28 Ein *Genehmigungserfordernis* für die Grundstücksteilung besteht aber noch in der

Umlegung (§ 51 Abs 1 Nr 1 BauGB), im Enteignungsverfahren (§ 109 Abs 1 BauGB), im förmlich festgelegten Sanierungsgebiet (§ 144 Abs 8 Nr 5 BauGB), im städtebaulichen Entwicklungsbereich (§ 169 Abs 1 Nr 3 BauGB) und nach einigen *Landesbauordnungen* (s Rn 112 ff). Zur Genehmigungspflicht von Grundstücksteilungen im Rahmen der **Sachenrechtsbereinigung** s Rn 50.

bb) Vorkaufsrechte
Nach den §§ 24 ff BauGB stehen den Gemeinden **gesetzliche Vorkaufsrechte** zu, die **29** durch die Neufassung des BauGBs und Übernahme der Regelungen aus dem BauGB-MaßnG noch erweitert wurden. Das gemeindliche Vorkaufsrecht besteht auch beim Verkauf von *ideellen Miteigentumsanteilen* (BGHZ 90, 174, 176 = NJW 1984, 1617 [Vorlageentscheidung]; BayObLG DNotZ 1986, 223; OLG Frankfurt DNotZ 1996, 41; Schöner/Stöber, Grundbuchrecht Rn 4110; jetzt auch Battis/Krautzberger/Löhr § 200 BauGB Rn 6; **aA** OLG Bremen DNotZ 1978, 624 [überholt durch BGH]).

Das *allgemeine Vorkaufsrecht* nach § 24 Abs 1 BauGB besteht an Grundstücken **30**

– im Geltungsbereich eines (einfachen oder qualifizierten) *Bebauungsplans*, für die eine Nutzung für *öffentliche Zwecke* oder für Flächen oder Maßnahmen nach § 1a Abs 3 BauGB (Ausgleich für Eingriffe in die Natur) festgesetzt ist (Nr 1),

– in *Umlegungsgebieten* Nr 2, wozu nach dem EAG Bau wohl auch der Bereich eines vereinfachten Umlegungsverfahrens (§§ 80 ff BauGB) gehört (dazu Art 113 Rn 72),

– im förmlich festgelegten *Sanierungsgebiet* oder städtebaulichen *Entwicklungsgebiet* und im Geltungsbereich einer Satzung zur Sicherung von Durchführungsmaßnahmen des *Stadtumbaus* und einer *Erhaltungssatzung* (Nr 3 u 4),

– an unbebauten Flächen im Außenbereich, für die nach dem Flächennutzungsplan eine Nutzung als Wohnbaufläche oder Wohngebiet dargestellt ist (Nr 5),

– an unbebauten Grundstücken in Gebieten, die nach den §§ 30, 33 oder § 34 Abs 2 BauGB vorwiegend mit Wohngebäuden bebaut werden können (Nr 6).

§ 25 BauGB ermöglicht der Gemeinde durch Satzung ein *besonderes Vorkaufsrecht* **31** an *unbebauten Grundstücken* im Geltungsbereich eines Bebauungsplans oder in Gebieten zu begründen, in denen städtebauliche Maßnahmen (etwa Ausweisung neuer Baugebiete) in Betracht gezogen werden, um eine geordnete städtebauliche Entwicklung zu sichern. Eine *rückwirkende* Inkraftsetzung einer Vorkaufssatzung hinsichtlich solcher Kaufverträge, die bereits vor Satzungsbekanntmachung abgeschlossen waren, ist jedoch nicht möglich (BVerwG NJW 1994, 3178; OVG Münster NVwZ 1995, 915 = MittRhNotK 1994, 124).

Das gesetzliche **Vorkaufsrecht entfaltet nicht** mehr – wie vor der Novelle des alten **32** BBauG – **dingliche Wirkung** oder die **einer Vormerkung**, ohne im Grundbuch eingetragen zu sein (Krautzberger, in: Battis/Krautzberger/Löhr § 28 BauGB Rn 8). Allerdings erlöschen rechtsgeschäftliche Vorkaufsrechte bei einem Eigentumserwerb aufgrund Ausübung des gesetzlichen Vorkaufsrechts (§ 28 Abs 2 S 5 BauGB). Die

Gemeinde kann aber nach Mitteilung des Kaufvertrags das Grundbuchamt um Eintragung einer Vormerkung zu ihren Gunsten ersuchen (§ 28 Abs 2 S 3 BauGB). Verfügungen des Eigentümers nach Eintragung der Vormerkung sind entsprechend den allgemeinen Regeln dem Vorkaufsberechtigten gegenüber unwirksam (§ 883 Abs 2 BGB). Der Sicherung der Gemeinde dient vor allem § 28 Abs 1 S 2 BauGB, wonach das Grundbuchamt bei Veräußerungen die Eigentumsumschreibung nur vornehmen darf, wenn die Nichtausübung oder das Nichtbestehen des gesetzlichen Vorkaufsrechts nachgewiesen ist („Entdinglichung" des Vorkaufsrechts durch Grundbuchsperre, dazu etwa STAUDINGER/MADER [2002] Einl 19 ff zu §§ 1094 ff; SCHÖNER/ STÖBER, Grundbuchrecht Rn 4123; AMANN MittBayNot 1976, 153, 155; krit WALTER JA 1981, 322, 325). Dadurch wird die „Emanzipation vom Privatrecht" deutlich (MADER aaO Rn 20, zu den verbleibenden Gemeinsamkeiten s dort Rn 22), die Stellung des Vorkaufsberechtigten aber nicht wesentlich geschwächt, weil das Grundbuchamt ohne diesen Nachweis die Eigentumsumschreibung regelmäßig nicht vornehmen wird; erfolgt diese ausnahmsweise auch ohne einen solchen, so ist der Erwerb allerdings dennoch wirksam (BayObLG NJW 1983, 1567, 1568 = DNotZ 1984, 378; BAUER/VOEFELE/BAUER, Grundbuchrecht § 38 GBO Rn 92; SCHÖNER/STÖBER, Grundbuchrecht Rn 4123).

33 Der erforderliche **Nachweis** des Nichtbestehens oder der Nichtausübung des Vorkaufsrechts kann zwar auch in anderer Weise geführt werden (BGH WM 1979, 335), da dies jedoch regelmäßig schwierig ist, besteht eine Verpflichtung der Gemeinde zur Erteilung eines **Negativzeugnisses** (SCHÖNER/STÖBER, Grundbuchrecht Rn 4132; missverständlich STAUDINGER/MADER Einl 21 zu §§ 1094 ff: Erteilung „liegt in der Hand der Gemeinde"), jedoch kann diese dafür **Kosten** erheben (BayVGH BayVBl 1995, 692 = NJW-RR 1996, 702; OVG Münster MittRhNotK 1987, 165; HAIDUK MittBayNot 1984, 118; Gutachten DNotI-Report 2003, 177, 179). Erholt der Notar auf Grund einer hierfür erteilten Vollmacht (hierfür besteht keine gesetzliche, SCHÖNER/STÖBER, Grundbuchrecht Rn 4134) das Zeugnis, so ist er aber nicht Kostenschuldner hierfür (Gutachten DNotI-Report aaO). In der Praxis wird dabei idR nach dem sog „zweistufigen Verfahren" vorgegangen (vgl dazu BNotK-Rundschreiben Nr 16/1997 vom 12. 6. 1997), da dadurch die Vertraulichkeit und der Datenschutz am besten gewahrt werden (vgl dazu Gutachten DNotI-Report aaO; s auch SCHÖNER/STÖBER Grundbuchrecht Rn 4132). Dabei teilt der Notar der Gemeinde zunächst nur die Tatsache des Verkaufs und die Namen der Vertragsbeteiligten mit. In den meisten Fällen genügt dies, da entweder kein Vorkaufsrecht für das Grundstück besteht oder die Gemeinde ein Vorkaufsrecht unabhängig von den Bedingungen des Kaufvertrages nicht ausüben will. Nur in den wenigen Fällen, in denen die Gemeinde aus begründetem Anlass die Ausübung des Vorkaufsrechts erwägt, braucht sie kein Negativzeugnis zu erteilen. Dann ist ihr nach Erteilung der zur Wirksamkeit des Kaufvertrags erforderlichen Genehmigungen die Kaufvertragsurkunde förmlich mitzuteilen (SCHÖNER/STÖBER aaO). Dies ist allerdings erst die Mitteilung iS des § 469 Abs 1 BGB, welche die zweimonatige Ausübungsfrist nach § 28 Abs 2 S 1 BauGB auslöst (Gutachten DNotI-Report aaO). Wird ein Negativattest nach § 28 Abs 1 S 3 u 4 BauGB dem Grundbuchamt vorgelegt, so darf dieses jedoch nicht überprüfen, ob die Einhaltung der entsprechenden *kommunalverfassungsrechtlichen Bestimmungen* beachtet wurde, denn auch das Negativzeugnis ist ein Verwaltungsakt, welcher auch bei Mängeln hinsichtlich der internen Zuständigkeit der erteilende Stelle allenfalls rechtswidrig, aber nicht nichtig iSv § 44 VwVfG ist (SCHÖNER/STÖBER, Grundbuchrecht Rn 4131 mwNw). Das Negativattest hat die Wirkung eines (fingierten) Ausübungsverzichts (§ 28 Abs 1 S 4 BauGB).

Die Gemeinde kann nach Mitteilung des Kaufvertragsinhalts das Vorkaufsrecht nur **34**
binnen zwei Monaten durch *Verwaltungsakt* gegenüber dem Verkäufer *ausüben*, § 28
Abs 2 S 1 BauGB. Es darf nur ausgeübt werden, wenn das **Wohl der Allgemeinheit**
dies rechtfertigt, §§ 24 Abs 3 S 1, 25 Abs 2 S 1 BauGB. Hierzu ist eine Interessenabwägung erforderlich (BVerwG NVwZ 1994, 282). Das Vorkaufsrecht besteht nur,
wenn dessen Ausübung die Verwirklichung der gesetzlichen Ausübungszwecke erleichtert oder ermöglicht. Fiskalische Gründe oder allgemein bodenpolitische Erwägungen, etwa eine großzügige Bodenbevorratung, genügen nicht (OVG Koblenz
NJW 1988, 1342; BayVGH BayVBl 1986, 181, 182 [Absicht der Weiterveräußerung an Einheimische
nicht genügend]). Verlangt das Wohl der Allgemeinheit nur hinsichtlich einer Teil-
fläche die Ausübung des Vorkaufsrechts, so kann es nur an dieser ausgeübt werden
(BGH NJW 1991, 293; BayVGH NJW 2000, 531 = BayVBl 1999, 563; eingehend hierzu K Mayer
NJW 1984, 100); die Festlegung des dann nur anteilig zu zahlenden Kaufpreises (§ 467
BGB) erfolgt dann nicht durch Verwaltungsakt, sondern im Wege der freihändigen
Vereinbarung zwischen Vorkaufsberechtigten und -verpflichteten, hilfsweise durch
Entscheidung des Zivilgerichts (BayVGH aaO). Der Verkäufer kann allerdings die
Übernahme einer weitergehenden Fläche oder gar des gesamten Kaufobjekts ver-
langen, wenn die Verwertung der Restfläche nur unter Inkaufnahme von Nachteilen
möglich wäre (sog „erweiterte Übernahmepflicht", vgl BGH NJW 1967, 113)

Bei Ausübung des Vorkaufsrechts ist von der Gemeinde *grundsätzlich* der von den **35**
Kaufvertragsteilen vereinbarte Kaufpreis zu zahlen. Abweichend hiervon bestimmt
§ 28 Abs 4 BauGB, dass in den Fällen des § 24 Abs 1 Nr 1 BauGB und soweit
hinsichtlich der betroffenen Flächen eine Enteignung möglich wäre, der **Entschädi-
gungswert** des 2. Abschnitts des 5. Teils des BauGB zu zahlen ist, wenn dieser niedriger als der vereinbarte Kaufpreis ist (vgl Cholewa/David/Dyong/von der Heide, BauGB
§ 28 Anm 5a; Grziwotz, Baulanderschließung 54). Es handelt sich dann um ein **preislimitiertes Vorkaufsrecht**. Daneben kann die Gemeinde (also Ermessensentscheidung)
bei jedem Vorkaufsfall den Kaufpreis auf den Verkehrswert (§ 194 BauGB) beschränken, wenn der im Erstkaufvertrag vereinbarte Kaufpreis den Verkehrswert in
erkennbarer Weise deutlich überschreitet. Geschieht dies, so kann der Verkäufer
vom Verkauf binnen Monatsfrist zurücktreten und das Vorkaufsrecht entfällt (§ 28
Abs 3 BauGB), ohne dass die Erfüllungsansprüche des Erstkäufers aus dem ursprünglichen Kaufvertrag wieder aufleben (BGHZ 97, 298 = NJW 1986, 2643 zur Rechtslage
nach dem BBauG).

Bei Ausübung des preislimitierten Vorkaufsrechts nach § 24 Nr 1 BauGB *erlöschen* **36**
die Pflichten des Verkäufers aus dem Kaufvertrag, der Gemeinde das Eigentum zu
übertragen (§ 28 Abs 4 S 2 BauGB). Der Käufer kann in bestimmten Fällen die
Ausübung des Vorkaufsrechts nach § 27 BauGB *abwenden* (nicht möglich bei Vor-
kaufsrechtsfällen nach § 24 Abs 1 Nr 1 BauGB und wenn das Grundstück für Um-
legungszwecke benötigt wird, § 27 Abs 2 BauGB).

Einer **Auflassung** an die Gemeinde bedarf es in den Fällen der **preislimitierten Aus-** **37**
übung des Vorkaufsrechts des § 28 Abs 3 u 4 BauGB nicht, das Eigentum geht hier
mit Grundbucheintragung, die auf Ersuchen der Gemeinde erfolgt, auf die Gemeinde über (§ 28 Abs 3 S 6 und Abs 4 S 3 BauGB). Dem Ersuchen ist ein behördliches
Zeugnis über die Unanfechtbarkeit der Ausübungserklärung beizufügen (Bauer/
Voefele/Bauer, Grundbuchrecht § 38 GBO Rn 95). Mit Ablauf der Rücktrittsfrist bzw

mit unanfechtbarer Ausübung des Vorkaufsrechts erlöschen zugleich die Pflichten des Verkäufers, der Gemeinde das Eigentum zu verschaffen (§ 28 Abs 3 S 5, Abs 4 S 2 BauGB), nicht aber Schadensersatzansprüche des Erstkäufers gegen den Verkäufer aus dem ursprünglichen Kaufvertrag (SCHÖNER/STÖBER, Grundbuchrecht Rn 4125). In den **anderen Fällen** der Vorkaufsrechtsausübung bedarf es jedoch einer *besonderen Auflassung* (ERNST/ZINKAHN/BIELENBERG § 28 Rn 60; GRZIWOTZ, Baulanderschließung 53; SCHÖNER/STÖBER, Grundbuchrecht Rn 4126). Denn dort kommt mit der fristgerechten Ausübung des Vorkaufsrechts durch die Gemeinde ein neuer selbstständiger Kaufvertrag zwischen ihr und dem Eigentümer zustande (§ 28 Abs 2 S 2 BauGB). Der Kaufvertrag zwischen Verkäufer und Erstkäufer bleibt auch dann wirksam. Ein gesetzliches **Rücktrittsrecht** steht nur dem Käufer zu (§§ 437, 440, 323 BGB), der aber statt dessen bei Verschulden des Verkäufers auch Schadensersatz verlangen kann (§§ 437 Nr 3, 440, 280, 281, 283 BGB), wenn dieser Anspruch nicht ausdrücklich ausgeschlossen ist.

38 Die Gemeinde kann im Voraus und stets widerruflicher Weise für das ganze Gemeindegebiet oder für alle Grundstücke einer Gemarkung auf die Ausübung ihres Vorkaufsrechts **verzichten** (§ 28 Abs 5 S 1 BauGB). Das Vorkaufsrecht kann nach § 27a BauGB auch **zu Gunsten Dritter** ausgeübt werden.

39 cc) Während eines **Umlegungsverfahrens** (§§ 45 ff BauGB) bedürfen nach § 51 Abs 1 Nr 1 BauGB Verfügungen, insbesondere also Veräußerungen, der *Genehmigung*. Dies gilt von der Bekanntmachung des Umlegungsbeschlusses an; im Grundbuch ist ein Umlegungsvermerk einzutragen (§ 54 Abs 1 S 2 BauGB); des Weiteren tritt eine *Grundbuchsperre* ein (§§ 54 Abs 2 S 2, 22 Abs 6 BauGB idF des EAG Bau; eingehender Art 113 Rn 46). Verfügungsbeschränkungen bestehen auch in einem förmlich festgelegten *Sanierungsgebiet*, § 144 BauGB (vgl Erl zu Art 113 Rn 77).

40 dd) Zur Sicherung der Zweckbestimmung von Gebieten mit **Fremdenverkehrsfunktion** kann durch die **Gemeinde** in einem Bebauungsplan oder durch eine sonstige Satzung eine **Genehmigungspflicht** für die **Begründung oder Teilung** von **Wohnungs- und Teileigentum** eingeführt werden (§ 22 BauGB). Gleiches gilt für Wohnungserbbaurechte und Dauerwohn- und Dauernutzungsrechte iS von §§ 30, 31 WEG (§ 22 Abs 1 S 2 BauGB), nicht aber für die Bildung von Bruchteilseigentum mit einer Benutzungsregelung nach § 1010 BGB (OLG Schleswig Rpfleger 2000, 492 = DNotZ 2000, 779; aA noch LG Flensburg ZfIR 2000, 567 m Anm GRZIWOTZ als Vorinstanz). Die Begründung dieses Genehmigungsvorbehalts setzt seit der Gesetzesänderung zum 1. 1. 1998 durch das BauROG 1998 keine entsprechende Rechtsverordnung der Landesregierung mehr voraus, sondern nur den Erlass eines entsprechenden Bebauungsplans oder einer sonstigen Satzung der Gemeinde. Dabei hat die Gemeinde den entsprechenden Satzungsbeschluss, den Zeitpunkt des Inkrafttretens und, falls nicht das gesamte Gemeindegebiet hiervon erfasst ist, die Bezeichnung der betroffenen Grundstücke vor der Bekanntmachung der Satzung dem zuständigen Grundbuchamt mitzuteilen (§ 22 Abs 2 S 3 u 4 BauGB idF des EAG Bau). Andererseits ist auch die Aufhebung des Genehmigungsvorbehalts durch die Gemeinde dem Grundbuchamt unverzüglich mitzuteilen (§ 22 Abs 8 BauGB). Die Genehmigung darf auf Grund einer abschließenden Regelung der Versagungsgründe nur verweigert werden, wenn durch die Begründung dieser Rechte tatsächlich die Fremdenverkehrsfunktion und dadurch die städtebauliche Entwicklung und Ordnung der Gemeinde beeinträchtigt wird (§ 22 Abs 4 S 1 BauGB; dazu Ernst/Zinkahn/Bielenberg § 22 BauGB Rn 46; Battis/Krautzberger/Löhr § 22 BauGB Rn 14; BVerwGE 99, 242 = BB 1996, 1134 = MittBayNot 1996, 237). Die Genehmigung ist ferner unter dem Gesichtspunkt des sog *„Vormerkungsschutzes"* auch zu erteilen, wenn sie erforderlich ist, damit Ansprüche Dritter erfüllt werden können, zu deren Sicherung vor dem Wirksamwerden des Genehmigungsvorbehalts eine Vormerkung im Grundbuch eingetragen oder der Antrag auf Eintragung einer Vormerkung beim Grundbuchamt eingegangen ist (§ 22 Abs 4 S 2 BauGB nF).

§ 22 Abs 6 BauGB ordnet eine **Grundbuchsperre** an (vgl auch Dümig Rpfleger 2004, 461, **41** 463; Bauer/vOefele/Waldner Grundbuchrecht AT VIII Rn 96). Denn das Grundbuchamt darf bei einem Grundstück, das im Geltungsbereich der entsprechenden Satzung liegt, die von der Satzung erfassten Eintragungen in das Grundbuch nur dann vornehmen, wenn die Genehmigung oder die Bescheinigung über die Genehmigungsfiktion wegen des Ablaufs der Genehmigungsfrist (§ 22 Abs 5 S 5 BauGB) vorgelegt wird oder wenn die Freistellungserklärung nach § 22 Abs 8 BauGB beim Grundbuchamt eingegangen ist. Erfolgt trotzdem eine Eintragung und war diese genehmigungsbedürftig, so kann die Baubehörde die Eintragung eines *Amtswiderspruchs* verlangen (§ 22 Abs 6 S 2, 2. HS BauGB, § 53 Abs 1 Satz 1 GBO). Die Möglichkeit eines *Negativattests* gibt es nicht mehr, weil § 22 Abs 3 Nr 2 BauGB durch das EAG Bau mit Wirkung zum 20. 7. 2004 aufgehoben wurde (zutr Dümig Rpfleger 2004, 461, 463; übersehen bei Grziwotz DNotZ 2004, 674, 682).

Der angestrebte Gesetzeszweck, den Bau unnötiger Zweitwohnungen zu verhin- **42** dern, dürfte mit § 22 BauGB kaum erreicht werden; der Rechtsverkehr wird dadurch abermals unnötig erschwert (krit daher zu Recht bereits Schelter DNotZ 1987, 330, 339; Schöner/Stöber Grundbuchrecht Rn 3850). Auch aus der Bestellung einer sog *Fremdenverkehrsdienstbarkeit*, dass die Wohnungen nur durch wechselnde Feriengäste genutzt werden können (dazu Staudinger/J Mayer [2002] § 1018 Rn 78), ergibt sich kein Rechtsanspruch des Eigentümers auf Erteilung einer Genehmigung nach § 22 BauGB, da deren Einhaltung nicht hinreichend praktikabel überwacht werden kann (so BVerwGE 99, 242 = MittBayNot 1996, 237, 239 m abl Anm F Schmidt MittBayNot 1996, 179; OLG München MittBayNot 2001, 98, 101; Dolde/Menke NJW 1996, 2616; Taegen, in: Berl Komm z BauGB § 22 Rn 15; krit auch Grziwotz MittBayNot 1996, 181; eingehend dazu auch Kristic MittBayNot 2003, 263). Allerdings besteht daneben immer noch die Möglichkeit, dass sich die Genehmigungsbehörde mit einer solchen Absicherung zufrieden gibt, zumal dadurch der auch für die Gemeinde belastende Anspruch des Eigentümers nach § 22 Abs 7 BauGB auf entgeltliche Übernahme des Grundstücks bei Genehmigungsversagung abgewendet werden kann (Grziwotz MittBayNot 1996, 181). Erschwerend kommt für den Rechtsverkehr hinzu, dass seit dem **Wegfall des Negativattests** nach § 22 Abs 3 Nr 2 BauGB durch das EAG Bau keine verbindliche behördliche Bescheinigung mehr möglich ist, dass eine Genehmigungspflicht nach § 22 Abs 1 BauGB nicht besteht und daher die Grundbuchsperre im konkreten Fall nicht eingreift. Der Erwerber von Wohnungs- und Teileigentum ist daher in keiner Weise mehr geschützt (krit daher auch Grziwotz DNotZ 2004, 683, ohne jedoch das eigentliche Problem zu erkennen). Die Änderung des § 22 BauGB hat daher nur die Möglichkeiten des Grundbuchs verbessert, von der Genehmigungspflicht zu erfahren, ist aber abermals ein Beweis dafür, dass öffentlich-rechtliche Verfügungsbeschränkungen ohne rechtsstaatlich wünschenswerte Verlautbarung in den privaten Rechtsverkehr eingreifen.

b) Genehmigungspflicht bei Begründung von Sondereigentum im Geltungsbereich einer Erhaltungssatzung

43 Durch das BauROG 1998 wurde ein weiterer Genehmigungsvorbehalt für die Begründung von Wohnungs- und Teileigentum nach § 172 Abs 1 S 4 BauGB eingeführt. Er setzt eine „zweistufige Rechtsetzung" (GROSCHUPF NJW 1998, 417, 421) voraus: **(1)** Zum einen muss die Gemeinde eine Satzung nach § 172 Abs 1 Nr 2 BauGB (Erhaltungs- oder sog „*Milieusatzung*") erlassen. **(2)** Nur für deren Geltungsbereich kann dann die Landesregierung durch VO bestimmen, dass die Begründung von Sondereigentum (Wohnungs- oder Teileigentum, nicht jedoch von Wohnungs- und Teilerbbaurechten oder Dauerwohn- und Dauernutzungsrecht, LANGHEIN ZNotP 1998, 346, 348; SCHÖNER/STÖBER Grundbuchrecht Rn 3852) an Gebäuden, die ganz oder teilweise Wohnzwecken dienen, auf die Dauer von höchstens fünf Jahren der Genehmigung bedarf. Der Wortlaut der Norm lässt offen, ob sich die VO nur auf eine bereits erlassene Erhaltungssatzung konkret beziehen darf oder bereits – quasi im Vorgriff – auch für erst später zu erlassende Satzungen die Genehmigungspflicht antizipiert schaffen kann (so BATTIS/KRAUTZBERGER/LÖHR § 172 BauGB Rn 13; unentschieden GROSCHUPF NJW 1998, 421). Ebenso offen ist, ob der Genehmigungsvorbehalt auch die Aufteilung von Neubauten erfasst (so LANGHEIN ZNotP 1998, 346, 347, hier greift allerdings zumindest die Genehmigungspflicht nach § 172 Abs 4 S 3 Nr 5 BauGB ein) oder von vornherein nur die sog Umwandlungsfälle, dh die Aufteilung bereits bestehender Gebäude (so GRZIWOTZ DNotZ 1997, 936; BATTIS/KRAUTZBERGER/LÖHR § 172 BauGB Rn 14; letztlich auch HERTEL DNotI-Report 1997, 161). In extensiver, am Schutzzweck ausgerichteter Auslegung der Vorschrift wird auch eine spätere *Änderung einer Teilungserklärung* dann unter den Genehmigungsvorbehalt fallen, wenn dadurch neues Sondereigentum begründet wird; Gleiches gilt für eine Unterteilung des bereits bestehenden Sondereigentums (HERTEL aaO; SCHÖNER/STÖBER Grundbuchrecht Rn 3852; LANGHEIN ZNotP 1998, 346, 348). Der Genehmigungsvorbehalt soll nur als „relatives Verfügungsverbot" iS von § 135 BGB gelten (so die ausdrückliche Verweisung in § 172 Abs 1 S 5 BauGB), weshalb ein gutgläubiger Erwerb grds möglich ist (§ 135 Abs 2 BGB; BATTIS/KRAUTZBERGER/LÖHR § 172 BauGB Rn 16; SCHÖNER/STÖBER, Grundbuchrecht Rn 3853). Mit dem gutgläubigen Erwerb der ersten Einheit der entsprechenden Anlage wird die gesamte Wohnungsaufteilung wirksam (SCHÖNER/STÖBER Grundbuchrecht Rn 3853; HERTEL 162). Das Bestehen des Genehmigungsvorbehalts bewirkt eine **Grundbuchsperre** (vgl § 172 Abs 1 S 6 BauGB, der jetzt in der Fassung durch das EAG Bau auf § 22 Abs 6 BauGB verweist, dazu Rn 41), so dass die Frage des gutgläubigen Erwerbs trotz Verstoßes gegen die Genehmigungspflicht kaum praktisch wird. Auf Grund der Verweisung des § 172 Abs 1 S 6 BauGB auf den § 22 Abs 2 S 3 und 4 BauGB (je idF des EAG Bau) ist die Gemeinde verpflichtet, das Grundbuchamt vorab über den Erlass der Erhaltungssatzung, den Zeitpunkt ihres Inkrafttretens und die Bezeichnung der betroffenen Grundstücke zu unterrichten. Über das Bestehen der Rechtsverordnung der Landesregierung muss sich das Grundbuchamt selbst Kenntnis verschaffen (DÜMIG Rpfleger 2004, 461, 463). Umgekehrt ergibt sich aus dem zweistufige Verfahren, das in den Ländern, in denen die Landesregierung von der Verordnungsermächtigung des § 172 Abs 1 S 4 BauGB noch keinen Gebrauch gemacht hat, ein Negativattest nicht verlangt werden kann (OLG Hamm MittRhNotK 1999, 251 = Rpfleger 1999, 487; OLG Zweibrücken DNotZ 1999, 825, 826 = Rpfleger 1999, 441; ERNST/ZINKAHN/BIELENBERG/STOCK § 172

BauGB Rn 127; Battis/Krautzberger/Löhr § 172 BauGB Rn 15; Schöner/Stöber Grundbuchrecht Rn 3853b; Langhein ZNotP 1998, 346, 348). Wird die entsprechende Erhaltungssatzung durch die Gemeinde aufgehoben, so hat sie auch hiervon dem Grundbuchamt Mitteilung zu machen (§ 172 Abs 1 S 6 iVm § 22 Abs 8 BauGB).

Die Genehmigung darf nur versagt werden, wenn die Zusammensetzung der Wohn- **44** bevölkerung aus besonderen städtebaulichen Gründen erhalten werden soll (§ 172 Abs 4 S 1 BauGB). Eine **Genehmigungspflicht** besteht, wenn auch unter Berücksichtigung des Allgemeinwohls ein Absehen von der Begründung von Sondereigentum wirtschaftlich nicht zumutbar ist (§ 172 Abs 4 S 2 BauGB). Die Genehmigung ist ferner zu erteilen, wenn einer der in § 172 Abs 4 S 3 BauGB genannten Genehmigungstatbestände vorliegt, wobei diese nur enumerativ sind („insbesondere"). Für den rechtsgeschäftlichen Verkehr wichtig ist zum einen der *„Vormerkungsschutz"*, wonach die Genehmigung zu erteilen ist, wenn im Grundbuch bereits vor Wirksamwerden des Genehmigungsvorbehalts eine Vormerkung zur Sicherung von Ansprüchen Dritter auf Übertragung von Sondereigentum eingetragen wurde; die bloße Antragstellung hierfür genügt aber nicht (Langhein ZNotP 1998, 346, 347). Zum anderen besteht nach Nr 6 ein Genehmigungsanspruch, wenn der Eigentümer sich gegenüber der Gemeinde formlos, weil reine Verfahrenserklärung (Langhein ZNotP 1998, 346, 352), verpflichtet, innerhalb von sieben Jahren Wohnungen **nur an die Mieter zu veräußern**. Dann kann in der Genehmigung bestimmt werden, dass die **Veräußerung** von Sondereigentum an dem Gebäude während der Dauer dieser Verpflichtung zu ihrer Wirksamkeit der **Genehmigung der Gemeinde bedarf**, wobei diese Genehmigungspflicht sogar auf Ersuchen der Gemeinde in das Grundbuch einzutragen ist (§ 172 Abs 4 S 4, 5 BauGB). Ob es sich bei diesem Veräußerungsverbot wiederum nur um ein relatives iS von § 135 BGB mit der Möglichkeit des gutgläubigen Erwerbs bei unterbliebener Grundbuchverlautbarung nach §§ 135 Abs 2, 892 f BGB handelt (so Grziwotz DNotZ 1997, 937; Battis/Krautzberger/Löhr § 172 BauGB Rn 60; Schöner/Stöber Grundbuchrecht Rn 3853; Hertel 162 f mit verschiedenen Deutungsversuchen), erscheint keineswegs eindeutig, ist doch in Abs 4 gerade keine Verweisung auf § 135 BGB enthalten. Allerdings spricht dafür ein Schluss „a maiore ad minus", denn der Erwerber des Sondereigentums bei einer so langfristig wirkenden Veräußerungsbeschränkung ist mindestens so schutzwürdig wie der, der sonst unmittelbar vom teilenden Eigentümer erwirbt und für den § 172 Abs 1 S 5 BauGB den gutgläubigen Erwerb ermöglicht. Jedenfalls ist diese Veräußerungsbeschränkung eine weitere Erschwerung des Rechtsverkehrs; ob sie sich als Eingriff in die durch Art 2 Abs 1 GG gewährleistete *Vertragsfreiheit* zumindest dann bereits rechtfertigen lässt, wenn man den Regelungszweck allein privatnützig im Interesse des betroffenen Mieters sieht, erscheint zweifelhaft.

Das **Genehmigungsverfahren** selbst regelt § 173 BauGB, wobei die Gemeinde sach- **45** lich zuständig ist. Bei Versagung der Genehmigung kann der Eigentümer von der Gemeinde die entgeltliche **Übernahme** des Grundstücks nach § 173 Abs 2 BauGB verlangen.

3. Gesetzliches Vorkaufsrecht bei öffentlich geförderten Wohnungen

Nach § 2b des G zur Sicherung der Zweckbestimmung von Sozialwohnungen (Woh- **46** nungsbindungsgesetz – WoBindG – idF der Bek vom 19. 8. 1994 [BGBl I 2166 ber 2319 =

III 2330-14]) bestand ein gesetzliches Vorkaufsrecht des Mieters beim Verkauf einer in
eine Eigentumswohnung umgewandelten oder umzuwandelnden öffentlich geförder-
ten Mietwohnung. Dieses Vorkaufsrecht wurde mit Wirkung zum 1. 1. 2002 durch
Art 6 Nr 2 des Gesetzes zur Reform des Wohnungsbaurechts (vom 13. 9. 2001, BGBl I
2376) ersatzlos aufgehoben (dazu etwa HEIMSOETH RNotZ 2002, 88, 104).

4. Gesetzliches Vorkaufsrecht des Mieters an umgewandelten Eigentumswohnungen

47 Nach § 577 BGB (früher § 570b BGB, eingefügt durch das 4. MRÄndG v 21. 7. 1993
[BGBl I 1257]) besteht seit dem 1. 9. 1993 ein schuldrechtliches gesetzliches Vorkaufsrecht des Mieters hinsichtlich der Wohnräume, an denen *nach der Überlassung an
den Mieter* Wohnungseigentum begründet wurde oder werden soll. Die Vorschrift
wirft eine Reihe von Zweifelsfragen auf (dazu LANGHEIN DNotZ 1993, 650; BUB NJW 1993,
2897; FRIEDRICH SCHMIDT MittBayNot 1994, 285; STAUDINGER/ROLFS [2003] § 577 Rn 8 ff) und
wird die gesetzgeberische Zielvorstellung, die Spekulation auf dem Wohnraummarkt
durch Umwandlung in Wohnungseigentum einzuschränken (dazu NIES NZM 1998, 179,
180; STAUDINGER/ROLFS § 577 Rn 5 ff), nicht verwirklichen können.

5. Genehmigungspflichten und Vorkaufsrechte in den neuen Bundesländern

48 In den neuen Bundesländern bestehen eine Reihe von zT einschneidenden Beschränkungen des Grundstücksverkehrs (dazu etwa BÖHRINGER BWNotZ 1996, 49; F
KRAUSS, in: Beck´sches Notarhandbuch A IX Rn 103 ff). Beispielhaft seien hervorgehoben:

a) Genehmigung nach der Grundstücksverkehrsordnung

49 Im Gebiet der neuen Bundesländer gilt die *Grundstücksverkehrsverordnung* (GVO)
jetzt idF v 20. 12. 1993 (BGBl I 2182, zuletzt geändert durch G vom 28. 10. 2004 [BGBl I
2630], zur Neufassung FRENZ DtZ 1994, 56; zur Genehmigungspraxis LIMMER ZNotP 1998, 353).
Nach § 2 Abs 1 S 1 GVO bedürfen die Auflassung eines Grundstücks oder eines
Teiles davon sowie die Bestellung und Übertragung eines Erbbaurechts jeweils
einschließlich des schuldrechtlichen Vertrages hierüber der Genehmigung. Der Auflassung eines Grundstücks stehen die Einräumung oder Auflassung eines Miteigentumsanteils an einem Grundstück und die Übertragung von Wohnungseigentum
gleich, § 3 S 2 GVO. Die Eintragung einer Vormerkung bedarf keiner Genehmigung,
§ 2 Abs 1 S 2 Nr 4 GVO. Zweck der Genehmigung ist es zu verhindern, dass bei
Vorliegen eines Rückerstattungsantrags ein dem nur schuldrechtlich wirkenden Verfügungsverbot des § 3 Abs 3 S 1 VermG widersprechendes dingliches Rechtsgeschäft
abgeschlossen wird. Daher entfällt seit der Neufassung in den Fällen des § 2 Abs 1
S 2 GVO (Zweiterwerb) das Genehmigungserfordernis, was Investitionshemmnisse
beseitigen soll (zu praktischen Problemen hierzu CHRISTIAN WOLF MittBayNot 1995, 17; LIMMER
357 f). Dem gleichen Zweck dient § 11 Abs 1 Investitionsvorranggesetz (InVorG) idF
der Bek vom 4. 8. 1997 (BGBl I 1996), wonach ein *Investitionsvorrangbescheid* die
Genehmigung nach der GVO ersetzt.

b) Genehmigungspflichten im Rahmen der Sachenrechtsbereinigung

50 § 120 SachenRBerG enthält eine Reihe von Sondervorschriften für die Teilungsgenehmigung im Rahmen der Sachenrechtsbereinigung. Grundsätzlich besteht auch
hier eine Genehmigungspflicht. Um den Besonderheiten dieses Verfahrens Rech-

nung zu tragen, wird auch bei Vorliegen der Versagungsgründe des § 20 Abs 1
BauGB eine Teilungsgenehmigung erteilt, wenn die bes Maßgaben des § 120 Abs 1
S 2 Nr 1 bis 4 SachenRBerG vorliegen. Eine Anpassung an die Aufhebung des § 19
BauGB und der damit verbundenen Teilungsgenehmigung (s Rn 26) unterblieb je-
doch bisher, so dass sich die Frage stellt, ob die Verweisung auf die nun nicht mehr
geltenden Bestimmungen der §§ 19 ff BauGB nicht ins Leere läuft.

c) Vorkaufsrechte nach dem Vermögensgesetz

Nach § 20 Abs 1 des *Vermögensgesetzes* (VermG) idF vom 21. 12. 1998 (BGBl I 4026) **51**
zuletzt geändert durch G vom 10. 12. 2003 (BGBl I 2471) haben *Mieter und Nutzer* von
Ein- und Zweifamilienhäusern sowie von Grundstücken für *Erholungszwecke*, die
staatlich verwaltet wurden oder auf die ein Anspruch auf Rückübertragung besteht,
einen Anspruch auf Einräumung eines Vorkaufsrechts für den ersten Verkaufsfall,
wenn das Miet- oder Nutzungsverhältnis bereits am 29. 9. 1990 bestanden hat und im
Zeitpunkt über die Entscheidung über den Antrag noch fortbesteht. Nach der Neufassung entsteht das Vorkaufsrecht aber erst mit Eintragung im Grundbuch, Abs 6.

Nach § 20a VermG hat der *Restitutionsberechtigte* an Grundstücken, die nicht zu-
rückübertragen werden können, weil Dritte Eigentums- oder dingliche Nutzungsrechte hieran erworben haben, einen Anspruch auf Einräumung eines **Vorkaufsrechts**.

Beide Vorkaufsrechte bewirken keine **Grundbuchsperre** (vgl etwa GRAUEL RNotZ 2002,
228).

d) Weitere Vorkaufsrechte

Daneben bestehen im Beitrittsgebiet noch weitere Vorkaufsrechte, etwa nach § 5 **52**
Landverwertungsgesetz vom 22. 7. 1990 (GBl DDR 899).

Auch das *Schuldrechtsanpassungsgesetz* vom 21. 9. 1994 (BGBl I 2538), zuletzt geändert durch G vom 17. 5. 2002 (BGBl I 1580) hat in Kapitel 6 § 57 ein weiteres Vorkaufsrecht für den ersten Verkaufsfall für den Nutzer eines Grundstücks im Beitrittsgebiet eingeführt. Erfasst wird der erste Verkauf eines Grundstücks, über das
Nutzungsverträge nach §§ 312 ff DDR-ZGB („Datschen", Garagen) oder ein sog
Überlassungsvertrag (Art 232 § 1a EGBGB) bestehen (eingehend dazu etwa Münch-
Komm/KÜHNHOLZ [Bd 6] Erl zu § 57 SchuldRAnpG).

§ 42 Abs 2 S 2 des *Landwirtschaftsanpassungsgesetzes* (LwAnpG) idF vom 3. 7. 1991
(BGBl I 1418), zuletzt geändert durch G vom 19. 6. 2001 (BGBl I 1149) begründet ein
gesetzliches Vorkaufsrecht der Mitglieder einer landwirtschaftlichen Produktions-
genossenschaft anlässlich der Vermögensverwertung bei der Auflösung der LPG
(dazu BGH WM 1995, 70).

6. Weitere neue bundeseinheitliche Vorkaufsrechte

Das *Planungsvereinfachungsgesetz* vom 17. 12. 1993 (BGBl I 2123) hat zur Erleichte- **53**
rung des Grundstückserwerbs für Bauvorhaben folgende Vorkaufsrechte geschaffen:

– Vorkaufsrecht der *Deutschen Bundesbahn* nach § 36c BundesbahnG;

– Vorkaufsrecht des *Trägers der Straßenbaulast* nach § 9a Abs 6 Bundesfernstra-ßenG idF der Bek vom 20. Februar 2003 (BGBl I 286);

– Vorkaufsrecht des *Bundes* nach § 15 Abs 3 BundeswasserstraßenG (WaStrG) idF der Bek vom 4. 11. 1998 (BGBl I 3294), zuletzt geändert durch VO vom 25. 11. 2003 (BGBl I 2304);

– Vorkaufsrecht des Unternehmers nach § 8a Abs 3 *LuftverkehrsG*;

– Vorkaufsrecht des Unternehmers nach § 28a Abs 3 *PersonenbeförderungsG* idF der Bek 8. 8. 1990 (BGBl I 1690), zuletzt geändert durch G vom 29. 12. 2003 (BGBl I 3076).

Des Weiteren besteht ein Vorkaufsrecht des Trägers des Vorhabens nach § 19 Abs 3 des *Allgemeinen Eisenbahngesetzes* vom 27. 12. 1993 (BGBl I 2378, 2396, BGBl 1994 I 2439), zuletzt geändert durch G vom 12. 12. 2003 (BGBl I 2518).

Nach § 4 Abs 3 *Magnetschwebebahnplanungsgesetz* vom 23. 11. 1994 (BGBl I 3486), zuletzt geändert durch VO vom 25. 11. 2003 (BGBl I 2304) steht dem Träger des Vorhabens ebenfalls ein Vorkaufsrecht zu.

IV.   Landesrecht aufgrund des Vorbehalts in Art 119

1.   Baden-Württemberg

54 § 30 AGBGB vom 26. 11. 1974 (GBl 498), zuletzt geändert durch G vom 28. 6. 2000 (GBl 470) betr Vereinigung von Grundstücken.

2.   Bayern

55 Almgesetz vom 28. 4. 1932 (GVBl 237 = BayBS IV 359), geändert durch G vom 24. 4. 2001 (GVBl S 140): betr Veräußerung von Almgrundstücken mit Genehmigungs-pflicht (s BayObLG MittBayNot 1982, 178 mwNw).

3.   Hessen

56 § 22 AGBGB v 18. 12. 1984 (GVBl 344 = GVBl II 230-5), zuletzt geändert durch G vom 22. 9. 2004 (GVBl I 278) über die Vereinigung und Zuschreibung von Grundstücken.

G, die Teilung belasteter Grundstücke betreffend, vom 27. 7. 1904 (HessRegBl 307 = HessGVBl II 231-12; betr Grundstückseinteilung).

4.   Rheinland-Pfalz

57 Einheitlich: § 19 AGBGB vom 18. 11. 1976 (GVBl 259 = BS RhPf 400-1), zuletzt geän-dert durch G vom 6. 12. 2001 (GVBl S 39) über die Beschränkung der Vereinigung und Zuschreibung von Grundstücken.

5. Preußen

Zur Rechtslage in Preußen s Staudinger/Promberger/Schreiber[12] Rn 42.   **58**

6. Saarland

§ 23 des Gesetzes zur Ausführung bundesrechtlicher Vorschriften (AGJusG) vom   **59**
5.2.1997 (ABl 259), zuletzt geändert durch G vom 7.11.2001 (ABl 2158) enthält
Beschränkungen bei der Vereinigung von Grundstücken, die angesichts der bundesrechtlichen Regelungen der §§ 5, 6 GBO überflüssig erscheinen.

V. Landesrecht mit vergleichbarem Regelungsinhalt

Landesrechtliche Regelungen, die den Art 119 entsprechende Regelungen vorsehen **60**
– insbesondere über Genehmigungspflichten bei Grundstücksveräußerung, gesetzliche Vorkaufsrechte, Teilungsbeschränkungen – finden sich heute vielfach in öffentlich-rechtlichen Bestimmungen. Die folgende Zusammenstellung erfasst einige für
die Praxis besonders bedeutsame Rechtsgebiete:

1. Kommunalrecht

Zurückgehend auf § 62 Deutsche Gemeindeordnung vom 30.1.1935 (RGBl I 49) **61**
sehen die meisten Kommunalverordnungen vor, dass Vermögensgegenstände nur
veräußert werden dürfen, wenn sie zur Erfüllung von Gemeindeaufgaben nicht
benötigt werden und auch dann darf dies idR nur zu ihrem vollen Wert geschehen
(s auch die Übersicht bei Schöner/Stöber Rn 4075). Bei einer *Veräußerung unter dem vollen*
Wert besteht nach einigen Ländergesetzen noch eine *Genehmigungspflicht*. Die
Versagung der Genehmigung führt zur *Nichtigkeit* des betroffenen Rechtsgeschäfts,
die sich aus der Genehmigungsbedürftigkeit selbst und nicht aus § 134 BGB ergibt (J
Mayer BayVBl 1994, 65, 67; zust MünchKomm/Mayer-Maly/Armbrüster § 134 Rn 7; jetzt auch
allg so Staudinger/Sack [2003] § 134 Rn 168). Aufgeführt sind nachstehend nur die
Gemeindeordnungen; deren einschlägige Bestimmungen gelten idR entsprechend
für die Ämter, Landkreise, Bezirke, Landschaftsverbände, Zweckverbände etc.

Daneben sind bei kommunalen Veräußerungen unter Wert aber auch die **europa-** **62**
rechtlichen Vorgaben des *EU-Beihilferechts* zu beachten (dazu und zum Folgenden auch
DNotI-Gutachten vom 31.8.2004, Az ec-ra M/I/1 – § 134 BGB – 52373). So verbietet Art 87
Abs 1 EG staatliche Beihilfen, die wettbewerbsverfälschende Auswirkungen auf den
innergemeinschaftlichen Handel haben. Hierzu gehören auch die im Rahmen der
kommunalen oder regionalen Wirtschaftsförderung erfolgenden Grundstückskauf-
verträge an einen Unternehmer **unterhalb des Marktpreises** (dazu Kühling/Koenig
NZBau 2001, 409; Stappert DB 1999, 2399; Grziwotz DNotZ 2004, 674, 692 f, auch zum Folgenden). Hierzu verpflichtet Art 88 Abs 3 EG die Mitgliedstaaten, die Kommission vor
jeder Einführung oder Umgestaltung der Beihilfe im voraus zu unterrichten. Bis zu
einer positiven Entscheidung hierzu besteht ein **Durchführungsverbot** (Art 88 Abs 3
S 3 EG). Entgegen der früher überwiegenden Meinung in der Literatur führt nach
Auffassung des BGH bereits der bloße Verstoß gegen diese **Notifizierungspflicht** zur
Nichtigkeit des Vertrages, weil es sich um ein Verbotsgesetz iS von § 134 BGB
handelt (BGH ZfIR 2004, 73 = EuZW 2003, 444 = MittBayNot 2004, 250 m Anm Knapp, bestätigt

von BGH VIZ 2004, 77 = EuZW 2004, 254; aA noch Sᴄʜüᴛᴛᴇʀʟᴇ EuZW 1993, 625, 627). Daher ist zu prüfen, ob bei einer entsprechenden Veräußerung eine Beihilfe vorliegt. Hierzu kann ein Gutachten des Gutachterausschusses eingeholt oder aber ein offenes Bieterverfahren durchgeführt werden (Kᴏᴇɴɪɢ NZBau 2001, 741; vgl hierzu auch die Mitt der Kommission betreffend Elemente staatlicher Beihilfe bei Verkäufen von Bauten oder Grundstücken durch die öffentliche Hand, EU ABl Nr C 209, vom 10. 7. 1997, S 3 ff). Liegt trotzdem eine Beihilfe im genannten Sinne vor, so kann diese von dem **Notifizierungsverfahren freigestellt** sein. Hierzu bestehen drei **Gruppenfreistellungsverordnungen**: Zum einen ist dies die sog *„De-minimis-Regelung"* (EU-VO Nr 69/2001 vom 12. 1. 2001, ABl Nr L 10 S 30; dazu etwa Sɪɴɴᴀᴇᴠᴇ EuZW 2001, 69): Danach gelten Beihilfen an das betreffende Unternehmen, die auf einen Zeitraum von drei Jahren den Schwellenwert von 100 000 € nicht erreichen, als unbedenklich. Zum anderen sind staatliche Beihilfen an *kleine und mittlere Unternehmen* auf Grund der KMU-VO freigestellt (EU-VO Nr 70/2001 vom 12. 1. 2001, ABl L 10 S 33; dazu Kᴏᴇɴɪɢ/Küʜʟɪɴɢ DVBl 2000, 1025) sowie *Ausbildungsbeihilfen* (EU-VO Nr 68/2001 vom 12. 1. 2001, ABl Nr L 10, S 20; dazu auch Gᴀs/Rüᴄᴋᴇʀ DÖV 2004, 56; Jᴀᴇɢᴇʀ EuZW 2004, 78).

a) Baden-Württemberg

63 Nach § 92 Abs 1 Gemeindeordnung für Baden-Württemberg idF der Bek vom 24. 7. 2000 (GBl 582, ber 698), zuletzt geändert durch G vom 1. 7. 2004 (GBl 469), darf die Gemeinde Vermögensgegenstände idR nur zu ihrem vollen Wert veräußern; Abs 3 der Vorschrift sieht als abgeschwächte Form der staatlichen Kommunalaufsicht grundsätzlich nur eine *Vorlagepflicht* des Gemeinderatsbeschlusses über die Veräußerung von Grundstücken an die Rechtsaufsichtsbehörde vor. Diese Vorlage ist dem Grundbuchamt nicht nachzuweisen (Sᴄʜöɴᴇʀ/Sᴛöʙᴇʀ Rn 4075). Von dieser Vorlagepflicht kann zudem das Innenministerium für bestimmte Fallgruppen allgemein freistellen; vgl dazu VwV vom 26. 11. 1993 (GABl 1121).

b) Bayern

64 Art 75 Abs 5 Gemeindeordnung für den Freistaat Bayern (GO) sah früher eine Genehmigungspflicht für die Veräußerung kommunaler Vermögensgegenstände unter Wert sowie für die Verfügung über Sachen mit bes wissenschaftlichen, geschichtlichen oder künstlerischen Wert vor. Durch G v 10. 8. 1990 (GVBl 268) ist dieser Genehmigungsvorbehalt ersatzlos beseitigt worden. Jedoch dürfen gemeindliche Vermögensgegenstände nach Art 75 Abs 1 S 2 BayGO idF der Bek vom 22. 8. 1998 (GVBl 797, BayRS 2020-1-1-I), zuletzt geändert durch G vom 26. 7. 2004 (GVBl 272) nach wie vor idR nur *zu ihrem vollen Wert* (das ist der Verkehrswert) *veräußert* werden. Das *Verschenken* von Gemeindevermögen ist nach Art 75 Abs 3 GO (und nach Art 11 Abs 2 Bayer Verfassung) generell unzulässig. *Strittig* ist, ob das Verbot der „Unter-Wert-Veräußerung" eine reine haushaltsrechtliche Bestimmung ohne zivilrechtliche Wirkung ist oder aber ein *Verbotsgesetz* iSd § 134 BGB, das bei Nichtbeachtung zur Nichtigkeit des Rechtsgeschäfts führt (für Letzteres BayObLGZ 1995, 225 = MittBayNot 1995, 389; BayObLGZ 2001, 54, 58 ff = BayVBl 2001, 539). Die Annahme eines Verbotsgesetzes würde angesichts der Unbestimmtheit der Norm („in der Regel") eine erhebliche Rechtsunsicherheit in den Rechtsverkehr hineintragen. Als Eingriff in die durch Art 2 Abs 1 GG geschützte *Vertragsfreiheit* wäre sie nur dann gerechtfertigt, wenn die Nichtigkeitsfolge zum Schutz des kommunalen Vermögens auch *erforderlich* wäre (Gebot der Verhältnismäßigkeit iwS), was nicht der Fall ist. Denn aus der amtl Begründung zur Abschaffung des Genehmigungsvorbehalts ergibt sich, dass der Gesetzgeber angesichts der guten sachlichen und personellen Ausstattung der bayerischen Kommunen im funktionierenden System kommunaler Selbstkontrolle Missbräuche und Verstöße gegen dieses Gebot nicht mehr befürchtet hat (vgl J MAYER BayVBl 1994, 65, 70 f; ders MittBayNot 1996, 251 mit Beispielen für zulässige unter-Wert-Veräußerung; ebenso FREUEN Mitt-RhNotK 1996, 301, 303 für die insoweit jetzt vergleichbare Rechtslage in *Nordrhein-Westfalen*). Zu Unrecht verlangt daher die Vollzugsbekanntmachung des Innenministeriums vom 15. 5. 1992 (AllMBl 535, 536) und das BayObLG (aaO) für den Grundbuchvollzug eine Versicherung des gemeindlichen Vertretungsorgans, dass keine Unter-Wert-Veräußerung vorliegt (dazu BAUER/VOEFELE/KNOTHE § 29 GBO Rn 48; SCHÖNER/STÖBER Rn 4078; OLG Thüringen Rpfleger 2001, 22 [Versicherung in der Urkunde soll die notwendige Form nicht wahren, was nicht zutr]; zur Pflicht, diese Versicherung mit der Urkunde auszufertigen s Gutachten DNotI-Report vom 19. 8. 2004, Az hw-mo M/II/3 – § 29 GBO – 52300).

c) Brandenburg

§ 90 Abs 3 der Gemeindeordnung des Landes Brandenburg idF der Bek vom **65** 10. 10. 2001 (GVBl I 154 = GS Nr 202-1a), geändert durch G vom 22. 3. 2004 (GVBl I 59) enthält eine Genehmigungspflicht durch die Kommunalaufsichtsbehörde bei Veräußerungen unter Wert.

d) Hessen

§ 109 Abs 3 Hessische Gemeindeordnung (HGO) idF vom 1. 4. 1993 (GVBl I 1992, 534 **66** = HessGVBl II 331-1), zuletzt geändert durch G vom 20. 6. 2002 (GVBl I 342). Die Gemeinden dürfen Vermögensgegenstände idR nur zu ihrem vollen Wert veräußern. Die frühere Genehmigungspflicht bei solchen Geschäften oder bei Veräußerung von Grundstücken ist entfallen.

e) Mecklenburg-Vorpommern

§ 57 Abs 3 der Kommunalverfassung des Landes idF der Bekanntmachung vom **67** 13. 1. 1998 (GVOBl 29, 890) zuletzt geändert durch G vom 26. 2. 2004 (GVOBl 61): Genehmigungspflichtig ist die unentgeltliche Veräußerung von Vermögensgegenständen, die Veräußerung von Grundstücken oder Grundstücksteilen unter dem vollen Wert oder die Bestellung eines Erbbaurechts unter dem vollen Wert, die Veräußerung von Eigenbetrieben oder Beteiligungen an wirtschaftlichen Unternehmen oder die Einbringung von Vermögensgegenstände in Unternehmen in privater Rechtsform (mit Genehmigungsfiktion durch Zeitablauf nach Abs 5). Freistellungsverordnung des Innenministeriums möglich. Neu eingefügt wurde eine sog **„Vollwertigkeitsbescheinigung"** nach § 57 Abs 4 KV. Danach ist eine genehmigungsfreie Veräußerung von Grundstücken oder grundstücksgleichen Rechten dann zulässig, wenn der Bürgermeister oder sein Stellvertreter gegenüber dem Grundbuchamt erklärt, dass die Veräußerung zum vollen Wert erfolgt. Bei Vorliegen einer derartigen Vollwertigkeitsbescheinigung darf das Grundbuchamt die Eintragung des Eigentumsübergangs nicht mehr von der Vorlage einer kommunalaufsichtlichen Genehmigung abhängig machen. Eingehend dazu SUPPLIET NotBZ 2005, 95, wo jedoch verkannt wird, dass die Vollwertigkeitsbescheinigung die nach wie vor bestehende Genehmigungspflicht einer Unter-Wert-Veräußerung nicht zu ersetzen vermag.

f) Niedersachsen

§ 97 Abs 3 Niedersächsische Gemeindeordnung idF vom 22. 8. 1996 (GVBl 382) zuletzt **68** geändert durch G vom 19. 2. 2004 (GVBl 63): Genehmigungsbedürftigkeit der unentgeltlichen Veräußerung jeglicher Art von kommunalen Vermögensgegenstände und bei Verfügungen über Sachen, die einen besonderen wissenschaftlichen, geschichtlichen oder künstlerischen Wert haben. Die früher bestehende Genehmigungspflicht auch sonstiger Verfügungen über Grundbesitz ist weggefallen. Hier gilt jedoch, dass diese idR nur zu ihrem vollen Wert veräußert werden dürfen (Abs 1 S 2).

g)   Nordrhein-Westfalen

69 § 90 Abs 1 Gemeindeordnung für das Land Nordrhein-Westfalen idF vom 14. 7. 1994 (GVBl 666 = SGV NRW 2023), zuletzt geändert durch G vom 3. 2. 2004 (GVBl 96) bestimmt nur noch, dass Vermögensgegenstände idR nur zu ihrem vollen Wert veräußert werden „dürfen". Der frühere Genehmigungsvorbehalt ist entfallen. Die Rechtslage entspricht nun der in Bayern.

h)   Rheinland-Pfalz

70 Der in § 79 Abs 3 Gemeindeordnung für Rheinland-Pfalz (GemO) früher ebenfalls bestehende Genehmigungsvorbehalt wurde mittlerweile abgeschafft. § 79 Abs 1 S 2 GemO vom 31. 1. 1994 (GVBl 153) zuletzt geändert durch G vom 22. 12. 2003 (GVBl 390), bestimmt, dass idR gemeindl Gegenstände nur zu ihrem vollen Wert veräußert werden dürfen. Dies entspricht der Rechtslage in *Bayern* (s o Rn 64).

i)   Saarland

71 Nach § 97 Abs 1 S 2 Kommunalselbstverwaltungsgesetz – KSVG – idF der Bek vom 27. 6. 1997 (ABl 682 = BS Saar 2020-1), zuletzt geändert durch G vom 8. 10. 2003 (ABl 2004, 594), dürfen Vermögensgegenstände nur zu ihrem vollen Wert veräußert werden. Die Rechtslage entspricht daher der in Bayern (s o). Die früher bestehende Genehmigungsbedürftigkeit bei unentgeltlichen Veräußerungen aller Vermögensgegenstände und bei Verkauf und Tausch gemeindlicher Grundstücke oder grundstücksgleicher Rechte ist entfallen.

k)   Sachsen

72 § 90 Abs 3 der Gemeindeordnung für den Freistaat Sachsen (SächsGemO) idF der Bek vom 18. 3. 2003 (GVBl 55, ber 159): Der *Genehmigung* durch die Rechtsaufsichtsbehörde bedürfen Rechtsgeschäfte, durch die sich die Gemeinde verpflichtet Grundstücke oder grundstücksgleiche Rechte zu veräußern, andere Vermögensgegenstände unentgeltlich oder unter ihrem vollen Wert zu veräußern, sofern die Gegenleistung nicht geringwertig ist, sowie zur Veräußerung von Vermögensgegenständen mit bes wissenschaftlichen, geschichtlichen, denkmalpflegerischen oder künstlerischen Wert. Dabei lässt § 90 Abs 1 S 3 zur Förderung der Bildung privaten Eigentums unter sozialen Gesichtspunkten die Gewährung angemessener Nachlässe bei Veräußerung von Grundstücken und Eigentumswohnungen zu.

l)   Sachsen-Anhalt

73 § 105 Abs 1 S 2 der Gemeindeordnung für das Land Sachsen-Anhalt (GO LSA) vom 5. 10. 1993 (GVBl 568), zuletzt geändert durch G vom 28. 4. 2004 (GVBl 246) bestimmt jetzt nur noch, dass Vermögensgegenstände idR nur zu ihrem vollen Wert veräußert werden dürfen. Damit entspricht die Rechtslage der von Bayern. Der früher bestehende *Genehmigungsvorbehalt* bei Veräußerung von Waldgrundstücken und Sachen mit bes wissenschaftlichen, geschichtlichen oder künstlerischen Wert ist entfallen (übersehen bei SCHÖNER/STÖBER Rn 4075).

m)   Schleswig-Holstein

§ 90 Abs 1 S 2 Gemeindeordnung für Schleswig-Holstein idF der Bek 28. 2. 2003 **74**
(GVOBl 57): Vermögensgegenstände dürfen in der Regel nur zu ihrem vollen Wert
veräußert werden. Damit entspricht die Rechtslage insoweit der von Bayern. Genehmigungsbedürftigkeit nur noch bei Verfügungen über bewegliche Sachen von
besonderem wissenschaftlichen, geschichtlichen oder künstlerischen Wert.

n)   Thüringen

§ 67 Abs 3 Thüringer Gemeinde- und Landkreisordnung (Thüringer Kommunalord- **75**
nung – ThürKO –) idF der Bek vom 28. 1. 2003 (GVBl 41): Genehmigungspflicht
durch die Rechtsaufsichtsbehörde, wenn Vermögensgegenstände unentgeltlich veräußert, Grundstücke oder grundstücksgleiche Rechte verkauft oder vertauscht oder
grundstücksgleiche Rechte bestellt werden, wirtschaftliche Unternehmen oder Beteiligungen daran veräußert sowie über Sachen verfügt wird oder diese wesentlich
verändert werden, die einen besondern wissenschaftlichen, geschichtlichen, denkmalpflegerischen oder künstlerischen Wert haben. Ermächtigungsgrundlage für eine
FreistellungsVO hierzu nach Abs 4. Das Verschenken oder unentgeltliche Überlassen von Gemeindevermögen ist nach Abs 5 unzulässig, wenn dies nicht in Erfüllung
von Gemeindeaufgaben oder herkömmlicher Anstandspflicht erfolgt. Im Übrigen
dürfen Vermögensgegenstände idR nur zu ihrem vollen Wert veräußert werden (§ 67
Abs 1 S 2 mit Ausnahmen nach S 3).

2.   Naturschutz

Die Sicherung der Durchsetzung des Vorkaufsrechts erfolgt entweder dadurch, dass **76**
das Naturschutzgesetz auf die Bestimmungen des BGB über das dingliche Vorkaufsrecht verweist, insbes auf § 1098 Abs 2 (so Baden-Württemberg, Bayern, Brandenburg, Bremen, Hessen, Mecklenburg-Vorpommern, Niedersachsen, Saarland, Sachsen, Schleswig-Holstein, Thüringen) und diese somit zu *dinglich wirkenden Vor-
kaufsrechten* ausgestaltet, oder dass auf Ersuchen des Vorkaufsberechtigten eine
Eigentumsvormerkung im Grundbuch einzutragen ist und bis zum Vorliegen einer
entsprechenden Negativbescheinigung eine Eigentumsumschreibung nicht erfolgen
darf *(Grundbuchsperre)*, so entsprechend dem Modell des BauGBs in Hamburg,
Sachsen-Anhalt (ohne Möglichkeit der Vormerkung) und dem Saarland (das aber
auch dingliche Wirkung vorschreibt).

a)   Baden-Württemberg

§ 46 G zum Schutz der Natur, zur Pflege der Landschaft und über die Erholungs- **77**
vorsorge in der freien Landschaft (Naturschutzgesetz – BaWüNatSchG) idF vom
29. 3. 1995 (GBl 386), zuletzt geändert durch G vom 1. 7. 2004 (GBl 469): Vorkaufsrecht
des Landes an den in § 46 Abs 1 Nr 1 bis 4 bezeichneten Grundstücken mit Gewässerbezug, in Naturschutzgebieten oder in flächenhaften Naturdenkmalen oder
auf denen Naturdenkmale stehen; keine Grundbuchsperre.

b)   Bayern

Art 34 G über den Schutz der Natur, die Pflege der Landschaft und die Erholung in **78**
der freien Natur (Bayerisches Naturschutzgesetz) idF der Bek vom 18. 8. 1998 (532,
BayRS 791-1-U), zuletzt geändert durch G vom 24. 12. 2002 (GVBl 975): Vorkaufsrecht
des Freistaats Bayern, der Bezirke, Landkreise, Gemeinden und kommunalen

Zweckverbänden beim Verkauf der in Art 34 Abs 1 S 1 Nr 1 bis 3 bezeichneten Grundstücke, insbes wenn an Gewässer angrenzend, in Naturschutzgebieten oder Nationalparken gelegen, oder wenn Naturdenkmäler oder geschützte Landschaftsbestandteile darauf befindlich. Die Mitteilung über den Verkauf ist immer gegenüber der Kreisverwaltungsbehörde abzugeben.

Das Vorkaufsrecht stellt eine zulässige Inhalts- und Schrankenbestimmung des Eigentums dar (BayVGH NuR 1995, 270) und kann auch zur Beschaffung von Ausgleichsflächen für den Straßenbau ausgeübt werden (BayVGH NuR 1995, 554).

c) Berlin

79 Entfallen ist durch das G vom 17. 12. 2003 (GVBl 617) das früher nach § 45 bestehende Vorkaufsrecht, vgl G über Naturschutz und Landschaftspflege von Berlin (Berliner Naturschutzgesetz – NatSchGBln) idF der Bek vom 28. 10. 2003 (GVBl 554), zuletzt geändert durch G vom 17. 12. 2003 (GVBl 617)

d) Brandenburg

80 § 69 Brandenburgisches G über Naturschutz und Landschaftspflege (BbgNatSchG) vom 25. 6. 1992 (GVBl 208), zuletzt geändert durch G vom 10. 7. 2002 (GVBl I 62; hierzu auch GRASSL MittRhNotK 1997, 367): Vorkaufsrecht des Landes an Grundstücken, die in Nationalparks, Naturschutzgebieten oder Gebieten liegen, die für solche Gebiete einstweilig sichergestellt sind. Es kann zu Gunsten Dritter ausgeübt werden.

e) Bremen

81 § 36 G über Naturschutz und Landschaftspflege (Bremisches Naturschutzgesetz – BremNatSchG) vom 17. 9. 1979 (GBl 345 = SaBR 790-a-1), zuletzt geändert durch G vom 28. 5. 2002 (GBl 103): Vorkaufsrecht der Gemeinden beim Verkauf der in § 36 Abs 1 Nr 1 bis 4 bezeichneten Grundstücke (bes in Naturschutz- und Landschaftsschutzgebieten, bei Naturdenkmalen und bei Gewässerbezug).

f) Hamburg

82 § 37 Hamburgisches G über Naturschutz und Landschaftspflege (Hamburgisches Naturschutzgesetz – HmbNatSchG) vom 2. 7. 1981 (GVBl 167), idF der Bek 7. 8. 2001 (GVBl 281), zuletzt geändert durch G vom 6. 9. 2004 (GVBl 356): Vorkaufsrecht der Freien und Hansestadt Hamburg beim Verkauf der in § 37 Abs 1 S 1 Nr 1–5 bezeichneten Grundstücke (bes bei Naturschutz- oder Landschaftsplangebieten, bei Naturdenkmalen, Nationalparken oder Gewässerbezug).

g) Hessen

83 § 40 Hessisches G über Naturschutz und Landschaftspflege (Hessisches NaturschutzG – HeNatG) idF vom 16. 4. 1996 (GVBl 145), zuletzt geändert durch G 1. 10. 2002 (GVBl I 614): Vorkaufsrecht der Gemeinde, ersatzweise des Kreises oder des Landes beim Verkauf eines Grundstücks, insbes auf dem sich ein Naturdenkmal oder ein geschützter Landschaftsbestandteil befindet oder das ganz oder teilweise in einem (uU nur einstweilig sichergestellten) Naturschutzgebiet oder einer Biotopverbundfläche liegt oder wenn es in einem Landschaftsplan für Ausgleichs-, Ersatz- oder Entwicklungsmaßnahmen ausgewiesen ist.

h)   Mecklenburg-Vorpommern

§ 48 G zum Schutz der Natur und der Landschaft im Lande Mecklenburg-Vorpom- **84**
mern (Landesnaturschutzgesetz) idF der Bek vom 22. 10. 2002 (GVOBl 2003, 1 = GS
Nr 791-5), zuletzt geändert durch G vom 17. 12. 2003 (GVOBl 2004, 2): Vorkaufsrecht
des Landes an einem Grundstück, das ganz oder teilweise in einem Nationalpark, in
einem Naturschutzgebiet oder in einem Gebiet liegt, das als geplantes Naturschutzgebiet einstweilig sichergestellt ist.

i)   Niedersachsen

§ 48 Niedersächsisches Naturschutzgesetz in der Fassung der Bek vom 11. 4. 1994 **85**
(GVBl 155, ber 267), zuletzt geändert durch G vom vom 19. 2. 2004 (GVBl 75): Vorkaufsrecht des Landes an den in Abs 1 S 1 bezeichneten Grundstücken (bei Naturschutzgebieten, Nationalparken, Naturdenkmalen); Möglichkeit der oberen Naturschutzbehörde zur Begründung eines Vorkaufsrechts des Landes durch VO an
bestimmten, weiteren Grundstücken, § 48 Abs 1 S 2. Daneben Vorkaufsrecht nach
§ 20 des Gesetzes über das Biosphärenreservat „Niedersächsische Elbtalaue" vom
14. 11. 2002 (GVBl 426), zuletzt geändert durch Artikel 2 des Gesetzes vom
19. 2. 2004 (GVBl 75).

k)   Saarland

§ 36 G über den Schutz der Natur und die Pflege der Landschaft (Saarländisches **86**
Naturgesetz – SNG) vom 19. 3. 1993 (ABl 346, ber 482) zuletzt geändert durch G vom
23. 6. 2004 (ABl 1550): Vorkaufsrecht der Gemeinden (übertragbar auf Land, Landkreise oder Stadtverband Saarbrücken; Ausübung auch zugunsten bes jur Personen
des Privatrechts mit Zweckbestimmung Natur- und Landschaftsschutz möglich)
beim Verkauf der in Abs 1 Nr 1 bis 8 bezeichneten Grundstücke (bes bei Gewässerbezug, Naturdenkmäler, Naturschutzgebieten, Öd- und Unland, bes ausgewiesenen
Biotopen). Da Abs 4 S 3 den § 28 BauGB für sinngemäß anwendbar erklärt, besteht
hier analog § 28 Abs 1 S 2 BauGB eine Grundbuchsperre.

l)   Sachsen

§ 36 des Sächsischen G über Naturschutz und Landschaftspflege (Sächsisches Natur- **87**
schutzgesetz – SächsNatSchG) in der Fassung der Bek vom 11. 10. 1994 (GVBl 1601,
ber GVBl 1995, 106), zuletzt geändert durch G 1. 9. 2003 (GVBl 418): Vorkaufsrecht des
Freistaats hinsichtlich bestimmter Grundstücke, insbes bei Gewässerbezug, in Naturschutzgebieten, Nationalparken, Biosphärenreservaten oder soweit Naturdenkmäler
betroffen sind. Mitteilung über Kaufvertrag an untere Naturschutzbehörde.

m)   Sachsen-Anhalt

§ 59 Naturschutzgesetz des Landes Sachsen-Anhalt (NatSchG LSA) vom 23. 7. 2004 **88**
(GVBl 454): Vorkaufsrecht der *Gemeinde*, bei Nichteintritt des Landkreises und danach des Landes an Grundstücken, die in Naturschutzgebieten, als solche einstweils
gesicherten Gebieten oder in Nationalparken liegen oder auf denen sich Naturdenkmäler, geschützte oder einstweilen gesicherte Landschaftsbestandteile oder ein gesetzlich geschütztes Biotop befinden. *Grundbuchsperre* (Abs 3 S 2).

n)   Schleswig-Holstein

§ 40 G zum Schutze der Natur (Landesnaturschutzgesetz) idF vom 18. 7. 2003 **89**
(GVOBl 339): Vorkaufsrecht des Landes bzgl der in Abs 1 Nr 1 bis 6 bezeichneten

Grundstücke, bes bei Gewässerbezug, in Nationalparken, Naturschutzgebieten und bei gesetzlich geschützten Biotopen. Ausnahmen nach Abs 2, bes bei Verkauf an nahe Angehörige oder bei Verkauf eines geschlossenen landwirtschaftlichen Betriebs. Ausübung zugunsten Dritter möglich, Abs 6.

o)   Thüringen

90 Thüringer G über Naturschutz und Landschaftspflege (ThürNatG) idF vom 19. 4. 1999 (GVBl 298), zuletzt geändert durch G vom 15. 7. 2003 (GVBl 393): Eigenständiges Vorkaufsrecht nach § 52 der Gemeinden, der kommunalen Zweckverbände, ersatzweise des Landkreises und des Landes an Grundstücken, die ganz oder teilweise in Naturschutzgebieten, Nationalparken oder Biosphärenreservaten oder hierfür einstweilen sichergestellten Gebieten liegen oder auf denen sich Naturdenkmale, geschützte Landschaftsbestandteile, einstweilen sichergestellte Schutzgegenstände (§ 26 Abs 2) oder übergeleitete Flächennaturdenkmale oder geschützte Parks befinden.

3.   Waldgesetze

91 Gerade der Rechtsverkehr bei Waldgrundstücken unterliegt zahlreichen Reglementierungen, die sich aus der ökonomischen Bedeutung des Waldes heute nicht immer mehr rechtfertigen lassen, allenfalls aus dessen ökologischer Funktion.

a)   Baden-Württemberg

92 § 24 LandeswaldG idF vom 31. 8. 1995 (GBl 685), zuletzt geändert durch G vom 1. 7. 2004 (GBl 469): Genehmigungsbedürftigkeit der *Teilung* von Waldgrundstücken mit Grundbuchsperre. Ausnahmen: Vorliegen einer Umwandlungsgenehmigung nach § 9 Abs 1 LandeswaldG, Teilung im Flurbereinigungsverfahren. Mindestgröße je neu entstehendes Grundstück (grundsätzlich) 3,5 ha.

§ 25 LandeswaldG: *Vorkaufsrecht* der Gemeinde ersatzweise des Landes an Waldgrundstücken; darf nur ausgeübt werden, wenn der Kauf der Verbesserung der Waldstruktur oder der Sicherung der Schutz- oder Erholungsfunktionen des Waldes dient. Es besteht nicht bei Erwerb durch den Inhaber eines land- und forstwirtschaftlichen Betriebs und bei Angehörigen iS von § 8 Nr 2 GrdstVG. Dingliche Wirkung durch analoge Anwendung des § 1098 Abs 2 BGB, keine Grundbuchsperre.

b)   Bayern

93 Hier bestehen nunmehr keine bes Beschränkungen mehr.

c)   Berlin

94 Das preislimitierte Vorkaufsrecht des Landes Berlin nach § 7 G zur Erhaltung des Waldes (LandeswaldG – LWaldG) vom 30. 1. 1979 (GVBl 177) ist durch G vom 17. 12. 2003 (GVBl 617) aufgehoben worden.

d)   Brandenburg

95 Nach § 18 des Waldgesetzes des Landes Brandenburg (LWaldG) vom 17. 6. 1991 (GVBl 213) besteht eine Genehmigungspflicht durch die untere Forstbehörde bei einer *Realteilung* eines Waldgrundstückes. Die Gen ist zu versagen, wenn dadurch

Grundstücke unter 1 ha entstehen oder eine Mindestfläche für ordnungsgemäße Bewirtschaftung unterschritten wird.

e)   Hessen

§ 15 Hessisches Forstgesetz idF vom 10. 9. 2002 (GVBl 582 = HessGVBl II 86-7), zuletzt **96** geändert durch G vom 27. 10. 2003 (GVBl 278): Genehmigungsbedürftigkeit durch die Forstbehörde bei Teilung eines Waldgrundstücks. Mindestgröße (grundsätzlich) 1 ha. S HessVGH AgrarR 1978, 202.

f)   Mecklenburg-Vorpommern

Nach § 26 des Landeswaldgesetzes von Mecklenburg-Vorpommern vom 8. 2. 1993 **97** (GVBl 90 = GS M-V 790-2), zuletzt geändert am 18. 12. 2000 (GVOBl 551) besteht außerhalb des Grundbuchs ein Vorkaufsrecht des Landes für ganze oder teilweise im oder am landeseigenen Wald gelegene Grundstücke, das auch zugunsten anderer Personen des öffentlichen Rechts ausgeübt werden kann. Ausnahmen bei Verkauf an Angehörige iS von § 8 Nr 2 GrdstVG, dingliche Wirkung über entsprechende Anwendung von § 1098 Abs 2 BGB.

Nach § 27 dieses Gesetzes besteht weiter eine Genehmigungspflicht durch die Forstbehörde bei Teilung von Waldgrundstücken, wenn ein Teilgrundstück kleiner als 1 ha wird.

g)   Sachsen

Nach § 27 Abs 1 des Waldgesetzes für den Freistaat Sachsen (SächsWaldG) vom **98** 10. 4. 1992 (GVBl 137), geändert durch G vom 11. 12. 2002 (GVBl 312) besteht an Waldgrundstücken ein Vorkaufsrecht für Gemeinden und den Freistaat Sachsen zur Verbesserung der Waldstruktur oder Sicherung der Erholungs- und Schutzfunktion des Waldes. Ausnahmen nach Abs 2 S 2, insbes bei Verkauf an Familienangehörigen iS von § 8 Nr 2 GrdstVG oder an den Inhaber eines land- oder forstwirtschaftlichen Betriebs. Dieses Vorkaufsrecht wirkt dinglich durch die Verweisung auf die §§ 1098 Abs 2, 1099–1102 BGB. Die Vorkaufsfallmitteilung hat an die Forstbehörde zu erfolgen.

h)   Schleswig-Holstein

§ 18 Waldgesetz für das Land Schleswig-Holstein (Landeswaldgesetz) idF vom **99** 11. 8. 1994 (GVOBl 438 = GS SchlH 790-3), zuletzt geändert durch VO vom 16. 9. 2003 (GVOBl 503), sieht eine Genehmigungsbedürftigkeit der *Teilung* von Waldgrundstücken durch die Forstbehörde (mit Prüfungspflicht des Grundbuchamts) vor, wenn ein Waldgrundstück kleiner als 3,5 ha wird.

§ 19 LandeswaldG begründet ein *Vorkaufsrecht* des Landes an Grundstücken, die ganz oder teilweise in einem Erholungs- oder Schutzwald liegen. Ausnahme bei Verkauf an Angehörige iS von § 8 Nr 2 GrdstVG. Es besteht außerhalb des Grundbuchs, wirkt durch die Verweisung auf §§ 1098 Abs 2, 1099–1102 BGB aber dinglich.

i)   Thüringen

§ 17 des Gesetzes zur Erhaltung, zum Schutz und zur Bewirtschaftung des Waldes **100** und zur Förderung der Forstwirtschaft (Thüringer Waldgesetz) idF der Bek 26. 2. 2004 (GVBl 282): *Vorkaufsrecht* der benachbarten Privatwaldbesitzer, der Gemeinde und des Landes an Waldgrundstücken außerhalb des Grundbuchs (offenbar nur schuldrechtlich wirkend). Besteht nach Abs 3 nicht, wenn Verkauf an Familienangehörige bis zum 3. Grad der Verwandtschaft erfolgt oder zusammen mit einem landwirtschaftlichen Betrieb, mit dem es eine Einheit bildet. Gleiches Vorkaufsrecht nach Abs 4 für Anteile an Gemeinschaftswaldungen. Das wegen der Vielzahl der berechtigten Nachbarn äußerst komplizierte Verfahren über die Mitteilung des Verkaufsfalls und die Ausübung des Vorkaufsrechts regeln Durchführungsverordnungen, vgl VO vom 27.7.1995 (GVBl 299) und VO vom 2.8.1995 (GVBl 304). Das Vorkaufsrecht besteht auch an einem Grundstück mit nur *teilweiser forstwirtschaftlicher Nutzung*, wenn nach dem vom BGH entwickelten *wirtschaftlichen Grundstücksbegriff* (s Rn 23) das Gesamtgrundstück eine Einheit bildet (dazu DNotI-Gutachten vom 21.6.1999, Az: ch-ge M/VII/8d – § 17 ThürWaldG 9689 und vom 28.7.2003, Az: ch-je M/VII/8d – § 17 ThürWaldG – 43042).

Nach § 16 des Gesetzes bedarf die *Teilung* von Waldgrundstücken der Genehmigung, die zu versagen ist, wenn die Mindestgröße von 1 ha unterschritten wird.

Nach § 33 Abs 2 des Gesetzes bedarf die *Veräußerung von Körperschaftswald* der Genehmigung der Aufsichtsbehörde.

4. Denkmalschutz

101 Zahlreiche Denkmalschutzgesetze sehen Vorkaufsrechte oder zumindest die Pflicht zur Anzeige der Veräußerung von Grundstücken vor, auf denen sich denkmalgeschützte Objekte befinden (vgl auch die Zusammenstellung von GRAUEL RNotZ 2002, 210).

a) Bayern
102 Art 19 des Gesetzes zum Schutz und zur Pflege der Denkmäler (Denkmalschutzgesetz) vom 25.6.1973 (GVBl 328, BayRS 2242-1-WFK), zuletzt geändert durch G vom 23.7.1994 (GVBl 622) sieht jetzt nur noch ein Vorkaufsrecht des Freistaats für *bewegliche Gegenstände* vor, und zwar an historischen Ausstattungsstücken und an beweglichen Denkmälern, die jeweils in der Denkmalliste eingetragen sein müssen.

b) Berlin
103 § 18 des Gesetzes zum Schutz von Denkmalen in Berlin (DSchG Berlin) vom 24.4.1995 (GVBl 274), zuletzt geändert durch Gesetz vom 16.7.2001 (GVBl 260): Vorkaufsrecht für das Land Berlin beim Kauf von Grundstücken, auf denen sich Baudenkmale, Gartendenkmale oder ortsübliche Bodendenkmale befinden, mit entsprechender Anwendung der §§ 24–28 BauGB (also Grundbuchsperre).

c) Mecklenburg-Vorpommern
104 § 22 des Gesetzes zum Schutz und zur Pflege der Denkmale im Lande Mecklenburg-Vorpommern (Denkmalschutzgesetz M-V) vom 6.1.1998 (GVOBl 12 = GS M-V 224-2), zuletzt geändert am 22.11.2001 (GVOBl 438): Vorkaufsrecht von Gemeinden beim Verkauf von Grundstücken, auf oder in denen sich Denkmale befinden, jedoch nicht bei Erbbaurechten und Rechten nach dem Wohnungseigentumsgesetz sowie bei Verkauf an nahe Angehörige. Das Vorkaufsrecht wirkt zunächst nicht dinglich, Abs 3 S 2 bewirkt aber eine Grundbuchsperre, da das Grundbuchamt den Eigen-

tumswechsel erst nach Vorlage einer entsprechenden Negativbescheinigung eintragen darf. Zudem kann Gemeinde die Eintragung einer Auflassungsvormerkung für sich ausdrücklich verlangen.

d)   Nordrhein-Westfalen

Das G zum Schutz und zur Pflege der Denkmäler im Lande Nordrhein-Westfalen **105** (DenkmalschutzG – DSchG) vom 11. 3. 1980 (GBl 226 = SGV NRW 224), zuletzt geändert durch G vom 25. 9. 2001 (GVBl 708) enthält nun kein Vorkaufsrecht mehr (anders früher § 32).

e)   Rheinland-Pfalz

§ 32 Landesgesetz zum Schutz und zur Pflege der Kulturdenkmäler (Denkmalschutz- **106** und -pflegegesetz – DSchPflG –) vom 23. 3. 1978 (GVBl 159 = BS 224-2), zuletzt geändert durch G vom 16. 12. 2002 (GVBl 481, ber 492): Vorkaufsrecht der Gemeinde, bei überörtlicher Bedeutung auch des Landes, beim Verkauf eines Grundstücks, auf dem sich ein unbewegliches geschütztes Kulturdenkmal befindet. Besteht nicht bei Verkauf an nahe Angehörige (Abs 1 S 5). Keine Grundbuchsperre, aber dingliche Wirkung durch Verweisung auf §§ 1098 Abs 2, 1099–1102 BGB.

f)   Saarland

§ 24 G zum Schutz und zur Pflege der Kulturdenkmäler im Saarland (Saarländisches **107** Denkmalschutzgesetz – SDschG –) vom 12. 10. 1977 (ABl 993), zuletzt geändert durch G vom 12. 6. 2002 (ABl 1506): Vorkaufsrecht der Gemeinde beim Kauf von Grundstücken, auf oder in denen sich Bau- oder Bodendenkmäler befinden, die in die Denkmalliste eingetragen sind. Dinglich wirkend durch Verweisung auf die entsprechenden Vorschriften des BGB, aber keine Grundbuchsperre.

g)   Sachsen

§ 17 des Gesetzes zum Schutz und zur Pflege der Kulturdenkmale im Freistaat **108** Sachsen (Sächsisches Denkmalschutzgesetz) vom 3. 3. 1993 (GVBl 229), zuletzt geändert durch G vom 14. 11. 2002 (GVBl 307): Vorkaufsrecht der Gemeinde bei Veräußerung eines Grundstücks, auf dem sich ein unbewegliches Kulturdenkmal befindet, bei überörtlicher Bedeutung sogar Vorkaufsrecht des Freistaats. Ausnahme bei Verkauf an nahe Angehörige, Abs 2 S 2. Nur schuldrechtliche, keine dingliche Wirkung und keine Grundbuchsperre. Nach § 16 Abs 2 Pflicht zur Anzeige bei der Veräußerung von Kulturdenkmalen bei der Denkmalschutzbehörde.

h)   Sachsen-Anhalt

§ 11 des Denkmalschutzgesetzes des Landes Sachsen-Anhalt vom 21. 10. 1991 (GVBl **109** 368, ber GVBl 1992, 310), zuletzt geändert durch G vom 26. 3. 2004 (GVBl 234): Vorkaufsrecht der Gemeinde beim Verkauf eines Grundstücks, auf dem sich ein unbewegliches, geschütztes Kulturdenkmal befindet, bei überörtlicher Bedeutung auch für das Land. Ausnahmen nach Abs 1 S 5. Keine Grundbuchsperre, aber dingliche Wirkung durch Verweisung auf entsprechende BGB-Vorschriften.

Anzeigepflicht bei Veräußerung von Kulturdenkmalen nach § 17 Abs 1 des Gesetzes.

i)   Thüringen

110 § 30 des Gesetzes zur Pflege und zum Schutz der Kulturdenkmale im Land Thüringen (Thüringer Denkmalschutzgesetz – ThDSchG) in der Bek vom 14. 4. 2004
(GVBl 465): Vorkaufsrecht der Gemeinde beim Verkauf von Grundstücken auf oder
in denen sich Kulturdenkmale befinden, die im Denkmalbuch (§ 4) eingetragen sind.
Ausnahme: Verkauf an nahe Angehörige, Abs 1 S 3. Grundbuchsperre durch Regelung in Abs 3 S 2, wonach das Grundbuchamt bei einer Veräußerung (wohl richtig:
bei einem Verkauf) den Erwerber als Eigentümer nur eintragen darf, wenn die
Nichtausübung oder das Nichtbestehen des Vorkaufsrechts nachgewiesen ist. Gemeinde kann zudem Eintragung einer Auflassungsvormerkung verlangen, Abs 2 S 4.

5.   Landesbaurecht

111 Die Landesbauordnungen sehen nur noch teilweise eine bauordnungsrechtliche
Genehmigungspflicht bei Grundstücksteilungen vor (Überblick etwa bei SCHÖNER/STÖ
BER Grundbuchrecht Rn 3818 ff; ECKERT/HÖFINGHOFF NotBZ 2004, 405, 410; vgl auch die Übersicht
des DNotI unter http://www.dnoti.de/DOC/2001/Teilungsgenehmigungen), nachdem die fakultative bauplanungsrechtliche Teilungsgenehmigung des § 19 BauGB durch das EAG
Bau beseitigt wurde; überwiegend (etwa *Bayern* seit der Neufassung der BauO im
Jahre 1994; vgl jetzt auch die aktuelle Fassung vom 4. 8. 1997 [GVBl 433, ber 1998, 270,
BayRS 2132-1-I], zuletzt geändert durch G vom 7. 8. 2003 [497], ebenso *Rheinland-Pfalz*
seit 1995) wurden diese bauordnungsrechtlichen Teilungsgenehmigungen wieder
abgeschafft und man begnügt sich mit der sog „*Eingriffslösung*", wonach an Stelle
einer präventiven Kontrolle durch entsprechende Genehmigungsvorbehalte eine
nachträgliche, repressive mit Mitteln des Bauaufsichtsrechts tritt.

a)   Baden-Württemberg

112 § 8 Landesbauordnung für Baden-Württemberg (LBO) idF vom 8. 8. 1995 (GBl 617),
zuletzt geändert durch G vom 29. 10. 2003 (GBl 695) sah ursprünglich das Erfordernis
einer Teilungsgenehmigung vor, das jedoch durch G vom 19. 12. 2000 (GBl 760)
aufgehoben wurde.

b)   Berlin

113 Die Bauordnung für Berlin (BauO Bln) idF vom 3. 9. 1997 (GVBl 422, 512), zuletzt
geändert durch G vom 16. 7. 2001 (GVBl 260), sieht keine Teilungsgenehmigung vor,
bestimmt aber in § 7 iS der sog „Eingriffslösung", dass wenn durch eine Veränderung
der Grenzen eines bebauten Grundstücks baurechtswidrige Zustände geschaffen
werden, die Bauaufsichtsbehörde befugt ist, die Herstellung von baurechtsgemäßen
Verhältnissen zu verlangen.

c)   Brandenburg

114 Die neu gefasste Brandenburgische Bauordnung (BbgBO) vom 16. 7. 2003 (GVBl 211
= GS Nr 925), geändert durch G vom 9. 10. 2003 (GVBl I 273) enthält **keine Genehmigungspflicht** für die Teilung von Grundstücken mehr (anders § 8 der alten Fassung).
Jedoch bestimmt § 4 Abs 3, dass durch die Teilung eines Grundstücks, das bebaut
oder dessen Bebauung genehmigt ist, keine Verhältnisse geschaffen werden dürfen,
die den Vorschriften dieses Gesetzes oder den auf Grund dieses Gesetzes erlassenen
Vorschriften zuwiderlaufen, insbes den Vorschriften über die Abstandsflächen, den
Brandschutz und die Erschließung.

d) Bremen

§ 11 Bremische Landesbauordnung (BremLBO) vom 27. 3. 1995 (BremGBl 211 = SaBR **115**
2130-d-1a), zuletzt geändert durch G vom 8. 4. 2003 (BremGBl 159) bestimmt nunmehr
iS der *„Eingriffslösung"*, dass durch die Teilung eines Grundstücks, das bebaut ist
oder auf Grund einer Baugenehmigung oder einer Genehmigungsfreistellung nach
§ 66 bebaut werden darf, keine Verhältnisse geschaffen werden dürfen, die den
Vorschriften dieses Gesetzes oder den auf Grund dieses Gesetzes erlassenen Vorschriften zuwiderlaufen. Beseitigungsanordnung nach § 82 ist möglich. Soll bei einer
Teilung von den Vorschriften dieses Gesetzes oder den auf Grund dieses Gesetzes
erlassenen Vorschriften abgewichen werden, ist eine Ausnahmegenehmigung nach
§ 65 Abs 6 Satz 2 zu beantragen.

e) Hamburg

§ 8 BauO vom 1. 7. 1986 (GVBl 183 = BS 2131-1), zuletzt geändert durch G vom **116**
5. 10. 2004 (GVBl 375) enthält noch eine bauordnungsrechtliche Teilungsgenehmigung
bei Grundstücken, die bebaut oder deren Bebauung genehmigt ist.

f) Hessen

Die früher nach § 8 Abs 1 Hessische Bauordnung (HBO) erforderliche Teilungsge- **117**
nehmigung ist entfallen. § 7 Abs 2 der Neufassung vom 18. 6. 2002 (GVBl I 274)
bestimmt allerdings iS der „Eingriffslösung", dass bei der Errichtung eines Gebäudes oder einer anderen baulichen Anlage die nach § 6 HBO vorgeschriebenen Abstandsflächen und Abstände auch bei nachträglichen Grundstücksteilungen nicht
unterschritten oder überbaut werden dürfen.

g) Niedersachsen

§ 94 Niedersächsische Bauordnung (NBauO) idF vom 10. 2. 2003 (GVBl 89): Not- **118**
wendigkeit der bauaufsichtlichen Genehmigung der Teilung eines Grundstücks, das
bebaut oder dessen Bebauung genehmigt ist (mit dem GG vereinbar, BVerfG NJW
1976, 141; s zu dieser Vorschrift auch LG Oldenburg Rpfleger 1975, 62 m Anm MEYER-STOLTE,
Rpfleger 1975, 228; OLG Celle NdsRpfl 1975, 119; 1976, 243; OLG Oldenburg NdsRpfl 1976, 16,
118). Ausnahme von der Genehmigungspflicht nach Abs 2, wenn Erwerber der Bund,
das Land oder eine Gebietskörperschaft ist, die die Aufgaben der unteren Bauaufsichtsbehörde wahrnimmt. Es besteht eine *Grundbuchsperre*.

h) Nordrhein-Westfalen

§ 8 Bauordnung für das Land Nordrhein-Westfalen – Landesbauordnung (BauO **119**
NRW) idF der Bek vom 1. 3. 2000 (GVBl 255 = SGV NRW 232), zuletzt geändert durch
G vom 4. 5. 2004 (GVBl 259): Die Teilung eines *bebauten Grundstücks* bedarf zu ihrer
Wirksamkeit der Genehmigung der Bauaufsichtsbehörde, dagegen nicht mehr die
Teilung eines Grundstücks, dessen Bebauung genehmigt ist (GÄDTKE/TEMME/HEINTZ,
BauO NRW [10. Aufl 2003] § 8 Rn 6). Erwerberbezogene Ausnahmen: Bund, Land, Ge-
meinde.

i) Saarland

§ 9 Bauordnung für das Saarland vom 27. 3. 1996 (ABl 477), zuletzt geändert am **120**
7. 11. 2001 (ABl 2158): Genehmigungspflicht für die Teilung eines Grundstücks, das
bebaut oder dessen Bebauung genehmigt ist. Grundbuchsperre.

k)   Sachsen

121   Die Sächsische Bauordnung (SächsBO) idF vom 18. 3. 1999 (GVBl 86), zuletzt geändert durch G vom 1. 9. 2003 (GVBl 418) sieht sind nun keine Genehmigungspflicht bei Teilung von Grundstücken mehr vor (anders früher § 8 Abs 2).

l)   Sachsen-Anhalt

122   § 8 des Gesetzes über die Bauordnung des Landes Sachsen-Anhalt (BauO LSA) vom 9. 2. 2001 (GVBl 50), zuletzt geändert durch G vom 19. 7. 2004 (GVBl 408) bestimmt zunächst iS der „Eingriffslösung", dass die Teilung eines Grundstückes, das bebaut oder dessen Bebauung genehmigt ist, keiner Genehmigung bedarf. Durch die Teilung eines Grundstückes dürfen aber keine Verhältnisse geschaffen werden, die den Vorschriften dieses Gesetzes oder den auf Grund dieses Gesetzes erlassenen Vorschriften zuwiderlaufen. Soll bei einer Teilung von diesen Vorschriften abgewichen werden, ist eine Ausnahmegenehmigung nach § 75 Abs 2 Satz 1 zu beantragen, eine in sich widersprüchliche Regelung.

m)   Schleswig-Holstein

123   Die neue Landesbauordnung für das Land Schleswig-Holstein vom 10. 1. 2000 (GVOBl 47) enthält nunmehr keine Teilungsgenehmigung mehr.

n)   Thüringen

124   § 8 der Thüringer Bauordnung (ThürBO) idF der Bek vom 16. 3. 2004 (GVBl 349) sieht jetzt bei der Teilung eines Grundstücks keine Genehmigungspflicht mehr vor, vielmehr gilt jetzt auch hier die sog *„Eingriffslösung"*, wonach durch die Teilung keine Verhältnisse geschaffen werden dürfen, die diesem Gesetz oder den auf Grund dieses Gesetzes erlassenen Vorschriften widersprechen. Allerdings ist die Bauaufsichtsbehörde auf Antrag eines Beteiligten verpflichtet, ein Zeugnis darüber auszustellen, dass die Teilung des Grundstücks diesen Anforderungen entspricht.

6.   Sonstige landesrechtliche Vorkaufsrechte

a)   Baden-Württemberg

125   Vorkaufsrecht an altrechtlichem **Stockwerkseigentum** nach Art 228 WürttAGBGB vom 29. 12. 1931 (RegBl 545) idF des BaWüAGBGB vom 26. 11. 1974 (GBl 498) für die anderen Stockwerkseigentümer. Dinglich wirkend *ohne Grundbuchsperre.* § 5 des Landesmessegesetz vom 15. 12. 1998 (GBl 666), geändert am 19. 11. 2002 (GBl 428) begründet ein Vorkaufsrecht für den Vorhabensträger ab Beginn der Auslegung der Pläne im Planfeststellungsverfahren oder ab der Möglichkeit der Betroffenen, die Pläne einzusehen.

b)   Bayern

126   Vorkaufsrecht nach Art 3 des **Almgesetzes** (s Rn 55), wenn ein Teilhaber seinen Anteil an einem gemeinschaftlichen Almgrundstück oder einem gemeinschaftlichen Almrecht ganz oder teilweise ohne sein landwirtschaftliches Anwesen veräußert für die übrigen Teilhaber, soweit durch Bestätigung der zuständigen Behörde nachgewiesen wird, dass sie den Anteil für ihre eigene Wirtschaft benötigen. Dinglich wirkend ohne Grundbuchsperre.

c)   Berlin

Vorkaufsrecht des **Mieters** bei der Umwandlung von belegungsgebundenen Miet- **127**
wohnungen in Eigentumswohnungen nach § 5 des G zur Sicherung von Belegungs-
bindungen (Belegungsbindungsgesetz – BelBindG) vom 10. 10. 1995 (GVBl 638), geändert durch G vom 15. 10. 2001 (GVBl 540).

d)   Brandenburg

Bei **Einziehung von Straßen** gewährt § 13 Abs 5 des Brandenburgischen Straßenge- **128**
setzes vom 10. 6. 1999 (GVBl 211), zuletzt geändert durch G vom 17. 12. 2003 (GVBl I
294) dem Anlieger, der früher Flächen für die Straße rechtsgeschäftlich zur Verfügung stellen musste, ein Vorkaufsrecht. Nach § 40 besteht an Flächen, die in ein
Planfeststellungsverfahren einbezogen sind, ab Beginn der Auslegung der Pläne oder
ab dem Zeitpunkt, zu dem den Betroffenen Gelegenheit gegeben wird, den Plan
einzusehen, ein Vorkaufsrecht für den Träger der Straßenbaulast. Keine Grundbuchsperre und offenbar keine dingliche Wirkung. An diesen Flächen besteht auch
eine Veränderungssperre.

e)   Hamburg

Preislimitiertes gesetzliches *Vorkaufsrecht* der Freien und Hansestadt Hamburg nach **129**
§ 13 des **Hafenentwicklungsgesetzes** vom 25. 1. 1982 (GVBl 19) idF vom 22. 9. 1987
(GVBl 177), zuletzt geändert durch G vom 8. 6. 2004 (GVBl 253) an allen Flächen im
Hafengebiet. Grundbuchsperre durch Verweisung auf § 28 Abs 1 S 2 BauGB. Daneben kann die Stadt aufgrund der entsprechenden Anwendung des § 28 Abs 2
BauGB die Eintragung einer Auflassungsvormerkung für sich verlangen. Das wohl
kurioseste Vorkaufsrecht enthält § 12 Abs 3 des Hamburgischen Seilbahngesetzes
vom 18. 2. 2004 (GVBl 101) für den Vorhabensträger.

Gesetzliches Vorkaufsrecht der Freien und Hansestadt Hamburg nach § 55b des **130**
Hamburgischen Wassergesetzes vom 20. 6. 1960 (GVBl 355 = SGV 753-1), zuletzt geändert durch G vom 4. 2. 2004 (GVBl 53, 62) beim Verkauf von Flächen, die in ein
Planfeststellungsverfahren für eine öffentliche **Hochwasserfreilegungsanlage** einbezogen sind oder an eine öffentliche Hochwasserschutzanlage angrenzen; grundbuch-
sperrend durch Anwendung von § 28 Abs 2 BauGB.

f)   Nordrhein-Westfalen

Bei Einziehung von Straßen gewährt § 12 Abs 2 des Straßen- und Wegegesetzes idF **131**
der Bek vom 23. 9. 1995 (GVBl 1028 = SGV NRW 91), zuletzt geändert durch G vom
4. 5. 2004 (GVBl 259) dem Anlieger, der früher Flächen für die Straße zur Verfügung
stellen musste, ein Vorkaufsrecht. Des Weiteren nach § 40 Abs 4 des gleichen G
Vorkaufsrecht des Trägers der Straßenbaulast bei Flächen, die in ein Planfeststellungsverfahren einbezogen sind (wie Brandenburg, s Rn 128), keine Grundbuchsperre
und offenbar keine dingliche Wirkung.

g)   Rheinland-Pfalz

Vorkaufsrecht nach § 7 Abs 6 des Landesstraßengesetzes vom 1. 8. 1977 (GVBl 273), **132**
zuletzt geändert durch G vom 21. 7. 2003 (GVBl 155) an Flächen, die in ein **Planfeststellungsverfahren** einbezogen sind ab Beginn der Auslegung der Pläne oder ab dem
Zeitpunkt, zu dem den Betroffenen Gelegenheit gegeben wird, den Plan einzusehen.

Keine Grundbuchsperre und offenbar keine dingliche Wirkung. An diesen Flächen besteht auch eine Veränderungssperre.

h)   Sachsen

133 Vorkaufsrecht des Freistaats nach § 25 Abs 2 des Sächsischen Wassergesetzes vom 21. 7. 1998 (GVBl 393), zuletzt geändert durch G vom 1. 9. 2003 (GVBl 418), bei **Gewässern** erster Ordnung für Gewässergrundstücke und für an die Gewässer angrenzende Grundstücke, wenn diese für wasserwirtschaftliche oder gewässerökologische Aufgaben benötigt werden. Dasselbe gilt für die Gemeinden bei Gewässern zweiter Ordnung. Je *Grundbuchsperre.*

i)   Sachsen-Anhalt

134 Vorkaufsrecht nach § 8 des **Belegungsbindungsgesetzes** des Landes *Sachsen-Anhalt* vom 14. 12. 1995 (GVBl 376) bei Verkauf einer belegungsgebundenen Wohnung, die in eine Eigentumswohnung umgewandelt worden ist oder werden soll, an Dritte für die von der Umwandlung betroffene Mietpartei. *Keine Grundbuchsperre.*

k)   Fischereirecht

135 Verschiedene Fischereigesetze der Länder sehen Vorkaufsrechte vor, so etwa das *Bayerische Fischereigesetz* vom 15. 8. 1908 (BayRS 793-1-E) nach Art 26 beim Verkauf von Koppelfischereirechten für die Mitfischereiberechtigten (s Art 69 Rn 87 EGBGB) oder § 9 des Landesfischereigesetzes von *Schleswig-Holstein* (s Art 69 Rn 71 EGBGB) beim Verkauf von selbstständigen Fischereirechten für den Eigentümer des Gewässergrundstücks, wenn sich das Fischereirecht nicht über mehrere Grundstücke erstreckt, jedoch ohne Grundbuchsperre, in *Sachsen-Anhalt* nach § 8 Abs 4 FischG vom 31. 8 1993 (GVBl LSA 464), zuletzt geändert am 19. 3. 2002 (GVBl LSA 130) insbes beim Verkauf von selbstständigen Fischereirechten für den Gewässereigentümer oder nach § 8 Abs 3 des Fischereigesetzes für *Baden-Württemberg* (FischG) vom 14. 11. 1979 (GBl 466, ber 1980, 136), zuletzt geändert durch G vom 1. 7. 2004 (GBl 469) beim Verkauf von Fischereirechten in Bundeswasserstraßen sowie in Gewässern erster Ordnung für das Land, bei Fischereirechten in Gewässern zweiter Ordnung für die Gemeinde sowie bei Fischereirechten in Wasserbecken im Sinne des § 63 Abs 4 des Wassergesetzes auch für die in dieser Bestimmung genannten öffentlich-rechtlichen Körperschaften.

Artikel 120

(1) Unberührt bleiben die landesgesetzlichen Vorschriften, nach welchen im Falle der Veräußerung eines Teiles eines Grundstücks dieser Teil von den Belastungen des Grundstücks befreit wird, wenn von der zuständigen Behörde festgestellt wird, dass die Rechtsänderung für die Berechtigten unschädlich ist.

(2) Unberührt bleiben die landesgesetzlichen Vorschriften, nach welchen unter der gleichen Voraussetzung:

1.   im Falle der Teilung eines mit einer Reallast belasteten Grundstücks die Reallast auf die einzelnen Teile des Grundstücks verteilt wird;

2. **im Falle der Aufhebung eines dem jeweiligen Eigentümer eines Grundstücks an einem anderen Grundstück zustehenden Rechts die Zustimmung derjenigen nicht erforderlich ist, zu deren Gunsten das Grundstück des Berechtigten belastet ist;**

3. **in den Fällen des § 1128 des Bürgerlichen Gesetzbuchs und des Artikels 52 dieses Gesetzes der dem Eigentümer zustehende Entschädigungsanspruch von dem einem Dritten an dem Anspruch zustehenden Recht befreit wird.**

Materialien: E I Art 76 Abs 1; II Art 93; III Art 119; Mot zum EG 200 ff; Prot VI 439 f; Mat 87a S 74 ff; RTK 440b S 12.

Schrifttum

BENGEL/SIMMDERING, Grundbuch, Grundstück, Grenze (5. Aufl 2000) § 19 Rn 13

BINDER, Ausdehnung des Unschädlichkeitszeugnisses, BayNotZ 1922, 203

DEMHARTER, Neues zum Unschädlichkeitszeugnis, MittBayNot 2004, 17

ders, Das Bayerische Unschädlichkeitszeugnisgesetz – Erwiderung auf Kirchmayer, Rpfleger 2004, 203, in Rpfleger 2004, 406

HACK, Unschädlichkeitszeugnisse, JW 1921, 218

SCHÖNER/STÖBER, Grundbuchrecht (13. Aufl 2004) Rn 739

vHENLE/SCHMITT, Das Grundbuchwesen in Bayern (1910) 347

KAISENBERG, Gesetz, betreffend das Unschädlichkeitszeugnis, Kommentar (1899)

KIRCHMAYER, Das Bayerische Unschädlichkeitszeugnisgesetz vom 7. 8. 2003, Rpfleger 2004, 203

KRÄMER/ILLNER, Die Grundbuchpraxis in Baden (1961) § 233 S 383

MATIBA, Unschädlichkeitszeugnisse, DNotZ 1932, 361

J MAYER, Die lastenfreie Abschreibung einer Teilfläche von Forstrechten, MittBayNot 1993, 333

MEIKEL/BÖTTCHER, Grundbuchrecht Bd 2 (9. Aufl 2004) § 27 GBO Rn 97–103

MEIKEL/BÖHRINGER, Grundbuchrecht Bd 2 (9. Aufl 2004) § 46 GBO Rn 94

MÜLLER, Änderung des bayerischen Gesetzes über das Unschädlichkeitszeugnis, BayNotZ 1922, 70

OSTLER, Bayerische Justizgesetze (3. Aufl 1977) 152

PANNWITZ, Zum niedersächsischen Gesetz über Unschädlichkeitszeugnisse vom 4. 7. 1961, RdL 1963, 175

PANZ, Überlegungen zum Unschädlichkeitszeugnis, BWNotZ 1998, 16

PÖTTGEN, Unschädlichkeitszeugnisse, MittRhNotK 1965, 668

RIPFEL, Das Unschädlichkeitsverfahren in Baden-Württemberg, Justiz 1960, 105

ders, Grundbuchrecht (1961) 232

RÖLL, Das Unschädlichkeitszeugnis in Bayern, MittBayNot 1968, 353

SCHNEIDER, Die Entpfändung von Grundstücken und Grundstücksteilen, BlGBW 1960, 356

SCHREIBER, Artikel „Unschädlichkeitszeugnis", in: HAR Bd II Sp 942

SEEHUSEN, Das niedersächsische Gesetz über Unschädlichkeitszeugnisse, RdL 1961, 226

SPRAU, Justizgesetze in Bayern (1988) S 647

THOMAS/SCHLÜTER, Das Unschädlichkeitszeugnis im Grundstücksverkehr – Zur Neuregelung im Sächsischen Justizausführungsgesetz, VIZ 1998, 183

WACHENDORF, Unschädlichkeitszeugnis (1952).

Jörg Mayer

Systematische Übersicht

Alphabetische Übersicht

Jörg Mayer

I.   Allgemeines

1.   Gesetzeszweck

1 Der Eigentümer eines Grundstücks kann nach dem **materiellem Grundstücksrecht** des BGB grundsätzlich eine Veränderung der daran bestehenden dinglichen Rechte, sei es eine Aufhebung oder Inhaltsänderung, nur mit Zustimmung des dinglich Berechtigten vornehmen, wenn dessen Recht dadurch beeinträchtigt wird (§§ 875, 876 BGB; *materielles Konsensprinzip*). Da hierfür allein die rechtliche und nicht lediglich die wirtschaftliche Beeinträchtigung maßgebend ist (vgl etwa für § 876: PALANDT/BASSENGE § 876 Rn 3, STAUDINGER/GURSKY [2000] § 876 Rn 20 ff), ist die Mitwirkung des Berechtigten auch bei an sich wirtschaftlich unbedeutenden oder geringfügigen Änderungen erforderlich. Die Mitwirkung ist aber nicht nur oftmals sehr kostenintensiv, sondern mitunter auch aus tatsächlichen Gründen, etwa wegen einer Vielzahl von Berechtigten, nur schwer zu erreichen (zu Einzelheiten s Rn 11). Zur **Erleichterung des Rechtsverkehrs** ermöglicht der Vorbehalt daher davon dann eine Ausnahme zu machen, wenn die Verfügung wegen ihrer geringen Bedeutung für den Berechtigten, aber auch für einen uU betroffenen Drittberechtigten (§ 876 BGB) nicht nachteilig, oder wie das Gesetz sagt, „unschädlich" ist (MEIKEL/BÖHRINGER § 46 GBO Rn 94; MünchKomm/SÄCKER Rn 1; SCHÖNER/STÖBER, Grundbuchrecht Rn 739). Weiter ist erforderlich, dass dies in einem rechtsstaatlichen Verfahren, das eben auch Raum für wirtschaftliche Überlegungen eröffnet, durch die Erteilung eines sog Unschädlichkeitszeugnisses (UZ) festgestellt wird (anschaulich zu den Motiven BECHER, Die gesamten Materialien zu den das BGB und seine Nebengesetze betreffenden Gesetzen und Verordnungen Bd II 6 ff). Dadurch besteht aber nicht nur die Möglichkeit, die materiell-rechtlich erforderliche Zustimmung des Berechtigten zu ersetzen, sondern auf Grund des Vorbehalts des § 136 GBO auch die nach dem *formellen Konsensprinzip* an sich verfahrensrechtlich erforderliche **Bewilligung** des Betroffenen (§ 19 GBO; s dazu Rn 7). *Verfassungsrechtliche Bedenken* gegen diese Verfahren bestehen grundsätzlich nicht (SCHÖNER/STÖBER Grundbuchrecht Rn 739; zur Frage der Gewährung des rechtlichen Gehörs s Rn 40 ff).

2.   Praktische Bedeutung

2 Die **ursprüngliche Einschätzung**, eine bundeseinheitliche Regelung sei nicht zweckmäßig, weil das „Bedürfnis nur partikulär" hervorträte (Mot aaO; dazu NIEDNER Anm 1), hat sich als Fehleinschätzung erwiesen, was sich bereits daraus ergibt, dass fast alle Bundesländer mittlerweile entsprechende Regelungen erlassen haben (s Rn 50 ff). Die Erteilung von Unschädlichkeitszeugnissen, insbesondere zur Erleichterung von Lastenfreistellungen bei Straßengrundabtretungen, hat auch heute noch erhebliche praktische Bedeutung (vgl etwa den Referentenentwurf zur Änderung des BayUnschZG, JMS vom 10. 12. 2002, Az 8215 – I 1676/98 unter A, wo allerdings von einem Rückgang der Verfahren gesprochen wird; zur Bedeutung des Unschädlichkeitszeugnisses beim Vollzug umfangreicher Veränderungsnachweise vgl auch KEIM MittBayNot 1984, 61). So wurden in *Bayern* 1977 etwa 6000 Unschädlichkeitszeugnisse erteilt (SPRAU, UnschZG Rn 7).

Nützlich ist das Unschädlichkeitszeugnis besonders im Zusammenhang mit Rechts-
veränderungen an *Wohnungseigentumsanlagen* wegen der dort oft vorhandenen
Vielzahl von dinglich Berechtigten (zu den Anwendungsmöglichkeiten in diesem Kontext
s Rn 13). So waren im Fall von BayObLG MittBayNot 1993, 368 über 1000 Bewilligungen zu erholen. Dies löst ganz erhebliche Kosten aus; selbst wenn man nur die
Mindestgebühr ansetzt, betrugen diese im genannten Fall ca 12.000 Euro. Die Ansicht von Böhringer, dass das Unschädlichkeitszeugnis bei „Notaren nicht beliebt"
sei (Meikel/Böhringer § 46 GBO Rn 97 unter Bezug auf Grässlin, Merkbuch der freiwilligen
Gerichtsbarkeit 3.1.3.6) ist sehr subjektiv gefärbt und war angesichts dieser Zahlen
zumindest früher für *Bayern* nicht richtig. Praxisferne Gesetzesänderungen, wie etwa
unlängst in *Bayern*, mit der Abschaffung der bewährten Bagatellgrenze und drasti-
scher Heraufsetzung der Verfahrenskosten (mindestens 100 €), lassen allerdings
befürchten, dass dieses Verfahren in Zukunft nur noch ein Schattendasein führen
wird (**aA** für *Bayern* mit pathetischen Worten Demharter MittBayNot 2004, 17, 20: „kann das
Gesetz seine ... segensreiche Wirkungen ... künftig in weitaus größerem Umfang entfalten").

3. Entstehung der Vorschrift

Zur Entstehungsgeschichte s Staudinger/Promberger/Schreiber[12] Rn 1. **3**

II. Inhalt

1. Gemeinsamer Grundgedanke der verschiedenen Unschädlichkeitszeugnisse

a) Ersatz der materiell-rechtlich erforderlichen Mitwirkung
Art 120 EGBGB führt eine Reihe untereinander *ziemlich verschiedenartiger Vor-* **4**
gänge an, in denen die Landesgesetzgebung ein „Unschädlichkeitszeugnis" einführen kann. Doch sind der Zweck der Unschädlichkeitszeugnisse und ihre *grundsätzliche Wirkungsweise in allen Fällen gleich.*

aa) Der Normzweck bei der Veräußerung von Grundstücksteilen
Der dem Vorbehalt des Art 120 EGBGB zu Grunde liegende Normzweck wird am **5**
Fall des **Abs 1** des Art 120 EGBGB exemplarisch deutlich: **Grundstücksbelastungen**
bleiben auch nach Abtrennung einer Teilfläche an dieser neben der Restfläche als
Gesamtbelastung bestehen. Der künftige Eigentümer der Trennfläche will aber idR
die Belastung aus den unten (Rn 9 f) dargestellten, berechtigten Gründen nicht übernehmen. Ein Freiwerden der Teilfläche könnte nach dem BGB nur durch Aufhebungserklärung des Berechtigten (sog *„Pfandfreigabe"* oder „Entlassung aus der
Mithaft") bewirkt werden (§ 875 BGB), gegebenenfalls unter Zustimmung der an
seinem Recht wiederum „Drittberechtigten" (§ 876 BGB). Diese Mitwirkung der
Berechtigten ist aber immer mit Kosten verbunden und sie wird oftmals schwer,
manchmal überhaupt nicht zu erreichen sein. Aufgrund der Ermächtigung in Art 120
Abs 1 EGBGB kann nun der *Landesgesetzgeber* die Mitwirkung des Berechtigten in
der Weise entbehrlich machen, dass zum einen eine dafür vorgesehene Stelle bescheinigt, dass die Befreiung der Trennfläche von der Belastung im Hinblick auf das
dem Gläubiger weiter haftende Restgrundstück und im Hinblick auf einen eventuellen Wertausgleich den Interessen des Gläubigers nicht schadet, und zugleich dieses
Zeugnis von sich aus die Kraft hat, die abgetrennte Fläche ohne die sonst erforderliche Aufhebungserklärung des Berechtigten und evtl Zustimmung von Drittberech-

tigten von der Belastung zu befreien. Damit wird das sonst für diesen Fall in §§ 875, 876 BGB verankerte *„materielle Konsensprinzip"* durchbrochen: Zweck und Wirkung des Unschädlichkeitszeugnisses ist es also, die **materiellrechtlich erforderliche Mitwirkung des dinglich Berechtigten** und *evtl die Zustimmung von Drittberechtigten* **zu ersetzen**, wenn die der Erteilung des Zeugnisses zugrundeliegende Prüfung ergibt, dass die Interessen des Berechtigten keine Einbuße erleiden (dazu etwa MünchKomm/ SÄCKER Rn 1 f; NIEDNER Anm 1; PLANCK Anm 1a; DEMHARTER MittBayNot 2004, 17).

bb)   Der Normzweck in den anderen Fällen des Vorbehalts

6 *Dieselbe Eigenschaft*, Veränderungen an dinglichen Rechten zu bewirken, die infolge des materiellen Konsensprinzips ansonsten nur unter Mitwirkung des dinglich Berechtigten eintreten könnten, hat das Unschädlichkeitszeugnis *in den übrigen Fällen des Art 120 EGBGB*: Im Fall des **Abs 2 Nr 1** – *Verteilung einer Reallast* auf die nach einer Grundstücksteilung entstandenen Teilgrundstücke – ersetzt das Unschädlichkeitszeugnis die sonst zu dieser Rechtsänderung erforderliche dingliche Einigung des Eigentümers mit dem Reallastgläubiger (§ 877 BGB). Im Fall des **Abs 2 Nr 2** – *Aufhebung eines subjektiv dinglichen Rechts*, an dessen *herrschendem Grundstück Rechte Dritter* bestehen, – wäre ohne Unschädlichkeitszeugnis die Zustimmung der am herrschenden Grundstück Drittberechtigten erforderlich (§ 876 S 2 BGB). Im Fall des **Abs 2 Nr 3** – *Ersatzpfandrecht* des Hypotheken- oder Grundschuldgläubigers *an der Gebäudeversicherungsforderung* (§ 1128 BGB) bzw jedes Realgläubigers an einer bundesgesetzlich *gewährten Entschädigungsforderung aus Enteignung* (Art 52 EGBGB) – wird durch das Unschädlichkeitszeugnis die sonst nur vom Pfandgläubiger zu erklärende Pfandrechtsaufhebung (§§ 1255, 1273 BGB) bewirkt und eine auch gegenüber dem Drittgläubiger wirksame Auszahlung der Versicherungs- oder Entschädigungssumme an den Grundstückseigentümer ermöglicht.

b)   Ersatz der formell-rechtlichen Bewilligung

7 Als Vorbehalt gegenüber dem Recht des BGB behandelt Art 120 EGBGB das Unschädlichkeitszeugnis nur als Durchbrechung des Zustimmungserfordernisses nach dem materiellen Recht. In den Fällen des Abs 1 und des Abs 2 Nr 1 und 2 des Art 120 EGBGB, in denen jeweils noch ein Vollzug der Rechtsänderung im Grundbuch erforderlich ist, wären die Unschädlichkeitszeugnisse mit der soeben dargestellten materiellrechtlichen Wirkung allein nutzlos, da das Grundbuchverfahren nach dem *„formellen Konsensprinzip"* (§ 19 GBO) doch wieder eine Bewilligungserklärung erfordern würde: Zur materiellen, „verfügenden" Wirkung des Unschädlichkeitszeugnis muss deshalb noch die **formelle** hinzutreten, die die **Bewilligung für das Grundbuchverfahren ersetzt**. Aber auch zu dieser Anordnung ist der Landesgesetzgeber befugt, und zwar aufgrund des Vorbehalts in § 136 GBO, wonach aus der materiell-rechtlichen Ermächtigung des Art 120 EGBGB eine entsprechende für das Grundbuchverfahren folgt (**formelle Annexkompetenz**). Das Unschädlichkeitszeugnis ersetzt daher auch die *Bewilligung des Betroffenen* (§ 19 GBO) und die Eigentümerzustimmung nach § 27 S 1 GBO (MEIKEL/BÖTTCHER § 27 Rn 97; BAUER/vOE-FELE/KOHLER § 27 GBO Rn 44), nicht aber den das Grundbuchverfahren einleitenden *Eintragungsantrag* (MEIKEL/BÖTTCHER § 27 Rn 97; BAUER/vOEFELE/KOHLER § 27 GBO Rn 44; KEHE/MUNZIG § 27 GBO Rn 28).

2.   Die einzelnen Fälle

a)   Lastenfreie Abschreibung

Der **Abs 1** des Art 120 EGBGB behandelt mit der lastenfreien Abtrennung von **8**
Grundstücksteilen den für die Praxis wichtigsten Fall der Anwendung eines Unschädlichkeitszeugnis; in diesem Zusammenhang hat wieder besondere Bedeutung
die Abtretung von Grundstücksteilflächen für öffentliche Vorhaben, heute vor allem
zum Straßenbau.

aa)   Gründe für das Unschädlichkeitszeugnis

Das Fortbestehen der auf dem Stammgrundstück ruhenden Belastungen an der **9**
abgetrennten Fläche verbietet sich in der Regel aus **verschiedenen Gründen: (1)** Zum
einen will der *Erwerber* der Teilfläche *diese lastenfrei erwerben*; er tritt in den
seltensten Fällen in die der Belastung zugrundeliegende Verpflichtungen ein und
lehnt dann auch eine dingliche Mithaft mit der erworbenen Fläche ab. Umgekehrt
erleichtert das Unschädlichkeitszeugnis es dem Veräußerer, seiner Verpflichtung zur
Lastenfreistellung der verkauften Fläche nachzukommen. **(2)** Besonders praxisrele-
vant ist, dass das *Fortbestehen der Belastungen* an der Teilfläche sehr oft die *Eintragung* der geometrischen Veränderung und der Veräußerung *im Grundbuch* erschweren würde: In der überwiegenden Zahl der Fälle wird die Trennfläche schon
katastermäßig nicht als neues Grundstück geführt, sondern einer schon vorhandenen
Parzelle zugemessen (sog Zuflurstück) oder mit anderen Trennflächen und Parzellen
zu einer neuen Parzelle verschmolzen. Entsprechend werden diese Flächen durch
die Beteiligten zu einem neuen Grundstück vereinigt (§ 890 Abs 1 BGB, § 5 GBO)
oder wird das Trennstück zum Bestandteil eines bestehenden Grundstücks erklärt
(§ 890 Abs 2 BGB, § 6 GBO). In beiden Fällen ist, wenn die einzelne Teilfläche nicht
vorher von den auf ihr ruhenden Belastungen frei gestellt werden kann, zur Vermeidung der Verwirrung des Grundbuchs (vgl §§ 5, 6 GBO, vgl dazu etwa Schöner/
Stöber Grundbuchrecht Rn 635 ff) eine *Regelung des Rangverhältnisses* zwischen den
fortbestehenden Belastungen erforderlich, die in der Praxis zumindest dann nur
schwer zu verwirklichen wäre, wenn Freigabeerklärungen nicht zu erlangen sind.

Sowohl der Gesichtspunkt des Nichteintritts eines Erwerbers in die Belastungen wie **10**
auch der der Vermeidung unübersichtlicher Rangverhältnisse erfordern die vorherige
Lastenfreistellung. Sie zeigen, dass das **Bedürfnis** nach einer **erleichterten Lastenfreistellung** sogar *über die wörtlich* in Art 120 Abs 1 EGBGB *angeführten Fälle hinaus*
besteht: Der Aspekt des Nichteintritts in die Belastungen ergibt sich auch, wenn nicht
ein Grundstücksteil, sondern aus **mehreren mitbelastungsweise haftenden Grundstücken ein ganzes Grundstück** veräußert wird; ebenso, wenn aus dem Verband
mehrerer dinglich haftender Objekte nicht ein Grundstück, sondern ein Miteigentumsanteil, ein Wohnungseigentum oder ein Erbbaurecht veräußert wird. Auch dann
ist ein Unschädlichkeitszeugnis möglich (BGHZ 18, 296, 298 = NJW 1955, 1878; Meikel/
Böttcher § 27 GBO Rn 99; Bauer/vOefele/Kohler § 27 GBO Rn 45; Panz BWNotZ 1998, 16;
Schöner/Stöber Grundbuchrecht Rn 741).

Die so erforderliche Lastenfreistellung könnte grundsätzlich (zu einer Ausnahme vgl **11**
Rn 23) nur durch die entsprechende Freigabeerklärung des dinglich Berechtigten
und, wenn an dessen Recht wieder Dritte berechtigt sind, nur unter deren Zustimmung bewirkt werden; die Freigabe ist aber oft aus **tatsächlichen Gründen**, etwa

wegen der Vielzahl der dinglich Berechtigten (zB Erbengemeinschaften), der Schwierigkeit, deren Aufenthalt zu ermitteln, mangels deren Geschäftsfähigkeit oder auch, weil sie die Mitwirkung schlechthin verweigern, nicht zu erreichen. Daneben verursacht sie auf alle Fälle **wesentlich höhere Kosten**, so verlangen Banken oftmals für die Prüfung des Freigabeersuchens Bearbeitungsgebühren von mehreren hundert Euro, die mitunter den Wert des freizugebenden Besitzes bei weitem übersteigen. Gegenüber diesen Schwierigkeiten ermöglicht das Unschädlichkeitszeugnis nach Art 120 Abs 1 Abhilfe, indem es die Zustimmung des Berechtigten (§ 875 BGB), wie auch die eines Drittberechtigten (§ 876 BGB), ersetzt. Der Vorbehalt stellt aber **nicht** darauf ab, dass diese **Schwierigkeiten im Einzelfall** tatsächlich bestehen; auch die auf seiner Grundlage ergangenen Landesgesetze tun dies durchwegs nicht (zB zum BayUnschZG vgl BayObLGZ 1933, 1 = BayNotV 1933, 180). Art 120 Abs 1 EGBGB ist entsprechend seinem Normzweck, den Rechtsverkehr entsprechend den Bedürfnissen der Praxis zu erleichtern (Rn 1), **extensiv auszulegen** (SOERGEL/HARTMANN Rn 2); eine **Analogie scheidet** jedoch **aus**, weil dadurch ohne Rechtsgrundlage in die eigentumsrechtlich geschützten Rechte der dinglich Berechtigten eingegriffen würde. Dies wird in der Rspr nicht immer beachtet (s etwa Rn 17). Die Grenze zwischen Analogie und erweiterter Auslegung verläuft am „möglichen Sinnbereich des Ausdrucks" (LARENZ, Methodenlehre der Rechtswissenschaft [6. Aufl 1991] 354).

bb) Der Grundstücksbegriff des Vorbehalts

12 Obwohl der Vorbehalt nur von der Freistellung eines Grundstücks-*Teiles* spricht, deckt der Vorbehalt **auch** die lastenfreie **Veräußerung eines ganzen Grundstücks** durch ein Unschädlichkeitszeugnis, wenn dieses Grundstück zusammen mit weiteren Grundstücken der gleichen Belastung unterliegt (Gesamthaft); im Sinn des Vorbehalts ist „*Grundstück*" insoweit die *Gesamtheit der haftenden Liegenschaften* (BGHZ 18, 296 = NJW 1955, 1878; KG JFG 17 [1938] 266 = JW 1938, 1887; s bereits Rn 10); dementsprechend erklären die meisten Landesgesetze das Unschädlichkeitszeugnis ausdrücklich auch auf solche Gesamthaftungen von mehreren rechtlich selbständigen Grundstücken für anwendbar (vgl etwa Art 1 S 2 BayUnschZG). Ausgehend von dem Gesetzeszweck des Vorbehalts können daher die *Landesgesetze* von einem eigenen, vom allgemeinen Liegenschaftsrecht abweichenden, Grundstücksbegriff ausgehen, der durch das Merkmal der Mitbelastung gekennzeichnet ist, so für *Bayern* ausdrücklich BayObLGZ 1965, 466, 468. Der am *Normzweck orientierte Grundstücksbegriff* (SPRAU, UnschZG Rn 8 spricht zu weitgehend von einem wirtschaftlichen) erfasst daher alle einer einheitlichen Belastung fähigen Grundstücke, grundstücksgleichen Rechte oder Anteile hieran.

13 **Gegenstand** einer Freistellung durch ein Unschädlichkeitszeugnis können daher sein (vgl etwa MEIKEL/BÖTTCHER § 27 GBO Rn 99; SPRAU, UnschZG Rn 8 ff; SCHÖNER/STÖBER Grundbuchrecht Rn 741):

Reale Teilflächen, und zwar unabhängig davon, ob diese nach der Vermessung als selbständiges Grundstück im Rechtssinn fortbestehen oder mit einem anderen vereinigt oder diesem als Bestandteil zugeschrieben werden (BayObLGZ 1965, 466, 467). Jedoch ist erst nach der amtlichen Vermessung die Erteilung des Unschädlichkeitszeugnisses möglich, da erst dann die tatsächliche Wertminderung beurteilt werden kann (in *Bayern* lässt sich dies auch aus Art 4 Abs 2 Nr 1 UnschZG über die dem Antrag beizufügenden Unterlagen herleiten).

Ganze Grundstücke bei einer Gesamtbelastung (s Rn 10). Hierbei ist es unerheblich, ob der Gesamtbelastung unterliegende Grundstücke demselben Eigentümer unterliegen (**aA** Sprau Rn 8).

Ideelle Miteigentumsanteile hieran, da über sie nach den Regeln des Grundstücksrechts verfügt wird (BayObLGZ 1965, 466 = NJW 1965, 1045; BayObLG MittBayNot 1993, 368, 370; Röll DNotZ 1968, 353, 355; Wudy NotBZ 1998, 132, 136 [für die neuen Bundesländer]).

Wohnungs- oder Teileigentum nach dem WEG (LG München I MittBayNot 1967, 365; MittBayNot 1983, 174; Kehle/Ertl § 27 GBO Rn 28). Hierbei ist die Anwendung des Unschädlichkeitszeugnisses möglich:

– bei einer Veräußerung einer realen Teilfläche aus dem gemeinschaftlichen Eigentum am Aufteilungsgrundstück, an dem jedem Wohnungseigentümer ein Miteigentumsanteil zusteht (LG München I MittBayNot 1967, 365; Demharter MittBayNot 2004, 17; vgl jetzt auch ausdrücklich Art 1 Abs 2 BayUnschZG),

– bei *Veränderungen innerhalb der Wohnungseigentümergemeinschaft*, so bei Änderung der unterschiedlich belasteten Miteigentumsquoten, Änderungen im Gegenstand des Gemeinschaftseigentums oder Sondereigentums (Überführung eines bisher zum Gemeinschaftseigentum gehörenden Raumes in Sondereigentum, LG München I MittBayNot 1983, 174, BayObLGZ 1991, 313, 318 f, und umgekehrt) oder Übertragung von Sondereigentum ohne Änderung der Miteigentumsanteile, etwa bei sog Kellertäuschen; vgl dazu auch jetzt den neu eingefügten, weitreichenden Art 1 Abs 2 BayUnschZG (dazu Demharter MittBayNot 2004, 17 f, 19; Kirchmayer Rpfleger 2004, 203),

– bei *nachträglicher Begründung von Sondernutzungsrechten* an Gemeinschaftseigentum, bei der sonst auch alle Drittberechtigten der Wohnanlage (dazu BGHZ 91, 343, 346) zustimmen müssten (so zutreffend BayObLGZ 1988, 1, 5 = Rpfleger 1988, 140 m zust Anm Reinl, wo die entsprechende Anwendung des UnschZG auf die Begründung von Sondernutzungsrechten, die ja keine Grundstücksqualität haben, aus praktischen Bedürfnissen, gerade auch zur Vermeidung von unverhältnismäßigen Kosten zugelassen wird; ebenso BayObLG MittBayNot 1993, 370 bei einem solchen Vorgang bei einer *Wohnungserbbaurechtsgemeinschaft*; zust etwa Schöner/Stöber Grundbuchrecht Rn 741; zweifelnd Sprau, UnschZG Rn 12; **aA** OLG Köln ZMR 1993, 428 und früher noch BayObLGZ 1974, 217. 223),

– nach Ansicht des BayObLG auch bei sonstigen **Änderungen der Gemeinschaftsordnung**, die zu ihrer Wirksamkeit der Zustimmung der dinglich Berechtigten bedürfen, so etwa des *Kostenverteilungsschlüssels* (BayObLGZ 2003, 161, 163 = DNotZ 2003, 936 m Anm Rapp 939 ff = MittBayNot 2004, 43), was nicht nur die schwierige Frage der Bestimmung des Umfangs der durch die Änderung erfolgenden Beeinträchtigung des Wohnungseigentums aufwirft (zutr Rapp 940 f), sondern übersieht, dass sowohl der landesrechtliche Vorbehalt, wie aber auch die ausführenden Landesgesetze immer eine „veräußerungsbedingte" Rechtsänderung voraussetzen (insoweit verkennt Rapp aaO auch die Reichweite des neu eingefügten Art 1 Abs 2 BayUnschZG).

Grundstücksgleiche Rechte, wie Mitberechtigungen an einem Erbbaurecht (BayObLGZ 1962, 396, 399 = MittBayNot 1963, 97; LG Lübeck SchlHA 1965, 216; Meikel/Bött-

CHER § 27 GBO Rn 99; PANZ BWNotZ 1998, 16), selbständige Fischereirechte (etwa bei einer Teilung des Fischereirechts, SPRAU, UnschZG Rn 14).

14 Die lastenfreie Veräußerung eines mit dem Eigentum an einem Grundstück verbundenen, also **subjektiv-dinglichen Rechts** (etwa eines subjektiv-dinglichen, an ein Anwesen gebundenes Fischereirechts) fällt nicht unter Art 120 Abs 1, denn hier handelt es sich zunächst erst einmal um eine *Umwandlung* eines bislang nicht selbständig übertragbaren Rechts (OLG Hamburg ZBlFG 6 [1905/06] 904 Nr 927 = SeuffA 61 [1906] 195 Nr 110; zweifelnd STAUDINGER/PROMBERGER/SCHREIBER[12] Rn 10; kritisch: SOERGEL/HARTMANN Rn 2). Da diese Umwandlung rechtslogisch aber idR eine Aufhebung mit anschließender Neubestellung des Rechts beinhaltet, wird oftmals ein Unschädlichkeitszeugnis nach Art 120 Abs 2 Nr 2 möglich sein (iE auch SPRAU, UnschZG Rn 8).

15 Der Vorbehalt macht *keinen Unterschied* nach der **Art des Grundbesitzes** (Abschreibung von landwirtschaftlichen Grundstücken, von Bauland u dgl), oder nach dem Vorgang, der die Lastenfreistellung veranlasst (zB Abtretung zum Straßenbau oder allgemein für öffentliche Zwecke, in der Flurbereinigung, rein privatnützige Veräußerung). Der Landesgesetzgeber kann natürlich solche Unterscheidungen einführen.

cc) Zusammenhang mit einer Veräußerung

16 Dem Wortlaut des Vorbehalts nach ist das Unschädlichkeitszeugnis im Zusammenhang mit Grundstücksveräußerungen anzuwenden. Damit sind zunächst die Fälle der **Eigentumsübertragung aus jedem Anlass**, entgeltliche (Kauf, Tausch), wie unentgeltliche (Schenkung, unentgeltliche Straßengrundüberlassung, Vermächtniserfüllung usw) erfasst (so bereits PLANCK Anm 1b).

17 Über diesen Wortlaut hinaus will eine neuere Auffassung (BAUER/VOEFELE/KOHLER § 27 GBO Rn 45; MEIKEL/BÖTTCHER § 27 GBO Rn 98; STAUDINGER/PROMBERGER/SCHREIBER[12] Rn 13) im Wege einer **extensiven Auslegung** aufgrund eines praktischen Bedürfnisses auch **Abschreibungen von Trennflächen im eigenen Besitz** erfassen, soweit es sich nur wenigstens um geometrische Veränderungen handelt. Die Gleichsetzung der in Art 120 Abs 1 EGBGB allein genannten Veräußerung mit vermessungstechnischen Änderungen ohne Eigentumswechsel ist aber vom Wortlaut des Vorbehalts nicht mehr gedeckt und kann daher allenfalls im Wege einer *Analogie* erfolgen. Im Hinblick auf die mit der Erteilung des Unschädlichkeitszeugnisses erfolgenden Eingriffe in die Rechte der dinglich Berechtigten ist dies aber nicht zulässig (s Rn 11; vgl auch BayObLGZ 1989, 200 = MittBayNot 1989, 311; zu Recht ablehnend daher auch RÖLL MittBayNot 1968, 354; SPRAU, UnschZG Rn 23; KIRCHMAYER Rpfleger 2004, 2003, 204; SCHÖNER/STÖBER Grundbuchrecht Rn 741; PANZ BWNotZ 1998, 16; zweifelnd LG München I MittBayNot 1983, 174, 175). Demgegenüber hat das BayObLG jetzt auch die Erteilung eines Unschädlichkeitszeugnisses zugelassen, wenn Grenzberichtigungen zwischen mehreren auf eigenen Grundbuchblättern vorgetragenen Grundstücken eines Bauträgers vorgenommen werden, die ganz überwiegend bereits an Erwerber mit eingetragenen Eigentumsvormerkungen verkauft und mit Finanzierungsgrundpfandrechten belastet sind (BayObLGZ 2003, 202, 203 f = DNotZ 2003, 938 m Anm RAPP; KIRCHMAYER Rpfleger 2004, 203, 204 Fn 21, spricht von einer sich abzeichnenden Rspr-Änderung). Da hier die dingliche Veräußerung unmittelbar bevorsteht und zudem die Erwerbsansprüche durch die Vormerkungen besonderes gesichert sind, ist die Erteilung eines Unschädlichkeits-

zeugnisses möglich, ja sogar geboten, aber nicht auf Grund einer Analogie, wie das
BayObLG selbst feststellt (BayObLGZ 2003, 202, 203), denn diese wäre wegen eines
Eingriffs in Eigentumsrechte Dritter ohne ermächtigende Rechtsgrundlage unzulässig (s Rn 11), sondern im Wege einer *extensiven Interpretation*, weil der Begriff der
„Veräußerung" iS von Art 120 Abs 1 EGBGB nicht restriktiv dahingehend zu verstehen ist, dass darunter nur der Fall des bereits vollzogenen dinglichen Verfügungs-
geschäfts fällt.

dd) Art der betroffenen Rechte

Art 120 enthält *keine abschließende (enumerative) Aufzählung* der betroffenen **18**
Grundstücksbelastungen, denen gegenüber nur die Erteilung eines Unschädlichkeitszeugnis zulässig ist (MEIKEL/BÖTTCHER § 27 GBO Rn 100). Vielmehr verbleibt dies
den einzelnen Landesgesetzen überlassen, soweit der Normzweck auch diesbezüglich eine entsprechende Anwendung gebietet. So enthält jetzt auch das *Bayerische
UnschZG* keine abschließende Regelung hinsichtlich der Rechte mehr, von denen
das Unschädlichkeitszeugnis befreien kann, wie die Einfügung des Wortes „insbesondere" in Art 1 Abs 1 S 1 belegt (vgl dazu die Begr des Referentenentwurfs [s oben Rn 2];
DEMHARTER MittBayNot 2004, 17, 18; KIRCHMAYER Rpfleger 2004, 203; anders aber früher beim
Erbbaurecht [BayObLGZ 1962, 396] und Nießbrauch [BayObLGZ 17, 52]; vgl dazu RÖLL Mitt-
BayNot 1968, 353, 360). Die Landesgesetze unterscheiden aber teilweise nach der Art
der betroffenen Rechte hinsichtlich des Maßstabs für die Beurteilung der Unschädlichkeit (wiederum etwa in *Bayern*, s Rn 85). Gegenüber reinen **Verfügungsbeschrän-
kung** ist dagegen eine Anwendung des Unschädlichkeitszeugnisses nicht möglich, da
diese keine „Belastung" im materiellen Sinne darstellen, sondern nur die Beschränkung kenntlich machen, um einen gutgläubigen Erwerb (§ 892 BGB) zu verhindern
(KGJ 42, 199; KG HRR 1934 Nr 201; LG Frankfurt/M Rpfleger 1986, 472; MEIKEL/BÖTTCHER § 27
GBO Rn 100; MünchKomm/SÄCKER Rn 2; SCHÖNER/STÖBER Grundbuchrecht Rn 740; SPRAU
UnschZG Rn 20 mwNw]; unrichtig KIRCHMAYER Rpfleger 2004, 203, wonach auch bei Widersprü-
chen [§ 899 BGB] ein Unschädlichkeitszeugnis möglich sei, denn dieser ist der Verlautbarung einer
Verfügungsbeschränkung ähnlich).

Die Belastungen, von denen das Unschädlichkeitszeugnis befreit, können im *Grund-* **19**
buch eingetragen oder nicht eingetragen sein; eine Anwendung auf nicht eingetragene
Belastungen ist wegen der materiellrechtlichen Aufhebungswirkung des Unschädlichkeitszeugnisses zweckmäßig und geboten (so jetzt auch MEIKEL/BÖTTCHER § 27 GBO
Rn 100; LG Hildesheim NdsRpfl 1962, 176; SOERGEL/HARTMANN Rn 2; BAUER/VOEFELE/KOHLER
§ 27 GBO Rn 46; **aA** KGJ 31, 281; OLG München JFG 14, 317; KEHE/MUNZIG § 27 GBO Rn 28).

Als Vorbehalt gegenüber dem Recht des BGB betrifft Art 120 Abs 1 EGBGB nur **20**
Grundstücksbelastungen aufgrund privater Rechte; **öffentliche Grundstückslasten**
unterliegen idR der Landesgesetzgebung, so dass die Anwendung des Unschädlichkeitszeugnisses auf diese dem Landesgesetzgeber auch ohne Vorbehalt freisteht
(STAUDINGER/GRAMM[10] Rn 4; PLANCK Anm 1c; zu unflektiert aber BAUER/VOEFELE/KOHLER § 27
GBO Rn 46, weil dort der Eindruck erweckt würde, dies wäre gar nicht möglich). Die derzeit
geltenden Landesgesetze schließen jedoch idR die öffentlichen Lasten von der
Wirkung des Unschädlichkeitszeugnisses aus. Die Hypothekengewinnabgabe nach
dem LAG hat keine praktische Bedeutung mehr (vgl hierzu RÖLL MittBayNot 1968, 353,
360).

21 Das Unschädlichkeitszeugnis hat in der *Praxis* vor allem für die Lastenfreistellung von *Grundpfandrechten* (Hypotheken, Grund- und Rentenschulden) und von *Reallasten* Bedeutung. Insbesondere bei dem Erwerb von Straßengrundstücken, zunehmend aber auch bei großen Wohnungseigentumsanlagen, kann zur Abwicklung kleiner Veräußerungen aus verfahrensökonomischen, insbesondere aber aus Kostengründen, auf das Unschädlichkeitszeugnis nicht verzichtet werden (Rn 2). Den Reallasten sind die gesetzlichen Überbau- und Notwegrenten (§§ 912, 913, 917 BGB) gleichgestellt; das gilt auch für den Vorbehalt des Unschädlichkeitszeugnisses (Panz BWNotZ 1998, 16; bereits Planck Anm 1b; Niedner Anm 5; zweifelnd Sprau UnschZG Rn 20).

22 Einzelne Landesgesetze beschränken das Unschädlichkeitszeugnis auf diese und einzelne weitere Arten von Belastungen. Da der **Vorbehalt** selbst aber **keine solche Einschränkung** macht, können durch Landesgesetz Unschädlichkeitszeugnisse für die Freistellung von einem *Erbbaurecht, dinglichen Vorkaufsrecht, Nießbrauch, einer Grunddienstbarkeit* (zB – zum BayUnschZG – LG Hof MittBayNot 1964, 53 = Rpfleger 1964, 22; BayObLG MittBayNot 1981, 136 – Wegerecht –) oder *beschränkten persönlichen Dienstbarkeit* (s LG Augsburg MittBayNot 1979, 116 = Rpfleger 1979, 338) vorgesehen werden. Ein nur für den *ersten Verkaufsfall bestelltes Vorkaufsrecht* geht zwar unter, wenn es beim ersten Verkauf nicht ausgeübt oder wenn das Grundstück aus einem anderen Rechtsgrund veräußert wird (§ 1097 BGB); der Nachweis des Untergangs und die darauf zu stützende Grundbuchberichtigung können aber uU erschwert und deshalb die Befreiung der Trennfläche durch ein Unschädlichkeitszeugnis auch gegenüber einem solchen Vorkaufsrecht von Nutzen sein (in *Bayern* wegen der ausdrücklichen Regelung des Art 13 UnschZG jedoch nicht möglich).

23 Bei **Grunddienstbarkeiten** und **beschränkten persönlichen Dienstbarkeiten**, die auf einen bestimmten Ausübungsbereich beschränkt sind, werden abgetrennte Grundstücksteile, die **außerhalb des Ausübungsbereichs** liegen, schon **kraft Gesetzes von der Belastung frei** (§§ 1026, 1090 BGB). Ist mit der Dienstbarkeit eine Unterhaltungspflicht des Grundstückseigentümers verbunden (§§ 1021, 1022, 1090 BGB), so bewirkt die Befreiung der Teilfläche von der Dienstbarkeit auch die Befreiung von der Unterhaltungspflicht des Eigentümers (KG JW 1934, 3142; Palandt/Bassenge BGB § 1026 Rn 2; eingehend dazu Staudinger/J Mayer § 1026 Rn 2; Sprau, UnschZG Rn 18; aA Staudinger/Gramm[10] Rn 4). Daraus, dass das Unschädlichkeitszeugnis in Fällen dieser Art entbehrlich sein kann, folgt aber nicht, dass es der Landesgesetzgeber nicht vorsehen könnte; es kann auch in Fällen dieser Art **zweckdienlich** sein, zB wenn der Ausübungsbereich der Dienstbarkeit und damit der Eintritt der gesetzlichen Befreiung gemäß § 1026 BGB gegenüber dem Grundbuchamt nicht in der Form des § 29 GBO nachgewiesen werden können (ebenso LG Augsburg MittBayNot 1979, 116; BayObLG MittBayNot 1981, 136; Demharter MittBayNot 2004, 17, 18; Schöner/Stöber Grundbuchrecht Rn 742; für sehr weitgehende Anforderungen in diesem Kontext Opitz Rpfleger 2000, 367, dagegen Staudinger/J Mayer § 1026 Rn 13; Schöner/Stöber Grundbuchrecht Rn 1189). Daher sieht etwa Art 2a BayUnschZG nF in seinem letzten Halbsatz vor, dass ein Unschädlichkeitszeugnis auch hier möglich ist, wenn der Nachweis der Voraussetzungen des § 1026 BGB einen „unverhältnismäßigen Aufwand" erfordern würden. Angesichts der verfahrensmäßig freieren Stellung der das Unschädlichkeitszeugnis erteilenden Stelle ist dies von erheblicher praktischer Bedeutung. Ein Wertausgleich ist hier nicht erforderlich und auch nicht möglich, auch wenn der Wert der Trennfläche die gesetzlich festgelegte Wertgrenze über- oder unterschreitet (Sprau, UnschZG Rn 18; Ostler Art 2a UnschZG).

Auch wenn der **Ausübungsbereich** einer Dienstbarkeit **betroffen** ist, kann im Einzel- **24** fall die Unschädlichkeit festgestellt werden, etwa, wenn die geplante – und entsprechend öffentlich gesicherte – Verwendung der abgeschriebenen Teilfläche dem Berechtigten die gleiche Nutzungsmöglichkeit wie die Dienstbarkeit gewährt, so bei einer mit einem Wegerecht belasteten Fläche zur Herstellung eines öffentlichen Weges (Sprau aaO; BayObLG aaO; LG Augsburg aaO).

Das Unschädlichkeitszeugnis kann **nicht** zur Befreiung einer Trennfläche von einer **25** das **ganze Grundstück belastenden Auflassungsvormerkung** vorgesehen werden; der Übereignungsanspruch erfasst idR auch die Trennfläche der Substanz nach; er und die ihn sichernde Vormerkung könnten daher nicht „unschädlich" auf das Restgrundstück eingeschränkt werden (Meikel/Böttcher § 27 GBO Rn 100; Kehe/Munzig § 27 GBO Rn 28; Schöner/Stöber Grundbuchrecht Rn 740). Soweit der Übereignungsanspruch in Natur nur eine *Teilfläche* des grundbuchmäßig belasteten Grundstücks *betrifft*, kann oftmals eine lastenfreie Abschreibung analog § 1026 BGB erfolgen (BayObLGZ 1973, 297); in Einzelfällen kann entsprechend dem in Rn 23 Gesagten dann auch hier die Erteilung eines Unschädlichkeitszeugnisses möglich sein, soweit landesrechtlich bei einer Vormerkung dessen Erteilung überhaupt zulässig ist. Die *Vormerkungen auf Eintragung von Belastungen* sind bei der Anwendung eines Unschädlichkeitszeugnisses *gleich* den dadurch zu sichernden künftigen *Belastungen zu behandeln* (Meikel/Böttcher aaO).

ee) Prüfungsmaßstab für die „Unschädlichkeit"

Der Landesgesetzgeber hat festzulegen, wann eine **„Unschädlichkeit"** aufgrund der **26** lastenfreien Abschreibung vorliegt. Dazu gehört namentlich eine Regelung, ob die Unschädlichkeit von einem *Wertausgleich* abhängt oder ob ein Wertausgleich erst von der Überschreitung eines bestimmten Trennstückswertes an erforderlich ist (sog *Bagatellgrenze)* und worin dieser besteht (zB in einem hinterlegten Geldbetrag, einer zugemessenen, der Belastung – bei Grundpfandrechten auch durch Bestandteilszuschreibung – unterstellten Fläche, wobei ein einheitlicher Vollzug erfolgen muss [BayObLG Rpfleger 1995, 333], dem Vorteil der Erschließung durch die öffentliche Straße oder ähnliche Einrichtung, welche die Abtrennung der Teilfläche erforderlich gemacht hat). Das Landesgesetz kann aber auch das Unschädlichkeitszeugnis auf Trennstücksabschreibungen beschränken, die einen *bestimmten Wert* oder einen bestimmten *Umfang* der belasteten Gesamtfläche nicht überschreiten oder die nach einem unbestimmten Rechtsbegriff als **„geringfügig",** meist **bezogen auf Umfang und Wert des Stammgrundstücks,** anzusehen sind (Planck Anm 4aE).

Die **Landesgesetze** arbeiten durchweg mit diesem **unbestimmten Rechtsbegriff,** wobei sich die Frage nach dem Umfang seiner gerichtlichen Überprüfbarkeit stellt. Übernimmt man die im *Verwaltungsrecht* entwickelte Unterscheidung zwischen der Ermessensentscheidung bezüglich der Rechtsfolge und dem Beurteilungsspielraum auf der Tatbestandsseite zutreffender Weise für die freiwillige Gerichtsbarkeit (J Mayer FamRZ 1994, 1007), so kann es sich hier aber allenfalls um eine Frage des **Beurteilungsspielraums** handeln (unreflektiert Demharter MittBayNot 2004, 17, 18, der hier von einem „Entscheidungsspielraum" spricht). Jedoch liegen hier keinerlei Gründe für eine solche Einschätzungsprärogative vor. Alle diesbezüglichen Entscheidung sind **voll justiziabel**. Nach der überwiegenden Meinung wird eine Unschädlichkeit angenommen, wenn die Minderung von Wert und Umfang 5 bis 10% beträgt (dazu vgl RÖLL MittBayNot 1968, 353, 354; MEIKEL/BÖHRINGER § 46 GBO Rn 97; KÖHLER ZRP 1989, 152 [je höchstens 10%]; BENGEL/SIMMERDING/WEIDLICH § 19 Rn 13; SOERGEL/HARTMANN Rn 2 [je 5 bis 10%, in bes Fällen 25%]; PÖTTGEN MittRhNotK 1965, 668: jeweils bis zu *10v H des Werts und der Fläche*, wenn kein Wertausgleich durch Grundbesitz stattfindet; zu weitgehend MATIBA DNotZ 1932, 361, 363: bis zu einem Viertel; aus der Rspr s LG Lüneburg NdsRpfl 1965, 43: 10% der Gesamtfläche [waren immerhin 3582 qm] zu hoch; LG Göttingen NdsRpfl 1981, 279: 10,85% der Fläche des Stammgrundstücks nicht mehr geringfügig; LG Oldenburg NdsRpfl 1983, 228: 16,54% des Umfangs und 13% der Wertminderung zu hoch; vgl auch BayObLG MittBayNot 1981, 136; zur Frage, inwieweit hierbei schon früher aufgrund Unschädlichkeitszeugnis lastenfrei abgeschriebene Flächen mit eingerechnet werden müssen, vgl LG Lüneburg NdsRpfl 1965, 43; LG Oldenburg NdsRpfl 1983, 228: Zusammenrechnung geboten). Bei relativ *kleinen Grundstücken* wird man hinsichtlich der Flächenminderung sicherlich noch Umfangsverringerungen von ca 10% als geringfügig ansehen können, bei größeren Grundstücken erscheint dieses bereits zu hoch. **Ausschlaggebend** für die Unschädlichkeit ist in den Zweifelsfällen allerdings meist, ob die Minderung des Werts gering ist (SPRAU, UnschZG Rn 31 f mwNw), auch wenn **grundsätzlich beide Merkmale kumulativ** erfüllt sein müssen. Unter **Wertminderung** ist grds, wenn in den einzelnen Landesgesetzes nichts anderes bestimmt, die Differenz zwischen dem Verkehrswert des Stammgrundstücks und dem Verkehrswert des Restgrundstücks zu verstehen, *nicht* aber der *Wert des Trennstücks*, der im Einzelfall auch höher oder niedriger sein kann (SPRAU Rn 32; HENLE/SCHMIDT Art 2 Anm 3; SCHÖNER/STÖBER Grundbuchrecht Rn 739 Fn 4; THOMAS/SCHLÜTER VIZ 1998, 183, 184). Auch wenn das betroffene *Recht nur von geringem Wert* ist (etwa bei umgestellten alten Hypothekenrechten), kann bei der Beurteilung der geringfügigen Verringerung der Sicherheit wohl großzügiger verfahren werden, wie sich aus dem übergeordneten Tatbestandsmerkmal der Unschädlichkeit ergibt.

b)   Reallastverteilung auf Teilgrundstücke

27 Im Falle der **Teilung des mit einer Reallast belasteten Grundstücks – Abs 2 Nr 1 –** würde, wenn nicht der Berechtigte die lastenfreie Abschreibung der einen Teilfläche bewilligt oder aufgrund eines Unschädlichkeitszeugnisses nach Abs 1 die lastenfreie Abtrennung einer von den beiden entstehenden Teilflächen erfolgen kann, nach § 1108 Abs 2 BGB der Eigentümer jedes Teilstückes für die während seines Eigentums fällig werdenden Leistungen als Gesamtschuldner persönlich haften. Durch den Vorbehalt des Abs 2 Nr 1 ist es der Landesgesetzgebung gestattet, dort, wo die lastenfreie Abschreibung vermittels eines Unschädlichkeitszeugnisses nicht möglich ist, die Teilung wenigstens dadurch zu erleichtern, dass ein Unschädlichkeitszeugnis die Unschädlichkeit einer Verteilung der Reallast auf die einzelnen Teile des Grundstücks bescheinigt. Dabei bedeutet „Unschädlichkeit" in diesem Fall lediglich die unverminderte Sicherheit des Berechtigten, denn an sich wäre die Verteilung stets „schädlich" (so zutreffend PLANCK Anm 2; MünchKomm/SÄCKER Rn 3). Die näheren Voraussetzungen und die Wirkungen der Verteilung, ob namentlich das Stammgrundstück für einen Ausfall bei ungenügender Leistungsfähigkeit des abgeteilten Grundstücks haftet, das Verfahren zum Zweck der Verteilung und die Zuständigkeit regelt die Landesgesetzgebung.

28 Der Vorbehalt hat für die Länder Bedeutung, in welchen vor Erlass des BGB

abweichend von dem Grundsatz des § 1108 Abs 2 BGB die Reallasten bei Teilung des belasteten Grundstücks auf die einzelnen Trennstücke verteilt wurden (Niedner Anm 7); siehe zB für Preußen Art 31 AGBGB.

c) Aufhebung eines subjektiv-dinglichen Rechts

Die Aufhebung eines subjektiv-dinglichen Rechts, das ist eines dem jeweiligen **29** Eigentümer eines Grundstücks an einem anderen Grundstück zustehenden Rechts, kann landesgesetzlich nach **Abs 2 Nr 2** dadurch erleichtert werden, dass ein Unschädlichkeitszeugnis die Drittberechtigtenzustimmung der an dem Grundstück des Berechtigten ihrerseits dinglich Berechtigten entbehrlich macht (MünchKomm/Säcker Rn 4). Nach dem BGB können subjektiv-dinglich nur die Grunddienstbarkeit (§§ 1018 ff), das dingliche Vorkaufsrecht (§ 1094 Abs 2) und die Reallast (§ 1105 Abs 2) bestellt werden (s hierüber Staudinger/Seiler [2000] Einl zum Sachenrecht 22 unter Buchst cc; Staudinger/Jickeli/Stieper [2004] § 96 Rn 3). Sie sind nach § 96 BGB Bestandteile des Grundstücks des Berechtigten, die Belastungen des Grundstücks erstrecken sich deshalb auf sie (Staudinger/Jickeli/Stieper [2004] § 96 Rn 9). Nach § 876 S 1 BGB ist grundsätzlich zur Aufhebung eines mit dem Recht eines Dritten belasteten Rechtes die Zustimmung des Dritten erforderlich. Zweck des Vorbehalts des Abs 2 Nr 2 ist es, diese Zustimmung durch ein Unschädlichkeitszeugnis zu ersetzen.

Das Unschädlichkeitszeugnis ist nicht notwendig, sofern die **Zustimmung des Dritt-** **30** **berechtigten** aufgrund anderer Bestimmungen nicht erforderlich ist; steht dies einwandfrei fest, wird nach den Landesgesetzen der Antrag auf Erteilung mangels Sachbescheidungsinteresse als unzulässig abzuweisen sein:

aa) Nach **materiellem Recht** bedarf es zur Aufhebung keiner Zustimmung des am **31** herrschenden Grundstück Berechtigten, wenn dessen Recht von der Aufhebung **nicht berührt wird** (§ 876 S 2 BGB; dazu bereits Rn 1). Auch eine Bewilligung des Drittberechtigten nach § 19 GBO ist zur Löschung des subjektiv dinglichen Rechts im Grundbuch in diesen Fällen nicht erforderlich und zwar auch dann nicht, wenn das Recht auf dem Blatt des herrschenden Grundstücks vermerkt ist (sog Aktivvermerk, vgl zB Demharter, GBO [24. Aufl 2002] § 21 Rn 4). In Zweifelsfällen kann freilich das Unschädlichkeitszeugnis hier genauso zweckmäßig sein, wie es eine für alle Fälle eingeholte Bewilligung des Drittberechtigten wäre. Zudem gehen seine Anforderungen weniger weit als die der Feststellung nach § 876 S 2 BGB, dass die Aufhebung das Recht des Dritten nicht *berührt*; denn das Unschädlichkeitszeugnis setzt nur voraus, dass die Aufhebung den Interessen des Dritten *nicht schadet* (zur hier zulässigen wirtschaftlichen Betrachtungsweise s Rn 1). Zudem können den Wertverlust ausgleichende Veränderungen berücksichtigt werden, sofern die einzelnen Landesgesetze die Möglichkeit eines Wertausgleichs zulassen (s dazu Rn 85).

Daneben hilft das Unschädlichkeitszeugnis, eine *Diskrepanz zwischen materiellem* **32** *und formellen Grundbuchrecht* in verfahrensökonomischer Weise zu überwinden. Unabhängig von der Notwendigkeit der Drittberechtigtenzustimmung nach § 876 S 2 BGB wird grundbuchrechtlich aus Vereinfachungsgründen eine Bewilligung des Berechtigten nur gefordert, wenn das aufzuhebende subjektiv dingliche Recht auf dem Grundbuchblatt des herrschenden Grundstücks vermerkt war (Aktivvermerk, §§ 9, 21 GBO); die materiell-rechtlich notwendige, aber fehlende Zustimmung macht jedoch nach hL (zB Demharter, GBO § 21 Rn 3; Meikel/Böttcher, GBO § 21

Rn 20 f) bei der Löschung des Rechts das Grundbuch unrichtig. Hier kann das Unschädlichkeitszeugnis zweckmäßig sein, obwohl es für den grundbuchamtlichen Vollzug nicht erforderlich wäre.

33 **bb)** Wurde *bereits* hinsichtlich des **subjektiv dinglichen Rechts ein Unschädlichkeitszeugnis** *erteilt*, so wird hierdurch die (nach materiellem und formellem Recht) erforderliche **Drittberechtigtenzustimmung hierzu ersetzt** (*Konzentrationswirkung*, PLANCK Anm 3; HENLE/SCHMITT, Grundbuchwesen in Bayern [1910] Art 1 UnschZG Anm 4, Art 15 Anm 1; SPRAU, UnschZG Rn 72).

d)   Entpfändung von Entschädigungsforderungen aus Gebäudeversicherung und Enteignung

34 Die Entschädigungsansprüche aus **Gebäudeversicherung** (§ 1128 BGB) haften den Grundpfandrechtsgläubigern (STAUDINGER/WOLFSTEINER [2002] § 1128 Rn 8 ff), die Entschädigungsansprüche wegen Enteignung allen am Grundstück dinglich Berechtigten (Art 52 EGBGB und Art 109 S 2 EGBGB). Der Vorbehalt des **Abs 2 Nr 3** ermöglicht es, durch ein Unschädlichkeitszeugnis den Anspruch auf die Versicherungssumme oder die Enteignungsentschädigung zum Vorteil des Entschädigungsberechtigten *von den Rechten der an dem Anspruch Berechtigten zu befreien.* Hierdurch wird die Regelung der Entschädigungsfrage beschleunigt und die Entschädigungssumme dem Entschädigungsberechtigten rascher zugeführt (PLANCK Anm 3).

35 Bei der Entschädigung wegen einer **Enteignung** auf Grund eines Landesgesetzes kann die Landesgesetzgebung bereits nach dem Vorbehalt des Art 109 EGBGB Bestimmungen treffen, die bei Vorhandensein von Rechten Dritter an dem Entschädigungsanspruch die Auszahlung der Entschädigung regeln oder erleichtern; dies ist in Art 109 S 2, 2. HS EBGB ausdrücklich klargestellt (vgl auch NIEDNER Anm 9; oben Art 109 Rn 31).

3.   Zuständigkeit, Verfahren

36 Dem Landesgesetzgeber obliegt es auch, das Verfahren für die Erteilung des Unschädlichkeitszeugnisses und das Verfahren bei seiner Anwendung (seines Vollzugs) zu bestimmen.

a)   Das Erteilungsverfahren

37 Für das Verfahren bei der Erteilung steht die *sachliche Zuständigkeit* im Vordergrund. In den geltenden Landesgesetzen finden sich **zwei unterschiedliche Systeme**: Das Unschädlichkeitszeugnis wird entweder durch eine *Verwaltungsbehörde* (zB Katasteramt, Kulturbehörde im Flurbereinigungsverfahren; diese Zuständigkeit wählt die Mehrzahl der Bundesländer) oder durch ein *Gericht* (zB Amtsgericht, Amtsgericht als Grundbuchamt) oder ein *sonstiges Rechtspflegeorgan* (zB das Badische Grundbuchamt) erteilt. Obwohl das Unschädlichkeitszeugnis seinem Inhalt nach in beiden Fällen das gleiche ist, ergeben sich *verfahrensrechtlich verschiedene Auswirkungen* der beiden Systeme.

38 **aa)** Wird das Unschädlichkeitszeugnis von einer **Verwaltungsbehörde** erlassen, gilt mangels einer besonderen Verfahrensregelung (dazu Rn 72 f), das **Verwaltungsverfahrensrecht** der entsprechenden Landesbehörde. Der Erlass des Unschädlichkeitszeug-

nisses ist ein (wegen der materiellrechtlichen Auswirkung) privatrechtsgestaltender *Verwaltungsakt*. Seine Anfechtbarkeit würde sich nach der *Verwaltungsgerichtsordnung* richten, soweit nicht ein besonderer Rechtsbehelf (idR durch Antrag an das ordentliche Gericht) und damit gegenüber der Verwaltungsgerichtsbarkeit besonderer Rechtsweg iSv § 40 Abs 1 S 2 der VwGO vorgesehen ist, was durchweg geschieht.

bb) Soweit **Gerichte** oder *sonstige Rechtspflegeorgane* für zuständig erklärt sind, **39** sind sie nicht als Justizverwaltungsbehörden eingeschaltet; das Unschädlichkeitszeugnis ist daher nicht Justizverwaltungsakt iS der §§ 23 ff EGGVG. Sie entscheiden vielmehr als unabhängige Stellen mit **richterlicher Funktion**. In Ergänzung zu etwaigen besonderen Verfahrensvorschriften findet hier regelmäßig das *Verfahrensrecht der freiwilligen Gerichtsbarkeit* Anwendung. Auch soweit dies nicht ausdrücklich angeordnet ist, wird dies allgemein angenommen (BayObLG BayObLGZ 1962, 362; BayObLG MittBayNot 1978, 152; 1981, 136; BayVerfGH MittBayNot 1970, 140, 143; SOERGEL/ HARTMANN Rn 1; RIPFEL Justiz 1960, 105, 106). Dies gilt auch, soweit die Gerichte über den Rechtsbehelf gegen die Erteilung oder Versagung eines Unschädlichkeitszeugnisses durch eine Verwaltungsbehörde zu entscheiden haben (vgl Rn 96).

cc) Bei der Gestaltung und praktischen Durchführung des Verfahrens können das **40** **Grundrecht** der Beteiligten auf **rechtliches Gehör** und der Gesetzeszweck, Schwierigkeiten und hohe Kosten bei der Lastenfreistellung mit Hilfe des Unschädlichkeitszeugnisses zu vermeiden, in Widerspruch geraten. Soweit das Verfahren **Organen der freiwilligen Gerichtsbarkeit** übertragen ist, gilt der Anspruch auf Gewährung rechtlichen Gehörs (Art 103 Abs 1 GG, Art 91 Abs 1 BayVerf) auch hier (BVerfGE 19, 49, 51 = NJW 1965, 1267 [Sorgerechtsentscheidung]; BVerfGE 89, 381, 390 = NJW 1994, 1053; BVerfG NJW 1995, 2095 [WEG-Verfahren]; BVerfGE 92, 158, 183; BREHM, Freiwillige Gerichtsbarkeit [3. Aufl 2002] Rn 269; HABSCHEID FG § 20 II 2; KEIDEL/SCHMIDT § 12 FGG Rn 139; SACHS/ DEGENHART Art 103 GG Rn 4) und zwar ohne Unterschied, ob es sich materiell um Verwaltungstätigkeit, Rechtspflegeakte mit Geltung des Untersuchungsgrundsatzes (hierzu etwa BVerfGE 7, 53; 92, 158, 183; ROSENBERG/SCHWAB/GOTTWALD, Zivilprozessrecht § 85 III 3 a; WALDNER, Der Anspruch auf rechtliches Gehör [2. Aufl 2000] Rn 363) oder Rechtsprechung iS von echten Streitsachen handelt (BVerfGE 19, 49, 51; BREHM FG Rn 269; HABSCHEID FG § 20 II 2; JARASS/PIEROTH Art 103 GG Rn 5; KEIDEL/SCHMIDT § 12 FGG Rn 139; WALDNER aaO Rn 363; **aA** BETTERMANN, in: FS Lent [1957] 42: nur, soweit Rspr im materiellen Sinn ausgeübt wird), und verfassungsrechtlich unmittelbar unabhängig davon, ob seine Anwendbarkeit spezialgesetzlich vorgeschrieben ist (vgl etwa BVerfGE 65, 227, 234; 67, 208, 212; 89, 381, 390). In **funktioneller Hinsicht** wird die Anwendung des Art 103 Abs 1 GG nach der Auffassung des Bundesverfassungsgerichts (BVerfG NJW 2000, 1709 = FamRZ 2000, 1709 [zur nachlassgerichtlichen Genehmigung]), die im Schrifttum einhellig abgelehnt wird (EICKMANN Rpfleger 2000, 245; HABSCHEID Rpfleger 2001, 209; GOTTWALD FamRZ 2000, 1477; HERBST/ROTH, Gesetz über die Angelegenheiten der freiwilligen Gerichtsbarkeit – Rechtspflegergesetz [9. Aufl 2002] Vor § 1 RPflG Rn 11; KEIDEL/SCHMIDT § 12 FGG Rn 139; WALDNER aaO Rn 362; anders auch die Kommentarliteratur vor der neuen Entscheidung des BVerfG, s MAUNZ/DÜRIG/SCHMIDT-ASSMANN Art 103 GG Rn 55; SACHS/DEGENHART Art 103 GG Rn 4), eingeschränkt: Diese Verfassungsnorm wende sich allein an den Richter iS des GVG, während der **Rechtspfleger** mangels richterlicher Unabhängigkeit hierzu nicht gehöre. Im Verfahren vor ihm ergibt sich vielmehr die Anhörungspflicht aus dem rechtsstaatlichen Grundsatz des **fairen Verfahrens** (Art 20 Abs 3, 2 Abs 1 GG). Sachlich dürften sich dabei aber im Ergebnis keine grundlegenden Unterschiede ergeben, zumal für die Erteilung des Unschädlichkeitszeugnisses im FGG-Verfahren idR immer der *Richter* zuständig ist (Ausnahme: *Sachsen*, s Rn 73). Aber auch dort, wo das Unschädlichkeitszeugnis von einer **Verwaltungsbehörde** erteilt wird, gilt nichts wesentlich anderes, denn die Verwaltungsverfahrengesetze der Länder sehen ebenfalls ausdrücklich die Pflicht zur Anhörung der Beteiligten vor (vgl § 28 BVwVfG, dem die Ländergesetze im wesentlichen nachgebildet sind). Zum größten Teil enthalten sogar die Ländergesetze zum Unschädlichkeitszeugnis ausdrückliche Bestimmungen über die Anhörung der Betroffenen (s Rn 79).

41 Für das gerichtliche Unschädlichkeitsverfahren nach dem **BayUnschZG** hat der **BayVerfGH** (BayVerfGHE 23, 143 = MittBayNot 1970, 140) entschieden, dass das **rechtliche Gehör** auch den **dinglich Berechtigten zu gewähren** ist und zwar zumindest dann, wenn das gesetzlich geregelte Verfahren bei der Erteilung des Zeugnisses nicht genau beachtet wurde (dieser Zusatz wird in den einschlägigen Erläuterungen meist nicht erwähnt). Auch die Amtsermittlungspflicht des Gerichts, die Unschädlichkeit zu prüfen, ersetzt nicht das Recht des dinglich Berechtigten, hierzu selbst Gesichtspunkte vorzutragen (BayVerfGH aaO; zu den Funktionen der Gewährung des rechtlichen Gehörs im FGG-Verfahren exemplarisch dargestellt am Erbscheinsverfahren s eingehend Münch-Komm/J Mayer § 2360 Rn 8 ff). Aber auch wenn durch diese Gewährung rechtlichen Gehörs der dinglich Berechtigte in das Verfahren einbezogen werden muss, kann das Unschädlichkeitszeugnis dennoch als Ersatz für die Zustimmung des dinglich Berechtigten *sinnvoll sein:* Denn dieses Verfahrensrecht gibt dem dinglich Berechtigten nur Anspruch darauf, dass ihm Gelegenheit gegeben wird, sich zu unterrichten und zu äußern; macht er davon nicht Gebrauch oder setzt er sich mit seinem Vorbringen nicht durch, kann das Unschädlichkeitszeugnis erteilt werden, während ohne ein solches Zeugnis seine ausdrückliche *Zustimmung* nach dem *materiellen Konsensprinzip* unentbehrlich wäre. Schwierigkeiten bereiten jene Fälle, in denen der dinglich Berechtigte praktisch nicht in der Lage ist, von seinem Recht auf rechtliches Gehör Gebrauch zu machen, oder wo es – wie bei Wohnungseigentumsanlagen – wegen der Vielzahl der Berechtigten mit vertretbarem Verfahrensaufwand praktisch nicht möglich ist, allen rechtliches Gehör zu verschaffen. Der BayVerfGH hat sich nicht dazu geäußert, ob in Fällen dieser Art das Unschädlichkeitszeugnis ohne Gewährung rechtlichen Gehörs erteilt werden kann (zu Möglichkeiten s Rn 43 f).

42 Generell dürfen an die Anhörung keine zu weitgehenden Anforderungen gestellt werden, da anderenfalls durch den erforderlichen Verwaltungsaufwand der auf die Erleichterung des Grundstücksverkehrs gerichtete Gesetzeszweck unterlaufen würde (Sprau, UnschZG Rn 61; für eine verfahrensorientierte Einschränkung bereits Staudinger/Promberger/Schreiber[12] Rn 34). Und selbst wer grundsätzlich in den Bereichen der Geltung des **Untersuchungsgrundsatzes** (§§ 12 FGG, 24 VwVfG; zur Geltung im Bereich der freiwilligen Gerichtsbarkeit s die Nw in Rn 40) keine Ausnahme von der Gewährung des rechtlichen Gehörs machen will (vgl etwa Waldner aaO, Rn 363) muss anerkennen, dass dies dann entbehrlich ist, wenn sogar eine potenzielle Rechtsbeeinträchtigung ausgeschlossen ist (Waldner Rn 313 ff mwN aus der Rspr: materielle Betroffenheit erforderlich). Denn gewährleistet wird nicht das Anhörungsrecht für sich, sondern dieser Grundrechtsschutz durch Verfahrensgestaltung dient der Wahrung und Verteidigung der tatsächlich betroffenen Rechte (J Mayer MittBayNot 1993, 333, 340). Soweit das Unschädlichkeitszeugnis allein aufgrund der **amtlichen Feststellung** erfolgt, dass durch

die lastenfreie Abschreibung dem materiell Berechtigten auch ohne Wertausgleich
gar kein Rechtsverlust entsteht (man denke an den Fall der Dienstbarkeiten, s Rn 23)
kann daher eine Anhörung mangels Rechtsbeeinträchtigung unterbleiben; genauso
liegt es, wenn eine Wertausgleichung nach den gesetzlichen Vorschriften deshalb
unterbleiben kann, weil die im Gesetz vorgesehene Bagatellgrenze für die Ersatzpflicht der Wertminderung nicht überschritten wird (etwa nach § 48 Abs 3 SächsJG,
weil der Wert des Trennstücks 2.500 Euro nicht übersteigt, eingehend hierzu J Mayer
aaO). Daher hat auch der BayVerfGH ausdrücklich anerkannt, dass die innere
Sachgerechtigkeit des Verfahrens zur Erteilung des Unschädlichkeitszeugnisses eine
Beschränkung des rechtlichen Gehörs rechtfertigen kann.

Der *Reformgesetzgeber* des bayerischen Unschädlichkeitszeugnisses hat sich nunmehr bei der *Gesetzesänderung* im Jahre 2003 dieser bereits in der Voraufl hier
vertretenen Ansicht angeschlossen und in Art 4a S 1 UnschZG nF bestimmt, dass
die Anhörung der Berechtigten nur zu erfolgen hat, wenn eine Beeinträchtigung der
wirtschaftlichen Interessen, insbes im Hinblick auf den Sicherungszweck, nicht von
vornherein ausgeschlossen werden kann (für verfassungskonform hält dies Demharter
MittBayNot 2004, 17, 19; zweifelnd Kirchmayer Rpfleger 2004, 203, 206). Hierzu heißt es in
der Begründung (Referentenentwurf [s Rn 2] unter B Nr 7), dass die Gewährung des
rechtlichen Gehörs regelmäßig nicht erforderlich ist, da das Zeugnis nur erteilt
werden darf, wenn die Verfügung über das Grundstück für die Berechtigten rechtlich
und wirtschaftlich unschädlich ist. Nur dort, wo für die Erteilung des Unschädlichkeitszeugnisses wegen der verursachten Wertminderung ein Wertausgleich angeordnet wird (was in der Praxis die Ausnahme ist), ist daher rechtliches Gehör zu
gewähren. In Übereinstimmung damit sehen auch die anderen *Ländergesetze* zur
Erteilung des Unschädlichkeitszeugnisses, die eine *ausdrückliche Regelung über die
Gewährung des rechtlichen Gehörs* enthalten, vor, dass eine Anhörung unterbleiben
kann, wenn dies zu erheblichen Verzögerungen führt oder mit unverhältnismäßigen
Kosten verbunden ist (s Rn 79). Denn diese Gesetze kennen andererseits keine Möglichkeit einer *Kompensation eines Wertverlusts*, sondern lassen bei einer nachteiligen
Rechtsminderung überhaupt kein Unschädlichkeitszeugnis zu.

Bedenklich waren aber bisher die Bestimmungen, die gegen die Feststellung der
Unschädlichkeit **jedes Rechtsmittel ausschließen** (etwa Art 8 BayUnschZG). Denn
hier besteht dann keine Kontrollmöglichkeit für die Einhaltung der Verfahrensbe-
stimmungen. Daher ist nunmehr das zum 1. 1. 2005 in Kraft getretene „**Anhörungsrügengesetz"** vom 9. 12. 2004 (BGBl I 3220) zu begrüßen, das auch hier noch eine
gerichtliche Überprüfung bezüglich der Frage zulässt, ob der Anspruch auf rechtliches Gehör gewährt wurde (vgl § 29a FGG; zu diesem G s auch Treber NJW 2005, 97;
zum Entwurf des Gesetzes s auch die Stellung des *Deutschen Notarvereins* in notar 2004, 72).

Bei der **Durchführung des Verfahrens** gilt der Grundsatz, dass an die Anhörung keine **43**
strengeren Anforderungen gestellt werden dürfen, als an die gesetzlich für die Erteilung des Unschädlichkeitszeugnisses vorgesehene Aufforderung zur Rechtsanmel-
dung (so etwa Art 6 u 7 BayUnschZG), die bei Verschweigen sogar zu einem Verlust
des Anspruchs auf Wertausgleich führen kann (Sprau aaO, J Mayer aaO). Es genügt
daher, dass die beabsichtigte Erteilung des Unschädlichkeitszeugnisses **öffentlich
bekannt** gemacht wird und eine angemessene Äußerungsfrist gesetzt wird, wenn der
Aufenthalt des Berechtigten nicht bekannt ist, die Zahl der Berechtigten sehr hoch,

der auf den Einzelnen treffende Nachteil aber sehr gering ist oder die Erben des
verstorbenen Betroffenen nicht bekannt sind (Sprau aaO). Daneben kommt auch die
Bestellung eines Zustellungsvertreters in Betracht (etwa nach § 27 Abs 2 S 3 Ba-
WüAGBGB; vgl auch Ripfel Justiz 1960, 105, 107) und bei Forst- und Weiderechtlern die
Anhörung der deren Interessen vertretenden „Rechtlerverbände" (J Mayer 341, 339).
Soweit sich die Erteilung des Unschädlichkeitszeugnisses nach *Verwaltungsverfahrensrecht* richtet (s Rn 72, 74 f) kommt die Ersetzung der individuellen Ladung durch
öffentliche Bekanntmachung entsprechend § 67 Abs 1 S 3 BVwVfG (bzw den einzelnen Landesgesetzen) bei mehr als 300 Betroffenen in Betracht. Die Übertragung
dieses Verfahrens auf den Bereich der freiwilligen Gerichtsbarkeit zur Bewältigung
des Problems der Gewährung des rechtlichen Gehörs bei *„Massenverfahren"* im
Wege einer Analogie erscheint möglich.

44 Gerade bei solchen Verfahren mit einer Vielzahl von Berechtigten stellt der nach
§ 12 FGG bzw § 24 BVwVfG geltende *Amtsermittlungsgrundsatz* den Entschei-
dungsträger vor ganz erhebliche Probleme. Jedoch hat dieser selbst die materiell
Betroffenen zu ermitteln und kann dies nicht dem Antragsteller aufgeben, etwa mit
der Verpflichtung, die Bausparvertragsnummern der Grundpfandrechtsgläubiger
anzugeben (BayObLG MittBayNot 1993, 367), sofern gesetzlich nichts Abweichendes
geregelt ist (so jetzt ausdrücklich Art 4 Abs 2 Nr 4 BayUnschZG, wonach die aktuellen Anschriften der am Grundstück Berechtigten anzugeben sind; zur Frage, wann
hiervon ausnahmsweise nach dem 2. HS eine Ausnahme gemacht werden kann s DNotI-Gutachten
vom 14. 4. 2004, Az dg-ge M/I/1 – § 877 BGB – 47936).

b) Der Vollzug des Unschädlichkeitszeugnisses

45 Für die Anwendung des Unschädlichkeitszeugnisses hat der Landesgesetzgeber zu
bestimmen, *wann* die mit dem Unschädlichkeitszeugnis bezweckte *Rechtsänderung*,
die Lastenfreistellung des Trenngrundstücks, die Verteilung der Reallast usw, *eintritt*;
die Ermächtigung hierzu enthält Art 120 EGBGB. Es liegt nahe, in Anlehnung an
die durch das Unschädlichkeitszeugnis ersetzten Zustimmungserklärungen die Wirkung des Zeugnisses erst mit dem grundbuchamtlichen Vollzug eintreten zu lassen
(so in Bayern, vgl Sprau, UnschZG Rn 68; Henle/Schmitt Art 2 Anm 1). Doch kann der
Landesgesetzgeber jede zweckmäßige Lösung wählen (zu Einzelheiten unten Rn 95). Im
Falle der lastenfreien Grundstücksabschreibung mit Hilfe eines Unschädlichkeitszeugnisses kann der Landesgesetzgeber zB sowohl vorsehen, dass nach Erteilung des
Zeugnisses die Übertragung der Belastung auf das Grundbuchblatt der abgeschriebenen Parzelle unterbleibt, als auch, dass die zunächst übertragenen Belastungen
nachträglich gelöscht werden (Mot zum EGBGB S 201); dabei kann schon die
Zeugniserteilung oder erst die entsprechende Eintragung im Grundbuch die befrei-
ende Wirkung haben. Bis zur Wirksamkeit des Zeugnisses kann das Gericht es noch
nachträglich ändern (ergibt sich aus § 18 Abs 1 FGG bzw für das Verwaltungsverfahren aus den §§ 48 f BVwVfG; hierzu Sprau, UnschZG Rn 70).

46 Zum geltenden Recht in *Bayern* insoweit einschränkend BayObLG MittBayNot
1978, 152 (ebenso Sprau, UnschZG Rn 56; Schöner/Stöber Grundbuchrecht Rn 743; Meikel/
Böttcher § 27 GBO Rn 100; Kehe/Ertl § 27 GBO Rn 28; Panz BWNotZ 1998, 16, 17; Thomas/
Schlüter VIZ 1998, 183, 187; **aA** LG Regensburg MittBayNot 1955, 169; LG Aachen MittRhNotK
1963, 377); danach soll für die Erteilung eines Unschädlichkeitszeugnisses kein Raum
sein, wenn die Grundstücksteilfläche bereits – belastet – abgeschrieben und der

Eigentumswechsel vollzogen ist. Dies ist zumindest in den Fällen abzulehnen, in denen nach den landesrechtlichen Bestimmung (s Rn 77 f) der Erwerber keine Antragsberechtigung für die Stellung des Unschädlichkeitszeugnisses besitzt, sich der Veräußerer gegen die Antragstellung wehrt und der Erwerber in seinem Interesse auf lastenfreie Eigentumserwerb besonders schutzwürdig ist. Die Entscheidung des BayObLG MittBayNot 1981, 136, 137, wonach nur der Eigentümer des Stammgrundstücks zur Antragstellung berechtigt ist, ist durch die gesetzliche Neuregelung des Art 4 Abs 1 BayUnschZG für *Bayern* überholt (s dazu unten Rn 78).

Aufgrund der Ermächtigung des § 136 GBO kann der Landesgesetzgeber *für das* **47** *Verfahren am Grundbuchamt* nicht nur das Erfordernis der *Bewilligung* des grundbuchmäßig Betroffenen nach § 19 GBO *beseitigen* (darüber Rn 7). Er kann mit derselben Ermächtigung auch die (von der II. Kommission im ersten Entw gestrichene) Bestimmung treffen, dass dann, wenn das Trennstück von einer Briefhypothek, Briefgrundschuld oder Briefrentenschuld befreit wird, abweichend von §§ 41, 42 GBO zur lastenfreien Abschreibung des Trennstücks die *Vorlegung* des entsprechenden Briefs *nicht erforderlich* ist; ebenso kann bestimmt werden, dass bei einer Hypothek für die Forderung aus einem Inhaber- oder Order-Papier das *Inhaberoder Order-Papier nicht vorgelegt* werden muss (anders als in § 43 GBO). Hiervon haben die Landesgesetzgeber Gebrauch gemacht (s Rn 94).

Der Landesgesetzgeber kann weiter regeln, wieweit das Grundbuchamt die Rich- **48** tigkeit des Unschädlichkeitszeugnisses *nachprüfen* darf. Mangels einer solchen Regelung ist davon auszugehen, dass ein solches Prüfungsrecht nicht besteht (so für Bayern HENLE/SCHMITT Art 2 Anm 1; SPRAU Rn 68). Ob mit Vollzug eines fehlerhaften Zeugnisses im Grundbuch die Rechte auch materiell-rechtlich erlöschen, ist bislang nicht geklärt (offenlassend BayVerfGHE 23, 143, 154). Aus Gründen der Rechtssicherheit für den Erwerber wird man aber die materiellrechtliche Wirkung bejahen müssen, denn der Rechtsverlust beruht auf Hoheitsakt, bei dem es auf die Frage des lastenfreien Erwerbs durch guten Glauben nicht ankommt (im Ergebnis ebenso SPRAU, UnschZG Rn 70; zur ähnlichen Rechtsfrage des Erwerbs vom Nichtberechtigten kraft Hoheitsakts STAUDINGER/GURSKY § 892 [2002] Rn 88 mwNw).

4.   Entbehrlichkeit von Unschädlichkeitszeugnissen

a)   Im Rahmen eines *vereinfachten Umlegungsverfahrens* (früher als Grenzrege- **49** lungsverfahren bezeichnet) sind Unschädlichkeitszeugnisse nicht erforderlich (§ 83 Abs 3 S 1 HS 2 BauGB).

b)   Zum *hessischen GrenzbereinigungsG* (bei Baumaßnahmen für öffentliche Straßen) s Rn 58.

III.   Landesgesetze

1.   Vorbemerkung, ehemals preußisches Recht

Dem Zweck aller Unschädlichkeitszeugnisse, Rechtsänderungen einfacher zu ge- **50** stalten, ist durch eine *zersplitterte und unübersichtliche gesetzliche Regelung* nicht gedient. Dieser Mangel bestand für das preußische Recht schon immer, er wurde nach dem Zweiten Weltkrieg durch die Neubildung der Bundesländer, in der zT verschiedene alte Ländergesetze weiter galten, noch verstärkt. Zur Abhilfe haben die meisten alten Bundesländer das Recht der Unschädlichkeitszeugnisse *neugeordnet*. Auch die *neuen Bundesländer* haben teilweise bereits entsprechende Gesetze erlassen.

51 Das Recht Preußens ist nur noch in *Berlin* (vgl Rn 54) anwendbar geblieben (zu dessen vielfältigen Bestimmungen s STAUDINGER/PROMBERGER/SCHREIBER[12] Rn 39–43 und im Einzelnen STAUDINGER/GRAMM[10] Rn 8; MATIBA DNotV 1932, 361).

2.   Übersicht über das geltende Landesrecht

a)   Baden-Württemberg
52 §§ 22–28 AGBGB vom 26. 11. 1974 (GBl 498), zuletzt geändert am 26. Juni 2000 (GBl 470).

b)   Bayern
53 G, das Unschädlichkeitszeugnis betreffend, vom 15. 6. 1898 (BayGVBl 301 = BayRS 403-2-J), geändert durch G vom 7. 8. 2003 (GVBl 512); zur Neuregelung s DEMHARTER MittBayNot 2004, 17; ders Rpfleger 2004, 406; KIRCHMAYER Rpfleger 2004, 203.

c)   Berlin
54 In die Sammlung des bereinigten Landesrechts sind von den preußischen Gesetzen aufgenommen:

aa)   Art 19 AGBGB vom 20. 9. 1899 (Sb I 400-1);

bb)   Art 20 AGGBO (GVBl Sb I 3212-2);

cc)   Das Gesetz, betreffend den erleichterten Abverkauf kleiner Grundstücke, vom 3. 3. 1850 (GVBl Sb I 403-1);

dd)   Das G über den erleichterten Austausch einzelner Parzellen von Grundstücken, vom 27. 6. 1860 (GVBl Sb I 403-2);

ee)   Das G, betreffend die Erleichterung unentgeltlicher Abtretungen einzelner Gutsteile oder Zubehörstücke zu öffentlichen Zwecken, vom 15. 7. 1890 (GVBl Sb I 403-3).

d)   Brandenburg
55 §§ 20–30 BgBAGBGB vom 28. 7. 2000 (GVBl I 114 = GS Nr 400-14), geändert durch Gesetz vom 18. 12. 2001 (GVBl I S 282, 284).

e)   Bremen
56 § 23 AGBGB idF der Bek vom 6. 12. 1928 (GBl 355 = SaBR 400-a-1), bezüglich dieser Bestimmung zuletzt geändert durch G vom 4. 12. 2001 (GBl 393).

f)   Hamburg
57 §§ 35 bis 42 AGBGB idF vom 1. 7. 1958 (GVBl 195 = SGV Hamb 400-1); zuletzt geändert durch G vom 16. 1. 1989 (GVBl 5).

g) Hessen
G über Unschädlichkeitszeugnisse vom 4. 11. 1957 (GVBl 145 = HessGVBl II 231-31). **58**

Nach § 10 Abs 5 des G über die vereinfachte Bereinigung der Rechts- und Grenzverhältnisse bei Baumaßnahmen für öffentliche Straßen (GrenzbereinigungsG) vom
13. 6. 1979 (HessGVBl I 108 = HessGVBl II 231-45) sind unter den dort bezeichneten
Voraussetzungen Unschädlichkeitszeugnisse nicht erforderlich.

h) Niedersachsen
G über Unschädlichkeitszeugnisse vom 4. 7. 1961 (GVBl 159) idF des G vom 7. 6. 1990 **59**
(GVBl 155).

Außerdem ist von dem im Übrigen aufgehobenen früheren Recht als *Anwendungsfall des Art 120 Abs 2 Nr 3 EGBGB der § 52 Abs 2 des G, betreffend die Oldenburgische Landesbrandkasse* idF vom 6. 8. 1938 (OldGBl Bd 50 S 565), jetzt in der
Fassung des G vom 4. 7. 1961 (NdsGVBl 159) aufrechterhalten geblieben: Die Ein-
verständniserklärung der Realgläubiger dazu, dass die Mittel der Brandversicherung
zu einem der ursprünglichen Bebauung zwar gleichwertigen, aber doch abweichenden Wiederaufbau eines zerstörten Gebäudes verwendet werden dürfen, kann durch
ein Unschädlichkeitszeugnis der Landesbrandkasse ersetzt werden.

i) Nordrhein-Westfalen
G über Unschädlichkeitszeugnisse vom 29. 3. 1966 (GVBl 136 = SGV NRW 7134), zuletzt **60**
geändert durch G vom 18. 5. 2004 (GVBl 248).

k) Rheinland-Pfalz
LandesG über Unschädlichkeitszeugnisse (UnschädlichkeitszeugnisLG) vom **61**
26. 9. 2000 (GVBl 397 = BS 3213-3), geändert durch G vom 16. 10. 2003 (GVBl 293).

l) Saarland
aa) G Nr 842 über Unschädlichkeitszeugnisse vom 25. 1. 1967 (ABl 206 = BS Saar **62**
403-1);

bb) Verwaltungsvorschriften über Unschädlichkeitszeugnisse (VV-Unschädlich-
keitszeugnis) vom 11. Mai 1998 (GMBl Saar 201).

m) Sachsen
§§ 46–53 und § 67 G über die Justiz im Freistaat Sachsen (Sächsisches Justizgesetz – **63**
SächsJG) vom 24. 11. 2000 (GVBl 482, ber GVBl 2001, 704); dazu THOMAS/SCHLÜTER
VIZ 1999, 183.

n) Sachsen-Anhalt
G über Unschädlichkeitszeugnisse im Grundstücksverkehr vom 4. 2. 1993 (GVBl 40), **64**
geändert am 18. 8. 1993 (GVBl 412).

o) Schleswig-Holstein
§§ 14–19 AGBGBSchlH vom 27. 9. 1974 (GVBl 357), zuletzt geändert am 24. 10. 1996 **65**
(GVOBl 652).

p)   Thüringen

66 Thüringer G über das Unschädlichkeitszeugnis vom 3. 1. 1994 (GVBl 10).

IV.   Überblick über den Inhalt der Landesgesetze

67 Die Angabe der Paragraphen bezieht sich auf die unter III. genannten Landesgesetze. Wegen der zersplitterten Rechtslage wird Berlin nur in Einzelfällen erwähnt.

1.   Anwendungsbereich

a)   Lastenfreie Abschreibung, Art 120 Abs 1

68 Soweit nichts anderes vermerkt ist, ist das Unschädlichkeitszeugnis bei allen dinglichen Grundstücksrechten des Privatrechts anwendbar.

BaWü § 22 Abs 1; **Bay** Art 1 (nach Gesetzesänderung grundsätzlich bei allen dinglichen Belastungen [KIRCHMAYER Rpfleger 2004, 203; DEMHARTER MittBayNot 2004, 17, 18],
außer Vorkaufsrecht, das auf den ersten Verkaufsfall beschränkt, vgl Art 13); **Bbg**
§ 20 Abs 1; **Berl** Art 20 PrAGGBO (Grundpfandrechte, Reallasten); **Brem** § 23 (nur
bei Grenzregelung oder Abtretung zu öffentlichen Zwecken); **Hbg** § 35 Abs 1; **Hess**
§ 1 Abs 1 Nr 1; **Nds** § 1 Abs 1; **NRW** § 1 Abs 1; **RhPf** § 1 Abs 1; **Saarl** § 1 Abs 3 Nr 1;
Sachs § 46 Abs 1; **SachsAnh** § 1 Abs 1; **SchlH** § 14 Abs 1; **Thür** § 1 Nr 1.

b)   Reallastverteilung, Art 120 Abs 2 Nr 1

69 **Hess** § 1 Abs 1 Nr 3; **Saarl** § 1 Abs 3 Nr 3; **Sachs** § 46 Abs 2 Nr 1; **Thür** § 1 Nr 3.

c)   Aufhebung subjektiv dinglicher Rechte, Art 120 Abs 2 Nr 2

70 **BaWü** § 22 Abs 2; **Bay** Art 15; **Bbg** § 20 Abs 2; **Hess** § 1 Abs 1 Nr 2; **Nds** § 1 Abs 2;
NRW § 1 Abs 2; **RhPf** § 1 Abs 2; **Saarl** § 1 Abs 3 Nr 2; **Sachs** § 46 Abs 2 Nr 2 (dazu
THOMAS/SCHLÜTER VIZ 1998, 183, 185); **SachsAnh** § 1 Abs 1; **SchlH** § 14 Abs 2; **Thür** § 1
Nr 2.

d)   Aufhebung von Rechten an Entschädigungsforderungen, Art 120 Abs 2 Nr 3

71 **Bay** Art 17, 18; **Thür** § 2.

2.   Sachliche Zuständigkeit

a)   Verwaltungsbehörde

72 **Bbg** § 26: Katasteramt (bei Flurbereinigungsverfahren und Verfahren nach dem
Landwirtschaftsanpassungsgesetz untere Flurbereinigungsbehörde); **Brem** § 23
Abs 1: Senator für Finanzen; **Hess** § 2 Abs 1 Nr 2: Katasteramt (ausnahmsweise
Kulturamt, wenn Flurbereinigungs- oder Siedlungsverfahren); **Nds** § 5: Katasteramt;
NRW § 8 Katasterbehörden der Kreise und kreisfreien Städte (bei Flurbereinigungs-
und Siedlungsverfahren Amt für Agrarordnung); **RhPf** § 6 Abs 1: Katasteramt (bei
Flurbereinigungs- und Siedlungsverfahren das Kulturamt); **Saarl** § 4 Abs 1: Kataster-
amt (bei Flurbereinigungs- und Siedlungsverfahren das Bodenwirtschaftsamt);
SachsAnh § 5 Katasteramt; **SchlH** § 18 Abs 1: Katasteramt (bei Flurbereinigungs-
und Siedlungsverfahren das Amt für Land- und Wasserwirtschaft); **Thür** § 7 Abs 1
Katasteramt (bei Flurbereinigungs- und Siedlungsverfahren das Flurneuordnungs-
amt).

b) Freiwillige Gerichtsbarkeit

BaWü § 26 Abs 2: das Grundbuchamt (bei Flurbereinigung das Flurbereinigungs- **73**
amt); **Bay** Art 1 S 1, Art 5 Abs 1: Amtsgericht als Gericht der freiwilligen Gerichtsbarkeit (BayObLGZ 1962, 396, 398; BayObLG MittBayNot 1978, 152, 153; MittBayNot 1988, 75;
RÖLL MittBayNot 1968, 353, 361), wobei dies trotz der missverständlichen Begründung
des Referentenentwurfs (s dazu Rn 2, unter A Abs 3, B 6b cc Abs 2 und 3) auch nach der
Gesetzesänderung von 2003 gilt (DEMHARTER Rpfleger 2004, 406, 407; aA KIRCHMAYER
Rpfleger 2004, 203, 205: Zuständigkeit des Grundbuchamts, der jedoch übersieht, dass dies in der
amtlichen Begr des Gesetzentwurfs [LT-Drucks 14/11937] geändert wurde); **Hbg** § 35 Abs 1:
Amtsgericht; **Sachs** § 47 Abs 1: Amtsgericht als Gericht der freiwilligen Gerichtsbarkeit (dazu THOMAS/SCHLÜTER VIZ 1998, 183, 185), funktionell zuständig ist der Rechtspfleger (§ 47 Abs 2).

3. Verfahrensart

a) Verwaltungsverfahren

Soweit nichts anderes ausdrücklich vermerkt, gilt für die in Rn 72 genannten Ver- **74**
waltungsbehörden das allgemeine Verwaltungsverfahrensrecht des betreffenden
Bundeslandes. Bestimmungen über die Gewährung rechtlichen Gehörs sind nachstehend (Rn 79) besonders erwähnt.

Bbg § 29 (Bekanntgabe, Zustellungserfordernis; Pflicht zur Rechtsbehelfsbeleh- **75**
rung); **Brem; Hess; Nds** § 7 (Zustellungserfordernis); **NRW** § 9 (Zustellungserfordernis); **RhPf** § 8 (Zustellungserfordernis); **Saarl** § 6 Abs 2 (Zustellungserfordernis);
SachsAnh § 7 Abs 2 (Zustellungserfordernis); **SchlH, Thür** je § 8 Abs 2–4 (Bekanntmachung).

b) Verfahren der freiwilligen Gerichtsbarkeit

BaWü § 27 zT eigene Verfahrensregelung, ergänzend FGG; **Bay** Art 4–7, ergänzend **76**
FGG (DEMHARTER Rpfleger 2004, 406, 407; aA KIRCHMAYER Rpfleger 2004, 203, 205: Antrags-
verfahren der GBO ohne Amtsermittlungspflicht unter Bezug auf die unzutr Referentenbegrün-
dung, vgl dazu bereits Rn 73); **Hbg** § 35 Abs 2 ausdrückliche Verweisung auf FGG; § 39:
Zustellungserfordernis; **Sachs** § 51: FGG, soweit keine ausdrücklich abweichende
Regelung.

4. Antragsberechtigung

Das Unschädlichkeitszeugnis wird stets nur auf ausdrücklichen Antrag erteilt. So- **77**
weit nachstehend nichts anderes vermerkt, ist antragsberechtigt jeder, der an der
Feststellung der Unschädlichkeit ein rechtliches Interesse hat.

BaWü § 26 Abs 1: zusätzliches Erfordernis, dass dargelegt wird, dass Bewilligung des **78**
Berechtigten nicht oder nur unter unverhältnismäßigen Schwierigkeiten zu erlangen;
Bay Art 4 Abs 1, wonach seit der Neuregelung von 2003 jetzt ebenfalls jeder berechtigt ist, der an der Feststellung der Unschädlichkeit ein rechtliches Interesse hat
(für einschränkende Auslegung KIRCHMAYER Rpfleger 2004, 203, 205, wonach Erwerber nicht hierunter fällt, was nicht haltbar, weil dies dem Wortlaut und Zweck der Gesetzesänderung widerspricht
und auch der Auslegung, die bei den anderen UnschZG geübt wird, vgl THOMAS/SCHLÜTER VIZ
1998, 183, 186). Die Antragsberechtigung entfällt nach der Rspr des BayObLG mit

Eigentumswechsel (BayObLG MittBayNot 1978, 152, krit hierzu s Rn 46); **Bbg** § 27, auch der Notar, unter den Voraussetzungen des § 15 GBO; **Brem** keine Regelung; **Hbg** § 35 Abs 1: Eigentümer oder Erwerber; **Hess** § 3: bereits berechtigtes Interesse genügend; **Nds** § 6 S 2; **NRW** § 7 S 2; **RhPf** § 5 S 2; **Saarl** § 5 S 2; **Sachs** § 51 Abs 2 S 2; **SachsAnh** § 6; **SchlH** § 19 S 2; **Thür** § 3 S 2.

5. Ausdrückliche Regelung der Gewährung rechtlichen Gehörs

79 **Hess** § 5 Abs 1, **Saarl** § 6 Abs 1, **Thür** § 8 Abs 1: vor der Erteilung des Unschädlichkeitszeugnisses *sollen* jeweils die Berechtigten gehört werden, wenn dies ohne erhebliche Verzögerung und ohne unverhältnismäßige Kosten geschehen kann. Ähnlich **BaWü** § 27 Abs 1, **Bbg** § 28 **RhPf** § 7, **Sachs** § 51 Abs 3 und **SachsAnh** § 7 Abs 1: zwar *ist* grundsätzlich die Anhörung durchzuführen, in *Baden-Württemberg* aber nur, soweit dies ohne erhebliche Verzögerung und unverhältnismäßige Kosten möglich ist, in *Sachsen-Anhalt kann* davon abgesehen werden, wenn eine erhebliche Verzögerung eintritt oder dies mit unverhältnismäßigem Aufwand verbunden ist; ebenso *Brandenburg* und *Sachsen* (dazu Thomas/Schlüter VIZ 1998, 183, 187). **Bay Art 4a (neu):** Vor Feststellung der Unschädlichkeit sind die Berechtigten zu hören, wenn die *Beeinträchtigung wirtschaftlicher Interessen*, insbes im Hinblick auf den Sicherungszweck, *nicht von vornherein ausgeschlossen werden* kann. Auch dann *kann* nach Ermessen des Gerichts die Anhörung unterbleiben, wenn sie zu einer erheblichen Verzögerung des Verfahrens führen oder einen unverhältnismäßigen Aufwand erfordern würde (DNotI-Gutachten vom 14. 4. 2004, Az dh-ge M/I/1 – § 877 BGB – 47936, S 5 f). Soweit von der Anhörung abgesehen wird, ist aber nach der ausdrücklichen gesetzlichen Neuregelung § 12 FGG anzuwenden. Die unterbliebene Anhörung soll also durch die Amtsermittlung kompensiert werden, was deswegen unstimmig ist, weil dieses Verfahren auch bereits sonst im bayerischen Verfahren gilt (zutr Demharter MittBayNot 2004, 17, 19). Ob die Neuregelung als einerseits dem Verfahrenszweck und damit praxistauglich, andererseits auch als verfassungsgemäß bezeichnet werden kann, ist umstr (trotz gewisser Zweifel bejahend Demharter MittBayNot 2004, 17, 19; sehr stark zweifelnd Kirchmayer Rpfleger 2004, 203, 206; s auch Rn 42).

6. Prüfungsmaßstab der Unschädlichkeit der Rechtsänderung

a) Bei lastenfreier Abschreibung

80 Bei der Festlegung der *Unschädlichkeit* benutzen die einzelnen Ländern zwei verschiedene Bewertungssysteme. Nach den Vorschriften der meisten Länder wird die Prüfung der Unschädlichkeit nur durch Beurteilung des lastenfrei zu stellenden *Trennstücks* vorgenommen und kann bejaht werden, wenn dieses im Verhältnis zu dem belastet verbleibenden Restgrundstück einen *geringen Wert und Umfang* hat (s bereits eingehend Rn 26) und *kein Nachteil* für den Berechtigten zu besorgen ist, wobei beide Tatbestandsmerkmale *kumulativ* erfüllt sein müssen (nachstehend Rn 81). Daneben findet sich in anderen Gesetzen die Möglichkeit, auch bei einer Wertminderung den für den Berechtigten entstehenden Nachteil durch einen **Wertausgleich** zu kompensieren.

aa) Keine Kompensationsmöglichkeit

81 Als übergeordnetes Tatbestandsmerkmal, dass ein Nachteil für den Berechtigten nicht zu besorgen ist, fordern ausdrücklich: **Bbg** § 21 Abs 1 Nr 1; **Hess** § 4 Abs 1 Nr 1;

Nds § 2 Abs 1 Nr 1; **NRW** § 2 Abs 1 Nr 1; **Saarl** § 2 Abs 1 Nr 1; **Sachs** § 48 Abs 1 Nr 1a (mit Konkretisierung, vgl dazu THOMAS/SCHLÜTER VIZ 1998, 183, 184); **SachsAnh** § 2 Abs 1 Nr 1; **SchlH** § 15 Abs 1 Nr 1. **Hbg** § 26: Sicherheit des Berechtigten darf nicht beeinträchtigt sein.

Thür § 4 Abs 1 Nr 1 sieht aufgrund einer *Legaldefinition* die Erfüllung dieses Tat- **82** bestandsmerkmals immer bereits dann als erfüllt an, wenn das Trenngrundstück im Verhältnis zum Restgrundstück von verhältnismäßig geringem Wert und Umfang ist; ebenso jetzt **RhPf** § 2 Nr 1.

BaWü § 23 Nr 1 fordert zwar nicht ausdrücklich, dass ein Nachteil für die betroffe- **83** nen Rechte zu besorgen ist, sondern stellt allein auf die Quantitäts- und Qualitäts- erfordernisse des Trenngrundstücks ab. Jedoch wird man aus dem Begriff der Un- schädlichkeit ableiten müssen, dass auch dieses Erfordernis als ungeschriebenes Tatbestandmerkmal erfüllt sein muss.

Möglichkeiten, durch einen Wertausgleich den durch die Lastenfreistellung entste- **84** henden Nachteil wieder auszugleichen, sehen diese Gesetze, mit Ausnahme in *Sach-sen*, nicht ausdrücklich vor.

bb) Regelungen mit Kompensationsmöglichkeit der Wertminderung oder mit Bagatellgrenzen

Bayern: Art 2 enthält zunächst bereits einen anderen Prüfungsmaßstab, da auf die **85** durch die lastenfreie Veräußerung des Trennstücks entstehende Minderung des *Stammgrundstücks* an Umfang und Wert abzustellen ist; daher kann hier bei einem großen und wertvollen Stammgrundstück sogar die Abtrennung einer recht be- trächtlichen Teilfläche als unschädlich angesehen werden (SPRAU, UnschZG Rn 27, 32). Es kommt daher auf die Auswirkung der Abtrennung auf den Wert an (HEN-LE/SCHNEIDER Art 2 Anm 3). Bei Grundpfandrechten und Reallasten besteht die Mög- lichkeit der *Wertausgleichung* durch Erstreckung des betroffenen Rechts auf ein anders Grundstück, jedoch ist dies nur eine „Kannbestimmung". Die früher beste- hende Möglichkeit des Wertausgleichs durch Geld wurde 2003 beseitigt (DEMHARTER MittBayNot 2004, 17, 18). Damit sollte insbes die Belastung der Gerichte durch die bislang zugelassene Hinterlegung vermieden werden (KIRCHMAYER Rpfleger 2004, 203, 204), obgleich dies in der Praxis fast nicht vorkam. Die bisher bestehende *Bagatell-grenze*, wonach ein Wertausgleich entbehrlich war, wenn die Wertminderung unter 300 DM lag (Art 2 Abs 3 aF), wurde ebenfalls beseitigt. Dadurch sollte der Schwie- rigkeit Rechnung getragen werden, dass die Bodenpreise in Bayern je nach Nut- zungsart und Lage erheblich differieren, so dass das Amtsgericht den individuellen Verhältnissen bei seiner Entscheidung besser gerecht werden könne (vgl etwa B 3b Abs 4 des Referentenentwurfs [dazu Rn 2]). Jedoch wurden diesbezüglich nie Probleme bekannt. Vielmehr spielte das Unschädlichkeitszeugnis in Bayern fast durchweg nur noch dann eine Rolle, wenn es zur Anwendung der Bagatellgrenze kann. Das Unschädlichkeitszeugnis wird daher künftig nur noch ein Schattendasein führen. Die Einschätzung der amtlichen Begründung, das Gericht werde „ohne weiteres" beurteilen können, ob die Minderung des Umfangs und des Werts des Grundstücks durch die Abtrennung im Verhältnis zum verbleibenden Teil die „Gläubigerrechte gefährden kann" (Referentenentwurf [s Rn 2] unter B 3b Abs 5), ist nicht nur in ihrer rechtstatsächlichen Einschätzung zu optimistisch und setzt eine entsprechende Entscheidungsfreudigkeit voraus (DEMHARTER MittBayNot 2004, 17, 18 beklagt zudem den Verlust an Rechtssicherheit), sondern verkennt auch den rechtlichen Entscheidungsmaßstab, weil es auf die Gefährdung der Gläubigerinteressen nach Art 1, 2 Abs 1 gerade nicht ankommt. Geblieben ist die Möglichkeit, bei fehlendem Interesse des Berechtigten gegen die Erteilung des Unschädlichkeitszeugnisses dieses zu erteilen, wenn dieser trotz förmlicher Aufforderung nach Art 6 innerhalb der gesetzten Frist keine Einwendung erhebt (aA KIRCHMAYER Rpfleger 2004, 203, 204, der darauf abstellt, dass dem Art 2 Abs 1, 1 HS UnschZG entgegenstünde, wonach das Erfordernis der Geringfügigkeit immer zu beachten ist, aber dann hätte Art 6 Abs 1 nF überhaupt keinen Regelungsgehalt mehr). Bei *Dienstbarkeiten* ist die Möglichkeit des Wertausgleichs ausgeschlossen (Art 2a); es genügt aber auch, das der Nachweis der Voraussetzungen des § 1026 BGB einen unverhältnismäßigen Aufwand erfordern würde.

86 Mit der Neuregelung des BayUnschZG im Jahre 2003 wurde auch die früher geltende **abschließende Regelung** der Art von **Belastungen**, von denen Befreiung erteilt werden kann, **aufgeben**. Damit wird der Rspr die Möglichkeit eröffnet, das Gesetz auch auf andere als die ausdrücklich geregelten Rechte anzuwenden, soweit der Normzweck damit vereinbar ist (DEMHARTER MittBayNot 2004, 17, 18), etwa wegen ihres dienstbarkeitsähnlichen Charakters auch auf selbständige *Fischereirechte*, die nach den Bestimmungen über eine Dienstbarkeit beurteilt werden (zur alten Rechtslage bereits SPRAU aaO). Bei *Forst- und Weiderechten* kommt es auf deren konkreten Inhalt an; idR wird hier der Reallastcharakter überwiegen und die Beurteilung der Unschädlichkeit nach Art 1 zu erfolgen haben, bei örtlich fixierten Nutzungsrechten (etwa sog Kaser- und anderen Gebäuderechten) kann es sich eher um Dienstbarkeiten handeln, die nach Art 2a zu beurteilen sind (SPRAU, UnschZG Rn 17; ausführlich J MAYER MittBayNot 1993, 333, 335 ff). Nicht möglich ist aber in *Bayern* mangels einer ausdrücklichen Regelung nach wie vor die Erteilung eines Unschädlichkeitszeugnisses bei **öffentlichen Lasten** (zur alten Rechtslage bereits RÖLL MittBayNot 1966, 353, 360; s auch Voraufl Rn 82).

87 **Berlin** PrAGGBO Art 20 Abs 1 Möglichkeit des Wertausgleichs für Grundpfandrechte und Reallasten: kasuistische Aufzählung der Möglichkeiten des Wertausgleichs, bei Tausch etwa durch Erstreckung des Rechts durch Bestandteilszuschreibung, bei Kauf Sicherung der Berechtigten durch Kaufpreis.

88 **Bremen** Möglichkeit des Wertausgleichs nach § 23 Abs 2 Nr 1 bis 3 (insbes durch bestandteilsweise Zuschreibung eines gleichwertigen Grundstücks oder durch Neubegründung des vergleichbaren Rechts an anderem Grundstück), nach *Nr 4* bei unbebauten Grundstücken sogar *Bagatellgrenze* von 75 €, wenn zugleich Flächeninhalt des Trennungsgrundstücks zum Stammgrundstück nicht mehr als 3%.

89 **Hamburg** § 36: zunächst der allgemeine Maßstab: Abzuschreibender Teil muss im Verhältnis zum Stammgrundstück von geringem Wert und Umfang sein und die Sicherheit des Berechtigten darf durch die Abschreibung nicht beeinträchtigt werden. Letzteres Tatbestandselement wird in § 37 näher definiert; insbes ist eine Sicherheitsbeeinträchtigung nicht anzunehmen, wenn dem Stammgrundstück als Ausgleich ein anderes gleichwertiges Grundstück bestandteilsweise (s Rn 26) zugeschrieben wird. Liegt keiner dieser Fälle des § 37 vor, so kann das Amtsgericht die Erteilung des Unschädlichkeitszeugnisses davon abhängig machen, dass auf Antrag des Berechtigten ein zur Ausgleichung der Wertminderung erforderlicher Geldbetrag unter Verzicht auf das Rücknahmerecht hinterlegt wird (Möglichkeit der Wertkompensation).

Sachsen § 48 Abs 1 Nr 1: Unschädlichkeitszeugnis wird erteilt, wenn die durch die **90** Veräußerung des Trennstücks eintretende *Minderung des Umfangs und des Werts* des Grundstücks *gering* und ein Nachteil für den Berechtigten nicht zu besorgen ist. Für die Ermittlung der Wertminderung ist aber in *Sachsen* der Wert des Trennstücks als Indiz heranzuziehen, wie sich auch aus der Bagatellgrenze nach Abs 3 ergibt (Thomas/Schlüter VIZ 1998, 183, 184). Ist das betroffene Grundstück ausschließlich mit *Grundpfandrechten* belastet, genügt, wenn der Wert des verbleibenden Restgrundstücks den Wert der Grundpfandrechte und ihrer vorrangigen Belastungen offensichtlich um mehr als das Vierfache übersteigt (§ 48 Abs 1 Nr 1 b). Ein *Nachteil* ist für den Berechtigten auch dann nicht zu besorgen, wenn er einer Mitteilung über die beabsichtigte Erteilung des Zeugnisses nicht innerhalb der gesetzten Frist widersprochen hat (§ 48 Abs 2 Nr 1) oder bei ausschließlicher Belastungen mit Grundpfandrechten die Wertminderung in Geld oder durch ein anderes Grundstück ausgeglichen wird (§ 48 Abs 2 Nr 2). Weiter besteht eine **Bagatellgrenze**: Übersteigt der Wert des Trennstücks 2.500 Euro nicht, so ist die Minderung des Wertes des Grundstücks idR als gering anzusehen (§ 48 Abs 3).

b)   Bei Aufhebung subjektiv-dinglicher Rechte

Die meisten Gesetze enthalten den Prüfungsmaßstab, dass für den Berechtigten kein **91** Nachteil zu besorgen sein darf, da sein Recht nur geringfügig betroffen ist, so **BaWü** § 23 Nr 1; **Bbg** § 21 Abs 1 Nr 2; **Nds** § 2 Nr 2; **NRW** § 2 Nr 2; **Sachs** § 48 Abs 1 Nr 3 (dazu Thomas/Schlüter VIZ 1998, 183, 185); **SachsAnh** § 2 Abs 1 Nr 2; **SchlH** § 14 Abs 1 Nr 2. Demgegenüber stellen einige Länder auf den allgemeinen Wert des betroffenen subjektiv-dinglichen Rechts ab und leiten aus der Geringfügigkeit des betroffenen Rechts selbst die Unschädlichkeit her, so **RhPf** § 2 Abs 1 Nr 2 (alternativ daneben auch geringe Betroffenheit genügend); **Thür** § 4 Abs 1 Nr 2 (je geringe Bedeutung des Rechts); **Saarl** § 2 Abs 1 Nr 2 (Recht muss sogar ohne wirtschaftliche Bedeutung für den Berechtigten sein); **Hess** § 4 Abs 1 Nr 2 verlangt zusätzlich zu dem Kriterium, dass kein Nachteil zu besorgen ist, dass das betroffene Recht „verhältnismäßig" geringfügig ist. **Bay** Art 15 verweist auf den Prüfungsmaßstab für die Veräußerung einer Teilfläche.

c)   Bei Reallastverteilung

Prüfungsmaßstab ist hier, dass die Verteilung die Sicherheit des Berechtigten nicht **92** beeinträchtigt, **Hess** § 4 Abs 1 Nr 3, **Saarl** § 2 Abs 1 Nr 3, **Sachs** § 48 Abs 1 Nr 2, **Thür** § 4 Abs 1 Nr 3.

d)   Bei Aufhebung von Rechten an Entschädigungsansprüchen

Hier wird im Wesentlichen darauf abgestellt, dass der Berechtigte anderweitig ge- **93** sichert ist, so **Thür** § 4 Abs 1 Nr 4; ausführlich, aber ähnlich **Bay** Art 17, 18.

7.   Abbedingen der §§ 41–43 GBO (Verzicht auf Briefvorlage)

BaWü § 25 Abs 2; **Bay** Art 10; **Bbg** § 25 Abs 2; **Berl** PrAGGBO Art 20 Abs 2; **Brem** **94** § 23 Abs 5; **Hamb** § 41 Abs 1; **Hess** § 7 Abs 2; **Nds** § 4 Abs 2; **NRW** § 6 Abs 2; **RhPf**

§ 10 Abs 2; **Saarl** § 3 Abs 2; **Sachs** § 53 Abs 2 S 2; **SachsAnh** § 4 Abs 2 S 1; **SchlH** § 17 Abs 2; **Thür** § 11 Abs 2.

8. Regelungen der Wirkungen und des Wirksamwerdens der Entscheidung

95 **BaWü** § 25 Abs 1; **Bay** Art 9 (nur teilweise Regelung); **Bbg** § 25 Abs 1; **Hbg** § 40 Abs 2: Beschluß über die Festsetzung der Unschädlichkeit wird erst mit der Rechtskraft wirksam; **Hess** § 7 Abs 1 (Wirkung), § 6 Abs 5 (Wirksamwerden); **Nds** § 4 Abs 1; § 6 Abs 1 (Wirkung), § 13 Abs 2 (Wirksamwerden); **RhPf** § 10; **Saarl** § 3 (Wirksamwerden); **Sachs** § 53 Abs 1; **SachsAnh** § 4 Abs 1; **SchlH** § 17 (Wirkung); **Thür** § 11 Abs 1.

9. Rechtsbehelfe

96 Soweit die Landesgesetze eine Entscheidung durch eine **Verwaltungsbehörde** (Katasteramt) vorsehen, ist als Rechtsbehelf überwiegend ein Antrag auf eine gerichtliche Entscheidung durch das Amtsgericht vorgesehen. Für das gerichtliche Rechtsbehelfsverfahren gilt ausnahmslos das FGG. Soweit nachstehend nichts erwähnt ist, bestehen keine Sonderregelungen und die Rechtsbehelfe richten sich nach den allgemeinen Vorschriften.

a) Rechtsbehelf gegen die Erteilung des Unschädlichkeitszeugnisses

97 **BaWü** § 27 Abs 3: sofortige Beschwerde nach FGG (und zwar sowohl wenn durch Grundbuchamt als auch wenn durch Flurbereinigungsamt entschieden), keine weitere Beschwerde; **Bay** Art 8: soweit antragsgemäß erteilt, grundsätzlich unanfechtbar, selbst wenn Einwendungen der betroffenen Berechtigten nicht entsprochen wurde (LG Augsburg MittBayNot 1979, 116; zu Einzelheiten vgl RÖLL MittBayNot 1968, 353; SPRAU, UnschZG Rn 65), allenfalls Verfassungsbeschwerde nach Landes- und Bundesrecht (BayVerfGHE 23, 143, 154), was nicht unproblematisch ist. Da jedoch der Richter entscheidet (zutr DEMHARTER Rpfleger 2004, 406, 407 gegen KIRCHMAYER Rpfleger 2004, 203, 205, der zu Unrecht die Anwendung des Antragsverfahrens nach der GBO annimmt, und damit zur *Erinnerung* nach § 11 RPflG kommt, was aber deswegen problematisch ist, weil die Aufhebung der Entscheidung des Rechtspflegers nach grundbuchamtlichen Vollzug des Zeugnisses nicht mehr möglich ist, zutr DEMHARTER aaO), ist bei Wahrung des rechtlichen Gehörs (Art 103 Abs 1 GG) der Art 19 Abs 4 GG nicht verletzt, da die Verfassungsbestimmung nur den effektiven Rechtsschutz durch den Richter, jedoch nicht gegen den Richter gewährleistet (MAUNZ/DÜRIG/SCHMIDT-ASSMANN [2003] Art 19 GG Rn 96 ff m Hinw auf abweichende neuere Entwicklungen; JARASS/PIEROTH, GG [4. Aufl 1994] Art 19 Rn 26 mwNw); zum insoweit besonders bedeutsamen *„Anhörungsrügengesetz"* s Rn 42. **Hbg** § 40 Abs 1: sofortige Beschwerde nach FGG; **Hess** § 6: binnen 2 Wochen Antrag auf Entscheidung durch das Amtsgericht, dagegen wiederum befristete Beschwerde an das Landgericht, die weitere Beschwerde ist dann ausgeschlossen. Im Wesentlichen gleiche Regelungen enthalten die folgenden Vorschriften, wobei ausdrücklich die sofortige Beschwerde gegen die Entscheidung des Amtsgerichts als Rechtsmittel genannt ist, so: **Nds** § 8; **NRW** § 10; **RhPf** § 9; **Saarl** § 6 Abs 3–6; **Sachs** § 52 Abs 1; **SachsAnh** § 8 (binnen eines Monats Antrag auf gerichtl Entscheidung) **Bbg** § 30 (ebenso); **Thür** § 9. Eine *weitere Beschwerde* wird überwiegend ausgeschlossen, so etwa **Bgb** § 30 Abs 3 S 2; **RhPf** § 9 Abs 3 S 2; **Sachs** § 52 Abs 3.

Das *Rechtsschutzbedürfnis* für die Beschwerde gegen die Erteilung des Unschädlichkeitszeugnisses kann aber entfallen, wenn der Berechtigte selbst an seinem Recht an sich kein Interesse mehr hat, sondern ausschließlich die dadurch vermittelte formale Rechtsposition zur Durchsetzung anderer Interessen nutzen will (etwa für die Beteiligung an der Aufstellung eines Bebauungsplans, LG Hamburg vom 3. 7. 1995, 321 T 31/94).

b) Rechtsbehelf gegen die Versagung des Unschädlichkeitszeugnisses

Soweit nachstehend nichts anderes erwähnt, gelten für die vorstehend genannten **98** Länder auch in diesem Fall die gleichen Rechtsbehelfe, zT mit ausdrücklicher Beschränkung der Rechtsmittelbefugnis auf den Antragsteller (so **NRW, RhPf, Saarl, Thür**).

Bayern: gegen Ablehnung einfache Beschwerde nach §§ 19, 20 Abs 2 FGG, mit **99** weiterer Beschwerde an das BayObLG (SPRAU, UnschZG Rn 66; BayObLG MittBayNot 1981, 136), Beschwerdeberechtigung entfällt allerdings nach der Rspr, wenn Veräußerung unter Übernahme der Belastung im Grundbuch vollzogen ist (BayObLG MittBayNot 1978, 152). **Hbg** § 40 Abs 1: einfache Beschwerde, desgleichen *Sachsen* (§ 52 Abs 1, 2. HS). **NRW** § 12 sieht sogar ausdrücklich Untätigkeitsklage vor.

Artikel 121

Unberührt bleiben die landesgesetzlichen Vorschriften, nach welchen im Falle der Teilung eines für den Staat oder eine öffentliche Anstalt mit einer Reallast belasteten Grundstücks nur ein Teil des Grundstücks mit der Reallast belastet bleibt und dafür zugunsten des jeweiligen Eigentümers dieses Teiles die übrigen Teile mit gleichartigen Reallasten belastet werden.

Materialien: E I Art 76 Abs 2; II Art 94; III
Art 120; Mot EG 202; Prot VI 609 f.

**1. Teilung von Grundstücken, die mit einer Reallast für den Staat
oder eine öffentliche Anstalt belastet sind**

Nach § 1108 Abs 2 BGB sind bei der Teilung eines Grundstücks die Reallasten in **1** voller Höhe auf sämtliche Teile zu übertragen. Art 121 gestattet der Landesgesetzgebung eine abweichende Regelung für den Fall, daß es sich um eine Reallast des Staates oder einer öffentlichen Anstalt handelt.

II. Keine aktuelle Bedeutung des Vorbehalts

Durch den Vorbehalt sollten frühere sächsische Vorschriften aufrechterhalten wer- **2** den, die aber ihrerseits bereits 1900 aufgehoben worden sind (s die Erl von STAUDINGER/ DITTMANN[10/11]). Von dem Vorbehalt ist derzeit in keinem Bundesland Gebrauch gemacht.

Jörg Mayer
Joseph Hönle

Artikel 122

Unberührt bleiben die landesgesetzlichen Vorschriften, welche die Rechte des Eigentümers eines Grundstücks in Ansehung der auf der Grenze oder auf dem Nachbargrundstück stehenden Obstbäume abweichend von den Vorschriften des § 910 und des § 923 Abs. 2 des Bürgerlichen Gesetzbuchs bestimmen.

Materialien: E I Art 67; II Art 95; III Art 121
Abs 2.

Schrifttum

Siehe das bei §§ 910 und 923 BGB angeführte
Schrifttum.

1.   Entstehung

1 Die Vorschrift des gegenwärtigen Artikels ist erst vom Bundesrat und der Reichstagskommission aufgestellt worden. Zur Entstehungsgeschichte im Einzelnen s STAUDINGER/PROMBERGER/SCHREIBER[12] Rn 1 u NIEDNER Anm 1.

2.   Verhältnis zu Art 124 EGBGB

2 Nach dem allgemeinen nachbarrechtlichen Vorbehalt des Art 124 EGBGB ist der Landesgesetzgeber nur befugt, *zusätzlich* zum *Nachbarrecht des BGB* (§§ 905–924 BGB) noch weitere Beschränkungen des Eigentums im Interesse des Nachbarn zu erlassen (s STAUDINGER/ALBRECHT [1998] Art 124 Rn 8). Dieser Vorbehalt berechtigt jedoch nicht, die *Nachbarrechte* des BGB *einzuschränken*, was dem *Kodifikationsprinzip* des EGBGB widersprechen würde (MünchKomm/SÄCKER Art 124 Rn 1). Es bedurfte daher einer ausdrücklichen Ermächtigung, die in den §§ 910, 923 Abs 2 BGB dem Grundstücksnachbarn eingeräumten Abwehrrechte abzuändern (NIEDNER Anm 1).

3 Die allgemeinen landesrechtlichen Regelungen des Nachbarrechts über den Grenzabstand von Pflanzen ergänzen § 910 BGB und wirken *vorbeugend*, weil sie den Überwuchs von Bäumen und Sträuchern weitgehend verhindern, so dass es damit gar nicht zur Notwendigkeit eines Selbsthilferechts kommt (STAUDINGER/ROTH [1996] § 910 BGB Rn 35). Regelungen über den Grenzabstand enthalten die meisten landesrechtlichen Nachbarrechte (s Nw bei STAUDINGER/ROTH [1996] § 910 BGB Rn 36).

3.   Inhalt

4 **§ 910 BGB** (Überhang) gewährt dem Eigentümer eines Grundstücks das Recht, Wurzeln eines Baumes (oder Strauches), die von einem Nachbargrundstück eingedrungen sind, abzuschneiden und zu behalten; das gleiche Recht räumt er ihm hinsichtlich herüberhängender Zweige ein, wenn er dem Besitzer des Nachbargrundstücks eine angemessene Frist zur Beseitigung bestimmt hat und die Beseitigung nicht innerhalb der Frist erfolgt; die Ausübung beider Rechte ist aber an die Voraussetzung geknüpft, dass die Wurzeln oder Zweige die Benutzung des Grundstücks wirklich beeinträchtigen (§ 910 Abs 2 BGB).

Nach § 923 Abs 2 BGB (Grenzbaum) kann jeder Nachbar die Beseitigung eines Grenzbaumes verlangen, vorausgesetzt, dass der Baum nicht als Grenzzeichen dient und durch ein anderes zweckmäßiges Grenzzeichen nicht ersetzt werden kann. Die Kosten der Beseitigung fallen regelmäßig den Nachbarn zu gleichen Teilen zur Last; verzichtet aber ein Nachbar auf sein Recht an dem Baum, so hat der Nachbar, der die Beseitigung verlangt, die Kosten allein zu tragen, erwirbt aber dann auch mit der Trennung das Alleineigentum an dem Baum.

Art 122 ermöglicht der *Landesgesetzgebung* im Interesse des Obstbaues eine *abweichende Regelung* hinsichtlich **der Obstbäume:**

a) Der Begriff *Obstbaum* ist nach dem Zweck des Vorbehalts iS des allgemeinen **5** Sprachgebrauchs zu verstehen (MünchKomm/SÄCKER Rn 1; SOERGEL/HARTMANN Rn 1) und nicht zu verwechseln mit dem Begriff *Fruchtbaum*, er ist vielmehr enger als dieser. Doch wird man immerhin nach dem Zweck des Vorbehalts wegen der Art ihrer Kultur auch die *Nussbäume* als Obstbäume ansehen können (str, **aA** STAUDINGER/ GRAMM[10] mwN; SOERGEL/HARTMANN Rn 1. Zu näheren Einzelheiten s STAUDINGER/PROMBERGER/SCHREIBER[12] Rn 3).

Auf *Obststräucher* erstreckt sich der Vorbehalt *nicht*, denn der Sprachgebrauch des BGB unterscheidet ausdrücklich zwischen diesen und Obstbäumen (arg § 923 Abs 3 BGB). Zur Unterscheidung Baum und Strauch: BRELOER RdL 1991, 115.

b) Die *Abweichung* von den bundesrechtlichen Vorschriften kann entsprechend **6** des Zwecks des Gesetzes nur in einer *Beschränkung des Selbsthilferechtes des Nachbarn* zur Beseitigung von in sein Grundstück überragenden Wurzeln und Zweigen bestehen, so dass also der Besitzer eines Obstbaumes einen weiteren Schutz genießt als nach § 910 BGB (MünchKomm/SÄCKER Rn 1). Dies ergibt sich auch aus der Entstehungsgeschichte der Vorschrift (Prot III 143 ff, IV 429; s ausführlich STAUDINGER/PROMBERGER/SCHREIBER[12] Rn 4).

c) Soweit es sich um *Grenzbäume* (auf der Grenze der Nachbargrundstücke **7** stehende Obstbäume) handelt, ist eine abweichende Regelung nur gegenüber der Vorschrift des Abs 2 des § 923 BGB zulässig; die Vorschrift des Abs 1 des § 923 BGB, dass die Früchte des Grenzbaums und, wenn der Baum gefällt wird, auch der Baum selbst den Nachbarn zu gleichen Teilen gebührt, kann durch die Landesgesetzgebung nicht geändert werden.

d) Die Beschränkung der Rechte des Nachbarn des Obstbaumbesitzers durch die **8** Landesgesetzgebung bezweckt, eine schädigende Einwirkung auf das Wachstum und die Entwicklung des Obstbaumes zu verhindern. In Betracht kommt also namentlich

– die Einschränkung oder der Ausschluss des Rechtes des Nachbarn, Zweige oder Wurzeln selbst zu beseitigen,

– eine Einschränkung des Anspruches auf Beseitigung durch den Obstbaumbesitzer auf gewisse Jahreszeiten,

– eine nähere Regelung der Voraussetzungen, unter denen der Nachbar überragende Zweige überhaupt dulden muss (im bestimmten Abstand vom Boden).

Art 122 ließ nur solche landesrechtliche Vorschriften unberührt, die *ausschließlich* und besonders für *Obstbäume erlassen* worden sind, nicht auch solche von den Bestimmungen des § 910 und des § 923 Abs 2 BGB abweichende Vorschriften, welche für Bäume überhaupt und deshalb auch für Obstbäume galten (SOERGEL/ HARTMANN Rn 1).

3. Landesgesetze

9 Nach derzeit geltendem Recht hat *allein Baden-Württemberg* von dem Vorbehalt Gebrauch gemacht: §§ 23, 24, 26 Abs 3, 35 NachbarrechtsG idF vom 8. 1. 1996 (GBl 54), geändert durch Artikel 63 des Gesetzes vom 1. 7. 2004 (GBl 469), eingeschränkt nach § 35 im Geltungsbereich des badischen Ausführungsgesetzes zum Bürgerlichen Gesetzbuch. Zu den landesrechtlichen Regelungen über die Grenzabstände von Pflanzen s Rn 3 und STAUDINGER/ALBRECHT (1998) Art 124 Rn 36 ff.

4. Waldbäume

10 Wegen der Waldbäume s **Art 183 EGBGB**.

Artikel 123

Unberührt bleiben die landesgesetzlichen Vorschriften, welche das Recht des Notwegs zum Zwecke der Verbindung eines Grundstücks mit einer Wasserstraße oder einer Eisenbahn gewähren.

Materialien: E III Art 122.

1. Entstehung

1 Die Vorschrift ist erst vom Bundesrat aufgestellt und von der Reichstagskommission und dem Reichstag unbeanstandet gelassen worden. Zu den Einzelheiten s STAU-DINGER/PROMBERGER/SCHREIBER[12] Rn 1.

2. Notwendigkeit und Inhalt des Vorbehalts

2 Die Vorschrift ermächtigt aus den gleichen Gründen wie Art 122 EGBGB (s dort Rn 2) den Landesgesetzgeber über den allgemeinen nachbarrechtlichen Vorbehalt des Art 124 EGBGB hinaus, den sachlichen Anwendungsbereich der §§ 917, 918 BGB auf die Zugangsnot zu Wasserstraßen und Eisenbahnen zu erweitern (NIEDNER

Anm 1). Für den Inhalt des Notwegerechtes und die dafür zu entrichtende Entschädigung (Notwegrente) gelten die §§ 917, 918 BGB entsprechend.

3. Landesgesetze

Von dem Vorbehalt hat die Landesgesetzgebung bislang keinen Gebrauch gemacht **3** (Palandt/Bassenge[53] Anm zu Art 123).

Artikel 124

Unberührt bleiben die landesgesetzlichen Vorschriften, welche das Eigentum an Grundstücken zugunsten der Nachbarn noch anderen als den im Bürgerlichen Gesetzbuch bestimmten Beschränkungen unterwerfen. Dies gilt insbesondere auch von den Vorschriften, nach welchen Anlagen sowie Bäume und Sträucher nur in einem bestimmten Abstand von der Grenze gehalten werden dürfen.

Materialien: E I § 866; II Art 96; III Art 123.

Schrifttum

I. Älteres Schrifttum
Vgl Staudinger/Müller/Kriegbaum[10/11].

II. Neueres Schrifttum
1. Allgemeines
Allheit, Nachbarrecht von A – Z (9. Aufl 2002)
Bartlsperger, Das Dilemma des baulichen Nachbarrechts, VerwArch 60 (1969) 35
Baur, Privates und öffentliches Nachbarrecht, JuristenJhrb 8 (1967) 19/22
ders, Privatrechtliche und öffentlich-rechtliche Bemühungen um die Beseitigung der Spaltung des Nachbarrechts, JZ 1962, 73/74; 1963, 41/47; 1969, 432 Fn 3
Bender/Dohle, Nachbarschutz in Zivil- und Verwaltungsrecht (1972)
Birkl (Hrsg), Nachbarschutz im Bau-, Umwelt- und Zivilrecht (Loseblatt) (darin: Teil A: Jäde, Einführung in das private und öffentliche Nachbarrecht; Teil C: Möstl, Nachbarrechtliche Abwehransprüche des bürgerlichen Rechts); vgl dazu Schwarzer BayVBl 1992, 350; Peine NVwZ 1991, 764
Bitzer, Rechtsprechung zum privaten Nachbarrecht, DZWir 1995, 367
Block, Die Bedeutung des nachbarlichen Gemeinschaftsverhältnisses innerhalb der neueren

nachbarrechtlichen Gesetzgebung (Diss Göttingen 1968)
Börner, Die Benutzung landwirtschaftlicher Grundstücke durch Energieleitungen, BayVBl 1976, 33
Breloer, Baum und Strauch im Nachbarrecht, AgrarR 1988, 65
dies, Grenzabstände von Bäumen und Sträuchern, RdL 1991, 115
dies, Hecken im Nachbarrecht, AgrarR 1991, 38
dies, Bäume, Sträucher und Hecken im Nachbarrecht – Grenzabstände in den Landesgesetzen (6. Aufl 2002); vgl dazu Otto NJW 1999, 2172; Stollenwerk NZM 1999, 604, je zur Vorauflage
Breuer, Öffentliches und privates Wasserrecht (2. Aufl 1987)
ders, Die Entwicklung des Wasser- und Abfallrechts 1974–1976, NJW 1977, 1174
Britz, Baumschutz durch umweltbewußte Nachbarrechtsjudikatur der Zivilgerichte? – Zur folgenorientierten Auslegung des Begriffs der Zumutbarkeit in § 906 Abs 2 BGB, DÖV 1996, 505
Callies, Öffentliches und privates Nachbarrecht als wechselseitige Auffangordnungen, Verw 34 (2001) 169

Jörg Mayer
Karl-Dieter Albrecht

CREMERIUS, Nachbarrechtliche Grundstücks-
fragen in jüngerer Rechtsprechung, BlGBW
1959, 369

DELLIAN, Nachbarschutz im Wasserrecht,
BayVBl 1966, 337

DEURINGER/DREXEL, Nachbarrecht für Landwirte (2. Aufl 1998)

DOLDERER, Das Verhältnis des öffentlichen zum
privaten Nachbarrecht, DVBl 1998, 19

DRESSLER/RABBE, Kommunales Baumschutzrecht (3. Aufl 2001); vgl dazu OTTO NVwZ 2000,
540 zur Vorauflage

DREWS, Dürfen Nachbarn alles? (2000)

DURY, Zur Anwendbarkeit der Sportanlagen-
Lärmschutzverordnung im zivilrechtlichen
Nachbarstreit, NJW 1994, 302

vFELDMANN, Handbuch des Nachbarrechts
(2. Aufl 2002)

FISCHERHOF, Entschädigung für Versorgungsleitungen, NJW 1970, 794

FOAG, Nachbarrecht (4. Aufl 1968)

FRITZSCHE, Die Durchsetzung nachbarschützender Anlagen über zivilrechtliche Abwehransprüche, NJW 1995, 1121

FULLENKAMP/KÖNIG, Zur Wirksamkeit von
Formvorschriften in den Landesnachbarrechtsgesetzen, BauR 1986, 157

GAISBAUER, Laubfall von einem Nachbargrundstück, RdL 1980, 283

ders, Die Rechtsprechung zum Nachbarrecht in
den Jahren 1974 bis 1977 (Teil 3 – Nachbarrechtsgesetze der Länder) DWW 1979, 58

GEIGER, Zum Verhältnis zwischen öffentlichem
und privatem Nachbarrecht, JA 1989, 454

GLASER, Das Nachbarrecht in der Rechtsprechung (2. Aufl 1973)

ders, Rechtsverhältnisse an Gartenzäunen,
Gartenhecken oder Gartenmauern, BlGBW
1958, 148

ders, Duldung des Baugerüsts des Nachbarn,
Allgem Immobilienzeitung 1961, 84

ders, Die Gartenhecke als Grenzeinrichtung,
BlGBW 1962, 268

ders, Notwegrecht, ZMR 1984, 364

GLASER/DRÖSCHEL, Das Nachbarrecht in der
Praxis (3. Aufl 1971)

GLASER/ULLRICH, Das gesamte Boden- und
Baurecht (Entscheidungssammlg)

GRZIWOTZ/SALLER/LÜKE, Praxishandbuch
Nachbarrecht (2005)

GÜNTHER, Baumschutzrecht (1994) Teil G
Rn 125

HAGEN, Die neuere Rechtsprechung des
Bundesgerichtshofs zum Nachbarrecht, WM
1982, 410

HAUCK, Die Eigentumsverhältnisse am Gebäude auf der Grenze, insbesondere an der gemeinschaftlichen Giebelmauer (Diss Marburg
1970)

HODES, Der Anbau an die Giebelmauer, NJW
1962, 773

ders, Probleme der halbscheidigen Giebelmauer, NJW 1970, 87

HOPPE, Eingriffe in Leitungsrechte durch Stra-
ßenbaumaßnahmen (1979)

ders, Eingriffe in Leitungsrechte an vorhandenen Versorgungsleitungen durch neue Straßen,
DVBl 1980, 260

HÖRETH-MARQUARDT/WEDEKIND, Bäume –
rechtliches Konfliktpotential in einer Großstadt,
DÖV 2001, 1034

HORST, Nachbarrechtliche Ansprüche aus
Laubfall und Überhang, DWW 1991, 322

ders, Das Nachbarrecht der neuen Bundesländer, DWW 1993, 213

ders, Lichteinwirkung und Lichtentzug bei
Grundstücken, DWW 1997, 361

ders, Festlegung und Gestaltung der Grundstücksgrenzen, DWW 1998, 333

ders, Nachbars Garten; Paradies verbotener
Früchte oder Zankapfel der Nation? (1999)

ders, Rechtshandbuch Nachbarrecht (2000); vgl
dazu VIEWEG, NJW 2001, 1552

KAUB, „Der liebe Nachbar" – Rechtsfälle rund
um Garten und Grundstück (1986); vgl dazu
JUST BayVBl 1987, 95

ders, Gartenrecht für jedermann – Rechtsprobleme rund um Garten und Grundstück (1998)

KEMNADE, Der Rechtsschutz des Nachbarn im
Baurecht (1965)

KLEINLEIN, Neues zum Verhältnis von öffentlichem und privatem Nachbarrecht, NVwZ
1982, 668

ders, Das System des Nachbarrechts – eine
Darstellung an Hand des BBauG, des privaten
Nachbarrechts und des BImSchG (1987); vgl

dazu BECKMANN DVBl 1987, 1179; STEINBERG
DÖV 1987, 928

KNAUBER, Das Gebot der Rücksichtnahme –
der Schlüssel zur Begründung subjektiver
Rechtsmacht jetzt auch im wasserrechtlichen
Nachbarschutz, NVwZ 1988, 997

KOCHENBURGER, Nachbarrecht – nur (k)einen
Streit vermeiden (2. Aufl 2000)

KOENIG, Die Eigentumsbeeinträchtigung des
Nachbargrundstücks durch Fenster in der
Grenzmauer – zugleich ein Beitrag zum Begriff
des Fenster- und Lichtrechts, ZMR 1963, 3

KOEPKE, Umstrittenes Zaunrecht, HuW 1957,
104

KONRAD, Verwaltungsrechtsschutz im Nachbar-
schaftsverhältnis, BayVBl 1984, 33; 70 (Verwaltungsrechtsschutz nur subsidiär)

KREGEL, Änderung von § 906 I BGB im Rahmen des Sachenrechtsänderungsgesetzes, NJW
1994, 2599

KÜBLER/SPEIDEL, Handbuch des Baunachbar-
rechts (1970) 18 zum Verhältnis zum privaten
Baunachbarrecht mwN

KÜRZEL, Einwirkungen von einem Grundstück
auf ein anderes ohne Abwehranspruch, BlGBW
1962, 356

KÜSTLER, Bienenhaltung und Recht, RdL 1983,
32

ders, Immissionen durch Laubfall, Blüten- und
Samenteile, RdL 1984, 228

LAUFKE, Bemerkungen zum Nachbarrecht, in:
FS Heinrich Lange (1970) 275

LUTZ, Über Grenzeinrichtungen und
Kommunmauer, BlGBW 1958, 356

MATTERN/HAGEN, Die neuere Rechtsprechung
des BGH zum Nachbarrecht, WM 1979, 34;
1980, 410

[MEISNER/STERN/HODES/]DEHNER, Nachbarrecht im Bundesgebiet (ohne Bayern) (7. Aufl,
Loseblatt)

MIES, Das landesrechtliche Fensterrecht und
der Überbau, JR 1951, 144

MÜHL, Grundlagen und Grenzen des nachbarlichen Gemeinschaftsverhältnisses, NJW 1960,
1133

ders, Baurecht und Privatrechtsordnung, NJW
1958, 769

MÜLLER, Nachbars Laub – ein Überblick über

die Rechtsprechung zur Entschädigung für Na-
del- und Laubfall, NJW 1988, 2587

OTTO, Beseitigung einer Hecke auf der Grenze
von zwei Grundstücken, DWW 1982, 358

ders, Zivilrechtliche Auswirkungen von Baum-
schutzregelungen, RdL 1993, 113

ders, Neuere Rechtsprechung zu Baumschutz-
regelungen, RdL 1997, 116

PAPIER, Der Bebauungsplan und die Baugenehmigung in ihrer Bedeutung für den zivilrechtlichen Nachbarschutz, in: FS Weyreuther
(1993)

PARDEY, Nachbarn und Rechtsnachfolge, RdL
2001, 57

PEINE, Öffentliches und privates Nachbarrecht,
JuS 1987, 169

PIKART, Die Rechtsprechung des BGH zum
Nachbarrecht, WM 1969, 82

PREYER, Praxisratgeber Nachbarrecht (2000)

ders, Nachbarn im Streit (2001)

RANK, Die Verpflichtung zur Tragung der Unterhaltskosten an einer Kommunmauer, ZMR
1984, 181

REDEKER, Nachbarklage – öffentlich-rechtlich
oder zivilrechtlich?, NJW 1984, 457

REISS, Nachbarschutz im Wasserrecht (Diss
Würzburg 1970)

RING, Grundriß des Nachbarrechts (1997)

RODEWOLDT, Öffentliches und privates Nach-
barrecht – Tagung der Landesgruppe Baden-
Württemberg in der DAV-Arbeitsgemeinschaft
Verwaltungsrecht, NVwZ 1991, 1063

RÖDEL, Nachbarrechtsstreitigkeiten in der anwaltlichen Praxis (Loseblatt); vgl dazu MAMPEL
NVwZ 2000, 1027

SACKSOFSKY, Privatisierung des baurechtlichen
Nachbarschutzes bei genehmigungsfreien Vorhaben, DÖV 1999, 946

SCHAFFARZIK, Das Hammerschlags- und Leiterrecht im konkurrierenden Regelungszugriff
des öffentlichen Rechts und des Privatrechts am
Beispiel des § 89 SächsABG in: 100 Jahre Allgemeines Baugesetz Sachsen (2000) 345

SCHAPP, Das Verhältnis von privatem und
öffentlichem Nachbarrecht (1978)

SCHENKE, Der vorläufige Rechtsschutz zwischen
Rechtsbewahrung und Flexibilitätsanforderun-
gen, VBlBW 2000, 56 (B II 3 [59]: öffentlicher
und privater Nachbarschutz)

SCHERER, Die Eigentumsverhältnisse an der gemeinschaftlichen Giebelmauer, MDR 1963, 548

ders, Die Rechtsprechung des Bundesgerichtshofs zur Grundstücksvertiefung, zum Notwegrecht sowie zum Fenster- und Lichtrecht, DRiZ 1963, 112

ders, Das Nachbarrecht in der Rechtsprechung des Bundesgerichtshofs, BB 1965, 253

SCHMID, Unkraut als Rechtsproblem, NJW 1988, 29

SCHRÖDER, Wald und Siedlung, BWVBl 1971, 85

SCHULTZ-MELLING, Ihr gutes Recht als Nachbar (1996)

SCHWENDNER, Die Biene als nachbarrechtliches Streitobjekt – mit kritischer Betrachtung neuerer Rechtsprechung, AgrarR 1990, 193

SEIDEL, Öffentlich-rechtlicher und privatrechtlicher Nachbarschutz (2000, NJW-Schriftenreihe 13); vgl dazu ROTH NJW 2001, 1338; DOLDERER NVwZ 2001, 1018

ders, Bauordnungsrechtliche Verfahrensprivatisierung und Rechtsschutz des Nachbarn – öffentlich-rechtlicher Schutzanspruch und quasinegatorischer Abwehranspruch im Vergleich, NVwZ 2004, 139

SIEGER, Nachbarrecht (1996)

STEFFEN, Einwirkungen durch Blüten-, Samen- und Laubfall, RdL 1980, 284

STOBER, Zur Klageführung im Wassernachbarrecht, BWVBl 1977, 150

STOLLENWERK, Grenzabstände bei Anpflanzungen, DWW 1996, 338

ders, Nachbarrecht (1997)

ders, Anspruch auf Rückschnitt der Nachbarhecke, NZM 1998, 324

ders, Die Entwicklung des privaten Nachbarrechts, ZMR 1999, 7; 90

ders, Schadensersatz bei rechtswidrigem Heckenrückschnitt, NZM 2000, 958

UECHTRITZ, Vorläufiger Rechtsschutz eines Nachbarn bei genehmigungsfreigestellten Bauvorhaben – Konkurrenz zwischen Zivil- und Verwaltungsprozeß?, BauR 1998, 719

UERPMANN, Privatrechtlicher Abwehranspruch und naturschutzrechtliche Duldungspflicht im Nachbarverhältnis, NuR 1994, 386

ULRICH, Nachbarrechtliche Streitfragen (1981)

VIEWEG, Nachbarrecht und Naturschutz, NJW 1993, 2570

ders, Der verständige Durchschnittsmensch im privaten Nachbarrecht, NJW 1999, 969

VOGEL, Was tun bei Krach mit Nachbarn? (1998)

VÖLKL/FÜHRER, Nachbarrecht (1998)

WEGNER, Alles klar, lieber Nachbar? Nachbarrecht von A–Z (1999)

WENZEL, Der Störer und seine verschuldensunabhängige Haftung im Nachbarrecht, NJW 2005, 241; vgl dazu OTTO NJW 2005, Heft 19, S XXII

WIETHAUP, Instandhaltung einer gemeinschaftlichen Grenzmauer, BlGBW 1959, 222

WOCHER, Forstliches Nachbarrecht, RdL 1980, 312

ZEITLMANN, Ist die Aufstellung von Gerüsten auf dem Nachbargrundstück erlaubt?, ZMR 1973, 261.

2. Zum Nachbarrecht der einzelnen Bundesländer

a) Baden-Württemberg

BIRK, Nachbarrecht für Baden-Württemberg (5. Aufl 2004)

BOGENSCHÜTZ, Das württembergisch – hohenzollerische Anwende- und Rädlesrecht, RdL 2003, 113

EMMELMANN, Landesbauordnung für Baden-Württemberg mit Vollzugsvorschriften und Gesetz über das Nachbarrecht (6. Aufl 1981)

KÄSER, Inanspruchnahme von Nachbargrundstücken für Baumaßnahmen: Hammerschlags- und Leiterrecht in Baden-Württemberg, BWNotZ 2002, 83

LAIBLIN, Nachbarrechtliche Ansprüche gegen Gehölzpflanzungen in Baden-Württemberg, RdL 1981, 61

ders, Verkürzungsanspruch trotz verjährtem Beseitigungsanspruch bei Waldpflanzungen, RdL 1982, 134

PELKA, Das Nachbarrecht in Baden-Württemberg (19. Aufl 2000)

RIENHARDT, Neues Nachbarrecht in Baden-Württemberg, WürttGemeindezeitung 1960, 73

STAUCH, Änderungen des Nachbarrechtsgesetzes, BWVPr 1996, 8

STORM, Das baden-württembergische Land-

wirtschafts- und Landeskulturgesetz – ein
„Landesgrundgesetz für die Landwirtschaft",
AgrarR 1973, 97 (103: Bodenbetreuungspflicht
für den Nachbarn)
ULLRICH, Neuordnung des Nachbarrechts in
Baden-Württemberg, BlGBW 1960, 113
VETTER/KARREMANN/KAHL, Das baden-württembergische Nachbarrecht (17. Aufl 1996); vgl
dazu BASSENGE NJW 1997, 1496).

b) Bayern

BAYER/LINDNER/GRZIWOTZ, Bayerisches
Nachbarrecht (2. Aufl 1994); vgl dazu BUSSE
BayVBl 1995, 544
JUST, Nachbarrecht in Bayern, BayVBl 1985,
289
ders, Aktuelle Probleme aus dem Nachbarrecht,
BayVBl 1988, 705
MEISNER/RING/GÖTZ, Nachbarrecht in Bayern
(7. Aufl 1986); vgl dazu BADURA DÖV 1989,
134; JUST BayVBl 1988, 576
OSTLER, Bayerische Justizgesetze (4. Aufl 1986)
Anm zu Art 43 ff BayAGBGB
PFANNSCHMIDT, Das Nachbarrecht für den
Gartenbesitzer (Bayern) (1967)
REICH, Die Verjährung der Forderung auf
Grenzabstand von Pflanzen nach bayerischem
Recht, BayVBl 1983, 137
SCHULZ, Das Nachbarrecht in Bayern (2000);
auch enthalten in: Praxis der Kommunalverwaltung, Landesausgabe Bayern, F 10 Bay
(Loseblatt); vgl dazu ALBRECHT BayVBl 2001,
735
SPRAU, Justizgesetze in Bayern (1988) Anm zu
Art 43 ff BayAGBGB
STADLER, Das Nachbarrecht in Bayern (7. Aufl
2004); vgl dazu JUST BayVBl 1991, 767 zur
Vorauflage
ders, Die Verjährung von Ansprüchen auf Beseitigung oder Rückschnitt von Gewächsen nach
bayerischem Nachbarrecht, BayVBl 1990, 9.

c) Berlin

KAYSER, Berliner Nachbarrecht (1998)
KOENIG, Rechtsfragen aus dem Berliner Fenster- und Lichtrecht, HuW 1957, 167
WARBECK, Was bringt das neue Berliner Nachbarrechtsgesetz?, GrundE 1973, 737
SCHEER, Das Fensterrecht in Berlin, HuW 1951,
47.

d) Brandenburg

BIETZ, Brandenburgisches Nachbarrechtsgesetz,
DtZ 1997, 149
DEHNER, Das Brandenburgische Nachbarrechtsgesetz, DtZ 1997, 313
KAYSER, Brandenburger Nachbarrecht (2. Aufl
1998)
POSTIER, Nachbarrecht in Brandenburg (3. Aufl
2001)
ders, Das Brandenburgische Nachbarrechtsgesetz, NJ 1996, 516
STOLLENWERK, Brandenburgisches Nachbarrechtsgesetz (2002).

e) Hessen

BÖHM, Neues Nachbarrecht in Hessen, BlGBW
1963, 56
HINKEL, Nachbarrecht in Hessen (mit Lärmverordnung) (6. Aufl 2003)
HODES/DEHNER, Hessisches Nachbarrecht
(5. Aufl 2001); vgl dazu KORBION NJW 1986,
2696, LERCH MDR 1987, 261; STEINBERG DÖV
1987, 1024, je zu Vorauflagen
HODES, Das neue hessische Nachbarrecht, NJW
1962, 2236
HOOF/KEIL, Das Nachbarrecht in Hessen
(18. Aufl 1999)
NETZ, Das Nachbarrecht in Hessen (4. Aufl
1998)
ders, Das Hessische Nachbarrecht – leicht gemacht (2. Aufl 2005)
RAMMERT, Nachbarrecht Hessen (für Schiedsmänner) (1998).

f) Niedersachsen

HOOF/KEIL, Das Nachbarrecht in Niedersachsen (10. Aufl 2000); vgl dazu OTTO NJW 2001,
2529
KORFF, Neues Nachbarrecht in Niedersachsen,
MDR 1968, 195
LEHMANN, Kommentar zum Niedersächsischen
Nachbarrechtsgesetz und zum Nachbarrecht des
BGB (3. Aufl 1978)
ders, Zum niedersächsischen Nachbarrecht,
AgrarR 1975, 330
NETZ, Das Niedersächsische Nachbarrecht –
leicht gemacht (2005)
PARDEY, Niedersächsisches Nachbarrechtsgesetz
(2. Aufl 2003)
RAMMERT, Nachbarrecht Niedersachsen (für
Schiedsmänner) (1998)

Riggers, Neues Nachbarrecht in Niedersachsen, JurBüro 1967, 541

Schäfer, Privatrechtliche Abstandsvorschriften in Niedersachsen, SchsZtg 1984, 177

Tesmer, Das neue niedersächsische Nachbarrechtsgesetz, RdL 1967, 145

Warnecke, Nachbarrechtsfibel für Niedersachsen (12. Aufl 2004).

g) Nordrhein-Westfalen

Dröschel/Glaser, Das Nachbarrecht in Nordrhein-Westfalen (5. Aufl 1984)

Hambusch, Neues Nachbarrecht in Nordrhein-Westfalen, DWW 1970, 174

Marx, Nachbarrechtliche Streitigkeiten wegen Anpflanzungen, RdL 2000, 227

Rammert, Nachbarrecht in Nordrhein-Westfalen (2. Aufl 2001); vgl dazu Middeke DVBl 2002, 897

Rheker/Socher, Nachbarrecht in Nordrhein-Westfalen (8. Aufl 1990)

Schäfer, Nachbarrechtsgesetz für das Land Nordrhein-Westfalen (14. Aufl 2005); vgl dazu Grünewald DVBl 1999, 258; Otto NJW 2000, 3554, je zu Vorauflagen

Stollenwerk, Nachbarrechtsgesetz Nordrhein-Westfalen (2004)

Zimmermann, Vereinbarungen über Waldgrenzabstände im Land Nordrhein-Westfalen, RdL 1987, 171

Zimmermann/Steinke, Nachbarrechtsgesetz Nordrhein-Westfalen (1969).

h) Rheinland-Pfalz

Hülbusch/Bauer/Schlick, Nachbarrecht für Rheinland-Pfalz und das Saarland (Kommentar) (5. Aufl 1998)

Hülbusch/schlick, Nachbarrecht in Rheinland-Pfalz (3. Aufl 1999)

Theisinger, Rechtsprobleme aus der täglichen Praxis der landwirtschaftlichen Betriebe, AgrarR 1977, 11 (13 zum Nachbarrechtsgesetz für Rheinland-Pfalz).

i) Saarland

Hülbusch/Bauer/Schlick, Nachbarrecht für Rheinland-Pfalz und das Saarland (5. Aufl 1998)

Ministerium der Justiz des Saarlands, Nachbarrecht im Saarland (Ausgabe August 2004).

k) Sachsen

Kayser/Keinhorst, Sächsisches Nachbarrecht (2. Aufl 2001)

Schäfer, Sächsisches Nachbarrechtsgesetz (1998); vgl dazu Postier NJW 1999, 1454

Stollenwerk, Sächsisches Nachbarrechtsgesetz (2003)

Thomas/Schlüter, Sächsisches Nachbarrecht (1998)

dies, Das Sächsische Nachbarrechtsgesetz, VIZ 1998, 69

Wieth/Högner/krzensk, Nachbarschutz in Sachsen (1998).

l) Sachsen-Anhalt

Diederich, Das Nachbarschaftsgesetz von Sachsen-Anhalt, NJ 1998, 182

Eidam, Nachbarrecht in Sachsen-Anhalt (1998)

Fruhner/Weber, Nachbarrecht für Sachsen-Anhalt (1998)

Pardey, Nachbarrecht in Sachsen-Anhalt (1998).

m) Schleswig-Holstein

Bassenge, Das neue Nachbarrecht in Schleswig-Holstein, SchlHAnz 1971, 61

Bassenge/Olivet, Nachbarrecht in Schleswig-Holstein (11. Aufl 2003)

Schäfer, Das Recht zum Betreten fremder Grundstücke (Hammerschlags- und Leiterrecht) in Schleswig-Holstein, SchsZtg 1985, 34

ders, Einfriedungspflichten in Schleswig-Holstein, SchsZtg 1985, 147; 177

Schwede, Nachbarrecht in Schleswig-Holstein, RdL 1971, 253.

n) Thüringen

Bauer/Hülbusch/Schlick/Rottmüller, Thüringer Nachbarrecht (4. Aufl 2002); vgl dazu Janke DtZ 1993, 372 zur Vorauflage

Schäfer, Thüringer Nachbarrechtsgesetz (1995); vgl dazu Bassenge NJW 1996, 2084; Thomas SächsVBl 1996, 147

Stollenwerk, Nachbarrechtsgesetz Thüringen (2. Aufl 2002).

o) Neue Bundesländer (nur noch Mecklenburg-Vorpommern)

Dehner, Nachbarrecht in den neuen Bundesländern, DtZ 1991, 108

Horst, Das Nachbarrecht der neuen Bundesländer, DWW 1993, 213

Janke, Die Entwicklung des Nachbarrechts in den Ländern der früheren DDR seit 1945, DtZ 1992, 311

ders, Die Anwendung des ZGB-DDR in der

Rechtsprechung seit der deutschen Einheit
(Teil 5), NJ 1999, 561; 2002, 621/629
WILKE, Welches Nachbarrecht gilt in den neuen
Ländern?, DtZ 1996, 294.

3. Zum Schlichtungsrecht
a) allgemein
BEUNINGS, Die obligatorische Streitschlichtung
im Zivilprozeß, AnwBl 2004, 82
FISCHER/SCHMIDTBLEICHER, Lieber richten statt
schlichten? Überlegungen zur obligatorischen
inner- und außergerichtlichen Streitbeilegung
(§§ 278 ZPO, 15a EGZPO), AnwBl 2005, 233
FRIEDRICH, Zum Nachholen des obligatorischen
außergerichtlichen Schlichtungsverfahrens
gemäß § 15a EGZPO nach Klageerhebung,
NJW 2002, 798
ders, Aktuelle Entscheidungen zum obligatorischen außergerichtlichen Schlichtungsverfahren,
NJW 2002, 3223; 2003, 3534
KEMPE, Die Stellung des Rechtsanwalts im obligatorischen Schlichtungsverfahren nach § 15a
EGZPO, AnwBl 2003, 393

PRÜTTING, Außergerichtliche Streitschlichtung
(2003)
ZIETSCH/ROSCHMANN, Die Regelungen des
vorprozessualen Güteverfahrens, in: Die Umsetzung des § 15a EGZPO in den Ländern,
Beilage zu NJW 2001, Heft 51.

b) Zu den landesrechtlichen Bestimmungen
Baden-Württemberg
KOTHE/ANGER, Schlichtungsgesetz Baden-
Württemberg (2001); vgl dazu LEIST DVBl 2002,
897; WAGNER, VBlBW 2001, 424
Bayern
SCHWARZMANN/WALZ, Das Bayerische
Schlichtungsgesetz (2000)
WETEKAMP, Obligatorische Streitschlichtung in
Bayern und ihre Folge für den Mietprozeß,
NZM 2001, 614
Nordrhein-Westfalen
SERWE, Gütestellen- und Schlichtungsgesetz
Nordrhein-Westfalen (2002)
DIECKMANN, Das nordrhein-westfälische Aus-
führungsgesetz zu § 15a EGZPO, NJW 2000,
2802.

Systematische Übersicht

Karl-Dieter Albrecht

I.   Entstehung

1 Artikel 124 hat seine jetzige Fassung erst in der Reichstagskommission erhalten
(RTK 440d S 12). Sein Vorläufer ist § 866 des I. Entwurfs BGB, der lautete: „Die
Landesgesetze, welche das Eigentum an Grundstücken zugunsten des Nachbarn
noch anderen **oder weitergehenden Beschränkungen** unterwerfen, bleiben unbe-

rührt". In der II. Komm wurden die fett gedruckten Worte gestrichen und die Bestimmung ins EG verwiesen. Es sollte zum Ausdruck gebracht werden, „daß die Landesgesetzgebung zwar **andere** als die im BGB getroffenen Beschränkungen vorschreiben dürfe, **nicht** aber befugt sein solle, die durch das Gesetzbuch geregelten Beschränkungen zu **verschärfen**". In der II. Komm war ferner folgender Zusatz beantragt worden: „Unberührt bleiben die landesgesetzlichen Vorschriften, welche den Eigentümer eines Grundstücks zur Duldung von Einwirkungen auf dasselbe verpflichten, welche von Anlagen auf einem Nachbargrundstück ausgehen, die in einer bestimmten Entfernung von der Grenze liegen oder mit bestimmten Schutzvorrichtungen ausgestattet sind". Dieser mit Rücksicht auf die Verschiedenheit der industriellen Verhältnisse in Deutschland gestellte Antrag wurde jedoch schon in der II. Komm abgelehnt, weil man es für bedenklich hielt, solche für die Lebensfähigkeit der Industrie höchst wichtige Fragen der Landesgesetzgebung vorzubehalten, nachdem die Reichsgesetzgebung sich der Regelung des Industriewesens gerade unterzogen habe (Mot III 259; Prot IV 163, 154). Der **zweite Satz des Art 124** wurde von der Reichstagskommission hinzugefügt und lediglich als **redaktionelle Ergänzung** bezeichnet (RTK 440d S 13).

II. Begriff des Nachbarrechts

1. Privates Nachbarrecht

Die in Art 124 vorbehaltenen landesgesetzlichen „**Vorschriften, welche das Eigentum** **2** **an Grundstücken zugunsten der Nachbarn Beschränkungen unterwerfen**", werden üblicher Weise unter dem Begriff „**Nachbarrecht**" zusammengefaßt. Es handelt sich dabei um solche Vorschriften, die den Sinn haben, das auf dem unvermeidbaren engen Zusammenleben der Grundstücksnachbarn beruhende **nachbarliche Gemeinschaftsverhältnis zu fördern und zu erleichtern** und die hier besonders fühlbar werdenden gegenseitigen Störungen und Belästigungen durch eindeutige Regelungen so zu beschränken, daß die nachbarliche Gemeinschaft möglichst störungsfrei ermöglicht wird. Es soll also ein für beide Nachbarn erträglicher **Interessenausgleich** in typischen Streitfragen bewerkstelligt werden, um der in Art 14 Abs 1 S 2, Abs 2 S 1 GG, § 903 S 1 BGB enthaltenen Schranke für die Rechtsmacht des jeweiligen Eigentümers Rechnung zu tragen (vgl im einzelnen DEHNER, Nachbarrecht im Bundesgebiet A § 1; BIRKL/JÄDE, Nachbarschutz im Bau-, Umwelt- und Zivilrecht A 3; vgl auch BGHZ 29, 372/ 376). Das allgemeine Rechtsinstitut des nachbarlichen Gemeinschaftsverhältnisses soll dadurch nur in Extremfällen als Korrektiv nach Treu und Glauben zur einzelfallgerechten Bewältigung atypischer nachbarlicher Interessenkonflikte herangezogen werden müssen (vgl BGH LM § 1004 BGB Nr 248 [= NJW-RR 2001, 232 = ZMR 2001, 92]; OLG Brandenburg DtZ 1996, 389).

2. Öffentlich-rechtliches Nachbarrecht

Während früher das privatrechtliche Nachbarrecht mit seinen Regelungen teils im **3** BGB selbst einschließlich der Generalklauseln in §§ 906, 1004 BGB, teils in den vorbehaltenen Landesgesetzen für diesen Interessenausgleich unter den Grundstücksnachbarn prägend war, hat es nach dem Zweiten Weltkrieg durch die allgemeine Entwicklung, möglichst **alle bedeutsameren Gebiete** menschlichen, vor allem wirtschaftlichen Handelns zur Steuerung und zum Schutz vor daraus entstehenden

Sicherheitsgefahren wie auch zur Wahrung der Grundrechte **öffentlich-rechtlich zu regeln** und hier den **Interessenausgleich** zwischen den Betroffenen **durch sog „nachbarschützende Vorschriften"** vorzunehmen, stark an Bedeutung abgenommen. Das materielle Nachbarrecht ist dadurch in seinen wesentlichen Anwendungsbereichen, vor allem im Baurecht und Umweltschutzrecht, in das öffentliche Recht verlagert worden und hat **für das private Nachbarrecht** nur noch die **unbedeutenderen Streitfragen**, wie sie in §§ 907–918 BGB und den vorbehaltenen landesrechtlichen Vorschriften geregelt sind, **übrig gelassen**. Es wird daher schon lange die fortschreitende „Publizierung" des privaten Nachbarrechts beklagt (vgl zB Bartlsperger VerwArch 60 [1969] 35/37; Schapp, Das Verhältnis von privatem und öffentlichen Nachbarrecht [1978]; Kleinlein, Das System des Nachbarrechts [1987]) und sogar bezweifelt, ob es noch „die Einfügung des Einzelgrundstücks in die nachbarrechtliche Gemeinschaft" gewährleisten kann (vgl Westermann BBauBl 1952, 137 ff).

3. Verhältnis zueinander

4 Besonders problematisch ist dabei, daß das **Verhältnis zwischen dem weiterbestehenden privatrechtlichen und dem neuen öffentlich-rechtlichen Nachbarrecht** vom Gesetzgeber **nur selten geregelt** wurde (vgl zB für den Vorrang des öffentlichen Rechts § 75 Abs 2 S 1 VwVfG, jetzt idF vom 23. 1. 2003 [BGBl I 102], zuletzt geändert durch Ges vom 5. 5. 2004 [BGBl I 718], und die entsprechenden LandesVwVfG, zB Art 75 Abs 2 S 1 BayVwVfG vom 23. 12. 1976 [BayRS 2010-1-I], zuletzt geändert durch Ges vom 24. 12. 2002 [BayGVBl 975]; § 14 BImSchG idF der Bek vom 26. 9. 2002 [BGBl I 3830], zuletzt geändert durch Ges vom 22. 12. 2004 [BGBl I 3704]). In gleicher Weise hat der Gesetzgeber mit der Änderung des § 906 BGB durch das Sachenrechtsänderungsgesetz vom 21. 9. 1994 (BGBl I 2457) versucht, dem öffentlich-rechtlichen Nachbarrecht eine stärkere Beachtung dadurch zu verschaffen, daß Störungen bei Einhaltung der in Umweltschutzgesetzen geregelten Grenz- und Richtwerte in der Regel nicht mehr als abwehrbare wesentliche Eigentumsbeeinträchtigung gelten (vgl dazu im einzelnen Staudinger/Roth [2002] § 906 BGB Rn 188 ff; MünchKomm/Säcker[4] § 906 Rn 15 f, 22 ff).

Ansätze, auch im **Baurecht** die privatrechtlichen und öffentlich-rechtlichen Eigentumsbeschränkungen zusammenzuführen und zu harmonisieren, scheiterten dagegen (so der im Entwurf eines Bundesbaugesetzes [BT-Drucks III/336] ursprünglich vorgesehene 8. Teil über „Bauliches Nachbarrecht", §§ 165 ff [§ 165: Errichtung von Nachbarwänden; § 166: Anbau an Nachbarwände; § 167: Erhöhung der Nachbarwand; § 168: Gründungstiefe; § 169: Grenzwand; § 170: Übergreifende Bauteile; § 171: Einseitige Grenzwand; § 172: Höherführen von Schornsteinen und Lüftungsleitungen; § 173: Hammerschlags- und Leiterrecht; § 174: Duldung von Leitungen]) oder blieben vereinzelt (vgl in der Hamburgischen Bauordnung vom 1. 7. 1986 [Hamb GVBl 183 = SaBl 1966], zuletzt geändert durch Ges vom 5. 10. 2004 [Hamb GVBl 375]: § 86 Abs 1: Nachbarliche Belange; § 74: Hammerschlags- und Leiterrecht).

Die meisten Bauordnungen bestimmen vielmehr inhaltlich übereinstimmend, daß die **Baugenehmigung „unbeschadet der privaten Rechte Dritter"** zu erteilen ist. Über die privatrechtlichen Nachbarinteressen wird daher nicht mitentschieden, wenn sie nicht ihren Niederschlag in öffentlich-rechtlichen, nachbarschützenden Vorschriften gefunden haben. Ob der Bauherr die ihm erteilte Baugenehmigung im Hinblick auf entgegenstehende privatrechtliche Nachbarrechte auch ausnützen kann, wird nicht berücksichtigt (vgl BayObLG, BayVBl 1991, 252). **Unterschiedlich** beurteilt wird insoweit durch die **Zivilgerichte**, ob die **landesrechtlichen Nachbarrechte** als Rechte Dritter **sich durchsetzen**. Liegt schon eine **bestandskräftige Baugenehmigung** vor, so hat dies Vorrang vor den privatrechtlichen, das Baurecht betreffenden Vorschriften (vgl zB AG Nürtingen MDR 1986, 57 [= NJW-RR 1986, 504]), außer es wäre auch eine andere, mit den zivilrechtlichen Nachbarvorschriften in Einklang stehende Baugenehmigung möglich gewesen (vgl OLG Hamm ZMR 1982, 210). **Fehlt** dagegen eine **Baugenehmigung**, gelten allein die zivilrechtlichen Vorschriften (vgl OLG Frankfurt/Main NJW-RR 1988, 403; OLG Köln DWW 1994, 184; LG Aachen BauR 1981, 501); dies gilt selbst dann, wenn über eine erteilte Baugenehmigung ein verwaltungsgerichtlicher Streit anhängig ist (LG Aachen aaO); vgl zum ganzen auch ausführlich SIMON, BayBO (Loseblatt) Art 82 Rn 276 ff, 480 ff; JÄDE, in JÄDE/DIRNBERGER/BAUER/WEISS, BayBO (Loseblatt) Art 82 Rn 201 f.

4. Verschiedener Rechtsschutz

Diese Teilung in privatrechtliches und öffentlich-rechtliches Nachbarrecht hat zur 5 Folge, daß der sich in seinen Rechten beeinträchtigt fühlende Nachbar **bezüglich** einer Verletzung seiner auf **privatrechtlichen Vorschriften** beruhenden Rechte Rechtsschutz vor den **Zivilgerichten** suchen, **bezüglich** einer Verletzung seiner als nachbarschützend im **öffentlichen Recht** berücksichtigten Rechte aber vor den **Verwaltungsgerichten** klagen muß, wobei er bei gleichlaufenden Rechten sowohl in beiden Rechtswegen vorgehen kann wie auch wahlweise nur in einem. Der dabei immer wieder hervortretenden Tendenz, nachbarrechtliche Ansprüche nicht selbst im umständlichen und auch teueren Zivilrechtsweg zu verfolgen, sondern von den Behörden ein hoheitliches Einschreiten zur Verhinderung der Verletzung im öffentlichen Recht berücksichtigter nachbarschützender Vorschriften zu verlangen, tritt die verwaltungsgerichtliche Rechtsprechung auch nicht immer konsequent genug entgegen (vgl zB BayVGH BayVBl 1991, 759; BVerwG BayVBl 1998, 219), was zu einer weiteren Aushöhlung des privaten Nachbarrechts führt (vgl zum ganzen ausführlich BIRKL/ JÄDE, Nachbarschutz im Bau-, Umwelt- und Zivilrecht A 16 ff, 19 ff mwN; JUST BayVBl 1985, 289).

5. „Nachbar"

Kaum genau gesetzlich definiert findet sich der für das Nachbarrecht grundlegende 6 Begriff des „**Nachbarn**". Da die Regelungen des Nachbarrechts immer Eigentumsbeschränkungen enthalten, kann Nachbar nur der **Eigentümer** oder sonst dinglich Berechtigte **eines benachbarten Grundstücks** sein (so die Nachbarrechtsgesetze von Berlin, Brandenburg, Niedersachsen, Rheinland-Pfalz, Sachsen, Sachsen-Anhalt und Thüringen). Insoweit muß aber nicht zu Gunsten des nachbarrechtlich Geschützten Alleineigentum bestehen. Auch ein **Miteigentümer** kann mit den übrigen Miteigentümern in einem nachbarrechtlichen Verhältnis stehen und Schutz beanspruchen (BGHZ 29, 372/376; OLG Hamburg OLGE 2, 170). Nachbar ist auch nicht nur der Eigentümer des unmittelbar angrenzenden Grundstücks (so aber die Nachbarrechtsgesetze von Berlin und Brandenburg), sondern auch derjenige **Grundstückseigentümer**, dessen Grundstück **im** – ev durch einen engen örtlichen Zusammenhang begrenzten (so § 1 Abs 1 S 1 SächsNRG) – **Einwirkungsbereich** einer nachbarrechtlich geregelten **Rechtsbeeinträchtigung** liegt. Das private Nachbarrecht übernimmt insoweit den im öffentlichen Recht ausgeprägten weiten Nachbarbegriff, um ebenfalls alle in

Karl-Dieter Albrecht

seinen Anwendungsbereich fallenden Störungen des nachbarlichen Gemeinschafts-
verhältnisses abwehren zu können (vgl ausführlich BIRKL/MÖSTL, Nachbarschutz im Bau-,
Umwelt- und Zivilrecht C 16 f; zum Nachbarbegriff im Baurecht zB BVerwG DÖV 1983, 344
[= BayVBl 1983, 377]; im Immissionsschutzrecht BVerwG NJW 1983, 1507 [= DÖV 1983, 287]).

III. Inhalt des Vorbehalts

1. Eigentumsbeschränkende Regelungen jeglichen nachbarbezogenen Handelns

7 Das **BGB** regelt das **private Nachbarrecht nur unvollkommen** und nicht abschließend.
In den §§ **906–918** werden teilweise die Beziehungen der Grundstücksnachbarn
zueinander geregelt. Der Gesetzgeber wollte dabei nur die nachbarrechtlichen Eigentumsbeschränkungen aufnehmen, die für alle lokalen Verhältnisse passen (vgl
Mot III 259). Der **weitere Ausbau** des privatrechtlichen Nachbarrechts außerhalb
dieses Regelungsbereichs (vgl Rn 8 f) ist **durch Art 124 EGBGB** der **Landesgesetzgebung überlassen**, um die **besonderen lokalen Bedürfnisse berücksichtigen** zu können.
Insoweit gibt der Vorbehalt der Landesgesetzgebung auch nicht vor, welche Materien als nachbarrechtliche Beschränkungen des Eigentumsrechts zusätzlich geregelt
werden können, möglich ist vielmehr in den Grenzen des Art 124 die landesrechtliche **privatrechtliche eigentumsbeschränkende Regelung jeglichen nachbarbezogenen
Handelns, Duldens oder Unterlassens** (vgl BVerfGE 24, 367/391 ff).

Neben Art 124 ermächtigen die **Art 122** und **123 EGBGB** für die dort angesprochenen Materien den Landesgesetzgeber gesondert zu nachbarrechtlichen Vorschriften,
wobei hier sogar – anders als nach Art 124 – von den vorhandenen Vorschriften des
BGB abgewichen werden darf. Zu weiteren auch nachbarrechtliche, eigentumsbeschränkende Vorschriften beinhaltenden landesrechtlichen Regelungen ermächtigen
die **Art 65 ff EGBGB** (vgl jeweils die Erläuterungen dort).

2. Keine Änderungen/Ergänzungen der §§ 906–918 BGB

8 **Art 124 S 1** enthält allerdings eine **wichtige Einschränkung** für die landesrechtlichen
Regelungen: er ermächtigt nur zu „**noch anderen als den im Bürgerlichen Gesetzbuch
bestimmten Beschränkungen**" des Eigentums, landesgesetzlich können also nur weitere Eigentumsbeschränkungen eingeführt werden, **nicht** dagegen **Änderungen, insbesondere Ergänzungen, Verschärfungen oder Beseitigungen**, der in den §§ 906–918
BGB enthaltenen allgemein gültigen Eigentumsbeschränkungen. Dasselbe gilt für
die Beschränkung von (nachbarlichen) Abwehrrechten allgemeiner Art wie auf
Grund von § 1004 BGB. Spezifisch nachbarrechtliche Rechtseinschränkungen dürfen daher nur die landesrechtlich geregelten nachbarrechtlichen Rechte und Pflichten betreffen (vgl BGH BGH-Rp 2004, 580 [= NJW 2004, 1035 = NZM 2004, 312]). Als **Grund**
für diese Beschränkung des Vorbehalts wurde in der II. Komm (vgl Prot III 163, 164)
angegeben: Soweit es sich nicht um Beschränkungen des Eigentums im öffentlichen
Interesse handele, erscheine es mißlich, nach Inkrafttreten des BGB noch eine
Erörterung darüber zuzulassen, ob das Landesrecht bezüglich der einzelnen, vom
BGB geregelten Arten von Beschränkungen nicht noch weitergehe; die betreffen-
den, sich auf das Nachbarrecht beziehenden Vorschriften seien vielfach, wie zB in
Bayern, in alten, zum Teil bereits wieder möglicherweise außer Kraft gesetzten
Statuten enthalten und es erscheine deshalb im **Interesse der Rechtssicherheit** und

der praktischen Handhabung des Rechts geboten, die Möglichkeit, bei der Beurteilung des Umfangs der im BGB geregelten Eigentumsbeschränkungen auf alte statuarische Vorschriften zurückzugreifen, ein für alle Mal abzuschneiden.

Als **nicht mehr** vom Vorbehalt des Art 124 **gedeckte verschärfende Ergänzungen** der BGB-Vorschriften über das Nachbarrecht wurden daher angesehen:

Formvorschriften für die Erhebung des Widerspruchs nach § 912 Abs 1 BGB oder für eine Erlaubnis zum Überbau (OLG Frankfurt/Main Recht 1908 Nr 1401; OLG Hamm MDR 1978, 758).

Regelungen, die die Entschädigung für die Errichtung einer Giebelmauer nach § 921 BGB betreffen (OLG Dresden AnnSächsOLG 36, 281).

§ 40 Abs 3 Nachbarrechtsgesetz für Nordrhein-Westfalen vom 15. 4. 1969 (GV NW 190), zuletzt geändert durch Ges vom 16. 3. 2004 (GV NW 135), der für Verträge über den Grenzabstand von Wald zwischen den beteiligten Grundstückseigentümern Schriftform vorschreibt und die Angabe der Katasterbezeichnung der Grundstücke (OLG Hamm NJW-RR 1986, 239 [= RdL 1988 101 = AgrarR 1985, 363 = BauR 1986, 239]; vgl auch FULLENKAMP/KÖNIG BauR 1986, 157). Trotz seitdem erfolgter mehrfacher Änderungen des NachbG NRW hält der Gesetzgeber aber an dieser Vorschrift fest.

Ebenso sind die in den meisten Landesnachbarrechtsgesetzen enthaltenen Bestimmungen über die Nachbarwände (vgl unten Rn 16 f), die erhebliche Ergänzungen zu §§ 921, 922 BGB enthalten, wohl nicht von Art 124 EGBGB gedeckt (vgl dazu DEHNER, Nachbarrecht im Bundesgebiet [ohne Bayern] B § 8).

3. Art 124 S 2

Eine **teilweise Ausnahme** von dieser Einschränkung ist in **Art 124 S 2 EGBGB** iVm **9** § 907 Abs 1 S 2 BGB enthalten; hiernach können die Landesgesetze für **Anlagen**, die mit Sicherheit **unzulässige Einwirkungen** im Sinne des § 906 Abs 1 BGB zur Folge haben werden und die der Nachbar danach eigentlich von vornherein, auch ohne daß schon eine solche unzulässige Einwirkung auf sein Grundstück eingetreten ist, abwehren kann (§ 907 Abs 1 S 1 BGB), vorschreiben, daß diese dennoch, aber nur in einem bestimmten Abstand von der Grenze errichtet werden dürfen oder sonstige Schutzmaßregeln einzuhalten sind. Genügt die Anlage diesen landesrechtlichen Vorschriften, so kann die Beseitigung der Anlage erst verlangt werden, wenn trotzdem die unzulässigen Einwirkungen tatsächlich auftreten. Insoweit besteht dann allerdings wieder die Sperre für landesgesetzliche Vorschriften, durch die diese Rechtsfolge nicht ganz abgeschafft werden kann. **Bäume und Sträucher**, die Art 124 S 2 ebenfalls ausdrücklich anspricht, gehören nach § 907 Abs 2 BGB allerdings nicht zu diesen gefahrbringenden Anlagen, so daß sie **allein der landesrechtlichen Regelung** unterstellt sind.

4. Umfang der Regelungen

Soweit die Landesgesetzgebung zum Erlaß von weiteren nachbarrechtlichen Eigen- **10** tumsbeschränkungen für befugt erklärt ist, kann sie selbständig deren **Voraussetzungen**, deren **Inhalt**, deren **Wirkungen** und deren **Erlöschen bestimmen** und ist dabei nicht an allgemeine Bestimmungen des BGB gebunden (vgl RG Recht 1911 Nr 1012). Auch die Vorschrift des § 924 BGB über die Unverjährbarkeit von Ansprüchen aus dem nachbarlichen Verhältnis gilt für die landesrechtlichen Eigentumsbeschränkungen nicht.

Die landesrechtlichen Vorschriften auf Grund des Vorbehalts gelten kraft Gesetzes; sie sind im Grundbuch weder eintragungsbedürftig noch -fähig, es sei denn, es wird darüber im Einzelfall zusätzlich zwischen den Nachbarn eine entsprechende Dienstbarkeit vereinbart (vgl Meikel, Grundbuchrecht [6. Aufl 1970] § 117 GBO [aF] Rn 110).

IV. Nachbarrechtliche Landesvorschriften auf Grund des Vorbehalts

1. Alte Bundesländer

11 Die Länder haben von dem **Vorbehalt zunächst nur sehr zurückhaltend Gebrauch gemacht**. Nur Anhalt, Baden, Bayern, das damalige Großherzogtum Hessen und Württemberg hatten das Nachbarrecht neu zusammenfassend in den Ausführungsgesetzen zum BGB geregelt. Die übrigen Länder beließen es bei der Weitergeltung der nur teilweise einheitlich zusammengefaßten nachbarrechtlichen Vorschriften. So regelte zB Preußen in Art 23, 24 PrAGBGB vom 20. 9. 1899 (PrGS 177) nur das Recht der Kommunmauern neu und verwies im übrigen in Art 89 Nr 1 PrAGBGB auf die Bestimmungen in PrALR I 8 §§ 125–128, 131, 133, 138–140, 142–144, 148, 152, 153, 155, 156, 162–167, 169–174, 185, 186; II 15 § 247 sowie bezüglich des rheinischen Rechtsgebiets in Art 89 Nr 2 PrAGBGB auf Art 671, 672 Abs 1, 674–681 Code civil. In Sachsen wurden trotz ihrer Aufhebung auch ohne gesetzliche Neuregelung die §§ 345–368, 544, 545 des SächsBGB vom 2. 1. 1863 (SächsGVBl 6) weiter angewendet (vgl dazu Kloss/Müller, Sächsisches Landesprivatrecht [3. Aufl 1927]).

Erst **nach 1945** haben die **meisten Bundesländer** das vorbehaltene landesrechtliche Nachbarrecht zusammenfassend in **Nachbarrechtsgesetzen** neu geregelt. **Bayern** hat zwar kein eigenes Nachbarrechtsgesetz erlassen, aber die bisherigen Regelungen gestrafft in die **Neufassung des Bayer Ausführungsgesetzes zum Bürgerlichen Gesetzbuch** und anderer Gesetze vom 20. 9. 1982 (BayRS 400-1-J) als Art 43–54 eingestellt.

2. Neue Bundesländer

12 In den **neuen Bundesländern** haben bisher **Brandenburg, Sachsen, Sachsen-Anhalt** und **Thüringen** ein eigenes Nachbarrechtsgesetz erlassen. Für **Mecklenburg-Vorpommern** lag zwar ein Entwurf vom 13. 2. 2001 vor, der jedoch nicht in den Landtag eingebracht wurde (vgl Janke, Das ZGB der DDR in der Rechtsprechung seit der deutschen Einheit, NJ 2002, 621/629). Über den dort auf dem Gebiet des Landesnachbarrechts bestehenden **Rechtszustand** besteht **Unklarheit**. Strittig ist insbesondere, ob die nachbarrechtlichen Regelungen des ZGB-DDR als Landesrecht weitergelten oder ob mit dessen Aufhebung das bis zum 31. 12. 1975 bestehende Landesrecht nach Art 124 EGBGB wieder in Kraft getreten ist. Die **herrschende Meinung lehnt die Wiedergeltung der alten landesrechtlichen Bestimmungen** aus der Zeit vor der Inkraftsetzung des ZGB-DDR vom 19. 6. 1975 (GBl DDR 465) zum 1. 1. 1976 (§ 1 EGZGB-DDR vom 19. 6. 1975 [GBl DDR 517]), das diese Vorschriften aufgehoben hatte (§ 15 Abs 2 Abschn 1 Nr 1 EGZGB-DDR), **ab**, da dies im Einigungsvertrag vom 31. 8. 1990

(BGBl II 889) nicht vorgesehen sei und das Außerkrafttreten einer Aufhebungsvorschrift nicht automatisch zum Wiederinkrafttreten der aufgehobenen Vorschriften führe (zust HORST DWW 1993, 213/220; WILKE DtZ 1996, 294; offen JANKE aaO; zum Meinungsstand eingehend oben STAUDINGER/MERTEN Art 1 EGBGB Rn 63 ff) Die dadurch auftretende Regelungslücke sei unbedeutend und nur von begrenzter Zeitdauer. Wollte man dem folgen, ließe sich die Regelungslücke über die Grundsätze des nachbarlichen Gemeinschaftsverhältnisses, wie sie in der Rechtsprechung vor der Neuschaffung der Nachbarrechtsgesetze entwickelt wurden, schließen (vgl HORST 219 f). **Überzeugender** erscheint jedoch (vgl auch Rn 13 aE), daß man die entstandene Regelungslücke bis zum Erlaß neuer Nachbarrechtsregelungen unter **Wiederanwendung der alten landesrechtlichen Nachbarvorschriften** unabhängig von deren formeller Aufhebung schließt, da nur sie die speziellen lokalen Eigenheiten berücksichtigen, um derentwillen der Vorbehalt für die Landesgesetzgebung eingeführt wurde (vgl DEHNER DtZ 1991, 108; JANKE DtZ 1992, 311; MARX RdL 2000, 227; **aA** STAUDINGER/MERTEN Art 1 EGBGB Rn 68, 70; WILKE aaO; SOERGEL/HARTMANN[12] Vorbem vor Art 55 EGBGB Rn 9; Art 124 EGBGB Rn 1).

3. Bestehende landesrechtliche Regelungen

Auf Grund des Vorbehalts bestehen daher zur Zeit folgende **landesrechtliche privat-** **13**
rechtliche Nachbarrechtsregelungen:

– **Baden-Württemberg**: Gesetz über das Nachbarrecht (NRG BW) idF der Bek vom 8. 1. 1996 (GBl BW 53 = SaBl 567), zuletzt geändert durch Ges vom 1. 7. 2004 (GBl BW 469; vgl dazu auch unten Rn 44, 45 zur Schlichtungsnotwendigkeit).

– **Bayern**: 1. Teil, 7. Abschnitt (Art 43–54) des Gesetzes zur Ausführung des Bürgerlichen Gesetzbuches und anderer Gesetze (BayAGBGB) vom 20. 9. 1982 (BayRS 400-1-J), zuletzt geändert durch Ges vom 7. 8 2003 (BayGVBl 497; vgl dazu auch unten Rn 44, 45 zur Schlichtungsnotwendigkeit).

– **Berlin**: Berliner Nachbarrechtsgesetz (NachbG Bln) vom 28. 9. 1973 (GVBl Berlin 1654 = SaBl 1581). Nach § 1 Abs 1 des Gesetzes über die Vereinheitlichung des Berliner Landesrechts vom 28. 9. 1990 (GVBl Berlin 2119 = SaBl 2975) gilt das Nachbarrechtsgesetz auch in den ehem ostberliner Stadtteilen.

– **Brandenburg**: Brandenburgisches Nachbarrechtsgesetz (BbgNRG) vom 28. 6. 1996 (GVBl Bbg I 226 = SaBl 1640; vgl dazu auch unten Rn 44, 45 zur Schlichtungsnotwendigkeit).

– **Bremen**: Geregelt sind nur in §§ 24, 25 BremAGBGB vom 18. 7. 1899 (SaBrem R 400-a-1), zuletzt geändert durch Ges vom 10. 10. 1992 (Brem GBl 607), die Rechtsverhältnisse an gemeinschaftlichen Mauern. Ansonsten existieren keine landesrechtlichen Nachbarrechtsregelungen.

– **Hessen**: Hessisches Nachbarrechtsgesetz (HessNachbRG) vom 24. 9. 1962 (HessGVBl I 417 = SaBl 1518), zuletzt geändert durch Ges vom 25. 9. 1990 (HessGVBl I 563; vgl dazu auch unten Rn 44, 45 zur Schlichtungsnotwendigkeit).

– **Niedersachsen**: Niedersächsisches Nachbarrechtsgesetz (NdsNachbRG) vom

31.3.1967 (GVBl Nds 91 = SaBl 720), zuletzt geändert durch Ges vom 20.11.2001 (GVBl Nds 701).

- **Nordrhein-Westfalen**: Nachbarrechtsgesetz (NachbG NRW) vom 15.4.1969 (GV NW 190 = SaBl 652), zuletzt geändert durch Art 6 des Ges vom 16.3.2004 (GV NW 135; vgl dazu auch unten Rn 44, 45 zur Schlichtungsnotwendigkeit).

- **Rheinland-Pfalz**: Nachbarrechtsgesetz für Rheinland-Pfalz (NachbRG Rh-Pf) vom 15.6.1970 (GVBl Rh-Pf 198 = SaBl 1614), zuletzt geändert durch Ges vom 21.7.2003 (GVBl Rh-Pf 209).

- **Saarland**: Gesetz Nr 965 – Saarländisches Nachbarrechtsgesetz (Saarl NachbRG) vom 28.2.1973 (ABl Saar 210 = SaBl 559), zuletzt geändert durch Ges vom 18.2.2004 (ABl Saar 822; vgl dazu auch unten Rn 44, 45 zur Schlichtungsnotwendigkeit).

- **Sachsen**: Sächsisches Nachbarrechtsgesetz (SächsNRG) vom 11.11.1997 (Sächs-GVBl 582 = SaBl 2435).

- **Sachsen-Anhalt**: Nachbarschaftsgesetz Sachsen-Anhalt (NBG LSA) vom 13.11.1997 (GVBl LSA 958 = SaBl 2439), zuletzt geändert durch Ges vom 19.3.2002 (GVBl LSA 130; vgl dazu auch unten Rn 44, 45 zur Schlichtungsnotwendigkeit).

- **Schleswig-Holstein**: Nachbarrechtsgesetz für das Land Schleswig-Holstein (NachbG SchlH) vom 24.2.1971 (GVOBl SchlH 54 = SaBl 516), zuletzt geändert durch Ges vom 19.11.1982 (GVOBl SchlH 256; vgl dazu auch unten Rn 44, 45 zur Schlichtungsnotwendigkeit).

- **Thüringen**: Thüringer Nachbarrechtsgesetz (ThürNachbRG) vom 22.12.1992 (ThürGVBl 599 = SaBl 1993, 405).

In **Hamburg** existieren keine landesrechtlichen privatrechtlichen Nachbarrechtsvorschriften.

Auch die **mecklenburgischen Fürstentümer** hatten das private Nachbarrecht nicht gesondert geregelt, es galt vielmehr das gemeine Recht. Der jetzige Landesteil **Vorpommern** gehörte früher zu Preußen. Das PrAGBGB und das PrALR war aber nur in einem Landesteil davon eingeführt worden, im übrigen Gebiet galt das gemeine Recht (vgl DEHNER DtZ 1991, 111). Für die vorläufige Weitergeltung dieser Vorschriften entgegen der oben Rn 12 dargelegten h.M. spricht hier zusätzlich, dass in § 3 Nr 7 des Rechtsbereinigungs- und Rechtsfortgeltungsgesetzes Mecklenburg-Vorpommern vom 23.4.2001 (GVOBl M-V 93) ausdrücklich bestimmt wird, dass privates Nachbarrecht, das über den 2.10.1990 hinaus als Landesrecht fortgegolten hat und nicht anderweitig bereits aufgehoben wurde, durch die Aufhebung aller nicht in der Anlage aufgeführten Rechtsvorschriften der DDR nicht betroffen ist. Da die nachbarrechtlichen Vorschriften des ZGB-DDR seit dessen Aufhebung nicht als Landesrecht fortgelten konnten (vgl STAUDINGER/MERTEN Art 1 EGBGB Rn 69), kann sich dies nur auf die bis zum Inkrafttreten des ZGB-DDR geltenden und dort nicht vollständig ersetzten nachbarrechtlichen Bestimmungen beziehen.

V. Die wichtigsten privatrechtlichen Bestimmungen des Landesnachbarrechts

Die Landesgesetzgeber haben auf Grund des Vorbehalts in den oben genannten **14**
nachbarrechtlichen Bestimmungen im wesentlichen folgende privatrechtliche Eigen-
tumseinschränkungen über diejenigen des BGB hinaus angeordnet (vgl dazu auch die
beispielhaft angeführte neuere Rechtsprechung):

1. Bauabstand

a) Generell ist heute der **Bauabstand** in den dem öffentlichen Recht angehören- **15**
den **Landesbauordnungen** geregelt, so daß für privatrechtliche Vorschriften des
Nachbarrechts daneben kein Raum mehr zu sein scheint. Denn die Abstandsvorschriften der Landesbauordnungen sind sehr differenziert und wollen alle möglichen
baurechtlichen Gegebenheiten zum Schutz der Nachbarn und der Allgemeinheit
erfassen. Das gilt **insbesondere für den seitlichen Grenzabstand (Bauwich)**, also die in
der vollen Tiefe auf dem Baugrundstück einzuhaltende Abstandsfläche von der
seitlichen Nachbargrenze (vgl allgemein dazu zB Scheerbarth, Das allgemeine Bauordnungsrecht [2. Aufl 1966] §§ 78, 79). In den **Nachbarrechten einiger Länder** finden sich dennoch
privatrechtliche Ergänzungen zum öffentlich-rechtlichen Baurecht bezüglich der notwendig einzuhaltenden Grenzabstände von Gebäuden gegenüber dem Nachbargrundstück. Sie sollen nicht in Konkurrenz zum Baurecht treten, sondern haben
den Sinn, dem Nachbarn bei Nichteinhaltung dieser Mindestabstände zusätzlich zu
den öffentlich-rechtlichen Rechtsbehelfen auch den Weg zu den Zivilgerichten zur
Durchsetzung eines direkt daneben bestehenden privatrechtlichen Anspruchs auf
Beseitigung der den Grenzabstand nicht einhaltenden Gebäude zu eröffnen, um
auch auf diese Weise zur Wahrung des Nachbarfriedens beizutragen. Soweit die
Länder keine privatrechtlichen Bauabstandsvorschriften erlassen haben, betrachtet
die Rechtsprechung die nachbarschützenden öffentlich-rechtlichen Abstandsflä-
chenvorschriften als Schutzgesetze im Sinne der §§ 823 Abs 2, 1004 BGB und begründet damit privatrechtliche Beseitigungsansprüche (vgl BGH MDR 1974, 571; Birkl/
Jäde, Nachbarschutz im Bau-, Umwelt- und Zivilrecht A 23 mwN). Diese Anspruchsgrundlage
kommt aber auch in den Ländern weiter zur Anwendung, die nachbarrechtliche
Abstandsvorschriften geschaffen haben, denn dadurch entfällt der Schutzcharakter
der öffentlich-rechtlichen nachbarschützenden Baurechtsvorschriften nicht (BGH
NJW 1976, 1888 [= ZMR 1977, 182]).

Zusätzlich zu den sei es öffentlich-rechtlichen oder privatrechtlichen Abstandsvorschriften müssen ggf auch die privatrechtlichen fensterrechtlichen Beschränkungen
(vgl dazu Rn 22 f) beachtet werden (vgl BayObLGZ 2001, 41 [= BayObLG-Rp 2001, 33 = NJW-
RR 2001, 815]).

b) Im einzelnen sind diese **privatrechtlichen Grenzabstandsvorschriften** in den
Nachbarrechten unterschiedlich geregelt, wobei sich **drei Varianten** unterscheiden
lassen:

aa) **Schleswig-Holstein**: Ohne eigene Mindestabstandsmaße festzusetzen gibt § 42
NachbG SchlH dem Nachbarn einen **privatrechtlichen Anspruch auf Einhaltung der
öffentlich-rechtlich festgesetzten Abstandsvorschriften** und bei Verstoß dagegen einen
Beseitigungsanspruch (vgl zB LG Kiel SchlHAnz 2003, 116). § 43 NachbG SchlH bestimmt

dazu Ausnahmen vom Beseitigungsanspruch, wenn der Bauherr den Abstand weder vorsätzlich noch grob fahrlässig nicht eingehalten und der Nachbar nach der Abstandsunterschreitung nicht sofort Widerspruch erhoben hat oder der Nachbar nicht spätestens in dem der Abstandsunterschreitung folgenden Jahr Klage auf Beseitigung erhoben hat.

bb)   Baden-Württemberg und **Niedersachsen:** § 7 Abs 1 NRG BW und § 61 Abs 1 NdsNachbRG bestimmen **ergänzend** zu den baurechtlichen Abstandsvorschriften, daß für den Sonderfall einer baurechtlich zulässigen **Gebäudeerrichtung im Außenbereich** durch den Nachbarn vom Bauherrn die Einhaltung eines Mindestabstands gegenüber benachbarten Grundstücken, die landwirtschaftlich oder gartenbaulich genutzt werden, verlangt werden kann. In § 7 Abs 3 iVm § 3 Abs 3 S 2 NRG BW wird dazu ein Ausschluß des Anspruchs nach Ablauf einer zweimonatigen Frist seit der baurechtlich vorgeschriebenen Benachrichtigung des Nachbarn, wenn dieser nicht Einwendungen oder Bedenken erhoben hat, angeordnet. § 62 NdsNachbRG schließt dagegen den Beseitigungsanspruch aus, wenn der Nachbar nicht spätestens im zweiten Kalenderjahr nach Errichtung des Gebäudes Klage auf Beseitigung erhoben hat.

cc)   Nordrhein-Westfalen: Am weitestgehendsten sind die nachbarrechtlichen Bauabstandsvorschriften in Nordrhein-Westfalen. § 1 Abs 1 NachbG NRW bestimmt, daß mit Außenwänden von Gebäuden **immer ein näher festgesetzter Abstand von der Grenze einzuhalten** ist, sofern nicht der Nachbar schriftlich in einen geringeren Abstand eingewilligt hat, wobei die Einwilligung nicht versagt werden darf, wenn durch den geringeren Abstand keine oder nur geringfügige Beeinträchtigungen zu erwarten sind (§ 1 Abs 3 NachbG NRW). § 2 NachbG NRW bestimmt Ausnahmen von der Abstandspflicht, insbesondere wenn nach öffentlich-rechtlichen Vorschriften anders, zB an die Grenze, gebaut werden muß sowie ua für Garagen. § 3 NachbG NRW regelt den Ausschluß des Beseitigungsanspruchs bei Nichteinhaltung des vorgeschriebenen Abstands, wenn der Eigentümer des Nachbargrundstücks den Bau- und Lageplan über den Gebäudeteil, mit dem der Abstand unterschritten werden soll, erhalten und er nicht binnen 3 Monaten schriftlich gegenüber dem Bauherrn die Einhaltung des Abstands verlangt hat; ferner wenn der Bauherr den vorgeschriebenen Abstand weder vorsätzlich noch grob fahrlässig unterschritten und der Nachbar nicht sofort nach der Abstandsunterschreitung Widerspruch erhoben hat sowie dann, wenn das Gebäude länger als 3 Jahre in Gebrauch ist.

Vgl zu § 1 – Grenzabstand: Zu den Grundsätzen für die bei Erweiterungsbauten nach § 1 Abs 1 NachbG NRW gegenüber den Grundstücksnachbarn einzuhaltenden Grenzabstände bei geschlossener Bauweise sowie zu den Erfordernissen für den schriftlichen Widerspruch des Nachbarn nach § 3 Abs 1 S 1 Buchst b NachbG NRW: OLG Hamm ZMR 1982, 210 mit Anm Schopp 212. Die vom Nachbarn nach § 1 Abs 3 NachbG NRW erteilte schriftliche Einwilligung zur Bebauung in einem geringeren als dem gesetzlich in § 1 Abs 1 NachbG NRW vorgeschriebenen Grenzabstand bindet den Rechtsnachfolger des Nachbarn, wenn die Bebauung im Zeitpunkt des Eigentumserwerbs im Rohbau fertiggestellt und dadurch ein rechtmäßiger Zustand geschaffen war (OLG Düsseldorf OLGZ 1979, 449).

Zu § 1 – Beseitigungsanspruch: Zum Beseitigungsanspruch nach § 1 Abs 1 S 1, Abs 2 S 1 NachbG NRW gegen einen auf dem Nachbargrundstück abstandswidrig abgestellten alten Postomnibus wegen Störung des ästhetischen Befindens: AG Bonn JMBl NW 1974, 8. Ist der nach § 1 Abs 1 NachbG NRW vorgeschriebene Mindestabstand von der Grenze mit einem Gebäude nicht eingehalten worden, so kann, wenn daraus keine oder nur geringfügige Beeinträchtigungen im Sinne des § 1 Abs 3 S 1 NachbG NRW erwachsen, der Beseitigungsklage des Grundstücksnachbarn der Einwand der unzulässigen Rechtsausübung entgegengehalten werden. Dabei sind aber auch Beeinträchtigungen ideellen und immateriellen Charakters zu berücksichtigen: BGH LM NRW NachbarrechtsG Nr 2 (= MDR 1976, 747 = RdL 1976, 273 = ZMR 1976, 214). Die Grenzabstandsregelung der §§ 1–3 NachbG NRW schließt den Einwand nicht aus, das Beseitigungsverlangen sei wegen unverhältnismäßiger Aufwendungen rechtsmißbräuchlich (BGH LM NRW NachbarrechtsG Nr 3 [= MDR 1977, 568 = ZMR 1978, 242]). Wird ein Grundstück derart geteilt, dass ein auf dem Grundstück vorhandenes Wohnhaus nach der Teilung unmittelbar an der Grundstücksgrenze steht, entsteht dafür ein nach § 1 Abs 3 NachbG NRW rechtmäßiger Zustand, an den auch ein späterer Erwerber des nicht bebauten Grundstücksteils gebunden ist. War bei der Teilung eine Anschlußbebauung auf dem anderen Grundstücksteil geplant, so besteht gegen den späteren Erwerber des bebauten Teils ein Anspruch auf Zustimmung nach § 1 Abs 3 NachbG NRW (OLG Düsseldorf OLG-Rp Düsseldorf 1996, 166). Die Einwilligung in die Abstandsunterschreitung bindet den Rechtsnachfolger des Einwilligenden nur bei Gesamtrechtsnachfolge, wenn von der Einwilligung bei der Rechtsnachfolge schon Gebrauch gemacht ist oder wenn zu Gunsten des Nachbarn eine Grunddienstbarkeit bestellt ist (LG Aachen ZMR 1996, 442 = NVwZ 1998, 108).

Zu § 2 – Garagen: § 2 Buchst b NachbG NRW beschränkt die Duldungspflicht nicht auf Garagen mit den jeweils bauordnungsrechtlich zulässigen Abmessungen (BGH LM NRW NachbarrechtsG Nr 1 = MDR 1975, 744). Die Errichtung einer Garage mit einer Länge von 8,99 m und einer Breite von 3 m unmittelbar an der Grundstücksgrenze steht im Einklang mit den Vorschriften des NachbG NRW. Die Ausmaße des geplanten Gebäudes sind nicht derart, daß seine Einstufung als „Garage" iSv § 2 Buchst b NachbG NRW nicht mehr gerechtfertigt ist (LG Aachen NJW-RR 1991, 466). Zur Frage, unter welchen Voraussetzungen ein Grundeigentümer von seinem Nachbarn nach den Vorschriften der §§ 1 Abs 1 S 1, 2 Buchst b NachbG NRW die Verkleinerung einer an die Grundstücksgrenze gebauten Garage verlangen kann: OLG Hamm MDR 1994, 1011. Bei einer Terrassenüberdachung handelt es sich um ein Gebäude im Sinne des § 1 Abs 1 NachbG NRW, welches grundsätzlich einen Mindestabstand von 2 m von der Grundstücksgrenze wahren muß. Die Terrassenüberdachung wird nicht von der Regelung des § 2 Buchst b NachbG NRW erfaßt, wonach überdachte Stell- und Sitzplätze von der Grenzabstandsregelung ausgenommen sind, wenn sie über geschlossene und geschoßhohe Seitenwände verfügt, das Dach eine Gesamtfläche von 25 qm hat und eine Seitenwand über die Hälfte des 9,30 m breiten Gartens des Nachbargrundstücks verläuft (LG Bonn NJW-RR 1987, 795; ähnlich LG Aachen BauR 1981, 501).

Zu § 3: Ein „Erhalten" der Bau- und Lagepläne iS des § 3 Abs 1 Buchst a NachbG NRW ist nicht lediglich eine Kenntnisnahme von den Bauplänen, etwa durch Vorlage und Erörterung derselben, vielmehr müssen die Baupläne übergeben werden (OLG Hamm NVwZ 1982, 270).

2.   Benutzung und Unterhaltung gemeinschaftlicher Mauern, insbes von „Kommunmauern"

a)   Die Rechtsverhältnisse von **Mauern, die zwei Grundstücke von einander trennen** **16** und im Einvernehmen der Nachbarn meist so gebaut sind, daß sie **je zur Hälfte auf jedem der beiden benachbarten Grundstücke stehen und dem beidseitigen Anbau zu dienen bestimmt sind** (früher Kommunmauer oder [halbscheidige] Giebelmauer, in den heutigen Nachbarrechtsgesetzen **Nachbarwand** genannt), sind in erster Linie in

§§ 921, 922 BGB geregelt. Sie stehen im Regelfall nach beidseitig erfolgtem Anbau im Miteigentum der Grundstücksnachbarn, denen im Zweifel auch die gemeinsame Benutzung, andererseits aber auch die gemeinsame Lastentragung obliegt (vgl im einzelnen STAUDINGER/ROTH [2002] § 921 BGB Rn 19 ff; zu den Eigentumsverhältnissen zB BGHZ 27, 197; 29, 372/375; 35, 5; 44, 177; 68, 350; ZMR 1976, 188; OLG Karlsruhe NJW 1967, 1232). Die meisten **Landesnachbarrechte** enthalten in **Ergänzung** dazu Regelungen sowohl über die Errichtung der Nachbarwand, deren Erhöhung oder Beseitigung wie über den Anbau. Angesichts des Vorbehalts in Art 124 S 1 EGBGB erscheint es aber sehr zweifelhaft, ob die Länder ermächtigt waren, derartige Vorschriften zu erlassen. Folgt man der sehr einschränkenden bisherigen Rechtsprechung zu landesrechtlichen Ergänzungsversuchen (vgl oben Rn 8), wird man eine Gesetzgebungskompetenz der Länder verneinen und die Vorschriften für **nicht zulässig** erachten müssen (vgl ausführlich DEHNER, Nachbarrecht im Bundesgebiet [ohne Bayern] B § 8; STAUDINGER/ROTH [2002] § 921 BGB Rn 20). Die vorhandene **Rechtsprechung** zu diesen landesrechtlichen Vorschriften, insbesondere auch des BGH (aaO), geht aber ohne weiteres von deren **Rechtsgültigkeit** aus (so auch SOERGEL/HARTMANN[12] Art 124 EGBGB Rn 2).

17 b) Im einzelnen enthalten die **Landesnachbarrechte** folgende Bestimmungen über die Nachbarwände:

– **Baden-Württemberg**: Das NRG BW enthält keinen eigenen Abschnitt über Nachbarwände. Allerdings verpflichtet § 7b Abs 2 NRG BW die Eigentümer benachbarter Grundstücke, auf denen an beiden Seiten nach den baurechtlichen Vorschriften unmittelbar an die gemeinsame Grundstücksgrenze gebaut werden darf, dazu, zu dulden, daß die Gebäude den baurechtlichen Vorschriften entsprechend durch übergreifende Bauteile angeschlossen werden. Abs 3 gibt dazu einen Schadensersatzanspruch. Außerdem hält § 32 NRG BW alte Mauerrechte nach früherem badischen Recht aus der Zeit vor Inkrafttreten des BGB aufrecht (zu den Unterhaltungskosten einer halbscheidigen Giebelmauer nach dem Abriß eines der beiden Gebäude: OLG Karlsruhe MDR 1971, 1011).

– **Bayern**: Art 46 BayAGBGB befaßt sich nur mit der Erhöhung der Kommunmauer, die der Nachbar nicht verbieten kann, wenn durch die Erhöhung die Mauer nicht gefährdet wird. Der Erhöhende muß aber die ganzen Kosten tragen. Zur Rechtsgültigkeit der Vorschrift vgl auch MEISNER/RING/GÖTZ, Nachbarrecht in Bayern § 7 (Art 68 BayAGBGB 1899 [= Art 46 BayAGBGB 1982] betrifft nur Mauern, die auf der Grenze und nicht ausschließlich auf einem der beiden Grundstücke stehen: BGHZ 41, 177/182 [= LM BayAGBGB Nr 3 = NJW 1964, 1221]).

– **Berlin**: II. Abschnitt des NachbG Bln: Nachbarwand (§ 4 Begriff der Nachbarwand; § 5 Errichten und Beschaffenheit der Nachbarwand; § 6 Anbau an die Nachbarwand; § 7 Anzeige des Anbaus; § 8 Vergütung im Falle des Anbaus; § 9 Abriß eines der Bauwerke; § 10 Nichtbenutzen der Nachbarwand; § 11 Beseitigen der Nachbarwand; § 12 Erhöhen und Verstärken der Nachbarwand; § 13 Schadensersatz bei Erhöhung und Verstärkung).

– **Brandenburg**: Abschnitt 2 des Bbg NRG: Nachbarwand (§ 5 Begriff der Nachbarwand; § 6 Errichten und Beschaffenheit der Nachbarwand; § 7 Anbau an die Nachbarwand; § 8 Anzeige des Anbaus; § 9 Vergütung im Fall des Anbaus; § 10

Unterhaltung der Nachbarwand; § 11 Abriß eines der Bauwerke; § 12 Nichtbenutzen der Nachbarwand; § 13 Beseitigen der Nachbarwand; § 14 Erhöhen und
Verstärken der Nachbarwand; § 15 Schadensersatz bei Erhöhung und Verstärkung).

– **Bremen**: BremAGBGB § 24: Rechtsverhältnisse an gemeinschaftlichen Mauern.
Zur ausdehnenden Auslegung durch die Rechtsprechung vgl DEHNER, Nachbarrecht im Bundesgebiet (außer Bayern) B § 8 I 2b (wer sein an eine gemeinsame Giebelmauer angebautes Haus abreißt, muß die Kosten einer dadurch nötig gewordenen Außen-
isolierung der Mauer tragen: BGHZ 78, 397 [= NJW 1981, 866 = MDR 1981, 305]).

– **Hamburg**: Das Hamburger Recht kennt zur Nachbarwand nur eine öffentlich-
rechtliche Regelung in § 74 Abs 3 Hamburgische Bauordnung vom 1. 7. 1986
(HambGVBl 183 = SaBl 1966), zuletzt geändert durch Ges vom 5. 10. 2004 (HambGVBl
375), über die Modalitäten des Anbaus eines niedrigeren Gebäudes an eine höhere
Nachbarwand, wobei zu dulden ist, daß der Anschluß auch durch übergreifende
Bauteile hergestellt wird.

– **Hessen**: I. Abschnitt des HessNachbRG: Nachbarwand (§ 1 Errichten einer Nachbarwand; § 2 Beschaffenheit der Nachbarwand; § 3 Anbau an die Nachbarwand;
§ 4 Nichtbenutzen der Nachbarwand; § 5 Beseitigen der Nachbarwand; § 6 Erhöhen der Nachbarwand; § 7 Verstärken der Nachbarwand).

– **Niedersachsen**: II. Abschnitt des NdsNachbRG: Nachbarwand (§ 3 Begriff der
Nachbarwand; § 4 Einvernehmen mit dem Nachbarn; § 5 Beschaffenheit der
Nachbarwand; § 6 Ansprüche des Nachbarn; § 7 Anbau an die Nachbarwand;
§ 8 Anzeige des Anbaus; § 9 Abbruch an der Nachbarwand; § 10 Unterhaltung
der Nachbarwand; § 11 Beseitigen der Nachbarwand vor dem Anbau; § 12 Erhöhen der Nachbarwand; § 13 Verstärken der Nachbarwand; § 14 Schadensersatz;
§ 15 Erneuerung der Nachbarwand).

– **Nordrhein-Westfalen**: III. Abschnitt des NachbG NRW: Nachbarwand (§ 7 Begriff;
§ 8 Voraussetzungen der Errichtung; § 9 Beschaffenheit; § 10 Standort; § 11 Besondere Bauart; § 12 Anbau; § 13 Nichtbenutzung der Nachbarwand; § 14 Beseitigung der Nachbarwand; § 15 Erhöhen der Nachbarwand; § 16 Anzeige; § 17
Schadensersatz; § 18 Verstärken der Nachbarwand).

Zu § 12: Zur Minderung der Giebelmauerabgeltung durch Aufwendungen des Zweitbauenden:
OLG Düsseldorf NJW 1966, 2312. Erstattungspflicht des anbauenden Nachbarn für den durch
den Anbau an der halben Giebelmauer erfolgten Eigentumserwerb – objektive Wertermittlung:
LG Aachen MDR 1967, 588. Der Entschädigungsanspruch des Eigentümers für den Anbau an
eine vor dem Inkrafttreten des NachbG NRW halbscheidig auf der Grenze errichtete Giebelmauer bestimmt sich nach §§ 812, 818 Abs 2 BGB, nicht nach § 12 NachbG NRW. Erfolgt der
Anbau an die halbscheidige Giebelmauer durch Miteigentümer des Nachbargrundstücks, so
haften diese für die Entschädigung nicht als Gesamtschuldner, sondern jeder einzelne nur in
Höhe der Bereicherung seines ideellen Miteigentumsanteils: OLG Düsseldorf OLGZ 1987, 239
(= NJW-RR 1987, 531). Läßt der Miteigentümer einer Nachbarwand (Kommunmauer) sein
eigenes Haus abreißen, so steht ihm die alleinige Nutzung der seinem Grundstück zugewandten
Außenfläche zu Werbezwecken zu: OLG Düsseldorf DWW 1997, 306.

Zu § 13: Die Vorschriften des NachbG NRW sind auf vor dem Inkrafttreten des Gesetzes errichtete Giebelwände nicht anwendbar. Eine mehrere Jahre vorher errichtete Giebelwand wird nicht erst mit dem späteren Verputz fertiggestellt. Wird die halbscheidige Giebelwand bei der späteren Bebauung des Nachbargrundstücks weder als Abschlußwand noch aus statischen Gründen genutzt, sondern wird für das neue Gebäude eine völlig eigenständige Giebelwand errichtet, besteht kein Anspruch auf Entschädigung nach den §§ 812 Abs 1, 951 Abs 1 BGB: OLG Köln OLG-Rp Köln 1996, 43.

Zu § 16: Zu den inhaltlichen Anforderungen an die Anzeige von Unterfangungsarbeiten an der Nachbarwand: OLG Köln OLG-Rp Köln 1996, 175

Zu § 17: Volle Haftung bei Unterfangen einer Giebelmauer nach § 17 NachbG NRW: OLG Düsseldorf MDR 1976, 144. Bricht der Eigentümer eines Hauses, das mit dem Nachbarhaus eine auf der Grundstücksgrenze stehende Giebelmauer hat, sein Haus ab, so hat er die Kosten für die durch den Abbruch notwendig werdenden Stützungsmaßnahmen allein zu tragen. Der Eigentümer des stehengebliebenen Hauses kann von dem Nachbarn Ersatz der Kosten für die Vorarbeiten verlangen, die notwendig sind, um demnächst einen isolierenden Außenputz anzubringen: OLG Hamm MDR 1979, 757. Wenn durch Unterfangen einer Nachbarwand Schäden am Nachbargebäude entstehen, sind der Grundstückseigentümer und auch ein von ihm beauftragter Dritter (Bauherr), die das Unterfangungsrecht nach §§ 15 Abs 2, 22 Abs 3 NachbG NRW in Anspruch nehmen, ohne Rücksicht auf Verschulden ersatzpflichtig: OLG Düsseldorf NJW-RR 1997, 146.

– **Rheinland-Pfalz**: II. Abschnitt des NachbRG Rh-Pf: Nachbarwand (§ 3 Grundsatz; § 4 Beschaffenheit der Nachbarwand; § 5 Anbau an die Nachbarwand; § 6 Anzeige des Anbaus; § 7 Vergütung; § 8 Unterhaltung der Nachbarwand; § 9 Nichtbenutzen der Nachbarwand; § 10 Beseitigen der Nachbarwand vor dem Anbau; § 11 Erhöhen der Nachbarwand; § 12 Gründungstiefe).

– **Saarland**: II. Abschnitt des SaarlNachbRG: Nachbarwand (§ 3 Grundsatz; § 4 Beschaffenheit und Standort der Nachbarwand; § 5 Tiefere Gründung; § 6 Anbau an die Nachbarwand; § 7 Anzeige des Anbaus; § 8 Vergütung; § 9 Unterhaltung der Nachbarwand; § 10 Nichtbenutzung der Nachbarwand für ein später errichtetes Gebäude; § 11 Beseitigung der Nachbarwand vor dem Anbau; § 12 Erhöhen der Nachbarwand; § 13 Verstärken der Nachbarwand; § 14 Schadensersatz).

– **Sachsen-Anhalt**: Abschnitt 2 des NbG LSA: Nachbarwand (§ 5 Errichtung; § 6 Anbau, Anzeige; § 7 Vergütung; § 8 Erhöhen; § 9 Beseitigung vor dem Anbau; § 10 Unterhalt, Abbruch).

– **Schleswig-Holstein**: Abschnitt II des NachbG SchlH: Nachbarwand (§ 4 Nachbarwand und Anbau: § 5 Beschaffenheit der Nachbarwand; § 6 Anbau an die Nachbarwand; § 7 Anzeige des Anbaus; § 8 Unterhaltung der Nachbarwand; § 9 Beseitigung der Nachbarwand; § 10 Veränderung der Nachbarwand).

– **Thüringen**: II. Abschnitt des ThürNachbRG: Nachbarwand (§ 3 Grundsatz; § 4 Beschaffenheit der Nachbarwand; § 5 Anbau an die Nachbarwand; § 6 Anzeige des Anbaus; § 7 Vergütung; § 8 Unterhaltung der Nachbarwand; § 9 Nichtbenutzung der Nachbarwand; § 10 Beseitigung der Nachbarwand vor dem Anbau; § 11 Erhöhen und Unterfangen der Nachbarwand; § 12 Gründungstiefe).

3. Grenzmauer, Höherführen von Schornsteinen

a) Neben den Regelungen über Nachbarwände enthalten verschiedene Landes- **18**
nachbarrechte zusätzlich Regelungen über **Grenzmauern** und einen Anbau daran
einschließlich der dadurch bedingten Notwendigkeit der **Höherführung von Schornsteinen**. Bei den **Grenzmauern** handelt es sich um Mauern, die unmittelbar an der
Grenze, aber **allein auf einem der benachbarten Grundstücke errichtet** sind, so daß sie
nicht unter die Regelung des § 921 BGB fallen (BGHZ 41, 177). Allerdings stellt ein
Anbau daran bereits einen **Überbau** nach § 912 Abs 1 BGB dar, so daß Regelungen
der Landesnachbarrechte, die diesen Teilbereich betreffen, den schon oben zu Rn 16
für die Nachbarwände erörterten **Zulässigkeitsbedenken** im Hinblick auf den Vorbehalt in Art 124 S 1 EGBGB unterliegen. Nicht unter den Begriff des Überbaus
fallen **Ausbauchungen von Grenzwänden** auf das Nachbargrundstück; sie müssen
aber auch nach den landesnachbarrechtlichen Bestimmungen nicht geduldet werden
(vgl DEHNER, Nachbarrecht im Bundesgebiet [ohne Bayern] B § 24 VII 5; MEISNER/RING/GÖTZ,
Nachbarrecht in Bayern § 21 VII 4). Bereits zum Überbau gerechnet wird dagegen, wenn
sich eine Grenzwand nach der Erbauung über die Grenze neigt (BGH NJW 1986, 2639).

b) Auf diesem Gebiet bestehen folgende **landesnachbarrechtliche** Vorschriften: **19**

– **Baden-Württemberg**: NRG BW (§ 7a Gründungstiefe bei Bau unmittelbar an der
gemeinsamen Grundstücksgrenze; § 7b Abs 1 Überbau durch in den benachbarten
Luftraum übergreifende, den baurechtlichen Vorschriften entsprechende untergeordnete Bauteile; § 7d Benutzung von Grenzwänden zur Höherführung von
Schornsteinen und Lüftungsleitungen).

– **Berlin**: III. Abschnitt des NachbG Bln: Grenzwand (§ 14 Begriff; § 15 Errichten
einer Grenzwand; § 16 Errichten einer zweiten Grenzwand); V. Abschnitt (§ 19
Höherführen von Schornsteinen, Lüftungsleitungen und Antennenanlagen).

Vgl zu § 14: Der Eigentümer einer Grenzwand kann nach Abriß eines Anbaus des Nachbarn von
diesem nicht verlangen, die nunmehr erforderliche Instandsetzung und Isolierung der Grenzwand
durchzuführen: LG Berlin Grundeigentum 1993, 1039

– **Brandenburg**: Abschnitt 3 des Bbg NRG: Grenzwand (§ 16 Begriff; § 17 Errichten
einer Grenzwand; § 18 Errichten einer zweiten Grenzwand; § 19 Einseitige Grenzwand); Abschnitt 6: Höherführen von Schornsteinen und Lüftungsleitungen
(§ 25).

– **Hamburg**: Entsprechende Vorschriften finden sich als öffentlich-rechtliche in § 74
Abs 2 und 4 Hamburgische Bauordnung vom 1. 7. 1986 (HambGVBl 183 = SaBl 1966),
zuletzt geändert durch Ges vom 5. 10. 2004 (HambGVBl 375).

– **Hessen**: II. Abschnitt des HessNachbRG (§ 8 Anbau an eine Grenzwand; § 9
Errichten einer zweiten Grenzwand; § 10 Besondere Gründung); X. Abschnitt
(§ 36 Inhalt und Umfang des Rechts zum Höherführen von Schornsteinen; § 37
Schadensersatz und Anzeigepflicht).

Vgl zu § 8: Wer sein in einer geschlossenen Häuserzeile stehendes Gebäude abbricht, ist verpflichtet, die erforderlichen Vorkehrungen zum Schutz der dadurch freigelegten Wand des Nachbargebäudes, insbesondere gegen Feuchtigkeitseinwirkungen, zu treffen. Dies gilt auch dann, wenn die durch den Abbruch freigelegte Grenzwand im Alleineigentum des abreißenden Eigentümers stand: OLG Frankfurt/Main MDR 1982, 848.

– **Niedersachsen**: III. Abschnitt des NdsNachbRG (§ 16 Errichten einer Grenzwand; § 17 Veränderung oder Abbruch einer Grenzwand; § 18 Anbau an eine Grenzwand; § 19 Anschluß bei zwei Grenzwänden; § 20 Unterfangen einer Grenzwand; § 21 Einseitige Grenzwand; § 22 Über die Grenze gebaute Wand); X. Abschnitt (§ 39 Höherführen von Schornsteinen).

Vgl zu § 20: Zeigen sich bei Bauarbeiten Rißbildungen am Nachbarhaus mit der Gefahr dessen Einsturzes, ist der Bauherr berechtigt, die Grenzwand zu unterfangen, wenn dies zur Ausführung seines Bauvorhabens unumgänglich ist und eine erhebliche Schädigung des Nachbarhauses dadurch nicht zu erwarten ist. Für Schäden infolge der Unterfangung haftet der Bauherr nach §§ 20 Abs 2, 14 NdsNachbRG, auch wenn der Nachbar in die Unterfangung eingewilligt hat: OLG Braunschweig, OLG-Rp Braunschweig 1995, 207

– **Nordrhein-Westfalen**: IV. Abschnitt des NachbG NRW (§ 19 Begriff der Grenzwand; § 20 Anbau; § 21 Besondere Gründung der Grenzwand; § 22 Errichten einer zweiten Grenzwand; § 23 Einseitige Grenzwand); VI. Abschnitt (§ 26 Inhalt und Umfang des Rechts zum Höherführen von Schornsteinen).

Vgl zu § 20: Der Eigentümer des Nachbargrundstücks darf eine Grenzwand nur dann durch Anbau (hier: einer Sichtschutzwand) benutzen, wenn der Eigentümer der Grenzwand schriftlich zustimmt und der Anbau öffentlich-rechtlich zulässig ist: OLG Köln OLG-Rp Köln 1992, 331 (= DWW 1992, 338). Keine Haftung gegenüber dem Nachbarn bei Anbau an eine ganz auf dem fremden Grundstück stehende Giebelmauer, wenn der Anbau vom Nachbarn gestattet war. Vermutung der Gestattung des Anbaus bei widerspruchsloser Hinnahme des Anbaus im Jahre 1929: OLG Köln ZMR 1976, 186. Läßt der Eigentümer einer Grenzwand, an die der Nachbar angebaut hat, sein eigenes Haus abreißen, bleibt er Alleineigentümer der Grenzwand und steht ihm die Nutzung der freien Außenfläche dieser Wand für Werbezwecke allein zu: OLG Düsseldorf DWW 1997, 306 (= ZMR 1996, 442). Wer sein Gebäude abreißt, um einen Neubau zu errichten, kann von dem Nachbarn in der Regel nicht Ersatz von Aufwendungen (Kosten der Abstützung der Grenzwand) verlangen: OLG Düsseldorf MDR 1972, 948. Kein Miteigentum an einer aus zwei aneinandergebauten Grenzwänden entstandenen einheitlichen Wand deshalb, weil die eine Grenzwand allein nicht standfest ist: BGH NJW-RR 2001, 1528 (= NZM 2001, 817). Wer im Rahmen der Errichtung eines Neubaus auf seinem Grundstück eine Grenzwand im Sinne einer allein auf seinem Grundstück stehenden Wand nach § 19 NachbG NRW abreißen möchte, davon aber ausnahmsweise wegen der Auswirkung des Grundsatzes von Treu und Glauben absehen muß, weil der Rechtsvorgänger des Nachbarn vor langen Jahren unter nicht mehr aufklärbaren Umständen ein Haus an die Grenzwand angebaut hat und deren Niederreißen zu unzumutbaren Beeinträchtigungen für den Nachbarn führen müßte, kann Schadloshaltung in Geld verlangen. Ein solcher Anspruch geht der Höhe nach nicht über eine nach § 912 BGB zu bemessende Überbaurente hinaus, soweit der auszugleichende Schaden nur im Verlust der Bodennutzung besteht: BGHZ 68, 350 (= LM NRW NachbarrechtsG Nr 4 = NJW 1977, 1447 = MDR 1977, 1007).

Zu § 22: Ein Nachbar, der an der Grenze eine zweite Grenzwand errichtet hat, kann nicht den entstandenen Zwischenraum im Wege der Selbsthilfe durch Abdichten der Fuge in der Form, daß eine Befestigung an der benachbarten Grenzwand erfolgt, gegen den Widerspruch deren Eigentümers schließen: AG Hamm NJW-RR 1997, 1104. Errichtet der Nachbar neben einer Grenzwand eine zweite Wand, gilt § 22 NachbG NRW entsprechend und muss für den voraussichtlichen Schadensbetrag Sicherheit geleistet werden: OLG Hamm OLG-Rp Hamm 2003, 569 (= BauR 2003, 1743 = ZMR 2004, 184). Der Umfang eines Schadensersatzanspruchs nach § 22 Abs 4 iVm § 17 S 1 NachbG NRW richtet sich nach §§ 249f BGB: BGH LM § 909 BGB Nr 37 (= NJW 1997, 2595 =MDR 1997, 928 = BauR 1997, 860). Das Recht, nach § 22 Abs 3 NachbG NRW das Nachbargrundstück zur Durchführung der Grenzbebauung in Anspruch zu nehmen, muss bei Widerspruch des Nachbar vor dem Begínn der Baumaßnahmen gerichtlich festgestellt werden: OLG Hamm BauR 2002, 669

– **Rheinland-Pfalz**: III. Abschnitt des NachbRG Rh-Pf (§ 13 Errichten der Grenzwand; § 14 Anbau an eine Grenzwand; § 15 Anschluß bei zwei Grenzwänden; § 16 Unterfangen einer Grenzwand); IV. Abschnitt (§ 17 Inhalt und Umfang des Rechts zum Höherführen von Schornsteinen; § 18 Anzeigepflicht; § 19 Schadensersatz; § 20 Entschädigung).

Vgl zu § 14: Stützmauer des Nachbarn an baufälliger Grenzmauer des anderen; zur Frage der Unterhaltskosten für eine Grenzmauer und zum Problem der aufgedrängten Bereicherung: OLG Zweibrücken AgrarR 1979, 81.

– **Saarland**: III. Abschnitt des SaarlNachbRG (§ 15 Errichten einer Grenzwand; § 16 Anbau an eine Grenzwand; § 17 Anschluß an zwei Grenzwände; § 18 Unterfangen einer Grenzwand; § 19 Einseitige Grenzwand; § 20 Über die Grenze gebaute Wand); IV. Abschnitt (§ 21 Inhalt und Umfang des Rechts zum Hochführen von Schornsteinen; § 22 Anzeigepflicht und Schadensersatz; § 23 Nutzungsentschädigung).

– **Sachsen**: § 26 SächsNRG (Hochführen von Schornsteinen, Lüftungsschächten und Antennen).

– **Sachsen-Anhalt**: Abschn 3 des NbG LSA: Grenzwand (§ 11 Begriff; § 12 Errichtung einer ersten Grenzwand; § 13 Anbau; § 14 Errichtung einer zweiten Grenzwand; § 15 Abbruch eines Gebäudes; § 16 Übergreifende Bauteile); Abschn 6: Höherführen von Abgasanlagen, Lüftungsleitungen und Antennenanlagen (§ 21 Duldungspflicht).

– **Schleswig-Holstein**: III. Abschnitt des NachbG SchlH (§ 11 Grenzwand und Anbau; § 12 Errichten der Grenzwand; § 13 Anbau an die Grenzwand; § 14 Errichten einer zweiten Grenzwand; § 15 Einseitige Grenzwand; § 16 Über die Grenze gebaute Wand); V. Abschnitt (§ 20 Inhalt und Umfang des Rechts zum Höherführen von Schornsteinen; § 21 Anzeige und Schadensersatz).

– **Thüringen**: III. Abschnitt des ThürNachbRG (§ 13 Errichten der Grenzwand; § 14 Anbau an eine Grenzwand; § 15 Anschluß bei zwei Grenzwänden; § 16 Unterfangen einer Grenzwand); IV. Abschnitt (§ 17 Inhalt und Umfang des Rechts auf Hochführen von Schornsteinen; § 18 Anzeigepflicht; § 19 Schadensersatz; § 20 Entschädigung).

4. Erhöhung von Grundstücken

20 a)   Einen weiteren Regelungsgegenstand bilden die nachbarrechtlichen Vorschriften gegen **Bodenerhöhungen auf dem Nachbargrundstück**. Denn durch ein solches Vorgehen des Nachbarn entsteht, vor allem wenn die Erhöhung nicht genügend abgesichert wird, die Gefahr, daß das zur Bodenerhöhung verwendete Material durch Witterungseinflüsse auf das andere Grundstück gerät und dort zumindest **Belästigungen**, wenn nicht gar **Schädigungen** hervorruft. Den dadurch drohenden Nachbarstreitigkeiten soll durch diese Regelungen vorgebeugt werden. Da das BGB in § 909 nur das Recht der Bodenvertiefungen regelt, handelt es sich um eine **zulässige landesrechtliche** ergänzende **Eigentumsbeschränkung**. Unberührt bleiben auch hier wieder die Schadensersatzvorschriften des BGB, wenn – sei es durch Mißachtung der landesrechtlichen Vorschriften, aber auch bei ihrer Einhaltung – Schäden auf dem Nachbargrundstück durch solches herunterfallende oder heruntergespülte Erhöhungsmaterial entstehen (BGH LM Art 124 EGBGB Nr 1).

21 b)   Nachbarrechtliche Vorschriften über Bodenerhöhungen bestehen in folgenden **Landesnachbarrechten:**

– **Baden-Württemberg**: III. Abschnitt des NRG BW: Erhöhungen (§ 9 Abstände und Vorkehrungen bei Erhöhungen; § 10 Befestigungen von Erhöhungen).

– **Berlin**: VI. Abschnitt des NachbG Bln: Bodenerhöhungen (§ 20) (Zum Beseitigungsanspruch bei einer unbefugten Bodenerhöhung unabhängig davon, ob diese sich bereits schädigend auf das Nachbargrundstück ausgewirkt hat: LG Berlin Grundeigentum 1988, 773).

– **Brandenburg**: Abschnitt 7 des Bbg NRG: Bodenerhöhungen (§ 26).

– **Niedersachsen**: V. Abschnitt des NdsNachbRG: Bodenerhöhungen (§ 26) (Anspruch auf Vorkehrungen gegen Bodenbewegungen, wenn auf dem Nachbargrundstück eine Zufahrt ohne Einhaltung eines Grenzabstands angelegt wurde: OLG Celle, OLG-Rp Celle 1998, 201).

– **Nordrhein-Westfalen**: IX. Abschnitt des NachbG NRW: Bodenerhöhungen (§ 30) (zu den Schädigungen des Nachbargrundstücks, gegen die der sein Grundstück erhöhende Eigentümer nach § 30 NachbG NRW Vorkehrungen zu treffen und zu unterhalten hat, gehören nicht Schädigungen, die allein durch abfließendes Wasser – ohne Abschwemmen des Bodens – bewirkt werden: BGH NJW 1980, 2580 (= MDR 1980, 654 = DWW 1981, 289 = RdL 1980, 276). Entsteht durch eine unter Verstoß gegen § 30 NachbG NRW vorgenommene Bodenerhöhung ein Schaden auf dem Nachbargrundstück, so ist der Anspruch auf Schadensersatz nicht deshalb verjährt oder ausgeschlossen, weil die Bodenerhöhung schon vor langer Zeit erfolgt ist, zumal wenn die Nachbarbeeinträchtigung dauernd wächst: LG Aachen, AgrarR 1989, 313).

– **Rheinland-Pfalz**: X. Abschnitt des NachbRG Rh-Pf: Bodenerhöhungen (§ 43) (Anspruch auf Sicherungsmaßnahmen wegen einer Bodenerhöhung auf dem Nachbargrundstück schon dann, wenn nach den tatsächlichen Gegebenheiten die Möglichkeit einer Schädigung des Grundstücks besteht: OLG Zweibrücken, OLG-Rp Zweibrücken 1999, 457).

– **Saarland**: XI. Abschnitt des SaarlNachbRG: Bodenerhöhungen (§ 47).

– **Sachsen**: 4. Abschnitt des SächsNRG: Bodenerhöhungen (§ 17)

– **Sachsen-Anhalt**: Abschnitt 4 des NbG LSA: Bodenveränderungen (§ 17)

– **Schleswig-Holstein**: VII. Abschnitt des NachbG SchlH: Bodenerhöhungen (§ 25)
(Kein Ersatzanspruch bei Schädigung ohne Bodenbewegung; für Schäden aus einer Veränderung
des Ablaufs wild abfließenden Wassers auf Grund einer Bodenerhöhung greift § 25 NachbG
SchlH deshalb nicht ein: SchlHOLG SchlHAnz 1983, 41).

– **Thüringen**: X. Abschnitt des ThürNachbRG: Bodenerhöhungen (§ 43).

5.   Fenster- und Lichtrecht

a)   Unter **Fensterrecht** versteht man diejenigen Bestimmungen, die die **Anlage und 22**
die **Ausgestaltung von Fenstern**, insbesondere zum Schutz der Nachbarn vor Beobachtung, regeln. Fenster sind dabei alle lichtdurchlässigen Maueröffnungen, auf die
Durchsichtmöglichkeit kommt es nicht entscheidend an, so daß auch Maueröffnungen mit Glasbausteinen zu den Fenstern zu rechnen sind (BGH NJW 1960, 2092).
Soweit nicht bereits die baurechtlichen Vorschriften Regelungen über das Fensterrecht treffen, werden durch die meisten Nachbarrechtsregelungen Beschränkungen
zu Gunsten der Nachbarn angeordnet. Enthalten diese allerdings keine Regelungen,
so können im Prinzip Fenster unbeschränkt gebaut werden, soweit nicht das nachbarrechtliche Gemeinschaftsverhältnis ausnahmsweise entgegensteht (RG SeuffArch
78 Nr 190; BGH LM § 903 BGB Nr 1; 2).

b)   Unter **Lichtrecht** sind diejenigen Regelungen zu verstehen, die ein rechtmäßig
errichtetes **Fenster vor** Lichtentzug durch **Verbauung schützen**. Beschränkt werden
dadurch nicht nur Neubauten, sondern auch Umbauten und Aufstockungen (BGHZ
14, 64). Auch das Lichtrecht muß in der Regel ausdrücklich geregelt sein, um daraus
dem Nachbarn eine Beschränkung auferlegen zu können.

c)   Fenster- und lichtrechtliche Bestimmungen enthalten die **Landesrechte** von   **23**

– **Baden-Württemberg**: NRG BW § 3 (Abstand von Lichtöffnungen); § 4 (Abstand
von Ausblick gewährenden Anlagen [Balkone, Terrassen, Erker, Galerien]); § 5
(Lichtöffnungen und andere Gebäudeteile, die auf öffentliche Wege oder Plätze
Ausblick gewähren); § 31 (Weitergeltung von durch Zeitablauf entstandenen Fen-
sterschutzrechten nach BadAGBGB).

Zu § 3: Der Anspruch auf Beseitigung der unter Verletzung des erforderlichen Grenzabstands
nach § 3 NRG BW errichteten Fenster verjährt (soweit nicht § 3 Abs 3 NRG BW eingreift) in
30 Jahren (BGH LM BadWürttNachbarrechtsG Nr 1 [= NJW 1982, 2385 = MDR 1982, 743]).

Zu § 4: Eine von einem Balkon zu einem erhöht gelegenen Gartenteil errichtete Brücke fällt unter
§ 4 NRG BW. Dem Beseitigungsanspruch des Nachbarn steht nicht nach § 3 Abs 3 S 1 NRG BW
entgegen, dass auch bei Einhaltung des gesetzlichen vorgeschriebenen Abstands die Beeinträchtigung für den Nachbarn dieselbe wäre: OLG Karlsruhe, OLG-Rp Karlsruhe 1999, 266.

– **Bayern**: BayAGBGB Art 43 (Fensterrecht); Art 44 (Balkone und ähnliche Anlagen); Art 45 (Fenster, Balkone und ähnliche Anlagen zu Eisenbahngrundstücken); Art 78 (Aufrechterhaltung eingetretener Rechtswirkungen nach den bisherigen Vorschriften; vgl für die am 1.1.1900 bereits bestehenden Lichtöffnungen, Fenster etc MEISNER/RING/GÖTZ, Nachbarrecht in Bayern, § 22 [Fensterrecht]; § 23 [Lichtrecht]).

Vgl zu Art 43: Zu Art 62 BayAGBGB 1899 (= Art 43 BayAGBGB 1982) allgemein: BayVerfGHE 11, 81 (= BayVBl 1958, 376). Wer den Bauplan eines Nachbarn unterzeichnet, der eine Grenzmauer mit Fenstern vorsieht, verzichtet nicht auf das Recht, an der Grenze einen Bau zu errichten, durch den die Fenster des Nachbarn verbaut werden: BayObLGZ 1960, 67/73 ff.

– **Berlin**: Nachdem bereits die früher geltenden Vorschriften (Teil IV § 1 Bauordnung für die Stadt Berlin von 30.11.1641; PrALR I 8 §§ 137, 138, 142 ff) grundsätzlich in Um- oder Neubauten auf der Grenze Fenster zum Nachbargrundstück untersagten (vgl SCHEER HuW 1951, 47; KOENIG HuW 1957, 167), ist das Fenster- und Lichtrecht auch heute öffentlich-rechtlich in der Bauordnung für Berlin idF vom 3.9.1997 (GVBl Berlin 421), zuletzt geändert durch Ges vom 16.7.2001 (GVBl Berlin 260) geregelt (§ 6 [Abstandsflächen], § 44 Abs 2 [notwendige Fenster]). Ein zusätzliches privatrechtliches Fenster- und Lichtrecht besteht nicht (mehr) (vgl DEHNER, Nachbarrecht im Bundesgebiet B § 25 F).

– **Brandenburg**: Abschnitt 4 des Bbg NRG: Fenster- und Lichtrecht (§ 20 Inhalt und Umfang; § 21 Ausnahmen; § 22 Ausschluß des Beseitigungsanspruchs, wenn nicht bis zum Ablauf des auf die Anbringung der Einrichtung folgenden Kalenderjahres Klage auf Beseitigung erhoben ist).

– **Bremen**: Landesrechtliche Vorschriften des Nachbarrechts bestehen (mit der oben [Rn 13] genannten Ausnahme) nicht. Das Fenster- und Lichtrecht ist öffentlich-rechtlich in §§ 6, 46 der Bremischen Landesbauordnung vom 27.3.1995 (BremGBl 211 = SaBl 917), zuletzt geändert durch Ges vom 17.12.2002 (BremGBl 605), über Abstandsflächen und notwendige Fenster geregelt.

– **Hamburg**: Da kein privatrechtliches Nachbarrecht existiert, ist das Fenster- und Lichtrecht in der Hamburgischen Bauordnung vom 1.7.1986 (HambGVBl 183 = SaBl 1966), zuletzt geändert durch Ges vom 5.10.2004 (HambGVBl 375), öffentlich-rechtlich geregelt. § 4 Abs 1 S 2 schreibt eine ausreichende Belichtung vor, § 6 generell die Abstandsflächen, § 59 Abs 3 und 4 notwendige Fenster, da für Wohnungen besonnte Aufenthaltsräume, davon mindestens ein besonnter Wohnraum, erforderlich sind, sowie § 86 Abs 1 und 3 den Grenzabstand zu Fenstern.

– **Hessen**: Dritter Abschnitt des HessNachbRG: Fenster- und Lichtrecht (§ 11 Umfang und Inhalt; § 12 Ausnahmen, vor allem auf Grund öffentlich-rechtlicher Vorschriften; § 13 Ausschluß des Beseitigungsanspruchs, wenn der Abstand dem bisherigen Recht entsprach oder der Nachbar nicht binnen eines Jahres Klage auf Beseitigung erhebt).

Vgl zu § 11: Dachschrägfenster fallen unter § 11 Abs 1 HessNachbRG; Beseitigungsanspruch aus § 1004 BGB iVm § 11 Abs 1 HessNachbRG, wenn der Abstand zur gemeinsamen Grenze weniger als 2,50 m [hier: 1,50 m] beträgt und der Bauherr vor dem Einbau der Fenster nicht die Einwilligung des Eigentümers des Nachbargrundstücks eingeholt hat, LG Kassel BauR 1996, 565 [mit Anm LINDNER 568] = JMBl Hessen 1996, 74.

- **Niedersachsen**: Vierter Abschnitt des NdsNachbRG: Fenster- und Lichtrecht (§ 23 Umfang und Inhalt; § 24 Ausnahmen für undurchsichtige Bauteile und solche an öffentlichen Wegen oder Straßen; § 25 Ausschluß des Beseitigungsanspruchs, wenn der Abstand dem bisherigen Recht entsprach oder der Nachbar nicht spätestens im zweiten Jahr nach Errichtung Klage auf Beseitigung erhoben hat).

Vgl zu § 23: Zum Begriff der Terrasse nach § 23 Abs 1 S 2 NdsNachbRG: OLG Celle NdsRpfl 1972, 306; LG Verden NdsRpfl 1976, 116. Kein Beseitigungsanspruch bei Grenzabstand einer Terrasse von mehr als 3 Metern: LG Lüneburg NdsRpfl 1977, 125. Der Rechtsnachfolger eines Grundstückseigentümers muß eine vom früheren Eigentümer erteilte Zustimmung zu einem Fenster eines Nachbarn nach § 23 Abs 2 NdsNachbRG auch dann gegen sich gelten lassen, wenn die Zustimmung vor Inkrafttreten des NdsNachbRG erklärt worden ist. Eine Zustimmung ist jedenfalls darin zu sehen, daß der Eigentümer beider Grundstücke die im Nachbarhaus vorhandenen Fenster selbst geschaffen oder wesentlich verändert hat: OLG Oldenburg NdsRpfl 1983, 157. Hat ein Nachbar in einen geringeren Grenzabstand eines Fensters als 2,50 m eingewilligt, kann er sich nicht auf eine Beeinträchtigung durch einen später errichteten Ersatzbau berufen, wenn dieser den Lichteinfall nicht stärker beschränkt als das ursprüngliche Gebäude: OLG Braunschweig NdsRpfl 1991, 49.

- **Nordrhein-Westfalen**: II. Abschnitt des NachbG NRW: Fenster- und Lichtrecht (§ 4 Umfang und Inhalt; § 5 Ausnahmen, vor allem soweit nach öffentlich-rechtlichen Bestimmungen anders gebaut werden muß; § 6 Ausschluß des Beseitigungsanspruchs entsprechend § 3, wenn der Eigentümer des Nachbargrundstücks den Bau- und Lageplan erhalten und nicht binnen 3 Monaten schriftlich die Einhaltung des Abstands verlangt hat; wenn der vorgeschriebene Abstand weder vorsätzlich noch grob fahrlässig nicht eingehalten wurde und der Nachbar nicht sofort nach der Abstandsunterschreitung Widerspruch erhoben hat; wenn das Gebäude (mit den Fenstern) länger als 3 Jahre in Gebrauch ist.

Vgl zu § 4: Zur nachbarrechtlichen Verpflichtung zur Einwilligung zum Einbau von Fenstern in eine Grenzmauer: LG Arnsberg MDR 1976, 490 m abl Anm SCHOPP. Die für Gebäude in § 4 Abs 2 NachbG NRW getroffene, den Lichteinfall schützende Abstandsregelung ist auf einen Eisenträger als Laufschiene einer Krananlage, die auf Dauer fest installiert ist, entsprechend anzuwenden: BGH LM NRWNachbarrechtsG Nr 8 (= MDR 1979, 1009 = WM 1979, 897); ebenso auf eine Grenzmauer: BGH LM § 1004 BGB Nr 203 (= EBE/BGH 1992, 245 = NJW 1992, 2569); nicht dagegen auf Balkone, [Dach-]Terassen und deren Einfriedungen: OLG Düsseldorf OLG-Rp Düsseldorf 1995, 269. Im Einbau von Fenstern, die gegen nachbarrechtliche Bestimmungen verstoßen und für die keine Baugenehmigung vorliegt, in eine an der Nachbargrenze befindliche Hausmauer liegt eine fortdauernde Beeinträchtigung des Eigentums des Nachbarn iS des § 1004 BGB; der Beseitigungsanspruch unterliegt gemäß §§ 194, 195 BGB der 30-jährigen Verjährungsfrist, die unabhängig von einem Wechsel der Person des Berechtigten abläuft: OLG Köln DWW 1994, 184 (= ZMR 1994, 115).

- **Rheinland-Pfalz**: VII. Abschnitt des NachbRG Rh-Pf: Fenster- und Lichtrecht (§ 34 Inhalt und Umfang; § 35 Ausnahmen, insbesondere wenn die Anbringung von Fenstern baurechtlich geboten ist; § 36 Ausschluß des Beseitigungsanspruchs, wenn der Nachbar nicht innerhalb von 2 Jahren nach dem Anbringen Klage auf Beseitigung erhebt.

Vgl zu § 34: Ein Anspruch aus § 34 NachbRG Rh-Pf besteht nicht, wenn die betroffenen Fenster bereits vor Inkrafttreten des Nachbarrechtsgesetzes Rheinland-Pfalz eingebaut wurden und damals keiner Einwilligung des Nachbarn bedurften: BGH NJW-RR 2003, 1313.

– **Saarland**: VII. Abschnitt des SaarlNachbRG: Fenster- und Lichtrecht (§ 35 Inhalt und Umfang; § 36 Ausnahmen, insbesondere soweit die Anbringung der Fenster baurechtlich geboten ist; § 37 Ausschluß des Beseitigungsanspruchs, wenn der Nachbar nicht innerhalb von zwei Jahren nach dem Anbringen Klage auf Beseitigung erhebt.

Vgl zu § 35: Ein den Rechtsnachfolger bindendes Lichtrecht kann bei der Verwendung von Glasbausteinen kraft Gesetzes – jedenfalls nach § 35 Abs 3 SaarlNachbRG – nicht entstehen: OLG Saarbrücken ZMR 1996, 141.

– **Schleswig-Holstein**: Abschnitt VI des NachbG SchlH: Fenster- und Lichtrecht (§ 22 Inhalt und Umfang; § 23 Ausnahmen, insbesondere soweit nach öffentlich-rechtlichen Vorschriften Fenster angebracht werden müssen; § 24 Ausschluß des Beseitigungsanspruchs, insbesondere wenn nicht bis zum Ablauf des auf die Anbringung folgenden Jahres Klage auf Beseitigung erhoben worden ist).

– **Thüringen**: VII. Abschnitt des ThürNachbRG: Fenster- und Lichtrecht (§ 34 Inhalt und Umfang; § 35 Ausnahmen, insbesondere wenn die Anbringung von Fenstern baurechtlich geboten ist; § 36 Ausschluß des Beseitigungsanspruchs, wenn der Nachbar nicht innerhalb von zwei Jahren nach der Anbringung Klage auf Beseitigung erhoben hat).

6. Traufrecht

24 a) Einzelne Nachbarrechtsgesetze regeln unter der Bezeichnung „Dachtraufe" die **Verpflichtung** des Grundstückseigentümers, eine bauliche Anlage so einzurichten, daß das **Traufwasser des Dachs und sonstige Abwässer nicht auf das Nachbargrundstück tropft** oder dorthin auf andere Weise gelangt **oder dorthin abgeleitet wird**. Das Recht zu solcher Abwasserableitung kann im übrigen generell nur durch eine besondere, im Regelfall durch eine Grunddienstbarkeit abgesicherte Vereinbarung mit dem Nachbarn begründet werden, nicht aber aus den allgemeinen Vorschriften abgeleitet werden, die das Eigentum an Grundstücken zu Gunsten der Nachbarn beschränken (vgl DEHNER, Nachbarrecht im Bundesgebiet [ohne Bayern] B § 26; MEISNER/RING/ GÖTZ, Nachbarrecht in Bayern § 24).

Außer in den privatrechtlichen Vorschriften des Nachbarrechts ist die Beseitigung des Niederschlagswassers daneben oder, wenn solche Vorschriften nicht bestehen, in den **baurechtlichen Vorschriften** geregelt, die geeignete Vorrichtungen zur Ableitung jeglichen **Niederschlags- und Abwassers** auf dem Baugrundstück selbst vorschreiben. Insoweit handelt es sich aber um öffentliches Recht (DEHNER B § 26 III). Ebenso regelt zum Teil das Wasserrecht – zumeist heute in öffentlich-rechtlicher Form – den Abfluß von Wasser über ein Grundstück des Nachbarn.

Die früher aus dem gemeinen Recht und dem rheinpreußischen Recht abgeleitete Berechtigung des Eigentümers eines Grundstücks, den anschließenden Streifen Landes als Eigentum in Anspruch zu nehmen, soweit seine Dachtraufe reichte (vgl dazu und zur früheren Weitergeltung DEHNER B § 26 I und II; MEISNER/RING/GÖTZ § 24), ist mit dem Erlaß der Nachbarrechtsgesetze in den davon betroffenen Ländern entfallen.

b) **Traufrechtliche Bestimmungen** enthalten die Nachbarrechte folgender Länder: **25**

- **Baden-Württemberg**: NRG BW § 1 (Ableitung des Regenwassers und des Abwassers); § 2 (Keine Beeinträchtigung der Traufberechtigung bei baulichen Änderungen).

- **Bayern**: Es bestehen keine privatrechtlichen Vorschriften über das Traufrecht (vgl BECHER, Die gesamten Materialien zum Ausführungsgesetz zum Bürgerlichen Gesetzbuch vom 9. 6. 1899, Bd 1 S 84; MEISNER/RING/GÖTZ, Nachbarrecht in Bayern § 24).

- **Berlin**: Das Nachbarrechtsgesetz enthält keine Vorschriften über das Traufrecht, das im altpreußischen Rechtsbereich nicht bekannt war.

- **Brandenburg**: Abschnitt 11 des Bbg NRG: Dachtraufe und Abwässer (§ 52 Niederschlagswasser; § 53 Anbringen von Sammel- und Abflußeinrichtungen an der baulichen Anlage eines traufberechtigten Nachbarn; § 54 Abwässer).

- **Hessen**: VII. Abschnitt des HessNachRG: Dachtraufe (§ 26 Niederschlagswasser; § 27 Anbringen von Sammel- und Abflußeinrichtungen an der baulichen Anlage eines traufberechtigten Nachbarn.

  Vgl zu § 26: Dringt von einer betonierten Hoffläche eines Oberliegergrundstücks, die ohne Isolierung an das Gebäude des Unterliegergrundstücks grenzt, Feuchtigkeit in die Wand des Gebäudes auf dem Unterliegergrundstück, so fällt dies nicht unter § 26 HessNachbRG: OLG Frankfurt OLG-Rp Frankfurt 1998, 338; s aber Rn 43.

- **Niedersachsen**: VIII. Abschnitt des NdsNachbRG: Dachtraufe (§ 45 Traufwasser; § 46 Anbringung von Sammel- und Abflußeinrichtungen auf dem Grundstück eines traufberechtigten Nachbarn).

- **Nordrhein-Westfalen**: VII. Abschnitt des NachbG NRW: Dachtraufe (§ 27 Niederschlagswasser; § 28 Anbringung von Sammel- und Abflußeinrichtungen an baulichen Anlagen des traufberechtigten Nachbarn).

  Vgl zu § 27: § 27 Abs 1 NachbG NRW gilt auch, wenn das Niederschlagswasser von einer baulichen Anlage (Dach oder Dachrinne) zunächst auf das eigene Grundstück abgeleitet wird und erst von da aus auf das Nachbargrundstück gelangt. Unerheblich ist dabei, ob die bauliche Anlage, von der aus Niederschlagswasser abgeleitet wird, infolge veränderter wirtschaftlicher Benutzung des belästigenden Grundstücks entstanden ist: BGH LM NRW NachbarrechtsG Nr 10 (= MDR 1982, 828). Den Vorschriften des Traufrechts unterfällt auch das Niederschlagswasser, das direkt auf eine Terasse fällt: OLG Düsseldorf OLG-Rp Düsseldorf 2000, 320 (= RdL 2000, 152). § 27 NachbG NRW verpflichtet nicht dazu, dem natürlichen Ablauf von Niederschlagswasser auf Grund der natürlichen Bodengestaltung auf das Nachbargrundstück entgegenzuwirken: OLG

Karl-Dieter Albrecht

Köln OLG-Rp Köln 2003, 63. Zur Beweislast bei Verletzung eines Schutzgesetzes nach § 823 Abs 2 BGB (hier: Pflicht zur Traufwasserableitung nach § 27 Abs 1 NachbG NRW): BGH LM NRW NachbarrechtsG Nr 11 (= NJW 1985, 1774 = MDR 1985, 916 = RdL 1985, 78 = AgrarR 1985, 361); BGHZ 97, 231 (= LM § 1004 BGB Nr 168 = NJW 1986, 2640 = MDR 1986, 742 = ZMR 1986, 353 = AgrarR 1987, 186). Eine Gemeinde, die auf ihrem Grundstück ein Klärbecken verfüllt und damit eine Nutzungsänderung vornimmt, ist nicht entsprechend §§ 27, 29 NachbG NRW verantwortlich für das auf das Nachbargrundstück einsickernde Grund- oder Fließwasser: OLG Köln AgrarR 1988, 351. Wird eine Nutzungsänderung eines Grundstücks in der Weise vorgenommen, daß eine dort vormals befindliche Obstwiese beseitigt und der Geländeteil der gärtnerischen Nutzung zugeführt wird mit der Folge, daß auf Grund Wegfalls der Filterwirkung der vormals vorhandenen Obstwiese das Niederschlagswasser nicht mehr vom Boden aufgenommen werden kann und ungehindert auf das Nachbargrundstück fließt, so hat der Eigentümer im Rahmen seiner Verkehrssicherungspflicht iVm § 27 Abs 1 NachbG NRW (analog) Schutzmaßnahmen zu treffen, die eine Gefährdung des Nachbargrundstücks ausschließen: LG Aachen RuS 1989, 14. Tritt auf Grund außergewöhnlicher Niederschlagsmengen von einem in der unmittelbaren Grenznähe befindlichen – nicht genehmigten, baurechtswidrig frei in der Luft hängenden – nicht an die Kanalisation angeschlossenen Regenfallrohr Niederschlagswasser auf das Nachbargrundstück über und verursacht dort erhebliche Schäden, so ist der Grundstückseigentümer nach § 823 Abs 2 BGB iVm § 27 Abs 1 NachbG NRW zum Ersatz des Schadens verpflichtet: LG Paderborn ZMR 1991, 300. Ist ein Grundstückseigentümer vertraglich verpflichtet, Niederschlagswasser von einem Nachbargrundstück aufzunehmen und abzuleiten, so trifft ihn die Unterhaltungspflicht für die entsprechende Abwasseranlage: OLG Düsseldorf NJW-RR 2002, 306.

– **Rheinland-Pfalz**: 8. Abschnitt des NachbRG Rh-Pf: Dachtraufe (§ 37 Ableitung des Niederschlagswassers; § 38 Anbringen von Sammel- und Abflußeinrichtungen auf dem Grundstück eines traufberechtigten Nachbarn).

– **Saarland**: IX. Abschnitt des SaarlNachbRG: Dachtraufe (§ 41 Ableitung des Niederschlagswassers; § 42 Anbringen von Sammel- und Abflußeinrichtungen auf dem Grundstück eines traufberechtigten Nachbarn).

– **Sachsen**: § 25 des SächsNRG (Ableitung des Niederschlagswassers).

– **Sachsen-Anhalt**: Abschnitt 9 des NbG LSA: Traufwasser, Abwässer (§ 33 Störungsverbot).

– **Schleswig-Holstein**: Abschnitt VIII des NachbG SchlH: Traufe (§ 26 Ableitung des Niederschlagswassers).

– **Thüringen**: 8. Abschnitt des ThürNachbRG: Dachtraufe (§ 37 Ableitung des Niederschlagswassers; § 38 Anbringen von Sammel- und Abflußeinrichtungen auf dem Grundstück eines traufberechtigten Nachbarn).

7. Duldung von Versorgungsleitungen

26 a)   Angesichts der Kleinheit der Grundstücke und der starken Bodenausnützung durch Bebauung spielt heute eine große Rolle, ob der Eigentümer eines Grundstücks **vom benachbarten Grundstückseigentümer verlangen** kann, zu dulden, daß sein Grundstück **unter Inanspruchnahme des Nachbargrundstücks**, sei es durch Anschluß an eine dort vorhandene Versorgungsleitung oder durch Verlegung der Versorgungsleitung durch das Nachbargrundstück zum Anschlußpunkt auf der öffentlichen Straße, **an eine Versorgungs- oder Abwasserleitung angeschlossen wird**. Einige Landesnachbarrechte treffen daher dazu Regelungen, um Nachbarstreitigkeiten vorzubeugen.

Zu beachten ist aber, daß die **hM** und st Rspr **§ 917 Abs 1 S 1 BGB** auf ein **Notleitungsrecht** für Versorgungsleitungen entsprechend anwendet (vgl zB BGH LM § 917 BGB Nr 3; BGHZ 79, 307 [= NJW 1981, 1036 = ZMR 1982, 153]; Staudinger/Roth [2002] § 917 BGB Rn 4 mwN), so daß sich die Frage nach der **Gesetzgebungskompetenz der Länder** im Hinblick auf den Vorbehalt in Art 124 S 1 EGBGB auch hier stellt und entgegen der zu diesen Vorschriften ergangenen Rechtsprechung auch hier **zu verneinen** sein wird (vgl oben Rn 8, 16; Dehner. Nachbarrecht im Bundesgebiet [ohne Bayern] B § 27; Staudinger/Roth [2002] § 917 BGB Rn 7 mwN; aA BGH NJW 1981, 1036 f; 1991, 176, da eine analoge Anwendung von bundesrechtlichen Vorschriften zur Lückenfüllung lückenfüllenden landesrechtlichen Vorschriften nicht entgegenstehe; auf den Gedanken, daß dadurch bereits bundesrechtliches Gewohnheitsrecht entstanden sein könnte, geht der BGH nicht ein).

Weitere **Beschränkungen bundesrechtlicher Art** ergeben sich für landesrechtliche Duldungspflichten von Versorgungsleitungen aus den **Vorschriften über die Versorgungsbedingungen mit Elektrizität, Wasser, Gas und Fernwärme**, die regelmäßig vorsehen, daß der Angeschlossene die Durchführung von Leitungen durch sein Grundstück zur Anschließung anderer, benachbarter Grundstücke unentgeltlich zu dulden habe (vgl § 39 Abs 2 S 1 Energiewirtschaftsgesetz vom 7. 7. 2005 [BGBl I 1970] iVm jeweils § 8 Abs 1 der VOen über Allgemeine Bedingungen für die Gasversorgung von Tarifkunden vom 21. 6. 1979 [BGBl I 676] und für die Elektrizitätsversorgung von Tarifkunden vom 21. 6. 1979 [BGBl I 684], jeweils zuletzt geändert durch VO vom 9. 12. 2004 [BGBl I 3214]; Art 243 EGBGB idF durch Art 2 des Gesetzes vom 26. 11. 2001 [BGBl I 3138], zuletzt geändert durch VO vom 25. 11. 2003 [BGBl I 2304], iVm jeweils § 8 Abs 1 der VOen über Allgemeine Bedingungen für die Wasserversorgung vom 20. 6. 1980 [BGBl I 750] und für die Fernwärmeversorgung vom 20. 6. 1980 [BGBl I 742], jeweils zuletzt geändert durch VO vom 9. 12. 2004 [BGBl I 3214]).

Ebenso erlaubt § 76 Abs 1 Nr 2 Telekommunikationsgesetz vom 22. 6. 2004 (BGBl I 1190), zuletzt geändert durch Ges vom 23. 7. 2004 (BGBl I 1842), wie schon die Vorgängerregelung in § 57 Abs 1 Nr 2 Telekommunikationsgesetz vom 25. 7. 1996 (BGBl I 1120), den Erbringern von Telekommunikationsdienstleistungen **Fernmeldelinien** durch den Luftraum über Grundstücken zu führen, soweit dadurch nicht die Benutzung des Grundstücks wesentlich beeinträchtigt wird, ua auch, um benachbarte Grundstücke mit Telekommunikationsdienstleistungen zu versorgen (vgl BVerfG NJW 2000, 798 [= AgrarR 2001, 56]). Ebenso ist eine unterirdische Kabeldurchführung zu dulden (vgl BGH BGH-Rp 2004, 1207 [= NJW-RR 2004, 1314 = MDR 2004, 992]).

a) Nachbarrechtliche **Vorschriften über Versorgungsleitungen** enthalten die Landesrechte von: **27**

– **Baden-Württemberg**: NRG BW (§ 1 Ableitung des Abwassers nur auf dem eigenen Grundstück); § 7e (Leitungsrecht); daneben besteht nach § 88 Wassergesetz Baden-Württemberg idF vom 20. 1. 2005 (GBl BW 219) eine öffentlich-rechtliche Duldungspflicht gegenüber Durchleitungen von Wasser und Abwasser.

Karl-Dieter Albrecht

Vgl zu § 7e: Der Eigentümer eines Grundstücks kann von dem Nachbarn nicht verlangen, daß dieser den Anschluß an der auf seinem Grundstück vorhandenen Abwasserleitung oder die Herstellung einer Verbindung zu einer Abwasserleitung in entsprechender Anwendung von § 917 BGB dulde, wenn das Landesnachbarrecht diesen Fall (anders) regelt: LG Freiburg MDR 1981, 228. Der Anschluß an das öffentliche Entwässerungsnetz unter Inanspruchnahme des Nachbargrundstücks ist nach § 7e NRG BW gerechtfertigt, wenn der Anschluß an den Entwässerungskanal auf dem eigenen Grundstück deswegen wesentlich teurer wäre, weil er nur durch Pumpen usw möglich ist: OLG Karlsruhe Justiz 1985, 315. § 7e NRG BW regelt als landesrechtlich zulässige Vorschrift die Voraussetzungen des Notleitungsrechts entsprechend dem Vorbehalt in Art 124 EGBGB in eigenständiger Weise; ein Rückgriff auf § 917 Abs 1 S 1 BGB ist nicht mehr veranlaßt. Ein Notleitungsrecht entsteht nur im Rahmen einer zulässigen Nutzung des verbindungslosen Grundstücks, es hängt nicht davon ab, daß die leitungsmäßige Erschließung des verbindungslosen Grundstücks vorher in anderer Weise sichergestellt war. Der Rechtsgedanke von § 918 Abs 2 BGB ist auf ein Leitungsrecht nach § 7e NRG BW entsprechend anwendbar. Bei Ausübung des Leitungsrechts ist das Eigentum am belasteten Grundstück tunlichst zu schonen (§ 1020 S 1 BGB analog): BGH LM BadWürttNachbarrechtsG Nr 2 (= NJW 1991, 176 = MDR 1990, 994 = RdL 1990, 297 = AgrarR 1991, 198). Das Recht nach § 7e Abs 1 NRG BW, eine Abwasserleitung durch das Nachbargrundstück zur Ableitung von Abwässern zu führen, besteht nach § 7e Abs 1 S 2 NRG BW nur für das Durchführen von Leitungen unter nicht überbauten Grundstücksteilen; § 7e Abs 1 S 3 NRG BW gibt auch keine Duldungsverpflichtung zur Mitbenutzung der Abwasserleitung des Nachbarn: OLG Karlsruhe OLG-Rp Karlsruhe 2001, 189 (= AgrarR 2002, 330 = RdL 2001, 134); AG Rastatt BWNotZ 1999, 177. Das in der Wasserversorgungssatzung einer Gemeinde dem einzelnen Eigentümer eingeräumte Recht, ein Grundstück an die öffentliche Wasserversorgungseinrichtung anzuschließen, besteht nur, wenn der Anschluß tatsächlich und rechtlich möglich ist. Muß die Verbindungsleitung durch fremde Grundstücke gelegt werden, ist die rechtliche Anschlußmöglichkeit regelmäßig nur gegeben, wenn das Durchleitungsrecht dinglich gesichert ist. Ein bloßer abstrakter Anspruch gemäß § 88 Abs 2 WG BW oder § 7e NRG BW genügt jedenfalls dann nicht, wenn das Grundstück des Anschlußwilligen noch unbebaut ist: VGH BW RdL 1990, 175.

– **Brandenburg**: Abschnitt 10 des Bbg NRG: Duldung von Leitungen (§ 44 Leitungen in Privatgrundstücken; § 45 Unterhaltung; § 46 Schadensersatz und Anzeigepflicht; § 47 Nachträgliche erhebliche Beeinträchtigung; § 48 Anschlußrecht des Duldungspflichtigen; § 49 Leitungen in öffentlichen Straßen; § 50 Entschädigung; § 51 Anschluß an Fernheizungen).

– **Hessen**: IX. Abschnitt des HessNachbRG: Duldung von Leitungen (§ 30 Leitungen in Privatgrundstücken; § 31 Unterhaltung; § 32 Schadensersatz und Anzeigepflicht; § 33 Nachträgliche erhebliche Beeinträchtigung; § 34 Anschlußrecht des Duldungspflichtigen; § 35 Leitungen in öffentlichen Straßen).

Vgl zu § 30: Zur Duldungspflicht von Leitungen auf dem Nachbargrundstück nach § 30 HessNachbRG: LG Frankfurt/Main ZMR 1978, 203.

– **Rheinland-Pfalz**: VI. Abschnitt des NachbRG Rh-Pf: Duldung von Leitungen (§ 26 Duldungspflicht; § 27 Unterhaltung der Leitungen; § 28 Anzeigepflichten und Schadensersatz; § 29 Anschlußrecht des Duldungspflichtigen; § 30 Betretungsrecht; § 31 Nachträgliche erhebliche Beeinträchtigungen; § 32 Entschädigung; § 33 Anschluß an Fernheizungen). Neben diesen privatrechtlichen Ansprüchen sieht § 93 Wassergesetz für das Land Rheinland-Pfalz, jetzt idF vom 22. 1. 2004 (GVBl Rh-Pf 54 = SaBl 557), eine öffentlich-rechtliche Duldungspflicht für das Durchleiten von Wasser und Abwässern vor.

Vgl zu § 26: Die Vereinbarkeit von § 26 NachbRG Rh-Pf mit dem Bundesrecht kann offenbleiben; ein Anschluß an eine vorhandene Versorgungsleitung muss nur geduldet werden, wenn sonst für den Anschließenden unverhältnismäßig hohe Kosten für die Verlegung einer eigenen Leitung entstünden, also ein grobes Mißverhältnis zwischen den eigenen Kosten gegenüber den Aufwendungen, die bei Anschluß und Benutzung der Leitung auf dem Nachbargrundstück anfallen, bestände; dies ist bei fünfmal höheren Kosten für den Anschlußwilligen noch nicht gegeben: OLG Koblenz BauR 2003, 1881.

– **Saarland**: VI. Abschnitt des SaarlNachbRG: Duldung von Leitungen (§ 27 Duldungspflicht; § 28 Unterhaltung von Leitungen; § 29 Anzeigepflicht und Schadensersatz; § 30 Anschlußrecht des Duldungspflichtigen; § 31 Betretungsrecht; § 32 Nachträgliche erhebliche Beeinträchtigungen; § 33 Nutzungsentschädigung; § 34 Anschluß an Fernheizungen).

– **Sachsen**: 5. Abschnitt des SächsNRG: Duldung von Leitungen (§ 19 Duldungspflicht; § 20 Unterhaltung der Leitungen; § 21 Betretungsrecht; § 22 Nachträgliche erhebliche Beeinträchtigungen; § 23 Anschluß an andere Leitungen).

– **Thüringen**: VI. Abschnitt des ThürNachbRG: Duldung von Leitungen (§ 26 Duldungspflicht; § 27 Unterhaltung der Leitungen; § 28 Anzeigepflicht und Schadensersatz; § 29 Anschlußrecht des Duldungspflichtigen; § 30 Betretungsrecht; § 31 Nachträgliche erhebliche Beeinträchtigungen; § 32 Entschädigung; § 33 Anschluß an Fernheizungen).

Die meisten **übrigen Bundesländer** kennen nur **öffentlich-rechtliche Duldungsverpflichtungen in** ihren **Wassergesetzen für** die Durchleitung von **Wasser und Abwässern** durch Grundstücke (vgl §§ 77, 79 Abs 2 BerlWG; § 124 BremWG; § 70 HambWG; § 125 NdsWG; § 89 WG NW; § 75 WG SchlH; ebenso die neuen Bundesländer außer Brandenburg, Sachsen und Thüringen). Soweit deren Vorschriften nicht eingreifen oder solche – wie in Bayern – nicht bestehen, kann – soweit nicht das oben (Rn 26) genannte, von der Rechtsprechung entwickelte Notleitungsrecht entsprechend § 917 Abs 1 S 1 BGB weiterhin eingreift – ausnahmsweise aus dem nachbarlichen Gemeinschaftsverhältnis ein Recht auf die Duldung einer Wasserversorgungsleitung durch das Nachbargrundstück hergeleitet werden, wenn diese schon lange besteht, die Beteiligten ihre Grundstücke bereits in dem beanstandeten Zustand erworben haben und die Begünstigten auf den Fortbestand dieser Erschließung vertrauen durften (BGH, BGH-Rp 2003, 477 [= NJW 2003, 1392 = RdL 2003, 184]).

8.   Das Hammerschlags- und Leiterrecht

a)   Unter dem **Hammerschlags- und Leiterrecht** ist das Recht des Eigentümers **28** (oder des Nutzungsberechtigten) zu verstehen, das **Nachbargrundstück** (und seine baulichen Anlagen) **zu betreten und zu benutzen, um** von dort aus – gegebenenfalls mit Hilfe eines Gerüsts und von Geräten – **Bau- und Instandsetzungsarbeiten auf dem eigenen Grundstück vornehmen zu können**, wenn solche Arbeiten andernfalls nicht

oder nur mit unverhältnismäßigem Aufwand durchgeführt werden können, da dies
wegen der Geringfügigkeit der Besitzstörung und deren vorübergehenden Charakters das Eigentumsrecht nur unwesentlich beeinträchtigt. Umfang und Dauer der
Berechtigung richten sich dabei nach den Umständen des Einzelfalls, wobei die
Interessen der Beteiligten gegeneinander abzuwägen sind. Das in den Nachbarrechtsgesetzen verankerte Betretungsrecht wirkt dabei **nur obligatorisch**, gibt aber
kein unmittelbares Recht auf eigenmächtigen Zugang. Im Streitfall muß es vielmehr
auf dem Klageweg zuerst rechtskräftig festgestellt werden (KG, OLGZ 1977, 448).
Deshalb ist seine Inanspruchnahme dem Nachbarn regelmäßig vorher innerhalb
einer bestimmten Frist anzuzeigen (vgl zum ganzen ausführlich DEHNER, Nachbarrecht im
Bundesgebiet [ohne Bayern] B § 28 Rn 1; MEISNER/RING/GÖTZ, Nachbarrecht in Bayern § 25 Rn 2;
SPRAU, Justizgesetze in Bayern, Vorbem vor Art 43 Rn 13 ff). Voraussetzung für das Betretungsrecht ist außerdem, daß der Nachbar die Arbeiten, die ausgeführt werden
sollen, deshalb zu dulden hat, da sie rechtmäßig erfolgen; es gilt also nicht für
„Schwarzbauten" (OLG Hamm MDR 1984, 847).

Das Hammerschlags- und Leiterrecht besteht **nicht in allen Landesnachbarrechten**.
Soweit eine Regelung fehlt, versucht die Rechtsprechung eine entsprechende Verpflichtung auf Grund des nachbarrechtlichen Gemeinschaftsverhältnisses abzuleiten
(vgl dazu DEHNER aaO; MEISNER/RING/GÖTZ aaO; SPRAU aaO).

29 b)   Geregelt ist das Hammerschlags- und Leiterrecht in folgenden **landesrechtlichen Bestimmungen:**

– **Baden-Württemberg**: NRG BW § 7c; die Anmeldefrist beträgt 2 Wochen (§ 7c
   Abs 2 S 1).

Das Eindringen des Schwenkarms eines Baukrans in den Luftraum des Nachbargrundstücks ist
eine Besitzstörung im Sinne des § 858 Abs 1 BGB; das Hammerschlags- und Leiterrecht stellt
keine Einschränkung des Eigentumsrechts kraft Gesetzes mit der Folge auch einer gesetzlich
eintretenden Besitzrechtseinschränkung dar: OLG Karlsruhe NJW-RR 1993, 91 = JuS 1993, 420.

– **Bayern**: In Bayern ist keine entsprechende Vorschrift erlassen worden, weil sich
   für eine solche Regelung kein Bedürfnis gezeigt habe (vgl BECHER, Die gesamten
   Materialien zu dem Ausführungsgesetz zum Bürgerlichen Gesetzbuch vom 9. 6. 1899, Bd 1 S 82;
   STADLER, Das Nachbarrecht in Bayern § 8 B 1). Zu den landesrechtlichen Vorschriften im
   Sinne des Art 124 EGBGB gehört aber auch das Herkommen als örtliches Gewohnheitsrecht, nach dem auch in Bayern ein Hammerschlags- und Leiterrecht
   bestehen kann, vor allem in den Gebieten, die vor Inkrafttreten des BayAGBGB
   von 1899 bzw 1982 ein solches Recht kannten, also im früheren Geltungsbereich
   des PrALR (I 8 § 155; I 22 § 3 analog) und des Coburgischen Rechts, das in Art 24
   § 1 CobAGBGB (BayBS III 215) bis 1983 eine entsprechende Regelung enthielt.
   Denn das BGB und das EGBGB haben nichts an landesrechtlichen, auf Herkommen beruhenden Eigentumsbeschränkungen geändert (vgl MEISNER/RING/GÖTZ,
   Nachbarrecht in Bayern 170, 359, 392, 515 f).

– **Berlin**: Abschnitt IV des NachbG Berlin: Hammerschlags- und Leiterrecht (§ 17
   Inhalt und Umfang; Anzeigefrist 2 Monate; § 18 Nutzungsentschädigung).

Vgl zu § 17: Gegenüber dem Besitzstörungsabwehranspruch kann sich der Störer nicht mit Erfolg auf ein sich aus dem Nachbarrecht ergebendes Hammerschlags- und Leiterrecht berufen. Ein Nachbar darf nicht auf Grund eines solchen nachbarrechtlichen Anspruchs ohne vorherige gerichtliche Entscheidung eigenmächtig in den Besitz des duldungspflichtigen Grundstückseigentümers eingreifen: KG OLGZ 1977, 448 (= NJW 1977, 2364). Zum Umfang des Hammerschlags- und Leiterrechts: AG Berlin-Neukölln, Grundeigentum 2001, 423.

– **Brandenburg**: Abschnitt 5 des Bbg NRG: Hammerschlags- und Leiterrecht (§ 23 Inhalt und Umfang; § 24 Nutzungsentschädigung).

– **Bremen**: Es besteht keine Regelung des Hammerschlags- und Leiterrechts.

– **Hamburg**: Das Hammerschlags- und Leiterrecht ist geregelt in § 74 Abs 1 Hamburgische Bauordnung vom 1. 7. 1986 (HambGVBl 183 = SaBl 1966), zuletzt geändert durch Ges vom 5. 10. 2004 (HambGVBl 375). Dabei dürfte es sich bei dem Duldungsanspruch des Grundstückseigentümers, dem das Betretungsrecht des Nachbarn entspricht, um eine privatrechtliche Verpflichtung, die nur des Sachzusammenhangs wegen in dem grundsätzlich dem öffentlichen Recht zugehörenden Baurecht geregelt ist, handeln. Sie kann daher grundsätzlich vor den Zivilgerichten eingeklagt werden. In der nach § 74 Abs 1 S 2 HambBauO von der Bauaufsichtsbehörde fakultativ („kann“) erlaßbaren Anordnung liegt demgegenüber ein privatrechtsgestaltender Verwaltungsakt. Eine solche Anordnung ist nicht erforderlich, wenn die Beteiligten sich freiwillig einigen. Die Einigung selbst ist ein privatrechtlicher Vorgang. Gegen das Tätigwerden oder Untätigbleiben der Behörde ist dagegen im Verwaltungsrechtsweg vorzugehen (vgl zB KEMNADE, Rechtsschutz des Nachbarn im Baurecht 49. Zum Hammerschlags- und Leiterrecht vgl auch OVG Hamburg MDR 1979, 872 m Anm WILLENBRUCH).

– **Hessen**: VIII. Abschnitt des HessNachbRG: Hammerschlags- und Leiterrecht (§ 28 Inhalt und Umfang; § 29 Schadensersatz und Anzeigepflicht [zwei Wochen vor Beginn der Bauarbeiten]).

– **Niedersachsen**: IX. Abschnitt des NdsNachbRG: Hammerschlags- und Leiterrecht (§ 47 Inhalt und Umfang – Anzeigefrist 1 Monat vor Beginn der Arbeiten; § 48 Nutzungsentschädigung).

Vgl zu § 47: Auch ein Erdaushub wird durch das Hammerschlags- und Leiterrecht gedeckt: OLG Braunschweig, NdsRpfl 1971, 231. Das Eindringen des Schwenkarms eines Baukrans in den Luftraum über einem Nachbargrundstück ist ohne Erlaubnis oder festgestellte Duldungspflicht des Nachbarn verbotene Eigenmacht nach § 858 Abs 1 BGB; dabei ist ohne Bedeutung, ob von dem Kran eine konkrete Gefährdungssituation für das Grundstück ausgeht: LG Lüneburg BauR 1999, 425. Das Hammerschlagsrecht nach § 47 NdsNachbRG steht jedem, der Bauarbeiten auf einem Grundstück ausführt oder ausführen läßt, zu: AG Winsen SchsZtg 2001, 134.

– **Nordrhein-Westfalen**: V. Abschnitt des NachbG NRW: Hammerschlags- und Leiterrecht (§ 24 Inhalt und Umfang – Anzeigefrist 1 Monat vor Beginn der Arbeiten; § 25 Nutzungsentschädigung).

Vgl zu § 24: Das Hammerschlags- und Leiterrecht steht dem Gläubiger nur für solche Arbeiten zu, zu deren Vornahme er gegenüber seinem Nachbarn berechtigt ist: OLG Hamm MDR 1984, 847. Das Land Nordrhein-Westfalen, das Eigentümer einer Kirche ist, hat gegenüber dem Eigentümer des Grundstücks, von dem die Kirche umgeben wird, nach § 24 NachbG NRW einen Anspruch darauf, daß dieser das Betreten, Befahren und Benutzen auch zur Durchführung geodätischer Messungen duldet. Denn nach dem Sinn dieser Vorschrift müssen auch andere als Baumaßnahmen erfaßt sein, die einem Schadenseintritt vorbeugen sollen. Dies gilt allerdings nicht, wenn Maßnahmen beabsichtigt sind, die nach ihrem Ausmaß und ihrem Gewicht nicht mehr allein dem privatrechtlichen Eigentumsschutz (hier: Prophylaxe vor eigentlichen Bergschäden), sondern der Bekämpfung von „Gemeinschäden" dienen: OLG Hamm ZfB 1990, 78; LG Dortmund ZfB 1990, 81. Das Land Nordrhein-Westfalen als Eigentümer eines Gebäudes (Kirche) auf einem „Inselgrundstück" ohne Zufahrtsweg hat gegen den Eigentümer des umgebenden Grundstücks nach § 24 NachbG NRW einen Anspruch darauf, daß ein Bergbauunternehmen, das auf Grund eines Rahmenbetriebsplans in der Nähe Kohleabbau betreibt, das umgebende Grundstück betreten und benutzen kann, um – ermächtigt durch das Land – Maßnahmen zu treffen, die der Stabilisierung des Gebäudes dienen und Schäden vorbeugen sollen, die durch den in den nächsten Jahren geplanten heranrückenden Abbau drohen: LG Dortmund ZfB 1990, 240. Der Eigentümer eines [Wohn-]Grundstücks muß nicht nach § 24 NachbG NRW dulden, daß der Ausleger eines auf dem Nachbargrundstück eines Bauunternehmers aufgestellten, auf Dauer installierten und gewerblich genutzten Turmdrehkrans über sein Grundstück geschwenkt wird, OLG Düsseldorf NJW-RR 1989, 1421 (= MDR 1989, 993). § 24 NachbG NRW gewährt nicht das Recht zum Eingriff in die Bodensubstanz des Nachbargrundstücks. Im Einzelfall kann aber eine Verpflichtung aus Treu und Glauben zur Duldung des Eingriffs bestehen, wenn ohne eine solche Inanspruchnahme des Nachbargrundstücks eine wirtschaftlich vertretbare bauliche Nutzung des Grundstücks nicht möglich wäre, OLG Düsseldorf OLGZ 1992, 125 (= OLG-Rp Düsseldorf 1991, 5 = NVwZ-RR 1992, 528 = MDR 1992, 53). Keine Pflichtverletzung und darauf beruhende Schadensersatzverpflichtung, wenn der Grundstückseigentümer die Einwilligung in das begehrte Hammerschlags- und Leiterrecht davon abhängig macht, dass der Nachbar eine neue Grenzwand unter Beachtung von § 21 Abs 1 NachbG NRW errichtet; § 24 Abs 1 NachbG NRW ist kein Schutzgesetz iS von § 823 Abs 2 BGB: OLG Düsseldorf OLG-Rp Düsseldorf 1998, 278 (= NJW-RR 1999, 102 = NZM 1998, 346). Gegenüber der eigenmächtigen Durchsetzung des Rechts aus § 24 NachbG NRW, das Nachbargrundstück vorübergehend zu betreten und zu benutzen, steht dem Eigentümer ein Unterlassungsanspruch nach §§ 862 Abs 1 S 2, 858 BGB zu: OLG Düsseldorf OLG-Rp Düsseldorf 2001, 178.

– **Rheinland-Pfalz**: V. Abschnitt des NachbRG Rh-Pf: Hammerschlags- und Leiterrecht (§ 21 Inhalt und Umfang; § 22 Anzeigepflicht [zwei Wochen vor Beginn der Benutzung]; § 23 Schadensersatz; § 24 Gefahr im Verzug [zur Abwehr einer erheblichen gegenwärtigen Gefahr keine Anzeigepflicht – ein unmittelbares Recht zur Inanspruchnahme ohne gerichtliche Feststellung wird damit aber auch nicht gewährt]; § 25 Entschädigung).

– **Saarland**: V. Abschnitt des SaarlNachbRG: Hammerschlags- und Leiterrecht (§ 24 Inhalt und Umfang; § 25 Anzeigepflicht und Schadensersatz [Anzeigefrist zwei Wochen vor Beginn der Benutzung]; § 26 Nutzungsentschädigung).

– **Sachsen**: § 24 des SächsNRG (Hammerschlags-, Leiter- und Schaufelschlagrecht).

– **Sachsen-Anhalt**: Abschnitt 5 des NbG LSA: Hammerschlags- und Leiterrecht (§ 18 Inhalt und Umfang; § 19 Nutzungsentschädigung; § 20 Schadensersatz).

– **Schleswig-Holstein**: Abschnitt IV des NachbG SchlH: Hammerschlags- und Leiterrecht (§ 17 Inhalt und Umfang; § 18 Anzeige und Schadensersatz [Anzeigefrist 2 Monate vor Beginn der Bauarbeiten]; § 19 Nutzungsentschädigung).

> **Vgl zu § 17**: Schwebt der Schwenkarm eines zur Durchführung von Bauarbeiten auf einem Grundstück aufgestellten Krans infolge der Einwirkung entsprechender Luftströmungen nur hin und wieder in den Luftraum über dem Nachbargrundstück, so muß der Nachbar dies nach § 17 Abs 1 NachbG SchlH dulden. Ein Beseitigungsanspruch kann auch nicht aus dem Unterlassen der Anzeige nach § 18 iVm § 7 Abs 1 NachbG SchlH hergeleitet werden, da dies den Bestand des Duldungsanspruchs nicht berührt: LG Kiel BauR 1991, 380. Das Hammerschlags- und Leiterrecht umfaßt nicht nur Maßnahmen, die unmittelbar den Bauarbeiten auf dem Nachbargrundstück dienen, sondern auch solche, die diesen mittelbar dienen (Maßnahmen zur Abstützung des Hauses eines anderen Nachbarn), wenn ohne dies nicht zweckmäßig gebaut werden kann: OLG Schleswig BauR 1984, 83 (= SchlHAnz 1982, 58).

– **Thüringen**: V. Abschnitt des ThürNachbRG: Hammerschlags- und Leiterrecht (§ 21 Inhalt und Umfang; § 22 Anzeigepflicht [Anzeigefrist zwei Wochen vor Beginn der Benutzung]; § 23 Schadensersatz; § 24 Gefahr im Verzug [Entfall der Anzeigepflicht – vgl zur unmittelbaren Wirkung oben bei § 24 NachbRG Rh-Pf]; § 25 Entschädigung).

9.   Abstand für schadendrohende oder störende Anlagen

Die in den früheren nachbarrechtlichen Landesvorschriften zumeist ausdrücklich **30** geregelten privatrechtlichen **Ansprüche auf Grenzabstände** für störende oder schadendrohende Anlagen, wie zB Aborte, Düngerstätten, Jauchebehälter, Ställe, Brunnen, Wasserleitungen, Kanäle, Schornsteine, Feuerstätten, Backöfen, Hausschmieden, Niederlagen von Salz und anderen ätzenden, vor allem chemischen Stoffen, Getreide- und Strohdiemen sind heute durch **öffentlich-rechtliche Vorschriften**, vor allem in den Landesbauordnungen, ersetzt worden (vgl DEHNER, Nachbarrecht im Bundesgebiet [ohne Bayern] B § 18; MEISNER/RING/GÖTZ, Nachbarrecht in Bayern § 15).

Von den **neueren Landesnachbarrechtsgesetzen** hat nur das Nachbarrechtsgesetz **Baden-Württemberg** eine entsprechende Vorschrift in § 6 (Abstand schadendrohender und störender Anlagen) aufgenommen. Es werden ein solcher Grenzabstand und solche Vorkehrungen verlangt, daß die Anlagen den Nachbarn nicht schädigen.

Die Aufstellung von **Bienenstöcken** wird nicht unter die störenden Anlagen gerechnet. Während aber PrALR I 9 § 118 jedermann gestattete, auf seinem Eigentum Bienen zu halten, werden diese heute im Hinblick auf das nachbarliche Gemeinschaftsverhältnis unter die **von § 906 Abs 1 S 1 BGB erfaßten Einwirkungen auf das Nachbargrundstück** gerechnet, so daß ihre Aufstellung nur bei Ortsüblichkeit zulässig ist (vgl LG Mannheim RdL 1983, 41; LG Ellwangen NJW 1985, 2339; LG Memmingen NJW-RR 1987, 530 [= MDR 1988, 54]; OLG Celle AgrarR 1990, 198; OLG Hamm RdL 1990, 11; BGHZ 117, 110 [= LM § 833 BGB Nr 21 = NJW 1992, 1389 = MDR 1992, 482 = RdL 1992, 96]; vgl zum ganzen auch KÜSTLER, Bienenhaltung und Recht, RdL 1983, 32).

Soweit die **Landesnachbarrechte keine Vorschriften** bezüglich störender Anlagen enthalten, wirkt die Rechtsprechung den Störungen durch eine weite **Anwendung**

von § 906 Abs 1 BGB im Hinblick auf das nachbarliche Gemeinschaftsverhältnis entgegen (vgl zB OLG Hamburg, MDR 1969, 576 [Entfernung einer störenden Reklametafel vom Nachbargrundstück]).

10. Aufschichten von Holz, Steinen u dgl, Errichten von Heu-, Stroh- und Komposthaufen sowie ähnlicher Anlagen, Aufstellen von Gerüsten

31 Einige Nachbarrechte fordern für das Aufschichten von (Brenn-)Holzstapeln, die Errichtung insbesondere von Komposthaufen und das Aufstellen von anderen als Baugerüsten einen Mindestabstand von der Grenze, um daraus möglicherweise für den Grundstücksnachbarn entstehende Gefahren oder Belästigungen gering halten zu können. Soweit solche Eigentumsbeschränkungen nicht ausdrücklich bestimmt sind, kann eine Beseitigungspflicht auch nicht unter entsprechender Heranziehung der fensterrechtlichen Vorschriften begründet werden (LG Nürnberg-Fürth RdL 1956, 47).

32 b)   Derartige nachbarrechtliche Eigentumsbeschränkungen bestehen in:

– **Baden-Württemberg**: 2. Abschnitt des NRG BW: Aufschichtungen und Gerüste (§ 8).

– **Brandenburg**: Abschnitt 7 des Bbg NRG: Aufschichtungen und sonstige Anlagen (§ 27).

– **Nordrhein-Westfalen**: IX. Abschnitt des NachbG NRW: Bodenerhöhungen, Aufschichtungen und sonstige Anlagen (§ 31 Aufschichtungen und sonstige Anlagen).

– **Sachsen**: § 18 des SächsNRG (Grenzabstand von Aufschichtungen).

11. Einfriedung (Zäune etc) an der Grenze

33 a)   Ein beliebter Streitpunkt unter Nachbarn ist die Frage der **Einfriedung zur Scheidung der benachbarten Grundstücke von einander**, aber auch deren Ausgestaltung. In erster Linie sind diese Fragen heute in den **Landesbauordnungen** geregelt. Diese enthalten aber in der Regel nur eine **eingeschränkte Einfriedungspflicht** im öffentlichen Interesse zur Vorbeugung vor Gefahren, die von einem offenen Zugang der Grundstücke zu öffentlichen Straßen und sonstigen öffentlichen Einrichtungen drohen könnten, überlassen es aber sonst dem Bauherrn, ob er eine Einfriedung zu den benachbarten privaten Grundstücken errichten will. Beabsichtigt er dies freilich, so stellen die Landesbauordnungen in der Regel selbst an Einfriedungen, die keine baulichen Anlagen darstellen, gestalterische Anforderungen; die Gemeinden sind zudem regelmäßig ermächtigt, in **örtlichen Bauvorschriften** zusätzliche Regelungen zur Notwendigkeit und Ausgestaltung von Einfriedungen zu treffen (vgl zB Art 9, 91 Abs 1 Nr 4 Bayer Bauordnung idF der Bek vom 4. 8. 1997, BayGVBl 433, zuletzt geändert durch Ges vom 8. 3. 2005, BayGVBl 69). Davon haben die Gemeinden in unterschiedlichem Maße, insbesondere auch im Sinne einer generellen Einfriedungspflicht, Gebrauch gemacht.

Die meisten **Landesnachbarrechte** haben daneben aber **auch privatrechtliche Vor-**

schriften über Einfriedungen getroffen, um dem Nachbarn auch einen selbst durchsetzbaren Anspruch auf derartige Schutzvorkehrungen zu geben. Soweit allerdings keine Vorschriften im Nachbarrecht enthalten sind, besteht nach Zivilrecht keine Verpflichtung zur Einfriedung; diese ergibt sich insbesondere nicht aus dem nachbarrechtlichen Gemeinschaftsverhältnis.

Da in den landesrechtlichen Einfriedungsvorschriften regelmäßig ein Grenzabstand – sei es auch nur als neben der Grenze zu errichten – vorgeschrieben wird, tritt eine **Kollision** mit den Grenzeinrichtungen **nach § 921 BGB nicht** ein. Die dort geregelten Grenzanlagen, zu denen auch Mauern, Planken oder andere (Einzäunungs-)Einrichtungen gehören können, setzen nämlich voraus, daß sie auf der Grenze stehen und daher dem beiderseitigen Vorteil und der beiderseitigen Benutzung dienen (vgl näher BGH NJW 1964, 1221; 1977, 1447; STAUDINGER/ROTH [2002] § 921 BGB Rn 5 ff; 58).

b) Generell können **Einfriedungen aus totem Material** (Baustoffen) in Gestalt von 34 Mauern oder Zäunen hergestellt werden oder mit Hilfe von Anpflanzungen. Hier sollen zunächst die **landesnachbarrechtlichen Vorschriften** über sog tote Einfriedungen betrachtet werden (zu den Anpflanzungen vgl unten Rn 35 f).

– **Baden-Württemberg**: NRG BW § 11 (Grenzabstand für tote Einfriedungen); § 19 (Verhältnis zu landwirtschaftlich nicht genutzten Grundstücken); § 21 (Verhältnis zu Wegen, Gewässern und Eisenbahnen); § 22 (Feststellung der Abstände); § 7 Abs 4 (Einfriedung bebauter Grundstücke im Außenbereich).

Vgl zu § 11: Eine baurechtlich zulässige verglaste Pergola, die an der Grundstücksgrenze errichtet worden ist, muß der Eigentümer nicht deshalb verändern, weil der Nachbar dies nach § 11 Abs 2 NRG BW wegen Nichteinhaltung des Grenzabstands verlangen kann; insoweit haben die baurechtlichen Vorschriften Vorrang: AG Nürtingen NJW-RR 1986, 504 (= MDR 1986, 57).

– **Berlin**: VII. Abschnitt des NachbG Bln: Einfriedung (§ 21 Einfriedungspflicht; § 22 Ausnahmen von der Einfriedungspflicht; § 23 Beschaffenheit [ortsübliche Einfriedung]; § 24 Standort [keine Abstandspflicht]; § 25 Kosten der Errichtung; § 26 Benutzung und Kosten der Unterhaltung).

Vgl zu § 21: Zur gemeinsamen Einfriedungspflicht einer gemeinsamen Grundstücksgrenze bei einem Hammergrundstück nach § 21 Nr 5 NachbG Bln; § 21 Nr 2 NachbG Bln enthält keine über § 21 Nr 1 NachbG Bln hinausgehende Einfriedungspflicht: AG Berlin-Schöneberg, Grundeigentum 1990, 1093.

Zu § 23: In Berlin gibt es mehrere ortsübliche Arten von Einfriedungen zur Wahl; bei Nichteinigung der Nachbarn darf nur ein Maschendrahtzaun errichtet werden: AG Berlin-Wedding, Grundeigentum 1996, 679. Kein Beseitigungsanspruch des Nachbarn gegenüber Rohrmattenzaun als ortsunüblich an der rückwärtigen Grundstücksgrenze: LG Berlin MDR 1968, 52.

– **Brandenburg**: Abschnitt 8 des Bbg NRG: Einfriedung (§ 28 Einfriedungspflicht; § 29 Anzeigepflicht; § 30 Ausnahmen von der Einfriedungspflicht; § 31 Einfriedungspflicht des Störers; § 32 Beschaffenheit [ortsübliche Einfriedung]; § 33 Standort; § 34 Kosten der Errichtung; § 35 Benutzung und Kosten der Unterhaltung).

– **Hessen**: IV. Abschnitt des HessNachbRG: Einfriedung (§ 14 Errichtung [Abs 2: entlang der Grenze]; § 15 Beschaffenheit [ortsüblicher Zaun]; § 16 Abstand von der Grenze [für andere Grundstücke als Bauland]: § 17 Kosten der Errichtung; § 18 Kosten der Unterhaltung; § 19 Ausnahmen).

Vgl zu § 14: Ein einheitliches Grundstück ist auch dann bebaut und nach § 14 Abs 1 Hess-NachbRG an der Grundstücksgrenze einzufrieden, wenn das Gebäude in größerer Entfernung zur Grundstücksgrenze steht; ein Zaun an der Grenze ist auch dann notwendig, wenn eine vorhandene niedrige Mauer das unbefugte Betreten des Grundstücks nicht verhindern kann: LG Kassel ZMR 1999, 713 (mit Anm Both aaO 715). Die ortsübliche Einfriedung ist auf der Grundstücksgrenze zu errichten; dadurch entstehende gewisse Beeinträchtigungen der Nutzungsmöglichkeit der Grundstücke sind zu dulden: AG Königstein/Ts NZM 2001, 112. Jeder Nachbar ist berechtigt, die zur Erhaltung einer Grenzeinrichtung (Einzäunung) notwendigen Maßnahmen auch ohne Zustimmung des anderen zu treffen: AG Kassel ZMR 1976, 139.

Vgl zu § 15: Ein bis zu 2,8 m hoher Sichtblendenzaun, der in 40 cm Abstand von der Grundstücksgrenze verläuft, ist auf Verlangen des Nachbarn bis auf die Höhe der üblichen Grundstückseingrenzung zurückzuführen: OLG Frankfurt/Main NJW-RR 1988, 403. Ein eigenmächtig direkt hinter einem vorhandenen Maschendraht-Grenzzaun gesetzter (höherer) Holzgeflechtzaun beeinträchtigt (als nicht ortsüblich) das nachbarliche Grundstückseigentum unzulässig und ist auf Verlangen des Nachbarn deshalb zu beseitigen: OLG Frankfurt/Main OLG-Rp Frankfurt/Main 1992, 71.

– **Niedersachsen**: VI. Abschnitt des NdsNachbRG: Einfriedung (§ 27 Einfriedungspflicht [an der Grenze]; § 28 Beschaffenheit der Einfriedung [Ortsübung]; § 29 Einfriedungspflicht des Störers; § 30 Gemeinsame Einfriedung auf der Grenze; § 31 Abstand von der Grenze [bei landwirtschaftlich genutzten Grundstücken]; § 32 Ungewöhnlich hohe Einfriedung; § 33 Ausschluß des Beseitigungsanspruchs; § 34 Kosten; § 35 Errichtungskosten in besonderen Fällen; § 36 Benutzung und Unterhaltung der gemeinschaftlichen Einfriedung; § 37 Anzeigepflicht).

Vgl zu § 27: Aus den Vorschriften des NdsNachbRG kann kein nachbarrechtlicher Beseitigungsanspruch für Einfriedungen abgeleitet werden, die ein Grundstückseigentümer aus eigenem Entschluß und ohne gesetzliche Verpflichtung auf seinem Grundstück errichtet: LG Hannover NJW-RR 1991, 405.

Vgl zu § 28: Pflicht zur Ersetzung einer vor Inkrafttreten des NdsNachbRG errichteten, nicht ortsüblichen Einfriedung durch eine ortsübliche auf Verlangen des Nachbarn: OLG Braunschweig NdsRpfl 1969, 86 (= RdL 1969, 135). Zur Ortsüblichkeit von Einfriedungen (Asbestplatten) und zur ortsüblichen Höhe: LG Braunschweig, NdsRpfl 1969, 87. Eine ortsübliche Einfriedung kann der Nachbar nur verlangen, wenn er überhaupt einen Anspruch auf Einfriedung hat: OLG Celle NdsRpfl 1975, 169. Die ortsübliche zulässige Höhe von Grundstückseinfriedungen richtet sich auch zivilrechtlich nach § 12a Abs 2 Nr 1 NdsBauO, nicht nach § 28 NdsNachbRG: LG Lüneburg NdsRpfl 1989, 235. § 28 NdsNachbRG gibt einen Anspruch auf Beseitigung eines mehr als 1,20 m hohen Holzflechtzaunes nur, wenn dieser nach Art und Beschaffenheit nicht der Ortsübung entspricht; bei uneinheitlicher Ortsübung genügt das Vorhandensein von 6% vergleichbarer Zäune zur Ortsüblichkeit: LG Hildesheim NdsRPfl 1997, 225. Zur Frage der Ortsüblichkeit für Einfriedungen, die in einem erst im Entstehen begriffenen Neubaugebiet, das die Bebauung noch nicht prägt, zu errichten sind: LG Lüneburg NdsRPfl 2000, 72.

Vgl zu § 32: Die Frage der höchstzulässigen Höhe einer Einfriedung, die ein Grundstückseigentümer auf seinem Grundstück an dessen Grenze errichten will, ist in § 32 NdsNachbRG geregelt; aus § 28 NdsNachbRG ergibt sich insoweit keine Beschränkung. Neben dem Beseitigungsanspruch nach § 33 Abs 1 NdsNachbRG ist auch ein Beseitigungsanspruch wegen Verletzung des § 12 Abs 4 iVm § 7 NdsBauO 1973 nach § 823 Abs 2 BGB begründet: BGH LM NdsNachbarrechtsG Nr 2 (= MDR 1978, 564).

– **Nordrhein-Westfalen**: X. Abschnitt des NachbG NRW: Einfriedungen (§ 32 Einfriedungspflicht auf Verlangen des Nachbarn; § 33 Einfriedungspflicht des Störers; § 34 Ausnahmen; § 35 Beschaffenheit [ortsüblich]; § 36 Standort der Einfriedung [idR entlang der Grenze]; § 37 Kosten der Errichtung; § 38 Kosten der Unterhaltung; § 39 Ausnahmen).

Vgl zu § 32: Wer gegen den Eigentümer des Nachbargrundstücks Anspruch auf Einfriedung nach § 32 Abs 1 S 1 NachbG NRW hätte, ist nicht verpflichtet, die Errichtung einer Einfriedung auf der gemeinsamen Grenze nach § 36 Abs 1 NachbG NRW zu dulden, wenn er das Einfriedungsverlangen nicht gestellt hat: BGH LM § 1004 BGB Nr 227 (= BGHR Art 124 EGBGB 1986 Grenzeinrichtung 1 = NJW-RR 1997, 16 = MDR 1997, 138). Wer gegen den Eigentümer des Nachbargrundstücks nach § 32 Abs 1 NachbG NRW Anspruch auf Einfriedung hat, kann verlangen, daß nicht neben eine solche Einfriedung eine weitere, andersartige gesetzt wird, welche diese in ihrem ortsüblichen Erscheinungsbild völlig verändert: BGHZ 73, 272 (= NJW 1979, 1408 = MDR 1979, 566 = AgrarR 1979, 253); dem folgend LG Hagen AgrarR 1993, 122. Zur Zulässigkeit einer Sichtschutzwand zwischen zwei in Sondernutzung befindlichen Gartenflächen einer Wohnungseigentumsanlage; neben einem Grenzzaun darf nicht eine nicht verlangte weitere Einzäunung (Sichtblende) errichtet werden, auch wenn eine solche in der weiteren Nachbarschaft üblich ist: OLG Köln OLG-Rp Köln 1998, 195 (=NZM 1999, 178).

Vgl zu § 33: Unzumutbare Beeinträchtigungen iSd § 33 NachbG NRW gehen von einem Grundstück nur dann aus, wenn sie nicht durch dessen Zustand und/oder bestimmungsgemäße Nutzung verursacht werden und den Eigentümer eine Verantwortlichkeit als „Untätigkeitsstörer" trifft. Wer nach § 32 Abs 1 NachbG NRW selbst einfriedungspflichtig ist, muß sich nach § 37 Abs 1 NachbG NRW an den Kosten einer gesetzmäßigen Einfriedung auch dann beteiligen, wenn vom Nachbargrundstück unzumutbare Beeinträchtigungen ausgehen: OLG Düsseldorf NJW-RR 1990, 1100 (= MDR 1990, 722).

Vgl zu § 35: Zur Ortsüblichkeit einer Einfriedung in einer Reihenhausanlage auch für Reihenhausgrundstücke in Randlage: OLG Köln OLGZ 1993, 328 (= OLG-Rp Köln 1993, 18 = ZMR 1993, 78). Der Grundstückseigentümer kann die Beseitigung oder Abänderung einer bereits vorhandenen Einzäunung jedenfalls dann verlangen, wenn sich nur unter dieser Voraussetzung sein nachbarrechtlicher Anspruch nach §§ 32, 35 Abs 1 NachbG NRW auf eine ortsübliche und von der bisherigen in ihrem Erscheinungsbild wesentlich abweichende Einfriedung verwirklichen läßt: BGH NJW 1979, 1409 (= MDR 1979, 655 = ZMR 1979, 277 = AgrarR 1979, 338). Ist eine früher von einem Nachbarn einseitig errichtete ortsübliche Einzäunung derart verrottet, daß sie durch eine neue Einrichtung ersetzt werden muß, so genießt der benachbarte Grundstückseigentümer keinen Schutz mehr vor einer optischen Beeinträchtigung durch eine neue andersartige, aber ebenfalls ortsübliche Einrichtung (Holzflechtzaun), die der Nachbar auf seinem Grundstück errichtet: OLG Köln OLGZ 1993, 89 (= OLG-Rp Köln 1992, 256). Nach §§ 35, 50 NachbG NRW kann ein Nachbar die Beseitigung eines nicht ortsüblichen häßlichen Grenzzauns (1,6 m hohe Welleternitplatten) verlangen. Die für das Bundesrecht abweichende Rechtsprechung des BGH

Karl-Dieter Albrecht

(BGHZ 51, 396; 54, 56) steht dem nicht entgegen: OLG Hamm NJW 1975, 1035 (m abl Anm DEHNER NJW 1975, 1972) = MDR 1975, 664. Der Grundstückseigentümer kann die Beseitigung einer auf dem Nachbargrundstück errichteten Einfriedung verlangen, wenn diese nach ihrer Beschaffenheit (hier: eine 2 m hohe Mauer) das Erscheinungsbild der gemäß §§ 32 Abs 1, 35 Abs 1 NachbG NRW geforderten ortsüblichen Einfriedung (hier: eine 1 m hohe Hecke) erheblich stören würde. Zur Beurteilung der Ortsüblichkeit einer Grundstückseinfriedung. Hat der Eigentümer von sich aus – und nicht nach Maßgabe des § 32 Abs 1 NachbG NRW – sein Grundstück eingefriedet, ohne das Einverständnis des Nachbarn einzuholen, so kann er dessen später geltend gemachten Anspruch auf Herstellung der nach § 35 Abs 1 NachbG NRW gebotenen ortsüblichen Einfriedung nicht entgegenhalten, die schon vorhandene Einfriedung sei bei ihrer Errichtung noch nicht ortsunüblich gewesen: BGH LM § 1004 BGB Nr 203 (= NJW 1992, 2569 = MDR 1992, 1153 = RdL 1992, 207)

Vgl zu § 36: An bestehenden Einfriedungsanlagen sind größere Reparaturarbeiten nur dann als Ersetzung der Einfriedung durch eine andere im Sinne des § 36 Abs 5 NachbG NRW anzusehen, wenn die Zaunanlage zuvor infolge altersbedingten Verfalls funktionsuntüchtig geworden war: LG Bielefeld RdL 1991, 21. Ist eine auf der Grenze zu errichtende Einfriedung von Nachbargrundstücken nach § 36 Abs 1 S 1 NachbG NRW gesetzlich vorgeschrieben, so kann ein Nachbar einen ganz auf seinem Grundstück angebrachten Zaun beliebig entfernen. Die Ortsüblichkeit einer Einfriedung bestimmt sich nach den Verhältnissen innerhalb des jeweiligen Wohngebiets: LG Bochum NJW-RR 1992, 913 (= MDR 1992, 677).

– **Rheinland-Pfalz**: IX. Abschnitt des NachbRG Rh-Pf: Einfriedungen (§ 39 Einfriedungspflicht [ortsübliche Einfriedung]; § 40 Kosten der Einfriedung; § 41 Anzeigepflicht; § 42 Grenzabstand von Einfriedungen [gegenüber landwirtschaftlich genutzten Grundstücken]).

– **Saarland**: X. Abschnitt des SaarlNachbRG: Einfriedungen (§ 43 Einfriedungspflicht [ortsübliche Einfriedung]; § 44 Kosten der Einfriedung; § 45 Anzeigepflicht; § 46 Grenzabstand von Einfriedungen [gegenüber landwirtschaftlich genutzten Grundstücken]).

– **Sachsen**: 2. Abschnitt des SächsNRG: Einfriedungen (§ 4 Einfriedungsrecht [auch nicht ortsübliche möglich]; § 5 Kosten; § 6 Kostentragungspflicht des Störers; § 7 Abstand von der Grenze [für landwirtschaftlich genutzte Grundstücke]; § 8 Ausschluß des Beseitigungsanspruchs).

– **Sachsen-Anhalt**: Abschnitt 7 des NbG LSA: Einfriedung der Grundstücke (§ 22 Einfriedungspflicht; § 23 Anforderungen an Grundstückseinfriedungen [ortsüblich]; § 24 Standort der Einfriedung [an der Grenze]; § 25 Gemeinsame Einfriedung; § 26 Ausnahmen; § 27 Anzeigepflicht; § 28 Beseitigungsanspruch).

Vgl zu § 28: Die Frist des § 28 NbG LSA ist auch dann anzuwenden, wenn die umstrittene Einfriedung vor Inkrafttreten des NbG LSA errichtet worden ist: LG Halle/Saale LKV 2003, 47.

– **Schleswig-Holstein**: Abschnitte X und XI des NachbG SchlH: Einfriedung bebauter oder gewerblich genutzter Grundstücke bzw landwirtschaftlich genutzter Grundstücke (§ 28 Allgemeine Einfriedungspflicht; § 29 Einfriedungspflicht des Störers; § 30 Standort der Einfriedung [entlang der Grenze]; § 31 Beschaffenheit der Einfriedung [ortsüblich]; § 32 Kosten der Errichtung und Unterhaltung; § 33 Ausschluß des Einfriedungsanspruchs; § 34 Ausnahmen; § 35 Einfriedungspflicht [für Weideland]; § 36 Gemeinsame Errichtung und Unterhaltung einer Einfriedung [für landwirtschaftlich genutzte Grundstücke]).

– **Thüringen:** IX. Abschnitt des ThürNachbRG: Einfriedungen (§ 39 Einfriedungspflicht [ortsübliche Einfriedung]; § 40 Kosten und Unterhaltung der Einfriedung; § 41 Anzeigepflicht; § 42 Grenzabstand von Einfriedungen [gegenüber landwirtschaftlich genutzten Grundstücken]).

12. Grenzabstand von Pflanzen (Bäumen, Sträuchern, Hecken uä)

a) Der **Hauptstreitpunkt** unter benachbarten Grundstückseigentümern ist die behauptete **Störung** des jeweiligen Nachbarn **durch Anpflanzungen** auf dem benachbarten Grundstück. Stehen diese nahe an der Grenze und wachsen sie mit der Zeit hoch, so kann dies, auch wenn sie zur Einfriedung dienen, zu einer Beeinträchtigung der Nachbarn sowohl in ihrer Aussicht vom Grundstück wie insbesondere in dessen Besonnung durch Schattenwurf und im freien Zugang von Zugluft führen. Des weiteren droht **neben** dem in § 910 BGB geregelten **Überhang** durch über die Grenze eindringendes **Wurzelwerk** und über die Grenze überhängende Zweige auch, daß **Laub und Nadeln** auf das Nachbargrundstück fallen und den Nachbarn dadurch in seinem Eigentumsrecht beeinträchtigen. **Sämtliche Landesnachbarrechte** enthalten daher **Vorschriften über die einzuhaltenden Grenzabstände für Anpflanzungen** und **Ansprüche auf Entfernung** der abstandswidrig angelegten Anpflanzungen, um dadurch die unvermeidbaren Beeinträchtigungen für beide Nachbarn erträglich zu machen. **35**

b) Soweit die Nachbarrechte dabei einen **Anspruch auf Beseitigung** der unter Verletzung des vorgeschriebenen Grenzabstands angepflanzten Bäume enthalten, ist allerdings zu beachten, daß dieser mit naturschutzrechtlichen Maßnahmen kollidieren kann, insbesondere mit Unterschutzstellungen der Bäume durch **Baumschutzsatzungen** der Gemeinden, die deren Fällen oder auch nur Zurückschneiden verbieten. Ein solches natur- oder landschaftsschutzrechtliches Verbot hindert die nachbarrechtliche Verpflichtung zum Zurückschneiden allerdings dann nicht, wenn es unter dem Vorbehalt der „Erhaltung der Ausschlagsfähigkeit der Bäume" steht und durch das verlangte Zurückschneiden die Ausschlagsfähigkeit erhalten bleibt (LG Osnabrück NuR 1991, 298 mit Bestätigung durch OLG Oldenburg NuR 1991, 299). Zur nur eingeschränkten Zulässigkeit des Schutzes nachbarstörender Bäume durch naturschutzrechtliche **Einzelanordnungen** vgl BayVGHE nF 54, 81 (= BayVBl 2001, 562). **36**

Ist andererseits eine **Befreiung** von dem Verbot im Einzelfall **möglich**, wird man von dem beseitigungspflichtigen Grundstückseigentümer verlangen müssen, sich diese zu besorgen, um seiner Verpflichtung nachkommen zu können. Aber auch der gestörte Nachbar kann sich um die Befreiung bemühen. Einen Rechtsanspruch auf Befreiung oder auch nur auf fehlerfreie Ermessensbetätigung enthalten die Baumschutzsatzungen dabei in der Regel nicht, sie dienen vielmehr allein dem öffentlichen Interesse an der Erhaltung des Baumbestandes (vgl auch OLG Köln OLG-Rp Köln 1997, 185 [= UPR 1998, 194]; anders aber VG Karlsruhe NuR 1984, 32). Deshalb hat der beseitigungspflichtige Grundstückseigentümer auch keine Klagebefugnis gegen eine dem Nachbarn erteilte Befreiung (BayVGH BayVBl 1989, 503; VGH BW NJW 1991, 3050 [= BWVPr 1991, 199]; VBlBW 1996, 217 [= BWVPr 1996, 164]; OVG Lüneburg NJW 1996, 3225 [= AgrarR 1997, 187]).

Ist eine **Befreiung nicht möglich**, ist strittig, wie sich dies auf den Beseitigungsanspruch des Nachbarn auswirkt. Insoweit wird teilweise angenommen, daß das baumschutzrechtliche Verbot den privatrechtlichen Anspruch auf Beseitigung (hier nach § 910 BGB für in das Nachbargrundstück eingedrungene Wurzeln) unberührt läßt und dem beseitigungsberechtigten Nachbarn nur im Verhältnis zur öffentlichen Gewalt die Durchsetzung seines Rechts verbietet, so daß der Beseitigungspflichtige keinen Schadensersatzanspruch wegen Verstoßes gegen das öffentlich-rechtliche Verbot durch den Selbsthilfe übenden Nachbarn hat (OLG Karlsruhe AgrarR 1988, 263 [= VBlBW 1988, 193]). Überzeugender geht demgegenüber ein anderer Teil der Rechtsprechung davon aus, daß auf Grund einer rechtswirksamen Baumschutzsatzung die von den Bäumen verursachten Beeinträchtigungen von allen, also auch von dem betroffenen Nachbarn, hingenommen werden müssen, da die Satzung ein § 903 BGB wirksam einschränkendes Gesetz sei. Ein **Beseitigungsanspruch steht dem Nachbarn daher nicht mehr zu** (LG Dortmund NuR 1987, 143; OLG Düsseldorf NJW 1989, 1807 [= MDR 1988, 776]; OLG Köln OLG-Rp Köln 1997, 185 [= UPR 1998, 194]; offengelassen bei OLG Hamm OLG-Rp Hamm 1993, 194). Statt dessen kann jedoch ein Anspruch auf Beschneidung der den Nachbarn störenden Äste bestehen, wenn die Baumschutzsatzung dies zuläßt (vgl OLG Köln aaO). An die Stelle des nicht mehr bestehenden Beseitigungsanspruchs kann aber ein Ausgleichsanspruch nach § 906 Abs 2 S 2 BGB treten, wenn der Beseitigungspflichtige insoweit eine Gefahrenlage geschaffen hat (BGHZ 160, 232 [= BGH-Rp 2005, 15 = NJW 2004, 3701 = MDR 2005, 141 = NZM 2004, 955]).

Darüber hinaus sind auch **andere naturschutzrechtliche Verbote** zu beachten, die einer Verpflichtung zur Beseitigung von Anpflanzungen entgegenstehen können, zB Verbote zum Schutz der Nist-, Brut- und Zufluchtstätten der Vogelwelt (vgl BayObLG BayVBl 1987, 284). Dies gilt auch für das Zurückschneiden von Hecken (vgl OLG Karlsruhe NVwZ-RR 2003, 109).

37 c) Andere **Rechtsfolgen** (außer der Beseitigungspflicht) **einzelner Beeinträchtigungsarten**, die – sei es durch abstandsgemäß erfolgte Anpflanzungen oder gar durch abstandswidrige – insbesondere durch deren Wurzelwerk verursacht werden, **regelt das landesrechtliche Nachbarrecht** dagegen **nicht**. Beeinträchtigungen und Schädigungen der Nachbarn, die hierdurch entstehen, fallen vielmehr unter die **allgemeinen nachbarrechtlichen Vorschriften des BGB** nach § 910 BGB (einschließlich dessen landesgesetzlicher Einschränkung auf Grund der Ermächtigung in Art 122 EGBGB; vgl dazu STAUDINGER/MAYER Art 122 EGBGB Rn 4 ff) sowie auf Grund des nachbarlichen Gemeinschaftsverhältnisses im Rahmen des § 906 BGB unter die Beseitigungs- und Schadensersatzverpflichtungen wegen rechtswidriger Eigentumsverletzung (vgl dazu zB BGH BGH-Rp 2004, 438 [= NJW 2004, 603 = NZM 2004, 154 = DWW 2004, 90]). Einem solchen Anspruch kann nicht entgegengehalten werden, daß nach dem Landesnachbarrecht (hier § 38 Nr 1 Buchst b HessNachbG bzw § 47 NachbG NRW) der Anspruch des Nachbarn auf Entfernung des Baumes, dessen Wurzeln schädigend in das Nachbargrundstück eingedrungen sind, nicht mehr durchgesetzt werden kann (BGH BGH-Rp 2004, 580 [= NJW 2004, 1035 = NZM 2004, 312]; OLG Düsseldorf NJW 1986, 2648 [= MDR 1986, 1029]).

d) **Nicht im Nachbarrecht** geregelt sind insbesondere auch die Rechtsfolgen des **38** **Laub- und Nadelfalls** auf das Nachbargrundstück. Diese Beeinträchtigung des nachbarlichen Eigentums fällt daher selbst bei Anpflanzungen, die die landesrechtlichen Abstandsvorschriften einhalten, unter den **Einwirkungsschutz nach § 906 Abs 1 S 1 BGB**. Die Rechtsprechung ist sich dabei allerdings einig, daß im Regelfall behauptete Störungen durch vom Nachbargrundstück herüberwehendes oder herüberfallendes Laub und Nadeln **nicht als Beeinträchtigung** im Sinne des § 906 Abs 1 S 1 BGB anzusehen sind und daher weder einen Anspruch auf Entfernung der Bäume noch auf Schadensersatz geben (vgl OLG Nürnberg RdL 1972, 36; LG Wiesbaden NJW 1979, 2617; OLG Stuttgart NJW 1986, 2768; OLG Düsseldorf MDR 1990, 245 [= RdL 1989, 322]; OLG-Rp Düsseldorf 1996, 1; BayObLG BayVBl 1992, 412; OLG Frankfurt/Main NJW-RR 1991, 1364; vgl auch die Erläuterungen bei STAUDINGER/ROTH [2002] § 906 BGB Rn 169 ff); etwas anderes gilt, wenn der Nachbar den nach Landesnachbarrecht vorgeschriebenen Grenzabstand für die Bäume nicht eingehalten hat (vgl BGHZ 157, 33 [= BGH-Rp 2004, 224 [mit Anm DÖREN 228] = NJW 2004, 1037 = RdL 2004, 76; zu Unkrautimmissionen auf das Nachbargrundstück vgl OLG Karlsruhe AgrarR 1972, 432).

e) Nachbarrechtliche Grenzabstandsvorschriften für Anpflanzungen finden sich **39** in folgenden **Landesnachbargesetzen**:

– **Baden-Württemberg**: 4. Abschnitt, Teil 1 des NRG BW: Abstände (§ 12 Hecken – Anspruch auf Zurückschneiden und Verkürzen; § 13 Spaliervorrichtungen; § 14 Rebstöcke in Weinbergen; § 16 Sonstige Gehölze [Sträucher, Bäume – Anspruch auf Verkürzung]; § 17 Hopfenpflanzungen; § 18 Begünstigungen von Weinbergen und Erwerbsgartenbaugrundstücken; § 19 Verhältnis zu landwirtschaftlich nicht genutzten Grundstücken im Außenbereich; § 20 Pflanzungen hinter geschlossenen Einfriedungen; § 21 Verhältnis zu Wegen, Gewässern und Eisenbahnen; Ufer- und Böschungsschutz; § 22 Feststellung der Abstände; § 25 Bäume an öffentlichen Wegen; § 26 Verjährung des Anspruchs; § 27 Vorrang von Festsetzungen im Bebauungsplan; § 33 Bestehende ... Spaliervorrichtungen, Pflanzungen ...).

Vgl zu § 13: § 13 NRG BW ist entsprechend auf Bambusanpflanzungen, die nach Art einer Hecke entlang der Grundstücksgrenze angepflanzt sind, anzuwenden, auch wenn Bambus biologisch nicht zu den Gehölzen, sondern zu den Gräsern gehört: AG Stuttgart RdL 1998, 131.

Zu § 16: Das Recht zum Zurückschneiden von Grenzsträuchern auf Grund eines Urteils gestattet nicht deren Verletzung oder Beseitigung: LG Mannheim ZMR 1978, 152. Zur Einhaltung des Grenzabstandes bei der Anpflanzung von Knöterichgewächsen und bei Ligusterbepflanzung: LG Konstanz VBlBW 1988, 489. Auf Bambusstauden an der Grenze ist die Abstandsvorschrift des § 16 NRG BW entsprechend anzuwenden: AG Schwetzingen NJW-RR 2000, 1468 (= NZM 2000, 984).

Zu § 20: Zur geschlossenen Einfriedung nach § 20 NRG BW, zum Weihnachtsbaum und zur zulässigen Höhe einer Hecke aus Fichten: OLG Karlsruhe Justiz 1976, 472.

Zu § 21: Zur Grenzabstandspflicht nach § 21 NRG BW bei der Anpflanzung von Straßenbäumen anläßlich der Einrichtung einer Fußgängerzone und zu den Beseitigungsansprüchen des Straßenanliegers: BVerwG VBlBW 1982, 43.

Karl-Dieter Albrecht

Zu § 25: Zur Beschränkung des nachbarrechtlichen Beseitigungsanspruchs durch § 25 NRG BW bei überragenden Zweigen: LG Heidelberg NJW 1967, 1917.

Zu § 26: Wird gegenüber einem aus dem NRG BW hergeleiteten Anspruch auf Beseitigung von Bäumen, die in vorschriftswidrigem Abstand zur Grundstücksgrenze gepflanzt worden waren, die Verjährungseinrede nach § 26 Abs 1 NRG BW erfolgreich erhoben, so steht dem beeinträchtigten Nachbarn auch kein Beseitigungsanspruch aus § 1004 BGB zu: LG Karlsruhe Justiz 1983, 254.

- **Bayern**: BayAGBGB Art 47 Abs 1 (Grenzabstand von Pflanzen); Art 48 (Grenzabstand bei landwirtschaftlichen Grundstücken); Art 49 (Messung des Grenzabstands); Art 50 (Ausnahmen vom Grenzabstand); Art 51 Abs 1, 4 (Ältere Gewächse); Art 52 (Verjährung der nachbarrechtlichen Ansprüche).

Vgl zu Art 47: Zum erforderlichen Baumabstand von der Gartentrennlinie zwischen Gartensondernutzungsflächen (Doppelhaus mit umgebenden Gärten) – entsprechende Anwendung von Art 71 BayAGBGB 1899 (= Art 47 BayAGBGB 1982): BayObLGZ 1982, 69; ebenso für Sondernutzungsflächen von Wohnungseigentümern: BayObLG NJW-RR 1987, 846; BayVBl 1987, 731(= ZMR 1988, 23 = AgrarR 1989, 133 = NuR 1989, 58); BayObLG-Rp 1999, 25 (= NZM 1999, 848). Da die gesetzlichen Bestimmungen über den Grenzabstand von Pflanzen in das grundgesetzlich geschützte Eigentumsrecht eingreifen, können sie nicht ausdehnend ausgelegt werden. Überschreiten Bäume im 2 m-Grenzstreifen zum Nachbargrundstück die zulässige Höhe von 2 m, so kann der Nachbar nicht ihre Beseitigung, sondern nur ihr Zurückschneiden auf die zulässige Höhe verlangen: AG Haßfurt NJW-RR 1988, 525.

Vgl zu Art 52: Die Verjährung des Anspruchs auf Einhaltung des Grenzabstandes für Hecken beginnt in Bayern mit dem Ablauf des Kalenderjahres, in dem bei einem Grenzabstand von mehr als 50 cm die zulässige Maximalhöhe von 2 m überschritten wird: AG Viechtach NJW-RR 1990, 401; ebenso LG Memmingen NJW-RR 1996, 1483. Die Verjährungsfrist nach Art 52 Abs 1 S 3 BayAGBGB läuft unabhängig von einem Wechsel in der Person des Berechtigten oder Verpflichteten: BayObLG BayVBl 1992, 412 (= AgrarR 1992, 312).

- **Berlin**: VIII. Abschnitt des NachbG Bln: Grenzabstände für Pflanzen (§ 27 Grenzabstände für Bäume und Sträucher; § 28 Grenzabstände für Hecken; § 29 Ausnahmen von den Abstandsvorschriften; § 30 Berechnung des Abstands; § 31 Beseitigungsanspruch; § 32 Ausschluß des Beseitigungsanspruchs; § 33 Ersatzanpflanzungen; § 34 Nachträgliche Grenzänderungen; § 35 Wild wachsende Pflanzen).

Vgl zu § 27: Da das PrALR für Bäume einen Mindestabstand zur Grenze des Nachbargrundstücks nicht bestimmte, kann die Beseitigung von Bäumen nicht verlangt werden, die zwar den nach § 27 Nr 1 NachbG Bln vorgesehenen Mindestabstand unterschreiten, aber bereits vor Inkrafttreten dieses Gesetzes gepflanzt worden waren: KG OLGZ 1977, 494.

Vgl zu § 31: Der Beseitigungsanspruch nach § 31 NachbG Bln setzt bei der Nichteinhaltung der für Anpflanzungen vorgeschriebenen Mindestabstände ein einseitiges Vorgehen des Eigentümers oder Nutzungsberechtigten voraus: KG BlGBW 1982, 217. Hält eine Hecke nicht den vorgeschriebenen Grenzabstand ein, hat der Nachbar nur einen Anspruch auf Beseitigung der Hecke; nur der Eigentümer kann statt dessen die Hecke freiwillig zurückschneiden. Der Beseitigungsanspruch ist ausgeschlossen, wenn der Nachbar das Überschreiten der zulässigen Höhe duldet und die Ausschlußfrist des § 32 NachbG Bln abgelaufen ist. Auch dann besteht kein Anspruch auf Zurückschneiden: KG KG-Rp 2000, 2 (=NJW-RR 2000, 160 = NZM 2000, 109).

– **Brandenburg**: Abschnitt 9 des Bbg NRG: Grenzabstände für Pflanzen (§ 37 Grenz-abstände für Bäume, Sträucher und Hecken; § 38 Ausnahmen von den Abstands-vorschriften; § 39 Beseitigungsanspruch; § 40 Ausschluß des Beseitigungsan-spruchs; § 41 Ersatzanpflanzungen; § 42 Nachträgliche Grenzänderungen; § 43 Wild wachsende Pflanzen).

– **Hessen**: XI. Abschnitt des HessNachbRG: Grenzabstände für Pflanzen (§ 38 Grenzabstände für Bäume, Sträucher und einzelne Rebstöcke; § 39 Grenzabstän-de für lebende Hecken; § 40 Abs 1, 2 Ausnahmen, insbesondere doppelte Ab-stände; § 41 Berechnung des Abstandes; § 42 Grenzabstand im Weinbau; § 43 Ausschluß des Beseitigungsanspruchs und Ersatzanpflanzungen; § 44 Nachträg-liche Grenzänderungen).

Vgl zu § 38: Jeder Nachbar kann die Zustimmung zur Beseitigung eines auf der Grundstücksgrenze stehenden Baumes verlangen. Ein Recht auf Verweigerung der Zustimmung läßt sich nicht aus den §§ 226, 242 BGB ableiten: AG Büdingen NJW 1980, 193.

Vgl zu § 39: Ist eine Hecke an der Grundstücksgrenze auf einem künstlichen Bauwerk (hier: auf einer 1,4 m hoch liegenden Terrasse) gepflanzt, so ist ihre Höhe, von der nach § 39 HessNachbRG der nachbarrechtlich vorgeschriebene Grenzabstand abhängt, vom natürlichen, nicht erhöhten Geländeniveau aus zu messen, nicht dagegen von der Erdoberfläche der Pflanzkübel: LG Wies-baden RdL 1981, 39. Zur Auslegung des § 39 Abs 1 HessNachbRG: BVerfG, NJW 1986, 575. Besteht eine Hecke aus Baumgehölzen wie Pappeln oder Fichten, dann liegt erst dann eine Hecke iSd § 39 HessNachbRG vor, wenn der notwendige Dichteschluß durch Beschneiden entsteht und eine Höhenbegrenzung und Seitenbegrenzung besteht: LG Limburg NJW 1986, 595; LG Kassel DWW 1987, 362. Neben dem Anspruch aus Nachbarrecht besteht kein allgemeiner Anspruch aus § 1004 BGB auf Versetzung einer Koniferenhecke, die ohne Einhaltung des erforderlichen Grenz-abstandes zum Nachbargrundstück angepflanzt wurde, da es an der erforderlichen Eigentums-beeinträchtigung fehlt; eine sog „negative" Einwirkung, zB durch verstärkten Schattenwurf, ist vom betroffenen Grundstücksnachbarn hinzunehmen: AG Wiesbaden NJW-RR 1991, 405. Die Abstandsregelungen des HessNachbRG sind nicht entsprechend anzuwenden auf Rankgerüste, an denen Kletterpflanzen emporwachsen: AG Königstein/Ts SchsZtg 2004, 230. Das Zurück-schneiden einer Hecke, die nach § 39 HessNachbRG einen zu geringen Grenzabstand einhält, kann unabhängig von einer konkreten Eigentumsbeeinträchtigung des Nachbarn nach § 1004 Abs 1 BGB iVm § 39 HessNachbRG verlangt werden. Der Lauf der Frist für eine Klage auf Rückschnitt einer Hecke, deren Grenzabstand durch Höherwachsen zu gering geworden ist, beginnt erst, wenn die möglicherweise bereits zu Beginn der Vegetationsperiode zu hoch gewach-sene Hecke nach Abschluß dieser Periode nicht binnen angemessener Frist, üblicherweise also bis Jahresende, zurückgeschnitten worden ist: OLG Frankfurt aM NJW-RR 1997, 657. Kein An-spruch auf Beseitigung einer heckenartigen Anpflanzung von Nordmannstannen im vorgeschrie-benen Grenzabstand, auch wenn diese schnell wachsen und später mit einer Höhe von 15 bis 20 m eine geschlossene und undurchsichtige Baumwand ergeben werden, die großen Schatten auf das Nachbargrundstück werfen wird: LG Gießen NJW-RR 2000, 1255.

Vgl zu § 43: Der Anspruch auf Beseitigung von Anpflanzungen, die geringere als die in §§ 38–42 HessNachbRG vorgeschriebenen Abstände einhalten, ist ausgeschlossen, wenn der Nachbar nicht binnen 5 Jahren Klage auf Beseitigung erhoben hat (§ 43 Abs 1 HessNachbRG): OLG Frankfurt OLG-Rp Frankfurt 1992, 90.

– **Niedersachsen**: XI. Abschnitt des NdsNachbRG: Grenzabstände für Pflanzen, ausgenommen Waldungen (§ 50 Grenzabstände für Bäume und Sträucher; § 51 Bestimmung des Abstandes; § 52 Ausnahmen; § 53 Anspruch auf Beseitigen oder Zurückschneiden; § 54 Ausschluß des Anspruchs auf Beseitigung oder Zurückschneiden; § 55 Bei Inkrafttreten des Gesetzes vorhandene Pflanzen – Außenbereich; § 56 Ersatzanpflanzungen; § 57 Nachträgliche Grenzänderungen).

Vgl zu § 53: In einer auf Zurückschneiden einer grenznahen Anpflanzung nach § 53 NdsNachbRG gerichteten Klage ist konkret anzugeben, welche Pflanzen auf welche Höhe zurückgeschnitten werden sollen: AG Varel NdsRpfl 1975, 288. Zum Anspruch des Nachbarn auf Zurückschneiden einer über 120 cm hohen Hecke: AG Bad Gandersheim NdsRpfl 1977, 106. Der Grundstückseigentümer kann vom Nachbarn das Zurückschneiden von Bäumen auf die nach § 50 Abs 1 NdsNachbRG zulässigen Höhenmaße auch dann verlangen, wenn der für die tatsächliche Höhe der Bäume vorgeschriebene Mindestabstand zur Grenze nur geringfügig unterschritten wird; der Anspruch des Nachbarn besteht unabhängig davon, ob die Bäume das Zurückschneiden überleben: OLG Celle NdsRpfl 1979, 11 (= RdL 1979, 26).

Vgl zu § 54: §§ 50 ff NdsNachbRG lassen die Rechte des Nachbarn wegen überhängender Zweige nach § 910 BGB auch dann unberührt, wenn der nachbarrechtliche Anspruch auf Zurückschneiden nach § 54 NdsNachbRG nicht mehr besteht: LG Osnabrück NuR 1991, 298 – bestätigt durch OLG Oldenburg NuR 1991, 299. Sehr strittig war, ob der Nachbar, der die Ausschlußfrist des § 54 NdsNachbRG versäumt hat, damit alle Rechte verliert und die Pflanzen in beliebiger Höhe bis zum Ende deren Wachstums dulden muss oder wenigstens ein Zurückschneiden sei es auf die Höhe zum Zeitpunkt der Klageerhebung (so zB AG Winsen/Luhe NdsRPfl 1999, 317), sei es auf die Höhe 5 Jahre vor Klageerhebung (so vor allem OLG Celle AgrarR 1993, 154 [= NuR 1992, 499]; AG Göttingen NdsRPfl 1999, 292 [= RdL 2000, 246]) weiter verlangen kann. Die Frage wurde jetzt durch den BGH dahingehend entschieden, daß im allgemeinen nach Versäumung der Frist auch kein Anspruch auf Zurückschneiden auf eine früher zulässige Höhe mehr besteht; etwas anderes gilt, wenn ausnahmsweise für den Nachbarn durch die Höhe der Bäume ungewöhnlich schwere und nicht mehr hinzunehmende Beeinträchtigungen entstehen, auf Grund des nachbarlichen Gemeinschaftsverhältnisses, das dann einen billigen Ausgleich der gegenseitigen Interessen dringend gebieten kann. Dazu genügen Beeinträchtigungen für den Lichteinfall sowie Nadel- und Zapfenfall auf das Nachbargrundstück generell nicht. Allerdings kann dem beeinträchtigten Nachbarn für den erhöhten Reinigungsaufwand auf seinem Grundstück ein nachbarrechtlicher Ausgleichsanspruch analog § 906 Abs 2 S 2 BGB zustehen: BGHZ 157, 33 (= BGH-Rp 2004, 224 [mit Anm DÖREN] = NJW 2004, 1037 = RdL 2004, 76 = DWW 2004, 58 = AUR 2004, 302); BGHZ 158, 37 (= BGH-Rp 2004, 908 = NJW 2004, 1666 = DWW 2004, 126); so schon LG Lüneburg NdsRPfl 2000, 168.

– **Nordrhein-Westfalen**: XI. Abschnitt des NachbG NRW: Grenzabstände für Pflanzen (§ 41 Grenzabstände für bestimmte Bäume, Sträucher und Rebstöcke; § 42 Grenzabstände für Hecken; § 43 Verdoppelung der Abstände; § 45 Ausnahmen; § 46 Berechnung des Abstandes; § 47 Ausschluß des Beseitigungsanspruchs; § 48 Nachträgliche Grenzänderungen).

Vgl zu § 41: Der Käufer eines Grundstücks kann die Entfernung eines Baumes, der nicht den notwendigen Abstand von der Grenze hat, verlangen, auch wenn der Voreigentümer sich mit dieser Bepflanzung einverstanden erklärt oder sie stillschweigend geduldet hat: AG Düsseldorf MDR 1973, 408. Die derzeitige gesetzliche Regelung des § 41 NachbG NRW hat zur Grundlage, daß die Unterschreitung gewisser Grenzabstände im Laufe der Jahre im Regelfall zwangsläufig eine Beeinträchtigung des Nachbarn durch Schattenbildung, Laubfall etc mit sich bringt und daher das Beseitigungsbegehren an die bloße Tatsache der unterbliebenen Einhaltung der gesetzlich zwingend vorgeschriebenen Abstände anknüpfen kann. Die Entscheidung, ob § 41 NachbG NRW in Zeiten zunehmend geringerer Grundstücksgrößen noch praktikabel ist, muß dem Gesetzgeber überlassen bleiben. Für eine „verfassungskonforme" Auslegung dieser Vorschrift ist insofern kein Raum. Insbesondere kann in § 41 NachbG NRW nicht generell das im Gesetz nicht vorgesehene Erfordernis einer konkreten Beeinträchtigung des Nachbarn hineingelesen werden: LG Duisburg, AgrarR 1983, 252. Der Umstand, daß bei starken Windböen von einer 60 Jahre alten Pappel „gesunde" Äste abbrechen können, begründet keinen Anspruch auf Beseitigung des grenznah gepflanzten Baums. Der Grundstückseigentümer hat einen Anspruch auf Beseitigung von Wurzeln, die in sein Grundstück hineingewachsen sind, wenn dies zu einer konkreten Beeinträchtigung seines Grundstücks führt: OLG Köln NJW-RR 1989, 1177 (= AgrarR 1990, 202). Zum Streit, ob ein Baum „stark wachsend" im Sinne des § 41 Abs 1 Nr 1 Buchst a NachbG NRW ist, vgl: Ob ein Baum als stark wachsend iSd § 41 Abs 1 Nr 1 Buchst a NachbG NRW zu beurteilen ist, richtet sich nicht nach seiner Wachstumsgeschwindigkeit, sondern nach der Höhe, die er an seinem jeweiligen Standort erreichen kann: LG Arnsberg AgrarR 1987, 58 Die Serbische Fichte ist kein stark wachsender Baum: LG Arnsberg AgrarR 1987, 58; aA AG Höxter AgrarR 1986, 204. Rotfichten sind stark wachsende Bäume iSd § 41 Abs 1 Nr 1 Buchst a NachbG NRW, Hemlocks-Tannen übrige Bäume nach § 41 Abs 1 Nr 1 Buchst b NachbG NRW: AG Höxter AgrarR 1986, 204. Die Pyramidenhainbuche ist ein stark wachsender Baum, für den nach § 41 Abs 1 Nr 1 Buchst a NachbG NRW ein Grenzabstand von 4 m vorgeschrieben ist: AG Neuss ZMR 1990, 388 (= DWW 1991, 27). Magnolien sind ein stark wachsendes Laubziergehölz; im Rahmen des § 14 Nr 1 WEG sind die nachbarrechtlichen Normen mit zu berücksichtigen: OLG Hamm NJW-RR 2003, 230 (= NZM 2003, 156 = ZMR 2003, 371). Der Beseitigungsanspruch bei Nichteinhaltung des Grenzabstands nach § 41 NachbG NRW umfaßt auch die Beseitigung von Baumstümpfen und Wurzeln nachbarrechtswidrig angepflanzter Bäume ohne Rücksicht darauf, ob von diesen Beeinträchtigungen ausgehen: LG Bielefeld NJW-RR 2002, 525 (= NZM 2002, 407). Zum Beseitigungsanspruch für einen den Grenzabstand einhaltenden, aber altersschwach gewordenen Baum, der auf das Nachbargrundstück zu stürzen droht: BGH BGH-Rp 2003, 718 (=NJW 2003, 1732 = NZM 2003, 453 = ZMR 2004, 18 = RdL 2003, 185). Im Rahmen des Gemeinschaftsverhältnisses der Wohnungseigentümer einer Wohnungseigentumsanlage können die Vorschriften des landesrechtlichen Nachbarrechts für die Grenzabstände von Anpflanzungen als Mindestvorgaben herangezogen werden; die Ausschlußfrist des § 47 NachbG NRW ist aber nicht entsprechend anwendbar: OLG Köln OLG-Rp Köln 1996, 233 (= NJW-RR 1997, 14 = ZMR 1997, 47); OLG Hamm OLG-Rp Hamm 2003, 61 (= NJW-RR 2003, 230 = NZM 2003, 156 = ZMR 2003, 372).

Vgl zu § 42: Wer zur Heckenbildung geeignete Bäume oder Sträucher zum Zwecke der Heckenbildung und in einer Weise pflanzt, die die Einhaltung der durch §§ 42, 46 NachbG NRW festgelegten Grenzabstände ermöglicht, braucht nicht die in § 41 vorgeschriebenen Grenzabstände einzuhalten. Der Beseitigungsanspruch des Nachbarn (§§ 42, 50 NachbG NRW, 1004 BGB) entsteht in diesem Fall erst, sobald infolge des Heckenwachstums ein nachbarrechtswidriger Zustand eintritt. Die Ausschlußfrist des § 47 NachbG NRW beginnt mit dem Eintritt dieses Zustands: BGH LM NRW NachbarrechtsG Nr 5 (= MDR 1978, 565 = RdL 1978, 157). Der geforderte Rechtswidrigkeitszusammenhang zwischen dem Anpflanzen einer Eibenhecke an der

Karl-Dieter Albrecht

Grundstücksgrenze unter Verletzung der nachbarrechtlichen Abstandsvorschriften und dem Verenden von Rindern des Nachbarn infolge Abfressens von Eibenzweigen wird nicht dadurch beseitigt, daß der Nachbar das Anpflanzen der Eiben geduldet hatte: LG Aachen VersR 1984, 1098. Zum Schadensersatzanspruch bei rechtswidrigem Beschneiden einer den Grenzabstand einhaltenden Hecke durch den Nachbarn im Wege der Selbsthilfe: OLG Köln NZM 2000, 108.

Vgl zu § 45: Der Nachbar einer Straße hat nach § 45 Abs 1 Buchst b NachbG NRW weder einen Anspruch, daß der Träger der Straßenbaulast die in sein Grundstück überwachsenden Äste und Wurzeln beseitigt noch einen Entschädigungsanspruch: OLG Hamm AgrarR 1981, 288 (**aA** BGH AgrarR 1979, 279; BGHZ 60, 235; LG Münster AgrarR 1982, 135). Es besteht keine rechtliche Verpflichtung des Straßenbaulastträgers, mit der Straßenbepflanzung einen bestimmten Abstand von der Grenze der Anliegergrundstücke einzuhalten (§ 45 Abs 1 Buchst b NachbG NRW), wenn auch ein gewisser Abstand mit Rücksicht auf das Recht der Eigentümer der Anliegergrundstücke, eingedrungenes Wurzel- oder herüberhängendes Astwerk abzuschneiden, zweckmäßig erscheinen mag. Dem Nachbarn steht auch kein Rechtsanspruch zu, daß eine Anpflanzung im Bereich des Straßenkörpers unterbleibt oder beseitigt wird, weil sie dem Nachbargrundstück das Sonnenlicht entzieht, Wurzeln oder Zweige hinüberragen, Blüten, Blätter oder Früchte hinüberfallen: LG Aachen AgrarR 1986, 214. Bei Anpflanzungen auf öffentlichen Verkehrswegen müssen nach § 45 Abs 1 Buchst b NachbG NRW Grenzabstände zu benachbarten Privatgrundstücken nicht eingehalten werden; dies ist verfassungsrechtlich nicht zu beanstanden. Etwas anderes gilt im Hinblick auf das nachbarliche Gemeinschaftsverhältnis nur bei krassen Beeinträchtigungen und einschneidenden Belastungen des Nachbarn oder willkürlichem Verhalten des Straßenbaulastträgers; regelmäßig mit der Anpflanzung einhergehende Nachteile wie Schattenwurf stellen keine solchen Nachteile dar. Es besteht auch kein öffentlich-rechtlicher Folgenbeseitigungsanspruch: OLG Düsseldorf OLG-Rp Düsseldorf 2001, 13 (= NZM 2001, 717 = ZMR 2001, 70 = DWW 2001, 64 = NVwZ 2001, 594).

Vgl zu § 47: Die Entziehung von Licht und Luft durch Bäume ist grundsätzlich nicht abwehrbar. Wenn Anpflanzungen bei Inkrafttreten des NachbG NRW (1. 7. 1969) einen geringeren Abstand hatten als es dieses Gesetz zuläßt, kann ein Beseitigungsanspruch gemäß § 47 NachbG NRW nach Ablauf von 6 Jahren seit Inkrafttreten des Gesetzes nicht mehr geltend gemacht werden: OLG Düsseldorf NJW 1979, 2618 (= AgrarR 1980, 139 = RdL 1980, 93). Die Vorschrift des § 47 Abs 1 NachbG NRW betrifft nur den Anspruch auf Beseitigung von Störungen (Überhang) vom Nachbargrundstück als vom Inhaber dieses Grundstücks zu erfüllende Verpflichtung, nicht aber das von den Regeln des landesrechtlichen Nachbarrechts nicht eingeschränkte, in § 910 Abs 1 BGB geregelte Selbsthilferecht des Nachbarn, von dem Nachbargrundstück herüberragende Zweige abzuschneiden und zu beseitigen: LG Aachen AgrarR 1987, 358. Der Anspruch auf Beseitigung oder Rückschnitt von Anpflanzungen auf dem Nachbargrundstück kann nicht allein auf den Entzug von Licht, Luft und Sonne durch die Bäume gestützt werden. Ein solcher Anspruch ergibt sich in der Regel auch nicht nach § 242 BGB aus dem Gesichtspunkt des nachbarrechtlichen Gemeinschaftsverhältnisses, weil das NachbG NRW eine abschließende Regelung hinsichtlich der einzuhaltenden Grenzabstände enthält. Werden die Grenzabstände des § 41 NachbG NRW nicht eingehalten, muß der Nachbar nach rügelosem Ablauf der Ausschlußfrist des § 47 NachbG NRW den hierdurch rechtmäßig gewordenen Zustand hinnehmen, wobei es für den Zeitpunkt des Ablaufs der Ausschlußfrist allein auf den Zeitpunkt der Anpflanzung und nicht auf den Zeitpunkt der Überschreitung einer gewissen Höhe ankommt: LG Dortmund AgrarR 1990, 208 (mit Anm BRELOER 209). Ist bei der Anpflanzung einer Hecke an der Grundstücksgrenze der vorgeschriebene Abstand nicht eingehalten worden, so kann der Nachbar verlangen, daß sie nach Heranwachsen auf den dann geltenden Abstand von 1 m versetzt oder unter 2 m gehalten wird, und zwar auch dann, wenn er den ursprünglich rechtswidrigen Zustand nicht innerhalb der sechsjährigen Ausschlußfrist bemängelt hatte. Die Frist für die Geltendmachung des Beseitigungsanspruchs beginnt nicht mit dem Zeitpunkt der Anpflanzung, sondern mit dem Überschreiten der zulässigen Höhe der Hecke: LG Münster NJW-RR 1991, 717 (= MDR 1990, 1118); vgl aber auch BGHZ 157, 33 (oben zu Niedersachsen).

Vgl zu § 48: § 48 NachbG NRW erfaßt jede Grenzänderung nach der Anpflanzung, auch aus der Zeit vor Inkrafttreten des NachbG NRW: LG Düsseldorf JMBl NW 1970, 143.

– **Rheinland-Pfalz**: XI. Abschnitt des NachbRG Rh-Pf: Grenzabstände für Pflanzen (§ 44 Grenzabstände für Bäume, Sträucher und einzelne Rebstöcke; § 45 Grenzabstände für Hecken; § 46 Ausnahmen; § 47 Berechnung des Abstandes; § 48 Grenzabstände im Weinbau; § 50 Abstände von Spaliervorrichtungen und Pergolen; § 51 Beseitigungsanspruch, Zurückschneidungsanspruch, Ausschluß der Ansprüche; § 52 Nachträgliche Grenzänderungen).

Vgl zu § 45: Anpflanzungen, die zunächst als Hecke angelegt und gepflegt waren, verlieren ihren Rechtscharakter als Hecke, wenn sie mangels Rückschnitts eine bestimmte Höhe überschreiten und dann nicht mehr als Hecke angesehen werden können, sondern nur noch als Baumreihe (hier: mehr als 3 m hohe Fichtenreihe). Wenn sie nicht den für Bäume bestimmten Grenzabstand einhalten, hat der Nachbar einen Beseitigungs- oder einen Zurückschneidungsanspruch auf 3 m: LG Zweibrücken MDR 1997, 1119. Auch auf Thujahecken, die mehr als 2 m hoch sind, findet nicht § 8 Abs 8 LBauO Rh-Pf, sondern nur § 45 NachbRG Rh-Pf Anwendung: OVG Koblenz BauR 2004, 1600.

Vgl zu § 46: Auch künstlich geschaffene Erhöhungen und Aufschüttungen fallen unter § 46 Abs 2 Nr 3 NachbRG Rh-Pf, so dass vor solchen Böschungen bei Erosions- oder Abrutschgefahr kein doppelter Grenzabstand eingehalten werden muss; es dürfen jedoch nur die die nachbarlichen Belange am wenigsten beeinträchtigenden Bäume und Sträucher angepflanzt werden: OLG Koblenz OLG-Rp Koblenz 2001, 504.

Vgl zu § 51: Auch wenn wegen Fristablaufs nach § 51 Abs 1 S 1 NachbRG Rh-Pf der Anspruch des Nachbarn auf Beseitigung von Anpflanzungen ausgeschlossen ist, kann dieser verlangen, dass eine grenznahe Hecke auf die zulässige Höhe zurückgeschnitten oder an den zulässigen Grenzabstand zurückversetzt wird: LG Trier MDR 2002, 149 (vgl aber oben BGHZ 157, 33 zum NdsNachbRG!).

– **Saarland**: XII. Abschnitt des SaarlNachbRG: Grenzabstände für Pflanzen (§ 48 Grenzabstände für Bäume, Sträucher und einzelne Rebstöcke; § 49 Grenzabstände für Hecken; § 50 Ausnahmen; § 51 Berechnung des Abstandes; § 52 Grenzabstände im Weinbau; § 54 Abstände von Spaliervorrichtungen und Pergolen; § 55 Ausschluß des Beseitigungsanspruchs; § 56 Nachträgliche Grenzänderungen).

Vgl zu § 49: Eine Hecke kann im Lauf der Zeit ihren Heckencharakter verlieren mit der Folge, daß der Nachbar einen Anspruch auf Rückschnitt der Pflanzen als Minus gegenüber dem Beseitigungsanspruch hat. Hecken müssen durch die Geschlossenheit der Pflanzenkörper unter sich und deren Verbund eine geschlossene, wandartige Formation darstellen. Hecken können auch bei Einhaltung des gesetzlichen Grenzabstandes nicht jede beliebige Höhe erreichen. Wenn eine Fichtenhecke eine Höhe von 4 bis 6 m erreicht, stellt sie keine Hecke mehr dar, so daß dann die Abstandsregelungen für Bäume gelten. Sie ist auf Verlangen des Nachbarn zu entfernen, wenn sie nicht auf eine Höhe von 3 m zurückgeschnitten wird. Die Ausschlußfrist hinsichtlich des Anspruchs auf Beseitigung oder Zurückschneiden von Pflanzen beginnt erst in dem Augenblick zu laufen, in dem der nachbarrechtswidrige Zustand eintritt: LG Saarbrücken MDR 1988, 777 (= NuR 1990, 46 = AgrarR 1989, 51 bzw 1991, 281). Eine im Abstand von 70 cm zu einem Nachbargrundstück gepflanzte Fichtenhecke stellt auch bei 4 m Höhe noch eine Hecke dar und muß auf 3 m Höhe zurückgeschnitten werden: LG Saarbrücken NJW-RR 1991, 406. Hecken nach § 49 SaarlNachbRG sind Schnitt- oder Formhecken, die regelmäßig geschnitten werden bzw aus Gewächsen bestehen, die ihrer Natur nach auf Dauer zu einer Form zusammenwachsen, die Heckencharakter hat. Die Verurteilung zu einer bestimmten Maßnahme der Störungsbeseitigung darf wegen der gegebenen Dispositionsbefugnis des Störers nur dann erfolgen, wenn feststeht, daß nur sie die Beseitigung der Störung gewährleistet: LG Saarbrücken NJW-RR 1992, 976.

– **Sachsen**: 3. Abschnitt des SächsNRG: Grenzabstände für Pflanzen (§ 9 Grenzabstände für Bäume und Sträucher; § 10 Grenzabstand zu landwirtschaftlichen Grundstücken; § 11 Grenzabstände im Weinbau; § 12 Ausnahmen; § 13 Bestimmung des Abstandes; § 14 Anspruch auf Beseitigung; § 15 Ausschluß des Anspruchs auf Beseitigung; § 16 Bestandsschutz).

– **Sachsen-Anhalt**: Abschnitt 10 des NbG LSA: Grenzabstände für Pflanzen (§ 34 Grenzabstände für Bäume, Sträucher und einzelne Rebstöcke; § 35 Ausnahmen; § 36 Berechnung des Abstandes; § 37 Grenzabstände im Weinbau; § 39 Beseitigung, Zurückschneiden; § 40 Ausschluß des Anspruchs auf Beseitigung und auf Zurückschneiden; § 41 Ersatzanpflanzungen; § 42 Nachträgliche Änderungen).

– **Schleswig-Holstein**: Abschnitt XII des NachbG SchlH: Grenzabstände für Anpflanzungen (§ 37 Grenzabstände; § 38 Boden- und Klimaschutzpflanzungen; § 39 Ausnahmen; § 40 Ausschluß des Anspruchs auf Zurückschneiden; § 41 Ersatzanpflanzungen und Grenzänderungen).

– **Thüringen**: XI. Abschnitt des ThürNachbRG: Grenzabstände für Pflanzen (§ 44 Grenzabstände für Bäume, Sträucher und einzelne Rebstöcke; § 45 Grenzabstand für Hecken; § 46 Ausnahmen; § 47 Berechnung des Abstands; § 48 Grenzabstände im Weinbau; § 50 Abstände von Spaliervorrichtungen und Pergolen; § 51 Beseitigungsanspruch; § 52 Nachträgliche Grenzänderungen).

– **Bremen** und **Hamburg** kennen keine nachbarrechtlichen Bestimmungen über den Grenzabstand von Anpflanzungen.

13. Grenzabstand bei Waldungen

40 a)   Einige Landesnachbarrechte treffen neben den allgemeinen Bestimmungen über Grenzabstände für Anpflanzungen noch **gesonderte Bestimmungen** über den mit **Waldungen** einzuhaltenden Grenzabstand, da wegen der größeren Schatten- sowie Laub- bzw Nadelwurfgefahr eine verstärkte Rücksichtnahme auf die Interessen der Nachbarn, insbesondere in der Regel (außer in Bayern) ein größerer Grenzabstand, erforderlich erscheint. Daneben, bzw in den Bundesländern, die keine solchen privatrechtlichen Vorschriften erlassen haben, allein, bestehen in der Regel für den Fall der Erstaufforstung **öffentlich-rechtliche Abstandsvorschriften** in den **Forst- bzw Waldgesetzen** der Länder.

Vgl außerdem zum Übergangsrecht für bereits am 1. 1. 1900 vorhandene Waldgrundstücke Art 183 EGBGB mit Erläuterungen unten bei STAUDINGER/MAYER Art 183 EGBGB Rn 2, 5.

b) Solche Regelungen existieren in den **Landesnachbarrechten** von: **41**

– **Baden-Württemberg**: § 15 NRG BW: Waldungen (im Regelfall 8 m Abstand); § 19 Abs 1 S 2 (Abstand Wald zu Wald).

Vgl zu § 15: Der mit Waldungen freizuhaltende Abstand von 8 m von der Grenze kann nach § 15 Abs 2 NRG BW mit Gehölzen bepflanzt werden, unter die gemäß § 16 Abs 1 Nr 5 NRG BW auch Fichten fallen. Der Verkürzungsanspruch nach § 16 Abs 3 NRG BW erstreckt sich nicht nur auf solche Gehölze, die durch eine Verkürzung nicht geschädigt werden. Ein Anspruch auf Verkürzung eines Fichtenbestands auf die in § 15 Abs 2 NRG BW vorgeschriebene Höhe unterliegt gemäß § 26 Abs 3 NRG BW nicht der Verjährung: LG Ellwangen RdL 1981, 76. Zum Grenzabstand einer Aufforstung mit Fichten und teilweise Föhren. Die Bestimmung des § 15 Abs 2 NRG BW kann nur dahin verstanden werden, daß die in der Abstandszone von 2 bis 8 m eingesetzten Bäume die vorgeschriebene Höhe nicht überschreiten dürfen und gegebenenfalls auf diese zu verkürzen sind: AG Schäbisch-Hall RdL 1981, 77. Ein Verkürzungsanspruch ist nicht deshalb rechtsmißbräuchlich, weil er einem Beseitigungsanspruch gleichkommt. Wer ohne Einhaltung der in § 15 NRG BW vorgeschriebenen Grenzabstände Bäume anpflanzt, ist auf Verlangen des beeinträchtigten Nachbarn daher auch dann zur Verkürzung der Bäume verpflichtet, wenn dies ein Eingehen der Bäume bewirken würde: AG Backnang RdL 1982, 134 (= AgrarR 1982, 194). Fichten im Randstreifen des § 15 Abs 2 NRG BW gehören nicht zu den dort zulässigen Gehölzen, sondern noch zum Wald, für den kein Verkürzungsanspruch, sondern nur ein Beseitigungsanspruch besteht: AG Schwäbisch-Gmünd AgrarR 1992, 26; ebenso LG Ellwangen AgrarR 1992, 27. Zur Verwirkung des Verkürzungsanspruchs für zu hoch gewachsene Gehölze im Randstreifen des § 15 Abs 2 NRG BW: LG Hechingen AgrarR 1992, 27. Der nachbarrechtliche Verkürzungsanspruch der auf dem Grenzstreifen nach § 15 Abs 2 NRG BW angepflanzten Bäume steht einer Beseitigung gleich, wenn die Bäume (hier: Fichten, ca 12 m hoch) inzwischen eine Höhe erreicht haben, bei der das Zurückschneiden zwangsläufig zu einem Absterben der Bäume führt: LG Mosbach AgrarR 1992, 28 (= NuR 1989, 194). Das bloße Wachsenlassen vorhandener Waldbäume auf einem städtischen Grundstück verursacht gegenüber dem privaten Grundstücksnachbarn, der eine unzumutbare Beeinträchtigung durch den Schattenwurf der Bäume geltend macht, keinen hoheitlichen Eingriff, der einen öffentlich-rechtlichen Folgenbeseitigungsanspruch begründen könnte, wenn der privatrechtliche Anspruch verjährt ist: VGH BW NVwZ-RR 1996, 381 (= VBlBW 1996, 194).

– **Bayern**: Art 47 Abs 2 S 1 BayAGBGB: Zu Gunsten eines Waldgrundstücks kann nur die Einhaltung eines Abstandes von 0,50 m verlangt werden. Nach Art 16 Abs 3 Waldgesetz für Bayern idF der Bek vom 25. 8. 1982 (BayRS 7902-1-E), zuletzt geändert durch Ges vom 9. 5. 2005 (BayGVBl 146), kann aber bei der Erstaufforstung der einzuhaltende Grenzabstand im Rahmen einer Auflage größer als in den Vorschriften des BayAGBGB vorgesehen festgelegt werden.

Vgl zu Art 47 Abs 2 S 1: Zum Grenzabstand einer Fichtenpflanzung gegenüber landwirtschaftlich genutztem Grundstück: BayVGH RdL 1979, 314 (= AgrarR 1980, 22). Ein Waldgrundstück iSd nachbarrechtlichen Grenzabstandsvorschriften verliert diese Eigenschaft nicht bereits mit seiner planungsrechtlichen Ausweisung als Baugrundstück, sondern erst, wenn es – etwa durch Rodung der Bäume – auf Dauer einer anderen als der bisherigen Nutzung zugeführt wird; erst ab diesem

Zeitpunkt hat der Nachbar den Grenzabstand für über 2 m hohe Gewächse einzuhalten mit der Folge, daß die Verjährung des Beseitigungsanspruchs erst mit dem Ablauf des Kalenderjahres beginnt, in dem die Nutzungsänderung eintritt: BayObLGZ 1993, 100 (= BayObLG-Rp 1993, 48 = AgrarR 1994, 342).

– **Brandenburg**: Abschnitt 9 des Bbg NRG: Grenzabstände für Pflanzen (§ 36 Grenzabstände für Wald).

– **Hessen**: Nach § 40 Abs 3 HessNachbRG bleibt § 13 Abs 3 und 4 des Hessischen Forstgesetzes vom 10. 11. 1954 unberührt. Nach der inzwischen geltenden Bestimmung des § 16 Abs 3 des Hessischen Forstgesetzes idF der Bek vom 10. 9. 2002 (HessGVBl I 582), zuletzt geändert durch Ges vom 18. 12. 2003 (HessGVBl I 513), ist bei der Verjüngung oder Neubegründung eines Waldes ein Grenzabstand von 5 m einzuhalten. Der Abstand gegenüber bestehenden Waldgrundstücken wird in §§ 38, 39 HessForstG geregelt (vgl im einzelnen Hodes/Dehner, HessNachbRG [5. Aufl 2001] Einf vor § 38; § 40 Anm 2b, 6).

Vgl zu § 16 Abs 3 HessForstG: 1972 nahe der Grundstücksgrenze gepflanzte Fichten brauchen, nachdem sie über 12 Jahre lang zu einem „Privatwald" zusammengewachsen sind, weder beseitigt noch ausgelichtet oder gekürzt werden: LG Frankfurt/Main NJW-RR 1986, 503.

– **Niedersachsen**: XII. Abschnitt des NdsNachbRG: Grenzabstände für Waldungen (§ 58 Grenzabstände – bei über 4 m Höhe 8 m; § 59 Beseitigungsanspruch; § 60 Bewirtschaftung von Wald).

– **Nordrhein-Westfalen**: § 40 NachbG NW Grenzabstände für Wald: 3 bzw 4 m.

§ 40 Abs 3 NachbG NRW ist verfassungswidrig, weil das Verlangen nach Schriftform und Angabe der Katasterbezeichnung die dem Landesgesetzgeber durch Art 124 EGBGB eingeräumte Gesetzgebungskompetenz überschreitet. §§ 53, 47 Abs 1 S 2 NachbG NRW sind verfassungskonform so auszulegen, daß sie keine vertraglichen, sondern nur gesetzliche Ansprüche aus dem NachbG NRW betreffen: OLG Hamm NJW-RR 1986, 239 (= RdL 1988, 101 = AgrarR 1985, 363 = BauR 1986, 239).

– **Rheinland-Pfalz**: § 49 NachbRG Rh-Pf Grenzabstände für Wald: idR 4 bzw 6 m.

– **Saarland**: § 53 SaarlNachbRG Grenzabstände für Wald: idR 4 bzw 6 m.

– **Sachsen**: Nach § 9 Abs 3 SächsNRG bleibt § 25 des SächsWaldG v 10. 4. 1992 (SächsGVBl 137), zuletzt geändert durch Ges vom 5. 5. 2004 (SächsGVBl 148), unberührt (Grenzabstände 3 bzw 6 m).

– **Sachsen-Anhalt**: § 38 des NbG LSA Grenzabstände für Wald: idR 2 bzw 8 m.

– **Thüringen**: § 49 ThürNachbRG Grenzabstände für Wald: idR 4 bzw 6 m.

14. Wasserrechtliches Nachbarrecht

42 a)   Generell ist heute das **Wasserrecht öffentlich-rechtlich** im Wasserhaushaltsge-

setz, jetzt idF der Bek vom 19. 8. 2002 (BGBl I 3245), zuletzt geändert durch Ges vom
6. 1. 2004 (BGBl I 2), und den es ausführenden Landeswassergesetzen geregelt. Diese
Vorschriften enthalten dabei auch auf die Interessen der Grundstücksnachbarn ab-
gestellte nachbarschützende Vorschriften, die diese vor Gefahren schützen sollen,
die mit der Benutzung des Wassers durch Berechtigte zusammenhängen (vgl auch zur
Einschränkung des privatrechtlichen Nachbarschutzes durch den Anspruch auf ermessensfehlerfreie
Interessenabwägung nach den nachbarschützenden öffentlich-rechtlichen Vorschriften BURGI ZfW
1990, 245). Daneben finden sich in den Landeswassergesetzen auch Vorschriften, die
die **öffentlich-rechtlichen Pflichten** der Grundstückseigentümer zur Verhinderung
der Schädigung der Nachbarn durch von ihren Grundstücken **wild abfließendes
Wasser** betreffen. Diese sind Schutzgesetze iSd §§ 823 Abs 2, 1004 BGB (vgl zB
BGHZ 114, 183 [= LM LandeswasserG NRW Nr 10 = NJW 1991, 2770 = MDR 1991, 869 = RdL
1991, 181 = AgrarR 1992, 53; 207]). Auch soweit sonst keine landesnachbarrechtlichen
privaten Vorschriften bestehen, greifen die Regeln des Wasserrechts in Verbindung
mit den allgemeine Regeln des BGB ein (vgl zB OLG München NJW 1967, 570; BGHZ 69, 1
[= DVBl 1977, 924]; BGH MDR 1982, 827; BGH LM Art 14 [Cc] GrundG Nr 43 [= NJW 1985, 496 =
MDR 1984, 649]; BGH MDR 1988, 124; BGH LM § 823 [Bf] BGB Nr 108 [= MDR 1996, 581]; zur
Haftung für Überschwemmungsschäden SCHMID VersR 1995, 1269; vgl aber auch BGH NuR 1995,
492). Ergänzend kann auch das Bauplanungsrecht Schutz vor Beeinträchtigungen
durch wild abfließendes Wasser geben (vgl BVerwGE 116, 144 [= DVBl 2002, 1469 = NVwZ
2002, 1509 = BayVBl 2003, 53 = BauR 2002, 1650]).

Daneben haben **einige Ländernachbarrechte** aber auch **privatrechtliche Vorschriften**
derartigen wasserrechtlichen Inhalts aufgenommen, wobei Ermächtigungsgrundlage
dafür neben Art 124 auch Art 65 EGBGB ist.

Vgl zum Unterschied zum öffentlich-rechtlichen Wasserrecht insgesamt auch HO-
DES/DEHNER, HessNachbarR[5] Einf zu § 21 HessNachbRG; WARNECKE, Nachbar-
rechtsfiebel für Niedersachsen[12] 67 ff.

b) **Landesnachbarrechtliche** Vorschriften wasserrechtlichen Inhalts bestehen in: **43**

– **Baden-Württemberg**: § 81 Wassergesetz für Baden-Württemberg idF vom
20. 1. 2005 (GBl BW 219) über wild abfließendes Wasser. Diese Vorschrift hat auch
privatrechtliche Natur (vgl PELKA, Nachbarrecht in BW [19. Aufl 2000] Anm zu § 81 WG).

– **Bayern**: Art 63 Abs 1, 2 Bayer WasserG, jetzt idF d Bek v 19. 7. 1994 (BayGVBl 822),
zuletzt geändert durch Art 24 des Ges vom 26. 7. 2005 (BayGVBl 287), über wild
abfließendes Wasser. Diese Vorschrift enthält privatrechtliches Nachbarrecht (vgl
DROST, Bayer Wassergesetz [Loseblatt] Art 63 Rn 7).

– **Brandenburg**: Abschnitt 12 des Bbg NRG: Wild abfließendes Wasser (§ 55 Abfluß
und Zufluß; § 56 Wiederherstellung des früheren Zustands; § 57 Schadensersatz;
§ 58 Anzeigepflicht; § 59 Wegfall der Verpflichtung zur Sicherheitsleistung und zur
Anzeige; § 60 Veränderung des Grundwasserspiegels).

– **Hessen**: V. und VI. Abschnitt des HessNachbRG: Veränderung des Grundwasserspiegels (§ 20), Wild abfließendes Wasser (§ 21 Abfluß und Zufluß; § 22 Wieder-

herstellung des früheren Zustands; § 23 Schadensersatz; § 24 Anzeigepflicht; § 25 Wegfall der Verpflichtung zur Sicherstellung und zur Anzeige).

Vgl zu § 21: Die Vorschrift des § 21 HessNachbRG, die dem Nutzungsberechtigten eines Grundstücks verbietet, den Abfluß wild abfließenden Wassers auf Nachbargrundstücke zu verstärken, ist auf das Bearbeiten eines Grundstücks im Rahmen einer ordnungsgemäßen landwirtschaftlichen Nutzung nicht anwendbar: AG Schwalmstadt NJW-RR 1991, 404. Für die Abwehr eines schädigenden Wasserzuflusses vom Nachbargrundstück greifen die wasserrechtlichen Regelungen über den Ablauf wild abfließenden Wassers in den Nachbarrechtsgesetzen der Länder abschließend ein; geben diese kein Abwehrrecht, kann dies auch nicht über die allgemeinen Bestimmungen des BGB über den Eigentumsschutz ersetzt werden: BGH NJW-RR 2000, 537.

- **Niedersachsen**: VII. Abschnitt des NdsNachbRG: Wasserrechtliches Nachbarrecht (§ 38 Veränderungen des Grundwassers: § 39 Wild abfließendes Wasser; § 40 Hinderung des Zuflusses; § 41 Wiederherstellung des früheren Zustands; § 42 Anzeigepflicht; § 43 Schadensersatz; § 44 Rechtsausübung im Notstand).

Vgl zu § 39: § 39 NdsNachbRG verbietet nur, den Abfluß wild abfließenden Oberflächenwassers auf andere Grundstücke zu verstärken, enthält aber keine Verpflichtung, den Nachbarn vor natürlich wild abfließendem Wasser zu schützen; letzteres gilt auch dann, wenn das Grundstück durch Erdaufschüttungen erhöht worden ist und dadurch ein erhöhter Abfluß von wild abfließendem Wasser entstanden ist; insoweit greift auch § 26 NdsNachbRG nicht ein: OLG Celle OLG-Rp Celle 2000, 275. Es besteht ein öffentlich-rechtlicher Folgenbeseitigungsanspruch, wenn eine Gemeinde eine Veränderung an einem Straßenkörper vornimmt, die dazu führt, dass im Sinne von § 39 Abs 2 Nr 1 NdsNachbRG Regenwasser auf ein angrenzendes Privatgrundstück abfließt: OLG Oldenburg NdsRPfl 2002, 168. Über das Verbot des § 39 NdsNachbRG hinaus verpflichtet § 149 Abs 1 NdsWassG Gemeinden und Träger öffentlicher Verkehrsanlagen, auf ihrem Gebiet anfallendes Niederschlagswasser mit Abwasseranlagen zu beseitigen: BGH DÖV 2002, 252.

- **Nordrhein-Westfalen**: § 115 Wassergesetz für das Land Nordrhein-Westfalen, jetzt idF vom 25. 6. 1995 (GV NW 926), zuletzt geändert durch Art 2 des Ges vom 3. 5. 2005 (GV NW 463), über wild abfließendes Wasser.

Gemäß § 115 Abs 1 WassG NRW muß der Eigentümer eines höher gelegenen Grundstücks nicht verhindern, dass auf seinem Grundstück anfallendes Niederschlagswasser wild auf das tiefer liegende Grundstück abfließt, er darf aber den Wasserablauf nicht künstlich so verändern, dass der Nachbar belästigt wird; tritt eine Ablaufveränderung zu Ungunsten des tiefer liegenden Grundstücks durch eine veränderte Nutzung des höher gelegenen Grundstücks ein, muß der Nachbar dies ohne Rücksicht auf den Grund für die Nutzungsänderung dulden: OLG Düsseldorf OLG-Rp Düsseldorf 2000, 320 = RdL 2000, 152.

- **Rheinland-Pfalz**: § 82 Wassergesetz für das Land Rheinland-Pfalz idF vom 22. 1. 2004 (GVBl Rh-Pf 54) über wildabfließendes Wasser.

- **Saarland**: VIII. Abschnitt des SaarlNachbRG: Wasserrechtliches Nachbarschaftsrecht (§ 38 Wild abfließendes Wasser; § 39 Wiederherstellung des früheren Zustandes; § 40 Anzeigepflicht und Schadensersatz).

- **Sachsen-Anhalt**: Abschn 8 des NbG LSA: Wasserrechtliches Nachbarschaftsrecht

(§ 29 Veränderung des Grundwasserspiegels; § 30 Wild abfließendes Wasser; § 31 Hinderung des Zuflusses; § 32 Wiederherstellung des früheren Zustandes).

§ 30 NbG LSA verpflichtet den Grundstückseigentümer nicht, den Nachbarn vor wild abfließendem Wasser generell zu schützen, sondern nur dazu, eine Verstärkung des Wasserabflusses zu unterlassen; eine solche liegt nicht schon dann vor, wenn der Grundstückseigentümer den Wasserabfluß durch Errichtung einer bauordnungswidrigen Garage verändert und deshalb nunmehr beim Nachbarn Wasserschäden auftreten: OLG Naumburg OLG-NL 2002, 128.

– **Schleswig-Holstein**: IX. Abschn des NachbG SchlH: Schutz des Grundwassers (§ 27) sowie ergänzend §§ 60, 61 Wassergesetz des Landes Schleswig-Holstein, jetzt idF vom 6. 1. 2004 (GVOBl SchlH 8).

VI. Prozessuale Besonderheiten (Schlichtungsverfahren)

1. Notwendige Schlichtung

Durch § 15a Abs 1 S 1 Nr 2 EGZPO, eingeführt zum 1. 1. 2000 durch Ges vom **44** 15. 12. 1999 (BGBl I 2400), zuletzt geändert durch Ges vom 22. 3. 2005 (BGBl I 837), wurden die **Länder ermächtigt**, durch Gesetz **zu bestimmen**, dass für **Streitigkeiten** über Ansprüche **aus dem Nachbarrecht**, ua auch nach den landesgesetzlichen Vorschriften im Sinne des Art 124 EGBGB, die Erhebung einer **Klage erst** dann **zulässig** ist, wenn zuvor von einer Gütestelle **versucht** worden ist, die **Streitigkeit einvernehmlich beizulegen**, sofern es sich nicht um Einwirkungen von einem gewerblichen Betrieb handelt. Zweck der Einführung der Schlichtung soll dabei einerseits eine Entlastung der Justiz sein, es soll aber auch ein Beitrag zu dauerhaftem Rechtsfrieden unter den Beteiligten auf Grund einer Konsenslösung geleistet werden (vgl BT-Drucks 14/980, S 5).

Soweit die Länder von dieser Ermächtigung Gebrauch gemacht haben, ist die vorherige **Durchführung des Schlichtungsverfahrens Prozeßvoraussetzung** für die Klage, sofern nicht die **Ausnahmen** nach § 15a Abs 2 EGZPO oder nach Landesrecht, wozu § 15a Abs 5 HalbS 2 EGZPO ermächtigt, vorliegen. Die Durchführung des Schlichtungsverfahrens ist durch eine **Bescheinigung** über den erfolglosen Einigungsversuch, den die Gütestelle ausstellt, nachzuweisen (§ 15a Abs 1 S 2 EGZPO). Die Bescheinigung wird auch ausgestellt, wenn der beantragte Einigungsversuch nicht binnen einer Frist von 3 Monaten durchgeführt wurde (§ 15a Abs 1 S 3 EGZPO). Ein Umgehen des Schlichtungsverfahrens durch mißbräuchliche Inanspruchnahme einer der gesetzlichen Ausnahmen (hier: Mahnverfahren auf Kostenvorschuß für die Durchsetzung des Anspruchs auf Beseitigung von überhängenden Zweigen) ist nicht zulässig (AG Rosenheim NJW 2001, 2030 = MDR 2001, 1132). Nach vergeblichem Schlichtungsverfahren bedarf eine spätere Klageänderung im Klagverfahren keines erneuten Schlichtungsverfahrens (BGH BGH-Rp 2005, 326 [= NJW-RR 2005, 501 = MDR 2005, 265]). Zum Vorliegen einer Streitigkeit über Ansprüche aus dem Nachbarrecht vgl BGH aaO.

Sehr **strittig** ist, ob diese Prozeßvoraussetzung schon **bei Klageerhebung vorliegen** muss oder ob es genügt, wenn sie, wie alle anderen Prozeßvoraussetzungen, spätestens im Zeitpunkt der (letzten) mündlichen Verhandlung vorliegt, also bis dahin **nachholbar** ist. Die **Befürworter** der Nachholbarkeit verweisen ua darauf, dass der Gesetzgeber für diese Prozeßvoraussetzung keine ausdrückliche Sonderregelung gegenüber den anderen Prozeßvoraussetzungen getroffen habe, so daß für sie die allgemeinen Grundsätze über den Zeitpunkt des notwendigen Vorliegens gelten; zudem entspreche es nicht der Prozeßökonomie und der beabsichtigten Entlastung der Gerichte, wenn nach einer Abweisung der Klage als unzulässig diese nach Durchführung der Schlichtung erneut erhoben werden könne und müsse, so daß bis zur Nachholung ein Ruhen des Verfahrens angebracht sei (vgl insbesondere FRIEDRICH NJW 2002, 798/799 mwN; ZÖLLER/Gummer, ZPO [24. Aufl 2004] § 15a EGZPO Rn 25; OLG Hamm MDR 2003, 387; LG München II NJW-RR 2003, 355 [bei offensichtlicher Ergebnislosigkeit soll sogar die Nachholung überflüssig sein]; AG Königstein/Ts NJW 2003, 1954). Die **Gegner** der Nachholbarkeit betonen demgegenüber, daß nach dem Sinn dieser neuen Vorschrift das Ziel der Schlichtung nur erreicht werden könne, wenn sie grundsätzlich vor der Klageerhebung durchgeführt werden müsse. Nur zu diesem Zeitpunkt bestehe noch eine Chance, dass eine gütliche Einigung zwischen den Beteiligten erreicht werden könne, nach der vollzogenen Klageerhebung seien die Fronten bereits zu verhärtet und stehen auch die schon angefallenen Kosten der Klageerhebung meist einer Einigung entgegen. Auch die Entlastung der Gerichte werde so nicht erreicht und zudem der Umgehung dieses Erfordernisses Vorschub geleistet (vgl insbesondere BEUNINGS AnwBl 2004, 82/84; ALBERS, in: BAUMBACH/LAUTERBACH/ALBERS/HARTMANN, ZPO [62. Aufl 2004] § 15a EGZPO Rn 23; HÜSSTEGE, in: THOMAS/PUTZO, ZPO [25. Aufl 2003] § 15a EGZPO Rn 2; LG Ellwangen NJW-RR 2002, 936 [= NZM 2002, 408]; AG Nürnberg NJW 2001, 3489 [= NZM 2001, 1046]; NJW-RR 2002, 430; NJW-RR 2003, 515; AG Rosenheim NJW 2001, 2030 [= MDR 2001, 1132]). Letztere Argumentation erscheint vorzugswürdig, zumal die nach § 278 Abs 2 ZPO vorgesehene Güteverhandlung vor dem Prozeßgericht nach der Erfahrung in der Praxis in der Regel wenig Erfolg hat und daher auch ein nachgeholter Einigungsversuch nach dem Schlichtungsrecht wohl kaum mehr Erfolg verspricht. Einem notwendigen vorherigen Einigungsversuch kann dagegen eine Erfolgswahrscheinlichkeit nicht von vorneherein abgesprochen werden wie nicht zuletzt auch das Bestreben vieler in Streit liegender Personen zeigt, statt gerichtlichen Rechtsschutz in Anspruch zu nehmen, ein der Schlichtung ähnliches Mediationsverfahren durchzuführen. Dieser Auffassung folgt nunmehr auch der **BGH** (BGHZ 161, 145 [= BGH-Rp 2005, 387 = NJW 2005, 437 = MDR 2005, 285 = NZM 2005, 154 = ZMR 2005, 181), da die Nachholung des Einigungsversuchs nicht nur dem Wortlaut, sondern vor allem dem Sinn des § 15a Abs 1 S 1 EGZPO widerspreche (vgl auch FISCHER/SCHMIDTBLEICHER AnwBl 2005, 233).

2. Landesrechtliche Vorschriften

45 Nur **8 Bundesländer** haben bisher von der Ermächtigung des § 15a Abs 1 EGZPO **Gebrauch gemacht**, davon 7 nur probeweise befristet bis 31. 12. 2005. Ob eine Verlängerung erfolgt, ist zur Zeit noch nicht abzusehen. Auch die inhaltliche Ausgestaltung ist bezüglich der Ausnahmen und der bestimmten Gütestellen nicht einheitlich. Die übrigen Länder wollen noch abwarten oder zweifeln an der Nützlichkeit dieser Neuerung.

Ein Schlichtungsverfahren ist daher wegen nachbarrechtlicher Streitigkeiten in folgenden Ländern durchzuführen (vgl zu den Einzelheiten auch die Übersicht in der Beilage zur NJW 2001, Heft 51):

– **Baden-Württemberg**: § 1 Abs 1 S 1 Nr 2 Buchst e Gesetz zur obligatorischen

Streitschlichtung und zur Änderung anderer Gesetze vom 28. 6. 2000 (GBl BW 470 = SaBl 1349), zuletzt geändert durch Ges vom 20. 11. 2001 (GBl BW 605). Eine Schlichtung ist nur erforderlich, wenn die Parteien zum Zeitpunkt des Eingangs des Schlichtungsantrags ihren Wohnsitz im selben oder in benachbarten Landgerichtsbezirken Baden-Württembergs haben (§ 1 Abs 3). Die Gütestellen bestehen bei den Amtsgerichten (§ 2 Abs 1), sie sind in der Regel besetzt mit Rechtsanwälten (§ 3 Abs 2). Das Schlichtungsgesetz gilt unbefristet.

– **Bayern**: Art 1 Abs 1 Nr 2 Buchst e Bayerisches Gesetz zur obligatorischen außergerichtlichen Streitschlichtung in Zivilsachen und zur Änderung gerichtsverfassungsrechtlicher Vorschriften vom 25. 4. 2000 (BayGVBl 268), zuletzt geändert durch Ges vom 25. 10. 2004 (BayGVBl 400). Eine Schlichtung ist nur erforderlich, wenn die Parteien ihren Wohnsitz im selben (bayer) Landgerichtsbezirk haben (Art 2 S 1). Gütestellen sind jeder Notar sowie jeder durch die Rechtsanwaltskammer dazu zugelassene Rechtsanwalt (Art 5 Abs 1, 2). Das Bayerische Schlichtungsgesetz gilt befristet bis 31. 12. 2005 (Art 21 Abs 2).

– **Brandenburg**: § 1 Abs 1 Nr 2 Gesetz zur Einführung einer obligatorischen außergerichtlichen Streitschlichtung im Land Brandenburg vom 5. 10. 2000 (GVBl Bbg I 134 = SaBl 1951 [= Art 1 des Gesetzes zur Fortentwicklung des Schlichtungsrechts im Land Brandenburg]). Eine Schlichtung ist nur erforderlich, wenn die Parteien ihren Wohnsitz im selben Landgerichtsbezirk haben (§ 2). Gütestellen sind in der Regel die Schiedsstellen, die die Gemeinden nach § 1 Abs 1 Brandenburgisches Schiedsstellengesetz idF vom 22. 11. 2000 (GVBl Bbg I 158) einzurichten haben (§ 3 Nr 1 BbgSchlichtungsG). Sie sind mit Schiedspersonen besetzt, die von der Gemeinde aus einer Liste wählbarer Bürger gewählt und vom Direktor des AG auf ihre Eignung überprüft und ernannt werden (§§ 2, 4 BbgSchiedsstellenG). Das Brandenburgische Schlichtungsgesetz gilt befristet bis 31. 12. 2005 (Art 5 FortentwicklungsG).

– **Hessen**: § 1 Abs 1 Nr 2 Buchst e Gesetz zur Regelung der außergerichtlichen Streitschlichtung vom 6. 2. 2001 (HessGVBl I 98 = SaBl 511), zuletzt geändert durch Ges vom 31. 10. 2001 (HessGVBl I 434). Eine Schlichtung ist nur erforderlich, wenn die Parteien im selben Landgerichtsbezirk wohnen (§ 2). Gütestellen sind in der Regel die Schiedsämter, die die Gemeinden nach § 1 Abs 1 HessSchiedsamtsgesetz vom 23. 3. 1994 (HessGVBl I 148) einzurichten haben (§ 3 Abs 1 HessSchlichtungsG). Sie sind mit Schiedspersonen besetzt, die von der Gemeinde aus einer Liste wählbarer Bürger gewählt und vom Vorstand des AG auf ihre Eignung überprüft und ernannt werden (§§ 2–6 HessSchiedsamtsG); Rechtsanwälte, Notare, Richter und Polizeibeamte können nicht gewählt werden (§ 3 Abs 2 HessSchiedsamtsG). Das HessSchlichtungsgesetz gilt befristet bis 31. 12. 2005 (§ 7 S 2). Vgl AG Königstein/Ts NJW 2003, 1954 (= NZM 2003, 536): Nachbarrechtliche Beseitigungsansprüche, die ohne Klageerhebung binnen Jahresfrist (hier nach § 13 HessNachbRG) nicht mehr geltend gemacht werden können, unterliegen nach § 15a Abs 2 S 1 Nr 1 EGZPO iVm § 1 Abs 2 Nr 1 HessSchlichtungsG nicht dem Erfordernis der vorherigen Schlichtung.

– **Nordrhein-Westfalen**: § 10 Abs 1 Nr 2 Buchst e Gesetz über die Anerkennung von Gütestellen im Sinne des § 794 Abs 1 Nr 1 ZPO und die obligatorische außergerichtliche Streitschlichtung in Nordrhein-Westfalen vom 9. 5. 2000 (GV NW 476 = SaBl

1172 [= Art 1 AG § 15a EGZPO]), zuletzt geändert durch Ges vom 25. 9. 2001 (GV NW 708). Eine Schlichtung ist nur erforderlich, wenn die Parteien im selben Landgerichtsbezirk wohnen (§ 11). Gütestellen sind in der Regel die Schiedsämter, die von den Gemeinden nach § 1 Schiedsamtsgesetz vom 16. 12. 1992 (GV NW 32), zuletzt geändert durch Ges vom 9. 5. 2000 (GV NW 476), zu errichten sind (§ 12 Abs 1 S 1 Gütestellen- und SchlichtungsG). Sie sind mit Schiedspersonen besetzt, die von den Gemeinden aus einer Liste wählbarer Bürger gewählt und vom Direktor des AG auf ihre Eignung überprüft und ernannt werden (§§ 2–5 SchiedsamtsG). Die Streitschlichtung gilt nur befristet bis 31. 12. 2005 (Art 3 Abs 2 AG § 15a EGZPO).

– **Saarland**: § 37a Abs 1 Nr 2 Buchst e Gesetz zur Ausführung bundesrechtlicher Justizgesetze vom 5. 2. 1997 (ABl Saar 258) idF durch Art 1 Nr 3 Landesschlichtungsgesetz vom 21. 2. 2001 (ABl Saar 532 = SaBl 747). Die Schlichtung ist nur erforderlich, wenn die Parteien im Saarland wohnen (§ 37a Abs 1). Gütestellen sind die Schiedspersonen, die von den Gemeinden nach § 1 Saarländische Schiedsordnung vom 6. 9. 1989 (ABl Saar 1509), zuletzt geändert durch Ges vom 7. 11. 2001 (ABl Saar 2158), bestellt werden (§ 37b Abs 1 S 1 AGJusG). Sie werden von den Gemeinden aus einer Liste wählbarer Bürger gewählt und vom Direktor des AG auf ihre Eignung überprüft und ernannt (§§ 2–5 SaarlSchiedsO). Die Streitschlichtung gilt nur befristet bis 31. 12. 2005 (Art 6 Abs 1 S 2 LandesschlichtungsG).

– **Sachsen-Anhalt**: § 34a Abs 1 Nr 2 Buchst b Schiedsstellen- und Schlichtungsgesetz idF der Bek vom 22. 6. 2001 (GVBl LSA 214 = SaBl 1463), zuletzt geändert durch Ges vom 26. 3. 2004 (GVBl LSA 234). Gütestellen sind sowohl die bei den Gemeinden eingerichteten Schiedsstellen nach § 1 des Gesetzes wie auch jeder Notar und jeder in eine Liste bei der Rechtsanwaltskammer aufgenommene Rechtsanwalt (§ 34c Abs 1, 2) Die Streitschlichtung gilt nur befristet bis 31. 12. 2005 (Art 5 Abs 3 Gesetz zur Änderung des Schiedsstellen- und SchlichtungsG vom 17. 5. 2001 [GVBl LSA 174]).

– **Schleswig-Holstein**: § 1 Abs 1 S 1 Nr 2 Buchst e Gesetz zur Ausführung von § 15a EGZPO (Landesschlichtungsgesetz) vom 11. 12. 2001 (GVOBl SchlH 361). Die Schlichtung ist nur erforderlich, wenn die Parteien ihm selben Landgerichtsbezirk wohnen (§ 1 Abs 2 S 2). Gütestellen sind in der Regel alle Rechtsanwälte, auf die die Parteien sich einigen (§ 3 Abs 1 Nr 1, § 4 Abs 1 S 1), sonst die gemeindlichen Schiedsämter nach der Schiedsordnung für Schleswig-Holstein vom 10. 4. 1991 (GVOBl SchlH 232) oder alle von der Rechtsanwaltskammer als Gütestelle zugelassenen Rechtsanwälte (§ 3 Abs 1 Nrn 2, 3, § 4 Abs 2). Das Schlichtungsgesetz gilt nur befristet bis 31. 12. 2005 (§ 11 Abs 2 S 2).

Artikel 125

Unberührt bleiben die landesgesetzlichen Vorschriften, welche die Vorschrift des § 26 der Gewerbeordnung auf Eisenbahn-, Dampfschiffahrts- und ähnliche Verkehrsunternehmungen erstrecken.

Materialien: E II Art 97; III Art 124.

I.   Entstehung

Die Vorschrift ist erst von der II. Komm aufgestellt und dann nicht weiter geändert **1**
worden (Prot III 379; VI 428; Mat 79).

II.   Inhalt der Vorschrift

1.   § 14 BImSchG statt § 26 GewO

An die Stelle des aufgehobenen § 26 GewO ist § 14 Bundes-Immissionsschutzgesetz, **2**
nunmehr idF d Bekm vom 14. 5. 1990 (BGBl I 880), zul geänd d G vom 18. 4. 1997
(BGBl I 805) getreten (vgl Jarass, BImSchG [6. Aufl 2004] § 71 Rn 1). In der Neufassung des
BImSchG von 1990 wurde die Überleitungsvorschrift des § 71 nicht mehr bekannt-
gemacht. Diese gilt jedoch ihrem vormaligen Inhalt nach fort, der bestimmte, daß
Art 125 nunmehr auf § 14 BImSchG verweist. § 14 BImSchG lautet:

Ausschluß von privatrechtlichen Abwehransprüchen

**Auf Grund privatrechtlicher, nicht auf besonderen Titeln beruhender Ansprüche
zur Abwehr benachteiligender Einwirkungen von einem Grundstück auf ein be-
nachbartes Grundstück kann nicht die Einstellung des Betriebs einer Anlage
verlangt werden, deren Genehmigung unanfechtbar ist; es können nur Vorkehrungen verlangt werden, die die benachteiligenden Wirkungen ausschließen. Soweit solche Vorkehrungen nach dem Stand der Technik nicht durchführbar oder
wirtschaftlich nicht vertretbar sind, kann lediglich Schadensersatz verlangt werden.**

2.   Sachlicher Geltungsbereich des § 14 BImSchG

§ 14 BImSchG schränkt die actio negatoria aus den §§ 906, 907, 1004 BGB gegen **3**
eine Anlage ein, für die eine unanfechtbare gewerberechtliche Genehmigung nach
GewO oder BImSchG erteilt worden ist. § 14 BImSchG erfaßt auch die **alten,** nach
den Vorschriften der Gewerbeordnung erteilten **Anlagegenehmigungen, nicht** dagegen **neue,** nach den Bestimmungen des BImSchG ergangene Genehmigungen, wenn
sie im **vereinfachten Verfahren** des § 19 BImSchG zustande gekommen sind (Koch/
Scheuing/Rossnagel, GK-BImschG [Stand 2004] § 14 Rn 14 ff; Ule/Laubinger [1978 ff] § 14
Rn C 2 BImSchG). Zu beachten ist ferner, daß **Fahrzeuge** erst genehmigungsfähige
Anlagen iSd § 14 BImSchG darstellen, wenn sie im Zusammenhang mit einer Betriebsstätte stehen (§ 3 Abs 5 Nr 2 BImSchG; vgl Ule/Laubinger § 14 Rn C 5 und § 3 Rn 12).

3.   Bedeutung des Art 125

Mit diesen Anspruchsgrundlagen kann **nicht** mehr die **Einstellung des Betriebs,** **4**
sondern können nur noch Vorkehrungen gegen die benachteiligenden Wirkungen
oder Schadensersatzleistungen verlangt werden.

Art 125 ermächtigt die Länder, den negatorischen Anspruch entsprechend § 14
BImSchG auch gegenüber Verkehrsunternehmen zu beschränken (Prot III 379; Mat
81), damit deren Betrieb aus Gründen des öffentlichen Interesses gesichert werden

kann. Diese Ermächtigung **behält** heute noch ihre **Bedeutung**, insbesondere weil § 14 BImSchG nicht für Eisen-, Magnetschwebe- und Straßenbahnen gilt (vgl § 2 Abs 1 Nr 4 BImSchG).

5 Zum **Schadensersatzanspruch** nach § 906 Abs 2 S 2 BGB in den Fällen, in denen ein Anspruch auf Beseitigung einer Anlage nicht besteht, vgl MünchKomm/SÄCKER § 906 BGB Rn 141 ff; SOERGEL/BAUR § 906 BGB Rn 99 ff, je mwN aus der höchstrichterlichen Rspr. Zum Verhältnis des § 14 BImSchG zu § 1004 BGB vgl SOERGEL/MÜHL § 1004 BGB Rn 188 ff; JAUERNIG § 906 BGB Anm 3b aa; zum Begriff „Störer" BGHZ 49, 148, 150 f; 72, 289, 295; 88, 352 f; JAUERNIG § 906 BGB Anm 3b bb.

4. Ähnliche Verkehrsunternehmen

6 Ähnliche Verkehrsunternehmen iSd Art 125 sind alle Unternehmen, die der Befriedigung eines **allgemeinen Verkehrsbedürfnisses**, dh den öffentlichen Interessen, dienen (BGH NJW 60, 2335) und deshalb in ihrem Betrieb gesichert werden sollen. Das können zB Kraftfahrzeuglinien, Kleinbahnen (RGZ 59, 70), Straßenbahnen, Trajekte, Aufzüge und Schwebebahnen, Wasserkraftfahrzeuge oder Ruderfähren sein.

III. Landesrecht

7 Nur ein Teil der Bundesländer hat den Vorbehalt ausgenutzt. Vor allem auf ehemals preußischem Territorium hat man wegen des fortgeltenden **preußischen Rechts** auf eine Geltungserstreckung verzichtet (vgl dazu STAUDINGER/LEISS[10/11] Art 125 Rn 6). Eine Erweiterung des Geltungsbereichs des § 14 BImSchG findet sich in § **30 bad-württ** Nachbarrechtsgesetz in der Fassung vom 8. 1. 1996 (GBl 53), **Art 54 bayer AGBGB** vom 20. 9. 1982 (GVBl 803), zul geänd d G vom 7. 8. 2003 (GVBl 497) und in § 24 niedersächs AGBGB vom 4. 3. 1971 (GVBl 73), zul geänd d G vom 17. 12. 1991 (GVBl 366); die Vorschriften des bayer AGBGB von 1899 (BayBS III 89) und des vormaligen hess AGBGB (GVBl II 230-1)gelten zum Teil in den ehemals diesen Ländern angehörenden Gebieten anderer Bundesländer fort.

IV. Sonderregelungen im Bundesrecht

8 § 26 GewO war das Vorbild für weitere bundesrechtliche Vorschriften, die unanfechtbar genehmigte Anlagen gegen Ansprüche auf Betriebseinstellung absicherten; vor allem der **Planfeststellungsbeschluß** hat heute oft diese Wirkung (vgl § 75 Abs 2 und 3 Bundesverwaltungsverfahrensgesetz). Solche Bestimmungen des Bundesrechts schließen eine nach Art 125 an sich mögliche landesrechtliche Regelung aus. Sie finden sich zB in §§ **11 Luftverkehrsgesetz**, 7 Abs 6 Atomgesetz und 11 Wasserhaushaltsgesetz.

Artikel 126

Durch Landesgesetz kann das dem Staat an einem Grundstück zustehende Eigentum auf einen Kommunalverband und das einem Kommunalverband an einem Grundstück zustehende Eigentum auf einen anderen Kommunalverband oder auf den Staat übertragen werden.

Materialien: E I Art 68; II Art 98; III Art 125;
Mot EG 193; Prot VI 429.

I. Übergang des Eigentums an Grundstücken auf eine andere öffentliche Körperschaft

1. Art 126 läßt landesgesetzliche Ausnahmen von den Bestimmungen der §§ 873, **1**
925 BGB zu, indem er gestattet, daß das Eigentum an einem Grundstück unmittelbar durch Landesgesetz von einem Kommunalverband auf den Staat (oder umgekehrt) oder auf einen anderen Kommunalverband übertragen wird. Der Gesetzgeber ging davon aus, daß es sich hierbei um eine innere, den privaten Rechtsverkehr nicht interessierende Angelegenheit der beteiligten öffentlichen Körperschaften handle und deshalb die Möglichkeit zur einfachen Übertragung durch das Landesgesetz selbst ermöglicht werden könne.

2. Der Vorbehalt ermächtigt nur zur Übertragung des Eigentums durch das Ge- **2**
setz selbst, nicht zum Erlaß von Gesetzen, aufgrund deren durch Einzelmaßnahme –
Verwaltungsakt – das Eigentum übertragen wird (s HEYDT DVBl 1965, 509, 513; MÜNCH-
KOMM/SÄCKER Rn 2; SOERGEL/HARTMANN Rn 1). Aufgrund des Vorbehalts kann die Landesgesetzgebung auch die Rechtsverhältnisse zwischen dem bisherigen und dem neuen Eigentümer regeln; sie kann etwa bestimmen, wer nach dem Eigentumswechsel entstehende Folgekosten zu tragen hat (BGHZ 52, 229, 233; **aA** WICHER DVBl
1963, 417, 422) oder auch dingliche Belastungen regeln (insoweit übereinstimmend WICHER
DVBl 1963, 417, 421; SOERGEL/HARTMANN Rn 1).

3. Unter „Kommunalverband" sind in allen Ländern die politischen Gemeinden **3**
und die zwischen der Gemeinde und dem Staat stehenden Gebietskörperschaften zu
verstehen (zB Landkreise, Bezirke, Provinzen, Landschaftsverbände oä), stets aber
nur politische Körperschaften, nicht eine Kirchengemeinde oä (OLG Hamm OLGZ
1980, 178; OLG Hamburg NJW 1983, 2572).

Ob das Grundstück, dessen Eigentum übertragen wird, im Grundbuch eingetragen
ist oder nicht (vgl § 3 Abs 2 GBO) ist ohne Bedeutung.

4. Des Vorbehalts in Art 126 bedarf der Landesgesetzgeber nicht, wenn er – etwa **4**
im Rahmen einer Gebietsreform – die Verschmelzung von Gebietskörperschaften
anordnet: In diesen Fällen geht das gesamte Vermögen der beteiligten Körperschaften, einschließlich des Grundbesitzes, entsprechend der getroffenen gesetzlichen
Regelung im Wege der Gesamtrechtsnachfolge, über. Zum Zusammenschluß mehrerer, mit öffentl-rechtl Körperschaftsstatus versehener Kirchengemeinden durch
kirchenbehördliche Anordnung s LG Fulda KirchE 20, 172; OLG Hamburg NJW
1983, 2572 (= MDR 1982, 936 = RPfleger 1982, 373). Im Gegensatz zu dieser Gesamtrechtsnachfolge betrifft Art 126 die Fälle, in denen Grundbesitz von einer weiterbestehenden Körperschaft auf eine andere weiterbestehende Körperschaft übertragen wird.

Joseph Hönle

II. Landesrecht

5 Von dem Vorbehalt ist in den Ländern häufig im sachlichen Zusammenhang der **geregelten** Materie Gebrauch gemacht worden.

Artikel 127

Unberührt bleiben die landesgesetzlichen Vorschriften über die Übertragung des Eigentums an einem Grundstück, das im Grundbuch nicht eingetragen ist und nach den Vorschriften der Grundbuchordnung auch nach der Übertragung nicht eingetragen zu werden braucht.

Materialien: E II Art 99; III Art 126; Prot VI
426 f.

I.   Übertragung des Eigentums an buchungsfreien Grundstücken

1 **1.**   Nach § 3 Abs 1 GBO ist grundsätzlich jedes Grundstück im Grundbuch einzutragen (Buchungszwang). Von dieser Regel macht § 3 Abs 2 GBO eine Ausnahme für bestimmte Grundstücke, die ihrer Art nach nicht dazu bestimmt sind, am Rechtsverkehr teilzunehmen, deren Eigentumsverhältnisse auch ohne Dokumentation im Grundbuch regelmäßig leicht festzustellen sind und bei denen Belastungen kaum vorkommen. Es handelt sich um die Grundstücke des Bundes, der Länder, der Gemeinden und anderer Kommunalverbände, die Grundstücke der Kirchen, Klöster und Schulen, die Wasserläufe, die öffentlichen Wege und die Grundstücke, welche einem dem öffentlichen Verkehr dienenden Bahnunternehmen gewidmet sind. Diese Grundstücke (buchungsfreie Grundstücke) erhalten nur auf Antrag des Eigentümers oder eines Berechtigten ein Grundbuchblatt. Ist ein solches Grundstück im Grundbuch eingetragen, so ist es auf Antrag des Eigentümers wieder aus dem Grundbuch auszuscheiden („auszubuchen"), wenn keine Eintragung vorhanden ist, von der das Recht des Eigentümers betroffen wäre (§ 3 Abs 3 GBO).

2 **2.**   Hinsichtlich der buchungsfreien Grundstücke überläßt es Art 127 der Landesgesetzgebung, für die Übertragung des Eigentums Bestimmungen zu treffen, die von den §§ 873, 925 BGB abweichen. Solche Bestimmungen sind aber nur dann zulässig, wenn das Grundstück im Grundbuch nicht eingetragen ist und auch nach der Übertragung nicht eingetragen zu werden braucht. Letzteres ist so lange der Fall, als das Grundstück auch nach der Übereignung buchungsfrei bleibt, wenn also auch der Erwerber zu dem unter Rn 1 aufgeführten Personenkreis gehört oder wenn das Grundstück auch in seiner Hand ein Wasserlauf oder ein öffentlicher Weg bleibt oder weiterhin einem Bahnunternehmen des öffentlichen Verkehrs gewidmet ist.

3 **3.**   Die Vorschrift ermöglicht es der Landesgesetzgebung, die Übertragung des Eigentums an solchen Grundstücken zu vereinfachen und damit die Unzuträglichkeiten zu vermeiden, die die Anwendung der §§ 873, 925 BGB mit sich brächte: Um das Grundstück übereignen zu können, müßte danach zunächst auf den Namen des

Veräußerers (RGZ 164, 385) ein Grundbuchblatt angelegt werden; nach der Eigentumsumschreibung könnte der Erwerber das Grundstück dann wieder „ausbuchen" lassen.

Bei einer Vielzahl der betroffenen Grundstücke dürften auch die Voraussetzungen des Art 126 vorliegen. Jedoch erfolgt gem Art 126 unmittelbar durch ein besonderes Gesetz die Übertragung eines bestimmten oder mehrerer bestimmter Grundstücke; Art 127 ermöglicht es dagegen dem Landesgesetzgeber, allgemeine Vorschriften über die Übertragung der betroffenen Grundstücke zu erlassen.

4. Für den Fall, daß ein nicht gebuchtes Grundstück buchungsfrei ist und auch **4** nach der Übereignung buchungsfrei bleibt, kann das Landesrecht die Übertragung des Eigentums, insbesondere die Form der Übereignung, frei regeln. Es kann zB statt der Auflassung die privatschriftliche oder auch die formlose Einigung der Beteiligten genügen lassen. Der Vorbehalt des Art 127 gilt aber nur für die Übertragung des Eigentums, also für das dingliche Rechtsgeschäft, nicht auch für das schuldrechtliche Verpflichtungsgeschäft; für dieses bleibt es bei der Formvorschrift des § 311b BGB. Sofern Veräußerer oder Erwerber nicht zu dem in § 3 Abs 2 GBO genannten Personenkreis gehören, sind Art 127 und die hierauf beruhenden landesrechtlichen Vorschriften nicht anwendbar (s auch SOERGEL/HARTMANN Rn 1).

5. Die Landesgesetzgebung kann nach Art 127 nur die Übereignung des bu- **5** chungsfreien Grundstücks regeln, nicht auch seine Belastung oder sonstige Folgen der Übertragung. Wird ein an sich buchungsfreies Grundstück mit dem Recht eines Dritten belastet, das der Eintragung im Grundbuch bedarf, so muß das Grundstück in das Grundbuch eingetragen werden. Bei Dienstbarkeiten überläßt Art 128 Ausnahmen hiervon wieder der Landesgesetzgebung.

6. Wird ein buchungsfreies Grundstück aufgrund einer im Rahmen des Art 127 **6** erlassenen landesrechtlichen Vorschrift außerhalb des Grundbuchs übertragen, so gelten diejenigen Vorschriften des BGB nicht, die an die Eintragung im Grundbuch anknüpfen, zB § 892 BGB. Wenn die Beteiligten bei der Übereignung ein buchungsfreies Grundstück freiwillig eintragen lassen, gelten alle diese Vorschriften, zugunsten des Erwerbers also auch § 892 BGB (RGZ 156, 122; SOERGEL/HARTMANN Rn 3).

I. Landesrecht

1. Früheres Land Preußen

Art 27 AGBGB vom 20. 9. 1899 (GS 177).   **7**

2. Baden-Württemberg

§ 29 AGBGB vom 26. 11. 1974 (GBl 498); zuletzt geändert durch G vom 28. 6. 2000 (GBl 470). Die Einigung der Beteiligten, die notariell beurkundet sein muß, genügt für die Übertragung des Grundstücks.

BadAGBGB und Art 233 WürttAGBGB sind aufgehoben durch § 51 BadWürtt-AGBGB vom 26. 11. 1974.

3. Bayern

Art 55 AGBGB vom 20. 9. 1982 (GVBl 803); über die Anwendung des Art 55 (früher Art 83) AGBGB auf einen Wasserlauf s BayObLGZ 1965, 400/404.

4. Berlin

Art 27 PrAGBGB in geänderter Fassung (SaBerlR 400-1). S Änderung durch G vom 28. 8. 1969 (BGBl I 1513/GVBl 1860) und G vom 24. 11. 1961 (GVBl 1647).

5. Bremen

§ 16 AGBGB vom 18. 7. 1899 (SaBremR 400-a-1), zuletzt geändert durch G vom 4. 12. 2001 (GBl 393).

6. Hamburg

§ 29 AGBGB idF vom 1. 7. 1958 (GVBl 195, HambGuV 40-e), zuletzt geändert durch G vom 16. 1. 1989 (GVBl 5). § 29 HambAGBGB verweist auf die Vorschriften des BGB.

7. Hessen

§ 24 AGBGB vom 18. 12. 1984 (GVBl 344), zuletzt geändert durch G vom 17. 12. 1998 (GVBl 562).

8. Niedersachsen

§ 19 AGBGB vom 4. 3. 1971 (GVBl 73) idF vom 14. 7. 1972 (GVBl 387), zuletzt geändert durch G vom 17. 12. 1991 (GVBl 367).

9. Nordrhein-Westfalen

Art 27 PrAGBGB (SGV NW Nr 40).

10. Rheinland-Pfalz

§ 21 AGBGB vom 18. 11. 1976 (GVBl 259), zuletzt geändert durch G vom 6. 2. 2001 (GVBl 39).

11. Saarland

G Nr 1383 zur Vereinheitlichung und Bereinigung landesrechtlicher Vorschriften (5. RBG) vom 5. 2. 1997 (ABl 258), Art 1 § 25.

12. Schleswig-Holstein

§ 21 AGBGB vom 27. 9. 1974 (GVBl 357), zuletzt geändert durch Entscheidung des Bundesverfassungsgerichts vom 26. 4. 1988 (BGBl I 1040) und G vom 23. 7. 1998 (BGBl I 1886).

13. Neue Bundesländer

In den Ländern Brandenburg, Mecklenburg-Vorpommern, Sachsen, Sachsen-Anhalt u Thüringen gelten die früheren AGBGB nicht fort, vgl STAUDINGER/MERTEN Art 1 Rn 63 ff.

Brandenburg (AGBGB vom 28.7. 2000 [GVBl 114]) und **Thüringen** (AGBGB vom 3.12. 2002 [GVBl 424]) haben nunmehr Ausführungsgesetze zum BGB erlassen, welche jedoch keine Regelungen zur Übertragung des Eigentums an buchungsfreien Grundstücken enthalten.

Artikel 128

Unberührt bleiben die landesgesetzlichen Vorschriften über die Begründung und Aufhebung einer Dienstbarkeit an einem Grundstück, das im Grundbuch nicht eingetragen ist und nach den Vorschriften der Grundbuchordnung nicht eingetragen zu werden braucht.

Materialien: E III Art 127.

I. Dienstbarkeiten an buchungsfreien Grundstücken

1. Art 128, der erst vom Bundesrat geschaffen worden ist, schließt sich eng an **1** Art 127 an. Der Zweck und die Voraussetzungen entsprechen denen des Art 127. Die Landesgesetzgebung kann für buchungsfreie Grundstücke, die auch tatsächlich nicht im Grundbuch eingetragen sind, über die Begründung und Aufhebung von Dienstbarkeiten **Bestimmungen** treffen, die von den §§ 873 ff, 1018 ff, 1030 ff und 1090 ff BGB abweichen. Die Landesgesetzgebung kann zB anordnen, daß zur Begründung einer Dienstbarkeit die formlose oder schriftliche Einigung der Beteiligten, für ihre Aufhebung die formlose oder schriftliche Aufgabeerklärung des Berechtigten genügt. Der Vorbehalt gilt nur für Vorschriften über die Begründung und Aufhebung einer Dienstbarkeit, nicht für die Übertragung von (Grund-)Dienstbarkeiten (BayObLGZ 1965, 400, 406).

2. Ist ein Grundstück zwar buchungsfrei, aber trotzdem im Grundbuch eingetra- **2** gen, oder ist es umgekehrt buchungspflichtig, aber nicht eingetragen, so sind Art 128 und die auf ihm beruhenden landesgesetzlichen Vorschriften nicht anwendbar. Dagegen setzt der Vorbehalt des Art 128 bei Grunddienstbarkeiten nur voraus, daß das dienende Grundstück buchungsfrei und nicht gebucht ist, während das herrschende Grundstück auch buchungspflichtig und im Grundbuch eingetragen sein kann.

3. Unter den Vorbehalt fallen alle Arten der Dienstbarkeiten, dh auch die per- **3** sönlichen Dienstbarkeiten, dh die beschränkten persönlichen Dienstbarkeiten und der Nießbrauch.

4. Wegen des Besitzschutzes für buchungsfreie Dienstbarkeiten s Art 191 Abs 2. **4**

Wegen der Aufhebung von Dienstbarkeiten, die tatsächlich nicht eingetragen sind, s Art 189 Abs 3.

II. Landesrecht

1. Baden-Württemberg

5 § 29 AGBGB vom 26. 11. 1974 (GBl 498); zuletzt geändert durch G vom 28. 6. 2000 (GBl 470).

2. Bayern

Art 56, 57 AGBGB vom 20. 9. 1982 (GVBl 803).

3. Hamburg

§ 43 AGBGB idF vom 1. 7. 1958 (HambGuV Nr 40-e), zuletzt geändert durch G vom 16. 1. 1989 (GVBl 5).

4. Niedersachsen

§ 20 NdsAGBGB vom 4. 3. 1971 (GVBl 73) idF vom 14. 7. 1972 (GVBl 387), zuletzt geändert durch G vom 17. 12. 1991 (GBl 367).

5. Rheinland-Pfalz

Art 84 BayAGBGB (GVBl RhPf, Nr 1 a/1966, Nr 400-1) ist aufgehoben durch Art 27 Abs 1 Nr 1b des RhPfAGBGB vom 18. 11. 1976 (GVBl 259); in diesem Gesetz ist keine entsprechende Regelung enthalten.

6. Saarland

Der früher in Teilgebieten geltende Art 83 BayAGBGB aF ist aufgehoben durch G vom 5. 2. 1997 (ABl 258) Art 2 Abs 16 Nr 9.

7. Neue Bundesländer

In den Ländern Brandenburg, Mecklenburg-Vorpommern, Sachsen, Sachsen-Anhalt u Thüringen gelten die früheren AGBGB nicht fort, vgl STAUDINGER/MERTEN Art 1 Rn 63 ff.

In den nunmehr erlassenen AGBGB in Brandenburg und Thüringen sind keine Regelungen iSd Art 128 enthalten.

Artikel 129

Unberührt bleiben die landesgesetzlichen Vorschriften, nach welchen das Recht zur Aneignung eines nach § 928 des Bürgerlichen Gesetzbuchs aufgegebenen Grundstücks an Stelle des Fiskus einer bestimmten anderen Person zusteht.

Materialien: E II Art 101; III Art 128; Mot III
326; Prot III 128; VI 429.

I. Aneignung herrenloser Grundstücke durch andere Personen als den Fiskus

1. Nach § 928 Abs 1 BGB kann das Eigentum an einem Grundstück dadurch **1** aufgegeben werden, daß der Eigentümer den Verzicht dem Grundbuchamt gegenüber erklärt und der Verzicht in das Grundbuch eingetragen wird. Das Grundstück wird dadurch herrenlos. Das Recht zur Aneignung eines herrenlosen Grundstücks steht nach § 928 Abs 2 BGB dem Fiskus des Landes zu, in dessen Gebiet das Grundstück liegt. Der Vorbehalt des Art 129 ermächtigt die Landesgesetzgebung, das Aneignungsrecht anderen Personen als dem Fiskus zu übertragen. Die Vorschrift läßt aber nur die Übertragung des Aneignungsrechts auf bestimmte Personen zu. Eine Bestimmung entsprechend dem Römischen Recht, nach dem das Recht zur Aneignung eines herrenlosen Grundstücks dem zustand, der zuerst von ihm Besitz ergriff, ist also nicht möglich.

2. Zu der entsprechenden Übergangsregelung für Grundstücke, die bei Anlegung **2** der Grundbücher herrenlos waren, s Art 190 S 2.

II. Derzeit keine landesrechtliche Vorschriften

Von dem Vorbehalt des Art 129 ist derzeit in keinem Bundesland Gebrauch gemacht **3** (zur Fortgeltung älterer Vorschriften teilweise **aA** Soergel/Hartmann Rn 1). Zu früheren Vorschriften s Staudinger/Dittmann[10/11] Rn 5 f.

Artikel 130

Unberührt bleiben die landesgesetzlichen Vorschriften über das Recht zur Aneignung der einem anderen gehörenden, im Freien betroffenen Tauben.

Materialien: E I Art 69; II Art 102; III Art 129;
Mot EG 194.

Schrifttum

Delius, Die Notwendigkeit besseren Schutzes zahmer Tauben, insbesondere die Rechtslage der Brieftauben, RuPrVBl 49, 36

Ermel, Zum Rechte des Taubenfangs, LZ 1933, 706

Joseph Hönle

GOETZE, Das Recht zum Taubenfangen, GesuR 1909, 39

GÖRCKE, Das Forstzivilrecht im Deutschen Reich, 1933, II, Abschnitt „Taubenrecht"

KRUSINGER, Fang und Abschuß zahmer Tauben, JW 1931, 2685

LIPPMANN, Das Recht der Taubenhaltung, ZfAgruWR 6, 13

PEGIUS, Juristische Schriften II (Ergötzlichkeiten vom Hunde-, Tauben- und Hühnerrecht) (1718)

SALANDERN, Das Tauben- wie auch das Bienen- und Immenrecht (1723).

I. Das Recht zum Taubenfang

1 1. Die Tauben gehören – mit Ausnahme der Wildtauben – zu den zahmen Tieren, über die das BGB keine besonderen Vorschriften enthält. Für sie gelten deshalb alle Vorschriften für bewegliche Sachen. Nach § 959 BGB wird eine Taube nur herrenlos, wenn der Eigentümer den Besitz an ihr in der Absicht aufgibt, auf das Eigentum zu verzichten. Solange dies nicht der Fall ist, kann ein anderer, der sie in Eigenbesitz nimmt, nicht gemäß § 958 BGB durch Aneignung das Eigentum an ihr erwerben. Art 130 erlaubt dem Landesgesetzgeber, hiervon abweichende Regelungen zu treffen, vor allem um dem Eigentümer eines Grundstücks die Möglichkeit zu geben, sich für Schäden, die durch die Tauben seinem Grundstück drohen oder eingetreten sind, durch Aneignung der Tauben schadlos zu halten, und um dem Grundstückseigentümer die Möglichkeit zu geben, sein Grundstück vor der Beschädigung durch Tauben zu schützen (Mot II 102).

2 2. Der Vorbehalt gestattet der Landesgesetzgebung, auch Tauben, deren Besitz der Eigentümer nicht in der Absicht aufgegeben hat, auf das Eigentum zu verzichten, als herrenlos zu behandeln und sie dem Aneignungsrecht eines anderen zu unterwerfen, wenn sie im Freien angetroffen werden. Nach dem Zweck der Vorschrift, Schäden von Grundstücken abzuwenden, bedeutet „im Freien" nach der überwM deren Aufenthalt auf Äckern oder sonst landwirtschaftlich oder gärtnerisch genutzten Grundstücken, nicht jeder Aufenthalt außerhalb des gewöhnlichen Verwahrungsortes, etwa auf einem städtischen Hausgrundstück (KG KGJ 44, 436 = Recht 1914; 34; OLG Breslau JW 1931, 231: nur dort, wo die Tauben Schädigungen besorgen lassen; MünchKomm/SÄCKER Rn 2; SOERGEL/HARTMANN Rn 1; aA PRObertribunal GArch 26, 205; KG KGJ 25, C 84; RGSt 20, 272; 48, 385).

II. Brieftauben

3 Auch für Brieftauben gelten grundsätzlich die Rechtsvorschriften für Tauben: sie sind ebenfalls keine wilden Tiere, die nach § 960 Abs 1 BGB herrenlos sind und damit dem Aneignungsrecht nach § 958 Abs 1 BGB unterliegen würden (sie sind nicht Gegenstand des freien Tierfangs, KG DJZ 1900, 26). Spezielle Regelungen für Brieftauben enthält das Brieftaubengesetz vom 1. 10. 1938 (RGBl I 1335; s insbes §§ 8, 12). Wegen seines vorwiegend sicherheitsrechtlichen Charakters ist dieses Gesetz Landesrecht geworden (Art 30, 70, 124, 125 GG). In einigen Ländern wurde es geändert oder aufgehoben, s dazu Rn 4 ff.

III. Landesrecht

1. Früheres Land Preußen

VO zum Schutze der Felder und Gärten gegen fremde Tauben vom 4. 3. 1933 (GS 64), **4**
geändert durch VO vom 13. 12. 1934 (GS 464); Tauben, die während der Sperrzeit auf
Feldern oder in Gärten angetroffen werden, darf sich der Eigentümer oder Nutzungsberechtigte des Grundstücks aneignen. Die VO hat alle früheren Regelungen
aufgehoben. Für Brieftauben ist die VO unanwendbar nach dem BrieftaubenG vom
1. 10. 1938 (RGBl I 1335; s bes §§ 8, 12).

2. Bayern

Die Vorschriften des PrALR hatten durch Art 1 AGBGB idF bis 31. 12. 1982 (BayBS **5**
III, 89) ihre Gültigkeit verloren.

3. Berlin

PrVO vom 4. 3. 1933 (GS 64), SaBerlR 7824-1.   **6**

4. Bremen

VO zum Schutze der Felder und Gärten gegen Tauben vom 24. 3. 1939 (SaBremR **7**
Nr 7823-b-2). PrVO vom 4. 3. 1933, s oben, aufgehoben durch § 5 VO vom 23. 9. 1970
(GBl 124).

5. Hamburg

VO zum Schutze der Felder und Gärten gegen Tauben vom 31. 10. 1958 (GVBl 386, **8**
HambGuV Nr 7824-d); G zur Änderung des Brieftaubengesetzes vom 22. 9. 1958 –
HambGuV Nr 7824-c- hebt § 8 des BrieftaubenG vom 1. 10. 1938 (RGBl I 1335) auf;
Rest aufgehoben durch G vom 3. 3. 1969 (GVBl 23).

6. Hessen

G zum Schutze der Felder und Gärten gegen fremde Tauben und zur Aufhebung des **9**
BrieftaubenG vom 5. 10. 1956 (GVBl I 145 = HessGVBl II Nr 882-12); § 4 hebt das
Reichs-BrieftaubenG von 1938 auf (ÄndG vom 16. 3. 1970; GVBl 243).

7. Niedersachsen

§ 28 Abs 2 G vom 30. 8. 1984 (GVBl 215); § 8 des BrieftaubenG aufgehoben durch **10**
§ 31 Feld- und ForstordnungsG vom 23. 12. 1958 (Sb I Nr 452).

8. Nordrhein-Westfalen

§ 23 Abs 2 G vom 14. 1. 1975 (GVNW 125).   **11**

§§ 8, 12 BrieftaubenG sind aufgehoben durch § 35 Nr 3 Feld- und ForstschutzG idF vom 24. 3. 1970 (SGV NW 45).

9.   Rheinland-Pfalz

12 VO vom 9. 7. 1957 (GVBl 113 = BS RhPf Nr 7823-24); hebt in § 5 PrVO vom 4. 3. 1933 (s oben) auf.

BrieftaubenG vom 18. 10. 1950 (GVBl 281) idF vom 1. 4. 1953 (GVBl 35); aufgehoben durch 8. RBerG vom 12. 10. 1995 (GVBl 421) Art 2 Nr 11.

10.   Saarland

13 PrVO vom 4. 3. 1933 ist aufgehoben durch § 24 G vom 24. 3. 1975 (ABl 525).

11.   Schleswig-Holstein

14 VO zum Schutze der Felder und Gärten gegen fremde Tauben vom 18. 3. 1966 (GVBl 54). § 3 dieser Verordnung hebt die PrVO vom 4. 3. 1933 (s oben) auf.

Artikel 131

Unberührt bleiben die landesgesetzlichen Vorschriften, welche für den Fall, daß jedem der Miteigentümer eines mit einem Gebäude versehenen Grundstücks die ausschließliche Benutzung eines Teils des Gebäudes eingeräumt ist, das Gemeinschaftsverhältnis näher bestimmen, die Anwendung der §§ 749 bis 751 des Bürgerlichen Gesetzbuchs ausschließen und für den Fall des Insolvenzverfahrens über das Vermögen eines Miteigentümers das Recht, für die Insolvenzmasse die Aufhebung der Gemeinschaft zu verlangen, versagen.

Materialien: E I Art 73; II Art 103; III Art 130; Mot EG 197; Prot VI 437. Art 131 geändert durch Art 32 EGInsO vom 5. 10. 1994 (BGBl I 2911).

Schrifttum

MÄRZBACHER, Das uneigentliche Stockwerkseigentum, Recht 1924, 382
THÜMMEL, Abschied vom Stockwerkseigentum, JZ 1980, 125
ders, Stockwerkseigentum in Baden und die Einwirkung des württembergischen Rechts, BWNotZ 1984.

I.   „Unechtes" Stockwerkseigentum

1 1.   Beim „echten" Stockwerkseigentum ist das Miteigentum am Grundstück mit echtem Sondereigentum an bestimmten Räumen und Gebäudebestandteilen verbunden. Da nach §§ 93 ff BGB ein Sondereigentum an Bestandteilen eines Gebäudes ausgeschlossen ist, kann solches echtes Stockwerkseigentum heute nicht mehr begründet werden (Art 189 Abs 1 S 3). Soweit vor dem 1. 1. 1900 echtes Stockwerkseigentum bestand, ist es mit seinem alten Inhalt bestehen geblieben (Art 182; s die Erl zu dieser Vorschrift).

2. Demgegenüber ist beim „unechten" Stockwerkseigentum, das Gegenstand des **2** Art 131 ist, das Miteigentum am Grundbesitz nur mit ausschließlichen Nutzungsrechten an Gebäudeteilen verbunden. Der Vorbehalt des Art 131 läßt frühere landesrechtliche Regelungen für dieses unechte Stockwerkseigentum mit bestimmtem Inhalt weiterbestehen und gibt der Landesgesetzgebung die Möglichkeit, solche Regelungen auch neu zu schaffen.

II. Inhalt des Vorbehalts

1. Das Landesrecht kann das unechte Stockwerkseigentum nur als Miteigentum **3** an einem bebauten Grundstück zulassen und nur dann, wenn jedem Miteigentümer das Recht zur ausschließlichen Benutzung eines Teiles des Gebäudes (regelmäßig einer Wohnung) eingeräumt ist. Es kann in diesem Fall Bestimmungen treffen, die das Bundesrecht (§§ 1008, 1009, 1011 iVm §§ 741, 758 BGB) ergänzen oder von ihm abweichen.

2. Das Landesrecht kann das Gemeinschaftsverhältnis näher regeln. Es kann also **4** etwa bestimmen, an welchen Teilen des Gebäudes dem einzelnen Miteigentümer das ausschließliche Benützungsrecht zusteht und wie er diese Teile benützen darf. Es kann weiter den ideellen Anteil am Grund und Boden und an den zur gemeinschaftlichen Benutzung vorgesehenen Gebäudeteilen bestimmen. Es kann die Verwaltung, Benutzung und Unterhaltung dieser Teile, die Teilung von Früchten und die Verteilung der Lasten und Kosten regeln.

3. Die Anwendung der §§ 749–751 BGB, dh das Recht, die Aufhebung der **5** Gemeinschaft zu verlangen, kann ausgeschlossen werden. Die Aufhebung der Gemeinschaft kann auch (entgegen § 84 InsO) mit Wirkung gegenüber dem Insolvenzverwalter ausgeschlossen werden, so daß in der Insolvenz über das Vermögen eines Miteigentümers der Insolvenzverwalter nicht befugt ist, die Aufhebung der Gemeinschaft zu verlangen.

4. Soweit landesgesetzliche Vorschriften nicht getroffen werden, gelten die **6** §§ 1008 ff BGB und §§ 741 ff BGB.

5. Bei Stockwerkseigentum nach Art 131 kann für das ganze Grundstück ein **7** einziges Grundbuchblatt angelegt werden.

6. Das Wohnungseigentumsgesetz ließ Art 131 unberührt. Es erleichtert aber die **8** Umwandlung von altrechtlichem Stockwerkseigentum in Wohnungseigentum (§ 63 WEG).

7. Gemäß Art 32 Nr 2 EGInsO vom 5. 11. 1994 (BGBl I 2911) wird der Gesetzes- **9** text des Art 131 geändert. Die Worte „des Konkurses" werden durch die Worte „des

Insolvenzverfahrens" und die Worte „dem Konkursverwalter das Recht" durch die Worte „das Recht, für die Insolvenzmasse" ersetzt.

III. Landesrecht

10 Der Vorbehalt hat nur geringe Bedeutung; derzeit ist nur in Bayern von ihm Gebrauch gemacht:

1. Baden-Württemberg

11 Das Gesetz über das Miteigentum nach Wohneinheiten vom 12. 6. 1950 (RegBl 57) machte von dem Vorbehalt Gebrauch. Dieses Gesetz wurde aber durch das Gesetz vom 16. 2. 1953 (GBl 9) aufgehoben. Nach dem Gesetz begründete Rechte bestehen fort, s § 2 dieses Aufhebungsgesetzes.

2. Bayern

12 Art 62 AGBGB vom 20. 9. 1982 (GVBl 803) leitet das zur Zeit des Inkrafttretens des Bürgerlichen Gesetzbuches bestehende echte Stockwerkseigentum in unechtes Stockwerkseigentum über und gibt hierfür eine kurze Regelung, die in den Rahmen des Art 131 fällt (früher Art 42 ÜbergangsG, BayBS III 101). Der Anspruch auf Aufhebung der Gemeinschaft ist ausgeschlossen. Für die Benutzungsrechte der Miteigentümer gilt § 1010 Abs 1 BGB entsprechend.

Artikel 132

Unberührt bleiben die landesgesetzlichen Vorschriften über die Kirchenbaulast und die Schulbaulast.

Materialien: E III Art 131.

Schrifttum

1. Zur Kirchenbaulast

LINDNER, Baulasten an kirchlichen Gebäuden (1995), mit ausführlichem Schrifttumsnachweis
BÖTTCHER, Baulast an Kirchengebäuden, HdbStKirchR Bd 2 (2. Aufl 1995) § 39
ders, Art und Rechtsgrund kommunaler Kirchenbaulasten, in: FS Obermayer (1986) 155
ders, Baulast, EvStL I (3. Aufl 1987) Sp 163
ERLER, Kirchenrecht (5. Aufl 1983) 185
GRETHLEIN/BÖTTCHER/HOFMANN/HÜBNER, Evangelisches Kirchenrecht in Bayern (1994)
HEIMERL/PREE, Handbuch des Vermögensrechts der katholischen Kirche (1993) 438
LECHELER, Der Gegenstand der staatlichen

Kirchenbaulast nach dem gemeinen Recht, in: FS Obermayer (1986) 217
MÖRSDORF, Kirchenrecht Bd 2 (11. Aufl 1967) § 171
NIENS, Kirchengut, Pfarrbesoldung und Baulast in der Evangelischen Landeskirche in Baden (1991)
PAARHAMMER, Baulast, Kirchliche, in: Lexikon für Theologie und Kirche, Bd 2 (3. Aufl 1994) Sp 89
RENCK, Kirchenbaulast in aeternum?, BayVBl 1996, 554
VOLL, Handbuch des Bayerischen Staatskirchenrechts (1985) 172

WERLE, Kirchenpatronat und staatliche Ge-
setzgebung im 19. und 20. Jahrhundert (1962)
E WOLF, Ordnung der Kirche (1961) 354 f, 674
ZÄNGL BayVBl 1988, 609.

Zur älteren Literatur vgl die Hinw bei
STAUDINGER/LEISS[10/11].

2. Zur Schulbaulast
ANDERS, Die Schulgesetzgebung der neuen
Bundesländer (1995)
BECKER, Möglichkeiten und Grenzen staatlicher
Einflußnahme auf den Betrieb von Privatschu-
len, BayVBl 1996, 609
HECKEL, Einführung in das Erziehungs- und
Schulrecht (2. Aufl 1986)

HECKEL/AVENARIUS, Schulrechtskunde (7. Auf-
lage 2000)
MÜLLER, Das Recht der freien Schule nach dem
Grundgesetz (2. Aufl 1982)
OPPERMANN, Schule im Rechtsstaat, Verhand-
lungen des DJT (1976) C 1
PÜTTNER, Schulrecht, in: ACHTERBERG (Hrsg),
Besonderes Verwaltungsrecht I (1990) 769
STEIN/ROELL, Handbuch des Schulrechts
(2. Aufl 1992).

Zur Literatur zum Schulrecht der Länder vgl die
ausführlichen Nachweise bei HECKEL/AVENA-
RIUS aaO.

Systematische Übersicht

Alphabetische Übersicht

I.   Entstehungsgeschichte

1   Dieser Artikel ist erst vom Bundesrat aufgenommen worden. Im 1. Entw wurde über Kirchen- und Schulbaulast keine Bestimmung getroffen, weil diese Baulast in großen Gebieten des Reiches als eine öffentliche Last aufgefaßt wurde und weil für diejenigen Gebiete, in welchen die Kirchenbaulast den Charakter einer rein privatrechtlichen Reallast hatte, die Übergangsbestimmung des Art 184 als ausreichend erachtet wurde (Mot z EG 152). Auf einem ähnlichen Standpunkte stand die II. Komm, der folgender Antrag unterbreitet wurde:

„Unberührt bleiben die landesgesetzlichen Vorschriften, welche die Veräußerung oder Belastung der zum kirchlichen Vermögen gehörenden (event der zum gottesdienstlichen Gebrauch bestimmten) Sachen untersagen, das kirchliche Pfründenrecht, das kirchliche Patronatsrecht, die kirchliche Baulast sowie die Benutzung eines Platzes in einem dem öffentlichen Gottesdienste gewidmeten Gebäude oder eines Platzes auf einer öffentlichen Begräbnisstätte regeln" (Prot 8903).

Von den Zielen dieses Antrags wurde das kirchliche Veräußerungsverbot, das kirchliche Pfründenrecht und das kirchliche Patronatsrecht in Art 80 berücksichtigt, in dem das kirchliche Veräußerungsverbot als durch das BGB beseitigt, das kirchliche Patronatsrecht als zum öffentlichen Recht gehörend und daher ohnehin in die landesgesetzliche Zuständigkeit fallend betrachtet (Prot VI 435, 436) und für das kirchliche Pfründenrecht ein Vorbehalt aufgestellt wurde. Das private Recht auf Kirchenstühle und Begräbnisplätze behandelt Art 133. Soweit der Antrag die kirchliche Baulast betraf, wurde er aus den Gründen der Motive und, weil auf die Entstehung neuer Verpflichtungen nach Inkrafttreten des BGB dessen Vorschriften Anwendung fänden (Prot VI 435), zurückgezogen. Dieser Grund trifft nun, nachdem der ganze Rechtsstoff der Kultusbaulast, soweit er auf Privatrecht beruht, der landesgesetzlichen Regelung überlassen ist, nach Art 1 Abs 2 nicht mehr zu.

II. Umfang des Vorbehalts

Der Vorbehalt erstreckt sich auf alle Kirchen- und Schulbaulastvorschriften, soweit **2** sie **bürgerlich-rechtlicher Natur** sind. Durch ihn werden nicht nur **materielle Landesregeln**, sondern auch formelle **Annexbestimmungen** zugelassen (BGHZ 31, 115, 117; RGZ 111, 211, 215 f). Der Vorbehalt ordnet das Weiterbestehen bereits vorhandener Landesregeln an und ermöglicht den Erlaß neuer Vorschriften der Länder. Die Aufrechterhaltung von dinglichen Verpflichtungen, die bereits vor Inkrafttreten des BGB begründet waren, ergibt sich aus Art 184.

III. Kirchenbaulasten

1. Begriff und Inhalt

Kirchenbaulast ist die Verpflichtung einer Person, dem Gottesdienst gewidmete **3** Gebäude, evtl auch deren Nebengebäude (Pfarrhaus) zu **errichten**, zu **unterhalten**, **instandzusetzen**, zu **erweitern** und **wiederzuerrichten** (zur Definition vgl BÖTTCHER, Baulast an Kirchengebäuden, HdbStKirchR II [2. Aufl 1996] § 39 S 20 f; FRIEDRICH, Einf in das Kirchenrecht [2. Aufl 1977] 525; LINDNER, Baulasten an kirchlichen Gebäuden [1995] 6 ff mwN; MÖRSDORF, Kirchenrecht Bd II [11. Aufl 1967] 327 f; PAARHAMMER, Art Baulast, kirchliche, in: KASPAR [Hrsg], Lexikon für Theologie und Kirche Bd 2 [3. Aufl 1994]; WIESENBERGER, Kirchenbaulasten politischer Gemeinden und Gewohnheitsrecht [1981] 21). Sie ist eine **besondere**, von den Verkehrssicherungs-, Polizei- und Denkmalinstandsetzungspflichten unterschiedene **Verpflichtung** (LINDNER 11 f; WIESENBERGER 21 f) zur Sicherung der sächlichen Voraussetzungen der Religionsausübung (vgl BÖTTCHER 21).

Kirchenbaulasten beruhen auf verschiedenen Rechtsgrundlagen, der Inhalt der **4** Pflicht muß jeweils für die einzelne Verpflichtung ermittelt werden. So kann die Kirchenbaulast zB nur die **Instandsetzung** ohne eine evtl **Wiedererrichtung** oder **Erweiterung** (LM Nr 6 zu Kirchenrecht – Allg) enthalten, sie kann sich nur auf das **Kirchengebäude** wie auch auf **Pfarrhaus** und **Inneneinrichtung** der Kirche (BÖTTCHER 35; LINDNER 7 ff; MÖRSDORF 327 f) beziehen. Meist verpflichtet die Kirchenbaulast zur **Kostenerstattung**, seltener zu **Dienst- und Sachleistungen** (LINDNER 304 ff; WIESENBERGER 32). Ihr Umfang richtet sich nach dem momentanen Bedürfnis, sie geht nicht auf kontinuierliche Zahlung feststehender Summen (HessVGH ESVGH 12, 165, 169 f; BÖTTCHER 36).

2. Rechtsgrundlagen

5 Rechtsgrundlage für Kirchenbaulasten können

– materielle Gesetze

– Verträge und sonstige Vereinbarungen (Konkordate, Vergleiche, Zirkumskriptionsbullen)

– gemeines Recht

– Gewohnheitsrecht, Observanz und

– Herkommen (erwerbende, unvordenkliche Verjährung)

sein (allg zu den Anspruchsgrundlagen vgl BÖTTCHER 27 ff; LINDNER 100 ff; MÖRSDORF 328; WIESENBERGER 40 ff; HessVGH ESVGH 12, 165, 168 mwN; SOERGEL/HARTMANN Art 132 Rn 1; allg zu den Rechtsgrundlagen staatlicher Leistungen an Kirchen ISENSEE, HdbStKirchR I [2. Aufl 1994] § 35 1009 ff).

a) Materielles Gesetz
6 Zum Begriff des **materiellen Gesetzes** vgl Art 2 Rn 1 ff. Nach §§ 35 und 36 **Reichsdeputationshauptschluß** vom 25. 2. 1803 (vgl dazu vCAMPENHAUSEN, Staatskirchenrecht [3. Aufl 1996] 29 ff) waren die Staatsregierungen zum Unterhalt der **Domkirchen verpflichtet.**

b) Gemeines Recht
7 Wenn sich kein Sonderrecht gebildet hat, kommen die **gemeinrechtlichen Bestimmungen** zum Zuge. Demnach ist bei **Kathedralkirchen** (c 1186 Nr 1 des CIC von 1917; demgegenüber enthält der CIC von 1983 keine baulastrechtliche Regelung mehr; dazu sowie zur subsidiären Anwendung des alten Rechts vgl PAARHAMMER, Lexikon für Theologie und Kirche Bd 2 [3. Aufl 1994] Sp 89) zunächst das Kathedralkirchenvermögen heranzuziehen und zwar die Erträgnisse desselben, das Stammkapital nur in begrenztem Umfang. Ansonsten sind der Bischof und die Kanoniker baupflichtig. Bei **Pfarrkirchen** ist zunächst das Kirchenstiftsgut heranzuziehen, dann der Patron, schließlich die Nutznießer des Kirchenvermögens. Umstritten ist, ob aus der letztgenannten Bestimmung sowie des gewohnheitsrechtlich geltenden Tridentinum in sessio XXI Kap VII eine Verpflichtung der Pfarrangehörigen zum Neubau einer Kirche hergeleitet werden kann (vgl dazu die ausführlichen Erörterungen des BGH VerwRspr 10, 288 mwN; PAARHAMMER 89). Die Pflicht zur Unterhaltung, wie sie sich aus dem kanonischen Recht ergibt, beschränkt sich nicht auf das **Ausbessern** schadhafter Gebäude, sondern umfaßt auch die **Erweiterung** unzulänglich gewordener sowie den **Neubau** zerstörter oder verfallener Kirchen.

c) Herkommen
8 Herkommen ist eine Übung, die ein besonderes, dauerndes Rechtsverhältnis zwischen zwei Beteiligten regelt und in dieser beständigen Übung durch gegenseitige Anerkennung eine vertragliche Abmachung ersetzt (BGHZ 31, 115, 121; RGZ 102, 12; HessVGH ESVGH 12, 165, 168; VG Kassel KirchE 12, 83, 90). Es ist also mangels Breiten-

wirkung keine Rechtsnorm, sondern ein **vertragsähnliches Rechtsinstitut**, das nur individuelle Rechtsbeziehungen schafft (RGZ 119, 213; 102, 12; 113, 349, 352; vgl ausführlich LINDNER 122 ff mwN).

d) Unvordenkliche, erwerbende Verjährung

Die **unvordenkliche** und die **erwerbende Verjährung** werden zum Teil mit dem Her- **9** kommen gleichgesetzt und bilden dann lediglich eine andere Bezeichnung für dasselbe Rechtsinstitut (so in der bay Rspr; vgl BÖTTCHER 32). Die hM verwendet jedoch – richtigerweise – den Terminus „unvordenkliche Verjährung" nicht für ein durch langdauernde Übung hervorgerufenes Rechtsverhältnis, also für ein **rechts- und pflichtenbegründendes Rechtsinstitut**, sondern als **Beweisregel** im Sinne einer Vermutung für das Bestehen der lang anerkannten Rechte und Pflichten (vgl GRÖPPER DVBl 1969, 945, 947; bayVGH KirchE 13, 132, 141).

e) Patronat

Meistens (nicht stets, vgl RGZ 102, 9, 11) besteht eine Kirchenbaulast nicht isoliert, **10** sondern als ein Bestandteil eines umfassenden Rechts- und Pflichtenverhältnisses einer Person zu einer Kirche(-ngemeinde), des **Patronats** (vgl auch SOERGEL/HARTMANN Art 132 Rn 2; ERLER 189 f). Dieser Inbegriff von Rechten und Pflichten in Bezug auf eine Kirche (zur Definition vgl ERLER 189 f; BayVGH KirchE 13, 132, 140) enthält neben der **Baulast** oft viele **Präsentations-, Alimentations-** sowie **Grab- und Kirchenstuhlrechte**. Träger des Patronats kann eine Einzelperson („**Privatpatronat**" – auch wenn es mittlerweile auf den Staat übergegangen ist), eine politische Gemeinde oder ein Staat sein; das Patronat ist (und war) in jedem Fall eine Rechtsbeziehung **öffentlich-rechtlicher Art** (Prot VI 436; PLANCK Art 132 EG Anm 3; LM Nr 2 zu Kirchenrecht – allgemeines).

Kann die öffentliche Hand wegen der grundgesetzlichen Verpflichtung zur weltan- **11** schaulichen Neutralität evtl einzelne Rechte aus dem Patronat nicht mehr ausüben (zB das Präsentationsrecht), so berührt das den Bestand des Patronats insgesamt nicht (BVerwG BUCHHOLZ Art 140 GG Nr 16; bayVGH KirchE 13, 132, 149). Ein Patronat wurde früher begründet durch Überlassung eines Grundstücks für den Kirchenbau (**fundatio**), Erbauung der Kirche (**aedificatio**) oder Stiftung des erforderlichen Vermögens (**donatio**) (BayVGH KirchE 13, 132, 141).

3. Weiterbestehen und Erlöschen von Kirchenbaulasten

a) Allgemeines

Seit Inkrafttreten des Grundgesetzes ist oft der **Untergang** aller Kirchenbaulasten **12** des Staates und der Kommunen behauptet worden. Gestützt wurde das auf die weltanschauliche **Neutralitätspflicht** des Staates (aus Art 3, 140 GG iVm 137 Abs 1 WRV), den **Paritätsgrundsatz** (Art 4 Abs 1, 3 Abs 3, 33 Abs 3, 140 GG iVm 136 Abs 1, 137 Abs 1 WRV), die **negative religiöse Finanzfreiheit** (Art 4 Abs 1 GG) sowie die Verleihung des **Besteuerungsrechts** an die Kirchen, die wegen der dadurch verbesserten kirchlichen Finanzausstattung Leistungen der öffentlichen Hand erübrigten (so vor allem OVG NRW KirchE 11, 43, 45 ff, aufgehoben durch BVerwGE 38, 76; vgl dazu ausführlich LINDNER 148 ff). Die höchstrichterliche Rechtsprechung ist dieser Ansicht mit Recht nicht gefolgt (vgl jedoch BVerwG BUCHHOLZ Art 140 Nr 28, wonach nunmehr je nach Einzelfall die „Geschäftsgrundlage" einer kommunalen Baulast an einem Kirchturm infolge „Funktionswandels" ganz oder teilweise entfallen kann; dazu BÖTTCHER 40 ff).

Detlef Merten

Art 140 GG iVm 138 Abs 1 (für **staatliche**, öffentlich-rechtliche Leistungen einschließlich der verwaltungs-privatrechtlichen; vgl Isensee 1021 ff; BVerwGE 28, 179, 183) und Abs 2 WRV (für **kommunale** Leistungen) sowie Art 14 GG (für Leistungen aufgrund staatlicher Privatpatronate oder **sonstiger privatrechtlicher** Kirchenbaulasten der öffentlichen Hand) modifizierten die genannten Verfassungsvorschriften. Vor allem verhindert Art 140 GG iVm Art 138 Abs 1 WRV das völlige Entfallen.

13 Die als Ausgleich für die Vermögensverluste der Kirchen durch die Säkularisation dienenden Kirchenlasten (Isensee 1009) dürfen nur durch **Landesgesetze** abgelöst werden (BVerwGE 38, 76, 77 ff; BayVGH KirchE 13, 132, 150 f; VG Kassel KirchE 12, 83, 94 ff; HessVGH ESVGH 12, 165, 169; RGZ 113, 349, 379). Das ist hier nur teilweise geschehen (dazu Isensee, 1039 f; Friedrich 630 f; Mörsdorf 329; aus neuerer Zeit vgl Art 77 Abs 1 bayer AGBGB vom 20. 9. 1982, GVBl 803).

14 Auch das **Allgemeine KriegsfolgenG** (BGBl III 653-1) hat die Kirchenbaulasten nicht generell aufgehoben, weil es nur den Untergang bereits **entstandener Ansprüche**, nicht der **zugrundeliegenden Rechtsverhältnisse** anordnete (BayVGH KirchE 13, 132, 149 f).

b)   Erlöschen im Einzelfall

15 Das schließt ein Erlöschen von Kirchenbaulasten im Einzelfall nicht aus (vgl dazu Wiesenberger 188 f). So wie sie durch Vertrag ablösbar sind, können sie bei **grundsätzlicher Veränderung der Verhältnisse** (die Bezeichnung ist uneinheitlich, auch: Wegfall der Geschäftsgrundlage, der Verhältnisse) untergehen – wenn etwa die religiöse Bevölkerungsstruktur sich grundlegend ändert und das Gebäude keinen öffentlichen Zwecken (zB Zeitanzeige durch die Turmuhr, „politisches" Läuten, Benutzung der Vorhalle als Gerichtsplatz) mehr dient (vgl Lindner 229 ff mwN; BVerwGE 38, 76, 81 ff; 28, 179, 182; OVG NRW KirchE 15, 169, 175; bayVGH KirchE 13, 132, 150 f; VG Kassel KirchE 12, 83, 99; OVG Rheinland-Pfalz KirchE 10, 151, 157).

16 Ebenso kann **Abrogation** oder völlige **Obsoletheit** die Kirchenlast beenden (OVG NRW KirchE 15, 169, 174). Durch Verhinderung an der Ausübung einzelner Patronatsrechte erlischt die Kirchenbaulast des Staates und der Kommunen jedoch nicht.

4.   Rechtsnatur und Rechtsweg

17 Die Rechtsnatur der Kirchenbaulast ist streitig. In der Regel wird sie eine öffentlichrechtliche Verpflichtung sein (so auch Lindner 90 mit einer ausführlichen Darstellung der Entwicklung des Meinungsstandes, S 69 ff; vgl dazu BGHZ 31, 115, 122 f; Wiesenberger 34 ff; **aM** Erler 189); in diesem Fall ist sie **keine Reallast** (vgl Lindner 91 ff; Soergel/Hartmann Art 132 Rn 3; BayOblGZ 4, 287, 291; Wiesenberger 28 f), sondern eine **öffentlich-rechtliche Last meist dinglichen Charakters** (aM Wiesenberger 28 f).

18 Bei Rechtsstreitigkeiten über Kirchenbaulasten steht nach der heute herrschenden Meinung der **Verwaltungsrechtsweg** nach § 40 Abs 1 VwGO offen, es sei denn, eine besondere Bestimmung träfe im Einzelfall eine andere Zuweisung (Lindner 90). Eine derartige abweichende Zuweisung kann auch durch **Landesgesetz** erfolgen (§ 40 Abs 1 S 2 VwGO; vgl auch BGHZ 31, 115, 117), wobei ein nach Inkrafttreten der VwGO erlassenes oder ausdrücklich aufrechterhaltenes Landesgesetz gefordert wird (Kopp, VwGO [13. Aufl 2003] § 40 Rn 48).

5. Schuldner

Wer die Kirchenbaulast zu tragen hat, ist ebenso im Einzelfall zu ermitteln. In erster **19** Linie kommen dafür die **Länder** wegen der Säkularisation in Betracht. Sie waren nach §§ 35 f Reichsdeputationshauptschluß vom 25. 2. 1803 zum Unterhalt der Domkirchen verpflichtet; (vgl Lindner 139 ff; Mörsdorf 328 ff); zum Teil sind auch politische Gemeinden, Nutznießer des Kirchenguts, Pfarrangehörige, Bischöfe, Kanoniker, Diözesanen, Kirchenstiftungsgut oder Kathedralkirchenvermögen Schuldner (zu den Trägern der Kirchenbaulast vgl Böttcher 21 ff; Mörsdorf 328 ff; Wiesenberger 23). Bei Auflösung einer politischen Gemeinde im Verlauf der Gemeindereform geht die Kirchenbaulast auf die aufnehmende Gemeinde über (OVG NRW KirchE 15, 169, 174 f). Zu den Schuldnern unter dem gemeinen Recht vgl Rn 7.

6. Landesrecht

Zu den landesrechtlichen Regelungen über Kirchenbaulasten vgl Staudinger/ **20** Leiss[10/11] Rn 8 und 9a; Soergel/Hartmann Art 132 Rn 4; Wiesenberger 24; BayVGH KirchE 13, 132, 143.

IV. Schulbaulast

1. Begriff und Inhalt

Schulbaulast ist die Pflicht zur Finanzierung des Baues und der Unterhaltung der **21** Schulgebäude. Die Verpflichtung obliegt dem **Schulträger**, dem die äußere Schulverwaltung zusteht und der in der Regel für die Aufbringung der gesamten Sachkosten der Schule verantwortlich ist (Wolff/Bachof/Stober, Verwaltungsrecht III [5. Aufl 2004] § 88 Rn 180 ff, Rn 232 ff; Heckel/Avenarius, Schulrechtskunde [7. Aufl 2000] 161 ff).

2. Rechtsnatur

Schulbaulasten können je nach Art der zu finanzierenden Schuld von unterschied- **22** licher Rechtsnatur sein. Sind **öffentliche Schulen** – das sind fast alle von einer juristischen Person des öffentlichen Rechts getragenen und in ihrer Bildungsarbeit bestimmten Schulen – zu unterhalten, so handelt es sich um eine öffentlich-rechtliche Schulbaulast (BVerwG VerwRspr 18, 147) (a).

Sind **private Schulen** – darunter versteht man alle von privaten Personen und die von **23** den Kirchen öffentlich-rechtlicher Organisationsform errichteten und betreuten Schulen (Wolff/Bachof/Stober § 88 Rn 232 ff) – zu finanzieren, so ist eine eventuell bestehende Baulast des privaten Trägers privatrechtlicher Natur (b), ein Anspruch auf **Subventionierung** durch Länder oder Gemeinden dagegen als öffentlich-rechtlich zu qualifizieren (c).

Interkommunale **Ausgleichszahlungen** oder staatliche **Beihilfen** an die Schulträger zu **24** deren finanzieller Unterstützung bei der Kostentragung sind keine Schulbaulasten (vgl dazu Heckel/Avenarius 168).

a)   Öffentlich-rechtliche Schulbaulast

25 Da das Schulrecht und damit auch die Finanzierung des Schulsystems Aufgabe der Länder ist, bietet die Schulbaulast bei öffentlichen Schulen kein bundeseinheitliches Bild. Träger sind bei den staatskommunalen Schulen – der häufigsten Form im Bildungssystem der Länder – die **Gemeinden** (Achterberg/Püttner 778; Heckel/Avenarius 159; vMünch/Oppermann, Besonderes Verwaltungsrecht [8. Aufl 1988] 799 f); das Land kommt für die **Personalkosten** auf und trägt allenfalls durch generelle Finanzzuweisungen an die Gemeinde zur Schulfinanzierung bei (vgl aber zu den Grenzen der kommunalen Schulträgerschaft BayVGH DÖV 1997, 76 ff).

26 Bei den staatlichen Schulen ist das **Land** Träger der gesamten Kosten, also auch der Schulbaulast.

27 Bei den sonstigen Schulen können andere **Gebietskörperschaften**, wie zB Kreise, eigens zur Schulunterhaltung geschaffene Zweckverbände oder andere Juristische Personen des öffentlichen Rechts Träger sein (zB die Kammern für die norddeutschen Kammerschulen; Wolff/Bachof/Stober § 88 Rn 187; Oppermann 788 f).

28 Die Schulbaulast für die öffentlichen Schulen ist von der Kirchenbaulast grundsätzlich getrennt; vgl das G über die Trennung dauernd vereinigter Schul-Kirchenämter vom 7. 9. 1938 (PrGS 93 = HessGVBl II 71 17). Das BVerwG (VerwRspr 18, 147) hat entschieden, daß jede (nicht durch abweichenden Vertrag festgelegte) im Widerspruch zum (hess) SchulkostenG stehende Schulunterhaltspflicht ohne Unterschied, ob sie auf Gesetz, Herkommen, Observanz oder einem bes öffentlichen Titel beruhte, erloschen ist. Ähnlich BayVerfGH NF 19, 14, wonach die Baupflicht für Schulgebäude mit der Trennung des Kirchendienstes vom Schuldienst untergegangen ist, soweit die Baulichkeiten für weltliche Schulen und Lehrerdienstwohnungen verwendet werden. Der Umfang der Schulbaulasten uä ist oft in besonderen **Schulfinanzierungsgesetzen** geregelt (Übersicht über die Aufbringung der Schulkosten bei Heckel/Avenarius 171 ff).

b)   Privatrechtliche Schulbaulast

29 Sie können aufgrund besonderer Rechtstitel gegenüber Privatschulen (fort-)bestehen. Für sie gälte der Vorbehalt des Art 132 EG; neuere landesrechtliche Vorschriften dieser Art bestehen jedoch zur Zeit in den Ländern nicht; vgl aber Art 77 Abs 1 bayer AGBGB vom 20. 9. 1982 (GVBl 803), zul geänd d G vom 7. 8. 2003 (GVBl 497).

c)   Subventionsanspruch der Privatschulen

30 Das BVerwG hat mehrfach einen Subventionsanspruch aus Art 7 Abs 4 GG hergeleitet. Das ist in der Literatur kritisiert worden; auch sind Umfang und Voraussetzung eines derartigen Anspruchs im einzelnen ungeklärt. In seiner ersten Entscheidung (BVerwGE 23, 347) ist das BVerwG der Meinung, eine grundgesetzliche Subventionspflicht der Länder aus Art 7 Abs 4 iVm Art 3 Abs 1 GG könne „nicht grundsätzlich verneint" (BVerwG aaO 350) werden, weil die Privatschulen öffentliche Aufgaben der Ausbildung wahrnähmen und den Staat insoweit finanziell entlasteten, öffentliche Schulen auch staatlich finanziert würden und die Privatschulen wegen

der veränderten Kostenstruktur ohne Subvention entgegen der Einrichtungsgarantie des Art 7 GG finanziell austrocknen und untergehen würden. In späteren Entscheidungen (BVerwGE 27, 360; DÖV 1969, 395) ist der Rückgriff auf den Gleichheitsgrundsatz ausdrücklich aufgegeben worden, weil öffentliche und private Schulen nicht gleich seien (BVerwGE 27, 360, 364); das BVerwG stützt einen Subventionsanspruch seitdem allein auf Art 7 Abs 4 GG. Unter teilweiser Aufgabe dieser Rspr stellt das BVerwG, bestätigt durch das BVerfG (BVerwGE 70, 290; 79, 154; BVerfGE 75, 40; 90, 107; ebenso BayVGH BayVBl 1986, 494; BayVerfGH 37, 148), nunmehr fest, daß sich aus Art 7 Abs 4 GG keine Bestandsgarantie für eine einzelne Privatschule herleiten läßt, daß vielmehr nur insoweit ein Anspruch auf staatliche Hilfe besteht, als es erforderlich ist, die Institution „Privatschule" als solche zu erhalten (vgl dazu mwN Wolff/Bachof/ Stober § 88 Rn 242). Dem Gesetzgeber stehe bei der Gestaltung der Privatschulförderung ein weiter Spielraum offen. Der Anspruch soll nur **privaten Ersatz-, nicht** aber **Ergänzungsschulen** zustehen, weil letztere bloß zusätzliche Bildungsangebote machten (BVerwGE 27, 360, 365; Heckel/Avenarius 218 f, 222); er soll sich nur auf Zahlung **unvermeidbarer Fehlbeträge** bei den Unterhaltungskosten (BVerwGE 27, 360, 366 f), nicht aber auf die erstmalige Errichtung oder auf die Sicherung eines Gewinns beim Betrieb der Privatschule erstrecken (Heckel/Avenarius 217 ff). Die Ableitung eines Anspruchs aus dem Abwehrrecht und der Einrichtungsgarantie des Art 7 GG ist bedenklich, auch wenn die Vorschrift zweifelsohne erhebliche rechtspolitische Argumente für eine staatliche Finanzierung von Privatschulen liefert (Oppermann 807 f).

Die Länder haben oft in den **Privatschulgesetzen** Subventionspflichten gesetzlich **31** festgelegt (vgl zu dem Bestand an Gesetzen Oppermann 775 ff; ferner Wolff/Bachof/Stober § 88 Rn 243).

Artikel 133

Unberührt bleiben die landesgesetzlichen Vorschriften über das Recht zur Benutzung eines Platzes in einem dem öffentlichen Gottesdienst gewidmeten Gebäude oder auf einer öffentlichen Begräbnisstätte.

Materialien: E I Art 72; II Art 104; III Art 132.

Schrifttum

Bachof, Rechtsnatur, zulässiger Inhalt und gerichtliche Anfechtung von Friedhofsordnungen, AöR 78 (1952/53) 82
ders, Die Unzulässigkeit der Entziehung von Erbbegräbnisrechten. Ein Beitrag zum Institut der Nutzungsverteilung und zur Eigentumsgarantie, in: Gedächtnisschrift für Hans Peters (1967) 642
Berner, Das Bestattungswesen in Preußen (1932)

Degenhardt, Das Recht des Erbbegräbnisses (Diss Gießen 1938);
Engelhardt, Bestattungs- und Friedhofsrecht, in: Listl/Pirson (Hrsg), Handbuch des Staatskirchenrechts der Bundesrepublik Deutschland, Bd 2 (2. Aufl 1995) 105
Gaedke, Handbuch des Friedhofs- und Bestattungsrechts (9. Aufl 2004)
ders, Friedhof, StL II (7. Aufl 1986) Sp 761
Grempel, Friedhofsrecht, EvStL I (3. Aufl 1987) Sp 1016

Detlef Merten

HEIMERL/PREE, Handbuch des Vermögens-
rechts der katholischen Kirche (1993)
JÄCKEL, Das Erbbegräbnisrecht, DÖV 1954, 141
KAHLER NVwZ 1983, 662
KALISCH, Erbbegräbnisrechte, DVBl 1952, 620
KLINGSHIRN Bestattungsrecht in Bayern (Stand:
18. Ergänzungslieferung 2003)
MAINUSCH, Die öffentlichen Sachen der Reli-
gions- und Weltanschauungsgemeinschaften
(1995)
ders, Staatskirchenrechtliche und kirchenrecht-
liche Bemerkungen zum Kirchenstuhlrecht,
ZevKR 34 (1989) 169
MEIDINGER, Über das Recht an Kirchenstühlen

nach katholischem und protestantischem Kir-
chenrechte (1891)
RENCK, DÖV 1993, 517
MÖRSDORF, Kirchenrecht Bd 2 (11. Aufl 1967)
§§ 173, 181
SEEGER, Bestattungsrecht in Baden-Württemberg (2. Aufl 1984)
VOLL, Handbuch des Bayerischen Staatskirchenrechts (1985).

Einen Überblick über das ältere Schrifttum zum
Begräbnisrecht gibt HESS, Friedhof und Grab-
stätte im Privatrecht (1936) 5.

I. Entstehung

1 Der Art 133 entspricht mit einer kleinen redaktionellen Änderung dem Art 72 des
I. Entw. Über die Verhandlungen in der II. Komm s Art 132 Rn 1 (Mot z EG 196; Mat
87a S 83).

II. Veränderte Zuordnung

1. Früher Privatrecht

2 Vereinbarungen über das Recht zur Benutzung eines Platzes in einem dem öffentlichen Gottesdienste gewidmeten Gebäude (Kirchenstuhlrecht) oder auf einer öffentlichen Begräbnisstätte (Gräber, Familiengräber, Erbbegräbnisse) wurden früher
überwiegend als privatrechtlich angesehen – „wohlerworbene Privatrechte" – (vgl
BGHZ 25, 200, 206 f). Art 133 sollte die nach damaliger Meinung dem Privatrecht
angehörenden entsprechenden landesgesetzlichen Bestimmungen unberührt lassen
(vgl MAINUSCH 130 mwN).

2. Heute meist öffentliches Recht

3 Dem gewandelten Verständnis von der Unterscheidung zwischen öffentlichem und
privatem Recht entsprechend werden Benutzungsrechte an Kirchen und Friedhöfen
heute als öffentlich-rechtlich angesehen (vgl FORSTHOFF, Lehrbuch des Verwaltungsrechts I
[10. Aufl] § 22 II S 418; RGZ 157, 246, 249 f; BGHZ 25, 200, 207 f).

III. Inhalt

4 Der Vorbehalt erstreckte sich nicht auf die Regelung der Eigentumsverhältnisse an
den Kirchenstühlen oder Begräbnisstätten, sondern erfaßte nur die Normierung der
Rechtsverhältnisse zwischen dem Eigentümer und dem Nutzungsberechtigten.

5 Die **Landesgesetzgebung** konnte die Benutzung (im weitesten Sinne), insbesondere
die Form, die Voraussetzungen, den Inhalt und die Rechtswirkungen entsprechender

Vereinbarungen regeln und bestimmen, ob das Benutzungsrecht ein schuldrechtliches oder ein dingliches Recht begründete.

Öffentliche Begräbnisstätten sind die der Bestattung menschlicher Leichen gewid- **6** meten öffentlichen Friedhöfe. Sie sind unselbständige öffentlich-rechtliche Anstalten und entweder Einrichtungen der Gemeinden oder der Religionsgemeinschaften (in der Regel der Kirchen; vgl ENGELHARDT, HdbStKirchR II, 109; GAEDKE, Handbuch des Friedhofs- und Bestattungsrechts [9. Aufl 2004] 16 ff; GREMPEL, Ev Staatslexikon I [3. Aufl 1987] Sp 1016 ff).

Die Benutzung **kirchlicher Friedhöfe** gehört nicht zu den innerkirchlichen Angele- **7** genheiten, sondern zu den gemeinschaftlichen Aufgaben, die von Staat und Kirche gemeinsam zu erfüllen sind. Bei Streitigkeiten steht der Verwaltungsrechtsweg offen (BayVGH KirchE 28, 359 ff; BVerwGE 25, 364, 366; HEIMERL/PREE 603 ff; MIKAT, in: Staatsbürger und Staatsgewalt Bd II [1963] 337).

Für die Bestattung besteht grundsätzlich ein öffentlich-rechtlicher **Friedhofszwang** **8** (vgl dazu grundlegend BVerfGE 50, 256, 262 f; weiter HessStGH DÖV 1968, 693; BVerwGE 45, 224 ff; Hamburgisches OVG HmbJVBl 1972, 127 ff; OVG Lüneburg, OVGE 44, 483 ff; OVG Rheinland-Pfalz NVwZ 1995, 510 ff; VGH Baden-Württemberg ESVGH 30, 144 ff; ENGELHARDT, HdbStKirchR II 120; WOLFF/BACHOF/STOBER, Verwaltungsrecht III [5. Aufl 2004] § 88 Rn 69 ff, insb Rn 80).

Gestattungen, die über die normale Benutzung von Kirchen und Friedhöfen (**„Ein- 9 heitsgräber"**) in Form von Kirchenstuhlrechten, Wahl- und Sondergräbern und Erbbegräbnissen hinausgehen, stellen grundsätzlich eine **öffentlich-rechtliche Sondernutzung** dar (FORSTHOFF 418; WOLFF/BACHOF/STOBER, Verwaltungsrecht III [5. Aufl 2004] § 88 Rn 83; ENGELHARDT, HdbStKirchR II 122); es liegt kein öffentlich-rechtlicher Vertrag vor (BayVGH VerwRspr 17, 600, 605; ENGELHARDT, HdbStKirchR II 123). Die Sondernutzung wird befristet oder unbefristet und in der Regel gegen eine Gebühr („Beweinkaufungsgebühr") verliehen. Ein Anspruch auf Sondernutzung besteht regelmäßig nicht. Die gegen eine Gebühr verliehene Sondernutzung genießt als **subjektiv-öffentliches Recht** den Schutz des Art 14 GG (vgl WOLFF/BACHOF/STOBER, Verwaltungsrecht I [11. Aufl 2000] § 43, S 641 ff; BACHOF, in: GS Peters [1967] 657 ff sub VI). Den grundrechtlichen Schutz versagt die Rechtsprechung zu Unrecht, häufig unter Verkennung der Anwendbarkeit des Art 14 GG auf subjektive öffentliche Rechte (vgl OVG Lüneburg ZevKR 34 [1989] 206; SOERGEL/HARTMANN Art 133 Rn 5; daneben BVerwGE 11, 65, 74 f; DÖV 1960, 793 ff m Anm RUPP; BGHZ 25, 200, 208; OVG Koblenz AS 3, 123, 130 – bezüglich Art 153 WRV; VGH Bad-Württ VerwRspr 14, 31 ff, 36 f; ESVGH 17, 79 ff; 81 f; BayVGH VerwRspr 17, 600 ff; wie hier ENGELHARDT HdbStKirchR II 122).

Erbbegräbnisrechte können daher ohne Entschädigung grundsätzlich nicht entzogen **10** oder in ihrer zeitlichen Dauer herabgesetzt werden (BACHOF, in: GS Peters 659 ff; JÄCKEL DÖV 1954, 141 ff). Allerdings kann das Nutzungsrecht durch nachträgliche Änderung der Gebührenordnung mit weiteren Gebühren unter Wahrung des Verhältnismäßigkeitsprinzips befristet werden (WOLFF/BACHOF/STOBER, Verwaltungsrecht III [5. Auflage 2004] § 88 Rn 80; BACHOF, in: GS Peters 659 ff; vgl auch BVerwG DÖV 1974, 390; OVG Koblenz NVwZ 1990, 96; kritisch ENGELHARDT, HdbStKirchR II 123).

Detlef Merten

IV. Geringe Bedeutung

1. Veränderte Zuordnung

11 Da das Kirchenstuhlrecht und das Benutzungsrecht an Friedhöfen dem öffentlichen Recht zuzurechnen sind (vgl oben Rn 7; zum Rechtsweg wegen eines Kirchenstuhlrechts vgl OLG Köln KirchE 25, 289 ff), fällt die Rechtsmaterie nicht mehr unter das Kodifikationsprinzip (vgl Art 55 Rn 15). Art 133 EG hat daher an Bedeutung eingebüßt.

2. Seltene privatrechtliche Nutzungsrechte

12 Die Vorschrift bildet jedoch nach wie vor die Grundlage für privatrechtlich begründete Nutzungsrechte, die sich auf altes und wegen Art 133 EG unberührt gebliebenes Landesrecht stützen (vgl auch STAUDINGER/JICKELI/STIEPER [2004] Vorbem 62 zu § 90).

13 a) Die Nutzungsrechte sind auch heute ausnahmsweise als privatrechtlich zu qualifizieren, wenn sich der Rechtscharakter eindeutig, insbesondere durch **Eintragung** als dingliches Recht im Grundbuch zweifelsfrei ergibt (vgl BACHOF, in: Peters-Gedächtnisschrift 645 f; BVerwGE 11, 68, 73). Eine privatrechtliche Terminologie allein reicht jedoch nicht aus (BVerwGE 11, 68, 73), weil alle derartigen Nutzungsrechte früher überwiegend als privatrechtlich angesehen wurden (vgl oben Rn 2; wie hier SOERGEL/HARTMANN Art 133 Rn 2).

14 b) Soweit Nutzungsrechte privatrechtlich erworben wurden, kann sich die Rechtsnatur des **Erwerbsgeschäfts** nicht **nachträglich** wegen einer neuen Grenzziehung zwischen privatem und öffentlichem Recht ändern. Das privatrechtlich begründete **Rechtsverhältnis** ist jedoch nunmehr als **öffentlich-rechtlich** anzusehen (zutreffend BACHOF, in: GS Peters 645 ff; BGH Bad-Württ ESVGH 17, 79, 80; KALISCH DVBl 1952, 620 ff, 623).

3. Landesrecht

15 a) Durch Art 133 blieben auch die vor dem 1. 1. 1900 ohne Eintragung begründeten **dinglichen Nutzungsrechte** erhalten. Nach dem Inkrafttreten des BGB konnten solche Rechte ohne Eintragung nicht mehr entstehen. Art 133 hat insbesondere seinerzeit die Vorschriften der §§ 183 ff, §§ 453 ff und 676 ff II 11 ALR aufrechterhalten (vgl bezüglich eines Kirchenstuhlrechtes gegründet auf § 588 II 11 ALR VG Ansbach KirchE 17, 122 ff; RGZ 106, 188, 189; BACHOF, in: GS Peters 649).

16 b) Die früheren landesrechtlichen Vorschriften sind inzwischen vielfach durch Landesgesetze über das Friedhofs- und Bestattungswesen ersetzt worden, vgl

aa) Baden-Württemberg: BestattungsG vom 21. 7. 1970 (GBl 395, 458), zul geänd d G vom 7. 2. 1994 (GBl 86); BestattungsVO vom 15. 9. 2000 (GBl 669), geänd d VO vom 14. 2. 2002 (GBl 127);

bb) Bayern: BestattungsG vom 24. 9. 1970 (GVBl 417), zul geänd dG v 24. 7. 2003 (GVBl 452); BestattungsVO vom 1. 3. 2001 (GVBl 92, ber. 190); 2. BestattungsVO vom

21. 7. 1975 (GVBl 220); vgl auch Art 77 Abs 1 bayer AGBGB vom 20. 9. 1982 (GVBl
S 803), zul geänd d G vom 7. 8. 2003 (GVBl 497);

cc) Berlin: BestattungsG vom 2. 11. 1973 (GVBl 1830), zul geänd d G vom
15. 10. 2001 (GVBl 540); DVO-BestattG v 22. 10. 1980 (GVBl 2403), zul geänd d VO
v 24. 3. 1987 (GVBl 1085); FriedhofsG v 1. 11. 1995 (GVBl 707), zul geänd d G vom
30. 7. 2001 (GVBl 313); Friedhofsordnung v 19. 11. 1997 (GVBl 614), geänd d G vom
15. 10. 2001 (GVBl 540);

dd) Brandenburg: BbgBestG vom 7. 11. 2001 (GVBl I 226);

ee) Bremen: BestattungsG vom 16. 10. 90 (GBl 303); FriedhofsO für die stadteige-
nen Friedhöfe in Bremen vom 18. 12. 1990 (GBl 476);

ff) Hamburg: BestattungsG vom 14. 9. 1988 (GVBl 167); zul geänd d G vom
18. 7. 2001 (GVBl 251); BestattungsVO vom 20. 12. 1988 (GVBl 303);

gg) Hessen: Friedhofs- und BestattungsG vom 17. 12. 1964 (GVBl I 225), zul geänd d
G vom 4. 11. 1987 (GVBl I 193); LeichenwesenVO vom 12. 3. 1965 (GVBl I 63), zul
geänd d VO vom 15. 4. 1996 (GVBl I 138);

hh) Mecklenburg-Vorpommern: BestattG vom 3. 7. 1998 (GVOBl 617);

ii) Niedersachsen: LeichenwesenG vom 19. 3. 1963 (GVBl 142), zul geänd d G vom
22. 3. 1990 (GVBl 101); BestattungsVO vom 29. 10. 1964 (GVBl 183), zul geänd d VO
vom 17. 8. 86 (GVBl 303);

kk) Nordrhein-Westfalen: BestattungsG vom 17. 6. 2003 (GVBl 313), Leichenwesen-
VO vom 10. 12. 1964 (GVBl 415), idF vom 3. 12. 2000 (GVBl 757), aufgehoben durch
§ 20 BestattungsG;

ll) Rheinland-Pfalz: BestattungsG vom 4. 3. 1983 (GVBl 69), zul geänd d G vom
6. 2. 1996 (GVBl 65); DurchführungsVO vom 20. 6. 1983 (GVBl 133), zul geänd d LG v
8. 5. 2002 (GVBl 177);

mm) Saarland: BestattungsG vom 5. 11. 2003 (ABl 2920); BestattungsVO vom
20. 4. 2004 (ABl 902); Polizeiverordnung über das Bestattungs- und Leichenwesen
vom 18. 12. 1991 (ABl 1414);

nn) Sachsen: Sächsisches BestattungsG vom 8. 7. 1994 (GVBl 1321), zul geänd d G
vom 6. 6. 2002 (GVBl 168) und vom 25. 8. 2003 (GVBl 341);

oo) Sachsen-Anhalt: BestattG vom 5. 2. 2002 (GVBl 46);

pp) Schleswig-Holstein: LeichenwesenVO vom 18. 12. 1975 (GVBl 337), zul geänd d
Erlaß vom 28. 1. 2003 (ABl 68);

qq) Thüringen: BestattVO vom 17. 4. 1980 idF d Bekm vom 2. 10. 1998 (GVBl 349).
In Thüringen gelten auf dem Gebiet des Friedhofs- und Bestattungswesens die

Bestimmungen der ehemaligen DDR als Landesrecht in rechtsbereinigter Fassung fort. Erstes Thüringer Rechtsbereinigungsgesetz – DDR-Recht – vom 25. 9. 1996 (GVBl 150) sowie Bekanntmachung der als Landesrecht fortgeltenden Vorschriften der ehemaligen DDR vom 2. 10. 1998 (GVBl 329, 346). Ein eigenes Gesetz ist in Vorbereitung.

4. Bundesrecht

17 Für die Gräber der Opfer von Krieg und Gewaltherrschaft vgl das **GräberG** in der Neufassung vom 29. 1. 1993 (BGBl I 178). § 15 GräberG idF vom 1. 7. 1965 (BGBl I 589) hatte das zuvor geltende Gesetz über die Sorge für die Kriegsgräber vom 27. 5. 1952 (BGBl I 320) aufgehoben.

18 § 2 GräberG statuiert für bestimmte Gräber ein dauerndes Ruherecht und begründet zugunsten des Landes, in dem das Grundstück liegt, eine **öffentliche Last**, die den sonstigen öffentlichen und privaten Rechten am Grundstück im Range vorgeht. Infolgedessen hat der jeweilige Grundstückseigentümer das Grab bestehen zu lassen, den Zugang zu ihm sowie Maßnahmen und Einwirkungen zu seiner Erhaltung zu dulden.

Artikel 134

Unberührt bleiben die landesgesetzlichen Vorschriften über die religiöse Erziehung der Kinder.

Materialien: BGB I §§ 1508, 1658; E II Art 105;
III Art 133.

1 Art 134 wurde aufgehoben durch das Gesetz über die religiöse Kindererziehung vom 15. 7. 1921 (RBl I 939). Von der Kommentierung wurde abgesehen. Es wird auf die Erl von STAUDINGER/KEIDEL[10/11] verwiesen.

Artikel 135

(1) Unberührt bleiben die landesgesetzlichen Vorschriften über die Zwangserziehung Minderjähriger. Die Zwangserziehung ist jedoch unbeschadet der Vorschriften der §§ 55, 56 des Strafgesetzbuches, nur zulässig, wenn sie von dem Vormundschaftsgericht angeordnet ist. Die Anordnung kann außer den Fällen der §§ 1666, 1838 des Bürgerlichen Gesetzbuchs nur erfolgen, wenn die Zwangserziehung zur Verhütung des völligen sittlichen Verderbens notwendig ist.

(2) Die Landesgesetze können die Entscheidung darüber, ob der Minderjährige, dessen Zwangserziehung angeordnet ist, in einer Familie oder in einer Erziehungs- oder Besserungsanstalt unterzubringen sei, einer Verwaltungsbehörde übertragen, wenn die Unterbringung auf öffentliche Kosten zu erfolgen hat.

Materialien: E II Art 106; III Art 134.

Art 135 wurde aufgehoben durch das Gesetz für Jugendwohlfahrt vom 9.7.1922 **1**
(RGBl I 633). Von der Kommentierung wurde abgesehen. Es wird auf die Erl von
STAUDINGER/KEIDEL[10/11] verwiesen.

Artikel 136

Unberührt bleiben die landesgesetzlichen Vorschriften, nach welchen

*1. der Vorstand einer unter staatlicher Verwaltung oder Aufsicht stehenden Erzie-
   hungs- oder Verpflegungsanstalt oder ein Beamter alle oder einzelne Rechte und
   Pflichten eines Vormundes für diejenigen Minderjährigen hat, welche in der Anstalt oder unter der Aufsicht des Vorstandes oder des Beamten in einer von ihm
   ausgewählten Familie oder Anstalt erzogen oder verpflegt werden, und der Vorstand der Anstalt oder der Beamte auch nach der Beendigung der Erziehung oder
   der Verpflegung bis zur Volljährigkeit des Mündels diese Rechte und Pflichten
   behält, unbeschadet der Befugnis des Vormundschaftsgerichts, einen anderen Vormund zu bestellen;*

*2. die Vorschriften der Nr. 1 bei unehelichen Minderjährigen auch dann gelten, wenn
   diese unter der Aufsicht des Vorstandes oder des Beamten in der mütterlichen
   Familie erzogen oder verpflegt werden;*

*3. der Vorstand einer unter staatlicher Verwaltung oder Aufsicht stehenden Erzie-
   hungs- oder Verpflegungsanstalt oder ein von ihm bezeichneter Angestellter der
   Anstalt oder ein Beamter vor den nach § 1776 des Bürgerlichen Gesetzbuchs als
   Vormünder berufenen Personen zum Vormunde der in Nr. 1, 2 bezeichneten
   Minderjährigen bestellt werden kann;*

*4. im Falle einer nach den Vorschriften der Nr. 1 bis 3 stattfindenden Bevormundung
   ein Gegenvormund nicht zu bestellen ist und dem Vormunde die nach § 1852 des
   Bürgerlichen Gesetzbuchs zulässigen Befreiungen zustehen.*

Materialien: E I Art 79; II Art 107; III Art 135.

Art 136 wurde aufgehoben durch das Gesetz für Jugendwohlfahrt vom 9.7.1922 **1**
(RGBl I 633). Von der Kommentierung wurde abgesehen. Auf die Erläuterungen von
STAUDINGER/KEIDEL[10/11] wird verwiesen.

Artikel 137

Unberührt bleiben die landesgesetzlichen Vorschriften über die Grundsätze, nach denen in den Fällen des § 1376 Abs. 4, § 1515 Abs. 2 und 3, § 1934b Abs. 1 und der §§ 2049 und 2312 des Bürgerlichen Gesetzbuchs sowie des § 16 Abs. 1 des Grundstücksverkehrsgesetzes in der im Bundesgesetzblatt Teil III, Gliederungsnummer 7810-1, veröffentlichten bereinigten Fassung, das zuletzt durch Artikel 2 Nr. 22 des Gesetzes vom 8. Dezember 1986 (BGBl I S. 2191) geändert worden ist, der Ertragswert eines Landguts festzustellen ist.

Materialien: E II Art 109; III Art 136; BT-Drucks 12/7134.

Schrifttum

BECKER, Übernahme eines Landgutes nach BGB, AgrarR 1975, 57

BEWER, Bewertungsfragen bei Lösung der Hofnachfolgeprobleme, AgrarR 1976, 273 mit Erwiderung WAGNER AgrarR 1976, 314 und Replik BEWER AgrarR 1976, 348

DAMM, Die Bewertung landwirtschaftlicher Betriebe beim Zugewinnausgleich (1986)

FASSBENDER, Zur pflichtteilsrechtlichen Privilegierung der Erbhöfe und Landgüter, AgrarR 1986, 131

FISCHER/STOCK, Die Bewertung landwirtschaftlicher Betriebe beim Zugewinnausgleich, AgrarR 1985, 220

FOAG, Der Ertragswert des Landguts, RdL 1955, 5

GOLLER, Pflichtteil und Ertragswert, BWNotZ 1959, 18

HAEGELE, Landgut und Ertragswert im bürgerlichen Recht, BWNotZ 1973, 34, 49

HAUSEN, Bewertung von Landgütern bei Erbteilungen, DJZ 1926, 1489

HAUSMANN, Die Vererbung von Landgütern nach dem BGB – De lege lata et ferenda (2000)

HESSLER, Übergabe und Vererbung von Landgütern, RdL 1980, 309

JUST/BRÜCKNER, Wertermittlung bei Grundstücken NJW 1958, 1756

KEGEL, Zum Pflichtteil vom Großgrundbesitz, in: Liber amicorum Ernst J Cohn (1975) 85

KÖHNE, Einzelfragen der Ertragswertermittlung, AgrarR 1982, 29

ders, Bewertung landwirtschaftlicher Betriebe beim Zugewinnausgleich, AgrarR 1983, 34

ders, Der Ertragswert landwirtschaftlicher Betriebe, AgrarR 1984, 57

ders, Perspektiven der Unternehmensbewertung in der Landwirtschaft, AgrarR 1998, 155

ders, Landwirtschaftliche Taxationslehre (3. Aufl 2000)

ders, Neuordnung des landwirtschaftlichen Erbrechts, AUR 2003, Beil II, S *2

KRONTHALER, Landgut, Ertragswert und Bewertung im bürgerlichen Recht (Diss Augsburg 1991)

JÖRG MAYER, Pflichtteil und Ertragswertprivileg, MittBayNot 2004, 334

ders, in MAYER/SÜSS/TANCK/BITTLER/WÄLZHOLZ, Handbuch Pflichtteilsrecht (2003) § 5 Rn 162

MÜLLER-FELDHAMMER, Das Ertragswertverfahren bei der Hofübergabe, ZEV 1995, 161

NETZ, Das landwirtschaftliche Erbrecht in Deutschland, RdL 2004, 1

PABSCH ua (Arbeitskreis der deutschen Gesellschaft f Agrarrecht), Leitfaden für die Ermittlung des Ertragswertes landwirtschaftlicher Betriebe, AgrarR 1994, 5

PILTZ, Die Nebenerwerbslandwirtschaft im Agrarrecht (1987)

ders, Bewertung landwirtschaftlicher Betriebe bei Erbfall, Schenkung und Scheidung (1999)

RINCK, Muss zu einem Hof oder Landgut ein Wohnhaus gehören?, AgrarR 1998, 179

RÖLL, Bestimmungen über die Berechnung des

Pflichtteils nach dem Ertragswert in Verfügungen von Todes wegen und in Übergabeverträgen, MittBayNot 1962, 1

SPRAU, Justizgesetze in Bayern (1988) Erl zu Art 68 BayAGBGB

STEFFEN, Ertragswert eines Landgutes, RdL 1980, 143

ders, Der Ertragswert, AgrarR 1984, 99

ders, Ertragswertvorschriften in den ersten Ausführungsgesetzen zum BGB, AgrarR 1991, 121

STÖCKER, Rechtseinheit im Landwirtschaftserbrecht, AgrarR 1977, 245

ALFRED WEBER, Gedanken zum Ertragswertprinzip des § 2312 BGB, BWNotZ 1992, 14

WEIDLICH, Ertragswertanordnung und Ehegattenbeteiligung an einem Landgut, ZEV 1996, 380

WEYRAUCH, Der Ertragswert im Pflichtteilsrecht, DNotZ 1919, 174

G WINKLER, Randfragen zum Übergabevertrag, AgrarR 1979, 53

WÖHRMANN, Das Landwirtschaftserbrecht (8. Aufl 2004) Erl zu § 2049 BGB

ZECHIEL, Die „Ertragswertklausel" in der bay Notariatspraxis (Diss Würzburg 1993).

Systematische Übersicht

Alphabetische Übersicht

Jörg Mayer

I. Allgemeines

1. Entstehung

1 Dieser Artikel wurde erst in der II. Komm und zwar deshalb aufgenommen, weil bei der Größe und Vielgestaltigkeit des deutschen Wirtschaftsgebiets eine einheitliche Norm wohl nicht aufgestellt werden könne (Prot VI 448–450, Mat 89). Der Vorbehalt wurde durch G vom 14. 9. 1994 (BGBl I 2324) geändert und erweitert (s Rn 12).

2. Zweck, verfassungsrechtliche Fragen

2 Nach dem BGB ist bei der Berechnung von erb- und güterrechtlichen Ansprüchen grundsätzlich der *Verkehrswert* zugrunde zu legen. Eine Reihe von Bestimmungen sehen jedoch für das sog *Landgut* vor, dass für die Bewertung von dem idR wesentlich niedrigeren *Ertragswert* ausgegangen werden kann (§§ 1515 Abs 2 u 3, 2049, 2312, 1376 Abs 4, 1934b Abs 1 S 3 BGB; § 16 Abs 1 S 2 GrdstVG). Soweit es sich um erbrechtliche Bestimmungen handelt, werden diese als das *Landguterbrecht des BGB* bezeichnet, die Teil des deutschen Landwirtschaftsrechts sind (dazu Erl in Art 64 Rn 5, 12). Der bewertungsrechtliche Vorbehalt des Art 137 ist dabei das **Herzstück des Landguterbrechts** (zust HAUSMANN, Landgüter 175). Zweck dieser Bestimmungen ist es, landwirtschaftliche Betriebe vor der Zersplitterung und Überschuldung zu schützen, um dadurch den Hof in seinem Bestand für die Bewirtschaftung der bäuerlichen Familie zu bewahren und damit auch im öffentlichen Interesse lebensfähige bäuerliche Betriebe zu erhalten (BVerfGE 67, 348 = NJW 1985, 1329 [§ 1376 BGB]; BVerfGE 91, 346 = NJW 1995, 2977 [§ 16 GrdstVG]; BGHZ 98, 382, 387 f; 98, 375, 379 mit im Einzelnen differenzierenden Ansätzen, dazu Rn 27). Würde das Landgut nach dem Verkehrswert bewertet, so wäre durch die Höhe der Abfindungsansprüche bei vielen Betrieben die Existenz gefährdet (FISCHER/STOCK AgrarR 1985, 220). Wegen der niedrigen Bewertung der Abfindungsansprüche (vgl dazu auch Rn 3) stellt sich für die davon Betroffenen, insbes für die *Pflichtteilsberechtigten*, die Frage, ob die sich hieraus ergebende *Benachteiligung* im Hinblick auf *Art 3 GG verfassungsrechtlich zulässig* ist. Eingehend zu diesen Fragen s die Erl bei Art 64 Rn 131 ff bezüglich der Parallelproblematik bei den anerbenrechtlichen Bestimmungen.

3. Praktische Bedeutung

Wegen der mit der Ertragswertanordnung verbundenen erheblichen Bewertungs- **3** privilegierung für den Inhaber des Landguts ist die praktische, insbesondere auch **wirtschaftliche Bedeutung groß.** Denn in der Landwirtschaft liegt der Ertragswert fast immer unter dem Substanzwert (KRONTHALER 26; HAUSMANN, Landgüter 173 f; PILTZ, Die Unternehmensbewertung in der Rechtsprechung [3. Aufl 1994] 266 f). So wird etwa für *Bayern* ein Verhältnis von Substanz- bzw Liquidationswert zum Ertragswert von ca 8:1 bis 14:1 angegeben (KRONTHALER 16; weitere Zahlenangaben zum Verhältnis BGB-Ertragswert/ steuerlicher Ertragswert bei G WINKLER AgrarR 1979, 53, 55; zum Verhältnis Verkehrswert/Ertragswert HASSELHOF RdL 1993, 225 [aber zu pauschal]). Naturgemäß ist die Bedeutung der Ertragswertbewertung in den Ländern groß, die – wie *Bayern* – kein Anerbenrecht kennen (SPRAU Art 68 BayAGBGB Rn 4), und in denen daher allein das Landgütererbrecht des BGB zur Anwendung kommt.

Dabei ist für sich genommen das Abstellen auf den Ertragswert bei der Berechnung **4** von Abfindungsansprüchen bei Betriebsvermögen insoweit heute keine Besonderheit mehr, als sich in der Betriebswirtschaft bei der Bewertung von Betrieben und Unternehmen ohnehin die *Ertragswertmethode* immer mehr durchgesetzt hat (PILTZ/ WISSMANN NJW 1985, 2673, 2674; REIMANN DNotZ 1992, 473; STAUDINGER/HAAS [1998] § 2311 Rn 80 ff; J MAYER, Handbuch Pflichtteilsrecht § 5 Rn 95 ff) und damit die früher angewandte *Substanzwertmethode* mit einzelnen Korrekturen über den sog „good will" ua im Wesentlichen überholt ist (REIMANN ZEV 1994, 7, 8). Die **Besonderheit der Wertprivilegierung** der Landwirtschaft besteht vielmehr darin, dass auch unter der Geltung der Ertragswertbewertung bei Unternehmen als *Untergrenze* im Allgemeinen der *Liquidationswert* angesetzt wird (SOERGEL/DIECKMANN Rn 21; MünchKomm/LANGE Rn 25; STAUDINGER/HAAS [1998] Rn 81 je zu § 2311; krit hiergegen OECHSLER AcP 200 [2000] 603, 619-625). § 2049 Abs 2 BGB (der wegen § 2312 BGB insoweit auch für die Pflichtteilsberechnung gilt) bestimmt aber ausdrücklich, dass bei Landgütern nur der Reinertrag angesetzt werden darf, so dass der Liquidationswert hier nicht als unteres Limit der Betriebsbewertung herangezogen werden kann (PILTZ, Die Unternehmensbewertung 266; J MAYER ZEV 1994, 331, 335; HAUSMANN, Landgüter 173 f).

II. Rechtsnatur des Art 137

Im Anschluss an eine Entscheidung des Bundesverfassungsgerichts vom 16. 10. 1984 **5** (BVerfGE 67, 348, 363 = NJW 1985, 1329) zu § 1376 Abs 4 BGB gab es Stimmen, die in Art 137 EGBGB aF eine *reine Verweisungsnorm* sahen, die für die Feststellung des Ertragswerts auf die landesrechtlichen Ausführungsbestimmungen hierzu verweist und damit dem Landesgesetzgeber auch die Möglichkeit gibt, die *materiell-rechtlichen Kriterien des Ertragswertes selbst zu bestimmen* (so wohl BENDEL AgrarR 1991, 1, 4). Denn der 1. Senat des Bundesverfassungsgerichts hatte in der genannten Entscheidung eine solche *statische Verweisung* auf die landesrechtlichen Bewertungsvorschriften, die nach Art 137 EGBGB ergangen sind, bei der Ertragswertermittlung im Zugewinnausgleich nach § 1376 Abs 4 BGB angenommen. Diese Norm schafft über § 2049 BGB und Art 137 eine Verweisungskette auf die danach ergangenen landesrechtlichen Ausführungsbestimmungen und macht diese dabei nach Auffassung des Gerichts zu **partiellem Bundesrecht.**

6 Diese Vorschrift kann aber auch **nur** als eine **echte Vorbehaltsnorm** verstanden werden, bei der der Landesgesetzgeber lediglich die genauen Vorgaben des Bundesrechts *ausfüllen* darf, was bereits der wörtlichen Interpretation entspricht (zur Einordnung vgl auch MÜLLER-FELDHAMMER ZEV 1995, 161, 164; HAUSMANN, Landgüter 175 f).

7 Hält man Art 137 EGBGB für eine echte Verweisungsnorm auf das Landesrecht, stellt sich damit zugleich die Frage der verfassungsrechtlichen Zulässigkeit einer **dynamischen Verweisung** auf das jeweils geltende Landesprivatrecht. Denn nach Art 72, 74 Nr 1 GG hat der Bundesgesetzgeber die umfassende Kompetenz zur Regelung des bürgerlichen Rechts. Ändert der Landesgesetzgeber die maßgeblichen Berechnungsvorschriften, so hat dies automatisch und unmittelbare Rückwirkungen auf die Höhe der nach dem BGB begründeten Abfindungsansprüche, ohne dass der an sich hierfür zur Entscheidung berufene Bundesgesetzgeber hierauf einen Einfluss genommen hat. Zur Lösung dieses Problems hat das BVerfG aaO die Verweisung des § 1376 BGB als *statische* qualifiziert, also als eine solche auf die Vorschriften des Landesrechts, das damals bei Schaffung des § 1376 Abs 4 BGB durch das Gleichberechtigungsgesetz im Jahre 1957 galt und damit in seinem Inhalt vom Bundesgesetzgeber gebilligt und in seinen Willen aufgenommen wurde. Die in Bezug genommenen landesrechtlichen Ausführungsvorschriften werden damit zu *partiellem Bundesrecht.*

8 Demgegenüber hat der zweite Senat des Bundesverfassungsgerichts im Beschluss vom 26. 4. 1988 (BVerfGE 78, 132, 145 = NJW 1988, 2723 = DNotZ 1988, 717) zur Verfassungsmäßigkeit des § 23 SchlH AGBGB entschieden, Art 137 EGBGB enthalte einen **beschränkten Vorbehalt**. Die *materiellen Bewertungskriterien* für die Festsetzung des Ertragswertes seien dem Landesgesetzgeber dabei vorgegeben, er sei an § 2049 Abs 2 BGB gebunden. Landesrechtlich könnten daher nur hierzu *ergänzende Vorschriften* getroffen und die bundesrechtlichen Vorgaben umgesetzt werden. Dieser Auffassung ist der Vorzug zu geben, da es andernfalls zu einer „Versteinerung der Berechnungsvorschriften" auf den Stand von 1900 kommt (MÜLLER-FELDHAMMER aaO) und in den Gebieten – wie den neuen Bundesländern – in denen die damaligen Ausführungsbestimmungen zwischenzeitlich weggefallen sind, keine neuen mehr geschaffen werden könnten. Der Bundesgesetzgeber hat durch die Änderung des Art 137 EGBGB auf die Bundesverfassungsgerichtsentscheidung vom 16. 10. 1984 reagiert und dabei den Vorbehalt dieser Norm um eine ausdrückliche Bezugnahme auf § 1376 Abs 4 BGB ergänzt. Dadurch wird die vom BVerfG angenommene statische Verweisung aufgehoben und damit den Ländern die Möglichkeit eröffnet, auch beim Zugewinnausgleich die Ertragswertberechnung im Rahmen der bundesrechtlichen Vorgaben neu zu regeln (BT-Drucks 12/7134, 8). Dabei wurde im Gesetzgebungsverfahren die Auffassung des zweiten Senats des Bundesverfassungsgerichts ausdrücklich bestätigt, dass Art 137 für die dort ausdrücklich genannten Fälle einen echten (wenn auch beschränkten) Vorbehalt zugunsten der Landesgesetzgebung enthalte und die Entscheidung des ersten Senats vom 16. 10. 1984 über eine statische Verweisung nur für ihren ausdrücklichen Anlassfall, den § 1376 BGB, Geltung habe (BT-Drucks, aaO, S 6, 8).

9 Es ist somit davon auszugehen, dass Art 137 für alle dort genannten Fälle die Änderung der bestehenden und den Erlass neuer landesrechtlicher Ausführungsbestimmungen im Rahmen des eingeräumten Vorbehalts ermöglicht (PALANDT/EDENHO-

FER Rn 1; HAUSMANN, Landgüter 176 f; iE ähnlich MünchKomm/DAMRAU Rn 3 und ZECHIEL S 142, die von einer dynamischen Verweisung ausgehen).

III. Inhalt

1. Regelungsfälle

Art 137 legt nun selbst unmittelbar und abschließend fest, für welche Fälle der **10** Landesgesetzgeber Vorschriften zur Feststellung des Ertragswerts treffen kann. Bisher ergaben sich die Anwendungsmöglichkeiten der landesrechtlichen Vorschriften zT nur mittelbar aus der Erwähnung des Ertragswertes in einzelnen Normtatbeständen des BGB und anderer Gesetze, die für die Feststellung des Ertragswerts selbst keine weiteren Festlegungen enthielten (so etwa in § 16 GrdstVG). Hier war letztlich zweifelhaft, ob eine Gesetzgebungskompetenz für die Länder überhaupt bestand oder ob aus verfassungsrechtlichen Gründen nicht wenigstens von einer nur statischen Verweisung ausgegangen werden musste (s Rn 7).

Gemäß den §§ 1515 Abs 2, 3, 2049 und § 2312 BGB kann bei der Auseinanderset- **11** zung der fortgesetzten Gütergemeinschaft, bei der Nachlassauseinandersetzung unter Miterben und bei der Berechnung des Pflichtteils, einschl des Pflichtteilsergänzungsanspruchs (BGH NJW 1964, 1416), ein Beteiligter aufgrund letztwilliger Anordnung das Recht haben, ein zur Gütergemeinschaft oder zum Nachlass gehöriges *Landgut* zum *Ertragswert* zu übernehmen.

Durch das Änderungsgesetz vom 14. 9. 1994 ist nunmehr auch klargestellt, dass der **12** Vorbehalt des Art 137 auch für die Feststellung des Ertragswertes eines Landgutes gilt bei der

– Berechnung des *Erbersatzanspruchs* des nichtehelichen Kindes nach den §§ 1934a BGB ff (zur alten Rechtslage bereits PALANDT/EDENHOFER[53] § 1934b BGB Rn 6); zur Aufhebung des Erbersatzanspruchs durch das Erbrechtsgleichstellungsgesetz ab dem 1. 4. 1998 s Vorbem zu Art 213–217 Rn 20. Darin wurde die redaktionelle Anpassung des Art 137 vergessen;

– Berechnung des *Zugewinnausgleichs* nach § 1376 Abs 4 BGB (s dazu STAUDINGER/B THIELE [2000] § 1376 Rn 14–24; BVerfGE 67, 348 zur einschränkenden Auslegung dieser Bewertungsprivilegierung);

– *Berechnung des Abfindungsanspruchs der Miterben* im Zuweisungsverfahren eines landwirtschaftlichen Betriebs nach dem Grundstücksverkehrsgesetz (§ 16 Abs 1 S 1 GrdstVG). Dies wurde bereits früher im Wege der Gesetzesauslegung angenommen (etwa OLG Oldenburg RdL 1966, 238); jetzt ist eine eindeutige Klarstellung erfolgt (WÖHRMANN, Das Landwirtschaftserbrecht [8. Aufl 2004] § 16 GrdstVG Rn 5; s auch BT-Drucks, aaO, 8).

Art 137 überweist nun durch einen **beschränkten Vorbehalt** (s Rn 8 f) den Erlass von Vorschriften über die **Grundsätze**, nach welchen in solchen Fällen der **Ertragswert** festzusetzen ist, der **Landesgesetzgebung**.

2.   Regelungsmöglichkeiten

13 Da es sich um einen nur beschränkten Vorbehalt handelt, ist die Regelungsmög-
lichkeit des Landesgesetzgebers *eingeschränkt*. An die bundesrechtlichen Vorgaben
über die Ertragswertbestimmung sind daher die Landesgesetzgeber gebunden
(BVerfGE 78, 132; MünchKomm/Damrau Rn 2; Hausmann, Landgüter 177; Kronthaler 30 f;
MünchKomm/Heldrich § 2049 Rn 9; Palandt/Edenhofer § 2049 Rn 3; Zechiel 142; **aA** BGB-
RGRK/Kregel § 2049 Rn 4; Staudinger/Werner [2000] § 2049 Rn 5: § 2049 Abs 2 gelte nur
hilfsweise gegenüber den Landesgesetzen nach Art 137 EGBGB; dabei wird aber ohne Auseinandersetzung mit der Entscheidung des Bundesverfassungsgerichts verkannt, dass § 2049 Abs 2 BGB
eine von Art 137 vorausgesetzte und deshalb auch für die Landesgesetzgebung verbindliche Begriffsbestimmung enthält).

14 Da alle die Vorschriften, für die Art 137 dem Landesgesetzgeber eine Regelungsbefugnis eröffnet, auf den § 2049 BGB Bezug nehmen, ist der Landesgesetzgeber
insbesondere an § 2049 BGB und die dort gegebene bzw vorausgesetzte Definition
des Ertragswerts gebunden. Diese Vorschrift lautet:

„Der Ertragswert bestimmt sich nach dem Reinertrage, den das Landgut nach seiner
bisherigen wirtschaftlichen Bestimmung bei ordnungsmäßiger Bewirtschaftung
nachhaltig gewähren kann."

Zu Versuchen, im Gesetzgebungsverfahren des BGB nähere Festlegungen hierzu zu
machen, vgl Staudinger/Promberger/Schreiber[12] Rn 4. Auch anlässlich der Neuregelung des Art 137 hat der Bundesgesetzgeber darauf verzichtet, bundeseinheitliche, konkrete Festlegungen für die Ertragswertberechnung zu geben, weil die
regionalen und strukturellen Unterschiede in den einzelnen Bundesländern als zu
groß angesehen wurden (BT-Drucks 12/7134, 8).

15 Der Landesgesetzgeber darf also in einer Regelung, die in Ausführung des Vorbehalts des Art 137 erfolgt, **nicht**

– von einem anderen Landgutbegriff ausgehen,

– eine ganz andere *Bewertungsmethode* für ein Landgut vorschreiben (Hausmann,
   Landgüter 177), also etwa den *Verkehrswert*. Diesen wollte der BGB-Gesetzgeber
   bewusst nicht der Bewertung von Landgütern zugrunde legen, weil dieser ohne
   Bezug auf die tatsächlichen Erträge oft viel zu hoch ist und damit der in Rn 2
   genannten Zwecksetzung zuwiderläuft,

– die *Ertragswertbewertung mit einer anderen Bewertungsmethode kombinieren*,
   diese etwa nach unten durch den sog Liquidationswert begrenzen, wie dies sonst
   bei der Pflichtteilsbewertung von Betrieben erfolgt (s Rn 4),

– eine an anderen *Zwecken und Zielen orientierte Ertragswertberechnung* aufstellen
   oder übernehmen, als dies das BGB zugrunde legt. Aus § 2049 BGB als Bestandteil der erbrechtlichen Bewertungsvorschriften ergibt sich vielmehr, dass aus dem
   verfassungsrechtlich gebotenen Erfordernis der gerechten Nachlassbeteiligung der
   Erben oder weichenden Erben eine *konkrete, individuelle, zeitnahe und realitäts-*

bezogene Ermittlung möglichst „wahrer Werte" der Nachlassgegenstände zu erfolgen hat (BVerfGE 78, 132, 149; vgl auch MünchKomm/HELDRICH § 2049 Rn 9). Dem wird die Übernahme *steuerlicher Einheitswerte* nicht gerecht, die nur im Ansatz auf den Ertragswert abstellen, diesen aber in einem Massenverfahren, bezogen auf den 1. 1. 1964 und typisierend feststellen, wobei ganz andere, steuerliche Zielsetzungen verfolgt werden (BVerfG aaO; HAUSMANN, Landgüter 178).

Die dem Landesgesetzgeber in Art 137 eingeräumte Befugnis beschränkt sich also **16** darauf, im Rahmen der materiell-rechtlichen Vorgaben, insbesondere unter Berücksichtigung der Zwecke und Ziele der Ertragswertprivilegierung und des Landguterbrechts, ergänzende Regelungen darüber aufzustellen:

– wie und in welchem Verfahren der nach § 2049 Abs 2 BGB zugrunde zu legende *Reinertrag* (im Verhältnis zum Rohertrag) zu ermitteln ist,

– wie nach betriebswirtschaftlichen Grundsätzen aus dem *Reinertrag der Ertragswert zu errechnen* ist (BVerfGE 78, 132, 152 f; PALANDT/EDENHOFER Rn 2; HAUSMANN, Landgüter 178 f; KRONTHALER 31; vgl auch MünchKomm/HELDRICH § 2049 Rn 9).

3. Der Begriff des Landguts

a) Keine landesrechtliche Regelungsmöglichkeit

Was unter einem Landgut zu verstehen ist, ist weder im BGB noch im Einführungs- **17** gesetz hierzu festgestellt; in der II. Komm sind die Anträge, welche darauf zielten, die Feststellung dieses Begriffes der *Landesgesetzgebung zu überweisen,* abgelehnt worden, weil befürchtet wurde, dass die Landesgesetzgebung nicht überall dieselben Gesichtspunkte für die Anwendung der Vorschriften des BGB aufstellen würde. Daraus hätte sich aber eine verschiedene Ausgestaltung des Landgüterrechts des BGB ergeben, die nicht erwünscht war (Prot VI 449).

Die Bestimmung des Landguts ist damit ebenfalls dem Landesgesetzgeber entzogen **18** und kann somit nicht Gegenstand einer auf Art 137 gestützten landesrechtlichen Regelung sein.

Daher sei für die Definition des Landgutbegriffs grundsätzlich auf die Kommentie- **19** rung zu den entsprechenden Vorschriften des BGB hingewiesen, insbesondere zu § 2049 und § 2312 BGB. Im Folgenden können nur einige Grundzüge dieses Begriffs skizziert werden.

b) Grundzüge des Landgutbegriffs

Eine *Legaldefinition* des Landguts im BGB fehlt. Jedoch wird man zur Umschrei- **20** bung dessen, was zu einem solchen gehört, an die gesetzliche Bestimmung des landwirtschaftlichen Betriebs in § 585 Abs 1 BGB mit gewisser Vorsicht anknüpfen können (WÖHRMANN, Landwirtschaftserbrecht § 2049 BGB Rn 11). Eine völlig befriedigende Begriffsbestimmung wird sich aber auch dadurch nicht finden lassen, vielmehr ist nach der jetzigen Rspr eine **typologische, wertende Betrachtung des Einzelfalls** unter Abwägung verschiedener Gesichtspunkte erforderlich (so auch KRONTHALER, Landgut ... 134 mit einer am Normzweck orientierten Auslegung). Hierzu hat die II. Komm ausgeführt, dass in jedem einzelnen Falle zu prüfen ist, ob es sich um ein Landgut handelt, und zu versuchen ist, unter Würdigung aller Verhältnisse zu einer sachgerechten Lösung zu gelangen. Dabei ist zu beachten, dass es um die Erhaltung eines zu einer *wirtschaftlichen* (nicht rechtlichen) *Einheit* verbundenen Komplexes von Grundstücken und sonstigen Betriebsvermögens geht (Prot VI 448 ff). Der Praktiker wünscht sich allerdings eine klarere und eindeutige Festlegung, etwa durch Ober- und Untergrenzen. Zu einkommensorientierten Lösungsversuchen s Rn 34 ff.

21 Der Begriff *„Landgut"* bezeichnet nicht etwa nur einen *herrschaftlichen Landsitz*, während umgekehrt auch bürgerlicher oder adliger Großgrundbesitz unter die Ertragswertprivilegierung fällt (MÜLLER-FELDHAMMER ZEV 1995, 161, 165, str). Anschaulich KEGEL (in: Liber amicorum Ernst J Cohn 105): „vom Kleinbauern bis zum Rittergutsbesitzer soll das Gut in der Familie bleiben."

aa) Die Definition des BGH

22 Die Rspr und hM beschreibt das **Landgut** (besser wäre heute der Begriff des Bauernhofs) in Anlehnung an § 2 des preußischen Anerbengesetzes von 1898 wie folgt: Es muss sich um *eine zum selbständigen und dauernden Betrieb der Landwirtschaft einschließlich der Viehzucht oder der Forstwirtschaft geeignete und bestimmte Wirtschaftseinheit* handeln, *die mit den nötigen Wohn- und Wirtschaftsgebäuden versehen ist.* Sie muss eine *gewisse Größe erreichen und für den Inhaber eine selbständige Nahrungsquelle darstellen*; dass eine *Ackernahrung* vorliegt, ist jedoch nicht erforderlich (BGH NJW-RR 1992, 770; BGHZ 98, 375, 377 f = NJW 1987, 951; BGH NJW 1964, 1414, 1416 = DNotZ 1965, 354; BGH MDR 1972, 496 = LM BGB § 2312 Nr 2; BayObLGZ 1988, 385, 389 = FamRZ 1989, 540; HAUSMANN, Landgüter 88; STAUDINGER/HAAS [1998] § 2312 Rn 10; STAUDINGER/ JICKELI/STIEPER [2004] § 98 BGB Rn 9; PALANDT/EDENHOFER § 2312 Rn 8; MünchKomm/HELDRICH § 2049 Rn 3; SOERGEL/DIECKMANN § 2312 Rn 7; LANGE/KUCHINKE § 37 Fn 253 mwNw; vgl auch ZECHIEL 36 ff mwNw; differenzierter etwa FOAG RdL 1955, 5: Betriebe aller „Größenklassen").

bb) Das Erfordernis von Wohngebäuden

23 Während die Rechtsprechung neben dem Vorhandensein der zwingend erforderlichen **Wirtschaftsgebäude** auch verlangt, dass die nötigen **Wohngebäude** vorhanden sind (etwa BGHZ 98, 375, 377; BGH NJW 1964, 1414, 1416; ebenso die überwiegende Auffassung zu § 98 Nr 2 BGB, vgl etwa MünchKomm/HOLCH § 98 Rn 15; ENNECCERUS/NIPPERDEY § 126 I 3a Fn 13; SOERGEL/MARLY § 98 Rn 14; STAUDINGER/JICKELI/STIEPER [2004] § 98 Rn 9 [unter Betonung, dass der Normzweck unterschiedlich ist]), wird zT in der Lit nicht mehr gefordert, dass ein **Wohngebäude** vorhanden ist (STAUDINGER/DILCHER [1995] § 98 Rn 10; STAUDINGER/PROMBERGER/SCHREIBER[12] Art 137 Rn 7; einschränkend RINCK AgrarR 1998, 179 f: genügend, wenn der „Betrieb" erkennbar zu einer Einheit zusammengefasst ist), weil angesichts der heutzutage durch die moderne Technik gegebenen raschen Beweglichkeit ein Wohnen des Betriebsinhabers im Betriebsbereich für die ordnungsgemäße landwirtschaftliche Bewirtschaftung nicht mehr erforderlich sei. Dieser Auffassung ist zwar zuzugeben, dass auch das Landpachtrecht in § 585 Abs 1 S 1 BGB ein Wohngebäude nicht mehr als wesentlich voraussetzt und auch das Steuerrecht bewertungsrechtlich den Wohnbereich nicht mehr zwingend dem Betriebsvermögen zuordnet (vgl § 47 BewG). Dem Vorhandensein von *Betriebsgebäuden* ist daher sicherlich das größere Gewicht beizumessen. Demgegenüber setzt die HöfeO mit dem Begriff der Hofstelle Wohn- und Wirtschaftsgebäude für seine Anwendung voraus (vgl § 1 Abs 1 S 1 HöfeO; dazu BGH NJW 1982, 2665; 1953, 342). Zwar hat der Begriff der Hofstelle, verstanden inklusive des Wohnhauses, in der HöfeO auch *verfahrensrechtliche Bedeutung* und zwar insoweit, als nach § 10 LwVG die Lage derselben für die örtliche Zuständigkeit des Landwirtschaftsgerichts entscheidend ist (WÖHRMANN, Landwirtschaftserbrecht § 1 HöfeO Rn 1). Jedoch wäre eine Konkordanz der Begriffe „Höfe" iS der HöfeO und „des Landguts" des BGB wünschenswert, um die nach beiden Vorschriften geringe Abfindung der weichenden Erben zu harmonisieren.

Entscheidend dürfte aber sein, dass der Gesetzgeber des BGB bei der Verwendung **24** des Landgutbegriffs von einem bestimmten Typ des landwirtschaftlichen Anwesens ausgegangen ist und bei den damaligen Verhältnissen sicherlich das Vorhandensein von Wohngebäuden voraussetzte. Den gewandelten gesellschaftlichen und agrarstrukturellen Gegebenheiten sollte allerdings dadurch Rechnung getragen werden, dass ein *Wohnhaus zwar nicht selbst zum vererbten Nachlass* oder zum Vertragsgegenstand der Hofübergabe *gehören muss*, aber beim *Erben oder Hofübernehmer* spätestens **bei Antritt der Hofnachfolge** ein für die **ordnungsgemäße Bewirtschaftung** in ausreichender Entfernung *geeignetes Wohngebäude* wenigstens *aus dem eigenen Besitz zur Verfügung stehen muss* (für einen wirtschaftlichen-funktionellen Zusammenhang offenbar auch RINCK AgrarR 1998, 179 f), das dem landwirtschaftlichen Betrieb dann auch entsprechend gewidmet wird. Damit genießen auch die heute nicht gerade seltenen Fälle die Ertragswertprivilegierung, bei denen der künftige Hofinhaber bereits aus eigenen Mitteln im Vorgriff auf die Hofübernahme ein eigenes, geeignetes Wohnhaus gebaut hat, das alte und angestammte Wohnhaus aber wegen seiner verbrauchten Bausubstanz bereits vor oder mit der Hofübernahme abgerissen wird (zust HAUSMANN 92). Umgekehrt unterfällt ein übliches, vom Betriebsinhaber und seinen Angehörigen genutztes Wohnhaus dem Ertragswertprivileg (MünchKomm/HELDRICH § 2049 Rn 4; KRONTHALER 125; DAMM 135).

cc) Arten von Landgütern

Auch besondere **Wirtschaftsarten** fallen grundsätzlich unter die Ertragsprivilegierung **25** (ausführlich dazu HAUSMANN, Landgüter 96 ff): so *Gartenbaubetriebe* (BGH NJW 1977, 479 = FamRZ 1977, 195; OLG Oldenburg FamRZ 1992, 726 = AgrarR 1992, 113; vgl auch § 585 Abs 1 S 2 BGB; nach WÖHRMANN § 2049 BGB Rn 12 unabhängig vom Anteil der *Unterglaskulturen*; ebenso BGH AgrarR 1996, 120 zur HöfeO), *Teichwirtschaftsbetriebe* (einschränkend HAUSMANN, Landgüter 96: nicht bei bloßer Rechtspacht), *Weidewirtschaft* (bes im Allgäu), *Sonderkulturen* wie Weinbau, Erwerbsobstbau (WÖHRMANN, Landwirtschaftserbrecht § 2049 BGB Rn 15). Das Gleiche gilt für *Tierzuchtbetriebe*, soweit die Tiere überwiegend mit Futter ernährt werden, das auf dem Betrieb selbst erzeugt wird (arg § 585 Abs 1 S 2 BGB; HAUSMANN, Landgüter 97; ZECHIEL 54 mwNw), jedoch darf es sich nicht um Massentierhaltungen auf der Grundlage von zugekauftem Futter handeln (WÖHRMANN, Landwirtschaftserbrecht § 2049 BGB Rn 13). Allein der Futtermittelzukauf ohne Massentierhaltung schadet aber nicht (MünchKomm/HELDRICH § 2049 Rn 5 gegen KÖHNE, Taxationslehre 199 f; zur Abgrenzung vom Gewerbebetrieb KRONTHALER 130 ff, der sich gegen ein zu starkes Abstellen auf die bodengebundene Urproduktion wendet; anders aber BGH NJW-RR 1996, 528 zum GrdstVG mwNw). Für die Abgrenzung kann hier auch die Rspr zur Auslegung des Landwirtschaftsbegriffs in § 201 BauGB herangezogen werden, wonach auch bei einer Pensionstierhaltung eine Landwirtschaft vorliegt, wenn mindestens 50% des Futters auf der Eigenfläche erzeugt wird (HAUSMANN, Landgüter 97 f mwN; J MAYER MittBayNot 2004, 334, 337 f; **aA** OLG München NJW-RR 2003, 1518 = MittBayNot 2004, 369 [Pferdepension in Großstadtnähe]). Inwieweit *reine Forstgüter* noch als Landgut zu verstehen sind, ist streitig (dafür KEGEL 109; HAUSMANN 107 [mit eingehender Begr und Hinw auf die gleiche Behandlung im Steuerrecht]; SOERGEL/DIECKMANN § 2312 BGB Rn 1; BECKER AgrarR 1975, 57, 62; WEBER BWNotZ 1992, 14, 15; MÜLLER-FELDHAMMER ZEV 1995, 161, 165; MünchKomm/HELDRICH § 2049 Rn 3; wohl auch STAUDINGER/HAAS [1998] § 2312 Rn 10; Münch-Komm/LANGE § 2312 BGB Rn 3; aA STAUDINGER/FERID/CIESLAR[12] § 2312 BGB Rn 12; WÖHR-MANN, Landwirtschaftserbrecht § 2049 BGB Rn 14; JOHANNSEN WM 1977, 304; die angegebenen Urteile enthalten zum reinen Forstgut keine Stellungnahme). Die Gegenmeinung rechnet forstwirtschaftliche Grundstücke nur dann dem Landgut zu, wenn sie zu einem überwiegend landwirtschaftlich genutzten Betrieb gehören. Jedoch sollte auch dem reinen Forstgut (das in der Praxis zudem selten ist) die Ertragswertprivilegierung nicht generell versagt werden. Wegen der zZ ungünstigen Ertragslage solcher Betriebe kommen hierfür aber sicherlich erst Betriebseinheiten von über 100 ha in Betracht (im Anerbenrecht werden zT ebenfalls reine Forstgüter in die anerben-rechtliche Regelung einbezogen und dadurch gegen zu hohe Abfindungszahlungen geschützt, vgl Erl zu Art 64 Rn 28).

dd) Betriebsgröße

26 Eine *Mindestgröße oder Mindestwirtschaftsgröße* ist gesetzlich nicht vorgesehen. Jedoch muss die landwirtschaftliche Besitzung eine für die ordnungsgemäße Bewirt-schaftung (objektivierender Faktor) **geeignete ausreichende Größe** aufweisen, die jedoch verhältnismäßig gering sein kann, weil die gerichtliche Praxis keine zu hohen Anforderungen hieran gestellt hat (BGH NJW-RR 1992, 770: 5,6 ha Acker und 2,9 ha Grünland, zT verpachtet; vgl die Rspr-Nw bei HAUSMANN, Landgüter 114 Fn 481). Bereits die ältere Rechtsprechung hatte nicht allein auf die Flächengröße abgestellt, sondern darauf, dass diese dem Inhaber eine „selbständige Nahrungsquelle" bieten müsse, wobei jedoch keine „Ackernahrung" iS des § 2 ReichserbhofG vorliegen müsse (so etwa BGH NJW 1964, 1414, 1416; LM BGB § 2312 Nr 2). Diese an Hand des zu erzielenden Gewinns ausgerichtete Betrachtung lässt angesichts des starken Einkommensrück-gangs in der Landwirtschaft nicht mehr zu, dass Kleinbetriebe (WÖHRMANN, Landwirt-schaftserbrecht § 2049 Rn 24 spricht von Kümmerbetrieben) die Ertragswertprivilegierung genießen. Überholt daher die Einordnung von Betriebsgrößen von 1 bis 2 ha unter den Landgutbegriff (so aber noch OLG Oldenburg RdL 1962, 40: 2,5 ha genügen; BGH FamRZ 1977, 195 wo offen blieb, ob 1,9 ha genügen, auch wenn es sich um die Sonderkultur „Gärtnerei" gehandelt hat). Die Gewährung des Landgutprivilegs hängt aber nicht von einer festen Mindestgröße ab (zutr ZECHIEL 68; HAUSMANN, Landgüter 114 f; aA HASELHOFF RdL 1993, 225, 226: 10 ha), sondern entscheidend von der Ertragsfähigkeit des landwirtschaftlichen Betriebs (KRONTHALER 121 f; HAUSMANN, Landgüter 114 f; zur Ertragsfähigkeit unten Rn 39). *Zupachtungen* werden zwar dann, wenn sie längerfristig erfolgen, miteinzubeziehen sein (PABSCH ua AgrarR 1994, 9; zu Bewertungseinzelheiten KRONTHALER 127 ff), aber bei nur geringer Eigengröße allein können sie nicht zur Umqualifizierung des Kleinbetriebs zum Landgut führen (zu großzügig OLG Oldenburg RdL 1957, 220: 1 ha Eigenfläche und 2 ha Zupachtung genügen).

27 **Verfassungsrechtliche Überlegungen** gebieten eine **einschränkende Auslegung** des Landgutbegriffs, da die damit verbundene niedrige Bewertung von Abfindungsan-sprüchen vor den Bestimmungen des Art 3 Abs 1 GG, Art 14 GG (bezogen auf das Erbrecht der weichenden Geschwister) einer besonderen Rechtfertigung bedarf (vgl hierzu die Erl zu Art 64 Rn 135 ff; SPRAU Art 68 BayAGBGB Rn 6; STÖCKER AgrarR 1977, 245, 246 [mwN]). Ausgehend vom **Normzweck** der Ertragswertprivilegierung, die *Erhaltung* *leistungsfähiger Betriebe* auch im öffentlichen Interesse zu gewährleisten (s Rn 2), sind daher strengere Anforderungen an die Einstufung als privilegiertes Landgut zu stellen (MünchKomm/Lange § 2312 Rn 4; Kronthaler 105; eingehend dazu Hausmann, Landgüter 110 ff). Im Hinblick auf die Entscheidung des Bundesverfassungsrechts vom 16. 10. 1984 (BVerfGE 67, 348), die allerdings zur Bewertung landwirtschaftlicher Betriebe im Zugewinnausgleich erging, hat dabei der BGH ausdrücklich den Schutzzweck der §§ 2312, 2049 BGB neu bestimmt (BGHZ 98, 382, 387 f; 98, 375, 379 [wobei allerdings im letzten Fall dieser Gesichtspunkt mit der im Streitfall allein entscheidungserheblichen Frage des Vorliegens der *Fortführungsabsicht* vermischt wird]). Der Gedanke des nicht mehr schutzwürdigen Betriebs, wie ihn das Bundesverfassungsgericht im Beschluss vom 16. 10. 1984 zu § 1376 BGB betont hat, ist allerdings so sicherlich nicht ohne weiteres und unreflektiert auf das Landwirtschaftserbrecht übertragbar, da die Normzwecke verschieden sind (eingehend dazu Erl zu Art 64 Rn 136 ff mwNw). Ausgehend von einer mehr historischen Betrachtungsweise sah das BVerfG in einer späteren Entscheidung zum Zuweisungsverfahren nach dem GrdstVG (BVerfGE 91, 346 = NJW 1995, 2977) in bewusster Abgrenzung zu den früheren Entscheidungen zum Ertragswertprivileg beim Zugewinnausgleich den wesentlichen Grund für die Zulässigkeit niedriger Erbabfindungen in der Erhaltung des überkommenen bäuerlichen Familienbetriebs, also letztlich unter einem mehr privatnützigen Gesichtspunkt und nicht unter seiner volkswirtschaftlichen Funktion (vielfach übersehen, so etwa bei MünchKomm/Heldrich § 2049 BGB Rn 2). Die dadurch gerechtfertigte und **privilegierte Institutionssicherung des landwirtschaftlichen Betriebs** kann allerdings nur dann verfassungsrechtlich Bestand haben, wenn dieser auch heute noch unter den wenn auch äußerlich anderen strukturellen und wirtschaftlichen Gegebenheiten seine geschichtlich überlieferte Funktion der **Existenzsicherung der bäuerlichen Familie** wenigstens **noch teilweise erfüllen** kann (ausführlich s Erl zu Art 64 Rn 140; zust Hausmann, Landgüter 111). Daher wird man im Grundtenor den Anforderungen von BGHZ 98, 375 auch nach der oben genannten, etwas differenzierten Entscheidung des Bundesverfassungsgerichts zustimmen können (ebenso Hausmann, Landgüter 65 ff, 69 ff), zumal die fachgerichtliche Gesetzesauslegung strengere Maßstäbe als der verfassungsrechtlichen Kontrollmaßstab setzen kann, wenn dadurch wiederum keine verfassungsrechtlichen Maßstäbe verletzt werden (Hausmann, Landgüter 65 f).

Der BGH hat in seinen konkreten Entscheidungen der letzten Zeit im Ergebnis bei **28** der tatsächlichen Beurteilung auch nicht den strengen Maßstab angewandt, den seine Entscheidung vom 22. 10. 1986 (BGHZ 98, 375) erwarten ließ. Beispielhaft sei BGH NJW-RR 1992, 770 genannt, denn bei einer Betriebsgröße von ca 9 ha und bei fehlendem Inventar besteht sicherlich kein fortführungswürdiger Betrieb mehr. Strenger aber zT die Instanzgerichte, vgl OLG Stuttgart NJW-RR 1986, 822: Ein *Zuschussbetrieb* falle nicht unter den Landgutbegriff (ähnlich Kronthaler 121 f; eingehend zum Zuschussbetrieb Hausmann, Landgüter 115 ff); dies ist zu rigoros, da praktisch alle landwirtschaftlichen Betriebe öffentlich gefördert werden, und dies bis zu 25% und mehr im Landesdurchschnitt ausmacht (s auch Rn 46).

Alle **Versuche zur einschränkenden Auslegung** des Ertragswertprivilegs oder einer **29** teleologischen Reduktion desselben müssen sich jedoch an dem **Normzweck orientieren**. Nicht zulässig ist daher, die Eigenschaft eines Landguts allein deshalb zu verneinen, weil ein enormer Unterschied zwischen Verkehrs- und Ertragswert besteht (OLG Stuttgart NJW 1967, 2410), denn Normzweck ist nicht eine ausreichende

Nachlassbeteiligung der weichenden Pflichtteilsberechtigten, sondern die Erhaltung des Anwesens im Familienbesitz durch Reduzierung der Abfindungsansprüche. Ebenso bedenklich, wenn gefordert wird, die Verkehrswertbewertung müsse dort gelten, wo es dem Erben durch sonstiges (ererbtes oder sonstiges) Vermögen möglich ist, die Pflichtteilsberechtigten zum vollen Wert abzufinden (Kegel 114 f; Fassbender AgrarR 1986, 131, 133; MünchKomm/Lange § 2312 Rn 6 sogar unter Berufung auf die ratio legis). Der Einsatz von *Eigenmitteln* ist dem BGB-Erbrecht fremd und kann ohnehin nicht verlangt werden. Und die Abfindung zum Verkehrswert der Landwirtschaft belastet den Erben uU in einer ungewollt großen Weise, auch wenn er zur Kompensation derselben auf den Restnachlass zugreifen kann; ist der Rest nicht sofort verwertbar, kann dies – entgegen dem Normzweck – zum Verkauf der Landwirtschaft führen (abl zu Recht Soergel/Dieckmann § 2312 BGB Rn 12; Zechiel 112 ff).

30 **Maßstab** dafür, ob die objektiven Tatbestandsvoraussetzungen für ein Landgut erfüllt sind, kann aber nicht nur die Fläche des landwirtschaftlichen Betriebs, sondern muss dessen **Ertrag** sein. Dies wird bereits deutlich, wenn Betriebe mit landwirtschaftlichen Sonderkulturen (s Rn 25) zu beurteilen sind, wo auf kleinen Flächen ein ganz erheblicher Ertrag erwirtschaftet werden kann (etwa Spargelanbau). Und da die §§ 2049, 2312 BGB zur Vermeidung zu hoher Abfindungsforderungen allein auf den Ertragswert abstellen, muss systemimmanent für die Frage der Abgrenzung des Landgutbegriffs auf die **Ertragsfähigkeit des Anwesens** abgestellt werden (zust Hausmann, Landgüter 114 f). Zu Recht fordert daher der BGH bei der Beurteilung von Nebenerwerbsbetrieben, dass diese „zu einem erheblichen Teil zum Lebensunterhalt seines Inhabers beitragen müssen" (BGHZ 98, 375, 378; BGH NJW-RR 1992, 770; NJW 1964, 1414, 1416; Hausmann, Landgüter 114 f; Zechiel 68; zum Ertrag als Entscheidungskriterium auch Kronthaler 119 f; Köhne AgrarR 1995, 321, 324; ders AUR 2003, Beil II *2, *5 f plädiert de lege ferenda auch für ökonomische Effizienzkriterien und gegen das Abstellen auf Flächengrößen; aA Haselhoff RdL 1993, 225, 226: Mindestgröße von 10 ha erforderlich).

31 Wer mehr den Gedanken des **leistungsfähigen Betriebs** in den Vordergrund stellt (s Rn 27), wird im Detail zu etwas anderen Beurteilungskriterien kommen. So urteilt die *Deutsche Gesellschaft für Agrarrecht* nach *„Erfolgskriterien des Rechnungswesens"* und versteht darunter *Gewinn, Eigenkapitalbildung* im Betrieb und die *„Entlohnung"* der eingesetzten Produktionsfaktoren, wobei immer ein angemessenes Niveau erreicht werden müsse (AgrarR 1994, 4, 6 ff; ebenso Köhne AgrarR 1995, 321, 324; Hausmann, Landgüter 113). Dem Gewinn wird dabei aber letztlich doch wohl die entscheidende Funktion beigelegt, da dieser letztlich für die Eigenkapitalbildung und die Entlohnung maßgeblich ist. Zutreffenderweise wird betont, dass sich die Beurteilung in erster Linie auf den Betrieb, nicht auf den Betriebsleiter beziehen müsse und insoweit zu objektivieren sei und der nachhaltig *erzielbare Reinertrag* so zu ermitteln sei, was die Heranziehung von Daten mehrerer Jahre erfordere. Erfolgte also keine ordnungsgemäße Bewirtschaftung, so muss eine *korrigierte Zukunftsprognose* angestellt werden (Köhne AUR 2003, Beil II *2, *5).

32 Ausgehend von der Forderung des BGH, dass der Betrieb zu einem erheblichen Teil zum Lebensunterhalt seines Inhabers beitragen muss, **scheiden aus** der Ertragswertprivilegierung solche Anwesen aus, die allein der **Liebhaberei** dienen. Umgekehrt betont der BGH (NJW 1964, 1414), dass die Besitzung **nicht die Größe einer Akkernahrung** iS von § 2 Abs 2 Reichserbhofgesetz (REG) haben müsse. Denn unter der Ackernahrung wurde diejenige Menge Landes verstanden, „welche notwendig ist, um eine Familie unabhängig vom Markt und der allgemeinen Wirtschaftslage zu ernähren und zu bekleiden sowie den Wirtschaftsablauf des Erbhofes zu erhalten."

Auch ein landwirtschaftlicher **Nebenerwerbsbetrieb** kann daher nach dem zuvor 33 Gesagten als Landgut angesehen werden, wenn er nur zu einem *erheblichen Teil zum Lebensunterhalt des Betriebsinhabers beiträgt* (BGHZ 98, 375, 377 = NJW 1987, 951; BGH NJW-RR 1992, 770; OLG München NJW-RR 2003, 1518 = MittBayNot 2004, 369 [bei Pferdepension verneint]; OLG Stuttgart NJW-RR 1986, 822 = AgrarR 1986, 233; KRONTHALER 121 f; KEGEL 106; WÖHRMANN, Landwirtschaftserbrecht § 2049 Rn 26; MünchKomm/LANGE § 2312 Rn 3; STAUDINGER/HAAS [1998] § 2312 Rn 12; LANGE/KUCHINKE § 37 Fn 253; PILTZ, Die Nebenerwerbslandwirtschaft … 105 ff; BECKER AgrarR 1975, 57, 65 mwN [„nicht unerheblicher Teil" des Einkommens]; HAUSMANN, Landgüter 118 [mit ausführlicher Darstellung des Meinungsstands]; **aA** zu Unrecht OLG Hamm MDR 1965, 488; STAUDINGER/PROMBERGER/SCHREIBER[12] Rn 7; BGB-RGRK/JOHANNSEN § 2312 Rn 2: müsse Existenzgrundlage bieten; großzügiger als die hM dagegen LG Würzburg AgrarR 1986, 346: dass zumindest irgendwelche Erträge erwirtschaftet werden, genüge). Jedoch ist im Einzelfall hier sorgfältig zu prüfen, ob nicht nur ein nicht privilegierter *Hobbybetrieb* (Liebhaberei) vorliegt (MÜLLER-FELDHAMMER ZEV 1995, 165).

ee) **Die Höhe des Beitrags zum Lebensunterhalt, Einkommensgrößen**
Weitgehend offen ist allerdings noch, wie die quantitative Abgrenzung für die Er- 34 tragswertprivilegierung vorzunehmen ist (vgl dazu auch HAUSMANN, Landgüter 112 ff; J MAYER, Handbuch Pflichtteilsrecht § 5 Rn 176). Deshalb wird sogar eine wertende Entscheidung des Gesetzgebers gefordert (FASSBENDER AgrarR 1998, 188, 190). Einigkeit besteht nur darüber, dass reine *Hobby- und Zwergbetriebe* nicht landgutsfähig sind (HAUSMANN, Landgüter 116). Im Übrigen sind verschiedene Ansatzpunkte denkbar:

(1) Die *Deutsche Gesellschaft für Agrarrecht* hat einen ausführlichen Leitfaden für 35 die *Ermittlung des Ertragswerts* landwirtschaftlicher Betriebe entwickelt (s bereits Rn 31), der sicherlich in der Praxis wichtige Hilfestellungen geben kann. Darin wird betont, dass die Qualifizierung als Landgut iS des BGB nicht mit leicht fassbaren Merkmalen, wie der Betriebsgröße oder des Wirtschaftswertes möglich ist. Es müssten vielmehr Erfolgskriterien angelegt werden, mit deren Hilfe bestimmt werden könne, ob der Betrieb voraussichtlich längerfristig wirtschaftlich existenzfähig ist. Relevant sind in diesem Zusammenhang vor allem der Gewinn, die Eigenkapitalbildung im Betrieb und die Entlohnung der eingesetzten Produktionsfaktoren (dazu PABSCH AgrarR 1994, 5, 6 f; zust HAUSMANN, Landgüter 113). Jedoch werden leider keine konkreten, quantitativ-zahlenmäßigen Abgrenzwerte gegeben.

(2) Weiter könnte man an eine *Übertragung der höferechtlichen Grenzen* iS des 36 § 1 HöfeO auf den Landgutsbegriff des BGB denken, was einen *Mindestwirtschaftswert* iS des § 46 BewG von 5.000 € voraussetzen würde (in diese Richtung WÖHRMANN § 2049 BGB Rn 10: liegt der Wirtschaftswert darunter, so ist sorgfältig zu prüfen, ob ein „schutzwürdiges Landgut" vorliegt). Jedoch wird dieser Wirtschaftswert dem Einheitswert entnommen, der in typisierender und generalisierender Weise nach steuerlichen Zielsetzungen gem § 46 BewG ermittelt wird. Dies ist aber mit der Ertragswertbewertung nach § 2049 BGB schon aus verfassungsrechtlichen Gründen nicht vereinbar (s o Rn 15 f). Daher ist die uneingeschränkte Übernahme dieser Kriterien auf den Landgutbegriff des BGB nicht zulässig (zust HAUSMANN, Landgüter

124). Anders liegt es nach der HöfeO, für die der Bundesgesetzgeber nicht an § 2049 BGB gebunden ist.

37 **(3)** In Betracht käme auch eine Orientierung an andere, *öffentlich-rechtliche oder sozialversicherungsrechtliche Fördergrößen*, etwa danach, ob der Betrieb nach dem Gesetz über die Alterssicherung der Landwirte (ALG) zur landwirtschaftlichen Altersklasse beitragspflichtig ist. So wird bei der Frage der Gewährung der *Gebührenvergünstigung* nach § 19 Abs 4 KostO zT auf die Beitragspflicht nach dem ALG vom 29. 7. 1994 (BGBl I 1890, früher GAL) abgestellt (OLG Zweibrücken MittBayNot 1996, 401; BayObLG AgrarR 1997, 272: „Anhaltspunkt"; LG Bamberg MittBayNot 1990, 327; H Schmidt MittRhNotK 1989, 187; Korintenberg/Bengel/Tiedtke, KostO [16. Aufl 2005] § 19 KostO Rn 83 mwNw; Mümmler, Kostenordnung [10. Aufl 1990] Stichwort „Grundbesitz" 5. 32). Demnach bestehen zwar regional unterschiedliche Grenzen für die Beitragspflicht, Höfe unter 5 ha fallen aber kaum darunter. Da auch die Gebührenprivilegierung des § 19 Abs 4 KostO den gleichen Zwecken dienen soll, wie die Ertragswertvergünstigung des Landguts (BT-Drucks 11/2343, 6: „die gebührenrechtliche Erleichterung … fördert die frühzeitige Regelung der Hofnachfolge und dient der Erhaltung leistungsfähiger landwirtschaftlicher Betriebe, die vielfach seit Generationen in der Hand bäuerlicher Familien geführt werden"; vgl auch BVerfG DNotZ 1996, 471, 473) erscheint eine solche Parallelwertung prima facie nicht grundsätzlich ausgeschlossen. So spricht sich Fassbender dafür aus, im Rahmen einer Neuregelung des Landwirtschaftserbrechts das Doppelte oder gar Dreifache der „GAL-Fähigkeit" als Mindestgröße vorzusehen (AgrarR 1998, 188, 190 f; ders, Rechtliche Hilfen für die Bauern in Ostdeutschland [1992] Rn 139). Es besteht dabei jedoch die Gefahr, dass die teilweise (etwa im ALG-Bereich) völlig anderen Förderungszwecke zu schematisch auf die Begriffsbestimmungen des Landguterbrechts übernommen werden und ihre eigenständige Bedeutung verkannt wird. Zudem beruht die *Sozialversicherungspflicht* nach § 1 Abs 5 ALG darauf, dass das landwirtschaftliche Unternehmen einen bestimmten Wirtschaftswert erreicht. Hierfür ist aber der durch die Finanzbehörde nach dem BewG im Einheitswertbescheid für das land- und forstwirtschaftliche Vermögen festgestellte Wirtschaftswert maßgebend (§ 1 Abs 6 S 1 ALG). Daraus ergeben sich aber die gleichen verfassungsrechtlichen Bedenken gegen diese Lösung, wie bei einem Abstellung auf den höferechtlichen Mindestwert (s Rn 36; zutr Hausmann, Landgüter 125).

38 **(4)** Anknüpfung an das **landwirtschaftliche Einkommen** an sich. Für die Festlegung der hierfür als ausreichend anzusehenden Einkommenshöhe lassen sich wiederum verschiedenste Kriterien denken:

39 – Orientierung an § 14 Abs 1 S 1 GrdstVG, wonach landwirtschaftliche Betriebe nur dann zuweisungsfähig sind, wenn deren Erträge *„im wesentlichen zum Unterhalt einer bäuerlichen Familie ausreichen"* (s dazu Wöhrmann, Landwirtschaftserbrecht, § 14 Rn 8 ff; hieran auch für das sonstige Landwirtschaftserbrecht anknüpfend Fassbender AgrarR 1986, 131, 132: Ertrag müsse „gerade noch zum Unterhalt einer bescheiden lebenden bäuerlichen Familie ausreichen"; ähnlich wohl MünchKomm/Lange § 2312 Rn 3: erheblicher oder wenigstens wesentlicher Teil des Einkommens).

40 – Teilweise wird gefordert, auf das **Verhältnis des landwirtschaftlichen Einkommens zum Gesamteinkommen** des Betriebsinhabers abzustellen. So fordert Wöhrmann (Landwirtschaftserbrecht § 2049 Rn 27; ähnlich MünchKomm/Lange § 2312 Rn 3 [s bereits oben

Rn 39]; abl KRONTHALER 122) einen landwirtschaftlichen Einkommensanteil von 15 bis 20%. Dem steht die von ZECHIEL (S 163 ff) für die Ermittlung der privilegierten Nebenerwerbsbetriebe entwickelte Lehre von den „betriebstypischen Risiken" nahe. Die Anwendung des § 2312 BGB sei nur dann gerechtfertigt, wenn der Betriebsinhaber mit einem entsprechenden berufstypischen Risiko wie ein Vollerwerbslandwirt belastet sei, nicht aber, wenn er seine Existenz überwiegend auf außerbetriebliche Einnahmen stützen könne. Diese Lösungsansätze überzeugen bereits deshalb nicht, weil damit die Ertragswertprivilegierung von der *Qualität* des landwirtschaftlichen Hofes *losgelöst* und vom Gesamteinkommen des Betriebsinhabers auf Grund quantitativer Betrachtung abhängig gemacht wird. Der gleiche Hof kann also beim extrem gut verdienenden Hoferben, der aus nichtlandwirtschaftlicher Tätigkeit einen sehr guten Verdienst hat, nicht der Ertragswertvergünstigung unterliegen, bei dem Inhaber, der sonst keine großen Einnahmen hat, aber privilegiert werden (der hiesigen Ansicht zust HAUSMANN, Landgüter 123; ähnlich schon BREWER AgrarR 1976, 273 f).

– Annahme einer **festen Einkommensgröße**, etwa mit einem jährlichen Reingewinn **41** von ca *60.000 DM* für Haupterwerbsbetriebe und ca *20.000 DM* für Nebenerwerbsbetriebe (so KÖHNE AgrarR 1996, 16), oder jetzt von 15.000 Euro, weil dies zur Hälfte für den Lebensunterhalt einer durchschnittlichen bäuerlichen Familie ausreicht (KÖHNE AUR 2003, Beil II *2, *5 f; früher [Landwirtschaftliche Taxationslehre (2. Aufl 1993) 196] ließ er noch genügen, wenn „einige Tausend DM" als erhebliches Einkommen aus der Landwirtschaft erzielt werden; mit auf Grund der mitgeteilten Entscheidungsgründe nicht nachvollziehbaren Zahlen arbeitet OLG München NJW-RR 2003, 1518 = MittBayNot 2004, 369 [dazu J MAYER MittBayNot 2004, 334, 337]) oder dass wenigstens 30% des Familienunterhalts erzielt werden können (WEBER BWNotZ 1992, 14, 15, jedoch selbst in Frage gestellt). Nicht haltbar ist die Ausrichtung an die erzielbare *Nettopacht* (so aber WEBER BWNotZ 1992, 14, 16; für möglich hält dies auch HAUSMANN, Landgüter 125), weil dies gerade Einkommen ist, das auch ohne jede Fortführung und Bewirtschaftung des landwirtschaftlichen Betriebs erzielbar ist.

– Ausrichtung daran, ob der landwirtschaftliche Betrieb wenigstens *überlebensfähig* **42** ist (so die gesetzgeberische Zielsetzung beim Zuweisungsverfahren nach dem GrdstVG) oder ob es sich um einen *leistungsfähigen Betrieb* handelt (so die og Rspr des BVerfG zum Ertragswertprivileg beim Zugewinnausgleich). S hierzu die Diskussion des *Ausschusses für landwirtschaftliches Erbrecht* 1995 (AgrarR 1996, 15 f).

– Vorliegen eines Mindesteinkommens, das – in Anlehnung an das Lohnabstands- **43** gebot – etwas über dem *Sozialhilfesatz* der Leistungen der *Hilfe zum Lebensunterhalt* (HLU, jetzt §§ 27 ff SGB XII) liegt. Dies hat auch HAUSMANN als sinnvolles Differenzierungskriterium angesehen (Landgüter 125 f). Und auch das OLG München (RdL 1995, 50 f = AgrarR 1995, 56: monatlicher Ertrag von 944 DM) hat die Zuweisungsfähigkeit eines landwirtschaftlichen Nebenerwerbsbetriebs nach § 14 GrdstVG verneint, wenn dessen Erträge erheblich unter den Regelsätzen des Bundessozialhilfegesetzes liegen.

Daneben wird zT bereits als ausreichend angesehen, dass wenigstens ein ernsthaftes **44** Gewinnstreben vorliegt (KROESCHELL AgrarR 1996, 16) oder zumindest der Hof dauerhaft geeignet ist, Erträge abzuwerfen (MÜLLER-FELDHAMMER ZEV 1995, 161, 165). Diese

Auffassungen lassen sich sicherlich nicht mit der neueren BGH-Rechtsprechung vereinbaren (s Rn 27). Sie widersprechen aber auch der vom BVerfG zum Zuweisungsverfahren nach dem GrdstVG entwickelten historischen Betrachtungsweise des Ertragswertprivilegs (BVerfGE 91, 346). Denn der landwirtshaftliche Betrieb in der tradierten Überlieferung und gesellschaftlichen Funktion hatte eben durchaus auch die Aufgabe, die bäuerliche Familie zum wenigstens überwiegenden Teil tatsächlich zu ernähren.

45 Folgt man dem BVerfG, so ergibt sich umgekehrt, dass es auf das Merkmal des *leistungsfähigen Betriebs* allein nicht ankommen kann, der letztlich von den jeweiligen agrarpolitischen Zielvorstellungen determiniert wird. Vielmehr bietet sich die Orientierung an ein verfügbares **Mindesteinkommen etwas über den Sozialhilfesätzen** an. Da Zweck der Privilegierung die Erhaltung des *bäuerlichen Familienbetriebs* ist, ist für die Bemessung auf die Geldbeträge abzustellen, die nach dem Sozialhilferecht des SGB XII eine **bäuerliche Familie** bestehend aus Ehepaar und zwei Kindern (ohne Altenteiler) an Hilfe zum Lebensunterhalt erhält (ebenso stellt das OLG München AgrarR 1995, 56 für das Zuweisungsverfahren nach dem GrdstVG auf den Bedarf einer „durchschnittlichen bäuerlichen Familie jedenfalls mit zwei Kindern" ab; nach PILTZ [Die Bewertung landwirtschaftlicher Betriebe (1999) 83] muss der Gewinn mindestens den Sozialhilfesätzen für eine 4-Personen-Familie entsprechen; für möglich hält diesen Ansatz auch KÖHNE AUR 2003, Beil II *2, *6). Dies bietet den Vorteil einer klaren Bemessungsgrundlage. Zu großzügig die Rspr des BayObLG zur Anwendung des Ertragswertprivilegs nach § 19 Abs 4 KostO, wonach nicht auf den vollen Unterhaltsbedarf einer bäuerlichen Durchschnittsfamilie abgestellt werden darf, da auch die nebenberufliche Fortführung eines Betriebs begünstigt sein soll (BayObLG AgrarR 1997, 292 = FamRZ 1997, 831, wonach bereits jährliche Einkommen von ca 13 000 DM für die Gebührenvergünstigung im Hinblick auf das ALG genügen sollen; im Ansatz bestätigt von BayObLG RdL 2003, 75, 76). Jedoch ist der Normzweck wohl nicht völlig gleich (s Rn 37). Und zu Recht betont das BayObLG in der zuletzt genannten Entscheidung, dass nicht auf den Lebensbedarf des konkreten Inhabers, sondern auf den Bedarf der bäuerlichen Durchschnittfamilie abzustellen ist.

46 Zum verfügbaren Einkommen gehört dabei auch das, was der Landwirt durch **Subventionen** an öffentlichen Mitteln erhält, solange sie produktionsbezogen, also an die Bewirtschaftung geknüpft sind (PABSCH ua DGAR AgrarR 1994, 5, 8; KRONTHALER 174; MünchKomm/HELDRICH § 2049 Rn 10; HAUSMANN, Landgüter 125, 191 f; in der Tendenz ebenso BayObLG AgrarR 1997, 292 zu § 19 Abs 4 KostO [4.000 DM Förderung jährlich]). Für indirekte ist dies unmittelbar einsichtig, da sie letztlich Einkommen in wirtschaftlichen Sinn sind. Aber auch bei direkten Zuwendungen der öffentlichen Hand erhält der Landwirt einen geldwerten Vorteil, der kausal auf dem landwirtschaftlichen Betrieb beruht und daher erbrechtlich anzusetzen und zu bewerten ist (zu rigoros OLG Stuttgart NJW-RR 1986, 822 wo übersehen wird, dass die überwiegende Anzahl der landwirtschaftlichen Betriebe *„Zuschussbetriebe"* in diesem Sinne sind). Agrarrechtliche Förderung und erbrechtliches Ertragswertprivileg können durchaus übereinstimmen. Anders liegt es bei reinen Zinszuschüssen oder solchen Zuwendungen, die nicht an die Weiterbewirtschaftung gebunden sind (endgültige Flächenstillegung, Prämien für die Aufgabe des Milchkontingents, vgl PABSCH DGAR 1994, 8).

47 Da § 2049 BGB vom Reinertrag spricht, sind die entsprechenden Unkosten und **Betriebsausgaben** vorher abzuziehen. Ebenfalls zu berücksichtigen sind Rücklagen für künftig erforderlich werdende Reparaturen (auch bei sog Reparaturstau) und für die Anschaffung von notwendigem *Inventar* (zu Einzelheiten s PABSCH DGAR 8 f). Eingehend zur Bestimmung des Reinertrags und zu vielen Detailproblemen s HAUS-MANN, Landgüter 180 ff.

ff) Subjektives Tatbestandselement der Fortführungsabsicht oder der Wiederaufnahmeabsicht der Betriebsführung

Nicht angebracht ist die Ertragswertprivilegierung, wenn das Landgut nicht im **48** wesentlichen (abgesehen von Geschwisterabfindungen) als geschlossene Betriebseinheit fortgeführt wird (BGH AgrarR 1984, 13) und nicht lebensfähig ist, oder zwar der Betrieb fortgeführt wird aber abzusehen ist, dass er über kurz oder lang nicht gehalten werden kann (BGH FamRZ 1992, 172). Erforderlich ist daher eine **Fortführungsabsicht** oder **Wiederaufnahmeabsicht der Betriebsausübung** zum einen durch den Erblasser selbst, aber vor allem **auch durch den Erben** oder Hofübernehmer oder seine, ebenfalls zum Kreis der geschützten Personen zählenden Abkömmlinge (mit dieser personalen Einschränkung BVerfGE 67, 348 [zum Zugewinnausgleich]; zur Ausdehnung auf Angehörige der bäuerlichen Familie KRONTHALER 108 f; OLG Celle AgrarR 1987, 46, 47; HAUS-MANN, Landgüter 132 f) in **absehbarer Zeit**. Dies setzt eine Prognose aus objektivierender Sicht voraus (BGH NJW-RR 1992, 770; BGH NJW 1995, 1352 = ZEV 1995, 74), so dass eine rein im subjektiven Bereich verbleibende Absicht nicht ausreicht, wenn sie nicht durch objektive Anhaltspunkte untermauert wird, etwa durch Beginn einer entsprechenden Berufsausbildung durch den geplanten Hofnachfolger. Zweifelhaft erscheint mir, wenn zur Betriebsaufnahme auch bereits gerechnet wird, dass das Anwesen als *Wirtschaftseinheit* verpachtet wird (SOERGEL/DIECKMANN § 2312 BGB Rn 10). Dies kann allenfalls dann genügen, wenn dies eine vorbereitende Maßnahme für die spätere eigene Bewirtschaftungsübernahme ist. *Beschränkt sich der Hoferbe auf* eine bloße *Vermögensverwaltung* und Aufrechterhaltung seiner Eigentümerstellung, so kommt ihm das Ertragswertprivileg nicht zugute (HAUSMANN, Landgüter 134; ZECHIEL S 81; KEGEL, in: FS Cohn 85, 106 f; **aM** MÜLLER-FELDHAMMER ZEV 1995, 161, 165). Wenn teilweise gefordert wird, dass in persönlicher Hinsicht eine *Fortführungsfähigkeit* des Hof- oder Landguterben vorliegen muss, er also die zur Bewirtschaftung notwenigen körperlichen und geistigen Fähigkeiten besitzen müsse (HAUSMANN, Landgüter 133; ZECHIEL S 81f; STAUDINGER/HAAS [1998] § 2312 Rn 20; DGAR AgrarR 1994, 5, 6), so wird damit nicht nur ohne Rechtsgrundlage das Erfordernis der höferechtlichen „Wirtschaftsfähigkeit" über die Hintertüre eingeführt, sondern dieses Kriterium wird auch kaum praktische Bedeutung erlangen, wenn man hieran nicht zu strenge Anforderungen stellt, was aber die dafür fehlende Rechtsgrundlage gerade verbietet.

Eine **Verpachtung** eines Betriebes steht der Annahme, es handle sich um ein Land- **49** gut, nicht ohne weiteres entgegen (BGH NJW 1964, 1414, 1416; BGH LM Nr 2 zu § 2312 BGB = MDR 1972, 496; AgrarR 1977, 172, 173), wenn nur die *Absicht der Betriebsaufnahme* im vorstehenden Sinn vorliegt. Dann wird auch eine *vorübergehende Verpachtung* nicht schaden (SOERGEL/DIECKMANN § 2312 BGB Rn 9; KRONTHALER 106 f). Gleiches gilt auch für eine langfristige Verpachtung, wenn sie an einen Familienangehörigen erfolgt, der zum Kreis der ertragswertprivilegierten Personen gehört (Sohn, BGH MDR 1972, 496). Nicht genügt aber, wenn die Hoferbin lediglich vorträgt, sie habe sich stets die für *Landwirtschaft interessiert*, sich Kenntnisse durch Mithilfe und durch Literatur verschafft und Erkundigungen zu der Möglichkeit der Eigenbewirtschaftung eingeholt (OLG Oldenburg AgrarR 1999, 308 = RdL 2000, 12).

Jörg Mayer

Ist der Betrieb *auf Dauer an familienfremde Personen* verpachtet, kann die Land-guteigenschaft fortfallen, jedoch genügt dies für sich allein genommen noch nicht, sondern es müssen noch weitere bes Umstände hinzukommen (Wöhrmann, Landwirt-schaftserbrecht § 2049 Rn 18; eingehend mit Fallgruppen Soergel/Dieckmann § 2312 BGB Rn 9; aA, weil ohne das Erfordernis besonderer Umstände: Hessler RdL 1980, 310; Kegel 106 f; wohl auch MünchKomm/Lange § 2312 BGB Rn 4; Hausmann, Landgüter 135 f [auf Grund verfassungs-rechtlicher Überlegungen, jedoch selbst auf S 137 ff einschränkenden]; Haegele BWNotZ 1973, 34, 36; Kronthaler 106). Hierzu gehören solche Fakten wie dass kein landwirtschaftliches Inventar mehr vorhanden ist und die Verpachtung an verschiedene Pächter erfolgte und der Erbe weder in der Lage noch willens ist, den landwirtschaftlichen Betrieb wieder aufzunehmen (vgl hierzu BGHZ 98, 375 = NJW 1987, 951). Dagegen schadet die langfristige Verpachtung dann nicht, wenn die Fortführung durch den Pflichtteils-berechtigten möglich und tatsächlich beabsichtigt ist (OLG Oldenburg AgrarR 1992, 113 = FamRZ 1992, 726 bei Verpachtung auf 12 Jahre aus gesundheitlichen Gründen), insbes also nur eine *zeitliche Lücke in der Generationennachfolge* „überbrückt" wird, etwa weil der als Hoferbe gedachte Familienangehörige noch minderjährig ist oder erst noch eine Berufsausbildung abschließen muss (Hausmann, Landgüter 137 f; Staudinger/Haas [1998] § 2312 Rn 15). Bei zunehmender Dauer der Verpachtung sind aber an die Fortfüh-rungsmöglichkeit und den Fortführungswillen immer strengere Anforderungen zu stellen (zutr Hausmann, Landgüter 137 ff mit Nw zur Rspr, wann noch von einer „vorüberge-henden Verpachtung" auszugehen ist).

50 Erfolgt eine irreversible **Betriebsaufgabe**, etwa mit Stilllegung des Betriebs und Verkauf des lebenden und toten Inventars und Überführung der landwirtschaftli-chen Wirtschaftgebäude in eine gewerbliche Nutzung, so entfällt jedoch die Land-guteigenschaft endgültig (Wöhrmann, Landwirtschaftserbrecht § 2049 Rn 19; Hausmann, Landgüter 134 f; zum Höferecht BGHZ 84, 78, 81; vgl auch BGH NJW 1964, 1414, 1416 [Baum-schule]; BGH FamRZ 1977, 195, 196 = AgrarR 1977, 173 [Elektrogeschäft]). Die zunächst paradox erscheinende **Subjektbezogenheit des Landgutbegriffs** (MünchKomm/Heldrich § 2049 Rn 3), die ihren Ausfluss in der Fortführungsabsicht findet, lässt sich nur aus dem Gesichtspunkt der Institutionssicherung iS der neueren Verfassungsrechtspre-chung begründen (s Rn 27), nicht aber aus dem Gesichtspunkt der Erhaltung leistungsfähiger Betriebe (zust Hausmann, Landgüter 135).

gg) Umfang des Landguts

51 Aber selbst wenn dem Grunde nach ein Landgut iS des § 2049 BGB gegeben ist, kommt es für die Bemessung der Höhe des Pflichtteilsanspruchs entscheidend da-rauf an, welche Vermögenswerte dem Landgut zuzurechnen und damit in der Be-wertung privilegiert sind. Was in diesem Sinn an Grundstücken und sonstigem Be-triebsvermögen dem Landgut dient, *bestimmt* zunächst *der Betriebsinhaber* durch „**Widmung**" im Rahmen der Verkehrsauffassung (BGHZ 98, 382, 386), wobei zur Bestimmung der Letzteren insbes steuerliche Regelungen maßgebend sind (vgl §§ 33 ff BewG; gegen das Abstellen auf das zu sehr typisierende Steuerrecht MünchKomm/ Heldrich § 2049 Rn 4 mit weiteren Einzelheiten). Richtig ist auch hier eine funktionelle Betrachtungsweise (MünchKomm/Heldrich aaO; Köhne, Taxationslehre 197; Kronthaler 123 ff und oben Art 64 Rn 27 ff).

52 Für die erforderliche Flächenberechnung ausscheiden müssen allerdings die Grund-stücke, die sich als besonders wertvolle Bestandteile aus dem landwirtschaftlichen

Betrieb ohne Gefahr für dessen weitere Existenz herauslösen lassen und für eine andere Nutzung bestimmt sind, so praktisch baureife Grundstücke (BGHZ 98, 382, 388 = NJW 1987, 1260; HAUSMANN, Landgüter 129; ZECHIEL S 88 f; WEBER BWNotZ 1992, 14, 15), zT wird darunter sogar bloßes *Bauerwartungsland* gerechnet (so MÜLLER-FELDHAMMER ZEV 1995, 166 – zu weitgehend) oder für die *Auskießung* benötigte Äcker, für die eine entsprechende Abbaugenehmigung bereits erteilt ist (BGH FamRZ 1992, 172). Soweit jedoch der Grundbesitz noch keine Baulandqualität hat, entfällt die Bewertung zum Ertragswert noch nicht schon deshalb, weil der Verkehrswert infolge der **Großstadtnähe** ein Vielfaches des Ertragswerts ist (BGH MDR 1972, 496 = LM Nr 2 zu § 2312 BGB). Allerdings dürfen „behördliche Pläne" einer Fortführung des landwirtschaftlichen Betriebs nicht entgegenstehen (BGH aaO), jedoch genügt dafür die bloße Einbeziehung in einen Flächennutzungsplan noch nicht, sondern die behördliche Planung muss definitiv und mit unmittelbarer Wirkung bereits die dauernde landwirtschaftliche Nutzung ausschließen (HAUSMANN, Landgüter 130 f).

Zu weitreichend daher OLG Stuttgart NJW 1967, 2410, wonach sogar die *gesamte* **53** *Landgutseigenschaft* entfallen soll, wenn es um landwirtschaftlich genutztes Gelände in **Großstadtnähe** geht, dessen Verkehrswert das Vielfache des landwirtschaftlichen Ertragswerts darstellt. Maßgebend für die Qualifizierung als Landgut ist vielmehr, dass die *landwirtschaftliche*, vom Gesetzeszweck erfasste *Nutzung* auf Grund der nachweisbaren Absicht des Hoferben beibehalten wird und damit beim gewöhnlichen Lauf der Dinge der Verkehrswert daher nicht realisiert werden kann (ZECHIEL S 91; WEBER BWNotZ 1992, 14, 15; HAUSMANN, Landgüter 130; ähnlich KEGEL 111 ff, SOERGEL/ DIECKMANN § 2312 BGB Rn 13, MünchKomm/LANGE § 2312 BGB Rn 4, die darauf abstellen, dass die weitere landwirtschaftliche Nutzung wirtschaftlich sinnvoll ist). Der BGH (aaO) hat daher zu Recht die Auffassung des OLG Stuttgart nicht übernommen.

Die **Flächenstillegung** aufgrund agrarrechtlicher Subventionen führt für sich allein **54** noch nicht dazu, dass der davon betroffene Grundbesitz automatisch aus der Ertragswertbewertung ausscheidet und mit dem Verkehrswert anzusetzen ist. Dies ergibt sich bereits aus § 1 Abs 1 des G vom 10. 7. 1995 (BGBl I 910) für die dort näher bezeichneten stillgelegten Flächen, die nach dieser Vorschrift ausdrücklich den tatsächlich noch bewirtschafteten Flächen hinsichtlich *aller Rechtsvorschriften* gleichgestellt werden. Anderes gilt nur dann, wenn der gesamte landwirtschaftliche Betrieb auf Dauer stillgelegt wird oder durch die dauerhafte Stillegung einzelner Flächen der Restbetrieb so klein wird, dass er nach den vorstehenden Kriterien keine Privilegierung mehr genießen kann (zust HAUSMANN, Landgüter 156).

IV. Landesgesetze

1. Überblick

Die Landesgesetze beschränken sich durchweg darauf, nur den *Kapitalisierungsfak-* **55** *tor* festzulegen, mit dem der Jahresreinertrag zu vervielfältigen ist. Die anderen betriebswirtschaftlichen Faktoren, die für die Berechnung des Ertragswerts erforderlich sind, insbesondere Festlegungen zur Ermittlung des Reinertrags selbst, fehlen. Auch andere Bestimmungen, wie etwa § 2049 Abs 2 BGB, enthalten nur Teildefinitionen des Ertragswerts. Daher entscheiden in der Praxis letztlich die vom betreffenden Bewertungssachverständigen bevorzugten Bewertungsmethoden, und damit letztlich betriebswirtschaftliche Kategorien ohne größere rechtliche Vorgaben, über den konkret berechneten Ertragswert (Wöhrmann, Landwirtschaftserbrecht § 2049 BGB Rn 77, 2. Abs; zu den Grundsätzen der Ertragswertermittlung dort Rn 78 ff). Richtlinien zur sachgerechten Ertragswertermittlung hat die Deutsche Gesellschaft für Agrarrecht (DAG) entwickelt (abgedruckt AgrarR 1994, 5, 8 ff; vgl hierzu auch MünchKomm/ Heldrich § 2049 Rn 9 f; Kronthaler 18 ff, 170 ff; Hausmann, Landgüter 180 ff).

56 Nach den Landesgesetzen gilt in der Regel entweder der fünfundzwanzigfache oder der achtzehnfache Betrag des jährlichen Reinertrags als Ertragswert; teilweise ist die Bestimmung einer anderen Verhältniszahl im Verordnungswege zugelassen. Der Kapitalisierungsfaktor von 18 entspricht dem nach § 16 BewG. Soweit die Bundesländer einen Multiplikator nicht bestimmt haben (so fehlt es außer in Thüringen in den neuen Bundesländern an entsprechenden Ausführungsbestimmungen, da die alten Ausführungsgesetze zum BGB nicht mehr gelten, vgl hierzu Art 1 Rn 63 ff), ist aus der vom Bundesverfassungsgericht geforderten betriebswirtschaftlichen Betrachtungsweise der Faktor 18 zu empfehlen (Deutsche Gesellschaft f Agrarrecht AgrarR 1994, 5, 10; Wöhrmann, Landwirtschaftserbrecht § 2049 BGB Rn 91). Eine Aufstellung der am 1.1.1900 geltenden Multiplikatoren findet sich bei Steffen (AgrarR 1991, 121). Da aber Art 137 EGBGB eine echte Vorbehaltsnorm ist, die den Erlass neuer Ausführungsstimmungen ermöglicht (s Rn 9), kommt es für die aktuellen Bewertungen hierauf nicht mehr an.

2. Einzelregelungen

a) Baden-Württemberg

57 § 48 AGBGB vom 26.11.1974 (GBl 498), zuletzt geändert durch G vom 28.6.2000 (GBl 470): 18facher Jahresreinertrag, der durch Schätzung ermittelt wird.

b) Bayern

58 Art 68 AGBGB vom 20.9.1982 (BayGVBl 803, BayRS 400-1-J), zuletzt geändert durch G vom 7.8.2003 (GVBl 497): 18facher Jahresertrag (s zum früheren Art 103 AGBGB von 1899, bestätigend, BGH LM Nr 5 zu § 2325) nach betriebswirtschaftlichen Grundsätzen zu ermitteln.

c) Berlin

59 Art 83 Pr AGBGB (BerlGVBl Sb I 400-1, zuletzt geändert durch G vom 3.7.2003 (GVBl 253): 25facher jährlicher Reinertrag.

d) Brandenburg

60 § 31 BbgAGBGB vom 28.7.2000 (GVBl I 114), geändert durch G vom 18.12.2001 (GVBl I 282): das 25fache des jährlichen Reinertrages mit Verordnungsermächtigung an die Landesregierung, Abweichendes festzulegen.

e) Hessen

61 § 30 HessAGBGB vom 18.12.1984 (GVBl 344 = GVBl II 230-5), geändert durch G vom 22.9.2004 (GVBl I 278): 25facher Jahresreinertrag.

f) Niedersachsen

62 § 28 Nds AGBGB (GVBl 1971, 73), zuletzt geändert durch G vom 17.12.1991 (GVBl

367): 17facher kapitalisierter jährlicher Reinertrag, berechnet entspr § 3 Abs 2, § 4 Nds ReallastenG vom 17. 5. 1967 (GVBl 129).

g) Nordrhein-Westfalen

ehem Preußen: Art 83 PrAGBGB (SGV NW 40): 25facher Jahresertrag; ehem Land **63** Lippe: § 46 LippAGBGB (Lipp GS 1899 S 489): 25facher Jahresertrag.

h) Rheinland-Pfalz

§ 24 AGBGB vom 18. 11. 1976 (GVBl 259 = BS RhPf 400-1), zuletzt geändert am **64** 6. 2. 2001 (GVBl 39): 25facher Jahresreinertrag; Ermächtigung der Landesregierung, den Multiplikator abweichend durch VO festzusetzen.

i) Saarland

§ 32 G zur Ausführung bundesrechtlicher Justizgesetze vom 5. 2. 1997 (ABl 258), **65** zuletzt geändert durch G vom 7. 11. 2001 (ABl 2158): 25facher Jahresreinertrag mit Ermächtigung an das Justizministerium, anderen Faktor bei Bedarf allgemein anzuordnen (zu Unrecht gibt die alte Rechtslage noch wieder MünchKomm/DAMRAU Rn 4).

k) Schleswig-Holstein

§ 23 AGBGB SchlH vom 27. 9. 1974 (GVBl 357), zuletzt geändert am 24. 10. 1996 **66** (GVOBl 652), der 200% des steuerlichen Einheitswertes als Berechnungsfaktor ansah, ist *verfassungswidrig und nichtig* (BVerfGE 78, 132; s oben Rn 13 ff).

l) Thüringen

§ 28 ThürAGBGB vom 3. 12. 2002 (GVBl 424): das Achtzehnfache des jährlichen **67** Reinertrags mit Verordnungsermächtigung an das Justizministerium, abweichenden Vervielfacher des jährlichen Reinertrags festzusetzen.

m) neue Bundesländer

Außer in *Brandenburg* und *Thüringen* bestehen noch keine neuen landesrechtlichen **68** Regelungen. Die früheren Regelungen der alten Ausführungsgesetze zum BGB sind spätestens mit Einführung des ZGB-DDR zum 1. 1. 1976 außer Kraft getreten (s STAUDINGER/MERTEN Art 1 Rn 63 ff). Es ist aus betriebswirtschaftlicher Sicht der Kapitalisierungsfaktor 18 zu empfehlen (s Rn 56).

n) Stadtstaaten

Die Stadtstaaten **Bremen** und **Hamburg** haben ebenfalls keine Ausführungsbestim- **69** mungen erlassen. Es ist aus betriebswirtschaftlicher Sicht der Kapitalisierungsfaktor 18 zu empfehlen (s Rn 56 u Rn 68). Ein Rückgriff auf die dort in den Anerbengesetzen gemachten Kapitalisierungsgrundsätze erscheint wegen deren Ausnahmecharakter nicht zulässig (aA WÖHRMANN, Landwirtschaftserbrecht § 2049 BGB Rn 92 für Bremen).

o) Anerbengesetze

Die Anerbengesetze enthalten eigene Bewertungs- und Kapitalisierungsvorschriften **70** (vgl Erl zu Art 64 Rn 57).

Artikel 138

Unberührt bleiben die landesgesetzlichen Vorschriften, nach welchen im Falle des § 1936 des Bürgerlichen Gesetzbuchs an Stelle des Fiskus eine Körperschaft, Stiftung oder Anstalt des öffentlichen Rechtes gesetzlicher Erbe ist.

Materialien: E I Art 82; II Art 110; III Art 137.

Schrifttum

BRAND/KLEEFF, Die Nachlaßsachen in der gerichtlichen Praxis (2. Aufl 1961) § 11
KIPP/COING, Erbrecht (14. Aufl 1990) § 6 III
LANGE/KUCHINKE, Lehrbuch des Erbrechts (4. Aufl 1995) § 13 III 4b
THÖL, Das Erbrecht der an Stelle des Fiskus nach Landesrecht erbberechtigten juristischen Personen (Berlin 1913)
PLANKEN, Das gesetzliche Erbrecht des Fiskus und anderer juristischer Personen nach Landesrecht (Diss Köln 1954)
STOBBE, Deutsches Privatrecht Bd V § 297.

Systematische Übersicht

I. Entstehung

1 Der Artikel 138 weicht vom Art 82 des I. Entw insofern ab, als in diesem zugelassen werden sollte, dass das gesetzliche Erbrecht des Fiskus überhaupt *anderen Personen*, nicht bloß den im Art 138 aufgeführten Personen des öffentlichen Rechtes zugestanden werde. Die Vorschrift bezweckte die Aufrechterhaltung oder Schaffung ähnlicher Bestimmungen wie jener des PLR Tl II Tit 16 § 20 (Mot z EG 205; Prot VI 447, 448; Mat 89).

II. Inhalt und Zweck des Vorbehalts

1. Allgemeines

2 Stirbt eine Person ohne Hinterlassung einer Verfügung von Todes wegen, durch die die gesetzliche Erbfolge ausgeschlossen wird, und ist auch als gesetzlicher Erbe kein Verwandter, eingetragener Lebenspartner oder Ehegatte des Erblassers vorhanden, so ist nach Bundesrecht gemäß § 1936 BGB der *Fiskus* Erbe *(Subsidiarität des staatlichen Erbrechts)*. Es erbt, nachdem die Staatsangehörigkeit in den deutschen Ländern fortgefallen ist (§ 1 Abs 1 der VO vom 5. 2. 1934, RGBl I 85 = BGBl

III 102-2) und die Länder keine eigenen Staatsangehörigkeitsgesetze erlassen haben, in entsprechender Anwendung des § 4 dieser VO der *Fiskus des Landes,* in dem der Erblasser seine Niederlassung hatte. Beim Fehlen dieses Merkmals sind die in § 4 Abs 2 der VO vom 5. 2. 1934 genannten Ersatzmerkmale der früheren Landesangehörigkeit (Staatsangehörigkeit des Erblassers bis zum Inkrafttreten der VO am 7. 2. 1934), letzte Niederlassung im Inland usw, maßgebend (ausführlich Münch-Komm/Leipold Rn 8 ff; Staudinger/Werner [1999] § 1936 Rn 5 ff; Palandt/Edenhofer Rn 2; BGB-RGRK/Kregel Rn 2; Soergel/Stein Rn 2, je zu § 1936 BGB; Kipp/Coing § 6 I 1; s auch LG Berlin DFG 1942, 59). Art 138 *behält es der Landesgesetzgebung vor, an die Stelle des Fiskus* eine **Körperschaft, Stiftung** oder **Anstalt des öffentlichen Rechts** treten zu lassen. Nur auf solche, nicht auf andere Personen wollte die II. Komm die Übertragung des Erbrechts des Fiskus landesrechtlich zulassen. Im Vordergrund hierfür stand weniger eine Privilegierung der öffentlichen Hand als vielmehr die Überlegung, dass für die *ordnungsgemäße Liquidierung* des Nachlasses Vorsorge getroffen werden müsse und die Berufung von Privatpersonen hierfür nicht die notwendige Garantie biete (Prot VI 448). Aufrechterhalten bleiben demnach zB gemeinrechtliche Bestimmungen, nach denen in Ermangelung anderer gesetzlicher Erben der Geistliche von seiner Kirche beerbt wird (Kipp/Coing § 6 III; BGB-RGRK/Kregel § 1936 BGB Rn 8).

2. Voraussetzungen im Einzelnen

a) Begriff der Körperschaften, Stiftungen und Anstalten des öffentlichen Rechts

Körperschaften des öffentlichen Rechts sind mitgliedschaftlich organisierte rechts- **3** fähige Verbände des öffentlichen Rechts, welche Staatsaufgaben mit hoheitlichen Mitteln unter Staatsaufsicht wahrnehmen, grundsätzlich aber Selbstverwaltung besitzen (Staudinger/Weick [1995] Einl 19 f zu §§ 21 ff BGB; Enneccerus/Nipperdey AT § 104 III 1; Forsthoff, Lehrbuch des Verwaltungsrechts I [10. Aufl] § 24 II 2; s auch BGHZ 16, 59). *Anstalten des öffentlichen Rechts* sind dagegen jur Personen des öffentlichen Rechts, die keine verbandsmäßige Struktur aufweisen und bei denen das zur Verfügungstellen von Mitteln persönlicher oder sachlicher Art im Vordergrund steht. *Stiftungen des öffentlichen Rechts* unterscheiden sich von den Anstalten darin, dass Zweckbindung, Organisation, Fortbestand und Verwaltung der Anstalt der dauernden Einflussnahme des Anstaltsträgers ausgesetzt bleiben. Die einmal errichtete Stiftung ist dagegen grundsätzlich sogar dem Zugriff des Stifters entrückt (Staudinger/Rawert [1995] Vorbem 182 zu § 80 ff BGB; Deutsches Rechtslexikon [2. Aufl 1992] 526). Welche juristische Personen als Körperschaften, Anstalten oder Stiftungen des öffentlichen Rechts anzusehen sind, ist nach dem *öffentlichen Recht des einzelnen Landes* zu entscheiden.

b) Das Erbrecht

Es handelt sich wie bei § 1936 BGB (hierzu Staudinger/Werner [1994] § 1936 Rn 2) für **4** den Fiskus um ein *wirklich privates Erbrecht* mit einigen Sonderregeln, nicht aber um ein sog Heimfallsrecht des älteren deutschen Rechts, das nur ein privilegiertes Okkupationsrecht war (Mot V 379). Es gelten also die *allgemeinen Bestimmungen* über den Erben auch für die öffentlich-rechtliche Körperschaft, Stiftung oder Anstalt als Erben, daneben die besonderen Vorschriften des BGB und anderer Bundesgesetze für das Erbrecht des Fiskus (Schlegelberger/Vogels Anm 3; Planck Anm 1; Kipp/Coing § 6 III).

Zu den Besonderheiten des **Staatserbrechts** s eingehend Staudinger/Werner (1999) § 1936 Rn 12. Insbesondere kann der nach § 1936 erbende Fiskus nicht nach § 1942 Abs 2 BGB die Erbschaft ausschlagen oder darauf nach § 2346 BGB verzichten.

5 An den dort genannten Vorschriften kann die Landesgesetzgebung nichts ändern.

Auch die §§ 1964–1966 BGB über die Erbvermutung des Staates und dessen förmliche Feststellung gelten für die landesgesetzlich berufenen Körperschaften, Stiftungen und Anstalten entsprechend (Staudinger/Werner [1999] § 1936 Rn 8).

c)   Voraussetzungen für den Eintritt des Erbrechts

6 Voraussetzung für das gesetzliche Erbrecht sowohl des Fiskus wie auch der nach Art 138 kraft Landesrecht an seine Stelle tretenden öffentlich-rechtlichen Körperschaft, Stiftung oder Anstalt ist, dass zum einen kein gewillkürter Erbe bestimmt ist und zum anderen zur Zeit des Erbfalls (§ 1922 BGB) auch kein *erbberechtigter* Verwandter, eingetragener Lebenspartner oder Ehegatte des Erblassers vorhanden ist *(Subsidiarität des staatlichen Erbrechts)*. Entscheidend ist dabei nicht das Vorhandensein eines anderen Erben als solches, sondern seine Erbberechtigung, so dass als nicht vorhanden auch ein Verwandter, eingetragener Lebenspartner oder Ehegatte gilt, der vom Erblasser gemäß § 1938 BGB ausgeschlossen ist oder auf sein gesetzliches Erbrecht verzichtet hat (§ 2346 BGB), ferner auch, wer durch Ausschlagung (§ 1953 BGB) oder Erbunwürdigkeitserklärung (§ 2340 BGB) weggefallen ist (Staudinger/Werner [1999] § 1936 Rn 3).

d)   Eintritt an Stelle des Fiskus: nur Substitution, nicht Subsidiarität

7 Art 138 gestattet *nur* eine *völlige Substitution* des Fiskus als Erben, *nicht* aber eine bloße *Subsidiaritätsanordnung*. Die öffentlich-rechtliche Körperschaft, Stiftung oder Anstalt kann durch die Landesgesetzgebung *nur an Stelle des Fiskus* als gesetzlicher Erbe bestimmt werden. Die Landesgesetzgebung kann dagegen nicht bestimmen, dass die genannten juristischen Personen nur vor dem Fiskus als gesetzliche Erben berufen, aber zur Ausschlagung berechtigt sein sollen, so dass der Fiskus hinter dieser juristischen Person *ersatzweise* berufen bleibt. Dies folgt aus dem *Wortlaut* des Art 138 („an Stelle des Fiskus"), und auch aus der Entstehungsgeschichte (in Verhandlungen der Kommission für die 2. Lesung [Prot V 485 f] wurde betont, dass es gegenüber den Vorteilen, welche der Fiskus aus dem gesetzlichen Erbrecht habe, nicht angängig sei, dass er sich dem Eintritt als Erbe entziehe [ebenso Thöl aaO; KG KGJ 24 A, 58; Palandt/Edenhofer[53] Art 138 EG Rn 1; MünchKomm/Schlichting Art 138 Rn 2; abweichend Windscheid/Kipp, Pand[9] Bd 3 S 458]). Nicht ausgeschlossen ist es dagegen, verschiedene juristische Personen des öffentlichen Rechts hintereinander an Stelle des Fiskus mit der Bestimmung als gesetzliche Erben zu berufen, dass die zuletzt berufene nicht mehr ausschlagen kann (MünchKomm/Schlichting Rn 2; **aM** Schlegelberger/Vogels Anm 5). Daraus, dass Art 138 an die *Tatbestandsvoraussetzungen* des § 1936 BGB anknüpft und nur eine *andere Rechtsfolge* anordnet, ergibt sich zugleich, dass sowohl in sachlicher wie auch in örtlicher Hinsicht keine anderen Voraussetzungen für den Anwendungsbereich des Art 138 vom Landesgesetzgeber geschaffen werden dürfen (MünchKomm/Schlichting Rn 3).

e) Gesetzliche Vermächtnisse

Bestr ist, ob der Vorbehalt des Art 138 auch gesetzliche Vermächtnisse zugunsten **8**
der darin bezeichneten Körperschaften ermöglicht (vgl zB Art 112 BraunschwAGBGB,
aufgehoben durch § 29 Abs 1 Nr 1 NdsAGBGB vom 4. 3. 1971 [GVBl 73]). Da der Vorbehalt
des Art 138 an die *Tatbestandsvoraussetzungen des § 1936 BGB anknüpft* und nur
eine *teilweise abweichende Rechtsfolge* zulässt, ist dies zu verneinen. Dies entspricht
auch dem Normzweck des Vorbehalts, der für die öffentliche Hand nicht eine
Privilegierung, sondern die ordnungsgemäße Liquidierung des Nachlasses sichern
wollte (s Rn 2). Dies kann nur durch die umfassende Universalsukzession gewährleistet werden (ebenso MünchKomm/SCHLICHTING Rn 2; LANGE/KUCHINKE § 13 III 4a Fn 58;
BGB-RGRK/KREGEL § 1936 Anm 8; SOERGEL/HARTMANN Rn 3; SCHLEGELBERGER/VOGELS Art 138
EG Anm 5, 7; THÖL 21; **aM** STAUDINGER/WINKLER[12] Rn 7; KIPP/COING § 6 III; PALANDT/EDENHO-
FER[53] Art 138 Rn 1).

III. Landesgesetze

1. Berlin

Für das ehemalige Land *Preußen* s AGBGB vom 21. 9. 1899 Art 89 Nr 1c (PrGS 1899, **9**
177), ALR Teil II Titel 19 §§ 50 ff, Tit 16 § 22. Nach dem Rezess vom 27. 12. 1508
steht der **Stadtgemeinde Berlin** im Gebiet des „Weichbilds der Stadt", so wie es sich
1844 darstellt (LG Berlin DFG 1941, 10, 16), der erblose Nachlass der Bürger zu, soweit
sie nicht Adelige, Fremde, Juden oder Uneheliche sind (s hierzu HOLTZE Gruchot 37, 323
und in den Schriften des Vereins für die Geschichte Berlins, Jahrgang 1892; HEYDEMANN, Elemente
der *Joachimischen Konstitution* vom Jahre 1527 [Berlin 1841] 250; KGJ 24 A, 58; LG Berlin aaO).
Die Ausnahme hinsichtlich der *Adeligen* ist seit 1920 *weggefallen* (LG Berlin aaO;
s auch HOLTZE DJZ 1922, 733 BRAND/KLEEFF § 83, 2); die übrigen Ausnahmen sollte man
auf jeden Fall auf Grund Art 3 Abs 1 und 3 GG Art wegfallen lassen (LANGE/
KUCHINKE § 13 III 4b Fn 59). Für die Fortgeltung der genannten altrechtlichen Bestimmungen sprach sich LG Berlin (DienstBl des Magistrats von Groß-Berlin 1948 IV, 45) aus.
Da nach der derzeitigen Rechtslage in Berlin (Ost und West) Stadt und Land
identisch sind (Art 1 Abs 1 der Verf von Berlin vom 23. 11. 1995 [GVBl 779]) muss
angenommen werden, dass das **Land Berlin** bei Vorliegen der Voraussetzungen des
§ 1936 BGB auf Grund dieser Vorschrift unmittelbarer Erbe wird und die angeführten Sondervorschriften zZ schon deshalb *keine Anwendung* finden. Das allgemeine
Staatserbrecht des Landes Berlin nach § 1936 BGB, das nach dem Beitritt von
Ostberlin für ganz Berlin gilt (vgl G über die Vereinheitlichung des Berliner Landesrechts vom 28. 9. 1990 [GVBl 2119]), verdrängt insoweit das altrechtliche Sondererbrecht (ebenso LANGE/KUCHINKE § 13 III 4b bereits zur Rechtslage nach der Wiedervereinigung;
SOERGEL/HARTMANN Rn 2).

2. Übrige Bundesländer

In *Nordrhein-Westfalen*, in dem grundsätzlich noch das PrAGBGB gilt, ist Art 89 **10**
mittlerweile ausdrücklich für gegenstandslos erklärt (so in SGV NW Nr 40 für
Nordrhein-Westfalen), im *Saarland* ausdrücklich aufgehoben worden (vgl für das
Saarland 4. RBerG vom 26. 1. 1994 [ABl 509], § 1 Abs iVm der Anl unter Nr 18).

11 In den anderen *Bundesländern* ist von dem Vorbehalt ebenfalls mittlerweile kein Gebrauch mehr gemacht worden (vgl die Nachweise bei STAUDINGER/WINKLER[12] Rn 8; **aM** offenbar SOERGEL/HARTMANN Rn 4 zum rheinischen Recht).

Artikel 139

Unberührt bleiben die landesgesetzlichen Vorschriften, nach welchen dem Fiskus oder einer anderen juristischen Person in Ansehung des Nachlasses einer verpflegten oder unterstützten Person ein Erbrecht, ein Pflichtteilsanspruch oder ein Recht auf bestimmte Sachen zusteht.

Materialien: E I Art 81; II Art 111; III Art 138.

Schrifttum

BRAND/KLEEFF, Die Nachlaßsachen in der gerichtlichen Praxis (2. Aufl 1961) § 44

BUSE, Das Erbrecht des Fürsorgeverbandes Berlin, JR 1953, 209

HELLMUT, Der Nachlass des Armen nach dem in Schleswig-Holstein geltenden Recht, SchlHA 12, 17

JANSEN, Freiwillige Gerichtsbarkeit, in: LUX, Schulung für die juristische Praxis (6. Aufl 1971) Kap 3 S 151, 152

ISRAEL, Das Erbrecht der Stadt Berlin an dem Nachlass unterstützter Personen, HuW 1948, 15

KIPP/COING, Erbrecht (14. Aufl 1990) § 6 V

LANGE/KUCHINKE, Lehrbuch des Erbrechts (5. Aufl 2001) § 13 III 4b β

PETZOLDT, Das gesetzliche Erbrecht der Fürsorgeverbände und Wohltätigkeitsanstalten, JW 1938, 2163

ZIEGLER, Erbrechtliche und Ersatzansprüche der öffentlichen Wohltätigkeitsanstalten nach bayerischem Recht (Diss München 1904).

I.   Entstehung

1 Der Art 139 entspricht wörtlich dem Art 81 des I. Entwurfs. In der Reichstagskommission wurde ein Antrag gestellt, den Artikel zu streichen. Denn er sei ein Überbleibsel der Zeit, in welcher für Hilfsbedürftige durch die Heimats- und Armengesetzgebung noch nicht genügend gesorgt worden sei, während es heutzutage solcher anormalen Anordnungen nicht mehr bedürfe und es genüge, wenn den betreffenden Anstalten ein Pfandrecht an den Sachen des Verpflegten eingeräumt werde. Dies wurde von der Reichstagskommission jedoch abgelehnt, nachdem regierungsseitig erklärt worden war, dass durch Beseitigung der betreffenden Rechte manche nützlich wirkenden Anstalten in ihrer Existenzfähigkeit in Frage gestellt würden (Mot z EG 204; Prot VI 446, 447; Mat 90; RTK 440d S 13).

II.   Zweck, Inhalt

2 Die Bestimmung bezweckt die **Aufrechterhaltung der Tätigkeit wohltätiger Anstalten** durch Schaffung einer Mindestteilhabe am Nachlass des Pflegebedürftigen zur Realisierung von Kostenerstattungen des Anstaltsträgers (Prot aaO). Art 139 EG ermöglicht daher die Aufrechterhaltung landesrechtlicher Vorschriften, die, abwei-

chend von den Vorschriften des BGB über gesetzliche Erbfolge und Pflichtteils-
berechtigung, dem Fiskus oder anderen juristischen Personen ein *Erbrecht* oder ein
Pflichtteilsrecht auch an einem nicht erblosen Nachlass (s dagegen die andersartige
Regelung in Art 138 EG) oder ein *Recht auf bestimmte Nachlasssachen* gewähren
(MünchKomm/Schlichting Rn 1). Maßgeblich für die Aufnahme des Vorbehalts war
daher das öffentliche, dh finanzpolitische Interesse des dadurch begünstigten
Rechtsträgers (Mot 204; Niedner Anm 1). Es handelt sich also um ein Erbrecht oder
ein gesetzliches Vermächtnisrecht in Konkurrenz mit anderen oder zu Lasten anderer Erben (Kipp/Coing § 6 V; Lange/Kuchinke § 13 III 4b ß; Staudinger/Werner [1999]
§ 1936 BGB Rn 9; den erbrechtlichen Charakter lässt ausdrücklich offen Niedner Anm 1), das mit
insbes damit gerechtfertigt wurde, dass es sich „durchgängig um geringfügige Vermögenswerte handelt" (Mot aaO; Niedner Anm 1).

Die **praktische Bedeutung** des Vorbehalts ist gering (MünchKomm/Schlichting Rn 1). **3**
Nachdem aber auch nach Einführung der 2. Stufe der Pflegeversicherung gem
Pflegeversicherungsgesetz vom 26. 5. 1994 (BGBl I 1014) die Kosten der Heimunterbringung nicht voll gedeckt, sondern dabei diejenigen für Unterkunft und Verpflegung selbst zu tragen sind (§ 43 Abs 2 S 2 u 3 SGB XI), besteht nach wie vor eine
latente Sozialhilfebedürftigkeit breiter Bevölkerungskreise (s J Mayer DNotZ 1995, 571,
578), so dass immer noch die Problematik der Erstattungsansprüche des Sozialhilfe-
trägers existiert. Daran hat sich auch durch die Einführung des Grundsicherungs-
gesetzes vom 26. 6. 2001 (BGBl I 1310), jetzt *Grundsicherung im Alter und bei Er-
werbsminderung*, (§§ 41 ff SGB XII) nichts geändert, denn von dieser werden die
durch die stationäre Unterbringung in Pflegeheimen verursachten Kosten gerade
nicht abgedeckt (J Mayer ZEV 2003, 173, 178; Klinkhammer FamRZ 2002, 997, 1002; Reine-
cke ZFE 2003, 70, 73). In der geltenden deutschen Rechtsordnung, die vom privatrechtlichen Erbrecht einerseits und dem System öffentlich-rechtlicher, und damit
auch sozialrechtlicher, Erstattungsforderungen andererseits gekennzeichnet ist (dazu
auch Rn 25), stellt der Vorbehalt jedoch einen *anachronistischen Fremdkörper* dar, der
keine Daseinsberechtigung mehr hat (iE ebenso Soergel/Stein § 1936 Rn 12). Im Hinblick auf die gesetzgeberische Zielsetzung, dass es sich um einen finanzpolitischen
Ersatzanspruch hinsichtlich geringfügiger Vermögenswerte handelt (Rn 2), zwingt
dies zu einer teleologischen Reduktion der Norm. Zum **Konkurrenzverhältnis** zu
anderen Vorschriften s Rn 24 ff.

1. Die Rechtsträger

Das Recht auf den Nachlass einer verpflegten oder unterstützten Person kann nicht **4**
bloß dem Fiskus, sondern auch anderen *juristischen Personen* und zwar sowohl des
öffentlichen als des *bürgerlichen Rechts* (OLG Braunschweig OLGE 41, 86; MünchKomm/
Schlichting Rn 3), zB privaten Stiftungen, eingeräumt werden, selbst Anstalten, die
keine selbständige juristische Persönlichkeit besitzen, sondern einer Gemeinde gehören (KG RJA 7, 16; Soergel/Hartmann Anm 2; Schlegelberger/Vogels Rn 2), nicht aber
natürlichen Personen. Ein Antrag, hier nur die juristischen Personen des öffentlichen Rechts, nicht auch zB private Stiftungen zu berücksichtigen, wurde in der
II. Komm abgelehnt, weil es sich um eine privatrechtliche Einrichtung handle (Prot
VI 446).

Jörg Mayer

2.   Inhalt des Rechts

a)   Im Allgemeinen

5 Art 139 EG gestattet die Einräumung

(a) eines *Erbrechts* oder

(b) eines *Pflichtteilsanspruchs*, dessen Höhe von der Landesgesetzgebung bestimmt (OLG Hamburg HansOLGZ 1904, Beibl 31, 32; Planck Anm 4; Schlegelberger/Vogels Anm 3) und der auch nur hilfsweise für den Fall eingeräumt werden kann, dass das Erbrecht der Anstalt durch letztwillige Verfügung ausgeschlossen worden ist (Schlegelberger/Vogels Anm 3) oder

(c) eines *anderen Rechts* auf bestimmte Sachen, so beschränkten sich die landesrechtlichen Regelungen oftmals auf die eingebrachten Sachen (vgl Niedner Anm 1).

b)   Im Einzelnen

6 Alle diese Rechte können landesgesetzlich eingeräumt werden, ohne Rücksicht darauf, ob andere Erben, seien es Testaments- oder gesetzliche Erben, ja selbst pflichtteilsberechtigte Erben vorhanden sind (Mot z EG 204). Die Landesgesetzgebung kann insbesondere auch bestimmen, dass das Recht durch letztwillige Anordnung nicht entzogen werden kann (so § 31 Abs 1 S 2 Hess AGBGB vom 18. 12. 1984 [GVBl I 344]). Überhaupt lässt der Vorbehalt dem Landesgesetzgeber in *qualitativer Hinsicht* einen weiten Spielraum, ohne ihn an die Vorschriften des BGB über das Fiskalerbrecht zu binden (Planck Anm 4; MünchKomm/Schlichting Rn 3 f); so kann zB der Anstalt das Erbrecht in Gemeinschaft mit etwaigen anderen Erben zu einem Bruchteil gewährt werden (Schlegelberger/Vogels Anm 3). In quantitativer Hinsicht scheint daher auf Grund der Notwendigkeit einer teleologischen Reduktion (Rn 2 f) eine Begrenzung erforderlich.

7 Soweit dem Fiskus oder einer anderen juristischen Person ein wirkliches Erbrecht eingeräumt wird, hat es nicht die Eigenart des Erbrechts des Fiskus nach § 1936 BGB. Es ist daher die Ausschlagung der Erbschaft zulässig; die Haftung für Nachlassverbindlichkeiten ist nicht schlechthin beschränkt, aber wie für andere Erben beschränkbar, soweit nicht das Landesrecht ein anderes bestimmt (Crome, System des bürgerlichen Rechts Bd V § 387; Schlegelberger/Vogels Anm 3; Planck Anm 4).

8 Ist ein *Recht auf bestimmte Sachen* eingeräumt, so finden nicht notwendig die Vorschriften über Vermächtnisse Anwendung; es kann bestimmt werden, dass der Eigentumserwerb kraft Gesetzes eintritt (sog *Vindikationslegat*, zB § 31 HessAG-BGB und früher Art 102 BayAGBGB vom 9. 6. 1899, aufgehoben durch AGBGB vom 20. 9. 1982, GVBl 803; vgl auch Lange/Kuchinke aaO; AnwK-BGB/J Mayer § 2174 Rn 1), ohne dass, wie beim wirklichen Erbrecht, damit auch eine Haftung für Nachlassverbindlichkeiten eintritt (Planck Anm 4; Schlegelberger/Vogels Anm 3). IdR wird es sich um einen Nachlass von geringem Wert handeln. Darum ist es ein Nebenzweck dieses Artikels, Streitigkeiten zwischen den Angehörigen und der Anstalt über den Umfang und den Wert der in die Anstalt eingebrachten Gegenstände, Möbel, Kleider usw zu vermeiden.

3. Voraussetzungen für die Einräumung

Voraussetzung für die Zulässigkeit der Einräumung der unter Rn 5 erwähnten **9**
Rechte ist, dass es sich um den Nachlass einer Person handelt, die von dem Fiskus
bzw von der betreffenden juristischen Person verpflegt oder unterstützt worden ist.
In Betracht kommen zB Alters- oder Pflegeheime, deren Träger der Fiskus ist (vgl KG
RJA 7, 16). Dagegen ist *nicht* Voraussetzung, wie im Falle des Art 103 dieses Gesetzes,
dass wegen der geleisteten Verpflegung oder Unterstützung *ein Ersatzanspruch begründet* ist.

III. Landesgesetze

1. Allgemeines

Rechte der in Art 139 vorbehaltenen Art standen nach verschiedenen Partikular-   **10**
rechten gewissen Wohltätigkeits-, Heil-, Straf-, Besserungs- und Erziehungsanstalten
zu, sind aber sehr verschiedenartig gestaltet; bald beschränkt sich das Recht auf die
eingebrachten Sachen, bald ergreift es den ganzen Nachlass; bald ist es ein bloß
subsidiäres, bald ein ausschließliches, stellenweise auch ein Pflichtteilsrecht. Bald
geht es allen Verwandten, bald nur gewissen Verwandten vor, bald kann es durch
Zahlung der Pflegegelder abgewandt werden, bald greift es unbedingt ein; manchmal ist es auch dadurch bedingt, dass es bei Aufnahme in die Anstalt oder bei
Gewährung der Unterstützung dem Aufgenommenen oder Unterstützten bekannt
gemacht worden ist, so zB nach preuß ALR (vgl Stobbe DPrR Bd V § 297).

2. Regelung in einzelnen Ländern

Über die Rechtslage im ehemaligen Land **Preußen** und die dort durch PreußAG-   **11**
BGB vom 20. 9. 1899 Art 89 Nr 1c (GS 1899, 177) fortgeltenden Bestimmungen des
Allgemeinen Preußischen Landrechts, ALR Teil II Tit 16 § 22, Tit 19 §§ 50 ff s Stau-
dinger/Winkler[12] Rn 10.

Baden-Württemberg: Hier ist von dem Vorbehalt kein Gebrauch mehr gemacht;   **12**
frühere Ausführungsbestimmungen sind durch § 51 Abs 1a Nr 1, b Nr 6 und c Nr 14
AGBGB vom 26. 11. 1974 (GBl 498) aufgehoben worden.

Bayern: Die früher hierzu einschlägige Bestimmung des Art 102 AGBGB vom   **13**
9. 6. 1899 ist durch Art 80 Abs 2 Nr 1 des neuen AGBGB vom 20. 9. 1982
(BayRS 400-1-J) aufgehoben, jedoch besteht in Art 77 Abs 6 BayAGBGB noch eine
Übergangsvorschrift für die Personen, die vor Inkrafttreten des Gesetzes in eine
entsprechende Anstalt untergebracht wurden.

Berlin: Die derzeit geltende Fassung des PreußAGBGB ergibt sich aus Anlage I   **14**
Nr 23 des ersten Rechtsbereinigungsgesetzes vom 24. 1. 1961 (GVBl 1647), in der
die Weitergeltung des Art 89 bejaht wird (s auch Sa-BerlR Nr 400-1), so dass hier
noch die frühere preußische Rechtslage fortbesteht (**aA** MünchKomm/Schlichting
Rn 7).

Bremen: Das AGBGB vom 18. 8. 1899 (GBl 61) enthält keine zu diesem Vorbehalt   **15**

Jörg Mayer

erlassene Regelung. Das PreußAGBGB scheint hierfür nicht zu gelten (MünchKomm/ SCHLICHTING Rn 10), wohl aber § 20 Gesetz vom 25. 7. 1933 (LANGE/KUCHINKE aaO Fn 65 – nicht in SaBremR!).

16 Hamburg: Das AGBGB vom 1. 7. 1958 (GVBl 79), zuletzt geändert durch G vom 15. 10. 1973 (GVBl 423) enthält keine Regelung. Zur Geltung von Gewohnheitsrecht s SOERGEL/HARTMANN Rn 3 (angesichts der Wirkungen des Vorbehalts fragwürdig).

17 Hessen: § 31 AGBGB v 18. 12. 1984 (GVBl I 344 = GVBl II 230-5), zuletzt geändert durch G vom 22. 9. 2004 (GVBl I 278), enthält die einzige neuere Ausführungsbestimmung. Danach steht den Einrichtungen der Wohlfahrtspflege und des Gesundheitswesens ein Recht auf die Sachen zu, die eine dort *unentgeltlich* bis zu ihrem Tode untergebrachte Person zum dortigen Gebrauch eingebracht hat. Das Recht kann durch Verfügung des Untergebrachten nicht eingeschränkt oder ausgeschlossen werden. Diese Sachen fallen nicht in den Nachlass, sondern das Eigentum hieran geht direkt mit dem Tode auf den Träger der Einrichtung über. Die älteren landesrechtlichen Bestimmungen hierzu (s STAUDINGER/WINKLER[12] Rn 13) sind damit weggefallen, § 33 HessAGBGB v 18. 12. 1984.

18 Niedersachsen: Durch das AGBGB vom 4. 3. 1971 (GVBl 73) ist eine umfassende Rechtsbereinigung eingetreten, die die früheren Ausführungsbestimmungen (etwa für Preußen, Oldenburg, Braunschweig, hierzu STAUDINGER/WINKLER[12] Rn 12) beseitigte (so auch MünchKomm/SKIBBE Rn 13).

19 Nordrhein-Westfalen: In der Sammlung des hier weitergeltenden preußischen Rechts (GSV NW 40) wird Art 89 PreußAGBGB ausdrücklich als gegenstandslos bezeichnet.

20 Rheinland-Pfalz: Durch § 27 AGBGB vom 18. 11. 1976 (GVBl 259) sind spätestens die entsprechenden älteren landesgesetzlichen Vorschriften (etwa nach dem PreußAGBGB) außer Kraft getreten.

21 Saarland: Die Übergangsregelung des Art 89 Nr 1c PrAGBGB gilt nicht mehr, 4. RBerG vom 26. 1. 1994 (ABl 509) § 1 iVm Anl Nr 18; Art 102 BayAGBGB ist aufgehoben durch das 5. RBerG vom 5. 2. 1997 (ABl 258) Art 2 Abs 16 Nr 9.

22 Schleswig-Holstein: Die für *Lübeck* früher geltenden Vorschriften der §§ 142–147 AGBGB (SLVOB LXVI, 130 = BECHER X 6, S 62 ff) sind jetzt aufgehoben durch § 2 des 2. G über die Sammlung des SchlH-Landesrechts vom 5. 4. 1971 (GVBl 182). Art 89 PreußAGBGB gilt hier im Übrigen nicht mehr, vgl § 25 Abs 1 Nr 6 AGBGB (GS SchlH II GlNr 400-1).

23 Neue Bundesländer: Hier bestehen noch keine neuen, landesrechtlichen Regelungen. Die alten aufgrund der früheren Ausführungsgesetze gelten aber nicht mehr (s STAUDINGER/MERTEN Art 1 Rn 63 ff).

IV. Konkurrenzverhältnis zu anderen Vorschriften, insbes zum Sozialhilferecht

1. Sozialhilferecht

Durch Zeitablauf überholt ist die Frage, ob die unter den Vorbehalt des Art 139 **24** EGBGB fallenden landesrechtlichen Vorschriften im Hinblick auf die durch die **FürsorgepflichtVO** eingeführte Kostenerstattungspflicht der Erben beseitigt waren (dazu s KG NJW 1950, 610 und Staudinger/Winkler[12] Rn 16). Denn diese VO ist durch § 153 Abs 2 Nr 3 Bundessozialhilfegesetz (BSHG) vom 30. 6. 1961 (BGBl I 815) aufgehoben worden.

Das **geltende Sozialhilferecht** enthält Bestimmungen über den **Ersatz der Kosten der** **25** **Sozialhilfe** (§§ 102 ff SGB XII auf Grund des G vom 27. 12. 2003, BGBl I 3022, früher §§ 92a und 92c BSHG) und über den Übergang von Ansprüchen zur Durchsetzung des Grundsatzes des Nachrangs des Sozialhilfe (§§ 93 f SGB XII, früher §§ 90 f BSHG). Auch neben diesen öffentlich-rechtlichen Anspruchsgrundlagen bestehen die auf Grund von Art 139 EGBGB erlassenen Vorschriften fort. Denn während es bei den genannten Bestimmungen des SGB XII (früher des BSHG) um Ersatz der tatsächlich entstandenen Kosten zur Durchsetzung des sozialhilferechtlichen Nachranggrundsatzes des § 2 Abs 1 SGB XII geht, bezweckt Art 139 EGBGB unabhängig von den im Einzelfall durch den Pflegebedürftigen entstandenen Kosten die Aufrechterhaltung der Tätigkeit wohltätiger Anstalten durch eine Nachlassbeteiligung (MünchKomm/Schlichting Rn 2; Lange/Kuchinke § 13 III 4b ß; Soergel/Hartmann Rn 1). Die Aufhebung des Vorbehalts wäre allerdings sinnvoll, und zwar nicht nur aus Gründen der Rechtsvereinfachung, sondern weil er einen Fremdkörper im System der sozialrechtlichen Zugriffsmöglichkeiten darstellt (Soergel/Stein § 1936 BGB Rn 12; Lange/Kuchinke § 13 III 4b ß; s bereits Rn 3).

2. Heimgesetz

Teilweise wird problematisiert, ob Art 139 EG gegen § 14 HeimG verstößt, wonach **26** es verboten ist, dass sich der Heimträger für sich oder zu Gunsten von Heimbewohnern oder Bewerbern Geld- oder geldwerte Leistungen über das vereinbarte Entgelt hinaus versprechen oder gewähren zu lassen (so, wenn auch iE ablehnend MünchKomm/Schlichting Rn 2; Soergel/Hartmann Rn 2; zu dieser Vorschrift als Beschränkung der Testierfreiheit Staudinger/Otte [2000] Einl zu §§ 1922 ff Rn 66; zu aktuellen Entwicklungen bei der Behandlung des § 14 HeimG J Mayer ZEV 2004, 40). Jedoch betrifft zum einen diese Vorschrift nur gewillkürte Zuwendungen von Todes wegen; zum anderen wäre der Vorbehalt des Art 139 EG lex specialis.

Artikel 140

Unberührt bleiben die landesgesetzlichen Vorschriften, nach welchen das Nachlassgericht auch unter anderen als den in § 1960 Abs. 1 des Bürgerlichen Gesetzbuchs bezeichneten Voraussetzungen die Anfertigung eines Nachlassverzeichnisses sowie bis zu dessen Vollendung die erforderlichen Sicherungsmaßregeln, insbesondere die Anlegung von Siegeln, von Amts wegen anordnen kann oder soll.

Materialien: E I Art 88; 112; III Art 139.

Schrifttum

BRAND/KLEEFF, Die Nachlaßsachen in der gerichtlichen Praxis (2. Aufl 1961) § 131
CARLEBACH, Das notarielle Vermögensver-
zeichnis, III. Das Nachlaßverzeichnis nach
Art 140 EGBGB, DNotV 1903, 10/33

FIRSCHING/GRAF, Nachlaßrecht (8. Aufl 2000)
Rn 4.560
JANSEN, Freiwillige Gerichtsbarkeit, in: LUX,
Schulung für die juristische Praxis (6. Aufl 1971)
145
KIPP/COING, Erbrecht (14. Aufl 1990) § 124.

I. Entstehung

1 Art 140 EG erhielt seine Fassung in der II. Komm; sie stimmt im Wesentlichen mit
dem Art 88 des I. E überein und weicht von Letzterem nur insofern ab, als die Worte
des I. E „unbeschadet der Vorschrift des § 2058 Abs 2 BGB", nachdem dieser in der
II. Komm gestrichen worden war, wegfallen mussten, und als die beiden Schluss-
worte des Art: „oder soll" erst in der II. Komm hinzugefügt wurden (Mot z EG 230;
Prot VI 452, 453; Mat 91; RTK 440d S 14).

II. Inhalt

2 Nach § 1960 Abs 1 BGB hat das **Nachlassgericht** Maßnahmen **zur Sicherung des
Nachlasses** zu treffen,

(a) wenn die *Ausschlagungsfrist* (§ 1944 BGB) noch nicht abgelaufen ist und solange
der Erbe die Annahme der Erbschaft noch nicht erklärt hat,

(b) wenn der *Erbe unbekannt* ist oder

(c) wenn *ungewiss* ist, ob der Erbe die *Erbschaft angenommen* hat.

Recht und Pflicht zur Fürsorge besteht in den drei genannten Fällen nur, soweit ein
Bedürfnis besteht (hierzu s STAUDINGER/MAROTZKE [2000] § 1960 Rn 13 ff; MünchKomm/LEI-
POLD § 1960 Rn 17 ff). Die Sicherungsmaßregeln des Nachlassgerichts können insbesondere in der Anlegung von Siegeln und der Hinterlegung von Geld, Wertpapieren
und Kostbarkeiten, in der Aufnahme eines Nachlassverzeichnisses und in der Bestellung eines Nachlasspflegers bestehen. Die aufgezählten Sicherungsmaßregeln
sind nur Beispiele, § 1960 Abs 2 BGB enthält gerade keine abschließende Aufzählung (OLG Celle FamRZ 1959, 33, 34; MünchKomm/LEIPOLD § 1960 Rn 23; STAUDINGER/
MAROTZKE § 1960 Rn 18 ff). Die Art der Fürsorge im Einzelnen ist dem pflichtgemäßen
Ermessen des Nachlassgerichts überlassen. Im übrigen kennt das BGB eine Nach-
lassbehandlung von Amts wegen nicht; eine *Vermittlung der Auseinandersetzung* des
Nachlasses durch das Nachlassgericht von Amts wegen kann nach Landesrecht in
den Ländern erfolgen, die von dem Vorbehalt des § 192 FGG Gebrauch gemacht
haben (s JANSEN Anm 1; KEIDEL/WINKLER Rn 1; je zu § 192 FGG; FIRSCHING/GRAF, Nachlaßrecht
Rn 4.892; BRAND/KLEEFF § 147, 3).

Art 140 EGBGB geht über § 1960 BGB hinaus (vgl MünchKomm/SCHLICHTING Rn 1) und **3** **gestattet der Landesgesetzgebung**, zu bestimmen,

(1) dass das Nachlassgericht die **Aufnahme eines Nachlassverzeichnisses auch unter anderen Voraussetzungen** als den in § 1960 Abs 1 BGB (s Rn 2 a–c) bezeichneten von Amts wegen anordnen *kann oder soll*, zB wenn der Erbe oder einzelne *Erben minderjährig* sind;

(2) dass dann, *wenn die Aufnahme eines Nachlassverzeichnisses angeordnet* wird, auch die anderen erforderlichen Sicherungsmaßregeln, insbesondere die **Anlegung von Siegeln**, durch das Nachlassgericht von Amts wegen angeordnet werden können oder sollen. Diese anderen Sicherungsmaßregeln dürfen aber *nur bis zur Vollendung der Aufnahme des Nachlassverzeichnisses* dauern und müssen, sobald die Anfertigung vollendet ist, wieder aufgehoben werden (PLANCK Anm 2).

Beide Maßnahmen (unter 1 und 2) konnten von der Landesgesetzgebung entweder **4** in das *Ermessen* des Nachlassgerichts gestellt oder diesem zur *Amtspflicht* gemacht werden („kann oder soll"). Wegen der Aufnahme eines Nachlassverzeichnisses und der Anlegung von Siegeln FIRSCHING/GRAF, Nachlaßrecht Rn 4.560 ff; BRAND/ KLEEFF §§ 132, 134.

Ein in der II. Komm gestellter Antrag, die Worte „bis zu dessen Vollendung" zu **5** streichen, wurde abgelehnt, weil dadurch die Vorschrift dieses Artikels ihre Bedeutung einer Maßnahme, die wesentlich im Interesse der Nachlassgläubiger getroffen würde, verlieren und eine über das wirkliche Bedürfnis hinausgehende Befugnis schaffen würde. Sicherungsmaßregeln nach Landesrecht sind auch dann zulässig, wenn ein *Testamentsvollstrecker* bestellt ist; dies wurde in der II. Komm deshalb zu Recht als sachgemäß angesehen, „weil der Testamentsvollstrecker das von ihm errichtete Inventar dem Erben übergebe, während das gerichtliche Inventar für alle, die es angehe, errichtet werde" (Prot VI 452; NIEDNER Anm 2; PLANCK Anm 1; SCHLEGELBERER/VOGELS Anm 3, je zu Art 140 EG). Die Anordnung einer *Nachlasspflegschaft* ist der Landesgesetzgebung nicht erlaubt (PLANCK Anm 2; SCHLEGELBERGER/VOGELS Anm 2; MünchKomm/SCHLICHTING Rn 1; **aM** offenbar NIEDNER Anm 2, der im Interesse der Inventarisierung sämtliche Sicherungsmaßregeln für zulässig erachtet).

Soweit für die an sich dem Nachlassgericht obliegenden Verrichtungen die Mög- **6** lichkeit besteht, die **Zuständigkeit anderer Behörden** zu begründen, etwa der Notariate, Gemeindebehörden uä, bestimmt sich dies nach Art 147 EGBGB (Münch-Komm/SCHLICHTING Rn 2).

IV. Siegelung des Nachlasses von Beamten

Soweit es sich um die Notwendigkeit der *Siegelung des Nachlasses von Beamten* **7** handelt, ist weder § 1960 BGB noch Art 140 EG Befugnisnorm hierfür, da es sich dabei um Vorschriften des *öffentlichen Rechts* handelt. Solche Sondervorschriften enthalten (s FIRSCHING/GRAF Rn 4.558; PALANDT/EDENHOFER § 1960 Rn 10; MünchKomm/ SCHLICHTING Rn 2) für das ehem Land *Preußen* Art 20 FGG; für *Hessen* Art 23 HessFGG vom 12. 4. 1954 (GVBl 59 = GBl II 250-1), zuletzt geändert durch G vom

20. 6. 2002 (GVBl I 342); für *Niedersachsen* Art 12 NdsFGG idF vom 24. 2. 1971 (GVBl 43), zuletzt geändert durch G vom 17. 12. 1998 (GVBl 710).

Art 20 PrFGG gilt fort in *Nordrhein-Westfalen* (vgl SGV NW unter Nr 321) und *Berlin* (s Anlage I Nr 24 des 1. RechtsbereinigungsG vom 24. 11. 1961, GVBl 1647, s auch Sa-BerlR Nr 3212-1) aber nicht mehr im Saarland (5. RBerG vom 5. 2. 1997 [ABl 258]) Art 2 Abs 16 Nr 11.

Vgl ferner zur Sicherung des Nachlasses von Seeleuten § 76 Seemannsgesetz und bei Schiffsreisenden § 675 HGB (s auch FIRSCHING/GRAF Rn 4.558).

V. Fortgeltung des Vorbehalts

8 Durch die Überleitung der Rechtspflege auf das Reich (3. RechtspflegeüberleitungsG vom 24. 1. 1935, RGBl I 68) hat der Vorbehalt seine praktische Bedeutung zwar im Wesentlichen verloren. Die einschlägigen Landesgesetze sind aber bestehen geblieben. Durch das *Grundgesetz* wurde der Vorbehalt nicht beseitigt. Er gilt für die Landesgesetzgebung so lange, bis der Bund das vorbehaltene Gebiet auf Grund Art 72 Abs 2, Art 74 Nr 1 GG regelt und dadurch das Landesrecht ausschließt (Art 72 Abs 1 GG; s hierzu ENNECCERUS/NIPPERDEY, Allgemeiner Teil des bürgerlichen Rechts [15. Aufl] 1. Halbbd § 14 II; auch NIPPERDEY NJW 1951, 897; MAUNZ, in: MAUNZ/DÜRIG [1984] Art 72 GG Rn 5, 11; JARASS/PIEROTH Art 72 GG Rn 4). Ja, selbst bei einer abschließenden Regelung der der konkurrierenden Gesetzgebung unterliegenden Rechtsmaterie kann der Bundesgesetzgeber weitreichende Vorbehalte zu Gunsten der Landesgesetzgebung machen. Dann finden die gleichen Grundsätze wie bei der ausschließlichen Gesetzgebung Anwendung (MAUNZ aaO Rn 11).

VI. Landesgesetze

9 **Preußen** (ehemaliges Land): Art 79 AGBGB (GS 1899, 177) hat alle Vorschriften, nach denen das Nachlassgericht unter anderen als den in § 1960 Abs 1 BGB bezeichneten Voraussetzungen Sicherungsmaßregeln im Sinne des Art 140 EG treffen könnte, außer Kraft gesetzt. Über den Geltungsbereich des preußischen Rechts siehe bei den Nachfolge-Ländern.

Baden-Württemberg: §§ 40, 41 Abs 4 LFGG vom 12. 1. 1975 (GBl 116, zuletzt geändert durch G vom 1. 7. 2004 (GBl 469): Danach kann das Nachlassgericht auch in Teilungssachen auf Antrag eines Erben die Anfertigung eines Nachlassverzeichnisses und bis zur Fertigstellung des Verzeichnisses die erforderlichen Sicherungsmaßnahmen anordnen, sofern hierfür ein berechtigtes Interesse dargetan wird (Münch-Komm/SCHLICHTING Rn 1; RICHTER/HAMMEL, Baden-württembergisches Landesgesetz über die freiwillige Gerichtsbarkeit [4. Aufl] § 41 Rn 12).

Bayern: Durch Art 1 AGBGB vom 9. 6. 1899 (BayBS III 3), aufgehoben durch Art 80 Abs 2 Nr 1 AGBGB v 20. 9. 1982 (BayRS 400-1-J) und ersetzt durch dessen Art 77 Abs 1, sind alle aus der Zeit vor 1818 stammenden Vorschriften dieser Art aufgehoben. Art 36 AGGVG vom 23. 6. 1981 (BayRS 300-1-1-J), zuletzt geändert durch G vom 25. 10. 2004 (GVBl 400), der die Mitwirkung der Gemeindebehörden bei der Sicherung eines Nachlasses regelt, stützt sich auf Art 147 EG (s Art 147 Rn 33).

Berlin: In der sich aus Anl 1 Nr 23 zum 1. Rechtsbereinigungsgesetz vom 24. 11. 1961 (GVBl 1647) ergebenden Fassung des PreußAGBGB ist Art 79 als fortgeltend bezeichnet (s auch SaBerlR Nr 400-1).

Hessen: AGBGB Art 129 ist durch Art 108 Abs 1 Nr 5 HessFGG vom 12. 4. 1954 (GVBl 54 = GVBl II Nr 250-1) aufgehoben; s auch § 15 Nr 3, 16 HessOrtsgerichtsG idF vom 2. 4. 1980 (GVBl 114 = GVBl II Nr 28-1). Vgl auch *Art 26 HessFGG* zur Aufnahme eines *amtlichen Nachlassverzeichnisses* im Rahmen einer Nachlassauseinandersetzung (dazu u Art 147 Rn 39); soweit danach das Gericht dies anordnen kann, handelt es sich um eine auf Grund des Vorbehalts des Art 140 EGBGB erlassene Vorschrift (MünchKomm/SCHLICHTING Rn 1).

Niedersachsen: Art 10–12 LFGG idF vom 24. 2. 1971 (GVBl 41), zuletzt geändert durch G vom 17. 12. 1998 (GVBl 710), die aber keine Ausnutzung des Vorbehalts des Art 140 EG enthalten.

Nordrhein-Westfalen: In der zuletzt in SGV NW unter Nr 40 bekanntgemachten Fassung des PreußAGBGB ist Art 79 als gegenstandslos bezeichnet. Neue Regelungen bestehen offenbar nicht.

Rheinland-Pfalz: Keine bes Regelung mehr. § 13 LFGG vom 12. 10. 1995 (GVBl 426) beruht auf Art 147.

Saarland: In ehemals preußischem Gebiet gilt Art 79 PreußAGBGB nicht mehr (4. RBerG Anl Nr 19); Art 105 BayAGBGB gilt ebenfalls nicht mehr (5. RBerG vom 5. 2. 1997 [ABl 258] Art 2 Abs 16 Nr 9).

Schleswig-Holstein: Hier bestehen keine Sonderregelungen. Das frühere PrAGBGB ist durch § 29 I Nr 8 des SchlHAGBGB vom 27. 9. 1974 (GVBl 357) aufgehoben worden.

Artikel 141

Die Landesgesetze können bestimmen, daß für die Beurkundung von Rechtsgeschäften, die nach den Vorschriften des Bürgerlichen Gesetzbuchs gerichtlicher oder notarieller Beurkundung bedürfen, entweder nur die Gerichte oder nur die Notare zuständig sind.

Materialien: E I Art 91 Abs 3; II Art 114; II Art 141.

Schrifttum

I. Zu Art 141
ECK, Über Art 141 EGBGB, DJZ 1898, 16
FRESE, In welchen Fällen ist die öffentliche

Beurkundung von Rechtsgeschäften den Gerichten übertragen?, Recht 1906, 655
FUCHS, Ist die öffentliche Beurkundung von

Rechtsgeschäften durch Reichsgesetz den Gerichten übertragen?, Recht 1906, 473

KEIDEL, Der gerichtliche Vergleich vor dem Landwirtschaftsgericht und das Urkundsmonopol der Notare, DNotZ 1952, 103, auch DNotZ 1954, 342

MEISEL DJZ 1898, 42

STAMMLER, Eine Aufgabe für die Ausführungsgesetze zum BGB, DJZ 1897, 434

WEBER, Zur Anpassung der Reichsnotarordnung, DNotZ 1952, 313.

II. Zur RNotO

S STAUDINGER/WINKLER[12] bei Art 141.

III. Zur BNotO und DienstO

1. Allgemeine Darstellungen

ARNDT/LERCH/SANDKÜHLER, Bundesnotarordnung (5. Aufl 2003)

BLAESCHKE, Praxishandbuch Notarprüfung (2001)

BOHRER, Das Berufsrecht der Notare (1991)
ders, Notare im vereinten Deutschland, Der freie Beruf 1990 Nr 9

ERHARDT/DOUVERNE/SCHMITZ, Handbuch für Notare (5. Aufl 1998)

EYLMANN/VAASEN, Bundesnotarordnung, Beurkundungsgesetz – Kommentar (2. Aufl 2005)

FRENZ, Neues Berufs- und Verfahrensrecht für Notare (1999)

GÖTTLICH, Die Amtsführung der Notare (2. Aufl 1962)

ROHS, Die Geschäftsführung der Notare (8. Aufl 1983)

SAAGE, Bundesnotarordnung (1961)

SCHIPPEL, Bundesnotarordnung (7. Aufl 2000)

WEINGÄRTNER, Notarrecht (8. Aufl 2003)
ders, Notarrecht – Nordrhein-Westfalen (1990)
ders, Vermeidbare Fehler im Notariat (6. Aufl 2001)
ders, Das notarielle Verwahrungsgeschäft (1998)

WEINGÄRTNER/LERCH, Notarrecht in Hessen (1971)

WEINGÄRTNER/SCHÖTTLER, Dienstordnung für Notare (9. Aufl 2004)

WEINGÄRTNER/WÖSTMANN, Richtlinienempfehlungen der BNotK, Richtlinien der Notarkammern (2004).

2. Zum Beurkundungsgesetz

APPEL, Auswirkungen des Beurkundungsgesetzes auf das Familien- und Erbrecht, FamRZ 1970, 520

BINDSEIL, Konsularisches Beurkundungswesen, DNotZ 1993, 5

HAEGELE, Beurkundungsgesetz, Rpfleger 1969, 365, 414

HÖFER, Das Beurkundungsgesetz in der Praxis, JurA 1970, 56

HÖFER/HUHN, Allgemeines Urkundenrecht, ein Handbuch für die Notariatspraxis (1968)

HUHN/vSCHUCKMANN, Beurkundungsgesetz und Dienstordnung der Notare (4. Aufl 2003)

JANSEN, Beurkundungsgesetz, Komm (1971)

KEIM, Das notarielle Beurkundungsverfahren (1990)

J MAYER, in: SOERGEL, Kommentar zum Bürgerlichen Gesetzbuch, Erbrecht 2 (13. Aufl 2003), Erl zu §§ 1–35 BeurkG

MECKE, Der Entwurf eines Beurkundungsgesetzes, DNotZ 1968, 584

MECKE/LERCH, Beurkundungsgesetz (2. Aufl 1991)

REITHMANN, Vorsorgende Rechtspflege durch Notare und Gerichte (1989)

RIEDEL/FEIL, Beurkundungsgesetz, Komm (1970)

WEBER, Rechtseinheit im Beurkundungswesen, DRiZ 1970, 45

WINKLER, Beurkundungsgesetz, Kommentar (15. Aufl 2003)
ders, Urkunden in Vermerkform nach dem Beurkundungsgesetz, DNotZ 1971, 140
ders, Die Zuständigkeit der Amtsgerichte zu Beurkundungen, Rpfleger 1971, 344

ZIMMERMANN, Zweifelsfragen zum Beurkundungsgesetz, Rpfleger 1970, 189.

3. Das Notariat in den neuen Bundesländern

ODERSKY, Entscheidungen des Bundesgerichtshofes beim Aufbau des Notariats in den neuen Bundesländern, in: FS Schippel (1996) 757

SCHIPPEL, Das Notariat in den neuen Ländern, DNotZ 1991, 171

WEICHLER, Das Notariat in den alten und neuen Bundesländern – Grundlagen und Perspektiven, MittRhNotK 1991, 303.

Systematische Übersicht

Alphabetische Übersicht

I.   Allgemeines

1.   Gesetzeszweck

1 Bei der Schaffung des BGB fand der Gesetzgeber in den einzelnen deutschen **Ländern regional sehr unterschiedliche Beurkundungszuständigkeiten** vor. So gab es Länder, die allein die Beurkundung durch einen *Notar* vorsahen, andere Länder kannten dagegen nur die Beurkundung durch das *Gericht*, weil das Notariat dort unbekannt war, wieder andere differenzierten für die Zuständigkeit nach der Art der Rechtsgeschäfte (NIEDNER Anm 6; PLANCK Anm 1). Wegen dieser Verschiedenheit wollte man einen zu weitreichenden Eingriff in die bestehende Behördenorganisation und Struktur der Justizverwaltung der Länder vermeiden und überließ daher den einzelnen Ländern die *Auswahl* für die Beurkundungszuständigkeit zwischen Gericht und Notar (NIEDNER Anm 1). Seither hat die *Beurkundung* nicht nur in quantitativer, sondern vor allem in qualitativer Hinsicht noch wesentlich an Bedeutung zugenommen. Dies gilt insbesondere angesichts der wichtigen **Funktionen**, die die notarielle Beurkundung zu erfüllen hat (Warnfunktion, Schutz vor Übereilung, Klarstellungs- und Beweisfunktion, Rechtsberatungs- und Belehrungsfunktion, Kontrolle im Interesse Dritter oder im öffentlichen Interesse, vgl etwa MünchKomm/KANZLEITER § 311b Rn 1 f; STAUDINGER/HERTEL [2004] Vorbem 6 ff zu §§ 127a, 128 [BeurkG]; STAUDINGER/WUFKA [2001] § 313 Rn 3 ff; KANZLEITER DNotZ 1994, 275, 276 f; zum Zusammenhang zwischen Formzweck und Beurkundungsverfahren ARMBRÜSTER/RENNER, in: HUHN/vSCHUCKMANN, BeurkG Einl Rn 29 ff), und die das Beurkundungsverfahren zu einem wichtigen Instrument des Verbraucherschutzes machen können (dazu etwa WOLFSTEINER DNotZ 1993, 21*[Sonderheft] ff; LIMMER, in: FS des Rheinischen Notariats [1998] 15). Daher sah sich der Bundesgesetzgeber mit der Einführung des Beurkundungsgesetzes 1969 zu Recht veranlasst, das Beurkundungsverfahren bundeseinheitlich, insbesondere auch hinsichtlich der Zuständigkeit, zu regeln, und die Zuständigkeit hierfür fast ausschließlich den Notaren zu übertragen, wobei hierfür je nach Gebiet sog *Anwaltsnotare* oder auch *Nur-Notare* tätig sind. Dieses *Verfahrensrecht* gilt auch nach der Wiedervereinigung im ganzen Bundesgebiet einheitlich fort. Auch das *Notarrecht* selbst gilt seit dem Jahre 1998 einheitlich für das ganze Bundesgebiet, weil seitdem die Bundesnotarordnung jetzt auch für die neuen Bundesländern gilt (s Rn 39).

2. Entstehung

Hinsichtlich der Entstehungsgeschichte wird auf Rn 1 der 12. Aufl verwiesen.   **2**

3. Aufhebung

Art 141 EG ist gemäß § 57 Abs 4 Nr 2 des Beurkundungsgesetzes vom 28. 8. 1969 **3** (BGBl I 1513) **mit Wirkung vom 1. 1. 1970 aufgehoben** (§ 71 BeurkG). Das BeurkG hat die Zuständigkeit der Notare, „Beurkundungen jeder Art vorzunehmen" (§ 20 Abs 1 S 1 BNotO), nicht berührt, sondern knüpft an sie an (WINKLER § 1 BeurkG Rn 1; SOERGEL/J MAYER § 1 BeurkG Rn 1). Dagegen hat es die Beurkundungsbefugnisse anderer Urkundspersonen und sonstiger Stellen, deren Zuständigkeit mit der der Notare konkurrierte, weitgehend beseitigt. Landesrechtliche Vorschriften, auf denen deren Zuständigkeit beruhte, hat § 60 BeurkG außer Kraft gesetzt, soweit nicht der in § 61 BeurkG neu geordnete Katalog der Vorbehalte für das Landesrecht reicht. Der bisherige Vorbehalt des Art 141 EG musste daher wegfallen. Seit 1. 1. 1970 sind die Notare *nahezu ausschließlich* zur Beurkundung zuständig (vgl auch § 56 Abs 4 BeurkG; s BT-Drucks V 3282, 26; WINKLER Rn 9 zu Einl zum BeurkG; zur Vorgeschichte des BeurkG s dort Rn 1 ff; ARMBRÜSTER/RENNER, in: HUHN/VSCHUCKMANN BeurkG Einl Rn 20; ARMBRÜSTER, in: HUHN/VSCHUCKMANN § 56 BeurkG Rn 5).

4. Bis zum 31. 12. 1969 geltendes Recht

Das alte, bis 31. 12. 1969 geltende Recht ist ausführlich dargestellt bei STAUDINGER/ **4** KEIDEL[10/11] 2 ff.

II. Ab 1. 1. 1970 geltendes Recht

1. Das Beurkundungsgesetz

Das BeurkG wurde am 28. 8. 1969 erlassen (BGBl I 1513) und ist am 1. 1. 1970 in Kraft **5** getreten (§ 71 BeurkG). Durch Art 3 des Gesetzes vom 27. 6. 1970 zur Änderung des Rechtspflegergesetzes, des BeurkG und zur Umwandlung des Offenbarungseids in eine eidesstattliche Versicherung (BGBl I 911) wurden rückwirkend zum 1. 1. 1970 (Art 5 d G) die §§ 56 Abs 3 S 2, 61 Abs 1 Nr 12 und 68 Abs 3 BeurkG eingefügt. Durch das Adoptionsgesetz vom 2. 7. 1976 (BGBl I 1749) wurden die § 3 Abs 1 Nr 3, § 6 Abs 1 Nr 3, § 7 Nr 3, § 26 Abs 1 Nr 4 mit Wirkung zum 1. 1. 1977 geändert, durch das Gesetz zur Änderung und Ergänzung beurkundungsrechtlicher Vorschriften vom 20. 2. 1980 (BGBl I 157) wurden § 13a neu eingefügt und die § 9 Abs 1, § 13, § 37 Abs 1, § 44 S 2 geändert bzw ergänzt und zwar mit Wirkung zum 26. 2. 1980. In den neuen Bundesländern wurde das BeurkG gemäß Art 8 des Einigungsvertrags vom 31. 8. 1990 (BGBl II 889) zum 3. 10. 1990 in Kraft gesetzt. Mit dem Rechtspflege-Vereinfachungsgesetz vom 17. 12. 1990 (BGBl I 2847) wurde in § 62 ein neuer Absatz 2 eingefügt (vereinfachte Zustellung bestimmter Urkunden). Durch das Dritte Gesetz zur Änderung der Bundesnotarordnung und anderer Gesetze vom 31. 8. 1998 (sog *Berufsrechtsnovelle*, BGBl I 2582) wurde auch das BeurkG erheblich geändert; insbes wurde der fünfte Abschnitt über die Verwahrung (§§ 54a–54e) eingefügt und die §§ 1, 3, 14, 17, 34 und 45 geändert. Durch das Gesetz über die Eingetragene Lebenspartnerschaften vom 16. 2. 2001 (BGBl I 266) wurden die §§ 3, 6, 7 und 26 ergänzt. Das OLG-Vertretungsänderungsgesetz vom 23. 7. 2002 (BGBl I 2850) hat den § 17 um besondere Bestimmungen für Verbraucherverträge erweitert, den § 31 aufgehoben und die §§ 22, 23, 24, 33 und 34 mit den Vorschriften über die Beurkundung bei Beteiligung von Behinderten geändert.

2. Inhalt des BeurkG im allgemeinen

6 Das BeurkG regelt in §§ 1–5 den Geltungsbereich des Gesetzes, die Rechtsfolgen einer Überschreitung des Amtsbezirks durch den Notar, die Fälle, in denen der Notar an der Beurkundung nicht mitwirken und in denen er diese ablehnen soll, sowie die Urkundssprache, in §§ 6–35 das Verfahren bei der Beurkundung von Willenserklärungen und zwar in §§ 6, 7 die Ausschließung des Notars, in §§ 8–16 die Niederschrift über die Verhandlung bei der Beurkundung von Willenserklärungen, in §§ 17–21 die Prüfungs- und Belehrungspflichten; die §§ 22–26 enthalten Sondervorschriften bei Beteiligung behinderter Personen (Tauber, Stummer, Blinder, Schreibunfähiger), die §§ 27–35 Besonderheiten für Verfügungen von Todes wegen; die §§ 36–43 betreffen sonstige Beurkundungen, also die Beurkundung anderer Erklärungen als Willenserklärungen sowie sonstiger Tatsachen oder Vorgänge, die Abnahme von Eiden und die Aufnahme eidesstattlicher Versicherungen, die Unterschriftsbeglaubigung, die Erteilung von Bescheinigungen und die Beglaubigung von Abschriften. Die §§ 44–54 regeln die Behandlung von Urkunden, insbesondere auch die Erteilung von Ausfertigungen. Durch die Berufsrechtsnovelle von 1998 wurde der fünfte Abschnitt eingefügt, der die Verwahrung betrifft (§§ 54 a–e).

7 Die *Schlussvorschriften* (§§ 55–71) enthalten Bestimmungen über das Verhältnis zu anderen Gesetzen (§§ 55–69) sowie über das Inkrafttreten des Gesetzes, das am 1. 1. 1970 erfolgte (§§ 70, 71). Siehe hierzu im Einzelnen STAUDINGER/WINKLER[12] Rn 6 und die nachstehenden Erläuterungen, Rn 32 ff.

3. Zuständigkeitsregelung

a) Nahezu ausschließlich notarielle Zuständigkeit

8 Nach dem zum Zeitpunkt des Inkrafttreten des BeurkG geltenden Recht ist der Notar zuständig, „Beurkundungen jeder Art vorzunehmen" (§§ 20, 114 Abs 1 S 3 HS 2, § 115 BNotO, letzterer mit § 22 BadLFGG; dazu vgl etwa den Überblick bei SCHIPPEL/REITHMANN § 20 BNotO Rn 4 ff).

Davon ausgehend fallen nach dem BeurkG die Beurkundungsbefugnisse anderer Personen und sonstiger Stellen, die neben dem Notar für Beurkundungen zuständig waren, grundsätzlich weg, so dass die bisherige allgemeine Zuständigkeit des Notars zu einer nahezu *ausschließlichen* wird (vgl BT-Drucks V 3282, 24; WINKLER Rn 9 zu Einl zum BeurkG; MATTERN Rpfleger 1969, 38; MECKE DNotZ 1968, 584; im Verhältnis zum Gericht ARM-BRÜSTER, in: HUHN/VSCHUCKMANN § 56 BeurkG Rn 5: „Beurkundungsmonopol des Notars"). Es wird also die neben dem Notar bestehende Zuständigkeit der Gerichte, abgesehen von der Beurkundungsbefugnis in anhängigen gerichtlichen Verfahren, sowie die sonstiger Stellen (zB Verwaltungsbehörden) grundsätzlich beseitigt. Die Aufhebung der gerichtlichen Zuständigkeit gilt auch für die Beurkundungstätigkeit bei Erklä-rungen, die nach dem Verfahrensrecht in Beurkundungs- oder Beglaubigungsform zum Vollzug oder zur Genehmigung eingereicht werden müssen, insbesondere sol-che an das *Grundbuchamt* und das *Registergericht* (s zB die Gesetzesänderungen in §§ 56, 57 Abs 6, 7, 8, 9, 11, 12, 13 BeurkG).

aa)   Fortbestehende Beurkundungszuständigkeit nach Bundesrecht
Es bestehen daneben nur noch *wenige Beurkundungszuständigkeiten anderer Stellen,*   **9**
für die das Beurkundungsgesetz gilt. Im Wesentlichen sind dies (vgl WINKLER § 1 BeurkG Rn 39 ff; EYLMANN/VAASEN/LIMMER § 1 BeurkG Rn 15 ff; PREUSS, in: HUHN/VSCHUCK-MANN § 1 BeurkG Rn 21 ff) nach Bundesrecht:

– das *Amtsgericht* (dazu WINKLER, Die Zuständigkeit der Amtsgerichte zu Beurkundungen, Rpfleger 1971, 344) bei Ausschlagung einer Erbschaft oder Anfechtung der Annah-me oder Ausschlagung einer Erbschaft (§§ 1945, 1955 BGB, § 57 Abs 3 Nr 4 BeurkG), Aufnahme einer eidesstattlichen Versicherung zur Erlangung eines Erb-scheins (§ 2356 Abs 2 S 1 BGB, § 56 Abs 3 S 2), eines Testamentsvollstreckerzeug-nisses (§ 2368 Abs 3 BGB) und eines Zeugnisses über die Fortsetzung der Güter-gemeinschaft (§ 1507 BGB); die Erklärung der Wahl unter mehreren Höfen (§ 9 Abs 2 S 1 HöfeO, § 57 Abs 11 BeurkG) und Bestimmung des Hoferben unter den Abkömmlingen des Eigentümers durch den überlebenden Ehegatten (§ 14 Abs 3 S 3 HöfeO, § 57 Abs 11 BeurkG), sowie für familienrechtliche Willenserklärungen nach § 62 Abs 1 BeurkG.

– der *Konsuln* nach §§ 10 ff KonsG vom 11. 9. 1974 (BGBl I 2317). Die Konsularbe-amten sind dabei mit einer allgemeinen Beurkundungsbefugnis ausgestattet. Für das Verfahren gelten im wesentlichen die Vorschriften des Beurkundungsgesetzes mit den in § 10 Abs 3 KonsG genannten Abweichungen. Die konsularischen Ur-kunden und Beglaubigungen stehen den Urkundsakten der deutschen Notare gleich, § 10 Abs 2 KonsG (zu Einzelheiten und zum Unterschied des konsularischen Beur-kundungswesens zum Notariat BINDSEIL DNotZ 1993, 5; VSCHUCKMANN, in: HUHN/VSCHUCK-MANN § 1 BeurkG Rn 109 ff sowie jeweils die Hinweise bei HUHN/VSCHUCKMANN, BeurkG, je im Anschluss an die Erläuterung der einzelnen Bestimmungen des BeurkG).

– die dazu ermächtigten Beamten und Angestellte der *Jugendämter* für die in § 59 Abs 1 SGB VIII aufgezählten Beurkundungsakte, insbes für die Beurkundung von Vaterschaftsanerkenntnissen, Mutterschaftsanerkenntnissen, Verpflichtungen zur Erfüllung von Unterhaltsansprüchen eines Kindes oder Jugendlichen ua, ein-schließlich der Befugnis, diesbezüglich vollstreckbare Urkunden zu schaffen. Zur damit konkurrierenden Zuständigkeit der Notare und anderer Stellen Münch-Komm/STRICK Bd 8 § 59 SGB VIII Rn 4.

Die frühere Zuständigkeit der *Postbeamten* zur Aufnahme von Wechsel- und

Scheckprotesten bis zu 1000 DM ist im Zuge der Neuregelung des Postwesens weggefallen (Art 12 Abs 29 PTNeuOG vom 14. 9. 1994 [BGBl I 2125, 2387]). Zu den Not- und Dreizeugentestamenten s Rn 12.

bb) Fortbestehende Beurkundungszuständigkeit nach Landesrecht

10 Aufgrund des Vorbehalts des § 61 BeurkG bestehen nach Landesrecht im beschränkten Umfang noch andere Beurkundungszuständigkeiten (s WINKLER § 1 Rn 52 ff; § 61 BeurkG Rn 4 ff; ARMBRÜSTER, in: HUHN/vSCHUCKMANN § 61 BeurkG Rn 3 ff):

– der *Amtsgerichte*: zB für die Beurkundung freiwilliger Versteigerungen mit Ausnahme von Grundstücken und grundstücksgleichen Rechten, von Abmarkungen und von Aussagen von Zeugen, von Gutachten von Sachverständigen außerhalb anhängiger Verfahren durch das Amtsgericht sowie für die Aufnahme von Vermögensverzeichnissen (vgl hierzu die Nachw bei WINKLER § 1 BeurkG Rn 53 Fn 1 auf S 78).

– der *Gerichtsvollzieher* zur Beurkundung der von ihnen bewirkten Zustellungen (§§ 166 ZPO, 132 BGB) öffentlicher Versteigerungen (§§ 383 Abs 3 BGB, 817 ZPO) und Aufnahme von Wechsel- und Scheckprotesten (vgl §§ 59, 61 Abs 1 Nr 3 BeurkG).

– Vorstände der *Vermessungsbehörden* und der von ihnen beauftragten Beamten zur Beurkundung und Beglaubigung von Anträgen auf Vereinigung oder Teilung von Grundstücken (§ 61 Abs 1 Nr 6 BeurkG, so nach dem G über die Beurkundungs- und Beglaubigungsbefugnis der Vermessungsbehörden vom 15. 11. 1937 [RGBl 1257], wo das Landesrecht weitergilt [MECKE § 61 Anm 4] oder im *Saarland* nach § 55 des AGJusG vom 5. 2. 1997 [ABl 258, BS-Nr 114-5]).

– der *Fideikommisssenate* bei den OLGs zur Entgegennahme von Bewilligungen und Erklärungen in öffentlicher oder öffentlich beglaubigter Form (DVO zum G über die Vereinheitlichung der Fideikommissauflösung vom 24. 8. 1935 [RGBl I 1103]; teilweise wird dieser Vorbehalt für überflüssig gehalten, so etwa ARMBRÜSTER, in: HUHN/vSCHUCKMANN § 61 BeurkG 7; MECKE/LERCH § 61 BeurkG Rn 4).

cc) Sonstige Beurkundungsbefugnisse, für die das Beurkundungsgesetz nicht gilt

11 Hierzu gehört vor allem die Beurkundungszuständigkeit des *Standesbeamten*. Nach § 58 BeurkG gilt dieses Gesetz nicht für Beurkundungen nach dem *Personenstandsgesetz*. Die Beurkundungsbefugnisse des Standesbeamten konkurrieren nur zu einem kleinen Teil mit denen des Notars, so aber bei der Namenswahl von Ehegatten (§ 1355 BGB), der Anerkennung von Vater- und Mutterschaft (§§ 1594 ff BGB) und der Erteilung und Annahme des Kindesnamens (§§ 1617 ff BGB) (vgl zu Details WINKLER § 58 BeurkG Rn 2 ff; ARMBRÜSTER, in: HUHN/vSCHUCKMANN § 58 BeurkG Rn 2).

b) Zuständigkeit für die Beurkundung von Verfügungen von Todes wegen

12 Für die Errichtung öffentlicher Testamente und für die Beurkundung von Erbverträgen sind gemäß § 2231 Nr 1, § 2276 Abs 1 BGB idF des § 57 Abs 3 Nr 5, 14 BeurkG ausschließlich die Notare zuständig. Ausnahmen bestehen nach §§ 2249, 2250 BGB idF des § 57 Abs 3 Nr 10, 11 BeurkG, § 2251 (Nottestament vor dem *Bürgermeister, Dreizeugen-, Seetestament*), §§ 10, 11 KonsularG (Zuständigkeit der

Konsuln für Verfügungen von Todes wegen, hierzu und zum Verfahren GEIMER DNotZ
1978, 3, 18 ff).

c)   Beseitigung von Doppelzuständigkeiten nach dem BGB
Die neben den Notaren bestehende gerichtliche Zuständigkeit ist weggefallen (§ 56   **13**
BeurkG); §§ 81 Abs 2, 126 Abs 3, 873 Abs 2 BGB gelten idF des § 56 Abs 1 BeurkG.
Nach der Generalklausel des § 56 Abs 4 BeurkG wurden die vor dem BeurkG auf
Bundesrecht beruhenden Doppelzuständigkeit zwischen Gerichten und Notaren
auch dann zu Gunsten der Beurkundungszuständigkeit des Notars beseitigt, wenn
dies nicht ausdrücklich aufgeführt wurde (ARMBRÜSTER, in: HUHN/vSCHUCKMANN § 56
BeurkG Rn 5).

d)   Beseitigung von Doppelzuständigkeiten nach anderen Bundesgesetzen
Die neben der notariellen früher vorhandene gerichtliche Zuständigkeit ist wegge-   **14**
fallen, und zwar nicht nur für die in § 56 angeführten Vorschriften, etwa des HGB,
des AktG, des GmbHG und anderer Bundesgesetze, sondern gemäß der *Generalklausel* des § 56 Abs 4 BeurkG für das gesamte Bundesrecht.

Die vollstreckbaren Urkunden iS des § 794 Abs 1 Nr 5 ZPO können auch von   **15**
deutschen Gerichten aufgenommen werden (MUSIELAK/LACKMANN § 794 ZPO Rn 29),
zB in gerichtlichen Vergleichen (vgl § 127a BGB) oder in den Fällen des § 62 Abs 1
BeurkG im Zusammenhang mit Unterhaltsansprüchen. Im Übrigen ist eine gerichtliche Beurkundung nur zulässig, soweit eine solche für die Beurkundung von Rechtsgeschäften zugelassen ist.

e)   Anerkennung der Vaterschaft
Die Anerkennung der Vaterschaft (§§ 1592 Nr 2, 1594 BGB) und der hierzu erfor-   **16**
derlichen Zustimmungen (§ 1595 BGB) bedarf der öffentlichen Beurkundung
(§ 1597 Abs 1 BGB).

Für ihre Beurkundung ist gemäß § 62 Abs 1 Nr 1 BeurkG nach wie vor das Amtsgericht, und zwar hier der Rechtspfleger (§ 3 Nr 1 f RPflG), zuständig, *unbeschadet
der Zuständigkeit sonstiger Stellen*, zB der Notare (§ 20 BNotO), der dazu ermächtigten Beamten und Angestellten der Jugendämter (§ 59 Abs 1 S 1 Nr 1 SGB VIII),
Standesbeamten (§ 29a Abs 1 PStG), dem Prozessgericht der anhängigen Vater-
schaftsklage (§ 641c ZPO), Konsuln (Berufskonsularbeamte immer, vgl §§ 1, 2, 10,
19, 24 KonsularG; vgl MünchKomm/WELLENHOFER-KLEIN § 1597 BGB Rn 2; PALANDT/DIE-
DERICHSEN § 1597 Rn 1). Zur Beurkundungszuständigkeit des Amtsgerichts zu Ver-
pflichtungserklärungen zur Erfüllung von Unterhaltsansprüchen neben anderen
Stellen s § 62 Abs 1 Nr 2, 3 BeurkG. Zur Beurkundungszuständigkeit nach § 59
Abs 1 SGB VIII, die sich durch die Novellierung des Kindschaftsrechts durch das
KRefG vom 16. 12. 1997 (BGBl I 2942) nicht unwesentlich geändert hat, s auch den
Überblick bei PREUSS, in: HUHN/vSCHUCKMANN § 1 BeurkG Rn 33.

f)   Auflassung
In § 925 S 1 BGB sind gemäß § 57 Abs 3 Nr 3 BeurkG die Worte „das Grundbuch-   **17**
amt, jedes Amtsgericht und" weggefallen. Die Auflassung kann also nicht mehr
vom Grundbuchamt oder einem Amtsgericht entgegengenommen werden. Die
Zuständigkeit sonstiger Stellen zur Entgegennahme der Auflassung kann sich nach

Landesrecht aus § 61 **BeurkG** im Zusammenhang mit den dort geregelten Materien, etwa bei Beurkundungen in Gemeinheitsteilungsverfahren, ergeben; zu unberührt bleibendem Bundesrecht siehe auch § 59 BeurkG.

g)   Beglaubigung von Handzeichen

18   Für die Beglaubigung von Handzeichen ist nur noch der Notar zuständig (s § 20 Abs 1 S 1 BNotO; Details hierzu etwa bei SCHIPPEL/REITHMANN § 20 BNotO Rn 8 ff), ferner der Konsul (§ 10 Abs 1 Nr 2 KonsularG). Über die Zuständigkeit der Verwaltungsbehörden im Verwaltungsverfahren s § 65 BeurkG.

h)   Öffentliche Beglaubigung der Unterschrift

19   Eine öffentliche Beglaubigung der Unterschrift ist in vielen Fällen gesetzlich vorgeschrieben (s die Auflistung bei STAUDINGER/HERTEL [2004] § 129 Rn 5 ff). § 129 Abs 1 S 1 BGB ist unverändert geblieben; jedoch sind §§ 167 Abs 2 S 1, 191 FGG aufgehoben (§ 57 Abs 5 Nr 2 BeurkG). Für die öffentliche Beglaubigung ist daher das Gericht grundsätzlich nicht mehr zuständig (s BT-Drucks V 3282, 25). Gemäß § 63 BeurkG sind aber die Länder befugt, die Zuständigkeit für die öffentliche Beglaubigung von Unterschriften anderer Personen oder Stellen – mit Ausnahme der Amtsgerichte (s unten Rn 33) – zu übertragen und dadurch mit der notariellen Zuständigkeit konkurrierende Beglaubigungszuständigkeiten zu schaffen (krit dazu WINKLER § 63 BeurkG Rn 1). S ferner § 65 BeurkG.

i)   Allgemeine landesrechtliche Vorbehalte

20   Solche sind enthalten in § 61 Abs 1 BeurkG; § 61 Abs 2 bestimmt aber, dass aufgrund der in Abs 1 genannten Vorbehalte den Gerichten Beurkundungszuständigkeiten *nicht neu übertragen* werden können, s auch § 61 Abs 3, 4 BeurkG.

k)   Beurkundungen im Prozessverfahren sowie von Vergleichen im Verfahren der freiwilligen Gerichtsbarkeit

21   Die Protokollierung eines gerichtlichen Vergleichs nach den Vorschriften der ZPO (§§ 160 ff) fällt nicht unter das BeurkG, steht jedoch gemäß § 127a BGB der notariellen Beurkundung gleich (STAUDINGER/HERTEL [2004] § 127a Rn 35). Dieser Grundsatz gilt auch für den Abschluss von Vergleichen in anhängigen Verfahren der freiwilligen Gerichtsbarkeit (BGHZ 14, 381 = NJW 1954, 1886; PALANDT/HEINRICHS § 127a Rn 2 mwN; STAUDINGER/HERTEL § 127a Rn 6). Die Einhaltung der Vorschriften der ZPO über die Protokollierung von Vergleichen ist aber auch hier geboten, um die Rechtswirkung des § 127a BGB herbeizuführen.

l)   Vollstreckbarerklärung eines Anwaltsvergleichs

22   Um die Gerichte zu entlasten, wurde durch das Rechtspflege-Vereinfachungsgesetz vom 17. 12. 1990 (BGBl I 2847) der vollstreckbare Anwaltsvergleich (§ 1044b ZPO aF) eingeführt und durch das *Schiedsverfahrensneuregelungsgesetz* vom 22. 12. 1997 (BGBl I 3224) novelliert und systematisch richtig als § 796c ZPO in das Vollstreckungsrecht integriert (aktuelle Übersicht bei WOLFSTEINER, in: KERSTEN/BÜHLING, Formularbuch und Praxis der Freiwilligen Gerichtsbarkeit [21. Aufl 2001] § 21 Rn 178 ff; WINKLER § 52 BeurkG Rn 45; vSCHUCKMANN/PREUSS, in: HUHN/vSCHUCKMANN § 52 BeurkG Rn 64 ff). Eine Zulassung einer unmittelbaren Vollstreckung aus dem zunächst rein privatrechtlich zustandegekommenen Vergleich der Anwälte wäre aus verfassungsrechtlichen Gründen nicht zulässig, weil der dadurch ermöglichte Zwangseingriff in grundrechtlich geschützte

Positionen nur dadurch legitimiert werden kann, dass er von einem Träger öffentlicher Gewalt abgeleitet wird (Geimer DNotZ 1991, 266, 270). Daher sieht § 796c ZPO (früher § 1044b Abs 2 ZPO) vor, dass mit Zustimmung der Parteien ein Anwaltsvergleich auch von einem Notar in Verwahrung genommen und für vollstreckbar erklärt werden kann. Damit wird dem Notar eine echt *richterliche Funktion* übertragen (Geimer 271). Die Vollstreckbarerklärung ist an sich keine Beurkundungstätigkeit, was formell dadurch offenkundig wird, dass der Notar durch Beschluss entscheidet (Will BWNotZ 1992, 89, 91; Geimer 272 f; *Mustertexte* bei H Keller MittBayNot 1992, 313, 314 und Wolfsteiner § 21 Rn 193 M). Die Zuständigkeit des Notars konkurriert hier mit der der Gerichte. Da das Verfahren nur dann anwendbar ist, wenn beide Parteien mit der Vollstreckbarerklärung ausdrücklich einverstanden sind, dürfte der gewünschte Entlastungseffekt ausbleiben (Geimer 272).

m) **Beurkundungen von Rechtshandlungen, die keine Willenserklärungen darstellen**

Die Zuständigkeit der Notare hierfür ergibt sich aus §§ 20, 22, BNotO (§ 22 idF des **23** § 57 Abs 17 Nr 5 BeurkG). *Zeugnisurkunden*, bei denen der Beurkundungsvorgang in ein Verfahren eingebettet ist, bei dem der Notar nicht mitwirkt, etwa bei einem gerichtlichen oder behördlichen Verfahren, kann er aber nicht errichten (Preuss, in: Huhn/vSchuckmann § 1 BeurkG Rn 21; Winkler § 1 BeurkG Rn 30 ff; Mecke DNotZ 1968, 593 ff). Die Errichtung dieser Zeugnisurkunden kann nur von der jeweils zuständigen Stelle wahrgenommen werden (etwa den dazu berufenen Zivil-, Straf- oder Verwaltungsgerichten oder besonderen Verwaltungsbehörden [etwa der Enteignungsbehörde nach § 100 BauGB]).

Das **Verfahren** für die notarielle **Beurkundung** anderer Erklärungen als Willenserklärungen sowie **sonstiger Tatsachen** oder Vorgänge ist jetzt in §§ 36 ff BeurkG geregelt (dazu etwa Haegele Rpfleger 1969, 365, 370; Mecke DNotZ 1968, 584, 609 ff; Winkler DNotZ 1971, 140; vSchuckmann/Preuss, in: Huhn/vSchuckmann § 36 BeurkG Rn 1 ff). Für die *Aufnahme der eidesstattlichen Versicherung* nach § 2356 Abs 2 BGB sind aber nach wie vor konkurrierend sowohl das Nachlassgericht als auch der Notar zuständig (§ 56 Abs 3 S 2 BeurkG; Armbrüster, in: Huhn/vSchuckmann § 56 BeurkG Rn 8 mwNw; krit dazu Zimmermann, Erbschein und Erbscheinsverfahren [2004] Rn 117). Die sonstige allgemeine Zuständigkeit der Notare für die Aufnahme eidesstattlicher Versicherungen ist bestehen geblieben (§ 22 Abs 1, 2 BNotO; vgl dazu Eylmann/Vaasen/Limmer § 22 BNotO Rn 8 f; Schippel/Reithmann § 22 BNotO Rn 10 ff).

Die *landesrechtlichen Vorschriften* über die Aufnahme eidesstattlicher Versicherungen durch die Amtsgerichte sind aufgehoben (§ 60 Nrn 33 a, 38 c, 57c BeurkG). Über die Aufnahme eidesstattlicher Versicherungen im Verwaltungsverfahren siehe § 66 BeurkG. Für die Beurkundung von *Hauptversammlungsbeschlüssen* einer AG, KGaA sind nur mehr die Notare zuständig (§ 130 Abs 1 AktG idF des § 56 Abs 1 BeurkG, § 278 Abs 3 AktG), wenngleich jetzt die Beurkundungspflicht bei nicht börsennotierten Gesellschaften (sog „kleinen AG") durch § 130 Abs 1 S 3 AktG, eingefügt durch G vom 2. 8. 1994 (BGBl I 1961), eingeschränkt ist.

4. **Verfahren bei der Beurkundung von Willenserklärungen**

Für das Verfahren der Notare bei der Beurkundung von Willenserklärungen gelten **24** ab 1. 1. 1970 im wesentlichen die §§ 1–35, 44–54 BeurkG. Gemäß § 1 Abs 2 BeurkG gelten diese Vorschriften entsprechend, wenn neben dem Notar auch andere Urkundspersonen oder Stellen, zB das Amtsgericht, zuständig sind; ausgenommen ist § 5 Abs 2 BeurkG über die Errichtung von Urkunden in fremder Sprache.

25 *Bundesrecht* bleibt grundsätzlich bestehen, soweit es nicht ausdrücklich geändert ist (§ 59 gegenüber §§ 55–57, auch §§ 58, 61 Abs 3 Nr 3 BeurkG). *Landesrecht* wird nach der Generalklausel des § 60 S 1 BeurkG grundsätzlich aufgehoben, wozu § 60 S 2 Nr 1–68 einen Katalog der aufgehobenen Vorschriften beispielhaft aufführt.

5. Wirkungen der Zuständigkeitsregelungen

a) Die landesrechtliche Regelung der sachlichen und örtlichen Beurkundungszuständigkeit

26 Diese ist mit der bundesrechtlichen Regelung der Beurkundungszuständigkeit, der Aufhebung des Art 141 EG und des auf ihm beruhenden Landesrechts durch das BeurkG im Wesentlichen beseitigt.

b) Überschreitung des Amtsbezirks

27 § 11 BNotO ist durch das BeurkG nicht geändert worden. Das BeurkG hat aber in § 2 die Rechtsfolgen der *Überschreitung des Amtsbezirks* durch den Notar in sachlich gleichartiger Weise wie in § 11 Abs 3 BNotO geregelt, und zwar dahingehend, dass die Beurkundung nicht deshalb unwirksam ist, weil der Notar sie außerhalb seines Amtsbezirks (§ 11 Abs 1 BNotO) oder außerhalb des Landes vorgenommen hat, in dem er zum Notar bestellt ist. Jedoch sind Beurkundungsakte eines deutschen Notars **im Ausland unwirksam**, weil sich die Hoheitsbefugnisse des Notars als Träger eines öffentlichen Amtes auf das deutsche Staatsgebiet nach dem völkerrechtlichen Territorialitätsbegriff beschränken (vgl etwa EYLMANN/VAASEN/LIMMER § 2 BeurkG Rn 8; WINKLER § 2 Rn 2; s auch BGHZ 138, 359 = NJW 1998, 2830).

6. Notarrecht

a) Bundesnotarordnung

28 Die Bundesnotarordnung idF vom 24. 2. 1961 (BGBl I 97), zuletzt geändert durch G vom 22. 7. 2005 (BGBl I 2188) hat durch § 57 Abs 17 BeurkG erhebliche Änderungen erfahren; sie wurden in der Hauptsache durch die Übernahme zahlreicher Vorschriften in das BeurkG notwendig. § 15 BNotO wurde ein 2. Abs angefügt, der § 5 Abs 2 BeurkG ergänzt und bestimmt, dass der Notar zu einer Beurkundung in einer anderen Sprache als der deutschen nicht verpflichtet ist; im Übrigen wurden die §§ 16, 17, 21, 25, 41 geändert, § 22a eingefügt und der Wegfall der §§ 26–37 angeordnet. Durch das Dritte Gesetz zur Änderung der BNotO und anderer Gesetze im Jahre 1998 hat die BNotO eine umfangreiche Änderung erfahren. Einen *Überblick* über die Entstehung und die Entwicklung der BNotO gibt SCHIPPEL, BNotO, S 47 ff.

b) Dienstordnung für Notare

29 Ergänzt werden die BNotO und das BeurkG durch die Dienstordnung für Notarinnen und Notare (DONot), die von den Landesjustizverwaltungen entsprechend dem BeurkG bundeseinheitlich neu gefasst, am 1. 8. 1970 in Kraft getreten und zuletzt im Jahre 2001 von den einzelnen Bundesländern weitgehend gleichlautend neu gefasst wurde (für *Bayern*: Bek vom 25. 1. 2001 [BayJMBl 2001, 32]; *Nordrhein-Westfalen* AV vom 23. 3. 2001 [JMBl NRW 117]; Nachweise der Fundstellen der anderen Bundesländer bei RENNER, in: HUHN/vSCHUCKMANN Teil D Vorb Rn 8; die aktuellen Texte der einzelnen Bundesländer finden sich im Internet unter www.bnotk.de unter „Texte berufsrecht"; ausführlich zur Neufassung MIHM/BETTENDORF DNotZ 2001, 22; vCAMPE NotBZ 2000, 366). Sie enthält Vorschriften über den laufenden Geschäftsbetrieb, insbesondere Bestimmungen über das Büro des Notars, Regeln über die geschäftliche Behandlung der Amtsvorgänge (besonders hinsichtlich der Verwahrungsgeschäfte), über die Feststellung und Bezeichnung der Beteiligten, über die äußere Form notarieller Urkunden, Richtlinien über die Prüfung der Amtsführung und die Handhabung der Vertretung. Die Vorschriften der DONot sind keine Rechtsnormen, sondern *Dienstanweisungen*, deren Verletzung die Gültigkeit der notariellen Amtshandlung nicht beeinträchtigt (BGH DNotZ 1960, 688; WINKLER Rn 38 zu Einl BeurkG; eingehend dazu RENNER Rn 16 ff; STARKE ZNotP-Sonderheft 2000 Rn 4). Die genaue und vollständige Beachtung der Dienstvorschriften ist aber Amtspflicht des Notars, wobei deren Verletzung uU Schadensersatzansprüche begründen kann (BGH DNotZ 1972, 551), jedoch bestehen die nach der DONot dem Notar auferlegten Pflichten wegen ihrer „Innenwirkung" nicht gegenüber Dritten (RENNER Rn 26; STARKE ZNotP-Sonderheft 2000 Rn 4; SCHIPPEL § 118 BNotO Rn 34).

c) Zuständigkeit und Verfahren

Die grundsätzlich ausschließliche *Zuständigkeit* der Notare für öffentliche Beurkundungen ergibt sich aus der Regelung des BeurkG (oben Rn 8). Dieses regelt auch das *Verfahren* im Wesentlichen abschließend. Seine Vorschriften gelten auch für die Notare im baden-württembergischen Landesdienst (§ 64 S 1 BeurkG). Nach § 3 Abs 1 Nr 8 BeurkG soll ein Notar an einer Beurkundung nicht mitwirken, wenn es sich um Angelegenheiten einer Person handelt, zu der er in einem ständigen Dienstverhältnis steht; diese Vorschrift gilt aber für den *baden-württembergischen Landesnotar* nicht allein deswegen, weil er in einem Dienstverhältnis zu diesem Land steht (§ 64 S 2 BeurkG; WINKLER § 3 BeurkG Rn 160, § 64 Rn 1). **30**

7. Landesrecht

a) Aufgehobenes Landesrecht (§ 60 BeurkG)

Die auf Grund des früheren Vorbehalts des Art 141 EG erlassenen Vorschriften des Landesrechts sind durch das BeurkG mit Wirkung vom 1. 1. 1970 aufgehoben (§ 60 BeurkG). **31**

b) Unberührt bleibendes Landesrecht (§ 61 BeurkG)

In § 61 Abs 1 BeurkG sind die Rechtsgebiete aufgezählt, in denen unbeschadet der Zuständigkeit des Notars die landesrechtlichen Vorschriften über Beurkundungszuständigkeiten und das Beurkundungsverfahren unberührt bleiben, zB über die Aufnahme von Nachlassverzeichnissen und anderen Vermögensverzeichnissen sowie die Mitwirkung hierbei, über Aufnahme von Wechsel- und Scheckprotesten. § 61 Abs 2 bestimmt aber, dass aufgrund der Vorbehalte des Abs 1 den Gerichten **Beurkundungszuständigkeiten nicht neu übertragen** werden können. § 61 Abs 3 stellt klar, dass andere bundesrechtliche Vorbehalte, die die Länder ermächtigen, gewisse Fragen oder Rechtsgebiete selbständig zu regeln, zB nach Art 55 ff EGBGB, *nicht* die **32**

Befugnis verleihen, *vom Bundesrecht abweichende Vorschriften über Beurkundungszuständigkeiten* oder das Beurkundungsverfahren zu erlassen. Abs 4 hält die Beurkundungszuständigkeit der baden-württembergischen Ratschreiber und Hilfsbeam-
ten der Grundbuchämter aufrecht (BT-Drucks V 3282, 45, 46).

c) Landesrecht für die öffentliche Beglaubigung

33 Gemäß § 63 BeurkG sind die Länder befugt, durch Gesetz die Zuständigkeit für die
öffentliche Beglaubigung von Abschriften oder Unterschriften (§§ 39, 40, 42 BeurkG)
anderen Personen oder Stellen zu übertragen. Damit können hinsichtlich der Beglaubigung von Unterschriften und Abschriften **neue, mit der notariellen Zuständigkeit konkurrierende Beglaubigungszuständigkeiten** geschaffen werden.

34 Den *Amtsgerichten* können auf Grund § 63 aber keine Beglaubigungsbefugnisse
übertragen werden. Eine andere Auffassung würde dem Zweck des BeurkG zu-
widerlaufen, die gerichtliche Zuständigkeit weitestgehend einzuschränken (ARMBRÜ-
STER, in: HUHN/VSCHUCKMANN § 63 BeurkG Rn 3; MECKE/LERCH § 63 BeurkG Rn 3; WINKLER § 63
BeurkG Rn 3; SCHIPPEL DNotZ 1970, 61, 62; WEBER DRiZ 1970, 47; WINKLER NJW 1970, 936; **aM**
JANSEN § 63 BeurkG Anm 3; ZIMMERMANN Rpfleger 1970, 190).

35 Von diesem Vorbehalt wurde bereits zugunsten der Vorsteher der *hessischen Ortsgerichte* (§ 13 HessOrtsgerichtsG idF vom 2.4.1980 [GVBl I 113 = GVBl II 28-1]),
geändert durch G vom 17.12.1998 (GVBl I 562, 572), der *baden-württembergischen
Ratschreiber* (§ 32 Abs 4 LFGG vom 12.2.1975 [GBl 116], Art 2 G vom 17.12.1974
[BGBl I 3602]) und der *rheinland-pfälzischen Ortsbürgermeister*, die Verbandsgemein-
deverwaltungen und die Gemeindeverwaltungen der verbandsfreien Gemeinden
sowie die Stadtverwaltungen der kreisfreien und großen kreisangehörigen Städte
(§§ 2, 1 Abs 1 Nr 1–3 des RhPf G über die Beglaubigungsbefugnis vom 21.7.1978
[GVBl 597], zuletzt geändert durch G vom 21.7.2003 [GVBl 155]) Gebrauch gemacht
(ARMBRÜSTER, in: HUHN/VSCHUCKMANN § 63 BeurkG Rn 6 ff; STAUDINGER/HERTEL [2004] § 129
BGB Rn 45; MEIKEL/BRAMBRING[9] § 29 GBO Rn 202 ff). Die öffentliche Beglaubigung einer
nach Landesrecht zuständigen Stelle genügt im gesamten Bundesgebiet dem § 29
GBO (LG Bonn Rpfleger 1983, 309). In *Hessen* und *Rheinland-Pfalz* ist die örtliche
Zuständigkeit durch Soll-Vorschriften eingeschränkt, deren Verletzung jedoch kei-
nen Einfluss auf die Wirksamkeit der Beglaubigung hat (MEIKEL/BRAMBRING[9] § 29 GBO
Rn 205).

III. Ehemalige DDR und Ost-Sektor von Berlin

1. Die frühere Rechtslage

36 Wegen der früheren Rechtslage und des dort bis zum Beitritt geltenden „*Staatlichen
Notariats*" wird auf STAUDINGER/WINKLER[12] Rn 34 ff verwiesen.

2. Überleitung

a) Beurkundungsverfahren

37 Das *Beurkundungsgesetz* vom 26.8.1969 (BGBl 1513) ist nach Art 8 des *Einigungsvertrags* in den neuen Bundesländern und in Ostberlin am 3.10.1990 in Kraft getreten; im Einigungsvertrag, insbes in dessen Anlage I, ist nichts anderes bestimmt

(SCHIPPEL DNotZ 1991, 171, 172). Für davor abgeschlossene Verträge bleibt gemäß Art 232 § 1 EGBGB das ZGB der DDR maßgebend. Nach § 297 Abs 2 DDR-ZGB bedurften Verträge, durch die das Eigentum an Grundstücken übertragen wurde, der Beurkundung durch das **Staatliche Notariat** der DDR oder durch das sonst zuständige staatliche Organ (§ 67 Abs 1 DDR-ZGB). Äußerst umstritten wurde daher nach der Wende die Frage, ob die zahlreichen, noch kurz vor dem Beitrittstermin am 3. 10. 1990 von *bundesdeutschen oder Westberliner Notaren* über in der DDR belegene Immobilien beurkundeten Verträge überhaupt formwirksam waren (für *Formunwirksamkeit*: LG Berlin DtZ 1991, 292; Kreisgericht Leipzig-Stadt DNotZ 1991, 306; SCHÄFER-GÖLZ/LANGE DtZ 1991, 292; *Formwirksamkeit* nahmen an: SCHOTTEN DNotZ 1991, 771; STEINER DtZ 1991, 372; hierzu STAUDINGER/WUFKA [2001] § 313 Rn 220). Zu Recht ist der Gesetzgeber tätig geworden und hat durch Art 231 § 7 Abs 1 EGBGB (eingefügt durch das 2. VermRÄndG vom 14. 7. 1992) bestimmt, dass eine notarielle Beurkundung oder Beglaubigung, die vor dem Beitritt vor einem Notar vorgenommen wurde, der nicht im Beitrittsgebiet zur Amtstätigkeit bestellt war, aber für den Geltungsbereich des Grundgesetzes, wegen eines solchen Verstoßes nicht unwirksam ist. Diese „Heilungsvorschrift", die zurückwirkt und verfassungsrechtlich unbedenklich ist (BGH DtZ 1993, 210), aber andere Unwirksamkeitsgründe nicht erfasst (vgl hierzu auch BÖHRINGER VIZ 2000, 570, 573), gilt allerdings nicht, soweit eine rechtswirksame Entscheidung ergangen ist, Art 231 § 7 Abs 2 EGBGB (vgl hierzu PALANDT/HEINRICHS Art 231 § 7 EGBGB Rn 4).

b) Notariatsverfassung

In der DDR und Berlin-Ost wurde 1952 das **staatliche Notariat** geschaffen und die 38 RNotO und die landesrechtlichen Bestimmungen über die Tätigkeit der Notare aufgehoben (hierzu und zum Folgenden eingehend SCHIPPEL DNotZ 1991, 171, ders, BNotO, Überblick 51 f; WEICHLER MittRhNotK 1991, 303). Am 15. 2. 1976 trat das neue Notariatsgesetz in Kraft (eingehend dazu APPEL DNotZ 1976, 580). Die Zahl der freien Notare, die als sog Anwaltsnotare tätig waren, war äußerst gering. Im Anschluss an die durch die Grenzöffnung im Spätherbst 1989 eingeleiteten tiefgreifenden Veränderungen schloss sich das Ministerium der Justiz der DDR den Vorstellungen der Mehrzahl der im **Staatlichen Notariat** tätigen etwa 500 Notare und Notarinnen an und ging im Zuge der erforderlich gewordenen *Justizreform* (zu deren Zielsetzungen NJW 1990, 1094) von seinem ursprünglichen Vorhaben ab, das **Staatliche Notariat** beizubehalten und erließ am 20. 6. 1990 die *Verordnung über die Tätigkeit von Notaren in eigener Praxis* (GBl I 475). Diese NotVO sah die Bestellung hauptberuflicher Notare im ganzen Staatsgebiet der DDR mit Ausnahme des Zuständigkeitsbereichs des Stadtgerichts Berlin vor, wo ausschließlich Anwaltsnotare bestellt wurden. Bereits kurze Zeit später wurde eine Änderung dieser NotVO erforderlich (VO vom 22. 8. 1990, GBl I 1328; Durchführungsbestimmungen zur NotVO vom 9. 8. 1990, GBl I 1152), die insbes Fragen des Zugangs zum Notariat, des Disziplinarverfahrens, der Anfechtung von Verwaltungsakten nach rechtsstaatlichen Grundsätzen und die Einrichtung von Notarkammern und einer Notarkasse nach dem Vorbild der BNotO betraf. Gleichzeitig wurde die Dienstordnung für Notare des Bundeslandes *Bayern* idF vom 1. 2. 1985 (s Rn 29) für die fünf neuen Bundesländer, in der Fassung des Landes *Berlin* für den Bereich des Stadtgerichts Berlin (Berlin-Ost) übernommen (VO über die Dienstordnung der Notare vom 22. 8. 1990, GBl I 1332). Beim Beitritt der DDR zur Bundesrepublik Deutschland am 3. 10. 1990 wurde die *Bundesnotarordnung* vom Inkrafttreten des Bundesrechts in den fünf neuen Bundesländern ausgenommen (Einigungsvertrag vom 31.8. 1990 [BGBl II 889, 921] Art 8 iVm Anl I, Kap III, Sachgebiet A, Abschn I Nr 8). Die Verordnung der DDR über die Tätigkeit von Notaren in eigener Praxis idF des Einigungsvertrages mit den dort bestimmten Änderungen (Anl II, Kap III, Sachgebiet A, Abschn III Nr 2), die Durchführungsbestimmungen hierzu und die VO über die Dienstordnung der Notare blieben in Kraft (Einigungsvertrag Anl II Kap III Sachgebiet A Abschnitt I Nr 1 und 2). Nur im ehemals sowjetisch besetzten Teil von Berlin *(Berlin-Ost)* gelten diese drei notarrechtlichen Verordnungen der früheren DDR nicht weiter (Einigungsvertrag Anl II, Kap III, Sachgebiet A, Abschn IV Nr 1 b) bis d)), sondern stattdessen die Bundesnotarordnung mit zwei Besonderheiten: Auch für Ost-Berlin wurde wie für den Westteil der Stadt die Regelung des § 3 Abs 2 BNotO (Anwaltsnotare) eingeführt.

39 Zur Entwicklung des Notariats in den neuen Ländern unmittelbar nach dem Beitritt s Schippel DNotZ 1991, 171; zu den besonders schwierigen Fragen der erforderlich gewordenen Prüfung der Notarzulassungen DtZ 1992, 148 und Schoer DtZ 1992, 178; zu den Entscheidungen des BGH beim Aufbau des Notariats in den neuen Bundesländern s Odersky, in: FS Schippel (1996) 757 ff. Mit dem Drittem Gesetz zur Änderung der BNotO und anderer Gesetze vom 7. 9. 1998 (BGBl I 2585) trat die **BNotO** auch **in den neuen Bundesländern in Kraft** und beseitigte die dort bislang geltende NotVO. Damit war auch für das Berufsrecht der Notare nach der Wiedervereinigung Deutschlands ein einheitliches Recht für die gesamte Bundesrepublik Deutschland geschaffen.

Artikel 142

Unberührt bleiben die landesgesetzlichen Vorschriften, welche in Ansehung der in dem Gebiete des Bundesstaats liegenden Grundstücke bestimmen, daß für die Beurkundung des im § 313 des Bürgerlichen Gesetzbuchs bezeichneten Vertrags sowie für die nach § 873 Abs.2 des Bürgerlichen Gesetzbuchs zur Bindung der Beteiligten erforderliche Beurkundung der Erklärungen außer den Gerichten und Notaren auch andere Behörden und Beamte zuständig sind.

Materialien: E I Art 115; III Art 142; Prot I
458–462; VI 416, 417, 424, 425, 650.

1 1. Art 142 ist durch § 57 Abs 4 Nr 2 BeurkG mit Wirkung ab 1. 1. 1970 aufgehoben worden. Von einer Kommentierung wird deshalb abgesehen.

2 2. Zum früheren Recht s die Erl von Staudinger/Dittmann[10/11].

3 3. Für die Frage, ob altes oder neues Recht maßgebend ist, kommt es darauf an, ob die Urkunde vor oder nach dem 1. 1. 1970 errichtet worden ist.

Artikel 143

(1) Unberührt bleiben die landesgesetzlichen Vorschriften, welche in Ansehung der in dem Gebiete des Bundesstaats liegenden Grundstücke bestimmen, daß die Einigung der Parteien in den Fällen der §§ 925, 1015 des Bürgerlichen Gesetzbuches außer vor dem Grundbuchamt auch vor Gericht, vor einem Notar, vor einer anderen Behörde oder vor einem anderen Beamten erklärt werden kann.

(2) Unberührt bleiben die landesgesetzlichen Vorschriften, nach welchen es bei der Auflassung eines Grundstücks der gleichzeitigen Anwesenheit beider Teile nicht bedarf, wenn das Grundstück durch einen Notar versteigert worden ist und die Auflassung noch in dem Versteigerungstermin stattfindet.

Materialien: E II Art 116, 100; III Art 143; Prot III 173–178; VI 425, 426, 650.

I. Teilweises Außerkrafttreten

1. Art 143 Abs 1 ist durch § 57 Abs 4 Nr 3 BeurkG mit Wirkung vom 1. 1. 1970 **1** aufgehoben worden. Für die Bedeutung dieser Aufhebung vgl STAUDINGER/HÖNLE (1997) Art 142 Rn 4.

2. Durch § 57 Abs 4 Nr 3 BeurkG wurden gleichzeitig in Art 143 Abs 2 die Worte **2** „ein Gericht oder" gestrichen.

3. Zum alten Recht s die Erl von STAUDINGER/DITTMANN[10/11] Rn 1 ff. **3**

II. Absehen von der gleichzeitigen Anwesenheit bei der Auflassung in Versteigerungen

Art 143 Abs 2 gestattet der Landesgesetzgebung, von der gleichzeitigen Anwesen- **4** heit beider Beteiligter bei der Auflassung (§ 925 BGB) abzusehen, wenn das Grundstück durch einen Notar versteigert worden ist und die Auflassung noch in dem Versteigerungstermin stattfindet (früher galt der Vorbehalt unter sonst gleichen Voraussetzungen auch bei der Versteigerung durch ein Gericht, wurde insoweit aber durch § 57 Abs 4 Nr 3 BeurkG aufgehoben). Zur Zwangsversteigerung von Grundstücken sind die Notare in keinem Bundesland zuständig (nach § 35 Abs 1 RpflG könnte den Notariaten in Baden-Württemberg diese Zuständigkeit übertragen werden). Dagegen ist den Notaren nach § 20 Abs 3 BNotO allgemein die freiwillige Versteigerung von Grundstücken übertragen. In diesem Rahmen hat Art 143 Abs 2 Bedeutung.

III. Landesrecht

1. Ehem Land Preußen

Art 26 § 2 AGBGB vom 20. 9. 1899 (SGV NW Nr 40); galt zunächst nur für das frühere **5**

Joseph Hönle

Gebiet des rheinischen Rechts. Durch G vom 13.5.1918 (PrGS 51) und vom 11.1.1929 (GS 5) wurde die Vorschrift auf das ganze pr Staatsgebiet ausgedehnt.

2. Baden-Württemberg

BadGrundbuchausführungsG vom 13.10.1925 ist aufgehoben durch § 54 LFGG vom 12.2.1975 (GBl 116).

3. Bayern

Art 82 AGBGB ist in die Neufassung des Gesetzes vom 20.9.1982 (GVBl 803) nicht übernommen.

4. Bremen

§ 18 AGBGB vom 18.7.1899 (SaBremR Nr 400-a-1), zuletzt geändert durch G vom 4.12.2001 (GBl 393).

5. Hessen

§ 23 AGBGB vom 18.12.1984 (GVBl 344).

6. Rheinland-Pfalz

§ 20 AGBGB vom 18.10.1976 (GVBl 259), zuletzt geändert durch G vom 6.2.2001 (GVBl 39).

7. Saarland

Die Vorschriften des PreußAGBGB und des BayAGBGB sind aufgehoben durch G vom 5.2.1997 (ABl 258) Art 2 Abs 16 Nrn 9 und 10.

8. Neue Bundesländer

In den Ländern Brandenburg, Mecklenburg-Vorpommern, Sachsen, Sachsen-Anhalt u Thüringen gelten die früheren AGBGB nicht fort (vgl STAUDINGER/MERTEN Art 1 Rn 63 ff). In den nunmehr in Brandenburg und Thüringen erlassenen Ausführungsgesetzen sind Regelungen zur Auflassung von Grundstücken nicht enthalten.

Artikel 144

Die Landesgesetze können bestimmen, daß das Jugendamt die Beistandschaft mit Zustimmung des Elternteils auf einen rechtsfähigen Verein übertragen kann, dem dazu eine Erlaubnis nach § 54 des Achten Buches Sozialgesetzbuch erteilt worden ist.

Materialien: BT-Drucks 13/8509 S 17.

I.   Normzweck

Die Vorschrift wurde durch Art 3 Nr 1 BeistandschaftG vom 4. 12. 1997 (BGBl I 2846) **1**
eingeführt. Dies geschah auf das Drängen einzelner Länder (BT-Drucks 13/8509 S 17;
MünchKomm/vSACHSEN GESSAPHE § 1712 Rn 15). Dadurch erhalten die Länder die Mög-
lichkeit, die Führung der Beistandschaft, die sonst dem Jugendamt obliegt (§ 1712
BGB), auf freie Träger zu übertragen. Durch diesen landesrechtlichen Vorbehalt soll
dabei die Möglichkeit eröffnet werden, regionale Besonderheiten zu berücksichtigen
(PALANDT/DIEDERICHSEN Rn 1). Der Vorbehalt ist daher Ausdruck des allgemeinen
Subsidiaritätsgrundsatzes.

II.   Die Übertragung der Beistandschaft

1.   Grundzüge der Beistandschaft

Das BeistandschaftsG hat die bisher in bestimmten Fällen eintretende Amtspfleg- **2**
schaft (§§ 1706 ff BGB) abgelöst. Dabei geht der Gesetzgeber davon aus, dass für
Kinder, für die nur ein Elternteil sorgeberechtigt ist, ein besonderes Schutzbedürfnis
besteht und zwar für alle allein sorgeberechtigten Eltern (PALANDT/DIEDERICHSEN Einf 1
vor § 1712; eingehend zur Motivation der Reform STAUDINGER/RAUSCHER [2000] Vorbem 6 ff zu
§§ 1712-1717). Es handelt sich um eine **freiwillige Beistandschaft**, die nur auf Antrag
zustande kommt (§ 1712 BGB) und vom Antragsteller jederzeit auf einseitiges
Verlangen wieder beseitigt werden kann (§ 1715 Abs 1 BGB). Die *Antragsberechtigung* ergibt sich aus § 1713 BGB, die *Aufgaben* des Beistands aus § 1712 Abs 1 BGB
und betreffen die Feststellung der Vaterschaft und die Unterhaltsansprüche des
Kindes, insbes deren Durchsetzung. Beistand ist grundsätzlich das **Jugendamt**. Es
überträgt die Ausübung der Aufgaben des Beistands einzelnen seiner Beamten oder
Angestellten, die in diesem Rahmen **gesetzliche Vertreter** des Kindes sind (§ 55
Abs 2 S 1 und 3 SGB VIII). Jedoch wird durch die Beistandschaft die elterliche
Sorge nicht eingeschränkt (§ 1716 S 1 BGB). Eine Ausnahme gilt für den Zivilpro-
zess und andere gerichtliche Verfahren, in denen die ZPO entsprechend anwendbar
ist. Denn § 53a ZPO schließt die Vertretung des sorgeberechtigten Elternteils aus,
wenn das Kind von einem Beistand gerichtlich vertreten wird (ausführlicher Überblick
zum Beistandschaftsrecht bei STAUDINGER/RAUSCHER Vorbem 23 ff zu §§ 1712-1717).

2.   Voraussetzungen der Übertragung

Damit die Beistandschaft auf einen rechtsfähigen Verein übertragen werden kann, **3**
müssen drei Tatbestandsvoraussetzungen erfüllt sein: **(1)** Zum einen muss das betreffende Bundesland durch ein entsprechendes **Landesgesetz** in Ausübung des Vorbehalts die Möglichkeit geschaffen haben, dass das Jugendamt eine entsprechende
Übertragungsmöglichkeit erhält. **(2)** Zum anderen muss dem in Frage kommenden
rechtsfähigen Verein eine **Erlaubnis nach § 54 SGB VIII** durch das Landesjugendamt
erteilt worden sein. Damit können auch Wohlfahrtsverbände die Aufgabe als Beistand wahrnehmen (BAMBERGER/ROTH/ENDERS § 1712 Rn 12). Die Erlaubnis selbst bezieht sich jedoch nicht ausdrücklich auf die Übernahme von Beistandschaften, sondern von Pflegschaften und Vormundschaften (BAMBERGER/ROTH/ENDERS § 1712 Rn 12).
(3) Der antragsberechtigte Elternteil (§ 1713 BGB), der einen Antrag auf Beistandschaft gestellt hat, muss mit der Übertragung auf den rechtsfähigen Verein **einver-**

standen sein. Die Zustimmung kann dabei vorher oder nachher eingeholt werden. Jedoch ist bis zu ihrem Eingang beim Jugendamt die Übertragung nicht wirksam (BAMBERGER/ROTH/ENDERS § 1712 Rn 12).

3.   Die Durchführung der Übertragung

4 Auch in den Fällen, in denen das Landesrecht von dem Vorbehalt des Art 144 EGBGB Gebrauch gemacht hat, wird zunächst das Jugendamt der Beistand, und zwar allein auf Grund des entsprechenden Antrags des Elternteils nach § 1713 BGB (MROZYNSKI, Kinder- und Jugendhilfegesetz [3. Aufl 1998] § 54 SGB VIII Rn 7; BAMBERGER/ROTH/ ENDERS § 1712 Rn 12). Das Jugendamt muss dann über die Übertragung der Beistandschaft auf einen Verein entscheiden, dem die Erlaubnis nach § 54 SGB VIII erteilt ist. Ein Anlass für eine solche Übertragung wird aber idR nur bestehen, wenn ein entsprechender Wunsch eines Elternteils oder Vormunds hierfür vorliegt (so die ausdrückliche Regelung in Art 49a BayKJG, dazu Rn 6). Die Entscheidung ist ein Verwaltungsakt. Eine Beteiligung des Landesjugendamtes ist in Art 144 EGBGB – anders als bei § 54 SGB VIII – nicht vorgesehen (BAMBERGER/ROTH/ENDERS § 1712 Rn 12 mwNw). Sie kann daher auch nicht durch Landesrecht begründet werden (MROZYNSKI § 54 SGB VIII Rn 7; als widersprüchlich bezeichnet dies zu Unrecht BAMBERGER/ROTH/ENDERS § 1712 Rn 12).

4.   Rechtsfolgen der Vereinsbeistandschaft

5 Die Rechtsfolgen der Vereinsbeistandschaft sind die gleichen wie bei der Amtsbeistandschaft durch das Jugendamt (§ 1716 BGB). Insbesondere tritt auch hier keine Einschränkung der elterlichen Sorge des Kindes ein; auch hier gelten die Vorschriften über die Pflegschaft mit Ausnahme derjenigen über die Aufsicht des Vormundschaftsgerichts und die Rechnungslegung sinngemäß; die §§ 1791, 1791c Abs 3 BGB sind nicht anzuwenden (§ 1716 S 2 BGB).

III.   Landesgesetze

6 Mit G vom 11. 7. 1998 (GVBl 416) hat das Land *Bayern* durch Einfügung von Art 49a in das Bayerische Kinder- und Jugendhilfegesetz vom 18. 6. 1993 (GVBl 392, BayRS 2162-1-A) von diesem Vorbehalt Gebrauch gemacht. Danach soll das Jugendamt auf die Möglichkeit der Übertragung der Beistandschaft hinweisen und soll diese auch übertragen, wenn der Elternteil oder Vormund dies wünscht und die Übertragung dem Wohl des Kindes nicht widerspricht. Die Übertragung bedarf der Einwilligung des nach § 54 SGB VIII anerkannten Vereins. Die Übertragung der Beistandschaft ist zurückzunehmen, wenn es der antragsberechtigte Elternteil oder Vormund schriftlich verlangt.

Artikel 145

(1) Die Landesgesetze können über die Hinterlegung nähere Bestimmungen treffen, insbesondere den Nachweis der Empfangsberechtigung regeln und vorschreiben, daß die hinterlegten Gelder und Wertpapiere gegen die Verpflichtung zur Rückerstattung in das Eigentum des Fiskus oder der als Hinterlegungsstelle bestimmten Anstalt übergehen, daß der Verkauf der hinterlegten Sachen von Amts wegen angeordnet werden

kann, sowie daß der Anspruch auf Rückerstattung mit dem Ablauf einer gewissen Zeit oder unter sonstigen Voraussetzungen zugunsten des Fiskus oder der Hinterlegungsanstalt erlischt. In den Fällen des § 382, des § 1171 Abs. 3 und des § 1269 Satz 3 des Bürgerlichen Gesetzbuchs muß dem Hinterleger die Rücknahme des hinterlegten Betrags mindestens während eines Jahres von dem Zeitpunkt an gestattet werden, mit welchem das Recht des Gläubigers auf den hinterlegten Betrag erlischt.

(2) Von einer gerichtlichen Anordnung kann die Hinterlegung nicht abhängig gemacht werden.

Materialien: E (BGB I, 2803, 2732); II Art 118;
III Art 145.

Artikel 146

Ist durch Landesgesetz bestimmt, daß die Hinterlegungsstellen auch andere Sachen als Geld, Wertpapiere und sonstige Urkunden sowie Kostbarkeiten anzunehmen haben, so finden auf Schuldverhältnisse, die auf Leistung derartiger Sachen gerichtet sind, die Vorschriften der §§ 372–382 des Bürgerlichen Gesetzbuchs Anwendung.

Materialien: E (BGB I, 2802); II Art 119; III
Art 146.

Die Art 144–146 und die auf ihnen beruhenden landesgesetzlichen Vorschriften sind **1** durch § 38 Hinterlegungsordnung vom 10. 3. 1937 (RGBl 285) außer Kraft gesetzt. Von der Kommentierung wurde abgesehen. Es wird auf die Erläuterungen von STAUDINGER/KEIDEL[10/11] verwiesen.

Artikel 147

(1) Unberührt bleiben die landesgesetzlichen Vorschriften, nach welchen für die dem Vormundschaftsgericht oder dem Nachlaßgericht obliegenden Verrichtungen andere als gerichtliche Behörden zuständig sind.

(2) Sind durch Landesgesetz die Verrichtungen des Nachlaßgerichts einer anderen Behörde als einem Gericht übertragen, so ist für die Abnahme der im § 2006 des Bürgerlichen Gesetzbuchs vorgeschriebenen eidesstattlichen Versicherung das Amtsgericht zuständig, in dessen Bezirke die Nachlaßbehörde ihren Sitz hat.

Materialien: E II Art 120; III Art 147.

Schrifttum

1. Zum Vormundschaftsrecht
FIRSCHING/RUHL, Familienrecht 2. Halbbd
(5. Aufl 1992).

2. Zum Nachlassrecht
SANDWEG, Nachlasssicherung und Erbener-
mittlung nach dem baden-württembergischen
LFGG, BWNotZ 1986, 5
S auch Schrifttumsangaben bei Art 139
EGBGB.

3. Zu den angesprochenen FGG-Bereichen
BUMILLER/WINKLER, Freiwillige Gerichtsbar-
keit (6. Aufl 1995)
KEIDEL/KUNTZE/WINKLER, Freiwillige Ge-
richtsbarkeit, Kommentar zum FGG (15. Aufl
2003)
SCHIPPEL, Bundesnotarordnung (7. Aufl 2000)
SPRAU, Justizgesetze in Bayern (1988).

Systematische Übersicht

Alphabetische Übersicht

I. Entstehung und Zweck des Vorbehalts

Die Vorschriften dieses Artikels sind zuerst von der II. Komm aufgestellt worden. **1**
Die erste Anregung hierzu gab Art 91 des I. E des EG (Prot VI 456–461, 556). Der
Zweck des Vorbehalts liegt darin, dass man es nicht für sinnvoll hielt, die durchaus
bewährte (MünchKomm/SCHLICHTING Rn 1) Behörden- und Beamtenorganisation der
einzelnen Länder, wie sie sich auf dem Gebiete der freiwilligen Rechtspflege herausgebildet hatte, wenigstens teilweise außer Kraft zu setzen, weil dies zu Unzuträglichkeiten führen würde und man andererseits darauf vertrauen dürfe, dass die
Landesgesetzgebung von den ihr überwiesenen Befugnissen einen sachgerechten
Gebrauch machen werde (Prot aaO; Mat 98). Der Vorbehalt betrifft nur die
Zuständigkeit, nicht das materielle Recht und das Verfahren. Von ihm wurde bis
in die neueste Zeit Gebrauch gemacht (MünchKomm/SCHLICHTING Rn 1).

Gemäß Art 5 des G zur Änderung des BGB und anderer Gesetze vom 30. 5. 1973
(BGB I 501) wurde Art 147 **Abs 2** EGBGB mit Wirkung zum 1. 7. 1973 *gestrichen*.

II. Inhalt

1. Verrichtungen des Vormundschafts- und des Nachlassgerichts

a) Vormundschaftssachen

2 Dem Vormundschaftsgericht obliegen nicht nur Verrichtungen, die eine Vormundschaft oder Pflegschaft betreffen, sondern auch eine Reihe von Verrichtungen für
Personen, die *nicht unter Vormundschaft* oder Pflegschaft stehen (s die *Aufzählungen*
bei JANSEN [2. Aufl] § 35 FGG Rn 5 ff; KEIDEL/ENGELHARDT, FGG Vorbem 2 ff zu § 35 FGG und
bei STAUDINGER/WINKLER¹² Rn 2), einschließlich der rechtlichen Betreuung (§§ 1896 ff),
die an Stelle der Vormundschaft über Volljährige getreten ist.

3 **Nicht** hierher gehören die Verrichtungen, für die bisher das Vormundschaftsgericht
und nunmehr das **Familiengericht** zuständig ist (§ 23b GVG); für sie gilt der Vorbehalt des Art 147 nicht (MünchKomm/SCHLICHTING Rn 2; KISSEL/MAYER, Gerichtsverfassungsgesetz [4. Aufl 2005] § 23b Nr 9, 16). Das Familiengericht ist ua zuständig in den Fällen der
§§ 1382, 1383 BGB, Streitigkeiten über Ansprüche aus dem ehelichen Güterrecht,
Ehesachen, Verfahren, die den Versorgungsausgleich betreffen, Verfahren betreffend die elterliche Sorge für ein Kind, Fragen des Umgangsrechts und Kindschaftssachen. Der landesrechtliche Vorbehalt bezieht sich auch nicht auf Rechtsmittelverfahren (MünchKomm/SCHLICHTING Rn 2; SOERGEL/HARTMANN Rn 4).

b) Nachlasssachen

4 Die Verrichtungen des Nachlassgerichts lassen sich in solche unterteilen, in denen es
von Amts wegen tätig wird, Angelegenheiten, in denen ein Antrag Voraussetzung
für die Einleitung eines Verfahrens ist und Angelegenheiten, in denen sich die
Zuständigkeit auf die Entgegennahme von Erklärungen beschränkt (JANSEN § 72 FGG
Anm 9 ff; FIRSCHING/GRAF Rn 3. 11 f zum Amtsverfahren, Rn 3. 13 zum Antragsverfahren). Eine
Aufstellung der einzelnen zu erledigenden Angelegenheiten findet sich bei STAU-
DINGER/WINKLER¹² Rn 4; KEIDEL/WINKLER, FGG Vorbem 2 ff zu § 72 FGG.

2. Befugnisse der Landesgesetzgebung

a) Grundsätze

5 *Bundesrechtlich* sind für die dem Vormundschaftsgericht und die dem Nachlassgericht obliegenden Verrichtungen die Amtsgerichte zuständig (§§ 35, 72 FGG).
Art 147 gibt der *Landesgesetzgebung* die Befugnis, für die sämtlichen bundesrechtlich den Vormundschaftsgerichten und den Nachlassgerichten zugewiesenen Aufgaben oder für einzelne von ihnen *andere als gerichtliche Behörden* für sachlich zuständig zu erklären, und zwar auch nach dem In-Kraft-Treten des BGB (Art 1 Abs 2;
KEIDEL/ENGELHARDT, FGG Vorbem 2 ff zu § 35 FGG; LANGE/KUCHINKE § 38 II Fn 14). Die von
der Landesgesetzgebung bestimmte *Behörde* kann ein Kollegium sein – in Betracht
kommen namentlich Gemeindebehörden – oder ein einzelner Beamter.

b) Übertragung auf nichtbeamtete Notare

6 Die Frage, auf welche Stelle diese Aufgaben auf Grund des Art 147 EGBGB durch
Landesgesetz verlagert werden können, hat in letzter Zeit deshalb besondere Ak-
tualität und Brisanz erfahren, weil es Bestrebungen einzelner Bundesländer gibt, vor
allem das **Nachlasswesen** den **Notaren zu übertragen**, und zwar auch und gerade in

den Ländern, in denen diese nicht wie in *Baden-Württemberg* Beamte des Bundeslandes sind. Die ganz überwiegende Auffassung geht dabei im Ansatz davon aus, dass die Übertragung dieser Zuständigkeiten *nur* auf eine *„Behörde"* möglich ist (Niedner Anm 3b; Planck Anm 1; MünchKomm/Schlichting Rn 2; Soergel/Hartmann Rn 3 f). Aber bereits eine allein am *Wortlaut der Norm orientierte Auslegung* vermag diese Einschränkung nicht zu bestätigen, weil unter „andere" iS des Art 147 EGBGB nicht unbedingt „Behörden" verstanden werden müssen, sondern das „andere" als allgemeiner Gegensatz zu den „gerichtlichen Behörden", und damit als Vorbehalt auch für andere Stellen begriffen werden kann.

Demgegenüber wird aber teilweise Art 147 EGBGB **noch enger ausgelegt**: Nach   **7** einer überkommenen Ansicht können den *Notaren* wegen des „ausdrücklichen Wortlauts des Vorbehalts des Art 147 EGBGB" Geschäfte des Vormundschafts- oder Nachlassgerichts aufgrund Art 147 EG nur dann übertragen werden, wenn sie *landesgesetzlich Beamteneigenschaft* haben (Niedner Anm 3b; Staudinger/Promberger/ Schreiber[12] Rn 5 unter nicht ganz korrektem Bezug auf Planck Anm 1). Demgegenüber stellt in etwas weiterer Auslegung Planck darauf ab, ob die Notare nach den Landesgesetzen als Behörde zu betrachten sind (Planck Anm 1) und ermöglicht daher dem Landesgesetzgeber eine weitgehend freie Festlegung. Dagegen betont eine neuere Auffassung, dass zur Begriffsbestimmung die *Legaldefinition des § 1 Abs 4 der Länder-Verwaltungsverfahrensgesetze* herangezogen werden kann (Voraufl Rn 5; wohl zust MünchKomm/Schlichting Rn 2 Fn 2). Wiederum anders betont Hartmann, dass auch *„Verwaltungsbehörden"* für zuständig erklärt werden können, und bezieht sich dabei auf die Zuständigkeitsregelungen in der ehemaligen DDR (Soergel/Hartmann Rn 4).

Systematisiert man diese unterschiedlichen Ansätze, so ergibt sich, dass teilweise ein   **8** **organisationsrechtliches**, teilweise ein **funktionales Verständnis** des **Behördenbegriffs** zu Grunde gelegt wird, wobei von letzterem auch § 1 Abs 4 VwVfG ausgeht (dazu etwa Obermayer/Hoffmann, Kommentar zum VwVfG [3. Aufl 1999] § 1 Rn 76; Stelkens/ Schmitz, VwVfG [5. Aufl 1998] § 1 Rn 216; Erichsen, in: Erichsen/Ehlers, Allgemeines Verwaltungsrecht [12. Aufl 2002] § 12 Rn 13; zu den verschiedenen Behördenbegriffen s etwa Erichsen/ Ehlers § 52 Rn 29). Hieran zeigt sich deutlich, dass „Begriffsidentität" nicht ein Synonym von „Bedeutungsgleichheit" ist (Erichsen aaO, § 12 Rn 13) und auch die **grammatikalische Auslegung** nicht am rein formalen Wortlaut haften bleiben darf. Dabei ist im Grundsatz daran festzuhalten, dass der Begriff der Behörde mit der Wahrnehmung öffentlicher Aufgaben durch staatliche Stellen verbunden ist. Hierbei ist wichtig, dass § 1 BNotO ausdrücklich bestimmt, dass der *Notar* als unabhängiger *Träger eines öffentlichen Amtes* für die Beurkundung von Rechtsvorgängen und für *andere Aufgaben* auf dem Gebiete der vorsorgenden Rechtspflege bestellt wird. Die Übertragung eines öffentlichen Amtes auf den Notar belegt dabei, dass er Funktionen ausübt, die aus dem Aufgabenbereich des Staates, und zwar der Justiz, abgeleitet werden (Schippel/Schippel, BNotO [7. Aufl 2000] § 1 BNotO Rn 8). Er nimmt dabei originäre hoheitliche Befugnisse wahr, also „Zuständigkeiten, die nach der geltenden Rechtsordnung hoheitlich ausgestaltet sein müssen" (BVerfGE 73, 280, 294 = DNotZ 1987, 121; Schippel/Schippel § 1 BNotO Rn 8; für „segmentierende Betrachtung" je nach den im Einzelfall ausgeübten Funktionen Eylmann/Vaasen/Frenz, Bundesnotarordnung, Beurkundungsgesetz [2. Aufl 2004] § 1 BNotO Rn 20 ff). Mit Ausnahme der Besonderheiten in *Baden-Württemberg* (§§ 114, 115 BNotO) ist er zwar kein Beamter und hat ein persönliches Amt (Bohrer, Berufsrecht der Notar [1991] 4). Dies ist allerdings untrennbar mit seinem

Träger verbunden und erlischt mit dessen Tod oder Ausscheiden (Eylmann/Vaasen/ Frenz § 1 BNotO Rn 27). Das Amt des Notars führt daher im Gegensatz zur Behörde kein selbstständiges Dasein (Schippel/Schippel § 1 BNotO Rn 9). Hieraus und aus dem Umstand, dass der Notar zwar einer weitreichenden Dienstaufsicht (§§ 92 ff BNotO) unterliegt, aber nicht in den staatlichen Verwaltungsaufbau eingegliedert ist, ergibt sich, dass er keine Behörde im organisationsrechtlichen Sinn ist.

9 Stellt man aber auf die ihm übertragene *Aufgabenerfüllung* ab und die Regelung seiner Amtsbefugnisse und die Ausgestaltung seines Berufsrechts, so wird seine Stellung in die nächste *Nachbarschaft des öffentlichen Dienstes* gerückt; er übt einen „staatlich gebundenen Beruf" aus (BVerfGE 16, 6 = DNotZ 1963, 622, 626; BVerfGE 73, 280; Schippel/Schippel § 1 BNotO Rn 10). Dies gilt insbes für den Bereich der vorsorgenden Rechtspflege (hierzu etwa Baumann MittRhNotK 1996, 1; Reithmann, Vorsorgende Rechtspflege durch Notare und Gerichte [1989]), zu dem auch die *freiwillige Gerichtsbarkeit* und damit als deren Teil auch das Nachlass- und Vormundschaftswesen gehört. Definiert man deshalb, entsprechend dem § 1 Abs 4 VwVfG, den *Behördenbegriff funktional* von der Aufgabenerfüllung her, so kann man den Notar durchaus als Behörde ansehen. Dabei kommt es im Zusammenhang mit Art 147 EGBGB und im Gegensatz zu § 1 Abs 4 VwVfG nicht darauf an, ob hier Aufgaben der öffentlichen Verwaltung wahrgenommen werden und daher diese Bereiche der freiwilligen Gerichtsbarkeit als *Verwaltungstätigkeit* zumindest im *materiellen Sinne* angesehen werden können (eingehend hierzu Brehm, Freiwillige Gerichtsbarkeit [3. Aufl 2002] Rn 9 ff, der von staatlicher Verwaltungstätigkeit im Dienste der Privatrechtsordnung spricht; ebenso Soergel/ J Mayer Vorbem 14 zu § 1 BeurkG). Denn auf dieses Tatbestandselement kann es auf Grund der ausdrücklichen Verweisung in Art 147 EGBGB nicht ankommen.

10 Ob in den Fällen, in denen es an einer klaren, *spezialgesetzlichen Regelung* zur Bestimmung des Behördenbegriffs *fehlt*, von einem **funktionalen oder organisationsrechtlichen Behördenbegriff** auszugehen ist, ist noch nicht abschließend geklärt (vgl dazu etwa Bauer in Bauer/vOefele § 38 GBO Rn 8 ff mwNw aus grundbuchrechtlicher Sicht). Die – allerdings schon ältere – Rspr ging von einem *organisatorischen Verständnis* des Behördenbegriffs aus (so etwa BGHZ 3, 110, 118 = NJW 1951, 799 [für Sparkassen bejaht]; BGHZ 25, 186 = NJW 1957, 1613 [für Sozialversicherungsträger verneint]; aus der strafrechtlichen Rspr s etwa RGSt 18, 246, 249 f; zu § 29 GBO ebenso Meikel/Brambring § 29 GBO Rn 110). Zwar hat der BGH einerseits ausdrücklich die Übernahme des funktionalen Behördenbegriffs abgelehnt (BGHZ 25, 186), andererseits aber sehr frühzeitig erkannt, dass durch die steigende Zahl der Privatisierungen von öffentlichen Aufgaben zunehmend Abgrenzungsprobleme entstehen (BGHZ 3, 110, 120 f). Gerade im Hinblick auf diese Entwicklung erscheint es angebracht, an der organisationsrechtlichen Auffassung nur dort festzuhalten, wo dies im Hinblick auf den Normzweck unbedingt erforderlich erscheint. Für das Verfahrensrecht ist dies aber nicht zwingend notwendig (Bauer, in: Bauer/vOefele § 38 Rn 10; zweifelnd auch Kehe/Hermann § 29 GBO Rn 49, der aber zumindest für das Urkundenrecht daran festhält). Schreiber unterscheidet für den Begriff der *öffentlichen Urkunde* zwischen den Behörden iS von § 1 Abs 4 VwVfG und denen der ZPO. Bei letzterem sei die organisationsrechtliche Auffassung weiterhin gültig, weil eine mit der Wahrnehmung öffentlicher Aufgaben betraute natürliche oder juristische Person des Privatrechts keine amtliche Erklärung iS von § 417 ZPO abgeben könne (MünchKommZPO § 415 Rn 12; ebenso Gutachten DNotI-Report 1996, 86). Gerade bei der öffentliche Urkunde werden aber in § 415 Abs 1 ZPO

der öffentlichen Behörde die „mit öffentlichem Glauben versehenen Personen"
gleichgestellt, wozu aber gerade die Notare gehören (vgl statt aller Musielak/Huber
§ 415 ZPO Rn 8), so dass teilweise vertreten wird, auch hier entspreche der Behördenbegriff dem funktionalen iS von § 1 Abs 4 VwVfG (so etwa Zöller/Geimer § 415 ZPO
Rn 3 durch Verweisung auf § 273 Rn 8; anders wohl Musielak/Huber § 415 ZPO Rn 8 [mit rein
organisationsrechtlicher Definition einerseits, jedoch auch mit Verweisung auf § 273 Rn 13, wo
wiederum auf § 1 Abs 4 VwVfG abgestellt wird]).

Ergibt also die allgemeine Diskussion zum Behördenbegriff im Zivil- und Zivilpro- **11**
zessrecht keinen klaren Befund, aber doch eine deutliche *Tendenz* zu einem *funk-
tionalem Verständnis*, so zeigt die **historische Interpretation** Folgendes: Im Rahmen
der Gesetzgebung wurde der landesrechtliche Vorbehalt des Art 147 EGBGB eingehend beraten (vgl Prot VI 457 ff, 556; s auch Jakobs/Schubert, Die Beratungen des
Bürgerlichen Gesetzbuchs, Einführungsgesetz zum Bürgerlichen Gesetzbuch, 1. Teilband [1990]
581 ff). Zweck desselben war die Erhaltung der durchaus bewährten landesrechtlichen Organisationsstrukturen auf diesem Gebiet (s Rn 1). Dabei bestand Einigkeit,
dass es sich um einen Vorbehalt von „sehr großer Tragweite" handle, weshalb mit
diesen Aufgaben nur solche Behörden betraut werden könnten, die eine Gewähr
„tüchtiger und unabhängiger Geschäftsbesorgung" bieten könnten. Man hielt es
aber nicht für richtig, wenn man der Landesgesetzgebung hinsichtlich der Behörden-
und Beamtenorganisation auf diesen Tätigkeitsfeldern „bestimmte Schranken" setze. Vielmehr müsse man darauf vertrauen, dass die Landesgesetzgebung von den ihr
überwiesenen Befugnissen einen zweckentsprechenden Gebrauch machen werde
(Prot VI 460). Ausdrücklich war der Vorbehalt dabei damit begründet worden, dass
es dem Landesgesetzgeber auch möglich sein muss, den Notaren diese Aufgaben zu
übertragen. „Was die Notare anbelange, so könne die Entscheidung darüber, ob und
inwieweit sie ihrer dienstlichen Stellung gemäß dazu geeignet seien, zu nachlassgerichtlichen Funktionen herangezogen zu werden, nur von der Landesgesetzgebung
getroffen werden" (Prot VI 459). Dies spricht also eindeutig für einen sehr weitreichenden *Gestaltungsspielraum* des Landesgesetzgebers gerade im Sinne der Kommentierung von Planck (Anm 1; zu weitreichend daher Niedner Anm 3b und die hiesige
12. Aufl in Rn 5).

Auch die **systematische Interpretation** spricht nicht dagegen, den nicht beamteten **12**
Notar als Träger eines öffentlichen Amtes die Zuständigkeit im Rahmen des Art 147
EGBGB zu übertragen. Zwar gibt es auch bundesrechtliche Vorbehalte, die eine
eigenständige Aufgabeneröffnung der Notare für die von Art 147 EGBGB erfassten
Aufgaben vorsehen (s u Rn 24 ff). Hieraus lässt sich aber *keine Sperrwirkung* dahingehend ableiten, dass der Landesgesetzgeber ihnen nicht ebenfalls weitere Aufgaben
zuweisen könne. Im Bereich des *Vormundschaftsrechts* besteht allerdings für eine
Reihe von Angelegenheiten, insbes im Zusammenhang mit Unterbringungsmaß-
nahmen, ein „*Richtervorbehalt*", der natürlich bei einer Aufgabenübertragung auf
die Notare beachtet werden muss. Angesichts der weitreichenden, auch **hoheitlichen
Wirkungen**, die der Notar gerade im Rahmen seiner **Beurkundungstätigkeit** wahrnimmt, etwa durch die Schaffung von *Vollstreckungstiteln* nach § 794 Abs 1 Nr 5
ZPO oder der sonst von ihm errichteten *öffentlichen Urkunden*, die Wirkungen über
das Binnenverhältnis der hieran Beteiligten hinaus erzeugen, weil sie insbes die
Grundlage für die Eintragung in öffentliche Register sind (dazu etwa Eylmann/Vaasen/
Frenz § 1 BNotO Rn 21), ist aber die *Wahrnehmung hoheitlicher Funktionen* gerade

das, was seinem typischen, auch in der Bevölkerung anerkannten Berufsbild entspricht. Hierzu gehört aber auch und gerade die Tätigkeit im Bereich des *Nachlasswesens*, ohne dass mit dieser subjektiv geprägten Vorstellung breiter Bevölkerungskreise eine positiv-rechtliche Regelung korrespondieren würde. Die Übertragung dieses Aufgabenbereichs auf die Notare entspräche aber nicht nur dem im Wesentlichen aus Zweckmäßigkeitsgründen bestehenden *Deregulierungsbestrebungen*, sondern auch dem verfassungsrechtlich verankerten **Subsidiaritätsprinzip**. Und da sich zunehmend Klagen häufen, wonach nicht nur die Eröffnung von Verfügungen von Todes wegen und die Erteilung von Erbscheinen durch die staatlichen Nachlassgerichte viel zu lange dauern (zu Rechtsschutzmöglichkeiten bei der Untätigkeit s MünchKomm/J Mayer § 2359 Rn 3), sondern durch das planmäßige Unterlassen der Ladung der Beteiligten zur Nachlassverhandlung die Möglichkeit einer ausreichenden Grundinformation über die Grundzüge des Erbrechts unterbleibt und dadurch die Gefahr unnötiger Rechtsstreitigkeiten entsteht (Soergel/J Mayer § 2260 Rn 18), besteht angesichts der Überlastung der staatlichen Nachlassgerichte hierfür auch ein dringendes praktisches Bedürfnis.

c) Andere gerichtliche Behörden

13 Eine *andere gerichtliche Behörde* als das Amtsgericht kann die Landesgesetzgebung nicht für zuständig erklären; sie konnte also zB die Volljährigkeitserklärung nicht dem Landgericht, wohl aber dem Justizministerium übertragen (ebenso Planck Anm 1 Abs 3; Schlegelberger/Vogels Anm 3).

3. Einschränkung der Befugnisse der Landesgesetzgebung

14 Zu Abs 2, der durch G vom 30. 5. 1973 (BGBl I 501) aufgehoben wurde (oben Rn 1), s die Erl bei Staudinger/Keidel[10/11].

III. Verhältnis zwischen Art 147 und 148

15 Wegen des landesgesetzlichen Ausschlusses der Zuständigkeit des Nachlassgerichts zur Aufnahme des Inventars siehe Art 148 und über dessen Verhältnis zu Art 147s Art 148 Rn 4.

IV. Ergänzungsbestimmungen zu Art 147

16 Eine Reihe ergänzender Vorschriften zu dem Vorbehalt des Art 147 enthält das FGG.

1. Verfahren

17 Auch für die landesgesetzlich für zuständig erklärten Behörden gelten nach **§ 194 Abs 1 FGG** grundsätzlich die im 1. Abschnitt des FGG (§§ 1–34) für die Gerichte vorgesehenen *allgemeinen Vorschriften über das Verfahren*, jedoch mit den in § 194 Abs 3 FGG genannten Ausnahmen (insbes über Sitzungspolizei und Beratung mit Abstimmung).

a) Anfechtung der Entscheidungen nichtrichterlicher Behörden

18 Nach **§ 195 Abs 1 FGG** kann die Landesgesetzgebung für den Fall, dass die dem

Vormundschaftsgericht oder Nachlassgericht obliegenden Angelegenheiten durch Landesgesetz anderen Behörden übertragen werden, bestimmen, dass für die *Abänderung* der Entscheidung einer solchen Behörde zuerst bei dem Amtsgericht nachzusuchen ist. Dadurch soll der Verlust einer richterlichen Entscheidungsinstanz durch die abweichende landesrechtliche Zuständigkeitsregelung vermieden werden. Die *Beschwerde* findet dann nach § 195 Abs 2 FGG erst gegen die Entscheidung des Amtsgerichts statt.

b) Abweichende Verfahrensbestimmungen

Hinsichtlich des *Verfahrens* kann die Landesgesetzgebung nach § **189 FGG** auch vom **19** FGG abweichende Bestimmungen treffen. Es handelt sich hier um Verfahren in Angelegenheiten der nach den Vorschriften des EGBGB oder in anderen Bundesgesetzen der Landesgesetzgebung vorbehaltenen Rechtsgebiete; dazu gehören auch die Fälle der Art 147, 148 (SCHLEGELBERGER Anm 2; KEIDEL/WINKLER Rn 1–3 je zu § 189 FGG).

2. Gesamtgutsauseinandersetzung

§ **193 FGG** eröffnet die Möglichkeit, über den Vorbehalt des Art 147 EG hinaus zwei **20** weitere landesgesetzliche Zuständigkeiten zu schaffen:

a) Auch zur Vornahme der **Auseinandersetzung des Gesamtguts einer Gütergemeinschaft**, für die bundesrechtlich das für die Auseinandersetzung des Nachlasses zuständige Amtsgericht berufen ist (§ 99 FGG idF des Art 4 Nr 12 GleichberG), können landesgesetzlich andere als gerichtliche Behörden für zuständig erklärt werden.

b) Unabhängig von der Streitfrage, ob **Notare** nach Art 147 EG mit der Aus- **21** einandersetzung des Nachlasses landesgesetzlich nur dann betraut werden dürfen, wenn ihnen nach Landesrecht Beamteneigenschaft zukommt (oben Rn 6 ff), können nach § 193 FGG *Notare* auch ohne dass diese Voraussetzung gegeben ist, an Stelle der Gerichte für die Vermittlung der *Auseinandersetzung* sowohl *bei einem Nachlass* (§ 86 FGG) als bei dem *Gesamtgut einer Gütergemeinschaft* (§ 99 FGG) durch Landesgesetz für zuständig erklärt werden.

Hierzu bestimmt nunmehr aus § 20 Abs 5 der Bundesnotarordnung vom 24. 2. 1961 **22** (BGBl I 98, FNA 303-1), zuletzt geändert durch G vom 22. 7. 2005 (BGBl I 2188), dass sich die Zuständigkeit der Notare zur Vermittlung von Nachlass – und Gesamtgutsauseinandersetzungen allein nach den landesrechtlichen Vorschriften bestimmt. Über die derzeitige Regelung in den Ländern KEIDEL/WINKLER, Erl zu § 193 FGG; FIRSCHING/GRAF, Nachlassrecht Rn 4.892 ff; sowie nachstehend Rn 31 ff.

V. VO über die Zuständigkeit der Amtsgerichte in Vormundschafts- und Nachlasssachen vom 10. 6. 1936

Diese VO (RGBl I 488) ist mit Wirkung vom 1. 1. 1962 *aufgehoben* durch Art 9 I Abs 2 **23** Nr 8, IV FamRÄndG vom 11. 8. 1961 (BGBl I 1221) und somit heute ohne Bedeutung. Wegen näherer Einzelheiten dieser VO s Rn 18 der 12. Aufl

VI. Reichsnotarordnung, Bundesnotarordnung und Art 147

1. Reichsnotarordnung

24 Die Reichsnotarordnung vom 13. 2. 1937 (RGBl I 191), in Kraft getreten am 1. 7. 1937
(§ 75 RNotO), hat die landesgesetzlich ursprünglich begründete Zuständigkeit der
Notare in Nachlasssachen teilweise geändert. Wegen Einzelheiten wird auf Rn 20 ff
der 12. Aufl verwiesen.

2. Änderungen in der notariellen Zuständigkeit durch Landesrecht nach 1945

25 Zur Rechtsentwicklung in *Baden-Württemberg* s zunächst Rn 23 der 12. Aufl. S
nunmehr § 1 Abs 1 u 2, §§ 38, 46 Abs 3, 48 Abs 3 LFGG vom 12. 2. 1975 (GBl
116), zuletzt geändert durch G vom 12. 12. 2002 (GBl 477); hiernach sind für die
besondere amtliche Verwahrung der Verfügungen von Todes wegen (abweichend
von §§ 2258a, b, 2300 BGB) anstelle der Gerichte die Notariate – Nachlassgerichte –
zuständig (RICHTER Rpfleger 1975, 417; OLG Stuttgart 1976, 185; Karlsruhe BWNotZ 1977, 45);
über Mitteilungen an die Nachlassgerichte (= Notariate) siehe § 39 LFGG.

3. Bundesnotarordnung

26 Die am 1. 4. 1961 (Art 16 Abs 1 NotMG) in Kraft getretene Bundesnotarordnung
vom 24. 2. 1961 (BGBl I 98, FNA 303-1), zuletzt geändert durch G vom 21. 12. 2004
(BGBl I 3599) enthält hinsichtlich der *Zuständigkeit der Notare in Nachlasssachen*
folgende Bestimmungen:

a) Nachlass- und Gesamtgutsauseinandersetzung, Ähnliches
27 Nach § 20 Abs 5 BNotO, der dem früheren § 77 Abs 3 RNotO entspricht, bestimmt
sich nach landesrechtlichen Vorschriften, inwieweit die Notare zur *Vermittlung der
Nachlass- und Gesamtgutsauseinandersetzung* (s oben Rn 22) – einschließlich der Erteilung von Zeugnissen nach §§ 36, 37 GBO –, zur Aufnahme von Nachlassverzeichnissen und Nachlassinventaren sowie zur Anlegung und Abnahme von Siegeln im
Rahmen eines Nachlasssicherungsverfahrens zuständig sind. Die BNotO lässt also
die für diesen Bereich geltenden Landesgesetze und ebenso den Vorbehalt des
Art 147 EG unberührt (SAAGE Anm 9 und 10; SCHIPPEL/REITHMANN Rn 59 ff; LIMMER, in:
EYLMANN/VAASEN Rn 51 [mwNw zu den einzelnen landesrechtlichen Regelungen] je zu § 20
BNotO).

b) Verwahrung von Erbverträgen
28 Hierzu enthielt früher § 25 Abs 2 BNotO nähere Bestimmungen für den Fall, dass
die Erbverträge nicht in die besondere amtliche Verwahrung verbracht (§§ 2277,
2258a, b BGB), sondern in der Urkundensammlung des Notars verbleiben sollten
(s Voraufl Rn 21). Durch G vom 31. 8. 1998 (BGBl I 2585) wurde diese Regelung des
§ 25 Abs 2 BNotO aufgehoben und als Abs 3 dem § 34 BeurkG angefügt (s dazu
Rn 29).

An die Stelle der §§ 37 ff TestG sind auf Grund des Gesetzes zur Wiederherstellung
der Rechtseinheit auf dem Gebiet des bürgerlichen Rechts vom 5. 3. 1953 (BGBl I 33)
die §§ 2258a, b, 2300 BGB getreten. Die **Zuständigkeit** des Amtsgerichts für die

besondere amtliche Verwahrung von Testamenten und Erbverträgen ist in der Bundesrepublik bestehen geblieben (zu den **Ausnahmen** in *Baden-Württemberg* s oben Rn 25).

4. Änderungen durch das Beurkundungsgesetz

Die **Verwahrung von Testamenten und Erbverträgen** ist in § 34 BeurkG geregelt (dazu **29** WINKLER § 34 BeurkG Rn 7 f, 12 f; SOERGEL/J MAYER § 34 BeurkG Rn 4 ff). Nach § 34 Abs 1 BeurkG soll der Notar die Niederschrift über die Errichtung eines Testaments in einen Umschlag nehmen und diesen mit dem Prägesiegel verschließen. Auf dem Umschlag soll der Notar die Person des Erblassers näher bezeichnen und angeben, wann das Testament errichtet worden ist; diese Aufschrift soll der Notar unterschreiben (vgl dazu § 35 BeurkG!). Anschließend ist das Testament unverzüglich in die *besondere amtliche Verwahrung* zu bringen (dazu §§ 2258a, b BGB idF des § 57 Abs 3 Nr 12, 13 BeurkG).

Haben die Vertragsschließenden bei einem *Erbvertrag* die besondere amtliche Verwahrung – s § 2277 BGB – *ausgeschlossen* so bleibt die Urkunde in der Verwahrung des Notars (§ 34 Abs 2 HS 1). Dies ist im Zweifel anzunehmen, wenn der Erbvertrag mit einem anderen Vertrag in derselben Urkunde verbunden wird (§ 34 Abs 2 HS 2 BeurkG). In diesem Fall bleibt die Urkunde nach § 34 Abs 3 BeurkG (eingefügt durch G vom 31. 8. 1998 [BGBl I 2585], früher § 25 Abs 2 BNotO) in der Verwahrung des Notars. Der Notar hat das Standesamt des Geburtsorts des Erblassers oder die Hauptkartei für Testament beim Amtsgericht Berlin-Schöneberg nach den Vorschriften über die Benachrichtigung in Nachlasssachen zu *benachrichtigen* (§ 20 Abs 2 DONot, zur Dienstordnung mit den Fundstellen s Art 141 Rn 29). Über die von ihm verwahrten Erbverträge hat der Notar nach § 9 DONot ein Verzeichnis zu führen. Nach Eintritt des Erbfalls ist der Erbvertrag nach § 34 Abs 3 S 2 BeurkG an das Nachlassgericht abzuliefern und nach § 20 Abs 3 DONot durch eine beglaubigte Abschrift zu ersetzen (eingehend dazu SOERGEL/J MAYER § 34 BeurkG Rn 8).

Ansonsten haben die Notare die vor ihnen errichteten Verfügungen von Todes wegen gemäß § 34 Abs 1 BeurkG zu verschließen und auf dem Umschlag zu bezeichnen. Sie haben sie unverzüglich zur besonderen amtlichen Verwahrung einzureichen (eingehend dazu SOERGEL/J MAYER § 34 BeurkG Rn 1 ff).

VII. Art 147 und das Rechtspflegergesetz

Mit Wirkung vom 1. 7. 1970 trat das neue RechtspflegerG vom 5. 11. 1969 (BGBl I **30** 2065) in Kraft (§ 40). Für die Länder, die von dem Vorbehalt in Art 147 EGBGB, § 194, 195 FGG Gebrauch gemacht hatten, gilt die Sondervorschrift des § 35 Abs 4 RPflG. Für *Baden-Württemberg* gelten die Sonderbestimmungen des § 35 Abs 1 bis 3, für die Neugliederung der Amtsgerichtsbezirke in Baden-Württemberg enthält § 36 RPflG eine besondere Regelung.

VIII. Landesgesetze zu Art 147

1. Preußen (ehemaliges Land)

31 Für *Vormundschaftssachen* wurde von dem Vorbehalt des Art 147 EG kein Gebrauch gemacht.

In *Nachlasssachen* wurde eine beschränkte Tätigkeit der Dorfgerichte und ähnlicher Behörden zugelassen; s PreußFGG vom 21. 9. 1899 (GS 249), Art 104–108, 110, 111, 113, 116, 117, 118, 121–123; wegen der Überweisung der Auseinandersetzung nach §§ 86, 99 FGG auf die Notare siehe Art 21–24 PreußFGG. Nach Art I § 3 des Gesetzes vom 2.1.1924 über die Zuständigkeit der rheinischen Notare (GS 5; 1926, 319) hatten in den Fällen der §§ 88, 99 FGG an Stelle der Gerichte die Notare die Auseinandersetzung zu vermitteln. Dieses Gesetz ist mit dem Ablauf des 30. 9. 1931 außer Kraft getreten (Gesetz vom 16.12. 1929, GS 198).

2. Baden-Württemberg

32 Soweit es sich um Verrichtungen des *Vormundschaftsgerichts* handelt, ist regional zu differenzieren: Im ehemaligen Landesteil *Württemberg* ist Vormundschaftsgericht das staatliche Notariat und für bestimmte Aufgaben das Amtsgericht (§§ 1 Abs 2, 36, 37 LFGG vom 12.2. 1975 [GBl 116], zuletzt geändert durch Gesetz vom 1.7. 2004 [469]; vgl auch Keidel/K Schmidt FGG Einl Rn 15). Die *funktionelle Zuständigkeit* des Notariats ist nur gegeben, soweit die Aufgabe nicht ausdrücklich dem Amtsgericht vorbehalten ist, s dazu § 37 (so besteht eine ausschließliche Zuständigkeit der Vormundschaftsgerichte im Bereich der Angelegenheiten der Annahme als Kind, § 37 Abs 1 Nr 4 LFGG).

Nachlassgericht ist jedoch *für alle Landesteile* allein das staatliche Notariat (§§ 1 Abs 2, 38 LFGG; vgl auch Keidel/K Schmidt FGG Einl Rn 15). Die §§ 39 bis 43 LFGG enthalten besondere Vorschriften für Nachlass- und Teilungssachen. So obliegt dem Notariat unter Mitwirkung der Gemeinde die Vermittlung der Auseinandersetzung eines Nachlasses nach §§ 86 ff FGG. § 40 LFGG sieht bei verschiedenen Aufgaben die Mitwirkung der Gemeinde vor, so hat sie bei Gefahr in Verzug für die Sicherung des Nachlasses die nach § 1960 BGB erforderlichen Anordnungen zu treffen und zu vollziehen (s Sandweg BWNotZ 1986, 5, 7 f; dazu auch MünchKomm/Schlichting Rn 5).

3. Bayern

33 Für *Vormundschaftssachen* wurde auch in Bayern von dem Vorbehalt kein Gebrauch mehr gemacht.

In *Nachlasssachen* sind nur einzelne Verrichtungen anderen Stellen übertragen. Näheres bestimmt **Art 36 BayAGGVG** vom 23. 6. 1981 (BayRS 300-1-1-J), zuletzt geändert durch G vom 25. 10. 2004 (GVBl 400). So kann durch Anordnung des Rechtspflegers des Nachlassgerichts im Einzelfall die Anlegung von Siegeln zur Sicherung des Nachlasses sowie die Entsiegelung den *Gemeinden* übertragen werden. In dringenden Fällen hat die Gemeinde von sich aus die Aufgabe und Befugnis, die Siegelung vorzunehmen. Art 36 Abs 2 AGGVG begründet aufgrund des § 20 Abs 1

BNotO eine *landesrechtliche Zuständigkeit der Notare* zur Aufnahme von Nachlassverzeichnissen und Anlegung und Abnahme von Siegeln im Rahmen des Nachlasssicherungsverfahrens. Daneben dürfte das Amtsgericht selbst ebenfalls noch zur Aufnahme von Nachlassverzeichnissen zuständig sein (für konkurrierende Zuständigkeit SPRAU/VILL Justizgesetze in Bayern [1988] Art 36 BayAGGVG Rn 9). Die Zuständigkeit der Notare zur Aufnahme eines Nachlassverzeichnisses nach § 2003 BGB ergibt sich direkt aus dieser Vorschrift des BGB (SPRAU/VILL Art 36 BayAGGVG Rn 14).

Nach **Art 38 Abs 1 BayAGGVG** sind die *Notare neben* den Amtsgerichten für die **34** *Vermittlung der Auseinandersetzung eines Nachlasses oder des Gesamtguts einer aufgehobenen ehelichen oder fortgesetzten Gütergemeinschaft* nach den §§ 86–99 FGG zuständig. Zu den Einzelheiten s SPRAU/VILL Art 38 Rn 5 ff; FIRSCHING/GRAF Rn 4.892 ff; BRACKER MittBayNot 1984, 114.

Art 39 BayAGGVG begründet eine eigenständige Zuständigkeit der Notare, die eine entsprechende Auseinandersetzung vermittelt haben, für die Erteilung der Zeugnisse nach §§ 36, 37 GBO, die allerdings in der Praxis keine größere Bedeutung haben (dazu KERSTEN ZNotP 2004, 93).

4. Brandenburg

Nach § 10 Abs 1 Nr 1 u 2 Gesetzes zur Neuordnung der ordentlichen Gerichtsbarkeit **35** und zur Ausführung des Gerichtsverfassungsgesetzes im Land Brandenburg (BbgGerNeuOG) vom 14.6.1993 (GVBl I 198), geändert durch Gesetz vom 15.12.1995 (GVBl 287) sind die Gerichtsvollzieher zuständig für die Aufnahme von Vermögensverzeichnissen und Inventaren und für Siegelungen und Entsiegelungen im Auftrag des Gerichts.

5. Berlin

Hier gelten die Art 21 bis 24 PrFGG (s Rn 31) fort (SaBerlR unter Nr 3212-1; G **36** zuletzt geändert durch G vom 25.6.1992 [GVBl 204]); sie gestatten die Vermittlung der Auseinandersetzung durch einen Notar anstelle des Nachlassgerichts (Münch-Komm/SCHLICHTING Rn 7). Die Art 88 bis 127 PrFGG sind demgegenüber aufgehoben (1. Rechtsbereinigungsgesetz v 24.11.1961 [GVBl 1647], Anlage 1 Nr 24).

6. Bremen

Nach § 5 AGFGG vom 12.5.1964 (GBl 50 = SaBr 315-a-1), geändert durch G vom **37** 18.12.1974 (GBl 351), ist es Aufgabe der Polizeibehörden, bei Gefahr im Verzuge für die Sicherung des Nachlasses zu sorgen.

7. Hamburg

Das *Vormundschaftsamt* (vgl Ges vom 6.11.1914, GS I, 125) ist durch die VO vom **38** 11.12.1935 (RGBl I 1449) aufgehoben worden. Sein Aufgabenkreis ist auf die Amtsgerichte übergegangen.

Nach § 3 Hamburger G über die Angelegenheiten der freiwilligen Gerichtsbarkeit idF vom 16.1.1989 (GVBl 5 = SGV 315-1) haben die zuständigen Behörden jeden ihnen zur Kenntnis gelangenden Todesfall, bei dem gerichtliche Maßnahmen zur Sicherung des Nachlasses erforderlich erscheinen, dem Nachlassgericht anzuzeigen. Bei Gefahr im Verzug haben sie selbst die für die Sicherung erforderlichen Maßnahmen zu treffen.

8. Hessen

39 Die *Notare* sind neben den Gerichten zur Vermittlung der Auseinandersetzung befugt (Art 24 HessFGG vom 12.4.1954 [GVBl I 59 = GVBl Teil II Nr 250-1] zuletzt geändert durch G 20.6.2002 [GVBl I 342]); einige Entscheidungen sind aber immer den Gerichten vorbehalten (Art 24 Abs 3 HessFGG, etwa Bestellung eines Abwesenheitspflegers); über das Verfahren siehe Art 25–30 HessFGG. Über Nachlasssicherung durch den Ortsgerichtsvorsteher unter Zuziehung eines Ortsgerichtsschöffen s § 15, 16 OrtsgerichtsG idF vom 2.4.1980 (GVBl I 113), zuletzt geändert durch G vom 17.12.1998 (GVBl I 562, 572) und dazu §§ 32–37 der Dienstanweisung für die Ortsgerichte im Land Hessen vom 7.1.2002 (StAnz 319).

9. Mecklenburg-Vorpommern

40 Nach § 10 Abs 1 Nr 2 u 3 des Gesetzes zur Ausführung des Gerichtsstrukturgesetzes und zur Änderung von Rechtsvorschriften – Gerichtsorganisationsgesetz (GOrgG) – vom 10.6.1992 (GVOBl 314, ber 363 = GS Gl Nr 300-2), zuletzt geändert durch Gesetz vom 5.7.2002 (GVOBl 439), sind die Gerichtsvollzieher im Auftrag des Gerichts befugt, Siegelung und Entsiegelungen vorzunehmen und Vermögensverzeichnisse und Inventare aufzunehmen.

10. Niedersachsen

41 Für die Vermittlung der Auseinandersetzung eines Nachlasses oder des Gesamtguts einer ehelichen oder fortgesetzten Gütergemeinschaft sind neben den Amtsgerichten auch die Notare zuständig (Art 14 NdsFGG idF vom 24.2.1971 [GVBl 43], zuletzt geändert durch G vom 17.12.1998 [GVBl 710]). Bestimmte Aufgaben sind aber dem Gericht vorbehalten (Art 15 NdsFGG). Sondervorschriften über das Verfahren enthalten Art 15–20 in Verbindung mit Art 14 S 1 NdsFGG (s hierzu BREITHAUPT, Niedersächsisches Gesetz über die freiwillige Gerichtsbarkeit [1958]).

11. Nordrhein-Westfalen

42 Hier gelten in *Nachlaßsachen* die Art 21–24 PrFGG über das Verfahren zur Vermittlung der Nachlassauseinandersetzung fort, die Art 104–126 PrFGG sind jedoch als gegenstandslos bezeichnet (s SGVNW Nr 321). Es besteht die gleiche Rechtslage wie in *Berlin* (MünchKomm/SCHLICHTING Rn 7).

12. Rheinland-Pfalz

43 Nach § 12 des Landesgesetzes über die freiwillige Gerichtsbarkeit vom 12.10.1995 (GVBl 426 = BS 3212-2) haben die örtlichen Ordnungsbehörden oder die Polizei bei Kenntnis von Todesfällen, die eine Nachlasssicherung angezeigt erscheinen lassen, dem zuständigen Amtsgericht Mitteilung zu machen. Nach § 13 LFGG kann den Notaren, unbeschadet der Zuständigkeit nach § 8 Abs 2 RhPfAGGVG, die Aufnahme von Nachlassverzeichnissen und Nachlassinventaren sowie die Anlegung und Abnahme von Siegeln im Rahmen des Nachlasssicherungsverfahrens durch Anordnung des Nachlassgerichts übertragen werden (aufgrund des § 20 Abs 1 BNotO).

13. Saarland

Nach § 54 Abs 2 G zur Ausführung bundesrechtlicher Justizgesetze vom 5. 2. 1997 **44** (ABl 258), zuletzt geändert durch G vom 7. 11. 2001 (ABl 2158), hat bei Gefahr im Verzuge die Gemeinde die zur vorläufigen Sicherung des Nachlasses erforderlichen Maßnahmen zu treffen.

12. Sachsen

Nach § 17 Abs 1 Nr 2 u 3 Sächsisches Justizgesetz (SächsJG) vom 24. 11. 2000 (GVBl **45** 482, ber GVBl 2001, 704) sind die Gerichtsvollzieher befugt, im Auftrag des Gerichts Siegelungen vorzunehmen und Vermögens- und Inventarverzeichnisse aufzunehmen.

13. Schleswig-Holstein

Hier gilt das PrFGG ebenfalls fort, vgl Sammlung des Schleswig-Holsteinischen **46** Landesrechts, Sonderbeilage des ABl Nr 49 vom 10. 12. 1960 (SchlH GS Nr 315-1).

13. Thüringen

Nach § 13 Abs 1 Nr 4 u 5 des Thüringer Gesetzes zur Ausführung des Gerichtsver- **47** fassungsgesetzes (ThürAGGVG) vom 12. 10. 1993 (GVBl 612), zuletzt geändert durch G vom 21. 12. 2000 (GVBl 408), ist im Auftrag des Gerichts der *Gerichtvollzieher* befugt, zu siegeln und Inventare und Vermögensverzeichnisse aufzunehmen.

IX. DDR, Übergangsrecht, neue Bundesländer

In der *Deutschen Demokratischen Republik* einschließlich *Ost-Berlin* oblagen den **48** staatlichen Notariaten nach dem Notariatsgesetz der DDR vom 5. 2. 1976 (DDR GBl I 93) ua Testaments- und Erbschaftsangelegenheiten (zu den Einzelheiten s STAUDINGER/ WINKLER[12] Art 141 Rn 34 ff).

Nach dem Beitritt der neuen Bundesländer am 3. 10. 1990 nahmen zunächst die **49** *Kreisgerichte* die Aufgaben der Nachlassgerichte wahr, das staatliche Notariat wurde aufgelöst (vgl zum Folgenden LANGE/KUCHINKE § 3 VI). Nach § 16 Abs 1 Rechtspflege-Anpassungsgesetz vom 26. 6. 1992 (BGBl 1147) traten mit deren Errichtung die Amtsgerichte an die Stelle der Kreisgerichte; die dem entgegenstehenden Bestimmungen des Einigungsvertrags wurden aufgehoben (vgl auch STAUDINGER/MAROTZKE [2000] § 1960 Rn 3). Zu weiteren Einzelheiten s Rn 38 ff der Voraufl.

Jörg Mayer

X. Andere Nachlassbehörden kraft Bundesrecht

50 Aufgrund besonderer bundesrechtlicher Regelungen erfüllen noch andere öffentliche Stellen die Aufgaben des Nachlassgerichts (vgl Firsching/Graf Rn 2.24 ff; Keidel/
Winkler § 72 FGG Rn 3 ff):

1. Berufskonsuln

51 Im Ausland nehmen auch die Berufskonsuln wichtige Aufgaben des Nachlassgerichts nach dem Konsulargesetz vom 11. 9. 1974 (BGBl I 2317) wahr, nämlich Eröffnung einer Verfügung von Todes wegen in bestimmten Fällen (§ 11 Abs 3) und
Sicherung des im Amtsbezirk befindlichen Nachlasses deutscher Staatsbürger, wenn
dies geboten ist (§ 9 Abs 2).

2. Nach der HöfeO

52 Das Amtsgericht als *Landwirtschaftsgericht* nimmt einige nachlassgerichtliche Funktionen in Vollzug der HöfeO idF vom 26. 7. 1976 (BGBl I 1933) iVm der HöfeVfO
vom 29. 3. 1976 (BGBl I 881) und dem LwVfG vom 21. 7. 1953 (BGBl I 667) wahr.
Hierzu gehören insbes Entgegennahme und Ausschlagung des Anfalls des Hofes
(§ 11 HöfeO), Ausstellung und Einziehung eines Erbscheins und Hoffolgezeugnis
(§ 18 HöfeO). Einen Überblick zu diesen Verfahren geben Firsching/Graf
Rn 2.25 ff; Keidel/Winkler § 72 FGG Rn 3 ff.

Artikel 148

**Die Landesgesetze können die Zuständigkeit des Nachlaßgerichts zur Aufnahme des
Inventars ausschließen.**

Materialien: E II Art 121; III Art 148.

Schrifttum

S Hinweise bei Art 140 EGBGB.

I. Entstehung, Normzweck

1 Art 148 EG wurde von der II. Komm aufgestellt (Prot VI 454, 461) und betrifft die
amtliche Aufnahme des Nachlassinventars nach § 2003 BGB. Die nach dem BGB
grundsätzlich hierfür gegebene Zuständigkeit des Nachlassgerichts kann durch ein
Landesgesetz ausgeschlossen werden. Der damit verfolgte Normzweck dürfte zum
einen in der dadurch ermöglichten Entlastung der Gerichte liegen, zum anderen in
der Aufrechterhaltung bewährter Organisationsstrukturen und Zuständigkeiten
(MünchKomm/Schlichting Rn 1).

II. Inhalt und Bedeutung

1. Inventarerrichtung

Der Erbe, der zur Beschränkung seiner Haftung von dem Recht zur Inventarerrich- 2
tung Gebrauch macht (§ 1993 BGB), muss nach § 2002 BGB zur Aufnahme des
Inventars eine zuständige Behörde oder einen zuständigen Beamten oder einen
Notar *zuziehen* und das so errichtete Inventar innerhalb der Inventarfrist beim
Nachlassgericht einreichen (§ 1994 BGB). Stattdessen aber kann er nach § **2003
BGB** zur Wahrung der Inventarfrist an das Nachlassgericht den Antrag stellen, das
Inventar aufzunehmen. Bundesrechtlich ist dann das Nachlassgericht berechtigt, das
Inventar selbst aufzunehmen oder die Aufnahme einer zuständigen Behörde oder
einem zuständigen Beamten oder Notar zu übertragen.

2. Umfang des Vorbehalts

Art 148 EGBGB ermächtigt die Landesgesetzgebung, die eigene Zuständigkeit des 3
Nachlassgerichts zur Aufnahme des Inventars auszuschließen. Die Ermächtigung
betrifft also **nur den Fall des § 2003 BGB**, nicht den des § 2002 BGB, denn bei der
letztgenannten Bestimmung handelt es sich nicht um die Aufnahme des Inventars
durch das Nachlassgericht oder eine sonst zuständige Stelle, sondern um die gesetzlich vorgeschriebene Unterstützung des Erben bei der von ihm selbst getätigten
Inventaraufnahme (PLANCK Anm 1; SCHLEGELBERGER/VOGELS Anm 1; NIEDNER Anm 1; SOER-
GEL/HARTMANN Rn 1; MünchKomm/SCHLICHTING Rn 1).

Ist durch die Landesgesetzgebung die *Zuständigkeit* des Nachlassgerichts für die
Aufnahme des Inventars *ausgeschlossen*, so kann zwar der Erbe den Antrag auf
behördliche Inventaraufnahme nach wie vor beim Nachlassgericht stellen, wodurch
die Frist gewahrt wird (MünchKomm/SIEGMANN § 2003 Rn 2); dieses muss aber die Aufnahme der zuständigen Behörde, dem zuständigen Beamten oder Notar übertragen
(SCHLEGELBERGER/VOGELS Anm 2).

3. Verhältnis zwischen Art 148 und Art 147

Art 148 EG stellt eine *Sondervorschrift* gegenüber Art 147 dar. Die Zuständigkeit 4
des Nachlassgerichts zur Inventaraufnahme kann aber auch dann ausgeschlossen
werden, wenn im übrigen die dem Nachlassgericht obliegenden Verrichtungen nicht
aufgrund des Vorbehalts des Art 147 landesgesetzlich anderen als gerichtlichen
Behörden übertragen sind (SCHLEGELBERGER/VOGELS Anm 1).

III. Einfluss der BNotO auf den Vorbehalt

§ 20 Abs 1 Satz 2 BNotO bestimmt, dass die Notare zur Aufnahme von Vermögens- 5
verzeichnissen, unter die auch die Aufnahme von Nachlassinventaren fällt, zuständig
sind. Sie sind also auch zur Aufnahme von Nachlassinventaren nach § 2002 BGB
berufen (SCHIPPEL/REITHMANN § 20 BNotO Rn 25 ff, 28; PALANDT/EDENHOFER § 2002 BGB Rn 2;
LIMMER, in: EYLMANN/VAASEN § 20 BNotO Rn 25). § 20 Abs 5 BNotO schreibt vor, dass die
Zuständigkeit der Notare zur Aufnahme von Nachlassverzeichnissen und Nachlassinventaren sich nach den landesrechtlichen Vorschriften bestimmt. Die letztere

Vorschrift bezieht sich also ebenso wie bereits früher § 77 Abs 3 RNotO (s STAUDIN-GER/WINKLER[12] Rn 5) nur auf die Aufnahme von Nachlassverzeichnissen und Nachlass-inventaren, die nach Landesrecht dem Notar durch Anordnung des Nachlassgerichts (s § 2003 BGB) übertragen werden kann (SAAGE Anm 10; SCHIPPEL/REITHMANN § 20 BNotO Rn 65). Der *Vorbehalt in Art 148 EG* ist also durch die Regelung in der RNotO und BNotO *nicht berührt* worden (undeutlich STAUDINGER/MAROTZKE [2002] § 2002 Rn 3). Auch nach § 61 Abs 1 Nr 2 BeurkG bleiben die landesrechtlichen Vorschriften un-berührt.

IV. Landesgesetze

1. Preußen (ehemaliges Land)

6 Im Gebiet des ehemaligen Landes Preußen sind, soweit nicht in den Nachfolgestaa-ten Sondervorschriften erlassen sind, für die Aufnahme des Nachlassinventars neben den Amtsgerichten (Nachlassgerichten) die Notare zuständig (Art 31 PrFGG; KGJ 34 A, 92, SCHLEGELBERGER FGG Anm 9; JANSEN, FGG [2. Aufl] Anm 1, je zu Art 31 PreußFGG); s ferner insbesondere wegen der Übertragung der Aufnahme des Nachlassinventars auf andere zuständige Behörden oder Beamten Art 38 PrFGG mit §§ 70, 74 PrAGGVG (s JANSEN, FGG Art 38 PreußFGG Anm 1 ff), ferner Art 108, 111 ff, 122 ff PrFGG (über deren Geltungsbereich s KEIDEL, FGG [9. Aufl] S 1557 Fn 3, 4; JANSEN Vorbem zu Art 104 PreußFGG). Durch § 60 Nr 57 BeurkG wurde Art 31 PrFGG insoweit nicht aufgehoben, als darin die Aufnahme von Vermögensverzeichnissen geregelt ist.

2. Baden-Württemberg

7 Zuständig ist das staatliche Notariat als Nachlassgericht (§ 38 LFGG vom 12. 2. 1975 [GBl 116], zuletzt geändert durch G vom 1. 7. 2004 [GBl S 469]), das die Gemeinde bei der Aufnahme des Nachlassverzeichnisses heranziehen kann (§ 40 Abs 3 LFGG). Das Nachlassgericht kann die Aufnahme von Nachlassverzeichnissen und Nachlass-inventaren einem Notar übertragen. Für die Mitwirkung bei der Aufnahme eines Inventars nach § 2002 BGB und für die Aufnahme weiterer Verzeichnisse, bei wel-chen nach Bundesrecht die Aufnahme durch eine zuständige Behörde oder durch einen zuständigen Beamten oder Notar zu geschehen hat, sind nur die Notare zuständig (§ 41 Abs 5 LFGG).

3. Bayern

8 Nach Art 8 des AGGVG vom 23. 6. 1981 (BayRS 300-1-1-J), zuletzt geändert durch G vom 25. 10. 2004 (GVBl 400), sind nicht die Amtsgerichte als Nachlassgerichte zur Aufnahme des Inventars zuständig, sondern zur Aufnahme des Nachlassinventars nach § 2003 BGB *allein* die *Notare* (SPRAU/VILL, Justizgesetze in Bayern [1988] Art 8 AGGVG Rn 4; KEIDEL/WINKLER § 77 FGG Rn 5 begründet dies mit dem längst nicht mehr gültigen BayNotariatsG).

4. Brandenburg

9 Nach § 10 Abs 1 Nr 1 Gerichtsneuordnungsgesetz des Landes *Brandenburg* vom 14. 6. 1993 (GVBl I 198), zuletzt geändert durch G vom 15. 12. 1995 (GVBl 287) sind

die Gerichtsvollzieher zur Aufnahme von Vermögensverzeichnissen und zur Siegelung zuständig.

5. Bremen

Nach § 63 Abs 2 AGBGB (vom 18. 7. 1899, GBl 1899, 61 = SaBremR Nr 400-a-1) ist die **10**
Zuständigkeit des Nachlassgerichts ausgeschlossen; zuständig sind allein die *Notare*
und die *Gerichtsvollzieher.*

6. Berlin

Vgl Art 31 Abs 1 PreußFGG, geändert durch G vom 28. 8. 1969 (BGBl I 1513, § 60 Nr 57 **11**
BeurkG); 38 PreußFGG s SaBerlR 3212-1. Daneben können Gerichtsvollzieher auch
Inventare oder Vermögensverzeichnisse aufnehmen, § 12 Abs 1 Nr 4 AGGVG vom
23. 3. 1992 (GVBl 73), zuletzt geändert am 20. 11. 2002 (GVBl 346).

7. Hessen

Gemäß Art 38 Abs 2, Art 86 HessFGG vom 12. 4. 1954 (GVBl 59 = GVBl II Nr 250-1, **12**
zuletzt geändert durch G vom 20. Juni 2002 [GVBl I 342]) sind zur Aufnahme des
Nachlassinventars sowohl die *Amtsgerichte* wie die *Notare* zuständig. Das Amtsgericht kann die Aufnahme des Nachlassinventars auch dem Notar übertragen (Art 46
Abs 2 HessFGG). Wegen der Übertragung der Aufnahme des Nachlassinventars auf
das Ortsgericht siehe § 15 Nr 3 HessOrtsgerichtsG in der Fassung vom 2. 4. 1980
(GVBl I 113), geändert am 17. 12. 1998 (GVBl 562, 572).

8. Hamburg

Nach § 78 Abs 2 AGBGB idF vom 1. 7. 1958 (GVBl 195 = SGV Nr 40-e), zuletzt geän- **13**
dert am 16. 1. 1989 (GVBl 5) ist die Zuständigkeit des Nachlassgerichts für die Aufnahme des Nachlassinventars ausgeschlossen; zuständig sind die *Notare* und *Gerichtsvollzieher.*

9. Mecklenburg-Vorpommern

Hier ist der *Gerichtsvollzieher* im Auftrag des Gerichts zuständig (Art 1 Abschn 3 **14**
§ 10 Nr 3 GerOrgG vom 2. 6. 1992 [GVBl 314]).

10. Niedersachsen

Gemäß Art 13 NdsFGG idF vom 24. 2. 1971 ([GVBl 43], zuletzt geändert durch G **15**
vom 17. 12. 1998 [GVBl 710]) kann den *Notaren* durch Anordnung des Nachlassgerichts auch die Aufnahme von Nachlassverzeichnissen und Nachlassinventaren übertragen werden (s hierzu BREITHAUPT, NdsFGG Erl zu Art 13). S ferner Art 24, 25 NdsFGG
über die Zuständigkeit des *Urkundsbeamten* der Geschäftsstelle des Nachlassgerichts und des *Gerichtsvollziehers.*

11. Nordrhein-Westfalen

16 Es gilt ebenfalls das Recht des ehemaligen Landes Preußen; s Art 31, 38 PreußFGG in der in SGV NW Nr 321 veröffentlichten Fassung, §§ 70 Abs 1, 74 PreußAGGVG in der in SGV NW Nr 311 veröffentlichten Fassung; über Einführung des preußischen Rechts im ehemaligen Land Lippe s § 89 RNotO (Zuständigkeit der *Notare*).

12. Rheinland-Pfalz

17 Das Amtsgericht als Nachlassgericht ist für die Aufnahme des Nachlassinventars nicht mehr zuständig (vgl §§ 4, 8 AGGVG vom 6. 11. 1989 [225 = BS 311-5], zuletzt geändert durch G vom 6. 2. 2001 [GVBl S. 29]), dies kann aber nach § 8 Abs 3 AGGVG dem *Urkundsbeamten der Geschäftsstelle* oder dem *Notar* oder den sonst zuständigen Behörden übertragen werden. Zuständig für die Errichtung von Nachlassverzeichnissen sind die Gerichtsvollzieher nach näherer Maßgabe des § 9 Abs 1 Nr 7 AGGVG und auf alle Fälle auch die Notare (s auch § 13 LFGG vom 12. 10. 1995 [GVBl 426]).

13. Saarland

18 *Art 31 PrFGG* (s Rn 6) gilt hier nicht mehr, vgl 4. RBerG vom 26. 1. 1994 (ABl 509) Anl Nr 19, ebenso Art 108, 111, 113, 116–127 PrFGG (5. RBerG vom 5. 2. 1997 [ABl 258] Art 2 Abs 2 Nr 11). Auch im Gebiet des früher *bayerischen Rechts* gilt der frühere Art 10 Abs 3 BayAGGVG mit einem entsprechenden Ausschluss der Zuständigkeit des Nachlassgerichts nicht mehr, vgl 4. RBerG, Anl 9.

14. Schleswig-Hostein

19 Es gilt Art 31 PrFGG vom 21. 9. 1899 (Pr GS 249, geändert durch G vom 9. 12. 1974 [GVBl 453 = GS Nr 3151]) und die anderen oben (Rn 6) genannten Vorschriften des PrFGG. Das PrAGGVG wird in der Sammlung des Schleswig-Holsteinischen Landesrechts als gegenstandslos bezeichnet.

15. Thüringen

20 Hier ist der Gerichtsvollzieher im Auftrag des Gerichts zuständig, Vermögensverzeichnisse und Inventare aufzunehmen (§ 13 Abs 1 Nr 5 ThAGGVG idF vom 12. 10. 1993 [GVBl 612], zuletzt geändert durch G vom 21. 12. 2000 [GVBl S 408]).

V. Sonstiges

1. Zuständigkeit des Rechtspflegers

21 Die Aufnahme des Nachlassinventars ist, soweit hierfür das Amtsgericht (Nachlassgericht) zuständig ist, dem Rechtspfleger übertragen (§§ 3 Nr 2c, 16 RPflG). In den Ländern, in denen die Amtsgerichte von der Aufnahme des Nachlassinventars ausgeschlossen sind, zB in *Bayern*, ist auch der Rechtspfleger nicht befugt, ein Nachlassinventar aufzunehmen.

2. DDR und Berlin-Ost

Zum Verfahrensrecht in der ehemaligen DDR s STAUDINGER/WINKLER[12] Rn 20.   **22**

Artikel 149

Unberührt bleiben die landesgesetzlichen Vorschriften, nach welchen bei der Errichtung einer Verfügung von Todes wegen der Richter an Stelle des Urkundsbeamten der Geschäftsstelle oder der zwei Zeugen eine besonders dazu bestellte Urkundsperson zuziehen kann.

Auf die Urkundsperson finden die Vorschriften der §§ 2234 bis 2236 des Bürgerlichen Gesetzbuchs Anwendung.

Materialien: E (BGB I 1915, Abs 1 S 2);
II Art 112; III Art 149.

Die Vorschrift ist weggefallen und in der letzten Bekanntmachung nicht mehr enthalten. Siehe dazu die Erläuterungen bei STAUDINGER/KEIDEL[10/11].

Artikel 150

Unberührt bleiben die landesgesetzlichen Vorschriften, nach welchen im Falle des § 2249 des Bürgerlichen Gesetzbuchs an Stelle des Vorstehers oder neben dem Vorsteher eine andere amtlich bestellte Person zuständig ist.

Materialien: E II Art 123; III Art 150.

Die Vorschrift ist weggefallen und in der letzten Bekanntmachung nicht mehr enthalten. Siehe dazu die Erläuterungen bei STAUDINGER/WINKLER[12].

Artikel 151

Durch die Vorschriften der §§ 2234 bis 2245, 2276 des Bürgerlichen Gesetzbuchs und des Artikels 149 dieses Gesetzes werden die allgemeinen Vorschriften der Landesgesetze über die Errichtung gerichtlicher oder notarieller Urkunden nicht berührt. Ein Verstoß gegen eine solche Vorschrift ist, unbeschadet der Vorschriften über die Folgen des Mangels der sachlichen Zuständigkeit, ohne Einfluß auf die Gültigkeit der Verfügung von Todes wegen.

Materialien: E (BGB I 1924); II Art 124;
III Art 151.

Die Vorschrift ist weggefallen und in der letzten Bekanntmachung nicht mehr
enthalten. Siehe dazu die Erläuterungen bei STAUDINGER/KEIDEL[10/11].

Artikel 152

**Unberührt bleiben die landesgesetzlichen Vorschriften, welche für die nicht nach
den Vorschriften der Zivilprozeßordnung zu erledigenden Rechtsstreitigkeiten die
Vorgänge bestimmen, mit denen die nach den Vorschriften des Bürgerlichen Gesetzbuchs an die Klageerhebung und an die Rechtshängigkeit geknüpften Wirkungen eintreten. Soweit solche Vorschriften fehlen, finden die Vorschriften der Zivilprozeßordnung entsprechende Anwendung.**

Materialien: E I Art 52; II Art 125; III Art 152.

I.   Entstehung

1 Art 152 entspricht mit unwesentlichen redaktionellen Änderungen, die in der
II. Komm vorgenommen wurden, dem Art 52 des E I (Mot z EG 177 ff; Prot VI
408; Mot 87a S 102).

II.   Inhalt

2 Nach § 3 Abs 1 EGZPO findet die Zivilprozessordnung nur auf die Rechtsstreitigkeiten Anwendung, die vor die **ordentlichen Gerichte** gehören. Vor die ordentlichen
Gerichte gehören nach § 13 GVG alle bürgerlichen Rechtsstreitigkeiten, für die
nicht entweder die Zuständigkeit von Verwaltungsgerichten oder Verwaltungsbehörden begründet ist oder bundesgesetzlich besondere Gerichte bestellt oder zugelassen sind. Über die besonderen Gerichte s § 14 GVG, § 3 EGGVG. Für die vor die
ordentlichen Gerichte gehörigen Rechtsstreitigkeiten enthält die ZPO Vorschriften
darüber, was als *Klageerhebung* anzusehen ist (s zB §§ 253, 261 Abs 1, auch 271
Abs 1 ZPO; über die verschiedenen Formen der Klageerhebung s etwa ZÖLLER/GREGER Vorbem
4 ff zu § 253 ZPO) und durch welche Prozesshandlungen die *Rechtshängigkeit* begründet wird. Das BGB knüpft an die Klageerhebung und an die Rechtshängigkeit
mehrfach gewisse *bürgerlich-rechtliche Wirkungen* (s zB §§ 204 Abs 1 Nr 1, 286,
291, 292, 347, 818 Abs 4, 941, 987, 989, 1002, 2023; zu weiteren materiellrechtlichen
Wirkungen s etwa MUSIELAK/FOERSTE § 262 ZPO Rn 1).

3 *Soweit nun das Verfahren für nicht vor die ordentlichen Gerichte gehörige Rechtsstreitigkeiten* **landesgesetzlich geregelt** *ist*, es sich also um das Verfahren vor Behörden und Sondergerichten des Landesrechts handelt, sieht Art 152 ein Doppeltes vor:

(1) Er ermächtigt die Landesgesetzgebung zum Erlass von *Vorschriften darüber, bei*

welchen Verfahrensvorgängen diejenigen Rechtswirkungen eintreten sollen, an die bei den vor den ordentlichen Gerichten zu erledigenden Rechtsstreitigkeiten nach den Vorschriften des BGB an die Klageerhebung und an die Rechtshängigkeit diese besonderen Wirkungen geknüpft sind (Art 152 S 1).

(2) *Sofern die Landesgesetzgebung von dieser Ermächtigung keinen Gebrauch macht,* wird die Lücke durch *entsprechende Anwendung der ZPO* ausgefüllt; es ist also jeweils zu prüfen und zu ermitteln, welcher Verfahrensvorgang einer Klageerhebung im Sinne der ZPO gleichzustellen ist oder mit welchem Vorgang der Streit iS der ZPO als rechtshängig anzusehen ist (Art 152 S 2).

III. Landesgesetze

Von dem Vorbehalt des Art 152 S 1 ist wenig Gebrauch gemacht worden. So früher **4** in *Hessen* (Rechtskreis Hessen-Darmstadt) durch Art 21, 22 AGBGB (RegBl 1899, 133), *jetzt aufgehoben* durch § 33 Abs 1 Nr 2 Hess AGBGB vom 18. 12. 1984 (GVBl 344); das Gleiche gilt für diese ursprünglich auch noch in *Rheinland-Pfalz* geltenden Bestimmungen, die dort durch § 27 Abs 1 Nr 1a des RhPf AGBGB vom 18. 11. 1976 (GVBl 259) ebenfalls aufgehoben wurden (übersehen bei MünchKomm/Säcker Rn 2).

Zu den früher in *Baden-Württemberg* bestehenden Sondervorschriften s Staudinger/Winkler[12] Rn 4.

Für *Schleswig-Holstein* s G über das Verfahren in Auseinandersetzungsangelegenheiten idF vom 10. 10. 1899 (GS 403 = GS-SchlH Nr 7816-4) §§ 36–38.

Jörg Mayer

Vierter Teil
Übergangsvorschriften

Einleitung zu Artikel 153–218

Schrifttum

1. Älteres Schrifttum
GIERKE, D Privatrecht (Leipzig 1875) I §§ 23, 24
HABICHT, Die Einwirkung des BGB auf zuvor entstandene Rechtsverhältnisse (3. Aufl Jena 1901)
AFFOLTER, Geschichte des intertemporalen Privatrechts (Leipzig 1902)
ders, System des deutschen bürgerlichen Übergangsrechtes (Leipzig 1903).

2. Neueres Schrifttum
FELIX, Zum Rückwirkungsverbot verschärfend geänderter Steuerrechtsprechung, in: FS Tipke (1995)
FIEDLER NJW 1988, 1624
GÖTZ, Bundesverfassungsgericht und Vertrauensschutz, in: FG-BVerfG II 421 ff
KIMMINICH JZ 1962, 518
KISKER, Die Rückwirkung von Gesetzen (1963)

F KLEIN/BARBEY, Bundesverfassungsgericht und Rückwirkung von Gesetzen (1964)
MAURER, Kontinuitätsgewähr und Vertrauensschutz, HbStR III (2. Aufl 1996) § 60, 211
MUCKEL, Kriterien des verfassungsrechtlichen Vertrauensschutzes bei Gesetzesänderungen (1989)
SELMER, Rückwirkung von Gesetzen, Verwaltungsanweisungen und Rechtsprechung, Steuer-Kongreß-Report 1974, 83 ff
PIEROTH, Rückwirkung und Übergangsrecht (1981)
ders, Die neuere Rechtsprechung des Bundesverfassungsgerichts zum Grundsatz des Vertrauensschutzes, JZ 1984, 971
STERN, Zur Problematik rückwirkender Gesetze, in: FS Maunz (1981)
MAUNZ/DÜRIG, Kommentar zum Grundgesetz, Art 20 Abschn VII Rn 65.

I. Aufgabe und Inhalt

Der vierte Teil des Einführungsgesetzes will mit seinen Übergangsbestimmungen **1** das Verhältnis der Vorschriften des Bürgerlichen Gesetzbuchs zu den zur Zeit seines Inkrafttretens bestehenden Rechtsverhältnissen klarstellen. Denn im BGB findet sich **kein allgemeiner Satz** über die zeitliche Herrschaft seiner Rechtssätze*. Auch das EG enthält in seinem vierten Abschnitt keine generelle Bestimmung, sondern nur spezielle Regelungen. Die Klarstellung dieses Verhältnisses erfolgt in diesem Abschnitt aber nicht in allgemeiner Weise, sondern nur, wie die Motive I 23 sagen, in den wichtigsten Beziehungen. Übergangsvorschriften bestehen nur für die in den Art 153–217 aufgeführten Tatbestände. Dabei hat das EG auch nach heutigen Anschauungen rechtsstaatliche Grundsätze, insbesondere das Prinzip der Rechtssicherheit, in geradezu vorbildlicher Weise beachtet.

---

* Art 153–156, 158–162, 204–206, 211 und 216 sind inzwischen gegenstandslos geworden.

II. Probleme der Überleitung

1. Keine positive Generalregelung

2 Anders als im BGB finden sich in früheren Kodifikationen Regeln über die zeitliche Herrschaft der Gesetze, zB im römischen Recht (1 7 C de leg, 1, 14), im kanonischen Recht (c 13 X de constit, 1, 2), im bayer LR (Tl I Tit 1 § 8), im ALR (Einl §§ 14, 16, 17, 19), im sächs GB (§ 5), im österreichischen ABGB (§ 5), im Code civil (Art 2) und im bad LR (Art 2), ferner im württemb G vom 12. 9. 1814, betr die Anwendung des württembergischen Rechtes in den neu erworbenen Landesteilen (§§ 1, 6). Diese gehen von dem Grundsatz aus, daß Gesetze privatrechtlichen Inhalts regelmäßig nur für die Zukunft wirken und keine rückwirkende Kraft haben (vgl auch Mat I 20 f).

2. Positive Einzelregeln nach identischer Grundidee

3 Das BGB hat wegen der legistischen Schwierigkeiten, den Grundsatz der Nichtrückwirkung für neue Gesetze prägnant und praktikabel zu formulieren, bewußt von der Aufnahme einer derartigen allgemeinen Regel abgesehen (vgl Mot I 23). Statt dessen sollten **Übergangsbestimmungen** im EG das Verhältnis der Vorschriften des BGB zu den bei seinem Inkrafttreten bestehenden Rechtsverhältnissen „in den wichtigsten Beziehungen" klarstellen (Mot I 23).

4 Diesen im vierten Teil enthaltenen Vorschriften liegt der **Grundsatz der Nichtrückwirkung** neuer Gesetze zugrunde. Die Bestimmungen des BGB sollten grundsätzlich nur die Sachverhalte ergreifen und die Verhältnisse rechtlich prägen, die sich während der Gesetzesgeltung verwirklichten.

3. Rückwirkungsbegriff

5 Über den **Begriff** der Rückwirkung herrschte bei den Beratungen des BGB keine Klarheit. Die einen sahen als Rückwirkung nur die Rückwirkung im **eigentlichen (natürlichen) Sinne** an: „in der Rückwirkung dessen, was vor dem Inkrafttreten des Gesetzes sich bereits erledigt hat" (Mot I 20). Die anderen faßten die Rückwirkung in einem **übertragenen** Sinne auf und sahen als Rückwirkung schon eine Einwirkung des Gesetzes auf die zum Zeitpunkt seines Inkrafttretens bestehenden Rechtsverhältnisse an. In ähnlicher Weise unterscheidet das Bundesverfassungsgericht – in Anlehnung an die Terminologie des code civil (vgl dessen Art 2) – zwischen **retroaktiver (echter)** oder **retrospektiver (unechter) Rückwirkung** (vgl BVerfGE 11, 139, 145 ff; 14, 288, 297 ff; aus neuerer Zeit E 72, 175, 196; 79, 29, 45 f; 88, 384, 404; 89, 48, 60; zur etwas abweichenden Terminologie des 2. Senats: BVerfGE 72, 200, 242).

4. Grundlage des Rückwirkungsverbots

6 Auch über die Grundlage des Rückwirkungsverbots herrschte bei den Beratungen des BGB keine Einigkeit (vgl Mot I 19 f). Man leitete es teils aus dem Gesetzesbegriff, teils aus der Natur des subjektiven Rechts ab. Letztlich billigte man jedoch dem Gesetz die Macht zu, die zeitlichen Grenzen seiner Wirksamkeit frei zu bestimmen (Mot I 21).

Unter dem Grundgesetz leitet sich das Rückwirkungsverbot unbeschadet der ver- 7
fassungsrechtlichen Sonderregelung für strafbegründende und strafschärfende Gesetze (Art 103 Abs 2 GG) aus dem **Rechtsstaatsprinzip** (Art 20, 28 GG) ab, zu dessen
wesentlichen Elementen die **Rechtssicherheit** und damit für den Bürger der **Vertrauensschutz** gehört (vgl BVerfGE 13, 261, 271; 72, 200, 242; BGHZ 100, 1, 6). Hiergegen
verstoßen belastende Gesetze mit retroaktiver (echter) Rückwirkung, die in Rechte
oder Rechtslagen des Bürgers eingreifen, wenn dieser hiermit im Rückwirkungszeit-
raum nicht zu rechnen und sie daher auch bei verständiger Vorausschau nicht zu
berücksichtigen brauchte (vgl BVerfGE 1, 264, 280). Ausnahmsweise kann jedoch auch
ein gesetzlicher Eingriff mit echter Rückwirkung zulässig sein, wenn das Vertrauen
auf eine bestimmte Rechtslage nicht gerechtfertigt und daher auch nicht schutzwürdig ist (vgl BVerfGE 32, 111, 123; 37, 363, 397 f; 45, 142, 173 f; 88, 384, 404; 89, 48, 67). Das ist
insbesondere bei unklarer und **verworrener Rechtslage** sowie dann der Fall, wenn der
Bürger mit der rückwirkenden Rechtsfolge rechnen mußte (vgl BGHZ 100, 1, 6 ff) oder
sich nicht auf den durch eine ungültige Rechtsnorm erzeugten **Rechtsschein** verlassen durfte oder wenn **zwingende Gründe des Gemeinwohls** die Rückwirkungsanord-
nung rechtfertigen (vgl BVerfGE 13, 261, 271 ff; 18, 429, 439; 72, 200, 258 ff; 88, 384, 404).
Umgekehrt können auch Gesetze mit unechter Rückwirkung den Vertrauensschutz
verletzen, wenn sie entwertende Eingriffe enthalten, mit denen der Bürger nicht zu
rechnen und die er bei seinen Dispositionen nicht zu berücksichtigen brauchte (vgl
BVerfGE 14, 288, 297 f; 25, 142, 154; 30, 392, 404; 68, 287, 307).

5. Auslegung

Soweit ausdrückliche Übergangsvorschriften fehlen, muß der Wille des Gesetzes 8
durch Auslegung ermittelt werden (vgl auch BGHZ 9, 101 f). Dabei soll nach den
Motiven (I 21) zu berücksichtigen sein, daß das Gesetz regelmäßig die Gegenwart
und Zukunft rechtlich ordnen und deswegen nur diejenigen Sachverhalte und Verhältnisse gestalten will, die sich während seiner Geltung verwirklichen; deshalb sei
eine Rückwirkung im eigentlichen Sinne (vgl oben Rn 5) wenig wahrscheinlich; auch
für die Bejahung einer uneigentlichen Rückwirkung bedürfe es besonderer Gründe.

III. Grundsätze der zeitlichen Geltung des BGB

Für die zeitliche Geltung des BGB lassen sich folgende Grundsätze aufstellen: 9

1. Vor Inkrafttreten entstandene Rechtsverhältnisse

a) Grundsatz
Für Rechte und Rechtsverhältnisse, welche **vor** dem Inkrafttreten des Bürgerlichen 10
Gesetzbuches entstanden sind, bleiben die **bisherigen Gesetze** maßgebend, sofern
sich nicht Ausnahmen aus dem BGB und dem EG, insbesondere aus den Übergangsvorschriften dieses Abschnitts ausdrücklich oder im Wege der Auslegung (vgl
oben Rn 8) ergeben.

b) Ausnahmen
aa)   Ausnahmen enthält ausdrücklich ein Teil der in den Art 153 ff dieses Gesetzes 11
gegebenen Übergangsvorschriften.

Detlef Merten

Verjährung und Ersitzung werden mit gewissen Vorbehalten nach den neuen Vorschriften fortgesetzt (Art 169, 185); für die bestehenden juristischen Personen (Art 163), für Miet-, Pacht- und Dienstverhältnisse (Art 171, 172), für Gemeinschaften nach Bruchteilen (Art 173), für Schuldverschreibungen auf den Inhaber und Legitimationspapiere (Art 174, 176, 177), für Besitzverhältnisse (Art 180, 191 Abs 2), für das Eigentum und für das Aneignungsrecht des Fiskus (Art 181, 190), für Erbbaurecht und Grunddienstbarkeiten (Art 184 S 2), Hypotheken und Grundschulden (Art 192, 193), für die persönlichen Rechtsbeziehungen der Ehegatten zueinander (Art 199) und die Zulässigkeit von Eheverträgen (Art 200 Abs 2), für die Gültigkeit der Ehe (Art 198 Abs 2) und die Ehescheidung (Art 201), für das Rechtsverhältnis zwischen den Eltern und den ehelichen Kindern (Art 203) und die rechtliche Stellung der unehelichen Kinder (Art 208) sowie für Vormundschaft (Art 210) gelten entweder schlechthin oder mit gewissen Beschränkungen die Vorschriften des BGB. In den inzwischen gegenstandslos gewordenen Bestimmungen bestimmten sich die Wirkungen der Volljährigkeitserklärung und der Emanzipation (Art 153, 154), der Entmündigung (Art 155, 156), zum Teil auch die der Todeserklärung (Art 159, 160) nach dem neuen Recht.

12 bb) Ausnahmen können auch die landesgesetzlichen Vorschriften enthalten, welche aufgrund der in den Art 55–152 dieses Gesetzes oder im BGB zugunsten der Landesgesetzgebung enthaltenen Vorbehalte erlassen werden.

Darüber hinaus können Landesgesetze, die nach den Vorschriften des vierten Teils maßgebend bleiben, gemäß Art 218 auch nach dem Inkrafttreten des BGB geändert werden.

c) Begründung und Folgen eines Rechtsverhältnisses
13 Soweit für Rechte und Rechtsverhältnisse, welche vor dem 1. Januar 1900 entstanden sind, das neue Recht maßgebend ist, bezieht es sich regelmäßig nur auf die Wirkungen, nicht auch auf die zur Begründung eines Rechtsverhältnisses erforderlichen Voraussetzungen. Eine Ausnahme macht Art 198 Abs 2 für (nach bisherigem Recht) nichtige oder ungültige Ehen.

2. Nach Inkrafttreten entstandene Rechtsverhältnisse

14 a) Für Rechte und Rechtsverhältnisse, welche **vom** Inkrafttreten des BGB **an** entstehen, ist das BGB maßgebend.

15 b) Ausnahmen von diesem Satz enthalten:

16 aa) Art 189 (betr Erwerb, Übertragung, Aufhebung von Rechten an Grundstücken vor Anlegung des Grundbuchs iVm Art 188, 193, 194 und 195 Abs 2 dieses Gesetzes),

17 bb) die zugunsten der Landesgesetzgebung bestehenden Vorbehalte (vgl oben Rn 12).

IV. Sprachgebrauch

Von großer Wichtigkeit ist beim Wechsel der Rechtsordnung die Feststellung des **18**
Sprachgebrauchs in den Übergangsbestimmungen, da deren Tragweite davon abhängt, ob ein Begriff im Sinne der älteren oder der neueren Rechtsordnung zu
verstehen ist. Zu unterscheiden ist zwischen den sog **Gewährungsklauseln**, dh solchen
Übergangsvorschriften, in denen Tatbestände der älteren Rechtsordnung unterstellt
bleiben, und den sog **Ausschlußklauseln**, dh solchen Übergangsvorschriften, in denen
ausnahmsweise ältere Tatbestände ausschließlich der neuen Rechtsordnung unterworfen werden. Grundsätzlich ist davon auszugehen, daß Ausdrücke und Begriffe in
den Gewährungsklauseln im Sinne der Rechtsordnung gebraucht werden, nach
welcher sie die weitere Bedeutung haben, daß dagegen in Ausschlußklauseln die
Begriffe im Sinne der Rechtsordnung zu verstehen sind, nach welcher ihnen der
engere Umfang zukommt (vgl AFFOLTER, System 53 f). Demnach ist beispielsweise der
Begriff des Testaments in den Art 214, 215 in dem weiteren Sinne des BGB zu
verstehen und umfaßt auch Kodizille, während umgekehrt die Begriffe des Eigentums in Art 181 und des Besitzverhältnisses in Art 180 nach der alten Rechtsauffassung (als der engeren) auszulegen sind. Ein anderes Beispiel bildet der Begriff
„Sache" in Art 172; da Art 172 eine Ausschlußklausel enthält, so ist dieser Begriff
hier in dem engeren Sinne des § 90 BGB auszulegen („körperlicher Gegenstand").

Im übrigen sind Ausdrücke, die nur der neuen Rechtssprache bekannt sind, wie zB **19**
„Anspruch" (Art 169), nach Maßgabe der modernen Auffassung auszulegen, während für solche Ausdrücke, die ausschließlich der alten Rechtsordnung angehören
(vgl die mittlerweile gegenstandslosen Art 154 Emanzipation, Art 156, 211 Beistand), der Sinn der alten Rechtsordnung maßgebend bleibt (vgl AFFOLTER aaO; HA-
BICHT 15).

V. Gliederung des vierten Teils

Die Übergangsvorschriften sind nach der gesetzlichen Ordnung des BGB gegliedert. **20**

Auf den allgemeinen Teil beziehen sich die Art 153–169, auf das Recht der Schuld- **21**
verhältnisse die Art 170–179, auf das Sachenrecht die Art 180–197, auf das Familienrecht die Art 198–212 und auf das Erbrecht die Art 213–217.

Vorbemerkungen zu Artikeln 153–169

I. Inhalt

Die Art 153–169 enthalten Übergangsbestimmungen, die sich auf die Vorschriften **1**
des allgemeinen Teils des BGB beziehen. Jedoch sind nur für einzelne der systematisch zum allgemeinen Teil gehörigen Rechtsverhältnisse Übergangsvorschriften
erlassen. Soweit es an ausdrücklichen Übergangsvorschriften fehlt, sind die in der
Einleitung zu den Art 153 ff dargelegten Grundsätze maßgebend. Inzwischen haben

die meisten dieser Vorschriften durch **Zeitablauf** ihre **Bedeutung verloren**. In Folge ihres Bedeutungsverlustes sind sie durch den Gesetzgeber bei der Neufassung des EG teilweise als **gegenstandslos** bezeichnet worden (vgl Bekanntmachung der Neufassung des EG vom 21. 9. 1994, BGBl I 2494).

II. Personenrecht

2 Die Vorschriften über die Rechtsfähigkeit haben zwingende Bedeutung, beanspruchen daher rückwirkende Kraft. Daher haben auch die Ordenspersonen (Religiosen), deren Vermögens-Rechtsfähigkeit früher beschränkt war (vgl zB PrALR §§ 1199, 1200 II 11), mit dem Inkrafttreten des BGB volle Rechtsfähigkeit erlangt. Doch hatte diese Rechtsänderung keine Einwirkung auf schon vor dem 1. 1. 1900 eingetretene Rechtsänderungen; das vorher mit der Profeßleistung auf andere übergegangene Vermögen fiel nicht wieder an den Religiosen zurück; für Erbfälle, in denen der Erblasser vor dem 1. 1. 1900 gestorben war, blieb die Ordensperson nach Maßgabe des alten Rechtes erwerbsunfähig (vgl AFFOLTER 204; HABICHT 44).

An einer Rückwirkung fehlt es auch für die beispielsweise im früheren Preußischen Recht (ALR §§ 17, 18 I 1) beschränkte Rechtsfähigkeit der Mißgeburt oder das Erfordernis der Lebensfähigkeit bei der Geburt für die Rechtsfähigkeit (Code civil, Art 725, Bad Landrecht Satz 314, 725, 906). Das BGB hat diese Beschränkungen zwar beseitigt. Für einen Erbfall, der vor dem 1. 1. 1900 eingetreten war, kam die neu erworbene Rechtsfähigkeit jedoch nicht in Betracht. Dies galt auch für den Fall, daß die Mißgeburt oder die lebensunfähige Geburt erst nach dem 1. 1. 1900 zurWelt gekommen war, falls sie an dem früheren Erbfall nur als fideikommissarischer Erbe (Nacherbe) beteiligt war (Art 213; HABICHT 44).

3 Im übrigen ist hinsichtlich der Persönlichkeitsrechte zwischen unmittelbar kraft Gesetzes und individuell erworbenen zu unterscheiden.

a) Sofern das neue Recht die Rechts- oder Handlungsfähigkeit überhaupt oder nach Alter, Geschlecht, geistiger Gesundheit, Stand, Ehre, Religion, Staatsangehörigkeit, Rasse einschränkt oder erweitert, ist es sofort auf jede Person anwendbar (vgl GIERKE I 106). Eine Ausnahme von diesem Grundsatz machte der inzwischen gegenstandslos gewordene Art 153 für die vor dem 1. 1. 1900 erworbene Volljährigkeit.

b) Individuell begründete Persönlichkeitsrechte, dh solche, die einer Person ausschließlich, nicht als dem Mitglied einer Klasse von Personen, zustehen, sind hinsichtlich ihrer Entstehung zunächst nach dem früheren Recht zu beurteilen, nehmen jedoch hinsichtlich der Wirkungen an etwaigen Erweiterungen des neuen Rechtes teil.

III. Rechtsgeschäfte

4 Die unter der Herrschaft der alten Gesetze vorgenommenen Rechtsgeschäfte sind nicht bloß hinsichtlich der Geschäftsfähigkeit der Beteiligten und der Form, sondern auch im übrigen hinsichtlich der Umstände, die ihre Gültigkeit und Wirksamkeit bestimmen, nach dem alten Recht zu beurteilen, soweit nicht besondere Ausnahmen im **Einführungsgesetz** aufgestellt sind (HABICHT 130 ff).

IV. Vollmacht

Ein vor dem 1.1.1900 abgeschlossenes Rechtsgeschäft verpflichtete den Vollmacht- **5** geber nur, wenn die Vollmacht den Erfordernissen des alten Rechts entsprach, also beispielsweise nach PrALR schriftlich war. Dagegen genügt zum Abschluß eines Rechtsgeschäfts nach dem 1.1.1900 eine den Erfordernissen des BGB entsprechende Vollmacht, selbst wenn sie vor dem 1.1.1900 erteilt war und zur Zeit ihrer Ausstellung nicht als genügende Vollmacht gelten konnte; es genügt also, daß nach § 167 BGB die Erteilung der Vollmacht durch (mündliche) Erklärung gegenüber dem Bevollmächtigten oder dem Dritten, demgegenüber die Vertretung stattfand, erfolgt war. Die Rückgabe der Vollmacht konnte nach § 175 BGB, der dem Interesse der Verkehrssicherheit dient, verlangt werden, auch wenn die Vollmacht unter der Herrschaft des alten Rechts ausgestellt war; ebenso war auch die Kraftloserklärung der Vollmacht (BGB § 176) auf Vollmachten des alten Rechts anwendbar. So auch HABICHT 142 ff; PLANCK Vorbem 2 f vor Art 153.

Artikel 153

Wer zur Zeit des Inkrafttretens des Bürgerlichen Gesetzbuchs nicht das einundzwanzigste Lebensjahr vollendet hat, aber für volljährig erklärt ist oder sonst die rechtliche Stellung eines Volljährigen erlangt hat, steht von dieser Zeit an einem Volljährigen gleich.

Materialien: E I Art 95; II Art 126; III Art 153.

Artikel 154

Wer nach den französischen oder den badischen Gesetzen emanzipiert oder aus der Gewalt entlassen ist, steht von dem Inkrafttreten des Bürgerlichen Gesetzbuchs an, wenn er zu dieser Zeit das achtzehnte Lebensjahr vollendet hat, einem Volljährigen, anderenfalls einem Minderjährigen gleich.

Materialien: E I Art 96; II Art 127; III Art 154.

Artikel 155

Wer zur Zeit des Inkrafttretens des Bürgerlichen Gesetzbuchs wegen Geisteskrankheit entmündigt ist, steht von dieser Zeit an einem nach den Vorschriften des Bürgerlichen Gesetzbuchs wegen Geisteskrankheit Entmündigten gleich.

Materialien: E I Art 97 Abs 1; II Art 128; III Art 155.

Detlef Merten

Artikel 156

Wer zur Zeit des Inkrafttretens des Bürgerlichen Gesetzbuchs wegen Verschwendung entmündigt ist, steht von dieser Zeit an einem nach den Vorschriften des Bürgerlichen Gesetzbuchs wegen Verschwendung Entmündigten gleich.

Dasselbe gilt von demjenigen, für welchen nach den französischen oder den badischen Gesetzen wegen Verschwendung die Bestellung eines Beistandes angeordnet ist.

Materialien: E I Art 98; II Art 129; III Art 156.

1 Art 153–156 werden in der Bekanntmachung der Neufassung des Einführungsgesetzes zum Bürgerlichen Gesetzbuche vom 21. 9. 1994 (BGBl I 2494) als gegenstandslos bezeichnet. Von der Kommentierung wurde abgesehen. Es wird auf die Erläuterungen von STAUDINGER/MERTEN/KIRCHHOF[12] verwiesen.

Artikel 157

Die Vorschriften der französischen und der badischen Gesetze über den erwählten Wohnsitz bleiben für Rechtsverhältnisse, die sich nach diesen Gesetzen bestimmen, in Kraft, sofern der Wohnsitz vor dem Inkrafttreten des Bürgerlichen Gesetzbuchs erwählt worden ist.

Materialien: E I Art 100; II Art 130; III Art 157.

1 I. Dieser Artikel entspricht mit unwesentlichen redaktionellen Änderungen dem Art 100 des E I (Mot z EG 249 ff; Prot VI 490).

2 II. Das badische (bad LR Satz 111) und das französische Recht (cod civ Art 111) gestatteten den Parteien, zum Vollzug eines bestimmten Rechtsgeschäfts einen fiktiven Wohnsitz (domicile élu) zu wählen. Art 157 erkennt das an, sofern für das Rechtsverhältnis die genannten Gesetze maßgeblich waren.

3 III. Im **Zivilprozeß** hatte die Wahl eines fiktiven Wohnsitzes bis zum Inkrafttreten der ZPO die Wirkung einer Prorogation.

4 Materiellrechtlich hat die Vorschrift noch Bedeutung für erbrechtliche Verhältnisse eines vor dem 1. 1. 1900 gestorbenen Erblassers.

Übergangsvorschriften

Artikel 158

Die Wirkungen einer vor dem Inkrafttreten des Bürgerlichen Gesetzbuchs erfolgten Todeserklärung bestimmen sich nach den bisherigen Gesetzen, soweit sich nicht aus den Artikeln 159, 160 ein anderes ergibt.

Materialien: E I Art 92 Satz 1; II Art 131;
III Art 158.

Artikel 159

Der Ehegatte einer vor dem Inkrafttreten des Bürgerlichen Gesetzbuchs für tot er-klärten Person kann nach dem Inkrafttreten des Bürgerlichen Gesetzbuchs eine neue Ehe eingehen, auch wenn die Wiederverheiratung nach den bisherigen Gesetzen nicht zulässig sein würde. Die Vorschriften der §§ 1348 bis 1352 des Bürgerlichen Gesetz-buchs finden entsprechende Anwendung.

Materialien: E I Art 92 Satz 2; II Art 133;
III Art 159.

Artikel 160

Soweit nach den Vorschriften des Bürgerlichen Gesetzbuchs infolge einer Todeserklä-rung die elterliche Gewalt des Verschollenen, die Vormundschaft, die Pflegschaft sowie das Amt als Vormund, Gegenvormund, Pfleger, Beistand oder Mitglied eines Fami-lienrats endigt, gelten diese Vorschriften von dem Inkrafttreten des Bürgerlichen Ge-setzbuchs an auch für eine vorher erfolgte Todeserklärung.

Materialien: E I Art 92 Satz 2; II Art 133;
III Art 160.

Artikel 161

(1) Ein zur Zeit des Inkrafttretens des Bürgerlichen Gesetzbuchs anhängiges Verfah-ren, das eine Todeserklärung, eine Verschollenheitserklärung oder die Einweisung des mutmaßlichen Erben in den Besitz oder Genuß des Vermögens eines Verschollenen zum Gegenstande hat, ist nach den bisherigen Gesetzen zu erledigen.

(2) Ist vor dem Inkrafttreten des Bürgerlichen Gesetzbuchs eine Verschollenheitser-klärung oder die vorläufige Einweisung des mutmaßlichen Erben in den Besitz oder Genuß des Vermögens eines Verschollenen erfolgt, so sind die bisherigen Gesetze auch für die Todeserklärung sowie für die endgültige Einweisung maßgebend.

Detlef Merten

(3) Nach den bisherigen Gesetzen bestimmen sich auch die Wirkungen der nach Abs 1, 2 ergehenden Entscheidungen. Im Falle der Todeserklärung finden die Vorschriften der Artikel 159, 160 Anwendung.

Materialien: E I Art 93, 94; II Art 134; III Art 161.

Artikel 162

Soweit eine nach den bisherigen Gesetzen erfolgte oder nach Art 161 Abs 2 zulässige endgültige Einweisung des mutmaßlichen Erben in den Besitz oder Genuß des Vermögens des Verschollenen ohne Einfluß auf Rechtsverhältnisse ist, auf die sich die Wirkungen der Todeserklärung nach dem Bürgerlichen Gesetzbuch erstrecken, ist nach dem Inkrafttreten des Bürgerlichen Gesetzbuchs eine Todeserklärung nach dessen Vorschriften zulässig; die Wirkungen beschränken sich auf diese Rechtsverhältnisse.

Materialien: E II Art 135; III Art 162.

1 Art 158–162 werden in der Bekanntmachung der Neufassung des Einführungsgesetzes zum Bürgerlichen Gesetzbuche vom 21. 9. 1994 (BGBl I 2494) als gegenstandslos bezeichnet. Von der Kommentierung wurde abgesehen. Es wird auf die Erläuterungen von STAUDINGER/MERTEN/KIRCHHOF[12] verwiesen.

Vorbemerkung zu Artikel 163–167

Übergangsvorschriften für die zur Zeit des Inkrafttretens des BGB bestehenden juristischen Personen und gewisse deutsch-rechtliche Genossenschaften

1. Regelungen des intertemporalen Rechts

1 Der vierte Teil des EGBGB enthält die Bestimmungen zur **Überleitung** der vor dem In-Kraft-Treten des BGB bereits bestehenden Rechtsverhältnisse auf das BGB. Denn erfolgt eine Änderung des geltenden Rechts, so stellt sich die Frage, welche Auswirkungen der Rechtswechsel auf die bis dahin entstandenen Rechtsverhältnisse hat. Die Antwort gibt das *intertemporale Recht*. Es regelt insbes die *Rückwirkung* des zum 1. 1. 1900 neu eingeführten BGB. Während frühere Kodifikationen ausdrückliche Bestimmungen enthielten (s STAUDINGER/MERTEN Einl 2 zu Art 153–218 EG; GROSSFELD/IRRINGER JZ 1988, 531, 532 ff), **verzichtete** das BGB ausdrücklich auf die Normierung einer hierfür geltenden **allgemeinen Regelung** (Mot I 23). Vielmehr sollten die Übergangsbestimmungen des EG hierfür eine Klarstellung bringen

(Mot I 23). Den im vierten Teil des EG enthaltenen Vorschriften liegt dabei der **Grundsatz der Nichtrückwirkung** der neuen Gesetze zugrunde (Staudinger/Merten Einl 4 zu Art 153–218 EG; Enneccerus/Nipperdey § 62 I; Schlegelberger/Vogels Vorbem 14 Art 153 EG). Im Zweifel ist daher anzunehmen, dass jeder Rechtssatz nur die Zukunft, nicht die Vergangenheit regeln will.

Das EGBGB enthält aber auch Bestimmungen, die sich unmittelbar auf das bei **2** Inkrafttreten des BGB bereits bestehende Recht beziehen und auf die zZ des Inkrafttretens des BGB schon bestehende Rechtsverhältnisse direkt einwirken und diese ändern (s Enneccerus/Nipperdey § 62 I 2, II 2). Sie stellen Ausnahmen von dem das EG beherrschenden Grundsatz der Nichtrückwirkung dar und enthalten uU eine **„Ausschlussklausel"**, durch die die ausschließliche Anwendung des neuen Rechts ab dem Inkrafttreten des BGB angeordnet wird (s Einl 18 zu Art 153–218 EG; Schlegelberger/Vogels Vorbem 15 Art 153 EG).

Eine solche Vorschrift ist **Art 163 EGBGB**, die bestimmt, dass die unter der alten **3** Rechtsordnung entstandenen **jur Personen** den wichtigsten *Bestimmungen der neuen Rechtsordnung unterworfen* werden sollen (Schlegelberger/Vogels Vorbem 15 zu Art 153, Art 163 EG Anm 1).

Dagegen enthält **Art 164 EGBGB** wiederum eine Anerkennung des *Grundsatzes der* **4** *Nichtrückwirkung*, also eine Übergangsvorschrift, wonach für Rechtseinrichtungen des alten Rechts ausdrücklich die alte Rechtsordnung fortgilt (*„Gewährklausel"*; dazu Schlegelberger/Vogels Vorbem 14 zu At 153 EGBGB). Art 164 betrifft die *Realgemeinden* und ähnliche Verbände. Dieser Grundsatz gilt auch für die aufgrund der *bayerischen* Gesetze vom 29. 4. 1869 (BayBS III S 135) errichteten *Vereine* und Erwerbs- und Wirtschaftsgenossenschaften nach **Art 165 EGBGB**, für Personenvereine aufgrund des sächsischen Gesetzes vom 15. 6. 1868 nach **Art 166 EGBGB** und für landschaftliche oder *ritterschaftliche Kreditanstalten* nach **Art 167 EGBGB** (Schlegelberger/Vogels Anm 1je zu Art 165, 166 und 167 EGBGB). Die Bestimmungen des Vierten Teils finden dagegen dann keine Anwendung, soweit auf Grund der Vorbehalte der Art 55 bis 152 EGBGB ohnehin noch das frühere Landesrecht fortgilt (MünchKomm/Säcker Rn 1).

Die Vorschriften des **intertemporalen Rechts** müssen insbes auch den verfassungs- **5** rechtlichen Grundsätzen über das Rückwirkungsverbot entsprechen (s hierzu Art 163 Rn 48 f).

2. Körperschaften des öffentlichen Rechts

a) Keine Anwendung des BGB

Für *Körperschaften, Stiftungen* und *Anstalten des öffentlichen Rechts* enthält der **6** 4. Teil des EG keine Übergangsvorschriften. Soweit solche unter der alten Rechtsordnung entstanden sind, bleiben sie grundsätzlich deren Vorschriften unterworfen, denn **Art 163 EG** bezieht sich zunächst **nur auf jur Personen des Privatrechts**. Diese Bestimmung erklärt aber auf die zZ des Inkrafttretens des BGB bestehenden jur Personen auch § 89 BGB für anwendbar. Somit gelten die *§§ 31, 42 Abs 2 BGB auch für bereits bestehende Körperschaften*, Anstalten und Stiftungen des *öffentlichen Rechts* (s dazu RGZ 157, 228, 237; Art 163 EG Rn 8). Daraus, dass öffentliches Recht durch das BGB und das EG grundsätzlich nicht berührt wird (s Art 55 EG Rn 6), ergibt sich weiter, dass im übrigen für die *jur Personen des öffentlichen Rechts im allgemeinen* die *Bestimmungen des Landesrechts* gelten (SCHLEGELBERGER/VOGELS Art 163 EG Anm 2). Das gilt insbesondere auch für die Errichtung solcher Körperschaften (SCHLEGELBER-GER/VOGELS Art 163 EG Anm 2). BayObLGZ 7, 99 erachtet die nach § 28 Abs 1, § 32 Abs 1 S 2, 3, Abs 2, § 86 BGB mit Art 163 EG für Stiftungen des bürgerlichen Rechts geltenden Vorschriften über die Beschlussfassung des aus mehreren Personen bestehenden Vorstands in Ermangelung besonderer Vorschriften des Landesrechts auch auf *Stiftungen des öffentlichen Rechts* für anwendbar (aA SCHLEGELBERER/VOGELS Art 163 EG Anm 2). S hierzu auch AFFOLTER, System 281; HABICHT 105.

b)   Rechtliche Qualifizierung der Körperschaften

7 Die Frage, ob eine Körperschaft als *jur Person des öffentlichen oder des Privatrechts* anzusehen ist, ist auch nach Inkrafttreten des BGB grundsätzlich dem einschlägigen Bundesrecht oder dem Landesrecht des Sitzes der Körperschaft zu entnehmen (SCHLEGELBERGER/VOGELS Art 163 EG Anm 2). Der wesentliche Unterschied für die Unterscheidung zwischen den jur Personen des Zivilrechts und denen des öffentlichen Rechts liegt in dem Entstehungstatbestand. Jur Personen des Zivilrechts entstehen rein privatautonom, also durch freiwilligen Zusammenschluss der Gründer. Dagegen entstehen *jur Personen des öffentlichen Rechts* durch *Hoheitsakt*, der auch den Umfang der Rechtsfähigkeit im öffentlich-rechtlichen Bereich und in der Privatrechtsordnung bestimmt. Entscheidend ist dabei, dass der Staat sie entweder durch die Verfassung, durch Gesetz oder auch durch bloßen Verwaltungsakt *als jur Person des öffentlichen Rechts anerkennt* (vgl etwa RGZ 130, 169, 172; SOERGEL/HADDING § 89 Rn 7 ff; RUDOLF, in: ERICHSEN/EHLERS, Allgemeines Verwaltungsrecht [12. Aufl 2002] § 56 Rn 10; MünchKomm/REUTER § 89 Rn 4). Über **jur Personen des öffentlichen Rechts** s allgemein STAUDINGER/WEICK (1995) Einl 19 f zu §§ 21 ff BGB, SOERGEL/HADDING § 89 Rn 7 ff; MünchKomm/REUTER § 89 Rn 4 ff sowie in diesem Kommentar Erl zu Art 85 EG Rn 3 f, Art 138 EG Rn 3.

Über die Unterscheidung zwischen **privatrechtlichen und öffentlichrechtlichen Stiftungen** s auch die Regelung in Art 1 Abs 2 und 3 BayStiftungsG idF der Bek vom 19.12.2001 (GVBl 2002, 10, BayRS 282-1-1-UK/WK), geändert durch G vom 7.8.2003 (GVBl 497). Auch hierfür wird von der ganz hM auf den *Entstehungstatbestand* abgestellt. Entscheidend ist zunächst, ob der Stiftung durch Verwaltungsakt oder Gesetz die Stellung einer öffentlich-rechtlichen Stiftung verliehen worden ist. Lässt sich dies nicht feststellen, so soll die Eingliederung in das staatliche Verwaltungssystem entscheiden. Als *Indizien* hierfür kommen die öffentliche Zweckbestimmung, die organisatorische Ein- oder Angliederung an eine juristische Person des öffentlichen Rechts sowie die bisherige Art und Handhabung der Aufsicht in Betracht (STAUDINGER/RAWERT [1995] Vorbem 183 zu §§ 80 ff mwNw; MünchKomm/REUTER Vor § 80 Rn 62; SOERGEL/NEUHOFF Vor § 80 Rn 43 ff; RUDOLF, in: ERICHSEN/EHLERS § 56 Rn 20 ff).

Übergangsvorschriften

Artikel 163

Auf die zur Zeit des Inkrafttretens des Bürgerlichen Gesetzbuchs bestehenden juristischen Personen finden von dieser Zeit an die Vorschriften der §§ 25 bis 53 und 85 bis 89 des Bürgerlichen Gesetzbuchs Anwendung, soweit sich nicht aus den Artikeln 164 bis 166 ein anderes ergibt.

Materialien: E II Art 136; III Art 163.

Schrifttum

AFFOLTER, System des deutschen bürgerlichen Übergangsrechtes (1903) 275
GROSSFELD/IRRIGER, Intertemporales Unternehmensrecht, JZ 1988, 531
HABICHT, Die Einwirkung des Bürgerlichen

Gesetzbuchs auf zuvor entstandene Rechtsverhältnisse (3. Aufl 1901) 105
WIEDEMANN, Beiträge zu der Lehre von den idealen Vereinen (1908).

Systematische Übersicht

Jörg Mayer

Alphabetische Übersicht

I.   Entstehung, Inhalt

1 Der gegenwärtige Artikel wurde erst in der II. Komm aufgestellt (Prot VI 490–493).

Abweichend vom allgemeinen Grundsatz der Nichtrückwirkung (Vorbem 1 zu Art 163–167 EG) unterstellt Art 163 die beim Inkrafttreten des BGB vorhandenen **juristischen Personen** *nach vielen Richtungen dem neuen Recht*, soweit sich nicht aus den landesrechtlichen Vorbehalten oder den Art 164 bis 166 EGBGB etwas anderes ergibt (s im Einzelnen Rn 4 ff).

II. Begriff der juristischen Person iS des Art 163

Was unter einer „juristischen Person" zu verstehen ist, welche vor dem Inkrafttreten **2** des BGB entstanden ist, bemisst sich, soweit nicht ihre Entstehung auf einem besonderen Reichsgesetz beruht, *nach Landesrecht*. In der II. Komm wurde es ausdrücklich als selbstverständlich bezeichnet, dass die *Entstehung einer juristischen Person* sich nach den zur Zeit ihrer Begründung geltenden Gesetzen bemisst (Prot VI 490 ff). Im Übrigen geht auch daraus, dass die §§ 21–24 und §§ 55–84 BGB im Art 163 nicht erwähnt sind, hervor, dass der *Entstehungstatbestand*, soweit er sich unter dem alten Recht vollendet hat, nach diesem zu beurteilen ist (vgl auch AFFOLTER 275; HABICHT 104 Fn 1; NIEDNER Anm 2a; PLANCK Anm 1; SOERGEL/HARTMANN Rn 2; SCHLEGEL-BERGER/VOGELS Anm 4; PALANDT/HEINRICHS[53] Rn 1; ENNECCERUS/NIPPERDEY § 120 II 2; GROSS-FELD/IRRIGER JZ 1988, 531, 534).

Die Lösung der Frage, wie es sich verhält, wenn unter der Herrschaft des älteren **3** Rechtes ein **Stiftungsgeschäft** errichtet wurde, das hinsichtlich der Form zwar den Vorschriften des bisherigen Rechts, nicht aber dem BGB genügt, wenn erst *nach Inkrafttreten des BGB um die staatliche Genehmigung nachgesucht wird*, wurde der Wissenschaft und der Praxis überlassen. Sofern nicht im betreffenden Landesrecht eine Sonderbestimmung enthalten ist, muss angenommen werden, dass das Stiftungsgeschäft gültig geblieben ist und die staatliche Genehmigung erteilt werden durfte. Denn das Einführungsgesetz beurteilt gemäß Art 170 ein vor dem Inkrafttreten des BGB entstandenes Schuldverhältnis und in Art 214 die Errichtung oder Aufhebung einer Verfügung von Todes wegen nach den bisherigen Gesetzen und verfolgt, wie sich zB aus Art 161 ergibt, das Bestreben nach Wahrung rechtlich geschützter Aussichten (Anwartschaften; auch die gemeinrechtliche Lehre knüpfte für die Beurteilung der Zulässigkeit rückwirkender Gesetze an die Frage des Bestehens *wohlerworbener Rechte* an [s etwa GROSSFELD/IRRIGER JZ 1988, 531, 533; HABICHT 2 f mwN]). Eine solche Anwartschaft ist aber für die Beteiligten eröffnet, wenn ein nach bisherigem Recht gültiges Stiftungsgeschäft errichtet ist. Es konnte demnach die staatliche Genehmigung aufgrund des dem früheren Recht entsprechenden Stiftungsgeschäfts erteilt werden; die Stiftung entstand alsdann nach Maßgabe des älteren Rechts. War also zB ein Stiftungsgeschäft unter Lebenden bis zur Genehmigung auch durch die Erben widerruflich, so gilt dies für eine so entstandene Stiftung entgegen dem § 81 Abs 2 BGB auch nach dem 1. 1. 1900 (HABICHT 117 Fn 1; PLANCK Anm 1; SOERGEL/HARTMANN Anm 3; SCHLEGELBERGER/VOGELS Anm 4; **aA** NIEDNER Anm 2a). Zum *intertemporalen Stiftungsrecht* s auch Rn 12; OLG Hamm FamRZ 1987, 1084.

III. Geltungsbereich des Art 163, Konkurrenzfragen

Unter die in Art 163 angeordneten Rechtsfolgen fallen nur solche jur Personen, auf **4** die das BGB nach dem Inhalt der §§ 21–89 Anwendung finden kann, also die rechtsfähigen Vereine und die Stiftungen.

Dagegen **erfassen die von Art 163 angeordneten Rechtsfolgen** entweder aufgrund der ausdrücklichen Anordnung in dieser Norm oder aber wegen des Prinzips der *Spezialität* **nicht** folgende jur Personen (s SCHLEGELBERGER/VOGELS Anm 2):

5 **1.** Alle jur Personen, für die in Art 164–166 EG eine *abweichende Regelung getroffen worden ist*;

6 **2.** Alle jur Personen, die aufgrund *anderer Reichsgesetze* entstanden sind, zB des ADHGB; denn das Übergangsrecht des BGB gilt nur für rechtsfähige Vereine, die im BGB geregelt sind (SCHLEGELBERGER/VOGELS Anm 2a; SOERGEL/HARTMANN Rn 1) und ebenso für alle jur Personen, für die noch fortgeltende besondere Landesgesetze maßgebend sind, also insbesondere diejenigen, die einem Rechtsbereich angehören, der dem Landesrecht vorbehalten ist, zB früher jur Personen des Bergrechtes (Art 67; OLG Jena ThürBl 58, 14); s auch Art 65, 66 GG;

7 **3.** Die älteren *Vereine*, deren *Rechtsfähigkeit auf staatlicher Verleihung* beruht **(Art 82 EG)**; im Verhältnis zwischen Art 82 und 163 kommt dem *Art 82 der Vorrang* zu; für die Verfassung solcher Vereine sind also in erster Linie Art 82 und die aufgrund dieser Bestimmungen vorbehaltenen landesrechtlichen Sondervorschriften, nicht aber Art 163 maßgebend (vgl RGZ 81, 244; RG HRR 1936 Nr 1100 = JW 1936, 2651; SOERGEL/HARTMANN Rn 1; PLANCK Anm 3; SCHLEGELBERGER/VOGELS Anm 2; MünchKomm/ SÄCKER; s auch oben Art 82 EG Rn 6, 17);

8 **4.** Die *Körperschaften*, Stiftungen und Anstalten des *öffentlichen Rechts* (s Vorbem 6 f zu Art 163–167); denn Art 163 bezieht sich nur auf jur Personen des Privatrechts. Da aber in diesem Artikel auf § 89 BGB und damit auf §§ 31, 42 Abs 2 BGB verwiesen ist, die für Körperschaften, Stiftungen und Anstalten des öffentlichen Rechts entsprechende Anwendung finden, gelten die genannten Bestimmungen auch für nach dem 1. 1. 1900 fortbestehende jur Personen des öffentlichen Rechts dieser Art (Vorbem 6 zu Art 163–167; RGZ 157, 228, 237; PLANCK Anm 5; SCHLEGELBERGER/VOGELS Anm 2). Ein Notvorstand kann vom Gericht für eine Körperschaft des öffentlichen Rechts nicht bestellt werden (KG NJW 1960, 151).

IV. Anwendung des BGB

1. Allgemeines

9 Von den auf die bisherigen jur Personen durch Art 163 für anwendbar erklärten Vorschriften des BGB betreffen die §§ 25–53 die *Verfassung* und das *Erlöschen* eines *Vereins*, §§ 85–88 betreffen die Verfassung und das Erlöschen einer *Stiftung*. § 89 erklärt die §§ 31 und 42 Abs 2, soweit möglich, auf die jur Personen des öffentlichen Rechtes für anwendbar. Zur Begründung s Voraufl Rn 9.

2. Rechtswirkungen der anwendbaren Vorschriften

10 Die im Art 163 angeführten Vorschriften des BGB sind für *ältere Vereine nur insoweit bindend*, als sie *zwingendes Recht* enthalten (s SCHLEGELBERGER/VOGELS Anm 5–7; GROSSFELD/IRRIGER JZ 1988, 535). *Zwingendes Recht enthalten* (s § 40 BGB):

§ 26 (der Verein muss einen Vorstand haben. Der Vorstand vertritt den Verein gerichtlich und außergerichtlich); § 27 Abs 2 S 2 (Widerruflichkeit der Bestellung des Vorstandes bei wichtigem Grunde); § 28 Abs 2 (zur Abgabe einer Willenserklärung an den Verein genügt die Abgabe gegenüber einem Mitglied des Vorstandes;

s Staudinger/Weick [1995] § 28 BGB Rn 13 f); § 29 (Bestellung bzw Ergänzung des Vorstandes in dringenden Fällen durch das Amtsgericht); § 31 (Verantwortlichkeit des Vereins für Handlungen des Vorstandes, Mitglieder des Vorstandes und anderer verfassungsmäßig berufener Vertreter); § 34 (Ausschluss des Stimmrechts eines Mitglieds in gewissen Fällen); § 35 (Sonderrechte eines Mitglieds; Staudinger/Weick [1995] § 35 BGB Rn 8 ff); § 39 Abs 1 (Berechtigung zum Austritt; Staudinger/Weick [1995] § 39 BGB Rn 1); ferner fast sämtliche Bestimmungen der §§ 40–53 über Auflösung, Verlust der Rechtsfähigkeit usw (die §§ 85–88 BGB beziehen sich auf Stiftungen).

Die *dispositiven Vorschriften* des Vereinsrechts (vgl hierzu Staudinger/Weick [1995] § 40 **11** Rn 1-3) sind auf die *älteren Vereine nicht anwendbar, soweit deren Satzung ein anderes bestimmt.* Als Satzung gilt dabei aber nicht nur eine schriftlich fixierte oder auf ausdrücklichen Beschlüssen beruhende Bestimmung, sondern auch das *Herkommen* (vgl Niedner Anm 2b; Schlegelberger/Vogels Anm 7; Affolter 345; Habicht 117). Soweit altrechtliche jur Personen keine Satzung in diesem Sinne haben, können an ihre Stelle die für die Verwaltungsorganisation maßgebenden Bestimmungen, die durch Gesetz oder allgemeine Verwaltungsvorschrift erlassen sind, treten (RGZ 157, 228, 237). Bestritten ist, ob durch Art 163 *alle Bestimmungen der Landesgesetze* über die Verfassung, und zwar auch solche, die mit den angeführten Vorschriften des BGB nicht in Widerspruch stehen, *beseitigt* sind. Mit der überwiegenden Literaturmeinung ist das ältere Landesrecht zur Lückenauffüllung und Ergänzung anwendbar, sofern es sich nicht um allgemeine privatrechtliche Vorschriften handelt, an deren Stelle nach Art 4 aF und 55 EG die entsprechenden Vorschriften des BGB getreten sind (Affolter 345; Habicht 117; Schlegelberger/Vogels Anm 8; Grossfeld/Irriger JZ 1988, 534; aA Planck Anm 2).

3. Stiftungen

Bestehende *Stiftungen*, die keine solchen des öffentlichen Rechts sind (s Rn 8), unter- **12** fallen dem Art 163 EGBGB im vollen Umfang. Somit regelt sich nach den §§ 85–88 BGB insbes ihre Verfassung, die Zulässigkeit einer Zweckänderung und das Schicksal des Stiftungsvermögens nach Erlöschen der Stiftung (Habicht 117). Jedoch enthält § 85 BGB für die *Stiftungsverfassung* (zum Begriff Staudinger/Rawert [1995] § 85 BGB Rn 2 ff) eine ausdrückliche *Rückverweisung* auf die Landesgesetze. Es bleiben also für die Stiftungsverfassung der bestehenden Stiftungen die Landesgesetze in Kraft, denen sie bereits bisher unterworfen waren (Habicht 117; Planck Anm 2; Niedner Anm 3; Schlegelberger/Vogels Anm 9).

Keine Vorschriften enthalten das BGB und das preuß AGBGB über die *Beauf-* **13** *sichtigung von Stiftungen.* In dieser Beziehung bleibt das frühere Recht und das weiterhin erlassene Landesrecht maßgebend (Staudinger/Rawert [1995] Vorbem 65 zu §§ 80 ff BGB). Über die **Stiftungsaufsicht** allgemein s Strickrodt, Stiftungsrecht (1963) unter VI; Staudinger/Rawert (1995) Vorbem 60 ff zu §§ 80 ff BGB; MünchKomm/Reuter Vor § 80 Rn 70 ff; Soergel/Neuhoff Vor § 80 Rn 79 ff; Fischer, Die Staatsaufsicht über die öffentlichen Stiftungen unter Ausschluss der Kultusstiftungen nach dem bayerischen StiftungsG vom 26. 11. 1954 (Diss Erlangen 1962).

V.   Parteifähigkeit der vor dem 1.1.1900 entstandenen jur Personen

14 Die bestimmt sich nach altem Recht (STEIN/JONAS/BORK, ZPO [21. Aufl 1992] Rn 39; WIE-
CZOREK, ZPO [2. Aufl] Anm D II je zu § 50 ZPO; s auch RGZ 61, 28, 34 f).

VI.   Bestehende Vereine ohne Rechtsfähigkeit

1.   Allgemeines

15 Das BGB wie auch das EG enthalten *keine Übergangsvorschriften* für die Behandlung der vor dem 1.1.1900 bestehenden Vereine, die nach dem bisherigen Recht
keine Rechtspersönlichkeit besitzen und sie auch durch das BGB nicht erlangen.
Nach dem allgemeinen *Grundsatz der Nichtrückwirkung* des neuen Rechts bleiben
für solche Vereine (zur früheren Rechtslage in Bayern und Hessen – Hessisches Rechtsgebiet –
s STAUDINGER/WINKLER[12] Rn 19 f) die Vorschriften des alten Rechts und das Herkommen
maßgebend (bestr, wie hier PLANCK Anm 6; SOERGEL/HARTMANN Rn 4; SCHLEGELBERGER/VO-
GELS Anm 12; PALANDT/HEINRICHS[53] Rn 2; MünchKomm/SÄCKER Rn 1; BGB-RGRK/STEFFEN[12]
Vorbem 31 zu § 21 BGB; HABICHT 122; AFFOLTER, System 282; vGIERKE, Vereine ohne Rechtsfähigkeit [2. Aufl 1902], auch DJZ 1899, 480; GROSSFELD/IRRIGER JZ 1988, 535; RGZ 51, 160; 61, 328;
77, 430; RG SeuffBl 68, 11; JW 1912, 410; 1915, 450 = WarnR 1915 Nr 123; SeuffA 80 Nr 71; OLG
Braunschweig SeuffA 59 Nr 249; **aM** ENNECCERUS/NIPPERDEY § 120 II 4; s auch NIEDNER Art 163
EG Anm 4).

a)   Rechtsfähigkeit

16 Die bei Inkrafttreten des BGB nach den bisherigen Vorschriften nicht rechtsfähigen
Vereine bleiben nach wie vor nicht rechtsfähig (Maßgeblichkeit des alten Rechts für
den Entstehungstatbestand). Sie erlangen ab dann eine solche ausschließlich nach
den Bestimmungen des neuen Rechts (HABICHT 124 f).

b)   Innenverhältnis

17 Das frühere Recht ist aber auch maßgeblich für die *Gestaltung* dieser Vereine nach
innen. § 54 S 1 BGB und damit das Gesellschaftsrecht des BGB ist auf sie nicht
anwendbar. Denn gemäß Art 170 EG bleiben für ein vor dem Inkrafttreten des BGB
entstandenes Schuldverhältnis die bisherigen Gesetze maßgebend, und diese Vorschrift gilt auch für das **Innenverhältnis** solcher Vereine, in *Preußen* ist das grundsätzlich Körperschaftsrecht, ALR II 6 § 14 (GROSSFELD/IRRIGER aaO; HABICHT 124 ff mwN
zu den anderen früheren Rechtsgebieten).

2.   Rechtsverhältnis nach außen

18 Die Haftung der Vereinsmitglieder aus dem vom Vorstand eines nicht rechtsfähigen
Vereins nach dem 1.1.1900 vorgenommenen Rechtsgeschäft bestimmt sich nicht
nach früherem Recht, sondern nach dem BGB (RGZ 63, 62). Anwendbar ist also
jedenfalls § 54 S 2 BGB; denn diese Vorschrift regelt nicht die Haftung des Vereins
oder der Vorstandsmitglieder als solcher, sondern schreibt vor, dass aus einem
Rechtsgeschäft, das im Namen des nicht rechtsfähigen Vereins einem Dritten gegenüber vorgenommen wird, der Handelnde – ohne Rücksicht darauf, ob er Vereins-
mitglied ist oder nicht – persönlich, mehrere Handelnde als Gesamtschuldner, haften
(RGZ 77, 429; 97, 122, 125; RG WarnR 1926 Nr 209; OLG Breslau OLGE 12, 3; Frankfurt OLGE

20, 56; OLG Kiel WarnJB 4, 5; OLG Marienwerder SeuffA 63 Nr 79; Soergel/Hartmann Rn 4; Niedner Anm 4; Palandt/Heinrichs[53] Rn 2; Grossfeld/Irriger aaO; BGB-RGRK/Steffen Vorbem 39 zu § 21 BGB; **aM** Planck Anm 6).

3. Sondervorschriften

Solche bestanden in *Bayern* durch Art 2 Abs 1, 2 ÜbergG vom 9. 6. 1899 (BayBS III, **19** 101, aufgehoben durch Art 80 Abs 2 Nr 1 AGBGB vom 20. 9. 1982 [BayRS 400-1-J]) und *Hessen* durch Art 134 HessAGBGB vom 17. 7. 1899 (RegBl 133, aufgehoben durch § 33 Abs 1 Nr 2 HessAGBGB vom 18. 12. 1984 [GVBl 344]). In beiden Vorschriften war angeordnet, dass auf die zZ des Inkrafttretens des BGB bestehenden nicht rechtsfähigen Vereine von diesem Zeitpunkt an die Bestimmungen des BGB über die Gesellschaft Anwendung finden. Außerdem enthielten beide Gesetze eine mit § 54 S 2 BGB wörtlich übereinstimmende Vorschrift. Der allgemein für nicht rechtsfähige Vereine geltende Rechtszustand war damit hier ausdrücklich angeordnet (s zu diesen Sondervorschriften Habicht 125; Schlegelberger/Vogels Anm 13 und für Bayern Henle/Schneider/Mangelkammer, Die Ausführungsgesetze zum BGB [3. Aufl] Erl zu Art 2 ÜbergG).

4. Verfahrensvorschriften

Für die nicht rechtsfähigen Vereine des alten Rechts gelten die Verfahrensvorschrif- **20** ten der ZPO: § 50 Abs 2 (passive Parteifähigkeit; dazu Stein/Jonas/Bork[21] Rn 39; Wieczorek Anm D II [2. Aufl], je zu § 50 ZPO) und § 735 (Zwangsvollstreckung in das Vereinsvermögen), und insbesondere für nach dem 1. 1. 1900 gegen nicht rechtsfähige Vereine erhobene Klagen (RG JW 1902, 427; 1903, 3; 1906, 7; OLG Naumburg SeuffA 57 Nr 146; OLG Braunschweig SeuffA 59 Nr 249). Soweit aber Klagen von nicht rechtsfähigen Vereinen vor dem 1. 1. 1900 erhoben waren, wurde deren aktive Parteifähigkeit als fortbestehend angesehen (Wieczorek aaO; RG JW 1900, 517, 878; DJZ 1900, 207; s auch Planck Anm 6; Schlegelberger/Vogels Anm 14; Niedner Anm 4, je zu Art 163; Habicht 129; Enneccerus/Nipperdey § 120 II 4).

VII. Erlöschen der jur Person

Das Erlöschen der jur Person richtet sich nach dem Recht, unter dessen Herrschaft **21** sich der aufhebende Tatbestand verwirklicht (Prot VI 492).

VIII. Landesgesetze zu den jur Personen iS des Art 163

1. Übersicht

a) Preußisches Rechtsgebiet
PreußAGBGB Art 1–5 vom 20. 9. 1899 (GS 177 = Becher XIV 1 S 1 ff, Stiftungsrecht), bes **22** Art 5 § 2 für die altrechtlichen Vereine;

Berlin: s die in der Sammlung des in Berlin geltenden preußischen Rechts unter **23** Nr 400-1 veröffentlichte Fassung. Art 1–4 sind durch § 13 Abs 2 S 2 Buchst b des Berliner StiftungsG vom 11. 3. 1960 (GVBl 228) mit Wirkung zum 1. 4. 1960 aufgehoben. Art 5 § 1 und § 2 wurden nun neu gefasst durch G vom 30. 10. 1984 (GVBl

1541) und enthalten gegenüber dem PrAGBGB völlig neue Vorschriften über Vereine, deren Rechtsfähigkeit auf *staatlicher Verleihung* beruht. Dabei ist in § 2 die Eintragungsfähigkeit der altrechtlichen Vereine in das Vereinsregister gesondert geregelt. Eine solche Eintragung führt zum Verlust der Rechtsfähigkeit kraft Verleihung.

Für *rechtsfähige Stiftungen* des bürgerlichen Rechts, die ihren Sitz in Berlin haben, gilt nunmehr das Stiftungsgesetz vom 22. 7. 2003 (GVBl 293); nach § 13 entscheidet bei Zweifeln über die Rechtsnatur oder die Art einer Stiftung, insbesondere darüber, ob sie eine rechtsfähige Stiftung des bürgerlichen Rechts ist, die Aufsichtsbehörde.

24 Nordrhein-Westfalen: hier gilt das PrAGBGB in der in SGNW unter Nr 40 veröffentlichten Fassung. Art 5 § 1 ist dabei die einzige noch geltende Vorschrift und verweist hinsichtlich der Anfallsberechtigung des Vereinsvermögens ausschließlich auf das BGB.

25 Saarland: hier gilt das PrAGBGB nicht mehr (Art 2 Abs 16 Nr 10 der 5. RBerG vom 5. 2. 1997 [ABl 258]).

b) Baden-Württemberg
26 § 49 AGBGB vom 26. 11. 1974 (GBl 498), zuletzt geändert durch G vom 28. 6. 2000 (GBl 470) enthält eine bes Regelung für altrechtliche Vereine, deren Rechtsfähigkeit vor Inkrafttreten des BGB durch staatliche Verleihung begründet wurde und deren Zweck nicht auf einen wirtschaftlichen Geschäftsbetrieb gerichtet ist: Sie hatten bis zum 31. 12. 1977 sich eine dem BGB entsprechende Verfassung zu geben und ihre Eintragung beim Vereinsregister zu beantragen. Ansonsten verloren sie ihre Rechtsfähigkeit. Für Stiftungen gilt das Stiftungsgesetz für Baden-Württemberg (StiftG) vom 4. 10. 1977 (GBl 408), zuletzt geändert durch G vom 16. 12. 2003 (GBl 720), das in § 29 die Rechtsstellung bestehender Stiftungen regelt.

c) Bayern
27 Art 1 ÜbergG vom 9. 6. 1899 (BayBS III, 101, aufgehoben durch Art 80 Abs 2 AGBGB v 20. 9. 1983, BayRS 400-1-J); das *StiftungsG* idF vom 19. 12. 2001 (GVBl 2002, 10, BayRS 282-1-1-UK/WFK), geändert durch G vom 7. 8. 2003 (GVBl 497) enthält in Art 38 Übergangsvorschrift.

d) Brandenburg
28 § 12 des AGBGB vom 28. 7. 2000 (GVBl I 114), geändert durch G vom 18. 12. 2001 (GVBl I 282, 284) bestimmt, dass ein Verein, der vor dem 1. 1. 1900 durch staatliche Verleihung Rechtsfähigkeit erlangt hat und dessen Zweck nicht auf einen wirtschaftlichen Geschäftsbetrieb gerichtet ist, auf seinen Antrag in das Vereinsregister eingetragen wird, wenn er mindestens drei Mitglieder hat und seine Satzung den Erfordernissen des bürgerlichen Gesetzbuchs übereingetragene Vereine entspricht. Dabei genügt nach Abs 2 Vorschrift, wenn ein entsprechender Nachweis zwar nicht möglich ist, der Verein aber bisher im Rechtsverkehr als rechtsfähiger aufgetreten ist.

Stiftungsgesetz vom 27. 6. 1995 (GVBl I 198), geändert durch G vom 1. 7. 1996 (GVBl I 241): Keine Übergangsregelung für altrechtliche Stiftungen.

e) Bremen

Bremisches Stiftungsgesetz (BremStiftG) vom 7. 3. 1989 (GBl 163 = SaBR 401-c-1), **29**
zuletzt geändert durch G vom 11. 7. 2000 (GBl 303) enthält in § 18 Übergangsvorschriften und in § 21 Aufhebung früherer Bestimmungen.

f) Hamburg

AGBGB idF vom 1. 7. 1958 (GVBl 195, zuletzt geändert durch G vom 16. 1. 1989, **30**
GVBl 5): § 5: Regelung, wann die bei Inkrafttreten des BGB bestehenden Vereine als
rechtsfähig gelten.

§§ 6–21 enthalten Vorschriften über die Stiftungen, dabei § 12 über die Stiftungsaufsicht (dazu GRAMM HansRGZ 1934, A, 211).

g) Hessen

Preußisches Rechtsgebiet s oben unter Rn 22; mittlerweile aufgrund des HessAG- **31**
BGB vom 18. 12. 1984 (GVBl 344) keine Sonderregelung mehr.

S ferner HessStiftungsG vom 4. 4. 1966 (GVBl I 77 = GVBl II Nr 232-7) idF vom
31. 1. 1978 (GVBl 109), zuletzt geändert durch G vom 26. 11. 2002 (GVBl I 700); Übergangsbestimmung in § 24 dieses G.

h) Mecklenburg-Vorpommern

Stiftungsgesetz vom 24. 2. 1993 (GVOBl 104 = GS Gl Nr 401-1), geändert am 22. 11. 2001 **32**
(GVOBl 438): Übergangsregelung in § 29 Abs 1.

i) Niedersachsen

Das Stiftungsgesetz vom 24. 7. 1968 (GVBl 119) idF seiner letzten Änderung vom **33**
20. 12. 1985 (GVBl 609) enthält in § 23 Nr 4, 5 Bestimmungen über die Aufhebung der
preuß Bestimmungen.

k) Nordrhein-Westfalen

Ehemaliges Land **Lippe** (Nordrhein-Westfalen): AGBGB vom 17. 11. 1899 (GSFl 489 **34**
= BECHER IX 1) § 12. Zur Fortgeltung des preußischen Rechts s Rn 23 ff. Das Stiftungsgesetz für Nordrhein-Westfalen ist vom 21. 6. 1977 (GVBl 274); Aufhebung früherer Vorschriften in § 34.

l) Rheinland-Pfalz

Das ehemals bayerische und preußische Recht (s STAUDINGER/WINKLER[12] Rn 19 und 23) **35**
wurde durch § 27 Abs 1 Nr 1c und Nr 3 f AGBGB vom 18. 11. 1976 (GVBl 259, zuletzt
geändert durch G vom 6. 2. 2001, GVBl 39) aufgehoben. Es gilt jetzt für die Überleitung altrechtlicher Vereine, deren Rechtsfähigkeit auf staatlicher Verleihung beruht und die nicht auf einen wirtschaftlichen Geschäftsbetrieb gerichtet sind, § 25
AGBGB (Zwang zur Eintragung ins Vereinsregister, vgl Baden-Württemberg).

S auch das StiftungsG vom 22. 4. 1966 (GVBl 95 = BSRh-Pf unter Nr 401-1), zuletzt
geändert durch G vom 12. 10. 1999 (GVBl 325); Übergangsvorschriften für bestehende
Stiftungen §§ 47–50 dieses G.

m) Saarland

36 Saarländisches Stiftungsgesetz – G Nr 1168 – vom 11. 7. 1984 (ABl 889), geändert durch G vom 26. 1. 1994 (ABl 509) enthält in § 21 Übergangsbestimmungen für bestehende Stiftungen.

n) Schleswig-Holstein

37 Das StiftungsG jetzt idF der Bek vom 2. 3. 2000 (GVOBl 208), geändert durch Gesetz vom 7. 10. 2003 (GVOBl 516), enthält in § 22 Nr 2, 3 Aufhebungen der preuß Bestimmungen.

o) Sonstige neue Bundesländer (Beitrittsgebiet)

38 In den anderen neuen Bundesländern **Sachsen, Sachsen-Anhalt** und **Thüringen** gilt zZ noch das von der Volkskammer der DDR erlassene Gesetz über die Bildung und Tätigkeit von *Stiftungen* vom 13. 9. 1990 (GBl DDR I 1483), in Sachsen nach Maßgabe des Rechtsbereinigungsgesetzes vom 17. 4. 1998 (GVBl 151), in Sachsen-Anhalt in der Bek vom 1. 1. 1997 (GVBl 144), in Thüringen in der Fassung der Bek vom 2. 10. 1998 (GVBl 361). Hierzu ausführlich STAUDINGER/RAWERT (1995) Vorbem 58 zu §§ 80 ff BGB.

Für die Überleitung des alten Vereins- und Stiftungsrechts der DDR s Art 231 § 2 und § 3, vgl auch Rn 47 und Erl zu Art 231.

Zu den *sächsischen Vereinen* s Rn 43 und Erl zu Art 166.

2. Änderung der Stiftungsverfassung

39 Besondere Vorschriften über die Befugnis (der Aufsichtsbehörde) zum Erlass von Anordnungen, die wohl uU auch Ergänzung und Änderung der Verfassung von Stiftungen ermöglichen: PreußAGBGB Art 4; BbgStiftG § 22; BadWürttStiftG § 11; BerlStiftG § 9 Abs 3; BremStiftG § 13; HessStiftG § 9; RhPfStiftG § 36; HambAGBGB §§ 10, 11; MVStiftG § 17; NdsStiftG §§ 13–15; NRWStiftG § 22; SchlHStiftG §§ 6, 20; SaarlStiftG §§ 12, 13.

3. Vorschriften über den Anfall des Vermögens einer erloschenen Stiftung

40 Nach § 88 S 2 BGB, der durch das G zur Modernisierung des Stiftungsrechts vom 15. 7. 2002 (BGBl I 2634) eingefügt wurde, wird der Anfallsberechtigte primär durch das Stiftungsgeschäft bestimmt. Fehlt es hieran, so fällt es auf Grund dieser bundesrechtlichen Regelung an den Fiskus. Das Landesrecht kann jedoch einen anderen Anfallsberechtigten bestimmen (PALANDT/HEINRICHS § 88 Rn 1). Folgende landesrechtliche Regelungen bestehen: *BadWürttStiftG* §§ 26 Abs 2 (kirchliche Stiftungen), 31 Abs 2 Nr 2 (kommunale Stiftungen); *BerlStiftG* § 6; *Bbg* § 17; *BremStiftG* §§ 10, 16 Abs 2 Nr 6 (kirchliche Stiftungen); § 20 *HambAGBGB*; § 23 *HessStiftG*; *MVStiftG* §§ 13, 25 Abs 2 Nr 2 (kommunale Stiftungen), 26 Abs 2 Nr 3 (kirchliche Stiftungen); § 9 *NdsStiftG*; *NRWStiftG* § 15 Abs 1; § 25 Abs 2 *RhPfStiftG*; *SaarlStiftG* §§ 9, 19 Abs 2 Nr 5 (kirchliche Stiftungen), 20 Abs 3 (kommunale Stiftungen); § 7 *SchlHStiftG*.

IX. Rechtsstellung der privilegierten Schützengesellschaften

1. Bayern

Bis zum Inkrafttreten des BGB konnten in Bayern Vereine die Rechtsfähigkeit – **41**
Korporationsrechte – entweder aufgrund des G vom 29. 4. 1869 betreffend die
privatrechtliche Stellung von Vereinen (GBl 1866–1869, 1197) durch Anerkennung
ihrer Satzung seitens des Bezirksgerichts *(anerkannte Vereine)* oder durch landesherrliche Verleihung *(privilegierte Vereine)* erwerben (GERSTLAUER, Zum Bayer Vereinsrecht, BayZ 1907, 332). *Schützengesellschaften* gab die königliche VO vom 25. 8. 1868
(RegBl 1729; Allgemeine Schützenordnung) die Möglichkeit, die Rechtsstellung eines
privilegierten Vereins zu erhalten. Diese *privilegierten Schützengesellschaften* sind
nicht etwa *Körperschaften* des öffentlichen, sondern des *bürgerlichen Rechts*, wie sich
aus dem hierfür maßgebenden Landesrecht ergibt (BayObLGZ 15, 673; 1959, 152 = BayVBl
1959, 258; **aM** VERVIER BayZ 1908, 299). Das Inkrafttreten des BGB hat die Rechtsfähigkeit
ebenso wenig berührt wie das nach dem 2. Weltkrieg erlassene Besatzungsrecht
(BayObLGZ 1959, 152). Art 1 BayÜberG betraf nur die anerkannten, nicht die privilegierten Vereine. *Es gelten aber jetzt* für die privilegierten Schützengesellschaften die
§§ **25–53** BGB ohne die sich bisher aus Art 82 EG ergebenden Einschränkungen. Ihre
weitere Rechtsfähigkeit ist jedoch nicht von einer Eintragung in das Vereinsregister
abhängig. Die erforderliche Genehmigung zu **Satzungsänderungen** (§ 33 Abs 2 BGB)
erteilt die Regierung von Schwaben (Art 2 Abs 2 S 2 BayAGBGB, BayRS 400-1-J).

Zum Recht der *privilegierten Schützengesellschaften* in *Bayern* vgl im Einzelnen **42**
STAUDINGER/WINKLER[12] Rn 28 ff und DIEMAYER/OERTMANN/VERVIER, Bayerische
Schützengesellschaften, BayZ 1908, 104, 121, 164, 299; GERSTLAUER aaO.

2. Sachsen

Die sächsischen privilegierten Schützengesellschaften wurden anders als die baye- **43**
rischen als *jur Personen des öffentlichen Rechts* angesehen (OLG Dresden SächsOLG 38,
87).

X. Umwandlung altrechtlicher juristischer Personen nach § 317 UmwG

§ 317 des Umwandlungsgesetzes vom 28. 10. 1994 (BGBl I 3210, ber 1995 I 428), zuletzt **44**
geändert durch G vom 12. 6. 2003 (BGBl I 838) sieht vor, dass juristische Personen iS
des Art 163 EGBGB nach den für wirtschaftliche Vereine geltenden Vorschriften
des UmwG umgewandelt werden können. Handelt es sich um eine *mitgliederlose*
altrechtliche juristische Person, so kann dies nach den für *Stiftungen* geltenden
Vorschriften des UmwG geschehen, wobei hierfür allerdings nur die Ausgliederung
nach §§ 161–167 UmwG in Frage kommt. Zu Einzelheiten vgl LUTTER/RAWERT,
UmwG (3. Aufl 2004) § 317 Rn 3 ff.

§ 317 UmwG benennt als umwandlungsfähigen Rechtsträger nur „juristische Perso- **45**
nen im Sinne des Art 163" EGBGB. Angesichts des engen Wortlauts des § 317
UmwG entstanden Zweifel, ob diejenigen altrechtlichen Personen, auf welche die
Rechtsfolgen des Art 163 EGBGB *nicht angewendet* werden können (so die unter
Art 82, 164–166 EGBGB genannten juristischen Personen und Verbände, so oben

Rn 5 ff), als umwandlungsfähig anzusehen sind. Richtiger Ansicht nach muss man § 317 UmwG aber als eine weit auszulegende Verweisung nur auf die Tatbestandsvoraussetzungen des Art 163 EGBGB ansehen *(Rechtsgrundverweisung)*, nicht aber auf seine spezifisch angeordneten Rechtsfolgen. Soweit daher aufgrund von Konkurrenzbestimmungen auf juristische Personen des Privatrechts, die zZ des Inkrafttretens des BGB bestanden, die Rechtsfolgen des Art 163 EGBGB keine Anwendung finden, bedeutet dies nicht, dass sie der Umwandlung nach § 317 UmwG entzogen sind. Dies entspricht auch der Entstehungsgeschichte des neuen Umwandlungsrechts (s SCHWARZ, in: WIDMANN/MAYER, Umwandlungsrecht [2004] § 317 UmwG Rn 4; LUTTER/RAWERT § 317 UmwG Rn 5 mwN: auch auf juristische Personen iS von Art 82, 164–166 EGBGB anwendbar).

46 Keine Umwandlung iS des § 317 UmwG ist natürlich, wenn ein altrechtlich juristischer Verein, der unter Art 163 EGBGB fällt, sich in das Vereinsregister als *eingetragener Verein* eintragen lässt, wie dies zT auch einige Landesgesetze fordern (s Rn 26, 35). Dies ergibt sich bereits aus der Begriffsbestimmung des § 1 Abs 1 UmwG wie aber auch daraus, dass dadurch die Identität der juristischen Person gewahrt bleibt.

XI. Rechtsfähige Vereinigungen der ehemaligen DDR

47 Für die *rechtsfähigen Vereinigungen* nach dem Vereinigungsgesetz der DDR vom 21. 2. 1990 (GBl DDR I 75) enthält Art 231 § 2 EGBGB eigenständige Überleitungsvorschriften, für die *Stiftungen* in der ehemaligen DDR die Bestimmung des Art 231 § 3 (s Erl hierzu).

XII. Verfassungsrechtliche Anforderungen

48 Die Vorschriften des im EGBGB enthaltenen *intertemporalen Privatrechts*, insbes auch Art 163 EGBGB, sind verfassungsrechtlich an den Grundsätzen zum sog **Rückwirkungsverbot** zu messen, die das Bundesverfassungsgericht aus dem Rechtsstaatsprinzip und dem Vertrauensgrundsatz entwickelt hat (vgl hierzu und zum Folgenden etwa STAUDINGER/MERTEN Einl 6 f zu Art 153–218 EGBGB; HERZOG, in: MAUNZ/DÜRIG Art 20 GG VII Rn 65 ff; JARASS/PIEROTH Art 20 GG Rn 47 ff; GROSSFELD/IRRIGER JZ 1988, 531, 538 f mNw speziell zum intertemporalen Unternehmens- und Vereinsrecht). Dies gebietet insbesondere, dass die Rechtswirkungen juristischer Tatbestände, die vor dem Rechtswechsel bereits vollendet wurden (so etwa die *Entstehungstatbestände*), grundsätzlich nach dem alten Recht oder den dies prägenden Rechtsgrundsätzen zu behandeln sind. Bei Rechtsverhältnissen mit Dauerwirkung kann für die Zukunft das neue Recht für anwendbar erklärt werden, wenn Gründe des öffentlichen Wohls dies erfordern. Deshalb können die Vereinsfragen, die das Außenverhältnis betreffen, insbes die Haftung des Vereins, eher dem neuen Recht unterstellt werden (s Rn 18 zum nicht rechtsfähigen Verein). Bei mehraktigen Entstehungstatbeständen für den Erwerb von Rechten, die bei Eintritt des Rechtswechsels noch nicht vollendet sind (s oben Rn 3 bei der noch nicht genehmigten Stiftung) steht es dem Gesetzgeber eher frei zu bestimmen, dass das neue Recht ab sofort gelten soll.

49 Diesen rechtsstaatlichen Grundsätzen wird das EGBGB und insbesondere auch Art 163 gerecht (STAUDINGER/MERTEN Einl 1 zu Art 153–218 EGBGB).

Artikel 164

In Kraft bleiben die landesgesetzlichen Vorschriften über die zur Zeit des Inkrafttretens des Bürgerlichen Gesetzbuchs bestehenden Realgemeinden und ähnlichen Verbände, deren Mitglieder als solche zu Nutzungen an land- und forstwirtschaftlichen Grundstücken, an Mühlen, Brauhäusern und ähnlichen Anlagen berechtigt sind. Es macht keinen Unterschied, ob die Realgemeinden oder sonstigen Verbände juristische Personen sind oder nicht und ob die Berechtigung der Mitglieder an Grundbesitz geknüpft ist oder nicht.

Materialien: E II Art 137; III Art 164; Prot I 612 ff; VI 491 ff.

Schrifttum

1. Allgemein

S auch Schrifttum zu Art 83 EGBGB.

AFFOLTER, System des deutschen bürgerlichen Übergangsrechtes (1903) 275

DICKEL, Deutsches und Preußisches Forstzivilrecht (2. Aufl 1917)

vGIERKE, Das deutsche Genossenschaftsrecht, 4 Bde (1868–1913)

GÖRCKE, Das Forstzivilrecht im Deutschen Reich (2. Aufl 1933)

HABICHT, Die Einwirkung des Bürgerlichen Gesetzbuchs auf zuvor entstandene Rechtsverhältnisse (3. Aufl 1901) 108

vLÜPKE, Artikel „Agrargemeinschaften", in: HAR Bd I Sp 18

MEIKEL/IMHOF/RIEDEL, GBO (6. Aufl Bd III 1970) § 117 Rn 123

MEIKEL/BÖHRINGER, GBO (9. Aufl 2004) § 136 Rn 19

SCHNEIDER, Altrechtliche Personenzusammenschlüsse (2002)

THIEME, GBO § 117 Anm 2

WIEDEMANN, Beiträge zur Lehre von den idealen Vereinen (908) 204

WÖRLEN, Artikel „Waldgemeinschaften", in: HAR Bd II Sp 1016.

2. Nordwestdeutschland (Preußen, Braunschweig, Niedersachsen, Nordrhein-Westfalen)

ABELMANN/BROCKMANN, Nutzvermögen der Realverbände bei Veräußerung unselbständiger Anteile, RdL 1990, 3

CHRISTOPH, Die ländlichen Gemeingüter in Preußen (1906)

DELIUS, Hauberge und Hauberggenossenschaften des Siegerlandes

FIGGE, Die Hannoverschen Realgemeinden, RdL 1960, 84 mit Vermerk von HERMINGHAUSEN

ders, Das Recht der Braunschweigischen Realgenossenschaften, RdL 1954, 259

FLÖTE, Das Niedersächsische Realverbandsgesetz in der Praxis, AgrarR 1975, 345

HEISING, Die Hannoverschen Realgemeinden, insbesondere ihre Stellung im öffentlichen Recht (1954)

HOLTMEIER, Die forstlichen Zusammenschlüsse des Nordrhein-Westfälischen Waldschutzgesetzes (Diss Köln 1965)

LINCKELMANN/FLECK, Das Hannoversche Privatrecht (2. Aufl 1930)

LORSBACH, Das Haubergwesen im Landgerichtsbezirk Siegen, in: Rechtspflege zwischen Rhein und Weser (1970) 303

ders, Hauberge und Haubergsgenossenschaften des Siegerlandes (1956)

MOLSEN, Die politischen und Realgemeinden in den Hannoverschen Teilungs- und Verkoppelungsrezessen und die Reiheberechtigungen in Hannover (1928)

OESTREICH, Die Problemstellung des § 10 des nds Realverbandsgesetzes aus der Sicht des Grundbuchamts, Rpfleger 1971, 245

PIEPENBROCK, Anmerkung zu BGH, LM Preuß Realgemeindegesetz Nr 2

Jörg Mayer

Schaper, Die Braunschweigischen Realgenossenschaften und Forstgenossenschaften, PraxGemVerw D 6a NdsBrschw

Schmidt, Zweckvermögen im Landwirtschaftsrecht, RdL 1970, 200

Schnoor, Die nordwestdeutschen waldwirtschaftlichen Zusammenschlüsse in der staatlichen Verwaltungsorganisation (Diss Göttingen 1959)

Seehusen, Zum Niedersächsischen Realverbandsgesetz, RdL 1970, 225, 309; 1971, 61, 114, 142

Spohr, Die Hannoverschen Realgemeinden (1931)

ders, Die Realgemeinde-Berechtigung des „Bauern" und fehlerhafte Grundbucheintragung, DFG 1936, 186

Tesmer, Die niedersächsischen Realverbände und das Realverbandsgesetz, RdL 1969, 309

ders, Von der Lüneburgischen Gemeinheitsteilungsordnung zum Niedersächsischen Realverbandsgesetz, AgrarR 1975, 339

Thomas/Tesmer, Das Niedersächsische Realverbandsgesetz (5. Aufl 2004).

3. Bayern

Haff, Die Weide-, Forst- und Alpengenossenschaften im rechtsrheinischen Bayern und bürgerlichen Recht, in: FS Hugo Burkhard (1910)

Honisch, Die Behandlung der Gemeindenutzungsrechte im Grundbuch und Rechtsstreit, MittBayNot 1959, 43, 83

Kriener, Die Rechtsverhältnisse an Brechstuben, SeuffBl 69 (1904) 110

ders, Körperschaftswaldungen, BayZ 1909, 447

Luther, Die Verfügung über Gemeindenutzungsrechte, BayNotV 1933, 9, insbes 14

Oberst, Nutzanteile an Körperschaftswaldungen, MittBayNot 1956, 151

Oertmann, Bayerisches Landesprivatrecht (1903) 93

Prandl, Die Gemeindenutzungsrechte in Bayern, in: PraxGemVerw, Landesausg Bayern, D 6 Bay

W Schmidt, Die Mühlverbände des Frankenwaldes und ihre Behandlung im Grundbuch, BayNotZ 1917, 296

H Schmitt, Die Käsküchengemeinschaften im Allgäu, BayNotZ 1913, 19

ders, Besondere Gemeinschaftsverhältnisse, BayNotZ 1913, 148

ders, Die Beschreibung der altrechtlichen Kellerrechte im Grundbuch, BayNotZ 1916, 231

Sprau, Justizgesetze in Bayern (1988) Vorbem Art 57 AGBGB, Art 40 AGGVG Rn 24

Zeitler, Die Körperschaftswaldungen, BayZ 1910, 52, 72.

4. Rheinland-Pfalz

Hansen, Agrarhistorische Abhandlungen, Bd I (1880) 99; Bd II (1884) 1

R Klein, Die Gehöferschaften im RegBez Trier (1910)

Köppe, Die Gehöferschaften in Rheinland-Pfalz (1978)

Kroeschell/Wörlen, Waldgemeinschaften mit körperschaftlicher Verfassung in Rheinland-Pfalz, AgrarR 1981, 325

Stiebens, Die Gehöferschaften des Trierer Bezirks und sonstige altdeutsche Gemeinschaften, ZAA 1958, 131

Wörlen, Waldeigentümergemeinschaften mit körperschaftlicher Verfassung in Rheinland-Pfalz – Geschichte und Rechtsnatur der Heckengesellschaften im Landkreis Birkenfeld (1981).

5. Württemberg

Mayer, Das Württembergische AGBGB, Teil II (1923) 119.

6. Sachsen, Neue Bundesländer

Böhringer, Altrechtliche Personenzusammenschlüsse und ihr Grundbuch-Schicksal in den neuen Bundesländern, NJ 2000, 120

Fritzsch, Grundbuchrechtliche Besonderheiten bei altrechtlichen Personenzusammenschlüssen, Rpfleger 2003, 555

Kothe/Anger, Waldgenossenschaften in Thüringen – Altrecht oder „Altlast"?, VIZ 2002, 69.

Übergangsvorschriften

Systematische Übersicht

Alphabetische Übersicht

Jörg Mayer

I.   Gesetzeszweck, Bedeutung der Bestimmung

1 1.   Art 164 EGBGB bildet eine **Ausnahme** von den Vorschriften des Art 163 (vgl dazu Vorbem 1 zu Art 163-167 EGBGB), 173 und 181 EGBGB und stellt somit für die davon erfassten Verbände und Realgemeinden den Grundsatz des *intertemporären Rechts* des EGBGB wieder her, dass das *neue Recht keine Rückwirkung* haben soll (MünchKomm/Säcker Rn 1).

2   Der Zweck dieser Ausnahme besteht darin, dass hinsichtlich der bisher als rechtsfähig anerkannten **Agrar- und Forstgenossenschaften** mit Beseitigung des Landesrechts durch das BGB Unzuträglichkeiten entstehen und der Fortbestand dieser Genossenschaften in Frage gestellt würde (MünchKomm/Säcker Rn 1), zumal oftmals nicht geklärt ist, ob es sich um juristische Personen iS des neuen Rechts und um öffentlich-rechtliche oder rein privatrechtliche Verbände handelt. Auch wurden die Vorschriften des BGB für diese altrechtlichen Gemeinschaften in mehrfacher Hinsicht als nicht passend angesehen (Prot I 612 ff; Staudinger/Promberger/Schreiber¹² Rn 1).

3 2.   Die **Rechtsentwicklung** auf dem Gebiet des Art 164 EGBGB ist entsprechend der Vielfalt der von dieser Bestimmung erfassten Verbände unterschiedlich verlaufen: Die Entwicklung von Landwirtschaft und Gewerbe hat manche Nutzungsrechte und damit auch die darauf gegründeten Verbände bedeutungslos werden lassen (Sprau, Justizgesetze in Bayern [1988] Art 40 BayAGGVG Rn 31). Andere der von Art 164 EGBGB erfassten Verbände, namentlich solche, die sich auf gemeinschaftlichen Forstbesitz beziehen, haben ihre volle Bedeutung behalten und besitzen und verwalten immer noch ganz erheblichen Grundbesitz (Zahlenangaben zu den *Gehöferschaften* und *Heckengesellschaften* in *Rheinland-Pfalz* etwa bei Kroeschell/Wörlen AgrarR 1981, 326 Fn 12 u 14 mwNw).

II.   Anwendungsbereich

4   Art 164 EGBGB nennt ausdrücklich **verschiedene Voraussetzungen** für sein Eingreifen, in positiver wie negativer Hinsicht. Dabei ist der Begriff der Realgemeinde kein scharf begrenzter (Planck Anm 1) und wurde vom BGB-Gesetzgeber als solcher auf Grund der historischen Überlieferungen und Gegebenheiten praktisch vorausgesetzt, so dass man sich einer entsprechenden Qualifizierung nur im Wege einer **historischen und typisierenden Betrachtungsweise** nähern kann.

5 1.   Es muss sich um eine „**Realgemeinde oder ähnlichen Verband**" handeln:

a)   Realgemeinden, geschichtlicher Überblick der Entwicklung
6   Man fasste in der II. Komm den Ausdruck „Realgemeinde" als den Sammelbegriff

auf, der alle Arten der in Deutschland unter verschiedenen Bezeichnungen vorkommenden agrarischen und forstwirtschaftlichen Genossenschaften umfasse. Hierzu gehörten nicht nur die historisch überkommenen politischen Gemeinden, bei welchen insbesondere die Berechtigung der Mitglieder an den Besitz von Grund und Boden geknüpft sei (vgl aber Rn 27), sondern auch solche, bei denen eine *Verbindung zwischen Grundbesitz und Nutzungsrecht nicht bestehe* (Prot aaO; vgl auch BESELER, System des gemeinen Deutschen Privatrechts [4. Aufl] § 84 [insbes S 300 ff]; STOBBE, Handbuch des Deutschen Privatrechts [3. Aufl] Bd I 55; PLANCK Anm 1).

Nach früher viel verbreiteter Auffassung bildet eine Realgemeinde als *deutschrechtliche Genossenschaft* ein Mittelglied zwischen einer bloßen Gesellschaft und einer Körperschaft; nach historisch begründeter Auffassung handelt es sich bei ihr jedoch um eine reale Verbandspersönlichkeit iS des deutschen Genossenschaftsrechts, für deren Konstruktion jede romanistische Theorie unzulänglich ist (vgl vGIERKE, Deutsches Privatrecht I 466; s auch Rn 8).

Die Redaktoren des BGB konnten sich dieser Auffassung nicht entziehen und ließen daher diese eigentümlichen Gebilde des **deutschen Privatrechts**, die auch nicht in den Rahmen des Vereinsrechts des BGB passen, unberührt.

Zu **unterscheiden** sind bei allen Realgemeinden: 7

– eine **gemeinheitliche Rechtsfähigkeit des Verbandes** selbst (vgl vGIERKE, Deutsches Privatrecht I 512), die durch ihre *„Körperschaftsgewalt"* gekennzeichnet ist und sich in der körperschaftlichen Autonomie, Selbstverwaltung und eigener Satzung entfaltet. Jedoch braucht die Realgemeinde nach dieser Begriffsbestimmung **nicht notwendig eine juristische Person** zu sein; oft sind diese Realverbandsgemeinden aber in so vieler Hinsicht mit körperschaftlichen Strukturen versehen, dass bei vielen von ihnen von einer „juristischen Person nach deutschem Recht aus der Zeit vor Inkrafttreten des BGB (juristische Personen alten Rechts)" gesprochen werden kann (so BayObLGZ 1991, 24, 31 zu den *Alpgenossenschaften* des Allgäus). Soweit eine solche vorliegt, ist diese selbst Inhaber des eigentlichen Verbandsvermögens. Diese scheinbare begriffliche *Unschärfe* (s auch Rn 2) hat der Gesetzgeber des BGB bewusst in Kauf genommen, um *unnötige Qualifizierungsprobleme* zu vermeiden, die immer bei der Überführung eines Rechtssystems in ein anderes entstehen. Diese Entscheidung hat sich aber auch insoweit aus zutreffend erwiesen, als die vom BGB-Gesetzgeber ursprünglich vorausgesetzte strenge Unterscheidung zwischen den *juristischen Personen* mit der diese kennzeichnenden Rechtsfähigkeit, und den *Gesamthandsgemeinschaften* immer mehr schwindet, was gerade in der aktuellen Entwicklung zur Einordnung der *BGB-Gesellschaft* deutlich wird. Denn der BGH hat dieser, soweit sie als Außengesellschaft durch Teilnahme am Rechtsverkehr eigene Rechte und Pflichten erwirbt, eine *Rechtsfähigkeit* zuerkannt (BGHZ 146, 341 = NJW 2001, 1056; BGH NJW 2002, 1207; dazu STAUDINGER/HABERMEIER [2003] Vorbem 6 f, 30, 35 ff zu §§ 705-740; krit dagegen zu Recht BEUTHIEN JZ 2003, 715 sowie HEIL NZG 2001, 300 und SCHEMMANN DNotZ 2001, 244). Letztlich verwischen sich damit die Grenzen zwischen der juristischen Person und den Gesamthandsgemeinschaften, weshalb sich das bei Art 164 EGBG angewandte **Konzept** als das **weitsichtigere** erwies;

– *gliedmäßige Rechte und Pflichten* (sog Nutzungsrechte) der Genossen oder Teilhaber selbst, welche durch eine Klage auf Anerkennung usw geschützt sind (vgl RGZ 27, 183; RG SeuffA 39 Nr 186; 47 Nr 4; vGIERKE I 535 ff) und in die ohne Zustimmung des betroffenen Genossen nicht eingegriffen werden konnte (vGIERKE II 478 f). Teilweise wurden diese Nutzungsrechte dabei sogar als Rechte an fremden Sachen („iura in re aliena", so nach der sog „Lehre von der universitas", vgl Rn 8) oder aber als genossenschaftliche Sonderrechte angesehen.

8 Zur **geschichtlichen Entwicklung** der *deutschrechtlichen Genossenschaften*, die vielen Realgemeinden zugrunde liegen, ist Folgendes zu bemerken (vgl hierzu eingehend und sehr anschaulich BayObLG aaO): Diese Genossenschaften nahmen im frühen Mittelalter eine Zwischenstellung zwischen der Gesamthandsgemeinschaft und einer juristischen Person iS der heutigen Vorstellungen ein (vGIERKE, Das deutsche Genossenschaftsrecht Band I 229 f, 332 ff). Es wurde ihnen jedoch bereits damals das Recht zugebilligt, über die Angelegenheiten der Genossenschaft mit Stimmenmehrheit der Mitglieder zu beschließen. Einstimmigkeit war nur notwendig, wenn in die Mitgliedschaftsrechte, insbes Nutzungsrechte selbst eingegriffen wurde. Bereits vor der Rezeption des römischen Rechts war die Rechtsentwicklung dadurch gekennzeichnet, dass sich die Vorstellung von einer eigenen Körperschaft mit einer eigenen personalen Einheit im Unterschied zu den einzelnen Genossen herausbildete (vGIERKE II 867, 873, 886 f). Das *römische Recht* am Ende des Mittelalters kannte demgegenüber bereits im heutigen Sinne die Unterscheidung zwischen der *„universitas"* als echter juristischer Person und der *„societas"* oder *„communio"* als Personenmehrheit ohne eigene juristische Rechtspersönlichkeit (vGIERKE III 425 ff). Die Lehre von der römisch-rechtlichen universitas sieht die *Korporation* (wie sich auch heute noch viele Realgemeinden nennen) als selbständigen Träger des Verbandsvermögens; die Nutzungsrechte der Mitglieder werden davon streng unterschieden und als selbständige Vermögensrechte aufgefasst. Hinsichtlich der inneren Verbandsverfassung bildete sich die Vorstellung, dass oberstes Organ die *Mitgliederversammlung* ist, die ihren Willen grundsätzlich auch durch Mehrheitsbeschlüsse bilden kann, soweit nicht in die Nutzungsrechte der einzelnen Genossen selbst eingegriffen wird (vGIERKE III 466–471). Die Vorsteher der Verbände galten als Bevollmächtigte (nicht Organe), die nach innen unbeschränkte Verwaltungsbefugnisse hatten, zu Verfügungsgeschäften über das Verbandsvermögen aber der Zustimmung der Mitgliederversammlung oder eines besonderen Ausschusses bedurften (vGIERKE III 734–737). Diese Theorien wurden im Zuge der *Rezeption des römischen Rechts* am Ende des Mittelalters weitgehend auf die alten deutschrechtlichen Verbände übertragen, wobei sich allerdings regionale Besonderheiten ergaben (vGIERKE 720 ff). Mit dem Einfluss des Naturrechts wurden allerdings die Grenzen zwischen societas und universitas wieder weitgehend verwischt, so dass sich bei der Qualifikation dieser Realgemeinden zum Ende des 18. Jahrhunderts große Unsicherheiten ergaben (vGIERKE IV 557 Fn 62, BayObLG aaO), die letztlich den BGB-Gesetzgeber davon abhielten, bei Art 164 nähere allgemeine Festlegungen zu treffen. Dennoch wurde in der jur Lit überwiegend den altrechtlichen landwirtschaftlichen Genossenschaften und Verbänden bei Inkrafttreten des BGB auch ohne besondere öffentlich-rechtliche Verleihungs- oder Anerkennungsakte oder ohne entsprechende Registrierung überwiegend die Eigenschaft von juristischen Personen zuerkannt (vGIERKE, Deutsches Privatrecht I 613, 615–617; BLUNTSCHLI, Deutsches Privatrecht [3. Aufl] 83-85).

Zu den **Realgemeinden** iS von Art 164 gehören vor allem die alte *Marktgemeinde* **9** (dazu vGIERKE, Deutsches Privatrecht I §§ 71, 72, S 576–602), sodann die im Einzelnen außerordentlich vielgestaltigen Agrargenossenschaften (dazu vGIERKE I § 74, S 612 ff), Nutzungsgemeinden (OEDING, Das Gemeindenutzungsrecht in Kurhessen, Archiv für Beiträge zum deutschen, schweizerischen und skandinavischen Privatrecht, Heft 23 [1937]), „Dorfschaften" (LG Itzehoe SchlHA 1986, 10), „Gehöferschaften", „Gewerbschaften", „Gütergemeinden", „Maschgemeinden", „Laischaften", „Rechtsame Gemeinden", „Mentegemeinden" usw.

b) Ähnliche Verbände

In der II. Komm ging der erste Antrag dahin, den Vorbehalt dieses Artikels aufzu- **10** stellen für die zur Zeit des Inkrafttretens des BGB bestehenden *„althergebrachten deutschrechtlichen Genossenschaften*, Markgenossenschaften (dazu auch OLG Frankfurt/M NJW-RR 2000, 538), Märkerschaften, Erbengenossenschaften, Realgemeinden, Gütergemeinden, Wüstungsgemeinden, Nutzungsgemeinden, Rechtsame Gemeinden, Mentegemeinden, Interessenschaftsforsten, Halben-Gebrauchswaldungen, Haubergs-Genossenschaften, Gehöferschaften, sowie für sonstige land- und forstwirtschaftliche Genossenschaften, ferner für Holzungen (Gesamt-Abfindungs-Waldungen), welche Mitgliedern einer althergebrachten deutschrechtlichen Agrar-Genossenschaft oder einer Klasse von Mitgliedern einer Gemeinde mittels Gemeinheitsteilung (vgl oben Art 113 EGBGB Rn 91) oder Forstservituten-Ablösung als Gesamtabfindung überwiesen werden oder bereits früher überwiesen worden und bis zum Inkrafttreten des BGB gemeinschaftliches Privateigentum geblieben sind" (Prot VI 494 ff).

Die Kommission hat es jedoch abgelehnt, diese Beispiele direkt in das Gesetz **11** aufzunehmen, weil auch dann eine erschöpfende Aufzählung nicht möglich sei und nur wiederum neue Zweifel und Schwierigkeiten hervorgerufen werden könnten (Prot aaO).

Aus dieser Entwicklungsgeschichte der gewählten Ausdrücke geht jedoch klar her- **12** vor, dass unter *ähnlichen Verbänden* auch die im oben genannten Antrag aufgezählten Gemeinschaften zu verstehen sind, dass jedoch hiermit die Zahl der von dem Artikel erfassten Gemeinschaften nicht erschöpft ist. Vielmehr gehören alle ähnlichen Verbände hierher, soweit nur *mit deren Mitgliedschaft eine Benutzung von Grund und Boden zu land- und forstwirtschaftlichen Zwecken* oder von Anlagen iS des Art 164 EGBGB *verbunden* ist (Prot aaO). Unerheblich ist dabei, ob ein Zusammenhang mit den alten Gemeindeverfassungen oder gar mit den Markgenossenschaften oder der germanischen Agrarverfassung vorhanden ist (PLANCK Anm 1a). Denn wie gerade neuere Forschungen gezeigt haben, sind viele der heute als altrechtlich empfundenen Realverbände des Art 164 gerade nicht hieraus hervorgegangen, sondern erst eine Entwicklung der neuzeitlichen Wirtschafts- und Siedlungsgeschichte. Sie entstanden oftmals erst nach dem 30-jährigen Krieg oder gar erst im 18. oder 19. Jahrhundert (so für die Gehöferschaften und Haubergsgenossenschaften in Rheinland-Pfalz KROESCHELL/WÖRLEN AgrarR 1981, 325, 327). Unerheblich ist auch, ob die Verbandsmitgliedschaft mit dem Eigentum an einem bestimmten Grundstück verbunden ist (sog **radiziertes Recht**) oder ein selbständiges, frei übertragbares Recht (sog **walzendes Recht**) ist (PLANCK aaO).

c)   Waldgenossenschaften

13 Unter Art 164 EGBGB fallen auch die Waldgenossenschaften. Für diese gilt aber *auch die weitergehende Vorschrift* des Art 83 EGBGB (missverständlich MünchKomm/ SÄCKER Rn 3, der von einer Sonderreglung spricht, was aber darauf hindeuten würde, dass dadurch Art 164 EGBGB verdrängt würde). Nach diesem können Waldgenossenschaften auch unter der Rechtsordnung des BGB neu begründet werden, während Art 164 lediglich die schon am 1. 1. 1900 vorhandenen Verbände betrifft (HABICHT 108 Fn 3). Nach Prot VI 494–496, 498 hatte der Gesetzgeber bei Art 83 mehr die öffentlichrechtlichen, bei Art 164 mehr die privatrechtlichen Korporationen im Auge.

Dieser Unterscheidung *folgt* auch die jüngere Rechtsprechung, s BayObLG MittBayNot 1971, 248 (m Anm ROELLENBLEG); 1981, 25; OLG Bamberg OLGZ 1976, 461; allerdings wird sie sich nicht mit Sicherheit treffen lassen, da die Verfassung einer Waldgenossenschaft sowohl öffentlichrechtliche als auch privatrechtliche Elemente aufweisen kann (AFFOLTER 276).

Für diejenigen Waldgenossenschaften, die auch die Voraussetzungen des Art 164 erfüllen, ist die Frage ihrer Einordnung unter Art 83 oder Art 164 letztlich ohne Belang. Fraglich könnte nur sein, ob landesprivatrechtlich – abweichend von den Vorschriften des BGB – verfasste Waldgenossenschaften neu begründet werden können.

14 Zum *Begriff* der Waldgenossenschaften s STAUDINGER/ALBRECHT Art 83 Rn 3. Ein großer Teil der bei den Beratungen zu Art 164 EGBGB erwähnten Verbände (vgl oben Rn 10) unterfällt daher auch Art 83 EGBGB. Zur Rechtsentwicklung in *Thüringen* nach dem 2. Weltkrieg, insbes zu der Frage, ob die dortigen Waldgenossenschaften durch Gesetz des Landes Thüringen über die Sondernutzungsrechte von Gemeindeangehörigen oder Klassen von solchen (Altgemeinden, Realgemeinden, Gemeindegliedervermögen) vom 29. 5. 1947 (GSG) aufgelöst wurden, s KOTHE/ANGER VIZ 2002, 69, die dies bejahen.

2.   Nutzungsrecht der Mitglieder

15 Die **Mitglieder** des Verbandes müssen **als solche zu einer Nutzung an land- oder forstwirtschaftlichen Grundstücken**, an Mühlen, Brauhäusern oder ähnlichen Anlagen **berechtigt sein**.

a)   Rechtliche Ausgestaltung

16 Bei Art 164 EGBGB handelt es sich um eine „Gewährungsklausel" iS einer Unterausnahme zur Ausnahmebestimmung des Art 163 EGBGB, durch welche zum allgemeinen *Grundsatz der Nichtrückwirkung* des neuen Rechts auf bestehende Verbände zurückgekehrt wird (vgl Vorbem 1 zu Art 163–167 EGBGB), die weit ausgelegt werden muss (RG Recht 1909 Nr 2291).

17 Deshalb ist zB nicht erforderlich, dass die Nutzungen in Natur zu geschehen haben; sie können auch vom Verband verpachtet sein, so dass nur der Erlös unter den Mitgliedern verteilt wird. Nicht erforderlich ist ferner, dass die Realgemeinden und ähnlichen Verbände selbst das Eigentum an den genutzten Grundstücken oder Anlagen haben; das Eigentum kann auch den Mitgliedern in ihrer genossenschaftlichen Verbundenheit, zB als deutschrechtliches Gesamteigentum oder Miteigentum, genauso aber auch einem Dritten, zB einer einzelnen Privatperson, dem Staat oder einer politischen Gemeinde zustehen (vgl AFFOLTER 277; HABICHT 109).

Im letzteren Fall ist es möglich, dass der Verband als solcher Inhaber eines altrechtlichen Nutzungsrechts, zB eines *Kellerrechts*, ist. Es ist aber auch möglich, dass es mangels einer Rechtsträgerschaft des Verbandes *nur Nutzungsrechte der einzelnen Berechtigten* gibt. Bei einer solchen Gestaltung liegt ein Fall des Art 164 EGBGB nur vor, wenn die Berechtigten als solche *verbandsmäßig gebunden* sind, andernfalls handelt es sich um selbständige altrechtliche Berechtigungen (Grunddienstbarkeiten, beschränkt persönliche Dienstbarkeiten, Reallasten; vgl auch MEIKEL/IMHOF/RIEDEL[6], GBO § 117 Rn 125; eingehend s Rn 27).

b) Land- und forstwirtschaftliche Flächen als Nutzungsobjekt

Ein Nutzungsrecht an *land- oder forstwirtschaftlichen Flächen* gehört zur Mitglied- **18** schaft insbes bei den oben (Rn 10) aufgezählten Arten von Realgemeinden. Das Nutzungsrecht ist dabei Ausfluss des Mitgliedschaftsrechts des Verbandsmitglieds und damit untrennbar verbunden. Es ist streng von dem Grundeigentum zu unterscheiden, das dem Verband als juristischer Person odcr den Mitgliedern in ihrer verbandsmäßigen Verbundenheit zusteht (SPRAU Art 40 AGGVG Rn 24; eingehend hierzu unten Rn 46 ff).

Weitere Beispielsfälle aus der Rechtsprechung sind *Alpgenossenschaften* (BayObLGZ 1991, 24; OLG München BayZ 1905, 453 = SeuffBl 70, 647; OLG München OLGE 26 [1913] 73; BayVGHE aF 13, 187, 190), *altrechtliche Weidegenossenschaften* (BayObLGZ 1927, 8), *Körperschaftswaldungen* (BayObLGZ 8, 570, 575; 11, 150, 154; 1966, 447, 467; 1971, 125, 135; LG Würzburg MittBayNot 1995, 467), *Markgenossenschaften* (BayObLGZ 21, 165; OLG Kiel SchlHA 1907, 161; OLG Frankfurt/M NJW-RR 2000, 538), die privatrechtlichen *Realgemeinden im Herzogtum Lauenburg* (OLG Kiel SchlHA 1926, 145), sog *Gütergemeinden* (OLG Jena ThürBl Bd 62, 297). Nicht hierher gehören sollen die *Käsküchengemeinschaften* des Allgäus (so SPRAU Rn 31 unter Bezug auf SCHMITT BayNotZ 1913, 19, 148; **aA** MEIKEL/IMHOF/RIEDEL[6] § 117 GBO Rn 125).

c) Mühlen, Brauhäuser und ähnliche Anlagen

Nicht bloß solche Verbände, mit deren Mitgliedschaft Nutzungsrechte an land- und **19** forstwirtschaftlichen Grundstücken verbunden sind, gehören hierher, sondern auch Verbände, deren Mitglieder als solche *Nutzungsrechte an Mühlen, Brauhäusern* und ähnlichen Anlagen haben.

Hierzu ist zu bemerken: **20**

Bei den *Mühlen* ist insbesondere an Verbände von Holzinteressenten gedacht, welche gemeinschaftliche Sägemühlen besitzen und deren Nutzungsberechtigung besonders geregelt ist (beispielhaft sei auf den Frankenwald verwiesen; s W SCHMIDT BayZ 1917, 296).

Hinsichtlich der *Brauhäuser* handelt es sich um die sog *Kommunbrauereien*, bei denen es vielfach zweifelhaft ist, ob eine besondere Art des Miteigentums oder eine selbständige juristische Person vorliegt.

Unter den „ähnlichen Anlagen" sind nicht bloß gewerbliche Anlagen, sondern überhaupt alle gemeinsamen Betriebe gemeint, welche einen ähnlichen Charakter wie die vorstehend genannten Schneidmühlen und Kommunbrauereien tragen (Prot VI 494 ff), so auch gemeinsame Brunnen und Wasserleitungen.

21 *Beispielsfälle*: Über Mühlenverbände im Frankenwald s W Schmidt BayNotZ 1917, 296; zum Rechtstatsächlichen der Schneidmühlen K H Mayer, Die Forst- und Jagdgeschichte des Frankenwalds (2005) 180 f; über Kommunbrauereien s BayOb-LGZ 8, 155 und 11, 370; über „ähnliche Anlagen" zB RG Recht 1909, Nr 2291 (Brunnengesellschaft), Kriener SeuffBl 69 (1904) 110 (Flachsbrechstuben), H Schmitt BayNotZ 1913, 9 (Käsküchen im Allgäu) und BayNotZ 1913, 148 (sonstige besondere Gemeinschaftsverhältnisse), Meikel/Imhof/Riedel, GBO § 117 Rn 125 (Fleischbänke, Weintorkeln).

3. Rechtsnatur des Verbandes

22 Wie das Gesetz ausdrücklich bestimmt, ist es *unerheblich, ob der Verband* eine *juristische Person* ist oder nicht (OLG Frankfurt/M NJW-RR 2000, 538; MünchKomm/Säcker Rn 4), und ob die *Berechtigung der Mitglieder an Grundbesitz geknüpft* ist oder nicht.

Wie bereits oben (Rn 2) bemerkt, entfällt auch das Bedürfnis, zwischen *öffentlich-rechtlichen und privatrechtlichen Verbänden* bei der Anwendung dieses Artikels zu unterscheiden. Jedoch sind nur *privatrechtliche*, auf einem Verband iS von Art 164 beruhende Nutzungsrechte im Grundbuch *eintragungsfähig*, da öffentliche Berechtigungen nicht im Grundbuch gebucht werden dürfen (BayObLGZ 1982, 400, 404 für Gemeindenutzungsrechte; Sprau Rn 30 für die Verbände iSd Art 164).

4. Bestehen des Verbandes am 1.1.1900

23 Unter diesen Artikel fallen nur die hier in Frage kommenden Verbände, welche am 1.1.1900 bereits bestanden haben. Ein Antrag, den Vorbehalt auch auf die zukünftig entstehenden Genossenschaften dieser Art auszudehnen, wurde abgelehnt, weil sonst die Landesgesetzgebung das ganze Gemeinschaftsrecht des BGB durchbrechen könnte. Wenn die Landesgesetzgebung neue wirtschaftliche Verbände der angegebenen Art ins Leben rufen will, so ist sie jederzeit in der Lage, diese als Korporationen des öffentlichen Rechtes auszugestalten und damit den Vorschriften des BGB zu entziehen (Prot aaO).

III. Inhalt

1. Vorbehalt und Übergangsregelung

24 Art 164 EGBGB hat den doppelten Charakter einer Übergangsregelung und eines Vorbehalts zugunsten des Landesrechts. Sein Inhalt ist, dass hinsichtlich der am 1.1.1900 bestehenden Verbände der in Rn 5 ff dargelegten Art die *landesgesetzlichen Bestimmungen aufrechterhalten* werden. Damit ist insbesondere, soweit die Verbände juristische Personen sind, die Anwendung der Vorschriften des BGB über juristische Personen ausgeschlossen. Das Landesrecht gilt nicht bloß insofern, als die unter Art 164 fallenden Verbände aufrechterhalten bleiben; alle landesgesetzlichen Vorschriften über ihre Organisation und ihr Erlöschen bleiben in Kraft.

Bei der Mannigfaltigkeit der fraglichen Rechtsgebilde, ferner bei der gerade hier oft zweifelhaften Grenze zwischen einer öffentlichen und privatrechtlichen Korporation erschien es angezeigt, ihr Fortbestehen nach altem Recht durch eine besondere, den Vorbehalten des 3. Abschnitts ähnliche *Gewährungsklausel* zu sichern (vgl Affolter 32). Der Art 164 hat daher einen *mehr als bloß transitorischen Charakter*. Dies wird auch noch durch die Regelung des **Art 218 EGBGB** verstärkt, wonach auch noch eine Änderung dieser bestehenden Bestimmungen durch Landesgesetz möglich bleibt.

2.   Konkurrenzverhältnisse

a)   Zu anderen Vorschriften

Durch diese Bedeutung des Artikels wird auch sein *Verhältnis zu anderen Bestim-* **25** *mungen des EGBGB* festgelegt:

Art 164 bildet eine *Ausnahme gegenüber Art 163*, der selbst schon eine Ausnahmevorschrift ist (deshalb „Gewährungsklausel", vgl oben Rn 16).

Dieselbe Eigenschaft hat er gegenüber den Art 173 und Art 181: Selbst wenn die Mitglieder des Verbands hinsichtlich des ihrer Nutzung unterliegenden Gegenstandes eine *Gemeinschaft nach Bruchteilen* bilden, fallen sie unter **Art 164**, nicht unter Art 173; der Art 173 ist als Ausnahmevorschrift (Ausschließungsklausel) nur auf Gemeinschaften anwendbar, die nicht unter Art 164 fallen (Affolter 277; Niedner Anm 2c; Habicht 110).

Art *164 EGBGB tritt dagegen zurück*, wo ein weitergehender Vorbehalt besteht. Das **26** ist der Fall bei den unter Art 83 EGBGB fallenden Waldgenossenschaften (hierzu oben Rn 13) sowie bei den aus einer sog Gemeinheitsteilung oder ähnlichen agrarrechtlichen Maßnahmen hervorgegangenen Verbänden (für diese Vorbehalt nach **Art 113** EGBGB).

b)   Abgrenzung zu anderen Nutzungsrechten

Voraussetzung für die Anwendung des Art 164 EGBGB ist immer das Vorhanden- **27** sein eines *Verbandes der Nutzungsberechtigten*. Dagegen sind Nutzungsrechte, die nicht aus der Mitgliedschaft in einem Verband hervorgehen, Dienstbarkeiten oder Reallasten am genutzten Grundstück und folgen dafür geltenden Regeln (vgl Art 184 EGBGB). Die oberbayerischen **Forstrechte**, insbes an Staatswaldungen, stellen daher keine dem Art 164 unterfallende Berechtigungen dar, sondern sind je nach Ausgestaltung Grunddienstbarkeiten oder Reallasten (Meikel/Imhof/Riedel § 117 GBO Rn 125; zur Rechtsnatur der Forstrechte vgl J Mayer MittBayNot 1993, 333, 336). Die hier anzutreffenden Rechtlerverbände sind nur später gebildete Interessenvereinigungen zur besseren, gemeinschaftlichen Wahrnehmung der Einzelinteressen, waren aber nicht für die Entstehung des Nutzungsrechts maßgeblich. Auch die *öffentlichrechtlichen* **Gemeinderechte** am noch ungeteilten Gemeindevermögen gehören nicht hierher: sie bestimmen sich nach den Regeln des *Kommunalrechts* (*Bayern* etwa Art 80 BayGO), die als lex specialis dem Art 164 vorgehen (zur Unterscheidung öffentlich-rechtlicher Gemeinderechte von den Forstrechten und sonstigen Nutzungsrechten: MEISNER/ RING/GÖTZ, Nachbarrecht in Bayern[7] § 30 Rn 1 ff, § 31 Rn 2; SPRAU vor Art 57 AGGVG Rn 41 ff; vgl auch HONISCH MittBayNot 1959, 43, 83 hins öffentlicher und privater Gemeindenutzungsrechte). Zu den sog *Purifikationswaldungen*, die dadurch entstanden, dass zur Ablösung von Forstrechten Waldflächen an die Forstberechtigten abgetreten wurden, s BayObLGZ 1979, 104, 110 f. Hier wird zwar die Entstehung einer Miteigentümergemeinschaft angenommen, die aber wohl auch unter Art 164 fallen dürfte, wenn auch nicht als juristische Person (vgl auch die Gesetzesbegründung zu Art 164 Rn 10).

3. Die landesgesetzlichen Regelungen

a) Arten der zur Anwendung gelangenden Bestimmungen

28 Durch Art 164 EGBGB bleiben nur die *besonderen Vorschriften der Landesgesetze* für derartige Verbände aufrechterhalten. Soweit das Landesrecht ausdrücklich oder stillschweigend auf die allgemeinen Vorschriften über Vereine und Körperschaften verweist, traten nach Art 4 EGBGB aF an die Stelle des betreffenden Landesrechts die des BGB und EGBGB. Daran dürfte sich nach der Aufhebung des Art 4 EGBGB aF im Jahre 1986 nichts geändert haben. Als besonderes, für diese Verbände geltendes Landesrecht kommen neben förmlichen Gesetzen in Betracht: die bei der Begründung der Vereinigung ergangenen Verträge und Verleihungsbestimmungen, die verbandsmäßigen Statuten, aber auch das für den jeweiligen Bereich damals geltende allgemeine Recht (BayObLGZ 1971, 125, 136 zum Allgemeinen Preußischen Landrecht), sowie ungeschriebenes Recht wie *partikularrechtlich anerkanntes Gewohnheitsrecht* (Herkommen, Observanz; HAFF, in: FS H Burkhard 295 ff; OBERST MittBayNot 1956, 154; SPRAU Art 40 BayAGGVG Rn 25)

29 Soweit nach Art 164 EGBGB die Landesgesetze in Kraft bleiben, können sie *gemäß Art 218 EGBGB auch nach Inkrafttreten des BGB geändert* werden. Auch soweit ergänzend Vorschriften des BGB zur Anwendung kommen (s oben Rn 28), ist die Landesgesetzgebung zur Änderung und Ersetzung solcher Vorschriften durch landesgesetzliche befugt, weil jene Vorschriften nur kraft Landesrecht und als dessen Teil galten (s Art 218 EGBGB Rn 6; PLANCK Art 163 EGBGB Anm 3, Art 164 EGBGB Anm 3; NIEDNER Anm 2b; aA HABICHT 108 Fn 2).

30 Für die in vielgestaltiger Erscheinungsform auftretenden Verbände iS des Art 164 EGBGB bestehen *kaum gemeinsame Grundsätze*: Eine Ausnahme bildet heute lediglich das *niedersächsische Realverbandsgesetz*. Sonst ist für jeden Verband oder Verbandstyp die rechtliche Ausgestaltung sowohl des Verbands als ganzen als auch des einzelnen Mitgliedschaftsrechts aus den für ihn speziell bestehenden, oft ungeschriebenen Rechtsquellen zu entnehmen. Hierzu bedarf es mitunter echter rechtsgeschichtlicher Nachforschungen.

b) Die einschlägigen Landesgesetze
aa) Niedersachsen

31 Realverbandsgesetz vom 4. 11. 1969 (GVBl 187), zuletzt geändert durch G vom 21. 3. 2002 (GVBl 112); dieses ersetzt im ehemals preußischen Gebiet das G, betr die Verfassung der Realgemeinden in der Provinz Hannover vom 5. 6. 1888 (Pr GS 233 = NdsGVBl Sb III, 403), im ehem Braunschweig § 52 BraunschwAGBGB u das G, betr die Realgenossenschaften vom 26. 5. 1896 (NdsGVBl Sb III 403).

bb) Nordrhein-Westfalen

G über den Gemeinschaftswald im Land Nordrhein-Westfalen – Gemeinschafts- **32** waldG – vom 8. 4. 1975 (GVBl 304 = SGV NRW 790), zuletzt geändert durch G vom 26. 6. 1984 (GVBl 370);

VO über die grundbuchmäßige Behandlung von Waldgenossenschaften vom 20. 1. 1976 (GVBl 40 = SGV NRW 321).

cc) Rheinland-Pfalz

G über *gemeinschaftliche Holzungen* (für die Regierungsbezirke Koblenz, Trier und **33** Montabaur) vom 14. 3. 1881 (GVBl 1968 SoNr S 187 = BS Anh 790-3), geändert durch G vom 7. 2. 1983 (GVBl 17);

Haubergordnung für den Oberwesterwaldkreis vom 4. 6. 1887 (GVBl SoNr S 188 = BS Anh II 790-5), zuletzt geändert durch G vom 5. 11. 1974 (GVBl 469);

Haubergordnung für den Landkreis Altenkirchen vom 9. 4. 1890 (GVBl 1968 SoNr S 192 = BS Anh II 790-5), zuletzt geändert durch G vom 5. 11. 1974 (GVBl 469).

Nach § 64 Abs 2 des Landesforstgesetzes (BS 790-1) sind diese Haubergordnungen noch gültig, soweit sie mit den Vorschriften des Forstgesetzes vereinbar sind.

dd) Saarland

G Nr 537 betreffend die Waldgehöferschaften und gleichartigen Waldgemeinschaf- **34** ten in ungeteilter Gemeinschaft zur gesamten Hand (GehöferschaftsG) vom 20. 11. 1956 (ABl 1537 = BS Saar 790-7) und das G über gemeinschaftliche Holzungen vom 14. 3. 1881 (BS Saar 790-12).

4.   Überblick über den Inhalt des geltenden Landesrechts

a)   Niedersachsen

Hier sind gem § 1 *Realverbandsgesetz* Verbände iS des Art 164 EGBGB (vgl Auf- **35** zählung in § 1 Nr 2, 3, 4, 6, 7) gemeinsam mit solchen iS des Art 83 EGBGB und den aus Maßnahmen gem Art 113 EGBGB hervorgegangenen Verbänden als Realverbände zusammengefasst. Sie sind zu Körperschaften des öffentlichen Rechts erklärt (§ 2); ihre Verfassung (§§ 17 ff) und ihre Wirtschaftsführung (§§ 26 ff, insbesondere Beiträge) sind geregelt.

Das Mitgliedschaftsrecht an einem solchen Verband heißt „Verbandsanteil" (§ 6); es **36** kann als „unselbständiger Verbandsanteil" *subjektiv dinglich* (§ 8; zum Übergang auf den Erwerber der Hofstelle OLG Braunschweig RdL 1990, 207) oder als „selbständiger Verbandsanteil" *übertragbar*, also nicht notwendig mit einem bestimmten Grundeigentum verbunden sein (§ 9); örtliches Herkommen kann gleichwohl auch den selbständigen Verbandsanteil bis zur Trennung von einem Grundeigentum zu dessen Bestandteil machen (§ 9 Abs 2). Für Verbandsanteile darf kein Grundbuchblatt mehr angelegt werden, bisher angelegte Grundbuchblätter sind nach Löschung eingetragener Belastungen zu schließen, neue Belastungen dürfen nicht mehr eingetragen werden (§ 10, s dazu OESTREICH Rpfleger 1971, 245). Die Übertragung und die Verpflichtung zur Übertragung bedürfen der öffentlichen Beurkundung (§ 11). Die Verbandssatzung kann die Übertragung beschränken oder dem Verband ein Vorkaufsrecht einräumen (§ 12; vgl OLG Celle AgrarR 1979, 171; 1981, 290). Nicht möglich ist aber eine Vinkulierungsbeschränkung, dass eine Abtretung nur an Verbandsmitglieder möglich ist (VG Göttingen RdL 1995, 17). Ein Überblick zu den gesetzlichen Bestimmungen findet sich bei SEEHUSEN RdL 1970, 225, 309; TESMER, Niedersächsisches Realverbandsgesetz (1970) 7 ff.

37 Mit dieser gesetzlichen Regelung sind verschiedene bisher bestehende Streitfragen erledigt, so namentlich die, ob die Mitgliedschaft an einer Hannoverschen Realgemeinde („Reiheberechtigung") notwendig und dauernd mit einem bestimmten Grundeigentum verbunden ist bzw durch das Statut so verbunden werden kann (dafür BGHZ 36, 283 = LM Preuß RealgemG Nr 2 [L] mit Anm PIEPENBROCK; OLG Celle RdL 1954, 197; 1954, 249; aA LG Hannover RdL 1953, 334), bzw inwieweit sie frei und selbständig übertragbar sein kann (dafür LG Hannover aaO; eingeschränkt OLG Celle RdL 1954, 249; unentschieden BGH DNotZ 1952, 529 = LM Nr 5 zu KRG Nr 45 Art IV). Zur alten Rechtslage in *Hannover* s auch FIGGE RdL 1960, 85 und in Braunschweig ders RdL 1964, 259.

Aus der jüngeren Rechtsprechung s hierzu OVG Lüneburg RdL 1981, 215.

b)   Nordrhein-Westfalen

38 Die *Hauberggenossenschaften* im Kreise *Siegen* unterliegen der durch Art 164 EGBGB aufrechterhaltenen Hauberordnung vom 17. 3. 1879 (PrGS 228). Es handelt sich dabei um Körperschaften des öffentlichen Rechts (LORSBACH 106; s auch oben Art 83 Rn 4 bei Nordrhein-Westfalen; für juristische Person des öffentlichen Rechts WESTERMANN, Forstnutzungsrechte [1942] 232. BGHZ 6, 35, 37 = RdL 1952, 219, BGHZ 23, 242, 243 = RdL 1957, 155, KG JFG 18, 230 ff = JW 1938, 3119 nehmen nur allgemein die Eigenschaft einer juristischen Person an; aA OLG Hamm KGJ 47, 272: Miteigentum der einzelnen Haubergsgenossen). Der Hauberganteil gewährt dem Genossen ein Nutzungsrecht. Den Genossen steht die freie Verfügung über ihre Anteile zu (§ 7 Abs 2 der Hauberg-Ordnung). Zu den für die Genossenschaft gemeinschaftlichen Lasten, Kosten, Diensten und Naturalleistungen trägt jeder Genosse nach dem Verhältnis seines Anteils bei. Nach demselben Verhältnis werden die gemeinschaftlichen Nutzungen verteilt (§ 8). Die Hauberganteile sind *Nutzungsrechte*, die mit einer Art rechtlicher Selbständigkeit ausgestattet und als eine dem Eigentum nahe stehende dingliche Berechtigung eigener Art selbständig veräußerlich und verpfändbar sind (BGHZ 23, 242, 243; KG JFG 18, 230, 231). Ihre genaue, dogmatische Einordnung ist ungeklärt (für „mitgliedschaftsrechtliche Sonderrechte" GIERKE, Deutsches Privatrecht, 1. Band § 74 S 617; für „körperschaftliche Sonderrechte" OVG 57, 167, 169, 170; während andere von „eigenartig gestalteten dinglichen Rechten mit körperschaftsrechtlichem Gehalt" [DELIUS, Hauberge und Hauberggenossenschaften des Siegerlandes, S 84], „Sonderrechten mit sachenrechtlichem Gehalt" [RFHE 12, 343, 351] oder „dinglichen Berechtigungen eigener Art mit sachenrechtlichem und körperschaftsrechtlichem Gehalt" [LORSBACH 79] sprechen und WESTERMANN [155, 235] meint, dass die Anteilsrechte als „ein Stück Grundeigentum" oder als eine „Mischung von Eigentum und mitgliedschaftsrechtlicher Befugnis" erscheinen; offen lassend BGHZ 23, 242, 243). Jedenfalls gehören sie zu den selbständigen Gerechtigkeiten im Sinne des Art 40 PrAGBGB (BGHZ 6, 35, 37 f). Infolge der rechtlichen Verselbstständigung des Vermögens der Hauberggenossenschaft kann diese *eigene Anteile erwerben*, jedoch ruht dann das Stimmrecht hinsichtlich des erworbenen Anteils (DNotI-Gutachten vom 8. 6. 2004, dh-ge M/I/15 – Art 83 EGBGB – 50434, wo analoge Anwendung von § 71b AktG angenommen wird).

c) Rheinland-Pfalz

Auch wenn eine ausdrückliche gesetzliche Regelung hierüber fehlt, sind die *Gehö-* **39** *ferschaften, Heckengesellschaften, Haubergsgenossenschaften* und ähnliche Gemeinschaften in Rheinland-Pfalz Realgemeinden iS des Art 164 (vgl zu Einzelheiten KROESCHELL/WÖRLEN AgrarR 1981, 325, 329). Eine eigene Rechtsfähigkeit wird ihnen jedoch nach der überwiegenden Meinung abgesprochen, insbesondere ist der Vorstand zur Veräußerung von Grundbesitz der Gemeinschaft nicht befugt (für die *Gehöferschaften* KLEIN 108 ff; STIEBENS 135 f; KÖPPE 222; für *Heckengesellschaften* WÖRLEN, Waldeigentümergemeinschaften 147 ff; aA aber BGHZ 23, 242, 243 = RdL 1957, 155, 156 für die *Haubergsgenossenschaften des Siegerlandes*; dazu Rn 38). Zu Reformüberlegungen einer gesetzlichen Neuregelung dieser Gemeinschaften in Anlehnung an die Bestimmungen über die Wohnungseigentümergemeinschaft des WEG s KROESCHELL/WÖRLEN AgrarR 1981, 325, 328 ff. Jedoch überzeugt das WEG hierfür als Modell nicht. Es löst ja selbst das für die Praxis so schwierige Problem der Vertretung der zahlreichen Gemeinschaftsmiteigentümer bei Verfügungen über Grundbesitz nicht befriedigend und wird seinerseits insoweit gerade als reformbedürftig angesehen.

d) Bayern, andere Bundesländer, Einzelprobleme

In den *anderen Bundesländern,* namentlich in Bayern, bestehen die Verbände iS des **40** Art 164 EGBGB noch in der Gestalt vielfach untereinander abweichender Regelungen. Im Folgenden soll insbesondere auf die Rechtslage in *Bayern* eingegangen werden:

aa) Eigene Rechtspersönlichkeit

Neben **Verbänden mit eigener Rechtspersönlichkeit** (zB *Alpgenossenschaften im All-* **41** *gäu* [BayObLGZ 1991, 24, 29; 1972, 8, 13 u 15; OLG München BayZ 1905, 453 = SeuffBl 70, 647; OLGE Bd 26 (1913) 73]; *Weideverbände* [BayObLGZ 27, 8]; *Mühlenverbände* [W SCHMIDT BayNotZ 1917, 296 ff] und *Körperschaftswaldungen* [BayObLGZ 8, 570, 575; BayObLGZ 11, 150, 154; BayObLGZ 1966, 447, 467; 1971, 125, 135; LG Würzburg MittBayNot 1995, 467]) stehen Zusammenschlüsse bestimmter Nutzungsberechtigter ohne eigene Rechtsfähigkeit (zB für eine Kommunbrauerei BayObLGZ 8, 155, 174). Ist der Verband selbst rechtsfähig, dann gehört das Nutzungsvermögen idR dem Verband als solchem; dies muss aber nicht immer so sein, vgl für eine rechtsfähige „Siegener Haubergsgenossenschaft", bei welcher der gemeinschaftliche „Hauberg" nicht der Genossenschaft, sondern den Berechtigten gehörte (OLG Hamm KGJ 47 [1915] a 272). Auf die eigene Rechtspersönlichkeit kann bereits die Bezeichnung „*Korporation*" in der Satzung aber auch die entsprechende Grundbucheintragung hindeuten (BayObLGZ 1991, 24, 32; zur kennzeichnenden Grundbucheintragung s Rn 43).

Soweit diese Verbände eine *eigene rechtliche Selbständigkeit* besitzen (BayObLGZ **42** 1991, 24, 29 spricht zutreffend davon, dass es sich um juristische Personen nach deutschem Recht aus der Zeit vor Inkrafttreten des BGB handelt), können diese unter ihrer altrechtlichen Verbandsbezeichnung Rechte und Eigentum erwerben, Verbindlichkeiten eingehen und sind vor Gericht voll prozessfähig. Damit sind sie auch voll **grundbuchrechtsfähig** (zum Grunderwerb und zur Formulierung der Auflassung an den Verband BayObLGZ 1971, 125).

bb) Eigentumsverhältnisse, Grundbuchfragen

Der rechtsfähige Verband wird im Grundbuch als **Eigentümer** der gemeinschaftlich **43** genutzten Grundstücke oder als Inhaber des der gemeinschaftlichen Nutzung zugrunde liegenden dinglichen Rechts eingetragen (vgl MEIKEL/IMHOF/RIEDEL[6] § 117 GBO Rn 125). In den Grundbüchern findet sich dabei in Abteilung I häufig folgender Eintrag (vgl etwa BayObLGZ 1991, 24; BayObLG MittBayNot 1981, 25), der auf eine solche Verbandsfähigkeit hindeutet und überwiegend auf die Dienstanweisung für die Anlegung der Grundbuchämter in den Landesteilen rechts des Rheins vom 27. 2. 1905 (JMBl 63) zurückgeht: „Eigentümer ist die Korporation/Alpgenossenschaft ... (oder andere Bezeichnung). Das Eigentum steht der Gesamtheit der Teilhaber zu; den einzelnen Teilhabern kommt je lediglich der aufgeführte Nutzungsanteil zu. Dieser Nutzanteil ist frei veräußerlich, verpfändbar und teilbar. Zur Zeit sind anteilsberechtigt: ...“

44 ZT wird hinsichtlich der Anteilsberechtigten auch auf die Sachregister beim Grundbuchamt Bezug genommen (OBERST MittBayNot 1956, 151, 160), wobei jedoch die Eintragung im Sachregister, das nicht das Grundbuch iS des BGB ist, nicht am guten Glauben des Grundbuchs teilnimmt. Bei den rechtsfähigen Verbänden ist der Hinweis auf die Teilhaber naturgemäß nur informativ. Oftmals finden sich auch noch Verlautbarungen über die Statuten (Satzungen) des Verbandes (zur Eintragung der Satzung einer Interessentengemeinde in das Grundbuch s OLG Hamm MittBayNot 1973, 89) und auf die Vorstandschaft sowie die staatliche Aufsicht, etwa durch die Forstbehörde.

Weiter finden sich in Abteilung II des Grundbuchs oft auch noch Bestimmungen über Nutzungsbeschränkungen (s den Fall BayObLGZ 1991, 24). Die den Gegenstand dieser Eintragungen betreffenden Grundstücke gehören dabei nicht den einzelnen Verbandsmitgliedern (Teilhabern), etwa in Bruchteilsgemeinschaft, sondern eben der Realgemeinde als eigener Verband (BayObLGZ 8, 570; BayObLGZ 1991, 24, 31 f). Denn bei aller Unklarheit, die über die rechtliche Einordnung und Natur der unter Art 164 EGBGB fallenden, unterschiedlich ausgestalteten Verbände mit eigener Verbandspersönlichkeit gegeben war, bestand doch anlässlich der Grundbuchanlegung Einigkeit darüber, dass die Verbandsmitglieder nicht selbst als Grundstückseigentümer angesehen wurden (zu diesen Anlegungsfragen HENLE, Die Anlegung des Grundbuchs in den Landesteilen rechts des Rheins [2. Aufl] 40, 100 ff; für die *Mühlverbände des Frankenwaldes* W SCHMITT BayNotZ 1917, 296, 302; für *Körperschaftswaldungen* W KRIENER BayZ 1909, 447). Anders lag es bei den als *nicht rechtsfähig* angesehenen Verbänden, bei denen das Problem entstand, die bisherige, altrechtliche Eigentumsbeteiligung der Teilhaber, die oftmals insbesondere das Recht zur Auseinandersetzung der Gemeinschaft nicht vorsah, in das strenge Schema des BGB über die Eigentumsverhältnisse des Bruchteils- oder Gesamthandeigentums einzuordnen (dazu auch HAFF 301 ff). Hier wurden sicherlich bei der Grundbuchanlegung auch Fehler gemacht. Für die Fortgeltung der alten Aufhebungsbeschränkungen, die über Art 164 den §§ 749 ff BGB vorgehen sollen HABICHT 111. Der Nachweis der Rechtsnachfolge der *Markgenossen* in das Gesamthandsvermögen kann im Grundbucheintragungsverfahren nicht durch einfache Urkunden geführt werden (LG Kassel NJW-RR 1992, 1368).

cc) Vertretungsbefugnis

45 Aus der körperschaftlichen Struktur der Verbände mit *eigener Rechtspersönlichkeit* ergibt sich zugleich, dass deren Vorstände (Vorsteher uä) im Rahmen ihrer satzungsmäßigen Befugnisse zur **Vertretung des Verbandes berechtigt** sind (BayObLGZ 1991, 24, 32 für die Alpgenossenschaft). Es handelt sich hier nicht um eine rechtsgeschäftliche Bevollmächtigung, sondern eine organschaftliche Vertretungsbefugnis. Die in den

letzten Jahren insbes in Oberbayern praktizierte Handhabung, eine Grundstücks-
vollmacht durch alle Teilhaber auf ein Vorstandsmitglied erteilen zu lassen, was ein
aufwendiges und uU kostenintensives Verfahren war, ist daher hier entbehrlich.
Probleme bereitet lediglich noch der Nachweis der Vertretungsbefugnis in der Form
des § 29 GBO, da es idR keine Aufsichtsbehörde gibt, die eine ausreichende Ver-
tretungsbescheinigung erteilen kann und auch nicht auf öffentliche Registereintra-
gungen zurückgegriffen werden kann. Den Ausweg bildet eine *Tatsachenbeurkun-
dung des Notars* nach §§ 36 ff BeurkG, 20 Abs 1 S 2 BNotO (dazu allgemein WINKLER
§ 36 BeurkG Rn 5) über die *Wahl des Vertretungsorgans*, wie diese etwa im Aktienrecht
ausdrücklich vorgesehen ist (BayObLG aaO). Eine bloße notarielle Beglaubigung der
Unterschrift des Protokollverfassers über die Vorstandswahl, etwa in analoger Anwendung des § 26 Abs 4 WEG und der Rechtsprechung zu § 26 Abs 2 S 2 BGB (vgl
SCHÖNER/STÖBER, Grundbuchrecht Rn 3650) genügt nach Auffassung des BayObLG dagegen nicht, was nicht überzeugt, wenn man die Parallele zum Vereinsrecht zieht, in
dem die Rechtsprechung ein solch vereinfachtes und kostengünstigeres Verfahren
zulässt.

dd) Mitgliedschaftsrecht, Nutzanteil

Das besondere Wesen der unter Art 164 fallenden Verbände besteht darin, dass **46**
ihren Mitgliedern ein bestimmter Anteil an den Nutzungen des Verbandsvermögens
(Wald, landwirtschaftliche Flächen uä) gehört, während ja gerade das Eigentum
hieran idR dem Verband als juristischen Person selbst zusteht oder seinen Mitgliedern in ihrer verbandsmäßigen Verbundenheit (hierzu und zum folgenden sehr ausführlich
SPRAU Art 40 BayAGGVG Rn 24 ff, SOERGEL/HARTMANN Rn 4; zu den *Haubergsgenossenschaften
des Siegerlandes*: BGHZ 23, 242, 243). Das einzelne *Nutzungsrecht* ist dabei nicht Belastung des genutzten Grundstücks (BayObLGZ 33, 160, 163; HENLE/SCHMITT, Das Grundbuchwesen in Bayern [1910] Art 17 AGGBOZVG Anm 5), sondern als vermögensrechtlicher Teil
der Mitgliedschaft des einzelnen Teilhabers Ausfluss derselben und mit dieser untrennbar verbunden (vgl auch BFHE 69, 627 zu einer Braunschweiger Forstgenossenschaft; zur
Mitgliedschaft allgemein MünchKomm/REUTER § 38 BGB Rn 1–23).

Das Mitgliedschaftsrecht kann wiederum **verschieden gestaltet** sein, gleichgültig, wie **47**
der Verband selbst ausgestattet ist: Das Mitgliedschaftsrecht des Verbandsmitglieds
kann mit **einem Grundstück** (herrschendes Grundstück) **fest verbunden (radiziert)**
oder **frei veräußerlich** und vererblich sein **(walzend)**. Welcher Kategorie das Nutzungsrecht zuzuordnen ist, bestimmt sich nach den für den Verband geltenden
Rechtsregeln (s Rn 28), wobei der bisherigen Übung und insbesondere der bisherigen
grundbuchmäßigen Behandlung besondere Bedeutung zukommt (SPRAU Art 40
AGGVG Rn 26).

Die **radizierten Nutzungsrechte** (vgl BayObLGZ 11, 150; 12, 594; 33, 160) sind Bestandteil **48**
des berechtigten Grundstücks (idR ein Hausanwesen) iS von § 96 BGB. Sie werden
meist bereits durch eine entsprechende Grundbucheintragung (oft in der Art eines
Aktivvermerks nach § 9 GBO) als solches gekennzeichnet, wenn sie im Bestandsverzeichnis des Grundbuchs ohne eigene Nummer bei dem herrschenden Grundstück vermerkt sind (BayObLG MittBayNot 1981, 25, 26 = RdL 1981, 209, 211; eingehend zur
grundbuchrechtlichen Behandlung OBERST MittBayNot 1956, 151, 160). Sie teilen idR das
rechtliche Schicksal dieses Grundstücks. Bei Teilung des herrschenden Grundstücks
folgen die Nutzungsrechte dem wirtschaftlichen Mittelpunkt der Hofstelle (OLG

Celle AgrarR 1973, 23 zu Realgemeindeanteil). Sie sind aber *nicht generell sonderrechts-unfähig* und unübertragbar, besonders wenn die Umstände, die umfassend zu würdigen sind, eine Übertragbarkeit nicht ausschließen (BayObLG aaO). Die Übertragbarkeit richtet sich nach den für den Verband geltenden Vorschriften und Statuten (SPRAU Rn 27; DNotI-Gutachten vom 23. 5. 2003, Az te-fi M/II/3 – § 47 GBO – 41152, S 5 f). Die Übertragung auf ein neues Grundstück kann somit je nach Lage des Einzelfalls verboten (zB BayObLGZ 12, 594), sie kann auch zulässig sein (vgl dazu BayObLG BayObLGZ 11, 150, 154; MittBayNot 1981, 25; weitgehender LG Traunstein MittBayNot 1972, 14). In der Übertragbarkeit kommt der körperschaftliche Charakter dieser Vereinigungen und damit auch ihrer Mitgliedschaft zum Ausdruck. Auch kann die Verbindung des Nutzungsrechts mit dem Anwesen anlässlich einer Veräußerung im Einzelfall aufgehoben und damit das Nutzungsrecht *übertragbar* gemacht werden, was aber die Zustimmung *aller Verbandsmitglieder* voraussetzt (OBERST 157; anders offenbar BayObLGZ 33, 160, 163: nicht zulässig), da es sich hierbei letztlich um eine Neuverteilung der Nutzung handelt, die in den Kernbereich der Mitgliedschaftsrechte eingreift. Eine Berichtigung einer entgegenstehenden Grundbucheintragung ist ebenfalls erforderlich (BayObLG MittBayNot 1972, 301).

49 Die **walzenden Nutzungsrechte** (BayObLGZ 27, 8) sind ihrer Rechtsnatur nach frei vererblich und übertragbar. Hinsichtlich ihrer rechtlichen Behandlung ist danach zu unterscheiden, ob sie *grundstücksgleiche Rechte* sind oder nicht. Mangels einer ausdrücklichen Regelung in den für den Verband geltenden Rechtsvorschriften kommt es für die Einordnung auch hier auf die bisherige Übung an, insbesondere auf die grundbuchmäßige Behandlung. Im erstgenannten Fall gelten die Vorschriften des materiellen (§§ 311 b Abs 1, 873, 925 BGB) und formellen Liegenschaftsrechts entsprechend (SPRAU Rn 28; OBERST 156). Da sie aber lediglich grundstücksgleiche, selbständige Nutzungsrechte sind, unterliegt ihr Verkauf nicht der Grunderwerbsteuer (FG München EFG 1968, 590 zu Alpgenossenschaften).

50 In **Bayern** findet hier Art 40 BayAGGVG Anwendung, bei Anteilen an *Haubergsgenossenschaften* Art 40 PrAGBGB (BGHZ 6, 35, 37 f). Eine *Grundbucheintragung* dieser Rechte erfolgt demnach nur auf Antrag oder bei Belastung oder Übertragung des Rechts, wobei sich das Verfahren jetzt nach den §§ 116 ff GBO richtet (früher §§ 7–17 AusfVOGBO). Für die grundstücksgleichen walzenden Nutzungsrechte wird dabei grundsätzlich ein eigenes Grundbuchblatt angelegt, sie können aber auch nach § 4 GBO auf einem bereits bestehenden Blatt ihres Inhabers unter einer eigenen laufenden Nummer vorgetragen werden (zur grundbuchmäßigen Behandlung s SPRAU Rn 32 ff; MEIKEL/IMHOF/RIEDEL[6] § 117 GBO Rn 125; BayObLG MittBayNot 1981, 25; zu den Hauberganteilen BGHZ 6, 35, 37 ff). Auch wenn das Verbandsmitglied daneben noch in Abteilung I des Grundbuchs beim Grundbesitz des Verbandes aus Informationsgründen mitvermerkt sein sollte (s Rn 43 f), so liegt darin *keine unzulässige Doppelbuchung* (hierzu allgemein DEMHARTER § 3 GBO Rn 25), da das Nutzungsrecht von der Verbandsmitgliedschaft streng zu unterscheiden ist (vgl zu den Hauberganteilen BGHZ 6, 35, 37 ff mit ausführlichen Nw).

51 Bei **Verfügungen über das grundstücksgleiche Nutzungsrecht** gelten die §§ 873, 925 BGB, in grundbuchmäßiger Hinsicht insbes die §§ 20, 29 GBO, entsprechend (für altrechtliche *Körperschaftswaldungen*: OLG Bamberg OLGZ 1976, 461, 463; SOERGEL/HARTMANN Rn 4; MEIKEL/BÖHRINGER[9] § 136 GBO Rn 23 f; für *Hauberggenossenschaften*: BGHZ 23, 241).

Veräußerung und Belastung desselben bedürfen daher der Grundbucheintragung, notfalls muss vorher erst noch die Einbuchung erfolgen (SPRAU Art 40 AGGVG Rn 35; zur Parallele bei den selbständigen Fischereirechten in Bayern s Erl Art 69 Rn 85). Die Übertragung des Nutzungsrechts erfasst automatisch die damit untrennbar verbundene Verbandsmitgliedschaft, sein Inhaber scheidet damit aus dem Verband aus. Konstruktive Probleme bereiten die Fälle der **Übertragung des Nutzanteils an den eigenen Verband** insbes dann, wenn dieser keine juristische Person ist. In der Praxis finden sich hier nicht selten sog *Verzichte* auf das Nutzungsrecht zugunsten der anderen Verbandsmitglieder (SPRAU Rn 29), was bei den nicht rechtsfähigen Verbänden der richtige Weg sein dürfte, da durch den Verzicht zum einen die Nutzungsbefugnis des Teilhabers erlischt, zum anderen er aber auch auf seine sonstigen damit untrennbar verbundenen Mitgliedschaftsrechte verzichtet. Bei rechtsfähigen Verbänden dürfte ein Erwerb eigener Nutzungsrecht zulässig sein, jedoch ruht dann das betreffende Stimmrecht (s Rn 38); daneben erscheint auch hier ein Verzicht auf das Nutzungsrecht zulässig.

Bei grundstücksgleichen Nutzungsrechten bedürfen nach allgemeinen Grundsätzen **52** *Verfügungs- und Übertragungsbeschränkungen* der Eintragung im Grundbuch selbst, die Bezugnahme auf die Satzung des Verbandes allein ist nicht ausreichend. Dies gilt namentlich für **Vorkaufsrechte.**

Artikel 165

In Kraft bleiben die Vorschriften der bayerischen Gesetze, betreffend die privatrechtliche Stellung der Vereine sowie der Erwerbs- und Wirtschaftsgesellschaften, vom 29. April 1869 in Ansehung derjenigen Vereine und registrierten Gesellschaften, welche auf Grund dieser Gesetze zur Zeit des Inkrafttretens des Bürgerlichen Gesetzbuchs bestehen.

Materialien: E II Art 138; III Art 165.

1. Entstehung

Auch Art 165 ist erst in der II. Komm eingefügt worden (Prot VI 491, 496, 497). **1**

2. Inhalt

Dieser Artikel enthält eine *Ausnahme von den Bestimmungen* des Art 163 iS des **2** Grundsatzes der Nichtrückwirkung des neuen Rechts (s Vorbem 1 zu Art 163-167) und zwar zugunsten

(1) der *anerkannten* **Vereine, welche in Bayern aufgrund des Gesetzes vom 29. 4. 1869,** die privatrechtliche Stellung von Vereinen betr (GBl 1866–69, 1198), vor dem Inkrafttreten des BGB gegründet wurden, und

(2) der **registrierten Gesellschaften mit beschränkter Haftung,** welche sich vor dem

Jörg Mayer

1. 8. 1873 **aufgrund des bayerischen Gesetzes vom 29. 4. 1869** über die privatrechtliche Stellung der Erwerbs- und Wirtschaftsgenossenschaften (GBl 1866–69, 1154) gebildet haben.

3 Zu **(1)**: Die einmal entstandene Rechtsfähigkeit der älteren Vereine bleibt unberührt. Der Vorbehalt unter (1) *verlor seine Bedeutung* dadurch, dass mit dem Inkrafttreten des BGB die „anerkannten Vereine" in „eingetragene Vereine" nach §§ 21 ff BGB verwandelt wurden und dass deshalb auch das Gesetz vom 29. 4. 1869, die privatrechtliche Stellung von Vereinen betr, aufgehoben wurde (Art 1 ÜbergG [BayBS III 101]; Art 175 Nr 23 BayAGBGB aF [BayGVBl 1899, 1] – beide Gesetze wurden mittlerweile durch Art 80 Abs 2 Nr 1, 2 BayAGBGB vom 20. 9. 1982 [GVBl 803 = BayRS 400-1-J] aufgehoben). Für die anerkannten Vereine gilt also die Regel des Art 163. S hierzu allgemein OERTMANN, Bayerisches Landesprivatrecht (1903) 71 ff; HENLE/SCHNEIDER/MANGLKAMMER, Bayerische Ausführungsgesetze zum BGB (3. Aufl) Vorbem 1 und 2 zu Art 1 ÜbergG; BayObLGZ 1954, 322, 328. Zur Rechtsstellung der *privilegierten bayerischen Schützengesellschaften* s Erl zu Art 163 Rn 41 f.

4 Zu **(2)**: Durch RGes vom 23. 6. 1873 (RGBl 146) wurde das Bundesgesetz vom 4. 7. 1868, betr die privatrechtliche Stellung der Erwerbs- und Wirtschaftsgenossenschaften, mit Wirkung vom 1. 8. 1873 in Bayern eingeführt; die vor dem 1. 8. 1873 von Genossenschaften in das bisher geführte besondere Genossenschaftsregister nach den Vorschriften des bayer Ges vom 29. 4. 1869 vollzogenen Eintragungen galten als Eintragungen in das Genossenschaftsregister nach den §§ 6–8 des Ges vom 4. 7. 1868. Damit war das bayer Ges vom 29. 4. 1869 *für die Zukunft aufgehoben. Seine Bestimmungen blieben* nach § 2 des RGes vom 23. 6. 1873 *nur für Rechtsverhältnisse der* aufgrund dieses Gesetzes *vor dem 1. 8. 1873 eingetragenen „registrierten Gesellschaften" maßgebend.*

5 Wegen weiterer Einzelheiten wird auf STAUDINGER/WINKLER[12] Rn 4 verwiesen.

Artikel 166

In Kraft bleiben die Vorschriften des sächsischen Gesetzes vom 15. Juni 1868, betreffend die juristischen Personen, in Ansehung derjenigen Personenvereine, welche zur Zeit des Inkrafttretens des Bürgerlichen Gesetzbuchs die Rechtsfähigkeit durch Eintragung in das Genossenschaftsregister erlangt haben.

Materialien: E II Art 139; III Art 166.

1 Die Vorschrift betraf sächsische Vereine und ist gegenstandslos. Von der Kommentierung wurde abgesehen. Es wird auf die Erläuterungen von STAUDINGER/KEIDEL/WINKLER[10/11] verwiesen. Zur Rechtsstellung der sächsischen privilegierten Schützengesellschaften s Erl zu Art 163 Rn 41.

Artikel 167

In Kraft bleiben die landesgesetzlichen Vorschriften, welche die zur Zeit des Inkrafttretens des Bürgerlichen Gesetzbuchs bestehenden landschaftlichen oder ritterschaftlichen Kreditanstalten betreffen.

Schrifttum

FRITZE, Gruchot 47, 384

SUCKER, Gruchot 47, 825

JARITZ, Zwangsvollstreckung nach dem Sonderrechte landschaftlicher und kommunalständischer Kreditanstalten. Gruchot Bd 54, 605

HERMES, in: Wörterbuch des deutschen Staats- und Verwaltungsrechts Bd 2 Artikel „Landschaft" unter B S 738

VALTROCK, in: Handwörterbuch der Staatswissenschaften (4. Aufl) Bd 6 Artikel „Landschaften" 148

GEIECKE, Die Entstehung und Entwicklung der ritterschaftlichen Kreditinstitute in Niedersachsen (Diss Bonn 1978)

GÜTHE/TRIEBEL, Grundbuchordnung (6. Aufl 1937) 1582

HAGEDORN, Die Landschaften. Eine rechtsgeschichtliche Darstellung der preußischen Agrarkreditinstitute (Diss Freiburg iBr 1978)

JÄCKEL/GÜTHE, Kommentar zum Zwangsversteigerungsgesetz (7. Aufl 1937) 937

KOLLHOSSER, Der Wandel der Westfälischen Landschaft (gem § 385a AktG), AktG 1988, 281

MEIKEL/IMHOF/RIEDEL, GBO (6. Aufl) § 117 Rn 126

TWIEHAUS, Die öffentlich-rechtlichen Kreditinstitute (1965) 33

WEBER, Das ritterschaftliche Kreditinstitut des Fürstentums Lüneburg 1790–1965 (1965).

1. Entstehung

Dieser Artikel betrifft die bereits bei In-Kraft-Treten des BGB bestehenden **land** **1** **schaftlichen oder ritterschaftlichen Kreditanstalten** und wurde erst vom Bundesrat aufgestellt. Ein in der Reichstagskommission gestellter Antrag, die Vorschriften dieses Artikels in den II. Abschnitt nach Art 118 einzufügen, blieb erfolglos (RTK 440d S 15).

2. Inhalt

Dieser Artikel bildet gleichfalls eine **Ausnahme von Art 163**. Er enthält in Wirk **2** lichkeit keine bloße Übergangsvorschrift, keine Regelung bestimmter schon unter der Herrschaft des früheren Rechts begründeter *Rechtsverhältnisse*, sondern hält die *Landesgesetzgebung* für eine *ganze Rechtsmaterie aufrecht*, nur *beschränkt* auf die bei dem Inkrafttreten des BGB *bereits bestehenden* **landschaftlichen oder ritterschaftlichen Kreditanstalten** (RGZ 55, 258). Er ließ namentlich in *Preußen* die für diese Kreditanstalten bestehenden Vorschriften fortbestehen und hat allein im ehemaligen Preußen Bedeutung; vgl GBO § 136; preuß AGGBO Art 21; EGZVG § 2, § 10 Ziff 1, PrAGZVG Art 9, 12, 34. Vgl auch das preußG vom 3. 8. 1897 betr Zwangsvollstreckung aus Forderungen landschaftlicher (ritterschaftlicher) Kreditanstalten (GS 388; BerlGVBl Sb I 761-1; [in SGV NW 790 nicht mehr enthalten]; GS SchlH 762-1; geändert durch § 60 Nr 55 BeurkG vom 28. 8. 1969 [BGBl I 1513]; nicht mehr gültig im Saarland, vgl 4. RBerG vom 26. 1. 1994 [ABl 509]).

In **Niedersachsen** wurde das preußAGGBO außer Kraft gesetzt durch G vom 1.6.1982 (GVBl 137); durch die Einfügung eines Art 20e in das ndsFGG 24.2.1971 (GVBl 43) wurden aber zugleich die satzungsmäßigen Vorschriften einiger ritterschaftlicher Kreditinstitute (*Calenberger Kreditvereins* [Calenberg-Göttingen-Grubenhagen-Hildesheim'scher Ritterschaftlicher Kreditverein] und des Ritterschaftlichen Kreditinstituts des Fürstentums Lüneburg) über die Aufnahme, Eintragung und Löschung der Pfandbriefdarlehen in Kraft belassen (nach HAAS NdsRpfl 1982, 105, bestehen in Niedersachsen nur noch die im G genannten ritterschaftlichen Institute).

Eine *Ausnahme* von der Vorschrift dieses Artikels stellt § 2 Abs 2 EGZVG auf. Vgl auch Art 218 EGBGB und § 1115 Abs 2 BGB als Ergänzungen des Vorbehalts.

Aus Art 167 ergibt sich, dass auch die *Satzungen* der landschaftlichen und ritterschaftlichen Kreditanstalten *vom BGB nicht berührt* worden sind; dies gilt auch für die dort bestimmten hypothekenrechtlichen Vorschriften über Aufnahme, Eintragung und Löschung der dinglich gesicherten Pfandbriefdarlehen (PALANDT/HEINRICHS[53] Rn 1). Die Satzungen enthalten objektives, jedermann bindendes Recht; ihre Auslegung ist der Revision entzogen (RGZ 64, 214; 74, 405; 104, 74; RG WarnR 1915 Nr 196; auch JW 1916, 1191; KG, KGJ 35 A, 274; s auch KG OLGE 43, 232, das den Satzungen nur soweit Rechtsverbindlichkeit zuspricht, als sie nicht mit den das reichsrechtliche Liegenschaftsrecht beherrschenden allgemeinen Grundsätzen in Widerspruch stehen [s auch STAUDINGER/PROMBERGER/SCHREIBER[12] Rn 4 und GÜTHE/TRIEBEL, GBO S 1596 17]; ferner RGZ 64, 214; 104, 68; KG KGJ 53, A 181 und 203, wonach der zulässige Ausschluss der Eigentümergrundschuld sich nur auf die Amortisationshypothek einer von dem Vorbehalt des Art 167 EGBGB erfassten Anstalt und nicht anderer Gläubiger beziehen kann).

3 Die in Frage kommenden, auch schlechthin als *„Landschaften"* bezeichneten Kreditinstitute sind nach ihrer Entstehung in Preußen (unter *Friedrich dem Großen*) als Korporationen des öffentlichen Rechts aufzufassen (KGJ 53, 199). Sie verfolgen im öffentlichen Interesse den Zweck, das Bedürfnis der einzelnen Genossen nach *Bodenkredit* zu befriedigen. Sie gewähren ihren Mitgliedern *unkündbare hypothekarische Darlehen* und zwar mit Hilfe von Pfandbriefen.

Das G zur Vereinfachung und Verbilligung der Verwaltung landschaftlicher (ritterschaftlicher) Kreditinstitute vom 12.11.1933 (GS 401) nebst den Änderungsgesetzen vom 24.2.1934 (GS 67), 22.10.1934 (GS 409), 29.4.1935 (GS 65) und 28.7.1936 (GS 123) hat mehrere Kreditinstitute aufgelöst und Satzungsänderungen erleichtert; vgl die VO vom 8.3.1934 (GS 162, 164, 165), 16.7. und 4.12.1934 (GS 343, 460) und 25.2.1935 (GS 24) sowie VO vom 22.2.1940 (RGBl I 417 = BGBl III 7625-8).

4 **3.** Für Einzelfälle aus der **Rechtsprechung** s Rn 4 der 12. Aufl

5 **4.** Eine **Umwandlung** dieser Körperschaften und Überführung in eine zeitgemäßere Rechtsform nach § 317 UmwG dürfte nicht möglich sein, da diese Bestimmung nur auf juristische Personen iS des Art 163 EGBGB anwendbar ist. Art 163 gilt aber nicht für die hier vorliegenden Körperschaften des *öffentlichen Rechts* (vgl Erl zu Art 163 Rn 8). Wohl aber war eine solche nach § 385a AktG aF möglich (KOLLHOSSER AktG 1988, 281) und ist nun nach § 302 UmwG zulässig, wobei hier der Vorrang des öffentlich-rechtlichen Umwandlungsrechts gilt. Zu Letzterem gehört auch die entsprechende Satzung (Lutter/H Schmidt, Umwandlungsgesetz [3. Aufl 2004] § 302 Rn 4; Koll-hosser aaO).

Artikel 168

Eine zur Zeit des Inkrafttretens des Bürgerlichen Gesetzbuchs bestehende Verfügungsbeschränkung bleibt wirksam, unbeschadet der Vorschriften des Bürgerlichen Gesetzbuchs zugunsten derjenigen, welche Rechte von einem Nichtberechtigten herleiten.

Materialien: E I Art 101; II Art 140; III Art 168;
Mot EG 250; Prot VI 497 f.

I. Weiterbestehen alter Verfügungsbeschränkungen

1. Nach Art 55 sind die landesrechtlichen Vorschriften, aus denen sich Verfü- **1** gungsbeschränkungen ergaben, außer Kraft getreten. Konkrete Verfügungsbeschränkungen an einzelnen Gegenständen, die am 1.1.1900 bereits bestanden haben, sind nach Art 168 dagegen wirksam geblieben, auch wenn solche Verfügungsbeschränkungen nach dem BGB nicht mehr zulässig wären. Sie behalten also grundsätzlich auch gegenüber Verfügungen, die nach dem 1.1.1900 vorgenommen werden, ihre Wirksamkeit, unbeschadet allerdings der Vorschriften des BGB zum Schutz gutgläubiger Erwerber.

2. Art 168 gilt sowohl für Verfügungsbeschränkungen, die unmittelbar auf dem **2** früheren Gesetz, als auch für solche, die auf der Anordnung eines Gerichts oder einer Behörde oder auf Rechtsgeschäft beruhen (entgegen § 137 BGB, vgl RG Recht 1918 Nr 541).

3. Art 168 betrifft nur Verfügungsbeschränkungen privatrechtlicher, nicht solche **3** öffentlich-rechtlicher Natur. Umgekehrt trat eine privatrechtliche Verfügungsbeschränkung, die am 1.1.1900 bestanden hatte, außer Kraft, wenn sie im Widerspruch zu späteren Normen des öffentlichen Rechts stand oder steht, zB dem Vormundschaftsrichter Entscheidungen zuweist, die ihm nach dem Gesetz nicht obliegen (KG KGJ 40, 227).

4. Auch die Wirkungen der Verfügungsbeschränkung sind nach dem früheren **4** Recht zu beurteilen, so etwa, inwieweit eine der Verfügungsbeschränkung zuwiderlaufende Verfügung wirksam ist, ob sie nichtig oder nur anfechtbar ist und ob die Verfügungsbeschränkung gegenüber jedermann oder nur zugunsten bestimmter Personen wirkt.

5. Trotz Art 168 sind einzelne Verfügungsbeschränkungen aufgrund anderer, **5** spezieller Übergangsvorschriften außer Kraft getreten: Frühere Veräußerungs- und Belastungsverbote zugunsten eines Hypothekengläubigers sind aufgrund § 1136 BGB, Art 192 außer Kraft getreten. Gesetzliche Verfügungsbeschränkungen

Jörg Mayer
Joseph Hönle

der Teilhaber einer Bruchteilsgemeinschaft sind nach Art 173 unwirksam geworden. Vereinbarte Verfügungsbeschränkungen sind dagegen nach Art 168 wirksam geblieben, soweit die Vereinbarung nicht mit den Grundsätzen des BGB über die Gemeinschaft im Widerspruch steht.

II. Schutz des gutgläubigen Erwerbs

6 Die Wirkung weiterbestehender Verfügungsbeschränkungen ist eingeschränkt durch die Vorschriften des BGB zugunsten gutgläubiger Erwerber, die ihre Rechte von einem Nichtberechtigten ableiten (s bes §§ 932, 936, 1207 f, 1244 BGB; §§ 892, 893, 1138, 1155 BGB; § 407 BGB; vgl auch § 135 Abs 2 BGB, §§ 136, 161 Abs 3 BGB).

III. Geringe Bedeutung

7 Die Übergangsvorschrift hat nur noch außerordentlich geringe Bedeutung. Wegen der Einzelheiten wird deshalb im übrigen auf die Erl von STAUDINGER/DITTMANN[10/11] verwiesen.

Artikel 169

(1) Die Vorschriften des Bürgerlichen Gesetzbuchs über die Verjährung finden auf die vor dem Inkrafttreten des Bürgerlichen Gesetzbuchs entstandenen, noch nicht verjährten Ansprüche Anwendung. Der Beginn sowie die Hemmung und Unterbrechung der Verjährung bestimmen sich jedoch für die Zeit vor dem Inkrafttreten des Bürgerlichen Gesetzbuchs nach den bisherigen Gesetzen.

(2) Ist die Verjährungsfrist nach dem Bürgerlichen Gesetzbuch kürzer als nach den bisherigen Gesetzen, so wird die kürzere Frist von dem Inkrafttreten des Bürgerlichen Gesetzbuchs an berechnet. Läuft jedoch die in den bisherigen Gesetzen bestimmte längere Frist früher als die im Bürgerlichen Gesetzbuch bestimmte kürzere Frist ab, so ist die Verjährung mit dem Ablaufe der längeren Frist vollendet.

Materialien: E I Art 102; II Art 141; III Art 169;
Mot EG 250 ff; Prot VI 498, 626.

I. Ablauf der Verjährung

1 Nach Art 169 Abs 1 gelten die Vorschriften des BGB über die Verjährung grundsätzlich auch für Ansprüche, die vor dem 1. 1. 1900 entstanden und zu diesem Zeitpunkt noch nicht verjährt waren; für Beginn, Hemmung und Unterbrechung der Verjährung gelten jedoch die früheren Vorschriften. Von dem allgemeinen Grundsatz des Art 169 Abs 1 S 1 enthält Abs 2 eine Ausnahme für den Fall, daß die Verjährungsfrist nach dem BGB kürzer ist als die früher geltende Frist: Die kürzere Verjährungsfrist des BGB wird dann vom 1. 1. 1900 an gerechnet; der Ablauf dieser neuen kürzeren Verjährungsfrist wird mit dem Ablauf der früheren längeren Verjährungsfrist verglichen und die Verjährung tritt mit dem früheren Zeitpunkt des Ablaufs einer der beiden Fristen ein.

II. Keine unmittelbare Bedeutung der Vorschrift

Da inzwischen alle Verjährungsfristen abgelaufen sind, die bei Inkrafttreten des **2** BGB noch liefen, hat Art 169 keine unmittelbare Bedeutung mehr. Wegen der Einzelheiten wird deshalb auf die Erläuterungen von STAUDINGER/DITTMANN[10/11] verwiesen.

III. Allgemeine Rechtsgrundsätze bei der Änderung von Verjährungsfristen

Dem Art 169 als grundlegender Übergangsvorschrift bei der Änderung von Verjähr- **3** rungsfristen können aber allgemeine Rechtsgrundsätze über den Ablauf von Verjährungsfristen bei deren Änderung entnommen werden, wenn das Änderungsgesetz selbst keine Übergangsvorschrift enthält.

1. Art 169 enthält keine Vorschrift für den Fall, daß die Verjährung nach dem **4** früheren Recht bereits eingetreten war. Da Gesetzen grundsätzlich keine rückwirkende Kraft zukommt, bleibt es bei der bereits eingetretenen Verjährung: So erstreckt sich die längere Verjährungsfrist des § 8 Abs 2 WoBindG 1965 nicht auf Ansprüche, die aufgrund einer kürzeren Verjährungsfrist vor dem Inkrafttreten dieser Vorschrift bereits verjährt waren (LG Aachen WM 1974, 208).

2. Aus Art 169 ergibt sich der allgemeine Rechtsgedanke, daß dem Schuldner bei **5** einer Verkürzung der Verjährungsfrist durch ein neues Gesetz sowohl der unter der Geltung des früheren Gesetzes begonnene Lauf der Verjährungsfrist nach dem früheren Recht als auch der mit dem Inkrafttreten des neuen Gesetzes begonnene Lauf der kürzeren Verjährungsfrist des neuen Rechts zur Seite steht (RGZ 24, 266, 272). Auf diesen allgemeinen Rechtsgedanken kann zurückgegriffen werden, wenn die Verjährungsfrist durch ein neues Gesetz verkürzt wird (das keine besondere Übergangsvorschrift enthält). In solchen Fällen ist daher Art 169 Abs 2 entsprechend anzuwenden, wonach die kürzere Frist erst mit dem Inkrafttreten des neuen Gesetzes zu laufen beginnt und eine frühere Verjährung nur dann eintritt, wenn die nach dem bisherigen Gesetz geltende längere Verjährungsfrist früher abläuft (BGH LM Nr 1 zu Art 169 EGBGB = NJW 1961, 25; VersR 1965, 1000; BGHZ 73, 365; NJW 1979, 1550; OLG Celle NJW 1963, 2033; vgl SCHULER JR 1954, 284, 286 Nr 9; TRINKHAUS BB 1955, 1062; LG Ravensburg GmbH Rdsch 1985, 25; MünchKomm/vFELDMANN Rn 3; PALANDT/HEINRICHS Rn 1; SOERGEL/HARTMANN Rn 2). Entsprechendes gilt, wenn ein bisher unverjährbarer Anspruch der Verjährung unterstellt wird: Die Verjährungsfrist beginnt dann mit dem Inkrafttreten des Gesetzes (BGH NJW 1982, 2385). Ersetzt dagegen das neue Gesetz den früheren Rechtszustand auch in der Sache durch eine grundlegende Neuregelung und bestimmt für den neuen Anspruch eine kürzere Verjährungsfrist, so verjährt der früher entstandene Anspruch (da mit dem neuen nicht identisch) nach altem Recht (BGH NJW 1974, 237).

Für die Wiedereinführung des BGB in der früheren DDR enthält Art 231 § 6 eine Parallelvorschrift.

Joseph Hönle

6 Beruht die Abkürzung der Verjährungsfrist nicht auf einer Gesetzesänderung, sondern auf einer Änderung der Rechtsprechung, unabhängig davon, ob eine früher zweifelhafte Rechtsfrage über die Länge der Verjährungsfrist klargestellt wird oder ob die Rechtsprechung ihre Auffassung zur Länge der Verjährungsfrist ändert (MünchKomm/vFELDMANN Rn 3), so gilt nicht der Rechtsgedanke des Art 169 Abs 2, sondern die geänderte neue Rechtsprechung (BGH NJW 1964, 1022, 1023; 1977, 375, 376; **aA** GANTEN NJW 1973, 1165, 1167).

IV.   Änderung der Verjährungsfristen im Bürgerlichen Gesetzbuch

7 Das Gesetz zur Modernisierung des Schuldrechts vom 26. 11. 2001 (BGBl I 3138) hat das Verjährungsrecht des Bürgerlichen Gesetzbuchs einschneidend geändert und die Verjährungsfristen zT stark verkürzt. Aus diesem Grunde waren Überleitungsvorschriften erforderlich, welche niedergelegt sind in Art 229 § 6 EGBGB. Diese Vorschrift knüpft an die Regelung in Art 169 EGBGB an, differenziert aber stärker. Art 169 und ihm folgend Art 229 § 6 und Art 231 § 6 für die Einführung des Rechts der Bundesrepublik Deutschland in den neuen Bundesländern sind als Ausdruck eines allgemeinen Rechtsgedankens entsprechend anzuwenden, wenn ein Gesetz ohne Überleitungsvorschrift die Verjährungsfrist verändert, insbesondere abkürzt (BGHZ 73, 365).

V.   Ausschlußfristen

8 Art 169 gilt nicht für Ausschlußfristen, das sind Fristen, deren Ablauf das nicht gewahrte Recht vernichtet und die daher von Amts wegen zu berücksichtigen sind, während die Verjährung dem Schuldner nur eine Einrede gewährt und deshalb von ihm geltend gemacht werden muß, wenn sie beachtet werden soll. Da die Ausschlußfristen Bestandteile der Rechtsverhältnisse sind, auf die sie sich beziehen, und für sie kein einheitlicher Grundgedanke besteht (s Mot EG 254), war nicht nur die unmittelbare Anwendung des Art 169 auf den Ablauf von Ausschlußfristen, die am 1. 1. 1900 liefen, ausgeschlossen, sondern ist ihm auch kein allgemeiner Rechtsgedanke für den Ablauf geänderter, insbesondere verkürzter, Ausschlußfristen zu entnehmen (s RGZ 48, 157, 163 f = JW 1901, 452; 66, 249, 251; KG OLGE 2, 165, 165 f; OLG Dresden Ann 22, 486, 487; MünchKomm/vFELDMANN Rn 1 und Rn 3; **aA** RG DJZ 1904, 406 für die Ausschlußfristen bei Ehescheidungsgründen ohne nähere Begründung; **aA** auch SOERGEL/HARTMANN Art 169 Rn 2 am Ende, soweit nicht die neue gesetzliche Regelung ganz andere Ansprüche gewährt, als die alte).

Die Frage der Anwendbarkeit von Verjährungsvorschriften auf gesetzliche oder vertragliche Ausschlußfristen lässt sich deshalb nicht allgemein, sondern nur von Fall zu Fall nach Sinn und Zweck der jeweiligen Einzelvorschrift entscheiden (BGHZ 43, 237; 73, 102, PALANDT/HEINRICHS Überblick vor § 194 BGB Rn 14).

Für Ausschlußfristen blieben am 1. 1. 1900 und bleiben bei Gesetzesänderungen die Vorschriften des früheren Rechts maßgebend, wenn das Rechtsverhältnis nach den Übergangsvorschriften nach dem alten Recht zu beurteilen ist. Wenn dagegen das Rechtsverhältnis durch die Übergangsvorschriften dem neuen Recht unterworfen wird, so gilt dies auch für die Ausschlußfrist. Ausnahmsweise war Art 169 auch bei Ausschlußfristen anwendbar, wenn die Vorschriften über die Ausschlußfristen auf die Verjährungsvorschriften verwiesen (RGZ 45, 156; 48, 157; RG JW 1913, 42, 43). In solchen Fällen sind auch bei späteren Änderungen der Ausschlußfristen die dargelegten, aus Art 169 zu entnehmenden Rechtsgedanken entsprechend anzuwenden.

Vorbemerkungen zu Artikel 170–179

I. Überblick über die Regelungen

Art 170 stellte den wichtigen **Grundsatz** auf, **daß für** ein **Schuldverhältnis,** das **vor** dem **1**
Inkrafttreten des BGB entstanden ist, die **früheren Vorschriften maßgebend** blieben.
Die Art 171–179 enthalten **Ausnahmen** von diesem Grundsatz. Art 171 gibt eine solche Sondervorschrift für Miet-, Pacht- und Dienstverhältnisse: Der Gesetzgeber hielt es für notwendig, diese wichtigen, oft auf längere Dauer angelegten Rechtsverhältnisse vom 1. 1. 1900 an dem neuen Recht zu unterstellen. Art 172 befaßt sich mit dem Fall, daß eine vor dem 1. 1. 1900 vermietete oder verpachtete Sache nach diesem Zeitpunkt veräußert oder belastet wird; er ordnet an, daß der Grundsatz „Kauf bricht nicht Miete" unabhängig vom früheren Recht auch in solchen Fällen gilt. Art 173 ordnet an, daß eine alte Bruchteilsgemeinschaft vom 1. 1. 1900 an nach den Vorschriften des BGB zu beurteilen ist. Die Art 174–176 enthalten Ausnahmevorschriften für Inhaberschuldverschreibungen. Art 177 dehnt die Geltung bestimmter Vorschriften für die Kraftloserklärung von Urkunden auf vor dem 1. 1. 1900 ausgestellte qualifizierte Legitimationspapiere aus. Art 178 betrifft Verfahren über die Kraftloserklärung einer Inhaberschuldverschreibung und ähnliche Verfahren, die am 1. 1. 1900 anhängig waren. Art 179 bestimmt, daß ein schuldrechtlicher Anspruch, der durch Eintragung in ein öffentliches Buch Wirksamkeit gegen Dritte erlangt hat, diese Wirkung auch nach dem 1. 1. 1900 behalten soll.

II. Keine unmittelbare Bedeutung der Vorschriften

Mit Rücksicht auf die inzwischen abgelaufene Zeit haben alle Vorschriften keine **2** unmittelbare Bedeutung als Übergangsvorschriften mehr. Inwieweit Art 170 allgemeine Rechtsgedanken für die Überleitung bei der Änderung privatrechtlicher (insbesondere schuldrechtlicher) Regelungen entnommen werden können, s bei den Erl zu dieser Vorschrift.

Artikel 170

Für ein Schuldverhältnis, das vor dem Inkrafttreten des Bürgerlichen Gesetzbuchs entstanden ist, bleiben die bisherigen Gesetze maßgebend.

Materialien: E I Art 103; II Art 142; III Art 170;
Mot EG 255 ff; Prot VI 498 f.

Joseph Hönle

I. Grundsatz des Art 170; Vorschrift ohne unmittelbare Bedeutung

1 1.   Art 170 enthält für alle Schuldverhältnisse den **Grundsatz**, daß **für** ein **unter** der **alten Rechtsordnung entstandenes Rechtsverhältnis deren Bestimmungen maßgebend** bleiben. Das BGB hatte also grundsätzlich keine rückwirkende Kraft. Die Motive (Mot EG 255 ff) begründen dies für vertragliche Schuldverhältnisse zutreffend vor allem damit, daß die Parteien, wenn sie ein Schuldverhältnis eingehen, „dies im Hinblick auf den wirtschaftlichen Erfolg tun, welchen das zur Zeit der Vornahme des Rechtsgeschäfts geltende Recht mit dem Rechtsgeschäft verbindet". Die Erzielung dieses Erfolges ist der Grund für ihr Handeln; denn sie haben ja das zur Zeit der Vornahme des Rechtsgeschäfts geltende Recht vor Augen (vgl BGHZ 44, 192, 195 = NJW 1966, 155). Diese Gesichtspunkte gelten allerdings nur für die vertraglichen Schuldverhältnisse, nicht auch für Schuldverhältnisse aus unerlaubten Handlungen. Der Gesetzgeber des BGB hat jedoch mit Recht auch für Schadensersatzansprüche aufgrund unerlaubter Handlung daran festgehalten, daß für sie die Vorschriften weiterhin maßgebend bleiben, die zum Zeitpunkt der unerlaubten Handlung gegolten haben.

2 2.   Mit Rücksicht auf die abgelaufene Zeit hat **Art 170 als Übergangsvorschrift keine Bedeutung** mehr: Alle vor dem 1.1.1900 begründeten Schuldverhältnisse, die keine Dauerschuldverhältnisse sind, sind inzwischen erloschen (oder die Ansprüche aus ihnen längst verjährt). Aber auch, soweit ein vor dem 1.1.1900 begründetes Dauerschuldverhältnis – ausnahmsweise – noch fortbestehen sollte, gelten praktisch ausnahmslos inzwischen die Bestimmungen des BGB, weil alle Dauerschuldverhältnisse dem BGB unterstellt worden sein dürften, sei es durch die Übergangsregelung des Art 171, sei es durch Fortsetzung, dh Neubegründung, nach Erlöschen, etwa Fristablauf, oder durch ausdrückliche oder stillschweigende Unterstellung, wenn das Schuldverhältnis während seiner Laufzeit von den Vertragspartnern nach dem BGB behandelt worden ist.

3   Wegen der Einzelheiten zu Art 170 als Übergangsvorschrift wird deshalb auf die Erl von Staudinger/Dittmann[10/11] und von Soergel/Hartmann verwiesen; Zusammenfassungen auch in Soergel/Hartmann Art 170 und MünchKomm/Heinrichs Art 170.

II. Grundsatz des zwischenzeitlichen Privatrechts

4 1.   Art 170 ist Ausfluß des Hauptgrundsatzes für jedes zwischenzeitliche Privatrecht, daß für ein unter der alten Rechtsordnung entstandenes Rechtsverhältnis grundsätzlich deren **Bestimmungen** maßgebend bleiben. Ein neues **Gesetz** hat also grundsätzlich **keine rückwirkende Kraft** und zwar weder in Form einer echten Rückwirkung mit der Folge, daß die neuen Regelungen auch auf bereits verwirklichte, in der Vergangenheit liegende Tatbestände anzuwenden wären, noch in der Form einer unechten Rückwirkung mit der Folge, daß sich die Rechtsbeziehungen eines noch nicht vollständig abgewickelten Rechtsverhältnisses für die Zukunft nach den neuen Bestimmungen richten. Will ein Gesetz von diesem Grundsatz abweichend eine echte oder unechte Rückwirkung anordnen, so bedarf es einer ausdrücklichen Übergangsregelung in diesem Sinne (BGHZ 10, 391, 394 = NJW 1954, 231; BGHZ 14, 205, 208 = NJW 1954, 1522; BGHZ 44, 192, 194 = NJW 1966, 155, 156; BGH NJW 1968, 752; VersR 1971, 180; WM 1973, 1356; BGHZ 99, 363, 369 = NJW 1987, 2078, 2079; allgM).

Die Anordnung einer echten oder unechten Rückwirkung durch den Gesetzgeber ist nur innerhalb der verfassungsrechtlichen Schranken zulässig (s MünchKomm/HEINRICHS Rn 7 ff). Eine echte Rückwirkung ist nur ganz ausnahmsweise zulässig (BVerfGE 13, 261, 271 = NJW 1962, 291; BVerfGE 18, 429 = NJW 1965, 1267; BGHZ 68, 113, 116 = NJW 1977, 852; NJW 1981, 228, 230 BVerfGE 72, 302 = NJW 1986, 2817; ständige Rspr; s auch die Anmerkungen bei Art 20 GG in den Kommentaren zum Grundgesetz), eine unechte Rückwirkung dann, wenn das Vertrauen des Bürgers auf das Weiterbestehen der bisherigen Rechtslage geringer wiegt als das Anliegen des Gesetzgebers für das Gemeinwohl (vgl BVerfGE 11, 139, 145 = NJW 1960, 1563; BVerfGE 14, 288, 297; 36, 73, 82; 48, 403, 415).

Ein Beispiel für eine echte Rückwirkung eines nachkonstitutionellen Gesetzes auf dem Gebiet des Schuldrechts ist das Beurkundungsänderungsgesetz vom 20. 2. 1980 (BGBl I 157), durch welches eine Vielzahl von Verträgen, die aufgrund geänderter Rechtsprechung des BGH notleidend geworden waren, rückwirkend für wirksam erklärt wurde. Dieses Beurkundungsänderungsgesetz ist mit dem verfassungsrechtlichen Prinzip des Vertrauensschutzes vereinbar (BVerfGE 72, 302 = NJW 1986, 2817; MünchKomm/HEINRICHS Art 170 Rn 10). Für die Wiedereinführung des BGB im Beitrittsgebiet gemäß Einigungsvertrag enthält Art 232 § 1 eine mit Art 170 übereinstimmende Regelung.

Weitere rückwirkende Heilungsvorschriften waren im Zusammenhang mit der deutschen Wiedervereinigung erforderlich; s hierzu Art 231 § 7 zur Heilung formunwirksamer Beglaubigungen und Beurkundungen durch westdeutsche Notare vor Wirksamwerden des Beitritts; Art 231 § 8 zu formunwirksamen Vollmachtsurkunden staatlicher Organe und Falschbezeichnung von Gemeinden beim Abschluß von Verträgen und Art 231 § 9 zur Heilung sachenrechtlicher und gesellschaftsrechtlicher Mängel bei der Neuordnung der kommunalen Wohnungswirtschaft.

Enthält ein schuldrechtliches Gesetz, wie das Reisevertragsgesetz, keine Überleitungsvorschrift, so verbleibt es bei dem allgemeinen Grundsatz, der in Art 170 seinen Niederschlag gefunden hat, daß dem neuen Gesetz keine Rückwirkung zukommt. Für solche Fälle behalten die zu Art 170 entwickelten Rechtsgrundsätze und zwar sowohl hinsichtlich der Voraussetzungen des Rechtsgrundsatzes als auch seiner Auswirkungen Bedeutung, weshalb sie im folgenden kurz dargestellt werden. **5**

2. Festzuhalten ist zunächst, daß Art 170 für **alle Schuldverhältnisse** gilt, also **6** sowohl für Schuldverhältnisse aus Verträgen als auch aufgrund einseitiger Rechtsgeschäfte unter Lebenden, ferner aufgrund unerlaubter Handlungen, ungerechtfertigter Bereicherung, Geschäftsführung ohne Auftrag und aller etwaigen sonstigen Entstehungsgründe.

3. Art 170 setzt voraus, daß sich der **Entstehungstatbestand** des Schuldverhältnis- **7** ses unter der Herrschaft der **alten Rechtsordnung vollständig erfüllt** hat; bei rechtsgeschäftlichen Schuldverhältnissen kommt es darauf an, ob das Rechtsgeschäft vor dem Inkrafttreten des neuen Gesetzes vollständig zustande gekommen ist. Dies bedeutet, daß sämtliche zur Entstehung des Anspruchs erforderlichen Tatsachen eingetreten sind (RGZ 76, 394;).

4. Bei aufschiebend **bedingten oder befristeten Rechtsgeschäften** ist die alte **8**

Rechtsordnung maßgebend, auch wenn die Bedingung oder Befristung erst nach Inkrafttreten des neuen Gesetzes eingetreten ist. Ein **Vertrag zugunsten Dritter**, der abgeschlossen worden ist, als noch das alte Recht gegolten hat, ist selbst dann nach diesem Recht zu beurteilen, wenn die Beitrittserklärung des Dritten, die nach dem alten Recht zum Rechtserwerb für ihn erforderlich war, erst nach Inkrafttreten des neuen Gesetzes abgegeben wurde. Ist ein vor Inkrafttreten des neuen Gesetzes abgegebenes **Angebot** erst nach dessen Inkrafttreten angenommen worden, so ist das Schuldverhältnis – insoweit abweichend von der grundsätzlichen Regel des Art 170 – trotzdem nach früherem Recht zu beurteilen; denn es ist anzunehmen, daß sich der Anbietende auf das frühere Recht beziehen und der Annehmende dies akzeptieren wollte. Die Wirksamkeit der Annahmeerklärung bemißt sich allerdings nach dem neuen Recht.

9 **5.** Für die Frage, welches **örtliche Recht** anzuwenden ist, bleiben die früheren Gesetze maßgebend, wenn sie nach Art 170 für das Schuldverhältnis maßgebend sind. Die Frage nach dem zeitlich anwendbaren Recht ist daher vor der Frage nach dem örtlich anwendbaren Recht zu entscheiden.

10 **6.** Wenn die Voraussetzungen für die Anwendung des früheren Rechts gegeben sind, so ist grundsätzlich das **ganze Schuldverhältnis** nach dessen Vorschriften zu beurteilen. Nur ausnahmsweise sind aus besonderen Gründen Vorschriften des neuen Rechts auch auf früher entstandene Schuldverhältnisse anzuwenden. Dies gilt dann, wenn eine neue Vorschrift nach dem Willen des Gesetzgebers zwingende Kraft besitzen und sich auch auf Schuldverhältnisse, die vor ihrem Inkrafttreten entstanden sind, anzuwenden sein soll. Ob dies der Fall ist, ist durch Auslegung zu ermitteln (RGZ 47, 103). Zu der zwingenden Natur einer Vorschrift (die sich daraus ergeben kann, daß die Vorschrift ein öffentliches Interesse verfolgt oder allgemein gültige Grundanforderungen gewährleisten oder die Interessen eines besonders schutzbedürftigen Beteiligten sichern soll – man spricht dabei von Vorschriften mit einem reformatorischen oder prohibitiven Charakter) muß hinzukommen, daß der Gesetzgeber mit ihr nicht nur der Vertragsfreiheit für die Zukunft Schranken setzen, sondern selbst nach früheren Rechten erworbene Rechte nicht anerkennen wollte (RGZ 42, 102; 44, 59). Bei Erlaß des BGB wurden von der Rspr die §§ 138 Abs 1, 2, 226, 242, 247, 617, 723 Abs 3, 817, 2302 BGB – unter anderen – als solche Vorschriften anerkannt, die auch für früher entstandene Schuldverhältnisse gelten (s im einzelnen STAUDINGER/DITTMANN[10/11] Rn 29 ff; SOERGEL/HARTMANN Art 170 Rn 5 mit weiteren Nachweisen).

11 **7.** Für die Frage, ob altes oder neues Recht anzuwenden ist, muß unterschieden werden, ob es sich um Auswirkungen des Schuldverhältnisses handelt – für die das alte Recht gilt – oder um rechtserhebliche **Umstände**, die **von außen** an das Schuldverhältnis herantreten und nach neuem Recht zu beurteilen sind (vgl RGZ 53, 380).

12 **8.** Die **Rechtsgültigkeit** eines zur Zeit des früheren Rechts abgeschlossenen Rechtsgeschäfts beurteilt sich nach diesem Recht. Das gilt namentlich für eine etwa erforderliche **Form**, für die **Geschäftsfähigkeit** der Beteiligten, den Einfluß von **Willensmängeln**, den Verstoß gegen ein gesetzliches **Verbot** oder ein Veräußerungsverbot und den Verstoß gegen die guten Sitten (da § 138 BGB als zwingende Norm erkannt wurde, die auch für früher entstandene Rechtsverhältnisse gilt, war ein

Rechtsgeschäft wegen Verstoßes gegen die guten Sitten also nichtig, wenn es gegen die Maßstäbe über die guten Sitten vor oder nach Inkrafttreten des BGB verstoßen hatte). Für die **Auslegung** und auch eine etwa erforderliche ergänzende Auslegung ist ebenfalls das frühere Recht maßgebend. Dasselbe gilt grundsätzlich für die Rechtsfragen, die mit der **Erfüllung** eines unter der Herrschaft des früheren Rechts begründeten Schuldverhältnisses zusammenhängen (s im einzelnen STAUDINGER/DITTMANN[10/11] Rn 17 ff; aA SOERGEL/HARTMANN Art 170 Rn 2 zur Art und Weise der Erfüllung, zustimmend jedoch zum Inhalt der Erfüllung). Das **Erlöschen** des Schuldverhältnisses richtet sich nach dem alten Recht, wenn die Gründe des Erlöschens sich aus dem Schuldverhältnis selbst ergeben, dagegen nach neuem Recht, wenn sie auf einem nach Inkrafttreten des neuen Rechts vorgenommenen Rechtsgeschäft beruhen, oder falls es sich um Erlöschungsgründe handelt, welche von außen an das Schuldverhältnis herantreten und mit dessen konkreter Beschaffenheit nicht in einem bedingenden Zusammenhang stehen, zB § 1165 BGB (zu den Einzelheiten s wiederum STAUDINGER/DITTMANN[10/11] Rn 19; s auch SOERGEL/HARTMANN Art 170 Rn 2). Der nach dem Inkrafttreten des neuen Gesetzes eintretende Gläubiger- oder Schuldnerwechsel ändert an der rechtlichen Beurteilung des Schuldverhältnisses nach dem früheren Recht nichts; dagegen ist der Gläubiger- oder Schuldnerwechsel selbst nach neuem Recht zu beurteilen (zu den Einzelheiten s STAUDINGER/DITTMANN[10/11] Rn 20 ff). Das (vertragsmäßige oder gesetzliche) Recht zum Rücktritt von einem altrechtlichen Schuldverhältnis bemißt sich nach dem früheren Recht, sowohl hinsichtlich der Voraussetzungen als auch hinsichtlich der Ausübung und ihrer Wirkungen.

9. Für das innere **Rechtsverhältnis in Gesellschaften** bürgerlichen Rechts, die vor **13** dem Inkrafttreten begründet worden sind, bleibt das frühere Recht maßgebend. Das gilt auch, wenn nach Inkrafttreten des neuen Rechts ein neuer Gesellschafter aufgenommen wird (während die Aufnahme selbst sich nach neuem Recht beurteilt).

III. Landesrechtliche Ausführungsgesetze

1. Bayern

Das Übergangsgesetz vom 9. 6. 1899 (BayBS III, 101) ist aufgehoben durch Art 80 **14** Abs 2 Nr 2 AGBGB vom 20. 9. 1982 (GVBl 803).

Im ÜbergangsG waren unter anderem Regelungen enthalten über gesetzliche Zinsen, Bierlieferungsverträge, Miete und Pacht. Zum Bierlieferungsvertrag s Art 5, 6 AGBGB vom 20. 9. 1982 (GVBl 803).

Auf einen unter der Geltung des bayer Landesrechts abgeschlossenen schuldrechtlichen Vertrag sind die Grundsätze über den Wegfall der Geschäftsgrundlage anwendbar, wenn durch den Vertrag ein Dauerschuldverhältnis begründet wurde, das von beiden Vertragsteilen auch nach dem Inkrafttreten des BGB erfüllt worden ist (BayObLGZ 1989, 216 = NJW-RR 1989, 1294).

2. Bremen

§ 10 Brem AGBGB ist in der SaBremR Nr 400-a-1 als überholt gestrichen. **15**

3. Hessen

16 a)   Althessen: Art 66 HessAGBGB (HessGVBl II Nr 230-1) Leibgeding usw. Die Art 211 (Form des Liegenschaftsvertrags) und 269 Abs 2 (gesetzliche Zinsen) sind in der bereinigten Sammlung gestrichen.

b)   Ehemals preußische Gebiete: Art 10 PrAGBGB ist in HessGVBl II Nr 230-2 gestrichen.

c)   Siehe nunmehr HessAGBGB vom 18. 12. 1984 (GVBl 344). Aufhebung der früheren Vorschriften durch § 33 Abs 1 HessAGBGB. Fortgeltung der früheren Rechtsvorschriften für Rechte und Rechtsverhältnisse, die vor dem Inkrafttreten des HessAGBGB entstanden sind, § 33 Abs 3.

4. Niedersachsen

17   Art 10 PrAGBGB und § 20 BraunschwAGBGB sind aufgehoben worden durch NdsAGBGB vom 4. 3. 1971 (GVBl 73).

5. Nordrhein-Westfalen

18   Art 10 PrAGBGB (SGV NW Nr 40: Gesetzliche Zinsen).

6. Schleswig-Holstein

19   Art 10 PrAGBGB und § 20 BraunschwAGBGB sind aufgehoben worden durch NdsAGBGB vom 4. 3. 1971 (GVBl 73).

7. Neue Bundesländer

20   In den Ländern Brandenburg, Mecklenburg-Vorpommern, Sachsen, Sachsen-Anhalt u Thüringen gelten die früheren AGBGB nicht fort, vgl STAUDINGER/MERTEN Art 1 Rn 63 ff. § 31 Thüringer AGBGB vom 3. 12. 2002 (GVBl 424) enthält eine Übergangsregelung bei Altenteilsverträgen.

Artikel 171

Ein zur Zeit des Inkrafttretens des Bürgerlichen Gesetzbuchs bestehendes Miet-, Pacht- oder Dienstverhältnis bestimmt sich, wenn nicht die Kündigung nach dem Inkrafttreten des Bürgerlichen Gesetzbuchs für den ersten Termin erfolgt, für den sie nach den bisherigen Gesetzen zulässig ist, von diesem Termin an nach den Vorschriften des Bürgerlichen Gesetzbuchs.

Materialien: E II Art 143; III Art 171; Prot VI 499 ff.

I. Unterwerfung der Miet-, Pacht- und Dienstverhältnisse unter das neue Recht

1. Art 171 bestimmte – unter Abweichung von der grundsätzlichen Regel des **1**
Art 170 –, daß **Miet-, Pacht-** und **Dienstverhältnisse** nach Ablauf des ersten Kündigungstermins nach Inkrafttreten des BGB der Geltung des **neuen Rechts unterstellt** wurden. Da Art 171 und Art 173 Überleitungsvorschriften für besondere Dauerschuldverhältnisse enthalten, kann ihnen kein allgemeiner Rechtsgedanke zur Überleitung von Dauerschuldverhältnissen auf das neue Recht entnommen werden: Auch für Dauerschuldverhältnisse gilt vielmehr die Regel des Art 170; nur wenn dem Gesetzgeber aus besonderen Gründen des sozialen Schutzes – Art 171 – oder der Praktikabilität und einheitlichen Beurteilung – Art 173 – die Überleitung auf das neue Recht erforderlich schien, hat er diese ausdrücklich angeordnet. Die Erwägung in Prot VI 499 ff, die Überleitung auf das neue Recht entspreche mit Rücksicht auf die lange Laufzeit der betroffenen Verträge regelmäßig auch dem Willen der an ihnen Beteiligten, würde dagegen für eine allgemeine Überleitung aller Dauerschuldverhältnisse sprechen. Nach den Darlegungen unter Art 170 Rn 2 wurden aber alle Dauerschuldverhältnisse nach den Grundsätzen der Privatautonomie allmählich auf das neue Recht übergeleitet.

2. Da auch alle späteren Änderungen des Miet-, Pacht- oder Dienstvertragsrechts **2**
regelmäßig dem Schutz eines Beteiligten, meist dem sozialen Schutz des Mieters, Pächters oder zu Diensten Verpflichteten dienten, wurde vom Gesetzgeber auch regelmäßig eine inhaltlich Art 171 entsprechende Übergangsregelung angeordnet (vgl Art III § 1 des 1. Mietänderungsgesetzes vom 29. 7. 1963, BGBl I 505; Art IV § 1 des 2. Mietänderungsgesetzes vom 14. 7. 1964, BGBl I 457; Art IV § 1 des 3. Mietänderungsgesetzes vom 21. 12. 1967, BGBl I 1248; Art 4 Abs 1 des 2. Wohnraumkündigungsschutzgesetzes vom 18. 12. 1974, BGBl I 3603). Art 229 § 3 Übergangsvorschrift zum Gesetz zur Neuordung, Vereinfachung und Reform des Mietrechts vom 19. 6. 2001 (BGBl I 1149).

3. Für das Beitrittsgebiet gemäß Art 3 des Einigungsvertrages enthält Art 232 in **3**
§ 2 für Miete und in § 3 für Pacht Übergangsvorschriften. Diese Vorschriften entsprechen jeweils in ihrem Abs 1 der Grundregel des Art 171. In den Absätzen 2 bis 6 enthält § 2 für Mietverhältnisse zahlreiche Ausnahmen, welche jedoch im wesentlichen die Anwendung verschiedener Mietrechtsvorschriften des BGB auf bestimmte, festgesetzte Zeitpunkte hinausschieben.

II. Keine Bedeutung der Vorschrift

Da Art 171 die Miet-, Pacht- und Dienstverhältnisse nach Ablauf des ersten Kündi- **4**
gungstermins dem BGB unterstellt hat, hat die Vorschrift inzwischen keine Bedeutung mehr. Auf die Erl von STAUDINGER/DITTMANN[10/11] wird deshalb verwiesen.

Artikel 172

Wird eine Sache, die zur Zeit des Inkrafttretens des Bürgerlichen Gesetzbuchs vermietet oder verpachtet war, nach dieser Zeit veräußert oder mit einem Rechte belastet, so hat der Mieter oder Pächter dem Erwerber der Sache oder des Rechts

Joseph Hönle

gegenüber die im Bürgerlichen Gesetzbuch bestimmten Rechte. Weitergehende Rechte des Mieters oder Pächters, die sich aus den bisherigen Gesetzen ergeben, bleiben unberührt, unbeschadet der Vorschrift des Artikel 171.

Materialien: E I Art 104; II Art 144; III Art 172;
Mot EG 257 ff; Prot VI 501 ff.

I. Sofortige Geltung des Grundsatzes „Kauf bricht nicht Miete"

1 Art 172 ordnet an, daß mit Inkrafttreten des BGB zum Schutze des Mieters der Grundsatz „Kauf bricht nicht Miete" gilt, obwohl nach Art 171 im übrigen für das Mietverhältnis bis zum Ablauf des ersten Kündigungstermins noch das alte Recht maßgebend war. Da diese Regelung zum Schutze des Mieters getroffen wurde, bestimmt Art 172 S 2, daß weitergehende Rechte zu seinen Gunsten aufgrund der bisherigen Vorschriften weiter gelten, dies aber nur unbeschadet der Regelung des Art 171, also nur bis zum Ablauf des ersten Kündigungstermins.

II. Keine Bedeutung der Vorschrift

2 Da Art 172 die sofortige Geltung der betreffenden Regelungen des BGB angeordnet hat, hat die Vorschrift inzwischen keine Bedeutung mehr. Auf die Erl von STAUDINGER/DITTMANN[10/11] wird deshalb verwiesen.

Artikel 173

Auf eine zur Zeit des Inkrafttretens des Bürgerlichen Gesetzbuchs bestehende Gemeinschaft nach Bruchteilen finden von dieser Zeit an die Vorschriften des Bürgerlichen Gesetzbuchs Anwendung.

Materialien: E II Art 145; III Art 173; Prot VI
504 f.

I. Anwendung des neuen Rechts auf Bruchteilsgemeinschaften

1 In Art 181 hat der Gesetzgeber angeordnet, daß auf das bei Inkrafttreten des BGB bestehende Miteigentum nach Bruchteilen – in sachenrechtlicher Beziehung – die Vorschriften des BGB Anwendung finden, weil er das Herrschaftsrecht des Eigentums grundsätzlich dem neuen Recht unterstellen wollte. Um zu vermeiden, daß für die schuldrechtlichen Rechtsbeziehungen eine andere Rechtsordnung als für die sachenrechtlichen anzuwenden wäre, unterstellt Art 173 auch die schuldrechtlichen Rechtsbeziehungen in Bruchteilsgemeinschaften von Anfang an den Bestimmungen des BGB. Als Sondervorschrift für das uneigentliche Stockwerkseigentum s Art 131.

II. Keine Bedeutung der Vorschrift

Da Art 173 die sofortige Anwendung der Vorschriften des BGB auf die Bruchteils- **2**
gemeinschaften angeordnet hat, hat die Vorschrift mit der allgemeinen Überleitung
ihre Bedeutung verloren. Wegen der Einzelheiten wird deshalb auf die Erl von
STAUDINGER/DITTMANN[10/11] verwiesen. Ob im Zeitpunkt des Inkrafttretens des
BGB eine Gemeinschaft nach Bruchteilen besteht, bestimmt sich nach altem Recht.

Artikel 174

**(1) Von dem Inkrafttreten des Bürgerlichen Gesetzbuchs an gelten für die vorher
ausgestellten Schuldverschreibungen auf den Inhaber die Vorschriften der §§ 798 bis
800, 802 und 804 und des § 806 Satz 1 des Bürgerlichen Gesetzbuchs. Bei den auf
Sicht zahlbaren unverzinslichen Schuldverschreibungen sowie bei Zins-, Renten-
und Gewinnanteilscheinen bleiben jedoch für die Kraftloserklärung und die Zahlungssperre die bisherigen Gesetze maßgebend.**

**(2) Die Verjährung der Ansprüche aus den vor dem Inkrafttreten des Bürgerlichen
Gesetzbuchs ausgestellten Schuldverschreibungen auf den Inhaber bestimmt sich,
unbeschadet der Vorschriften des § 802 des Bürgerlichen Gesetzbuchs, nach den
bisherigen Gesetzen.**

Materialien: E I Art 105 Abs 1 u 3; II Art 146;
III Art 174; Mot z EG, 261 ff; Prot VI 505–509,
626–628.

Schrifttum

AFFOLTER, System des deutschen bürgerlichen
Übergangsrechtes (1903) 404
HABICHT, Die Einwirkung des Bürgerlichen

Gesetzbuchs auf zuvor entstandene Rechtsverhältnisse (3. Aufl 1901) 325.

I. Die grundsätzliche Maßgeblichkeit des alten Rechts
bei Inhaberschuldverschreibungen

Auch für das *Schuldverhältnis aus einer vor dem 1. 1. 1900 ausgestellten Schuldver-* **1**
schreibung gilt zunächst die **Regel** des Art 170 EGBGB: es **bleiben die bisherigen
Gesetze maßgebend** (Ausnahme s unten Rn 6).

1.   Vor dem Inkrafttreten des BGB ausgestellt ist eine Schuldverschreibung im **2**
Sinne der Übergangsbestimmungen des EGBGB, für welche die vom BGB angenommene, heute aber nicht mehr herrschende *„Kreationstheorie"* gilt (zu den Wert-
papiertheorien vgl STAUDINGER/MARBURGER [2002] Vorbem 15 ff zu § 793 ff; BAUMBACH/HEFER-
MEHL, Wechselgesetz und Scheckgesetz [22. Aufl 2001] WPR Rn 25 ff), die einen Begebungsvertrag entbehrlich machte, mit der *Emission* (allg Meinung, HABICHT 325, AFFOLTER 327;

Joseph Hönle
Jörg Mayer

PLANCK Anm 1; SOERGEL/HARTMANN Rn 1; MünchKomm/SÄCKER Rn 1; **aA** NIEDNER Anm 2a; ausführlich STAUDINGER/GRAMM[10] Rn 3).

Wo allerdings im Einzelfall das alte Recht eindeutig auf dem Standpunkt der Vertragstheorie stand und wegen der erst einseitig vorgenommenen Emission ein Begebungsvertrag vor dem 1. 1. 1900 noch nicht geschlossen war, war auch noch kein Schuldverhältnis, auf welches das bisherige Recht anwendbar wäre, entstanden (übereinstimmend PLANCK Anm 1).

3 **2.** Das **alte Recht** ist für die in diesem Sinn vor dem Inkrafttreten des BGB ausgestellten Schuldverschreibungen maßgebend:

a) für die *Form* der Ausstellung, also insbesondere die Form der Unterzeichnung. Nach Art 100 EGBGB kann die Landesgesetzgebung aber *auch fernerhin* für Schuldverschreibungen auf den Inhaber, die das Land oder eine ihm angehörende Körperschaft, Stiftung oder Anstalt des öffentlichen Rechts ausstellt, die Form der Ausstellung bestimmen; vgl **Art 100** und Erl dazu;

b) für das Erfordernis der staatlichen Genehmigung;

c) für die Frage, wer *Gläubiger* der Schuldverschreibung ist; § 793 Abs 1 S 2 BGB, wonach der Aussteller auch durch die Leistung an einen zur Verfügung nicht berechtigten Inhaber befreit wird, ist nicht anwendbar. Verschieden davon ist die Frage des Eigentumserwerbs am Papier; diese ist für einen seit dem 1. 1. 1900 erfolgten Erwerb nach den Vorschriften der §§ 932–936 BGB, 366, 367 HGB zu beantworten (NIEDNER Anm 2a, β; PLANCK Anm 1);

d) für die Zulässigkeit von *Einwendungen* (jetzt geregelt in § 796 BGB);

e) für die Frage, unter welchen Voraussetzungen der Aussteller *zur Leistung verpflichtet* ist (s jetzt § 797 BGB);

f) für die *Fortdauer der Verpflichtung* aus Zinsscheinen beim Erlöschen der Hauptforderung (s jetzt § 803 BGB; s aber auch die in Rn 12 angeführten Übergangsbestimmungen der Länder).

4 Schuldverschreibungen auf den Inhaber sind auch die auf diesen lautenden **Zinsscheine** (vgl STAUDINGER/MARBURGER [2002] § 803 Rn 2); auch für sie gelten die bisherigen Gesetze; wegen der gleichen Behandlung der *vor* und *nach* dem Inkrafttreten des BGB ausgegebenen Zinsscheine der vor diesem Zeitpunkt ausgestellten Papiere s Art 175.

5 **3.** Nach der besonderen Vorschrift des Art 174 **Abs 2** und *abweichend von der Regel des Art 169* bestimmt sich auch die **Verjährung** der vor dem 1. 1. 1900 ausgestellte Inhaberschuldverschreibungen **nach den bisherigen Gesetzen**, jedoch unbeschadet der Vorschrift des § 802 BGB (Unterausnahme zugunsten der in § 802 BGB vorgesehenen Hemmungswirkung der Zahlungssperre).

II. Ausnahmsweise eintretende Rückwirkung bezüglich einzelner Details

Von der sich aus Art 170 ergebenden Regel (Rn 1 ff) macht Art 174 **Abs 1 S 1** eine **6** **Ausnahme: Von dem Inkrafttreten des BGB ab gelten** auch für die vorher ausgestellten Inhaberschuldverschreibungen **die §§ 798–800, 802, 804 und § 806 S 1 BGB.** Diesen Vorschriften des BGB wird also *rückwirkende Kraft* auf zuvor entstandene Schuldverhältnisse beigelegt. Von dieser Ausnahme macht aber *wieder eine Ausnahme der S 2 des Abs 1.*

Im Einzelnen gelten somit folgende Regelungen des BGB auch für vor diesem **7** ausgestellte Inhaberschuldverschreibungen:

– § 798 BGB über *Ersatz beschädigter oder verunstalteter Schuldverschreibungen;*

– §§ 799, 800 BGB über *Kraftloserklärung vernichteter oder abhanden gekommener Schuldverschreibungen;*

– § 802 BGB über die *verjährungshemmende Wirkung* der Zahlungssperre (in Abs 2 des Art 174 EGBGB ist die Anwendung gegenüber den sonst anzuwendenden Verjährungsbestimmungen ausdrücklich festgestellt);

– § 804 BGB über den Anspruch aus *abhanden gekommenen Zins-, Renten- oder Gewinnanteilscheinen;*

– § 806 S 1 BGB über die *Umschreibung* eines Inhaberpapiers auf den Namen.

III. Abgrenzungsfragen

1. Erneuerungsscheine (Talons, Zins-, Dividendenscheine) sind nach der überwie- **8** genden Auffassung im heutigen Verkehr *nicht selbständige Schuldverschreibungen,* sondern (unvollkommene) Legitimationspapiere für den Empfang neuer Zins- und Dividendenscheine (RGZ 31, 145, 147; 74, 339, 341; 77, 333, 336; STAUDINGER/MARBURGER [2002] § 803 Rn 14 f; BAUMBACH/HEFERMEHL WPR Rn 50; MünchKomm/HÜFFER § 803 Rn 3). § 805 BGB, nach dessen Vorschrift neue Zins- und Rentenscheine an den Inhaber des Erneuerungsscheines nicht ausgegeben werden dürfen, wenn der Inhaber der Schuldverschreibung der Ausgabe widersprochen hat, sondern dem Inhaber der Schuldverschreibung bei deren Vorlage auszuhändigen sind, ist in Art 174 nicht für anwendbar erklärt. Es sind deshalb für das Rechtsverhältnis an den Erneuerungsscheinen der vor dem 1. 1. 1900 ausgestellten Schuldverschreibungen nach der Regel des Art 170 die *bisherigen Gesetze maßgebend* (oben Rn 2 ff). Sofern dem Erneuerungsschein nach einem *bisherigen Landesgesetz* die Eigenschaft einer selbständigen Schuldverschreibung zukommt, unterliegt er also für sich allein der Kraftloserklärung und der Zahlungssperre. Mehrere Länder hatten in ihren Ausführungsgesetzen die Anwendung des § 805 BGB auf Erneuerungsscheine angeordnet und das bisherige Aufgebotsverfahren für sie beseitigt, so früher *Württemberg* in Art 186 AGBGB.

2. Für **Aktien auf den Inhaber** *gilt der Art 174 nicht.* Nach Art 25 EGHGB aF **9** fanden die Vorschriften des § 228 HGB (jetzt § 72 AktG 1965, vorher § 66 AktG

1937) über die Kraftloserklärung abhanden gekommener oder vernichteter Aktien auch Anwendung, wenn die Aktien vor dem Inkrafttreten des HGB abhanden gekommen oder vernichtet worden sind. Nach Art 26 EGHGB verliert die vor dem Inkrafttreten des HGB erfolgte *Außerkurssetzung* einer auf den Inhaber lautenden Aktie mit dem Inkrafttreten des HGB ihre Wirkung.

10 3. **Die in § 807 BGB bezeichneten Karten, Marken und ähnlichen Urkunden** sind keine Schuldverschreibungen auf den Inhaber (s STAUDINGER/MARBURGER [2002] § 807 Rn 1 f), auch auf sie findet Art 174 keine Anwendung. Soweit solche Urkunden noch aus der Zeit vor dem 1. 1. 1900 im Umlauf waren, war das Rechtsverhältnis daran nach den früheren Gesetzen zu beurteilen.

11 4. Wegen der *Schuldverschreibungen auf den Inhaber*, die ein deutsches Land oder eine ihm angehörende Körperschaft, Stiftung oder Anstalt des öffentlichen Rechts ausstellt, s Art 100, 101 EGBGB.

IV. Landesgesetze

12 Nachstehend werden nur einige der wichtigeren landesrechtlichen Ausführungsbestimmungen genannt. Umfangreiche Hinweise auf die damals jeweils angeordneten Ausführungsgesetze enthält die *Kommentierung* des Art 174 EGBGB bei NIEDNER.

1. Bayern

13 Art 8 Übergangsgesetz vom 9. 6. 1899 (GVBl 83), aufgehoben durch Art 80 Abs 1 Nr 2 BayAGBGB vom 20. 9. 1982 (BayRS 400-1-J); zu Art 8 ÜbergangsG s auch Erl von MANGLKAMMER in HENLE/SCHNEIDER, Die bayerischen Ausführungsgesetze zum Bürgerlichen Gesetzbuche (1931).

2. Berlin

14 Art 18 §§ 9, 10 PrAGBGB (BerlGVBl Sb I 400-1).

3. Hessen

15 Die Vorschriften der früheren Ausführungsgesetze (s STAUDINGER/PROMBERGER/SCHREIBER[12] Rn 12) sind durch § 33 Abs 1 HessAGBGB vom 18. 12. 1984 (GVBl I 344) aufgehoben worden. Früher galten: ehem Hessen-Darmstadt: Art 136, 137 HessAGBGB (HessGVBl II 230-1); ehem Preußen: Art 18 §§ 9, 10 PrAGBGB (HessGVBl II 230-2).

4. Nordrhein-Westfalen

16 Ehem Preußen: Art 18 §§ 9, 10 PrAGBGB (SGV NW 40).

5. Saarland

17 Ehem *Preußen*: Art 18 §§ 9, 10 PrAGBGB gilt nicht mehr (Art 2 Abs 16 Nr 10 des 5. RBerG vom 5. 2. 1997 [ABl 258]).

Ehem *Bayern*: die Bestimmungen des bayerischen Übergangsgesetzes (Art 8 Übergangsgesetz) gelten nicht mehr (vgl 5. RBerG, wie vor).

Artikel 175

Für Zins-, Renten- und Gewinnanteilscheine, die nach dem Inkrafttreten des Bürgerlichen Gesetzbuchs für ein vor dieser Zeit ausgestelltes Inhaberpapier ausgegeben werden, sind die Gesetze maßgebend, welche für die vor dem Inkrafttreten des Bürgerlichen Gesetzbuchs ausgegebenen Scheine gleicher Art gelten.

Materialien: E I Art 105 Abs 3; II Art 147; III
Art 175; Mot z EG, 263; Prot VI 505–509,
626–628.

Die Bestimmung erstreckt den Grundsatz des Art 174 EGBGB, dass für Inhaber- **1** papiere, die vor dem Inkrafttreten des BGB ausgegeben wurden (zum Begriff s Art 174 Rn 1), die bisherigen Gesetze maßgebend bleiben sollen, auch auf diesbezügliche Zins-, Renten- und Gewinnanteilscheine. Von der Kommentierung wird im Übrigen abgesehen. Es wird auf die Erläuterungen von Staudinger/Promberger[10/11] verwiesen.

Artikel 176

Die Außerkurssetzung von Schuldverschreibungen auf den Inhaber findet nach dem Inkrafttreten des Bürgerlichen Gesetzbuchs nicht mehr statt. Eine vorher erfolgte Außerkurssetzung verliert mit dem Inkrafttreten des Bürgerlichen Gesetzbuchs ihre Wirkung.

Materialien: E I Art 105 Abs 2; II Art 148; III
Art 176; Mot z EG, 263; Mot zBGB II, 714; Prot
VI 505–509, 626–628.

Nach *früherem Recht* konnte die „Festmachung" eines Inhaberpapiers durch Außer- **1** kurssetzung mittels einseitigen Vermerks durch den Inhaber selbst, durch Umschreibung und durch Vinkulierung, als einer Unterart der Umschreibung, erfolgen (Mot II 714 ff). Demgegenüber ermöglicht § 806 BGB die Umschreibung einer Inhaberschuldverschreibung auf des Namen eines bestimmten Berechtigten nur noch durch den Aussteller. Von der Kommentierung im Übrigen wird abgesehen. Es wird auf die Erläuterungen von Staudinger/Promberger[10/11] verwiesen.

Artikel 177

Von dem Inkrafttreten des Bürgerlichen Gesetzbuchs an gelten für vorher ausgegebene Urkunden der in § 808 des Bürgerlichen Gesetzbuchs bezeichneten Art, sofern der Schuldner nur gegen Aushändigung der Urkunde zur Leistung verpflichtet ist, die Vorschriften des § 808 Abs. 2 Satz 2 und 3 des Bürgerlichen Gesetzbuchs und des Artikels 102 Abs. 2 dieses Gesetzes.

Materialien: E II Art 149; III Art 177; Prot V
515, 516, 627, 628.

1 **1.** Art 177 verleiht den Vorschriften in § 808 Abs 2 S 2 und 3 BGB rückwirkende Kraft für die *vor* dem 1. 1. 1900 *ausgegebenen* (nicht Ausstellung, sondern Ausgabe entscheidet, vgl PLANCK Anm 1) **qualifizierten Legitimationspapiere** (hinkende Inhaberpapiere), sofern sie den Vorschriften sowohl des Abs 1 als des Abs 2 S 1 des § 808 BGB entsprechen. Es muss also die Urkunde, in welcher der *Gläubiger benannt* ist, mit der Bestimmung ausgegeben sein, dass die in der Urkunde versprochene **Leistung an jeden Inhaber** bewirkt werden kann (§ 808 Abs 1; s STAUDINGER/MARBURGER [2002] § 808 Rn 1, 7), und außerdem der Schuldner zur Leistung *nur gegen Aushändigung der Urkunde* verpflichtet sein (§ 808 Abs 2 S 1).

2 **2.** Für Urkunden dieser Art, die *nach* dem 31. 12. 1899 *ausgegeben* sind, gilt § 808 BGB auch, wenn sie früher ausgestellt sind. Für Urkunden, die vor dem Inkrafttreten des BGB ausgegeben sind, bleiben nach Art 170 EG grundsätzlich die bisherigen Gesetze maßgebend. Eine Ausnahme schafft aber Art 177 in doppelter Richtung:

a) Wenn die Urkunde *abhanden gekommen oder vernichtet* ist, sei es vor oder nach dem Inkrafttreten des BGB, kann sie im Wege des Aufgebotsverfahrens für *kraftlos erklärt* werden (§ 808 Abs 2 S 2 BGB); für das Verfahren gelten die Vorschriften der §§ 1003 ff, 1023 ZPO. Unberührt bleiben aber die landesgesetzlichen Vorschriften, welche für die Kraftloserklärung ein anderes Verfahren als das Aufgebotsverfahren bestimmen (Art 102 Abs 2 EGBGB; s Art 102 Rn 6–8).

b) Für die *Verjährung* des Anspruchs aus der Urkunde gilt grundsätzlich die Vorschrift des Art 169 EGBGB; sie bestimmt sich für die Zeit vor dem Inkrafttreten des BGB nach den bisherigen Gesetzen, für die spätere Zeit nach den Vorschriften des BGB. Zu den allgemeinen Hemmungsgründen für die Verjährung trat vom Inkrafttreten des BGB die *Hemmung durch Zahlungssperre* nach den näheren Vorschriften des § 802 BGB (§ 808 Abs 2 S 3 BGB).

3 **3.** Über die *Außerkurssetzung* der qualifizierten Legitimationspapiere enthält das EGBGB keine Vorschrift, insbesondere gilt nicht Art 176 EGBGB (s STAUDINGER/ PROMBERGER[10/11] Art 176 Rn 3). Dazu, namentlich wegen der Sparkassenbücher, HABICHT 348 f; PLANCK Anm 2, 3; SOERGEL/HARTMANN Erl Art 176 EGBGB; STAUDINGER/PROMBERGER[10/11] Rn 3.

4. Zu den *Landesgesetzen*, die aufgrund des Verfahrensvorbehalts des Art 102 **4**
gelten und auch im Rahmen des Art 177 anwendbar sind s Art 102 Rn 11 ff.

Artikel 178

**Ein zur Zeit des Inkrafttretens des Bürgerlichen Gesetzbuchs anhängiges Verfahren,
das die Kraftloserklärung einer Schuldverschreibung auf den Inhaber oder einer
Urkunde der in § 808 des Bürgerlichen Gesetzbuchs bezeichneten Art oder die
Zahlungssperre für ein solches Papier zum Gegenstande hat, ist nach den bisherigen
Gesetzen zu erledigen. Nach diesen Gesetzen bestimmen sich auch die Wirkungen
des Verfahrens und der Entscheidung.**

Materialien: E I Art 105 Abs 4; II Art 150;
III Art 178.

1.   Inhalt

Die Vorschrift ist eine Bestimmung des intertemporalen Verfahrensrechts. Sie be- **1**
sagt, dass bei Inhaberpapieren (Art 174–176) oder qualifizierten Legitimationspapieren (Art 177)

– ein **Amortisationsverfahren** oder

– ein eine **Zahlungssperre** betreffendes Verfahren, welches am 1. 1. 1990 anhängig
war, *nach den bisherigen Gesetzen zu erledigen* war, und dass

– die Wirkungen des Verfahrens und

– die Wirkungen der Entscheidung

ebenfalls *nach dem bisherigen Recht* zu beurteilen waren und sind.

Nach den bisherigen Gesetzen war auch die Frage zu entscheiden, ob ein Amortisa- **2**
tionsverfahren (welches auch ein nichtgerichtliches sein konnte) oder ein auf Zahlungssperre gerichtetes Verfahren anhängig war.

2.   Bedeutung

Die Vorschrift hat als allein verfahrensrechtliche Übergangsbestimmung durch Zeit- **3**
ablauf ihre Bedeutung verloren.

Jörg Mayer

Artikel 179

Hat ein Anspruch aus einem Schuldverhältnisse nach den bisherigen Gesetzen durch Eintragung in ein öffentliches Buch Wirksamkeit gegen Dritte erlangt, so behält er diese Wirksamkeit auch nach dem Inkrafttreten des Bürgerlichen Gesetzbuchs.

Materialien: E I Art 104 Abs 2; II Art 151; III
Art 179; Mot EG 261; Prot VI 501, 504, 554.

I. Weiterbestehende Rechte aufgrund der „Verdinglichung" eines Schuldverhältnisses

1 1. Soweit Ansprüche aus einem Schuldverhältnis durch Eintragung in einem öffentlichen Buch (Grundbuch, Pfandbuch, Servitutenbuch, Schiffsregister oä, welche Bücher in Frage kommen, richtet sich nach früherem Recht) Wirksamkeit gegen Dritte erlangt hatten, galt diese Wirkung auch nach dem Inkrafttreten des BGB weiter, obwohl es die „Verdinglichung" schuldrechtlicher Ansprüche durch Eintragung in Register beseitigt hat.

2 2. Das „Recht zur Sache" des preußischen Rechts, das ohne Eintragung in ein öffentliches Buch einen Anspruch gegen Dritte gewährte, ist dagegen mit dem Inkrafttreten des BGB beseitigt worden. Dagen fällt die Vormerkung des Pr Grundbuchrechts gem § 8 Grunderwerbsgesetz vom 5. 5. 1872 (GS 433) unter Art 179.

3 II. Soweit solche Eintragungen in öffentlichen Büchern, insbesondere im Grundbuch, in Sonderfällen noch bestehen, haben sie weiterhin Wirksamkeit gegen Dritte.

Wegen der Einzelheiten wird auf die Erl von STAUDINGER/DITTMANN[10/11] verwiesen.

Vorbemerkungen zu Art 180–197

I. Weitgehende Überleitung der dinglichen Rechte auf das BGB

1 Der Hauptgrundsatz des Übergangsrechts, daß für früher entstandene Rechtsverhältnisse das frühere Recht weiter gilt, das neue Recht des BGB nicht zurückwirkt, wird im Sachenrecht – anders als im Schuldrecht – durch Überleitungsvorschriften weitgehend eingeschränkt. Der Hauptgrund dafür liegt in der auf Dauer angelegten Natur der dinglichen Rechte. Während jedes Schuldverhältnis nach Ablauf gewisser Zeit durch Erfüllung oder aus anderen Gründen erlischt oder doch durch Verjährung abgeschwächt wird, bestehen dingliche Rechte der Idee nach auf unbeschränkte Zeiten. Würde die Gesetzgebung auf solche dingliche Rechtsverhältnisse nicht einwirken, so würden die alten Rechtsverhältnisse auf unabsehbare Zeiten nachwirken; dies wäre mit der Rechtssicherheit nicht vereinbar. Daher ist **gegenüber** den unter der alten Rechtsordnung entstandenen **dinglichen Rechtsverhältnissen** ein **weitergehendes Eingreifen der neuen Rechtsordnung** gerechtfertigt als bei den Schuldverhältnissen. Aber auch die absolute Natur der Sachenrechte, die gegenüber jedermann wirken, legte die Einwirkung der neuen Rechtsordnung auf die bestehenden Rechte näher als die relative Natur der Forderungsrechte, die nur unter den am Schuldverhältnis Beteiligten Wirkungen entfalten. Ein weiterer Gesichtspunkt für die weitgehende Überleitung der Sachenrechte war deren Typisierung und der im BGB bestimmte Grundsatz der geschlossenen Zahl der Sachenrechte, im Unterschied zu der aufgrund der Vertragsfreiheit inhaltlich unbegrenzten Zahl der Forderungsrechte.

II. Grundsätzliche Unterscheidungen bei der Überleitung

1. Zu unterscheiden ist zunächst zwischen den Voraussetzungen und den Wir- **2** kungen der dinglichen Rechtsverhältnisse. Nach den Art 180 ff ergreift die neue Rechtsordnung grundsätzlich **nicht** die **Voraussetzungen**, sondern **nur** die **Wirkungen** der dinglichen Rechte, indem sie den neu zur Verfügung gestellten Rechten Ausschließlichkeit beilegt (vgl Art 180, 181, 184, 195 ff), den früheren Rechten die Fortwirkung mit altem Inhalt entzieht und sie auf den beschränkten Kreis der dinglichen Rechte nach dem neuen Sachenrecht überleitet.

2. Die Überleitungsvorschriften sind für die **beweglichen** und die **unbeweglichen 3 Sachen** teilweise unterschiedlich. Art 180 (zur Überleitung des Besitzes) sowie Art 181 und 184 (die grundlegenden Vorschriften über das Eigentum, das Miteigentum und die Belastungen) gelten grundsätzlich sowohl für bewegliche als auch für unbewegliche Sachen, Art 185 (über die Ersitzung) nur für bewegliche Sachen, die Art 182, 186 bis 197 nur für Grundstücke und Rechte an Grundstücken.

III. Grundsätze der Überleitung; Übersicht über die gesetzliche Regelung

1. Die Voraussetzungen für das Entstehen oder die Begründung dinglicher **4** Rechte sind nach den früheren Gesetzen zu beurteilen, soweit der dazu erforderliche Tatbestand vor dem Inkrafttreten des BGB verwirklicht wurde. Die **Wirkungen** eines vor Inkrafttreten des BGB entstandenen Rechts sind dagegen **grundsätzlich nach** dem **neuen Recht** zu beurteilen, weil das EGBGB in Art 180 für den Besitz, in Art 181 für das Eigentum, in Art 184 für die Grunddienstbarkeiten und Erbbaurechte und in Art 192 f für die Immobiliarpfandrechte Überleitungsvorschriften enthält. Für die Wirkungen alter dinglicher Rechte gelten die früheren Vorschriften nur, soweit keine Übergangsvorschrift besteht oder solche Übergangsvorschriften Ausnahmen enthalten. Gibt die Überleitungsvorschrift dem alten dinglichen Recht einen anderen Inhalt, so ist vom Inkrafttreten des BGB an nur noch der neue Inhalt maßgebend. Knüpft das neue Recht an ein früher entstandenes Recht keine dinglichen Wirkungen mehr, so ist das alte Recht mit dem Inkrafttreten des BGB wegen des Grundsatzes der geschlossenen Zahl der Sachenrechte erloschen.

2. Für die Zwischenzeit zwischen dem Inkrafttreten des BGB bis zu dem Zeit- **5** punkt, in dem das Grundbuch als angelegt anzusehen war, s STAUDINGER/DITT-MANN[10/11] Vorbem 5 zu Art 180.

6 3. Während der Gesetzgeber die bei Inkrafttreten des BGB bestehenden **Besitz-
und Eigentumsverhältnisse** in den Art 180, 181 Abs 1 sofort den Vorschriften des
BGB unterworfen hat, bestehen nach Art 181 Abs 2, 182 und 183 bestimmte Formen
des Miteigentums zur gesamten Hand, das Sondereigentum an stehenden Erzeugnissen und das Stockwerkseigentum weiter.

7 4. Auch dingliche **Rechte an fremden Sachen** sollen grundsätzlich als wohlerworbene Rechte mit ihrem früheren Rang und Inhalt bestehen bleiben (Art 184). Doch
gilt nach der Anlegung des Grundbuchs ein vorher begründetes Grundstückspfandrecht als Buchhypothek und bei Unbestimmtheit der gesicherten Forderung als
Sicherungshypothek (Art 192). Bei alten Erbbaurechten, Grunddienstbarkeiten und
Grundpfandrechten sind bestimmte Vorschriften des BGB anwendbar (Art 184,
192–195). Für die Ersitzung werden die Vorschriften über die Verjährung (Art 169)
für entsprechend anwendbar erklärt (Art 185).

8 5. Die Art 186–195 treffen Übergangsbestimmungen, die durch die Anlegung der
Grundbücher veranlaßt wurden. Art 196 ermächtigt das Landesrecht, für vererbliche
und übertragbare Nutzungsrechte an einem Grundstück das Grundstücksrecht des
BGB für anwendbar zu erklären. Art 197 trifft eine besondere, inzwischen bedeutungslos gewordene Übergangsregelung für bestimmte bäuerliche Nutzungsrechte.

9 6. S ergänzend die landesrechtlichen Vorbehaltsvorschriften der Art 127, 128 für
die Grundstücke, die nicht in das Grundbuch eingetragen sind, und die Begründung
und Aufhebung von Dienstbarkeiten an solchen Grundstücken.

Artikel 180

**Auf ein zur Zeit des Inkrafttretens des Bürgerlichen Gesetzbuchs bestehendes Be-
sitzverhältnis finden von dieser Zeit an, unbeschadet des Artikel 191, die Vorschriften des Bürgerlichen Gesetzbuchs Anwendung.**

Materialien: E I Art 106 Abs 1; II Art 152; III
Art 180; Mot EG 264 ff; Prot VI 516 ff, 628 ff.

I. Beurteilung der Besitzverhältnisse nach neuem Recht

1 Art 180 unterwirft die Besitzverhältnisse, die beim Inkrafttreten des BGB bestanden
haben, dessen Vorschriften. Ob der Zustand, den das BGB vorgefunden hat, unter
den Begriff des Besitzes fiel, war ausschließlich nach dem Besitzbegriff des BGB zu
entscheiden. Ein Tatbestand, der nach dem früheren Recht als Besitzverhältnis
angesehen wurde, im BGB aber nicht als solches anerkannt ist, verlor diese Eigenschaft. Ein besonderer Rechtsbesitz wird so vom BGB, abgesehen von den Fällen
des § 1029 BGB und der Übergangsvorschrift des Art 191, im Gegensatz zum früheren Recht nicht mehr anerkannt; eine Ausnahme gilt für die Rechtsgebiete, die
der landesrechtlichen Regelung vorbehalten sind wie das Jagdrecht, das Fischereirecht oder das Regalrecht (vgl Lenz, Der Rechtsbesitz außerhalb des BGB, ArchBürgR 33,

345 ff). Ein Tatbestand, der nach früherem Recht kein Besitzverhältnis darstellte, ist mit dem Inkrafttreten des BGB andererseits ein solches geworden, wenn er den Voraussetzungen des BGB für ein Besitzverhältnis entsprach.

II. Keine Bedeutung der Vorschrift

Mit der Überleitung der früheren Besitzverhältnisse auf das BGB hat sich die **2** Bedeutung des Art 180 erschöpft. Wegen der Einzelheiten wird deshalb auf die Erl von STAUDINGER/DITTMANN[10/11] verwiesen.

Artikel 181

(1) Auf das zur Zeit des Inkrafttretens des Bürgerlichen Gesetzbuchs bestehende Eigentum finden von dieser Zeit an die Vorschriften des Bürgerlichen Gesetzbuchs Anwendung.

(2) Steht zur Zeit des Inkrafttretens des Bürgerlichen Gesetzbuchs das Eigentum an einer Sache mehreren nicht nach Bruchteilen zu oder ist zu dieser Zeit ein Sondereigentum an stehenden Erzeugnissen eines Grundstücks, insbesondere an Bäumen, begründet, so bleiben diese Rechte bestehen.

Materialien: E I Art 106 Abs 2; II Art 153; III
Art 181; Mot III 434, EG 264 ff; Prot VI 516 ff,
528 ff.

I. Überleitung des Eigentums

1. Art 181 bestimmt, daß **für** das **Eigentum**, das am 1.1.1900 bestanden hat, von **1** diesem Zeitpunkt an die **Vorschriften des BGB** (§§ 903–1011) **gelten**. Das Gesetz geht von der Annahme aus, daß der Begriff des Eigentums, nämlich des Rechtes zur ausschließlichen Sachherrschaft, verbunden mit der Befugnis zu allen rechtlichen Verfügungen über die Sache, unwandelbar ist, daß also altes und neues Recht in diesem Punkt übereinstimmen müssen und Verschiedenheiten nur bei den rechtlichen Wirkungen des Eigentums, insbesondere bei dem Schutz des Eigentümers hinsichtlich seiner Befugnis zu rechtlichen Verfügungen über die Sache und bei den gesetzlichen Eigentumsbeschränkungen denkbar sind (Mot EG 264).

2. Art 181 bezieht sich nur auf den Inhalt und die Wirkungen des Eigentums; die **2** Frage des **Eigentumserwerbs** entscheidet sich nach dem Recht, das zum Erwerbszeitpunkt gegolten hat.

3. Ob am 1.1.1900 **begrifflich Eigentum** vorgelegen hat, ist nach dem BGB zu **3** beurteilen, ob eine bestimmte Rechtsposition mit dem Inhalt und den Befugnissen versehen war, die sie nach dem BGB als Eigentum erscheinen lassen (vgl §§ 903 ff BGB), dagegen nach altem Recht (OLG Karlsruhe Justiz 1978, 276). Zum Inhalt des Eigentums gehört auch die Frage der Duldung eines Überbaus. Die §§ 912 ff BGB

Joseph Hönle

gelten daher auch dann, wenn vor 1900 gebaut worden ist (BGH NJW 1986, 2639 = DNotZ 1986, 749). Näher zu einzelnen Rechtspositionen s STAUDINGER/DITTMANN10/11 Rn 4.

4 4. Ob an einer Sache **selbständiges Eigentum** besteht oder ob sie als **wesentlicher Bestandteil** einer anderen Sache dem Eigentümer dieser Sache gehört, ist seit dem 1. 1. 1900 nach den Vorschriften des BGB zu entscheiden, auch wenn die Verbindung der Sachen schon vor diesem Zeitpunkt geschehen ist (RGZ 56, 289; vgl §§ 93, 94, 946, 947 BGB). Das frühere Eigentum an einer Sache, die nach dem BGB wesentlicher Bestandteil einer anderen Sache ist, ist mit dem Inkrafttreten des BGB gemäß Art 181 erloschen (OLG Karlsruhe Justiz 1978, 276). Eine Ausnahme von diesen Grundsätzen besteht nach Art 181 Abs 2 für das Sondereigentum an stehenden Erzeugnissen eines Grundstücks, insbes an Bäumen (s unten Rn 13).

5 5. Da nach Art 181 Abs 1 seit Inkrafttreten des BGB für das Eigentum dessen Vorschriften gelten, hat die **Überleitungsvorschrift** selbst inzwischen **keine Bedeutung mehr**. Zu den Einzelheiten der Überleitung s daher die Erl von STAUDINGER/DITTMANN10/11 Rn 6 ff.

6 6. Von der Regel des Art 181 Abs 1, daß für Inhalt und Wirkungen des Eigentums vom 1. 1. 1900 an die Vorschriften des BGB maßgebend sind, bestehen folgende **Ausnahmen**:

7 a) Während für das Miteigentum nach Bruchteilen (§§ 1008f BGB) die Regel des Art 181 Abs 1 gilt, verbleibt es nach Art 181 Abs 2 bei einer anderen Gestaltung des Miteigentums, insbes beim **Eigentum zur gesamten Hand**, grundsätzlich bei dem früheren Recht (Mot III 434; vgl unten Rn 12).

7 b) Durch Art 181 Abs 2 wird auch das **Sondereigentum an stehenden Erzeugnissen** eines Grundstücks, insbesondere an Bäumen aufrechterhalten (vgl unten Rn 13).

8 c) Weitere Ausnahmen enthalten die Art 182 (mit Art 131) und 183 für das **Stockwerkseigentum** und für **Waldbestände**.

9 d) Auch Art 184 begründet insofern eine Ausnahme von Art 181, als die dort aufrecht erhaltenen dinglichen Rechte das Eigentum beschränken.

10 e) Neben dem BGB, dessen Geltung Art 181 anordnet, gelten verschiedene bundes- und landesrechtliche Spezialgesetze, die Beschränkungen des Eigentums vorsehen.

11 f) Für das öffentliche Eigentum an Wegen kann der Landesgesetzgeber Sondervorschriften erlassen, etwa zum Schutz dieses Eigentums, und dabei auch eine vom BGB abweichende Regelung des Schadensersatzes treffen (BVerwG JuS 1968, 143 = DVBl 1968, 343).

II. Ausnahmen des Art 181 Abs 2

1. Alte Gesamthandsgemeinschaften

Das BGB kennt als Formen des gemeinschaftlichen Eigentums das Miteigentum **12** nach Bruchteilen und das Miteigentum zur gesamten Hand, letzteres aber nur für bestimmte Gemeinschaften (die Gesellschaft, die Gütergemeinschaft und die Erbengemeinschaft). Für das **Miteigentum nach Bruchteilen** gilt nach Art 181 Abs 1 seit dem 1. 1. 1900 ausschließlich das **neue Recht**, insbes §§ 1008–1011 BGB. Da es sich bei den alten Miteigentumsverhältnissen an Winkeln, Einfahrten, Brunnen usw, die mehreren Grundstücken dienen, um Miteigentum nach Bruchteilen gehandelt hat, gilt für sie nicht die Ausnahme des Abs 2, sondern die Regel des Abs 1 (BayObLGZ 7, 401). Auch auf der Grenze stehende, für zwei angebaute Häuser gemeinsame Giebelmauern, für die nach rhein BGB Art 653 das Recht der mitoyenneté galt, stehen seit Inkrafttreten des BGB im Miteigentum je zur Hälfte der beiden Grundstückeigentümer (BGHZ 27, 197). Da für die Gütergemeinschaft die spezielle Überleitungsvorschrift des Art 200, für die Erbengemeinschaft die spezielle Überleitungsvorschrift des Art 213 gilt, fallen auch sie nicht unter Art 181 Abs 2 (KG, KGJ 33, 227). Von dieser Vorschrift wurden daher nur die Verhältnisse der **Realgemeinden** und **ähnlicher genossenschaftlicher Verbände** erfaßt, für die weitgehend landesrechtliche Vorbehalte gelten (insbes Art 83 und 164, vgl BayObLGZ 1971, 125 = MittBayNot 1971, 248 mit Anm von Roellenbleg). Art 181 Abs 2, 1. Alt hatte daher von vornherein nur außerordentlich geringe praktische Bedeutung. Nach OLG Karlsruhe-Freiburg RdL 1954, 84 ist ein Anwendungsfall die alte badische Weidgenossenschaft, da die Vorschriften des BGB über das Miteigentum nach Bruchteilen dem Sinn dieser Genossenschaften nicht gerecht werden würden, bleiben sie mit dem Inhalt bestehen, den sie nach dem alten Recht gehabt haben. Auch badische gemeinsame Einfahrten benachbarter Hofreiten stehen nicht im Miteigentum, sondern in einem auch jetzt noch fortbestehenden Gemeinschaftseigentum besonderer Art (OLG Karlsruhe Bad Rspr 1933, 2; Hezel, Agrarrecht 1995 261 ff). Württembergische altr Gemeinschaft (zB Hofraum) ist Miteigentum ohne Bruchteil (LG Karlsruhe BWNotZ 1999, 152).

2. Sondereigentum an stehenden Erzeugnissen eines Grundstücks

Eine weitere Ausnahme von der Regel des Art 181 Abs 1 macht Art 181 Abs 2, 2. Alt **13** zugunsten des Sondereigentums an stehenden Erzeugnissen eines Grundstücks, insbes an Bäumen, die nach § 94 BGB wesentliche Bestandteile des Grundstücks und damit nach § 93 BGB nicht sonderrechtsfähig wären. Auch diese Ausnahmevorschrift hatte von vornherein kaum praktische Bedeutung, weil schon vor Inkrafttreten des BGB kaum Vorschriften bestanden, die stehenden Erzeugnissen eines Grundstücks Sonderrechtsfähigkeit zuerkannten (das PrALR I 22 §§ 200, 187, 197 kannte ein Sondereigentum an wildaufwachsendem Holz, das frühere württembergische Recht an Obstbäumen, das französische Recht an Bäumen, die an einer Staatsstraße angepflanzt sind; das vor 1900 im Gebiet Groß-Kollmar, Schleswig-Holstein, geltende Recht kannte dagegen kein Sondereigentum an Bäumen auf öffentlichen Wegen, LG Itzehoe SchlHAnz 1958, 11). Der Vorbehalt galt von vornherein nur für Grundstückserzeugnisse, nicht für andere wesentliche Bestandteile, so daß solche mit dem 1. 1. 1900, soweit vorher sonderrechtsfähig, in das Eigentum des

Joseph Hönle

Grundstückseigentümers übergingen (vgl Rn 4). Durch den Zeitablauf hat die **Vorschrift** inzwischen ihre **Bedeutung verloren**.

III. Landesrecht

1. Baden-Württemberg

14 Nachbarrechtsgesetz vom 14. 12. 1959 (GBl 171, Sammlung DÜRIG Nr 22) idF der Bek vom 8. 1. 1996 (GBl 53 = SaBl 567) enthält Regelungen über Grenzabstände, über die Duldung von Anbauten an die gemeinsame Grundstücksgrenze, § 7b Abs 2; § 43 hält alte Mauerrechte nach früherem badischem Recht aus der Zeit vor Inkrafttreten des BGB aufrecht. Art 216 f WürttbgAG sind aufgehoben.

2. Bayern

15 Art 43 ff AGBGB vom 20. 9. 1982 (GVBl 803) – Nachbarrecht. Art 62 AGBGB – Stockwerkseigentum.

Übergangsgesetz vom 9. 6. 1899 (BayBS III, 101) ist aufgehoben durch Art 80 Abs 2 Nr 2 AGBGB vom 20. 9. 1982 (GVBl 803).

3. Bremen

16 §§ 24, 25 BremAGBGB (SaBremR Nr 400-a-I); Scheidemauern, Miteigentum.

4. Hamburg

17 § 51 AGBGB (Eigentum an Deichen) ist aufgehoben durch § 12 G zur Ordnung deichrechtlicher Verhältnisse vom 29. 4. 1964 (GVBl 79, HambGuV Nr 232-e).

5. Hessen

18 **a)** Althessen: Art 138, 139 HessAGBGB (Grenzmauern, Miteigentum; HessGVBl II Nr 230-1). Art 215 ff, 220 ff sind gestrichen. Art 220–222 (Teileigentum) gelten weiter.

b) Ehemals preußische Gebiete: Art 24, 25 PrAGBGB sind in der Sammlung HessGVBl II Nr 230-2 gestrichen.

c) S nun die allgemeine Aufhebungsvorschrift in § 33 Abs 1 HessAGBGB vom 18. 12. 1984 (GVBl 344).

6. Niedersachsen

19 § 47 BraunschwAGBGB ist aufgehoben durch § 29 I Nr 1 NdsAGBGB vom 4. 3. 1971 (GVBl 73, Sammlung MÄRZ Nr 500 A); § 3 des Ges für das Herzogtum Oldenburg betr das nutzbare Eigentum an Grundstücken vom 25. 4. 1899 (OldenbgGVBl 32, 400 = NdsGVBl Sb III, 252) durch § 29 II Nr 18 NdsAGBGB.

7. Nordrhein-Westfalen

Ehemals preußische Gebiete: Art 24 PrAGBGB (Scheidemauer im Gebiet des rhei- **20** nischen Rechts) besteht weiter. Art 25 (widerrufliches Eigentum an Grundstücken) ist in SGV NW Nr 40 als gegenstandslos bezeichnet.

8. Rheinland-Pfalz

Das bayer G über das Liegenschaftsrecht in der Pfalz vom 1. 7. 1898 (GVBl 370 = BS **21** RhPf Sondernr 1 a/1966 Nr 403-1) ist aufgehoben durch § 27 Abs 1 Nr 1a AGBGB vom 26. 11. 1976 (GVBl 259); Art 215, 220 ff HessAGBGB sind aufgehoben worden durch § 27 Abs 1 Nr 2a des AGBGB für Rheinland-Pfalz.

9. Weitere Bundesländer

Die Landesnachbarrechte enthalten meist Bestimmungen über gemeinschaftliche **22** Mauern (Kommunmauern), treffen hierzu aber keine eigenen Regelungen zum Eigentum, so daß auf weitere Aufführung landesrechtlicher Vorschriften verzichtet wird. Näher zu diesen landesrechtlichen Vorschriften s Art 124 Rn 13, 17 ff. In den Ländern Brandenburg, Mecklenburg-Vorpommern, Sachsen, Sachsen-Anhalt u Thüringen gelten die früheren AGBGB nicht fort (vgl STAUDINGER/MERTEN Art 1 Rn 63 ff).

Artikel 182

Das zur Zeit des Inkrafttretens des Bürgerlichen Gesetzbuchs bestehende Stockwerkseigentum bleibt bestehen. Das Rechtsverhältnis der Beteiligten untereinander bestimmt sich nach den bisherigen Gesetzen.

Materialien: E I Art 106 Abs 1; II Art 154;
III Art 181; Prot VI 629 f.

1. Begriff des Stockwerkseigentums

1. Das **echte Stockwerkseigentum** ist das *Eigentum an Teilen eines horizontal* **1** *geteilten Gebäudes*, also wesentlicher Gebäudebestandteile, häufig, aber nicht notwendig verbunden mit dem Miteigentum am Grundstück selbst und an bestimmten gemeinschaftlich genutzten Einrichtungen, etwa dem Treppenhaus (s dazu insbes THÜMMEL BWNotZ 1984, 5, 9 ff; ders BWNotZ 1980, 97). Es unterscheidet sich einerseits vom sog „unechten" Stockwerkseigentum, bei dem das Miteigentum am Grundstück mit dem Sondernutzungsrecht an bestimmten Teilen des Gebäudes verbunden ist (vgl dazu Art 131 mit den Erl zu dieser Vorschrift), andererseits vom Wohnungseigentum nach dem Wohnungseigentumsgesetz, bei dem das Miteigentum am Grundstück mit dem Sondereigentum an einer Wohnung verbunden ist.

2. Bei manchen Rechten, insbesondere den **„Kellerrechten"**, etwa dem „Nürn- **2** berger Kellerrecht", ist zweifelhaft, ob sie als Stockwerkseigentum zu beurteilen sind. Bei der Bezeichnung „Keller" im Grundbuch für das herrschende Grundstück handelt es sich in aller Regel nicht um Stockwerkseigentum, sondern um eine nachbarrechtliche Beschreibung einer altrechtlichen Berechtigung an einem Keller, die im Falle ihrer Verbindung mit dem Eigentum an einem Grundstück als Grunddienstbarkeit fortgilt. Ist das Kellerrecht auf den Namen des Berechtigten eingetragen, so kommt dem keine ausschlaggebende Bedeutung zu, da bei altrechtlichen Kellerrechten das Recht des Berechtigten eingetragen wurde (BayObLG Rpfleger 1970, 26). Ein solches altrechtliches Nürnberger Kellerrecht erlischt deshalb grundsätzlich nicht mit der Zerstörung eines auf dem Grundstück errichteten Gebäudes, weil es kein Stockwerkseigentum, sondern eine Grunddienstbarkeit darstellt (BayObLGZ 1967, 397; SOERGEL/HARTMANN Art 182 Rn 1). Zum Kellerrecht nach gemeinem Recht s BayObLG NJW-RR 1991, 1426. Nach LG Ulm BWNotZ 1971, 68 ist dagegen ein Kellerrecht nach altem württembergischen Landrecht als Stockwerkseigentum (nicht als Erbbaurecht) anzusehen; Miteigentum an Grund und Boden ist – wie regelmäßig auch nach den anderen Landesrechten – nicht Voraussetzung für ein Stockwerkseigentum nach württembergischem Landrecht (s dazu THÜMMEL BWNotZ 1984, 5, 9 ff). Badisches Kellerrecht ist Grunddienstbarkeit oder Stockwerkseigentum (OLG Karlsruhe NJW-RR 1987, 138; dazu THÜMMEL BWNotZ 1987, 76).

II. Weiterbestehen des alten Stockwerkseigentums; Änderung bestehender Vorschriften

3 1.   Verschiedene Landesrechte, so das französische Recht (Art 664 Code civil), ferner die Rechte von Baden, dem rechtsrheinischen Bayern, von Württemberg und Schleswig kannten vor dem BGB echtes Stockwerkseigentum. Wegen § 93 BGB kann solches echtes Stockwerkseigentum seit dem 1.1.1900 nicht mehr begründet werden. Nach Art 182 S 1 bleibt dagegen das Stockwerkseigentum, das am 1.1.1900 bestanden hat, bestehen. Nach Art 182 S 2 bleiben bei diesem Stockwerkseigentum die früheren Gesetze auch für das Rechtsverhältnis unter den Beteiligten maßgebend, so für die Rechte an den gemeinschaftlich benützten Teilen des Gebäudes und für die Unterhaltspflicht. Für das echte Stockwerkseigentum des alten Rechts gilt also Art 173 nicht (PLANCK Anm 5).

4 2.   Nach Art 218 kann die **Landesgesetzgebung** die landesrechtlichen **Vorschriften über das Stockwerkseigentum, die am 1.1.1900 bestanden haben, ändern** oder auch echtes Stockwerkseigentum in unechtes Stockwerkseigentum überleiten. Tatsächlich sind die landesrechtlichen Vorschriften mehrfach geändert worden.

5 3.   Auch das **Wohnungseigentum** ließ das echte (wie das unechte) Stockwerkseigentum bestehen. § 63 Abs 1 WEG gibt eine Gebührenbegünstigung für die rechtsgeschäftliche Umwandlung von Stockwerkseigentum in Wohnungseigentum. § 63 Abs 3 WEG überließ es dem Landesgesetzgeber, das Stockwerkseigentum in Wohnungseigentum überzuleiten, wovon in Hessen Gebrauch gemacht wurde (vgl unten Rn 13). Zur Überleitung von Stockwerkseigentum in Wohnungseigentum nach §§ 37 ff BadWürttAGBGB s ZIPPERER BWNotZ 1985, 49.

III. Die Rechtslage beim echten Stockwerkseigentum

6 1.   Soweit sich **Rechtsfolgen aus** dem **Bundesrecht**, insbes dem BGB ergeben, gelten sie für jede Form des landesrechtlichen Stockwerkseigentums. Im übrigen sind die **landesrechtlichen Regelungen** zwar unterschiedlich, stimmen aber in ihren Grundsätzen überein.

2.   Eine **Veränderung des Stockwerkseigentums**, insbesondere seine Erstreckung **7** auf Grundstücksflächen oder Gebäudeteile, die vor dem 1. 1. 1900 nicht Gegenstand des Stockwerkseigentums waren, ist nicht zulässig (BayObLGZ 3, 1023); ebensowenig eine Teilung des Stockwerkseigentums, weil durch sie ein neues Stockwerkseigentum begründet würde (OLG Stuttgart RJA 6, 82).

Dagegen können bei Grundstücken, an denen beim Inkrafttreten des BGB Stockwerkseigentum bestand, auch noch nach dem 1. 1. 1900 bisher gemeinschaftliche Teile durch Rechtsgeschäft zwischen den Stockwerkseigentümern senkrecht als Sondereigentum aufgeteilt werden, weil dies weder den altrechtlichen Prinzipien des Stockwerkseigentums, noch dem BGB widerspricht (BGHZ 46, 281 = LM Nr 1 zu Art 182 EGBGB mit Anm von MATTERN = NJW 1967, 773). Andererseits erlaubt Art 182 die neue Bildung von abgesondertem Eigentum an horizontal geteilten Teilen eines Gebäudes, etwa die waagrechte **Teilung** des Eigentums an einer Grenzmauer, nicht (BGHZ 41, 177 = NJW 1964, 1221).

3.   Die **Übertragung** und **Belastung** des Stockwerkseigentums richtet sich nach **8** dem BGB (vgl Art 189), insbes nach §§ 873 ff BGB. Für die Behandlung des Stockwerkseigentums im Grundbuch ist das Landesrecht maßgebend (§ 136 GBO; vgl unten Rn 10 ff).

4.   Die **Renovierung** des Gebäudes oder dessen **Umbau** berühren den Fortbestand **9** des Stockwerkseigentums nicht (OLG Stuttgart BWNotZ 1955, 165). Mit der **vollständigen Zerstörung** des Gebäudes erlischt dagegen das Stockwerkseigentum (OLG Karlsruhe BWNotZ 1957, 334; OLG Stuttgart BWNotZ 1961, 182; 1962, 67). Gleichgültig ist, welche Umstände zur Zerstörung des Gebäudes geführt haben, ob die Stockwerkseigentümer das Gebäude einvernehmlich abgebrochen haben, ob es durch einen Stockwerkseigentümer rechtswidrig und schuldhaft zerstört wurde oder ob die Zerstörung auf einem Umstand beruht, der von keinem Stockwerkseigentümer zu vertreten ist (etwa Kriegseinwirkung). Das Stockwerkseigentum verwandelt sich in Miteigentum nach Bruchteilen. Hat ein Stockwerkseigentümer das Gebäude rechtswidrig und schuldhaft zerstört, so ist der Anspruch auf Aufhebung der Gemeinschaft für diesen ausgeschlossen (OLG Stuttgart BWNotZ 1961, 182; 1962, 67). Wird das zerstörte Gebäude wieder aufgebaut, so lebt das Stockwerkseigentum nicht wieder auf (vgl OLG Karlsruhe BWNotZ 1957, 334; OLG Stuttgart BWNotZ 1955, 165; **aA** THÜMMEL BWNotZ 1984, 5, 16 ff mit zahlr Nachw für das rheinische Recht und für das badische Recht, für das letztere nur bis zum 1. 1. 1975, da jetzt auch in Baden durch Art 229 WürttAGBGB geregelt; aA auch STAUDINGER/ DITTMANN[10/11] Rn 5 für den Fall, daß das Gebäude ohne den Willen der Berechtigten, etwa durch Brand oder Erdbeben, zerstört und in der gleichen Weise wie vorher wieder aufgebaut wurde, mit weit Nachw zu dieser str Frage). Zu den Voraussetzungen der Teilungsversteigerung zum Zwecke der Aufhebung des Stockwerkseigentums nach badwürtt Landesrecht s OLG Karlsruhe OLGZ 1983, 333.

Joseph Hönle

IV. Landesrecht

1. Ehem Land Preußen

10 Über das Stockwerkseigentum in Schleswig, Nassau und Frankfurt s Dehner, Nachbarrecht im Bundesgebiet (ohne Bayern) (7. Aufl 1991) § 3.

Das rheinische Recht (Art 553, 664 Code civil) kannte das Stockwerkseigentum im Sinne eines vollen, freien Eigentums an einem Stockwerk, verbunden mit unmittelbarem Miteigentum an der Grundfläche, dem Dach usw (Dehner § 3 aaO).

2. Baden-Württemberg

11 Vgl Hammer BWNotZ 1967, 20; Thümmel JZ 1980, 125; ders BWNotZ 1980, 97; 1984, 5; 1987, 75; Zipperer BWNotZ 1985, 49.

Das badische Landesrecht hat den Art 664 Code civil unverändert übernommen (Dehner, Nachbarrecht § 3; Meisner/Ring/Götz, Nachbarrecht in Bayern [7. Aufl] § 3 Fn 4).

In Württemberg hatte das Stockwerkseigentum eine ziemlich eingehende Regelung in Art 226 bis 231 WürttAGBGB idF vom 29. 12. 1931 (RBl 545 ff) erfahren. Diese Regelung gilt nun auch für den ehemals badischen Landesteil, § 36 mit Anlage, § 51 Abs 1 Nr 6 AGBGB vom 26. 11. 1974 (GBl 498). Über altrechtliches württembergisches Stockwerkseigentum s OLG Stuttgart BWNotZ 1961, 182 und 1962, 67.

3. Bayern

12 Bayern hatte durch Art 42 ÜbergangsG (BayBS III, 104) das Stockwerkseigentum gemäß Art 182, 131 EG in ein „uneigentliches Stockwerkseigentum" übergeleitet und so dem Geist des BGB angepaßt (vgl Meisner/Ring/Götz, Nachbarrecht in Bayern [7. Aufl 1986] § 3). Die Regelung des früheren Art 42 ÜbergangsG findet sich nunmehr in Art 62 AGBGB vom 20. 9. 1982 (GVBl 803). Das Stockwerkseigentum, das am 1. 1. 1900 bestanden hat, galt von da an als Miteigentum an dem ganzen Grundstück, also an der Grundfläche und an dem Gebäude; dagegen ist das Sondereigentum der Berechtigten an den einzelnen Stockwerken vom 1. 1. 1900 an erloschen und an seine Stelle ein dem Recht nach ungeteiltes Miteigentum mit Sonderbenützungsrechten getreten. Der Anspruch auf Aufhebung der Gemeinschaft ist jedoch ausgeschlossen.

Über die Behandlung des Stockwerkseigentums im Grundbuch s § 136 GBO, sowie Meikel/Böhringer, Grundbuchrecht (9. Aufl 2004) § 136 GBO Rn 28–31, sowie § 3 GBO. Die Anteile der Miteigentümer (die früheren Stockwerksrechte) sind regelmäßig auf gesonderten Blättern einzutragen.

4. Hessen

13 Echtes Stockwerkseigentum ist aufgrund der Ermächtigung in § 63 Abs 3 WEG durch das Hessische Gesetz zur Überleitung des Stockwerkseigentums vom 6. 2. 1962 (GVBl 17 = HessGVBl II Nr 231-35) in Teileigentum im Sinne des § 1 Abs 2, 3 WEG übergeleitet worden (vgl Dehner/Hodes, Hess Nachbarrecht § 3; Soergel/Hart-

MANN Art 182 Rn 3). Art 216–219 HessAGBGB sind durch § 4 des genannten Gesetzes aufgehoben.

5. Rheinland-Pfalz, Regierungsbezirk Pfalz

Art 20 Liegenschaftsgesetz ist aufgehoben durch § 27 Abs 1 Nr 1 AGBGB vom **14** 26. 11. 1976 (GVBl 259). Das frühere Stockwerkseigentum nach Art 664 des Pfälzischen Zivilgesetzbuches (= Art 669 Code civil) wurde durch Art 20 des Liegenschaftsgesetzes ebenso in Miteigentum nach BGB übergeleitet wie das Stockwerkseigentum im rechtsrheinischen Bayern durch Art 42 ÜbergangsG (s Rn 12).

Artikel 183

Zugunsten eines Grundstücks, das zur Zeit des Inkrafttretens des Bürgerlichen Gesetzbuchs mit Wald bestanden ist, bleiben die landesgesetzlichen Vorschriften, welche die Rechte des Eigentümers eines Nachbargrundstücks in Ansehung der auf der Grenze oder auf dem Waldgrundstück stehenden Bäume und Sträucher abweichend von den Vorschriften des § 910 und des § 923 Abs. 2 und 3 des Bürgerlichen Gesetzbuchs bestimmen, bis zur nächsten Verjüngung des Waldes in Kraft.

Materialien: E I Art 67; II Art 95; III Art 121 Abs 1.

1. Über die **Entstehungsgeschichte** des Artikels s Art 122 Rn 1; vgl auch Sten **1** Sitzungsbericht des Reichstags S 3035 (Prot III 144–148; VI 428). **Die praktische Bedeutung** des Vorbehalts darf nicht unterschätzt werden, auch wenn die zulässige Ausnahmeregelung nur bis zur nächsten Waldverjüngung gilt, die nach dem 1. 1. 1900 erfolgt. Schätzungen gehen immerhin davon aus, dass erst im Jahre 2050 etwa 90% der vor 1900 begründeten Waldbestände entsprechend verjüngt sind (vgl amtliche Begründung zum BayAGBGB 1982, S 23 f).

2. Inhalt

Der Art 183 enthält eine weitere Ausnahme von Art 181 Abs 1 und trifft eine **2** Übergangsbestimmung zugunsten der am 1. 1. 1900 bereits *bestehenden Wälder.*

Im Einzelnen ist Folgendes zu bemerken:

a) Nach § 910 BGB kann der Eigentümer eines Grundstücks vom Nachbargrundstück eingedrungene Baum- und Strauchwurzeln sowie überragende Zweige (nach Ablauf einer angemessenen Frist zur Beseitigung) selbst beseitigen und behalten. Vorausgesetzt wird eine Beeinträchtigung der Benutzung des Grundstücks. Nach § 923 Abs 2 und 3 BGB kann er die Beseitigung eines auf der Grenze stehenden Baumes oder Strauches, wenn er nicht als Grenzzeichen dient und durch kein zweckmäßigeres Grenzzeichen ersetzt werden kann, verlangen. Der Art 183 hält

Joseph Hönle
Jörg Mayer

von diesen Selbsthilfe- und Beseitigungsrechten abweichende landesgesetzliche Vorschriften bis zur nächsten Verjüngung des Waldes aufrecht.

b) Diese Übergangsbestimmung gilt für jeden einzelnen bestehenden Wald *nur bis zu dessen nächster Verjüngung*. Sie gilt also weder für Wälder, welche erst ab dem 1.1.1900 neu angelegt wurden, noch für Waldgrundstücke, welche nach einem durchgeführten Kahlhieb erst vom 1.1.1900 an wieder aufgeforstet wurden. Der Regierungsantrag, die Vorschrift allgemein zu fassen und nicht auf bestehende Wälder zu beschränken, weil *nach örtlichen Verhältnissen* ein weitergehender Schutz des Waldes, insbesondere wegen der Gefahr des Windbruchs, erforderlich sein könne, wurde abgelehnt, weil man davon ausging, dass die § 910 und § 923 BGB auch für die Interessen des Waldes im Allgemeinen vollständig genügten (RTK 440b S 6. Zum Begriff der Verjüngung und der in diesem Zusammenhang wichtigen Begriffe *Femelschlag* und *Plenterbetrieb* s Sprau, Justizgesetze in Bayern [1988] Art 51 BayAGBGB Rn 7; Meisner/Ring/ Götz, Nachbarrecht in Bayern[7] § 17 Rn 14.)

c) Die Übergangsbestimmung dieses Artikels hält nur jene (bestehenden oder aufgrund des Art 218 neu zu erlassenden) *landesgesetzlichen Vorschriften* aufrecht, *welche der Erhaltung des Waldes günstiger sind* als § 910 und § 923 Abs 2 und 3 BGB, welche also die Rechte des Eigentümers des mit dem Walde zusammenstoßenden Nachbargrundstücks hinsichtlich der auf der Grenze oder auf dem Waldgrundstücke stehenden Bäume weiter als die Vorschriften des § 910 und des § 923 Abs 2 und 3 BGB beschränken (was sich aus den Worten „zugunsten eines Grundstücks, das usw" ergibt).

d) Über das bisherige Recht vgl Stobbe, Handbuch des Deutschen Privatrechts, Bd 2 85 Ziff 8 S 102 ff.

3 **3.** Ein anderes Regelungsziel als die Art 122 und 183 verfolgt **Art 124**, welcher landesgesetzliche Bestimmungen darüber zulässt, dass Bäume und Sträucher nur in einem bestimmten Abstande von der Grenze gehalten werden dürfen *(allgemeines Nachbarrecht)*. Durch dieses vorbeugende Nachbarrecht soll präventiv verhindert werden, dass Selbsthilferechte notwendig sind (Staudinger/Roth [2002] § 910 BGB Rn 35; vgl auch Erl zu Art 122 Rn 3).

4 **4.** Seinem Zweck nach muss sich der *Vorbehalt* des Art 183 EGBGB und der danach erlassenen landesrechtlichen Ausführungsbestimmungen *auch auf* die von BGHZ 60, 235 anerkannte *Befugnis* des Nachbarn erstrecken, *nach §§ 903, 1004 BGB* vom Eigentümer des Waldgrundstücks selbst die *Beseitigung* der Äste und Wurzeln zu *verlangen* (Sprau Art 51 BayAGBGB Rn 9).

5. Landesgesetze

a) Baden-Württemberg

5 § 34 iVm § 23 Abs 2, § 24 NachbRG idF vom 8.1.1996 (GBl 54), geändert durch G vom 1.7.2004 (GBl 469), – davon § 34 Abs 1 beschränkt auf den Geltungsbereich des WürttAGBGB.

Übergangsvorschriften

b) Bayern

Vgl Art 51 Abs 3, 4 AGBGB vom 20. 9. 1982 (GVBl 803 = BayRS 400-1-J), zuletzt geändert durch G vom 7. 8. 2003 (GVBl 497). Näher hierzu BAYER/LINDNER/GRZI-WOTZ, Nachbarrecht in Bayern (2. Aufl 1994) 157 f; SPRAU Art 51 Rn 8 f; MEISNER/RING/GÖTZ § 17 Rn 14 ff.

c) Saarland

Ehem *Bayern*: früher Art 9 ÜbergangsG z BGB vom 9. 6. 1899 (BS Saar 400-3), gilt jetzt nicht mehr, vgl 4. RBerG vom 26. 1. 1994 (ABl 509).

d) Sonstige Gebiete

Die zu a)–c) aufgeführten Landesgesetze sind gem Art 218 EGBGB neu erlassen worden. Gem Art 183 EGBG kann aber auch in den sonstigen Gebieten das bei Inkrafttreten des BGB bestehende Recht fortgelten, so uU in ehemals preußischen Gebieten ALR Teil I Kap 9 §§ 287, 288.

e) Sonstige Regelungen

Die meisten **Landeswaldgesetze** (Forstgesetze) enthalten nur allgemeine Verpflichtungen nachbarrechtlicher Art (zu undifferenziert daher MünchKomm/SÄCKER Rn 2), insbes zur Einhaltung von Pflanzabständen, etwa § 16 Abs 2 MVLWaldG vom 8. 2. 1993 (GVOBl 90 = Gl Nr 790-2), zuletzt geändert durch G vom 18. Dezember 2000 (GVOBl 551); § 16 Abs 4 HessForstG vom 4. 7. 1978 (GVBl I 424), zuletzt geändert durch G vom 18. 12. 2003 (GVBl I 513); § 25 Abs 2 SachsWaldG vom 10. 4. 1992 (GVBl 137), geändert durch G vom 11. 12. 2002 (GVBl 312). Mitunter finden sich auch im allgemeinen Nachbarrecht spezielle Vorschriften für die Grenzabstände von Waldungen, vgl etwa § 58 ff NdsNachbarrechtsG vom 31. 3. 1967 (GVBl 91, zuletzt geändert durch G vom 20. 11. 2001 [GVBl 701]) ohne ausdrücklichen Bezug auf die og BGB-Vorschriften.

Artikel 184

Rechte, mit denen eine Sache oder ein Recht zur Zeit des Inkrafttretens des Bürgerlichen Gesetzbuchs belastet ist, bleiben mit dem sich aus den bisherigen Gesetzen ergebenden Inhalt und Range bestehen, soweit sich nicht aus den Artikeln 192 bis 195 ein anderes ergibt. Von dem Inkrafttreten des Bürgerlichen Gesetzbuchs an gelten jedoch für ein Erbbaurecht die Vorschriften des § 1017, für eine Grunddienstbarkeit die Vorschriften der §§ 1020 bis 1028 des Bürgerlichen Gesetzbuchs.

Materialien: E I Art 106 Abs 2; II Art 155; III Art 183; Mot EG 265; Prot VI 516 ff, 555 f, 629 ff.

Schrifttum

FISCHER, Nochmals: Altrechtliche Dienstbarkeiten, ein Zopf zum Abschneiden?, MittBayNot 1973, 7

ders, Die altrechtlichen Dienstbarkeiten in Bayern, AgrarR 1975, 132

Jörg Mayer
Joseph Hönle

FOAG, Der Bestandsnachweis alter Wegerechte
in Bayern, RdL 1961, 145
GRAF, Die sogenannten öffentlich-rechtlichen
Wegedienstbarkeiten in Württemberg,
WürttbgZ 1914, 140
HABICHT, Die Einwirkung des Bürgerlichen
Gesetzbuchs auf zuvor entstandene Rechtsver-
hältnisse (3. Aufl 1901) 425
KAMLAH, Altrechtliche Dienstbarkeiten, ein
Zopf zum Abschneiden, MittBayNot 1972, 221

LINDE, Dienstbarkeit nach badischem Landes-
recht, Justiz 1962, 136
MEISNER, Stillschweigende Servitutenbestel-
lung, JW 1925, 2187
RIEDEL, Über den Beweis altrechtlicher
Grunddienstbarkeiten, RdL 1952, 32
SCHMITT, Der Rang der nicht eingetragenen
superfiziarischen Rechte, BayNotZ 1915, 146.

I. Grundsätzliches Weiterbestehen alter dinglicher Rechte mit altem Inhalt

1 1.   Art 184 S 1 stellt den Grundsatz auf, daß Rechte, mit denen eine Sache oder ein Recht bei Inkrafttreten des BGB belastet waren, mit ihrem früheren Inhalt und Rang bestehen bleiben. Er enthält also eine sog „Gewährungsklausel" während Art 181 Abs 1 für das Eigentum eine sog „Ausschlußklausel" enthält.

2 2.   Art 184 **gilt für alle Rechte**, mit denen eine (bewegliche oder unbewegliche) Sache oder ein Recht am 1. 1. 1900 belastet war, bei Rechten an Grundstücken selbstverständlich sowohl für die eingetragenen, als auch für die nicht eingetragenen Rechte, soweit diese weiter gelten (RGZ 56, 10; BayVGH 1972, 675; OLG Karlsruhe OLGZ 1978, 81 = Justiz 1977, 375). Unter Art 184 fallen auch solche Rechte, die in die geschlossene Zahl der Sachenrechte des BGB nicht aufgenommen worden sind und deren Begründung nach dem BGB deshalb nicht mehr zulässig wäre, wie die superficies des gemeinen Rechts (vgl BayObLGZ 13, 254), dingliche Miet- und Pachtrechte oder ein vererblicher Nießbrauch (KG OLGE 6, 203; PLANCK Anm 2).

3 Nicht unter Art 184 fallen

(a) die sog Rechte zur Sache (vgl Art 179 Rn 2);

(b) die sog selbständigen Rechtspositionen der älteren Rechte, wie der Besitz, auch nicht der publizianische und der Mobiliarbesitz des französischen Rechts;

(c) die sog Legalservituten; diese sind als gesetzliche Eigentumsbeschränkungen nach Art 181 zu behandeln;

(d) die dinglichen Rechte, für die nach Art 59 ff auch weiterhin die Landesgesetze in Kraft bleiben, zB die bäuerlichen Nutzungsrechte;

(e) das vertragsmäßige Rückfallsrecht des französischen Rechts (Code civil Art 1183, 1184, 960; vgl Planck Anm 3).

II. Entstehen der Belastungen nach altem Recht

4 1.   Die von Art 184 S 1 betroffenen Belastungen sind mit ihrem früheren Inhalt und Rang bestehen geblieben, wenn sie am 1. 1. 1900 zu Recht bestanden haben. Ob dies der Fall war, ist nach dem früheren Recht zu beurteilen (BGH LM Nr 2 zu Art 184 mit Anm von MATTERN = MDR 1972, 37; WarnR 1971, Nr 231 = MDR 1972, 224; RGZ 79, 380; 131, 167; BayObLGZ 1970, 226; OLG Karlsruhe OLGZ 1978, 81 = Justiz 1977, 375; LG Baden-Baden Justiz 1982, 50 mit Anm von JÜRGENSEN; BayObLGZ 1989, 200, 207). Erforderlich, aber auch ausreichend ist es, wenn alle nach den früheren Gesetzen bestehenden Erfordernisse für die Entstehung des dinglichen Rechts unter der Herrschaft des früheren Rechts eingetreten sind (zur Wirksamkeit der Entstehung des dinglichen Rechts, BayObLGZ 1985, 225).

2. Zur **Entstehung einer Grunddienstbarkeit** (Servitut) genügte nach gemeinem **5** Recht der **formlose Vertrag** (BGHZ 42, 63 = NJW 1964, 2016 = MDR 1964, 996; s dazu DEHNER, Nachbarrecht [7. Aufl 1991] § 36 I). Eine Grunddienstbarkeit konnte deshalb nach gemeinem Recht auch stillschweigend bestellt werden, etwa dadurch, daß sie durch konkludente Handlung anerkannt wurde (BGH LM Nr 2 zu Art 184 EGBGB mit Anm von MATTERN = MDR 1972, 37) oder bei der Veräußerung eines Grundstücksteiles (per alienationem ipso facto) oder durch Ersitzung (BayObLGZ 31, 102; 32, 266; 1959, 480; 1962, 32; OLG Hamm NJW-RR 1987, 137; DEHNER § 36 II).

Nach **Bayerischem Landrecht** konnte eine Grunddienstbarkeit durch stillschweigen- **6** de Bestellung, Ersitzung, unvordenkliche Verjährung oder Herkommen entstehen (BayObLGZ 1962, 132; 1996, 286). In Bayern konnten nach gemeinem Recht Servitute durch Vertrag begründet werden, der ab 1. 7. 1862 der notariellen Beurkundung bedurfte (vgl BayObLG DNotZ 1992, 670). Eine nicht eingetragene Grunddienstbarkeit konnte während der Ersitzungszeit nach den wirtschaftlichen Bedürfnissen des herrschenden Grundstücks erweitert werden, wenn dem nicht natürliche Hindernisse entgegenstehen, so daß sich der Wille zur Ausübung und der Besitzstand von vornherein nur auf eine beschränkte Nutzung erstreckt haben (LG Bamberg RdL 1952, 94). Zum Erwerb einer Grunddienstbarkeit (Geh- und Fahrtrecht) nach Gemeinem Recht sowie zum Inhalt und zum Erlöschen eines derartigen Rechts bei Veräußerung eines Grundstücksteiles s BayObLGZ 1997, 98.

Die unvordenkliche Verjährung, welche mindestens einen Zeitraum von 40 Jahren erfordert, ist nach BayVGH AgrarR 1975, 153 kein Erwerbsgrund für eine Wegeservitut, sondern begründet nur eine Vermutung dafür, daß ein Recht zu einem nicht mehr feststellbaren Zeitpunkt entstanden ist; gegen eine solche Vermutung ist der Gegenbeweis zulässig. Zu Voraussetzungen, insbesondere zum Zeitpunkt der Entstehung eines altrechtlichen privaten Wasserbenutzungsrechtes durch unvordenkliche Verjährung s BayObLGZ 1994, 129 = MittBayNot 1994, 433. Im Anwendungsbereich des § 900 Abs 2 BGB scheidet ein Rechtserwerb durch unvordenkliche Verjährung aus (BGH NJW 1990, 2555; DEHNER § 36 III; PALANDT/BASSENGE Art 184 Rn 3).

Eine unständige offene Dienstbarkeit des **Badischen Landrechts** konnte nur durch **7** Vergünstigung, nicht durch unvordenkliche Verjährung erworben werden (OLG Karlsruhe Justiz 1978, 295). Eine „Vergünstigung" im Sinne des badischen LRS 691 ist eine nicht formbedürftige Willenserklärung, durch die das Grundstück mit der Grunddienstbarkeit belastet wird (LG Baden-Baden Justiz 1972, 50 mit Anm von JÜRGENSEN). Stillschweigende Anerkennung genügt (OLG Karlsruhe Justiz 1978, 295; OLG Düsseldorf MDR 1976, 401). Zur Entstehung einer Wegedienstbarkeit nach badischem Recht s OLG Karlsruhe Justiz 1970, 341.

Eine nach Badischem Landrecht nicht zulässige und daher nicht wirksam begründete persönliche Dienstbarkeit kann nicht nach Inkrafttreten des BGB und nach Ablauf der Frist des § 900 BGB als dingliches Recht Wirksamkeit entfalten (s OLG Karlsruhe NJW-RR 1992, 1499; SOERGEL/HARTMANN Art 184 Rn 6).

8 Über die Entstehung von Dienstbarkeiten nach dem **Code civil** s BGH MDR 1966, 748.

Zur Entstehung einer Grunddienstbarkeit (Wegerecht an einer Hofzufahrt) nach dem franz Code civil von 1804 als dem vor Inkrafttreten des BGB in der bayerischen Pfalz geltenden Recht (s OLG Zweibrücken NJW-RR 2003, 1316); formfreier Titel genügt; Vermerk im Urkataster ist ausreichendes Indiz für den Bestand des Rechts. Eine solche Dienstbarkeit konnte nur durch dreißigjährige Nichtausübung vor oder zehnjährige Nichtausübung nach Anlegung des Grundbuchs erlöschen und hat im übrigen alle Rechtsänderungen überdauert (OLG Zweibrücken aaO).

Zur Frage der Begründung einer Wegegerechtigkeit nach § 13 Abs 1 22 **PrALR** s BGH WarnR 1971 Nr 231 = MDR 1972, 224. Über die Ersitzung von Wegerechten nach **Gemeinem Recht** s OLG Oldenburg RdL 1955, 307, über die eines Erbbaurechts nach **württembergischem Recht** BGH BWNotZ 1963, 301. Zum Erwerb eines Geh- und Fahrtrechts durch unvordenkliche Verjährung oder aus sonstigem Rechtsgrund s LG Stuttgart BWNotZ 1979, 68.

9 Gerade in den Gebieten, in denen Dienstbarkeiten nicht durch unvordenkliche Verjährung entstehen konnten – wie nach dem Badischen Landrecht – dürfen an den **Nachweis** der – stillschweigenden – Anerkennung infolge des großen Zeitablaufs keine allzu strengen Anforderungen mehr gestellt werden (OLG Karlsruhe Justiz 1978, 295; so auch OLG Zweibrücken NJW-RR 2003, 1316). Es kann als genügend angesehen werden, daß aus einer jahrzehntelangen Duldung in Verbindung mit sonstigen Indizien auf eine Anerkennung geschlossen werden kann (OLG Karlsruhe aaO). Eine bloße tatsächliche Duldung konnte jedoch nicht rechtserzeugend wirken (vgl OLG Karlsruhe Justiz 1983, 117, 457). Zum Beweis für den Erwerb der Dienstbarkeit können auch die örtlichen Gegebenheiten der beiden Grundstücke genügen, wenn sie auf die Dienstbarkeit zwingend schließen lassen (LG Baden-Baden Justiz 1982, 50 mit Anm von JÜRGENSEN). Eine Urkunde, die ein altrechtliches Wegerecht voraussetzt, kann ein ausreichendes Indiz dafür sein, daß ein solches Wegerecht tatsächlich bestellt worden ist (OLG Düsseldorf RNotZ 2001, 44).

Dagegen erkennt die Entscheidung des BayVerfGH, DNotZ 1961, 39 trotz der Beweisschwierigkeiten des (angeblich) Berechtigten keine Beweiserleichterung an: Bei Streitigkeiten über den Bestand altrechtlicher Servituten sind die Gerichte danach nicht verpflichtet, sich mit einem geringeren Grad der Wahrscheinlichkeit zu begnügen als dem, der nach der Lebenserfahrung der Gewißheit gleichkommt. Dabei ist zu berücksichtigen, daß nach bayerischem Recht die unvordenkliche Verjährung (von mindestens 40 Jahren) eine Vermutung für das Entstehen des Rechts begründet hat.

III. Weitergeltung des früheren Rechts

1.   Nach Art 184 S 1 bleiben die früheren Rechte, insbesondere die altrechtlichen **10**
Dienstbarkeiten, mit dem sich aus den früheren Vorschriften ergebenden Inhalt
bestehen.

2.   Dies gilt insbes für die **Auslegung** dahingehend, welchen Inhalt das Recht hat. **11**

Zur Frage, ob ein gemeinrechtliches **Servitut** (Bauverbot) als Realservitut (Grund- **12**
dienstbarkeit) oder Personalservitut (beschränkte persönliche Dienstbarkeit) bestellt wurde und zur Auslegung altrechtlicher Servitutverträge nach gemeinem Recht
s BayObLG BayJMBl 1971, 12. Zu den Gemeindeservituten s BayObLGZ 1952,
314; 1959, 478 (Quellenrecht); 1962, 24, 356; BayVerfGH ZMR 1962, 331 = RdL
1962, 161. Zu den irregulären Personalservituten des gemeinen Rechts und des
älteren deutschen Rechts, zB zum Gemeinderecht einer Gemeinde s BayKomp-
KonflG LZ 1926, 823 und SOERGEL/HARTMANN Rn 14. Nach dem bayerischen Landrecht ist eine gemeindliche Wegedienstbarkeit ein irreguläres Personalservitut
(BayVGH AgrarR 75, 153). Zu altrechtlichen Wegerechten s außerdem LG Itzehoe
SchlHAnz 1975, 84. Ein nach Bay Landrecht als Realservitut bestehendes Fahrtrecht
besteht als Grunddienstbarkeit an den betroffenen Grundstücken fort, falls das
belastete Grundstück geteilt worden ist (BayObLGZ 1988, 426).

Das sog **Kellerrecht** der älteren Rechte ist nach der Rspr – wohl im Anschluß an **13**
RGZ 56, 258 – keine besondere Form des (Stockwerks-)Eigentums, sondern eine
Dienstbarkeit (s Art 182 Rn 2; s insbes zum Alt-Nürnberger Kellerrecht OLG Nürnberg DNotZ
1962, 35; BayObLGZ 1967, 397 = MDR 1968, 324; zum rheinischen Kellerrecht RGZ 56, 258. OLG
Köln RheinArch 1905, I, 11; 1906, I, 146; KG JW 1933, 1334 mit Anm von PLUM; s auch SOERGEL/
HARTMANN Art 184 Rn 3; krit dazu THÜMMEL BWNotZ 1984, 5, 13 ff. Kellerrecht nach gemeinem
Recht BayObLG NJW-RR 1991, 1426. Badisches Kellerrecht OLG Karlsruhe NJW-RR 1987, 138;
THÜMMEL BWNotZ 1987, 76).

Ist in einer vor dem Inkrafttreten des BGB im Geltungsbereich des PrALR errichteten Urkunde zu einem Haus ein in einem anderen Haus gelegener Keller
„mitverkauft", so ist in der Regel anzunehmen, daß dem Käufer eine Grunddienstbarkeit an diesem Keller eingeräumt werden sollte (OLG Nürnberg DNotZ 1962, 35).
Zur Rechtslage, wenn sich unter zwei aneinandergrenzenden Grundstücken ein
einheitlicher, bereits vor der Bebauung der Grundstücke und vor dem 1. 1. 1900
vorhandener Keller befindet, s OLG Karlsruhe Justiz 1980, 46. Zur Entstehung,
grundbuchmäßigen Eintragung und Übertragungsmöglichkeit eines vor Inkrafttreten des BGB enstandenen Kellerrechts s LG Amberg MittBayNot 1994, 45. Nach
OLG Düsseldorf (DNotZ 1990, 109) gilt ein nach Rheinischem Code civila begründetes
(Sonder-)Eigentum an Kellerräumen unter fremden Grundstücken als Grunddienstbarkeit fort, wenn beim Kauf und der Übereignung des Kellerraumes nicht zugleich
Miteigentum am Haus oder am Grundstück miterworben wurde.

Die Rechtsprechung hatte mehrfach über die Auslegung altrechtlicher Dienstbar- **14**
keiten zu entscheiden. Bei der Prüfung des Umfangs eines alten Rechts ist grundsätzlich von der Zeit der Bestellung auszugehen (BGH WM 1964, 1029), aber die
wirtschaftliche und technische Entwicklung, sowie die jetzige Verkehrssitte sind zu

berücksichtigen (vgl auch BayObLGZ 1962, 24). Das Maß der Benutzung bestimmt sich nach neuem Recht; hierbei handelt es sich aber nicht um eine Frage der Auslegung, sondern um eine Frage des objektiven Inhalts der Dienstbarkeit (s daher unter Rn 19). Zur Auslegung alter Dienstbarkeiten s noch BGH LM Nr 2 zu Art 184 EGBGB mit Anm von MATTERN = MDR 1972, 37 (Kelleröffnungen waren dann als Aussichtsfenster anzusehen, wenn sie wie diese einen Ausblick auf oder in das Nachbargrundstück gewährten) und OLG Zweibrücken OLGZ 1968, 143 (ist ein Geh- und Fahrtrecht unter bestimmter Angabe der Wegbreite als altrechtliche Dienstbarkeit in der damals vorgeschriebenen Form wirksam begründet worden, so verbietet sich eine Auslegung hinsichtlich der Breite; an eine das Recht erweiternde schuldrechtliche Vereinbarung sind strenge Anforderungen zu stellen).

15 3.   Art 184 S 1 läßt die alten Rechte mit ihrem früheren **Inhalt** fortbestehen. Unter dem Inhalt der Rechte ist die **Gesamtheit der Befugnisse des Berechtigten** gegenüber dem Eigentümer zu verstehen (RGZ 56, 381).

16 Zum Inhalt des Rechts gehört auch seine **Übertragbarkeit** oder Nichtübertragbarkeit. Dagegen vollzieht sich die Übertragung selbst nach neuem Recht. Das gilt insbesondere für die Form der Übertragung. Auch die Belastung und die (rechtsgeschäftliche) Aufhebung des Rechts richten sich nach neuem Recht (KG KGJ 50, 182); eine Ausnahme gilt nach Art 189 Abs 3 für im Grundbuch nicht eingetragene Grundstücksbelastungen.

17 4.   Nach Art 184 S 1 behalten die alten Rechte auch ihren früheren **Rang**. § 879 BGB, wonach die Reihenfolge der Eintragung maßgebend ist, gilt auch nach Anlegung des Grundbuchs nicht, soweit nicht die Ausführungsgesetze etwas anderes bestimmen (PLANCK Anm 5b; BayObLGZ 1959, 478). Deshalb stehen altrechtliche nicht eingetragene Kellerrechte den Hypotheken nicht grundsätzlich im Rang nach (SCHMITT BayNotZ 1915, 146). Dagegen ist § 880 BGB über die Rangänderung anwendbar.

18 5.   Ist eine Grunddienstbarkeit vor dem Inkrafttreten des BGB dadurch erloschen, daß das **herrschende und** das **dienende Grundstück** an den **selben Eigentümer** gelangten, so ist die Grunddienstbarkeit durch die **Trennung** des Eigentums an den beiden Grundstücken auch dann **wieder aufgelebt**, wenn diese Trennung nach dem Inkrafttreten des BGB erfolgte (BGH NJW 1971, 2071 = LM Nr 2 zu Art 184 EGBGB mit Anm von MATTERN = MDR 1972, 37). Denn das frühere Recht kannte keine Rechte an der eigenen Sache; bei Vereinigung von herrschendem und dienendem Grundstück erlosch ein Recht nur auflösend bedingt durch die später erfolgende Trennung.

19 6.   Das **Maß für** die **Benutzung**, die dem Berechtigten einer altrechtlichen Dienstbarkeit zusteht, bestimmt sich nach **neuem Recht**, ist also dem Wandel der wirtschaftlichen Verhältnisse unterworfen (RGZ 66, 28; 56, 378; OLG Karlsruhe OLGZ 1978, 81 = Justiz 1977, 375; BayObLGZ 1996, 286). Danach muß eine Steigerung des Bedürfnisses geduldet werden, wenn dieses in der normalen Entwicklung auftritt und damit voraussehbar ist. Dies ist bei der Umstellung eines seit Jahrhunderten landwirtschaftlich genutzten Hofes in eine Vesperstube mit Kraftfahrzeugverkehr nicht der Fall (OLG Karlsruhe aaO). In ähnlichem Sinne entschied das LG Düsseldorf (RdL 1979, 70), daß eine nachträgliche Erweiterung der Bedürfnisse des herrschenden Grundstücks dann nicht zu einer erweiterten Ausnützung der Servitut berechtige, wenn die Benutzung des herrschenden Grundstücks in nicht vorhersehbarer Weise geändert wird.

7.   Forstberechtigungen in Bayern stehen regelmäßig unter dem Vorbehalt der **20** Befugnis des Verpflichteten, Teile des belasteten Grundstücks unbeschadet der Rechtsgewährung aus dem Restgrundstück lastenfrei abzuveräußern (BayObLGZ 1975, 69 = RdL 1975, 91). Der zu einem altrechtlichen Weiderecht einseitig und freiwillig eingeräumte oder geduldete Beitrieb von Geißen durch Hirten ist in der Regel nicht als Forst- oder Forstnebenrecht, sondern lediglich als Forstvergünstigung anzusehen (BayObLGZ 1991, 425).

8.   Die **Vorschriften über** den **Grenzüberbau** (§§ 912 ff BGB) finden auf Grund- **21** dienstbarkeiten des alten Rechts **entsprechende Anwendung** (BGH LM Nr 5 zu Code civil = MDR 1966, 748 = DNotZ 1967, 103; vgl BGHZ 39, 51; SOERGEL/HARTMANN Rn 6). Überbau kann auch vorliegen, wenn nicht auf unbebautem Grund und Boden, sondern auf einer Kellermauer jenseits der Grenze aufgebaut wird (BGH DNotZ 1969, 539 = NJW 1969, 1481 über eine gemeinrechtliche Dienstbarkeit, die durch Anbau ausgeübt wurde).

9.   Zur Behandlung altrechtlicher Dienstbarkeiten in der **Zwangsversteigerung** **22** s SCHIFFHAUER Rpfleger 1975, 187 (STÖBER, ZVG [17. Aufl 2002] § 9 EGZVG Rn 2).

10.   Die **rechtsgeschäftliche Aufhebung** eines alten Rechts richtet sich – abgesehen **23** von der Ausnahme des Art 189 Abs 3 für im Grundbuch nicht eingetragene Grundstücksbelastungen – nach neuem Recht (KG KGJ 50, 182; s oben Rn 16). Die aufrechterhaltenen Rechte erlöschen aus den in den früheren Rechten vorgesehenen Gründen, weil diese **Erlöschensgründe** zum Inhalt des jeweiligen Rechts gehören (vgl BGH LM Nr 5 zu Code civil = MDR 1966, 748; RGZ 58, 157; RG WarnR 1910 Nr 160; MünchKomm/ SÄCKER Rn 3; SOERGEL/HARTMANN Rn 6; aA für die Verjährung OLG Hamburg MDR 1955, 101, 102). Es können aber auch Gründe das Erlöschen herbeiführen, die sich aus dem neuen Recht ergeben, wenn es sich um die Wirkung von Ereignissen handelt, die nicht mit dem Inhalt des Rechts zusammenhängen (vgl PLANCK Anm 5a d; OLG Düsseldorf MDR 1976, 401, wo erörtert wird, daß ein von einem privaten Eisenbahnunternehmer eingeräumtes Übergangsrecht gegenüber der Deutschen Bundesbahn als Rechtsnachfolgerin jedenfalls in der Regel geltend gemacht werden kann, wenn der Übergang für das herrschende Grundstück noch gegenwärtig Vorteile bietet). Der Inhalt einer nach gemeinem Recht ipso facto erworbenen Grunddienstbarkeit wird durch den Erwerb einer weiteren Zufahrt nicht beeinflußt (LG Stade NdsRpfl 1959, 85). Nach Art 703 Code civil hört eine Grunddienstbarkeit schon dann auf, wenn ihre Ausübung auch nur vorübergehend unmöglich ist. Dazu genügt jedoch bei einem Wegerecht, zu dessen Ausübung das Betreten eines dritten Grundstücks nötig ist, noch nicht, daß dem Berechtigten kein Recht zum Betreten dieses Grundstücks zusteht, solange das Betreten tatsächlich geduldet wird (BGH LM Nr 5 zu Code civil = MDR 1966, 748 = DNotZ 1967, 103). Eine nach dem Recht des Code civil entstandene Grunddienstbarkeit erlischt infolge Nichtgebrauchs während eines Zeitraums von dreißig Jahren (LG Düsseldorf AgrarR 1974, 354). Das bayerische Landrecht enthält für die Verjährung irregulärer Personalservitute keine speziellen Vorschriften (BayVGH AgrarR 1975, 153). Eine Grunddienstbarkeit (Wasserleitungsrecht) kann als gegenstandslos von Amtswegen gelöscht werden, wenn sie für die Benutzung des Grundstücks des Berechtigten in Gegenwart und Zukunft jeden Vorteil verloren hat (BayObLG NJW-RR 1988, 781; BayObLGZ 1986, 218 ff). Zum Fortbestand eines vor 1850 begründeten preußischen Erbpachtverhältnisses s Roth/Schmitz DNotZ 2002, 839.

24 11. Die Vorschriften des BGB über den **Schutz des guten Glaubens** beim Erwerb von dinglichen Rechten (§§ 932 ff, 1032, 1207, 1208) und über den öffentlichen Glauben des Grundbuchs (§§ 892, 893 BGB) gelten auch gegenüber altrechtlichen dinglichen Rechten und können so deren Bestand oder Rang beeinflussen, sofern der geschützte Rechtserwerb unter der Herrschaft des BGB stattfindet (PLANCK Anm 5c). So kann der gutgläubige Erwerber eines neuen Pfandrechts den Vorrang vor dem Inhaber eines altrechtlichen Pfandrechts erlangen (RGZ 77, 1). Eine Ausnahme gilt nach Art 187 Abs 1 für altrechtliche Grunddienstbarkeiten (diese Vorschrift wurde von BayVGH DNotZ 1972, 675 wohl übersehen), die durch gutgläubigen Erwerb nicht erlöschen können, auch wenn sie nicht im Grundbuch eingetragen wurden (vgl im einzelnen die Erl zu Art 187).

IV. Ausnahmen vom Grundsatz der Weitergeltung alten Rechts

25 Von dem Grundsatz des Art 184 S 1, daß dingliche Rechte an fremden Gegenständen aus der Zeit vor 1900 auch danach mit ihrem früheren Inhalt und Rang bestehen bleiben, macht das Gesetz verschiedene Ausnahmen:

26 1. Für **Grundpfandrechte** enthalten die Art 192–195 Sonderregelungen, die die Überleitung der alten Grundpfandrechte angeordnet und die Länder zu bestimmten Sonderregelungen ermächtigt haben.

27 2. Für das **Erbbaurecht** galten nach Art 184 S 2 vom 1.1.1900 an die Vorschriften des **§ 1017 BGB**. Diese Bestimmung ist zwar inzwischen durch § 11 ErbbauVO ersetzt worden; für die Erbbaurechte aus der Zeit vor 1900 ist nach § 38 ErbbauVO § 1017 BGB aber maßgebend geblieben. Nach dieser Vorschrift sind für das Erbbaurecht die für die Grundstücke geltenden Vorschriften anzuwenden; die für den Erwerb des Eigentums und die Ansprüche aus dem Eigentum geltenden Vorschriften finden auf das Erbbaurecht entsprechende Anwendung. Voraussetzung ist, daß das alte Recht allen Erfordernissen, die das BGB für das Erbbaurecht aufgestellt hat, entspricht (s §§ 1012–1014 BGB aF). Wenn aber das alte Recht am 1.1.1900 einen dem BGB fremden, nach ihm nicht mehr zulässigen Inhalt hatte, zB auf einen Teil des Gebäudes beschränkt war, so blieb das frühere Recht maßgebend (nach Art 184 S 1; s PLANCK Anm 6a). Ob ein vor dem 1.1.1900 entstandenes Recht als Erbbaurecht anzusehen ist, wird nach dem BGB beurteilt (BayObLGZ 14, 254).

28 3. Für **Grunddienstbarkeiten** gelten die Vorschriften der **§§ 1020–1028 BGB**, somit alle Vorschriften des BGB über die Grunddienstbarkeiten mit Ausnahme der §§ 1018, 1019 und 1029 (über den Begriff, den zulässigen Inhalt und den Besitzschutz der Grunddienstbarkeit) s auch PALANDT/BASSENGE Rn 4; BayObLGZ 1962, 351). Es muß sich aber um ein dingliches Recht handeln, das auch iS des BGB als Grunddienstbarkeit anzusehen ist (PLANCK Anm 6b). Auf persönliche Dienstbarkeiten bezieht sich Art 184 S 2 nicht (RG JW 1922, 26). Ob die Grunddienstbarkeit entstanden ist und welche Befugnisse sie verleiht, entscheidet das alte Recht. Nach diesem richtet sich auch die Auslegung eines Vertrages über die Begründung der Dienstbarkeit (BGHZ 42, 63; SOERGEL/HARTMANN Art 184 Rn 6).

a) Hiernach gelten auch für die vor dem 1. 1. 1900 begründeten Grunddienstbar- 29
keiten die Vorschriften des BGB über die schonende Ausübung (§ 1020 BGB), über
die Pflicht zur Unterhaltung von Anlagen auf dem belasteten Grundstück (§§ 1021,
1022 BGB; vgl RGZ 79, 380), über die Verlegung der Stelle der Ausübung (§ 1023
BGB), über die Kollision zwischen einer Grunddienstbarkeit und einem anderen
Nutzungsrecht (§ 1024 BGB), über die Teilung des berechtigten oder des belasteten
Grundstücks (§§ 1025, 1026 BGB), über die Ansprüche des Berechtigten bei Beeinträchtigung der Grunddienstbarkeit (§§ 1027, 1004 BGB; vgl BGHZ 42, 63; BGH WM
1964, 1028) und über die Verjährung einer die Grunddienstbarkeit beeinträchtigenden
Anlage (§ 1028 BGB).

b) Der Anspruch, die Beeinträchtigung einer Grunddienstbarkeit zu beseitigen 30
(§§ 1027, 1004 BGB), besteht gemäß Art 184 S 2 auch zugunsten altrechtlicher
Grunddienstbarkeiten (BGHZ 42, 63).

c) Altrechtliche Grunddienstbarkeiten bedürfen zur Erhaltung ihrer Wirksam- 31
keit gegenüber dem öffentlichen Glauben des Grundbuchs grundsätzlich nicht der
Eintragung (Art 187 Abs 1 S 1). Das bedeutet, daß auch Grunddienstbarkeiten, die
nicht im Grundbuch eingetragen sind, die aber zu Recht bestehen, trotz Veräußerung des belasteten Grundstücks an einen gutgläubigen Dritten fortbestehen, soweit
nicht landesgesetzlich etwas anderes bestimmt ist (Art 187 Abs 2; BGHZ 42, 63).

d) Für die Verjährung einer altrechtlichen Grunddienstbarkeit kommt es darauf 32
an, ob sie im Grundbuch eingetragen ist oder nicht (vgl Art 187, 189 Abs 3). Ist die
Grunddienstbarkeit eingetragen, so gilt das BGB und nach diesem unterliegen
dingliche Rechte an Grundstücken nicht der Verjährung (vgl § 902 BGB). Ist sie
nicht eingetragen, so ist das alte Recht maßgebend und nach diesem kann die
Grunddienstbarkeit uU durch Nichtausübung während einer gewissen Zeit erlöschen (vgl oben Rn 23). Auf den Lauf einer solchen Ausschlußfrist findet Art 169
keine, auch keine entsprechende Anwendung (s Art 169 Rn 7).

e) Über den Besitzschutz für Grunddienstbarkeiten gibt Art 191 eine besondere 33
Übergangsvorschrift. Weitere Übergangsbestimmungen enthalten die Art 185 und
187–189.

Der Gesetzgeber hat für die Grunddienstbarkeiten deshalb verschiedene Sonderre- 34
gelungen getroffen, weil er voraussah, daß die alten Grunddienstbarkeiten noch
lange fortbestehen würden, und weil es ihm unzweckmäßig erschien, sie für alle
Zukunft nach anderen Vorschriften als denen des BGB zu beurteilen (Prot VI 631).

V. Landesrecht

1. Ehem Preußen

Art 25 PrAGBGB (widerrufliches Eigentum an Grundstücken) ist in SGV NW 35
Nr 40 als gegenstandslos gestrichen, in Niedersachsen, Schleswig-Holstein und
Rheinland-Pfalz ist er durch die neuen Ausführungsgesetze aufgehoben.

Joseph Hönle

2. Bayern

36 Art 39 ÜbergG (Eigentumsvorbehalt) und Art 46 ÜbergG (Reallasten) – BayBS III, 104 – sind, soweit sie nicht schon vorher als gegenstandslos gestrichen waren, durch die Aufhebung des Übergangsgesetzes gemäß Art 80 Abs 2 Nr 2 des AGBGB vom 20. 9. 1982 (GVBl 803) entfallen.

3. Bremen

37 § 25 AGBGB über Miteigentum (SaBremR Nr 400-a-1). Die §§ 45–52 sind gestrichen als überholt durch das G über Rechte an eingetragenen Schiffen und Schiffsbauwerken vom 15. 11. 1940 (RGBl I 1499).

4. Hessen

38 Art 150–154 HessAGBGB (GVBl II, Nr 230-1); Art 154 Abs 1 wird als nicht mehr gültig bezeichnet.

5. Rheinland-Pfalz

39 Art 25 PrAGBGB und Art 17–19 BayG über das Liegenschaftsrecht in der Pfalz v 1. 7. 1898 (GVBl 370 = BS RhPf Sondernr 1 a/1966 Nr 403-1) sind aufgehoben durch das AGBGB vom 18. 11. 1976 (GVBl 259).

6. Saarland

40 PrAGBGB ist aufgehoben durch G vom 5. 2. 1997 (ABl 258) Art 2 Abs 16 Nr 10.

7. Neue Bundesländer

41 In den Ländern Brandenburg, Mecklenburg-Vorpommern, Sachsen, Sachsen-Anhalt u Thüringen gelten die früheren AGBGB nicht fort (vgl Staudinger/Merten Art 1 Rn 63 ff).

Soweit in der Zwischenzeit neue Ausführungsgesetze erlassen worden sind (Brandenburg und Thüringen) enthalten diese keine entsprechenden Regelungen.

Artikel 185

Ist zur Zeit des Inkrafttretens des Bürgerlichen Gesetzbuchs die Ersitzung des Eigentums oder Nießbrauchs an einer beweglichen Sache noch nicht vollendet, so finden auf die Ersitzung die Vorschriften des Artikel 169 entsprechende Anwendung.

Materialien: E I Art 107; II Art 156; III Art 184;
Mot EG 266; Prot VI 520, 633.

I. Ablauf begonnener Ersitzungsfristen

Art 185 erklärt für den Ablauf von Ersitzungsfristen, die vor dem 1. 1. 1900 begon- **1**
nen hatten, aber zu diesem Zeitpunkt noch nicht abgelaufen waren, Art 169 für
entsprechend anwendbar.

II. Keine Bedeutung der Vorschrift

Aufgrund des Zeitablaufs hat die Vorschrift keine Bedeutung mehr (auch der Fall **2**
ihrer entsprechenden Anwendung – Abkürzung einer Ersitzungsfrist durch neues
Gesetz ohne Übergangsregelung – dürfte kaum Bedeutung erlangen). Auf die Erl
von STAUDINGER/DITTMANN[10/11] wird deshalb verwiesen.

III. Allgemeine Rechtsgrundsätze

Inwieweit aus Art 169 und weiteren Übergangsvorschriften, wie Art 229 § 6 allge- **3**
meine Rechtsgrundsätze zu Übergangsvorschriften entnommen werden können,
s Art 169 Rn 3 ff.

Artikel 186

**(1) Das Verfahren, in welchem die Anlegung der Grundbücher erfolgt, sowie der
Zeitpunkt, in welchem das Grundbuch für einen Bezirk als angelegt anzusehen ist,
werden für jeden Bundesstaat durch landesherrliche Verordnung bestimmt.**

**(2) Ist das Grundbuch für einen Bezirk als angelegt anzusehen, so ist die Anlegung
auch für solche zu dem Bezirk gehörende Grundstücke, die noch kein Blatt im
Grundbuch haben, als erfolgt anzusehen, soweit nicht bestimmte Grundstücke durch
besondere Anordnung ausgenommen sind.**

Materialien: E I Art 108; II Art 157; III Art 185;
Mot EG 206 ff; Prot VI 520 f.

I. Verfahren für die Anlegung der Grundbücher; Zeitpunkt ihrer Anlegung

Der Zeitpunkt, zu dem das Grundbuch als angelegt anzusehen war, hatte außeror- **1**
dentliche Bedeutung, weil das EGBGB von ihm das **Inkrafttreten zahlreicher Rechtsänderungen abhängig** machte (vgl Art 187 ff). Art 186 Abs 1 überließ das Verfahren
zur Anlegung der Grundbücher und die Bestimmung des Zeitpunkts, zu dem das
Grundbuch als angelegt anzusehen ist, landesrechtlicher Regelung. Art 186 Abs 2
bestimmt, daß das Grundbuch auch für solche Grundstücke als angelegt anzusehen
war, für die selbst noch kein Grundbuchblatt bestand.

Joseph Hönle

II. Keine Bedeutung der Vorschrift

2 Mit Anlegung der Grundbücher hatte die Übergangsvorschrift ihre Bedeutung verloren. Auf die Erl von STAUDINGER/DITTMANN[10/11] wird deshalb verwiesen.

Artikel 187

(1) Eine Grunddienstbarkeit, die zu der Zeit besteht, zu welcher das Grundbuch als angelegt anzusehen ist, bedarf zur Erhaltung der Wirksamkeit gegenüber dem öffentlichen Glauben des Grundbuchs nicht der Eintragung. Die Eintragung hat jedoch zu erfolgen, wenn sie von dem Berechtigten oder von dem Eigentümer des belasteten Grundstücks verlangt wird; die Kosten sind von demjenigen zu tragen und vorzuschießen, welcher die Eintragung verlangt.

(2) Durch Landesgesetz kann bestimmt werden, daß die bestehenden Grunddienstbarkeiten oder einzelne Arten zur Erhaltung der Wirksamkeit gegenüber dem öffentlichen Glauben des Grundbuchs bei der Anlegung des Grundbuchs oder später in das Grundbuch eingetragen werden müssen. Die Bestimmung kann auf einzelne Grundbuchbezirke beschränkt werden.

Materialien: E I Art 109; II Art 158; III Art 186;
Mot EG 268 f; Prot III 300 f; VI 521 f.

Schrifttum

FISCHER, Nochmals: Altrechtliche Dienstbarkeiten, ein Zopf zum Abschneiden?, MittBayNot 1973, 7
ders, Die altrechtlichen Dienstbarkeiten in Bayern, AgrarR 1975, 132
FOAG, Der Bestandsnachweis alter Wegerechte in Bayern, RdL 1961, 145
GURSKY, zum maßgeblichen Zeitpunkt für den Verlust einer Grunddienstbarkeit durch gutgläubigen Erwerb nach § 31 Bad-WürttAGBGB, BWNotZ 1986, 58
KAMLAH, Altrechtliche Dienstbarkeiten, ein Zopf zum Abschneiden, MittBayNot 1972, 221

KRIENER, Verlustgefahr der unter bisherigem Recht entstandenen und nicht gebuchten Grunddienstbarkeiten in Bayern, SeuffBl 11, 287
LINDE, Dienstbarkeiten nach badischem Landesrecht, Justiz 1962, 136
RIEDEL, Über den Beweis altrechtlicher Grunddienstbarkeiten, RdL 1952, 32
SCHNEIDER, Das Grundbuch als Erkenntnisquelle (außerhalb des Grundbuchs bestehende Grundstücksbelastungen), DRiZ 1952, 42
SPRAU, Justizgesetze in Bayern (1988).

I. Kein öffentlicher Glaube des Grundbuchs gegenüber nicht eingetragenen altrechtlichen Grunddienstbarkeiten

1 **1.** Grunddienstbarkeiten, die bei Anlegung des Grundbuchs bestanden haben, bleiben nach Art 184 mit ihrem bisherigen Rang und Inhalt bestehen. Art 187 bestimmt zusätzlich, daß sie zur Erhaltung ihrer Wirksamkeit gegenüber dem öffentlichen Glauben des Grundbuchs (§§ 891–893 BGB) nicht der Eintragung bedürfen.

Die Vorschrift bildet damit eine Ergänzung zu Art 184 und eine Ausnahme von dem Grundsatz, daß von der Anlegung des Grundbuchs an der Inhalt des Grundbuchs zugunsten derjenigen, die ein Recht an einem Grundstück oder ein Recht an einem solchen Recht durch Rechtsgeschäft erwerben, als richtig und vollständig gilt. Der **gutgläubige Erwerber** des Grundstücks, der von der altrechtlichen Grunddienstbarkeit nichts weiß, ist deshalb **nicht geschützt**.

Art 187 **gilt nur für Grunddienstbarkeiten**, die zu der Zeit bestehen, zu der das **2** Grundbuch als angelegt anzusehen war (Art 186), und zwar ohne Unterschied, ob sie vor dem Inkrafttreten des BGB oder erst in der Zeit zwischen dem 1. 1. 1900 und der Anlegung des Grundbuchs entstanden sind. Art 187 gilt nur für Grunddienstbarkeiten, die auch solche im Sinne des BGB sind (BayObLGZ 1986, 89), nicht dagegen für beschränkte persönliche Dienstbarkeiten (§ 1090 BGB; BayObLG BayJMBl 1963, 20; vgl auch BayObLGZ 1970, 226); diese müssen also im Grundbuch eingetragen werden, um den gutgläubigen lastenfreien Erwerb zu vermeiden (§ 892 BGB; BayObLGZ 1952, 80; BayObLG JMBl 1963, 20; BayObLG AgrarR 1983, 319; SOERGEL/HARTMANN Rn 1). Zu den persönlichen Dienstbarkeiten zählen auch die Gemeindeservituten des gemeinen Rechts (BayObLGZ 1962, 356). Art 187 gilt auch nicht für Reallasten (OLG München OLGE 35, 327).

2. Ist eine Grunddienstbarkeit **zu Unrecht** im Grundbuch **eingetragen oder** zu **3** Unrecht **gelöscht** worden, so ist der gutgläubige Erwerber geschützt (LUTTER AcP 164, 134; BGH NJW 1988, 2037; PALANDT/BASSENGE Rn 2; **aM** RGZ 62, 99; 93, 63; SCHIFFHAUER Rpfleger 1975, 187, Fn 157; vgl auch BayObLGZ 1967, 402; 1971, 194 Nr 33; SOERGEL/HARTMANN Rn 3).

II. Eintragung altrechtlicher Dienstbarkeiten

1. Eine Grunddienstbarkeit, die bei Anlegung des Grundbuchs bestanden hat **4** und daher nach Art 187 Abs 1 S 1 auch ohne Eintragung gegenüber einem gutgläubigen Erwerber wirkt, muß in das Grundbuch eingetragen werden, wenn dies von dem **Eigentümer** des herrschenden oder von dem des dienenden Grundstücks **verlangt** wird. „Berechtigter" und deshalb zum Antrag befugt ist neben dem Eigentümer des herrschenden Grundstücks jeder, ohne dessen Zustimmung über die Grunddienstbarkeit nicht verfügt werden kann, also auch der Nießbraucher oder der Nacherbe (§§ 1071, 2113 BGB, PLANCK Anm 2).

2. Die **formellen Voraussetzungen der Eintragung** sind in Art 187 nicht geregelt; **5** sie sind vielmehr der **GBO** zu entnehmen (KG OLGE 8, 129). Da die Grunddienstbarkeit auch ohne Eintragung im Grundbuch besteht, ist die Eintragung nach Abs 1 S 2 Grundbuchberichtigung (vgl SOERGEL/HARTMANN Art 187 Rn 2 am Anfang; PALANDT/BASSENGE Art 187 Rn 2; BayObLG NJW-RR 2001, 161). Wenn der Antragsteller durch öffentliche oder öffentlich beglaubigte Urkunden nachweisen kann, daß die Grunddienstbarkeit besteht, oder wenn dies beim Grundbuchamt offenkundig ist, kann Berichtigung nach § 22 GBO beantragt werden (KG OLGE 8, 129). Sonst bedarf sie der Berichtigungsbewilligung des Eigentümers des dienenden Grundstücks (KG KGJ 51, A 252; der Eigentümer des belasteten Grundstücks kann deshalb die Eintragung in jedem Falle ohne Mitwirkung des Berechtigten herbeiführen). Der Berechtigte kann die Berichtigungsbewilligung nach § 894 BGB verlangen. Wenn aber die Voraussetzungen für die Grundbuchberichtigung nach § 22 GBO offensichtlich gegeben sind, so schließt dieser einfachere und billigere Weg die Klage nach § 894 BGB aus; für diese fehlt dann das Rechtsschutzbedürfnis (OLG München BayJMBl 1952, 216; BGH NJW 1962, 963). Das Prozeßgericht kann in solchen Fällen den Rechtsstreit bis zur Entscheidung des GBA aussetzen. Der Berichtigungsanspruch verjährt nicht (§ 898 BGB; LG Osnabrück RdL 1957, 305). Wenn der Eigentümer des dienenden Grundstücks der Eintragung widerspricht, so kann der Berechtigte zur Sicherung seines Berichtigungsanspruchs unter den allgemeinen Voraussetzungen durch eine einstweilige Verfügung einen Widerspruch eintragen lassen (§ 899 BGB; OLG Kiel OLGE 4, 292). Zur Verpflichtung zur Abgabe einer Eintragungsbewilligung bei nachträglicher Umfangserweiterung der Dienstbarkeit s BGH MDR 75, 745; OLG München RPfleger 1984, 461.

Voraussetzung für die Eintragung einer altrechtlichen Dienstbarkeit im Wege der Grundbuchberichtigung ist nicht nur der Nachweis ihres Entstehens, sondern auch ihres Fortbestehens (BayObLG DNotZ 1992, 670; BayObLG DNotZ 1993, 598).

6 3.   Die **Kosten** der Eintragung hat derjenige zu tragen, **der sie verlangt**. Ist dies der Berechtigte, so hat er dem Eigentümer des belasteten Grundstücks für die Kosten, die diesem durch seine Zustimmung und durch die Eintragung entstehen können, auf Verlangen Vorschuß zu leisten.

7 4.   Wird die **Grunddienstbarkeit eingetragen**, so gilt zugunsten des Berechtigten die Vermutung des § 891 BGB. Für die Aufhebung der Grunddienstbarkeit ist dann das BGB maßgebend (Art 189 Abs 3). S außerdem oben Rn 3 und BayObLGZ 1975, 69 = RdL 1975, 91, wonach die inhaltliche Einschränkung einer eingetragenen Grunddienstbarkeit zugunsten des Eigentümers (hier die Befugnis des Eigentümers zur lastenfreien Veräußerung von Teilflächen bei altrechtlichen Forstberechtigungen) der Eintragung bei dem im Grundbuch bereits eingetragenen Forstrecht bedarf, wenn diese Befugnis nachgewiesen oder ihre Eintragung bewilligt ist (die Ungewißheit, ob von dieser Befugnis vom Eigentümer Gebrauch gemacht wird, steht der Eintragung nicht im Wege).

III.   Eintragungspflicht aufgrund Landesrecht; landesrechtliche Regelungen

8 1.   Nach Art 187 Abs 2 kann durch Landesgesetz für das ganze Land oder für einzelne Grundbuchbezirke bestimmt werden, daß die altrechtlichen Grunddienstbarkeiten oder einzelne Arten von ihnen zur Erhaltung ihrer Wirksamkeit gegenüber dem öffentlichen Glauben des Grundbuchs in das Grundbuch eingetragen werden müssen.

2.   Landesrecht zu Art 187 Abs 2

9 **a)**   Preußen hatte von der Befugnis des Abs 2 keinen Gebrauch gemacht (vgl RG JW 1906, 17).

b)   Baden-Württemberg

10 § 31 AGBGB vom 26. 11. 1974 (GBl 498); zuletzt geändert durch G vom 28. 6. 2000 (GBl 470). Die Eintragungsfrist lief bis 31. 12. 1977, mit Ausnahme von Schafweide-

und Fischereirechten. Die Versäumung der Frist des § 31 Abs 1 Bad-WürttAGBGB hat aber – entsprechend dem Wortlaut des Art 187 Abs 2 und der Vorschrift des AGBGB selbst – nur zur Folge, daß die altrechtliche Grunddienstbarkeit bei Übereignung des Grundstücks auf einen gutgläubigen Erwerber erlischt (OLG Karlsruhe BWNotZ 1988, 94); bis zu einem solchen Erwerb kann der Berechtigte trotzdem weiterhin nach Art 187 Abs 1 S 2 die Eintragung (nach dem oben Ausgeführten gemäß § 894 BGB auch die Zustimmung des Eigentümers hierzu) verlangen (LG Baden-Baden Justiz 1982, 50 mit Anm von JÜRGENSEN). Der öffentliche Glaube des Grundbuches wirkt zugunsten desjenigen, der ein Recht an einem Grundstück durch Rechtsgeschäft erwirbt (§ 892 BGB); wird das Grundstück dagegen im Wege der Erbfolge erworben, so bemißt sich die Rechtsstellung der Erben ausschließlich nach der ihres Rechtsvorgängers (s LG Stuttgart BWNotZ 1985, 63; OLG Stuttgart NJW-RR 1998, 308; SOERGEL/HARTMANN Art 187 Rn 3).

c) Bayern

Art 10 ÜbergangsG (BayBS III 101) hatte bestimmt: Grunddienstbarkeiten sind mit **11** Ausnahme solcher, mit denen das Halten einer dauernden Anlage verbunden ist, zur Erhaltung der Wirksamkeit gegenüber dem öffentlichen Glauben des Grundbuchs binnen einer bestimmten Frist in das Grundbuch einzutragen. Die VO, welche Beginn und Dauer der Anmeldefrist bestimmen sollte, ist jedoch nicht erlassen worden, so daß in Bayern kein Eintragungszwang besteht (vgl BayObLGZ 1962, 341, 345; 1967, 397, 401; 1969, 263, 268; 1982, 210; 1989, 200; PALANDT/BASSENGE Rn 3).

Das ÜbergangsG ist aufgehoben durch Art 80 Abs 2 Nr 2 AGBGB vom 20. 9. 1982 (GVBl 803). Nunmehr gelten Art 56–60 AGBGB. Ein Eintragungszwang besteht nicht, jedoch besteht die Möglichkeit eines Aufgebotsverfahrens zum Ausschluß des Berechtigten einer Grunddienstbarkeit. Eine Grunddienstbarkeit erlischt mit dem Ablauf von 10 Jahren nach der letzten Ausübung (Art 57 iVm Art 56 Abs 2 und 3 AGBGB). Zur rechtlichen Bedeutung einer Vormerkung nach dem bayer HypothekenG vom 1. 6. 1822: BayObLGZ 1997, 266.

d) Bremen

§ 37 AGBGB (SaBremR Nr 400-a-1): Eintragungszwang; wegen der ungenauen Fassung **12** des § 37 Abs 3 AGBGB vgl MünchKomm/Säcker Rn 6.

e) Hamburg

§§ 44 ff AGBGB vom 1. 7. 1958 (GVBl 195, HambGuV 40-e): 30-jährige Eintragungs- **13** frist, somit bis 31. 12. 1929; in den ehem preuß Gebieten bis 31. 12. 1979; ev Aufgebotsverfahren; nach Verstreichen der vorgenannten Fristen Erlöschen der nichtangemeldeten oder eingetragenen Rechte. Die Anordnung des Erlöschens ist weitergehend als der Vorbehalt in Art 187 EG (vgl MünchKomm/SÄCKER Rn 6).

f) Hessen

Art 141 ff HessAGBGB (GVBl II Nr 230-1); kein Eintragungszwang, da die nach Abs 2 **14** vorgesehene Verordnung nicht erlassen worden ist, jedoch Möglichkeit des Aufgebotsverfahrens.

g) Rheinland-Pfalz

Art 10 des BayÜbergG (GVBl Sonder-Nr 1 a/1966 – Nr 400-2) ist aufgehoben durch § 27 **15**

Abs 1 Nr 1c AGBGB vom 26.11. 1976 (GVBl 259); in diesem Gesetz ist keine einschlägige Bestimmung enthalten; kein Eintragungszwang; die VO zu Art 10 des
BayÜbergG ist nicht erlassen worden.

h)   Übrige Bundesländer
16 In den übrigen Bundesländern bestehen keine entsprechenden Regelungen, s für
Sachsen und zum Grundbuchbereinigungsgesetz BGH VIZ 2003, 488.

IV.   Grunddienstbarkeiten und Zwangsversteigerung

17 1.   § 9 EGZVG ermächtigt die **Landesgesetzgebung** zu bestimmen, ob und inwieweit **altrechtliche Grunddienstbarkeiten**, soweit sie nach Art 187 und nach etwaigen
Landesgesetzen der Eintragung nicht bedürfen, **von** der **Zwangsversteigerung unberührt** bleiben, auch wenn sie bei der Feststellung des geringsten Gebots nicht berücksichtigt sind (§ 9 Abs 1 EGZVG). Allerdings ist auf Verlangen eines Beteiligten
das Erlöschen der Grunddienstbarkeit als Versteigerungsbedingung zu bestimmen,
wenn durch das Fortbestehen ein vorgehendes oder gleichstehendes Recht des Beteiligten beeinträchtigt werden würde (§ 9 Abs 2 EGZVG. Näheres hierüber s bei STÖ-
BER, Zwangsversteigerungsgesetz [17. Aufl 2002] EGZVG § 9 Rn 2; vgl auch RGZ 93, 63).

Ein nach § 575 Sächsisches BGB entstandenes Wegerecht (Servitut) ist weder durch
das Inkrafttreten des BGB und des ZGB-DDR, noch durch die Begründung von
Volkseigentum am belasteten Grundstück erloschen; auch die Zwangsversteigerung
des Grundstücks führt nicht zum Untergang des Servituts, wenn dieses Recht nicht
im geringsten Gebot aufgeführt ist (OLG Dresden, DWW 2002, 232).

2.   Landesrechtliche Regelungen

a)   Baden-Württemberg
18 § 33 AGGVG vom 16.12. 1975 (GBl 868; vgl ZELLER-STÖBER, ZVG[15] Anh T 48, T 49);
Art 293 WürttAGBGB idF vom 29.12. 1931 (RBl 1931, 545). Die Vorschriften betreffen Reallasten und beschränkte persönliche Dienstbarkeiten.

b)   Bayern
Art 30 AGGVG vom 23.6. 1981 (GVBl 188), zuletzt geändert durch § 2 des Gesetzes
zur Auflösung des Bayerischen Obersten Landesgerichts und der Staatsanwaltschaft
bei diesem Gericht vom 25.10. 2004 (GVBl 400; ZELLER-STÖBER Anh T 53).

c)   Berlin
Art 6 PrAGZVG vom 23.9. 1899 (GVBl Sonderband I 1966, Nr 3210-2; ZELLER-STÖBER Anh
T 53).

d)   Hamburg
§ 1 AGZVG vom 17.3. 1969 (GVBl 33; ZELLER-STÖBER Anh T 56).

e)   Hessen
Art 4 AGZVG vom 20.12. 1960 (GVBl 238; ZELLER-STÖBER Anh T 57).

f)   **Niedersachsen**

aa)   Art 6 PrAGZVG vom 23. 9. 1899 (NdsGVBl SB III 172; ZELLER-STÖBER Anh T 59).

bb)   Braunschweig: § 3 AGZVG vom 12. 6. 1899 (NdsGVBl SB III 182).

cc)   Oldenburg: § 18 AGZPO/ZVG vom 15. 5. 1899 (NdsGVBl SB III 183).

g)   **Nordrhein-Westfalen**

Art 6 PrAGZVG (SGV NW Nr 321; ZELLER-STÖBER Anh T 61).

h)   **Rheinland-Pfalz**

§ 5 AGZPO/ZVG vom 30. 8. 1974 (GVBl 371; ZELLER-STÖBER Anh T 62).

i)   **Saarland**

Art 1 § 43 des G Nr 1383 zur Vereinheitlichung und Bereinigung landesrechtlicher Vorschriften (5. RBG) vom 5. 2. 1997 (ABl 258).

k)   **Schleswig-Holstein**

Art 6 PrAGZVG (Sb Nr B 310-2; ZELLER-STÖBER Anh T 66).

l)   **Weitere Bundesländer**

In den Bundesländern Brandenburg, Mecklenburg-Vorpommern, Sachsen, Sachsen-Anhalt und Thüringen sind Landesgesetze über die Zwangsversteigerung und die Zwangsverwaltung bisher nicht erlassen worden. Zum Erlöschen nicht eingetragener altrechtlicher Dienstbarkeiten im Beitrittsgebiet s § 8 Abs 1 Grundbuchbereinigungsgesetz vom 25. 12. 1993 (BGBl I 2192).

Artikel 188

(1) Durch landesherrliche Verordnung kann bestimmt werden, daß gesetzliche Pfandrechte, die zu der Zeit bestehen, zu welcher das Grundbuch als angelegt anzusehen ist, zur Erhaltung der Wirksamkeit gegenüber dem öffentlichen Glauben des Grundbuchs während einer zehn Jahre nicht übersteigenden, von dem Inkrafttreten des Bürgerlichen Gesetzbuchs an zu berechnenden Frist nicht der Eintragung bedürfen.

(2) Durch landesherrliche Verordnung kann bestimmt werden, daß Mietrechte und Pachtrechte, welche zu der im Abs 1 bezeichneten Zeit als Rechte an einem Grundstück bestehen, zur Erhaltung der Wirksamkeit gegenüber dem öffentlichen Glauben des Grundbuchs nicht der Eintragung bedürfen.

Materialien: E I Art 109; II Art 159; III Art 187.

I.   **Überleitung alter gesetzlicher Hypotheken (Abs 1)**

Nach Art 188 Abs 1 konnte der Landesgesetzgeber bestimmen, daß altrechtliche **1** gesetzliche Hypotheken auf die Dauer von 10 Jahren nach dem 1.1.1900 gegenüber dem öffentlichen Glauben des Grundbuchs ohne Eintragung wirksam blieben.

II. Alte dingliche Miet- und Pachtrechte an Grundstücken (Abs 2)

2 Nach Abs 2 konnte der Landesgesetzgeber anordnen, daß alte dingliche Miet- und Pachtrechte an Grundstücken auch ohne Eintragung im Grundbuch gegenüber dem öffentlichen Glauben des Grundbuchs Wirksamkeit behielten.

III. Gegenstandslosigkeit der Vorschrift

3 Art 188 Abs 1 ist durch Zeitablauf gegenstandslos geworden (von dem Vorbehalt hatte kein Land Gebrauch gemacht). Auch Art 188 Abs 2 hat aufgrund des Zeitablaufs keine Bedeutung mehr (nur in Preußen war eine entsprechende Regelung erlassen worden). Auf die Erl von STAUDINGER/DITTMANN[10/11] wird deshalb verwiesen.

Artikel 189

(1) Der Erwerb und Verlust des Eigentums sowie die Begründung, Übertragung, Belastung und Aufhebung eines anderen Rechtes an einem Grundstück oder eines Rechtes an einem solchen Recht erfolgen auch nach dem Inkrafttreten des Bürgerlichen Gesetzbuchs nach den bisherigen Gesetzen, bis das Grundbuch als angelegt anzusehen ist. Das gleiche gilt von der Änderung des Inhalts und des Ranges der Rechte. Ein nach den Vorschriften des Bürgerlichen Gesetzbuchs unzulässiges Recht kann nach dem Inkrafttreten des Bürgerlichen Gesetzbuchs nicht mehr begründet werden.

(2) Ist zu der Zeit, zu welcher das Grundbuch als angelegt anzusehen ist, der Besitzer als der Berechtigte im Grundbuch eingetragen, so finden auf eine zu dieser Zeit noch nicht vollendete, nach § 900 des Bürgerlichen Gesetzbuchs zulässige Ersitzung die Vorschriften des Artikel 169 entsprechende Anwendung.

(3) Die Aufhebung eines Rechtes, mit dem ein Grundstück oder ein Recht an einem Grundstück zu der Zeit belastet ist, zu welcher das Grundbuch als angelegt anzusehen ist, erfolgt auch nach dieser Zeit nach den bisherigen Gesetzen, bis das Recht in das Grundbuch eingetragen wird.

Materialien: E I Art 110; II Art 160; III Art 189;
Mot EG 269 ff; Prot VI 522 f, 555, 633 f.

I. Rechtsänderungen bei Grundstücksrechten, Überblick

1 **1.** Art 189 enthält Übergangsvorschriften für Rechtsänderungen an Grundstücken und Grundstücksrechten. Die Vorschrift unterscheidet zwischen dem Zeit-

raum nach Inkrafttreten des BGB und Anlegung des Grundbuchs und dem Zeitraum danach.

2. Nach Art 189 Abs 1 S 1 und 2 erfolgten alle Rechtsänderungen an Grund- **2** stücken und Grundstücksrechten (insbesondere der Erwerb und der Verlust des Eigentums und die Begründung von dinglichen Rechten, aber auch alle anderen Rechtsänderungen) bis zur Anlegung des Grundbuchs noch nach dem früheren Recht. Da für alle derartigen Rechtsänderungen grundsätzlich – dh von abweichenden Übergangsvorschriften, etwa des Art 189 Abs 1 S 1 und 2 abgesehen – das Recht maßgebend ist, das zum Zeitpunkt der Vornahme der Rechtsänderung gilt, sind nach der Anlegung des Grundbuchs für die Rechtsänderungen an Grundstücken und Grundstücksbelastungen – abgesehen von der Ausnahme des Art 189 Abs 3 – die Vorschriften des BGB maßgebend; dieser Rechtssatz ergibt sich auch durch Umkehrschluß aus Art 189 Abs 1 S 1 und Abs 3.

3. Von Art 189 Abs 1 S 1, wonach sich die Begründung von Grundstücksrechten **3** bis zur Anlegung des Grundbuchs noch nach dem alten Recht richtet, enthält Art 189 Abs 1 S 3 eine Ausnahme: Ein nach dem BGB unzulässiges Recht konnte danach schon vom Inkrafttreten des BGB an nicht mehr begründet werden. Dies galt zB für das Erbpachtrecht, die Antichrese bei Grundstücken (Pfandrecht mit Nutzungsrecht), die Emphyteuse (ein dingliches Erbpachtrecht) und das echte Stockwerkseigentum (s Art 182 Rn 7).

Die Ersitzung und unvordenkliche Verjährung von Rechten im Sinne des Abs 1 S 3 musste vor dem 1. 1. 1900 beendet sein (BayObLGZ 1962, 341).

4. Art 189 Abs 2 erklärt bei Buchersitzung, bei der die Ersitzungsfrist zum Zeit- **4** punkt der Anlegung des Grundbuchs noch nicht abgeschlossen ist, Art 169 in derselben Weise für anwendbar wie Art 185 für die bei Inkrafttreten des BGB noch nicht abgeschlossene Ersitzung von beweglichen Sachen. Nach Inkrafttreten des BGB konnten Reallasten auch dann nicht mehr ersessen werden, wenn das Grundbuch noch nicht angelegt war. Zum Eigentumserwerb der Gemeinde an sog Purifikationswaldungen durch Buchersitzung und zu dem dadurch eingetretenen Rechtsverlust der bisherigen Berechtigten s BayObLGZ 1979, 104.

5. Nach Art 189 Abs 3 erfolgt die Aufhebung eines Rechts, mit dem ein Grund- **5** stück oder ein Recht an einem Grundstück belastet ist, auch nach Anlegung des Grundbuchs noch nach dem alten Recht, bis das aufzuhebende Recht in das Grundbuch eingetragen ist. Diese Vorschrift enthielt einmal eine Übergangsregelung für die Aufhebung von Rechten bis zu ihrer Eintragung in das Grundbuch; darüber hinaus bestimmt sie, daß für die Aufhebung im Grundbuch nicht eingetragener Grundstücksbelastungen das alte Recht maßgebend bleibt.

II. Keine Bedeutung von Art 189 Abs 1 und 2

Da die Grundbücher längst angelegt und zu diesem Zeitpunkt laufende Ersitzungs- **6** fristen längst abgelaufen sind, haben Art 189 Abs 1 und 2 keine Bedeutung mehr. Auf die Erl von STAUDINGER/DITTMANN[10/11] wird deshalb verwiesen.

III. Aufhebung nicht eingetragener Grundstücksbelastungen nach altem Recht

7 1. Weiterhin bedeutsam ist dagegen Art 189 Abs 3, wonach sich die Aufhebung nicht eingetragener Rechte an Grundstücken (und an Grundstücksbelastungen) weiterhin nach altem Recht richtet. Denn nach Art 184 blieben frühere Grundstücksbelastungen auch ohne Eintragung im Grundbuch bestehen und nach Art 187 bleiben auch nicht eingetragene Grunddienstbarkeiten – grundsätzlich – sogar gegenüber dem gutgläubigen Erwerber wirksam.

8 2. Art 189 Abs 3 betrifft nach seinem Wortlaut nur die Aufhebung der nicht eingetragenen dinglichen Rechte an Grundstücken und der Rechte an solchen Rechten. Darüber hinaus wurde er auch auf andere Gründe des Erlöschens nicht eingetragener alter Rechte angewendet (s STAUDINGER/DITTMANN[10/11] Rn 13; BGH NJW 1988, 2037; BayObLGZ 1988, 102). Zweifelhaft ist aber, ob sich die Anwendung der anderen Erlöschensgründe nach altem Recht nicht richtigerweise bereits aus Art 184 ergibt, weil diese Erlöschensgründe zum Inhalt der altrechtlichen Belastungen gehören; dies erklärt einfacher, weshalb altrechtliche Belastungen einerseits nach altem Recht aufgrund von Gründen, die zum Inhalt des Rechts gehören, andererseits nach neuem Recht aufgrund von außen eingreifender neuer Erlöschensgründe erlöschen können (aus der Rechtsprechung zur Anwendung der anderen altrechtlichen Erlöschensgründe s RG JW 1916, 121; BayObLGZ 1959, 489; 1967, 403; OLG Köln OLGZ 1965, 163; LG Heidelberg BWNotZ 1985, 91; vgl auch Mot EG 282; Erlöschen durch Nichtgebrauch – nonusus – Konfusion oder Ersitzen der Lastenfreiheit – usucapio libertatis. Vgl außerdem Art 184 Rn 23).

9 Aus Art 189 Abs 3 (und Abs 1 S 1) folgt durch Umkehrschluß, daß von der Anlegung des Grundbuchs an altrechtliche Rechte in das Grundbuch eingetragen werden müssen, wenn sie übertragen werden sollen, weil sonst den Anforderungen des § 873 BGB nicht genügt werden könnte (RG JW 1905, 71; SOERGEL/HARTMANN Art 189 Rn 4).

10 3. Nach Art 189 Abs 3 bleibt für die Aufhebung nicht eingetragener Grundstücksbelastungen weiterhin das alte Recht maßgebend. Die Aufhebung der alten Rechte sollte nicht dadurch unnötig erschwert werden, daß sie nach § 875 BGB die Löschung im Grundbuch erfordern würde, daß also das Recht zunächst eingetragen werden müßte, um anschließend sofort wieder gelöscht zu werden (Mot EG 272).

11 4. Nach § 876 BGB bedarf die Aufhebung eines eingetragenen Rechts an einem Grundstück uU noch der Zustimmung eines Dritten. Diese Zustimmung ist nicht erforderlich, soweit nach Art 189 Abs 3 die früheren Vorschriften maßgebend sind und nach ihnen eine solche Zustimmung nicht erforderlich ist (RGZ 63, 130; KG OLGE 14, 68; PLANCK Anm 16).

IV. Landesrecht

1. Bayern

12 Art 55 ff AGBGB vom 20. 9. 1982 (GVBl 803) – Dienstbarkeit an buchungsfreien Grundstücken (Art 56), Aufhebung und Löschung altrechtlicher Dienstbarkeiten (Art 57), Aufgebotsverfahren (Art 58 ff), Stockwerkseigentum (Art 62), Ablösung einer Reallast (Art 63).

2. Bremen

§ 37 AGBGB (SaBremR Nr 400-a-1) – Erlöschen alter Grundstücksrechte.   **13**

3. Hamburg

§§ 43 ff AGBGB (HambGuV Nr 40-e): Dienstbarkeiten; § 48 ff (Hypotheken).   **14**

4. Hessen

Art 135, Art 142 ff AGBGB (GVBl II Nr 230-1; Erlöschen nicht eingetragener Grund- **15** dienstbarkeiten), Art 150 ff (Inhalt gewisser Belastungen aus der Zwischenzeit).

Vgl außerdem die landesrechtlichen Vorschriften zu Art 187 Abs 2.

Artikel 190

Das nach § 928 Abs. 2 des Bürgerlichen Gesetzbuchs dem Fiskus zustehende Aneignungsrecht erstreckt sich auf alle Grundstücke, die zu der Zeit herrenlos sind, zu welcher das Grundbuch als angelegt anzusehen ist. Die Vorschrift des Artikel 129 findet entsprechende Anwendung.

Materialien: E II Art 161; III Art 189; Prot VI 523.

I.   Aneignungsrecht des Fiskus an früher herrenlosen Grundstücken

1.   Nach § 928 Abs 1 BGB wird seit Anlegung des Grundbuchs ein Grundstück **1** dadurch herrenlos, daß der Eigentümer den Verzicht auf das Eigentum dem Grundbuchamt gegenüber erklärt und der Verzicht in das Grundbuch eingetragen wird. Nach § 928 Abs 2 BGB steht das Recht zur Aneignung solcher herrenloser Grundstücke dem Fiskus des betreffenden Bundeslandes zu. Art 190 **erstreckt** dieses **Aneignungsrecht** des Fiskus **auf** alle **Grundstücke, die** schon bei Anlegung des Grundbuchs **aufgrund** des **früheren Rechts herrenlos** waren.

2.   Art 190 war auch auf Grundstücke anzuwenden, die bei Anlegung des Grund- **2** buchs für das Privatrecht noch gar nicht vorhanden waren, die vielmehr erst später (zB durch Anlandung) entstanden oder fähig geworden sind, in Privateigentum zu stehen (RGZ 71, 67; s auch RG JW 1915, 799 über die Anwendung des Art 190 auf herrenlose Teile eines Flußbetts, die bei Anlegung des Grundbuchs vom Wasser bedeckt waren, später aber trockengelegt wurden). Der Aneignungsberechtigte, der sich ein ursprünglich herrenloses Grundstück (Sandanlandungen) aneignet, kann vom Besitzer des Grundstücks keine Auskehr von Pachtzinsen verlangen, die dieser aus dem Grundstück vor Ausübung des Aneignungsrechts gezogen hat (OLG Schleswig NJW 1994, 949; s auch KOWALLIK, Die Eigentumsverhältnisse von Anlandungsflächen an Bundeswasserstraßen, DVBl 1986, 1088).

Joseph Hönle

3 3.   Nach Art 189 Abs 1 war für den Eigentumserwerb seit der Anlegung des Grundbuchs das neue Recht maßgebend, für die Aneignung durch den Fiskus also § 928 Abs 2 S 2 BGB.

II.   Bedeutungslosigkeit der Vorschrift

4 Aufgrund des Zeitablaufs ist die Vorschrift heute ohne praktische Bedeutung. Auf die Erl von STAUDINGER/DITTMANN[10/11] wird deshalb verwiesen.

Artikel 191

(1) Die bisherigen Gesetze über den Schutz im Besitz einer Grunddienstbarkeit oder einer beschränkten persönlichen Dienstbarkeit finden auch nach dem Inkrafttreten des Bürgerlichen Gesetzbuchs Anwendung, bis das Grundbuch für das belastete Grundstück als angelegt anzusehen ist.

(2) Von der Zeit an, zu welcher das Grundbuch als angelegt anzusehen ist, finden zum Schutze der Ausübung einer Grunddienstbarkeit, mit welcher das Halten einer dauernden Anlage verbunden ist, die für den Besitzschutz geltenden Vorschriften des Bürgerlichen Gesetzbuchs entsprechende Anwendung, solange Dienstbarkeiten dieser Art nach Artikel 128 oder Artikel 187 zur Erhaltung der Wirksamkeit gegenüber dem öffentlichen Glauben des Grundbuchs nicht der Eintragung bedürfen. Das gleiche gilt für Grunddienstbarkeiten anderer Art mit der Maßgabe, daß der Besitzschutz nur gewährt wird, wenn die Dienstbarkeit in jedem der drei letzten Jahre vor der Störung mindestens einmal ausgeübt worden ist.

Materialien: E I Art 111; II Art 162; III Art 190;
Mot EG 273; Prot IV 318 ff; VI 523 f, 632 f.

I.   Weiterbestehen des Besitzschutzes für nicht eingetragene Dienstbarkeiten

1 Nach Art 180 gelten für den Besitzschutz seit dem 1. 1. 1900 grundsätzlich die Vorschriften des BGB. Diese kennen einen Schutz des „Rechtsbesitzes" nur noch in § 1029 BGB für Grunddienstbarkeiten und iVm § 1090 Abs 2 BGB für beschränkte persönliche Dienstbarkeiten. Die Anwendung des § 1029 BGB setzt aber voraus, daß die Dienstbarkeit im Grundbuch eingetragen ist. Nach Art 191 bestand und besteht der Besitzschutz auch für nicht eingetragene Dienstbarkeiten unter bestimmten Voraussetzungen weiter.

II.   Gegenstandslosigkeit des Art 191 Abs 1 wegen Zeitablaufs

2 Nach Art 191 Abs 1 galten die früheren Vorschriften über den Besitzschutz für Grunddienstbarkeiten oder beschränkte persönliche Dienstbarkeiten so lange weiter, bis das Grundbuch für das belastete Grundstück als angelegt anzusehen war. Diese Vorschrift hat daher durch die Anlegung der Grundbücher ihre Bedeutung verloren.

III. Besitzschutz für nicht eingetragene Grunddienstbarkeiten

1. Art 191 Abs 2 regelt den Besitzschutz der nicht eingetragenen Grunddienst- **3** barkeiten nach der Anlegung des Grundbuchs. Die Regelung gilt für die Grunddienstbarkeiten, die zur Erhaltung ihrer Wirksamkeit gegenüber dem öffentlichen Glauben des Grundbuchs nicht der Eintragung bedürfen: zum einen handelt es sich um die Grunddienstbarkeiten an buchungsfreien Grundstücken (§ 3 Abs 2 GBO), die nicht in das Grundbuch eingetragen sind und auch nicht eingetragen zu werden brauchen (Art 128), zum anderen um die altrechtlichen Grunddienstbarkeiten, die nach Art 187 auch ohne Eintragung im Grundbuch gegenüber dem gutgläubigen Erwerber wirksam sind.

Für die beschränkten persönlichen Dienstbarkeiten, die nur noch an buchungsfreien Grundstücken nach Art 128 ohne Eintragung im Grundbuch bestehen können, gilt die Ausnahmeregelung nicht: sie genießen daher nur Besitzschutz, wenn sie im Grundbuch eingetragen sind.

2. Art 191 Abs 2 ordnet für die nicht eingetragenen Grunddienstbarkeiten die **4** entsprechende Anwendung des § 1029 BGB (iVm §§ 858 f, 861–864 BGB) an, unabhängig davon, zu welchem Zeitpunkt die Grunddienstbarkeit bestellt worden ist. Die Voraussetzungen für den Besitzschutz sind unterschiedlich, je nachdem, ob die Grunddienstbarkeit mit dem Halten einer dauernden Anlage auf dem dienenden Grundstück verbunden ist oder nicht: Ist die Grunddienstbarkeit mit dem Halten einer dauernden Anlage auf dem dienenden Grundstück verbunden, so besteht der Besitzschutz unter den allgemeinen Voraussetzungen des § 1029 BGB, also unter der Voraussetzung, daß die Dienstbarkeit innerhalb eines Jahres vor der Störung wenigstens einmal ausgeübt worden ist. Die Anlage muß sich auf dem belasteten Grundstück befinden; eine Anlage auf dem herrschenden Grundstück genügt nicht (Planck Anm 4). Das Recht, zum Nachbargrundstück hin offene Fenster in der Mauer des herrschenden Grundstücks zu halten, gehört also nicht hierher, wohl aber das Recht, einen unterirdischen Kanal durch das Grundstück des Nachbarn zu führen, da die Anlage nicht sichtbar sein muß. Unerheblich ist, ob die Anlage im Interesse des dienenden oder des herrschenden Grundstücks gehalten wird; es genügt, daß sie das belastete Grundstück vor Schädigungen durch die Ausübung der Dienstbarkeit schützen soll.

Andere (nicht eingetragene und nicht eintragungsbedürftige) Grunddienstbarkeiten, die nicht mit dem Halten einer dauernden Anlage auf dem dienenden Grundstück verbunden sind, genießen Besitzschutz nur, wenn die Dienstbarkeit in jedem der drei letzten Jahre vor der Störung mindestens einmal ausgeübt worden ist (Art 191 Abs 2 S 2; die Voraussetzungen gehen hier also über die des § 1029 BGB hinaus). Wird eine solche Grunddienstbarkeit in das Grundbuch eingetragen, so wird dadurch der Besitzschutz unter den leichteren Bedingungen des § 1029 BGB erlangt, aber nur für Störungen, die nach der Eintragung geschehen.

Über den Begriff der Grunddienstbarkeit s die Erl zu § 1029 BGB. Bei der Dienst- **5** barkeit zum Halten eines offenen Fensters gegenüber dem Nachbargrundstück liegt die Ausübung schon in dem ungestörten Bestand des der Dienstbarkeit entspre-

chenden Zustandes; es genügt also, wenn der Besitzschutz innerhalb eines Jahres seit
der Störung wahrgenommen wird.

6 3. Keinen Schutz genießen danach alle Grunddienstbarkeiten, die nicht eingetragen sind, obwohl sie nach den gemäß Art 187 Abs 2 erlassenen landesgesetzlichen
Vorschriften eingetragen werden sollten, und alle Dienstbarkeiten, die ihrer Natur
nach nicht jedes Jahr ausgeübt werden können, wie zB Mast- und Bauholzberechti-
gungen; sie müssen, um Besitzschutz zu erlangen, in das Grundbuch eingetragen
werden.

7 4. Für die Frage, wer zur Ausübung des Besitzschutzes legitimiert ist, enthält
Art 191 keine Regelung. Nach Art 180 ist danach das neue Recht maßgebend, soweit
der Berechtigte zugleich den Sachbesitz nach Art 180 erlangt hat. Daher kann der
Mieter oder Pächter, weil er als Besitzer des herrschenden Grundstücks in dessen
Besitz geschützt ist, auch den Besitzschutz hinsichtlich der von ihm für das herrschende Grundstück ausgeübten Grunddienstbarkeiten beanspruchen (ebenso Münch-
Komm/SÄCKER Rn 3). Auch der Untermieter eines Grundstücks kann mit Erfolg gegen
den Eigentümer eines Nachbargrundstücks auf Feststellung des Rechts zur Benützung des über das Nachbargrundstück führenden Weges klagen, wenn dieses Recht
auf einer nicht eingetragenen Grunddienstbarkeit des PrALR beruht (LG Essen,
Handbuch des Grundstücks- und Baurechts unter „Grunddienstbarkeit" R 1 B1 1).

IV. Landesrecht Nordrhein-Westfalen und Saarland

8 Art 28 PrAGBGB vom 20. 9. 1899 (SGV NW 40; BS 400-1); die Bestimmungen sind
gegenstandslos. Im Saarland ist PrAGBGB aufgehoben durch Art 2 Abs 16 Nr 10 G
vom 5. 2. 1997 (ABl 258).

Vorbemerkungen zu Art 192–195

Schrifttum

AFFOLTER, System des deutschen bürgerlichen
Übergangsrechtes (1903) 391
BARTSCH, Hypothekenurkunden älteren Rechts,
ZBlFG 2, 4
DANDL, Zur Frage der Zinsen- und Kosten-
kautionen, BayNotZ 1905, 116
DENNLER, Zur Bedeutung des Art 192 EGBGB,
SeuffBl 69, 89
ders, Zur hypothekarischen Überleitung,
SeuffBl 69, 193
HABICHT, Die Einwirkung des BGB auf zuvor

entstandene Rechtsverhältnisse (3. Aufl 1901)
490
KRESS, Die Umwandlung der Kautionshypo-
theken des bayerischen Rechts in Maximal-
hypotheken des BGB, BayZ 1905, 477
MEIKEL, Die Eigentümergrundschuld und ihre
Beziehungen zu § 84, 150 des Bayerischen
Hypothekengesetzes, SeuffBl 67, 361.

Weiteres älteres Schrifttum s in der 10. Aufl zu
Art 192 ff.

1.   Nach Art 184 S 1 bleiben alte dingliche Rechte grundsätzlich mit ihrem bishe-   1
rigen Inhalt bestehen. Von diesem Grundsatz machen die Art 192 bis 195 eine
Ausnahme für die Kapitalbelastungen der Grundstücke: um die Unzuträglichkeiten
auszuschließen, die ein Fortbestehen der alten, ganz unterschiedlichen Grundstückspfandrechte neben den neuen Grundpfandrechten des BGB mit sich gebracht hätte,
ordnet das Gesetz an, daß die alten Grundpfandrechte vom Zeitpunkt der Anlegung
des Grundbuchs an entweder als Hypotheken oder als Grundschulden nach den
Vorschriften des BGB gelten (die Ausnahmevorschrift des Art 192 Abs 2 hat ihre
Bedeutung längst eingebüßt).

2.   Nur der Inhalt der übergeleiteten Grundstückspfandrechte richtet sich seit der   2
Anlegung des Grundbuchs nach den entsprechenden Vorschriften des BGB. Der
Rang der Rechte blieb dagegen unberührt: Den alten Pfandrechten und Grundschulden blieb ihr früherer Rang erhalten; der Gläubiger konnte eine dementspre-
chende Berichtigung des Grundbuchs verlangen (§§ 894 ff BGB), freilich nur solange die Wirkungen des öffentlichen Glaubens des Grundbuchs dem nicht entgegen-
standen (§§ 891 ff BGB).

Artikel 192

**(1) Ein zu der Zeit, zu welcher das Grundbuch als angelegt anzusehen ist, an einem
Grundstück bestehendes Pfandrecht gilt von dieser Zeit an als eine Hypothek, für
welche die Erteilung des Hypothekenbriefs ausgeschlossen ist. Ist der Betrag der
Forderung, für die das Pfandrecht besteht, nicht bestimmt, so gilt das Pfandrecht als
Sicherungshypothek.**

**(2) Ist das Pfandrecht dahin beschränkt, daß der Gläubiger Befriedigung aus dem
Grundstücke nur im Wege der Zwangsverwaltung suchen kann, so bleibt die Beschränkung bestehen.**

Materialien: E I Art 112; II Art 163; III Art 191;
Mot EG 273 ff; Prot VI 524, 613.

I.   Überleitung der altrechtlichen Grundstückspfandrechte (Abs 1)

1.   Nach Art 192 Abs 1 gelten Grundstückspfandrechte des früheren Rechts von   1
der Anlegung des Grundbuchs an entweder als Verkehrshypotheken ohne Brief
(Abs 1 S 1) oder als Sicherungshypotheken (Abs 1 S 2).

2.   Pfandrechte an Grundstücken iS der Art 192–194 sind – im Gegensatz zu den   2
Grundschulden, Art 195 – alle Formen der Sicherung einer persönlichen Forderung,
aufgrund deren dem Gläubiger ein Recht auf vorzugsweise Befriedigung aus dem
Grundstück zusteht (HABICHT 490; PLANCK Anm 1). Ob die das alte Grundpfandrecht
von der Grundschuld unterscheidende Abhängigkeit der Kapitalbelastung des
Grundstücks von einer persönlichen Forderung vorliegt, war nach dem früheren
Recht zu entscheiden. Pfandrechte iS des Art 192 waren somit die Hypotheken des

Joseph Hönle

früheren Rechts, die Antichrese (das Besitz- und Nutzungspfandrecht an einem Grundstück), die Handfesten des bremischen Rechts und die Vorzugsrechte (Privilegien) verschiedener früherer Rechte (s im einzelnen STAUDINGER/DITTMANN[10/11] Rn 3 ff).

3 3.   Voraussetzung der Überleitung war, daß das Grundstückspfandrecht zur Zeit der Anlegung des Grundbuchs rechtswirksam bestanden hat. Ob dies der Fall war, war nach früherem Recht zu entscheiden (s im einzelnen STAUDINGER/DITTMANN[10/11] Rn 7 ff).

II.   Ausnahme von der Überleitung für „Revenuenhypotheken" (Abs 2)

4 Art 192 Abs 2 machte eine Ausnahme von der Überleitung für die sog „Revenuenhypotheken", dh für Grundstückspfandrechte, bei denen der Gläubiger Befriedigung aus dem Grundstück nur durch Zwangsverwaltung, also nur aus den Einkünften des Grundstücks, nicht durch Zwangsversteigerung suchen konnte. Diese Beschränkung blieb bestehen. Im übrigen galten aber nach Art 192 Abs 1 auch für diese Grundpfandrechte die neuen Vorschriften.

III.   Bedeutungslosigkeit der Vorschrift

5 Die Bedeutung des Art 192 Abs 1 hat sich in der der Überleitung der alten Grundpfandrechte auf das neue Recht erschöpft. Mit Rücksicht auf die abgelaufene Zeit, nach der sicherlich keine alten „Revenuenhypotheken" mehr bestehen, hat auch Art 192 Abs 2 seine Bedeutung verloren (auf die Erl von STAUDINGER/DITTMANN[10/11] wird deshalb verwiesen. S auch die Aufführung verschiedener altrechtlicher Hypotheken und die im Zusammenhang mit deren Überleitung zitierten Urteile bei SOERGEL/HARTMANN Art 192 Rn 4 bis 9).

IV.   Landesrecht

6 Auch die früheren landesrechtlichen Vorschriften haben keine Bedeutung mehr, soweit sie nicht ausdrücklich aufgehoben worden sind.

1.   Bayern

Art 22 AGGBO (BayBS III 127, ist aufgehoben durch Art 56 Abs 2 Nr 3 AGGVG) vom 23. 6. 1981 (GVBl 188).

2.   Hamburg

§§ 48 ff AGBGB vom 1. 7. 1958 (HambGuV Nr 40-e) über Hypotheken.

3.   Nordrhein-Westfalen

Art 33 § 1 PrAGBGB ist in SGV NW Nr 40 als gegenstandslos gestrichen (ebenso in HessGVBl II Nr 230-2).

4. Württemberg

Art 214 AGBGB idF des Art 311 AGBGB vom 29. 12. 1931 (RBl 545). Zur Kündigung von Grundpfandrechten: § 34 AGBGB vom 26. 11. 1974 (GBl 498).

Artikel 193

Durch Landesgesetz kann bestimmt werden, daß ein Pfandrecht, welches nach Artikel 192 nicht als Sicherungshypothek gilt, als Sicherungshypothek oder als eine Hypothek gelten soll, für welche die Erteilung des Hypothekenbriefs nicht ausgeschlossen ist, und daß eine über das Pfandrecht erteilte Urkunde als Hypothekenbrief gelten soll.

Materialien: E I Art 122 Abs 3; II Art 164;
III Art 192.

I. Landesrechtliche Überleitung altrechtlicher Grundstückspfandrechte

1.   Nach Art 193, HS 1 konnte der Landesgesetzgeber – abweichend von der **1** Regel des Art 192 Abs 1 – bestimmen, daß ein altrechtliches Grundstückspfandrecht, bei dem der Betrag der Forderung bestimmt war und das deshalb nicht unter Art 192 Abs 1 S 2 fiel, entweder als Sicherungshypothek oder als Briefhypothek gelten solle.

2.   Art 193, HS 2 überließ es dem Landesgesetzgeber zu bestimmen, daß über **2** altrechtliche Grundpfandrechte ausgestellte Urkunden als Hypothekenbriefe weiter gültig blieben.

II. Keine Bedeutung der Vorschrift

Als bloße Ermächtigung zu landesrechtlichen Überleitungsvorschriften hat Art 193 **3** mit der Durchführung der Überleitung seine Bedeutung verloren. Auf die Erl von STAUDINGER/DITTMANN[10/11] wird deshalb verwiesen.

III. Landesrecht

Einschlägige landesrechtliche Regelungen bestehen nur noch in Baden-Württem- **4** berg.

1.   **Baden**: Art 39 AGBGB idF vom 13. 10. 1925 (GVBl 281), Unterpfandrechte, Vorzugsrechte.

2.   **Württemberg**: Art 214 AGBGB vom 28. 7. 1899 idF des Art 311 AGBGB vom 29. 12. 1931 (RBl 545).

Joseph Hönle

Vgl § 51 Abs 1 Nr 1, 7 und Abs 2, § 52 Bad-WürttAGBGB vom 26. 11. 1974 (GBl 498).

Artikel 194

Durch Landesgesetz kann bestimmt werden, daß ein Gläubiger, dessen Pfandrecht zu der im Artikel 192 bezeichneten Zeit besteht, die Löschung eines im Range vorgehenden oder gleichstehenden Pfandrechts, falls dieses sich mit dem Eigentum in einer Person vereinigt, in gleicher Weise zu verlangen berechtigt ist, wie wenn zur Sicherung des Rechts auf Löschung eine Vormerkung im Grundbuch eingetragen wäre.

Materialien: E II Art 165; III Art 193; Prot VI 524.

I. Gesetzlicher Löschungsanspruch für altrechtliche Grundstückspfandrechte durch den Landesgesetzgeber

1 Art 194 gab dem Landesgesetzgeber die Möglichkeit, abweichend von der grundsätzlichen Überleitung nach Art 192 zu bestimmen, daß der nachrangige Gläubiger eines altrechtlichen Grundpfandrechts die Löschung vorgehender (oder gleichstehender) Grundpfandrechte für den Fall verlangen konnte, daß diese sich mit dem Eigentum in einer Person vereinigen (vgl jetzt § 1179a BGB nF).

II. Keine Bedeutung der Vorschrift

2 Mit Rücksicht auf die abgelaufene Zeit und darauf, daß Art 194 nur zu landesrechtlichen Überleitungsvorschriften ermächtigt hatte, hat die Vorschrift keine Bedeutung mehr. Auf die Erl von STAUDINGER/DITTMANN[10/11] wird deshalb verwiesen.

III. Landesrecht

3 Württemberg: Art 215 AGBGB vom 28. 7. 1899 idF des Art 311 AGBGB vom 29. 12. 1931 (RBl 545).

Artikel 195

(1) Eine zu der Zeit, zu welcher das Grundbuch als angelegt anzusehen ist, bestehende Grundschuld gilt von dieser Zeit an als Grundschuld im Sinne des Bürgerlichen Gesetzbuchs und eine über die Grundschuld erteilte Urkunde als Grundschuldbrief. Die Vorschrift des Artikel 192 Absatz 2 findet entsprechende Anwendung.

(2) Durch Landesgesetz kann bestimmt werden, daß eine zu der im Absatz 1 bezeichneten Zeit bestehende Grundschuld als eine Hypothek, für welche die Erteilung des Hypothekenbriefs nicht ausgeschlossen ist, oder als Sicherungshypothek gelten soll und daß eine über die Grundschuld erteilte Urkunde als Hypothekenbrief gelten soll.

Materialien: E I Art 113; II Art 166; III Art 194;
Mot EG 275; Prot VI 524.

I. Überleitung der Grundschulden in solche neuen Rechts

1. Art 195 Abs 1 S 1 leitete die Grundschulden des früheren Rechts grundsätzlich **1** in solche des BGB über. Unter Grundschulden iS des Art 195 sind die von einer persönlichen Forderung unabhängigen selbständigen Kapitalbelastungen eines Grundstücks zu verstehen. Ob dies der Fall ist, richtet sich nach früherem Recht; auf die Bezeichnung der Belastung nach dem früheren Recht kommt es dagegen nicht an. Art 195 gilt für die Grundschulden, die bei Anlegung des Grundbuchs rechtswirksam bestanden haben. Rentenschulden fallen nicht unter Art 195 (OLG Hamburg OLGZ 10, 126).

2. Die Überleitung bewirkte, daß von der Anlegung des Grundbuchs an die **2** §§ 1191 bis 1198 BGB auf die übergeleiteten Grundschulden anzuwenden waren. Art 195 Abs 1 S 1 bestimmt selbst ausdrücklich, daß eine über die altrechtliche Grundschuld ausgestellte Urkunde als Grundschuldbrief Geltung behielt.

II. Ausnahmen

1. Für sog „Revenuengrundschulden" galt Art 192 Abs 2 entsprechend (s dazu die **3** Erl zu dieser Vorschrift).

2. Aufgrund der Ermächtigung in Art 195 Abs 2 konnte der Landesgesetzgeber **4** die Grundschulden des früheren Rechts in Briefhypotheken oder Sicherungshypotheken überleiten.

III. Keine Bedeutung der Vorschrift

Die Bedeutung der Vorschrift hat sich mit der Überleitung erschöpft (auf die Erl von **5** STAUDINGER/DITTMANN[10/11] wird deshalb verwiesen).

IV. Landesrecht

Hamburg: §§ 49, 50 AGBGB (HambGuV Nr 40-e) gelten – formell – weiter. Sie behandeln die Umwandlung von „Kapitalposten" in Grundschulden sowie die Umwandlung von „Rentenposten" in Hypotheken, Grund- oder Rentenschulden.

Joseph Hönle

Artikel 196

Durch Landesgesetz kann bestimmt werden, daß auf ein an einem Grundstück bestehendes vererbliches und übertragbares Nutzungsrecht die sich auf Grundstücke beziehenden Vorschriften und auf den Erwerb eines solchen Rechts die für den Erwerb des Eigentums an einem Grundstück geltenden Vorschriften des Bürgerlichen Gesetzbuchs Anwendung finden.

Materialien: E I Art 115; II Art 167; III Art 195;
Mot EG 276 ff; Prot V 525 f.

I. Anwendung der Vorschriften für Grundstücke auf vererbliche und übertragbare Nutzungsrechte durch den Landesgesetzgeber

1 1. Das BGB kannte außer dem Erbbaurecht (§ 1012 BGB, jetzt § 1 ErbbauVO) kein vererbliches und veräußerliches Nutzungsrecht (vgl §§ 1059, 1061, 1090 Abs 2, 1092 BGB; durch das WEG wurde zusätzlich das Dauerwohnrecht geschaffen, s § 33 Abs 1 WEG). Solche Nutzungsrechte konnten nach Inkrafttreten des BGB auch bis zur Anlegung des Grundbuchs nicht mehr begründet werden (Art 189 Abs 1 S 3). Soweit aber solche Rechte am 1. 1. 1900 bestanden haben, sind sie durch Art 184 aufrechterhalten worden; da die Übertragbarkeit und Vererblichkeit zum aufrechterhaltenen Inhalt der alten Rechte gehört, können sie auch weiterhin übertragen und vererbt werden.

2 2. Die meisten der vor Inkrafttreten des BGB üblichen veräußerlichen und vererblichen Nutzungsrechte fallen in den Bereich, in dem Art 55 ff das Landesrecht insgesamt unberührt gelassen haben, so daß der Landesgesetzgeber in ihrer Regelung frei ist und selbstverständlich im Rahmen des allgemeinen Vorbehalts auch eine dem Vorbehalt des Art 196 entsprechende Regelung treffen könnte. Dies gilt für veräußerliche und vererbliche Nutzungsrechte im Gebiet des Lehensrechts (Art 59, inzwischen aufgehoben), des Erbpachtrechts (Art 63, inzwischen aufgehoben), des Wasserrechts (Art 65), der nicht bergrechtlichen Abbaurechte (Art 68), des Jagd- und Fischereirechts (Art 69) und der Realgewerbeberechtigungen (Art 74). Einen Vorbehalt für die bäuerlichen Nutzungsrechte enthält außerdem Art 197.

3 3. Art 196 hatte deshalb von Anfang an nur sehr geringe Bedeutung. Als Anwendungsfälle der Vorschrift wurden genannt: die Emphyteuse des gemeinen Rechts, das Erbzinsrecht des deutschen Rechts, die Fischereirechte an öffentlichen Flüssen (KG KGJ 34, A 219, obwohl das KG seine Entscheidung in erster Linie auf Art 69 stützt), die aus alten Realgemeindeberechtigungen erwachsenen Nutzungsrechte an Wald und Weide, insbesondere das Haubergrecht (vgl Art 83, 164; BGHZ 23, 241, 244).

4 4. Wenn die Landesgesetzgebung von der Ermächtigung des Art 196 – allgemein – Gebrauch macht, gelten für die Nutzungsrechte die allgemeinen Vorschriften der §§ 873–902 BGB über Rechte an Grundstücken, die §§ 925–928 BGB über den Erwerb von Grundstücken (s neuerdings BayObLGZ 1991, 1987 = NJW-RR 1991, 1426) und – obwohl in Art 196 nicht ausdrücklich aufgeführt – die §§ 985 ff BGB über die

Ansprüche aus dem Eigentum. Die Nutzungsrechte unterliegen dann auch der Zwangsversteigerung in das unbewegliche Vermögen (§§ 864, 870 ZPO).

II. Landesrecht

1. Baden-Württemberg

§ 32 AGBGB vom 26. 11. 1974 (GBl 498); Art 232 WürttAGBGB idF vom 29. 12. 1931 **5**
(RegBl 545); wegen der Fortgeltung vgl § 51 Abs 1 Nr 6 Abs 2 BadWürttAGBGB vom
26. 11. 1974 (GBl 498). Eintragungspflicht zur Erhaltung der Wirksamkeit gegenüber
dem öffentlichen Glauben des Grundbuchs bis 31. 12. 1977.

2. Bayern

Art 17, 18 AGGBO/ZVG (BayBS III, 214) sind aufgehoben durch Art 56 Abs 2 Nr 3 **6**
AGGVG vom 23. 6. 1981 (GVBl 188); § 40 AGGVG vom 23. 6. 1981 (GVBl 188,
BayRS 300-1-1-J), zuletzt geändert durch G vom 25. 10. 2004 (GVBl 400).

3. Hessen

Art 154 HessAGBGB (HessGVBl II Nr 230-1); Art 40 PrAGBGB vom 20. 9. 1899 **7**
(HessGVBl II Nr 230-2).

4. Niedersachsen

§ 18 AGBGB vom 4. 3. 1971 (GVBl 73). **8**

5. Nordrhein-Westfalen

Art 40 PrAGBGB vom 20. 9. 1899 (SGV NW Nr 40), zuletzt geändert durch G vom **9**
18. 12. 1984 (GVBl 807); Art 22 AGGBO (SGV NW Nr 321).

Artikel 197

**In Kraft bleiben die landesgesetzlichen Vorschriften, nach welchen in Ansehung
solcher Grundstücke, bezüglich deren zur Zeit des Inkrafttretens des Bürgerlichen
Gesetzbuchs ein nicht unter den Artikel 63 fallendes bäuerliches Nutzungsrecht
besteht, nach der Beendigung des Nutzungsrechts ein Recht gleicher Art neu begründet werden kann und der Gutsherr zu der Begründung verpflichtet ist.**

Materialien: E III Art 196.

Der Vorbehalt hat keine praktische Bedeutung mehr (MünchKomm/SÄCKER Rn 1). Von
der Kommentierung wird daher abgesehen. Es wird auf die Erläuterungen von
STAUDINGER/PROMBERGER[10/11] verwiesen.

Joseph Hönle
Jörg Mayer

4. Teil.

Übergangsvorschriften zum Familienrecht

Vorbemerkungen zu Artikel 198–212

Systematische Übersicht

Alphabetische Übersicht

I. Inhalt und Rechtscharakter der Vorschriften

Die Art 198–212 enthalten die **das Familienrecht betreffenden Übergangsvorschrif-** 1
ten. Der Grundsatz der sog *Nichtrückwirkung* ist hier ähnlichen Einschränkungen
unterworfen wie auf dem Gebiet des Sachenrechts. „Die Familienrechte sind vorwiegend nur die Kehrseite von Pflichten, die, in der Sphäre der Sittlichkeit wurzelnd,
zu Rechtspflichten erhoben sind; der Gemeinwille hat deshalb auch hier häufigere
und dringendere Veranlassung, sich mit besonderer Energie (dh rückwirkend)
durchzusetzen" (Mot z BGB I S 24).

Selbstverständlich durften die **Formvorschriften für die Eheschließung** *keine rück-*
wirkende Kraft beanspruchen. Außerdem bestimmt **Art 198** ausdrücklich, dass auch
die *materiellen Voraussetzungen der* **Gültigkeit der Ehe** grundsätzlich nach den bisherigen Gesetzen zu beurteilen sind (s ebenso § 86 des EheG vom 6. 7. 1938, RGBl I
807; das EheG vom 20. 2. 1946, KRG Nr 16, KRABl 77, enthält keine Übergangsvorschriften, da es mit dem EheG vom 6. 7. 1938 im Wesentlichen übereinstimmt [HOFF-
MANN/STEPHAN, EheG² § 80 Anm 2]. Es ist mit Wirkung vom 1. 3. 1946 an die Stelle des G
vom 6. 7. 1938 getreten [§§ 79, 80 EheG 1946]). Eine Ausnahme von diesem Grundsatz ist nur *zugunsten der Aufrechterhaltung* einer vor dem 1. 1. 1900 geschlossenen
Ehe in Art 198 Abs 2 insofern gemacht, als die nach dem bisherigen Recht bestehende Nichtigkeit oder Ungültigkeit einer Ehe nicht mehr geltend gemacht werden
kann, wenn die Ehegatten am 1. 1. 1900 noch als Ehegatten miteinander lebten und
der Grund, auf dem die Nichtigkeit oder Ungültigkeit der Ehe beruhte, nicht auch
nach dem BGB die Nichtigkeit oder die Anfechtbarkeit der Ehe zur Folge hatte oder
diese Wirkung nach dem BGB verloren hatte. Dagegen erlangen nach **Art 199** die
Vorschriften des BGB über die *persönlichen Rechtsbeziehungen* der Ehegatten,
insbesondere auch diejenigen über die gegenseitige *Unterhaltspflicht* auch für die
vor dem 1. 1. 1900 geschlossenen Ehen Geltung.

Zu den wohlerworbenen Rechten, die das neue Recht unangetastet ließ, gehören 2
dagegen die in den bestehenden Ehen nach dem früheren Recht begründeten **Gü-**
terrechtsverhältnisse; nur ist der etwa vorhanden gewesene *zwingende Charakter* des
früheren Rechts für bestehende Ehen *beseitigt* und für jeden Fall die Möglichkeit
vertragsmäßiger Änderung des bestehenden Güterstandes eröffnet worden; eine

Beschränkung der Geschäftsfähigkeit einer Ehefrau infolge des altrechtlichen Güterstandes oder der vor dem 1. 1. 1900 geschlossenen Ehe bleibt jedoch in Kraft, solange
der bisherige Güterstand besteht **(Art 200).**

3 Das Ehescheidungsrecht des BGB besitzt zwingenden Charakter, die Scheidung und
die Aufhebung (§ 90 des EheG vom 6. 7. 1938) erfolgt auch für die vor dem 1. 1. 1900
geschlossenen Ehen nach den Vorschriften des BGB **(Art 201),** an deren Stelle in der
Folgezeit die §§ 46 ff, 33 ff des EheG vom 6. 7. 1938 getreten sind. Die Verfehlung
eines Ehegatten, die vor dem 1. 1. 1900 begangen war, konnte aber für eine Scheidung nur dann verwertet werden, wenn sie auch nach den bisherigen Vorschriften
ein Scheidungs- oder Trennungsgrund war. Einen Vorbehalt macht **Art 202** hinsichtlich der Wirkungen einer beständigen oder zeitweiligen Trennung von Tisch und
Bett, auf die vor dem 1. 1. 1900 erkannt ist; für diese Wirkungen blieben die bisherigen Gesetze maßgebend (ebenso § 114 des EheG vom 6. 7. 1938 bei Scheidung der
Ehe von Tisch und Bett nach dem in *Österreich* geltenden Recht).

4 Auch das Rechtsverhältnis zwischen den *Eltern* und einem vor dem Inkrafttreten des
BGB geborenen **ehelichen Kind** bestimmte sich ausschließlich nach dem BGB und
zwar auch hinsichtlich des Vermögens, welches das Kind vorher erworben hatte
(Art 203). Anordnungen der zuständigen Behörde, durch die der Vater oder die
Mutter in der *Sorge für die Person oder für das Vermögen des Kindes beschränkt* sind,
blieben jedoch in Kraft, solange sie nicht das Vormundschaftsgericht (und Familiengericht) nach § 1671 BGB aF (jetzt § 1696 BGB) aufgehoben hatte; die Beschränkung des Vaters oder der Mutter in der *Nutznießung am Vermögen des Kindes*
war jedoch auf Antrag aufzuheben, wenn die Entziehung der Nutznießung nicht
nach § 1666 Abs 2 BGB aF gerechtfertigt war **(Art 204).**

5 **Art 205** regelt die künftige Bedeutung einer *Beschränkung der mütterlichen Rechte*
durch den Vater.

6 Die Rechte und Pflichten der Eltern hinsichtlich der **Personensorge** für die gemeinschaftlichen Kinder aus einer nach bisherigem Recht *geschiedenen,* infolge Todeserklärung *aufgelösten oder getrennten Ehe* blieben unberührt und bestimmten sich
solange nach den bisherigen Gesetzen, als nicht das Vormundschaftsgericht (jetzt
wäre das das Familiengericht) auf Grund des § 1635 Abs 1 S 2, Abs 2 oder des § 1636
BGB aF im Interesse des Kindes eine abweichende Anordnung traf **(Art 206).** Vgl
die Übergangsvorschriften in § 97 EheG vom 6. 7. 1938 und Art 8 I Nr 8 GleichberG.

7 Die **Ehelichkeit eines Kindes** aus einer vor dem 1. 1. 1900 geschlossenen nichtigen
oder ungültigen Ehe bestimmte sich nach den bisherigen Gesetzen, selbst wenn das
Kind erst nach dem 1. 1. 1900 geboren wurde **(Art 207).**

8 Für die vor dem 1. 1. 1900 geborenen **nichtehelichen Kinder** blieben in wichtigen
Beziehungen die bisherigen Gesetze maßgebend, nämlich hinsichtlich der Erforschung der Vaterschaft, des Familiennamens des Kindes und der Unterhaltspflicht
des Vaters, für Brautkinder schon dann, wenn sie vor dem 1. 1. 1900 gezeugt waren;
in allen übrigen Beziehungen bestimmte sich die rechtliche Stellung des nichtehelichen Kindes von dem Inkrafttreten des BGB ab nach dessen Vorschriften
(Art 208).

Die Wirkungen der **Legitimation** und der **Annahme an Kindes Statt** bestimmten sich 9
grundsätzlich nach den bisherigen Gesetzen **(Art 209)**.

Die **Art 210–212** regeln die Überleitung der **Vormundschaften und Pflegschaften** in 10
das neue Recht.

II. Rechtsüberleitung beim Verlöbnis

1. Bestehen eines Verlöbnisses

Die Fragen, ob ein Verlöbnis *rechtsgültig zustande kam* und ob einem Verlöbnis 11
Rechtswirkungen überhaupt zukamen, bestimmte sich analog Art 198 nach dem
bisherigen Recht (Mot 279; MünchKomm/Damrau Art 198 Rn 4; Niedner Anm I). Ob ein
Verlöbnis im Sinne des BGB am 1.1.1900 aber überhaupt bestand, bestimmt sich
jedoch nach neuem Recht (Habicht 524; **aM** KG OLGE 2, 133). Wurde ein Verlöbnis,
selbst wenn es nach früherem (zB französischem) Rechte keinerlei Rechtswirkungen
hatte, *nach dem Inkrafttreten des BGB fortgesetzt*, so galt es nunmehr als ein unter
der Herrschaft des neuen Rechts abgeschlossenes Verlöbnis, sofern der Wille, das
Verlöbnis fortzusetzen, ersichtlich zutage trat; dies gilt zumindest dann, wenn man
diese Fortsetzung als stillschweigenden Neuabschluss eines rechtswirksamen Ver-
löbnisvertrags oder als dessen Bestätigung ansehen kann (vgl Habicht 524; Planck
Vorbem 2; Schlegelberger/Vogels Vorbem 2, je zu Art 198–212; RGZ 59, 100; OLG Zweibrücken SeuffBl 72, 265; gegen den stillschweigenden Neuabschluss aber Niedner Anm I).

2. Rechtswirkungen des Verlöbnisses

Die *Rechtswirkungen* eines am 1.1.1900 bestehenden Verlöbnisses bestimmten sich 12
ab dann aber *allein nach dem BGB*, mögen diese weitreichender sein als die bisherigen oder nicht (Habicht aaO; MünchKomm/Damrau Art 198 Rn 4). Insoweit setzt sich
die Vorstellung von dem familienrechtlichen Charakter des Verlöbnisses gegenüber
dem rein schuldrechtlichen Verständnis (das zum Gebot der Nichtrückwirkung des
Art 170 führen würde) durch (Planck, zu Art 198–212 Anm 2). An solchen Rechtswirkungen des Verlöbnisses kamen namentlich die *Klagbarkeit des Eheversprechens*
und die Ansprüche aus einem *Verlöbnisbruch* in Betracht. Aus einem am 1.1.1900
bestehenden Verlöbnis konnte nach diesem Zeitpunkt nicht mehr auf Eingehung der
Ehe geklagt werden (§ 1297 BGB; Planck Vorbem 2 a, b; Schlegelberger/Vogels
Vorbem 2, je zu Art 198 EG; Habicht 526; **aM** Affolter, System § 70 A). Auch Schadensersatzansprüche konnten aufgrund eines vor dem 1.1.1900 eingegangenen und nach
diesem Zeitpunkt aufgelösten Verlöbnisses nur nach §§ 1298–1300 BGB geltend
gemacht werden; dies galt auch, wenn dem Verlöbnisbruch im früheren Recht
stärkere Wirkungen beigelegt waren und die Tatsachen, auf welche die Ansprüche
gestützt werden, schon vor dem 1.1.1900 eingetreten waren (Habicht; Planck, Schle-
gelberger/Vogels, je aaO; Tietz, Die Rechtsnatur des Verlöbnisses nach deutschem bürgerlichen
Recht 83 ff; **aM** Süss, Grundgedanken des deutschen Übergangsrechts 66; teilweise **aM** Niedner
Art 198 EG Anm I [differenzierend nach dem Zeitpunkt des Entstehens des zu beurteilenden
Tatbestands]; vgl auch OLG Frankfurt Köln Recht 1903 Nr 795, 1667; OLG Bamberg BayZ 1907,
458; RGZ 49, 204; 59, 102).

3. Aufhebung des Verlöbnisses vor dem 1. 1. 1900

13 War das Verlöbnis schon vor dem Inkrafttreten des BGB aufgehoben, so bestimmten sich die Folgen der Aufhebung und die aus dem Verlöbnisbruch abzuleitenden Ansprüche *nach dem bisherigen Recht.* Nur für die Verjährung dieser Ansprüche war nach Art 169 EG der § 1302 BGB maßgebend (HABICHT 529; PLANCK Vorbem 2b zu Art 198 EG; OLG Hamburg Recht 1911 Nr 1314). Auf Eingehung der Ehe konnte auch in diesem Fall nicht mehr geklagt werden (RG JW 1900, 726; 1901, 138).

III. Übergangsvorschriften zu späteren Änderungen familienrechtlicher Bestimmungen des BGB

1. Gesetz über die Änderung und Ergänzung familienrechtlicher Vorschriften und über die Rechtstellung der Staatenlosen vom 12. 4. 1938

14 Das am 14. 4. 1938 in Kraft getretene G (RGBl I 380) enthält in Art 8 §§ 26 bis 29 Übergangsvorschriften für die Neuregelung der Anfechtung der Ehelichkeit (Art 2 des G; §§ 1593 ff BGB), in Art 8 § 30 Abs 1 über die Wirkung der Bestätigung eines Vertrags über Kindesannahme und Aufhebung des Annahmeverhältnisses (Art 4 §§ 10, 11d G; §§ 1756, 1770 BGB), in Art 8 § 30 Abs 2 über gerichtliche Aufhebung vor dem Inkrafttreten des Gesetzes begründeter Annahmeverhältnisse (Art 5d G). Zu Einzelheiten vgl STAUDINGER/WINKLER[12] Rn 14.

2. Ehegesetz von 1938

15 Das am 1. 8. 1938 in Kraft getretene Gesetz zur Vereinheitlichung des Rechts der Eheschließung und der Ehescheidung im Lande Österreich und im übrigen Reichsgebiet (Ehegesetz) vom 6. 7. 1938 (RGBl I 807) enthält für das damalige reichsdeutsche Recht maßgebende Übergangsvorschriften in §§ 85–98. § 85 betrifft die Überleitung des Eheschließungsrechts (§§ 1–14 EheG), §§ 86–89 enthalten Übergangsvorschriften für nichtige Ehen (§§ 20–30 EheG), §§ 90–92 regeln das Verhältnis zwischen der bisherigen Eheanfechtung und der an ihre Stelle getretenen Eheaufhebung (§§ 33–45 EheG). §§ 93, 94 enthalten Vorschriften über die Anwendung des neuen Rechts in anhängigen Eheprozessen, § 95 eine Übergangsbestimmung zu §§ 57, 58 EheG (Scheidungsrecht), § 96 eine solche über die Unterhaltspflicht der Ehegatten nach der Scheidung (§§ 66–79 EheG). § 97 regelt die Überleitung des Personensorgerechts über gemeinschaftliche Kinder nach geschiedener oder für nichtig erklärter Ehe (§§ 81, 82; §§ 42, 44, 45 EheG). § 98 erleichtert die Umwandlung der Aufhebung der ehelichen Gemeinschaft (§§ 1575 ff BGB aF) in der Scheidung der Ehe.

3. VO über die Angleichung familienrechtlicher Vorschriften vom 6. 2. 1943

16 Die am 1. 3. 1943 in Kraft getretene VO (RGBl I 80), durch die die §§ 1593, 1595a, 1597 und 1600 BGB neugefasst und § 1596 Abs 3 BGB gestrichen worden sind (Art 1d VO), enthält in Art 5 Übergangsvorschriften. Diese beziehen sich aber nur auf die durch die VO bewirkten Änderungen des österreichischen Rechts (LEISS DRW 1943, 473).

4.   Ehegesetz von 1946

Durch das am 1. 3. 1946 in Kraft getretene EheG vom 20. 2. 1946 (Gesetz Nr 16 des **17**
Kontrollrats, KRABl 77) wurde das EheG vom 8. 7. 1938 aufgehoben (§§ 80, 79 EheG
1946). Es enthält keine Übergangsvorschriften, da die Bestimmungen des neuen
EheG mit denen des G vom 1. 7. 1938 weitgehend übereinstimmen (HOFFMANN/STE-
PHAN § 80 EheG Anm 2).

5.   Gleichberechtigungsgesetz von 1957

Das am 1. 7. 1958 in Kraft getretene Gesetz über die Gleichberechtigung von Mann **18**
und Frau auf dem Gebiet des bürgerlichen Rechts (Gleichberechtigungsgesetz) vom
18. 6. 1957 (BGBl I 609) enthält Übergangsvorschriften in Art 8 I. Es gilt in Berlin
durch ÜbernahmeG vom 24. 6. 1957 (GVBl 697). Zu den Kommentaren vgl STAU-
DINGER/WINKLER[12], Vorbem 18 zu Art 198–212. Art 8 I Nr 1 betrifft die persönlichen Rechtsbeziehungen der Ehegatten zueinander, insbesondere die gegenseitige
Unterhaltpflicht (§§ 1353–1362 BGB nF), Nr 2 den in § 1430 BGB aF geregelten
Fall, dass die Ehefrau ihr Vermögen ganz oder teilweise der Verwaltung des Mannes
bei Bestehen des gesetzlichen Güterstandes überlassen hat. Art 8 I Nr 3 und 4
enthalten die Übergangsregeln für den Eintritt der Zugewinngemeinschaft bei bestehender Ehe, Nr 5 die Übergangsregelung für die Fälle, in denen Ehegatten bei
Inkrafttreten des Gesetzes im Güterstand der Gütertrennung gelebt haben. Mit der
Überleitung der bisherigen allgemeinen Gütergemeinschaft (jetzt Gütergemeinschaft, §§ 1415 ff BGB nF) befasst sich Art 8 I Nr 6. Über den Fortbestand der
Errungenschafts- und Fahrnisgemeinschaft, die das neue Recht nicht mehr kennt, ist
in Art 8 I Nr 7 eine Regelung getroffen.

Für das Rechtsverhältnis zwischen den Eltern und dem ehelichen Kind ist die **19**
Übergangsvorschrift in Art 8 I Nr 8 maßgebend; eine Sondervorschrift zu § 1638
BGB nF (verwaltungsfreie Zuwendungen an das eheliche Kind) enthält Art 8 I Nr 9.
Art 8 I Nr 10 ergänzt § 1758 BGB nF (Familienname des Kindes bei Annahme an
Kindes statt durch eine Frau) durch eine Übergangsvorschrift.

6.   Familienrechtsänderungsgesetz

Das Gesetz zur Vereinheitlichung und Änderung familienrechtlicher Vorschriften **20**
(Familienrechtsänderungsgesetz) vom 11. 8. 1961 (BGBl I 1221) trat am 1. 1. 1962 in
Kraft (siehe Art 9 Abs 4 dieses G, mit einer Ausnahme). Es enthält Übergangsvorschriften in Art 9 II und gilt in Berlin durch ÜbernahmeG vom 21. 8. 1961 (GVBl
1121). Art 9 II Nr 1 betrifft die Anfechtung der Ehelichkeit eines Kindes
(§§ 1591–1600 BGB), insbesondere die Anfechtungsfrist, Nr 2 die Unterhaltspflicht
des Vaters gegenüber seinem nichtehelichen Kinde (§ 1708 BGB), Nr 3 die Aufhebung der Annahme an Kindes statt, wenn dieses ohne Einwilligung der Eltern, der
nichtehelichen Mutter, angenommen worden ist (§ 1770b BGB), Nr 4 die Anerkennung ausländischer Entscheidungen in Ehesachen (Art 7 § 1 FamRÄndG), Nr 5 die
Gleichstellung Deutscher im Sinn des Art 116 Abs 1 GG mit deutschen Staatsangehörigen und Nr 6 die Erklärung eines Ehegatten, dass in der Ehe Gütertrennung
gelten soll gemäß Art 8 I Nr 3 Abs 2 GleichberG.

7. Nichtehelichengesetz von 1969

21 Das am 1. 7. 1970 in Kraft getretene Gesetz über die rechtliche Stellung der nicht-ehelichen Kinder vom 19. 8. 1969 (BGBl I 1243; zum Inhalt s STAUDINGER/WERNER [2000] Vorbem 34 ff zu §§ 1924-1936; zum Schrifttum s bei STAUDINGER/WERNER [2000] § 1934a BGB), kurz Nichtehelichengesetz (NEhelG), enthält in Art 12 Übergangsvorschriften. Art 12 § 1 bestimmt als *Grundsatz*, dass sich die rechtliche Stellung eines vor dem Inkrafttreten des Gesetzes geborenen (nichtehelichen) Kindes und seiner Verwandten von diesem Zeitpunkt ab nach dessen Vorschriften bestimmt, soweit sich nicht aus §§ 2–23 dieses Artikels etwas anderes ergibt. Dadurch wird vermieden, dass zwei verschiedene Regelungen je nach dem Zeitpunkt der Entstehung des Rechtsver-hältnisses nebeneinander gelten. An der bisherigen rechtlichen Beurteilung ändert die Neuregelung für die Zeit vor der Gesetzesänderung also grundsätzlich nichts, so dass zB rückständige Unterhaltsbeträge aus der Zeit vor Inkrafttreten des NEhelG nicht nach § 1615 BGB gestundet oder erlassen werden können. § 2 erstreckt die Geltung der Neuregelung zurück. Auch für Rechtsverhältnisse, die sich nach dem bisher geltenden Recht richten, sollen die Voraussetzungen, ob der Mann als Vater anzusehen ist, nach dem NEhelG beurteilt werden. Die Bestimmung der Vaterschaft soll also bei sämtlichen Rechtsverhältnissen ohne die in § 1 vorgesehene Abgren-zung (vor oder nach Inkrafttreten) vorgenommen werden.

22 Eine vom Grundsatz des § 1 abweichende Regelung enthält § 10 für die *erbrecht-lichen Verhältnisse* und für den Anspruch des nichtehelichen Kindes gegen den Erben des Vaters auf Leistung von *Unterhalt* (zu den erbrechtlichen Überleitungsbestim-mungen eingehend s Vorbem zu Art 213–217 Rn 7 ff).

23 Die Übergangsvorschriften für die *unterhaltsrechtliche Regelung* enthalten § 10 Abs 1 S 2 und Abs 2 S 2 (dazu STAUDINGER/ENGLER [2004] Vorbem 15 ff zu §§ 1591 ff), für Unterhaltsabfindungsverträge § 5. Eine Sonderregelung für den Fristablauf für die Anfechtung der Ehelichkeit trifft § 4. Übergangsvorschriften für den Familiennamen sind in § 6, für die Vormundschaft in § 7, für die Ehelicherklärung in §§ 8, 9 ent-halten. Die Fragen, die bei Rechtsstreiten in Kindschaftssachen durch die verschie-denen Regelungen entstehen, sind in §§ 12 ff geregelt.

Für nichteheliche Kinder, die vor *Inkrafttreten des BGB* (1. 1. 1900) geboren sind, bleibt gemäß § 11 (entgegen § 1) der bisherige Rechtszustand bestehen, was beson-ders für erbrechtliche Verhältnisse von Bedeutung sein kann. Für diese Personen gilt daher auch § 2 nicht; war eine Vaterschaftserforschung nach dem damals geltenden Recht ausgeschlossen, findet sie auch jetzt nicht statt. Auch die Übergangsbestim-mungen der §§ 2–10 sind nicht anwendbar (zu Einzelfragen s ODERSKY, Nichtehelichen-gesetz [4. Aufl 1978]). Besonderheiten sind zu beachten, wenn das Erbrecht der **DDR** Anwendung findet (vgl hierzu die Komm zu Art 235 und STAUDINGER/WERNER [2000] Vorbem 2 zu §§ 1924–1936).

8. Erstes Ehereformgesetz

24 Das 1. EheRG v 14. 5. 1976 (BGBl I 1421), in Kraft seit 1. 7. 1977, hat eine einheitliche Zuständigkeit für Ehesachen und damit eng zusammengehörende Verfahren *(Fami-liensachen)* begründet und diese Angelegenheiten dem Familiengericht zugewiesen

(§§ 64a Abs 1 FGG, 23b Abs 1 GVG, 606, 621 ZPO, 11 HausratsVO). *Familiensachen* aus dem früheren Bereich der Vormundschaftssachen sind die Verfahren nach §§ 1632 Abs 2, 1634, 1671, 1672, 1678 Abs 2, 1681 Abs 2 S 3, 1699, die die elterliche Gewalt betreffen, die Verfahren über den neu geschaffenen Versorgungsausgleich nach §§ 1587–1587p BGB und die güterrechtlichen Verfahren nach §§ 1382, 1383 BGB.

9. Adoptionsgesetz

Das AdoptG v 2. 7. 1976 (BGBl I 1749), in Kraft seit 1. 1. 1977, hat das Adoptionsrecht **25** neu geregelt und gegenüber dem bisherigen Recht wesentlich umgestaltet (tabellarische Übersicht zu den wesentlichen Unterschieden bei MünchKomm/MAURER Vor § 1741 Rn 13). Die bisherige Zuständigkeit des allgemeinen Amtsgerichts nach § 65 FGG ist weggefallen; alle Verrichtungen, die die Annahme eines Kindes betreffen, sind nunmehr *Vormundschaftssachen*. Das AdoptionsrechtsänderungsG vom 4. 12. 1992 (BGBl I 1974) hat die §§ 1757 Abs 2, 1768 Abs 1 und 1772 BGB geändert und dadurch insbes die Änderung des Namens des anzunehmenden Kindes erleichtert (dazu LIERMANN FamRZ 1993, 1264). Durch das FamiliennamenrechtsänderungsG vom 16. 12. 1993 (BGBl I 2054) wurde insbes § 1757 BGB weitgehend neu gefasst. Die Übergangsregelungen enthält Art 12 AdoptG; diese differenzieren danach, ob der Angenommene im Zeitpunkt des In-Kraft-Tretens des Gesetzes am 1. 1. 1977 minderjährig oder volljährig war (gute Übersicht hierzu etwa bei BAMBERGER/ROTH/ENDERS Vor § 1741 Rn 4 ff; zur erbrechtlichen Seite s STAUDINGER/WERNER [2000] Vorbem 50 ff zu §§ 1924 ff).

10. Gesetz zur Neuregelung des Rechts der elterlichen Sorge

a) Allgemeines
Das G zur Neuregelung des Rechts der elterlichen Sorge v 18. 7. 1979 (BGBl I 1061) **26** reformierte das veraltete elterliche Sorgerecht insgesamt und passte es insbesondere den Wertvorstellungen des Grundgesetzes und den heutigen tatsächlichen Gegebenheiten an. Deshalb werden die elterlichen Rechte und Pflichten neu definiert, der Schutz gefährdeter Kinder wird verbessert und die Rechtsstellung heranwachsender Kinder wird verstärkt.

b) Änderung des BGB
In allen Vorschriften wird der Begriff „elterliche Gewalt" durch „elterliche Sorge" **27** ersetzt (zu Einzelheiten s STAUDINGER/WINKLER[12] Rn 27 ff).

c) Änderungen des FGG
Schwerpunkt der Änderungen des FGG war eine detaillierte Regelung des Verfahrens bei der Genehmigung der Unterbringung von Mündeln und Kindern in den **28** §§ 64a–64i (diese Bestimmungen wurden durch das Betreuungsgesetz vom 12. 9. 1990 [BGBl I 2002] bereits wieder aufgehoben). Außerdem wird die Anhörung der Eltern, betroffener Dritter und des Kindes in Sorgerechtsangelegenheiten in neuen Vorschriften des FGG (§ 50a und § 50 b) statt wie bisher im BGB (§ 1695) näher geregelt.

d) Änderungen sonstiger Gesetze
Von den Vorschriften des JWG wurden verschiedene den Änderungen des BGB **29** angepasst. § 3 EheG wird aus dem gleichen Grund neu gefasst. Außerdem werden

Bestimmungen des Rechtspflegergesetzes, der Kostenordnung und der Bundes-
rechtsanwaltsgebührenordnung den erfolgten Änderungen des materiellen Rechts
angepasst (s Staudinger/Winkler[12] Rn 31).

11.   Gesetz zur Regelung von Härten im Versorgungsausgleich

30 Dieses G vom 21. 2. 1983 (BGBl I 105) brachte umfangreiche Änderungen zur Durchführung des Versorgungsausgleichs im Scheidungsfall. Art 4 des G enthält Über-
gangs- und Schlussvorschriften.

12.   Reform des Jugendwohlfahrtrechts: Das Kinder- und Jugendhilfegesetz

31 Das Gesetz zur Neuordnung des Kinder- und Jugendhilferechts (Kinder- und Jugendhilfegesetz – KJHG) vom 26. 6. 1990 (BGBl I 1163) hat mit Wirkung zum
1. 1. 1991 das alte Jugendwohlfahrtgesetz (JWG) mit einer ganz anderen Konzeption
abgelöst (zu dessen Reformbedürftigkeit s Staudinger/Winkler[12] Rn 32). Während das JWG
nur ein eingriffs- und ordnungsrechtliches Instrumentarium zur Durchsetzung seiner
Ziele vorsah, ist das KJHG ein modernes, *präventiv orientiertes Leistungsgesetz*, das
nach seiner Konzeption die Eltern bei der Erziehung der Kinder unterstützen und
den jungen Menschen selbst das Hineinwachsen in die Gesellschaft erleichtern soll.
Bes Berücksichtigung sollen alleinerziehende Elternteile erhalten. Schwerpunkte
der Neuregelung sind insbes die Neuregelung der allgemeinen Angebote der Ju-
gendarbeit und Jugendsozialarbeit (§§ 11–15); Verbesserung der Angebote zur Förderung der Erziehung in der Familie und der Hilfen für Familien in bes Lebens-
situationen (§§ 16–21); Verbesserung der Angebote der Tagesbetreuung von Kindern (§§ 22–26) ua (vgl den Überblick bei MünchKomm/Hinz vor § 1 SGB VIII KJHG Rn 1 f;
zur Einführung s auch Rüfner NJW 1991, 1). Rechtstechnisch wurde das KJHG als Achtes
Buch in das *Sozialgesetzbuch* eingefügt.

13.   Betreuungsgesetz

32 Das G zur Reform des Rechts der Vormundschaft und Pflegschaft für Volljährige
(Betreuungsgesetz – BtG) vom 12. 9. 1990 (BGBl I 2002) brachte umfangreiche Änderungen des Familienrechts. Insbesondere wurde die Entmündigung und Gebrech-
lichkeitspflegschaft abgeschafft. Das G ist am 1. 1. 1992 in Kraft getreten. Damit
wurden die bisherigen Vormundschaften über Volljährige und Gebrechlichkeits-
pflegschaften in Betreuungen kraft Gesetzes umgewandelt (Art 9 § 1 Abs 1 S 1).
Der frühere Vormund wird zum Betreuer mit dem Aufgabenkreis „alle Angelegenheiten ohne Sterilisationseinwilligung" (Art 9 § 1 Abs 1 S 2). Für den gesetzlichen
Aufgabenkreis gilt ein Einwilligungsvorbehalt als angeordnet (Art 9 § 1 Abs 3 S 2).
Zu weiteren Fragen der Überleitung s Art 9 und Palandt/Diederichsen[54] Einf 20
vor § 1896 BGB.

14.   Familiennamensrechtsgesetz

33 Das G zur Neuordnung des Familiennamensrechts (FamiliennamensrechtsG – Fam-
NamRG) vom 16. 12. 1993 (BGBl I 2054) hat verschiedene namensrechtliche Vor-
schriften des BGB geändert, insbes §§ 1355, 1720, 1737 S 2, 1740 f Abs 2 S 3, 1757
Abs 1, 1765 Abs 1 S 3 ua. Damit wurde die Entscheidung des Bundesverfassungs-

gerichts (NJW 1991, 1602) Rechnung getragen, die § 1355 Abs 2 S 2 BGB (Geltung des Geburtsnamens des Ehemanns als Familienname bei Fehlen einer abweichenden Bestimmung) wegen Verstoßes gegen den Gleichberechtigungsgrundsatz des Art 3 Abs 2 GG für verfassungswidrig erklärt hatte. Das G ist am 1. 4. 1994 in Kraft getreten und sah für damals bereits bestehende Ehen in Art 7 eine auf grundsätzlich ein Jahr befristete Übergangsregelung zur Vorname der gewünschten Namensänderung vor (längere Frist im internationalen Namensrecht). Einzelheiten s PALANDT/ DIEDERICHSEN[55] Vorbem 4 ff vor § 1355 BGB.

15. Kindschaftsrechtsreformgesetz

Das G zur Reform des Kindschaftsrechts (Kindschaftsrechtsreformgesetz – **34** KindRG) vom 16. 12. 1997 (BGBl I 2942) bringt größere Änderungen im Familien- und Kindschaftsrecht, insbes zur Vaterschaftsfeststellung und zum Sorgerecht. Es trat grundsätzlich mit Wirkung zum 1. 7. 1998 in Kraft (Art 17 KindRG).

16. Kindesunterhaltsgesetz

Das Gesetz zur Vereinheitlichung des Unterhaltsrechts minderjähriger Kinder (Kin- **35** derunterhaltsgesetz – KindUG) vom 6. 4. 1998 (BGBl I 666) trat am 1. 7. 1998 in Kraft. Dadurch wurden die den Unterhaltsanspruch nichtehelicher Kinder regelnden §§ 1615a ff BGB und die Regelunterhalts-VO aufgehoben und der Unterhalt für eheliche und nichteheliche Kinder einheitlich in den §§ 1601 ff BGB geregelt (vgl auch STAUDINGER/ENGLER [2000] Vorbem 19 zu §§ 1601 ff mit Hinweisen zum Schrifttum). Zur vereinfachten Ermittlung des Unterhaltsanspruchs wurde der sog Regelbetrag (§ 1612a BGB) als Bezugsgröße eingeführt (dazu STAUDINGER/ENGLER § 1612a Rn 9 ff, Rn 38 ff). Die Übergangsvorschriften enthält Art 5 KindUG (hierzu STAUDINGER/ENGLER § 1612a Rn 38 ff).

17. Beistandschaftsgesetz

Das G zur Abschaffung der gesetzlichen Amtspflegschaft und Neuordnung des **36** Rechts der Beistandschaft (Beistandschaftsgesetz) vom 4. 12. 1997 (BGBl I 2846) trat am 1. 7. 1998 in Kraft und hob insbes die früher bei der Geburt eines nichtehelichen Kindes eintretende, das Sorgerecht der Mutter einschränkende Amtspflegschaft des Jugendamts auf (zu den Motiven der Reform s eingehend STAUDINGER/RAUSCHER [2000] Vorbem 6 ff zu §§ 1712–1717, zu den Grundzügen dort Rn 23 ff).

18. Eheschließungsrechtsgesetz

Das G zur Neuordnung des Eheschließungsrechts (EheschlRG) vom 4. 5. 1998 (BGBl **37** 833) trat am 1. 7. 1998 in Kraft und brachte wesentliche Änderungen des Eheschlie- ßungsrechts. Insbesondere wurde das Ehegesetz vom 6. 7. 1938 aufgehoben und die entsprechenden Regelungen über die Eheschließung als §§ 1303 ff BGB nF wieder in das BGB eingestellt, das öffentliche Aufgebot beseitigt und das Eheverbot der Schwägerschaft aufgehoben (vgl zu den Änderungen HEPTING FamRZ 1998, 713; STAUDINGER/ STRÄTZ [2000] Einl 37 ff zu §§ 1303 ff). Das Übergangsrecht ist in Art 226 EGBGB ge- regelt. Es bestimmt die Anwendung des neuen Rechts auch auf alle vor dem

1.7. 1998 geschlossenen Ehen, es sei denn, Aufhebungs- oder Nichtigkeitsklage ist zu diesem Zeitpunkt bereits erhoben worden.

19. Betreuungsrechtsänderungsgesetz

38 Das G zur Änderung des Betreuungsrechts sowie weiterer Vorschriften vom 25.6. 1998 (BGBl I 1580) trat im Wesentlichen am 1.1. 1999 in Kraft und brachte vor allem Regelungen zur Finanzierung im Rahmen des Betreuungsrechts, insbes hinsichtlich des Vergütungsanspruchs des Betreuers. Daneben wurden Regelungen für die Vorsorgevollmacht eingeführt (§§ 1904 Abs 2, 1906 Abs 5 BGB) und Änderungen im Recht der Vormundschaft über Minderjährige. Das 2. Betreuungsrechtsänderungsgesetz (2. BtÄndG) vom 21.4. 2005 (BGBl I 1073) bringt nunmehr weitreichende Änderungen des Betreuungsrechts, und zwar nicht nur in verfahrensrechtlicher Hinsicht, sondern auch besonders bezüglich der Betreuer- und Verfahrenspflegervergütung (dazu etwa SONNENFELD FamRZ 2005, 941; W ZIMMERMANN FamRZ 2005, 950 und DEINERT FamRZ 2005, 954).

20. Minderjährigenhaftungsbegrenzungsgesetz

39 Das G zur Beschränkung der Haftung Minderjähriger vom 25.8. 1998 (BGBl I 2487) trat am 1.1. 1999 in Kraft und setzte die verfassungsrechtlichen Vorgabe von BVerfGE 72, 155 = NJW 1986, 1859 durch Änderung des § 723 Abs 1 BGB mit Einführung eines außerordentlichen Kündigungsrechts für den volljährig gewordenen Minderjährigen (dazu STAUDINGER/HABERMEIER [2003] § 723 Rn 33 f) und Einfügung des § 1629a BGB um.

21. Gesetz zur Ächtung der Gewalt in der Erziehung von Kindern

40 Das Gesetz zur Ächtung der Gewalt in der Erziehung von Kindern und zur Änderung des Kinderunterhalts vom 2.11. 2000 (BGBl I 1966) brachte Änderungen in §§ 1612a, 1612b und 1631 Abs 2 BGB.

22. Lebenspartnerschaftsgesetz

41 Das G zur Beendigung der Diskriminierung der gleichgeschlechtlichen Partnerschaften vom 16.2. 2001 (BGBl I 266) trat am 1.8. 2001 in Kraft und schafft ein eigenes familienrechtliches Institut, um gleichgeschlechtlichen Partnern die rechtliche Möglichkeit zur Begründung einer Verantwortungs- und Einstehensgemeinschaft zu eröffnen (Überblick etwa bei DETHLOFF NJW 2001, 2598; SCHWAB FamRZ 2001, 385; KAISER JZ 2001, 617; DORSEL RhNotZ 2001, 151; N MAYER ZEV 2001, 159; TRIMBACH NJ 2001, 399). Durch das G zur Überarbeitung des Lebenspartnerschaftsgesetzes vom 15.12. 2004 BGB (BGBl I 3396) wurde es in wesentlichen Teilen novelliert und in zivilrechtlicher Hinsicht eine weitgehende Angleichung an die Ehe angestrebt (dazu etwa GRZIWOTZ DNotZ 2005, 13; KORNMACHER FamRB 2005, 22; FINGER FuR 2005, 5; WELLENHOFER NJW 2005, 705).

23. Schuldrechtsreformgesetz

42 Das G zur Modernisierung des Schuldrechts vom 26.11. 2001 (BGBl I 3138) trat am 1.1. 2002 in Kraft und bringt im Familienrecht in §§ 1317 Abs 1 S 3, 1600b Abs 6 S 2

BGB nur redaktionelle Folgeänderungen wegen der Neugestaltung des Verjährungsrechts und hebt in § 1615l BGB den bisherigen Abs 4 auf und fasst den S 2 des
bisherigen Abs 5 neu (zur Auswirkung des Schuldrechtsmodernisierungsgesetzes auf das Familienrecht s Büttner FamRZ 2002, 361; J Mayer, in: Dauner-Lieb/Konzen/Karsten Schmidt, Das
neue Schuldrecht in der Praxis [2003] 716).

24. Gewaltschutzgesetz

Das G zur Verbesserung des zivilrechtlichen Schutzes bei Gewalttaten und Nach- **43**
stellungen (Gewaltschutzgesetz) sowie zur Erleichterung der Überlassungen der
Ehewohnung bei Trennung vom 11.12.2001 (BGBl I 3513) ändert die §§ 1361b,
1903 Abs 4 BGB.

25. Adoptionsvermittlungsgesetz

G über die Vermittlung der Annahme als Kind und über das Verbot der Vermittlung **44**
von Ersatzmüttern (Adoptionsvermittlungsgesetz) in der Fassung der Bek vom
22.12.2002 (BGBl I 354).

26. Kinderrechteverbesserungsgesetz

G zur weiteren Verbesserung von Kinderrechten vom 9.4.2002 (BGBl I 1239) ändert **45**
die §§ 1596 Abs 1 S 4, 1618, 1600 Abs 2, 1666a, Abs 1 S 2 und 3 BGB und fügte den
§ 1713 Abs 1 S 2 BGB neu ein.

27. Weitere Änderungen im Familienrecht

Das G zur Umsetzung *familienrechtlicher Entscheidungen* des Bundesverfassungs- **46**
gerichts vom 13.12.2003 (BGBl I 2547) ändert den § 1626d Abs 2 BGB, das G zur
Änderung der Vorschriften über die Anfechtung der Vaterschaft und das Umgangs-
recht von Bezugspersonen des Kindes, zur Registrierung von Vorsorgeverfügungen
und zur Einführung von Vordrucken für die Vergütung von Berufsbetreuern vom
23.4.2004 (BGBl I 598) ändert die §§ 1592 Nr 3, 1600 Abs 1, 1600a Abs 2 S 1, 1600b
Abs 1 S 2, 1600e, 1618 S 2, 1685 Abs 2 und fügt einen neuen Abs 2 und 3 in den
§ 1600 BGB ein.

IV. DDR (Berlin-Ost)

Infolge des Beitritts der neuen Bundesländer hat das frühere Familienrecht der **47**
DDR keine so große praktische Bedeutung mehr, so dass auf die 12. Aufl (Rn 33 f)
verwiesen werden kann. Überleitungsvorschriften enthält Art 234 EGBGB (s Erl
dort).

Jörg Mayer

Artikel 198

(1) Die Gültigkeit einer vor dem Inkrafttreten des Bürgerlichen Gesetzbuchs geschlossenen Ehe bestimmt sich nach den bisherigen Gesetzen.

(2) Eine nach den bisherigen Gesetzen nichtige oder ungültige Ehe ist als von Anfang an gültig anzusehen, wenn die Ehegatten zur Zeit des Inkrafttretens des Bürgerlichen Gesetzbuchs noch als Ehegatten miteinander leben und der Grund, auf dem die Nichtigkeit oder die Ungültigkeit beruht, nach den Vorschriften des Bürgerlichen Gesetzbuchs die Nichtigkeit oder die Anfechtbarkeit der Ehe nicht zur Folge haben oder diese Wirkung verloren haben würde. Die für die Anfechtung im Bürgerlichen Gesetzbuch bestimmte Frist beginnt nicht vor dem Inkrafttreten des Bürgerlichen Gesetzbuchs.

(3) Die nach den bisherigen Gesetzen erfolgte Ungültigkeitserklärung einer Ehe steht der Nichtigkeitserklärung nach dem Bürgerlichen Gesetzbuch gleich.

Materialien: E I Art 117; II Art 168; III Art 197.

I. Entstehung

1 Der Art 117 E I entspricht dem Abs 1 des Art 198; die Abs 2 und 3 wurden erst in der II. Komm hinzugefügt (Mot zum EG 278; Prot VI 526, 532, 634, 635, 654).

II. Inhalt

2 Art 198 enthält Übergangsvorschriften über den Rechtsbestand einer Ehe, die vor dem 1.1.1900 geschlossen worden ist.

1. Allgemeine Grundregel (Abs 1)

3 Die formellen und materiellen Erfordernisse für die Gültigkeit einer vor dem Inkrafttreten des BGB geschlossenen Ehe sind **nach dem früheren Recht** zu bestimmen (RG JW 1907, 3). Dies gilt sowohl für die Ehefähigkeit wie für die Form der Eheschließung und die sachlichen Voraussetzungen ihrer Gültigkeit (Schlegelberger/ Vogels Anm 1). Eine nach dem früheren Recht gültige oder (zB durch Bestätigung, Zeitablauf) gültig gewordene Ehe blieb gültig, auch wenn sie nach den Vorschriften des BGB nichtig oder anfechtbar gewesen wäre. Dies gilt auch dann, wenn die *Anfechtungsfristen* nach altem Recht zwar am 1.1.1900 abgelaufen wären, nach dem BGB aber noch nicht (RGZ 48, 158, 165; MünchKomm/Damrau Rn 1). Umgekehrt konnte die Ehe auch nach dem 1.1.1900 auf Grund des bisherigen Rechts noch für nichtig erklärt werden (RG JW 1907, 3; RG WarnR 1915 Nr 211).

4 Eine nach bisherigem Recht nichtige oder ungültige Ehe blieb nichtig oder ungültig, auch wenn der Grund der Nichtigkeit oder Ungültigkeit im BGB als solcher nicht anerkannt ist (s auch § 86 As 1 EheG vom 6.7.1938, RGBl I 807). Dieser Grundsatz ist jedoch durch die **Ausnahmebestimmung** des **Abs 2** durchbrochen (s unten Rn 5; vgl

auch RG JW 1907, 3). Auch die Frage, welches von mehreren örtlich widerstreitenden älteren Rechten und Gesetzen anzuwenden ist, bestimmt sich entsprechend Art 198 nach dem *bisherigen interlokalen Privatrecht* (OLG Dresden SächsOLG 39, 83; Münch-Komm/DAMRAU Rn 1). (Über die Unterschiede zwischen dem vor dem 1.1.1900 geltenden Ehe-recht und dem Recht des BGB sowie des EheG vom 6.7.1938 siehe STAUDINGER/KEIDEL[10/11] Anm 3–5.)

2. Wirksamwerden der Ehe durch Inkrafttreten des BGB (Ausnahmeregel des Abs 2)

Die Regel des Abs 1 hat im Interesse der Aufrechterhaltung einer am 1.1.1900 **5** äußerlich bestehenden Ehe eine wesentliche Einschränkung iS der rückwirkenden Kraft der neuen Rechtsordnung erfahren. Hiernach und ebenso nach der Über-gangsvorschrift des § 86 EheG vom 6.7.1938 wird eine nach den bisherigen Ge-setzen nichtige oder ungültige Ehe als von Anfang an gültig angesehen, wenn fol-gende Voraussetzungen erfüllt sind:

a) Der bisherige Nichtigkeits- oder Ungültigkeitsgrund darf entweder nach dem **6** neuen Recht als Nichtigkeits- oder Aufhebungsgrund überhaupt nicht anerkannt sein oder im Einzelfall nach den Vorschriften des neuen Rechts seine Wirkung (zB durch Verzeihung oder Ablauf der Frist für die Geltendmachung, zB nach § 1339 BGB aF, jetzt § 35 EheG vom 20.2.1946) verloren haben. Jedoch bestimmt Abs 2 S 2, dass die Anfechtungsfrist nicht vor dem 1.1.1900 zu laufen begonnen hat, wenn auch die Tatsache, welche die Anfechtungsfrist in Lauf gesetzt hat, schon vor diesem Zeitpunkt eingetreten war.

b) Außerdem müssen die Ehegatten zur Zeit des Inkrafttretens des BGB, also am **7** 1.1.1900, noch als Ehegatten miteinander gelebt haben; sie müssen sich noch gegen-seitig als Ehegatten betrachtet haben (s § 1374 Abs 2 BGB aF; jetzt ähnlich § 17 Abs 2 EheG vom 20.2.1946); dass sie wegen Zwistigkeiten nicht mehr in häuslicher Gemeinschaft lebten, ist unbeachtlich (MünchKomm/DAMRAU Art 198 Rn 2; SCHLEGELBER-GER/VOGELS Anm 2). Die Nichtigkeitsklage darf noch nicht erhoben sein (RG JW 1900, 725).

Da die Anwendung des Art 198 EG nur noch geringe praktische Bedeutung hat, wird wegen der näheren Erläuterung des Abs 2 auf Anm 7 und 8 bei STAUDINGER/KEIDEL[10/11] verwiesen; s auch NIEDNER Anm 3, 4; PLANCK Anm 2-8; SCHLEGELBER-GER/VOGELS Anm 2, 3; SOERGEL/HARTMANN Rn 1, je zu Art 198 EG; HABICHT 526 ff und aus der Rechtsprechung: RGZ 48, 165 (Anfechtung), RG JW 1900, 725; 1907, 515; 1938, 234.

3. Sonderregelung des § 86 Abs 1 S 2 EheG vom 6.7.1938

Eine *weitere Ausnahme* von dem Grundsatz, dass die Gültigkeit einer vor dem **8** Inkrafttreten des Bürgerlichen Gesetzbuchs geschlossenen Ehe sich nach altem Recht bestimmt, begründete § 86 Abs 1 S 2 EheG vom 6.7.1938 hinsichtlich der Ehen, die dem Verbot der Schwägerschaft zuwider geschlossen und daher nach dem bisherigen Recht nichtig waren, weil nachträglich Befreiung von diesem Verbot erteilt werden konnte (zu Einzelheiten s STAUDINGER/WINKLER[12] Rn 7).

4.   Ungültigkeitserklärung nach altem Recht (Abs 3)

9 Abs 3 bestimmt, dass soweit die Vorschriften des BGB von einer Nichtigerklärung sprechen, darunter auch die Ungültigkeitserklärungen des alten Rechts zu verstehen sind. Es handelt sich damit letztlich nur um eine *redaktionelle Regelung*, nicht aber um eine generelle sachliche Gleichstellung der ungültig erklärten Ehen alten Rechts mit den für nichtig erklärten des neuen (MünchKomm/DAMRAU Rn 3; Mot EGBGB 279).

III.   Folgen der Nichtigkeit der Ehe

1.   Vermögensrechtliche Folgen

10 Für das Verhältnis *der Ehegatten zueinander in vermögensrechtlicher Beziehung* war ab 1938 das *Ehegesetz* vom 6. 7. 1938 maßgebend (§ 88), wenn

(a) die Ehe aufgrund einer *Nichtigkeitsklage* rechtskräftig für nichtig erklärt worden ist und

(b) die Nichtigkeit der Ehe bei der Eheschließung einem Ehegatten bekannt, dem anderen aber nicht bekannt war.

11 Es fanden in diesem Fall grundsätzlich die für die Scheidung geltenden Vorschriften entsprechende Anwendung (§ 31). Zu Einzelheiten siehe STAUDINGER/WINKLER[12] Rn 11 f.

An die Stelle des § 31 EheG vom 6. 7. 1938 ist § 26 EheG vom 20. 2. 1946 getreten, jetzt idF des Art 3 des 1. EheRG vom 14. 6. 1976. Danach bestimmen sich die vermögensrechtlichen Folgen der Nichtigkeit der Ehe grundsätzlich nach den Vorschriften über die Scheidungsfolgen. Ausnahmen gelten bei Kenntnis des Nichtigkeitsgrundes.

2.   Nichtvermögensrechtliche Folgen

12 Zur Rechtsstellung eines Kindes aus einer rechtskräftig für nichtig erklärten Ehe nach dem EheG vom 6. 7. 1938s STAUDINGER/WINKLER[12] Rn 13. Jetzt gelten §§ 1591 Abs 1 S 1 HS 2, 1671 Abs 6 BGB, Letzterer idF des Art 1 Nr 28 des 1. EheRG v 14. 6. 1976.

3.   Rechtsschutz Dritter

13 Dritte konnten für Rechtsgeschäfte, die nach dem 1. 1. 1900 abgeschlossen wurden, den in § 1344 BGB aF gewährten Schutz in Anspruch nehmen (später § 32 EheG vom 6. 7. 1938; § 27 EheG vom 20. 2. 1946, außer Kraft gesetzt durch Art 3 des 1. EheRG v 14. 6. 1976; s STAUDINGER/WINKLER[12] Rn 14).

Artikel 199

Die persönlichen Rechtsbeziehungen der Ehegatten zueinander, insbesondere die gegenseitige Unterhaltspflicht, bestimmen sich auch für die zur Zeit des Inkrafttretens des Bürgerlichen Gesetzbuchs bestehenden Ehen nach dessen Vorschriften.

Materialien: E I Art 118; II Art 169; III Art 198.

Von der Kommentierung wurde abgesehen. Es wird auf die Erläuterungen von **1** Staudinger/Keidel/Winkler[10/11] verwiesen.

Artikel 200

(1) Für den Güterstand einer zur Zeit des Inkrafttretens des Bürgerlichen Gesetzbuchs bestehenden Ehe bleiben die bisherigen Gesetze maßgebend. Dies gilt insbesondere auch von den Vorschriften über die erbrechtlichen Wirkungen des Güterstands und von den Vorschriften der französischen und der badischen Gesetze über das Verfahren bei Vermögensabsonderungen unter Ehegatten.

(2) Eine nach den Vorschriften des Bürgerlichen Gesetzbuchs zulässige Regelung des Güterstands kann durch Ehevertrag auch dann getroffen werden, wenn nach den bisherigen Gesetzen ein Ehevertrag unzulässig sein würde.

(3) Soweit die Ehefrau nach den für den bisherigen Güterstand maßgebenden Gesetzen infolge des Güterstandes oder der Ehe in der Geschäftsfähigkeit beschränkt ist, bleibt diese Beschränkung in Kraft, solange der bisherige Güterstand besteht.

Materialien: E I Art 119; II Art 170; III Art 199.

Schrifttum

1. Allgemeines

Affolter, System des Deutschen bürgerlichen Übergangsrechtes (1903) 219
ders Grünhuts Z 30, 135
Fricke, Güterrecht der beim Inkrafttreten des BGB bestehenden Ehen (1900)
Habicht, Die Einwirkung des Bürgerlichen Gesetzbuchs auf zuvor entstandene Rechtsverhältnisse (3. Aufl 1901) 552
Kapp, Statuarische Nutznießung bei der Zwangsversteigerung, WürttNotV 1931, 19
Kaufmann, Zur Überleitung des ehelichen Güterrechts, SächsArch 10, 292
Kipp, Erbrecht (7. Aufl 1928) § 144

Kuhbier, Die Überleitung bestehender Ehen (1901)
ders Gruchot 45, 827
Lehmann, Die Überleitung des ehelichen Güterrechts durch die Ausführungsgesetze der deutschen Bundesstaaten, Recht 1900, 116
Schulte, Wechsel des Wohnsitzes und Güterrecht, RheinWestf AnwBl 32, 96
Stobbe/Lehmann, Deutsches Privatrecht Bd 4 § 287 S 153
Wieruszowski, Handbuch des Eherechts (1904) II 1 S 43–68
Wolff, Familienrecht (7. Aufl 1931) § 72

Jörg Mayer

ZELTER, Die statutarischen Gütererbrechte der
Übergangszeit in Preußen (1901)
BGB-RGRK (11. Aufl) Vorbem 5 zu § 1922 und
Vorbem 12, 13 zu § 1365 BGB.

2. Zu den einzelnen Landesrechten
S STAUDINGER/KEIDEL/WINKLER[10/11] Fn zu
Art 200.

Systematische Übersicht

Alphabetische Übersicht

I.   Entstehung

Der Art 200 weicht von Art 119 E I nicht bloß redaktionell, sondern auch inhaltlich **1**
ab. Die Änderungen wurden in der II. Komm getroffen; es wurde unter Vornahme
entsprechender Änderungen in Abs 1 der nunmehrige Abs 2 neu eingefügt und in
dem nunmehrigen Abs 2, dessen übriger Inhalt sich im E I in Abs 1 fand, die Worte
„oder der Ehe" und „solange der bisherige Güterstand besteht" hinzugefügt (Mot z
EG 280 ff; Prot VI 535–545).

II.   Unwandelbarkeit des ehelichen Güterstandes

Der Artikel erkennt die **Unwandelbarkeit des ehelichen Güterstandes** an und stellt **2**
demzufolge den **Grundsatz** *auf, dass für den Güterstand einer vor dem 1. 1. 1900*
geschlossenen Ehe das bisherige Güterrecht bestehen bleibt, gleichgültig, ob der Güterstand durch Gesetz oder Vertrag geregelt ist. Das bisherige Recht gilt natürlich
erst recht, wenn die Ehe beim Inkrafttreten des BGB nicht mehr besteht (BayObLGZ
12, 686).

Auch die *Kollisionsnormen* des früheren Rechts bleiben in Kraft (BadRspr 24/68 [OLG
Karlsruhe]). Soweit diese wegen des Güterstandes auf ausländisches Recht verwiesen
haben, hat es dabei sein Bewenden (RG LZ 1917, 835; Schlegelberger/Vogels Anm 1;
Wolff § 72 Fn 1).

Der Ausdruck „Güterstand" hat im Art 200 dieselbe Bedeutung wie in § 1432 BGB **3**
aF; im Gegensatz zum *Güterrecht*, (das ist die Gesamtheit der Rechtssätze, welche
die vermögensrechtlichen Wirkungen der Ehe unter den Gatten und zu Dritten
regeln, vgl RG JW 1938, 1718), bezeichnet Güterstand *das durch jene Rechtssätze für die*
einzelne Ehe eintretende Rechtsverhältnis, sei es, dass es unmittelbar mit der Eheschließung (gesetzlicher Güterstand) oder mittelbar infolge besonderen Vertrags
(vertragsmäßiger Güterstand) eintritt. Nach bisherigem Recht beantwortet sich also
zunächst die Frage, welcher Güterstand überhaupt in der Ehe gilt.

Gemäß Art 218 kann die Landesgesetzgebung das Güterrecht für die bei Inkrafttreten **4**
des BGB bestehenden Ehen ändern. *Der Art 200 gilt also nur insoweit, als landesge-*
setzlich nichts anderes bestimmt ist (vgl auch EG zu dem G betr Abänderungen des
KO vom 17. 5. 1898 Art VI S 3. Vgl Staudinger/Keidel/Winkler[10/11] Rn 35 ff).

III.   Folgerungen des Grundsatzes der Unwandelbarkeit
des ehelichen Güterstandes

1.   Rechtsbereich

Zu den für den Güterstand iS des Art 200 maßgebenden Vorschriften gehören alle **5**

Vorschriften des bisherigen Rechts, welche das Rechtsverhältnis *zwischen den Ehe-gatten während der Ehe* an dem beiderseitigen Vermögen und dessen verschiedenen Bestandteilen (dem gemeinschaftlichen und dem Sondervermögen, dem beweg-lichen und unbeweglichen Vermögen) regeln, also namentlich die Vorschriften über den Umfang des eingebrachten Gutes, des Gesamtgutes, des Vorbehaltsgutes, der Errungenschaft, über die Rechte jedes Ehegatten hinsichtlich der einzelnen Vermö-gensbestandteile, über den Schutz der Frau vor den Gefahren, die sich aus den Rechten des Mannes an ihrem Vermögen ergeben. Es fallen darunter aber auch:

6 a)   die Vorschriften über die *Haftung* der einzelnen Vermögensteile *für* die ver-schiedenartigen *Schulden* (eheliche und voreheliche, Gesamt- oder Sonderschulden), sowie die Merkmale, nach denen die Schulden unter diese Rechtsbegriffe einzurei-hen sind (HABICHT 538 unter II; PLANCK Anm I, 1; SCHLEGELBERGER/VOGELS Anm 2).

7 b)   die *Beschränkungen* der Gatten in der *Verfügungsfreiheit*, insbesondere auch für einseitige *letztwillige Verfügungen* (zB bei der allgemeinen Gütergemeinschaft). Die Vorschriften der §§ 1379, 1447, 1519, 1549 BGB aF (jetzt § 1426 BGB idF des GleichberG), wonach die verweigerte Zustimmung der Frau durch das *Vormund-schaftsgericht* ersetzt werden konnte, galten also nicht für Ehen, die vor dem 1. 1. 1900 geschlossen sind, wenn nach dem für diese maßgebenden früheren Güter-rechte diese Zustimmung nur durch Urteil im Prozessweg herbeigeführt werden konnte (HABICHT aaO; SCHLEGELBERGER/VOGELS Anm 2).

8 c)   die Vorschriften über das Rechtsverhältnis *bei Aufhebung des Güterstandes* oder bei *Auflösung der Ehe*, einerlei, ob die Auflösung durch Tod, Ungültigkeitser-klärung, Scheidung oder Aufhebung der ehelichen Gemeinschaft erfolgte (SCHLEGEL-BERGER/VOGELS Anm 3; SOERGEL/HARTMANN Rn 1; MünchKomm/DAMRAU Art 200 Rn 2). Nicht unter Art 200 fielen jedoch die eigentlichen *Ehescheidungsstrafen*. Die Vorausset-zungen, unter denen die Aufhebungen oder Veränderungen des Güterstandes kraft Gesetzes eintrat oder einseitig beansprucht werden konnte, bestimmen sich ebenfalls für ältere Ehen nach den bisherigen Gesetzen. Doch war ein *Vertrag*, durch den nach dem 1. 1. 1900 der bestehende Güterstand geändert wird, den Vorschriften des BGB über den zulässigen *Inhalt* (§§ 1432, 1433 BGB aF, jetzt §§ 1408, 1409) sowie hin-sichtlich der *Form* (§ 1434 BGB aF, jetzt § 1410) unterworfen (OLG Stuttgart JW 1932, 1402). Im Übrigen vgl wegen der Zulässigkeit eines solchen Vertrages auch in dem Fall, dass ein Ehevertrag nach den bisherigen Gesetzen unzulässig würde, Abs 2 und dazu unten Rn 29.

9 d)   Auch die Frage, inwieweit ein vor dem 1. 1. 1900 abgeschlossener *Ehevertrag*, der den Güterstand durch Verweisung auf ein nicht mehr geltendes oder auf ein ausländisches Gesetz geregelt hatte (vgl § 1433 BGB aF, jetzt § 1409) nach dem 1. 1. 1900 Geltung beanspruchen konnte, bestimmte sich nach Art 200 und den landesrechtlichen Überleitungsvorschriften; vgl besonders für *Preußen* Art 58 ff AGBGB, für *Bayern* ursprünglich Art 94 ff ÜberG (aufgehoben durch Art 80 Abs 2 Nr 2 AGBGB v 20. 9. 1982, GVBl 803 = BayRS 400-1-J); jetzt Art 77 Abs 4 des neuen AGBGB.

2. Beschränkung der Geschäftsfähigkeit der Ehefrau

Nach ausdrücklicher Vorschrift des Abs 3 dieses Artikels blieb auch die **Beschrän-** 10
kung der Geschäftsfähigkeit der Ehefrau nach bisherigem Recht in Kraft, mochte sie
nun eine *Folge des Güterstandes der Ehe sein*, und zwar *solange der bisherige Güterstand bestand*. Die unter der zeitlichen Herrschaft des BGB von der Frau und ihr
gegenüber vorgenommenen Rechtsgeschäfte waren also nach Abs 3 unwirksam
(§§ 108, 109, 111 BGB), während nach dem BGB die Geschäftsfähigkeit einer Frau
durch ihre Eigenschaft als Ehefrau nicht beschränkt war.

Von der Vorschrift des Abs 3 waren aber Erweiterungen und Beschränkungen der 11
Verfügungsmacht der Frau hinsichtlich der *Schlüsselgewalt* und der *Verpflichtung zu
persönlichen Diensten* gegenüber Dritten (§§ 1357, 1358 BGB aF) nicht betroffen;
hier war nach Art 199 das BGB maßgebend. Denn es handelte sich hier nicht um
Vorschriften über die Geschäftsfähigkeit der Frau (Niedner B, 1b; Planck Anm 6;
MünchKomm/Damrau Rn 3; Schlegelberger/Vogels Anm 7). Die Beschränkung der Geschäftsfähigkeit der Frau fiel *nur mit der Aufhebung des bisherigen Güterstandes*
weg, welche durch Abs 2 des Artikels ermöglicht wurde, und zwar auch dann, wenn
die Beschränkung nicht eine Folge des Güterstandes, sondern der Ehe war.

Art 200 Abs 3 ist wegen Art 3 Abs 2, 117 Abs 1 GG auf alle Fälle nicht mehr
anzuwenden und in der *Neubekanntmachung* als **gegenstandslos** bezeichnet.

3. Erbrechtliche Wirkungen des Güterstands

a) Allgemeines
Auch die **erbrechtlichen Wirkungen des Güterstands** bestimmen sich, abweichend von 12
der Grundregel des Art 213, dass für die erbrechtlichen Verhältnisse die zur Zeit des
Eintrittes des Erbfalls geltenden Gesetze maßgebend sind, *nach den bisherigen
Gesetzen* **(Abs 1 S 2)**; vgl unten Rn 14 ff. Aufrechterhalten sind aber *nur* die Vor-
schriften des alten Rechts über die erbrechtlichen Wirkungen des *Güterstandes*, nicht
das Erbrecht der Ehegatten nach altem Recht überhaupt. Es blieben also wohl die
Bestimmungen des alten Rechts, die im *Zusammenhang mit dem Familiengüterrecht
die Erbfolge ordnen*, in Kraft; die Rechtsstellung des Erben aber (Erwerb der Erbschaft, Stellung des Erben zu Miterben und Nachlassgläubigern) bemisst sich gemäß
Art 213 nach dem zur Zeit des Todes des Erblassers geltenden Recht (BayObLGZ 19
A, 41; Planck Anm 4; Niedner Anm 2; Achilles/Greiff Anm 3; Palandt/Heldrich[43] Anm 2c,
je zu Art 200 EG; Habicht 542 ff; MünchKomm/Damrau Art 200 Rn 4).

Aus Art 55, 213 EG ergibt sich, dass, sofern der Erblasser nach dem Inkrafttreten des 13
BGB gestorben ist, die erbrechtlichen Verhältnisse im Allgemeinen sich nach den
Vorschriften des neuen Rechts bestimmen; der Erbfall wird also grundsätzlich von
den Vorschriften des BGB beherrscht. Art 200 Abs 1 S 2 bildet also, soweit er die
erbrechtlichen Wirkungen des bisherigen ehelichen Güterstandes fortbestehen lässt,
eine *Ausnahme* von jener Regel; die als Ausnahme fortbestehende Geltung des alten
Rechts ist deshalb in engen Grenzen zu halten (RGZ 65, 254; vgl auch RG JW 1912, 298,
insbes 300).

b) Begriff der erbrechtlichen Wirkungen

14 Unter den *„erbrechtlichen Wirkungen"* des Güterstandes iS dieses Artikels ist nichts anderes zu verstehen als die erbrechtlichen Grundsätze, die nach dem altrechtlichen Güterrecht als eine *Folge dieses Güterrechts selbst*, nicht aber der Ehe im Allgemeinen, erscheinen, wobei es keinen Unterschied macht, ob die Auswirkungen sich auf den Ehegatten beschränken oder sich auch auf die Abkömmlinge erstrecken und etwa deren Rechte gegenüber dem BGB beschränken (RG WarnR 1908 Nr 329; 1909 Nr 516). Die Frage, ob eine erbrechtliche Wirkung des Güterrechts vorliegt und was als erbrechtliche Wirkung des Güterstandes aufzufassen ist, ist aus dem in Betracht kommenden einzelnen Güterrecht selbst zu beantworten (vgl Mot z EG 280 ff). Der Art 200 Abs 1 S 2 spricht allgemein von erbrechtlichen Wirkungen des Güterstandes und *unterscheidet dabei nicht zwischen dem Recht des überlebenden Ehegatten und dem Recht der Abkömmlinge* (RG aaO; zu sehr einschränkend Palandt/Heldrich[39] Art 200 EG Anm 2c).

15 Der überlebende Ehegatte hatte nach Reichsrecht (anders aber uU nach Landesrecht [KGJ 30, 72]) kein *Wahlrecht*, ob er nach bisherigem oder nach neuem Rechte erben will (Mot z EG 287), noch weniger konnte er neben den Vorteilen des Güterstandes des bisherigen Rechts das gesetzliche Erbrecht der Ehegatten nach dem BGB (§§ 1931 ff) in Anspruch nehmen (RG Recht 1909 Nr 2449; Palandt/Heldrich[39] Art 200 EG Anm 2c).

Voraussetzung für die ausnahmsweise Fortgeltung des alten Güterstandes im Todesfall ist, dass das im Einzelfall maßgebende eheliche Güterrecht überhaupt erbrechtliche Wirkungen hat (vgl Roth, System des deutschen Privatrechts [Tübingen 1880-86] Bd 2 § 148 S 249 ff; Habicht 542 ff; s KG DRW 1939, 249). Es genügt aber, dass das bisherige Recht dem Ehegatten kraft Güterrechts irgendeinen Vorteil am Nachlass des verstorbenen Ehegatten einräumt. Soweit das nicht der Fall ist, wird auch bei einer zur Zeit des Inkrafttretens des BGB bestehende Ehe der nach diesem Zeitpunkte verstorbene Ehegatte von dem überlebenden gemäß Art 213 dieses Gesetzes nach den Vorschriften des BGB beerbt. Das Mittel, die Vorteile des neuen Rechtes zu gewinnen, ist den Ehegatten lediglich durch Änderung des Güterstandes nach Abs 2 dieses Artikels gegeben.

c) Einzelfragen

16 Erbrechtliche Wirkungen liegen vor, wenn das frühere Güterrecht Vorschriften über testamentarisches Erbrecht und sodann auch über *Pflichtteilsrecht* des Ehegatten enthält (RG JW 1912, 298; s auch RGZ 96, 201; RG JW 1913, 208; Soergel/Hartmann Rn 2; Palandt/Heldrich[39] Anm 2c, je zu Art 200 EG; BGB-RGRK [9. Aufl] Vorbem 3 zu § 1363 BGB, wie etwa im Falle *westfälischer Gütergemeinschaft* [RGZ 82, 165]; BGH LM [WestfGüterR Nr 31]; BGH DNotZ 1971, 740; auch Erwig 42, 43).

Sie liegen ferner vor bei den Rechtssätzen des *Jütisch Low* über die Rechte des überlebenden Ehegatten am gemeinschaftlichen Gut (KG KGJ 41, 56; OLG Kiel Recht 1917 Nr 1848), beim Erbrecht des überlebenden Ehegatten nach *Märkischem Provinzialrecht* (s RGZ 65, 154 = JW 1907, 238; auch RG HRR 1933 Nr 312; Drewes KGBl 1925, 113), bei der *Abschichtung nach lübischem Recht* (s OLG Stettin und KG OLGE 4, 136; 7, 68; RG JW 1903 Beil 13; WarnR 1908 Nr 329), bei der *Totteilung bei gütergemeinschaftlicher Ehe* (RG JW 1903 Beil 13; OLG Stettin OLGE 4, 136; KG OLGE 7, 66), nach der *Pommerschen*

BauernO (KG KGJ 25 A, 233; DRW 1939, 249), bei dem Besitzrecht der überlebenden Ehefrau nach *Anklammer Statutarrecht* (KG HRR 1930 Nr 807a), bei der *Befreiung von der Inventarisation in beerbter Ehe*, bei der fortgesetzten Gütergemeinschaft nach dem Gesetz betreffend das eheliche Güterrecht in der Provinz *Westfalen* und in den Kreisen Rees, Essen und Duisburg vom 16. 4. 1860 (GS 165, idF des Art 48 PreußAGBGB; siehe KG KGJ 23 A 23; vgl auch BGH DNotZ 1971, 740); bei der Befreiung des Leib-Jüchters von der Inventarisation des Nachlasses (OLG Frankfurt/M Recht 1901, 144 Nr 486; ebenso LIEBER ZBlFG 2, 801; SCHLEGELBERGER/VOGELS Anm 4; **aM** FOHR AcP 91, 103), beim Leibzuchtsrecht nach *nassauischem Recht* (KG KGJ 30, 46; FrankfRundsch 48, 164; 49, 56; 50, 23, 57, 216; 51, 44; MELSBACH FrankfRundsch 47, 239), bei der Verfügungsberechtigung des besitzberechtigten Ehegatten nach der *Solmser LandO* (KG JW 1938, 1478).

Zu den erbrechtlichen Wirkungen des Güterstands gehören nicht nur dem überle- **17** benden Ehegatten kraft des Güterstandes zustehende Rechte, sondern auch die ihm obliegenden Pflichten namentlich hinsichtlich der Schuldenhaftung (PLANCK Anm II 4; PALANDT/HELDRICH[39] Anm 2c, je zu Art 200 EG).

Keine erbrechtlichen Wirkungen sind gegeben bei der Ausgleichungspflicht von **18** Vorempfängen (BayObLGZ 19 A, 37 = Recht 1918 Nr 1399), beim Recht des überlebenden Ehegatten auf das Gesamtgut bei unbeerbter Ehe aus Art 17 § 7 der PreußVO vom 20. 12. 1899 (GS 607 = BECHER XIV 11; KG KGJ 22 A, 66 = Recht 1901 Nr 2218), bei der Pflicht zur Auskunft, zur Offenbarungseidsleistung (BayObLGZ 22, 48 = Recht 1922 Nr 1090).

Nach *Hamburgischem Recht* war der überlebende Ehemann berechtigt, ohne Zu- **19** stimmung der Kinder über ein zum Gesamtgut der fortgesetzten Gütergemeinschaft gehöriges Grundstück zu verfügen, wenn die Ehe schon vor 1900 durch den Tod der Frau gelöst worden war. War die Ehefrau nach diesem Zeitpunkt gestorben, so galt die allgemeine Regel des § 1444 BGB aF (s jetzt § 1423 iVm § 1487 Abs 1 BGB; vgl hierzu OLG Hamburg HansRGZ 1934 B, 194).

Zur Aufrechterhaltung der Vorschriften über das Verfahren bei Vermögensabson- **20** derung unter Ehegatten nach französischem und badischem Recht s STAUDINGER/ KEIDEL/WINKLER[10/11] Rn 6; PALANDT/HELDRICH[39] Anm 2d; SCHLEGELBERGER/VO-GELS Anm 5.

4. Nachwirkungen einer vor dem 1. 1. 1900 aufgelösten Ehe

Der Grundsatz der Unwandelbarkeit des ehelichen Güterrechts gilt auch für *Nach-* **21** *wirkungen der am 1. 1. 1900 bereits aufgelösten Ehen* (vgl RG JW 1903 Beil 2, 14; KG OLG 4, 444; 5, 182; ebenso ferner RG LZ 1915, 364 und BayObLGZ 19 A, 41).

5. Wirkungen einer nach dem 1. 1. 1900 erfolgten Scheidung

Auch bei einer nach dem 1. 1. 1900 erfolgenden Scheidung einer vor diesem Zeit- **22** punkt geschlossenen Ehe ist für die *Auseinandersetzung* des Vermögens der Ehegatten das bisherige Güterrecht maßgebend, selbst wenn in diesem der unschuldige Teil auf Kosten des schuldigen begünstigt wird (Mot z EG 290; RG JW 1903 Beil 2 und RGZ 73, 24; s auch Art 201 Rn 13).

6. Rechte der Eltern am Vermögen der Kinder

23 Soweit den *Eltern am Vermögen der Kinder aufgrund des ehelichen Güterstandes* nach den bisherigen Gesetzen Rechte zustanden, blieben diese Rechte nach Art 200 unberührt; soweit aber Rechte am Kindervermögen auf den elterlichen Beziehungen beruhten, waren nach **Art 203** vom Inkrafttreten des BGB an dessen Vorschriften maßgebend (BayObLGZ 2, 221; PLANCK Anm I 3; SCHLEGELBERGER/VOGELS Anm 2; SOERGEL/ HARTMANN Rn 1).

7. Einkindschaft

24 Die vor dem 1.1.1900 vollzogene Einkindschaft blieb in Kraft (zum Begriff der Einkindschaft s Art 209 Rn 9). Ihre vermögensrechtlichen Wirkungen dauerten gemäß Art 200 fort, dagegen fielen die persönlichen, dem Elternrecht angehörenden aufgrund Art 203 weg (Mot z EG 287; RG LZ 1915, 37; RG SeuffA 70 Nr 62; SOERGEL/HART-MANN Rn 1; Art 209 EG Rn 10). Über Rechte der nach Fuldaer Recht in die allgemeine Gütergemeinschaft eingekindschafteten Kinder s BayObLGZ 29, 384 = JFG 7, 120.

IV. Regelung durch Ehevertrag

25 Eine **Ausnahme von dem Grundsatz des Abs 1 S 1** enthält **Abs 2**. Durch Ehevertrag kann seit dem Inkrafttreten des BGB der Güterstand auch dann geregelt werden, wenn es nach dem bisherigen für die Eheleute maßgebenden Gesetz ausgeschlossen war. Hierzu gilt:

26 1. Auch vom Inkrafttreten des BGB an konnten Ehegatten nach jenen Rechten, nach denen dies schon bisher zulässig war, *Eheverträge* errichten und unter Beibehaltung ihres bisherigen Güterstandes und in dessen Rahmen jene Änderungen treffen, die sie schon bisher zu treffen in der Lage waren. Es konnten also zB Ehegatten, die bisher schon in preußischer Verwaltungsgemeinschaft leben, auch nach dem 1.1.1900 durch den Vertrag das Vorbehaltsgut der Frau erweitern.

27 2. Das BGB gibt den Ehegatten die Befugnis, *ihr Güterrecht sowohl vor* als **nach** *Eingehung der Ehe* durch **Vertrag** zu regeln (§ 1432 BGB aF; jetzt § 1408 idF des Art 1 Nr 15 des 1. EheRG v 14.6.1976). Von den früheren Rechten schränkten verschiedene (vgl ROTH, System des deutschen Privatrechts [Tübingen 1880–86] Bd 2 § 93 S 31), darunter insbesondere das französische und badische, mehr oder minder den Abschluss von Eheverträgen ein, teils, dass Eheverträge nur vor der Eingehung der Ehe oder zu einem bestimmten Termin nach Eingehung der Ehe abgeschlossen werden durften, teils dass für gewisse Abreden, die in Eheverträgen getroffen werden sollen, Zeitbestimmungen vorgeschrieben waren.

28 Der Abs 2 dieses Artikels *hebt diese Beschränkungen auf* und ermöglicht auch den Ehegatten, die bisher in einem Güterrecht leben, das die *Vertragsfreiheit* in dieser Weise beschränkt, die Schließung eines Ehevertrags in dem Umfang, in dem dies nach dem BGB möglich ist (s dazu OLG Stuttgart JW 1932, 1402).

29 3. Immer aber gelten die *Schranken der Vertragsfreiheit des BGB* (zB in §§ 1433, 1518 BGB aF, jetzt §§ 1409, 1518). Es kann also namentlich der Güterstand nicht mehr durch Verweisung auf ein nicht mehr geltendes oder auf ein ausländisches Gesetz bestimmt werden.

4.   Für die Eheverträge, die vom 1.1.1900 an geschlossen wurden, galt die *Form-* **30**
vorschrift des § 1434 BGB aF, jetzt § 1410 (Abschluss vor [Gericht oder] Notar bei gleichzeitiger Anwesenheit beider Teile) auch dann, wenn sie auf Grund des Abs 2 dieses Artikels errichtet wurden.

5.   Die gegenüber *Dritten* nach dem bisherigen Recht entstandenen *Rechte* und **31**
Verpflichtungen bemessen sich nach dem bisherigen Recht, auch wenn vom 1.1.1900 an der bisherige Güterstand durch Vertrag geändert wird; § 1435 Abs 1 BGB aF, jetzt § 1412 ist also in dieser Beziehung nicht anwendbar.

6.   Wird durch Ehevertrag in einer schon vor dem 1.1.1900 geschlossenen Ehe **32**
später ein Güterstand des BGB eingeführt, so ist die Eintragung in das *Güterrechts-register dann notwendig*, wenn das bisherige oder das neue Recht an die Nichtein-tragung Rechtsnachteile knüpft.

V.   Wirksamkeit der altrechtlichen Güterstände gegen Dritte

1.   Güterrechtsregister und Güterstand

Nach § 1412 Abs 1 BGB, früher § 1435 aF bedarf jede durch Ehevertrag erfolgende **33**
Abweichung vom gesetzlichen Güterstand zur Wirksamkeit *gegen Dritte* der Ein-tragung in das Güterrechtsregister, sofern die durch den Ehevertrag getroffene Regelung nicht dem Dritten bekannt war. Diese Vorschrift gilt für die altrechtlichen Güterstände nicht, gleichviel ob sie auf Gesetz oder auf Vertrag beruhen; sie gilt auch nicht, wenn der Ehemann nach dem 1.1.1900 seinen Wohnsitz verlegt (Mot z EG 284; Prot II Bd 6 S 538; HABICHT 548; PLANCK Anm IV, 1; SCHLEGELBERGER/VOGELS Anm 12; BALIGAND, Der Ehevertrag [1906] 137 ff, 146 ff). Die altrechtlichen Güterstände wirken also auch ohne Eintragung gegen Dritte.

Die *Landesgesetzgebung* konnte sowohl für die übergeleiteten als für die nicht übergeleiteten Güterstände nach Art 218 den Registerzwang einführen. Verschie-dene Länder haben von dieser Befugnis Gebrauch gemacht (SOERGEL/HARTMANN Rn 6).

2.   Eintragung im Grundbuch

Zur Wirksamkeit gegenüber dem öffentlichen Glauben des Grundbuchs ist die **34**
Eintragung des altrechtlichen Güterstandes jedenfalls nicht erforderlich, soweit es sich um die durch den Güterstand bedingte *Beschränkung des Verfügungsrechtes* des Ehegatten handelt. Wirkte aber der altrechtliche Güterstand auf den dinglichen Rechtsbestand direkt ein, weil etwa bei Gütergemeinschaft das Vermögen jedes Ehegatten Eigentum zur gesamten Hand geworden ist, so ist die Eintragung er-forderlich. Jeder Ehegatte kann nach § 894 BGB die Berichtigung des Grundbuchs verlangen (OBER/NECK, Grundbuchrecht 2, 539 f; PLANCK Anm V; SOERGEL/HARTMANN Rn 6).

Das Gegenteil bestimmte ausdrücklich für Bayern Art 26 ÜbergG (BayBS III, 101, aufgehoben durch Art 80 Abs 2 Nr 2 AGBGB v 20.9.1982, BayRS 400-1-J).

VI. Überleitung der Güterstände durch die Landesgesetze

35 S hierzu die 10./11. Aufl sowie die anschauliche Übersicht bei NIEDNER Erl zu
Art 200, S 428–433 mit Darstellung des ursprünglichen gesetzlichen Güterstandes
des jeweiligen Landes und des hierfür umgewandelten Güterstandes.

Artikel 201

**(1) Die Scheidung und die Aufhebung der ehelichen Gemeinschaft erfolgen von
dem Inkrafttreten des Bürgerlichen Gesetzbuchs an nach dessen Vorschriften.**

*(2) Hat sich ein Ehegatte vor dem Inkrafttreten des Bürgerlichen Gesetzbuchs einer
Verfehlung der in den §§ 1565 bis 1568 des Bürgerlichen Gesetzbuchs bezeichneten
Art schuldig gemacht, so kann auf Scheidung oder auf Aufhebung der ehelichen
Gemeinschaft nur erkannt werden, wenn die Verfehlung auch nach den bisherigen
Gesetzen ein Scheidungsgrund oder ein Trennungsgrund war.*

Materialien: E I Art 120; II Art 171; III Art 200.

Schrifttum

AFFOLTER, System des Deutschen bürgerlichen
Übergangsrechtes (1903) 351
BREGENZER, Zur Auslegung des Art 201, JW
1901, 193
ERLER, Ehescheidungsrecht und Eheschei-
dungsprozess (1900)
FURLER, Der Unterhaltsanspruch des geschie-
denen Ehegatten (1941) 120
GERHARD, Die Ehescheidungsgründe des BGB
(1898)

HABICHT, Die Einwirkung des Bürgerlichen
Gesetzbuchs auf zuvor entstandene Rechtsver-
hältnisse (3. Aufl 1901) 599 ff
KÖTTGEN, Die sechsmonatige Frist des § 1571
BGB während der Übergangszeit, Recht 1900,
205
NÖLDEKE, Die rückwirkende Kraft des zukünf-
tigen Ehescheidungsrechts, DJZ 1899, 407
SCHERER, Die Ehesachen in der Übergangszeit,
JW 1901, 243.

Systematische Übersicht

I. Entstehung

Wegen der Entstehungsgeschichte des Art wird auf Anm 1der 10. Aufl, Mot z EG **1**
288 Prot VI 545, 56; RTK 44d S 19 verwiesen. Nach § 130 EheG vom 6. 7. 1938 (RGBl
I 807) erhielt die in Abs 2 enthaltene Verweisung auf die §§ 1565–1568 BGB ihren
Inhalt aus §§ 47–49 des EheG vom 6. 7. 1938, später aus den §§ 42, 43 EheG vom
20. 2. 1946 (KRABl 77) und seit 1. 7. 1977 aus §§ 1564 ff BGB.

Abs 2 ist mit der Neuverkündigung des EGBGB vom 28. 9. 1994 (BGBl I 2495) weggefallen.

II. Das Scheidungsrecht

1. Allgemeines

Für die _Scheidung einer vor dem 1. 1. 1900 geschlossenen Ehe_, die nach diesem **2**
Zeitpunkt erfolgt ist, waren grundsätzlich die Vorschriften des BGB, insbesondere
der §§ 1564–1587 BGB aF anwendbar. Dem früheren Recht war nur insofern ein
Einfluss eingeräumt, als die in §§ 1565–1568 BGB aF aufgestellten Ehescheidungsgründe, wenn sie sich vor dem 1. 1. 1900 ereignet hatten, nur dann berücksichtigt
werden durften, wenn sie auch nach dem früheren Recht, dem die Ehegatten damals
unterstanden hatten, einen Scheidungs- oder Trennungsgrund bildeten.

2. Ehegesetz vom 6. 7. 1938

An die Stelle der Vorschriften des BGB traten mit Wirkung vom 1. 8. 1938 die **3**
entsprechenden Bestimmungen des EheG vom 6. 7. 1938. Die Scheidungsgründe
regelte dieses Gesetz in §§ 47–55. Auf Aufhebung der ehelichen Gemeinschaft
konnte nicht mehr geklagt werden (VOLKMAR/ANTONI/FICKER/REXROTH/ANZ Vorbem 11
zu § 46 EheG vom 6. 7. 1938). Die in Art 201 Abs 2 vorgesehene Heranziehung des vor
dem 1. 1. 1900 geltenden Rechts für die in §§ 1565–1568 BGB aF (= §§ 47–49 EheG
vom 6. 7. 1938) enthaltenen Scheidungsgründe war mit dem Inkrafttreten des EheG
vom 6. 7. 1938 gegenstandslos geworden; denn dieses Gesetz regelte das Scheidungsrecht erschöpfend und enthielt keinen dem Art 201 Abs 2 EG entsprechenden
Vorbehalt (SCHLEGELBERGER/VOGELS Anm 4; s auch FICKER JW 1938, 2065, 2102). Im Hinblick
auf die Fristen in §§ 57, 95 EheG vom 6. 7. 1938 ist die Frage ohnedies nicht mehr
von praktischer Bedeutung.

3. Ehegesetz vom 20. 2. 1946

Das EheG vom 6. 7. 1938 wurde mit Wirkung vom 1. 3. 1946 durch das EheG vom **4**
20. 2. 1946 (KRABl 77) ersetzt. Die Ehescheidung ist in diesem Gesetz in §§ 41–53
geregelt (zum Übergangsrecht siehe BayObLGZ 1962, 235, 238, 239).

4. Erstes Ehereformgesetz

5 An die Stelle der §§ 41–76 traten durch das 1. EheRG v 14. 6. 1976 (BGBl I 1421) mit Wirkung v 1. 7. 1977 die §§ 1564 ff BGB.

5. Ehescheidungsrecht in der DDR

6 Infolge des Beitritts der neuen Bundesländer ist dies von nur noch geringer praktischer Bedeutung, vgl STAUDINGER/WINKLER[12] Rn 5 f. DDR-Scheidungen bis zum 2. 10. 1990 werden anerkannt (BOSCH FamRZ 1991, 1382); danach richten sich die Scheidungsvoraussetzungen nach BGB (Art 234 § 1 EGBGB).

III. Verfahren

7 Auf Scheidung konnte seit 1. 1. 1900 nur mehr durch Urteil erkannt werden (§ 1564 BGB aF; § 46 EheG vom 6. 7. 1938; § 41 EheG vom 20. 2. 1946; § 1564 BGB v 14. 6. 1976; **DDR**: § 8 VO vom 24. 11. 1955 mit § 18 EheverfahrensO vom 7. 2. 1956, GBl I 145; jetzt § 21 der VO vom 17. 2. 1966). Über die Behandlung der am 1. 1. 1900 anhängig gewesenen Verfahren s STAUDINGER/KEIDEL/WINKLER[10/11] Anm 6.

IV. Wirkungen

1. Wirkungen einer nach dem 1. 1. 1900 erfolgten Ehescheidung

8 Sie bestimmt sich *nach dem BGB*. Soweit an Stelle des BGB Vorschriften der oben angeführten Ehegesetze getreten sind, sind diese maßgebend.

a) Unterhaltspflicht

9 Für die *gesetzliche Unterhaltspflicht der Ehegatten untereinander* galten ab 1. 8. 1938 grundsätzlich die Unterhaltsbestimmungen des EheG vom 6. 7. 1938, es sei denn, dass bei der Scheidung aufgrund des BGB beide Ehegatten für schuldig erklärt worden sind (vgl §§ 66–79 EheG vom 6. 7. 1938 iVm der Übergangsvorschrift in § 96 dieses G). Seit dem Inkrafttreten des EheG vom 20. 2. 1946 (1. 3. 1946) gilt auch für die vor diesem Zeitpunkt geschiedenen Ehen das sich aus diesem Gesetz ergebende Unterhaltsrecht (§§ 58–71d G; § 71 hat aufgrund Art 8 II Nr 1 und 4 GleichberG seine Wirksamkeit verloren). Sind aber nach BGB beide Ehegatten für mitschuldig erklärt worden so kann die Schuldfrage im Hinblick auf die Möglichkeit eines überwiegenden Verschuldens des einen von ihnen nicht mehr aufgerollt werden (HOFFMANN/STEPHAN [2. Aufl 1968] § 58 EheG Anm 73). Seit 1. 1. 1977 kommt es gemäß den §§ 1569 ff BGB nicht mehr auf das Verschulden an.

10 Über die Regelung in der *früheren DDR* s §§ 13–15 der VO vom 24. 11. 1955, später §§ 29–33 FamGB DDR, § 7 EGFamGB DDR.

b) Sonstige Wirkungen

11 Als besondere Wirkungen der Ehescheidung kommen außer dem Unterhaltsanspruch der Ehegatten untereinander in Betracht: die *Namensführung* der geschiedenen Ehefrau (§ 1577 BGB aF; §§ 62–65 EheG vom 6. 7. 1938; §§ 54–57 EheG vom

20. 2. 1946; § 1355 Abs 4 BGB nF); der Widerruf von Schenkungen (§ 1584 BGB aF; § 73 EheG vom 20. 2. 1946, aufgehoben durch 1. EheRG), die Unterhaltspflicht gegenüber den ehelichen Kindern im Verhältnis der Ehegatten untereinander (§§ 1585 BGB aF; § 79 EheG vom 6. 7. 1938; § 71 EheG vom 20. 2. 1946, der aber mit dem 1. 8. 1958 seine Wirksamkeit verloren hat [s oben Rn 9]. An die Stelle des § 71 EheG ist § 1606 Abs 3 BGB idF des Art 1 Nr 19 GleichberG getreten [KRÜGER/BREETZKE/NOWACK Art 8 II Nr 1 GleichberG Anm 2], der durch Art 1 Nr 11 NEhelichG ersetzt wurde). Die Wirkungen der Scheidung bemessen sich ausschließlich nach neuem Recht, also jetzt nach den einschlägigen Vorschriften des BGB.

2. Wirkungen vor dem 1. 1. 1900 geschiedener Ehen

Für die *vor dem 1. 1. 1900* geschiedenen Ehen richteten sich die Wirkungen der **12** Scheidung nach dem früheren Recht. Als vor dem 1. 1. 1900 erfolgt galt eine Scheidung auch dann, wenn das Scheidungsurteil vor diesem Zeitpunkt verkündet worden ist, mag seine Rechtskraft auch erst nachher eingetreten sein (SOERGEL/HARTMANN Rn 2; PLANCK Anm 8; RGZ 48, 5; 50, 304; 58, 382; s auch NIEDNER Anm 3).

V. Vermögensauseinandersetzung zwischen geschiedenen Ehegatten

1. Allgemeines

Die Vermögensauseinandersetzung zwischen geschiedenen Ehegatten stellt keine **13** Wirkung der Scheidung iS des Art 201 EG dar (SCHLEGELBERGER/VOGELS Anm 3). Für die Frage, welches Recht hierfür maßgebend war, enthält Art 200 EG die erforderliche Übergangsvorschrift, denn die Grundsätze hierfür können aus dem für die betreffende Ehe maßgebenden Güterstand hergeleitet werden (vgl Art 200 Rn 8). Auch bei der Ehescheidung regelt sich die Abwicklung der Vermögensauseinandersetzung nach dem für die Ehe maßgebend gewesenen ehelichen Güterrecht (RGZ 41, 125; 58, 382; 73, 24; RG JW 1910, 227; s auch Art 200 EG Rn 22).

2. Landesrechtliche Sondervorschriften

Einzelne Landesgesetze haben vorgeschrieben, dass bei der Überleitung des Güter- **14** stands für die Vermögensauseinandersetzung im Falle der Scheidung das bisherige Recht maßgebend bleibt; s für das *preuß Rechtsgebiet* Art 59 § 6 AGBGB vom 20. 9. 1899 (GS 177); für *Bayern* Art 103, 130 ÜbergG vom 9. 6. 1899 (BayBS III, 101, aufgehoben durch Art 80 Abs 2 Nr 2 AGBGB vom 20. 9. 1982, BayRS 400-1-J). Zu § 1478 BGB (geändert durch § 21 DVO zum EheG vom 27. 7. 1938, RGBl I 93, jetzt idF des 1. EheRG) sind ebenfalls Übergangsvorschriften erlassen worden; für das preuß Rechtsgebiet s Art 52 § 5 AGBGB; für Bayern Art 65 Abs 2, 67 Abs 2, 68, 69 Abs 1, 70, 71, 76 Abs 3 ÜbergG, jetzt aufgehoben durch das oben genannte AGBGB v 20. 9. 1982.

Die genannten Bestimmungen des *PrAGBGB* sind in den bereinigten Sammlungen von Nordrhein-Westfalen, Berlin, Saarland und Schleswig-Holstein als weggefallen bezeichnet; in Niedersachsen (§ 29 I Nr 8 AGBGB vom 4. 3. 1971 [GVBl 73]), Rheinland-Pfalz (§ 27 Abs 1 Nr 3 f AGBGB vom 18. 11. 1976 [GVBl 259]) und Hessen (§ 33 Abs 1 Nr 3 AGBGB vom 18. 12. 1984 [344]) sind sie ausdrücklich aufgehoben. Für

NRW siehe aber § 3 des BereinigungsG vom 7. 11. 1961 (SGNW Nr 114). Art 101, 130 BayÜbergG sind in Rheinland-Pfalz ebenfalls aufgehoben durch § 27 Abs 1 Nr 1c AGBGB und gelten auch im Saarland nicht mehr (vgl 4. RBerG vom 25. 1. 1994 [ABl 509]).

VI. Persönliche Rechtsbeziehungen der geschiedenen Ehegatten

15 Hierfür maßgebend ist Art 199 EG.

VII. Rechtliche Stellung der Kinder aus geschiedenen Ehen

16 Die Regelung hierüber befindet sich in Art 206 EG.

Artikel 202

Für die Wirkungen einer beständigen oder zeitweiligen Trennung von Tisch und Bett, auf welche vor dem Inkrafttreten des Bürgerlichen Gesetzbuchs erkannt worden ist, bleiben die bisherigen Gesetze maßgebend. Dies gilt insbesondere auch von den Vorschriften, nach denen eine bis zu dem Tode eines der Ehegatten fortbestehende Trennung in allen oder einzelnen Beziehungen der Auflösung der Ehe gleichsteht.

Materialien: E II Art 172; III Art 201.

1 Von der Kommentierung wurde abgesehen. Es wird auf die Erläuterungen von STAUDINGER/KEIDEL/WINKLER[10/11] verwiesen.

Artikel 203

Das Rechtsverhältnis zwischen den Eltern und einem vor dem Inkrafttreten des Bürgerlichen Gesetzbuchs geborenen ehelichen Kind bestimmt sich von dem Inkrafttreten des Bürgerlichen Gesetzbuchs an nach dessen Vorschriften. *Dies gilt insbesondere auch in Ansehung des Vermögens, welches das Kind vorher erworben hat.*

Materialien: E I Art 131; II Art 173; III Art 291.

1 Art 203 ist durch Zeitablauf gegenstandslos. Satz 2 wurde durch die Neufassung des EGBGB vom 21. 9. 1994 (BGBl I 2495) aufgehoben. Von der Kommentierung wurde abgesehen. Es wird auf die Erläuterungen von STAUDINGER/KEIDEL/WINKLER[10/11] verwiesen.

Artikel 204

(1) Ist der Vater oder die Mutter zur Zeit des Inkrafttretens des Bürgerlichen Gesetz-buchs in der Sorge für die Person oder für das Vermögen des Kindes durch eine Anordnung der zuständigen Behörde beschränkt, so bleibt die Beschränkung in Kraft. Das Vormundschaftsgericht kann die Anordnung nach § 1671 des Bürgerlichen Ge-setzbuchs aufheben.

(2) Ist dem Vater oder der Mutter die Nutzung an dem Vermögen des Kindes durch Anordnung der zuständigen Behörde entzogen, so hat das Vormundschaftsgericht die Anordnung auf Antrag aufzuheben, es sei denn, dass die Entziehung der Nutznießung nach § 1666 Abs. 2 des Bürgerlichen Gesetzbuchs gerechtfertigt ist.

Materialien: E I Art 122; II Art 174; III Art 203.

Artikel 205

Hat der Vater vor dem Inkrafttreten des Bürgerlichen Gesetzbuchs auf Grund der bisherigen Gesetze die Mutter von der Vormundschaft über das Kind ausgeschlossen oder der Mutter einen Beistand zugeordnet, so gilt die Anordnung des Vaters von dem Inkrafttreten des Bürgerlichen Gesetzbuchs an als Anordnung der Bestellung eines Beistandes für die Mutter im Sinne des Bürgerlichen Gesetzbuchs.

Materialien: E I Art 123; II Art 175; III Art 204.

Artikel 206

Ist auf Grund der bisherigen Gesetze eine Ehe geschieden oder infolge der Todeser-klärung eines der Ehegatten aufgelöst oder ist auf Trennung der Ehegatten von Tisch und Bett erkannt worden, so bestimmen sich das Recht und die Pflicht der Eltern, für die Person der gemeinschaftlichen Kinder zu sorgen, nach den bisherigen Gesetzen; die Vorschriften des § 1635 Abs. 1 Satz 2, Abs. 2 und des § 1636 des Bürgerlichen Gesetzbuchs finden jedoch Anwendung.

Materialien: E I Art 124; II Art 176; III Art 205.

1 Art 204–206 werden in der Bekanntmachung der Neufassung des Einführungsge-setzes zum Bürgerlichen Gesetzbuche vom 21. 9. 1994 (BGBl I 2494) als gegenstands-los bezeichnet. Von der Kommentierung wurde abgesehen. Es wird auf die Erläute-rungen von STAUDINGER/KEIDEL/WINKLER[10/11] verwiesen.

Artikel 207

Inwieweit die Kinder aus einer vor dem Inkrafttreten des Bürgerlichen Gesetzbuchs geschlossenen nichtigen oder ungültigen Ehe als eheliche Kinder anzusehen sind und inwieweit der Vater und die Mutter die Pflichten und Rechte ehelicher Eltern haben, bestimmt sich nach den bisherigen Gesetzen.

Materialien: E I Art 125; II Art 177; III Art 206.

Schrifttum

HABICHT, Die Einwirkung des Bürgerlichen Gesetzbuchs auf zuvor entstandene Rechtsverhältnisse (3. Aufl 1901) § 56 S 643
SCHILLER, Rechtsstellung der Kinder aus nichtigen Ehen (1906)

SELGE, Doppelte Ehelichkeit eines Kindes nach dem BGB, JherJb 79, 267
THIESING, Die Wirkungen nichtiger Ehen (1907).

I.   Entstehung

1 Art 207 entspricht unverändert dem Art 125 des E I (Mot z EG 295; Prot VI 548).

II.   Inhalt

1.   Allgemeines

2 Art 207 bildet eine *Ergänzung zu Art 198*. Ob eine Ehe, die vor dem 1.1.1900 geschlossen worden ist, nichtig oder gültig ist, bemisst sich nach **Art 198**. War die Ehe hiernach gültig, so sind die aus ihr hervorgegangenen Kinder ehelich; für ihre Rechtsstellung ist Art 203 maßgebend (SCHLEGELBERGER/VOGELS Anm 1). Art 207 regelt die Rechtsstellung der Kinder aus einer *vor dem 1.1.1900 geschlossenen nichtigen oder ungültigen Ehe* und erklärt das bisherige Recht für anwendbar hinsichtlich der beiden Fragen, ob die Kinder als ehelich oder als unehelich anzusehen sind und inwieweit der Vater und die Mutter die Rechte und Pflichten ehelicher Eltern haben.

2.   Voraussetzungen

3 Die Ehe muss vor dem 1.1.1900 geschlossen worden sein. *Unerheblich* ist, wann *ihre Auflösung oder Nichtigkeitserklärung ausgesprochen* wurde und wann die Kinder geboren wurden (NIEDNER Anm 2; SCHLEGELBERGER/VOGELS Anm 2; MünchKomm/DAMRAU Anm je zu Art 207).

3.   Rechtswirkungen

4 Hinsichtlich der Rechtsfolgen sind folgende Fälle zu unterscheiden:

5 a)   War die vor dem 1.1.1900 geschlossene Ehe nach bisherigem Recht *gültig* (Art 198 Abs 1 EG), so bestimmt sich das Rechtsverhältnis zwischen Eltern und

Kindern gem **Art 203** vom 1.1.1900 ab nach den Vorschriften des BGB über eheliche Kinder. Waren hinsichtlich einer vor dem 1.1.1900 geschlossenen nichtigen oder ungültigen Ehe die *Voraussetzungen des Art 198 Abs 2 EG* gegeben, so ist sie von Anfang an als gültig anzusehen; die Kinder aus einer solchen Ehe gelten als ehelich, auch wenn sie vor dem 1.1.1900 gezeugt oder geboren waren (NIEDNER Anm 2; PLANCK Anm 3; SCHLEGELBERGER/VOGELS Anm 2; HABICHT 643). Ihre Rechtsstellung bestimmt sich ebenfalls nach Art 203 EG.

b) War die vor dem 1.1.1900 geschlossene Ehe nach bisherigem Recht *nichtig* **6** oder *ungültig* und war *keine Heilung* nach Art 198 Abs 2 EG eingetreten, so ergibt sich aufgrund **Art 207** folgende Rechtslage:

aa) Gelten nach dem *früheren Recht* (Einzelheiten hierüber s bei HABICHT 644 f) die **7** *Kinder als ehelich*, so richtet sich ihre Rechtsstellung seit dem 1.1.1900 nach dem **BGB** (**Art 203 EG**; vgl Mot 296; PLANCK Anm 1b; SCHLEGELBERGER/VOGELS Anm 3; AFFOLTER, System 237; HABICHT 643)'.

bb) Haben dagegen die Kinder nach dem bisherigen Recht *nicht die Rechtsstellung* **8** *ehelicher Kinder*, so ist vom 1.1.1900 an für ihre Rechtsverhältnisse als uneheliche Kinder **Art 208 EG** maßgebend (Einzelheiten s STAUDINGER/KEIDEL[10/11] Anm 6).

cc) Inwieweit der Vater oder die Mutter die Rechte und Pflichten ehelicher Eltern **9** hatten, bemaß sich sowohl für das Verhältnis der Eltern zu den Kindern als auch für das Verhältnis der Eltern untereinander nach dem bisherigen Recht. Dieses regelte namentlich auch die Frage, welchem Elternteil das Erziehungsrecht zukam (RGZ 52, 245, 247; SCHLEGELBERGER/VOGELS Anm 3).

III. Landesrecht

Landesrechtliche Ausführungsbestimmungen bestehen, soweit ersichtlich, jetzt nicht **10** mehr. Zu den früheren in *Bayern* und *Rheinland-Pfalz* s STAUDINGER/WINKLER[12] Rn 10, zu anderen vgl NIEDNER Anm 4.

IV. Weitere Rechtsentwicklung

Gemäß dem EheG vom 6.7.1938 (RGBl I 807) beurteilt sich die Frage, ob Kinder aus **11** einer vor dem Inkrafttreten dieses G (1.8.1938) rechtskräftig für nichtig erklärten Ehe unehelich sind oder als ehelich gelten (s §§ 29, 30 dieses G), nach den bisherigen Vorschriften, also nach BGB (§ 89 Abs 1 dieses G; VOLKMAR/REXROTH, Eherecht Anm 2, 3 hierzu). Im EheG vom 20.3.1946 (KRABl 77; in Kraft seit 1.3.1946) war die Rechtsstellung der Kinder aus nichtigen Ehen im § 25 geregelt. Auch seit dem 1.3.1946 bemißt sich die Frage, ob Kinder aus einer Ehe, die vor dem 1.8.1938 für nichtig erklärt ist, als ehelich gelten oder unehelich sind, nach den Bestimmungen des BGB; die *Personensorge* für diese Kinder, soweit sie als ehelich gelten, regelt sich aber seit dem 1.3.1946 lediglich *nach neuem Recht* (HOFMANN/STEPHAN [1. Aufl] § 25 EheG Anm 5; dort auch weitere Einzelheiten). § 25 Abs 2, 3 ist aufgrund Art 8 II Nr 1 GleichberG, § 25 Abs 1 aufgrund Art 9 I S 1 FamRÄndG außer Kraft getreten; s jetzt § 1591 Abs 1 S 1 HS 2 BGB idF des FamRÄndG, § 1671 Abs 6 BGB idF des 1. EheRG. Übergangsvorschriften befinden sich ferner in Art 12 I §§ 1, 4, 9 Nichtehelichengesetz vom

19. 8. 1969. Die sog *Nichtehe* begründet aber keine eheliche Abstammung (BayObLG FamRZ 1966, 639 m Anm GRUNSKY).

Artikel 208

(1) Die rechtliche Stellung eines vor dem Inkrafttreten des Bürgerlichen Gesetzbuchs geborenen nichtehelichen Kindes bestimmt sich von dem Inkrafttreten des Bürgerlichen Gesetzbuchs an nach dessen Vorschriften; für die Erforschung der Vaterschaft, für das Recht des Kindes, den Familiennamen des Vaters zu führen, sowie für die Unterhaltspflicht des Vaters bleiben jedoch die bisherigen Gesetze maßgebend.

(2) Inwieweit einem vor dem Inkrafttreten des Bürgerlichen Gesetzbuchs außerehelich erzeugten Kind aus einem besonderen Grund, insbesondere wegen Erzeugung im Brautstand, die rechtliche Stellung eines ehelichen Kindes zukommt und inwieweit der Vater und die Mutter eines solchen Kindes die Pflichten und Rechte ehelicher Eltern haben, bestimmt sich nach den bisherigen Gesetzen.

(3) Die Vorschriften des Absatzes 1 gelten auch für ein nach den französischen oder den badischen Gesetzen anerkanntes Kind.

Materialien: E I Art 126; II Art 178; III Art 207.

Schrifttum

AFFOLTER, System des Deutschen bürgerlichen Übergangsrechtes (1903) 239

DELCKER, Namensführung vor 1900 geborener, anerkannter Kinder badischer Staatsangehörigkeit, StAZ 1929, 269

ders, Nach altbadischem Recht – Landrechtssatz 345a – Angewünschte, StAZ 1932, 52

FRICKE, Behält der Vater eines vor dem 1. 1. 1900 außerehelich geborenen Kindes das ihm nach §§ 622 ff TI II Tit 2 ALR gewährte Recht, das Kind nach zurückgelegtem vierten Lebensjahr in eigene Erziehung und Verpflegung zu nehmen?, JW 1903, 414

GMELIN, Muss im Unterhaltsstreit gegen den unehelichen Vater eines vor 1. 1. 1900 geborenen Kindes die Mutter der Klage sich anschließen oder kann der Vormund allein klagen?, WürttZ 1907, 73

GRÄSEL, Recht des außerehelichen Vaters, ein vor dem 1. 1. 1900 geborenes uneheliches Kind in Erziehung und Pflege zu nehmen, ThürBl 51, 122

HABICHT, Die Einwirkung des Bürgerlichen Gesetzbuchs auf zuvor entstandene Rechtsverhältnisse (3. Aufl 1901) 657

HAMBACH, Namensrecht des unehelichen Kindes vor 1900 in der linksrheinischen Rheinprovinz, StAZ 1965, 226

KAISER, Zur Auslegung des Art 209 EG, DJZ 1900, 114

KOPP, Namensrecht der Unehelichen vor dem Inkrafttreten des BGB in Deutschland (1959)

LENZ, Das uneheliche Kind, sein Recht zu allen Zeiten und bei allen Völkern (1951)

MAINHARD, Über das Recht des unehelichen Kindes auf den Familiennamen der Mutter vor dem 1. 1. 1900, RheinZ Jahrg 4, 436

MOTHES, Die sächsischen Brautkinder unter neuem Recht, ZBlFG 4, 243

SCHERER, Die Rechtsstellung unehelicher, vor dem 1. 1. 1900 geborener Kinder in der Übergangszeit, JW 1900, 819

SCHOTT, Die vor dem 1. 1. 1900 geborenen außerehelichen Kinder erhalten durch die erst

Übergangsvorschriften

nach dem 1. 1. 1900 erfolgte Anerkennung nicht das Recht, den Familiennamen des Vaters zu führen, BadRpr 1904, 109

STRICKRODT, Das Namensrecht unehelicher Kinder im Gebiete des ehemaligen Kurhessen, StAZ 1928, 103.

Systematische Übersicht

Alphabetische Übersicht

Jörg Mayer

I. Entstehung

1 Art 208 weicht von Art 126 E I sachlich insofern ab, als für die Erforschung der Vaterschaft des unehelichen Kindes die bisherigen Gesetze erst im Bundesrat für maßgebend erklärt wurden. Außerdem wurden mehrere redaktionelle Änderungen vorgenommen (Mot z EG 196 ff; Prot VI 548–552).

II. Inhalt

2 Unter welchen Voraussetzungen ein vor dem Inkrafttreten des BGB geborenes oder erzeugtes Kind unter der Geltung des neuen Rechts als ehelich oder unehelich anzusehen ist, sagt das EGBGB nicht unmittelbar. Grundsätzlich bestimmt sich diese Frage nach dem zur Zeit der Geburt des Kindes geltenden Recht. Dies gilt insbesondere auch für die Dauer der Empfängniszeit und die Vermutungen der Ehelichkeit (SCHLEGELBERGER/VOGELS Anm 1). Ist ein *Kind vor dem 1. 1. 1900 geboren*, so ist seine *Ehelichkeit* oder *Unehelichkeit* nach dem früheren Recht zu beurteilen (zu dem hierfür geltenden Recht etwa HABICHT 658 ff). Ist es *nach dem 1. 1. 1900 geboren*, so ist hierfür das BGB maßgebend (PALANDT/HELDRICH[39] Anm 1; SOERGEL/HARTMANN Rn 1; SCHLEGELBERGER/VOGELS Anm 1; NIEDNER Anm 1; MünchKomm/DAMRAU Rn 1; PLANCK Anm 5). Nach Art 208 Abs 1 HS 1 bestimmt sich die Rechtsstellung der vor dem 1. 1. 1900 geborenen unehelichen Kinder von diesem Zeitpunkt an nach dem BGB (s hierzu OLG Karlsruhe JFG 2, 137, 139); einige Ausnahmen hiervon enthält Abs 1 HS 2; ergänzende Vorschriften gibt Abs 3. Dagegen trifft Abs 2 eine Sonderregelung für vor dem 1. 1. 1900 gezeugte und nach diesem Zeitpunkt geborene Kinder.

III. Rechtsstellung der vor dem 1. 1. 1900 geborenen unehelichen Kinder

1. Geltung des früheren Rechts

3 Nach dem vor dem 1. 1. 1900 geltenden Recht bestimmen sich, ohne Rücksicht darauf, ob weitere Ereignisse, die auf die Rechte des Kindes von Einfluss sind, erst nach dem 1. 1. 1900 eingetreten sind,

4 a) die **Erforschung der Vaterschaft**, also namentlich die Frage, ob diese überhaupt zulässig war oder nicht (s RGZ 48, 168; OLG Düsseldorf HRR 1938 Nr 1283; OLG Kiel DRW 1939, 667 mit Anm von REDÖHL; über weitere Einzelheiten s Anm 5der 10. Aufl, ferner NIEDNER Anm 6; PLANCK Anm 3a; SCHLEGELBERGER/VOGELS Anm 3; SOERGEL/HARTMANN Rn 2; HABICHT 662; AFFOLTER, System 240). Zur Abstammungsfeststellung vgl jetzt § 372a ZPO; auch OLG Düsseldorf, Kiel je aaO;

b) das **Recht des Kindes, den Familiennamen des Vaters zu führen**
5 Nach § 1706 BGB aF, nunmehr § 1617, eingefügt durch Art 1 Nr 19 NEhelG, erhält das uneheliche Kind den Familiennamen, den die Mutter zZ der Geburt des Kindes führt; den Namen des Vaters erlangt es durch Legitimation oder Ehelicherklärung (§§ 1719, 1736, 1740f BGB) oder durch Annahme als Kind (§ 1757 BGB).

In einzelnen Rechtsgebieten führten vom Vater anerkannte uneheliche Kinder den *Namen des Vaters*, in anderen erlangten sie das Recht zur Führung durch Zustimmung des Vaters (s zum Namensrecht des unehelichen Kindes LG Göttingen STAZ 1957, 158;

1959, 122; Schreiben des NdsMdJ vom 23. 2. 1955, StAZ 1955, 110; HERMANN AcP 45 [1862] 315, 322 ff).

Den vor dem 1. 1. 1900 geborenen unehelichen Kindern ist das Recht gewährt, den **6** *Namen des Vaters fortzuführen* oder auch nach dem 1. 1. 1900 anzunehmen; zu diesem Zweck konnte die Anerkennung oder die Zustimmungserklärung des Vaters auch noch nach dem 1. 1. 1900 erfolgen (RG JW 1911, 1012). Eine Pflicht, bei gegebenen Voraussetzungen den Namen des Vaters zu führen, ist aber dem Art 208 Abs 1 nicht zu entnehmen (PLANCK Anm 3b).

Kein Recht der unehelichen Kinder zur Führung des Vaternamens bestand in **7** *Schleswig-Holstein* (OLG Kiel SchlHA 1915, 30), im Bereich des ehemaligen Königreichs *Hannover* (LG Göttingen StAZ 1957, 158). Auch von einer Witwe oder geschiedenen Frau vor dem 1. 1. 1900 unter der Herrschaft des *badischen Rechts* unehelich geborene Kinder müssen den Namen fortführen, den die Mutter zZ der Geburt des Kindes geführt hat (OLG Karlsruhe JFG 2, 137 = OLGE 43, 364; siehe auch OLG Darmstadt HessRspr 1915, 101: kein Recht zur Fortführung des Adelsprädikats des Vaters auch bei Anerkennung durch den Vater nach gemeinem Recht. Vgl auch das ältere Schrifttum zum Namensrecht des unehelichen Kindes: FICKER, Das Recht des bürgerlichen Namens [1950]; HAMBACH StAZ 1965, 226; KOPP, Namensrecht des unehelichen Kindes vor dem Inkrafttreten des BGB in Deutschland [1959]).

c) die Unterhaltspflicht des Vaters

Nach bisherigem Recht bestimmten sich auch die Entstehung des Unterhaltsan- **8** spruchs, die Zulässigkeit der exceptio plurium (PLANCK Anm 3c; SCHLEGELBERGER/VOGELS Anm 3; MünchKomm/DAMRAU Rn 2; GERSTLAUER SeuffBl 64, 285), Umfang, Zeitdauer (LG Landshut BayZ 1922, 26) und Art der Unterhaltsleistung, auch die Frage, ob der Vater berechtigt war, das Kind selbst in Pflege zu nehmen (KG KGJ 19, 43; 20, 139; BayObLGZ 2, 210; 3, 1067; SOERGEL/HARTMANN Rn 2; vgl auch ALR II 2 § 622), das Verhältnis der Unterhaltspflicht des Vaters zu der der Mutter, die Vererblichkeit des Unterhaltsanspruchs, die Zulässigkeit des Verzichts, auch die Frage, ob der Unterhaltsanspruch nach inländischem oder ausländischem Recht zu beurteilen war (OLG Hamburg OLGE 7, 121).

2. Geltung des BGB

In allen übrigen Beziehungen gelten für die Rechtsstellung des vor dem 1. 1. 1900 **9** geborenen unehelichen Kindes von diesem Zeitpunkt an die Vorschrift des BGB (§§ 1705 ff).

a) Das uneheliche Kind erlangt im **Verhältnis zur Mutter** und deren Verwandten **10** die Rechtsstellung eines ehelichen Kindes (§§ 1705 ff BGB); anwendbar wurde § 1706 BGB (nunmehr § 1617 idF des Art 1 Nr 19 NEhelG) und für seinen Unterhaltsanspruch gegenüber seiner Mutter die §§ 1601 ff BGB (vgl nunmehr auch §§ 1615a ff, eingefügt durch Art 1 Nr 16 NEhelG). Auch traten zwischen dem unehelichen Kinde einerseits und seiner Mutter und deren Verwandten andererseits dasselbe Erb- und Pflichtteilsrecht ein (§§ 1924 ff, 2303 BGB), wie wenn das Kind ein eheliches wäre (vgl BayObLG SeuffA 56, Nr 129; zum *Erbersatzanspruch* des nichtehelichen Kindes gegenüber seinem Vater siehe die durch Art 1 Nr 88 NEhelG

eingefügten §§ 1934a ff BGB; zu dessen Aufhebung durch das Erbrechtsgleichstellungsgesetz s Rn 21).

11 b)   In Wegfall kamen die *elterliche Gewalt* der Mutter (sie erlangte die Rechtsstellung nach § 1707 Abs 1 S 2 BGB aF; s nunmehr aber die Regelung der §§ 1705 ff
BGB idF des Art 1 Nr 25 NEhelG, aufgehoben durch das Beistandschaftsgesetz vom
4. 12. 1997 [BGBl I 2846], vgl auch die Änderungen durch das Kindschaftsrechtsre-
formG vom 16. 12. 1997 [BGBl I 2942]), der *Unterhaltsanspruch des Vaters* gegenüber
dem unehelichen Kind (hierfür gilt nunmehr infolge der Aufhebung des § 1589 Abs 2
BGB durch Art 1 Nr 3 NEhelG die allgemeine Regelung der §§ 1601 ff, 1606 BGB),
das *gegenseitige Erbrecht* zwischen Vater und Kind (vgl dazu den durch Art 1 Nr 88
NEhelG neu eingeführten Erbersatzanspruch der §§ 1934a ff BGB; zur erbrechtlichen
Reform und der Gleichstellung des nichtehelichen Kindes s Vorbem 20 zu Art 213–217), die
Unterhaltspflicht der Verwandten des Vaters (hierfür gilt nunmehr infolge der Aufhebung des § 1598 Abs 2 BGB durch Art 1 Nr 3 NEhelG die allgemeine Regelung
der §§ 1601 ff BGB), die *familienrechtlichen Beziehungen des Kindes zum Vater und
zu dessen Verwandten* (s § 1589 Abs 2 BGB, BayObLGZ 1, 581; § 1589 Abs 2 BGB ist
durch Art 1 Nr 3 NEhelG aufgehoben, vgl im Übrigen §§ 1615a ff, 1705 ff BGB nF).

**3.   Rechtsstellung der nach badischem oder französischem Recht
anerkannten Kinder (Abs 3)**

12 Die nach diesen Rechten (vgl Art 334 ff Code civil, Art 340, 340a BadLR) vom Vater
anerkannten Kinder werden durch Abs 3 den unehelichen gleichgestellt und zwar
unabhängig davon, ob die Anerkennung vor oder nach dem 1. 1. 1900 erfolgte (RG
JW 1911, 1012; MünchKomm/Damrau Rn 4). Durch diese Gleichstellung entfiel somit ab
1. 1. 1900 bis zum Inkrafttreten des *Nichtehelichengesetzes* (s Vorbem 16 ff zu
Art 213–217) insbesondere das gegenseitige Erbrecht zwischen Vater und Kind
(Planck Anm 6; Schlegelberger/Vogels Anm 5).

IV.   Rechtsstellung der nach dem 1. 1. 1900 geborenen unehelichen Kinder

13 Ihre *Rechtsstellung* bestimmt sich nach dem **BGB** (§§ 1705 ff) und zwar grundsätzlich
ohne Rücksicht darauf, ob sie vor oder nach diesem Zeitpunkt erzeugt worden sind.
Von dieser Regel enthält Art 208 Abs 2 EG folgende *Ausnahmen*: Nach dem vor
Inkrafttreten des BGB geltenden Recht bestimmt sich, inwieweit unehelichen Kindern aus einem besonderen Grund, insbesondere wegen *Erzeugung im Brautstand*,
die Rechtsstellung eines ehelichen Kindes zukommt und inwieweit der Vater und die
Mutter eines solchen Kindes die Rechte und Pflichten ehelicher Eltern haben, und
zwar im Verhältnis zum Kind und im Verhältnis zueinander. Hiernach bestand zB
ein Erbrecht von Brautkindern gegenüber dem Vater fort (KG OLGE 42, 149; OLG
Dresden SächsArch 1913, 425). Der Inhalt der Rechte und Pflichten der nach bisherigem
Recht als ehelich anzusehenden Eltern bestimmt sich aber gemäß Art 203 EG nach
BGB (s im Übrigen Staudinger/Gramm[10] Anm 3; RG JW 1901, 477; Niedner Anm 1; Planck
Anm 4).

V.   Rechtsstellung der unehelichen Mutter und der geschwängerten Frau

14 Ihre Rechtsstellung ist im EG nicht ausdrücklich geregelt. Ansprüche wegen der

Kosten der Entbindung und wegen *Defloration* haben allgem schuldrechtlichen Charakter, so dass sie sich gem **Art 170** EG nach dem früheren Recht bestimmen, sofern der Anspruch vor dem 1. 1. 1900 entstanden ist (RGZ 49, 205; MünchKomm/DAMRAU Rn 5; vgl im Einzelnen STAUDINGER/GRAMM[10] Anm 8–10; ferner HABICHT 668, 669; SCHLEGELBERGER/ VOGELS Anm 6; NIEDNER Anm 5; PLANCK Anm 7).

VI. Landesgesetze

Besondere landesrechtliche Bestimmungen scheinen nicht mehr zu bestehen. **15**

Aus dem früheren Landesrecht s für **Bayern** Art 104, 141 ÜbergG vom 9. 6. 1898 (GVBl 83, aufgehoben durch Art 80 Abs 2 Nr 2 AGBGB v 20. 9. 1982 [BayRS 400-1-J]). Art 141 ist auch im Regierungsbezirk **Pfalz** des Landes Rheinland-Pfalz weggefallen (s STAUDINGER/WINKLER[12] Rn 15).

Althessen: Das frühere Gesetz betreffend die Legitimation durch nachfolgende Ehe vom 7. 7. 1900 (RegBl 429, in GVBl II, bereinigte Sammlung, nicht mehr enthalten).

VII. Weitere Rechtsentwicklung

1. Familienrechtsänderungsgesetz

Durch das Gesetz zur Vereinheitlichung und Änderung familienrechtlicher Vor- **16** schriften (FamRÄndG) vom 11. 8. 1961 (BGBl I 1221) wurden mit Wirkung vom 1. 1. 1962 durch Art 1 Nr 8-10 die §§ 1707, 1708 und 1710 BGB geändert. Eine Übergangsvorschrift zu § 1708 BGB, durch dessen Änderung die Unterhaltspflicht des Vaters erweitert worden ist, enthält Art 9 II Nr 2 FamRÄndG. Er bestimmt, dass § 1708 BGB in der bisherigen Fassung anzuwenden ist, wenn das uneheliche Kind bei Inkrafttreten des FamRÄndG das 16. Lebensjahr vollendet hat (s hierzu STAU-DINGER/GÖPPINGER[12] § 1708 BGB Rn 17).

2. Nichtehelichengesetz

Große Änderungen brachte das Gesetz über die rechtliche Stellung der nichtehe- **17** lichen Kinder (NEhelG) vom 19. 8. 1969 (BGBl I 1243), das am 1. 7. 1970 in Kraft trat.

a) Inhalt

Wesentlicher Ausgangspunkt für die Reform des Unehelichenrechts war Art 6 Abs 5 **18** GG, der bestimmt, dass den unehelichen Kindern durch die Gesetzgebung die gleichen Bedingungen für ihre leibliche und seelische Entwicklung und ihre Stellung in der Gesellschaft zu schaffen sind wie den ehelichen Kindern (vgl hierzu über die Rechtsprechung des BVerfG STAUDINGER/GÖPPINGER[12] § 1705 BGB Rn 32 ff).

Danach wurde die alte Bestimmung des § 1589 Abs 2 BGB, nach der das nicht- **19** eheliche Kind und sein Vater nicht als verwandt galten, ersatzlos gestrichen. Das nichteheliche Kind ist also nunmehr auch rechtlich das Kind seines Vaters. Demgemäß wurden Vorschriften für die nichteheliche Abstammung, also die Feststellung der Vaterschaft (§§ 1600a-o BGB) geschaffen und das bestehende Unterhaltsrecht der neuen Rechtslage angepasst. Neben den Vorschriften für die elterliche Gewalt über eheliche Kinder (§§ 1626–1698b) stehen die entsprechenden über nichteheliche Kinder (§§ 1705–1712), denen sich die über die Legitimation anschließen. Auch die Vorschriften über die Adoption, die Vormundschaft und die Pflegschaft sind geändert und angepasst worden. Erbrechtlich erhielt das nichteheliche Kind einen Erbersatzanspruch (§§ 1934a–e). Ausführliche verfahrensrechtliche Vorschriften über das Verfahren in Kindschaftssachen (§§ 640–640h, 641–641k, 643 ZPO) und über den Unterhalt des nichtehelichen Kindes (§§ 642 bis 642 f, 643, 643a ZPO) sowie eine Anpassung des FGG und des PStG ergänzen die sachlichrechtlichen Bestimmungen. Vgl zu Einzelheiten: ODERSKY, Nichtehelichen-Gesetz (4. Aufl 1978).

b)   Übergangsvorschriften

20 Das NEhelG enthält Übergangsvorschriften in Artikel 12. Art 12 § 1 bestimmt, dass sich die rechtliche Stellung eines vor dem Inkrafttreten des Gesetzes geborenen Kindes und seiner Verwandten von diesem Zeitpunkt ab nach dessen Vorschriften bestimmt, soweit sich nicht aus §§ 2–23 dieses Art etwas anderes ergibt (zu den Einzelheiten des Übergangsrechts s Vorbem 21 ff zu Art 198–212 und Vorbem 16 ff zu Art 213–217 [Letzteres zum Erbrecht]).

3.   Kindschaftsrechtsreformgesetz und Erbrechtsgleichstellungsgesetz

21 Weitere Veränderungen der Stellung des nichtehelichen Kindes bringt des G zur Reform des Kindschaftsrechts (Kindschaftsrechtsreformgesetz – KindRG) vom 16.12.1997 (BGBl I 2942) insbes zur Vaterschaftsfeststellung und zum Sorgerecht, das grundsätzlich mit Wirkung zum 1.7.1998 in Kraft tritt (s Vorbem 34 zu Art 198-212) sowie das Erbrechtsgleichstellungsgesetz vom 16.12.1997 (BGBl I 2968), durch das insbes die Sonderregelungen über den Erbersatzanspruch für Erbfälle ab dem 1.4.1998 beseitigt werden (zu Einzelheiten s Vorbem 20 zu Art 213-217). Wichtig sind auch die Änderungen durch das Beistandschaftsgesetz vom 4.12.1997 (BGBl I 2864).

VIII. Recht der ehemaligen DDR

22 Infolge der Wiedervereinigung hat das Recht der DDR nur noch geringe Bedeutung. Es wird daher insoweit auf STAUDINGER/WINKLER[12] Rn 23 ff verwiesen.

Artikel 209

Inwieweit ein vor dem Inkrafttreten des Bürgerlichen Gesetzbuchs legitimiertes oder an Kindes Statt angenommenes Kind die rechtliche Stellung eines ehelichen Kindes hat und inwieweit der Vater und die Mutter die Pflichten und Rechte ehelicher Eltern haben, bestimmt sich nach den bisherigen Gesetzen.

Materialien: E I Art 127; II Art 179; III Art 208.

Schrifttum

AFFOLTER, System des Deutschen bürgerlichen   DELCKER, Namensführung vor 1900 geborener, Übergangsrechtes (1903) 292

anerkannter Kinder badischer Staatsangehörigkeit, StAZ 1929, 269
ders, Nach altbadischem Recht – Landrechtssatz 345a – Angewünschte, StAZ 1932, 52
HABICHT, Die Einwirkung des Bürgerlichen Gesetzbuchs auf zuvor entstandene Rechtsverhältnisse (3. Aufl 1901) 616, 646

HILDENBRANDT, Legitimation unehelicher Kinder in Baden vor 1900, StAZ 1930, 344
STAUDINGER/BÖKELMANN Vorbem 2–10 zu § 1719 BGB für die Adoption
STAUDINGER/ENGLER[11] Rn 7 ff zu § 1741 BGB.

Systematische Übersicht

Alphabetische Übersicht

I. Entstehung

Art 209 entspricht mit unwesentlichen Änderungen dem Art 127 E I (Mot z EG **1** 302 ff; Prot VI 556).

II. Inhalt

Art 209 enthält Übergangsvorschriften hinsichtlich der Legitimation unehelicher **2** Kinder sowie der Annahme an Kindes Statt. Er stellt den Grundsatz auf, dass sich die Wirkungen dieser Rechtshandlungen, wenn sie *vor dem 1.1.1900 vorgenommen* worden sind, *nach den bisherigen Gesetzen* bestimmen (über das frühere Recht vgl hinsichtlich der Legitimation STAUDINGER/BÖKELMANN[10/11] Rn 5 ff zu § 1719 BGB, der Annahme an Kindes statt STAUDINGER/ENGLER[10/11] Rn 7 ff zu § 1741 BGB; ROTH, System des deutschen Privatrechts [1880–1886] §§ 153–155).

III. Gültigkeit einer vor dem 1.1.1900 vorgenommenen Legitimation eines unehelichen Kindes und einer Annahme an Kindes statt

1. Legitimation durch nachfolgende Ehe

3 Bei der Legitimation durch nachfolgende Ehe musste diese *vor dem 1.1.1900 abgeschlossen* worden sein. Nach den zur Zeit der Eheschließung geltenden Gesetzen bestimmten sich die *Voraussetzungen* für die Legitimation, insbesondere die Legitimationsfähigkeit des Kindes, die Vermutung der Vaterschaft des Ehemanns und die Frage, ob die Eheschließung genügt oder noch eine ausdrückliche Anerkennung der Vaterschaft erforderlich war (SCHLEGELBERGER/VOGELS Anm 1; HABICHT 646). Die Eheschließung musste rechtswirksam erfolgt sein; nach Inkrafttreten des BGB konnten etwaige Mängel, zB die fehlende Anerkennung, nicht mehr geheilt werden (PLANCK Anm 1a; NIEDNER Anm 1a; SCHLEGELBERGER/VOGELS Anm 1, je zu Art 209 EG; HABICHT 647). Überhaupt müssen alle Tatsachen, die die Legitimation bewirken, bis zum 1.1.1900 verwirklicht worden sein (MünchKomm/DAMRAU Rn 1).

Für die Legitimation durch nachfolgende Ehe einschlägiges landesrechtliches Übergangsrecht enthalten für das *preußische Rechtsgebiet* Art 71 PreußAGBGB vom 20.9.1899 (GS 177); für *Bayern* (rechts des Rheins) Art 105 ÜbergG vom 9.6.1899 (GVBl 83, aufgehoben durch Art 80 Abs 2 Nr 2 AGBGB vom 20.9.1982, GVBl 803, BayRS 400-1-J); für den Regierungsbezirk *Pfalz* von Rheinland-Pfalz Art 141 ÜbergG (s RhPf GVBl 1966 Nr 1a unter Nr 400-2); für *Althessen* das frühere Gesetz vom 7.7.1900 betreffend die Legitimation durch nachfolgende Ehe (RegBl 429, in der bereinigten Sammlung des Landesrechts, GVBl II, nicht mehr enthalten). Art 71 PreußAGBGB ist in den bereinigten Sammlungen der *Länder des ehemals preußischen Rechtsgebiets* als gegenstandslos gestrichen (s für NRW SGVNW Nr 40, BerlR Nr 400-1, NdsGVBl Sb III Nr 400, HessGVBl II Nr 230-2, GS SchlH Nr 400; in *Rheinland-Pfalz* aufgehoben durch § 27 Abs 1 Nr 3 f AGBGB vom 18.11.1976 [GVBl 260]). Über die intertemporale Fortgeltung der Vorschrift s aber NdsGVBl Sb III Einführung A Abs 4; HessG zur Bereinigung des *Hessischen Landesrechts* vom 6.2.1962 (GVBl II Nr 15-6) § 4, 1. BerlG zur Bereinigung des Landesrechts vom 21.11.1961 (GVBl 1647) § 3; G über die Sammlung des SchlH Landesrechts vom 4.4.1961 (GS SchlH Nr 114) § 3 Abs 3; G zur Bereinigung des in NRW geltenden preußischen Rechts vom 7.11.1961 (SGVNW Nr 114), § 3; § 27 Abs 2 RhPfAGBGB. In *Niedersachsen* ist das PreußAGBGB durch § 29 I Nr 8 des NdsAGBGB vom 4.3.1971 (GVBl 73) aufgehoben.

2. Legitimation durch Ehelichkeitserklärung

4 Für die Beurteilung ihrer Gültigkeit nach altem Recht kam es darauf an, ob sie vor dem 1.1.1900 erfolgt ist (PLANCK Anm 1b; SCHLEGELBERGER/VOGELS Anm 3, je zu Art 209 EG. Über die *legitimatio per testamentum* siehe STAUDINGER/GRAMM[10] Anm 6). Die Zulässigkeit einer Ehelichkeitserklärung nach dem 1.1.1900 richtet sich nach dem BGB (SCHLEGELBERGER/VOGELS Anm 3; ANZ DRpfl 1937, 338).

3. Gültigkeit einer Annahme an Kindes statt vor dem 1.1.1900

Unter Annahme an Kindes statt ist jeder ein Eltern- oder Kindesverhältnis begrün- **5** dende Vertrag anzusehen, auch wenn sich die Regelung des betreffenden Rechtsverhältnisses nach Landesrecht mit der im BGB getroffenen Regelung nicht deckt (BayObLGZ 12, 503, 508). Falls die Annahme an Kindes statt vor dem 1.11.1900 vorgenommen worden ist, bestimmt sich ihre Rechtsgültigkeit nach dem früheren Recht, insbesondere auch die Bedeutung der Zustimmung der leiblichen Eltern (RG Gruchot 47, 655). Hing die Gültigkeit des Annahmevertrags von der *Bestätigung durch eine Behörde* ab, so war diese auch noch nach dem 1.1.1900 zulässig (SCHLEGELBERGER/VOGELS Anm 2; s auch PLANCK Anm 1c; **aM** MünchKomm/DAMRAU Rn 2: alle die Adoption begründenden Tatsachen müssen vor dem Stichtag verwirklicht worden sein). Eine Annahme an Kindes statt in einer vor dem 1.1.1900 errichteten letztwilligen Verfügung war wirkungslos, wenn der Erbfall erst nach diesem Zeitpunkt eingetreten war (PLANCK Anm 1c; SCHLEGELBERGER/VOGELS Anm 2; HABICHT 649).

IV. Wirkungen der Legitimation und der Annahme an Kindes statt

Diese beurteilen sich *grundsätzlich nach dem früheren Recht* (RG JW 1914, 418; LG **6** Göttingen StAZ 1959, 122, zur Ehelichkeitserklärung; wegen Mängeln nach altem Recht s RG Gruchot 47, 655; KG OLGE 7, 72). Hiernach bestimmt sich, wieweit ein Kindesverhältnis zwischen dem Legitimierenden oder Annehmenden und dem Legitimierten oder Angenommenen hergestellt worden ist, ferner, wieweit der Angenommene aus seiner natürlichen Familie ausgeschieden ist. Auch ob sich die Wirkungen der Annahme auf die Abkömmlinge des Angenommenen erstrecken, ist dem früheren Recht zu entnehmen (BayObLGZ 12, 503, 508). Das *frühere Recht* entscheidet ferner darüber, inwieweit der Vater und die Mutter die *volle Rechtsstellung ehelicher Eltern* erlangt haben, etwa hinsichtlich des Erbrechts (RG LZ 1919, 873). Der *Inhalt dieser Rechte und Pflichten bestimmt* sich aber, sofern das angenommene Kind nach dem bisherigen Recht einem *ehelichen Kinde gleichgestellt ist*, nach dem **BGB**, arg Art 203 (PLANCK Anm 2; SCHLEGELBERGER/VOGELS Anm 4, je zu Art 208 EG; HABICHT 649 ff; s auch RG LZ 1919, 873 = JW 1919, 824 mit Anm von OPET zur Adoption).

Über die Wirkungen der Legitimation und die Annahme an Kindes statt nach dem **7** vor dem 1.1.1900 geltenden Recht vgl im Übrigen die Übersicht in STAUDINGER/GRAMM[10] Anm 8–12; HABICHT 650 ff; zur Anwendung des bisherigen Rechts hinsichtlich der Namensführung des angenommenen oder legitimierten Kindes s OLG Rostock SeuffA 76 Nr 173. Übergangsvorschriften zur Adoption: § 54 BremAGBGB vom 18.7.1899 (SaBremR Nr 400-a-1).

V. Pflegekindschaft

Die Pflegekindschaft des preußischen und französischen Rechts (s ROTH, System des **8** deutschen Privatrechts [1880–1886] Bd II § 156) hat das BGB nicht übernommen (s auch STAUDINGER/ENGLER[10/11] § 1741 Rn 72–84). Die mit ihr verbundenen Wirkungen sind mit dem 1.1.1900 erloschen (SCHLEGELBERGER/VOGELS Anm 6; SOERGEL/HARTMANN Rn 3).

VI. Einkindschaft

9 Die *Einkindschaft* ist die *rechtliche Gleichstellung von Kindern aus erster Ehe* mit
den aus der neuen Ehe zu erwartenden Kindern (Nachkindern). Sie beruhte in der
Regel auf Vertrag, in einzelnen Rechtsgebieten trat sie kraft Gesetzes ein. Ihre
Wirkungen lagen im Wesentlichen auf vermögensrechtlichem und erbrechtlichem
Gebiet. Dem BGB ist sie unbekannt. Seit 1. 1. 1900 war ein Einkindschaftsvertrag
nicht mehr zulässig, wohl aber noch aufhebende Einkindschaftsverträge und Ab-
schichtungsverträge, die Einkindschaften des früheren Rechts betrafen (BayObLGZ
29, 296). Die *Wirkungen* einer vor dem 1. 1. 1900 erfolgten Einkindschaftung dauerten
nach diesem Zeitpunkt fort. Es war aber zwischen familienrechtlichen (elternrecht-
lichen) und vermögensrechtlichen Wirkungen zu unterscheiden (zu speziellem Schrifttum s STAUDINGER/WINKLER[12] Rn 9).

1. Familienrechtliche Wirkungen

10 Die familienrechtlichen Wirkungen sind mit dem 1. 1. 1900 grundsätzlich als beseitigt
anzusehen; sie bestanden aber weiter, wenn die Einkindschaft nach dem maßgeblichen Landesrecht als Unterart der Adoption aufgefasst worden ist (SOERGEL/HART-
MANN Rn 3; MünchKomm/DAMRAU Rn 3; BayObLGZ 1, 340; 2, 674; 10, 499; 12, 503; OLG Kiel
SeuffA 64 Nr 219; OLG München SeuffA 56 Nr 80; OLG Bamberg Recht 1910 Nr 2586; BayZ 1911,
428; OLG Hamburg HansOLGGZ 1917, 197; **aM** PLANCK Anm 5; über die Bedeutung der Streitfrage s STAUDINGER/GRAMM[10] Anm 15).

2. Vermögensrechtliche Wirkungen

11 Die rein vermögensrechtlichen Wirkungen der Einkindschaft blieben bestehen (RG
Gruchot 47, 128, 135; SeuffA 70 Nr 62; BayObLG JFG 7, 112, 120; OLG Hamburg HansGZ 1914, 76;
1916, 135; Recht 1917 Nr 389; SeuffA 73 Nr 57). Dies galt insbesondere hinsichtlich der
erbrechtlichen Wirkungen für alle Beteiligten, sofern der Einkindschaftsvertrag unter
Berücksichtigung des bisherigen Rechts auch als Erbvertrag iS des Art 214 Abs 2
EG anzusehen ist (MünchKomm/DAMRAU Rn 3; RG JW 1915, 95; 1937, 1716; PALANDT/HELD-
RICH[53] Anm 3, SOERGEL/HARTMANN Rn 3; HABICHT 653; **aA** OLG Hamburg SeuffA 73 Nr 57:
erbvertragliche Wirkung nur iS einer Gleichstellung, aber Enterbung möglich).

3. Landesrecht

12 Für die Einkindschaft maßgebendes Landesrecht enthielt für das *preußische Rechtsgebiet* Art 67 AGBGB vom 20. 9. 1899 (GS 177); diese Vorschrift ist in den bereinigten Sammlungen der Länder des ehemals preußischen Rechtsgebiets als gegenstandslos gestrichen, vgl oben Rn 3. Die früher für *Bayern* geltenden Art 72, 74,
88 ÜbergG vom 9. 6. 1899 (GVBl 83) sind nun aufgehoben durch Art 80 Abs 2 Nr 2
AGBGB v 20. 9. 1982 (GVBl 803); Gleiches gilt in dem *ehemaligen bayerischen Gebiet*
von Rheinland-Pfalz (vgl AGVBl Rheinland-Pfalz 1966 Nr 1 unter Nr 400-2). *Bremen*: G,
betr den Güterstand der vor dem Inkrafttreten des BGB geschlossenen Ehen, vom
18. 7. 1899 (GBl 82 = SaBR 400-a-3) enthält in § 33 eine ausdrückliche Regelung des
Erbrechts eingekindschafteter Abkömmlinge.

VII. Weitere Rechtsentwicklung

Zur weiteren Rechtsentwicklung der legitimierten und adoptierten Kinder nach dem **13**
BGB und nach dem Recht der **DDR** s STAUDINGER/WINKLER[12] Rn 13 ff.

Artikel 210

(1) Auf eine zur Zeit des Inkrafttretens des Bürgerlichen Gesetzbuchs bestehende Vormundschaft oder Pflegschaft finden von dieser Zeit an die Vorschriften des Bürgerlichen Gesetzbuchs Anwendung. Ist die Vormundschaft wegen eines körperlichen Gebrechens angeordnet, so gilt sie als eine nach § 1910 Abs. 1 des Bürgerlichen Gesetzbuchs angeordnete Pflegschaft. Ist die Vormundschaft wegen Geistesschwäche angeordnet, ohne dass eine Entmündigung erfolgt ist, so gilt sie als eine nach § 1910 Abs. 2 des Bürgerlichen Gesetzbuchs für die Vermögensangelegenheiten des Geistesschwachen angeordnete Pflegschaft.

(2) Die bisherigen Vormünder und Pfleger bleiben im Amt. Das gleiche gilt im Geltungsbereich der preußischen Vormundschaftsordnung vom 5. Juli 1875 für den Familienrat und dessen Mitglieder. Ein Gegenvormund ist zu entlassen, wenn nach den Vorschriften des Bürgerlichen Gesetzbuchs ein Gegenvormund nicht zu bestellen sein würde

Materialien: E I Art 129 u. 99; II Art 180;
III Art 209.

§ 1910 BGB wurde aufgehoben durch das Betreuungsgesetz vom 12. 9. 1990 (BGBl I **1**
2002), durch das auch generell die Entmündigung und damit die Vormundschaft
wegen Geistesschwäche beseitigt wurde.

Die Vorschrift ist gegenstandslos. Von der Kommentierung wurde abgesehen. Es **2**
wird auf die Erläuterungen von STAUDINGER/KEIDEL/WINKLER[10/11] verwiesen.

Artikel 211

Die nach den französischen oder den badischen Gesetzen für einen Geistesschwachen angeordnete Bestellung eines Beistandes verliert mit dem Ablaufe von sechs Monaten nach dem Inkrafttreten des Bürgerlichen Gesetzbuchs ihre Wirkung.

Materialien: E I Art 97 Abs 2; II Art 181;
III Art 210.

Art 211 wird in der Bekanntmachung der Neufassung des Einführungsgesetzes zum **1**
Bürgerlichen Gesetzbuche vom 21. 9. 1994 (BGBl I 2494) als gegenstandslos bezeich-

net. Von der Kommentierung wurde abgesehen. Es wird auf die Erläuterungen von
STAUDINGER/KEIDEL/WINKLER[10/11] verwiesen.

Artikel 212

**In Kraft bleiben die landesgesetzlichen Vorschriften, nach welchen gewisse Wert-
papiere zur Anlegung von Mündelgeld für geeignet erklärt sind.**

Materialien: E III Art 211.

Schrifttum

FRANK, Die Anlegung von Mündelgeld (Diss
Marburg 1921)
KLOTZ, Die rechtssachliche und rechtspolitische
Bedeutung der Vorschriften über die Anlage
von Mündelgeld (1966)
SICHTERMANN, Das Recht der Mündelsicherheit
(3. Aufl 1980)

THÜMMEL, Die Vorschriften zur Anlegung von
Mündelgeld (1983)
UNZNER, Die Anlegung vom Mündelgeld nach
Reichs- und Landesrecht, BankArch 1906, 215,
247, 264.

Systematische Übersicht

I.   Entstehung

1 Art 212 ist erst vom Bundesrat eingefügt worden.

II.   Inhalt

1.   Allgemeines

2 Art 212 bildet eine weitere Ausnahme von der Grundregel des Art 210 EG und
ergänzt § 1807 Abs 1 Nr 4 BGB, jetzt idF des 2. G über die Mündelsicherheit von
Wertpapieren und Forderungen vom 23. 3. 1931 (RGBl I 69). Gemäß § 1807 Abs 1
Nr 4 BGB iVm der Entscheidung der Bundesregierung vom 21. 6. 1950 (BGBl 50, 262)
kann die Bundesregierung mit Zustimmung des Bundesrats Wertpapiere, insbesondere Pfandbriefe sowie verbriefte Forderungen jeder Art gegen eine inländische
kommunale Körperschaft oder die Kreditanstalt einer solchen Körperschaft als zur

Anlegung von Mündelgeld geeignet erklären (s hierzu insbesondere SICHTERMANN 25 ff; KLOTZ S 51 ff). Art 212 EG hält diejenigen Landesgesetze mit Wirkung für das betreffende Land (s unten Rn 7 ff) aufrecht, nach denen gewisse andere Wertpapiere zur Anlegung von Mündelgeld für geeignet erklärt sind.

Art 212 wird ergänzt durch Art 3 § 4 der VO über Auflassung, landesrechtliche **3** Gebühren und Mündelsicherheit vom 11. 5. 1934 (RGBl I 378); dort ist bestimmt: Soweit nach den Vorschriften der Landesgesetze die Eignung von Schuldverschreibungen zur Anlegung von Mündelgeld davon abhängt, dass eine öffentlich-rechtliche Körperschaft des Landes eine Schuldverpflichtung eingegangen ist oder eine Gewährleistung übernommen hat, stehen einer solchen Körperschaft das Reich (BRep) sowie die auf Reichs-(Bundes-)Recht beruhenden öffentlich-rechtlichen Körperschaften gleich.

2. Einzelfragen

a) Begriff der Wertpapiere
Dem Begriff Wertpapiere in Art 212 kommt die gleiche Bedeutung zu wie in § 1807 **4** Abs 1 Nr 4 BGB (PLANCK Anm 2; SCHLEGELBERGER/VOGELS Anm 1; MünchKomm/DAMRAU Rn 1, je zu Art 212 EG). Als Wertpapiere werden regelmäßig die Papiere angesehen, deren Innehabung zur Ausübung des in ihnen verbrieften Rechtes notwendig ist (SICHTERMANN 25; KLOTZ 51) sog „weiter Wertpapierbegriff" (vgl BAUMBACH/HEFERMEHL, Wechselgesetz und Scheckgesetz [22. Aufl 2001] WPR Rn 11; STAUDINGER/MARBURGER [2002] Vorbem 1 zu §§ 793–808).

b) Tragweite der Übergangsvorschrift
Bestehende Landesgesetze bleiben in Kraft. Es bleiben also die Arten von Wert- **5** papieren mündelsicher, die vor dem Inkrafttreten des BGB landesgesetzlich für mündelsicher erklärt worden sind (sog Landesmündelsicherheiten), das heißt nicht nur bestimmte Wertpapiere oder Serien von Wertpapieren, sondern generell auch die hierzu bestimmten Wertpapiere bestimmter Bankhäuser oder solche, die bestimmten Anforderungen genügen (MünchKomm/DAMRAU Rn 1). Auf den Zeitpunkt der Ausgabe der Wertpapiere kommt es nicht an; daher sind auch nach dem Inkrafttreten des BGB ausgegebene Wertpapiere der betreffenden Art mündelsicher. Eine **Erweiterung des Kreises** der mündelsicheren Wertpapiere nach dem Inkrafttreten des BGB steht der *Landesgesetzgebung aber nicht* zu; eine Änderung bestehender Landesgesetze iS des Art 218 EG kann nur in der Richtung erfolgen, dass Landesgesetze ganz oder teilweise aufgehoben werden oder Wertpapieren die Eigenschaft der Mündelsicherheit entzogen wird (NIEDNER Anm 2; PLANCK Anm 1; SCHLEGELBERGER/VOGELS Anm 1; PALANDT/HELDRICH[39] Anm 1 je zu Art 212 EG; HABICHT 678; SICHTERMANN 8, 36; MünchKomm/WAGENITZ § 1807 Rn 26; SOERGEL/ZIMMERMANN § 1807 BGB Rn 13). Art 212 EG hat durch den Bundesratsbeschluss vom 7. 7. 1901 (RGBl 263 = BGBl III 404-10), der eine allgemeine Mündelsicherheitserklärung hinsichtlich verbriefter Forderungen gegen inländische kommunale Körperschaften enthält, erheblich an Bedeutung verloren (s auch die VO über die Mündelsicherheit der Pfandbriefe und verwandten Schuldverschreibungen vom 7. 5. 1940, RGBl I 756). Art 212 EG und die Unterscheidung zwischen Reichs- und Landesmündelsicherheit haben im Wesentlichen nur noch historische Bedeutung (SICHTERMANN 9).

c) Örtlicher Geltungsbereich

6 Die durch Landesgesetze für mündelsicher erklärten Wertpapiere haben diese Eigenschaft nur in dem betreffenden Land oder in dem Rechtsbereich des betreffenden Landesgesetzes (sog „*Landesmündelsicherheit*"), nicht im ganzen Bundesgebiet (Planck Anm 3; Schlegelberger/Vogels Anm 1; Palandt/Heldrich[39] Anm 1; MünchKomm/ Damrau Rn 3; Sichtermann 8; Soergel/Zimmermann § 1807 Rn 13). Sie dürfen nur für eine in dem betreffenden Land (Rechtsgebiet) unter Vormundschaft oder Pflegschaft stehende Person (§§ 36 ff FGG; s auch § 1642 BGB jetzt idF des G zur Neuregelung des Rechts der elterlichen Sorge vom 18.7. 1979 [BGBl I 1061]) angeschafft werden. Ohne Bedeutung ist die „Staatsangehörigkeit" des Mündels (Pfleglings) oder der Ort, an dem sich das Mündelvermögen befindet (Sichtermann aaO).

III. Landesgesetze

7 Die wichtigsten Landesgesetze sind bzw waren:

8 **Preuß Rechtsgebiet**: Art 74 AGBGB vom 20.9. 1899 (GS 177); VO über die Mündelsicherheit von Wertpapieren und Forderungen vom 12.12. 1927 (GS 296); G über die Anlegung von Mündelgeld vom 31.7. 1940 (GS 39).

9 Das preußische Recht gilt noch fort für **Nordrhein-Westfalen** s SGVNW Nr 40; für **Berlin** Sammlung des bereinigten Berliner Landesrechts Nr 400-1, auch 404-1; für **Schleswig-Holstein** GS SchlH Nr 400.

10 **Bayern**: Früher Art 32 ÜbergG vom 9.6. 1899 (BayBS III 101, VO vom 26.2. 1928 (GVBl 37); Bek vom 9.9. 1899 (BayBS III, 113); *je aufgehoben* durch Art 80 Abs 2 Nr 2 AGBGB vom 20.9. 1982 (GVBl 803, BayRS 400-1-J).

11 **Baden-Württemberg**: Die bei Staudinger/Winkler[12] Rn 9 genannten Bestimmungen wurden durch § 51 AGBGB vom 26.11. 1974 (GVBl 498) aufgehoben.

12 **Hessen**: Althessisches Rechtsgebiet: Art 126 AGBGB vom 17.7. 1899 (RegBl 138 = GVBl II Nr 231-1), aufgehoben durch § 33 Abs 1 Nr 2 AGBGB v 18.12. 1984 (GVBl 344); ehem preuß Rechtsgebiet: Art 74 preußAGBGB aufgehoben durch § 33 Abs 1 Nr 3 AGBGB v 18.12. 1984, wie vor.

13 **Rheinland-Pfalz**: Die in der 12. Aufl noch genannten Bestimmungen wurden durch das AGBGB vom 18.11. 1976 (GVBl 259) aufgehoben. Neue Vorschriften wurden hierfür nicht erlassen.

14 **Niedersachsen: Braunschweig** § 101 AGBGB vom 12.6. 1899 (GVS 331 = NiedersGVBl Sb III Nr 400) aufgehoben durch § 29 I Nr 1 NdsAGGB vom 4.3. 1971 (GVBl 73); Art 1 Abs 1 Nr 4 des G vom 13.6. 1890 (GVS 95) iVm § 118 Nr 99 AGBGB, aufgehoben durch § 29 I Nr 1 NdsAGBGB vom 4.3. 1971 (wie vor); VO vom 9.11. 1927 (GVS 403). **Oldenburg** § 21 AG zum BGB und HGB vom 15.5. 1899 (GBl 405 = NdsGVBl Sb III Nr 400), aufgehoben durch § 29 I Nr 6 NdsAGBGB vom 4.3. 1971 (GVBl 73).

15 **Saarland**: § 31 AG JusG vom 5.2. 1997 (ABl 258) enthält eine nach § 1807 BGB erlassene Ausführungsbestimmung. Die früher nach Art 212 ergangenen Vorschrif-

ten wurden durch das 4. und 5. RBerG aufgehoben (übersehen bei SOERGEL/ZIMMERMANN
§ 1807 Rn 13).

S auch den Katalog der Landesgesetze bei SICHTERMANN 36 ff (zT überholt).

IV. Weitere Ermächtigungen für das Landesrecht über die Anlegung von Mündelgeld

Solche sind enthalten in § 1807 Abs 1 Nr 5, Abs 2, § 22 ErbbVO; s hierzu SICHTER- **16**
MANN 46 ff, 53 ff, 69, Erl zu §§ 1807, 1808 in diesem Kommentar, STAUDINGER/RAPP
(2002) § 22 ErbbVO Rn 1 ff.

V. Anlegung von Mündelgeld nach anderen Gesetzen

Auf die Bestimmungen der §§ 1806 ff BGB, Art 212 EG wird unter anderem Bezug **17**
genommen (s SICHTERMANN 9) in §§ 234, 238, 1079, 1083 Abs 2, 1288 Abs 2, 1915, 2119
BGB (hierzu ORDEMANN MDR 1967, 642); § 108 ZPO; § 56 Abs 3 S 2 SGB VIII.

Vorbemerkungen zu Artikel 213–217

Systematische Übersicht

I. Intertemporales Erbrecht

Die Art 213–217 regeln die **zeitliche Geltung der erbrechtlichen Vorschriften** des **1** alten und neuen Rechts. Sowohl für die gesetzliche wie für die gewillkürte Erbfolge bestimmt **Art 213** allgemein, dass auf *Erbfälle, die vor dem 1. 1. 1900 eingetreten sind*, die vor dem 1. 1. 1900 geltenden Gesetze Anwendung finden. Entsprechendes bestimmt **§ 51 Abs 1 TestG** vom 31. 7. 1938 (RGBl I 973), aufrechterhalten durch Teil 2 Art 1 Nr 6 des *Gesetzes zur Wiederherstellung der Gesetzeseinheit auf dem Gebiete des bürgerlichen Rechts* vom 5. 3. 1953 (BGBl I 33; kurz Gesetzeseinheitsgesetz [GesEinhG], in der 12. Aufl als BüREG bezeichnet, eingeführt in Berlin-West durch ÜG vom 20. 3. 1953, GVGl 189), für die vor seinem Inkrafttreten (4. 8. 1938; § 50 Abs 1 TestG) eingetretenen Erbfälle. Hieraus ergibt sich, dass durch das TestG an der durch Art 213 EG geschaffenen Rechtslage nichts geändert worden ist (SCHLEGELBERGER/ VOGELS, Art 213 EG Anm 8; s im Übrigen zur Auslegung des § 51 Abs 1 TestG VOGELS/SEYBOLD Anm 2 hierzu).

2 Wie Art 213 EGBGB zeigt, nimmt der Gesetzgeber des EGBGB an, dass die zunächst im Allgemeinen (abgesehen vom Sonderrecht, zB dem bäuerlichen Erbrecht) durch Gesetz oder Verfügung geschaffene bloße Erberwartung sich mit dem Erbfall in ein *wohlerworbenes* besonderes Recht umgewandelt hat. Nach dem Standpunkt des EG ist es einerlei, ob eine zum Erwerb der Erbschaft etwa erforderliche Antrittserklärung schon abgegeben war oder nicht, ja selbst dass etwa die Berufung, vielleicht weil sie noch aufschiebend bedingt war, erst nach dem Inkrafttreten des BGB eingetreten ist.

II. Eintritt des Erbfalls nach dem 1. 1. 1900

3 Ist der Erbfall erst nach dem 1. 1. 1900 eingetreten, so ist für die gesetzliche Erbfolge grundsätzlich das Recht des BGB maßgebend; nur ausnahmsweise ist den Vorschriften des bisherigen Rechts eine fortdauernde Wirkung eingeräumt. So bleiben die Vorschriften der bisherigen Gesetze über die *erbrechtlichen Wirkungen des Güterstandes* nach **Art 200 Abs 1 S 2** EG maßgebend (s hierzu STAUDINGER/HERZFELDER[9] § 1931 BGB Anm 12; RG JW 1907, 238; Art 200 EG Rn 12). Über die Rechtsstellung der *Kinder aus ungültigen Ehen, der unehelichen Kinder* sowie der *legitimierten und angenommenen Kinder* s **Art 207–209** und Art 213 EG Rn 39. Das Gesetz über die rechtliche Stellung der nichtehelichen Kinder vom 19. 8. 1969 (BGBl I 1243) hat daran nichts geändert (unten Rn 16 ff).

III. Ältere Verfügungen von Todes wegen

4 Für die Beurteilung älterer Verfügungen von Todes wegen konnte es zweifelhaft sein, ob die entscheidende Ursache ihrer rechtlichen Wirksamkeit in dem Akt der Errichtung, zB des Testaments, oder erst im Tod des letztwillig Verfügenden zu erblicken ist. Der eigentliche Grund der Berechtigung ist im Willensakt des Verfügenden zu suchen. Dieser kann jedoch, soweit es sich nicht um vertragsmäßige Bindungen handelt, seinen Willen bis zum Tod jederzeit ändern und eine andere Verfügung treffen; insofern ist hier ein wohlerworbenes Recht nicht gegeben. Gleichwohl empfahl es sich aus praktischen Erwägungen, **alle letztwilligen Verfügungen**, sowohl einseitige wie zweiseitige, hinsichtlich ihrer förmlichen und sachlichen Erfordernisse, ausschließlich den **zur Zeit ihrer Errichtung** gültig gewesenen Rechtsnormen zu unterwerfen. Diesen Satz bringt **Art 214 EG** zum Ausdruck; er wird in **Art 217 EG** auf *Erbverzichtsverträge* erstreckt. Über die entsprechende Regelung nach dem *Testamentsgesetz* s dort § 51 Abs 2 (dazu oben Rn 1); er bestimmt, dass die vor dem Inkrafttreten des TestG (4. 8. 1938) erfolgte Errichtung oder Aufhebung eines Testaments oder Erbvertrags nach den bisherigen Vorschriften beurteilt wird, auch wenn der Erblasser nach Inkrafttreten des Gesetzes stirbt (s hierzu VOGELS/SEYBOLD § 51 TestG Anm 3; PALANDT/EDENHOFER Einf v § 2229 BGB Rn 2). Diese Regelung ergreift auch Testamente und Erbverträge aus der Zeit vor dem Inkrafttreten des BGB (SCHLEGELBERGER/VOGELS Art 214 EG Anm 6). Das *Gesetzeseinheitsgesetz* vom 5. 3. 1953 (BGBl I 33), durch das die bisher im TestG enthaltenen Vorschriften über Errichtung und Aufhebung von Testamenten sowie ihre Behandlung vor und nach dem Erbfall wieder in das BGB eingefügt wurden, enthielt keine Überleitungsvorschrift. Dabei wurde jedoch übersehen, dass die Bestimmung des § 48 Abs 3 TestG ersatzlos wegfiel. Nach dieser Vorschrift war aber eine Verfügung von Todes wegen nichtig, „soweit ein anderer den Erblasser durch Ausnutzung seiner Todesnot zu ihrer Errichtung bestimmt hat." Soweit der Erblasser daher nach dem In-Kraft-Treten des GesEinhG, also nach dem **1. 4. 1953** verstorben ist, ist daher der Gedanke des Art 214 EGBGB entsprechend anzuwenden, so dass es bei der Nichtigkeit der gegen § 48 Abs 3 TestG verstoßenden Verfügung blieb (BGH NJW 1956, 988 = LM TestG § 48 Nr 1; BGB-RGRK/KREGEL Vorbem 12 vor § 2229 BGB; STAUDINGER/BAUMANN [2003] Vorbem 25 zu §§ 2229-2264; VOIT, in: DITTMANN/REIMANN/BENGEL, Testament und Erbvertrag [4. Aufl 2003] Vorbem 9 zu §§ 2229 BGB).

Art 215 bestimmt ausdrücklich die **Fortdauer** der vor dem Inkrafttreten des BGB **5** erlangten *Fähigkeit zur Errichtung einer Verfügung von Todes wegen* noch nach diesem Zeitpunkt für den Fall, dass vorher von der betreffenden Person eine solche Verfügung errichtet worden ist, selbst wenn sie am 1. 1. 1900 das nach dem BGB erforderliche Alter noch nicht erreicht hatte (Abs 1). Abs 2 erstreckt die Anwendbarkeit des § 2230 BGB auf Testamente, die vor dem 1. 1. 1900 errichtet worden sind; das Testament eines *Entmündigten* blieb somit gültig, wenn dieser noch vor Eintritt der Unanfechtbarkeit des Entmündigungsbeschlusses gestorben ist; auch ein Testament, das ein Entmündigter nach Stellung des Antrags auf Wiederaufhebung der Entmündigung errichtet hatte, sollte gültig sein, wenn sein Antrag Erfolg hatte.

Art 216 beinhaltet eine Sondervorschrift über den Pflichtteil für die Mitglieder ge- **6** wisser *ritterschaftlicher Familien*.

IV. Allgemeiner Rechtsgrundsatz, besondere Übergangsbestimmungen

1. Intertemporaler Grundsatz

Art 213 EGBGB enthält eine Kodifizierung eines *allgemeinen Rechtsgrundsatzes des* **7** *intertemporalen Erbrechts*: Danach bleiben für die erbrechtlichen Verhältnisse die früheren Vorschriften grundsätzlich anwendbar, wenn der Erblasser vor dem Inkrafttreten der neuen Bestimmungen verstorben ist (PALANDT/EDENHOFER[56] Art 213 EGBGB Rn 1; BGH NJW 1989, 2054 zur Pflichtteilsentziehung mwNw). Enthält ein neues erbrechtliches Gesetz keine abweichende Überleitungsregelung, so gilt dieser allgemeine Grundsatz für alle erbrechtlichen Verhältnisse im weitesten Sinn.

2. Besondere Übergangsbestimmungen

8 Besondere Übergangsvorschriften mit noch erheblicher praktischer Bedeutung finden sich jedoch in folgenden Gesetzen (vgl auch LANGE/KUCHINKE § 3 I 3–13; besonders übersichtliche Zeittafel bei VOIT, in: DITTMANN/REIMANN/BENGEL, Testament und Erbvertrag [4. Aufl 2003] Vorbem 3 zu §§ 2229 BGB):

9 a) im *Testamentsgesetz* vom 31. 7. 1938 (RGBl I 973) in § 51 (vgl hierzu Rn 1, 4; ausführlich STAUDINGER/BAUMANN [2003] Vorbem 16 ff zu § 2229 BGB; VOIT in DITTMANN/REIMANN/ BENGEL Vorbem 6 ff zu §§ 2229 ff BGB);

10 b) im *Nichtehelichengesetz* vom 19. 8. 1969 (BGBl I 1243) in Art 12 § 10 (vgl hierzu nachstehend Rn 15 ff);

11 c) im ersten G zur Reform des Ehe- und Familienrechts *(1. EheRG)* vom 14. 6. 1976 (BGBl I 1421) in Art 12 Nr 3, 5 und 11;

12 d) im *Adoptionsgesetz* vom 2. 7. 1976 (BGBl I 1749) in Art 12 §§ 1–8 (vgl STAUDINGER/WERNER [2000] Vorbem 46 ff zu §§ 1924 ff BGB);

13 e) in *Art 235 EGBGB* für die Überleitung des Erbrechts der DDR nach der staatlichen Vereinigung (vgl Erl dort und unten Rn 19);

f) im Erbrechtsgleichstellungsgesetz (s Rn 20).

3. Sonstige Erbrechtsänderungen

14 Daneben sind noch verschiedene andere Gesetzesänderungen ergangen (s etwa MünchKomm/LEIPOLD Einl 66 ff zum Erbrecht; STAUDINGER/BAUMANN [2003] Vorbem 11 ff zu §§ 2229-2264 BGB; STAUDINGER/OTTE [2000] Einl 32 ff zu §§ 1922 ff BGB; VOIT in DITTMANN/ REIMANN/BENGEL Vorbem 6 ff zu §§ 2229 ff BGB; LANGE/KUCHINKE aaO; SOERGEL/STEIN Einl 37 ff zum Erbrecht), die das ursprüngliche Erbrecht des BGB geändert haben, aber keine eigenständigen Übergangsregelungen enthalten. So ist etwa das *Gleichberechtigungsgesetz* vom 18. 6. 1957 (BGBl I 609) mit der dadurch verordneten Erhöhung des Ehegattenerbteils in der Zugewinngemeinschaft am 1. 8. 1958 ohne Rückwirkung in Kraft getreten (vgl etwa STAUDINGER/B THIELE [1994] Einl 39 zu §§ 1363 ff BGB; die Bearb 2000 enthält in Rn 26 nur noch eine kurze Darstellung). Zum BeurkG s Art 214 Rn 5 f.

V. Übergangsrecht nach dem NichtehelichenG, die weitere erbrechtliche Entwicklung

1. Allgemeines zum NichtehelichenG

15 Art 12 § 1 des Gesetzes über die rechtliche Stellung der nichtehelichen Kinder (NEhelG) vom 19. 8. 1969 (BGBl I 1243, geändert durch G vom 17. 7. 1970 [BGBl I 1099]) bestimmt, dass die rechtliche Stellung eines vor dem Inkrafttreten dieses Gesetzes (1. 7. 1970) geborenen Kindes und seiner Verwandten sich von diesem Zeitpunkt ab nach dessen Vorschriften bestimmt, soweit sich nicht aus den §§ 2–23 dieses Art etwas anderes ergibt. Eine solche andere Regelung enthält Art 12

§ 10 NEhelG für die *erbrechtlichen Verhältnisse* und für den Anspruch des nicht-ehelichen Kindes gegen die Erben des Vaters auf *Leistung von Unterhalt*. Die Anwendung von Vorschriften aus der Zeit vor dem Inkrafttreten des BGB (1. 1. 1900) ist in Art 12 § 11 NEhelG geregelt. Nachstehend wird zu diesen Übergangsregelungen ein kurzer Überblick gegeben (wegen Einzelheiten s etwa STAUDINGER/ WERNER [1994] Vorbem 34 ff zu §§ 1924–1934 BGB; PALANDT/EDENHOFER § 1924 BGB Rn 9 ff).

2.   Erbrechtliche Verhältnisse

Art 12 § 10 Abs 1 S 1 NEhelG stellt für die Anwendung des die erbrechtlichen **16** Verhältnisse betreffenden Rechts darauf ab, ob der *Erblasser vor oder nach dem 1. 7. 1970 gestorben* ist. § 10 Abs 2 S 1 schränkt aber die Anwendung des neuen Rechts insofern ein, als auch bei Erbfällen nach dem 1. 7. 1970 für die erbrechtlichen Verhältnisse des nichtehelichen Kindes und seiner Abkömmlinge zu dem Vater und dessen Verwandten die bisher geltenden Vorschriften maßgebend bleiben, falls das nichteheliche Kind *vor dem 1. 7. 1949 geboren* ist, also am 1. 7. 1970 das 21. Lebensjahr bereits vollendet hatte (dazu BOSCH FamRZ 1969, 509). § 10 Abs 1 S 1 regelt die zeitliche Anwendung des gesamten durch das NEhelG geschaffenen Erbrechts, also auch der über die Unehelichenreform hinausgehenden Vorschriften der §§ 1931 Abs 4, 2057 a, 2331a BGB. § 10 Abs 2 S 1 betraf dagegen lediglich die erbrechtlichen Beziehungen zwischen dem nichtehelichen Kind bzw seinen Abkömmlingen und seinem Vater bzw dessen Verwandten regelnden neuen Vorschriften. Für die erbrechtliche Stellung des nichtehelichen Kindes ergibt sich hiernach:

a)   Anwendung des vor dem 1. 7. 1970 geltenden Rechts

Ist der Erblasser vor dem 1. 7. 1970 gestorben, so steht dem nichtehelichen Kind bzw **17** seinen Abkömmlingen kein Erbrecht gegenüber seinem verstorbenen Vater bzw dessen Verwandten zu. Ebenso wenig haben der Vater bzw seine Verwandten ein Erbrecht gegenüber seinem verstorbenen nichtehelichen Kind bzw dessen Abkömmlingen. Das Gleiche gilt, wenn zwar der Erblasser am 1. 7. 1970 oder später stirbt und es sich um die erbrechtlichen Beziehungen zwischen dem nichtehelichen Kind und seinen Abkömmlingen einerseits und dem Vater und seinen Verwandten andererseits handelt, das nichteheliche Kind aber bereits vor dem 1. 7. 1949 geboren ist. Maßgebend ist allein der Zeitpunkt des Todes des Erblassers.

b)   Anwendung des seit dem 1. 7. 1970 geltenden neuen Rechts

Ist der Erblasser am 1. 7. 1970 oder später verstorben, so gelten die durch das **18** NEhelG geschaffenen neuen erbrechtlichen Bestimmungen, insbes §§ 1931 Abs 4, 2057a, 2331a BGB. Für die erbrechtlichen Beziehungen zwischen dem nichtehelichen Kind und seinen Abkömmlingen einerseits und dem Vater und seinen Verwandten andererseits gilt das neue Recht aber nur, wenn das *nichteheliche Kind am 1. 7. 1949 oder später geboren* ist. Ihm stehen die gesamten erbrechtlichen Rechte gemäß dem NEhelG zu, also *gesetzliches Erbrecht, Erbersatzanspruch, Pflichtteilsanspruch* (dazu PALANDT/EDENHOFER § 2338a BGB Rn 1), *vorzeitiger Erbausgleich*. Der Vater und seine Verwandten haben die entsprechenden Rechte beim Tod des Kindes (s DAMRAU FamRZ 1969, 590).

3. Erbrecht nach dem Einigungsvertrag

19 Die Wiedervereinigung brachte durch eine Sonderregelung eine teilweise Gleichstellung des Erbrechts nichtehelicher Kinder im Hinblick auf ihre „wohlerworbenen Erbaussichten nach altem DDR-Recht": Da in der ehemaligen DDR das Erbrecht für nichteheliche Kinder günstiger war, bestimmt Art 235 § 1 Abs 2 EGBGB, dass anstelle der §§ 1934a–1934e BGB und § 2338a BGB die Vorschriften über das Erbrecht des ehelichen Kindes gelten, wenn das nichteheliche Kind vor dem 3. 10. 1990 (Beitrittstermin) geboren ist. Für die Anwendung dieser intertemporalen Norm ist auf das fiktive Erbstatut des nichtehelichen Vaters am 20. 10. 1990 abzustellen (PALANDT/EDENHOFER Art 235 EGBGB Rn 2), wobei interlokales Anknüpfungskriterium mangels einer kollisionsrechtlich anzuerkennenden DDR-Staatsbürgerschaft der gewöhnliche Aufenthalt desselben ist (STAUDINGER/RAUSCHER [1996] Art 235 § 1 Rn 116 f). Diese Gleichstellung gilt auch für Kinder, die bereits vor dem 1. 7. 1949 geboren wurden; Art 12 § 10 Abs 2 NEhelG gilt insoweit nicht, da das Erbrecht der DDR ein zeitlich uneingeschränktes Nichtehelichenerbrecht vorsah (PALANDT/EDENHOFER Art 235 EGBGB Rn 3 mwN). Art 235 § 1 Abs 2 EBGBG wird durch das *Erbrechtsgleichstellungsgesetz* (s Rn 20) neu gefasst. Eine inhaltliche Änderung ist damit nicht verbunden, vielmehr sollte klargestellt werden, dass vor dem 2. 10. 1990 und auch vor dem 1. 7. 1949 geborene nichteheliche Kinder ein volles eheliches Erbrecht haben, wenn der Vater am 2. 10. 1990 seinen gewöhnlichen Aufenthalt in der früheren DDR hatte (RAUSCHER ZEV 1998, 45; BT-Drucks 13/4183, 13).

4. Erbrechtsgleichstellungsgesetz

20 Das G zur erbrechtlichen Gleichstellung nichtehelicher Kinder (Erbrechtsgleichstellungsgesetz ErbGleichG) vom 16. 12. 1997 (BGBl I 2968, ber BGBl 1998 I 524) stellt die nichtehelichen Kinder beim Tod ihres Vaters den ehelichen in erbrechtlicher Beziehung gleich und beseitigt daher mit Wirkung zum 1. 4. 1998 den als Ausnahme zum gesetzlichen Erbteil geschaffenen Erbersatzanspruch; die §§ 1934a bis e, 2338a BGB werden daher ersatzlos gestrichen. Weitere Vorschriften, einschließlich der HöfeO, in denen der Erbersatzanspruch erwähnt wird, werden redaktionell angepasst. Da seit dem NEhelG ein nichteheliches Kind im Rechtssinn ein „Abkömmling" seines Vaters ist, ergibt sich hieraus die volle Stellung des Kindes als gesetzlicher Erbe und Pflichtteilsberechtigte am Nachlass seines Vaters und der väterlichen Verwandten und umgekehrt (BT-Drucks 13/4183, 12; eingehend RAUSCHER ZEV 1998, 41, 42 ff). Die bis zum 1. 4. 1998 geltenden Vorschriften des nichtehelichen Kindes sind noch anzuwenden, wenn der Erblasser vor diesem Zeitpunkt verstorben ist oder über den vorzeitigen Erbausgleich eine wirksame Vereinbarung getroffen oder der Erbausgleich durch ein rechtskräftiges Urteil zuerkannt wurde (s Art 225 Abs 1 EGBGB nF, der durch nach Art 2 Nr 1 des ErbGleichG eingefügt wird, wobei allerdings infolge eines Redaktionsversehens verkannt wurde, dass dieser Artikel bereits anderweitig vergeben wurde; Berichtigungsverfahren geplant). Zu Übergangsfragen s RAUSCHER ZEV 1998, 45 f.

Teilweise verkannt wurde nach der Verkündung des ErbGleichG, dass dieses die Übergangsvorschrift des Art 12 § 10 Abs 2 NEhelG unberührt lässt, also die vor dem 1. 7. 1949 geborenen nichtehelichen Kinder wie bisher **keinerlei erbrechtliche Ansprüche** gegen ihren leiblichen Vater und den väterlichen Verwandten und umgekehrt haben, soweit nicht Art 235 § 1 Abs 2 BGB (s Rn 19) eingreift (eingehend hierzu mit Nachw zur Entstehungsgeschichte G MÜLLER DNotI-Report 1998, 39; RAUSCHER ZEV 1998, 44 f). Dafür sieht Art 14 § 14 des G zur Reform des Kindschaftsrechts (Kindschaftsrechtsreformgesetz – KindRG) vom 16. 12. 1997 (BGBl I 2942) eine „erbrechtliche Legitimation" (RAUSCHER aaO) vor: Danach findet der Erbrechtsausschluss des Art 12 § 10 Abs 2 NEhelG für solche Altfälle keine Anwendung, wenn der Vater und das Kind dies ausdrücklich durch notariell beurkundete Erklärung vereinbaren, die höchstpersönlich abzugeben ist und der Zustimmung etwaiger Ehegatten bedarf (wird als neuer § 10a NEhelG eingefügt). Dies kann nur für künftige Erbfälle und erst ab dem 1. 7. 1998 geschehen (Art 17 § 1 KindRG).

5. Eheschließungsrechtsgesetz

Das G zur Neuordnung des Eheschließungsrechts vom 4. 5. 1998 (BGBl 833) passte **21** die § 1933 S 2 BGB, 2077 Abs 1 S 3 und 2077 Abs 1 S 1, an die neue Terminologie des geänderten Eheschließungsrechts an, insbes heißt es jetzt „Antrag" statt „Klage" auf Aufhebung der Ehe.

6. Lebenspartnerschaftsgesetz

Das G zur Beendigung der Diskriminierung der gleichgeschlechtlichen Partnerschaf- **22** ten vom 16. 2. 2001 (BGBl I 266; dazu etwa N MAYER ZEV 2001, 169; LEIPOLD ZEV 2001, 218; GRZIWOTZ DNotZ 2001, 280; vDICKHUTH-HARACH FamRZ 2001, 1660; KRUG/ZWISSLER, Familienrecht und Erbrecht [2002] 365 ff) begründete mit Wirkung zum 1. 8. 2001 ein gesetzliches Erb- und Pflichtteilsrecht des überlebenden Partners einer eingetragenen Lebenspartnerschaft (§ 10 LPartG). Das BGB erhält einige sprachliche Anpassungen in den erbrechtlichen Bestimmungen der §§ 1936 Abs 1 S 1, 1938, 2279 Abs 2, 2280, 2292 BGB. Durch das G zur Überarbeitung des Lebenspartnerschaftsgesetzes vom 15. 12. 2004 (BGBl I 3396) wurde es in wesentlichen Teilen novelliert und in zivilrechtlicher Hinsicht eine weitgehende Angleichung an die Ehe angestrebt (dazu etwa GRZIWOTZ DNotZ 2005, 13; KORNMACHER FamRB 2005, 22; FINGER FuR 2005, 5; WELLENHOFER NJW 2005, 705).

7. Schuldrechtsreformgesetz

Das G zur Modernisierung des Schuldrechts vom 26. 11. 2001 (BGBl I 3138) bringt im **23** Erbrecht redaktionelle Folgeänderungen aus der Neugestaltung des Verjährungsrechts in den §§ 1944 Abs 2 S 3, 1954 Abs 2 S 2, 1997, 2082 Abs 2 S 2, 2283 Abs 2 S 2 BGB sowie Modifizierungen des Rechts der Leistungsstörungen im Vermächtnisrecht (§§ 2171 Abs 1 u 2, 2182 Abs 2, 2183 S 2 BGB) und eine Änderung des § 2376 BGB bei der Haftung des Erbschaftsverkäufers (dazu etwa AMEND ZEV 2002, 227, 441; BRAMBRING ZEV 2002, 137; SCHLICHTING ZEV 2002, 478; KRUG, Schuldrechtsmodernisierung und Erbrecht [2002]; J MAYER, in: DAUNER-LIEB/KONZEN/KARSTEN SCHMIDT, Das neue Schuldrecht in der Praxis [2003] 716).

8. Redaktionelle und geringfügige Änderungen

Das G zur Neuordnung des Schuldbuchrechts des Bundes und der Rechtsgrund- **24** lagen der Bundesschuldenverwaltung (**Bundeswertpapierverwaltungsgesetz**) vom 11.

12.2001 (BGBl 3519) ersetzt in den §§ 2117 S 2, 2118 BGB die Worte „Reich" und „Bundesstaat" durch „Bund" und „Land". Die **Neubekanntmachung** des BGB vom 2.1. 2002 (BGBl I 42) führt amtliche Überschriften ein und bringt einige redaktionelle, aber keine inhaltlichen Änderungen. Das G zur Modernisierung des **Stiftungsrechts** vom 15. 7. 2002 (BGBl I 2634) passt § 2043 Abs 2 BGB an die Neuregelung des Stiftungsrechts an, indem es statt „Genehmigung" jetzt „Anerkennung" heißt. Das Zweite G zur Änderung **schadensersatzrechtlicher Vorschriften** vom 19. 7. 2002 (BGBl I 2674) ersetzt in den §§ 1923 Abs 2, 2070, 2101 Abs 1 S 1, 2105 Abs 2, 2106 Abs 2 S 1, 2162 Abs 2, 2178 BGB das Wort „erzeugt" durch „gezeugt".

9. OLG-Vertretungsänderungsgesetz

25 Das G zur Änderung des Rechts der Vertretung durch Rechtsanwälte vor den Oberlandesgerichten (OLG-Vertretungsänderungsetz) vom 23. 7. 2002 (BGBl I 2850) regelt insbes die Testamentserrichtung durch einen Behinderten neu durch Änderung der §§ 2232, 2233, 2249 Abs 1 S 4 BGB (und des BeurkG) mit Verzicht auf eine „mündliche Erklärung" beim öffentlichen Testament (dazu REIMANN FamRZ 2002, 1383; ROSSAK ZEV 2002, 435) und ermöglicht nunmehr den Widerruf eines Erbvertrags durch Rücknahme aus der amtlichen oder notariellen Verwahrung (§ 2300 Abs 2 BGB; dazu KEIM ZEV 2003, 55; vDICKHUTH-HARRACH RNotZ 2002, 384; REIMANN FamRZ 2002, 1383, 1384).

Artikel 213

Für die erbrechtlichen Verhältnisse bleiben, wenn der Erblasser vor dem Inkrafttreten des Bürgerlichen Gesetzbuchs gestorben ist, die bisherigen Gesetze maßgebend. Dies gilt insbesondere auch von den Vorschriften über das erbschaftliche Liquidationsverfahren.

Materialien: E I Art 129 Abs 1; II Art 182; III Art 212.

Schrifttum

AFFOLTER, System des deutschen, bürgerlichen Übergangsrechts (1903) 267

BAUER, Erbrechte unehelicher Kinder bei vor 1900 stattgehabtem Erbfall, BadNotZ 3, 67

BUCHHOLTZ, Altrechtliche gemeinrechtliche Testamente unter der Herrschaft des BGB (Diss Rostock 1908)

DU CHESNE, der Begriff des Erblassers im Sinne des Art 213 EG BGB, ZBlFG 2, 869

DAUBE, Die Anwendung von Landesrecht bei gesetzlicher Erbfolge, NJ 1952, 611

FRAEB, Zur Nachlaßbehandlung nach BGB, ZBlFG 13, 273

GIESE, Die Wirksamkeit einer gemeinrechtlichen Quasipupilarsubstitution unter der Herrschaft des BGB, ArchBürgR 33, 328

HABERSTUMPF-BARTHELMESS/SCHÄLER/FIRSCHING, Nachlaßwesen in Bayern (1952)

HABICHT, Die Einwirkung des Bürgerlichen Gesetzbuchs auf zuvor entstandene Rechtsverhältnisse (3. Aufl 1901) 693

JOSEF, Das Auseinandersetzungsverfahren und der Erbschein bei altrechtlichen Sterbefällen, Gruchot 47, 341

KIPP, Erbrecht (7. Aufl 1928) § 144

KOHLER, Ein Beitrag zu den Bestimmungen

hinsichtlich der Ausgleichung während der
Übergangszeit, WürttZ 44, 198
Kolbow, Zu § 2066 BGB, Art 213 EG, § 261
AVBGB für Mecklenburg-Strelitz, MecklZ 28,
418
Kretzschmar, Altrechtliche Verfügungen von
Todes wegen, JW 1914, 953
ders, Erbrechtliche Übergangsvorschriften,
ZBlFG 16, 91
Lange/Kuchinke, Lehrbuch des Erbrechts
(4. Aufl 1995)
Lebram, Bemessen sich die Erbquoten aus
einer vor dem 1.1. 1900 errichteten letztwilligen
Verfügung, die erst nach diesem Zeitpunkt in
Wirksamkeit tritt, nach dem alten oder dem
neuen Recht?, ZBlFG 2, 593

Meckbach, Behandlung der seit langer Zeit
gerichtlich verwahrten Verfügung von Todes
wegen in Preußen, DFZ 1909, 1430
Mirre, Das gemeinschaftliche Testament und
die Erbschaftssteuer, DNotV 1912, 281
Reichel, Zur Lehre vom gemeinschaftlichen
Testament (1915)
Schmitt, Die Eröffnung alter Testamente und
Erbverträge nach Art 108 des bayer AGBGB,
BayNotZ 1906, 124
Stadelmeyer, Die Fassung und Auslegung der
Einkindschaftsverträge nach Bamberger Land-
recht, BayZ 1910, 359
Winter, Die Einwirkung der Anlegung des
Grundbuchs auf Erbengemeinschaften des
französischen Rechts, HessRspr 1909, 183.

Systematische Übersicht

Alphabetische Übersicht

I. Entstehung

1 Art 213 entspricht dem Abs 1 des Art 129 E I. Die Änderungen, die in der II. Kommission getroffen wurden, sind nur von redaktioneller Bedeutung (Mot z EG 305 ff, Prot 305 ff; Prot IV 557).

II. Inhalt

1. Allgemeines

2 Art 213 ist eine Bestimmung des **intertemporalen Erbrechts**. Sie knüpft an den Grundsatz an, dass Rechtssätze, die die Wirkung des Eintritts einer bestimmten Tatsache bestimmen, sich nur auf die zukünftigen Rechtsverhältnisse beziehen (ENNECCERUS/NIPPERDEY I § 62 I 1 mwNw, insbes zum römischen Recht), also keine Rückwirkung haben. Demnach bestimmen sich der **Übergang des Vermögens** einer Person auf deren Erben und die mit diesem Übergang im Zusammenhang stehenden Rechtsverhältnisse **nach dem zur Zeit des Todes der Person geltenden Recht**, also die erbrechtlichen Verhältnisse

(a) hinsichtlich der *vor dem Inkrafttreten des BGB gestorbenen Personen* das *bisherige Recht* (dazu unten Rn 5 ff),

(b) hinsichtlich der *unter der Herrschaft des BGB* sterbenden Personen das *BGB* zu entscheiden hat (dazu unten Rn 29 ff).

Früher geltende Vorschriften bleiben nur maßgeblich, wenn der Erblasser bereits vor Inkrafttreten der neuen Regelung gestorben ist (allg M, vgl etwa BGH NJW 1989, 2054; OLG Karlsruhe NJW 1989, 109).

2.   Der Begriff „erbrechtliche Verhältnisse"

Der in Art 213 enthaltene Begriff „erbrechtliche Verhältnisse" ist *im weitesten Sinn* **3** *zu verstehen*; hierunter fallen alle Verhältnisse, die mit dem Anfall und dem Erwerb einer Erbschaft im Zusammenhang stehen, ohne dass ein Unterschied zwischen *sachlichem Recht und Verfahrensrecht* zu machen ist (vgl RGZ 46, 73; 51, 186; 73, 291 = JW 1910, 572; SCHLEGELBERGER/VOGELS Anm 1; PLANCK Anm 2; NIEDNER Anm 2; SOERGEL/ HARTMANN Rn 1; ACHILLES/GREIFF Anm 1; PALANDT/EDENHOFER[54] Rn 2, je zu Art 213 EG; LANGE/KUCHINKE § 3 I 2a Fn 1 [jedoch einschränkend hinsichtl des Verfahrensrechts]; HAEGELE Rpfleger 1969, 365, 371 zum BeurkG; HELDRICH NJW 1967, 417, 419; RÖTELMANN NJW 1969, 1945 ff zum Höferecht). Über die Rechtsnatur des Rückfallsrechts nach Art 247 Code Civil als erbrechtliches Verhältnis: OLG Colmar PucheltsZ 33, 237; RGZ 50, 181 = JW 1902, Beil 197.

III.   Einzelfragen

Im Einzelnen ergibt sich aus dem in Art 213 niedergelegten Grundsatz unter Be-   **4** rücksichtigung der möglichen Fälle Folgendes:

1.   Tod des Erblassers vor dem 1. 1. 1900

Bei Tod vor dem 1. 1. 1900 sind sowohl die Voraussetzungen als auch die Wirkungen   **5** der (gesetzlichen oder gewillkürten) Erbfolge (NIEDNER Anm 3; PLANCK Anm 2a) im weitesten Sinn (Rn 3) ausschließlich **nach dem früheren Recht** zu beurteilen. Es kommt nicht darauf an, ob die *Berufung zur Erbschaft* vor oder nach Inkrafttreten des BGB eingetreten ist, so wenn an Stelle des zunächst berufenen Erben wegen dessen Wegfall erst nach dem 1. 1. 1900 ein anderer als Erbe berufen wird.

a)   Voraussetzungen der Erbfolge
Es handelt sich um die Tatbestände, die vor dem 1. 1. 1900 **vollendet** sein müssen.   **6**

aa)   Bei der *gesetzlichen Erbfolge* ist dies der vor dem 1. 1. 1900 eingetretene *Tod*   **7** *des Erblassers.* Auch eine vor dem 1. 1. 1900 wirksam gewordene *Todesvermutung,* zB die Vermutung des früheren Todes bei gemeinschaftlichen Unfällen (s zum früheren Recht STAUDINGER/WEICK/HABERMANN [1995] § 11 VerschG Rn 1) gehört hierher. Das gemeine Recht weicht hier von der Bestimmung des BGB in § 20, jetzt § 11 VerschG erheblich ab (vgl § 11 VerschG Rn 1).

Vor allem aber gehört hierher die Wirkung einer *Todeserklärung* (vgl Art 158, 161 mit

Erl). Auch wenn eine Todeserklärung erst nach dem 1. 1. 1900 erfolgt ist, als Todestag aber einen in die Zeit vor dem 1. 1. 1900 fallenden Tag festsetzt, kommen die früheren Gesetze hinsichtlich der erbrechtlichen Verhältnisse zur Anwendung (BayObLGZ 2, 213).

Anders, wenn nach einem früheren, auf Todeserklärung eingeleiteten Verfahren diese erst nach dem 1. 1. 1900 mit konstitutiver Wirkung erfolgt (ebenso SCHLEGEL-BERGER/VOGELS Art 213 Anm 2).

8 bb) Beruht die *Erbfolge nicht unmittelbar auf Gesetz*, sondern auf einer letztwilligen Verfügung (Testament, dazu BayObLGZ 4, 394) oder auf einem Erbvertrag, so ist die Gültigkeit dieser Verfügung nach **Form** und **Inhalt** gemäß dem vor dem 1. 1. 1900 geltenden Recht zu beurteilen (SCHLEGELBERGER/VOGELS Art 213 Anm 2). Dies gilt grundsätzlich auch für die **Auslegung** solcher Verfügungen oder Verträge. Entscheidendes Gewicht ist dabei auf die Erforschung des Willens des Erblassers zu legen; jedoch sind die *Auslegungsregeln des früheren Rechts* zu beachten (SCHLEGELBERGER/VOGELS Anm 2; SOERGEL/HARTMANN Rn 1; OLG Celle HRR 1941 Nr 769; differenzierend HABICHT 740 ff, hierzu kritisch STAUDINGER/WINKLER[12] Rn 8 Fn *). Eingehend dazu Art 214 Rn 36 ff. Zum *Übergangsrecht* nach dem TestG und dem BeurkG s Art 214 Rn 5, 6.

9 Die *Auslegungsregel* des § 2269 BGB für ein gemeinschaftliches Testament von Ehegatten, wonach im Zweifel nach dem Tod des Überlebenden der beiderseitige Nachlass an einen Dritten fallen soll, gilt nicht, wenn der Erblasser vor dem 1. 1. 1900 gestorben ist (RGZ 76, 20; KG OLGE 24, 100; BayObLGZ 16 A, 37; OLG Dresden SächsOLG 37, 139; SCHLEGELBERGER/VOGELS Anm 2, SOERGEL/HARTMANN Rn 1).

10 cc) Ist nach bisherigem Recht zum Erwerb der Erbschaft abweichend vom BGB die *Antretung der Erbschaft* seitens des Erben erforderlich (s hierzu Anm 6 zu Art 213 EG der 10. Aufl), so verblieb es dabei auch nach Inkrafttreten des BGB. Der Erbe konnte den Antritt der Erbschaft auch nach dem 1. 1. 1900 erklären (STAUDINGER/HERZFELDER[9] § 1942 BGB Anm X); falls er dies nicht vorher getan hatte, musste er auch diese Erklärung abgeben, um die Erbschaft zu erwerben.

11 Im Übrigen bestimmen sich *Annahme* (Antritt) und *Ausschlagung* der Erbschaft nach **bisherigem Recht**. Dies gilt insbesondere für die Form, die Geschäftsfähigkeit, die Vertretung und für Willensmängel (SCHLEGELBERGER/VOGELS Anm 2, PLANCK Anm 2b, SOERGEL/HARTMANN Rn 1; HABICHT 697 ff; KG KGJ 35 A 120; OLGE 21, 304).

12 dd) Den *Besitz der Erbschaft* erwarb der Erbe, dem die Erbschaft des vor dem 1. 1. 1900 verstorbenen Erblassers erst nach diesem Zeitpunkt angefallen ist, nicht nach § 857 BGB, sondern nach dem für den Besitzerwerb geltenden früheren Recht; denn § 857 BGB ist zugleich erbrechtlicher Natur (s auch PLANCK Anm 2b, der für den Besitzerwerb nach dem 1. 1. 1900 das BGB anwendet).

13 ee) Die mit den Vorschriften über die Berufung des Erben in Zusammenhang stehenden Bestimmungen über *Substitution, Transmission* und *Anwachsung* richten sich, falls der Erblasser vor dem 1. 1. 1900 verstorben war, ebenfalls nach früherem Recht (über diese Begriffe s KIPP[7] § 47, § 48 V, § 49, § 50 II 9; ferner HABICHT 700 ff, PLANCK

Anm 2b; SCHLEGELBERGER/VOGELS Anm 2 und aus der Rechtsprechung RG DJZ 1902, 475; JW 1907, 126; 1909, 158; 1915, 1154; Gruchot 64, 244; HRR 1932 Nr 1056).

ff) Nach früherem Recht bestimmte sich auch der *Erwerb von Vermächtnissen,* **14** auch wenn der sog „dies veniens" (Erwerb des Vermächtnisrechts) erst in die Zeit nach dem 1.1.1900 gefallen ist (SCHLEGELBERGER/VOGELS Anm 2). Sofern der Vermächtnisnehmer nach bisherigem Recht nicht nur eine Forderung gegen den Erben, sondern den Gegenstand selbst erworben hat *(Vindikationslegat)*, bedurfte es keiner Auflassung des vermachten Grundstücks (HABICHT 701 f; PLANCK Art 213 Anm 3c; RG JW 1901, 50; s auch für Bayern Art 33 ÜGBGB vom 9.6.1899 [GVBl 83], aufgehoben durch Art 80 Abs 2 Nr 2 AGBGB vom 20.9.1982 [BayRS 400-1-J]).

gg) Auch die *Fähigkeit zum Erwerb einer Erbschaft* unterstand, wenn der Erblasser **15** vor dem 1.1.1900 gestorben ist, dem bisherigen Recht (s HABICHT 700; SCHLEGELBERGER/ VOGELS Anm 2).

b) Wirkungen des Erbfalls
Die Wirkungen des Erbfalls im weitesten Sinn bestimmten sich, wenn der Erblasster **16** **vor dem 1.1.1900** verstorben ist, ebenfalls nach dem vor diesem Zeitpunkt geltenden Recht. Hierher gehören:

aa) Der **Erbschaftsanspruch**, und zwar seinen Voraussetzungen, seinem Inhalt und **17** Umfang nach, auch hinsichtlich der Möglichkeit, Beklagter zu sein (Passivlegitimation – PLANCK Anm 2g; SCHLEGELBERGER/VOGELS Anm 3; ACHILLES/GREIFF Anm 1).

bb) Die **Haftung des Erben** *für Nachlassverbindlichkeiten*; dies gilt insbesondere **18** auch für den Umfang der Haftung und die Haftungsbeschränkungen (s SCHLEGELBERGER/VOGELS Anm 3; SOERGEL/HARTMANN Rn 1). Wegen des Nachlasskonkurses s Art VI EG zum G betr Änderungen des KO vom 17.5.1898 (RGBl 248).

cc) Die Rechtsstellung der **Miterben** und die *Auseinandersetzung* unter ihnen, **19** etwa die *Verfügungsbefugnis* über einzelne Nachlassgegenstände (BGHZ 55, 66, 69 = DNotZ 1971, 743 = NJW 1971, 321 zu dem unter dem Code Civil entstandenen Erbengemeinschaften). Jedoch erfährt hier Art 213 eine Einschränkung durch **Art 173 EG**, soweit es sich nicht um erbrechtliche Besonderheiten bei der nach altem Recht begründeten Erbengemeinschaft handelt, sondern um die schuldrechtlichen Beziehungen (HABICHT[7] 710; KIPP[7] § 144 I; STAUDINGER/HERZFELDER[9] Vorbem 5 zum II. Abschn 4. Titel in Bd V; ACHILLES/GREIFF Anm 1; SCHLEGELBERGER/VOGELS Anm 3; in diese Richtung auch BGH aaO, vgl auch RGZ 52, 174). Auch die *Ausgleichspflicht* bestimmt sich nach altem Recht (s HABICHT 737 ff; RG JW 1902 Beil 266; Recht 1910 Nr 2587; 1912 Nr 1648; DJZ 1911, 326; auch BayObLGZ 19 A, 542). Dazu die Übergangsbestimmungen in Art 36, 52 BayÜGBGB (aufgehoben durch Art 80 Abs 2 Nr 2 AGBGB v 20.9.1982 [BayRS 400-1-J]).

dd) Die Rechtsstellung des **Nacherben** in der Form der fideikommissarischen Sub- **20** stitution (RG JW 1907, 157 f), auch wenn dann der *Nacherbfall erst nach dem 1.1.1900 eingetreten* war (SOERGEL/HARTMANN Rn 1; SCHLEGELBERGER/VOGELS Anm 3; ACHILLES/ GREIFF Anm 1; LANGE/KUCHINKE § 3 I 2a; aus der Rechtsprechung: RGZ 159, 385, 388 = JW 1939, 635 mit Anm von VOGELS zum Unentgeltlichkeitsbegriff iS von § 2113 Abs 2 BGB, der auch auf früheres Recht anzuwenden ist; RG JW 1906, 223; 1909, 158 über die Eintragung des Rechts des

Nacherben bei der Eintragung des Vorerben auch bei einem vor dem 1. 1. 1900 eingetretenen Erbfall s KG OLGE 1, 21).

21 ee)   Die Rechtsstellung des *Testamentsvollstreckers*, seine Rechte und Pflichten, die Wirksamkeit seiner Rechtshandlungen, seine Haftung (s Habicht 695; Niedner Anm 2b; Planck Anm 2h; Soergel/Hartmann Rn 1; Schlegelberger/Vogels Anm 3; Achilles/Greiff Anm 1; BGB-RGRK/Kregel Einl 7 vor § 1922 BGB; RGZ 46, 70; 50, 186; RG, JW 1901, 322; Recht 1906 Nr 3310; Gruchot 51, 612; DJZ 1906, 1262; KG JR 1926 Nr 2027; LG Berlin DFG 1941, 157; RG HRR 1932 Nr 1452). Auch die Frage, unter welchen Voraussetzungen ein Testamentsvollstrecker *zu entlassen* ist, der vor dem Inkrafttreten des BGB bestellt worden ist, beurteilt sich ausschließlich nach bisherigem Recht auch wenn es sich um Vorgänge handelt, die sich erst nach dem 1. 1. 1900 ereignet haben (RG Recht 1908 Nr 1583); ebenso ist die Frage zu entscheiden, ob ein Testamentsvollstreckerzeugnis erteilt werden kann (KG aaO).

22 ff)   Für das **erbrechtliche Liquidationsverfahren** ist die Aufrechterhaltung des bisherigen Rechts in Satz 2 des Art 213 ausdrücklich ausgesprochen (s hierzu Staudinger/ Gramm[10] Anm 12; Habicht 706), weil sonst der Grundsatz, dass neue Verfahrensvorschriften sofort einwirken, zu einer entgegengesetzten Auslegung führen würde.

23 gg)   Die **Eröffnung und Verkündung der Testamente** richtete sich nach bisherigem Recht, wenn der Erblasser vor dem 1. 1. 1900 verstorben ist; die §§ 2260 bis 2264 BGB finden keine Anwendung. Auch die Vorschrift des § 2273 BGB über die Eröffnung gemeinschaftlicher Testamente findet keine Anwendung, wenn einer der Ehegatten vor dem Inkrafttreten des BGB verstorben ist (vgl Schlegelberger/Vogels Anm 3; Niedner Anm 2b; Planck Anm 2i; KG OLGE 1, 130; RGZ 48, 101; Körner Recht 1901, 95 **aM** für § 2263 Lange/Kuchinke § 3 I 2a Fn 6).

24 hh)   Hinsichtlich der **Fürsorgepflicht des Nachlassgerichts**, insbesondere der Anordnung einer *Nachlasspflegschaft*, blieb ebenfalls das bisherige Recht maßgebend, wenn der Erblasser vor dem 1. 1. 1900 gestorben war; §§ 1960, 1961 BGB fanden keine Anwendung (s Habicht 684 f; Planck Anm 2k; Niedner Anm 2b; Soergel/Hartmann Rn 1; Achilles/Greiff Anm 1; Schlegelberger/Vogels Anm 3; KG OLGE 1, 385; 2, 346; 5, 366; **aM** KGJ 38 A, 110; OLGE 21, 304).

25 ii)   Für Erbfälle, die vor dem Inkrafttreten des BGB erfolgt sind, bestimmten sich Voraussetzungen und Wirkungen der *Erteilung eines* **Erbscheins** nach bisherigem Recht, auch wenn dieser erst nach dem 1. 1. 1900 erteilt wurde (Planck Anm 2b; Soergel/Hartmann Rn 1; Schlegelberger/Vogels Anm 4; auch KG OLGE 31, 302 [Nachweis der Erbfolge im Grundbuchverkehr]; Drewes DNotV 1921, 4; 1926, 450; LG Köln MittRhNotK 1970, 206 [Erbbescheinigung nach dem PreußG vom 12. 3. 1869, G S 473]). Ein Erbschein i S von § 2353 BGB kann daher in solchen Fällen nicht erteilt werden (BayObLG FamRZ 1990, 101 = Rpfleger 1990, 166).

26 kk)   Ein nach dem 1. 1. 1900 abgeschlossener **Erbschaftskauf** über eine altrechtliche Erbschaft unterlag nicht den besonderen Vorschriften des BGB über den Erbschaftskauf, soweit die erbrechtlichen Verhältnisse in Betracht kamen (s Staudinger/Olshausen [2004] Einl 103 zu §§ 2371 ff BGB; Planck Art 213 Anm 2m; Habicht 715 f; Niedner Anm 2b ß) ßß; RGZ 73, 291; Recht 1912, 389; KG OLGE 2, 242; JW 1926, 2097; OLG Colmar

ZBlFG 12, 754 Nr 621). In schuld- und sachenrechtlicher Hinsicht kam aber das Recht des BGB zur Anwendung (so JACKISCH JW 1926, 2097). Der Erbschaftskauf über eine derartige Erbschaft bedurfte insbesondere nicht der gerichtlichen oder notariellen Beurkundung nach § 2371 BGB (RGZ 73, 291; SCHLEGELBERGER/VOGELS Anm 3).

ll) Die **Pflichtteilsansprüche** und die Folgen einer Verletzung des Pflichtteilsrechts **27** beurteilen sich bei Erbfolge vor dem 1.1.1900 ebenfalls nach altem Recht (vgl STAUDINGER/FERID/CIESLAR¹² Einl 179 zu §§ 2303 ff BGB; SCHLEGELBERGER/VOGELS Anm 3; ACHILLES/GREIFF Anm 1; RGZ 54, 243; 58, 127; RG JW 1903, Beil 51, 73, 128; 1904, 362; 1906, 223, 358; 1911, 26).

mm) Der Einfluss von **Willensmängeln** auf erbrechtliche Geschäfte, die zwar erst **28** nach dem 1.1.1900, aber über schon vorher erfolgte Erbfälle abgeschlossen worden sind, wie zB Annahme und Ausschlagung der Erbschaft, Verzicht auf die Haftungsbeschränkung, Erbteilungsverträge, Erbschaftskauf, soll nach überwiegender Auffassung nicht nach den §§ 116 ff BGB, sondern *nach dem bisherigem Recht* zu beurteilen sein (PLANCK Anm 2n; SCHLEGELBERGER/VOGELS Anm 2; AFFOLTER 267; STAUDINGER/WINKLER¹² Rn 28). Zutreffenderweise wird man die Vorschriften über solche Willensmängel nur dann zu den „erbrechtlichen Verhältnissen" iS des Art 213 zählen können, wenn sie abweichend von den Bestimmungen des Allgemeinen Teils des BGB eine besonders *spezifizierte Regelung* im Erbrecht gefunden haben, so bei der Annahme oder Ausschlagung der Erbschaft (so NIEDNER Anm 2b; HABICHT 716 ff).

2.   Tod des Erblassers nach dem 31.12.1899

Grundsätzlich sind alle erbrechtlichen Verhältnisse **nach dem BGB** zu beurteilen. **29**

a)   Hervorzuheben sind im Einzelnen: **30**

aa)   Das *Pflichtteilsrecht* des BGB greift auch gegenüber vor dem 1.1.1900 errichteten Testamenten und Erbverträgen ein (§§ 2303 ff BGB); dies folgt insbesondere aus dessen zwingendem Charakter (STAUDINGER/FERID/CIESLAR¹² Einl 179 zu §§ 2303 ff BGB; SCHLEGELBERGER/VOGELS Anm 6; SOERGEL/HARTMANN Rn 4; ACHILLES/GREIFF Anm 2). Wegen der Anwendung des § 2325 BGB, wenn die Schenkung vor dem 1.1.1900 erfolgt ist, s SächsOLG 27, 309.

bb)   *Vermächtnisse* erzeugen ein Forderungsrecht gegen den Beschwerten **31** (§§ 2147 ff BGB). Das Vindikationslegat ist, auch wenn der Erblasser den sofortigen Übergang des Eigentums angeordnet hatte, nur als Forderungsvermächtnis iS des BGB zu behandeln (SCHLEGELBERGER/VOGELS Anm 6).

cc)   Eine *Enterbung in guter Absicht* kann nur soweit aufrecht erhalten werden, als **32** sie auch der Vorschrift des § 2338 BGB entspricht (OLG Hamburg HansGZ 1904, Beibl 206; SCHLEGELBERGER/VOGELS Anm 6).

dd)   Die **Auslegung** eines vor dem 1.1.1900 errichteten Testaments erfolgt nach den **33** Auslegungsregeln des BGB, doch ist die Ausdrucksweise des älteren Rechts zu berücksichtigen (RG WarnR 1914 Nr 220; JR 1927 Nr 482; KG DNotZ 1942, 213; OLG Celle HRR 1941 Nr 769; ausführlich **Art 214** Rn 36 ff).

34 ee) Auch die **Ausgleichungspflicht** richtet sich nach den Vorschriften des BGB, wenn bei der Zuwendung keine rechtsgültige Anordnung getroffen ist und zwar auch dann, wenn die Zuwendung vor 1900 erfolgt ist (RG JW 1902 Beil 266; Recht 1912 Nr 1648; OLG Hamburg HansGZ 1913 Beibl 37).

35 ff) Der Einfluss der **Einsetzung eines Nacherben** auf die Rechtsverhältnisse des Vorerben richtet sich nach BGB, auch wenn die Beerbung auf Grund einer vor 1900 errichteten letztwilligen Verfügung erfolgt ist (KIPP[7] § 144 II 2; RGZ 87, 120 = JW 1915, 1154 mit Anm von HACHENBURG; RG DJZ 1924, 906; SOERGEL/HARTMANN Rn 4).

36 gg) Die Wirksamkeit einer *vor dem Inkrafttreten des BGB* verfügten **Pflichtteils-entziehung** richtet sich allein nach dem neuen Recht, wenn der Erblasser nach dem 1. 1. 1900 verstorben ist (vgl den ähnlichen Fall von BGH NJW 1989, 2054; OLG Karlsruhe NJW 1989, 109: bei Änderung des Pflichtteilsrechts vor Eintritt der Erbfolge gilt die neue Rechtslage). Wegen der **Erbunwürdigkeit** s STAUDINGER/FERID/CIESLAR[12] Einl 33 zu §§ 2339 ff BGB: Auch diese richtet sich grundsätzlich nach neuem Recht.

37 hh) Wirkungen und Rechtsverhältnis einer vor dem 1. 1. 1900 angeordneten *Testamentsvollstreckung* richten sich nach dem Recht des BGB, wenn der Erblasser nach diesem Zeitpunkt verstorben ist (s SOERGEL/HARTMANN Rn 5).

b) Anwendung des vor dem 1. 1. 1900 geltenden Rechts

38 aa) Ausnahmen von dem **Grundsatz zu 1** bestehen jedoch: Nach **Art 200 EG** hinsichtlich der *erbrechtlichen Wirkungen des Güterstandes;* vgl dazu Vorbem 1 zu Art 213 und Art 200 Rn 12.

39 bb) Mittelbar können sich aufgrund der Bestimmungen über die *Rechtsstellung der Kinder* aus vor dem 1. 1. 1900 geschlossenen nichtigen oder ungültigen Ehen (Art 207), sowie der *unehelichen Kinder* und der *legitimierten und angenommenen Kinder* (Art 209) insofern Abweichungen ergeben, als hiernach solche Kinder nach den Vorschriften des früheren Rechts erbberechtigt sein können, während sie nach dem BGB kein Erbrecht haben (zum Erbrecht der nichtehelichen Kinder nach dem NichtehelichenG vom 19. 8. 1969s Vorbem 16 ff zu Art 213–217).

40 cc) Vor allem aber bleibt nach **Art 214** das bisherige Recht auch bei Todesfällen nach dem 1. 1. 1900 maßgebend für die **Beurteilung** der **vorher erfolgten Errichtung oder Aufhebung einer Verfügung von Todes wegen** und der **Bindung** aus einem vorher errichteten **gemeinschaftlichen Testament oder** einem vorher abgeschlossenen **Erbvertrag**. S die Erläuterungen zu Art 214, auch § 51 Abs 3 des TestG; danach sind bei Erbfällen nach dem Inkrafttreten dieses Gesetzes keine höheren Anforderungen an die Gültigkeit eines Testaments oder Erbvertrages zu stellen, als nach dem TestG zulässig ist (s Vorbem 1 f zu Art 213). Entsprechendes gilt bezüglich des BeurkG für vor dem 1. 1. 1970 errichtete Verfügungen von Todes wegen (Art 214 Rn 6).

41 dd) Vgl ferner **Art 215** über die Fähigkeit zur Errichtung einer Verfügung von Todes wegen, **Art 216** über das Recht gewisser ritterschaftlicher Familien zur Beschränkung des Pflichtteils und **Art 217** über einen vor dem 1. 1. 1900 geschlossenen Erbverzichtsvertrag.

IV. Landesrecht

1. Lippe

Nordrhein-Westfalen: §§ 44–46 AGBGB vom 17. 11. 1899 (GS 489); über die Fort- **42**
geltung s § 11 des G über die Vereinigung des Landes Lippe mit dem Land NRW
vom 5. 11. 1948 (GV 267 = SGVNW Nr 101).

2. Andere Ausführungsgesetze

Die übrigen in der 12. Aufl Rn 42 ff genannten landesrechtlichen Bestimmungen **43**
wurden zwischenzeitlich aufgehoben.

V. Interlokales Erbrecht

Hinsichtlich des Beitrittsgebiets der früheren DDR bestimmt in Übereinstimmung **44**
mit der Grundregel des Art 213 EGBGB der Art 235 § 1 Abs 1 EGBGB, dass für die
vor dem 3. 10. 1990 eingetretenen Erbfälle das bisherige Recht maßgeblich bleibt.
Für die danach eintretenden Erbfälle gilt das Erbrecht des BGB, jedoch mit den
Einschränkungen, dass in Ansehung eines *nichtehelichen Kindes*, das vor dem Beitritt geboren wurde, die für die erbrechtlichen Verhältnisse eines ehelichen Kindes
geltenden Vorschriften maßgeblich sind (Art 235 § 1 Abs 2 EGBGB) und bei den
vor dem Wirksamwerden des Beitritts **errichteten oder aufgehoben Verfügungen** von
Todes wegen und deren **Bindungswirkungen** aus Gründen des Vertrauensschutzes
ausschließlich das bisherige Recht maßgeblich ist, auch wenn der Erbfall erst nach
dem Beitritt eintritt (Art 235 § 2 EGBGB), was der Grundregel des Art 214
EGBGB entspricht (s dazu die Erl zu Art 235 EGBGB und zu Zweifelsfragen des Art 235
§ 1 Abs 2 EGBGB EGERLAND, in: Zehn Jahre Deutsches Notarinstitut [2003] 175 ff, und zur Aufhebung bindend gewordener Verfügungen eines gemeinschaftliches Testaments durch den überlebenden Ehegatten VOLTZ aaO, 193 ff).

Artikel 214

**(1) Die vor dem Inkrafttreten des Bürgerlichen Gesetzbuchs erfolgte Errichtung
oder Aufhebung einer Verfügung von Todes wegen wird nach den bisherigen Gesetzen beurteilt, auch wenn der Erblasser nach dem Inkrafttreten des Bürgerlichen
Gesetzbuchs stirbt.**

**(2) Das gleiche gilt für die Bindung des Erblassers bei einem Erbvertrag oder einem
gemeinschaftlichen Testament, sofern der Erbvertrag oder das Testament vor dem
Inkrafttreten des Bürgerlichen Gesetzbuchs errichtet worden ist.**

Materialien: E I Art 129 Abs 2; II Art 183;
III Art 213.

Jörg Mayer

Schrifttum

ADENEUER, Welche rechtliche Bedeutung haben gegenüber dem durch das BGB eingeführten gesetzlichen Erbrecht der Ehegatten letztwillige Verfügung, welche die Brautleute in einem Ehevertrage des französischen Rechtes vor dem 1.1.1900 getroffen haben?, JW 1909, 647

AFFOLTER, System des Deutschen bürgerlichen Übergangsrechts (Leipzig 1903) 333

BLOCK, Die Testamentserrichtung nach der VO für das Herzogtum Schleswig betr die Gültigkeit testamentarischer Dispositionen ohne Allerhöchste Konfirmation vom 4.2.1854, SchlHA 12, 1

BOLLENBECK, Gesetzliches Erbrecht des überlebenden Ehegatten neben dem Anspruch aus letztwilliger Zuwendung in einem unter dem rheinischen Recht geschlossenen Ehevertrage, RheinNotZ 54, 273

BUKA, Wie ist seit 1900 ein landrechtliches korrespektives Testament bei Lebzeiten beider Erblasser zu widerrufen?, DJZ 1912, 564
ders, Art 214 Abs 2 BGB. Seine Entstehung und Auslegung, JW 1913, 8

FRIEB, Bindung und Anfechtung des überlebenden Ehegatten bei gemeinschaftlichem unter der Herrschaft des PrALR errichteten Testamente erster Ehe, DNotV 1926, 114

HAAS, Schenkung unter Ehegatten in Ansehung des Nachlasses des Schenkers nach französischem Recht und nach BGB, BayNotV 1925, 73

HABICHT, Die Einwirkung des Bürgerlichen Gesetzbuchs auf zuvor entstandene Rechtsverhältnisse (3. Aufl 1901) 720 ff, 728 ff, 755

HANGEN, Die auf Grund des Art 1094 l.c. getroffenen Verfügungen nach dem Inkrafttreten des BGB, PucheltsZ 33, 274, 435

KAGERMANN, Die Bindung der Ehegatten und die Anfechtung letztwilliger Verfügungen bei einem wechselseitigen Testament (1913)

KIPP, Erbrecht (7. Aufl 1928) § 144

BGB-RGRK/KREGEL (12. Aufl 1974 f) Einl 7 vor § 1922 BGB

KRETZSCHMAR, Altrechtliche Verfügungen von Todes wegen, JW 1914, 953
ders, Erbrechtliche Übergangsvorschriften, ZBlFG 1916, 81

MAHLA, Widerruf von Schenkungen unter Ehegatten des französischen Rechts, BayNotZ 1914, 281

MANGLER, Die Wirkung altrechtlicher gemeinschaftlicher Testamente unter Ehegatten in Beziehung auf die Ansprüche des von dem wiederverheirateten Teile unter der Herrschaft des neuen Rechts hinterlassenen zweiten Ehegatten, SächsArch 14, 684

REICHEL, Zur Lehre vom gemeinschaftlichen Testament (1915)

SCHÄFER, Kann ein vor 1900 geschlossener Erbvertrag von dem Erblasser nach Maßgabe der §§ 2281 ff BGB angefochten werden?, Recht 1903, 29.

Systematische Übersicht

Alphabetische Übersicht

Jörg Mayer

I. Entstehung

1 Art 214 enthält gegenüber dem Abs 2 des Art 129 E I neben redaktionellen Änderungen die Ersetzung der Worte „wechselseitige letztwillige Verfügung" durch die
Worte „gemeinschaftliches Testament" (Mot z EG 307 ff; Prot VI 557, 558, 636).

II. Inhalt

1. Übergangsregelung nach Art 213, 214 EG

2 Art 214 enthält eine Ausnahme *von der Regel des Art 213*, dass für erbrechtliche
Verhältnisse die Vorschriften des BGB Anwendung finden, wenn der Erblasser nach
dessen Inkrafttreten stirbt. Nach Art 214 sind, auch wenn der Erblasser erst nach
dem 1. 1. 1900 gestorben ist, **nach den bisherigen Gesetzen zu beurteilen**:

3 **a)**   die **Errichtung und Aufhebung** von *Verfügungen von Todes wegen*, wenn sie vor
dem **1. 1. 1900** erfolgt ist (Abs 1). Jedoch waren bei Erbfällen, die sich nach dem
Inkrafttreten des TestG (vom 4. 8. 1938, § 50 Abs 1 TestG) ereignet haben, an die
Gültigkeit eines Testaments oder Erbvertrags keine höheren Anforderungen zu
stellen, als nach dem TestG zulässig war (§ 51 Abs 3 TestG); das Gleiche gilt im
Hinblick auf die durch das GesEinhG (s Vorbem 1 zu Art 213–217) Teil I Art 5 an seine
Stelle getretenen Bestimmungen des BGB.

4 **b)**   die **Bindung des Erblassers** bei einem vor dem 1. 1. 1900 errichteten Erbvertrag
und gemeinschaftlichen Testament (Abs 2).

2. Beurkundungsgesetz

5 Das **Beurkundungsgesetz** enthält **keine Übergangsvorschriften**, insbes fehlt eine dem
§ 51 TestG entsprechende Übergangsregelung (ARMBRÜSTER, in: HUHN/VSCHUCKMANN,
BeurkG [4. Aufl 2003] § 68 Rn 6). Die einzige Übergangsnorm in § 68 regelt die Behandlung von Urkunden und ist hier nicht einschlägig. Für die Anwendung der bisher
geltenden Vorschriften des BGB über die Beurkundung von Verfügungen von Todes
wegen sind daher Art 213, 214 Abs 1 EG und § 51 TestG entsprechend heranzuziehen.

6 Danach gelten die *Formvorschriften des BGB* in jedem Fall dann, wenn der Erblasser *vor dem Inkrafttreten des BeurkG* am 1. 1. 1970 *gestorben* ist (§ 51 TestG,
Art 213 EG). Sie sind aber auch für alle Verfügungen maßgebend, die *vor dem
1. 1. 1970 errichtet* worden sind, auch wenn der Erblasser nach dem 1. 1. 1970 stirbt
(vgl § 51 Abs 2 TestG, Art 214 Abs 1 EG). Nach der Vorschrift des § 51 Abs 3 TestG
kommen allerdings Formerleichterungen des neuen Rechts auch den schon vorher
errichteten Verfügungen zugute. Dies hatte vor allem früher für § 35 BeurkG größere praktische Bedeutung, wenn der Notar unter einem öffentlichen Testament
seine Unterschrift vergessen hatte. Denn wie JOHANNSEN überzeugend nachgewiesen hat, enthält **§ 51 Abs 3 TestG** (s Rn 9) einen *allgemeinen Grundsatz*, der auch auf
das BeurkG **entsprechend anwendbar** ist (WM 1971, 402, 405; ebenso OLG Frankfurt/M
OLGZ 1971, 498; ARMBRÜSTER, in: HUHN/VSCHUCKMANN § 68 BeurkG Rn 6; BAUMANN, in: EYL-
MANN/VAASEN, Bundesnotarordnung, Beurkundungsgesetz [2. Aufl 2004] § 35 BeurkG Rn 3; DU-

MOULIN DNotZ 1973, 53, 56; BENGEL, in: DITTMANN/REIMANN/BENGEL, Testament und Erbvertrag [2. Aufl 1986] Vorbem 44 zu §§ 2229 BGB; SOERGEL/J MAYER Vorbem 15 vor §§ 2229 BGB; WINKLER, BeurkG [15. Aufl 2003] Vorbem 12 §§ 27 ff; der Sache nach ebenso die amtl Begründung zur Aufhebung des § 31 BeurkG durch das OLG-VertrÄndG in BT-Drucks 14/9266, S 52; am BAMBERGER/ROTH/LITZENBURGER § 2232 Rn 1; PALANDT/EDENHOFER § 2232 BGB Rn 1; STAUDINGER/W BAUMANN [2003] Vorbem 33 zu §§ 2229-2264 [in Widerspruch zu seiner bei EYLMANN/VAASEN aaO vertretenen Auffassung]; VOIT, in: DITTMANN/REIMANN/BENGEL, Testament und Erbvertrag [4. Aufl 2003] Vorbem 44 zu §§ 2229 BGB). Für Änderung der unter der Geltung der früheren Formvorschriften des BGB errichteten Verfügungen von Todes wegen in der Form der §§ 2231 Nr 1, 2276 BGB gilt jedenfalls jetzt das Beurkundungsgesetz (WINKLER Vorbem 12 zu §§ 27 ff BeurkG; SOERGEL/J MAYER Vorbem 15 vor §§ 2229 BGB; am OLG Frankfurt OLGZ 1971, 308, das sich zu Unrecht auf § 68 BeurkG beruft, auf § 51 Abs 3 TestG aber überhaupt nicht eingeht).

3.   Verfügungen von Todes wegen

Zu den **Verfügungen von Todes wegen** im Sinne des **Abs 1** gehören alle Verfügungen, **7** die die Verhältnisse (auch familienrechtliche) einer Person für den Fall ihres Todes regeln und erst nach ihrem Tode wirksam werden sollen, namentlich Verfügungen über ihren Nachlass, und zwar sowohl *einseitige* wie *zweiseitige*, also Testamente, Kodizille, Erbverträge (Erbeinsetzungs- und Vermächtnisverträge), Schenkungen von Todes wegen (Mot z EG 313). Hinsichtlich der *Erbverzichtsverträge*, die das BGB nicht zu den Verfügungen von Todes wegen rechnet, s die besondere Vorschrift in Art 217.

4.   Errichtung und Aufhebung vor dem 1. 1. 1900 zustande gekommener letztwilliger Verfügungen

Für Verfügungen von Todes wegen gilt zunächst die Grundregel des Art 213, die **8** Ausnahme des Art 214 Abs 1 betrifft *lediglich* die vor dem 1. 1. 1900 erfolgte *Errichtung und Aufhebung* dieser Verfügungen (BayObLGZ 18 A, 218 = OLGE 36, 232), also die **formelle Seite** (STAUDINGER/OTTE [2003] Vorbem 190 zu §§ 2064 ff). Dagegen sind **Inhalt und Wirksamkeit** einer vor dem Inkrafttreten des BGB nach den bisherigen Gesetzen wirksam errichteten und vor diesem Zeitpunkt nicht aufgehobenen Verfügung von Todes wegen nach **BGB** zu beurteilen, soweit sich aus Art 213 die Anwendung des BGB ergibt (Mot z EG 313; PLANCK Anm 1; SCHLEGELBERGER/VOGELS Anm 3; ACHILLES/GREIFF Anm 2; PALANDT/EDENHOFER[53] Rn 1; SOERGEL/HARTMANN Rn 2; BayObLGZ 24, 299, 301; **aM** bezüglich des Inhalts AFFOLTER 337).

a)   Die **Form** der Errichtung oder Aufhebung der Verfügungen von Todes wegen **9** bestimmt sich nach dem *bisherigen Recht*, wenn die Errichtung vor dem 1. 1. 1900 erfolgt ist (STAUDINGER/OTTE [2003] Vorbem 190 zu §§ 2064 ff; VOIT, in: DITTMANN/REIMANN/BENGEL, Testament und Erbvertrag [4. Aufl 2003] Vorbem 5 zu §§ 2229 ff BGB); dabei ist der wirkliche Zeitpunkt der Errichtung, nicht ein etwaiges unrichtiges Datum maßgebend (HABICHT 726; RG JW 1909, 220). Dagegen enthält das EGBGB keine Vorschrift, dass die Verfügung von Todes wegen dann gültig wird, wenn sie die nunmehr gegenüber dem früheren Recht geringeren Formanforderungen des BGB wahrt (LANGE/KUCHINKE § 3 I 2c). Dies geschah erst mit dem Testamentsgesetz im Jahre 1938, das iS des „favor testamenti" dem *„Grundsatz der Maßgeblichkeit der milderen*

Form" zum Durchbruch verhilft: Danach ist eine Verfügung von Todes wegen, die den Formvorschriften des Rechts, unter dessen Herrschaft sie errichtet wurde, nicht entspricht, dann als rechtswirksam zu behandeln, wenn sie den Formvorschriften des **Testamentsgesetzes** entspricht und der Erblasser erst *nach dem Inkrafttreten des TestG* (4. 8. 1938) stirbt (§ 51 Abs 3; Schlegelberger/Vogels Art 214 Anm 6; Staudinger/Baumann [2003] Vorbem 20 ff zu §§ 2229 ff BGB). Zur Überleitung des **Gesetzeseinheitsgesetzes** von 1953, durch das die zunächst im TestG enthaltenen Vorschriften wiederum in das BGB integriert wurden, s Vorbem 4 zu Art 213 ff EGBGB.

10 Die Frage, ob bei der Errichtung **beabsichtigt** war, einen **Erbvertrag oder ein Testament**, wechselseitiges oder einseitiges, zu errichten, ist nach dem bisherigen Recht zu entscheiden (BayObLGZ 18 A, 218 = OLGE 36, 233).

11 Ist in einer letztwilligen Verfügung die **Ergänzung vorbehalten**, so muss sie in der **Form** erfolgen, welche **zur Zeit der Vornahme der Ergänzung** vorgeschrieben ist. *Nachzettel* oder Kodizille, die vor dem 1. 1. 1900 in der damals zugelassenen Form errichtet sind, behalten ihre Gültigkeit; nach diesem Zeitpunkt können sie in dieser Form nicht mehr errichtet werden. Der Vorbehalt einer Errichtung einer Verfügung nach altem Recht ist wirkungslos, da das BGB eine Erleichterung der Form für Nachzettel gegenüber der Form des Testaments nicht mehr kennt (s Staudinger/Firsching10/11 Vorbem 80 zu § 2229 BGB; Kipp7 § 144 II 1 Fn 14; Habicht 739; Planck Art 214 Anm 2e; Niedner Anm 3; Kretzschmar ZBlFG 16, 87 gegen Reichel 49, der grundsätzlich Wahrung der altrechtlichen Form für erforderlich, die des neuen Rechts aber für genügend erachtet; KG OLGE 8, 281; 34, 312; KGBl 1913, 121; KGJ 45 A, 137).

12 b) Nach dem *bisherigen Recht* bestimmt sich die Frage, ob der Erblasser bei der unter dessen Herrschaft erfolgten Errichtung einer letztwilligen Verfügung die **Fähigkeit zur Errichtung** (testamenti factio activa) hatte. Hierher gehören die Vorschriften über *Rechts- und Handlungsfähigkeit* und insbesondere über die **Testierfähigkeit** (s hierzu Achilles/Greiff Anm 2; Niedner Anm 2a; Planck Anm 2c; Schlegelberger/Vogels Anm 2).

13 Die **vor dem 1. 1. 1900** errichteten letztwilligen Verfügungen aller Personen, die nach altem Recht eine solche gültig errichten konnten, **bleiben gültig**, auch wenn ihnen diese Fähigkeit nach dem BGB nicht mehr zukam.

14 Eine **Ausnahme** von dem Grundsatz, dass sich die Fähigkeit des Testierenden nach dem zur Zeit der Errichtung der letztwilligen Verfügung geltenden Recht bestimmt, macht **Art 215 Abs 2** EG in Verbindung mit § 2230 BGB aF (aufgehoben durch das BtG vom 12. 9. 1990 [BGBl I 2002] mit Wirkung zum 1. 1. 1992): Hat ein **Entmündigter** vor dem 1. 1. 1900 ein Testament errichtet, bevor die die Entmündigung aussprechende Entscheidung rechtskräftig geworden war, und hatte die Entmündigung nach dem bisherigen Recht den Mangel der Testierfähigkeit zur Folge, so steht die Entmündigung der Gültigkeit des Testaments nicht im Weg, wenn der Entmündigte *den 1. 1. 1900 erlebt* hat und vor Eintritt der Unanfechtbarkeit der Entscheidung stirbt; dasselbe gilt, wenn ein Entmündigter ein Testament errichtet hat, ehe die von ihm beantragte Wiederaufhebung der Entmündigung erfolgt ist (Niedner Anm 2b).

15 Eine **weitere Ausnahme** (s Niedner Anm 2b) macht **Art 215 Abs 1**: Er hält die Testierfähigkeit einer Person, die unter altem Recht schon eine rechtsgültige letztwillige Verfügung getroffen hat, über den Zeitpunkt des Inkrafttretens des BGB hinaus aufrecht, auch wenn die Person das nach dem BGB erforderliche Alter noch nicht erreicht hat.

c) Auch die **Zulässigkeit der Vertretung** bei der Errichtung oder Aufhebung einer **16** Verfügung von Todes wegen ist, wenn die Errichtung vor dem 1. 1. 1900 erfolgt ist, nach den bisherigen Gesetzen zu beurteilen (HABICHT 726 Fn 2; PLANCK Anm 2c; SCHLE-GELBERGER/VOGELS Anm 2; STAUDINGER/OTTE [2003] Vorbem 190 zu §§ 2064 ff).

Dagegen beansprucht die Vorschrift des § 2065 BGB auch gegenüber *altrechtlichen* **17** *Verfügungen von Todes* wegen Geltung. Hat der Erblasser in nach früherem Recht zulässiger Weise (vgl Art 2086 sächsBGB) einem Dritten die Bestimmung überlassen, wer einen bestimmten Erbteil erhalten soll, so erlischt die Ermächtigung, *wenn der Dritte nicht vor dem Inkrafttreten des BGB davon Gebrauch gemacht hat*, mit diesem Zeitpunkt. Denn Art 214 Abs 1 bezieht sich nur auf Verfügungen von Todes wegen, die vor dem 1. 1. 1900 fertig zum Abschluss gebracht waren (s zur vorbehaltenen Ergänzung Rn 11); das ist nicht der Fall, wenn der Erblasser am 1. 1. 1900 noch nicht endgültig über die Erbschaft verfügt hatte. Stirbt der Erblasser erst nach dem 31. 12. 1899, so findet § 2065 ohne weiteres Anwendung (RG WarnR 1916 Nr 231; s auch OLG Dresden SeuffA 72 Nr 80).

d) Zu den Vorschriften über die Errichtung einer letztwilligen Verfügung gehört **18** auch die Regelung der Frage, ob ein **gemeinschaftliches Testament** *nur unter Ehegatten* (so § 2265 BGB) *oder auch unter anderen Personen errichtet werden kann.* Soweit Letzteres nach bisherigem Recht der Fall war (zB nach gemeinem Recht, nach SächsBGB §§ 2199–2202, 2214; vgl Mot V 253), bleibt auch das unter anderen Personen als unter Ehegatten vor dem 1. 1. 1900 errichtete gemeinschaftliche Testament gültig (NIEDNER Anm 5b; PLANCK Anm 4b; SCHLEGELBERGER/VOGELS Anm 2; SOERGEL/HARTMANN Rn 1).

e) Nach bisherigem Recht bemisst sich endlich die **Form der Aufhebung** von **19** Verfügungen von Todes wegen und die *Fähigkeit hierzu*, wenn die Handlungen, die eine Aufhebung bewirken sollen oder können, vor dem Inkrafttreten des BGB vorgenommen sind, so insbesondere die Form des Widerrufs, der Einfluss der Vernichtung der Testamentsurkunde, der Einfluss der Errichtung einer letztwilligen Verfügung (NIEDNER Anm 4; PLANCK Anm 2 f; STAUDINGER/OTTE [2003] Vorbem 190 zu §§ 2064 ff; s die entsprechende Vorschrift in § 51 Abs 2 TestG). Unter Aufhebung ist nur die *formelle Außerkraftsetzung* durch Handlung des Erblassers zu verstehen, nicht die Entkräftung (Gegenstandslosigkeit) durch dazwischentretende äußere Ereignisse ohne den Willen des Erblassers (zB das sog „testamentum interruptum" wegen nachgeborener Kinder nach dem preußischen Landrecht, NIEDNER Anm 4).

f) Nicht unter Art 214 Abs 1 fällt die **Eröffnung** und **Verkündung** von letztwilligen **20** Verfügungen, auch eines gemeinschaftlichen Testaments (s auch HABICHT 739).

5. Bindung des Erblassers bei Erbverträgen und gemeinschaftlichen Testamenten

Die vor dem **1. 1. 1900 geltenden Gesetze** sind nach Art 214 Abs 2 EGBGB auch **21**

maßgebend für die **Bindung** des Erblassers bei einem Erbvertrag oder einem gemeinschaftlichen Testament, sofern die Errichtung vor dem 1. 1. 1900 erfolgt ist, auch wenn der Erstversterbende nach diesem Zeitpunkt stirbt (RGZ 78, 268; s auch NIEDNER Anm 5; PLANCK Anm 4d; SCHLEGELBERGER/VOGELS Anm 4; ACHILLES/GREIFF Anm 3, 4; SOERGEL/ HARTMANN Rn 3). Hierzu ist Folgendes zu bemerken:

22 a)   *Nach dem BGB bestimmt* sich, *was* iS des Art 214 Abs 2 unter einem *Erbvertrag* und unter einem *gemeinschaftlichen Testament* zu verstehen ist; Art 214 verwendet diese als technische Bestimmungen entsprechend dem BGB (HABICHT 756 Fn 4; NIEDNER Anm 6; SCHLEGELBERGER/VOGELS Anm 4).

23   Hiernach ist ein *Erbvertrag* der Vertrag, in dem die Vertragsschließenden vertragsmäßige Verfügungen von Todes wegen treffen, und zwar Erbeinsetzungen, Anordnung von Vermächtnissen und Auflagen (§§ 1941, 2278 BGB). Erbverzichtsverträge gehören nicht hierher, sondern unterliegen ihrer ganzen Wirkung nach (nicht nur hinsichtlich der Bindung) dem alten Recht, falls sie unter dessen Geltung errichtet wurden (s **Art 217**).

24   *Gemeinschaftliche Testamente* sind die letztwilligen Verfügungen zweier Personen, die nach ihrem Willen gemeinsam ihre Vermögensverhältnisse von Todes wegen geregelt haben (§§ 2265 ff BGB; s PLANCK Anm 4a; HABICHT 758).

25   Die *Bindung des Erblassers* an eine Verfügung von Todes wegen betrifft deren *Bestand* und *Wirkung*, die an sich nach der Regel des Art 213 nach dem zur Zeit des Todes des Erblassers geltenden Recht zu beurteilen wären. Eine hiervon abweichende ausdrückliche Bestimmung wurde notwendig, um einerseits der materiellen Gerechtigkeit gegenüber dem anderen Vertragsschließenden bzw demjenigen, der im Vertrauen auf die von dem Mittestierenden getroffenen Anordnungen das gemeinschaftliche Testament oder den Erbvertrag mit errichtet hat, Genüge zu leisten, und andererseits der Meinung entgegenzutreten, dass auch der Inhalt eines Erbeinsetzungsvertrags sich nach den zur Zeit seines Abschlusses geltenden Gesetzen richte (vgl Mot z EG 311 und 312; ebenso RGZ 87, 120 = JW 1915, 1154 mit Anm HACHENBURG).

26 b)   **Bindung** iS von Art 214 Abs 2 ist eine *Rechtslage*, aufgrund derer *der Erblasser die gültig errichtete Verfügung von Todes wegen nicht mehr frei widerrufen* und keine neue damit in Widerspruch stehende Verfügung treffen darf (RGZ 77, 172). Zur Frage der Bindung gehört auch die Frage der *Lösbarkeit der Bindung* (RGZ 62, 13; RG JW 1911, 441). Ist ein **Erbvertrag** oder ein **gemeinschaftliches Testament** vor dem 1. 1. 1900 errichtet, so ist die Bindung beider Erblasser und damit die Lösbarkeit dieser Bindung nach den früheren Gesetzen zu beurteilen, auch wenn *beide Ehegatten erst nach dem Inkrafttreten des BGB versterben* (KIPP[7] § 144 II 1d Fn 18 mwNw; RG JW 1915, 1154; s auch WarnR 1938 Nr 22). Über die Bindung des überlebenden Ehegatten nach *Jütischem Low* s OLG Kiel SchlHA 32, 179; über die Bindung nach *badischem Landrecht* s OLG Karlsruhe BadRpr 32, 109; über Bindung nach *Bayer Landesrecht* s BayObLGZ 15, 189; nach *SächsBGB* OLG Dresden ZBlFG 20, 261; nach *Hamburger Recht* OLG Hamburg JW 1919, 388; nach *preußischem Allgemeinem Landrecht* RG WarnRspr 1918 Nr 14.

Die „Bindung" umfasst aber **nicht bloß die Widerruflichkeit** – das ist die Möglichkeit, **27** von den getroffenen Verfügungen nachträglich wieder abzugehen, und die Voraussetzungen für die Zulässigkeit des Abgehens –, sondern auch den **Widerruf selbst**, nämlich die Art, in der er zu erklären ist. Auch für diesen sind die bisherigen Gesetze maßgebend. Hat aber nach bisherigem Recht der Widerruf durch Testament zu erfolgen, so sind für die Form des Widerrufstestaments, wenn es erst nach dem 1. 1. 1900 errichtet wird, die Vorschriften des BGB (bzw während dessen Geltung des § 51 Abs 2 TestG) und des BGB idF von Teil I Art 5 GesEinhG maßgebend (str, s dazu aus dem Schrifttum: ACHILLES/GREIFF Anm 3; PLANCK Anm 4d; NIEDNER Anm 5; SOERGEL/ HARTMANN Rn 3; SCHLEGELBERGER/VOGELS Anm 4 und die Nachw in der 12. Aufl Rn 27 Fn **).

Die Widerruflichkeit der im Gebiet des *PreußALR* errichteten Erbverträge ist nur **28** zulässig, wenn der Widerruf vorbehalten ist (s RGZ 87, 120; RG JW 1912, 199; LG Nürnberg JW 1926, 1488).

aa) **Keine Anwendung** finden auf die altrechtlichen Verfügungen von Todes wegen **29** nach dem so entwickelten Begriff der Bindung beim Erbvertrag daher **die Vorschriften der §§ 2286–2288 BGB**, die bestimmen, inwieweit der Erblasser über Nachlassbestandteile *unter Lebenden verfügen* und inwieweit der Überlebende seine Verfügungen bei Lebzeiten durch *Schenkungen* vereiteln kann (RGZ 78, 268; RGZ 87, 120; BayObLGZ 16, 42; s auch RG WarnR 1915 Nr 147 und 1918 Nr 124); ferner die Vorschriften des § 2271 BGB über den Widerruf eines gemeinschaftlichen Testaments und der §§ 2289 Abs 1, 2290 Abs 1, 2291–2297, 2298 Abs 2 und 3 BGB über Aufhebung eines Erbvertrags und Rücktritt von ihm.

bb) Unter den Begriff der „Bindung" fällt nicht die Frage der **Anfechtbarkeit und 30 Anfechtung** oder der Unwirksamkeit einer Verfügung wegen ihres Inhalts (PLANCK Anm 4c; SCHLEGELBERGER/VOGELS Anm 3; SOERGEL/HARTMANN Rn 3; LANGE/KUCHINKE § 3 I c Fn 12 für die Anfechtung; aM KIPP[7] § 144 II 1c). Seit dem Inkrafttreten des BGB sind daher die Vorschriften der §§ 2078, 2079, 2281 BGB über die Anfechtung von Testamenten und Erbverträgen wegen Willensmängeln oder wegen Übergehens eines Pflichtteilsberechtigten, ferner die Vorschriften der §§ 2077, 2268, 2279 über die Unwirksamkeit von Verfügungen zugunsten des Ehegatten wegen *Nichtigkeit oder Auflösung der Ehe* auf vor dem 1. 1. 1900 getroffene letztwillige Verfügungen anwendbar, sofern *der Grund der Anfechtung oder Unwirksamkeit erst unter dem BGB entstanden* ist; ist der Erbfall vor Inkrafttreten des EheG (1. 8. 1938) eingetreten, so ist § 2077 Abs 1 BGB in seiner alten Fassung anzuwenden (§ 28 Abs 2 der DurchfVO zum EheG; s hierzu RGZ 77, 165, 172; RGZ 87, 95; BayObLGZ 9, 603; KG KGJ 44 A, 92 gegenüber der früheren Meinung des RG, vgl RGZ 62, 13; KRETZSCHMAR ZBlFG 16, 81 gegen REICHEL 29 ff).

III. Inhalt und Wirksamkeit vor dem 1. 1. 1900 errichteter Verfügungen von Todes wegen bei Tod des Erblassers nach diesem Zeitpunkt

Sie sind nach dem sich aus Art 213 EGBGB ergebenden Grundsätzen zu beurteilen **31** (s oben Rn 2).

1. Aktive Erbfähigkeit

Die Frage, ob eine Person bedacht werden kann, betrifft den *Inhalt der Verfügung* **32** von Todes wegen. Daher sind, wenn der Erblasser nach dem 1. 1. 1900 verstorben ist, hierfür die Vorschriften des BGB maßgebend (SCHLEGELBERGER/VOGELS Anm 3). Es kann also eine im Zeitpunkt der Errichtung nach bisherigem Recht ungültige Verfügung mit dem Inkrafttreten des BGB wirksam geworden sein. Im *BGB* selbst gibt es *keine Beschränkungen* der Erbfähigkeit mehr.

2. Mentalreservation, Mangel der Ernstlichkeit, Nichtigkeit

33   § 116 S 1 und § 118 BGB betreffen die Wirksamkeit des Erklärungsinhalts und finden deshalb Anwendung (PLANCK Anm 3a; s auch KRETZSCHMAR ZBlFG 16, 81). Das gleiche galt auch von § 48 Abs 2, 3 TestG, wenn der Erbfall nach dem Inkrafttreten dieses Gesetzes erfolgt war. Dabei erklärt der Abs 2 eine Verfügung von Todes wegen für nichtig, „soweit sie in einer gesundem Volksempfinden gröblich widersprechenden Weise gegen die Rücksichten verstößt, die ein verantwortungsbewusster Erblasser gegen Familie und Volksgemeinschaft zu nehmen hat". Hierunter fiel entsprechend der nationalsozialistischen Rassenideologie die Nichtigkeit der Erbeinsetzung eines *Juden* durch einen *„Arier"* (vgl die amtliche Gesetzesbegründung DJ 1938, 1254/1259). Demnach konnte auch eine vor dem 1. 1. 1900 errichtete Verfügung von Todes wegen nichtig sein, wenn die Voraussetzungen dieser Vorschriften zutrafen. § 48 Abs 2 wurde durch Art I a KRG Nr 37 vom 30. 10. 1946 (ABl 220) aufgehoben, ließ jedoch Erbfälle unberührt, die bis zu seinem In-Kraft-Treten am 5. 11. 1946 endgültig geregelt waren. Dies führte in vielen Fällen trotzdem zu *unerträglichen Ergebnissen.* Exemplarisch hierfür sei der vom BayObLG mit Beschluss vom 22. 2. 1999 (BayObLGZ 1999, 46 = NJW-RR 1999, 1167 = ZEV 1999, 314 m Anm OTTE) entschiedene Fall genannt, in dem sich Ehegatten in einem Erbvertrag gegenseitig zu Erben eingesetzt hatten und auch eine Einsetzung der „erbberechtigten Verwandten des Ehemannes" als Schlusserben getroffen wurde. Da aber der Ehemann, der sich im Jahre 1938 auf Grund der Repressionen der Nazis umbrachte, *Jude* war, wäre seine Erbeinsetzung, die seine *„arische Ehefrau"* zu seinen Gunsten traf, nach § 48 Abs 2 TestG unwirksam gewesen, was nach § 2298 Abs 1 BGB zur gesamten Nichtigkeit des Erbvertrags geführt hätte und damit die von den Ehegatten gemeinsam vereinbarte Nachlassplanung beseitigt hätte. Die strenge Aufrechterhaltung von nationalsozialistischen Wertungen bei bereits „geregelten Nachlässen" (s dazu bereits bei Art 64 EGBGB Rn 81) erscheint nach dem heutigen Verständnis schlechtweg nicht möglich. Eine Lösung ergibt sich für einen Teil der Fälle durch die **Rückerstattungsgesetze** in der amerikanischen und britischen Zone (*amerikanisches MRG* Nr 59 vom 10. 11. 1947 [ABl-MramZ Ausg G Art S 1] Art 78–80; *britisches MRG* Nr 59 vom 12. 5. 1949 Art 65–67]; vgl dazu LANGE/KUCHINKE § 3 Fn 19). Diese erklärten einen Ausschluss des Erwerbs von Todes wegen oder einen Verfall des Nachlasses, der während des Nazi-Regimes aus Gründen der Rasse, Religion Nationalität, Weltanschauung oder politischer Gegnerschaft gegenüber dem Nationalsozialismus erfolgt ist, als (ex tunc) für nicht eingetreten (zutreffender Lösungsansatz von OTTE ZEV 1999, 316; übersehen von BayObLG aaO). Soweit diese Bestimmungen jedoch nicht eingreifen, muss die nationalsozialistische Diskriminierung durch eine an den allgemeinen Wertvorstellungen orientierte Auslegung korrigiert werden (dazu OTTE aaO [ua „intertemporales ordre public"]; LANGE/KUCHINKE § 3 I 4 e; iE auch STAUDINGER/W BAUMANN [2003] Vorbem 24 zu §§ 2229-2264, jedoch im unzutreffenden Kontext der Formerleichterung des § 51 Abs 3 TestG, zu dem das Problem überhaupt nicht gehört).

3. Anfechtung, Unwirksamkeit letztwilliger Verfügungen

§§ 2078, 2079, 2281 sowie die §§ 2077, 2268, 2279 BGB gelten ebenfalls (s oben Rn 30). **34**

4. Erbeinsetzung, Vermächtnis, Auflage, Pflichtteilsrecht

Die einschlägigen Vorschriften des BGB über Erbeinsetzung, Einsetzung von Nach- **35** und Ersatzerben, Anordnung von Vermächtnissen und Auflagen sowie über das Pflichtteilsrecht finden Anwendung (HABICHT 730 ff; PLANCK Anm 3b, c; SCHLEGELBER-GER/VOGELS Anm 3). Wegen Enterbung in guter Absicht s Art 213 Rn 32 und wegen der Ausgleichungspflicht Art 213 Rn 34.

IV. Auslegung

1. Allgemeine Grundsätze

Auch die Auslegung der Verfügung von Todes wegen betrifft deren **Inhalt** (vgl zum **36** Folgenden auch PLANCK Anm 3d; HABICHT 240 ff; AFFOLTER, System 335 ff; MünchKomm/LEIPOLD Vor § 2064 BGB Rn 10; STAUDINGER/OTTE [2003] Vorbem 190 zu § 2064 BGB; aus allgemeinen Erwägungen heraus ENNECCERUS/NIPPERDEY I § 62 III 2). Für sie gelten daher die **Grundsätze des Art 213 EGBGB**, wonach sich die Vermögenssukzession nach dem zur Zeit des Erbfalls geltenden Rechts bestimmt, und nicht des Art 214. Ist der Erblasser *vor dem 1. 1. 1900 verstorben*, so hat die Auslegung von den Vorschriften des alten Rechts auszugehen (s Art 213 Rn 33; OLG Celle HRR 1941 Nr 769 = Recht 1941 Nr 3522). Ist aber der Erblasser *nach dem 31. 12. 1899 gestorben*, so finden die Auslegungs- und Ergänzungsregelungen des BGB prinzipiell Anwendung. Jedoch gilt zunächst die Grundregel des § 133 BGB, dass bei der Auslegung einer Willenserklärung der *wirkliche Wille zu erforschen ist*. Unter diesem Gesichtspunkt ist dann zu prüfen, ob sich das Ergebnis der Auslegung, insbesondere soweit es unter Heranziehung von Auslegungsregeln des BGB gewonnen wurde, mit dem im Wege der *ergänzenden Auslegung* gewonnenen mutmaßlichen Willen des Erblassers vereinbaren lässt. Denn es ist zu berücksichtigen, dass der Erblasser, der unter der Herrschaft des alten Rechts Bestimmungen getroffen hat, dabei sowohl hinsichtlich ihres sachlichen Inhalts wie auch bei der Wahl des Ausdruckes für seinen Willen von den Vorschriften des alten Rechts zumindest geprägt oder sogar beeinflusst gewesen sein könnte. Insofern ist also auch bei der Auslegung einer Verfügung von Todes wegen eines erst nach dem Inkrafttreten des BGB gestorbenen Erblassers das alte Recht zu berücksichtigen (so RGZ 59, 80 ff; BayObLGZ 16, A 37; 18 B, 77; 24, 299; KG OLGE 34, 312; SOERGEL/LORITZ § 2084 Rn 42; PLANCK Vorbem 4d zu § 2064 BGB). Dies kann auch dann gelten, wenn die Verfügung von Todes wegen sogar bereits *nach Inkrafttreten* des neuen Rechts errichtet wurde (STAUDINGER/OTTE [1996] Vorbem 63 u 75 zu § 2064 BGB).

Hat sich der Erblasser eines Ausdrucks bedient, der mit verschiedener Bedeutung **37** und Tragweite in **früheren Gesetzen** wie im BGB gebraucht ist, wie „gesetzliche Erben" oder „Pflichtteil", so ist eine besonders sorgfältige Prüfung des Willens des Erblassers geboten (vgl etwa § 2066 S 1 BGB, wonach bei Verwendung des Begriffs der gesetzlichen Erbfolge im Zweifel von dem zZ des Erbfalls geltenden Erbrecht auszugehen ist). Der Erblasser kann sich dabei bestimmte Personen oder eine bestimmte Größe der Zuwendung nach dem bei der Errichtung des Testaments gel-

tenden Recht vorgestellt und deshalb diese Ausdrücke gebraucht haben; es kann
aber auch sein Wille gewesen sein, sich dem im Zeitpunkt seines Todes geltenden
Recht zu unterwerfen, so dass die Ausdrücke iS dieses Rechts auszulegen sind
(STAUDINGER/OTTE [2003] Vorbem 98 zu §§ 2064 ff).

2. Regionale Besonderheiten

38 Über die mögliche Auslegung der im Gebiet des *bayer Landrechts* in einem Erbvertrag getroffenen Vereinbarungen, dass der überlebende Ehegatte den Kindern
ein *Vater- oder Muttergut* auszeigen solle, als *Erbeinsetzung* s BayObLGZ 19 A, 343;
jedoch ist darunter nach dem entsprechenden örtlichen Sprachgebrauch uU auch nur
als Hinweis zu verstehen, dass im ersten Erbfall den Kindern nur der *Pflichtteil*
zusteht (vgl etwa J MAYER ZEV Heft 12, 2002, XI), weshalb bei einer heute vorzunehmenden Errichtung einer Verfügung von Todes wegen solche doppeldeutigen Ausdrücke vermieden werden sollten.

Besondere Auslegungsregel gaben Art 155 AGBGB vom 17. 7. 1899 für *Althessen*
(aufgehoben durch HessAGBGB vom 18. 12. 1984 [GVBl 344]).

V. Schenkungen auf den Todesfall

39 Auf Schenkungsversprechen, die unter der Bedingung erteilt sind, dass der Be-
schenkte den Schenker überlebt, finden nach § **2301** BGB die Vorschriften über
Verfügungen von Todes wegen, also auch die Vorschriften der Art 213, 214 EG
Anwendung; vollzieht aber der Schenker die Schenkung durch Leistung des geschenkten Gegenstandes, so sind sie als Schenkungen unter Lebenden zu behandeln.
Die hM unterscheidet daher bei vor dem 1. 1. 1900 erteilten Schenkungsversprechen,
ob die Schenkung noch vor dem 1. 1. 1900 vollzogen worden ist oder nicht (hierzu und
zum Folgenden: HABICHT 766; PLANCK Anm 5; AFFOLTER, System 340; HAAS BayNotV 1925, 73).
Diese Differenzierung knüpft für die Frage, ob das BGB gilt, bereits ihrerseits
wieder für die Klärung der Vorfrage an eine Bestimmung des BGB, nämlich den
§ 2301 BGB an, was insoweit nicht unproblematisch erscheint. Da die Frage aber
infolge des Zeitablaufs keine praktische Bedeutung mehr hat, soll der überkommenen Auffassung gefolgt werden. Daher ergibt sich:

40 Wenn die Schenkung schon *vor dem 1. 1. 1900 durch Leistung vollzogen* ist, so bleibt
für die Beurteilung der Gültigkeit, insbesondere auch der Widerruflichkeit nach
Art 170 das alte Recht maßgebend.

41 Ist ein Schenkungsvertrag vor dem 1. 1. 1900 errichtet, aber *noch nichtvollzogen*
worden, so bestimmen sich nicht nur die *Errichtung*, sondern auch die *Bindung* des
Schenkers gemäß Art 214 Abs 1 nach den *alten Gesetzen*, Inhalt und Wirksamkeit
nach dem BGB; es liegt alsdann ein Erbvertrag iS des EG und des BGB vor (HABICHT
767; AFFOLTER 340; PLANCK Anm 5c).

42 Lag nur ein *einseitiges Schenkungsversprechen* vor, so bestimmt sich seine Gültigkeit
hinsichtlich der Form sowie der Fähigkeit des Schenkers und ferner die Aufhebung
wie bei jeder anderen letztwilligen Verfügung gemäß Art 214 Abs 1 nach dem alten
Recht. Dagegen ist seine *Wirkung*, sowie die nach dem 1. 1. 1900 erfolgende Voll-

ziehung eines solchen Versprechens nach dem BGB zu beurteilen, wenn der Schenker erst *nach dem Inkrafttreten des BGB* stirbt.

Die Vollziehung sowohl des Schenkungsvertrags als auch eines einseitigen Schenkungsversprechens ist nach § 2301 Abs 2 BGB Schenkung unter Lebenden; weil die Vornahme einer solchen nach dem BGB auch formlos gültig ist, wird dadurch der Mangel der Form des früheren Schenkungsversprechens geheilt (HABICHT aaO). **43**

VI. Einkindschaft

Vgl hierzu Erl zu Art 209 Rn 9. **44**

VII. Entsprechende Anwendung des Art 214 EGBGB, ähnliche Regelungen

1. Höferecht

Den allgemeinen Grundsatz des **Art 214** über die Anwendung des früheren Rechts, soweit es sich um Form und Aufhebung einer Verfügung von Todes wegen sowie die Testierfähigkeit des Erblassers und seine Bindung an Erbverträge und gemeinschaftliche Testamente handelt, wandte der BGH (BGHZ 1, 116 = NJW 1951, 1009, 1112 = LM Nr 1 zu § 7 HöfeO im *Höferecht* [s § 58 Abs 2 HöfeO]) an. **Art 3 § 4 des 2. ÄndG-HöfeO** vom 29. 3. 1976 sieht nun eine an § 51 Abs 3 TestG orientierte Übergangsregelung vor (vgl WÖRMANN/STÖCKER, Das Landwirtschafterbrecht [6. Aufl 1995] § 8 HöfeO Rn 68 ff). **45**

2. Internationales Privatrecht

Den Grundgedanken des Art 214 Abs 2 EGBGB zieht das BayObLG (BayObLGZ 1960, 478, 487; 1961, 4, 13) im Zusammenhang mit Art 24 Abs 3 S 1 EGBGB aF insofern heran, als es annimmt, dass der Statutenwechsel die Bindung an ein gemeinschaftliches Testament nicht berührt, das vor dem Wechsel des Erbstatuts errichtet worden ist. Gleiches bestimmt jetzt **Art 26 Abs 5 EGBGB** (hierzu STAUDINGER/DÖRNER [1995] Art 26 Rn 60 ff). **46**

Artikel 215

(1) Wer vor dem Inkrafttreten des Bürgerlichen Gesetzbuchs die Fähigkeit zur Errichtung einer Verfügung von Todes wegen erlangt und eine solche Verfügung errichtet hat, behält die Fähigkeit, auch wenn er das nach dem Bürgerlichen Gesetzbuch erforderliche Alter noch nicht erreicht hat.

(2) Die Vorschriften des § 2230 des Bürgerlichen Gesetzbuchs finden auf ein Testament Anwendung, das ein nach dem Inkrafttreten des Bürgerlichen Gesetzbuchs gestorbener Erblasser vor diesem Zeitpunkt errichtet hat.

Materialien: E II Art 184; III Art 214.

Jörg Mayer

Die Vorschrift ist durch Zeitablauf gegenstandslos. Von der Kommentierung wurde abgesehen. Es wird auf Vorbem 5 zu Art 213–217 und auf die Erläuterungen von STAUDINGER/KEIDEL/WINKLER[10/11] verwiesen. § 2230 BGB ist zudem durch das Betreuungsgesetz vom 12. 9. 1990 (BGBl I 2002) aufgehoben worden.

Artikel 216

Die landesgesetzlichen Vorschriften, nach welchen Mitglieder gewisser ritterschaftlicher Familien bei der Ordnung der Erbfolge in ihren Nachlass durch das Pflichtteilsrecht nicht beschränkt sind, bleiben in Ansehung derjenigen Familien in Kraft, welchen dieses Recht zur Zeit des Inkrafttretens des Bürgerlichen Gesetzbuchs zusteht.

Materialien: E III Art 215.

1 Art 216 wird in der Bekanntmachung der Neufassung des Einführungsgesetzes zum Bürgerlichen Gesetzbuche vom 21. September 1994 (BGBl I 2494) als gegenstandslos bezeichnet. Von der Kommentierung wurde abgesehen. Es wird auf die Erläuterungen von STAUDINGER/KEIDEL/WINKLER[10/11] verwiesen.

Artikel 217

(1) Die vor dem Inkrafttreten des Bürgerlichen Gesetzbuchs erfolgte Errichtung eines Erbverzichtsvertrags sowie die Wirkungen eines solchen Vertrags bestimmen sich nach den bisherigen Gesetzen.

(2) Das gleiche gilt von einem vor dem Inkrafttreten des Bürgerlichen Gesetzbuchs geschlossenen Vertrag, durch den ein Erbverzichtsvertrag aufgehoben worden ist.

Materialien: E II Art 185; III Art 313.

Schrifttum

DAMRAU, Der Erbverzicht als Mittel zweckmäßiger Vorsorge für den Todesfall (1966) 16
STAUDINGER/FERID/CIESLAR[12] Einl 104 ff zu §§ 2346 ff BGB
HABICHT, Die Einwirkungen des Bürgerlichen Gesetzbuchs auf zuvor entstandene Rechtsverhältnisse (3. Aufl 1901) § 77
PFÄFFLIN, Der elterliche Erbverzicht und Rückfall nach Ansbacher Recht unter Berücksichtigung des BGB, BayNotZ 1921, 176.

1. Entstehung

1 Der Artikel wurde erst in der II. Komm als besonderer Zusatz zu Art 129 Abs 2 E I (nun Art 214) aufgestellt (Mot z EG 313; Prot VI 557, 558, 636). Das BGB (§§ 2346 ff) betrachtet den Erbverzichtsvertrag nicht als Verfügung von Todes wegen, sondern legt den Schwerpunkt darauf, dass ein Vertrag zwischen dem Verzichtenden und dem Erblasser geschlossen wird. Dasselbe gilt für den Vertrag, durch den ein Erbverzichtsvertrag aufgehoben wird. Deshalb findet **Art 214** auf den Erbverzichtsvertrag und den Vertrag über seine Aufhebung *keine Anwendung* und es war eine besondere Regelung erforderlich.

2. Inhalt

Art 217 bestimmt, dass, unabhängig vom Todestag des Erblassers, nicht bloß die **2** Errichtung und die Aufhebung eines vor dem 1. 1. 1900 geschlossenen Erbverzichtsvertrags, sondern auch dessen Wirkungen sich nach den bisherigen Gesetzen bestimmen (Abweichung von Art 213, 214 s RG Recht 1910 Nr 338; STAUDINGER/FERID/CIESLAR[12] Vorbem 104 zu § 2346 BGB). Die Regelung entspricht daher des **Art 170** für bereits vor Inkrafttreten des BGB entstandene Schuldverhältnisse, was damit begründet wurde, dass es sich bei diesem Rechtsgeschäft nicht um eine Verfügung von Todes wegen handelt (s Rn 1), sondern es seinen Schwerpunkt in der Schaffung eines obligatorischen Rechtsverhältnisses zwischen Erblasser und Verzichtenden findet (NIEDNER Anm 1). Dies führt zu offensichtlich nicht bedachten Wertungswidersprüchen, wenn das materielle Erbrecht des BGB vom früher geltenden Erbrecht abweicht, da das materielle Erbrecht sich ab 1900 nach neuem Recht richtet, die vorher abgegebenen Verzichte aber hinsichtlich ihrer Wirkungen nicht. Praktische Bedeutung erlangt dies, wenn das gesetzliche Erbrecht nach altem Recht kleiner war als nach neuem (hierzu HABICHT 770 Fn 1), oder bei der Frage der Anwendbarkeit der §§ 2310, 2349 BGB (s Rn 3 f u bes Rn 7).

Art 217 ist nur auf den *mit dem Erblasser* abgeschlossenen Erbverzichtsvertrag (vgl **3** §§ 2346, 2352 BGB) anwendbar, nicht auf einen Vertrag, durch den der Erbe *einem Miterben gegenüber* auf sein Erbrecht verzichtet (RGZ 63, 428; STAUDINGER/FERID/CIESLAR[12] Vorbem 104 zu § 2346 BGB; SOERGEL/HARTMANN Rn 1; HABICHT 768); solchen Verträgen misst das BGB nur schuldrechtliche Wirkung bei, vgl § 311b Abs 2 BGB. Die Vorschrift soll sich nur auf die Wirkung des Verzichts im Verhältnis zwischen dem Verzichtenden (und seinen Abkömmlingen, s unten Rn 5 lit f) einerseits und dem Erblasser andererseits beziehen und die Wirkungen des Verzichts für diejenigen Personen, die Erben bleiben, nicht berühren; demnach bemisst sich der Einfluss des Verzichts auf die Berechnung des Pflichtteils, wenn der Erblasser nach dem 1. 1. 1900 stirbt, nach dem neuen Recht, also hier nach § 2310 BGB (HABICHT 771; SOERGEL/ HARTMANN Rn 2; STAUDINGER/FERID/CIESLAR[12] aaO); § 2310 S 2 BGB ist daher anwendbar (KG OLGE 12, 391; SOERGEL/HARTMANN Rn 2). Dieser Auffassung, es handele sich hier um lediglich mittelbare Folgen, die von Art 217 nicht erfasst werden, kann mE nicht gefolgt werden. Der den Übergangsvorschriften zugrunde liegende Vertrauensschutzgedanke (s Art 214 Rn 25 zum Erbvertrag) gebietet es, auch diese mittelbaren Wirkungen nach altem Recht abzuwickeln, denn nur diese Rechtsfolgen waren den Beteiligten des Verzichtsvertrages bekannt und Gegenstand ihrer Vermögensplanung.

Wegen Erbabkauf nach der *fränkischen Landgerichtsordnung* s BayObLG Recht **4** 1913 Nr 410.

3.   Einzelheiten

5 Die Ausnahmeregelung des Art 217 betrifft Tatbestandsvoraussetzung wie Rechtsfolge des Erbverzichts. Im Einzelnen ergibt sich aus der Vorschrift des **Abs 1**, dass das frühere Recht maßgebend ist:

a)   für die Frage der *Zulässigkeit* von Erbverzichtsverträgen mit dem Erblasser (unzulässig nach französischem und badischem Recht [RG JW 1909, 220] oder dem Recht der Frankfurter Reformation [HABICHT 769 Fn 3]),

b)   der *Form* der Errichtung,

c)   für die *Fähigkeit der Beteiligten* zum Vertragsabschluss und die Zulässigkeit der *Stellvertretung*,

d)   für die Anfechtung eines Erbverzichtsvertrages *wegen Willensmängeln*,

e)   für die *Bedeutung* und den Umfang des Erbverzichts, also namentlich für die Frage, auf welches Erbrecht verzichtet wurde; vgl die §§ 2346 und 2352 BGB über den vertragsmäßigen Verzicht auf gesetzliches und testamentarisches Erbrecht; die für diese Verträge im BGB aufgestellten Formerfordernisse gelten für die vor dem 1.1.1900 abgeschlossenen Erbverzichtsverträge nicht, hierfür ist vielmehr das frühere Recht maßgebend,

f)   für die Frage, ob sich der Verzicht auf die *Abkömmlinge* des Verzichtenden *erstreckt*; § 2349 BGB ist nicht anwendbar (SOERGEL/HARTMANN Rn 2; s auch HABICHT 770). Altes Recht ist anzuwenden, auch wenn der Erblasser nach dem 1.1.1900 verstorben ist (KIPP⁷ § 144 II 4; **aM** OLG Kiel SchlHA 1917, 122).

g)   Auch die in § 2350 BGB aufgestellten *Auslegungsregeln* finden auf die vor dem Inkrafttreten des BGB abgeschlossenen Erbverzichtsverträge keine Anwendung (HABICHT 769 ff; PLANCK Anm 3e; SCHLEGELBERGER/VOGELS Anm 3).

4.   Aufhebungsverträge

6 Was für den Erbverzicht selbst gilt, gilt nach Abs 2 auch für die *unter altem Recht* geschlossenen Verträge, durch die ein Erbverzichtsvertrag wieder aufgehoben wird. Damit scheidet namentlich die Anwendung des § 2351 BGB und der dort genannten Vorschriften des § 2347 Abs 2 und des § 2348 BGB aus. Wird aber ein älterer Erbvertrag erst wieder unter der Herrschaft des BGB aufgehoben, so richtet sich die Zulässigkeit des Aufhebungsvertrags allein nach dem BGB (HABICHT 771).

5.   Nachträgliche Änderung der gesetzlichen Erbfolge

7 STAUDINGER/FERID/CIESLAR¹² Einl 105, 106 zu §§ 2346 ff BGB untersuchen *allgemein* die Frage, welche Wirkungen eine nachträgliche Änderung der gesetzlichen Erbfolge auf das Ausmaß der Erbverzichtswirkungen und damit auf den Erbverzicht hat. Es geht also letztlich um die Frage, ob Art 217 EGBGB *Ausdruck eines allgemeinen Rechtsgedankens* ist. FERID/CIESLAR verweisen auf die Änderung des

gesetzlichen Erbrechts im Zug der sog „erbrechtlichen Lösung" der Zugewinnge-
meinschaft nach § 1371 BGB und auf die Änderung des gesetzlichen Erbrechts
durch § 1931 Abs 4 BGB idF des Art 1 Nr 87 NEhelG. Die wohl überwiegende
Auffassung ist der Ansicht, der Vertrag, der einen Verzicht auf das gesetzliche
Erbrecht zum Gegenstand hat, sei als Verzicht auf das zur Zeit des Todes des
Erblassers bestehende Erbrecht anzusehen, soweit sich nicht aus dem besonderen
Inhalt des Vertrags ein anderes ergibt, so dass der Verzicht also gleichsam eine
dynamische Wirkung hat (ebenso PLANCK Anm 3c; HABICHT 770 Fn 1; STAUDINGER/SCHOTTEN
[2004] § 2346 Rn 20, 23; BAMBERGER/ROTH/J MAYER § 2346 Rn 9; AnwK-BGB/ULLRICH § 2346
Rn 8; MünchKomm/STROBEL § 2346 Rn 33). Dies ergibt sich zwingend aus der von
§ 2346 Abs 1 S 2 BGB angeordneten Vorversterbensfiktion (J MAYER aaO; zust SCHOT-
TEN aaO). Dagegen spielen Gründe des Vertrauensschutzes für den Erbverzicht keine
besondere Rolle, da es sich bei ihm im besonderen Maße um ein Risikogeschäft
handelt (STAUDINGER/SCHOTTEN [2004] Einl 24 ff zu §§ 2346 ff), was den Beteiligten idR
auch bewusst ist. Unter dieser Prämisse erscheint Art 217 EGBGB als Ausnahmevorschrift. Demgegenüber gehen STAUDINGER/FERID/CIESLAR[12] Einl 105 f zu
§§ 2346 ff BGB davon aus, dass nur auf den Erbteil verzichtet ist, der zZ des Verzichts dem Verzichtenden zustand, nicht auf den als Folge einer Gesetzesänderung
sich ergebenden zusätzlichen Erbteil. Ergäbe sich aber eine nachträgliche Verringerung des Erbteils, der Gegenstand des Verzichts war, so sei an einen Wegfall der
Geschäftsgrundlage für den Erbverzicht zu denken (vgl STAUDINGER/FERID/CIESLAR
Rn 105; ebenso SOERGEL/DAMRAU § 2346 Rn 21; zutr dagegen STAUDINGER/SCHOTTEN [2004]
§ 2346 Rn 23). Diese Überlegungen betreffen jedoch bei richtiger Betrachtungsweise
nicht den abstrakten Erbverzicht als Verfügungsgeschäft, sondern **nur** das **schuldrechtliche Kausalgeschäft**, das auch diesem immer zu Grunde liegt. Insbesondere
beim **entgeltlichen Erbverzicht** kann daher im Einzelfall das konkrete Vertrauen des
Verzichtenden eine sachgerechte Anpassung der vereinbarten Abfindungsleistung
erfordern, jedoch immer nur unter Berücksichtigung des *aleatorischen Charakters*
dieser Vereinbarungen (eingehend J MAYER aaO Rn 9 mwNw).

Artikel 218

**Soweit nach den Vorschriften dieses Abschnitts die bisherigen Landesgesetze maß-
gebend bleiben, können sie nach dem Inkrafttreten des Bürgerlichen Gesetzbuchs
durch Landesgesetz auch geändert werden.**

Materialien: E I Art 105 Abs 5, 116, 119 Abs 1
S 3; II Art 186; III Art 217.

I.   Entstehung

Die Vorschrift dieses Artikels war im I. Entw für einzelne Artikel (105, 116, 119) **1**
besonders vorgesehen, jetzt bezieht sie sich einheitlich auf sämtliche Übergangsbestimmungen (Mot z EG 264, 277, 256; Prot VI 497, 509, 526, 535, 544, 556, 557, 627,
651).

Jörg Mayer
Detlef Merten

II.　Inhalt

2 Art 1 Abs 2 EG stellt den Grundsatz auf, daß durch das BGB oder das EG aufrechterhaltene Landesgesetze geändert werden dürfen (vgl Art 1 Abs 2). Denselben Grundsatz enthält Art 218 für die **Übergangsbestimmungen**, also für die Landesgesetze, welche **nur** für beim Inkrafttreten des BGB **bestehende** Rechtsverhältnisse durch das EG aufrechterhalten sind. Die Ermächtigung des Art 218 bezieht sich auf alle Übergangsbestimmungen des IV. Teils, auch wenn dort hinsichtlich der Aufrechterhaltung des Landesrechts ein anderer Ausdruck als „maßgebend bleiben" gebraucht wird (nur die Art 187, 188, 193 196, welche keine Übergangsbestimmungen enthalten, kommen hier nicht in Betracht).

3 Da Art 218 sich nur auf im Jahre 1900 bereits bestehende Rechtsverhältnisse und deren Normierung bezieht, wird er **zunehmend bedeutungsloser**.

1.　Zweck

4 Zweck des Art 218 ist, der Landesgesetzgebung auf jenen Gebieten, auf denen für die Übergangszeit keine einheitliche Vorschrift für das ganze Reich erlassen werden konnte, die Möglichkeit zu gewähren, zur Überleitung in den neuen Rechtszustand in bestehende Rechte einzugreifen und Mängel oder Unklarheiten zu beseitigen.

2.　Schrankenziehung

5 Die Landesgesetzgebung darf bei der Änderung bestehender Gesetze die Schranken, welche in den einzelnen Artikeln gezogen sind, nicht überschreiten, also beispielsweise nach dem Inkrafttreten des BGB nicht gemäß Art 212 diejenigen Wertpapiere als mündelsicher erklären, welchen vor dem 1. 1. 1900 diese Eigenschaft nicht beigelegt war.

3.　Landesrechtliche Verweisung auf das BGB

6 Auch soweit für eines der im IV. Teil (Art 157–217) genannten Rechtsverhältnisse mangels landesgesetzlicher Vorschriften in einzelnen Beziehungen die Vorschriften des BGB ergänzend Anwendung finden, weil das Landesrecht entweder stillschweigend der Anwendung allgemeiner Vorschriften des bürgerlichen Rechtes Raum gibt oder ausdrücklich Vorschriften des BGB für anwendbar erklärt, ist die Landesgesetzgebung zu einer Änderung und zur Ersetzung der bisher anwendbaren Vorschriften des BGB durch landesgesetzliche Vorschriften befugt, denn hier gelten die Vorschriften des BGB nicht kraft Reichsrechts, sondern aufgrund **Landesrechts** und sind damit dessen Bestandteil (ebenso auch PLANCK Art 218 Anm 2; NIEDNER Einl zum IV. Abschnitt Art 218 Anm IX, 3, c und Anm 2; **aA** HABICHT 24, 108 Fn 2).

4.　Mißbrauch

7 Die Landesgesetzgebung kann nicht durch **ersatzlose Aufhebung** der bisherigen Vorschriften die Übergangsregelung des EG ausschließen (RGZ 63, 129, 131).

Sachregister

Die fetten Zahlen beziehen sich auf die
Artikel, die mageren Zahlen auf die
Randnummern.

J. von Staudingers
Kommentar zum Bürgerlichen Gesetzbuch
mit Einführungsgesetz und Nebengesetzen

Übersicht vom 10. November 2005

Die Übersicht informiert über die Erscheinungsjahre der Kommentierungen in der 13. Bearbeitung und deren Neubearbeitungen (= Gesamtwerk STAUDINGER). *Kursiv* geschrieben sind die geplanten Erscheinungsjahre.

Die Übersicht ist für die 13. Bearbeitung und für deren Neubearbeitungen zugleich ein Vorschlag für das Aufstellen des „Gesamtwerk STAUDINGER" (insbesondere für solche Bände, die nur eine Sachbezeichnung haben). Es wird empfohlen, die Austauschbände chronologisch neben den überholten Bänden einzusortieren, um bei Querverweisungen auf diese schnell Zugriff zu haben. Bei Platzmangel sollten die ausgetauschten Bände an anderem Ort in gleicher Reihenfolge verwahrt werden.

	13. Bearb.	Neubearbeitungen	
Buch 1. Allgemeiner Teil			
Einl BGB; §§ 1–12; VerschG	1995		
Einl BGB; §§ 1–14; VerschG		2004	
§§ 21–89; 90–103 (1995)	1995		
§§ 90–103 (2004); 104–133; BeurkG	2004	2004	
§§ 134–163	1996	2003	
§§ 164–240	1995	2001	2004
Buch 2. Recht der Schuldverhältnisse			
§§ 241–243	1995		
AGBG	1998		
§§ 244–248	1997		
§§ 249–254	1998	2005	
§§ 255–292	1995		
§§ 293–327	1995		
§§ 255–314		2001	
§§ 255–304			2004
§§ 315–327		2001	
§§ 315–326			2004
§§ 328–361	1995		
§§ 328–361b		2001	
§§ 328–359			2004
§§ 362–396	1995	2000	
§§ 397–432	1999	2005	
§§ 433–534	1995		
§§ 433–487; Leasing		2004	
Wiener UN-Kaufrecht (CISG)	1994	1999	2005
VerbrKrG; HWiG; § 13a UWG	1998		
VerbrKrG; HWiG; § 13a UWG; TzWrG		2001	
§§ 491–507			2004
§§ 516–534		2005	
§§ 535–563 (Mietrecht 1)	1995		
§§ 564–580a (Mietrecht 2)	1997		
2. WKSchG; MÜG (Mietrecht 3)	1997		
§§ 535–562d (Mietrecht 1)		2003	
§§ 563–580a (Mietrecht 2)		2003	
§§ 581–606	1996	2005	
§§ 607–610	./.		
§§ 611–615	1999		
§§ 616–619	1997		
§§ 620–630	1995		
§§ 616–630		2002	
§§ 631–651	1994	2000	2003
§§ 651a–651l	2001		
§§ 651a–651m		2003	
§§ 652–704	1995		
§§ 652–656		2003	
§§ 705–740	2003		
§§ 741–764	1996	2002	
§§ 765–778	1997		
§§ 779–811	1997	2002	
§§ 812–822	1994	1999	
§§ 823–825	1999		
§§ 826–829; ProdHaftG	1998	2003	
§§ 830–838	1997	2002	
§§ 839, 839a	2002		
§§ 840–853	2002		
Buch 3. Sachenrecht			
§§ 854–882	1995	2000	
§§ 883–902	1996	2002	
§§ 903–924; UmweltHaftR	1996		
§§ 903–924		2002	

Dr. Arthur L. Sellier & Co. KG – Walter de Gruyter GmbH & Co. KG oHG, Berlin
Postfach 30 34 21, D-10728 Berlin, Telefon (030) 2 60 05-0, Fax (030) 2 60 05-222